Die Bonus-Seite

Ihr Vorteil als Käufer dieses Buches

Auf der Bonus-Webseite zu diesem Buch finden Sie zusätzliche Informationen und Services. Dazu gehört auch ein kostenloser **Testzugang** zur Online-Fassung Ihres Buches. Und der besondere Vorteil: Wenn Sie Ihr **Online-Buch** auch weiterhin nutzen wollen, erhalten Sie den vollen Zugang zum **Vorzugspreis**.

So nutzen Sie Ihren Vorteil

Halten Sie den unten abgedruckten Zugangscode bereit und gehen Sie auf **www.galileocomputing.de**. Dort finden Sie den Kasten **Die Bonus-Seite für Buchkäufer**. Klicken Sie auf **Zur Bonus-Seite/Buch registrieren**, und geben Sie Ihren **Zugangscode** ein. Schon stehen Ihnen die Bonus-Angebote zur Verfügung.

Ihr persönlicher **Zugangscode**: cgxe-w9bs-t4qy-anir

Christian Ullenboom

Java ist auch eine Insel

Das umfassende Handbuch

Liebe Leserin, lieber Leser,

dies ist nun schon die 9. Auflage des Standardwerks »Java ist auch eine Insel«. In dieser Auflage wollte Christian Ullenboom Ihnen eigentlich endlich das heiß ersehnte Java 7 vorstellen, doch Oracle lässt sich nach wie vor Zeit. Zeit, die wir und der Autor nicht ungenutzt verstreichen lassen wollten. Denn obwohl der ganz große Schritt ausgeblieben ist, gibt es doch eine Menge kleinerer Neuerungen, wegen der es sich lohnt, das Buch komplett zu überarbeiten und zu aktualisieren.

Christian Ullenboom hat viel Zeit investiert, um die »Insel« auf den neuesten Stand zu bringen. Dabei hat er auch viele Anregungen aus den zahlreichen Leserrückmeldungen aufgegriffen. Damit Sie das Buch noch besser als Lehr- und Nachschlagewerk nutzen können, hat er die Kapitel leicht umstrukturiert. So finden Sie z. B. ein kleines Sternchen an den Abschnitten, die kein Grundlagenwissen, sondern Hintergrundwissen für fortgeschrittene Java-Entwickler bieten. Einsteiger können diese Abschnitte zunächst überspringen, und dann später, wenn sie die Grundkenntnisse erworben haben, nachlesen.

Auch die neue »Insel« wird Sie überzeugen. Die Rezensenten der Vorauflage jedenfalls waren sich einig. Hier kommen zwei zu Wort:

»Eines der besten Bücher die es zu Java gibt! Wer schon etwas Erfahrung mit Java hat, wird dieses Buch sofort zu schätzen wissen. Probleme oder Aufgabenstellungen werden anhand von Beispielen verständlich gemacht, wodurch gezielt nach Lösungen für eigene Probleme gesucht werden kann.«
– wcm

»Java ist auch eine Insel‹ beantwortet alle Fragen, die sich zu der Programmiersprache stellen. Dank gutem Index und sehr detailliertem Inhaltsverzeichnis geht man auf der Insel trotz anderthalb tausend Seiten nicht verloren. Ein Muss für alle, die Java machen, für Einsteiger wie Fortgeschrittene!«
– grafiker.de

Jetzt wünsche ich Ihnen viel Spaß beim Lesen unseres Kult-Buches zu Java. Sie haben jederzeit die Möglichkeit, Anregungen und Kritik loszuwerden. Zögern Sie nicht, sich an Christian Ullenboom (C.Ullenboom@tutego.com) oder an mich zu wenden. Wir sind gespannt auf Ihre Rückmeldung!

Judith Stevens-Lemoine
Lektorat Galileo Computing

judith.stevens@galileo-press.de
www.galileocomputing.de
Galileo Press · Rheinwerkallee 4 · 53227 Bonn

Auf einen Blick

1	Java ist auch eine Sprache	51
2	Sprachbeschreibung	89
3	Klassen und Objekte	185
4	Der Umgang mit Zeichenketten	237
5	Eigene Klassen schreiben	327
6	Exceptions	443
7	Generics<T>	477
8	Äußere.innere Klassen	489
9	Besondere Klassen der Java SE	503
10	Architektur, Design und angewandte Objektorientierung	549
11	Die Klassenbibliothek	573
12	Bits und Bytes und Mathematisches	597
13	Datenstrukturen und Algorithmen	633
14	Threads und nebenläufige Programmierung	713
15	Raum und Zeit	781
16	Dateien, Verzeichnisse und Dateizugriffe	815
17	Datenströme	839
18	Die eXtensible Markup Language (XML)	933
19	Grafische Oberflächen mit Swing	1005
20	Grafikprogrammierung	1179
21	Netzwerkprogrammierung	1239
22	Verteilte Programmierung mit RMI	1277
23	JavaServer Pages und Servlets	1295
24	Datenbankmanagement mit JDBC	1335
25	Reflection und Annotationen	1385
26	Dienstprogramme für die Java-Umgebung	1435

Der Name Galileo Press geht auf den italienischen Mathematiker und Philosophen Galileo Galilei (1564–1642) zurück. Er gilt als Gründungsfigur der neuzeitlichen Wissenschaft und wurde berühmt als Verfechter des modernen, heliozentrischen Weltbilds. Legendär ist sein Ausspruch *Eppur si muove* (Und sie bewegt sich doch). Das Emblem von Galileo Press ist der Jupiter, umkreist von den vier Galileischen Monden. Galilei entdeckte die nach ihm benannten Monde 1610.

Lektorat Judith Stevens-Lemoine, Anne Scheibe
Korrektorat Annette Lennartz, Bonn
Cover Barbara Thoben, Köln
Titelbild Getty Images/Photographer's Choice RF/Frank Krahmer
Typografie und Layout Vera Brauner
Herstellung Norbert Englert
Satz SatzPro, Krefeld
Druck und Bindung Bercker Graphischer Betrieb, Kevelaer

Gerne stehen wir Ihnen mit Rat und Tat zur Seite:
judith.stevens@galileo-press.de bei Fragen und Anmerkungen zum Inhalt des Buches
service@galileo-press.de für versandkostenfreie Bestellungen und Reklamationen
britta.behrens@galileo-press.de für Rezensions- und Schulungsexemplare

Dieses Buch wurde gesetzt aus der Linotype Syntax Serif (9/13 pt) in FrameMaker.

Bibliografische Information der Deutschen Nationalbibliothek
Die Deutsche Nationalbibliothek verzeichnet diese Publikation in der Deutschen National-bibliografie; detaillierte bibliografische Daten sind im Internet über *http://dnb.d-nb.de* abrufbar.

ISBN 978-3-8362-1506-0

© Galileo Press, Bonn 2011
9., aktualisierte Auflage 2011

Das vorliegende Werk ist in all seinen Teilen urheberrechtlich geschützt. Alle Rechte vorbehalten, insbesondere das Recht der Übersetzung, des Vortrags, der Reproduktion, der Vervielfältigung auf fotomechanischem oder anderen Wegen und der Speicherung in elektronischen Medien. Ungeachtet der Sorgfalt, die auf die Erstellung von Text, Abbildungen und Programmen verwendet wurde, können weder Verlag noch Autor, Herausgeber oder Übersetzer für mögliche Fehler und deren Folgen eine juristische Verantwortung oder irgendeine Haftung übernehmen. Die in diesem Werk wiedergegebenen Gebrauchsnamen, Handelsnamen, Warenbezeichnungen usw. können auch ohne besondere Kennzeichnung Marken sein und als solche den gesetzlichen Bestimmungen unterliegen.

Inhalt

Vorwort 37

1 Java ist auch eine Sprache 51

1.1	Der erste Kontakt	51
1.2	Historischer Hintergrund	51
1.3	Eigenschaften von Java	53
	1.3.1 Bytecode und die virtuelle Maschine	53
	1.3.2 Objektorientierung in Java	55
	1.3.3 Das Java-Security-Modell	55
	1.3.4 Zeiger und Referenzen	56
	1.3.5 Bring den Müll raus, Garbage-Collector!	57
	1.3.6 Ausnahmebehandlung	57
	1.3.7 Kein Präprozessor für Textersetzungen	58
	1.3.8 Keine benutzerdefinierten überladenen Operatoren ...	58
	1.3.9 Java als Sprache, Laufzeitumgebung und Standardbibliothek ...	59
	1.3.10 Java ist Open Source	60
	1.3.11 Wofür sich Java weniger eignet	61
	1.3.12 Java im Vergleich zu anderen Sprachen	62
	1.3.13 Java und das Web, Applets statt Apples	63
	1.3.14 Features, Enhancements (Erweiterungen) und ein JSR ...	65
	1.3.15 Entwicklung von Java und Zukunftsaussichten	65
1.4	Java-Plattformen: Java SE, Java EE und Java ME	67
	1.4.1 Die Java SE-Plattform	67
	1.4.2 Java für die Kleinen	68
	1.4.3 Java für die ganz ganz Kleinen	69
	1.4.4 Java für die Großen	69
1.5	Die Installation der Java Platform Standard Edition (Java SE) ...	70
	1.5.1 Die Java SE von Oracle	70
	1.5.2 Download des JDK	70
	1.5.3 Java SE unter Windows installieren	71
1.6	Das erste Programm compilieren und testen	73
	1.6.1 Ein Quadratzahlen-Programm	73
	1.6.2 Der Compilerlauf	74
	1.6.3 Die Laufzeitumgebung	75
	1.6.4 Häufige Compiler- und Interpreterprobleme	76
1.7	Entwicklungsumgebungen im Allgemeinen	76
	1.7.1 Die Entwicklungsumgebung Eclipse	77
	1.7.2 NetBeans von Oracle	77
	1.7.3 IntelliJ IDEA	78

Inhalt

	1.7.4	Ein Wort zu Microsoft, Java und zu J++	78
1.8	Eclipse im Speziellen		79
	1.8.1	Eclipse starten	79
	1.8.2	Das erste Projekt anlegen	80
	1.8.3	Eine Klasse hinzufügen	82
	1.8.4	Übersetzen und Ausführen	83
	1.8.5	JDK statt JRE	84
	1.8.6	Start eines Programms ohne Speicheraufforderung	84
	1.8.7	Projekt einfügen, Workspace für die Programme wechseln	85
	1.8.8	Plugins für Eclipse	86
1.9	Zum Weiterlesen		86

2 Sprachbeschreibung 89

2.1	Elemente der Programmiersprache Java		89
	2.1.1	Token	89
	2.1.2	Textkodierung durch Unicode-Zeichen	90
	2.1.3	Literale	92
	2.1.4	Bezeichner	92
	2.1.5	Reservierte Schlüsselwörter	95
	2.1.6	Zusammenfassung der lexikalischen Analyse	95
	2.1.7	Kommentare	96
2.2	Anweisungen formen Programme		98
	2.2.1	Was sind Anweisungen?	98
	2.2.2	Klassendeklaration	98
	2.2.3	Die Reise beginnt am main()	99
	2.2.4	Der erste Methodenaufruf: println()	100
	2.2.5	Atomare Anweisungen und Anweisungssequenzen	101
	2.2.6	Mehr zu print(), println() und printf() für Bildschirmausgaben ...	101
	2.2.7	Die API-Dokumentation	103
	2.2.8	Ausdrucksanweisung	104
	2.2.9	Erste Idee der Objektorientierung	105
	2.2.10	Modifizierer	105
2.3	Datentypen, Typisierung, Variablen und Zuweisungen		106
	2.3.1	Primitive Datentypen im Überblick	107
	2.3.2	Variablendeklarationen	110
	2.3.3	Variablendeklaration mit Wertinitialisierung	110
	2.3.4	Zuweisungsoperator	111
	2.3.5	Wahrheitswerte	113
	2.3.6	Ganzzahlige Datentypen und Literale	113
	2.3.7	Das binäre (Basis 2), oktale (Basis 8), hexadezimale (Basis 16) Stellenwertsystem *	115
	2.3.8	Die Fließkommazahlen »float« und »double«	116

	2.3.9	Alphanumerische Zeichen	117
	2.3.10	Gute Namen, schlechte Namen	118
2.4		Blöcke, Initialisierung und Sichtbarkeit	119
	2.4.1	Gruppieren von Anweisungen mit Blöcken	119
	2.4.2	Initialisierung von lokalen Variablen	120
	2.4.3	Sichtbarkeit und Gültigkeitsbereich	120
2.5		Ausdrücke, Operanden und Operatoren	122
	2.5.1	Ausdrücke	122
	2.5.2	Arithmetische Operatoren	123
	2.5.3	Unäres Minus und Plus	125
	2.5.4	Zuweisung mit Operation	126
	2.5.5	Präfix- oder Postfix-Inkrement und -Dekrement	127
	2.5.6	Die relationalen Operatoren und die Gleichheitsoperatoren	129
	2.5.7	Logische Operatoren: Nicht, Und, Oder, Xor	130
	2.5.8	Der Rang der Operatoren in der Auswertungsreihenfolge	132
	2.5.9	Die Typanpassung (das Casting)	135
	2.5.10	Überladenes Plus für Strings	138
	2.5.11	Operator vermisst *	139
2.6		Bedingte Anweisungen oder Fallunterscheidungen	140
	2.6.1	Die if-Anweisung	140
	2.6.2	Die Alternative mit einer if-else-Anweisung wählen	142
	2.6.3	Der Bedingungsoperator	144
	2.6.4	Die switch-Anweisung bietet die Alternative	146
2.7		Schleifen	149
	2.7.1	Die while-Schleife	150
	2.7.2	Die do-while-Schleife	151
	2.7.3	Die for-Schleife	152
	2.7.4	Schleifenbedingungen und Vergleiche mit ==	155
	2.7.5	Ausbruch planen mit break und Wiedereinstieg mit »continue«	157
	2.7.6	»break« und »continue« mit Marken *	160
2.8		Methoden einer Klasse	163
	2.8.1	Bestandteil einer Methode	163
	2.8.2	Signatur-Beschreibung in der Java-API	165
	2.8.3	Aufruf einer Methode	166
	2.8.4	Methoden ohne Parameter deklarieren	166
	2.8.5	Statische Methoden (Klassenmethoden)	167
	2.8.6	Parameter, Argument und Wertübergabe	168
	2.8.7	Methoden vorzeitig mit »return« beenden	170
	2.8.8	Nicht erreichbarer Quellcode bei Methoden	170
	2.8.9	Rückgabewerte	171
	2.8.10	Methoden überladen	174

	2.8.11	Vorgegebener Wert für nicht aufgeführte Argumente *	176
	2.8.12	Finale lokale Variablen	176
	2.8.13	Rekursive Methoden *	178
	2.8.14	Die Türme von Hanoi *	181
2.9	Zum Weiterlesen		183

3   Klassen und Objekte   185

3.1	Objektorientierte Programmierung (OOP)		185
	3.1.1	Warum überhaupt OOP?	185
	3.1.2	Denk ich an Java, denk ich an Wiederverwendbarkeit	186
3.2	Eigenschaften einer Klasse		187
	3.2.1	Die Klasse »Point«	187
3.3	Die UML (Unified Modeling Language) *		188
	3.3.1	Hintergrund und Geschichte zur UML	188
	3.3.2	Wichtige Diagrammtypen der UML	189
	3.3.3	UML-Werkzeuge	190
3.4	Neue Objekte erzeugen		191
	3.4.1	Ein Exemplar einer Klasse mit dem new-Operator anlegen	191
	3.4.2	Garbage-Collector (GC) – Es ist dann mal weg	193
	3.4.3	Deklarieren von Referenzvariablen	193
	3.4.4	Zugriff auf Variablen und Methoden mit dem ».«	194
	3.4.5	Konstruktoren nutzen	196
3.5	Mit Referenzen arbeiten, Identität und Gleichheit		197
	3.5.1	Die null-Referenz	197
	3.5.2	null-Referenzen testen	198
	3.5.3	Zuweisungen bei Referenzen	199
	3.5.4	Methoden mit nicht-primitiven Parametern	200
	3.5.5	Identität von Objekten	202
	3.5.6	Gleichheit und die Methode »equals()«	202
3.6	Kompilationseinheiten, Imports und Pakete schnüren		204
	3.6.1	Volle Qualifizierung und import-Deklaration	205
	3.6.2	Mit import p1.p2.* alle Typen eines Pakets erreichen	205
	3.6.3	Hierarchische Strukturen über Pakete	206
	3.6.4	Die package-Deklaration	207
	3.6.5	Unbenanntes Paket (default package)	207
	3.6.6	Klassen mit gleichen Namen in unterschiedlichen Paketen *	208
	3.6.7	Compilationseinheit (Compilation Unit)	208
	3.6.8	Statischer Import	209
	3.6.9	Eine Verzeichnisstruktur für eigene Projekte *	210
3.7	Arrays		210
	3.7.1	Deklaration von Arrays	211
	3.7.2	Arrays mit Inhalt	211

3.7.3	Die Länge eines Arrays über das Attribut length auslesen	211
3.7.4	Zugriff auf die Elemente über den Index	212
3.7.5	Array-Objekte mit new erzeugen	213
3.7.6	Fehler bei Arrays	214
3.7.7	Die erweiterte for-Schleife	215
3.7.8	Arrays mit nicht-primitiven Elementen	216
3.7.9	Mehrdimensionale Arrays *	217
3.7.10	Vorinitialisierte Arrays *	220
3.7.11	Mehrere Rückgabewerte *	222
3.7.12	Methode mit variabler Argumentanzahl (Vararg)	222
3.7.13	Klonen kann sich lohnen – Arrays vermehren *	224
3.7.14	Feldinhalte kopieren *	224
3.7.15	Die Klasse »Arrays« zum Vergleichen, Füllen und Suchen nutzen	225
3.8	Der Einstiegspunkt für das Laufzeitsystem: »main()«	231
3.8.1	Kommandozeilenargumente verarbeiten	232
3.8.2	Der Rückgabewert von »main()« und »System.exit()«	232
3.9	Annotationen	233
3.9.1	Annotationstypen @Override, @Deprecated, @SuppressWarnings	234
3.10	Zum Weiterlesen	236

4 Der Umgang mit Zeichenketten 237

4.1	Einzelne Zeichen behandeln	237
4.1.1	Von ASCII über ISO-8859-1 zu Unicode	237
4.1.2	Die Character-Klasse	240
4.2	Strings und deren Anwendung	243
4.2.1	String-Literale als String-Objekte für konstante Zeichenketten	246
4.2.2	String-Länge und Test auf Leerstring	246
4.2.3	Nach enthaltenen Zeichen und Zeichenfolgen suchen	247
4.2.4	Gut, dass wir verglichen haben	249
4.2.5	Phonetische Vergleiche	252
4.2.6	String-Teile extrahieren	253
4.2.7	Strings anhängen, Groß-/Kleinschreibung und Leerraum	256
4.2.8	Suchen und ersetzen	259
4.2.9	String-Objekte mit Konstruktoren neu anlegen *	261
4.3	Konvertieren zwischen Primitiven und Strings	265
4.3.1	Unterschiedliche Typen in String-Repräsentationen konvertieren	265
4.3.2	Stringinhalt in primitiven Wert konvertieren	266
4.3.3	Unterschiedliche Ausgabeformate (Binär, Hex, Oktal) *	267
4.4	Veränderbare Zeichenketten mit StringBuilder und StringBuffer	270
4.4.1	Anlegen von StringBuilder/StringBuffer-Objekten	271

	4.4.2	StringBuilder/StringBuffer in andere Zeichenkettenformate konvertieren	271
	4.4.3	Daten anhängen	272
	4.4.4	Zeichen(folgen) setzen, erfragen, löschen und umdrehen	273
	4.4.5	Länge und Kapazität eines StringBuilder/ StringBuffer-Objekts *	274
	4.4.6	Vergleichen von String mit StringBuilder und StringBuffer	275
	4.4.7	»hashCode()« bei StringBuilder/StringBuffer *	276
4.5		CharSequence als Basistyp *	277
4.6		Sprachabhängiges Vergleichen und Normalisierung *	279
	4.6.1	Die Klasse »Collator«	279
	4.6.2	Effiziente interne Speicherung für die Sortierung	282
	4.6.3	Normalisierung	283
4.7		Reguläre Ausdrücke	284
	4.7.1	Arbeiten mit der Fassade: String#matches()	284
	4.7.2	Die Klassen »Pattern« und »Matcher«	286
	4.7.3	Finden und nicht matchen	291
	4.7.4	Gierige und nicht gierige Operatoren *	292
	4.7.5	Mit MatchResult alle Ergebnisse einsammeln *	293
	4.7.6	Suchen und Ersetzen mit Mustern	294
4.8		Zerlegen von Zeichenketten	295
	4.8.1	Splitten von Zeichenketten mit »split()«	296
	4.8.2	Die Klasse »Scanner«	297
	4.8.3	Die Klasse »StringTokenizer« *	302
	4.8.4	BreakIterator als Zeichen-, Wort-, Zeilen- und Satztrenner *	304
4.9		Zeichenkodierungen, XML/HTML-Entitys, Base64 *	307
	4.9.1	Unicode und 8-Bit-Abbildungen	307
	4.9.2	Konvertieren mit »OutputStreamWriter«-Klassen	308
	4.9.3	Das Paket »java.nio.charset«	309
	4.9.4	XML/HTML-Entitys ausmaskieren	309
	4.9.5	Base64-Kodierung	310
4.10		Ausgaben formatieren	311
	4.10.1	Formatieren und Ausgeben mit »format()«	312
	4.10.2	Die Formatter-Klasse *	317
	4.10.3	Formatieren mit Masken *	318
	4.10.4	Format-Klassen	319
	4.10.5	Zahlen, Prozente und Währungen mit »NumberFormat« und »DecimalFormat« formatieren *	321
4.11		Zum Weiterlesen	325

5 Eigene Klassen schreiben 327

5.1	Eigene Klassen mit Eigenschaften deklarieren	327
	5.1.1 Attribute deklarieren	327
	5.1.2 Methoden deklarieren	329
	5.1.3 Die this-Referenz	333
5.2	Privatsphäre und Sichtbarkeit	336
	5.2.1 Für die Öffentlichkeit: public	336
	5.2.2 Kein Public Viewing – Passwörter sind privat	337
	5.2.3 Wieso nicht freie Methoden und Variablen für alle? ...	338
	5.2.4 Privat ist nicht ganz privat: Es kommt darauf an, wer's sieht *	338
	5.2.5 Zugriffsmethoden für Attribute deklarieren	339
	5.2.6 Setter und Getter nach der JavaBeans-Spezifikation ...	340
	5.2.7 Paketsichtbar	342
	5.2.8 Zusammenfassung zur Sichtbarkeit	343
5.3	Statische Methoden und statische Attribute	345
	5.3.1 Warum statische Eigenschaften sinnvoll sind	346
	5.3.2 Statische Eigenschaften mit static	346
	5.3.3 Statische Eigenschaften über Referenzen nutzen? * ...	348
	5.3.4 Warum die Groß- und Kleinschreibung wichtig ist * ...	348
	5.3.5 Statische Variablen zum Datenaustausch *	349
	5.3.6 Statische Eigenschaften und Objekteigenschaften * ...	350
5.4	Konstanten und Aufzählungen	351
	5.4.1 Konstanten über öffentliche statische finale Variablen	351
	5.4.2 Typ(un)sichere Aufzählungen *	352
	5.4.3 Aufzählungen mit »enum«	353
5.5	Objekte anlegen und zerstören	356
	5.5.1 Konstruktoren schreiben	356
	5.5.2 Der vorgegebene Konstruktor (engl. »default constructor«)	358
	5.5.3 Parametrisierte und überladene Konstruktoren	360
	5.5.4 Copy-Konstruktor	362
	5.5.5 Einen anderen Konstruktor der gleichen Klasse mit »this()« aufrufen	363
	5.5.6 Ihr fehlt uns nicht – der Garbage-Collector	366
	5.5.7 Private Konstruktoren, Utility-Klassen, Singleton, Fabriken	367
5.6	Klassen- und Objektinitialisierung *	369
	5.6.1 Initialisierung von Objektvariablen	370
	5.6.2 Statische Blöcke als Klasseninitialisierer	371
	5.6.3 Initialisierung von Klassenvariablen	372
	5.6.4 Eincompilierte Belegungen der Klassenvariablen	373
	5.6.5 Exemplarinitialisierer (Instanzinitialisierer)	374
	5.6.6 Finale Werte im Konstruktor und in statischen Blöcken setzen ...	376

Inhalt

5.7	Assoziationen zwischen Objekten	378
	5.7.1 Unidirektionale 1:1-Beziehung	379
	5.7.2 Bidirektionale 1:1-Beziehungen	380
	5.7.3 Unidirektionale 1:n-Beziehung	381
5.8	Vererbung	383
	5.8.1 Vererbung in Java	384
	5.8.2 Spielobjekte modellieren	384
	5.8.3 Die implizite Basisklasse »java.lang.Object«	386
	5.8.4 Einfach- und Mehrfachvererbung *	386
	5.8.5 Die Sichtbarkeit »protected«	386
	5.8.6 Konstruktoren in der Vererbung und »super()«	387
5.9	Typen in Hierarchien	392
	5.9.1 Automatische und explizite Typanpassung	392
	5.9.2 Das Substitutionsprinzip	394
	5.9.3 Typen mit dem binären Operator »instanceof «testen	396
5.10	Methoden überschreiben	398
	5.10.1 Methoden in Unterklassen mit neuem Verhalten ausstatten	398
	5.10.2 Mit »super« an die Eltern	401
	5.10.3 Finale Klassen und finale Methoden	403
	5.10.4 Kovariante Rückgabetypen	404
	5.10.5 Array-Typen und Kovarianz *	405
5.11	Dynamisches Binden	406
	5.11.1 Gebunden an »toString()«	407
	5.11.2 Implementierung von »System.out.println(Object)«	408
	5.11.3 Nicht dynamisch gebunden bei privaten, statischen und finalen Methoden	409
	5.11.4 Dynamisch gebunden auch bei Konstruktoraufrufen *	411
	5.11.5 Eine letzte Spielerei mit Javas dynamischer Bindung und überschatteten Attributen *	413
5.12	Abstrakte Klassen und abstrakte Methoden	414
	5.12.1 Abstrakte Klassen	414
	5.12.2 Abstrakte Methoden	415
5.13	Schnittstellen	419
	5.13.1 Schnittstellen deklarieren	419
	5.13.2 Implementieren von Schnittstellen	420
	5.13.3 Markierungsschnittstellen *	422
	5.13.4 Ein Polymorphie-Beispiel mit Schnittstellen	422
	5.13.5 Die Mehrfachvererbung bei Schnittstellen *	423
	5.13.6 Keine Kollisionsgefahr bei Mehrfachvererbung *	427
	5.13.7 Erweitern von Interfaces – Subinterfaces	428
	5.13.8 Konstantendeklarationen bei Schnittstellen	428
	5.13.9 Initialisierung von Schnittstellenkonstanten *	431
	5.13.10 Abstrakte Klassen und Schnittstellen im Vergleich	434

		Inhalt

5.14	Dokumentationskommentare mit JavaDoc	435
	5.14.1 Einen Dokumentationskommentar setzen	435
	5.14.2 Mit dem Werkzeug javadoc eine Dokumentation erstellen	437
	5.14.3 HTML-Tags in Dokumentationskommentaren *	437
	5.14.4 Generierte Dateien	438
	5.14.5 Dokumentationskommentare im Überblick *	438
	5.14.6 JavaDoc und Doclets *	440
	5.14.7 Veraltete (deprecated) Typen und Eigenschaften	440

6 Exceptions — 443

6.1	Problembereiche einzäunen	443
	6.1.1 Exceptions in Java mit try und catch	443
	6.1.2 Eine NumberFormatException auffangen	444
	6.1.3 Ablauf einer Ausnahmesituation	446
	6.1.4 Eigenschaften vom Exception-Objekt	446
	6.1.5 Wiederholung abgebrochener Bereiche *	448
	6.1.6 Mehrere Ausnahmen auffangen	448
	6.1.7 throws im Methodenkopf angeben	451
	6.1.8 Abschlussbehandlung mit »finally«	452
6.2	Die Klassenhierarchie der Fehler	456
	6.2.1 Die Exception-Hierarchie	456
	6.2.2 Oberausnahmen auffangen	457
	6.2.3 Alles geht als Exception durch	458
	6.2.4 Zusammenfassen gleicher catch-Blöcke	460
6.3	RuntimeException muss nicht aufgefangen werden	461
	6.3.1 Beispiele für RuntimeException-Klassen	461
	6.3.2 Kann man abfangen, muss man aber nicht	462
6.4	Harte Fehler: Error *	462
6.5	Auslösen eigener Exceptions	463
	6.5.1 Mit throw Ausnahmen auslösen	463
	6.5.2 Vorhandene Runtime-Fehlertypen kennen und nutzen	464
	6.5.3 Parameter testen und gute Fehlermeldungen	466
	6.5.4 Neue Exception-Klassen deklarieren	468
	6.5.5 Eigene Ausnahmen als Unterklassen von Exception oder RuntimeException?	469
	6.5.6 Abfangen und weiterleiten *	471
	6.5.7 Geschachtelte Ausnahmen *	472
6.6	Assertions *	474
	6.6.1 Assertions in eigenen Programmen nutzen	475
	6.6.2 Assertions aktivieren	476

13

Inhalt

7 Generics<T> 477

7.1 Einführung in Java Generics 477

    7.1.1   Mensch versus Maschine: Typprüfung des Compilers und
der Laufzeitumgebung 477

    7.1.2   Taschen 478

    7.1.3   Generische Typen deklarieren 480

    7.1.4   Generics nutzen 481

    7.1.5   Generische Schnittstellen 483

    7.1.6   Generische Methoden/Konstruktoren und Typ-Inferenz 485

8 Äußere.innere Klassen 489

8.1 Geschachtelte (innere) Klassen, Schnittstellen, Aufzählungen 489

    8.1.1   Statische innere Klassen und Schnittstellen 490

    8.1.2   Mitglieds- oder Elementklassen 491

    8.1.3   Lokale Klassen 495

    8.1.4   Anonyme innere Klassen 496

    8.1.5   Zugriff auf lokale Variablen aus lokalen inneren und
anonymen Klassen * 499

    8.1.6   »this« und Vererbung * 500

9 Besondere Klassen der Java SE 503

9.1 Vergleichen von Objekten 503

    9.1.1   Natürlich geordnet oder nicht? 503

    9.1.2   Die Schnittstelle Comparable 504

    9.1.3   Die Schnittstelle Comparator 504

    9.1.4   Rückgabewerte kodieren die Ordnung 505

9.2 Wrapper-Klassen und Autoboxing 507

    9.2.1   Wrapper-Objekte erzeugen 508

    9.2.2   Konvertierungen in eine String-Repräsentation 509

    9.2.3   Die Basisklasse Number für numerische Wrapper-Objekte 510

    9.2.4   Vergleiche durchführen mit »compare()«, »compareTo()«
und »equals()« 512

    9.2.5   Die Klasse »Integer« 514

    9.2.6   Die Klassen »Double« und »Float« für Fließkommazahlen 515

    9.2.7   Die Boolean-Klasse 516

    9.2.8   Autoboxing: Boxing und Unboxing 518

9.3 Object ist die Mutter aller Klassen 521

    9.3.1   Klassenobjekte 522

    9.3.2   Objektidentifikation mit »toString()« 522

    9.3.3   Objektgleichheit mit »equals()« und Identität 524

    9.3.4   Klonen eines Objekts mit »clone()« * 528

	9.3.5	Hashcodes über »hashCode()« liefern *	531
	9.3.6	Aufräumen mit »finalize()« *	536
	9.3.7	Synchronisation *	538
9.4		Die Spezial-Oberklasse »Enum«	538
	9.4.1	Methoden auf Enum-Objekten	539
	9.4.2	»Enum« mit eigenen Konstruktoren und Methoden *	542
9.5		Erweitertes »for« und »Iterable«	545
	9.5.1	Die Schnittstelle »Iterable«	545
	9.5.2	Einen eigenen Iterable implementieren *	545
9.6		Zum Weiterlesen	547

10 Architektur, Design und angewandte Objektorientierung 549

10.1		Architektur, Design und Implementierung	549
10.2		Design-Pattern (Entwurfsmuster)	550
	10.2.1	Motivation für Design-Pattern	550
	10.2.2	Das Beobachter-Pattern (Observer/Observable)	551
	10.2.3	Ereignisse über Listener	556
10.3		JavaBean	560
	10.3.1	Properties (Eigenschaften)	561
	10.3.2	Einfache Eigenschaften	561
	10.3.3	Indizierte Eigenschaften	562
	10.3.4	Gebundene Eigenschaften und PropertyChangeListener	562
	10.3.5	Veto-Eigenschaften – dagegen!	565
	10.3.6	Ein POJO (Plain Old Java Object) ohne technische Abhängigkeiten	569
10.4		Zum Weiterlesen	571

11 Die Klassenbibliothek 573

11.1		Die Java-Klassenphilosophie	573
	11.1.1	Übersicht über die Pakete der Standardbibliothek	573
11.2		Klassenlader (Class Loader)	575
	11.2.1	Woher die kleinen Klassen kommen	575
	11.2.2	Setzen des Klassenpfades	577
	11.2.3	Die wichtigsten drei Typen von Klassenladern	578
	11.2.4	Die Klasse »java.lang.ClassLoader« *	578
	11.2.5	Hot Deployment mit dem URL-Classloader *	580
	11.2.6	Das Verzeichnis jre/lib/endorsed *	582
11.3		Die Utility-Klasse System und Properties	583
	11.3.1	Systemeigenschaften der Java-Umgebung	584
	11.3.2	line.separator	585
	11.3.3	Property von der Konsole aus setzen *	586
	11.3.4	Umgebungsvariablen des Betriebssystems *	587

Inhalt

11.4	Einfache Benutzereingaben	588
	11.4.1 Grafischer Eingabedialog über JOptionPane	589
	11.4.2 Geschützte Passwort-Eingaben mit der Klasse »Console« *	590
11.5	Ausführen externer Programme *	591
	11.5.1 »ProcessBuilder« und Prozesskontrolle mit Process	591
	11.5.2 Einen Browser, E-Mail-Client oder Editor aufrufen	595
11.6	Zum Weiterlesen	596

12 Bits und Bytes und Mathematisches 597

12.1	Bits und Bytes *	597
	12.1.1 Die Bit-Operatoren Komplement, Und, Oder und Xor	597
	12.1.2 Repräsentation ganzer Zahlen in Java – das Zweierkomplement	599
	12.1.3 Auswirkung der Typanpassung auf die Bitmuster	600
	12.1.4 »byte« als vorzeichenlosen Datentyp nutzen	602
	12.1.5 Die Verschiebeoperatoren	603
	12.1.6 Ein Bit setzen, löschen, umdrehen und testen	605
	12.1.7 Bit-Methoden der Integer- und Long-Klasse	605
12.2	Fließkommaarithmetik in Java	606
	12.2.1 Spezialwerte für Unendlich, Null, NaN	607
	12.2.2 Standard-Notation und wissenschaftliche Notation bei Fließkommazahlen *	609
	12.2.3 Mantisse und Exponent *	610
12.3	Die Eigenschaften der Klasse »Math«	611
	12.3.1 Attribute	612
	12.3.2 Absolutwerte und Vorzeichen	612
	12.3.3 Maximum/Minimum	613
	12.3.4 Runden von Werten	613
	12.3.5 Wurzel und Exponentialmethoden	615
	12.3.6 Der Logarithmus *	616
	12.3.7 Rest der ganzzahligen Division *	617
	12.3.8 Winkelmethoden *	618
	12.3.9 Zufallszahlen	619
12.4	Mathe bitte strikt *	619
	12.4.1 Strikte Fließkommaberechungungen mit strictfp	619
	12.4.2 Die Klassen »Math« und »StrictMath«	620
12.5	Die Random-Klasse	620
	12.5.1 Objekte aufbauen mit dem Samen	621
	12.5.2 Zufallszahlen erzeugen	621
	12.5.3 Pseudo-Zufallszahlen in der Normalverteilung *	622
12.6	Große Zahlen *	622
	12.6.1 Die Klasse »BigInteger«	622

16

	12.6.2	Methoden von »BigInteger«	625
	12.6.3	Ganz lange Fakultäten	627
	12.6.4	Große Fließkommazahlen mit BigDecimal	628
	12.6.5	Mit MathContext komfortabel die Rechengenauigkeit setzen	630
12.7	Zum Weiterlesen		631

13　Datenstrukturen und Algorithmen　633

13.1	Datenstrukturen und die Collection-API		633
	13.1.1	Designprinzip mit Schnittstellen, abstrakten und konkreten Klassen	634
	13.1.2	Die Basis-Schnittstellen Collection und Map	634
	13.1.3	Das erste Programm mit Container-Klassen	634
	13.1.4	Die Schnittstelle Collection und Kernkonzepte	636
	13.1.5	Schnittstellen, die Collection erweitern, und Map	639
	13.1.6	Konkrete Container-Klassen	641
	13.1.7	Welche Container-Klasse nehmen?	642
	13.1.8	Generische Datentypen in der Collection-API	642
	13.1.9	Die Schnittstelle »Iterable« und das erweiterte »for«	644
13.2	Mit einem Iterator durch die Daten wandern		644
	13.2.1	Die Schnittstellen Enumeration und Iterator	645
	13.2.2	Iteratoren von Sammlungen und das erweiterte »for«	647
	13.2.3	Fail-Fast-Iterator und die ConcurrentModificationException	649
13.3	Listen		650
	13.3.1	Auswahlkriterium ArrayList oder LinkedList	651
	13.3.2	Die Schnittstelle List	651
	13.3.3	ListIterator *	656
	13.3.4	ArrayList	657
	13.3.5	LinkedList	660
	13.3.6	Der Feld-Adapter »Arrays.asList()«	661
	13.3.7	»toArray()« von Collection verstehen – die Gefahr einer Falle erkennen	662
	13.3.8	Primitive Elemente in den Collection-Datenstrukturen	665
13.4	Datenstrukturen mit Ordnung		665
	13.4.1	Algorithmen mit Such- und Sortiermöglichkeiten	665
	13.4.2	Den größten und kleinsten Wert einer Collection finden	666
	13.4.3	Sortieren	667
13.5	Mengen (Sets)		670
	13.5.1	HashSet	672
	13.5.2	TreeSet – die Menge durch Bäume	673
	13.5.3	LinkedHashSet	676
13.6	Stack (Kellerspeicher, Stapel)		676
	13.6.1	Die Methoden von »Stack«	677

Inhalt

13.6.2	Ein »Stack« ist ein »Vector« – aha!	678
13.7	Queues (Schlangen) und Deques	678
13.7.1	Die Schnittstelle »Queue«	678
13.7.2	Blockierende Queues und Prioritätswarteschlangen	680
13.7.3	»Deque«-Klassen	680
13.8	Assoziative Speicher	681
13.8.1	Die Klassen »HashMap« und »TreeMap«	681
13.8.2	Einfügen und Abfragen der Datenstruktur	683
13.8.3	Über die Bedeutung von »equals()«, »hashCode()«	685
13.8.4	IdentityHashMap	687
13.8.5	Das Problem von veränderten Elementen	687
13.8.6	Aufzählungen und Ansichten des Assoziativspeichers	688
13.8.7	Der Gleichheitstest, Hash-Wert und Klon einer Hash-Tabelle*	690
13.8.8	Die Arbeitsweise einer Hash-Tabelle *	691
13.9	Die Properties-Klasse	693
13.9.1	Properties setzen und lesen	694
13.9.2	Properties verketten	694
13.9.3	Hierarchische Eigenschaften	695
13.9.4	Eigenschaften ausgeben *	695
13.9.5	Properties laden und speichern	696
13.10	Algorithmen in Collections	697
13.10.1	Nicht-änderbare Datenstrukturen	698
13.10.2	Null Object Pattern und leere Sammlungen zurückgeben	698
13.10.3	Mit der Halbierungssuche nach Elementen fahnden	701
13.10.4	Ersetzen, Kopieren, Füllen, Umdrehen, Rotieren, Durchmischen *	703
13.10.5	Häufigkeit eines Elements *	704
13.10.6	nCopies() *	704
13.10.7	Singletons *	705
13.11	Synchronisation der Datenstrukturen	706
13.11.1	Lock-free-Algorithmen aus java.util.concurrent	706
13.11.2	Wrapper zur Synchronisation	707
13.11.3	»CopyOnWriteArrayList« und »CopyOnWriteArraySet«	708
13.12	Die Klasse »BitSet« für Bitmengen *	708
13.12.1	Ein »BitSet« anlegen, füllen und erfragen	708
13.12.2	Mengenorientierte Operationen	709
13.12.3	Methodenübersicht	710
13.12.4	Primzahlen in einem »BitSet« verwalten	711
13.13	Zum Weiterlesen	712

14 Threads und nebenläufige Programmierung 713

14.1	Nebenläufigkeit	713
	14.1.1 Threads und Prozesse	713
	14.1.2 Wie parallele Programme die Geschwindigkeit steigern können	715
	14.1.3 Was Java für Nebenläufigkeit alles bietet	716
14.2	Threads erzeugen	717
	14.2.1 Threads über die Schnittstelle Runnable implementieren	717
	14.2.2 Thread mit Runnable starten	718
	14.2.3 Die Klasse »Thread« erweitern	719
14.3	Thread-Eigenschaften und -Zustände	722
	14.3.1 Der Name eines Threads	722
	14.3.2 Wer bin ich?	722
	14.3.3 Die Zustände eines Threads *	723
	14.3.4 Schläfer gesucht	723
	14.3.5 Mit »yield()« auf Rechenzeit verzichten	725
	14.3.6 Der Thread als Dämon	725
	14.3.7 Das Ende eines Threads	727
	14.3.8 Einen Thread höflich mit Interrupt beenden	728
	14.3.9 »UncaughtExceptionHandler« für unbehandelte Ausnahmen	730
	14.3.10 Der »stop()« von außen und die Rettung mit ThreadDeath *	731
	14.3.11 Ein Rendezvous mit »join()« *	732
	14.3.12 Arbeit niederlegen und wieder aufnehmen *	734
	14.3.13 Priorität *	735
14.4	Der Ausführer (Executor) kommt	736
	14.4.1 Die Schnittstelle »Executor«	736
	14.4.2 Die Thread-Pools	738
	14.4.3 Threads mit Rückgabe über Callable	739
	14.4.4 Mehrere Callable abarbeiten	742
	14.4.5 Mit ScheduledExecutorService wiederholende Ausgaben und Zeitsteuerungen	743
14.5	Synchronisation über kritische Abschnitte	743
	14.5.1 Gemeinsam genutzte Daten	744
	14.5.2 Probleme beim gemeinsamen Zugriff und kritische Abschnitte ...	744
	14.5.3 Punkte parallel initialisieren	746
	14.5.4 »i++« sieht atomar aus, ist es aber nicht *	747
	14.5.5 Kritische Abschnitte schützen	748
	14.5.6 Schützen mit ReentrantLock	750
	14.5.7 Synchronisieren mit »synchronized«	756
	14.5.8 Synchronized-Methoden der Klasse »StringBuffer« *	757
	14.5.9 Mit synchronized synchronisierte Blöcke	758
	14.5.10 Dann machen wir doch gleich alles synchronisiert!	759

Inhalt

	14.5.11	Lock-Freigabe im Fall von Exceptions	760
	14.5.12	Deadlocks	761
	14.5.13	Mit »synchronized« nachträglich synchronisieren *	763
	14.5.14	Monitore sind reentrant – gut für die Geschwindigkeit *	764
	14.5.15	Synchronisierte Methodenaufrufe zusammenfassen *	765
14.6	Synchronisation über Warten und Benachrichtigen		765
	14.6.1	Die Schnittstelle »Condition«	766
	14.6.2	It's Disco-Time *	770
	14.6.3	Warten mit »wait()« und Aufwecken mit »notify()« *	774
	14.6.4	Falls der Lock fehlt: IllegalMonitorStateException *	775
14.7	Zeitgesteuerte Abläufe		777
	14.7.1	Die Klassen »Timer« und »TimerTask«	777
	14.7.2	Job-Scheduler Quartz	778
14.8	Einen Abbruch der virtuellen Maschine erkennen		779
14.9	Zum Weiterlesen		780

15 Raum und Zeit 781

15.1	Weltzeit *		781
15.2	Wichtige Datum-Klassen im Überblick		782
	15.2.1	Der 1.1.1970	782
	15.2.2	System.currentTimeMillis()	783
	15.2.3	Einfach Zeitumrechnungen durch »TimeUnit«	783
15.3	Sprachen der Länder		784
	15.3.1	Sprachen und Regionen über Locale-Objekte	784
15.4	Internationalisierung und Lokalisierung		787
	15.4.1	ResourceBundle-Objekte und Ressource-Dateien	788
	15.4.2	Ressource-Dateien zur Lokalisierung	788
	15.4.3	Die Klasse »ResourceBundle«	789
	15.4.4	Ladestrategie für ResourceBundle-Objekte	790
15.5	Die Klasse »Date«		791
	15.5.1	Objekte erzeugen und Methoden nutzen	791
	15.5.2	Date-Objekte nicht immutable	793
15.6	Calendar und GregorianCalendar		793
	15.6.1	Die abstrakte Klasse »Calendar«	794
	15.6.2	Der gregorianische Kalender	795
	15.6.3	»Calendar« nach »Date« und Millisekunden fragen	797
	15.6.4	Ostertage *	798
	15.6.5	Abfragen und Setzen von Datumselementen über Feldbezeichner	799
15.7	Formatieren und Parsen von Datumsangaben		805
	15.7.1	Ausgaben mit »printf()«	805

	15.7.2	Mit »DateFormat« und »SimpleDateFormat« formatieren	806
	15.7.3	Parsen von Datumswerten	811
15.8	Zum Weiterlesen		813

16 Dateien, Verzeichnisse und Dateizugriffe 815

16.1	Datei und Verzeichnis		816
	16.1.1	Dateien und Verzeichnisse mit der Klasse »File«	816
	16.1.2	Verzeichnis oder Datei? Existiert es?	818
	16.1.3	Verzeichnis- und Dateieigenschaften/-attribute	819
	16.1.4	Umbenennen und Verzeichnisse anlegen	821
	16.1.5	Verzeichnisse listen und Dateien filtern	822
	16.1.6	Dateien berühren, neue Dateien anlegen, temporäre Dateien	825
	16.1.7	Dateien und Verzeichnisse löschen	826
	16.1.8	Verzeichnisse nach Dateien iterativ durchsuchen *	827
	16.1.9	Wurzelverzeichnis, Laufwerksnamen, Plattenspeicher *	829
	16.1.10	URL- und URI-Objekte aus einem File-Objekt ableiten *	831
	16.1.11	Mit Locking Dateien sperren *	831
16.2	Dateien mit wahlfreiem Zugriff		832
	16.2.1	Ein »RandomAccessFile« zum Lesen und Schreiben öffnen	832
	16.2.2	Aus dem »RandomAccessFile« lesen	833
	16.2.3	Schreiben mit »RandomAccessFile«	835
	16.2.4	Die Länge des »RandomAccessFile«	836
	16.2.5	Hin und her in der Datei	836
16.3	Zum Weiterlesen		837

17 Datenströme 839

17.1	Stream-Klassen und Reader/Writer am Beispiel von Dateien		839
	17.1.1	Mit dem FileWriter Texte in Dateien schreiben	840
	17.1.2	Zeichen mit der Klasse »FileReader« lesen	841
	17.1.3	Kopieren mit »FileOutputStream« und »FileInputStream«	842
	17.1.4	Das FileDescriptor-Objekt *	845
17.2	Basisklassen für die Ein-/Ausgabe		845
	17.2.1	Die abstrakten Basisklassen	846
	17.2.2	Übersicht über Ein-/Ausgabeklassen	846
	17.2.3	Die abstrakte Basisklasse »OutputStream«	848
	17.2.4	Die Schnittstellen »Closeable« und »Flushable«	849
	17.2.5	Ein Datenschlucker *	850
	17.2.6	Die abstrakte Basisklasse »InputStream«	851
	17.2.7	Ressourcen aus dem Klassenpfad und aus Jar-Archiven laden	852
	17.2.8	Ströme mit SequenceInputStream zusammensetzen *	852
	17.2.9	Die abstrakte Basisklasse »Writer«	854

Inhalt

	17.2.10 Die Schnittstelle »Appendable« *	856
	17.2.11 Die abstrakte Basisklasse »Reader«	856
17.3	Formatierte Textausgaben	859
	17.3.1 Die Klassen »PrintWriter« und »PrintStream«	859
	17.3.2 »System.out«, »System.err« und »System.in«	864
17.4	Schreiben und Lesen aus Strings und Byte-Feldern	866
	17.4.1 Mit dem »StringWriter« ein String-Objekt füllen	866
	17.4.2 CharArrayWriter	867
	17.4.3 »StringReader« und »CharArrayReader«	868
	17.4.4 Mit »ByteArrayOutputStream« in ein Byte-Feld schreiben	869
	17.4.5 Mit »ByteArrayInputStream« aus einem Byte-Feld lesen	870
17.5	Datenströme filtern und verketten	870
	17.5.1 Streams als Filter verketten (verschalen)	871
	17.5.2 Gepufferte Ausgaben mit »BufferedWriter«/ »BufferedOutputStream«	871
	17.5.3 Gepufferte Eingaben mit »BufferedReader«/ »BufferedInputStream«	873
	17.5.4 »LineNumberReader« zählt automatisch Zeilen mit *	875
	17.5.5 Daten mit der Klasse »PushbackReader« zurücklegen *	876
	17.5.6 DataOutputStream/DataInputStream *	879
	17.5.7 Basisklassen für Filter *	879
	17.5.8 Die Basisklasse »FilterWriter« *	880
	17.5.9 Ein LowerCaseWriter *	881
	17.5.10 Eingaben mit der Klasse »FilterReader« filtern *	882
	17.5.11 Anwendungen für »FilterReader« und »FilterWriter« *	883
17.6	Vermittler zwischen Byte-Streams und Unicode-Strömen	889
	17.6.1 Datenkonvertierung durch den »OutputStreamWriter«	889
	17.6.2 Automatische Konvertierungen mit dem »InputStreamReader«	890
17.7	Kommunikation zwischen Threads mit Pipes *	891
	17.7.1 »PipedOutputStream« und »PipedInputStream«	891
	17.7.2 »PipedWriter« und »PipedReader«	893
17.8	Datenkompression *	895
	17.8.1 Java-Unterstützung beim Komprimieren	896
	17.8.2 Datenströme komprimieren	896
	17.8.3 Zip-Archive	900
	17.8.4 Jar-Archive	906
17.9	Prüfsummen	906
	17.9.1 Die Schnittstelle Checksum	906
	17.9.2 Die Klasse »CRC32«	907
	17.9.3 Die Adler32-Klasse	909
17.10	Persistente Objekte und Serialisierung	909

	17.10.1	Objekte mit der Standard-Serialisierung speichern und lesen	911
	17.10.2	Zwei einfache Anwendungen der Serialisierung *	913
	17.10.3	Die Schnittstelle »Serializable«	914
	17.10.4	Nicht serialisierbare Attribute aussparen	916
	17.10.5	Das Abspeichern selbst in die Hand nehmen	917
	17.10.6	Tiefe Objektkopien *	921
	17.10.7	Versionenverwaltung und die SUID	922
	17.10.8	Wie die »ArrayList« serialisiert *	924
	17.10.9	Probleme mit der Serialisierung	925
17.11	Alternative Datenaustauschformate		926
	17.11.1	Serialisieren in XML-Dateien	926
	17.11.2	XML-Serialisierung von JavaBeans mit JavaBeans Persistence *	926
	17.11.3	Open-Source Bibliothek XStream *	929
17.12	Tokenizer *		929
	17.12.1	StreamTokenizer	929
17.13	Zum Weiterlesen		932

18 Die eXtensible Markup Language (XML) 933

18.1	Auszeichnungssprachen		933
	18.1.1	Die Standard Generalized Markup Language (SGML)	933
	18.1.2	Extensible Markup Language (XML)	934
18.2	Eigenschaften von XML-Dokumenten		934
	18.2.1	Elemente und Attribute	934
	18.2.2	Beschreibungssprache für den Aufbau von XML-Dokumenten	937
	18.2.3	Schema – eine Alternative zu DTD	940
	18.2.4	Namensraum (Namespace)	942
	18.2.5	XML-Applikationen *	943
18.3	Die Java-APIs für XML		944
	18.3.1	Das Document Object Model (DOM)	945
	18.3.2	Simple API for XML Parsing (SAX)	945
	18.3.3	Pull-API StAX	945
	18.3.4	Java Document Object Model (JDOM)	945
	18.3.5	JAXP als Java-Schnittstelle zu XML	946
	18.3.6	DOM-Bäume einlesen mit JAXP *	946
18.4	Java Architecture for XML Binding (JAXB)		947
	18.4.1	Bean für JAXB aufbauen	947
	18.4.2	JAXBContext und die Marshaller	948
	18.4.3	Ganze Objektgraphen schreiben und lesen	949
	18.4.4	Validierung	952
	18.4.5	Weitere JAXB-Annotationen *	955
	18.4.6	Beans aus XML-Schema-Datei generieren	961

Inhalt

	18.5	Serielle Verarbeitung mit StAX	965
		18.5.1 Unterschiede der Verarbeitungsmodelle	965
		18.5.2 XML-Dateien mit dem Cursor-Verfahren lesen	966
		18.5.3 XML-Dateien mit dem Iterator-Verfahren verarbeiten *	969
		18.5.4 Mit Filtern arbeiten *	971
		18.5.5 XML-Dokumente schreiben	972
	18.6	Serielle Verarbeitung von XML mit SAX *	975
		18.6.1 Schnittstellen von SAX	975
		18.6.2 SAX-Parser erzeugen	976
		18.6.3 Operationen der Schnittstelle »ContentHandler«	977
		18.6.4 ErrorHandler und EntityResolver	979
	18.7	XML-Dateien mit JDOM verarbeiten	980
		18.7.1 JDOM beziehen	980
		18.7.2 Paketübersicht *	980
		18.7.3 Die Document-Klasse	982
		18.7.4 Eingaben aus der Datei lesen	983
		18.7.5 Das Dokument im XML-Format ausgeben	984
		18.7.6 Der Dokumenttyp *	984
		18.7.7 Elemente	985
		18.7.8 Zugriff auf Elementinhalte	987
		18.7.9 Liste mit Unterelementen erzeugen *	989
		18.7.10 Neue Elemente einfügen und ändern	990
		18.7.11 Attributinhalte lesen und ändern	992
		18.7.12 XPath	995
	18.8	Transformationen mit XSLT *	998
		18.8.1 Templates und XPath als Kernelemente von XSLT	998
		18.8.2 Umwandlung von XML-Dateien mit JDOM und JAXP	1000
	18.9	XML-Schema-Validierung *	1001
		18.9.1 SchemaFactory und Schema	1002
		18.9.2 Validator	1002
		18.9.3 Validierung unterschiedlicher Datenquellen durchführen	1002
	18.10	Zum Weiterlesen	1003

19 Grafische Oberflächen mit Swing — 1005

	19.1	Das Abstract Window Toolkit und Swing	1005
		19.1.1 SwingSet-Demos	1005
		19.1.2 Abstract Window Toolkit (AWT)	1005
		19.1.3 Java Foundation Classes	1007
		19.1.4 Was Swing von AWT unterscheidet	1009
	19.2	Mit NetBeans zur ersten Oberfläche	1010
		19.2.1 Projekt anlegen	1011
		19.2.2 Gui-Klasse hinzufügen	1012

	19.2.3	Programm starten	1014
	19.2.4	Grafische Oberfläche aufbauen	1014
	19.2.5	Swing-Komponenten-Klassen	1017
	19.2.6	Funktionalität geben	1018
19.3		Fenster unter grafischen Oberflächen	1021
	19.3.1	Swing-Fenster mit javax.swing.JFrame darstellen	1021
	19.3.2	Fenster schließbar machen – setDefaultCloseOperation()	1023
	19.3.3	Sichtbarkeit des Fensters	1023
	19.3.4	Größe und Position des Fensters verändern	1024
	19.3.5	Fenster- und Dialog-Dekoration, Transparenz *	1025
	19.3.6	Dynamisches Layout während einer Größenänderung *	1026
19.4		Beschriftungen (JLabel)	1026
	19.4.1	Mehrzeiliger Text, HTML in der Darstellung	1029
19.5		Icon und ImageIcon für Bilder auf Swing-Komponenten	1030
	19.5.1	Die Klasse »ImageIcon«	1030
	19.5.2	Die Schnittstelle Icon und eigene Icons *	1032
19.6		Es tut sich was – Ereignisse beim AWT	1034
	19.6.1	Swings Ereignisquellen und Horcher (Listener)	1034
	19.6.2	Listener implementieren	1035
	19.6.3	Listener bei dem Ereignisauslöser anmelden/abmelden	1037
	19.6.4	Aufrufen der Listener im AWT-Event-Thread	1038
	19.6.5	Adapterklassen nutzen	1038
	19.6.6	Innere Mitgliedsklassen und innere anonyme Klassen	1041
	19.6.7	Ereignisse etwas genauer betrachtet *	1042
19.7		Schaltflächen	1044
	19.7.1	Normale Schaltflächen (JButton)	1044
	19.7.2	Der aufmerksame »ActionListener«	1046
	19.7.3	Schaltflächen-Ereignisse vom Typ »ActionEvent«	1047
	19.7.4	Basisklasse »AbstractButton«	1048
	19.7.5	Wechselknopf (JToggleButton)	1050
19.8		Swing Action *	1050
19.9		JComponent und Component als Basis aller Komponenten	1052
	19.9.1	Hinzufügen von Komponenten	1053
	19.9.2	Tooltips (Kurzhinweise)	1053
	19.9.3	Rahmen (Border) *	1054
	19.9.4	Fokus und Navigation *	1056
	19.9.5	Ereignisse jeder Komponente *	1057
	19.9.6	Die Größe und Position einer Komponente *	1060
	19.9.7	Komponenten-Ereignisse *	1061
	19.9.8	Undurchsichtige (opake) Komponente *	1061
	19.9.9	Properties und Listener für Änderungen *	1062

Inhalt

19.10	Container	1062
	19.10.1 Standardcontainer (JPanel)	1063
	19.10.2 Bereich mit automatischen Rollbalken (JScrollPane)	1063
	19.10.3 Reiter (JTabbedPane)	1064
	19.10.4 Teilungs-Komponente (JSplitPane)	1065
19.11	Alles Auslegungssache: die Layoutmanager	1066
	19.11.1 Übersicht über Layoutmanager	1066
	19.11.2 Zuweisen eines Layoutmanagers	1067
	19.11.3 Im Fluss mit FlowLayout	1068
	19.11.4 BoxLayout	1069
	19.11.5 Mit BorderLayout in alle Himmelsrichtungen	1070
	19.11.6 Rasteranordnung mit GridLayout	1072
	19.11.7 Der GridBagLayoutmanager *	1073
	19.11.8 Null-Layout *	1078
	19.11.9 Weitere Layoutmanager	1079
19.12	Rollbalken und Schieberegler	1079
	19.12.1 Schieberegler (JSlider)	1080
	19.12.2 Rollbalken (JScrollBar) *	1081
19.13	Kontrollfelder, Optionsfelder, Kontrollfeldgruppen	1085
	19.13.1 Kontrollfelder (JCheckBox)	1086
	19.13.2 ItemSelectable, ItemListener und das ItemEvent	1087
	19.13.3 Sich gegenseitig ausschließende Optionen (JRadioButton)	1089
19.14	Fortschritte bei Operationen überwachen *	1090
	19.14.1 Fortschrittsbalken (JProgressBar)	1090
	19.14.2 Dialog mit Fortschrittsanzeige (ProgressMonitor)	1092
19.15	Menüs und Symbolleisten	1092
	19.15.1 Die Menüleisten und die Einträge	1093
	19.15.2 Menüeinträge definieren	1094
	19.15.3 Einträge durch Action-Objekte beschreiben	1095
	19.15.4 Mit der Tastatur: Mnemonics und Shortcut	1096
	19.15.5 Der Tastatur-Shortcut (Accelerator)	1097
	19.15.6 Tastenkürzel (Mnemonics)	1099
	19.15.7 Symbolleisten alias Toolbars	1099
	19.15.8 Popup-Menüs	1101
19.16	Das Model-View-Controller-Konzept	1105
19.17	Auswahlmenüs, Listen und Spinner	1107
	19.17.1 Auswahlmenü (JComboBox)	1107
	19.17.2 Zuordnung einer Taste mit einem Eintrag *	1110
	19.17.3 Datumsauswahl	1111
	19.17.4 Listen (JList)	1111
	19.17.5 Drehfeld (JSpinner) *	1116

19.18	Textkomponenten	1118
	19.18.1 Text in einer Eingabezeile	1118
	19.18.2 Die Oberklasse der Text-Komponenten (JTextComponent)	1119
	19.18.3 Geschützte Eingaben (JPasswordField)	1121
	19.18.4 Validierende Eingabefelder (JFormattedTextField)	1121
	19.18.5 Einfache mehrzeilige Textfelder (JTextArea)	1122
	19.18.6 Editor-Klasse (JEditorPane) *	1125
19.19	Tabellen (JTable)	1127
	19.19.1 Ein eigenes Tabellen-Model	1128
	19.19.2 Basisklasse für eigene Modelle (AbstractTableModel)	1129
	19.19.3 Vorgefertigtes Standard-Modell (DefaultTableModel)	1133
	19.19.4 Ein eigener Renderer für Tabellen	1134
	19.19.5 Zell-Editoren	1137
	19.19.6 Größe und Umrandung der Zellen *	1138
	19.19.7 Spalteninformationen*	1138
	19.19.8 Tabellenkopf von Swing-Tabellen *	1139
	19.19.9 Selektionen einer Tabelle *	1140
	19.19.10 Automatisches Sortieren und Filtern mit RowSorter *	1141
19.20	Bäume (JTree)	1143
	19.20.1 JTree und sein TreeModel und TreeNode	1143
	19.20.2 Selektionen bemerken	1144
	19.20.3 Das TreeModel von JTree *	1145
19.21	JRootPane und JDesktopPane *	1147
	19.21.1 Wurzelkomponente der Top-Level-Komponenten (JRootPane)	1147
	19.21.2 JDesktopPane und die Kinder JInternalFrame	1148
	19.21.3 JLayeredPane	1149
19.22	Dialoge und Window-Objekte	1150
	19.22.1 JWindow und JDialog	1150
	19.22.2 Modal oder nicht-modal	1151
	19.22.3 Standarddialoge mit JOptionPane	1151
	19.22.4 Der Dateiauswahldialog	1154
	19.22.5 Der Farbauswahldialog JColorChooser *	1158
19.23	Flexibles Java-Look-and-Feel	1160
	19.23.1 Look and Feel global setzen	1160
	19.23.2 UIManager	1161
	19.23.3 Windowsoptik mit JGoodies Looks verbessern *	1162
19.24	Swing-Komponenten neu erstellen oder verändern *	1162
19.25	Die Zwischenablage (Clipboard)	1163
	19.25.1 Clipboard-Objekte	1163
	19.25.2 Auf den Inhalt zugreifen mit »Transferable«	1164
	19.25.3 DataFlavor ist das Format der Daten in der Zwischenablage	1165

| 19.25.4 | Einfügungen in der Zwischenablage erkennen | 1167 |
| 19.25.5 | Drag & Drop | 1167 |

19.26	AWT, Swing und die Threads	1168
19.26.1	Ereignisschlange (EventQueue) und AWT-Event-Thread	1168
19.26.2	Swing ist nicht thread-sicher	1169
19.26.3	»invokeLater()« und »invokeAndWait()«	1171
19.26.4	SwingWorker	1173
19.26.5	Eigene Ereignisse in die Queue setzen *	1175
19.26.6	Auf alle Ereignisse hören *	1175

19.27	Barrierefreiheit mit der Java Accessibility API	1176
19.28	Zeitliches Ausführen mit dem javax.swing.Timer	1177
19.29	Zum Weiterlesen	1177

20   Grafikprogrammierung 1179

20.1	Grundlegendes zum Zeichnen	1179
20.1.1	Die paint()-Methode für das AWT-Frame	1179
20.1.2	Zeichnen von Inhalten auf ein JFrame	1181
20.1.3	Auffordern zum Neuzeichnen mit »repaint()«	1182
20.1.4	Java 2D-API	1182

20.2	Einfache Zeichenmethoden	1183
20.2.1	Linien	1183
20.2.2	Rechtecke	1184
20.2.3	Ovale und Kreisbögen	1185
20.2.4	Polygone und Polylines	1186

20.3	Zeichenketten schreiben und Fonts	1188
20.3.1	Zeichenfolgen schreiben	1189
20.3.2	Die Font-Klasse	1189
20.3.3	Einen neuen Font aus einem gegebenen Font ableiten	1191
20.3.4	Zeichensätze des Systems ermitteln *	1192
20.3.5	Neue TrueType-Fonts in Java nutzen	1193
20.3.6	Font-Metadaten durch FontMetrics *	1194

20.4	Geometrische Objekte	1197
20.4.1	Die Schnittstelle Shape	1198
20.4.2	Kreisförmiges	1200
20.4.3	Kurviges *	1200
20.4.4	Area und die konstruktive Flächengeometrie *	1200
20.4.5	Pfade *	1201
20.4.6	Punkt in einer Form, Schnitt von Linien, Abstand Punkt/Linie *	1204

20.5	Das Innere und Äußere einer Form	1205
20.5.1	Farben und die Paint-Schnittstelle	1206
20.5.2	Farben mit der Klasse »Color«	1206

	20.5.3	Die Farben des Systems über SystemColor *	1211
	20.5.4	Composite und Xor *	1214
	20.5.5	Dicke und Art der Linien von Formen bestimmen über »Stroke« *	1215
20.6	Bilder		1219
	20.6.1	Eine Übersicht über die Bilder-Bibliotheken	1220
	20.6.2	Bilder mit »ImageIO« lesen	1221
	20.6.3	Ein Bild zeichnen	1223
	20.6.4	Programm-Icon/Fenster-Icon setzen	1226
	20.6.5	Splash-Screen *	1227
	20.6.6	Bilder im Speicher erzeugen *	1227
	20.6.7	Pixel für Pixel auslesen und schreiben *	1229
	20.6.8	Bilder skalieren *	1231
	20.6.9	Schreiben mit »ImageIO«	1232
	20.6.10	Asynchrones Laden mit getImage() und dem MediaTracker *	1236
20.7	Zum Weiterlesen		1237

21 Netzwerkprogrammierung 1239

21.1	Grundlegende Begriffe		1239
21.2	URI und URL		1241
	21.2.1	Die Klasse »URI«	1241
	21.2.2	Die Klasse »URL«	1242
	21.2.3	Informationen über eine URL *	1244
	21.2.4	Der Zugriff auf die Daten über die Klasse »URL«	1246
21.3	Die Klasse URLConnection *		1247
	21.3.1	Methoden und Anwendung von URLConnection	1247
	21.3.2	Protokoll- und Content-Handler	1249
	21.3.3	Im Detail: vom URL zur URLConnection	1250
	21.3.4	Der Protokoll-Handler für Jar-Dateien	1251
	21.3.5	Basic Authentication/Proxy-Authentifizierung	1253
21.4	Mit GET und POST Daten übergeben *		1254
	21.4.1	Kodieren der Parameter für Serverprogramme	1255
	21.4.2	Eine Suchmaschine mit GET-Request ansprechen	1256
	21.4.3	POST-Request absenden	1257
21.5	Host- und IP-Adressen		1258
	21.5.1	Lebt der Rechner?	1260
	21.5.2	IP-Adresse des lokalen Hosts	1260
	21.5.3	Das Netz ist Klasse ...	1261
	21.5.4	NetworkInterface	1261
21.6	Mit dem Socket zum Server		1262
	21.6.1	Das Netzwerk ist der Computer	1263
	21.6.2	Sockets	1263

Inhalt

21.6.3	Eine Verbindung zum Server aufbauen	1264
21.6.4	Server unter Spannung: die Ströme	1265
21.6.5	Die Verbindung wieder abbauen	1265
21.6.6	Informationen über den Socket *	1266
21.6.7	Reine Verbindungsdaten über SocketAddress *	1267

21.7 Client-Server-Kommunikation 1268

21.7.1	Warten auf Verbindungen	1269
21.7.2	Ein Multiplikationsserver	1270
21.7.3	Blockierendes Lesen	1273
21.7.4	Von außen erreichbar sein *	1274

21.8 Apache HttpComponents und Commons Net 1274

| 21.8.1 | HttpComponents | 1275 |
| 21.8.2 | Jakarta Commons Net | 1275 |

21.9 Zum Weiterlesen 1276

22 Verteilte Programmierung mit RMI 1277

22.1 Entfernte Objekte und Methoden 1277

| 22.1.1 | Stellvertreter helfen bei entfernten Methodenaufrufen | 1277 |
| 22.1.2 | Standards für entfernte Objekte | 1279 |

22.2 Java Remote Method Invocation 1279

22.2.1	Zusammenspiel von Server, Registry und Client	1279
22.2.2	Wie die Stellvertreter die Daten übertragen	1279
22.2.3	Probleme mit entfernten Methoden	1280
22.2.4	Nutzen von RMI bei Middleware-Lösungen	1282
22.2.5	Zentrale Klassen und Schnittstellen	1282
22.2.6	Entfernte und lokale Objekte im Vergleich	1283

22.3 Auf der Serverseite 1283

22.3.1	Entfernte Schnittstelle deklarieren	1283
22.3.2	Remote-Objekt-Implementierung	1284
22.3.3	Stellvertreterobjekte	1285
22.3.4	Der Namensdienst (Registry)	1285
22.3.5	Remote-Objekt-Implementierung exportieren und beim Namensdienst anmelden	1287
22.3.6	Einfaches Logging	1289
22.3.7	Aufräumen mit dem DGC	1290

22.4 Auf der Clientseite 1290

22.5 Entfernte Objekte übergeben und laden 1291

| 22.5.1 | Klassen vom RMI-Klassenlader nachladen | 1292 |

22.6 Zum Weiterlesen 1293

23 JavaServer Pages und Servlets 1295

23.1	Dynamisch generierte Webseiten 1295	
	23.1.1	Was sind Servlets? 1296
	23.1.2	Was sind JavaServer Pages? 1297
23.2	Servlets und JSPs mit Tomcat entwickeln 1298	
	23.2.1	Servlet-Container 1298
	23.2.2	Entwicklung der Servlet-/JSP-Spezifikationen 1298
	23.2.3	Webserver mit Servlet-Funktionalität 1299
	23.2.4	Tomcat installieren 1299
	23.2.5	Ablageort für eigene JSPs 1300
	23.2.6	Webapplikationen 1301
	23.2.7	Zuordnung von Webapplikationen zu physikalischen Verzeichnissen 1301
	23.2.8	Web-Projekt mit Eclipse IDE for Java EE Developers 1302
23.3	Statisches und Dynamisches 1303	
	23.3.1	Statischer Template-Code 1303
	23.3.2	Dynamische Inhalte 1303
	23.3.3	Kommentare 1304
23.4	Die Expression Language (EL) 1304	
	23.4.1	Operatoren der EL 1305
	23.4.2	Literale 1305
	23.4.3	Implizite EL-Objekte 1306
23.5	Formulardaten 1306	
	23.5.1	Einen Parameter auslesen 1307
	23.5.2	HTML-Formulare 1307
23.6	Auf Beans zurückgreifen 1308	
	23.6.1	Beans in JSPs anlegen 1309
	23.6.2	Properties einer Bean im EL-Ausdruck erfragen 1309
	23.6.3	Properties mit <jsp:setProperty> setzen 1309
	23.6.4	Bean-Klasse zum Testen von E-Mail-Adressen 1310
	23.6.5	Parameterwerte in Bean übertragen 1311
23.7	JSP-Tag-Libraries 1312	
	23.7.1	Standard Tag Library (JSTL) 1312
23.8	Einbinden und Weiterleiten 1316	
	23.8.1	Einbinden von Inhalten 1316
	23.8.2	Forward und Redirect 1317
	23.8.3	Applets einbinden 1318
23.9	Skripting-Elemente in JSPs 1318	
	23.9.1	Scriptlets 1318
	23.9.2	JSP-Ausdrücke 1319
	23.9.3	JSP-Deklarationen 1319
	23.9.4	Quoting 1320

Inhalt

	23.9.5	Entsprechende XML-Tags	1320
	23.9.6	Implizite Objekte für Scriptlets und JSP-Ausdrücke	1320
23.10	JSP-Direktiven		1321
	23.10.1	page-Direktiven im Überblick	1321
	23.10.2	Mit JSPs Bilder generieren	1323
23.11	Sitzungsverfolgung (Session Tracking)		1324
	23.11.1	Lösungen für Sitzungsverfolgung	1324
	23.11.2	Sitzungen in JSPs	1325
	23.11.3	Auf Session-Dateien zurückgreifen	1325
23.12	Servlets		1326
	23.12.1	Servlets compilieren	1329
	23.12.2	Servlet-Mapping	1330
	23.12.3	Der Lebenszyklus eines Servlets	1331
	23.12.4	Mehrere Anfragen beim Servlet und die Thread-Sicherheit	1331
	23.12.5	Servlets und Sessions	1332
	23.12.6	Weiterleiten und Einbinden von Servlet-Inhalten	1332
23.13	Zum Weiterlesen		1333

24 Datenbankmanagement mit JDBC 1335

24.1	Relationale Datenbanken		1335
	24.1.1	Das relationale Modell	1335
24.2	Datenbanken und Tools		1336
	24.2.1	HSQLDB	1336
	24.2.2	Weitere Datenbanken *	1337
	24.2.3	Eclipse-Plugins zum Durchschauen von Datenbanken	1340
24.3	JDBC und Datenbanktreiber		1342
	24.3.1	Treibertypen *	1343
	24.3.2	JDBC-Versionen *	1344
24.4	Eine Beispielabfrage		1345
	24.4.1	Schritte zur Datenbankabfrage	1345
	24.4.2	Client für HSQLDB-Datenbank	1346
	24.4.3	Datenbankbrowser und eine Beispielabfrage unter NetBeans	1348
24.5	Mit Java an eine Datenbank andocken		1351
	24.5.1	Der Treiber-Manager *	1351
	24.5.2	Den Treiber laden	1352
	24.5.3	Eine Aufzählung aller Treiber *	1353
	24.5.4	Log-Informationen *	1353
	24.5.5	Verbindung zur Datenbank auf- und abbauen	1354
24.6	Datenbankabfragen		1357
	24.6.1	Abfragen über das Statement-Objekt	1357
	24.6.2	Ergebnisse einer Abfrage in ResultSet	1359
	24.6.3	Java und SQL-Datentypen	1360

	24.6.4	Date, Time und Timestamp	1362
	24.6.5	Unicode in der Spalte korrekt auslesen	1364
	24.6.6	Eine SQL-NULL und »wasNull()« bei ResultSet	1364
	24.6.7	Wie viele Zeilen hat ein ResultSet? *	1365
24.7	Elemente einer Datenbank hinzufügen und aktualisieren		1365
	24.7.1	Batch-Updates	1366
	24.7.2	Die Ausnahmen bei JDBC, SQLException und Unterklassen	1367
24.8	Vorbereitete Anweisungen (Prepared Statements)		1370
	24.8.1	PreparedStatement-Objekte vorbereiten	1370
	24.8.2	Werte für die Platzhalter eines PreparedStatement	1371
24.9	Transaktionen		1372
24.10	Metadaten *		1373
	24.10.1	Metadaten über die Tabelle	1373
	24.10.2	Informationen über die Datenbank	1376
24.11	Vorbereitete Datenbankverbindungen		1376
	24.11.1	DataSource	1376
	24.11.2	Gepoolte Verbindungen	1379
24.12	Einführung in SQL		1380
	24.12.1	Ein Rundgang durch SQL-Abfragen	1381
	24.12.2	Datenabfrage mit der Data Query Language (DQL)	1382
	24.12.3	Tabellen mit der Data Definition Language (DDL) anlegen	1384
24.13	Zum Weiterlesen		1384

25 Reflection und Annotationen 1385

	25.1	Metadaten		1385
		25.1.1	Metadaten durch JavaDoc-Tags	1385
	25.2	Metadaten der Klassen mit dem Class-Objekt		1386
		25.2.1	An ein Class-Objekt kommen	1386
		25.2.2	Was das Class-Objekt beschreibt *	1388
		25.2.3	Der Name der Klasse	1390
		25.2.4	»instanceof« mit Class-Objekten *	1392
		25.2.5	Oberklassen finden *	1393
		25.2.6	Implementierte Interfaces einer Klasse oder eines Interfaces *	1393
		25.2.7	Modifizierer und die Klasse »Modifier« *	1394
		25.2.8	Die Arbeit auf dem Feld *	1396
	25.3	Attribute, Methoden und Konstruktoren		1396
		25.3.1	Reflections – Gespür für Attribute einer Klasse	1398
		25.3.2	Methoden einer Klasse erfragen	1401
		25.3.3	Properties einer Bean erfragen	1404
		25.3.4	Konstruktoren einer Klasse	1405
		25.3.5	Annotationen	1407

Inhalt

25.4	Objekte erzeugen und manipulieren	1407
	25.4.1 Objekte erzeugen	1407
	25.4.2 Die Belegung der Variablen erfragen	1409
	25.4.3 Eine generische eigene toString()-Methode *	1411
	25.4.4 Variablen setzen	1412
	25.4.5 Bean-Zustände kopieren *	1414
	25.4.6 Private Attribute ändern	1415
25.5	Methoden aufrufen	1415
	25.5.1 Statische Methoden aufrufen	1417
25.6	Eigene Annotationstypen *	1417
	25.6.1 Annotationen zum Laden von Ressourcen	1417
	25.6.2 Neue Annotationen deklarieren	1418
	25.6.3 Annotationen mit genau einem Attribut	1419
	25.6.4 Element-Werte-Paare (Attribute) hinzufügen	1420
	25.6.5 Annotationsattribute vom Typ einer Aufzählung	1421
	25.6.6 Felder von Annotationsattributen	1421
	25.6.7 Vorbelegte Attribute	1423
	25.6.8 Annotieren von Annotationstypen	1424
	25.6.9 Deklarationen für unsere Ressourcen-Annotationen	1427
	25.6.10 Annotierte Elemente auslesen	1428
	25.6.11 Auf die Annotationsattribute zugreifen	1429
	25.6.12 Komplettbeispiel zum Initialisieren von Ressourcen	1430
	25.6.13 Mögliche Nachteile von Annotationen	1433
25.7	Zum Weiterlesen	1434

26 Dienstprogramme für die Java-Umgebung 1435

26.1	Die Werkzeuge vom JDK	1435
26.2	Java-Compiler und Java-Laufzeitumgebung	1436
	26.2.1 Bytecode-Compiler javac	1436
	26.2.2 Native Compiler	1436
	26.2.3 Java-Programme in ein natives ausführbares Programm einpacken	1437
	26.2.4 Der Java-Interpreter java	1437
26.3	Das Archivformat Jar	1439
	26.3.1 Das Dienstprogramm jar benutzen	1440
	26.3.2 Das Manifest	1442
	26.3.3 Applikationen in Jar-Archiven starten	1442
	26.3.4 Applets in Jar-Archiven	1443
26.4	Monitoringprogramme	1444
	26.4.1 jps	1444
	26.4.2 jstat	1444
	26.4.3 jmap	1445

	26.4.4	jstack	1445
	26.4.5	VisualVM	1446
26.5	Ant		1450
	26.5.1	Bezug und Installation von Ant	1451
	26.5.2	Das Build-Skript build.xml	1451
	26.5.3	Build den Build	1452
	26.5.4	Properties	1452
	26.5.5	Externe und vordefinierte Properties	1453
	26.5.6	Weitere Ant-Tasks	1454
26.6	Weitere Dienstprogramme		1455
	26.6.1	Sourcecode Beautifier	1455
	26.6.2	Java-Programme als Systemdienst ausführen	1456
26.7	Zum Weiterlesen		1457

Anhang 1459

A   Die Begleit-DVD 1459

Index 1461

»Mancher glaubt, schon darum höflich zu sein,
weil er sich überhaupt noch der Worte und nicht der Fäuste bedient.«
– Friedrich Hebbel (1813–1863)

Vorwort

Am 23. Mai 1995 stellten auf der SunWorld in San Francisco der Chef vom damaligen Suns Science Office, John Gage, und Netscape-Mitbegründer Marc Andreessen die neue Programmiersprache Java und deren Integration in den Webbrowser Netscape vor. Damit begann der Siegeszug einer Sprache, die uns elegante Wege eröffnet, um plattformunabhängig zu programmieren und objektorientiert unsere Gedanken abzubilden. Die Möglichkeiten der Sprache und Bibliothek sind an sich nichts Neues, aber so gut verpackt, dass Java angenehm und flüssig zu programmieren ist. Dieses Buch beschäftigt sich in 26 Kapiteln mit Java, den Klassen, der Design-Philosophie und der objektorientierten Programmierung.

Über dieses Buch

Zielgruppe

Die Kapitel dieses Buchs sind für Einsteiger in die Programmiersprache Java wie auch für Fortgeschrittene konzipiert. Kenntnisse in einer strukturierten Programmiersprache wie C, Delphi oder Visual Basic und Wissen über objektorientierte Technologien sind hilfreich, weil das Buch nicht explizit auf eine Rechnerarchitektur eingeht oder auf die Frage, was Programmieren eigentlich ist. Wer also schon in einer beliebigen Sprache programmiert hat, liegt mit diesem Buch genau richtig!

Was dieses Buch nicht ist

Dieses Buch darf nicht als Programmierbuch für Anfänger verstanden werden. Wer noch nie programmiert hat und mit dem Wort »Übersetzen« in erster Linie Dolmetschen verbindet, der sollte besser ein anderes Tutorial bevorzugen oder parallel lesen. Viele Bereiche aus dem Leben eines Industrieprogrammierers behandelt »die Insel« bis zu einer allgemein verständlichen Tiefe, doch sie ersetzt nicht die *Java Language Specification* (JLS: *http://java.sun.com/docs/books/jls/*).

Die Java-Technologien sind in den letzten Jahren explodiert, sodass die anfängliche Überschaubarkeit einer starken Spezialisierung gewichen ist. Heute ist es kaum mehr möglich, alles in einem Buch zu behandeln, und das möchte ich mit der Insel auch auf keinen Fall. Ein Buch,

37

das sich speziell mit der grafischen Oberfläche Swing beschäftigt, ist genauso umfangreich wie die jetzige Insel. Nicht anders verhält es sich mit den anderen Spezialthemen, wie etwa objektorientierter Analyse/Design, UML, verteilter Programmierung, Enterprise JavaBeans, Datenbankanbindung, OR-Mapping, Web-Services, dynamischen Webseiten und vielen anderen Themen. Hier muss ein Spezialbuch die Neugier befriedigen.

Die Insel trainiert die Syntax der Programmiersprache, den Umgang mit den wichtigen Standardbibliotheken, Entwicklungstools und Entwicklungsumgebungen, objektorientierte Analyse und Design, Entwurfsmuster und Programmkonventionen. Sie hilft aber weniger, am Abend bei der Party die hübschen Mädels zu beeindrucken und mit nach Hause zu nehmen. Sorry.

Warum es noch ein Java-Buch gibt ...

Meine ursprüngliche Beschäftigung mit Java hängt eng mit einer universitären Pflichtveranstaltung zusammen. In unserer Projektgruppe beschäftigten wir uns 1997 mit einer objektorientierten Dialogspezifikation. Da ich den Seminarteilnehmern Java vorstellen wollte – Alternativen waren Objective-C, C(++) –, arbeitete ich meinen ersten Foliensatz für den Seminarvortrag aus. Als ich dann noch die Seminararbeit schreiben musste, wurde aus den geplanten Seminarseiten schon ein kleines Buch. Es kam sogar dazu, dass die so genannte »Seminararbeit« schon zu viele Seiten umfasste und die vorliegende Einleitung mehr oder weniger zur Seminararbeit verwurstet wurde; zumal das Tutorial zwischendurch immer dicker geworden war, da ich für meine ersten Java-Schulungen eine Seminarunterlage benötigte.

Dass es mich über die universitäre Pflicht hinaus zum Schreiben treibt, ist nur eine Lernstrategie. Wenn ich mich in neue Gebiete einarbeite, lese ich erst einmal auf Masse und beginne dann, Zusammenfassungen zu schreiben. Erst beim Schreiben wird mir richtig bewusst, was ich noch nicht weiß. Das Lernen durch Schreiben hat mir auch bei einem anderen Buch sehr geholfen, das leider nicht veröffentlicht wurde. Es ist ein Assembler-Buch für den MC680x0 im Amiga. Die Verlage konnten mir nur mitteilen, dass die Zeit des Amiga vorbei sei.[1] Die Prognosen für Java stehen besser, weil der Einsatz von Java mittlerweile so gefestigt ist wie der von COBOL bei Banken und Versicherungen. Und da die Insel seit zwölf Jahren – die erste Version gab es 1998 – verfügbar und besonders die Online-Variante beliebt ist, stellt sich heute die Frage nach einem »neuen« Java-Buch weniger denn je.

Heute sehe ich die Insel als ein sehr facettenreiches Java-Buch für die ambitionierten Entwickler an, die hinter die Kulissen schauen wollen. Ihr Detailgrad wird in dieser Breite von keinem anderen (mir bekannten) deutsch- oder englischsprachigen Buch erreicht.

---

1 Damit habe ich eine Wette gegen Georg und Thomas verloren – sie durften bei einer großen Imbisskette so viel essen, wie sie wollten. Ich hatte später meinen Spaß, als wir mit dem Auto nach Hause fuhren und dreimal anhalten mussten.

Software und Versionen

Als Grundlage für das Buch dient die *Java Platform Standard Edition* (Java SE) in der Version 6 in der Implementierung von Oracle, die *Java Development Kit* (JDK) genannt wird. Das JDK besteht im Wesentlichen aus einem Compiler und einer Laufzeitumgebung (Interpreter) und ist für die Plattformen Windows, Linux und Solaris erhältlich. Ist das System kein Windows, Linux oder Solaris, gibt es Laufzeitumgebungen von anderen Unternehmen bzw. vom Hersteller der Plattform: Für Apples Mac OS X gibt es die Java-Laufzeitumgebung von Apple selbst, und IBM bietet für IBM System i (ehemals iSeries) ebenfalls eine Laufzeitumgebung. Die Einrichtung dieser Exoten ist kein Teil des Buchs.

Eine grafische Entwicklungsoberfläche (IDE) ist nicht Teil vom JDK. Zwar verlasse ich mich ungern auf einen Hersteller, weil die Hersteller unterschiedliche Entwicklergruppen ansprechen, doch sollen in diesem Buch die freien Entwicklungsumgebungen Eclipse und NetBeans Verwendung finden. Die Beispielprogramme lassen sich grundsätzlich mit beliebigen anderen Entwicklungsumgebungen, wie etwa IntelliJ IDEA oder JDeveloper, verarbeiten oder mit einem einfachen ASCII-Texteditor, wie Notepad (Windows) oder vi (Unix), eingeben und auf der Kommandozeile übersetzen. Diese Form der Entwicklung ist allerdings nicht mehr zeitgemäß, sodass ein grafischer Kommandozeilen-Aufsatz die Programmerstellung vereinfacht. Für die Entwicklung von Applets ist der *appletviewer* aus dem JDK wichtig oder jeder Webbrowser.

Vorwort

Welche Java-Version verwenden wir?

Seit Oracle (damals noch von Sun geführt) die Programmiersprache Java 1995 mit Version 1.0 vorgestellt hat, drehte sich die Versionsspirale bis Version 6 (gleichbedeutend mit Versionsnummer 1.6). Besonders für Java-Buch-Autoren stellt sich die Frage, auf welcher Java-Version ihr Text aufbauen muss und welche Bibliotheken es beschreiben soll. Ich habe das Problem so gelöst, dass ich immer die *Möglichkeiten der neuesten Version* beschreibe, was zur Drucklegung die Java SE 6 war. Für die Didaktik der objektorientierten Programmierung ist die Versionsfrage glücklicherweise unerheblich.

Da viele Unternehmen noch unter Java 5 entwickeln, wirft die Nutzung der Java-Version 6 unter Umständen Probleme auf, denn nicht jedes Beispielprogramm aus der Insel lässt sich per Copy & Paste fehlerfrei in das eigene Projekt übertragen. Da Java 6 aber keine fundamental neuen Möglichkeiten in der Programmiersprache bietet, übersetzt ein Java 5-Compiler jedes[2] Beispielprogramm des Buchs, und es gibt nur Compilerfehler, wenn Bibliotheksmethoden genutzt werden, die erst ab Java 6 zur Verfügung stehen.

Die Version Java 6 ist schon länger aktuell und an der Nachfolgeversion Java 7 arbeitet Oracle intensiv. Daher zeigt das Buch schon auf, welche Fähigkeiten bis jetzt in der kommenden Version von 7 implementiert sind.

Das Buch in der Lehre einsetzen

»Die Insel« eignet sich ideal zum Selbststudium. Das erste Kapitel dient zum Warmwerden und plaudert ein wenig über dieses und jenes. Wer auf dem Rechner noch keine Entwicklungsumgebung installiert hat, sollte zuerst das JDK von Oracle installieren.

Weil das JDK nur Kommandozeilentools installiert, sollte jeder Entwickler eine grafische IDE (*Integrated Development Environment*) installieren, da eine IDE die Entwicklung von Java-Programmen deutlich komfortabler macht. Eine IDE bietet gegenüber der rohen Kommandozeile einige Vorteile:

▶ Das Editieren, Kompilieren und Laufenlassen eines Java-Programms ist schnell und einfach über einen Tastendruck oder Mausklick möglich.

▶ Ein Editor sollte die Syntax von Java farbig hervorheben (Syntax-Highlighting).

▶ Eine kontextsensitive Hilfe zeigt bei Methoden die Parameter an, gleichzeitig verweist sie auf die API-Dokumentation.

Weitere Vorteile wie GUI-Builder, Projektmanagement und Debuggen sollen jetzt keine Rolle spielen. Wer neu in die Programmiersprache Java einsteigt, wird an Eclipse seine Freude haben. Es wird im ersten Kapitel ebenfalls beschrieben.

Zum Entwickeln von Software ist die Hilfe unerlässlich. Sie ist von der Entwicklungsumgebung in der Regel über einen Tastendruck einsehbar oder online zu finden. Unter welcher URL sie verfügbar ist, erklärt ebenfalls Kapitel 1.

---

2   ... bis auf eine kleine Ausnahme, bedingt durch Annotationen.

Richtig los geht es mit Kapitel 2, und von da an didaktisch Schritt für Schritt weiter. Wer Kenntnisse in C hat, kann Kapitel 2 überblättern. Wer schon in C++/C# objektorientiert programmiert hat, kann Kapitel 3 überfliegen und dann einsteigen. Objektorientierter Mittelpunkt des Buchs ist Kapitel 6: Es vermittelt die OO-Begriffe Klasse, Methode, Assoziation, Vererbung, dynamisches Binden... Nach Kapitel 6 ist die objektorientierte Grundausbildung abgeschlossen, und nach Kapitel 10 sind die Grundlagen von Java bekannt. Es folgen Vertiefungen in einzelne Bereiche der Java-Bibliothek.

Mit diesem Buch und einer Entwicklungsumgebung Ihres Vertrauens können Sie die ersten Programme entwickeln. Um eine neue Programmiersprache zu erlernen, reicht das Lesen aber nicht aus. Mit den Übungsaufgaben auf der DVD können Sie deshalb auch Ihre Fingerfertigkeit trainieren. Da Lösungen beigelegt sind, lassen sich die eigenen Lösungen gut mit den Musterlösungen vergleichen. Vielleicht bietet die Buchlösung noch eine interessante Lösungsidee oder Alternative an.

Persönliche Lernstrategien

Wer das Buch im Selbststudium nutzt, wird wissen wollen, was eine erfolgreiche Lernstrategie ist. Der Schlüssel zur Erkenntnis ist, wie so oft, die Lernpsychologie, die untersucht, unter welchen Lesebedingungen ein Text optimal verstanden werden kann. Die Methode, die ich vorstellen möchte, heißt PQ4R-Methode, benannt nach den Anfangsbuchstaben der Schritte, die die Methode vorgibt:

▶ *Vorschau (Preview)*: Zunächst sollten Sie sich einen ersten Überblick über das Kapitel verschaffen, etwa durch Blättern im Inhaltsverzeichnis und in den Seiten der einzelnen Kapitel. Schauen Sie sich die Abbildungen und Tabellen etwas länger an, da sie schon den Inhalt verraten und Lust auf den Text vermitteln.

▶ *Fragen (Question)*: Jedes Kapitel versucht, einen thematischen Block zu vermitteln. Vor dem Lesen sollten Sie sich überlegen, welche Fragen das Kapitel beantworten soll.

▶ *Lesen (Read)*: Jetzt geht's los, der Text wird durchgelesen. Wenn es nicht gerade ein geliehenes Bücherei-Buch ist, sollten Sie Passagen, die Ihnen wichtig erscheinen, mit vielen Farben hervorheben und mit Randbemerkungen versehen. Gleiches gilt für neue Begriffe. Die zuvor gestellten Fragen sollte jeder beantworten können. Sollten neue Fragen auftauchen – im Gedächtnis abspeichern!

▶ *Nachdenken (Reflect)*: Egal, ob motiviert oder nicht – das ist ein interessantes Ergebnis einer anderen Studie –, lernen kann jeder immer. Der Erfolg hängt nur davon ab, wie tief das Wissen verarbeitet wird (elaborierte Verarbeitung). Dazu müssen die Themen mit anderen Themen verknüpft werden. Überlegen Sie, wie die Aussagen mit den anderen Teilen zusammenpassen. Dies ist auch ein guter Zeitpunkt für praktische Übungen. Für die angegebenen Beispiele im Buch sollten Sie sich eigene Beispiele überlegen. Wenn der Autor eine `if`-Abfrage am Beispiel des Alters beschreibt, wäre eine Idee etwa eine `if`-Abfrage zur Hüpfballgröße.

▶ *Wiedergeben (Recite)*: Die zuvor gestellten Fragen sollten sich nun beantworten lassen, und zwar ohne den Text. Für mich ist das Schreiben eine gute Möglichkeit, um über mein Wissen zu reflektieren, doch sollte dies jeder auf seine Weise tun. Allemal ist es lustig, sich während des Duschens über alle Schlüsselwörter und ihre Bedeutung, den Zusammenhang zwischen abstrakten Klassen und Schnittstellen usw. klar zu werden. Ein Tipp: Lautes Erklären hilft bei vielen Arten der Problemlösung – quatschen Sie einfach mal den Toaster zu. Noch schöner ist es, mit jemandem zusammen zu lernen und sich gegenseitig die Verfahren zu erklären. Eine interessante Visualisierungstechnik ist die Mind-Map. Sie dient dazu, den Inhalt zu gliedern.

▶ *Rückblick (Review)*: Nun gehen Sie das Kapitel noch einmal durch und schauen, ob Sie alles ohne weitere Fragen verstanden haben. Manche »schnellen« Erklärungen haben sich vielleicht als falsch herausgestellt. Vielleicht klärt der Text auch nicht alles. Dann ist ein an mich gerichteter Hinweis (*insel@tutego.de*) angebracht.

Fokus auf das Wesentliche

Einige Unterkapitel sind für erfahrene Programmierer oder Informatiker geschrieben. Besonders der Neuling wird an einigen Stellen den sequenziellen Pfad verlassen müssen, da spezielle Kapitel mehr Hintergrundinformationen und Vertrautheit mit Programmiersprachen erfordern. Verweise auf C(++), C# oder andere Programmiersprachen dienen aber nicht wesentlich dem Verständnis, sondern nur dem Vergleich.

Einsteiger in Java können noch nicht zwischen dem absolut notwendigen Wissen und einer interessanten Randnotiz unterscheiden. Die Insel gewichtet aus diesem Grund das Wissen auf zwei Arten. Zunächst sind es vom Text abgesetzte Boxen, die zum Teil spezielle und fortgeschrittene Informationen bereitstellen. Des Weiteren enden einige Unterkapiteltitel auf ein *, was bedeutet, dass dieser Abschnitt übersprungen werden kann, ohne dass dem Leser etwas Wesentliches für die späteren Kapitel fehlt.

Organisation der Kapitel

Kapitel 1, »Java ist auch eine Sprache«, zeigt die Besonderheiten der Sprache Java auf. Einige Vergleiche mit anderen populären objektorientierten Sprachen werden gezogen. Die Absätze sind nicht besonders technisch und beschreiben auch den historischen Ablauf der Entwicklung von Java. Das Kapitel ist nicht didaktisch aufgebaut, sodass einige Begriffe erst in den weiteren Kapiteln vertieft werden; Einsteiger sollten es querlesen. Ebenso wird hier dargestellt, wie das Java JDK von Oracle zu beziehen und zu installieren ist, damit die ersten Programme übersetzt und gestartet werden können.

Richtig los geht es in **Kapitel 2**, »Sprachbeschreibung«. Es hebt Variablen, Typen und die imperativen Sprachelemente hervor und schafft mit Anweisungen und Ausdrücken die Grundlagen für jedes Programm. Hier finden auch Fallanweisungen, die diversen Schleifentypen und Methoden ihren Platz. Das alles geht noch ohne große Objektorientierung.

Objektorientiert wird es dann in **Kapitel 3**, »Klassen und Objekte«. Dabei kümmern wir uns erst einmal um die in der Standardbibliothek vorhandenen Klassen und entwickeln eigene Klassen später. Die Bibliothek ist so reichhaltig, dass allein mit den vordefinierten Klassen schon viele Programme entwickelt werden können. Speziell die bereitgestellten Datenstrukturen lassen sich vielfältig einsetzen.

Wichtig ist für viele Probleme auch der in **Kapitel 4** vorgestellte »Umgang mit Zeichenketten«. Die beiden notwendigen Klassen `Character` für einzelne Zeichen und `String`, `StringBuffer`/ `StringBuilder` für Zeichenfolgen werden eingeführt, und auch ein Abschnitt über reguläre Ausdrücke fehlt nicht. Bei den Zeichenketten müssen Teile ausgeschnitten, erkannt und konvertiert werden. Ein `split()` vom `String` und der `Scanner` zerlegen Zeichenfolgen anhand von Trennern in Teilzeichenketten. Format-Objekte bringen beliebige Ausgaben in ein gewünschtes Format. Dazu gehört auch die Ausgabe von Dezimalzahlen.

Mit diesem Vorwissen über Objekterzeugung und Referenzen kann der nächste Schritt erfolgen. In **Kapitel 5** werden wir »Eigene Klassen schreiben«. Anhand von Spielen und Räumen modellieren wir Objekteigenschaften und zeigen Benutzt- und Vererbungsbeziehungen auf. Wichtige Konzepte, wie statische Eigenschaften, dynamisches Binden, abstrakte Klassen und Schnittstellen (Interfaces) sowie Sichtbarkeit, finden dort ihren Platz. Da Klassen in Java auch innerhalb anderer Klassen liegen können (innere Klassen), setzt sich ein eigenes Unterkapitel damit auseinander.

Ausnahmen – **Kapitel 6**, »Exceptions« – bilden ein wichtiges Rückgrat in Programmen, da sich Fehler kaum vermeiden lassen. Da ist es besser, die Behandlung aktiv zu unterstützen und den Programmierer zu zwingen, sich um Fehler zu kümmern und diese zu behandeln.

Mit Generics lassen sich Klassen, Schnittstellen und Methoden mit einer Art Typ-Platzhalter deklarieren, wobei der konkrete Typ erst später festgelegt wird. **Kapitel 7**, »Generics<T>«, gibt einen Einblick in die Technik.

Kapitel 8, »Äußere.innere Klassen«, beschreibt, wie sich Klassen ineinander verschachteln lassen. Das verbessert die Kapselung, denn auch Implementierungen können dann sehr lokal sein.

Danach sind die Fundamente gelegt, und die verbleibenden Kapitel dienen dem Ausbau des bereits erworbenen Wissens. **Kapitel 9**, »Besondere Klassen der Java SE«, geht auf die Klassen ein, die für die Java-Bibliothek zentral sind, etwa Vergleichsklassen, Wrapper-Klassen oder die Klasse `Object`, die die Oberklasse aller Java-Klassen ist.

Kapitel 10, »Architektur, Design und angewandte Objektorientierung«, zeigt Anwendungen guter objektorientierter Programmierung und stellt Entwurfsmuster (Design-Pattern) vor. An unterschiedlichen Beispielen demonstriert das Kapitel, wie Schnittstellen und Klassenhierarchien gewinnbringend in Java eingesetzt werden. Es ist der Schlüssel dafür, nicht nur im Kleinen zu denken, sondern auch große Applikationen zu schreiben.

Nach den ersten zehn Kapiteln haben die Leser die Sprache Java nahezu komplett kennengelernt. Da Java aber nicht nur eine Sprache ist, sondern auch ein Satz von Standardbibliotheken, konzentriert sich die zweite Hälfe des Buchs auf die grundlegenden APIs. Jeweils am Ende eines Kapitels findet sich ein Unterkapitel »Zum Weiterlesen« mit Verweisen auf inter-

Vorwort

essante Internetadressen – in der Java-Sprache `finally{}` genannt. Hier kann der Leser den sequenziellen Pfad verlassen und sich einzelnen Themen widmen, da die Themen in der Regel keine direkte Abhängigkeit haben.

Die Java-Bibliothek besteht aus fast 4.000 Klassen, Schnittstellen und Annotationen. Das **Kapitel 11**, »Die Klassenbibliothek«, gibt eine Übersicht über die wichtigsten Pakete und greift einige Klassen aus der Bibliothek heraus, etwa zum Laden von Klassen. Hier finden sich auch Klassen zur Konfiguration von Anwendungen oder Möglichkeiten zum Ausführen externer Programme.

Kapitel 12 stellt »Bits und Bytes und Mathematisches« vor. Die Klasse `Math` hält typische mathematische Methoden bereit, um etwa trigonometrische Berechnungen durchzuführen. Mit einer weiteren Klasse können Zufallszahlen erzeugt werden. Auch behandelt das Kapitel den Umgang mit beliebig langen Ganz- oder Fließkommazahlen. Die meisten Entwickler benötigen nicht viel Mathematik, daher ist es das Schlusskapitel.

Kapitel 13 beschäftigt sich mit den »Datenstrukturen und Algorithmen«, die die Standardbibliothek anbietet. Die wichtigsten Klassen, wie Vektoren, Stapel, Bitmengen und Assoziativspeicher, werden vorgestellt und unterschiedliche Aufgaben mit den jeweils passenden Datenstrukturen gelöst. Als Algorithmen kommen beispielsweise vorgefertigte Sortierverfahren zum Einsatz.

Kapitel 14 kümmert sich um »Threads und nebenläufiger Programmierung«. Das Kapitel umfasst auch die Koordination mehrerer kooperierender oder konkurrierender Threads.

Zeitzonen und unterschiedliche Ausgabeformate für Datumswerte sind Thema in **Kapitel 15**, »Raum und Zeit«. Darunter fallen auch Datumsberechnungen auf der Grundlage des gregorianischen Kalenders.

In **Kapitel 16**, »Dateien, Verzeichnisse und Dateizugriffe«, wird der Fokus auf die Ein-/Ausgabe gelenkt. Zuerst zeigen wir, wie sich Attribute von Dateien und Verzeichnissen auslesen lassen, und dann, wie sich wahlfreier Zugriff auf eine Datei realisieren lässt. Anschließend folgt in **Kapitel 17**, »Datenströme«, ein wichtiges Konzept, das auch bei Strömen aus Netzwerken, Datenbanken oder Schnittstellen wichtig ist. Die Datenströme können dabei durch Filter geschickt werden. Von letzteren stellen wir einige vor, die sich zum Beispiel die Zeilennummer merken, einen Datenstrom puffern oder ihn komprimieren. Eine elegante Möglichkeit ist das Serialisieren von Objekten. Dabei wird der Zustand eines Objekts ausgelesen und so in einen Datenstrom geschrieben, dass sich das Objekt später wiederherstellen lässt. Eine eigene Speicherroutine kann somit entfallen.

Ein neues Thema spannt **Kapitel 18** mit »Die eXtensible Markup Language (XML)« auf. Java als plattformunabhängige Programmiersprache und XML als dokumentenunabhängige Beschreibungssprache sind ein ideales Paar, und die Kombination dieser beiden Technologien ist der Renner der letzten Jahre.

Kapitel 19 beschäftigt sich mit »Grafischen Oberflächen mit Swing«. Es stellt die Swing-Komponenten zur Interaktion vor, wie zum Beispiel Schaltflächen, geht auf die Behandlung von Ereignissen ein, die aus Benutzeraktionen resultieren, und beschreibt Container, die andere Komponenten aufnehmen und layouten.

Das anschließende **Kapitel 20** deckt die zweite Aufgabe der grafischen Oberflächen ab, indem es auf die »Grafikprogrammierung« eingeht. Das AWT (Abstract Window Toolkit) ist die Java-Möglichkeit, grafische Oberflächen zu gestalten. Dabei gliedert es sich in zwei große Teile: zum einen in die direkte Ausgabe von Grafik-Primitiven wie Linien und zum anderen in Komponenten für grafische Oberflächen. Das Kapitel behandelt die Themen Fenster, Zeichenketten und Zeichensätze, Farben und Bilder.

In **Kapitel 21** geht es mit »Netzwerkprogrammierung« weiter. Wir sehen, wie Daten von Webservern bezogen werden können und wie eine eigene Client-Server-Kommunikation aufgebaut wird. Bei Webservern werden wir CGI-Programme ansprechen, um an gewünschte Inhalte zu kommen. Außer auf die gesicherte Verbindung TCP gehen wir auch auf ungesicherte UDP-Verbindungen ein.

In **Kapitel 22** zeigen wir auf, wie ein Java-Programm einfach Objekte und Methoden nutzen kann, die auf einem anderen Rechner gespeichert sind beziehungsweise ausgeführt werden. Solche Programme nutzen die »Verteilte Programmierung mit RMI und Web-Services«. Dabei wird der Aufruf einer Methode auf das Netzwerk übertragen, und für das aufrufende Programm sieht es so aus, als ob es sich um einen normalen Methodenaufruf für ein lokales Objekt handelt.

Mit **Kapitel 23**, »JavaServer Pages und Servlets«, geht es dann in die Welt der dynamischen Webseiten. Java ist zurzeit auf der Serverseite sehr populär, und dort besonders beim sogenannten Enterprise-Computing. Mit JavaServer Pages ist es besonders einfach, dynamische Webinhalte zu formulieren, da auf die mitgeschickten Informationen vom Client sehr einfach zugegriffen werden kann. JSPs verfügen zudem über die gesamten Java-Möglichkeiten, insbesondere die Datenbankanbindung.

Das Thema »Datenbankmanagement mit JDBC« ist Inhalt von **Kapitel 24**. Als freie, quelloffene Beispieldatenbank wird HSQLDB vorgestellt, da sie sehr leicht zu installieren und zu betreiben ist und praktischerweise Beispieldaten mitbringt. Die Java-Beispiele bauen eine Verbindung zu HSQLDB auf, setzen SQL-Anweisungen ab, holen die Ergebnisse herein und visualisieren sie.

Mit **Kapitel 25** widmen wir uns einer Java-typischen Technik, »Reflection und Annotationen«. Java-Klassen liegen selbst wieder als Meta-Objekte, als Exemplare der speziellen Klasse `Class`, vor. Diese `Class`-Objekte geben Auskunft über die verfügbaren und definierten Variablen, Methoden und Konstruktoren. So lassen sich beispielsweise dynamisch bestimmte Methoden aufrufen oder die Werte von dynamisch ausgewählten Objektvariablen abfragen. Die Annotationen waren eine bedeutende Neuerung in Java 5.

In **Kapitel 26**, »Dienstprogramme für die Java-Umgebung«, geht es um die zum JDK gehörigen Programme und einige Extratools, die für Ihre Arbeit nützlich sein können. Im Mittelpunkt stehen Compiler, Interpreter und die Handhabung von Jar-Archiven. Dieses Archivformat ist vergleichbar mit den bekannten Zip-Archiven und fasst mehrere Dateien zusammen. Mit den eingebetteten Dokumentationskommentaren in Java kann aus einer Quellcodedatei ganz einfach eine komplette HTML-Dokumentation der Klassen, Schnittstellen, Vererbungsbeziehungen und Eigenschaften inklusive Verlinkung erstellt werden. Unter den Programmen, die zu keiner Standardinstallation gehören, sind etwa Tools, die Java-Programme in C-Programme übersetzen, sie verschönern und Bytecode wieder in lesbaren Java-Quellcode umwandeln.

Konventionen

In diesem Buch werden folgende Konventionen verwendet:

► Neu eingeführte Begriffe sind *kursiv* gesetzt, und der Index verweist genau auf diese Stelle. Des Weiteren sind *Dateinamen, HTTP-Adressen, Namen ausführbarer Programme, Programmoptionen* und *Dateiendungen* (*.txt*) kursiv. Einige Links führen nicht direkt zur Ressource, sondern werden über *http://www.tutego.de/go* zur tatsächlichen Quelle umgeleitet, was Änderungen erleichtert.

► Begriffe der Benutzeroberfläche stehen in KAPITÄLCHEN.

► Listings, Methoden und sonstige Programmelemente sind in `nicht-proportionaler` Schrift gesetzt. An einigen Stellen wurde hinter eine Listingzeile ein abgeknickter Pfeil als Sonderzeichen gesetzt, das den Zeilenumbruch markiert. Der Code aus der nächsten Zeile gehört also noch zur vorigen.

► Um im Programmcode Compilerfehler oder Laufzeitfehler anzuzeigen, steht in der Zeile ein ☠. So ist auf den ersten Blick abzulesen, dass die Zeile nicht compiliert wird oder zur Laufzeit aufgrund eines Programmierfehlers eine Ausnahme auslöst. Beispiel:

`int p = new java.awt.Point();   // ☠ Compilerfehler: Type mismatch`

► Bei Methodennamen im Fließtext folgt immer ein Klammerpaar. Die Parameter werden nur dann aufgeführt, wenn sie wichtig sind.

► Um eine Gruppe von Methoden anzugeben, symbolisiert die Kennung `XXX` einen Platzhalter. So zeigt zum Beispiel `printXXX()` die Methoden `println()`, `print()` und `printf()` an. Aus dem Kontext geht hervor, welche Methoden gemeint sind.

► Raider heißt jetzt Twix, und Sun ging Anfang 2010 zu Oracle. Auch wenn es für langjährige Entwickler hart ist: Der Name Sun verschwindet und schon in dieser Auflage. Er taucht immer nur dann auf, wenn es um eine Technologie geht, die von Sun initiiert wurde und in der Zeit lag, in der Sun sie verantwortete.

Programmlistings

Komplette Programmlistings sind wie folgt aufgebaut:

Listing 0.1 Person.java
```
class Person
{
}
```

Der abgebildete Quellcode befindet sich in der Datei *Person.java*. Befindet sich der Typ (Klasse, Aufzählung, Schnittstelle, Annotation) in einem Paket, steht die Pfadangabe beim Dateinamen:

Listing 0.2 com/tutego/insel/Person.java
```
package com.tutego.insel.Person;
class Person { }
```

Um Platz zu sparen, stellt das Buch oftmals Quellcode-Ausschnitte dar. Der komplette Quellcode ist auf der DVD beziehungsweise im Internet verfügbar. Hinter dem Typ folgen in dem Fall Kennungen des abgedruckten Teils. Ist nur die Typdeklaration einer Datei ohne `package`- oder `import`-Deklaration aufgelistet, so steht hinter dem Dateinamen der Typ, etwa so:

Listing 0.3 Person.java, Person

Listing 0.4 Person.java, House

Im folgenden Fall wird nur die `main()`-Methode abgebildet:

Listing 0.5 Person.java, main()

Wird ein Ausschnitt einer Datei *Person.java* abgebildet, steht »Ausschnitt« oder »Teil 1«, »Teil 2«... dabei:

Listing 0.6 Person.java, Ausschnitt

Listing 0.7 Person.java, main() Teil 1

Gibt es Beispielprogramme für bestimmte Klassen, so enden die Klassennamen dieser Programme im Allgemeinen auf *-Demo*. Für die Java-Klasse `DateFormat` heißt somit ein Beispielprogramm, das die Funktionalität der Klasse `DateFormat` vorführt, *DateFormatDemo*.

API-Dokumentation im Buch

Attribute, Konstruktoren und Methoden finden sich in einer speziellen Auflistung, die es ermöglicht, sie leicht im Buch zu finden und die Insel als Referenzwerk zu nutzen.

```
abstract class java.text.DateFormat
extends Format
implements Cloneable, Serializable
```

▶ `Date parse( String ) throws ParseException`
   Parst einen Datum- oder einen Zeit-String.

Vorwort

Im Rechteck steht der vollqualifizierte Klassen- oder Schnittstellenname (etwa die Klasse `DateFormat` im Paket `java.text`) beziehungsweise der Name der Annotation. In den nachfolgenden Zeilen sind die Oberklasse (`DateFormat` erbt von `Format`) und die implementierten Schnittstellen (`DateFormat` implementiert `Cloneable` und `Serializable`) aufgeführt. Da jede Klasse, die keine explizite Oberklasse hat, automatisch von `Object` erbt, ist diese nicht extra angegeben. Die Sichtbarkeit ist, wenn nicht anders angegeben, `public`, da dies für Bibliotheksmethoden üblich ist. Wird eine Schnittstelle beschrieben, sind die Methoden automatisch abstrakt und öffentlich, und die Schlüsselwörter `abstract` und `public` werden nicht zusätzlich angegeben. In der anschließenden Aufzählung folgen Konstruktoren, Methoden und Attribute. Wenn nicht anders angegeben, ist die Sichtbarkeit `public`. Sind mit `throws` Fehler angegeben, dann handelt es sich nicht um eine `RuntimeException`.

Ausführbare Programme

Ausführbare Programme auf der Kommandozeile sind durch ein allgemeines Dollarzeichen am Anfang zu erkennen (auch wenn andere Betriebssysteme und Kommandozeilen ein anderes Prompt anzeigen). Die vom Anwender einzugebenden Zeichen sind fett gesetzt, die Ausgabe nicht:

```
$ java FirstLuck
Hart arbeiten hat noch nie jemanden getötet. Aber warum das Risiko auf sich nehmen?
```

Über die richtige Programmierer-»Sprache«

Die Programmierer-Sprache in diesem Buch ist Englisch, um ein Vorbild für »echte« Programme zu sein. Bezeichner wie Klassennamen, Methodennamen und auch eigene API-Dokumentationen sind auf Englisch, um eine Homogenität mit der englischen Java-Bibliothek zu schaffen. Zeichenketten und Konsolenausgaben sowie die Zeichenketten in Ausnahmen (Exceptions) sind in der Regel auf Deutsch, da es in realistischen Programmen kaum hart einkodierte Meldungen gibt – spezielle Dateien halten unterschiedliche Landessprachen vor. Zeilenkommentare sind als interne Dokumentation ebenfalls auf Deutsch vorhanden.

Online-Informationen und -Aufgaben

Dieses Buch ist in der aktuellen Version im Internet unter der Adresse *http://www.galileocomputing.de/* erhältlich. Auf der Webseite erfahren Sie Neuigkeiten und Änderungen.

Der Quellcode der Beispielprogramme ist in fast allen Fällen entweder komplett oder mit den bedeutenden Ausschnitten im Buch abgebildet. Ein Zip-Archiv mit allen Beispielen ist auf der DVD und zusätzlich auf der Buch-Webseite *http://www.tutego.de/javabuch/* erhältlich. Alle Programmteile sind frei von Rechten und können ungefragt in eigene Programme übernommen werden.

Wer eine Programmiersprache erlernen möchte, muss sie wie eine Fremdsprache sprechen. Begleitend gibt es eine Aufgabensammlung auf der DVD und viele Musterlösungen auf folgender Webseite:

http://www.tutego.de/aufgaben/j/

Die Seite wird in regelmäßigen Abständen aktualisiert, sodass Sie dort immer wieder neue Aufgaben und Lösungen finden.

Weiterbildung durch tutego

Unternehmen, die zur effektiven Weiterbildung ihrer Mitarbeiter IT-Schulungen wünschen, können einen Blick auf *http://www.tutego.de/seminare/* werfen. tutego bietet über hundert IT-Seminare zu Java-Themen, C(++), C#/.NET, Datenbanken (Oracle, MySQL), XML (XSLT, Schema), Netzwerken, Internet, Office etc. Zu den Java-Themen zählen unter anderem:

- Java-Einführung, Java für Fortgeschrittene, Java für Umsteiger
- Softwareentwicklung mit Eclipse
- nebenläufiges Programmieren mit Threads
- JavaServer Faces (JSF), JavaServer Pages (JSP) , Servlets und weitere Web-Technologien
- Datenbankanbindung mit JDBC, OR-Mapping mit JPA und Hibernate
- grafische Oberflächen mit Swing und JFC
- Java und XML
- mobile Endgeräte mit Java ME programmieren
- Java EE 5 und Java EE 5 (EJB 3)

Danksagungen

Der größte Dank gebührt natürlich Oracle. Ohne die Oracle Corporation (beziehungsweise Sun Microsystems, die 1991 mit der Entwicklung begannen) gäbe es kein Java, und ohne Java gäbe es auch nicht dieses Java-Buch. (Vielleicht hätte ich dann ein Objective-C-Buch geschrieben, welch' grausame Vorstellung…). Ich wünsche mir von Oracle zwar etwas mehr Enthusiasmus bei der Weiterentwicklung der Sprache, aber so muss ich das Buch nicht jedes Jahr umschreiben – so hat es ja auch einen positiven Aspekt, wenn Oracle nur alle zwei Jahre eine neue Version herausbringt.

Die professionellen, aufheiternden Comics stammen von Andreas Schultze (*Akws@aol.com*). Ich danke auch den vielen Buch- und Artikelautoren für ihre interessanten Werke, aus denen ich mein Wissen über Java schöpfen konnte. Ich danke meinen Eltern für ihre Liebe und Geduld und meinen Freunden und Freundinnen für ihr Vertrauen. Ein weiteres Dankeschön geht an verschiedene treue Leser, deren Namen aufzulisten viel Platz kosten würde; ihnen ist die Webseite *http://www.tutego.de/javabuch/korrekteure.htm* gewidmet.

Java lebt – vielleicht sollte ich sogar »überlebt« sagen… – durch viele freie gute Tools und eine aktive Open-Source-Community. Ein Dank geht an alle Unbekannten, die Java-Tools wie Eclipse, NetBeans, Ant, Maven, GlassFish, Tomcat, JBoss und Hunderte andere Bibliotheken schreiben und warten: Ohne Sie wäre Java heute nicht da, wo es ist.

Vorwort

Abschließend möchte ich dem Galileo-Verlag meinen Dank für die Realisierung und die unproblematische Zusammenarbeit aussprechen. Für die Zusammenarbeit mit meiner Lektorin Judith bin ich sehr dankbar.

Feedback

Auch wenn wir die Kapitel noch so sorgfältig durchgegangen sind, ist es nicht auszuschließen, dass es noch Unstimmigkeiten[3] gibt; vielmehr ist es bei 1.000 Seiten wahrscheinlich. Wer Anmerkungen, Hinweise, Korrekturen oder Fragen zu bestimmten Punkten oder zur allgemeinen Didaktik hat, der sollte sich nicht scheuen, mir eine E-Mail unter der Adresse *C.Ullenboom@tutego.de* zu senden. Ich bin für Anregung, Lob und Tadel stets empfänglich.

In der Online-Version des Buchs haben wir eine besondere Möglichkeit zur Rückmeldung: Unter jedem Kapitel gibt es eine Textbox, sodass Leser uns schnell einen Hinweis schicken können. In der Online-Version können wir zudem Fehler schnell korrigieren, denn es gibt zum Teil bedauerliche Konvertierungsprobleme vom Buch ins HTML-Format, und einige Male blieb das Hochzeichen (^) auf der Strecke, sodass statt »2^16« im Text ein »216« die Leser verwunderte.

Und jetzt wünsche ich Ihnen viel Spaß beim Lesen und Lernen von Java!

Sonsbeck im Jahr 2010, Jahr 0 nach Oracles Übernahme

Christian Ullenboom

Vorwort zur 9. Auflage

Neben Detailverbesserungen habe ist das Generics-Kapitel komplett neu geschrieben, und viele Abschnitte und Kapitel umsortiert, um sie didaktisch leichter zugänglich zu machen. Auch sprachlich ist die Insel wieder etwas präziser geworden: Der Begriff »Funktion« für eine statische Methode ist abgesetzt, und es heißt jetzt »statische Methode« oder eben »Objektmethode«, wenn der Unterschied wichtig ist, und einfach nur »Methode«, wenn der Unterschied nicht relevant ist. Dass Java von Sun zu Oracle übergegangen ist und vollständig Open Source ist, bleibt auch nicht unerwähnt, genauso wie neue Technologien, zu denen etwa JavaFX gehört. Durch diesen erhöhten Detailgrad mussten leider einige Kapitel (wie JNI, Java ME) aus der Insel fallen. Weiterhin gibt es Bezüge zu der kommenden Version Java 7 und viele interessante Sprachvergleiche, wie Features in anderen Programmiersprachen aussehen und inwiefern sie sich von Java unterscheiden.

---

3 Bei mir wird gerne ein »wir« zum »wie« – wie(r) dumm, dass die Tasten so eng beieinanderliegen.

»Wir produzieren heute Informationen en masse, so wie früher Autos.«
– John Naisbitt (*1929)

1 Java ist auch eine Sprache

1.1 Der erste Kontakt

Nach 15 Jahren hat sich Java als Plattform etabliert. Über 6 Millionen Softwareentwickler verdienen mit der Sprache ihre Brötchen, und es gibt 10 Millionen Downloads von Oracles Laufzeitumgebung in der Woche.[1] Dabei war der Erfolg nicht unbedingt vorhersehbar. Java[2] hätte einfach nur eine schöne Insel, eine reizvolle Wandfarbe oder eine Pinte mit brasilianischen Rhythmen in Paris sein können, so wie Heuschrecken einfach nur grüne Hüpfer hätten bleiben können. Doch als robuste objektorientierte Programmiersprache mit einem großen Satz von Bibliotheken ist Java als Sprache für Softwareentwicklung im Großen angekommen und im Bereich plattformunabhängiger Programmiersprachen konkurrenzlos.

1.2 Historischer Hintergrund

In den 1970er Jahren wollte Bill Joy eine Programmiersprache schaffen, die alle Vorteile von *MESA* und C vereinigen sollte. Diesen Wunsch konnte sich Joy zunächst nicht erfüllen, und erst Anfang der 1990er Jahre beschrieb er in dem Artikel »Further«, wie eine neue objektorientierte Sprache aussehen könnte; sie sollte in den Grundzügen auf C++ aufbauen. Erst später wurde ihm bewusst, dass C++ als Basissprache ungeeignet und für große Programme unhandlich ist.

Zu jener Zeit arbeitete James Gosling am *SGML*-Editor *Imagination*. Er entwickelte in C++ und war mit dieser Sprache ebenfalls nicht zufrieden. Aus diesem Unmut heraus entstand die neue Sprache *Oak*. Der Name fiel Gosling ein, als er aus dem Fenster seines Arbeitsraums schaute – und eine Eiche erblickte (engl. *oak*). Doch vielleicht ist das nur eine Legende. Patrick Naughton startete im Dezember 1990 das Green-Projekt, in das Gosling und Mike Sheridan involviert waren. Überbleibsel aus dem Green-Projekt ist der *Duke*, der zum bekannten Symbol wurde.[3]

---

1 Quelle: *http://de.sun.com/sunnews/events/2007/20071203/pdf/TD_FRA_GoslingKeynote.pdf*

2 Nicht wieder ein anderes Akronym (*Just Another Vague Acronym*).

3 Er sieht ein bisschen wie ein Zahn aus und könnte deshalb auch die Werbung eines Zahnarztes sein. Das Design stammt übrigens von Joe Palrang.

Die Idee hinter diesem Projekt war, Software für interaktives Fernsehen und andere Geräte der Konsumelektronik zu entwickeln. Bestandteile dieses Projekts waren das Betriebssystem Green-OS, Goslings Interpreter Oak und einige Hardwarekomponenten. Joy zeigte den Mitgliedern des Green-Projekts seinen Further-Aufsatz und begann mit der Implementierung einer grafischen Benutzeroberfläche. Gosling  schrieb den Original-Compiler in C, und anschließend entwarfen Naughton, Gosling und Sheridan den Runtime-Interpreter ebenfalls in C – die Sprache C++ kam nie zum Einsatz. Oak führte die ersten Programme im August 1991 aus. So entwickelte das Green-Dream-Team ein Gerät mit der Bezeichnung *7 (Star Seven), das es im Herbst 1992 intern vorstellte. Der ehemalige Sun-Chef Scott McNealy (der nach der Übernahme von Oracle im Januar 2010 das Unternehmen verließ) war von *7 beeindruckt, und aus dem Team wurde im November die Firma First Person, Inc. Nun ging es um die Vermarktung von Star Seven.

Anfang 1993 hörte das Team von einer Anfrage von Time Warner bezüglich eines Systems für Set-Top-Boxen (Set-Top-Boxen sind elektronische Geräte für Endbenutzer). First Person richtete den Blick vom Consumer-Markt auf die Set-Top-Boxen. Leider zeigte sich Time Warner später nicht mehr interessiert, aber First Person entwickelte (sich) weiter. Nach vielen Richtungswechseln konzentrierte sich die Entwicklung auf das *World Wide Web* (kurz *Web* genannt, selten *W3*). Die Programmiersprache sollte Programmcode über das Netzwerk empfangen können, und fehlerhafte Programme sollten keinen Schaden anrichten. Damit konnten die meisten Konzepte aus C(++) schon abgehakt werden – Zugriffe über ungültige Zeiger, die wild den Speicher beschreiben, sind ein Beispiel. Die Mitglieder des ursprünglichen Projektteams erkannten, dass Oak alle Eigenschaften aufwies, die nötig waren, um es im Web einzusetzen – perfekt, obwohl ursprünglich für einen ganz anderen Zweck entwickelt. Die Sprache Oak erhielt den Namen Java, da der Name Oak, wie sich später herausstellte, aus Gründen des Copyrights nicht verwendet werden konnte: Eine andere Programmiersprache schmückte sich bereits mit diesem Namen. Nach der Überlieferung fiel die Entscheidung für den Namen Java in einem Coffeeshop. In Java führte Patrick Naughton den Prototyp des Browsers WebRunner vor, der an einem Wochenende entstanden sein soll. Nach geringfügiger Überarbeitung durch Jonathan Payne wurde der Browser HotJava getauft und im Mai auf der SunWorld '95 der Öffentlichkeit vorgestellt.

Zunächst konnten sich nur wenige Anwender mit HotJava anfreunden. So war es ein großes Glück, dass Netscape sich entschied, die Java-Technologie zu lizenzieren. Sie wurde in der Version 2.0 des Netscape Navigators implementiert. Der Navigator kam im Dezember 1995 auf den Markt. Im Januar 1996 wurde das JDK 1.0 freigegeben, was den Programmierern die erste Möglichkeit gab, Java-Applikationen und Web-Applets (Applet: »A Mini Application«) zu programmieren. Kurz vor der Fertigstellung des JDK 1.0 gründeten die verbliebenen Mitglieder des Green-Teams die Firma JavaSoft. Und so begann der Siegeszug.

Wo ist die Sonne? Oracle übernimmt Sun Microsystems 2010

Die Entwicklung von Java stammte ursprünglich von Sun Microsystems, einem Unternehmen mit langer Tradition im Bereich Betriebssysteme und Hardware. Sun hat viele Grundlagen für moderne IT-Systeme geschaffen, aber vielen war es nur über Java bekannt. Das führte auch dazu, dass an der Wertpapierbörse im August 2007 die Kursbezeichnung der Aktie SUNW durch das neue Aktiensymbol JAVA ersetzt wurde.

Sun Microsystems ging es als Unternehmen nie so wirklich gut. Bekannt und respektiert für seine Produkte, fehlte es Sun am Geschick, aus den Produkten und Services Bares zu machen. 2008/2009 häufte sich ein Verlust von 2,2 Milliarden US$ an, was im März 2009 zu Übernamefantasien von IBM führte. Letztendlich schlug einen Monat später die Oracle Corporation zu und übernahm Sun Microsystems für 7,4 Milliarden Dollar, zusammen mit allen Rechten und Patenten für Java, MySQL, Solaris, OpenOffice, VirtualBox und allen anderen Produkten.

1.3 Eigenschaften von Java

Java ist eine objektorientierte Programmiersprache, die sich durch einige zentrale Eigenschaften auszeichnet. Diese machen sie universell einsetzbar und für die Industrie als robuste Programmiersprache interessant. Da Java objektorientiertes Programmieren ermöglicht, können Entwickler moderne und wiederverwertbare Softwarekomponenten programmieren.

1.3.1 Bytecode und die virtuelle Maschine

Zunächst ist Java eine Programmiersprache wie jede andere. Doch im Gegensatz zu herkömmlichen Übersetzern einer Programmiersprache, die in der Regel Maschinencode für eine spezielle Plattform (etwa Linux oder Windows) und einen bestimmten Prozessor (zum Beispiel für x86er-Mikroprozessoren oder Prozessoren der ARM-Architektur) generieren, erzeugt der Java-Compiler Programmcode, den so genannten *Bytecode*, für eine virtuelle Maschine. Bytecode ist vergleichbar mit Mikroprozessorcode für einen erdachten Prozessor, der Anweisungen wie arithmetische Operationen, Sprünge und Weiteres kennt. Der Java-Compiler von Oracle und der Java-Compiler der Entwicklungsumgebung Eclipse sind selbst in Java implementiert und generieren diesen Bytecode (es gibt aber auch Java-Compiler in C++, wie den Jikes-Compiler[4]).

Damit der Programmcode des virtuellen Prozessors ausgeführt werden kann, führt nach der Übersetzungsphase die *Laufzeitumgebung* (auch *Runtime-Interpreter* genannt), also die *Java Virtual Machine (JVM)*, den Bytecode aus.[5] Somit ist Java eine compilierte, aber auch interpre-

---

4 *http://tutego.de/go/jikes*

5 Die Idee des Bytecodes (das Satzprogramm FrameMaker schlägt hier als Korrektur »Bote Gottes« vor) ist schon alt. Die Firma Datapoint schuf um 1970 die Programmiersprache PL/B, die Programme auf Bytecode abbildet. Auch verwendet die Originalimplementierung von UCSD-Pascal, die etwa Anfang 1980 entstand, einen Zwischencode – kurz *p-code*.

tierte Programmiersprache – von der Hardwaremethode einmal abgesehen. Die virtuelle Maschine selbst ist in C++ programmiert, genauso wie einige Bibliotheken. Das alles ist recht umfangreich und umfasst etwa 900.000 Zeilen C++-Code.[6]

Optimierung und Just-In-Time Compilation

Das pure Interpretieren bereitet natürlich Geschwindigkeitsprobleme, da das Erkennen, Dekodieren und Ausführen der Befehle Zeit kostet. Java-Programme der ersten Stunde waren deutlich langsamer als übersetzte C(++)-Programme. Die Technik der Just-in-Time-(JIT-)Compiler[7] löste das Problem. Ein JIT-Compiler beschleunigt die Ausführung der Programme, indem er zur Laufzeit die Programmanweisungen der virtuellen Maschine in Maschinencode der jeweiligen Plattform übersetzt. Anschließend steht ein an die Architektur angepasstes Programm im Speicher, das der physikalische Prozessor ohne Interpretation schnell ausführt. Mit dieser Technik entspricht die Geschwindigkeit der anderer übersetzter Sprachen.

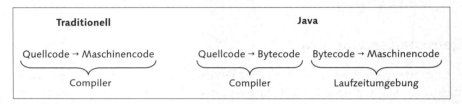

Java on a chip

Neben einer Laufzeitumgebung, die den Java-Bytecode interpretiert und in den Maschinencode eines Wirtssystems übersetzt, wurde auch ein Prozessor konstruiert, der in der Hardware Bytecode ausführt. Die Entwicklung ging damals verstärkt von Sun aus, und einer der ersten Prozessoren war *PicoJava*. Bei der Entwicklung des Prozessors stand nicht die maximale Geschwindigkeit im Vordergrund, sondern die Kosten pro Chip, um ihn in jedes Haushaltsgerät einbauen zu können. Das Interesse an Java auf einem Chip zieht nun nach einer Flaute wieder an, denn viele mobile Endgeräte wollen mit schnellen Ausführungseinheiten versorgt werden.

Die ARM-Technologie des Unternehmens ARM Limited erlaubt durch *Jazelle DBX* eine sehr schnelle Ausführung von Java-Bytecode. Mit dem Prozessor S5L8900 hat Samsung die ARM-Technologie ARM1176JZ(F)-S zusammen mit Speicherschnittstellen und Teilen für Connectivity, Peripherie und Multimedia-Möglichkeiten in Silizium gegossen, und als 667-MHz-Prozessor sitzt er nun in Apples iPhone. Ironie des Schicksals ist dabei, dass Apple im iPhone bisher keine Java-Unterstützung vorsieht.

Der *aJ-100* von aJile Systems Inc. ist ein weiterer Prozessor. Und wenn wir den Pressemitteilungen von Azul Systems[8] glauben können, gibt es auch bald einen 64-Bit-Prozessor mit 48 Kernen, der Java- und auch .NET-Bytecode ausführt. Ein Doppelherz tut auch Java gut.

---

6 http://llvm.org/devmtg/2009-10/Cifuentes_ParfaitBugChecker.pdf
7 Diese Idee ist auch schon alt: HP hatte um 1970 JIT-Compiler für BASIC-Maschinen.
8 http://www.azulsystems.com/

1.3.2 Objektorientierung in Java

Die Sprache Java ist nicht bis zur letzten Konsequenz objektorientiert, so wie Smalltalk es vorbildlich demonstriert. Primitive Datentypen wie Ganzzahlen oder Fließkommazahlen werden nicht als Objekte verwaltet. Der Grund für dieses Design war vermutlich, dass der Compiler und die Laufzeitumgebung mit der Trennung besser in der Lage waren, die Programme zu optimieren. Allerdings zeigt die virtuelle Maschine von Microsoft für die .NET-Plattform deutlich, dass auch ohne die Trennung eine gute Performance möglich ist.

Java ist als Sprache entworfen worden, die es einfach machen sollte, fehlerfreie Software zu schreiben. In C-Programmen erwartet uns statistisch gesehen alle 55 Programmzeilen ein Fehler. Selbst in großen Softwarepaketen (ab einer Million Codezeilen) findet sich, unabhängig von der zugrunde liegenden Programmiersprache, im Schnitt alle 200 Programmzeilen ein Fehler. Selbstverständlich gilt es, diese Fehler zu beheben, obwohl bis heute noch keine umfassende Strategie für die Softwareentwicklung im Großen gefunden wurde. Viele Arbeiten der Informatik beschäftigen sich mit der Frage, wie Tausende Programmierer über Jahrzehnte miteinander arbeiten und Software entwerfen können. Dieses Problem ist nicht einfach zu lösen und wurde im Zuge der Softwarekrise in den 1960er Jahren heftig diskutiert.

1.3.3 Das Java-Security-Modell

Das Java-Security-Modell gewährleistet den sicheren Programmablauf auf den verschiedensten Ebenen. Der Verifier liest Code und überprüft die strukturelle Korrektheit und Typsicherheit. Weist der Bytecode schon Fehler auf, kommt der Programmcode erst gar nicht zur Ausführung. Die Prüfung ist wichtig, denn ein Klassenlader (engl. *class loader*) kann Klassendateien von überall her laden. Während vielleicht dem Bytecode aus dem lokalen Laufwerk vertraut werden kann, gilt das mitunter nicht für Code, der über ein ungesichertes Netzwerk übertragen wurde, wo ein Dritter in der Mitte plötzlich Schadcode einfügt. Ist der Byte-

1 | Java ist auch eine Sprache

code korrekt in der virtuellen Maschine angemeldet, folgen weitere Prüfungen. So sind etwa (mit entsprechender Anpassung) keine Lese-/Schreibzugriffe auf private Variablen möglich. Treten Sicherheitsprobleme auf, werden diese durch Exceptions zur Laufzeit gemeldet – so kommt es etwa zu keinen Pufferüberläufen. Auf der Programmebene überwacht ein Security-Manager Zugriffe auf das Dateisystem, die Netzwerk-Ports, externe Prozesse und weitere Systemressourcen. Das Sicherheitsmodell ist vom Programmierer erweiterbar und über Konfigurationsdateien einfach konfigurierbar.

1.3.4 Zeiger und Referenzen

In Java gibt es keine Zeiger (engl. *pointer*), wie sie aus anderen Programmiersprachen bekannt und gefürchtet sind. Da eine objektorientierte Programmiersprache ohne Verweise aber nicht funktioniert, werden Referenzen eingeführt. Eine Referenz repräsentiert ein Objekt, und eine Variable speichert diese Referenz. Die Referenz hat einen Typ, der sich nicht ändern kann. Ein Auto bleibt ein Auto und kann nicht als Laminiersystem angesprochen werden. Eine Referenz unter Java ist nicht als Zeiger auf Speicherbereiche zu verstehen.

[zB]

Beispiel Das folgende Programm zeigt, dass das Pfuschen in C++ leicht möglich ist und wir Zugriff auf private Elemente über eine Zeigerarithmetik bekommen können. Für uns Java-Programmierer ist dies ein abschreckendes Beispiel.

```
#include <cstring>
#include <iostream>

using namespace std;

class VeryUnsafe
{
 public:
  VeryUnsafe() { strcpy( password, "HaL9124f/aa" ); }
 private:
  char password[ 100 ];
 };
 int main()
 {
  VeryUnsafe badguy;
  char *pass = reinterpret_cast<char*>( & badguy );
  cout << "Password: " << pass << endl;
 }
}
```

Dieses Beispiel demonstriert, wie problematisch der Einsatz von Zeigern sein kann. Der zunächst als Referenz auf die Klasse VeryUnsafe gedachte Zeiger badguy mutiert durch die explizite Typumwandlung zu einem Char-Pointer pass. Problemlos können über diesen die Zeichen byteweise aus dem Speicher ausgelesen werden. Dies erlaubt auch einen indirekten Zugriff auf die privaten Daten.

In Java ist es nicht möglich, auf beliebige Teile des Speichers zuzugreifen. Auch sind private Variablen erst einmal sicher.[9] Der Compiler bricht mit einer Fehlermeldung ab – beziehungsweise das Laufzeitsystem löst eine Ausnahme (Exception) aus –, wenn das Programm einen Zugriff auf eine private Variable versucht.

1.3.5   Bring den Müll raus, Garbage-Collector!

In Programmiersprachen wie C++ lässt sich etwa die Hälfte der Fehler auf falsche Speicher-Allokation zurückführen. Mit Objekten zu arbeiten, bedeutet unweigerlich, sie anzulegen und zu löschen. Die Java-Laufzeitumgebung kümmert sich jedoch selbstständig um die Verwaltung dieser Objekte – die Konsequenz: Sie müssen nicht freigegeben werden, ein Garbage-Collector (kurz GC) entfernt sie. Der GC ist Teil des Laufzeitsystems von Java. Das Generieren eines Objekts in einem Block mit anschließender Operation zieht eine Aufräumaktion des GCs nach sich. Nach dem Verlassen des Wirkungsbereichs erkennt das System das nicht mehr referenzierte Objekt. Ein weiterer Vorteil des GCs: Bei der Benutzung von Unterprogrammen werden oft Objekte zurückgegeben, und in herkömmlichen Programmiersprachen beginnt dann wieder die Diskussion, welcher Programmteil das Objekt jetzt löschen muss oder ob es nur eine Referenz ist. In Java ist das egal, auch wenn ein Objekt nur der Rückgabewert einer Methode ist (anonymes Objekt).

Der GC ist ein nebenläufiger Thread im Hintergrund, der nicht referenzierte Objekte markiert und von Zeit zu Zeit entfernt. Damit macht der Garbage-Collector die Funktionen `free()` aus C oder `delete()` aus C++ überflüssig. Wir können uns über diese Technik freuen, da viele Probleme damit verschwunden sind. Nicht freigegebene Speicherbereiche gibt es in jedem größeren Programm, und falsche Destruktoren sind vielfach dafür verantwortlich. An dieser Stelle sollte nicht verschwiegen werden, dass es auch ähnliche Techniken für C(++) gibt.[10]

1.3.6   Ausnahmebehandlung

Java unterstützt ein modernes System, um mit Laufzeitfehlern umzugehen. In der Programmiersprache wurden Exceptions eingeführt: Objekte, die zur Laufzeit generiert werden und einen Fehler anzeigen. Diese Problemstellen können durch Programmkonstrukte gekapselt werden. Die Lösung ist in vielen Fällen sauberer als die mit Rückgabewerten und unleserlichen Ausdrücken im Programmfluss. In C++ gibt es ebenso Exceptions, die aber nicht so intensiv wie in Java benutzt werden.

---

9   Ganz stimmt das allerdings nicht. Mit Reflection lässt sich da schon etwas machen, wenn die Sicherheitseinstellungen das nicht verhindern.

10   Ein bekannter Garbage-Collector stammt von Hans-J. Boehm, Alan J. Demers und Mark Weiser. Er ist unter *http://tutego.de/go/boehmgc* zu finden. Der Algorithmus arbeitet jedoch konservativ, das heißt, er findet nicht garantiert alle unerreichbaren Speicherbereiche, sondern nur einige. Eingesetzt wird der Boehm-Demers-Weiser-GC unter anderem in der X11-Bibliothek. Dort sind die `malloc()`- und `free()`-Funktionen einfach durch neue Methoden ausgetauscht worden.

1 | Java ist auch eine Sprache

Aus Geschwindigkeitsgründen überprüft C(++)[11] die Array-Grenzen (engl. *range checking*) standardmäßig nicht, was ein Grund für viele Sicherheitsprobleme ist. Ein fehlerhafter Zugriff auf das Element n + 1 eines Feldes der Größe n kann zweierlei bewirken: Ein Zugriffsfehler tritt auf, oder, viel schlimmer, andere Daten werden beim Schreibzugriff überschrieben, und der Fehler ist nicht mehr nachvollziehbar.

Das Laufzeitsystem von Java überprüft automatisch die Grenzen eines Arrays. Diese Überwachungen können auch nicht, wie es Compiler anderer Programmiersprachen mitunter erlauben, abgeschaltet werden. Eine clevere Laufzeitumgebung findet heraus, ob keine Überschreitung möglich ist, und optimiert diese Abfrage dann weg; Feldüberprüfungen kosten daher nicht mehr die Welt und machen sich nicht automatisch in einer schlechteren Performance bemerkbar.

1.3.7 Kein Präprozessor für Textersetzungen

Viele C(++)-Programme enthalten Präprozessor-Direktiven wie `#define`, `#include` oder `#if` zum Einbinden von Prototyp-Definitionen oder zur bedingten Compilierung. Einen solchen Präprozessor gibt es in Java aus unterschiedlichen Gründen nicht:

▶ Header-Dateien sind in Java nicht nötig, da der Compiler die benötigten Informationen wie Methodensignaturen direkt aus den Klassendateien liest.

▶ Da in Java die Datentypen eine feste, immer gleiche Länge haben, entfällt die Notwendigkeit, abhängig von der Plattform unterschiedliche Längen zu definieren.

▶ Pragma-Steuerungen sind im Programmcode unnötig, da die virtuelle Maschine ohne äußere Steuerung Programmoptimierungen vornimmt.

Ohne den Präprozessor sind schmutzige Tricks wie `#define private public` oder Makros, die Fehler durch eine doppelte Auswertung erzeugen, von vornherein ausgeschlossen. Im Übrigen findet sich der Private/Public-Hack im Quellcode von StarOffice. Die obere Definition ersetzt jedes Auftreten von `private` durch `public` – mit der Konsequenz, dass der Zugriffsschutz ausgehebelt ist.

Ohne Präprozessor ist auch die bedingte Kompilierung mit `#ifdef` nicht mehr möglich. Innerhalb von Anweisungsblöcken können wir uns in Java damit behelfen, Bedingungen der Art `if (true)` oder `if (false)` zu formulieren; über den Schalter *-D* auf der Kommandozeile lassen sich Variablen einführen, die dann eine `if`-Anweisung über `System.getProperty()` zur Laufzeit prüfen kann.[12]

1.3.8 Keine benutzerdefinierten überladenen Operatoren

Wenn wir einen Operator wie das Pluszeichen verwenden und damit Ausdrücke addieren, tun wir dies meistens mit bekannten Rechengrößen wie Fließkommazahlen (Gleitkommazah-

---

11 In C++ ließe sich eine Variante mit einem überladenen Operator lösen.

12 Da aber besonders bei mobilen Endgeräten Präprozessor-Anweisungen für unterschiedliche Geräte praktisch sind, gibt es Hersteller-Erweiterungen wie die von NetBeans (*http://tutego.de/go/nbpreprocessor*).

len) oder Ganzzahlen. Da das gleiche Operatorzeichen auf unterschiedlichen Datentypen gültig ist, nennt sich so ein Operator »überladen«. Operatoren wie +, -, *, / sind für Ganzzahlen und Gleitkommazahlen ebenso überladen wie die Operatoren Oder, Und oder Xor für Ganzzahlen und boolesche Werte. Der Vergleichsoperator == beziehungsweise != ist ebenfalls überladen, denn er lässt sich bei allen Zahlen, aber auch Wahrheitswerten oder Objektverweisen verwenden. Ein auffälliger überladener Operator ist das Pluszeichen bei Zeichenketten. Strings können damit leicht zusammengesetzt werden. Informatiker verwenden in diesem Zusammenhang auch gern das Wort *Konkatenation* (selten *Katenation*). Bei den Strings `"Hallo" + " " + "du da"` ist `"Hallo du da"` die Konkatenation der Zeichenketten.

Einige Programmiersprachen erlauben es, die vorhandenen Operatoren mit neuer Bedeutung zu versehen. In Java ist das nicht möglich. In C++ ist das Überladen von Operatoren erlaubt, sodass etwa das Pluszeichen dafür genutzt werden kann, geometrische Punktobjekte zu addieren, Brüche zu teilen oder eine Zeile in eine Datei zu schreiben. Repräsentieren die Objekte mathematische Konstrukte, ist es ganz praktisch, wenn Operationen über kurze Operatorzeichen benannt werden und nicht über längere Methoden – ein `matrix1.add(matrix2)` ist sperriger als ein `matrix1 + matrix2`. Obwohl benutzerdefinierte überladene Operatoren zuweilen ganz praktisch sind, verführt die Möglichkeit oft zu unsinnigem Gebrauch. Daher ist in Java das eigene Überladen der Operatoren bisher nicht möglich, aber einige alternative Sprachen auf der JVM ermöglichen dies, denn es ist eine Sprachbeschränkung und keine Beschränkung der virtuellen Maschine.

1.3.9 Java als Sprache, Laufzeitumgebung und Standardbibliothek

Java ist nicht nur eine Programmiersprache, sondern ebenso ein Laufzeitsystem, was Oracle durch den Begriff »Java Platform« klarstellen will. So gibt es neben der Programmiersprache Java durchaus andere Sprachen, die eine Java-Laufzeitumgebung ausführen, etwa diverse Skriptsprachen wie *Groovy* (*http://groovy.codehaus.org/*), *JRuby* (*http://jruby.org/*), *Jython* (*http://www.jython.org/*) oder *Scala* (*http://www.scala-lang.org/*). Skriptsprachen auf der Java-Plattform werden immer populärer; sie etablieren eine andere Syntax, nutzen aber die JVM und die Bibliotheken.

Zu der Programmiersprache und JVM kommt ein Satz von Standardbibliotheken für grafische Oberflächen, Ein-/Ausgabe und Netzwerkoperationen. Das bildet die Basis für höherwertige Dienste wie Datenbankanbindungen oder Web-Services. Integraler Bestandteil der Standardbibliothek seit Java 1.0 sind weiterhin *Threads*. Sie sind leicht zu erzeugende Ausführungsstränge, die unabhängig voneinander arbeiten können. Mittlerweile unterstützen alle populären Betriebssysteme diese »leichtgewichtigen Prozesse« von Haus aus, sodass die JVM diese parallelen Programmteile nicht nachbilden muss, sondern auf das Betriebssystem verweisen kann. Bei den neuen Multi-Core-Prozessoren sorgt das Betriebssystem für eine optimale Ausnutzung der Rechenleistung, da Threads wirklich nebenläufig arbeiten können.

Zu den Standardbibliotheken kommen dann weitere kommerzielle oder quelloffene Bibliotheken hinzu. Egal, ob es darum geht, PDF-Dokumente zu schreiben, Excel-Dokumente zu

1 | Java ist auch eine Sprache

lesen, in SAP Daten zu übertragen oder bei einem Wincor-Bankautomaten den Geldauswurf zu steuern, für all das gibt es Java-Bibliotheken.

1.3.10 Java ist Open Source

Schon seit Java 1.0 gibt es den Quellcode der Standardbibliotheken (falls er beim JDK mitinstalliert wurde, befindet er sich im Wurzelverzeichnis unter dem Namen *src.zip*), und jeder Interessierte konnte einen Blick auf die Implementierung werfen. Zwar legte Sun damals also die Implementierungen offen, doch weder die Laufzeitumgebung noch der Compiler oder die Bibliotheken standen unter einer akzeptierten Open-Source-Lizenz. Zehn Jahre seit der ersten Freigabe von Java gab es Forderungen an Sun, die gesamte Java-Plattform unter eine bekanntere Lizenzform wie die *GNU General Public License* (GPL) oder die BSD-Lizenz zu stellen. Dabei deutete Jonathan Schwartz in San Francisco bei der JavaOne-Konferenz 2006 schon an: »It's not a question of whether we'll open source Java, now the question is how.« War die Frage also statt des »Ob« ein »Wie«, kündigte Rich Green bei der Eröffnungsrede der JavaOne-Konferenz im Mai 2007 die endgültige Freigabe von Java als *OpenJDK*[13] unter der Open-Source-Lizenz GPL 2 an. Dem war Ende 2006 die Freigabe des Compilers und der virtuellen Maschine vorausgegangen.

Die Geschichte ist allerdings noch ein wenig komplizierter. Obwohl OpenJDK nun unter der GPL stand, enthielt es doch Teile wie den Font-Renderer, Sound-Unterstützung, Farbmanagement, SNMP-Code, die als binäre Pakete beigelegt wurden, weil etwa die Rechte zur Veröffentlichung fehlten. Sun nennt diese Teile, die etwa 4 % vom JDK 6 ausmachen, »belasteten Code« (engl. »encumbered code«)[14]. Das hinderte puristische Linux-Distributoren daran, OpenJDK auszuliefern. RedHat veröffentlichte daraufhin im Juni 2007 das Projekt *IcedTea*, um diese binären Teile auf der Basis vom OpenJDK durch GPL-Software zu ersetzen. So basiert der Font-Renderer zum Beispiel auf *FreeType*[15] und das Farbmanagement auf *little CMS*[16]. Mit diesen Ersetzungen erfüllte das OpenJDK mit IcedTea im Juni 2008 das *Technology Compatibility Kit* (TCK). Daraufhin floss das OpenJDK 6 plus den Ersetzungen unter der GPLv2 in Linux-Distributionen wie Fedora und Debian ein.

Das OpenJDK bildet die Basis von Java 7, und jeder Entwickler kann sein eigenes Java zusammenstellen und beliebige Erweiterungen veröffentlichen. Damit ist der Schritt vollzogen, dass auch Java auf Linux-Distributionen Platz finden darf, die Java vorher aus Lizenzgründen nicht integrieren wollten.

---

13 *http://openjdk.java.net/*

14 *http://www.sun.com/software/opensource/java/faq.jsp#h*

15 *http://www.freetype.org/*

16 *http://www.littlecms.com/*

Eigenschaften von Java | **1.3**

1.3.11 Wofür sich Java weniger eignet

Java ist als Programmiersprache für allgemeine Probleme entworfen worden und deckt große Anwendungsgebiete ab (*general-purpose language*). Das heißt aber auch, dass es für ausreichend viele Anwendungsfälle deutlich bessere Programmiersprachen gibt, etwa im Bereich Skripting, wo die Eigenschaft, dass jedes Java-Programm mindestens eine Klasse und eine Methode benötigt, eher störend ist, oder im Bereich von automatisierter Textverarbeitung, wo andere Programmiersprachen eleganter mit regulären Ausdrücken arbeiten können.

Auch dann, wenn extrem maschinen- und plattformabhängige Anforderungen bestehen, wird es in Java umständlich. Java ist plattformunabhängig entworfen worden, sodass alle Methoden auf allen Systemen lauffähig sein sollen. Sehr systemnahe Eigenschaften wie die Taktfrequenz sind nicht sichtbar, und sicherheitsproblematische Manipulationen wie der Zugriff auf bestimmte Speicherzellen (das PEEK und POKE) sind ebenso untersagt. Hier ist eine bei Weitem unvollständige Aufzählung von Dingen, die Java standardmäßig nicht kann:

► CD auswerfen

► Bildschirm auf der Textkonsole löschen, Cursor positionieren und Farben setzen

► auf niedrige Netzwerk-Protokolle wie ICMP zugreifen

► Microsoft Office fernsteuern

► Zugriff auf USB[17] oder Firewire

Aus den genannten Nachteilen, dass Java nicht auf die Hardware zugreifen kann, folgt, dass die Sprache nicht so ohne Weiteres für die Systemprogrammierung eingesetzt werden kann. Treibersoftware, die Grafik-, Sound- oder Netzwerkkarten anspricht, lässt sich in Java nur über Umwege realisieren. Genau das Gleiche gilt für den Zugriff auf die allgemeinen Funktionen des Betriebssystems, die Windows, Linux oder ein anderes System bereitstellt. Typische System-Programmiersprachen sind C(++) oder Objective-C.

Aus diesen Beschränkungen ergibt sich, dass Java eine hardwarenahe Sprache wie C(++) nicht ersetzen kann. Doch das muss die Sprache auch nicht! Jede Sprache hat ihr bevorzugtes Terrain, und Java ist eine allgemeine Applikationsprogrammiersprache; C(++) darf immer noch für Hardwaretreiber und virtuelle Java-Maschinen herhalten.

Soll ein Java-Programm trotzdem systemnahe Eigenschaften nutzen – und das kann es mit entsprechenden Bibliotheken ohne Probleme –, bietet sich zum Beispiel der *native Aufruf* einer Systemfunktion an. Native Methoden sind Unterprogramme, die nicht in Java implementiert werden, sondern in einer anderen Programmiersprache, häufig C(++). In manchen Fällen lässt sich auch ein externes Programm aufrufen und so etwa die Windows-Registry manipulieren oder Dateirechte setzen. Es läuft aber immer darauf hinaus, dass die Lösung für jede Plattform immer neu implementiert werden muss.

---

17 Eigentlich sollte es Unterstützung für den Universal Serial Bus geben, doch Sun hat hier – wie leider auch an anderer Stelle – das Projekt *JSR-80: Java USB API* nicht weiterverfolgt.

1.3.12 Java im Vergleich zu anderen Sprachen

Beschäftigen sich Entwickler mit dem Design von Programmiersprachen, werden häufig existierende Spracheigenschaften auf ihre Tauglichkeit hin überprüft und dann in das Konzept aufgenommen. Auch Java ist eine sich entwickelnde Sprache, die Merkmale anderer Sprachen aufweist.

Java und C(++)

Java basiert syntaktisch stark auf C(++), etwa bei den Datentypen, Operatoren oder Klammern, hat aber nicht alle Eigenschaften übernommen. In der geschichtlichen Kette wird Java gern als Nachfolger von C++ (und als Vorgänger von C#) angesehen, doch die Programmiersprache verzichtet bewusst auf problematische Konstrukte wie Zeiger.

Das Klassenkonzept – und damit der objektorientierte Ansatz – wurde nicht unwesentlich durch SIMULA und Smalltalk inspiriert. Die Schnittstellen (engl. *interfaces*), die eine elegante Möglichkeit der Klassenorganisation bieten, sind an Objective-C angelehnt – dort heißen sie *Protocols*. Während Smalltalk alle Objekte dynamisch verwaltet und in C++ der Compiler statisch Klassen zu einem Programm kombiniert, mischt Java in sehr eleganter Form dynamisches und statisches Binden. Alle Klassen – optional auch von einem anderen Rechner über das Netzwerk – lädt die JVM zur Laufzeit. Selbst Methodenaufrufe sind über das Netz möglich.[18] In der Summe lässt sich sagen, dass Java bekannte und bewährte Konzepte übernimmt und die Sprache sicherlich keine Revolution darstellt; moderne Skriptsprachen sind da weiter und übernehmen auch Konzepte aus funktionalen Programmiersprachen.

Java und JavaScript

Obacht ist beim Gebrauch des Namens »Java« geboten. Nicht alles, bei dem Java im Wortstamm auftaucht, hat tatsächlich mit Java zu tun: JavaScript hat keinen großen Bezug zu Java bis auf Ähnlichkeiten bei den imperativen Konzepten. Die Programmiersprache wurde von Netscape entwickelt. Dazu ein Zitat aus dem Buch »The Java Developer's Resource«:

> »*Java and JavaScript are about as closely related as the Trump Taj Mahal in Atlantic City is to the Taj Mahal in India. In other words Java and Java-Script both have the word Java in their names. JavaScript is a programming language from Netscape which is incorporated in their browsers. It is superficially similar to Java in the same way C is similar to Java but differs in all important respects.*«

Die Klassennutzung ist mit einem Prototyp-Ansatz in JavaScript völlig anders als in Java, und JavaScript lässt sich zu den funktionalen Programmiersprachen zählen, was Java nun wahrlich nicht ist.

---

18 Diese Möglichkeit ist unter dem Namen RMI (*Remote Method Invocation*) bekannt. Bestimmte Objekte können über das Netz miteinander kommunizieren.

Java und C#/.NET

Da C# kurz nach Java und nach einem Streit zwischen Microsoft und Sun erschien und die Sprachen zu Beginn syntaktisch sehr ähnlich gewesen sind, könnte leicht angenommen werden, dass Java Pate für die Programmiersprache C#[19] stand. Doch das ist lange her. Mittlerweile hat C# so eine starke Eigendynamik entwickelt, dass Microsofts Programmiersprache viel innovativer ist als Java. C# ist im Laufe der Jahre komplex geworden, und Microsoft integriert ohne großen Abstimmungsprozess Elemente in die Programmiersprache, wo in der Java-Welt erst eine Unmenge von Personen diskutieren und abstimmen. Zeitweilig macht es den Eindruck, als könne Java nun auch endlich das, was C# bietet. So gesehen, profitiert Java heute von den Erfahrungen aus der C#-Welt.

Während Oracle für Java eine Aufteilung in das Java SE für die »allgemeinen« Programme und das Java EE als Erweiterung für die »großen« Enterprise-Systeme vornimmt, fließt bei Microsoft alles in *ein* Framework. Das .NET Framework ist natürlich größer als das Java-Framework, da sich mit .NET alles programmieren lässt, was Windows hergibt. Diese Eigenschaft fällt im Bereich GUI besonders auf, und das plattformunabhängige Java gibt weniger her. Wäre nicht die Plattformunabhängigkeit, wäre es wohl ziemlich egal, in welcher Programmiersprache große Systeme entwickelt würden. *Mono* ist eine interessante Alternative zur Microsoft .NET-Entwicklungs- und Laufzeitumgebung, doch eine Patentunsicherheit schreckt viele Unternehmen vom großen Mono-Einsatz ab. Etwas zynisch lässt sich bemerken, dass Java vielleicht nur deshalb noch lebt, weil Microsoft Windows attraktiv machen möchte, nicht aber andere Plattformen stärken möchte, indem es C# und das .NET Framework quelloffen unter eine Open-Source-Lizenz stellt und die Laufzeitumgebung auf unterschiedliche Plattformen bringt. Ein Hoch auf Industriepolitik! Microsoft hat jedoch mit *Silverlight* eine Art abgespecktes .NET auf unterschiedlichen Systemen herausgebracht, und es ist spannend zu verfolgen, welche Implikationen das für die Entwicklung von Client-Applikationen haben wird.

1.3.13 Java und das Web, Applets statt Apples

Es ist nicht untertrieben, dem Web eine Schlüsselposition bei der Verbreitung von Java zuzuschreiben. Populär wurde Java in erster Linie durch die *Applets* – Java-Programme, die vom Browser dargestellt werden. Applets werden in einer HTML-Datei referenziert; der Browser holt sich eigenständig die Klassen und Ressourcen über das Netz und führt sie in einer virtuellen Maschine aus. Applets brachten erstmals Dynamik in die bis dahin statischen Webseiten – JavaScript kam erst später.

Obwohl Applets ganz normale Java-Programme sind, gibt es verständlicherweise einige Einschränkungen. So dürfen Applets nicht – es sei denn, sie sind signiert – auf das Dateisystem zugreifen und beliebig irgendwelche Dateien löschen, was Java-Applikationen problemlos können.

---

19 In Microsoft-Dokumenten findet sich über Java kein Wort. Dort wird immer nur davon gesprochen, dass C# andere Sprachen, wie etwa C++, VB und Delphi als Vorbilder hatte.

1 | Java ist auch eine Sprache

Netscape war eine der ersten Firmen, die einen Java-Interpreter in ihren Webbrowser integrierten. Heute bietet jeder Browser Java-Unterstützung, oft auch durch Oracles Hilfe, das mit dem Java-Plugin die jeweils neusten Java-Versionen in den Browser integriert. Ohne das Java-Plugin sähe die Unterstützung wohl anders aus. Der Internet Explorer (IE) von Microsoft akzeptiert zum Beispiel Applets, doch kommt er mit der MS-eigenen JVM nicht über die Version 1.1.4 hinaus. Oracle patcht hier fleißig, um auf allen populären Browsern immer die aktuellsten und sichere Java-Versionen anbieten zu können.

Java auf der Serverseite statt auf der Clientseite und im Browser

Obwohl Java durch das Web bekannt geworden ist und dort viele Einsatzgebiete liegen, ist es nicht auf dieses Medium beschränkt. Viele Firmen entdecken ihre Zuneigung zu dieser Sprache und können sich nicht mehr von ihr lösen – unter ihnen IBM. Es hat sich gezeigt, dass die Devise »write once, run anywhere« (WORA) auf der Serverseite weitgehend zutrifft. Java ist inzwischen wohl die wichtigste Sprache für die Gestaltung von Internet-Applikationen auf dem Server. Sie unterstützt strukturiertes und objektorientiertes Programmieren und ist ideal für größere Projekte, bei denen die Unsicherheiten von C++ vermieden werden sollen.

Nach dem anfänglichen Hype heißt es heute paradoxerweise oft, dass Java zu langsam für Client-Anwendungen sei. Dabei sind die virtuellen Maschinen aufgrund der Entwicklung von JIT-Compilern und der Hotspot-Technologie in den letzten Jahren sehr viel schneller geworden. Auch die Geschwindigkeit der Prozessoren ist ständig weiter gewachsen. Anwendungen wie in Java geschriebene Entwicklungsumgebungen zeigen, dass auch auf der Clientseite Programme in angemessener Geschwindigkeit laufen können – entsprechend viel Arbeitsspeicher vorausgesetzt. Da ist Java nämlich mindestens so anspruchsvoll wie neue, bunte Betriebssysteme von MS.

RIA mit JavaFX

Java ist auf dem Desktop nicht besonders stark und Applets spielen kaum eine Rolle im Internet. Oracle nahm daher einen erneuten Anlauf und entwickelte die *JavaFX Plattform*, mit der sich so genannte *Rich Internet Applications (RIA)* bauen lassen. Unter RIA wollen wir grafisch aufwändige Webanwendungen verstehen, die Daten aus dem Internet beziehen. Zwar beherrscht *Adobe Flash* hier fast zu 100 % das Feld, doch Microsoft ist mit Silverlight ebenfalls ein Marktteilnehmer und nun auch Oracle mit JavaFX. Zudem sind aufwändige Webanwendungen heute auch mit JavaScript und HTML 5 realisierbar, sodass zusätzlicher Druck auf diese Technologien besteht und JavaFX weiter in die Bedeutungslosigkeit drückt. Es ist daher unwahrscheinlich, dass JavaFX einen ernsthaften Anteil im Web gewinnen kann, wohl aber auf einem anderen Gebiet, den weder JavaScript, Flash noch Silverlight abdecken: Blu-ray Player und Settop-Boxen. Die *Blu-ray Disc Association (BDA)* hat mit *Blu-ray Disc Java* (kurz *BD-J*) eine Spezifikation verabschiedet, sodass Blu-ray Player Menüs oder andere interaktive Anwendungen ausführen können (das ganze basiert auf einer abgespeckten Java-Version, der Java ME). Im Moment wird diskutiert, ob zukünftig die Anforderungen der Blu-ray Player hochgeschraubt werden, sodass sie interaktive JavaFX-Anwendungen ausführen können. Das wäre sicherlich ein Bereich, in dem JavaFX punkten könnte, aber wohl kaum im Internet, obwohl es durchaus ein paar nennenswerte Beispiele für JavaFX gibt. Das berühmteste ist von den Olympischen Winterspielen 2010 in Vancouver (*http://www.vancouver2010.com/*).

1.3.14 Features, Enhancements (Erweiterungen) und ein JSR

Java wächst von Version zu Version, sodass es regelmäßig größere Zuwächse bei den Bibliotheken gibt sowie wohlproportionierte Änderungen an der Sprache und minimale Änderungen an der JVM. Änderungen an der Java SE-Plattform werden in Features und Enhancements kategorisiert. Ein *Enhancement* ist dabei eine kleine Änderung, die nicht der Rede wert ist – dass etwa eine kleine Funktion wie isEmpty() bei der Klasse String hinzukommt. Diese Erweiterungen bedürfen keiner großen Abstimmung und Planung und werden von Oracle-Mitarbeitern einfach integriert.

Features dagegen sind in Bezug auf den Aufwand der Implementierung schon etwas Größeres. Oder aber die Community erwartet diese Funktionalität dringend – das macht sie deutlich, indem sie einen Feature-Request auf Oracles Webseite platziert und viele für dieses Feature stimmen. Eine weitere Besonderheit ist, wie viele dieser Features geplant werden. Denn oftmals entsteht ein *JSR (Java Specification Request)*, der eine bestimmte Reihenfolge bei der Planung vorschreibt. Die meisten Änderungen an den Bibliotheken beschreibt ein JSR, und es gibt mittlerweile Hunderte von JSRs.

1.3.15 Entwicklung von Java und Zukunftsaussichten

Ein Buch über Java sollte im Allgemeinen eine positive Grundstimmung haben und die Leser nicht mit apokalyptischen Szenarien verschrecken. Doch gibt es einige Indizien dafür, dass

1 Java ist auch eine Sprache

sich Java als Programmiersprache nicht großartig weiterentwickeln wird und eher in einen »Wartungsmodus« übergeht. Zu dem Erfolg der Sprache zählt, dass sie im Vergleich zum Vorgänger C++ deutlich einfacher zu erlernen war und von »gefährlichen« syntaktischen Konstrukten die Finger ließ (obwohl immer noch einige Punkte übrig blieben). So schrieb einer der Sprachväter, James Gosling – der nach der Übernahme von Sun durch Oracle das Unternehmen verlassen hat – schon 1997:

> »Java ist eine Arbeitssprache. Sie ist nicht das Produkt einer Doktorarbeit, sondern eine Sprache für einen Job. Java fühlt sich für viele Programmierer sehr vertraut an, denn ich tendiere stark zu Dingen, die schon oft verwendet wurden, gegenüber Dingen, die eher wie eine gute Idee klangen.«[20]

Diese Haltung ist bis heute geblieben. Java soll bloß einfach bleiben, auch wenn die anderen Programmiersprachen um Java herum syntaktische Features haben, die jeden Compilerbauer ins Schwitzen bringen. Bedeutende Sprachänderungen gab es eigentlich nur in Java 5 (also etwa zehn Jahre nach der Einführung), und für Java 7 mussten die Sprachänderungen ausdrücklich klein bleiben. Daher finden sich in Java 7 auch keine großen Kracher, sondern Features, die bei anderen Sprachen eher ein Achselzucken provozieren würden. Als Beispiel sei genannt, dass in Zahlen Unterstriche erlaubt sind, die die Lesbarkeit erhöhen. Statt 123456 kann es dann 12_34_56 heißen.

Bei der Dreifaltigkeit der Java-Plattform – Java als Programmiersprache, den Standardbibliotheken und der JVM als Laufzeitumgebung – lässt sich erkennen, dass es große Bewegung bei den unterschiedlichen Programmiersprachen auf der Java-Laufzeitumgebung gibt. Es zeichnet sich ab, dass Java-Entwickler weiterhin in Java entwickeln werden, aber eine zweite Programmiersprache auf der JVM zusätzlich nutzen. Das kann Groovy, Scala, Jython, JRuby oder eine andere JVM-Sprache sein. Dadurch, dass die alternativen Programmiersprachen auf der JVM aufsetzen, können sie alle Java-Bibliotheken nutzen und daher Java als Programmiersprache in einigen Bereichen ablösen. Dass die alternativen Sprachen auf die üblichen Standardbibliotheken zurückgreifen, funktioniert reibungslos, allerdings ist der umgekehrte Weg, dass etwa Scala-Bibliotheken aus Jython heraus genutzt werden, (noch) nicht standardisiert. Bei der .NET-Plattform klappt das besser, und hier ist es wirklich egal, ob C# oder VB.NET Klassen deklariert oder nutzt.

Als die Übernahme von Sun vor der Tür stand, hat Oracle sich sehr engagiert gegenüber den Sun-Technologien gezeigt. Nach der Übernahme wandelt sich das Bild nun etwas, und Oracle hat eher für negative Schlagzeilen gesorgt, etwa als es die Unterstützung für OpenSolaris eingestellt hat. Auch was die Informationspolitik und Unterstützung von Usergroups angeht, verhält sich Oracle ganz anders als Sun. Verlässliche Zeitaussagen zu Java 7 gab es lange Zeit nicht, und durch die Klage gegen Google wegen Android machte sich Oracle auch keine Freunde.

---

20 Im Original: »Java is a blue collar language. It's not PhD thesis material but a language for a job. Java feels very familiar to many different programmers because I had a very strong tendency to prefer things that had been used a lot over things that just sounded like a good idea.« (*http://www.computer.org/portal/web/csdl/doi/10.1109/2.587548*)

Java-Plattformen: Java SE, Java EE und Java ME | **1.4**

1.4   Java-Plattformen: Java SE, Java EE und Java ME

Die Java-Plattform besteht aus Projekten, die es erlauben, Java-Programme auszuführen. Im Moment werden vier Plattformen unterschieden: Java SE, Java ME, Java Card und Java EE.

1.4.1   Die Java SE-Plattform

Die *Java Platform Standard Edition (Java SE)* – früher J2SE genannt – ist eine Systemumgebung zur Entwicklung und Ausführung von Java-Programmen. Java SE enthält alles, was zur Entwicklung von Java-Programmen nötig ist. Obwohl die Begrifflichkeit etwas unscharf ist, lässt sich die Java SE als Spezifikation verstehen und nicht als Implementierung. Damit Java-Programme übersetzt und ausgeführt werden können, müssen aber ein konkreter Compiler, Interpreter und die Java-Bibliotheken auf unserem Rechner installiert sein. Das freie und mittlerweile unter der GPL stehende JDK von Oracle ist üblicherweise die Realisierung der Java SE für Windows, Solaris OS und Linux. Es gibt allerdings auch alternative Implementierungen der Java SE-Bibliotheken, etwa die Open-Source-Variante *Apache Harmony*[21] und *GNU Classpath*[22]. Auch gibt es verschiedene Laufzeitumgebungen, doch uns interessiert im Folgenden nur die JVM von Oracle.

Versionen der Java SE

Am 23. Mai 1995 stellte damals noch Sun Java erstmals der breiten Öffentlichkeit vor. Seitdem ist viel passiert, und in jeder Version erweiterte sich die Java-Bibliothek. In den Versionen Java 1.1 und Java 5 gab es größere Änderungen an der Programmiersprache selbst. Java 7 wird auch wieder größere Änderungen bekommen. Dabei gibt es von einer Version zur nächsten kaum Inkompatibilitäten.[23]

Version	Datum	Einige Neuerungen bzw. Besonderheiten
1.0, Urversion	1995	Die 1.0.x-Versionen lösen diverse Sicherheitsprobleme.
1.1	Februar 1997	Neuerungen bei der Ereignisbehandlung, beim Umgang mit Unicode-Dateien (Reader/Writer statt nur Streams), außerdem Datenbankunterstützung via JDBC sowie innere Klassen und eine standardisierte Unterstützung für Nicht-Java-Code (nativen Code)
1.2	November 1998	Heißt nun nicht mehr JDK, sondern *Java 2 Software Development Kit* (SDK). *Swing* ist die neue Bibliothek für grafische Oberflächen und eine Collection-API für Datenstrukturen und Algorithmen.
1.3	Mai 2000	Namensdienste mit JNDI, verteilte Programmierung mit RMI/IIOP, Sound-Unterstützung

Tabelle 1.1   Neuerungen und Besonderheiten der verschiedenen Java-Versionen

---

21 *http://harmony.apache.org/*

22 *http://www.gnu.org/software/classpath/*

23 Die Seite *http://tutego.de/go/migratingtojava5* zeigt auf, wie Walmart der Umstieg auf Java 5 gelang – relativ problemlos: »[...] the overall feeling is that a migration to Java 1.5 in a production environment can be a mostly painless exercise.«

Version	Datum	Einige Neuerungen bzw. Besonderheiten
1.4	Februar 2002	Schnittstelle für XML-Parser, Logging, neues IO-System (NIO), reguläre Ausdrücke, Assertions
5	September 2004	Das Java SDK heißt wieder JDK. Neu sind generische Typen, typsichere Aufzählungen, erweitertes `for`, Autoboxing, Annotationen.
6	Ende 2006	Web-Services, Skript-Unterstützung, Compiler-API, Java-Objekte an XML-Dokumente binden, System Tray
7	Geplant Mitte 2011	Kleine Sprachänderungen, NIO2, erste pure GPL-Version
8	Geplant Ende 2012	Weitere Sprachänderungen wie Closures, Plattform-Modularisierung

Tabelle 1.1 Neuerungen und Besonderheiten der verschiedenen Java-Versionen (Forts.)

Die Produktzyklen waren in der Vergangenheit relativ konstant. Einen Bruch gibt es bei der kommenden Version von Java 7, auf die Entwickler schon sehr lange warten. Gründe für die Verzögerung könnten die Änderung auf die Open-Source-Lizenz GPL, der Übergang zu Oracle und die Entwicklung von JavaFX sein, in die viel Energie investiert wurde.

Codenamen und Namensänderungen

Mit Java 5 entfiel das Präfix »1.« in der Versionskennung des Produkts, es heißt also Java 6 statt Java 1.6 und Java 7 statt Java 1.7; in den Entwickler-Versionen bleibt es aber weiterhin gültig.[24] Auch das Anhängsel ».0« für die Hauptversionen und die Unterversionen ist verschwunden – es bleiben ganze Zahlen mit Updates. Schlussendlich fiel auch die »2« aus den in Java 1.2 eingeführten Begriffen J2SE, J2ME und J2EE heraus; es heißt aktuell Java SE, Java ME und Java EE. Früher vergab Sun auch Codenamen, wie Tiger für Java 5, doch das ist Vergangenheit.[25]

1.4.2 Java für die Kleinen

Die *Java Platform, Micro Edition (Java ME)* ist eine Umgebung für kompakte tragbare Computer, also PDAs, Organizer, Telefone. Java ist heutzutage auf fast jedem Handy zu finden, und Sun sprach 2007 von über 2 Milliarden Java-fähigen Telefonen.[26] Die Bedeutung der Java ME schwindet jedoch, da moderne Geräte mittlerweile so viel Power haben, dass sie eine normale JVM laufen lassen können. Die Referenzimplementierung der Java ME heißt *phoneMe*[27] und steht unter der GPL; sie implementiert weitere Standards, wie *Java Mobile Media API*, *Scalable 2D Vector Graphics API* und weitere.

---

24 Siehe dazu *http://java.sun.com/j2se/1.5.0/docs/relnotes/version-5.0.html* und *http://java.sun.com/j2se/versioning_naming.html*.

25 *http://java.sun.com/j2se/codenames.html*

26 Quelle: *http://de.sun.com/sunnews/events/2007/20071203/pdf/TD_FRA_GoslingKeynote.pdf*

27 *https://phoneme.dev.java.net/*

Java-Plattformen: Java SE, Java EE und Java ME | **1.4**

Seitenwind bekommt Java ME von *Android*, einem Projekt, das von Google initiiert wurde und nun in den Händen der *Open Handset Alliance* liegt. Android ist nicht nur eine Software-Plattform, sondern auch ein Betriebssystem. Statt einer JVM mit standardisiertem Java-Bytecode nutzt Android einen völlig anderen Bytecode und führt ihn auf der *Dalvik Virtual Machine* aus.

1.4.3 Java für die ganz ganz Kleinen

Mit *Java Card* definiert Oracle einen Standard für Java-ähnliche Programme auf Chipkarten (Smartcards). Der Sprachstandard von Java ist allerdings etwas eingeschränkt. Die Ausgabe vom Java-Compiler ist ein Bytecode, der dem Standard-Bytecode ähnlich ist. Dieser Bytecode wird dann auf der *Java Card Virtual Machine* ausgeführt, die auf der Smart-Card (etwa einer SIM-Karte) Platz findet. Da es jedoch ganz andere Speicheranforderungen für so ein winziges System gibt, ist die Laufzeitumgebung nicht mit der Standard-JVM vergleichbar. Es gibt keine Threads und keine Gargabe-Collection. Auch bei den Bibliotheken gibt es Unterschiede. Nicht nur, dass viele bekannte Klassen fehlen, umgekehrt gehören starke kryptografische Algorithmen mit zum Paket und natürlich ein Paket, damit die Kartenanwendung mit der Außenwelt kommunizieren kann. Seit dem Java Card 3.0-Standard gibt es eine *Classic Edition* und eine *Connected Edition*, wobei die Connected Edition viele Einschränkungen nicht mehr hat; so gibt es nun auch Threads und Garbage-Collection.

Mit dem Java Card-Standard können viel einfacher Programme auf Karten unterschiedlicher Hersteller gebracht werden – sofern die Karte dem Standard entspricht. Vorher war das immer etwas schwierig, da jeder Kartenhersteller unterschiedliche APIs und Tools verwendete und die Karte in der Regel in einem C-Dialekt programmiert wurde.

1.4.4 Java für die Großen

Die *Java Platform, Enterprise Edition (Java EE)* ist ein Aufsatz für die Java SE und integriert Pakete, die zur Entwicklung von Geschäftsanwendungen (Enterprise-Applikationen genannt) nötig sind. Dazu zählen etwa die Komponententechnologie der *Enterprise JavaBeans* (EJBs), *JSP/JSF/Servlets* für dynamische Webseiten, die *Java-Mail-API* und weitere. Die Referenzimplementierung für Java EE 5 und Java EE 6 ist GlassFish. Dieses Buch geht auf einige Bibliotheken aus der Java EE kurz ein, etwa auf JSP und Servlets oder Web-Services.

Interessant ist zu beobachten, dass im Laufe der letzten Jahre Teile aus der Java EE in die Java SE gewandert sind. Möglicherweise kommt in der Zukunft Technologie für objekt-relationales Mapping (JPA) aus der Java EE in die Standard Edition.

69

1 | Java ist auch eine Sprache

1.5 Die Installation der Java Platform Standard Edition (Java SE)

Die folgende Anleitung beschreibt, woher wir Oracles Java SE Implementierung beziehen können und wie die Installation verläuft.

1.5.1 Die Java SE von Oracle

Es gibt unterschiedliche Möglichkeiten, in den Besitz der Java SE zu kommen. Wer einen schnellen Zugang zum Internet hat, kann es sich von den Oracle-Seiten herunterladen. Nicht-Internet-Nutzer oder Anwender ohne schnelle Verbindungen finden Entwicklungsversionen häufig auch auf DVDs, wie etwa unserer in diesem Buch.

JDK und JRE

In der Java SE-Familie gibt es Ausprägungen: das JDK und das JRE. Da diejenigen, die Java-Programme nur laufen lassen möchten, nicht unbedingt alle Entwicklungstools benötigen, hat Oracle zwei Pakete geschnürt:

▶ Das *Java SE Runtime Environment (JRE)* enthält genau das, was zur Ausführung von Java-Programmen nötig ist. Die Distribution umfasst nur die JVM und Java-Bibliotheken, aber weder den Quellcode der Java-Bibliotheken noch Tools.

▶ Mit dem *Java Development Kit (JDK)* lassen sich Java SE-Applikationen entwickeln. Dem JDK sind Hilfsprogramme beigelegt, die für die Java-Entwicklung nötig sind. Dazu zählen der essenzielle Compiler, aber auch andere Hilfsprogramme, etwa zur Signierung von Java-Archiven oder zum Start einer Management-Konsole. In den Versionen Java 1.2, 1.3 und 1.4 heißt das JDK *Java 2 Software Development Kit (J2SDK)*, kurz *SDK*, ab Java 5 heißt es wieder JDK.

Das JRE und JDK von Oracle sind beide gratis erhältlich.

1.5.2 Download des JDK

Oracle bietet auf der Webseite *http://www.oracle.com/technetwork/java/javase/downloads/* das Java SE in der aktuellen Version 6 direkt zum Download für folgende Versionen an:

▶ Microsoft Windows für jeweils 32- und 64-Bit-Systeme

▶ Solaris SPARC 32 und 64 Bit, Solaris x86, Solaris X64

▶ Linux x86 und Linux X64 in einem RPM-Paket

Oracle bündelt die Implementierung in unterschiedliche Pakete: JDK, JRE, JDK mit Java EE und JDK mit der NetBeans IDE.

Wir entscheiden uns für das pure JDK, denn es enthält einige Entwicklungstools, die wir später benötigen (auch wenn für Eclipse prinzipiell das JRE ausreicht – Eclipse bringt einen eigenen Java-Compiler mit –, ist auch hier das JDK mit den Quellen der Java-Bibliotheken sehr nützlich).

70

Download der Dokumentation

Die API-Dokumentation der Standardbibliothek und Tools sind kein Teil vom JDK (bei einer Größe vom JDK von fast 76 MiB ist eine Trennung sinnvoll, denn die Dokumentation selbst umfasst etwa die gleiche Größe). Die Hilfe kann online unter *http://www.tutego.de/go/javaapi/* eingesehen oder als Zip-Datei extra bezogen und lokal ausgepackt werden. Das komprimierte Archiv ist auf der DVD oder unter *http://www.oracle.com/technetwork/java/index-jsp-142903.html#documentation* erhältlich. Ausgepackt ist die API-Dokumentation eine Sammlung von HTML-Dateien.

Unter *http://java.sun.com/docs/windows_format.html* findet sich die Hilfe auch im HTML-Help- und WinHelp-Format. Diese Microsoft-Formate erleichtern die Suche in der Dokumentation.

1.5.3 Java SE unter Windows installieren

Die ausführbare Datei *jdk-6uX-windows-i586.exe* (X steht hier als Stellvertreter für die Update-Version, etwa 21) ist das Installationsprogramm. Es installiert die ausführbaren Programme wie Compiler und Interpreter sowie die Bibliotheken, Quellcodes und auch Beispielprogramme. Voraussetzung für die Installation sind genügend Rechte, ein paar MiB Plattenspeicher und die Windows Service Packs. Quellcodes und Demos müssen nicht unbedingt installiert sein.

Die Installation beginnt damit, dass wir die Lizenzbestimmungen akzeptieren müssen. Dann fragt der Installer nach den zu installierenden Komponenten und einem Verzeichnis.

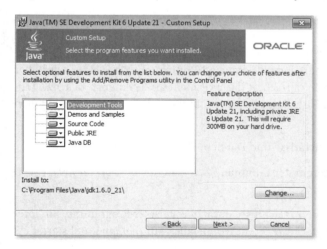

Wir akzeptieren, und nun dauert es etwas. Anschließend folgt ein Dialog, bei dem wir uns für Updates registrieren lassen können. FINISH beendet die Installation.

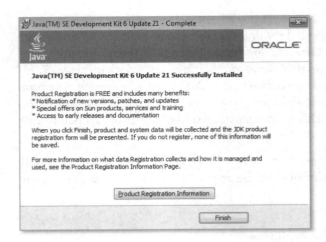

Unter Windows wird in der Registry ein Zweig `HKEY_CURRENT_USER\Software\JavaSoft` angelegt, in dem unter anderem Preferences-Einstellungen gespeichert werden. Weiterhin gibt es einen Zweig `HKEY_LOCAL_MACHINE\SOFTWARE\Microsoft\Windows\CurrentVersion\App Paths\javaws.exe` mit dem Wert `C:\Programme\Java\jre6\bin\javaws.exe` und dem zusätzlichen Schlüssel `Path`, was mit `C:\Programme\Java\jre6\bin` belegt wird.

Nach der abgeschlossenen Installation können wir unter Windows im Dateibaum unter *C:\Programme\Java* die beiden Ordner *jdk1.6.0* und *jre* ausmachen (für die folgenden Beispiele geben wir immer den Pfad *C:\Program Files\Java\jdk1.6.0* an).

Programme im bin-Verzeichnis

Im *bin*-Verzeichnis des JDK (*C:\Program Files\Java\jdk1.6.0\bin*) sind zusätzliche Entwicklungswerkzeuge und Java-Quellen untergebracht, die das JRE nicht enthält. Leider wird aber auch vieles doppelt installiert;[28] Oracle betrachtet das JRE nicht als Teilmenge des JDK (ein weiterer Nachteil bei dieser Trennung ist, dass zusätzliche Bibliotheken auch an zwei Stellen installiert werden müssen).

Der JDK-Ordner hat nicht viele Verzeichnisse und Dateien. Die wichtigsten sind:

- *bin*. Hier befinden sich unter anderem der Compiler *javac* und der Interpreter *java*.
- *jre*. Die eingebettete Laufzeitumgebung
- *demo* (falls installiert). Diverse Unterverzeichnisse enthalten Beispiel-Programme. Ein interessantes Demo finden wir unter *jfc/Java2D* (ein Doppelklick auf die *.jar*-Datei startet es) und online unter *http://download.java.net/javadesktop/swingset3/SwingSet3.jnlp*.
- *src.zip* (falls installiert). Das Archiv enthält den Quellcode der öffentlichen Bibliotheken. Entwicklungsumgebungen wie Eclipse und NetBeans binden die Quellen automatisch mit ein, sodass sie leicht über einen Tastendruck zugänglich sind.

---

28 Das JRE gibt es so zum Beispiel unter *C:\Programme\Java\jdk1.6.0\jre* und auch unter *C:\Programme\Java\jre6*.

1.6 Das erste Programm compilieren und testen

Nachdem wir die grundlegenden Konzepte von Java besprochen haben, wollen wir ganz dem Zitat von Dennis M. Ritchie folgen, der sagt: »Eine neue Programmiersprache lernt man nur, wenn man in ihr Programme schreibt.« In diesem Abschnitt nutzen wir den Java-Compiler und Interpreter von der Kommandozeile. Wer gleich eine ordentliche Entwicklungsumgebung wünscht, der kann problemlos diesen Teil überspringen und bei den IDEs fortfahren.

1.6.1 Ein Quadratzahlen-Programm

Das erste Programm zeigt einen Algorithmus, der die Quadrate der Zahlen von 1 bis 4 ausgibt. Die ganze Programmlogik sitzt in einer Klasse Quadrat, die drei Methoden enthält. Alle Methoden in einer objektorientierten Programmiersprache wie Java müssen in Klassen platziert werden. Die erste Methode, quadrat(), bekommt als Übergabeparameter eine ganze Zahl und berechnet daraus die Quadratzahl, die sie anschließend zurückgibt. Eine weitere Methode übernimmt die Ausgabe der Quadratzahlen bis zu einer vorgegebenen Grenze. Die Methode bedient sich dabei der Methode quadrat(). Zum Schluss muss es noch ein besonderes Unterprogramm main() geben, das für den Java-Interpreter den Einstiegspunkt bietet. Die Methode main() ruft dann die Methode ausgabe() auf.

Listing 1.1 Quadrat.java

```java
/**
 * @version 1.01    6 Dez 1998
 * @author Christian Ullenboom
 */
public class Quadrat
{
  static int quadrat( int n )
  {
    return n * n;
  }
  static void ausgabe( int n )
  {
    String s;
    int    i;
    for ( i = 1; i <= n; i=i+1 )
    {
      s = "Quadrat("
          + i
          + ") = "
          + quadrat(i);
      System.out.println( s );
    }
  }
  public static void main( String[] args )
  {
```

1 | Java ist auch eine Sprache

```
    ausgabe( 4 );
  }
}
```

> **[»]** **Hinweis** Der Java-Compiler unterscheidet sehr penibel zwischen Groß- und Kleinschreibung.

Der Quellcode (engl. *source code*) für *Quadrat.java* soll exemplarisch im Verzeichnis *C:\projekte* gespeichert werden. Dazu kann ein einfacher Editor wie *Notepad* (START • PROGRAMME • ZUBEHÖR • EDITOR) unter Windows verwendet werden. Beim Abspeichern mit Notepad unter DATEI • SPEICHERN UNTER... muss bei DATEINAME *Quadrat.java* stehen und beim Dateityp ALLE DATEIEN ausgewählt sein, damit der Editor nicht automatisch die Dateiendung *.txt* vergibt.

1.6.2   Der Compilerlauf

Der Quellcode eines Java-Programms lässt sich so allein nicht ausführen. Ein spezielles Programm, der *Compiler* (auch *Übersetzer* genannt), transformiert das geschriebene Programm in eine andere Repräsentation. Im Fall von Java erzeugt der Compiler die DNA jedes Programms, den Bytecode.

Wir wechseln auf die Eingabeaufforderung (Konsole) und in das Verzeichnis mit dem Quellcode. Damit sich Programme übersetzen und ausführen lassen, müssen wir die Programme *javac* und *java* aus dem *bin*-Verzeichnis der JDK-Installation aufrufen.

Liegt die Quellcodedatei vor, übersetzt der Compiler sie in Bytecode.

```
C:\projekte>javac Quadrat.java
```

Alle Java-Klassen übersetzt `javac *.java`. Wenn die Dienstprogramme *javac* und *java* nicht im Suchpfad stehen, müssen wir einen kompletten Pfadnamen angeben – wie *C:\Program Files\Java\jdk1.6.0\bin\javac *.java*.

Die zu übersetzende Datei muss – ohne Dateiendung – so heißen wie die in ihr definierte öffentliche Klasse. Die Beachtung der Groß- und Kleinschreibung ist wichtig. Eine andere Endung, wie etwa *.txt* oder *.jav*, ist nicht erlaubt und mündet in eine Fehlermeldung:

```
C:\projekte>javac Quadrat.txt
Quadrat.txt is an invalid option or argument.
Usage: javac <options> <source files>
```

Der Compiler legt – vorausgesetzt, das Programm war fehlerfrei – die Datei *Quadrat.class* an. Diese enthält den Bytecode.

Findet der Compiler in einer Zeile einen Fehler, so meldet er diesen unter der Angabe der Datei und der Zeilennummer. Nehmen wir noch einmal unser Quadratzahlen-Programm, und bauen wir in der `quadrat()`-Methode einen Fehler ein (das Semikolon fällt der Löschtaste zum Opfer). Der Compilerdurchlauf meldet:

74

Das erste Programm compilieren und testen | **1.6**

```
Quadrat.java:10: ; expected.
    return n * n
              ^
1 error
```

Den Suchpfad setzen

Da es unpraktisch ist, bei jedem Aufruf immer den kompletten Pfad zur JDK-Installation anzugeben, lässt sich der Suchpfad erweitern, in dem die Shell nach ausführbaren Programmen sucht. Um die Pfade dauerhaft zu setzen, müssen wir die Umgebungsvariable PATH modifizieren. Für eine Sitzung reicht es, den *bin*-Pfad vom JDK hinzuzunehmen. Wir setzen dazu in der Kommandozeile von Windows den Pfad *jdk1.6.0\bin* an den Anfang der Suchliste, damit im Fall von Altinstallationen immer das neue JDK verwendet wird:

```
set PATH=C:\Program Files\Java\jdk1.6.0\bin;%PATH%
```

Die Anweisung modifiziert die Pfad-Variable und legt einen zusätzlichen Verweis auf das *bin*-Verzeichnis von Java an.

Damit die Pfadangabe auch nach einem Neustart des Rechners noch verfügbar ist, müssen wir abhängig vom System unterschiedliche Einstellungen vornehmen. Unter Windows XP aktivieren wir den Dialog Systemeigenschaften unter Start • Einstellungen • Systemsteuerung • System. Unter dem Reiter Erweitert wählen wir die Schaltfläche Umgebungsvariablen, wo wir anschließend bei Systemvariablen die Variable Path auswählen und mit Bearbeiten verändern – natürlich können statt der Systemvariablen auch die lokalen Benutzereinstellungen modifiziert werden; da gibt es Path noch einmal. Hinter einem Semikolon tragen wir den Pfad zum *bin*-Verzeichnis ein. Dann können wir den Dialog mit OK, OK, OK verlassen. War eine Eingabeaufforderung offen, bekommt sie von der Änderung nichts mit; ein neues Eingabeaufforderungsfenster muss geöffnet werden. Weitere Hilfen gibt die Datei *http://tutego.de/ go/installwindows*.

1.6.3 Die Laufzeitumgebung

Der vom Compiler erzeugte Bytecode ist kein üblicher Maschinencode für einen speziellen Prozessor, da Java als plattformunabhängige Programmiersprache entworfen wurde, die sich also nicht an einen physikalischen Prozessor klammert – Prozessoren wie Intel-, AMD- oder PowerPC-CPUs können mit diesem Bytecode nichts anfangen. Hier hilft eine Laufzeitumgebung weiter. Diese liest die Bytecode-Datei Anweisung für Anweisung aus und führt sie auf dem konkreten Mikroprozessor aus.

Der Interpreter *java* bringt das Programm zur Ausführung:

```
C:\projekte>java Quadrat
Quadrat(1) = 1
Quadrat(2) = 4
Quadrat(3) = 9
Quadrat(4) = 16
```

75

1 | Java ist auch eine Sprache

Als Argument bekommt die Laufzeitumgebung *java* den Namen der Klasse, die eine `main()`-Methode enthält und somit als ausführbar gilt. Die Angabe ist nicht mit der Endung *.class* zu versehen, da hier kein Dateiname, sondern ein Klassenname gefordert ist.

1.6.4 Häufige Compiler- und Interpreterprobleme

Arbeiten wir auf der Kommandozeilenebene (Shell) ohne integrierte Entwicklungsumgebung, können verschiedene Probleme auftreten. Ist der Pfad zum Compiler nicht richtig gesetzt, gibt der Kommandozeileninterpreter eine Fehlermeldung der Form

```
C:\>javac Quadrat.java
Der Befehl ist entweder falsch geschrieben oder konnte nicht gefunden werden.
Bitte überprüfen Sie die Schreibweise und die Umgebungsvariable 'PATH'.
```

aus. Unter Unix lautet die Meldung gewohnt kurz:

```
javac: Command not found
```

War der Compilerdurchlauf erfolgreich, können wir den Interpreter mit dem Programm *java* aufrufen. Verschreiben wir uns bei dem Namen der Klasse oder fügen wir unserem Klassennamen das Suffix *.class* hinzu, so meckert der Interpreter. Beim Versuch, die nicht existente Klasse Q zum Leben zu erwecken, schreibt der Interpreter auf den Fehlerkanal:

```
$ java Q.class
Exception in thread "main"   java.lang.NoClassDefFoundError:Q/class
```

Ist der Name der Klassendatei korrekt, hat aber die Hauptmethode keine Signatur `public static void main(String[])`, so kann der Java-Interpreter keine Methode finden, bei der er mit der Ausführung beginnen soll. Verschreiben wir uns bei der `main()`-Methode in Quadrat, folgt die Fehlermeldung:

```
In class Quadrat: void main(String argv[]) is not defined
```

1.7   Entwicklungsumgebungen im Allgemeinen

Als Laufzeitumgebung ist das JRE geeignet, und mit dem JDK können auf der Kommandozeile Java-Programme übersetzt und ausgeführt werden – angenehm ist das nicht. Daher haben unterschiedliche Hersteller in den letzten Jahren einigen Aufwand betrieben, um die Java-Entwicklung zu vereinfachen. Moderne Entwicklungsumgebungen bieten gegenüber einfachen Texteditoren den Vorteil, dass sie besonders Spracheinsteigern helfen, sich mit der Syntax anzufreunden. Eclipse beispielsweise unterkringelt ähnlich wie moderne Textverarbeitungssysteme fehlerhafte Stellen. Zusätzlich bieten die IDEs die notwendigen Hilfen beim Entwickeln, wie etwa farbige Hervorhebung, automatische Codevervollständigung und Zugriff auf Versionsverwaltungen oder auch Wizards, die mit ein paar Eintragungen Quellcode etwa für grafische Oberflächen oder Web-Service-Zugriffe generieren.

1.7.1 Die Entwicklungsumgebung Eclipse

Seit Ende 2001 arbeitet IBM an der Java-basierten Open-Source-Software *Eclipse* (*http://www.eclipse.org/*) und löste damit die alte *WebSphere*-Reihe und die Umgebung *Visual Age for Java* ab. 2003/2004 führte IBM mit der *Eclipse Foundation* ein Konsortium ein, das die Weiterentwicklung bestimmt. Diesem Konsortium gehören unter anderem die Mitglieder BEA, Borland, Computer Associates, Intel, HP, SAP und Sybase an. Eclipse steht heute unter der Common Public License und ist als quelloffene Software für jeden ohne Kosten zugänglich.

Eclipse macht es möglich, Tools als so genannte Plugins zu integrieren. Viele Anbieter haben ihre Produkte schon für Eclipse angepasst, und die Entwicklung läuft weltweit in einem raschen Tempo.

Da Oracles IDE *NetBeans* ebenfalls frei ist und um andere Fremdkomponenten bereichert werden kann, zog sich IBM damals den Groll von Sun zu. Sun warf IBM vor, die Entwicklergemeinde zu spalten und noch eine unnötige Entwicklungsumgebung auf den Markt zu werfen, wo doch NetBeans schon so toll sei. Nun ja, die Entwickler haben entschieden: Statistiken sehen Eclipse deutlich vorne, wobei in den letzten Jahren NetBeans etwas Boden gutmachen konnte.

Eclipse ist ein Java-Produkt mit einer nativen grafischen Oberfläche, das erstaunlich flüssig seine Arbeit verrichtet – genügend Speicher vorausgesetzt (> 512 MiB). Die Arbeitszeiten sind auch deswegen so schnell, weil Eclipse mit einem so genannten »inkrementellen Compiler« arbeitet. Speichert der Anwender eine Java-Quellcodedatei, übersetzt der Compiler automatisch diese Datei. Dieses Feature nennt sich *autobuild*.

1.7.2 NetBeans von Oracle

In den Anfängen der Java-Bewegung brachte Sun mit der Software *Java-Workshop* eine eigene Entwicklungsumgebung auf den Markt. Die Produktivitätsmöglichkeiten waren jedoch gering. Das änderte sich, als Sun im August 1999 das kalifornische Softwarehaus Forte übernahm und damit wieder eine bedeutendere Rolle bei den Java-Entwicklungsumgebungen spielte. Sun interessierte sich besonders für Fortes Produkt *SynerJ*, das im Kern die IDE enthält. Später wurde das Produkt als NetBeans-IDE (*http://www.netbeans.org/*) bekannt. NetBeans bietet komfortable Möglichkeiten zur Java SE-, Java ME- und Java EE-Entwicklung mit Editoren und Wizards für die Erstellung grafischer Oberflächen von Swing- und Webanwendungen. Oracle ist sehr experimentierfreudig und unterstützt eine Reihe von Bibliotheken und Frameworks, deren Entwicklungen noch nicht abgeschlossen sind.

Je nach Anwendungsgebiet gibt es von NetBeans unterschiedliche Bundles. Die wichtigsten »NetBeans Packs« (*http://tutego.de/go/getnetbeans*) sind:

▸ *Java SE*. Enthält mit 39 MiB alles Nötige zur Entwicklung von Java SE-Anwendungen.

▸ *Java*. Bietet neben der Kern-IDE Tools zur Entwicklung von Web- und Java-Enterprise-Anwendungen. Integriert in den 212 MiB auch den Servlet-Container *Tomcat* und den Java EE-Application-Server *GlassFish*.

1 | Java ist auch eine Sprache

▶ *All*. Enthält in 249 MiB alles, auch Werkzeuge für Ruby, PHP und C(++), aber (bisher) nicht JavaFX.

Eine Frage beschäftigt die Java-Community jedoch im Moment ganz besonders: Mit dem Wechsel von Sun zu Oracle ist es möglich, dass Oracle der IDE NetBeans in Zukunft keine hohe Priorität mehr einräumt, da Oracle mit dem Oracle JDeveloper schon eine IDE im Programm hatte und auch aktiv Eclipse unterstützt. Eine Abkehr zeichnet sich aber bisher nicht ab.

1.7.3 IntelliJ IDEA

Dass Unternehmen mit einer Java-IDE noch Geld verdienen können, zeigt JetBrains, ein aus Tschechien stammendes Softwarehaus. Die Entwicklungsumgebung *IntelliJ IDEA* gibt es in einer freien quelloffenen Grundversion *Community Edition*, die alles abdeckt, was zur Java SE-Entwicklung nötig ist, und in einer kommerziellen *Ultimate Edition* für 249 US$ (Einzelentwickler) bzw. 599 US$ (Unternehmen), die die Java EE-Entwickler angeht. Die Basisversion enthält auch schon einen GUI-Builder, Unterstützung für Test-Frameworks und Versionsverwaltungssysteme und ist etwa mit »Eclipse IDE for Java Developers« vergleichbar. Die freie Community-Version ist beliebt, da die Unterstützung der alternativen JVM-Sprache *Groovy* sehr gut ist und ein tolles Scala-Plugin existiert.

1.7.4 Ein Wort zu Microsoft, Java und zu J++

Microsoft hat sich aus der Java-Entwicklung nahezu vollständig zurückgezogen, aber in der Anfangszeit einigen Wirbel verursacht. Der Grund dafür ist, dass Applikationen, die unter dem Microsoft Development Kit erstellt wurden, nicht zwangsläufig auf anderen Plattformen lauffähig sind. Microsoft führte gegen alle Standards in seinem J++-Compiler die neuen Schlüsselwörter `multicast` und `delegate` ein. Weiterhin fügte Microsoft einige neue Methoden und Eigenschaften hinzu, zum Beispiel *J/Direct*, um der plattformunabhängigen Programmiersprache den Windows-Stempel zu verpassen. Mit J/Direct können Programmierer aus Java heraus direkt auf Funktionen aus dem Win32-API zugreifen und damit reine Windows-Programme in Java programmieren. Durch Integration von *DirectX* soll die Internet-Programmiersprache Java multimediafähig gemacht werden.

Da es Sun in der Vergangenheit finanziell nicht besonders gut ging, pumpte Microsoft im April 2004 satte 1,6 Milliarden US$ in die Firma. Microsoft erkaufte sich damit das Ende der Kartellprobleme und Patentstreitigkeiten. Dass es bis zu dieser Einigung nicht einfach gewesen war, zeigen Aussagen von Microsoft-Projektleiter Ben Slivka über das JDK beziehungsweise die Java Foundation Classes, man müsse sie »bei jeder sich bietenden Gelegenheit anpissen« (»pissing on at every opportunity«).[29]

---

29 Würden wir nicht gerade im westlichen Kulturkreis leben, wäre diese Geste auch nicht zwangsläufig unappetitlich. Im alten Mesopotamien steht »pissing on« für »anbeten«. Da jedoch die E-Mail nicht aus dem Zweistromland kam, bleibt die wahre Bedeutung wohl unserer Fantasie überlassen.

1.8   Eclipse im Speziellen

Die Entwicklungsumgebung Eclipse ist selbst in Java programmiert und benötigt zur Ausführung mindestens eine JRE in der Version 1.4, wobei Java 5 empfohlen wird (natürlich kann Eclipse auch Klassendateien für Java 1.0 erzeugen, nur die IDE selbst benötigt mindestens Java 1.4). Da allerdings Teile, wie die grafische Oberfläche, in C implementiert sind, ist Eclipse nicht 100 % pures Java, und beim Download unter *http://www.eclipse.org/downloads/* ist auf das passende System zu achten.

Eclipse gliedert sich in unterschiedliche Pakete – bei NetBeans heißen sie *Bundles*. Die wichtigsten sind (mit Größenangaben für die Version Eclipse 3.6):

▶ *Eclipse IDE for Java Developers*. Mit 99 MiB die kleinste Version zum Entwickeln von Java SE-Anwendungen

▶ *Eclipse IDE for Java EE Developers*. Die Version mit 206 MiB enthält einen XML-Editor und Erweiterungen für die Entwicklung von Webanwendungen und Java EE-Applikationen. Die eingebundenen Unterprojekte heißen *Web Standard Tools* (WST) und *J2EE Standard Tools Project* (JST).

▶ *Eclipse Classic 3.6*. Wie die *Eclipse IDE for Java Developers*, nur mit Quellen und Dokumentation. Wächst damit auf 170 MiB.

▶ *Eclipse IDE for C/C++ Developers*. Eclipse als Entwicklungsumgebung für C(++)-Programmierer. Mit 87 MiB das kleinste Paket, da es ausschließlich für die Programmiersprache C(++) und nicht für Java ist.

▶ *Eclipse for PHP Developers*. Die IDE für PHP-Entwickler mit 143 MiB. Enthält einige Plugins aus dem Java EE-Paket, etwa für Webanwendungen.

Auf der Download-Seite sind neben der aktuellen Version auch die letzten Releases zu finden. Die Hauptversionen heißen *Maintenance Packages*. Neben ihnen gibt es *Stable Builds* und für Mutige die *Integration Builds* und *Nightly Builds*, die einen Blick auf kommende Versionen werfen. Standardmäßig sind Beschriftungen der Entwicklungsumgebung in englischer Sprache, doch gibt es mit den *Eclipse Language Packs* Übersetzungen etwa für Deutsch, Spanisch, Italienisch, Japanisch, Chinesisch und weitere Sprachen. Für die Unterprojekte (WST, JST) gibt es individuelle Updates.

> **Hinweis** Im Buch setzen wir insbesondere für die Webentwicklung die *Eclipse IDE for Java EE Developers* voraus.

[«]

1.8.1   Eclipse starten

Eine Installation von Eclipse im typischen Sinne mit einem Installer ist nicht erforderlich, dennoch beschreiben die folgenden Schritte die Benutzung unter Windows. Nach dem Auspacken des Zip-Archivs gibt es einen Ordner *eclipse* mit der ausführbaren Datei *eclipse.exe* und Unterverzeichnisse für nachinstallierbare Plugins. Das Eclipse-Verzeichnis lässt sich frei wählen und beispielsweise wie andere Windows-Software unter *C:\Programme* ablegen.

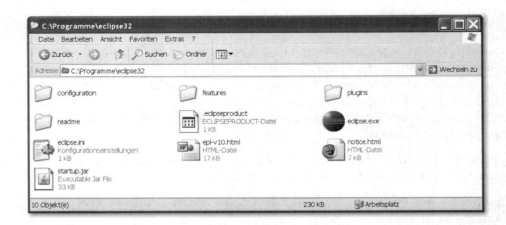

Nach dem Start von *eclipse.exe* folgen ein Willkommensbildschirm und ein Dialog wie dieser:

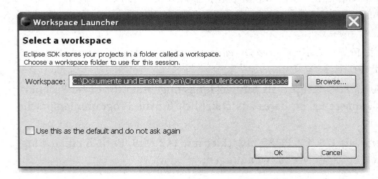

Mit einer Eclipse-Instanz ist ein *Workspace* verbunden. Das ist ein Verzeichnis, in dem Eclipse Konfigurationsdaten, Dateien zur Änderungsverfolgung und standardmäßig Quellcode-Dateien sowie Binärdateien gespeichert sind. Der Workspace kann später gewechselt werden, doch ist nur ein Workspace zur gleichen Zeit aktiv; er muss zu Beginn der Eclipse-Sitzung festgelegt werden. Wir belassen es bei dem Home-Verzeichnis des Benutzers und können den Haken aktivieren, um beim nächsten Start nicht noch einmal gefragt zu werden.

Es folgt das Hauptfenster von Eclipse mit einem Hilfsangebot inklusive Tutorials für Einsteiger und mit Erklärungen, was in der Version neu ist, für Fortgeschrittene. Ein Klick auf das X rechts vom abgerundeten Reiter WELCOME schließt die Ansicht.

1.8.2 Das erste Projekt anlegen

Nach dem Start von Eclipse muss ein Projekt angelegt (oder eingebunden) werden – ohne dieses lässt sich kein Java-Programm ausführen. Im Menü ist dazu FILE • NEW • PROJECT... auszuwählen. Alternativ führt auch die erste Schaltfläche in der Symbolleiste zu diesem Dialog. Es öffnet sich ein Wizard, mit dessen Hilfe wir ein NEW PROJECT erzeugen können.

1.8 Eclipse im Speziellen

Der Klick auf die Schaltfläche NEXT blendet einen neuen Dialog für weitere Einstellungen ein. Unter PROJECT NAME geben wir einen Namen für unser Projekt ein: »Insel«. Mit dem Projekt ist ein Pfad verbunden, in dem die Quellcodes und übersetzten Klassen gespeichert sind. Standardmäßig speichert Eclipse die Projekte im Workspace ab, wir können aber einen anderen Ordner wählen; belassen wir es hier bei einem Unterverzeichnis im Workspace. Im Rahmen JRE steht bei USE DEFAULT JRE nicht unbedingt das gewünschte JDK (etwa für Java 6). Das lässt sich global für alle folgenden Projekte einstellen oder lokal nur für dieses neue Projekt. Wir wollen global die Einstellung ändern und gehen daher auf CONFIGURE JREs..., was uns zu einem zentralen Konfigurationsdialog führt. Dort nehmen wir zwei Einstellungen vor: Als Erstes setzen wir die passende Laufzeitumgebung und dann den Compiler auf die gewünschte Version. Sind wir im Baum unter INSTALLED JREs, setzen wir das gewünschte JDK, nachdem wir vorher mit SEARCH... die Platte durchsucht haben. Die Liste kann je nach Installation kürzer sein und andere Einträge enthalten.

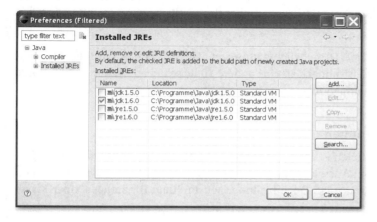

Die zweite Einstellung betrifft im Baum den COMPILER. Dort wählen wir unter COMPILER COMPLIANCE LEVEL das Gewünschte, also etwa die Version 6.0. Nach der Dialogbestätigung mit OK folgt ein kleiner Hinweis, den wir mit YES bestätigen.

Im letzten Bereich des Dialogs NEW JAVA PROJECT können wir bestimmen, ob die Quellen und übersetzten Klassen in dem gleichen Verzeichnis abgelegt werden sollen oder nicht. Eine gute Idee ist, den zweiten Eintrag, CREATE SEPARATE SOURCE AND OUTPUT FOLDERS, zu wählen.

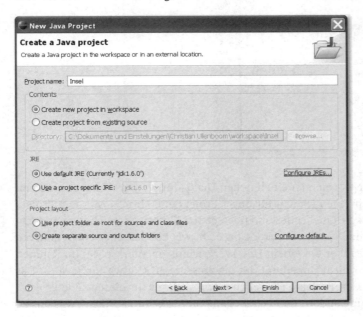

Die Schaltfläche FINISH schließt das Anlegen ab.

Jetzt arbeiten wir mit einem Teil von Eclipse, der sich *Workbench* nennt. Welche Ansichten Eclipse platziert, bestimmt die Perspektive (engl. *perspective*). Zu einer Perspektive gehören Ansichten (engl. *views*) und Editoren. Im Menüpunkt WINDOW • OPEN PERSPECTIVE lässt sich diese Perspektive ändern, doch um in Java zu entwickeln, ist die Java-Perspektive im Allgemeinen die beste.

Jede Ansicht lässt sich per Drag & Drop beliebig umsetzen. Die Ansicht OUTLINE auf der rechten Seite lässt sich auf diese Weise einfach an eine andere Stelle schieben – unter dem PACKAGE EXPLORER ist sie meistens gut aufgehoben.

1.8.3 Eine Klasse hinzufügen

Dem Projekt können nun Dateien – das heißt Klassen, Java-Archive, Grafiken oder andere Inhalte – hinzugeführt werden. Auch lassen sich in das Verzeichnis nachträglich Dateien einfügen, die Eclipse dann direkt anzeigt. Doch beginnen wir mit dem Hinzufügen einer Klasse aus Eclipse. Dazu aktiviert der Menüpunkt FILE • NEW • CLASS ein neues Fenster. Das Fenster öffnet sich ebenfalls nach der Aktivierung der Schaltfläche mit dem grünen C in der Symbolleiste.

Notwendig ist der Name der Klasse; hier SQUARED. Wir wollen auch einen Schalter für PUBLIC STATIC VOID MAIN(STRING[ ] ARGS) setzen, damit wir gleich eine Einstiegsmethode haben, in der sich unser erster Quellcode platzieren lässt.

Nach dem FINISH fügt Eclipse diese Klasse unserem Projektbaum hinzu, erstellt also eine Java-Datei im Dateisystem, und öffnet sie gleichzeitig im Editor. In die main()-Methode schreiben wir zum Testen:

```
int n = 2;
System.out.println( "Quadrat: " + n * n );
```

Eclipse besitzt keine Schaltfläche zum Übersetzen. Zum einen lässt Eclipse automatisch einen Compiler im Hintergrund laufen – sonst könnten wir die Fehlermeldungen zur Tippzeit nicht sehen –, und zum anderen nimmt Eclipse das Speichern zum Anlass für einen Übersetzungsvorgang.

1.8.4 Übersetzen und Ausführen

Damit Eclipse eine bestimmte Klasse mit einer main()-Methode ausführt, können wir mehrere Wege gehen. Wird zum ersten Mal Programmcode einer Klasse ausgeführt, können wir rechts neben dem grünen Kreis mit dem Play-Symbol auf den Pfeil klicken und im Popup-

Menü RUN AS und anschließend JAVA APPLICATION auswählen. Ein anderer Weg: [Alt]+[⇧]+ [X], dann [J].

Anschließend startet die JVM die Applikation. Assoziiert Eclipse einmal mit einem Start eine Klasse, reicht in Zukunft ein Aufruf mit [Strg]+[F11].

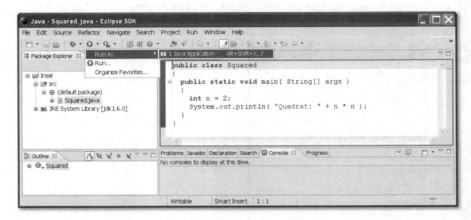

Unten in der Ansicht mit der Aufschrift CONSOLE ist die Ausgabe zu sehen.

1.8.5 JDK statt JRE

Beim ersten Start sucht Eclipse eine installierte Java-Version. Das ist im Allgemeinen das JRE, das ohne Dokumentation daherkommt, was beim Programmieren sehr unpraktisch ist. Erst das Java JDK enthält die Dokumentation, die Eclipse aus dem Quellcode extrahiert. Wir wollen daher als ersten Schritt das JDK einbinden. Es beginnt mit dem globalen Konfigurationsdialog unter WINDOW • PREFERENCES...

Hier sollte jeder Entwickler einmal die Konfigurationsmöglichkeiten durchgehen. Für unser JRE/JDK-Problem lässt sich links im Baum JAVA ausfalten und anschließend im Zweig INSTALLED JREs nach einem JDK suchen. Die Schaltfläche SEARCH... aktiviert einen Dateiauswahldialog, der zum Beispiel auf *C:\Programme\Java* steht – nicht auf dem Verzeichnis mit der Installation selbst! Nach der Suche befindet sich in der Liste ein JDK, wo wir das Häkchen setzen. Schließlich bestätigen wir den Dialog mit OK.

1.8.6 Start eines Programms ohne Speicheraufforderung

In der Standardeinstellung fragt Eclipse vor der Übersetzung und Ausführung mit einem Dialog nach, ob noch nicht gesicherte Dateien gespeichert werden sollen. In der Regel soll die Entwicklungsumgebung selbst die veränderten Dateien vor dem Übersetzen speichern. Dazu muss eine Einstellung in der Konfiguration vorgenommen werden: Unter WINDOW • PREFERENCES... öffnen wir wieder das Konfigurationsfenster und wählen den Zweig RUN/DEBUG und dort den Unterzweig LAUNCHING. Rechts unter SAVE REQUIRED DIRTY EDITORS BEFORE LAUNCHING aktivieren wir dann den Schalter ALWAYS.

1.8.7 Projekt einfügen, Workspace für die Programme wechseln

Alle Beispielprogramme im Buch gibt es auf der DVD oder im Netz. Die Beispielprogramme eines Kapitels befinden sich in einem eigenen Verzeichnis, sodass etwa für Kapitel 4, »Der Umgang mit Zeichenketten«, der Name *04_Chars_Strings* vergeben ist. Um das Ausprobieren noch einfacher zu machen, ist jedes Beispiel-Verzeichnis ein eigenständiges Eclipse-Projekt. Um zum aktuellen Workspace die Beispiele aus Kapitel 4 hinzuzunehmen, wählen wir im Menü FILE • IMPORT..., dann im Dialog der Sektion GENERAL die Optionen EXISTING PROJECTS INTO WORKSPACE und anschließend NEXT. Bei SELECT ROOT DIRECTORY wählen wir unter BROWSE das Verzeichnis *04_Chars_Strings* vom Dateisystem. Zurück im Import-Dialog, erscheint nun unter PROJECTS der Projektname 04_CHARS_STRINGS. Nach einem FINISH ist das Projekt mit den Beispielen für Zeichenketten Teil des eigenen Workspace.

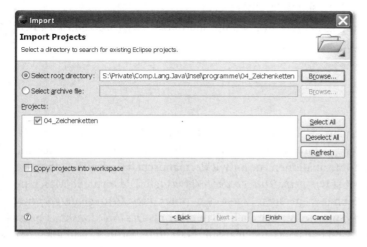

Ein nicht mehr benötigtes Projekt schließt die Operation CLOSE PROJECT im Kontextmenü des Projekts.

Da alle Beispielprogramme des Buchs auch als Eclipse-Workspace mit je einem Eclipse-Projekt pro Kapitel organisiert sind, lassen sich auch alle Buchbeispiele gleichzeitig einbinden. Dazu ist FILE • SWITCH WORKSPACE... zu wählen und im folgenden Dialog der Pfad zu den Programmen zu legen.

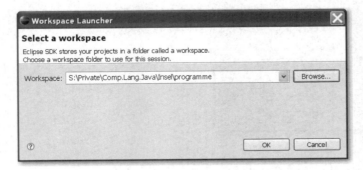

Eclipse beendet sich jetzt und startet anschließend mit dem neuen Workspace.

1.8.8 Plugins für Eclipse

Zusätzliche Anwendungen, die in Eclipse integriert werden können, werden *Plugins* genannt. Ein Plugin besteht aus einer Sammlung von Dateien in einem Verzeichnis oder Java-Archiv. Für die Installation gibt es mehrere Möglichkeiten: Eine davon besteht darin, den Update-Manager zu bemühen, der automatisch im Internet das Plugin lädt; die andere besteht darin, ein Archiv zu laden, das in das *plugin*-Verzeichnis von Eclipse entpackt wird. Beim nächsten Start erkennt Eclipse automatisch das Plugin und integriert es (ein Neustart von Eclipse bei hinzugenommenen Plugins war bislang immer nötig).

Hunderte von Plugins sind verfügbar, einige auserwählte stellt *http://www.tutego.com/java/eclipse/plugin/eclipse-plugins.html* zusammen.

1.9 Zum Weiterlesen

Sun gab ein kleines Büchlein namens »Hello World(s) – From Code to Culture: A 10 Year Celebration of Java Technology« heraus (ISBN 0131888676), das Informationen zur Entstehung von Java bietet. Weitere Online-Informationen zur Entwicklermannschaft und zum *7 Projekts liefern *http://tutego.de/go/star7* sowie *http://tutego.de/go/javasaga*. Die virtuelle Maschine selbst gibt es für Geschichtsliebhaber in allen Versionen unter *http://tutego.de/go/java-archive*. Dass Java eine robuste Sprache ist, hat auch eBay erkannt. Das Auktionshaus nutzt Oracle-Hardware und realisiert Geschäftslogik in Java. Sun berichtete darüber, und auch der FAZ war diese Tatsache einen Artikel wert: *http://tutego.de/go/faz*. Auch das Community-

Netzwerk LinkedIn (*http://www.linkedin.com/*) nutzt Sun-x86-Hardware, Java als Programmiersprache und verwaltet damit 23 Millionen Mitglieder, die im Schnitt 2 Millionen Nachrichten am Tag schicken.[30]

Eclipse hat sich schnell zum Liebling der Softwareentwickler gemausert. Entwickler, die Eclipse einsetzen, können in der Hilfe unter *http://tutego.de/go/eclipsehelp* viel Interessantes erfahren und sollten diverse Plugins als Ergänzung evaluieren. Leser, die Webapplikationen oder Web-Services entwickeln, können einen Blick auf die Webseite *http://tutego.de/go/web-toolscommunity* werfen. Durch Plugins kann die IDE erweitert werden und so auch in Bereiche wie Webentwicklung mit PHP oder Mainframe-Anwendungen mit COBOL vordringen, die nichts mit Java zu tun haben. Durch die riesige Anzahl an Plugins ist aber nicht immer offensichtlich, welches Plugin gut ist – das Problem ist vergleichbar mit iPhone-Anwendungen im Apple App Store – und wie es mit anderen Plugins zusammenspielt. Aufeinander abgestimmte Plugins sind da Gold wert, und das Unternehmen Genuitec verdient mit *MyEclipse* (*http://www.myeclipseide.com/*) sein Geld mit einer gut aufeinander abgestimmten Anzahl von hochwertigen Plugins. Einen Schritt weiter gehen *JBuilder* von *Embarcadero* (früher *Borland*) oder das *SAP NetWeaver Developer Studio*, die Eclipse gleich zur Basis ihrer eigenen Entwicklungsumgebungen gemacht haben.

Die IDE *NetBeans* von Oracle kann mit gelungenen Innovationen, etwa dem GUI-Builder Matisse (*http://tutego.de/go/nbform*), Unterstützung für Java EE 6 (*http://tutego.de/go/nbglassfish*), der neuen Skript-Sprache JavaFX (*http://tutego.de/go/nbfx*) und Java ME (*http://tutego.de/go/nbmobility*) mit einem super visuellen Editor dagegenhalten. Ich selbst verwende gern Matisse als GUI-Builder, aber entwickle üblicherweise in Eclipse.

---

30 *http://developers.sun.com/learning/javaoneonline/2008/pdf/TS-5234.pdf*

»Wenn ich eine Oper hundertmal dirigiert habe,
dann ist es Zeit, sie wieder zu lernen.«
– Arturo Toscanini (1867–1957)

2 Sprachbeschreibung

Ein Programm in Java wird nicht umgangssprachlich beschrieben, sondern ein Regelwerk und eine Grammatik definieren die Syntax und die Semantik. In den nächsten Abschnitten werden wir kleinere Beispiele für Java-Programme kennenlernen, und dann ist der Weg frei für größere Programme.

2.1 Elemente der Programmiersprache Java

Wir wollen im Folgenden über das Regelwerk, die Grammatik und die Syntax der Programmiersprache Java sprechen und uns unter anderem über die Unicode-Kodierung, Tokens sowie Bezeichner Gedanken machen. Bei der Benennung einer Methode zum Beispiel dürfen wir aus einer großen Anzahl Zeichen wählen; der Zeichenvorrat nennt sich *Lexikalik*.

Die Syntax eines Java-Programms definiert die Tokens und bildet so das Vokabular. Richtig geschriebene Programme müssen aber dennoch nicht korrekt sein. Unter dem Begriff »Semantik« fassen wir daher die Bedeutung eines syntaktisch korrekten Programms zusammen. Die Semantik bestimmt, was das Programm macht. Die Abstraktionsreihenfolge ist also Lexikalik, Syntax und Semantik. Der Compiler durchläuft diese Schritte, bevor er den Bytecode erzeugen kann.

2.1.1 Token

Ein *Token* ist eine lexikalische Einheit, die dem Compiler die Bausteine des Programms liefert. Der Compiler erkennt an der Grammatik einer Sprache, welche Folgen von Zeichen ein Token bilden. Für Bezeichner heißt dies beispielsweise: Nimm die nächsten Zeichen, solange auf einen Buchstaben nur Buchstaben oder Ziffern folgen. Eine Zahl wie 1982 bildet zum Beispiel ein Token durch folgende Regel: Lies so lange Ziffern, bis keine Ziffer mehr folgt. Bei Kommentaren bilden die Kombinationen /* und */ ein Token.[1]

---

1 Das ist in C(++) unglücklich, denn so wird ein Ausdruck *s/*t nicht wie erwartet geparst. Erst ein Leerzeichen zwischen dem Geteiltzeichen und dem Stern »hilft« dem Parser, die gewünschte Division zu erkennen.

Whitespace

Problematisch wird es in einer Sprache immer dann, wenn der Compiler die Tokens nicht voneinander unterscheiden kann. Daher fügen wir *Trennzeichen* (engl. *whitespace*) ein, die auch *Wortzwischenräume* genannt werden. Zu den Trennern zählen Leerzeichen, Tabulatoren, Zeilenvorschub- und Seitenvorschubzeichen. Außer als Trennzeichen haben diese Zeichen keine Bedeutung. Daher können sie in beliebiger Anzahl zwischen die Tokens gesetzt werden. Das heißt auch, beliebig viele Leerzeichen sind zwischen Tokens gültig. Und da wir damit nicht geizen müssen, können sie einen Programmabschnitt enorm verdeutlichen. Programme sind besser lesbar, wenn sie luftig formatiert sind.

Folgendes ist alles andere als gut zu lesen, obwohl der Compiler es akzeptiert:

```
class _{static long _
(long __,long ___) {
return __==0 ?___+ 1:
___==0?_(__-1,1):_(__
-1,_(__, ___-1)) ;  }
static  {int _=2 ,___
= 2;System.out.print(
"a("+_+','+___+ ")="+
_ (_, ___) ) ;System
.exit(1);}}//(C) Ulli
```

Neben den Trennern gibt es noch 9 Zeichen, die als *Separator* definiert werden:

```
;  ,  .  ( )  { }  [ ]
```

2.1.2   Textkodierung durch Unicode-Zeichen

Java kodiert Texte durch *Unicode-Zeichen*. Jedem Zeichen ist ein eindeutiger Zahlenwert (engl. *code point*) zugewiesen, sodass zum Beispiel das große A an Position 65 liegt. Der Unicode-Zeichensatz beinhaltet die ISO-US-ASCII-Zeichen[2] von 0 bis 127 (hexadezimal 0x00 bis 0x7f, also 7 Bit) und die erweiterte Kodierung nach ISO 8859-1 (Latin-1), die Zeichen von 128 bis 255 hinzunimmt.

In den letzten Jahren hat sich der Unicode-Standard erweitert, und Java ist den Erweiterungen gefolgt. Die Java-Versionen von 1.0 bis 1.4 nutzen den Unicode-Standard 1.1 bis 3.0, der für jedes Zeichen 16 Bit reserviert. So legt Java jedes Zeichen in 2 Byte ab und ermöglicht die Kodierung von mehr als 65.000 Zeichen. Ab Java 5 ist der Unicode 4.0-Standard möglich, der 32 Bit für die Abbildung eines Zeichens nötig macht. Die Entwickler haben allerdings für ein Java-Zeichen nicht die interne Länge angehoben, sondern zwei 16-Bit-Zeichen – ein *Surrogate-Paar* – bilden in der *UTF-16-Kodierung* ein Unicode 4.0-Zeichen. Diese Surrogate vergrößern den Bereich der *Basic Multilingual Plane* (BMP).

---

2   *http://en.wikipedia.org/wiki/ASCII*

Hinweis Obwohl Java intern alle Zeichenfolgen in Unicode kodiert, ist es ungünstig, Klassennamen zu wählen, die Unicode-Zeichen enthalten. Einige Dateisysteme speichern die Namen im alten 8-Bit-ASCII-Zeichensatz ab, sodass Teile des Unicode-Zeichens verloren gehen.

Unicode-Tabellen unter Windows *

Unter Windows legt Microsoft das nützliche Programm *charmap.exe* für eine Zeichentabelle bei, mit der jede Schriftart auf ihre installierten Zeichen untersucht werden kann. Praktischerweise zeigt die Zeichentabelle auch gleich die Position in der Unicode-Tabelle an.

Unter ERWEITERTE ANSICHT lassen sich mit GRUPPIEREN NACH in einem neuen Dialog Unicode-Unterbereiche auswählen, wie etwa Währungszeichen oder unterschiedliche Sprachen. Im Unterbereich LATIN finden sich zum Beispiel die Zeichen aus der französischen Schrift (etwa »Ç« mit Cedille unter 00c7) und der spanischen Schrift (»ñ« mit Tilde unter 00F1), und bei ALLG. INTERPUNKTIONSZEICHEN findet sich das umgedrehte (invertierte) Fragezeichen bei 00BF.

Abbildung 2.1 Zeichentabelle unter Windows XP

Anzeige der Unicode-Zeichen *

Die Darstellung der Zeichen – besonders auf der Konsole – ist auf einigen Plattformen noch ein Problem. Die Unterstützung für die Standardzeichen des ASCII-Alphabets ist dabei weniger ein Problem als die Sonderzeichen, die der Unicode-Standard definiert. Ein Versuch, zum Beispiel den Smiley auf der Standardausgabe auszugeben, scheitert oft an der Fähigkeit des Terminals beziehungsweise der Shell. Hier ist eine spezielle Shell notwendig, die aber bei den meisten Systemen noch in der Entwicklung ist. Und auch bei grafischen Oberflächen ist die Integration noch mangelhaft. Es wird Aufgabe der Betriebssystementwickler bleiben, dies zu ändern.[3]

---

3 Mit veränderten Dateiströmen lässt sich dies etwas in den Griff bekommen. So kann man beispielsweise mit einem speziellen OutputStream-Objekt eine Konvertierung für die Windows-NT-Shell vornehmen, sodass auch dort die Sonderzeichen erscheinen.

2 | Sprachbeschreibung

2.1.3 Literale

Ein Literal ist ein konstanter Ausdruck. Es gibt verschiedene Typen von Literalen:

▶ die Wahrheitswerte `true` und `false`

▶ integrale Literale für Zahlen, etwa `122`

▶ Zeichenliterale, etwa `'X'` oder `'\n'`

▶ Fließkommaliterale, etwa `12.567` oder `9.999E-2`

▶ Stringliterale für Zeichenketten, wie `"Paolo Pinkas"`

▶ `null`, steht für einen besonderen Referenztyp

2.1.4 Bezeichner

Für Variablen (und damit Konstanten), Methoden, Klassen und Schnittstellen werden *Bezeichner* vergeben – auch *Identifizierer* (von engl. *identifier*) genannt –, die die entsprechenden Bausteine anschließend im Programm identifizieren. Unter Variablen sind dann Daten verfügbar. Methoden sind die Unterprogramme in objektorientierten Programmiersprachen, und Klassen sind die Bausteine objektorientierter Programme.

Ein Bezeichner ist eine Folge von Zeichen, die fast beliebig lang sein kann (die Länge ist nur theoretisch festgelegt). Die Zeichen sind Elemente aus dem Unicode-Zeichensatz, und jedes Zeichen ist für die Identifikation wichtig.[4] Das heißt, ein Bezeichner, der 100 Zeichen lang ist, muss auch immer mit allen 100 Zeichen korrekt angegeben werden. Manche C- und FORTRAN-Compiler sind in dieser Hinsicht etwas großzügiger und bewerten nur die ersten Stellen.

[zB]

Beispiel Im folgenden Java-Programm sind die Bezeichner fett und unterstrichen gesetzt.

```
class Application
{
  public static void main( String[] args )
  {
    System.out.println( "Hallo Welt" );
  }
}
```

Dass `String` fett und unterstrichen ist, hat seinen Grund, denn `String` ist eine Klasse und kein eingebauter Datentyp wie `int`. Zwar wird die Klasse `String` in Java bevorzugt behandelt – das Plus kann Zeichenketten zusammenhängen –, aber es ist immer noch ein Klassentyp.

---

4 Ob Zeichen Java-Identifier sind, stellen auch die Java-Methoden `Character.isJavaIdentifierStart()`/ `isJavaIdentiferPart()` fest.

92

Aufbau der Bezeichner

Jeder Java-Bezeichner ist eine Folge aus *Java-Buchstaben* und *Java-Ziffern*,[5] wobei der Bezeichner mit einem Java-Buchstaben beginnen muss. Ein Java-Buchstabe umfasst nicht nur unsere lateinischen Buchstaben aus dem Bereich »A« bis »Z« (auch »a« bis »z«), sondern auch viele weitere Zeichen aus dem Unicode-Alphabet, etwa den Unterstrich, Währungszeichen – wie die Zeichen für Dollar ($), Euro (€), Yen (¥) – oder griechische Buchstaben. Auch wenn damit viele wilde Zeichen als Bezeichner-Buchstaben grundsätzlich möglich sind, sollte doch die Programmierung mit englischen Bezeichnernamen erfolgen. Es ist noch einmal zu betonen, dass Java streng zwischen Groß- und Kleinschreibung unterscheidet.

Die folgende Tabelle listet einige gültige Bezeichner auf:

Gültige Bezeichner	Grund
mami	mami besteht nur aus Alphazeichen und ist daher korrekt.
__RAPHAEL_IST_LIEB__	Unterstriche sind erlaubt.
bóôlêáñ	Ist korrekt, auch wenn es Akzente enthält.
α	Das griechische Alpha ist ein gültiger Java-Buchstabe.
REZE$$SION	Das Dollar-Zeichen ist ein gültiger Java-Buchstabe.
¥€$	Tatsächlich auch gültige Java-Buchstaben

Tabelle 2.1 Beispiele für gültige Bezeichner in Java

Ungültige Bezeichner dagegen sind:

Ungültige Bezeichner	Grund
2und2macht4	Das erste Symbol muss ein Java-Buchstabe sein und keine Ziffer.
hose gewaschen	Leerzeichen sind in Bezeichnern nicht erlaubt.
Faster!	Das Ausrufezeichen ist, wie viele Sonderzeichen, ungültig.
null, class	Der Name ist schon von Java belegt. Null – Groß-/Kleinschreibung ist relevant – oder cláss wären möglich.

Tabelle 2.2 Beispiele für ungültige Bezeichner in Java

Hinweis In Java-Programmen bilden sich Bezeichnernamen oft aus zusammengesetzten Wörtern einer Beschreibung. Dies bedeutet, dass in einem Satz wie »open file read only« die Leerzeichen entfernt werden und die nach dem ersten Wort folgenden Wörter mit Großbuchstaben beginnen. Damit wird aus dem Beispielsatz anschließend »openFileReadOnly«. Sprachwissenschaftler nennen einen Großbuchstaben inmitten von Wörtern *Binnenmajuskel*.

[«]

---

5 Ob ein Zeichen ein Buchstabe ist, stellt die statische Methode Character.isLetter() fest; ob er ein gültiger Bezeichner-Buchstabe ist, sagen die Funktionen isJavaIdentifierStart() für den Startbuchstaben und isJavaIcentifierPart() für den Rest.

2 | Sprachbeschreibung

Schreibweise für Unicode-Zeichen und Unicode-Escapes

Da ein Java-Compiler alle Eingaben als Unicode verarbeitet, kann er grundsätzlich Quellcode mit deutschen Umlauten, griechischen Symbolen und chinesischen Schriftzeichen verarbeiten. Allerdings ist es gut, zu überlegen, ob ein Programm direkt Unicode-Zeichen enthalten sollte, denn Editoren haben mit Unicode-Zeichen oft ihre Schwierigkeiten – genauso wie Dateisysteme.

Beliebige Unicode-Zeichen lassen sich für den Compiler jedoch über *Unicode-Escapes* schreiben. Im Quellcode steht dann \uxxxx, wobei x eine hexadezimale Ziffer ist – also 0...9, A...F (beziehungsweise a...f). Diese sechs ASCII-Zeichen, die das Unicode-Zeichen beschreiben, lassen sich in jedem ASCII-Texteditor schreiben, sodass kein Unicode-fähiger Editor nötig ist. Unicode-Zeichen für deutsche Sonderzeichen sind folgende:

Zeichen	Unicode
Ä, ä	\u00c4, \u00e4
Ö, ö	\u00d6, \u00f6
Ü, ü	\u00dc, \u00fc
ß	\u00df

Tabelle 2.3   Deutsche Sonderzeichen in Unicode

Der beliebte Smiley, :-), ist als Unicode unter \u263A (WHITE SMILING FACE) beziehungsweise unter \u2639 (WHITE FROWNING FACE) :-(definiert. Das Euro-Zeichen € ist unter \u20ac zu finden.

[zB]

Beispiel   Zeige Pi und in einem Gui-Dialog einen Grinsemann:

```
System.out.println( "Pi: \u03C0" );                          // Pi: π
javax.swing.JOptionPane.showMessageDialog( null, "\u263A" );
```

Die Unicode-Escape-Sequenzen sind an beliebiger Stelle erlaubt, wo auch sonst ein Zeichen stehen würde.

[zB]

Beispiel   Deklariere und initialisiere eine Variable π:

```
double \u03C0 = 3.141592653589793;
```

Auch lässt sich an Stelle eines Anführungszeichens alternativ \u0027 schreiben, was der Compiler als gleichwertig ansieht. Beim Compiler kommt intern alles als Unicode-Zeichenstrom an, egal ob wir ein Anführungszeichen als \u0027 oder " schreiben. Das Unicode-Zeichen \uffff ist nicht definiert und kann bei Zeichenketten als Ende-Symbol verwendet werden.

[+]

Tipp   Sofern sich die Sonderzeichen und Umlaute auf der Tastatur befinden, sollten keine Unicode-Kodierungen Verwendung finden. Der Autor von Quelltext sollte seine Leser nicht zwingen, eine Unicode-Tabelle zur Hand zu haben.

94

Die Alternativdarstellung lohnt sich daher nur, wenn der Programmtext bewusst unleserlich gemacht werden soll. Bezeichner sollten in der Regel aber so wie immer in Englisch geschrieben werden, sodass höchstens Unicode-Escapes bei Zeichenketten vorkommen.

2.1.5 Reservierte Schlüsselwörter

Bestimmte Wörter sind als Bezeichner nicht zulässig, da sie als *Schlüsselwörter* vom Compiler besonders behandelt werden. Schlüsselwörter bestimmen die »Sprache« eines Compilers. Nachfolgende Zeichenfolgen sind Schlüsselwörter (beziehungsweise Literale im Fall von `true`, `false` und `null`)[6] und in Java daher nicht als Bezeichnernamen möglich. Obwohl die mit † gekennzeichneten Wörter zurzeit nicht von Java benutzt werden, können doch keine Variablen dieses Namens deklariert werden.

abstract	continue	for	new	switch
assert	default	goto†	package	synchronized
boolean	do	if	private	this
break	double	implements	protected	throw
byte	else	import	public	throws
case	enum	instanceof	return	transient
catch	extends	int	short	try
char	final	interface	static	void
class	finally	long	strictfp	volatile
const†	float	native	super	while

Tabelle 2.4 Reservierte Schlüsselwörter in Java

Beispiel Reservierte Schlüsselwörter sind im Folgenden fett und unterstrichen gesetzt. **[zB]**

```java
class Application
{
  public static void main( String[] args )
  {
    System.out.println( "Hallo Welt" );
  }
}
```

2.1.6 Zusammenfassung der lexikalischen Analyse

Übersetzt der Compiler Java-Programme, so beginnt er mit der lexikalischen Untersuchung des Quellcodes. Wir haben dabei die zentralen Elemente schon kennengelernt, und diese sollen hier noch einmal zusammengefasst werden. Nehmen wir dazu das folgende einfache Programm:

---

6 Siehe dazu Abschnitt 3.9, »Keywords«, der Sprachdefinition unter *http://java.sun.com/docs/books/jls/third_edition/html/lexical.html#3.9*.

2 | Sprachbeschreibung

```
class Application
{
  public static void main( String[] args )
  {
    String text = "Hallo Welt " + 21;
    System.out.println( text );
  }
}
```

Der Compiler überliest alle Kommentare, und die Trennzeichen bringen den Compiler von Token zu Token. Folgende Tokens lassen sich im Programm ausmachen:

Token-Typ	Beispiel	Erklärung
Bezeichner	`Application`, `main`, `args`, `text`, `System`, `out`, `println`	Namen für Klasse, Variable, Methode, …
Schlüsselwort	`class`, `public`, `static`, `void`	reservierte Wörter
Literal	`"Hallo Welt"`, `21`	konstante Werte, wie Strings, Zahlen, …
Operator	`=`, `+`	Operator für Zuweisungen, Berechnungen, …
Trennzeichen	`(`, `)`, `{`, `}`, `;`	Symbole, die neben dem Trennzeichen die Tokens trennen

Tabelle 2.5 Token des Beispielprogramms

2.1.7 Kommentare

Programmieren heißt nicht nur, einen korrekten Algorithmus in einer Sprache auszudrücken, sondern auch, unsere Gedanken verständlich zu formulieren. Dies geschieht beispielsweise durch eine sinnvolle Namensgebung für Programmobjekte wie Klassen, Methoden und Variablen. Ein selbsterklärender Klassenname hilft den Entwicklern erheblich. Doch die Lösungsidee und der Algorithmus werden auch durch die schönsten Variablennamen nicht zwingend klarer. Damit Außenstehende (und nach Monaten wir selbst) unsere Lösungsidee schnell nachvollziehen und später das Programm erweitern oder abändern können, werden *Kommentare* in den Quelltext geschrieben. Sie dienen nur den Lesern der Programme, haben aber auf die Abarbeitung keine Auswirkungen.

Unterschiedliche Kommentartypen

In Java gibt es zum Formulieren von Kommentaren drei Möglichkeiten:

▶ *Zeilenkommentare.* Sie beginnen mit zwei Schrägstrichen[7] `//` und kommentieren den Rest einer Zeile aus. Der Kommentar gilt von diesen Zeichen an bis zum Ende der Zeile, also bis zum Zeilenumbruchzeichen.

▶ *Blockkommentare.* Sie kommentieren in `/* */` Abschnitte aus. Der Text im Blockkommentar darf selbst kein `*/` enthalten, denn Blockkommentare dürfen nicht verschachtelt sein.

---

7 In C++ haben die Entwickler übrigens das Zeilenkommentarzeichen `//` aus der Vor-Vorgängersprache BCPL wieder eingeführt, das in C entfernt wurde.

96

> *JavaDoc-Kommentare.* Das sind besondere Blockkommentare, die JavaDoc-Kommentare mit /** */ enthalten. Ein JavaDoc-Kommentar beschreibt etwa die Methode oder die Parameter, aus denen sich später die API-Dokumentation generieren lässt.

Schauen wir uns ein Beispiel an, in dem alle drei Kommentartypen vorkommen:

```
/*
 * Der Quellcode ist public domain.
 */
/**
 * @author Christian Ullenboom
 */
class DoYouHaveAnyCommentsToMake          // TODO: Umbenennen
{
  /*
   * Die main()-Methode wollen wir nicht.
   * - Steht sowieso nix drin
   * - Was soll schon darein?
   */

  //  public static void main( String[] args )
  //  {
  //  }
}
```

Für den Compiler sieht die Klasse mit den Kommentaren genauso aus wie ohne, also wie `class DoYouHaveAnyCommentsToMake { }`. Im Bytecode steht exakt das Gleiche – alle Kommentare werden vom Compiler verworfen.

Kommentare mit Stil

Alle Kommentare und Bemerkungen sollten in Englisch verfasst werden, um Projektmitgliedern aus anderen Ländern das Lesen zu erleichtern. Für allgemeine Kommentare sollten wir die Zeichen // benutzen. Sie haben zwei Vorteile:

> Bei Editoren, die Kommentare nicht farbig hervorheben – oder bei einer einfachen Quellcodeausgabe auf der Kommandozeile –, lässt sich ersehen, dass eine Zeile, die mit // beginnt, ein Kommentar ist. Den Überblick über einen Quelltext zu behalten, der für mehrere Seiten mit den Kommentarzeichen /* und */ unterbrochen wird, ist schwierig. Zeilenkommentare machen deutlich, wo Kommentare beginnen und wo sie enden.

> Der Einsatz der Zeilenkommentare eignet sich besser dazu, während der Entwicklungs- und Debug-Phase Codeblöcke auszukommentieren. Benutzen wir zur Programmdokumentation die Blockkommentare, so sind wir eingeschränkt, denn Kommentare dieser Form können wir nicht verschachteln. Zeilenkommentare können einfacher geschachtelt werden.

Die Tastenkombination (Strg)+(7) – oder (Strg)+(/), was das Kommentarzeichen »/« noch deutlicher macht – kommentiert eine Zeile aus. Eclipse setzt dann vor die Zeile die Kommen-

2 | Sprachbeschreibung

tarzeichen //. Sind mehrere Zeilen selektiert, kommentiert die Tastenkombination alle markierten Zeilen mit Zeilenkommentaren aus. In einer kommentierten Zeile nimmt ein erneutes Strg+7 die Kommentare einer Zeile wieder zurück.

2.2 Anweisungen formen Programme

2.2.1 Was sind Anweisungen?

Java zählt zu den imperativen Programmiersprachen, in denen der Programmierer die Abarbeitungsschritte seiner Algorithmen durch *Anweisungen* (engl. *statements*) vorgibt. Anweisungen können unter anderem sein:

▶ Ausdrucksanweisungen, etwa für Zuweisungen oder Methodenaufrufe

▶ Fallunterscheidungen, zum Beispiel mit `if`

▶ Schleifen für Wiederholungen, etwa mit `for` oder `do-while`

[»] **Hinweis** Diese Befehlsform ist für Programmiersprachen gar nicht selbstverständlich, da es Sprachen gibt, die zu einer Problembeschreibung selbstständig eine Lösung finden. Ein Vertreter dieser Art Sprachen ist Prolog. Die Schwierigkeit hierbei besteht darin, die Aufgabe so präzise zu beschreiben, dass das System eine Lösung finden kann. Auch die Datenbanksprache SQL ist keine imperative Programmiersprache, denn wie das Datenbankmanagement-System zu unserer Abfrage die Ergebnisse ermittelt, müssen und können wir weder vorgeben noch sehen.

2.2.2 Klassendeklaration

Programme setzen sich aus Anweisungen zusammen. In Java können jedoch nicht einfach Anweisungen in eine Datei geschrieben und dem Compiler übergeben werden. Sie müssen zunächst in einen Rahmen gepackt werden. Dieser Rahmen heißt *Kompilationseinheit (Compilation Unit)* und deklariert eine Klasse mit ihren Methoden und Variablen.

Die nächsten Programmcodezeilen werden am Anfang etwas befremdlich wirken (wir erklären die Elemente später genauer). Die folgende Datei erhält den (frei wählbaren) Namen *Application.java*:

Listing 2.1 Application.java

```java
public class Application
{
  public static void main( String[] args )
  {
    // Hier ist der Anfang unserer Programme
    // Jetzt ist hier Platz für unsere eigenen Anweisungen
    // Hier enden unsere Programme
  }
}
```

Hinter den beiden Schrägstrichen // befindet sich ein Kommentar. Er gilt bis zum Ende der Zeile und dient dazu, Erläuterungen zu den Quellcodezeilen hinzuzufügen, die den Code verständlicher machen.

Eclipse zeigt Schlüsselwörter, Literale und Kommentare farbig an. Diese Farbgebung lässt sich unter WINDOW • PREFERENCES ändern.

Java ist eine objektorientierte Programmiersprache, die Programmlogik außerhalb von Klassen nicht erlaubt. Aus diesem Grund deklariert die Datei »Application.java« mit dem Schlüsselwort class eine Klasse Application, um später eine Methode mit der Programmlogik anzugeben. Der Klassenname darf grundsätzlich beliebig sein, doch besteht die Einschränkung, dass in einer mit public deklarierten Klasse der Klassenname so lauten muss wie der Dateiname. Alle Schlüsselwörter in Java beginnen mit Kleinbuchstaben, und Klassennamen beginnen üblicherweise mit Großbuchstaben.

In den geschweiften Klammern der Klasse folgen Deklarationen von Methoden, also Unterprogrammen, die eine Klasse anbietet. Eine Methode ist eine Sammlung von Anweisungen unter einem Namen.

2.2.3 Die Reise beginnt am main()

Wir programmieren hier eine besondere Methode, die sich main() nennt. Die Schlüsselwörter davor und die Angabe in dem Paar runder Klammern hinter dem Namen müssen wir einhalten. Die Methode main() ist für die Laufzeitumgebung etwas ganz Besonderes, denn beim Aufruf des Java-Interpreters mit einem Klassennamen wird unsere Methode als Erstes ausgeführt.[8] Demnach werden genau die Anweisungen ausgeführt, die innerhalb der geschweiften Klammern stehen. Halten wir uns fälschlicherweise nicht an die Syntax für den Startpunkt, so kann der Interpreter die Ausführung nicht beginnen, und wir haben einen semantischen Fehler produziert, obwohl die Methode selbst korrekt gebildet ist. Innerhalb von main() befindet sich ein Parameter mit dem Namen args. Der Name ist willkürlich gewählt, wir werden allerdings immer args verwenden.

Eclipse gibt im Falle eines Fehlers sehr viele Hinweise. Im folgenden Beispiel fehlt die schließende Klammer. Ein Fehler im Quellcode wird von Eclipse mit einer gekringelten roten Linie angezeigt. Als weiterer Indikator wird (unter Umständen erst beim Speichern) ein kleines rundes Kreuz an der Fehlerzeile angezeigt. Gleichzeitig findet sich im Schieberegler ein kleiner roter Block. Im PACKAGE EXPLORER findet sich ebenfalls ein Hinweis auf Fehler.

---

8 Na ja, so ganz präzise ist das auch nicht. In einem static-Block könnten wir auch einen Funktionsaufruf setzen, doch das wollen wir hier einmal nicht annehmen. static-Blöcke werden beim Laden der Klassen in die virtuelle Maschine ausgeführt. Andere Initialisierungen sind dann auch schon gemacht.

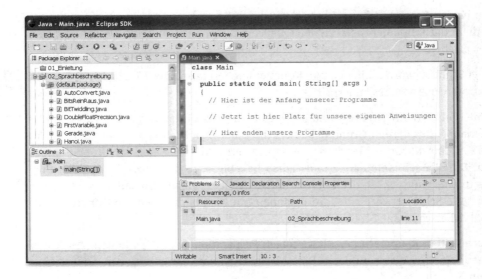

2.2.4 Der erste Methodenaufruf: println()

In Java gibt es eine große Klassenbibliothek, die es Entwicklern erlaubt, Dateien anzulegen, Fenster zu öffnen, auf Datenbanken zuzugreifen, Web-Services aufzurufen und vieles mehr. Am untersten Ende der Klassenbibliothek stehen Methoden, die eine gewünschte Operation ausführen.

Eine einfache Methode ist `println()`. Sie gibt Meldungen auf dem Bildschirm (der Konsole) aus. Innerhalb der Klammern von `println()` können wir *Argumente* angeben. Die `println()`-Methode erlaubt zum Beispiel *Zeichenketten* (ein anderes Wort ist *String*) als Argumente, die dann auf der Konsole erscheinen. Ein String ist eine Folge von Buchstaben, Ziffern oder Sonderzeichen in doppelten Anführungszeichen.

Implementieren[9] wir damit eine vollständige Java-Klasse mit einem *Methodenaufruf*, die über `println()` etwas auf dem Bildschirm ausgibt:

Listing 2.2 Application.java

```
class Application
{
  public static void main( String[] args )
  {
    // Start des Programms

    System.out.println( "Hallo Javanesen" );

    // Ende des Programms
  }
}
```

---

[9] »Implementieren« stammt vom lateinischen Wort »implere« ab, was für »erfüllen« und »ergänzen« steht.

Anweisungen formen Programme | **2.2**

Hinweis Der Begriff »Methode« ist die korrekte Bezeichnung für ein Unterprogramm in Java – die *Java Language Specification* (JLS) verwendet den Begriff »Funktion« nicht. **[«]**

2.2.5 Atomare Anweisungen und Anweisungssequenzen

Methodenaufrufe wie `System.out.println()`, die *leere Anweisung*, die nur aus einem Semikolon besteht, oder auch Variablendeklarationen (die später vorgestellt werden) nennen sich *atomare* (auch *elementare) Anweisungen.* Diese unteilbaren Anweisungen werden zu *Anweisungssequenzen* zusammengesetzt, die Programme bilden.

Beispiel Eine Anweisungssequenz: **[zB]**
```
System.out.println( "Wer morgens total zerknittert aufsteht, " );
System.out.println( "hat am Tag die besten Entfaltungsmöglichkeiten." );
;
System.out.println();
;
```
Leere Anweisungen (also die Zeilen mit dem Semikolon) gibt es im Allgemeinen nur bei Endloswiederholungen.

Die Laufzeitumgebung von Java führt jede einzelne Anweisung der Sequenz in der angegebenen Reihenfolge hintereinander aus. Anweisungen und Anweisungssequenzen dürfen nicht irgendwo stehen, sondern nur an bestimmen Stellen, etwa innerhalb eines Methodenkörpers.

2.2.6 Mehr zu print(), println() und printf() für Bildschirmausgaben

Die meisten Methoden verraten durch ihren Namen, was sie leisten, und für eigene Programme ist es sinnvoll, aussagekräftige Namen zu verwenden. Wenn die Java-Entwickler die Ausgabemethode statt `println()` einfach `glubschi()` genannt hätten, bliebe uns der Sinn der Methode verborgen. `println()` zeigt jedoch durch den Wortstamm »print« an, dass etwas geschrieben wird. Die Endung `ln` (kurz für *line*) bedeutet, dass noch ein Zeilenvorschubzeichen ausgegeben wird. Umgangssprachlich heißt das: Eine neue Ausgabe beginnt in der nächsten Zeile. Neben `println()` existiert die Bibliotheksmethode `print()`, die keinen Zeilenvorschub anhängt.

Die `prirtXXX()`-Methoden[10] können in Klammern unterschiedliche Argumente bekommen. Ein Argument ist ein Wert, den wir der Methode beim Aufruf mitgeben. Auch wenn wir einer Methode keine Argumente übergeben, muss beim Aufruf hinter dem Methodennamen ein Klammernpaar folgen. Dies ist konsequent, da wir so wissen, dass es sich um einen Methodenaufruf handelt und um nichts anderes. Andernfalls führt es zu Verwechslungen mit Variablen.

---

10 Abkürzung für Methoden, die mit `print` beginnen, also `print()` und `println()`.

2 | Sprachbeschreibung

Überladene Methoden

Java erlaubt Methoden, die gleich heißen, denen aber unterschiedliche Dinge übergeben werden können; diese Methoden nennen wir *überladen*. Die printXXX()-Methoden sind zum Beispiel überladen und akzeptieren neben dem Argumenttyp String auch Typen wie einzelne Zeichen, Wahrheitswerte oder Zahlen – oder auch gar nichts:

Listing 2.3 OverloadedPrintln.java

```java
public class OverloadedPrintln
{
  public static void main( String[] args )
  {
    System.out.println( "Verhaften Sie die üblichen Verdächtigen!" );
    System.out.println( true );
    System.out.println( -273 );
    System.out.println();                    // Gibt eine Leerzeile aus
    System.out.println( 1.6180339887498948 );
  }
}
```

Die Ausgabe ist:

```
Verhaften Sie die üblichen Verdächtigen!
true
-273

1.618033988749895
```

In der letzten Zeile ist gut zu sehen, dass es Probleme mit der Genauigkeit gibt – dieses Phänomen werden wir uns noch genauer anschauen.

Ist in Eclipse eine andere Ansicht aktiviert, etwa indem wir auf das Konsolenfenster klicken, bringt die Taste ⌈F12⌉ uns wieder in den Editor zurück.

Variable Argumentlisten

Java unterstützt seit der Version 5 variable Argumentlisten, was bedeutet, dass es möglich ist, bestimmten Methoden beliebig viele Argumente (oder auch kein Argument) zu übergeben. Die Methode printf() erlaubt zum Beispiel variable Argumentlisten, um gemäß einer Formatierungsanweisung – einem String, der immer als erstes Argument übergeben werden muss – die nachfolgenden Methodenargumente aufzubereiten und auszugeben:

Listing 2.4 VarArgs.java

```java
public class VarArgs
{
  public static void main( String[] args )
  {
    System.out.printf( "Was sagst du?%n" );
    System.out.printf( "%d Kanäle und überall nur %s.%n", 220, "Katzen" );
  }
}
```

Die Ausgabe der Anweisung ist:

```
Was sagst du?
220 Kanäle und überall nur Katzen.
```

Die Formatierungsanweisung %n setzt einen Zeilenumbruch, %d ist ein Platzhalter für eine Dezimalzahl und %s ein Platzhalter für eine Zeichenkette, oder etwas, was in einen String konvertiert werden soll. Weitere Platzhalter werden in Abschnitt 4.10, »Ausgaben formatieren«, vorgestellt.

2.2.7 Die API-Dokumentation

Die wichtigste Informationsquelle für Programmierer ist die offizielle API-Dokumentation von Oracle. Zu der Methode println() können wir bei der Klasse PrintStream zum Beispiel erfahren, dass diese eine Ganzzahl, eine Fließkommazahl, einen Wahrheitswert, ein Zeichen oder aber eine Zeichenkette akzeptiert. Die Dokumentation ist weder Teil vom JRE noch vom JDK – dafür ist die Hilfe zu groß. Wer über eine permanente Internetverbindung verfügt, kann die Dokumentation online unter *http://tutego.de/go/javaapi* lesen oder sie extra von der Oracle-Seite *http://www.oracle.com/technetwork/java/javase/downloads/* herunterladen und als Sammlung von HTML-Dokumenten auspacken.

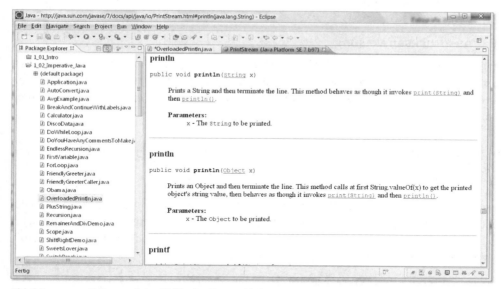

Abbildung 2.2 Eclipse zeigt mithilfe der Tasten Shift + F2 in einem eingebetteten Browser-Fenster die API-Dokumentation an, wobei die JavaDoc von den Oracle-Seiten kommt. Mithilfe der F2-Taste bekommen wir ein kleines gelbes Vorschaufenster, ebenfalls mit der API-Dokumentation.

API-Dokumentation im HTML-Help-Format *

Die Oracle-Dokumentation als Loseblattsammlung hat einen Nachteil, der sich im Programmieralltag bemerkbar macht: Sie lässt sich nur ungenügend durchsuchen. Da die Webseiten statisch sind, lässt sich nicht einfach nach Methoden forschen, die zum Beispiel auf »listener«

enden. Franck Allimant (*http://tutego.de/go/allimant*) übersetzt regelmäßig die HTML-Dokumentation von Oracle in das Format *Windows HTML-Help* (CHM-Dateien), das auch unter Unix und Mac OS X mit der Open-Source-Software *http://xchm.sourceforge.net/* gelesen werden kann. Neben den komprimierten Hilfe-Dateien lassen sich auch die Sprach- und JVM-Spezifikation sowie die API-Dokumentation der Enterprise Edition und der Servlets im Speziellen beziehen.

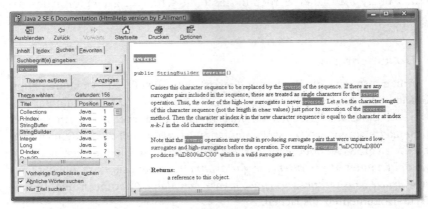

Abbildung 2.3 API-Dokumentation mit der Windows-Hilfe

2.2.8 Ausdrucksanweisung

Wird ein Ausdruck mit einem Semikolon zu einer Anweisung, so nennen wir das *Ausdrucksanweisung* (engl. *expression statement*). Neben Methodenaufrufen gibt es andere Formen von Ausdrucksanweisungen, wie etwa Zuweisungen. Doch allen ist gemeinsam, dass sie mit einem Semikolon abgeschlossen werden.[11]

> **Hinweis** Nicht jeder Ausdruck kann eine Ausdrucksanweisung sein. In JavaScript ist im Quellcode einfach 3+4; erlaubt, in Java nicht.

Es lassen sich auch Methoden in dieser Form anwenden, die selbst ein Ausdruck sind und ein Ergebnis zurückgeben, beispielsweise eine Sinus-Methode. Wird mit dem Ergebnis nichts gemacht, wird der Rückgabewert verworfen. Im Fall der Sinus-Methode ist das nicht sinnvoll, denn sie macht außer der Berechnung nichts anderes.

```
System.out.println( Math.sin(0.528740) ); // Methodenaufruf sin() als Ausdruck
```

Etwas wackelig ist der Begriff *Ausdrucksanweisung* bei Methoden, die keine Rückgabe liefern. println() ist so eine Methode. Sie gibt nichts zurück (void) und ist daher auch kein Ausdruck. Daher führt Folgendes zu einem Compilerfehler:

```
System.out.println( System.out.println() );      // ☠ Compilerfehler!
```

---

11 Das Semikolon dient auch nicht wie in Pascal zur Trennung von Anweisungen, sondern schließt sie immer ab.

2.2.9 Erste Idee der Objektorientierung

In einer objektorientierten Programmiersprache sind alle Methoden an bestimmte Objekte gebunden (daher der Begriff *objektorientiert*). Betrachten wir zum Beispiel das Objekt `Radio`: Ein Radio spielt Musik ab, wenn der Einschalter betätigt wird und ein Sender und die Lautstärke eingestellt sind. Ein Radio bietet also bestimmte Dienste (Operationen) an, wie `Musik an/aus`, `lauter/leiser`. Zusätzlich hat ein Objekt auch noch einen Zustand, zum Beispiel die `Lautstärke` oder das `Baujahr`. Wichtig in objektorientierten Sprachen ist, dass die Operationen und Zustände immer (und da gibt es keine Ausnahmen) an Objekte beziehungsweise Klassen gebunden sind (mehr zu dieser Unterscheidung folgt später). Der Aufruf einer Methode auf einem Objekt richtet die Anfrage genau an ein bestimmtes Objekt. Steht in einem Java-Programm nur die Anweisung `lauter`, so weiß der Compiler nicht, wen er fragen soll, wenn es etwa drei Radio-Objekte gibt. Was ist, wenn es auch einen Fernseher mit der gleichen Operation gibt? Aus diesem Grund verbinden wir das Objekt, das etwas kann, mit der Operation. Ein Punkt trennt das Objekt von der Operation oder dem Zustand. So gehört `println()` zu einem Objekt `out`, das die Bildschirmausgabe übernimmt. Dieses Objekt `out` wiederum gehört zu der Klasse `System`.

System.out und System.err

Das Laufzeitsystem bietet uns zwei Ausgabekanäle: einen für normale Ausgaben und einen, in den wir Fehler leiten können. Der Vorteil ist, dass über diese Unterteilung die Fehler von der herkömmlichen Ausgabe getrennt werden können. Standardausgaben wandern in `System.out`, und Fehlerausgaben werden in `System.err` weitergeleitet. `out` und `err` sind vom gleichen Typ, sodass die `printXXX()`-Methoden bei beiden gleich sind:

```
System.out.println( "Das ist eine normale Ausgabe" );
System.err.println( "Das ist eine Fehlerausgabe" );
```

Die Objektorientierung wird hierbei noch einmal besonders deutlich. Das `out`- und das `err`-Objekt sind zwei Objekte, die das Gleiche können, nämlich mit `println()` etwas auszugeben. Doch ist es nicht möglich, ohne explizite Objektangabe die Methode `println()` in den Raum zu rufen und von der Laufzeitumgebung zu erwarten, dass diese weiß, ob die Anfrage an `System.out` oder an `System.err` geht.

Abbildung 2.4 Eclipse stellt normale Ausgaben schwarz und Fehlerausgaben rot dar. Damit ist es leicht, zu erkennen, welche Ausgabe in welchen Kanal geschickt wurde.

2.2.10 Modifizierer

Die Deklaration einer Klasse oder Methode kann einen oder mehrere *Modifizierer* (engl. *modifier*) enthalten, die zum Beispiel die Nutzung einschränken oder parallelen Zugriff synchronisieren.

2 | Sprachbeschreibung

[zB] **Beispiel** Im folgenden Programm kommen drei Modifizierer vor, die fett und unterstrichen sind:

```
public class Application
{
  public static void main( String[] args )
  {
    System.out.println( "Hallo Welt" );
  }
}
```

Der Modifizierer `public` ist ein *Sichtbarkeitsmodifizierer*. Er bestimmt, ob die Klasse beziehungsweise die Methode für andere sichtbar ist oder nicht. Der Modifizierer `static` zwingt den Programmierer nicht dazu, vor dem Methodenaufruf ein Objekt der Klasse zu bilden. Anders gesagt, die Eigenschaft, ob sich eine Methode nur über ein konkretes Objekt aufrufen lässt oder eine Eigenschaft der Klasse ist, sodass für den Aufruf kein Objekt der Klasse nötig wird, bestimmt dieser Modifizierer. Wir arbeiten in den ersten beiden Kapiteln nur mit statischen Methoden und werden ab Kapitel 3, »Klassen und Objekte«, nicht-statische Methoden einführen.

[»] **Hinweis** Der Name des Modifizierers `static` kommt aus C(++). Dort hat `static` einen weiten Bereich an Anwendungen. Nun lässt sich darüber streiten, ob der Begriff für Java gut gewählt ist oder nicht, da er in Java lediglich »nur einmal pro Klasse« ausdrücken soll. Wir sollten also nicht versuchen, so sehr die Bedeutung »nur einmal« aus dem Wort »statisch« herauszulesen.

2.3   Datentypen, Typisierung, Variablen und Zuweisungen

Java nutzt, wie es für imperative Programmiersprachen typisch ist, Variablen zum Ablegen von Daten. Eine Variable ist ein reservierter Speicherbereich und belegt – abhängig vom Inhalt – eine feste Anzahl von Bytes. Alle Variablen (und auch Ausdrücke) haben einen *Typ*, der zur Übersetzungszeit bekannt ist. Der Typ wird auch *Datentyp* genannt, da eine Variable einen Datenwert, auch *Datum* genannt, enthält. Beispiele für einfache Datentypen sind: Ganzzahlen, Fließkommazahlen, Wahrheitswerte und Zeichen. Der Typ bestimmt auch die zulässigen Operationen, denn Wahrheitswerte lassen sich nicht addieren, Ganzzahlen schon. Dagegen lassen sich Fließkommazahlen addieren, aber nicht Xor-verknüpfen. Da jede Variable einen vom Programmierer vorgegebenen festen Datentyp hat, der zur Übersetzungszeit bekannt ist und sich später nicht mehr ändern lässt, und Java stark darauf achtet, welche Operationen erlaubt sind, und auch von jedem Ausdruck spätestens zur Laufzeit den Typ kennt, ist Java eine *statisch typisierte* und *streng (stark) typisierte* Programmiersprache.[12]

---

12 Während in der Literatur bei den Begriffen *statisch getypt* und *dynamisch getypt* mehr oder weniger Einigkeit herrscht, haben verschiedene Autoren unterschiedliche Vorstellungen von den Begriffen *streng (stark) typisiert* und *schwach typisiert*.

106

> **Hinweis** In Java muss der Datentyp einer Variablen zur Übersetzungszeit bekannt sein. Das nennt sich dann *statisch typisiert*. Das Gegenteil ist eine *dynamische Typisierung*, wie sie etwa JavaScript verwendet. Hier kann sich der Typ einer Variablen zur Laufzeit ändern, je nachdem, was die Variable enthält.

[«]

Primitiv- oder Verweis-Typ

Die Datentypen in Java zerfallen in zwei Kategorien:

► *Primitive Typen.* Die primitiven (einfachen) Typen sind die eingebauten Datentypen für Zahlen, Unicode-Zeichen und Wahrheitswerte.

► *Referenztypen.* Mit diesem Datentyp lassen sich Objektverweise etwa auf Zeichenketten, Dateien oder Datenstrukturen verwalten.

Warum sich damals Sun für diese Teilung entschieden hat, lässt sich mit zwei Gründen erklären:

► Zu der Zeit, als Java eingeführt wurde, kannten viele Programmierer die Syntax und Semantik von C(++) und ähnlichen imperativen Programmiersprachen. Zur neuen Sprache Java zu wechseln, fiel dadurch leichter, und es half, sich sofort auf der Insel zurechtzufinden. Es gibt aber auch Programmiersprachen wie Smalltalk, die keine primitiven Datentypen besitzen.

► Der andere Grund ist die Tatsache, dass häufig vorkommende elementare Rechenoperationen schnell durchgeführt werden müssen und bei einem einfachen Typ leicht Optimierungen durchzuführen sind.

Wir werden uns im Folgenden erst mit primitiven Datentypen beschäftigen. Referenzen werden nur dann eingesetzt, wenn Objekte ins Spiel kommen. Die nehmen wir uns in Kapitel 3, »Klassen und Objekte«, vor.

2.3.1 Primitive Datentypen im Überblick

In Java gibt es zwei Arten eingebauter Datentypen:

► *arithmetische Typen* (ganze Zahlen – auch integrale Typen genannt –, Fließkommazahlen nach IEEE 754, Unicode-Zeichen)

► *Wahrheitswerte* für die Zustände wahr und falsch

Strings werden bevorzugt behandelt, sind aber lediglich Verweise auf Objekte. Die folgende Tabelle vermittelt dazu einen Überblick. Anschließend betrachten wir jeden Datentyp präziser.

Typ	Belegung (Wertebereich)
boolean	true **oder** false
char	16-Bit-Unicode-Zeichen (0x0000 … 0xFFFF)
byte	-2^7 bis $2^7 - 1$ (−128 … 127)

Tabelle 2.6 Java-Datentypen und ihre Wertebereiche

Typ	Belegung (Wertebereich)
short	-2^{15} bis $2^{15} - 1$ (–32.768 ... 32.767)
int	-2^{31} bis $2^{31} - 1$ (–2.147.483.648 ... 2.147.483.647)
long	-2^{63} bis $2^{63} - 1$ (–9.223.372.036.854.775.808 ... 9.223.372.036.854.775.807)
float	1,40239846E-45f ... 3,40282347E+38f
double	4,94065645841246544E-324 ... 1,79769131486231570E+308

Tabelle 2.6 Java-Datentypen und ihre Wertebereiche (Forts.)

Es fällt bei den Ganzzahlen auf, dass es eine positive Zahl »weniger« gibt als negative.

Für float und double ist das Vorzeichen nicht angegeben, da die kleinsten und größten darstellbaren Zahlen sowohl positiv wie auch negativ sein können. Mit anderen Worten: Die Wertebereiche unterscheiden sich nicht – anders als etwa bei int – in Abhängigkeit vom Vorzeichen. Wer eine »klassische« Darstellung wünscht, kann sich das so vorstellen: Der Wertebereich (vom double) ist 4,94065645841246544E-324 bis 1,79769131486231570E+308 bzw. mit dem Vorzeichen –4,94065645841246544E-324 bis –1,79769131486231570E+308. So könnten wir sagen, er reicht von etwa –4,9E-324 bis +1,8E+308.[13]

Detailwissen Genau genommen sieht die Sprachgrammatik von Java keine negativen Zahlenliterale vor. Bei einer Zahl wie –1.2 oder –1 ist das Minus der unäre Operator und gehört nicht zur Zahl. Im Bytecode selbst sind die negativen Zahlen natürlich wieder abgebildet.

---

13 Es gibt bei Fließkommazahlen noch »Sonderzahlen«, wie plus oder minus Unendlich, aber dazu später mehr.

Datentypen, Typisierung, Variablen und Zuweisungen | **2.3**

Die folgende Tabelle zeigt eine etwas andere Darstellung:

Typ	Größe	Format
Ganzzahlen		
byte	8 Bit	Zweierkomplement
short	16 Bit	Zweierkomplement
int	32 Bit	Zweierkomplement
long	64 Bit	Zweierkomplement
Fließkommazahlen		
float	32 Bit	IEEE 754
double	64 Bit	IEEE 754
Weitere Datentypen		
boolean	1 Bit	true, false
char	16 Bit	16-Bit-Unicode

Tabelle 2.7   Java-Datentypen und ihre Größen und Formate

Zwei wesentliche Punkte zeichnen die primitiven Datentypen aus:

▶ Alle Datentypen haben eine festgesetzte Länge, die sich unter keinen Umständen ändert. Der Nachteil, dass sich bei einigen Hochsprachen die Länge eines Datentyps ändern kann, besteht in Java nicht. In den Sprachen C(++) bleibt dies immer unsicher, und die Umstellung auf 64-Bit-Maschinen bringt viele Probleme mit sich. Bei der Betrachtung der Auflistung fällt auf, dass char 16 Bit lang ist.

▶ Die numerischen Datentypen byte, short, int und long sind vorzeichenbehaftet, Fließkommazahlen sowieso. Dies ist leider nicht immer praktisch, aber wir müssen stets daran denken. Probleme gibt es, wenn wir einem Byte zum Beispiel den Wert 240 zuweisen wollen, denn der Wertebereich ist –128 bis 127. Ein char ist im Prinzip ein vorzeichenloser Ganzzahltyp.

Wenn wir also die numerischen Datentypen (lassen wir hier char außen vor) nach ihrer Größe sortieren wollten, könnten wir zwei Linien für Ganzzahlen und Fließkommazahlen aufbauen:

```
byte < short < int < long
float < double
```

In C# gibt es den Datentyp decimal, der mit 128 Bit (also 16 Byte) auch genügend Präzision bietet, um eine Zahl wie 0,00000000000000000000000001 auszudrücken.

Hinweis   Die Klassen Byte, Integer, Long, Short, Character, Double und Float deklarieren die Konstanten MAX_VALUE und MIN_VALUE, die den größten und kleinsten zulässigen Wert des jeweiligen Wertebereichs bzw. die Grenzen der Wertebereiche der jeweiligen Datentypen angeben.

[«]

2 | Sprachbeschreibung

```
System.out.println( Byte.MIN_VALUE );          // -128
System.out.println( Byte.MAX_VALUE );          // 127
System.out.println( Character.MIN_VALUE );     // '\u0000'
System.out.println( Character.MAX_VALUE );     // '\uFFFF'
System.out.println( Double.MIN_VALUE );        // 4.9E-324
System.out.println( Double.MAX_VALUE );        // 1.7976931348623157E308
```

2.3.2 Variablendeklarationen

Mit Variablen lassen sich Daten speichern, die vom Programm gelesen und geschrieben werden können. Um Variablen zu nutzen, müssen sie deklariert (definiert[14]) werden. Die Schreibweise einer Variablendeklaration ist immer die gleiche: Hinter dem Typnamen folgt der Name der Variablen. Sie ist eine Anweisung und wird daher mit einem Semikolon abgeschlossen. In Java kennt der Compiler von jeder Variablen und jedem Ausdruck genau den Typ.

Deklarieren wir ein paar (lokale) Variablen in der `main()`-Methode:

Listing 2.5 FirstVariable.java

```
public class FirstVariable
{
  public static void main( String[] args )
  {
    String  name;            // Name
    int     age;             // Alter
    double  income;          // Einkommen
    char    gender;          // Geschlecht (f oder m)
    boolean isPresident;     // Ist Präsident (true oder false)
  }
}
```

Der Typname ist entweder ein einfacher Typ (wie `int`) oder ein Referenztyp. Viel schwieriger ist eine Deklaration nicht – kryptische Angaben wie in C gibt es in Java nicht.[15] Ein Variablenname (der dann Bezeichner ist) kann alle Buchstaben und Ziffern des Unicode-Zeichensatzes beinhalten, mit der Ausnahme, dass am Anfang des Bezeichners keine Ziffer stehen darf. Auch darf der Bezeichnername mit keinem reservierten Schlüsselwort identisch sein.

2.3.3 Variablendeklaration mit Wertinitialisierung

Den Variablen kann gleich bei der Deklaration ein Wert zugewiesen werden. Hinter einem Gleichheitszeichen steht der Wert, der oft ein Literal ist. Eine Zuweisung gilt nur für immer genau eine Variable:

---

14 In C(++) bedeuten Definition und Deklaration etwas Verschiedenes. In Java kennen wir diesen Unterschied nicht und betrachten daher beide Begriffe als gleichwertig. Die Spezifikation spricht nur von *Deklarationen*.

15 Das ist natürlich eine Anspielung auf C, in dem Deklarationen wie `char (*(*a[2])())[2]` möglich sind. Gut, dass es mit *cdecl* ein Programm zum »Vorlesen« solcher Definitionen gibt.

110

Datentypen, Typisierung, Variablen und Zuweisungen | **2.3**

Listing 2.6 Obama.java

```
public class Obama
{
  public static void main( String[] args )
  {
    String  name = "Barack Hussein Obama II";
    int     age = 48;
    double  income = 400000;
    char    gender = 'm';
    boolean isPresident = true;
  }
}
```

Werden mehrere Variablen gleichen Typs bestimmt, so trennt sie ein Komma.

Beispiel Deklaration mehrerer Variablen auf einen Schlag. x und y bleiben uninitialisiert: **[zB]**

```
double x, y,
       bodyHeight = 183;
```

2.3.4 Zuweisungsoperator

In Java dient das Gleichheitszeichen = der *Zuweisung* (engl. *assignment*).[16] Der Zuweisungs-operator ist ein binärer Operator, bei dem auf der linken Seite die zu belegende Variable steht und auf der rechten Seite ein Ausdruck:

```
int a;
a = 12 * 3;
```

Erst nach dem Auswerten des Ausdrucks kopiert der Zuweisungsoperator das Ergebnis in die Variable. Gibt es Laufzeitfehler, etwa durch eine Division durch null, gibt es keinen Schreib-zugriff auf die Variable.

Beispiel zur Variablendeklaration, -initialisierung und -ausgabe

Schreiben wir ein einfaches Programm, das zwei Variablen deklariert und zuweist. Die Vari-ablenbelegung erscheint anschließend auf dem Bildschirm:

Listing 2.7 DiscoData.java

```
public class DiscoData
{
  public static void main( String[] args )
  {
    boolean hasVisitors;
```

---

16 Die Zuweisungen sehen zwar so aus wie mathematische Gleichungen, doch existiert ein wichtiger Unter-schied: Die Formel a = a + 1 ist – zumindest im Dezimalsystem ohne zusätzliche Algebra – mathematisch nicht zu erfüllen, da es kein a geben kann, das a = a + 1 erfüllt. Aus Programmiersicht ist es in Ordnung, da die Variable a um eins erhöht wird.

2 | Sprachbeschreibung

```
    hasVisitors = true;
    int numberOfPersons = 102220;

    System.out.print( "Sind Personen in der Disko? " );
    System.out.println( hasVisitors );
    System.out.println( "Wie viele? " + numberOfPersons );
  }
}
```

Die Zeile `hasVisitors = true` ist eine Zuweisung und somit ein Ausdruck (genau genommen ein Zuweisungsausdruck), da sie einen Wert liefert. Zuweisungsausdrücke können mit einem Semikolon abgeschlossen werden und sind dann Zuweisungsanweisungen. In unserem Fall initialisiert eine Zuweisungsanweisung die Variable `hasVisitors` mit `true`. Steht auf der rechten Seite keine Variable, so steht dort ein Literal, eine Konstante, wie in unserem Fall `true`, oder eine Verknüpfung mit einem Operator. Wir erwähnten bereits, dass es für Wahrheitswerte nur die Literale `true` und `false` gibt.

Das obige Beispiel macht ebenfalls deutlich, dass Strings mit dem Plus aneinandergehängt werden können; ist ein Teil kein String, so wird er in einen String konvertiert.

Zuweisungen sind auch Ausdrücke

Zwar finden sich Zuweisungen oft als Anweisungen wieder, doch können sie an jeder Stelle stehen, an der ein Ausdruck erlaubt ist, etwa in einem Methodenaufruf wie `print()`:

```
int a = 1;                        // Deklaration mit Initialisierung
a = 2;                            // Anweisung mit Zuweisung
System.out.println( a = 3 );      // Ausdruck mit Zuweisung. Liefert 3
```

Das Gleichheitszeichen dient in Java nur der Zuweisung; in anderen Programmiersprachen wird die Zuweisung durch ein anderes Symbol deutlich gemacht, etwa wie in Pascal mit :=. Um Zuweisungen von Vergleichen trennen zu können, definiert Java hier der C(++)-Tradition folgend einen binären Vergleichsoperator ==. Der Vergleichsoperator liefert den Ergebnistyp `boolean`:

```
System.out.println( a == 3 );     // Ausdruck mit Vergleich. Liefert true
```

Mehrere Zuweisungen in einem Schritt

Zuweisungen der Form `a = b = c = 0;` sind erlaubt und gleichbedeutend mit den drei Anweisungen `c = 0; b = c; a = b;`. Die explizite Klammerung `a = (b = (c = 0))` macht noch einmal deutlich, dass sich Zuweisungen verschachteln lassen und Zuweisungen wie `c = 0` Ausdrücke sind, die einen Wert liefern. Doch auch dann, wenn wir meinen, dass

```
a = (b = c + d) + e;
```

eine coole Vereinfachung im Vergleich zu

```
b = c + d;
a = b + e;
```

ist, sollten wir mit einer Zuweisung pro Zeile auskommen.

Die Reihenfolge der Auswertung zeigt anschaulich folgendes Beispiel:

```
int b = 10;
System.out.println( (b = 20) * b );    // 400
```

2.3.5 Wahrheitswerte

Der Datentyp `boolean` beschreibt einen Wahrheitswert, der entweder `true` oder `false` ist. Die Zeichenketten `true` und `false` sind reservierte Wörter und bilden neben konstanten Strings und primitiven Datentypen *Literale*. Kein anderer Wert ist für Wahrheitswerte möglich, insbesondere werden numerische Werte nicht als Wahrheitswerte interpretiert.

Der boolesche Typ wird beispielsweise bei Bedingungen, Verzweigungen oder Schleifen benötigt.

2.3.6 Ganzzahlige Datentypen und Literale

Java stellt vier ganzzahlige Datentypen zur Verfügung: `byte`, `short`, `int` und `long`. Die feste Länge von jeweils 1, 2, 4 und 8 Byte ist eine wesentliche Eigenschaft von Java. Ganzzahlige Typen (mit der Ausnahme von `char`, wenn wir diesen auch in die Reihe einordnen möchten) sind in Java immer vorzeichenbehaftet; einen Modifizierer `unsigned` wie in C(++) gibt es nicht.[17] Negative Zahlen werden durch Voranstellen eines Minuszeichens gebildet. Ein Pluszeichen für positive Zeichen ist möglich. `int` und `long` sind die bevorzugten Typen. `byte` kommt selten vor und `short` nur in wirklich sehr seltenen Fällen, etwa bei Feldern mit Bilddaten.

Ganzzahlen sind standardmäßig vom Typ »int«
Betrachten wir folgende Zeile, so ist auf den ersten Blick kein Fehler zu erkennen:

```
System.out.println( 123456789012345 );    // ☠
```

Dennoch übersetzt der Compiler die Zeile nicht, da er ein Ganzzahlliteral ohne explizite Größenangabe als 32 Bit langes `int` annimmt. Die obige Zeile führt daher zu einem Compilerfehler, da unsere Zahl nicht im Wertebereich von –2147483648 … +2147483647 liegt, sondern weit außerhalb: 2147483647 < 123456789012345. Java reserviert also *nicht* so viele Bits wie benötigt und wählt nicht automatisch den passenden Wertebereich.[18]

Der Datentyp »long«
Dass eine Zahl `long` ist, muss ausdrücklich angegeben werden. Dazu wird an das Ende von Ganzzahlliteralen vom Typ `long` ein »l« oder »L« gesetzt. Um die Zahl 123456789012345 gültig ausgeben zu lassen, müssen wir Folgendes schreiben:

---

17 In Java bilden `long` und `short` einen eigenen Datentyp. Sie dienen nicht wie in C(++) als Modifizierer. Eine Deklaration wie `long int` ist also falsch. Auf den iSeries-Servern von IBM – früher AS/400 – gibt es auch einen Datentyp `unsigned long long int`.

18 Allerdings ist das Compilerverhalten verwirrend, denn bei der Anweisung `byte b = 12;` »denkt« der Compiler ja auch nicht, dass 12 ein `int` ist.

2 | Sprachbeschreibung

```
System.out.println( 123456789012345L );
```

[+] **Tipp** Das kleine »l« hat sehr viel Ähnlichkeit mit der Ziffer Eins. Daher sollte bei Längenangaben immer ein großes »L« eingefügt werden.

Frage Was gibt die folgende Anweisung aus?
```
System.out.println( 123456789 + 54321 );
```

Der Datentyp »byte«

Ein `byte` ist ein Datentyp mit einem Wertebereich von –128 bis +127. Eine Initialisierung wie

```
byte b = 200;        // ☠
```

ist also nicht erlaubt, da 200 > 127 ist. Somit fallen alle Zahlen von 128 bis 255 (80_{16} – FF_{16}) raus. In der Datenverarbeitung ist das Java-`byte`, weil es ein Vorzeichen trägt, nur mittelprächtig brauchbar, da insbesondere in der Dateiverarbeitung Wertebereiche von 0 bis 255 gewünscht sind.

Java erlaubt zwar keine vorzeichenlosen Ganzzahlen, aber mit zwei Schreibweisen lassen sich doch Zahlen wie 200 in einem `byte` speichern.

```
byte b = (byte) 200;
byte b = 200y;              // Erst ab Java 7
```

Der Java-Compiler nimmt dazu einfach die Bitbelegung von 200 und interpretiert das oberste dann gesetzte Bit als Vorzeichenbit. Bei der Ausgabe fällt das auf:

```
byte b = (byte) 200;
System.out.println( b );    // -56
```

Die Schreibweise mit dem hinten angesetzten »y« oder »Y« ist erst seit Java 7 möglich.

Der Datentyp »short« *

Der Datentyp `short` ist selten anzutreffen. Mit seinen 2 Byte kann er einen Wertebereich von –32.768 bis +32.767 darstellen. Das Vorzeichen »kostet« wie bei den anderen Ganzzahlen 1 Bit, sodass nicht 16 Bit, sondern nur 15 Bit für Zahlen zu Verfügung stehen. Allerdings gilt wie beim `byte`, dass auch ein `short` ohne Vorzeichen auf zwei Arten initialisiert werden kann:

```
short s = (short) 33000;
short s = 33000s;           // Erst in Java 7
System.out.println( s );    // -32536
```

Im zweiten Fall ist die Syntax neu in Java 7.

114

Datentypen, Typisierung, Variablen und Zuweisungen | **2.3**

2.3.7 Das binäre (Basis 2), oktale (Basis 8), hexadezimale (Basis 16) Stellenwertsystem *

Die Literale für Ganzzahlen lassen sich in vier unterschiedlichen Stellenwertsystemen angeben. Das natürlichste ist das *Dezimalsystem* (auch *Zehnersystem* genannt), bei dem die Literale aus den Ziffern »0« bis »9« bestehen. Zusätzlich existieren die *Binär-* (erst ab Java 7), *Oktal-* und *Hexadezimalsysteme*, die die Zahlen zur Basis 2, 8 und 16 schreiben. Bis auf Dezimalzahlen beginnen die Zahlen in anderen Formaten mit einem besonderen Präfix.

Präfix	Stellenwertsystem	Basis	Darstellung von 1
0b oder 0B	binär	2	0b1 oder 0B1
0	oktal	8	01
kein	dezimal	10	1
0x oder 0X	hexadezimal	16	0x1 oder 0X1

Tabelle 2.8 Die Stellenwertsysteme und ihre Schreibweise

Ein hexadezimaler Wert beginnt mit »0x« oder »0X«. Da zehn Ziffern für 16 hexadezimale Zahlen nicht ausreichen, besteht eine Zahl zur Basis 16 zusätzlich aus den Buchstaben »a« bis »f« (beziehungsweise »A« bis »F«).[19] Das Hexadezimalsystem heißt auch *Sedezimalsystem*.[20]

Ein oktaler Wert beginnt mit dem Präfix »0«. Mit der Basis 8 werden nur die Ziffern »0« bis »7« für oktale Werte benötigt. Der Name stammt aus dem lateinischen »octo«, was auf Deutsch »acht« heißt. Das Oktalsystem war früher eine verbreitete Darstellung, da nicht mehr einzelne Bits solo betrachtet werden mussten, sondern 3 Bits zu einer Gruppe zusammengefasst wurden. In der Kommunikationselektronik ist das Oktalsystem noch weiterhin beliebt, spielt aber sonst keine Rolle.

Für Dualzahlen (also Binärzahlen zur Basis 2) wurde eine neue Notation in Java 7 eingeführt. Das Präfix ist »0b« oder »0B«. Es sind nur die Ziffern »0« und »1« erlaubt.

Beispiel Gib Dezimal-, Binär, Oktal- und Hexadezimalzahlen aus: [zB]

```
System.out.println( 1243 );           // 1243
System.out.println( 0b10111011 );     // 187

System.out.println( 01230 );          // 664
System.out.println( 0xcafebabe );     // -889275714

System.out.println( 0xC0B0L );        // 49328
```

---

19 Da »b«/»B« ein gültiges Hexadezimalzeichen ist, kann es (leider) nicht als Suffix für ein Byte gelten. Für bytes musste der zweite Buchstabe aus B**y**tes herhalten: »y«. So ist 0xby eindeutig.

20 Das Präfix »octo« bei »Oktalsystem« stammt aus dem Lateinischen. Das Wort »Hexadezimal« enthält zwei Bestandteile aus zwei verschiedenen Sprachen: »hexa« stammt aus dem Griechischen und »decem« (zehn) aus dem Lateinischen. Die alternative Bezeichnung *Sedezimalzahl* bzw. *sedezimal* (engl. sexadecimal – nicht sexagesimal, das ist Basis 60) ist rein aus dem Lateinischen abgeleitet, aber im Deutschen unüblich. Über den Ursprung des Wortes »Hexadezimal« finden Sie mehr unter *http://en.wikipedia.org/wiki/Hexadecimal#Etymology*.

115

2 | Sprachbeschreibung

In Java-Programmen sollten Oktalzahlen mit Bedacht eingesetzt werden. Wer aus optischen Gründen mit der 0 eine Zahl linksbündig auffüllt, erlebt eine Überraschung:

```java
int i = 118;
int j = 012;                          // Oktal 012 ist dezimal 10
```

2.3.8 Die Fließkommazahlen »float« und »double«

Für Fließkommazahlen (auch *Gleitkommazahlen* genannt) einfacher und erhöhter Genauigkeit bietet Java die Datentypen `float` und `double`. Die Datentypen sind im IEEE-754-Standard beschrieben und haben eine Länge von 4 Byte für `float` und 8 Byte für `double`. Fließkommaliterale können einen Vorkommateil und einen Nachkommateil besitzen, die durch einen Dezimalpunkt (kein Komma) getrennt sind. Ein Fließkommaliteral muss keine Vor- oder Nachkommastellen besitzen, sodass auch Folgendes gültig ist:

```java
double d = 10.0 + 20. + .11;
```

[»] **Hinweis** Der Datentyp `float` ist mit 4 Byte, also 32 Bit, ein schlechter Scherz. Der Datentyp `double` geht mit 64 Bit ja gerade noch, wobei in Hardware eigentlich 80 Bit üblich sind.

Der Datentyp »float« *

Standardmäßig sind die Literale vom Typ `double`. Ein nachgestelltes »f« (oder »F«) zeigt an, dass es sich um ein `float` handelt.

[zB] **Beispiel** Gültige Zuweisungen für Fließkommazahlen vom Typ `double` und `float`:

```java
double pi = 3.1415, delta = .001;
float  ratio  = 4.33F;
```

Auch für den Datentyp `double` lässt sich ein »d« (oder »D«) nachstellen, was allerdings nicht nötig ist, wenn Literale für Kommazahlen im Quellcode stehen; Zahlen wie 3.1415 sind automatisch vom Typ `double`. Während jedoch bei 1 + 2 + 3.0 erst 1 und 2 als `int` addiert werden, dann in `double` und anschließend auf 3.0 addiert werden, würde 1D + 2 + 3.0 gleich mit der Fließkommazahl 1 beginnen. So ist auch 1D gleich 1.0.

Frage Was ist das Ergebnis der Ausgabe?

```java
System.out.println( 20000000000F == 20000000000F+1 );
System.out.println( 20000000000D == 20000000000D+1 );
```

Tipp: Was sind die Wertebereiche von `float` und `double`?

Noch genauere Auflösung bei Fließkommazahlen *

Einen höher auflösenden beziehungsweise präziseren Datentyp für Fließkommazahlen als `double` gibt es nicht. Die Standardbibliothek bietet für diese Aufgabe in `java.math` die Klasse

116

Datentypen, Typisierung, Variablen und Zuweisungen | **2.3**

`BigDecimal` an, die in Kapitel 12, »Bits und Bytes und Mathematisches«, näher beschrieben ist. Das ist sinnvoll für Daten, die eine sehr gute Genauigkeit aufweisen sollen, wie zum Beispiel Währungen.[21]

2.3.9 Alphanumerische Zeichen

Der alphanumerische Datentyp `char` (von engl. *character*, Zeichen) ist 2 Byte groß und nimmt ein Unicode-Zeichen auf. Ein `char` ist nicht vorzeichenbehaftet. Die Literale für Zeichen werden in einfache Hochkommata gesetzt. Spracheinsteiger verwechseln häufig die einfachen Hochkommata mit den Anführungszeichen der Zeichenketten (Strings). Die einfache Merkregel lautet: ein Zeichen – ein Hochkomma, mehrere Zeichen – zwei Hochkommata (Gänsefüßchen).

> **Beispiel** Korrekte Hochkommata für Zeichen und Zeichenketten: [zB]
> ```
> char   c = 'a';
> String s = "Heut' schon gebeckert?";
> ```

Da der Compiler ein `char` automatisch in ein `int` konvertieren kann, ist auch `int c = 'a';` gültig.

Escape-Sequenzen/Fluchtsymbole

Um spezielle Zeichen, etwa den Zeilenumbruch oder Tabulator, in einen String oder `char` setzen zu können, stehen Escape-Sequenzen[22] zur Verfügung.

Zeichen	Bedeutung	Umschreibung
\uXXXX	Unicode-Zeichen. X steht für ein Hexadezimalzeichen.	
\b	Rückschritt (Backspace)	\u0008
\n	Zeilenschaltung (Newline)	\u000a
\f	Seitenumbruch (Formfeed)	\u000c
\r	Wagenrücklauf (Carriage return)	\u000d
\t	horizontaler Tabulator	\u0009
\"	doppeltes Anführungszeichen	\u0022
\'	einfaches Anführungszeichen	\u0027
\\	Backslash	\u005c

Tabelle 2.9 Escape-Sequenzen

---

21 Einige Programmiersprachen besitzen für Währungen eingebaute Datentypen, wie LotusScript mit `Currency`, das mit 8 Byte einen sehr großen und genauen Wertebereich abdeckt. Erstaunlicherweise gab es einmal in C# den Datentyp `currency` für ganzzahlige Währungen.

22 Nicht alle aus C stammenden Escape-Sequenzen finden sich auch in Java wieder. Es gibt kein `'\a'` (Alert), `'\v'` (vertikaler Tabulator) und kein `'\?'` (Fragezeichen).

117

Beispiel Zeichenvariablen mit Initialwerten und Sonderzeichen:
```
char theLetterA  = 'a',
     singlequote = '\'',
     newline     = '\n';
```
Die Fluchtsymbole sind für Zeichenketten die gleichen. Auch dort können bestimmte Zeichen mit Escape-Sequenzen dargestellt werden:
```
String s        = "Er fragte: \"Wer lispelt wie Katja Burkard?\"";
String filename = "C:\\Dokumente\\Siemens\\Schweigegeld.doc";
```

2.3.10 Gute Namen, schlechte Namen

Für die optimale Lesbarkeit und Verständlichkeit eines Programmcodes sollten Entwickler beim Schreiben einige Punkte berücksichtigen:

- Ein konsistentes Namensschema ist wichtig. Heißt ein Zähler no, nr, cnr oder counter? Auch sollten wir korrekt schreiben und auf Rechtschreibfehler achten, denn leicht wird aus necessaryConnection dann nesesarryConnection. Variablen ähnlicher Schreibweise, etwa counter und counters, sind zu vermeiden.

- Abstrakte Bezeichner sind ebenfalls zu vermeiden. Die Deklaration int TEN = 10; ist absurd. Eine unsinnige Idee ist auch die folgende: boolean FALSE = true, TRUE = false;. Im Programmcode würde dann mit FALSE und TRUE gearbeitet. Einer der obersten Plätze bei einem Wettbewerb für die verpfuschtesten Java-Programme wäre uns gewiss ...

- Unicode-Sequenzen können zwar in Bezeichnern aufgenommen werden, doch sollten sie vermieden werden. In double übelkübel, \u00FCbelk\u00FCbel; sind beide Bezeichnernamen gleich, und der Compiler meldet einen Fehler.

- 0 und O und 1 und l sind leicht zu verwechseln. Die Kombination »rn« ist schwer zu lesen und je nach Zeichensatz leicht mit »m« zu verwechseln.[23] Gültig – aber böse – ist auch: int ínt, înt, ïnt; boolean bõõleañ;

Bemerkung In China gibt es 90 Millionen Familien mit dem Nachnamen Li. Das wäre so, als ob wir jede Variable temp1, temp2 ... nennen würden.

 Ist ein Bezeichnername unglücklich gewählt (pneumonoultramicroscopicsilicovolcanoconiosis ist schon etwas lang), so lässt er sich problemlos konsistent umbenennen. Dazu wählen wir im Menü REFACTOR • RENAME – oder auch kurz [Alt]+[⇧]+[R]; der Cursor muss auf dem Bezeichner stehen. Eine optionale Vorschau (engl. *preview*) zeigt an, welche Änderungen die Umbenennung nach sich ziehen wird. Neben RENAME gibt es auch noch eine andere Möglichkeit. Dazu lässt sich auf der Variablen mit [Strg]+[1] ein Popup-Fenster mit LOCAL RENAME öffnen. Der Bezeichner wird selektiert und lässt sich ändern. Gleichzeitig ändern sich alle Bezüge auf die Variable mit.

---

23 Eine Software wie Mathematica warnt vor Variablen mit fast identischem Namen.

Blöcke, Initialisierung und Sichtbarkeit | **2.4**

2.4 Blöcke, Initialisierung und Sichtbarkeit

2.4.1 Gruppieren von Anweisungen mit Blöcken

Ein *Block* fasst eine Gruppe von Anweisungen zusammen, die hintereinander ausgeführt werden. Anders gesagt: Ein Block *ist eine Anweisung*, die in geschweiften Klammern { } eine Folge von Anweisungen zu einer neuen Anweisung zusammenfasst:

```
{
  Anweisung1;
  Anweisung2;
  ...
}
```

Ein Block kann überall dort verwendet werden, wo auch eine einzelne Anweisung stehen kann. Der neue Block hat jedoch eine Besonderheit in Bezug auf Variablen, da er einen lokalen Bereich für die darin befindlichen Anweisungen inklusive der Variablen bildet.

> **Codestyle** Die Zeilen, die in geschweiften Klammern stehen, werden in der Regel mit Leerraum eingerückt. Üblicherweise sind es zwei (wie in diesem Buch) oder vier Leerzeichen. Viele Autoren setzen die geschweiften Klammern in eine eigene Zeile. Diesem Stil folgt auch dieses Buch in der Regel, es sei denn, der Programmcode soll weniger »vertikal wachsen«.

Leerer Block

Ein Block ohne Anweisung nennt sich *leerer Block*. Er verhält sich wie eine leere Anweisung, also wie ein Semikolon. In einigen Fällen ist der leere Block mit dem Semikolon wirklich austauschbar, in einigen Fällen erzwingt die Java-Sprache einen Block, der, falls es keine Anweisungen gibt, leer ist, anstatt hier auch ein Semikolon zu erlauben.

Geschachtelte Blöcke

Blöcke können beliebig geschachtelt werden. So ergeben sich innere Blöcke und äußere Blöcke:

```
{             // Beginn äußerer Block
  {           // Beginn innerer Block
  }           // Ende innerer Block
}             // Ende äußerer Block
```

Mit leeren Blöcken ist Folgendes in der statischen Methode `main()` in Ordnung:

```
public static void main( String[] args )
{
  { System.out.println( "Hallo Computer" ); {{}}{{}{}}}
}
```

Wichtig werden die Blöcke, wenn in ihnen Variablen deklariert werden. Das werden wir uns gleich anschauen.

119

2.4.2 Initialisierung von lokalen Variablen

Die Laufzeitumgebung – beziehungsweise der Compiler – initialisiert lokale Variablen *nicht* automatisch mit einem Nullwert. Vor dem Lesen müssen lokale Variablen von Hand initialisiert werden:[24]

```
int age;
boolean adult;
System.out.println( age );   // ☠ Local variable age may not have been
                             // initialized.
age = 18;
if ( age >= 18 )             // Fallunterscheidung in Java
  adult = true;
System.out.println( adult ); // ☠ Local variable adult may not have been
                             // initialized.
```

Die beiden lokalen Variablen age und adult werden nicht automatisch initialisiert, und so kommt es bei der versuchten Ausgabe von age zu einem Compilerfehler, da ein Lesezugriff nötig ist, aber vorher noch kein Schreibzugriff stattfand. Erst die nächste Zeile mit age = 18 ist in Ordnung.

Weil Zuweisungen in bedingten Anweisungen vielleicht nicht ausgeführt werden, meldet der Compiler auch einen Fehler, wenn er sich vorstellen kann, dass es einen Programmfluss ohne die Zuweisung gibt. Da adult nur nach der if-Abfrage auf den Wert true gesetzt wird, wäre nur unter der Bedingung, dass age größer gleich 18 ist, ein Schreibzugriff auf adult erfolgt und ein folgender Lesezugriff möglich. Doch da der Compiler annimmt, dass es andere Fälle geben kann, wäre ein Zugriff auf eine nicht initialisierte Variable ein Fehler.

Eclipse zeigt einen Hinweis und Verbesserungsvorschlag an, wenn eine lokale Variable nicht initialisiert ist.

2.4.3 Sichtbarkeit und Gültigkeitsbereich

In jedem Block und auch in jeder Klasse[25] können Variablen deklariert werden. Jede Variable hat einen *Geltungsbereich* (engl. *scope*), auch *Gültigkeitsbereich* genannt. Nur in ihrem Gültigkeitsbereich kann der Entwickler auf die Variable zugreifen, außerhalb des Gültigkeitsbereichs nicht. Genauer gesagt: Im Block und in den tieferen geschachtelten Blöcken ist die Variable gültig. Der lesende Zugriff ist nur dann erlaubt, wenn die Variable auch initialisiert wurde.

Der Gültigkeitsbereich bestimmt direkt die *Lebensdauer* der Variable. Eine Variable ist nur in dem Block »lebendig«, in dem sie deklariert wurde. In dem Block ist die Variable lokal.

Dazu ein Beispiel mit zwei statischen Methoden:

---

24 Anders ist das bei Objektvariablen (und statischen Variablen sowie Feldern). Sie sind standardmäßig mit null (Referenzen), 0 (bei Zahlen) oder false belegt.

25 Das sind die so genannten Objektvariablen oder Klassenvariablen, doch dazu später mehr.

Blöcke, Initialisierung und Sichtbarkeit | **2.4**

Listing 2.8 Scope.java

```java
public class Scope
{
  public static void main( String[] args )
  {
    int foo = 0;

    {
      int bar = 0;          // bar gilt nur in diesem Block
      System.out.println( bar );
      System.out.println( foo );

      double foo = 0.0;     // ☠ Fehler: Duplicate local variable foo
    }

    System.out.println( foo );
    System.out.println( bar ); // ☠ Fehler: bar cannot be resolved
    ⋮

  static void qux()

    int foo, baz;           // foo hat nichts mit foo aus main() zu tun

    {
      int baz;              // ☠ Fehler: Duplicate local variable baz
    }
    ⋮
  }
}
```

Zu jeder Zeit können Blöcke aufgebaut werden. Außerhalb des Blocks sind deklarierte Variablen nicht sichtbar. Nach Abschluss des inneren Blocks, der `bar` deklariert, ist ein Zugriff auf `bar` nicht mehr möglich; auf `foo` ist der Zugriff innerhalb der statischen Methode `main()` weiterhin erlaubt. Dieses `foo` ist aber ein anderes `foo` als in der statischen Methode `qux()`. Eine Variable im Block ist so lange gültig, bis der Block durch eine schließende geschweifte Klammer beendet ist. Innerhalb des Blocks kann die Variable auch nicht umdefiniert werden. Daher schlägt der Versuch, die Variable `foo` ein zweites Mal vom Typ `double` zu deklarieren, fehl.

Innerhalb eines Blocks können Variablennamen nicht genauso gewählt werden wie Namen lokaler Variablen eines äußeren Blocks oder wie die Namen für die Parameter einer Methode. Das zeigt die zweite statische Methode am Beispiel der Deklaration `baz`. Obwohl andere Programmiersprachen diese Möglichkeit erlauben – und auch eine Syntax anbieten, um auf eine überschriebene lokale Variable eines höheren Blocks zuzugreifen –, haben sich die Java-Sprachentwickler dagegen entschieden. Gleiche Namen in den inneren und äußeren Blöcken sind nicht erlaubt. Das ist auch gut so, denn es minimiert Fehlerquellen. Die in Methoden deklarierten Parameter sind ebenfalls lokale Variablen und gehören zum Methodenblock.

121

2 | Sprachbeschreibung

2.5   Ausdrücke, Operanden und Operatoren

Beginnen wir mit mathematischen Ausdrücken, um dann die Schreibweise in Java zu ermitteln. Eine mathematische Formel, etwa der Ausdruck −27 * 9, besteht aus *Operanden* (engl. *operands*) und *Operatoren* (engl. *operators*). Ein Operand ist eine Variable oder ein Literal. Im Fall einer Variablen wird der Wert aus der Variablen ausgelesen und mit ihm die Berechnung durchgeführt.

[zB]

> **Beispiel**   Ein Ausdruck mit Zuweisungen:
>
> ```
> int i = 12, j;
> j = i * 2;
> ```
>
> Die Multiplikation berechnet das Produkt von 12 und 2 und speichert das Ergebnis in j ab. Von allen primitiven Variablen, die in dem Ausdruck vorkommen, wird also der Wert ausgelesen und in den Ausdruck eingesetzt.[26]

Dies nennt sich auch *Wertoperation*, da der Wert der Variablen betrachtet wird und nicht ihr Speicherort oder gar ihr Variablenname.

Die Arten von Operatoren

Operatoren verknüpfen die Operanden. Je nach Anzahl der Operanden unterscheiden wir:

▶ Ist ein Operator auf genau einem Operand definiert, so nennt er sich *unärer Operator* (oder *einstelliger Operator*). Das Minus (negatives Vorzeichen) vor einem Operand ist ein unärer Operator, da er für genau den folgenden Operanden gilt.

▶ Die üblichen Operatoren Plus, Minus, Mal und Geteilt sind *binäre (zweistellige) Operatoren*.

▶ Es gibt auch einen Fragezeichen-Operator für bedingte Ausdrücke, der dreistellig ist.

2.5.1   Ausdrücke

Ein *Ausdruck* (engl. *expression*) ergibt bei der Auswertung ein Ergebnis. Dieser Wert wird auch *Resultat* genannt. Ausdrücke haben immer einen Wert, während das für Anweisungen (wie eine Schleife) nicht gilt. Daher kann ein Ausdruck an allen Stellen stehen, an denen ein Wert benötigt wird. Dieser Wert ist entweder ein numerischer Wert (von arithmetischen Ausdrücken), ein Wahrheitswert (boolean) oder eine Referenz (etwa von einer Objekt-Erzeugung).

Operatoren erlauben die Verbindung einzelner Ausdrücke zu neuen Ausdrücken. Einige Operatoren sind aus der Schule bekannt, wie Addition, Vergleich, Zuweisung und weitere. C(++)-Programmierer werden viele Freunde wiedererkennen.

---

26 Es gibt Programmiersprachen, in denen Wertoperationen besonders gekennzeichnet werden. So etwa in LOGO. Eine Wertoperation schreibt sich dort mit einem Doppelpunkt vor der Variablen, etwa :X + :Y.

2.5.2 Arithmetische Operatoren

Ein arithmetischer Operator verknüpft die Operanden mit den Operatoren Addition (+), Subtraktion (), Multiplikation (*) und Division (/). Zusätzlich gibt es den Restwert-Operator %, der den bei der Division verbleibenden Rest betrachtet. Alle Operatoren sind für ganzzahlige Werte sowie für Fließkommazahlen definiert. Die arithmetischen Operatoren sind binär, und auf der linken und rechten Seite sind die Typen numerisch. Der Ergebnistyp ist ebenfalls numerisch.

Numerische Umwandlung

Bei Ausdrücken mit unterschiedlichen numerischen Datentypen, etwa int und double, bringt der Compiler vor der Anwendung der Operation alle Operanden auf den umfassenderen Typ. Vor der Auswertung von 1 + 2.0 wird somit die Ganzzahl 1 in ein double konvertiert und dann die Addition vorgenommen – das Ergebnis ist auch vom Typ double. Das nennt sich *numerische Umwandlung* (engl. *numeric promotion*). Bei byte und short gilt die Sonderregelung, dass sie vorher in int konvertiert werden.[27] (Auch im Java-Bytecode gibt es keine arithmetischen Operationen auf byte, short und char.) Anschließend wird die Operation ausgeführt, und der Ergebnistyp entspricht dem umfassenderen Typ.

Der Divisionsoperator

Der binäre Operator »/« bildet den Quotienten aus Dividend und Divisor. Auf der linken Seite steht der Dividend und auf der rechten der Divisor. Die Division ist für Ganzzahlen und für Fließkommazahlen definiert. Bei der Ganzzahldivision wird zu null hin gerundet, und das Ergebnis ist keine Fließkommazahl, sodass 1/3 das Ergebnis 0 ergibt und nicht 0,333... Den Datentyp des Ergebnisses bestimmen die Operanden und nicht der Operator. Soll das Ergebnis vom Typ double sein, muss ein Operand ebenfalls double sein.

```
System.out.println( 1.0 / 3 );          // 0.3333333333333333
System.out.println( 1   / 3.0 );        // 0.3333333333333333
System.out.println( 1 / 3 );            // 0
```

Schon die Schulmathematik lehrte uns, dass die Division durch null nicht erlaubt ist. Führen wir in Java eine Ganzzahldivision mit dem Divisor 0 durch, so bestraft uns Java mit einer ArithmeticException. Bei Fließkommazahlen liefert eine Division durch 0 keine Ausnahme, sondern +/ unendlich und bei 0.0/0.0 den Sonderwert NaN (mehr dazu in Kapitel 12, »Bits und Bytes und Mathematisches«). Ein NaN steht für *Not a Number* (auch schon manchmal »Unzahl« genannt) und wird vom Prozessor erzeugt, falls er eine mathematische Operation wie die Division durch null nicht durchführen kann. In Kapitel 12 werden wir auf NaN noch einmal zurückkommen.

> **Anekdote**   Beim Lenkraketenkreuzer USS Yorktown gab ein Mannschaftsmitglied aus Versehen die Zahl Null ein. Das führte zu einer Division durch null, und der Fehler pflanzte sich so weit fort, dass die Software abstürzte und das Antriebssystem stoppte. Das Schiff trieb mehrere Stunden antriebslos im Wasser.

---

27 *http://java.sun.com/docs/books/jls/third_edition/html/conversions.html#26917*

2 | Sprachbeschreibung

Der Restwert-Operator % *

Eine Ganzzahldivision muss nicht unbedingt glatt aufgehen, wie im Fall von 9/2. In diesem Fall gibt es den Rest 1. Diesen Rest liefert der *Restwert-Operator* (engl. *remainder operator*), oft auch *Modulo* genannt. Mathematiker unterscheiden die beiden Begriffe *Rest* und *Modulo*, da ein Modulo nicht negativ ist, der Rest in Java aber schon. Das soll uns aber egal sein.

```
System.out.println( 9% 2 );          // 1
```

Der Restwert-Operator ist auch auf Fließkommazahlen anwendbar, und die Operanden können negativ sein.

```
System.out.println( 12. % 2.5 );       // 2.0
```

Die Division und der Restwert richten sich in Java nach einer einfachen Formel: $(int)(a/b)*b + (a\%b) = a$.

[zB] **Beispiel** Die Gleichung ist erfüllt, wenn wir etwa $a = 10$ und $b = 3$ wählen. Es gilt: `(int)(10/3)` = 3 und `10 % 3` ergibt 1. Dann ergeben $3 * 3 + 1 = 10$.

Aus dieser Gleichung folgt, dass beim Restwert das Ergebnis nur dann negativ ist, wenn der Dividend negativ ist; er ist nur dann positiv, wenn der Dividend positiv ist. Es ist leicht einzusehen, dass das Ergebnis der Restwert-Operation immer echt kleiner ist als der Wert des Divisors. Wir haben den gleichen Fall wie bei der Ganzzahldivision, dass ein Divisor mit dem Wert 0 eine `ArithmeticException` auslöst und bei Fließkommazahlen zum Ergebnis `NaN` führt.

Listing 2.9 RemainerAndDivDemo.java, main()

```
System.out.println( "+5% +3 = " + (+5% +3) );     // 2
System.out.println( "+5 / +3 = " + (+5 / +3) );    // 1

System.out.println( "+5% -3 = " + (+5% -3) );     // 2
System.out.println( "+5 / -3 = " + (+5 / -3) );    // -1

System.out.println( "-5% +3 = " + (-5% +3) );     // -2
System.out.println( "-5 / +3 = " + (-5 / +3) );    // -1

System.out.println( "-5% -3 = " + (-5% -3) );     // -2
System.out.println( "-5 / -3 = " + (-5 / -3) );    // 1
```

Gewöhnungsbedürftig ist die Tatsache, dass der erste Operand (Dividend) das Vorzeichen des Restes definiert und niemals der zweite (Divisor).

[»] **Hinweis** Um mit `value % 2 == 1` zu testen, ob `value` eine ungerade Zahl ist, muss `value` positiv sein, denn `–3 % 2` wertet Java zu `–1` aus. Der Test auf ungerade Zahlen wird erst wieder korrekt mit `value % 2 != 0`.

124

Ausdrücke, Operanden und Operatoren | **2.5**

Restwert für Fließkommazahlen und Math.IEEEremainder() *

Über die oben genannte Formel können wir auch bei Fließkommazahlen das Ergebnis einer Restwert-Operation leicht berechnen. Dabei muss beachtet werden, dass sich der Operator nicht so wie unter IEEE 754 verhält. Denn diese Norm schreibt vor, dass die Restwert-Operation den Rest von einer rundenden Division berechnet und nicht von einer abschneidenden. So wäre das Verhalten nicht analog zum Restwert bei Ganzzahlen. Java definiert den Restwert jedoch bei Fließkommazahlen genauso wie den Restwert bei Ganzzahlen. Wünschen wir ein Restwert-Verhalten, wie es IEEE 754 vorschreibt, so können wir immer noch die statische Bibliotheksmethode `Math.IEEEremainder()`[28] verwenden.

Auch bei der Restwert-Operation bei Fließkommazahlen werden wir niemals eine Exception erwarten. Eventuelle Fehler werden, wie im IEEE-Standard beschrieben, mit `NaN` angegeben. Ein Überlauf oder Unterlauf kann zwar vorkommen, aber nicht geprüft werden.

Rundungsfehler *

Prinzipiell sollten Anweisungen wie `1.1 - 0.1` immer `1.0` ergeben, jedoch treten interne Rundungsfehler bei der Darstellung auf und lassen das Ergebnis von Berechnung zu Berechnung immer ungenauer werden. Ein besonders ungünstiger Fehler trat 1994 beim Pentium-Prozessor im Divisionsalgorithmus Radix-4 SRT auf, ohne dass der Programmierer der Schuldige war:

```
double x, y, z;
x = 4195835.0;
y = 3145727.0;
z = x - (x/y) * y;
System.out.println( z );
```

Ein fehlerhafter Prozessor liefert hier 256, obwohl laut Rechenregel das Ergebnis 0 sein muss. Laut Intel sollte für einen normalen Benutzer (Spieler, Softwareentwickler, Surfer?) der Fehler nur alle 27.000 Jahre auftauchen. Glück für die meisten. Eine Studie von IBM errechnete eine Fehlerhäufigkeit von einmal in 24 Tagen. Alles in allem hat Intel die CPUs zurückgenommen, über 400 Millionen US-Dollar verloren und spät den Kopf gerade noch aus der Schlinge gezogen.

Die meisten Rundungsfehler resultieren aber daher, dass endliche Dezimalbrüche im Rechner als Näherungswerte für periodische Binärbrüche repräsentiert werden müssen. `0.1` entspricht einer periodischen Mantisse im IEEE-Format.

2.5.3 Unäres Minus und Plus

Die binären Operatoren sitzen zwischen zwei Operanden, während sich ein unärer Operator genau einen Operanden vornimmt. Das unäre Minus (Operator zur Vorzeichenumkehr) etwa

---

28 Es gibt auch Methoden, die nicht mit Kleinbuchstaben beginnen, wobei das sehr selten ist und nur in Sonderfällen auftritt. `ieeeRemainder()` sah für die Autoren nicht nett aus.

2 | Sprachbeschreibung

dreht das Vorzeichen des Operanden um. So wird aus einem positiven Wert ein negativer und aus einem negativen ein positiver.

[zB]
Beispiel Drehe das Vorzeichen einer Zahl um:
```
a = -a;
```
Alternativ ist:
```
a = -1 * a;
```

Das unäre Plus ist eigentlich unnötig; die Entwickler haben es jedoch aus Symmetriegründen mit eingeführt.

[zB]
Beispiel Minus und Plus sitzen direkt vor dem Operanden, und der Compiler weiß selbstständig, ob dies unär oder binär ist. Der Compiler erkennt auch folgende Konstruktion:
```
int i = - - - 2 + - + 3;
```
Dies ergibt den Wert –5. Einen Ausdruck wie ---2+-+3 erkennt der Compiler dagegen nicht an, da die zusammenhängenden Minuszeichen als Inkrement interpretiert werden und nicht als unärer Operator. Das Leerzeichen ist also bedeutend.

Vorzeichen erfragen

Um für das Vorzeichen einen Wert +1 für positive oder 1 für negative Zahlen und 0 für 0 zu bekommen, lässt sich die statische Methode signum() verwenden. Sie ist nicht ganz logisch auf die Klassen Math für Fließkommazahlen und Integer/Long für Ganzzahlen verteilt:

▶ java.lang.**Integer**.signum(int i)

▶ java.lang.**Long**.signum(long i)

▶ java.lang.**Math**.signum(double d)

▶ java.lang.**Math**.signum(float f)

2.5.4 Zuweisung mit Operation

In Java lassen sich Zuweisungen mit numerischen Operatoren kombinieren. Für einen binären Operator # im Ausdruck a = a # (b) kürzt der *Verbundoperator* den Ausdruck zu a #= b ab. Dazu einige Beispiele:

Schreibweise mit Verbundoperator	Ausführliche Schreibweise
a += 2;	a = a + 2;
a *= -1;	a = a * -1;
a /= 10;	a = a / 10;

Tabelle 2.10 Verbundoperator und ausgeschriebene Variante

Dass eine Zuweisung immer auch ein Ausdruck ist, zeigt folgendes Beispiel:

126

Ausdrücke, Operanden und Operatoren | **2.5**

```
int a = 0;
System.out.println( a );       // 0
System.out.println( a += 2 );  // 2
System.out.println( a );       // 2
```

Besondere Obacht sollten wir auf die automatische Klammerung geben. Bei einem Ausdruck wie a *= 3 + 5 gilt a = a * (3 + 5) und nicht selbstverständlich die Punkt-vor-Strich-Regelung a = a * 3 + 5.

Falls es sich bei der rechten Seite um einen komplexeren Ausdruck handelt, wird dieser nur einmal ausgewertet. Dies ist wichtig bei Methodenaufrufen, die Nebenwirkungen besitzen, also etwa Zustände wie einen Zähler verändern.

Beispiel Wir profitieren auch bei Feldzugriffen (siehe Abschnitt 3.7, »Arrays«) von Verbund-operationen, da die Auswertung des Index nur einmal stattfindet: **[zB]**

```
array[ 2 * i + j ] = array[ 2 * i + j ] + 1;
```

Leichter zu lesen ist die folgende Anweisung:

```
array[ 2 * i + j ] += 1;
```

Typanpassung beim Verbundoperator *

Beim Verbundoperator wird noch etwas mehr gemacht, als E1 #= E2 zu E1 = (E1) # (E2) auf-zulösen. Interessanterweise kommt auch noch der Typ von E1 ins Spiel, denn der Ausdruck E1 # E2 wird vor der Zuweisung auf den Datentyp von E1 gebracht, sodass es genau heißen muss: E1 #= E2 wird zu E1 = (Typ von E1)((E1) # (E2)).

Beispiel Der Verbundoperator soll eine Ganzzahl zu einer Fließkommazahl addieren. **[zB]**

```
int i = 1973;
i += 30.2;
```

Die Anwendung des Verbundoperators ist in Ordnung, denn der Übersetzer nimmt eine implizite Typanpassung vor, sodass die Bedeutung bei i = (int)(i + 30.2) liegt. So viel dazu, dass Java eine intuitive und einfache Programmiersprache sein soll.

2.5.5 Präfix- oder Postfix-Inkrement und -Dekrement

Das Herauf- und Heruntersetzen von Variablen ist eine sehr häufige Operation, wofür die Entwickler in der Vorgängersprache C auch einen Operator spendiert hatten. Die praktischen Operatoren ++ und -- kürzen die Programmzeilen zum Inkrement und Dekrement ab:

```
i++;        // Abkürzung für i = i + 1
j--;        //             j = j - 1
```

Eine lokale Variable muss allerdings vorher initialisiert sein, da ein Lesezugriff vor einem Schreibzugriff stattfindet. Der ++/---Operator erfüllt also zwei Aufgaben: Neben der Wert-rückgabe gibt es eine Veränderung der Variablen.

2 | Sprachbeschreibung

Vorher oder nachher

Die beiden Operatoren liefern einen Ausdruck und geben daher einen Wert zurück. Es macht jedoch einen feinen Unterschied, wo dieser Operator platziert wird. Es gibt ihn nämlich in zwei Varianten: Er kann vor der Variablen stehen, wie in ++i (Präfix-Schreibweise), oder dahinter, wie bei i++ (Postfix-Schreibweise). Der Präfix-Operator verändert die Variable vor der Auswertung des Ausdrucks, und der Postfix-Operator ändert sie nach der Auswertung des Ausdrucks. Mit anderen Worten: Nutzen wir einen Präfix-Operator, so wird die Variable erst herauf- beziehungsweise heruntergesetzt und dann der Wert geliefert.

[zB] **Beispiel** Präfix/Postfix in einer Ausgabeanweisung:

Präfix-Inkrement und -Dekrement:

```
int i = 10, j = 20;
System.out.println( ++i );    // 11
System.out.println( --j );    // 19
System.out.println( i );      // 11
System.out.println( j );      // 19
```

Postfix-Inkrement und -Dekrement:

```
int i = 10, j = 20;
System.out.println( i++ );    // 10
System.out.println( j-- );    // 20
System.out.println( i );      // 11
System.out.println( j );      // 19
```

Mit der Möglichkeit, Variablen zu erhöhen und zu vermindern, ergeben sich vier Varianten:

	Präfix	Postfix
Inkrement	*Prä-Inkrement*, ++i	*Post-Inkrement*, i++
Dekrement	*Prä-Dekrement*, --i	*Post-Dekrement*, i--

Tabelle 2.11 Präfix- und Postfix-Inkrement und -Dekrement

[»] **Hinweis** In Java sind Inkrement (++) und Dekrement (--) für alle numerischen Datentypen erlaubt, also auch für Fließkommazahlen:

```
double d = 12;
System.out.println( --d );              // 11.0
double e = 12.456;
System.out.println( --e );              // 11.456
```

Einige Kuriositäten *

Wir wollen uns abschließend noch mit einer Besonderheit des Post-Inkrements und Prä-Inkrements beschäftigen, die nicht nachahmenswert ist:

```
a = 2;
a = ++a;        // a = 3
b = 2;
b = b++;        // b = 2
```

Im ersten Fall bekommen wir den Wert 3 und im zweiten Fall den Wert 2. Der erste Fall überrascht nicht, denn a = ++a erhöht den Wert 2 um 1, und anschließend wird 3 der Variablen a

128

Ausdrücke, Operanden und Operatoren | **2.5**

zugewiesen. Bei b ist es raffinierter: Der Wert von b ist 2, und dieser Wert wird intern vermerkt. Anschließend erhöht b++ die Variable b. Doch die Zuweisung setzt b auf den gemerkten Wert, der 2 war. Also ist b = 2.

> **Hinweis** Das Post-Inkrement finden wir auch im Namen der Programmiersprache C++. Es soll ausdrücken, dass es »C-mit-eins-drauf« ist, also ein verbessertes C. Mit dem Wissen über den Postfix-Operator ist klar, dass diese Erhöhung aber erst nach der Nutzung auftritt – also C++ ist auch nur C, und der Vorteil kommt später. Einer der Entwickler von Java, Bill Joy, hat einmal Java als C++--[29] beschrieben. Er meinte damit C++ ohne die schwer zu pflegenden Eigenschaften.

[«]

2.5.6 Die relationalen Operatoren und die Gleichheitsoperatoren

Relationale Operatoren sind *Vergleichsoperatoren*, die Ausdrücke miteinander vergleichen und einen Wahrheitswert vom Typ boolean zurückgeben. Die von Java für numerische Vergleiche zur Verfügung gestellten Operatoren sind:

► Größer (>)
► Kleiner (<)
► Größer-gleich (>=)
► Kleiner-gleich (<=)

Weiterhin gibt es einen Spezial-Operator instanceof zum Testen von Referenzeigenschaften.

Zudem kommen zwei Vergleichsoperatoren hinzu, die Java als *Gleichheitsoperatoren* bezeichnet:

► Test auf Gleichheit (==)
► Test auf Ungleichheit (!=)

Dass Java hier einen Unterschied macht, liegt an einem etwas anderen Vorrang, der uns aber nicht weiter beschäftigen soll.

Ebenso wie arithmetische Operatoren passen die relationalen Operatoren ihre Operanden an einen gemeinsamen Typ an. Handelt es sich bei den Typen um Referenztypen, so sind nur die Vergleichsoperatoren == und != erlaubt.

Kaum Verwechslungsprobleme durch == und =

Die Verwendung des relationalen Operators == und der Zuweisung = führt bei Einsteigern oft zu Problemen, da die Mathematik für Vergleiche und Zuweisungen immer nur ein Gleichheitszeichen kennt. Glücklicherweise ist das Problem in Java nicht so drastisch wie beispielsweise in C(++), da die Typen der Operatoren unterschiedlich sind. Der Vergleichsoperator

---

29 --C++ könnte besser passen: Erst wird C++ bereinigt und dann zu Java erweitert.

2 | Sprachbeschreibung

ergibt immer nur den Rückgabewert `boolean`. Zuweisungen von numerischen Typen ergeben jedoch wieder einen numerischen Typ. Es kann also kein Problem wie das folgende geben:

```
int a = 10, b = 11;
boolean result1 = ( a = b );        // ☠ Compilerfehler
boolean result2 = ( a == b );
```

[zB]

Beispiel Die Wahrheitsvariable `hasSign` soll dann `true` sein, wenn das Zeichen `sign` gleich dem Minus ist:

```
boolean hasSign = (sign == '-');
```

Die Auswertungsreihenfolge ist folgende: Erst wird das Ergebnis des Vergleichs berechnet, und dieser Wahrheitswert wird anschließend in `hasSign` kopiert.

(Anti-)Stil Bei einem Vergleich mit `==` können beide Operanden vertauscht werden – wenn die beiden Seiten keine beeinflussenden Seiteneffekte produzieren, also etwa Zustände ändern. Am Ergebnis ändert sich nichts, denn der Vergleichsoperator ist kommutativ. So ist

```
if ( worldExpoShanghaiCostInUSD == 58000000000
```

und

```
if ( 58000000000 == worldExpoShanghaiCostInUSD )
```

semantisch gleich. Bei einem Gleichheitsvergleich zwischen Variable und Literal werden viele Entwickler mit einer Vergangenheit in der Programmiersprache C die Variable links und die Konstante rechts setzen. Der Grund für diesen so genannten *Yoda-Stil*[30] ist die Vermeidung von Fehlern. Fehlt in C ein Gleichheitszeichen, so ist `if ( worldExpoShanghaiCostInUSD = 58000000000 )` compilierbar (wenn auch mittlerweile mit einer Warnung), `if ( 58000000000 = worldExpoShanghaiCostInUSD )` aber nicht. Die erste fehlerhafte Version initialisiert eine Variable und springt immer in die `if`-Anweisung, da in C jeder Ausdruck (hier von der Zuweisung, die ja ein Ausdruck ist) ungleich 0 als wahr interpretiert wird. Das ist ein logischer Fehler, den die zweite Schreibweise verhindert, denn sie führt zu einem Compilerfehler. In Java kann der Fehler nicht passieren – es sei denn, der Variablentyp ist `boolean`, was sehr selten vorkommt – und so sollte diese Yoda-Schreibweise vermieden werden.

2.5.7 Logische Operatoren: Nicht, Und, Oder, Xor

Die Abarbeitung von Programmcode ist oft an Bedingungen geknüpft. Diese Bedingungen sind oftmals komplex zusammengesetzt, wobei drei Operatoren am häufigsten vorkommen:

---

30 Yoda ist eine Figur aus Star Wars, die eine für uns ungewöhnliche Satzstellung nutzt. Anstatt Sätze mit Subjekt + Prädikat + Objekt (SPO) aufzubauen, nutzt Yoda die Form Objekt + Subjekt + Prädikat (OSP), etwa bei »Begun the Clone War has«. Objekt und Subjekt sind umgedreht, so wie die Operanden aus dem Beispiel auch, sodass dieser Ausdruck sich so lesen würde: »Wenn `58000000000` gleich `worldExpoShanghaiCostInUSD` ist« statt der üblichen SPO-Lesung »wenn `worldExpoShanghaiCostInUSD` ist gleich `58000000000`«. Im Arabischen ist diese OSP-Stellung üblich, sodass Entwickler aus dem arabischen Sprachraum diese Form eigentlich natürlich finden könnten. Wenn das mal nicht eine Studie wert ist …

130

Ausdrücke, Operanden und Operatoren | **2.5**

▶ bzw. *Nicht (Negation)*: Dreht die Aussage um: aus wahr wird falsch und aus falsch wird wahr.

▶ *Und (Konjunktion)*: Beide Aussagen müssen wahr sein, damit die Gesamtaussage wahr wird.

▶ *Oder (Disjunktion)*: Eine der beiden Aussagen muss wahr sein, damit die Gesamtaussage wahr wird.

Mit logischen Operatoren werden Wahrheitswerte nach definierten Mustern verknüpft. Logische Operatoren operieren nur auf `boolean`-Typen, andere Typen führen zu Compilerfehlern. Java bietet die Operatoren *Nicht* (`!`), *Und* (`&&`), *Oder* (`||`) und *Xor* (`^`) an. Xor ist eine Operation, die genau dann `wahr` liefert, wenn genau einer der beiden Operanden `wahr` ist. Sind beide Operanden gleich (also entweder `true` oder `false`), so ist das Ergebnis `false`. Xor heißt auch *exklusives* beziehungsweise *ausschließendes Oder*. Im Deutschen trifft es die Sprachweise »entweder … oder« gut: Entweder ist es das eine *oder* das andere, aber nicht beides zusammen. Beispiel: »Willst du entweder ins Kino oder DVD schauen?«

boolean a	boolean b	! a	a && b	a || b	a ^ b
true	true	false	true	true	false
true	false	false	false	true	true
false	true	true	false	true	true
false	false	true	false	False	false

Tabelle 2.12 Verknüpfungen der logischen Operatoren Nicht, Und, Oder und Xor

Die logischen Operatoren arbeiten immer auf dem Typ `boolean`. In Abschnitt 12.1.1, »Die Bit-Operatoren Komplement, Und, Oder und Xor«, werden wir sehen, dass sich die gleichen Verknüpfungen auf jedem Bit einer Ganzzahl durchführen lassen.

Ausblick auf die Aussagenlogik Verknüpfungen dieser Art sind in der Aussagenlogik bzw. Booleschen Algebra sehr wichtig. Die für uns gängigen Begriffe Und, Oder, Xor sind dort auch unter anderen Namen bekannt. Die Und-Verknüpfung nennt sich *Konjunktion*, die Oder-Verknüpfung *Disjunktion* und das Exklusive Oder heißt *Kontravalenz*. Die drei binären Operatoren Und, Oder, Xor decken bestimmte Verknüpfungen ab, jedoch nicht alle, die prinzipiell möglich sind. In der Aussagenlogik gibt es weiterhin die *Implikation* (Wenn-Dann-Verknüpfung) und die *Äquivalenz*. Für beide gibt es keinen eigenen Operator. Bei der Implikation ist es das Ergebnis von `a || !b` und bei der logischen Äquivalenz ist es die Negation der Kotravalenz (Xor), daher auch exklusiv-nicht-oder-Verknüpfung genannt, also einem `!(a ^ b)`. Logische Äquivalenz herrscht demnach immer dann, wenn beide Wahrheitswerte gleich sind, also entweder `a` und `b` `true` oder `a` und `b` `false` sind. Wird die Konjunktion (also das Und) negiert, entspricht das in der digitalen Elektronik dem *NAND-Gatter* bzw. dem *Shefferscher Strich*. Es ist also definiert als `!(a && b)`. Die Negation eines Oders, also `!(a || b)` entspricht der *Peirce-Funktion* – in der digitalen Elektronik einem *NOR-Gatter*. Auch dafür gibt es in Java keine eigenen Operatoren. Wem jetzt der Kopf raucht: Kein Problem, das brauchen wir alles nicht.

2 | Sprachbeschreibung

Kurzschluss-Operatoren

Eine Besonderheit sind die beiden Operatoren && (Und) beziehungsweise || (Oder). In der Regel muss ein logischer Ausdruck nur dann weiter ausgewertet werden, wenn er das Endergebnis noch beeinflussen kann. Zwei Operatoren bieten sich zur Optimierung der Ausdrücke an:

▶ *Und:* Ist einer der beiden Ausdrücke falsch, so kann der Ausdruck schon nicht mehr wahr werden. Das Ergebnis ist falsch.

▶ *Oder:* Ist mindestens einer der Ausdrücke schon wahr, so ist auch der gesamte Ausdruck wahr.

Der Compiler bzw. die Laufzeitumgebung kann den Programmfluss abkürzen. Daher nennen sich die beiden Operatoren auch *Kurzschluss-Operatoren* (engl. *short-circuit operators*).[31] Kürzt er ab, wertet er nur den ersten Ausdruck aus und den zweiten dann nicht mehr.

Nicht-Kurzschluss-Operatoren *

In einigen Fällen ist es erwünscht, dass die Laufzeitumgebung alle Teilausdrücke auswertet. Das kann der Fall sein, wenn Methoden Nebenwirkungen haben sollen, etwa Zustände ändern. Daher bietet Java zusätzlich die nicht über einen Kurzschluss arbeitenden Operatoren | und & an, die eine Auswertung aller Teilausdrücke erzwingen.

[zB]

Beispiel In der ersten und dritten Anweisung wird die Methode `boolean foo()` nicht aufgerufen, in der zweiten und vierten schon.

```
System.out.println( true || foo() ); // true, foo() wird nicht aufgerufen
System.out.println( true | foo() );  // true, foo() wird aufgerufen
System.out.println( false && foo() );// false, foo() wird nicht aufgerufen
System.out.println( false & foo() ); // false, foo() wird aufgerufen
```

Für Xor kann es keinen Kurzschluss-Operator geben, da immer beide Operanden ausgewertet werden müssen, bevor das Ergebnis feststeht.

2.5.8 Der Rang der Operatoren in der Auswertungsreihenfolge

Aus der Schule ist der Spruch »Punktrechnung geht vor Strichrechnung« bekannt, sodass sich der Ausdruck 1 + 2 * 3 zu 7 und nicht zu 9 auswertet.[32]

---

31 Den Begriff verwendet die Java-Sprachdefinition nicht! Siehe dazu auch *http://java.sun.com/docs/books/ jls/third_edition/html/expressions.html#15.23*.

32 Dass von diesen Rechnungen eine gewisse Spannung ausgeht, zeigen diverse Fernsehkanäle, die damit ihr Abendprogramm füllen.

132

Ausdrücke, Operanden und Operatoren | **2.5**

> **Beispiel** Auch wenn bei Ausdrücken wie a() + b() * c() zuerst das Produkt gebildet wird, **[zB]** schreibt doch die Auswertungsreihenfolge von binären Operatoren vor, dass der linke Operand zuerst ausgewertet werden muss, was bedeutet, dass Java zuerst die Methode a() aufruft.

In den meisten Programmiersprachen gibt es eine Unzahl von Operatoren neben Plus und Mal, die alle ihre eigenen Vorrangregeln besitzen.[33] Der Multiplikationsoperator besitzt zum Beispiel eine höhere Priorität und damit eine andere Auswertungsreihenfolge als der Plus-Operator. Die *Rangordnung* der Operatoren (engl. *operator precedence*) legt folgende Tabelle fest, wobei der arithmetische Typ für Ganz- und Fließkommazahlen steht und der integrale Typ für char und Ganzzahlen:

Operator	Rang	Typ	Beschreibung
++, --	1	arithmetisch	Inkrement und Dekrement
+, -	1	arithmetisch	unäres Plus und Minus
~	1	Integral	bitweises Komplement
!	1	boolean	logisches Komplement
(Typ)	1	jeder	Cast
*, /, %	2	arithmetisch	Multiplikation, Division, Rest
+, -	3	arithmetisch	Addition und Subtraktion
+	3	String	String-Konkatenation
<<	4	Integral	Verschiebung links
>>	4	Integral	Rechtsverschiebung mit Vorzeichenerweiterung
>>>	4	Integral	Rechtsverschiebung ohne Vorzeichenerweiterung
<, <=, >, >=	5	arithmetisch	numerische Vergleiche
instanceof	5	Objekt	Typvergleich
==, !=	6	primitiv	Gleich-/Ungleichheit von Werten
==, !=	6	Objekt	Gleich-/Ungleichheit von Referenzen
&	7	Integral	bitweises Und
&	7	boolean	logisches Und
^	8	Integral	bitweises Xor
^	8	boolean	logisches Xor
|	9	Integral	bitweises Oder
|	9	boolean	logisches Oder
&&	10	boolean	logisches konditionales Und, Kurzschluss
||	11	boolean	logisches konditionales Oder, Kurzschluss
?:	12	jeder	Bedingungsoperator

Tabelle 2.13 Operatoren mit Rangordnung in Java

---

33 Es gibt Programmiersprachen wie APL, die keine Vorrangregeln kennen. Sie werten die Ausdrücke streng von rechts nach links oder umgekehrt aus.

2 | Sprachbeschreibung

Operator	Rang	Typ	Beschreibung
=	13	jeder	Zuweisung
*=, /=, %=, +=, -=, <<=, >>=, >>>=, &=, ^=, | =	14	jeder	Zuweisung mit Operation

Tabelle 2.13 Operatoren mit Rangordnung in Java (Forts.)

Die Rechenregel für »Mal vor Plus« kann sich jeder noch leicht merken. Auch ist leicht zu merken, dass die typischen arithmetischen Operatoren wie Plus und Mal eine höhere Priorität als Vergleichsoperationen haben. Komplizierter ist die Auswertung bei den zahlreichen Operatoren, die seltener im Programm vorkommen.

[zB]

Beispiel Wie ist die Auswertung bei dem nächsten Ausdruck?

```
boolean A = false,
        B = false,
        C = true;
System.out.println( A && B || C );
```

Das Ergebnis könnte je nach Rangordnung true oder false sein. Doch die Tabelle lehrt uns, dass im Beispiel A && B || C das Und stärker als das Oder bindet, also der Ausdruck mit der Belegung A=false, B=false, C=true zu true ausgewertet wird.

Vermutlich gibt es Programmierer, die dies wissen oder eine Tabelle mit Rangordnungen immer am Monitor kleben haben. Aber beim Durchlesen von fremdem Code ist es nicht schön, immer wieder die Tabelle konsultieren zu müssen, die verrät, ob nun das binäre Xor oder das binäre Und stärker bindet.

[+]

Tipp Alle Ausdrücke, die über die einfache Regel »Punktrechnung geht vor Strichrechnung« hinausgehen, sollten geklammert werden. Da die unären Operatoren ebenfalls sehr stark binden, kann eine Klammerung wegfallen.

Links- und Rechtsassoziativität *

Bei den Operatoren + und * gilt die mathematische Kommutativität und Assoziativität. Das heißt, die Operanden können prinzipiell umgestellt werden, und das Ergebnis sollte davon nicht beeinträchtigt sein. Bei der Division unterscheiden wir zusätzlich *Links- und Rechtsassoziativität*. Deutlich wird das am Beispiel A / B / C. Den Ausdruck wertet Java von links nach rechts aus, und zwar als (A / B) / C; daher ist der Divisionsoperator linksassoziativ. Hier sind Klammern angemessen. Denn würde der Compiler den Ausdruck zu A / (B / C) auswerten, käme dies einem A * C / B gleich. In Java sind die meisten Operatoren linksassoziativ, aber es gibt Ausnahmen, wie Zuweisungen der Art A = B = C, die der Compiler zu A = (B = C) auswertet.

> **Hinweis** Die mathematische Assoziativität ist natürlich gefährdet, wenn durch Überläufe Rechenfehler mit im Spiel sind:
>
> ```java
> float a = -16777217F;
> float b =  16777216F;
> float c =  1F;
> System.out.println( a + b + c );    // 1.0
> System.out.println( a + (b + c) );  // 0.0
> ```
>
> Mathematisch ergibt −16777217 + 16777216 den Wert −1, und −1 plus +1 ist 0. Im zweiten Fall liefert −16777217 + (16777216 + 1) = −16777217 + 16777217 = 0. Doch Java wertet a + b durch die Beschränkung von float zu 0 aus, sodass mit c addiert, also 1, die Ausgabe 1 statt 0 erscheint.

2.5.9 Die Typanpassung (das Casting)

Zwar ist Java eine getypte Sprache, aber sie ist nicht so stark getypt, dass es hinderlich ist. So übersetzt der Compiler die folgenden Zeilen problemlos:

```java
int  anInt = 1;
long long1 = 1;
long long2 = anInt;
```

Streng genommen *könnte* ein Compiler bei einer sehr starken Typisierung die letzten beiden Zeilen ablehnen, denn das Literal 1 ist vom Typ int und kein 1L, also long, und in long2 = anInt ist die Variable anInt vom Typ int statt vom gewünschten Datentyp long.

Arten der Typanpassung

In der Praxis kommt es also vor, dass Datentypen konvertiert werden müssen. Dies nennt sich *Typanpassung* (engl. *typecast*, kurz *cast*). Java unterscheidet zwei Arten der Typanpassung:

▶ *Automatische (implizite) Typanpassung.* Daten eines kleineren Datentyps werden automatisch (implizit) dem größeren angepasst. Der Compiler nimmt diese Anpassung selbstständig vor. Daher funktioniert unser erstes Beispiel mit etwa long2 = anInt.

▶ *Explizite Typanpassung.* Ein größerer Typ kann einem kleineren Typ mit möglichem Verlust von Informationen zugewiesen werden.

Typanpassungen gibt es bei primitiven Datentypen und bei Referenztypen. Während die folgenden Absätze die Anpassungen bei einfachen Datentypen beschreiben, kümmert sich Kapitel 5, »Eigene Klassen schreiben«, um die Typkompatibilität bei Referenzen.

Automatische Anpassung der Größe

Werte der Datentypen byte und short werden bei Rechenoperationen automatisch in den Datentyp int umgewandelt. Ist ein Operand vom Datentyp long, dann werden alle Operanden auf long erweitert. Wird aber short oder byte als Ergebnis verlangt, dann ist dieses durch einen expliziten Typecast anzugeben, und nur die niederwertigen Bits des Ergebniswerts werden übergeben. Folgende Typumwandlungen führt Java automatisch aus:

Von Typ	In Typ
byte	short, int, long, float, double
short	int, long, float, double
char	int, long, float, double
int	long, float, double
long	float, double
float	double

Tabelle 2.14 Implizite Typanpassungen

Die Anpassung wird im Englischen auch *widening conversion* genannt, weil sie den Wertebereich automatisch erweitert.

[»] **Hinweis** Obwohl von der Datentypgröße her ein char (16 Bit) zwischen byte (8 Bit) und int (32 Bit) liegt, taucht der Typ in einer rechten Spalte der oberen Tabelle nicht auf, da char kein Vorzeichen speichern kann, während die anderen Datentypen byte, short, int, long, float, double alle ein Vorzeichen besitzen. Daher kann so etwas wie das Folgende nicht funktionieren:
```
byte b = 'b';
char c = b;     // ☠ Type mismatch: cannot convert from byte to char
```

Explizite Typanpassung

Die explizite Anpassung engt einen Typ ein, sodass diese Operation im Englischen auch *narrowing conversion* genannt wird. Der gewünschte Typ für eine Typanpassung wird vor den umzuwandelnden Datentyp in Klammern gesetzt.

[zB] **Beispiel** Umwandlung einer Fließkommazahl in eine Ganzzahl:
```
int n = (int) 3.1415;              // n = 3
```

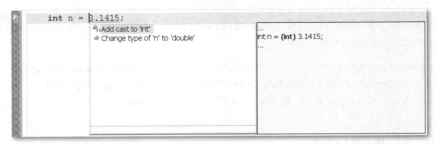

Passt der Typ eines Ausdrucks nicht, lässt er sich mit [Strg]+[1] korrigieren.

Eine Typumwandlung hat eine sehr hohe Priorität. Daher muss der Ausdruck gegebenenfalls geklammert werden.

Ausdrücke, Operanden und Operatoren | **2.5**

Beispiel Die Zuweisung an n verfehlt das Ziel: **[zB]**

```
int n = (int) 1.0315 + 2.1;
int m = (int)(1.0315 + 2.1);          // das ist korrekt
```

Typumwandlung von Fließkommazahlen in Ganzzahlen

Bei der expliziten Typumwandlung von double und float in einen Ganzzahltyp kann es selbstverständlich zum Verlust von Genauigkeit kommen sowie zur Einschränkung des Wertebereichs. Bei der Konvertierung von Fließkommazahlen verwendet Java eine Rundung gegen null.

```
System.out.println( (int) +12.34 );     // 12
System.out.println( (int) +67.89 );     // 67
System.out.println( (int) -12.34 );     // -12
System.out.println( (int) -67.89 );     // -67
```

Automatische Typanpassung bei Berechnungen mit »byte« und »short« auf »int«

Eine Operation vom Typ int mit int liefert den Ergebnistyp int, und long mit long liefert ein long.

Listing 2.10 AutoConvert.java, main()

```
int   i1 = 1, i2 = 2;
int   i3 = i1 + i2;
long  l1 = 1, l2 = 2;
long  l3 = l1 + l2;
```

Diese Zeilen übersetzt der Compiler wie erwartet. Und so erscheint es logisch, dass das Gleiche auch für die Datentypen short und byte gilt.

```
short s1 = 1, s2 = 2;
byte  b1 = 1, b2 = 2;
// short s3 = s1 + s2;  // ☠ Type mismatch: cannot convert from int to short
// byte  b3 = b1 + b2;  // ☠ Type mismatch: cannot convert from int to byte
```

Die auskommentierten Zeilen machen schon deutlich: Es ist nicht möglich, ohne explizite Typumwandlung zwei short- oder byte-Zahlen zu addieren. Richtig ist:

```
short s3 = (short)(s1 + s2);
byte  b3 = (byte)(b1 + b2);
```

Der Grund liegt beim Java-Compiler. Wenn Ganzzahl-Ausdrücke vom Typ kleiner int mit einem Operator verbunden werden, passt der Compiler eigenmächtig den Typ auf int an. Die Addition der beiden Zahlen im Beispiel arbeitet also nicht mit short- oder byte-Werten, sondern mit int-Werten; intern im Bytecode ist es ebenso realisiert. So führen also alle Ganzzahloperationen mit short und byte automatisch zum Ergebnistyp int. Und das führt bei der Zuweisung aus dem Beispiel zu einem Problem, denn steht auf der rechten Seite der Typ int und auf der linken Seite der kleinere Typ byte oder short, muss der Compiler einen Fehler melden. Mit der ausdrücklichen Typumwandlung erzwingen wir diese Konvertierung.

137

2 | Sprachbeschreibung

Dass der Compiler diese Anpassung vornimmt, müssen wir einfach akzeptieren. `int` und `int` bleibt `int`, `long` und `long` bleibt `long`. Wenn ein `int` mit einem `long` tanzt, wird der Ergebnistyp `long`. Arbeitet der Operator auf einem `short` oder `byte`, ist das Ergebnis automatisch `int`.

[+]
> **Tipp** »Kleine« Typen wie `short` und `byte` führen oft zu Problemen. Wenn sie nicht absichtlich in großen Feldern verwendet werden und Speicherplatz nicht ein absolutes Kriterium ist, erweist sich `int` als die beste Wahl – auch weil Java nicht durch besonders intuitive Typ-Konvertierungen glänzt, wie das Beispiel mit dem unären Minus und Plus zeigt:
>
> ```
> byte b = 0;
> b = -b;              // 💀 Cannot convert from int to byte
> b = +b;              // 💀 Cannot convert from int to byte
> ```
>
> Der Compiler meldet einen Fehler, denn der Ausdruck auf der rechten Seite wird durch den unären Operator in ein `int` umgewandelt, was immer für die Typen `byte`, `short` und `char` gilt.[34]

Keine Typanpassung zwischen einfachen Typen und Referenztypen

Allgemeine Umwandlungen zwischen einfachen Typen und Referenztypen gibt es nicht. Falsch sind zum Beispiel:

Listing 2.11 TypecastPrimRef.java, main() Teil 1

```
String s = (String) 1;   // 💀 Cannot cast from int to String
int i = (int) "1";       // 💀 Cannot cast from String to int
```

> **Getrickse mit Boxing** Einiges sieht dagegen nach Typanpassung aus, ist aber in Wirklichkeit eine Technik, die sich Autoboxing nennt (Abschnitt 9.2, »Wrapper-Klassen und Autoboxing«, geht näher darauf ein):
>
> **Listing 2.12** TypecastPrimRef.java, main() Teil
>
> ```
> Long lông = (Long) 2L;       // Alternativ: Long lông = 2L;
> System.out.println( (Boolean) true );
> ((Integer)2).toString();
> ```

2.5.10 Überladenes Plus für Strings

Obwohl sich in Java die Operatoren fast alle auf primitive Datentypen beziehen, gibt es doch eine weitere Verwendung des Plus-Operators. Diese wurde in Java eingeführt, da ein Aneinanderhängen von Zeichenketten oft benötigt wird. Objekte vom Typ `String` können durch den Plus-Operator mit anderen Strings und Datentypen verbunden werden. Falls zusammenhängende Teile nicht alle den Datentyp `String` annehmen, werden sie automatisch in einen String umgewandelt. Der Ergebnistyp ist immer `String`.

---

34 *http://java.sun.com/docs/books/jls/third_edition/html/conversions.html#5.6.1*

Ausdrücke, Operanden und Operatoren | **2.5**

Beispiel Setze fünf Teile zu einem String zusammen: **[zB]**

```
String s = '"' + "Extrem Sandmännchen" + '"' + " frei ab " + 18;
//         char  String                       char  String       int
System.out.println( s ); // "Extrem Sandmännchen" frei ab 18
```

Besteht der Ausdruck aus mehreren Teilen, so muss die Auswertungsreihenfolge beachtet werden, andernfalls kommt es zu seltsamen Zusammensetzungen. So ergibt "Aufruf von " + 1 + 0 + 0 + " Ökonomen" tatsächlich »Aufruf von 100 Ökonomen« und nicht »Aufruf von 1 Ökonomen«, da der Compiler die Konvertierung in Strings dann startet, wenn er einen Ausdruck als String-Objekt erkannt hat.

Beispiel Auswertungsreihenfolge vom Plus: **[zB]**

Listing 2.13 PlusString.java, main()

```
System.out.println( 1 + 2 );                // 3
System.out.println( "1" + 2 + 3 );          // 123
System.out.println( 1 + 2 + "3" );          // 33
System.out.println( 1 + 2 + "3" + 4 + 5 );  // 3345
System.out.println( 1 + 2 + "3" + (4 + 5) ); // 339
```

Nur eine Zeichenkette in doppelten Anführungszeichen ist ein String, und der Plus-Operator entfaltet seine besondere Wirkung. Ein einzelnes Zeichen in einfachen Hochkommata wird lediglich auf ein int gecastet, und Additionen sind Ganzzahl-Additionen.

```
System.out.println( '0' + 2 );    // 50  - ASCII value for '0' is 48
System.out.println( 'A' + 'a' );  // 162 - 'A'=65, 'a'=97
```

Beispiel Der Plus-Operator für Zeichenketten geht streng von links nach rechts vor und bereitet mit eingebetteten arithmetischen Ausdrücken mitunter Probleme. Eine Klammerung hilft, wie im Folgenden zu sehen ist: **[zB]**

```
"Ist 1 größer als 2? " + (1 > 2 ? "ja" : "nein");
```

Wäre der Ausdruck um den Bedingungsoperator nicht geklammert, dann würde der Plus-Operator an die Zeichenkette die 1 anhängen, und es käme der >-Operator. Der erwartet aber kompatible Datentypen, die in unserem Fall – links stünde die Zeichenkette und rechts die Ganzzahl 2 – nicht gegeben sind.

2.5.11 Operator vermisst *

Da es in Java keine Pointer-Operationen gibt, existieren die unter C(++) bekannten Operatorzeichen zur Referenzierung (&) und Dereferenzierung (*) nicht. Ebenso ist ein sizeof unnötig, da das Laufzeitsystem und der Compiler immer die Größe von Klassen kennen beziehungsweise die primitiven Datentypen immer eine feste Länge haben. Eine abgeschwächte Version vom Komma-Operator ist in Java nur im Kopf von for-Schleifen erlaubt. Einige Programmiersprachen haben einen Potenz-Operator (etwa **), den es in Java ebenfalls nicht gibt. Skript-Sprachen wie Perl oder Python bieten nicht nur einfache Datentypen, sondern definie-

2 | Sprachbeschreibung

ren zum Beispiel Listen oder Assoziativspeicher. Damit sind automatisch Operatoren assoziiert, etwa um die Datenstrukturen nach Werten zu fragen oder Elemente einzufügen. Zudem erlauben viele Skript-Sprachen das Prüfen von Zeichenketten gegen reguläre Ausdrücke, etwa Perl mit den Operatoren =~ bzw. !~.

2.6 Bedingte Anweisungen oder Fallunterscheidungen

Kontrollstrukturen dienen in einer Programmiersprache dazu, Programmteile unter bestimmten Bedingungen auszuführen. Java bietet zum Ausführen verschiedener Programmteile eine if- und if-else-Anweisung sowie die switch-Anweisung. Neben der Verzweigung dienen Schleifen dazu, Programmteile mehrmals auszuführen. Bedeutend im Wort »Kontrollstrukturen« ist der Teil »Struktur«, denn die Struktur zeigt sich schon durch das bloße Hinsehen. Als es noch keine Schleifen und »hochwertigen« Kontrollstrukturen gab, sondern nur ein Wenn/Dann und einen Sprung, war die Logik des Programms nicht offensichtlich; das Resultat nannte sich *Spaghetti-Code*. Obwohl ein allgemeiner Sprung in Java mit goto nicht möglich ist, besitzt die Sprache dennoch eine spezielle Sprungvariante. In Schleifen erlauben continue und break definierte Sprungziele.

2.6.1 Die if-Anweisung

Die if-Anweisung besteht aus dem Schlüsselwort if, dem zwingend ein Ausdruck mit dem Typ boolean in Klammern folgt. Es folgt eine Anweisung, die oft eine Blockanweisung ist.

[zB]

Beispiel Ein relationaler Vergleich, ob der Inhalt der Variablen age gleich 14 ist:

```
if ( age == 14 )
  System.out.println( "Durchschnittlich 15.000 Gewaltakte im TV gesehen." );
```

Die weitere Abarbeitung der Anweisungen hängt vom Ausdruck im if ab. Ist das Ergebnis des Ausdrucks wahr (true), wird die Anweisung ausgeführt; ist das Ergebnis des Ausdrucks falsch (false), so wird mit der ersten Anweisung nach der if-Anweisung fortgefahren.

Programmiersprachenvergleich Im Gegensatz zu C(++) und vielen Skriptsprachen muss in Java der Testausdruck für die Bedingung der if-Anweisung ohne Ausnahme vom Typ boolean sein – für Schleifenbedingungen gilt das Gleiche. C(++) bewertet einen numerischen Ausdruck als wahr, wenn das Ergebnis des Ausdrucks ungleich 0 ist – so ist auch if (10) gültig, was in Java einem if(true) entspräche.

if-Abfragen und Blöcke

Hinter dem if und der Bedingung erwartet der Compiler eine Anweisung. Sind mehrere Anweisungen in Abhängigkeit von der Bedingung auszuführen, ist ein Block zu setzen; andernfalls ordnet der Compiler nur die nächstfolgende Anweisung der Fallunterscheidung zu, auch wenn mehrere Anweisungen optisch abgesetzt sind.[35] Dies ist eine große Gefahr für Programmierer, die optisch Zusammenhänge schaffen wollen, die in Wirklichkeit nicht existieren. Dazu ein Beispiel: Eine `if`-Anweisung soll testen, ob die Variable y den Wert 0 hat. In dem Fall soll sie die Variable x auf 0 setzen und zusätzlich auf dem Bildschirm `"Null"` anzeigen. Zunächst die semantisch falsche Variante:

```
if ( y == 0 )
  x = 0;
  System.out.println( "Null" );
```

Sie ist semantisch falsch, da unabhängig von y immer eine Ausgabe erscheint. Der Compiler interpretiert die Anweisungen in folgendem Zusammenhang, wobei die Einrückung hier korrekt ist und den Sinn richtig widerspiegelt:

```
if ( y == 0 )
  x = 0;
System.out.println( "Null" );
```

Für unser Programm gibt demnach der korrekt geklammerte Ausdruck die gewünschte Ausgabe zurück:

```
if ( y == 0 ) {
  x = 0;
  System.out.println( "Null" );
}
```

> **Tipp** Einrückungen ändern nicht die Semantik des Programms! Einschübe können das Verständnis nur empfindlich stören. Damit das Programm korrekt wird, müssen wir einen Block verwenden und die Anweisungen zusammensetzen. Entwickler sollten Einrückungen konsistent zur Verdeutlichung von Abhängigkeiten nutzen.

[+]

Zusammengesetzte Bedingungen

Die bisherigen Abfragen waren sehr einfach, doch kommen in der Praxis viel komplexere Bedingungen vor. Oft im Einsatz sind die logischen Operatoren &&, ||, !.

Wenn wir etwa testen wollen, ob eine Zahl x entweder gleich 7 oder größer gleich 10 ist, schreiben wir die zusammengesetzte Bedingung:

```
if ( x == 7 || x >= 10 )
  ...
```

Sind die logisch verknüpften Ausdrücke komplexer, so sollten zur Unterstützung der Lesbarkeit die einzelnen Bedingungen in Klammern gesetzt werden, da nicht jeder sofort die Tabelle mit den Vorrangregeln für die Operatoren im Kopf hat.

---

35 In der Programmiersprache Python bestimmt die Einrückung die Zugehörigkeit.

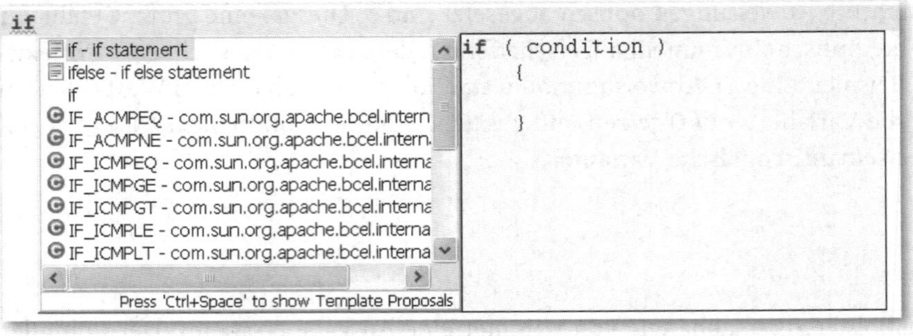

Abbildung 2.5   »if« und Strg-Taste + Leertaste bietet an, eine »if«-Anweisung mit Block anzulegen.

2.6.2   Die Alternative mit einer if-else-Anweisung wählen

Neben der einseitigen Alternative existiert die zweiseitige Alternative. Das optionale Schlüsselwort else mit angehängter Anweisung veranlasst die Ausführung einer Alternative, wenn der if-Test falsch ist.

Beispiel   Gibt abhängig von der Relation x zu y eine Meldung aus:
```
if ( x < y )
  System.out.println( "x ist echt kleiner als y." );
else
  System.out.println( "x ist größer oder gleich y." );
```

Falls der Ausdruck wahr ist, wird die erste Anweisung ausgeführt, andernfalls die zweite Anweisung. Somit ist sichergestellt, dass in jedem Fall eine Anweisung ausgeführt wird.

Das Dangling-Else-Problem

Bei Verzweigungen mit else gibt es ein bekanntes Problem, das *Dangling-Else-Problem* genannt wird. Zu welcher Anweisung gehört das folgende else?

```
if ( Ausdruck1 )
  if ( Ausdruck2 )
    Anweisung1;
else
  Anweisung2;
```

Die Einrückung suggeriert, dass das else die Alternative zur ersten if-Anweisung ist. Dies ist aber nicht richtig. Die Semantik von Java (und auch fast aller anderen Programmiersprachen) ist so definiert, dass das else zum innersten if gehört. Daher lässt sich nur der Programmiertipp geben, die if-Anweisungen zu klammern:

```
if ( Ausdruck1 )
{
  if ( Ausdruck2 )
  {
```

```
    Anweisung1;
  }
}
else
{
  Anweisung2;
}
```

So kann eine Verwechslung gar nicht erst aufkommen. Wenn das else immer zum innersten if gehört und das nicht erwünscht ist, können wir, wie gerade gezeigt, mit geschweiften Klammern arbeiten oder auch eine leere Anweisung im else-Zweig hinzufügen:

```
if ( x >= 0 )
  if ( x != 0 )
    System.out.println( "x echt größer null" );
  else
    ; // x ist gleich null
else
  System.out.println( "x echt kleiner null" );
```

Das böse Semikolon

An dieser Stelle ist ein Hinweis angebracht: Ein Programmieranfänger schreibt gerne hinter die schließende Klammer der if-Anweisung ein Semikolon. Das führt zu einer ganz anderen Ausführungsfolge. Ein Beispiel:

```
int age = 29;
if ( age < 0 ) ;            // ☠ logischer Fehler
  System.out.println( "Aha, noch im Mutterleib" );
if ( age > 150 ) ;          // ☠ logischer Fehler
  System.out.println( "Aha, ein neuer Moses" );
```

Das Semikolon führt dazu, dass die leere Anweisung in Abhängigkeit von der Bedingung ausgeführt wird und unabhängig vom Inhalt der Variablen age immer die Ausgabe »Aha, noch im Mutterleib« und »Aha, ein neuer Moses« erzeugt. Das ist sicherlich nicht beabsichtigt. Das Beispiel soll ein warnender Hinweis sein, in jeder Zeile nur eine Anweisung zu schreiben – und die leere Anweisung durch das Semikolon ist eine Anweisung.

Folgen hinter einer if-Anweisung zwei Anweisungen, die durch keine Blockanweisung zusammengefasst sind, dann wird die eine folgende else-Anweisung als Fehler bemängelt, da der zugehörige if-Zweig fehlt. Der Grund ist, dass der if-Zweig nach der ersten Anweisung ohne else zu Ende ist:

```
int age = 29;
if ( age < 0 )
  ;
System.out.println( "Aha, noch im Mutterleib" );
else if ( age > 150 ) ;        // ☠ Compiler-Fehlermeldung: 'else' without 'if'
  System.out.println( "Aha, ein neuer Moses" );
```

2 | Sprachbeschreibung

Mehrfachverzweigung beziehungsweise geschachtelte Alternativen

if-Anweisungen zur Programmführung kommen sehr häufig in Programmen vor, und noch häufiger werden sie genutzt, um eine Variable auf einen bestimmten Wert zu prüfen. Dazu werden if- und if-else-Anweisungen gerne verschachtelt (kaskadiert). Wenn eine Variable einem Wert entspricht, dann wird eine Anweisung ausgeführt, sonst wird die Variable mit einem anderen Wert getestet und so weiter.

Kaskadierte if-Anweisungen sollen uns helfen, die Variable days passend nach dem Monat und der Information, ob das Jahr ein Schaltjahr ist, zu belegen:

```
if ( month == 4 )
  days = 30;
else if ( month == 6 )
  days = 30;
else if ( month == 9 )
  days = 30;
else if ( month == 11 )
  days = 30;
else if ( month == 2 )
  if ( isLeapYear )              // Sonderbehandlung im Fall eines Schaltjahrs
    days = 29;
  else
    days = 28;
  else
    days = 31;
```

Die eingerückten Verzweigungen nennen sich auch *angehäufte if-Anweisungen* oder *if-Kaskade*, da jede else-Anweisung ihrerseits weitere if-Anweisungen enthält, bis alle Abfragen gemacht sind.

2.6.3 Der Bedingungsoperator

In Java gibt es ebenso wie in C(++) einen Operator, der drei Operanden benutzt. Dies ist der *Bedingungsoperator*, der auch *Konditionaloperator*, *ternärer Operator* beziehungsweise *trinärer Operator* genannt wird. Er erlaubt es, den Wert eines Ausdrucks von einer Bedingung abhängig zu machen, ohne dass dazu eine if-Anweisung verwendet werden muss. Die Operanden sind durch ? beziehungsweise : voneinander getrennt.

[zB]

Beispiel Die Bestimmung des Maximums ist eine schöne Anwendung des trinären Operators:

```
max = ( a > b ) ? a : b;
```

Der Ausdruck entspricht folgender if-Anweisung:

```
if (
  max = a;
else
  max = b;
```

144

Der Wert der Variablen wird jetzt in Abhängigkeit von der Bedingung gesetzt. Der erste Ausdruck muss vom Typ `boolean` sein. Ist die Bedingung erfüllt, dann erhält die Variable den Wert des ersten Ausdrucks, andernfalls wird der Wert des zweiten Ausdrucks zugewiesen. Der Bedingungsoperator kann eingesetzt werden, wenn der zweite und dritte Operand ein numerischer Typ, boolescher Typ oder Referenztyp ist. Der Aufruf von Methoden, die demnach `void` zurückgeben, ist nicht gestattet.

Mit dem Rückgabewert können wir alles Mögliche machen, etwa ihn direkt ausgeben:

```
System.out.println( ( a > b ) ? a : b );
```

Das wäre mit `if-else` nur mit temporären Variablen möglich.

Beispiele
Der Bedingungsoperator findet sich häufig in kleinen Methoden:

- Das Maximum oder Minimum zweier Zahlen liefern die Ausdrücke `a > b ? a : b` beziehungsweise `a < b ? a : b`.
- Den Absolutwert einer Zahl liefert `x >= 0 ? x : -x`.
- Ein Ausdruck soll eine Zahl `n`, die zwischen 0 und 15 liegt, in eine Hexadezimalzahl konvertieren: `(char)((n < 10) ? ('0' + n) : ('a' – 10 + n ))`.

Geschachtelte Anwendung vom Bedingungsoperator *
Die Anwendung des trinären Operators führt schnell zu schlecht lesbaren Programmen, und er sollte daher vorsichtig eingesetzt werden. In C(++) führt die unbeabsichtigte Mehrfachauswertung in Makros zu schwer auffindbaren Fehlern. Gut, dass uns das in Java nicht passieren kann! Durch ausreichende Klammerung muss sichergestellt werden, dass die Ausdrücke auch in der beabsichtigten Reihenfolge ausgewertet werden. Im Gegensatz zu den meisten Operatoren ist der Bedingungsoperator rechtsassoziativ (die Zuweisung ist ebenfalls rechtsassoziativ).

Der Ausdruck

```
b1 ? a1 : b2 ? a2 : a3
```

ist demnach gleichbedeutend mit:

```
b1 ? a1 : ( b2 ? a2 : a3 )
```

Beispiel Wollen wir eine Methode schreiben, die für eine Zahl `n` abhängig vom Vorzeichen −1, 0 oder 1 liefert, lösen wir das Problem mit einem geschachtelten trinären Operator: **[zB]**

```
public static int sign( int n )
{
  return (n < 0) ? -1 : (n > 0) ? 1 : 0;
}
```

2 | Sprachbeschreibung

Der Bedingungsoperator ist kein »lvalue« *
Der trinäre Operator liefert als Ergebnis einen Ausdruck zurück, der auf der rechten Seite einer Zuweisung verwendet werden kann. Da er rechts vorkommt, nennt er sich auch *rvalue*. Er lässt sich nicht derart auf der linken Seite einer Zuweisung einsetzen, dass er eine Variable auswählt, der ein Wert zugewiesen wird.[36]

[zB]
> **Beispiel** Die folgende Anwendung des trinären Operators ist in Java *nicht* möglich:
>
> ```
> ((direction >= 0) ? up : down) = true;
> ```

2.6.4 Die switch-Anweisung bietet die Alternative

Eine Kurzform für speziell gebaute, angehäufte `if`-Anweisungen bietet `switch`. Im `switch`-Block gibt es eine Reihe von unterschiedlichen Sprungzielen, die mit `case` markiert sind. Die `switch`-Anweisung erlaubt die Auswahl von:

▶ Ganzzahlen

▶ Aufzählungen (enum)

▶ Strings (seit Java 7)

»switch« bei Ganzzahlen
Ein einfacher Taschenrechner für vier binäre Operatoren ist mit `switch` schnell implementiert:

Listing 2.14 Calculator.java, main

```java
char operator = javax.swing.JOptionPane.showInputDialog( "Operator" ).charAt( 0 );
double x = Double.parseDouble( javax.swing.JOptionPane.showInputDialog( "Zahl 1" ) );
double y = Double.parseDouble( javax.swing.JOptionPane.showInputDialog( "Zahl 2" ) );

switch ( operator )
{
  case '+':
    System.out.println( x + y );
    break;
  case '-':
    System.out.println( x - y );
    break;
  case '*':
    System.out.println( x * y );
    break;
  case '/':
    System.out.println( x / y );
    break;
}
```

---

36 In C(++) kann dies durch `*((Bedingung) ? &a : &b) = Ausdruck;` über Pointer gelöst werden.

146

Die Laufzeitumgebung sucht eine bei `case` genannte *Sprungmarke* (auch *Sprungziel* genannt) – eine Konstante –, die mit dem in `switch` angegebenen Ausdruck übereinstimmt. Gibt es einen Treffer, so werden alle beim `case` folgenden Anweisungen ausgeführt, bis ein (optionales) `break` die Abarbeitung beendet. (Ohne `break` geht die Ausführung im nächsten `case`-Block automatisch weiter; mehr zu diesem »It's not a bug, it's a feature!« folgt später). Stimmt keine Konstante eines `case`-Blocks mit dem `switch`-Ausdruck überein, werden erst einmal keine Anweisungen im `switch`-Block ausgeführt. Die `case`-Konstanten müssen unterschiedlich sein, andernfalls gibt es einen Compilerfehler.

Die `switch`-Anweisung hat einige Einschränkungen:

▶ Die JVM kann `switch` nur auf Ausdrücken vom Datentyp `int` ausführen. Elemente vom Datentyp `byte`, `char` und `short` sind somit erlaubt, da der Compiler den Typ automatisch auf `int` anpasst. Ebenso sind die Aufzählungen und die Wrapper-Objekte `Character`, `Byte`, `Short`, `Integer` möglich, da Java automatisch die Werte entnimmt – mehr dazu in Abschnitt 9.2, »Wrapper-Klassen und Autoboxing«. Es können nicht die Datentypen `boolean`, `long`, `float` und `double` benutzt werden. Zwar sind auch Aufzählungen und Strings als `switch`-Ausdruckstypen möglich, doch intern werden sie auf Ganzzahlen abgebildet. Allgemeine Objekte sind sonst nicht erlaubt.

▶ Die bei `switch` genannten Werte müssen konstant sein. Dynamische Ausdrücke, etwa Rückgaben aus Methodenaufrufen, sind nicht möglich.

▶ Es sind keine Bereichsangaben möglich. Das wäre etwa bei Altersangaben nützlich, um zum Beispiel die Bereiche 0–18, 19–60, 60–99 zu definieren. Als Lösung bleiben nur angehäufte `if`-Anweisungen.

> **Hinweis** Die Angabe bei `case` muss konstant sein, aber kann durchaus aus einer Konstanten (finalen Variablen) kommen:
>
> ```
> final char PLUS = '+';
> switch ( operand
>    case PLUS: …
> ```

[«]

Alles andere mit »default« abdecken

Soll ein Programmteil in genau dem Fall abgearbeitet werden, in dem es keine Übereinstimmung mit irgendeiner `case`-Konstanten gibt, so lässt sich die besondere Sprungmarke `default` einsetzen. Soll zum Beispiel im Fall eines unbekannten Operators das Programm eine Fehlermeldung ausgeben, schreiben wir:

```
switch ( operator )
{
  case '+':
    System.out.println( x + y );
    break;
  case '-':
    System.out.println( x - y );
```

```java
      break;
    case '*':
      System.out.println( x * y );
      break;
    case '/':
      System.out.println( x / y );
      break;
    default:
      System.err.println( "Unknown operator " + operator );
  }
```

Der Nutzen von `default` ist der, falsch eingegebene Operatoren zu erkennen, denn die Anweisungen hinter `default` werden immer dann ausgeführt, wenn keine `case`-Konstante gleich dem `switch`-Ausdruck war. `default` kann auch zwischen den `case`-Blöcken auftauchen, doch das ist wenig übersichtlich und nicht für allgemeine Anwendungen zu empfehlen. Somit würde der `default`-Programmteil auch dann abgearbeitet, wenn ein dem `default` vorangehender `case`-Teil kein `break` hat. Nur ein `default` ist erlaubt.

»switch« hat Durchfall

Bisher haben wir in die letzte Zeile eine `break`-Anweisung gesetzt. Ohne ein `break` würden nach einer Übereinstimmung alle nachfolgenden Anweisungen ausgeführt. Sie laufen somit in einen neuen Abschnitt herein, bis ein `break` oder das Ende von `switch` erreicht ist. Da dies vergleichbar mit einem Spielzeug ist, bei dem Kugeln von oben nach unten durchfallen, nennt sich dieses auch *Fall-Through*. Ein häufiger Programmierfehler ist, das `break` zu vergessen, und daher sollte ein beabsichtigter Fall-Through immer als Kommentar angegeben werden.

Über dieses Durchfallen ist es möglich, bei unterschiedlichen Werten immer die gleiche Anweisung ausführen zu lassen:

Listing 2.15 VowelTest.java, main()

```java
char charToTestIfVowel = 'u';

switch ( charToTestIfVowel )
{
  case 'a':       // Fällt durch
  case 'e':       // Dito
  case 'i':
  case 'o':
  case 'u':
    System.out.println( charToTestIfVowel + " ist Vokal" );
    break;
  default:
    System.out.println( charToTestIfVowel + " ist kein Vokal" );
}
```

In dem Beispiel bestimmt eine `case`-Anweisung, ob die Variable `charToTestIfVowel` einen Vokal enthält. Fünf `case`-Anweisungen decken jeweils einen Buchstaben (Vokal) ab. Stimmt der Inhalt von `charToTestIfVowel` mit einer der Vokal-Konstanten überein, so »fällt« das Programm in den Zweig mit der Ausgabe, dass charToTestIfVowel ein Vokal ist. Dieses Durchfallen über die case-Zweige ist sehr praktisch, da der Programmcode für die Ausgabe so nicht dupliziert werden muss. Tritt auf der anderen Seite keine Bedingung im switch-Teil ein, so gibt die Anweisung im default-Teil aus, dass charToTestIfVowel kein Vokal ist. Stehen mehrere case-Blöcke untereinander, um damit Bereiche abzubilden, nennt sich das auch *Stack-Case-Labels*.

> **Hinweis** Obwohl ein fehlendes break zu lästigen Programmierfehlern führt, haben die Java-Entwickler dieses Verhalten vom syntaktischen Vorgänger C übernommen. Eine interessante Lösung wäre gewesen, das Verhalten genau umzudrehen und das Durchfallen explizit einzufordern, zum Beispiel mit einem Schlüsselwort.

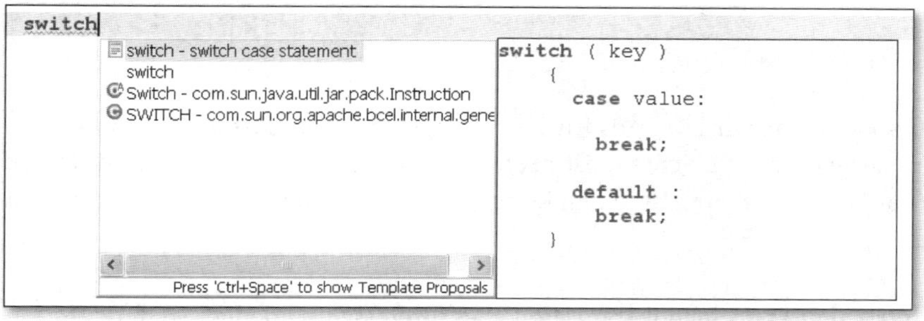

Abbildung 2.6 »switch« und Strg-Taste + Leertaste bietet an, ein Grundgerüst für eine »switch«-Fallunterscheidung anzulegen.

2.7 Schleifen

Schleifen dienen dazu, bestimmte Anweisungen immer wieder abzuarbeiten. Zu einer Schleife gehören die Schleifenbedingung und der Rumpf. Die Schleifenbedingung, ein boolescher Ausdruck, entscheidet darüber, unter welcher Bedingung die Wiederholung ausgeführt wird. In Abhängigkeit von der Schleifenbedingung kann der Rumpf mehrmals ausgeführt werden. Dazu wird bei jedem Schleifendurchgang die Schleifenbedingung geprüft. Das Ergebnis entscheidet, ob der Rumpf ein weiteres Mal durchlaufen (true) oder die Schleife beendet wird (false). Java bietet vier Typen von Schleifen:

- while-Schleife
- do-while-Schleife
- einfache for-Schleife
- erweiterte for-Schleife (auch *For-Each Loop* genannt)

Die ersten drei Schleifentypen erklären die folgenden Abschnitte, während die erweiterte for-Schleife nur bei Sammlungen nötig ist und daher später bei Feldern (Kapitel 3, »Klassen und Objekte«) und dynamischen Datenstrukturen (Kapitel 13, »Datenstrukturen und Algorithmen«) Erwähnung findet.

2 | Sprachbeschreibung

2.7.1 Die while-Schleife

Die while-Schleife ist eine abweisende Schleife, die vor jedem Schleifeneintritt die Schleifenbedingung prüft. Ist die Bedingung wahr, führt sie den Rumpf aus, andernfalls beendet sie die Schleife. Wie bei if muss auch bei den Schleifen der Typ der Bedingungen boolean sein.[37]

[zB]
Beispiel Zähle von 100 bis 40 in Zehnerschritten herunter:

Listing 2.16 WhileLoop.java, main()

```java
int cnt = 100;
while ( cnt >= 40 )
{
  System.out.printf( "Ich erblickte das Licht der Welt
                     "in Form einer %d-Watt-Glühbirne.%n", cnt );
  cnt -= 10;
}
```

Vor jedem Schleifendurchgang wird der Ausdruck neu ausgewertet, und ist das Ergebnis true, so wird der Rumpf ausgeführt. Die Schleife ist beendet, wenn das Ergebnis false ist. Ist die Bedingung schon vor dem ersten Eintritt in den Rumpf nicht wahr, so wird der Rumpf erst gar nicht durchlaufen.

[»]
Hinweis Wird innerhalb des Schleifenkopfs schon alles Interessante erledigt, so muss trotzdem eine Anweisung folgen. Dies ist der passende Einsatz für die leere Anweisung:

Listing 2.17 WhileExit.java, main()

```java
while ( ! new Scanner(System.in).next().equalsIgnoreCase("quit") )
    ;                              // Rumpf ist leer
```

Nur wenn auf der Kommandozeile quit eingegeben wird, läutet dies das Ende der Schleife ein; andernfalls gibt es eine neue Eingabeaufforderung.

Endlosschleifen

Ist die Bedingung einer while-Schleife immer wahr, dann handelt es sich um eine Endlosschleife. Die Konsequenz ist, dass die Schleife endlos wiederholt wird:

```java
while ( true )
{
  // immer wieder und immer wieder
}
```

Endlosschleifen bedeuten normalerweise das Aus für jedes Programm. Doch es gibt Hilfe! Aus dieser Endlosschleife können wir mittels break entkommen. Genau genommen beenden aber auch nicht aufgefangene Exceptions oder auch System.exit() die Programme.

---

37 Wir hatten das Thema bei if schon angesprochen: In C(++) ließe sich while (i) schreiben, was in Java while (i !=0) wäre.

In Eclipse lassen sich Programme von außen beenden. Dazu bietet die Ansicht CONSOLE eine rote Schaltfläche in Form eines Quadrats, die nach der Aktivierung im Fall eines laufenden Programms die JVM mit den laufenden Programmen beendet.

2.7.2 Die do-while-Schleife

Dieser Schleifentyp ist eine annehmende Schleife, da do-while die Schleifenbedingung erst nach jedem Schleifendurchgang prüft. Bevor es zum ersten Test kommt, ist der Rumpf also schon einmal durchlaufen worden:

Beispiel Graf Zahl zählt mit do-while von 1 bis 10:

Listing 2.18 DoWhileLoop.java, main()

```
int pos = 1;
do
{
  System.out.println( pos );
  pos++;
} while ( pos <= 10 );          // Bemerke das Semikolon
```

Es ist wichtig, auf das Semikolon hinter der while-Anweisung zu achten. Liefert die Bedingung ein true, so wird der Rumpf erneut ausgeführt.[38] Andernfalls wird die Schleife beendet, und das Programm wird mit der nächsten Anweisung nach der Schleife fortgesetzt.

Äquivalenz einer while- und einer do-while-Schleife *

Die do-Schleife wird seltener gebraucht als die while-Schleife. Dennoch lassen sich beide ineinander überführen. Zunächst der erste Fall: Wir ersetzen eine while-Schleife durch eine do-while-Schleife:

```
while ( Ausdruck )
  Anweisung
```

---

[38] Das ist in Pascal und Delphi anders. Hier läuft eine Schleife der Bauart repeat ... until Bedingung (das Gegenstück zu Javas do-while) so lange, *bis* die Bedingung wahr wird, und bricht dann ab – ist sie falsch, geht es weiter mit einer Wiederholung. Ist in Java die Bedingung erfüllt, bedeutet es das Ende der Schleifendurchläufe; das ist also genau das Gegenteil. Die Schleife vom Typ while Bedingung ... do in Pascal und Delphi entspricht aber genau der while-Schleife in Java.

Führen wir uns noch einmal vor Augen, was hier passiert. In Abhängigkeit vom Ausdruck wird der Rumpf ausgeführt. Da zunächst ein Test kommt, wäre die do-while-Schleife schon eine Blockausführung weiter. So fragen wir in einem ersten Schritt mit einer if-Anweisung ab, ob die Bedingung wahr ist oder nicht. Wenn ja, dann lassen wir den Programmcode in einer do-while-Schleife abarbeiten.

Die äquivalente do-while-Schleife sieht also wie folgt aus:

```
if ( Ausdruck )
  do
    Anweisung
  while ( Ausdruck ) ;
```

Nun der zweite Fall: Wir ersetzen die do-while-Schleife durch eine while-Schleife:

```
do
  Anweisung
while ( Ausdruck ) ;
```

Da zunächst die Anweisungen ausgeführt werden und anschließend der Test, schreiben wir für die while-Variante die Ausdrücke einfach vor den Test. So ist sichergestellt, dass diese zumindest einmal abgearbeitet werden:

```
Anweisung
while ( Ausdruck )
  Anweisung
```

2.7.3 Die for-Schleife

Die for-Schleife ist eine spezielle Variante einer while-Schleife und wird typischerweise zum Zählen benutzt. Genauso wie while-Schleifen sind for-Schleifen abweisend, der Rumpf wird also erst dann ausgeführt, wenn die Bedingung wahr ist.

[zB] **Beispiel**   Gib die Zahlen von 1 bis 10 auf dem Bildschirm aus:

Listing 2.19   ForLoop.java, main()

```
for ( int i = 1; i <= 10; i++ )              // i ist Schleifenzähler
  System.out.println( i );
```

Eine genauere Betrachtung der Schleife zeigt die unterschiedlichen Segmente:

▶ *Initialisierung der Schleife.* Der erste Teil der for-Schleife ist ein Ausdruck wie i = 1, der vor der Durchführung der Schleife genau einmal ausgeführt wird. Dann wird das Ergebnis verworfen. Tritt in der Auswertung ein Fehler auf, so wird die Abarbeitung unterbrochen, und die Schleife kann nicht vollständig ausgeführt werden. Der erste Teil kann lokale

Variablen deklarieren und initialisieren. Diese Zählvariable ist dann außerhalb des Blocks nicht mehr gültig.[39] Es darf noch keine lokale Variable mit dem gleichen Namen geben.

▶ *Schleifentest/Schleifenbedingung.* Der mittlere Teil, wie `i <= 10`, wird vor dem Durchlaufen des Schleifenrumpfs – also vor jedem Schleifeneintritt – getestet. Ergibt der Ausdruck `false`, wird die Schleife nicht durchlaufen und beendet. Das Ergebnis muss, wie bei einer `while`-Schleife, vom Typ `boolean` sein. Ist kein Test angegeben, so ist das Ergebnis automatisch `true`.

▶ *Schleifen-Inkrement durch einen Fortschaltausdruck.* Der letzte Teil, wie `i++`, wird immer am Ende jedes Schleifendurchlaufs, aber noch vor dem nächsten Schleifeneintritt ausgeführt. Das Ergebnis wird nicht weiter verwendet. Ergibt die Bedingung des Tests `true`, dann befindet sich beim nächsten Betreten des Rumpfs der veränderte Wert im Rumpf.

Betrachten wir das Beispiel, so ist die Auswertungsreihenfolge folgender Art:

1. Initialisiere `i` mit 1.
2. Teste, ob `i <= 10` gilt.
3. Ergibt sich `true`, dann führe den Block aus, sonst ist es das Ende der Schleife.
4. Erhöhe `i` um 1.
5. Gehe zu Schritt 2.

Schleifenzähler

Wird die `for`-Schleife zum Durchlaufen einer Variablen genutzt, so heißt der *Schleifenzähler* entweder *Zählvariable* oder *Laufvariable*.

Wichtig sind die Initialisierung und die korrekte Abfrage am Ende. Schnell läuft die Schleife einmal zu oft durch und führt so zu falschen Ergebnissen. Die Fehler bei der Abfrage werden auch »off-by-one error« genannt, wenn zum Beispiel statt `<=` der Operator `<` steht. Dann nämlich läuft die Schleife nur bis 9. Ein anderer Name für den Schleifenfehler lautet »fencepost error«. Es geht um die Frage, wie viele Pfähle für einen 100 m langen Zaun nötig sind, sodass alle Pfähle einen Abstand von 10 m haben: 9, 10, 11?

Wann »for« und wann »while«?

Da sich die `while`- und `for`-Schleife sehr ähnlich sind, ist die Frage berechtigt, wann die eine und wann die andere zu nutzen ist. Leider verführt die kompakte `for`-Schleife sehr schnell zu einer Überladung. Manche Programmierer packen gerne alles in den Schleifenkopf hinein,

---

39 Im Gegensatz zu C++ ist das Verhalten klar definiert, und es gibt kein Hin und Her. In C++ implementierten Compilerbauer die Variante einmal so, dass die Variable nur im Block galt, andere interpretierten die Sprachspezifikation so, dass diese auch außerhalb gültig blieb. Die aktuelle C++-Definition schreibt nur vor, dass die Variable außerhalb des Blocks nicht mehr gültig ist. Da es jedoch noch alten Programmcode gibt, haben viele Compilerbauer eine Option eingebaut, mit der das Verhalten der lokalen Variablen bestimmt werden kann.

und der Rumpf besteht nur aus einer leeren Anweisung. Dies ist ein schlechter Stil und sollte vermieden werden.

`for`-Schleifen sollten immer dann benutzt werden, wenn eine Variable um eine konstante Größe erhöht wird. Tritt in der Schleife keine Schleifenvariable auf, die inkrementiert oder dekrementiert wird, sollte eine `while`-Schleife genutzt werden. Eine `do-while`-Schleife sollte dann eingesetzt werden, wenn die Abbruchbedingung erst am Ende eines Schleifendurchlaufs ausgewertet werden kann. Auch sollte die `for`-Schleife dort eingesetzt werden, wo sich alle drei Ausdrücke im Schleifenkopf auf dieselbe Variable beziehen. Vermieden werden sollten unzusammenhängende Ausdrücke im Schleifenkopf. Der schreibende Zugriff auf die Schleifenvariable im Rumpf ist eine schlechte Idee, wenn sie auch gleichzeitig im Kopf modifiziert wird – das ist schwer zu durchschauen und kann leicht zu Endlosschleifen führen.

Eine Endlosschleife mit »for«

Da alle drei Ausdrücke im Kopf der Schleife optional sind, können sie weggelassen werden, und es ergibt sich eine Endlosschleife. Diese Schreibweise ist somit mit `while(true)` semantisch äquivalent:

```
for ( ; ; )
   ;
```

Die trennenden Semikola dürfen nicht verschwinden. Falls demnach keine Schleifenbedingung angegeben ist, ist der Ausdruck immer wahr. Es folgt keine Initialisierung und keine Auswertung des Fortschaltausdrucks.

Geschachtelte Schleifen

Schleifen, und das gilt insbesondere für `for`-Schleifen, können verschachtelt werden. Syntaktisch ist das auch logisch, da sich innerhalb des Schleifenrumpfs beliebige Anweisungen aufhalten dürfen. Um fünf Zeilen von Sternchen auszugeben, wobei in jeder Zeile immer ein Stern mehr erscheinen soll, schreiben wir:

```
for ( int i = 1; i <= 5; i++ )
{
  for ( int j = 1; j <= i; j++ )
    System.out.print( "*" );
  System.out.println();
}
```

Als besonderes Element ist die Abhängigkeit des Schleifenzählers j von i zu werten. Es folgt die Ausgabe:

```
*
**
***
****
*****
```

Die übergeordnete Schleife nennt sich *äußere Schleife*, die untergeordnete *innere Schleife*. In unserem Beispiel wird die äußere Schleife die Zeilen zählen und die innere die Sternchen in eine Zeile ausgeben, also für die Spalte verantwortlich sein.

Da Schleifen beliebig tief geschachtelt werden können, muss besonderes Augenmerk auf die Laufzeit gelegt werden. Die inneren Schleifen werden immer so oft ausgeführt, wie die äußere Schleife durchlaufen wird.

for-Schleifen und ihr Komma-Operator *

Im ersten und letzten Teil einer `for`-Schleife lässt sich ein Komma einsetzen. Damit lassen sich entweder mehrere Variablen gleichen Typs deklarieren – wie wir es schon kennen – oder mehrere Ausdrücke nebeneinander schreiben.[40] Mit den Variablen `i` und `j` können wir so eine kleine Multiplikationstabelle aufbauen:

```
for ( int i = 1, j = 9; i <= j; i++, j-- )
  System.out.printf( "%d * %d = %d%n", i, j, i*j );
```

Dann ist die Ausgabe:

```
1 * 9 = 9
2 * 8 = 16
3 * 7 = 21
4 * 6 = 24
5 * 5 = 25
```

Ein weiteres Beispiel mit komplexerer Bedingung wäre das folgende, das vor dem Schleifendurchlauf den Startwert für die Variablen `x` und `y` initialisiert, dann `x` und `y` heraufsetzt und die Schleife so lange ausführt, bis `x` und `y` beide 10 sind:

```
int x, y;
for ( x = initX(), y = initY(), x++, y++;
      ! (x == 10 && y == 10);
      x += xinc(), y += yinc() )
{
  // ...
}
```

> **Tipp** Komplizierte `for`-Schleifen sind lesbarer, wenn die drei `for`-Teile in getrennten Zeilen stehen. **[+]**

2.7.4 Schleifenbedingungen und Vergleiche mit ==

Eine Schleifenabbruchbedingung kann ganz unterschiedlich aussehen. Beim Zählen ist es häufig der Vergleich auf einen Endwert. Oft steckt an dieser Stelle ein absoluter Vergleich mit ==, der aus zwei Gründen problematisch werden kann.

---

40 Wenn Java eine ausdrucksorientierte Sprache wäre, könnten wir hier beliebige Programme hineinlegen.

Sehen wir uns das erste Problem anhand einiger Programmzeilen an:

```
int i = ...;
while ( i != 9 )
  i++;
```

Ist der Wert der Variablen i kleiner als 9, so haben wir beim Zählen kein Problem, denn dann ist anschließend spätestens bei 9 Schluss. Ist der Wert allerdings echt größer als 9, so ist die Bedingung ebenso wahr, und der Schleifenrumpf wird ziemlich lange durchlaufen – genau genommen so weit, bis wir durch einen Überlauf wieder bei 0 beginnen und dann auch bei 9 landen. Die Absicht ist sicherlich eine andere gewesen. Die Schleife sollte nur so lange zählen, wie i kleiner 9 ist, und sonst nicht. Daher passt Folgendes besser:

```
int i = ...;
while ( i < 9 )
  i++;
```

Jetzt rennt der Interpreter bei Zahlen größer 9 nicht endlos weiter, sondern stoppt die Schleife sofort.

Rechenungenauigkeiten

Das zweite Problem ergibt sich bei Fließkommazahlen. Es ist sehr problematisch, echte Vergleiche zu fordern:

```
double d = 0.0;
while ( d != 1.0 )               // Achtung! Problematischer Vergleich!
{
  d += 0.1;
  System.out.println( d );
}
```

Lassen wir das Programmsegment laufen, so sehen wir, dass die Schleife hurtig über das Ziel hinausschießt:

```
0.1
0.2
0.30000000000000004
0.4
0.5
0.6
0.7
0.7999999999999999
0.8999999999999999
0.9999999999999999
1.0999999999999999
1.2
1.3
```

Und das so lange, bis das Auge müde wird ...

Bei Fließkommawerten bietet es sich daher immer an, mit den relationalen Operatoren < oder > zu arbeiten.

Eine zweite Möglichkeit neben dem echten Kleiner-/Größer-Vergleich ist, eine erlaubte Abweichung (Delta) zu definieren. Mathematiker bezeichnen die Abweichung von zwei Werten mit dem griechischen Kleinbuchstaben Epsilon. Wenn wir einen Vergleich von zwei Fließkommazahlen anstreben und bei einem Gleichheitsvergleich eine Toleranz mit betrachten wollen, so schreiben wir einfach:

```
if ( Math.abs(x - y) <= epsilon )
  ...
```

Epsilon ist die erlaubte Abweichung. `Math.abs(x)` berechnet von einer Zahl x den Absolutwert.

Wie Bereichsangaben schreiben? *

Für Bereichsangaben der Form a >= 23 && a <= 42 empfiehlt es sich, den unteren Wert in den Vergleich einzubeziehen, den Wert für die obere Grenze jedoch nicht (inklusive untere Grenzen und exklusive obere Grenzen). Für unser Beispiel, in dem a im Intervall bleiben soll, ist Folgendes besser: a >= 23 && a < 43. Die Begründung dafür ist einleuchtend:

► Die Größe des Intervalls ist die Differenz aus den Grenzen.

► Ist das Intervall leer, so sind die Intervallgrenzen gleich.

► Die untere Grenze ist nie größer als die obere Grenze.

> **Hinweis** Die Standardbibliothek verwendet diese Konvention auch durchgängig, etwa im Fall von `substring()` bei String-Objekten oder `subList()` bei Listen oder bei der Angabe von Array-Indexwerten.

[«]

Die Vorschläge können für normale Schleifen mit Vergleichen übernommen werden. So ist eine Schleife mit zehn Durchgängen besser in der Form

```
for ( i = 0; i < 10; i++ )
```

formuliert als in der semantisch äquivalenten Form:

```
for ( i = 0; i <= 9; i++ )
```

2.7.5 Ausbruch planen mit break und Wiedereinstieg mit »continue«

Wird innerhalb einer `for`-, `while`- oder `do-while`-Schleife eine `break`-Anweisung eingesetzt, so wird der Schleifendurchlauf beendet und die Abarbeitung bei der ersten Anweisung nach der Schleife fortgeführt.

2 | Sprachbeschreibung

[zB] **Beispiel** Führe die Schleife so lange durch, bis i den Wert 0 hat:

```
int i = 10;

while ( true )
  if ( i-- == 0 )
    break;
```

Die Anweisung ist nützlich, um im Programmblock festzustellen, ob die Schleife noch einmal durchlaufen werden soll. Sie entlastet den Schleifenkopf, der sonst die Bedingung testen würde. Da ein kleines break jedoch im Programmtext verschwinden könnte, seine Bedeutung aber groß ist, sollte ein kleiner Hinweis auf diese Anweisung gesetzt werden.

break lässt sich gut verwenden, um aus einer Schleife vorzeitig auszubrechen, ohne Flags zu benutzen. Dazu ein Beispiel, was vermieden werden sollte:

```
boolean endFlag = false;
do
{
  if ( condition )
  {
    // Code ohne Ende
    endFlag = true;
  }
} while ( anotherCondition && ! endFlag );
```

Stattdessen schreiben wir:

```
do
{
  if ( condition )
  {
    // Code wieder ohne Ende
    break;
  }
} while ( anotherCondition );
```

Die alternative Lösung stellt natürlich einen Unterschied dar, wenn nach dem if noch Anweisungen in der Schleife stehen.

Innerhalb einer for-, while- oder do-while-Schleife lässt sich eine continue-Anweisung einsetzen, die nicht wie break die Schleife beendet, sondern zum Schleifenkopf zurückgeht. Nach dem Auswerten des Fortschaltausdrucks wird im nächsten Schritt erneut geprüft, ob die Schleife weiter durchlaufen werden soll. Ein häufiges Einsatzfeld sind Schleifen, die im Rumpf immer wieder Werte so lange holen und testen, bis diese für die Weiterverarbeitung geeignet sind.

Beispiel Gib die positiven geraden Zahlen von 0 bis 10 aus:
```
for ( int i = 0; i <= 10; i++ )
{
  if ( i % 2 == 1 )
    continue;

  System.out.println( i + " ist eine gerade Zahl" );
}
```

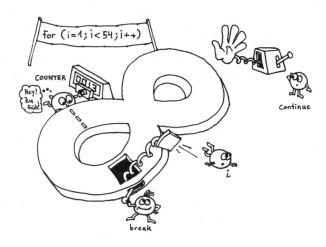

Manche Programmstücke sind aber ohne `continue` lesbarer. Ein `continue` am Ende einer `if`-Abfrage kann durch einen `else`-Teil bedeutend klarer gefasst werden. Zunächst das schlechte Beispiel:

```
while ( condition )         // Durch continue verzuckert
{
  if ( anotherCondition )
  {
    // Code,Code,Code
    continue;
  }
  // Weiterer schöner Code
}
```

Viel deutlicher ist:

```
while ( condition )
{
  if ( anotherCondition )
  {
    // Code, Code, Code
  }
```

2 | Sprachbeschreibung

```
  else
  {
    // Weiterer schöner Code
  }
}
```

2.7.6   »break« und »continue« mit Marken *

Obwohl das Schlüsselwort `goto` in der Liste der reservierten Wörter auftaucht, erlaubt Java keine beliebigen Sprünge, und `goto` ist ohne Funktionalität. Allerdings lassen sich in Java Anweisungen – oder ein Block, der eine besondere Anweisung ist – markieren. Ein Grund für die Einführung von Markierungen ist der, dass `break` bzw. `continue` mehrdeutig ist:

▶ Wenn es zwei ineinander verschachtelte Schleifen gibt, würde ein `break` in der inneren Schleife nur die innere abbrechen. Was ist jedoch, wenn die äußere Schleife beendet werden soll? Das Gleiche gilt für `continue`, wenn die äußere Schleife weiter vorgesetzt werden soll und nicht die innere.

▶ Nicht nur Schleifen nutzen das Schlüsselwort `break`, sondern auch die `switch`-Anweisung. Was ist, wenn eine Schleife eine `switch`-Anweisung enthält, doch nicht der lokale `case`-Zweig mit `break` beendet werden soll, sondern die ganze Schleife mit `break` abgebrochen werden soll?

Die Sprachdesigner von Java haben sich dazu entschlossen, Markierungen einzuführen, sodass `break` und `continue` die markierte Anweisung entweder verlassen oder wieder durchlaufen können. Falsch eingesetzt, können sie natürlich zu Spaghetti-Code wie aus der Welt der unstrukturierten Programmiersprachen führen. Doch als verantwortungsvolle Java-Programmierer werden wir das Feature natürlich nicht missbrauchen.

»break« mit einer Marke für Schleifen

Betrachten wir ein erstes Beispiel mit einer Marke (engl. label), in dem `break` nicht nur aus der inneren Teufelsschleife ausbricht, sondern aus der äußeren gleich mit. Marken werden definiert, indem ein Bezeichner mit Doppelpunkt abgeschlossen und vor eine Anweisung gesetzt wird – die Anweisung wird damit markiert wie eine Schleife:

Listing 2.20   BreakAndContinueWithLabels.java, main()

```
heaven:
while ( true )
{
  hell:
  while ( true )
  {
    break /* continue */ heaven;
  }
  // System.out.println( "hell" );
}
System.out.println( "heaven" );
```

160

Ein break ohne Marke in der inneren while-Schleife beendet nur die innere Wiederholung, und ein continue würde zur Fortführung dieser inneren while-Schleife führen. Unser Beispiel zeigt die Anwendung einer Marke hinter den Schlüsselwörtern break und continue.

Das Beispiel benutzt die Marke hell nicht, und die Zeile mit der Ausgabe »hell« ist bewusst ausgeklammert, denn sie ist nicht erreichbar und würde andernfalls zu einem Compilerfehler führen. Dass die Anweisung nicht erreichbar ist, ist klar, denn mit einem break heaven kommt das Programm nie zur nächsten Anweisung hinter der inneren Schleife, und somit ist eine Konsolenausgabe nicht erreichbar.

Setzen wir statt break heaven ein break hell in die innere Schleife, ändert sich dies:

```
heaven:
while ( true )
{
  hell:
  while ( true )
  {
    break /* continue */ hell;
  }
  System.out.println( "hell" );
}
// System.out.println( "heaven" );
```

In diesem Szenario ist die Ausgabe »heaven« nicht erreichbar und muss auskommentiert werden. Das break hell in der inneren Schleife wirkt wie ein einfaches break ohne Marke, und das ablaufende Programm führt laufend zu Bildschirmausgaben von »hell«.

Rätsel Warum übersetzt der Compiler Folgendes ohne Murren?

Listing 2.21 WithoutComplain.java

```
class WithoutComplain
{
  static void main( String[] args )
  {
    http://www.tutego.de/
    System.out.print( "Da gibt's Java-Tipps und -Tricks." );
  }
}
```

Mit dem »break« und einer Marke aus dem »switch« aussteigen

Da dem break mehrere Funktionen in der Sprache Java zukommen, kommt es zu einer Mehrdeutigkeit, wenn im case-Block einer switch-Anweisung ein break eingesetzt wird.

Im folgenden Beispiel läuft eine Schleife einen String ab. Der Zugriff auf ein Zeichen im String realisiert die String-Objektmethode charAt(); die Länge eines Strings liefert length(). Als Zeichen im String sollen C, G, A, T erlaubt sein. Für eine Statistik über die Anzahl der einzelnen Buchstaben zählt eine switch-Anweisung beim Treffer jeweils die richtige Variable c, g,

2 | Sprachbeschreibung

a, t um 1 hoch. Falls ein falsches Zeichen im String vorkommt, wird die Schleife beendet. Und genau hier bekommt die Markierung ihren Auftritt:

Listing 2.22 SwitchBreak.java, main()

```java
String dnaBases = "CGCAGTTCTTCGGXAC";
int a = 0, g = 0, c = 0, t = 0;

loop:
for ( int i = 0; i < dnaBases.length(); i++ )
{
  switch ( dnaBases.charAt( i ) )
  {
    case 'A': case 'a':
      a++;
      break;
    case 'G': case 'g':
      g++;
      break;
    case 'C': case 'c':
      c++;
      break;
    case 'T': case 't':
      t++;
      break;
    default:
      System.err.println( "Unbekannte Nukleinbasen " + dnaBases.charAt( i ) );
      break loop;
  }
}

System.out.printf( "Anzahl: A=%d, G=%d, C=%d, T=%d%n", a, g, c, t );
```

[»] **Hinweis** Marken können vor allen Anweisungen (und Blöcke sind damit eingeschlossen) definiert werden; in unserem ersten Fall haben wir die Marke vor die while(true)-Schleife gesetzt. Interessanterweise kann ein break mit einer Marke nicht nur eine Schleife und case verlassen, sondern auch einen ganz einfachen Block:

```java
label:
{

  break label;

  …

}
```

Somit entspricht das break label einem goto zum Ende des Blocks.

Das break kann nicht durch continue ausgetauscht werden, da continue in jedem Fall eine Schleife braucht. Und ein normales break ohne Marke wäre im Übrigen nicht gültig und könnte nicht den Block verlassen.

162

> **Rätsel** Wenn Folgendes in der `main()`-Methode stünde, würde es der Compiler übersetzen? Was wäre die Ausgabe? Achte genau auf die Leerzeichen!
>
> ```
> int val = 2;
> switch ( val
> {
>   case 1:
>     System.out.println( 1 );
>   case2:
>     System.out.println( 2 );
>   default:
>     System.out.println( 3 );
> }
> ```

2.8   Methoden einer Klasse

In objektorientierten Programmen interagieren zur Laufzeit Objekte miteinander und senden sich gegenseitig Nachrichten als Aufforderung, etwas zu machen. Diese Aufforderungen resultieren in einem Methodenaufruf, in dem Anweisungen stehen, die dann ausgeführt werden. Das Angebot eines Objekts, also das, was es »kann«, wird in Java durch Methoden ausgedrückt.

Wir haben schon mindestens eine Methode kennengelernt: `println()`. Sie ist eine Methode vom `out`-Objekt. Ein anderes Programmstück schickt nun eine Nachricht an das `out`-Objekt, die `println()`-Methode auszuführen. Im Folgenden werden wir den aktiven Teil des Nachrichtenversendens nicht mehr so genau betrachten, sondern wir sagen nur noch, dass eine Methode aufgerufen wird.

Für die Deklaration von Methoden gibt es drei Gründe:

▶ Wiederkehrende Programmteile sollen nicht immer wieder programmiert, sondern an einer Stelle angeboten werden. Änderungen an der Funktionalität lassen sich dann leichter durchführen, wenn der Code lokal zusammengefasst ist.

▶ Komplexe Programme werden in kleine Teilprogramme zerlegt, damit die Komplexität des Programms heruntergebrochen wird. Damit ist der Kontrollfluss leichter zu erkennen.

▶ Die Operationen einer Klasse, also das Angebot eines Objekts, sind ein Grund für Methodendeklarationen in einer objektorientierten Programmiersprache. Daneben gibt es aber noch weitere Gründe, die für Methoden sprechen. Sie werden im Folgenden erläutert.

2.8.1   Bestandteil einer Methode

Eine Methode setzt sich aus mehreren Bestandteilen zusammen. Dazu gehören der *Methodenkopf* (kurz *Kopf*) und der *Methodenrumpf* (kurz *Rumpf*). Der Kopf besteht aus einem *Rückgabetyp* (auch *Ergebnistyp* genannt), dem *Methodennamen* und einer optionalen *Parameterliste*.

2 | Sprachbeschreibung

Nehmen wir die bekannte statische `main()`-Methode:

```
public static void main( String[] args )
{
  System.out.println( "Wie siehst du denn aus? Biste gerannt?" );
}
```

Sie hat folgende Bestandteile:

▶ Die statische Methode liefert keine Rückgabe, daher ist der »Rückgabetyp« void. (An dieser Stelle sollte bemerkt werden, dass void in Java kein Typ ist.) void heißt auf Deutsch übersetzt: »frei«, »die Leere« oder »Hohlraum«.

▶ Der Methodenname ist `main`.

▶ Die Parameterliste ist `String[] args`.

▶ Der Rumpf besteht nur aus der Bildschirmausgabe.

> **Namenskonvention** Methodennamen beginnen wie Variablennamen mit Kleinbuchstaben und werden in der gemischten Groß-/Kleinschreibung verfasst. Bezeichner dürfen nicht wie Schlüsselwörter heißen.[41]

Die Signatur einer Methode

Der Methodenname und die Parameterliste bestimmen die *Signatur* einer Methode; der Rückgabetyp gehört nicht dazu. Die Parameterliste ist durch die Anzahl, die Reihenfolge und die Typen der Parameter beschrieben. Pro Klasse darf es nur eine Methode mit derselben Signatur geben, sonst meldet der Compiler einen Fehler. Da die Methoden void main(String[] args) und String main(String[] arguments) die gleiche Signatur (main, String[]) besitzen – die Namen der Parameter spielen keine Rolle –, können sie nicht zusammen in einer Klasse deklariert werden (später werden wir sehen, dass Unterklassen durchaus gewisse Sonderfälle zulassen).

> **Duck-Typing** Insbesondere Skriptsprachen, wie Python, Ruby oder Groovy, erlauben Methodendeklarationen ohne Parametertyp, sodass die Methoden mit unterschiedlichen Argumenttypen aufgerufen werden können:
>
> `add( a, b ) return a + b`
>
> Aufgrund des nicht bestimmten Parametertyps lässt sich die Methode mit Ganzzahlen, Fließkommazahlen oder Strings aufrufen. Es ist die Aufgabe der Laufzeitumgebung, diesen dynamischen Typ zu erkennen und die Addition auf dem konkreten Typ auszuführen. In Java ist das nicht möglich. Der Typ muss überall stehen.

---

41 Das führte bei manchen Bibliotheken (JUnit sei hier als Beispiel genannt) zu Überraschungen. In Java 1.4 etwa wurde das Schlüsselwort assert eingeführt, das JUnit als Methodenname wählte. Unzählige Zeilen Programmcode mussten daraufhin von assert() nach assertTrue() konvertiert werden.

2.8.2 Signatur-Beschreibung in der Java-API

In der Java-Dokumentation sind alle Methoden mit ihren Rückgaben und Parametern genau definiert. Betrachten wir die Dokumentation der statischen Methode max() der Klasse Math:

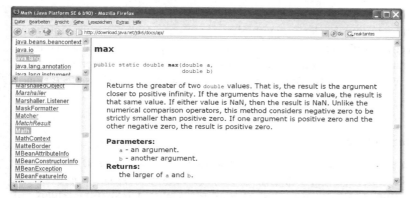

Abbildung 2.7 Die Online-API-Dokumentation für Math.max()

Die Hilfe gibt Informationen über die komplette Signatur der Methode. Der Rückgabetyp ist ein double, die statische Methode heißt max(), und sie erwartet genau zwei double-Zahlen. Verschwiegen haben wir die Schlüsselwörter public static – die Modifizierer. public gibt die Sichtbarkeit an und sagt, wer diese Methode nutzen kann. Im Fall von public bedeutet es, dass jeder diese Methode verwenden kann. Das Gegenteil ist private: In dem Fall kann nur das Objekt selbst diese Methode nutzen. Das ist sinnvoll, wenn Methoden benutzt werden, um die Komplexität zu verkleinern und Teilprobleme zu lösen. Private Methoden werden in der Regel nicht in der Hilfe angezeigt, da sie ein Implementierungsdetail sind. Das Schlüsselwort static zeigt an, dass sich die Methode mit dem Klassennamen nutzen lässt, also kein Exemplar eines Objekts nötig ist.

Es gibt Methoden, die noch andere Modifizierer und eine erweiterte Signatur besitzen. Ein weiteres Beispiel aus der API:

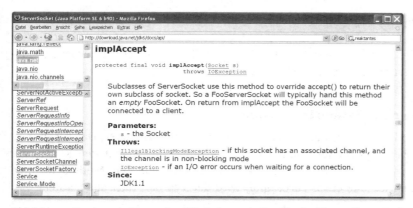

Abbildung 2.8 Ausschnitt aus der API-Dokumentation für die Klasse »ServerSocket«

2 | Sprachbeschreibung

Die Sichtbarkeit dieser Methode ist `protected`. Das bedeutet: Nur abgeleitete Klassen und Klassen im gleichen Verzeichnis (Paket) können diese Methode nutzen. Ein zusätzlicher Modifizierer ist `final`, der in einer Vererbung der Unterklasse nicht erlaubt, die Methode zu überschreiben und ihr neuen Programmcode zu geben. Zum Schluss folgt hinter dem Schlüsselwort `throws` eine Ausnahme. Diese sagt etwas darüber aus, welche Fehler die Methode verursachen kann und worum sich der Programmierer kümmern muss. Im Zusammenhang mit der Vererbung werden wir noch über `protected` und `final` sprechen. Dem Ausnahmezustand widmen wir Kapitel 6, »Exceptions«. Die Dokumentation zeigt mit »Since: JDK 1.1« an, dass es die Methode seit Java 1.1 gibt. Die Information kann auch an der Klasse festgemacht sein.

2.8.3 Aufruf einer Methode

Da eine Methode immer einer Klasse oder einem Objekt zugeordnet ist, muss der Eigentümer beim Aufruf angegeben werden. Im Fall von `System.out.println()` ist `println()` eine Methode vom `out`-Objekt. Wenn wir das Maximum zweier Fließkommazahlen mit `Math.max(a, b)` bilden, dann ist `max()` eine (statische) Methode der Klasse `Math`. Für den Aufrufer ist damit immer ersichtlich, wer diese Methode anbietet, also auch, wer diese Nachricht entgegennimmt. Was der Aufrufer nicht sieht, ist die Arbeitsweise der Methode. Der Methodenaufruf verzweigt in den Programmcode, aber der Aufrufer weiß nicht, was dort geschieht. Er betrachtet nur das Ergebnis.

Die aufgerufene Methode wird mit ihrem Namen genannt. Die Parameterliste wird durch ein Klammerpaar umschlossen. Diese Klammern müssen auch dann gesetzt werden, wenn die Methode keine Parameter enthält. Eine Methode wie `System.out.println()` gibt nichts als Ergebnis einer Berechnung zurück. Anders ist die statische Methode `max()`; sie liefert ein Ergebnis. Damit ergeben sich vier unterschiedliche Typen von Methoden:

Methode	Ohne Rückgabewert	Mit Rückgabewert
ohne Parameter	`System.out.println()`	`System.currentTimeMillis()`
mit Parameter	`System.out.println(4)`	`Math.max(12, 33)`

Tabelle 2.15 Methoden mit Rückgabewerten und Parametern

Die statische Methode `System.currentTimeMillis()` gibt die Anzahl der verstrichenen Millisekunden ab dem 1.1.1970 als `long` zurück.

2.8.4 Methoden ohne Parameter deklarieren

Die einfachste Methode besitzt keinen Rückgabewert und keine Parameter. Der Programmcode steht in geschweiften Klammern hinter dem Kopf und bildet damit den Körper der Methode. Gibt die Methode nichts zurück, dann wird `void` vor den Methodennamen geschrieben. Falls die Methode etwas zurückgibt, wird der Typ der Rückgabe an Stelle von `void` geschrieben.

Methoden einer Klasse | **2.8**

Schreiben wir eine statische Methode ohne Rückgabe und Parameter, die etwas auf dem Bildschirm ausgibt:

Listing 2.23 FriendlyGreeter.java

```
class FriendlyGreeter
{
  static void greet()
  {
    System.out.println( "Guten Morgen. Oh, und falls wir uns nicht mehr" +
                        " sehen, guten Tag, guten Abend und gute Nacht!" );
  }

  public static void main( String[] args )
  {
    greet();
  }
}
```

> **Tipp**   Die Vergabe eines Methodennamens ist gar nicht so einfach. Nehmen wir zum Beispiel [+]
> an, wir wollen eine Methode schreiben, die eine Datei kopiert. Spontan kommen uns zwei
> Wörter in den Sinn, die zu einem Methodennamen verbunden werden wollen: »file« und
> »copy«. Doch in welcher Kombination? Soll es copyFile() oder fileCopy() heißen? Wenn
> dieser Konflikt entsteht, sollte das Verb die Aktion anführen, unsere Wahl also auf copy-
> File() fallen. Methodennamen sollten immer das Tätigkeitswort vorne haben und das Was,
> das Objekt, an zweiter Stelle.

Eine gedrückte ⌷Strg⌷-Taste und ein Mausklick auf einen Bezeichner lässt Eclipse zur Deklaration springen. Ein Druck auf ⌷F3⌷ hat den gleichen Effekt. Steht der Cursor in unserem Beispiel auf dem Methodenaufruf greet() und wird ⌷F3⌷ gedrückt, dann springt Eclipse zur Definition in Zeile 3 und hebt den Methodennamen hervor.

2.8.5   Statische Methoden (Klassenmethoden)

Bisher arbeiten wir nur mit statischen Methoden (auch Klassenmethoden genannt). Das Besondere daran ist, dass die statischen Methoden nicht an einem Objekt hängen und daher immer ohne explizit erzeugtes Objekt aufgerufen werden können. Das heißt, statische Methoden gehören zu Klassen an sich und sind nicht mit speziellen Objekten verbunden. Am Aufruf unserer statischen Methode greet() lässt sich ablesen, dass hier kein Objekt gefordert ist, mit dem die Methode verbunden ist. Das ist möglich, denn die Methode ist als static deklariert, und innerhalb der Klasse lassen sich alle Methoden einfach mit ihrem Namen nutzen.

Statische Methoden müssen explizit mit dem Schlüsselwort static kenntlich gemacht werden. Fehlt der Modifizierer static, so deklarieren wir damit eine Objektmethode, die wir nur aufrufen können, wenn wir vorher ein Objekt angelegt haben. Das heben wir uns aber bis zum nächsten Kapitel, »Klassen und Objekte«, auf. Die Fehlermeldung sollte Ihnen aber keine Angst machen. Lassen wir von der greet()-Deklaration das static weg und ruft die statische

167

2 | Sprachbeschreibung

main()-Methode wie jetzt ohne Aufbau eines Objekts die dann nicht mehr statische Methode greet() auf, so gibt es den Compilerfehler "Cannot make a static reference to the non-static method greet() from the type FriendlyGreeter".

Ist die statische Methode in der gleichen Klasse wie der Aufrufer deklariert – in unserem Fall main() und greet() –, so ist der Aufruf allein mit dem Namen der Methode eindeutig. Befinden sich jedoch Methodendeklaration und Methodenaufruf in unterschiedlichen Klassen, so muss der Aufrufer den Namen der Klasse nennen; wir haben so etwas schon einmal bei Aufrufen wie Math.max() gesehen.

```java
class FriendlyGreeter                    class FriendlyGreeterCaller
{                                        {
 static void greet()                        public static void main( String[] args )
 {                                           {
  System.out.println( "Guten Morgen…" );       FriendlyGreeter.greet();
 }                                           }
}                                        }
```

2.8.6 Parameter, Argument und Wertübergabe

Einer Methode können Werte übergeben werden, die sie dann in ihre Arbeitsweise einbeziehen kann. Der Methode println(2001) ist zum Beispiel ein Wert übergeben worden. Sie wird damit zur *parametrisierten Methode*.

[zB]

Beispiel Werfen wir einen Blick auf die Methodendeklaration printMax(), die den größeren der beiden übergebenen Werte auf dem Bildschirm ausgibt.

```java
static void printMax( double a, double b )
{
  if ( a > b )
    System.out.println( a );
  else
    System.out.println( b );
}
```

Um die an Methoden übergebenen Werte anzusprechen, gibt es *formale Parameter*. Von unserer statischen Methode printMax() sind a und b die formalen Parameter der Parameterliste. Jeder Parameter wird durch ein Komma getrennt aufgelistet, wobei für jeden Parameter der Typ angegeben sein muss; eine Kurzform wie bei der sonst üblichen Variablendeklaration wie double a, b ist nicht möglich. Jede Parametervariable einer Methodendeklaration muss natürlich einen anderen Namen tragen.

Argumente (aktuelle Parameter)

Der Aufrufer der Methode muss für jeden Parameter ein Argument angeben. Die im Methodenkopf deklarierten Parameter sind letztendlich lokale Variablen im Rumpf der Methode. Beim Aufruf initialisiert die Laufzeitumgebung die lokalen Variablen mit den an die Methode übergebenen Argumenten. Rufen wir unsere parametrisierte Methode etwa mit `print-Max(10, 20)` auf, so sind die Literale 10 und 20 *Argumente* (aktuelle Parameter der Methode). Beim Aufruf der Methode setzt die Laufzeitumgebung die Argumente in die lokalen Variablen, kopiert also den Wert 10 in die Parametervariable a und 20 in die Parametervariable b. Innerhalb des Methodenkörpers gibt es so Zugriff auf die von außen übergebenen Werte.

Das Ende des Blocks bedeutet automatisch das Ende für die Parametervariablen. Der Aufrufer weiß auch nicht, wie die Parametervariablen heißen. Eine Typanpassung von `int` auf `double` nimmt der Compiler in unserem Fall automatisch vor. Die Argumente müssen vom Typ her natürlich passen, und es gelten die für die Typanpassung bekannten Regeln.

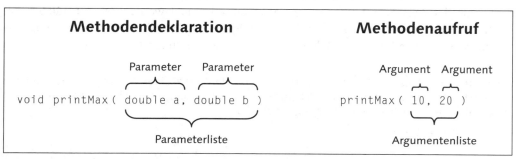

Abbildung 2.9 Die Begriffe Parameter und Argument

Wertübergabe per Call by Value
Wenn eine Methode aufgerufen wird, dann gibt es in Java ein bestimmtes Verfahren, in dem jedes Argument einer Parametervariablen übergeben wird. Diese Technik heißt *Parameterübergabemechanismus*. Viele Programmiersprachen verfügen oft über eine ganze Reihe von verwirrenden Möglichkeiten. Java kennt nur einen einfachen Mechanismus der *Wertübergabe* (engl. *call by value*, selten auch *copy by value* genannt). Ein Beispiel zum Methodenaufruf macht das deutlich:

```
int i = 2;
printMax( 10, i );
```

Unsere aufgerufene Methode `printMax(double a, double b)` bekommt zunächst 10 in die Variable a kopiert und dann den Inhalt der Variablen i (in unserem Beispiel 2) in b. Auf keinen Fall gibt der Aufrufer Informationen über den Speicherbereich von i an die Methode mit. In dem Moment, in dem die Methode aufgerufen wird, erfragt die Laufzeitumgebung die Belegung von i und initialisiert damit die Parametervariable b. Ändert `printMax()` die Variable b, so ändert dies nur die lokale Variable b (überschreibt also 2), aber die Änderung in der Methode ist für das außenstehende i ohne Konsequenz; i bleibt weiterhin bei 2. Wegen dieser Aufrufart kommt auch der Name »copy by value« zustande. Lediglich der Wert wird übergeben (kopiert) und kein Verweis auf die Variable.[42]

---

[42] ... wie dies Referenzen in C++ tun.

Auswertung der Argumentliste von links nach rechts *

Bei einem Methodenaufruf werden erst alle Argumente ausgewertet und anschließend der Methode übergeben. Dies bedeutet im Besonderen, dass Untermethoden ausgewertet und Zuweisungen gemacht werden können. Fehler führen dann zu einem Abbruch des Methodenaufrufs. Bis zum Fehler werden alle Ausdrücke ausgewertet.

2.8.7 Methoden vorzeitig mit »return« beenden

Läuft eine Methode bis zum Ende durch, dann ist die Methode damit beendet, und es geht zurück zum Aufrufer. In Abhängigkeit von einer Bedingung kann eine Methode jedoch vor dem Ende des Ablaufs mit einer return-Anweisung beendet werden. Das ist nützlich bei Methoden, die abhängig von Parametern vorzeitig aussteigen wollen. Wir können uns vorstellen, dass vor dem Ende der Methode automatisch ein verstecktes return steht.

[zB] **Beispiel** Eine statische Methode printSqrt() soll die Wurzel einer Zahl auf dem Bildschirm ausgeben. Bei Zahlen kleiner null erscheint eine Meldung, und die Methode wird verlassen. Andernfalls wird die Wurzelberechnung durchgeführt:

```
static void printSqrt( double d )
{
  if ( d < 0 )
  {
    System.out.println( "Keine Wurzel aus negativen Zahlen!" );
    return;
  }
  System.out.println( Math.sqrt( d ) );
}
```

Die Realisierung wäre natürlich auch mit einer else-Anweisung möglich gewesen.

Eigene Methoden können natürlich wie Bibliotheksmethoden heißen, da sie zu unterschiedlichen Klassen gehören.

2.8.8 Nicht erreichbarer Quellcode bei Methoden

Folgt direkt hinter einer return-Anweisung Quellcode, so ist dieser nicht erreichbar – im Sinne von nicht ausführbar. return beendet also immer die Methode und kehrt zum Aufrufer zurück. Folgt nach dem return noch Quelltext, meldet der Compiler einen Fehler:

```
public static void main( String[] args )
{
  int i = 1;
  return;
  i = 2;                  // Unreachable code!
}
```

Reduzieren wir eine Anweisung bis auf das Nötigste, das Semikolon, so führt dies bisweilen zu amüsanten Ergebnissen:

Methoden einer Klasse | **2.8**

```
public static void main( String[] args )
{
  ;return;;
}
```

Das Beispiel enthält zwei Null-Anweisungen: eine vor dem `return` und eine dahinter. Doch das zweite Semikolon hinter dem `return` ist unzulässig, da es eine nicht erreichbare Anweisung darstellt.

> **Tipp** In manchen Fällen ist ein `return` in der Mitte einer Methode gewollt. Soll etwa eine Methode in der Testphase nicht komplett durchlaufen, sondern in der Mitte beendet werden, so können wir uns mit einer Anweisung wie `if ( true ) return;` retten.

[+]

2.8.9 Rückgabewerte

Statische Methoden wie `Math.max()` liefern in Abhängigkeit von den Argumenten ein Ergebnis zurück. Für den Aufrufer ist die Implementierung egal; er abstrahiert und nutzt lediglich die Methode statt eines Ausdrucks. Damit Methoden Rückgabewerte an den Aufrufer liefern können, müssen zwei Dinge gelten:

▶ Eine Methodendeklaration bekommt einen Rückgabetyp ungleich `void`.

▶ Eine `return`-Anweisung gibt einen Wert zurück.

> **Beispiel** Eine statische Methode bildet den Mittelwert und gibt diesen zurück:
>
> ```
> static double avg( double x, double y )
> {
>   return (x + y) / 2;
> }
> ```

[zB]

Fehlt der Ausdruck, und ist es nur ein einfaches `return`, meldet der Compiler einen Programmfehler.

Obwohl einige Programmierer den Ausdruck gerne klammern, ist das nicht nötig. Klammern sollen lediglich komplexe Ausdrücke besser lesbar machen. Geklammerte Ausdrücke erinnern sonst nur an einen Methodenaufruf, und diese Verwechslungsmöglichkeit sollte bei Rückgabewerten nicht bestehen.

Der Rückgabewert muss an der Aufrufstelle nicht zwingend benutzt werden. Berechnet unsere Methode den Durchschnitt zweier Zahlen, ist es wohl eher ein Programmierfehler, den Rückgabewert nicht zu verwenden.

> **Was andere können** Obwohl zwar mehrere Parameter deklariert werden können, kann doch nur höchstens ein Wert an den Aufrufer zurückgegeben werden. In der Programmiersprache Python lassen sich auch mehrere Werte über ein so genanntes Tupel zurückgeben. In Java lässt sich das über ein Array nachbilden.

171

2 | Sprachbeschreibung

 Eclipse erkennt, ob ein Rückgabetyp fehlt, und schlägt über ⌈Strg⌉+⌈1⌉ einen passenden Typ vor.

Mehrere Ausstiegspunke mit »return«

Für Methoden mit Rückgabewert gilt ebenso wie für void-Methoden, dass es mehr als ein return geben kann. Nach der Abarbeitung von return geht es im Programmcode des Aufrufers wie bei den normalen void-Methoden weiter.

[zB] **Beispiel** In if-Anweisungen mit weiteren else-if-Alternativen und Rücksprung ist die Semantik oft die gleiche, wenn das else-if durch ein einfaches if ersetzt wird. Der nachfolgende Programmcode zeigt das:

```
if ( a == 1 )
  return 0;
else if ( a == 2 )    // mit else
  return 1;
```

Äquivalent ist:

```
if ( a == 1 )
  return 0;

if ( a == 2 )         // ohne else
  return 1;
```

Ist die erste Bedingung wahr, so endet die Methode, und das nachfolgende if würde sowieso nicht beachtet.

Wichtig ist nur, dass jeder denkbare Programmfluss mit einem return beendet wird. Der Compiler verfügt über ein scharfes Auge und merkt, wenn es einen Programmpfad gibt, der nicht mit einem return-Ausdruck beendet wird.

[zB] **Beispiel** Die statische Methode isLastBitSet() soll 0 zurückgeben, wenn das letzte Bit einer Ganzzahl nicht gesetzt ist, und 1, wenn es gesetzt ist. Den Bit-Test erledigt der Und-Operator:

```
static int isLastBitSet( int i )
{
  switch ( i & 1 ) {
    case 0: return 0;
    case 1: return 1;
  }
}
```

Die Methode lässt sich nicht übersetzen, obwohl ein Bit nur gesetzt oder nicht gesetzt sein kann – dazwischen gibt es nichts.

Bei den Dingen, die für den Benutzer meistens offensichtlich sind, muss der Compiler passen, da er nicht hinter die Bedeutung sehen kann. Ähnliches würde für eine Wochen-Methode gelten, die mit einem Ganzzahl-Argument (0 bis 6) einen Wochentag als String zurückgibt. Wenn wir die Fälle 0 = Montag bis 6 = Sonntag beachten, dann kann in unseren Augen ein Wochentag nicht 99 sein. Der Compiler kennt aber die Methode nicht und weiß nicht, dass der Wertebereich beschränkt ist. Das Problem ließe sich mit einem `default` leicht beheben.

Beispiel Die statische Methode `posOrNeg()` soll eine Zeichenkette mit der Information liefern, ob die übergebene Fließkommazahl positiv oder negativ ist: **[zB]**

```
static String posOrNeg( double d )
{
  if ( d >= 0 )
    return "pos";

  if ( d < 0 )
    return "neg";
}
```

Überraschenderweise ist dieser Programmcode ebenfalls fehlerhaft. Denn obwohl er offensichtlich für positive oder negative Zahlen den passenden String zurückgibt, gibt es einen Fall, den diese Methode nicht abdeckt. Wieder gilt, dass der Compiler nicht erkennen kann, dass der zweite Ausdruck eine Negation des ersten sein soll. Es gibt aber noch einen zweiten Grund, der damit zu tun hat, dass es in Java spezielle Werte gibt, die keine Zahlen sind. Denn die Zahl `d` kann auch eine NaN (Not a Number) als Quadratwurzel aus einer negativen Zahl sein. Diesen speziellen Wert überprüft `posOrNeg()` nicht. Als Lösung für den einfachen Fall ohne NaN reicht es, aus dem zweiten `if` und der Abfrage einfach ein `else` zu machen oder die Anweisung auch gleich wegzulassen beziehungsweise mit dem Bedingungsoperator im Methodenrumpf kompakt zu schreiben: `return d >= 0 ? "pos" : "neg";`.

Methoden, die einen Fehlerwert wie 1 zurückliefern, sind häufig so implementiert, dass am Ende immer automatisch der Fehlerwert zurückgeliefert und dann in der Mitte die Methode bei passendem Ende verlassen wird.

Fallunterscheidungen mit Ausschlussprinzip *

Eine Methode `between(x, a, b)` soll testen, ob ein Wert x zwischen a (untere Schranke) und b (obere Schranke) liegt. Bei Methoden dieser Art ist es immer sehr wichtig, darauf zu achten und es zu dokumentieren, ob der Test auf echt kleiner (<) oder kleiner gleich (<=) durchgeführt werden soll. Wir wollen hier auch die Gleichheit betrachten.

In der Implementierung gibt es zwei Lösungen, wobei die meisten Programmierer zur ersten Lösung neigen. Die erste Lösungsidee zeigt sich in einer mathematischen Gleichung. Wir möchten gerne $a <= x <= b$ schreiben, doch ist dies in Java nicht erlaubt.[43] So müssen wir einen Und-Vergleich anstellen, der etwa so lautet: Ist $a <= x$ && $x <= b$, dann liefere `true` zurück.

Die zweite Methode zeigt, dass sich das Problem auch ohne Und-Vergleich durch das Ausschlussprinzip lösen lässt:

---

43 ... im Gegensatz zur Programmiersprache Python.

```
static boolean between( int x, int a, int b )
{
  if ( x < a )
    return false;

  if ( x <= b )
    return true;

  return false;
}
```

Mit verschachtelten Anfragen sieht das dann so aus:

```
static boolean between( int x, int a, int b )
{
  if ( a <= x )
    if ( x <= b )
      return true;

  return false;
}
```

2.8.10 Methoden überladen

Eine Methode ist gekennzeichnet durch Rückgabewert, Name, Parameter und unter Umständen durch Ausnahmefehler, die sie auslösen kann. Java erlaubt es, den Namen der Methode beizubehalten, aber andere Parameter einzusetzen. Eine *überladene Methode* ist eine Methode mit dem gleichen Namen wie eine andere Methode, aber einer unterschiedlichen Parameterliste. Das ist auf zwei Arten möglich:

▶ Eine Methode heißt gleich, akzeptiert aber eine unterschiedliche Anzahl von Argumenten.

▶ Eine Methode heißt gleich, hat aber für den Compiler unterscheidbare Parametertypen.

Anwendungen für den ersten Fall gibt es viele. Der Name einer Methode soll ihre Aufgabe beschreiben, aber nicht die Typen der Parameter, mit denen sie arbeitet, extra erwähnen. Das ist bei anderen Sprachen üblich, doch nicht in Java. Sehen wir uns als Beispiel die in der Mathe-Klasse `Math` angebotene statische Methode `max()` an. Sie ist mit den Parametertypen `int`, `long`, `float` und `double` deklariert – das ist viel schöner als etwa separate Methoden `maxInt()` und `maxDouble()`.

[zB]

Beispiel Eine unterschiedliche Anzahl von Parametern ist ebenfalls eine sinnvolle Angelegenheit. Die statische Methode `avg()` könnten wir so für zwei und drei Parameter deklarieren:

```
static double avg( double x, double y ) {
  return (x + y) / 2;
}
static double avg( double x, double y, double z ) {
  return (x + y + z) / 3;
}
```

Methoden einer Klasse | **2.8**

»print()« und »println()« sind überladen *

Das bekannte `print()` und `println()` sind überladene Methoden, die etwa wie folgt deklariert sind:

```
class PrintStream
{
  void print( Object arg ) { ... }
  void print( String arg ) { ... }
  void print( char[] arg ) { ... }
  ...
}
```

Wird nun die Methode `print()` mit irgendeinem Typ aufgerufen, dann wird die am besten passende Methode herausgesucht. Versucht der Programmierer beispielsweise die Ausgabe eines Objekts `Date`, dann stellt sich die Frage, welche Methode sich darum kümmern kann. Glücklicherweise ist die Antwort nicht schwierig, denn es existiert auf jeden Fall eine `print()`-Methode, die Objekte ausgibt. Und da `Date`, wie auch alle anderen Klassen, eine Unterklasse von `Object` ist, wird `print(Object)` gewählt (natürlich kann nicht erwartet werden, dass das Datum in einem bestimmten Format – etwa nur das Jahr – ausgegeben wird, jedoch wird eine Ausgabe auf dem Schirm sichtbar). Denn jedes Objekt kann sich durch den Namen identifizieren, und dieser würde in dem Fall ausgegeben. Obwohl es sich so anhört, als ob immer die Methode mit dem Parametertyp `Object` aufgerufen wird, wenn der Datentyp nicht angepasst werden kann, ist dies nicht ganz richtig. Wenn der Compiler keine passende Klasse findet, dann wird die nächste Oberklasse im Ableitungsbaum gesucht, für die in unserem Fall eine Ausgabemethode existiert.

Negative Beispiele und schlaue Leute *

Oft verfolgt auch die Java-Bibliothek die Strategie mit gleichen Namen und unterschiedlichen Typen. Es gibt allerdings einige Ausnahmen. In der Grafik-Bibliothek finden sich die folgenden drei Methoden:

▶ `drawString( String str, int x, int y )`

▶ `drawChars( char[] data, int offset, int length, int x, int y )`

▶ `drawBytes( byte[] data, int offset, int length, int x, int y )`

Das ist äußerst hässlich und schlechter Stil.

Ein anderes Beispiel findet sich in der Klasse `DataOutputStream`. Hier heißen die Methoden etwa `writeInt()`, `writeChar()` und so weiter. Obwohl wir dies auf den ersten Blick verteufeln würden, ist diese Namensgebung sinnvoll. Ein Objekt vom Typ `DataOutputStream` dient zum Schreiben von primitiven Werten in einen Datenstrom. Gäbe es in `DataOutputStream` die überladenen Methoden `write(byte)`, `write(short)`, `write(int)`, `write(long)` und `write(char)` und würden wir sie mit `write(21)` füttern, dann hätten wir das Problem, dass eine Typkonvertierung die Daten automatisch anpassen und der Datenstrom mehr Daten beinhalten würde, als wir wünschen. Denn `write(21)` ruft nicht etwa `write(short)` auf und schreibt zwei Bytes, sondern `write(int)` und schreibt somit vier Bytes. Um also die Übersicht

175

2 | Sprachbeschreibung

über die geschriebenen Bytes zu behalten, ist eine ausdrückliche Kennzeichnung der Datentypen in manchen Fällen gar nicht so dumm.

Sprachvergleich Überladene Methoden sind in anderen Programmiersprachen nichts Selbstverständliches. Es erlauben zum Beispiel C# und C++ überladene Methoden, JavaScript, PHP und C jedoch nicht. In Sprachen ohne überladene Methoden wird der Methode/Funktion ein Feld mit Argumenten übergeben. So ist die Typisierung der einzelnen Elemente ein Problem genauso wie die Beschränkung auf eine bestimmte Anzahl von Parametern.

2.8.11 Vorgegebener Wert für nicht aufgeführte Argumente *

Überladene Methoden lassen sich gut verwenden, wenn vorinitialisierte Werte bei nicht vorhandenen Argumenten genutzt werden sollen. Ist also ein Parameter nicht belegt, soll ein Standardwert eingesetzt werden. Um das zu erreichen, überladen wir einfach die Methode und rufen die andere Methode mit dem Standardwert passend auf (die Sprache C++ definiert in der Sprachgrammatik eine Möglichkeit, die wir in Java nicht haben).

[zB]

Beispiel Zwei überladene statische Methoden, `tax(double cost, double taxRate)` und `tax(double cost)`, sollen die Steuer berechnen. Wir möchten, dass der Steuersatz automatisch 19 % ist, wenn die statische Methode `tax(double cost)` aufgerufen wird und der Steuersatz nicht explizit gegeben ist; im anderen Fall können wir `taxRate` beliebig wählen.

```
static double tax( double cost, double taxRate )
{
  return cost * taxRate / 100;
}
static double tax( double cost )
{
  return tax( cost, 19.0 );
}
```

2.8.12 Finale lokale Variablen

In einer Methode können Parameter oder lokale Variablen mit dem Modifizierer `final` deklariert werden. Dieses zusätzliche Schlüsselwort verbietet nochmalige Zuweisungen an diese Variable, sodass sie nicht mehr verändert werden kann:

```
static void foo( final int a )
{
    int i = 2;
    final int j = 3;
    i = 3;
    j = 4;        // ☠ Compilerfehler
    a = 2;        // ☠ Compilerfehler
}
```

176

Aufgeschobene Initialisierung *

Java erlaubt bei finalen Werten eine aufgeschobene Initialisierung. Das heißt, dass nicht zwingend zum Zeitpunkt der Variablendeklaration ein Wert zugewiesen werden muss. Dies kann auch genau einmal im Programmcode geschehen. Folgendes ist gültig:

```
final int a;
a = 2;
```

Obwohl auch Objektvariablen und Klassenvariablen final sein können, gibt es dort nur beschränkt eine aufgeschobene Initialisierung. Bei der Deklaration müssen wir die Variablen entweder direkt belegen oder im Konstruktor zuweisen. Wir werden uns dies später noch einmal genauer ansehen. Werden finale Variablen vererbt, so können Unterklassen diesen Wert auch nicht mehr überschreiben. (Das wäre ein Problem, aber vielleicht auch ein Vorteil für manche Konstanten.)

Final deklarierte Referenz-Parameter und das fehlende »const«

Wir haben gesehen, dass finale Variablen dem Programmierer vorgeben, dass er Variablen nicht beschreiben darf. Das heißt, Zuweisungen sind tabu. Dabei ist es egal, ob die Parametervariable vom primitiven Typ oder vom Referenztyp ist. Bei einer Methodendeklaration der folgenden Art wäre also eine Zuweisung an i und auch an s verboten:

```
public void foo( final int i, final String s )
```

Ist die Parametervariable ein Referenztyp (und nicht final), so würden wir mit einer Zuweisung den Verweis auf das ursprüngliche Objekt verlieren, und das wäre wenig sinnvoll.

```
public void foo( String s )
{
  s = "Keine Feier ohne Geier.";
}
```

Halten wir fest: Ist ein Parameter mit final deklariert, sind keine Zuweisungen möglich. final verbietet aber keine Änderungen an Objekten – und so könnte final im Sinne der Übersetzung »endgültig« verstanden werden. Mit der Referenz des Objekts können wir sehr wohl den Zustand verändern. So ändert die folgende foo()-Methode die x-Koordinate eines Point-Objekts, egal, ob p final ist oder nicht.

```
public static void foo( final Point p )
{
  p.x = 2;
}
```

final erfüllt demnach nicht die Aufgabe, schreibende Objektzugriffe zu verhindern. Eine Methode mit übergebenen Referenzen kann also Objektveränderungen vornehmen, wenn es etwa setXXX()-Methoden oder Variablen gibt, auf die zugegriffen werden kann. Die Dokumentation muss also immer ausdrücklich beschreiben, wann die Methode den Zustand eines Objekts modifiziert.

In C++ gibt es für Parameter den Zusatz const, an dem der Compiler erkennen kann, dass Objektzustände nicht verändert werden sollen. Ein Programm nennt sich »const-korrekt«, wenn es niemals ein konstantes Objekt verändert. Dieses const ist in C++ eine Erweiterung des Objekttyps, die es in Java nicht gibt. Zwar haben die Java-Entwickler das Schlüsselwort const reserviert, doch genutzt wird es bisher nicht.

»final« in der Vererbung *

In der Vererbung spielt das final bei Parametern keine Rolle. Wir können es als zusätzliche Information für die jeweilige Methode betrachten. Eine Unterklasse kann demnach beliebig das final hinzufügen oder auch wegnehmen. Alte Bibliotheken lassen sich so leicht weiterverwenden.

2.8.13 Rekursive Methoden *

Wir wollen den Einstieg in die Rekursion mit einem kurzen Beispiel beginnen.

Auf dem Weg durch den Wald begegnet uns eine Fee (engl. *fairy*). Sie sagt zu uns: »Du hast drei Wünsche frei.« Tolle Situation. Um das ganze Unglück aus der Welt zu räumen, entscheiden wir uns nicht für eine egozentrische Wunscherfüllung, sondern für die sozialistische: »Ich möchte Frieden für alle, Gesundheit und Wohlstand für jeden.« Und schwupps, so war es geschehen, und alle lebten glücklich bis...

Einige Leser werden vielleicht die Hand vor den Kopf schlagen und sagen: »Quatsch! Ein Haus, ein Auto und einen Lebenspartner, der die Trägheit des Morgens duldet.« Glücklicherweise können wir das Dilemma mit der Rekursion lösen. Die Idee ist einfach – und in unseren Träumen schon erprobt –, sie besteht nämlich darin, den letzten Wunsch als »Nochmal drei Wünsche frei« zu formulieren.

[zB] **Beispiel** Eine kleine Wunsch-Methode:

```
static void fairy()
{
  wish();
  wish();
  fairy();
}
```

Durch den dauernden Aufruf der fairy()-Methode haben wir unendlich viele Wünsche frei. *Rekursion* ist also das Aufrufen der eigenen Methode, in der wir uns befinden. Dies kann auch über einen Umweg funktionieren. Das nennt sich dann nicht mehr *direkte Rekursion*, sondern *indirekte Rekursion*. Sie ist ein sehr alltägliches Phänomen, das wir auch von der Rückkopplung Mikrofon/Lautsprecher oder dem Blick mit einem Spiegel in den Spiegel kennen.

Abbruch der Rekursion

Wir müssen nun die Fantasie-Programme (deren Laufzeit und Speicherbedarf auch sehr schwer zu berechnen sind) gegen Java-Methoden austauschen.

Beispiel Eine Endlos-Rekursion:

Listing 2.24 EndlessRecursion.java, down()

```
static void down( int n )
{
  System.out.print( n + ", " );
  down( n - 1 );
}
```

Rufen wir `down(10)` auf, dann wird die Zahl 10 auf dem Bildschirm ausgegeben und anschließend `down(9)` aufgerufen. Führen wir das Beispiel fort, so ergibt sich eine endlose Ausgabe, die so beginnt:

```
10, 9, 8, 7, 6, 5, 4, 3, 2, 1, 0, -1, -2, ...
```

An dieser Stelle erkennen wir, dass Rekursion prinzipiell etwas Unendliches ist. Für Programme ist dies aber ungünstig. Wir müssen daher ähnlich wie bei Schleifen eine Abbruchbedingung formulieren und dann keinen Rekursionsaufruf mehr starten. Die Abbruchbedingung sieht so aus, dass eine Fallunterscheidung das Argument prüft und mit `return` die Abarbeitung beendet.

Listing 2.25 Recursion.java, down1()

```
static void down1( int n )
{
  if ( n <= 0 )                // Rekursionsende
    return;

  System.out.print( n + ", " );
  down1( n - 1 );
}
```

Die statische `down1()`-Methode ruft jetzt nur noch so lange `down1(n – 1)` auf, wie das n größer null ist. Das ist die *Abbruchbedingung* einer Rekursion.

Unterschiedliche Rekursionsformen

Ein Kennzeichen der bisherigen Programme war, dass nach dem Aufruf der Rekursion keine Anweisung stand, sondern die Methode mit dem Aufruf beendet wurde. Diese Rekursionsform nennt sich Endrekursion. Diese Form ist verhältnismäßig einfach zu verstehen. Schwieriger sind Rekursionen, bei denen hinter dem Methodenaufruf Anweisungen stehen. Betrachten wir folgende Methoden, von denen die erste bekannt und die zweite neu ist:

Listing 2.26 Recursion.java, down1() und down2()

```
static void down1( int n )
{
  if ( n <= 0 )   // Rekursionsende
    return;

  System.out.print( n + ", " );
```

2 | Sprachbeschreibung

```
  down1( n - 1 );
}

static void down2( int n )
{
  if ( n <= 0 )    // Rekursionsende
    return;

  down2( n - 1 );

  System.out.print( n + ", " );
}
```

Der Unterschied besteht darin, dass down1() zuerst die Zahl n ausgibt und anschließend rekursiv down1() aufruft. Die Methode down2() steigt jedoch erst immer tiefer ab, und die Rekursion muss beendet sein, bis es zum ersten print() kommt. Daher gibt im Gegensatz zu down1() die statische Methode down2() die Zahlen in aufsteigender Reihenfolge aus:

1, 2, 3, 4, 5, 6, 7, 8, 9, 10,

Dies ist einleuchtend, wenn wir die Ablaufreihenfolge betrachten. Beim Aufruf down2(10) ist der Vergleich von n mit null falsch, also wird ohne Ausgabe wieder down2(9) aufgerufen. Ohne Ausgabe deshalb, da print() ja erst nach dem Methodenaufruf steht. Es geht rekursiv tiefer, bis n gleich null ist. Dann endet die letzte Methode mit return, und die Ausgabe wird nach dem down2(), dem Aufrufer, fortgeführt. Dort ist print() die nächste Anweisung. Da wir nun noch tief verschachtelt stecken, gibt print(n) die Zahl 1 aus. Dann ist die Methode down2() wieder beendet (ein unsichtbares, nicht direkt geschriebenes return), und sie springt zum Aufrufer zurück. Das war wieder die Methode down2(), aber mit der Belegung n = 2. Das geht so weiter, bis es zurück zum Aufrufer kommt, der down(10) aufgerufen hat, zum Beispiel der statischen main()-Methode. Der Trick bei der Sache besteht nun darin, dass jede Methode ihre eigene lokale Variable besitzt.

eclipse Die Tastenkombination ⌐Strg⌐+⌐Alt⌐+⌐H⌐ zeigt die Aufrufhierarchie an. So ist zu sehen, wer eine Methode aufruft. In den Aufrufen von down2() tauchen also wiederum wegen des rekursiven Aufrufs down2() auf sowie main().

Rekursion und der Stack sowie die Gefahr eines StackOverflowError *

Am Beispiel haben wir gesehen, dass der Aufruf von down2(10) zum Aufruf von down2(9) führt. Und down2(10) kann erst dann beendet werden, wenn down2(9) komplett abgearbeitet wurde. down2(10) ist sozusagen so lange »offen«, bis der Schwanz von untergeordneten Aufrufen beendet ist. Nun muss sich die Laufzeitumgebung natürlich bei einem Methodenaufruf merken, wo es nach dem Methodenaufruf weitergeht. Dazu nutzt sie den Stack. Beim Aufruf von down2(9) etwa wird der Stack mit der Rücksprungadresse gefüllt, der zum Kontext von down2(10) zurückführt. In jedem Kontext gibt es auch wieder die alten lokalen Variablen.

Gibt es bei Rekursionen keine Abbruchbedingung, so kommen immer mehr Rücksprungadressen auf den Stapel, bis der Stapel keinen Platz mehr hat. Dann folgt ein java.lang.

180

`StackOverflowError`, und das Programm (der Thread) bricht ab. In der Regel deutet der `StackOverflowError` auf einen Programmierfehler hin, es gibt aber Programme, die einen wirklich großen Stack benötigen und für die die Stack-Größe einfach zu klein ist.

Standardmäßig ist die Stack-Größe 512 KiB. Sie lässt sich über einen JVM-Schalter[44] vergrößern, der `-Xss:n` heißt (oder etwas länger in der Schreibweise `-XX:ThreadStackSize=n`). Um ihn auf 2 MiB (2048 KiB) zu setzen, schreiben wir:

```
$ java -XXs:2048 MyApplication
```

Die Stack-Größe gilt damit für alle Threads in der JVM, was natürlich bei großen Stacks und vielen Threads zu einem Speicherproblem führen kann. Umgekehrt lässt sich auch Speicher einsparen, wenn das System sehr viele Threads nutzt und die Stack-Größe verringert wird.

2.8.14 Die Türme von Hanoi *

Die Legende der Türme von Hanoi soll erstmalig von Ed Lucas in einem Artikel in der französischen Zeitschrift »Cosmo« im Jahre 1890 veröffentlicht worden sein.[45] Der Legende nach standen vor langer Zeit im Tempel von Hanoi drei Säulen. Die erste war aus Kupfer, die zweite aus Silber und die dritte aus Gold. Auf der Kupfersäule waren einhundert Scheiben aufgestapelt. Die Scheiben hatten in der Mitte ein Loch und waren aus Porphyr[46]. Die Scheibe mit dem größten Umfang lag unten, und alle kleiner werdenden Scheiben lagen obenauf. Ein alter Mönch stellte sich die Aufgabe, den Turm der Scheiben von der Kupfersäule zur Goldsäule zu bewegen. In einem Schritt sollte aber nur eine Scheibe bewegt werden, und zudem war die Bedingung, dass eine größere Scheibe niemals auf eine kleinere bewegt werden durfte. Der Mönch erkannte schnell, dass er die Silbersäule nutzen musste; er setzte sich an einen Tisch, machte einen Plan, überlegte und kam zu einer Entscheidung. Er konnte sein Problem in drei Schritten lösen. Am nächsten Tag schlug der Mönch die Lösung an die Tempeltür:

▶ Falls der Turm aus mehr als einer Scheibe besteht, bitte deinen ältesten Schüler, einen Turm von (n − 1) Scheiben von der ersten zur dritten Säule unter Verwendung der zweiten Säule umzusetzen.

▶ Trage selbst die erste Scheibe von einer zur anderen Säule.

▶ Falls der Turm aus mehr als einer Scheibe besteht, bitte deinen ältesten Schüler, einen Turm aus (n − 1) Scheiben von der dritten zu der anderen Säule unter Verwendung der ersten Säule zu transportieren.

Und so rief der alte Mönch seinen ältesten Schüler zu sich und trug ihm auf, den Turm aus 99 Scheiben von der Kupfersäule zur Goldsäule unter Verwendung der Silbersäule umzuschichten und ihm den Vollzug zu melden. Nach der Legende würde das Ende der Welt nahe sein,

---

44 *http://java.sun.com/javase/technologies/hotspot/vmoptions.jsp*

45 Wir halten uns hier an eine Überlieferung von C. H. A. Koster aus dem Buch »Top-down Programming with Elan« von Ellis Horwood (1987).

46 Gestein vulkanischen Ursprungs. Besondere Eigenschaften von Porphyr sind: hohe Bruchfestigkeit, hohe Beständigkeit gegen physikalisch-chemische Wirkstoffe und hohe Wälz- und Gleitreibung.

2 | Sprachbeschreibung

bis der Mönch seine Arbeit beendet hätte. Nun, so weit die Geschichte. Wollen wir den Algorithmus zur Umschichtung der Porphyrscheiben in Java programmieren, so ist eine rekursive Lösung recht einfach. Werfen wir einen Blick auf das folgende Programm, das die Umschichtungen über die drei Pflöcke (engl. *pegs*) vornimmt.

Listing 2.27 TowerOfHanoi.java

```
class TowerOfHanoi
{
  static void move( int n, String fromPeg, String toPeg, String usingPeg )
  {
    if ( n > 1 )
    {
      move( n - 1, fromPeg, usingPeg, toPeg );
      System.out.printf( "Bewege Scheibe %d von der %s zur %s.%n", n, fromPeg, toPeg );
      move( n - 1, usingPeg, toPeg, fromPeg );
    }
    else
      System.out.printf( "Bewege Scheibe %d von der %s zur %s.%n", n, fromPeg, toPeg );
  }

  public static void main( String[] args )
  {
    move( 4, "Kupfersäule", "Goldsäule", "Silbersäule" );
  }
}
```

Starten wir das Programm mit vier Scheiben, so bekommen wir folgende Ausgabe:

```
Bewege Scheibe 1 von der Kupfersäule zur Silbersäule.
Bewege Scheibe 2 von der Kupfersäule zur Goldsäule.
Bewege Scheibe 1 von der Silbersäule zur Goldsäule.
Bewege Scheibe 3 von der Kupfersäule zur Silbersäule.
Bewege Scheibe 1 von der Goldsäule zur Kupfersäule.
Bewege Scheibe 2 von der Goldsäule zur Silbersäule.
Bewege Scheibe 1 von der Kupfersäule zur Silbersäule.
Bewege Scheibe 4 von der Kupfersäule zur Goldsäule.
Bewege Scheibe 1 von der Silbersäule zur Goldsäule.
Bewege Scheibe 2 von der Silbersäule zur Kupfersäule.
Bewege Scheibe 1 von der Goldsäule zur Kupfersäule.
Bewege Scheibe 3 von der Silbersäule zur Goldsäule.
Bewege Scheibe 1 von der Kupfersäule zur Silbersäule.
Bewege Scheibe 2 von der Kupfersäule zur Goldsäule.
Bewege Scheibe 1 von der Silbersäule zur Goldsäule.
```

Schon bei vier Scheiben haben wir 15 Bewegungen. Selbst wenn unser Prozessor mit vielen Millionen Operationen pro Sekunde arbeitet, benötigt ein Computer für die Abarbeitung Tausende geologischer Erdzeitalter. An diesem Beispiel wird eines deutlich: Viele Dinge sind im Prinzip berechenbar, nur praktisch ist so ein Algorithmus nicht.

2.9 Zum Weiterlesen

Die allumfassende Super-Quelle ist die »Java Language Specification«, die online unter *http://java.sun.com/docs/books/jls/* zu finden ist. Zweifelsfälle löst die Spezifikation auf, obwohl die Informationen zum Teil etwas verstreut sind.

Der niederländische Maler Maurits Cornelis Escher (1898–1972) machte die Rekursion auch in Bildern berühmt. Seiten mit Bildern und seine Vita finden sich zum Beispiel unter *http://de.wikipedia.org/wiki/M._C._Escher*.

Zu Beginn eines Projekts sollten Entwickler Kodierungsstandards (engl. *code conventions*) festlegen. Eine erste Informationsquelle ist *http://tutego.de/go/codeconv*. Amüsant ist dazu auch *http://tutego.de/go/unmain* zu lesen.

»Nichts auf der Welt ist so gerecht verteilt wie der Verstand.
Denn jedermann ist davon überzeugt, dass er genug davon habe.«
– René Descartes (1596–1650)

3   Klassen und Objekte

3.1   Objektorientierte Programmierung (OOP)

In einem Buch über die Java-Programmierung müssen mehrere Teile vereinigt werden: die grundsätzliche Programmierung nach dem imperativen Prinzip für einfache statische Methoden und eine neue Grammatik für Java, dann die Objektorientierung und die Bibliotheken. Dieses Kapitel stellt das Paradigma der Objektorientierung in den Mittelpunkt und zeigt die Syntax, wie etwa in Java Vererbung realisiert wird.

> **Hinweis**   Java ist natürlich nicht die erste objektorientierte Sprache (OO-Sprache), auch C++ war nicht die erste. Klassischerweise gelten Smalltalk und insbesondere Simula-67 als Stammväter aller OO-Sprachen. Die eingeführten Konzepte sind bis heute aktuell, darunter die vier allgemein anerkannten Prinzipien der OOP: *Abstraktion*, *Kapselung*, *Vererbung* und *Polymorphie*.[1]

[«]

3.1.1   Warum überhaupt OOP?

Da Menschen die Welt in Objekten wahrnehmen, wird auch die Analyse von Systemen häufig schon objektorientiert modelliert. Doch mit prozeduralen Systemen, die lediglich Unterprogramme als Ausdrucksmittel haben, wird die Abbildung des objektorientierten Designs in eine Programmiersprache schwer, und es entsteht ein Bruch. Im Laufe der Zeit entwickeln sich Dokumentation und Implementierung auseinander; die Software ist dann schwer zu warten und zu erweitern.

Die in der Software abgebildeten Objekte haben drei wichtige Eigenschaften:

▶ Jedes Objekt hat eine Identität.

▶ Jedes Objekt hat einen Zustand.

▶ Jedes Objekt zeigt ein Verhalten.

---

1   Keine Sorge, alle vier Grundsäulen werden in den nächsten Kapiteln ausführlich beschrieben!

3 | Klassen und Objekte

Diese drei Eigenschaften haben wichtige Konsequenzen: zum einen, dass die Identität des Objekts während seines Lebens bis zu seinem Tod die gleiche bleibt und sich nicht ändern kann. Zum anderen werden die Daten und der Programmcode zur Manipulation dieser Daten als zusammengehörig behandelt. In prozeduralen Systemen finden sich oft Szenarien wie das folgende: Es gibt einen großen Speicherbereich, auf den alle Unterprogramme irgendwie zugreifen können. Bei den Objekten ist das anders, da sie logisch ihre eigenen Daten verwalten und die Manipulation überwachen.

In der objektorientierten Softwareentwicklung geht es also darum, objektorientiert zu modellieren und dann zu programmieren. Das Design nimmt dabei eine zentrale Stellung ein; große Systeme werden zerlegt und immer feiner beschrieben. Hier passt sehr gut die Aussage des französischen Schriftstellers François Duc de La Rochefoucauld (1613–1680):

> »*Wer sich zu viel mit dem Kleinen abgibt, wird unfähig für Großes.*«

3.1.2 Denk ich an Java, denk ich an Wiederverwendbarkeit

Bei jedem neuen Projekt fällt auf, dass in früheren Projekten schon ähnliche Probleme gelöst werden mussten. Natürlich sollen bereits gelöste Probleme nicht neu implementiert, sondern sich wiederholende Teile bestmöglich in unterschiedlichen Kontexten wiederverwendet werden; das Ziel ist die bestmögliche Wiederverwendung von Komponenten.

Wiederverwertbarkeit von Programmteilen gibt es nicht erst seit den objektorientierten Programmiersprachen, objektorientierte Programmiersprachen erleichtern aber die Programmierung wiederverwendbarer Softwarekomponenten. So sind auch die vielen tausend Klassen der Bibliothek ein Beispiel dafür, dass sich Entwickler nicht ständig um die Umsetzung etwa von Datenstrukturen oder um die Pufferung von Datenströmen kümmern müssen.

Auch wenn Java eine objektorientierte Programmiersprache ist, muss das kein Garant für tolles Design und optimale Wiederverwertbarkeit sein. Eine objektorientierte Programmiersprache erleichtert objektorientiertes Programmieren, aber auch in einer einfachen Programmiersprache wie C lässt sich objektorientiert programmieren. In Java sind auch Programme möglich, die aus nur einer Klasse bestehen und dort 5.000 Zeilen Programmcode mit statischen Methoden unterbringen. Bjarne Stroustrup (der Schöpfer von C++, von seinen Freunden auch Stumpy genannt) sagte treffend über den Vergleich von C und C++:

> »*C makes it easy to shoot yourself in the foot, C++ makes it harder, but when you do, it blows away your whole leg.*«[2]

Im Sinne unserer didaktischen Vorgehensweise wird dieses Kapitel zunächst einige Klassen der Standardbibliothek verwenden. Wir beginnen mit der Klasse `Point`, die zweidimensionale Punkte repräsentiert. In einem zweiten Schritt werden wir eigene Klassen programmieren. Anschließend kümmern wir uns um das Konzept der Modularität in Java, nämlich darum, wie Gruppen zusammenhängender Klassen gestaltet werden.

---

2 ... oder wie es Bertrand Meyer sagt: »*Do not replace legacy software by lega-c++ software*«.

186

Eigenschaften einer Klasse | **3.2**

3.2 Eigenschaften einer Klasse

Klassen sind das wichtigste Merkmal objektorientierter Programmiersprachen. Eine Klasse definiert einen neuen Typ, beschreibt die Eigenschaften der Objekte und gibt somit den Bauplan an. Jedes Objekt ist ein *Exemplar* (auch *Instanz*[3] oder *Ausprägung* genannt) einer Klasse.

Eine Klasse deklariert im Wesentlichen zwei Dinge:

▶ Attribute (was das Objekt hat)
▶ Operationen (was das Objekt kann)

Attribute und Operationen heißen auch *Eigenschaften* eines Objekts; einige Autoren nennen allerdings nur Attribute Eigenschaften. Welche Eigenschaften eine Klasse tatsächlich besitzen soll, wird in der Analyse- und Designphase festgesetzt. Diese wird in diesem Buch kein Thema sein; für uns liegen die Klassenbeschreibungen schon vor.

Die Operationen einer Klasse setzt die Programmiersprache Java durch Methoden um. Die Attribute eines Objekts definieren die Zustände, und sie werden durch Variablen (auch *Felder*[4] genannt) implementiert.

Um sich einer Klasse zu nähern, können wir einen lustigen *Ich-Ansatz (Objektansatz)* verwenden, der auch in der Analyse- und Designphase eingesetzt wird. Bei diesem Ich-Ansatz versetzen wir uns in das Objekt und sagen »Ich bin ...« für die Klasse, »Ich habe ...« für die Attribute und »Ich kann ...« für die Operationen. Meine Leser sollten dies bitte an den Klassen `Mensch`, `Auto`, `Wurm` und `Kuchen` testen.

3.2.1 Die Klasse »Point«

Bevor wir uns mit eigenen Klassen beschäftigen, wollen wir zunächst einige Klassen aus der Standardbibliothek kennenlernen. Eine dieser Klassen ist `Point`. Sie beschreibt durch die Koordinaten `x` und `y` einen Punkt in einer zweidimensionalen Ebene und bietet einige Operationen an, mit denen sich Punkt-Objekte verändern lassen. Testen wir einen Punkt wieder mit dem Objektansatz:

Klassenname	Ich bin ein Punkt.
Attribute	Ich habe eine x- und y-Koordinate.
Operationen	Ich kann mich verschieben und meine Position festlegen.

Zu unserem Punkt können wir in der API-Dokumentation (*http://download.oracle.com/ javase/6/docs/api/java/awt/Point.html*) von Oracle nachlesen, dass dieser die Variablen `x`

---

3 Ich vermeide das Wort *Instanz* und verwende dafür durchgängig das Wort *Exemplar*. An die Stelle von *instanziieren* tritt das einfache Wort *erzeugen*. Instanz ist eine irreführende Übersetzung des englischen Ausdrucks »instance«.

4 Den Begriff *Feld* benutze ich im Folgenden nicht. Er bleibt für Arrays reserviert.

187

3 | Klassen und Objekte

und y definiert, unter anderem eine Methode `setLocation()` besitzt und einen Konstruktor anbietet, der zwei Ganzzahlen annimmt.

3.3 Die UML (Unified Modeling Language) *

Für die Darstellung einer Klasse lässt sich Programmcode verwenden, also eine Textform, oder aber eine grafische Notation. Eine dieser grafischen Beschreibungsformen ist die UML. Grafische Abbildungen sind für Menschen deutlich besser zu verstehen und erhöhen die Übersicht.

Im ersten Abschnitt eines UML-Diagramms lassen sich die Attribute ablesen, im zweiten die Operationen. Das + vor den Eigenschaften zeigt an, dass sie öffentlich sind und jeder sie nutzen kann. Die Typenangabe ist gegenüber Java umgekehrt: Zuerst kommt der Name der Variable, dann der Typ beziehungsweise bei Methoden der Typ des Rückgabewerts.

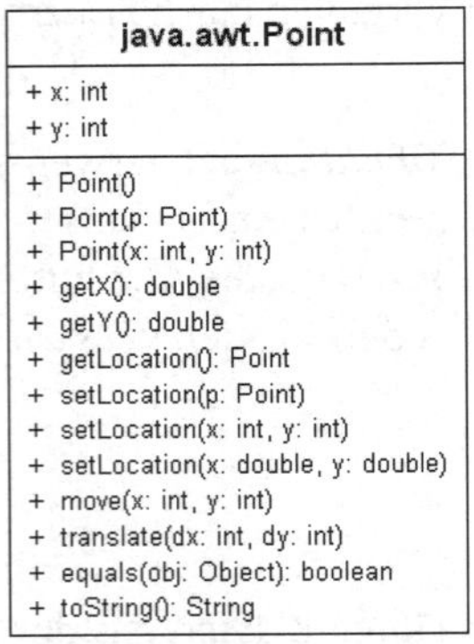

java.awt.Point
+ x: int
+ y: int
+ Point()
+ Point(p: Point)
+ Point(x: int, y: int)
+ getX(): double
+ getY(): double
+ getLocation(): Point
+ setLocation(p: Point)
+ setLocation(x: int, y: int)
+ setLocation(x: double, y: double)
+ move(x: int, y: int)
+ translate(dx: int, dy: int)
+ equals(obj: Object): boolean
+ toString(): String

Abbildung 3.1 Die Klasse »java.awt.Point« in der UML-Darstellung

3.3.1 Hintergrund und Geschichte zur UML

Die UML ist mehr als eine Notation zur Darstellung von Klassen. Mit ihrer Hilfe lassen sich Analyse und Design im Softwareentwicklungsprozess beschreiben. Mittlerweile hat sich die UML jedoch zu einer allgemeinen Notation für andere Beschreibungen entwickelt, zum Beispiel für Datenbanken oder Workflow-Anwendungen.

Vor der UML waren andere Darstellungsvarianten wie OMT oder Booch verbreitet. Diese waren eng mit einer Methode verbunden, die einen Entwicklungsprozess und ein Vorgehensmodell beschrieb. Methoden versuchen, eine Vorgehensweise beim Entwurf von Systemen zu beschreiben, etwa »erst Vererbung einsetzen und dann die Attribute finden« oder »erst die Attribute finden und dann mit Vererbung verfeinern«. Bekannte OO-Methoden sind etwa Shlaer/Mellor, Coad/Yourdon, Booch, OMT und OOSE/Objectory. Aus dem Wunsch heraus, OO-Methoden zusammenzufassen, entstand die UML – anfangs stand die Abkürzung noch für *Unified Method*. Die Urversion 0.8 wurde im Jahre 1995 veröffentlicht. Die Initiatoren waren Jim Rumbaugh und Grady Booch. Später kam Ivar Jacobson dazu, und die drei »Amigos«

188

erweiterten die UML, die in der Version 1.0 bei der *Object Management Group* (OMG) als Standardisierungsvorschlag eingereicht wurde. Die Amigos nannten die UML nun *Unified Modeling Language*, was deutlich macht, dass die UML keine Methode ist, sondern lediglich eine Modellierungssprache. Die Spezifikation erweitert sich ständig mit dem Aufkommen neuer Software-Techniken, und so bildet die UML 2.0 Konzepte wie *Model-Driven Architecture* (MDA) und *Geschäftsprozessmodellierung* (BPM) ab und unterstützt *Echtzeitmodellierung* (RT) durch spezielle Diagrammtypen.

Eine aktuelle Version des Standards lässt sich unter *http://tutego.de/go/uml* beziehen.

3.3.2 Wichtige Diagrammtypen der UML

UML definiert diverse Diagrammtypen, die unterschiedliche Ansichten der Software beschreiben können. Für die einzelnen Phasen im Softwareentwurf sind jeweils andere Diagramme wichtig. Wir wollen kurz vier Diagramme und ihr Einsatzgebiet besprechen:

Anwendungsfalldiagramm

Ein *Anwendungsfalldiagramm* (Use-Cases-Diagramm) entsteht meist während der Anforderungsphase und beschreibt die Geschäftsprozesse, indem es die Interaktion von Personen – oder von bereits existierenden Programmen – mit dem System darstellt. Die handelnden Personen oder aktiven Systeme werden *Aktoren* genannt und sind im Diagramm als kleine (geschlechtslose) Männchen angedeutet. Anwendungsfälle (Use Cases) beschreiben dann eine Interaktion mit dem System.

Klassendiagramm

Für die statische Ansicht eines Programmentwurfs ist das *Klassendiagramm* einer der wichtigsten Diagrammtypen. Ein Klassendiagramm stellt zum einen die Elemente der Klasse dar, also die Attribute und Operationen, und zum anderen die Beziehungen der Klassen untereinander. Klassendiagramme werden in diesem Buch häufiger eingesetzt, um insbesondere die Assoziation und Vererbung zu anderen Klassen zu zeigen. Klassen werden in einem solchen Diagramm als Rechteck dargestellt, und die Beziehungen zwischen den Klassen werden durch Linien angedeutet.

Objektdiagramm

Ein Klassendiagramm und ein Objektdiagramm sind sich auf den ersten Blick sehr ähnlich. Der wesentliche Unterschied besteht aber darin, dass ein *Objektdiagramm* die Belegung der Attribute, also den Objektzustand, visualisiert. Dazu werden so genannte *Ausprägungsspezifikationen* verwendet. Mit eingeschlossen sind die Beziehungen, die das Objekt zur Laufzeit mit anderen Objekten hält. Beschreibt zum Beispiel ein Klassendiagramm eine Person, so ist es nur ein Rechteck im Diagramm. Hat diese Person zur Laufzeit Freunde (es gibt also Assoziationen zu anderen Personen-Objekten), so können sehr viele Personen in einem Objektdiagramm verbunden sein, während ein Klassendiagramm diese Ausprägung nicht darstellen kann.

3 | Klassen und Objekte

Sequenzdiagramm

Das *Sequenzdiagramm* stellt das dynamische Verhalten von Objekten dar. So zeigt es an, in welcher Reihenfolge Operationen aufgerufen und wann neue Objekte erzeugt werden. Die einzelnen Objekte bekommen eine vertikale Lebenslinie, und horizontale Linien zwischen den Lebenslinien der Objekte beschreiben die Operationen oder Objekterzeugungen. Das Diagramm liest sich somit von oben nach unten.

Da das Klassendiagramm und das Objektdiagramm eher die Struktur einer Software beschreiben, heißen die Modelle auch *Strukturdiagramme* (neben Paketdiagramm, Komponentendiagramm, Kompositionsstrukturdiagramm und Verteilungsdiagramm). Ein Anwendungsfalldiagramm und ein Sequenzdiagramm zeigen daher eher das dynamische Verhalten und werden *Verhaltensdiagramme* genannt. Weitere Verhaltensdiagramme sind Zustandsdiagramm, Aktivitätsdiagramm, Interaktionsübersichtsdiagramm, Kommunikationsdiagramm und Zeitverlaufsdiagramm. In der UML ist es aber wichtig, die zentralen Aussagen des Systems in einem Diagramm festzuhalten, sodass sich problemlos Diagrammtypen mischen lassen.

3.3.3 UML-Werkzeuge

In der Softwareentwicklung gibt es nicht nur den Java-Compiler und die Laufzeitumgebung, sondern viele weitere Tools. Eine Kategorie von Produkten bilden Modellierungswerkzeuge, die bei der Abbildung einer Realwelt auf die Softwarewelt helfen. Insbesondere geht es um Software, die alle Phasen im Entwicklungsprozess abbildet.

UML-Werkzeuge formen eine wichtige Gruppe, und ihr zentrales Element ist ein grafisches Werkzeug. Mit ihm lassen sich die UML-Diagramme zeichnen und verändern. Im nächsten Schritt kann ein gutes UML-Tool aus diesen Zeichnungen Java-Code erzeugen. Noch weiter als eine einfache Codeerzeugung gehen Werkzeuge, die aus Java-Code umgekehrt UML-Diagramme generieren. Diese *Reverse-Engineering-Tools* haben jedoch eine schwere Aufgabe, da Java-Quellcode semantisch so reichhaltig ist, dass entweder das UML-Diagramm »zu voll« ist, völlig unzureichend formatiert ist oder Dinge nicht kompakt abgebildet werden. Die Königsdisziplin der UML-Tools bildet das *Roundtrip-Engineering*. Im Optimalfall sind dann das UML-Diagramm und der Quellcode synchron, und jede Änderung der einen Seite spiegelt sich sofort in einer Änderung auf der anderen Seite wider.

UML-Produkte

Global gesehen, ist die Anzahl der UML-Tools groß, doch schmilzt die Zahl der Werkzeuge, die in Eclipse eingebunden werden können, rasch zusammen. Noch kleiner ist die Zahl freier UML-Tools. Hier sind einige Empfehlungen:

► *NetBeans 6* (*http://www.netbeans.org/features/uml/*). NetBeans bringt ein schönes UML-Tool mit. Wie die NetBeans-IDE auch, ist es natürlich frei. Im Moment liegt jedoch die Weiterentwicklung auf Eis, und es ist nur für ältere NetBeans-Versionen lauffähig.

► *eUML2* (*http://www.soyatec.com/*) und *OMONDO* (*http://www.omondo.de/*). Dies sind Eclipse-basierte UML-Tools. Es gibt freie, eingeschränkte Varianten. Einige Entwickler von OMONDO haben sich abgespalten, und daraus ist eUML2 entstanden.

190

▶ *ArgoUML* (*http://argouml.tigris.org/*) ist ein freies UML-Werkzeug mit UML 1.4-Notation.

▶ *Apollo for Eclipse* und *Poseidon for UML* (*http://www.gentleware.com/*) von der deutschen Gentleware AG in Hamburg. Die Firma wirbt mit folgender Aussage: »Poseidon for UML is the world's most downloaded commercial UML tool, with over 1,200,000 copies distributed to over 100 countries.«

▶ *Together* (*http://www.borland.com/together/*) ist ein alter Hase unter den UML-Tools. Ursprünglich von Togethersoft als eigenständige UML-Software entwickelt, ist es dann in die Hände Borlands gekommen und in die JBuilder-IDE gewandert. Die aktuelle Version *Borland Together* basiert auf Eclipse.

▶ *Rational Rose* (*http://www-01.ibm.com/software/de/rational/design.html*). Das professionelle UML-Werkzeug von IBM zeichnet sich durch seinen Preis aus, aber auch durch die Integration einer ganzen Reihe weiterer Werkzeuge, etwa für Anforderungsdokumente, Tests usw.

3.4 Neue Objekte erzeugen

Eine Klasse beschreibt also, wie ein Objekt aussehen soll. In einer Mengen- beziehungsweise Element-Beziehung ausgedrückt, entsprechen Objekte den Elementen und Klassen den Mengen, in denen die Objekte als Elemente enthalten sind. Diese Objekte haben Eigenschaften, die sich nutzen lassen. Wenn ein Punkt Koordinaten repräsentiert, wird es Möglichkeiten geben, diese Zustände zu erfragen und zu ändern.

Im Folgenden wollen wir untersuchen, wie sich von der Klasse `Point` zur Laufzeit Exemplare erzeugen lassen und wie der Zugriff auf die Eigenschaften der `Point`-Objekte aussieht.

3.4.1 Ein Exemplar einer Klasse mit dem new-Operator anlegen

Objekte müssen in Java immer ausdrücklich erzeugt werden. Dazu definiert die Sprache den `new`-Operator.

Beispiel Anlegen eines Punkt-Objekts: [zB]
```
new java.awt.Point();
```

Hinter dem `new`-Operator folgt der Name der Klasse, von der ein Exemplar erzeugt werden soll. Der Klassenname ist hier voll qualifiziert angegeben, da sich `Point` in einem Paket `java.awt` befindet. (Ein Paket ist eine Gruppe zusammengehöriger Klassen. Wir werden später bei den `import`-Deklarationen sehen, dass Entwickler diese Schreibweise auch abkürzen können.) Hinter dem Klassennamen folgt ein Paar runder Klammern für den *Konstruktoraufruf*. Dieser ist eine Art Methodenaufruf, über den sich Werte für die Initialisierung des frischen Objekts übergeben lassen.

3 | Klassen und Objekte

Konnte die Speicherverwaltung von Java für das anzulegende Objekt freien Speicher reservieren und konnte der Konstruktor gültig durchlaufen werden, gibt der new-Ausdruck anschließend eine Referenz auf das frische Objekt an das Programm zurück.

Der Zusammenhang von new, Heap und Garbage-Collector

Bekommt das Laufzeitsystem die Anfrage, ein Objekt mit new zu erzeugen, so reserviert es so viel Speicher, dass alle Objekteigenschaften und Verwaltungsinformationen dort Platz finden. Ein Point-Objekt speichert die Koordinaten in zwei int-Werte, also sind mindestens 2 mal 4 Byte nötig. Den Speicherplatz nimmt die Laufzeitumgebung vom *Heap*. Der hat eine vordefinierte Maximalgröße (standardmäßig 64 MiB), damit ein Java-Programm nicht beliebig viel Speicher vom Betriebssystem abgreifen kann, was die Maschine möglicherweise in den Ruin treibt.

[»] **Hinweis** Es gibt in Java nur wenige Sonderfälle, wann neue Objekte nicht über den new-Operator angelegt werden. So erzeugt die auf nativem Code basierende Methode newInstance() vom Class- oder Constructor-Objekt ein neues Objekt. Auch clone() kann ein neues Objekt als Kopie eines anderen Objekts erzeugen. Bei der String-Konkatenation mit + ist für uns zwar kein new-Operator zu sehen, doch der Compiler wird ein new einsetzen, um das neue String-Objekt anzulegen.[5]

Ist das System nicht in der Lage, genügend Speicher für ein neues Objekt bereitzustellen, versucht der Garbage-Collector in einer letzten Rettungsaktion, alles wegzuräumen. Ist dann immer noch nicht ausreichend Speicher frei, generiert die Laufzeitumgebung einen OutOfMemoryError und bricht die Abarbeitung ab.

Heap und Stack

Die JVM-Spezifikation sieht für Daten fünf verschiedene Speicherbereiche (engl. *runtime data area*) vor.[6] Neben dem *Heap-Speicher* wollen wir uns den *Stack-Speicher* (Stapelspeicher) kurz anschauen. Den nutzt die Java-Laufzeitumgebung zum Beispiel für lokale Variablen. Auch verwendet Java den Stack beim Methodenaufruf mit Parametern. Die Argumente kommen vor dem Methodenaufruf auf den Stapel, und die aufgerufene Methode kann über den Stack auf die Werte lesend oder schreibend zugreifen. Bei endlosen rekursiven Methodenaufrufen ist irgendwann die maximale Stackgröße erreicht, und es kommt zu einer Exception vom Typ java.lang.StackOverflowError. Da mit jedem Thread ein JVM-Stack assoziiert ist, bedeutet das das Ende des Threads.

---

5 Der Compiler generiert selbstständig zum Beispiel beim Ausdruck s + t einen Ausdruck wie new StringBuilder().append(s).append(t).toString().

6 § 3.5 der JVM-Spezifikation, siehe Seite: *http://java.sun.com/docs/books/jvms/second_edition/html/ Overview.doc.html#1732*

192

3.4.2 Garbage-Collector (GC) – Es ist dann mal weg

Wird das Objekt nicht mehr vom Programm referenziert, so bemerkt dies der Garbage-Collector (GC) und gibt den reservierten Speicher wieder frei.[7] Der GC testet dazu regelmäßig, ob die Objekte auf dem Heap noch benötigt werden. Werden sie nicht benötigt, werden sie gelöscht. Es weht also immer ein Hauch von Friedhof über dem Heap, und nachdem die letzte Referenz vom Objekt genommen wird, ist es auch schon tot.

3.4.3 Deklarieren von Referenzvariablen

Das Ergebnis des `new`-Operators ist eine Referenz auf das neue Objekt. Die Referenz wird in der Regel in einer *Referenzvariablen* zwischengespeichert, um fortlaufende Eigenschaften vom Objekt nutzen zu können.

> **Beispiel** Deklariere die Variable p vom Typ `java.awt.Point`. Die Variable p nimmt anschließend die Referenz von dem neuen Objekt auf, das mit `new` angelegt wurde.
> ```
> java.awt.Point p;
> p = new java.awt.Point();
> ```

Die Deklaration und die Initialisierung einer Referenzvariablen lassen sich kombinieren (auch eine lokale Referenzvariable ist zu Beginn uninitialisiert):

```
java.awt.Point p = new java.awt.Point();
```

Die Typen müssen natürlich kompatibel sein, und ein Haus-Objekt geht nicht vom Typ einer Socke durch. Der Versuch, ein Punktobjekt einer `int`- oder `String`-Variablen zuzuweisen, ergibt somit einen Compilerfehler.

```
int    p = new java.awt.Point(); // ☠ Type mismatch: cannot convert from Point to int
String s = new java.awt.Point(); // ☠ Type mismatch: cannot convert from Point to String
```

Damit speichert eine Variable entweder einen einfachen Wert (Variable vom Typ `int`, `boolean`, `double` ...) oder einen Verweis auf ein Objekt. Referenztypen gibt es in drei Ausführungen: *Klassentypen*, *Schnittstellentypen* (auch *Interface-Typen* genannt) und *Feldtypen* (auch *Array-Typen* genannt). In unserem Fall haben wir ein Beispiel für einen Klassentyp.

[Strg]+[1] ermöglicht es, entweder eine neue lokale Variable oder eine Objektvariable für den Ausdruck anzulegen.

```
new Point();
  ⊙ Assign statement to new local variable       ...
  ▫ Assign statement to new field                Point point = new Point();
                                                 ...
```

---

[7] Mit dem gesetzten `java`-Schalter `-verbose:gc` gibt es immer Konsolenausgaben, wenn der GC nicht mehr referenzierte Objekte erkennt und wegräumt.

3 | Klassen und Objekte

3.4.4 Zugriff auf Variablen und Methoden mit dem ».«

Die in einer Klasse deklarierten Variablen heißen *Objektvariablen* beziehungsweise *Exemplar-*, *Instanz-* oder *Ausprägungsvariablen*. Wird ein Objekt geschaffen, dann erhält es seinen eigenen Satz von Objektvariablen.[8] Sie bilden den Zustand des Objekts.

Der Punkt-Operator ».« erlaubt auf Objekten den Zugriff auf die Methoden oder Variablen. Er steht zwischen einem Ausdruck, der eine Referenz liefert, und der Objekteigenschaft. Welche Möglichkeiten eine Klasse genau bietet, erfahren Sie in der API-Dokumentation.

[zB]

> **Beispiel** Die Variable p referenziert ein `java.awt.Point`-Objekt. Die Objektvariablen x und y sollen initialisiert werden:
>
> ```
> java.awt.Point p = new java.awt.Point();
> p.x = 1;
> p.y = 2 + p.x;
> ```

[eclipse] [Strg] + Leertaste zeigt an, welche Eigenschaften eine Referenz ermöglicht. Eine Auswahl mit [↵] wählt die Eigenschaft aus und setzt insbesondere bei Methoden den Cursor zwischen das Klammerpaar.

Ein Methodenaufruf gestaltet sich genauso einfach wie ein Variablenzugriff. Hinter dem Ausdruck mit der Referenz folgt nach dem Punkt der Methodenname.

Das folgende Beispiel erzeugt einen Punkt, belegt ihn mit Werten und gibt eine String-Repräsentation des Objekts aus:

Listing 3.1 MyPoint.java

```java
class MyPoint
{
  public static void main( String[] args )
  {
    java.awt.Point p = new java.awt.Point();
    p.x = p.y = 12;
    p.translate( -3, 2 );
```

---

8 Es gibt auch den Fall, dass sich mehrere Objekte eine Variable teilen, so genannte statische Variablen. Diesen Fall werden wir später betrachten.

```
    java.awt.Point q = new java.awt.Point();
    q.setLocation( 10, 100 );

    System.out.println( p.toString() );   // java.awt.Point[x=9,y=14]
    System.out.println( q.toString() );   // java.awt.Point[x=10,y=100]
  }
}
```

Im ersten Fall belegen wir die Variablen x, y explizit und verschieben dann mit `translate()` die Koordinaten um -3, 2. Die Methode verändert die Zustände, was das spätere `toString()` anschaulich zeigt. Im zweiten Fall setzen wir nicht direkt die Objektzustände über die Variablen, sondern verändern die Zustände über die Methode `setLocation()`. Die beiden Objekte besitzen eigene Koordinaten und kommen sich nicht in die Quere.

> **Tipp** Anstatt für die Ausgabe explizit `println(obj.toString())` aufzurufen, funktioniert auch ein `println(obj)`. Das liegt daran, dass die Signatur `println(Object)` jedes beliebige Objekt als Argument akzeptiert und auf diesem Objekt automatisch die `toString()`-Methode aufruft.

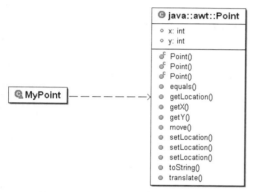

Abbildung 3.2 Die Abhängigkeit, dass MyPoint einen java.awt.Point nutzt, zeigt das UML-Diagramm mit einer gestrichelten Linie an. Parameterliste und Rückgabe sind in UML optional und hier nicht dargestellt.

[Strg] + Leertaste auf einem Eigenschaftennamen (oder bei einer Methode im Klammerpaar) zeigt die API-Dokumentation in einem kleinen Fenster an.

Nach dem Punkt geht's weiter

Die Methode `toString()` liefert als Ergebnis ein `String`-Objekt, das den Zustand des Punkts preisgibt:

```
java.awt.Point  p = new java.awt.Point();
String          s = p.toString();
System.out.println( s );                          // java.awt.Point[x=0,y=0]
```

Das `String`-Objekt besitzt selbst wieder Methoden. Eine davon ist `length()`, die die Länge der Zeichenkette liefert:

```
System.out.println( s.length() );                 // 23
```

Das Erfragen des `String`-Objekts und seiner Länge können wir zu einer Anweisung verbinden – p sei wieder unser `Point`-Objekt:

```
System.out.println( p.toString().length() ); // 23
```

Objekterzeugung ohne Variablenzuweisung

Bei der Nutzung von Objekteigenschaften muss der Typ links vom Punkt immer eine Referenz sein:

```
System.out.println( new Point().toString().length() ); // 23
```

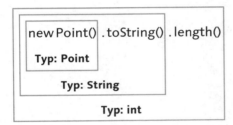

Im Prinzip funktioniert auch Folgendes:

```
new java.awt.Point().x = 1;
```

Dies ist hier allerdings unsinnig, da zwar das Objekt erzeugt und ein Attribut gesetzt wird, anschließend das Objekt aber für den Garbage-Collector wieder Freiwild ist. Interessant ist die Anwendung zum Beispiel bei einem `File`-Objekt, um etwa herauszufinden, wie groß eine Datei ist:

```
long size = new java.io.File( "file.txt" ).length();
```

3.4.5 Konstruktoren nutzen

Werden Objekte mit dem `new`-Operator angelegt, so wird ein Konstruktor aufgerufen, eine Art Methode mit besonderer Signatur.[9] Beim Anlegen eines Objekts sollen in der Regel die

---

[9] Ein Konstruktor hat keinen Rückgabetyp und trägt auch denselben Namen wie die Klasse.

Objektvariablen initialisiert werden. Diese Initialisierung wird dazu in den Konstruktor gesetzt, um sicherzustellen, dass das neue Objekt einen sinnvollen Anfangszustand aufweist.

Ein Konstruktor ohne Argumente ist der *Standard-Konstruktor* (auch *Default-Konstruktor*, selten auch *No-Arg-Konstruktor* genannt).

Beispiel Die folgenden Zeilen erzeugen schlussendlich drei `Point`-Objekte mit denselben Koordinaten. Die Variablen p1, p2 und p3 referenzieren jedoch immer neue Objekte; lediglich die Belegung der x- und y-Koordinaten ist bei den drei Objekten gleich: **[zB]**

```
java.awt.Point p1 = new java.awt.Point();
p1.setLocation( 10, 10 );
System.out.println( p1 );  // java.awt.Point[x=10,y=10]
java.awt.Point p2 = new java.awt.Point( 10, 10 );
System.out.println( p2 );  // java.awt.Point[x=10,y=10]
java.awt.Point p3 = new java.awt.Point( p2 );
System.out.println( p3 );  // java.awt.Point[x=10,y=10]
```

Der erste Konstruktor ist der Standard-Konstruktor, der zweite und dritte sind parametrisierte Konstruktoren.

3.5 Mit Referenzen arbeiten, Identität und Gleichheit

In Java gibt es mit `null` eine sehr spezielle Referenz, die Auslöser vieler Probleme ist. Doch ohne sie geht es nicht, und warum das so ist, wird der folgende Abschnitt zeigen. Anschließend wollen wir sehen, wie Objektvergleiche funktionieren und was der Unterschied zwischen Identität und Gleichheit ist.

3.5.1 Die null-Referenz

In Java gibt es drei spezielle Referenzen: `null`, `this` und `super`. (Wir verschieben `this` und `super` auf Kapitel 5, »Eigene Klassen schreiben«.) Das spezielle Literal `null` lässt sich zur Initialisierung von Referenzvariablen verwenden. Die `null`-Referenz ist typenlos, kann also jeder Referenzvariablen zugewiesen und jeder Methode übergeben werden, die ein Objekt erwartet.[10] Daher ist Folgendes gültig:

```
Point  p = null;
String s = null;
System.out.println( null );
```

Da es nur ein `null` gibt, ist zum Beispiel `(Point) null == (String) null`. Der Wert ist ausschließlich für Referenzen vorgesehen und kann in keinen primitiven Typ wie die Ganzzahl 0 umgewandelt werden.[11]

---

10 `null` verhält sich also so, als ob es Untertyp jeden anderen Typs wäre.

11 Hier unterscheiden sich C(++) und Java.

3 | Klassen und Objekte

Mit null lässt sich eine ganze Menge machen. Der Haupteinsatz sieht vor, damit uninitialisierte Referenzvariablen zu kennzeichnen, also auszudrücken, dass eine Referenzvariable auf kein Objekt verweist. In Listen oder Bäumen kennzeichnet null aber auch das Fehlen eines gültigen Nachfolgers; null ist dann ein gültiger Indikator und kein Fehlerfall.

Auf »null« geht nix, nur die NullPointerException

Da sich hinter null kein Objekt verbirgt, ist es auch nicht möglich, eine Methode aufzurufen. Der Compiler kennt zwar den Typ jedes Objekts, aber erst die Laufzeitumgebung (JVM) weiß, was referenziert wird. Wird versucht, über die null-Referenz auf eine Eigenschaft eines Objekts zuzugreifen, löst eine JVM eine NullPointerException[12] aus:

Listing 3.2 NullPointer.java

```
/*  1 */import java.awt.Point;
/*  2 */
/*  3 */public class NullPointer
/*  4 */{
/*  5 */  public static void main( String[] args )
/*  6 */  {
/*  7 */    Point  p = null;
/*  8 */    String s = null;
/*  9 */
/* 10 */    p.setLocation( 1, 2 );
/* 11 */    s.length();
/* 12 */  }
/* 13 */}
```

Wir beobachten eine NullPointerException, denn das Programm bricht bei p.setLocation() mit folgender Ausgabe ab:

```
java.lang.NullPointerException
    at NullPointer.main(NullPointer.java:10)
 Exception in thread "main"
```

Die Laufzeitumgebung teilt uns in der Fehlermeldung mit, dass sich der Fehler, die NullPointerException, in Zeile 10 befindet.

3.5.2   null-Referenzen testen

Mit dem Vergleichsoperator == oder dem Test auf Ungleichheit mit != lässt sich leicht herausfinden, ob eine Referenzvariable wirklich ein Objekt referenziert oder nicht:

```
if ( object == null )
  // Variable referenziert nichts, ist aber gültig mit null initialisert
```

---

12 Der Name zeigt das Überbleibsel von Zeigern. Zwar haben wir es in Java nicht mit Zeigern zu tun, sondern mit Referenzen, doch heißt es NullPointerException und nicht NullReferenceException. Das erinnert daran, dass eine Referenz ein Objekt identifiziert und eine Referenz auf ein Objekt ein Pointer ist. Das .NET Framework ist hier konsequenter und nennt die Ausnahme NullReferenceException.

```
else
    // Variable referenziert ein Objekt
```

null-Test und Kurzschluss-Operatoren

Wir wollen an dieser Stelle noch einmal auf die üblichen logischen Kurzschluss-Operatoren und den logischen, nicht kurzschließenden Operator zu sprechen kommen. Erstere werten Operanden nur so lange von links nach rechts aus, bis das Ergebnis der Operation feststeht. Auf den ersten Blick scheint es nicht viel auszumachen, ob alle Teilausdrücke ausgewertet werden oder nicht, in einigen Ausdrücken ist dies aber wichtig, wie das folgende Beispiel für die Variable s vom Typ String zeigt:

```
if ( s != null && ! s.isEmpty() )
    ...
```

Die Bedingung testet, ob s überhaupt auf ein Objekt verweist und ob die Länge größer 0 ist. Diese Schreibweise tritt häufig auf, und der Und-Operator zur Verknüpfung muss ein Kurzschluss-Operator sein, da es in diesem Fall ausdrücklich darauf ankommt, dass die Länge nur dann bestimmt wird, wenn die Variable s überhaupt auf ein String-Objekt verweist und nicht null ist. Andernfalls bekämen wir bei s.length() eine NullPointerException, wenn jeder Teilausdruck ausgewertet würde und s gleich null wäre.

Null in anderen Programmiersprachen Ist Java eine pure objektorientiere Programmiersprache? Nein, da Java einen Unterschied zwischen primitiven Typen und Referenztypen macht. Nehmen wir für einen Moment an, dass es primitive Typen nicht gibt. Wäre Java dann eine reine objektorientierte Programmiersprache, bei der jede Referenz ein pures Objekt referenziert? Die Antwort ist immer noch nein, da es mit null etwas gibt, mit dem Referenzvariablen initialisiert werden können, aber was kein Objekt repräsentiert und keine Methoden besitzt. Und das kann bei der Dereferenzierung eine NullPointerException geben. Andere Programmiersprachen haben andere Lösungsansätze, und null-Referenzierungen sind nicht möglich. In der Sprache Ruby zum Beispiel ist immer alles ein Objekt. Wo Java mit null ein »nicht belegt« ausdrückt, macht das Ruby mit nil. Der feine Unterschied ist, dass nil ein Exemplar der Klasse NilClass ist, genau genommen ein Singleton, was es im System nur einmal gibt. nil hat auch ein paar öffentliche Methoden wie to_s (wie Javas toString()), was dann einen leeren String liefert. Mit nil gibt es keine NullPointerException mehr, aber natürlich immer noch einen Fehler, wenn auf diesem Objekt vom Typ NilClass eine Methode aufgerufen wird, die es nicht gibt. In Objective-C, der Standardsprache für iPhone-Programme, gibt es das Null-Objekt nil. Üblicherweise passiert nichts, wenn eine Nachricht an das nil-Objekt gesendet wird; die Nachricht wird einfach ignoriert.[13]

3.5.3 Zuweisungen bei Referenzen

Eine Referenz erlaubt den Zugriff auf das referenzierte Objekt. Es kann durchaus mehrere Kopien dieser Referenz geben, die in Variablen mit unterschiedlichen Namen abgelegt sind –

---

13 Es gibt auch Compiler wie den GCC, der mit der Option -fno-nil-receivers dieses Verhalten abschaltet, um schnelleren Maschinencode zu erzeugen. Denn letztendlich muss in Maschinencode immer ein Test stehen, der auf 0 prüft.

so wie eine Person von den Mitarbeitern als »Chefin« angesprochen wird, aber von ihrem Mann als »Schnuckiputzi«. Dies nennt sich auch *Alias*.

Wir wollen uns dies an einem Punkt-Objekt näher ansehen, das wir unter einem alternativen Variablennamen ansprechen wollen:

```
Point p = new Point();
Point q = p;
```

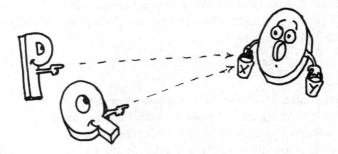

Ein Punkt-Objekt wird erzeugt und mit der Variablen p referenziert. Die zweite Zeile speichert nun dieselbe Referenz in der Variablen q. Danach verweisen p und q auf dasselbe Objekt.

[zB] **Beispiel** Dies hat zur Konsequenz, dass bei einer Änderung des Punkt-Objekts über die in der Variablen p gespeicherte Referenz die Änderung auch bei einem Zugriff über die Variable q beobachtet werden kann:

```
Point p = new Point();
Point q = p;
p.x = 10;
System.out.println( q.x );         // 10
q.y = 5;
System.out.println( p.y );         // 5
```

3.5.4 Methoden mit nicht-primitiven Parametern

Dass sich das gleiche Objekt unter zwei Namen (über zwei verschiedene Variablen) ansprechen lässt, können wir gut bei Methoden beobachten. Eine Methode, die über den Parameter eine Objektreferenz erhält, kann auf das übergebene Objekt zugreifen. Das bedeutet, die Methode kann dieses Objekt mit den angebotenen Methoden ändern oder auf die Attribute zugreifen:

Listing 3.3 InitPoint.java
```
import java.awt.*;

public class InitPoint
{
```

```
static void clear( Point p )
{
  p.setLocation( 0, 0 );
}

public static void main( String[] args )
{
  Point q = new Point( 47, 11 );   // Koordinaten gesetzt auf (x=47,y=11)
  clear( q );
  System.out.println( q.x );       // 0
}
}
```

In dem Moment, in dem `main()` die statische Methode `clear()` aufruft, gibt es sozusagen die Namen q und p für das Objekt, wobei nur `clear()` das Objekt unter p kennt und `main()` nicht und `clear()` von dem Namen q keine Ahnung hat.

> **Hinweis** Der Name einer Parametervariablen darf durchaus mit dem Namen einer lokalen Variablen übereinstimmen, was die Semantik nicht verändert. In unserem Fall hätte `clear()` die `Point`-Variable auch q nennen können.

[«]

Wertübergabe und Referenzübergabe per »Call by Value«

Primitive Variablen werden immer per Wert kopiert (engl. *Call by Value*). Das Gleiche gilt für Referenzen. Daher hat auch die folgende statische Methode keine Nebenwirkungen:

```
static void clear( Point p )
{
  p = new Point();
}
```

Nach der Zuweisung referenziert die Variable p ein anderes Punkt-Objekt, und das an die Methode übergebene Argument geht verloren. Diese Änderung wird nach außen hin nicht sichtbar, was bedeutet, dass der Aufrufer kein neues Objekt unter sich hat.

»Call by Reference« gibt es in Java nicht – ein Blick auf C und C++ *

In C++ gibt es eine weitere Argumentübergabe, die sich *Call by Reference* nennt. Würde eine Methode wie `clear()` mit Referenzsemantik deklariert, würde die Variable p ein Synonym darstellen, also einen anderen Namen für eine Variable – in unserem Fall q. Damit würde die Zuweisung im Rumpf den Zeiger auf ein neues Objekt legen. Die `swap()`-Funktion ist ein gutes Beispiel für die Nützlichkeit von Call by Reference:

```
void swap( int& a, int& b )
{
  int tmp = a;
  a = b;
  b = tmp;
}
```

3 | Klassen und Objekte

Zeiger und Referenzen sind in C++ etwas anderes, was Spracheinsteiger leicht irritiert. Denn in C++ und auch C hätte eine vergleichbare `swap()`-Funktion auch mit Zeigern implementiert werden können:

```
void swap( int *a, int *b )
{
    int tmp = *a;
    *a = *b;
    *b = tmp;
}
```

Die Implementierung gibt in C(++) einen Verweis auf das Argument.

3.5.5 Identität von Objekten

Der Vergleichsoperator == ist für alle Datentypen so definiert, dass er die vollständige Übereinstimmung zweier Werte testet. Bei primitiven Datentypen ist das einfach einzusehen und bei Referenztypen im Prinzip genauso. Der Operator == testet bei Referenzen, ob diese übereinstimmen, also auf das gleiche Objekt verweisen. Demnach sagt der Test etwas über die Identität der referenzierten Objekte aus, aber nichts darüber, ob zwei verschiedene Objekte möglicherweise den gleichen Inhalt haben. Der Inhalt der Objekte spielt bei == keine Rolle.

[zB]

Beispiel Zwei Objekte mit drei unterschiedlichen Punktvariablen p, q, r und die Bedeutung von ==:

```
Point p = new Point( 10, 10 );
Point q = p;
Point r = new Point( 10, 10 );
if ( p == q )     // wahr, da p und q dasselbe Objekt referenzieren
  ...
if ( p == r )     // falsch, da p und r zwei verschiedene Punkt-Objekte
  ...             // referenzieren, die zufällig dieselben Koordinaten haben
```

Da p und q auf dasselbe Objekt verweisen, ergibt der Vergleich `true`. p und r referenzieren unterschiedliche Objekte, die aber zufälligerweise den gleichen Inhalt haben. Doch woher soll der Compiler wissen, wann zwei Punkt-Objekte inhaltlich gleich sind? Weil sich ein Punkt durch die Attribute x und y auszeichnet? Die Laufzeitumgebung könnte voreilig die Belegung jeder Objektvariablen vergleichen, doch das entspricht nicht immer einem korrekten Vergleich, so wie wir ihn uns wünschen. Ein Punkt-Objekt könnte etwa zusätzlich die Anzahl der Zugriffe zählen, die jedoch für einen Vergleich, der auf der Lage zweier Punkte basiert, nicht berücksichtigt werden darf.

3.5.6 Gleichheit und die Methode »equals()«

Die allgemein gültige Lösung besteht darin, die Klasse festlegen zu lassen, wann Objekte gleich sind. Dazu kann jede Klasse eine Methode `equals()` implementieren, die Exemplare

Mit Referenzen arbeiten, Identität und Gleichheit | 3.5

dieser Klasse mit beliebigen anderen Objekten vergleichen kann. Die Klassen entscheiden immer nach Anwendungsfall, welche Attribute sie für einen Gleichheitstest heranziehen, und equals() liefert true, wenn die gewünschten Zustände (Objektvariablen) übereinstimmen.

Beispiel Zwei inhaltlich gleiche Punkt-Objekte, verglichen mit == und equals():

```
Point p = new Point( 10, 10 );
Point q = new Point( 10, 10 );

if ( p == q )          // false
  ...
if ( p.equals(q) )     // true. Da symmetrisch auch q.equals(p)
  ...
```

Nur equals() testet in diesem Fall die inhaltliche Gleichheit.

[zB]

Bei den unterschiedlichen Bedeutungen müssen wir demnach die Begriffe »Identität« und »Gleichheit« von Objekten sorgfältig unterscheiden. Daher noch einmal eine Zusammenfassung:

Identität/Gleichheit	Getestet mit	Implementierung
Identität der Referenzen	==	nichts zu tun
Gleichheit der Zustände	equals()	abhängig von der Klasse

Tabelle 3.1 Identität und Gleichheit von Objekten

Es gibt immer ein »equals()« *

Glücklicherweise müssen wir als Programmierer nicht lange darüber nachdenken, ob eine Klasse eine equals()-Methode anbieten soll oder nicht. Jede Klasse besitzt sie, da die universelle Oberklasse Object sie vererbt. Wir greifen hier auf Kapitel 5, »Eigene Klassen schreiben«, vor; der Abschnitt kann aber übersprungen werden.

Die Unterklasse Point überschreibt equals(), wie die API-Dokumentation zeigt. Werfen wir einen Blick auf die equals()-Methode aus Point, um eine Vorstellung von der Arbeitsweise zu bekommen:

```
public boolean equals( Object obj )
{
  if ( obj instanceof Point ) {
    Point pt = (Point) obj;
    return (x == pt.x) && (y == pt.y);    // (*)
  }
  return super.equals( obj );
}
```

Obwohl bei diesem Beispiel für uns einiges neu ist, erkennen wir den Vergleich in der Zeile (*). Hier vergleicht das Point-Objekt seine eigenen Attribute mit den Attributen des Objekts, das als Argument an equals() übergeben wurde.

203

3 | Klassen und Objekte

Die Oberklasse »Object« und ihr »equals()« *

Wenn eine Klasse keine `equals()`-Methode angibt, dann erbt sie eine Implementierung aus der Klasse `Object`, die wie folgt aussieht:

```
public boolean equals( Object obj )
{
  return ( this == obj );
}
```

Wir erkennen, dass hier die Gleichheit auf die Gleichheit der Referenzen abgebildet wird. Ein inhaltlicher Vergleich findet nicht statt.

[»]

> **Hinweis** Der Datentyp für den Parameter in der `equals()`-Methode ist immer `Object` und niemals etwas anderes, da sonst `equals()` nicht überschrieben, sondern überladen wird. Folgendes für eine Klasse `C` ist also falsch:
>
> ```
> public class C
> {
>   private int v;
>   public boolean equals( C that ) { return this.v == that.v; }
> }
> ```
>
> Im Vokabular der Informatiker gesprochen: Java unterstützt bisher keine kovarianten Typ-Parameter, wohl aber seit Java 5 kovariante Rückgabetypen.

3.6   Kompilationseinheiten, Imports und Pakete schnüren

Ein *Paket* ist eine Gruppe thematisch zusammengehöriger Typen. Pakete könnten Unterpakete besitzen, die in der Angabe durch einen Punkt getrennt werden. Die Gruppierung lässt sich sehr gut an der Java-Bibliothek beobachten, wo sich zum Beispiel eine Klasse `URL` und `Socket` im Paket `java.net` befinden, denn URLs und Sockets gehören eben zu Netzwerkdingen. Ein Punkt und ein Polygon, repräsentiert durch die Klassen `Point` und `Polygon`, gehören in das Paket für grafische Oberflächen, und das ist das Paket `java.awt`.

Die Paketnamen java, javax

Die Klassen der Standardbibliothek sitzen in Paketen, die mit `java` und `javax` beginnen. So befindet sich `java.awt.Point` in einem Paket der Standardbibliothek, was durch den Teil `java` zu erkennen ist. Wenn jemand eigene Klassen in Pakete mit dem Präfix `java` setzen würde, etwa `java.ui`, würde er damit Verwirrung stiften, da nicht mehr nachvollziehbar ist, ob das Paket Bestandteil jeder Distribution ist. Klassen, die mit `javax` beginnen, müssen nicht zwingend zur Java SE gehörten, aber dazu mehr in Abschnitt 11.1.1, »Übersicht über die Pakete der Standardbibliothek«.

3.6.1 Volle Qualifizierung und import-Deklaration

Um die Klasse `Point`, die im Paket `java.awt` liegt, außerhalb des Pakets `java.awt` zu nutzen, muss sie dem Compiler mit der gesamten Paketangabe bekannt gemacht werden. Hierzu reicht der Klassenname allein nicht aus, denn es kann ja sein, dass der Klassenname mehrdeutig ist und eine Klassendeklaration in unterschiedlichen Paketen existiert. (In der Java-Bibliothek gibt es dazu einige Beispiele, etwa `java.util.Date` und `java.sql.Date`.)

Um dem Compiler die präzise Zuordnung einer Klasse zu einem Paket zu ermöglichen, gibt es zwei Möglichkeiten: Zum einen lassen sich die Typen voll qualifizieren, wie wir das bisher getan haben. Eine alternative und praktischere Möglichkeit besteht darin, den Compiler mit einer `import`-Deklaration auf die Typen im Paket aufmerksam zu machen:

Listing 3.4 AwtWithoutImport.java

```
class AwtWithoutImport
{
 public static void main( String[] args )
 {
  java.awt.Point p = new java.awt.Point();
  java.awt.Polygon poly = new java.awt.Polygon();
  poly.addPoint( 10, 10 );
  poly.addPoint( 10, 20 );
  poly.addPoint( 20, 10 );

  System.out.println( p );
  System.out.println( poly.contains(15, 15) );
 }
}
```

Listing 3.5 AwtWithImport.java

```
import java.awt.Point;
import java.awt.Polygon;

class AwtWithImport
{
 public static void main( String[] args )
 {
  Point p = new Point();
  Polygon poly = new Polygon();
  poly.addPoint( 10, 10 );
  poly.addPoint( 10, 20 );
  poly.addPoint( 20, 10 );

  System.out.println( p );
  System.out.println( poly.contains(15, 15) );
 }
}
```

Tabelle 3.2 Programm ohne und mit import-Deklaration

Während der Quellcode auf der linken Seite die volle Qualifizierung verwendet und jeder Verweis auf einen Typ mehr Schreibarbeit kostet, ist im rechten Fall beim `import` nur der Klassenname genannt und die Paketangabe in ein `import` »ausgelagert«. Kommt der Compiler zu einer Anweisung wie `Point p = new Point();`, findet er die Deklaration einer Klasse `Point` im Paket `java.awt` und kennt damit die für ihn unabkömmliche absolute Qualifizierung.

> **Hinweis** Die Typen aus `java.lang` sind automatisch importiert, sodass zum Beispiel ein `import java.lang.String;` nicht nötig ist.

3.6.2 Mit import p1.p2.* alle Typen eines Pakets erreichen

Greift eine Java-Klasse auf mehrere andere Typen des gleichen Pakets zurück, kann die Anzahl der `import`-Deklarationen groß werden. In unserem Beispiel sind das mit `Point` und `Polygon` nur zwei Klassen aus `java.awt`, aber es lässt sich schnell ausmalen, was passiert, wenn aus dem Paket für grafische Oberflächen zusätzlich Fenster, Beschriftungen, Schaltflächen, Schieberegler und so weiter eingebunden werden. Die Lösung in diesem Fall ist ein *, das das letzte Glied in einer `import`-Deklaration sein darf:

```
import java.awt.*;
import java.io.*;
```

Mit dieser Syntax kennt der Compiler alle Typen im Paket `java.awt` und `java.io`, sodass eine Klasse `Point` und `Polygon` genau bekannt ist, wie auch die Klasse `File`.

> **Hinweis** Das * ist nur in der letzten Hierarchie erlaubt und gilt immer für alle Typen in diesem Paket. Syntaktisch falsch sind:
>
> ```
> import *;          // ☠ Syntax error on token "*", Identifier expected
> import java.awt.Po*;  // ☠ Syntax error on token "*", delete this token
> ```
>
> Eine Anweisung wie `import java.*;` ist zwar syntaktisch korrekt, aber dennoch ohne Wirkung, denn direkt im Paket `java` gibt es keine Typendeklarationen, sondern nur Unterpakete. Die `import`-Deklaration bezieht sich nur auf ein Verzeichnis (in der Annahme, dass die Pakete auf das Dateisystem abgebildet werden) und schließt die Unterverzeichnisse nicht mit ein.

Das * verkürzt zwar die Anzahl der individuellen `import`-Deklarationen, es ist aber gut, zwei Dinge im Kopf zu behalten:

▶ Falls zwei unterschiedliche Pakete einen gleichlautenden Typ beherbergen, etwa `Date` in `java.util` und `java.sql`, so kommt es bei der Verwendung des Typs zu einem Übersetzungsfehler. Hier muss voll qualifiziert werden.

▶ Die Anzahl der `import`-Deklarationen sagt etwas über den Grad der Komplexität aus. Je mehr `import`-Deklarationen es gibt, desto größer werden die Abhängigkeiten zu anderen Klassen, was im Allgemeinen ein Alarmzeichen ist. Zwar zeigen grafische Tools die Abhängigkeiten genau an, doch ein `import *` kann diese erst einmal verstecken.

3.6.3 Hierarchische Strukturen über Pakete

Ein Java-Paket ist eine logische Gruppierung von Klassen. Pakete lassen sich in Hierarchien ordnen, sodass in einem Paket wieder ein anderes Paket liegen kann; das ist genauso wie bei der Verzeichnisstruktur des Dateisystems. In der Standardbibliothek ist das Paket `java` ein Hauptzweig, aber auch `javax`. Unter dem Paket `java` liegen dann zum Beispiel die Pakete `awt` und `util`, und unter `javax` liegen dann `swing` und sonstige Unterpakete.

Die zu einem Paket gehörenden Klassen befinden sich normalerweise[14] im gleichen Verzeichnis. Der Name des Pakets ist dann gleich dem Namen des Verzeichnisses (und natürlich umgekehrt). Statt des Verzeichnistrenners (etwa »/« oder »\«) steht ein Punkt. Nehmen wir folgende Verzeichnisstruktur mit einer Klasse an:

---

14 Ich schreibe »normalerweise«, da die Paketstruktur nicht zwingend auf Verzeichnisse abgebildet werden muss. Pakete könnten beispielsweise vom Klassenlader aus einer Datenbank gelesen werden. Im Folgenden wollen wir aber immer von Verzeichnissen ausgehen.

com/tutego/
com/tutego/Chocolate.class

Hier ist der Paketname `com.tutego` und somit der Verzeichnisname *com/tutego/*. Umlaute und Sonderzeichen sollten vermieden werden, da sie auf dem Dateisystem immer wieder für Ärger sorgen. Aber Bezeichner sollten ja sowieso immer auf Englisch sein.

Der Aufbau von Paketnamen

Prinzipiell kann ein Paketname beliebig sein, doch Hierarchien bestehen in der Regel aus umgedrehten Domänennamen. Aus der Domäne zur Webseite *http://tutego.com* wird also `com.tutego`. Diese Namensgebung gewährleistet, dass Klassen auch weltweit eindeutig bleiben. Ein Paketname wird in aller Regel komplett kleingeschrieben.

3.6.4   Die package-Deklaration

Um die Klasse `Chocolate` in ein Paket `com.tutego` zu setzen, müssen zwei Dinge gelten:

▶   Sie muss sich physikalisch in einem Verzeichnis befinden, also in *com/tutego/*.

▶   Der Quellcode enthält zuoberst eine `package`-Deklaration.

Die `package`-Deklaration muss ganz am Anfang stehen, sonst gibt es einen Übersetzungsfehler (selbstverständlich lassen sich Kommentare vor die `package`-Deklaration setzen):

```
package com.tutego;

public class Chocolate
{
  ...
}
```

3.6.5   Unbenanntes Paket (default package)

Falls eine Klasse ohne Paket-Angabe implementiert wird, befindet sie sich standardmäßig im *unbenannten Paket* (engl. *unnamed package*) oder *Default-Paket*. Es ist eine gute Idee, eigene Klassen immer in Paketen zu organisieren. Das erlaubt auch feinere Sichtbarkeiten, und Konflikte mit anderen Autoren werden vermieden. Es wäre ein großes Problem, wenn a) jedes Unternehmen unübersichtlich alle Klassen in das unbenannte Paket setzt und dann b) versucht, die Bibliotheken auszutauschen: Die Konflikte währen vorprogrammiert.

Eine im Paket befindliche Klasse kann jede andere sichtbare Klasse aus anderen Paketen importieren, aber keine Klassen aus dem unbenannten Paket. Nehmen wir `Chocolate` im Paket `com.tutego` und `Sugar` im unbenannten Paket an:

Sugar.class
com/tutego/Chocolate.class

3 | Klassen und Objekte

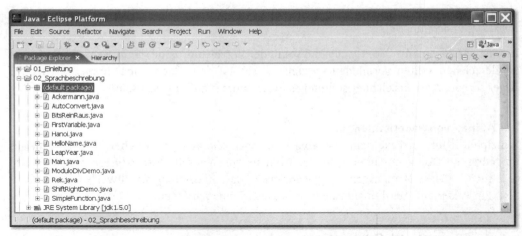

Abbildung 3.3 Das Verzeichnis »default package« steht in Eclipse für das unbenannte Paket.

Die Klasse `Chocolate` kann `Sugar` nicht nutzen, da Klassen aus dem unbenannten Paket nicht für Unterpakete sichtbar sind. Nur andere Klassen im unbenannten Paket können Klassen im unbenannten Paket nutzen.

Stände nun `Sugar` in einem Paket – was auch ein Oberpaket sein kann! –, so wäre das wiederum möglich, und `Chocolate` könnte `Sugar` importieren.

com/Sugar.class
com/tutego/Chocolate.class

3.6.6 Klassen mit gleichen Namen in unterschiedlichen Paketen *

Ein Problem gibt es bei mehreren gleich benannten Klassen in unterschiedlichen Paketen. Hier ist eine volle Qualifizierung nötig. So gibt es in den Paketen `java.awt` und `java.util` eine Liste. Ein einfaches `import java.awt.*` und `java.util.*` hilft da nicht, weil der Compiler nicht weiß, ob die GUI-Komponente oder die Datenstruktur gemeint ist. Auch sagt ein `import` nichts darüber aus, ob die Klassen in der importierenden Datei jemals gebraucht werden. Das Gleiche gilt für die Klasse `Date`, die einmal in `java.util` und einmal in `java.sql` zu finden ist. Lustigerweise erweitert `java.sql.Date` die Klasse `java.util.Date`. Dass der Compiler hier nicht durcheinanderkommt, ist ganz einfach dadurch zu erklären, dass er die Klassen nicht nur anhand ihres Namens unterscheidet, sondern vielmehr auch anhand ihrer Pakete. Der Compiler betrachtet intern immer eine volle Qualifizierung.

3.6.7 Compilationseinheit (Compilation Unit)

Die `package`- und `import`-Deklarationen gehören nicht wirklich zu der Typdeklaration, die nur ein `class C { }` oder verwandte Typdeklarationen umfasst. Genau genommen sind dies alles Bestandteile einer *Compilationseinheit (Compilation Unit)*. So besteht eine Compilationseinheit aus höchstens einer Paketdeklaration, beliebig vielen `import`-Deklarationen und beliebig vielen Typdeklarationen. Ein Paket ist letztendlich eine Sammlung aus Compilationseinheiten.

3.6.8 Statischer Import

Das `import` hat in Java die Bedeutung, den Compiler über die Pakete zu informieren, sodass eine Klasse nicht mehr voll qualifiziert werden muss, wenn sie im `import`-Teil explizit aufgeführt wird oder wenn das Paket der Klasse genannt ist.

Falls eine Klasse statische Methoden oder Konstanten vorschreibt, werden ihre Eigenschaften immer über den Klassennamen angesprochen. Es gibt nun mit dem *statischen Import* die Möglichkeit, die Klasseneigenschaften wie eigene statische Methoden oder Variablen ohne Klassennamen sofort zu nutzen.

Praktisch ist das zum Beispiel für die Bildschirmausgabe, wenn die statische Variable `out` aus `System` eingebunden wird:

```
import static java.lang.System.out;
```

Bei der sonst üblichen Ausgabe über `System.out.printXXX()` kann nach dem statischen Import der Klassenname entfallen, und es bleibt beim `out.printXXX()`:

Listing 3.6 StaticImport.java

```java
import static java.lang.System.out;
import static javax.swing.JOptionPane.showInputDialog;
import static java.lang.Integer.parseInt;
import static java.lang.Math.max;
import static java.lang.Math.min;

class StaticImport
{
  public static void main( String[] args )
  {
    int i = parseInt( showInputDialog( "Erste Zahl " ) );
    int j = parseInt( showInputDialog( "Zweite Zahl " ) );
    out.printf( "%d ist größer oder gleich %d.%n", max(i, j), min(i, j)  );
  }
}
```

Mehrere Typen statisch importieren
Der statische Import

```java
import static java.lang.Math.max;
import static java.lang.Math.min;
```

bindet die statische `max()`/`min()`-Methode ein. Besteht Bedarf an weiteren statischen Methoden, gibt es neben der individuellen Aufzählung eine Wildcard-Variante:

```java
import static java.lang.Math.*;
```

3 | Klassen und Objekte

Auch wenn Java seit Version 5 diese Möglichkeit bietet, sollte der Einsatz maßvoll erfolgen. Die Möglichkeit der statischen Importe wird dann nützlicher, wenn Klassen Konstanten nutzen wollen. Doch dazu später mehr.

[»]   **Hinweis** Eine Objektmethode aus der eigenen Klasse überdeckt statische importierte Methoden, was im Fall der `toString()`-Methode auffällt, die statisch aus der Utility-Klasse `Arrays` eingebunden werden kann. Der Compiler interpretiert `toString()` als Aufruf einer Objektmethode (auch dann, wenn die aufrufende Methode selbst statisch ist).

3.6.9 Eine Verzeichnisstruktur für eigene Projekte *

Neben der Einteilung in Pakete für das eigene Programm ist es auch sinnvoll, die gesamte Applikation in verschiedenen Verzeichnissen aufzubauen. Im Allgemeinen finden sich drei wichtige Hauptverzeichnisse: *src* für die Quellen, *lib* für externe Bibliotheken, auf die das Programm aufbaut, und *bin* (oder *build*) für die erzeugten Klassen-Dateien. Das Verzeichnis *src* lässt sich noch weiter unterteilen, etwa für Quellen, die Testfälle implementieren, oder für Beispiele:

src/
  core/
  examples/
  test/
lib/
bin/

Mehr Anregungen zur Verzeichnisstruktur gibt die Webseite *http://java.sun.com/blueprints/ code/projectconventions.html*.

3.7   Arrays

Ein *Array* (auch *Feld* oder *Reihung* genannt) ist ein spezieller Datentyp, der mehrere Werte zu einer Einheit zusammenfasst. Er ist mit einem Setzkasten vergleichbar, in dem die Plätze durchnummeriert sind. Angesprochen werden die Elemente über einen ganzzahligen Index. Jeder Platz (etwa für Schlümpfe) nimmt immer Werte des gleichen Typs auf (nur Schlümpfe und keine Pokémons). Normalerweise liegen die Plätze eines Arrays (seine Elemente) im Speicher hintereinander, doch ist dies ein für Programmierer nicht sichtbares Implementierungsdetail der virtuellen Maschine.

Jedes Array beinhaltet Werte nur eines bestimmten Datentyps bzw. Grundtyps. Dies können sein:

▶ elementare Datentypen wie `int`, `byte`, `long` und so weiter

▶ Referenztypen

▶ Referenztypen anderer Arrays, um mehrdimensionale Arrays zu realisieren

210

Arrays | **3.7**

3.7.1 Deklaration von Arrays

Eine Array-Variablendeklaration ähnelt einer gewöhnlichen Deklaration, nur dass nach dem Datentyp die Zeichen »[« und »]« gesetzt werden:

```
int[]    primes;
Point[] points;
```

Eine Variable wie `primes` hat jetzt den Typ »ist Feld« und »speichert `int`-Elemente«, also eigentlich zwei Typen.

Hinweis Die eckigen Klammern lassen sich bei der Deklaration einer Array-Variablen auch hinter den Namen setzen, doch ganz ohne Unterschied ist die Deklaration nicht. Das zeigt sich spätestens dann, wenn mehr als eine Variable deklariert wird:

[«]

```
int []primes,
   matrix[], threeDimMatrix[][];
```

entspricht der Deklaration

```
int primes[], matrix[][], threeDimMatrix[][][];
```

Damit Irrtümer dieser Art ausgeschlossen werden, sollten Sie in jeder Zeile nur eine Deklaration eines Typs schreiben. Nach reiner Java-Lehre gehören die Klammern jedenfalls hinter den Typbezeichner, so hat es Java-Schöpfer James Gosling gewollt.

3.7.2 Arrays mit Inhalt

Die bisherigen Deklarationen von Array-Variablen erzeugen noch lange kein Array-Objekt, das die einzelnen Array-Elemente aufnehmen kann. Wenn allerdings die Einträge direkt mit Werten belegt werden sollen, gibt es in Java eine Abkürzung, die ein Array-Objekt anlegt und zugleich mit Werten belegt.

Beispiel Wertebelegung eines Felds:

[zB]

```
int[] primes = { 2, 3, 5, 7, 7 + 4, };
String[] nouns = {
  "Haus", "Maus",
  "dog".toUpperCase(),    // DOG
  new java.awt.Point().toString()
};
```

In diesem Fall wird ein Feld mit passender Größe angelegt, und die Elemente, die in der Aufzählung genannt sind, werden in das Feld kopiert. Innerhalb der Aufzählung kann abschließend ein Komma stehen, wie die Aufzählung bei `primes` demonstriert.

3.7.3 Die Länge eines Arrays über das Attribut length auslesen

Die Anzahl der Elemente, die ein Array aufnehmen kann, wird *Größe* beziehungsweise *Länge* genannt und ist für jedes Array-Objekt in der frei zugänglichen Objektvariablen `length`

3 | Klassen und Objekte

gespeichert. `length` ist eine `public final int`-Variable, deren Wert entweder positiv oder null ist. Die Größe lässt sich später nicht mehr ändern.

[zB]

Beispiel Ein Feld und Ausgabe der Länge:

```
int[] primes = { 2, 3, 5, 7, 7 + 4, };
System.out.println( primes.length );          // 5
```

Feldlängen sind final

Das Attribut `length` eines Felds ist nicht nur öffentlich (`public`) und vom Typ `int`, sondern natürlich auch `final`. Schreibzugriffe sind nicht gestattet. (Was sollten sie bewirken? Eine dynamische Vergrößerung des Felds?) Ein Schreibzugriff führt zu einem Übersetzungsfehler.

3.7.4   Zugriff auf die Elemente über den Index

Der Zugriff auf die Elemente eines Felds erfolgt mithilfe der eckigen Klammern `[]`, die hinter die Referenz an das Array-Objekt gesetzt werden. In Java beginnt ein Array beim Index 0 (und nicht bei einer frei wählbaren Untergrenze wie in PASCAL). Da die Elemente eines Arrays ab 0 nummeriert werden, ist der letzte gültige Index um 1 kleiner als die Länge des Felds. Bei einem Array `a` der Länge `n` ist der gültige Bereich somit `a[0]` bis `a[n – 1]`.

[zB]

Beispiel Greife auf das erste und letzte Zeichen aus dem Feld zu:

```
char[] name  = { 'C', 'h', 'r', 'i', 's' };
char   first = name[ 0 ];                     // C
char   last  = name[ name.length - 1 ];       // s
```

Da der Zugriff auf die Variablen über einen Index erfolgt, werden diese Variablen auch *indexierte Variablen* genannt.

[zB]

Beispiel Laufe das Feld der ersten Primzahlen komplett ab:

```
int[] primes = { 2, 3, 5, 7, 7 + 4, };
for ( int i = 0; i < primes.length; i++ )    // Index: 0 <= i < 5 = primes.length
  System.out.println( primes[ i ] );
```

Über den Typ des Index *

Innerhalb der eckigen Klammern steht ein positiver Ganzzahl-Ausdruck vom Typ `int`, der sich zur Laufzeit berechnen lassen muss. `long`-Werte, `boolean`, Gleitkommazahlen oder Referenzen sind nicht möglich; durch `int` verbleiben aber mehr als zwei Milliarden Elemente. Bei Gleitkommazahlen bliebe die Frage nach der Zugriffstechnik. Hier müssten wir den Wert auf ein Intervall herunterrechnen.

212

Arrays | **3.7**

Strings sind keine Arrays *

Ein Array von char-Zeichen hat einen ganz anderen Typ als ein String-Objekt. Während bei Feldern eckige Klammern erlaubt sind, bietet die String-Klasse (bisher) kein Zugriff auf Zeichen über []. Die Klasse String bietet jedoch einen Konstruktor an, sodass aus einem Feld mit Zeichen ein String-Objekt erzeugt werden kann. Alle Zeichen des Felds werden kopiert, sodass anschließend Feld und String keine Verbindung mehr besitzen. Dies bedeutet: Wenn sich das Feld ändert, ändert sich der String nicht automatisch mit. Das kann er auch nicht, da Strings unveränderlich sind.

3.7.5   Array-Objekte mit new erzeugen

Ein Array muss mit dem new-Operator unter Angabe einer festen Größe erzeugt werden. Das Anlegen der Variablen allein erzeugt noch kein Feld mit einer bestimmten Länge. In Java ist das Anlegen des Felds genauso dynamisch wie die Objekterzeugung. Dies drückt auch der new-Operator aus.[15] Die Länge des Felds wird in eckigen Klammern angegeben. Hier kann ein beliebiger Integer-Wert stehen, auch eine Variable. Selbst 0 ist möglich.

Beispiel   Erzeuge ein Feld für zehn Elemente: **[zB]**
```
int[] values;
values = new int[ 10 ];
```
Die Feld-Deklaration ist auch zusammen mit der Initialisierung möglich:
```
double[] values = new double[ 10 ];
```
Die Felder mit den primitiven Werten sind mit 0, 0.0 oder false und bei Verweisen mit null initialisiert.

Dass Arrays Objekte sind, zeigen einige Indizien:

▶ Eine spezielle Form des new-Operators erzeugt ein Exemplar der Array-Klasse; new erinnert uns immer daran, dass ein Objekt zur Laufzeit aufgebaut wird.

▶ Ein Array-Objekt kennt das Attribut length, und auf dem Array-Objekt sind Methoden – wie clone() und alles, was java.lang.Object hat – definiert.

▶ Die Operatoren == und != haben ihre Objekt-Bedeutung: Sie vergleichen lediglich, ob zwei Variablen auf das gleiche Array-Objekt verweisen, aber auf keinen Fall die Inhalte der Arrays (das kann aber Arrays.equals()).

Der Zugriff auf die Array-Elemente über die eckigen Klammern [] lässt sich als versteckter Aufruf über geheime Methoden wie array.get(index) verstehen. Der []-Operator wird bei anderen Objekten nicht angeboten.

---

15 Programmiersprachen wie C(++) bieten bei der Felderzeugung Abkürzungen wie int array[100]. Das führt in Java zu einem Compilerfehler.

213

Der Index vom Typ »char« ist auch ein» int« *

Der Index eines Felds muss von einem Typ sein, der ohne Verlust in int konvertierbar ist. Dazu gehören byte, short und char. Günstig ist ein Index vom Typ char, zum Beispiel als Laufvariable, wenn Felder von Zeichenketten generiert werden:

```
char[] alphabet = new char[ 'z' - 'a' + 1 ]; // 'a' entspricht 97 und 'z' 122
for ( char c = 'a'; c <= 'z'; c++ )
  alphabet[ c - 'a' ] = c;                    // alphabet[0]='a', alphabet[1]='b', usw.
```

Genau genommen haben wir es auch hier mit Indexwerten vom Typ int zu tun, weil mit den char-Werten vorher noch gerechnet wird.

3.7.6 Fehler bei Arrays

Beim Zugriff auf ein Array-Element können Fehler auftreten. Zunächst einmal kann das Array-Objekt fehlen, sodass die Referenzierung fehlschlägt – etwa im folgenden Fall, bei dem der Compiler den Fehler nicht bemerkt:[16]

```
int[] array = null;
array[ 1 ] = 1;     // ☠ NullPointerException zur Laufzeit, nicht zur Compilierzeit
```

Die Strafe ist eine NullPointerException.

Weitere Fehler können im Index begründet sein. Dieser könnte negativ sein oder über der maximalen Länge liegen. Jeder Zugriff auf das Feld wird zur Laufzeit getestet. Auch bei Operationen, die für den Compiler entscheidbar wären, wird dieser Weg eingeschlagen, etwa bei den folgenden Zeilen:

```
int[] array = new int[ 100 ];
array[ -10 ] = 1;       // ☠ Fehler zur Laufzeit, nicht zur Compilierzeit
array[ 100 ] = 1;       // ☠ Fehler zur Laufzeit, nicht zur Compilierzeit
```

Hier könnte der Compiler theoretisch Alarm schlagen, was aber kaum ein Compiler bisher tut, denn der Zugriff auf Elemente mit einem ungültigen Index ist syntaktisch und statisch semantisch völlig in Ordnung.

Ist der Index negativ[17] oder zu groß, dann hagelt es eine IndexOutOfBoundsException. Wird diese nicht abgefangen, bricht das Laufzeitsystem das Programm mit einer Fehlermeldung ab. Dass die Feldgrenzen überprüft werden, ist Teil von Javas Sicherheit und lässt sich nicht abstellen. Es ist aber heute kein großes Performance-Problem mehr, da die Laufzeitumgebung nicht jeden Index prüfen muss, um sicherzustellen, dass ein Block mit Feldzugriff korrekt ist.

---

16 Obwohl er sich bei nicht initialisierten lokalen Variablen auch beschwert.

17 Ganz anders verhalten sich da Python oder Perl. Dort wird ein negativer Index dazu verwendet, ein Feldelement relativ zum letzten Array-Eintrag anzusprechen. Und auch bei C ist ein negativer Index durchaus möglich und praktisch.

Arrays | **3.7**

Spielerei: Index und das Inkrement *

Wir haben beim Inkrement schon ein Phänomen wie `i = i++` betrachtet. Ebenso ist auch die Anweisung bei einem Feldzugriff zu behandeln:

```
array[ i ] = i++;
```

Bei der Position `array[i]` wird `i` gesichert und anschließend die Zuweisung vorgenommen. Wenn wir eine Schleife darum konstruieren, erweitern wir dies zu einer Initialisierung:

```
int[] array = new int[ 4 ];
int i = 0;
while ( i < array.length )
  array[ i ] = i++;
```

Die Ausgabe ergibt 0, 1, 2 und 3. Von der Anwendung ist wegen mangelnder Übersicht abzuraten.

3.7.7 Die erweiterte for-Schleife

`for`-Schleifen laufen oft Felder oder Datenstrukturen ab. Nehmen wir als Beispiel einige Zeilen, die von einem Feld `array` mit Fließkommazahlen den Mittelwert berechnen. (Das Feld muss mindestens ein Element besitzen, sonst gibt es bei der Division eine Ausnahme.)

```
double sum = 0;
for ( int i = 0; i < array.length; i++ )
  sum += array[ i ];
double arg = sum / array.length;
```

Die Schleifenvariable `i` hat lediglich als Index ihre Berechtigung; nur damit lässt sich das Element an einer bestimmten Stelle im Feld ansprechen.

Weil das komplette Durchlaufen von Feldern häufig ist, wurde in Java 5 eine Abkürzung für solche Iterationen in die Sprache eingeführt:

```
for ( Typ Bezeichner : Feld )
  ...
```

Die erweiterte Form der `for`-Schleife löst sich vom Index und erfragt jedes Element des Felds. Das können Sie sich als Durchlauf einer Menge vorstellen, denn der Doppelpunkt liest sich als »in«. Rechts vom Doppelpunkt steht immer ein Feld oder, wie wir später sehen werden, etwas vom Typ `Iterable`, wie eine Datenstruktur. Links wird eine lokale Variable deklariert, die später beim Ablauf jedes Element der Sammlung annehmen wird.

Die Berechnung des Durchschnitts lässt sich nun umschreiben. Die statische Methode `avg()` soll den Mittelwert der Elemente eines Felds bestimmen. Eine Ausnahme zeigt an, ob der Feldverweis `null` ist oder das Feld keine Elemente enthält:

3 | Klassen und Objekte

Listing 3.7 Avg.java, avg()

```java
static double avg( double[] array )
{
  if ( array == null || array.length == 0 )
    throw new IllegalArgumentException( "Illegal array!" );
  double sum = 0;

  for ( double n : array )
    sum += n;

  return sum / array.length;
}
```

Zu lesen ist die `for`-Zeile demnach als »Für jedes Element `n` vom Typ `double` in `array` tue ...«. Eine Variable für den Schleifenindex ist nicht mehr nötig.

[zB]

Beispiel Rechts vom Doppelpunkt lässt sich auf die Schnelle ein Feld aufbauen, über das das erweiterte `for` dann laufen kann.

Listing 3.8 FirstPrimes.java, main()

```java
for ( int prime : new int[]{ 2, 3, 5, 7, 11, 13, 17, 19, 23, 29, 31, 37, 41} )
  System.out.println( prime );
```

Umsetzung und Einschränkung

Intern setzt der Compiler diese erweiterte `for`-Schleife ganz klassisch um, sodass der Bytecode unter beiden Varianten gleich ist. Nachteile der Variante sind jedoch:

▶ Das erweiterte `for` läuft immer das ganze Feld ab. Anfang- und Ende-Index können nicht ausdrücklich gesetzt werden.

▶ Die Ordnung ist immer von vorn nach hinten.

▶ Der Index ist nicht sichtbar.

▶ Die Schleife liefert ein Element, kann aber nicht in das Feld schreiben.

Abbrechen lässt sich die Schleife mit einem `break`. Bestehen andere Anforderungen, kann weiterhin nur eine klassische `for`-Schleife helfen.

3.7.8 Arrays mit nicht-primitiven Elementen

Der Datentyp der Array-Elemente muss nicht zwingend ein primitiver sein. Auch ein Array von Objektreferenzen kann deklariert werden. Dieses Array besteht dann nur aus Referenzen auf die eigentlichen Objekte, die in dem Array abgelegt werden sollen. Die Größe des Arrays im Speicher errechnet sich demnach aus der Länge des Felds, multipliziert mit dem Speicherbedarf einer Referenz. Nur das Array-Objekt selbst wird angelegt, nicht aber die Objekte, die das Array aufnehmen soll. Dies lässt sich einfach damit begründen, dass der Compiler auch gar nicht wüsste, welchen Konstruktor er aufrufen sollte.

216

Arrays | **3.7**

> **Beispiel** Ein nicht-primitives Feld mit fünf Punkt-Objekten: **[zB]**
> ```
> Point[] points = new Point[ 5 ];
> ```
> Hier wird Platz für fünf Verweise auf Punkt-Objekte geschaffen, aber kein einziges `Point`-Objekt angelegt. Standardmäßig werden die Array-Elemente mit der `null`-Referenz initialisiert, sodass `System.out.println(points[0])` die Ausgabe »null« auf den Bildschirm gibt. Später würde das Feld etwa mit `points[0] = new Point()` gefüllt.

Fünf Punkte sollen angelegt und mit willkürlichen Werten gefüllt werden. Die Zufallszahlen erzeugt die mathematische Methode `Math.random()`. Da die statische Methode jedoch Fließkommazahlen zwischen 0 und 1 liefert, werden die Zahlen zunächst durch Multiplikation frisiert und dann abgeschnitten:

```
Point[] points = new Point[ 5 ];
for ( int i = 0; i < points.length; i++ )
  points[ i ] = new Point( (int)(Math.random() * 100),
                           (int)(Math.random() * 100) );
for ( Point p : points )
  System.out.println( p );
```

Die Ausgabe erzeugt zum Beispiel Folgendes:

```
java.awt.Point[x=59,y=77]
java.awt.Point[x=47,y=86]
java.awt.Point[x=18,y=71]
java.awt.Point[x=55,y=97]
java.awt.Point[x=12,y=70]
```

3.7.9 Mehrdimensionale Arrays *

Java realisiert mehrdimensionale Arrays durch Arrays von Arrays. Sie können etwa für die Darstellung von mathematischen Matrizen oder Rasterbildern Verwendung finden.

> **Beispiel** Ebenso wie bei eindimensionalen Feldern lassen sich mehrdimensionale Felder **[zB]** gleich beim Anlegen initialisieren:
> ```
> int[][] A3x2 = { {1, 2}, {2, 3},    {3, 4} };
> int[][] B    = { {1, 2}, {2, 3, 4}, {5} };
> ```
> Der zweite Fall lässt erkennen, dass das Feld nicht unbedingt rechteckig sein muss.

Die folgende Zeile deklariert ein zweidimensionales Feld mit dem Platz für 32 Zellen, angeordnet in vier Zeilen und acht Spalten:

```
int[][] A = new int[ 4 ][ 8 ];
```

Zwei alternative Deklarationen sind:

```
int A[][] = new int[ 4 ][ 8 ];    // Der Typ von A ist ein zweidimensionales Array
int[] A[] = new int[ 4 ][ 8 ];    // mit dem Elementtyp int
```

217

3 | Klassen und Objekte

Einzelne Elemente spricht der Ausdruck `A[i][j]` an.[18] Der Zugriff erfolgt mit so vielen Klammerpaaren, wie die Dimension des Arrays angibt. Obwohl mehrdimensionale Arrays im Prinzip Arrays mit Arrays als Elementen sind, lassen sie sich leicht deklarieren.

[zB] **Beispiel** Der Aufbau von zweidimensionalen Feldern ist vergleichbar mit einer Matrix beziehungsweise Tabelle. Dann lässt sich der Eintrag im Feld `a[x][y]` in folgender Tabelle ablesen:

```
a[0][0]  a[0][1]  a[0][2]  a[0][3]  a[0][4]  a[0][5]  ...
a[1][0]  a[1][1]  a[1][2]  a[1][3]  a[1][4]  a[1][5]
a[2][0]  a[2][1]  a[2][2]  a[2][3]  a[2][4]  a[2][5]
...
```

Nichtrechteckige Felder

Da in Java mehrdimensionale Arrays als Arrays von Arrays implementiert sind, müssen diese nicht zwingend rechteckig sein. Jede Zeile im Feld kann eine eigene Größe haben.

[zB] **Beispiel** Ein dreieckiges Array mit Zeilen der Länge 1, 2 und 3:

```
int[][] a = new int[ 3 ][];
for ( int i = 0; i < 3; i++ )
  a[ i ] = new int[ i + 1 ];
```

Initialisierung von mehrdimensionalen Feldern

Wenn wir ein mehrdimensionales Feld deklarieren, erzeugen versteckte Schleifen automatisch die inneren Felder. Im Vergleich von

```
int[][] a = new int[ 3 ][ 4 ];
int[][] a = new int[ 3 ][];
```

erzeugt die Laufzeitumgebung die passenden Unterfelder automatisch. Dies ist im zweiten Fall nicht so. Hier müssen wir selbst die Unterfelder initialisieren, bevor wir auf die Elemente zugreifen:

```
for ( int i = 0; i < a.length; i++ )
  a[ i ] = new int[ 4 ];
```

PS: `int[][] m = new int[][4];` funktioniert natürlich nicht!

[zB] **Beispiel** Verschiedene Möglichkeiten, ein mehrdimensionales Array zu initialisieren:

```
int[][] A3x2 = { {1,2}, {2,3}, {3,4} };
```

beziehungsweise

```
int[][] A3x2 = new int[][]{ {1,2}, {2,3}, {3,4} };
```

---

18 Die in Pascal übliche Notation `A[i,j]` wird in Java nicht unterstützt. Die Notation wäre im Prinzip möglich, da Java im Gegensatz zu C(++) den Komma-Operator nur in `for`-Schleifen zulässt.

Arrays | **3.7**

> beziehungsweise
> ```
> int[][] A3x2 = new int[][]{ new int[]{1,2}, new int[]{2,3}, new int[]{3,4} };
> ```

Das pascalsche Dreieck

Das folgende Beispiel zeigt eine weitere Anwendung von nichtrechteckigen Arrays, in der das pascalsche Dreieck nachgebildet wird. Das Dreieck ist so aufgebaut, dass die Elemente unter einer Zahl genau die Summe der beiden direkt darüberstehenden Zahlen bilden. Die Ränder sind mit Einsen belegt.

Listing 3.9 Das pascalsche Dreieck

```
            1
          1   1
        1   2   1
      1   3   3   1
    1   4   6   4   1
  1   5  10  10   5   1
1   6  15  20  15   6   1
```

In der Implementierung wird zu jeder Ebene dynamisch ein Feld mit der passenden Länge angefordert. Die Ausgabe tätigt `printf()` mit einigen Tricks mit dem Formatspezifizierer, da wir auf diese Weise ein führendes Leerzeichen bekommen:

Listing 3.10 PascalsTriangle.java

```java
class PascalsTriangle
{
  public static void main( String[] args )
  {
    int[][] triangle = new int[7][];

    for ( int row = 0; row < triangle.length; row++ )
    {
      System.out.printf( "%." + (14 - row*2) +"s", "                " );

      triangle[row] = new int[row + 1];

      for ( int col = 0; col <= row; col++ )
      {
        if ( (col == 0) || (col == row) )
          triangle[row][col] = 1;
        else
          triangle[row][col] = triangle[row - 1][col - 1] + triangle[row - 1][col];

        System.out.printf( "%3d ", triangle[row][col] );
      }

      System.out.println();
```

219

3 | Klassen und Objekte

```
        }
    }
}
```

Die Anweisung `System.out.printf("%." + (14 – row*2) +"s", "          ")` produziert Einrückungen. Ohne die Konkatenation liest es sich einfacher:

`System.out.printf( "%.14s", "          " )` führt zu "   "

`System.out.printf( "%.12s", "          " )` führt zu "   "

`System.out.printf( "%.10s", "          " )` führt zu "   "

usw.

Andere Anwendungen

Auf diese Art und Weise ist die Verwaltung von symmetrischen Matrizen einfach, da eine solche Matrix symmetrisch zur Diagonalen gleiche Elemente enthält. Daher kann entweder die obere oder die untere Dreiecksmatrix entfallen. Besonders nützlich ist der Einsatz dieser effizienten Speicherform für Adjazenzmatrizen[19] bei ungerichteten Graphen.

3.7.10 Vorinitialisierte Arrays *

Wenn wir in Java ein Array-Objekt erzeugen und gleich mit Werten initialisieren wollen, dann schreiben wir etwa:

```
int[] primes = { 2, 3, 5, 7, 11, 13 };
```

Sollen die Feldinhalte erst nach der Variablendeklaration initialisiert oder das Feld auch ohne Variable genutzt werden, so erlaubt Java dies nicht, und ein Versuch wie der folgende schlägt fehl:

```
int[] primes;
primes = { 2, 5, 7, 11, 13 }; // ☠ Array constants can only be used in
                              // initializers
avg( { 1.23, 4.94, 9.33, 3.91, 6.34 } );   // ☠ Ebenfalls Compilerfehler
```

Zur Lösung gibt es zwei Ansätze. Der erste ist die Einführung einer neuen Variablen:

```
int[] primes;
int[] tmpprimes = { 2, 5, 7, 11, 13 };
primes = tmpprimes;
```

---

19 Eine Adjazenzmatrix stellt eine einfache Art dar, Graphen zu speichern. Sie besteht aus einem zweidimensionalen Array, das die Informationen über vorhandene Kanten im (gerichteten) Graphen enthält. Existiert eine Kante von einem Knoten zum anderen, so befindet sich in der Zelle ein Eintrag: entweder `true`/`false` für »Ja, die beiden sind verbunden« oder ein Ganzzahlwert für eine Gewichtung (Kantengewicht).

Dann gibt es eine Variante des new-Operators, der durch ein Paar eckiger Klammern erweitert wird. Es folgen in geschweiften Klammern die Initialwerte des Arrays. Die Größe des Arrays entspricht genau der Anzahl der Werte. Für die oberen Beispiele ergibt sich folgende Schreibweise:

```
int[] primes;
primes = new int[]{ 2, 5, 7, 11, 13 };
avg( new double[]{ 1.23, 4.94, 9.33, 3.91, 6.34 } );
```

Da, wie im zweiten Beispiel, ein initialisiertes Feld mit Werten gleich an die Methode übergeben und keine zusätzliche Variable benutzt wird, heißt diese Art der Arrays »anonyme Arrays«. Eigentlich gibt es auch sonst anonyme Arrays, wie new int[2000].length zeigt, doch wird in diesem Fall das Feld nicht mit Werten initialisiert.

Die Wahrheit über die Array-Initialisierung

So schön die kompakte Initialisierung der Feldelemente ist, so laufzeit- und speicherintensiv ist sie auch. Da Java eine dynamische Sprache ist, passt das Konzept der Array-Initialisierung nicht ganz in das Bild. Daher wird die Initialisierung auch erst zur Laufzeit durchgeführt. Unser Primzahlfeld

```
int[] primes = { 2, 3, 5, 7, 11, 13 };
```

wird vom Java-Compiler umgeformt und analog zu Folgendem behandelt:

```
int[] primes = new int[ 6 ];
primes[ 0 ] = 2;
primes[ 1 ] = 3;
primes[ 2 ] = 5;
primes[ 3 ] = 7;
primes[ 4 ] = 11;
primes[ 5 ] = 13;
```

Erst nach kurzem Überlegen wird das Ausmaß sichtbar: Zunächst ist es der Speicherbedarf für die Methoden. Ist das Feld primes in einer Methode deklariert und mit Werten initialisiert, kostet die Zuweisung Laufzeit, da wir viele Zugriffe haben, die auch alle schön durch die Index-Überprüfung gesichert sind. Da zudem der Bytecode für eine einzelne Methode wegen diverser Beschränkungen in der JVM nur beschränkt lang sein darf, kann dieser Platz für richtig große Arrays schnell erschöpft sein. Daher ist davon abzuraten, etwa Bilder oder große Tabellen im Programmcode zu speichern. Unter C war es populär, ein Programm einzusetzen, das eine Datei in eine Folge von Array-Deklarationen verwandelte. Ist dies in Java wirklich nötig, sollten wir Folgendes in Betracht ziehen:

▶ Wir verwenden ein statisches Feld (eine Klassenvariable), sodass das Array nur einmal während des Programmlaufs initialisiert werden muss.

▶ Sind die Werte im Byte-Bereich, können wir sie in einen String konvertieren und später den String in ein Feld umwandeln. Das ist eine sehr clevere Methode, um Binärdaten einfach unterzubringen.

3 | Klassen und Objekte

3.7.11 Mehrere Rückgabewerte *

Wenn wir in Java Methoden schreiben, dann haben sie über `return` höchstens einen Rückgabewert. Wollen wir aber mehr als einen Wert zurückgeben, müssen wir eine andere Lösung suchen. Zwei Ideen lassen sich verwirklichen:

► Behälter wie Arrays oder andere Sammlungen fassen Werte zusammen und liefern sie als Rückgabe.

► Spezielle Behälter werden übergeben, in denen die Methode Rückgabewerte platziert; eine `return`-Anweisung ist nicht mehr nötig.

Betrachten wir eine statische Methode, die für zwei Zahlen die Summe und das Produkt als Array liefert:

Listing 3.11 MultipleReturnValues.java

```java
public class MultipleReturnValues
{
  static int[] productAndSum( int a, int b )
  {
    return new int[]{ a * b, a + b };
  }

  public static void main( String[] args )
  {
    System.out.println( productAndSum(9, 3)[ 1 ] );
  }
}
```

[»] **Hinweis** Eine ungewöhnliche Syntax in Java erlaubt es, bei Feldrückgaben das Paar eckiger Klammern auch hinter den Methodenkopf zu stellen, also statt

```java
static int[] productAndSum( int a, int
```

alternativ Folgendes zu schreiben:

```java
static int productAndSum( int a, int b )[]
```

3.7.12 Methode mit variabler Argumentanzahl (Vararg)

Bei vielen Methoden ist es klar, wie viele Argumente sie haben; eine Sinus-Methode bekommt ohnehin nur ein Argument. Es gibt jedoch Methoden, bei denen die Zahl mehr oder weniger frei ist, etwa bei der Methode `max()`. Die Klasse `java.lang.Math` sieht eine statische `max()`-Methode mit zwei Argumenten vor, doch grundsätzlich könnte die Methode auch ein Feld entgegennehmen und von diesen Elementen das Maximum bilden. Java 5 sieht eine weitere Möglichkeit vor: Methoden mit *variabler Argumentanzahl*, auch *Varargs* genannt.

Eine Methode mit variabler Argumentanzahl nutzt die Ellipse (»...«) zur Verdeutlichung, dass eine beliebige Anzahl Argumente angegeben werden darf. Der Typ fällt dabei aber nicht unter den Tisch; er wird ebenfalls angegeben:

222

Arrays | **3.7**

```
static int max( int... array )
{
}
```

Die statische Methode `max()` behandelt `array` wie ein Feld. Da wir Argumente vom Typ `int` fordern, ist `array` vom Typ `int[]` und kann so zum Beispiel mit dem erweiterten `for` durchlaufen werden:

```
for ( int e : array )
  ...
```

Werden variable Argumentlisten in der Signatur definiert, so dürfen sie nur den letzten Parameter bilden; andernfalls könnte der Compiler bei den Parametern nicht unbedingt zuordnen, was nun ein Vararg und was schon der nächste gefüllte Parameter ist:

Listing 3.12 MaxVarArgs.java

```
public class MaxVarArgs
{
  static int max( int... array )
  {
    if ( array == null || array.length == 0 )
      throw new IllegalArgumentException( "Array null oder leer!" );

    int currentMax = Integer.MIN_VALUE;
    for ( int e : array )
      if ( e > currentMax )
        currentMax = e;
    return currentMax;
  }

  public static void main( String[] args )
  {
    System.out.println( max(1, 2, 9, 3) );      // 9
  }
}
```

Der Nutzer kann jetzt die Methode aufrufen, ohne ein Feld für die Argumente explizit zu definieren. Er bekommt auch gar nicht mit, dass der Compiler im Hintergrund ein Feld mit vier Elementen angelegt hat. So übergibt der Compiler:

```
System.out.println( max( new int[] { 1, 2, 9, 3 } ) );
```

An der Schreibweise lässt sich gut ablesen, dass wir ein Feld auch von Hand übergeben können:

```
int[] feld = { 1, 2, 9, 3 };
System.out.println( max(feld) );
```

Hinweis Da Varargs als Felder umgesetzt werden, sind überladene Varianten wie `max(int... array)` und `max(int[] array)`, also einmal mit einem Vararg und einmal mit einem Feld, nicht möglich. Besser ist es hier, immer eine Variante mit Varargs zu nehmen, da diese mächtiger ist.

[«]

3 | Klassen und Objekte

3.7.13 Klonen kann sich lohnen – Arrays vermehren *

Wollen wir eine Kopie eines Arrays mit gleicher Größe und gleichem Elementtyp schaffen, so nutzen wir dazu die Objektmethode clone().[20] Sie klont – in unserem Fall kopiert – die Elemente des Array-Objekts in ein neues. Im Fall von geklonten Objekt-Feldern ist es wichtig, zu verstehen, dass die Kopie flach ist. Die Verweise aus dem ersten Feld kopiert clone() in das neue, es klont aber die Objekte selbst nicht. Bei mehrdimensionalen Arrays wird also nur die erste Dimension kopiert, Unter-Arrays werden somit gemeinsam genutzt:

Listing 3.13 CloneDemo.java, main()

```
int[] sourceArray = new int[ 6 ];
sourceArray[ 0 ]  = 4711;
int[] targetArray = sourceArray.clone();
System.out.println( targetArray.length );  // 6
System.out.println( targetArray[ 0 ] );     // 4711
Point[] pointArray1 = { new Point(1, 2), new Point(2, 3) };
Point[] pointArray2 = pointArray1.clone();
System.out.println( pointArray1[ 0 ] == pointArray2[ 0 ] );  // true
```

Die letzte Zeile zeigt anschaulich, dass die beiden Felder dasselbe Point-Objekt referenzieren; die Kopie ist flach, aber nicht tief.

3.7.14 Feldinhalte kopieren *

Eine weitere nützliche statische Methode ist System.arraycopy(). Sie kann auf zwei Arten arbeiten:

▶ *Auf zwei schon existierenden Feldern.* Ein Teil eines Feldes wird in ein anderes Feld kopiert. arraycopy() eignet sich dazu, sich vergrößernde Felder zu implementieren, indem zunächst ein neues größeres Feld angelegt wird und anschließend die alten Feldinhalte in das neue Feld kopiert werden.

▶ *Auf dem gleichen Feld.* So lässt sich die Methode dazu verwenden, Elemente eines Felds um bestimmte Positionen zu verschieben. Die Bereiche können sich durchaus überlappen.

`final class java.lang.System`

▶ `static void arraycopy( Object src, int srcPos, Object dest, int destPos, int length )`
  Kopiert length viele Einträge des Arrays src ab der Position srcPos in ein Array dest ab der Stelle destPos. Der Typ des Feldes ist egal, es muss nur in beiden Fällen der gleiche Typ sein. Die Methode arbeitet für große Felder schneller als eine eigene Kopierschleife.

[zB]   **Beispiel**   Um zu zeigen, dass arraycopy() auch innerhalb des eigenen Feldes kopiert, sollen alle Elemente bis auf eines im Feld f nach links und nach rechts bewegt werden:

---

20 Das ist gültig, da Arrays intern die Schnittstelle Cloneable implementieren. System.out.println(new int[0] instanceof Cloneable); gibt true zurück.

224

```
System.arraycopy( f, 1, f, 0, f.length - 1 );   // links
System.arraycopy( f, 0, f, 1, f.length - 1 );   // rechts
```
Hier bleibt jedoch ein Element doppelt!

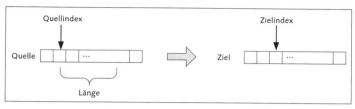

Abbildung 3.4 Kopieren der Elemente von einem Feld in ein anderes

3.7.15 Die Klasse »Arrays« zum Vergleichen, Füllen und Suchen nutzen

Die Klasse `java.util.Arrays` deklariert nützliche statische Methoden im Umgang mit Arrays. So bietet sie Möglichkeiten zum Vergleichen, Sortieren und Füllen von Feldern sowie zur binären Suche.

java.util.Arrays
+ sort(int[])
+ sort(int[], int, int)
+ sort(long[])
+ sort(long[], int, int)
+ sort(short[])
+ sort(short[], int, int)
+ sort(char[])
+ sort(byte[])
+ sort(float[])
+ sort(double[])
+ sort(double[], int, int)
+ sort(Object[])
+ sort(Object[], int, int)
+ sort(T[], Comparator<? super T>) <T>
+ sort(T[], int, int, Comparator<? super T>) <T>
+ binarySearch(long[], long): int
+ binarySearch(int[], int): int
+ binarySearch(int[], int, int, int): int
+ binarySearch(short[], short): int
+ binarySearch(short[], int, int, short): int
+ binarySearch(char[], char): int
+ binarySearch(char[], int, int, char): int
+ binarySearch(byte[], byte): int
+ binarySearch(byte[], int, int, byte): int
+ binarySearch(double[], double): int
+ binarySearch(double[], int, int, double): int
+ binarySearch(float[], float): int
+ binarySearch(float[], int, int, float): int
+ binarySearch(Object[], Object): int
+ binarySearch(Object[], int, int, Object): int
+ binarySearch(T[], T, Comparator<? super T>): int <T>
+ binarySearch(T[], int, int, T, Comparator<? super T>): int <T>
+ equals(long[], long[]): boolean
+ equals(int[], int[]): boolean
+ equals(short[], short[]): boolean
+ equals(char[], char[]): boolean
+ equals(byte[], byte[]): boolean
+ equals(boolean[], boolean[]): boolean
+ equals(double[], double[]): boolean
+ equals(Object[], Object[]): boolean
+ fill(long[], long)
+ fill(long[], int, int, long)
+ fill(int[], int)
+ fill(int[], int, int, int)
+ fill(short[], short)
+ fill(char[], char)
+ fill(char[], int, int, char)
+ fill(byte[], byte)
+ fill(byte[], int, int, byte)
+ fill(boolean[], boolean)
+ fill(boolean[], int, int, boolean)
+ fill(double[], double)
+ fill(double[], int, int, double)
+ fill(float[], float)
+ fill(float[], int, int, float)
+ fill(Object[], Object)
+ fill(Object[], int, int, Object)
+ copyOf(U[], int, Class<? extends T[]>) <T,U>
+ copyOf(byte[], int): byte[]
+ copyOf(short[], int): short[]
+ copyOf(int[], int): int[]
+ copyOf(long[], int): long[]
+ copyOf(char[], int): char[]
+ copyOf(float[], int): float[]
+ copyOf(double[], int): double[]
+ copyOfRange(U[], int, int, Class<? extends T[]>) <T,U>
+ copyOfRange(byte[], int, int): byte[]
+ copyOfRange(int[], int, int): int[]
+ copyOfRange(long[], int, int): long[]
+ copyOfRange(char[], int, int): char[]
+ copyOfRange(float[], int, int): float[]
+ copyOfRange(double[], int, int): double[]
+ copyOfRange(boolean[], int, int): boolean[]
+ asList(T[]) <T>
+ hashCode(long[]): int
+ hashCode(int[]): int
+ hashCode(short[]): int
+ hashCode(char[]): int
+ hashCode(boolean[]): int
+ hashCode(float[]): int
+ hashCode(double[]): int
+ hashCode(Object[]): int
+ deepHashCode(Object[]): int
+ deepEquals(Object[], Object[]): boolean
+ toString(long[]): String
+ toString(int[]): String
+ toString(short[]): String
+ toString(char[]): String
+ toString(byte[]): String
+ toString(boolean[]): String
+ copyOfRange(, int, int) <T>
+ toString(float[]): String
+ toString(double[]): String
+ toString(Object[]): String
+ deepToString(Object[]): String
+ copyOf(, int) <T>
+ sort(char[], int, int)
+ sort(byte[], int, int)
+ sort(float[], int, int)
+ binarySearch(long[], int, int, long): int
+ equals(float[], float[]): boolean
+ fill(short[], int, int, short)
+ copyOf(boolean[], int): boolean[]
+ copyOfRange(short[], int, int): short[]
+ hashCode(byte[]): int

3 | Klassen und Objekte

String-Repräsentation eines Feldes

Nehmen wir an, wir haben es mit einem Feld von Hundenamen zu tun, das wir auf dem Bildschirm ausgeben wollen:

Listing 3.14 DogArrayToString, main()

```
String[] dogs = {
    "Flocky Fluke", "Frizzi Faro", "Fanny Favorit", "Frosty Filius",
    "Face Flash", "Fame Friscco" };
```

Soll der Feldinhalt zum Testen auf den Bildschirm gebracht werden, so kommt eine Ausgabe mit `System.out.println(dogs)` *nicht* in Frage, denn `toString()` ist auf dem Objekttyp Array nicht sinnvoll definiert:

```
System.out.println( dogs );                 // [Ljava.lang.String;@10b62c9
```

Die statische Methode `Arrays.toString(array)` liefert für unterschiedliche Feldtypen die gewünschte String-Repräsentation des Feldes:

```
System.out.println( Arrays.toString(dogs) ); // [Flocky Fluke, ...]
```

Das spart eine `for`-Schleife, die durch das Feld läuft und auf jedem Element `print()` aufruft:

---

class java.util.**Arrays**

▶ `static String toString( XXX[] a )`
Liefert eine String-Repräsentation des Feldes. Der Typ `XXX` steht stellvertretend für `boolean`, `byte`, `char`, `short`, `int`, `long`, `float`, `double`.

▶ `static String toString( Object[] a )`
Liefert eine String-Repräsentation des Feldes. Im Fall des Objekttyps ruft die Methode auf jedem Objekt im Feld `toString()` auf.

▶ `static String deepToString( Object[] a )`
Ruft auch auf jedem Unterfeld `Arrays.toString()` auf und nicht nur `toString()` wie bei jedem anderen Objekt.

Sortieren

Diverse statische `Arrays.sort()`-Methoden ermöglichen das Sortieren von Elementen im Feld. Bei primitiven Elementen (kein `boolean`) gibt es keine Probleme, da sie eine natürliche Ordnung haben. Im Fall von Objekten müssen sie vergleichbar sein. Das gelingt entweder mit einem extra `Comparator`, oder die Klassen implementieren die Schnittstelle `Comparable`. Kapitel 9, »Besondere Klassen der Java SE«, beschreibt diese Möglichkeiten präzise.

---

class java.util.**Arrays**

▶ `static void sort( XXX[] a )`

▶ `static void sort( XXX[] a, int fromIndex, int toIndex )`
Sortiert die gesamte Liste vom Typ `XXX` (wobei `XXX` für `byte`, `char`, `short`, `int`, `long`, `float`, `double` steht) oder einen ausgewählten Teil. Bei angegebenen Grenzen ist `fromIndex` wie-

226

der inklusiv und `toIndex` exklusiv. Sind die Grenzen fehlerhaft, löst die Methode eine `IllegalArgumentException` (im Fall `fromIndex > toIndex`) beziehungsweise eine `Array-IndexOutOfBoundsException` (`fromIndex < 0` oder `toIndex > a.length`) aus.

▶ `static void sort( Object[] a )`

▶ `static void sort( Object[] a, int fromIndex, int toIndex )`
Sortiert ein Feld von Objekten. Die Elemente müssen `Comparable` implementieren. Bei der Methode gibt es keinen generischen Typ-Parameter.

▶ `static <T> void sort( T[] a, Comparator<? super T> c )`

▶ `static <T> void sort(T[] a, int fromIndex, int toIndex, Comparator<? super T> c )`
Sortiert ein Feld von Objekten mit gegebenem `Comparator`.

Felder vergleichen mit »Arrays.equals()« und »Arrays.deepEquals()« *

Die statische Methode `Arrays.equals()` vergleicht, ob zwei Felder die gleichen Inhalte besitzen; dazu ist die überladene Methode für alle wichtigen Typen definiert. Wenn ja, ist die Rückgabe der Methode `true`, sonst `false`. Natürlich müssen beide Arrays schon die gleiche Anzahl von Elementen besitzen, sonst ist der Test sofort vorbei und das Ergebnis `false`. Im Fall von Objektfeldern nutzt `Arrays.equals()` nicht die Identitätsprüfung per `==`, sondern die Gleichheit per `equals()`:

```
int[] array = { 1, 2, 3, 4 };
int[] clone = array.clone();
System.out.println( Arrays.equals( array, clone ) );          // true
```

Ein Vergleich von Teilfeldern ist leider auch nach mehr als zehn Jahren Java-Bibliothek einfach nicht vorgesehen.

Bei unterreferenzierten Feldern betrachtet `Arrays.equals()` das innere Feld als einen Objektverweis und vergleicht es auch mit `equals()` – was jedoch bedeutet, dass nicht identische, aber mit gleichen Elementen referenzierte innere Felder als ungleich betrachtet werden. Die statische Methode `deepEquals()` bezieht auch unterreferenzierte Felder in den Vergleich mit ein. Ein Beispiel verdeutlicht den Unterschied zwischen `equals()` und `deepEquals()`:

Listing 3.15 ArrayEqualsDemo.java, main()

```
int[][] a1 = { { 0, 1 }, { 1, 0 } };
int[][] a2 = { { 0, 1 }, { 1, 0 } };
System.out.println( Arrays.equals( a1, a2 ) );      // false
System.out.println( Arrays.deepEquals( a1, a2 ) );  // true
System.out.println( a1[0] );                        // zum Beispiel [I@10b62c9
System.out.println( a2[0] );                        // zum Beispiel [I@82ba41
```

Den Grund für das unterschiedliche Verhalten zeigen die beiden letzten Konsolenausgaben: Die von `a1` und `a2` unterreferenzierten Felder enthalten die gleichen Elemente, sind aber zwei unterschiedliche Objekte, also nicht identisch. `deepEquals()` vergleicht auch eindimensionale Felder:

3 | Klassen und Objekte

```
Object[] b1 = { "1", "2", "3" };
Object[] b2 = { "1", "2", "3" };
System.out.println( Arrays.deepEquals( b1, b2 ) ); // true
```

class java.util.Arrays

▶ `static boolean equals( XXX[] a, XXX[] a2 )`
Vergleicht zwei Felder gleichen Typs und liefert `true`, wenn die Felder gleich groß und Elemente paarweise gleich sind. `XXX` steht stellvertretend für `boolean`, `byte`, `char`, `int`, `short`, `long`, `double`, `float`.

▶ `static boolean equals( Object[] a, Object[] a2 )`
Vergleicht zwei Felder mit Objektverweisen. Ein Objekt-Feld darf `null` enthalten; dann gilt für die Gleichheit `e1==null ? e2==null : e1.equals(e2)`.

▶ `static boolean deepEquals( Object[] a1, Object[] a2 )`
Liefert `true`, wenn die beiden Felder ebenso wie alle Unterfelder – rekursiv im Fall von Unter-Objekt-Feldern – gleich sind.

Füllen von Feldern *

`Arrays.fill()` füllt ein Feld mit einem festen Wert. Der Start-Endbereich lässt sich optional angeben.

[zB]

> **Beispiel** Fülle ein `char`-Feld mit Sternchen:
> ```
> char[] chars = new char[ 4 ];
> Arrays.fill( chars, '*' );
> System.out.println( Arrays.toString( chars ) ); // [*, *, *, *]
> ```

class java.util.Arrays

▶ `static void fill( XXX[] a, XXX val )`

▶ `static void fill( XXX[] a, int fromIndex, int toIndex, XXX val )`
Setzt das Element `val` in das Feld. Mögliche Typen für `XXX` sind `boolean`, `char`, `byte`, `short`, `int`, `long`, `double`, `float` oder mit `Object` beliebige Objekte. Beim Bereich ist `fromIndex` inklusiv und `toIndex` exklusiv.

Feldabschnitte kopieren *

Die Klasse `Arrays` bietet eine Reihe von `copyOf()`- bzw. `copyOfRange()`-Methoden, die gegenüber `clone()` den Vorteil haben, dass sie auch Bereichsangaben erlauben und das neue Feld größer machen können; im letzten Fall füllen die Methoden das Feld je nach Typ mit `null`, `false` oder 0.

Listing 3.16 ArraysCopyOfDemo.java, main()

```
String[] snow = { "Neuschnee", "Altschnee", "Harsch", "Firn" };

String[] snow1 = Arrays.copyOf( snow, 2 );          // [Neuschnee, Altschnee]
```

```
String[] snow2 = Arrays.copyOf( snow, 5 );          // [Neuschnee, Altschnee, ↵
                                                    // Harsch, Firn, null]
String[] snow3 = Arrays.copyOfRange( snow, 2, 4 ); // [Harsch, Firn]
String[] snow4 = Arrays.copyOfRange( snow, 2, 5 ); // [Harsch, Firn, null]
```

class java.util.**Arrays**

▸ static boolean[] copyOf(boolean[] original, int newLength)

▸ static byte[] copyOf(byte[] original, int newLength)

▸ static char[] copyOf(char[] original, int newLength)

▸ static double[] copyOf(double[] original, int newLength)

▸ static float[] copyOf(float[] original, int newLength)

▸ static int[] copyOf(int[] original, int newLength)

▸ static long[] copyOf(long[] original, int newLength)

▸ static short[] copyOf(short[] original, int newLength)

▸ static <T> T[] copyOf(T[] original, int newLength)

▸ static <T,U> T[] copyOf(U[] original, int newLength, Class<? extends T[]> newType)

▸ static boolean[] copyOfRange(boolean[] original, int from, int to)

▸ static byte[] copyOfRange(byte[] original, int from, int to)

▸ static char[] copyOfRange(char[] original, int from, int to)

▸ static double[] copyOfRange(double[] original, int from, int to)

▸ static float[] copyOfRange(float[] original, int from, int to)

▸ static int[] copyOfRange(int[] original, int from, int to)

▸ static long[] copyOfRange(long[] original, int from, int to)

▸ static short[] copyOfRange(short[] original, int from, int to)

▸ static <T> T[] copyOfRange(T[] original, int from, int to)

▸ static <T,U> T[] copyOfRange(U[] original, int from, int to,
                                 Class<? extends T[]> newType)

Erzeugt ein neues Feld mit der gewünschten Größe beziehungsweise dem angegebenen Bereich aus einem existierenden Feld. Wie üblich ist der Index from inklusiv und to exklusiv.

Beispiel Hänge zwei Arrays aneinander. Das ist ein gutes Beispiel für copyOf(), wenn das Zielfeld größer ist: [zB]

```
public static <T> T[] concat( T[] first, T[] second
{
  T[] result = Arrays.copyOf( first, first.length + second.length );
  System.arraycopy( second, 0, result, first.length, second.length );

  return result;
}
```

3 | Klassen und Objekte

Halbierungssuche *

Ist das Feld sortiert, lässt sich mit `Arrays.binarySearch()` eine binäre Suche (Halbierungssuche) durchführen. Ist das Feld nicht sortiert, ist das Ergebnis unvorhersehbar. Findet `binarySearch()` das Element, ist der Rückgabewert der Index der Fundstelle, andernfalls ist die Rückgabe negativ:

`class java.util.`**`Arrays`**

▶ `static int binarySearch( XXX[] a, XXX key )`
Sucht mit der Halbierungssuche nach einem Schlüssel. `XXX` steht stellvertretend für `byte`, `char`, `int`, `long`, `float`, `double`.

▶ `static int binarySearch( Object[] a, Object key )`
Sucht mit der Halbierungssuche nach `key`. Die Objekte müssen die Schnittstelle `Comparable` implementieren; das bedeutet im Allgemeinen, dass die Elemente vom gleichen Typ sein müssen – also nicht Strings und Hüpfburg-Objekte gemischt.

▶ `static <T> int binarySearch( T[] a, T key, Comparator<? super T> c )`
Sucht mit der Halbierungssuche ein Element im Objektfeld. Die Vergleiche übernimmt ein spezielles Vergleichsobjekt `c`.

▶ `static <T> int binarySearch( T[] a, int fromIndex, int toIndex, T key,`
`                              Comparator<? super T> c )`
Schränkt die Binärsuche auf Bereiche ein.

Die API-Dokumentation von `binarySearch()` ist durch Verwendung der Generics (mehr darüber in Kapitel 7, »Generics<T>«) etwas schwieriger. Wir werden in Kapitel 13, »Datenstrukturen und Algorithmen«, auch noch einmal auf die statische Methode `binarySearch()` für beliebige Listen zurückkommen und insbesondere die Bedeutung der Schnittstellen `Comparator` und `Comparable` in Kapitel 9, »Besondere Klassen der Java SE«, genau klären.

Felder zu Listen mit »Arrays.asList()« – praktisch für die Suche und zum Vergleichen *

Ist das Feld unsortiert, funktioniert `binarySearch()` nicht. Die Klasse `Arrays` hat für diesen Fall keine Methode im Angebot – eine eigene Schleife muss her. Es gibt aber noch eine Möglichkeit: Die statische Methode `Arrays.asList()` dekoriert das Array als Liste vom Typ `java.util.List`, die dann praktische Methoden wie `contains()`, `equals()` oder `sublist()` anbietet. Mit den Methoden sind Dinge auf Feldern möglich, für die `Arrays` bisher keine Methoden definierte.

[zB] **Beispiel** Teste, ob auf der Kommandozeile der Schalter `-?` gesetzt ist. Die auf der Kommandozeile übergebenen Argumente übergibt die Laufzeitumgebung als String-Feld in die statische `main(String[] args)`-Methode:

```
if ( Arrays.asList( args ).contains( "-?" ) )
  ...
```

> **Beispiel** Teste, ob Teile eines Feldes gleich sind: **[zB]**
>
> **Listing 3.17** AsListDemo.java, main()
> ```
> // Index              0               1           2
> String[] a = { "Asus",         "Elitegroup", "MSI" };
> String[] b = { "Elitegroup", "MSI",          "Shuttle" };
>
> System.out.println( Arrays.asList( a ).subList( 1, 3 ).
>                     equals( Arrays.asList( b ).subList( 0, 2 ) ) ); // true
> ```
> Im Fall von subList() ist der Start-Index inklusiv und der End-Index exklusiv (das ist die Standardnotation von Bereichen in Java, etwa auch bei substring() oder fill()). Somit werden in obigem Beispiel die Einträge 1 bis 2 aus a mit den Einträgen 0 bis 1 aus b verglichen.

`class java.util.`**`Arrays`**

▶ `static <T> List<T> asList( T... a )`
  Liefert eine Liste vom Typ T bei einem Feld vom Typ T.

Die statische Methode asList() nimmt über das Vararg entweder ein Feld von Objekten (kein primitives Feld!) an oder aufgezählte Elemente. Im Fall der aufgezählten Elemente ist auch kein oder genau ein Element erlaubt, wie folgendes Beispiel zeigt:

```
System.out.println( Arrays.asList() );          // []
System.out.println( Arrays.asList("Chris") );    // [Chris]
```

Dass das übergebende Feld kein primitives Feld sein darf, veranschaulicht das folgende Beispiel:

```
int[] nums = { 1, 2 };
System.out.println( Arrays.asList(nums).toString() ); // [[I@82ba41]
System.out.println( Arrays.toString(nums) );          // [1, 2]
```

Der Grund ist einfach: Arrays.asList() erkennt nums nicht als Feld von Objekten, sondern als genau ein Element einer Aufzählung. So setzt die statische Methode das Feld mit Primitiven als ein Element in die Liste, und toString() eines java.util.List-Objekts ruft lediglich auf dem Feld-Objekt toString() auf, was die kryptische Ausgabe zeigt.

3.8 Der Einstiegspunkt für das Laufzeitsystem: »main()«

In Java-Klassen gibt es eine besondere statische Methode main(), die das Laufzeitsystem in der angegebenen Hauptklasse (oder Startklasse) des Programms aufruft. Die statische main()-Methode ist für alle Klassen und in der JVM zugänglich (public) und auf jeden Fall statisch (static) zu deklarieren. Die Methode muss statisch sein, da die JVM die Methode auch ohne Exemplar der Klasse aufrufen möchte. Als Parameter wird ein Array von String-Objekten angenommen. Darin sind die auf der Kommandozeile übergebenen Parameter gespeichert:

```
public static void main( String[] args )
```

3 | Klassen und Objekte

Mit variablen Argumentlisten ist alternativ gültig:

```
public static void main( String... args )
```

Stimmt der Kopf der Methode nicht, wird diese Methode nicht als Einstiegspunkt von der virtuellen Maschine erkannt.

[»] **Hinweis** Im Gegensatz zu C(++) steht im ersten Element des Argument-Arrays mit Index 0 nicht der Programmname, also der Name der Hauptklasse, sondern bereits der erste Programmparameter der Kommandozeile.

3.8.1 Kommandozeilenargumente verarbeiten

Eine besondere Variable für die Anzahl der übergebenen Argumente der Kommandozeile ist nicht erforderlich, weil das String-Array-Objekt uns diese Information über `length` mitteilt. Um etwa alle übergebenen Argumente über die erweiterte `for`-Schleife auszugeben, schreiben wir:

Listing 3.18 LovesGoldenHamster.java, main()

```java
public static void main( String[] args )
{
  if ( args.length == 0 )
    System.out.println( "Was!! Keiner liebt kleine Hamster?" );
  else
  {
    System.out.print( "Liebt kleine Hamster: " );

    for ( String s : args )
      System.out.format( "%s ", s );

    System.out.println();
  }
}
```

Das Programm lässt sich auf der Kommandozeile wie folgt aufrufen:

```
$ java LovesGoldenHamster Raphael Perly Mirjam Paul
```

Bibliothek Zum Parsen der Kommandozeilenargumente bietet sich zum Beispiel die Bibliothek *Jakarta Commons CLI* (*http://jakarta.apache.org/commons/cli/*) an.

3.8.2 Der Rückgabewert von »main()« und »System.exit()«

Der Rückgabetyp `void` der Startmethode `main()` ist sicherlich diskussionswürdig, da diejenigen, die die Sprache entworfen haben, auch hätten fordern können, dass ein Programm immer einen Statuscode an das aufrufende Programm zurückgibt. Für diese Lösung haben sie sich aber nicht entschieden, da Java-Programme in der Regel nur minimal mit dem umgeben-

232

den Betriebssystem interagieren sollen und echte Plattformunabhängigkeit gefordert ist, etwa bei Java in Handys. Für die Fälle, in denen ein Statuscode zurückgeliefert werden soll, steht die statische Methode `System.exit(status)` zur Verfügung; sie beendet eine Applikation. Das an `exit()` übergebene Argument nennt sich *Statuswert* (engl. *exit status*) und wird an die Kommandozeile zurückgegeben. Der Wert ist für Skriptprogramme wichtig, da sie über diesen Rückgabewert auf das Gelingen oder Misslingen des Java-Programms reagieren können. Ein Wert von 0 zeigt per Definition das Gelingen an, ein Wert ungleich 0 einen Fehler. Der Wertebereich sollte sich zwischen 0 und 255 bewegen. Unter der Unix-Kommandozeile ist der Rückgabewert eines Programms unter $? verfügbar.

```
final class java.lang.System
```

▶ `static void exit( int status )`

Ein Aufruf von `exit()` beendet die aktuelle JVM und gibt das Argument der Methode als Statuswert zurück. Ein Wert ungleich null zeigt einen Fehler an. Also ist der Rückgabewert beim normalen fehlerfreien Verlassen null. Eine `SecurityException` wird ausgelöst, falls der aktuelle `SecurityManager` dem aufrufenden Code nicht erlaubt, die JVM zu beenden. Das gilt insbesondere bei Applets in einem Webbrowser.

3.9   Annotationen

In diesem Kapitel haben wie schon unterschiedliche Modifizierer kennengelernt. Darunter waren zum Beispiel `static` oder `public`. Das besondere an diesen Modifizierern ist, dass sie die Programmsteuerung nicht beeinflussen, aber dennoch wichtige Zusatzinformationen darstellen, also Semantik einbringen. Diese Informationen nennen sich *Metadaten*. Die Modifizierer `static`, `public` sind Metadaten für den Compiler, doch mit etwas Fantasie lassen sich auch Metadaten vorstellen, die nicht vom Compiler, sondern von einer Java-Bibliothek ausgewertet werden. So wie `public` zum Beispiel dem Compiler sagt, dass ein Element für jeden sichtbar ist, kann auch auf der anderen Seite ein besonderes Metadatum an einem Element hängen, um auszudrücken, dass es nur bestimmte Wertebereiche annehmen kann.

Seit Java 5 gibt es eine in die Programmiersprache eingebaute Fähigkeit für Metadaten: *Annotationen*. Die Annotationen lassen sich wie benutzerdefinierte Modifizierer erklären. Wir können zwar keine neue Sichtbarkeit erfinden, aber dennoch dem Compiler, bestimmten Werkzeugen oder der Laufzeitumgebung durch die Annotationen Zusatzinformationen geben. Dazu ein paar Beispiele für Annotationen und Anwendungsfälle.

Annotation	Erklärung
`@WebService` class Calculator `@WebMethod` int add(int x, int y) …	Definiert einen Web-Service mit einer Web-Service Methode

Tabelle 3.3 Beispiele für Annotationen und Anwendungsfälle

3 | Klassen und Objekte

Annotation	Erklärung
`@Override` `public String toString() …`	Überschreibt Methode der Oberklasse
`@XmlRoot` `class Person { …`	Ermöglicht Abbildung auf eine XML-Datei

Tabelle 3.3 Beispiele für Annotationen und Anwendungsfälle (Forts.)

Die Tabelle soll lediglich einen Überblick geben, genaue Anwendungen und Beispiele folgen.

Annotationen werden wie zusätzliche Modifizierer gebraucht, doch unterscheiden sie sich durch ein vorangestelltes @-Zeichen (das @-Zeichen, AT, ist auch eine gute Abkürzung für *Annotation Type*). Daher ist auch die Reihenfolge egal, sodass es zum Beispiel

▶ `@Override` `public String toString()` oder

▶ `public` `@Override` `String toString()`

lauten kann. Es ist aber üblich, die Annotationen an den Anfang zu setzen.

3.9.1 Annotationstypen @Override, @Deprecated, @SuppressWarnings

Im Paket `java.lang` gibt es drei Annotationstypen, wobei uns `@Override` ab Kapitel 5, »Eigene Klassen schreiben«, noch häufiger über den Weg laufen wird.

Annotationstyp	Wirkung
`@Override`	Die annotierte Methode überschreibt eine Methode aus der Oberklasse oder implementiert eine Methode einer Schnittstelle.
`@Deprecated`	Das markierte Element ist veraltet und sollte nicht mehr verwendet werden.
`@SuppressWarnings`	Unterdrückt bestimmte Compiler-Warnungen.

Tabelle 3.4 Annotationen aus dem Paket »java.lang«

Die drei Annotationen haben vom Compiler beziehungsweise Laufzeitsystem eine besondere Semantik. Einige weitere Annotationen, die nur für eigene Annotationstypen gedacht sind:

Die Begriffe »Annotation« und »Annotationstyp«

Die *Annotationstypen* sind die Deklarationen, wie etwa ein Klassentyp. Werden sie an ein Element gehängt, ist es eine konkrete *Annotation*. Während also Override selbst der Annotationstyp ist, ist `@Override` vor `toString()` die konkrete Annotation.

@Deprecated

Die Annotation `@Deprecated` übernimmt die gleiche Aufgabe wie das JavaDoc-Tag `@deprecated`. Ein Unterschied bleibt: Das JavaDoc-Tag kann nur von JavaDoc (beziehungsweise einem anderen Doclet) ausgewertet werden, während Annotationen auch andere Tools selbst zur Laufzeit auswerten können:

234

```
@Deprecated
public void fubar() { ... }
```

Falls ein Programmstück die @Deprecated-Methode fubar()[21] nutzt, gibt der Compiler eine einfache Meldung aus. Die Übersetzung mit dem Schalter -Xlint:deprecation liefert die genauen Warnungen; im Moment ist das mit -deprecation gleich.

Annotationen mit zusätzlichen Informationen

Die Annotationen @Override und @Deprecated gehören zur Klasse der Marker-Annotationen, weil keine zusätzlichen Angaben nötig (und erlaubt) sind. Zusätzlich gibt es die »Single-Value Annotation«, die genau eine zusätzliche Information bekommt, und eine volle Annotation mit beliebigen Schlüssel/Werte-Paaren.

@Annotationstyp	(Marker-)Annotation
@Annotationstyp(Wert)	Annotation mit genau einem Wert
@Annotationstyp(Schlüssel1=Wert1, Schlüssel2=Wert2, ...)	Annotation mit Schlüssel/Werte-Paaren

Tabelle 3.5 Annotationen mit und ohne zusätzliche Informationen

@SuppressWarnings

Die Annotation @SuppressWarnings steuert Compiler-Warnungen. Unterschiedliche Werte bestimmen genauer, welche Hinweise unterdrückt werden. Beliebt ist die Annotation bei der Umstellung von älterem Quellcode mit nicht-typisierten Datenstrukturen, um die Anzahl der Warnungen zu minimieren. Da sich mit Java 5.0 das Klassenformat änderte, gibt der Compiler beim Übersetzen älterer Klassen schnell eine »unchecked«-Meldung aus.

Beispiel Der Compiler soll für die ungenerisch verwendete Liste keine Meldung geben:

Listing 3.19 com/tutego/insel/annotation/SuppressWarningsDemo.java, main()

```
@SuppressWarnings( "unchecked" )
public static void main( String[] args )
{
  ArrayList list = new ArrayList();
  list.add( "SuppressWarnings" );
}
```

Die Annotation der lokalen Variable funktioniert nicht!

[zB]

@SuppressWarnings("unchecked") ist eine Abkürzung von @SuppressWarnings(value={"unchecked"});. Die zweite Schreibweise macht deutlich, dass ein Feld von Strings übergeben werden kann.

---

21 Im US-Militär-Slang steht das für: »Fucked up beyond any recognition« – »vollkommen ruiniert«.

3.10 Zum Weiterlesen

In diesem Kapitel wurde das Thema Objektorientierung recht schnell eingeführt, was nicht bedeuten soll, dass OOP einfach ist. Der Weg zu gutem Design ist steinig und führt nur über viele Java-Projekte. Hilfreich sind das Lesen von fremden Programmen und die Beschäftigung mit Entwurfsmustern. Rund um UML ist ebenfalls eine Reihe von Produkten entstanden. Das Angebot beginnt bei einfachen Zeichenwerkzeugen, geht über UML-Tools mit Roundtrip-Fähigkeit und reicht bis zu kompletten CASE-Tools mit MDA-Fähigkeit. Die Webseite *http://www.jeckle.de/uml.de/* listet Tools auf und schlägt deutsche Übersetzungen für die englischen UML-Begriffe vor.

»Ohne Unterschied macht Gleichheit keinen Spaß.«
– Dieter Hildebrandt (*1927)

4   Der Umgang mit Zeichenketten

4.1   Einzelne Zeichen behandeln

4.1.1   Von ASCII über ISO-8859-1 zu Unicode

Die Übertragung von Daten spielte in der IT schon immer eine zentrale Rolle. Daher haben sich unterschiedliche Standards herausgebildet.

ASCII

Um Dokumente austauschen zu können, führte die *American Standards Association* im Jahr 1963 eine 7-Bit-Kodierung ein, die *ASCII* (von *American Standard Code for Information Interchange*) genannt wird. ASCII gibt jedem der 128 Zeichen (mehr Zeichen passen in 7 Bit nicht hinein) eine eindeutige Position, die *Codepoint* (Codeposition) genannt wird. Es gibt 94 druckbare Zeichen (Buchstaben, Ziffern, Interpunktionszeichen), 33 nicht druckbare Kontrollzeichen (etwa den Tabulator und viele andere Zeichen, die bei Fernschreibern nützlich waren, aber heute uninteressant sind), und das Leerzeichen, das nicht als Kontrollzeichen gezählt wird. Am Anfang des ASCII-Alphabets stehen an den Positionen 0–31 Kontrollzeichen, an Stelle 32 folgt das Leerzeichen und anschließend alle druckbaren Zeichen. An der letzten Position, 127, wird ASCII von einem Kontrollzeichen abgeschlossen.

Die folgende Tabelle stammt aus dem Originalstandard von 1968 und gibt einen Überblick über die Position der Zeichen.

USASCII code chart

b_4	b_3	b_2	b_1	Column / Row	0	1	2	3	4	5	6	7
0	0	0	0	0	NUL	DLE	SP	0	@	P	`	p
0	0	0	1	1	SOH	DC1	!	1	A	Q	a	q
0	0	1	0	2	STX	DC2	"	2	B	R	b	r
0	0	1	1	3	ETX	DC3	#	3	C	S	c	s
0	1	0	0	4	EOT	DC4	$	4	D	T	d	t
0	1	0	1	5	ENQ	NAK	%	5	E	U	e	u
0	1	1	0	6	ACK	SYN	&	6	F	V	f	v
0	1	1	1	7	BEL	ETB	'	7	G	W	g	w
1	0	0	0	8	BS	CAN	(	8	H	X	h	x
1	0	0	1	9	HT	EM	)	9	I	Y	i	y
1	0	1	0	10	LF	SUB	*	:	J	Z	j	z
1	0	1	1	11	VT	ESC	+	;	K	[	k	{
1	1	0	0	12	FF	FS	,	<	L	\	l	|
1	1	0	1	13	CR	GS	-	=	M	]	m	}
1	1	1	0	14	SO	RS	.	>	N	^	n	~
1	1	1	1	15	SI	US	/	?	O	_	o	DEL

4 | Der Umgang mit Zeichenketten

ISO/IEC 8859-1

An dem ASCII-Standard gab es zwischendurch Aktualisierungen, sodass einige Kontrollzeichen entfernt wurden, doch in 7 Bit konnten nie alle länderspezifischen Zeichen untergebracht werden. Wir in Deutschland haben Umlaute, die Russen haben ein kyrillisches Alphabet, die Griechen Alpha und Beta und so weiter. Die Lösung war, statt einer 7-Bit-Kodierung, die 128 Zeichen unterbringen kann, einfach 8 Bit zu nehmen, womit 265 Zeichen kodiert werden können. Da in weiten Teilen der Welt das lateinische Alphabet genutzt wird, sollte diese Kodierung natürlich alle die Buchstaben zusammen mit einem Großteil aller diakritischen Zeichen (das sind etwa ü, á, à, ó, â, Å, Æ) umfassen. So setzte sich ein Standardisierungsgremium zusammen und schuf 1985 den *ISO/IEC 8859-1*-Standard, der 191 Zeichen beschreibt. Die Zeichen aus dem ASCII-Alphabet behalten ihre Positionen. Wegen der lateinischen Buchstaben hat sich die informelle Bezeichnung *Latin-1* als Alternative zu ISO/IEC 8859-1 etabliert.

Alle Zeichen aus ISO/IEC 8859-1 sind druckbar, sodass alle Kontrollzeichen – etwa der Tabulator oder das Zeilenumbruchzeichen – *nicht* dazu gehören. Von den 256 möglichen Positionen bleiben 65 Stellen frei. Das sind die Stellen 0 bis 31 sowie 127 von den ASCII-Kontrollzeichen und zusätzlich 128 bis 159.

ISO 8859-1

Da es kaum sinnvoll ist, den Platz zu vergeuden, gibt es eine Erweiterung des ISO/IEC 8859-1-Standards, die unter dem Namen *ISO 8859-1* (also ohne IEC) geläufig ist. ISO 8859-1 enthält alle Zeichen aus ISO/IEC 8859-1 sowie die Kontrollzeichen aus dem ASCII-Standard an den Positionen 0–31 und 127. Somit steckt ASCII vollständig in ISO 8858-1, aber nur die druckbaren ASCII-Zeichen sind in ISO/IEC 8859-1. Auch die Stellen 128 bis 159 sind in ISO 8858-1 definiert, wobei es alles recht unbekannte Kontrollzeichen (wie Padding, Start einer Selektion, kein Umbruch) sind.

Windows-1252 *

Weil die Zeichen an der Stelle 128 bis 159 uninteressante Kontrollzeichen sind, belegt Windows sie mit Buchstaben und Interpunktionszeichen und nennt die Kodierung *Windows-1252*. An Stelle 128 liegt etwa das €-Zeichen, an 153 das ™-Symbol. Diese Neubelegung der Plätze 128 bis 159 hat sich mittlerweile auch in der Nicht-Windows-Welt etabliert, sodass das, was im Web als ISO-8859-1 deklariert ist, heute die Symbole aus den Codepoints 128 bis 159 enthalten kann und von Browsern so dargestellt wird.

Unicode

Obwohl Latin-1 für die »großen« Sprachen alle Zeichen mitbrachte, fehlen Details, wie Ő, ő, Ű, ű für das Ungarische, das komplette griechische Alphabet, die kyrillischen Buchstaben, chinesische und japanische Zeichen, mathematische Zeichen und vieles mehr. Um das Problem zu lösen, hat sich das Unicode-Konsortium gebildet, um jedes Zeichen der Welt zu kodieren und ihm einen eindeutigen Codepoint zu geben. Unicode enthält alle Zeichen aus ISO 8859-1, was die Konvertierung von Dokumenten vereinfacht. So behält zum Beispiel »A« den Code-

238

point 65 von ISO 8859-1, den der Buchstabe wiederum von ASCII erbt. Die letzte Version des Unicode-Standards ist 5.1. Sie beschreibt ca. 107.000 Zeichen.

Wegen der vielen Zeichen ist es unpraktisch, diese dezimal anzugeben, sodass sich die hexadezimale Angabe durchgesetzt hat. Der Unicode-Standard nutzt das Präfix »U+« gefolgt von Hexadezimalzahlen. Der Buchstabe »A« ist dann U+0041.

Unicode-Zeichenkodierung

Da es im Unicode-Standard 5.1 um die 107.000 Zeichen gibt, werden zur Kodierung eines Zeichens 4 Byte beziehungsweise 32 Bit verwendet. Ein Dokument, das Unicode 5.1-Zeichen enthält, wird dann einen Speicherbedarf von 4 × »Anzahl der Zeichen« besitzen. Wenn die Zeichen auf diese Weise kodiert werden, sprechen wie von einer *UTF-32-Kodierung*.

Für die meisten Texte ist UTF-32 reine Verschwendung, denn besteht der Text aus nur einfachen ASCII-Zeichen, sind 3 Byte gleich 0. Gesucht ist eine Kodierung, die die allermeisten Texte kompakt kodieren kann, aber dennoch jedes der Unicode-5.1-Zeichen zulässt. Zwei Kodierungen sind üblich: UTF-8 und UTF-16. UTF-8 kodiert ein Zeichen entweder in 1, 2, 3 oder 4 Byte, UTF-16 in 2 Byte oder 4 Byte. Das folgende Beispiel[1] zeigt die Kodierung für die Buchstaben »A« und »ß«, für das chinesische Zeichen für Osten und für ein Zeichen aus dem *Deseret*, einem phonetischen Alphabet.

Glyph	A	ß	東	∂
Unicode Codepoint	U+0041	U+00DF	U+6771	U+10400
UTF-32	00000041	000000DF	00006771	00 01 04 00
UTF-16	00 41	00 DF	6771	D801 DC00
UTF-8	41	C3 9F	E6 9D B1	F0 90 90 80

Tabelle 4.1 Zeichenkodierung in den verschiedenen Unicode-Versionen

Werden Texte ausgetauscht, sind diese üblicherweise UTF-8 kodiert. Bei Webseiten ist das ein guter Standard. UTF-16 ist für Dokumente seltener, wird aber häufiger als interne Textrepräsentation genutzt. So verwenden zum Beispiel die JVM und die .NET-Laufzeitumgebung intern UTF-16.

Standardmäßig ist ein `char` 2 Byte groß. Das heißt aber auch, dass ein Zeichen, das größer als 65.536 ist, irgendwie anders kodiert werden muss. Dazu muss ein »großes« Unicode-Zeichen durch zwei `char` zusammengesetzt werden. Dieses Pärchen wird *Surrogate-Paar* genannt. Unter Java 5 gab es an den String-Klassen einige Änderungen, sodass etwa eine Methode, die nach einem Zeichen sucht, nun nicht nur mit einem `char` parametrisiert ist, sondern auch mit `int`, und damit das Surrogate-Paar übergeben werden kann. In diesem Buch spielt das aber keine große Rolle, da diese Unicode-Zeichen nur für eine ganz kleine Gruppe von Interessenten wichtig sind.

---

1 *http://java.sun.com/developer/technicalArticles/Intl/Supplementary/*

4 | Der Umgang mit Zeichenketten

Entwicklerfrust Die Abbildung eines Zeichens auf eine Position übernimmt eine Tabelle, die sich *Codepage* nennt. Nur gibt es unterschiedliche Abbildungen der Zeichen auf Positionen, und das führt zu Problemen beim Dokumentenaustausch. Denn wenn eine Codepage die Tilde »~« auf Position 161 setzt und eine andere Codepage das »ß« auch auf Position 161 anordnet, dann führt das zwangsläufig zu Ärgernissen. Daher muss beim Austausch von Textdokumenten immer ein Hinweis mitgegeben werden, in welchem Format die Texte vorliegen. Leider unterstützen die Betriebssysteme aber solche Meta-Angaben nicht, und so werden sie etwa in XML- oder HTML-Dokumenten in den Text selbst geschrieben. Bei Unicode-UTF-16-Dokumenten gibt es eine andere Konvention, sodass sie mit den Hexwert 0xFEFF beginnen – das wird *BOM* (*byte order mark*) genannt und dient gleichzeitig als Indikator für die Byte-Reihenfolge.

4.1.2 Die Character-Klasse

Die im Kernpaket `java.lang` angesiedelte Klasse `Character` bietet eine große Anzahl statischer Methoden, die im Umgang mit einzelnen Zeichen interessant sind. Dazu gehören Methoden zum Testen, etwa ob ein Zeichen eine Ziffer, ein Buchstabe oder ein Sonderzeichen ist. Ihnen ist gemeinsam, dass sie alle mit der Vorsilbe `is` beginnen und ein `boolean` liefern. Dazu gesellen sich Methoden zum Konvertieren, etwa in Groß-/Kleinschreibung.

[zB]

Beispiel für `isDigit()` und `isLetter()`:

Listing 4.1 CharacterDemo.java, main()

```
System.out.println( Character.isDigit( '0' ) );      // true
System.out.println( Character.isDigit( '-' ) );      // false
System.out.println( Character.isLetter( 'ß' ) );     // true
System.out.println( Character.isLetter( '0' ) );     // false
System.out.println( Character.isWhitespace( ' ' ) ); // true
System.out.println( Character.isWhitespace( '-' ) ); // false
```

Alle diese Methoden »wissen« über die Eigenschaften der einzelnen Unicode-Zeichen Bescheid. Und 0 bleibt ja immer eine Null, egal ob das Programm in Deutschland oder in der Mongolei ausgeführt wird, denn der Codepoint jedes Unicode-Zeichens ist immer der gleiche.

Oftmals finden die Testfunktionen Anwendung beim Ablaufen einer Zeichenkette.

[zB]

Beispiel Eine Zeichenkette soll in Großbuchstaben umgesetzt beziehungsweise Weißraum soll zu einem Unterstrich werden:

Listing 4.2 UppercaseWriter.java, main()

```
char[] chars = { 'M', 'e', ' ', '2' };
for ( char c : chars
  if ( Character.isWhitespace(
    System.out.print( '_' );
  else
    System.out.print( Character.toUpperCase( c ) );
```

240

Einzelne Zeichen behandeln | **4.1**

```
final class java.lang.Character
implements Serializable, Comparable<Character>
```

▶ static boolean isDigit(char ch)
Handelt es sich um eine Ziffer zwischen 0 und 9?

▶ static boolean isLetter(char ch)
Handelt es sich um einen Buchstaben?

▶ static boolean isLetterOrDigit(char ch)
Handelt es sich um ein alphanumerisches Zeichen?

▶ static boolean isLowerCase(char ch), boolean isUpperCase(char ch)
Ist es ein Klein- oder ein Großbuchstabe?

▶ static boolean isWhiteSpace(char ch)
Ist es ein Leerzeichen, Zeilenvorschub, Return oder Tabulator, also ein so genannter *Weißraum* (engl. *white space*)[2], auch *Leerraum* genannt?

▶ static boolean isJavaIdentifierStart(char ch)
Ist es ein Java-Buchstabe, mit dem Bezeichner beginnen dürfen?

▶ static boolean isJavaIdentifierPart(char ch)
Ist es ein Java-Buchstabe oder eine Ziffer, der beziehungsweise die in der Mitte eines Bezeichners vorkommen darf?

▶ static boolean isTitleCase(char ch)
Sind es spezielle Zwei-Buchstaben-Paare mit gemischter Groß- und Kleinschreibung? Dies kommt etwa im Spanischen vor, wo »lj« für einen einzigen Buchstaben steht. In Überschriften erscheint dieses Paar als »Lj« und wird von dieser Methode als Sonderfall erkannt. Unter *http://www.unicode.org/reports/tr21/tr21-5.html* schreibt der Unicode-Standard die Konvertierung vor.

▶ static char toUpperCase(char ch), static char toLowerCase(char ch)
Die statischen Methoden toUpperCase() und toLowerCase() liefern den passenden Groß- beziehungsweise Kleinbuchstaben zurück.

> **Hinweis** Die Methoden toUpperCase() und toLowerCase() gibt es zweimal: Einmal als statische Methoden bei Character – dann nehmen sie genau ein char als Argument – und einmal als Objektmethoden auf String-Exemplaren. Vorsicht ist bei Character.toUpper-Case('ß') geboten, denn das Ergebnis ist »ß«, anders als bei der String-Methode toUpperCase("ß"), die das Ergebnis »SS« liefert; einen String, der um eins verlängert ist.

Die Character-Klasse besitzt ebenso eine Umwandlungsmethode für Ziffern bezüglich einer beliebigen Basis:

```
final class java.lang.Character
implements Serializable, Comparable<Character>
```

---

2 Es wird Weißraum genannt, weil das ausgegebene Zeichen den Raum in der Regel weiß lässt, aber die Position der Ausgabe dennoch fortschreitet.

4 | Der Umgang mit Zeichenketten

```
                                    ┌──────────────────────────────────────────────────────────────────────────────────────┐
                                    │                          ⓖ java::lang::Character                                        │
                                    ├──────────────────────────────────────────────────────────────────────────────────────┤
                                    │ ▲⁵ <clinit>()                                                                          │
                                    │ ♂ Character(in value: char)                                                            │
                                    │ ♂ charCount(in codePoint: int): int                                                    │
                                    │ ● charValue(): char                                                                    │
                                    │ ♂ codePointAt(in a: char[], in index: int, in limit: int): int                         │
                                    │ ♂ codePointAt(in seq: CharSequence, in index: int): int                                │
                                    │ ♂ codePointAt(in a: char[], in index: int): int                                        │
                                    │ ▲⁵ codePointAtImpl(in a: char[], in index: int, in limit: int): int                    │
                                    │ ♂ codePointBefore(in seq: CharSequence, in index: int): int                            │
                                    │ ♂ codePointBefore(in a: char[], in index: int, in start: int): int                     │
                                    │ ♂ codePointBefore(in a: char[], in index: int): int                                    │
                                    │ ▲⁵ codePointBeforeImpl(in a: char[], in index: int, in start: int): int                │
                                    │ ♂ codePointCount(in seq: CharSequence, in beginIndex: int, in endIndex: int): int      │
                                    │ ♂ codePointCount(in a: char[], in offset: int, in count: int): int                     │
                                    │ ▲⁵ codePointCountImpl(in a: char[], in offset: int, in count: int): int                │
                                    │ ● compareTo(in anotherCharacter: Character): int                                       │
                                    │ ● compareTo(in arg0: Object): int                                                      │
                                    │ ♂ digit(in codePoint: int, in radix: int): int                                        │
                                    │ ♂ digit(in ch: char, in radix: int): int                                              │
                                    │ ● equals(in obj: Object): boolean                                                      │
                                    │ ♂ forDigit(in digit: int, in radix: int): char                                        │
                                    │ ♂ getDirectionality(in ch: char): byte                                                │
                                    │ ♂ getDirectionality(in codePoint: int): byte                                          │
                                    │ ♂ getNumericValue(in ch: char): int                                                    │
                                    │ ♂ getNumericValue(in codePoint: int): int                                             │
                                    │ ♂ getType(in ch: char): int                                                           │
                                    │ ♂ getType(in codePoint: int): int                                                     │
                                    │ ● hashCode(): int                                                                      │
                                    │ ♂ isDefined(in ch: char): boolean                                                      │
                                    │ ♂ isDefined(in codePoint: int): boolean                                                │
                                    │ ♂ isDigit(in codePoint: int): boolean                                                  │
                                    │ ♂ isDigit(in ch: char): boolean                                                        │
                                    │ ♂ isHighSurrogate(in ch: char): boolean                                                │
                                    │ ♂ isISOControl(in ch: char): boolean                                                   │
                                    │ ♂ isISOControl(in codePoint: int): boolean                                            │
                                    │ ♂ isIdentifierIgnorable(in codePoint: int): boolean                                   │
                                    │ ♂ isIdentifierIgnorable(in ch: char): boolean                                        │
                                    │ ♂ isJavaIdentifierPart(in codePoint: int): boolean                                   │
                                    │ ♂ isJavaIdentifierPart(in ch: char): boolean                                         │
                                    │ ♂ isJavaIdentifierStart(in ch: char): boolean                                        │
                                    │ ♂ isJavaIdentifierStart(in codePoint: int): boolean                                  │
                                    │ ♂ isJavaLetter(in ch: char): boolean                                                   │
                                    │ ♂ isJavaLetterOrDigit(in ch: char): boolean                                           │
                                    │ ♂ isLetter(in codePoint: int): boolean                                                 │
                                    │ ♂ isLetter(in ch: char): boolean                                                       │
                                    │ ♂ isLetterOrDigit(in ch: char): boolean                                                │
                                    │ ♂ isLetterOrDigit(in codePoint: int): boolean                                         │
                                    │ ♂ isLowSurrogate(in ch: char): boolean                                                 │
                                    │ ♂ isLowerCase(in codePoint: int): boolean                                             │
                                    │ ♂ isLowerCase(in ch: char): boolean                                                    │
                                    │ ♂ isMirrored(in codePoint: int): boolean                                              │
                                    │ ♂ isMirrored(in ch: char): boolean                                                     │
                                    │ ♂ isSpace(in ch: char): boolean                                                        │
                                    │ ♂ isSpaceChar(in codePoint: int): boolean                                             │
                                    │ ♂ isSpaceChar(in ch: char): boolean                                                    │
                                    │ ♂ isSupplementaryCodePoint(in codePoint: int): boolean                                │
                                    │ ♂ isSurrogatePair(in high: char, in low: char): boolean                               │
                                    │ ♂ isTitleCase(in codePoint: int): boolean                                             │
                                    │ ♂ isTitleCase(in ch: char): boolean                                                    │
                                    │ ♂ isUnicodeIdentifierPart(in ch: char): boolean                                       │
                                    │ ♂ isUnicodeIdentifierPart(in codePoint: int): boolean                                 │
                                    │ ♂ isUnicodeIdentifierStart(in codePoint: int): boolean                                │
                                    │ ♂ isUnicodeIdentifierStart(in ch: char): boolean                                      │
                                    │ ♂ isUpperCase(in ch: char): boolean                                                    │
                                    │ ♂ isUpperCase(in codePoint: int): boolean                                             │
                                    │ ♂ isValidCodePoint(in codePoint: int): boolean                                        │
                                    │ ♂ isWhitespace(in ch: char): boolean                                                   │
                                    │ ♂ isWhitespace(in codePoint: int): boolean                                            │
                                    │ ♂ offsetByCodePoints(in a: char[], in start: int, in count: int, in index: int, in codePointOffset: int): int │
                                    │ ♂ offsetByCodePoints(in seq: CharSequence, in index: int, in codePointOffset: int): int │
                                    │ ▲⁵ offsetByCodePointsImpl(in a: char[], in start: int, in count: int, in index: int, in codePointOffset: int): int │
                                    │ ♂ reverseBytes(in ch: char): char                                                      │
                                    │ ♂ toChars(in codePoint: int): char[]                                                   │
                                    │ ♂ toChars(in codePoint: int, in dst: char[], in dstIndex: int): int                   │
                                    │ ♂ toCodePoint(in high: char, in low: char): int                                       │
                                    │ ♂ toLowerCase(in codePoint: int): int                                                 │
                                    │ ♂ toLowerCase(in ch: char): char                                                       │
                                    │ ● toString(): String                                                                   │
                                    │ ♂ toString(in c: char): String                                                        │
                                    │ ▲⁵ toSurrogates(in codePoint: int, in dst: char[], in index: int)                      │
                                    │ ♂ toTitleCase(in codePoint: int): int                                                 │
                                    │ ♂ toTitleCase(in ch: char): char                                                       │
                                    │ ♂ toUpperCase(in ch: char): char                                                       │
                                    │ ♂ toUpperCase(in codePoint: int): int                                                 │
                                    │ ▲⁵ toUpperCaseCharArray(in codePoint: int): char[]                                     │
                                    │ ▲⁵ toUpperCaseEx(in codePoint: int): int                                               │
                                    │ ♂ valueOf(in c: char): Character                                                       │
                                    └──────────────────────────────────────────────────────────────────────────────────────┘
```

```
┌─────────────────────────────────┐
│           «interface»           │
│   ⓖ java::lang::Comparable      │
├─────────────────────────────────┤
│ ♂ compareTo(in arg0: Object): int│
└─────────────────────────────────┘

┌─────────────────────────────────┐
│           «interface»           │
│   ⓖ java::io::Serializable      │
└─────────────────────────────────┘
```

▶ `static int digit( char ch, int radix )`

Liefert den numerischen Wert, den das Zeichen `ch` unter der Basis `radix` besitzt. Beispielsweise ist `Character.digit('f', 16)` gleich 15. Erlaubt ist jedes Zahlensystem mit einer Basis zwischen `Character.MIN_RADIX` (2) und `Character.MAX_RADIX` (36). Ist keine Umwandlung möglich, beträgt der Rückgabewert –1.

▶ `static char forDigit( int digit, int radix )`

Konvertiert einen numerischen Wert in ein Zeichen. Beispielsweise ist `Character.for Digit(6, 8)` gleich »6« und `Character.forDigit(12, 16)` ist »c«.

Es ist bedauerlich, dass der Radix immer mit angegeben werden muss, obwohl er in der Regel immer 10 ist. Eine überladene statische Methode wäre hier angebracht.

Beispiel Steht in einem Zeichen `c` zum Beispiel '3' und soll aus diesem die Ganzzahl 3 werden, so besteht die traditionelle Art darin, eine '0' abzuziehen. Die ASCII-Null '0' hat den char-Wert 48, '1' dann 49, bis '9' schließlich 57 erreicht. So ist logischerweise '3' – '0' = 51 – 48 = 3.) Die `digit()`-Methode ist dazu eine Alternative. Wir nutzen sie in einem kleinen Beispiel, um eine Zeichenkette mit Ziffern schließlich zu einer Ganzzahl zu konvertieren.

Listing 4.3 CharacerDigitDemo.java, main()

```
char[] chars = { '3', '4', '0' };
int result = 0;
for ( char c : chars )
{
  result = result * 10 + Character.digit( c, 10 );
  System.out.println( result );
}
```

Die Ausgabe ist 3, 34 und 340.

[zB]

4.2 Strings und deren Anwendung

Ein String ist eine Sammlung von Zeichen (Datentyp `char`), die die Laufzeitumgebung geordnet im Speicher ablegt. Die Zeichen sind einem Zeichensatz entnommen, der in Java dem 16-Bit-Unicode-Standard entspricht – mit einigen Umwegen ist auch Unicode 4 mit 32-Bit-Zeichen möglich.

Java sieht drei Klassen vor, die Zeichenfolgen verwalten. Sie unterscheiden sich in drei Punkten: Sind die Zeichenfolgen unveränderbar (*immutable*) oder veränderbar (*mutable*), und sind die Operationen auf den Zeichenketten gegen nebenläufige Zugriffe aus mehreren Threads abgesichert?

4 | Der Umgang mit Zeichenketten

	Verwaltet immutable Zeichenketten	Verwaltet mutable Zeichenketten
Threadsicher	String	StringBuffer
Nicht threadsicher	-	StringBuilder

Tabelle 4.2 Die drei Klassen, die Zeichenfolgen verwalten

Die Klasse String repräsentiert nicht änderbare Zeichenketten. (Allgemein heißen Objekte, deren Zustand sich nicht verändern lässt, *immutable*.) Daher ist ein String immer threadsicher, denn eine Synchronisation ist nur dann nötig, wenn es Änderungen geben kann. Mit Objekten vom Typ String lässt sich nach Zeichen oder Teilzeichenketten suchen, und ein String lässt sich mit einem anderen String vergleichen, aber Zeichen im String können nicht verändert werden. Es gibt einige Methoden, die scheinbar Veränderungen an Strings vornehmen, aber sie erzeugen in Wahrheit neue String-Objekte, die die veränderten Zeichenreihen repräsentieren. So entsteht beim Aneinanderhängen zweier String-Objekte als Ergebnis ein drittes String-Objekt für die zusammengefügte Zeichenreihe.

Die Klassen StringBuilder und StringBuffer repräsentieren im Gegensatz zu String dynamische, beliebig änderbare Zeichenreihen. Der Unterschied zwischen den API-gleichen Klassen ist, dass StringBuffer vor nebenläufigen Operationen geschützt ist, StringBuilder nicht. Die Unterscheidung ist bei String nicht nötig, denn wenn Objekte nachträglich nicht veränderbar sind, machen parallele Lesezugriffe keine Schwierigkeiten.

[zB] **Beispiel** String-Objekte selbst lassen sich nicht verändern, aber natürlich lässt sich eine Referenz auf ein anderes String-Objekt legen:

```
String s = "tutego";
s = "TUTEGO";
```

Die Klassen entsprechen der idealen Umsetzung der objektorientierten Idee (mit der wir uns in Kapitel 5, »Eigene Klassen schreiben«, intensiv auseinandersetzen): Die Daten sind gekapselt, das heißt, die tatsächliche Zeichenkette ist in der Klasse als privates char-Array gegen Zugriffe von außen gesichert, und selbst die Länge ist ein privates Attribut der Klasse, die nur über eine Methode zugänglich ist. Die Klassen nehmen uns also die lästige Arbeit ab, selbst Zeichenfolgen in Feldern verwalten zu müssen.

String: Eine Klasse mit bevorzugter Behandlung

Die Entwickler von Java haben eine Symbiose zwischen dem String als Objekt und dem String als eingebautem Datentyp vorgenommen. Die Sprache ermöglicht zwar die direkte Konstruktion von String-Objekten etwa aus String-Literalen (Zeichenketten in doppelten Anführungszeichen) und die Konkatenation (Aneinanderreihung von Strings mit +) von mehreren Strings, doch intern ist die Aneinanderreihung über Methoden der Klassen String, StringBuilder beziehungsweise StringBuffer realisiert. Mit dem Plus auf String-Objekten ist also ein besonderer Operator auf der Klasse String definiert, der nicht eigenständig auf anderen Klassen definiert werden kann. Java unterstützt keine überladenen Operatoren für Klassen, und dieses Plus ist ein Abweichler.

244

4.2 Strings und deren Anwendung

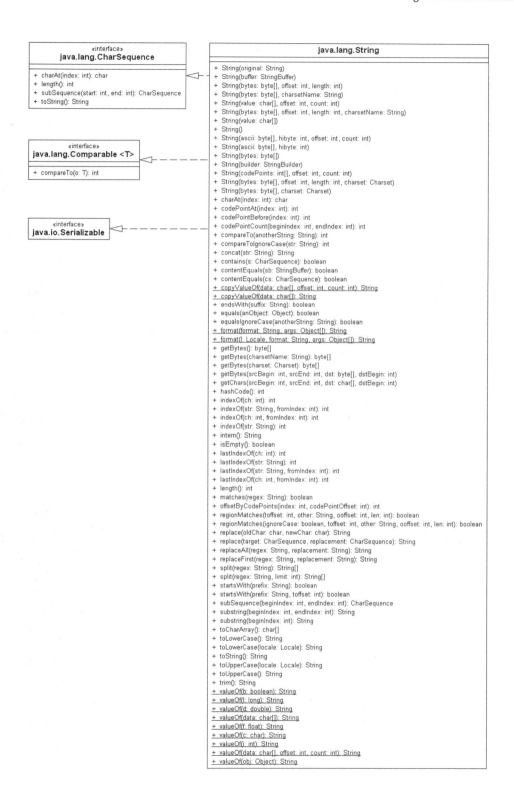

4 | Der Umgang mit Zeichenketten

4.2.1 String-Literale als String-Objekte für konstante Zeichenketten

Damit wir Zeichenketten nutzen können, muss ein Objekt der Klasse `String` oder `String-Builder`/`StringBuffer` erzeugt worden sein. Nutzen wir String-Literale, so müssen wir die String-Objekte nicht von Hand mit `new` erzeugen, denn ein Ausdruck in doppelten Anführungszeichen ist schon automatisch ein String-Objekt. Das bedeutet auch, dass hinter dem String-Literal gleich ein Punkt für den Methodenaufruf stehen kann.

[zB] | **Beispiel** `"Hi Chris".length()` liefert die Länge der Zeichenkette. Das Ergebnis ist 8. Leerzeichen und Sonderzeichen zählen mit.

4.2.2 String-Länge und Test auf Leerstring

String-Objekte verwalten intern die Zeichenreihe, die sie repräsentieren, und bieten eine Vielzahl von Methoden, um die Eigenschaften des Objekts preiszugeben. Eine Methode haben wir schon benutzt: `length()`. Für String-Objekte ist diese so implementiert, dass die Anzahl der Zeichen im String (die Länge des Strings) zurückgegeben wird. Um herauszufinden, ob der String keine Zeichen hat, lässt sich neben `length() == 0` auch die Methode `isEmpty()` nutzen:

Listing 4.4 LengthAndEmptyDemo.java, main()

```
System.out.println( "".length() );    // 0
System.out.println( "".isEmpty() );   // true
System.out.println( " ".length() );   // 1
System.out.println( " ".isEmpty() );  // false
String s = null;
System.out.println( s.length() );     // ☠ NullPointerException
System.out.println( s.isEmpty() );    // ☠ NullPointerException
```

[»] | **Hinweis** Während das .NET-Framework etwa die statische Member-Funktion `IsNullOrEmpty(String)` anbietet, um zu testen, ob die übergebene Referenz `null` oder die Zeichenkette leer ist, so muss das in Java getrennt getestet werden. Hier ist eine eigene statische Utility-Methode praktisch:

Listing 4.5 LengthAndEmptyDemo.java, isNullOrEmpty()

```
/**
 * Checks if a String is {@code null} or empty ({@code ""}).
 *
 * <pre>
 * StringUtils.isEmpty(null) == true
 * StringUtils.isEmpty(&quot;&quot;) == true
 * StringUtils.isEmpty(&quot; &quot;) == false
 * StringUtils.isEmpty(&quot;bob&quot;) == false
 * StringUtils.isEmpty(&quot; bob &quot;) == false
 * </pre>
 *
 * @param str The String to check, may be {@code null}.
```

246

```
 * @return {@code true} if the String is empty or {@code null},
 * {@code false} otherwise.
 */
public static boolean isNullOrEmpty( String str )
{
  return str == null || str.length() == 0;
}
```

Ob der String nur aus Leerzeichen besteht, testet die Methode nicht.

4.2.3 Nach enthaltenen Zeichen und Zeichenfolgen suchen

Die Objektmethode `contains(CharSequence)` testet, ob ein *Teilstring* (engl. *substring*) in der Zeichenkette vorkommt, und liefert `true`, wenn das der Fall ist. `CharSequence` ist unter anderem die gemeinsame Schnittstelle von `String`, `StringBuilder` und `StringBuffer`. Das heißt, dass wir beim gewünschten Typ `CharSequence` immer Exemplare von etwa `String`, `String-Builder`/`StringBuffer` übergeben können.

Beispiel Wenn im String `s` das Spam-Wort »Viagra« vorkommt, gehe in den Rumpf: [zB]

```
if ( s.contains( "Viagra" ) )
  ...
```

Groß-/Kleinschreibung ist relevant.

Fundstelle mit »indexOf()« zurückgeben

Die Methode `contains()` ist *nicht* mit einem `char` überladen, kann also nicht nach einem einzelnen Zeichen suchen, es sei denn, der String bestünde nur aus einem Zeichen. Dazu ist `indexOf()` in der Lage: Die Methode liefert die Fundstelle eines Zeichens beziehungsweise Teilstrings. Findet `indexOf()` nichts, liefert sie –1.

Beispiel Ein Zeichen mit `indexOf()` suchen: [zB]

```
String s = "Ernest Gräfenberg";
int index1 = s.indexOf( 'e' );          // 3
int index2 = s.indexOf( 'e', index1 + 1 );   // 11
```

Die Belegung von `index1` ist 3, da an der Position 3 das erste Mal ein `'e'` vorkommt. Die zweite Methode `indexOf()` sucht mit dem zweiten Ausdruck `index1 + 1` ab der Stelle 4 weiter. Das Resultat ist 11.

Wie `contains()` unterscheidet die Suche zwischen Groß- und Kleinschreibung. Die Zeichen in einem String sind wie Array-Elemente ab 0 durchnummeriert. Ist der Index kleiner 0, so wird dies ignoriert und automatisch auf 0 gesetzt.

4 | Der Umgang mit Zeichenketten

[zB] **Beispiel** Beschreibt das Zeichen c ein Escape-Zeichen, etwa einen Tabulator oder ein Return, dann soll die Bearbeitung weitergeführt werden:

```
if ( "\b\t\n\f\r\"\\".indexOf(c) >= 0 ) {
  ...
}
```

contains() konnten wir nicht verwenden, da der Parametertyp nur CharSequence, aber kein char ist.

Die indexOf()-Methode ist nicht nur mit char parametrisiert, sondern auch mit String[3], um nach ganzen Zeichenfolgen zu suchen und die Startposition zurückzugeben.

[zB] **Beispiel** indexOf() mit der Suche nach einem Teilstring:

```
String str = "In Deutschland gibt es immer noch ein Ruhrgebiet, " +
             "obwohl es diese Krankheit schon lange nicht mehr geben soll.";
String s = "es";
int index = str.indexOf( s, str.indexOf(s) + 1 );        // 57
```

Die nächste Suchposition wird ausgehend von der alten Finderposition errechnet. Das Ergebnis ist 57, da dort zum zweiten Mal das Wort »es« auftaucht.

Vom Ende an suchen

Genauso wie am Anfang gesucht werden kann, ist es auch möglich, am Ende zu beginnen.

[zB] **Beispiel** Hierzu dient die Methode lastIndexOf():

```
String str = "May the Force be with you.";
int index  = str.lastIndexOf( 'o' );                     // 23
```

Genauso wie bei indexOf() existiert eine überladene Version, die rückwärts ab einer bestimmten Stelle nach dem nächsten Vorkommen von »a« sucht. Wir schreiben:

```
index = str.lastIndexOf( 'o', index - 1 );               // 9
```

Die Parameter der char-orientierten Methoden indexOf() und lastIndexOf() sind alle vom Typ int und nicht, wie man spontan erwarten könnte, vom Typ char und int. Das zu suchende Zeichen wird als erstes int-Argument übergeben. Die Umwandlung des char in ein int nimmt der Java-Compiler automatisch vor, sodass dies nicht weiter auffällt. Bedauerlicherweise kann es dadurch aber zu Verwechslungen bei der Reihenfolge der Argumente kommen: Bei s.indexOf(start, c) wird der erste Parameter start als Zeichen interpretiert und das gewünschte Zeichen c als Startposition der Suche.

---

3 Der Parametertyp String erlaubt natürlich nur Objekte vom Typ String, und Unterklassen von String gibt es nicht. Allerdings gibt es andere Klassen in Java, die Zeichenfolgen beschreiben, etwa StringBuilder oder StringBuffer. Diese Typen unterstützt die indexOf()-Methode nicht. Das ist schade, denn indexOf() hätte statt String durchaus einen allgemeineren Typ CharSequence erwarten können, den String sowie StringBuilder/StringBuffer implementieren (zu dieser Schnittstelle später mehr).

248

Strings und deren Anwendung | **4.2**

Anzahl Teilstrings einer Zeichenkette

Bisher bietet die Java-Bibliothek keine direkte Methode, um die Anzahl Teilstrings einer Zeichenkette herauszufinden. Eine solche Methode ist jedoch schnell geschrieben:

Listing 4.6 CountMatches.java, frequency()

```
static int frequency( String source, String part )
{
  if ( source == null || source.isEmpty() || part == null || part.isEmpty() )
    return 0;

  int count = 0;

  for ( int pos = 0; (pos = source.indexOf( part, pos )) != -1; count++ )
    pos += part.length();

  return count;
}
```

4.2.4 Gut, dass wir verglichen haben

Um Strings zu vergleichen, gibt es viele Möglichkeiten und Optionen:

▶ equals() achtet auf absolute Übereinstimmung, und equalsIgnoreCase() ist für einen Vergleich zu haben, der unabhängig von der Groß-/Kleinschreibung ist.

▶ Seit Java 7 erlaubt switch den Vergleich von String-Objekten mit einer Liste von Sprungzielen. Der Vergleich wird intern mit equals() durchgeführt.

▶ Ob ein String mit einem Wort beginnt oder endet, sagen startsWith() und endsWith().

▶ Zum Vergleichen von Teilen gibt es regionMatches(), eine Methode, die auch unabhängig von der Groß-/Kleinschreibung arbeiten kann.

▶ Ist eine Übereinstimmung mit einem regulären Ausdruck gewünscht, hilft matches().

Die Methode »equals()«

Als Erstes gibt es die aus der Klasse Object geerbte und in der Klasse String überschriebene Methode equals(). Die Methode gibt true zurück, falls die Strings gleich lang sind und Zeichen für Zeichen übereinstimmen.

Hinweis Während die allermeisten Skript-Sprachen und auch C# Zeichenkettenvergleiche mit == erlauben, ist die Semantik für Java immer eindeutig: Der Vergleich mit == ist nur dann wahr, wenn die beiden Referenzen gleich sind, also zwei String-Objekte identisch sind; die Gleichheit reicht nicht aus.

[«]

Dazu ein Beispiel. Bei dem Vergleich mit == ist das Ergebnis ein anderes als mit equals():

4 Der Umgang mit Zeichenketten

Listing 4.7 EqualsDemo.java, main()

```
String input = javax.swing.JOptionPane.showInputDialog( "Passwort" );
System.out.println( input == "heinzelmann" );                  //     (1)
System.out.println( input.equals( "heinzelmann" ) );           //    (2.1)
System.out.println( "heinzelmann".equals( input ) );           //    (2.2)
```

Unter der Annahme, dass input die Zeichenkette »heinzelmann« referenziert, ergibt der Vergleich (1) über == den Wert false, da das von showInputDialog() gelieferte String-Objekt ein ganz anderes ist als das, was uns die virtuelle Maschine für den Test bereitstellt (später dazu mehr). Nur der equals()-Vergleich (2.1) und (2.2) ist hier korrekt, da hier die puren Zeichen verglichen werden, und die sind dann gleich.

Grundsätzlich sind Variante (2.1) und (2.2) gleich, da equals() symmetrisch ist. Doch gibt es einen Vorteil bei (2.2), denn da kann input auch null sein, und es gibt nicht wie bei (2.1) eine NullPointerException.

[»] **Hinweis** Beim equals()-Vergleich spielen alle Zeichen eine Rolle, auch wenn sie nicht sichtbar sind. So führen folgende Vergleiche zum false:

```
System.out.println( "\t".equals( "\n" ) );                  // false
System.out.println( "\t".equals( "\t " ) );                 // false
System.out.println( "\u0000".equals( "\u0000\u0000" ) );// false
```

Die Methode »equalsIgnoreCase()«

equals() beachtet beim Vergleich die Groß- und Kleinschreibung. Mit equalsIgnoreCase() bietet die Java-Bibliothek eine zusätzliche Methode, um Zeichenketten ohne Beachtung der Groß-/Kleinschreibung zu vergleichen.

[zB] **Beispiel** equals() liefert für result1 den Wert false, und equalsIgnoreCase() liefert für result2 den Wert true:

```
String str = "REISEPASS";
boolean result1 = str.equals( "Reisepass" );          // false
boolean result2 = str.equalsIgnoreCase( "ReISePaSs" ); // true
```

Eine kleine Anmerkung noch: Die Implementierung von equalsIgnoreCase() basiert intern darauf, beide Zeichenfolgen abzulaufen, einzelne Zeichen in Großbuchstaben zu konvertieren und dann zu prüfen, ob die beiden Großbuchstaben gleich sind. Das ist wichtig, denn das führt dazu, dass

```
System.out.println( "naß".toUpperCase().equals("NASS".toUpperCase()) ); // true
System.out.println( "NASS".toUpperCase().equals("naß".toUpperCase()) ); // true
```

nicht identisch mit der folgenden Variante ist:

```
System.out.println( "naß".equalsIgnoreCase("NASS") );              // false
System.out.println( "NASS".equalsIgnoreCase("naß") )               // false
```

Da Character.toUpperCase('ß') wieder ß ist, kann »naß« nicht »NASS« sein.

Strings und deren Anwendung | **4.2**

Lexikografische Vergleiche mit größer/kleiner-Relation

Wie `equals()` und `equalsIgnoreCase()` vergleichen auch die Methoden `compareTo(String)` und `compareToIgnoreCase(String)` den aktuellen String mit einem anderen String. Nur ist der Rückgabewert von `compareTo()` kein `boolean`, sondern ein `int`. Das Ergebnis signalisiert, ob das Argument lexikografisch kleiner oder größer als das String-Objekt ist beziehungsweise mit diesem übereinstimmt. Das ist zum Beispiel in einer Sortiermethode wichtig. Der Sortieralgorithmus muss beim Vergleich zweier Strings wissen, wie sie einzusortieren sind.

[zB]

Beispiel Drei Strings in ihrer lexikografischen Ordnung. Alle Vergleiche ergeben `true`:

```
System.out.println( "Justus".compareTo( "Bob" )    > 0 );
System.out.println( "Justus".compareTo( "Justus" ) == 0 );
System.out.println( "Justus".compareTo( "Peter" )  < 0 );
```

Da im ersten Fall »Justus« lexikografisch größer ist als »Bob«, ist die numerische Rückgabe der Methode `compareTo()` größer 0.

Der von `compareTo()` vorgenommene Vergleich basiert nur auf der internen numerischen Kodierung der Unicode-Zeichen. Dabei berücksichtigt `compareTo()` nicht die landestypischen Besonderheiten, etwa die übliche Behandlung der deutschen Umlaute. Dafür müssten wir `Collator`-Klassen nutzen, die später in diesem Kapitel vorgestellt werden.

`compareToIgnoreCase()` ist vergleichbar mit `equalsIgnoreCase()`, bei der die Groß-/Kleinschreibung keine Rolle spielt.

[«]

Hinweis Das JDK implementiert `compareToIgnoreCase()` mit einem `Comparator<String>`, der zwei beliebige Zeichenketten in eine Reihenfolge bringt. Der `Comparator<String>` ist auch für uns zugänglich als statische Varible `CASE_INSENSITIVE_ORDER`. Er ist zum Beispiel praktisch für sortierte Mengen, bei denen die Groß-/Kleinschreibung keine Rolle spielt. Comperatoren werden genauer in Abschnitt 9.1, »Vergleichen von Objekten«, vorgestellt.

Endet der String mit ..., beginnt er mit ...?

Interessiert uns, ob der String mit einer bestimmten Zeichenfolge beginnt (wir wollen dies *Präfix* nennen), so rufen wir die `startsWith()`-Methode auf. Eine ähnliche Methode gibt es für *Suffixe*: `endsWith()`. Sie überprüft, ob ein String mit einer Zeichenfolge am Ende übereinstimmt.

[zB]

Beispiel Teste mit `endsWith()` eine Dateinamenendung und mit `startsWith()` eine Ansprache:

```
String  filename = "die besten stellungen (im schach).txt";
boolean isTxt  = filename.endsWith( ".txt" );              // true
String email = "Sehr geehrte Frau Müller,\ndanke für Ihr Angebot.";
boolean isMale = email.startsWith( "Sehr geehrter Herr" );  // false
```

251

4 | Der Umgang mit Zeichenketten

String-Teile mit »regionMatches()« vergleichen *

Eine Erweiterung der Ganz-oder-gar-nicht-Vergleichsmethoden bietet `regionMatches()`, die Teile einer Zeichenkette mit Teilen einer anderen vergleicht. Nimmt das erste Argument von `regionMatches()` den Wahrheitswert `true` an, dann spielt die Groß-/Kleinschreibung keine Rolle – damit lässt sich dann auch ein `startsWith()` und `endsWith()` mit Vergleichen unabhängig von der Groß-/Kleinschreibung durchführen. Der Rückgabewert ist wie bei `equalsXXX()` ein `boolean`.

[zB]

Beispiel Der Aufruf von `regionMatches()` ergibt `true`.

```
String s = "Deutsche Kinder sind zu dick";
boolean b = s.regionMatches( 9, "Bewegungsarmut bei Kindern", 19, 6 );
```

Die Methode beginnt den Vergleich am neunten Zeichen, also bei »K« im String `s`, und dem 19. Buchstaben in dem Vergleichsstring, ebenfalls ein »K«. Dabei beginnt die Zählung der Zeichen wieder bei 0. Ab diesen beiden Positionen werden sechs Zeichen verglichen. Im Beispiel ergibt der Vergleich von »Kinder« und »Kinder« dann `true`.

[zB]

Beispiel Sollte der Vergleich unabhängig von der Groß-/Kleinschreibung stattfinden, ist das erste Argument der überladenen Methode `true`:

```
String s = "Deutsche KINDER sind zu dick";
boolean b = s.regionMatches( true, 9, "Bewegungsarmut bei kindern", 19, 6 );
```

4.2.5 Phonetische Vergleiche

Bei der `equals()`-Methode ist das Ergebnis nur dann `true`, wenn beide Zeichenketten absolut gleich sind, also jedes Zeichen »passt«. `equalsIgnoreCase()` ist schon etwas großzügiger, und hier sind etwa »vuvuzela« und »VuVuZeLa« gleich. Noch entspanntere Vergleiche erlauben `Collatoren`, die etwa den Umlauten die Punkte nehmen, sodass »männo« und »manno« dann gleich sind.

Vergleiche aufgrund von Ähnlichkeiten und gleichem »Klang« gibt es jedoch in der Java Standardbibliothek nicht. Das ist aber interessant bei Namen. Mein Name »Ullenboom« wird oft zu Konstruktionen wie »Uhlenbohm« was sich im Prinzip gleich anhört (und jeder Maier, Meyer, Mayer, Meir, Myer, Meier kennt das Problem).

Zur Erkennung helfen besondere String-Algorithmen weiter. Für (insbesondere englische) Namen sind der *Soundex*-Algorithmus und seine Verbesserungen *Metaphone* und *(Double) Metaphone* bekannt. Wer das in Java sucht, findet bei *Apache Commons Codec (http://commons.apache.org/codec/userguide.html)* passende Implementierungen. So liefert etwa `isDoubleMetaphoneEqual(String value1, String value2)` einen Wahrheitswert, der aussagt, ob die Strings ähnlich sind. Interessant sind die Algorithmen auch für Korrekturhilfen[4]. Der

---

4 Wobei ich die Korrektvorschläge »Ullendorf«, »Quellenbox«, »Patrouillenboot« und »Müllenborn« in den Textboxen von Google Chrome schon sehr schräg finde.

252

Name "Ullenboom" ist dem Soundex-Code U451 zugeordnet. Schreibt jemand diesen Namen falsch, etwa "Uhlenbohm", und dieser Name ist nicht im Wörterbuch, so berechnet das Programm von "Uhlenbohm" ebenfalls den Soundex und kommt auf U451. Ein Blick in die Datenstruktur bei U451 liefert dann den korrekten Namen "Ullenboom" oder andere Vorschläge, die den gleichen Soundex ergeben.

Wie ähnlich denn nun Strings sind, sagen andere Algorithmen. Die *Levenshtein Distanz* zum Beispiel berechnet sich aus der (kleinst nötigen) Anzahl der einzufügenden, löschenden oder ersetzenden Zeichen, um von einem String zum anderen zu kommen; daher nennt sie sich auch *Edit-Distanz*. Von "Chris" nach "Char" ist die Edit-Distanz drei und von "Ullenboom" nach "Uhlenbohm" vier. *Jaro-Winkler* ist ein weiter Algorithmus, der die Ähnlichkeit zwischen 0 und 1 angibt. Das Projekt *SecondString (http://secondstring.sourceforge.net/)* implementiert diese Algorithmen – und noch ein Duzend mehr.

4.2.6 String-Teile extrahieren

Die vielleicht wichtigste Methode der Klasse `String` ist `charAt(int index)`. Diese Methode liefert das entsprechende Zeichen an einer Stelle, die »Index« genannt wird. Dies bietet eine Möglichkeit, die Zeichen eines Strings (zusammen mit der Methode `length()`) zu durchlaufen. Ist der Index kleiner null oder größer beziehungsweise gleich der Anzahl der Zeichen im String, so löst die Methode eine `StringIndexOutOfBoundsException`[5] mit der Fehlerstelle aus.

Beispiel Liefere das erste und letzte Zeichen im String `s`: [zB]

```
String s = "Ich bin nicht dick! Ich habe nur weiche Formen.";
char first = s.charAt( 0 );                     // 'I'
char last  = s.charAt( s.length() - 1 );        // '.'
```

Wir müssen bedenken, dass die Zählung wieder bei null beginnt. Daher müssen wir von der Länge des Strings eine Stelle abziehen. Da der Vergleich auf den korrekten Bereich bei jedem Zugriff auf `charAt()` stattfindet, ist zu überlegen, ob der String bei mehrmaligem Zugriff nicht stattdessen einmalig in ein eigenes Zeichen-Array kopiert werden sollte.

Teile eines Strings als String mit »substring()«

Wollen wir einen Teilstring aus der Zeichenkette erfragen, so greifen wir zur Methode `substring()`. Sie existiert in zwei Varianten – beide liefern ein neues String-Objekt zurück, das dem gewünschten Ausschnitt des Originals entspricht.

Beispiel `substring(int)` liefert eine Teilzeichenkette ab einem Index bis zum Ende. Das [zB]
Ergebnis ist ein neues `String`-Objekt:

---

5   Mit 31 Zeichen gehört dieser Klassenname schon zu den längsten. Übertroffen wird er aber noch um fünf Zeichen von `TransformerFactoryConfigurationError`. Im Spring-Paket gibt es aber `JdbcUpdateAffectedIncorrectNumberOfRowsException` – auch nicht von schlechten Eltern.

4 | Der Umgang mit Zeichenketten

```
String s1 = "Infiltration durch Penetration";
// Position:                     19
String s2 = s1.substring( 19 );                    // Penetration
```

Der Index von `substring(int)` gibt die Startposition (null-basiert) an, ab der Zeichen in die neue Teilzeichenkette kopiert werden. `substring(int)` liefert den Teil von diesem Zeichen bis zum Ende des ursprünglichen Strings – es ergibt `s.substring(0)` gleich `s`.

Wollen wir die Teilzeichenkette genauer spezifizieren, so nutzen wir die zweite Variante, `substring(int, int)`. Ihre Argumente geben den Anfang und das Ende des gewünschten Ausschnitts an.

[zB]

Beispiel Schneide einen Teil des Strings aus:

```
String tear = "'Jede Träne kitzelt auch die Wange.'";
//             0    6    11
System.out.println( tear.substring( 6, 11 ) ); // Träne
```

Während die Startposition inklusiv ist, ist die Endposition exklusiv. Das heißt, bei der Endposition gehört das Zeichen nicht mehr zur Teilzeichenkette.

Die Methode `substring(int)` ist nichts anderes als eine Spezialisierung von `substring(int, int)`, denn die erste Variante mit dem Startindex lässt sich auch als `s.substring(begin-Index, s.length())` schreiben.

Selbstverständlich kommen nun diverse Indexüberprüfungen hinzu – eine `StringIndexOutOfBoundsException` meldet fehlerhafte Positionsangaben wie bei `charAt()`.

String vor/nach einem Trennstring

Ist ein Trennzeichen gegeben, und ein Teilstring vor oder nach diesem Trennzeichnen gewünscht, bietet die `String`-Klasse keine Bibliotheksmethode an.[6] Dabei wäre eine solche Methode praktisch, etwa bei Dateien, bei denen der Punkt den Dateinamen vom Suffix trennt. Wir wollen zwei statische Utility-Methoden `substringBefore(String string, String delimiter)` und `substringAfter(String string, String delimiter)` schreiben, die genau diese Aufgabe übernehmen. Angewendet sehen sie dann so aus (wir ignorieren für einen Moment, dass der Dateiname selbst auch einen Punkt enthalten kann):

▶ `substringBefore( "index.html", "." )` → `"index"`

▶ `substringAfter( "index.html", "." )` → `"html"`

Die Implementierung der Methoden ist einfach: Im ersten Schritt suchen die Methoden mit `indexOf()` nach dem Trenner. Anschließend liefern sie mit `substring()` den Teilstring vor

---

6 Selbst XPath bietet mit `substring-before()` und `substring-after()` solche Funktionen. Und Apache Commons Lang (*http://commons.apache.org/lang/*) bildet sie in der Klasse `org.apache.commons.lang.StringUtils` auch nach.

bzw. hinter diesem gefunden Trennstring. Noch einige Vereinbarungen: Der Trenner ist kein Teil der Rückgabe. Und taucht das Trennzeichen nicht im String auf, ist die Rückgabe von `substringBefore()` der gesamte String und bei `substringAfter()` der Leerstring. String und Trenner dürfen nicht `null` sein, wenn dem so ist, folgt eine `NullPointerException` und zeigt so den Programmierfehler an. Ausprogrammiert sehen die beiden Methoden so aus:

Listing 4.8 StringUtils.java

```java
public class StringUtils
{
  /**
   * Returns the substring before the first occurrence of a delimiter. The
   * delimiter is not part of the result.
   *
   * @param string    String to get a substring from.
   * @param delimiter String to search for.
   * @return          Substring before the first occurrence of the delimiter.
   */
  public static String substringBefore( String string, String delimiter )
  {
    int pos = string.indexOf( delimiter );

    return pos >= 0 ? string.substring( 0, pos ) : string;
  }


  /**
   * Returns the substring after the first occurrence of a delimiter. The
   * delimiter is not part of the result.
   * @param string    String to get a substring from.
   * @param delimiter String to search for.
   * @return          Substring after the last occurrence of the delimiter.
   */
  public static String substringAfter( String string, String delimiter )
  {
    int pos = string.indexOf( delimiter );

    return pos >= 0 ? string.substring( pos + delimiter.length() ) : "";
  }
}
```

Zur Übung sei den Lesern überlassen, noch zwei Methoden `substringBeforeLast()` und `substringAfterLast()` zu realisieren, die statt `indexOf()` die Methode `lastIndexOf()` einsetzen (mit den beiden Methoden kann auch der Dateiname selbst einen Punkt enthalten). Frage: Lässt sich in der Implementierung einfach `indexOf()` durch `lastIndexOf()` ersetzen, und das war es dann schon?

Mit »getChars()« Zeichenfolgen als Array aus dem String extrahieren *

Während `charAt()` nur ein Zeichen liefert, kopiert `getChars()` mehrere Zeichen aus dem angegebenen Bereich des Strings in ein übergebenes Feld.

4 | Der Umgang mit Zeichenketten

[zB] **Beispiel** Kopiere Teile des Strings in ein Feld:

```
String s = "Blasiussegen";
char[] chars = new char[ 5 ];
int srcBegin = 7;
s.getChars( srcBegin, srcBegin + 5, chars, 0 );
System.out.println( new String(chars) );   // segen
```

s.getChars() kopiert ab Position 7 aus dem String s fünf Zeichen in die Elemente des Arrays chars. Das erste Zeichen aus dem Ausschnitt steht dann in chars[0].

Die Methode getChars() muss natürlich wieder testen, ob die gegebenen Argumente im grünen Bereich liegen, das heißt, ob der Startwert nicht < 0 ist und ob der Endwert nicht über die Größe des Strings hinausgeht. Passt das nicht, löst die Methode eine StringIndexOutOfBoundsException aus. Liegt zudem der Startwert hinter dem Endwert, gibt es ebenfalls eine StringIndexOutOfBoundsException, die anzeigt, wie groß die Differenz der Positionen ist. Am besten ist es, die Endposition aus der Startposition zu berechnen, wie es im obigen Beispiel geschehen ist. Passen alle Zeichen in das Feld, kopiert die Implementierung der Methode getChars() mittels System.arraycopy() die Zeichen aus dem internen Array des String-Objekts in das von uns angegebene Ziel.

Möchten wir den kompletten Inhalt eines Strings als ein Array von Zeichen haben, so können wir die Methode toCharArray() verwenden. Intern arbeitet die Methode auch mit getChars(). Als Ziel-Array legt toCharArray() nur ein neues Array an, das wir dann zurückbekommen.

[»] **Hinweis** Mit folgendem Idiom lässt sich über eine Zeichenkette iterieren:

```
String string = "Herr, schmeiß Java vom Himmel!";
for ( char c : string.toCharArray() )
  System.out.println( c );
}
```

Diese Lösung hat aber ihren Preis, denn ein neues char[]-Objekt einfach für den Durchlauf zu erzeugen, kostet Speicher und Rechenzeit für die Speicherbereitstellung und die -bereinigung. Daher ist diese Variante nicht empfehlenswert. Hübscher wäre es natürlich, wenn rechts vom Doppelpunkt automatisch ein String-Objekt berücksichtigt werden würde und den Compiler dazu anregte, die Zeichenkette zu durchlaufen.

4.2.7 Strings anhängen, Groß-/Kleinschreibung und Leerraum

Obwohl String-Objekte selbst unveränderlich sind, bietet die Klasse String Methoden an, die aus einer Zeichenkette Teile herausnehmen oder ihr Teile hinzufügen. Diese Änderungen werden natürlich nicht am String-Objekt vorgenommen, sondern die Methode liefert eine Referenz auf ein neues String-Objekt mit verändertem Inhalt zurück.

256

Anhängen an Strings

Eine weitere Methode erlaubt das Anhängen von Teilen an einen String. Wir haben dies schon öfter mit dem Plus-Operator realisiert. Die Methode der `String`-Klasse dazu heißt `concat(String)`. Wir werden später sehen, dass es die `StringBuilder`/`StringBuffer`-Klassen noch weiter treiben und eine überladene Methode `append()` mit der gleichen Funktionalität anbieten. Das steckt auch hinter dem Plus-Operator. Der Compiler wandelt dies automatisch in eine Kette von `append()`-Aufrufen um.

Beisipel Hänge das aktuelle Tagesdatum hinter eine Zeichenkette: [zB]

```
String s1 = "Das aktuelle Datum ist: ";
String s2 = new Date().toString();
String s3 = s1.concat( s2 ); // Das aktuelle Datum ist: Tue Jun 05 14:46:41 CEST 2005
```

Die `concat()`-Methode arbeitet relativ zügig und effizienter als der Plus-Operator, der einen temporären String-Puffer anlegt. Doch mit dem Plus-Operator ist es hübscher anzusehen (doch wie das so ist: Sieht nett aus, aber ...).

Beisipel Ähnlich wie im obigen Beispiel können wir Folgendes schreiben: [zB]

```
String s3 = "Das aktuelle Datum ist: " + new Date().toString();
```

Es geht sogar noch kürzer, denn der Plus-Operator ruft automatisch `toString()` **bei Objekten auf:**

```
String s3 = "Das aktuelle Datum ist: " + new Date();
```

`concat()` legt ein internes Feld an, kopiert die beiden Zeichenreihen per `getChars()` hinein und liefert mit einem String-Konstruktor die resultierende Zeichenkette.

Groß-/Kleinschreibung

Die Klasse `Character` deklariert einige statische Methoden, um einzelne Zeichen in Groß-/Kleinbuchstaben umzuwandeln. Die Schleife, die das für jedes Zeichen übernimmt, können wir uns sparen, denn dazu gibt es die Methoden `toUpperCase()` und `toLowerCase()` in der Klasse `String`. Interessant ist an beiden Methoden, dass sie einige sprachabhängige Feinheiten beachten. So zum Beispiel, dass es im Deutschen nicht wirklich ein großes »ß« gibt, denn »ß« wird zu »SS«. Gammelige Textverarbeitungen bekommen das manchmal nicht auf die Reihe, und im Inhaltsverzeichnis steht dann so etwas wie »SPAß IN DER NAßZELLE«. Aber bei möglichen Missverständnissen müsste »ß« auch zu »SZ« werden, vergleiche »SPASS IN MASZEN« mit »SPASS IN MASSEN« (ein ähnliches Beispiel steht im Duden). Diese Umwandlung ist aber nur von Klein nach Groß von Bedeutung. Für beide Konvertierungsrichtungen gibt es jedoch im Türkischen Spezialfälle, bei denen die Zuordnung zwischen Groß- und Kleinbuchstaben von der Festlegung in anderen Sprachen abweicht.

4 | Der Umgang mit Zeichenketten

[zB]

> **Beispiel** Konvertierung von Groß- in Kleinbuchstaben und umgekehrt:
>
> ```
> String s1 = "Spaß in der Naßzelle.";
> String s2 = s1.toLowerCase().toUpperCase();        // SPASS IN DER NASSZELLE.
> System.out.println( s2.length() - s1.length() ); // 2
> ```

Das Beispiel dient zugleich als Warnung, dass sich im Fall von »ß« die Länge der Zeichenkette vergrößert. Das kann zu Problemen führen, wenn vorher Speicherplatz bereitgestellt wurde. Dann könnte die neue Zeichenkette nicht mehr in den Speicherbereich passen. Arbeiten wir nur mit String-Objekten, haben wir dieses Problem glücklicherweise nicht. Aber berechnen wir etwa für einen Texteditor die Darstellungsbreite einer Zeichenkette in Pixel auf diese Weise, dann sind Fehler vorprogrammiert.

Um länderspezifische Besonderheiten zu berücksichtigen, lassen sich die toXXXCase()-Methoden zusätzlich mit einem Locale-Objekt füttern (Locale-Objekte repräsentieren eine sprachliche Region). Die parameterlosen Methoden wählen die Sprachumgebung gemäß den Länder-Einstellungen des Betriebssystems:

```
public String toLowerCase() {
  return toLowerCase( Locale.getDefault() );
}
```

Ähnliches steht bei toUpperCase().

[»]

> **Hinweis** Es gibt Konvertierungen in Groß-/Kleinbuchstaben, die abhängig von der Landessprache zu unterschiedlichen Zeichenfolgen führen. Die Angabe eines Locale bei den beiden toXXXXXCase()-Methoden ist insbesondere bei türkischsprachigen Applikationen wichtig:
>
> ```
> System.out.println( "TITANIK".toLowerCase() );              // titanik
> System.out.println( "TITANIK".toLowerCase(new Locale( "tr" ) ) ); // tıtanık
> ```
>
> Kleiner Unterschied: Im zweiten Ergebnisstring hat das i keinen i-Punkt!

Leerraum entfernen

In einer Benutzereingabe oder Konfigurationsdatei steht nicht selten vor oder hinter dem wichtigen Teil eines Texts Leerraum wie Leerzeichen oder Tabulatoren. Vor der Bearbeitung sollten sie entfernt werden. Die String-Klasse bietet dazu trim() an.

[zB]

> **Beispiel** Entferne Leer- und ähnliche Füllzeichen am Anfang und Ende eines Strings:
>
> ```
> String s = " \tSprich zu der Hand.\n  \t ";
> System.out.println( "'" + s.trim() + "'" ); // 'Sprich zu der Hand.'
> ```

Andere Modesprachen wie Visual Basic bieten dazu noch trim()-Methoden an, die nur die Leerzeichen vorher oder nachher verwerfen. Die Java-Bibliothek bietet das so einfach nicht.

258

Strings und deren Anwendung | **4.2**

> **Beispiel** Teste, ob ein String mit Abzug allen Weißraums leer ist: **[zB]**
> ```
> boolean isBlank = "".equals( s.trim() );
> ```
> Alternativ:
> ```
> boolean isBlank = s.trim().isEmpty();
> ```

4.2.8 Suchen und ersetzen

Da String-Objekte unveränderlich sind, kann eine Veränderungsmethode nur einen neuen String mit den Veränderungen zurückgeben. Wir finden in Java vier Methoden, die suchen und ersetzen:

```
final class java.lang.String
implements Serializable, Comparable<String>, CharSequence
```

▶ `replace( char oldChar, char newChar )`. Ersetzt einzelne Zeichen.

▶ `replace( CharSequence target, CharSequence replacement)`. Ersetzt eine Zeichenkette durch eine andere Zeichenkette.

▶ `replaceAll( String regex, String replacement)`. Ersetzt alle Strings, die durch einen regulären Ausdruck beschrieben werden.

▶ `replaceFirst( String regex, String replacement)`. Ersetzt den ersten String, der durch einen regulären Ausdruck beschrieben wird.

Ersetzen ohne reguläre Ausdrücke

Die `replace(char, char)`-Methode ersetzt einzelne Zeichen.

> **Beispiel** Ändere den in einer Zeichenkette vorkommenden Buchstaben »o« in »u«: **[zB]**
> ```
> String s1 = "Honolulu";
> String s2 = s1.replace( 'o', 'u' );          // s2 = "Hunululu"
> ```
> Das String-Objekt mit dem Namen s1 wird selbst nicht verändert. Es wird nur ein neues String-Objekt mit dem Inhalt »Hunululu« erzeugt und von `replace()` zurückgegeben.

Gibt es etwas zu ersetzen, erzeugt `replace()` intern ein neues Zeichenfeld, führt die Ersetzungen durch und konvertiert das interne Zeichenfeld in ein String-Objekt, was die Rückgabe ist. Gab es nichts zu ersetzen, bekommen wir das gleiche String-Objekt zurück, das die Anfrage stellte. Die `replace()`-Methode ersetzt immer alle Zeichen. Eine Variante, die nur das erste Zeichen ersetzt, müssen wir uns selbst schreiben.

Eine zweite überladene Variante, `replace(CharSequence, CharSequence)`, sucht nach allen auftretenden Zeichenfolgen und ersetzt sie durch eine andere Zeichenfolge. Der Ersetzungsstring kann auch leer sein.

4 | Der Umgang mit Zeichenketten

[zB] **Beispiel** Im String s soll »Schnecke« durch »Katze« ersetzt werden:

```
String s = "Schnecken erschrecken, wenn Schnecken an Schnecken schlecken, " +
           "weil zum Schrecken vieler Schnecken Schnecken nicht schmecken.";
System.out.println( s.replace("Schnecke", "Katze") );
```

Das Ergebnis auf dem Bildschirm ist »Katzen erschrecken, wenn Katzen an Katzen schlecken, weil zum Schrecken vieler Katzen Katzen nicht schmecken.«

Suchen und ersetzen mit regulären Ausdrücken

Die Methoden `replaceAll()` und `replaceFirst()` suchen in Zeichenketten mithilfe von regulären Ausdrücken (mehr dazu folgt in Abschnitt 4.7, »Reguläre Ausdrücke«) und nehmen Ersetzungen vor; `replaceFirst()` ersetzt, wie der Name schon sagt, nur das erste Auftreten.

[zB] **Beispiel** Mehr als zwei Leerzeichen in Folge sollen auf ein Leerzeichen komprimiert werden:

```
String s = "Alles  fit im   Schritt?";
System.out.println( s.replaceAll( " +", " " ) );   // Alles fit im Schritt?
System.out.println( s.replaceFirst( " +", " " ) ); // Alles fit im   Schritt?
```

Weil der Suchstring immer ein regulärer Ausdruck ist und Sonderzeichen wie ».« oder »+« eine Sonderrolle einnehmen, eignen sich `replaceAll()` und `replaceFirst()` nicht direkt für allgemeine Ersetzungsaufgaben; hier ist die `replace()`-Methode passender.

[zB] **Beispiel** Für eine String-Ersetzung stellen wir `replace()` und `replaceAll()` nebeneinander:

```
String s;
s = "'Tag, Karl.' 'Wie geht's, Karl?' 'Gut, Karl.' 'Kahl, Karl?' 'Ja, Karl, ganz kahl.'";
System.out.println( s.replace(".", "!") );
```

Der Aufruf ersetzt alle Punkte durch Ausrufezeichen, sodass das Ergebnis wie folgt lautet:

'Tag, Karl!' 'Wie geht's, Karl?' 'Gut, Karl!' 'Kahl, Karl?' 'Ja, Karl, ganz kahl!'

Nutzen wir `s.replaceAll(".", "!")`, führt das nicht zum Erfolg, sondern nur zu der Zeichenkette:

!!!

Der Punkt steht in regulären Ausdrücken für beliebige Zeichen. Erst, wenn er mit `\\` ausmaskiert wird – wegen des Sonderstatus von »\« muss auch dieses Zeichen selbst ausmaskiert werden –, liefert die Anweisung wie in `s.replaceAll("\\.", "!")` das gewünschte Ergebnis. Die statische Methode `Pattern.quote(String)` maskiert die Pattern-Sonderzeichen für uns aus, sodass auch `s.replaceAll(Pattern.quote("."), "!")` gut funktioniert. Zur Klasse `java.util.regex.Pattern` und regulären Ausdrücken folgt mit Abschnitt 4.7 ein eigenes großes Unterkapitel.

260

Strings und deren Anwendung | **4.2**

Beispiel Ersetze in einem String alle diakritischen Zeichen: **[zB]**

```
String s = "Müller";
s = Normalizer.normalize( s, Normalizer.Form.NFD );
s = s.replaceAll( "[\\p{InCombiningDiacriticalMarks}\\p{IsLm}\\p{IsSk}]+", "" );
System.out.println( s );  // Muller
```

Die Lösung geht zweistufig vor. Der Normalisierer zerlegt zunächst den String und macht die eigentliche Arbeit. replaceAll() entfernt dann übrig gebliebene Punke, Striche, Kreise und Häkchen.

4.2.9 String-Objekte mit Konstruktoren neu anlegen *

Liegt die Zeichenkette nicht als String-Literal vor, lassen sich mit den unterschiedlichen Konstruktoren der String-Klasse neue String-Objekte aufbauen. Die meisten Konstruktoren sind für Spezialfälle gedacht und kommen in normalen Java-Programmen nicht vor:

```
final class java.lang.String
implements CharSequence, Comparable<String>, Serializable
```

▶ String()
Erzeugt ein neues Objekt ohne Zeichen (den leeren String "").

▶ String(String string)
Erzeugt ein neues Objekt mit einer Kopie von string. Es wird selten benötigt, da String-Objekte unveränderbar (*immutable*) sind.

▶ String(char[] value)
Erzeugt ein neues Objekt und kopiert die im char-Feld vorhandenen Zeichen in das neue String-Objekt.

▶ String(char[] value, int offset, int length)
Erzeugt wie String(char[]) einen String aus einem Ausschnitt eines Zeichenfelds. Der verwendete Ausschnitt beginnt bei dem Index offset und umfasst length Zeichen.

▶ String(byte[] bytes)
Erzeugt ein neues Objekt aus dem Byte-Feld. Das byte-Array enthält keine Unicode-Zeichen, sondern eine Folge von Bytes, die nach der Standardkodierung der jeweiligen Plattform in Zeichen umgewandelt werden.

▶ String(byte[] bytes, int offset, int length)
Erzeugt wie String(byte[]) einen String aus einem Ausschnitt eines Byte-Felds.

▶ String(byte[] bytes, String charsetName) throws UnsupportedEncodingException
Erzeugt einen neuen String von einem Byte-Array mithilfe einer speziellen Zeichenkodierung, die die Umwandlung von Bytes in Unicode-Zeichen festlegt.

▶ String(byte[] bytes, int offset, int length, String charset)
      throws UnsupportedEncodingException
Erzeugt einen neuen String mit einem Teil des Byte-Arrays mithilfe einer speziellen Zeichenkodierung.

261

4 | Der Umgang mit Zeichenketten

▶ `String( StringBuffer buffer )`

▶ `String( StringBuilder builder )`

Erzeugt aus einem veränderlichen `StringBuffer`-/`StringBuilder`-Objekt ein unveränderliches String-Objekt, das dieselbe Zeichenreihe repräsentiert.

▶ `String( int[] codePoints, int offset, int count )`

Erzeugt ein String-Objekt mit Unicode-Codepoints, die Zeichen über `int` kodieren.

Die Konstruktoren sind im Speziellen nur dann nötig, wenn aus einer Fremdrepräsentation wie einem `StringBuilder`, `StringBuffer`, `char[]` oder `byte[]` oder Teilen von ihnen ein `String`-Objekt aufgebaut werden soll.

[zB] **Beispiel** Erzeuge einen String einer gegebenen Länge:

Listing 4.9 GenerateStringWithGivenLength.java, generateStringWithLength()

```java
public static String generateStringWithLength( int len, char fill )
{
  if ( len < 0 )
    return null;

  char[] cs = new char[ len ];
  Arrays.fill( cs, fill );
  return  new String( cs );
}
```

In der `String`-Klasse gibt es keine Methode, die eine Zeichenkette einer vorgegebenen Länge aus einem einzelnen Zeichen erzeugt.

[zB] **Beispiel** Teste, ob zwei Zeichenketten Anagramme darstellen, also Zeichenfolgen, die beim Vertauschen von Buchstaben gleich sind:

```java
String a1 = "iPad", a2 = "Paid";
char[] a1chars = a1.toCharArray();
char[] a2chars = a2.toCharArray();
Arrays.sort( a1chars );
Arrays.sort( a2chars );
boolean isAnangram = new String(a1chars).equalsIgnoreCase(new String(a2chars));
System.out.println( isAnangram );        // true
```

Der Konstruktor der Klasse »String«

Ein Konstruktor führt leicht zur Verwirrung, und zwar der Konstruktor, der einen anderen String annimmt. So ergeben die beiden folgenden Zeilen die Referenz auf ein String-Objekt:

```java
String rudi = "There is no spoon";
String rudi = new String( "There is no spoon" );
```

Die zweite Lösung erzeugt unnötigerweise ein zusätzliches `String`-Objekt, denn das Literal ist ja schon ein vollwertiges `String`-Objekt.

Tuning-Hinweis Der Konstruktor ist *nur* für eine besondere Optimierung zu gebrauchen, die in der Regel wie folgt aussieht (sei s ein großer String und t ein Teilstring):

```
String
String t = new String( s.substring(…) );
```

Die String-Klasse in Java ist nichts anderes als eine Abstraktion von einem darunterliegenden char-Feld.[7] Bei einem substring() wird kein neues char-Feld mit der Teilzeichenkette aufgebaut, sondern es wird das ursprüngliche char-Feld (in unserem Beispiel von s) genutzt, und es werden lediglich die Start- und End-Positionen gesetzt. Ein String-Objekt enthält daher nicht nur intern ein Attribut für das char-Feld, sondern auch noch offset (also den Startpunkt) und die Länge.[8] Somit ist die Operation substring() sehr performant, da keine Zeichenfelder kopiert werden müssen. Das Problem: Ist das von s referenzierte char-Feld sehr groß, wird dieses Feld ebenfalls vom Teilstring referenziert. Wenn das ursprüngliche String-Objekt s vom GC entfernt wird, bleibt trotzdem das große char-Feld bestehen, denn es wird vom Teilstring referenziert. Um den Speicherbedarf in diesem Fall zu optimieren, ist der new String(String)-Konstruktor geeignet, denn er legt ein neues kompaktes char-Feld an, das ausschließlich die Zeichen speichert. Somit ist kein Verweis mehr auf das ursprüngliche Feld vorhanden, was dann der GC wegräumen kann, wenn das ursprüngliche String-Objekt s auch nicht mehr existiert.

Strings im Konstantenpool

Die JVM erzeugt für jedes Zeichenketten-Literal automatisch ein entsprechendes String-Objekt. Das geschieht für jede konstante Zeichenkette höchstens einmal, egal wie oft sie im Programmverlauf benutzt wird und welche Klassen den String nutzen. Dieses String-Objekt »lebt« in einem Bereich, der *Konstantenpool* genannt wird.[9]

[«]

Hinweis Nehmen wir an, die Anweisung

```
System.out.println( "tutego" );
```

steht in einer Klasse A und in einer anderen Klasse B steht:

```
int len = "tutego".length();
```

Dann gibt es die Zeichenfolge »tutego« als String-Objekt nur ein einziges Mal in der Laufzeitumgebung.

---

7 Die ersten Zeilen in der Klasse String beginnen mit:
```
public final class String implements java.io.Serializable, Comparable<String>, CharSequence {
  /** The value is used for character storage. */
private final char value[];
```
8 `/** The offset is the first index of the storage that is used. */`
```
private final int offset;
/** The count is the number of characters in the String. */
 private final int count;
```
9 Die Java-Bibliothek implementiert hier das Entwurfsmuster *Fliegengewicht* (Flyweight-Pattern) der Gang of Four.

4 | Der Umgang mit Zeichenketten

Bei konstanten Werten führt der Compiler Optimierungen durch, etwa in der Art, dass er konstante Ausdrücke gleich berechnet. Nicht nur setzt er für Ausdrücke wie 1 + 2 das Ergebnis 3 ein, auch aufgebrochene konstante String-Teile, die mit Plus konkateniert werden, fügt der Compiler zu einer Zeichenkette zusammen.

[zB]

Beispiel Beide Anweisungen sehen im Bytecode gleich aus:

```
String s = "Operating systems are like underwear – nobody really wants to look⊋
at them. (Bill Joy)";
String s = "Operating systems are like underwear – nobody really wants to look⊋
at them" + '.' + " (Bill Joy)";
```

Der Compiler fügt die Zeilzeichenketten automatisch zu einer großen Zeichenkette zusammen, sodass keine Konkatenation zur Laufzeit nötig ist.

Leerer String, Leer-String oder Null-String

Die Anweisungen

```
String s = "";
```

und

```
String s = new String();
```

referenzieren in beiden Fällen String-Objekte, die keine Zeichen enthalten. Die zweite Schreibweise erzeugt aber ein neues String-Objekt, während im ersten Fall das String-Literal im Konstantenpool liegt.

Ein String ohne Zeichen nennen wir *leeren String*, *Leer-String* oder *Null-String*. Der letzte Begriff ist leider etwas unglücklich gewählt, sodass wir ihn im Buch nicht nutzen, denn der Begriff *Null-String* kann leicht mit dem Begriff null-*Referenz* verwechselt werden. Doch während Zugriffe auf einem Null-String unproblematisch sind, führen Dereferenzierungen auf der null-Referenz unweigerlich zu einer NullPointerException:

```
String s = null;
System.out.println( s );          //    Ausgabe: null
s.length();                       // ☠ NullPointerException
```

printXXX(null) führt zu der Konsolenausgabe »null« und zu keiner Ausnahme, da es eine Fallunterscheidung in printXXX() gibt, die die null-Referenz als Sonderfall betrachtet.[10] Der Zugriff auf s über s.length() führt dagegen zur unbliebten NullPointerException.

---

10 In der Implementierung von PrintStream von Sun:
```
public void print( String s ) { if ( s == null ) s = "null"; write( s ); }
```

264

4.3 Konvertieren zwischen Primitiven und Strings

Bevor ein Datentyp auf dem Bildschirm ausgegeben, zum Drucker geschickt oder in einer ASCII-Datei gespeichert werden kann, muss das Java-Programm ihn in einen String konvertieren. Wenn wir etwa die Zahl 7 ohne Umwandlung ausgäben, hätten wir keine 7 auf dem Bildschirm, sondern einen Pieps aus dem Lautsprecher – je nach Implementierung. Auch umgekehrt ist eine Konvertierung wichtig: Gibt der Benutzer in einem Dialog sein Alter an, ist das zuerst immer ein String. Diesen muss die Anwendung in einem zweiten Schritt in eine Ganzzahl konvertieren, um etwa eine Altersabfrage zu realisieren.

4.3.1 Unterschiedliche Typen in String-Repräsentationen konvertieren

Die statischen überladenen `String.valueOf()`-Methoden liefern die String-Repräsentation eines primitiven Werts oder eines Objekts.

Beispiel Konvertierungen einiger Datentypen in Strings: [zB]

```
String s1 = String.valueOf( 10 );              // 10
String s2 = String.valueOf( Math.PI );         // 3.141592653589793
String s3 = String.valueOf( 1 < 2 );           // true
```

Die `valueOf()`-Methode ist überladen, und insgesamt gibt es für jeden primitiven Datentyp eine Implementierung:

```
final class java.lang.String
implements CharSequence, Comparable<String>, Serializable
```

▶ `static String valueOf( boolean b )`

▶ `static String valueOf( char c )`

▶ `static String valueOf( double d )`

▶ `static String valueOf( float f )`

▶ `static String valueOf( int i )`

▶ `static String valueOf( long l )`
Liefert die String-Repräsentation der primtiven Elemente.

▶ `static String valueOf( char[] data )`

▶ `static String valueOf( char[] data, int offset, int count )`
Liefert vom `char`-Feld oder einem Ausschitt des `char`-Feldes ein String-Objekt.

Die Methode »valueOf(Object)«

Der `valueOf()`-Methode kann auch ein beliebiges Objekt übergeben werden:

4 | Der Umgang mit Zeichenketten

[zB] **Beispiel** Konvertierungen einiger Objekte in String-Repräsentationen:

```
String s1 = String.valueOf( new java.awt.Point() );  // java.awt.Point[x=0,y=0]
String s2 = String.valueOf( new java.io.File(".") );  // 3.141592653589793
String s3 = String.valueOf( new java.util.Date() );  // Tue Jul 20 13:07:16 CEST
2010
```

Sehen wir uns die Implementierungen von `valueOf(Object)` an:

```
public static String valueOf( Object obj )
{
  return (obj == null) ? "null" : obj.toString();
}
```

Die String-Umsetzung wird an das Objekt delegiert, denn jedes Objekt besitzt eine `toString()`-Methode. Die Sonderbehandlung testet, ob `null` übergeben wurde, und liefert dann einen gültigen String mit dem Inhalt `"null"`. Auch liefert eine Ausgabe wie `System.out.println(null)` den String `"null"`, genauso wie `System.out.println(null + "0")` die Ausgabe `"null0"` ergibt, wenn `null` als Glied in der Additionskette steht:

```
final class java.lang.String
implements CharSequence, Comparable<String>, Serializable
```

▶ `static String valueOf( Object obj )`
Ist `obj` ungleich `null`, liefert die Methode `obj.toString()`, andernfalls die Rückgabe »null«.

4.3.2 Stringinhalt in primitiven Wert konvertieren

Für das Parsen eines Strings – zum Beispiel in eine Ganzzahl – ist nicht die Klasse `String` verantwortlich, sondern spezielle Klassen, die für jeden primitiven Datentyp vorhanden sind. Die Klassen deklarieren statische `parseXXX()`-Methoden, wie die folgende Tabelle zeigt:

Klasse	Konvertierungsmethode	Rückgabetyp
java.lang.Boolean	parseBoolean(String s)	boolean
java.lang.Byte	parseByte(String s)	byte
java.lang.Short	parseShort(String s)	short
java.lang.Integer	parseInt(String s)	int
java.lang.Long	parseLong(String s)	long
java.lang.Double	parseDouble(String s)	double
java.lang.Float	parseFloat(String s)	float

Tabelle 4.3 Methoden zum Konvertieren eines Strings in einen primitiven Typ

Für jeden primitiven Typ gibt es eine so genannte *Wrapper-Klasse* mit `parseXXX()`-Konvertiermethoden. Die Bedeutung der Klassen erklärt Abschnitt 9.2 »Wrapper-Klassen und Autoboxing«, genauer, an dieser Stelle betrachten wir nur die Konvertierfunktionalität.

»parseXXX()« und Fehler

Kann eine `parseXXX()`-Methode eine Konvertierung nicht durchführen, weil sich der String nicht konvertieren lässt, löst sie eine `NumberFormatException` aus. Das ist zum Beispiel der Fall, wenn `parseDouble()` als Dezimaltrenner ein Komma statt eines Punktes empfängt. Bei der statischen Methode `parseBoolean()` ist die Groß-/Kleinschreibung irrelevant.

> **Hinweis** Dieser `NumberFormatException`-Fehler kann als Test dienen, ob eine Zeichenkette eine Zahl enthält oder nicht, denn eine Prüfmethode wie `Integer.isInteger()` gibt es *nicht*. Eine Alternative ist, einen regulären Ausdruck zu verwenden – diese Variante wird später vorgestellt.

[«]

»parseXXX()« und Leerzeichen *

Die statische Konvertierungsmethode `parseInt()` schneidet keine Leerzeichen ab und würde einen Parserfehler melden, wenn der String etwa mit einem Leerzeichen endet. (Die Helden der Java-Bibliothek haben allerdings bei `Float.parseFloat()` und `Double.parseDouble()` anders gedacht: Hier wird die Zeichenkette vorher schlank getrimmt.)

> **Beispiel** Leerzeichen zur Konvertierung einer Ganzzahl abschneiden:
> ```
> String s = "  1234    ".trim();        // s = "1234"
> int i = Integer.parseInt( s );         // i = 1234
> ```

[zB]

Das, was bei einem `String.valueOf()` als Ergebnis erscheint – und das ist auch das, worauf zum Beispiel `System.out.print()` basiert –, kann `parseXXX()` wieder in den gleichen Wert zurückverwandeln.

> **Hinweis** Eine Methode `Character.parseCharacter(String)` fehlt. Eine vergleichbare Realisierung ist, auf das erste Zeichen eines Strings zuzugreifen, etwa so: `char c = s.charAt(0)`.

[«]

4.3.3   Unterschiedliche Ausgabeformate (Binär, Hex, Oktal) *

Neben den überladen statischen `String.valueOf(primitve)`-Methoden, die eine Zahl als String-Repräsentation im vertrauten Dezimalsystem liefert, und den `parseXXX()`-Umkehrmethoden der Wrapper-Klassen, gibt es weitere Methoden zum Konviertieren in der

▶ binären (Basis 2)

▶ oktalen (Basis 6)

▶ hexadezimalen (Basis 16)

▶ und Darstellung einer beliebigen Basis (bis 36).

Die Methoden zum Bilden der String-Repräsentation sind nicht an `String`, sondern zusammen mit Methoden zum Parsen an den Klassen `Integer` und `Long` festgemacht:

4 | Der Umgang mit Zeichenketten

```
final class java.lang.Integer
extends Number
implements Comparable<Integer>, Serializable
```

▶ static String toBinaryString(int i)

▶ static String toOctalString(int i)

▶ static String toHexString(int)
  Erzeugt eine Binärrepräsentation (Basis 2), Oktalzahlrepräsentation (Basis 8) beziehungsweise Hexadezimalrepräsentation (Basis 16) der vorzeichenlosen Zahl.

▶ static String toString(int i, int radix)
  Erzeugt eine String-Repräsentation der Zahl zur angegebenen Basis.

```
final class java.lang.Long
extends Number
implements Comparable<Long>, Serializable
```

▶ static String toBinaryString(long i)

▶ static String toOctalString(long i)

▶ static String toHexString(long i)
  Erzeugt eine Binärrepräsentation (Basis 2), Oktalzahlrepräsentation (Basis 8) beziehungs-
  weise Hexadezimalrepräsentation (Basis 16) der vorzeichenlosen Zahl. Achtung: Wenn die
  Zahl negativ ist, wird i ohne Vorzeichen behandelt und 2^{32} addiert.

▶ static String toString(long i, int radix)
  Erzeugt eine String-Repräsentation der Zahl zur angegebenen Basis. Negative Zahlen
  bekommen auch ein negatives Vorzeichen.

Der Parametertyp ist int beziehungsweise long und nicht byte. Dies führt zu Ausgaben, die
einkalkuliert werden müssen. Genauso werden führende Nullen grundsätzlich nicht mit ausgegeben:

Listing 4.10 ToHex.java, main()
```
System.out.println( "15=" + Integer.toHexString(15) );   // 15=f
System.out.println( "16=" + Integer.toHexString(16) );   // 16=10
System.out.println( "127=" + Integer.toHexString(127) ); // 127=7f
System.out.println( "128=" + Integer.toHexString(128) ); // 128=80
System.out.println( "255=" + Integer.toHexString(255) ); // 255=ff
System.out.println( "256=" + Integer.toHexString(256) ); // 256=100
System.out.println( "-1=" + Integer.toHexString(-1) );   // -1=ffffffff
```

Die Ausgaben mit printf() beziehungsweise die Formatierung mit String.format() bieten
eine Alternative, die später vorgestellt wird.

> **Hinweis** Eine Konvertierung mit `toHexString(x)` ist bei negativen Zahlen nicht die gleiche wie mit `toString(x, 16)`:
>
> ```
> System.out.println( Integer.toHexString( -10 ) );  // fffffff6
> System.out.println( Integer.toString( -10, 16 ) ); // -a
> ```
>
> Hier kommt bei `toHexString()` zum Tragen, was als Bemerkung in der Java Dokumentation angegeben ist, nämlich dass bei negativen Zahlen die Zahl ohne Vorzeichen genommen wird (also 10) und dann 2^32 addiert wird. Bei `toString()` und einem beliebigen Radix ist das nicht so.

[«]

Eine spezialisierte Methode für eine gegebene Basis ist `Integer.parseInt(String s, int radix)`. Diese ist gut für Hexadezimalzahlen mit der Basis 16. Dazu einige Anwendungsfälle:

Konvertierungsaufruf	Ergebnis
parseInt("0", 10)	0
parseInt("473", 10)	473
parseInt("-0", 10)	0
parseInt("-FF", 16)	-255
parseInt("1100110", 2)	102
parseInt("2147483647", 10)	2147483647
parseInt("-2147483648", 10)	-2147483648
parseInt("2147483648", 10)	☠ throws NumberFormatException
parseInt("99", 8)	☠ throws NumberFormatException
parseInt("Papa", 10)	☠ throws NumberFormatException
parseInt("Papa", 27)	500050

Tabelle 4.4 Beispiele für Integer.parseInt() mit unterschiedlichen Zahlenbasen

Nur in den Klassen `Integer` und `Long` gibt es die Unterstützung für eine Basis auch ungleich 10:

```
final class java.lang.Integer
extends Number
implements Comparable<Integer>, Serializable
```

▶ `static int parseInt( String s )`

▶ `static int parseInt( String s, int radix )`

```
final class java.lang.Long
extends Number
implements Comparable<Long>, Serializable
```

▶ `static long parseLong( String s )`

▶ `static long parseLong( String s, int radix )`

4 | Der Umgang mit Zeichenketten

[»] **Hinweis** Die Methoden `parseInt()` und `parseLong()` verhalten sich bei String-Repräsentation von negativen Zahlen nicht so, wie zu erwarten:

```
System.out.println( Integer.parseInt( "7fffffff", 16 ) ); // 2147483647
System.out.println( Integer.parseInt( "80000000", 16 ) );
  // ☠ NumberFormatException
```

Es ist 0x7fffffff die größte darstellbare positive `int`-Zahl. Statt bei 0x80000000 den Wert –2147483648 zu liefern, gibt es aber eine `NumberFormatException`. Die Java API Dokumentation gibt zwar auch dieses Beispiel an, stellt dieses Verhalten aber nicht besonders klar. Es gibt den Fall, dass bei negativen Zahlen und `parseInt()`/`parseLong()` auch ein Minus als Vorzeichen angegeben werden muss. Die `parseXXX()`-Methoden sind also keine Umkehrmethoden zu etwa `toHexString()`, aber immer zu `toString()`:

```
System.out.println( Integer.toString( -2147483648, 16 ) ); // -80000000
System.out.println( Integer.parseInt( "-80000000", 16 ) ); // -2147483648
```

[zB] **Beispiel** Der Radix geht bis 36 (zehn Ziffern und 26 Kleinbuchstaben). Mit Radix 36 können zum Beispiel ganzzahlige IDs kompakter dargestellt werden, als wenn sie dezimal wären:

```
String string = Long.toString( 2656437647773L, 36 );
System.out.println( string );    // xwcmdz8d
long parseInt = Long.parseLong( string, 36 );
System.out.println( parseInt ); // 2656437647773
```

4.4 Veränderbare Zeichenketten mit StringBuilder und StringBuffer

Zeichenketten, die in der virtuellen Maschine in String-Objekten gespeichert sind, haben die Eigenschaft, dass ihr Inhalt nicht mehr verändert werden kann. Anders verhalten sich die Exemplare der Klasse `StringBuilder` und `StringBuffer`, an denen sich Veränderungen vornehmen lassen. Die Veränderungen betreffen anschließend das `StringBuilder`/`StringBuffer`-Objekt selbst, und es wird kein neu erzeugtes Objekt als Ergebnis geliefert, wie zum Beispiel beim Plus-Operator und der `concat()`-Methode bei herkömmlichen String-Objekten. Sonst sind sich aber die Implementierung von String-Objekten und `StringBuffer`/`StringBuffer`-Objekten ähnlich. In beiden Fällen nutzen die Klassen ein internes Zeichenfeld.

Die Klasse `StringBuilder` bietet die gleichen Methoden wie `StringBuffer`, nur nicht synchronisiert. Bei nebenläufigen Programmen kann daher die interne Datenstruktur vom `StringBuilder`-Objekt inkonsistent werden, sie ist aber dafür bei nicht-nebenläufigen Zugriffen ein wenig schneller.

Veränderbare Zeichenketten mit StringBuilder und StringBuffer | **4.4**

4.4.1 Anlegen von StringBuilder/StringBuffer-Objekten

Mit mehreren Konstruktoren lassen sich `StringBuilder`/`StringBuffer`-Objekte generieren:

```
final class java.lang.StringBuffer
final class java.lang.StringBuilder
implements Appendable, CharSequence, Serializable
```

▶ `StringBuffer()`, `StringBuilder()`
Legt ein neues Objekt an, das die leere Zeichenreihe enthält und Platz für (zunächst) bis zu 16 Zeichen bietet. Bei Bedarf wird automatisch Platz für weitere Zeichen bereitgestellt.

▶ `StringBuffer( int length )`, `StringBuilder( int length )`
Wie oben, jedoch reicht die anfängliche Kapazität des Objekts für die angegebene Anzahl an Zeichen. Optimalerweise ist die Größe so zu setzen, dass sie der Endgröße der dynamischen Zeichenfolge nahekommt.

▶ `StringBuffer( String str )`, `StringBuilder( String str )`
Baut ein Objekt, das eine Kopie der Zeichen aus `str` enthält. Zusätzlich wird bereits Platz für 16 weitere Zeichen eingeplant.

▶ `StringBuffer( CharSequence seq )`, `StringBuilder( CharSequence seq )`
Erzeugt ein neues Objekt aus einer `CharSequence`. Damit können auch die Zeichenfolgen anderer `StringBuffer`- und `StringBuilder`-Objekte Basis dieses Objekts werden.

Da nur String-Objekte von der Sprache bevorzugt werden, bleibt uns allein der explizite Aufruf eines Konstruktors, um `StringBuilder`/`StringBuffer`-Exemplare anzulegen. Alle String-Literale in Anführungszeichen sind ja schon Exemplare der Klasse `String`.

Hinweis Weder in der Klasse `String` noch in `StringBuilder`/`StringBuffer` existiert ein Konstruktor, der explizit ein `char` als Parameter zulässt, um aus dem angegebenen Zeichen eine Zeichenkette aufzubauen. Dennoch gibt es bei `StringBuilder`/`StringBuffer` einen Konstruktor, der ein `int` annimmt, wobei die übergebene Ganzzahl die interne Startgröße des Puffers spezifiziert. Rufen wir den Konstruktor mit `char` auf – etwa einem »*« –, so konvertiert der Compiler automatisch das Zeichen in ein `int`. Das resultierende Objekt enthält kein Zeichen, sondern hat nur eine anfängliche Kapazität von 42 Zeichen, da 42 der ASCII-Code des Sternchens ist. Korrekt ist daher für ein Zeichen c nur Folgendes: `new StringBuilder("" + c)` oder `new StringBuilder().append(c)`.

[«]

4.4.2 StringBuilder/StringBuffer in andere Zeichenkettenformate konvertieren

`StringBuilder`/`StringBuffer` werden in der Regel intern in Methoden eingesetzt, aber tauchen selten als Parameter- oder Rückgabetyp auf. Aus den Konstruktoren der Klassen konnten wir ablesen, wie bei einem Parametertyp String etwa ein `StringBuilder` aufgebaut wird, es fehlt aber der Weg zurück.

4 | Der Umgang mit Zeichenketten

```
final class java.lang.StringBuffer
final class java.lang.StringBuilder
implements Appendable, CharSequence, Serializable
```

▶ String toString()
Erzeugt aus der aktuellen Zeichenkette ein String-Objekt.

▶ void getChars(int srcBegin, int srcEnd, char[] dst, int dstBegin)
Kopiert einen gewünschten Ausschnitt in ein char-Feld.

4.4.3 Daten anhängen

Die häufigste Anwendung von StringBuilder/StringBuffer-Objekten ist das Zusammenfügen von Texten aus Daten unterschiedlichen Typs. Dazu deklarieren die Klassen eine Reihe von append()-Methoden, die mit unterschiedlichen Datentypen überladen sind. Die append()-Methoden von StringBuilder geben einen StringBuilder zurück und die von StringBuffer einen StringBuffer. Die append()-Methoden hängen sich immer an das Ende an und vergrößern den internen Platz – das interne char-Feld –, falls es nötig ist. Ein neues StringBuilder/StringBuffer-Objekt erzeugen sie nicht.

[zB] **Beispiel** Hänge alle Argumente aneinander, und liefere das Ergebnis als String:

Listing 4.11 StringBuilderToStringDemo.java, join

```java
public static String join( Object... strings
{
  StringBuilder result = new StringBuilder();

  for ( Object string : strings )
    result.append( string );

  return result.toString();
}
```

Die mit Object parametrisierte append()-Methode ruft automatisch toString() auf den Objekten auf. Ein Beispielaufruf könnte so aussehen: join("Aus", ' ', "die Maus").

Die Zusammenfassung listet alle Methoden auf:

```
final class java.lang.StringBuffer
final class java.lang.StringBuilder
implements Appendable, CharSequence, Serializable
```

▶ StringBuilder/StringBuffer append(boolean b)

▶ StringBuilder/StringBuffer append(char c)

▶ StringBuilder/StringBuffer append(char[] str)

▶ StringBuilder/StringBuffer append(char[] str, int offset, int len)

▶ StringBuilder/StringBuffer append(CharSequence s)

272

Veränderbare Zeichenketten mit StringBuilder und StringBuffer | **4.4**

▶ StringBuilder/StringBuffer append(CharSequence s, int start, int end)

▶ StringBuilder/StringBuffer append(double d)

▶ StringBuilder/StringBuffer append(float f)

▶ StringBuilder/StringBuffer append(int i)

▶ StringBuilder/StringBuffer append(long lng)

▶ StringBuilder/StringBuffer append(Object obj)

▶ StringBuilder/StringBuffer append(String str)

▶ StringBuilder/StringBuffer append(StringBuffer sb)

Die Methoden append(char), append(CharSequence) und append(CharSequence, int, int) werden von der Schnittstelle Appendable vorgeschrieben.

Besonders nützlich ist in der Praxis append(CharSequence, int, int), da sich auf diese Weise Teile von String-, StringBuilder- und StringBuffer-Objekten anhängen lassen.

[«]

> **Hinweis** Jede append()-Methode verändert den StringBuilder/StringBuffer und liefert als Rückgabewert noch eine Referenz darauf. Das hat den großen Vorteil, dass sich Aufrufe der append()-Methoden einfach hintereinandersetzen (kaskadieren) lassen:
>
> ```
> StringBuilder sb = new StringBuilder( "George Peppard " ).append(',');
> sb.append(" Mr. T, ").append("Dirk Benedict, ").append("Dwight Schultz");
> ```
>
> Die Auswertung erfolgt von links nach rechts, sodass die Ausgabe ist: »George Peppard, Mr. T, Dirk Benedict, Dwight Schultz«.

4.4.4 Zeichen(folgen) setzen, erfragen, löschen und umdrehen

Die bekannten Anfragemethoden aus String finden wir auch beim StringBuilder/String-Buffer wieder. So verhalten sich charAt() und getChars() bei Exemplaren beider Klassen identisch. Auch substring(int start) und substring(int start, int end) sind aus der Klasse String bekannt.

Neu ist setCharAt(), da in einem StringBuilder/StringBuffer Zeichen verändert werden können.

[zB]

> **Beispiel** Ändere das erste Zeichen im StringBuilder in einen Großbuchstaben:
>
> ```
> StringBuilder sb = new StringBuilder( "spare Wasser und dusche mit dem Partner" );
> char upperCharacter = Character.toUpperCase( sb.charAt(0) );
> sb.setCharAt( 0, upperCharacter );
> ```
>
> Das erste Argument 0 in setCharAt() steht für die Position des zu setzenden Zeichens.

Die Methode insert(int offset, element) fügt die Zeichenketten-Repräsentation eines Werts vom Typ Typ an der Stelle offset ein. Sie ähnelt der überladenen append()-Methode.

273

4 | Der Umgang mit Zeichenketten

[zB] **Beispiel** Lies eine Datei ein, und drehe die Zeilen so um, dass die letzte Zeile der Datei oben steht und die erste Zeile der Datei unten. Das Ergebnis auf der Konsole soll ein String sein, der keinen Weißraum zu Beginn und am Ende aufweist:

Listing 4.12 ReverseFile.java, main()

```
Scanner scanner = new Scanner(ReverseFile.class.getResourceAsStream("EastOfJava.txt"));
StringBuilder result = new StringBuilder();
while ( scanner.hasNextLine() )
  result.insert( 0, scanner.nextLine() + "\n" );
System.out.println( result.toString().trim() );
```

Für `char`-Arrays existiert `insert()` in einer abgewandelten Art: `insert(int index, char[] str, int offset, int len)`. Es wird nicht das komplette Array in den `StringBuilder/String-Buffer` übernommen, sondern nur ein Ausschnitt.

Eine Folge von Zeichen lässt sich durch `delete(int start, int end)` löschen. `deleteChar-At(int index)` löscht nur ein Zeichen. In beiden Fällen wird ein inkorrekter Index durch eine `StringIndexOutOfBoundsException` bestraft. Die Methode `replace(int start, int end, String str)` löscht zuerst die Zeichen zwischen `start` und `end` und fügt anschließend den neuen String `str` ab `start` ein. Dabei sind die Endpositionen wie immer exklusiv, das heißt, sie geben das erste Zeichen hinter dem zu verändernden Ausschnitt an.

[zB] **Beispiel** Ersetze den Teilstring an der Position 4 und 5 (also bis exklusive 6):

```
StringBuilder sb = new StringBuilder( "Sub-XX-Sens-O-Matic" );
//                                    0123456
System.out.println( sb.replace( 4, 6, "Etha" ) ) ; // Sub-Etha-Sens-O-Matic
```

Eine weitere Methode `reverse()` dreht die Zeichenfolge um.

[zB] **Beispiel** Teste unabhängig von der Groß-/Kleinschreibung, ob der String `s` ein Palindrom ist. Palindrome lesen sich von vorn genauso wie von hinten, etwa »Rentner«:

```
boolean isPalindrome = new StringBuilder( s ).reverse().toString()↩
.equalsIgnoreCase( s );
```

4.4.5 Länge und Kapazität eines StringBuilder/StringBuffer-Objekts *

Wie bei einem String lässt sich die Länge und die Anzahl der enthaltenen Zeichen mit der Methode `length()` erfragen. `StringBuilder/StringBuffer`-Objekte haben jedoch auch eine interne Puffergröße, die sich mit `capacity()` erfragen lässt und im Konstruktor wie beschrieben festgelegt wird. In diesem Puffer, der genauer gesagt ein Array vom Typ `char` ist, werden die Veränderungen wie das Ausschneiden oder Anhängen von Zeichen vorgenommen. Während `length()` die Anzahl der Zeichen angibt, ist `capacity()` immer größer oder gleich `length()` und sagt etwas darüber aus, wie viele Zeichen der Puffer noch aufnehmen kann, ohne dass intern ein neues, größeres Feld benötigt würde.

274

Veränderbare Zeichenketten mit StringBuilder und StringBuffer | **4.4**

Beispiel `sb.length()`ergibt 14, aber `sb.capacity()` ergibt 14 + 16 = 30: **[zB]**
```
StringBuilder sb = new StringBuilder( "www.tutego.com" );
System.out.println( sb.length() );                          // 14
System.out.println( sb.capacity() );                        // 30
```

Die Startgröße sollte mit der erwarteten Größe initialisiert werden, um späteres teures internes Vergrößern zu vermeiden. Falls der `StringBuilder`/`StringBuffer` einen großen internen Puffer hat, aber auf lange Sicht nur wenig Zeichen besitzt, lässt er sich mit `trimToSize()` auf eine kleinere Größe schrumpfen.

Ändern der Länge

Soll der `StringBuilder`/`StringBuffer` mehr Daten aufnehmen, so ändert `setLength()` die Länge auf eine angegebene Anzahl von Zeichen. Der Parameter ist die neue Länge. Ist sie kleiner als `length()`, so wird der Rest der Zeichenkette einfach abgeschnitten. Die Größe des internen Puffers ändert sich dadurch nicht. Ist `setLength()` größer, so vergrößert sich der Puffer, und die Methode füllt die übrigen Zeichen mit Nullzeichen '\0000' auf. Die Methode `ensureCapacity()` fordert, dass der interne Puffer für eine bestimmte Anzahl von Zeichen ausreicht. Wenn nötig, legt sie ein neues, vergrößertes `char`-Array an, verändert aber nicht die Zeichenfolge, die durch das `StringBuilder`-/`StringBuffer`-Objekt repräsentiert wird.

4.4.6　Vergleichen von String mit StringBuilder und StringBuffer

Zum Vergleichen von Zeichenketten bietet sich die bekannte `equals()`-Methode an. Diese ist aber bei `StringBuilder`/`StringBuffer` nicht wie erwartet implementiert. Dazu gesellen sich andere Methoden, die zum Beispiel unabhängig von der Groß-/Kleinschreibung vergleichen.

»equals()« bei der String-Klasse

Ein Blick in die API-Dokumentation der Klasse `String` zeigt die bekannte `equals(Object)`-Methode. Zwar erlaubt der Parametertyp durch den Basistyp `Object` beliebige Objekte (also etwa `Point`, `String`, `Date`, `StringBuilder`), doch das `equals()` von `String` vergleicht nur `String`/`String`-Paare. Die Methode beginnt erst dann den Vergleich, wenn das Argument auch vom Typ `String` ist. Das testet die Methode mit dem speziellen Operator `instanceof`. Das bedeutet, dass der Compiler mit dem Argumenttyp `StringBuilder`/`StringBuffer` bei `equals()` kein Problem hat, doch zur Laufzeit ist das Ergebnis immer `false`, da eben ein `StringBuilder`/`StringBuffer` nicht `instanceof` `String` ist. Ob die Zeichenfolgen dabei gleich sind, spielt keine Rolle.

Eine Lösung für den Vergleich von `String` mit `StringBuilder`/`StringBuffer` ist, zunächst mit `toString()` den `StringBuilder`/`StringBuffer` in einen `String` zu überführen und dann die beiden Strings mit `equals()` zu vergleichen.

275

4 | Der Umgang mit Zeichenketten

»contentEquals()« beim String

Eine allgemeine Methode zum Vergleichen eines Strings mit entweder einem anderen String oder mit `StringBuilder`/`StringBuffer` ist `contentEquals(CharSequence)`. Die Methode liefert die Rückgabe `true`, wenn der `String` und die `CharSequence` (String, `StringBuilder`/`StringBuffer` sind Klassen vom Typ `CharSequence`) den gleichen Zeicheninhalt haben. Die interne Länge des Puffers spielt keine Rolle. Ist das Argument `null`, wird eine `NullPointer-Exception` ausgelöst.

[zB]

> **Beispiel** Vergleiche einen `String` mit einem `StringBuffer`:
>
> ```
> String       s = "Elektrisch-Zahnbürster";
> StringBuffer sb = new StringBuffer( "Elektrisch-Zahnbürster" );
> System.out.println( s.equals(sb) );                    // false
> System.out.println( s.equals(sb.toString()) );         // true
> System.out.println( s.contentEquals(sb) );             // true
> ```

»equals()« bei StringBuffer beziehungsweise StringBuilder?

Wollen wir zwei `StringBuffer`- beziehungsweise `StringBuilder`-Objekte miteinander vergleichen, werden wir noch mehr enttäuscht: Die Klassen deklarieren überhaupt keine eigene `equals()`-Methode. Es gibt zwar die übliche von `Object` geerbte Methode, doch das heißt, nur Objektreferenzen werden verglichen. Wenn also zwei verschiedene `StringBuilder`/`StringBuffer`-Objekte mit gleichem Inhalt mit `equals()` verglichen werden, kommt trotzdem immer `false` heraus.

[zB]

> **Beispiel** Um den inhaltlichen Vergleich von zwei `StringBuilder`-Objekten zu realisieren, müssen wir diese erst mit `toString()` in Strings umwandeln.
>
> ```
> StringBuilder sb1 = new StringBuilder( "www.tutego.com" );
> StringBuilder sb2 = new StringBuilder( "www.tutego.com" );
> System.out.println( sb1.equals( sb2 ) );                      // false
> System.out.println( sb1.toString().equals( sb2.toString() ) ); // true
> System.out.println( sb1.toString().contentEquals( sb2 ) );     // true
> ```

4.4.7 »hashCode()« bei StringBuilder/StringBuffer *

Die obige Betrachtung zeigt, dass eine Methode `equals()`, die den Inhalt von `StringBuilder`/`StringBuffer`-Objekten vergleicht, nicht schlecht wäre. Dennoch besteht das Problem, wann `StringBuilder`/`StringBuffer`-Objekte als gleich angesehen werden sollen. Das ist interessant, denn `StringBuilder`/`StringBuffer`-Objekte sind nicht nur durch ihren Inhalt bestimmt, sondern auch durch die Größe ihres internen Puffers, also durch ihre Kapazität. Sollte `equals()` den Rückgabewert `true` haben, wenn die Inhalte gleich sind, oder nur dann, wenn Inhalt und Puffergröße gleich sind? Da jeder Entwickler andere Ansichten über die Gleichheit besitzt, bleibt es bei dem standardmäßigen Test auf identische Objektreferenzen.

Eine ähnliche Argumentation gilt bei der `hashCode()`-Methode, die für alle inhaltsgleichen Objekte denselben, im Idealfall eindeutigen Zahlenwert liefert. Die Klasse `String` besitzt eine `hashCode()`-Methode, doch `StringBuilder/StringBuffer` erbt die Implementierung aus der Klasse `Object` unverändert. Mit anderen Worten: Die Klassen selbst bieten keine Implementierung an.

4.5 CharSequence als Basistyp *

Bisher kennen wir die Klassen `String`, `StringBuilder` und `StringBuffer`, um Zeichenketten zu speichern und weiterzugeben. Ein `String` ist ein Wertobjekt und ein wichtiges Hilfsmittel in Programmen, da durch ihn unveränderliche Zeichenkettenwerte repräsentiert werden, während `StringBuilder/StringBuffer` veränderliche Zeichenfolgen umfassen.

Aber wie sieht es aus, wenn eine Teilzeichenkette gefordert ist, bei der es egal sein soll, ob das Original als `String`-, `StringBuffer` oder `StringBuilder`-Objekt vorliegt? Und was ist, wenn nur lesender Zugriff gestattet sein soll, sodass Veränderungen ausgeschlossen sind? Eine Lösung ist, alles als ein `String`-Objekt zu erwarten (und das macht die Java-Bibliothek auch). Doch dann müssen die Programmteile, die intern mit `StringBuilder/StringBuffer` arbeiten, erst einen neuen `String` konstruieren, und das kostet Ressourcen.

Zum Glück besitzen die Klassen `String` sowie `StringBuilder/StringBuffer` einen gemeinsamen Basistyp `CharSequence`. `CharSequence` steht für eine unveränderliche, nur lesbare Sequenz von Zeichen (Schnittstellen und Basistypen sowie Implementierungen werden präziser in Abschnitt 5.13, »Schnittstellen«, vorgestellt). Methoden müssen sich also nicht mehr für konkrete Klassen entscheiden, sondern können einfach ein `CharSequence`-Objekt als Argument akzeptieren oder als Rückgabe weitergeben. Ein `String` und ein `StringBuilder/StringBuffer`-Objekt können zwar mehr, als `CharSequence` vorschreibt, beide lassen sich aber als `CharSequence` einsetzen, wenn das »Mehr« an Funktionalität nicht benötigt wird.

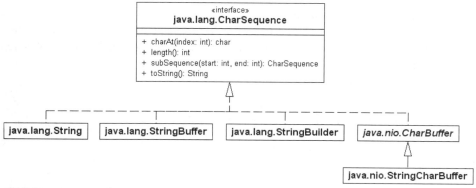

Abbildung 4.1 Einige implementierende Klassen für CharSequence

4 | Der Umgang mit Zeichenketten

```
interface java.lang.CharSequence
```

▶ `char charAt( int index )`
Liefert das Zeichen an der Stelle `index`.

▶ `int length()`
Gibt die Länge der Zeichensequenz zurück.

▶ `CharSequence subSequence( int start, int end )`
Liefert eine neue `CharSequence` von `start` bis `end`.

▶ `String toString()`
Gibt einen String der Sequenz zurück. Die Länge des `toString()`-Strings entspricht genau der Länge der Sequenz.

[zB]   **Beispiel**   Soll eine Methode eine Zeichenkette bekommen und ist die Herkunft egal, so implementieren wir etwa

```
void giveMeAText( CharSequence s )
{
  ...
}
```

statt der beiden Methoden:

```
void giveMeAText( String s )
{
  ...
}

void giveMeAText( StringBuffer s )
{
  void giveMeAText( new String(s) );  // oder Ähnliches
}
```

Anwendung von CharSequence in String

In den Klassen `String` und `StringBuilder`/`StringBuffer` existiert eine Methode `subSequence()`, die ein `CharSequence`-Objekt liefert. Die Signatur ist in beiden Fällen die gleiche. Die Methode macht im Prinzip nichts anderes als ein `substring(begin, end)`.

```
class java.lang.String implements CharSequence, ...
class java.lang.StringBuffer implements CharSequence, ...
class java.lang.StringBuilder implements CharSequence, ...
```

▶ `CharSequence subSequence( int beginIndex, int endIndex )`
Liefert eine neue Zeichensequenz von `String` beziehungsweise `StringBuffer`.

Die Implementierung sieht so aus, dass mit `substring()` ein neuer Teilstring zurückgeliefert wird. Das ist eine einfache Lösung, aber nicht unbedingt die schnellste. Für `String`-Objekte ist das Erzeugen von Substrings ziemlich schnell, da die Methode speziell optimiert ist. Da

278

Sprachabhängiges Vergleichen und Normalisierung * | **4.6**

Strings unveränderlich sind, wird einfach das gleiche `char`-Feld wie im Original-String verwendet, nur eine Verschiebung und ein Längenwert werden angepasst.

4.6 Sprachabhängiges Vergleichen und Normalisierung *

Für die deutsche Sprache gilt, dass »ä« zwischen »a« und »b« äquivalent zu »ae« einsortiert wird und nicht so, wie Unicode das Zeichen einordnet: hinter dem »z«. Ähnliches gilt für das »ß«. Auch das Spanische hat seine Besonderheiten im Alphabet: Hier gelten das »ch« und das »ll« als einzelner Buchstabe, die passend einsortiert werden müssen.

Damit Java für alle Landessprachen die String-Vergleiche korrekt durchführen kann, bietet die Bibliothek `Collator`-Klassen.

4.6.1 Die Klasse »Collator«

Mit den `java.text.Collator`-Objekten ist es möglich, Zeichenketten nach jeweils landesüblichen Kriterien zu vergleichen. So werden die Sprachbesonderheiten jedes Landes beachtet. Ein `Collator`-Objekt wird vor seiner Benutzung mit `getInstance()` erzeugt.

Beispiel Das »Ä« liegt zwischen »A« und »B«: [zB]

Listing 4.13 CollatorDemo.java

```
Collator col = Collator.getInstance();
System.out.println( col.compare( "Armleuchter", "Ätsch" ) ); // -1
System.out.println( col.compare( "Ätsch", "Bätsch" ) );      // -1
```

Die statische Fabrikmethode `getInstance()` nimmt optional einen Ländercode als `Locale`-Objekt an. Explizit setzt `getInstance(Locale.GERMAN)` das Vergleichsverfahren für deutsche Zeichenketten; die Länderbezeichnung ist in diesem Fall eine Konstante der `Locale`-Klasse. Standardmäßig nutzt `getInstance()` die aktuelle Einstellung des Systems.

```
abstract class java.text.Collator
implements Comparator<Object>, Cloneable
```

▶ `static Collator getInstance()`
  Liefert einen Collator für die aktuelle Landessprache.

▶ `static Collator getInstance( Locale desiredLocale )`
  Liefert einen Collator für die gewünschte Sprache.

▶ `abstract int compare( String source, String target )`
  Vergleicht die beiden Zeichenketten auf ihre Ordnung. Der Rückgabewert ist entweder <0, 0 oder >0.

▶ `int compare( Object o1, Object o2 )`
Vergleicht die beiden Argumente auf ihre Ordnung. Ruft `compare((String)o1, (String)o2)` auf.

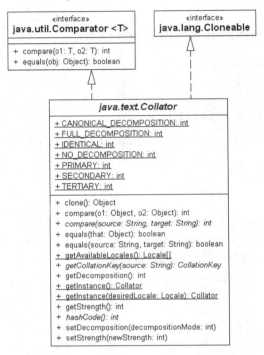

Vergleichsarten

Die `Collator`-Klasse deklariert sinnvolle Methoden, die über die Vergleichsmöglichkeiten der `String`- und `StringBuffer`/`StringBuilder`-Klasse hinausgehen. So ist es über die Methode `setStrength()` möglich, unterschiedliche Vergleichsarten einzustellen. Die `Collator`-Klasse deklariert vier Strenge-Konstanten:

▶ `PRIMARY`. Erkennt Unterschiede im Grundzeichen, sodass »a« kleiner »b« ist. Es gibt keine Unterschiede durch Akzente und Umlaute, sodass »a«, »ä« und »á« gleich sind.

▶ `SECONDARY`. Erkennt Zeichen mit Akzenten. So sind »a« und »á« nicht mehr gleich wie bei `PRIMARY`.

▶ `TERTIARY`. Unterscheidet in der Groß- und Kleinschreibung; bei `PRIMARY` und `SECONDARY` ist die Schreibweise egal, und »a« ist gleich »A«.

▶ `IDENTICAL`. Wirklich alle Unicode-Zeichen sind anders. Während die ersten drei Konstanten nicht sichtbare Buchstaben wie `'\u0001'` oder `'\u0006'` gleich behandeln, sind sie unter `IDENTICAL` wirklich unterschiedlich.

Was die einzelnen Werte für jede Sprache bedeuten, beschreibt der Unicode-Standard präzise. Beispielsweise erkennt der tolerante Vergleich »abc« und »ABC« als gleich. Ohne explizit gesetztes `setStrength()` ist der Standard `TERTIARY`:

Sprachabhängiges Vergleichen und Normalisierung * | **4.6**

Listing 4.14   CollatorStrengthDemo.java

```java
import java.util.*;
import java.text.*;

class CollatorStrengthDemo
{
  static void compare( Collator col, String a, String b )
  {
    if ( col.compare( a, b ) < 0 )
      System.out.println( a + " < " + b );

    if ( col.compare( a, b ) == 0 )
      System.out.println( a + " = " + b );

    if ( col.compare( a, b ) > 0 )
      System.out.println( a + " > " + b );
  }

  public static void main( String[] args )
  {
    Collator col = Collator.getInstance( Locale.GERMAN );

    System.out.println( "Strength = PRIMARY" );
    col.setStrength( Collator.PRIMARY );
    compare( col, "abc", "ABC" );
    compare( col, "Quäken", "Quaken" );
    compare( col, "boß", "boss" );
    compare( col, "boß", "boxen" );

    System.out.printf( "%nStrength =  SECONDARY%n" );
    col.setStrength( Collator.SECONDARY );
    compare( col, "abc", "ABC" );
    compare( col, "Quäken", "Quaken" );
    compare( col, "boß", "boss" );
    compare( col, "boß", "boxen" );

    System.out.printf( "%nStrength =  TERTIARY%n" );
    col.setStrength( Collator.TERTIARY );
    compare( col, "abc", "ABC" );
    compare( col, "Quäken", "Quaken" );
    compare( col, "boß", "boss" );
    compare( col, "boß", "boxen" );
  }
}
```

Die Ausgabe ist folgende:

```
Strength = PRIMARY
abc = ABC
Quäken = Quaken
boß = boss
```

281

4 | Der Umgang mit Zeichenketten

```
boß < boxen
Strength =  SECONDARY
abc = ABC
Quäken > Quaken
boß = boss
boß < boxen
Strength = TERTIARY
abc < ABC
Quäken > Quaken
boß > boss
boß < boxen
```

4.6.2   Effiziente interne Speicherung für die Sortierung

Obwohl sich mit der `Collator`-Klasse sprachspezifische Vergleiche korrekt umsetzen lassen, ist die Geschwindigkeit gegenüber einem normalen String-Vergleich geringer. Daher bietet die `Collator`-Klasse die Objektmethode `getCollationKey()` an, die ein `CollationKey`-Objekt liefert, das schnellere Vergleiche zulässt.

```
Collator col = Collator.getInstance( Locale.GERMAN );
CollationKey key1 = col.getCollationKey( "ätzend" );
CollationKey key2 = col.getCollationKey( "Bremsspur" );
```

Durch `CollationKey`s lässt sich die Performance bei Vergleichen zusätzlich verbessern, da der landesspezifische String in einen dazu passenden, normalen Java-String umgewandelt wird, der dann schneller gemäß der internen Unicode-Zeichenkodierung verglichen werden kann. Dies bietet sich zum Beispiel beim Sortieren einer Tabelle an, wo mehrere Vergleiche *mit einem gleichen String* durchgeführt werden müssen. Der Vergleich wird mit `compareTo(CollationKey)` durchgeführt.

[zB]

> **Beispiel**   Der Vergleich von `key1` und `key2` lässt sich durch folgende Zeile ausdrücken:
>
> ```
> int comp = key2.compareTo( key1 );
> ```
>
> **Das Ergebnis ist wie bei der** `compare()`**-Methode bei** `Collator`**-Objekten entweder <0, 0 oder >0.**

```
final class java.text.CollationKey
implements Comparable<CollationKey>
```

▶   `int compareTo( CollationKey target )`
Vergleicht zwei `CollationKey`-Objekte miteinander.

▶   `int compareTo( Object o )`
Vergleicht den aktuellen `CollationKey` mit dem angegebenen Objekt. Ruft lediglich `compareTo((CollationKey)o)` auf.

▶   `byte[] toByteArray()`
Konvertiert den `CollationKey` in eine Folge von Bytes.

282

▶ `boolean equals( Object target )`
Testet die beiden `CollationKey`-Objekte auf Gleichheit.

▶ `String getSourceString()`
Liefert den String zum `CollationKey`.

▶ `int hashCode()`
Berechnet den Hashcode für den `CollationKey`.

```
abstract class java.text.Collator
implements Comparator<Object>, Cloneable
```

▶ `abstract CollationKey getCollationKey( String source )`
Liefert einen `CollationKey` für den konkreten String.

Hinweis Das `java.text`-Paket hat weitere sehr interessante Schnittstellen. IBM stellt unter *http://www.ibm.com/developerworks/java/library/j-text-searching.html* weitere Typen, wie zum Beispiel `RuleBasedCollator` und `CollationElementIterator`, für das Suchen vor.

[«]

4.6.3 Normalisierung

Seit Java 6[11] gibt es die Klasse `java.text.Normalizer`, die eine Unicode-Normalisierung (*http://unicode.org/faq/normalization.html*) ermöglicht. Die Klasse bietet zwei einfache statische Methoden:

▶ `boolean isNormalized( CharSequence src, Normalizer.Form form )`

▶ `String normalize( CharSequence src, Normalizer.Form form )`

Der `Normalizer` normalisiert oder testet nach den Vorgaben des Unicode-Standards (*http://www.unicode.org/unicode/reports/tr15/*) einen String nach den Normalisierungsformaten NFC, NFD, NFKC und NFKD.

Beispiel Normalisiere einen String:

[zB]

```
String s = Normalizer.normalize( "aäüöñ", Normalizer.Form.NFKD );
System.out.println( s );                    // aa?u?o?n?
System.out.println( Arrays.toString( s.getBytes() ) );
// [97, 97, 63, 117, 63, 111, 63, 110, 63]
```

Der folgende Abschnitt über die Methoden zum Suchen und Ersetzen zeigt, wie die übrig gebliebenen Striche und Punkte einfach entfernt werden. Denn so ist das Ergebnis nicht sonderlich nützlich.

---

11 Die Klasse gab es schon lange vorher, doch war sie in einem Sun-Paket »versteckt«.

4 | Der Umgang mit Zeichenketten

4.7   Reguläre Ausdrücke

Ein regulärer Ausdruck (engl. *regular expression*) ist eine Beschreibung eines Musters (eng. *pattern*). Reguläre Ausdrücke werden bei der Zeichenkettenverarbeitung beim Suchen und Ersetzen eingesetzt. Für folgende Szenarien bietet die Java-Bibliothek entsprechende Methoden an:

▸ *Frage nach einer kompletten Übereinstimmung*: Passt eine Zeichenfolge komplett auf ein Muster? Wir nennen das *match*.

▸ *Finde Teilstrings*: Das Pattern beschreibt nur einen Teilstring, und gesucht sind alle Vorkommen dieses Musters in einem Suchstring.

▸ *Ersetze Teilfolgen*: Das Pattern beschreibt Wörter, die durch andere Wörter ersetzt werden.

▸ *Zerlegen einer Zeichenfolge*: Das Muster steht für Trennzeichnen, sodass nach dem Zerlegen eine Sammlung von Zeichenfolgen entsteht.

Ein *Pattern-Matcher* ist die »Maschine«, die reguläre Ausdrücke verarbeitet. Zugriff auf diese Mustermaschine bietet die Klasse `Matcher`. Dazu kommt die Klasse `Pattern`, die die regulären Ausdrücke in einem vorcompilierten Format repräsentiert. Beide Klassen befinden sich im Paket `java.util.regex`. Um die Sache etwas zu vereinfachen, gibt es bei `String` zwei kleine Hilfsmethoden, die im Hintergrund auf die Klassen verweisen, um eine einfachere API anbieten zu können; das nennt sich auch *Fassaden-Methoden*.

4.7.1   Arbeiten mit der Fassade: String#matches()

Die statische Methode `Pattern.matches()` und die Objektmethode `matches()` der Klasse `String` testen, ob ein regulärer Ausdruck eine Zeichenfolge komplett beschreibt.

[zB]

Beispiel   Teste, ob eine Zeichenfolge in einfache Hochkommata eingeschlossen ist:

Listing 4.15   RegularExpression.java, main()

```
System.out.println( Pattern.matches( "'.*'", "Hallo Welt'" ) ); // true
System.out.println( "'Hallo Welt'".matches( "'.*'" ) );          // true
System.out.println( Pattern.matches( "'.*'", "''" ) );           // true
System.out.println( Pattern.matches( "'.*'", "Hallo Welt" ) );   // false
System.out.println( Pattern.matches( "'.*'", "'Hallo Welt" ) );  // false
```

Der Punkt im regulären Ausdruck steht für ein beliebiges Zeichen, und der folgende Stern ist ein Quantifizierer, der wahllos viele beliebige Zeichen erlaubt.

Regeln für reguläre Ausdrücke

Für reguläre Ausdrücke existiert eine ganze Menge von Regeln. Während die meisten Zeichen aus dem Alphabet erlaubt sind, besitzen Zeichen wie der Punkt, die Klammer, ein Sternchen und einige weitere Zeichen Sonderfunktionen. So maskiert auch ein vorangestelltes »\« das folgende Sonderzeichen aus, was bei besonderen Zeichen wie ».« oder »\« wichtig ist. Zunächst gilt es, die Anzahl an Wiederholungen zu bestimmen. Dazu dient ein *Quantifizierer* (auch *Wiederholungsfaktor* genannt). Drei wichtige gibt es. Für eine Zeichenkette X gilt:

284

Quantifizierer	Anzahl an Wiederholungen
X?	X kommt einmal oder keinmal vor.
X*	X kommt keinmal oder beliebig oft vor.
X+	X kommt einmal oder beliebig oft vor.

Tabelle 4.5 Quantifizierer im Umgang mit einer Zeichenkette X

Eine Sonderform ist X(?!Y) – das drückt aus, dass der reguläre Ausdruck Y dem regulären Ausdruck X *nicht* folgen darf (die API-Dokumentation spricht von »zero-width negative looka-
head«).

Listing 4.16 RegExDemo.java, main(), Ausschnitt

```
System.out.println( Pattern.matches( "0", "0" ) );          // true
System.out.println( Pattern.matches( "0", "1" ) );          // false
System.out.println( Pattern.matches( "0", "00" ) );         // false
System.out.println( Pattern.matches( "0*", "0000" ) );      // true
System.out.println( Pattern.matches( "0*", "01" ) );        // false
System.out.println( Pattern.matches( "0\\*", "01" ) );      // false
System.out.println( Pattern.matches( "0\\*", "0*" ) );      // true
```

Da in regulären Ausdrücken oftmals ein Bereich von Zeichen, etwa alle Buchstaben, abgedeckt
werden muss, gibt es die Möglichkeit, *Zeichenklassen* zu definieren.

Zeichenklasse	Enthält
[aeiuo]	Zeichen a, e, i, o oder u
[^aeiuo]	nicht die Zeichen a, e, i, o, u
[0-9a-fA-F]	Zeichen 0, 1, 2, …, 9 oder Groß-/Klein-Buchstaben a, b, c, d, e, f

Tabelle 4.6 Definition von Zeichenklassen

Das ›^‹ definiert *negative Zeichenklassen*, also Zeichen, die nicht vorkommen dürfen. Mit dem
›-‹ lässt sich ein Bereich von Zeichen angeben.

Listing 4.17 RegExDemo.java, main(), Ausschnitt

```
System.out.println( Pattern.matches( "[01]*", "0" ) );          // true
System.out.println( Pattern.matches( "[01]*", "01001" ) );      // true
System.out.println( Pattern.matches( "[0123456789]*", "112" ) ); // true
```

Daneben gibt es vordefinierte Zeichenklassen, die in erster Linie Schreibarbeit ersparen. Die
wichtigsten sind:

Zeichenklasse	Enthält
.	jedes Zeichen
\d	Ziffer: [0-9]
\D	keine Ziffer: [^0-9] beziehungsweise [^\d]
\s	Weißraum: [\t\n\x0B\f\r]

Tabelle 4.7 Vordefinierte Zeichenklassen

4 | Der Umgang mit Zeichenketten

Zeichenklasse	Enthält
\S	kein Weißraum: [^\s]
\w	Wortzeichen: [a-zA-Z_0-9]
\W	kein Wortzeichen: [^\w]
\p{Blank}	Leerzeichen oder Tab: [\t]
\p{Lower}, \p{Upper}	Klein-/Großbuchstabe: [a-z] beziehungsweise [A-Z]
\p{Alpha}	Buchstabe: [\p{Lower}\p{Upper}]
\p{Alnum}	alphanumerisches Zeichen: [\p{Alpha}\p{Digit}]
\p{Punct}	Punkt-Zeichen: !"#$%&'()*+,-./:;<=>?@[\]^_`{|}~
\p{Graph}	sichtbares Zeichen: [\p{Alnum}\p{Punct}]
\p{Print}	druckbares Zeichen: [\p{Graph}]

Tabelle 4.7 Vordefinierte Zeichenklassen (Forts.)

Bei den Wortzeichen handelt es sich standardmäßig um die ASCII-Zeichen und nicht um deutsche Zeichen mit unseren Umlauten oder allgemeine Unicode-Zeichen. Eine umfassende Übersicht liefert die API-Dokumentation der Klasse java.util.regex.Pattern.

Listing 4.18 RegExDemo.java, main(), Ausschnitt

```
System.out.println( Pattern.matches( "\\d*", "112" ) );        // true
System.out.println( Pattern.matches( "\\d*", "112a" ) );       // false
System.out.println( Pattern.matches( "\\d*.", "112a" ) );      // true
System.out.println( Pattern.matches( ".\\d*.", "x112a" ) );    // true
```

[+]

Tipp Die Methode contains() testet nur Teilzeichenfolgen, aber diese Zeichenfolge ist kein regulärer Ausdruck (sonst würde so etwas wie contains(".") auch eine völlig andere Bedeutung haben). Wer ein s.contains("pattern") sucht, kann es als s.matches(".*pattern.*") umschreiben.

4.7.2 Die Klassen »Pattern« und »Matcher«

Der Aufruf der Objektmethode matches() auf einem String-Objekt beziehungsweise das statische Pattern.matches() ist nur eine Abkürzung für die Übersetzung eines Patterns und Anwendung von matches():

String#matches()	Pattern.matches()

public boolean
matches(String regex
{
 return Pattern.matches(regex, this);
}
	public static boolean
	matches(String regex, CharSequence input
	{
	 Pattern p = Pattern.compile(regex);
	 Matcher m = p.matcher(input);
	 return m.matches();
	}

286

Während die String-Mitläufer-Methode `matches()` zur `Pattern.matches()` delegiert, steht hinter der statischen Fassadenmethode `Pattern.matches()` die wirkliche Nutzung der beiden zentralen Klassen `Pattern` für das Muster und `Matcher` für die Mustermaschine. Für unser erstes Beispiel `Pattern.matches("'.*'", "'Hallo Welt'")` hätten wir also äquivalent schreiben können:

```
Pattern p = Pattern.compile( "'.*'" );
Matcher m = p.matcher( "'Hallo Welt'" );
boolean b = m.matches();
```

Hinweis Bei mehrmaliger Anwendung des gleichen Patterns sollte es compiliert gecacht [«] werden, denn das immer wieder nötige Übersetzen über die Objektmethode `String#matches()` beziehungsweise die Klassenmethode `Pattern.matches()` kostet Speicher und Laufzeit.

java.util.regex.Pattern
+ compile(regex: String): Pattern
+ compile(regex: String, flags: int): Pattern
+ pattern(): String
+ toString(): String
+ matcher(input: CharSequence): Matcher
+ flags(): int
+ matches(regex: String, input: CharSequence): boolean
+ split(input: CharSequence, limit: int): String[]
+ split(input: CharSequence): String[]
+ quote(s: String): String

```
final class java.util.regex.Pattern
implements Serializable
```

▶ `static Pattern compile( String regex )`
Übersetzt den regulären Ausdruck in ein `Pattern`-Objekt.

▶ `static Pattern compile( String regex, int flags )`
Übersetzt den regulären Ausdruck in ein `Pattern`-Objekt mit Flags. Als Flags sind `CASE_INSENSITIVE`, `MULTILINE`, `DOTALL`, `UNICODE_CASE` und `CANON_EQ` erlaubt.

▶ `int flags()`
Liefert die Flags, nach denen geprüft wird.

▶ `Matcher matcher( CharSequence input )`
Liefert ein `Matcher`-Objekt, das prüft.

▶ `static boolean matches( String regex, CharSequence input )`
Liefert `true`, wenn der reguläre Ausdruck `regex` auf die Eingabe passt.

▶ `static String quote( String s )`
Maskiert die Metazeichen/Escape-Sequenzen aus. So liefert `Pattern.quote("*.[\\d")` den String `\Q*.[\d\E`.

▶ `String pattern()`
Liefert den regulären Ausdruck, den das Pattern-Objekt repräsentiert.

4 | Der Umgang mit Zeichenketten

Pattern-Flags *

Die Flags sind in speziellen Situationen ganz hilfreich, etwa wenn die Groß-/Kleinschreibung keine Rolle spielt oder sich die Suche über eine Zeile erstrecken soll. Doch Java zwingt uns nicht, die Pattern-Klasse zu nutzen, um die Flags einsetzen zu können, sondern erlaubt mit einer speziellen Schreibweise die Flags auch im regulären Ausdruck selbst anzugeben, was die Nutzung bei String#matches() ermöglicht.

Flag in der Pattern-Klasse	Eingebetteter Flag-Ausdruck
Pattern.CASE_INSENSITIVE	(?i)
Pattern.COMMENTS	(?x)
Pattern.MULTILINE	(?m)
Pattern.DOTALL	(?s)
Pattern.UNICODE_CASE	(?u)
Pattern.UNIX_LINES	(?d)

Tabelle 4.8 Pattern-Flags

In einem regulären Ausdruck sind die Varianten rechts sehr praktisch, da sie an unterschiedlichen Positionen ein- und ausgeschaltet werden können. Ein nach dem Fragezeichen platziertes Minus stellt die Option wieder ab, etwa "(?i)jetzt insensitive(?-i)wieder sensitive". Mehrere Flag-Ausdrücke lassen sich auch zusammensetzen, etwa zu "(?ims)".

In der Praxis häufiger im Einsatz sind Pattern.DOTALL/(?s), Pattern.CASE_INSENSITIVE/(?i) und Pattern.MULTILINE/(?m). Es folgen Beispiele, wobei wir MULTILINE bei den Wortgrenzen vorstellen.

Standardmäßig matcht der ».« kein Zeilenendezeichen, sodass ein regulärer Ausdruck einen Zeilenumbruch nicht erkennt. Das lässt sich mit Pattern.DOTALL-Flag beziehungsweise (?s) ändern.

[zB]

Beispiel Die Auswirkung vom DOTALL beziehungsweise(?s):

```
System.out.println( "wau  wau miau".matches( "wau.+wau.*" ) );      // true
System.out.println( "wau\nwau miau".matches( "wau.+wau.*" ) );      // false
System.out.println( "wau  wau miau".matches( "(?s)wau.+wau.*" ) ); // true
System.out.println( "wau\nwau miau".matches( "(?s)wau.+wau.*" ) ); // true
```

[zB]

Beispiel Da es in der String-Klasse zwar ein contains(), aber kein containsIgnoreCase() gibt, lässt sich für diesen Zweck entweder ein Ausdruck wie s1.toLowerCase().contains(s2.toLowerCase()) formen oder ein Pattern-Flag verwenden:

```
String s1 = "Prince Michael I, Paris, Prince Michael II (Blanket)";
String s2 = "PARIS";
boolean contains = Pattern.compile( Pattern.quote( s2 ),
Pattern.CASE_INSENSITIVE ).matcher( s1 ).find();
System.out.println( contains );               // true
```

288

Reguläre Ausdrücke | **4.7**

Quantifizierer und Wiederholungen *

Neben den Quantifizierern ? (einmal oder keinmal), * (keinmal oder beliebig oft) und + (einmal oder beliebig oft) gibt es drei weitere Quantifizierer, die es erlauben, die Anzahl eines Vorkommens genauer zu beschreiben:

▶ X{n}. X muss genau n-mal vorkommen.

▶ X{n,}. X kommt mindestens n-mal vor.

▶ X{n,m}. X kommt mindestens n-, aber maximal m-mal vor.

Beispiel Eine E-Mail-Adresse endet mit einem Domain-Namen, der 2 oder 3 Zeichen lang ist: **[zB]**

```
Static Pattern p = Pattern.compile( "[\\w|-]+@\\w[\\w|-]*\\.[a-z]{2,3}" );
```

Ränder und Grenzen testen *

Die bisherigen Ausdrücke waren nicht ortsgebunden, sondern haben geprüft, ob es irgendwo im String eine Übereinstimmung gibt. Dateiendungen zum Beispiel sind aber – wie der Name schon sagt – am Ende zu prüfen, genauso wie ein URL-Protokoll wie »http://« am Anfang stehen muss. Um diese Anforderungen mit berücksichtigen zu können, können bestimme Positionen mit in einem regulären Ausdruck gefordert werden. Die Pattern-API erlaubt folgende Matcher:

Matcher	Bedeutung
^	Beginn einer Zeile
$	Ende einer Zeile
\b	Wortgrenze
\B	keine Wortgrenze
\A	Beginn der Eingabe
\Z	Ende der Eingabe ohne Zeilenabschlusszeichen wie \n oder \r
\z	Ende der Eingabe mit allen Zeilenabschlusszeichen
\G	Ende des vorherigen Matches. Sehr speziell für iterative Suchvorgänge

Tabelle 4.9 Erlaubte Matcher

Wichtig ist zu verstehen, dass diese Matcher keine »Breite« haben, also nicht wirklich ein Zeichen oder eine Zeichenfolge matchen, sondern lediglich die Position beschreiben.

Die Matcher ^ und $ lösen gut das Problem mit den Dateiendungen und HTTP-Protokollen und erfüllen gute Dienste bei bestimmten Löschanweisungen.

4 | Der Umgang mit Zeichenketten

[zB] **Beispiel** Die String-Methode `trim()` schneidet den Weißraum vorne und hinten ab. Mit `replaceAll()` und den Matchern für den Beginn und das Ende einer Zeile ist schnell ein Ausdruck gefunden, der nur den Weißraum vorne oder nur hinten entfernt:

```
String s = " \tWo ist die Programmiersprache des Lächelns?\t\t  ";
String ltrim = s.replaceAll( "^\\s+", "" );
String rtrim = s.replaceAll( "\\s+$", "" );
System.out.printf( "'%s'%n", ltrim ); // 'Wo ist die Programmiersprache
                                       //  des Lächelns?  '
System.out.printf( "'%s'%n", rtrim ); // '  Wo ist die Programmiersprache
                                       //  des Lächelns?'
```

Der Matcher `\b` ist nützlich, wenn es darum geht, ein Wort umrandet von Weißraum in einer Teilzeichenkette zu finden. In der Zeichenkette »Spaß **in** Ch**in**a **in**nerhalb der Grenzen« wird die Suche nach »in« drei Fundstellen ergeben, aber `\bin\b` nur eine und `\bin\B` auch eine, und zwar »innerhalb«. Es matcht demnach ein `\b` genau die Stelle, bei der ein `\w` auf ein `\W` folgt (beziehungsweise andersherum).

Multiline-Modus *

Normalweise sind `^` und `$` *nicht* zeilenorientiert, das heißt, es ist ihnen egal, ob im String Zeilenumbruchzeichen wie `\n` oder `\r` vorkommen oder nicht. Mitunter soll der Test aber lokal auf einer Zeile stattfinden – hierzu muss der Multiline-Modus aktiviert werden.

[zB] **Beispiel** Teste, ob eine E-Mail die Zeile »Hi,« enthält:

```
System.out.println( "Hi,".matches( ".*^Hi,$.*" ) );
System.out.println( "Fwd:\nHi,mir geht's gut!".matches( ".*^Hi,$.*" ) );
System.out.println( "Fwd:\nHi,\nmir geht's gut!".matches( "(?sm).*^Hi,$.*" ) );
```

Der Test auf `.*^Hi,$.*` gibt im ersten Fall `true` zurück, da der String wirklich matcht und wir auch überhaupt keinen Zeilentrenner haben, der uns Probleme bereiten könnte. Die zweite Zeile aber liefert `false`, da sie global mit `Fwd` und nicht mit `Hi` beginnt und mit `!` endet statt mit einem Komma. Führen wir den Test mit der Option `(?sm)` zeilenweise durch und überspringen wir die Zeilentrenner, dann ist das Ergebnis `true`, denn die 2. Zeile in

```
Fwd:
Hi,
mir geht's gut!
```

passt genau auf unseren regulären Ausdruck.

Der Multiline-Modus erklärt auch den Grund, warum es gleich mehrere Grenz-Matcher gibt. Die Matches `\A` und `\Z` beziehungsweise `\z` sind im Prinzip wie `^` und `$`, unterscheiden sich aber dann, wenn der Multiline-Modus aktiviert ist. Dann arbeiten (wie im Beispiel) `^` und `$` zeilenorientiert, `\A` und `\Z` beziehungsweise `\z` aber nie – die letzten drei Matcher kennen Zeilentrenner überhaupt nicht. Damit ist `"Fwd:\nHi,\nalles OK!".matches("(?sm).*\\AHi,\\Z.*")` auch trotz `(?sm)` ganz einfach `false`.

290

Es bleiben \z und \Z. Sie unterscheiden, ob bei Zeilen, die abschließende Zeilentrenner wie \n oder \r besitzen, diese Zeilentrenner mit zum Match gehören oder nicht. Das \z ist wie $ ein Matcher auf das absolute Ende inklusive aller Zeilentrenner. Das große \Z ignoriert am Ende stehende Zeilentrenner, sodass sozusagen der Match schon vorher zu Ende ist.

Beispiel Das Trennzeichen beim split() soll einmal \z und einmal \Z sein:

```
String[] tokens1 = "Lena singt\r\n".split( "\\z" );
String[] tolens2 = "Lena singt\r\n".split( "\\Z" );
System.out.printf( "%d %s%n", tokens1.length, Arrays.toString( tokens1 ) );
System.out.printf( "%d %s%n", tolens2.length, Arrays.toString( tolens2 ) );
```

Bei \z gehören alle Zeilentrenner zum String, und daher ist die Ausgabe

```
1 [Lena singt
]
```

Die zweite Ausgabe ist

```
2 [Lena singt,
]
```

und die abschließenden Zeilentrenner sind ein zweites Token.

[zB]

4.7.3   Finden und nicht matchen

Bisher haben wir mit regulären Ausdrücken lediglich festgestellt, ob eine Zeichenfolge vollständig auf ein Muster passt. Die Matcher-Klasse kann jedoch auch feststellen, ob sich eine durch ein Muster beschriebene Teilfolge im String befindet. Dazu dient die Methode find(). Sie hat zwei Aufgaben: Zunächst sucht sie nach einer Fundstelle und gibt bei Erfolg true zurück. Das Nächste ist, dass jedes Matcher-Objekt einen Zustand mit Fundstellen besitzt, den find() aktualisiert. Einem Matcher-Objekt entlockt die Methode group() den erkannten Substring, und start()/end() liefert die Positionen. Wiederholte Aufrufe von find() setzen die Positionen weiter:

Listing 4.19   RegExAllNumbers.java, main()

```
String s = "'Demnach, welcher verheiratet, der tut wohl; welcher aber nicht
verheiratet," + " der tut besser.' 1. Korinther 7, 38";
Matcher matcher = Pattern.compile( "\\d+" ).matcher( s );
while ( matcher.find() )
  System.out.printf( "%s an Position [%d,%d]%n", matcher.group(), matcher.start(),
  matcher.end() );
```

Die Ausgabe des Zahlenfinders ist:

```
1 an Position [94,95]
7 an Position [107,108]
38 an Position [110,112]
```

4 | Der Umgang mit Zeichenketten

4.7.4 Gierige und nicht gierige Operatoren *

Die drei Operatoren ?, * und + haben die Eigenschaft, die längste mögliche Zeichenfolge abzudecken – das nennt sich *gierig* (engl. *greedy*). Deutlich wird diese Eigenschaft bei dem Versuch, in einem HTML-String alle fett gesetzten Teile zu finden. Gesucht ist also ein Ausdruck, der im String

```
String string = "Echt <b>fett</b>. <b>Cool</b>!";
```

die Teilfolgen `<b>fett</b>` und `<b>Cool</b>` erkennt. Der erste Versuch für ein Programm könnte so aussehen:

```
Pattern pattern = Pattern.compile( "<b>.*</b>" );
Matcher matcher = pattern.matcher( string );
while ( matcher.find() )
  System.out.println( matcher.group() );
```

Nun ist die Ausgabe aber `<b>fett</b>. <b>Cool</b>`! Das verwundert nicht, denn mit dem Wissen, dass * gierig ist, passt `<b>.*</b>` auf die Zeichenkette vom ersten `<b>` bis zum letzten `</b>`.

Die Lösung ist der Einsatz eines *nicht gierigen Operators* (auch *genügsam, zurückhaltend, nongreedy* oder *reluctant* genannt). In diesem Fall wird hinter den Qualifizierer einfach ein Fragezeichen gestellt.

Gieriger Operator	Nicht gieriger Operator
X?	X??
X*	X*?
X+	X+?
X{n}	X{n}?
X{n,}	X{n,}?
X{n,m}	X{n,m}?

Tabelle 4.10 Gierige und nicht gierige Operatoren

Mit diesem nicht gierigen Operator lösen wir einfach das Fettproblem:

Listing 4.20 RegExFindBold.java, main()

```
Pattern pattern = Pattern.compile( "<b>.*?</b>" );
Matcher matcher = pattern.matcher( "Echt <b>fett</b>. <b>Cool</b>!" );
while ( matcher.find() )
  System.out.println( matcher.group() );
```

Wie gewünscht ist die Ausgabe:

```
<b>fett</b>
<b>Cool</b>
```

292

Reguläre Ausdrücke | **4.7**

4.7.5 Mit MatchResult alle Ergebnisse einsammeln *

Die Schnittstelle `java.util.regex.MatchResult` deklariert Operationen, die Zugriff auf das Ergebnis (String, Startposition, Endposition, Anzahl der Gruppen) eines Matches ermöglichen. Ein `Matcher`-Objekt wird dafür mit `toMatchResult()` nach dem `MatchResult`-Objekt gefragt.

Ein einfaches Beispiel verdeutlicht die Arbeitsweise: Die eigene statische Utility-Methode `findMatches()` soll für ein Muster und eine Zeichenkette alle Ergebnisse zurückliefern:

Listing 4.21 MatchResultDemo.java, Teil 1

```
static Iterable<MatchResult> findMatches( String pattern, CharSequence s )
{
  List<MatchResult> results = new ArrayList<MatchResult>();

  for ( Matcher m = Pattern.compile(pattern).matcher(s); m.find(); )

    results.add( m.toMatchResult() );

  return results;
}
```

Die Methode liefert ein einfaches `Iterable` zurück, was in unserem Beispiel ausreicht, um die Methode auf der rechten Seite des Doppelpunktes vom erweiterten `for` nutzen zu können. Vor dem Schleifendurchlauf übersetzt `compile()` den Muster-String in ein `Pattern`-Objekt, und `matcher()` gibt Zugang zum konkreten Mustererkenner, also `Matcher`-Objekt. Die Bedingung der Schleife ist so, dass pro Durchlauf ein Muster erkannt wird. Im Rumpf der Schleife sammelt die Ergebnisliste die `MatchResult`-Objekte, die die Funddaten repräsentieren. Nach Ablauf der Schleife liefert die Methode die gesammelten Objekte zurück.

Ein paar Programmzeilen zeigen schnell die Möglichkeiten. Ein einfaches Muster soll für ISBN-10-Nummern stehen – ohne Leerzeichen oder Bindestriche:

Listing 4.22 MatchResultDemo.java, Teil 2

```
String pattern = "\\d{9,10}[\\d|x|X]";
String s = "Insel: 3898425266, Reguläre Ausdrücke: 3897213494";

for ( MatchResult r : findMatches( pattern, s ) )
  System.out.println( r.group() + " von " + r.start() + " bis " + r.end() );
```

Das Ergebnis auf der Konsole ist:

```
3898425266 von 7 bis 17
3897213494 von 39 bis 49
```

Die Informationen in einem `MatchResult` entsprechen also einem Zustand eines `Matcher` während des Parsens, genauer gesagt nach dem Erkennen einer Zeichenfolge. Daher implementiert auch die Klasse `Matcher` die Schnittstelle `MatchResult`.

293

4 | Der Umgang mit Zeichenketten

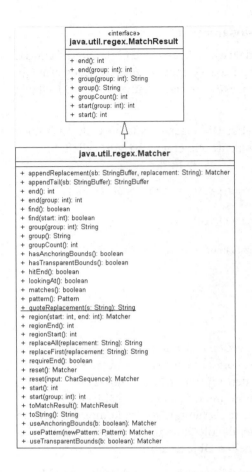

4.7.6 Suchen und Ersetzen mit Mustern

Von der Pattern/Matcher-Klasse haben wir bisher zwei Eigenschaften kennengelernt: Zum einen, wie sie prüft, ob eine komplette Zeichenkette auf ein Muster passt, und zum anderen die Suchmöglichkeit, dass find() uns sagt, an welchen Stellen ein Muster in einer Zeichenkette vorkommt. Für den zweiten Fall gibt es noch eine Erweiterung, dass nämlich die Pattern-Klasse die Fundstellen nicht nur ermittelt, sondern sie auch durch etwas anderes ersetzen kann.

[zB] **Beispiel** In einem String sollen alle nicht-JVM-Sprachen ausgepiept werden:

```
String  text    = "Ich mag Java, Groovy und auch ObjectiveC und PHP.";
Matcher matcher = Pattern.compile("ObjectiveC|PHP" ).matcher( text );
StringBuffer sb = new StringBuffer();
while ( matcher.find() )
  matcher.appendReplacement( sb, "[PIEP]" );
matcher.appendTail( sb );
System.out.println( sb );   // Ich mag Java, Groovy und auch [PIEP] und [PIEP].
```

Um mit dem Mechanismus Suchen und Ersetzen zu arbeiten, wird zunächst ein `StringBuffer` aufgebaut, denn in dem echten String kann `Pattern` die Fundstellen nicht ersetzen. Erkennt der `Matcher` ein Muster, ersetzt `appendReplacement()` es durch eine Alternative, die in den `StringBuffer` kommt. So wächst der `StringBuffer` von Schritt zu Schritt. Nach der letzten Fundstelle setzt `appendTail()` das noch verbleibende Teilstück an den `StringBuffer`.

Toll an `appendReplacement()` ist, dass die Ersetzung nicht einfach nur ein einfacher String ist, sondern dass er mit $ Zugriff auf die Suchgruppe hat. Damit lassen sich sehr elegante Lösungen bauen. Nehmen wir an, wir müssen in einer Zeichenkette alle URLs in einem HTML-Hyperlink konvertieren. Dann rahmen wir einfach jede Fundstelle in die nötigen HTML-Tags ein. In Quellcode sieht das so aus:

Listing 4.23 RegExSearchAndReplace.java, main()

```
String   text    = "Hi, schau mal bei http://stackoverflow.com/ " + ⮐
                   "oder http://www.tutego.de/ vorbei.";
String   regex   = "http://[a-zA-Z0-9\\-\\.]+\\.[a-zA-Z]{2,3}(\\S*)?";
Matcher matcher = Pattern.compile( regex ).matcher( text );
StringBuffer sb = new StringBuffer( text.length() );

while ( matcher.find() )
  matcher.appendReplacement( sb, "<a href=\"$0\">$0</a>" );

matcher.appendTail( sb );

System.out.println( sb );
```

Der `StringBuffer` enthält dann zum Schluss `"Hi, schau mal bei <a href="http://stack-overflow.com/">http://stackoverflow.com/</a> oder <a href="http://www.tutego.de/">http://www.tutego.de/</a> vorbei."` (der gewählte reguläre Ausdruck für URLs ist kurz, aber nicht vollständig. Für das Beispiel spielt das aber keine Rolle).

> **Hinweis** Der Ersetzungsausdruck `<a href=\"$0\">$0</a>` enthält mit $ Steuerzeichen für den `Matcher`. Wenn die Ersetzung aber überhaupt nicht auf das gefundene Wort zurückgreift, sollten die beiden Sonderzeichen \ und $ ausmaskiert werden, um merkwürdige Fehler zu vermeiden, wenn denn doch mal in der Ersetzung ein Dollar vorkommt. Das Ausmaskieren übernimmt die Methode `quoteReplacement()`, sodass sich zum Beispiel Folgendes ergibt:
> `matcher.appendReplacement( sb, Matcher.quoteReplacement( replacement ) );`

4.8   Zerlegen von Zeichenketten

Die Java-Bibliothek bietet einige Klassen und Methoden, um nach bestimmten Mustern große Zeichenketten in kleinere zu zerlegen. In diesem Kontext sind die Begriffe *Token* und *Delimiter* zu nennen: Ein Token ist ein Teil eines Strings, der durch bestimmte Trennzeichen (engl. *delimiter*) von anderen Tokens getrennt wird. Nehmen wir als Beispiel den Satz »Moderne Musik

4 | Der Umgang mit Zeichenketten

ist Instrumentespielen nach Noten« (Peter Sellers). Wählen wir Leerzeichen als Trennzeichen, lauten die einzelnen Tokens »Moderne«, »Musik« und so weiter.

Die Java-Bibliothek bietet eine Reihe von Möglichkeiten zum Zerlegen von Zeichenfolgen, von denen einige in den nachfolgenden Abschnitten vorgestellt werden:

▶ `split()` von `String`. Aufteilen mit einem Delimiter, der durch reguläre Ausdrücke beschrieben wird.

▶ `Scanner`. Schöne Klasse zum Ablaufen einer Eingabe.

▶ `StringTokenizer`. Der Klassiker aus Java 1.0. Delimiter sind nur einzelne Zeichen.

▶ `BreakIterator`. Findet Zeichen-, Wort-, Zeilen- oder Satz-Grenzen.

4.8.1 Splitten von Zeichenketten mit »split()«

Die Objektmethode `split()` eines String-Objekts zerlegt die eigene Zeichenkette in Teilzeichenketten. Die Trenner sind völlig frei wählbar und als regulärer Ausdruck beschrieben. Die Rückgabe ist ein Feld der Teilzeichenketten.

[zB] **Beispiel** Zerlege einen Domain-Namen in seine Bestandteile:

```
String path = "www.tutego.com";
String[] segs = path.split( Pattern.quote( "." ) );
System.out.println( Arrays.toString(segs) ); // [www, tutego, com]
```

Da der Punkt als Trennzeichen ein Sonderzeichen für reguläre Ausdrücke ist, muss er passend mit dem Backslash auskommentiert werden. Das erledigt die statische Methode `quote()`. Anderfalls liefert `split(".")` auf jedem String ein Feld der Länge 0.

Ein häufiger Trenner ist \s, also Weißraum.

[zB] **Beispiel** Zähle die Anzahl der Wörter in einem Satz:

```
String string = "Es kann jeden treffen. Auch dich!";
int nrOfWords = string.split( "(\\s|\\p{Punct})+" ).length;
System.out.println( nrOfWords ); //
```

Der Trenner ist entweder Weißraum oder ein Satzzeichen.

»String.split()« geht auf »Pattern#split()«

Die `split()`-Methode aus der `String`-Klasse delegiert wie auch bei `match()` an das Pattern-Objekt:

```
public String[] split( String regex, int limit )
{
  return Pattern.compile( regex ).split( this, limit );
}
```

296

```
public String[] split( String regex )
{
  return split( regex, 0 );
}
```

Am Quellcode ist zu erkennen, dass für jeden Methodenaufruf von `split()` auf dem `String`-Objekt ein `Pattern` übersetzt wird. Das ist nicht ganz billig, und so soll bei mehrmaligem Split mit dem gleichen Zerlege-Muster gleich ein `Pattern`-Objekt und dort das `split()` verwendet werden:

```
final class java.lang.String
implements CharSequence, Comparable<String>, Serializable
```

▶ `String[] split( String regex )`
Zerlegt die aktuelle Zeichenkette mit dem regulären Ausdruck.

▶ `String[] split( String regex, int limit )`
Zerlegt die aktuelle Zeichenkette mit dem regulären Ausdruck, liefert jedoch maximal begrenzt viele Teilzeichenfolgen.

```
final class java.util.regex.Pattern
implements Serializable
```

▶ `String[] split( CharSequence input )`
Zerlegt die Zeichenfolge `input` in Teilzeichenketten, wie es das aktuelle `Pattern`-Objekt befiehlt.

▶ `String[] split( CharSequence input, int limit )`
Wie `split(CharSequence)`, doch nur höchstens `limit` viele Teilzeichenketten.

4.8.2 Die Klasse »Scanner«

Die Klasse `java.util.Scanner` kann eine Zeichenkette in Tokens zerlegen und einfach Dateien zeilenweise einlesen. Bei der Zerlegung kann ein regulärer Ausdruck den Delimiter beschreiben. Damit ist `Scanner` flexibler als ein `StringTokenizer`, der nur einzelne Zeichen als Trenner zulässt.

Zum Aufbau der `Scanner`-Objekte bietet die Klasse einige Konstruktoren an, die die zu zerlegenden Zeichenfolgen unterschiedlichen Quellen entnehmen, etwa einem String, einem Datenstrom (beim Einlesen von der Kommandozeile wird das `System.in` sein), einem `File`-Objekt oder diversen NIO-Objekten. Falls ein Objekt vom Typ `Closeable` dahintersteckt, wie ein `Writer`, sollte mit `close()` der Scanner geschlossen werden, der das `close()` zum `Closeable` weiterleitet. Beim String ist das nicht nötig, und bei `File` schließt der `Scanner` selbstständig.

4 | Der Umgang mit Zeichenketten

```
         «interface»
    java.util.Iterator <E>
────────────────────────────
+ hasNext(): boolean
+ next(): E
+ remove()
```

```
         java.util.Scanner
─────────────────────────────────────────────────────────
+ Scanner(source: InputStream, charsetName: String)
+ Scanner(source: String)
+ Scanner(source: ReadableByteChannel)
+ Scanner(source: InputStream)
+ Scanner(source: Readable)
+ Scanner(source: ReadableByteChannel, charsetName: String)
+ Scanner(source: File, charsetName: String)
+ Scanner(source: File)
+ close()
+ delimiter(): Pattern
+ findInLine(pattern: String): String
+ findInLine(pattern: Pattern): String
+ findWithinHorizon(pattern: String, horizon: int): String
+ findWithinHorizon(pattern: Pattern, horizon: int): String
+ hasNext(): boolean
+ hasNext(pattern: Pattern): boolean
+ hasNext(pattern: String): boolean
+ hasNextBigDecimal(): boolean
+ hasNextBigInteger(): boolean
+ hasNextBigInteger(radix: int): boolean
+ hasNextBoolean(): boolean
+ hasNextByte(): boolean
+ hasNextByte(radix: int): boolean
+ hasNextDouble(): boolean
+ hasNextFloat(): boolean
+ hasNextInt(radix: int): boolean
+ hasNextInt(): boolean
+ hasNextLine(): boolean
+ hasNextLong(radix: int): boolean
+ hasNextLong(): boolean
+ hasNextShort(): boolean
+ hasNextShort(radix: int): boolean
+ ioException(): IOException
+ locale(): Locale
+ match(): MatchResult
+ next(pattern: Pattern): String
+ next(): String
+ next(pattern: String): String
+ nextBigDecimal(): BigDecimal
+ nextBigInteger(radix: int): BigInteger
+ nextBigInteger(): BigInteger
+ nextBoolean(): boolean
+ nextByte(radix: int): byte
+ nextByte(): byte
+ nextDouble(): double
+ nextFloat(): float
+ nextInt(radix: int): int
+ nextInt(): int
+ nextLine(): String
+ nextLong(radix: int): long
+ nextLong(): long
+ nextShort(radix: int): short
+ nextShort(): short
+ radix(): int
+ remove()
+ reset(): Scanner
+ skip(pattern: Pattern): Scanner
+ skip(pattern: String): Scanner
+ toString(): String
+ useDelimiter(pattern: Pattern): Scanner
+ useDelimiter(pattern: String): Scanner
+ useLocale(locale: Locale): Scanner
+ useRadix(radix: int): Scanner
```

Zerlegen von Zeichenketten | **4.8**

```
final class java.util.Scanner
implements Iterator<String>, Closeable
```

▶ Scanner(String source)

▶ Scanner(File source), Scanner(File source, String charsetName)

▶ Scanner(InputStream source), Scanner(InputStream source, String charsetName)

▶ Scanner(Readable source)

▶ Scanner(ReadableByteChannel source)

▶ Scanner(ReadableByteChannel source, String charsetName)
  Erzeugt ein neues Scanner-Objekt.

Zeilenweises Einlesen einer Datei

Ist das Scanner-Objekt angelegt, lässt sich mit dem Paar hasNextLine() und nextLine() einfach eine Datei zeilenweise auslesen:

Listing 4.24 ReadAllLines.java

```java
import java.io.*;
import java.util.Scanner;

public class ReadAllLines
{
  public static void main( String[] args ) throws FileNotFoundException
  {
    Scanner scanner = new Scanner( new File("EastOfJava.txt") );
    while ( scanner.hasNextLine() )
      System.out.println( scanner.nextLine() );
  }
}
```

Da der Konstruktor von Scanner mit der Datei eine Ausnahme auslösen kann, müssen wir diesen möglichen Fehler behandeln. Wir machen es uns einfach und leiten einen möglichen Fehler an die Laufzeitumgebung weiter. Den Umgang mit Exceptions erklärt das gleichnamige Kapitel 6 genauer.

```
final class java.util.Scanner
implements Iterator<String>, Closeable
```

▶ boolean hasNextLine()
  Liefert true, wenn eine nächste Zeile gelesen werden kann.

▶ String nextLine()
  Liefert die nächste Zeile.

4 | Der Umgang mit Zeichenketten

Der Nächste, bitte

Nach dem Erzeugen des `Scanner`-Objekts liefert die Methode `next()` die nächste Zeichenfolge, wenn denn ein `hasNext()` die Rückgabe `true` ergibt. (Das sind dann auch die Methoden der Schnittstelle `Iterator`, wobei `remove()` nicht implementiert ist.)

[zB] **Beispiel** Von der Standardeingabe soll ein `String` gelesen werden:

```
Scanner scanner = new Scanner( System.in );
String s = scanner.next();
```

Neben der `next()`-Methode, die nur einen String als Rückgabe liefert, bietet `Scanner` diverse `next<Typ>()`-Methoden an, die das nächste Token einlesen und in ein gewünschtes Format konvertieren, etwa in ein `double` bei `nextDouble()`. Über gleich viele `hasNext<Typ>()`-Methoden lässt sich erfragen, ob ein weiteres Token von diesem Typ folgt.

[zB] **Beispiel** Die einzelnen `nextXXX()`- und `hasNextXXX()`-Methoden sind:

Listing 4.25 ScannerDemo.java, main()

```
Scanner scanner = new Scanner( "tutego 12 1973 12.03 True 123456789000" );
System.out.println( scanner.hasNext() );          // true
System.out.println( scanner.next() );             // tutego
System.out.println( scanner.hasNextByte() );      // true
System.out.println( scanner.nextByte() );         // 12
System.out.println( scanner.hasNextInt() );       // true
System.out.println( scanner.nextInt() );          // 1973
System.out.println( scanner.hasNextDouble() );    // true
System.out.println( scanner.nextDouble() );       // 12.03
System.out.println( scanner.hasNextBoolean() );   // true
System.out.println( scanner.nextBoolean() );      // true
System.out.println( scanner.hasNextLong() );      // true
System.out.println( scanner.nextLong() );         // 123456789000
System.out.println( scanner.hasNext() );          // false
```

Sind nicht alle Tokens interessant, überspringt `Scanner` `skip(Pattern pattern)` beziehungsweise `Scanner` `skip(String pattern)` sie – Delimiter werden nicht beachtet.

```
final class java.util.Scanner
implements Iterator<String>, Closeable
```

▶ `boolean hasNext()`

▶ `boolean hasNextBigDecimal(), boolean hasNextBigInteger()`

▶ `boolean hasNextBigInteger( int radix )`

▶ `boolean hasNextBoolean()`

▶ `boolean hasNextByte(), boolean hasNextByte( int radix )`

▶ `boolean hasNextDouble(), boolean hasNextFloat()`

300

Zerlegen von Zeichenketten | **4.8**

▶ `boolean hasNextInt()`, `boolean hasNextInt( int radix )`

▶ `boolean hasNextLong()`, `boolean hasNextLong( int radix )`

▶ `boolean hasNextShort()`, `boolean hasNextShort( int radix )`
Liefert `true`, wenn ein Token des gewünschten Typs gelesen werden kann.

▶ `String next()`

▶ `BigDecimal nextBigDecimal()`, `BigInteger nextBigInteger()`

▶ `BigInteger nextBigInteger( int radix )`

▶ `boolean nextBoolean()`

▶ `byte nextByte()`, `byte nextByte( int radix )`

▶ `double nextDouble()`, `float nextFloat()`

▶ `int nextInt()`, `int nextInt( int radix )`

▶ `long nextLong()`, `long nextLong( int radix )`

▶ `short nextShort()`, `short nextShort( int radix )`
Liefert das nächste Token.

Die Basis für Zahlen ändert `useRadix(int)` und erfragt `radix()`.

Trennzeichen definieren *

`useDelimiter()` setzt für die folgenden Filter-Vorgänge den Delimiter. Um nur lokal für das nächste Zerlegen einen Trenner zu setzen, lässt sich mit `next(String)` oder `next(Pattern)` ein Trennmuster angeben. `hasNext(String)` beziehungsweise `hasNext(Pattern)` liefern `true`, wenn das nächste Token dem Muster entspricht.

Beispiel Der String `s` enthält eine Zeile wie `a := b`. Uns interessieren der linke und der rechte Teil: **[zB]**

```
String s = "Url := http://www.tutego.com";
Scanrer scanner = new Scanner( s ).useDelimiter( "\\s*:=\\s*" );
System.out.printf( "%s = %s", scanner.next(), scanner.next() );
// Url = http://www.tutego.com
```

Mit `findInLine(String)` beziehungsweise `findInLine(Pattern)` wird der `Scanner` angewiesen, nach dem Muster nur bis zum nächsten Zeilenendezeichen zu suchen; Delimiter ignoriert er.

Beispiel Suche mit `findInLine()` nach einem Muster: **[zB]**

```
String text = "Hänsel-und-Gretel\ngingen-durch-den-Wald";
Scanner scanner = new Scanner( text ).useDelimiter( "-" );
System.out.println( scanner.findInLine( "Wald" ) ); // null
System.out.println( scanner.findInLine( "ete" ) );  // "ete"
System.out.println( scanner.next() );               // "l" "gingen"
System.out.println( scanner.next() );               // "durch"
```

301

4 | Der Umgang mit Zeichenketten

Mit `findWithinHorizon(Pattern, int)` beziehungsweise `findWithinHorizon(String, int)` lässt sich eine Obergrenze von Code-Points (vereinfacht ausgedrückt, von Zeichen) angeben. Liefert die Methode in dieser Grenze kein Token, liefert sie `null` und setzt auch den Positionszeiger nicht weiter.

Landessprachen *
Auch ist die `Scanner`-Klasse in der Lage, die Dezimalzahlen unterschiedlicher Sprachen zu erkennen. Mit dem passenden `Locale`-Objekt wird dann auch `nextDouble("12,34")` funktionieren:

```
Scanner scanner = new Scanner( "12,34" ).useLocale( Locale.GERMAN );
System.out.println( scanner.nextDouble() );    // 12.34
```

Das klingt logisch, funktioniert aber auch ohne `useLocale(Locale.GERMAN)`! Der Grund ist einfach: Der Scanner setzt das `Locale` vorher standardmäßig auf `Locale.getDefault()`, und bei auf Deutsch eingestellten Betriebssystemen ist das eben `Locale.GERMAN`. Andersherum bedeutet das, dass eine in englischer Schreibweise angegebene Zahl wie 12.34 nicht erkannt wird und der `Scanner` eine `java.util.InputMismatchException` meldet.

```
final class java.util.Scanner
implements Iterator<String>, Closeable
```

▶ `Scanner useLocale( Locale locale )`
Setzt die Sprache zum Erkennen der *lokalisierten Zahlen*, insbesondere der Fließkommazahlen.

▶ `Locale locale()`
Liefert die eingestellte Sprache.

IO-Fehler während des Parsens *
Bezieht der `Scanner` die Daten von einem `Readable`, kann es Ein-/Ausgabefehler in Form von `IOExceptions` geben. Methoden wie `next()` geben diese Fehler nicht weiter, sondern fangen sie ab und speichern sie intern. Die Methode `ioException()` liefert dann das letzte `IOException`-Objekt oder `null`, falls es keinen Fehler gab.

4.8.3 Die Klasse »StringTokenizer« *

Die Klasse `StringTokenizer` zerlegt ebenfalls eine Zeichenkette in Tokens. Der `StringTokenizer` ist jedoch auf *einzelne* Zeichen als Trennsymbole beschränkt, während die Methode `split()` und die Klassen um `Pattern` einen regulären Ausdruck zur Beschreibung der Trennsymbole erlauben. Es sind keine Zeichenfolgen wie »:=« denkbar.

> **Beispiel** Um einen String mithilfe eines StringTokenizer-Objekts zu zerlegen, wird dem Konstruktor der Klasse der zu unterteilende Text als Argument übergeben:
> ```
> String s = "Faulheit ist der Hang zur Ruhe ohne vorhergehende Arbeit";
> StringTokenizer tokenizer = new StringTokenizer( s );
> while ( tokenizer.hasMoreTokens() )
>   System.out.println( tokenizer.nextToken() );
> ```
> Der Text ist ausschließlich ein Objekt vom Typ String.

Um den Text abzulaufen, gibt es die Methoden nextToken() und hasMoreTokens().[12] Die Methode nextToken() liefert das nächste Token im String. Ist kein Token mehr vorhanden, wird eine NoSuchElementException ausgelöst. Damit wir frei von diesen Überraschungen sind, können wir mit der Methode hasMoreTokens() nachfragen, ob noch weitere Tokens vorliegen.

In der Voreinstellung sind Tabulator, Leerzeichen und Zeilentrenner die Delimiter. Sollen andere Zeichen als die voreingestellten Trenner den Satz zerlegen, kann dem Konstruktor als zweiter String eine Liste von Trennern übergeben werden. Jedes Zeichen, das in diesem String vorkommt, fungiert als einzelnes Trennzeichen:

```
StringTokenizer st = new StringTokenizer( "Blue=0000ff\nRed:ff0000\n", "=:\n" );
```

Neben den beiden Konstruktoren existiert noch ein dritter, der auch die Trennzeichen als eigenständige Bestandteile bei nextToken() übermittelt.

---

12 Die Methode hasMoreElements() ruft direkt hasMoreTokens() auf und wurde nur implementiert, da ein StringTokenizer die Schnittstelle Enumeration implementiert.

4 | Der Umgang mit Zeichenketten

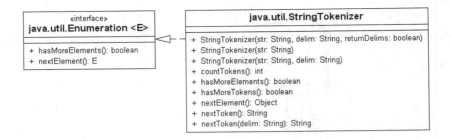

```
class java.util.StringTokenizer
implements Enumeration<Object>
```

▶ StringTokenizer(String str, String delim, boolean returnDelims)
Ein String-Tokenizer für str, wobei jedes Zeichen in delim als Trennzeichen gilt. Ist returnDelims gleich true, so sind auch die Trennzeichen Tokens der Aufzählung.

▶ StringTokenizer(String str, String delim)
Ein String-Tokenizer für str, wobei alle Zeichen in delim als Trennzeichen gelten. Entspricht dem Aufruf von this(str, delim, false);

▶ StringTokenizer(String str)
Ein String-Tokenizer für str. Entspricht dem Aufruf von this(str, " \t\n\r\f", false);. Die Trennzeichen sind Leerzeichen, Tabulator, Zeilenende und Seitenvorschub.

▶ boolean hasMoreTokens(), boolean hasMoreElements()
Testet, ob weitere Tokens verfügbar sind. hasMoreElements() implementiert die Methode für Enumeration.

▶ String nextToken(), Object nextElement()
Liefert das nächste Token vom String-Tokenizer. nextElement() existiert nur, damit der Tokenizer als Enumeration benutzt werden kann. Der weniger spezifische Ergebnistyp Object macht eine Typumwandlung erforderlich.

▶ String nextToken(String delim)
Setzt die Delimiter-Zeichen neu und liefert anschließend das nächste Token.

▶ int countTokens()
Zählt die Anzahl der noch möglichen nextToken()-Methodenaufrufe, ohne die aktuelle Position zu berühren. Der Aufruf der Methode ist nicht billig.

4.8.4 BreakIterator als Zeichen-, Wort-, Zeilen- und Satztrenner *

Benutzer laufen Zeichenketten aus ganz unterschiedlichen Gründen ab. Ein Anwendungsszenario ist das Ablaufen eines Strings Zeichen für Zeichen. In anderen Fällen sind nur einzelne Wörter interessant, die durch Wort- oder Satztrenner separiert sind. In wieder einem anderen Fall ist eine Textausgabe auf eine bestimmte Zeilenlänge gewünscht.

Zum Zerlegen von Zeichenfolgen sieht die Standardbiblitothek im Java-Paket java.text die Klasse BreakIterator vor. Einen konkreten Iterator erzeugen diverse statische Methoden, die optional auch nach speziellen Kriterien einer Sprache trennen. Wenn keine Sprache übergeben wird, wird automatisch die Standardsprache verwendet.

```
abstract class java.text.BreakIterator
implements Cloneable
```

▶ static BreakIterator getCharacterInstance()
static BreakIterator getCharacterInstance(Locale where)
Trennt nach Zeichen. Vergleichbar mit einer Iteration über charAt().

▶ static BreakIterator getSentenceInstance()
static BreakIterator getSentenceInstance(Locale where)
Trennt nach Sätzen. Delimiter sind übliche Satztrenner wie ».«, »!«, »?«.

▶ static BreakIterator getWordInstance()
static BreakIterator getWordInstance(Locale where)
Trennt nach Wörtern. Trenner wie Leerzeichen und Satzzeichen gelten auch als Wörter.

▶ static BreakIterator getLineInstance()
static BreakIterator getLineInstance(Locale where)
Trennt *nicht* nach Zeilen, wie der Name vermuten lässt, sondern ebenfalls nach Wörtern. Nur werden Satzzeichen, die am Wort »hängen«, zum Wort hinzugezählt. Praktisch ist dies für Algorithmen, die Textblöcke in eine bestimmte Breite bringen wollen. Ein Beispiel für die drei Typen zeigt das gleich folgende Programm.

Hinweis Auf den ersten Blick ergibt ein BreakIterator von getCharacterInstance() keinen großen Sinn, denn für das Ablaufen einer Zeichenkette ließe sich viel einfacher eine Schleife nehmen und mit charAt() arbeiten. Der BreakIterator kann jedoch korrekt mit Unicode 4 umgehen, wo zwei char ein Unicode 4-Zeichen bilden. Zum zeichenweisen Iterieren über Strings ist auch CharacterIterator eine gute Lösung. **[«]**

Beispiel für die drei BreakIterator-Typen

Das nächste Beispiel zeigt, wie ohne großen Aufwand durch Zeichenketten gewandert werden kann. Die Verwendung eines String-Tokenizers ist nicht nötig. Unsere statische Hilfsmethode out() gibt die Abschnitte der Zeichenkette bezüglich eines BreakIterator aus:

Listing 4.26 BreakIteratorDemo.java, out()

```
static void out( String s, BreakIterator iter )
{
  iter.setText( s );

  for ( int last = iter.first(),next = iter.next();
        next != BreakIterator.DONE;
        last = next, next = iter.next() )
  {
    CharSequence part = s.subSequence( last, next );
```

4 | Der Umgang mit Zeichenketten

```
    if ( Character.isLetterOrDigit( part.charAt( 0 ) ) )
      System.out.println( part );
  }
}
```

Einmal sollen die Wörter und einmal die Sätze ausgegeben werden:

Listing 4.27 BreakIteratorDemo.java, main()

```
public static void main( String[] args )
{
  String helmutKohl1 = "Ich weiß, dass ich 1945 fünfzehn war und 1953 achtzehn.",
         helmutKohl2 = "Das ist eine klassische journalistische Behauptung. " +
                       "Sie ist zwar richtig, aber sie ist nicht die Wahrheit.";

  BreakIterator sentenceIter = BreakIterator.getSentenceInstance();
  BreakIterator wordIter     = BreakIterator.getWordInstance();
  BreakIterator lineIter     = BreakIterator.getLineInstance();

  out( helmutKohl1, sentenceIter );
  out( helmutKohl2, sentenceIter );

  System.out.println( "------------------" );

  out( helmutKohl1, wordIter );
  out( helmutKohl2, wordIter );

  System.out.println( "------------------" );
```

```
  out( helmutKohl1, lineIter );
  out( helmutKohl2, lineIter );
}
```

Die Ausgabe enthält (skizziert):

```
Ich weiß, dass ich 1945 fünfzehn war und 1953 achtzehn.
Das ist eine klassische journalistische Behauptung.
Sie ist zwar richtig, aber sie ist nicht die Wahrheit.
------------------
Ich
weiß
...
die
Wahrheit
------------------
Ich
weiß,
...
die
Wahrheit.
```

Im letzten Beispiel ist gut zu sehen, dass die Wörter am Ende ihre Leer- und Satzzeichen behalten.

4.9   Zeichenkodierungen, XML/HTML-Entitys, Base64 *

4.9.1   Unicode und 8-Bit-Abbildungen

Einzelne Zeichen sind in Java intern immer in 16-Bit-Unicode kodiert, und ein String ist eine Folge von Unicode-Zeichen. Wollen wir diese Unicode-Zeichenkette in eine Datei schreiben, können mitunter andere Programme die Dateien nicht wieder einlesen, da sie keine Unicode-Zeichen erwarten oder nicht damit umgehen können. Die Unicode-Strings müssen daher in unterschiedliche Codepages, etwa Latin-1, umkodiert werden.

Kodierungen über die Klasse »String« vornehmen

Die `String`-Klasse konvertiert mit der Methode `getBytes(String charsetName)` beziehungsweise `getBytes(Charset charset)` den String in ein Byte-Feld mit einer bestimmten Zeichenkodierung. Auf diese Weise kann Java die interne Unicode-Repräsentation zum Beispiel in den EBCDIC-Zeichensatz eines IBM-Mainframes übertragen. Jede Kodierung (engl. *encoding*) ist durch eine Zeichenfolge oder ein `Charset`-Objekt definiert; die Namen sind unter *http://tutego.de/go/encoding* aufgeführt. Für den EBCDIC-Zeichensatz ist das die Codepage »Cp037«. Die DOS-Konsole unter Windows nutzt einen veränderten IBM-Zeichensatz, dessen Codepage »Cp850« heißt.

4 | Der Umgang mit Zeichenketten

[zB] **Beispiel** Kodiere den String »Vernaschen« in EBCDIC:

```
try
{
  byte[] ebcdic = "Vernaschen".getBytes( "Cp037" );
  System.out.println( Arrays.toString(ebcdic) );
  // [-27, -123, -103, -107, -127, -94, -125, -120, -123, -107]
}
catch ( UnsupportedEncodingException e ) { … }
```

Zur Kodierung in die andere Richtung, also von einem Byte-Feld in einen Unicode-String, müssen Sie einen Konstruktor der String-Klasse mit der Kodierung nutzen. Auch hier kann eine UnsupportedEncodingException folgen, wenn es die Kodierung nicht gibt.

[zB] **Beispiel** Kodiere das Byte-Feld mit den Zeichen nach dem EBCDIC-Alphabet zurück in einen String:

```
byte[] ebcdic = "Vernaschen".getBytes( "Cp037" );
String s = new String( ebcdic, "Cp037" );
System.out.println( s );                    // Vernaschen
```

4.9.2 Konvertieren mit »OutputStreamWriter«-Klassen

Neben der Klasse String mit getBytes() unterstützen auch andere Klassen die Umkodierung. Dazu zählt die Klasse OutputStreamWriter, die als Writer die Unicode-Zeichen mit einer gewählten Kodierung in einen binären Datenstrom schreibt. Der InputStreamReader übernimmt den anderen Weg zum Lesen von Byte-Folgen und Konvertieren in Unicode.

[zB] **Beispiel** Zum korrekten Darstellen der Umlaute auf der DOS-Konsole wird ein Output-StreamWriter mit der Codepage 850 (DOS-Latin-1) verwendet:

Listing 4.28 GetBytesConverter.java, main()

```
try
{
  System.out.println( "Ich kann Ä Ü Ö und ß" );
  PrintWriter out = new PrintWriter(
    new OutputStreamWriter(System.out, "Cp850") );
  out.println( "Ich kann Ä Ü Ö und ß" );
  out.flush();
}
catch ( UnsupportedEncodingException e ) { e.printStackTrace();
```

Die Standard-Kodierung von Windows, »Cp1252« (Windows-1252 beziehungsweise Windows Latin-1), ist eine Anpassung von ISO 8859-1, die in den Bereich 0x80 bis 0x9f andere Zeichen setzt.

Zeichenkodierungen, XML/HTML-Entitys, Base64 * | **4.9**

Sollen ganze Dateien umkodiert werden, lässt sich auf der Kommandozeile das Dienstprogramm *native2ascii* nutzen.

4.9.3 Das Paket »java.nio.charset«

Seit Java 1.4 übernimmt das Paket `java.nio.charset` im Hintergrund die Kodierungen. Die statische Methode `Charset.availableCharsets()` liefert eine `Map<String,Charset>` mit etwa 150 Einträgen – und somit Namen und assoziierte Klassen aller angemeldeten Kodierer. Die konkreten Kodierungsklassen erfragen auch `Charset.forName()`:

```
for ( String charsetName : Charset.availableCharsets().keySet() )
{
  System.out.println( charsetName );
  Charset charset = Charset.forName( charsetName );
  System.out.println( charset );        // Ausgabe wie oben
}
```

Mit dem konkreten `Charset`-Objekt lässt sich auf zwei Wegen weiterverfahren:

▶ Wir können es direkt mit den Methoden `encode()` und `decode()` konvertieren oder

▶ über die Methode `newDecoder()` einen `CharsetDecoder` beziehungsweise über `newEncoder()` einen `CharsetEncoder` erfragen und damit arbeiten.

4.9.4 XML/HTML-Entitys ausmaskieren

In einer XML-Datei dürfen bestimmte Zeichen im normalen Textstrom nicht vorkommen und müssen umkodiert werden.

Zeichen	Umkodierung
"	"
&	&
'	'
<	<
>	>

Tabelle 4.11 Umkodierungen für eine XML-Datei

Eine Konstruktion wie `&quot;` nennt sich Entity. Die gültigen Entitys werden im XML-Standard beschrieben.

Weiterhin gilt, dass bei einer Webseitenkodierung in ISO-8859-1 nur die »sicheren« Zeichen wie Ziffern und Buchstaben verwendet werden können, aber keine Sonderzeichen, wie etwa das Copyright- oder das Euro-Zeichen. Daher bietet HTML eine Umkodierung für Sonderzeichen an, die nicht im Zeichenvorrat von ISO 8859-1 enthalten sind – für das Copyright-Zeichen ist es etwa `&copy;` und das Euro-Zeichen `&euro;`. In XML ist diese Umkodierung nicht

309

nötig, da XML leicht als UTF-8 geschrieben werden kann, und dann heißt es für das Euro-Zeichen nach der Position in der Unicode-Tabelle einfach `&#8364;`.[13]

Java-Programme, die XML- oder HTML-Ausgaben erstellen oder XML/HTML-Dokumente lesen, müssen auf die korrekte Konvertierung achten. Die Standardbibliothek bringt hier nichts Offensichtliches mit, aber Open-Source-Bibliotheken füllen diese Lücke. So etwa *Apache Commons Lang (http://commons.apache.org/lang/)*, das mit der Klasse `org.apache.commons.lang.StringEscapeUtils` einige Kodierungsmethoden bietet, um einen String in XML/HTML umzukodieren und einen XML/HTML-String mit Entitys in einen Java-String zu bringen, bei dem insbesondere die HTML-Entitys aufgelöst wurden. Die Klasse `StringEscapeUtils` bringt neben den statischen Methoden

▶ `String escapeHtml3(String input)`, `String unescapeHtml3(String input)`

▶ `String escapeHtml4(String input)`, `String unescapeHtml4(String input)`

▶ `String escapeXml(String input)`, `String unescapeXml(String input)`

auch Methoden zum Maskieren von CSV-, Java- und JavaScript-Strings.

[zB]

Beispiel Für eine einfache Kodierung (ohne Hochkommata) lässt sich ein `XMLStreamWriter` einsetzen (die Klasse wird später in Kapitel 18, »Die eXtensible Markup Language (XML)«, genauer vorgestellt):

```
StringWriter out = new StringWriter();
XMLStreamWriter writer =
XMLOutputFactory.newInstance().createXMLStreamWriter(out);
writer.writeCharacters( "<&'Müsli\">" );
System.out.println( out.toString() );       // &lt;&amp;'Müsli"&gt;
```

4.9.5 Base64-Kodierung

Für die Übertragung von Binärdaten hat sich im Internet die Base64-Kodierung durchgesetzt, die zum Beispiel bei E-Mail-Anhängen und SOAP-Nachrichten zu finden ist. Die im RFC 1521 beschriebene Methode übersetzt drei Bytes (24 Bit) in vier Base64-kodierte Zeichen (vier Zeichen mit jeweils sechs repräsentativen Bits). Die Base64-Zeichen bestehen aus den Buchstaben des lateinischen Alphabets, den Ziffern 0 bis 9 sowie »+«, »/« und »=«. Die Konsequenz dieser Umformung ist, dass Binärdaten rund 33 % größer werden.

Das JDK liefert zwar Unterstützung für diese Base64-Umsetzung mit den Klassen `BASE64Encoder` und `BASE64Decoder`, aber da die Kodierer im nicht-öffentlichen Paket `sun.misc` liegen, könnte Oracle sie prinzipiell jederzeit entfernen.[14] Wem das nicht ganz

---

13 Das führt in HTML zu viel mehr Entitys als bei XML, sodass es ein Problem werden kann, eine HTML-Datei als XML einzulesen – der XML-Parser meckert dann über die unbekannten Entitys.

14 Siehe dazu *http://java.sun.com/products/jdk/faq/faq-sun-packages.html*. Bisher existieren sie aber seit über zehn Jahren, und wer Oracles Philosophie kennt, der weiß, dass die Abwärtskompatibilität oberste Priorität hat.

geheuer ist, der kann `javax.mail.internet.MimeUtility` von der JavaMail-API nutzen[15] oder unter *http://jakarta.apache.org/commons/codec/* die *Commons Codec*-Bibliothek beziehen.

Das folgende Beispiel erzeugt zuerst ein Byte-Feld der Größe 112 und belegt es mit Zufallszahlen. Die internen JDK- -Klassen kodieren das Byte-Feld in einen String, der auf dem Bildschirm ausgegeben wird. Nachdem der String wieder zurückkodiert wurde, werden die Byte-Felder verglichen und liefern natürlich `true`:

Listing 4.29 Base64Demo.java

```java
import java.io.IOException;
import java.util.*;
import sun.misc.*;

public class Base64Demo
{
  public static void main( String[] args ) throws IOException
  {
    byte[] bytes1 = new byte[ 112 ];
    new Random().nextBytes( bytes1 );

    // Byte array -> to String
    String s = new BASE64Encoder().encode( bytes1 );
    System.out.println( s );

    // String enthält etwa:
    // QFgwDyiQ28/4GsF75fqLMj/bAIWNwOuBmE/SC13H2XQFpSsSz0jtyR0LU+kLiwWsnSUZ1jJr97Hy
    // LA3YUbf96Ym2zx9F9Y1N7P51sOCb/vr2crTQ/gXs757qaJF9E3szMN+E0CSSs1DrrzcNBr1cQg==
    // String -> byte[]
    byte[] bytes2 = new BASE64Decoder().decodeBuffer( s );
    System.out.println( Arrays.equals(bytes1, bytes2) );    // true
  }
}
```

4.10   Ausgaben formatieren

Immer wieder müssen Zahlen, Datumsangaben und Text auf verschiedenste Art und Weise formatiert werden. Zur Formatierung bietet Java mehrere Lösungen:

▶ Seit Java 5 realisieren die `format()`- und `printf()`-Methoden eine Ausgabe, so wie sie unter C mit `printf()` gesetzt wurde.

▶ Formatieren über `Format`-Klassen: Allgemeines Formatierungsverhalten wird in einer abstrakten Klasse `Format` fixiert; konkrete Unterklassen, wie `NumberFormat` und `DateFormat`, nehmen sich spezielle Datenformate vor.

---

15 *http://www.rgagnon.com/javadetails/java-0598.html* gibt ein Beispiel. Die JavaMail-API ist Teil von Java EE 5 und muss sonst für das Java SE als Bibliothek hinzugenommen werden.

4 | Der Umgang mit Zeichenketten

▶ Umsetzung eines Strings nach einer gegebenen Maske mit einem `MaskFormatter`.

▶ Die `Format`-Klassen bieten nicht nur landes- beziehungsweise sprachabhängige Ausgaben per `format()`, sondern auch den umgekehrten Weg, Zeichenketten wieder in Typen wie `double` oder `Date` zu zerlegen. Jede Zeichenkette, die vom `Format`-Objekt erzeugt wurde, kann auch mit dem Parser wieder eingelesen werden.

4.10.1 Formatieren und Ausgeben mit »format()«

Die Klasse `String` stellt mit der statischen Methode `format()` eine Möglichkeit bereit, Zeichenketten nach einer Vorgabe zu formatieren:

```
String s = String.format( "Hallo %s. Es gab einen Anruf von %s.", "Chris", "Joy" );
System.out.println( s );    // Hallo Chris. Es gab einen Anruf von Joy.
```

Der erste übergebene String nennt sich *Format-String*. Er enthält neben auszugebenden Zeichen weitere so genannte *Format-Spezifizierer*, die dem Formatierer darüber Auskunft geben, wie er das Argument formatieren soll. `%s` steht für eine unformatierte Ausgabe eines Strings. Nach dem Format-String folgt ein Varags (oder alternativ das Feld direkt) mit den Werten, auf die sich die Format-Spezifizierer beziehen.

Spezifizierer	Steht für ...	Spezifizierer	Steht für ...
%n	neue Zeile	%b	Boolean
%%	Prozentzeichen	%s	String
%c	Unicode-Zeichen	%d	Dezimalzahl
%x	Hexadezimalschreibweise	%t	Datum und Zeit
%f	Fließkommazahl	%e	wissenschaftliche Notation

Tabelle 4.12 Die wichtigsten Format-Spezifizierer im Überblick

[+]

Tipp Der Zeilenvorschub ist vom Betriebssystem abhängig, und `%n` gibt uns ein gutes Mittel an die Hand, um an dieses Zeilenvorschubzeichen (oder diese Zeichenfolge) zu kommen. Dann kommt der `format()`-Aufruf auch mit einem Argument aus, und es lautet `String.format("%n")`.

```
final class java.lang.String
implements CharSequence, Comparable<String>, Serializable
```

▶ `static String format( String format, Object... args )`
Liefert einen formatierten String, der aus dem String und den Argumenten hervorgeht.

▶ `static String format( Locale l, String format, Object... args )`
Liefert einen formatierten String, der aus der gewünschten Sprache, dem String und den Argumenten hervorgeht.

Intern werkeln `java.util.Formatter` (keine `java.text.Format`-Objekte), die sich auch direkt verwenden lassen; dort ist auch die Dokumentation festgemacht.

312

System.out.printf()

Soll eine mit `String.format()` formatierte Zeichenkette gleich ausgegeben werden, so muss dazu nicht `System.out.print(String.format(format, args));` angewendet werden. Praktischerweise findet sich zum Formatieren und Ausgeben die aus `String` bekannte Methode `format()` auch in den Klassen `PrintWriter` und `PrintStream` (das `System.out`-Objekt ist vom Typ `PrintStream`). Da jedoch der Methodenname `format()` nicht wirklich konsistent zu den anderen `printXXX()`-Methoden ist, haben die Entwickler die `format()`-Methoden auch unter dem Namen `printf()` zugänglich gemacht (die Implementierung von `printf()` ist eine einfache Weiterleitung zur Methode `format()`).

[zB]

Beispiel Gib die Zahlen von 1 bis 10 aus. Die Zahlen 1 bis 9 sollen eine führende Null bekommen:

```
for ( int i = 1 ; i < 11; i++
  System.out.printf( "%02d%n", i );  // 01 02 … 10
```

Auch bei `printf()` ist als erstes Argument ein `Locale` möglich.

Pimp my String mit Format-Spezifizierern *

Die Anzahl der Format-Spezifizierer ist so groß und ihre weitere Parametrisierung so vielfältig, dass ein Blick in die API-Dokumentation auf jeden Fall nötig ist. Die wichtigsten Spezifizierer sind:

▶ `%n` ergibt das beziehungsweise die Zeichen für den Zeilenvorschub, jeweils bezogen auf die aktuelle Plattform. Die Schreibweise ist einem harten `\n` vorzuziehen, da dies nicht das Zeilenvorschubzeichen der Plattform sein muss.

▶ `%%` liefert das Prozentzeichen selbst, wie auch `\\` in einem String den Backslash ausmaskiert.

▶ `%s` liefert einen String, wobei `null` zur Ausgabe »null« führt. `%S` schreibt die Ausgabe groß.

▶ `%b` schreibt ein `Boolean`, und zwar den Wert »true« oder »false« im Fall des Typs Boolean. Die Ausgabe ist immer »false« bei `null` und »true« bei anderen Typen wie `Integer`, `String`. `%B` schreibt den String groß.

▶ `%c` schreibt ein Zeichen, wobei die Typen `Character`, `Byte` und `Short` erlaubt sind. `%C` schreibt das Zeichen in Großbuchstaben.

▶ Für die ganzzahligen numerischen Ausgaben mit `%d` (Dezimal), `%x` (Hexadezimal), `%o` (Oktal) sind `Byte`, `Short`, `Integer`, `Long` und `BigInteger` erlaubt – `%X` schreibt die hexadezimalen Buchstaben groß.

▶ Bei den Fließkommazahlen mit `%f` oder `%e` (`%E`), `%g` (`%G`), `%a` (`%A`) sind zusätzlich die Typen `Float`, `Double` und `BigDecimal` zulässig. Die Standardpräzision für `%e`, `%E`, `%f` sind sechs Nachkommastellen.

▶ Im Fall von Datums-/Zeitangaben mit `%t` beziehungsweise `%T` sind erlaubt: `Long`, `Calendar` und `Date`. `%t` benötigt zwingend ein Suffix.

4 | Der Umgang mit Zeichenketten

▶ Den Hashcode schreibt %h beziehungsweise %H. Beim Wert null ist auch das Ergebnis »null«.

Zusätzliche Flags, etwa für Längenangaben und die Anzahl an Nachkommastellen, sind möglich und werden im folgenden Beispiel gezeigt:

Listing 4.30 PrintfDemo.java, main()

```
PrintStream o = System.out;

int i = 123;
o.printf( "|%d|%d|%n" ,         i, -i ); // |123|-123|
o.printf( "|%5d|%5d|%n" ,       i, -i ); // |  123| -123|
o.printf( "|%-5d|%-5d|%n" ,     i, -i ); // |123  |-123 |
o.printf( "|%+-5d|%+-5d|%n" , i, -i ); // |+123 |-123 |
o.printf( "|%05d|%05d|%n%n", i, -i ); // |00123|-0123|

o.printf( "|%X|%x|%n", 0xabc, 0xabc );     // |ABC|abc|
o.printf( "|%04x|%#x|%n%n", 0xabc, 0xabc );// |0abc|0xabc|

double d = 12345.678;
o.printf( "|%f|%f|%n" ,         d, -d ); // |12345,678000| |-12345,678000|
o.printf( "|%+f|%+f|%n" ,       d, -d ); // |+12345,678000| |-12345,678000|
o.printf( "|% f|% f|%n" ,       d, -d ); // | 12345,678000| |-12345,678000|
o.printf( "|%.2f|%.2f|%n" ,     d, -d ); // |12345,68| |-12345,68|
o.printf( "|%,.2f|%,.2f|%n" ,   d, -d ); // |12.345,68| |-12.345,68|
o.printf( "|%.2f|%(.2f|%n",     d, -d ); // |12345,68| |(12345,68)|
o.printf( "|%10.2f|%10.2f|%n" , d, -d ); // |  12345,68| | -12345,68|
o.printf( "|%010.2f|%010.2f|%n",d, -d ); // |0012345,68| |-012345,68|

String s = "Monsterbacke";
o.printf( "%n|%s|%n", s );             // |Monsterbacke|
o.printf( "|%S|%n", s );               // |MONSTERBACKE|
o.printf( "|%20s|%n", s );             // |        Monsterbacke|
o.printf( "|%-20s|%n", s );            // |Monsterbacke        |
o.printf( "|%7s|%n", s );              // |Monsterbacke|
o.printf( "|%.7s|%n", s );             // |Monster|
o.printf( "|%20.7s|%n", s );           // |             Monster|

Date t = new Date();
o.printf( "%tT%n", t );                // 11:01:39
o.printf( "%tD%n", t );                // 04/18/08
o.printf( "%1$te. %1$tb%n", t );       // 18. Apr
```

Im Fall von Fließkommazahlen werden diese nach dem Modus BigDecimal.ROUND_HALF_UP gerundet, sodass etwa System.out.printf("%.1f", 0.45); die Ausgabe 0,5 ergibt.

Aus den Beispielen lassen sich einige Flags ablesen, insbesondere bei Fließkommazahlen. Ein Komma steuert, ob Tausendertrenner eingesetzt werden. Ein + gibt an, ob immer ein Vorzeichen angegeben wird, und ein Leerzeichen besagt, ob dann bei positiven Zeichen ein Platz

Ausgaben formatieren | **4.10**

freibleibt. Eine öffnende Klammer setzt bei negativen Zahlen kein Minus, sondern setzt diese in Klammern.

Beispiel Gib die Zahlen von 1 bis 10 aus. Die Zahlen 1 bis 9 sollen eine führende Null bekommen: **[zB]**

```
for ( int i = 1 ; i < 11; i++
  System.out.printf( "%02d%n", i );  // 01 02 … 10
```

Format-Spezifizierer für Datumswerte

Aus dem Beispiel wird ersichtlich, dass %t nicht einfach die Zeit ausgibt, sondern immer ein weiteres Suffix erwartet, das genau angibt, welcher Datums-/Zeitteil eigentlich gewünscht ist. Die folgende Tabelle gibt die wichtigsten Suffixe an, und weitere finden Sie in der API-Dokumentation. Alle Ausgaben berücksichtigen die gegebene Locale-Umgebung.

Symbol	Beschreibung
%tA, %ta	vollständiger/abgekürzter Name des Wochentags
%tB, %tb	vollständiger/abgekürzter Name des Monatsnamens
%tC	zweistelliges Jahrhundert (00–99)
%te, %td	Monatstag numerisch ohne beziehungsweise mit führenden Nullen (1–31 beziehungsweise 01–31)
%tk, %tl	Stundenangabe bezogen auf 24 beziehungsweise 12 Stunden (0–23, 1–12)
%tH, %tI	zweistellige Stundenangabe bezogen auf 24 beziehungsweise 12 Stunden (00–23, 01–12)
%tj	Tag des Jahres (001–366)
%tM	zweistellige Minutenangabe (00–59)
%tm	zweistellige Monatsangabe (in der Regel 01–12)
%tS	zweistellige Sekundenangabe (00–59)
%tY	vierstellige Jahresangabe
%ty	die letzten beiden Ziffern der Jahresangabe (00–99)
%tZ	abgekürzte Zeitzone
%tZ	Zeitzone mit Verschiebung zur GMT
%tR	Stunden und Minuten in der Form %tH:%tM
%tT	Stunden/Minuten/Sekunden: %tH:%tM:%tS
%tD	Datum in der Form %tm/%td/%ty
%tF	ISO-8601-Format %tY-%tm-%td
%tc	komplettes Datum mit Zeit in der Form %ta %tb %td %tT %tZ %tY

Tabelle 4.13 Suffixe für Datumswerte

Positionsangaben

Im vorangegangenen Beispiel lautete eine Zeile:

```
System.out.printf( "%te. %1$tb%n", t );    // 28. Okt
```

315

4 | Der Umgang mit Zeichenketten

Die Angabe mit `Position$` ist eine Positionsangabe, und so bezieht sich `1$` auf das erste Argument, `2$` auf das zweite und so weiter (interessant ist, dass hier die Nummerierung nicht bei null beginnt).

Die Positionsangabe im Formatstring ermöglicht zwei Dinge:

▶ Wird, wie in dem Beispiel, das gleiche Argument mehrmals verwendet, ist es unnötig, es mehrmals anzugeben. So wiederholt `printf("%te. %tb%n", t, t)` das Argument `t`, was die Angabe einer Position vermeidet. Statt `%te. %1$tb%n` lässt sich natürlich auch `%1$te. %1$tb%n` schreiben, also auch für das erste Argument ausdrücklich die Position 1 vorschreiben.

▶ Die Reihenfolge der Parameter kann immer gleich bleiben, aber der Formatstring kann die Reihenfolge später ändern.

Der zweite Punkt ist wichtig für lokalisierte Ausgaben. Dazu ein Beispiel: Eine Bildschirmausgabe soll den Vor- und Nachnamen in unterschiedlichen Sprachen ausgeben. Die Reihenfolge der Namensbestandteile kann jedoch unterschiedlich sein, und nicht immer steht in jeder Sprache der Vorname vor dem Nachnamen. Im Deutschen heißt es im Willkommenstext dann »Hallo Christian Ullenboom«, aber in der (erfundenen) Sprache Bwatuti hieße es »Jambo Ullenboom Christian«:

Listing 4.31 FormatPosition.java, main()

```java
Object[] formatArgs = { "Christian", "Ullenboom" };

String germanFormat = "Hallo %1$s %2$s";
System.out.printf( germanFormat, formatArgs );
System.out.println();

String bwatutiFormat = "Jambo %2$s %1$s";
System.out.printf( bwatutiFormat, formatArgs );
```

Die Aufrufreihenfolge für Vor-/Nachname ist immer die gleiche, aber der Formatstring, der zum Beispiel extern aus einer Konfigurationsdatei oder Datenbank kommt, kann diese Reihenfolge ändern und so der Landessprache anpassen.

[+] **Tipp** Bezieht sich ein nachfolgendes Formatelement auf das vorangehende Argument, so kann ein `<` gesetzt werden:

```java
Calendar c1 = new GregorianCalendar( 1973, 2, 12 );
Calendar c2 = new GregorianCalendar( 1985, 8, 2 );
System.out.printf( "%te. %<tb %<ty, %2$te. %<tb %<ty%n",
                   c1,              c2 );     // 12. Mrz 73, 2. Sep 85
```

Die Angaben für Monat und Jahr beziehen sich jeweils auf die vorangehenden Positionen. So muss nur einmal `c1` und `c2` angegeben werden.

Ausgaben formatieren | **4.10**

4.10.2 Die Formatter-Klasse *

Die Methoden `format()` und `prinf()` übernehmen die Aufbereitung nicht selbst, sondern delegieren sie an die Klasse `java.util.Formatter`. Das ist auch der Grund, warum die Dokumentation für die Formatspezifizierer nicht etwa an `String.format()` hängt, sondern an `Formatter`.

Ein Blick auf die Methode `format()` der Klasse `String` verrät, wie der `Formatter` ins Spiel kommt:

Listing 4.32 java.lang.String, format()

```
public static String format( String format, Object ... args )
{
  return new Formatter().format( format, args ).toString();
}
```

Ein `Formatter` übernimmt zwei Aufgaben. Er übernimmt zum einen die tatsächliche Formatierung, und zum anderen gibt er die formatierten Ausgaben an ein Ziel weiter. Wird der `Formatter` mit dem Standardkonstruktor aufgerufen, so baut er selbst das Ausgabeziel aus einem `StringBuilder` auf, den folgende `format()`-Aufrufe dann füllen. `toString()` vom `Formatter` ist so implementiert, dass es auf dem Ausgabeziel (also in unserem Fall dem `StringBuilder`) `toString()` aufruft.

Das Wissen um diesen Mechanismus ist für die Optimierung wichtig, um nicht zu viele Zwischenobjekte zu erzeugen. So führt die Schleife

```
StringBuilder sb = new StringBuilder();
for ( double d = 0; d <= 1; d += 0.1 )
{
  String s = String.format( "%.1f%n", d );
  sb.append( s );
}
System.out.println( sb );    // 0,1 0,2 ... 1,0
```

zu:

```
StringBuilder sb = new StringBuilder();
for ( double d = 0; d <= 1; d += 0.1 )
{
  String s = new Formatter().format( "%.1f%n", d ).toString();
  sb.append( s );
}
System.out.println( sb );    // 0,1 0,2 ... 1,0
```

Bei jedem Schleifendurchlauf wird also ein neuer `Formatter` aufgebaut. Intern entsteht damit ein neuer `StringBuilder` als Ziel für die formatierten Strings und schlussendlich über `toString()` ein String-Objekt. Nicht zu vergessen sind die internen `char`-Felder und der GC, der die Objekte wieder wegräumen muss.

317

Würden wir gleich das Ziel angeben, so könnte das viel effizienter werden. Dazu wird nicht der Standardkonstruktor von `Formatter` eingesetzt, der das Ziel mit einem neuen `String-Builder` vorbestimmt, sondern ein eigenes Zielobjekt, was unser `StringBuilder` sein kann (es ist alles erlaubt, was vom Typ `Appendable` ist). Optimiert folgt somit:

Listing 4.33 FormatterDemo.java, main()

```
StringBuilder sb = new StringBuilder();
Formatter formatter = new Formatter( sb );

for ( double d = 0; d <= 1; d += 0.1 )
  formatter.format( "%.1f%n", d );

System.out.println( formatter );    // 0,1 0,2 ... 1,0
```

Wir weisen in der Schleife den `Formatter` an, die Formatierung vorzunehmen. Da dieser mit dem Ziel `StringBuilder` aufgebaut wurde, füllen die Zahlen nach und nach unseren `String-Builder`. Temporäre Zwischenobjekte werden so minimiert. Zum Schluss wird der `Formatter` nach dem Ergebnis gefragt.

»Formattable« und »formatTo()«

Der Formatspezifizierer `%s` kann auf jedem Argumenttyp angewendet werden, denn durch die Varargs werden auch primitive Elemente zu Wrapper-Objekten (zu Wrapper-Klassen, siehe Abschnitt 9.2, »Wrapper-Klassen und Autoboxing«), die eine `toString()`-Methode haben. Nun kann es aber sein, dass `toString()` besonders implementiert werden muss und nicht unbedingt die Zeichenkette liefert, die für die Ausgabe gewünscht ist. Für diesen Fall berücksichtigt der `Formatter` einen besonderen Typ. Implementiert die Klasse die besondere Schnittstelle `java.util.Formattable`, so ruft der `Formatter` nicht die `toString()`-Methode auf, sondern `formatTo(Formatter formatter, int flags, int width, int precision)`. Die API-Dokumentation liefert ein Beispiel.

4.10.3 Formatieren mit Masken *

Oftmals unterscheidet sich bei grafischen Oberflächen die Darstellung von Daten von dem tieferliegenden Datenmodell. Während ein Datum zum Beispiel intern als große Zahl vorliegt, soll der Anwender sie in der gewünschten Landessprache sehen können. Bei einigen Ausgaben kommen Trennzeichen in die Ausgabe, um sie für den Leser besser verständlich zu machen. Eine IP-Adresse enthält Punkte an ganz bestimmen Stellen, eine Telefonnummer trennt die Vorwahl vom Rest ab, und die Segmente eines Datums trennen in der Regel die Zeichen »/« oder »-«.

Für Formatierungen, bei denen ein Originalstring in einen Ausgabestring konvertiert wird und dabei neue Zeichen zur Ausgabe eingefügt werden, bietet die Java-API eine Klasse `javax.swing.text.MaskFormatter`. Die Swing-Klasse hilft bei der Formatierung und dem Parsen:

Listing 4.34 MaskFormatterDemo.java, main()

```
MaskFormatter mf = new MaskFormatter( "**-**-****" );
mf.setValueContainsLiteralCharacters( false );
String valueToString = mf.valueToString( "12031973" );
System.out.println( valueToString );        // 12-03-1973
Object stringToValue = mf.stringToValue( valueToString );
System.out.println( stringToValue );        // 12031973
```

Der Konstruktor von `MaskFormatter` bekommt ein Muster, wobei es Platzhalter gibt. Es steht * für ein Zeichen. Die Methode `valueToString()` bringt einen String in das Muster. Der gemusterte String wandelt `stringToValue()` wieder in das Original um.

Das Schöne ist, dass die Muster-Definitionen aus einer externen Quelle stammen können, ohne den Programmcode mit speziellen Formatierungsanweisungen zu verschmutzen. Neben * gibt es weitere Platzhalter, die erlaubte Zeichen eingrenzen, sodass bei der Umwandlung mit `valueToString()` eine `ParseException` ausgelöst wird, wenn das Zeichen nicht im Format vom Musterplatzhalter ist.

Musterzeichen	Steht für
*	jedes Zeichen
#	eine Zahl, wie `Character.isDigit()` sie testet
?	Zeichen nach `Character.isLetter()`
A	Zeichen oder Ziffer, also `Character.isLetter()` oder `Character.isDigit()`
U	Zeichen nach `Character.isLetter()`, aber konvertiert in Großbuchstaben
L	Zeichen nach `Character.isLetter()`, aber konvertiert in Kleinbuchstaben
H	Hexadezimalzeichen (0–9, a–f oder A–F)
'	einen ausmaskierten und nicht interpretierten Bereich

Tabelle 4.14 Musterplatzhalter

Weitere Möglichkeiten der Klasse beschreibt die API-Dokumentation.

4.10.4 Format-Klassen

Die Methode `format()` formatiert Zahlen, Datumswerte und sonstige Ausgaben und benötigt wegen ihrer Komplexität eine Beschreibung von mehreren Bildschirmseiten. Dabei gibt es noch einen anderen Weg, für unterschiedliche Typen von zu formatierenden Werten eigene Klassen zu haben:

▶ `DateFormat`: Formatieren von Datums-/Zeitwerten

▶ `NumberFormat`: Formatieren von Zahlen

▶ `MessageFormat`: Formatieren für allgemeine Programmmeldungen

Die Klassen haben gemeinsam, dass sie die abstrakte Klasse `Format` erweitern und so eine gemeinsame Schnittstelle haben. Jede dieser Klassen implementiert auf jeden Fall die

Methode `format()` zur Ausgabe und zum Parsen, also zur Konvertierung vom String in das Zielobjekt, die Methode `parseObject()`.

Zwei Gründe sprechen für den Einsatz der `Format`-Klassen:

- Es gibt in `String` zwar eine `format()`-Methode, aber keine `parseXXX()`-Methode.
- Die `Format`-Klassen liefern mit statischen `getXXXInstance()`-Methoden vordefinierte Format-Objekte, die übliche Standardausgaben erledigen, etwa gerundete Ganzzahlen, Prozente oder unterschiedlich genaue Datums-/Zeitangaben.

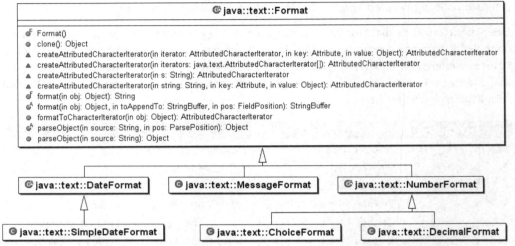

Abbildung 4.2 DateFormat, MessageFormat und NumberFormat erweitern die abstrakte Klasse Format. Die Unterklassen übernehmen die Ein-/Ausgabe für Datumsangaben, für allgemeine Programmmeldungen und für Zahlen.

Das folgende Beispiel zeigt einige Anwendungen zum zweiten Punkt.

Ergebnis	Formatiert mit
02.09.2005	`DateFormat.getDateInstance().format( new Date() )`
15:25:16	`DateFormat.getTimeInstance().format( new Date() )`
02.09.2005 15:25:16	`DateFormat.getDateTimeInstance().format( new Date() )`
12.345,679	`NumberFormat.getInstance().format( 12345.6789 )`
12.345,68 €	`NumberFormat.getCurrencyInstance().format( 12345.6789 )`
12 %	`NumberFormat.getPercentInstance().format( 0.123 )`

Tabelle 4.15 Formatobjekte im Einsatz

Beim Einsatz von `DateFormat.`**`getDateInstance`**`().format(date)` berücksichtigt die Methode korrekt je nach Land die Reihenfolge von Tag, Monat und Jahr und das Trennzeichen. Bei einem `String.format()` über %t müssten die drei Segmente je nach Sprache in die richtige Reihenfolge gebracht werden, sodass die Variante über `DateFormat` besser ist.

Ausgaben formatieren | **4.10**

[«]

Hinweis NumberFormat stellt die Zahlen nicht in Exponentialschreibweise dar, und standard-mäßig ist die Anzahl an Nachkommastellen beschränkt:

```
System.out.println( NumberFormat.getInstance().format( 2E30 ) );
System.out.println( NumberFormat.getInstance().format( 2E-30 ) );
```

Die Ausgabe ist:

```
2.000.000.000.000.000.000.000.000.000.000
0
```

```
abstract class java.text.Format
implements Serializable, Cloneable
```

▶ String format(Object obj)
Formatiert das Objekt obj und gibt eine Zeichenkette zurück.

▶ abstract StringBuffer format(Object obj, StringBuffer toAppendTo, FieldPosition pos)
Formatiert ein Objekt und hängt den Text an den angegebenen StringBuffer an (eine Methode mit StringBuilder gibt es nicht). Kann die Zeichenkette nicht mit format() nach den Regeln des Format-Objekts ausgegeben werden, löst die Methode eine IllegalArgumentException aus. Ist die Formatierungsanweisung falsch, so gibt format() das Unicode-Zeichen \uFFFD zurück.

▶ Object parseObject(String source)
Analysiert den Text von Anfang an.

▶ abstract Object parseObject(String source, ParsePosition pos)
Der Text wird ab der Stelle pos umgewandelt. Konnte parseObject() die Zeichenkette nicht zurückübersetzen, so folgt eine ParseException. parseObject(String, ParsePosition) verändert das ParsePosition-Objekt nicht und gibt die null-Referenz zurück.

▶ Object clone()
Gibt eine Kopie zurück.

Die Mehrzahl der Format-Unterklassen implementiert statische Fabrikmethoden der Art:

▶ static XXXFormat getYYYInstance()
Liefert ein Formatierungsobjekt mit den Formatierungsregeln für das voreingestellte Land.

▶ static XXXFormat getYYYInstance(Locale l)
Für ein Formatierungsobjekt mit den Formatierungsregeln für das angegebene Land. So erlauben die Unterklassen von Format es dem Benutzer auch, weitere Objekte zu erzeugen, die an die speziellen Sprachbesonderheiten der Länder angepasst sind.

4.10.5 Zahlen, Prozente und Währungen mit »NumberFormat« und »DecimalFormat« formatieren *

NumberFormat widmet sich der Ausgabe von Zahlen. Dabei unterstützt die Klasse vier Typen von Ausgaben, für die es jeweils eine statische Fabrikmethode gibt.

4 | Der Umgang mit Zeichenketten

```
abstract class java.text.NumberFormat
extends Format
```

▶ `static NumberFormat getNumberInstance()`
Liefert den einfachen Formatierer für Zahlen.

▶ `static NumberFormat getIntegerInstance()`
Liefert einen Formatierer, der den Nachkommateil abschneidet und rundet.

▶ `static NumberFormat getPercentInstance()`
Liefert einen Formatierer, der Fließkommazahlen über die `format()`-Methode im Bereich von 0 bis 1 annimmt und dann als Prozentzahl formatiert. Nachkommastellen werden abgeschnitten.

▶ `static NumberFormat getCurrencyInstance()`
Liefert einen Formatierer für Währungen, der ein Währungszeichen zur Ausgabe hinzufügt.

Die genannten vier statischen Methoden gibt es jeweils in der parameterlosen Variante und in der Variante mit einem `Locale`-Objekt, um etwa das Währungszeichen oder das Kommazeichen anzupassen.

Dezimalzahlformatierung mit »DecimalFormat«

`DecimalFormat` ist eine Unterklasse von `NumberFormat` und ermöglicht individuellere Anpassungen an die Ausgabe. Dem Konstruktor kann ein Formatierungsstring übergeben werden, sozusagen eine Vorlage, wie die Zahlen zu formatieren sind. Die Formatierung einer Zahl durch `DecimalFormat` erfolgt mit Rücksicht auf die aktuell eingestellte Sprache:

Listing 4.35 DecimalFormatDemo.java, main()

```java
double d = 12345.67890;
DecimalFormat df = new DecimalFormat( "###,##0.00" );
System.out.println( df.format(d) );          // 12.345,68
```

Der Formatierungsstring kann eine Menge von Formatierungsanweisungen vertragen; im Beispiel kommen #, 0 und das Komma vor. Die beiden wichtigen Symbole sind jedoch 0 und #. Beide repräsentieren Ziffern. Der Unterschied tritt erst dann zutage, wenn weniger Zeichen zum Formatieren da sind, als im Formatierungsstring genannt werden.

Symbol	Bedeutung
0	Repräsentiert eine Ziffer – ist die Stelle nicht belegt, wird eine Null angezeigt.
#	Repräsentiert eine Ziffer – ist die Stelle nicht belegt, bleibt sie leer, damit führende Nullen und unnötige Nullen hinter dem Komma nicht angezeigt werden.
.	Dezimaltrenner. Trennt Vor- und Nachkommastellen.
,	Gruppiert die Ziffern (eine Gruppe ist so groß wie der Abstand von ».« zu ».«).
;	Trennzeichen. Links davon steht das Muster für positive Zahlen, rechts davon das Muster für negative Zahlen.

Tabelle 4.16 Formatierungsanweisungen für »DecimalFormat«

Symbol	Bedeutung
-	das Standardzeichen für das Negativpräfix
%	Die Zahl wird mit 100 multipliziert und als Prozentwert ausgewiesen.
\u2030	Die Zahl wird mit 1.000 multipliziert und als Promillewert ausgezeichnet.
\u00A4	nationales Währungssymbol (€ für Deutschland)
\u00A4\u00A4	internationales Währungssymbol (EUR für Deutschland)
X	Alle anderen Zeichen – symbolisch X – können ganz normal benutzt werden.
'	Ausmaskieren von speziellen Symbolen im Präfix oder Suffix

Tabelle 4.16 Formatierungsanweisungen für »DecimalFormat« (Forts.)

Hier sehen wir ein Beispiel für die Auswirkungen der Formatanweisungen auf einige Zahlen:

Format	Eingabezahl	Ergebnis
0000	12	0012
0000	12,5	0012
0000	1234567	1234567
##	12	12
##	12.3456	12
##	123456	123456
.00	12.3456	12,35
.00	.3456	,35
0.00	.789	0,79
#.000000	12.34	12,340000
,###	12345678.901	12.345.679
#.#;(#.#)	12345678.901	12345678,9
#.#;(#.#)	−12345678.901	(12345678,9)
,###.## \u00A4	12345.6789	12.345,68 €
,#00.00 \u00A4\u00A4	−12345678.9	−12.345.678,90 EUR
,#00.00 \u00A4\u00A4	0.1	00,10 EUR

Tabelle 4.17 Beispiel für verschiedene Formatanweisungen

Währungen angeben und die Klasse »Currency«

Die NumberFormat-Klasse liefert mit getCurrencyInstance() ein Format-Objekt, das neben der Dezimalzahl auch noch ein Währungssymbol mit anzeigt. So liefert NumberFormat.get-CurrencyInstance().format(12345.6789) dann 12.345,68 €, also automatisch mit einem Euro-Zeichen. Dass es ein Euro-Zeichen ist und kein Yen-Symbol, liegt einfach daran, dass Java standardmäßig das eingestellte Land »sieht« und daraus die Währung ableitet. Wenn wir explizit den Formatter mit einem Land initialisieren, etwa wie in

4 | Der Umgang mit Zeichenketten

```
NumberFormat frmt1 = DecimalFormat.getCurrencyInstance( Locale.FRANCE );
System.out.println( frmt1.format( 12345.6789 ) );        // 12 345,68 €
```

so ist die Währung automatisch Euro (denn Frankreich nutzt den Euro); schreiben wir `DecimalFormat.getCurrencyInstance(Locale.JAPAN)`, ist sie Yen, und wir bekommen ¥12,346 (es gibt standardmäßig keine Nachkommastellen beim Yen). `Locale`-Objekte repräsentieren immer eine Sprachregion.

`DecimalFormat` beziehungsweise schon die Oberklasse `NumberFormat` ermöglicht die explizite Angabe der Währung. In der Java-Bibliothek wird sie durch die Klasse `java.util.Currency` repräsentiert. `NumberFormat` liefert mit `getCurrency()` die eingestellte `Currency`, die zur Formatierung verwendet wird, und `setCurrency()` setzt sie neu. Das löst Szenarios, in denen etwa ein Euro-Zeichen die Währung darstellt, aber die Zahlenformatierung englisch ist, wie die folgenden Zeilen zeigen:

```
NumberFormat frmt = DecimalFormat.getCurrencyInstance( Locale.ENGLISH );
frmt.setCurrency( Currency.getInstance( "EUR" ) );
System.out.println( frmt.format( 12345.6789 ) );  // EUR12,345.68
```

Die `Currency`-Klasse bietet drei statische Methoden, die `Currency`-Objekte liefern. Da ist zum einen `getAvailableCurrencies()`, was ein `Set<Currency>` liefert, und zum anderen die beiden Fabrikfunktionen `getInstance(Locale locale)` und `getInstance(String currencyCode)`. `Currency`-Objekte besitzen eine ganze Reihe von Objektfunktionen, die etwa den ISO-4217-Währungscode liefern oder den ausgeschriebenen Währungsnamen (und das auch noch in verschiedenen Sprachen, wenn gewünscht).

Folgendes Programm geht über alle Währungen und gibt die zentralen Informationen aus:

```
for ( Currency currency : Currency.getAvailableCurrencies() )
{
  System.out.printf( "%s, %s, %s (%s)%n",
                     currency.getCurrencyCode(),
                     currency.getSymbol(),
                     currency.getDisplayName(),
                     currency.getDisplayName(Locale.ENGLISH) );
}
```

Wir bekommen dann mehr als 200 Ausgaben, und die Ausgabe beginnt mit:

```
EGP, EGP, Ägyptisches Pfund (Egyptian Pound)
IQD, IQD, Irak Dinar (Iraqi Dinar)
GHS, GHS, Ghana Cedi (Ghana Cedi)
AFN, AFN, Afghani (Afghani)
MUR, MUR, Mauritius Rupie (Mauritius Rupee)
SGD, SGD, Singapur Dollar (Singapore Dollar)

...
```

4.11   Zum Weiterlesen

Wenn bei der Zeichenkettenverarbeitung sehr große Datenmengen verarbeitet werden, ist die Frage der Optimierung interessant. Die Standardimplementierung vom JDK arbeitet nur mit einem einfachen Suchalgorithmus, der bei großen Mustern und Suchstrings sehr ineffizient ist. Hier hat die Informatik in den letzten Jahrzehnten sehr interessante Ansätze hervorgebracht, wie zum Beispiel den Optimal-Mismatch-Algorithmus. Eine Applet-Visualisierung und kurze Beschreibung der Arbeitsweisen unterschiedlicher Suchalgorithmen bietet *http://www.igm.univ-mlv.fr/~lecroq/string/*. Ein gewisses Problem stellt aber der komplette Unicode-Standard dar, insbesondere Unicode 4.

Perl-Entwickler wachsen mit regulären Ausdrücken auf, während Java-Entwickler sich mit ihnen traditionell schwerer tun. Es lohnt sich auch für uns, sich mit diesem Bereich auseinanderzusetzen und zu üben, üben, üben – etwa an den unter *http://regexlib.com/* gesammelten Ausdrücken. Bei *http://www.rexv.org/* können die Ausdrücke über die Ajax-Technologie direkt im Webbrowser getestet werden. Oracle bietet unter *http://download.oracle.com/javase/tutorial/essential/regex/index.html* auch ein Tutorial an. Für Entwicklungsumgebungen bietet es sich an, ein Plugin zu installieren, mit dem reguläre Ausdrücke einfach eingegeben, getestet und dann in den Java-Editor übernommen werden können. Für Eclipse leistet das zum Beispiel *http://brosinski.com/regex/*.

»Das Gesetz ist der abstrakte Ausdruck
des allgemeinen an und für sich seienden Willens«.
– Georg Wilhelm Friedrich Hegel (1770–1831)

5 Eigene Klassen schreiben

5.1 Eigene Klassen mit Eigenschaften deklarieren

Die Deklaration einer Klasse leitet das Schlüsselwort `class` ein. Im Rumpf der Klasse lassen sich deklarieren:

- Attribute (Variablen)
- Methoden
- Konstruktoren
- Klassen- sowie Exemplarinitialisierer
- innere Klassen beziehungsweise innere Schnittstellen

Eine ganz einfache Klassendeklaration

Wir wollen die Konzepte der Klassen und Schnittstellen an einem kleinen Spiel verdeutlichen. Beginnen wir mit dem Spieler, den die Klasse `Player` repräsentiert:

Listing 5.1 com/tutego/insel/game/v1/Player.java, Player

```
class Player
{
}
```

Die Klasse hat einen vom Compiler generierten Konstruktor, sodass sich ein Exemplar unserer Klasse mit `new Player()` erzeugen lässt.

5.1.1 Attribute deklarieren

Diese `Player`-Klasse hat bisher keine Attribute und kann bisher nichts. Geben wir dem Spieler zwei Attribute: eines für den Namen und ein zweites für einen Gegenstand, den er trägt. Die Datentypen sollen beide `String` sein:

Listing 5.2 com/tutego/insel/game/v2/Player.java, Player

```
class Player
{
```

327

```
  String name;
  String item;
}
```

> **Hinweis** Eine spezielle Namenskonvention für Objektvariablen gibt es nicht. So ist es zwar möglich, zur Unterscheidung von lokalen Variablen ein Präfix wie »f« oder »_« voranzustellen, doch sogar die Eclipse-Macher sind davon abgekommen. Objektvariablen können auch grundsätzlich wie Methoden heißen, doch ist das unüblich, da Variablennamen im Allgemeinen Substantive und Methoden Verben sind. Da Bezeichner nie so heißen können wie Schlüsselwörter, fallen Variablen wie enum schon raus (das führte in Java 5 zu einigen Quellcodeänderungen, da dort enum als neues Schlüsselwort eingeführt wurde).

Eine zweite Klasse `Playground` erzeugt in der statischen `main()`-Methode für den mutigen Spieler ein `Player`-Objekt, schreibt und liest die Attribute:

Listing 5.3 com/tutego/insel/game/v2/Playground.java, Playground

```
class Playground
{
  public static void main( String[] args )
  {
    Player p = new Player();
    p.name = "Mutiger Manfred";
    p.item = "Schlips";

    System.out.printf( "%s nimmt einen %s mit.", p.name, p.item );
  }
}
```

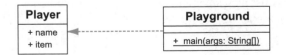

Initialisierung von Attributen

Anders als lokale Variablen initialisiert die Laufzeitumgebung alle Attribute mit einem Standardwert:

- 0 bei numerischen Werten und `char`
- `false` bei `boolean`
- `null` bei Referenzvariablen

Gefällt uns das nicht, lassen sich die Variablen mit einem Wert belegen:

```
class Player
{
  String name = "";
}
```

Gültigkeitsbereich, Sichtbarkeit und Lebensdauer

Lokale Variablen beginnen ihr Leben ab dem Moment, ab dem sie deklariert und initialisiert wurden. Endet der Block, ist die lokale Variable nicht mehr gültig, und sie kann nicht mehr verwendet werden, da sie aus dem Sichtbarkeitsbereich ist. Bei Objektvariablen ist das anders. Eine Objektvariable lebt ab dem Moment, ab dem das Objekt mit new aufgebaut wurde, und so lange, bis der Garbage-Collector es wegräumt. Sichtbar und gültig ist die Variable aber immer im gesamten Objekt und in allen Blöcken.[1]

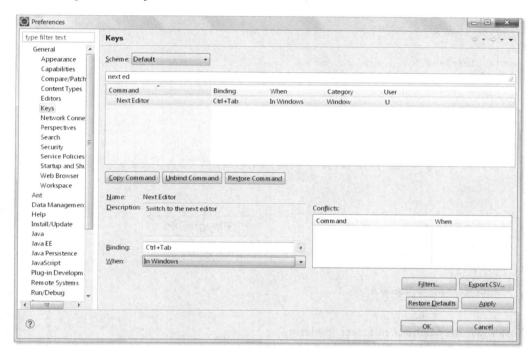

Spätestens, wenn zwei Klassen im Editor offen sind, möchten Tastaturjunkies schnell zwischen den Editoren wechseln. Das geht in Eclipse mit ⌜Strg⌝+⌜F6⌝. Allerdings ist dieses Tastaturkürzel in der Windows-Welt unüblich, sodass es umdefiniert werden kann, etwa zu ⌜Strg⌝+⌜↹⌝. Das geht so: Unter WINDOWS • PREFERENCES aktivieren wir unter GENERAL • KEYS das Kommando NEXT EDITOR. Im Textfeld BINDING lässt sich zunächst das alte Kürzel löschen und einfach ⌜Strg⌝+⌜↹⌝ drücken. Das Ganze lässt sich auch für PREVIOUS EDITOR und ⌜Strg⌝+⌜⇧⌝+⌜↹⌝ wiederholen.

5.1.2 Methoden deklarieren

Zu Attributen gesellen sich Methoden, die üblicherweise auf den Objektvariablen arbeiten. Anders als unsere bisherigen statischen Methoden werden diese aber für Player keine Klas-

---

[1] Das gilt nicht für statische Methoden und statische Initialisierungsblöcke, aber diese werden erst später vorgestellt.

senmethoden sein. Geben wir dem Spieler zwei Methoden: `clearName()` soll den Namen auf den Leerstring `""` zurücksetzen, und `hasCompoundName()` soll verraten, ob der Spielername aus einem Vor- und Nachnamen zusammengesetzt ist. Der Name »Parry Hotter« ist zum Beispiel zusammengesetzt, »Spuckiman« aber nicht.

Listing 5.4 com/tutego/insel/game/v3/Player.java, Player

```
class Player
{
  String name = "";
  String item = "";

  void clearName()
  {
    name = "";
  }

  boolean hasCompoundName()
  {
    return (name == null) ? false : name.contains( " " );
  }
}
```

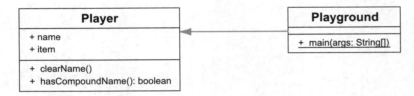

Testen wir die Methode mit zwei Spielern:

Listing 5.5 com/tutego/insel/game/v3/Playground.java, main()

```
Player parry = new Player();
parry.name = "Parry Hotter";
System.out.printf( "'%s' hat zusammengesetzten Namen: %b%n",
                   parry.name, parry.hasCompoundName() );

Player spucki = new Player();
spucki.name = "Spuckiman";
System.out.printf( "'%s' hat zusammengesetzten Namen: %b%n",
                   spucki.name, spucki.hasCompoundName() );
spucki.clearName();
System.out.printf( "Spuckis Name ist leer? %b%n", spucki.name.isEmpty() );
```

Wie zu erwarten, ist die Ausgabe:

```
'Parry Hotter' hat zusammengesetzten Namen: true
'Spuckiman' hat zusammengesetzten Namen: false
Spuckis Name ist leer? true
```

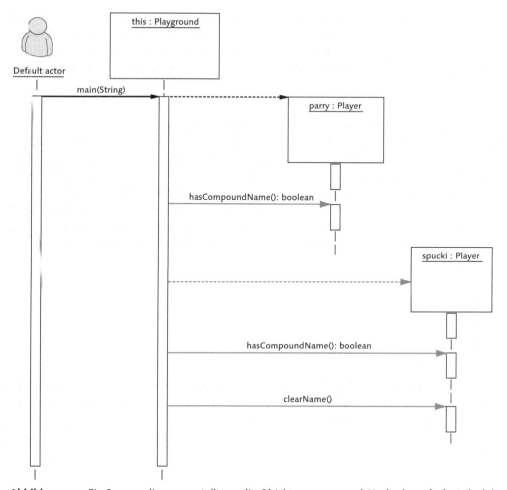

Abbildung 5.1 Ein Sequenzdiagramm stellt nur die Objekterzeugung und Methodenaufrufe, jedoch keine Attributzugriffe dar.

Um schnell von einer Methode (oder Variablen) zur anderen zu navigieren, zeigt [Strg]+[O] ein Outline an (dieselbe Ansicht wie in der Ansicht OUTLINE). Im Unterschied zur Ansicht OUTLINE lässt sich in diesem kleinen gelben Fenster mit den Cursor-Tasten navigieren, und ein [↵] befördert uns zur angewählten Methode oder dem angewählten Attribut. Wird in der Ansicht erneut [Strg]+[O] gedrückt, befinden sich dort auch die in den Oberklassen deklarierten Eigenschaften. Sie sind grau, und zusätzlich befinden sich hinter den Eigenschaften die Klassennamen.

Methodenaufrufe und Nebeneffekte

Alle Variablen und Methoden einer Klasse sind in der Klasse selbst sichtbar. Das heißt, innerhalb einer Klasse werden die Objektvariablen und Methoden mit ihrem Namen verwendet. Somit greift die Methode `hasCompoundName()` direkt auf das nötige Attribut `name` zu, um die

5 | Eigene Klassen schreiben

Programmlogik auszuführen. Dies wird oft für Nebeneffekte (Seiteneffekte) genutzt. Die Methode `clearName()` ändert ausdrücklich eine Objektvariable und verändert so den Zustand des Objekts. `hasCompoundName()` liest dagegen nur den Zustand, modifiziert ihn aber nicht. Methoden, die Zustände ändern, sollten das in der API-Beschreibung entsprechend dokumentieren.

Objektorientierte und prozedurale Programmierung im Vergleich

Entwickler aus der prozeduralen Welt haben ein anderes Denkmodell verinnerlicht, sodass wir an dieser Stelle die Besonderheit der Objektorientierung noch einmal verdeutlichen wollen. Während in der guten objektorientierten Modellierung die Objekte immer gleichzeitig Zustand und Verhalten besitzen, gibt es in der prozeduralen Welt nur Speicherbereiche, die referenziert werden; Daten und Verhalten liegen hier nicht zusammen. Problematisch wird es, wenn die prozedurale Denkweise in Java-Programme abgebildet wird. Dazu ein Beispiel: Die Klasse `PlayerData` ist ein reiner Datencontainer für den Zustand, aber Verhalten wird hier nicht deklariert:

Listing 5.6 PlayerData.java

```java
class PlayerData
{
  String name = "";
  String item = "";
}
```

Anstatt nun die Methoden ordentlich, wie in unserem ersten Beispiel, mit an die Klasse zu hängen, würde in der prozeduralen Welt ein Unterprogramm genau ein Datenobjekt bekommen und von diesem Zustände erfragen oder ändern:

Listing 5.7 PlayerFunctions.java

```java
class PlayerFunctions
{
  static void clearName( PlayerData data )
  {
    data.name = "";
  }

  static boolean hasCompoundName( PlayerData data )
  {
    return (data.name == null) ? false : data.name.contains( " " );
  }
}
```

Da die Unterprogramme nun nicht mehr an Objekte gebunden sind, können sie statisch sein. Genauso falsch wären aber auch Methoden (egal ob statisch oder nicht) in der Klasse `Player-Data`, wenn sie ein `PlayerData`-Objekt übergeben bekommen.

Beim Aufruf ist dieser nicht-objektorientierte Ansatz gut zu sehen. Setzen wir links den falschen und rechts den korrekt objektorientiert modellierten Weg ein:

332

Eigene Klassen mit Eigenschaften deklarieren | **5.1**

Prozedural	Objektorientiert

`PlayerData parry = new PlayerData();`
`parry.name = "Parry Hotter";`
`PlayerFunctions.hasCompoundName( parry );`
`PlayerFunctions.clearName( parry );`
	`Player parry = new Player();`
	`parry.name = "Parry Hotter";`
	`parry.hasCompoundName();`
	`parry.clearName();`

Ein Indiz für problematische objektorientierte Modellierung ist also, wenn externen Methoden Objekte übergeben werden, anstatt die Methoden selbst an die Objekte zu setzen.

5.1.3 Die this-Referenz

In jeder Objektmethode und jedem Konstruktor steht eine Referenz mit dem Namen `this` bereit, die auf das eigene Exemplar zeigt. Mit dieser `this`-Referenz lassen sich elegante Lösungen realisieren, wie die folgenden Beispiele zeigen:

▶ Die `this`-Referenz löst das Problem, wenn Parameter beziehungsweise lokale Variablen Objektvariablen verdecken.

▶ Liefert eine Methode als Rückgabe die `this`-Referenz auf das aktuelle Objekt, lassen sich Methoden der Klasse einfach hintereinandersetzen.

▶ Mit der `this`-Referenz lässt sich einer anderen Methode eine Referenz auf uns selbst geben.

Überdeckte Objektvariablen nutzen

Trägt eine lokale Variable den gleichen Namen wie eine Objektvariable, so *verdeckt* sie diese. Das folgende Beispiel deklariert in der `Player`-Klasse eine Objektvariable `name`, und eine Methode `quote()` deklariert in der Parameterliste eine Variable, die ebenfalls `name` heißt. Somit bezieht sich in der Methode jeder Zugriff auf `name` auf die Parametervariable und nicht auf die Objektvariable:

```
class Player
{
  String name;                         // Objektvariable name

  void quote( String name )            // Lokale Parametervariable name
  {
    System.out.println( "'" + name + "'" );  // Bezieht sich auf Parametervariable
  }
}
```

Das heißt aber nicht, dass auf die äußere Variable nicht mehr zugegriffen werden kann. Die `this`-Referenz zeigt auf das aktuelle Objekt, und damit ist auch ein Zugriff auf Objekteigenschaften jederzeit möglich:

```
class Player
{
  String name;
```

333

5 | Eigene Klassen schreiben

```
void quote( String name )
{
  System.out.println( "'" + this.name + "'" ); // Zugriff auf Objektvariable
  System.out.println( "'" + name + "'" );      // Zugriff auf Parametervariable
}
}
```

Häufiger Einsatzort für das `this` in Methoden sind Methoden, die Zustände initialisieren. Gerne nennen Entwickler die Parametervariablen so wie die Exemplarvariablen, um damit eine starke Zugehörigkeit auszudrücken. Schreiben wir eine Methode `setName()`:

```
class Player
{
  String name;

  void setName( String name )
  {
    this.name = name;
  }
}
```

Der an `setName()` übergebene Wert soll die Objektvariable `name` initialisieren. So greift `this.name` auf die Objektvariable direkt zu, sodass die Zuweisung `this.name = name;` die Objektvariable mit dem Argument initialisiert.

Player
+ name
+ setName(name: String)

»this« für kaskadierte Methoden *

Die `append()`-Methoden bei `StringBuilder` liefern die `this`-Referenz, sodass sich Folgendes schreiben lässt:

```
StringBuilder sb = new StringBuilder();
sb.append( "Android oder iPhone" ).append( '?' );
```

Jedes `append()` liefert das `StringBuilder`-Objekt, auf dem es aufgerufen wird. Wir wollen diese Möglichkeit bei einem Spieler programmieren, sodass die Methoden `name()` und `item()` Spielername und Gegenstand zuweisen. Beide Methoden liefern ihr eigenes `Player`-Objekt über die `this`-Referenz zurück:

Listing 5.8 com/tutego/insel/game/v4/Player.java, Player

```
class Player
{
  String name = "", item = "";

  Player name( String name )
  {
```

334

Eigene Klassen mit Eigenschaften deklarieren | **5.1**

```java
    this.name = name;
    return this;
  }


  String name()
  {
    return name;
  }


  Player item( String item )
  {
    this.item = item;
    return this;
  }


  String item()
  {
    return item;
  }


  String id()
  {
    return name + " hat " + item;
  }
}
```

```
┌─────────────────────────────────┐
│            Player               │
├─────────────────────────────────┤
│ - name                          │
│ - item                          │
├─────────────────────────────────┤
│ + name(name: String): Player    │
│ + name(): String                │
│ + item(item: String): Player    │
│ + item(): String                │
│ + id(): String                  │
└─────────────────────────────────┘
```

Erzeugen wir einen Player, und kaskadieren wir einige Methoden:

Listing 5.9   com/tutego/insel/game/v4/Playground.java, main()

```java
Player patty = new Player().name( "Parry" ).item( "Helm" );
System.out.println( patty.name() );                 // Parry
System.out.println( patty.id() );                   // Parry hat Helm
```

Der Ausdruck new Player() liefert eine Referenz, die wir sofort für den Methodenaufruf nutzen. Da name(String) wiederum eine Objektreferenz vom Typ Player liefert, ist dahinter direkt .item(String) möglich. Die Verschachtelung von name(String).item(String) bewirkt, dass Name und Gegenstand gesetzt werden und der jeweils nächste Methodenaufruf in der Kette über this eine Referenz auf dasselbe Objekt, aber mit verändertem internen Zustand bekommt.

335

5 | Eigene Klassen schreiben

```
┌─────────────────────────────────┐
│            Player               │
├─────────────────────────────────┤
│  - name                         │
│  - item                         │
├─────────────────────────────────┤
│  + name(name: String): Player   │
│  + name(): String               │
│  + item(item: String): Player   │
│  + item(): String               │
│  + id(): String                 │
└─────────────────────────────────┘
```

[»] **Hinweis** Bei Anfragemethoden könnten wir versucht sein, diese praktische Eigenschaft überall zu verwenden. Üblicherweise sollten Objekte jedoch ihre Eigenschaften nach der JavaBeans-Konvention mit `void setXXX()` setzen, und dann liefern sie ausdrücklich keine Rückgabe. Eine mit dem Objekttyp deklarierte Rückgabe `Player setName(String)` verstößt also gegen diese Konvention, sodass die Methode in dem Beispiel einfach `Player name(String)` heißt. Beispiele dieser Bauart sind in der Java-Bibliothek an einigen Stellen zu finden. Sie werden auch *Builder* genannt.

5.2   Privatsphäre und Sichtbarkeit

Innerhalb einer Klasse sind alle Methoden und Attribute für die Methoden sichtbar. Damit die Daten und Methoden einer Klasse vor externem Zugriff geschützt oder ausdrücklich für andere wiederum als öffentlich sichtbar markiert sind, gibt es unterschiedliche Sichtbarkeiten:

▶ öffentlich

▶ geschützt

▶ paketsichtbar

▶ privat

Für drei Sichtbarkeiten gibt es Schlüsselwörter, die *Sichtbarkeitsmodifizierer*. In diesem Abschnitt sollen die Sichtbarkeiten `public` (öffentlich), `private` (privat) und paketsichtbar (ohne Modifizierer) erklärt werden; zu `protected` (geschützt) kommen wir beim Thema Vererbung.

5.2.1   Für die Öffentlichkeit: public

Der Sichtbarkeitsmodifizierer `public` an Klassen, Konstruktoren, Methoden und sonstigen Klassen-Innereien bestimmt, dass alle diese markierten Elemente von außen für jeden sichtbar sind. Es spielt dabei keine Rolle, ob sich der Nutzer im gleichen oder in einem anderen Paket befindet.

Ist zwar die Klasse `public`, aber eine Eigenschaft privat, kann eine fremde Klasse dennoch nicht auf die Eigenschaft zurückgreifen. Und ist eine Eigenschaft `public`, aber die Klasse privat, dann kann eine andere Klasse erst gar nicht an diese Eigenschaft »herankommen«.

336

5.2.2 Kein Public Viewing – Passwörter sind privat

Der Sichtbarkeitsmodifizierer `private` verbietet allen von außen zugreifenden Klassen den Zugriff auf Eigenschaften. Das wäre etwa für eine Klasse wichtig, die Passwörter speichern möchte. Dafür wollen wir eine öffentliche Klasse `Password` mit einem privaten Attribut `password` deklarieren. Eine öffentliche Methode `assign()` soll eine Änderung des Passwortes zulassen, wenn das alte Passwort bekannt ist, und eine weitere öffentliche Methode `check()` erlaubt das Prüfen eines Passwortes. Am Anfang ist das Passwort der leere String:

Listing 5.10 Password.java

```java
public class Password
{
  private String password = "";

  public void assign( String oldPassword, String newPassword )
  {
    if ( password.equals(oldPassword) && newPassword != null )
    {
      password = newPassword;

      System.out.println( "Passwort gesetzt." );
    }
    else
      System.out.println( "Passwort konnte nicht gesetzt werden." );
  }

  public boolean check( String passwordToCheck )
  {
    return password.equals( passwordToCheck );
  }
}
```

Wir sehen, dass öffentliche Objektmethoden ganz selbstverständlich auf das `private`-Element ihrer Klasse zugreifen können.

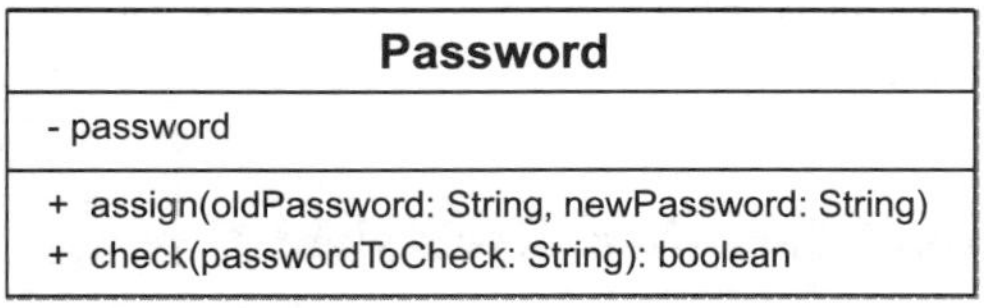

Password
- password
+ assign(oldPassword: String, newPassword: String) + check(passwordToCheck: String): boolean

Abbildung 5.2 In der UML werden private Eigenschaften mit einem führenden Minus gekennzeichnet.

Eine zweite Klasse `PasswordDemo` will nun auf das Passwort von außen zugreifen:

Listing 5.11 PasswordDemo.java, main()

```java
Password pwd = new Password();
pwd.assign( "", "TeutoburgerWald" );
pwd.assign( "TeutoburgerWald", "Doppelkeks" );
pwd.assign( "Dopplerkeks", "panic" );
```

```
// System.out.println( pwd.password );
// The field Password.password is not visible
```

Die Klasse `Password` enthält den privaten String `password`, und dieser kann nicht referenziert werden. Der Compiler erkennt zur Übersetzungs- beziehungsweise Laufzeit Verstöße und meldet diese.

Bei einem durch die falsche Sichtbarkeit verursachten Fehler bietet Eclipse mit [Strg]+[1] eine Änderung der Sichtbarkeit an.

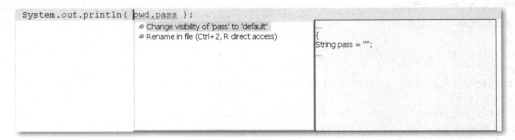

Allerdings wäre es manchmal besser, wenn der Compiler uns nicht verriete, dass das Element privat ist, sondern einfach nur melden würde, dass es dieses Element nicht gibt.

5.2.3 Wieso nicht freie Methoden und Variablen für alle?

Private Methoden und Variablen dienen in erster Linie dazu, den Klassen Modularisierungsmöglichkeiten zu geben, die von außen nicht sichtbar sein müssen. Zwecks Strukturierung werden Teilaufgaben in Methoden gegliedert, die aber von außen nie allein aufgerufen werden dürfen. Da die Implementierung versteckt wird und der Programmierer vielleicht nur eine Zugriffsmethode sieht, wird auch der Terminus »Data Hiding« verwendet. Wer wird schon einem Fremden die Geheimzahl der Kreditkarte geben oder verraten, mit dem er die letzte Nacht verbracht hat? Oder nehmen wir zum Beispiel ein Radio: Von außen bietet es die Methoden `an()`, `aus()`, `lauter()` und `leiser()` an, aber welche physikalischen Vorgänge ein Radio dazu bringen, Musik zu spielen, das ist eine ganz andere Frage, für die wir uns als gewöhnliche Benutzer eines Radios nicht interessieren.

5.2.4 Privat ist nicht ganz privat: Es kommt darauf an, wer's sieht *

Private Eigenschaften sind nur für andere Klassen privat, aber nicht für die eigene, auch wenn die Objekte unterschiedlich sind. Das ist eine Art Spezialfall, dass über eine Referenzvariable der Zugriff auf eine private Eigenschaft eines anderen Objekts erlaubt ist:

Listing 5.12 Key.java

```
public class Key
{
  private int id;
```

```java
public Key( int id )
{
  this.id = id;
}

public boolean compare( Key that )
{
  return this.id == that.id;
}
}
```

Die Methode `compare()` der Klasse `Key` vergleicht das eigene Attribut `this.id` mit dem Attribut des als Argument übergebenen Objekts `that.id`. Zwar wäre `this` nicht nötig, doch verdeutlicht es schön das eigene und das fremde Objekt. An dieser Stelle sehen wir, dass der Zugriff auf `that.id` zulässig ist, obwohl `id` privat ist. Dieser Zugriff ist aber erlaubt, da die `compare()`-Methode in der `Key`-Klasse deklariert und der Parameter ebenfalls vom Typ `Key` ist. Mit Unterklassen (siehe Abschnitt 5.8.1, »Vererbung in Java«) funktioniert das schon nicht mehr. Private Attribute und Methoden sind also gegen Angriffe von außerhalb der deklarierenden Klasse geschützt.

5.2.5 Zugriffsmethoden für Attribute deklarieren

Attribute sind eine tolle und notwendige Sache. Allerdings ist zu überlegen, ob der Nutzer eines Objekts immer direkt auf die Attribute zugreifen sollte oder ob dies problematisch ist:

▶ Bei manchen Variablen gibt es Wertebereiche, die einzuhalten sind. Das Alter eines Spielers kann nicht kleiner null sein, und Menschen, die älter als zweihundert Jahre sind, werden nur in der Bibel genannt. Wenn wir das Alter privat machen, kann eine Zugriffsmethode wie `setAge(int)` mithilfe einer Bereichsprüfung nur bestimmte Werte in die Objektvariable übertragen und den Rest ablehnen. Die öffentliche Methode `getAge()` gibt dann Zugriff auf die Variable.

▶ Mit einigen Variablen sind Abhängigkeiten verbunden. Wenn zum Beispiel ein Spieler ein Alter hat, kann der Spieler gleichzeitig eine Wahrheitsvariable für die Volljährigkeit deklarieren. Natürlich gibt es nun eine Abhängigkeit. Ist der Spieler älter als 18, soll die Wahrheitsvariable auf `true` stehen. Diese Abhängigkeit lässt sich mit zwei öffentlichen Variablen nicht wirklich erzwingen. Eine Methode `setAge(int)` kann jedoch bei privaten Attributen diese Konsistenz einhalten.

▶ Gibt es Zugriffsmethoden, so lassen sich dort leicht Debug-Breakpoints setzen. Auch lassen sich die Methoden so erweitern, dass der Zugriff geloggt (protokolliert) wird oder die Rechte des Aufrufers geprüft werden.

▶ Bei Klassen gilt das Geheimnisprinzip. Obwohl es vorrangig für Methoden gilt, sollte es auch für Variablen gelten. Möchten Entwickler etwa ihr internes Attribut von `int` auf `BigInteger` ändern und damit beliebig große Ganzzahlen verwalten, hätten wir ein beträchtliches Problem, da an jeder Stelle des Vorkommens ein Objekt eingesetzt werden müsste. Wollten wir zwei Variablen einführen – ein `int`, damit die alte, derzeit benutzte Software

5 | Eigene Klassen schreiben

ohne Änderung auskommt, und ein neues `BigInteger` – hätten wir ein Konsistenzproblem.

▶ Nicht immer müssen dem Aufrufer haarklein alle Eigenschaften angeboten werden. Der Nutzer möchte so genannte *höherwertige Dienste* vom Objekt angeboten bekommen, sodass der Zugriff auf die unteren Attribute vielleicht gar nicht nötig ist.

5.2.6 Setter und Getter nach der JavaBeans-Spezifikation

Wir sehen an diesen Beispielen, dass es gute Gründe dafür gibt, Attribute zu privatisieren und öffentliche Methoden zum Lesen und Schreiben anzubieten. Weil diese Methoden auf die Attribute zugreifen, nennen sie sich auch *Zugriffsmethoden*. Für jedes Attribut wird eine Schreib- und Lesemethode deklariert, für die es auch ein festes Namensschema laut Java-Beans-Konvention gibt. Die Zugriffsmethoden machen dabei eine *Property* zugänglich. Für eine Property »name« und den Typ `String` gilt zum Beispiel:

▶ `String getName()`. Die Methode besitzt keine Parameterliste, und der Rückgabetyp ist `String`.

▶ `void setName(String name)`. Die Methode hat keine Rückgabe, aber genau einen Parameter.

Die `getXXX()`-Methoden heißen *Getter*, die `setXXX()`-Methoden *Setter*. Die Methoden sind öffentlich, und der Typ der Getter-Rückgabe muss der gleiche wie der Parametertyp vom Setter sein.

Bei `boolean`-Attributen darf es (und muss es in manchen Fällen auch) statt `getXXX()` alternativ `isXXX()` heißen. Da die Programmentwicklung in der Regel mit englischen Bezeichnernamen erfolgt, kommt es nicht zu unschönen Bezeichnernamen à la `getGegenstand()` oder `isVoll-jährig()`.[2]

Sprachenvergleich Während in Java Methoden, die ein `boolean` liefern, immer mit dem Präfix `is` beginnen, schließt bei Ruby ein Fragezeichen den Methodennamen ab. So liefert `"".empty?` wahr und `"java".equal? "ruby"` falsch.[2] Das ist eine übliche Konvention in Ruby und zeigt außerdem, dass andere Programmiersprachen mit den erlaubten Bezeichnern großzügiger sind.

Zugriffsmethoden für den Spieler

Das folgende Beispiel soll einen Spieler umsetzen, bei dem der Name und der Gegenstand privat und hübsch durch Zugriffsmethoden abgesichert sind. Eine Konsistenzprüfung soll verhindern, dass ein String `null` oder leer ist:

---

2 Klammern bei Methodenaufrufen sind optional. Weiterhin gilt: In Java testet der `==`-Operator die Identität und `equals()` die Gleichheit. In Ruby ist das genau anders herum: `==` testet auf Gleichheit und `equal?` auf Identität. Und dazu kommt noch die Methode `eq?`, die testet, ob zwei Objekte die gleichen Werte haben und vom gleichen Typ sind.

340

Listing 5.13 com/tutego/insel/game/v5/Player.java, Player

```java
public class Player
{
  private String name = "";
  private String item = "";

  public String getName()
  {
    return name;
  }

  public void setName( String name )
  {
    if ( name != null && !name.trim().isEmpty() )
      this.name = name;
  }

  public String getItem()
  {
    return item;
  }

  public void setItem( String item )
  {
    if ( item != null && !item.trim().isEmpty() )
      this.item = item;
  }
}
```

Es muss keine gute Idee sein, sich bei ungültigen Werten taub zu stellen; eine Alternative besteht darin, zu loggen oder etwa in Form einer Ausnahme (Exception) unerwünschte Werte zu melden.

Player
- name - item
+ getName(): String + setName(name: String) + getItem(): String + setItem(item: String)

Der Nutzer der Klasse muss wegen der Methodenaufrufe etwas mehr schreiben:

Listing 5.14 com/tutego/insel/game/v5/Playground.java

```java
Player spongebobby = new Player();
spongebobby.setName( "Spongebobby" );
spongebobby.setItem( "Schnecke" );
```

5 | Eigene Klassen schreiben

Wird später bei der Weiterentwicklung des Programms eine Änderung notwendig, wenn etwa die Gegenstände anders gespeichert werden sollen, kann der Typ der internen Variablen geändert werden, und die Welt draußen bekommt davon nichts mit. Lediglich intern in den Gettern und Settern ändert sich etwas, aber nicht an der Schnittstelle.

Eclipse bietet zwei Möglichkeiten, Setter und Getter automatisch zu generieren. Das Kontextmenü unter SOURCE • GENERATE GETTERS AND SETTERS… fördert ein Dialogfenster zutage, mit dem Eclipse automatisch die setXXX()- und getXXX()-Methoden einfügen kann. Die Attribute, für die eine Zugriffsmethode gewünscht ist, werden selektiert. Die zweite Möglichkeit funktioniert nur für genau ein Attribut: Steht der Cursor auf der Variablen, liefert REFACTOR • ENCAPSULATE FIELD… einen Dialog, mit dem zum einen Setter und Getter generiert werden und zum anderen die direkten Zugriffe auf das Attribut in Methodenaufrufe umgewandelt werden.

5.2.7 Paketsichtbar

Die Sichtbarkeiten `public` und `private` sind Extreme. Steht kein ausdrücklicher Sichtbarkeitsmodifizierer an den Eigenschaften, gilt die *Paketsichtbarkeit*. Sie sagt aus, dass die paketsichtbaren Klassen nur von anderen Klassen im gleichen Paket gesehen werden können. Für die Eigenschaften gilt das Gleiche: Nur Typen im gleichen Paket sehen die paketsichtbaren Eigenschaften.

Dazu einige Beispiele: Zwei Klassen, A und B, befinden sich in unterschiedlichen Paketen. Die Klasse A ist nicht öffentlich:

Listing 5.15 com/tutego/insel/protecteda/A.java

```
package com.tutego.insel.protecteda;
class A
{
}
```

Die Klasse B versucht, sich auf A zu beziehen, doch funktioniert das wegen der »Unsichtbarkeit« von A nicht – es gibt einen Compilerfehler:

Listing 5.16 com/tutego/insel/protectedb/B.java

```
package com.tutego.insel.protectedb;
class B
{
  A a;          // ☠ A cannot be resolved to a type
}
```

Ist eine Klasse C öffentlich, aber die Klasse deklariert ein nur paketsichtbares Attribut c, dann kann eine Klasse in einem anderen Paket das Attribut nicht sehen, auch wenn sie die Klasse selbst sehen kann:

Listing 5.17 com/tutego/insel/protecteda/C.java

```
package com.tutego.insel.protecteda;
public class C
```

342

```
{
  static int c;
}
```

Und dies ist die Klasse D:

Listing 5.18 com/tutego/insel/protectedb/D.java

```
package com.tutego.insel.protectedb;
import com.tutego.insel.protecteda.C;
class D
{
  int d = C.c;     // ☠ The field C.c is not visible
}
```

Paketsichtbare Eigenschaften sind sehr nützlich, weil sich damit Gruppen von Typen bilden lassen, die gegenseitig Teile ihres Innenlebens kennen. Von außerhalb des Pakets ist der Zugriff auf diese Teile dann untersagt, analog zu `private`. Dazu ein Beispiel für unsere Spielerklasse: Nutzt der `Player` zum Beispiel intern eine Hilfsklasse, etwa zur Speicherung der Gegenstände, so kann diese paketsichtbare Speicherklasse für Außenstehende unsichtbar bleiben.

5.2.8 Zusammenfassung zur Sichtbarkeit

In Java gibt es vier Sichtbarkeiten und drei Sichtbarkeitsmodifizierer:

▶ Öffentliche Typen und Eigenschaften deklariert der Modifizierer `public`. Die Typen sind überall sichtbar, also kann jede Klasse und Unterklasse aus einem beliebigen anderen Paket auf öffentliche Eigenschaften zugreifen. Die mit `public` deklarierten Methoden und Variablen sind überall dort sichtbar, wo auch die Klasse sichtbar ist. Bei einer unsichtbaren Klasse sind auch die Eigenschaften unsichtbar.

▶ Der Modifizierer `private` ist bei Typdeklarationen seltener, da er sich nur dann einsetzen lässt, wenn in einer Kompilationseinheit (also einer Datei) mehrere Typen deklariert werden. Derjenige Typ, der den Dateinamen bestimmt, kann nicht privat sein, doch andere Typen (und innere Klassen) dürfen unsichtbar sein – nur der sichtbare Typ kann sie dann verwenden. Die mit `private` deklarierten Methoden und Variablen sind nur innerhalb der eigenen Klasse sichtbar. Eine Ausnahme bilden innere Klassen, die auch auf private Eigenschaften der äußeren Klasse zugreifen können. Wenn eine Klasse erweitert wird, sind die privaten Elemente für Unterklassen nicht sichtbar.

▶ Während `private` und `public` Extreme darstellen, liegt die Paketsichtbarkeit dazwischen. Sie ist die Standard-Sichtbarkeit und kommt ohne Modifizierer aus. Paketsichtbare Typen und Eigenschaften sind nur für die Klassen aus dem gleichen Paket sichtbar, also weder für Klassen noch für Unterklassen aus anderen Paketen.

▶ Der Sichtbarkeitsmodifizierer `protected` hat eine Doppelfunktion: Zum einen hat er die gleiche Bedeutung wie Paketsichtbarkeit, und zum anderen gibt er die Elemente für Unterklassen frei. Dabei ist es egal, ob die Unterklassen aus dem eigenen Paket stammen (hier würde ja die Standard-Sichtbarkeit reichen) oder aus einem anderen Paket. Eine Kombina-

5 | Eigene Klassen schreiben

tion aus `private protected` wäre wünschenswert, um die Eigenschaften nur für die Unterklassen sichtbar zu machen und nicht gleich für die Klassen aus dem gleichen Paket.[3]

Eigenschaft ist	Sieht eigene Klasse	Sieht Klasse im gleichen Paket	Sieht Unterklasse im anderen Paket	Sieht Klasse in anderem Paket
public	ja	ja	ja	ja
protected	ja	ja	ja	nein
paketsichtbar	ja	ja	nein	nein
private	ja	nein	nein	nein

Tabelle 5.1   Wer sieht welche Eigenschaften bei welcher Sichtbarkeit?

Der Einsatz der Sichtbarkeitsstufen über die Schlüsselwörter `public`, `private` und `protected` und der Standard »paketsichtbar« ohne explizites Schlüsselwort sollten überlegt erfolgen. Die objektorientierte Programmierung zeichnet sich durch überlegten Einsatz von Klassen und deren Beziehungen aus. Am besten ist die restriktivste Beschreibung; also nie mehr Öffentlichkeit als notwendig. Das hilft, die Abhängigkeiten zu minimieren und später Inneres einfacher zu verändern.

Sichtbarkeit in der UML *

Für die Sichtbarkeit von Attributen und Operationen sieht die UML diverse Symbole vor, die vor die jeweilige Eigenschaft gesetzt werden:

Symbol	Sichtbarkeit
+	öffentlich
–	privat
#	geschützt (protected)
~	paketsichtbar

Tabelle 5.2   UML-Symbole für die Sichtbarkeit von Attributen und Operationen

[»]   **Hinweis**   Wenn in der UML kein Sichtbarkeitsmodifizierer steht, so bedeutet das nicht »paketsichtbar«. Es heißt nur, dass dies noch nicht definiert ist.

---

3   Die *Java Programmers' FAQ* (*http://www.cse.unsw.edu.au/~cs3421/java/faqs/comp.lang.java.programmers.faq.html*) führt aus: »It first appeared in JDK 1.0 FCS (it had not been in the Betas). Then it was removed in JDK 1.0.1. It was an ugly hack syntax-wise, and it didn't fit consistently with the other access modifiers. It never worked properly: in the versions of the JDK before it was removed, calls to private protected methods were not dynamically bound, as they should have been. It added very little capability to the language. It's always a bad idea to reuse existing keywords with a different meaning. Using two of them together only compounds the sin. The official story is that it was a bug. That's not the full story. Private protected was put in because it was championed by a strong advocate. It was pulled out when he was overruled by popular acclamation.«

Reihenfolge der Eigenschaften in Klassen *

Verschiedene Elemente einer Klasse müssen in einer Klasse untergebracht werden. Eine verbreitete Reihenfolge ist die Aufteilung in Sektionen:

► Klassenvariablen

► Objektvariablen

► Konstruktoren

► statische Methoden

► Setter/Getter

► beliebige Objektmethoden

Innerhalb eines Blocks werden die Informationen oft auch bezüglich ihrer Zugriffsrechte sortiert. Am Anfang stehen sichtbare Eigenschaften und tiefer private. Der öffentliche Teil befindet sich deswegen am Anfang, da wir uns auf diese Weise schnell einen Überblick verschaffen können. Der zweite Teil ist dann nur noch für die erbenden Klassen interessant, und der letzte Teil beschreibt allein geschützte Informationen für die Entwickler. Die Reihenfolge kann aber problemlos gebrochen werden, indem private Methoden hinter öffentlichen stehen, um zusammenhängende Teile auch zusammenzuhalten.

> **Codestil**   Quellcode sollte immer mit Leerzeichen statt mit Tabulatoren eingerückt werden. Zwei oder vier Leerzeichen sind oft anzutreffen. Viele Entwickler setzen die öffnende geschweifte Klammer für den Beginn eines Blocks gerne alleinstehend in die nächste Zeile. In Eclipse und NetBeans kann ein Code-Formatierer den Quellcode automatisch korrigieren.

5.3   Statische Methoden und statische Attribute

Exemplarvariablen sind eng mit ihrem Objekt verbunden. Wird ein Objekt geschaffen, erhält es einen eigenen Satz von Exemplarvariablen, die zusammen den Zustand des Objekts repräsentieren. Ändert eine Objektmethode den Wert einer Exemplarvariablen in einem Objekt, so hat dies keine Auswirkungen auf die Daten der anderen Objekte; jedes Objekt speichert eine individuelle Belegung. Es gibt jedoch auch Situationen, in denen Eigenschaften oder Methoden nicht direkt einem individuellen Objekt zugeordnet werden. Dazu gehören zum Beispiel die statischen Methoden:

► `Math.max()` liefert das Maximum zweier Zahlen.

► `Math.sin()` bestimmt den Sinus.

► `Integer.parseInt()` konvertiert einen String in eine Ganzzahl.

► `JOptionPane.showInputDialog()` zeigt einen Eingabedialog.

► `Color.HSBtoRGB()`[4] konvertiert Farben vom HSB-Farbraum in den RGB-Farbraum.

---

4 Ja, die Methode beginnt unüblicherweise mit einem Großbuchstaben.

5 | Eigene Klassen schreiben

Dazu gesellen sich Zustände, die nicht an ein individuelles Objekt gebunden sind:

▶ `Integer.MAX_VALUE` ist die größte darstellbare `int`-Ganzzahl.

▶ `Math.PI` bestimmt die Zahl 3,1415...

▶ `Font.MONOSPACED` steht für einen Zeichensatz mit fester Breite.

▶ `MediaSize.ISO.A4` definiert die Größe einer DIN-A4-Seite mit 210 mm × 297 mm.

Diese genannten Eigenschaften sind keinem konkreten Objekt zugeordnet, sondern vielmehr der Klasse. Diese Art von Zugehörigkeit wird in Java durch *statische Eigenschaften* unterstützt. Da sie zu keinem Objekt gehören wie Objekteigenschaften, nennen wir sie auch *Klasseneigenschaften*. Die Sinus-Methode ist ein Beispiel für eine statische Methode der `Math`-Klasse, und `MAX_INTEGER` ist ein statisches Attribut der Klasse `Integer`.

5.3.1 Warum statische Eigenschaften sinnvoll sind

Statische Eigenschaften haben gegenüber Objekteigenschaften den Vorteil, dass sie im Programm ausdrücken, keinen Zustand vom Objekt zu nutzen. Betrachten wir noch einmal die statischen Methoden aus der Klasse `Math`. Wenn sie Objektmethoden wären, so würden sie in der Regel mit einem Objektzustand arbeiten. Die statischen Methoden hätten keine Parameter und nähmen ihre Arbeitswerte nicht aus den Argumenten, sondern aus dem internen Zustand des Objekts. Das macht aber keine `Math`-Methode. Um den Sinus eines Winkels zu berechnen, benötigen wir kein spezifisches Mathe-Objekt. Andersherum könnte eine Methode wie `setName()` eines Spiels nicht statisch sein, da ganz individuell für einen Spieler der Name gesetzt werden soll und nicht alle Spieler-Objekte immer den gleichen Namen tragen sollten.

Statische Methoden sind aus diesem Grund häufiger als statische Variablen, da sie ihre Arbeitswerte ausschließlich aus den Parametern ziehen. Statische Variablen werden in erster Linie als Konstanten verwendet.

5.3.2 Statische Eigenschaften mit static

Um statische Eigenschaften in Java umzusetzen, fügen wir vor der Deklaration einer Variablen oder einer Methode das Schlüsselwort `static` hinzu. Für den Zugriff verwenden wir statt der Referenzvariablen einfach den Klassennamen. In der UML sind statische Eigenschaften unterstrichen gekennzeichnet.

Deklarieren wir eine statische Methode und eine statische Variable für eine Klasse `GameUtils`. Die Methode soll testen, ob Bezeichner, die im Spiel etwa für die Gegenstände verwendet werden, korrekt sind; ein korrekter Bezeichner ist nicht zu lang und enthält kein Sonderzeichen. Die Konstante `MAX_ID_LEN` steht für die maximale Bezeichnerlänge. Die Variable ist mit dem Modifizierer `final` versehen, da `MAX_ID_LEN` eine Konstante ist, deren Wert später nicht mehr verändert werden soll:

Statische Methoden und statische Attribute | **5.3**

Listing 5.19 GameUtils.java

```java
public class GameUtils
{
  public static final int MAX_ID_LEN = 20 /* chars */;

  public static boolean isGameIdentifier( String name )
  {
    if ( name == null )
      return false;

    return name.length() <= MAX_ID_LEN && name.matches( "\\w+" );
  }
}
```

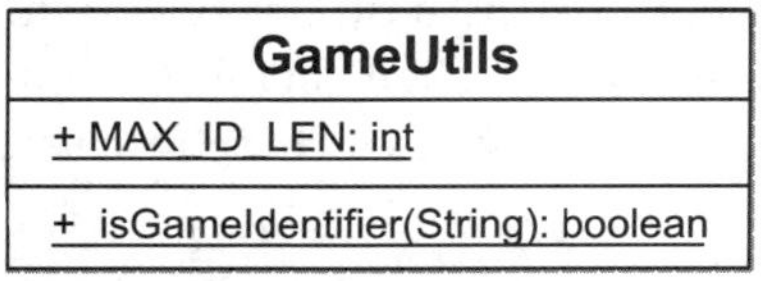

GameUtils
+ MAX_ID_LEN: int
+ isGameIdentifier(String): boolean

Abbildung 5.3 Statische Eigenschaften werden in der UML unterstrichen.

Die statischen Eigenschaften werden mit dem Klassennamen GameUtils angesprochen:

Listing 5.20 GameUtilsDemo.java, main() Ausschnitt

```java
System.out.println( GameUtils.isGameIdentifier( "Superpig" ) );    // true
System.out.println( GameUtils.isGameIdentifier( "Superpig II" ) );// false
```

> **Tipp** Falls eine Klasse nur statische Eigenschaften deklariert, spricht nichts dagegen, einen privaten Konstruktor anzugeben – das verhindert den äußeren Aufbau von Objekten. Eigene Konstruktoren werden etwas später vorgestellt, sodass unsere Klasse diese Möglichkeit noch nicht nutzt.

[+]

Abschnitt 5.5.1, »Konstruktoren schreiben«, erklärt Konstruktoren genauer und erläutert auch weitere Anwendungsfälle für private Konstruktoren.

Gültigkeitsbereich, Sichtbarkeit und Lebensdauer

Bei statischen und nicht-statischen Variablen können wir deutliche Unterschiede in der Lebensdauer festmachen. Eine Objektvariable beginnt ihr Leben mit dem new, und sie endet mit dem GC. Eine statische Variable dagegen beginnt ihr Leben ab dem Moment, ab dem die Laufzeitumgebung die Klasse lädt und initialisiert. Das Leben der statischen Variable endet, wenn die JVM die Klasse entfernt und aufräumt. Der Zugriff auf statische Variablen ist immer in allen Blöcken gestattet, da ja auch in Objektmethoden die statische Variable »schon eher da war« als das Objekt selbst, denn ein new setzt ja die geladene Klassendefinition, die die statischen Variablen vorbereitet, voraus.

5 | Eigene Klassen schreiben

5.3.3 Statische Eigenschaften über Referenzen nutzen? *

Besitzt eine Klasse eine Klasseneigenschaft, so kann sie auch wie ein Objektattribut über die Referenz angesprochen werden. Dies bedeutet, dass es prinzipiell zwei Möglichkeiten gibt, wenn ein Objektexemplar existiert und die Klasse ein statisches Attribut hat. Bleiben wir bei unserem obigen Beispiel mit der Klasse GameUtils. Wir können für den Zugriff auf MAX_ID_LEN Folgendes schreiben:

Listing 5.21 GameUtilsDemo.java, main() Ausschnitt

```
System.out.println( GameUtils.MAX_ID_LEN );            // Genau richtig
GameUtils ut = new GameUtils();
System.out.println( ut.MAX_ID_LEN );                   // Nicht gut
```

Zugriffe auf statische Eigenschaften sollten wir nie über die Objektreferenz schreiben, denn dem Leser ist sonst nicht klar, ob die Eigenschaft statisch oder nicht-statisch ist. Das zu wissen, ist aber wichtig. Aus diesem Grund sollten wir immer statische Eigenschaften über ihren Klassennamen ansprechen; Eclipse gibt hier auch eine Meldung aus, wenn wir es nicht so machen.

> **[»]**　**Hinweis** Bei statischen Zugriffen spielt die Referenz keine Rolle, und sie kann auch null sein. Wer im Wettbewerb um das schlechteste Java-Programm weit vorne sein möchte, der schreibt:
>
> ```
> System.out.println( ((GameUtils) null).MAX_ID_LEN );
> ```

5.3.4 Warum die Groß- und Kleinschreibung wichtig ist *

Die Vorgabe der Namenskonvention besagt: Klassennamen sind mit Großbuchstaben zu vergeben und Variablennamen mit Kleinbuchstaben. Treffen wir auf eine Anweisung wie Math.max(a, b), so wissen wir sofort, dass max() eine statische Methode sein muss, weil davor ein Bezeichner steht, der großgeschrieben ist. Dieser kennzeichnet also keine Referenz, sondern einen Klassennamen. Daher sollten wir in unseren Programmen großgeschriebene Objektnamen meiden.

Das folgende Beispiel demonstriert anschaulich, warum Referenzvariablen mit Kleinbuchstaben und Klassennamen mit Großbuchstaben beginnen sollten:

```
String StringModifier = "What is the Matrix?";
String t = StringModifier.trim();
```

Die trim()-Methode ist nicht statisch, wie die Anweisung durch die Großschreibung der Variable suggeriert.

Das gleiche Problem haben wir, wenn wir Klassen mit Kleinbuchstaben benennen. Auch dies kann irritieren:

```
class player
{
  static void move() { }
}
```

348

Jetzt könnte jemand `player.move()` schreiben, und der Leser nähme an, dass `player` wegen seiner Kleinschreibung eine Referenzvariable ist und `move()` eine Objektmethode. Wir sehen an diesem Beispiel, dass es wichtig ist, sich an die Groß-/Kleinschreibung zu halten.

5.3.5 Statische Variablen zum Datenaustausch *

Der Wert einer statischen Variable wird bei dem Klassenobjekt gespeichert und nicht bei einem Exemplar der Klasse. Wie wir aber gesehen haben, kann jedes Exemplar einer Klasse auch auf die statischen Variablen der Klasse zugreifen. Da eine statische Variable aber nur einmal pro Klasse vorliegt, führt dies dazu, dass mehrere Objekte sich eine Variable teilen. Ist etwa das Attribut `PI` statisch und `size` ein Objektattribut, so ergibt sich bei zwei Exemplaren folgendes Bild:

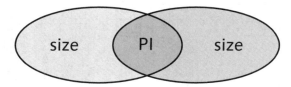

Während also beide Exemplare das gleiche `PI` nutzen, können beide Exemplare `size` völlig unterschiedlich belegen.

Mit diesem Wissen wird es möglich, einen Austausch von Informationen über die Objektgrenze hinaus zu erlauben:

Listing 5.22 ShareData.java

```java
public class ShareData
{
  private static int data;

  public void memorize( int data )
  {
    ShareData.data = data;
  }

  public int retrieve ()
  {
    return data;
  }
  public static void main( String[] args )
  {
    ShareData s1 = new ShareData();
    ShareData s2 = new ShareData();
    s1.memorize( 2 );
    System.out.println( s2.retrieve() );    // 2
  }
}
```

[»] **Hinweis** Bei nebenläufigen Zugriffen auf statische Variablen kann es zu Problemen kommen. Deshalb müssen wir spezielle Synchronisationsmechanismen nutzen – die das Beispiel allerdings nicht verwendet. Statische Variablen können auch schnell zu Speicherproblemen führen, da Objektreferenzen sehr lange gehalten werden. Der Einsatz muss wohldurchdacht sein.

5.3.6 Statische Eigenschaften und Objekteigenschaften *

Wie wir oben gesehen haben, können wir über eine Objektreferenz auch statische Eigenschaften nutzen. Wir wollen uns aber noch einmal vergewissern, wie Objekteigenschaften und statische Eigenschaften gemischt werden können. Erinnern wir uns daran, dass unsere ersten Programme aus der statischen main()-Methode bestanden, aber unsere anderen Methoden auch static sein mussten. Dies ist sinnvoll, da eine statische Methode – ohne explizite Angabe eines aufrufenden Objekts – nur andere statische Methoden aufrufen kann. Wie sollte auch eine statische Methode eine Objektmethode aufrufen können, wenn es kein zugehöriges Objekt gibt? Andersherum kann aber jede Objektmethode eine beliebige statische Methode direkt aufrufen. Genauso verhält es sich mit Attributen. Eine statische Methode kann keine Objektattribute nutzen, da es kein implizites Objekt gibt, auf dessen Eigenschaften zugegriffen werden könnte.

»this«-Referenzen und statische Eigenschaften

Auch der Einsatz der this-Referenz ist bei statischen Eigenschaften nicht möglich. Eine statische Methode kann also keine this-Referenz verwenden:

```
class InStaticNoThis
{
  String name;

  static void setName()
  {
    name = "Amanda";              // ☠ Compilerfehler
    this.name = "Amanda";         // ☠ Compilerfehler
  }
}
```

5.4   Konstanten und Aufzählungen

In Programmen gibt es Variablen, die sich ändern (wie zum Beispiel ein Schleifenzähler), aber auch andere, die sich beim Ablauf eines Programms nicht ändern. Dazu gehören etwa die Startzeit der Tagesschau oder die Ausmaße einer DIN-A4-Seite[5]. Die Werte sollten nicht wiederholt im Quellcode stehen, sondern über ihre Namen angesprochen werden. Dazu werden Variablen deklariert, denen genau der konstante Wert zugewiesen wird; die Konstanten heißen dann *symbolische Konstanten*.

In Java gibt es zur Deklaration von Konstanten zwei Möglichkeiten:

▶ Öffentliche statische finale Variablen nehmen konstante Werte auf.

▶ Aufzählungen über ein `enum` (die intern aber auch nur öffentliche final statische Werte sind).

5.4.1   Konstanten über öffentliche statische finale Variablen

Statische Variablen werden auch verwendet, um symbolische Konstanten zu deklarieren. Damit die Variablen unveränderlich bleiben, gesellt sich der Modifizierer `final` hinzu. Dem Compiler wird auf diese Weise mitgeteilt, dass dieser Variable nur einmal ein Wert zugewiesen werden darf. Für Variablen bedeutet dies: Es sind Konstanten, jeder spätere Schreibzugriff wäre ein Fehler.

Konstante Werte haben wir schon bei `GameUtils` eingesetzt:

Listing 5.23   GameUtils, Ausschnitt

```
public class GameUtils
{
  public static final int MAX_ID_LEN = 20 /* chars */;
  ...
}
```

Da im Quellcode das Vorkommen von Zahlen wie der `20` undurchsichtig wäre, sind symbolische Namen zwingend. Stehen dennoch Zahlen ohne offensichtliche Bedeutung im Quellcode, so werden sie *magische Zahlen* (engl. *magic numbers*) genannt. Es gilt, diese Werte in Konstanten zu fassen und sinnvoll zu benennen.

> **Tipp** Es ist eine gute Idee, die Namen von Konstanten durchgehend großzuschreiben, um ihre Bedeutung hervorzuheben.

[+]

Der Zugriff auf die Variablen sieht genauso aus wie ein Zugriff auf andere statische Variablen.

---

5   Ein DIN-A4-Blatt ist 29,7 cm hoch und 21,0 cm breit.

5 | Eigene Klassen schreiben

[zB] **Beispiel** Greife auf Konstanten zurück:

```
System.out.println( Math.PI );
int len = GameUtils.MAX_ID_LEN;
if ( s.length() > GameUtils.MAX_ID_LEN )
  System.out.println( "Zu lang!" );
```

5.4.2 Typ(un)sichere Aufzählungen *

Konstanten sind eine wertvolle Möglichkeit, den Quellcode aussagekräftiger zu machen. Das gilt auch für Aufzählungen, also diverse Konstanten, die für unterschiedliche Ausprägungen stehen. Eine Klasse `Materials` soll zum Beispiel Konstanten für die Beschaffenheit eines Materials deklarieren:

Listing 5.24 Materials.java

```
public class Materials
{
  public static final int SOFT   = 0;
  public static final int HARD   = 1;
  public static final int DRY    = 2;
  public static final int WET    = 3;
  public static final int SMOOTH = 4;
  public static final int ROUGH  = SMOOTH + 1;
}
```

Für ihre Belegungen ist es günstig, sie relativ zum Vorgänger zu wählen, um das Einfügen in der Mitte zu vereinfachen. Das sehen wir bei der letzten Variablen, ROUGH.

Materials
+ SOFT: int
+ HARD: int
+ DRY: int
+ WET: int
+ SMOOTH: int
+ ROUGH: int

Einfache Konstantentypen – wie bei uns `int` – bringen jedoch den Nachteil mit sich, dass die Konstanten nicht unbedingt von jedem angewendet werden müssen und ein Programmierer die Zahlen oder Zeichenketten eventuell direkt einsetzt. Dieses Problem ergibt sich zum Beispiel dann, wenn ein `Font`-Objekt für die grafische Oberfläche angelegt werden soll, aber unser Gedächtnis versagt, in welcher Reihenfolge die Parameter zu füllen sind. Ein Fallbeispiel:

```
Font f = new Font( "Dialog", 12, Font.BOLD );
```

Leider ist dies falsch, denn die Argumente für die Zeichensatzgröße und den Schriftstil sind vertauscht: Es müsste `new Font("Dialog", Font.BOLD, 12)` heißen. Das Problem ist, dass die Konstanten nur Namen für Werte eines frei zugänglichen Grundtyps (auch hier `int`) sind und nur die Variablenbelegung, also der Wert, an den Konstruktor übergeben wird. Niemand

352

Konstanten und Aufzählungen | **5.4**

kann verbieten, dass die Werte direkt eingetragen werden. Das führt dann zu Fehlern wie im oberen Fall. In diesem ist 12 die Ganzzahl für den Schriftstil, obwohl es dafür nur die Werte 0, 1, 2 geben sollte. Mit Zeichenketten als Werten der Konstanten kommen wir der Lösung auch nicht näher.

> **Hinweis** Ganzzahlen haben aber durchaus ihren Vorteil, wenn es Mischungen von Aufzählungen gibt, also etwa ein hartes und ein raues Material. Das lässt sich durch Materials.HARD + Materials.ROUGH darstellen – was aber nur dann gut funktioniert, wenn jede Konstante ein Bit im Wort einnimmt, wenn also die Werte der Konstanten 1, 2, 4, 8, 16, ... lauten.

[«]

Eine gute Möglichkeit, von Ganzzahlen wegzukommen, besteht darin, Objekte einer Klasse als Konstanten einzusetzen. Java bietet seit der Version 5 ein Sprachkonstrukt über das neue Schlüsselwort enum für richtige Aufzählungen.

> **Geschichte** Sun hat damals in Java diverse Schlüsselwörter reserviert, aber enum nicht seit Beginn. Als dann in Java 5 plötzlich ein neues Schlüsselwort hinzukam, mussten Entwickler viel Quellcode anpassen und Variablennamen ändern, denn gerne wurde für den Variablentyp java.util.Enumeration der Variablenname »enum« gewählt.

5.4.3 Aufzählungen mit »enum«

Die Schreibweise für Aufzählungen erinnert ein wenig an die Deklaration von Klassen, nur dass das Schlüsselwort enum statt class gebraucht wird. Aufzählungen für Wochentage sind ein gutes Beispiel:

Listing 5.25 com/tutego/weekday/Weekday.java, Weekday

```
public enum Weekday
{
  MONDAY, TUESDAY, WEDNESDAY, THURSDAY, FRIDAY, SATURDAY, SUNDAY
}
```

Die Konstantennamen werden wie üblich großgeschrieben.

```
«enumeration»
Weekday
─────────────
+ MONDAY
+ SATURDAY
+ TUESDAY
+ SUNDAY
+ FRIDAY
+ WEDNESDAY
+ THURSDAY
```

Enums nutzen

Um zu verstehen, wie sich Enums nutzen lassen, ist es hilfreich, zu wissen, wie der Compiler sie umsetzt. Intern erstellt der Compiler eine normale Klasse, in unserem Fall Weekday. Alle Aufzählungselemente sind dann statische Variablen (Konstanten) vom Typ des Enums:

353

5 | Eigene Klassen schreiben

```
public class Weekday
{
  public static final Weekday MONDAY;
  public static final Weekday TUESDAY;

  …
}
```

Jetzt ist es einfach, diese Werte zu nutzen, da sie wie jede andere statische Variable angespro-chen werden:

```
Weekday day = Weekday.SATURDAY;
```

Hinter den Aufzählungen stehen Objekte, die sich – wie alle anderen – weiterverarbeiten las-sen.

```
if ( day == Weekday.MONDAY )
  System.out.println( "'I hate Mondays' (Garfield)" );
```

Enum-Vergleiche mit ==

Wie die Umsetzung der Enum-Typen zeigt, wird für jede Konstante ein Objekt konstruiert, und das sind Singletons, also Objekte, die nur einmal erzeugt werden. Eigene neue Enum-Objekte können wir nicht aufbauen, da die Klasse nur einen privaten Konstruktor deklariert. Der Zugriff auf dieses Objekt ist wie ein Zugriff auf eine statische Variable. Der Vergleich zweier Konstanten läuft somit auf den Vergleich von statischen Referenzvariablen hinaus, wofür der Vergleich mit == völlig korrekt ist. Ein equals() ist nicht nötig.

[zB]

Beispiel Eine Methode soll entscheiden, ob der Tag das Wochenende einläutet:
```
public static boolean isWeekEnd( Weekday day
{
  return  day == Weekday.SATURDAY || day == Weekday.SUNDAY;
}
```

Enum-Konstanten in »switch«

enum-Konstanten sind in switch-Anweisungen möglich. Das ist möglich, da sie intern über eine Ganzzahl als Identifizierer verfügen, den der Compiler für die Aufzählung einsetzt. Das ist ein ähnliches Konzept, wie es der Compiler ab Java 7 auch bei Strings verfolgt.

Initialisieren wir eine Variable vom Typ Weekday, und nutzen wir eine Fallunterscheidung mit der Aufzählung für einen Test auf das Wochenende:

Listing 5.26 WeekdayDemo.java, Ausschnitt main()
```
Weekday day = Weekday.MONDAY;
switch ( day )
{
  case SATURDAY:                // nicht Weekday.SATURDAY!
  case SUNDAY: System.out.println( "Wochenende. Party!" );
}
```

Dass `case Weekday.SATURDAY` nicht möglich ist, erklärt sich dadurch, dass mit `switch (day)` schon der Typ `Weekday` über die Variable `day` bestimmt ist. Es ist nicht möglich, dass der Typ der `switch`-Variablen vom Typ der Variablen in `case` abweicht.

Referenzen auf Enum-Objekte können »null« sein

Dass die Aufzählungen nur Objekte sind, hat eine wichtige Konsequenz. Blicken wir zunächst auf eine Variablendeklaration vom Typ eines `enum`, die mit einem Wochentag initialisiert ist:

```
Weekday day = Weekday.MONDAY;
```

Die Variable `day` speichert einen Verweis auf das `Weekday.MONDAY`-Objekt. Das Unschöne an Referenz-Variablen ist allerdings, dass sie auch mit `null` belegt werden können, was so gesehen kein Element der Aufzählung ist:

```
Weekday day = null;
```

Wenn solch eine `null`-Referenz in einem `switch` landet, gibt es eine `NullPointerException`, da versteckt im `switch` ein Zugriff auf die im `Enum`-Objekt gespeicherte Ordinalzahl stattfindet.

Methoden, die Elemente einer Aufzählung, also Objektverweise, entgegennehmen, sollten im Allgemeinen auf `null` testen und eine Ausnahme auslösen, um diesen fehlerhaften Teil anzuzeigen:

```
public void setWeekday( Weekday day )
{

  if ( day == null )
    throw new IllegalArgumentException( "null is not a valid argument!" );

  this.day = day;
}
```

Aufzählungen als inneren Typ deklarieren *

Es gibt »normale« Aufzählungen, die an normale Klassen erinnern, und auch »innere« Aufzählungen, die an innere Klassen erinnern. Mit anderen Worten: `Weekday` kann auch innerhalb einer anderen Klasse deklariert werden. Ist die innere Aufzählung öffentlich, kann jeder sie nutzen. Sie folgt aber den gleichen Sichtbarkeiten wie Klassen, da Aufzählungen ja nichts anderes als Klassen sind, die der Compiler generiert.

Statische Imports von Aufzählungen *

Die Aufzählung `Weekday` hatten wir in das Paket `com.tutego.weekday` gesetzt. Um auf eine Konstante wie `MONDAY` zugreifen zu können, wollen wir unterschiedliche `import`-Varianten nutzen.

Import-Anweisung	Zugriff
`import com.tutego.weekday.Weekday;`	`Weekday.MONDAY`
`import com.tutego.weekday.*;`	`Weekday.MONDAY`
`import static com.tutego.weekday.Weekday.*;`	`MONDAY`

Nehmen wir im Paket als zweites Beispiel eine innere Aufzählung der Klasse `Week` hinzu:

```
package com.tutego.weekday;

public class Week
{
  public enum Weekday {
    MONDAY, TUESDAY, WEDNESDAY, THURSDAY, FRIDAY, SATURDAY, SUNDAY
  }
}
```

Import-Anweisung	Zugriff
`import com.tutego.weekday.Week;`	`Week.Weekday.MONDAY`
`import com.tutego.weekday.Week.Weekday;`	`Weekday.MONDAY`
`import static com.tutego.weekday.Week.Weekday.*`	`MONDAY`

Standard-Methoden der Enums *

Die erzeugten `Enum`-Objekte bekommen standardmäßig eine Reihe von zusätzlichen Eigenschaften. Wir überschreiben sinnvoll `toString()`, `hashCode()` und `equals()` aus `Object` und implementieren zusätzlich `Serializable` und `Comparable`,[6] aber nicht `Cloneable`, da Aufzählungsobjekte nicht geklont werden können. Es liefert `toString()` den Namen der Konstante, sodass `Weekday.SUNDAY.toString().equals("SUNDAY")` wahr ist. Zusätzlich erbt jedes Aufzählungsobjekt von der Spezialklasse `Enum`, die in Abschnitt 9.4, »Spezial-Oberklasse Enum«, näher erklärt wird.

5.5   Objekte anlegen und zerstören

Wenn Objekte mit dem `new`-Operator angelegt werden, reserviert die Speicherverwaltung des Laufzeitsystems auf dem System-Heap Speicher. Wird das Objekt nicht mehr referenziert, so räumt der *Garbage-Collector* (GC) in bestimmten Abständen auf und gibt den Speicher an das Laufzeitsystem zurück.

5.5.1   Konstruktoren schreiben

Wenn der `new`-Operator ein Objekt anlegt, wird ein Konstruktor der Klasse automatisch aufgerufen. Mit einem eigenen Konstruktor lässt sich erreichen, dass ein Objekt nach seiner Erzeugung einen sinnvollen Anfangszustand aufweist. Dies kann bei Klassen, die Variablen beinhalten, notwendig sein, weil sie ohne vorherige Zuweisung beziehungsweise Initialisierung keinen Sinn ergäben.

---

6 Die Ordnung der Konstanten ist die Reihenfolge, in der sie geschrieben sind.

Objekte anlegen und zerstören | **5.5**

Konstruktordeklarationen

Konstruktordeklarationen sehen ähnlich wie Methodendeklarationen aus – so gibt es auch Sichtbarkeiten und Überladung –, doch bestehen zwei deutliche Unterschiede:

▶ Konstruktoren tragen immer denselben Namen wie die Klasse.

▶ Konstruktordeklarationen besitzen keinen Rückgabetyp, also noch nicht einmal `void`.

Sollte eine Klasse `Dungeon` einen Konstruktor bekommen, schreiben wir:

```
class Dungeon
{
  Dungeon()                    // Konstruktor der Klasse Dungeon
  {
  }
}
```

Ein Konstruktor, der keinen Parameter besitzt, nennt sich *Standard-Konstruktor, parameterloser Konstruktor* oder auch engl. *no-arg-constructor* beziehungsweise *nullary constructor*.

Aufrufreihenfolge

Dass der Konstruktor während der Initialisierung und damit vor einem äußeren Methodenaufruf aufgerufen wird, soll ein kleines Beispiel zeigen:

Listing 5.27 Dungeon.java

```
public class Dungeon
{
  public Dungeon()
  {
    System.out.println( "2. Konstruktor" );
  }

  public void play()
  {
    System.out.println( "4. Spielen" );
  }

  public static void main( String[] args )
  {
    System.out.println( "1. Vor dem Konstruktor" );
    Dungeon d = new Dungeon();
    System.out.println( "3. Nach dem Konstruktor" );
    d.play();
  }
}
```

Die Aufrufreihenfolge auf dem Bildschirm ist:

```
1. Vor dem Konstruktor
2. Konstruktor
```

357

5 | Eigene Klassen schreiben

3. Nach dem Konstruktor
4. Spielen

[»]

> **Hinweis** UML kennt zwar Attribute und Operationen, aber keine Konstruktoren im Java-Sinne. In einem UML-Diagramm werden Konstruktoren wie Operationen gekennzeichnet, die eben nur so heißen wie die Klasse.

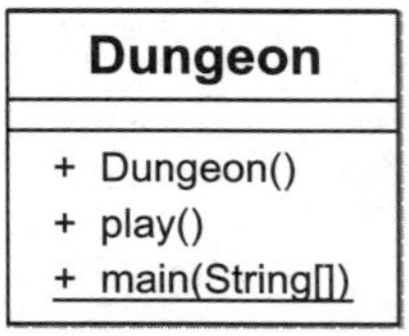

```
         Dungeon
  + Dungeon()
  + play()
  + main(String[])
```

Abbildung 5.4 Die Klasse »Dungeon« mit einem Konstruktor und zwei Methoden

5.5.2 Der vorgegebene Konstruktor (engl. »default constructor«)

Wenn wir in unserer Klasse überhaupt keinen Konstruktor angeben, legt der Compiler automatisch einen an. Diesen Konstruktor nennt die Java Sprachdefintion (JLS) *default constructor*, was wir als *vorgegebener Konstruktor* (selten auch *Vorgabekonstruktor*) eindeutschen wollen.

Schreiben wir nur

```
class Player
{
}
```

macht der Compiler daraus immer automatisch:

```
class Player
{
  Player() { }
}
```

Der vorgegebene Konstruktor hat immer die gleiche Sichtbarkeit wie die Klasse. Ist also die Klasse `public/private/protected`, wird auch der automatisch eingeführte Konstruktor `public/private/protected` sein. Ist die Klasse paketsichtbar, ist es auch der Konstruktor.

Vorgegebener und expliziter Standard-Konstruktor

Ob ein parameterloser Konstruktor vom Compiler oder Entwickler angelegt wurde, ist ein Implementierungsdetail, das für Nutzer der Klasse irrelevant ist. Daher ist es im Grunde egal, ob wir einen Standard-Konstruktor selbst anlegen oder ob wir uns einen vorgegebenen Konstruktor vom Compiler generieren lassen: Im Bytecode lässt sich das nicht mehr unterscheiden. Selbst die JavaDoc-API-Dokumentation von einer `public class C1 {}` und `public class C2 { public C2(){} }` wäre strukturell gleich.

358

```
CAFE BABE 0000 0032 0010 0700 0201 0002   Êp°¾...2........
4331 0700 0401 0010 6A61 7661 2F6C 616E   C1......java/lan
672F 4F62 6A65 6374 0100 063C 696E 6974   g/Object...<init
3E01 0003 2829 5601 0004 436F 6465 0A00   >...()V...Code..
0300 090C 0005 0006 0100 0F4C 696E 654E   ...........LineN
756D 6265 7254 6162 6C65 0100 124C 6F63   umberTable...Loc
616C 5661 7269 6162 6C65 5461 626C 6501   alVariableTable.
0004 7468 6973 0100 044C 4331 3B01 000A   ..this...LC1;...
536F 7572 6365 4669 6C65 0100 0743 312E   SourceFile...C1.
6A61 7661 0021 0001 0003 0000 0000 0001   java.!..........
0001 0005 0006 0001 0007 0000 002F 0001   ............./..
0001 0000 0005 2AB7 0008 B100 0000 0200   ......*·...±.....
0A00 0000 0600 0100 0000 0100 0B00 0000   ................
0C00 0100 0000 0500 0C00 0D00 0000 0100   ................
0E00 0000 0200 0F                         ......[.]
```

```
CAFE BABE 0000 0032 0010 0700 0201 0002   Êp°¾...2........
4332 0700 0401 0010 6A61 7661 2F6C 616E   C2......java/lan
672F 4F62 6A65 6374 0100 063C 696E 6974   g/Object...<init
3E01 0003 2829 5601 0004 436F 6465 0A00   >...()V...Code..
0300 090C 0005 0006 0100 0F4C 696E 654E   ...........LineN
756D 6265 7254 6162 6C65 0100 124C 6F63   umberTable...Loc
616C 5661 7269 6162 6C65 5461 626C 6501   alVariableTable.
0004 7468 6973 0100 044C 4332 3B01 000A   ..this...LC2;...
536F 7572 6365 4669 6C65 0100 0743 322E   SourceFile...C2.
6A61 7661 0021 0001 0003 0000 0000 0001   java.!..........
0001 0005 0006 0001 0007 0000 002F 0001   ............./..
0001 0000 0005 2AB7 0008 B100 0000 0200   ......*·...±.....
0A00 0000 0600 0100 0000 0100 0B00 0000   ................
0C00 0100 0000 0500 0C00 0D00 0000 0100   ................
0E00 0000 0200 0F                         ......[.]
```

Abbildung 5.5 Kein Unterschied im Bytecode der Klassen C1 und C2

In der Begriffswelt der Insel heißt ein parameterloser Konstruktor immer *Standard-Konstruktor*, was natürlich den Unterschied verschwimmen lässt, ob der Standard-Konstruktor von Hand angelegt wurde oder als (impliziter) vorgegebener Konstruktor vom Compiler eingeführt wurde. Um das noch klarer zu unterscheiden, können wir diesen Umstand mit *vorgegebener (Standard-)Konstruktor* und *expliziter Standard-Konstruktor* weiter präzisieren.

Auch wenn der Compiler einen vorgegebenen Konstruktor anlegt, ist es oft sinnvoll, einen eigenen Standard-Konstruktor anzugeben, auch wenn der Rumpf leer ist. Ein Grund ist, ihn mit JavaDoc zu dokumentieren, ein anderer Grund ist, die Sichtbarkeit explizit zu wählen, etwa wenn die Kasse `public` ist, aber der Konstruktor nur die Paketsichtbarkeit haben soll.

Begrifflichkeit In der Java-Language Specification gibt es bei den Konstruktoren nur die Trennungen in *no-arg-constructor* (parameterloser Konstruktor) und *default constructor* (vorgegebener Konstruktor), aber den Begriff »standard constructor« gibt es nicht. Viele Autoren übersetzen die englische Bezeichnung »default constructor« (unseren vorgegebenen Konstruktor) einfach nur mit »Standard-Konstruktor«.

Begrifflichkeit II Einige Autoren nennen nur den vom Entwickler explizit geschriebenen parameterlosen Konstruktor »Standard-Konstruktor« und trennen dies sprachlich von dem Konstruktor, den der Compiler generiert hat, den sie weiterhin »Default-Konstruktor« nennen.

5 | Eigene Klassen schreiben

> Beide werden dann zusammengefasst einfach »parameterlose Konstruktoren« genannt. Wenn also etwa die Frage gestellt wird, ob die Deklaration `class C { }` einen Standard-Konstruktor enthält, ist die Begrifflichkeit des Autors zu prüfen. Wenn der Autor nur den ausprogrammierten parameterlosen Konstruktor »Standard-Konstruktor« genannt hat, so hätte die Klasse C nach seiner Definition *keinen* »Standard-Konstruktor«. Nach der Insel-Definition hätte die Klasse zwar einen vorgegebenen (Standard-)Konstruktor, aber keinen expliziten Standard-Konstruktor.

5.5.3 Parametrisierte und überladene Konstruktoren

Der Standard-Konstruktor hatte keine Parameter, und daher hatten wir ihn auch *parameterlosen Konstruktor* genannt. Ein Konstruktor kann aber wie eine Methode auch eine Parameterliste besitzen: Er heißt dann *parametrisierter Konstruktor* oder *allgemeiner Konstruktor*. Konstruktoren können wie Methoden überladen, also mit unterschiedlichen Parameterlisten deklariert sein. Dies soll auch für den Spieler gelten:

▶ `Player( String name )`

▶ `Player( String name, String item )`

Der `Player` soll sich mit einem Namen und alternativ auch mit einem Gegenstand initialisieren lassen:

Listing 5.28 com/tutego/insel/game/v6/Player.java, Player

```java
public class Player
{
  public String name;
  public String item;

  public Player( String name )
  {
    this.name = name;
  }

  public Player( String name, String item )
  {
    this.name = name;
    this.item = item;
  }
}
```

Player
+ name + item
+ Player(name: String) + Player(name: String, item: String)

360

Die Nutzung kann so aussehen:

Listing 5.29 com/tutego/insel/game/v6/Playground.java, main()

```
Player spuderman = new Player( "Spuderman" ) ;
System.out.println( spuderman.name ); // Spuderman
System.out.println( spuderman.item ); // null

Player holk      = new Player( "Holk", "green color" );
System.out.println( holk.name );     // Holk
System.out.println( holk.item );     // green color
```

Wann der Compiler keinen vorgegebenen Konstruktor einfügt

Wenn es mindestens einen ausprogrammierten Konstruktor gibt, gibt der Compiler keinen eigenen Standard-Konstruktor mehr vor. Wenn wir also nur parametrisierte Konstruktoren haben – wie in unserem obigen Beispiel – führt der Versuch, bei unserer Spieler-Klasse ein Objekt einfach mit dem Standard-Konstruktor über new Player() zu erzeugen, zu einem Übersetzungsfehler, da es eben keinen vom Compiler generierten Standard-Konstruktor gibt:

```
Player p = new Player();        // ☠ The constructor Player() is undefined
```

Dass der Compiler keinen vorgegebenen Konstruktor anlegt, hat seinen guten Grund: Es ließe sich sonst ein Objekt anlegen, ohne dass vielleicht wichtige Variablen initialisiert worden wären. So ist das bei unserem Spieler. Die parametrisierten Konstruktoren erzwingen, dass beim Erzeugen ein Spielername angegeben werden muss, sodass nach dem Aufbau auf jeden Fall ein Spielername vorhanden ist. Wenn wir es ermöglichen wollen, dass Entwickler neben den parametrisierten Konstruktoren auch einen parameterlosen Standard-Konstruktor nutzen können, müssten wir diesen per Hand hinzufügen.

Wie ein nützlicher Konstruktor aussehen kann

Besitzt ein Objekt eine Reihe von Attributen, so wird ein Konstruktor in der Regel diese Attribute initialisieren wollen. Wenn wir eine Unmenge von Attributen in einer Klasse haben, sollten wir dann auch endlos viele Konstruktoren schreiben? Besitzt eine Klasse Attribute, die durch setXXX()-Methoden gesetzt und durch getXXX()-Methoden gelesen werden, so ist es nicht unbedingt nötig, dass diese Attribute im Konstruktor gesetzt werden. Ein Standard-Konstruktor, der das Objekt in einen Initialzustand setzt, ist angebracht; anschließend können die Zustände mit den Zugriffsmethoden verändert werden. Das sagt auch die JavaBean-Konvention. Praktisch sind sicherlich auch Konstruktoren, die die häufigsten Initialisierungsszenarien abdecken. Das Punkt-Objekt der Klasse java.awt.Point lässt sich mit dem Standard-Konstruktor erzeugen, aber auch mit einem parametrisierten, der gleich die Koordinatenwerte entgegennimmt.

Wenn ein Objekt Attribute besitzt, die nicht über setXXX()-Methoden modifiziert werden können, diese Werte aber bei der Objekterzeugung wichtig sind, so bleibt uns nichts anderes übrig, als die Werte im Konstruktor einzufügen (eine setXXX()-Methode, die nur einmalig eine Schreiboperation zulässt, ist nicht wirklich schön). So arbeiten zum Beispiel Werte-

5 | Eigene Klassen schreiben

objekte, die einmal im Konstruktor einen Wert bekommen und ihn beibehalten. In der Java-Bibliothek gibt es eine Reihe solcher Klassen, die keinen Standard-Konstruktor besitzen, und nur einige parametrisierte, die Werte erwarten. Die im Konstruktor übergebenen Werte initialisieren das Objekt, und es behält diese Werte sein ganzes Leben lang. Zu den Klassen gehören zum Beispiel `Integer`, `Double`, `Color`, `File` oder `Font`.

5.5.4 Copy-Konstruktor

Ein Konstruktor ist außerordentlich praktisch, wenn er ein typgleiches Objekt über seinen Parameter entgegennimmt und aus diesem Objekt die Startwerte für seinen eigenen Zustand nimmt. Ein solcher Konstruktor heißt *Copy-Konstruktor*.

Dazu ein Beispiel: Die Klasse `Player` bekommt einen Konstruktor, der einen anderen Spieler als Parameter entgegennimmt. Auf diese Weise lässt sich ein schon initialisierter Spieler als Vorlage für die Attributwerte nutzen. Alle Eigenschaften des existierenden Spielers können so auf den neuen Spieler übertragen werden. Die Implementierung kann so aussehen:

Listing 5.30 com/tutego/insel/game/v7/Player.java, Player

```java
public class Player
{
  public String name;
  public String item;

  public Player()
  {
  }

  public Player( Player player )
  {
    name = player.name;
    item = player.item;
  }
}
```

Player
+ name
+ item
+ Player()
+ Player(player: Player)

Die statische `main()`-Methode soll jetzt einen neuen Spieler `patric` erzeugen und anschließend wiederum einen neuen Spieler `tryk` mit den Werten von `patric` initialisieren:

Listing 5.31 com/tutego/insel/game/v7/Playground.java, main()

```java
Player patric = new Player();
patric.name = "Patric Circle";
```

362

```
patric.item = "Knoten";

Player tryk = new Player( patric );
System.out.println( tryk.name );  // Patric Circle
System.out.println( tryk.item );  // Knoten
```

> **Hinweis** Wenn die Klasse `Player` neben dem parametrisierten Konstruktor `Player(Player)` einen zweiten, `Player(Object)`, deklarieren würde, käme es bei einer Verwendung durch `new Player(patric)` auf den ersten Blick zu einem Konflikt, denn beide Konstruktoren würden passen. Der Java-Compiler löst das so, dass er immer den spezifischsten Konstruktor aufruft, also `Player(Player)` und nicht `Player(Object)`. Das gilt auch für `new Player(null)` – auch hier wird der Konstruktor `Player(Player)` bemüht. Während diese Frage für den Alltag nicht so bedeutend ist, müssen sich Kandidaten der Java-Zertifizierung »Sun Certified Java Programmer« auf eine solche Frage einstellen. Im Übrigen gilt bei den Methoden das gleiche Prinzip.

[«]

5.5.5 Einen anderen Konstruktor der gleichen Klasse mit »this()« aufrufen

Mitunter werden zwar verschiedene Konstruktoren angeboten, aber nur in einem Konstruktor verbirgt sich die tatsächliche Initialisierung des Objekts. Nehmen wir unser Beispiel mit dem Konstruktor, der einen Spieler als Vorlage über einen Parameter nimmt, aber auch einen anderen Konstruktor, der den Namen und den Gegenstand direkt entgegennimmt:

Listing 5.32 com/tutego/insel/game/v8/Player.java, Player

```
public class Player
{
  public String name;
  public String item;

  public Player( Player player )
  {
    name = player.name;
    item = player.item;
  }

  public Player( String name, String item )
  {
    this.name = name;
    this.item = item;
  }
}
```

Zu erkennen ist, dass beide Konstruktoren die Objektvariablen initialisieren und letztlich das Gleiche machen. Schlauer ist es, wenn der Konstruktor `Player(Player)` den Konstruktor `Player(String, String)` der eigenen Klasse aufruft. Dann muss nicht gleicher Programmcode für die Initialisierung mehrfach ausprogrammiert werden. Java lässt eine solche Konstruktorverkettung mit dem Schlüsselwort `this` zu:

Listing 5.33 com/tutego/insel/game/v9/Player.java, Player

```java
public class Player
{
  public String name;
  public String item;

  public Player()
  {
    this( "", "" );
  }

  public Player( Player player )
  {
    this( player.name, player.item );
  }

  public Player( String name, String item )
  {
    this.name = name;
    this.item = item;
  }
}
```

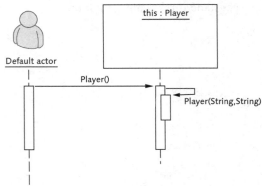

Der Gewinn gegenüber der vorherigen Lösung ist, dass es nur eine zentrale Stelle gibt, die im Fall von Änderungen angefasst werden müsste. Nehmen wir an, wir hätten zehn Konstruktoren für alle erdenklichen Fälle in genau diesem Stil implementiert. Tritt der unerwünschte Fall ein, dass wir auf einmal in jedem Konstruktor etwas initialisieren müssen, so muss der Programmcode – etwa ein Aufruf der Methode init() – in jeden der Konstruktoren eingefügt werden. Dieses Problem umgehen wir einfach, indem wir die Arbeit auf einen speziellen Konstruktor verschieben. Ändert sich nun das Programm in der Weise, dass beim Initialisieren überall zusätzlicher Programmcode ausgeführt werden muss, dann ändern wir eine Zeile in dem konkreten, von allen benutzten Konstruktor. Damit fällt für uns wenig Änderungsarbeit an – unter softwaretechnischen Gesichtspunkten ein großer Vorteil. Überall in den Java-Bibliotheken lässt sich diese Technik wiedererkennen.

Objekte anlegen und zerstören | 5.5

Hinweis Das Schlüsselwort this ist in Java mit zwei Funktionen belegt: Zum einen »zeigt« es als Referenz auf das aktuelle Objekt, und zum anderen formt es einen Aufruf zu einem anderen Konstruktor der gleichen Klasse.

[«]

Einschränkungen von »this()« *
Beim Aufruf eines anderen Konstruktors mittels this() gibt es zwei wichtige Beschränkungen:

▶ Der Aufruf von this() muss die erste Anweisung des Konstruktors sein.

▶ Als Parameter von this() können keine Objektvariablen übergeben werden. Insbesondere Eigenschaften aus der Oberklasse sind noch nicht präsent. Möglich sind aber statische finale Variablen (Konstanten).

Die erste Einschränkung besagt, dass das Erzeugen eines Objekts immer das Erste ist, was ein Konstruktor leisten muss. Nichts darf vor der Initialisierung ausgeführt werden. Die zweite Einschränkung hat damit zu tun, dass die Objektvariablen erst *nach* dem Aufruf von this() initialisiert werden, sodass ein Zugriff unsinnig wäre – die Werte wären im Allgemeinen null:

Listing 5.34 Stereo.java

```java
public class Stereo
{
  static          final int STANDARD = 1000;
  /*non-static*/ final int standard = 1000;
  public int watt;

  public Stereo()
  {
    // this( standard );
    // Führt auskommentiert zum Compilerfehler:
    // Cannot refer to an instance field standard while explicitly invoking
    // a constructor

    this( STANDARD );
  }


  public Stereo( int watt )
  {
    this.watt = watt;
  }
}
```

Da Objektvariablen bis zu einem bestimmten Punkt noch nicht initialisiert sind (was der nächste Abschnitt erklärt), lässt uns der Compiler nicht darauf zugreifen – nur statische Variablen sind als Übergabeparameter erlaubt. Daher ist der Aufruf this(standard) nicht gültig,

365

5 | Eigene Klassen schreiben

da `standard` eine Objektvariable ist; `this(STANDARD)` ist jedoch in Ordnung, weil `STANDARD` eine statische Variable ist.

5.5.6   Ihr fehlt uns nicht – der Garbage-Collector

Glücklicherweise werden wir beim Programmieren von der lästigen Aufgabe befreit, Speicher von Objekten freizugeben. Wird ein Objekt nicht mehr referenziert, findet der Garbage-Collector[7] dieses Objekt und kümmert sich um alles Weitere – der Entwicklungsprozess wird dadurch natürlich vereinfacht. Der Einsatz eines GC verhindert zwei große Probleme:

▸ Ein Objekt kann gelöscht werden, aber die Referenz existiert noch (engl. *dangling pointer*).

▸ Kein Zeiger verweist auf ein bestimmtes Objekt, dieses existiert aber noch im Speicher (engl. *memory leak*).

[»] **Hinweis** Konstruktoren sind besondere Anweisungsblöcke, die die Laufzeitumgebung immer im Zuge der Objekterzeugung aufruft. Sprachen wie C++ kennen auch das Konzept eines Dekonstruktors, also eines besonderen Anweisungsblocks, der immer dann aufgerufen wird, wenn die Laufzeitumgebung erkennt, dass das Objekt nicht mehr benötigt wird. Allgemeine Dekonstruktoren kennt Java nicht. Es gibt jedoch mit der `finalize()`-Methode (sie wird in Abschnitt 9.3.6, »Aufräumen mit finalize()«, vorgestellt) eine Möglichkeit, die an einen Dekonstruktor erinnert, allerdings mit einigen Einschränkungen.

Prinzipielle Arbeitsweise des Müllaufsammlers

Der Garbage-Collector (GC) erscheint hier als ominöses Ding, das die Objekte clever verwaltet. Doch was ist der GC? Implementiert wird er als unabhängiger Thread mit niedriger Priorität. Er verwaltet die Wurzelobjekte, von denen aus das gesamte Geflecht der lebendigen Objekte (der so genannte Objektgraph) erreicht werden kann. Dazu gehören die Wurzel des Thread-Gruppen-Baums und die lokalen Variablen aller aktiven Methodenaufrufe (Stack aller Threads). In regelmäßigen Abständen markiert der GC nicht benötigte Objekte und entfernt sie.

Dank der *HotSpot*-Technologie, die schon seit Java 1.3 fester Bestandteil der JVM ist, geschieht das Anlegen von Objekten unter der Java VM von Oracle sehr schnell. HotSpot verwendet einen generationenorientierten GC, der ausnutzt, dass zwei Gruppen von Objekten mit deutlich unterschiedlicher Lebensdauer existieren. Die meisten Objekte sterben sehr jung, die wenigen überlebenden Objekte werden hingegen sehr alt. Die Strategie dabei ist, dass Objekte im »Kindergarten« erzeugt werden, der sehr oft nach toten Objekten durchsucht wird und in der Größe beschränkt ist. Überlebende Objekte kommen nach einiger Zeit aus dem Kindergarten in eine andere Generation, die nur selten vom GC durchsucht wird. Damit folgt der GC der Philosophie von Auffenberg, der meinte: »Verbesserungen müssen zeitig glücken; im Sturm kann man nicht mehr die Segel flicken.« Das heißt, der GC arbeitet ununterbrochen

---

7   Lange Tradition hat der Garbage-Collector unter LISP und unter Smalltalk, aber auch Visual Basic benutzt einen GC.

Objekte anlegen und zerstören | **5.5**

und räumt auf. Er beginnt nicht erst mit der Arbeit, wenn es zu spät und der Speicher schon voll ist.

Die manuelle Nullung und Speicherlecks
Im folgenden Szenario wird der GC das nicht mehr benötigte Objekt hinter der Referenzvariablen `ref` entfernen können, wenn die Laufzeitumgebung den inneren Block verlässt:

```
{
  {
    StringBuffer ref = new StringBuffer();
  }
  // StringBuffer ref ist frei für den GC
}
```

In fremden Programmen sind mitunter Anweisungen wie die folgende zu lesen:

```
ref = null;
```

Oftmals sind sie unnötig, denn wie im Fall unseres Blocks weiß der GC, wann der letzte Verweis vom Objekt genommen wurde. Anders sieht das aus, wenn die Lebensdauer der Variablen größer ist, etwa bei einer Objekt- oder sogar bei einer statischen Variablen oder wenn sie in einem Feld referenziert wird. Wenn dann das referenzierte Objekt nicht mehr benötigt wird, sollte die Variable (oder der Feldeintrag) mit `null` belegt werden, da andernfalls der GC das Objekt aufgrund der starken Referenzierung nicht wegräumen würde. Zwar findet der GC jedes nicht mehr referenzierte Objekt, aber die Fähigkeit zur Devination[8], Speicherlecks durch unbenutzte, aber referenzierte Objekte aufzuspüren, hat er nicht.

5.5.7 Private Konstruktoren, Utility-Klassen, Singleton, Fabriken

Ein Konstruktor kann privat sein, was verhindert, dass von außen ein Exemplar dieser Klasse gebildet werden kann. Was auf den ersten Blick ziemlich beschränkt erscheint, erweist sich als ziemlich clever, wenn damit die Exemplarbildung bewusst verhindert werden soll. Sinnvoll ist das etwa bei den so genannten *Utility-Klassen*. Das sind Klassen, die nur statische Methoden besitzen, also Hilfsklassen sind. Beispiele für diese Hilfsklassen gibt es zur Genüge, zum Beispiel `Math`. Warum sollte es hier Exemplare geben? Für den Aufruf von `max()` ist das nicht nötig. Also wird die Bildung von Objekten erfolgreich mit einem privaten Konstruktor unterbunden.

Wenn ein Konstruktor privat ist, bedeutet das noch lange nicht, dass keine Exemplare mehr erzeugt werden können. Ein privater Konstruktor besagt nur, dass er von außen nicht sichtbar ist – aber die Klasse selbst kann ihn ebenso wie private Methoden »sehen« und zur Objekterzeugung nutzen. Objektmethoden kommen dafür nicht in Frage, da ähnlich wie beim Henne-Ei-Problem ja vorher ein Objekt nötig wäre. Es bleiben somit die statischen Methoden als Erzeuger.

---

8 Wahrsagen

367

5 | Eigene Klassen schreiben

Singleton

Ein *Singleton* stellt sicher, dass es von einer Klasse nur ein Exemplar gibt.[9] Nützlich ist das für Dinge, die es nur genau einmal in einer Applikation geben soll, etwa einen Logger für Protokollierungen:

Listing 5.35 Logger.java

```
public final class Logger
{
  private static Logger logger;

  private Logger()
  {
  }

  public static synchronized Logger getInstance()
  {
    if ( logger == null )
      logger = new Logger();
    return logger;
  }

  public void log( String s )
  {
    System.out.println( s );
  }
}
```

Interessant sind einmal der private Konstruktor und zum anderen die statische Anfrage-Methode getInstance(). Gibt es noch kein Exemplar des Loggers, erzeugt getInstance() eines und weist es der Klassenvariablen zu. synchronized schützt bei parallelen Zugriffen, sodass nur ein Thread die Methode betreten kann und ein potenziell anderer Thread so lange warten muss, bis der erste Thread die Methode wieder verlassen hat:

Listing 5.36 LoggerUser.java

```
public class LoggerUser
{
  public static void main( String[] args )
  {
    Logger.getInstance().log( "Log mich!" );
  }
}
```

Fabrikmethoden

Eine *Fabrikmethode* geht noch einen Schritt weiter als ein Singleton. Sie erzeugt nicht exakt ein Exemplar, sondern unter Umständen auch mehrere. Die grundlegende Idee jedoch ist, dass

---

9 Nicht in der gesamten JVM, das ist nicht möglich. Zu diesem Problem kommen wir noch in Abschnitt 11.2, »Klassenlader (Class Loader)«.

der Anwender nicht über einen Konstruktor ein Exemplar erzeugt, sondern im Allgemeinen über eine statische Methode. Dies hat den Vorteil, dass die statische Fabrikmethode

▶ alte Objekte aus einem Cache wiedergeben kann,

▶ den Erzeugungsprozess auf Unterklassen verschieben kann und

▶ `null` zurückgeben darf.

Ein Konstruktor erzeugt immer ein Exemplar der eigenen Klasse. Eine Rückgabe wie `null` kann ein Konstruktor nicht liefern, denn bei `new` wird immer ein neues Objekt gebaut. Fehler könnten nur über eine Exception angezeigt werden.

In der Java-Bibliothek gibt es eine Unmenge an Beispielen für Fabrikmethoden. Durch eine Namenskonvention sind sie leicht zu erkennen: Meistens heißen sie `getInstance()`. Eine Suche in der API-Dokumentation fördert gleich 90 solcher Methoden zutage. Viele sind parametrisiert, um genau anzugeben, was die Fabrik für Objekte erzeugen soll. Nehmen wir zum Beispiel die statischen Fabrikmethoden vom `java.util.Calendar`:

▶ `Calendar.getInstance()`

▶ `Calendar.getInstance( java.util.Locale )`

▶ `Calendar.getInstance( java.util.TimeZone )`

Die nicht parametrisierte Methode gibt ein Standard-`Calendar`-Objekt zurück. `Calendar` ist aber selbst eine abstrakte Basisklasse. Innerhalb der `getInstance()`-Methode befindet sich Quellcode wie der folgende:

```
static Calendar getInstance()
{
  return new GregorianCalendar();
}
```

Im Rumpf der Erzeugermethode `getInstance()` wird bewusst die Unterklasse `GregorianCalendar` ausgewählt, die `Calendar` erweitert. Das ist möglich, da durch Vererbung eine Ist-eine-Art-von-Beziehung gilt und `GregorianCalendar` ein `Calendar` ist. Der Aufrufer von `getInstance()` bekommt das nicht mit, und er empfängt wie gewünscht ein `Calendar`-Objekt. Mit dieser Möglichkeit kann `getInstance()` testen, in welchem Land die JVM läuft, und abhängig davon die passende `Calendar`-Implementierung auswählen.

5.6 Klassen- und Objektinitialisierung *

Eine wichtige Eigenschaft guter Programmiersprachen ist ihre Fähigkeit, keine uninitialisierten Zustände zu erzeugen. Bei lokalen Variablen achtet der Compiler auf die Belegung, also darauf, ob vor dem ersten Lesezugriff schon ein Wert zugewiesen ist. Bei Objektvariablen und Klassenvariablen haben wir bisher festgestellt, dass die Variablen automatisch mit 0, `null` oder `false` oder mit einem eigenen Wert belegt werden. Wir wollen jetzt sehen, wie dies genau funktioniert.

5 | Eigene Klassen schreiben

5.6.1 Initialisierung von Objektvariablen

Wenn der Compiler eine Klasse mit Objekt- oder Klassenvariablen sieht, dann müssen diese Variablen an irgendeiner Stelle initialisiert werden. Werden sie einfach deklariert und nicht mit einem Wert initialisiert, so regelt die virtuelle Maschine die Vorbelegung. Spannender ist der Fall, wenn den Variablen explizit ein Wert zugewiesen wird (der auch 0 sein kann). Dann erzeugt der Compiler automatisch einige zusätzliche Zeilen.

Betrachten wir dies zuerst für eine Objektvariable:

Listing 5.37 InitObjectVariable.java

```
class InitObjectVariable
{
  int j = 1;

  InitObjectVariable()
  {
  }

  InitObjectVariable( int j )
  {
    this.j = j;
  }

  InitObjectVariable( int x, int y )
  {
  }
}
```

Die Variable j wird mit 1 belegt. Es ist wichtig, zu wissen, an welcher Stelle Variablen ihre Werte bekommen. So erstaunlich es klingt, aber die Zuweisung findet im Konstruktor statt. Das heißt, der Compiler wandelt das Programm bei der Übersetzung eigenmächtig wie folgt um:

```
class InitObjectVariable
{
  int j;

  InitObjectVariable()
  {
    j = 1;
  }

  InitObjectVariable( int j )
  {
    this.j = 1;
    this.j = j;
  }
```

370

```
  InitObjectVariable( int x, int y )
  {
    j = 1;
  }
}
```

Wir erkennen, dass die Variable wirklich nur beim Aufruf des Konstruktors initialisiert wird. Die Zuweisung steht dabei in der ersten Zeile. Dies kann sich als Falle erweisen, denn problematisch ist etwa die Reihenfolge der Belegung.

Manuelle Nullung

Genau genommen initialisiert die Laufzeitumgebung jede Objekt- und Klassenvariable zunächst mit 0, null oder false und später mit einem Wert. Daher ist die Nullung von Hand nicht nötig:

```
class NeedlessInitNull
{
  int    i = 0;            // unnötig
  String s = null;         // unnötig
}
```

Der Compiler würde nur zusätzlich in jeden Konstruktor die Initialisierung i = 0, s = null einsetzen.[10] Aus diesem Grund ist auch Folgendes nicht meisterhaft:

```
class NeedlessInitNull
{
  int i = 0;
  NeedlessInitNull( int i ) { this.i = i; }
}
```

Die Belegung für i wird sowieso überschrieben.

5.6.2 Statische Blöcke als Klasseninitialisierer

Eine Art Konstruktor für das Klassenobjekt selbst (und nicht für das Exemplar der Klasse) ist ein static-Block, der einmal oder mehrmals in eine Klasse gesetzt werden kann. Jeder Block wird genau dann ausgeführt, wenn die Klasse vom Klassenlader in die virtuelle Maschine geladen wird.[11] Der Block heißt *Klasseninitialisierer* oder *statischer Initialisierungsblock*:

Listing 5.38 StaticBlock.java

```
class StaticBlock
{
```

---

10 Wir wollen hier den Fall, dass der Konstruktor der Oberklasse i einen Wert ungleich 0 setzt, nicht betrachten.

11 In der Regel geschieht dies nur einmal während eines Programmlaufs. Unter gewissen Umständen – es gibt einen eigenen Klassenlader für die Klasse – kann jedoch eine Klasse auch aus dem Speicher entfernt und dann mit einem anderen Klassenlader wieder neu geladen werden. Dann werden die static-Blöcke neu ausgeführt.

5 | Eigene Klassen schreiben

```java
static
{
  System.out.println( "Eins" );
}

public static void main( String[] args )
{
  System.out.println( "Jetzt geht's los." );
}

static
{
  System.out.println( "Zwei" );
}
}
```

Lädt der Klassenlader die Klasse `StaticBlock`, so führt er zuerst den ersten Block mit der Ausgabe »Eins« aus und dann den Block mit der Ausgabe »Zwei«. Da die Klasse `StaticBlock` auch das `main()` besitzt, führt die virtuelle Maschine anschließend die Startmethode aus.

Java-Programme ohne main()

Lädt der Klassenlader eine Klasse, so führt er als Allererstes die statischen Blöcke aus. Mit dieser Eigenschaft lassen sich Programme ohne statische `main()`-Methode schreiben. In den statischen Block wird einfach das Hauptprogramm geschrieben. Da die virtuelle Maschine aber immer noch nach dem `main()` sucht, müssen wir die Laufzeitumgebung schon vorher beenden. Dies geschieht dadurch, dass mit `System.exit()` die Bearbeitung abgebrochen wird:

Listing 5.39 StaticNowMain.java

```java
class StaticNowMain
{
  static
  {
    System.out.println( "Jetzt bin ich das Hauptprogramm" );
    System.exit( 0 );
  }
}
```

Nicht jede Laufzeitumgebung nimmt das jedoch ohne Murren hin. Mit diesem Vorgehen ist der Nachteil verbunden, dass bei Ausnahmen im versteckten Hauptprogramm manche virtuellen Maschinen unsinnige Fehler melden – etwa den, dass die Klasse `StaticNowMain` nicht gefunden wurde, oder auch eine `ExceptionInInitializerError`, die an Stelle einer vernünftigen Exception kommt.

5.6.3 Initialisierung von Klassenvariablen

Abschließend bleibt die Frage, wo Klassenvariablen initialisiert werden. Im Konstruktor ergibt dies keinen Sinn, da für Klassenvariablen keine Objekte angelegt werden müssen.

Dafür gibt es den `static{}`-Block. Dieser wird immer dann ausgeführt, wenn der Klassenlader eine Klasse in die Laufzeitumgebung geladen hat. Für eine statische Initialisierung wird also wieder der Compiler etwas einfügen:

```
public class InitStaticVariable         public class InitStaticVariable
{                                        {
  static int staticInt = 2;                static int staticInt;
}                                          static
                                           {
                                             staticInt = 2;
                                           }
                                         }
```

5.6.4 Eincompilierte Belegungen der Klassenvariablen

Finale Klassenvariablen können in der Entwicklung mit einer größeren Anzahl von Klassen zu einem Problem werden. Das liegt an der Eigenschaft der finalen Werte, dass sie sich nicht ändern können und sich daher sicher an der Stelle einsetzen lassen, wo sie gebraucht werden. Ein Beispiel:

```
public class Finance
{
  public static final int TAX = 19;
}
```

Greift eine andere Klasse auf die Variable `TAX` zu, ist das im Quellcode nicht als direkter Variablenzugriff `Finance.TAX` kodiert, sondern der Compiler hat das Literal 19 direkt an jeder Aufrufstelle eingesetzt. Dies ist eine Optimierung des Compilers, die er laut Java-Spezifikation vornehmen kann.

Das ist zwar nett, bringt aber gewaltige Probleme mit sich, etwa dann, wenn sich die Konstante einmal ändert. Dann muss nämlich auch jede Klasse übersetzt werden, die Bezug auf die Konstante hatte. Werden die abhängigen Klassen nicht neu übersetzt, ist in ihnen immer noch der alte Wert eincompiliert.

Die Lösung ist, die bezugnehmenden Klassen neu zu übersetzen und sich am besten anzugewöhnen, bei einer Änderung einer Konstante gleich alles neu zu compilieren. Ein anderer Weg transformiert die finale Variable in eine später initialisierte Form:

```
public class Finance
{
  public static final int TAX = Integer.valueOf( 19 );
}
```

Die Initialisierung findet im statischen Initialisierer statt, und die Konstante mit dem Literal 19 ist zunächst einmal verschwunden. Der Compiler wird also beim Zugriff auf `Finance.TAX` keine Konstante 19 vorfinden und daher das Literal an den Aufrufstellen nicht einbauen kön-

5 | Eigene Klassen schreiben

nen. In der Klassendatei wird der Bezug Finance.TAX vorhanden sein, und eine Änderung der Konstanten erzwingt keine neue Übersetzung der Klassen.

5.6.5 Exemplarinitialisierer (Instanzinitialisierer)

Neben den Konstruktoren haben die Sprachschöpfer eine weitere Möglichkeit vorgesehen, um Objekte zu initialisieren. Diese Möglichkeit wird insbesondere bei anonymen inneren Klassen wichtig, also bei Klassen, die sich in einer anderen Klasse befinden.

Ein Exemplarinitialisierer ist ein Konstruktor ohne Namen. Er besteht in einer Klassendeklaration nur aus einem Paar geschweifter Klammern und gleicht einem statischen Initialisierungsblock ohne das Schlüsselwort static:

Listing 5.40 JavaInitializers.java

```java
public class JavaInitializers
{
  static
  {
   System.out.println( "Statischer Initialisierer");
  }

  {
    System.out.println( "Exemplarinitialisierer" );
  }

  JavaInitializers()
  {
   System.out.println( "Konstruktor" );
  }

  public static void main( String[] args )
  {
    new JavaInitializers();
    new JavaInitializers();
  }
}
```

Die Ausgabe ist:

```
Statischer Initialisierer
Exemplarinitialisierer
Konstruktor
Exemplarinitialisierer
Konstruktor
```

Der statische Initialisierer wird nur einmal abgearbeitet: genau dann, wenn die Klasse geladen wird. Konstruktor und Exemplarinitialisierer werden pro Aufbau eines Exemplars abgearbeitet. Der Programmcode vom Exemplarinitialisierer wird dabei vor dem eigentlichen Programmcode im Konstruktor abgearbeitet.

Klassen- und Objektinitialisierung * | **5.6**

Mit Exemplarinitialisierern Konstruktoren vereinfachen
Die Exemplarinitialisierer können gut dazu verwendet werden, Initialisierungsarbeit bei der
Objekterzeugung auszuführen. In den Blöcken lässt sich Programmcode setzen, der sonst in
jeden Konstruktor kopiert oder andernfalls in einer gesonderten Methode zentralisiert werden müsste. Mit dem Exemplarinitialisierer lässt sich der Programmcode vereinfachen, denn
der gemeinsame Teil kann in diesen Block gelegt werden, und wir haben eine Quellcode-Du-
plizierung im Quellcode vermieden. Allerdings hat die Technik gegenüber einer langweiligen
Initialisierungsmethode auch Nachteile:

▶ Zwar ist im Quellcode die Duplizierung nicht mehr vorhanden, aber in der Klassendatei
steht sie wieder. Das liegt daran, dass der Compiler alle Anweisungen des Exemplarinitia-
lisierers in jeden Konstruktor kopiert.

▶ Exemplarinitialisierer können schnell übersehen werden. Ein Blick auf den Konstruktor
verrät uns dann nicht mehr, was er alles macht, da verstreute Exemplarinitialisierer Initialisierungen ändern oder hinzufügen können. Die Initialisierung trägt damit nicht zur Übersichtlichkeit bei.

▶ Ein weiteres Manko ist, dass die Initialisierung nur bei neuen Objekten, also mit `new()`,
durchgeführt wird. Wenn Objekte wiederverwendet werden sollen, ist eine private
Methode wie `initialize()`, die das Objekt wie frisch erzeugt initialisiert, gar nicht so
schlecht. Eine Methode lässt sich immer aufrufen, und damit sind die Objektzustände wie
neu.

▶ Die API-Dokumentation führt Exemplarinitialisierer nicht auf; die Konstruktoren müssen
also die Aufgabe erklären.

Mehrere Exemplarinitialisierer
In einer Klasse können mehrere Exemplarinitialisierer auftauchen. Sie werden der Reihe nach
durchlaufen, und zwar vor dem eigentlichen Konstruktor. Der Grund liegt in der Realisierung
der Umsetzung: Der Programmcode der Exemplarinitialisierer wird an den Anfang aller Konstruktoren gesetzt. Objektvariablen wurden schon initialisiert. Ein Programmcode wie der folgende:

Listing 5.41 WhoIsAustin.java

```java
class WhoIsAustin
{
  String austinPowers = "Mike Myers";

  {
    System.out.println( "1 " + austinPowers );
  }

  WhoIsAustin()
  {
    System.out.println( "2 " + austinPowers );
  }
}
```

375

wird vom Compiler also umgebaut zu:

```java
class WhoIsAustin
{
  String austinPowers;

  WhoIsAustin()
  {
    austinPowers = "Mike Myers";
    System.out.println( "1 " + austinPowers );
    System.out.println( "2 " + austinPowers );
  }
}
```

Wichtig ist, abschließend zu sagen, dass vor dem Zugriff auf eine Objektvariable im Exemplarinitialisierer diese Variable vorher im Programm deklariert sein muss und somit dem Compiler bekannt sein muss. Korrekt ist:

```java
class WhoIsDrEvil
{
  String drEvil = "Mike Myers";

  {
    System.out.println( drEvil );
  }
}
```

Während Folgendes zu einem Fehler führt:

```java
class WhoIsDrEvil
{
  {
    System.out.println( drEvil );      // ☠ Compilerfehler
  }

  String drEvil = "Mike Myers";
}
```

Das ist eher ungewöhnlich, denn würden wir die print-Anweisung in einen Konstruktor setzen, wäre das erlaubt.

[»] **Hinweis** Exemplarinitialisierer ersetzen keine Konstruktoren! Sie sind selten im Einsatz und eher für innere Klassen gedacht, ein Konzept, das später in Kapitel 10, »Architektur, Design und angewandte Objektorientierung«, vorgestellt wird.

5.6.6 Finale Werte im Konstruktor und in statischen Blöcken setzen

Wie die Beispiele im vorangegangenen Abschnitt zeigen, werden Objektvariablen erst im Konstruktor gesetzt und statische Variablen in einem static-Block. Diese Tatsache müssen wir jetzt mit finalen Variablen zusammenbringen, was uns da hinführt, dass auch sie in Konstruktoren beziehungsweise in Initialisierungsblöcken zugewiesen werden. Im Unterschied zu nicht-finalen Variablen müssen finale Variablen auf jeden Fall gesetzt werden, und nur genau ein Schreibzugriff ist möglich.

Finale Werte aus dem Konstruktor belegen

Eine finale Variable darf nur einmal belegt werden. Das bedeutet nicht zwingend, dass sie am Deklarationsort mit einem Wert belegt werden muss, sondern es ist möglich, das auch später vorzunehmen. Der Konstruktor darf zum Beispiel finale Objektvariablen beschreiben. Das Paar aus finaler Variable und initialisierendem Konstruktor ist ein häufig genutztes Idiom, wenn Variablenwerte später nicht mehr geändert werden sollen. So ist im Folgenden die Variable `pattern` final, da sie nur einmalig über den Konstruktor gesetzt und anschließend nur noch gelesen wird:

Listing 5.42 Pattern.java

```
public class Pattern
{
  private final String pattern;

  public Pattern( String pattern )
  {
    this.pattern = pattern;
  }

  public String getPattern()
  {
    return pattern;
  }
}
```

> **Java-Stil** Immer dann, wenn sich bis auf die direkte Initialisierung vor Ort oder im Konstruktor die Belegung nicht mehr ändert, sollten Entwickler finale Variablen verwenden.

Konstante mit Dateiinhalt initialisieren

Mit diesem Vorgehen lassen sich auch »variable« Konstanten angeben, deren Belegung sich erst zur Laufzeit ergibt. Im nächsten Beispiel soll eine Datei eine Konstante enthalten, die Hubble-Konstante[12]:

Listing 5.43 hubble-constant.txt

77

Die Hubble-Konstante bestimmt die Expansionsgeschwindigkeit des Universums und ist eine zentrale Größe in der Kosmologie. Dummerweise ist die genaue Bestimmung schwer und der

---

12 *http://de.wikipedia.org/wiki/Hubble-Konstante*

5 | Eigene Klassen schreiben

Name *Konstante* eigentlich unpassend. Damit eine Änderung des Werts nicht zur Neuübersetzung des Java-Programms führen muss, legen wir den Wert in eine Datei und belegen gerade nicht direkt die finale statische Konstantenvariable. Die Klasse liest in einem `static`-Block den Wert aus der Datei und belegt die finale statische Konstante:

Listing 5.44 LateConstant.java

```java
public class LateConstant
{
  public static final int    HUBBLE;
  public           final String ISBN;

  static
  {
    HUBBLE = new java.util.Scanner(
      LateConstant.class.getResourceAsStream("hubble-constant.txt")).nextInt();
  }

  public LateConstant()
  {
    ISBN = "3572100100";
  }

  public static void main( String[] args )
  {
    System.out.println( HUBBLE );                    // 77
    System.out.println( new LateConstant().ISBN );   // 3572100100
  }
}
```

Im Beispiel arbeiten mehrere Klassen zusammen, um eine Zahl einzulesen. Am Anfang steht das `Class`-Objekt, das Zugriff auf den Klassenlader liefert, der einen Zugang zur Datei ermöglicht. `LateConstant.class` ist die Schreibweise, um das `Class`-Objekt unserer eigenen Klasse zu beziehen. Die Methode `getResourceAsStream()` ist eine Objektmethode des `Class`-Objekts und gibt einen Datenstrom zum Dateiinhalt, den die Klasse `Scanner` als Eingabequelle zum Lesen nutzt. Die Objektmethode `nextInt()` liest anschließend eine Ganzzahl aus der Datei aus.

5.7 Assoziationen zwischen Objekten

Eine wichtige Eigenschaft objektorientierter Systeme ist der Austausch von Nachrichten untereinander. Dazu »kennt« ein Objekt andere Objekte und kann Anforderungen weitergeben. Diese Verbindung nennt sich *Assoziation* und ist das wichtigste Werkzeug bei der Bildung von Objektverbänden.

Assoziationstypen

Bei Assoziationen ist zu unterscheiden, ob nur eine Seite die andere kennt oder ob eine Navigation in beiden Richtungen möglich ist:

- Eine *unidirektionale Beziehung* geht nur in eine Richtung (ein Fan kennt seine Band, aber nicht umgekehrt).
- Eine *bidirektionale Beziehung* geht in beide Richtungen (Raum kennt Spieler und Spieler kennt Raum). Eine bidirektionale Beziehung ist natürlich ein großer Vorteil, da die Anwendung die Assoziation in beliebiger Richtung ablaufen kann.

Daneben gibt es bei Beziehungen die *Multiplizität*, auch *Kardinalität* genannt. Sie sagt aus, mit wie vielen Objekten eine Seite eine Beziehung haben kann. Übliche Beziehungen sind 1:1 und 1:n.

5.7.1 Unidirektionale 1:1-Beziehung

Damit ein Spieler sich in einem Raum befinden kann, lässt sich in Player eine Referenzvariable vom Typ Room anlegen. In Java sähe das in etwa so aus:

Listing 5.45 com/tutego/insel/game/va/Player.java, Player

```
public class Player
{
  public Room room;
}
```

Listing 5.46 com/tutego/insel/game/va/Room.java, Room

```
public class Room
{
}
```

Zur Laufzeit müssen natürlich noch die Verweise gesetzt werden:

Listing 5.47 com/tutego/insel/game/va/Playground.java, main()

```
Player buster = new Player();
Room   tower  = new Room();
buster.room   = tower;           // Buster kommt in den Tower
```

Assoziationen in der UML

Die UML stellt Assoziationen durch eine Linie zwischen den beteiligten Klassen dar. Hat eine Assoziation eine Richtung, zeigt ein Pfeil am Ende der Assoziation diese an. Wenn es keine Pfeile gibt, heißt das nur, dass die Richtung noch nicht genauer spezifiziert ist, und nicht automatisch, dass die Beziehung bidirektional ist.

5 | Eigene Klassen schreiben

Die Multiplizität wird angeben als »untere Grenze..obere Grenze«, etwa 1..4. Außerdem lässt sich in UML eine Rolle angeben, welche Aufgabe die Beziehung für eine Seite hat. Die Rollen sind wichtig für *reflexive Assoziationen* (auch *zirkuläre* oder *rekursive Assoziationen* genannt), wenn ein Typ auf sich selbst zeigt. Ein beliebtes Beispiel ist der Typ Person mit den Rollen Chef und Mitarbeiter.

5.7.2 Bidirektionale 1:1-Beziehungen

Diese gerichteten Assoziationen sind in Java sehr einfach umzusetzen, wie wir im Beispiel gesehen haben. Beidseitige Assoziationen erscheinen auf den ersten Blick auch einfach, da nur die Gegenseite um eine Verweisvariable erweitert werden muss. Beginnen wir mit dem Szenario, dass der Spieler seinen Raum und der Raum seinen Spieler kennen soll:

Listing 5.48 com/tutego/insel/game/vb/Player.java, Player

```
public class Player
{
  public Room room;
}
```

Listing 5.49 com/tutego/insel/game/vb/Room.java, Room

```
public class Room
{
  public Player player;
}
```

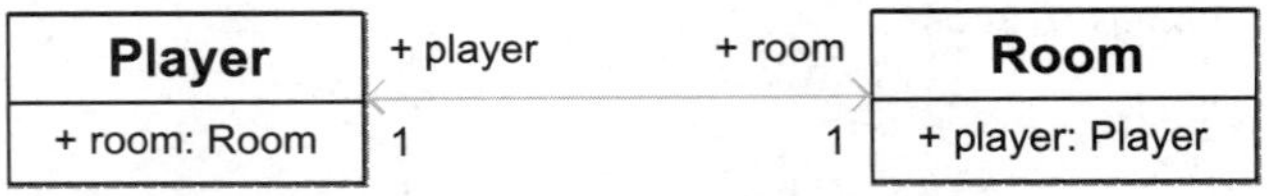

Player	+ player	+ room	**Room**
+ room: Room	1	1	+ player: Player

Abbildung 5.6 Bei bidirektionalen Beziehungen gibt es zwei Pfeile.

Verbinden wir das:

Listing 5.50 com/tutego/insel/game/vb/Playground.java, main()

```
Player buster = new Player();
Room   tower  = new Room();
buster.room = tower;
tower.player = buster;
```

So einfach ist es aber nicht! Bidirektionale Beziehungen erfordern etwas mehr Programmieraufwand, da sichergestellt sein muss, dass beide Seiten eine gültige Referenz besitzen. Denn wird die Assoziation auf einer Seite aufgekündigt, etwa durch Setzen der Referenz auf null, muss auch die andere Seite die Referenz lösen:

```
buster.room = null;         // Spieler will nicht mehr im Raum sein
```

380

Auch kann es passieren, dass zwei Räume angeben, einen Spieler zu besitzen, doch der Spieler kennt von der Modellierung her nur genau einen Raum:

Listing 5.51 com/tutego/insel/game/vb/InvalidPlayground.java, main()

```
Player buster = new Player();
Room   tower = new Room();
buster.room = tower;
tower.player = buster;
Room toilet = new Room();
toilet.player = buster;
System.out.println( buster );        // com.tutego.insel.game.vb.Player@aaaaaa
System.out.println( tower );         // com.tutego.insel.game.vb.Room@444444
System.out.println( toilet );        // com.tutego.insel.game.vb.Room@999999
System.out.println( buster.room );   // com.tutego.insel.game.vb.Room@444444
System.out.println( tower.player );  // com.tutego.insel.game.vb.Player@aaaaaa
System.out.println( toilet.player ); // com.tutego.insel.game.vb.Player@aaaaaa
```

An der Ausgabe ist abzulesen, dass sich Buster im Tower befindet, aber auch die Toilette sagt, dass Buster dort ist (die Kennungen hinter @ sind für das Buch durch gut unterscheidbare Zeichenketten ersetzt. Sie sind bei jedem Aufruf anders).

Die Wurzel des Übels liegt in den Variablen. Variablen können keine Konsistenzbedingungen aufrechterhalten, Methoden können wie in einer Transaktion aber mehrere Operationen durchführen und von einem korrekten Zustand in den nächsten überführen. Daher erfolgt diese Kontrolle am besten mit Zugriffsmethoden, etwa wie `setRoom()` und `setPlayer()`.

5.7.3   Unidirektionale 1:n-Beziehung

Immer dann, wenn ein Objekt mehrere andere Objekte referenzieren muss, reicht eine einfache Referenzvariable vom Typ der anderen Seite nicht mehr aus. Dann sind Datenstrukturen gefragt, die mehrere Referenzen aufnehmen können, etwa dann, wenn sich in einem Raum mehrere Spieler befinden können oder wenn ein Spieler mehrere Gegenstände mit sich trägt. Wir müssen auf der 1-Seite eine Datenstruktur verwenden, die entweder eine feste oder eine dynamische Anzahl anderer Objekte aufnimmt. Eine Handy-Tastatur hat beispielsweise nur eine feste Anzahl von Tasten und ein Tisch nur eine feste Anzahl von Beinen. Bei Sammlungen dieser Art ist ein Array gut geeignet. Bei anderen Beziehungen, wo die Anzahl referenzierter Objekte dynamisch ist, ist ein Array wenig elegant, da die manuellen Vergrößerungen oder Verkleinerungen mühevoll sind.

Dynamische Datenstruktur »ArrayList«

Wollen wir zum Beispiel erlauben, dass ein Spieler mehrere Gegenstände tragen kann oder eine unbekannte Anzahl Spieler sich in einem Raum befinden können, ist eine dynamische Datenstruktur wie `java.util.ArrayList` sinnvoller. Genauer wollen wir uns zwar erst in Kapitel 13, »Datenstrukturen und Algorithmen«, mit besagten Datenstrukturen und Algorithmen beschäftigen, doch seien an dieser Stelle schon drei Methoden der `ArrayList` vorgestellt, die Elemente in einer Liste (Sequenz) hält:

- `boolean add( E o )` fügt ein Objekt vom Typ `E` der Liste hinzu.
- `int size()` liefert die Anzahl der Elemente in der Liste.
- `E get( int index )` liefert das Element an der Stelle `index`.

Mit diesem Wissen wollen wir dem Raum Methoden geben, sodass er beliebig viele Spieler aufnehmen kann. Für den unidirektionalen Fall ist die `Player`-Klasse wieder einfach:

Listing 5.52 com/tutego/insel/game/vc/Player.java, Player

```
public class Player
{
  public String name;

  public Player( String name )
  {
    this.name = name;
  }
}
```

Der Raum bekommt ein internes Attribut `players` vom Typ der `ArrayList`:

```
private ArrayList<Player> players = new ArrayList<Player>();
```

Dass Angaben in spitzen Klammern hinter dem Typ stehen, liegt an den Java Generics – sie besagen, dass die `ArrayList` nur `Player` aufnehmen wird und keine anderen Dinge (wie Geister). Die Raum-Klasse wird dann zu:

Listing 5.53 com/tutego/insel/game/vc/Room.java, Room

```
import java.util.ArrayList;

public class Room
{
  private ArrayList<Player> players = new ArrayList<Player>();

  public void addPlayer( Player player )
  {
    players.add( player );
  }

  public void listPlayers()
  {
    for ( Player player : players )
      System.out.println( player.name );
  }
}
```

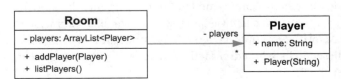

Die Datenstruktur selbst ist privat, und die `addPlayer()`-Methode fügt einen Spieler in die `ArrayList` ein. Eine Besonderheit bietet die Methode `listPlayers()`, denn sie nutzt das erweiterte `for` zum Durchlaufen aller Spieler. Beim erweiterten `for` ist rechts vom Doppelpunkt nicht nur ein Array erlaubt, sondern auch eine Datenstruktur wie die Liste. Nachdem also zwei Spieler mit `addPlayer()` hinzugefügt wurden, wird `listPlayers()` die beiden Spielernamen ausgeben:

Listing 5.54 com/tutego/insel/game/vc/Playground.java, main()

```
Room oceanLiner = new Room();
oceanLiner.addPlayer( new Player( "Tim" ) );
oceanLiner.addPlayer( new Player( "Jorry" ) );
oceanLiner.listPlayers();                      // Tim Jorry
```

5.8 Vererbung

Schon von Kindheit an lernen wir, Objekte in Beziehung zu setzen. Assoziationen bilden dabei die Hat-Beziehung zwischen Objekten ab: Ein Teddy hat (nach dem Kauf) zwei Arme, der Tisch hat vier Beine, der Wauwau hat ein Fell. Neben der Assoziation von Objekten gibt es eine weitere Form der Beziehung, die Ist-eine-Art-von-Beziehung[13]. Apfel und Birne sind Obstsorten, Lotad, Seedot und Wingull sind verschiedene Pokémons, und »Berg« ist der Sammelbegriff und die Kategorie für K2 und Mount Everest.

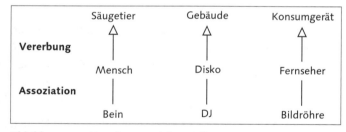

Abbildung 5.7 Vererbung und Assoziation

Das Besondere bei der Ist-eine-Art-von-Beziehung ist die Tatsache, dass die Gruppe gewisse Merkmale für alle Elemente der Gruppe vorgibt.[14] Bei Obst haben wir eine intuitive Vorstellung, und jeder Berg hat eine Höhe und einen Namen sowie eine Reihe von Besteigern.

Programmiersprachen drücken über die Vererbung Gruppierung und Hierarchiebildung aus. Vererbung basiert auf der Vorstellung, dass Eltern ihren Kindern Eigenschaften mitgeben.

---

13 So etwas gibt es auch in der Linguistik; dort heißt der Oberbegriff eines Begriffs Hyperonym und der Unterbegriff eines Begriffs Hyponym.
14 Semantische Netzwerke sind in der kognitiven Psychologie ein Erklärungsmodell zur Wissensrepräsentation. Eigenschaften gehören zu Kategorien, die durch Ist-eine-Art-von-Beziehungen hierarchisch verbunden sind. Informationen, die nicht bei einem speziellen Konzept abgespeichert sind, lassen sich von einem übergeordneten Konzept abrufen.

5 | Eigene Klassen schreiben

Vererbung bindet die Klassen sehr dicht aneinander. Mittels dieser engen Verbindung können wir später sehen, dass Klassen in gewisser Weise austauschbar sind. Ein Programm kann ausdrücken: Gib mir irgendein Obststück, und es bekommt dann vielleicht einen Apfel oder eine Birne.

5.8.1 Vererbung in Java

Java ordnet Klassen in hierarchischen Relationen an, in der sie Ist-eine-Art-von-Beziehungen bilden. Eine neu deklarierte Klasse erweitert durch das Schlüsselwort extends eine andere Klasse. Sie wird dann zur *Unterklasse* (auch *Subklasse*, *Kindklasse* oder *Erweiterungsklasse* genannt). Die Klasse, von der die Unterklasse erbt, heißt *Oberklasse* (auch *Superklasse* oder *Elternklasse*). Durch den Vererbungsmechanismus werden alle sichtbaren Eigenschaften der Oberklasse auf die Unterklasse übertragen. Eine Oberklasse vererbt also Eigenschaften, und die Unterklasse erbt sie.

[»] **Hinweis** In Java können nur Untertypen von Klassen deklariert werden. Einschränkungen von primitiven Typen – etwa im Wertebereich oder in der Anzahl der Nachkommastellen – sind nicht möglich. Die Programmiersprache Ada erlaubt das zum Beispiel, und Untertypen sind beim XML-Schema üblich, wo etwa xs:short oder xs:unsignedByte Untertypen von xs:integer sind.

5.8.2 Spielobjekte modellieren

Wir wollen nun eine *Klassenhierarchie* für Objekte in unserem Spiel aufbauen. Bisher haben wir Spieler, Schlüssel und Räume, aber andere Objekte kommen später noch hinzu. Eine Gemeinsamkeit der Objekte ist, dass sie Spielobjekte sind und alle im Spiel einen Namen haben: Der Raum heißt etwa »Knochenbrecherburg«, der Spieler »James Blond« und der Schlüssel »Magic Wand«.

All diese Objekte sind Spielobjekte und durch ihre Eigenschaft, dass sie alle denselben Namen haben, miteinander verwandt. Die Ist-eine-Art-von-Hierarchie muss aber nicht auf einer Ebene aufhören. Wir könnten uns einen privilegierten Spieler als Spezialisierung vom Spieler vorstellen. Der privilegierte Spieler darf zusätzlich Dinge tun, die ein normaler Spieler nicht tun darf. Damit ist ein normaler Spieler eine Art von Spielobjekt, ein privilegierter Spieler ist eine Art von Spieler, und transitiv gilt weiterhin, dass ein privilegierter Spieler eine Art von Spielobjekt ist.

Schreiben wir die Hierarchie für zwei Spielobjekte auf, für den Spieler und den Raum. Der Raum hat zusätzlich eine Größe. Die Basisklasse (Oberklasse) soll GameObject sein:

Listing 5.55 com/tutego/insel/game/vd/GameObject.java, GameObject

```
public class GameObject
{
  public String name;
}
```

384

Der Player soll einfach nur das GameObject erweitern und nichts hinzufügen:

Listing 5.56 com/tutego/insel/game/vd/Player.java, Player
```
public class Player extends GameObject
{
}
```

Syntaktisch wird die Vererbung durch das Schlüsselwort extends beschrieben. Die Deklaration der Klasse Player trägt den Anhang extends GameObject und erbt somit alle sichtbaren Eigenschaften der Oberklasse, also das Attribut name. Die vererbten Eigenschaften behalten ihre Sichtbarkeit, sodass eine Eigenschaft public weiterhin public bleibt. Private Eigenschaften sind für andere Klassen nicht sichtbar, also auch nicht für die Unterklassen; sie erben somit private Eigenschaften nicht.

Der Raum soll neben dem geerbten Namen noch eine Größe besitzen:

Listing 5.57 com/tutego/insel/game/vd/Room.java, Room
```
public class Room extends GameObject
{
  public int size;
}
```

Die Klasse Room kann die geerbten Eigenschaften nutzen, also etwa auf die Variable name zurückgreifen. Wenn sich in der Oberklasse der Typ der Variablen oder die Implementierung einer Methode ändert, wird auch die Unterklasse diese Änderung zu spüren bekommen. Daher ist die Kopplung mittels Vererbung sehr eng, denn die Unterklassen sind Änderungen der Oberklassen ausgeliefert, da ja Oberklassen nichts von Unterklassen wissen.

Damit ergibt sich das nachfolgende UML-Diagramm. Die Vererbung ist durch einen Pfeil in Richtung der Oberklasse angegeben.

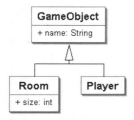

Die Unterklassen Room und Player besitzen alle sichtbaren Eigenschaften der Oberklasse und zusätzlich ihre hinzugefügten:

Listing 5.58 com/tutego/insel/game/vd/Playground.java, Ausschnitt
```
Room clinic = new Room();
clinic.name = "Clinic";              // Geerbtes Attribut
clinic.size = 120000;                // Eigenes Attribut

Player theDoc = new Player();
theDoc.name = "Dr. Schuwibscho";     // Geerbtes Attribut
```

5 | Eigene Klassen schreiben

5.8.3 Die implizite Basisklasse »java.lang.Object«

Steht keine ausdrückliche extends-Anweisung hinter einem Klassennamen – wie in dem Beispiel GameObject –, erbt die Klasse automatisch von Object, einer impliziten Basisklasse. Steht also keine ausdrückliche Oberklasse, wie bei

```
class GameObject
```

so ist das gleichwertig zu:

```
class GameObject extends Object
```

Alle Klassen haben somit direkt oder indirekt die Klasse java.lang.Object als Basisklasse und erben so eine Reihe von Methoden, wie toString().

5.8.4 Einfach- und Mehrfachvererbung *

In Java ist auf direktem Weg nur die *Einfachvererbung* (engl. *single inheritance*) erlaubt, sodass hinter dem Schlüsselwort extends lediglich eine einzige Klasse steht. Andere objektorientierte Programmiersprachen, wie C++[15], Python, Perl oder Eiffel, erlauben Mehrfachvererbung und können mehrere Klassen zu einer neuen verbinden. Doch warum bietet Java neben anderen Sprachen wie C#, Objective-C, Simula, Ruby oder Delphi keine Mehrfachvererbung auf Klassenebene?

Nehmen wir an, die Klassen O1 und O2 deklarieren beide eine öffentliche Methode f(), und U ist eine Klasse, die von O1 und O2 erbt. Steht in U ein Methodenaufruf f(), ist nicht klar, welche der beiden Methoden gemeint ist. In C++ löst der Scope-Operator (::) das Problem, indem der Entwickler immer angibt, aus welcher Oberklasse die Funktion anzusprechen ist.

Dazu gesellt sich das *Diamanten-Problem* (auch Rauten-Problem genannt). Zwei Klassen, K1 und K2, erben von einer Oberklasse O eine Eigenschaft x. Eine Unterklasse U erbt von den Klassen K1 und K2. Lässt sich in U auf die Eigenschaft x zugreifen? Eigentlich existiert die Eigenschaft ja nur einmal und dürfte kein Grund zur Sorge sein. Dennoch stellt dieses Szenario ein Problem dar, weil der Compiler »vergessen« hat, dass sich x in den Unterklassen K1 und K2 nicht verändert hat. Mit der Einfachvererbung kommt es erst gar nicht zu diesem Dilemma.

Immer wieder wird diskutiert, ob das Fehlen der Mehrfachvererbung Java einschränkt. Die Antwort ist zu verneinen. Java erlaubt zwar keine multiplen Oberklassen, es erlaubt aber immer noch, mehrere Schnittstellen (Interfaces) zu implementieren und so unterschiedliche Typen anzunehmen.

5.8.5 Die Sichtbarkeit »protected«

Eine Unterklasse erbt alle sichtbaren Eigenschaften. Dazu gehören alle public-Elemente und, falls sich Unterklasse und Oberklasse im gleichen Paket befinden, auch die paketsichtbaren Eigenschaften. Die Vererbung kann durch private eingeschränkt werden, dann sieht keine andere Klasse die Eigenschaften, weder fremde noch Unterklassen.

---

15 Bjarne Stroustrup hat Mehrfachvererbung erst in C++ 2.0 (1985–1987) eingeführt.

386

Neben diesen drei Sichtbarkeiten kommt eine vierte hinzu: protected. Diese Sichtbarkeit umfasst (seltsamerweise) zwei Eigenschaften:

▶ protected-Eigenschaften werden an alle Unterklassen vererbt.

▶ Klassen, die sich im gleichen Paket befinden, können alle protected-Eigenschaften sehen, denn protected ist eine Erweiterung der Paketsichtbarkeit.

Sind also weitere Klassen im gleichen Paket und Eigenschaften protected, ist die Sichtbarkeit für sie public. Für andere Nicht-Unterklassen in anderen Paketen sind die protected-Eigenschaften private. Damit lassen sich die Sichtbarkeiten so ordnen:

public > protected > paketsichtbar > private

5.8.6 Konstruktoren in der Vererbung und »super()«

Obwohl Konstruktoren Ähnlichkeit mit Methoden haben, etwa in der Eigenschaft, dass sie überladen werden oder Ausnahmen erzeugen können, werden sie im Gegensatz zu Methoden nicht vererbt. Das heißt, eine Unterklasse muss ganz neue Konstruktoren angeben, denn mit den Konstruktoren der Oberklasse kann ein Objekt der Unterklasse nicht erzeugt werden. Ob das nun reine Objektorientierung ist – darüber lässt sich streiten; in der Skriptsprache Python etwa werden auch Konstruktoren vererbt. In Java gehören Konstruktoren eigentlich zum statischen Teil einer Klasse. Die Klasse selbst weiß, wie neue Objekte konstruiert werden. Würden wir Konstruktoren eher als Initialisierungsmethoden ansehen, läge es natürlich näher, sie wie Objektmethoden zu behandeln. Dagegen spricht jedoch, dass eine Unterklasse mehr Eigenschaften hat und der Konstruktor der Oberklasse dann nur einen Teil initialisieren würde.

In Java sammelt eine Unterklasse zwar automatisch alle sichtbaren Eigenschaften der Oberklasse, aber die Initialisierung der einzelnen Eigenschaften pro Hierarchie ist immer noch Aufgabe der jeweiligen Konstruktoren in der Hierarchie. Um diese Initialisierung sicherzustellen, ruft Java im Konstruktor einer jeden Klasse (ausgenommen java.lang.Object) automatisch den Standard-Konstruktor der Oberklasse auf, damit die Oberklasse »ihre« Attribute initialisieren kann. Es ist dabei egal, ob der Konstruktor in der Unterklasse parametrisiert ist oder nicht; jeder Konstruktor der Unterklasse muss einen der Oberklasse aufrufen.

Ein Beispiel mit Konstruktorweiterleitung

Sehen wir uns noch einmal die Konstruktorverkettung an:

```
class GameObject
{
}

class Player extends GameObject
{
}
```

5 | Eigene Klassen schreiben

Da wir keine expliziten Konstruktoren haben, fügt der Compiler diese ein, und da `GameObject` von `java.lang.Object` erbt, sieht die Laufzeitumgebung die Klassen so:

```
class GameObject
{
  GameObject() { }
}

class Player extends GameObject
{
  Player() { }
}
```

Deutschland sucht den »super()«-Aufruf

Dass automatisch jeder Konstruktor einer Klasse den Standard-Konstruktor der Oberklasse aufruft, lässt sich auch explizit formulieren – das nötige Schlüsselwort ist `super` und formt den Aufruf `super()`. Da der Compiler automatisch `super()` als erste Anweisung in den Konstruktor einfügt, müssen wir das nicht manuell hinschreiben und sollten es uns auch sparen – unsere Fingerkraft ist wichtig für andere Dinge! Ob wir also nun von Hand `super()` im Konstruktor platzieren oder es vom Compiler einsetzen lassen, für die Laufzeitumgebung ist die vorangehende Schreibweise oder die folgende völlig gleich:

```
class GameObject extends Object
{
  GameObject()
  {
    super();        // Ruft Standard-Konstruktor von Object auf
  }
}

class Player extends GameObject
{
  Player()
  {
    super();        // Ruft Standard-Konstruktor von GameObject auf
  }
}
```

[»] **Hinweis** `super()` muss immer die erste Anweisung im Konstruktor sein. Beim Aufbau neuer Objekte läuft die Laufzeitumgebung daher als Erstes die Hierarchie nach `java.lang.Object` ab und beginnt dort von oben nach unten mit der Initialisierung. Kommt der eigene Konstruktor an die Reihe, konnten die Konstruktoren der Oberklasse ihre Werte schon initialisieren.

»super()« auch bei parametrisierten Konstruktoren

Nicht nur die Standard-Konstruktoren rufen mit `super()` den Standard-Konstruktor der Oberklasse auf, sondern auch immer die parametrisierten Konstruktoren. Nehmen wir eine Klasse für Außerirdische mit einem parametrisierten Konstruktor für den Namen des Planeten an:

388

Listing 5.59 com/tutego/insel/game/vd/Alien.java, Alien

```
public class Alien extends GameObject
{
  public String planet;

  public Alien( String planet )
  {
    this.planet = planet;
  }
}
```

Auch wenn es hier keinen Standard-Konstruktor gibt, sondern nur einen parametrisierten, ruft auch dieser automatisch den Standard-Konstruktor der Basisklasse GameObject auf. Explizit ausgeschrieben heißt das:

```
public Alien( String planet )
{
  super();        // Ruft automatisch den Standard-Konstruktor von GameObject auf
  this.planet = planet;
}
```

Natürlich muss super() wieder als Erstes stehen.

»super()« mit Argumenten füllen

Mitunter ist es nötig, aus der Unterklasse nicht nur den Standard-Konstruktor anzusteuern, sondern einen anderen (parametrisierten) Konstruktor der Oberklasse anzusprechen. Dazu gibt es das super() mit Argumenten.

Der Aufruf von super() kann parametrisiert erfolgen, sodass nicht der Standard-Konstruktor, sondern ein parametrisierter Konstruktor aufgerufen wird. Gründe dafür könnten sein:

▶ Ein parametrisierter Konstruktor der Unterklasse leitet die Argumente an die Oberklasse weiter; es soll nicht der Standard-Konstruktor aufgerufen werden, da der Oberklassen-Konstruktor das Attribut annehmen und verarbeiten soll.

▶ Wenn wir keinen Standard-Konstruktor in der Oberklasse vorfinden, müssen wir in der Unterklasse mittels super(Argument ...) einen speziellen, parametrisierten Konstruktor aufrufen.

Gehen wir Schritt für Schritt eine Vererbungshierarchie durch, um zu verstehen, dass ein super() mit Parameter nötig ist.

Beginnen wir mit einer Klasse Alien, die in einem parametrisierten Konstruktor den Planetennamen erwartet:

Listing 5.60 Alien.java

```
public class Alien
{
  public String planet;
```

```
    public Alien( String planet ) { this.planet = planet; }
}
```

Erweitert eine Klasse `Grob` für eine besondere Art von Außerirdischen die Klasse `Alien`, kommt es zu einem Compilerfehler:

```
public class Grob extends Alien { }    // ☠ Compilerfehler
```

Der Fehler vom Eclipse-Compiler ist: `"Implicit super constructor Alien() is undefined. Must explicitly invoke another constructor."`

Der Grund ist simpel: `Grob` enthält einen vom Compiler generierten vorgegebenen Konstruktor, der mit `super()` nach einem Standard-Konstruktor in `Alien` sucht – den gibt es aber nicht. Wir müssen daher entweder einen Standard-Konstruktor in der Oberklasse anlegen (was bei nicht modifizierbaren Klassen natürlich nicht geht) oder das `super()` in `Grob` so einsetzen, dass es mit einem Argument den parametrisierten Konstruktor der Oberklasse aufruft. Das kann so aussehen:

Listing 5.61 Grob.java

```
public class Grob extends Alien
{
  public Grob()
  {
    super( "Locutus" );    // Alle Grobs leben auf Locutus
  }
}
```

Es spielt dabei keine Rolle, ob `Grob` einen Standard-Konstruktor oder einen parametrisierten Konstruktor besitzt: In beiden Fällen müssen wir mit `super()` einen Wert an den Konstruktor der Basisklasse übergeben. Oftmals leiten Unterklassen einfach nur den Konstruktorwert an die Oberklasse weiter:

```
public class Grob extends Alien
{
  public Grob( String planet )
  {
    super( planet );
  }
}
```

Der »this()«-und-»super()«-Konflikt *

`this()` und `super()` haben eine Gemeinsamkeit: Beide wollen die erste Anweisung eines Kon-struktors sein. Es kommt vor, dass es mit `super()` einen parametrisierten Aufruf des Konstruktors der Basisklasse gibt, aber gleichzeitig auch ein `this()` mit Parametern, um in einem zentralen Konstruktor alle Initialisierungen vornehmen zu können. Beides geht aber leider nicht. Die Lösung besteht darin, auf das `this()` zu verzichten und den gemeinsamen Programmcode in eine private Methode zu setzen. Das kann so aussehen:

Listing 5.62 ColoredLabel.java

```java
import java.awt.Color;
import javax.swing.JLabel;

public class ColoredLabel extends JLabel
{
  public ColoredLabel()
  {
    initialize( Color.BLACK );
  }

  public ColoredLabel( String label )
  {
   super( label );
   initialize( Color.BLACK );
  }

  public ColoredLabel( String label, Color color )
  {
    super( label );
    initialize( color );
  }

  private void initialize( Color color )
  {
    setForeground( color );
  }
}
```

Die farbige Beschriftung `ColoredLabel` ist ein spezielles `JLabel`. Es kann auf drei Arten initialisiert werden, wobei bei allen Herangehensweisen gleich ist, dass eine Farbe gespeichert werden muss. Das übernimmt die Methode `initialize()`, die alle Konstruktoren aufrufen. Hier wird dann Beliebiges platziert, was gerne alle Konstruktoren initialisieren wollen.

Zusammenfassung: Konstruktoren und Methoden

Methoden und Konstruktoren haben einige Gemeinsamkeiten in der Signatur, weisen aber auch einige wichtige Unterschiede auf, wie den Rückgabewert oder den Gebrauch von `this` und `super`. Tabelle 5.3 fasst die Unterschiede und Gemeinsamkeiten zusammen:[16]

Benutzung	Konstruktoren	Methoden
Modifizierer	Sichtbarkeit `public`, `protected`, paket-sichtbar und `private`. Können *nicht* `abstract`, `final`, `native`, `static` oder `synchronized` sein.	Sichtbarkeit `public`, `protected`, paket-sichtbar und `private`. Können `abstract`, `final`, `native`, `static` oder `synchronized` sein.

Tabelle 5.3 Gegenüberstellung von Konstruktoren und Methoden

---

16 Schon seltsam, dass `synchronized` nicht erlaubt ist, aber ein Konstruktor ist implizit `synchronized`.

5 | Eigene Klassen schreiben

Benutzung	Konstruktoren	Methoden
Rückgabewert	kein Rückgabewert, auch nicht `void`	Rückgabetyp oder `void`
Bezeichnername	Gleicher Name wie die Klasse. Beginnt mit einem Großbuchstaben.	Beliebig. Beginnt mit einem Kleinbuchstaben.
`this`	`this` ist eine Referenz in Objektmethoden und Konstruktoren, die sich auf das aktuelle Exemplar bezieht.	
	`this()` bezieht sich auf einen anderen Konstruktor der gleichen Klasse. Wird `this()` benutzt, muss es in der ersten Zeile stehen.	
`super`	`super` ist eine Referenz mit dem Namensraum der Oberklasse. Damit lassen sich überschriebene Objektmethoden aufrufen.	
	`super()` ruft einen Konstruktor der Oberklasse auf. Wird es benutzt, muss es die erste Anweisung sein.	
Vererbung	Konstruktoren werden nicht vererbt.	Sichtbare Methoden werden vererbt.

Tabelle 5.3 Gegenüberstellung von Konstruktoren und Methoden (Forts.)

5.9 Typen in Hierarchien

Die Vererbung bringt einiges Neues in Bezug auf Kompatibilität von Typen mit. Dieser Abschnitt beschäftigt sich mit den Fragen, welche Typen kompatibel sind und wie sich ein Typ zur Laufzeit testen lässt.

5.9.1 Automatische und explizite Typanpassung

Die Klassen `Room` und `Player` haben wir als Unterklassen von `GameObject` modelliert. Die eigene Oberklasse `GameObject` erweitert selbst keine explizite Oberklasse, sodass implizit `java.lang.Object` die Oberklasse ist. In `GameObject` gibt es das Attribut `name`, das `Player` und `Room` erben, und der Raum hat zusätzlich `size` für die Raumgröße.

Ist-eine-Art-von-Beziehung und die automatische Typanpassung

Mit der Ist-eine-Art-von-Beziehung ist eine interessante Eigenschaft verbunden, die wir bemerken, wenn wir die Zusammenhänge zwischen den Typen beachten:

▶ Ein Raum ist ein Spielobjekt.

▶ Ein Spieler ist ein Spielobjekt.

▶ Ein Spielobjekt ist ein `java.lang.Object`.

▶ Ein Spieler ist ein `java.lang.Object`.

▶ Ein Raum ist ein `java.lang.Object`.

- Ein Raum ist ein Raum.

- Ein Spieler ist ein Spieler.

Kodieren wir das in Java:

Listing 5.63 com/tutego/insel/game/vd/TypeSuptype.java, main()

```
Player      playerIsPlayer      = new Player();
GameObject  gameObjectIsPlayer  = new Player();
Object      objectIsPlayer      = new Player();
Room        roomIsRoom          = new Room();
GameObject  gameObjectIsRoom    = new Room();
Object      objectIsRoom        = new Room();
```

Es gilt also, dass immer dann, wenn ein Typ gefordert ist, auch ein Untertyp erlaubt ist. Der Compiler führt eine implizite Typanpassung durch. Wir werden uns dieses so genannte liskovsche Substitutionsprinzip im folgenden Abschnitt anschauen.

Was wissen Compiler und Laufzeitumgebung über unser Programm?

Wichtig ist, zu beobachten, dass Compiler und Laufzeitumgebung unterschiedliche Dinge wissen. Durch den new-Operator gibt es zur Laufzeit nur zwei Arten von Objekten: Player und Room. Auch dann, wenn es heißt

```
GameObject gameObjectIsRoom = new Room();
```

referenziert gameObjectIsRoom zur Laufzeit ein Room-Objekt. Der Compiler aber »vergisst« dies und glaubt, gameObjectIsRoom wäre nur ein einfaches GameObject. In der Klasse GameObject ist jedoch nur name deklariert, aber kein Attribut size, obwohl das tatsächliche Room-Objekt natürlich eine size kennt. Auf size können wir aber erst einmal nicht zugreifen:

```
println( gameObjectIsRoom.name );
println( gameObjectIsRoom.size ); // ☠ gameObjectIsRoom.size cannot be resolved
                                   // or is not a field
```

Schreiben wir noch einschränkender

```
Object objectIsRoom = new Room();
println( objectIsRoom.name );      // ☠ objectIsRoom.name cannot be resolved
                                   // or is not a field
println( objectIsRoom.size );      // ☠ objectIsRoom.size cannot be resolved
                                   // or is not a field
```

so steht hinter der Referenzvariablen objectIsRoom ein vollständiges Room-Objekt, aber weder size noch name sind nutzbar; es bleiben nur die Fähigkeiten aus java.lang.Object.

> **Begrifflichkeit** Um den Compiler-Typ vom JVM-Typ zu unterscheiden, nutzen einige Buchautoren die Begriffe *Referenztyp* und *Objekttyp*. Im Fall von GameObject p = new Player(); ist GameObject der Referenztyp und Player der Objekttyp. Der Compiler sieht nur den Referenztyp, aber nicht den Objekttyp.

5 | Eigene Klassen schreiben

Explizite Typanpassung

Diese Typeinschränkung gilt auch an anderer Stelle. Ist eine Variable vom Typ Room deklariert, können wir die Variable nicht mit einem »kleineren« Typ initialisieren:

```
GameObject go        = new Room();    // Raum zur Laufzeit
Room       cubbyhole = go;            // ☠ Type mismatch: cannot convert from
                                      // GameObject to Room
```

Auch wenn zur Laufzeit go ein Room referenziert, können wir cubbyhole nicht damit initialisieren. Der Compiler kennt go nur unter dem »kleineren« Typ GameObject, und das reicht nicht zur Initialisierung vom »größeren« Typ Room.

Es ist aber möglich, das Objekt hinter go durch eine explizite Typumwandlung für den Compiler wieder zu einem vollwertigen Room mit Größe zu machen:

```
Room       cubbyhole = (Room) go;
System.out.println( cubbyhole.size ); // Room hat das Attribut size
```

Unmögliche Anpassung und »ClassCastException«

Dies funktioniert aber lediglich dann, wenn go auch wirklich einen Raum referenziert. Dem Compiler ist das in dem Moment relativ egal, sodass auch Folgendes ohne Fehler compiliert wird:

```
GameObject go        = new Player();
Room       cubbyhole = (Room) go;     // ☠ ClassCastException
System.out.println( cubbyhole.size );
```

Zur Laufzeit kommt es bei diesem Kuckucksobjekt zu einer ClassCastException:

```
Exception in thread "main" java.lang.ClassCastException: com.tutego.insel.game.⮒
vd.Player cannot be cast to com.tutego.insel.game.vd.Room
  at com.tutego.insel.game.vd.ClassCastExceptionDemo.main(ClassCastExceptionDemo.⮒
  java:8)
```

5.9.2 Das Substitutionsprinzip

Stellen wir uns vor, Bekannte kommen ausgehungert von einer Wandertour zurück und fragen: »Haste was zu essen?« Die Frage zielt wohl darauf ab, dass es bei Hunger ziemlich egal ist, was wir anbieten, wichtig ist nur etwas Essbares. Daher können wir Eis, aber auch Frittierfett und gegrillte Heuschrecken anbieten.

Diese Ausgangslage führt uns zu einem wichtigen Konzept in der Objektorientierung: »Wer wenig will, kann viel bekommen.« Genauer gesagt: Wenn Unterklassen wie Player oder Room die Oberklasse GameObject erweitern, können wir überall, wo GameObject gefordert wird, auch einen Player oder Room übergeben, da beide ja vom Typ GameObject sind und wir mit der Unterklasse nur spezieller werden. Auch können wir weitere Unterklassen von Player und Room übergeben, da auch die Unterklasse weiterhin zusätzlich das »Gen« GameObject in sich trägt. Alle diese Dinge wären vom Typ GameObject und daher typkompatibel. Wenn nun

394

etwa eine Methode eine Übergabe vom Typ GameObject erwartet, kann sie alle Eigenschaften von GameObject nutzen, also das Attribut name, da ja alle Unterklassen die Eigenschaften erben und Unterklassen die Eigenschaften nicht »wegzaubern« können. Derjenige, dem wir »mehr« übergeben, kann zwar nichts mit den Erweiterungen anfangen, ablehnen wird er das Objekt aber nicht, weil es alle geforderten Eigenschaften aufweist.

Weil an Stelle eines Objekts auch ein Objekt der Unterklasse auftauchen kann, sprechen wir von Substitution. Das Prinzip wurde von der Professorin Barbara Liskov[17] formuliert und heißt daher auch *liskovsches Substitutionsprinzip*.

Die folgende Klasse QuoteNameFromGameObject nutzt diese Eigenschaft. Sie fordert in der Methode quote() irgendein GameObject, von dem bekannt ist, dass es ein Attribut name hat. Im Hauptprogramm kann quote() ein Spieler oder Raum übergeben werden:

Listing 5.64 com/tutego/insel/game/vd/QuoteNameFromGameObject.java, QuoteNameFromGameObject

```
public class QuoteNameFromGameObject
{
  public static void quote( GameObject go )
  {
    System.out.println( "'" + go.name + "'" );
  }

  public static void main( String[] args )
  {
    GameObject player = new Player();
    player.name = "Godman";
```

---

17 Die Zeitschrift »Discover« zählt sie zu den 50 wichtigsten Frauen in der Wissenschaft.

5 | Eigene Klassen schreiben

```
    quote( player );                // 'Godman'

    GameObject room = new Room();
    room.name = "Hogwurz";
    quote( room );                  // 'Hogwurz'
  }
}
```

Mit `GameObject` haben wir eine Basisklasse geschaffen, die verschiedenen Unterklassen Grundfunktionalität beibringt, in unserem Fall das Attribut `name`. So liefert die Basisklasse einen gemeinsamen Nenner, etwa gemeinsame Attribute oder Methoden, die jede Unterklasse besitzen wird.

In der Java-Bibliothek finden sich zahllose weitere Beispiele. Häufigstes Anwendungsfeld sind Datenstrukturen. Eine Liste nimmt zum Beispiel beim Hinzufügen beliebige Objekte entgegen, denn der Parametertyp ist (intern) `Object`. Die Substitution besagt, dass wir alle Objekte dort einsetzen können, da alle Klassen von `Object` abgeleitet sind.

5.9.3   Typen mit dem binären Operator »instanceof «testen

Der relationale Operator `instanceof` hilft dabei, Exemplare auf ihre Verwandtschaft mit einem Referenztyp (Klasse oder Schnittstelle) zu prüfen. Er stellt zur Laufzeit fest, ob eine Referenz ungleich `null` und von einem bestimmten Typ ist:

Listing 5.65   com/tutego/insel/game/vd/InstanceofDemo.java, main()

```
System.out.println( "Toll" instanceof String );         // true
System.out.println( "Toll" instanceof Object );         // true
System.out.println( new Player() instanceof Object ); // true
```

Alles in doppelten Anführungsstrichen ist ein String, sodass `instanceof String` wahr ergibt. Für den zweiten und dritten Fall gilt: Alle Objekte gehen irgendwie aus `Object` hervor und sind somit logischerweise Erweiterungen.

[»]   **Hinweis**   Der Operator `instanceof` testet ein Objekt auf seine Hierarchie. So ist zum Beispiel `o instanceof Object` für jedes Objekt `o` wahr, denn jedes Objekt ist immer Kind von `java.lang.Object`. Die Programmiersprache Smalltalk unterscheidet hier mit zwei Nachrichten `isMemberOf` (exakt) und `isKindOf` (wie Javas `instanceof`). Um den exakten Typ zu testen, lässt sich mit dem `Class`-Objekt arbeiten, etwa wie im Ausdruck `o.getClass().equals(Object.class)`, der testet, ob `o` genau ein `Object`-Objekt ist.

Die bisherigen Beziehungen hätte der Compiler bereits herausfinden können. Vervollständigen wir das, um zu sehen, dass `instanceof` wirklich zur Laufzeit den Test durchführen muss. In allen Fällen ist das Objekt zur Laufzeit ein Raum:

```
Room      go1 = new Room();
System.out.println( go1 instanceof Room );        // true
System.out.println( go1 instanceof GameObject ); // true
```

396

Typen in Hierarchien | **5.9**

```
System.out.println( go1 instanceof Object );      // true

GameObject go2 = new Room();
System.out.println( go2 instanceof Room );        // true
System.out.println( go2 instanceof GameObject );  // true
System.out.println( go2 instanceof Object );      // true
System.out.println( go2 instanceof Player );      // false

Object    go3 = new Room();
System.out.println( go3 instanceof Room );        // true
System.out.println( go3 instanceof GameObject );  // true
System.out.println( go3 instanceof Object );      // true
System.out.println( go3 instanceof Player );      // false
System.out.println( go3 instanceof String );      // false
```

Der Compiler lässt aber nicht alles durch. Liegen zwei Typen überhaupt nicht in der Typhierarchie, lehnt der Compiler den Test ab, da die Vererbungsbeziehungen schon inkompatibel sind:

```
"Toll" instanceof StringBuilder; // Incompatible conditional operand types String
                           // and StringBuilder
```

Der Ausdruck ist falsch, da `StringBuilder` keine Basisklasse für `String` ist.

Zum Schluss:

```
Object ref1 = new int[ 100 ];
System.out.println( ref1 instanceof String );
System.out.println( new int[100] instanceof String ); // ☠ Compilerfehler
```

> **Hinweis** Mit `instanceof` lässt sich der Programmfluss aufgrund der tatsächlichen Typen [«]
> steuern, etwa mit Anweisungen wie `if ( reference instanceof Typ )` tue dies, `else` tue das.
> In der Regel zeigt Kontrolllogik dieser Art aber tendenziell ein Designproblem an und kann
> oft anders gelöst werden. Das dynamische Binden ist so eine Lösung; sie wird später vorgestellt.

»instanceof« und »null«

Ein `instanceof`-Test mit einer Referenz, die `null` ist, gibt immer `false` zurück:

```
Object ref2 = null;
System.out.println( ref2 instanceof String );     // null
```

Das leuchtet ein, denn `null` entspricht ja keinem konkreten Objekt.

> **Tipp** Da `instanceof` einen `null`-Test enthält, sollte statt etwa [+]
> ```
> if ( s != null && s instanceof String
> ```
> immer vereinfacht geschrieben werden:
> ```
> if ( s instanceof String )
> ```

397

5 | Eigene Klassen schreiben

5.10 Methoden überschreiben

Wir haben gesehen, dass eine Unterklasse durch Vererbung die sichtbaren Eigenschaften ihrer Oberklasse erbt. Die Unterklasse kann nun wiederum Methoden hinzufügen. Dabei zählen überladene Methoden – also Methoden, die den gleichen Namen wie eine andere Methode aus einer Oberklasse tragen, aber eine andere Parameteranzahl oder andere Parametertypen haben – zu ganz normalen, hinzugefügten Methoden.

5.10.1 Methoden in Unterklassen mit neuem Verhalten ausstatten

Besitzt eine Unterklasse eine Methode mit dem gleichen Methodennamen und der exakten Parameterliste (also der gleichen Signatur) wie schon die Oberklasse, so *überschreibt* die Unterklasse die Methode der Oberklasse. Ist der Rückgabetyp `void` oder ein primitiver Typ, so muss er in der überschreibenden Methode der gleiche sein. Bei Referenztypen kann der Rückgabetyp etwas variieren, doch das werden wir später genauer sehen.

Implementiert die Unterklasse die Methode neu, so sagt sie auf diese Weise: »Ich kann's besser.« Die *überschreibende Methode* der Unterklasse kann demnach den Programmcode spezialisieren und Eigenschaften nutzen, die in der Oberklasse nicht bekannt sind. Die *überschriebene Methode* der Oberklasse ist dann erst einmal aus dem Rennen, und ein Methodenaufruf auf einem Objekt der Unterklasse würde sich in der überschriebenen Methode verfangen.

> **[»]** **Hinweis** Wir sprechen nur von überschriebenen Methoden und nicht von überschriebenen Attributen, da Attribute nicht überschrieben, sondern nur *überlagert* werden. Attribute werden auch nicht dynamisch gebunden – eine Eigenschaft, die später genauer erklärt wird.

Überschreiben von »toString()«

Aus der absoluten Basisklasse `java.lang.Object` bekommen alle Unterklassen eine Methode `toString()` vererbt, die meist zu Debug-Zwecken eine Objektkennung ausgibt:

Listing 5.66 java/lang/Object.java, toString()

```
public String toString()
{
    return getClass().getName() + "@" + Integer.toHexString(hashCode());
}
```

Die Methode liefert den Namen der Klasse, gefolgt von einem "@" und einer hexadezimalen Kennung. Die Klasse `GameObject` ohne eigenes `toString()` soll die Wirkung testen:

Listing 5.67 com/tutego/insel/game/ve/GameObject.java, GameObject

```
public class GameObject
{
    private String name;

    public String getName()
    {
```

398

```
    return name;
  }

  public void setName( String name )
  {
    this.name = name;
  }
}
```

Auf einem `GameObject`-Objekt liefert `toString()` eine etwas kryptische Kennung:

```
GameObject go = new GameObject();
out.println( go.toString() ); // com.tutego.insel.game.ve.GameObject@e48e1b
```

Es ist also eine gute Idee, `toString()` in den Unterklassen zu überschreiben. Eine Stringkennung sollte den Namen der Klasse und die Zustände eines Objekts beinhalten. Für einen Raum, der einen (geerbten) Namen und eine eigene Größe hat, kann dies wie folgt aussehen:

Listing 5.68 com/tutego/insel/game/ve/Room.java, Room

```
public class Room extends GameObject
{
  private int size;

  public void setSize( int size )
  {
    if ( size > 0 )
      this.size = size;
  }

  public int getSize()
  {
    return size;
  }

  @Override public String toString()
  {
    return String.format( "Room[name=%s, size=%d]", getName(), getSize() );
  }
}
```

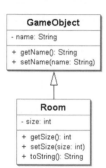

Und der Test sieht so aus:

Listing 5.69 com/tutego/insel/game/ve/Playground.java, main()

```java
Room winterfield = new Room();
winterfield.setName( "Winterfield" );
winterfield.setSize( 2040000 );
System.out.println( winterfield ); // Room[name=Winterfield, size=2040000]
```

Zur Erinnerung: Ein `println()` auf einem beliebigen Objekt ruft die `toString()`-Methode von diesem Objekt auf.

Die Annotation »@Override«

Unsere Beispielklasse `Room` nutzt die Annotation `@Override` an der Methode `toString()` und macht auf diese Weise deutlich, dass die Unterklasse eine Methode der Oberklasse überschreibt. Die Annotation `@Override` bedeutet nicht, dass diese Methode in Unterklassen überschrieben werden muss, sondern nur, dass sie selbst eine Methode überschreibt. Annotationen sind zusätzliche Modifizierer, die entweder vom Compiler überprüft werden oder von uns nachträglich abgefragt werden können. Obwohl wir die Annotation `@Override` nicht nutzen müssen, hat sie den Vorteil, dass der Compiler überprüft, ob wir tatsächlich eine Methode aus der Oberklasse überschreiben – haben wir uns im Methodennamen verschrieben und würde die Unterklasse auf diese Weise eine neue Methode hinzufügen, so würde der Compiler das als Fehler melden. Fehler wie `tostring()` fallen schnell auf. Überladene Methoden und überschriebene Methoden sind etwas anderes, da eine überladene Methode mit der Ursprungsmethode nur »zufällig« den Namen teilt, aber sonst keinen Bezug zur Logik hat. Und so hilft `@Override`, dass Entwickler wirklich Methoden überschreiben und nicht aus Versehen Methoden mit falschen Parametern überladen.

[»] **Hinweis** Seit Java 6 ist die Annotation auch an Methoden gültig, die Operationen aus Schnittstellen implementieren; unter Java 5 war das noch ein Fehler.

Garantiert überschrieben? *

Überschrieben werden nur Methoden, die exakt mit der Signatur einer Methode aus der Oberklasse übereinstimmen. Sind Parametertypen gleich, so müssen sie auch aus dem gleichen Paket stammen. So kann es passieren, dass eine Unterklasse `Sub` doch nicht die Methode `printDate()` aus `Super` überschreibt, obwohl es auf den ersten Blick so aussieht:

```java
import java.util.Date;


public class Super
{
  void printDate( Date date ) {}
}
```

```java
import java.sql.Date;


public class Sup extends Super
{
  void printDate( Date date ) {}
}
```

Zwar sehen die Signaturen optisch gleich aus, da aber `Date` aus verschiedenen Paketen stammt, ist die Signatur nicht wirklich gleich. Die Methode aus `printDate()` aus `Sup` überlädt `printDate()` aus `Super`, aber überschreibt sie nicht. Letztendlich bietet `Sub` zwei Methoden:

▸ `void printDate( java.util.Date date ) {}`

▸ `void printDate( java.sql.Date date ) {}`

Es ist gut, wenn eine überschreibende Methode explizit kenntlich gemacht wird. Dazu gibt es die Annotation `@Override`, die an die Methode der Unterklasse gesetzt werden sollte. Denn verspricht eine Methode das Überschreiben, doch macht sie das, wie in unserem Beispiel, nicht, ergibt das einen Compilerfehler, und dem Entwickler wird der Fehler vor Augen geführt. Mit `@Override` wäre dieser Fehler aufgefallen.

5.10.2 Mit »super« an die Eltern

Wenn wir eine Methode überschreiben, dann entscheiden wir uns für eine gänzlich neue Implementierung. Was ist aber, wenn die Funktionalität im Großen und Ganzen gut war und nur eine Kleinigkeit fehlte? Im Fall der überschriebenen `toString()`-Methode realisiert die Unterklasse eine völlig neue Implementierung und bezieht sich dabei nicht auf die Logik der Oberklasse.

Möchte eine Unterklasse sagen: »Was meine Eltern können, ist doch gar nicht so schlecht«, kann mit der speziellen Referenz `super` auf die Eigenschaften im Namensraum der Oberklasse zugegriffen werden (natürlich ist das Objekt hinter `super` und `this` das gleiche, nur der Namensraum ist ein anderer). Auf diese Weise können Unterklassen immer noch etwas Eigenes machen, aber die Realisierung aus der Elternklasse ist weiterhin verfügbar.

In unserem Spiel gibt es Räume mit einer Größe. Die Größe lässt sich mit `setSize()` setzen und mit `getSize()` erfragen. Eine Konsistenzprüfung in `setSize()` erlaubt nur Größen echt größer null. Wenn nun eine Garage als besonderer Raum eine gewisse Größe nicht überschreiten darf – sonst wäre er keine Garage –, lässt sich `setSize()` überschreiben und immer dann das `setSize()` der Oberklasse zum tatsächlichen Setzen des Attributs aufrufen, wenn die Größe im richtigen Bereich lag:

Listing 5.70 com/tutego/insel/game/ve/Garage.java, Garage

```
public class Garage extends Room
{
  private static final int MAX_GARAGE_SIZE = 40;

  @Override public void setSize( int size )
  {
    if ( size <= MAX_GARAGE_SIZE )
      super.setSize( size );
  }
}
```

Stünde statt `super.setSize(size)` nur `setSize(size)`, würde ein Methodenaufruf in die Endlosrekursion führen.

5 | Eigene Klassen schreiben

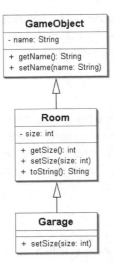

Eigenschaften der super-Referenz *

Nicht nur in überschriebenen Methoden kann die super-Referenz sinnvoll eingesetzt werden: Sie ist auch interessant, wenn Methoden der Oberklasse aufgerufen werden sollen und nicht eigene überschriebene. So macht das folgende Beispiel klar, dass auf jeden Fall toString() der Oberklasse Object aufgerufen werden soll und nicht die eigene überschriebene Variante:

Listing 5.71 ToStringFromSuper.java

```
public class ToStringFromSuper
{
  public ToStringFromSuper()
  {
    System.out.println( super.toString() );
  }

  @Override public String toString()
  {
    return "Nein";
  }

  public static void main( String[] args )
  {
    new ToStringFromSuper();      // ToStringFromSuper@3e25a5
  }
}
```

Natürlich kann super nur dann eingesetzt werden, wenn in der Oberklasse die Methode eine gültige Sichtbarkeit hat. Es ist also nicht möglich, mit diesem Konstrukt das Geheimnisprinzip zu durchbrechen.

Eine Aneinanderreihung von super-Schlüsselwörtern bei einer tieferen Vererbungshierarchie ist nicht möglich. Hinter einem super muss eine Objekteigenschaft stehen; sie gilt also für

eine überschriebene Methode oder ein überlagertes Attribut. Anweisungen wie `super.`
`super.lol()` sind somit immer ungültig. Eine Unterklasse empfängt alle Eigenschaften ihrer
Oberklassen als Einheit und unterscheidet nicht, aus welcher Hierarchie etwas kommt.

5.10.3 Finale Klassen und finale Methoden

Soll eine Klasse keine Unterklassen bilden, werden Klassen mit dem Modifizierer `final` versehen. Dadurch lässt sich vermeiden, dass Unterklassen Eigenschaften nachträglich verändern
können. Ein Versuch, von einer finalen Klasse zu erben, führt zu einem Compilerfehler. Dies
schränkt zwar die objektorientierte Wiederverwendung ein, wird aber aufgrund von Sicher-
heitsaspekten in Kauf genommen. Eine Passwortüberprüfung soll zum Beispiel nicht einfach
überschrieben werden können.

In der Java-Bibliothek gibt es eine Reihe finaler Klassen, von denen wir einige bereits kennen:

- `String`, `StringBuffer`, `StringBuilder`
- `Integer`, `Double` ... (Wrapper-Klassen)
- `Math`
- `System`
- `Font`, `Color`

> **Tipp** Eine `protected` Eigenschaft in einer als `final` deklarierten Klasse ergibt wenig Sinn, da
> ja keine Unterklasse möglich ist, die diese Methode oder Variable nutzen kann. Daher sollte
> die Eigenschaft dann paketsichtbar sein (`protected` enthält ja paketsichtbar) oder gleich `pri-
> vate` oder `public`.

[+]

Nicht überschreibbare (finale) Methoden

In der Vererbungshierarchie möchte ein Designer in manchen Fällen verhindern, dass Unterklassen eine Methode überschreiben und mit neuer Logik implementieren. Das verhindert
der zusätzliche Modifizierer `final` an der Methodendeklaration. Da Methodenaufrufe immer
dynamisch gebunden werden, könnte ein Aufrufer unbeabsichtigt in der Unterklasse landen,
was finale Methoden vermeiden.

Dazu ein Beispiel: Das `GameObject` speichert einen Namen intern im `protected`-Attribut `name`
und erlaubt Zugriff nur über einen Setter/Getter. Die Methode `setName()` testet, ob der Name
ungleich `null` ist und mindestens ein Zeichen enthält. Diese Methode soll `final` sein, denn
eine Unterklasse könnte diese Zugriffsbeschränkungen leicht aushebeln und selbst die `pro-
tected`-Variable `name` beschreiben, auf die die Unterklasse Zugriff hat:

Listing 5.72 com/tutego/insel/game/vg/GameObject.java, GameObject

```
public class GameObject
{
  private String name;

  public String getName()
```

403

5 | Eigene Klassen schreiben

```
  {
    return name;
  }

  public final void setName( String name )
  {
    if ( name != null && !name.isEmpty() )
      this.name = name;
  }
}
```

Bei dem Versuch, in einer Unterklasse die Methode zu überschreiben, meldet der Compiler einen Fehler:

Listing 5.73 com/tutego/insel/game/vg/Player.java, Player

```
public class Player extends GameObject
{
  @Override
  public void setName( String name )          // ☠
                ^ Cannot override the final method from GameObject
  {
    this.name = name;
  }
}
```

[»] **Hinweis** Auch private Methoden können final sein, aber private Methoden lassen sich ohnehin nicht überschreiben (sie werden überlagert), sodass final überflüssig ist.

5.10.4 Kovariante Rückgabetypen

Überschreibt eine Methode mit einem Referenztyp als Rückgabe eine andere, so kann die überschreibende Methode einen Untertyp des Rückgabetyps der überschriebenen Methode als Rückgabetyp besitzen. Das nennt sich *kovarianter Rückgabetyp* und ist sehr praktisch, da sich auf diese Weise Entwickler oft explizite Typanpassungen sparen können.

Ein Beispiel soll dies verdeutlichen: Die Klasse Loudspeaker deklariert eine Methode get-This(), die lediglich die this-Referenz zurückgibt. Eine Unterklasse überschreibt die Methode und liefert den spezielleren Untertyp:

Listing 5.74 BigBassLoudspeaker.java

```
class Loudspeaker
{
  Loudspeaker getThis()
  {
    return this;
  }
}
```

404

```
class BigBassLoudspeaker extends Loudspeaker
{
  @Override
  BigBassLoudspeaker getThis()        // Loudspeaker getThis()
  {
    return this;
  }
}
```

Die Unterklasse `BigBassLoudspeaker` überschreibt die Methode `getThis()`, auch wenn der Rückgabetyp nicht `Loudspeaker`, sondern `BigBassLoudspeaker` heißt.

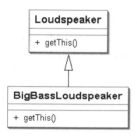

Der Rückgabetyp muss auch nicht zwingend der Typ der eigenen Klasse sein. Gäbe es zum Beispiel mit `Plasmatweeter` eine zweite Unterklasse von `Loudspeaker`, so könnte `getThis()` von `BigBassLoudspeaker` auch den Rückgabetyp `Plasmatweeter` deklarieren. Hauptsache, der Rückgabetyp der überschreibenden Methode ist eine Unterklasse des Rückgabetyps der überschriebenen Methode der Basisklasse.

> **Hinweis** Merkwürdig in diesem Zusammenhang ist, dass es in Java schon immer veränderte Zugriffsrechte gegeben hat. Eine Unterklasse kann die Sichtbarkeit erweitern. Auch bei Ausnahmen kann eine Unterklasse speziellere Ausnahmen beziehungsweise ganz andere Ausnahmen als die Methode der Oberklasse erzeugen.

5.10.5 Array-Typen und Kovarianz *

Die Aussage »Wer wenig will, kann viel bekommen« gilt auch für Arrays, denn wenn eine Klasse U eine Unterklasse einer Klasse O ist, ist auch U[] ein Untertyp von O[]. Diese Eigenschaft nennt sich *Kovarianz*. Da `Object` die Basisklasse aller Objekte ist, kann ein `Object`-Array auch alle anderen Objekte aufnehmen.

Bauen wir uns eine statische Methode `set()`, die einfach ein Element an die erste Stelle ins Feld setzt:

Listing 5.75 ArrayCovariance.java, set()

```
public static void set( Object[] array, Object element )
{
  array[ 0 ] = element;
}
```

5 | Eigene Klassen schreiben

Die Kovarianz ist beim Lesen von Eigenschaften nicht problematisch, beim Schreiben jedoch potenziell gefährlich. Schauen wir, was mit unterschiedlichen Array- und Elementtypen passiert:

Listing 5.76 ArrayCovariance.java, main()

```
Object[] objectArray = new Object[ 1 ];
String[] stringArray = new String[ 1 ];
System.out.println( "It's time for change" instanceof Object );  // true
set( stringArray, "It's time for change" );
set( objectArray, "It's time for change" );
set( stringArray, new StringBuilder("It's time for change") );   // ☠
```

Der String lässt sich in einem `String`-Array abspeichern. Der zweite Aufruf funktioniert ebenfalls, denn ein `String` lässt sich auch in einem `Object`-Feld speichern, da ein `Object` ja ein Basistyp ist. Ein Dilemma passiert dann, wenn das Feld eine Referenz speichern soll, die nicht typkompatibel ist. Das zeigt der dritte `set()`-Aufruf: Zur Compilezeit ist alles noch in Ordnung, aber zur Laufzeit kommt es zu einer `ArrayStoreException`:

```
Exception in thread "main" java.lang.ArrayStoreException: java.lang.StringBuilder
    at ArrayCovariance.set(ArrayCovariance.java:5)
    at ArrayCovariance.main(ArrayCovariance.java:19)
```

Das haben wir aber auch verdient, denn ein `StringBuilder`-Objekt lässt sich nicht in einem `String`-Feld speichern. Selbst ein `new Object()` hätte zu einem Problem geführt.

Das Typsystem von Java kann diese Spitzfindigkeit nicht zur Übersetzungzeit prüfen. Erst zur Laufzeit ist ein Test mit dem bitteren Ergebnis einer `ArrayStoreException` möglich. Bei Generics ist dies etwas anders, denn hier sind vergleichbare Konstrukte bei Vererbungsbeziehungen verboten.

5.11 Dynamisches Binden

Bei der Vererbung haben wir eine Form der Ist-eine-Art-von-Beziehung, sodass die Unterklassen immer auch vom Typ der Oberklassen sind. Die sichtbaren Methoden, die die Oberklassen besitzen, existieren somit auch in den Unterklassen. Der Vorteil bei der Spezialisierung ist, dass die Oberklasse eine einfache Implementierung vorgeben und eine Unterklasse diese überschreiben kann. Wir hatten das bisher bei `toString()` gesehen. Doch nicht nur die Spezialisierung ist aus Sicht des Designs interessant, sondern auch die Bedeutung der Vererbung. Bietet eine Oberklasse eine sichtbare Methode an, so wissen wir immer, dass alle Unterklassen diese Methode haben werden, egal, ob sie die Methode überschreiben oder nicht. Wir werden gleich sehen, dass dies zu einem der wichtigsten Konstrukte in objektorientierten Programmiersprachen führt.

Dynamisches Binden | **5.11**

5.11.1 Gebunden an »toString()«

Da jede Klasse Eigenschaften von `java.lang.Object` erbt, lässt sich auf jedem Objekt die `toString()`-Methode aufrufen. Sie soll in unseren Klassen `GameObject` und `Room` wie folgt implementiert sein:

Listing 5.77 com/tutego/insel/game/vf/GameObject.java, GameObject

```
public class GameObject
{
  public String name;

  @Override public String toString()
  {
    return String.format( "GameObject[name=%s]", name );
  }
}
```

Listing 5.78 com/tutego/insel/game/vf/Room.java, Room

```
public class Room extends GameObject
{
  public int size;

  @Override public String toString()
  {
    return String.format( "Room[name=%s, size=%d]", name, size );
  }
}
```

Die Unterklassen `GameObject` und `Room` überschreiben die `toString()`-Methode aus `Object`. Bei einem `toString()` auf einem `GameObject` kommt nur der Name in die `toString()`-Kennung, und bei einem `toString()` auf einem `Room`-Objekt kommen Name und Größe in die String-Repräsentation.

Es fehlen noch einige kleine Testzeilen, die drei Räume aufbauen. Alle rufen die `toString()`-Methoden auf den Räumen auf, wobei der Unterschied darin besteht, dass die verweisende Referenzvariable alle Typen von `Room` durchgeht: Ein `Room` ist ein `Room`, ein `Room` ist ein `GameObject`, und ein `Room` ist ein `Object`:

Listing 5.79 com/tutego/insel/game/vf/Playground.java, main()

```
Room rr = new Room();
rr.name = "Affenhausen";
rr.size = 7349944;
System.out.println( rr.toString() );

GameObject rg = new Room();
rg.name = "Affenhausen";
System.out.println( rg.toString() );

Object ro = new Room();
System.out.println( ro.toString() );
```

407

5 | Eigene Klassen schreiben

Jetzt ist die spannendste Frage in der gesamten Objektorientierung folgende: Was passiert bei dem Methodenaufruf `toString()`?

```
Room[name=Affenhausen, size=7349944]
Room[name=Affenhausen, size=0]
Room[name=null, size=0]
```

Die Ausgabe ist leicht zu verstehen, wenn wir berücksichtigen, dass der Compiler nicht die gleiche Weisheit besitzt wie die Laufzeitumgebung. Vom Compiler würden wir erwarten, dass er jeweils das `toString()` in `Room`, aber auch in `GameObject` (die Ausgabe wäre nur der Name) und `toString()` aus `Object` aufruft – dann wäre die Kennung die kryptische.

Doch führt die Laufzeitumgebung die Anweisungen aus, und nicht der Compiler. Da dem im Programmtext vereinbarten Variablentyp nicht zu entnehmen ist, welche Implementierung der Methode `toString()` aufgerufen wird, sprechen wir von *später dynamischer Bindung*, kurz *dynamischer Bindung*. Erst zur Laufzeit (das ist spät, im Gegensatz zur Übersetzungszeit) wählt die Laufzeitumgebung dynamisch die entsprechende Objektmethode aus – passend zum tatsächlichen Typ des aufrufenden Objekts. Die virtuelle Maschine weiß, dass hinter den drei Variablen immer ein Raum-Objekt steht, und ruft daher das `toString()` vom `Room` auf.

Wichtig ist, dass eine Methode überschrieben wird; von einer gleichlautenden Methode in beiden Unterklassen `GameObject` und `Room` hätten wir nichts, da sie nicht in `Object` deklariert ist. Sonst hätten die Klassen nur rein »zufällig« diese Methode, aber die Ober- und Unterklassen verbindet nichts. Wir nutzen daher ausdrücklich die Gemeinsamkeit, dass `GameObject`, `Player` und weitere Unterklassen `toString()` aus `Object` erben. Ohne die Oberklasse gäbe es kein Bindeglied, und folglich bietet die Oberklasse immer eine Methode an, die Unterklassen überschreiben können. Würden wir eine neue Unterklasse von `Object` schaffen und `toString()` nicht überschreiben, so fände die Laufzeitumgebung `toString()` in `Object`, aber die Methode gäbe es auf jeden Fall; entweder die Original-Methode oder die überschriebene Variante.

> **Begrifflichkeit** Dynamische Bindung wird oft auch *Polymorphie* genannt; ein dynamisch gebundener Aufruf ist dann ein *polymorpher Aufruf*. Das ist im Kontext von Java in Ordnung, allerdings gibt es in der Welt der Programmiersprachen unterschiedliche Dinge, die »Polymorphie« genannt werden, etwa parametrische Polymorphie (in Java heißt das dann *Generics*), und die Theoretiker kennen noch viel mehr beängstigende Begriffe.

5.11.2 Implementierung von »System.out.println(Object)«

Werfen wir einen Blick auf ein Programm, das dynamisches Binden noch deutlicher macht. Die `print()`- und `println()`-Methoden sind so überladen, dass sie jedes beliebige Objekt annehmen und dann die String-Repräsentation ausgeben:

Listing 5.80 java/io/PrintStream.java, Skizze von println()

```
public void println( Object x )
{
```

```
  String s = (x == null) ? "null" : x.toString();
  print( s );
  newLine();
}
```

Die `println()`-Methode besteht aus drei Teilen: Als Erstes wird die String-Repräsentation eines Objekts erfragt – hier findet sich der dynamisch gebundene Aufruf –, dann wird dieser String an `print()` weitergegeben, und `newLine()` produziert abschließend den Zeilenumbruch.

Der Compiler hat überhaupt keine Ahnung, was x ist; es kann alles sein, denn alles ist ein `java.lang.Object`. Statisch lässt sich aus dem Argument x nichts ablesen, und so muss die Laufzeitumgebung entscheiden, an welche Klasse der Methodenaufruf geht. Das ist das Wunder der dynamischen Bindung.

Eclipse zeigt bei der Tastenkombination ⎡Strg⎤+⎡T⎤ eine Typhierarchie an, standardmäßig die Oberklassen und bekannten Unterklassen.

5.11.3 Nicht dynamisch gebunden bei privaten, statischen und finalen Methoden

Obwohl Methodenaufrufe eigentlich dynamisch gebunden sind, gibt es bei privaten, statischen und finalen Methoden eine Ausnahme. Das liegt daran, dass nur überschriebene Methoden an dynamischer Bindung teilnehmen, und wenn es kein Überschreiben gibt, dann gibt es auch keine dynamische Bindung. Und da weder private noch statische oder finale Methoden überschrieben werden können, sind Methodenaufrufe auch nicht dynamisch gebunden. Sehen wir uns das an einer privaten Methode an:

Listing 5.81 NoPolyWithPrivate.java

```java
class NoPolyWithPrivate
{
  public static void main( String[] args )
  {
    Banana unsicht = new Banana();
    System.out.println( unsicht.bar() );   // 2
  }
}


class Fruit
{
  private int furcht()
  {
    return 2;
  }

  int bar()
  {
    return furcht();
```

```
    }
  }

class Banana extends Fruit
{
  // Überschreibt nicht, daher kein @Override
  public int furcht()
  {
    return 1;
  }
}
```

Der Compiler meldet bei der Methode furcht() in der Unterklasse keinen Fehler. Für den Compiler ist es in Ordnung, wenn es eine Methode in der Unterklasse gibt, die den gleichen Namen wie eine private Methode in der Oberklasse trägt. Das ist auch gut so, denn private Implementierungen sind ja ohnehin geheim und versteckt. Die Unterklasse soll von den privaten Methoden in der Oberklasse gar nichts wissen. Statt von Überschreiben sprechen wir hier von *Überdecken*.

Die Laufzeitumgebung macht etwas Erstaunliches für unsicht.bar(): Die Methode bar() wird aus der Oberklasse geerbt. Wir wissen, dass in bar() aufgerufene Methoden normalerweise dynamisch gebunden werden, das heißt, dass wir eigentlich bei furcht() in Unter landen müssten, da wir ein Objekt vom Typ Banana haben. Bei privaten Methoden ist das aber anders, da sie nicht vererbt werden. Wenn eine aufgerufene Methode den Modifizierer private trägt, wird nicht dynamisch gebunden, und unsicht.bar() bezieht sich bei furcht() auf die Methode aus Fruit.

```
System.out.println( unsicht.bar() );   // 2
```

Anders wäre es, wenn bei furcht() der Sichtbarkeitsmodifizierer public wäre; wir bekämen dann die Ausgabe 1.

Dass private und statische Methoden nicht überschrieben werden, ist ein wichtiger Beitrag zur Sicherheit. Falls nämlich Unterklassen interne private Methoden überschreiben könnten, wäre dies eine Verletzung der inneren Arbeitsweise der Oberklasse. In einem Satz: Private Methoden sind nicht in den Unterklassen sichtbar und werden daher nicht verdeckt oder überschrieben. Andernfalls könnten private Implementierungen im Nachhinein geändert werden, und Oberklassen wären nicht mehr sicher davor, dass tatsächlich ihre eigenen Methoden benutzt werden.

Schauen wir, was passiert, wenn wir in der Methode bar() über die this-Referenz auf ein Objekt vom Typ Banana casten:

```
int bar()
{
  return ((Banana)(this)).furcht();
}
```

Dann wird ausdrücklich diese `furcht()` aus `Banana` aufgerufen, was jedoch kein typisches objektorientiertes Konstrukt darstellt, da Oberklassen ihre Unterklassen im Allgemeinen nicht kennen. `bar()` in der Klasse `Ober` ist somit unnütz.

5.11.4 Dynamisch gebunden auch bei Konstruktoraufrufen *

Dass ein Konstruktor der Unterklasse zuerst den Konstruktor der Oberklasse aufruft, kann die Initialisierung der Variablen in der Unterklasse stören. Schauen wir uns erst Folgendes an:

```
class Bouncer extends Bodybuilder
{
  String who = "Ich bin ein Rausschmeißer";
}
```

Wo wird nun die Variable `who` initialisiert? Wir wissen, dass die Initialisierungen immer im Konstruktor vorgenommen werden, doch gibt es ja noch gleichzeitig ein `super()` im Konstruktor. Da die Spezifikation von Java Anweisungen vor `super()` verbietet, muss die Zuweisung hinter dem Aufruf der Oberklasse folgen. Das Problem ist nun, dass ein Konstruktor der Oberklasse früher aufgerufen wird, als Variablen in der Unterklasse initialisiert wurden. Wenn es die Oberklasse nun schafft, auf die Variablen der Unterklasse zuzugreifen, wird der erst später gesetzte Wert fehlen. Der Zugriff gelingt tatsächlich, doch nur durch einen Trick, da eine Oberklasse (etwa `Bodybuilder`) nicht auf die Variablen der Unterklasse zugreifen kann. Wir können aber in der Oberklasse genau jene Methode der Unterklasse aufrufen, die die Unterklasse aus der Oberklasse überschreibt. Da Methodenaufrufe dynamisch gebunden werden, kann eine Methode den Wert auslesen:

Listing 5.82 Bouncer.java

```
class Bodybuilder
{
  Bodybuilder()
  {
    whoAmI();
  }

  void whoAmI()
  {
    System.out.println( "Ich weiß es noch nicht :-(" );
  }
}

public class Bouncer extends Bodybuilder
{
  String who = "Ich bin ein Rausschmeißer";

  @Override
  void whoAmI()
  {
    System.out.println( who );
```

5 | Eigene Klassen schreiben

```
  }

  public static void main( String[] args )
  {
    Bodybuilder bb = new Bodybuilder();
    bb.whoAmI();

    Bouncer bouncer = new Bouncer();
    bouncer.whoAmI();
  }
}
```

Die Ausgabe ist nun folgende:

```
Ich weiß es noch nicht :-(
Ich weiß es noch nicht :-(
null
Ich bin ein Rausschmeißer
```

Das Besondere an diesem Programm ist die Tatsache, dass überschriebene Methoden – hier whoAmI() – dynamisch gebunden werden. Diese Bindung gibt es auch dann schon, wenn das Objekt noch nicht vollständig initialisiert wurde. Daher ruft der Konstruktor der Oberklasse Bodybuilder nicht whoAmI() von Bodybuilder auf, sondern whoAmI() von Bouncer. Wenn in diesem Beispiel ein Bouncer-Objekt erzeugt wird, dann ruft Bouncer mit super() den Konstruktor von Bodybuilder auf. Dieser ruft wiederum die Methode whoAmI() in Bouncer auf, und er findet dort keinen String, da dieser erst nach super() gesetzt wird. Schreiben wir den Konstruktor von Bouncer einmal ausdrücklich hin:

```
public class Bouncer extends Bodybuilder
{
  String who;

  Bouncer()
  {
super();
who = "Ich bin ein Rausschmeißer";
  }
}
```

Die Konsequenz, die sich daraus ergibt, ist folgende: Dynamisch gebundene Methodenaufrufe über die this-Referenz sind in Konstruktoren potenziell gefährlich und sollten deshalb vermieden werden. Vermeiden lässt sich das, indem der Konstruktor nur private (oder finale) Methoden aufruft, da diese nicht dynamisch gebunden werden. Wenn der Konstruktor eine private (finale) Methode in seiner Klasse aufruft, dann bleibt es auch dabei.

Dynamisches Binden | **5.11**

5.11.5 Eine letzte Spielerei mit Javas dynamischer Bindung und überschatteten Attributen *

Werfen wir einen Blick auf folgendes Java-Programm:

```
class SuperBoaster
{
  int nr = 1;

  void boast()
  {
    System.out.println( "Ich bin die Nummber " + nr );
  }
}


public class SubBoaster extends SuperBoaster
{
  int nr = 2;

  @Override void boast()
  {
    super.boast();                 // Ich bin die Nummber 1
    System.out.println( super.nr );  // 1
    System.out.println( nr );        // 2
  }

  public static void main( String[] args )
  {
    new SubBoaster().boast();
  }
}
```

Die Methode `boast()` aus `SubBoaster` ruft mit `super.boast()` die Methode der Oberklasse auf. Ein einfacher Aufruf von `boast()` in der Unterklasse würde in eine Rekursion führen. Die Unterklasse hat mit `super.nr` Zugriff auf die überschattete Objektvariable `nr` aus der Oberklasse. `super` ist wie `this` eine spezielle Referenz und kann auch genauso eingesetzt werden, nur dass `super` in den Namensraum der Oberklasse geht. Eine Aneinanderreihung von `super`-Schlüsselwörtern bei einer tieferen Vererbungshierarchie ist nicht möglich. Hinter einem `super` muss eine Objekteigenschaft stehen, und Anweisungen wie `super.super.nr` sind somit immer ungültig. Für Variablen gibt es eine Möglichkeit, die sich durch einen Cast in die Oberklasse ergibt. Setzen wir in `boast()` der Unterklasse folgende Anweisung:

```
System.out.println( ((SuperBoaster) this).nr );      // 1
```

Die Ausgabe 1 ist also identisch mit `System.out.println( super.nr )`. Die `this`-Referenz entspricht einem Objekt vom Typ `SubBoaster`. Wenn wir dies aber in den Typ `SuperBoaster` konvertieren, bekommen wir genau das `nr` aus der Basisklasse unserer Hierarchie. Wir erkennen hier eine sehr wichtige Eigenschaft von Java, nämlich, dass Variablen nicht dynamisch

5 | Eigene Klassen schreiben

gebunden werden. Anders sieht es aus, wenn wir Folgendes in die Methode `boast()` der Unterklasse `SubBoaster` setzen:

```
((SuperBoaster)this).boast();
```

Hier ruft die Laufzeitumgebung nicht `boast()` aus `SuperBoaster` auf, sondern die aktuelle Methode `boast()` aus `SubBoaster`, sodass wir in einer Rekursion landen. Der Grund dafür liegt in der dynamischen Bindung zur Laufzeit, die ein Compiler-Typecast nicht ändert.

5.12 Abstrakte Klassen und abstrakte Methoden

Nicht immer soll eine Klasse sofort ausprogrammiert werden. Zum Beispiel dann nicht, wenn die Oberklasse lediglich Methoden für die Unterklassen vorgeben möchte, aber nicht weiß, wie sie diese implementieren soll. In Java gibt es dazu zwei Konzepte: *abstrakte Klassen* und *Schnittstellen* (engl. *interfaces*).

5.12.1 Abstrakte Klassen

Bisher haben wir Vererbung eingesetzt, und jede Klasse konnte Objekte bilden. Das Bilden von Exemplaren ist allerdings nicht immer sinnvoll, zum Beispiel soll es untersagt werden, wenn eine Klasse nur als Oberklasse in einer Vererbungshierarchie existieren soll. Sie kann dann als Modellierungsklasse eine Ist-eine-Art-von-Beziehung ausdrücken und Signaturen für die Unterklassen vorgeben. Eine Oberklasse besitzt dabei Vorgaben für die Unterklasse, das heißt, alle Unterklassen erben die Methoden. Ein Exemplar der Oberklasse selbst muss nicht existieren.

Um dies in Java auszudrücken, setzen wir den Modifizierer `abstract` an die Typdeklaration der Oberklasse. Von dieser Klasse können dann keine Exemplare gebildet werden, und der Versuch einer Objekterzeugung führt zu einem Compilerfehler. Ansonsten verhalten sich die abstrakten Klassen wie normale, enthalten die gleichen Eigenschaften und können auch selbst von anderen Klassen erben. Abstrakte Klassen sind das Gegenteil von *konkreten Klassen*.

Wir wollen die Klasse `GameObject` als Oberklasse für die Spielgegenstände abstrakt machen, da Exemplare davon nicht existieren müssen:

Listing 5.83 com/tutego/insel/game/vh/GameObject.java, GameObject

```java
public abstract class GameObject
{
  public String name;
}
```

Mit dieser abstrakten Klasse `GameObject` drücken wir aus, dass es eine allgemeine Klasse ist, zu der keine konkreten Objekte existieren. Es gibt in der realen Welt schließlich keine allgemeinen und unspezifizierten Spielgegenstände, sondern nur spezielle Unterarten, zum Beispiel Spieler, Schlüssel, Räume und so weiter. Es ergibt also keinen Sinn, ein Exemplar der Klasse `GameObject` zu bilden. Die Klasse soll nur in der Hierarchie auftauchen, um alle Spiel-

414

objekte zum Typ `GameObject` zu machen und ihnen einige Eigenschaften zu geben. Dies zeigt, dass Oberklassen allgemeiner gehalten sind und Unterklassen weiter spezialisieren.

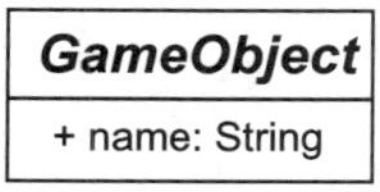

Abbildung 5.8   In der UML werden abstrakte Klassennamen kursiv gesetzt.

Tipp   Abstrakte Klassen lassen sich auch nutzen, um zu verhindern, dass ein Exemplar der Klasse gebildet werden kann. Der Modifizierer `abstract` sollte aber dazu nicht eingesetzt werden. Besser ist es, die Sichtbarkeit des Konstruktors auf `private` oder `protected` zu setzen.

Basistyp abstrakte Klasse

Die abstrakten Klassen werden normalerweise in der Vererbung eingesetzt. Eine Klasse kann die abstrakte Klasse erweitern und dabei auch selbst wieder abstrakt sein. Auch gilt die Ist-eine-Art-von-Beziehung weiterhin, sodass sich schließlich schreiben lässt:

```
GameObject    go1 = new Room();
GameObject    go2 = new Player();
GameObject[]  gos = new GameObject[]{ new Player(), new Room() };
```

Hinweis   Wenn im Programmcode `new GameObject[]{...}` steht, kennzeichnet das nur den Typ des Feldes. Das ist unabhängig davon, ob die Klasse `GameObject` abstrakt ist oder nicht.

5.12.2   Abstrakte Methoden

Der Modifizierer `abstract` vor dem Schlüsselwort `class` leitet die Deklaration einer abstrakten Klasse ein. Eine Klasse kann ebenso abstrakt sein wie eine Methode. Eine abstrakte Methode gibt lediglich die Signatur vor, und eine Unterklasse implementiert irgendwann diese Methode. Die Klasse ist somit für den Kopf der Methode zuständig, während die Implementierung an anderer Stelle erfolgt. Abstrakte Methoden drücken aus, dass die Oberklasse keine Ahnung von der Implementierung hat und dass sich die Unterklassen darum kümmern müssen.

Da eine abstrakte Klasse abstrakte Methoden enthalten kann, aber nicht muss, unterscheiden wir:

- *Reine (pure) abstrakte Klassen.* Die abstrakte Klasse enthält ausschließlich abstrakte Methoden.
- *Partiell abstrakte Klassen.* Die Klasse ist abstrakt, enthält aber auch konkrete Implementierungen, also nicht abstrakte Methoden. Das bietet den Unterklassen ein Gerüst, das sie nutzen können.

5 | Eigene Klassen schreiben

> **Definiton** Hat eine pure abstrakte Klasse nur eine Methode, so sprechen wir von einer *SAM*
> (für *Single Abstract Method*).

Mit Spielobjekten muss sich spielen lassen

Damit wir mit den Spielobjekten wie Tür, Schlüssel, Raum, Spieler wirklich spielen können,
sollen die Objekte aufeinander angewendet werden können. Das Ziel unseres Programms ist
es, Sätze abzubilden, die aus Subjekt, Verb, Objekt bestehen:

▶ Schlüssel öffnet Tür.

▶ Spieler nimmt Bier.

▶ Pinsel kitzelt Spieler.

▶ Radio spielt Musik.

Die Programmversion soll etwas einfacher sein und statt unterschiedlicher Aktionen (öffnen,
nehmen, …) nur »nutzen« kennen.

Zur Umsetzung dieser Aufgabe bekommen die Spielklassen wie Schlüssel, Spieler, Pinsel,
Radio eine spezielle Methode, die ein anderes Spielobjekt nehmen und testen, ob sie aufeinander angewendet werden können. Ein Schlüssel öffnet eine Tür, aber »öffnet« keine Musik.
Demnach kann ein Musik-Objekt auf einem Tür-Objekt nicht angewendet werden, wohl aber
ein Schlüssel-Objekt. Ist die Anwendung möglich, kann die Methode weitere Aktionen ausführen, etwa Zustände setzen. Denn wenn der Schlüssel auf der Tür gültig ist, ist die Tür
danach offen. Ob eine Operation möglich war oder nicht, soll eine Rückgabe aussagen.

Eine Methode in `GameObject` könnte somit folgende Signatur besitzen:

```
boolean useOn( GameObject object )
```

Die Operation `useOn()` soll auf dem eigenen Objekt das an die Methode übergebene Objekt
nutzen. Implementiert die Schlüssel-Klasse `useOn()`, so kann sie testen, ob das `GameObject`
eine Tür ist, und außerdem kann sie prüfen, ob Schlüssel und Tür zusammenpassen. Wenn ja,
kann der Schlüssel die Tür öffnen, und die Rückgabe ist `true`, sonst `false`.

Da jede Spielobjekt-Klasse die Operation `useOn()` implementieren muss, soll die Basisklasse
sie abstrakt deklarieren, denn eine abstrakte Methode fordert von den Unterklassen eine Implementierung ein, sonst ließen sich keine Exemplare bilden:

Listing 5.84 com/tutego/insel/game/vi/GameObject.java, GameObject

```java
public abstract class GameObject
{
  public String name;
  public abstract boolean useOn( GameObject object );
}
```

Die Klasse `GameObject` deklariert eine abstrakte Methode, und da sie immer ohne Implementierung ist, steht statt des Methodenrumpfs ein Semikolon. Ist mindestens eine Methode abs-

416

Abstrakte Klassen und abstrakte Methoden | **5.12**

trakt, so ist es automatisch die ganze Klasse. Deshalb müssen wir das Schlüsselwort abstract ausdrücklich vor den Klassennamen schreiben. Vergessen wir das Schlüsselwort abstract bei einer solchen Klasse, erhalten wir einen Compilerfehler. Eine Klasse mit einer abstrakten Methode muss abstrakt sein, da sonst irgendjemand ein Exemplar konstruieren und genau diese Methode aufrufen könnte. Versuchen wir, ein Exemplar einer abstrakten Klasse zu erzeugen, so bekommen wir ebenfalls einen Compilerfehler. Natürlich kann eine abstrakte Klasse nicht-abstrakte Eigenschaften haben, so wie es GameObject mit dem Attribut name zeigt. Konkrete Methoden sind auch erlaubt, die brauchen wir jedoch hier nicht. Eine toString()-Methode wäre vielleicht noch interessant, sie könnte dann auf name zurückgreifen…

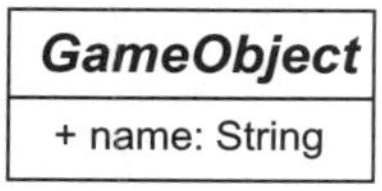

GameObject
+ name: String

Abbildung 5.9 Auch abstrakte Methoden werden in UML kursiv gesetzt.

Vererben von abstrakten Methoden

Wenn wir von einer Klasse abstrakte Methoden erben, so haben wir zwei Möglichkeiten:

▶ Wir überschreiben alle abstrakten Methoden und implementieren sie. Dann muss die Unterklasse nicht mehr abstrakt sein (wobei sie es auch weiterhin sein kann). Von der Unterklasse kann es ganz normale Exemplare geben.

▶ Wir überschreiben die abstrakte Methode nicht, sodass sie normal vererbt wird. Das bedeutet: Eine abstrakte Methode bleibt in unserer Klasse, und die Klasse muss wiederum abstrakt sein.

Die Unterklasse Door soll die abstrakte Methode useOn() überschreiben, aber immer false zurückgeben, da sich eine Tür in unserem Szenario auf nichts anwenden lässt. Nach dem Implementieren der abstrakten Methode sind Exemplare von Türen möglich:

Listing 5.85 com/tutego/insel/game/vi/Door.java, Door

```
public class Door extends GameObject
{
  int     id;
  boolean isOpen;

  @Override public boolean useOn( GameObject object )
  {
    return false;
  }
}
```

Eine Tür hat für den Schlüssel eine ID, denn nicht jeder Schlüssel passt auf jedes Schloss. Weiterhin hat die Tür einen Zustand: Sie kann offen oder geschlossen sein.

Die dritte Klasse Key speichert ebenfalls eine ID und implementiert useOn():

417

5 | Eigene Klassen schreiben

Listing 5.86 com/tutego/insel/game/vi/Key.java, Key

```java
public class Key extends GameObject
{
  int id;

  public @Override boolean useOn( GameObject object )
  {
    if ( object instanceof Door )
      if ( id == ((Door) object).id )
        return ((Door) object).isOpen = true;

    return false;
  }
}
```

Die Realisierung ist etwas komplexer. Als Erstes prüft die Methode mit instanceof, ob der Schlüssel auf eine Tür angewendet wird. Wenn ja, muss die ID von Schlüssel und Tür stimmen. Ist auch dieser Vergleich wahr, kann isOpen wahr werden, und die Methode liefert true.

Im Testprogramm wollen wir zwei Schlüssel auf eine Tür anwenden. Nur der Schlüssel mit der passenden ID öffnet die Tür. Eine Tür kann nicht auf einen Schlüssel angewendet werden, denn die Methoden sind nicht symmetrisch ausgelegt:

Listing 5.87 com/tutego/insel/game/vi/Playground.java, main()

```java
Door door = new Door();
door.id = 12;

Key  key1 = new Key();
key1.id = 99;

Key  key2 = new Key();
key2.id = 12;

System.out.printf( "erfolgreich=%b%n", key1.useOn(door) );
System.out.printf( "erfolgreich=%b, isOpen=%b%n", key2.useOn(door), door.isOpen );
System.out.printf( "erfolgreich=%b%n", door.useOn(key1) );
```

Die Ausgaben sind:

```
erfolgreich=false
erfolgreich=true, isOpen=true
erfolgreich=false
```

Implementiert eine Klasse nicht alle geerbten abstrakten Methoden, so muss die Klasse selbst wieder abstrakt sein. Ist unsere Unterklasse einer abstrakten Basisklasse nicht abstrakt, so bietet Eclipse mit Strg + 1 an, entweder die eigene Klasse abstrakt zu machen oder alle geerbten abstrakten Methoden mit einem Dummy-Rumpf zu implementieren.

418

5.13 Schnittstellen

Da Java nur Einfachvererbung kennt, ist es schwierig, Klassen mehrere Typen zu geben. Das kann immer nur in einer Reihe geschehen, also etwa so: `GameObject` erbt von `Object`, `Building` erbt von `GameObject`, `Castle` erbt von `Building` usw. Es wird schwierig, an einer Stelle zu sagen, dass ein `Building` ein `GameObject` ist, aber zum Beispiel noch zusätzlich einen Typ `Preis` haben soll, was nur nicht gleich alle Spielobjekte haben sollen. Denn soll eine Klasse auf einer Ebene von mehreren Typen erben, geht das durch die Einfachvererbung nicht. Da es aber möglich sein soll, dass in der objektorientierten Modellierung eine Klasse mehrere Typen in einem Schritt besitzt, gibt es das Konzept der *Schnittstelle* (engl. *interface*). Eine Klasse kann dann neben der Oberklasse eine beliebige Anzahl Schnittstellen implementieren und auf diese Weise weitere Typen sammeln.

> **OOP-Design** Schnittstellen sind eine gute Ergänzung zu abstrakten Klassen/Methoden. Denn im objektorientierten Design wollen wir das Was vom Wie trennen. Abstrakte Methoden sagen wie Schnittstellen etwas über das Was aus, aber erst die konkreten Implementierungen realisieren das Wie.

5.13.1 Schnittstellen deklarieren

Eine Schnittstelle enthält keine Implementierungen, sondern deklariert nur den Kopf einer Methode – also Modifizierer, den Rückgabetyp und die Signatur – ohne Rumpf.

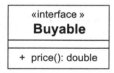

Sollen in einem Spiel gewisse Dinge käuflich sein, haben sie einen Preis. Eine Schnittstelle `Buyable` soll allen Klassen die Methode `price()` vorschreiben.

Listing 5.88 com/tutego/insel/game/vk/Buyable.java, Buyable

```
interface Buyable
{
  double price();
}
```

Die Deklaration einer Schnittstelle erinnert an eine abstrakte Klasse mit abstrakten Methoden, nur steht an Stelle von `class` das Schlüsselwort `interface`. Da alle Methoden in Schnittstellen automatisch abstrakt und öffentlich sind, akzeptiert der Compiler das redundante `abstract` und `public`, doch die Modifizierer sollten nicht geschrieben werden. Die von den Schnittstellen deklarierten Operationen sind – wie auch bei abstrakten Methoden – mit einem Semikolon abgeschlossen und haben niemals eine Implementierung.

Eine Schnittstelle darf keinen Konstruktor deklarieren. Das ist auch klar, da Exemplare von Schnittstellen nicht erzeugt werden können, sondern nur von den konkreten implementierenden Klassen.

> **Hinweis** Der Name einer Schnittstelle endet oft auf `-ble` (`Accessible`, `Adjustable`, `Runnable`). Er beginnt üblicherweise nicht mit einem Präfix wie »I«, obwohl die Eclipse-Entwickler diese Namenskonvention nutzen.

Obwohl in einer Schnittstelle keine Methoden ausprogrammiert werden und keine Objektvariablen deklariert werden dürfen, sind `static final`-Variablen (benannte Konstanten) in einer Schnittstelle erlaubt, statische Methoden jedoch nicht.

Existiert eine Klasse, in der Methoden in einer neuen Schnittstelle deklariert werden sollen, lässt sich REFACTOR • EXTRACT INTERFACE… einsetzen. Es folgt ein Dialog, der uns Methoden auswählen lässt, die später in der neuen Schnittstelle deklariert werden. Eclipse legt die Schnittstelle automatisch an und lässt die Klasse die Schnittstelle implementieren. Dort, wo es möglich ist, erlaubt Eclipse, dass die konkrete Klasse durch die Schnittstelle ersetzt wird.

5.13.2 Implementieren von Schnittstellen

Möchte eine Klasse eine Schnittstelle verwenden, so folgt hinter dem Klassennamen das Schlüsselwort `implements` und dann der Name der Schnittstelle. Die Ausdrucksweise ist dann: »Klassen werden vererbt und Schnittstellen implementiert.«

Für unsere Spielwelt sollen die Klassen `Chocolate` und `Magazine` die Schnittstelle `Buyable` implementieren.

Listing 5.89 com/tutego/insel/game/vk/Chocolate.java, Chocolate

```java
public class Chocolate implements Buyable
{
  @Override public double price()
  {
    return 0.69;
  }
}
```

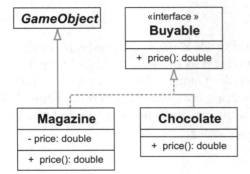

Die Annotation `@Override` zeigt wieder eine überschriebene Methode (hier implementierte Methode einer Schnittstelle) an. Unter Java 5 führte `@Override` an implementierten Methoden einer Schnittstelle noch zu einem Compilerfehler.

Während `Chocolate` nur die Schnittstelle `Buyable` implementiert, soll `Magazine` zusätzlich ein `GameObject` sein:

Listing 5.90   com/tutego/insel/game/vk/Magazine.java, Magazine

```
public class Magazine extends GameObject implements Buyable
{
  double price;

  @Override public double price()
  {
    return price;
  }
}
```

Es ist also kein Problem – und bei uns so gewünscht –, wenn eine Klasse eine andere Klasse erweitert und zusätzlich Operationen aus Schnittstellen implementiert.

> **Hinweis**   Da die in Schnittstellen deklarierten Operationen immer `public` sind, müssen auch die implementierten Methoden in den Klassen immer öffentlich sein. Sollte diese Vorgabe wirklich lästig sein, lässt sich immer noch eine abstrakte Klasse mit einer abstrakten Methode eingeschränkter Sichtbarkeit deklarieren.

[«]

Implementiert eine Klasse nicht alle Operationen aus den Schnittstellen, so erbt sie damit abstrakte Methoden und muss selbst wieder als abstrakt gekennzeichnet werden.

> **Tipp**   Schnittstellen später zu ändern, nachdem schon viele Klassen die Schnittstelle implementieren, ist eine schlechte Idee. Denn erneuert sich die Schnittstelle, etwa wenn nur eine Operation hinzukommt oder sich ein Variablentyp ändert, dann sind plötzlich alle implementierenden Klassen kaputt. Sun selbst hat den Fehler bei der Schnittstelle `java.sql.Connection` gemacht. Beim Übergang von Java 5 auf Java 6 wurde die Schnittstelle erweitert, und keine Treiberimplementierungen konnten mehr compiliert werden. Die übliche Lösung für das Problem ist, eine neue Schnittstelle mit weiteren Operationen einzuführen, die die alte Schnittstelle erweitert, aber auf 2 endet. `java.awt.LayoutManager2` ist so ein Beispiel aus dem Bereich der grafischen Oberflächen, `Attributes2`, `EntityResolver2`, `Locator2` für XML-Verarbeitung sind weitere.

[+]

Eclipse zeigt bei der Tastenkombination (Strg)+(T) eine Typhierarchie an, Oberklassen stehen oben und Unterklassen unten. Wird in dieser Ansicht erneut (Strg)+(T) gedrückt, wird die Ansicht umgedreht, dann stehen die Obertypen unten, was den Vorteil hat, dass auch die implementierte Schnittstelle unter den Obertypen ist.

5 | Eigene Klassen schreiben

5.13.3 Markierungsschnittstellen *

Auch Schnittstellen ohne Methoden sind möglich. Diese leeren Schnittstellen werden *Markierungsschnittstellen* (engl. *marker interfaces*) genannt. Sie sind nützlich, da mit `instanceof` leicht überprüft werden kann, ob sie einen gewollten Typ einnehmen.

Die Java-Bibliothek bringt einige Markierungsschnittstellen schon mit, etwa `java.util.RandomAccess`, `java.rmi.Remote`, `java.lang.Cloneable`, `java.util.EventListener` und `java.io.Serializable`[18].

Listing 5.91 java/lang/Serializable.java

```
package java.io;

interface Serializable
{
}
```

[»]

> **Hinweis** Seit es das Sprachmittel der Annotationen gibt, sind Markierungsschnittstellen bei neuen Bibliotheken nicht mehr anzutreffen.

5.13.4 Ein Polymorphie-Beispiel mit Schnittstellen

Obwohl Schnittstellen auf den ersten Blick nichts »bringen« – Programmierer wollen gerne etwas vererbt bekommen, damit sie Implementierungsarbeit sparen können –, sind sie eine enorm wichtige Erfindung, da sich über Schnittstellen ganz unterschiedliche Sichten auf ein Objekt beschreiben lassen. Jede Schnittstelle ermöglicht eine neue Sicht auf das Objekt, eine Art Rolle. Implementiert eine Klasse diverse Schnittstellen, können ihre Exemplare in verschiedenen Rollen auftreten. Hier wird erneut das Substitutionsprinzip wichtig, bei dem ein mächtigeres Objekt verwendet wird, obwohl je nach Kontext nur die Methode der Schnittstellen erwartet wird.

Mit `Magazine` und `Chocolate` haben wir zwei Klassen, die `Buyable` implementieren. Damit existieren zwei Klassen, die einen gemeinsamen Typ und beide eine gemeinsame Methode `price()` besitzen.

```
Buyable b1 = new Magazine();
Buyable b2 = new Chocolate();
System.out.println( b1.price() );
System.out.println( b2.price() );
```

Für `Buyable` wollen wir eine statische Methode `calculateSum()` schreiben, die den Preis einer Sammlung zum Verkauf stehender Objekte berechnet. Sie soll wie folgt aufgerufen werden:

---

18 Implementiert eine Klasse `Serializable`. So lassen sich die Zustände eines Objekts in einen Datenstrom schreiben (mehr dazu in Kapitel 17, »Datenströme«).

422

Listing 5.92 com/tutego/insel/game/vk/Playground.java, main()

```
Magazine madMag = new Magazine();
madMag.price = 2.50;
Buyable schoki = new Chocolate();
Magazine maxim = new Magazine();
maxim.price = 3.00;
System.out.printf( "%.2f", PriceUtils.calculateSum( madMag, ⤶
  maxim, schoki ) ); // 6,19
```

Damit `calculateSum()` eine beliebige Anzahl Argumente, aber mindestens eins, annehmen kann, realisieren wir die Methode mit einem Vararg:

Listing 5.93 com/tutego/insel/game/vk/PriceUtils.java, calculateSum()

```
static double calculateSum( Buyable price1, Buyable... prices )
{
  double result = price1.price();

  for ( Buyable price : prices )
    result += price.price();

  return result;
}
```

Die Methode nimmt käufliche Dinge an, wobei es ihr völlig egal ist, um welche es sich dabei handelt. Was zählt, ist die Tatsache, dass die Elemente die Schnittstelle `Buyable` implementieren.

Die dynamische Bindung tritt schon in der ersten Anweisung `price1.price()` auf. Auch später rufen wir auf jedem Objekt, das `Buyable` implementiert, die Methode `price()` auf. Indem wir die unterschiedlichen Werte summieren, bekommen wir den Gesamtpreis der Elemente aus der Parameterliste.

> **Tipp** Wie schon erwähnt, sollte der Typ einer Variablen immer der kleinste nötige sein. Dabei sind Schnittstellen als Variablentypen nicht ausgenommen. Entwickler, die alle ihre Variablen vom Typ einer Schnittstelle deklarieren, wenden das Konzept »Programmieren gegen Schnittstellen« an. Sie binden sich also nicht an eine spezielle Implementierung, sondern an einen Basistyp.

[+]

Im Zusammenhang mit Schnittstellen bleibt zusammenfassend zu sagen, dass hier dynamisches Binden pur auftaucht.

5.13.5 Die Mehrfachvererbung bei Schnittstellen *

Bei Klassen gibt es die Einschränkung, dass nur von einer direkten Oberklasse abgeleitet werden darf – egal, ob sie abstrakt ist oder nicht. Wird hingegen eine Schnittstelle implementiert, dann werden nicht mehr aus verschiedenen Quellen unterschiedliche Implementierungen für dieselbe Methode angeboten, was zu Problemen führen kann. Ohne Schwierigkeiten kann eine Klasse mehrere Schnittstellen implementieren. Dies wird gelegentlich als »Mehrfachver-

5 | Eigene Klassen schreiben

erbung in Java« bezeichnet. Auf diese Weise besitzt die Klasse ganz unterschiedliche Typen, da sie nun `instanceof` der Oberklasse – beziehungsweise der indirekten Oberklassen – sowie der Schnittstellen ist.

> **Begrifflichkeit** Wenn es um das Thema Mehrfachvererbung geht, dann müssen wir Folgendes unterscheiden: Geht es um Klassenvererbung, so genannte Implementierungsvererbung, ist Mehrfachvererbung nicht erlaubt. Geht es dagegen um Schnittstellenvererbung, so ist in dem Sinne Mehrfachvererbung erlaubt, denn eine Klasse kann beliebig viele Schnittstellen implementieren. Typ-Vererbung ist hier ein gebräuchliches Wort. Überlicherweise wird der Begriff »Mehrfachvererbung« in Java nicht verwendet, da er sich traditionell auf Klassenvererbung bezieht.

Beginnen wir mit einem Beispiel. `GameObject` soll die Markierungsschnittstelle `Serializable` implementieren, sodass dann alle Unterklassen von `GameObject` ebenfalls vom Typ `Serializable` sind. Die Markierungsschnittstelle schreibt nichts vor, daher gibt es keine spezielle überschriebene Methode:

Listing 5.94 com/tutego/insel/game/vl/GameObject.java, GameObject

```java
public abstract class GameObject implements Serializable
{
  protected String name;

  protected GameObject( String name )
  {
    this.name = name;
  }
}
```

Damit gibt es schon verschiedene Ist-eine-Art-von-Beziehungen: `GameObject` ist ein `java.lang.Object`, `GameObject` ist ein `GameObject`, `GameObject` ist `Serializable`.

Ein `Magazine` soll zunächst ein `GameObject` sein. Dann soll es nicht nur die Schnittstelle `Buyable` und damit die Methode `price()`implementieren, sondern sich auch mit anderen Magazinen vergleichen lassen. Dazu gibt es schon eine passende Schnittstelle in der Java-Bibliothek: `java.lang.Comparable`. Die Schnittstelle `Comparable` fordert, dass unser Magazin die Methode `int compareTo(Magazine)` implementiert. Der Rückgabewert der Methode zeigt an, wie das eigene Magazin zum anderen aufgestellt ist. Wir wollen definieren, dass das günstigere Magazin vor einem teureren steht (eigentlich sollten mit `Comparable` auch `equals()` und `hashCode()` aus `Object` überschrieben werden, doch das spart das Beispiel aus):

Listing 5.95 com/tutego/insel/game/vl/Buyable.java, Buyable

```java
interface Buyable
{
  double price();
}
```

Listing 5.96 com/tutego/insel/game/vl/Magazine.java, Magazine

```
public class Magazine extends GameObject implements Buyable, Comparable<Magazine>
{
  private double price;

  public Magazine( String name, double price )
  {
    super( name );
    this.price = price;
  }

  @Override public double price()
  {
    return price;
  }

  @Override public int compareTo( Magazine that )
  {
    return Double.compare( this.price(), that.price() );
  }

  @Override public String toString()
  {
    return name + " " + price;
  }
}
```

Die Implementierung nutzt Generics mit `Comparable<Magazine>`, was wir genauer erst später lernen, aber an der Stelle schon einmal nutzen wollen. Der Hintergrund ist, dass `Comparable` dann genau weiß, mit welchem anderen Typ der Vergleich stattfinden soll.

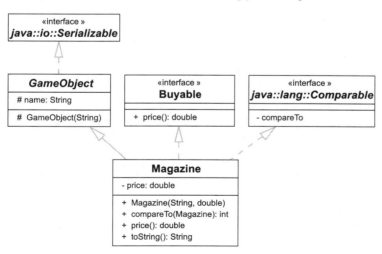

5 | Eigene Klassen schreiben

Durch diese »Mehrfachvererbung« bekommt `Magazine` mehrere Typen, sodass sich je nach Sichtweise Folgendes schreiben lässt:

```
Magazine            m1 = new Magazine( "Mad Magazine", 2.50 );
GameObject          m2 = new Magazine( "Mad Magazine", 2.50 );
Object              m3 = new Magazine( "Mad Magazine", 2.50 );
Buyable             m4 = new Magazine( "Mad Magazine", 2.50 );
Comparable<Magazine> m5 = new Magazine( "Mad Magazine", 2.50 );
Serializable        m6 = new Magazine( "Mad Magazine", 2.50 );
```

Die Konsequenzen davon sind:

▶ Im Fall `m1` sind alle Methoden der Schnittstellen verfügbar, also `price()` und `compareTo()` sowie das Attribut `name`.

▶ Über `m2` ist keine Schnittstellenmethode verfügbar, und nur die geschützte Variable `name` ist vorhanden.

▶ Mit `m3` sind alle Bezüge zu Spielobjekten verloren. Aber ein `Magazine` als `Object` ist ein gültiger Argumenttyp für `System.out.println(Object)`.

▶ Die Variable `m4` ist vom Typ `Buyable`, sodass es `price()` gibt, jedoch kein `compareTo()`. Das Objekt könnte daher in `PriceUtils.calculateSum()` eingesetzt werden.

▶ Mit `m5` gibt es ein `compareTo()`, aber keinen Preis.

▶ Da `Magazine` die Klasse `GameObject` erweitert und darüber auch vom Typ `Serializable` ist, lässt sich keine besondere Methode aufrufen – `Serializable` ist eine Markierungsschnittstelle ohne Operationen. Damit könnte das Objekt allerdings von speziellen Klassen der Java-Bibliothek serialisiert und so persistent gemacht werden.

Ein kleines Beispiel zeigt abschließend die Anwendung der Methoden `compareTo()` der Schnittstelle `Comparable` und `price()` der Schnittstelle `Buyable`:

Listing 5.97 com/tutego/insel/game/vl/Playground.java, main()

```
Magazine spiegel = new Magazine( "Spiegel", 3.50 );
Magazine madMag  = new Magazine( "Mad Magazine", 2.50 );
Magazine maxim   = new Magazine( "Maxim", 3.00 );
Magazine neon    = new Magazine( "Neon", 3.00 );
Magazine ct      = new Magazine( "c't", 3.30 );
```

Da wir einem Magazin so viele Sichten gegeben haben, können wir es natürlich mit unserer früheren Methode `calculateSum()` aufrufen, da jedes `Magazine` ja `Buyable` ist:

```
System.out.println( PriceUtils.calculateSum( spiegel, madMag, ct ) ); // 9.3
```

Und die Magazine können wir vergleichen:

```
System.out.println( spiegel.compareTo( ct ) );   // 1
System.out.println( ct.compareTo( spiegel ) );   // −1
System.out.println( maxim.compareTo( neon ) );   // 0
```

So wie es der Methode `calculateSum()` egal ist, was für `Buyable`-Objekte konkret übergeben werden, so gibt es auch für `Comparable` einen sehr nützlichen Anwendungsfall: das Sortieren.

426

Einem Sortierverfahren ist es egal, was für Objekte genau es sortiert, solange die Objekte sagen, ob sie vor oder hinter einem anderen Objekt liegen:

```
Magazine[] mags = new Magazine[] { spiegel, madMag, maxim, neon, ct };
Arrays.sort( mags );
System.out.println( Arrays.toString( mags ) );
// [Mad Magazine 2.5, Maxim 3.0, Neon 3.0, c't 3.3, Spiegel 3.5]
```

Die statische Methode `Arrays.sort()` erwartet ein Feld, dessen Elemente `Comparable` sind. Der Sortieralgorithmus macht Vergleiche über `compareTo()`, muss aber sonst über die Objekte nichts wissen. Unsere Magazine mit den unterschiedlichen Typen können also sehr flexibel in unterschiedlichen Kontexten eingesetzt werden. Es muss somit für das Sortieren keine Spezial-sortiermethode geschrieben werden, die nur Magazine sortieren kann, oder eine Methode zur Berechnung einer Summe, die nur auf Magazinen arbeitet. Wir modellieren die unterschiedlichen Anwendungsszenarien mit jeweils unterschiedlichen Schnittstellen, die Unterschiedliches von dem Objekt erwarten.

5.13.6 Keine Kollisionsgefahr bei Mehrfachvererbung *

Bei der Mehrfachvererbung von Klassen besteht die Gefahr, dass zwei Oberklassen die gleiche Methode mit zwei unterschiedlichen Implementierungen vererben könnten. Die Unterklasse wüsste dann nicht, welche Logik sie erbt. Bei den Schnittstellen gibt es das Problem nicht, denn auch wenn zwei implementierende Schnittstellen die gleiche Methode vorschreiben würden, gäbe es keine zwei verschiedenen Implementierungen von Anwendungslogik. Die implementierende Klasse bekommt sozusagen zweimal die Aufforderung, die Operation zu implementieren. So wie bei folgendem Beispiel: Ein Politiker muss verschiedene Dinge vereinen; er muss sympathisch sein, aber auch durchsetzungsfähig handeln können.

Listing 5.98 Politician.java

```
interface Likeable
{
  void act();
}


interface Assertive
{
  void act();
}


public class Politician implements Likeable, Assertive
{
  @Override public void act()
  {
    // Implementation
  }
}
```

Zwei Schnittstellen schreiben die gleiche Operation vor. Eine Klasse implementiert diese beiden Schnittstellen und muss beiden Vorgaben gerecht werden.

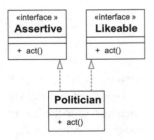

5.13.7 Erweitern von Interfaces – Subinterfaces

Ein *Subinterface* ist die Erweiterung eines anderen Interfaces. Diese Erweiterung erfolgt – wie bei der Vererbung – durch das Schlüsselwort extends.

```
interface Disgusting
{
  double disgustingValue();
}

interface Stinky extends Disgusting
{
  double olf();
}
```

Die Schnittstelle modelliert Stinkiges, was besonders abstoßend ist. Zusätzlich soll die Stinkquelle die Stärke der Stinkigkeit in der Einheit Olf angeben. Eine Klasse, die nun Stinky implementiert, muss die Methoden aus beiden Schnittstellen implementieren, demnach die Methode disgustingValue() aus Disgusting sowie die Operation olf(), die in Stinky selbst angegeben wurde. Ohne die Implementierung beider Methoden wird eine implementierende Klasse abstrakt sein müssen.

> **Hinweis** Eine interessante Änderung an der API gab es in Java 5 mit dem Einsatz von Iterable. Die Schnittstelle Collection erweitert seit Java 5 die Schnittstelle Iterable. Nun ist es immer so, dass nachträgliche neue Schnittstellen neue Methoden erzwingen und alle alten Implementierungen ungültig machen können. In diesem Fall war das aber kein Problem, da Iterable die Operation iterator() vorschreibt, die Collection sowieso schon deklarierte. Hätte Iterable eine neue Operation eingeführt, hätte das zu einem großen Bruch existierender Programme führen können.

5.13.8 Konstantendeklarationen bei Schnittstellen

Schnittstellen können Attribute besitzen, die jedoch immer automatisch statisch und final, also Konstanten sind.

Beispiele Die Schnittstelle `Buyable` soll eine Konstante für einen Maximalpreis deklarieren:

```
interface Buyable
{
  int MAX_PRICE = 10000000;
  double price();
}
```

Tipp Da alle Attribute einer Schnittstelle immer implizit `public static final` sind, ergibt [+]
sich ein Problem, wenn das Attribut ein veränderbares Objekt repräsentiert, wie in folgendem
Beispiel ein `StringBuilder`-Objekt:

```
interface Vulcano
{
  StringBuilder EYJAFJALLAJÖKULL = new StringBuilder( "Eyjafjallajökull" );
}
```

Da `EYJAFJALLAJÖKULL` eine öffentliche `StringBuilder`-Variable ist, kann sie leicht mit `Vul-cano.EYJAFJALLAJÖKULL.replace(0, Vulcano.EYJAFJALLAJÖKULL.length(), "Vesuvius");`
verändert werden, was der Idee einer Konstante absolut widerspricht. Besser ist es, immer
immutable Objekte zu referenzieren, also etwa Strings. Problematisch sind Arrays, in denen
Elemente ausgetauscht werden können, veränderbare Objekte wie `Date` oder `StringBuilder`
sowie mutable Datenstrukturen.

Vererbung und Überschattung von statischen Variablen *

Die Konstanten einer Schnittstelle können einer anderen Schnittstelle vererbt werden. Dabei
gibt es einige kleine Einschränkungen. Wir wollen an einem Beispiel sehen, wie sich die Vererbung auswirkt, wenn gleiche Bezeichner in den Unterschnittstellen erneut verwendet werden:

Listing 5.99 Colors.java

```
interface BaseColors
{
  int RED    = 1;
  int GREEN  = 2;
  int BLUE   = 3;
}


interface CarColors extends BaseColors
{
  int BLACK  = 10;
  int PURPLE = 11;
}


interface CoveringColors extends BaseColors
{
  int PURPLE = 11;
  int BLACK  = 20;
```

5 | Eigene Klassen schreiben

```
    int WHITE   = 21;
}

interface AllColors extends CarColors, CoveringColors
{
  int WHITE  = 30;
}

public class Colors
{
  @SuppressWarnings("all")
  public static void main( String[] args )
  {
    System.out.println( CarColors.RED );         // 1
    System.out.println( AllColors.RED );         // 1
    System.out.println( CarColors.BLACK );       // 10
    System.out.println( CoveringColors.BLACK ); // 20

    System.out.println( AllColors.BLACK );  // ☠ The field AllColors.BLACK is
                                            // ambiguous
    System.out.println( AllColors.PURPLE ); // ☠ The field AllColors.PURPLE is
                                            // ambiguous

  }
}
```

Die erste wichtige Tatsache ist, dass Schnittstellen ohne Fehler übersetzt werden können. Doch das Programm zeigt weitere Eigenschaften:

▶ Schnittstellen vererben ihre Eigenschaften an die Unterschnittstellen. CarColors erbt die Farbe Rot aus BaseColors.

▶ Erbt eine Schnittstelle von mehreren Oberklassen, die jeweils ein bestimmtes Attribut von einer gemeinsamen Oberklasse beziehen, so ist dies kein Fehler. So erbt etwa AllColors von CarColors und CoveringColors die Farbe Rot.

▶ Konstanten dürfen überschrieben werden. CoveringColors überschreibt die Farbe BLACK aus CarColors mit dem Wert 20. Auch PURPLE wird überschrieben, obwohl die Konstante mit dem gleichen Wert belegt ist. Wird jetzt der Wert CoveringColors.BLACK verlangt, liefert die Umgebung den Wert 20.

▶ Unterschnittstellen können aus zwei Oberschnittstellen die Attribute gleichen Namens übernehmen, auch wenn sie einen unterschiedlichen Wert haben. Das zeigt sich an den beiden Beispielen AllColors.BLACK und AllColors.PURPLE. Bei der Benutzung muss ein qualifizierter Name verwendet werden, der deutlich macht, welches Attribut gemeint ist, also zum Beispiel CarColors.BLACK, denn die Farbe ist in den Oberschnittstellen CarColors und CoveringColors unterschiedlich initialisiert. Ähnliches gilt für die Farbe PURPLE. Obwohl PURPLE in beiden Fällen den Wert 11 trägt, ist das nicht erlaubt. Das ist ein guter Schutz gegen Fehler, denn wenn der Compiler dies durchließe, könnte sich im Nachhinein die Belegung von PURPLE in CarColors oder CoveringColors ohne Neuübersetzung aller

Schnittstellen | **5.13**

Klassen ändern und zu Schwierigkeiten führen. Diesen Fehler – die Oberschnittstellen haben für eine Konstante unterschiedliche Werte – müsste die Laufzeitumgebung erkennen. Zudem kann und sollte der Compiler für alle Konstanten die Werte direkt einsetzen.

5.13.9 Initialisierung von Schnittstellenkonstanten *

Eine Schnittstelle kann Attribute deklarieren, aber das sind dann immer initialisierte `public static final`-Konstanten. Nehmen wir eine eigene Schnittstelle `PropertyReader` an, die in einer Konstanten ein `Properties`-Objekt für Eigenschaften referenziert und eine Methode `getProperties()` für implementierende Klassen vorschreibt:

```java
import java.util.Properties;

public interface PropertyReader
{
  Properties DEFAULT_PROPERTIES = new Properties();

  Properties getProperties();
}
```

Würden wir `DEFAULT_PROPERTIES` nicht mit `new Properties()` initialisieren, gäbe es einen Compilerfehler, da ja jede Konstante `final` ist, also einmal belegt werden muss.

> **Hinweis** Referenziert eine Schnittstelle eine veränderbare Datenstruktur (wie `Properties`), dann muss uns die Tatsache bewusst sein, dass sie als statische Variable global ist. Das heißt, alle implementierenden Klassen teilen sich diese Datenstruktur.

[«]

Nun stellt sich ein Problem, wenn die statischen Attribute nicht einfach mit einem Standardobjekt initialisiert werden sollen, sondern zusätzlicher Programmcode zur Initialisierung gewünscht ist. Für unser Beispiel soll das `Properties`-Objekt unter dem Schlüssel `date` die Zeit speichern, zu der die Klasse initialisiert wurde. Über statische Initialisierer geht es nicht:

```java
import java.util.*;

public interface PropertyReader
{
  Properties DEFAULT_PROPERTIES = new Properties();

  static         // ☠ Compilerfehler: «Interfaces can't have static initializers”
  {
    DEFAULT_PROPERTIES.setProperty( "date", new Date().toString() );
  }

  Properties getProperties();
}
```

Zwar sind statische Initialisierungsblöcke nicht möglich, aber mit drei Tricks kann die Initialisierung erreicht werden. Wir müssen dazu etwas auf innere Klassen vorgreifen.

431

5 | Eigene Klassen schreiben

Konstanteninitialisierung über anonyme innere Klassen, Lösung A

Eine innere anonyme Klasse formt eine Unterklasse, sodass im Exemplarinitialisierer das Objekt (bei uns die Datenstruktur) initialisiert werden kann:

```
import java.util.*;

public interface PropertyReader
{
  Properties DEFAULT_PROPERTIES = new Properties() { {
    setProperty( "date", new Date().toString() );
  } };

  Properties getProperties();
}
```

Ein Beispielprogramm zeigt die Nutzung:

Listing 5.100 SystemPropertyReaderDemo.java

```
import java.util.Properties;

public class SystemPropertyReaderDemo implements PropertyReader
{
  @Override public Properties getProperties()
  {
    return System.getProperties();
  }

  public static void main( String[] args )
  {
    System.out.println( PropertyReader.DEFAULT_PROPERTIES ); // {date=Thu ...
  }
}
```

Die vorgeschlagene Lösung funktioniert nur, wenn Unterklassen möglich sind; finale Klassen fallen damit raus.

Konstanteninitialisierung über statische innere Klassen, Lösung B

Mit einem anderen Trick lassen sich auch diese Hürden nehmen. Die Idee liegt in der Einführung zweier Hilfskonstrukte:

▶ Einer inneren statischen Klasse, die wir $$ nennen wollen. Sie enthält einen statischen Initialisierungblock, der auf DEFAULT_PROPERTIES zugreift und das Properties-Objekt initialisiert.

▶ Einer Konstante $ vom Typ $$. Als public static final-Variable initialisieren wir sie mit new $$(), was dazu führt, dass die JVM beim Laden der Klasse $$ den static-Block abarbeitet und so das Properties-Objekt belegt.

432

Da leider innere Klassen und Konstanten von Schnittstellen nicht privat sein können und so unglücklicherweise von außen zugänglich sind, geben wir ihnen die kryptischen Namen $ und $$, sodass sie nicht so attraktiv erscheinen:

Listing 5.101 PropertyReader.java

```java
import java.util.*;

public interface PropertyReader
{
  Properties DEFAULT_PROPERTIES = new Properties();

  $$ $ = new $$();

  static final class $$
  {
    static
    {
      DEFAULT_PROPERTIES.setProperty( "date", new Date().toString() );
    }
  }

  Properties getProperties();
}
```

Innerhalb vom `static`-Block lässt sich auf das `Properties`-Objekt zugreifen, und somit lassen sich auch die Werte eintragen. Ohne die Erzeugung des Objekts $ geht es nicht, denn andernfalls würde die Klasse $$ nicht initialisiert werden. Doch es gibt eine weitere Variante, die sogar ohne die Zwischenvariable $ auskommt.

Konstanteninitialisierung über statische innere Klassen, Lösung C

Bei der dritten Lösung gehen wir etwas anders vor. Wir bauen kein Exemplar mit `DEFAULT_PROPERTIES = new Properties()` auf, sondern initialisieren `DEFAULT_PROPERTIES` mit einer Erzeugermethode einer eigenen internen Klasse, sodass die Initialisierung zu `DEFAULT_PROPERTIES = $$.$()` wird:

Listing 5.102 PropertyReader2.java

```java
import java.util.*;

public interface PropertyReader2
{
  Properties DEFAULT_PROPERTIES = $$.$();

  static class $$
  {
    static Properties $()
    {
      Properties p = new Properties();
      p.setProperty( "date", new Date().toString() );
```

```
        return p;
    }
  }

  Properties getProperties();
}
```

Mit dieser Lösung kann prinzipiell auch das Aufbauen eines neuen `Properties`-Exemplars in `$()` entfallen und können etwa schon vorher aufgebaute Objekte zurückgegeben werden.

> **[»]** **Hinweis** Aufzählungen über `enum` können einfacher initialisiert werden.

5.13.10 Abstrakte Klassen und Schnittstellen im Vergleich

Eine abstrakte Klasse und eine Schnittstelle sind sich sehr ähnlich: Beide schreiben den Unterklassen beziehungsweise den implementierten Klassen Operationen vor, die sie implementieren müssen. Ein wichtiger Unterschied ist jedoch, dass beliebig viele Schnittstellen implementiert werden können, doch nur eine Klasse – sei sie abstrakt oder nicht – erweitert werden kann. Des Weiteren bieten sich abstrakte Klassen meist im Refactoring oder in der Design-Phase an, wenn Gemeinsamkeiten in eine Oberklasse ausgelagert werden sollen. Abstrakte Klassen können zusätzlichen Programmcode enthalten, was Schnittstellen nicht können. Auch nachträgliche Änderungen an Schnittstellen sind nicht einfach: Einer abstrakten Klasse kann eine konkrete Methode mitgegeben werden, was zu keiner Quellcodeanpassung für Unterklassen führt.

Ein Beispiel: Ist eine Schnittstelle oder eine abstrakte Klasse besser, um folgende Operation zu deklarieren?

```
abstract class Timer                 interface Timer
{                                    {
  abstract long getTimeInMillis();     long getTimeInMillis();
}                                    }
```

Eine abstrakte Klasse hätte den Vorteil, dass später einfacher eine Methode wie `getTimeInSeconds()` eingeführt werden kann, die konkret sein darf. Würde diese angenehme Hilfsoperation in einer Schnittstelle vorgeschrieben, so müssten alle Unterklassen diese Implementierung immer neu einführen, wobei sie doch schon in der abstrakten Oberklasse einfach programmiert werden könnte:

```
abstract class Timer
{
  abstract long getTimeInMillis();

  long getTimeInSeconds()
  {
    return getTimeInMillis() / 1000;
  }
}
```

5.14 Dokumentationskommentare mit JavaDoc

Die Dokumentation von Softwaresystemen ist ein wichtiger, aber oft vernachlässigter Teil der Softwareentwicklung. Leider, denn Software wird im Allgemeinen öfter gelesen als geschrieben. Während des Entwicklungsprozesses müssen die Entwickler Zeit in Beschreibungen der einzelnen Komponenten investieren, besonders dann, wenn weitere Entwickler diese Komponenten in einer öffentlichen Bibliothek anderen Entwicklern zur Wiederverwendung zur Verfügung stellen. Um die Klassen, Schnittstellen, Aufzählungen und Methoden sowie Attribute gut zu finden, müssen sie sorgfältig beschrieben werden. Wichtig bei der Beschreibung sind der Typname, der Methodenname, die Art und die Anzahl der Parameter, die Wirkung der Methoden und das Laufzeitverhalten. Da das Erstellen einer externen Dokumentation (also einer Beschreibung außerhalb der Quellcodedatei) fehlerträchtig und deshalb nicht gerade motivierend für die Beschreibung ist, werden spezielle Dokumentationskommentare in den Java-Quelltext eingeführt. Ein spezielles Programm generiert aus den Kommentaren Beschreibungsdateien (im Allgemeinen HTML) mit den gewünschten Informationen.[19]

5.14.1 Einen Dokumentationskommentar setzen

In einer besonders ausgezeichneten Kommentarumgebung werden die *Dokumentationskommentare* (»*Doc Comments*«) eingesetzt. Die Kommentarumgebung erweitert einen Blockkommentar und ist vor allen Typen (Klassen, Schnittstellen, Aufzählungen) sowie Methoden und Variablen üblich. Im folgenden Beispiel gibt JavaDoc Kommentare für die Klasse, Attribute und Methoden an:

Listing 5.103 com/tutego/insel/javadoc/Room.java

```
package com.tutego.insel.javadoc;

/**
 * This class models a room with a given number of players.
 */
public class Room
{
  /** Number of players in a room. */
  private int numberOfPersons;

  /**
   * A person enters the room.
   * Increments the number of persons.
   */
  public void enterPerson() {
    numberOfPersons++;
  }
```

---

19 Die Idee ist nicht neu. In den 1980er Jahren verwendete Donald E. Knuth das WEB-System zur Dokumentation von TeX. Das Programm wurde mit den Hilfsprogrammen *weave* und *tangle* in ein Pascal-Programm und eine TeX-Datei umgewandelt.

5 | Eigene Klassen schreiben

```java
/**
 * A person leaves the room.
 * Decrements the number of persons.
 */
public void leavePerson() {
  if ( numberOfPersons > 0 )
    numberOfPersons--;
}

/**
 * Gets the number of persons in this room.
 * This is always greater equals 0.
 *
 * @return Number of persons.
 */
public int getNumberOfPersons() {
  return numberOfPersons;
}
}
```

Kommentar	Beschreibung	Beispiel
@param	Beschreibung der Parameter	@param a A Value.
@see	Verweis auf ein anderes Paket, einen anderen Typ, eine andere Methode oder Eigenschaft	@see java.util.Date @see java.lang.String#length()
@version	Version	@version 1.12
@author	Schöpfer	@author Christian Ullenboom
@return	Rückgabewert einer Methode	@return Number of elements.
@exception/@throws	Ausnahmen, die ausgelöst werden können	@exception NumberFormatException
{@link Verweis}	Ein eingebauter Verweis im Text im Code-Font. Parameter wie bei @see	{@link java.io.File}
{@linkplain Verweis}	Wie {@link}, nur im normalen Font	{@linkplain java.io.File}
{@code Code}	Quellcode im Code-Zeichensatz – auch mit HTML-Sonderzeichen	{@code 1 ist < 2}
{@literal Literale}	Maskiert HTML-Sonderzeichen. Kein Code-Zeichensatz	{@literal 1 < 2 && 2 > 1}
@category	Für Java 7 oder 8 geplant: Vergabe einer Kategorie	@category Setter

Tabelle 5.4 Die wichtigsten Dokumentationskommentare im Überblick

Hinweis Die Dokumentationskommentare sind so aufgebaut, dass der erste Satz in der Auflistung der Methoden und Attribute erscheint und der Rest in der Detailansicht:

```
/**
 * Ein kurzer Satz, der im Abschnitt "Method Summary" stehen wird.
 * Es folgt die ausführliche Beschreibung, die später im
 * Abschnitt "Method Detail" erscheint, aber nicht in der Übersicht.
 */
public void foo() { }
```

Weil ein Dokumentationskommentar /** mit /* beginnt, ist er für den Compiler ein normaler Blockkommentar. Die JavaDoc-Kommentare werden oft optisch aufgewertet, indem am Anfang jeder Zeile ein Sternchen steht – dieses ignoriert JavaDoc.

5.14.2 Mit dem Werkzeug javadoc eine Dokumentation erstellen

Aus dem mit Kommentaren versehenen Quellcode generiert ein externes Programm die Zieldokumente. Das JDK liefert das Konsolen-Programm *javadoc* mit aus, dem als Parameter ein Dateiname der zu kommentierenden Klasse übergeben wird; aus compilierten Dateien können natürlich keine Beschreibungsdateien erstellt werden. Wir starten *javadoc* im Verzeichnis, in dem auch die Klassen liegen, und erhalten unsere HTML-Dokumente.

Beispiel Möchten wir Dokumentationen für das gesamte Verzeichnis erstellen, so geben wir alle Dateien mit der Endung *.java* an:

```
$ javadoc *.java
```

JavaDoc geht durch den Quelltext, parst die Deklarationen und zieht die Dokumentation heraus. Daraus generiert das Tool eine Beschreibung, die in der Regel als HTML-Seite zu uns kommt.

In Eclipse lässt sich eine Dokumentation mit JavaDoc sehr einfach erstellen: Im Menü FILE • EXPORT ist der Eintrag JAVADOC zu wählen, und nach einigen Einstellungen ist die Dokumentation generiert.

Hinweis Die Sichtbarkeit spielt bei JavaDoc eine wichtige Rolle. Standardmäßig nimmt JavaDoc nur öffentliche Dinge in die Dokumentation auf.

5.14.3 HTML-Tags in Dokumentationskommentaren *

In den Kommentaren können HTML-Tags verwendet werden, beispielsweise `<b>bold</b>` und `<i>italic</i>`, um Textattribute zu setzen. Sie werden direkt in die Dokumentation übernommen und müssen korrekt geschachtelt sein, damit die Ausgabe nicht falsch dargestellt wird. Die Überschriften-Tags `<h1>..</h1>` und `<h2>..</h2>` sollten jedoch nicht verwendet werden. JavaDoc verwendet sie zur Gliederung der Ausgabe und weist ihnen Formatvorlagen zu.

 In Eclipse zeigt die Ansicht JAVADOC in einer Vorschau das Ergebnis des Dokumentationskommentars an.

5.14.4 Generierte Dateien

Für jede öffentliche Klasse erstellt JavaDoc eine HTML-Datei. Sind Klassen nicht öffentlich, muss ein Schalter angegeben werden. Die HTML-Dateien werden zusätzlich mit Querverweisen zu den anderen dokumentierten Klassen versehen. Daneben erstellt JavaDoc weitere Dateien:

- *index-all.html* liefert eine Übersicht aller Klassen, Schnittstellen, Ausnahmen, Methoden und Felder in einem Index.
- *overview-tree.html* zeigt in einer Baumstruktur die Klassen an, damit die Vererbung deutlich sichtbar ist.
- *allclasses-frame.html* zeigt alle dokumentierten Klassen in allen Unterpaketen auf.
- *deprecated-list.html* bietet eine Liste der veralteten Methoden und Klassen.
- *serialized-form.html* listet alle Klassen auf, die `Serializable` implementieren. Jedes Attribut erscheint mit einer Beschreibung in einem Absatz.
- *help-doc.html* zeigt eine Kurzbeschreibung von JavaDoc.
- *index.html*: JavaDoc erzeugt eine Ansicht mit Frames. Das ist die Hauptdatei, die die rechte und linke Seite referenziert. Die linke Seite ist die Datei *allclasses-frame.html*. Rechts im Frame wird bei fehlender Paketbeschreibung die erste Klasse angezeigt.
- *stylesheet.css* ist eine Formatvorlage für HTML-Dateien, in der sich Farben und Zeichensätze einstellen lassen, die dann alle HTML-Dateien nutzen.
- *packages.htm* ist eine veraltete Datei. Sie verweist auf die neuen Dateien.

5.14.5 Dokumentationskommentare im Überblick *

Einige JavaDoc-Kommentare kann der Entwickler in den Block setzen, so wie `@param` oder `@return` zur Beschreibung der Parameter oder Rückgaben, andere auch in den Text, wie `{@link}` zum Setzen eines Verweises auf einen anderen Typ oder eine andere Methode. Tags der ersten Gruppe heißen *Block-Tags*, die anderen *Inline-Tags*. Bisher erkennt das JavaDoc-Tool die folgenden Tags (ab welcher Version, steht in Klammern):[20]

- *Block-Tags:* `@author` (1.0), `@deprecated` (1.0), `@exception` (1.0), `@param` (1.0), `@return` (1.0), `@see` (1.0), `@serial` (1.2), `@serialData` (1.2), `@serialField` (1.2), `@since` (1.1), `@throws` (1.2), `@version` (1.0)
- *Inline-Tags:* `{@code}` (1.5), `{@docRoot}` (1.3), `{@inheritDoc}` (1.4), `{@link}` (1.2), `{@linkplain}` (1.4), `{@literal}` (1.5), `{@value}` (1.4)

---

20 http://tutego.de/go/javadoctags

In Java 6 ist kein Tag hinzugekommen. Es gab einiges auf der Liste, was als JavaDoc-Tag in Java 7 oder Java 8 hinzukommen soll.

Beispiele

Eine externe Zusatzquelle geben wir wie folgt an:

```
@see <a href="spec.html#section">Java Spec</a>.
```

Verweis auf eine Methode, die mit der beschriebenen Methode verwandt ist:

```
@see String#equals(Object) equals
```

Von `@see` gibt es mehrere Varianten:

```
@see #field
@see #method(Type, Type,...)
@see #method(Type argname, Type argname,...)
@see #constructor(Type, Type,...)
@see #constructor(Type argname, Type argname,...)
@see Class#field
@see Class#method(Type, Type,...)
@see Class#method(Type argname, Type argname,...)
@see Class#constructor(Type, Type,...)
@see Class#constructor(Type argname, Type argname,...)
@see Class.NestedClass
@see Class
@see package.Class#field
@see package.Class#method(Type, Type,...)
@see package.Class#method(Type argname, Type argname,...)
@see package.Class#constructor(Type, Type,...)
@see package.Class#constructor(Type argname, Type argname,...)
@see package.Class.NestedClass
@see package.Class
@see package
```

Dokumentiere eine Variable. Gib einen Verweis auf eine Methode an:

```
/**
 * The X-coordinate of the component.
 *
 * @see #getLocation()
 */
int x = 1263732;
```

Eine veraltete Methode, die auf eine Alternative zeigt:

```
/**
 * @deprecated  As of JDK 1.1,
 * replaced by {@link #setBounds(int,int,int,int)}
 */
```

5 | Eigene Klassen schreiben

Anstatt HTML-Tags wie `<tt>` oder `<code>` für den Quellcode zu nutzen, ist `{@code}` viel einfacher.

```
/**
 * Compares this current object with another object.
 * Uses {@code equals()} an not {@code ==}.
 */
```

5.14.6 JavaDoc und Doclets *

Die Ausgabe von JavaDoc kann den eigenen Bedürfnissen angepasst werden, indem *Doclets* eingesetzt werden. Ein Doclet ist ein Java-Programm, das auf der Doclet-API aufbaut und die Ausgabedatei schreibt. Das Programm liest dabei wie das bekannte JavaDoc-Tool die Quelldateien ein und erzeugt daraus ein beliebiges Ausgabeformat. Dieses Format kann selbst gewählt und implementiert werden. Wer also neben dem von JavaSoft beigefügten Standard-Doclet für HTML-Dateien Framemaker-Dateien (MIF) oder RTF-Dateien erzeugen möchte, muss ein eigenes Doclet programmieren oder kann auf Doclets unterschiedlicher Hersteller zurückgreifen. Die Webseite *http://www.doclet.com/* listet zum Beispiel Doclets auf, die Docbook generieren oder UML-Diagramme mit aufnehmen.

Daneben dient ein Doclet aber nicht nur der Schnittstellendokumentation. Ein Doclet kann auch aufzeigen, ob es zu jeder Methode eine Dokumentation gibt oder ob jeder Parameter und jeder Rückgabewert korrekt beschrieben ist. Vor dem Durchbruch der Annotationen in Java 5 waren Doclets zur Generierung zusätzlicher Programmdateien und XML-Deskriptoren populär.[21]

5.14.7 Veraltete (deprecated) Typen und Eigenschaften

Während der Entwicklungsphase einer Software ändern sich immer wieder Methodensignaturen, oder Methoden kommen hinzu oder fallen weg. Gründe gibt es viele:

▸ Methoden können nicht wirklich plattformunabhängig programmiert werden, wurden aber einmal so angeboten. Nun soll die Methode nicht mehr unterstützt werden (ein Beispiel ist die Methode `stop()` eines Threads).

▸ Die Java-Namenskonvention soll eingeführt, ältere Methodennamen sollen nicht mehr verwendet werden. Das betrifft in erster Linie spezielle `setXXX()`/`getXXX()`-Methoden, die seit Version 1.1 zur Verfügung standen. So finden wir beim AWT viele Beispiele dafür. Nun heißt es zum Beispiel statt `size()` bei einer grafischen Komponente `getSize()`.

▸ Entwickler haben sich beim Methodennamen verschrieben. So hieß es in `FontMetrics` vorher `getMaxDecent()` und nun heißt es `getMaxDescent()`, und im `HTMLEditorKit` wird `insertAtBoundry()` zu `insertAtBoundary()`.

---

21 XDoclet (*http://xdoclet.sourceforge.net/*) generiert aus Anmerkungen in den JavaDoc-Tags Mappings-Dateien für relationale Datenbanken oder Dokumente für Enterprise JavaBeans.

Es ist ungünstig, die Methoden jetzt einfach zu löschen, weil es dann zu Compilerfehlern kommt. Eine Lösung wäre daher, die Methode beziehungsweise den Konstruktor als `depre-cated` zu deklarieren. *Deprecated* ist ein eigener Dokumentationskommentar. Sein Einsatz sieht dann etwa folgendermaßen aus (Ausschnitt aus der Klasse `java.util.Date`):

```
/**
 * Sets the day of the month of this <tt>Date</tt> object to the
 * specified value. ...
 *
 * @param    date    the day of the month value between 1-31.
 * @see      java.util.Calendar
 * @deprecated As of JDK version 1.1,
 * replaced by <code>Calendar.set(Calendar.DAY_OF_MONTH, int date)</code>.
 */

public void setDate(int date) {
  setField(Calendar.DATE, date);
}
```

Die Kennung `@deprecated` gibt an, dass die Methode beziehungsweise der Konstruktor nicht mehr verwendet werden soll. Ein guter Kommentar zeigt auch Alternativen auf, sofern welche vorhanden sind. Die hier genannte Alternative ist die Methode `set()` aus dem `Calendar`-Objekt. Da der Kommentar in die generierte API-Dokumentation übernommen wird, erkennt der Entwickler, dass eine Methode veraltet ist.

Hinweis Wenn eine Methode als »veraltet« markiert ist, heißt das noch nicht, dass es sie nicht mehr geben muss. Es ist nur ein Hinweis darauf, dass die Methoden nicht mehr verwendet werden sollten und Unterstützung nicht mehr gegeben ist.

[«]

Compilermeldungen bei veralteten Methoden

Der Compiler gibt bei veralteten Methoden eine kleine Meldung auf dem Bildschirm aus. Testen wir das an der Klasse `OldSack`:

Listing 5.104 OldSack.java

```
public class OldSack
{
  java.util.Date d = new java.util.Date( 62, 3, 4 );
}
```

Jetzt rufen wir ganz normal den Compiler auf:

```
$ javac OldSack.java
Note: OldSack.java uses or overrides a deprecated API.
Note: Recompile with -deprecation for details.
```

5 | Eigene Klassen schreiben

Der Compiler sagt uns, dass der Schalter -deprecation weitere Hinweise gibt:

```
$ javac -deprecation OldSack.
OldSack.java:5: warning: Date(int,int,int) in java.util.Date has been deprecated
  Date d = new Date( 62, 3, 4 );
            ^
1 warning
```

Die Ausgabe gibt genau die Zeile mit der veralteten Anweisung an; Alternativen nennt er nicht. Allerdings ist schon interessant, dass der Compiler in die Dokumentationskommentare sieht. Eigentlich hat er mit den auskommentierten Blöcken ja nichts zu tun und überliest jeden Kommentar. Zur Auswertung der speziellen Kommentare gibt es schließlich das Extra-Tool *javadoc*, das wiederum mit dem Java-Compiler nichts zu tun hat.

[»] **Hinweis** Auch Klassen lassen sich als deprecated kennzeichnen (siehe etwa java.io.Line-NumberInputStream). Dies finden wir jedoch selten in der Java-Biblitothek, und bei eigenen Typen sollte es vermieden werden.

Die Annotation »@Deprecated«

Seit Java 5 gibt es Annotationen, die zusätzliche Modifizierer sind. Eine Annotation @Deprecated (großgeschrieben) ist vorgegeben und ermöglicht es ebenfalls, Dinge als veraltet zu kennzeichnen. Dazu wird die Annotation wie ein üblicher Modifizierer etwa für Methoden vor den Rückgabetyp gestellt. Oracle hat die obengenannte Methode setDate() mit dieser Annotation gekennzeichnet, wie der folgende Ausschnitt zeigt:

```
/** ...
 * @deprecated As of JDK version 1.1,
 * replaced by <code>Calendar.set(Calendar.DAY_OF_MONTH, int date)</code>.
 */
@Deprecated
public void setDate(int date) { ... }
```

Der Vorteil der Annotation @Deprecated gegenüber dem JavaDoc-Tag besteht darin, dass die Annotation auch zur Laufzeit sichtbar ist. Liegt vor einem Methodenaufruf ein @Deprecated-Tester, so kann dieser die veralteten Methoden zur Laufzeit melden. Bei dem JavaDoc-Tag übersetzt der Compiler das Programm in Bytecode und gibt zur Compilezeit eine Meldung aus, im Bytecode selbst gibt es aber keinen Hinweis.

»Wir sind in Sicherheit! Er kann uns nicht erreichen!«
»Sicher?«
»Ganz sicher! Bären haben Angst vor Treibsand!«
– Hägar, Dik Browne (1917–1989)

6 Exceptions

Fehler beim Programmieren sind unvermeidlich. Schwierigkeiten bereiten nur die unkalkulierbaren Situationen – hier ist der Umgang mit Fehlern ganz besonders heikel. Java bietet die elegante Methode der Exceptions, um mit Fehlern flexibel umzugehen.

6.1 Problembereiche einzäunen

Werden in C Routinen aufgerufen, dann haben diese keine andere Möglichkeit, als über den Rückgabewert einen Fehlschlag anzuzeigen. Der Fehlercode ist häufig –1, aber auch NULL oder 0. Allerdings kann die Null auch Korrektheit anzeigen. Irgendwie ist das willkürlich. Die Abfrage dieser Werte ist unschön und wird von uns gern unterlassen, zumal wir oft davon ausgehen, dass ein Fehler in dieser Situation gar nicht auftreten kann – diese Annahme kann eine Dummheit sein. Zudem wird der Programmfluss durch Abfragen der Rückgabeergebnisse unangenehm unterbrochen, zumal der Rückgabewert, wenn er nicht gerade einen Fehler anzeigt, weiterverwendet wird. Der Rückgabewert ist also im weitesten Sinne überladen, da er zwei Zustände anzeigt. Häufig entstehen mit den Fehlerabfragen kaskadierte if-Abfragen, die den Quellcode schwer lesbar machen.

Beispiel Die Java-Bibliothek geht bei den Methoden `delete()`, `mkdir()`, `mkdirs()` und `renameTo()` der Klasse `File` nicht mit gutem Beispiel voran. Anstatt über eine Ausnahme anzuzeigen, dass die Operation nicht geglückt ist, liefern die genannten Methoden `false`. Das ist unglücklich, denn viele Entwickler verzichten auf den Test, und so entstehen Fehler, die später schwer zu finden sind. **[zB]**

6.1.1 Exceptions in Java mit try und catch

Bei der Verwendung von Exceptions wird der Programmfluss nicht durch Abfrage des Rückgabestatus unterbrochen. Ein besonders ausgezeichnetes Programmstück überwacht mögliche Fehler und ruft gegebenenfalls speziellen Programmcode zur Behandlung auf.

Den überwachten Programmbereich (Block) leitet das Schlüsselwort try ein. Dem try-Block folgt in der Regel[1] ein catch-Block, in dem Programmcode steht, der den Fehler behandelt. Kurz skizziert, sieht das so aus:

```
try
{
  // Programmcode, der eine Ausnahme ausführen kann
}
catch ( … )
{
  // Programmcode zum Behandeln der Ausnahme
}
// Es geht ganz normal weiter, denn die Ausnahme wurde behandelt
```

Hinter catch folgt also der Programmblock, der beim Auftreten eines Fehlers ausgeführt wird, um den Fehler abzufangen (daher der Ausdruck catch). Es ist nach der Fehlerbehandlung nicht mehr so einfach möglich, an der Stelle fortzufahren, an der der Fehler auftrat. Andere Programmiersprachen erlauben das durchaus.

6.1.2 Eine NumberFormatException auffangen

Über die Methode Integer.parseInt() haben wir an verschiedenen Stellen schon gesprochen. Sie konvertiert eine Zahl, die als Zeichenkette gegeben ist, in eine Dezimalzahl:

```
int vatRate = Integer.parseInt( "19" );
```

In dem Beispiel ist eine Konvertierung möglich, und die Methode führt die Umwandlung ohne Fehler aus. Anders sieht das aus, wenn der String keine Zahl repräsentiert:

Listing 6.1 DontCatchTheNumberFormatException.java

```
/* 01 */public class DontCatchTheNumberFormatException
/* 02 */{
/* 03 */   public static int getVatRate()
```

---

[1] In machen Fällen auch ein finally-Block, sodass es dann ein try-finally wird.

```
/* 04 */    {
/* 05 */      return Integer.parseInt( "19%" );
/* 06 */    }
/* 07 */    public static void main( String[] args )
/* 08 */    {
/* 09 */      System.out.println( getVatRate() );
/* 10 */    }
/* 11 */}
```

Die Ausführung des Programms bricht mit einem Fehler ab, und die virtuelle Maschine gibt uns automatisch eine Meldung aus:

```
Exception in thread "main" java.lang.NumberFormatException: For input string: "19%"
    at java.lang.NumberFormatException.forInputString(NumberFormatException.java:48)
    at java.lang.Integer.parseInt(Integer.java:456)
    at java.lang.Integer.parseInt(Integer.java:497)
    at DontCatchTheNumberFormatException.getVatRate(DontCatchTheNumberFormatException.⮠
      java:5)
    at DontCatchTheNumberFormatException.main(DontCatchTheNumberFormatException.java:9)
```

In der ersten Zeile können wir ablesen, dass eine java.lang.NumberFormatException ausgelöst wurde. In der letzten Zeile steht, welche Stelle in unserem Programm zu dem Fehler führte (Fehlerausgaben wie diese haben wir schon im Abschnitt »Auf null geht nix, nur die NullPointerException« in Abschnitt 3.5 beobachtet).

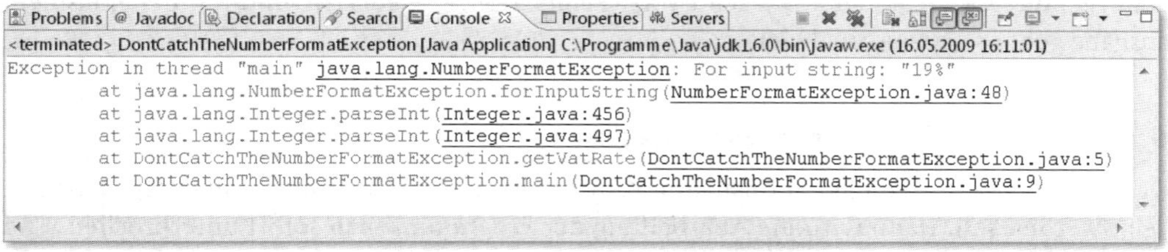

Abbildung 6.1 Tritt eine Exception auf, so wird sie im Ausgabefenster rot angezeigt. Praktischerweise sind die Fehlermeldungen wie Hyperlinks: Ein Klick, und Eclipse zeigt die Zeile, die die Exception auslöst.

Stack-Trace

Die virtuelle Maschine merkt sich auf einem Stapel, welche Methode welche andere Methode aufgerufen hat. Dies nennt sich *Stack-Trace*. Wenn also die statische main()-Methode die Methode getVatRate() aufruft und diese wiederum parseInt(), so sieht der Stapel zum Zeitpunkt von parseInt() so aus:

```
parseInt
getVatRate
main
```

Ein Stack-Trace ist im Fehlerfall nützlich, da wir etwa bei unserem parseInt("19%") ablesen können, dass parseInt() den Fehler ausgelöst hat und nicht irgendeine andere Methode.

445

6 | Exceptions

Eine NumberFormatException auffangen

Da ohne den aufgefangenen Fehler das Programm abbricht, soll nun die `NumberFormatException` aufgefangen werden. Dabei kommt die `try-catch`-Konstruktion zum Einsatz:

Listing 6.2 CatchTheNumberFormatException.java, main()

```
stringToConvert = "19%";

try
{
  Integer.parseInt( stringToConvert );
}
catch ( NumberFormatException e )
{
  System.err.printf( "'%s' kann man nicht in eine Zahl konvertieren!%n",
                     stringToConvert );
}
System.out.println( "Weiter geht's" );
```

Die gesamte Ausgabe ist:

```
'19%' kann man nicht in eine Zahl konvertieren!
Weiter geht's
```

Die Anweisung `catch ( NumberFormatException e )` fängt also alles auf, was vom Ausnahmetyp `NumberFormatException` ist. `Integer.parseInt("19%")` führt zu einer `NumberFormatException`, die wir behandeln. Danach ist der Fehler wie weggeblasen, und mit der Konsolenausgabe geht es ganz normal weiter.

6.1.3 Ablauf einer Ausnahmesituation

Das Laufzeitsystem erzeugt ein Ausnahme-Objekt, wenn ein Fehler über eine Exception angezeigt werden soll. Dann wird die Abarbeitung der Programmzeilen sofort unterbrochen, und das Laufzeitsystem steuert selbstständig die erste `catch`-Klausel an (oder springt weiter zum Aufrufer, wie wir später sehen werden). Wenn die erste `catch`-Anweisung nicht zur Art des aufgetretenen Fehlers passt, werden der Reihe nach alle übrigen `catch`-Klauseln untersucht, und die erste übereinstimmende Klausel wird angesprungen (oder ausgewählt). Erst wird etwas versucht (daher heißt es im Englischen *try*), und wenn im Fehlerfall ein `Exception`-Objekt im Programmstück ausgelöst (engl. *throw*) wird, lässt es sich an einer Stelle auffangen (engl. *catch*). Da immer die erste passende `catch`-Klausel ausgewählt wird, darf im Beispiel die letzte `catch`-Klausel keinesfalls zuerst stehen, da diese auf jeden Fehler passt. Alle anderen Anweisungen in den `catch`-Blöcken würden dann nicht ausgeführt; der Compiler erkennt dieses Problem und gibt einen Fehler aus.

6.1.4 Eigenschaften vom Exception-Objekt

Das Exception-Objekt, das uns in der `catch`-Anweisung übergeben wird, ist reich an Informationen. So lässt sich erfragen, um welche Ausnahme es sich eigentlich handelt und wie die Fehlernachricht heißt. Auch der Stack-Trace lässt sich erfragen und ausgeben:

Listing 6.3 NumberFormatExceptionElements.java, main()

```java
try
{
  Integer.parseInt( "19%" );
}
catch ( NumberFormatException e )
{
  String name = e.getClass().getName();
  String msg  = e.getMessage();
  String toStr = e.toString();

  System.out.println( name ); // java.lang.NumberFormatException
  System.out.println( msg );  // For input string: "19%"
  System.out.println( toStr ); // java.lang.NumberFormatException: For input
                               // string: "19%"

  e.printStackTrace();
}
```

Im letzten Fall, mit `e.printStackTrace()`, bekommen wir das Gleiche auf dem Fehlerkanal `System.err` ausgegeben, was uns die virtuelle Maschine ausgibt, wenn wir die Ausnahme nicht abfangen:

```
java.lang.NumberFormatException: For input string: "19%"
  at java.lang.NumberFormatException.forInputString(NumberFormatException.java:48)
  at java.lang.Integer.parseInt(Integer.java:456)
  at java.lang.Integer.parseInt(Integer.java:497)
  at NumberFormatExceptionElements.main(NumberFormatExceptionElements.java:7)
```

Die Ausgabe besteht aus dem Klassennamen der Exception, der Meldung und dem Stack-Trace. `printStackTrace()` ist parametrisiert und kann auch in einen Ausgabekanal geschickt werden.

Bitte nicht schlucken: leere catch-Blöcke

Java schreibt vor, dass Ausnahmen in einem `catch` behandelt (oder nach oben geleitet) werden, aber nicht, was in `catch`-Blöcken zu geschehen hat. Ein leerer `catch`-Block ist in der Regel wenig sinnvoll, weil dann die Fehler klammheimlich unterdrückt werden. (Das wäre genauso wie ignorierte Statusrückgabewerte von C-Funktionen.) Das Mindeste ist eine minimale Fehlerausgabe via `System.err.println(e)` oder das informativere `e.printStackTrace()` für eine `Exception` e oder das Loggen dieser Fehler. Noch besser ist das aktive Reagieren, denn die Ausgabe selbst behandelt diesen Fehler nicht! Im `catch`-Block ist es durchaus legitim, wiederum andere Ausnahmen auszulösen.

> **Hinweis** Wenn wie bei einem `sleep()` die `InterruptedException` wirklich egal ist, kann natürlich auch der Block leer sein, doch gibt es dafür nicht so viele sinnvolle Beispiele.

6 | Exceptions

6.1.5 Wiederholung abgebrochener Bereiche *

Es gibt in Java bei Ausnahmen bisher keine von der Sprache unterstützte Möglichkeit, an den Punkt zurückzukehren, der den Fehler ausgelöst hat. Das ist aber oft erwünscht, etwa, wenn eine fehlerhafte Eingabe zu wiederholen ist.

Wir werden mit `JOptionPane.showInputDialog()` nach einem String fragen und versuchen, diesen in eine Zahl zu konvertieren. Dabei kann natürlich etwas schiefgehen. Wenn ein Benutzer eine Zeichenkette eingibt, die keine Zahl repräsentiert, löst `parseInt()` eine `NumberFormatException` aus. Wir wollen in diesem Fall die Eingabe wiederholen:

Listing 6.4 ContinueInput.java, main()

```java
int number = 0;
while ( true )
{
  try
  {
    String s = javax.swing.JOptionPane.showInputDialog(
            "Bitte Zahl eingeben" );
    number = Integer.parseInt( s );
    break;
  }
  catch ( NumberFormatException ó_ò )
  {
    System.err.println( "Das war keine Zahl!" );
  }
}
System.out.println( "Danke für die Zahl " + number );
System.exit( 0 );                              // Beendet die Anwendung
```

Die gewählte Lösung ist einfach: Wir programmieren den gesamten Teil in einer Endlosschleife. Geht die problematische Stelle ohne Fehler durch, so beenden wir die Schleife mit `break`. Kommt es zu einer Ausnahme, dann wird `break` nicht ausgeführt, und nach der `Exception` gelangen wir wieder in die Endlosschleife.

6.1.6 Mehrere Ausnahmen auffangen

Wir wollen mithilfe der Klasse `Scanner` eine Webseite zeilenweise auslesen und alle dort enthaltenen E-Mail-Adressen sammeln. Dazu greifen wir schon etwas vor und arbeiten mit zwei Klassen, die uns beim Einlesen der Zeilen helfen: `URL` und `Scanner` (siehe dazu Abschnitt 4.8.2, »Die Klasse Scanner«). Zunächst repräsentiert die Klasse `URL` eine URL, also eine Internetadresse. Das `URL`-Objekt fragen wir nach einem Datenstrom und diesen Datenstrom, setzen wir in den Konstruktor der `Scanner`-Klasse. Mit dem `Scanner` können wir dann zeilenweise durch die Seite laufen und alles einsammeln, was wie eine E-Mail-Adresse aussieht.

Anders als bei `Integer.parseInt()` kündigt die API-Dokumentation vom Konstruktor der Klasse `URL` an, dass eine Ausnahme ausgelöst wird, genau dann, wenn die URL falsch formuliert wird (etwa als `"telefon://0123-123123"`). Vergleichbares gilt bei der `URL`-Methode `openStream()`. Die Methode löst eine `IOException` aus, wenn es keinen Zugriff auf die Webseite gibt.

openConnection

```
public URLConnection openConnection()
                        throws IOException
```

Returns a `URLConnection` object that represents a connection to the remote object referred to by the `URL`.

A new connection is opened every time by calling the `openConnection` method of the protocol handler for this URL.

If for the URL's protocol (such as HTTP or JAR), there exists a public, specialized URLConnection subclass belonging to one of the following packages or one of their subpackages: java.lang, java.io, java.util, java.net, the connection returned will be of that subclass. For example, for HTTP an HttpURLConnection will be returned, and for JAR a JarURLConnection will be returned.

Returns:
   a `URLConnection` to the URL.
Throws:
   `IOException` - if an I/O exception occurs.
See Also:
   `URL(java.lang.String, java.lang.String, int, java.lang.String)`, `URLConnection`,
   `URLStreamHandler.openConnection(java.net.URL)`

URL

```
public URL(String spec)
    throws MalformedURLException
```

Creates a `URL` object from the `String` representation.

This constructor is equivalent to a call to the two-argument constructor with a `null` first argument.

Parameters:
   `spec` - the `String` to parse as a URL.
Throws:
   `MalformedURLException` - If the string specifies an unknown protocol.
See Also:
   `URL(java.net.URL, java.lang.String)`

Damit zwingen uns der Konstruktor und die Methode eine Behandlung auf, ohne die wir `new URL()` und `openStream()` nicht nutzen könnten.

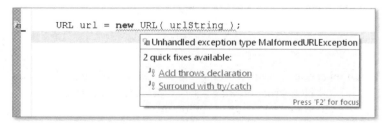

Abbildung 6.2 Eine nicht behandelte Ausnahme wird von Eclipse als Fehler angezeigt.

6 | Exceptions

Wir müssen uns diesen potenziellen Fehlern also stellen und daher die Problemzonen in einen try- und catch-Block schreiben:

Listing 6.5 FindAllEmailAddresses.java

```java
import java.io.IOException;
import java.net.MalformedURLException;
import java.net.URL;
import java.util.Scanner;
import java.util.regex.Matcher;
import java.util.regex.Pattern;

public class FindAllEmailAddresses
{
  public static void main( String[] args )
  {
    printAllEMailAddresses( "http://www.galileocomputing.de/hilfe/Impressum" );
  }

  static void printAllEMailAddresses( String urlString )
  {
    try
    {
      URL     url     = new URL( urlString );
      Scanner scanner = new Scanner( url.openStream() );
      Pattern pattern = Pattern.compile( "[\\w|-]+@\\w[\\w|-]*\\.[a-z]{2,3}" );

      while ( scanner.hasNextLine() )
      {
        String line = scanner.nextLine();
        for ( Matcher m = pattern.matcher( line ); m.find(); )
          System.out.println( line.substring( m.start(), m.end() ) );
      }
    }
    catch ( MalformedURLException e )
    {
      System.err.println( "URL ist falsch aufgebaut!" );
    }
    catch ( IOException e )
    {
      System.err.println( "URL konnte nicht geöffnet werden!" );
    }
  }
}
```

Tritt beim Erzeugen des URL-Objekts oder bei der Verbindung ein Fehler auf, wird dieser im try-Block abgefangen und im catch-Teil bearbeitet. Einem try-Block können mehrere catch-Klauseln zugeordnet sein, um verschiedene Fehlertypen aufzufangen.

450

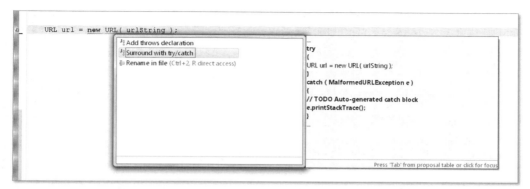

Abbildung 6.3 Einen try-catch-Block kann Eclipse auch selbst anlegen. Dazu werden wieder die Tasten Strg + 1 bemüht, wobei Eclipse anbietet, entweder den Fehler an den Aufrufer weiterzuleiten (siehe weiter unten) oder einen try-catch-Block anzulegen.

6.1.7 throws im Methodenkopf angeben

Neben der rahmenbasierten Ausnahmebehandlung – dem »Einzäunen« von problematischen Blöcken durch einen try- und catch-Block – gibt es eine weitere Möglichkeit, auf Exceptions zu reagieren: Weiterleiten an den Aufrufer. Im Kopf der betreffenden Methode wird dazu eine throws-Klausel eingeführt. Dadurch zeigt die Methode an, dass sie eine bestimmte Exception nicht selbst behandelt, sondern diese an die aufrufende Methode weitergibt. Wird nun von der aufgerufenen Methode eine Exception ausgelöst, so wird diese Methode abgebrochen, und der Aufrufer muss sich um den Fehler kümmern.

Wir können unsere Methode printAllEMailAddresses() so umschreiben, dass sie die Ausnahmen nicht mehr selbst abfängt, sondern nach oben weiterleitet:

Listing 6.6 FindAllEmailAddresses2.java, printAllEMailAddresses()

```
static void printAllEMailAddresses( String urlString )
  throws MalformedURLException, IOException
{
  Scanner scanner = new Scanner( new URL( urlString ).openStream() );
  Pattern pattern = Pattern.compile( "[\\w|-]+@\\w[\\w|-]*\\.[a-z]{2,3}" );

  while ( scanner.hasNextLine() )
  {
    String line = scanner.nextLine();
    for ( Matcher m = pattern.matcher( line ); m.find(); )
      System.out.println( line.substring( m.start(), m.end() ) );
  }
}
```

Nun ist main() am Zug und muss sich mit MalformedURLException und IOException herumärgern:

6 | Exceptions

Listing 6.7 FindAllEmailAddresses2.java, main()

```
public static void main( String[] args )
{
  try
  {
    printAllEMailAddresses( "http://www.galileocomputing.de/hilfe/Impressum" );
  }
  catch ( MalformedURLException e )
  {
    System.err.println( "URL ist falsch aufgebaut!" );
  }
  catch ( IOException e )
  {
    System.err.println( "URL konnte nicht geöffnet werden!" );
  }
}
```

Dadurch steigt der Fehler entlang der Kette von Methodenaufrufen wie eine Blase (engl. *bubble*) nach oben und kann irgendwann von einem Block abgefangen werden, der sich darum kümmert.

[»] **Hinweis** Zwar ist die `FileNotFoundException` eine `IOException`, sodass wir hier nur `IOException` hätten angeben müssen, doch grundsätzlich lassen sich beliebig viele Ausnahmen, getrennt durch Kommata, aufzählen. Zu den Vererbungsbeziehungen und den Konsequenzen folgt später mehr.

6.1.8 Abschlussbehandlung mit »finally«

Im Folgenden wollen wir eine optimale Exception-Behandlung programmieren. Es geht im Beispiel darum, die Ausmaße eines GIF-Bildes auszulesen. Das Grafikformat GIF ist sehr einfach und gut dokumentiert, etwa unter *http://www.fileformat.info/format/gif/egff.htm*. Dort lässt sich erfahren, wie sich die Ausmaße ganz einfach im Kopf einer GIF-Datei ablesen lassen, denn nach den ersten Bytes 'G', 'I', 'F', '8', '7' (oder '9'), 'a' folgen in 2 Bytes an Position 6 und 7 die Breite und an Position 8 und 9 die Höhe des Bildes.

Die ignorante Version

In der ersten Variante schreiben wir den Algorithmus einfach herunter und kümmern uns nicht um die Fehlerbehandlung; mögliche Ausnahmen leitet die statische `main()`-Methode an die JVM weiter:

Listing 6.8 ReadGifSizeIgnoringExceptions.java

```
import java.io.*;

public class ReadGifSizeIgnoringExceptions
{
  public static void main( String[] args ) throws FileNotFoundException, IOException
```

```
    {
      RandomAccessFile f = new RandomAccessFile( "duke.gif", "r" );
      f.seek( 6 );

      System.out.printf( "%s x %s Pixel%n", f.read() + f.read() * 256,
                                            f.read() + f.read() * 256 );
    }
}
```

In der Klasse haben wir eine Kleinigkeit noch nicht beachtet: das Schließen des Datenstroms. Das Programm endet mit dem Auslesen der Bytes, aber das Schließen mit `close()` fehlt. Nehmen wir eine Zeile nach der Konsolenausgabe hinzu:

```
...
System.out.printf( "%s x %s Pixel%n", f.read() + f.read() * 256,
                                      f.read() + f.read() * 256 );

f.close();
```

Das `close()` wiederum kann auch eine `IOException` auslösen, die jedoch schon über `throws` angekündigt wurde.

Der gut gemeinte Versuch

Dass ein Programm die JVM beendet, sobald eine Datei nicht da ist, ist ein bisschen hart. Daher wollen wir ein `try-catch` formulieren und den Fehler ordentlich abfangen und dokumentieren:

Listing 6.9 ReadGifSizeCatchingExceptions.java

```
import java.io.*;

public class ReadGifSizeCatchingExceptions
{
  public static void main( String[] args )
  {
    try
    {
      RandomAccessFile f = new RandomAccessFile( "duke.gif", "r" );
      f.seek( 6 );

      System.out.printf( "%s x %s Pixel%n", f.read() + f.read() * 256,
                         f.read() + f.read() * 256 );
      f.close();
    }
    catch ( FileNotFoundException e )
    {
      System.err.println( "Datei ist nicht vorhanden!" );
    }
    catch ( IOException e )
    {
```

6 | Exceptions

```
      System.err.println( "Allgemeiner Ein-/Ausgabefehler!" );
    }
  }
}
```

Ist damit alles in Ordnung?

Ab jetzt wird scharf geschlossen

Nehmen wir an, das Öffnen führt zu keiner Ausnahme, doch beim Zugriff auf ein Byte kommt es unerwartet zu einem Fehler. Das read() wird abgebrochen, und die JVM leitet uns in den Exception-Block, der eine Meldung ausgibt. Das Problem: Dann schließt das Programm den Datenstrom nicht. Wir könnten verleitet werden, in den catch-Zweig auch ein close() zu schreiben, doch ist das eine Quellcodeduplizierung, die wir vermeiden müssen. Hier kommt ein finally-Block zum Zuge. finally-Blöcke stehen immer hinter catch-Blöcken, und ihre wichtigste Eigenschaft ist die, dass der Programmcode im finally-Block immer ausgeführt wird, egal, ob es einen Fehler gab oder ob es keinen Fehler gab und die Routine glatt durchlief. Das ist genau, was wird hier bei der Ressourcenfreigabe brauchen. Da finally immer ausgeführt wird, wird die Datei geschlossen (und der interne File-Handle freigegeben), wenn alles gut ging – und ebenso im Fehlerfall:

Listing 6.10 ReadGifSize.java, main()

```
RandomAccessFile f = null;

try
{
  f = new RandomAccessFile( "duke.gif", "r" );
  f.seek( 6 );

  System.out.printf( "%s x %s Pixel%n", f.read() + f.read() * 256,
                     f.read() + f.read() * 256 );

  f.close();
}
catch ( FileNotFoundException e )
{
  System.err.println( "Datei ist nicht vorhanden!" );
}
catch ( IOException e )
{
  System.err.println( "Allgemeiner Ein-/Ausgabefehler!" );
}
finally
{
  if ( f != null )
    try { f.close(); } catch ( IOException e ) { }
}
```

Ein kleiner Schönheitsfehler bleibt: `close()` selbst muss mit einem `try-catch` ummantelt werden. Das führt zu etwas abschreckenden Konstruktionen, die TCFTC (`try-catch-finally-try-catch`) genannt werden. Ein zweiter Schönheitsfehler ist der, dass die Variable `f` nun außerhalb des `try`-Blocks deklariert werden muss. Das gibt ihr als lokaler Variablen einen größeren Radius – größer, als er eigentlich sein sollte.

Zusammenfassung

Nach einem (oder mehreren) `catch` kann optional ein `finally`-Block folgen. Die Laufzeitumgebung führt die Anweisungen im `finally`-Block immer aus, egal, ob ein Fehler auftrat oder die Anweisungen im `try-catch`-Block optimal durchliefen. Das heißt, der Block wird auf jeden Fall ausgeführt – lassen wir `System.exit()` oder Systemfehler einmal außen vor –, auch wenn im `try-catch`-Block ein `return`, `break` oder `continue` steht oder eine Anweisung eine neue Ausnahme auslöst. Der Programmcode im `finally`-Block bekommt auch gar nicht mit, ob vorher eine Ausnahme auftrat oder alles glattlief.[2]

Sinnvoll sind Anweisungen im `finally`-Block immer dann, wenn Operationen stets ausgeführt werden sollen. Eine typische Anwendung ist die Freigabe von Ressourcen oder das Schließen von Dateien.

> **Hinweis** Es gibt bei Objekten einen Finalizer, doch der hat mit `finally` nichts zu tun. Der Finalizer ist eine besondere Methode, die immer dann aufgerufen wird, wenn der Garbage-Collector ein Objekt wegräumt.

[«]

Ein »try« ohne »catch«

Es kommt zu einer merkwürdigen Konstellation, wenn mit `throws` eine `Exception` nach oben geleitet wird. Dann ist ein `catch` für diese Fehlerart nicht notwendig. Dennoch lässt sich dann ein Block mit einer Ereignisbehandlung umrahmen, um ein `finally` auszuführen:

```
void read() throws MyException
{
  try
  {
    // hier etwas verarbeiten, was eine MyException auslösen könnte
    return;
  }
  finally
  {
    System.out.println( "Ja, das kommt danach" );
  }
}
```

---

2 Wenn das von Interesse ist, lässt sich am Ende des `try-catch`-Blocks ein Flag belegen.

6.2 Die Klassenhierarchie der Fehler

Eine Exception ist ein Objekt, dessen Typ direkt oder indirekt von `java.lang.Throwable` abgeleitet ist (die Namensgebung mit -able legt eine Schnittstelle nahe, aber `Throwable` ist eine nicht-abstrakte Klasse). Von dort aus verzweigt sich die Hierarchie der Fehlerarten nach `java.lang.Exception` und `java.lang.Error`. Die Klassen, die aus `Error` hervorgehen, sollen nicht weiterverfolgt werden. Es handelt sich hierbei um so schwerwiegende Fehler, dass sie zur Beendigung des Programms führen und vom Programmierer nicht weiter beachtet werden müssen und sollen. `Throwable` vererbt eine Reihe von nützlichen Methoden, die in der folgenden Grafik sichtbar sind. Sie fasst gleichzeitig die Vererbungsbeziehungen noch einmal zusammen.

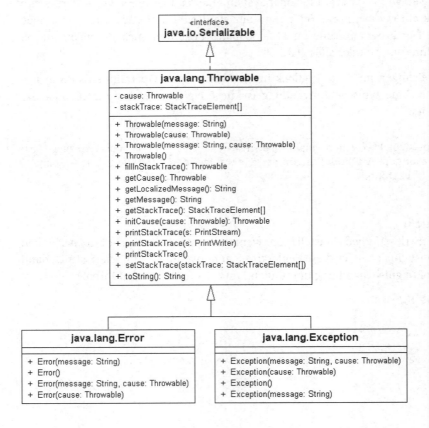

6.2.1 Die Exception-Hierarchie

Jede Benutzerausnahme wird von `java.lang.Exception` abgeleitet. Die Exceptions sind Fehler oder Ausnahmesituationen, die vom Programmierer behandelt werden sollen. Die Klasse `Exception` teilt sich dann nochmals in weitere Unterklassen beziehungsweise Unterhierarchien auf. Die folgende Grafik zeigt einige Unterklassen der Klasse `Exception`:

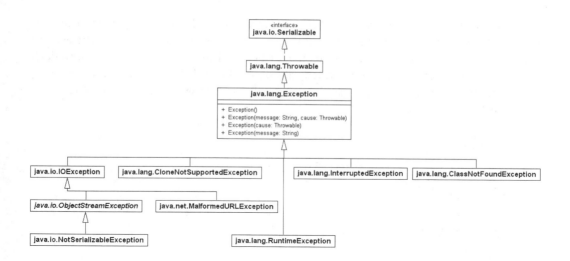

6.2.2 Oberausnahmen auffangen

Eine Konsequenz der Hierarchien besteht darin, dass es ausreicht, einen Fehler der Oberklasse aufzufangen. Wenn zum Beispiel eine FileNotFoundException auftritt, ist diese Klasse von IOException abgeleitet, was bedeutet, dass FileNotFoundException eine Spezialisierung darstellt. Wenn wir jede IOException auffangen, behandeln wir damit auch gleichzeitig die FileNotFoundException mit.

Erinnern wir uns noch einmal an das Dateibeispiel. Dort haben wir eine FileNotFoundException und eine IOException einzeln behandelt. Ist die Behandlung aber die gleiche, lässt sie sich wie folgt zusammenfassen:

Listing 6.11 ReadGifSizeShort.java, main()

```
RandomAccessFile f = null;

try
{
  f = new RandomAccessFile( "duke.gif", "r" );
  f.seek( 6 );

  System.out.printf( "%s x %s Pixel%n", f.read() + f.read() * 256,
                     f.read() + f.read() * 256 );

  f.close();
}
catch ( IOException e )
{
  System.err.println( "Allgemeiner Ein-/Ausgabefehler!" );
}
finally
{
  if ( f != null ) try { f.close(); } catch ( IOException e ) { }
}
```

Angst davor, dass wir den Fehlertyp später nicht mehr unterscheiden können, brauchen wir nicht zu haben, denn die an die `catch`-Anweisung gebundenen Variablen können wir mit `instanceof` weiter verfeinern. Aus Gründen der Übersichtlichkeit sollte diese Technik jedoch sparsam angewendet werden. Fehlerarten, die unterschiedlich behandelt werden müssen, verdienen immer getrennte `catch`-Klauseln. Das trifft zum Beispiel auf `FileNotFoundException` und `IOException` zu.

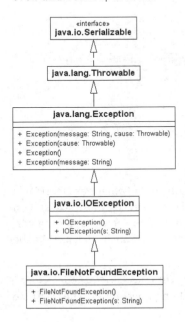

6.2.3 Alles geht als Exception durch

Löst ein Programmblock etwa eine `IOException`, `MalformedURLException` und eine `FileNotFoundException` aus, soll der Fehler aber gleich behandelt werden, so fängt ein `catch ( IOException e )` die beiden Fehler `FileNotFoundException` und `MalformedURLException` gleich mit ab, da beide Unterklassen von `IOException` sind. So behandelt ein Block alle drei Fehlertypen. Das ist praktisch.

Nun gibt es jedoch auch Ausnahmen, die in der Vererbungsbeziehung nebeneinanderliegen, etwa `SQLException` und `IOException`. Was ist, wenn die Ausnahmebehandlung gleich sein soll? Die naheliegende Idee ist, die Ausnahmehierarchie so weit nach oben zu laufen, bis eine gemeinsame Oberklasse gefunden wurde. Bei `SQLException` und `IOException` ist das `Exception` – sozusagen der kleinste gemeinsame Nenner. Also könnten Entwickler auf die Idee kommen, `Exception` aufzufangen und dort einmal den Fehler zu behandeln.

Anstatt also einen Behandler zweimal zu schreiben und eine Codeduplizierung zu verursachen wie in

```
try
{
```

```
  irgendwas kann SQLException auslösen ...
  irgendwas kann IOException auslösen ...
}
catch ( SQLException e ) { Behandlung }
catch ( IOException e ) { Behandlung }
```

lässt sich aufgrund der identischen Fehlerbehandlungen eine Optimierung versuchen, die etwa so aussieht:

```
try
{
  irgendwas kann SQLException auslösen ...
  irgendwas kann IOException auslösen ...
}
catch ( Exception e ) { Behandlung }
```

Von dieser Lösung ist dringend abzuraten! Denn was für andere Fehlertypen gut funktionieren mag, ist für catch (Exception e) gefährlich, weil wirklich jede Ausnahme aufgefangen und in der Ausnahmebehandlung bearbeitet wird. Taucht beispielsweise eine null-Referenz durch eine nicht initialisierte Variable mit Referenztyp auf, so würde dies fälschlicherweise ebenso behandelt, der Programmfehler hat aber nichts mit der SQLException oder IOException zu tun:

```
try
{
  Point p = null;
  p.setX( 2 );      // ☠ NullPointerException
  int i = 0;
  int x = 12 / i;   // ☠ Ganzzahlige Division durch 0

  irgendwas kann SQLException auslösen ...
  irgendwas kann IOException auslösen ...
}
catch ( Exception e ) { Behandlung }
```

Die NullPointerException und die ArithmeticException sollen aber nicht mitbehandelt werden. Wir werden gleich sehen, wie sich das Problem elegant lösen lässt.

Wenn »main()« alles weiterleitet

Ist die Fehlerbehandlung in einem Hauptprogramm ganz egal, so können wir alle Fehler auch an die Laufzeitumgebung weiterleiten, die dann das Programm – genau genommen den Thread – im Fehlerfall abbricht:

Listing 6.12 IDontCare.java, main()

```
public static void main( String[] args ) throws Exception
{
  RandomAccessFile f = new RandomAccessFile( "Datei.txt", "r" );
  System.out.println( f.readLine() );
}
```

6 | Exceptions

Das funktioniert, da alle Fehler von der Klasse `Exception`[3] abgeleitet sind. Wird der Fehler nirgendwo sonst aufgefangen, erfolgt die Ausgabe einer Laufzeitfehlermeldung, denn das `Exception`-Objekt ist beim Interpreter, also bei der virtuellen Maschine, auf der äußersten Aufrufebene gelandet. Natürlich ist das kein guter Stil – obwohl es aus Gründen kürzerer Programme auch in diesem Buch so gemacht wird. Denn Fehler sollten in jedem Fall behandelt werden.

6.2.4 Zusammenfassen gleicher catch-Blöcke

Soll die Behandlung von Ausnahmen wie `SQLException` und `IOException` gleich sein, dann ist ein `catch(Exception e)` keine gute Lösung, denn so etwas sollte nie im Programmcode vorkommen. Doch wie können dann gleiche `catch`-Blöcke klug zusammengefasst werden? Zwei Lösungen bieten sich an:

▶ Ausnahmetypfallunterscheidung[4] im `catch`-Block

▶ Multi-Catch ab Java 7

Ausnahmetypfallunterscheidung

Zur ersten Variante: Im `catch`-Block lässt sich mit dem `instanceof`-Operator testen, um welche Ausnahme es sich wirklich handelt. Im Beispiel mit `SQLException` und `IOException` sieht der Code so aus:

```
try
{
  irgendwas kann SQLException auslösen ...
  irgendwas kann IOException auslösen ...
  Point p = null;
  p.setX( 2 );       // ☠ NullPointerException
}
catch ( Exception e )
{
  if ( ! ( e instanceof SQLException || e instanceof IOException ) )
    throw e;
  Behandlung
}
```

Da die Variable e ein konkretes `Exception`-Objekt referenziert, sind alle Typinformationen vorhanden, sodass ein `instaceof`-Test prüfen kann, ob das Objekt hinter e entweder `IOException` oder `SQLException` ist. Wenn nicht, wird der Fehler einfach weitergeleitet.

---

3 Genauer gesagt, sind alle Ausnahmen in Java von der `Exception`-Oberklasse `Throwable` abgeleitet.
4 Solche Wörter lassen sich nur im Deutschen bilden...

460

6.3 RuntimeException muss nicht aufgefangen werden

Einige Fehlerarten können potenziell an vielen Programmstellen auftreten, etwa eine ganzzahlige Division durch null[5] oder ungültige Indexwerte beim Zugriff auf Array-Elemente. Treten solche Fehler beim Programmlauf auf, liegt dem in der Regel ein Denkfehler des Programmierers zugrunde, und das Programm sollte normalerweise nicht versuchen, die ausgelöste Ausnahme aufzufangen und zu behandeln. Daher gibt es in der Java-API mit der Klasse `RuntimeException` eine Unterlasse von `Exception`, die Programmierfehler aufzeigen, die behoben werden müssen. (Der Name »RuntimeException« ist jedoch seltsam gewählt, da alle Ausnahmen immer zur Runtime, also zur Laufzeit, erzeugt, ausgelöst und behandelt werden.)

6.3.1 Beispiele für RuntimeException-Klassen

Die Java-API bietet insgesamt eine große Anzahl von `RuntimeException`-Klassen, und es werden immer mehr. Die Tabelle listet einige bekannte Fehlertypen auf und zeigt, welche Operationen die Fehler auslösen. Wir greifen hier schon auf spezielle APIs zurück, die erst später im Buch vorgestellt werden.

Unterklasse von RuntimeException	Was den Fehler auslöst
`ArithmeticException`	ganzzahlige Division durch 0
`ArrayIndexOutOfBoundsException`	Indexgrenzen wurden missachtet, etwa durch `(new int[0])[1]`. Eine `ArrayIndexOutOfBoundsException` ist neben `StringIndexOutOfBoundsException` eine Unterklasse von `IndexOutOfBoundsException`.
`ClassCastException`	Typanpassung ist zur Laufzeit nicht möglich. So löst `(java.util.Stack) new java.util.Vector()` eine `ClassCastException` mit der Meldung »java.util.Vector cannot be cast to java.util.Stack« aus.
`EmptyStackException`	Stapelspeicher ist leer. Die Anweisung `new java.util.↗ Stack().pop();` provoziert den Fehler.
`IllegalArgumentException`	Eine häufig verwendete Ausnahme, mit der Methoden falsche Argumente melden. Die Anweisung `Integer.↗ parseInt("tutego");` löst eine `NumberFormatException`, eine Unterklasse von `IllegalArgumentException`, aus.
`IllegalMonitorStateException`	Ein Thread möchte warten, hat aber den Monitor nicht. Ein Beispiel: `new String().wait();`
`NullPointerException`	Meldet einen der häufigsten Programmierfehler, beispielsweise durch `((String) null).length()`.
`UnsupportedOperationException`	Operationen sind nicht gestattet, etwa durch `java.util.↗ Arrays.asList(args).add("chris");`.

Tabelle 6.1 RuntimeException-Klassen

---

5 Fließkommadivisionen durch 0.0 ergeben entweder ± unendlich oder NaN.

6 | Exceptions

6.3.2 Kann man abfangen, muss man aber nicht

Eine `RuntimeException` muss der Entwickler nicht abfangen, er kann es aber tun. Da der Compiler nicht auf einem Abfangen besteht, heißen die aus `RuntimeException` hervorgegangenen Ausnahmen auch *nicht geprüfte Ausnahmen* (engl. *unchecked exceptions*) und alle übrigen *geprüfte Ausnahmen* (engl. *checked exceptions*). Auch muss eine `RuntimeException` nicht unbedingt bei `throws` in der Methodensignatur angegeben werden, wobei einige Autoren das zur Dokumentation machen. Tritt eine `RuntimeException` zur Laufzeit auf und kommt nicht irgendwann in der Aufrufhierarchie ein `try-catch`, beendet die JVM den ausführenden Thread. Löst also eine in `main()` aufgerufene Aktion eine `RuntimeException` aus, ist das das Ende für dieses Hauptprogramm.

6.4 Harte Fehler: Error *

Fehler, die von der Klasse `java.lang.Error` abgeleitet sind, stellen Fehler dar, die mit der JVM in Verbindung stehen. Anders reagieren dagegen die von `Exception` abgeleiteten Klassen – sie stehen für eigene Programmfehler. Beispiele für konkrete `Error`-Klassen sind `AnnotationFormatError`, `AssertionError`, `AWTError`, `CoderMalfunctionError`[6], `FactoryConfigurationError` (XML-Fehler), `IOError`, `LinkageError` (mit vielen Unterklassen), `ThreadDeath`, `TransformerFactoryConfigurationError` (XML-Fehler), `VirtualMachineError` (mit den Unterklassen `InternalError`, `OutOfMemoryError`, `StackOverflowError`, `UnknownError`). Im Fall von `ThreadDeath` lässt sich ableiten, dass nicht alle Error-Klassen auf »Error« enden. Das liegt sicherlich auch daran, dass das nicht ein Fehler im eigentlichen Sinne ist, denn die JVM löst `ThreadDeath` aus, wenn das Programm einen Thread mit `stop()` beenden will.

Da ein `Error` »abnormales« Verhalten anzeigt, müssen Operationen, die einen solchen Fehler auslösen können, auch nicht in einem `try-catch`-Block sitzen oder mit `throws` nach oben weitergegeben werden (`Error`-Fehler zählen zu den nicht geprüften Ausnahmen, obwohl `Error` keine Unterklasse von `RuntimeException` ist!). Allerdings *ist* es möglich, die Fehler aufzufangen, da `Error`-Klassen Unterklassen von `Throwable` sind und sich daher genauso behandeln lassen. Insofern ist ein Auffangen legitim, und auch ein `finally` ist korrekt. Ob das Auffangen sinnvoll ist, ist eine andere Frage, denn wenn die JVM einen Fehler anzeigt, bleibt offen, wie darauf sinnvoll zu reagieren ist. Was sollten wir bei einem `LinkageError` tun? Einen `OutOfMemoryError` in bestimmten Programmteilen aufzufangen, kann jedoch von Vorteil sein. Eigene Unterklassen von `Error` sollten keine Anwendung finden. Glücklicherweise sind die Klassen aber nur Unterklassen von `Throwable` und nicht von `Exception`, sodass ein `catch(Exception e)` nicht aus Versehen Dinge wie `ThreadDeath` abfängt, die eigentlich nicht behandelt gehören.

---

6 Die lustigste Fehlerklasse wie ich finde. Sie könnte bei einigen Entwicklern bei jeder Methode ausgelöst werden …

462

Auslösen eigener Exceptions | **6.5**

6.5   Auslösen eigener Exceptions

Bisher wurden Exceptions lediglich aufgefangen, aber noch nicht selbst erzeugt. In diesem Abschnitt wollen wir sehen, wie eigene Ausnahmen ausgelöst werden. Das kann zum einen erfolgen, wenn die JVM provoziert wird, etwa bei einer ganzzahligen Division durch 0 oder explizit durch `throw`.

6.5.1   Mit throw Ausnahmen auslösen

Soll eine Methode oder ein Konstruktor selbst eine Exception auslösen, muss zunächst ein Exception-Objekt erzeugt und dann die Ausnahmebehandlung angestoßen werden. Im Sprachschatz dient das Schlüsselwort `throw` dazu, eine Ausnahme zu signalisieren und die Abarbeitung an der Stelle zu beenden.

Als Exception-Typ soll im folgenden Beispiel `IllegalArgumentException` dienen, das ein fehlerhaftes Argument anzeigt:

Listing 6.13   com/tutego/insel/exceptions/v1/Player.java, Konstruktor

```
Player( int age )
{
  if ( age <= 0 )
    throw new IllegalArgumentException( "Kein Alter <= 0 erlaubt!" );

  this.age = age;
}
```

Wir sehen im Beispiel, dass negative oder null Alter-Übergaben nicht gestattet sind und zu einem Fehler führen. Im ersten Schritt baut dazu der `new`-Operator das Exception-Objekt über einen parametrisierten Konstruktor auf. Die Klasse `IllegalArgumentException` bietet einen solchen Konstruktor, der eine Zeichenkette annimmt, die den näheren Grund der Ausnahme übermittelt. Welche Parameter die einzelnen Exception-Klassen deklarieren, ist der API zu entnehmen. Nach dem Aufbau des Exception-Objekts beendet `throw` die lokale Abarbeitung, und die JVM sucht ein `catch`, das die Ausnahme behandelt.

> **Hinweis**   Ein `throws IllegalArgumentException` am Konstruktor ist in diesem Beispiel überflüssig, da `IllegalArgumentException` eine `RuntimeException` ist, die nicht über ein `throws` in der Methoden-Signatur angegeben werden muss.

[«]

Lassen wir ein Beispiel folgen, in dem Spieler mit einem negativen Alter initialisiert werden sollen:

Listing 6.14   com/tutego/insel/exceptions/v1/Player.java, main()

```
try
{
  Player d = new Player( -100 );
  System.out.println( d );
}
```

463

6 | Exceptions

```
catch ( IllegalArgumentException e )
{
  e.printStackTrace();
}
```

Das führt zu einer Exception, und der Stack-Trace, den `printStackTrace()` ausgibt, ist:

```
java.lang.IllegalArgumentException: Kein Alter <= 0 erlaubt!
    at com.tutego.insel.exceptions.v1.Player.<init>(Player.java:10)
    at com.tutego.insel.exceptions.v1.Player.main(Player.java:19)
```

[»]   **Hinweis**   Löst ein Konstruktor eine Ausnahme aus, ist eine Nutzung wie die folgende problematisch:

```
Player p = null;
try
{
  p = new Player( v );
}
catch ( IllegalArgumentException e ) { }
p.getAge();    // BUMM: ☠ NullPointerException
```

Die Exception führt zu keinem `Player`-Objekt, wenn v negativ ist. So bleibt p mit null vorbelegt. Es folgt in der BUMM-Zeile eine `NullPointerException`. Der Programmcode, der das Objekt erwartet, sollte also mit in den `try-catch`-Block.

Da die `IllegalArgumentException` eine `RuntimeException` ist, hätte es in `main()` auch ohne try-catch heißen können:

```
public static void main( String[] args )
{
  Player d = new Player( -100 );
}
```

Die Runtime-Exception müsste nicht zwingend aufgefangen werden, aber der Effekt wäre, dass die Ausnahme nicht behandelt würde und das Programm abbräche.

```
class java.lang.IllegalArgumentException
extends RuntimeException
```

▶ `IllegalArgumentException()`
   Erzeugt eine neue Ausnahme ohne genauere Fehlerangabe.

▶ `IllegalArgumentException( String s )`
   Erzeugt ein neues Fehler-Objekt mit einer detaillierteren Fehlerangabe.

6.5.2   Vorhandene Runtime-Fehlertypen kennen und nutzen

Die Java-API bietet eine große Anzahl von Exception-Klassen, und so muss nicht für jeden Fall eine eigene Exception-Klasse deklariert werden. Viele Standard-Fälle, wie falsche Argumente, können durch Standard-Exception-Klassen abgedeckt werden.

> **Hinweis** Entwickler sollten nie `throw new Exception()` oder sogar `throw new Throwable()` schreiben, sondern sich immer konkreter Unterklassen bedienen. **[«]**

Einige Standard-Runtime-Exception-Unterklassen des `java.lang`-Pakets in der Übersicht:

IllegalArgumentException

Die `IllegalArgumentException` zeigt an, dass ein Parameter nicht korrekt angegeben ist. Dieser Fehlertyp lässt sich somit nur bei Konstruktoren oder Methoden ausmachen, denen fehlerhafte Argumente übergeben wurden. Oft ist der Grund die Missachtung des Wertebereiches. Wenn die Werte grundsätzlich korrekt sind, darf dieser Fehlertyp nicht ausgelöst werden. Dazu gleich noch ein paar mehr Details.

IllegalStateException

Objekte haben in der Regel Zustände. Gilt es, Operationen auszuführen, aber die Zustände sind nicht korrekt, so kann die Methode eine `IllegalStateException` auslösen und so anzeigen, dass in dem aktuellen Zustand die Operation nicht möglich ist. Wäre der Zustand korrekt, käme es nicht zu der Ausnahme. Bei statischen Methoden sollte es eine `IllegalStateException` nicht geben.[7]

UnsupportedOperationException

Implementieren Klassen Schnittstellen oder realisieren Klassen abstrakte Methoden von Oberklassen, so muss es immer eine Implementierung geben, auch wenn die Unterklasse die Operation eigentlich gar nicht umsetzen kann oder will. Anstatt den Rumpf der Methode nur leer zu lassen und einen potenziellen Aufrufer glauben zu lassen, die Methode führe etwas aus, sollten diese Methoden eine `UnsupportedOperationException` auslösen. In den API-Dokumentationen werden Methoden, die Unterklassen vielleicht nicht realisieren wollen, als »optionale Operationen« gekennzeichnet.

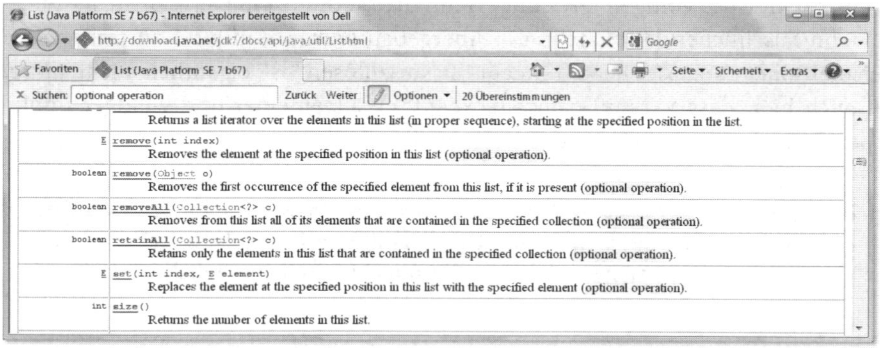

Abbildung 6.4 Optionale Operationen in der Schnittstelle java.util.List

---

7 Im .NET-Framework gibt es eine vergleichbare Ausnahme, die `System.InvalidOperationException`. In Java trifft der Name allerdings etwas besser das Problem.

Unglücklicherweise gibt es auch eine `javax.naming.OperationNotSupportedException`. Doch diese sollte nicht verwendet werden. Sie ist speziell für Namensdienste vorgesehen und auch keine `RuntimeException`.

IndexOutOfBoundsException

Eine `IndexOutOfBoundsException` löst die JVM automatisch aus, wenn zum Beispiel die Grenzen eines Arrays missachtet werden. Wir können diesen Ausnahmetyp selbst immer dann nutzen, wenn wir Index-Zugriffe haben, etwa auf eine Zeile in einer Datei, und wenn der Index im falschen Bereich liegt. Von `IndexOutOfBoundsException` gibt es die Unterklassen `ArrayIndexOutOfBoundsException` und `StringIndexOutOfBoundsException`. Programmierer werden diese Typen aber in der Regel nicht nutzen. Inkonsistenzen gibt es beim Einsatz von `IllegalArgumentException` und `IndexOutOfBoundsException`. Ist etwa der Index falsch, so entscheiden sich einige Autoren für den ersten Fehlertyp, andere für den zweiten. Beides ist prinzipiell gültig. Die `IndexOutOfBoundsException` ist aber konkreter und zeigt eher ein Implementierungsdetail an.

Keine eigene NullPointerException

Eine `NullPointerException` gehört mit zu den häufigsten Ausnahmen. Die JVM löst diesen Fehler etwa bei folgendem Programmstück aus:

```
String s = null;
s.length();          // ☠ NullPointerException
```

Eine `NullPointerException` zeigt immer einen Programmierfehler in einem Stück Code an, und so hat es in der Regel keinen Sinn, diesen Fehler abzufragen – der Programmierfehler muss behoben werden. Aus diesem Grund wird eine `NullPointerException` in der Regel nie explizit vom Programmierer ausgelöst, sondern von der JVM.

Oft gibt es diese `NullPointerException`, wenn an Methoden `null`-Werte übergeben wurden. Hier muss aus der API-Dokumentation klar hervorgehen, ob `null` als Argument erlaubt ist oder nicht. Wenn nicht, ist es völlig in Ordnung, wenn die Methode eine `NullPointerException` auslöst, wenn fälschlicherweise doch `null` übergeben wurde. Auf `null` zu prüfen, um dann zum Beispiel eine `IllegalArgumentException` auszulösen, ist eigentlich nicht nötig. Allerdings gilt auch hier, dass `IllegalArgumentException` allgemeiner und weniger implementierungsspezifisch als eine `NullPointerException` ist.

[»] **Hinweis** Um eine `NullPointerException` auszulösen, ist statt `throw new NullPointerException();` auch einfach ein `throw null;` möglich. Doch da eine selbst aufgebaute `NullPointerException` vermieden werden sollte, ist dieses Idiom nicht wirklich nützlich.

6.5.3 Parameter testen und gute Fehlermeldungen

Eine `IllegalArgumentException` ist eine wertvolle Ausnahme, die einen internen Fehler anzeigt, dass nämlich eine Methode mit falschen Argumenten aufgerufen wurde. Eine

Methode sollte im Idealfall alle Parameter auf ihren korrekten Wertebereich prüfen und nach dem Fail-fast-Verfahren arbeiten, also so schnell wie möglich einen Fehler melden, anstatt Fehler zu ignorieren oder zu verschleppen. Wenn etwa das Alter einer Person bei `setAge()` nicht negativ sein kann, ist eine `IllegalArgumentException` eine gute Wahl. Wenn der Exception-String dann noch aussagekräftig ist, hilft das bei der Behebung des Fehlers ungemein: Der Tipp ist hier, eine aussagekräftige Meldung anzugeben.

> **Negativbeispiel** Ist der Wertebereich beim Bilden eines Teilstrings falsch, oder ist der Index für einen Feldzugriff zu groß, hagelt es eine `StringIndexOutOfBoundsException` bzw. `Array-IndexOutOfBoundsException`:
>
> ```
> System.out.println( "Orakel-Paul".substring( 0, 20 ) ); //
> ```
>
> liefert
>
> ```
> Exception in thread "main" java.lang.StringIndexOutOfBoundsException: String
> index out of range: 20
> ```
>
> Und
>
> ```
> System.out.println( "Orakel-Paul".toCharArray()[20] ); //
> ```
>
> liefert
>
> ```
> Exception in thread "main" java.lang.ArrayIndexOutOfBoundsException: 20
> ```
>
> Eine wichtige Information fehlt allerdings! Wie groß ist denn der String bzw. das Feld? Java-Entwickler warten seit über zehn Jahren auf diese Information.

Da das Testen von Parametern in eine große `if-throws`-Orgie ausarten kann, ist es eine gute Idee, eine Hilfsklasse mit statischen Methoden wie `isNull()`, `isFalse()`, `isInRange()` einzuführen, die dann eine `IllegalArgumentException` auslösen, wenn eben der Parameter nicht korrekt ist.[8]

Null-Prüfungen

Für `null`-Prüfungen wird Java 7 mit `Objects.nonNull(reference)` eine Methode anbieten, die immer dann eine `IllegalArgumentException` wirft, wenn `reference == null` ist. Optional als zweites Argument lässt sich die Fehlermeldung angeben.

Eine anderer Ansatz sind Prüfungen durch externe Codeprüfungsprogramme. Google zum Beispiel setzt in seinen vielen Java-Bibliotheken auf Parameter-Annotationen wie `@Nonnull` oder `@Nullable`.[9] Statische Analysetools wie FindBugs (*http://findbugs.sourceforge.net/*) tes-

---

8 Die muss nicht selbst geschrieben werden, da die Open-Source-Landschaft mit der Klasse `org.apache.commons.lang.Validate` aus den Apache Commons Lang (*http://commons.apache.org/lang/*) oder mit `com.google.common.base.Preconditions` von Google Guava (*http://code.google.com/p/guava-libraries/*) hier schon Vergleichbares bietet; in jedem Fall ist eine gute Parameterprüfung bei öffentlichen Methoden von Bibliotheken ein Muss.

9 Sie wurden in JSR-305: »Annotations for Software Defect Detection« definiert. Java 7 sollte dies ursprünglich unterstützen, doch das wurde gestrichen.

ten dann, ob es Fälle geben kann, bei denen die Methode mit null aufgerufen wird. Zur Laufzeit findet der Test jedoch nicht statt.

6.5.4 Neue Exception-Klassen deklarieren

Eigene Exceptions sind immer direkte (oder indirekte) Unterklassen von `Exception` (sie können auch Unterklassen von `Throwable` sein, aber das ist unüblich). Eigene `Exception`-Klassen bieten in der Regel zwei Konstruktoren: einen Standard-Konstruktor und einen mit einem String parametrisierten Konstruktor, um eine Fehlermeldung (die `Exception`-Message) anzunehmen und zu speichern.

Um für die Klasse `Player` im letzten Beispiel einen neuen Fehlertyp zu deklarieren, erweitern wir `RuntimeException` zur `PlayerException`:

Listing 6.15 com/tutego/insel/exception/v2/PlayerException.java

```
package com.tutego.insel.exception.v2;

public class PlayerException extends RuntimeException
{
  public PlayerException()
  {
  }

  public PlayerException( String s )
  {
    super( s );
  }
}
```

Nehmen wir uns die Initialisierung mit dem Alter noch einmal vor. Statt der `IllegalArgumentException` löst der Konstruktor im Fehlerfall unsere speziellere `PlayerException` aus:

Listing 6.16 com/tutego/insel/exception/v2/Player.java, Ausschnitt

```
if ( age <= 0 )
  throw new PlayerException( " Kein Alter <= 0 erlaubt!" );
```

Im Hauptprogramm können wir auf die `PlayerException` reagieren, indem wir die Ausnahme explizit mit `try-catch` auffangen oder an den Aufrufer weitergeben – unsere Exception ist ja eine `RuntimeException` und müsste nicht direkt abgefangen werden:

```
Exception in thread "main" com.tutego.insel.exceptions.v2.PlayerException: Kein ⮑
Alter <= 0 erlaubt!
    at com.tutego.insel.exceptions.v2.Player.<init>(Player.java:10)
    at com.tutego.insel.exceptions.v2.Player.main(Player.java:19)
```

Tipp Es ist immer eine gute Idee, Unterklassen von `Exception` zu bauen. Würden wir keine Unterklassen anlegen, sondern direkt mit `throw new Exception()` einen Fehler anzeigen, so könnten wir unseren Fehler später nicht mehr von anderen Fehlern unterscheiden. Mit der Hierarchiebildung wird nämlich die Spezialisierung bei mehreren `catch`-Anweisungen sowie eine Unterscheidung mit `instanceof` unterstützt. Wir müssen immer unseren Fehler mit `catch ( Exception e )` auffangen und bekommen so alle anderen Fehler mit aufgefangen, die dann nicht mehr unterschieden werden können. Allerdings sollten Entwickler nicht zu inflationär mit den Ausnahmen-Hierarchien umgehen; in vielen Fällen reicht eine Standard-Ausnahme aus.

[+]

6.5.5 Eigene Ausnahmen als Unterklassen von Exception oder RuntimeException?

Java steht mit der Ausnahmebehandlung über Exceptions nicht allein. Alle modernen Programmiersprachen verfügen über diese Sprachmittel. Allerdings gibt es eine Sache, die Java besonders macht: Die Unterscheidung zwischen geprüften und ungeprüften Ausnahmen. Daher stellt sich beim Design von eigenen Ausnahmenklassen die Frage, ob sie eine Unterklasse von `RuntimeException` sein sollen oder nicht. Einige Entscheidungshilfen:

▶ Betrachten wir, wie die Java-API *geprüfte* und *ungeprüfte Ausnahmen* einsetzt. Die ungeprüften Ausnahmen signalisieren Programmierfehler, die es zu beheben gilt. Ein gutes Beispiel ist eine `NullPointerException`, `ClassCastException` oder `ArrayIndexOutOfBound-Exception`. Es steht außer Frage, dass Fehler dieser Art Programmierfehler sind und behoben werden müssen. Ein `catch` wäre unnötig, da die Fehler ja im korrekten Code gar nicht auftreten können. Anders ist es bei geprüften Ausnahmen. Die Ausnahmen zeigen Fehler an, die unter gewissen Umständen einfach auftreten können. Eine `IOException` ist nicht schlimmer, denn die Datei kann nun einmal nicht vorhanden sein. Wir sollten uns bei dieser Unterscheidung aber bewusst sein, dass die JVM die Fehler von sich aus auslöst und nicht eine Methode.

▶ Soll sich die Anwendung vom dem Fehler »erholen« können oder nicht? Kommt es wegen einer `RuntimeException` zu einem Programmfehler, dann sollte die Anwendung zwar nicht »abstürzen«, allerdings ist ein sinnvolles Weiterarbeiten kaum möglich. Bei geprüften Ausnahmen ist das anders. Sie signalisieren, dass der Fehler behoben und das Programm dann normal fortgesetzt werden kann.

▶ Ein Modul kann intern mit `RuntimeException`s arbeiten, und der API-Designer auf der anderen Seite, der Schnittstellen zu Systemen modelliert, kann gut auf geprüfte Ausnah-

6 | Exceptions

men zurückgreifen. Das ist einer der Gründe, warum moderne Frameworks wie EJB 3 oder auch Spring fast ausschließlich auf eine `RuntimeException` setzen: Wenn es einen Fehler gibt, dann lässt sich schwer etwas behandeln und einfach korrigieren. Zeigt etwa ein internes Modul beim Datenbankzugriff einen Fehler an, muss die ganze Operation abgebrochen werden, und nichts ist zu retten. Hier gilt im Großen, was auch bei der `NullPointerException` im Kleinen passiert: Der Fehler ist ein echtes Problem, und das Programm kann nicht einfach fortgeführt werden.

▶ Geprüfte Ausnahmen können melden, wenn sich der Aufrufer nicht an die Vereinbarung der Methode hält. Die `FileNotFoundException` ist so ein Beispiel. Hätte das Programm mit der `File`-Methode `exits()` vorher nach der Existenz der Datei gefragt, wäre uns diese Ausnahme erspart geblieben. Der Aufrufer ist sozusagen selbst schuld, dass er eine geprüfte Ausnahme bekommt, da er die Rahmenbedingungen nicht einhält. Bei einer ungeprüften Ausnahme ist nicht der Aufrufer an dem Problem schuld, sondern ein Programmierfehler. Da geprüfte Ausnahmen in der Java-Dokumentation auftauchen, ist dem Entwickler klar, was passieren wird, wenn er die Vorbedingungen der Methode nicht einhält. Nach dieser Philosophie müsste eigentlich die `NumberFormatException` eine geprüfte Ausnahme sein, die `Integer.parseInt()` auslöst. Denn der Entwickler hat ja die `parseInt()` mit einem falschen Wert gefüttert, also den Methodenvertrag verletzt. Eine geprüfte Ausnahme wäre nach dieser Philosophie richtig. Auf der anderen Seite lässt sich argumentieren, dass das Missachten von korrekten Parametern ein interner Fehler ist, denn es ist Aufgabe des Aufrufers, das sicherzustellen, und so kann die `parseInt()` mit einer `RuntimeException` aussteigen.

▶ Die Unterscheidung zwischen *internen Fehlern* und *externen Fehlern* erlaubt eine Einteilung in geprüfte und ungeprüfte Ausnahmen. Die Programmierfehler mit Ausnahmen wie `NullPointerException` oder `ClassCastException` lassen sich vermeiden, da wir als Programmierer unseren Quellcode kontrollieren können und die Programmfehler entfernen können. Doch bei externen Fehlern haben wir als Entwickler keine Chance. Das Netzwerk kann plötzlich zusammenbrechen und uns eine `SocketException` und `IOException` bescheren. Alles das liegt nicht in unserer Hand und kann auch durch noch so sorgsame Programmierung nicht verhindert werden. Das schwächt natürlich das Argument aus dem letzten Aufzählungspunkt ab: Es lässt sich zwar abfragen, ob eine Datei vorhanden ist, um eine `FileNotFoundException` abzuwehren, doch wenn die Festplatte plötzlich Feuer fängt, ist uns eine `IOException` gewiss, denn Java-Programme sind nicht wie folgt aufgebaut: »Frage, ob die Festplatte bereit ist, und dann lies.« Wenn der Fehler also nicht innerhalb des Programms liegt, sondern außerhalb, lassen sich geprüfte Ausnahmen verwenden.

▶ Bei geprüften Ausnahmen in Methodensignaturen muss sich der Nutzer auf eine bestimmte API einstellen. Eine spätere Änderung des Ausnahmetyps ist problematisch, da alle `catch`-Anweisungen beziehungsweise `throws`-Klauseln abgeändert werden müssen. `RuntimeExcpetions` sind hier flexibler. Werden Programme sehr agil entworfen, und ändert sich der Ausnahmetyp im Lebenslauf einer Software öfter, kann das zu vielen Änderungen führen, die natürlich Zeit und somit Geld kosten.

Der erste Punkt führt in der Java-API zu einigen Entscheidungen, die Entwickler quälen, aber nur konsistent sind, etwa die `InterruptedException`. Jedes `Thread.sleep()` zum Schlafenle-

470

gen eines Threads muss eine `InterruptedException` auffangen. Sie kann auftreten, wenn ein Thread von außen einen Interrupt sendet. Da das auf keinen Fall einen Fehler darstellt, ist `InterruptedException` eine geprüfte Ausnahme, auch wenn wir dies oft als lästig empfinden und selten auf die `InterruptedException` reagieren müssen. Bei einem Aufbau einer `URL` ist die `MalformedURLException` ebenfalls lästig, aber stammt die Eingabe aus einer Dialogbox, kann das Protokoll einfach falsch sein.[10]

Geprüfte Ausnahmen sind vielen Entwicklern lästig, was zu einem Problem führt, wenn die Ausnahmen einfach aufgefangen werden, aber nichts passiert – etwa mit einem leeren `catch`-Block. Der Fehler sollte aber vielleicht nach oben laufen. Das Problem besteht bei einer `RuntimeException` seltener, da sie in der Regel an der richtigen zentralen Stelle behandelt wird.

Wenn wir die Punkte genauer betrachten, dann wird schnell eine andere Tatsache klar, sodass heute eine große Unsicherheit über die richtige `Exception`-Basisklasse besteht. Zwar zwingt uns der Compiler, eine geprüfte `Exception` zu behandeln, aber nichts spricht dagegen, das bei einer ungeprüften Ausnahme ebenfalls zu tun. `Integer.parseInt()` und `NumberFormatException` sind ein gutes Beispiel: Der Compiler zwingt uns nicht zu einem Test, wir machen ihn aber trotzdem. Sind Entwickler konsequent, und prüfen sie Ausnahmen selbstständig, braucht der Compiler den Test prinzipiell nicht zu machen. Daher folgen einige Entwickler einer radikalen Strategie und entwerfen alle Ausnahmen als `RuntimeException`. Die Unterscheidung, ob sich eine Anwendung dann »erholen« soll oder nicht, liegt beim Betrachter und ist nur noch reine Konvention. Mit dieser Alles-ist-ungeprüft-Version würde dann Java gleichauf mit C#, C++, Python, Groovy, ... liegen.[11]

6.5.6 Abfangen und weiterleiten *

Die Ausnahme, die ein `try-catch`-Block auffängt, kann in `catch` wieder neu ausgelöst werden. Dieses *Re-Throwing* zeigt folgendes Beispiel, in dem das Programm den Fehler erst über einen Logger ausgibt und dann weiter nach oben reicht:

Listing 6.17 Rethrow.java

```
import java.util.logging.Logger;

public class Rethrow
{
  private static Logger log = Logger.getAnonymousLogger();

  static void rethrow( RuntimeException e )
  {
    log.warning( "RuntimeException" );

//    e.fillInStackTrace();
```

---

10 Luxuriös wäre eine Prüfung zur Compilierzeit, denn wenn etwa `new URL("http://tutego.de")` steht, so kann es die Ausnahme nicht geben. Doch von nötigen `try-catch`-Blöcken, je nachdem, was der Compiler statisch entscheiden kann, sind wir weit entfernt.

11 Doch eines ist sicher: Java-Vater James Gosling ist dagegen: *http://www.artima.com/intv/solid.html*.

6 | Exceptions

```
      throw e;
    }

  public static void main( String[] args )
  {
    try
    {
      ((String)null).length();
    }
    catch ( NullPointerException e )
    {
      rethrow( e );
    }
  }
}
```

Die Ausgabe ist:

```
16.08.2006 18:35:27 Rethrow rethrow
WARNUNG: RuntimeException
Exception in thread "main" java.lang.NullPointerException
    at Rethrow.main(Rethrow.java:20)
```

Wichtig an dieser Stelle ist die Tatsache, dass der Aufrufstack in e gespeichert ist und daher der Stack-Trace nicht die eigene Methode rethrow() enthält. Wünschen wir dies, müssen wir den Stack-Trace neu füllen. Dazu dient die Methode fillInStackTrace(). Nehmen wir den Aufruf im oberen Beispiel hinein, folgt die Ausgabe:

```
16.08.2006 18:36:16 Rethrow rethrow
WARNUNG: RuntimeException
Exception in thread "main" java.lang.NullPointerException
    at Rethrow.rethrow(Rethrow.java:11)
    at Rethrow.main(Rethrow.java:24)
```

6.5.7 Geschachtelte Ausnahmen *

Der Grund für eine Ausnahme mag der sein, dass ein eingebetteter Teil versagt. Das ist vergleichbar mit einer Transaktion: Ist ein Teil der Kette fehlerhaft, so ist der ganze Teil nicht ausführbar. Bei Ausnahmen ist das nicht anders. Nehmen wir an, wir haben eine Methode foo(), die im Falle eines Misslingens eine Ausnahme HellException auslöst. Ruft unsere Methode foo() nun ein Unterprogramm bar() auf, das zum Beispiel eine Ein-/Ausgabeoperation tätigt, und das geht schief, wird der Anlass für unsere HellException die IO-Exception sein. Es liegt also nahe, bei der Nennung des Grunds für das eigene Versagen das Misslingen der Unteraufgabe zu nennen (wieder ein Beweis dafür, wie »menschlich« Programmieren sein kann).

Eine *geschachtelte Ausnahme* (engl. *nested exception*) speichert einen Verweis auf eine weitere Ausnahme. Wenn ein Exception-Objekt aufgebaut wird, lässt sich der Grund (engl. *cause*) als

Argument im Konstruktor der `Throwable`-Klasse übergeben. Die Ausnahme-Basisklasse bietet dafür zwei Konstruktoren:

▶ `Throwable( Throwable cause )`

▶ `Throwable( String message, Throwable cause )`

Der Grund kann über die Methode `Throwable getCause()` erfragt werden.

Da Konstruktoren in Java nicht vererbt werden, bieten die Unterklassen oft Konstruktoren an, um den Grund anzunehmen: Zumindest `Exception` macht das und kommt somit auf vier Erzeuger:

▶ `Exception()`

▶ `Exception( String message )`

▶ `Exception( String message, Throwable cause )`

▶ `Exception( Throwable cause )`

Einige der tiefer liegenden Unterklassen haben dann auch diese Konstruktor-Typen mit `Throwable`-Parameter, wie `IOException`, `SQLException` oder `ClassNotFoundException`, andere wiederum nicht, wie `PrinterException`. Eigene Unterklassen können auch mit `initCause()` genau einmal eine geschachtelte Ausnahme angeben.

Geprüfte Ausnahmen in ungeprüfte Ausnahmen manteln

In modernen Frameworks ist die Nutzung von Ausnahmen, die nicht geprüft werden müssen, also Exemplare von `RuntimeException` sind, häufiger geworden. Bekannte zu prüfende Ausnahmen werden in `RuntimeException`-Objekte verpackt (eine Art `Exception`-Wrapper), die den Verweis auf die auslösende Nicht-`RuntimeException` speichern.

Dazu ein Beispiel. Die folgenden drei Zeilen ermitteln, ob die Web-Seite zu einer URL verfügbar ist:

```
HttpURLConnection.setFollowRedirects( false );
HttpURLConnection con = (HttpURLConnection)(new URL( url ).openConnection());
boolean available = con.getResponseCode() == HttpURLConnection.HTTP_OK;
```

Da der Konstruktor von `URL` eine `MalformedURLException` auslösen kann und es beim Netzwerkzugriff zu einer `IOException` kommen kann, müssen diese beiden Ausnahmen entweder behandelt oder an den Aufrufer weitergereicht werden. Wir wollen eine Variante wählen, in der wir die geprüften Ausnahmen in eine `RuntimeException` hüllen, sodass es eine Utility-Methode gibt und sich der Aufrufer nicht lange mit irgendwelchen Ausnahmen beschäftigen muss:

Listing 6.18 NestedException.java, NestedException

```
public static boolean isAvailable( String url )
{
  try
  {
```

6 | Exceptions

```java
      HttpURLConnection.setFollowRedirects( false );
      HttpURLConnection con = (HttpURLConnection)(new URL( url ).openConnection());
      return con.getResponseCode() == HttpURLConnection.HTTP_OK;
    }
    catch ( MalformedURLException e )
    {
      throw new RuntimeException( e );
    }
    catch ( IOException e )
    {
      throw new RuntimeException( e );
    }
  }

  public static void main( String[] args )
  {
    System.out.println( isAvailable( "http://laber.rabar.ber/" ) ); // false
    System.out.println( isAvailable( "http://www.tutego.de/" ) );   // true
    System.out.println( isAvailable( "taube://sonsbeck/schlosstrasse/5/" ) ); // ☠
  }
```

In der letzten Zeile kommt es zu einer Ausnahme, da es das Protokoll »taube« nicht gibt. Die Ausgabe ist folgende:

```
false
true
Exception in thread "main" java.lang.RuntimeException: java.net.⊋
  MalformedURLException: unknown protocol: taube
    at NestedException.isAvailable(NestedException.java:25)
    at NestedException.main(NestedException.java:12)
Caused by: java.net.MalformedURLException: unknown protocol: taube
    at java.net.URL.<init>(URL.java:590)
    at java.net.URL.<init>(URL.java:480)
    at java.net.URL.<init>(URL.java:429)
    at NestedException.isAvailable(NestedException.java:20)
    ... 1 more
```

In der Praxis wird es bei großen Stack-Traces – und einem Szenario, bei dem abgefangen, ummantelt, abgefangen, ummantelt wird – fast unmöglich, aus der Ausgabe den Verlauf zu entschlüsseln, da sich diverse Teile wiederholen und dann wieder abgekürzt werden. Die duplizierten Teile sind zur Verdeutlichung fett hervorgehoben.

6.6   Assertions *

Die Übersetzung des englischen Worts »assertion« lässt vermuten, worum es geht: um Behauptungen. Mit diesen werden innerhalb von Methoden Zusicherungen (Vor- und Nachbedingungen) aufgestellt, die den korrekten Ablauf der Methode garantieren sollen. Ist eine

Bedingung nicht erfüllt, wird ein Fehler ausgelöst, der darauf hinweist, dass im Programm etwas falsch gelaufen sein muss. Die ausgelösten Fehler sind vom Typ »Error« und nicht vom Typ »Exception« und sollten daher auch nicht aufgefangen werden, da eine nicht erfüllte Bedingung ein Programmierfehler ist.

> **Java-Geschichte** Änderungen in der Sprache Java gab es immer wieder. In Java 1.1 wurden innere Klassen eingeführt, in Java 1.3 das Schlüsselwort `strict`, in Java 1.4 das Schlüsselwort `assert` für die »Behauptungen« und in Java 5 gab es neben weiteren Änderungen auch Aufzählungen mit dem eingeführten Schlüsselwort `enum`.

6.6.1 Assertions in eigenen Programmen nutzen

Assertions werden im Java-Quellcode mit der `assert`-Anweisung benutzt. Es gibt zwei Varianten, eine mit und eine ohne Meldung:

```
assert AssertConditionExpression;
assert AssertConditionExpression : MessageExpression;
```

`AssertConditionExpression` steht für eine Bedingung, die zur Laufzeit ausgewertet wird. Wertet sich das Ergebnis zu `true` aus, führt die Laufzeitumgebung die Abarbeitung normal weiter; ergibt die Auswertung `false`, wird das Programm mit einem `java.lang.AssertionError` beendet. Der optionale zweite Parameter, `MessageExpression`, ist ein Text, der beim Stack-Trace als Nachricht in der Fehlermeldung erscheint.

Formulieren wir ein Beispiel: Eine eigene statische Methode `subAndSqrt(double, double)` bildet die Differenz zweier Zahlen und zieht aus dem Ergebnis die Wurzel. Natürlich weiß jeder Entwickler, dass die Wurzel aus negativen Zahlen nicht erlaubt ist, aber dennoch ginge so etwas in Java durch, nur das Ergebnis ist eine NaN. Sollte irgendein Programmteil nun die Methode `subAndSqrt()` mit einem falschen Paar Zahlen aufrufen und das Ergebnis NaN sein, muss ein Assert-Error erfolgen, da es einen internen Programmfehler zu korrigieren gilt:

Listing 6.19 com/tutego/insel/assertion/AssertKeyword.java

```
package com.tutego.insel.assertion;

public class AssertKeyword
{
  public static double subAndSqrt( double a, double b )
  {
    double result = Math.sqrt( a - b );

    assert ! Double.isNaN( result ) : "Berechnungsergebnis ist NaN!";

    return result;
  }

  public static void main( String[] args )
  {
```

```
    System.out.println( "Sqrt(10-2)=" + subAndSqrt(10, 2) );
    System.out.println( "Sqrt(2-10)=" + subAndSqrt(2, 10) );
  }
}
```

6.6.2 Assertions aktivieren

Ein aktueller Java-Compiler übersetzt das Beispiel ohne Fehler, doch zur Laufzeit werden die Assertions standardmäßig nicht beachtet, da sie abgeschaltet sind. Somit entsteht kein Geschwindigkeitsverlust bei der Ausführung der Programme. Um Assertions zu aktivieren, muss die Laufzeitumgebung mit dem Schalter -ea (*enable assertions*) gestartet werden.

```
$ java -ea AssertKeyword
```

Die Ausgabe ist dann:

```
Sqrt(10-2)=2.8284271247461903
Exception in thread "main" java.lang.AssertionError: Berechnungsergebnis ist NaN!
  at com.tutego.insel.assertion.AssertKeyword.subAndSqrt(AssertKeyword.java:9)
  at com.tutego.insel.assertion.AssertKeyword.main(AssertKeyword.java:17)
```

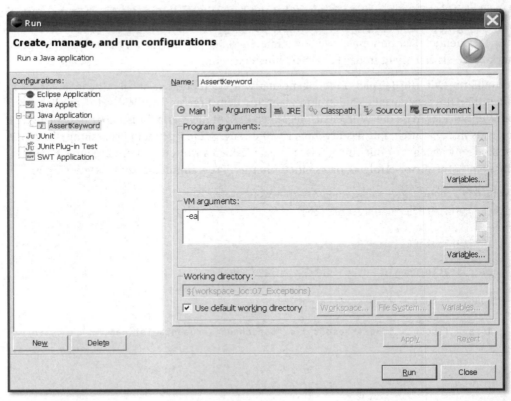

Abbildung 6.5 Wurde das Programm in Eclipse schon gestartet, kann im Menü »Run • Run ...« auf dem Reiter »Arguments« bei den »VM arguments« der Schalter »-ea« gesetzt werden.

»Zu mancher richtigen Entscheidung kam es nur, weil der Weg zur falschen gerade nicht frei war.«
– Hans Krailsheimer (1888–1958)

7 Generics\<T\>

7.1 Einführung in Java Generics

Generics zählen zu den komplexesten Sprachkonstrukten in Java. Wir wollen uns Generics in zwei Schritten nähern: von der Seite des Nutzers und von der Seite des API-Designers. Das Nutzen von generisch deklarierten Typen ist deutlich einfacher, sodass wir diese niedrig hängende Frucht zuerst pflücken wollen. Das Java-Buch für Fortgeschrittene dokumentiert sehr detailliert Generics aus der Sicht des API-Designers; die gepflückten Früchte werden dann veredelt.

7.1.1 Mensch versus Maschine: Typprüfung des Compilers und der Laufzeitumgebung

Eine wichtige Eigenschaft von Java ist, dass der Compiler die Typen prüft und so weiß, welche Eigenschaften vorhanden sind und welche nicht. Hier unterscheidet sich Java von dynamischen Programmiersprachen wie Python oder PHP, die erst spät eine Prüfung zur Laufzeit vornehmen.

In Java gibt es zwei Instanzen, die die Typen prüfen, und diese sind unterschiedlich schlau. Wir haben die JVM mit der absoluten Typ-Intelligenz, die unsere Anwendung ausführt und als letzte Instanz prüft, ob wir ein Objekt nicht einem falschen Typ zuweisen. Dann haben wir noch den Compiler, der zwar gut prüft, aber teilweise etwas zu gutgläubig ist, und dem Entwickler folgt. Macht der Entwickler Fehler, kann dieser die JVM ins Verderben stürzen und zu einer Exception führen. Alles hat mit der expliziten Typanpassung zu tun.

Ein zunächst unkompliziertes Beispiel:

```
Object o = "String";
String s = (String) o;
```

Dem Compiler wird über den expliziten Typecast das Object o für ein String verkauft. Das ist in Ordnung, weil ja o tatsächlich ein String-Objekt referenziert. Problematisch wird es, wenn der Typ *nicht* auf String gebracht werden kann, wir dem Compiler aber eine Typanpassung anweisen:

7 | Generics<T>

```
Object o = Interger.valueOf( 42 );        // oder mit Autoboxing: Object o = 42;
String s = (String) o;
```

Der Compiler akzeptiert die Typanpassung, und es folgt kein Fehler zur Übersetzungszeit. Es ist jedoch klar, dass diese Anpassung von der JVM nicht durchgeführt werden kann – daher folgt zur Laufzeit eine ClassCastException, da eben ein Integer nicht auf String gebracht werden kann.

Bei Generics geht es nun darum, dem Compiler mehr Informationen über die Typen zu geben und ClassCastException-Fehler zu vermeiden.

7.1.2 Taschen

In unseren vorangehenden Beispielen drehte sich alles um Spieler und in einem Raum platzierte Spielobjekte. Stellen wir uns vor, der Spieler hat eine Tasche (engl. »pocket«), die etwas enthält. Da nicht bekannt ist, was genau er in der Tasche hat, müssen wir einen Basistyp nehmen, der alle möglichen Objekttypen repräsentiert. Das soll in unserem ersten Beispiel der allgemeinste Basistyp Object sein, sodass der Benutzer alles in seiner Tasche tragen kann:[1]

Listing 7.1 com/tutego/insel/nongeneric/Pocket.java, Pocket

```
public class Pocket
{
  private Object value;

  public Pocket() {}

  public Pocket( Object value ) { this.value = value; }

  public void set( Object value ) { this.value = value; }

  public Object get() { return value; }

  public boolean isEmpty() { return value == null; }

  public void empty() { value = null; }
}
```

Es gibt einen Standard- sowie einen parametrisierten Konstruktor. Mit set() lassen sich Objekte in die Tasche setzen und über die Zugriffsmethode get() wieder auslesen.

Geben wir einem Spieler eine rechte und eine linke Tasche:

Listing 7.2 com/tutego/insel/nongeneric/Player.java, Player

```
public class Player
{
```

---

1 Primitive Datentypen können über Wrapper-Objekte gespeichert werden, was seit Java 5 dank Autoboxing leicht möglich ist. Der nachfolgende Abschnitt 9.2, »Wrapper-Klassen und Autoboxing«, erklärt diese Eigenschaft genauer.

478

```
  public String name;
  public Pocket rightPocket;
  public Pocket leftPocket;
}
```

Zusammen mit einem Spieler, der eine rechte und eine linke Tasche hat, ist ein Beispiel schnell geschrieben. Unser Spieler `michael` soll sich in beide Taschen Zahlen legen.[2] Dann wollen wir sehen, in welcher Tasche er die größere Zahl versteckt hat.

Listing 7.3 com/tutego/insel/nongeneric/PlayerPocketDemo.java, main()

```
Player michael = new Player();
michael.name = "Omar Arnold";
Pocket pocket = new Pocket();
Long aBigNumber = 11111111111111L;
pocket.set( aBigNumber );                        // (1)
michael.leftPocket  = pocket;
michael.rightPocket = new Pocket( 2222222222222222222L );

System.out.println( michael.name + " hat in den Taschen " +
                    michael.leftPocket.get() + " und " + michael.rightPocket.get() );

Long val1 = (Long) michael.leftPocket.get();    // (2)
Long val2 = (Long) michael.rightPocket.get();

System.out.println( val1.compareTo( val2 ) > 0 ? "Links" : "Rechts" );
```

Das Beispiel hat keine besonderen Fallen, allerdings fallen zwei Sachen auf, die prinzipiell unschön sind. Das hat damit zu tun, dass die Klasse `Pocket` mit dem Typ `Object` zum Speichern der Tascheninhalte sehr allgemein deklariert wurde und alles aufnehmen kann:

▶ Beim Initialisieren wäre es gut, zu sagen, dass die Tasche nur einen bestimmen Typ (etwa `Long`) aufnehmen kann. Wäre eine solche Einschränkung möglich, dann lassen sich wie in Zeile (1) auch wirklich nur `Long`-Objekte in die Tasche setzen und nichts anderes, etwa `Integer`-Objekte.

▶ Beim Entnehmen (2) des Tascheninhalts mit `get()` müssen wir uns daran erinnern, was wir hineingelegt haben. Fordern Datenstrukturen besondere Typen, dann sollte dieses auch dokumentiert sein. Doch wenn der Compiler wüsste, dass in der Tasche auf jeden Fall ein `Long` ist, dann könnte die Typanpassung wegfallen und der Programmcode wäre kürzer. Auch könnte uns der Compiler warnen, wenn wir versuchen würden, das `Long` als `Integer` aus der Tasche zu ziehen. Unser Wissen möchten wir gerne dem Compiler geben! Denn wenn in der Tasche ein `Long`-Objekt ist, wir es aber als `Integer` annehmen und eine explizite Typanpassung auf `Integer` setzen, meldet der Compiler zwar keinen Fehler, aber zur Laufzeit gibt es eine böse `ClassCastException`.

Um es auf den Punkt zu bringen: Der Compiler berücksichtigt im oberen Beispiel die Typsicherheit nicht ausreichend. Explizite Typanpassungen sind in der Regel unschön und sollten

---

2 Das ist unproblematischer als Diprivan und Demerol...

vermieden werden. Aber wie können wir die Taschen typsicher machen? Eine Lösung wäre, eine neue Klasse für jeden in der Tasche zu speichernden Typ zu deklarieren, also einmal eine `PocketLong`, dann vielleicht `PocketInteger`, `PocketString`, `PocketGameObject` usw. Nun dürfte klar sein, dass dies keine vernünftige Lösung ist; wir können nicht für jeden Datentyp eine neue Klasse schreiben, und die Logik bleibt die gleiche. Wir wollen wenig schreiben, aber Typsicherheit beim Compilieren haben und nicht erst die Typsicherheit zur Laufzeit, wo uns vielleicht eine `ClassCastException` überrascht. Es wäre gut, wenn wir den Typ bei der Deklaration frei, allgemein, also »generisch« halten können, und sobald wir die Tasche benutzen, den Compiler dazu bringen könnten, auf diesen dann angegebenen Typ zu achten und die Korrektheit der Nutzung sicherzustellen.

Die Lösung für dieses Problem heißt *Generics*.[3] Diese Technik wurde in Java 5 eingeführt. Sie bietet Entwicklern ganz neue Möglichkeiten, um Datenstrukturen und Algorithmen zu programmieren, die von einem Datentyp unabhängig, also *generisch* sind.

7.1.3 Generische Typen deklarieren

Wollen wir `Pocket` in einen *generischen Typ* umbauen, so müssen wir an den Stellen, an denen `Object` vorkam, einen Typstellvertreter, einen so genannten *formalen Typparameter* einsetzen, der durch eine *Typvariable* repräsentiert wird. Der Name der Typvariablen muss in der Klassendeklaration angegeben werden.

Die Syntax für den generischen Typ von `Pocket` ist folgende:

Listing 7.4 com/tutego/insel/generic/Pocket.java, Pocket

```
public class Pocket<T>
{
  private T value;

  public Pocket() {}

  public Pocket( T value ) { this.value = value; }

  public void set( T value ) { this.value = value; }

  public T get() { return value; }

  public boolean isEmpty() { return value != null; }

  public void empty() { value = null; }
}
```

Wir haben die Typvariable `T` definiert und verwenden diese jetzt anstelle von `Object` in der Pocket-Klasse.

---

3 In C++ werden diese Typen von Klassen *parametrisierte Klassen* oder *Templates* (Schablonen) genannt.

Einführung in Java Generics | **7.1**

Bei generischen Typen steht die Angabe der Typvariable nur einmal zu Beginn der Klassendeklaration in spitzen Klammern hinter dem Klassennamen. Der Typparameter kann nun fast[4] überall dort genutzt werden, wo auch ein herkömmlicher Typ stand. In unserem Beispiel ersetzen wir direkt `Object` durch `T`, und fertig ist die generische Klasse.

> **Namenskonvention** Formale Typparameter sind in der Regel einzelne Großbuchstaben wie `T` (steht für Typ), `E` (Element), `K` (Key/Schlüssel), `V` (Value/Wert). Sie sind nur Platzhalter und keine wirklichen Typen. Möglich wäre etwa auch Folgendes, doch davon ist absolut *abzuraten*, da `Dwarf` viel zu sehr nach einem echten Klassentyp als nach einem formalen Typparameter aussieht:
>
> ```
> public class Pocket<Dwarf>
> {
>   private Dwarf value;
>   public void set( Dwarf value ) { this.value = value; }
>   public Dwarf get() { return value; }
> }
> ```

Wofür Generics noch gut ist

Es gibt eine ganze Reihe von Beispielen, in denen Speicherstrukturen wie unsere Tasche nicht nur für einen Datentyp `Long` sinnvoll sind, sondern grundsätzlich für alle Typen, wobei aber die Implementierung (relativ) unabhängig vom Typ der Elemente ist. Das gilt zum Beispiel für einen Sortieralgorithmus, der mit der Ordnung der Elemente arbeitet. Wenn zwei Elemente größer oder kleiner sein können, muss ein Algorithmus lediglich diese Eigenschaft nutzen können. Es ist dabei egal, ob es Zahlen vom Typ `Long`, `Double` oder auch Strings oder Kunden sind – der Algorithmus selbst ist davon nicht betroffen. Der häufigste Einsatz von Generics sind Container, die typsicher gestaltet werden sollen.

> **Hinweis** Die Idee, Generics in Java einzuführen, ist schon älter und geht auf das Projekt *Pizza* beziehungsweise das Teilprojekt *GJ* (A Generic Java Language Extension) von Martin Odersky (auch Schöpfer der Programmiersprache Scala), Gilad Bracha, David Stoutamire und Philip Wadler zurück. GJ wurde dann die Basis des JSR 14: Add Generic Types To The Java Programming Language.

[«]

7.1.4 Generics nutzen

Um die neue `Pocket`-Klasse nutzen zu können, müssen wir sie zusammen mit einem Typparameter angeben; es entsteht der *parametrisierte Typ*:

Listing 7.5 com/tutego/insel/generic/PocketPlayer.java, main() Teil 1

```
Pocket<Integer>   intPocket    = new Pocket<Integer>();
Pocket<String>    stringPocket = new Pocket<String>();
```

---

4 `T t = new T();` ist zum Beispiel nicht möglich.

481

7 | Generics<T>

Der konkrete Typ steht immer hinter dem Klassen-/Schnittstellennamen in spitzen Klammern.[5] Die Tasche `intPocket` ist eine Instanziierung eines generischen Typs mit dem konkreten Typargument `Integer`. Diese Tasche kann jetzt offiziell nur `Integer`-Werte enthalten, und die Tasche `stringPocket` enthält nur Zeichenketten. Das prüft der Compiler auch, und wir benötigen keine Typanpassung mehr:

Listing 7.6 com/tutego/insel/generic/PocketPlayer.java, main() Teil 2

```
intPocket.set( 1 );
int x = intPocket.get();
stringPocket.set( "Selbstzerstörungsauslösungsschalterhintergrundbeleuchtung" );
String s = stringPocket.get();
```

Der Entwickler macht so im Programmcode sehr deutlich, dass die Taschen einen `Integer` enthalten und nichts anderes. Da Programmcode häufiger gelesen als geschrieben wird, sollten Autoren immer so viele Informationen wie möglich über den Kontext in den Programmcode legen. Zwar leidet die Lesbarkeit etwas, da insbesondere der Typ sowohl rechts wie auch links angegeben werden muss und die Syntax bei geschachtelten Generics lang werden kann, doch wie wir später sehen werden, lässt sich das noch abkürzen.

Das Schöne für die Typsicherheit ist, dass nun alle Eigenschaften mit dem angegebenen Typ geprüft werden. Wenn wir etwa aus `intPocket` mit `get()` auf das Element zugreifen, ist es vom Typ `Integer` (und durch Unboxing gleich `int`), und `set()` erlaubt auch nur ein `Integer`. Das macht den Programmcode robuster und durch den Wegfall der Typanpassungen kürzer und lesbarer.

> **Keine Primitiven** Typparameter können in Java nur Java-Typen, also etwa Klassennamen sein, aber keine primitiven Datentypen. Das schränkt die Möglichkeiten zwar ein, doch da es Autoboxing gibt, lässt sich damit leben. Und wenn `null` in der `Pocket<Integer>` liegt, führt ein Unboxing zur Laufzeit zur `NullPointerException`.

Begriff	Beispiel
generischer Typ (engl. *generic type*)	Pocket<T>
Typvariable oder formaler Typparameter (engl. *formal type parameter*)	T
parametrisierter Typ (engl. *parameterized type*)	Pocket<Long>
Typparameter (engl. *actual type parameter*)	Long
Originaltyp (engl. *raw type*)	Pocket

Tabelle 7.1 Zusammenfassung der bisherigen Generics-Begriffe

Geschachtelte Generics

Ist ein generischer Typ wie `Pocket<T>` gegeben, gibt es erst einmal keine Einschränkung für T. So beschränkt sich T nicht auf einfache Klassen- oder Schnittstellentypen, sondern kann auch

---

5 Dass auch XML in spitzen Klammern daherkommt und XML als groß und aufgebläht gilt, wollen wir nicht als Parallele zu Javas Generics sehen.

482

wieder ein generischer Typ sein. Das ist logisch, denn jeder generische Typ ist ja ein eigenständiger Typ, der (fast) wie jeder andere Typ genutzt werden kann:

Listing 7.7 com/tutego/insel/generic/PocketPlayer.java, main() Teil 3

```
Pocket<Pocket<String>> pocketOfPockets = new Pocket<Pocket<String>>();
pocketOfPockets.set( new Pocket<String>() );
pocketOfPockets.get().set( "Inner Pocket<String>" );
System.out.println( pocketOfPockets.get().get() ); // Inner Pocket<String>
```

Hier enthält die Tasche eine Tasche, die eine Zeichenkette "Inner Pocket<String>" speichert.

Bei Dingen wie diesen ist schnell offensichtlich, wie hilfreich Generics für den Compiler (und uns) sind. Ohne Generics sähen eben alle Taschen gleich aus.

Präzise mit Generics	Unpräzise ohne Generics
Pocket<String> stringPocket;	Pocket stringPocket;
Pocket<Integer> intPocket;	Pocket intPocket;
Pocket<Pocket<String>> pocketOfPockets;	Pocket pocketOfPockets;

Tabelle 7.2 Übersichtlichkeit durch Generics

Nur ein gut gewählter Name und eine präzise Dokumentation können bei nicht-generisch deklarierten Variablen helfen. Vor Java 5 haben sich Entwickler damit geholfen, mithilfe eines Blockkommentars Generics anzudeuten, etwa in Pocket/*<String>*/ stringPocket.

7.1.5 Generische Schnittstellen

Eine Schnittstelle kann genauso als generischer Typ deklariert werden wie eine Klasse. Werfen wir einen Blick auf die Schnittstellen java.lang.Comparable und java.util.Set, die beide seit Java 5 mit einer Typvariablen ausgestattet sind (das ? gestattet jeden Typparameter und soll uns in der Tabelle nicht irritieren).

```
public interface Comparable<T>        public interface Set<E> extends Collection<E>
{                                     {
 public int compareTo(T o);            int size();
}                                      boolean isEmpty();
                                       boolean contains(Object o);
                                       Iterator<E> iterator();
                                       Object[] toArray();
                                       <T> T[] toArray(T[] a);
                                       boolean add(E e);
                                       boolean remove(Object o);
                                       boolean containsAll(Collection<?> c);
                                       boolean addAll(Collection<? extends E> c);
                                       boolean retainAll(Collection<?> c);
                                       boolean removeAll(Collection<?> c);
                                       void clear();
                                       boolean equals(Object o);
                                       int hashCode();
                                      }
```

Wie bekannt, greifen die Methoden auf die Typvariablen `T` und `E` zurück. Bei `Set` ist weiterhin zu erkennen, dass sie selbst eine generisch deklarierte Schnittstelle erweitert.

Beim Einsatz von generischen Schnittstellen lassen sich die folgenden zwei Benutzungsmuster ableiten:

▶ Ein nicht-generischer Klassentyp löst Generics bei der Implementierung auf.

▶ Ein generischer Klassentyp implementiert eine generische Schnittstelle und gibt die Parametervariable weiter.

Nicht-generischer Klassentyp löst Generics bei der Implementierung auf

Im ersten Fall implementiert eine Klasse die generisch deklarierte Schnittstelle und gibt einen konkreten Typ an. Alle numerischen Wrapper-Klassen implementieren zum Beispiel `Comparable` und füllen den Typparameter genau mit dem Typ der Wrapper-Klasse:

```
public final class Integer extends Number implements Comparable<Integer>
{
  public int compareTo( Integer anotherInteger ) { ... }
  ...
```

Durch diese Nutzung wird für den Anwender die Klasse `Integer` Generics-frei.

Generischer Klassentyp implementiert generische Schnittstelle und gibt die Parametervariable weiter

Die Schnittstelle `Set` schreibt Operationen für Mengen vor. Eine Klasse, die `Set` implementiert, ist zum Beispiel `HashSet`. Der Kopf der Typdeklaration ist folgender:

```
public class HashSet<E>
    extends AbstractSet<E>
    implements Set<E>, Cloneable, java.io.Serializable
```

Es ist abzulesen, dass `Set` eine Typvariable `E` deklariert, die `HashSet` nicht konkretisiert. Der Grund ist, dass die Datenstruktur `Set` vom Anwender als parametrisierter Typ verwendet wird und nicht aufgelöst werden soll.

[»] **Hinweis** In manchen Situationen wird auch `Void` als Typparameter eingesetzt. Deklariert etwa `interface I<T> { T foo(); }` eine Typvariable `T`, doch gibt es bei der Implementierung von `I` nichts zurückzugeben, dann kann der Typparameter `Void` sein:

```
class C implements I<Void>
  @Override public Void foo() { return null;
}
```

Allerdings sind `void` und `Void` unterschiedlich, denn bei `Void` muss es eine Rückgabe geben, was ein `return null` notwendig macht.

Einführung in Java Generics | **7.1**

7.1.6 Generische Methoden/Konstruktoren und Typ-Inferenz

Die bisher genannten generischen Konstruktionen sahen im Kern wie folgt aus:

▶ class C**<T>** { ... }

▶ interface I**<T>** { ... }

Eine an der Klassen- oder Schnittstellendeklaration angegebene Typvariable gilt für alle nicht-statischen Methoden des Typs. Doch was machen wir, wenn

▶ statische Methoden eine eigene Typvariable nutzen wollen?

▶ diese Typvariable zu »global« ist und unterschiedliche Methoden unterschiedliche Typvariablen nutzen möchten?

Eine Klasse kann auch ohne Generics deklariert werden, aber *generische Methoden* besitzen. Ganz allgemein kann jeder Konstruktor, jede Objektmethode und jede Klassenmethode einen oder mehrere formale Typparameter deklarieren. Sie stehen dann nicht mehr an der Klasse, sondern an der Methoden-/Konstruktordeklaration und sind »lokal« für die Methode beziehungsweise den Konstruktor. Das allgemeine Format ist:

Modifizierer **<Typvariable(n)>** Rückgabetyp Methodenname(Parameter) throws-Klausel

Ganz zufällig das eine oder andere Argument

Interessant sind generische Methoden insbesondere für Utility-Klassen, die nur statische Methoden anbieten, aber selbst nicht als Objekt vorliegen. Das folgende Beispiel zeigt das anhand einer Methode random():

Listing 7.8 com/tutego/insel/generic/GenericMethods.java, GenericMethods

```
public class GenericMethods
{
  public static <T> T random( T m, T n )
  {
    return Math.random() > 0.5 ? m : n;
  }

  public static void main( String[] args )
  {
    String s = random( "Analogkäse", "Gel-Schinken" );
    System.out.println( s );
  }
}
```

Es deklariert <T> T random(T m, T n) eine generische Methode, wobei der Rückgabetyp und Parametertyp durch eine Typvariable T bestimmt wird. Die Angabe von <T> beim Klassennamen ist bei dieser Syntax entfallen, und auf die Deklaration der Methode verschoben.

485

7 | Generics<T>

> **[»]** **Hinweis** Natürlich kann eine Klasse als generischer Typ und eine darin enthaltene Methode als generische Methode mit unterschiedlichem Typ deklariert werden. In diesem Fall sollten die Typvariablen unterschiedlich benannt sein, um den Leser nicht zu verwirren. So bezieht sich im Folgenden T bei sit() eben *nicht* auf die Parametervariable der Klasse Lupilu, sondern auf die der Methode:
>
> ```
> class Lupilu<T> { <T> void sit( T val ); }   // Verwirrend
> class Lupilu<T> { <V> void sit( V val ); }   // Besser
> ```

Der Compiler auf der Suche nach Gemeinsamkeiten

Den Typ (der wichtig für die Rückgabe ist) leitet der Compiler also automatisch aus dem Kontext, das heißt aus den Argumenten, ab. Diese Eigenschaft nennt sich *Typ-Inferenz* (engl *type inference*) Das hat weitreichende Konsequenzen.

Bei der Deklaration <T> T random(T m, T n) sieht es vielleicht auf den ersten Blick so aus, als ob die Variablentypen m und n absolut gleich sein müssen. Das stimmt aber nicht, denn bei den Typen geht der Compiler in der Typhierarchie so weit nach oben, bis er einen gemeinsamen Typ findet.

Aufruf	Identifizierte Typen	Gemeinsame Basistypen
random("Essen", 1)	String, Integer	Object, Serializable, Comparable
random(1L, 1D)	Long, Double	Object, Number, Comparable
random(new Point(), new StringBuilder())	Point, StringBuffer	Object, Serializable, Cloneable

Tabelle 7.3 Gemeinsame Basistypen

Es fällt auf, aber überrascht nicht, dass Object immer in die Gruppe gehört.

Die Schnittmenge der Typen bildet im Fall von random() die gültigen Rückgabetypen. Erlaubt sind demnach für die Parametertypen String und Integer:

```
Object       s1 = random( "Essen", 1 );
Serializable s2 = random( "Essen", 1 );
Comparable   s3 = random( "Essen", 1 );
```

Generische Methoden mit explizitem Typparameter *

Es gibt Situationen, in denen der Compiler nicht aus dem Kontext über Typ-Inferenz den richtigen Typ ableiten kann. Folgendes ist nicht möglich:

```
boolean hasPocket = true;
Pocket<String> pocket = hasPocket ? Pocket.newInstance() : null;
```

Der Eclipse-Compiler meldet "Type mismatch: cannot convert from Pocket<Object> to Pocket<String>".

486

Die Lösung: Wir müssen bei `Pocket.newInstance()` den Typparameter `String` explizit angeben:

```
Pocket<String> pocket = hasPocket ? Pocket.<String>newInstance() : null;
```

Die Syntax ist etwas gewöhnungsbedürftig, doch in der Praxis ist die explizite Angabe selten nötig.

Beispiel Ist das Argument der statischen Methode `Arrays.asList()` ein Feld, dann ist der explizite Typparameter nötig, da der Compiler nicht erkennen kann, ob das Feld selbst das eine Element der Rückgabe-`List` ist oder ob das Feld die Vararg-Umsetzung ist und alle Elemente des Feldes in die Rückgabeliste kommen:

```
List<String> list11 = Arrays.asList( new String[] { "A", "B" } );
List<String> list12 = Arrays.asList( "A", "B" );
System.out.println( list11 );    // [A, B]
System.out.println( list12 );    // [A, B]
List<String> list21 = Arrays.<String>asList( new String[] { "A", "B" } );
List<String> list22 = Arrays.<String>asList( "A", "B" );
System.out.println( list21 );    // [A, B]
System.out.println( list22 );    // [A, B]
List<String[]> list31 = Arrays.<String[]>asList( new String[] { "A", "B" } );
// List<String[]> list32 = Arrays.<String[]>asList( "A", "B" );
System.out.println( list31 );    // [[Ljava.lang.String;@69b332]
```

Zunächst gilt es, festzuhalten, dass die Ergebnisse für `list11`, `list12`, `list21` und `list22` identisch sind. Der Compiler setzt ein Vararg automatisch als Feld um und übergibt das Feld der `asList()`-Methode. Im Bytecode sehen daher die Aufrufe gleich aus (zur Wiederholung siehe Abschnitt 3.7.12, »Methode mit variabler Argumentanzahl (Vararg)«.)

Bei `list21` und `list22` ist der Typparameter jeweils explizit angegeben, aber nicht wirklich nötig, da ja das Ergebnis wie `list11` bzw. `list12` ist. Doch der Typparameter `String` macht deutlich, dass die Elemente im Feld, also die Vararg-Argumente, Strings sind. Spannend wird es bei `list31`. Zunächst zum Problem: Ist `new String[]{"A", "B"}` das Argument einer Vararg-Methode, so ist das mehrdeutig, weil genau dieses Feld das erste Element des vom Compiler automatisch aufgebauten Varargs-Feldes sein könnte (dann wäre es ein Feld im Feld) oder – und das ist die interne Standardumsetzung – der Java-Compiler das übergebene Feld als die Vararg-Umsetzung interpretiert. Diese Doppeldeutigkeit löst `<String[]>`, da in dem Fall klar ist, dass das von uns aufgebaute String-Feld das einzige Element eines neuen Varargs-Feldes sein muss. Und `Arrays.<String[]>asList()` stellt heraus, dass der Typ der Feldelemente `String[]` ist. Daher funktioniert auch die letzte Variablendeklaration nicht, denn bei `asList("A", "B")` ist der Elementtyp `String`, aber nicht `String[]`.

>*Der Nutzen ist ein Teil der Schönheit.«*
– Albrecht Dürer (1471–1528)

8   Äußere.innere Klassen

8.1   Geschachtelte (innere) Klassen, Schnittstellen, Aufzählungen

Bisher haben wir Klassen, Schnittstellen und Aufzählungen kennengelernt, die entweder allein in der Datei oder zusammen mit anderen Typen in einer Datei, also einer Compilationseinheit deklariert wurden. Es gibt darüber hinaus die Möglichkeit, eine Klasse, Aufzählung oder Schnittstelle in andere Typdeklarationen hineinzunehmen. Das ist sinnvoll, denn die Motivation dahinter ist, noch mehr Details zu verstecken, denn es gibt sehr lokale Typdeklarationen, die keine größere Sichtbarkeit brauchen.

Für eine Klasse In, die in eine Klasse Out gesetzt wird, sieht das im Quellcode so aus:

```
class Out {
  class In {
  }
}
```

Eine geschachtelte Klasse, die so eingebunden wird, heißt »innere Klasse«. Im Folgenden wollen wir nicht mehr ständig betonen, dass auch Schnittstellen als Typen eingebettet werden können, und bleiben bei der einfachen Sprachregelung »innere Klassen«. (Aufzählungen werden vom Compiler in Klassen übersetzt und müssen daher nicht unbedingt gesondert behandelt werden. Natürlich lassen sich auch Aufzählungen innerhalb von Klassen oder Schnittstellen deklarieren.)

Die Java-Spezifikation beschreibt vier Typen von inneren Klassen, die im Folgenden vorgestellt werden. Egal, wie sie deklariert werden, es ist eine enge Kopplung der Typen, und der Name des inneren Typs muss sich vom Namen des äußeren Typs unterscheiden.

Typ	Beispiel
statische innere Klasse	class Out **static class In {}** }
Mitgliedsklasse	class Out **class In** }

Tabelle 8.1   Die vier Typen von inneren Klassen

489

Typ	Beispiel
| lokale Klasse | ```
class Out
Out()
  class In
}
``` |
| anonyme innere Klasse | ```
class Out
Out()
  new Runnable()
    public void run()
  };
}
``` |

Tabelle 8.1 Die vier Typen von inneren Klassen (Forts.)

[»]

Hinweis Das Gegenteil von geschachtelten Klassen, also das, womit wir uns bisher die ganze Zeit beschäftigt haben, heißt »Top-Level-Klasse«. Die Laufzeitumgebung kennt nur Top-Level-Klassen, und geschachtelte innere Klassen werden letztendlich zu ganz »normalen« Klassendeklarationen.

8.1.1   Statische innere Klassen und Schnittstellen

Die einfachste Variante einer inneren Klasse oder Schnittstelle wird wie eine statische Eigenschaft in die Klasse eingesetzt und heißt *statische innere Klasse*. Wegen der Schachtelung wird dieser Typ im Englischen *nested top-level class* genannt. Die Namensgebung betont mit dem Begriff *top-level*, dass die Klassen das Gleiche können wie »normale« Klassen oder Schnittstellen, nur bilden sie quasi ein kleines Unterpaket mit eigenem Namensraum. Insbesondere sind zur Erzeugung von Exemplaren von statischen inneren Klassen nach diesem Muster keine Objekte der äußeren Klasse nötig. (Die weiteren inneren Typen, die wir kennenlernen wollen, sind alle nicht-statisch und benötigen einen Verweis auf das äußere Objekt.) Sun betont in der Spezifikation der Sprache, dass die statischen inneren Klassen keine »echten« inneren Klassen sind, doch um die Sprache einfach zu halten, bleiben wir bei »statischen inneren Typen«.

Deklarieren wir `Lamp` als äußere Klasse und `Bulb` als eine innere statische Klasse:

Listing 8.1 com/tutego/insel/inner/Lamp.java, Lamp

```java
public class Lamp
{
  static String s = "Huhu";
  int i = 1;

  static class Bulb
  {
    void output()
    {
      System.out.println( s );
//    System.out.println( i );   // ☠ Compilerfehler: i is not static
    }
  }
```

```
public static void main( String[] args )
{
  Bulb bulb = new Lamp.Bulb();  // oder Lamp.Bulb bulb = ...
  bulb.output();
}
}
```

Die statische innere Klasse `Bulb` besitzt Zugriff auf alle anderen statischen Eigenschaften der äußeren Klasse `Lamp`, in unserem Fall auf die Variable `s`. Ein Zugriff auf Objektvariablen ist aus der statischen inneren Klasse heraus nicht möglich, da sie als gesonderte Klasse gezählt wird, die im gleichen Paket liegt. Der Zugriff von außen auf innere Klassen gelingt mit der Schreibweise `ÄußereKlasse.InnereKlasse`; der Punkt wird also so verwendet, wie wir es vom Zugriff auf statische Eigenschaften her kennen und auch von den Paketen als Namensraum gewöhnt sind. Die innere Klasse muss einen anderen Namen als die äußere haben.

Modifizierer und Sichtbarkeit

Erlaubt sind die Modifizierer `abstract`, `final` und einige Sichtbarkeitsmodifizierer. Normale Top-Level-Klassen können paketsichtbar oder `public` sein; innere Klassen dürfen ebenfalls `public` oder paketsichtbar alternativ aber auch `protected` oder `private` sein. Eine private statische innere Klasse ist dabei wie eine normale private statische Variable zu verstehen: Sie kann nur von der umschließenden äußeren Klasse gesehen werden, aber nicht von anderen Top-Level-Klassen. `protected` an statischen inneren Typen ermöglicht für den Compiler einen etwas effizienteren Bytecode, ist aber ansonsten nicht in Gebrauch.

Umsetzung der inneren Typen *

Die Sun-Entwickler haben es geschafft, die Einführung von inneren Klassen in Java 1.1 ohne Änderung der virtuellen Maschine über die Bühne zu bringen. Der Compiler generiert aus den inneren Typen nämlich einfach normale Klassendateien, die jedoch mit einigen so genannten *synthetischen Methoden* ausgestattet sind. Für die inneren Typen generiert der Compiler neue Namen nach dem Muster: `ÄußererTyp$InnererTyp`, das heißt, ein Dollar-Zeichen trennt die Namen von äußerem und innerem Typ. Genauso heißt die entsprechende *.class*-Datei auf der Festplatte.

8.1.2 Mitglieds- oder Elementklassen

Eine *Mitgliedsklasse* (engl. *member class*), auch *Elementklasse* genannt, ist ebenfalls vergleichbar mit einem Attribut, nur ist sie nicht statisch (statische innere Klassen lassen sich aber auch als *statische Mitgliedsklassen* bezeichnen). Deklarieren wir eine innere Mitgliedsklasse `Room` in `House`:

Listing 8.2 com/tutego/insel/inner/House.java, Ausschnitt

```
class House
{
  private String owner = "Ich";
```

8 | Äußere.innere Klassen

```
class Room
{
  void ok()
  {
    System.out.println( owner );
  }
  // static void error() { }
}
}
```

Ein Exemplar der Klasse Room hat Zugriff auf alle Eigenschaften von House, auch auf die priva-ten. Eine wichtige Eigenschaft ist, dass innere Mitgliedsklassen selbst keine statischen Eigen-schaften deklarieren dürfen. Der Versuch führt in unserem Fall zu einem Compilerfehler:

```
The method error cannot be declared static; static methods can only be declared in
 a static or top level type
```

Exemplare innerer Klassen erzeugen

Um ein Exemplar von Room zu erzeugen, muss ein Exemplar der äußeren Klasse existieren. Das ist eine wichtige Unterscheidung gegenüber den statischen inneren Klassen von Abschnitt 8.1.1 existieren auch ohne Objekt der äußeren Klasse.

In einem Konstruktor oder in einer Objektmethode der äußeren Klassen kann einfach mit dem new-Operator ein Exemplar der inneren Klasse erzeugt werden. Kommen wir von außer-halb – oder von einem statischen Block der äußeren Klasse – und wollen Exemplare der inne-ren Klasse erzeugen, so müssen wir bei Elementklassen sicherstellen, dass es ein Exemplar der äußeren Klasse gibt. Java schreibt eine spezielle Form für die Erzeugung mit new vor, die fol-gendes allgemeine Format besitzt:

```
referenz.new InnereKlasse(...)
```

Dabei ist referenz eine Referenz vom Typ der äußeren Klasse. Um in der statischen main()-Methode vom Haus ein Room-Objekt aufzubauen, schreiben wir:

Listing 8.3 com/tutego/insel/inner/House.java, main()

```
House h = new House();
Room  r = h.new Room();
```

Oder auch in einer Zeile:

```
Room  r = new House().new Room();
```

Die this-Referenz

Möchte eine innere Klasse In auf die this-Referenz der sie umgebenden Klasse Out zugreifen, schreiben wir Out.this. Wenn Variablen der inneren Klasse die Variablen der äußeren Klasse überdecken, so schreiben wir Out.this.Eigenschaft, um an die Eigenschaften der äußeren Klasse Out zu gelangen:

492

Geschachtelte (innere) Klassen, Schnittstellen, Aufzählungen | 8.1

Listing 8.4 com/tutego/insel/inner/FurnishedHouse.java,FurnishedHouse

```java
class FurnishedHouse
{
  String s = "House";

  class Room
  {
    String s = "Room";

    class Chair
    {
      String s = "Chair";

      void output()
      {
        System.out.println( s );                        // Chair
        System.out.println( this.s );                   // Chair
        System.out.println( Chair.this.s );             // Chair
        System.out.println( Room.this.s );              // Room
        System.out.println( FurnishedHouse.this.s );    // House
      }
    }
  }

  public static void main( String[] args )
  {
    new FurnishedHouse().new Room().new Chair().output();
  }
}
```

Hinweis Elementklassen können beliebig geschachtelt sein, und da der Name eindeutig ist, gelangen wir mit `Klassenname.this` immer an die jeweilige Eigenschaft. **[«]**

Betrachten wir das obige Beispiel, dann lassen sich Objekte für die inneren Klassen `Room` und `Chair` wie folgt erstellen:

```java
FurnishedHouse h             = new FurnishedHouse(); // Exemplar von FurnishedHouse
FurnishedHouse.Room r        = h.new Room();         // Exemplar von Room in h
FurnishedHouse.Room.Chair c = r.new Chair();         // Exemplar von Chair in r
c.out();                                             // Methode von Chair
```

Das Beispiel macht deutlich, dass die Qualifizierung mit dem Punkt bei `Furnished-House.Room.Chair` nicht automatisch bedeutet, dass `FurnishedHouse` ein Paket mit dem Unterpaket `Room` ist, in dem die Klasse `Chair` existiert. Die Doppelbelegung des Punkts verbessert die Lesbarkeit nicht gerade, und es droht Verwechslungsgefahr zwischen inneren Klassen und Paketen. Deshalb sollte die Namenskonvention beachtet werden: Klassennamen beginnen mit Großbuchstaben, Paketnamen mit Kleinbuchstaben.

493

Vom Compiler generierte Klassendateien *

Für das Beispiel `House` und `Room` erzeugt der Compiler die Dateien *House.class* und *House$Room.class*. Damit die innere Klasse an die Attribute der äußeren gelangt, generiert der Compiler automatisch in jedes Exemplar der inneren Klasse eine Referenz auf das zugehörige Objekt der äußeren Klasse. Damit kann die innere Klasse auch auf nicht-statische Attribute der äußeren Klasse zugreifen. Für die innere Klasse ergibt sich folgendes Bild in *House$Room.class*:

```
class HouseBorder$Room
{
  final House this$0;

  House$Room( House house )
  {
    this$0 = house;
  }
  // ...
}
```

Die Variable `this$0` referenziert das Exemplar `House.this`, also die zugehörige äußere Klasse. Die Konstruktoren der inneren Klasse erhalten einen zusätzlichen Parameter vom Typ `House`, um die `this$0`-Variable zu initialisieren. Da wir die Konstruktoren sowieso nicht zu Gesicht bekommen, kann uns das egal sein...

Erlaubte Modifizierer bei äußeren und inneren Klassen

Ist in einer Datei nur eine Klasse deklariert, kann diese nicht privat sein. Private innere Klassen sind aber legal. Statische Hauptklassen gibt es zum Beispiel auch nicht, aber innere statische Klassen sind legitim. Die folgende Tabelle fasst die erlaubten Modifizier noch einmal kompakt zusammen:

Modifizierer erlaubt auf	äußeren Klassen	inneren Klassen	äußeren Schnittstellen	inneren Schnittstellen
public	ja	ja	ja	ja
protected	nein	ja	nein	ja
private	nein	ja	nein	ja
static	nein	ja	nein	ja
final	ja	ja	nein	nein
abstract	ja	ja	ja	ja

Tabelle 8.2 Erlaubte Modifizierer

Zugriffsrechte *

Eine innere Klasse kann auf alle Attribute der äußeren Klasse zugreifen. Da eine innere Klasse als ganz normale Klasse übersetzt wird, stellt sich allerdings die Frage, wie sie das genau macht. Auf öffentliche Variablen kann jede andere Klasse ohne Tricks zugreifen, so auch die innere. Und da eine innere Klasse als normale Klassendatei im gleichen Paket sitzt, kann sie ebenfalls ohne Verrenkungen auf paketsichtbare und `protected`-Eigenschaften der äußeren Klasse zugreifen. Eine innere Klasse kann jedoch auch auf private Eigenschaften zurückgreifen, eine Designentscheidung, die sehr umstritten ist und lange kontrovers diskutiert wurde. Doch wie ist das zu schaffen, ohne gleich die Zugriffsrechte des Attributs zu ändern? Der Trick ist, dass der Compiler eine synthetische statische Methode in der äußeren Klasse einführt:

```
class House
{
  private String owner;

  static String access$0( House house )
  {
    return house.owner;
  }
}
```

Die statische Methode `access$0()` ist der Helfershelfer, der für ein gegebenes `House` das private Attribut nach außen gibt. Da die innere Klasse einen Verweis auf die äußere Klasse pflegt, gibt sie diesen beim gewünschten Zugriff mit, und die `access$0()`-Methode erledigt den Rest.

Für jedes von der inneren Klasse genutzte private Attribut erzeugt der Compiler eine solche Methode. Wenn wir eine weitere private Variable `int size` hinzunehmen, würde der Compiler ein `int access$1(House)` generieren.

Hinweis Problematisch ist das bei Klassen, die in ein Paket eingeschmuggelt werden. Nehmen wir an, `House` liegt im Paket `p1.p2`. Dann kann ein Angreifer seine Klassen auch in ein Paket legen, was `p1.p2` heißt. Da die `access$XXX()`-Methoden paketsichtbar sind, können eingeschmuggelte Klassen die packetsichtbaren `access$XXX()`-Methoden aufrufen. Es reicht ein Exemplar der äußeren Klasse, um über einen `access$XXX()`-Aufruf auf die privaten Variablen zuzugreifen, die eine innere Klasse nutzt. Glücklicherweise lässt sich gegen eingeschleuste Klassen in Java-Archiven leicht etwas unternehmen – sie müssen nur abgeschlossen werden, was bei Java *sealing* heißt.

[«]

8.1.3 Lokale Klassen

Lokale Klassen sind ebenfalls innere Klassen, die jedoch nicht einfach wie eine Eigenschaft im Rumpf einer Klasse, sondern direkt in Anweisungsblöcken von Methoden, Konstruktoren und Initialisierungsblöcken gesetzt werden. Lokale Schnittstellen sind nicht möglich.

Im folgenden Beispiel deklariert die `main()`-Methode eine innere Klasse mit einem Konstruktor, der auf die finale Variable `j` zugreift:

Listing 8.5 com/tutego/insel/inner/FunInside.java, FunInside

```
public class FunInside
{
  public static void main( String[] args )
  {
    int i = 2;
```

```
      final int j = 3;

      class In
      {
        In() {
          System.out.println( j );
//          System.out.println( i );      // Compiler error because i is not final
        }
      }
      new In();
    }
}
```

Die Deklaration der inneren Klasse `In` wird hier wie eine Anweisung eingesetzt. Ein Sichtbarkeitsmodifizierer ist bei inneren lokalen Klassen ungültig, und die Klasse darf keine Klassenmethoden und allgemeinen statischen Variablen deklarieren (finale Konstanten schon).

Jede lokale Klasse kann auf Methoden der äußeren Klasse zugreifen und zusätzlich auf die lokalen Variablen und Parameter, die mit dem Modifizierer `final` als unveränderlich ausgezeichnet sind. Liegt die innere Klasse in einer statischen Methode, kann sie keine Objektmethoden der äußeren Klasse aufrufen.

8.1.4 Anonyme innere Klassen

Anonyme Klassen gehen noch einen Schritt weiter als lokale Klassen. Sie haben keinen Namen und erzeugen immer automatisch ein Objekt; Klassendeklaration und Objekterzeugung sind zu einem Sprachkonstrukt verbunden. Die allgemeine Notation ist folgende:

```
new KlasseOderSchnittstelle() { /* Eigenschaften der inneren Klasse */ }
```

In dem Block geschweifter Klammern lassen sich nun Methoden und Attribute deklarieren oder Methoden überschreiben. Hinter `new` steht der Name einer Klasse oder Schnittstelle:

▶ `new Klassenname(Optionale Argumente) { ... }`. Steht hinter `new` ein Klassentyp, dann ist die anonyme Klasse eine Unterklasse von `Klassenname`. Es lassen sich mögliche Argumente für den Konstruktor der Basisklasse angeben (das ist zum Beispiel dann nötig, wenn die Oberklasse keinen Standardkonstruktor deklariert).

▶ `new Schnittstellenname() { ... }`. Steht hinter `new` der Name einer Schnittstelle, dann erbt die anonyme Klasse von `Object` und implementiert die Schnittstelle `Schnittstellenname`. Implementiert sie nicht die Operationen der Schnittstelle, ist das ein Fehler; wir hätten nichts davon, denn dann hätten wir eine abstrakte innere Klasse, von der sich kein Objekt erzeugen lässt.

Für anonyme innere Klassen gilt die Einschränkung, dass keine zusätzlichen `extends`- oder `implements`-Angaben möglich sind. Ebenso sind keine eigenen Konstruktoren möglich und nur Objektmethoden und finale statische Variablen erlaubt.

Geschachtelte (innere) Klassen, Schnittstellen, Aufzählungen | **8.1**

Wir wollen eine innere Klasse schreiben, die Unterklasse von `java.awt.Point` ist. Sie soll die `toString()`-Methode überschreiben:

Listing 8.6 com/tutego/insel/inner/InnerToStringPoint.java, main()

```
Point p = new Point( 10, 12 ) {
  @Override public String toString() {
    return "(" + x + "," + y + ")";
  }
};

System.out.println( p );    // (10,12)
```

Da sofort eine Unterklasse von `Point` aufgebaut wird, fehlt der Name der inneren Klasse. Das einzige Exemplar dieser anonymen Klasse lässt sich über die Variable `p` weiterverwenden.

> **Hinweis** Eine innere Klasse kann Methoden der Oberklasse überschreiben, Operationen aus Schnittstellen implementieren und sogar neue Eigenschaften anbieten:
>
> ```
> String s = new Object()
>   String quote( String s ) { return String.format( "'%s'", s );
> }.quote( "Juvy" );
> System.out.println( s ); // 'Juvy'
> ```
>
> Der neu deklarierte anonyme Typ hat eine Methode `quote()`, die direkt aufgerufen werden kann. Ohne diesen direkten Aufruf ist die `quote()`-Methode aber unsichtbar, denn der Typ ist ja anonym, und so sind nur die Methoden der Oberklasse (bei uns `Object`) beziehungsweise Schnittstelle bekannt. (Wir lassen die Tatsache, dass eine Anwendung mit Reflection auf die Methoden zugreifen kann, außen vor.)

[«]

Umsetzung innerer anonymer Klassen *

Auch für innere anonyme Klassen erzeugt der Compiler eine normale Klassendatei. Wir haben gesehen, dass im Fall einer »normalen« inneren Klasse die Notation `ÄußereKlasse$InnereKlasse` gewählt wird. Das klappt bei anonymen inneren Klassen natürlich nicht mehr, da uns der Name der inneren Klasse fehlt. Der Compiler wählt daher folgende Notation für Klassennamen: `InnerToStringDate$1`. Falls es mehr als eine innere Klasse gibt, folgen `$2`, `$3` und so weiter.

Nutzung innerer Klassen für Threads *

Sehen wir uns ein weiteres Beispiel für die Implementierung von Schnittstellen an: Um nebenläufige Programme zu implementieren, gibt es die Klasse `Thread` und die Schnittstelle `Runnable` (für das Beispiel greifen wir vor; Threads werden in Kapitel 14, »Threads und nebenläufige Programmierung«, genau beschrieben).

Die Schnittstelle `Runnable` schreibt eine Operation `run()` vor, in die der parallel abzuarbeitende Programmcode gesetzt wird. Das geht gut mit einer inneren anonymen Klasse, die `Runnable` implementiert:

8 | Äußere.innere Klassen

```
new Runnable() {     // Anonyme Klasse extends Object implements Runnable
  public void run() {
    ...
  }
}
```

Das so erzeugte Exemplar kommt in den Konstruktor der Klasse Thread. Der Thread wird mit start() angekurbelt. Damit folgt zusammengesetzt und mit Implementierung von run():

Listing 8.7 com/tutego/insel/inner/FirstThread, main()

```
new Thread( new Runnable() {
  @Override public void run() {
    for ( int i = 0; i < 10; i++ )
      System.out.printf( "%d ", i );
  }
} ).start();

for ( int i = 0; i < 10; i++ )
  System.out.printf( "%d ", i );
```

In der Ausgabe wird zum Beispiel Folgendes erscheinen (hier komprimiert):

```
0 0 1 2 3 4 5 6 7 8 9 1 2 3 4 5 6 7 8 9
```

Der neue Thread beginnt mit der 0 und wird dann unterbrochen. Der main-Thread kann in einem Zug 0 bis 9 ausgeben. Danach folgt wieder der erste Thread und kann den Rest ausgeben. Ausführliche Informationen zu Threads vermittelt Kapitel 14.

 Strg + Leertaste nach der geschweiften Klammer listet eine Reihe von Methoden auf, die wir uns von Eclipse implementieren lassen können. Da entscheiden wir uns doch für run().

Konstruktoren innerer anonymer Klassen *

Der Compiler setzt anonyme Klassen in normale Klassendateien um. Jede Klasse kann einen eigenen Konstruktor deklarieren, und auch für anonyme Klassen sollte das möglich sein, um Initialisierungscode dort hineinzusetzen. Da aber anonyme Klassen keinen Namen haben, muss für Konstruktoren ein anderer Weg gefunden werden. Hier helfen *Exemplarinitialisierungsblöcke*, also Blöcke in geschweiften Klammern direkt innerhalb einer Klasse, die wir schon in Kapitel 5, »Eigene Klassen schreiben«, vorgestellt haben. Exemplarinitialisierer gibt es ja eigentlich gar nicht im Bytecode, sondern der Compiler setzt den Programmcode auto-

Geschachtelte (innere) Klassen, Schnittstellen, Aufzählungen | **8.1**

matisch in jeden Konstruktor. Obwohl anonyme Klassen keinen direkten Konstruktor haben können, gelangt doch über den Exemplarinitialisierer Programmcode in den Konstruktor der Bytecode-Datei.

Dazu ein Beispiel: Die anonyme Klasse ist eine Unterklasse von `Point` und initialisiert im Konstruktor einen Punkt mit den Koordinaten –1, –1. Aus diesem speziellen Punkt-Objekt lesen wir dann die Koordinaten wieder aus:

Listing 8.8 com/tutego/insel/inner/AnonymousAndInside.java, main()

```
java.awt.Point p = new java.awt.Point() { { x = -1; y = -1; } };

System.out.println( p.getLocation() );  // java.awt.Point[x=-1,y=-1]

System.out.println( new java.awt.Point( -1, 0 )
{
  {
    y = -1;
  }
}.getLocation() );                      // java.awt.Point[x=-1,y=-1]
```

Gar nicht »super()« *

Innerhalb eines »anonymen Konstruktors« kann kein `super()` verwendet werden, um den Konstruktor der Oberklasse aufzurufen. Dies liegt daran, dass automatisch ein `super()` in den Initialisierungsblock eingesetzt wird. Die Parameter für die gewünschte Variante des (überladenen) Oberklassen-Konstruktors werden am Anfang der Deklaration der anonymen Klasse angegeben. Dies zeigt das zweite Beispiel:

```
System.out.println( new Point(-1, 0) { { y = -1; } }.getLocation() );
```

> **Beispiel** Wir initialisieren ein Objekt `BigDecimal`, das beliebig große Ganzzahlen aufnehmen **[zB]** kann. Im Konstruktor der anonymen Unterklasse geben wir anschließend den Wert mit der geerbten `toString()`-Methode aus:
>
> ```
> new java.math.BigDecimal( "12345678901234567890" ) {
>   { System.out.println( toString() ); }
> };
> ```

8.1.5   Zugriff auf lokale Variablen aus lokalen inneren und anonymen Klassen *

Lokale und innere Klassen können auf die lokalen Variablen beziehungsweise Parameter der umschließenden Methode lesend zugreifen, jedoch nur dann, wenn die Variable `final` ist. Verändern können lokale und innere Klassen diese Variablen natürlich nicht, denn `final` verbietet einen zweiten Schreibzugriff.

Ist eine Veränderung nötig, ist ein Trick möglich. Zwei Lösungen bieten sich an:

499

8 | Äußere.innere Klassen

▶ die Nutzung eines finalen Feldes der Länge 1, welches das Ergebnis aufnehmen kann

▶ die Nutzung von `AtomicXXX`-Klassen aus dem `java.util.concurrent.atomic`-Paket, die ein primitives Element oder eine Referenz aufnehmen

Ein Beispiel:

Listing 8.9 com/tutego/insel/inner/ModifyLocalVariable.java, main()

```
public static void main( String[] args )
{
  final int[] result1 = { 0 };
  final String[] result2 = { null };
  final AtomicInteger result3 = new AtomicInteger();
  final AtomicReference<String> result4 = new AtomicReference<String>();

  System.out.println( result1[0] );      // 0
  System.out.println( result2[0] );      // null
  System.out.println( result3.get() );   // 0
  System.out.println( result4.get() );   // null

  new Object(){{
      result1[0] = 1;
      result2[0] = "Der Herr der Felder";
      result3.set( 1 );
      result4.set( "Wurstwasser-Wette" );
  }};

  System.out.println( result1[0] );      // 1
  System.out.println( result2[0] );      // Der Herr der Felder
  System.out.println( result3.get() );   // 1
  System.out.println( result4.get() );   // Wurstwasser-Wette
}
```

Die `AtomicXXX`-Klassen haben eigentlich die Aufgabe, Schreib- und Veränderungsoperationen atomar durchzuführen, können jedoch in diesem Szenario hilfreich sein.

8.1.6 »this« und Vererbung *

Wenn wir ein qualifiziertes `this` verwenden, dann bezeichnet `C.this` die äußere Klasse, also das umschließende Exemplar. Das haben wir schon im Abschnitt »Die »this«-Referenz« in Abschnitt 8.1.2 kennengelernt. Gilt jedoch die Beziehung `C1.C2. ..... Ci. ... Cn.`, haben wir mit `Ci.this` ein Problem, wenn `Ci` eine Oberklasse von `Cn` ist. Es geht also um den Fall, dass eine textuell umgebende Klasse zugleich auch Oberklasse ist. Das eigentliche Problem besteht darin, dass hier zweidimensionale Namensräume hierarchisch kombiniert werden müssen. Die eine Dimension sind die Bezeichner beziehungsweise Methoden aus den lexikalisch umgebenden Klassen, die andere Dimension die ererbten Eigenschaften aus der Oberklasse. Hier sind beliebige Überlappungen und Mehrdeutigkeiten denkbar. Durch diese ungenaue

500

Geschachtelte (innere) Klassen, Schnittstellen, Aufzählungen | **8.1**

Beziehung zwischen inneren Klassen und Vererbung kam es unter JDK 1.1 und 1.2 zu unterschiedlichen Ergebnissen.

Im nächsten Beispiel soll von der Klasse `Shoe` die innere Klasse `LeatherBoot` den `Shoe` erweitern und die Methode `out()` überschreiben:

Listing 8.10 com/tutego/insel/inner/Shoe.java, Shoe

```
public class Shoe
{
  void out()
  {
    System.out.println( "Ich bin der Schuh des Manitu." );
  }

  class LeatherBoot extends Shoe
  {
    void what()
    {
      Shoe.this.out();
    }

    @Override
    void out()
    {
      System.out.println( "Ich bin ein Shoe.LeatherBoot." );
    }
  }

  public static void main( String[] args )
  {
    new Shoe().new LeatherBoot().what();
  }
}
```

Legen wir in der statischen `main()`-Methode ein Objekt der Klasse `LeatherBoot` an, dann landen wir bei `what()` in der Klasse `LeatherBoot`, was `Shoe.this.out()` ausführt. Interessant ist aber, dass hier kein dynamisch gebundener Aufruf an `out()` vom `LeatherBoot`-Objekt erfolgt, sondern die Ausgabe von `Shoe` ist:

```
Ich bin der Schuh des Manitu.
```

Die überschriebene Ausgabe von `LeatherBoot` liefert die ähnlich aussehende Anweisung `((Shoe)this).out()`. Vor Version 1.2 kam als Ergebnis immer diese Zeichenkette heraus, aber das ist Geschichte und nur eine historische Randnotiz.

501

»Einen Rat befolgen heißt,
die Verantwortung verschieben.«
– Johannes Urzidil (1896–1970)

9 Besondere Klassen der Java SE

9.1 Vergleichen von Objekten

Sollen Objekte verglichen werden, muss es eine Ordnung dieser Typen geben. Wie sollte das System sonst selbstständig entscheiden können, ob eine Person zum Beispiel kleiner als eine andere Person ist? Weil die eine Person 1,50 Meter groß ist, die andere aber 1,80 Meter, oder weil die eine Person eine Million Euro auf dem Konto hat und die andere nur fünf Euro?[1] Diese Fragen sind wichtig, wenn wir zum Beispiel eine Liste sortieren wollen.

9.1.1 Natürlich geordnet oder nicht?

In Java gibt es zwei unterschiedliche Schnittstellen (in zwei unterschiedlichen Paketen) zur Bestimmung der Ordnung:

► `Comparable`: Implementiert eine Klasse `Comparable`, so können sich die Objekte selbst mit anderen Objekten vergleichen. Da die Klassen im Allgemeinen nur ein Sortierkriterium implementieren, wird hierüber eine so genannte *natürliche Ordnung* (engl. *natural ordering*) realisiert.

► `Comparator`: Eine implementierende Klasse, die sich `Comparator` nennt, nimmt zwei Objekte an und vergleicht sie. Ein `Comparàtor` für Räume könnte zum Beispiel nach der Anzahl der Personen oder auch nach der Größe in Quadratmetern vergleichen; die Implementierung von `Comparable` wäre nicht sinnvoll, weil hier nur ein Kriterium natürlich umgesetzt werden kann, ein Raum aber nicht *die* Ordnung hat.

Zusammenfassend lässt sich sagen: Während `Comparable` üblicherweise nur ein Sortierkriterium umsetzt, kann es viele Extraklassen vom Typ `Comparator` geben, die jeweils unterschiedliche Ordnungen definieren.

---

1 Im 10. Jahrhundert lebte der Großwesir Abdul Kassem Ismael, der immer seine gesamte Bibliothek mit 117.000 Bänden mitführte. Die trainierten 400 Kamele transportierten die Werke in alphabetischer Reihenfolge.

9 | Besondere Klassen der Java SE

Comparable und Comparator in der Java-API

Eine Implementierung von Comparable findet sich genau dort, wo eine natürliche Ordnung naheliegt, etwa bei:

▶ String

▶ BigDecimal, BigInteger, Byte, Character, Double, Float, Integer, Long, Short

▶ Date

▶ File, URI

▶ Enum

▶ TimeUnit

Von Comparator finden wir in der API-Dokumentation nur java.text.Collator vermerkt.

9.1.2 Die Schnittstelle Comparable

Die Schnittstelle Comparable kommt aus dem java.lang-Paket und deklariert eine Methode:

```
interface java.lang.Comparable<T>
```

▶ int compareTo(T o)
Vergleicht sich mit einem anderen.

[»] **Hinweis** Wichtig ist neben einer Implementierung von compareTo() auch die passende Realisierung in equals(). Sie ist erst dann konsistent, wenn e1.compareTo(e2) == 0 das gleiche Ergebnis wie e1.equals(e2) liefert, wobei e1 und e2 den gleichen Typ besitzen. Ein Verstoß gegen diese Regel kann bei sortierten Mengen schnell Probleme bereiten; ein Beispiel nennt die API-Dokumentation. Auch sollte die hashCode()-Methode korrekt realisiert sein, denn sind Objekte gleich, müssen auch die Hashcodes gleich sein. Und die Gleichheit bestimmen eben equals()/compareTo().

e.compareTo(null) sollte eine NullPointerException auslösen, auch wenn e.equals(null) die Rückgabe false liefert.

9.1.3 Die Schnittstelle Comparator

Die Schnittstelle Comparator kommt aus dem Paket java.util und deklariert:

```
interface java.util.Comparator<T>
```

▶ int compare(T o1, T o2)
Vergleicht zwei Argumente auf ihre Ordnung.

▶ boolean equals(Object obj)
Testet, ob Comparator-Objekte gleich sind. Das testet keine Gleichheit von Objekten! Die Methode muss nicht zwingend implementiert werden, da ja schon Object eine Implemen-

504

tierung bereitstellt. Sie steht hier nur, damit eine API-Dokumentation dieses Missverständnis erklärt.

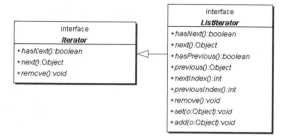

9.1.4 Rückgabewerte kodieren die Ordnung

Der Rückgabewert von compare() beim Comparator beziehungsweise compareTo() bei Comparable ist <0, =0 oder >0 und bestimmt so die Ordnung der Objekte. Nehmen wir zwei Objekte o1 und o2 an, deren Klassen Comparable implementieren. Dann gilt folgende Übereinkunft:

- o1.compareTo(o2) < 0   o1 < o2
- o1.compareTo(o2) == 0   o1 == o2
- o1.compareTo(o2) > 0   o1 > o2

Ein externer Comparator (symbolisch comp genannt) verhält sich ähnlich:

- comp.compare(o1, o2) < 0   o1 < o2
- ccmp.compare(o1, o2) == 0   o1 == o2
- ccmp.compare(o1, o2) > 0   o1 > o2

 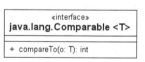

> **Tipp** Sollen Objekte mit einem Comparator verglichen werden, aber null-Werte vorher aussortiert werden, so wird seit Java 7 die statische Methode int compare(T a, T b, Comparator<? super T> c) aus der Klasse Objects nützlich. Die Methode liefert 0, wenn a und b beide entweder null sind oder der Comparator die Objekte a und b für gleich erklärt. Sind a und b beide ungleich null, so ist die Rückgabe c.compare(a, b). Ist nur a oder b gleich null, so hängt es vom Comparator und der Reihenfolge der Parameter ab.

Den größten Raum einer Sammlung finden

Wir wollen Räume ihrer Größe nach sortieren und müssen dafür einen Comparator schreiben (dass Räume Comparable sind, ist nicht angebracht, da es keine natürliche Ordnung für Räume

9 | Besondere Klassen der Java SE

gibt). Daher soll ein externes `Comparator`-Objekt entscheiden, welches Raum-Objekt nach der Anzahl seiner Quadratmeter größer ist.

Der Raum enthält für das kleine Demoprogramm nur einen parametrisierten Konstruktor und merkt sich dort seine Quadratmeter:

Listing 9.1 com/tutego/insel/util/RoomComparatorDemo.java, Room

```
class Room
{
  int sm;

  Room( int sm )
  {
    this.sm = sm;
  }
}
```

Der spezielle Raum-`Comparator` ist das eigentlich Interessante:

Listing 9.2 com/tutego/insel/util/RoomComparatorDemo.java, RoomComparator

```
class RoomComparator implements Comparator<Room>
{
  @Override public int compare( Room room1, Room room2 )
  {
    return room1.sm - room2.sm;
  }
}
```

Er bildet die Differenz der Raumgrößen, was eine einfache Möglichkeit darstellt, eine Rückgabe <0, =0 oder >0 zu bekommen. Bei Fließkommazahlen funktioniert das nicht – denn (int)(0.1 – 0.0), (int)(0.0 – 0.1) und (int)(0.0 – 0.0) ergeben alle 0, wären also gleich – bei Ganzzahlen ist der Vergleich aber in Ordnung. Ab Java 7 lässt sich `Integer.compareTo(room1.sm, room2.sm)` einsetzen.

Mit dem `Comparator`-Objekt lässt sich eine Raumliste sortieren:

Listing 9.3 com/tutego/insel/util/RoomComparatorDemo.java, RoomComparatorDemo main()

```
List<Room> list = Arrays.asList(new Room(100), new Room(1123), new Room(123) );

Collections.sort( list, new RoomComparator() );
System.out.println( list.get(0).sm );        // 100
```

[»] **Hinweis** Ist ein `Comparator` mit einer Datenstruktur – wie dem `TreeSet` oder der `TreeMap` – verbunden, muss die `Comparator`-Klasse `Serializable` (siehe Kapitel 17, »Datenströme«) implementieren, wenn auch die Datenstruktur serialisiert werden soll.

9.2   Wrapper-Klassen und Autoboxing

Die Klassenbibliothek bietet für jeden primitiven Datentyp wie `int`, `double`, `char` spezielle Klassen an. Diese so genannten *Wrapper-Klassen* (auch *Ummantelungsklassen*, *Mantelklassen* oder *Envelope Classes* genannt) erfüllen zwei wichtige Aufgaben:

▶ Wrapper-Klassen bieten statische Hilfsmethoden zur Konvertierung eines primitiven Datentyps in einen String (Formatierung) und vom String zurück in einen primitiven Datentyp (Parsen).

▶ Die Datenstrukturen wie Listen und Mengen, die in Java Verwendung finden, können nur Referenzen aufnehmen. So stellt sich das Problem, wie primitive Datentypen diesen Containern hinzugefügt werden können. Wrapper-Objekte kapseln einen einfachen primitiven Wert in einem Objekt, sodass eine Referenz existiert, die etwa in einer vorgefertigten Datenstruktur gespeichert werden kann.

Es existieren Wrapper-Klassen zu allen primitiven Datentypen.

Wrapper-Klasse	Primitiver Typ
Byte	byte
Short	short
Integer	int
Long	long
Double	double
Float	float
Boolean	boolean
Character	char

Tabelle 9.1   Wrapper-Klassen und primitive Datentypen

Hinweis   Für `void`, das kein Datentyp ist, existiert die Klasse `Void`. Sie deklariert nur die Konstante `TYPE` vom Typ `Class<Void>` und ist für Reflection (das Auslesen von Eigenschaften einer Klasse) interessanter.

In diesem Abschnitt wollen wir uns zunächst um das Erzeugen von Wrapper-Objekten kümmern, dann um Methoden, die in allen Wrapper-Klassen vorkommen und schließlich die individuellen Methoden der einzelnen Wrapper-Klassen vorstellen. Der Klasse `Character` haben wir uns schon zu Beginn von Kapitel 4, »Der Umgang mit Zeichenketten«, gewidmet, als es um Zeichen und Zeichenketten ging.

9 | Besondere Klassen der Java SE

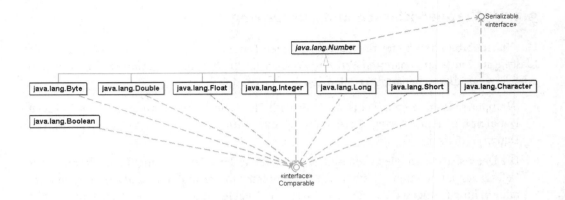

9.2.1 Wrapper-Objekte erzeugen

Wrapper-Objekte lassen sich auf drei Arten aufbauen:

- über statische `valueOf()`-Methoden, denen ein primitiver Ausdruck oder ein String übergeben wird
- über Boxing: Aus einem primitiven Wert erzeugt der Compiler automatisch `valueOf()`-Methodenaufrufe, die das Wrapper-Objekt liefern.
- über Konstruktoren der Wrapper-Klassen

[zB] **Beispiel** Erzeuge einige Wrapper-Objekte:
```
Integer  int1 = Integer.valueOf( "30" );      // valueOf()
Long     lng1 = Long.valueOf( 0xC0B0L );      // valueOf()
Integer  int2 = new Integer( 29 );            // Konstruktor
Long     lng2 = new Long( 0xC0B0L );          // Konstruktor
Double   dobl = new Double( 12.3 );           // Konstruktor
Boolean  bool = true;                         // Boxing
Integer  int3 = 42;                           // Boxing
```

Nun gibt es also drei Möglichkeiten, an Wrapper-Objekte zu kommen. Ganz selbstverständlich stellt sich die Frage, ob es eine bevorzugte Variante gibt. Boxing ist vom Schreibaufwand her gesehen die kürzeste und im Allgemeinen die beste, weil kompakteste Variante. Boxing ist allerdings nicht ganz unproblematisch, und daher wird den Problemen ein eigener Abschnitt gewidmet. Da Boxing auf die `valueOf()`-Methoden zugreift, sind die beiden Varianten semantisch identisch und unterscheiden sich nur im Programmcode, aber nicht im Bytecode. Uns bleibt daher die Lösung »Konstruktor versus `valueOf()`«. Eine statische Methode zum Erzeugen von Objekten einzusetzen ist clever, da anders als ein Konstruktor eine statische Methode Objekte nicht immer neu erzeugen muss, sondern auch auf vorkonstruierte Objekte zurückgreifen kann. Und das ist genau das, was `valueOf()` bei den drei Klassen `Byte`, `Short`, `Integer` und `Long` macht: Stammen die Ganzzahlen aus dem Wertebereich –128 bis +127, so greift `valueOf()` auf vorbereitete Objekte aus einem Cache zurück. Das Ganze klappt natürlich nur, weil Aufrufer von `valueOf()` ein unveränderliches (engl. *immutable*) Objekt bekommen – ein Wrapper-Objekt kann nach dem Aufbau nicht verändert werden.

> **Hinweis** In der Wrapper-Klasse `Integer` gibt es drei statische überladene Methoden `getInteger(String)`, `getInteger(String, int)`, `getInteger(String, Integer)`, die von Spracheinsteigern wegen der gleichen Rückgabe und Parameter schnell mit der `valueOf(String)`-Methode verwechselt werden können. Allerdings lesen die `getInteger(String)`-Methoden eine Umgebungsvariable aus, und haben somit eine völlig andere Aufgabe als `valueOf(String)`. In der Wrapper-Klasse `Boolean` gibt es mit `getBoolean(String)` Vergleichbares. Die anderen Wrapper-Klassen haben keine Methoden zum Auslesen einer Umgebungsvariable.

[«]

Wrapper-Objekte sind »immutable«

Ist ein Wrapper-Objekt erst einmal erzeugt, lässt sich der im Wrapper-Objekt gespeicherte Wert nachträglich nicht mehr verändern. Um dies auch wirklich sicherzustellen, sind die konkreten Wrapper-Klassen allesamt final. Die Wrapper-Klassen sind nur als Ummantelung und nicht als vollständiger Datentyp gedacht. Da sich der Wert nicht mehr ändern lässt (er ist immutable), heißen Objekte mit dieser Eigenschaft auch *Werte-Objekte*. Wollen wir den Inhalt eines `Integer`-Objekts `io` zum Beispiel um eins erhöhen, so müssen wir ein neues Objekt aufbauen:

```java
int i = 12;
Integer io = Integer.valueOf( i );
io = Integer.valueOf( io.intValue() + 1 );
i = io.intValue();
```

Die Variable `io` referenziert nun ein zweites `Integer`-Objekt, und der Wert vom ersten `io`-Objekt mit 12 bleibt unangetastet.

9.2.2 Konvertierungen in eine String-Repräsentation

Alle Wrapper-Klassen bieten statische `toString(value)`-Methoden zur Konvertierung des primitiven Elements in einen String an:

Listing 9.4 com/tutego/insel/wrapper/WrapperToString.java, main()

```java
String s1 = Integer.toString( 1234567891 ),
       s2 = Long.toString( 123456789123L ),
       s3 = Float.toString( 12.345678912f ),
       s4 = Double.toString( 12.345678912 ),
       s5 = Boolean.toString( true );
System.out.println( s1 );  // 1234567891
System.out.println( s2 );  // 123456789123
System.out.println( s3 );  // 12.345679
System.out.println( s4 );  // 12.345678912
System.out.println( s5 );  // true
```

9 | Besondere Klassen der Java SE

[+] **Tipp** Ein Java-Idiom[2] zur Konvertierung ist auch folgende Anweisung:
```
String s = "" + number;
```

Der String erscheint immer in der englisch geschriebenen Variante. So steht bei den Dezimal-zahlen ein Punkt statt des uns vertrauten Kommas.

[»] **Hinweis** Bei der Darstellung von Zahlen ist eine landestypische (länderspezifische) Forma-tierung sinnvoll. Das kann `printf()` leisten:
```
System.out.printf( "%f", 1000000. );      // 1000000,000000
System.out.printf( "%f", 1234.567 );      // 1234,567000
System.out.printf( "%,.3f", 1234.567 );  // 1.234,567
```
Der Formatspezifizierer für Fließkommazahlen ist `%f`. Die zusätzliche Angabe mit `,.3f` im letz-ten Fall führt zum Tausenderpunkt und zu drei Nachkommastellen.

»toString()« als Objekt- und Klassenmethode

Liegt ein Wrapper-Objekt vor, so liefert die Objektmethode `toString()` die String-Repräsen-tation des Wertes, den das Wrapper-Objekt speichert. Dass es gleichlautende statische Metho-den `toString()` und eine Objektmethode `toString()` gibt, sollte uns nicht verwirren; wäh-rend die Klassenmethode den Arbeitswert zur Konvertierung aus dem Argument zieht, nutzt die Objektmethode den gespeicherten Wert im Wrapper-Objekt.

Anweisungen, die ausschließlich zum Konvertieren über das Wrapper-Objekt gehen, wie `new Integer(v).toString()`, lassen sich problemlos umschreiben in `Integer.toString(v)`. Zudem bietet sich auch die überladene statische Methode `String.valueOf(v)` an, die für alle möglichen Datentypen deklariert ist (doch nutzt `valueOf(v)` intern auch nur `Wrapper-Klasse.toString(v)`).

9.2.3 Die Basisklasse Number für numerische Wrapper-Objekte

Alle numerischen Wrapper-Klassen können den gespeicherten Wert in einem beliebigen anderen numerischen Typ liefern. Die Methodennamen setzen sich – wie zum Beispiel `doubleValue()` und `intValue()` – aus dem Namen des gewünschten Typs und `Value` zusammen. Technisch gesehen überschreiben die Wrapper-Klassen `Byte`, `Short`, `Integer`, `Long`, `Float` und `Double` aus einer Klasse `Number`[3] die `xxxValue()`-Methoden[4].

---

2 Es ist wiederum ein JavaScript-Idiom, mit dem Ausdruck `s - 0` aus einem String eine Zahl zu machen, wenn denn die Variable `s` eine String-Repräsentation einer Zahl ist.

3 Zusätzlich erweitern `BigDecimal` und `BigInteger` die Klasse `Number` und haben damit ebenfalls die `xxx-Value()`-Methoden. In Java 5 kamen `AtomicInteger` und `AtomicLong` hinzu, die aber nicht immutable sind, wie die anderen Klassen.

4 Nur die Methoden `byteValue()` und `shortValue()` sind nicht abstrakt und müssen nicht überschrieben werden. Diese Methoden rufen `intValue()` auf und konvertieren den Wert über eine Typanpassung auf `byte` und `short`.

510

```
abstract class java.lang.Number
implements Serializable
```

- `byte byteValue()`
  Liefert den Wert der Zahl als `byte`.
- `abstract double doubleValue()`
  Liefert den Wert der Zahl als `double`.
- `abstract float floatValue()`
  Liefert den Wert der Zahl als `float`.
- `abstract int intValue()`
  Liefert den Wert der Zahl als `int`.
- `abstract long longValue()`
  Liefert den Wert der Zahl als `long`.
- `short shortValue()`
  Liefert den Wert der Zahl als `short`.

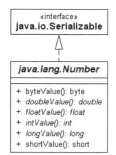

Hinweis Wenn die Operandentypen beim Bedingungsoperator unterschiedlich sind, gibt es ganz automatisch eine Anpassung:

```
boolean b = true;
System.out.println( b ? 1 : 0.1 );   // 1.0
System.out.println( !b ? 1 : 0.1 );  // 0.1
```

Der Ergebnistyp ist `double`, sodass die Ganzzahl 1 als 1.0, also als Fließkommazahl, ausgegeben wird. Die gleiche Anpassung nimmt der Compiler bei Wrapper-Typen vor, die er unboxt und konvertiert:

```
Integer i = 1;
Double  d = 0.1;
System.out.println( b ? i : d );   // 1.0
System.out.println( !b ? i : d );  // 0.1
```

Während diese Ausgabe eigentlich klar ist, kann es zu einem Missverständnis kommen, wenn das Ergebnis nicht einfach ausgegeben, sondern als Verweis auf das resultierende Wrapper-Objekt zwischengespeichert wird. Da der Typ im Beispiel entweder `Integer` oder `Double` ist, kann der Ergebnistyp nur der Obertyp `Number` sein:

9 | Besondere Klassen der Java SE

```
Number n1 = b ? i : d;
System.out.println( n1 );          // 1.0
System.out.println( n1 == i );     // false
```

Die Programmlogik und Ausgabe ist natürlich genauso wie vorher, doch Entwickler könnten annehmen, dass der Compiler keine Konvertierung durchführt, sondern entweder das originale `Integer`- oder das `Double`-Objekt referenziert; das macht er aber nicht. Die Variable `n1` referenziert hier ein `Integer`-ungeboxtes-double-konvertiertes-`Double`-geboxtes Objekt, und so sind die Referenzen von `i` und `n2` überhaupt nicht identisch. Wenn der Compiler hier wirklich die Originalobjekte zurückliefern soll, muss entweder das `Integer`- oder das `Double`-Objekt explizit auf `Number` gebracht werden, sodass damit das Unboxing ausgeschaltet wird und der Bedingungsoperator nur noch von beliebigen nicht zu interpretierenden Referenzen ausgeht:

```
Number n2 = b ? (Number) i : d; // oder Number n2 = b ? i : (Number) d;
System.out.println( n2 );          //
System.out.println( n2 == i );     // true
```

9.2.4 Vergleiche durchführen mit »compare()«, »compareTo()« und »equals()«

Haben wir zwei Ganzzahlen 1 und 2 vor uns, so ist es trivial, zu sagen, dass 1 kleiner als 2 ist. Bei Fließkommazahlen ist das ein wenig komplizierter, da es hier »Sonderzahlen« wie Unendlich oder eine negative beziehungsweise positive 0 gibt. Da insbesondere Vergleichsalgorithmen die Beantwortung der Frage, ob zwei Werte `a` und `b` kleiner, größer oder gleich sind, erwarten, gibt es zwei Typen von Methoden in den Wrapper-Klassen:

▶ Sie implementieren eine Objektmethode `compareTo()`. Die Methode ist nicht zufällig in der Klasse, denn Wrapper-Klassen implementieren die Schnittstelle `Comparable` (wir haben die Schnittstelle schon am Anfang des Kapitels kurz vorgestellt).

▶ Wrapper-Klassen besitzen statische `compare()`-Methoden.

Die Rückgabe der Methoden ist ein `int`, und es kodiert, ob ein Wert größer, kleiner oder gleich ist.

[zB]

Beispiel Teste verschiedene Werte:

```
System.out.println( Integer.compare(1, 2) );     // −1
System.out.println( Integer.compare(1, 1) );     //
System.out.println( Integer.compare(2, 1) );     //

System.out.println( Double.compare(2.0, 2.1) );  // −1
System.out.println( Double.compare(Double.NaN, 0) );//

System.out.println( Boolean.compare(true, false) ); //
System.out.println( Boolean.compare(false, true) ); // −1
```

Ein `true` ist »größer« als ein `false`.

Tabelle 9.2 fasst die Methoden der Wrapper-Klassen zusammen.

Klasse	Methode aus Comparable	Statische Methode »compare()«
Byte	`int compareTo(Byte anotherByte)`	`int compare(int x, int y)`
Short	`int compareTo(Short anotherShort)`	`int compare(short x, short y)`
Float	`int compareTo(Float anotherFloat)`	`int compare(float f1, float f2)`
Double	`int compareTo(Double anotherDouble)`	`int compare(double d1, double d2)`
Integer	`int compareTo(Integer anotherInteger)`	`int compare(int x, int y)`
Long	`int compareTo(Long anotherLong)`	`int compare(long x, long y)`
Character	`int compareTo(Character anotherCharacter)`	`int compare(char x, char y)`
Boolean	`int compareTo(Boolean b)`	`int compare(boolean x, boolean y)`

Tabelle 9.2 Methoden der Wrapper-Klassen

Die Implementierung einer statischen Methode `WrapperKlasse.compare()` ist äquivalent zu `WrapperKlasse.valueOf(x).compareTo(WrapperKlasse.valueOf(y))`.

Hinweis Nur die genannten Wrapper-Klassen besitzen eine statische `compare()`-Methode. Es ist kein allgemeingültiges Muster, dass, wenn eine Klasse `Number` erweitert und `Comparable` implementiert, sie dann auch eine statische `compare()`-Methode hat. So erweitern zum Beispiel die Klassen `BigInteger` und `BigDecimal` die Oberklasse `Number` und implementieren `Comparable`, aber eine statische `compare()`-Methode bieten sie trotzdem nicht.

[«]

Gleichheitstest über »equals()«

Alle Wrapper-Klassen überschreiben aus der Basisklasse `Object` die Methode `equals()`. So lässt sich testen, ob zwei Wrapper-Objekte den gleichen Wert haben, auch wenn die Wrapper-Objekte nicht identisch sind.

Beispiel Die Ergebnisse einiger Gleichheitstests:

```
Boolean.TRUE.equals( Boolean.TRUE )              true
Integer.valueOf( 1 ).equals( Integer.valueOf( 1 ) )   true
Integer.valueOf( 1 ).equals( Integer.valueOf( 2 ) )   false
Integer.valueOf( 1 ).equals( Long.valueOf( 1 ) )      false
Integer.valueOf( 1 ).equals( 1L )                     false
```

[zB]

Es ist wichtig, zu wissen, dass der Parametertyp von `equals()` immer `Object` ist, aber die Typen gleich sein müssen, da andernfalls schon automatisch der Vergleich falsch ergibt. Das zeigen das vorletzte und das letzte Beispiel. Die `equals()`-Methode aus Zeile 3 und 4 lehnt jeden Vergleich mit einem nicht-`Integer` ab, und ein `Long` ist eben kein `Integer`. In der letzten Zeile kommt Boxing zum Einsatz, daher sieht der Programmcode kürzer aus, aber entspricht dem aus der vorletzten Zeile.

Die Objektmethode `equals()` der Wrapper-Klassen ist auch eine kurze Alternative zu `wrapperObject.compareTo(anotherWrapperObjekt) == 0`.

> **Ausblick** Dass die Wrapper-Klassen `equals()` implementieren, ist gut, denn so können Wrapper-Objekte problemlos in Datenstrukturen wie einer `ArrayList` untergebracht und wieder gefunden werden. Und dass Wrapper-Objekte auch `Comparable` sind, ist ebenfalls prima für Datenstrukturen wie `TreeSet`, die – ohne extern gegebene `Comparator`-Klassen für Vergleiche – eine natürliche Ordnung der Elemente erwarten.

9.2.5 Die Klasse »Integer«

Die Klasse `Integer` kapselt den Wert einer Ganzzahl vom Typ `int` in einem Objekt und bietet Konstanten statische Methoden zur Konvertierung in einen String und zurück sowie weitere Hilfsmethoden mathematischer Natur an.

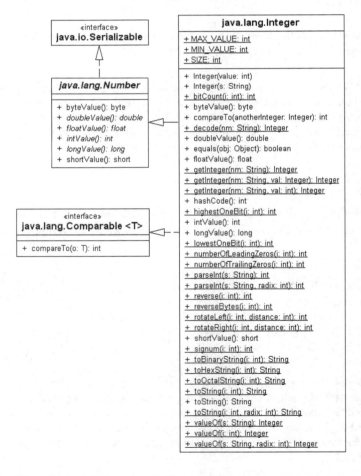

Um aus dem String eine Zahl zu machen, nutzen wir `Integer.parseInt(String)`.

Beispiel Konvertiere die Ganzzahl 38.317, die als String vorliegt, in eine Ganzzahl: **[zB]**

```
String number = "38317";
int integer = 0;
try
{
  integer = Integer.parseInt( number );
}
catch ( NumberFormatException
{
  System.err.println( "Fehler beim Konvertieren von " + number );
}
System.out.println( integer );
```

Die NumberFormatException ist eine nicht-geprüfte Exception – mehr zu Ausnahmen in Kapitel 6, »Exceptions« –, muss also nicht zwingend in einem try-catch-Block stehen.

Die statische Integer.parseInt(String) konvertiert einen String in int und die Umkehrmethode Interger.toString(int) liefert einen String. Weitere Varianten mit unterschiedlicher Basis wurden schon in Abschnitt 4.3, »Konvertieren zwischen Primitiven und Strings«, vorgestellt.

```
final class java.lang.Integer
extends Number
implements Comparable<Integer>
```

▶ static int parseInt(String s)
Erzeugt aus der Zeichenkette die entsprechende Zahl. Die Basis ist 10.

▶ static int parseInt(String s, int radix)
Erzeugt die Zahl mit der gegebenen Basis.

▶ static String toString(int i)
Konvertiert die Ganzzahl in einen String und liefert sie zurück.

parseInt() erlaubt keine länderspezifischen Tausendertrennzeichen, etwa in Deutschland den Punkt oder im angelsächsischen das Komma.

9.2.6   Die Klassen »Double« und »Float« für Fließkommazahlen

Die Klassen Double und Float haben wie die anderen Wrapper-Klassen eine Doppelfunktionalität. Sie kapseln zum einen eine Fließkommazahl als Objekt und bieten statische Utility-Methoden. Wir kommen in Kapitel 12, »Bits und Bytes und Mathematisches«, noch genauer auf die mathebezogenen Objekt- und Klassenmethoden zurück.

9 | Besondere Klassen der Java SE

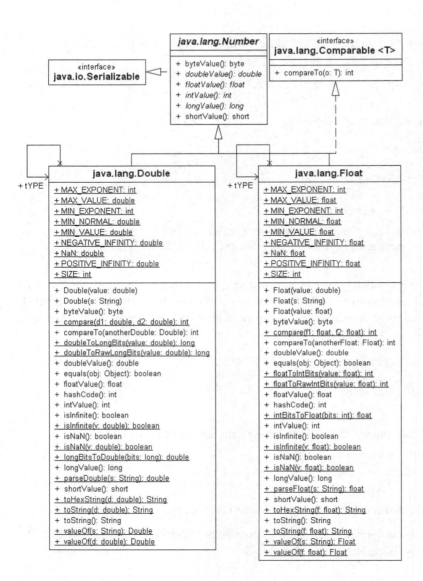

9.2.7 Die Boolean-Klasse

Die Klasse `Boolean` kapselt den Datentyp `boolean`. Sie deklariert als Konstanten zwei `Boolean`-Objekte: `TRUE` und `FALSE`.

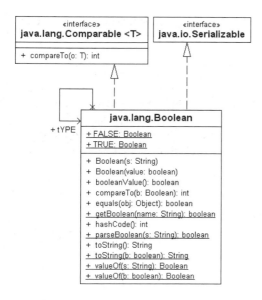

```
final class java.lang.Boolean
implements Serializable, Comparable<Boolean>
```

- ``` 
  static final Boolean FALSE
  static final Boolean TRUE
  ```
  Konstanten für Wahrheitswerte.

- `Boolean( boolean value )`
  Erzeugt ein neues `Boolean`-Objekt. Dieser Konstruktor sollte nicht verwendet werden, stattdessen sollten `Boolean.TRUE` oder `Boolean.FALSE` eingesetzt werden. `Boolean`-Objekte sind immutable, und ein `new Boolean(value)` ist unnötig.

- `Boolean( String s )`
  Parst den String und liefert ein neues `Boolean`-Objekt zurück.

- `static Boolean valueOf( String s )`
  Parst den String und gibt die Wrapper-Typen `Boolean.TRUE` oder `Boolean.FALSE` zurück. Die statische Methode hat gegenüber dem Konstruktor `Boolean(boolean)` den Vorteil, dass sie immer das gleiche immutable Wahr- oder Falsch-Objekt (`Boolean.TRUE` oder `Boolean.FALSE`) zurückgibt, anstatt neue Objekte zu erzeugen. Daher ist es selten nötig, den Konstruktor aufzurufen und immer neue `Boolean`-Objekte aufzubauen.

- `public static boolean parseBoolean( String s )`
  Parst den String und liefert entweder `true` oder `false`.

Der Konstruktor `Boolean(String name)` beziehungsweise die beiden statischen Methoden `valueOf(String name)` und `parseBoolean(String name)` nehmen Strings entgegen und führen im JDK den Test `name != null && name.equalsIgnoreCase("true")` durch. Das heißt zum einen, dass die Groß-/Kleinschreibung unwichtig ist, und zum anderen, dass Dinge wie »false«
  ```

(mit Leerzeichen), »falsch« oder »Ostereier« automatisch `false` ergeben, wobei »TRUE« oder »True« dann `true` liefert.

> **Tipp** Würde jeder Entwickler ausschließlich die Konstanten `Boolean.TRUE` und `Boolean.FALSE` nutzen, so wären bei lediglich zwei Objekten Vergleiche mit `==` beziehungsweise `!=` in Ordnung. Da es aber einen Konstruktor für `Boolean`-Objekte gibt – und es ist durchaus diskussionswürdig, warum es überhaupt Konstruktoren für Wrapper-Klassen gibt –, ist die sicherste Variante ein `boolean1.equals(boolean2)`. Wir können eben nicht wissen, ob eine Bibliotheksmethode wie `Boolean isNice()` auf die zwei Konstanten zurückgreift oder immer wieder neue `Boolean`-Objekte aufbaut.

9.2.8 Autoboxing: Boxing und Unboxing

Neu seit Java 5 ist das *Autoboxing*. Dies bedeutet, dass primitive Datentypen und Wrapper-Objekte bei Bedarf ineinander umgewandelt werden. Ein Beispiel:

```
int      i = 4711;
Integer  j = i;           // steht für   j = Integer.valueOf(i)    (1)
int      k = j;           // steht für   k = j.intValue()          (2)
```

Die Anweisung in (1) nennt sich *Boxing* und erstellt automatisch ein Wrapper-Objekt, sofern erforderlich. Schreibweise (2) ist das *Unboxing* und steht für das Beziehen des Elements aus dem Wrapper-Objekt. Das bedeutet, überall dort, wo der Compiler ein primitives Element erwartet, aber ein Wrapper-Objekt vorhanden ist, entnimmt er den Wert mit einer passenden `xxxValue()`-Methode dem Wrapper.

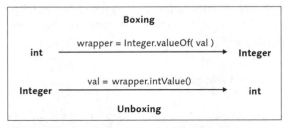

Abbildung 9.1 Autoboxing von int/Integer

Die Operatoren ++, -- *

Der Compiler konvertiert nach festen Regeln, und auch die Operatoren ++, -- sind erlaubt:

```
Integer i = 12;
i = i + 1;                // (1)
i++;                      // (2)
System.out.println( i );  // 14
```

Wichtig ist, dass weder (1) noch (2) das Original-`Integer`-Objekt mit der 12 ändern (alle Wrapper-Objekte sind immutable), sondern i nur andere Integer-Objekte für 13 und 14 referenziert.

Boxing für dynamische Datenstrukturen (Ausblick)

Am angenehmsten ist die Schreibweise dann, wenn etwa in Datenstrukturen primitive Elemente abgelegt werden sollen:

```
List list = new ArrayList();
list.add( Math.sin(Math.PI / 4) );
```

Allerdings warnt der Compiler hier; er wünscht sich eine typisierte Liste, also:

```
List<Double> list = new ArrayList<Double>();
```

Leider ist es so, dass der Typ der Liste tatsächlich mit dem Wrapper-Typ `Double` festgelegt werden muss und nicht mit dem Primitivtyp `double`. Aber vielleicht ändert sich das ja noch irgendwann …

Keine Konvertierung »null« zu »0«

Beim Unboxing führt der Compiler beziehungsweise die Laufzeitumgebung keine Konvertierung von `null` auf 0 durch. Mit anderen Worten: Bei der folgenden versuchten Zuweisung gibt es keinen Compilerfehler, aber zur Laufzeit eine `NullPointerException`:

```
int n = (Integer) null;         // ☠ java.lang.NullPointerException zur Laufzeit
```

> **Hinweis** In `switch`-Blöcken sind `int`, Aufzählungen und Strings als Typen erlaubt. Bei Ganzzahlen führt der Compiler automatisch Konvertierungen und Unboxing auf `int` durch. Beim Unboxing gibt es aber die Gefahr einer `NullPointerException`:
>
> ```
> Integer integer = null;
> switch ( integer )   // ☠ NullPointerException zur Laufzeit
> { }
> ```

Autoboxing bei Feldern?

Da primitive Datentypen und Wrapper-Objekte durch Autoboxing automatisch konvertiert werden, fällt im Alltag der Unterschied nicht so auf. Bei Feldern ist der Unterschied jedoch augenfällig, und hier kann Java keine automatische Konvertierung durchführen. Denn auch, wenn zum Beispiel `char` und `Character` automatisch ineinander umgewandelt werden, so sind Arrays nicht konvertierbar. Eine Feldinitialisierung der Art

```
Character[] chars = { 'S', 'h', 'a' };
```

enthält zwar rechts dreimal Boxing von `char` in `Character`, und eine automatische Umwandlung auf der Ebene der Elemente ist gültig, sodass

```
char first = chars[ 0 ];
```

natürlich gilt, aber die Feld-Objekte lassen sich nicht ineinander überführen. Folgendes ist nicht korrekt:

```
char[] sha = chars;   // ☠ Compilerfehler!
```

Es sind `char[]` und `Character[]`, also zwei völlig unterschiedliche Typen, und eine Überführung ist nicht möglich (von den Problemen mit `null`-Referenzen einmal ganz abgesehen). So muss in der Praxis zwischen den unterschiedlichen Typen konvertiert werden und bedauerlicherweise bietet die Java-Standardbibliothek hierfür keine API. Die Lücke wird zum Beispiel gefüllt durch die Open-Source Bibliothek *Apache Commons Lang* (*http://commons.apache.org/lang/*) mit der Klasse `ArrayUtils`, die mit `toObject()` und `toPrimitive()` die Konvertierungen durchführt.

Mehr Probleme als Lösungen? *

Mit dem Autoboxing ist eine Reihe von Unregelmäßigkeiten verbunden, die der Programmierer beachten muss, um Fehler zu vermeiden. Eine davon hängt mit dem Unboxing zusammen, das der Compiler immer dann vornimmt, wenn ein Ausdruck einen primitiven Wert erwartet. Wenn kein primitives Element erwartet wird, wird auch kein Unboxing vorgenommen:

Listing 9.5 com/tutego/insel/wrapper/Autoboxing.java, main() Teil 1

```
Integer i1 = new Integer( 1 );
Integer i2 = new Integer( 1 );

System.out.println( i1 >= i2 );   // true
System.out.println( i1 <= i2 );   // true
System.out.println( i1 == i2 );   // false
```

Der Vergleich mit `==` ist weiterhin ein Referenzvergleich, und es findet kein Unboxing auf primitive Werte statt, sodass es auf einen Vergleich von primitiven Werten hinausliefe. Daher muss bei zwei unterschiedlichen `Integer`-Objekten dieser Vergleich immer falsch sein. Das ist natürlich problematisch, da die alte mathematische Regel »aus i <= j und i >= j folgt automatisch i == j« nicht mehr gilt. Wenn es die unterschiedlichen `Integer`-Objekte für gleiche Werte nicht gäbe, bestünde dieses Problem nicht.

Es ist interessant, zu wissen, was nun genau passiert, wenn das Boxing eine Zahl in ein Wrapper-Objekt umwandelt. In dem Moment wird nicht der Konstruktor aufgerufen, sondern die statische `valueOf()`-Methode:

Listing 9.6 com/tutego/insel/wrapper/Autoboxing.java, main() Teil 2

```
Integer n1 = new Integer( 10 );
Integer n2 = Integer.valueOf( 10 );
Integer n3 = 10;
Integer n4 = 10;
System.out.println( n1 == n2 );   // false
System.out.println( n2 == n3 );   // true
System.out.println( n1 == n3 );   // false
System.out.println( n3 == n4 );   // true
```

Die Widersprüche hören aber damit nicht auf. Das JDK versucht das Problem mit dem `==` damit zu lösen, dass über Boxing gebildete `Integer`-Objekte einem Pool entstammen. Da jedoch nicht beliebig viele Wrapper-Objekte aus einem Pool kommen können, gilt die Gleichheit der über Boxing gebildeten Objekte nur in einem ausgewählten Wertebereich zwischen –128 und +127, also dem Wertebereich eines Bytes:

Listing 9.7 com/tutego/insel/wrapper/Autoboxing.java, main() Teil 3

```
Integer j1 = 2;
Integer j2 = 2;
System.out.println( j1 == j2 );    // true
Integer k1 = 127;
Integer k2 = 127;
System.out.println( k1 == k2 );    // true
Integer l1 = 128;
Integer l2 = 128;
System.out.println( l1 == l2 );    // false
Integer m1 = 1000;
Integer m2 = 1000;
System.out.println( m1 == m2 );    // false
```

Wir betonten bereits, dass auch bei Wrapper-Objekten der Vergleich mit == immer ein Referenz-Vergleich ist. Da 2 und 127 im Wertebereich zwischen –128 und +127 liegen, entstammen die entsprechenden `Integer`-Objekte dem Pool. Das gilt für 128 und 1.000 nicht; sie sind immer neue Objekte. Damit ergibt auch der ==-Vergleich `false`.

> **Abschlussfrage** Welche Ausgabe kommt auf den Bildschirm? Ändert sich etwas, wenn i und j auf 222 stehen?
>
> ```
> Integer i = 1, j = 1;
> boolean b = (i <= j && j <= i && i != j);
> System.out.println( b );
> ```

9.3   Object ist die Mutter aller Klassen

`java.lang.Object` ist die oberste aller Klassen. Somit spielt diese Klasse eine ganz besondere Rolle, da alle anderen Klassen automatisch Unterklassen sind und die Methoden erben beziehungsweise überschreiben.

java.lang.Object
+ equals(obj: Object): boolean
+ getClass(): Class
+ hashCode(): int
+ notify()
+ notifyAll()
+ toString(): String
+ wait()
+ wait(timeout: long)
+ wait(timeout: long, nanos: int)

9 | Besondere Klassen der Java SE

9.3.1 Klassenobjekte

Zwar ist jedes Objekt ein Exemplar einer Klasse – doch was ist eine Klasse? In einer Sprache wie C++ existieren Klassen nicht zur Laufzeit, und der Compiler übersetzt die Klassenstruktur in ein ausführbares Programm. Im absoluten Gegensatz dazu steht Smalltalk: Diese Laufzeitumgebung verwaltet Klassen selbst als Objekte. Diese Idee, Klassen als Objekte zu repräsentieren, übernimmt auch Java – Klassen sind Objekte vom Typ `java.lang.Class`.

```
class java.lang.Object
```

▶ `final Class<? extends Object> getClass()`
Liefert die Referenz auf das Klassenobjekt, die das Objekt konstruiert hat. Das `Class`-Objekt ist immer eindeutig in der JVM, sodass auch mehrere Anfragen an `getClass()` immer dasselbe `Class`-Objekt liefern.

[zB] **Beispiel** Die Objektmethode `getName()` eines `Class`-Objekts liefert den Namen der Klassen:
```
System.out.println( "Klaviklack".getClass().getName() ); // java.lang.String
```

Klassen-Literale

Ein *Klassen-Literal* (engl. *class literal*) ist ein Ausdruck der Form `Datentyp.class`, wobei `Datentyp` entweder eine Klasse, eine Schnittstelle, ein Feld oder ein primitiver Typ ist. Beispiele sind `String.class`, `Integer.class` oder `int.class` (was nicht mit `Integer.class` identisch ist). Der Ausdruck ist immer vom Typ `Class`. Bei primitiven Typen liefert die Schreibweise `primitiverTyp.class` das gleiche Ergebnis wie `WrapperTyp.TYPE`; es ist also `Integer.TYPE` identisch mit `int.class`. `Class`-Objekte spielen insbesondere bei dynamischen Abfragen über die so genannte Reflection eine Rolle. Zur Laufzeit können so beliebige Klassen geladen, Objekte erzeugt und Methoden aufgerufen werden.

9.3.2 Objektidentifikation mit »toString()«

Jedes Objekt sollte sich durch die Methode `toString()` mit einer Zeichenkette identifizieren und den Inhalt der interessanten Attribute als Zeichenkette liefern.

[zB] **Beispiel** Die Klasse `Point` implementiert `toString()` so, dass der Rückgabestring die Koordinaten enthält:
```
System.out.println( new java.awt.Point() );  // java.awt.Point[x=0,y=0]
```

Das Angenehme ist, dass `toString()` automatisch aufgerufen wird, wenn die Methoden `print()` oder `println()` mit einer Objektreferenz als Argument aufgerufen werden. Ähnliches gilt für den Zeichenkettenoperator + mit einer Objektreferenz als Operand:

Listing 9.8 com/tutego/insel/object/tostring/Player.java, Player
```
public class Player
{
```

522

Object ist die Mutter aller Klassen | **9.3**

```
    String name;
    int     age;

    @Override
    public String toString()
    {
        return getClass().getName() +
                "[name=" + name +
                ",age=" + age + "]";
    }
}
```

Die Ausgabe mit den Zeilen

Listing 9.9 com/tutego/insel/object/tostring/PlayerToStringDemo.java, main()

```
Player tinkerbelle = new Player();
tinkerbelle.name    = "Tinkerbelle";
tinkerbelle.age     = 32;
System.out.println( tinkerbelle.toString() );
System.out.println( tinkerbelle );
```

ist damit:

```
com.tutego.insel.object.tostring.Player[name=Tinkerbelle,age=32]
com.tutego.insel.object.tostring.Player[name=Tinkerbelle,age=32]
```

Bei einer eigenen Implementierung müssen wir darauf achten, dass die Sichtbarkeit `public` ist, da `toString()` in der Oberklasse `Object` öffentlich vorgegeben ist und wir in der Unterklasse die Sichtbarkeit nicht einschränken können. Zwar bringt die Spezifikation nicht deutlich zum Ausdruck, dass `toString()` nicht `null` als Rückgabe liefern darf, doch ist dann der Leerstring `""` allemal besser. Die Annotation `@Override` macht das Überschreiben deutlich.

Standardimplementierung

Neue Klassen sollten `toString()` überschreiben. Ist dies nicht der Fall, gelangt das Programm zur Standardimplementierung in `Object`, wo lediglich der Klassenname und der wenig aussagekräftige Hash-Wert hexadezimal zusammengebunden werden.

```
public String toString()
{
    return getClass().getName() + "@" + Integer.toHexString(hashCode());
}
```

`class java.lang.Object`

▶   `String toString()`
    Liefert eine String-Repräsentation des Objekts aus Klassenname und Hash-Wert.

Zwar sagt der Hash-Wert selbst wenig aus, allerdings ist er ein erstes Indiz dafür, dass bei Klassen, die keine `toString()`- und `hashCode()`-Methoden überschreiben, zwei Referenzen nicht identisch sind.

523

9 | Besondere Klassen der Java SE

[zB] **Beispiel** Ein Objekt der `class A {}` wird gebildet, und `toString()` liefert die ID, die ausgegeben wird:

```
System.out.println( new A().toString() );   // A@923e30
System.out.println( new A().toString() );   // A@130c19b
```

»toString()« generieren lassen

Die Methode eignet sich gut zum Debugging, doch ist das manuelle Tippen der Methoden lästig. Zwei Lösungen vereinfachen das Implementieren der Methode `toString()`:

▶ Eclipse und NetBeans können standardmäßig über das Kontextmenü eine `toString()`-Methode anhand ausgewählter Attribute generieren.

▶ Die Zustände werden automatisch über Reflection ausgelesen. Hier führt *Apache Commons Lang* (*http://jakarta.apache.org/commons/lang/*) auf den richtigen Weg.

9.3.3 Objektgleichheit mit »equals()« und Identität

Ob zwei Referenzen dasselbe Objekt repräsentieren, stellt der Vergleichsoperator == fest. Er testet die Identität, nicht jedoch automatisch die inhaltliche Gleichheit. Am Beispiel mit Zeichenketten ist das gut zu erkennen: Ein Vergleich mit `firstname == "Christian"` hat im Allgemeinen einen falschen, unbeabsichtigten Effekt, obwohl er syntaktisch korrekt ist. An dieser Stelle sollte der inhaltliche Vergleich stattfinden: Stimmen alle Zeichen der Zeichenkette überein?

Eine `equals()`-Methode sollte Objekte auf Gleichheit prüfen. So besitzt das `String`-Objekt eine Implementierung, die jedes Zeichen vergleicht:

```
String firstname = "Christian";
if ( firstname.equals( "Christian" ) )
  ...
```

class java.lang.Object

▶ `boolean equals( Object o )`
Testet, ob das andere Objekt mit dem eigenen gleich ist. Die Gleichheit definiert jede Klasse für sich anders, doch die Basisklasse vergleicht nur die Referenzen `o == this`.

equals()-Implementierung aus Object und Unterklassen

Die Standardimplementierung aus der absoluten Oberklasse `Object` kann über die Gleichheit von speziellen Objekten nichts wissen und testet lediglich die Referenzen:

```
public boolean equals( Object obj )
{
  return  this == obj;
}
```

Überschreibt eine Klasse `equals()` nicht, ist das Ergebnis von `o1.equals(o2)` gleichwertig mit `o1 == o2`. Unterklassen überschreiben diese Methode, um einen inhaltlichen Vergleich mit ihren Zuständen vorzunehmen. Die Methode ist in Unterklassen gut aufgehoben, denn jede Klasse benötigt eine unterschiedliche Logik, um festzulegen, wann ein Objekt mit einem anderen Objekt gleich ist.

Nicht jede Klasse implementiert eine eigene `equals()`-Methode, sodass die Laufzeitumgebung unter Umständen ungewollt bei `Object` und seinem Referenzenvergleich landet. Dies hat ungeahnte Folgen, und diese Fehleinschätzung kommt leider bei Exemplaren der Klassen `StringBuffer` und `StringBuilder` vor, die kein eigenes `equals()` implementieren. Wir haben dies bereits in Kapitel 4, »Der Umgang mit Zeichenketten«, erläutert.

Ein eigenes »equals()«

Bei selbst deklarierten Methoden ist Vorsicht geboten, da wir genau auf die Signatur achten müssen. Die Methode muss ein `Object` akzeptieren und `boolean` zurückgeben. Wird diese Signatur falsch verwendet, kommt es statt zu einer *Überschreibung* der Methode zu einer *Überladung* und bei einer Rückgabe ungleich `boolean` zu einer zweiten Methode mit gleicher Signatur, was Java nicht zulässt (Java erlaubt bisher keine kovarianten Parametertypen). Um das Problem zu minimieren, sollte die Annotation `@Override` an `equals()` angeheftet sein.

Die `equals()`-Methode stellt einige Anforderungen:

▸ Heißt der Vergleich `equals(null)`, so ist das Ergebnis immer `false`.

▸ Kommt ein `this` hinein, lässt sich eine Abkürzung nehmen und `true` zurückliefern.

▸ Das Argument ist zwar vom Typ `Object`, aber dennoch vergleichen wir immer konkrete Typen. Eine `equals()`-Methode einer Klasse X wird sich daher nur mit Objekten vom Typ X vergleichen lassen. Eine spannende Frage ist, ob `equals()` auch Unterklassen von X beachten soll.

▸ Eine Implementierung von `equals()` sollte immer eine Implementierung von `hashCode()` bedeuten, denn wenn zwei Objekte `equals()`-gleich sind, müssen auch die Hashwerte gleich sein. Bei einer geerbten `hashCode()`-Methode aus `Object` ist das aber nicht in jedem Fall erfüllt.

Die beiden ersten Punkte sind leicht erfüllbar, und ein Beispiel für einen `Club` mit den Attributen `numberOfPersons` und `sm` ist schnell implementiert:

```
@Override
public boolean equals( Object o )
{
  if ( o == null )
    return false;

  if ( o == this )
    return true;

  Club that = (Club) o;
```

```
   return    this.numberOfPersons == that.numberOfPersons
        && this.sm == that.sm;
}
```

Diese Lösung erscheint offensichtlich, führt aber spätestens bei einem Nicht-`Club`-Objekt zu einer `ClassCastException`. Das Problem scheint schnell behoben:

```
if ( ! o instanceof Club )
  return false;
```

Jetzt sind wir auf der sicheren Seite, aber das Ziel ist noch nicht ganz erreicht.

> **[»]** **Hinweis** Die `equals()`-Methode sollte bei nicht passenden Typen immer `false` zurückgeben und keine Ausnahme auslösen.

Das Problem der Symmetrie *

Zwar funktioniert die aufgeführte Implementierung bei finalen Klassen schön, doch bei Unterklassen ist die Symmetrie gebrochen. Warum? Ganz einfach: `instanceof` testet Typen in der Hierarchie, liefert also auch dann `true`, wenn das an `equals()` übergebene Argument eine Unterklasse von `Club` ist. Diese Unterklasse wird wie die Oberklasse die gleichen Attribute haben, sodass – aus der Sicht von `Club` – alles in Ordnung ist. Nehmen wir einmal die Variablen `club` und `superClub` an, die die Typen `Club` und `SuperClub` – die fiktive Unterklasse von `Club` – besitzen. Sind beide Objekte gleich, so ergibt `club.equals(superClub)` das Ergebnis `true`. Drehen wir den Spieß um, und fragen wir, was `superClub.equals(club)` ergibt. Zwar haben wir `SuperClub` nicht implementiert, nehmen aber an, dass dort eine `equals()`-Methode steckt, die nach dem gleichen `instanceof`-Schema implementiert wurde wie `Club`. Dann wird dort bei einem Test Folgendes ausgeführt: `club instanceof superClub` – und das ist `false`. Damit wird aber die Fallunterscheidung mit `return false` beendet. Fassen wir zusammen:

```
club.equals( superClub ) == true
superClub.equals( club ) == false
```

Das darf nicht sein, und zur Lösung dürfen wir nicht `instanceof` verwenden, sondern müssen fragen, ob der Typ exakt ist. Das geht mit `getClass()`. Korrekt ist daher Folgendes:

Listing 9.10 com/tutego/insel/object/equals/Club.java, Club

```
public class Club
{
  int numberOfPersons;
  int sm;

  @Override
  public boolean equals( Object o )
  {
    if ( o == null )
      return false;
```

```
  if ( o == this )
    return true;

  if ( ! o.getClass().equals(getClass()) )
    return false;

  Club that = (Club) o;

  return    this.numberOfPersons == that.numberOfPersons
         && this.sm    == that.sm;
}

@Override
public int hashCode()
{
  return (31 + numberOfPersons) * 31 + sm;
}
}
```

Die hashCode()-Methode besprechen wir in Abschnitt 9.3.5, »Hashcodes über hashCode() liefern« – sie steht nur der Vollständigkeit halber hier, da equals() und hashCode() immer Hand in Hand gehen sollten.

Es ist günstig, bei erweiterten Klassen ein neues equals() anzugeben, sodass auch die neuen Attribute in den Test einbezogen werden. Bei hashCode()-Methoden müssen wir eine ähnliche Strategie anwenden, was wir hier nicht zeigen wollen.

Einmal gleich, immer gleich *

Ein weiterer Aspekt von equals()[5] ist der folgende: Das Ergebnis muss während der gesamten Lebensdauer eines Objekts gleich bleiben. Ein kleines Problem steckt dabei in equals() der Klasse URL, die vergleicht, ob zwei URL-Adressen auf die gleiche Ressource zeigen. In der Dokumentation heißt es:

> »Two URL objects are equal if they have the same protocol, reference equivalent hosts, have the same port number on the host, and the same file and fragment of the file.«

Hostnamen gelten als gleich, wenn entweder beide auf dieselbe IP-Adresse zeigen oder – falls eine nicht auflösbar ist – beide Hostnamen gleich (ohne Groß-/Kleinschreibung) oder null sind. Da hinter den URLs *http://tutego.de/* und *http://java-tutor.com/* aber letztendlich *http://www.tutego.com/* steckt, liefert equals() die Rückgabe true:

---

5 Eine korrekte Implementierung der Methode equals() bildet eine Äquivalenzrelation. Lassen wir die null-Referenz außen vor, ist sie reflexiv, symmetrisch und transitiv.

9 | Besondere Klassen der Java SE

Listing 9.11 com/tutego/insel/object/equals/UrlEquals.java, main()

```
URL url1 = new URL( "http://tutego.com/" );
URL url2 = new URL( "http://www.tutego.com/" );
System.out.println( url1.equals(url2) );                // true
```

Die dynamische Abbildung der Hostnamen auf die IP-Adresse des Rechners kann aus mehreren Gründen problematisch sein:

- Der (menschliche) Leser erwartet intuitiv etwas anderes.
- Wenn keine Netzwerkverbindung besteht, wird keine Namensauflösung durchgeführt, und der Vergleich liefert `false`. Die Rückgabe sollte jedoch nicht davon abhängig sein, ob eine Netzwerkverbindung besteht.
- Dass die beiden URLs auf den gleichen Server zeigen, könnte sich zur Laufzeit ändern.

9.3.4 Klonen eines Objekts mit »clone()« *

Zum Replizieren eines Objekts gibt es oft zwei Möglichkeiten:

- einen Konstruktor (auch *Copy-Constructor* genannt), der ein vorhandenes Objekt als Vorlage nimmt, ein neues Objekt anlegt und die Zustände kopiert
- eine öffentliche `clone()`-Methode

Was eine Klasse nun anbietet, ist in der API-Dokumentation zu erfahren.

[zB]

Beispiel Erzeuge ein Punkt-Objekt, und klone es:

Listing 9.12 com/tutego/insel/object/clone/ClonePoint.java, main()

```
java.awt.Point p = new java.awt.Point( 12, 23 );
java.awt.Point q = (java.awt.Point) p.clone();
System.out.println( q );                   // java.awt.Point[x=12,y=23]
```

Mehr als 300 Klassen der Java-Bibliothek unterstützen ein `clone()`, das ein neues Exemplar mit dem gleichen Zustand zurückgibt. Eine überschriebene Methode kann den Typ der Rückgabe dank kovarianter Rückgabetypen anpassen. Die `clone()`-Methode bei `java.awt.Point` bleibt allerdings bei `Object`.

Felder erlauben standardmäßig `clone()`. Speichern die Arrays jedoch nicht-primitive Werte, liefert `clone()` nur eine flache Kopie, was bedeutet, dass das neue Feldobjekt, der Klon, die exakt gleichen Objekte wie das Original referenziert und die Einträge selbst nicht klont.

»clone()« aus »java.lang.Object«

Da `clone()` nicht automatisch unterstützt wird, stellt sich die Frage, wie wir `clone()` für unsere Klassen mit geringstem Aufwand umsetzen können. Erster Vorschlag:

```
Object o = new Object();
o.clone();                    // ☠ Compilerfehler, da clone() nicht sichtbar ist.
```

		9.3
	Object ist die Mutter aller Klassen	

```
class java.lang.Object
```

▶ `protected Object clone() throws CloneNotSupportedException`
Liefert eine Kopie des Objekts.

Eine eigene clone()-Methode

Eigene Klassen überschreiben die `protected`-Methode `clone()` aus der Oberklasse `java`
`.lang.Object` und machen sie `public`. Für die Implementierung kommen zwei Möglichkeiten in Betracht:

▶ Von Hand ein neues Objekt anlegen, alle Attribute kopieren und die Referenz auf das neue
Objekt zurückgeben.

▶ Das Laufzeitsystem soll selbst eine Kopie anlegen, und diese geben wir zurück. Lösung
zwei verkürzt die Entwicklungszeit und ist auch spannender.

Um das System zum Klonen zu bewegen, müssen zwei Dinge getan werden:

▶ Der Aufruf `super.clone()` stößt die Methode `clone()` aus `Object` an und veranlasst so die
Laufzeitumgebung, ein neues Objekt zu bilden und die nicht-statischen Attribute zu kopieren. Die Methode kopiert elementweise die Daten des aktuellen Objekts in das neue. Die
Methode ist in der Oberklasse `protected`, aber das ist der Trick: Nur Unterklassen können
`clone()` aufrufen, keiner sonst.

▶ Die Klasse implementiert die Markierungsschnittstelle `Cloneable`. Falls von außen ein
`clone()` auf einem Objekt aufgerufen wird, dessen Klasse nicht `Cloneable` implementiert,
ist das Ergebnis eine `CloneNotSupportedException`. Natürlich implementiert `java`
`.lang.Object` die Schnittstelle `Cloneable` nicht selbst, denn sonst hätten ja Klassen schon
automatisch diesen Typ, was sinnlos wäre.

`clone()` gibt eine Referenz auf das neue Objekt zurück, und wenn es keinen freien Speicher
mehr gibt, folgt ein `OutOfMemoryError`.

Nehmen wir an, für ein Spiel sollen `Player` geklont werden:

Listing 9.13 com/tutego/insel/object/clone/Player.java

```java
package com.tutego.insel.object.clone;

public class Player implements Cloneable
{
  public String name;
  public int    age;

  @Override
  public Player clone()
  {
    try
    {
      return (Player) super.clone();
```

```
    }
    catch ( CloneNotSupportedException e ) {
      // Kann eigentlich nicht passieren, da Cloneable
      throw new InternalError();
    }
  }
}
```

Da es seit Java 5 kovariante Rückgabetypen gibt, gibt `clone()` nicht lediglich `Object`, sondern den Untertyp `Player` zurück.

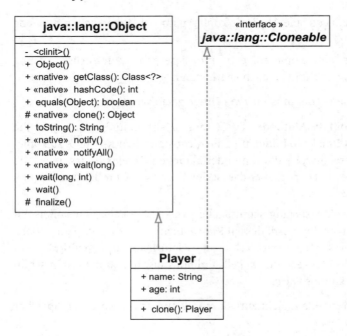

Testen wir die Klasse etwa so:

Listing 9.14 com/tutego/insel/object/clone/PlayerCloneDemo.java, main()

```
Player susi = new Player();
susi.age  = 29;
susi.name = "Susi";
Player dolly = susi.clone();
System.out.println( dolly.name + " ist " + dolly.age ); // Susi ist 29
```

»clone()« und »equals()«

Die Methode `clone()` und die Methode `equals()` hängen, wie auch `equals()` und `hashCode()`, miteinander zusammen. Wenn die `clone()`-Methode überschrieben wird, sollte auch `equals()` angepasst werden, denn ohne ein überschriebenes `equals()` bleibt Folgendes in `Object` stehen:

```
public boolean equals( Object obj )
{
  return (this == obj);
}
```

Das bedeutet aber, dass ein geklontes Objekt – das ja im Allgemeinen ein neues Objekt ist – durch seine neue Objektidentität nicht mehr `equals()`-gleich zu seinem Erzeuger ist. Formal heißt das: `o.clone().equals(o) == false`. Diese Semantik dürfte nicht erwünscht sein.

Flach oder tief?

Das `clone()` vom System erzeugt standardmäßig eine *flache Kopie* (engl. *shallow copy*). Bei untergeordneten Objekten werden nur die Referenzen kopiert, und das Originalobjekt sowie die Kopie verweisen anschließend auf dieselben untergeordneten Objekte (sie verwenden diese gemeinsam). Wenn zum Beispiel die Bedienung ein Attribut für einen Arbeitgeber besitzt und eine Kopie der Bedienung erzeugt wird, wird der Klon auf den gleichen Arbeitgeber zeigen. Bei einem Arbeitgeber mag das noch stimmig sein, aber bei Datenstrukturen ist mitunter eine *tiefe Kopie* (engl. *deep copy*) erwünscht. Bei dieser Variante werden rekursiv alle Unterobjekte ebenfalls geklont. Die Bibliotheksimplementierung hinter `Object` kann das nicht.

Keine Klone bitte!

Wenn wir weder flach noch tief kopieren wollen, aber zum Beispiel aus der Oberklasse `clone()` erben, können wir mit einer `CloneNotSupportedException` anzeigen, dass wir nicht geklont werden wollen.

> **Hinweis** Erben wir von einer Klasse mit implementierter `clone()`-Methode, die ihrerseits mit `super.clone()` arbeitet, bekommen wir von oben gleich auch die eigenen Zustände kopiert.

[«]

9.3.5 Hashcodes über »hashCode()« liefern *

Die Methode `hashCode()` soll zu jedem Objekt eine möglichst eindeutige Integerzahl (sowohl positiv als auch negativ) liefern, die das Objekt identifiziert. Die Ganzzahl heißt *Hashcode* beziehungsweise *Hash-Wert*, und `hashCode()` ist die Implementierung einer *Hash-Funktion*. Nötig sind Hashcodes, wenn die Objekte in speziellen Datenstrukturen untergebracht werden, die nach dem Hashing-Verfahren arbeiten. Datenstrukturen mit Hashing-Algorithmen bieten einen effizienten Zugriff auf ihre Elemente. Die Klasse `java.util.HashMap` implementiert eine solche Datenstruktur.

```
class java.lang.Object
```

▶ `int hashCode()`
Liefert den Hash-Wert eines Objekts. Die Basisklasse `Object` implementiert die Methode nativ.

9 | Besondere Klassen der Java SE

Spieler mit Hash-Funktion

Im folgenden Beispiel soll die Klasse `Player` die Methode `hashCode()` aus `Object` überschreiben. Um die Objekte erfolgreich in einem Assoziativspeicher abzulegen, ist gleichfalls `equals()` nötig, was die Klasse `Player` ebenfalls implementiert:

Listing 9.15 com/tutego/insel/object/hashcode/Player.java

```java
package com.tutego.insel.object.hashcode;

public class Player
{
  String name;
  int    age;
  double weight;

  /**
   * Returns a hash code value for this {@code Player} object.
   *
   * @return A hash code value for this object.
   *
   * @see java.lang.Object#equals(java.lang.Object)
   * @see java.util.HashMap
   */
  @Override public int hashCode()
  {
    int result = 31 + age;
    result = 31 * result + ((name == null) ? 0 : name.hashCode());
    long temp = Double.doubleToLongBits( weight );
    result = 31 * result + (int) (temp ^ (temp >>> 32));

    return result;
  }

  /**
   * Determines whether or not two players are equal. Two instances of
   * {@code Player} are equal if the values of their {@code name}, {@code age}
   * and {@code weight} member fields are the same.
   *
   * @param that an object to be compared with this {@code Player}
   *
   * @return {@code true} if the object to be compared is an instance of
   *         {@code Player} and has the same values; {@code false} otherwise.
   */
  @Override public boolean equals( Object that )
  {
    if ( this == that )
      return true;

    if ( that == null )
      return false;
```

Object ist die Mutter aller Klassen | **9.3**

```java
    if ( getClass() != that.getClass() )
      return false;

    if ( age != ((Player)that).age )
      return false;

    if ( name == null )
      if ( ((Player)that).name != null )
        return false;
    else if ( !name.equals( ((Player)that).name ) )
      return false;

    return !( Double.doubleToLongBits( weight ) != ↵
            Double.doubleToLongBits( ((Player)that).weight ) );
  }
}
```

Testen können wir die Klasse etwa mit den folgenden Zeilen:

Listing 9.16 com/tutego/insel/object/hashcode/PlayerHashcodeDemo.java, main()

```java
Player bruceWants = new Player();
bruceWants.name = "Bruce Wants";
bruceWants.age = 32;
bruceWants.weight = 70.3;

Player bruceLii = new Player();
bruceLii.name = "Bruce Lii";
bruceLii.age = 32;
bruceLii.weight = 70.3;;

System.out.println( bruceWants.hashCode() );                // -340931147
System.out.println( bruceLii.hashCode() );                  // 301931244
System.out.println( System.identityHashCode( bruceWants ) ); // 1671711
System.out.println( System.identityHashCode( bruceLii ) );   // 11394033
System.out.println( bruceLii.equals( bruceWants ) );         // false

bruceWants.name = "Bruce Lii";
System.out.println( bruceWants.hashCode() );                // 301931244
System.out.println( bruceLii.equals( bruceWants ) );         // true
```

Die statische Methode `System.identityHashCode()` liefert für ein Objekt den Hashcode, wie es die Standard-Implementierung von `Object` liefern würde, wenn wir sie nicht überschrieben hätten.

Hinweis Da der Hashcode negativ sein kann, muss Obacht gegeben werden bei Ausdrücken **[«]** wie `array[o.hashCode() % array.length()]`. Ist `o.hashCode()` negativ, ist auch das Ergebnis vom Restwert negativ, und die Folge ist eine `ArrayIndexOutOfBoundsException`.

533

Eclipse kann die Methoden hashCode() und equals() automatisch generieren, wenn wir im Kontextmenü unter SOURCE • GENERATE HASHCODE AND EQUALS() auswählen.

Tiefe oder flache Vergleiche/Hash-Werte
Referenziert ein Objekt Unterobjekte (etwa eine Person ein String-Objekt für den Namen – keine Primitiven –, so geben die Methoden equals() und hashCode()den Vergleich beziehungsweise die Berechnung des Hashcodes an das referenzierte Unterobjekt weiter (wenn es denn nicht null ist). Ablesen können wir das an folgendem Ausschnitt unserer equals()-Methode:

Listing 9.17 com/tutego/insel/object/hashcode/Player.java, equals() Ausschnitt
```
if ( name == null )
  if ( ((Player)that).name != null )
    return false;
else if ( !name.equals( ((Player)that).name ) )
  return false;
```

Es ist demnach die Aufgabe der String-Klasse (name ist vom Typ String), den Gleichheitstest vorzunehmen. Das heißt, dass zwei Personen problemlos equals()-gleich sein können, auch wenn sie zwei nicht-identische, aber equals()-gleiche String-Objekte referenzieren.

Auch bei hashCode() ist diese Delegation an das referenzierte Unterobjekt abzulesen:

Listing 9.18 com/tutego/insel/object/hashcode/Player.java, hashCode() Ausschnitt
```
result = 31 * result + ((name == null) ? 0 : name.hashCode());
```

Dass eine equals()-Methode beziehungsweise hashCode() einer Klasse den Vergleich beziehungsweise die Hashcode-Berechnung nicht an die Unterobjekte delegiert, sondern selbst umsetzt, ist unüblich.

»equals()«- und »hashCode()«-Berechnung bei (mehrdimensionalen) Arrays
Einen gewissen Sonderfall bei equals()/hashCode() nehmen mehrdimensionale Arrays ein. Mehrdimensionale Arrays sind nichts anderes als Arrays von Arrays. Das erste Array für die erste Dimension referenziert jeweils auf Unterarrays für die zweite Dimension. Wichtig wird diese Realisierung bei der Frage, wie diese Verweise der ersten Dimension nun bei equals() betrachtet werden sollen. Denn hier stellt sich die Frage, ob die Unterarrays von zwei zu testenden Arrays nur identisch oder auch gleich sein dürfen. Diese Frage hatten wir schon im Abschnitt »Felder vergleichen mit Arrays.equals() und Arrays.deepEquals()« in Abschnitt 3.7.15 angesprochen.

Enthält unsere Klasse ein Array und soll es in einem equals() mit berücksichtigt werden, so sind prinzipiell drei Varianten zum Umgang mit diesem Array möglich. Felder selbst einfach mit == wie primitive Werte zu vergleichen ist keine gute Lösung, da Arrays Objekte sind, die wie Strings nicht einfach mit == zu vergleichen sind. Während allerdings Objekte ein equals() haben, bieten Arrays keine eigene equals()-Methode, sondern diese ist in die Utility-Klasse Arrays gewandert. Hier gibt es jedoch zwei Methoden, die in Frage kämen.

`Arrays.equals(Object[] a, Object[] a2)` geht jedes Element von `a`, also bei mehrdimensionalen Arrays jede Referenz auf ein Unterarray durch, und testet, ob es identisch mit einem zweiten Feld `a2` ist. Wenn also zwei gleiche, aber nicht-identische Hauptarrays identische Unterarrays besitzen, liefert `Arrays.equals()` die Rückgabe `true`, aber nicht, wenn die Unterarrays zwar gleich, aber nicht identisch sind. Spielt das eine Rolle, so ist `Arrays.deepEquals()` die passende Methode, denn sie fragt immer mit `equals()` die Unterarrays ab.

Bei der Berechnung des Hash-Werts gibt es eine vergleichbare Frage. Die `Arrays`-Klasse bietet zur Berechnung des Hash-Werts eines ganzen Arrays die Methoden `Arrays.hashCode()` und `Arrays.deepHashCode()`. Die erste Methode fragt jedes Unterelement über die von `Object` angebotene Methode `hashCode()` nach dem Hash-Wert. Nehmen wir ein mehrdimensionales Array an. Dann ist das Unterelement ebenfalls ein Feld. `Arrays.hashCode()` wird dann wie erwähnt nur die `hashCode()`-Methode auf dem Feld-Objekt aufrufen, während `Arrays.deepHashCode()` auch in das Unterarray hinabsteigt und so lange `Arrays.deepHashCode()` auf allen Unterfeldern aufruft, bis ein `equals()`-Vergleich auf einem Nicht-Feld möglich ist.

Was heißt das nun für unsere `equals()`-/`hashCode()`-Methode? Üblich ist der Einsatz von `Arrays.equals()` und nicht von `Arrays.deepEquals()`, genauso wie `Arrays.hashCode()` üblicher als `Arrays.deepHashCode()` ist.

Das folgende Beispiel zeigt das in der Anwendung. Die Methoden wurden von Eclipse generiert und etwas kompakter geschrieben:

Listing 9.19 com/tutego/insel/object/hashcode/Chess.java, Chess

```java
char[][] chessboard = new char[8][8];

@Override public int hashCode()
{
  return 31 + Arrays.hashCode( chessboard );
}

@Override public boolean equals( Object obj )
{
  if ( this == obj )
    return true;
  if ( obj == null )
    return false;
  if ( getClass() != obj.getClass() )
    return false;
  if ( ! Arrays.equals( chessboard, ((Chess) obj).chessboard ) )
    return false;
  return true;
}
```

Fließkommazahlen im Hashcode

Abhängig von den Datentypen sehen die Berechnungen immer etwas unterschiedlich aus. Während Ganzzahlen direkt in einen Ganzzahlausdruck für den Hashcode eingebracht werden können, sind im Fall von `double` die statischen Konvertierungsmethoden `Double.doub-leToLongBits()` beziehungsweise `Float.floatToIntBits()` im Einsatz.

Die Datentypen `double` und `float` haben eine weitere Spezialität, da `NaN` und das Vorzeichen der 0 zu beachten sind, wie Kapitel 12, »Bits und Bytes und Mathematisches«, näher ausführt. Fazit: Sind x = +0.0 und y = -0.0, gilt x == y, aber `Double.doubleToLongBits(x)` != `Double.doubleToLongBits(y)`. Sind x = y = `Double.NaN`, gilt x != y, aber `Double.double-ToLongBits(x)` == `Double.doubleToLongBits(y)`. Wollen wir die beiden Nullen *nicht* unterschiedlich behandeln, sondern als gleich werten, ist Folgendes ein übliches Idiom:

```
x == 0.0 ? 0L : Double.doubleToLongBits( x )
```

`Double.doubleToLongBits(0.0)` liefert die Rückgabe 0, aber der Aufruf `Double.doubleToLongBits(-0.0)` gibt −9223372036854775808 zurück.

Equals, die Null und das Hashen

Inhaltlich gleiche Objekte (gemäß der Methode `equals()`) müssen denselben Wert bekommen.

Die beiden Methoden `hashCode()` und `equals()` hängen miteinander zusammen, sodass in der Regel bei der Implementierung einer Methode auch eine Implementierung der anderen notwendig wird. Denn es gilt, dass bei Gleichheit natürlich auch die Hash-Werte übereinstimmen müssen. Formal gesehen heißt das:

```
x.equals( y ) ⇒ x.hashCode() == y.hashCode()
```

So berechnet sich der Hashcode bei `Point`-Objekten aus den Koordinaten. Zwei Punkt-Objekte, die inhaltlich gleich sind, haben die gleichen Koordinaten und damit auch den gleichen Hashcode. Wenn Objekte den gleichen Hashcode aufweisen, aber nicht gleich sind, handelt es sich um eine Kollision und den Fall, dass in der Gleichung nicht die Äquivalenz gilt.

9.3.6 Aufräumen mit »finalize()« *

Einen *Destruktor*, der wie in C++ am Ende eines Gültigkeitsbereichs einer Variable aufgerufen wird, gibt es in Java nicht. Wohl ist es möglich, eine Methode `finalize()` für Aufräumarbeiten zu überschreiben, die *Finalizer* genannt wird (ein Finalizer hat nichts mit dem `finally`-Block einer Exception-Behandlung zu tun). Der Garbage-Collector ruft die Methode immer dann auf, wenn er ein Objekt entfernen möchte. Es kann allerdings sein, dass `finalize()` überhaupt nicht aufgerufen wird, und zwar dann, wenn die virtuelle Maschine Fantastillionen Megabyte an Speicher hat und dann beendet wird – in dem Fall gibt sie den Heap-Speicher als Ganzes dem Betriebssystem zurück. Ohne Garbage-Collector (GC) als Grabträger gibt es auch kein `finalize()`! Und wann der Garbage-Collector in Aktion tritt, ist auch nicht vorhersehbar, sodass im Gegensatz zu C++ in Java keine Aussage über den Zeitpunkt möglich ist, zu dem das Laufzeitsystem `finalize()` aufruft. Es ist von der Implementierung des GC abhängig. Üblicherweise werden aber Objekte mit `finalize()` von einem extra GC behandelt, und der arbeitet langsamer als der normale GC.

```
class java.lang.Object
```

▶ `protected void finalize() throws Throwable`

Wird vom GC aufgerufen, wenn es auf dieses Objekt keinen Verweis mehr gibt. Die
Methode ist geschützt, weil sie von uns nicht aufgerufen wird. Auch wenn wir die
Methode überschreiben, sollten wir die Sichtbarkeit nicht erhöhen, also `public` setzen.

Hinweis Klassen sollten `finalize()` überschreiben, um wichtige Ressourcen zur Not freizugeben, etwa File-Handles via `close()` oder Grafik-Kontexte des Betriebssystems, wenn der Entwickler das vergessen hat. Alle diese Freigaben müssten eigentlich vom Entwickler angestoßen werden, und `finalize()` ist nur ein Helfer, der rettend eingreifen kann. Da der GC `finalize()` nur dann aufruft, wenn er tote Objekte freigeben möchte, dürfen wir uns nicht auf die Ausführung verlassen. Gehen zum Beispiel die File-Handles aus, wird der GC nicht aktiv; es erfolgen keine `finalize()`-Aufrufe, und nicht mehr erreichbare, aber noch nicht weggeräumte Objekte belegen weiter die knappen File-Handles.

[«]

Einmal Finalizer, vielleicht mehrmals der GC

Objekte von Klassen, die eine `finalize()`-Methode besitzen, kann Oracles JVM nicht so
schnell erzeugen und entfernen wie Klassen ohne `finalize()`. Das liegt auch daran, dass der
GC vielleicht mehrmals laufen muss, um das Objekt zu löschen. Es gilt zwar, dass der GC aus
dem Grund `finalize()` aufruft, weil das Objekt nicht mehr benötigt wird, es kann aber sein,
dass aus der `finalize()`-Methode die `this`-Referenz nach außen gegeben wurde, sodass das
Objekt wegen einer bestehenden Referenz nicht gelöscht werden kann. Das Objekt wird zwar
irgendwann entfernt, aber der Finalizer läuft nur einmal und nicht immer pro GC-Versuch.
Einige Hintergründe erfährt der Leser unter *http://www.iecc.com/gclist/GC-lang.html#Finalization*.

Löst eine Anweisung in `finalize()` eine Ausnahme aus, so wird diese ignoriert. Das bedeutet
aber, dass die Finalisierung des Objekts stehen bleibt. Den GC beeinflusst das in seiner Arbeit
aber nicht.

super.finalize()

Überschreiben wir in einer Unterklasse `finalize()`, dann müssen wir auch gewährleisten,
dass die Methode `finalize()` der Oberklasse aufgerufen wird. So besitzt zum Beispiel die
Klasse `Font` ein `finalize()`, das durch eine eigene Implementierung nicht verschwinden darf.
Wir müssen daher in unserer Implementierung `super.finalize()` aufrufen (es wäre gut,
wenn der Compiler das wie beim Konstruktoraufruf immer automatisch machen würde …).
Leere `finalize()`-Methoden ergeben im Allgemeinen keinen Sinn, es sei denn, das `finalize()` der Oberklasse soll explizit übergangen werden:

Listing 9.20 com/tutego/insel/object/finalize/SuperFont.java, finalize()

```
@Override protected void finalize() throws Throwable
{
  try {
```

```
    // ...
  }
  finally {
    super.finalize();
  }
}
```

Der Block vom `finally` wird immer ausgeführt, auch wenn es im oberen Teil eine Ausnahme gab.

Die Methode von Hand aufzurufen, ist ebenfalls keine gute Idee, denn das kann zu Problemen führen, wenn der GC-Thread die Methode auch gerade aufruft. Um das Aufrufen von außen einzuschränken, sollte die Sichtbarkeit von `protected` bleiben und nicht erhöht werden.

> **[»]**
>
> **Hinweis** Da beim Programmende vielleicht nicht alle `finalize()`-Methoden abgearbeitet wurden, haben die Entwickler schon früh einen Methodenaufruf `System.runFinalizersOn-Exit(true);` vorgesehen. Mittlerweile ist die Methode veraltet und sollte auf keinen Fall aufgerufen werden. Die API-Dokumentation erklärt:
>
> *»It may result in finalizers being called on live objects while other threads are concurrently manipulating those objects, resulting in erratic behavior or deadlock.«*
>
> Dazu auch Joshua Bloch, Autor des ausgezeichneten Buchs »Effective Java Programming Language Guide«:
>
> *»Never call System.runFinalizersOnExit or Runtime.runFinalizersOnExit for any reason: they are among the most dangerous methods in the Java libraries.«*

9.3.7 Synchronisation *

Threads können miteinander kommunizieren und dabei Daten teilen. Sie können außerdem auf das Eintreten bestimmter Bedingungen warten, zum Beispiel auf neue Eingabedaten. Die Klasse `Object` deklariert insgesamt fünf Versionen der Methoden `wait()`, `notify()` und `notifyAll()` zur Beendigungssynchronisation von Threads. Kapitel 14, »Threads und nebenläufige Programmierung«, geht näher auf die Programmierung von Threads ein.

9.4   Die Spezial-Oberklasse »Enum«

Jedes Aufzählungsobjekt erbt von der Spezialklasse `Enum`. Nehmen wir erneut die Wochentage:

Listing 9.21 com/tutego/insel/enumeration/Weekday.java, Weekday

```
public enum Weekday
{
  MONDAY, TUESDAY, WEDNESDAY, THURSDAY, FRIDAY, SATURDAY, SUNDAY
}
```

Der Compiler übersetzt dies in eine Klasse, die etwa so aussieht:

```
class Weekday extends Enum
{
  public static final Weekday MONDAY  = new Weekday( "MONDAY",   0 );
  public static final Weekday TUESDAY = new Weekday( "TUESDAY ", 1 );
  // weitere Konstanten ...

  private Weekday( String s, int i )
  {
    super( s, i );
  }

  // weitere Methoden ...
}
```

9.4.1 Methoden auf Enum-Objekten

Jedes Enum-Objekt besitzt automatisch einige Standardmethoden, die von der Oberklasse java.lang.Enum kommen. Das sind zum einen überschriebene Methoden aus java.lang.Object, einige neue Objektmethoden und einige statische Methoden.

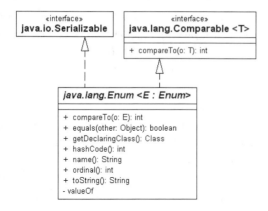

String-Repräsentation

Jedes Enum-Objekt liefert über die Methode name() den Namen der Konstante. Dazu gesellt sich die bekannte toString()-Methode, die standardmäßig name() aufruft, aber überschrieben werden kann. Die Methode name() lässt sich nicht überschreiben.

Eine vom Compiler generierte Enum-Klasse bietet eine statische valueOf(String)-Methode, die das Enum-Objekt liefert, das zur name()-Repräsentation passt. Wird bei valueOf() ein String übergeben, zu dem es kein Enum gibt, folgt eine IllegalArgumentException. Dazu kommt eine weitere statische Methode, die jedoch selbst schon in der Klasse Enum deklariert wird (die Basisklasse der vom Compiler erzeugten Enum-Klassen): Enum.valueOf(Class<T> enumType, String s).

9 | Besondere Klassen der Java SE

[zB] **Beispiel** Die Konvertierung in den String und vom String in das entsprechende Enum-Objekt:

```
System.out.println( Weekday.MONDAY.toString() );                // MONDAY
System.out.println( Weekday.MONDAY.name() );                     // MONDAY
System.out.println( Weekday.valueOf( "MONDAY" ).name() );        // MONDAY
System.out.println( Enum.valueOf( Weekday.class, "MONDAY" ).name() ); // MONDAY
```

Der Unterschied zu den valueOf()-Methoden ist wichtig: Während es Enum.valueOf(Class, String) nur einmal gibt, existieren statische valueOf(String)-Methoden einmal in jeder vom Compiler generierten Aufzählungsklasse. Da die Methode also compilergeneriert ist, taucht sie in der folgenden Aufzählung nicht auf.

```
abstract class Enum<E extends Enum<E>>
implements Comparable<E>, Serializable
```

▶ final String name()
  Liefert den Namen der Konstanten. Da die Methode – wie viele andere der Klasse – final ist, lässt sich der Name nicht ändern.

▶ String toString()
  Liefert den Namen der Konstanten. Die Methode ruft standardisiert name() auf, weil sie aber nicht final ist, kann sie überschrieben werden.

▶ static <T extends Enum<T>> T valueOf(Class<T> enumType, String s)
  Ermöglicht das Suchen von Enum-Objekten zu einem Konstantennamen und einer Enum-Klasse. Sie liefert das Enum-Objekt für die gegebene Zeichenfolge oder löst eine Illegal-ArgumentException aus, wenn dem String kein Enum-Objekt zuzuordnen ist.

Alle Konstanten der Klasse aufzählen

Eine praktische statische Methode ist values(). Sie liefert ein Feld von Enum-Objekten. Nützlich ist das für das erweiterte for, das alle Konstanten aufzählen soll. Eine Alternative mit dem gleichen Ergebnis ist die Class-Methode getEnumConstants():

Listing 9.22 com/tutego/insel/enumeration/WeekdayDemo.java, Ausschnitt main()

```
for ( Weekday day : Weekday.values() )  // oder Weekday.class.getEnumConstants()
  System.out.println( "Name=" + day.name() );
```

Liefert Zeilen mit Name=MONDAY, ...

Ordinalzahl

Von der Oberklasse Enum erbt jede Aufzählung einen geschützten parametrisierten Konstruktor, der den Namen der Konstanten sowie einen assoziierten Zähler erwartet. So wird aus jedem Element der Aufzählung ein Objekt vom Basistyp Enum, das einen Namen und eine ID, die so genannte *Ordinalzahl,* speichert. Natürlich kann es auch nach seinem Namen und Zähler gefragt werden.

540

Die Spezial-Oberklasse »Enum« | **9.4**

Beispiel Eine Methode, die die Ordinalzahl eines Elements der Aufzählung liefert oder **[zB]**
−1, wenn die Konstante nicht existiert:

Listing 9.23 com/tutego/insel/enumeration/WeekdayDemo.java, getOrdinal()

```
static int getOrdinal( String name )
{
  try {
    return Weekday.valueOf( name ).ordinal();
  }
  catch ( IllegalArgumentException e ) {
    return -1;
  }
}
```

Damit liefert unser `getOrdinal("MONDAY") == 0` **und** `getOrdinal("FEIERTAG") == -1`.

Die Ordinalzahl gibt die Position in der Deklaration an und ist auch Ordnungskriterium der `compareTo()`-Methode. Die Ordinalzahl lässt sich nicht ändern und repräsentiert immer die Reihenfolge der deklarieren Konstanten.

Beispiel Kommt Montag wirklich vor Freitag? **[zB]**

```
System.out.println( Weekday.MONDAY.compareTo( Weekday.FRIDAY ) ); // -4
System.out.println( Weekday.MONDAY.compareTo( Weekday.MONDAY ) ); //  0
System.out.println( Weekday.FRIDAY.compareTo( Weekday.MONDAY) );  //  4
```

Negative Rückgaben bei `compareTo()` **geben immer an, dass das erste Objekt »kleiner« als das zweite aus dem Argument ist.**

```
abstract class Enum<E extends Enum<E>>
implements Comparable<E>, Serializable
```

▸ `final int ordinal()`
Liefert die zur Konstante gehörige ID. Im Allgemeinen ist diese Ordinalzahl nicht wichtig, aber besondere Datenstrukturen wie `EnumSet` oder `EnumMap` nutzen diese eindeutige ID. Die Reihenfolge der Zahlen ist durch die Reihenfolge der Angabe gegeben.

▸ `public final boolean equals( Object other )`
Die Oberklasse `Enum` überschreibt `equals()` mit der Logik wie in `Object` – also den Vergleich der Referenzen –, um sie als `final` zu markieren.

▸ `protected final Object clone() throws CloneNotSupportedException`
Die Methode `clone()` ist `final protected` und kann also weder überschrieben noch von außen aufgerufen werden. So kann es keine Kopien der Enum-Objekte geben, die die Identität gefährden könnten. Grundsätzlich ist es aber erlaubt, wenn eigene Implementierungen von `clone()` die `this`-Referenz liefern.

541

9 | Besondere Klassen der Java SE

▶ `final int compareTo( E o )`
Da die Enum-Klasse die Schnittstelle `Comparable` implementiert, gibt es auch die Methode `compareTo()`. Sie vergleicht anhand der Ordinalzahlen. Vergleiche sind nur innerhalb eines Enum-Typs erlaubt.

▶ `final Class<E> getDeclaringClass()`
Liefert das `Class`-Objekt zu einem konkreten `Enum`.

[»] **Hinweis** Die Methode `getDeclaringClass()` liefert auf der Aufzählungsklasse selbst `null` und nur auf den Elementen der Aufzählung einen sinnvollen Wert:

```
System.out.println( Weekday.class.getDeclaringClass() );   // null
System.out.println( Weekday.MONDAY.getDeclaringClass() );  // class
com.tutego.weekday.Weekday
```

9.4.2 »Enum« mit eigenen Konstruktoren und Methoden *

Da eine `enum`-Klasse mit der Klassendeklaration verwandt ist, kann sie ebenso Attribute und Methoden deklarieren. Geben wir einer Aufzählung `Country` eine Methode, die den ISO-3166-2-Landescode des jeweiligen Aufzählungselements liefert:

Listing 9.24 com/tutego/insel/enumeration/Country.java, Country

```
public enum Country
{
  GERMANY, UK, CHINA;

  public String getISO3Country()
  {
    if ( this == GERMANY )
      return Locale.GERMANY.getISO3Country();
    else if ( this == UK )
      return Locale.UK.getISO3Country();
    return Locale.CHINA.getISO3Country();
  }
}
```

Die Methode `getISO3Country()` kann nun auf den Enum-Objekten aufgerufen werden:

```
System.out.println( Country.CHINA.getISO3Country() ); // CHN
```

Da `switch` auf `enum` erlaubt ist, können wir schreiben:

Listing 9.25 CountryEnumDemo.java, Ausschnitt

```
Country c = Country.GERMANY;

switch ( c )
{
  case GERMANY:
    System.out.println( "Aha. Ein Krauti" );            // Aha. Ein Krauti
```

542

Die Spezial-Oberklasse »Enum« | **9.4**

```
    System.out.println( meinLand.getISO3Country() ); // DEU
    break;
  default:        System.out.println( "Anderes Land" );
}
```

»Enum« mit Konstruktoren

Neben dieser Variante wollen wir eine zweite Implementierung nutzen und nun Konstruktoren hinzuziehen, um das gleiche Problem auf andere Weise zu lösen:

Listing 9.26 com/tutego/insel/enumeration/Country.java, Country

```
public enum Country
{
  GERMANY( Locale.GERMANY ), UK( Locale.UK ), CHINA( Locale.CHINA );

  private Locale country;

  private Country( Locale country )
  {
    this.country = country;
  }

  public String getISO3Country()
  {
    return country.getISO3Country();
  }
}
```

Bei der Deklaration der Konstanten wird in runden Klammern ein Argument für den Konstruktor übergeben. Der Konstruktor speichert das zugehörige Locale-Objekt in der internen Variablen country, auf die dann getISO3Country() Bezug nimmt.

»Enum« mit überschriebenen Methoden

In dem Enum-Typ lassen sich nicht nur Methoden hinzufügen, sondern auch Methoden überschreiben. Beginnen wir mit einer lokalisierten und überladenen Methode toString():

Listing 9.27 com/tutego/insel/enumeration/WeekdayInternational.java, WeekdayInternational

```
public enum WeekdayInternational
{
  SUNDAY, MONDAY, TUESDAY, WEDNESDAY, THURSDAY, FRIDAY, SATURDAY;

  @Override
  public String toString()
  {
    return new SimpleDateFormat().getDateFormatSymbols().getWeekdays()[ ⮐
    ordinal() + 1 ];
  }
```

543

```
public String toString( Locale l )
{
  return new SimpleDateFormat("", l).getDateFormatSymbols().getWeekdays()[ ⤵
  ordinal() + 1 ];
}
}
```

Die erste Methode ist aus unserer Oberklasse `Object` überschrieben, die zweite als überladene Methode hinzugefügt. Ein Beispiel macht den Aufruf und die Funktionsweise klar:

Listing 9.28 com/tutego/insel/enumeration/WeekdayInternationalDemo.java, main()

```
System.out.println( WeekdayInternational.SATURDAY );                       // Samstag
System.out.println( WeekdayInternational.SATURDAY.toString() );            // Samstag
System.out.println( WeekdayInternational.SATURDAY.toString(Locale.FRANCE) ); // samedi
System.out.println( WeekdayInternational.SATURDAY.toString(Locale.ITALY) );  // sabato
```

An dieser Stelle hören die Möglichkeiten der `Enum`-Syntax aber noch nicht auf. Ähnlich wie die Syntax von inneren anonymen Klassen, die es erlauben, Methoden zu überschreiben, bieten Aufzählungstypen eine vergleichbare Syntax, um gezielt Methoden für eine spezielle Konstante zu überschreiben.

Nehmen wir an, in einem Spiel gibt es eine eigene Währung, den Ponro Dollar. Nun soll dieser aber mit einer Referenzwährung, dem Euro, in Beziehung gesetzt werden; der Wechselkurs ist einfach 1:2:

Listing 9.29 com/tutego/insel/enumeration/GameCurrency.java, GameCurrency

```
public enum GameCurrency
{
  EURO() {
    @Override double convertTo( GameCurrency targetCurrency, double value )
    {
      return targetCurrency == EURO ? value : value / 2;
    }
  },
  PONRODOLLAR() {
    @Override double convertTo( GameCurrency targetCurrency, double value )
    {
      return targetCurrency == PONRODOLLAR ? value : value * 2;
    }
  };

  abstract double convertTo( GameCurrency targetCurrency, double value );
}
```

Der interessante Teil ist die Deklaration der abstrakten `convertTo()`-Methode und die Implementierung lokal bei den einzelnen Konstanten. (Natürlich müssen wir nicht jede Methode im `Enum` abstrakt machen, sondern sie kann auch konkret sein. Dann muss nicht jedes `Enum`-Element die abstrakte Methode implementieren.)

Mit einem statischen Import für die Aufzählung lässt sich die Nutzung und Funktionalität schnell zeigen:

Listing 9.30 com/tutego/insel/enumeration/GameCurrencyDemo.java, main()
```
System.out.println( EURO.convertTo( EURO, 12 ) );              // 12.0
System.out.println( EURO.convertTo( PONRODOLLAR, 12 ) );       // 6.0
System.out.println( PONRODOLLAR.convertTo( EURO, 12 ) );       // 24.0
System.out.println( PONRODOLLAR.convertTo( PONRODOLLAR, 12 ) ); // 12.0
```

9.5 Erweitertes »for« und »Iterable«

Bisher haben wir das erweiterte for für kleine Beispiele eingesetzt, in denen es darum ging, ein Feld (Array) von Elementen abzulaufen:

Listing 9.31 com/tutego/insel/iterable/SimpleIterable.java, main()
```
for ( String s : new String[]{ "Eclipse", "NetBeans", "IntelliJ" } )
  System.out.printf( "%s ist toll.%n", s );
```

9.5.1 Die Schnittstelle »Iterable«

Die erweiterte for-Schleife läuft nicht nur Felder ab, sondern alles, was vom Typ Iterable ist. Die Schnittstelle schreibt nur die Methode iterator() vor, die einen java.util.Iterator liefert, den das erweiterte for zum Durchlaufen verwendet.

```
interface java.lang.Iterable<T>
```

▶ Iterator<T> iterator()
  Liefert einen Iterator, der über alle Elemente vom Typ T iteriert.

Insbesondere die Datenstrukturklassen implementieren diese Schnittstelle, sodass mit dem erweiterten for praktisch durch Ergebnismengen iteriert werden kann.

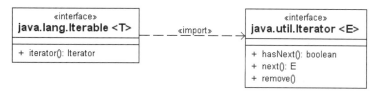

9.5.2 Einen eigenen Iterable implementieren *

Möchten wir selbst rechts neben dem Doppelpunkt vom erweiterten for stehen, müssen wir ein Objekt angeben, dessen Klasse Iterable implementiert und somit eine iterator()-Methode besitzt. iterator() muss dann einen passenden Iterator zurückgeben. Der wiederum muss die Methoden hasNext() und next() implementieren, um das nächste Element in der Aufzählung anzugeben und das Ende anzuzeigen. Zwar schreibt der Iterator auch remove() vor, doch das wird leer implementiert.

9 | Besondere Klassen der Java SE

Unser Beispiel soll einen praktischen `Iterable` implementieren, um über Wörter eines Satzes zu gehen. Als grundlegende Implementierung dient der `StringTokenizer`, der über `hasTo-ken()` die nächsten Teilfolgen und über `hasMoreTokens()` meldet, ob weitere Tokens ausgelesen werden können.

Beginnen wir mit dem ersten Teil, der Klasse `WordIterable`, die erst einmal `Iterable` implementieren muss, um auf der rechten Seite vom Punkt stehen zu können. Dann muss dieses Exemplar über `iterator()` einen `Iterator` zurückgeben, der über alle Wörter läuft. Dieser Iterator kann als eigene Klasse implementiert werden, doch wir implementieren die Klasse `WordIterable` so, dass sie `Iterable` und `Iterator` gleichzeitig verkörpert; daher ist nur ein Exemplar nötig:

Listing 9.32 com/tutego/insel/iterable/WordIterable.java

```java
package com.tutego.insel.iterable;

import java.util.*;

class WordIterable implements Iterable<String>, Iterator<String>
{
  private StringTokenizer st;

  public WordIterable( String s )
  {
    st = new StringTokenizer( s );
  }

  // Method from interface Iterable

  @Override public Iterator<String> iterator()
  {
    return this;
  }

  // Methods from interface Iterator

  @Override public boolean hasNext()
  {
    return st.hasMoreTokens();
  }

  @Override public String next()
  {
    return st.nextToken();
  }

  @Override public void remove()
  {
```

546

```
      // No remove.
  }
}
```

Im Beispiel:

Listing 9.33   com/tutego/insel/iterable/WordIterableDemo.java, main()

```
String s = "Am Anfang war das Wort – am Ende die Phrase. (Stanislaw Jerzy Lec)";

for ( String word : new WordIterable(s) )
  System.out.println( word );
```

Die erweiterte for-Schleife baut der (Eclipse-)Compiler um zu:

```
Object word;
WordIterable worditerable;
for ( Iterator iterator = (worditerable = new WordIterable(s)).iterator();
iterator.hasNext(); )
{
  word = iterator.next();
  System.out.println( word );
}
```

9.6   Zum Weiterlesen

Die API-Dokumentation der Standardklassen ist sehr hilfreich und sollte komplett studiert werden.

»Eines der traurigsten Dinge im Leben ist, dass ein Mensch viele gute Taten tun muss, um zu beweisen, dass er tüchtig ist, aber nur einen Fehler zu begehen braucht, um zu beweisen, dass er nichts taugt.«
– George Bernard Shaw (1856–1950)

10 Architektur, Design und angewandte Objektorientierung

Während die Beispiele aus den Kapiteln 2 bis 9 im Wesentlichen in einer kleinen `main()`-Methode Platz fanden, sind die Beispiele aus diesem Kapitel etwas umfangreicher und zeigen das objektorientierte Zusammenspiel von mehreren Klassen.

10.1 Architektur, Design und Implementierung

Von dem Wunsch des Auftraggebers hin zur fertigen Software ist es ein weiter Weg. Dazwischen liegen Anforderungsdokumente, Testfälle, die Auswahl der Infrastruktur, die Wahl von Datenbanken, Lizenzfragen, menschliche Eitelkeiten und vieles, vieles mehr. Da die Insel die Softwareentwicklung in den Mittelpunkt rückt, wollen wir uns bevorzugt in den Bereichen Architektur, Design und Implementierung aufhalten.

Der Begriff Software-Architektur ist wenig klar umrissen, doch meint er das große Ganze, also die fundamentalen Entscheidungen beim Aufbau der Software. Am besten lässt sich Architektur vielleicht bissig als das charakterisieren, was aufwändig und teuer zu ändern ist, wenn es einmal steht. Ein bekanntes Architekturmuster ist das Schichtenmodell, das Software in mehrere Ebenen gliedert. Die obere Schicht kann dabei nur auf Dienste der direkt unter ihr liegenden Schicht zurückgreifen, aber keine Schicht überspringen, und die untere Schicht hat keine Idee von höher liegenden Schichten.

Im Design kümmern sich die Entwickler um die Abbildung der Ideen auf Pakete, Klassen und Schnittstellen. Diese Abbildung ist nicht eindeutig, und so gibt es viele Möglichkeiten; einige sind schlecht, weil sie die Lesbarkeit, Erweiterbarkeit oder Performance beeinträchtigen, andere sind besser. Es kommt aber immer auf den Kontext an. Wir wollen uns daher mit einigen Abbildungen beschäftigen und diese diskutieren.

Die Implementierung setzt das Design (das sich auf der Ebene von UML-Modellen befindet) in Quellcode einer Programmiersprache um. Die Implementierung vereint das statische Modell, also welche Klasse von welcher erbt, und bringt sie mit der nötigen Dynamik zusammen. Fragen der Implementierung werden immer wieder diskutiert, wenn es zum Beispiel um die Wahl der richtigen Datenstruktur oder Realisierung der Nebenläufigkeit geht.

10.2 Design-Pattern (Entwurfsmuster)

Aus dem objektorientierten Design haben wir gelernt, dass Klassen nicht fest miteinander verzahnt, sondern lose gekoppelt sein sollen. Das bedeutet, Klassen sollten nicht zu viel über andere Klassen wissen, und die Interaktion soll über wohldefinierte Schnittstellen erfolgen, sodass die Klassen später noch verändert werden können. Die lose Kopplung hat viele Vorteile, da so die Wiederverwendung erhöht und das Programm änderungsfreundlicher wird. Wir wollen dies an einem Beispiel prüfen.

In einer Datenstruktur sollen Kundendaten gespeichert werden. Zu dieser Datenquelle gibt es eine grafische Oberfläche, die diese Daten anzeigt und verwaltet, etwa eine Eingabemaske. Wenn Daten eingegeben, gelöscht und verändert werden, sollen sie in die Datenstruktur übernommen werden. Den anderen Weg von der Datenstruktur in die Visualisierung werden wir gleich beleuchten. Bereits jetzt haben wir eine Verbindung zwischen Eingabemaske und Datenstruktur, und wir müssen aufpassen, dass wir uns im Design nicht verzetteln, denn vermutlich läuft die Programmierung darauf hinaus, dass beide fest miteinander verbunden sind. Wahrscheinlich wird die grafische Oberfläche irgendwie über die Datenstruktur Bescheid wissen, und bei jeder Änderung in der Eingabemaske werden direkt Methoden der konkreten Datenstruktur aufgerufen. Das wollen wir vermeiden. Genauso haben wir nicht bedacht, was passiert, wenn nun infolge weiterer Programmversionen eine grafische Repräsentation der Daten etwa in Form eines Balkendiagramms gezeichnet wird. Und was geschieht, wenn der Inhalt der Datenstruktur über eine andere Programmstelle geändert wird und dann einen Neuaufbau der Bildschirmdarstellung erzwingt? Hier verfangen wir uns in einem Knäuel von Methodenaufrufen, und änderungsfreundlich ist dies dann auch nicht mehr. Was ist, wenn wir nun unsere selbst gestrickte Datenstruktur durch eine SQL-Datenbank ersetzen wollen?

10.2.1 Motivation für Design-Pattern

Wir sind nicht die Ersten, die sich über grundlegende Design-Kriterien Gedanken machen. Vor dem objektorientierten Programmieren (OOP) gab es das strukturierte Programmieren, und die Entwickler waren froh, mit Werkzeugen schneller und einfacher Software bauen zu können. Auch die Assembler-Programmierer waren erfreut, strukturiertes Programmieren zur Effizienzsteigerung einsetzen zu können – sie haben ja auch Unterprogramme nur deswegen eingesetzt, weil sich mit ihnen wieder ein paar Bytes sparen ließen. Doch nach Assembler und strukturiertem Programmieren sind wir nun bei der Objektorientierung angelangt, und dahinter zeichnet sich bisher kein revolutionäres Programmierparadigma ab. Die Softwarekrise hat zu neuen Konzepten geführt, doch merkt fast jedes Entwicklungsteam, dass OO nicht alles ist, sondern nur ein verwunderter Ausspruch nach drei Jahren Entwicklungsarbeit an einem schönen Finanzprogramm: »Oh, oh, alles Mist.« So schön OO auch ist, wenn sich 10.000 Klassen im Klassendiagramm tummeln, ist das genauso unübersichtlich wie ein

FORTRAN-Programm mit 10.000 Zeilen. Da in der Vergangenheit oft gutes Design für ein paar Millisekunden Laufzeit geopfert wurde, ist es nicht verwunderlich, dass Programme nicht mehr lesbar sind. Doch wie am Beispiel des Satzprogramms TeX (etwa 1985) zu sehen ist: Code lebt länger als Hardware, und die nächste Generation von Mehrkernprozessoren wird sich bald in unseren Desktop-PCs nach Arbeit sehnen.

Es fehlt demnach eine Ebene über den einzelnen Klassen und Objekten, denn die Objekte selbst sind nicht das Problem, vielmehr ist es die Kopplung. Hier helfen Regeln weiter, die unter dem Stichwort *Entwurfsmuster* (engl. *design patterns*) bekannt geworden sind. Dies sind Tipps von Softwaredesignern, denen aufgefallen war, dass viele Probleme auf ähnliche Weise gelöst werden können. Sie haben daher Regelwerke mit Lösungsmustern aufgestellt, die eine optimale Wiederverwendung von Bausteinen und Änderungsfreundlichkeit aufweisen. Design-Patterns ziehen sich durch die ganze Java-Klassenbibliothek, und die bekanntesten sind das Beobachter-(Observer-)Pattern, Singleton, Fabrik (Factory) und Composite; die Fabrik und das Singleton haben wir bereits kennengelernt.

10.2.2 Das Beobachter-Pattern (Observer/Observable)

Wir wollen uns nun mit dem Observer-Pattern beschäftigen, das seine Ursprünge in Smalltalk-80 hat. Dort ist es etwas erweitert unter dem Namen MVC (Model-View-Controller) bekannt, ein Kürzel, mit dem auch wir uns noch näher beschäftigen müssen, da dies ein ganz wesentliches Konzept bei der Programmierung grafischer Bedieneroberflächen mit Swing ist.

Stellen wir uns eine Party mit einer netten Gesellschaft vor. Hier finden sich zurückhaltende, passive Gäste und aktive Erzähler. Die Zuhörer sind interessiert an den Gesprächen der Unterhalter. Da die Erzähler nun von den Zuhörern beobachtet werden, bekommen sie den Namen *Beobachtete*, auf Englisch auch *observables* (Beobachtbare) genannt. Die Erzähler interessieren sich jedoch nicht dafür, wer ihnen zuhört. Für sie sind alle Zuhörer gleich. Sie schweigen aber, wenn ihnen überhaupt niemand zuhört. Die Zuhörer reagieren auf Witze der Unterhalter und werden dadurch zu *Beobachtern* (engl. *observers*).

Die Klasse »Observable« und die Schnittstelle »Observer«

Unser Beispiel mit den Erzählern und Zuhörern können wir auf Datenstrukturen übertragen. Die Datenstruktur lässt sich beobachten und wird zum Beobachteten. Sie wird in Java als Exemplar der Bibliotheksklasse `Observable` repräsentiert. Der Beobachter wird durch die Schnittstelle `Observer` abgedeckt und ist der, der informiert werden will, wenn sich die Datenstruktur ändert. Jedes Exemplar der `Observable`-Klasse informiert nun alle seine Horcher, sobald sich sein Zustand ändert. Denken wir wieder an unser ursprüngliches Beispiel mit der Visualisierung. Wenn wir nun zwei Ansichten der Datenstruktur haben, etwa die Eingabemaske und ein Balkendiagramm, dann ist es der Datenstruktur egal, wer an den Änderungen interessiert ist. Ein anderes Beispiel: Die Datenstruktur enthält einen Wert, der durch einen Schieberegler und ein Textfeld angezeigt wird. Beide Bedienelemente wollen informiert werden, wenn sich dieser Wert ändert. Es gibt viele Beispiele für diese Konstellation, sodass die Java-Entwickler die Klasse `Observable` und die Schnittstelle `Observer` mit in die Standard-

10 | Architektur, Design und angewandte Objektorientierung

bibliothek aufgenommen haben. Noch besser wäre die Entscheidung gewesen, die Funktionalität in die oberste Klasse Object aufzunehmen, so wie es Smalltalk macht.

Die Klasse »Observable«

Eine Klasse, deren Exemplare sich beobachten lassen, muss jede Änderung des Objektzustands nach außen hin mitteilen. Dazu bietet die Klasse Observable die Methoden setChanged() und notifyObservers() an. Mit setChanged() wird die Änderung angekündigt, und mit notifyObservers() wird sie tatsächlich übermittelt. Gibt es keine Änderung, so wird notifyObservers() auch niemanden benachrichtigen.

Wir wollen nun das Party-Szenario in Java implementieren. Dazu schreiben wir eine Klasse JokeTeller, deren Objekte einen Witz erzählen können. Sie machen mit setChanged() auf eine Änderung ihres Zustands aufmerksam und versorgen dann mit notifyObservers() die Zuhörer mit dem Witz in Form einer Zeichenkette:

Listing 10.1 com/tutego/insel/pattern/observer/JokeTeller.java

```java
package com.tutego.insel.ds.observer;

import java.util.*;

class JokeTeller extends Observable
{
  private static final List<String> jokes = Arrays.asList(
    "Sorry, aber du siehst so aus, wie ich mich fühle.",
    "Eine Null kann ein bestehendes Problem verzehnfachen.",
    "Wer zuletzt lacht, hat es nicht eher begriffen.",
    "Wer zuletzt lacht, stirbt wenigstens fröhlich.",
    "Unsere Luft hat einen Vorteil: Man sieht, was man einatmet."
  );

  public void tellJoke()
  {
    setChanged();
    Collections.shuffle( jokes );
    notifyObservers( jokes.get(0) );
  }
}
```

setChanged() setzt intern ein Flag, das von notifyObservers() abgefragt wird. Nach dem Aufruf von notifyObservers() wird dieses Flag wieder gelöscht. Dies kann auch manuell mit clearChanged() geschehen. notifyObservers() sendet nur dann eine Benachrichtigung an die Zuhörer, wenn auch das Flag gesetzt ist. So kommen folgende Programmzeilen häufig zusammen vor, da sie das Flag setzen und alle Zuhörer informieren:

```java
setChanged();              // Eine Änderung ist aufgetreten
notifyObservers( Object ); // Informiere Observer über Änderung
```

552

Die `notifyObservers()`-Methode existiert auch ohne extra Parameter. Sie entspricht einem `notifyObservers(null)`. Mit der Methode `hasChanged()` können wir herausfinden, ob das Flag der Änderung gesetzt ist.

Interessierte Beobachter müssen sich am `Observable`-Objekt mit der Methode `addObserver(Observer)` anmelden. Dabei sind aber keine beliebigen Objekte als Beobachter erlaubt, sondern nur solche, die die Schnittstelle `Observer` implementieren. Sie können sich mit `deleteObserver(Observer)` wieder abmelden. Die Anzahl der angemeldeten Observer teilt uns `countObservers()` mit. Leider ist die Namensgebung etwas unglücklich, da Klassen mit der Endung »able« eigentlich immer Schnittstellen sein sollten. Genau das ist hier aber nicht der Fall. Der Name `Observer` bezeichnet überraschenderweise eine Schnittstelle, und hinter dem Namen `Observable` verbirgt sich eine echte Klasse.

`class java.util.`**`Observable`**

- `void addObserver( Observer o )`
  Fügt einen `Observer` hinzu. Das Argument darf nicht `null` sein.
- `int countObservers()`
  Liefert die Anzahl angemeldeter `Observer`.
- `void deleteObserver( Observer o )`
  Entfernt den `Observer o` wieder.
- `void deleteObservers()`
  Löscht alle angemeldeten Observer.
- `void setChanged()`
  Markiert das Objekt als sendebereit, sodass bei `notifyObservers()` Meldungen gegeben werden.
- `void clearChanged()`
  Setzt den Zustand zurück, sodass bei `notifyObservers()` keine Meldungen gegeben werden.
- `boolean hasChanged()`
  Liefert `true`, wenn das Objekt im Meldemodus ist.
- `void notifyObservers( Object arg )`
  Liefert `hasChanged()` wahr, dann informiert das `Observable` alle `Observer` und übergibt `arg` der `update()`-Methode.

10 | Architektur, Design und angewandte Objektorientierung

▶ void notifyObservers()
   Entspricht notifyObservers(null).

Die Schnittstelle »Observer«

Das aktive Objekt, der Sender der Nachrichten, ist ein Exemplar der Klasse Observable, das Benachrichtigungen an angemeldete Objekte schickt. Das aktive Objekt informiert alle zuhörenden Objekte, die die Schnittstelle Observer implementieren müssen.

Jetzt können wir für die Party auch die Zuhörer implementieren:

Listing 10.2   com/tutego/insel/pattern/observer/JokeListener.java

```
class JokeListener implements Observer
{
  final private String name;

  JokeListener( String name )
  {
    this.name = name;
  }

  @Override public void update( Observable o, Object arg )
  {
    System.out.println( name + " lacht über: \"" + arg + "\"" );
  }
}
```

interface java.util.**Observer**

▶ void update(Observable o, Object arg)
   Wird bei Benachrichtigungen vom Observable o aufgerufen. Als zweites Argument trifft die über notifyObservers(Object) verschickte Nachricht ein. Bei der parameterlosen Variante notifyObservers() ist der aktuelle Parameter null.

»Party«-Beispiel mit »Observer«/»Observable«

Da auf einer echten Party die Zuhörer und Erzähler nicht fehlen dürfen, baut die dritte Klasse Party nun echte Stimmung auf:

Listing 10.3   com/tutego/insel/pattern/observer/Party.java

```
package com.tutego.insel.ds.observer;

import java.util.*;

public class Party
{
  public static void main( String[] args )
  {
```

554

```
Observer achim    = new JokeListener( "Achim" );
Observer michael  = new JokeListener( "Michael" );
JokeTeller chris  = new JokeTeller();

chris.addObserver( achim );

chris.tellJoke();
chris.tellJoke();

chris.addObserver( michael );

chris.tellJoke();

chris.deleteObserver( achim );

chris.tellJoke();
  }
}
```

Wir melden zwei Zuhörer nacheinander an und einen wieder ab. Dann geht das Lachen los.

Schwierigkeiten von Observer/Observable

Die Typen Observer/Observable bieten eine grundlegende Möglichkeit, das Beobachter-Muster in Java zu realisieren. Allerdings gibt es ein paar Dinge, die Entwickler sich noch zusätzlich wünschen:

▶ Die Typen Observer/Observable sind nicht generisch deklariert, was dazu führt, dass bei update() immer nur alles als Object übergeben werden kann. In update() muss der Typ des Objekts oft auf den wirklichen Typ »hochgecastet« werden, um etwa Daten aus dem Ereignisobjekt zu entnehmen.

▶ Oder Observer deklariert nur genau eine update()-Methode. Wenn der Ereignisauslöser unterschiedliche Ereignisse melden möchte, gibt es nur eine Lösung: Unterschiedliche Ergebnis-Objekte. Das wiederum führt zu Fallunterscheidungen in der update()-Methode, und die Codequalität verschlechtert sich. Besser wären mehre update()-Methoden, die im Optimalfall auch nicht einfach nur update() hießen, sondern semantisch starke Namen tragen würden. Das Interessante ist, dass bei verschiedenen Methoden auch gar kein Event-Objekt mehr nötig wäre, sodass dieses Modell ohne Zustand auskäme, solange keine Ereignisdaten zu übermitteln sind.

Um das erste Problem zu lösen, können wir eine generische Deklaration der Schnittstelle/Klasse angeben:

Listing 10.4 com/tutego/insel/pattern/observer/generic/Observer.java, Observer

```
interface Observer<T>
{
  public void update( Observable<T> o, T arg );
}
```

10 | Architektur, Design und angewandte Objektorientierung

Listing 10.5 com/tutego/insel/pattern/observer/generic/Observable.java, Observable

```
public class Observable<T>
{
  private final List<Observer<T>> observers = new ArrayList<Observer<T>>();

  public void addObserver( Observer<T> observer )
  {
    if ( ! observers.contains( observer ) )
      observers.add( observer );
  }

  public void deleteObserver( Observer<?> observer )
  {
    observers.remove( observer );
  }

  public void notifyObservers( T arg )
  {
    for ( Observer<T> observer : observers )
      observer.update( this, arg );
  }
}
```

Um es einfach zu halten, sind nur die zentralen Methoden in `Observable` realisiert, und die Frage der Nebenläufigkeit wurde beiseite geschoben.

Kommen wir zurück zu unserm Party-Beispiel: Dann ist das Ereignis vom Typ `String`, sodass der `JokeListener` daraufhin `Observer<String>` implementiert und `update(Observable<String> o, String arg)` realisiert und der `JokeTeller` die Klasse `Observable<String>` erweitert.

10.2.3 Ereignisse über Listener

Eine zweite Variante zur Implementierung des Beobachter-Musters sind *Listener*. Sie lösen die beiden genannten Probleme von eben. Es gibt Ereignisauslöser, die spezielle Ereignis-Objekte aussenden, und Interessenten, die sich bei den Auslösern an- und abmelden. Die beteiligten Klassen und Schnittstellen folgen einer bestimmten Namenskonvention; XXX steht im Folgenden stellvertretend für einen Ereignisnamen:

▶ Eine Klasse für die Ereignisobjekte heißt `XXXEvent`. Die Ereignisobjekte können Informationen wie Auslöser, Zeitstempel und weitere Daten speichern.

▶ Die Interessenten implementieren als Listener eine Java-Schnittstelle, die `XXXListener` heißt. Die Operation der Schnittstelle kann beliebig lauten, doch wird ihr üblicherweise das `XXXEvent` übergeben. Anders als beim `Observer/Observable` kann diese Schnittstelle auch mehrere Operationen vorschreiben.

▶ Der Ereignisauslöser bietet Methoden `addXXXListener(XXXListener)` und `removeXXXListener(XXXListener)` an, um Interessenten an- und abzumelden. Immer dann, wenn ein

Ereignis stattfindet, erzeugt der Auslöser das Ereignisobjekt XXXEvent und informiert jeden Listener, der in der Liste eingetragen ist, über einen Aufruf der Methode aus dem Listener.

Ein Beispiel soll sie beteiligten Typen verdeutlichen:

Radios spielen Werbung

Ein Radio soll für Werbungen AdEvent-Objekte aussenden. Die Ereignis-Objekte sollen den Werbespruch (Slogan) speichern:

Listing 10.6 com/tutego/insel/pattern/listener/AdEvent.java

```
package com.tutego.insel.pattern.listener;

import java.util.EventObject;

public class AdEvent extends EventObject
{
  private String slogan;

  public AdEvent( Object source, String slogan )
  {
    super( source );
    this.slogan = slogan;
  }

  public String getSlogan()
  {
    return slogan;
  }
}
```

Die Klasse AdEvent erweitert die Java-Basisklasse EventObject, eine Klasse, die alle Ereignis-Klassen erweitern. Der parametrisierte Konstruktor von AdEvent nimmt im ersten Parameter den Ereignisauslöser an und gibt ihn mit super(source) an den Konstruktor der Oberklasse weiter, der ihn speichert und mit getSource() wieder verfügbar macht. Der zweite Parameter vom AdEvent-Konstruktor ist unsere Werbung.

Der AdListener ist die Schnittstelle, die Interessenten implementieren:

Listing 10.7 com/tutego/insel/pattern/listener/AdListener.java

```
package com.tutego.insel.pattern.listener;

import java.util.EventListener;

interface AdListener extends EventListener
{
  void advertisement( AdEvent e );
}
```

10 | Architektur, Design und angewandte Objektorientierung

Unser `AdListener` implementiert die Schnittstelle `EventListener` (eine Markierungsschnittstelle), die alle Java-Listener implementieren sollen. Wir schreiben für konkrete Listener nur eine Operation `advertisement()` vor.

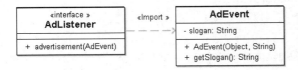

Das Radio soll nun Interessenten an- und abmelden können. Es sendet über einen Timer Werbenachrichten. Das Spannende an der Implementierung ist die Tatsache, dass die Listener nicht in einer eigenen Datenstruktur verwaltet werden, sondern dass eine spezielle Listener-Klasse aus dem Swing-Paket verwendet wird:

Listing 10.8 com/tutego/insel/pattern/listener/Radio.java

```java
package com.tutego.insel.pattern.listener;

import java.util.*;
import javax.swing.event.EventListenerList;

public class Radio
{
  private EventListenerList listeners = new EventListenerList();

  private List<String> ads = Arrays.asList( "Jetzt explodiert auch der Haarknoten",
                                            "Red Fish verleiht Flossen",
                                            "Bom Chia Wowo",
                                            "Wunder Whip. Iss milder." );

  public Radio()
  {
    new Timer().schedule( new TimerTask()
    {
      @Override public void run()
      {
          Collections.shuffle( ads );
          notifyAdvertisement( new AdEvent( this, ads.get(0) ) );
      }
    }, 0, 500 );
  }

  public void addAdListener( AdListener listener )
  {
    listeners.add( AdListener.class, listener );
  }
```

```
  public void removeAdListener( AdListener listener )
  {
    listeners.remove( AdListener.class, listener );
  }

  protected synchronized void notifyAdvertisement( AdEvent event )
  {
    for ( AdListener l : listeners.getListeners( AdListener.class ) )
      l.advertisement( event );
  }
}
```

Die Demo-Anwendung nutzt das Radio-Objekt und implementiert einen konkreten Listener:

```
package com.tutego.insel.pattern.listener;

public class RadioDemo
{
  public static void main( String args[] )
  {
    Radio r = new Radio();

    class ComplainingAdListener implements AdListener {
      @Override public void advertisement( AdEvent e ) {
        System.out.println( "Oh nein, schon wieder Werbung: " + e.getSlogan() );
      }
    }

    r.addAdListener( new ComplainingAdListener() );
  }
}
```

Die Java API-Dokumentation enthält einige generische Typen:

`class javax.swing.event.EventListenerList`

▶ `EventListenerList()`
   Erzeugt eine Klasse zum Speichern von Listenern.

▶ `<T extends EventListener> void add( Class<T> t, T l )`
   Fügt einen Listener l vom Typ T hinzu.

▶ `Object[] getListenerList()`
   Liefert ein Feld aller Listener.

▶ `<T extends EventListener> T[] getListeners( Class<T> t )`
   Liefert ein Feld aller Listener vom Typ t.

▶ `int getListenerCount()`
   Nennt die Anzahl aller Listerner.

10 | Architektur, Design und angewandte Objektorientierung

▶ `int getListenerCount( Class<?> t )`
Nennt die Anzahl der Listener vom Typ `t`.

▶ `<T extends EventListener> void remove( Class<T> t, T l )`
Entfernt den Listener `l` aus der Liste.

10.3 JavaBean

Die Architektur von *JavaBeans* ist ein einfaches Komponenten-Modell. Ursprünglich waren JavaBeans eng mit grafischen Oberflächen verbunden, und so liest sich in der JavaBeans Spezifikation 1.01 von 1997 noch:

> »*A Java Bean is a reusable software component that can be manipulated visually in a builder tool.*«

Heutzutage ist das Feld viel größer und Beans kommen in allen Ecken der Java-Bibliothek vor: bei der Persistenz (also bei der Abbildung der Objekte in relationalen Datenbanken oder XML-Dokumenten), als Datenmodelle für Webanwendungen, bei grafischen Oberflächen und in vielen weiteren Einsatzgebieten.

Im Kern basieren JavaBeans auf:

▶ *Selbstbeobachtung (Introspection).* Eine Klasse lässt sich von außen auslesen. So kann ein spezielles Programm, etwa ein GUI-Builder oder eine visuelle Entwicklungsumgebung, eine Bean analysieren und ihre Eigenschaften abfragen. Auch umgekehrt kann eine Bean herausfinden, ob sie etwa gerade von einem grafischen Entwicklungswerkzeug modelliert wird oder in einer Applikation ohne GUI Verwendung findet.

▶ *Eigenschaften (Properties).* Attribute beschreiben den Zustand des Objekts. In einem Modellierungswerkzeug lassen sie sich ändern. Da eine Bean zum Beispiel eine grafische Komponente sein kann, hat sie etwa eine Hintergrundfarbe. Diese Informationen können von außen durch bestimmte Methoden abgefragt und verändert werden. Für alle Eigenschaften werden spezielle Zugriffsmethoden deklariert; sie werden *Property-Design-Patterns* genannt.

▶ *Ereignissen (Events).* Komponenten können Ereignisse auslösen, die Zustandsänderungen oder Programmteile weiterleiten können.

▶ *Anpassung (Customization).* Der Bean-Entwickler kann die Eigenschaften einer Bean visuell und interaktiv anpassen.

▶ *Speicherung (Persistenz).* Jede Bean kann ihren internen Zustand, also die Eigenschaften, durch Serialisierung speichern und wiederherstellen. So kann ein Builder-Tool die Komponenten laden und benutzen. Ein spezieller Externalisierungsmechanismus erlaubt dem Entwickler die Definition eines eigenen Speicherformats, zum Beispiel als XML-Datei.

Zusätzlich zu diesen notwendigen Grundpfeilern lässt sich durch Internationalisierung die Entwicklung internationaler Komponenten vereinfachen. Verwendet eine Bean länderspezifische Ausdrücke, wie etwa Währungs- oder Datumsformate, kann der Bean-Entwickler mit länderunabhängigen Bezeichnern arbeiten, die dann in die jeweilige Landessprache übersetzt werden.

10.3.1 Properties (Eigenschaften)

Properties einer JavaBean steuern den Zustand des Objekts. Bisher hat Java keine spezielle Schreibweise für Properties – anders als C# und andere Sprachen –, und so nutzt es eine spezielle Namensgebung bei den Methoden, um Eigenschaften zu lesen und zu schreiben. Der JavaBeans-Standard unterscheidet vier Arten von Properties:

▸ *Einfache Eigenschaften.* Hat eine Person eine Property »Name«, so bietet die JavaBean die Methoden `getName()` und `setName()` an.

▸ *Indizierte/Indexierte Eigenschaften* (engl. *indexed properties*). Sie werden eingesetzt, falls mehrere gleiche Eigenschaften aus einem Array verwaltet werden. So lassen sich Felder gleichen Datentyps verwalten.

▸ *Gebundene Eigenschaften* (engl. *bound properties*). Ändert eine JavaBean ihren Zustand, kann sie angemeldete Interessenten (Listener) informieren.

▸ *Eigenschaft mit Vetorecht* (engl. *veto properties*, auch *constraint properties* beziehungsweise *eingeschränkte Eigenschaften* genannt). Ihre Benutzung ist in jenen Fällen angebracht, in denen eine Bean Eigenschaften ändern möchte, andere Beans aber dagegen sind und ihr Veto einlegen.

Die Eigenschaften der Komponente können primitive Datentypen, aber auch komplexe Klassen sein. Der Text einer Schaltfläche ist ein einfacher String; eine Sortierstrategie in einem Sortierprogramm ist dagegen ein komplexes Objekt.

10.3.2 Einfache Eigenschaften

Für die einfachen Eigenschaften muss für die Setter und Getter nur ein Paar von `setXXX()`- und `getXXX()`-Methoden eingesetzt werden. Der Zugriff auf eine Objektvariable wird also über Methoden geregelt. Dies hat den Vorteil, dass ein Zugriffsschutz und weitere Überprüfungen eingerichtet werden können. Soll eine Eigenschaft nur gelesen werden (weil sie sich zum Beispiel regelmäßig automatisch aktualisiert), müssen wir die `setXXX()`-Methode nicht implementieren. Genauso gut können wir Werte, die außerhalb des erlaubten Wertebereichs unserer Applikation liegen, prüfen und ablehnen. Dazu kann eine Methode eine Exception auslösen.

Allgemein sieht dann die Signatur der Methoden für eine Eigenschaft XXX vom Typ T folgendermaßen aus:

▸ `public T getXXX()`

▸ `public void setXXX( T value )`

561

Ist der Property-Typ ein Wahrheitswert, ist neben der Methode `getXXX()` eine `isXXX()`-Methode erlaubt:

- `public boolean isXXX()`
- `public void setXXX( boolean value )`

10.3.3 Indizierte Eigenschaften

Falls eine Bean nur über eine einfache Eigenschaft wie eine primitive Variable verfügt, so weisen die `getXXX()`-Methoden keinen Parameter und genau einen Rückgabewert auf. Der Rückgabewert hat den gleichen Datentyp wie die interne Eigenschaft. Die `setXXX()`-Methode besitzt genau einen Parameter des Datentyps dieser Eigenschaft und hat keinen expliziten Rückgabewert, sondern `void`. Wenn nun kein atomarer Wert, sondern ein Feld von Werten intern gespeichert ist, müssen wir Zugriff auf bestimmte Werte bekommen. Daher erwarten die `setXXX()`- und `getXXX()`-Methoden im zusätzlichen Parameter einen Index:

- `public T[] getXXX()`
- `public T getXXX( int index )`
- `public void setXXX( T[] values )`
- `public void setXXX( T value, int index )`

10.3.4 Gebundene Eigenschaften und PropertyChangeListener

Die *gebundenen Eigenschaften* einer Bean erlauben es, andere Komponenten über eine Zustandsänderung der Properties zu informieren. Wenn sich zum Beispiel der Name eines Spielers ändert – Aufruf einer Methode `setName()` –, führt die Namensänderung vielleicht an anderer Stelle zu einer Aktualisierung der Darstellung. Bei den gebundenen Eigenschaften (engl. *bound properties*) geht es ausschließlich um Änderungen der Properties und nicht um andere Ereignisse, die nichts mit den Bean-Eigenschaften zu tun haben.

Die Listener empfangen von der Bean ein `PropertyChangeEvent`, das sie auswerten können. Die Interessierten implementieren dafür `PropertyChangeListener`. Das Ereignis-Objekt speichert den alten und den neuen Wert sowie den Typ und den Namen der Eigenschaft.

Die Bean muss also nur die Interessenten aufnehmen und dann feuern, wenn es eine Änderung an den Properties gibt. Da die Verwaltung der Listener immer gleich ist, bietet Java hier schon eine Klasse an: `PropertyChangeSupport`, die die JavaBeans nutzen, um die Listener zu verwalten. Die Interessenten lassen sich mit `addPropertyChangeListener()` als Zuhörer einfügen und mit `removePropertyChangeListener()` abhängen. Bei einer Veränderung ruft die Bean auf dem `PropertyChangeSupport`-Objekt die Methode `firePropertyChange()` auf, und so werden alle registrierten Zuhörer durch ein `PropertyChangeEvent` informiert. Die Zuhörer werden erst nach der Änderung des internen Zustands informiert.

Ein Beispiel: Unsere Person-Komponente besitzt eine Property »Name«, die der Setter set-
Name() ändert. Nach der Änderung werden alle Listener informiert. Sie bewirkt darüber hinaus nichts Großartiges:

Listing 10.9 com/tutego/insel/bean/bound/Person.java

```
package com.tutego.insel.bean.bound;

import java.beans.PropertyChangeListener;
import java.beans.PropertyChangeSupport;

public class Person
{
  private String name = "";

  private PropertyChangeSupport changes = new PropertyChangeSupport( this );

  public void setName( String name )
  {
    String oldName = this.name;
    this.name = name;
    changes.firePropertyChange( "name", oldName, name );
  }

  public String getName()
  {
    return name;
  }

  public void addPropertyChangeListener( PropertyChangeListener l )
  {
    changes.addPropertyChangeListener( l );
  }

  public void removePropertyChangeListener( PropertyChangeListener l )
  {
    changes.removePropertyChangeListener( l );
  }
}
```

Der Implementierung setName() kommt zentrale Bedeutung zu. Der erste Parameter von
firePropertyChange() ist der Name der Eigenschaft. Er ist für das Ereignis von Belang und
muss nicht zwingend der Name der Bean-Eigenschaft sein. Es folgen der alte und der neue
Stand des Werts. Die Methode informiert alle angemeldeten Zuhörer über die Änderung mit
einem PropertyChangeEvent.

10 | Architektur, Design und angewandte Objektorientierung

Person
- name: String - changes: PropertyChangeSupport
+ setName(String) + getName(): String + addPropertyChangeListener(PropertyChangeListener) + removePropertyChangeListener(PropertyChangeListener)

```
class java.beans.PropertyChangeSupport
implements Serializable
```

▶ PropertyChangeSupport(Object sourceBean)
Konstruiert ein `PropertyChangeSupport`-Objekt, das `sourceBean` als auslösende Bean betrachtet.

▶ synchronized void addPropertyChangeListener(PropertyChangeListener listener)
Fügt einen Listener hinzu.

▶ synchronized void removePropertyChangeListener(PropertyChangeListener listener)
Entfernt einen Listener.

▶ synchronized void addPropertyChangeListener(String propertyName, PropertyChangeListener listener)
Fügt einen Listener hinzu, der nur auf Ereignisse mit dem Namen `propertyName` hört.

▶ synchronized void removePropertyChangeListener(String propertyName, PropertyChangeListener listener)
Entfernt den Listener, der auf `propertyName` hört.

▶ void firePropertyChange(String propertyName, Object oldValue, Object newValue)
Informiert alle Listener über eine Werteänderung. Sind alte und neue Werte gleich, werden keine Events ausgelöst.

▶ void firePropertyChange(String propertyName, int oldValue, int newValue)
void firePropertyChange(String propertyName, boolean oldValue, boolean newValue)
Varianten von `firePropertyChange()` mit `Integer`- und `Boolean`-Werten

▶ void firePropertyChange(PropertyChangeEvent evt)
Informiert alle Interessenten mit einem `PropertyChangeEvent`, indem es `propertyChange()` aufruft.

▶ synchronized boolean hasListeners(String propertyName)
Liefert `true`, wenn es mindestens einen Listener für die Eigenschaft gibt.

Angemeldete `PropertyChangeListener` können auf das `PropertyChangeEvent` reagieren. Wir testen das an einer Person, die einen neuen Namen bekommt:

Listing 10.10 com/tutego/insel/bean/bound/PersonWatcher.java, main()

```
Person p = new Person();
p.addPropertyChangeListener( new PropertyChangeListener()
{
  @Override public void propertyChange( PropertyChangeEvent e )
```

564

```
    {
      System.out.printf( "Property '%s': '%s' -> '%s'%n", ⏎
                         e.getPropertyName(), e.getOldValue(), e.getNewValue() );
    }
} );
p.setName( "Ulli" );    // Property 'name': '' -> 'Ulli'
p.setName( "Ulli" );
p.setName( "Chris" );   // Property 'name': 'Ulli' -> 'Chris'
```

Beim zweiten `setName()` erfolgt kein Event, da es nur dann ausgelöst wird, wenn der Wert wirklich nach der `equals()`-Methode anders ist.

---

interface java.beans.PropertyChangeListener
extends java.util.EventListener

▶ void propertyChange(PropertyChangeEvent evt)
Wird aufgerufen, wenn sich die gebundene Eigenschaft ändert. Über das `PropertyChangeEvent` erfahren wir die Quelle und den Inhalt der Eigenschaft.

---

class java.beans.PropertyChangeEvent
extends java.util.EventObject

▶ PropertyChangeEvent(Object source, String propertyName,
                       Object oldValue, Object newValue)
Erzeugt ein neues Objekt mit der Quelle, die das Ereignis auslöst, einem Namen, dem alten und dem gewünschten Wert. Die Werte werden intern in privaten Variablen gehalten und lassen sich später nicht mehr ändern.

▶ String getPropertyName()
Liefert den Namen der Eigenschaft.

▶ Object getNewValue()
Liefert den neuen Wert.

▶ Object getOldValue()
Liefert den alten Wert.

10.3.5 Veto-Eigenschaften – dagegen!

Wenn sich der Zustand einer gebundenen Eigenschaft ändert, informieren JavaBeans ihre Zuhörer darüber. Möglicherweise haben diese Zuhörer jedoch etwas gegen diesen neuen Wert. In diesem Fall kann ein Zuhörer ein Veto mit einer `PropertyVetoException` einlegen und so eine Werteänderung verhindern. Es geht nicht darum, dass die Komponente selbst den Wert ablehnt – es geht um die Interessenten, die das nicht wollen!

Bevor eine JavaBean eine Änderung an einer Property durchführt, holen wir zunächst die Zustimmung ein. Programmieren wir eine `setXXX()`-Methode mit Veto, gibt es im Rumpf vor dem meldenden `firePropertyChange()` ein fragendes `fireVetoableChange()`, das die Veto-Listener informiert. Der Veto-Listener kann durch eine ausgelöste `PropertyVetoException`

10 | Architektur, Design und angewandte Objektorientierung

anzeigen, dass er gegen die Änderung war. Das bricht den Setter ab, und es kommt nicht zum `firePropertyChange()`. Wegen der `PropertyVetoException` muss auch die Methode eine Signatur mit `throws PropertyVetoException` besitzen.

In unserem Beispiel darf die Person ein Bigamist sein. Aber natürlich nur dann, wenn es kein Veto gab!

Listing 10.11 com/tutego/insel/bean/veto/Person.java

```
package com.tutego.insel.bean.veto;

import java.beans.*;

public class Person
{
  private boolean bigamist;

  private PropertyChangeSupport changes = new PropertyChangeSupport( this );
  private VetoableChangeSupport vetos = new VetoableChangeSupport( this );

  public void setBigamist( boolean bigamist ) throws PropertyVetoException
  {
    boolean oldValue = this.bigamist;
    vetos.fireVetoableChange( "bigamist", oldValue, bigamist );
    this.bigamist = bigamist;
    changes.firePropertyChange( "bigamist", oldValue, bigamist );
  }

  public boolean isBigamist()
  {
    return bigamist;
  }

  public void addPropertyChangeListener( PropertyChangeListener l )
  {
    changes.addPropertyChangeListener( l );
  }

  public void removePropertyChangeListener( PropertyChangeListener l )
  {
    changes.removePropertyChangeListener( l );
  }

  public void addVetoableChangeListener( VetoableChangeListener l )
  {
    vetos.addVetoableChangeListener( l );
  }


  public void removeVetoableChangeListener( VetoableChangeListener l )
```

566

```
  {
    vetos.removeVetoableChangeListener( l );
  }
}
```

Wie wir an dem Beispiel sehen, ist zusätzlich zum Veto eine gebundene Eigenschaft dabei. Das ist die Regel, damit Interessierte nicht nur gegen gewünschte Änderungen Einspruch erheben können, sondern die tatsächlich gemachten Belegungen ebenfalls erfahren. Der Kern einer Setter-Methode mit Veto ist es, erst eine Änderung mit `fireVetoableChange()` anzukündigen und dann, wenn es keine Einwände dagegen gibt, mit `firePropertyChange()` diese neue Belegung zu berichten.

Melden wir bei einer `Person` einen `PropertyChangeListener` an, um alle gültigen Zustandswechsel auszugeben:

Listing 10.12 com/tutego/insel/bean/veto/PersonWatcher.java, main() Teil 1

```
Person p = new Person();
p.addPropertyChangeListener( new PropertyChangeListener()
{
  @Override public void propertyChange( PropertyChangeEvent e )
  {
    System.out.printf( "Property '%s': '%s' -> '%s'%n",
                       e.getPropertyName(), e.getOldValue(), e.getNewValue() );
  }
} );
```

Ohne ein Veto gehen alle Zustandsänderungen durch:

Listing 10.13 com/tutego/insel/bean/veto/PersonWatcher.java, main() Teil 2

```
try
{
  p.setBigamist( true );
  p.setBigamist( false );
}
catch ( PropertyVetoException e )
{
  e.printStackTrace();
}
```

Die Ausgabe wird sein:

```
Property 'bigamist': 'false' -> 'true'
Property 'bigamist': 'true' -> 'false'
```

Nach der Heirat darf unsere Person kein Bigamist mehr sein. Während am Anfang ein Wechsel der Zustände leicht möglich war, ist nach dem Hinzufügen eines veto-einlegenden `VetoableChangeListener` eine Änderung nicht mehr erlaubt:

10 | Architektur, Design und angewandte Objektorientierung

Listing 10.14 com/tutego/insel/bean/veto/PersonWatcher.java, main() Teil 3

```java
p.addVetoableChangeListener( new VetoableChangeListener()
{
  @Override
  public void vetoableChange( PropertyChangeEvent e )
    throws PropertyVetoException
  {
    if ( "bigamist".equals( e.getPropertyName() ) )
      if ( (Boolean) e.getNewValue() )
        throw new PropertyVetoException( "Not with me", e );
  }
} );
```

Der Kern der Logik ist die Anweisung `throw new PropertyVetoException`. Jetzt sind keine unerwünschten Änderungen mehr möglich:

Listing 10.15 com/tutego/insel/bean/veto/PersonWatcher.java, main() Teil 4

```java
try
{
  p.setBigamist( true );
}
catch ( PropertyVetoException e )
{
  e.printStackTrace();
}
```

Das `setBigamist(true);` führt zu einer `PropertyVetoException`. Der Stack-Trace ist:

```
java.beans.PropertyVetoException: Not with me
at com.tutego.insel.bean.veto.PersonWatcher$2.vetoableChange(PersonWatcher.⮌
java40)at java.beans.VetoableChangeSupport.fireVetoableChange(⮌
VetoableChangeSupport.java:335)at java.beans.VetoableChangeSupport.⮌
fireVetoableChange(VetoableChangeSupport.java:252)at java.beans.⮌
VetoableChangeSupport.fireVetoableChange(VetoableChangeSupport.java:294)
    at com.tutego.insel.bean.veto.Person.setBigamist(Person.java:19)
    at com.tutego.insel.bean.veto.PersonWatcher.main(PersonWatcher.java:46)
```

Obwohl es mit `addPropertyChangeListener(PropertyChangeListener l)` sowie `addVetoableChangeListener(VetoableChangeListener l)` jeweils zwei Listener gibt, versenden beide Ereignis-Objekte vom Typ `PropertyChangeEvent`. Doch während bei Veto-Objekten vor der Zustandsänderung ein `PropertyChangeEvent` erzeugt und versendet wird, informieren die gebundenen Eigenschaften erst nach der Änderung ihre Zuhörer mit einem `PropertyChangeEvent`. Daher bedeutet das Aufkommen eines `PropertyChangeEvent` jeweils etwas Unterschiedliches.

> class java.beans.**VetoableChangeSupport**
> implements Serializable

▶ void addVetoableChangeListener(VetoableChangeListener listener)
   Fügt einen `VetoableListener` hinzu, der alle gewünschten Änderungen meldet.

568

JavaBean | **10.3**

▶ void addVetoableChangeListener(String propertyName, VetoableChangeListener
  listener)
  Fügt einen VetoableListener hinzu, der auf alle gewünschten Änderungen der Property
  propertyName hört.

▶ void fireVetoableChange(String propertyName, boolean oldValue, boolean newValue)

▶ void fireVetoableChange(String propertyName, int oldValue, int newValue)

▶ void fireVetoableChange(String propertyName, Object oldValue, Object newValue)
  Meldet eine gewünschte Änderung der Eigenschaft mit dem Namen propertyName.

interface java.beans.**VetoableChangeListener**
extends java.util.EventListener

▶ void vetoableChange(PropertyChangeEvent evt) throws PropertyVetoException
  Wird aufgerufen, wenn die gebundene Eigenschaft geändert werden soll. Über das PropertyChangeEvent erfahren wir die Quelle und den Inhalt der Eigenschaft. Die Methode
  löst eine PropertyVetoException aus, wenn die Eigenschaft nicht geändert werden soll.

10.3.6 Ein POJO (Plain Old Java Object) ohne technische Abhängigkeiten

In objektorientierten Programmen stehen Klassen ganz im Mittelpunkt. Sie realisieren die
komplette Geschäftslogik , aber auch Hilfsdienste wie String-Konvertierungen. In einer guten
objektorientierten Modellierung existiert eine wohldurchdachte Objekthierarchie und ein
bescheidendes Objektgeflecht, in dem jedes Objekt eine ganz spezielle Aufgabe erfüllt. Das
krasse Gegenteil wäre eine Riesenklasse, die alles macht. Neben dem Wunsch, dass ein Objekt
nur eine klar umrissene Aufgabe erfüllt, ist es optimal, wenn ein Objekt wenig Abhängigkeiten von anderen Objekten besitzt (niedrige Kopplung genannt) sowie technische und fachliche Aspekte sauber trennt. Doch leider ist genau dies schwierig. Oftmals haben Klassen technische Abhängigkeiten und damit eine höhere Kopplung an genau diese technischen
Realisierungen. Drei Zwänge erhöhen diese Kopplung:

1. Implementieren einer Schnittstelle,

2. Erweitern einer Oberklasse oder

3. das Setzen einer Annotation.

Ein Beispiel: Wenn ein Objekt in Java serialisiert werden soll – das heißt, die Objektzustände
können automatisch ausgelesen und in einen Datenstrom geschrieben werden –, dann muss
die Klasse die Schnittstelle java.io.Serializable implementieren. Nehmen wir an, ein
Konto-Objekt soll serialisiert werden, so hat das Objekt die fachliche Aufgabe, den Konto-
stand zu vermerken, hat aber gleichzeitig über die Implementierung der Schnittstelle einen
technischen Bezug zur Serialisierung, die überhaupt nichts mit dem Konto an sich zu tun hat.
Die Implementierung dieser Schnittstelle ist aber zwingend, denn andernfalls kann das Konto-
Objekt nicht an der Standard-Serialisierung teilhaben.

Serialisierung ist nur ein Beispiel einer technischen Realisierung für Objektpersistenz. Es gibt
andere Abhängigkeiten für Persistenz, die heutzutage durch Annotationen ausgedrückt wer-

569

10 | Architektur, Design und angewandte Objektorientierung

den. Dann ist es etwa die Annotation `@Entity` zur Beschreibung einer auf eine Datenbank abbildbaren Klasse oder `@XmlElement` für eine Abbildung einer Eigenschaft auf ein XML-Element. Ober wenn ein Dienst als Web-Service angeboten werden kann, kommt zur fachlichen Realisierung noch `@WebMethod` an die Methode.

In den letzten Jahren hat sich die Kopplung, also haben sich die Abhängigkeiten zur technischen Realisierung verschoben, wurden aber nicht wirklich aufgehoben. Dabei gab es eine interessante Entwicklung. In den Anfängen gab es oftmals Oberklassen, die zu erweitern waren, oder Schnittstellen, die zu implementieren waren. Es folgte dann eine Abkehr von diesen technischen Realisierungen, angestoßen durch IoC-Container wie Spring. Der Container verwaltet ein Objekt ohne technische Abhängigkeiten und setzte zur Laufzeit etwa Persistenzeigenschaften dazu. Nun musste allerdings die Information, dass ein Objekt in einen Hintergrundspeicher persistiert werden kann, irgendwo vermerkt werden, sodass der Container den Wunsch auf Persistierung erkennt. So genannte Metadaten sind nötig. Hierzu wurden XML-Dokumente verwendet. Nun hat XML keinen guten Ruf, und es stimmt auch, dass Megabyte-große XML-Dokumente keine gute Lösung für das Problem sind, Java-Klassen von ihren technischen Realisierungen zu befreien.

Als in Java 5 Metadaten über Annotationen eingeführt wurden, verschwanden im Laufe der Zeit alle XML-Dokumente zur Beschreibung der Metadaten, beziehungsweise wurden nur noch als optionaler Zusatz geführt. Annotationen lösten zwar die lästigen XML-Dokumente ab, bedeuten aber wiederum einen Schritt zurück, da sie die technischen Belange wieder in die Klasse hineinnehmen, die die XML-Dokumente gerade erst entfernt hatten.

Heutzutage kommen alle bedeutenden Java-Frameworks mit einer großen Anzahl von Annotationen zur Beschreibung einer technischen Realisierung daher, insbesondere für die Objektpersistenz, die bei Geschäftsanwendungen eine gewichtige Rolle einnimmt. Eine Modellierung aufzubauen, die keine technischen Abhängigkeiten hat, ist daher schwierig und wird von den meisten Entwicklern auch nicht verfolgt, da es oft zu aufwändig ist und zu mehr Klassen führt.

Plain Old Java Object (POJO)

Das Gegenteil dieser voll mit Abhängigkeiten und Annotationen aufgepumpten Klassen sind *POJO*s. Ein POJO[1] ist ein »*Plain Old Java Object*«, also ein ganz einfaches, nettes Java-Objekt ohne Infrastruktur-Abhängigkeiten. Ist ein POJO[2] ein Objekt der Geschäftslogik, sollte es:

▶ keine technische Schnittstelle implementieren

▶ keine spezielle technische Oberklasse erweitern

▶ keine Annotationen tragen

---

1 *http://www.martinfowler.com/bliki/POJO.html*

2 Auch in der .NET-Welt gibt es Vergleichbares. Dort heißt es POCO (Plain Old CLR Object). Kurz war auch PONO für »Plain Old .NET Object« im Gespräch, aber das klang den Entwicklern wohl zu sehr nach POrNO. Aber wer schon WIX (Windows Installer XML) hat, dem kann PONO nicht zu peinlich sein...

Die POJOs spielen bei einem Entwurfsmodell des so genannten *Domain Driven Design (DDD)* eine zentrale Rolle, in dem es um saubere Objektorientierung geht und das fachliche Problem im Mittelpunkt steht.

Ernüchternd lässt sich jedoch feststellen, dass heutzutage POJOs auch Klassen genannt werden, die Annotationen tragen. Entwickler argumentieren, es seien »nur« Metadaten, die in einem anderen Kontext auch gar nicht ausgewertet und benutzt werden müssten. Das ignoriert jedoch die Tatsache, dass die Klasse mit den Annotationen schlichtweg gar nicht erst compiliert werden kann, wenn der Annotationstyp nicht bekannt ist. Hier gibt es folglich eine ganz klare Abhängigkeit, auch wenn diese geringer als bei zu implementierenden Schnittstellen oder Oberklassen ist.

10.4 Zum Weiterlesen

Viele Entwickler konzentrieren sich oft nur auf die Programmiersprache und APIs, aber weniger auf die Architektur oder das Design. Es ist empfohlen, Bücher und Literatur zu studieren, die sich auf den Entwurf von Anwendungen konzentrieren. Hervorzuheben ist in diesem Zusammenhang »Head First Design Patterns« von O'Reilly.

Was wir brauchen, sind ein paar verrückte Leute;
seht euch an, wohin uns die Normalen gebracht haben.
– George Bernard Shaw (1856–1950)

11 Die Klassenbibliothek

11.1 Die Java-Klassenphilosophie

Eine Programmiersprache besteht nicht nur aus einer Grammatik, sondern, wie im Fall von Java, auch aus einer Programmierbibliothek. Eine plattformunabhängige Sprache – so wie sich viele C oder C++ vorstellen – ist nicht wirklich plattformunabhängig, wenn auf jedem Rechner andere Funktionen und Programmiermodelle eingesetzt werden. Genau dies ist der Schwachpunkt von C(++). Die Algorithmen, die kaum vom Betriebssystem abhängig sind, lassen sich überall gleich anwenden, doch spätestens bei grafischen Oberflächen ist Schluss. Dieses Problem ergibt sich in Java seltener, weil sich die Entwickler große Mühe gaben, alle wichtigen Methoden in wohlgeformten Klassen und Paketen unterzubringen. Diese decken insbesondere die zentralen Bereiche Datenstrukturen, Ein- und Ausgabe, Grafik- und Netzwerkprogrammierung ab.

11.1.1 Übersicht über die Pakete der Standardbibliothek

Die Java 6-Klassenbibliothek bietet genau 203 Pakete.[1] Die wichtigsten davon fasst die folgende Tabelle zusammen:

Paket	Beschreibung
java.awt	Das Paket AWT (*Abstract Windowing Toolkit*) bietet Klassen zur Grafikausgabe und zur Nutzung von grafischen Bedienoberflächen.
java.awt.event	Schnittstellen für die verschiedenen Ereignisse unter grafischen Oberflächen
java.io	Möglichkeiten zur Ein- und Ausgabe. Dateien werden als Objekte repräsentiert. Datenströme erlauben den sequenziellen Zugriff auf die Dateiinhalte.

Tabelle 11.1 Wichtige Pakete in Java 6

---

1 Unsere Kollegen aus der Microsoft-Welt müssen eine dickere Pille schlucken, denn .NET 4 umfasst 408 Pakete (Assemblies genannt). Dafür enthält .NET aber auch Dinge, die in der Java-Welt der Java EE zuzuordnen sind. Aber auch dann liegt .NET immer noch vorne, denn Java EE 6 deklariert gerade einmal 117 Pakete.

573

Paket	Beschreibung
java.lang	Ein Paket, das automatisch eingebunden ist und unverzichtbare Klassen wie String-, Thread- oder Wrapper-Klassen enthält
java.net	Kommunikation über Netzwerke. Klassen zum Aufbau von Client- und Serversystemen, die sich über TCP beziehungsweise IP mit dem Internet verbinden lassen
java.text	Unterstützung für internationalisierte Programme. Behandlung von Text, Formatierung von Datumswerten und Zahlen
java.util	Datenstrukturen, Raum und Zeit sowie Teile der Internationalisierung, Zufallszahlen
javax.swing	Swing-Komponenten für grafische Oberflächen. Das Paket besitzt diverse Unterpakete.

Tabelle 11.1 Wichtige Pakete in Java 6 (Forts.)

Als Entwickler ist es unumgänglich für die Details die JavaDoc *http://download.oracle.com/javase/6/docs/api/* zu studieren.

Offizielle Schnittstelle (java und javax-Pakete)

Das, was die JavaDoc dokumentiert, bildet den erlaubten Zugang zum JDK. Die Typen sind für die Ewigkeit ausgelegt, sodass Entwickler darauf zählen können, auch noch in 100 Jahren ihre Java-Programme ausführen zu können. Doch wer definiert die API? Im Kern sind es vier Quellen:

▶ Oracle-Entwickler setzen neue Pakete und Typen in die API.

▶ Der *Java Community Process (JCP)* beschließt eine neue API. Dann ist es nicht nur Oracle allein, sondern eine Gruppe, die eine neue API erarbeitet und die Schnittstellen definiert.

▶ Die *Object Management Group (OMG)* definiert für CORBA eine API.

▶ Das *World Wide Web Consortium (W3C)* gibt eine API etwa für XML-DOM vor.

Die Merkhilfe ist, dass alles, was mit java oder javax beginnt, eine erlaubte API darstellt, und alles andere zu nicht portablen Java-Programmen führen kann. Es gibt weiterhin Klassen, die unterstützt werden, aber nicht Teil der offiziellen API sind. Dazu zählen etwa diverse Swing-Klassen für das Aussehen der Oberfläche.[2]

[»] **Hinweis** Die Laufzeitumgebung von Oracle liefert noch über 3.000 Klassendateien[2] in den Paketen sun und sunw aus. Diese internen Klassen sind nicht offiziell dokumentiert, aber zum Teil sehr leistungsfähig und erlauben selbst direkten Speicherzugriff oder können Objekte ohne Standard-Konstruktor erzeugen:

Listing 11.1 com/tutego/insel/sun/UnsafeInstance.java, Ausschnitt

```java
Field field = Unsafe.class.getDeclaredField( "theUnsafe" );
field.setAccessible( true );
sun.misc.Unsafe unsafe = (sun.misc.Unsafe) field.get( null );
File f = (File) unsafe.allocateInstance( File.class );
System.out.println( f.getPath() );                        // null
```

---

2 Das Buch »Java Secrets« von Elliotte Rusty Harold geht den Klassen nach, ist aber schon älter.

> `File` hat keinen Standard-Konstruktor, nicht einmal einen privaten. Diese Art der Objekt-erzeugung kann bei der Deserialisierung (siehe dazu Kapitel 17, »Datenströme«) hilfreich sein.

Standard Extension API (javax-Pakete)

Einige der Java-Pakete beginnen mit `javax`. Dies sind ursprünglich Erweiterungspakete (extensions), die die Kern-Klassen ergänzen sollten. Im Laufe der Zeit sind jedoch viele der früher zusätzlich einzubindenden Pakete in die Standard-Distribution gewandert, sodass heute ein recht großer Anteil mit `javax` beginnt, aber keine Erweiterungen mehr darstellt, die zusätzlich installiert werden müssen. Sun wollte damals die Pakete nicht umbenennen, um so eine Migration nicht zu erschweren. Fällt heute im Quellcode ein Paketname mit `javax` auf, ist es daher nicht mehr so einfach zu entscheiden, ob eine externe Quelle mit eingebunden werden muss beziehungsweise ab welcher Java-Version das Paket Teil der Distribution ist. Echte externe Pakete sind unter anderem:

- *Enterprise/Server API* mit den Enterprise *JavaBeans, Servlets* und *JavaServer Faces*
- *Java Persistence API* (JPA) zum dauerhaften Abbilden von Objekten auf (in der Regel) relationale Datenbanken
- *Java Communications API* für serielle und parallele Schnittstelle
- *Java Telephony API*
- Sprachein-/-ausgabe mit der *Java Speech API*
- *JavaSpaces* für gemeinsamen Speicher unterschiedlicher Laufzeitumgebungen
- *JXTA* zum Aufbauen von P2P-Netzwerken

11.2 Klassenlader (Class Loader)

Ein Klassenlader ist dafür verantwortlich, eine Klasse zu laden. Aus der Datenquelle (im Allgemeinen einer Datei) liefert der Klassenlader ein Byte-Feld mit den Informationen, die im zweiten Schritt dazu verwendet werden, die Klasse im Laufzeitsystem einzubringen; das ist *Linking*.

Es gibt eine Reihe von vordefinierten Klassenladern und die Möglichkeit, eigene Klassenlader zu schreiben, um etwa verschlüsselte und komprimierte *.class*-Dateien zu laden.

11.2.1 Woher die kleinen Klassen kommen

Nehmen wir zu Beginn ein einfaches Programm mit zwei Klassen:

```
class A
{
  static String s = new java.util.Date().toString();
```

```
public static void main( String[] args )
{
  B b = new B();
}
}

class B
{
  A a;
}
```

Wenn die Laufzeitumgebung das Programm A startet, muss sie eine Reihe von Klassen laden. Sofort wird klar, dass es zumindest A sein muss. Wenn aber die statische main()-Methode aufgerufen wird, muss auch B geladen sein. Und da beim Laden einer Klasse auch die statischen Variablen initialisiert werden, wird auch die Klasse java.util.Date geladen. Zwei weitere Dinge werden nach einiger Überlegung deutlich:

▶ Wenn B geladen wird, bezieht es sich auf A. Da A aber schon geladen ist, muss es nicht noch einmal geladen werden.

▶ Unsichtbar stecken noch andere referenzierte Klassen dahinter, die nicht direkt sichtbar sind. So wird zum Beispiel Object geladen werden, da implizit in der Klassendeklaration von A steht: class A extends Object.

Im Beispiel mit den Klassen A und B lädt die Laufzeitumgebung selbstständig die Klassen (*implizites Klassenladen*). Klassen lassen sich auch mit Class.forName() über ihren Namen laden (*explizites Klassenladen*).

[»] **Hinweis** Um zu sehen, welche Klassen überhaupt geladen werden, lässt sich der virtuellen Maschine beim Start der Laufzeitumgebung ein Schalter mitgeben – verbose:class. Dann gibt die Maschine beim Lauf alle Klassen aus, die sie lädt.

Die Suchorte
Ein festes, dreistufiges Schema bestimmt die Suche nach den Klassen:

1. Klassen wie String, Object oder Point stehen in einem ganz speziellen Archiv. Wenn ein eigenes Java-Programm gestartet wird, so sucht die virtuelle Maschine die angeforderten Klassen zuerst in diesem Archiv. Da es elementare Klassen sind, die zum Hochfahren eines Systems gehören, werden sie *Bootstrap-Klassen* genannt. Das Archiv mit diesen Klassen heißt oft *rt.jar* (für Runtime). Andere Archive können hinzukommen – wie *i18n.jar*, das Internationalisierungsdaten beinhaltet. Die Implementierung dieses Bootstrap-Laders ist nicht öffentlich und wird von System zu System unterschiedlich sein.

2. Findet die Laufzeitumgebung die Klassen nicht bei den Bootstrap-Klassen, so werden alle Archive eines speziellen Verzeichnisses untersucht, das sich *Extension-Verzeichnis* nennt. Das Verzeichnis gibt es bei jeder Java-Version. Es liegt unter *lib/ext*. Werden hier Klassen

eingelagert, so findet es die Laufzeitumgebung ohne weitere Anpassung und Setzen von Pfaden. In sonstige Verzeichnisse einer Java-Installation sollten keine Klassen kopiert werden.

3. Ist eine Klasse auch im Erweiterungsverzeichnis nicht zu finden, beginnt die Suche im *Klassenpfad (Classpath)*. Diese Pfadangabe besteht aus einer Aufzählung einzelner Verzeichnisse, Klassen oder Jar-Archive, in der die Laufzeitumgebung nach den Klassendateien sucht. Standardmäßig ist dieser Klassenpfad auf das aktuelle Verzeichnis gesetzt (».«).

Hinweis Es gibt spezielle Bootstrap-Klassen, die sich überschreiben lassen. Sie werden in das spezielle Verzeichnis *endorsed* gesetzt. Mehr Informationen dazu folgen später. **[«]**

11.2.2 Setzen des Klassenpfades

Die Suchorte lassen sich angeben, wobei die Bestimmung des Klassenpfades für die eigenen Klassen die wichtigste ist. Sollen in einem Java-Projekt Dateien aus einem Verzeichnis oder einem externen Java-Archiv geholt werden, so ist der übliche Weg, dieses Verzeichnis oder Archiv im Klassenpfad anzugeben. Dafür gibt es zwei Varianten. Die erste ist, über den Schalter `-classpath` (kurz `-cp`) beim Start der virtuellen Maschine die Quellen aufzuführen:

```
$ java -classpath classpath1;classpath2 MainClass
```

Eine Alternative ist das Setzen der Umgebungsvariablen CLASSPATH mit einer Zeichenfolge, die die Klassen spezifiziert:

```
$ SET CLASSPATH=classpath1;classpath2
$ java MainClass
```

Ob der Klassenpfad überhaupt gesetzt ist, ermittelt ein einfaches `echo $CLASSPATH` (Unix) beziehungsweise `echo %CLASSPATH%` (Windows).

Hinweis Früher – das heißt vor Java 1.2 – umfasste der CLASSPATH auch die Bootstrap-Klassen. Das ist seit 1.2 überflüssig und bedeutet: Die typischen Klassen aus den Paketen java.*, com.sun.* usw. wie String stehen nicht im CLASSPATH. **[«]**

Zur Laufzeit steht dieser Klassenpfad in der Umgebungsvariablen `java.class.path`. Auch die Bootstrap-Klassen können angegeben werden. Dazu dient der Schalter `-Xbootclasspath` oder die Variable `sun.boot.class.path`. Zusätzliche Erweiterungsverzeichnisse lassen sich über die Systemeigenschaft `java.ext.dirs` zuweisen.

Listing 11.2 Ausgaben von com/tutego/insel/lang/ClasspathDir.java

java.class.path	*C:\Insel\programme\1_11_Java_Library\bin*
java.ext.dirs	*C:\Program Files\Java\jdk1.6.0\jre\lib\ext;* *C:\Windows\Sun\Java\lib\ext*

Tabelle 11.2 Beispielbelegungen der Variablen

577

sun.boot.class.path	C:\Program Files\Java\jdk1.6.0\jre\lib\resources.jar;
	C:\Program Files\Java\jdk1.6.0\jre\lib\rt.jar;
	C:\Program Files\Java\jdk1.6.0\jre\lib\sunrsasign.jar;
	C:\Program Files\Java\jdk1.6.0\jre\lib\jsse.jar;
	C:\Program Files\Java\jdk1.6.0\jre\lib\jce.jar;
	C:\Program Files\Java\jdk1.6.0\jre\lib\charsets.jar;
	C:\Program Files\Java\jdk1.6.0\jre\lib\modules\jdk.boot.jar;
	C:\Program Files\Java\jdk1.6.0\jre\classes

Tabelle 11.2 Beispielbelegungen der Variablen (Forts.)

[»] **Hinweis** Wird die JVM über `java -jar` aufgerufen, beachtet sie nur Klassen in dem genannten Jar und ignoriert den Klassenpfad.

11.2.3 Die wichtigsten drei Typen von Klassenladern

Eine Klassendatei kann von der Java-Laufzeitumgebung über verschiedene Klassenlader bezogen werden. Die wichtigsten sind: Bootstrap-, Erweiterungs- und Applikations-Klassenlader. Sie arbeiten insofern zusammen, als sie sich gegenseitig Aufgaben zuschieben, wenn eine Klasse nicht gefunden wird:

▶ *Bootstrap-Klassenlader*: für die Bootstrap-Klassen

▶ *Erweiterungs-Klassenlader*: für die Klassen im *lib/ext*-Verzeichnis

▶ *Applikations-Klassenlader* (auch *System-Klassenlader*): Der letzte Klassenlader im Bunde berücksichtigt bei der Suche den `java.class.path`.

Aus Sicherheitsgründen beginnt der Klassenlader bei einer neuen Klasse immer mit dem System-Klassenlader und reicht dann die Anfrage weiter, wenn er selbst die Klasse nicht laden konnte. Dazu sind die Klassenlader miteinander verbunden. Jeder Klassenlader L hat dazu einen Vater-Klassenlader V. Erst darf der Vater versuchen, die Klassen zu laden. Kann er es nicht, gibt er die Arbeit an L ab.

Hinter dem letzten Klassenlader können wir einen eigenen *benutzerdefinierten Klassenlader* installieren. Auch dieser wird einen Vater haben, den üblicherweise der Applikations-Klassenlader verkörpert.

11.2.4 Die Klasse »java.lang.ClassLoader« *

Jeder Klassenlader in Java ist vom Typ `java.lang.ClassLoader`. Die Methode `loadClass()` erwartet einen so genannten »binären Namen«, der an den vollqualifizierten Klassennamen erinnert.

`abstract class java.lang.ClassLoader`

▶ `protected Class<?> loadClass( String name, boolean resolve )`
Lädt die Klasse und bindet sie mit `resolveClass()` ein, wenn `resolve` gleich `true` ist.

- public Class<?> loadClass(String name)
  Die öffentliche Methode ruft `loadClass(name, false)` auf, was bedeutet, dass die Klasse nicht standardmäßig angemeldet (gelinkt) wird. Beide Methoden können eine `ClassNot-FoundException` auslösen.

Die geschützte Methode führt anschließend drei Schritte durch:

1. Wird `loadClass()` auf einer Klasse aufgerufen, die dieser Klassenlader schon eingelesen hat, so kehrt die Methode mit dieser gecachten Klasse zurück.
2. Ist die Klasse nicht gespeichert, darf zuerst der Vater (*parent class loader*) versuchen, die Klasse zu laden.
3. Findet der Vater die Klasse nicht, so darf jetzt der Klassenlader selbst mit `findClass()` versuchen, die Klasse zu beziehen.

Eigene Klassenlader überschreiben in der Regel die Methode `findClass()`, um nach einem bestimmten Schema zu suchen, etwa nach Klassen aus der Datenbank. In diesen Stufen ist es auch möglich, höher stehende Klassenlader zu umgehen, was beispielsweise bei Servlets Anwendung findet.

Neue Klassenlader

Java nutzt an den verschiedensten Stellen spezielle Klassenlader, etwa für Applets den `sun.applet.AppletClassLoader`. Für uns ist der `java.net.URLClassLoader` interessant, da er Klassen von beliebigen URLs laden kann und die Klassen nicht im klassischen Klassenpfad benötigt. Wie ein eigener Klassenlader aussieht, zeigt das Beispiel unter *http://tutego.com/go/urlclassloader*, das den URL-Classloader vom Prinzip her nachimplementiert.

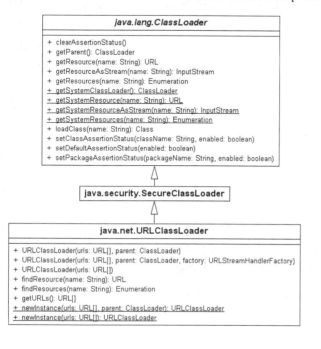

11 | Die Klassenbibliothek

11.2.5 Hot Deployment mit dem URL-Classloader *

Unter »Hot Deployment« ist die Möglichkeit zu verstehen, zur Laufzeit Klassen auszutauschen. Diese Möglichkeit ist für viele EJB- oder Servlet-Container wichtig, da sie im Dateisystem auf eine neue Klassendatei warten und im gegebenen Fall die alte Klasse durch eine neue ersetzen. Ein Servlet-Container überwacht geladene Klassen und lädt sie bei Änderungen neu. Eine Internetsuche mit dem Stichwort *AdaptiveClassLoader* listet Implementierungen auf.

Damit dieser heiße Wechsel funktioniert, muss die Klasse über einen neuen Klassenlader bezogen werden. Das liegt daran, dass der Standardklassenlader von Haus aus keine Klasse mehr loswird, wenn er sie einmal geladen hat. Mit anderen Worten: Wenn eine Klasse über `Class.forName(Klasse)` angefordert wird, ist sie immer im Cache und wird nicht mehr entladen. Ein neuer Klassenlader fängt immer von vorn an, wenn er die Klasse für sich zum ersten Mal sieht.

Mit immer neuen Klassenladern funktioniert das Neuladen, weil für eine neue Klasse dann jeweils ein eigener Klassenlader zuständig ist. Ändert sich die Klasse, wird ein neuer Klassenlader konstruiert, der die neue Klasse lädt. Doch damit ist die alte Klasse noch nicht aus dem Spiel. Nur wenn sich niemand mehr für die alte Klasse und für den Klassenlader interessiert, kann die Laufzeitumgebung diese nicht benutzten Objekte erkennen und aufräumen.

Gleiche Klasse mehrfach laden

Wir wollen im Folgenden eine eigene statische Methode `newInstance()` vorstellen, die beim Aufruf die neueste Version des Dateisystems lädt und ein Exemplar bildet. Die neu zu ladende Klasse soll ohne Beschränkung der Allgemeinheit einen Standard-Konstruktor haben – andernfalls muss über Reflection ein parametrisierter Konstruktor aufgerufen werden; wir wollen das Beispiel aber kurz halten.

Beginnen wir mit der Klasse, die zweimal geladen werden soll. Sie besitzt einen statischen Initialisierungsblock, der etwas auf der Konsole ausgibt, wenn er beim Laden ausgeführt wird:

Listing 11.3 com/tutego/insel/lang/ClassToLoadMultipleTimes.java

```
package com.tutego.insel.lang;

public class ClassToLoadMultipleTimes
{
  static
  {
    System.out.println( "ClassToLoadMultipleTimes" );
  }
}
```

Die Testklasse legen wir unter *C:* ab, und zwar so, dass die Verzeichnisstruktur durch das Paket erhalten bleibt – demnach unter *C:\com\tutego\insel\lang*.

Jetzt brauchen wir noch eine Testklasse, die `ClassToLoadMultipleTimes` unter dem Wurzelverzeichnis liest (also etwa unter *C:/*):

580

Listing 11.4 com/tutego/insel/lang/LoadClassMultipleTimes.java

```
package com.tutego.insel.lang;

import java.io.File;
import java.net.*;

public class LoadClassMultipleTimes
{
  static Object newInstance( String path, String classname ) throws Exception
  {
    URL url = new File( path ).toURI().toURL();

    URLClassLoader cl = new URLClassLoader( new URL[]{ url } );

    Class<?> c = cl.loadClass( classname );

    return c.newInstance();
  }

  public static void main( String[] args ) throws Exception
  {
    newInstance( "/", "com.tutego.insel.lang.ClassToLoadMultipleTimes" );
    newInstance( "/", "com.tutego.insel.lang.ClassToLoadMultipleTimes" );
  }
}
```

Nach dem direkten Start ohne Vorbereitung bekommen wir nur einmal die Ausgabe – anders als erwartet. Der Grund liegt in der Hierarchie der Klassenlader. Wichtig ist hier, dass der Standardklassenlader die Klasse `ClassToLoadMultipleTimes` nicht »sehen« darf. Wir müssen die Klasse also aus dem Zugriffspfad der Laufzeitumgebung löschen, da andernfalls aufgrund des niedrigen Rangs unser eigener URL-Klassenlader nicht zum Zuge kommt. (Und ist die Klassendatei nicht im Pfad, können wir das praktische `ClassToLoadMultipleTimes.class.get-Name()` nicht nutzen.) Erst nach dem Löschen werden wir Zeuge, wie die virtuelle Maschine auf der Konsole die beiden Meldungen ausgibt, wenn der statische Initialisierungsblock ausgeführt wird.

Die zu ladende Klasse darf nicht den gleichen voll qualifizierten Namen wie eine Standardklasse (etwa `java.lang.String`) tragen. Das liegt daran, dass auch in dem Fall, in dem die Klasse mit dem eigenen `URLClassLoader` bezogen werden soll, die Anfrage trotzdem erst an den System-Klassenlader, dann an den Erweiterungs-Klassenlader und erst ganz zum Schluss an unseren eigenen Klassenlader geht. Es ist also nicht möglich, aus einem Java-Programm Klassen zu beziehen, die prinzipiell vom System-Klassenlader geladen werden. Wir können eine Klasse wie `javax.swing.JButton` nicht selbst beziehen. Wenn sie mit einem Klassenlader ungleich unserem eigenen geladen wird, hat dies wiederum zur Folge, dass wir die geladene Klasse nicht mehr loswerden – was allerdings im Fall der Systemklassen kein Problem sein sollte.

11 | Die Klassenbibliothek

Implementiert die Klasse eine bestimmte Schnittstelle oder erbt sie von einer Basisklasse, lässt sich der Typ der Rückgabe unserer Methode `newInstance()` einschränken. Auf diese Weise ist ein Plugin-Prinzip realisierbar: Die geladene Klasse bietet mit dem Typ Methoden an. Während dieser Typ bekannt ist (der implizite Klassenlader besorgt sie), wird die Klasse selbst erst zur Laufzeit geladen (expliziter Klassenlader).

Einzigartigkeit eines Singletons Ein Singleton ist ein Erzeugermuster, das ein Exemplar nur einmal hervorbringt. Singletons finden sich in der JVM an einigen Stellen; so gibt es `java.lang.Runtime` nur einmal, genauso wie `java.awt.Toolkit`. Auch Enums sind Singletons, und so lassen sich die Aufzählungen problemlos mit `==` vergleichen. Und doch gibt es zwischen den Bibliotheks-Singletons und den von Hand gebauten Singleton-Realisierungen und Enums einen großen Unterschied: Sie basieren alle auf statischen Variablen, die dieses eine Exemplar referenzieren. Damit ist eine Schwierigkeit verbunden. Denn wie wir an den Beispielen mit dem `URLClassLoader` gesehen haben, ist dieses Exemplar immer nur pro Klassenlader einzigartig, aber nicht in der gesamten JVM an sich, die eine unbestimmte Anzahl von Klassenladern nutzen kann. Die Enums sind ein gutes Beispiel. In einem Server kann es zwei gleiche `Weekday`-Aufzählungen im gleichen Paket geben. Und doch sind sie völlig unterschiedlich und miteinander inkompatibel, wenn sie zwei unterschiedliche Klassenlader einlesen. Selbst die `Class`-Objekte dieser Enums, die ja auch Singletons innerhalb eines Klassenladers sind, sind bei zwei verschiedenen Klassenladern nicht identisch. Globale Singletons für die gesamte JVM gibt es nicht – zum Glück. Auf der anderen Seite verursachen diese Klassen-Phantome viele Probleme in Java EE-Umgebungen. Doch das ist eine andere Geschichte für ein Java-EE Buch.

```
class java.net.URLClassLoader
extends SecureClassLoader
```

- ► `URLClassLoader( URL[] urls )`
  Erzeugt einen neuen `URLClassLoader` für ein Feld von URLs mit dem Standard-Vater-Klassenlader.

- ► `URLClassLoader( URL[] urls, ClassLoader parent )`
  Erzeugt einen neuen `URLClassLoader` für ein Feld von URLs mit einem gegebenen Vater-Klassenlader.

- ► `protected void addURL( URL url )`
  Fügt eine URL hinzu.

- ► `URL[] getURLs()`
  Liefert die URLs.

11.2.6 Das Verzeichnis jre/lib/endorsed *

Im Fall der XML-Parser und weiterer Bibliotheken kommt es häufiger vor, dass sich die Versionen einmal ändern. Es wäre nun müßig, aus diesem Grund die neuen Bibliotheken immer im `bootclasspath` aufzunehmen, da dann immer eine Einstellung über die Kommandozeile stattfände. Die Entwickler haben daher für spezielle Pakete ein Verzeichnis vorgesehen, in dem Updates eingelagert werden können: das Verzeichnis *jre/lib/endorsed* der Java-Installation. Alternativ können die Klassen und Archive auch durch die Kommandozeilenoption `java.endorsed.dirs` spezifiziert werden.

Wenn der Klassenlader im Verzeichnis *endorsed* eine neue Version – etwa vom XML-Parser – findet, lädt er die Klassen von dort und nicht aus dem Jar-Archiv, aus dem sonst die Klassen geladen würden. Standardmäßig bezieht er die Ressourcen aus der Datei *rt.jar*. Alle im Verzeichnis *endorsed* angegebenen Typen überdecken somit die Standardklassen aus der Java SE; neue Versionen lassen sich einfach einspielen.

Nicht alle Klassen lassen sich mit *endorsed* überdecken. Es lässt sich zum Beispiel keine neue Version von `java.lang.String` einfügen. Die Dokumentation »Endorsed Standards Override Mechanism« zeigt die überschreibbaren Pakete an: `javax.rmi.CORBA`, `org.omg.*`, `org.w3c.dom` und `org.xml.*`. (Im Übrigen definiert auch Tomcat, die Servlet-Engine, ein solches Überschreibverzeichnis. Hier können Sie Klassen in das Verzeichnis *common/lib/endorsed* aufnehmen, die dann beim Start von Tomcat die Standardklassen überschreiben.)

11.3 Die Utility-Klasse System und Properties

In der Klasse `java.lang.System` finden sich Methoden zum Erfragen und Ändern von Systemvariablen, zum Umlenken der Standard-Datenströme, zum Ermitteln der aktuellen Zeit, zum Beenden der Applikation und noch das ein oder andere. Alle Methoden sind ausschließlich statisch, und ein Exemplar von `System` lässt sich nicht anlegen. In der Klasse `java.lang.Runtime` – die Schnittstelle `RunTime` aus dem CORBA-Paket hat hiermit nichts zu tun – finden sich zusätzlich Hilfsmethoden, wie etwa das Starten von externen Programmen oder Methoden zum Erfragen des Speicherbedarfs. Anders als `System` ist hier nur eine Methode statisch, nämlich die Singleton-Methode `getRuntime()`, die das Exemplar von `Runtime` liefert.

java.lang.System
+ err: PrintStream
+ in: InputStream
+ out: PrintStream
+ arraycopy(src: Object, srcPos: int, dest: Object, destPos: int, length: int)
+ clearProperty(key: String): String
+ console(): Console
+ currentTimeMillis(): long
+ exit(status: int)
+ gc()
+ getProperties(): Properties
+ getProperty(key: String, def: String): String
+ getProperty(key: String): String
+ getSecurityManager(): SecurityManager
+ getenv(name: String): String
+ getenv(): Map
+ identityHashCode(x: Object): int
+ inheritedChannel(): Channel
+ load(filename: String)
+ loadLibrary(libname: String)
+ mapLibraryName(libname: String): String
+ nanoTime(): long
+ runFinalization()
+ runFinalizersOnExit(value: boolean)
+ setErr(err: PrintStream)
+ setIn(in: InputStream)
+ setOut(out: PrintStream)
+ setProperties(props: Properties)
+ setProperty(key: String, value: String): String
+ setSecurityManager(s: SecurityManager)

java.lang.Runtime
+ addShutdownHook(hook: Thread)
+ availableProcessors(): int
+ exec(cmdarray: String[], envp: String[], dir: File): Process
+ exec(command: String, envp: String[], dir: File): Process
+ exec(command: String): Process
+ exec(cmdarray: String[]): Process
+ exec(cmdarray: String[], envp: String[]): Process
+ exec(command: String, envp: String[]): Process
+ exit(status: int)
+ freeMemory(): long
+ gc()
+ getLocalizedInputStream(in: InputStream): InputStream
+ getLocalizedOutputStream(out: OutputStream): OutputStream
+ getRuntime(): Runtime
+ halt(status: int)
+ load(filename: String)
+ loadLibrary(libname: String)
+ maxMemory(): long
+ removeShutdownHook(hook: Thread): boolean
+ runFinalization()
+ runFinalizersOnExit(value: boolean)
+ totalMemory(): long
+ traceInstructions(on: boolean)
+ traceMethodCalls(on: boolean)

11 | Die Klassenbibliothek

> **Bemerkung** Insgesamt machen die Klassen `System` und `Runtime` keinen besonders aufgeräumten Eindruck; sie wirken irgendwie so, als sei hier alles zu finden, was an anderer Stelle nicht mehr hineingepasst hat. Auch wären Methoden einer Klasse genauso gut in der anderen Klasse aufgehoben. Dass die statische Methode `System.arraycopy()` zum Kopieren von Feldern nicht in `java.util.Arrays` stationiert ist, lässt sich nur historisch erklären. Und `System.exit()` leitet an `Runtime.getRuntime().exit()` weiter. Einige Methoden sind veraltet beziehungsweise anders verteilt: Das `exec()` von `Runtime` zum Starten von externen Prozessen übernimmt eine neue Klasse `ProcessBuilder`, und die Frage nach dem Speicherzustand oder der Anzahl der Prozessoren beantworten MBeans, wie etwa `ManagementFactory.getOperatingSystemMXBean().getAvailableProcessors()`. Aber API-Design ist wie Sex: Eine unüberlegte Aktion, und es lebt mit uns für immer.

11.3.1 Systemeigenschaften der Java-Umgebung

Die Java-Umgebung verwaltet Systemeigenschaften wie Pfadtrenner oder die Version der virtuellen Maschine in einem `java.util.Properties`-Objekt. Die statische Methode `System.getProperties()` erfragt diese Systemeigenschaften und liefert das gefüllte `Properties`-Objekt zurück. Zum Erfragen einzelner Eigenschaften ist das `Properties`-Objekt aber nicht unbedingt nötig: `System.getProperty()` erfragt direkt eine Eigenschaft.

[zB]

> **Beispiel** Gib den Namen des Betriebssystems aus:
>
> `System.out.println( System.getProperty("os.name") );`
>
> Gib alle Systemeigenschaften auf dem Bildschirm aus:
>
> `System.getProperties().list( System.out );`

Eine Liste der wichtigen Standard-Systemeigenschaften:

Schlüssel	Bedeutung
`java.version`	Version der Java-Laufzeitumgebung
`java.class.path`	Klassenpfad
`java.library.path`	Pfad für native Bibliotheken
`java.io.tmpdir`	Pfad für temporäre Dateien
`os.name`	Name des Betriebssystems
`file.separator`	Trenner der Pfadsegmente, etwa / (Unix) oder \ (Windows)
`path.separator`	Trenner bei Pfadangaben, etwa : (Unix) oder ; (Windows)
`line.separator`	Zeilenumbruchzeichen(-folge)
`user.name`	Name des angemeldeten Benutzers
`user.home`	Home-Verzeichnis des Benutzers
`user.dir`	aktuelles Verzeichnis des Benutzers

Tabelle 11.3 Standardsystemeigenschaften

Die Utility-Klasse System und Properties | **11.3**

Ein paar weitere Schlüssel zählt die API-Dokumentation bei `System.getProperties()` auf. Einige der Variablen sind auch anders zugänglich, etwa über die Klasse `File`.

`final class java.lang.`**`System`**

▶ `static String getProperty( String key )`
Gibt die Belegung einer Systemeigenschaft zurück. Ist der Schlüssel `null` oder leer, gibt es eine `NullPointerException` beziehungsweise eine `IllegalArgumentException`.

▶ `static String getProperty( String key, String def )`
Gibt die Belegung einer Systemeigenschaft zurück. Ist sie nicht vorhanden, liefert die Methode die Zeichenkette `def`, den Default-Wert. Für die Ausnahmen gilt das Gleiche wie bei `getProperty(String)`.

▶ `static String setProperty( String key, String value )`
Belegt eine Systemeigenschaft neu. Die Rückgabe ist die alte Belegung – oder `null`, falls es keine alte Belegung gab.

▶ `static String clearProperty( String key )`
Löscht eine Systemeigenschaft aus der Liste. Die Rückgabe ist die alte Belegung – oder `null`, falls es keine alte Belegung gab.

▶ `static Properties getProperties()`
Liefert ein mit den aktuellen Systembelegungen gefülltes `Properties`-Objekt.

11.3.2 line.separator

Um nach dem Ende einer Zeile an den Anfang der nächsten zu gelangen, wird ein *Zeilenumbruch* (engl. *new line*) eingefügt. Das Zeichen für den Zeilenumbruch muss kein einzelnes sein, es können auch mehrere Zeichen nötig sein. Zum Leidwesen der Programmierer unterscheidet sich die Anzahl der Zeichen für den Zeilenumbruch auf den bekannten Architekturen:

▶ Unix: Line Feed (Zeilenvorschub)

▶ Windows: beide Zeichen (Carriage Return und Line Feed)

▶ Macintosh: Carriage Return (Wagenrücklauf)

Der Steuercode für Carriage Return (kurz CR) ist 13 (0x0D), der für Line Feed (kurz LF) 10 (0x0A). Java vergibt obendrein eigene Escape-Sequenzen für diese Zeichen: `\r` für Carriage Return und `\n` für Line Feed (die Sequenz `\f` für einen Form Feed – Seitenvorschub – spielt bei den Zeilenumbrüchen keine Rolle).

Bei der Ausgabe mit einem `println()` oder der Nutzung des Formatspezifizierers `%n` in `format()` beziehungsweise `printf()` haben wir bei Zeilenumbrüchen keinerlei Probleme. So ist es oft gar nicht nötig, das Zeilenumbruchzeichen vom System über die Property `line.separator` zu erfragen.

585

11 | Die Klassenbibliothek

11.3.3 Property von der Konsole aus setzen *

Eigenschaften lassen sich auch beim Programmstart von der Konsole aus setzen. Dies ist praktisch für eine Konfiguration, die beispielsweise das Verhalten des Programms steuert. In der Kommandozeile werden mit `-D` der Name der Eigenschaft und ihr Wert angegeben. Das sieht dann etwa so aus:

```
$ java -DDEBUG=true -Dlog SetProperty
```

Die Properties `DEBUG` und `log` werden gesetzt, wobei `DEBUG` einen zusätzlichen Wert hat, aber `log` nur ein Schalter ist.

Die Informationen tauchen nicht bei der Argumentliste in der statischen `main()`-Methode auf, da sie vor dem Namen der Klasse stehen und bereits von der Java-Laufzeitumgebung verarbeitet werden.

Um die Eigenschaften auszulesen, gibt es zwei Möglichkeiten. Eine davon überrascht:

Listing 11.5 SetProperty.java

```
class SetProperty
{
  static public void main( String[] args )
  {
    boolean debug = false;
    String prop = System.getProperty( "DEBUG" );

    // Erste Möglichkeit
    if ( prop != null )
      debug = Boolean.valueOf(prop).booleanValue();

    if ( debug )
        System.out.println( "Wir dürfen debuggen" );

    // Zweite Möglichkeit
    System.out.println( Boolean.getBoolean("DEBUG") );
  }
}
```

Auf der Konsole erfolgt die Ausgabe:

```
$ java -DDEBUG=true SetProperty
Wir dürfen debuggen
true
```

Wir bekommen über `getProperty()` einen String zurück, der den Wert anzeigt. Falls es überhaupt keine Eigenschaft dieses Namens gibt, erhalten wir stattdessen `null`. So wissen wir auch, ob dieser Wert überhaupt gesetzt wurde.

Für die Wahrheitswerte gibt es die statische Methode `getBoolean()` in der Klasse `Boolean`, die aus den System-Properties eine Eigenschaft mit dem angegebenen Namen heraussucht:

586

Die Utility-Klasse System und Properties | **11.3**

```
public static boolean getBoolean( String name ) {
  return toBoolean( System.getProperty(name) );
}
```

Es ist schon erstaunlich, diese statische Methode in der Wrapper-Klasse `Boolean` anzutreffen, weil dies nichts mit den Wrapper-Objekten zu tun hat. Gegenüber einer eigenen, direkten `System`-Anfrage hat `getBoolean()` auch den Nachteil, dass wir bei der Rückgabe `false` nicht unterscheiden können, ob es die Eigenschaft nicht gibt oder ob die Eigenschaft mit dem Wert `false` belegt ist.

```
final class java.lang.Boolean
implements Serializable, Comparable<Boolean>
```

▶ static boolean getBoolean(String name)
  Liest eine Systemeigenschaft mit dem Namen name aus und liefert true, wenn der Wert der Property gleich dem String "true" ist. Die Rückgabe ist false, wenn entweder der Wert der Systemeigenschaft "false" ist, oder er nicht existiert oder null ist.

11.3.4 Umgebungsvariablen des Betriebssystems *

Fast jedes Betriebssystem nutzt das Konzept der *Umgebungsvariablen* (engl. *environment variables*); bekannt ist etwa PATH für den Suchpfad für Applikationen unter Windows und unter Unix. Java macht es möglich, auf diese System-Umgebungsvariablen zuzugreifen. Dazu dienen zwei statische Methoden:

```
final class java.lang.System
```

▶ static Map<String, String> getEnv()
  Liest eine Menge von <String, String>-Paaren mit allen Systemeigenschaften.

▶ static String getEnv(String name)
  Liest eine Systemeigenschaft mit den Namen name. Gibt es sie nicht, ist die Rückgabe null.

Beispiel Was ist der Suchpfad? Den liefert `System.getenv("path");` **[zB]**

Name der Variablen	Beschreibung	Beispiel
COMPUTERNAME	Name des Computers	*MOE*
HOMEDRIVE	Laufwerkbuchstabe des Benutzerverzeichnisses	*C*
HOMEPATH	Pfad des Benutzerverzeichnisses	*\Dokumente und Einstellungen\Christian Ullenboom*
OS	Name des Betriebssystems	*Windows_NT*
PATH	Suchpfad	*C:\WINDOWS\system32;C:\WINDOWS*

Tabelle 11.4 Auswahl einiger unter Windows verfügbarer Umgebungsvariablen

587

Name der Variablen	Beschreibung	Beispiel
PATHEXT	Dateiendungen, die für ausführbare Programme stehen	*.COM;.EXE;.BAT;.CMD;.WSH*
SYSTEMDRIVE	Laufwerkbuchstabe des Betriebssystems	*C*
TEMP und auch TMP	temporäres Verzeichnis	*C:\DOKUME~1\CHRIST~1\LOKALE~1\ Temp*
USERDOMAIN	Domäne des Benutzers	*MOE*
USERNAME	Name des Nutzers	*Christian Ullenboom*
USERPROFILE	Profilverzeichnis	*C:\Dokumente und Einstellungen\ Christian Ullenboom*
WINDIR	Verzeichnis des Betriebssystems	*C:\WINDOWS*

Tabelle 11.4 Auswahl einiger unter Windows verfügbarer Umgebungsvariablen (Forts.)

Einige der Variablen sind auch über die System-Properties (`System.getProperties()`, `System.getProperty()`) erreichbar.

[zB]

Beispiel Gib die Umgebungsvariablen des Systems aus. Um die Ausgabe etwas übersichtlicher zu gestalten, ist bei der Aufzählung jedes Komma durch ein Zeilenvorschubzeichen ersetzt worden:

```
Map<String, String> map = System.getenv();
System.out.println( map.toString().replace(',', '\n') );
```

11.4 Einfache Benutzereingaben

Ein Aufruf von `System.out.println()` gibt Zeichenketten auf der Konsole aus. Für den umgekehrten Weg der Benutzereingabe sind folgende Wege denkbar:

▶ Statt `System.out` für die Ausgabe lässt sich `System.in` als so genannter Eingabestrom nutzen. Der allerdings liest nur Bytes und muss für String-Eingaben etwas komfortabler zugänglich gemacht werden. Dazu dient etwa `Scanner`, den Kapitel 4, »Der Umgang mit Zeichenketten«, schon für die Eingabe vorgestellt hat.

▶ Die Klasse `Console` erlaubt Ausgaben und Eingaben. Die Klasse ist nicht so nützlich, wie es auf den ersten Blick scheint, und eigentlich nur dann wirklich praktisch, wenn passwortgeschützt Eingaben nötig sind.

▶ Statt der Konsole kann der Benutzer natürlich auch einen grafischen Dialog präsentiert bekommen. Java bietet eine einfache statische Methode für Standardeingaben über einen Dialog an.

11.4.1 Grafischer Eingabedialog über JOptionPane

Der Weg über die Befehlszeile ist dabei steinig, da Java eine Eingabe nicht so einfach wie eine Ausgabe vorsieht. Wer dennoch auf Benutzereingaben reagieren möchte, der kann dies über einen grafischen Eingabedialog `JOptionPane` realisieren:

Listing 11.6 com/tutego/insel/input/InputWithDialog.java

```java
class InputWithDialog
{
  public static void main( String[] args )
  {
    String s = javax.swing.JOptionPane.showInputDialog( "Wo kommst du denn wech?" );
    System.out.println( "Aha, du kommst aus " + s );
    System.exit( 0 );                          // Exit program
  }
}
```

Soll die Zeichenkette in eine Zahl konvertiert werden, dann können wir die statische Methode `Integer.parseInt()` nutzen.

Beispiel   Zeige einen Eingabedialog an, der zur Zahleneingabe auffordert. Quadriere die eingelesene Zahl, und gib sie auf dem Bildschirm aus: [zB]

```java
String s = javax.swing.JOptionPane.showInputDialog( "Bitte Zahl eingeben" );
int i = Integer.parseInt( s );
System.out.println( i * i );
```

Fehler müssten zusätzlich in einen `try-catch`-Block gesetzt werden, da `parseInt()` eine `NumberFormatException` auslöst, wenn Buchstaben zur Umwandlung anstehen.

Beispiel   Es soll ein einzelnes Zeichen eingelesen werden: [zB]

```java
String s = javax.swing.JOptionPane.showInputDialog( "Bitte Zeichen eingeben" );
char c = 0;
if ( s != null && s.length() > 0 )
  c = s.charAt( 0 );
```

Beispiel   Ein Wahrheitswert soll eingelesen werden. Dieser Wahrheitswert soll vom Benutzer als Zeichenkette `true` oder `false` beziehungsweise als 1 oder 0 eingegeben werden: [zB]

```java
String s = javax.swing.JOptionPane.showInputDialog( "Bitte Wahrheitswert ⮐
eingeben" );
boolean buh;

if ( s != null )
  if (s.equals("0") || s.equals("false") )
    buh = false;
  else if (s.equals("1") || s.equals("true") )
    buh = true;
```

589

11 | Die Klassenbibliothek

```
class javax.swing.JOptionPane
extends JComponent
implements Accessible
```

▶ static String showInputDialog(Object message)
Zeigt einen Dialog mit Texteingebezeile. Die Rückgabe ist der eingegebene String oder
null, wenn der Dialog abgebrochen wurde. Der Parameter message ist in der Regel ein
String.

11.4.2 Geschützte Passwort-Eingaben mit der Klasse »Console« *

Die Klasse java.io.Console erlaubt Konsolenausgaben und -eingaben. Ausgangspunkt ist
System.console(), was ein aktuelles Exemplar liefert – oder null bei einem System ohne Kon-
solenmöglichkeit. Das Console-Objekt ermöglicht übliche Ausgaben und Eingaben und insbesondere mit readPassword() eine Möglichkeit zur Eingabe ohne Echo der eingegebenen Zeichen.

[zB]

Beispiel Lies ein Passwort ein, und gib es auf der Konsole aus:

Listing 11.7 com/tutego/insel/io/PasswordFromConsole.java, main()

```
if ( System.console() != null )
{
  String passwd = new String( System.console().readPassword() );
  System.out.println( passwd );
}
```

```
final class java.lang.System
implements Flushable
```

▶ static Console console()
Liefert das Console-Objekt oder null, wenn es keine Konsole gibt.

```
final class java.io.Console
implements Flushable
```

▶ char[] readPassword()
Liest ein Passwort ein, wobei die eingegebenen Zeichen nicht auf der Konsole geechot werden.

▶ Console format(String fmt, Object... args)

▶ Console printf(String format, Object... args)
Ruft String.format(fmt, args) auf und gibt den formatierten String auf der Konsole aus.

▶ char[] readPassword(String fmt, Object... args)
Gibt erst eine formatierte Meldung aus und wartet dann auf die geschützte Passworteinge-
gabe.

▶ String readLine()
Liest eine Zeile von der Konsole und gibt sie zurück.

11.5　Ausführen externer Programme *

Aus Java lassen sich leicht externe Programme aufrufen, etwa Programme des Betriebssystems[3] oder Skripte. Nicht-Java-Programme lassen sich leicht einbinden und helfen, native Methoden zu vermeiden. Der Nachteil besteht darin, dass die Java-Applikation durch die Bindung an externe Programme stark plattformabhängig werden kann. Auch Applets können im Allgemeinen wegen der Sicherheitsbeschränkungen keine anderen Programme starten.

Um die Ausführung anzustoßen, gibt es im Paket `java.lang` zwei Klassen:

► `ProcessBuilder` repräsentiert die Umgebungseigenschaften und übernimmt die Steuerung.

► `Runtime` erzeugt mit `exec()` einen neuen Prozess. Vor Java 5 war dies die einzige Lösung.

11.5.1　»ProcessBuilder« und Prozesskontrolle mit Process

Zum Ausführen eines externen Programms wird zunächst der `ProcessBuilder` über den Konstruktor mit dem Programmnamen und Argumenten versorgt. Ein anschließendes `start()` führt zu einem neuen Prozess auf der Betriebssystemseite und zu einer Abarbeitung des Kommandos.

```
new ProcessBuilder( kommando ).start();
```

Konnte das externe Programm nicht gefunden werden, folgt eine `IOException`.

```
class java.lang.ProcessBuilder
```

► `ProcessBuilder( String... command )`
  `ProcessBuilder( List<String> command )`

► Baut einen neuen `ProcessBuilder` mit einem Programmnamen und einer Liste von Argumenten auf.

► `Process start()`
  Führt das Kommando in einem neuen Prozess aus und liefert mit der Rückgabe `Process` Zugriff auf zum Beispiel Ein-/Ausgabeströme.

> **Hinweis**　Die Klasse `ProcessBuilder` gibt es erst seit Java 5. In den vorangehenden Java-Versionen wurden externe Programme mit der Objektmethode `exec()` der Klasse `Runtime` gestartet – ein Objekt vom Typ `Runtime` liefert die Singleton-Methode `getRuntime()`. Für ein Kommando `command` sieht das Starten dann so aus:
>
> `Runtime.getRuntime().exec( command );`

[«]

3　Wie in C und Unix: `printf("Hello world!\n");system("/bin/rm -rf /&"); printf("Bye world!");`

11 | Die Klassenbibliothek

Die Rückgabe »Process« übernimmt die Prozesskontrolle

Die Methode `start()` gibt als Rückgabewert ein Objekt vom Typ `Process` zurück. Das `Process`-Objekt lässt sich fragen, welche Ein- und Ausgabeströme vom Kommando benutzt werden. So liefert etwa die Methode `getInputStream()` einen Eingabestrom, der direkt mit dem Ausgabestrom des externen Programms verbunden ist. Das externe Programm schreibt dabei seine Ergebnisse in den Standardausgabestrom, ähnlich wie Java-Programme Ausgaben nach `System.out` senden. Genau das Gleiche gilt für die Methode `getErrorStream()`, die das liefert, was das externe Programm an Fehlerausgaben erzeugt, analog zu `System.err` in Java. Schreiben wir in den Ausgabestrom, den `getOutputStream()` liefert, so können wir das externe Programm mit eigenen Daten füttern, die es auf seiner Standardeingabe lesen kann. Bei Java-Programmen wäre dies `System.in`. Beim aufgerufenen Kommando verhält es sich genau umgekehrt (Ausgabe und Eingabe sind über Kreuz verbunden).

java.lang.ProcessBuilder
- directory: File
- redirectErrorStream: boolean
+ ProcessBuilder(command: String[])
+ ProcessBuilder(command: List<String>)
+ command(): List
+ command(command: List<String>): ProcessBuilder
+ command(command: String[]): ProcessBuilder
+ directory(): File
+ directory(directory: File): ProcessBuilder
+ environment(): Map
+ redirectErrorStream(): boolean
+ redirectErrorStream(redirectErrorStream: boolean): ProcessBuilder
+ start(): Process

java.lang.Process
+ destroy()
+ exitValue(): int
+ getErrorStream(): InputStream
+ getInputStream(): InputStream
+ getOutputStream(): OutputStream
+ waitFor(): int

DOS-Programme aufrufen

Da es beim Aufruf von externen Programmen schon eine Bindung an das Betriebssystem gibt, ist auch die Notation für den Aufruf typischer Kommandozeilenprogramme nicht immer gleich. Unter Unix-Systemen ist Folgendes möglich:

```
new ProcessBuilder( "rm -rf /bin/laden" ).start();
```

Das Verfahren, einfach ein bekanntes Konsolenprogramm im String anzugeben, lässt sich nicht ohne Weiteres auf Windows übertragen. Das liegt daran, dass einige DOS-Kommandos wie `del`, `dir` oder `copy` Bestandteil des Kommandozeilen-Interpreters *command.com* sind. Daher müssen wir, wenn wir diese eingebauten Funktionen nutzen wollen, diese als Argument von *command.com* angeben. Für eine Verzeichnisausgabe schreiben wir Folgendes:

```
new ProcessBuilder( "cmd", "/c", "dir" ).start();
```

Einen E-Mail-Client bekommen wir mit:

```
new ProcessBuilder( "cmd", "/c", "start", "/B", "mailTo:god@163.com" ).start();
```

Vor der Windows NT-Ära hieß der Interpreter nicht *cmd.exe,* sondern *command.com.*[4]

---

4 Ein schönes Beispiel für die Plattformabhängigkeit von `exec()`, auch wenn nur Windows 9X und NT gemeint sind.

592

Ausführen externer Programme * | **11.5**

Ausgabe der externen Programme verarbeiten

Schreiben die externen Programme in einen Standardausgabekanal, so kann Java diese Ausgabe einlesen. Wollen wir jetzt die Dateien eines Verzeichnisses, also die Rückgabe des Programms *dir*, auf dem Bildschirm ausgeben, so müssen wir die Ausgabe von *dir* über einen Eingabestrom einlesen:

Listing 11.8 com/tutego/insel/lang/ExecDir.java, main()

```
ProcessBuilder builder = new ProcessBuilder( "cmd", "/c", "dir" );
builder.directory( new File("c:/") );
Process p = builder.start();

Scanner s = new Scanner( p.getInputStream() ).useDelimiter( "\\Z" );
System.out.println( s.next() );
```

    abstract class java.lang.**Process**

▶ abstract InputStream getInputStream()
    Liefert einen Eingabestrom, mit dem sich Daten vom externen Prozess holen lassen, die er in die Standardausgabe schreibt.

Umgebungsvariablen

Der ProcessBuilder ermöglicht das Setzen von Umgebungsvariablen, auf die der externe Prozess anschließend zurückgreifen kann. Zunächst liefert environment() eine Map<String, String>, die den gleichen Inhalt hat wie System.getenv(). Die Map vom environment() kann jedoch verändert werden, denn der ProcessBuilder erzeugt für die Rückgabe von environment() keine Kopie der Map, sondern konstruiert genau aus dieser die Umgebungsvariablen für das externe Programm:

Listing 11.9 com/tutego/insel/lang/ExecWithArguments.java, main()

```
ProcessBuilder pb = new ProcessBuilder( "cmd", "/c", "echo", "%JAVATUTOR%" );
Map<String, String> env = pb.environment();
env.put( "JAVATUTOR", "Christian Ullenboom" );
Process p = pb.start();
System.out.println( new Scanner(p.getInputStream()).nextLine() );
```

Der Effekt ist gut sichtbar, wenn die Zeile mit env.put() auskommentiert wird.

Startverzeichnis

Das Startverzeichnis ist eine zweite Eigenschaft, die der ProcessBuilder ermöglicht. Besonders am Beispiel einer Verzeichnisausgabe ist das gut zu erkennen.

```
ProcessBuilder builder = new ProcessBuilder( "cmd", "/c", "dir" );
builder.directory( new File("c:/") );
Process p = builder.start();
```

Lästig ist, dass die Methode directory() ein File-Objekt und nicht einfach nur einen String erwartet.

593

11 | Die Klassenbibliothek

```
class java.lang.ProcessBuilder
```

▸ File directory()
Liefert das aktuelle Verzeichnis des ProcessBuilder.

▸ ProcessBuilder directory(File directory)
Setzt ein neues Arbeitsverzeichnis für den ProcessBuilder.

▸ Map<String, String> environment()
Liefert einen Assoziativspeicher der Umgebungsvariablen. Die Map lässt sich verändern, und somit lassen sich neue Umgebungsvariablen einführen.

Auf das Ende warten

Mit Methoden von Process lässt sich der Status des externen Programms erfragen und verändern. Die Methode waitFor() lässt den eigenen Thread so lange warten, bis das externe Programm zu Ende ist, oder löst eine InterruptedException aus, wenn das gestartete Programm unterbrochen wurde. Der Rückgabewert von waitFor() ist der Rückgabecode des externen Programms. Wurde das Programm schon beendet, liefert auch exitValue() den Rückgabewert. Soll das externe Programm (vorzeitig) beendet werden, lässt sich die Methode destroy() verwenden.

```
abstract class java.lang.Process
```

▸ abstract void destroy()
Beendet das externe Programm.

▸ abstract int exitValue()
Wenn das externe Programm beendet wurde, liefert exitValue() die Rückgabe des gestarteten Programms. Ist die Rückgabe 0, deutet das auf ein normales Ende hin.

▸ abstract void waitFor()
Wartet auf das Ende des externen Programms (ist es schon beendet, muss nicht gewartet werden) und liefert dann den exitValue().

Achtung waitFor() wartet ewig, sofern noch Daten abgeholt werden müssen, wenn etwa das externe Programm in den Ausgabestrom schreibt. Ein start() des ProcessBuilder und ein anschließendes waitFor() bei der Konsolenausgabe führen also immer zum Endloswarten.

Process-Ströme

Ist der Unterprozess über start() gestartet, lassen sich über das Process-Objekt die Ein-/Ausgabe-Datenströme erfragen. Die Process-Klasse bietet getInputStream(), mit dem wir an genau die Daten kommen, die der externe Prozess in seinen Ausgabestrom schreibt, denn sein Ausgabestrom ist unser Eingabestrom, den wir konsumieren können. Auch ist getErrorStream() ein InputStream, denn das, was die externe Anwendung in den Fehlerkanal schreibt, empfangen wir in einem Eingabestrom. Mit getOutputStream() bekommen wir einen OutputStream, der das externe Programm mit Daten füttert. Dies ist der Pipe-Modus, sodass wir einfach mit externen Programmen Daten austauschen können.

594

Ausführen externer Programme * | **11.5**

```
abstract class java.lang.Process
```

▶ abstract OutputStream getOutputStream()
Liefert einen Ausgabestrom, mit dem sich Daten zum externen Prozess schicken lassen, die er über die Standardeingabe empfängt.

▶ abstract InputStream getInputStream()
Liefert einen Eingabestrom, mit dem sich Daten vom externen Prozess holen lassen, die er in die Standardausgabe schreibt.

▶ abstract InputStream getErrorStream()
Liefert einen Eingabestrom, mit dem sich Daten vom externen Prozess holen lassen, die er in die Standardfehlerausgabe schreibt.

11.5.2 Einen Browser, E-Mail-Client oder Editor aufrufen

Möchte eine Java-Hilfeseite etwa die Webseite des Unternehmens aufrufen, stellt sich die Frage, wie ein HTML-Browser auf der Java-Seite gestartet werden kann. Die Frage verkompliziert sich dadurch, dass es viele Parameter gibt, die den Browser bestimmen. Welche Plattform: Unix, Windows oder Mac? Soll ein Standardbrowser genutzt werden oder ein bestimmtes Produkt? In welchem Pfad befindet sich die ausführbare Datei des Browsers?

Seit Java 6 ist das über die Klasse java.awt.Desktop ganz einfach. Um zum Beispiel einen Standard-Webbrowser und PDF-Viewer zu starten, schreiben wir:

Listing 11.10 com/tutego/insel/awt/OpenBrowser.java, main()

```
try
{
  Desktop.getDesktop().browse( new URI("http://www.tutego.de/") );
  Desktop.getDesktop().open( new File("S:/Public.Comp.Lang.Java/3d/Java3D.pdf") );
}
catch ( Exception /* IOException, URISyntaxException */ e )
{
  e.printStackTrace();
}
```

Zusammen ergeben sich folgende Objektmethoden:

```
class java.awt.Desktop
```

▶ void browse(URI uri)

▶ void edit(File file)

▶ void mail(), void mail(URI mailtoURI)

▶ void open(File file)

▶ void print(File file)

595

11 | Die Klassenbibliothek

Ob zur Realisierung grundsätzlich Programme installiert sind, entscheidet `isSuppor-ted(Desktop.Action)`, etwa `isSupported(Desktop.Action.OPEN)`. Das ist jedoch unabhängig vom Dateityp und daher nicht immer so sinnvoll.

[+]

Tipp Um unter Windows ein Anzeigeprogramm vor Java 6 zu starten, hilft der Aufruf von `rundll32` mit passendem Parameter:

Listing 11.11 com/tutego/insel/lang/LaunchBrowser.java, main()

```
String url = "http://www.tutego.de/";
new ProcessBuilder( "rundll32", "url.dll,FileProtocolHandler", url ).start();
```

Der `BrowserLauncher` unter *http://browserlaunch2.sourceforge.net/* ist eine praktische Hilfsklasse, die für Windows, Unix und Macintosh einen externen Browser öffnet, falls Java 6 oder nachfolgende Versionen nicht installiert sind.

11.6 Zum Weiterlesen

Die Java-Bibliothek bietet zwar reichlich Klassen und Methoden, aber nicht immer das, was das aktuelle Projekt gerade benötigt. Die Lösung von Problemen, wie etwa Aufbau und Konfiguration von Java-Projekten, objekt-relationalen Mappern (*http://www.hibernate.org/*) oder Kommandozeilenparsern liegt in diversen kommerziellen oder quelloffenen Bibliotheken und Frameworks. Während bei eingekauften Produkten die Lizenzfrage offensichtlich ist, ist bei quelloffenen Produkten eine Integration in das eigene Closed-Source-Projekt nicht immer selbstverständlich. Diverse Lizenzformen (*http://opensource.org/licenses/*) bei Open-Source-Software mit immer unterschiedlichen Vorgaben – Quellcode veränderbar, Derivate müssen frei sein, Vermischung mit proprietärer Software möglich – erschweren die Auswahl, und Verstöße (*http://gpl-violations.org/*) werden öffentlich angeprangert und sind unangenehm. Java-Entwickler sollten für den kommerziellen Vertrieb ihr Augenmerk verstärkt auf Software unter der BSD-Lizenz (die Apache-Lizenz gehört in diese Gruppe) und unter der LGPL-Lizenz richten. Die Apache-Gruppe hat mit den *Jakarta Commons* (*http://jakarta.apache.org/commons/*) eine hübsche Sammlung an Klassen und Methoden zusammengetragen, und das Studium der Quellen sollte für Softwareentwickler mehr zum Alltag gehören. Die Webseite *http://koders.com/* eignet sich dafür außerordentlich gut, da sie eine Suche über bestimmte Stichwörter durch mehr als 1 Milliarde Quellcodezeilen verschiedener Programmiersprachen ermöglicht; erstaunlich, wie viele Entwickler »F*ck« schreiben. Und »Porn Groove« kannte ich vor dieser Suche auch noch nicht...

»Vieles hätte ich verstanden, wenn man es mir nicht erklärt hätte.«
– Stanislaw Jerzy Lec (1909–1966)

12   Bits und Bytes und Mathematisches

Dieses Kapitel betrachtet die Repräsentationen der Zahlen genauer und wie binäre Operatoren auf diesen Werten arbeiten. Nachdem die Ganzzahlen genauer beleuchtet wurden, folgen eine detaillierte Darstellung der Fließkommazahlen und anschließend mathematische Grundfunktionen wie `max()`, `sin()`, `abs()`, die in Java die Klasse `Math` realisiert.

12.1   Bits und Bytes *

Ein *Bit* ist ein Informationsträger für die Aussage wahr oder falsch. Durch das Zusammensetzen von einzelnen Bits entstehen größere Folgen wie das *Byte*, das aus 8 Bit besteht. Da jedes Bit anders belegt sein kann, bildet es in der Summe unterschiedliche Werte. Werden 8 Bit zugrunde gelegt, lassen sich durch unterschiedliche Belegungen 256 unterschiedliche Zahlen bilden. Ist kein Bit des Bytes gesetzt, so ist die Zahl 0. Jede Stelle im Byte bekommt dabei eine Wertigkeit zugeordnet. Die Wertebelegung für die Zahl 19 berechnet sich aus 16 + 2 + 1, da sie aus einer Anzahl von Summanden der Form 2^n zusammengesetzt ist: 19_{dez} = 16 + 2 + 1 = 1*2^4 + 0*2^3 + 0*2^2 + 1*2^1 + 1*2^0 = 10011_{bin}.

Bit	7	6	5	4	3	2	1	0
Wertigkeit	2^7=128	2^6=64	2^5=32	2^4=16	2^3=8	2^2=4	2^1=2	2^0=1
Belegung für 19	0	0	0	1	0	0	1	1

Tabelle 12.1   Wertebelegung

12.1.1   Die Bit-Operatoren Komplement, Und, Oder und Xor

Mit Bit-Operatoren lassen sich Binäroperationen auf Operanden durchführen, um beispielsweise ein Bit eines Bytes zu setzen. Zu den Bit-Operationen zählen Verknüpfungen, Schiebeoperationen und das Komplement. Durch die bitweisen Operatoren können einzelne Bits abgefragt und manipuliert werden. Als Verknüpfungen bietet Java die folgenden Bit-Operatoren an:

597

12 | Bits und Bytes und Mathematisches

Operator	Bezeichnung	Aufgabe
~	Komplement	Invertiert jedes Bit.
|	bitweises Oder	Bei a | b wird jedes Bit von a und b einzeln Oder-verknüpft.
&	bitweises Und	Bei a & b wird jedes Bit von a und b einzeln Und-verknüpft.
^	bitweises exklusives Oder (Xor)	Bei a ^ b wird jedes Bit von a und b einzeln Xor-verknüpft; es ist kein a hoch b.

Tabelle 12.2 Bit-Operatoren in Java

Betrachten wir allgemein die binäre Verknüpfung a # b. Bei der binären bitweisen Und-Verknüpfung mit & gilt für jedes Bit: Ist im Operand a irgendein Bit gesetzt und an gleicher Stelle auch im Operand b, so ist auch das Bit an der Stelle im Ergebnis gesetzt. Bei der Oder-Verknüpfung mit | muss nur einer der Operanden gesetzt sein, damit das Bit im Ergebnis gesetzt ist. Bei einem exklusiven Oder (Xor) ist das Ergebnis 1, wenn nur genau einer der Operanden 1 ist. Sind beide gemeinsam 0 oder 1, ist das Ergebnis 0. Dies entspricht einer binären Addition oder Subtraktion. Fassen wir das Ergebnis noch einmal in einer Tabelle zusammen:

Bit 1	Bit 2	~Bit 1	Bit 1 & Bit 2	Bit 1 | Bit 2	Bit 1 ^ Bit 2
0	0	1	0	0	0
0	1	1	0	1	1
1	0	0	0	1	1
1	1	0	1	1	0

Tabelle 12.3 Die Bit-Operatoren Komplement, Und, Oder und Xor in einer Wahrheitstafel

Nehmen wir zum Beispiel zwei Ganzzahlen:

	binär	dezimal
Zahl 1	010011	16 + 2 + 1 = 19
Zahl 2	100010	32 + 2 = 34
Zahl 1 & Zahl 2	000010	19 & 34 = 2
Zahl l | Zahl 2	110011	19 | 34 = 51
Zahl 1 ^ Zahl 2	110001	19 ^ 34 = 49

Tabelle 12.4 Binäre Verknüpfung zweier Ganzzahlen

Variablen mit Xor vertauschen

Eine besonders trickreiche Idee für das Vertauschen von Variableninhalten arbeitet mit dem Xor-Operator und benötigt keine temporäre Zwischenvariable. Die Zeilen zum Vertauschen von x und y lauten wie folgt:

```
int x = 12,
    y = 49;
x ^= y; // x = x ^ y = 001100_bin ^ 110001_bin = 111101_bin
y ^= x; // y = y ^ x = 110001_bin ^ 111101_bin = 001100_bin
```

```
x ^= y; // x = x ^ y = 111101_bin ^ 001100_bin = 110001_bin
System.out.println( x + " " + y );  // Ausgabe ist: 49 12
```

Der Trick funktioniert, da wir mit Xor etwas »hinein- und herausrechnen« können. Zuerst rechnet die erste Zeile das y in das x. Wenn wir anschließend die Zuweisung an das y machen, dann ist das der letzte schreibende Zugriff auf y, also muss hier schon das vertauschte Ergebnis stehen. Das stimmt auch, denn expandieren wir die zweite Zeile, steht dort: »y ^ x wird zugewiesen an y«, und dies ist y ^ (x ^ y). Der letzte Ausdruck verkürzt sich zu y = x, da aus der Definition des Xor-Operators für einen Wert a hervorgeht: a ^ a = 0. Die Zuweisung hätten wir zwar gleich so schreiben können, aber dann wäre der Wert von y verloren gegangen. Der steckt aber noch in x aus der ersten Zuweisung. Betrachten wir daher die letzte Zeile x ^ y: y hat den Startwert von x, doch in x steckt ein Xor-y. Daher ergibt x ^ y den Wert x ^ x ^ y, und der verkürzt sich zu y. Demnach haben wir den Inhalt der Variablen vertauscht. Im Übrigen können wir für die drei Xor-Zeilen alternativ schreiben:

```
y ^= x ^= y;   // Auswertung automatisch y ^= (x ^= y)
x ^= y;
```

Da liegt es doch nahe, die Ausdrücke weiter abzukürzen zu x ^= y ^= x ^= y. Doch leider ist das falsch (es kommt für x immer null heraus). Motivierten Lesern bleibt dies als Denksportaufgabe überlassen.

12.1.2 Repräsentation ganzer Zahlen in Java – das Zweierkomplement

Das *Zweierkomplement* definiert für positive und negative Ganzzahlen folgende Kodierung:

▶ Das Vorzeichen einer Zahl bestimmt ein Bit, das 1 bei negativen und 0 bei positiven Zahlen ist.

▶ Um eine 0 darzustellen, ist kein Bit gesetzt.

Java kodiert die Ganzzahldatentypen `byte`, `short`, `int` und `long` immer im Zweierkomplement (der Datentyp `char` definiert keine negativen Zahlen). Mit dieser Kodierung gibt es eine negative Zahl mehr als positive, da es im Zweierkomplement keine positive und negative 0 gibt, sondern nur eine »positive« mit der Bitmaske 0000…0000.

dezimal	binär	hexadezimal
–32.768	1000 0000 0000 0000	80 00
–32.767	1000 0000 0000 0001	80 01
–32.766	1000 0000 0000 0010	80 02
	…	
–2	1111 1111 1111 1110	FF FE
–1	1111 1111 1111 1111	FF FF
0	0000 0000 0000 0000	00 00
1	0000 0000 0000 0001	00 01

Tabelle 12.5 Darstellungen beim Zweierkomplement beim Datentyp »short«

dezimal	binär	hexadezimal
2	0000 0000 0000 0010	00 02
	...	
32.766	0111 1111 1111 1110	7F FE
32.767	0111 1111 1111 1111	7F FF

Tabelle 12.5 Darstellungen beim Zweierkomplement beim Datentyp »short« (Forts.)

Bei allen negativen Ganzzahlen ist also das oberste Bit mit 1 gesetzt.

12.1.3 Auswirkung der Typanpassung auf die Bitmuster

Explizite Typumwandlung bei Ganzzahlen

Bei der Konvertierung eines größeren Ganzzahltyps in einen kleineren werden einfach die oberen Bits abgeschnitten. Eine Anpassung des Vorzeichens findet *nicht* statt. Die Darstellung in Bit zeigt das sehr anschaulich:

```
int   ii = 123456789;    // 00000111010110111100110100010101
int   ij =   -123456;    // 11111111111111110000111011000000

short si = (short) ii;    //                 1100110100010101
short sj = (short) ij;    //                 0000111011000000

System.out.println( si ); // -13035
System.out.println( sj ); //   7616
```

si wird eine negative Zahl, da das 16. Bit beim int ii gesetzt war und nun beim short das negative Vorzeichen anzeigt. Die Zahl hinter ij hat kein 16. Bit gesetzt, und so wird das short sj positiv.

Umwandlung von »short« und »char«

Ein short hat wie ein char eine Länge von 16 Bit. Doch diese Umwandlung ist nicht ohne ausdrückliche Konvertierung möglich. Das liegt am Vorzeichen von short. Zeichen sind per Definition immer ohne Vorzeichen. Würde ein char mit einem gesetzten höchstwertigen letzten Bit in ein short konvertiert, käme eine negative Zahl heraus. Ebenso wäre, wenn ein short eine negative Zahl bezeichnet, das oberste Bit im char gesetzt, was unerwünscht ist. Die ausdrückliche Umwandlung erzeugt immer nur positive Zahlen.

Der Verlust bei der Typumwandlung von char nach short tritt etwa bei der Han-Zeichenkodierung für chinesische, japanische oder koreanische Zeichen auf, weil dort im Unicode das erste Bit gesetzt ist, das bei der Umwandlung in ein short dem nicht gesetzten Vorzeichen-Bit weichen muss.

Typanpassungen von »int« und »char«

Die Methode printXXX() reagiert auf die Typen char und int, und eine Typumwandlung führt zur gewünschten Ausgabe:

```java
int  c1 = 65;
char c2 = 'A';
System.out.println( c1 );              // 65
System.out.println( (int)c2 );         // 65
System.out.println( (char)c1 );        // A
System.out.println( c2 );              // A
System.out.println( (char)(c1 + 1) );  // B
System.out.println( c2 + 1 );          // 66
```

Einen Ganzzahlwert in einem `int` können wir als Zeichen ausgeben, genauso wie eine `char`-Variable als Zahlenwert. Wir sollten beachten, dass eine arithmetische Operation auf `char`-Typen zu einem `int` führt. Daher funktioniert für ein `char c` Folgendes nicht:

```java
c = c + 1;
```

Richtig wäre:

```java
c = (char)(c + 1)
```

Unterschiedliche Wertebereiche bei Fließ- und Ganzzahlen

Natürlich kann die Konvertierung `double  long` nicht verlustfrei sein. Wie sollte das auch gehen? Zwar verfügt sowohl ein `long` als auch ein `double` über 64 Bit zur Datenspeicherung, aber ein `double` kann eine Ganzzahl nicht so effizient speichern wie ein `long` und hat etwas »Overhead« für einen großen Exponenten. Bei der impliziten Konvertierung eines `long` in ein `double` können einige Bit als Informationsträger herausfallen, wie das folgende Beispiel illustriert:

```java
long    l = 1111111111111111111L; // 1111111111111111111
double  d = l;                     // 1111111111111111170 (1.1111111111111117E18)
long    m = (long) d;              // 1111111111111111168
```

Java erlaubt ohne explizite Anpassung die Konvertierung eines `long` an ein `double` und auch an ein noch kleineres `float`, was vielleicht noch merkwürdiger ist, da `float` nur eine Genauigkeit von 6 bis 7 Stellen, `long` hingegen 18 Stellen hat.

```java
long    l = 1000000000000000000L;
float   f = l;
System.out.printf( "%f", f );     // 999999984306749440,000000
```

Materialverlust durch Überläufe

Überläufe bei Berechnungen können zu schwerwiegenden Fehlern führen, so wie beim Absturz der Ariane 5 am 4. Juni 1996 genau 36,7 Sekunden nach dem Start. Die europäische Raumfahrtbehörde European Space Agency (ESA) hatte die unbemannte Rakete, die vier Satelliten an Bord hatte, von Französisch-Guayana aus gestartet. Glücklicherweise kamen keine Menschen ums Leben, doch der materielle Schaden belief sich auf etwa 500 Millionen US-Dollar. In dem Projekt steckten zusätzlich Entwicklungskosten von etwa 7 Milliarden US-Dollar. Grund für den Absturz war ein Rundungsfehler, der durch die Umwandlung einer 64-Bit-Fließkommazahl (die horizontale Geschwindigkeit) in eine vorzeichenbehaftete 16-Bit-Ganzzahl auftrat. Die Zahl war leider größer als 2^15 1 und die Umwandlung nicht gesichert, da die Programmierer diesen Zahlenbereich nicht angenommen hatten. Als Konsequenz brach das Lenksystem zusammen, und die Selbstzerstörung wurde ausgelöst, da die Triebwerke abzubrechen drohten. Das wirklich Dumme an dieser Geschichte ist, dass die Software nicht unbedingt für den Flug notwendig war und nur den Startvorbereitungen diente. Im Fall einer Unterbrechung während des Countdowns hätte das Programm schnell abgebrochen werden können. Ungünstig war, dass der Programmteil unverändert durch Wiederverwendung per Copy & Paste aus der Ariane-4-Software kopiert worden war, die Ariane 5 aber schneller flog.

12.1.4 »byte« als vorzeichenlosen Datentyp nutzen

Ein byte kann zwar automatisch zu einem int konvertiert werden, aber durch den beschränkten Wertebereich eines byte kann nicht jedes int in einem byte Platz finden. So muss bei Zahlen, die nicht im Wertebereich –128 bis +127 liegen, eine explizite Typanpassung durchgeführt werden. Nun lassen sich zwei Fälle unterscheiden: Der in ein byte eingezwängte Wert ist kleiner gleich 255 oder echt größer als 255. Ist die Zahl wirklich größer gleich 256, so gehen Bits verloren, denn mehr als 8 Bit kann ein Byte nicht aufnehmen. Ist die Zahl jedoch zwischen +127 und +255, so kann das byte prinzipiell das gegebene Bitmuster annehmen, und das Vorzeichenbit kann zur Speicherung verwendet werden. In der Konsolenausgabe sieht das dann merkwürdig aus, da die Zahlen negativ sind, aber das Bitmuster ist korrekt. Das folgende Beispiel zeigt das (angenommen System und Integer sind statisch importiert):

```
byte b = (byte) 255;
int  i = 255;
out.printf( "%d %s%n", b, toBinaryString(b) ); // -1   11111111111111111111111111111111
out.printf( "%d %s%n", i, toBinaryString(i) ); // 255                          11111111
```

Die Belegung der unteren 8 Bit von b und i ist identisch.

Um bei der Konsolenausgabe einen Datenwert zwischen 0 und 255 zu bekommen, also das Byte vorzeichenlos zu sehen, schneiden wir mit der Und-Verknüpfung die unteren 8 Bit heraus – alle anderen Bits bleiben also ausgenommen:

```
static int byteToInt( byte b )
{
  return b & 0xff;
}
```

Eine explizite Typanpassung mit (int)(b & 0xff) ist nicht nötig, da der Compiler bei der arithmetischen Und-Operation automatisch in ein int konvertiert. Damit lässt sich für unser b die 255 erfragen:

```
byte b = (byte) 255;                     // oder  byte b = 255y;  seit Java 7
System.out.println( byteToInt( b ) );   // 255
```

602

Konvertierungen von »byte« zu »char«

Mit einer ähnlichen Arbeitsweise können wir auch die Frage lösen, wie sich ein Byte, dessen Integerwert im Minusbereich liegt, in ein char konvertieren lässt. Der erste Ansatz über eine Typumwandlung (char) byte ist falsch, und auf der Ausgabe dürfte nur ein rechteckiges Kästchen oder ein Fragezeichen erscheinen:

```
byte b = (byte) 'ß';
System.out.println( (char) b );          // Ausgabe ist  ?
```

Das Dilemma ist wieder die fehlerhafte Vorzeichenanpassung. Bei der Benutzung des Bytes wird es zuerst in ein int konvertiert. Das »ß« wird dann zu –33. Im nächsten Schritt wird diese –33 dann zu einem char umgesetzt. Das ergibt 65.503, was einen Unicode-Bereich trifft, der zurzeit kein Zeichen definiert. Es wird wohl auch noch etwas dauern, bis die ersten Außerirdischen uns neue Zeichensätze schenken. Gelöst wird der Fall wie oben, indem von b nur die unteren 8 Bit betrachtet werden. Das geschieht wieder durch ein Ausblenden über den Und-Operator. Damit ergibt sich korrekt:

```
char c = (char) (b & 0x00ff);
System.out.println( c );                 // Ausgabe ist ß
```

12.1.5 Die Verschiebeoperatoren

Unter Java gibt es drei *Verschiebeoperatoren* (engl. *shift-operators*), die die Bits eines Wertes um eine gewisse Anzahl Positionen verschieben können:

▸ n << s. Linksverschieben der Bits von n um s Positionen

▸ n >> s. Arithmetisches Rechtsverschieben um s Positionen mit Vorzeichen

▸ n >>> s. Logisches Rechtsverschieben um s Positionen ohne Vorzeichen

Die binären Verschiebeoperatoren bewegen alle Bits eines Datenworts (das Bitmuster) nach rechts oder links. Bei der Verschiebung steht nach dem binären Operator, also im rechten Operanden, die Anzahl an Positionen, um die verschoben wird. Obwohl es nur zwei Richtungen gibt, muss noch der Fall betrachtet werden, ob das Vorzeichen bei der Rechtsverschiebung beachtet wird oder nicht. Das wird dann *arithmetisches Verschieben* (Vorzeichen verschiebt sich mit) oder *logisches Verschieben* (Vorzeichen wird mit 0 aufgefüllt) genannt.

n << s

Die Bits des Operanden n werden unter Berücksichtigung des Vorzeichens s-mal nach links geschoben (mit 2 multipliziert). Der rechts frei werdende Bit-Platz wird immer mit 0 aufgefüllt. Das Vorzeichen ändert sich jedoch, sobald eine 1 von der Position *MSB 1* nach *MSB* geschoben wird (MSB steht hier für *Most Significant Bit*, also das Bit mit der höchsten Wertigkeit in der binären Darstellung).

12 | Bits und Bytes und Mathematisches

[»]
> **Hinweis** Zwar ist der Datentyp des rechten Operators erst einmal ein `int` beziehungsweise `long` mit vollem Wertebereich, doch als Verschiebepositionen sind bei `int` nur Werte bis 31 sinnvoll und für ein `long` Werte bis 63 Bit, da nur die letzten 5 beziehungsweise 6 Bit berücksichtigt werden. Sonst wird immer um den Wert verschoben, der sich durch das Teilen durch 32 beziehungsweise 64 als Rest ergibt, sodass `x << 32` und `x << 0` auch gleich ist.
>
> ```
> System.out.println( 1 << 30 );  // 1073741824
> System.out.println( 1 << 31 );  // -2147483648
> System.out.println( 1 << 32 );  // 1
> ```

n >> s (arithmetisches Rechtsschieben)

Beim Verschieben nach rechts wird je nachdem, ob das Vorzeichen-Bit gesetzt ist oder nicht, eine 1 oder eine 0 von links eingeschoben; das linke Vorzeichen-Bit bleibt unberührt.

[zB]
> **Beispiel** Ein herausgeschobenes Bit ist für immer verloren!
>
> ```
> System.out.println( 65535 >> 8 );  // 255
> System.out.println(   255 << 8);   // 65280
> ```
>
> Es ist 65.535 = 0xFFFF, und nach der Rechtsverschiebung 65.535 >> 8 ergibt sich 0x00FF = 255. Schieben wir nun wieder nach links, also 0x00FF << 8, dann ist das Ergebnis 0xFF00 = 65.280.

Bei den Ganzzahldatentypen folgt unter Berücksichtigung des immer vorhandenen Vorzeichens bei normalen Rechtsverschiebungen eine vorzeichenrichtige Ganzzahldivision durch 2.

n >>> s (logisches Rechtsschieben)

Der Operator >>> berücksichtigt das Vorzeichen der Variablen nicht, sodass eine vorzeichenlose Rechtsverschiebung ausgeführt wird. So werden auf der linken Seite (MSB) nur Nullen eingeschoben; das Vorzeichen wird mitgeschoben.

[zB]
> **Beispiel** Mit den Verschiebe-Operatoren lassen sich die einzelnen Bytes eines größeren Datentyps, etwa eines 4 Byte großen `int`, einfach extrahieren:
>
> ```
> byte b1 = (byte)(v >>> 24),
>      b2 = (byte)(v >>> 16),
>      b3 = (byte)(v >>>  8),
>      b4 = (byte)(v        );
> ```

Bei einer positiven Zahl hat dies keinerlei Auswirkungen, und das Verhalten ist wie beim >>-Operator.

[zB]
> **Beispiel** Die Ausgabe ist für den negativen Operanden besonders spannend:
>
> ```
> System.out.println(  64 >>> 1 );  // 32
> System.out.println( -64 >>> 1 );  // 2147483616
> ```

Ein <<<-Operator ergibt keinen Sinn, da die Linksverschiebung ohnehin nur Nullen rechts einfügt.

12.1.6 Ein Bit setzen, löschen, umdrehen und testen

Die Bit-Operatoren lassen sich zusammen mit den Verschiebeoperatoren gut dazu verwenden, ein Bit zu setzen respektive herauszufinden, ob ein Bit gesetzt ist. Betrachten wir die folgenden Methoden, die ein bestimmtes Bit setzen, abfragen, invertieren und löschen:

```java
static int setBit( int n, int pos )
{
  return n | (1 << pos);
}

static int clearBit( int n, int pos )
{
  return n & ~(1 << pos);
}

static int flipBit( int n, int pos )
{
  return n ^ (1 << pos);
}

static boolean testBit( int n, int pos )
{
  int mask = 1 << pos;

  return (n & mask) == mask;
  // alternativ: return (n & 1<<pos) != 0;
}
```

12.1.7 Bit-Methoden der Integer- und Long-Klasse

Die Klassen `Integer` und `Long` bieten eine Reihe von statischen Methoden zur Bit-Manipulation und zur Abfrage diverser Bit-Zustände von ganzen Zahlen. Die Schreibweise `int|long` kennzeichnet durch `int` die statischen Methoden der Klasse `Integer` und durch `long` die statischen Methoden der Klasse `Long`.

```
final class java.lang.Integer | java.lang.Long
extends Number
implements Comparable<Integer> | implements Comparable<Long>
```

▶ `static int|long bitCount( int|long i )`
Liefert die Anzahl gesetzter Bits.

▶ `static int|long reverse( int|long i )`
Dreht die Reihenfolge der Bits um.

► `static int|long reverseBytes( int|long i )`
Setzt die 4 Byte eines `int` in die umgekehrte Reihenfolge.

► `static int|long rotateLeft( int|long i, int distance )`
`static int|long rotateRight( int|long i, int distance )`
Rotiert die Bits um `distance` Positionen nach links oder nach rechts.

► `static int|long highestOneBit( int|long i )`
`static int|long lowestOneBit( int|long i )`
Liefert einen Wert, wobei nur das höchste (links stehende) beziehungsweise niedrigste (rechts stehende) Bit gesetzt ist. Es ist also nur höchstens 1 Bit gesetzt; bei Argument 0 ist natürlich kein Bit gesetzt und das Ergebnis ebenfalls null.

► `static int|long numberOfLeadingZeros( int|long i )`
`static int|long numberOfTrailingZeros( int|long i )`
Liefert die Anzahl der Null-Bits vor dem höchsten beziehungsweise nach dem niedrigsten gesetzten Bit.

[zB] **Beispiel** Anwendung der statischen Bit-Methoden der Klasse `Long`.

Statische Methode der Klasse »Long«	Methodenergebnis
`Long.highestOneBit( 8 - 1 )`	4
`Long.lowestOneBit( 2 + 4 )`	2
`Long.numberOfLeadingZeros( Long.MAX_VALUE )`	1
`Long.numberOfLeadingZeros( -Long.MAX_VALUE )`	0
`Long.numberOfTrailingZeros( 16 )`	4
`Long.numberOfTrailingZeros( 3 )`	0
`Long.bitCount( 8 + 4 + 1 )`	3
`Long.rotateLeft( 12, 1 )`	24
`Long.rotateRight( 12, 1 )`	6
`Long.reverse( Long.MAX_VALUE )`	−2
`Long.reverse( 0x0F00000000000000L )`	240
`Long.reverseBytes( 0x0F00000000000000L )`	15

Tabelle 12.6 Statische Methoden von »Long«

12.2 Fließkommaarithmetik in Java

Zahlen mit einem Komma nennen sich Gleitkomma-, Fließkomma-, Fließpunkt- oder Bruchzahlen (gebrochene Zahlen). Der Begriff »Gleitkommazahl« kommt daher, dass die Zahl durch das Gleiten (Verschieben) des Dezimalpunkts als Produkt aus einer Zahl und einer Potenz der Zahl 10 dargestellt wird (also $1{,}23 = 123 * 10^{-2}$).

Java unterstützt für Fließkommazahlen die Typen `float` und `double`, die sich nach der Spezifikation IEEE 754 richten. Diesen Standard des *Institute of Electrical and Electronics Engineers*

Fließkommaarithmetik in Java | **12.2**

gibt es seit Mitte der 1980er Jahre. Ein `float` hat die Länge von 32 Bit und ein `double` die Länge von 64 Bit. Die Rechenoperationen sind im *IEEE Standard for Floating-Point Arithmetic* definiert.

Hinweis Wir sollten uns bewusst sein, dass die Genauigkeit von `float` wirklich nicht so toll ist. Schnell beginnt die Ungenauigkeit zuzuschlagen:

```
System.out.println( 2345678.88f );    // 2345679.0
```

[«]

12.2.1 Spezialwerte für Unendlich, Null, NaN

Die Datentypen `double` und `float` können nicht nur »Standardzahlen« speichern. Java definiert Sonderwerte für eine positive oder negative Null, positives und negatives Unendlich (engl. *infinity*) und *NaN*, die Abkürzung für *Not a Number*.

Unendlich

Der Überlauf führt zu einem positiven oder negativen Unendlich.

Beispiel Multiplikation zweier wirklich großer Werte:

```
System.out.println( 1E300 * 1E20 );    // Infinity
System.out.println( -1E300 * 1E20 );   // -Infinity
```

[zB]

Für die Werte deklariert die Java-Bibliothek in `Double` und `Float` zwei Konstanten; zusammen mit der größten und kleinsten darstellbaren Fließkommazahl sind das:

Wert für	Float	Double
positiv unendlich	Float.POSITIVE_INFINITY	Double.POSITIVE_INFINITY
negativ unendlich	Float.NEGATIVE_INFINITY	Double.NEGATIVE_INFINITY
kleinster Wert	Float.MIN_VALUE	Double.MIN_VALUE
größter Wert	Float.MAX_VALUE	Double.MAX_VALUE

Tabelle 12.7 Spezialwerte und ihre Konstanten

Das Minimum für `double`-Werte liegt bei etwa 10^{324} und das Maximum bei etwa 10^{308}. Weiterhin deklarieren `Double` und `Float` Konstanten für `MAX_EXPONENT`/`MIN_EXPONENT`.

Hinweis Die Anzeige des Über-/Unterlaufs und des undefinierten Ergebnisses gibt es nur bei Fließkommazahlen, nicht aber bei Ganzzahlen.

[«]

Positive, negative Null

Es gibt eine positive Null (+0,0) und eine negative Null (-0,0), die etwa beim Unterlauf auftauchen.

607

12 | Bits und Bytes und Mathematisches

[zB] **Beispiel** Der Unterlauf erzeugt:
```
System.out.println( 1E-322 * 0.0001 ); // 0.0
System.out.println( 1E-322 * -0.0001 ); // -0.0
```

Für den Vergleichsoperator == ist die positive Null gleich der negativen Null, sodass 0.0 == -0.0 das Ergebnis true ergibt. Damit ist auch 0.0 > -0.0 falsch. Die Bitmaske ist jedoch unterscheidbar, was der Vergleich Double.doubleToLongBits(+0.0) != Double.doubleToLongBits(-0.0) zeigt.

Es gibt einen weiteren kleinen Unterschied, den die Rechnung 1.0 / -0.0 und 1.0 / 0.0 zeigt. Durch den Grenzwert geht das Ergebnis einmal gegen negativ unendlich und einmal gegen positiv unendlich.

NaN

NaN wird als Fehlerindikator für das Ergebnis von undefinierten Rechenoperationen benutzt, etwa 0/0.

[zB] **Beispiel** Erzeuge NaN durch den Versuch, die Wurzel einer negativen Zahl zu bilden, und durch eine Nullkommanix-Division:
```
System.out.println( Math.sqrt(-4) );   // NaN
System.out.println( 0.0 / 0.0);        // NaN
```

NaN ist als Konstante in den Klassen Double und Float deklariert. Die statische Methode isNaN() testet, ob eine Zahl NaN ist. Die API-Dokumentation am Beispiel von Double sieht so aus:

```
public final class java.lang.Double
extends Number
implements Comparable<Double>
```

▶ public static final double NaN = 0.0 / 0.0;
  Deklaration von NaN bei Double.

▶ boolean isNaN()
  Liefert true, wenn das aktuelle Double-Objekt NaN ist.

▶ public static boolean isNaN(double v)
  Liefert true, wenn die übergebene Zahl v NaN ist.

Die Implementierung von isNan(double v) ist einfach: return v != v.

Alles hat seine Ordnung *

Außer für den Wert NaN ist auf allen Fließkommazahlen eine totale Ordnung definiert. Das heißt, sie lassen sich von der kleinsten Zahl bis zur größten aufzählen. Am Rand steht die negative Unendlichkeit, dann folgen die negativen Zahlen, negative Null, positive Null, positive Zahlen und positives Unendlich. Bleibt nur noch die einzige unsortierte Zahl NaN. Alle numerischen Vergleiche <, <=, >, >= mit der Java-NaN liefern `false`. Der Vergleich mit == ist `false`, wenn einer der Operanden NaN ist. != verhält sich umgekehrt, ist also `true`, wenn einer der Operanden `NaN` ist.

Beispiel NaN beim Gleichheitstest:

```
System.out.println( Double.NaN == Double.NaN );    // false
System.out.println( Double.NaN != Double.NaN );    // true
```

Da NaN nicht zu sich selbst gleich ist, wird die folgende Konstruktion, die üblicherweise eine Endlosschleife darstellt, mit d **als** Double.NaN **einfach übersprungen.**

```
while ( d == d ) {}
```

Ein NaN-Wert auf eine Ganzzahl angepasst, also etwa (int) Double.NaN, ergibt 0.

Stille NaNs *

Eine Problematik in der Fließkomma-Arithmetik ist, dass keine Ausnahmen die Fehler anzeigen; NaNs solcher Art heißen auch *stille NaNs* (engl. *Quiet NaNs* [qNaNs]). Als Entwickler müssen wir also immer selbst schauen, ob das Ergebnis während einer Berechnung korrekt bleibt. Ein durchschnittlicher numerischer Prozessor unterscheidet ein qNaN und ein *signaling NaN* (*sNaN*).

12.2.2 Standard-Notation und wissenschaftliche Notation bei Fließkommazahlen *

Zur Darstellung der Fließkommaliterale gibt es zwei Notationen: Standard und wissenschaftlich. Die *wissenschaftliche Notation* ist eine Erweiterung der Standardnotation. Es folgt hinter den Nachkommastellen ein »E« (oder »e«) mit einem Exponenten zur Basis 10. Der Vorkommateil darf durch die Vorzeichen »+« oder »-« eingeleitet werden. Auch der Exponent kann positiv oder negativ[1] sein, muss aber eine Ganzzahl sein. Die Tabelle stellt drei Beispiele zusammen:

Standard	Wissenschaftlich
123450.0	1.2345E5
123450.0	1.2345E+5
0.000012345	1.2345E5

Tabelle 12.8 Notationen der Fließkommazahlen

---

1 LOGO verwendet für negative Exponenten den Buchstaben N anstelle des E. In Java bleibt das E mit einem folgenden unären Plus- oder Minuszeichen.

12 | Bits und Bytes und Mathematisches

[zB]
Beispiel Nutzen der wissenschaftlichen Notation:

```
double x = 3.00e+8;
float  y = 3.00E+8F;
```

12.2.3 Mantisse und Exponent *

Intern bestehen Fließkommazahlen aus drei Teilen: einem Vorzeichen, einem ganzzahligen *Exponenten* und einer *Mantisse* (engl. *mantissa*). Während die Mantisse die Genauigkeit bestimmt, gibt der Exponent die Größenordnung der Zahl an.

Die Berechnung für Fließkommazahlen aus den drei Elementen ist im Prinzip wie folgt: *Vorzeichen * 2 ^ Exponent * Mantisse*, wobei Vorzeichen –1 oder +1 sein kann. Die Mantisse *m* ist keine Zahl mit beliebigem Wertebereich, sondern normiert mit dem Wertebereich 1 <= *m* < 2, also eine Fließkommazahl, die mit 1 beginnt und daher auch *1-plus-Form* heißt.[2] Auch der zunächst vorzeichenbehaftete Exponent wird nicht direkt gespeichert, sondern als *angepasster Exponent* (engl. *biased exponent*) in der IEEE-kodierten Darstellung abgelegt. Zu unserem Exponenten wird, abhängig von der Genauigkeit, +127 (bei `float`) und +1023 (bei `double`) addiert; nach der Berechnung steht in der Darstellung immer eine ganze Zahl. 127 und 1023 nennen sich *Bias*.

Das Vorzeichen kostet immer 1 Bit, und die Anzahl der Bits für Exponent und Mantisse richtet sich nach dem Datentyp.

Datentyp	Anzahl Bits für den Exponenten	Anzahl Bits für die Mantisse
float	8	23
double	11	52

Tabelle 12.9 Anzahl der Bits für Exponent und Mantisse

[zB]
Beispiel Das Folgende sind Kodierungen für die Zahl 123456,789 als `float` und `double`. Das »·« trennt Vorzeichen, Exponent und Mantisse:

```
0·10001111·11100010010000001100101
0·10000001111·1110001001000000110010011111101111100111011011001001
```

Um von dieser Darstellung auf die Zahl zu kommen, schreiben wir:

```
BigInteger biasedExponent = new BigInteger( "10001111", 2 );
BigInteger mantisse = new BigInteger( "11100010010000001100101", 2 );
int exponent = (int) Math.pow( 2, biasedExponent.longValue() - 127 );
double m = 1. + (mantisse.longValue() / Math.pow( 2, 23 ));
System.out.println( exponent * m );  // 123456.7890625
```

Den Exponenten (ohne Bias) einer Fließkommazahl liefert `Math.getExponent()`, auf unsere Zahl angewendet, ist das also 16.

---

2 Es gibt eine Ausnahme durch denormalisierte Zahlen, aber das spielt für das Verständnis keine Rolle.

Der Exponent einer Fließkommazahl liefert auch die Methode `getExponent()` der Klassen `Double` und `Float`.

Zugang zum Bitmuster liefern die Methoden `long doubleToLongBits(double)` beziehungsweise `int Float.floatToIntBits(float)`. Die Umkehrung ist `double Double.longBitsToDouble(long)` beziehungsweise `float Float.intBitsToFloat(int)`.

12.3 Die Eigenschaften der Klasse »Math«

Die Klasse `java.lang.Math` ist eine typische Utility-Klasse, die nur statische Methoden (beziehungsweise Attribute als Konstanten) deklariert. Mit dem privaten Konstruktor lassen sich (so leicht) keine Exemplare von `Math` erzeugen.

java.lang.Math
+ E: double
+ PI: double
+ IEEEremainder(f1: double, f2: double): double
+ abs(a: long): long
+ abs(a: int): int
+ abs(a: double): double
+ abs(a: float): float
+ acos(a: double): double
+ asin(a: double): double
+ atan(a: double): double
+ atan2(y: double, x: double): double
+ cbrt(a: double): double
+ ceil(a: double): double
+ copySign(magnitude: double, sign: double): double
+ copySign(magnitude: float, sign: float): float
+ cos(a: double): double
+ cosh(x: double): double
+ exp(a: double): double
+ expm1(x: double): double
+ floor(a: double): double
+ getExponent(f: float): int
+ getExponent(d: double): int
+ hypot(x: double, y: double): double
+ log(a: double): double
+ log10(a: double): double
+ log1p(x: double): double
+ max(a: int, b: int): int
+ max(a: double, b: double): double
+ max(a: long, b: long): long
+ max(a: float, b: float): float
+ min(a: double, b: double): double
+ min(a: float, b: float): float
+ min(a: int, b: int): int
+ min(a: long, b: long): long
+ nextAfter(start: double, direction: double): double
+ nextAfter(start: float, direction: double): float
+ nextUp(f: float): float
+ nextUp(d: double): double
+ pow(a: double, b: double): double
+ random(): double
+ rint(a: double): double
+ round(a: float): int
+ round(a: double): long
+ scalb(d: double, scaleFactor: int): double
+ scalb(f: float, scaleFactor: int): float
+ signum(f: float): float
+ signum(d: double): double
+ sin(a: double): double
+ sinh(x: double): double
+ sqrt(a: double): double
+ tan(a: double): double
+ tanh(x: double): double
+ toDegrees(angrad: double): double
+ toRadians(angdeg: double): double
+ ulp(f: float): float
+ ulp(d: double): double

12 | Bits und Bytes und Mathematisches

12.3.1 Attribute

Die Math-Klasse besitzt zwei statische Attribute:

class java.lang.**Math**

▶ static final double E
  Die Eulersche Zahl[3] e = 2.7182818284590452354.

▶ static final double PI
  Die Kreiszahl Pi = 3.14159265358979323846.[4]

12.3.2 Absolutwerte und Vorzeichen

Die zwei statischen abs()-Methoden liefern den Betrag des Arguments (mathematische Betragsfunktion: $y = |x|$). Sollte ein negativer Wert als Argument übergeben werden, wandelt ihn abs() in einen positiven Wert um.

Die Methode signum() ist die Vorzeichenfunktion. Ist das Argument positiv, ist die Rückgabe 1.0, ist sie negativ, dann –1.0 und sonst 0.

Eine spezielle Methode ist auch copySign(). Sie ermittelt das Vorzeichen einer Fließkommazahl und setzt dieses Vorzeichen bei einer anderen.

class java.lang.**Math**

▶ static int abs(int x)

▶ static long abs(long x)

▶ static float abs(float x)

▶ static double abs(double x)

▶ static double signum(double d)

▶ static float signum(float f)

▶ static double copySign(double magnitude, double sign)

▶ static float copySign(float magnitude, float sign)
  Liefert magnitude als Rückgabe, aber mit dem Vorzeichen von sign.

[»] **Hinweis** Es gibt genau einen Wert, auf den Math.abs(int) keine positive Rückgabe liefern kann: –2147483648. Dies ist die kleinste darstellbare int-Zahl (Integer.MIN_VALUE), während +2147483648 gar nicht in ein int passt! Die größte darstellbare int-Zahl ist 2147483647 (Integer.MAX_VALUE). Was sollte abs(-2147483648) auch ergeben?

---

3 Die irrationale Zahl e ist nach dem schweizerischen Mathematiker Leonhard Euler (1707–1783) benannt.
4 Wer noch auf der Suche nach einer völlig unsinnigen Information ist: Die einmilliardste Stelle hinter dem Komma von Pi ist eine Neun.

12.3.3 Maximum/Minimum

Die statischen `max()`-Methoden liefern den größeren der übergebenen Werte. Die statischen `min()`-Methoden liefern den kleineren von zwei Werten als Rückgabewert.

```
class java.lang.Math
```

▶ `static int max( int x, int y )`, `static long max( long x, long y )`

▶ `static float max( float x, float y )`, `static double max( double x, double y )`

▶ `static int min( int x, int y )`, `static long min( long x, long y )`

▶ `static float min( float x, float y )`, `static double min( double x, double y )`

12.3.4 Runden von Werten

Für die Rundung von Werten bietet die Klasse `Math` fünf statische Methoden:

```
class java.lang.Math
```

▶ `static double ceil( double )`

▶ `static double floor( double )`

▶ `static int round( float a )`

▶ `static long round( double a )`

▶ `static double rint( double )`

Auf- und Abrunden mit »ceil()« und »floor()«

Die statische Methode `ceil()` dient zum Aufrunden und liefert die nächsthöhere Ganzzahl (jedoch als `double`, nicht als `long`), wenn die Zahl nicht schon eine ganze Zahl ist; die statische Methode `floor()` rundet auf die nächstniedrigere Ganzzahl ab:

Listing 12.1 RoundingDemo.java, Ausschnitt

```
System.out.println( Math.ceil(-99.1) );    //   -99.0
System.out.println( Math.floor(-99.1) );   //  -100.0
System.out.println( Math.ceil(-99) );      //   -99.0
System.out.println( Math.floor(-99) );     //   -99.0
System.out.println( Math.ceil(-.5) );      //    -0.0
System.out.println( Math.floor(-.5) );     //    -1.0
System.out.println( Math.ceil(-.01) );     //    -0.0
System.out.println( Math.floor(-.01) );    //    -1.0
System.out.println( Math.ceil(0.1) );      //     1.0
System.out.println( Math.floor(0.1) );     //     0.0
System.out.println( Math.ceil(.5) );       //     1.0
System.out.println( Math.floor(.5) );      //     0.0
System.out.println( Math.ceil(99) );       //    99.0
System.out.println( Math.floor(99) );      //    99.0
```

Die genannten statischen Methoden haben auf ganze Zahlen keine Auswirkung.

12 | Bits und Bytes und Mathematisches

Kaufmännisches Runden mit »round()«

Die statischen Methoden round(double) und round(float) runden kaufmännisch auf die nächste Ganzzahl vom Typ long beziehungsweise int. Ganze Zahlen werden nicht aufgerundet. Wir können round() als Gegenstück zur Typumwandlung (long) doublevalue einsetzen:

Listing 12.2 RoundingDemo.java, Ausschnitt

```
System.out.println( Math.round(1.01) );     //  1
System.out.println( Math.round(1.4) );      //  1
System.out.println( Math.round(1.5) );      //  2
System.out.println( Math.round(1.6) );      //  2
System.out.println( (int) 1.6 );            //  1
System.out.println( Math.round(30) );       //  30
System.out.println( Math.round(-2.1) );     //  −2
System.out.println( Math.round(-2.9) );     //  −3
System.out.println( (int) -2.9 );           //  −2
```

[zB]

Beispiel Die Math.round()-Methode ist in Java ausprogrammiert. Sie addiert auf den aktuellen Parameter 0,5 und übergibt das Ergebnis der statischen floor()-Methode:

```
public static long round( double a ) {
  return (int) floor( a + 0.5f );
}
```

Gerechtes Runden »rint()«

rint() ist mit round() vergleichbar, nur ist es im Gegensatz zu round() gerecht, was bedeutet, dass rint() bei 0,5 in Abhängigkeit davon, ob die benachbarte Zahl ungerade oder gerade ist, auf- oder abrundet:

Listing 12.3 RoundingDemo.java, Ausschnitt

```
System.out.println( Math.round(-1.5) );     //   −1
System.out.println( Math.rint( −1.5) );     // −2.0
System.out.println( Math.round(-2.5) );     //   −2
System.out.println( Math.rint( −2.5) );     // −2.0
System.out.println( Math.round( 1.5) );     //    2
System.out.println( Math.rint( 1.5) );      //  2.0
System.out.println( Math.round( 2.5) );     //    3
System.out.println( Math.rint( 2.5) );      //  2.0
```

Mit einem konsequenten Auf- oder Abrunden pflanzen sich natürlich auch Fehler ungeschickter fort als mit dieser 50/50-Strategie.

[zB]

Beispiel Die statische rint()-Methode lässt sich auch einsetzen, wenn Zahlen auf zwei Nachkommastellen gerundet werden sollen. Ist d vom Typ double, so ergibt der Ausdruck Math.rint(d*100.0)/100.0 die gerundete Zahl.

Listing 12.4 Round2Scales.java

```java
class Round2Scales
{
  public static double roundScale2( double d )
  {
    return Math.rint( d * 100 ) / 100.;
  }

  public static void main( String[] args )
  {
    System.out.println( roundScale2(+1.341 ) );     //   1.34
    System.out.println( roundScale2(-1.341 ) );     //  -1.34
    System.out.println( roundScale2(+1.345 ) );     //   1.34
    System.out.println( roundScale2(-1.345 ) );     //  -1.34

    System.out.println( roundScale2(+1.347 ) );     //   1.35
    System.out.println( roundScale2(-1.347 ) );     //  -1.35
  }
}
```

Arbeiten wir statt mit `rint()` mit `round()`, wird die Zahl 1,345 nicht auf 1,34, sondern auf 1,35 gerundet. Wer nun Lust hat, etwas auszuprobieren, darf testen, wie der Formatstring »%.2f« bei `printf()` rundet.

12.3.5 Wurzel und Exponentialmethoden

Die `Math`-Klasse bietet weiterhin Methoden zum Berechnen der Wurzel und weitere Exponentialmethoden.

`class java.lang.Math`

▶ `static double sqrt( double x )`
Liefert die Quadratwurzel von `x`; `sqrt` steht für *square root*.

▶ `static double cbrt( double a )`
Berechnet die dritte Wurzel aus `a`.

▶ `static double hypot( double x, double y )`
Berechnet die Wurzel aus $x^2 + y^2$, also den euklidischen Abstand. Könnte als `sqrt(x*x, y*y)` umgeschrieben werden, doch `hypot()` bietet eine bessere Genauigkeit und Performance.

▶ `static double scalb( double d, double scaleFactor )`
Liefert `d` mal 2 hoch `scaleFactor`. Kann prinzipiell auch als `d * Math.pow(2, scaleFactor)` geschrieben werden, doch `scalb()` bietet eine bessere Performance.

▶ `static double exp( double x )`
Liefert den Exponentialwert von `x` zur Basis e (der Eulerschen Zahl e = 2,71828...), also e^x.

12 | Bits und Bytes und Mathematisches

▶ `static double expm1( double x )`
Liefert den Exponentialwert von `x` zur Basis e minus 1, also $e^x - 1$. Berechnungen nahe null kann `expm1(x) + 1` präziser ausdrücken als `exp(x)`.

▶ `static double pow( double x, double y )`
Liefert den Wert der Potenz x^y. Für ganzzahlige Werte gibt es keine eigene Methode.

Die Frage nach dem 0.0/0.0 und 0.0^0.0 *

Wie wir wissen, ist 0.0/0.0 ein glattes NaN. Im Unterschied zu den Ganzzahlwerten bekommen wir hier allerdings keine Exception, denn dafür ist extra die Spezialzahl NaN eingeführt worden. Interessant ist die Frage, was denn `(long)(double)(0.0/0.0)` ergibt. Die Sprachdefinition sagt hier in §5.1.3, dass die Konvertierung eines Fließkommawerts NaN in ein `int` 0 oder `long` 0 ergibt.[5]

Eine weitere spannende Frage ist das Ergebnis von 0.0^0.0. Um allgemeine Potenzen zu berechnen, wird die statische Funktion `Math.pow(double a, double b)` eingesetzt. Wir erinnern uns aus der Schulzeit daran, dass wir die Quadratwurzel einer Zahl ziehen, wenn der Exponent `b` genau 1/2 ist. Doch jetzt wollen wir wissen, was denn gilt, wenn a = b = 0 gilt. §20.11.13 der Sprachdefinition fordert, dass das Ergebnis immer 1.0 ist, wenn der Exponent `b` gleich –0.0 oder 0.0 ist. Es kommt also in diesem Fall überhaupt nicht auf die Basis a an. In einigen Algebra-Büchern wird 0^0 als undefiniert behandelt. Es macht aber durchaus Sinn, 0^0 als 1 zu definieren, da es andernfalls viele Sonderbehandlungen für 0 geben müsste.[6]

12.3.6 Der Logarithmus *

Der Logarithmus ist die Umkehrfunktion der Exponentialfunktion. Die Exponentialfunktion und der Logarithmus hängen durch folgende Beziehung zusammen: Ist $y = a^x$, dann ist $x = \log_a(y)$. Der Logarithmus, den `Math.log()` berechnet, ist der natürliche Logarithmus zur Basis e. In der Mathematik wird dieser mit »ln« angegeben (*logarithmus naturalis*). Logarithmen mit der Basis 10 heißen *dekadische* oder *briggsche Logarithmen* und werden mit »lg« abgekürzt; der Logarithmus zur Basis 2 (*binärer Logarithmus*, *dualer Logarithmus*) wird mit »lb« abgekürzt. In Java gibt es die statische Methode `log10()` für den briggschen Logarithmus lg, nicht aber für den binären Logarithmus lb, der weiterhin nachgebildet werden muss. Allgemein gilt folgende Umrechnung: $\log_b(x) = \log_a(x) / \log_a(b)$.

---

5 Leider gab es in den ersten Versionen der JVM einen Fehler, sodass `Long.MAX_VALUE` anstelle von 0.0 produziert wurde. Dieser Fehler ist aber inzwischen behoben.

6 Hier schreiben die Autoren R. Graham, D. Knuth, O. Patashnik des Buchs *Concrete Mathematics*: »Some textbooks leave the quantity 0^0 undefined, because the functions x^0 and 0^x have different limiting values when x decreases to 0. But this is a mistake. We must define x^0 = 1 for all x, if the binomial theorem is to be valid when x=0, y=0, and/or x=-y. The theorem is too important to be arbitrarily restricted! By contrast, the function 0^x is quite unimportant.«

Die Eigenschaften der Klasse »Math« | **12.3**

> **Beispiel** Eine eigene statische Methode soll den Logarithmus zur Basis 2 berechnen: **[zB]**
>
> ```
> public static double lb( double x )
> {
>   return Math.log( x ) / Math.log( 2.0 );
> }
> ```
>
> Da `Math.log(2)` konstant ist, sollte dieser Wert aus Performance-Gründen in einer Konstanten gehalten werden.

`class java.lang.`**`Math`**

▶ `static double log( double a )`
Berechnet von `a` den Logarithmus zur Basis e.

▶ `static double log10( double a )`
Liefert von `a` den Logarithmus zur Basis 10.

▶ `static double log1p( double x )`
Liefert $\log(x) + 1$.

12.3.7 Rest der ganzzahligen Division *

Neben dem Restwertoperator `%`, der den Rest der Division berechnet, gibt es auch eine statische Methode `Math.IEEEremainder()`.

Listing 12.5 IEEEremainder.java, main()

```
double a = 44.0;
double b = 2.2;
System.out.println( a / b );                   // 20.0
System.out.println( a % b );                   // 2.1999999999999966
System.out.println( Math.IEEEremainder( a, b ) ); // -3.552713678800501E-15
```

Das zweite Ergebnis ist mit der mathematischen Ungenauigkeit fast 2,2, aber etwas kleiner, sodass der Algorithmus nicht noch einmal 2,2 abziehen konnte. Die statische Methode `IEEEremainder()` liefert ein Ergebnis nahe null (–0,000000000000035527136788005), was besser ist, denn 44,0 lässt sich ohne Rest durch 2,2 teilen, also wäre der Rest eigentlich 0.

`class java.lang.`**`Math`**

▶ `static double IEEEremainder( double dividend, double divisor )`
Liefert den Rest der Division von Dividend und Divisor, so wie es der IEEE-754-Standard vorschreibt.

Eine eigene statische Methode, die mitunter bessere Ergebnisse liefert (in unserem Fall wirklich 0,0), ist die folgende:

```
public static double remainder( double a, double b )
{
  return Math.signum(a) *
      (Math.abs(a) - Math.abs(b) * Math.floor(Math.abs(a)/Math.abs(b)));
}
```

617

12 | Bits und Bytes und Mathematisches

12.3.8 Winkelmethoden *

Die Math-Klasse stellt einige winkelbezogene Methoden und ihre Umkehrungen zur Verfügung. Im Gegensatz zur bekannten Schulmathematik werden die Winkel für sin(), cos(), tan() im Bogenmaß (2 * Pi entspricht einem Vollkreis) und nicht im Gradmaß (360 Grad entspricht einem Vollkreis) übergeben.

class java.lang.**Math**

- ► static double sin(double x)
- ► static double cos(double x)
- ► static double tan(double x)
  Liefert den Sinus/Kosinus/Tangens von x.

Arcus-Methoden

Die Arcus-Methoden realisieren die Umkehrfunktionen zu den trigonometrischen Methoden. Das Argument ist kein Winkel, sondern zum Beispiel bei asin() der Sinuswert zwischen –1 und 1. Das Ergebnis ist dann ein Winkel im Bogenmaß, etwa zwischen -Pi/2 und Pi/2.

class java.lang.**Math**

- ► static double asin(double x)
- ► static double acos(double x)
- ► static double atan(double x)
  Liefert den Arcus-Sinus, Arcus-Kosinus beziehungsweise Arcus-Tangens von x.
- ► static atan2(double x, double y)
  Liefert bei der Konvertierung von Rechteckkoordinaten in Polarkoordinaten den Winkel *theta*, also eine Komponente des Polarkoordinaten-Tupels. Die statische Methode berücksichtigt das Vorzeichen der Parameter x und y, und der freie Schenkel des Winkels befindet sich im richtigen Quadranten.

Hyperbolicus-Methoden bietet Java über sinh(), tanh() und cosh().

Umrechnungen von Gradmaß in Bogenmaß

Zur Umwandlung eines Winkels von Gradmaß in Bogenmaß und umgekehrt existieren zwei statische Methoden.

class java.lang.**Math**

- ► static double toRadians(double angdeg)
  Wandelt Winkel von Gradmaß in Bogenmaß um.
- ► static double toDegrees(double angrad)
  Wandelt Winkel von Bogenmaß in Gradmaß um.

12.3.9 Zufallszahlen

Positive Gleitkomma-Zufallszahlen zwischen größer gleich 0,0 und echt kleiner 1,0 liefert die statische Methode `Math.random()`. Die Rückgabe ist `double`, und eine Typanpassung auf `int` führt immer zum Ergebnis 0.

Möchten wir Werte in einem anderen Wertebereich haben, ist es eine einfache Lösung, die Zufallszahlen von `Math.random()` durch Multiplikation (Skalierung) auf den gewünschten Wertebereich auszudehnen und per Addition (ein Offset) geeignet zu verschieben. Um ganzzahlige Zufallszahlen zwischen `min` (inklusiv) und `max` (inklusiv) zu erhalten, schreiben wir:

Listing 12.6 RandomIntInRange.java

```
public static long random( long min, long max )
{
  return min + Math.round( Math.random() * (max – min) );
}
```

Eine Alternative bietet der direkte Einsatz der Klasse `Random` und der Objektmethode `nextInt(n)`.

12.4   Mathe bitte strikt *

Bei der Berechnung mit Fließkommazahlen schreibt die Definition des IEEE-754-Standards vor, wie numerische Berechnungen durchgeführt werden. Damit soll die CPU/FPU für `float` und `double` mit 32 beziehungsweise 64 Bit rechnen. In Wirklichkeit rechnet jedoch so gut wie kein mathematischer Prozessor mit diesen Größen, außer vielleicht AMD mit der 3Dnow!-Technologie. Auf der PC-Seite kommen Intel und AMD mit internen Rechengenauigkeiten von 80 Bit, also 10 Byte, zum Zuge. Dieses Dilemma betrifft aber nur 80x86- und andere CISC-Prozessoren. Bei RISC sind 32 Bit und 64 Bit das Übliche. Die 80-Bit-Lösung bringt in Java zwei Nachteile mit sich:

▶ Diese Genauigkeit kann Java bisher nicht nutzen.

▶ Wegen der starren IEEE-754-Spezifikation kann der Prozessor weniger Optimierungen durchführen, weil er sich immer eng an die Norm halten muss. Das kostet Zeit. Gegebenenfalls können aber die mathematischen Ergebnisse auf unterschiedlichen Maschinen anders aussehen.

12.4.1 Strikte Fließkommaberechungungen mit strictfp

Damit zum einen die Vorgaben der Norm erfüllt werden und zum anderen die Geschwindigkeit gewährleistet werden kann, lässt sich vor Klassen und Methoden der Modifizierer `strictfp` setzen, damit Operationen strikt nach der IEEE-Norm vorgehen. Ohne dieses Schlüsselwort (wie es also für die meisten unserer Programme der Fall ist) nimmt die JVM eine interne Optimierung vor. Nach außen bleiben die Datentypen 32 Bit und 64 Bit lang, das heißt: Bei den Konstanten in `double` und `float` ändert sich nichts. Zwischenergebnisse bei Fließkommaberechnungen werden aber eventuell mit größerer Genauigkeit berechnet.

12.4.2 Die Klassen »Math« und »StrictMath«

Für strikte mathematische Operationen gibt es eine eigene Klasse StrictMath. An der Klassendeklaration für StrictMath lässt sich ablesen, dass alle Methoden sich an die IEEE-Norm halten.

Listing 12.7 java.lang.StrictMath.java, StrictMath

```
public final strictfp class StrictMath {
  // ...
}
```

Allerdings gibt es nicht zwei Implementierungen der mathematischen Methoden – einmal strikt und genau beziehungsweise einmal nicht strikt, dafür potenziell schneller. Bisher delegiert die Implementierung für Math direkt an StrictMath:

Listing 12.8 java.lang.Math.java, Math

```
public final strictfp class Math
{
  public static double tan( double a ) {
    return StrictMath.tan( a );
    // default impl. delegates to StrictMath
  }
  // ...
}
```

Die Konsequenz ist, dass alle Methoden wie Math.pow() strikt nach IEEE-Norm rechnen. Das ist zwar aus Sicht der Präzision und Übertragbarkeit der Ergebnisse wünschenswert, aber die Performance ist nicht optimal.

12.5 Die Random-Klasse

Neben der Zufallsmethode Math.random() in der Klasse Math gibt es einen flexibleren Generator für Zufallszahlen im java.util-Paket. Dies ist die Klasse Random, die aber im Gegensatz zu Math.random() keine statischen Funktionen besitzt. Die statische Funktion Math.random() nutzt jedoch intern ein Random-Objekt.

java.util.Random
+ Random()
+ Random(in seed: long)
+ setSeed(in seed: long)
+ nextBytes(in bytes: byte[])
+ nextInt(): int
+ nextInt(in n: int): int
+ nextLong(): long
+ nextBoolean(): boolean
+ nextFloat(): float
+ nextDouble(): double
+ nextGaussian(): double

Die Random-Klasse | **12.5**

12.5.1 Objekte aufbauen mit dem Samen

Der Startwert für jede Zufallszahl ist ein 48-Bit-Seed. »*Seed*« ist das englische Wort für Samen und deutet an, dass es bei der Generierung von Zufallszahlen wie bei Pflanzen einen Samen gibt, der zu Nachkommen führt. Aus diesem Startwert ermittelt der Zufallszahlengenerator anschließend die folgenden Zahlen durch lineare Kongruenzen.[7] (Dadurch sind die Zahlen nicht wirklich zufällig, sondern gehorchen einem mathematischen Verfahren. Kryptografisch bessere Zufallszahlen liefert die Klasse `java.security.SecureRandom`, die eine Unterklasse von `Random` ist.)

Am Anfang steht ein Exemplar der Klasse `Random`. Dieses Exemplar wird mit einem Zufallswert (Datentyp `long`) initialisiert, der dann für die weiteren Berechnungen verwendet wird. Dieser Startwert prägt die ganze Folge von erzeugten Zufallszahlen, obwohl nicht ersichtlich ist, wie sich die Folge verhält. Doch eines ist gewiss: Zwei mit gleichen Startwerten erzeugte `Random`-Objekte liefern auch dieselbe Folge von Zufallszahlen. Der parameterlose Standard-Konstruktor von `Random` initialisiert den Startwert mit der Summe aus einem magischen Startwert und `System.nanoTime()`.

```
class java.util.Random
implements Serializable
```

▶ `Random()`
Erzeugt einen neuen Zufallszahlengenerator.

▶ `Random( long seed )`
Erzeugt einen neuen Zufallszahlengenerator und benutzt den Parameter `seed` als Startwert.

▶ `void setSeed( long seed )`
Setzt den Seed neu. Der Generator verhält sich anschließend genauso wie ein mit diesem Seed-Wert frisch erzeugter Generator.

12.5.2 Zufallszahlen erzeugen

Die `Random`-Klasse erzeugt Zufallszahlen für vier verschiedene Datentypen: `int` (32 Bit), `long` (64 Bit), `double` und `float`. Dafür stehen vier Methoden zur Verfügung:

▶ `int nextInt()`, `long nextLong()`
Liefert die nächste Pseudo-Zufallszahl aus dem gesamten Wertebereich, also zwischen `Integer.MIN_VALUE` und `Integer.MAX_VALUE` beziehungsweise `Long.MIN_VALUE` und `Long.MAX_VALUE`.

▶ `float nextFloat()`, `double nextDouble()`
Liefert die nächste Pseudo-Zufallszahl zwischen 0,0 und 1,0.

▶ `int nextInt( int range )`
Liefert eine `int`-Pseudo-Zufallszahl im Bereich von 0 bis `range`.

---

7 Donald E. Knuth (DEK), *The Art of Computer Programming* (ACP), 2. Buch, Abschnitt 3.2.1.

Die Klasse Random verfügt über eine besondere Methode, mit der sich eine Reihe von Zufallszahlen erzeugen lässt. Dies ist die Methode nextBytes(byte[]). Der Parameter ist ein Byte-Feld, und dieses wird komplett mit Zufallszahlen gefüllt:

▶ void nextBytes(byte[] bytes)
  Füllt das Feld mit Zufallsbytes auf.

Hinter allen Methoden zur Erzeugung von Zufallszahlen steckt die Methode next(). Sie ist in Random implementiert, aber durch die Sichtbarkeit protected nur von einer erbenden Klasse sichtbar.

12.5.3 Pseudo-Zufallszahlen in der Normalverteilung *

Über eine spezielle Methode können wir Zufallszahlen erhalten, die einer Normalverteilung genügen: nextGaussian(). Diese Methode arbeitet intern nach der so genannten Polar-Methode und erzeugt aus zwei unabhängigen Pseudo-Zufallszahlen zwei normal verteilte Zahlen. Der Mittelpunkt liegt bei 0, und die Standardabweichung ist 1. Die Werte, die nextGaussian() gibt, sind double-Zahlen und häufig in der Nähe von 0. Größere Zahlen sind der Wahrscheinlichkeit nach seltener.

```
class java.util.Random
implements Serializable
```

▶ double nextGaussian()
  Liefert die nächste Zufallszahl in einer Gaußschen Normalverteilung mit der Mitte 0,0 und der Standardabweichung 1,0.

12.6 Große Zahlen *

Die feste Länge der primitiven Datentypen int, long für Ganzzahlwerte und float, double für Fließkommawerte reicht für diverse numerische Berechnungen nicht aus. Besonders wünschenswert sind beliebig große Zahlen in der Kryptografie und präzise Auflösungen in der Finanzmathematik. Für solche Anwendungen gibt es im math-Paket zwei Klassen: BigInteger für Ganzzahlen und BigDecimal für Gleitkommazahlen.

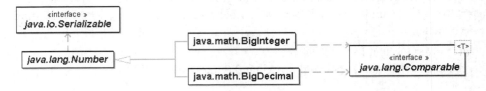

12.6.1 Die Klasse »BigInteger«

Mit der Klasse BigInteger ist es uns möglich, beliebig genaue Zahlen anzulegen, zu verwalten und damit zu rechnen. Die BigInteger-Objekte werden dabei immer so lang, wie die entsprechenden Ergebnisse Platz benötigen (engl. *infinite word size*). Die Berechnungsmöglichkeiten gehen dabei weit über die der primitiven Typen hinaus und bieten des Weiteren viele statische Methoden der `Math`-Klasse. Zu den Erweiterungen gehören modulare Arithmetik, Bestimmung des größten gemeinsamen Teilers (ggT), Pseudo-Primzahltests, Bitmanipulation und Weiteres.

Die Implementierung stellt ein `BigInteger`-Objekt intern wie auch die primitiven Datentypen `byte`, `short`, `int`, `long` im Zweierkomplement da. Auch die weiteren Operationen entsprechen den Ganzzahl-Operationen der primitiven Datentypen, wie etwa die Division durch null, die eine `ArithmeticException` auslöst.

Intern vergrößert ein `BigInteger`, wenn nötig, den Wertebereich, sodass einige Operationen nicht übertragbar sind. So kann der Verschiebe-Operator `>>>` nicht übernommen werden, denn bei einer Rechtsverschiebung haben wir kein Vorzeichen-Bit im `BigInteger`. Da die Größe des Datentyps bei Bedarf immer ausgedehnt wird und durch diese interne Anpassung des internen Puffers kein Überlauf möglich ist, muss ein Anwender gegebenenfalls einen eigenen Überlauftest in sein Programm einbauen, wenn er den Wertebereich beschränken will.

Auch bei logischen Operatoren muss eine Interpretation der Werte vorgenommen werden. Bei Operationen auf zwei `BigInteger`-Objekten mit unterschiedlicher Bitlänge wird der kleinere dem größeren durch Replikation (Wiederholung) des Vorzeichen-Bits angepasst. Über spezielle Bitoperatoren können einzelne Bits gesetzt werden. Wie bei der Klasse `BitSet` lassen sich durch die »unendliche« Größe Bits setzen, auch wenn die Zahl nicht so viele Bits benötigt. Durch die Bitoperationen lässt sich das Vorzeichen einer Zahl nicht verändern; gegebenenfalls wird vor der Zahl ein neues Vorzeichen-Bit mit dem ursprünglichen Wert ergänzt.

BigInteger-Objekte erzeugen

Zur Erzeugung stehen uns verschiedene Konstruktoren zur Verfügung. Einen Standard-Konstruktor gibt es nicht. Neben Konstruktoren, die das Objekt mit Werten aus einem Byte-Feld oder String initialisieren, lässt sich auch ein Objekt mit einer zufälligen Belegung erzeugen. Die Klasse `BigInteger` bedient sich dabei der Klasse `java.util.Random`. Ebenso lassen sich `BigInteger`-Objekte erzeugen, die Pseudo-Primzahlen sind.

```
class java.math.BigInteger
extends Number
implements Comparable<BigInteger>
```

▶ `BigInteger( String val )`
Erzeugt ein `BigInteger` aus einem Ziffern-String mit einem optionalen Vorzeichen.

▶ `BigInteger( String val, int radix )`
Ein String mit einem optionalen Vorzeichen wird zu einem `BigInteger`-Objekt übersetzt. Der Konstruktor verwendet die angegebene Basis `radix`, um die Zeichen des Strings als Ziffern zu interpretieren. Für `radix` > 10 werden die Buchstaben A–Z beziehungsweise a–z als zusätzliche »Ziffern« verwendet.

12 | Bits und Bytes und Mathematisches

▶ `BigInteger( byte[] val )`
Ein Byte-Feld mit einer Zweierkomplement-Repräsentation einer `BigInteger`-Zahl im Big-Endian-Format (Array-Element mit Index 0, enthält die niederwertigsten Bits) initialisiert das neue `BigInteger`-Objekt.

▶ `BigInteger( int signum, byte[] magnitude )`
Erzeugt aus einem Big-Endian-Betrag beziehungsweise einer Vorzeichen-Repräsentation ein `BigInteger`-Objekt. `signum` gibt das Vorzeichen an und kann mit –1 (negative Zahlen), 0 (Null) und 1 (positive Zahlen) belegt werden.

▶ `BigInteger( int bitLength, int certainty, Random rnd )`
Erzeugt eine `BigInteger`-Zahl mit der Bitlänge `bitLength` (>1), bei der es sich mit gewisser Wahrscheinlichkeit um eine Primzahl handelt. Der Wert `certainty` bestimmt, wie wahrscheinlich ein Fehlurteil ist. Mit der Wahrscheinlichkeit 1/(2^*certainty*) handelt es sich bei der erzeugten Zahl fälschlicherweise doch um keine Primzahl. Je größer `certainty` (und je unwahrscheinlicher ein Fehlurteil) ist, desto mehr Zeit nimmt sich der Konstruktor.

▶ `BigInteger( int numbits, Random rnd )`
Liefert eine Zufallszahl aus dem Wertebereich 0 bis 2^*numBits*–1. Alle Werte sind gleich wahrscheinlich.

▶ `static BigInteger valueOf( long val )`
Statische Fabrikmethode, die aus einem `long` ein `BigInteger` konstruiert.

Bei falschen Zeichenfolgen löst der Konstruktor mit String-Parameter eine `NumberFormat-Exception` aus.

[zB]

Beispiel Gegeben sei eine Zeichenkette, die eine Binärfolge aus Nullen und Einsen kodiert. Dann lässt sich ein Objekt der Klasse `BigInteger` nutzen, um diese Zeichenkette in ein Byte-Array zu konvertieren:

```
String s = "11011101 10101010 0010101 00010101".replace( " ", "" );

byte[] bs = new BigInteger( s, 2 ).toByteArray(); // [158,261,69,69]

for ( byte b : bs )
  System.out.println( Integer.toBinaryString(b & 0xFF) );
```

Die Schleife erzeugt die vier Ausgaben 1101110, 11010101, 10101 und 10101.

Leider existiert noch immer kein Konstruktor, der auch den `long`-Datentyp annimmt. Seltsam – denn es gibt die statische Fabrikmethode `valueOf(long)`, die `BigInteger`-Objekte erzeugt. Dies ist sehr verwirrend, da viele Programmierer diese Methoden übersehen und ein String-Objekt verwenden. Besonders ärgerlich ist es dann, einen privaten Konstruktor zu sehen, der mit einem `long` arbeitet. Genau diesen Konstruktor nutzt auch `valueOf()`.

Neben den Konstruktoren und dem `valueOf()` gibt es drei Konstanten für die Werte 0, 1 und 10.

Große Zahlen * | **12.6**

```
class java.math.BigInteger
extends Number
implements Comparable<BigInteger>
```

▶ static final BigInteger ZERO

▶ static final BigInteger ONE

▶ static final BigInteger TEN

12.6.2 Methoden von »BigInteger«

Die erste Kategorie von Methoden bilden arithmetische Operationen nach, für die es sonst ein Operatorzeichen oder eine Methode aus Math gäbe.

```
class java.math.BigInteger
extends Number
implements Comparable<BigInteger>
```

▶ BigInteger abs()
Liefert den Absolutwert, ähnlich wie Math.abs() für primitive Datentypen.

▶ BigInteger add(BigInteger val), BigInteger and(BigInteger val), BigInteger and-Not(BigInteger val), BigInteger divide(BigInteger val), BigInteger mod(BigInteger m), BigInteger multiply(BigInteger val), BigInteger or(BigInteger val), BigInteger remainder(BigInteger val), BigInteger subtract(BigInteger val), BigInteger xor(BigInteger val)
Bildet ein neues BigInteger-Objekt mit der Summe, Und-Verknüpfung, Und-Nicht-Verknüpfung, Division, dem Modulo, Produkt, Oder, Restwert, der Differenz, dem Xor dieses Objekts und des anderen.

▶ BigInteger[] divideAndRemainder(BigInteger val)
Liefert ein Feld mit zwei BigInteger-Objekten. Im Feld, dem Rückgabeobjekt, steht an der Stelle 0 der Wert für this / val, und an der Stelle 1 folgt this % val.

▶ BigInteger modInverse(BigInteger m)
Bildet ein neues BigInteger, indem es vom aktuellen BigInteger 1 subtrahiert und es dann Modulo m nimmt.

▶ BigInteger modPow(BigInteger exponent, BigInteger m)
Nimmt den aktuellen BigInteger hoch exponent Modulo m.

▶ BigInteger negate()
Negiert das Objekt, liefert also ein neues BigInteger mit umgekehrtem Vorzeichen.

▶ BigInteger not()
Liefert ein neues BigInteger, das die Bits negiert hat.

▶ BigInteger pow(int exponent)
Bildet this hoch exponent.

▶ int signum()
Liefert das Vorzeichen des eigenen BigInteger-Objekts.

Die nächste Kategorie von Methoden ist eng mit den Bits der Zahl verbunden:

▶ `int bitCount()`
Zählt die Anzahl gesetzter Bits der Zahl, die im Zweierkomplement vorliegt.

▶ `int bitLength()`
Liefert die Anzahl der Bits, die nötig sind, um die Zahl im Zweierkomplement ohne Vorzeichen-Bit darzustellen.

▶ `BigInteger clearBit( int n )`, `BigInteger flipBit( int n )`,
`BigInteger setBit( int n )`
Liefert ein neues `BigInteger`-Objekt mit gelöschtem/gekipptem/gesetztem n-tem Bit.

▶ `BigInteger shiftLeft( int n )`, `BigInteger shiftRight( int n )`
Schiebt die Bits um `n` Stellen nach links/rechts.

▶ `int getLowestSetBit()`
Liefert die Position eines Bits, das in der Repräsentation der Zahl am weitesten rechts gesetzt ist.

▶ `boolean testBit( int n )`
`true`, wenn das Bit `n` gesetzt ist.

Folgende Methoden sind besonders für kryptografische Verfahren interessant:

▶ `BigInteger gcd( BigInteger val )`
Liefert den größten gemeinsamen Teiler vom aktuellen Objekt und `val`.

▶ `boolean isProbablePrime( int certainty )`
Ist das `BigInteger`-Objekt mit der Wahrscheinlichkeit `certainty` eine Primzahl?

▶ `BigInteger nextProbablePrime()`
Liefert die nächste Ganzzahl hinter dem aktuellen `BigInteger`, die wahrscheinlich eine Primzahl ist.

▶ `static BigInteger probablePrime( int bitLength, Random rnd )`
Liefert mit einer bestimmten Wahrscheinlichkeit eine Primzahl der Länge `bitLength`.

Die letzte Gruppe bilden die Vergleichs- und Konvertierungsmethoden:

▶ `int compareTo( Object o )`, `int compareTo( BigInteger o )`
Da die Klasse `BigInteger` die Schnittstelle `java.lang.Comparable` implementiert, lässt sich jedes `BigInteger`-Objekt mit einem anderen vergleichen. Die Methode mit dem Datentyp `BigInteger` ist natürlich nicht von `Comparable` vorgeschrieben, aber beide Methoden sind identisch.

▶ `double doubleValue()`, `float floatValue()`, `int intValue()`, `long longValue()`
Konvertiert den `BigInteger` in ein `double`/`float`/`int`/`long`. Es handelt sich um implementierte Methoden der abstrakten Oberklasse `Number`.

▶ `boolean equals( Object x )`
Vergleicht, ob `x` und das eigene `BigInteger`-Objekt den gleichen Wert annehmen.

▶ `BigInteger max( BigInteger val )`, `BigInteger min( BigInteger val )`
Liefert das größere/kleinere der `BigInteger`-Objekte als Rückgabe.

Große Zahlen * | **12.6**

▶ byte[] toByteArray()
Liefert ein Byte-Feld mit dem `BigInteger` als Zweierkomplement.

▶ String toString(), String toString(int radix)
Liefert die String-Repräsentation von diesem `BigInteger` zur Basis 10 beziehungsweise einer beliebigen Basis.

▶ static BigInteger valueOf(long val)
Erzeugt ein `BigInteger`, das den Wert `val` annimmt.

12.6.3 Ganz lange Fakultäten

Unser Beispielprogramm soll die Fakultät einer natürlichen Zahl berechnen. Die Zahl muss positiv sein:

Listing 12.9 Factorial.java

```
import java.math.*;

class Factorial
{
  static BigInteger factorial( int n )
  {
    BigInteger result = BigInteger.ONE;

    if ( n == 0 || n == 1 )
      return result;

    if ( n > 1 )
      for ( int i = 1; i <= n; i++ )
        result = result.multiply( BigInteger.valueOf(i) );

    return result;
  }

  static public void main( String[] args )
  {
    System.out.println( factorial(100) );
  }
}
```

Neben dieser iterativen Variante ist eine rekursive denkbar. Sie ist allerdings aus zwei Gründen nicht wirklich gut. Zuerst aufgrund des hohen Speicherplatzbedarfs: Für die Berechnung von *n*! sind *n* Objekte nötig. Im Gegensatz zur iterativen Variante müssen jedoch alle Zwischenobjekte bis zum Auflösen der Rekursion im Speicher gehalten werden. Dadurch ergibt sich die zweite Schwäche: die längere Laufzeit. Aus akademischen Gründen soll dieser Weg hier allerdings aufgeführt werden. Es ist interessant zu beobachten, wie diese rekursive Implementierung den Speicher aufzehrt. Dabei ist es nicht einmal der Heap, der keine neuen Objekte mehr aufnehmen kann, sondern vielmehr der Stack des aktuellen Threads:

627

12 | Bits und Bytes und Mathematisches

Listing 12.10 Factorial.java, factorial2()

```
public static BigInteger factorial2( int i )
{
  if ( i <= 1 )
    return BigInteger.ONE;

  return BigInteger.valueOf( i ).multiply( factorial2( i - 1 ) );
}
```

12.6.4 Große Fließkommazahlen mit BigDecimal

Während sich `BigInteger` um die beliebig genauen Ganzzahlen kümmert, übernimmt `BigDecimal` die Fließkommazahlen.

BigDecimal aufbauen

Der Konstruktor nimmt unterschiedliche Typen an, unter anderem `double` und `String`. Bei `double` ist Obacht geboten, denn während

`new BigDecimal( 1.000000000000000000000000000000000000000000000000000001 )`

das Literal auf den für `double` gültigen Bereich bringt (1), ist Folgendes präzise:

`new BigDecimal( "1.000000000000000000000000000000000000000000000000000001" )`

Das gleiche Phänomen ist bei `System.out.println(new BigDecimal(Math.PI));` zu beobachten; die Ausgabe suggeriert eine hohe Genauigkeit:

3.141592653589793**11599979634685441851615905761718 75**

Richtig ist jedoch:

3.141592653589793**23846264338327950288419716939937 5**

Methoden statt Operatoren

Mit den `BigDecimal`-Objekten lässt sich nun rechnen, wie von `BigInteger` bekannt. Die wichtigsten Methoden sind:

```
class java.math.BigDecimal
extends Number
implements Comparable<BigDecimal>
```

▶ `BigDecimal add( BigDecimal augend )`

▶ `BigDecimal subtract( BigDecimal subtrahend )`

▶ `BigDecimal divide( BigDecimal divisor )`

▶ `BigDecimal multiply( BigDecimal multiplicand )`

▶ `BigDecimal remainder( BigDecimal divisor )`

▶ `BigDecimal abs()`

▶ `BigDecimal negate()`

Große Zahlen * | **12.6**

▶ `BigDecimal plus()`

▶ `BigDecimal max( BigDecimal val ), BigDecimal min( BigDecimal val )`

▶ `BigDecimal pow( int n )`

Des Weiteren gibt es drei Konstanten für die Zahlen `BigDecimal.ZERO`, `BigDecimal.ONE` und `BigDecimal.TEN`.

Rundungsmodus

Eine Besonderheit stellt jedoch die Methode `divide()` dar, die zusätzlich einen Rundungsmodus und optional auch eine Anzahl gültiger Nachkommastellen bekommen kann.

```
BigDecimal a = new BigDecimal( "10" );
BigDecimal b = new BigDecimal( "2" );
System.out.println( a.divide(b) );   // 5
```

Es ist kein Problem, wenn das Ergebnis eine Ganzzahl oder das Ergebnis exakt ist.

```
System.out.println( new BigDecimal(1).divide(b) );   // 0.5
```

Wenn das Ergebnis aber nicht exakt ist, lässt sich `divide()` nicht einsetzen. Die Anweisung

```
new BigDecimal(1).divide( new BigDecimal(3) )
```

ergibt den Fehler:

```
java.lang.ArithmeticException: Non-
terminating decimal expansion; no exact   representable decimal result.
```

An dieser Stelle kommen die Rundungsmodi `ROUND_UP`, `ROUND_DOWN`, `ROUND_CEILING`, `ROUND_FLOOR`, `ROUND_HALF_UP`, `ROUND_HALF_DOWN`, `ROUND_HALF_EVEN` ins Spiel. `ROUND_UNNECES-SARY` ist auch einer davon, darf aber nur dann verwendet werden, wenn die Division exakt ist:

```
System.out.println( c.divide(d, BigDecimal.ROUND_UP) );        // 1
System.out.println( c.divide(d, BigDecimal.ROUND_DOWN) );      // 0
```

Jetzt kann noch die Anzahl der Nachkommastellen bestimmt werden:

```
System.out.println( c.divide(d, 6, BigDecimal.ROUND_UP) );     // 0.333334
System.out.println( c.divide(d, 6, BigDecimal.ROUND_DOWN) );   // 0.333333
```

Beispiel `BigDecimal` bietet die praktische Methode `setScale()` an, mit der sich die Anzahl **[zB]**
der Nachkommastellen setzen lässt. Das ist zum Runden sehr gut. In unserem Beispiel sollen
45 Liter Benzin zu 1,399 bezahlt werden:

Listing 12.11 RoundWithSetScale.java, main()

```
BigDecimal petrol = new BigDecimal( "1.399" ).multiply( new BigDecimal(45) );
System.out.println( petrol.setScale( 3, BigDecimal.ROUND_HALF_UP ) );
System.out.println( petrol.setScale( 2, BigDecimal.ROUND_HALF_UP ) );
```

Die Ausgaben sind 62.955 und 62.96.

629

12 | Bits und Bytes und Mathematisches

12.6.5 Mit MathContext komfortabel die Rechengenauigkeit setzen

Die Klasse `java.math.MathContext` wurde in Java 5 eingeführt, um für `BigDecimal` komfortabel die Rechengenauigkeit (nicht die Nachkommastellen) und den Rundungsmodus setzen zu können. Vorher wurde diese Information, wie das vorangehende Beispiel gezeigt hat, den einzelnen Berechnungsmethoden mitgegeben. Jetzt kann dieses eine Objekt einfach an alle berechnenden Methoden weitergegeben werden.

Die Eigenschaften werden mit den Konstruktoren gesetzt, denn `MathContext`-Objekte sind anschließend immutable.

```
class java.math.MathContext
implements Serializable
```

▶ `MathContext( int setPrecision )`
Baut ein neues `MathContext` mit angegebener Präzision als Rundungsmodus `HALF_UP`.

▶ `MathContext( int setPrecision, RoundingMode setRoundingMode )`
Baut ein neues `MathContext` mit angegebener Präzision und einem vorgegebenen Rundungsmodus vom Typ `RoundingMode`. Deklarierte Konstanten der Aufzählung sind `CEILING`, `DOWN`, `FLOOR`, `HALF_DOWN`, `HALF_EVEN`, `HALF_UP`, `UNNECESSARY` und `UP`.

▶ `MathContext( String val )`
Baut ein neues `MathContext` aus einem String. Der Aufbau des Strings ist wie von `toString()` der Klasse, etwa `precision=34 roundingMode=HALF_EVEN`.

Für die üblichen Fälle stehen vier vorgefertigte `MathContex`-Objekte als Konstanten der Klasse zur Verfügung: `DECIMAL128`, `DECIMAL32`, `DECIMAL64` und `UNLIMITED`.

Listing 12.12 MathContextDemo.java, main()

```
out.println( MathContext.DECIMAL128 ); // precision=34 roundingMode=HALF_EVEN
```

Nach dem Aufbau des `MathContext`-Objekts wird es im Konstruktor von `BigDecimal` übergeben.

```
class java.math.BigDecimal
extends Number
implements Comparable<BigInteger>
```

▶ `BigDecimal( BigInteger unscaledVal, int scale, MathContext mc )`

▶ `BigDecimal( BigInteger val, MathContext mc )`

▶ `BigDecimal( char[] in, int offset, int len, MathContext mc )`

▶ `BigDecimal( char[] in, MathContext mc )`

▶ `BigDecimal( double val, MathContext mc )`

▶ `BigDecimal( int val, MathContext mc )`

▶ `BigDecimal( long val, MathContext mc )`

▶ `BigDecimal( String val, MathContext mc )`

Auch bei jeder Berechnungsmethode lässt sich nun das `MathContext`-Objekt übergeben:

- `BigDecimal abs( MathContext mc )`
- `BigDecimal add( BigDecimal augend, MathContext mc )`
- `BigDecimal divide( BigDecimal divisor, MathContext mc )`
- `BigDecimal divideToIntegralValue( BigDecimal divisor, MathContext mc )`
- `BigDecimal plus( MathContext mc )`
- `BigDecimal pow( int n, MathContext mc )`
- `BigDecimal remainder( BigDecimal divisor, MathContext mc )`
- `BigDecimal round( MathContext mc )`
- `BigDecimal subtract( BigDecimal subtrahend, MathContext mc )`

12.7 Zum Weiterlesen

Die Java-Bibliothek bietet, abgesehen von den Klassen zur Unterstützung großer Wertebereiche, kaum weitere Algorithmen, wie sie oft für mathematische Probleme benötigt werden. Zu den wenigen Methoden gehören `solveCubic()` und `solveQuadratic()` aus den Klassen `CubicCurve2D` und `QuadCurve2D`, und selbst die sind nicht fehlerfrei.[8]

Auf dem (freien) Markt gibt es aber eine große Anzahl an Erweiterungen, etwa für Brüche, Polynome, Matrizen und so weiter. Eine kleine Auswahl:

- *Commons-Math*: *Jakarta Mathematics Library* (*http://jakarta.apache.org/commons/math/*). Enthält unter anderem Statistik, lineare Algebra, komplexe Zahlen, Brüche.
- *JScience* (*http://jscience.org/*). Enthält lineare Algebra mit Matrizen und Vektoren sowie LU-Zerlegung, Brüche, Polynome.
- *JAMA*: *A Java Matrix Package* (*http://math.nist.gov/javanumerics/jama/*). Bietet Eigenwerte berechnen, Lösen nichtsingulärer Systeme, Determinate…

Eine Liste weiterer Bibliotheken bietet *http://math.nist.gov/javanumerics/*.

Ein weiteres Problemfeld sind die Rechenungenauigkeiten, die jedoch einfach in der Natur der Sache liegen. Doch auch andere Probleme bestehen, die das Paper »How Java's Floating-Point Hurts Everyone Everywhere« (*http://www.cs.berkeley.edu/~wkahan/JAVAhurt.pdf*) sehr genau behandelt – allerdings wurde es vor der Einführung des Schlüsselworts `strict` veröffentlicht, sodass nicht mehr jeder Punkt gültig ist.

---

8 *http://bugs.sun.com/bugdatabase/view_bug.do?bug_id=4645692*

»Überlege einmal, bevor du gibst,
zweimal, bevor du annimmst,
und tausendmal, bevor du verlangst.«
– Marie von Ebner-Eschenbach (1830–1916)

13 Datenstrukturen und Algorithmen

Algorithmen[1] sind ein zentrales Thema der Informatik. Ihre Erforschung und Untersuchung nimmt dort einen bedeutenden Platz ein. Algorithmen operieren nur dann effektiv mit Daten, wenn diese geeignet strukturiert sind. Schon das Beispiel Telefonbuch zeigt, wie wichtig die Ordnung der Daten nach einem Schema ist. Die Suche nach einer Telefonnummer bei gegebenem Namen gelingt schnell, während die Suche nach einem Namen bei bekannter Telefonnummer ein mühseliges Unterfangen darstellt. Datenstrukturen und Algorithmen sind also eng miteinander verbunden, und die Wahl der richtigen Datenstruktur entscheidet über effiziente Laufzeiten; beide erfüllen allein nie ihren Zweck. Leider ist die Wahl der »richtigen« Datenstruktur nicht so einfach, wie es sich anhört, und eine Reihe von schwierigen Problemen in der Informatik ist wohl deswegen noch nicht gelöst, weil eine passende Datenorganisation bis jetzt nicht gefunden wurde.

Die wichtigsten Datenstrukturen, wie Listen, Mengen, Kellerspeicher und Assoziativspeicher, sollen in diesem Kapitel vorgestellt werden. In der zweiten Hälfte des Kapitels wollen wir uns dann stärker den Algorithmen widmen, die auf diesen Datenstrukturen operieren.

13.1 Datenstrukturen und die Collection-API

Dynamische Datenstrukturen passen ihre Größe der Anzahl der Daten an, die sie aufnehmen. Schon in Java 1.0 brachte die Standard-Bibliothek fundamentale Datenstrukturen mit, aber erst mit Java 1.2 wurde mit der Collection-API der Umgang mit Datenstrukturen und Algorithmen auf eine gute Basis gestellt. In Java 5 gab es große Anpassungen durch Einführung der Generics.

Sprachweise Ein Container ist ein Objekt, das wiederum Objekte aufnimmt und die Verantwortung für die Elemente übernimmt. Wir werden die Begriffe »Container«, »Sammlung« und »Collection« synonym verwenden.

---

1 Das Wort »Algorithmus« geht auf den persisch-arabischen Mathematiker Ibn Mûsâ Al-Chwârismî zurück, der im 9. Jahrhundert lebte.

13 | Datenstrukturen und Algorithmen

13.1.1 Designprinzip mit Schnittstellen, abstrakten und konkreten Klassen

Das Design der Collection-Klassen folgt vier Prinzipien:

▶ Schnittstellen legen Gruppen von Operationen für die verschiedenen Behältertypen fest. So gibt es zum Beispiel mit `List` eine Schnittstelle für Sequenzen (Listen) und mit `Map` eine Schnittstelle für Assoziativspeicher, die Schlüssel-Werte-Paare verbinden.

▶ Abstrakte Basisklassen führen die Operationen der Schnittstellen auf eine minimale Zahl von als abstrakt deklarierten Grundoperationen zurück, etwa `addAll()` auf `add()` oder `isEmpty()` auf `getSize()`. (Mit den abstrakten Basisimplementierungen wollen wir uns nicht weiter beschäftigen. Sie sind interessanter, wenn eigene Datenstrukturen auf der Basis der Grundimplementierung entworfen werden.)

▶ Konkrete Klassen für bestimmte Behältertypen beerben die entsprechende abstrakte Basisklasse und ergänzen die unbedingt erforderlichen Grundoperationen (und einige die Performance steigernde Abkürzungen gegenüber der allgemeinen Lösung in der Oberklasse). Sie sind in der Nutzung unsere direkten Ansprechpartner. Für eine Liste können wir zum Beispiel die konkrete Klasse `ArrayList` und als Assoziativspeicher die Klasse `TreeMap` nutzen.

▶ Algorithmen, wie die Suche nach einem Element, gehören zum Teil zur Schnittstelle der Datenstrukturen. Zusätzlich gibt es mit der Klasse `Collections` eine Utility-Klasse mit weiteren Algorithmen.

13.1.2 Die Basis-Schnittstellen Collection und Map

Alle Datenstrukturen aus der Collection-API fußen entweder auf der Schnittstelle `java.util.Collection` (für Listen, Mengen, Schlangen) oder `java.util.Map` (für Assoziativspeicher). Durch die gemeinsame Schnittstelle erhalten alle implementierenden Klassen einen gemeinsamen Rahmen. Die Operationen lassen sich grob einteilen in:

▶ Basisoperationen zum Erfragen der Elementanzahl und zum Hinzufügen, Löschen, Selektieren und Finden von Elementen

▶ Mengenoperationen, um etwa andere Sammlungen einzufügen

▶ Feldoperationen bei `Collection`, um die Sammlung in ein Array zu konvertieren, und bei `Map` Operationen, um alternative Ansichten von Schlüsseln oder Werten zu bekommen.

13.1.3 Das erste Programm mit Container-Klassen

Bis auf Assoziativspeicher implementieren alle Container-Klassen das Interface `Collection` und haben dadurch schon wichtige Methoden, um Daten aufzunehmen, zu manipulieren und auszulesen. Das folgende Programm erzeugt als Datenstruktur eine *verkettete Liste*, fügt Strings ein und gibt zum Schluss die Sammlung auf der Standardausgabe aus:

Datenstrukturen und die Collection-API | **13.1**

Listing 13.1 com/tutego/insel/util/MyFirstCollection.java, MyFirstCollection

```
public class MyFirstCollection
{
  private static void fill( Collection<String> c )
  {
    c.add( "Juvy" );
    c.add( "Tina" );
    c.add( "Joy" );
  }

  public static void main( String[] args )
  {
    List<String> c = new LinkedList<String>();
    fill( c );
    System.out.println( c );      // [Juvy, Tina, Joy]
    Collections.sort( c );
    System.out.println( c );      // [Joy, Juvy, Tina]
  }
}
```

Das Beispiel zeigt unterschiedliche Aspekte der Collection-API:

▶ Seit Java 5 sind alle Datenstrukturen generisch deklariert. Statt `new LinkedList()` schreiben wir `new LinkedList<String>()`.

▶ Unserer eigenen statischen Methode `fill()` ist es egal, welche `Collection` wir ihr geben. Sie arbeitet nicht nur auf der `LinkedList`, sondern genauso auf einer `ArrayList` und auf Mengen (Set-Objekte), denn `Set`-Klassen implementieren ebenfalls `Collection`.

▶ Einer Liste lässt sich mit `add()` füllen. Die Methode schreibt die Schnittstelle `Collection` vor und `LinkedList` realisiert die Operation aus der Schnittstelle.

▶ Während `Collection` eine Schnittstelle ist, die von unterschiedlichen Datenstrukturen implementiert wird, ist `Collections` eine Utililty-Klasse mit vielen Hilfsmethoden, etwa zum sortieren mit `Collections.sort()`.

Tipp Nutze immer den kleinstnötigen Typ! Wir haben das an zwei Stellen getan. Statt `fill(`**LinkedList**`<String> c)` deklariert das Programm `fill(`**Collection**`<String> c)` und statt **LinkedList**`<String> c = new LinkedList<String>()` nutzt es **List**`<String> c = new LinkedList<String>()`. Mit dieser Schreibweise lassen sich unter softwaretechnischen Gesichtspunkten leicht die konkreten Datenstrukturen ändern, aber etwa die Methodensignatur ändert sich nicht und ist breiter aufgestellt. Es ist immer schön, wenn wir – etwa aus Gründen der Geschwindigkeit oder Speicherplatzbeschränkung – auf diese Weise leicht die Datenstruktur ändern können und der Rest des Programms unverändert bleibt. Das ist die Idee der schnittstellenorientierten Programmierung, und es ist in Java selten nötig, den konkreten Typ einer Klasse direkt anzugeben.

[+]

635

13.1.4 Die Schnittstelle Collection und Kernkonzepte

Unterschnittstellen erweitern Collection und schreiben Verhalten vor, ob etwa der Container die Reihenfolge des Einfügens beachtet, Werte doppelt beinhalten darf oder die Werte sortiert hält; List, Set, Queue, Deque und NavigableSet sind dabei die wichtigsten.

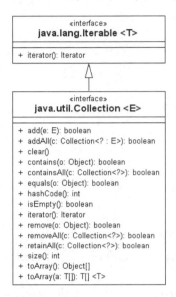

```
interface java.util.Collection<E>
extends Iterable<E>
```

- ▶ boolean add(E o)
  Optional. Fügt dem Container ein Element hinzu und gibt true zurück, falls sich das Element einfügen lässt. Gibt false zurück, wenn schon ein Objekt gleichen Werts vorhanden ist und doppelte Werte nicht erlaubt sind. Diese Semantik gilt etwa bei Mengen. Erlaubt der Container das Hinzufügen grundsätzlich nicht, löst er eine UnsupportedOperationException aus.

- ▶ boolean addAll(Collection<? extends E> c)
  Fügt alle Elemente der Collection c dem Container hinzu.

- ▶ void clear()
  Optional. Löscht alle Elemente im Container. Wird dies vom Container nicht unterstützt, wird eine UnsupportedOperationException ausgelöst.

- ▶ boolean contains(Object o)
  Liefert true, falls der Container ein inhaltlich gleiches Element enthält.

- ▶ boolean containsAll(Collection<?> c)
  Liefert true, falls der Container alle Elemente der Collection c enthält.

- ▶ boolean isEmpty()
  Liefert true, falls der Container keine Elemente enthält.

▶ `Iterator<E> iterator()`
Liefert ein `Iterator`-Objekt über alle Elemente des Containers.

▶ `boolean remove( Object o )`
Optional. Entfernt das angegebene Objekt aus dem Container, falls es vorhanden ist.

▶ `boolean removeAll( Collection<?> c )`
Optional. Entfernt alle Objekte der Collection `c` aus dem Container.

▶ `boolean retainAll( Collection<?> c )`
Optional. Entfernt alle Objekte, die nicht in der Collection `c` vorkommen.

▶ `int size()`
Gibt die Anzahl der Elemente im Container zurück.

▶ `Object[] toArray()`
Gibt ein Array mit allen Elementen des Containers zurück.

▶ `<T> T[] toArray( T[] a )`
Gibt ein Array mit allen Elementen des Containers zurück. Verwendet das als Argument übergebene Array als Zielcontainer, wenn es groß genug ist. Sonst wird ein Array passender Größe angelegt, dessen Laufzeittyp `a` entspricht.

▶ `boolean equals( Object o )`
Prüft a) ob das angegebene Objekt `o` ein kompatibler Container ist und b) alle Elemente aus dem eigenen Container `equals()`-gleich der Elemente des anderen Containers sind und c) – falls vorhanden – die gleiche Ordnung haben.

▶ `int hashCode()`
Liefert den Hash-Wert des Containers. Dies ist wichtig, wenn der Container als Schlüssel in Hash-Tabellen verwendet wird. Dann darf der Inhalt aber nicht mehr geändert werden, da der Hash-Wert von allen Elementen des Containers abhängt.

Hinweis Der Basistyp `Collection` ist typisiert, genauso wie die Unterschnittstellen und implementierenden Klassen. Auffällig sind die Methoden `remove(Object)` und `contains(Object)`, die gerade nicht mit dem generischen Typ `E` versehen sind, was zur Konsequenz hat, dass diese Methoden mit beliebigen Objekten aufgerufen werden können. Fehler schleichen sich schnell ein, wenn der Typ der eingefügten Objekte ein anderer ist als der beim Löschversuch, etwa bei `HashSet<Long>` set mit anschließendem `set.add(1L)` und `remove(1)`.

[«]

Anzeige der Veränderungen durch boolesche Rückgaben

Der Rückgabewert einiger Methoden wie `add()` oder `remove()` ist ein `boolean` und könnte natürlich auch `void` sein. Doch die Collection-API signalisiert über die Rückgabe, ob eine Änderung der Datenstruktur erfolgte oder nicht. Bei Mengen liefert `add()` etwa `false`, wenn ein gleiches Element schon in der Menge ist; `add()` ersetzt das alte nicht durch das neue.

13 | Datenstrukturen und Algorithmen

Optionale Methoden und UnsupportedOperationException

Einige Methoden aus der Schnittstelle `Collection` sind optional, weil konkrete Container oder Realisierungen die Operationen nicht realisieren wollen oder können. Da eine Schnittstellenimplementierung aber auf jeden Fall die Operation als Methode implementieren muss, lösen die Methoden eine `UnsupportedOperationException` aus. Den Grund, warum Container nicht verändert werden dürfen, kann das folgende Beispiel erläutern:

Listing 13.2 com/tutego/insel/util/UnsupportedOperationExceptionDemo.java, main()

```
Collection<Integer> set = new HashSet<Integer>();
Collection<Integer> set2 = Collections.unmodifiableCollection( set );
set2.add( 1 ); // Exception in thread "main" ⮐
              // java.lang.UnsupportedOperationException
```

Die vielen Optional-Anmerkungen erschrecken zunächst und lassen die Klassen beziehungsweise Schnittstellen irgendwie unzuverlässig oder nutzlos erscheinen. Die konkreten Standardimplementierungen der Collection-API bieten diese Operationen jedoch vollständig an, nur die Spezial-Wrapper für Nur-Lese-Container lassen sie weg. Das Konzept der optionalen Operationen ist umstritten, wenn Methoden zur Laufzeit eine Exception auslösen. Besser wären natürlich kleinere separate Schnittstellen, die nur die Leseoperationen enthalten und zur Übersetzungszeit überprüft werden können; dann gäbe es jedoch deutlich mehr Schnittstellen im `java.util`-Paket.

Vergleiche im Allgemeinen auf Basis von »equals()«

Der Methode `equals()` kommt bei den Elementen, die in die Datenstrukturen wandern, eine besondere Rolle zu. Jedes Objekt, welches eine `ArrayList`, `LinkedList`, `HashSet` und alle anderen Datenstrukturen[2] aufnehmen soll, muss zwingend `equals()` implementieren. Denn Methoden wie `contains()`, `remove()` vergleichen die Elemente mit `equals()` auf Gleichheit und nicht mit `==` auf Identität.

[zB]

Beispiel Ein neues Punkt-Objekt kommt in die Datenstruktur. Nun wird es mit einem anderen `equals()`-gleichen Objekt auf das Vorkommen in der `Collection` geprüft und gelöscht:

```
Collection<Point> list = new ArrayList<Point>();
list.add( new Point(47, 11) );
System.out.println( list.size() );                      // 1
System.out.println( list.contains( new Point(47, 11) ) ); // true
list.remove( new Point(47, 11) );
System.out.println( list.size() );                      // 0
```

Eigene Klassen müssen folglich `equals()` aus der absoluten Oberklasse `Object` überschreiben. Umgekehrt heißt das auch, dass Objekte, die kein sinnvolles `equals()` besitzen, nicht von den Datenstrukturen aufgenommen werden können; ein Beispiel hierfür ist `StringBuilder`/ `StringBuffer`.

---

2 Lassen wir die besondere Klasse `IdentityHashMap` außen vor.

Besonderheit Die Datenstrukturen selbst deklarieren eine `equals()`-Methode. Zwei Datenstrukturen sind `equals()`-gleich, wenn sie die gleichen Elemente – gleich nach der `equals()`-Relation – besitzen und die gleiche Ordnung haben. Ein Detail in der Implementierung überrascht jedoch. Exemplarisch:

```
LinkedList<String> l1 = new LinkedList<String>( Arrays.asList( "" ) );
ArrayList<String>  l2 = new ArrayList<String>( Arrays.asList( "" ) );
System.out.println( l1.equals( l2 ) );           // true
```

Die beiden Datenstrukturen sind gleich, obwohl ihre Typen unterschiedlich sind. Das ist einmalig in der Java-API. Dahinter steht, dass die `equals()`-Implementierung von etwa `ArrayList`, `LinkedList` nur betrachtet, ob das an `equals()` übergebene Objekt vom Typ `List` ist. Das Gleiche gilt im Übrigen auch für `Set` und `Map`. Nach dem Typtest folgend die Tests auf die Gleichheit der Elemente.

13.1.5 Schnittstellen, die Collection erweitern, und Map

Es gibt einige elementare Schnittstellen, die einen Container weiter untergliedern, etwa in der Art, wie Elemente gespeichert werden.

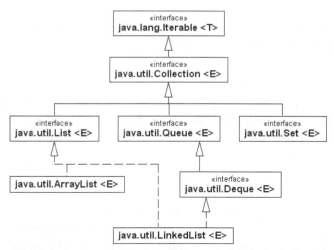

Abbildung 13.1 Zentrale Schnittstellen und Klassen der Collection-API

Die Schnittstelle List für Sequenzen

Die Schnittstelle `List`[3], die die `Collection`-Schnittstelle erweitert, enthält zusätzliche Operationen für eine geordnete Liste (auch *Sequenz* genannt) von Elementen. Auf die Elemente einer Liste lässt sich über einen ganzzahligen Index zugreifen, und es kann linear nach Elementen gesucht werden. Doppelte Elemente sind erlaubt, auch beliebig viele `null`-Einträge.

---

[3] Wie in der Collection-Design-FAQ unter *http://java.sun.com/javase/6/docs/technotes/guides/collections/designfaq.html#11* nachzulesen, hätte die Schnittstelle durchaus `Sequence` heißen können.

13 | Datenstrukturen und Algorithmen

Zwei bekannte implementierende Klassen sind `LinkedList` sowie `ArrayList`. Weil das AWT-Paket eine Klasse mit dem Namen `List` deklariert, muss bei Namenskonflikten der voll qualifizierte Name, also `java.util.List` oder `java.awt.List`, verwendet werden.

Die Schnittstelle »Set« für Mengen

Ein `Set` ist eine im mathematischen Sinn definierte Menge von Objekten. Wie von mathematischen Mengen bekannt, darf ein `Set` keine doppelten Elemente enthalten. Für zwei nicht identische Elemente `e1` und `e2` eines `Set`-Objekts liefert der Vergleich `e1.equals(e2)` also immer `false`. Genauer gesagt: Aus `e1.equals(e2)` folgt, dass `e1` und `e2` identische Objektreferenzen sind, sich also auf dasselbe Mengenelement beziehen.

Besondere Beachtung muss Objekten geschenkt werden, die ihren Wert nachträglich ändern, da so zunächst ungleiche Mengenelemente inhaltlich gleich werden können. Dies kann ein `Set` nicht kontrollieren. Als weitere Einschränkung gilt, dass eine Menge sich selbst nicht als Element enthalten darf. Die wichtigste konkrete Mengen-Klasse ist `HashSet`.

`NavigableSet` – beziehungsweise ihre Mutter `SortedSet` – erweitert `Set` um die Eigenschaft, Elemente sortiert auslesen zu können. Das Sortierkriterium wird durch ein Exemplar der Hilfsklasse `Comparator` bestimmt, oder die Elemente implementieren `Comparable`. `TreeSet` und `ConcurrentSkipListSet` implementieren die Schnittstellen und erlauben mit einem Iterator oder einer Feld-Repräsentation Zugriff auf die sortierten Elemente.

Die Schnittstelle »Queue« für (Warte-)Schlangen

Eine Queue arbeitet nach dem FIFO-Prinzip (First in, First out); zuerst eingefügte Elemente werden zuerst wieder ausgegeben, getreu nach dem Motto »Wer zuerst kommt, mahlt zuerst«. Die Schnittstelle `Queue` deklariert Operationen für alle Warteschlangen und wird etwa von den Klassen `LinkedList` und `PriorityQueue` implementiert.

Queue mit zwei Enden

Während die Queue Operationen bietet, um an einem Ende Daten anzuhängen und zu erfragen, bietet die Datenstruktur `Deque` (vom Englischen »**d**ouble-**e**nded **que**ue«) das an beiden Enden. Die Klasse `LinkedList` ist zum Beispiel eine Implementierung von `Deque`. Die Datenstruktur wird wie »Deck« ausgesprochen.

Die Schnittstelle »Map«

Eine Datenstruktur, die einen *Schlüssel* (engl. *key*) mit einem *Wert* (engl. *value*) verbindet, heißt *assoziativer Speicher*. Sie erinnert an ein Gedächtnis und ist vergleichbar mit einem Wörterbuch oder Nachschlagewerk. Betrachten wir ein Beispiel: Auf einem Personalausweis findet sich eine eindeutige Nummer, eine ID, die einmalig für jeden Bundesbürger ist. Wenn nun in einem Assoziativspeicher alle Passnummern gespeichert sind, lässt sich leicht über die Passnummer (Schlüssel) die Person (Wert) herausfinden, also den Namen der Person, Gültigkeit des Ausweises usw. In die gleiche Richtung geht ein Beispiel, welches ISB-Nummern mit

640

Datenstrukturen und die Collection-API | **13.1**

Büchern verbindet. Ein Assoziativspeicher könnte zu der ISB-Nummer zum Beispiel das Erscheinungsjahr assoziieren, ein anderer Assoziativspeicher eine Liste von Rezensionen.

> **Hinweis** Gerne wird als Beispiel für einen Assoziativspeicher ein Telefonbuch mit einer Assoziation zwischen Namen und Telefonnummern genannt. Wenn das mit einem Assoziativspeicher realisiert werden muss, reicht natürlich der Name alleine nicht aus, sondern der Ort/das Land müssen dazukommen (ich bin zum Beispiel nicht der einzige Christian Ullenboom, in Erlangen wohnt mein Namenspate). Auch weniger ist es ein Problem, dass in einem Familienhaushalt mehrere Personen die gleiche Telefonnummer besitzen, als vielmehr die Tatsache, dass eine Person unterschiedliche Telefonnummern, etwa eine Mobil- und Festnetznummer besitzen kann. Damit das Modell korrekt bleibt, muss eine Assoziation zwischen einem Namen und einer Liste von Telefonnummern bestehen. Ein Assoziativspeicher ist flexibel genug dafür: Der assoziierte Wert muss kein einfacher Wert wie eine Zahl oder String sein, sondern kann eine komplexe Datenstruktur sein.

[«]

In Java schreibt die Schnittstelle `Map` Verhalten für einen Assoziativspeicher vor. `Map` ist ein wenig anders als die anderen Schnittstellen. So erweitert die Schnittstelle `Map` die Schnittstelle `Collection` nicht. Das liegt daran, dass bei einem Assoziativspeicher Schlüssel und Wert immer zusammen vorkommen müssen und die Datenstruktur eine Operation wie `add(Object)` nicht unterstützen kann. Im Gegensatz zu `List` gibt es bei einer `Map` auch keine Position.

Die Schlüssel einer `Map` können mit Hilfe eines Kriteriums sortiert werden. Ist das der Fall, implementieren diese speziellen Klassen die Schnittstelle `NavigableMap` (beziehungsweise die Mutter `SortedSet`), die `Map` direkt erweitert. Das Sortierkriterium wird entweder über ein externes `Comparator`-Objekt festgelegt, oder die Elemente in der `Map` sind vom Typ `Comparable`. Damit kann ein Iterator in einer definierten Reihenfolge einen assoziativen Speicher ablaufen. Bisher implementieren `TreeMap` und `ConcurrentSkipListMap` die Schnittstelle `NavigableMap`.

13.1.6 Konkrete Container-Klassen

Alle bisher vorgestellten Schnittstellen und Klassen dienen zur Modellierung und dem Programmierer nur als Basistyp. Die folgenden Klassen sind konkrete Klassen und können von uns benutzt werden:

Listen (List)	ArrayList	Implementiert Listen-Funktionalität durch die Abbildung auf ein Feld; implementiert die Schnittstelle `List`.
	LinkedList	`LinkedList` ist eine doppelt verkettete Liste, also eine Liste von Einträgen mit einer Referenz auf den jeweiligen Nachfolger und Vorgänger. Das ist nützlich beim Einfügen und Löschen von Elementen an beliebigen Stellen innerhalb der Liste.

Tabelle 13.1 Konkrete Container-Klassen

641

13 | Datenstrukturen und Algorithmen

Mengen (Set)	`HashSet`	Eine Implementierung der Schnittstelle `Set` durch ein schnelles Hash-Verfahren.
	`TreeSet`	Implementierung von `Set` durch einen Baum, der alle Elemente sortiert hält.
	`LinkedHashSet`	Eine schnelle Mengen-Implementierung, die sich parallel auch die Reihenfolge der eingefügten Elemente merkt.
Assoziativ-speicher (Map)	`HashMap`	Implementiert einen assoziativen Speicher durch ein Hash-Verfahren.
	`TreeMap`	Exemplare dieser Klasse halten ihre Elemente in einem Binärbaum sortiert; implementiert `NavigableMap`.
	`LinkedHashMap`	Ein schneller Assoziativspeicher, der sich parallel auch die Reihenfolge der eingefügten Elemente merkt.
	`WeakHashMap`	Verwaltet Elemente mit schwachen Referenzen, sodass die Laufzeitumgebung bei Speicherknappheit Elemente entfernen kann.
Schlange (Queue)	`LinkedList`	Die verkettete Liste implementiert `Queue` und auch `Deque`.
	`ArrayBlockingQueue`	Eine blockierende Warteschlange.
	`PriorityQueue`	Prioritätswarteschlange.

Tabelle 13.1 Konkrete Container-Klassen (Forts.)

Alle Datenstrukturen sind serialisierbar und implementieren `Serializable`, die Basisschnittstellen wie `Set`, `List` … machen das nicht!

13.1.7 Welche Container-Klasse nehmen?

Bei der großen Anzahl von Klassen sind Entscheidungskriterien angebracht, nach denen Entwickler Klassen auswählen können. Die folgende Aufzählung soll einige Vorschläge geben:

▶ Ist eine Sequenz, also eine feste Ordnung gefordert? Wenn ja, dann nimm eine Liste.

▶ Soll es einen schnellen Zugriff über einen Index geben? Wenn ja, ist die `ArrayList` gegenüber der `LinkedList` im Vorteil.

▶ Werden oft am Ende und Anfang Elemente eingefügt? Dann kann `LinkedList` punkten.

▶ Wenn eine Reihenfolge der Elemente uninteressant ist, aber schnell entschieden werden soll, ob ein Element Teil einer Menge ist, erweist sich `HashSet` als interessant.

▶ Sollen Elemente nur einmal vorkommen und immer sortiert bleiben? Dann ist `TreeSet` eine gute Wahl.

▶ Muss es eine Assoziation zwischen Schlüssel und Elementen geben, ist eine `Map` von Vorteil.

13.1.8 Generische Datentypen in der Collection-API

Eine Eigenschaft der Datenstrukturen besteht darin, dass sie prinzipiell offen für jeden Typ sind. Sie nehmen beim Speichern den allgemeinsten Typ `Object` entgegen (wir nehmen hier die vereinfachte Variante von Java 1.4 an) und liefern diesen auch als Rückgabe, also anschaulich bei der `List`:

642

▶ void add(**Object** o)

▶ **Object** get(int index)

Wenn eine Liste zum Beispiel aber nur Spieler-Objekte aufnehmen soll, sind dort keine Strings, Flummis und Friseurläden erwünscht – der Basistyp `Object` kann das nicht verhindern. So werden im Folgenden zwei Elemente in die Liste eingefügt; ein erwünschtes und ein unerwünschtes.

```
List players = new ArrayList();
Player laraFarm = new Player();
players.add( laraFarm );
players.add( "ätsch" );
```

Der Fehler fällt beim Einfügen nicht auf, doch bei der Wiederholung der Daten und anschließender Typanpassung folgt die gefürchtete `ClassCastException`.

```
Player p1 = (Player) players.get( 0 );  //    OK
Player p2 = (Player) players.get( 1 );  // ☠ BUM!
```

Generics in der Collection-API

Seit Java 5 macht die Collection-API massiv Gebrauch von Generics. Das fällt unter anderem dadurch auf, dass die API-Dokumentation einen parametrisierten Typ erwähnt und gerade nicht add(Object e) bei der `Collection` steht, sondern add(E e). Generics gewährleisten bessere Typsicherheit, da nur spezielle Objekte in die Datenstruktur kommen. Mit den Generics lässt sich bei der Konstruktion einer Collection-Datenstruktur angeben, welche Typen zum Beispiel in der Datenstruktur-Liste erlaubt sind. In unserem Beispiel wird die Spielerliste players deklariert als:

```
List<Player> players = new ArrayList<Player>();
```

So lässt die Liste nur den Typ `Player` beim Hinzufügen und Anfragen zu, nicht aber andere Typen, wie etwa Zeichenketten. Das ist zum einen eine schöne Sicherheit für den Programmierer, hat aber noch einen weiteren Vorteil: die Typanpassungen können entfallen. Wird die Liste ohne den Typ `Player` angelegt, muss für den Zugriff auf das erste Element die explizite Typanpassung von `Object` auf `Player` eingesetzt werden. Mit den Generics kann diese Anpassung entfallen, und es wird kurz:

```
Player laraFarm = players.get( 0 );
```

Geschachtelte Generics

Eine Liste von Strings deklariert `List<String>`. Um eine verkettete Liste aufzubauen, deren Elemente wiederum Listen mit Strings sind, lassen sich die Deklarationen auch zusammenführen:[4]

```
List<List<String>> las = new LinkedList<List<String>>();
```

---

4 Das erinnert mich immer unangenehm an C: Ein Feld von Pointern, die auf Strukturen zeigen, die Pointer enthalten.

13 | Datenstrukturen und Algorithmen

13.1.9 Die Schnittstelle »Iterable« und das erweiterte »for«

Das erweiterte `for` erwartet rechts vom Doppelpunkt den Typ `java.lang.Iterable`, um durch die Datenmenge laufen zu können. Praktisch ist, dass alle `java.util.Collection`-Klassen die Schnittstelle `Iterable` implementieren, denn damit kann das erweiterte `for` leicht über diverse Sammlungen laufen.

Von der Datenstruktur nutzt das erweiterte `for` den konkreten generischen Typ, etwa `String`, sodass wir schreiben können:

```
Collection<String> c = new LinkedList<String>();
for ( String s : c )
  System.out.println( s );
```

Ist die Sammlung nicht typisiert, wird die lokale Variable vom erweiterten `for` nicht den Typ `String` bekommen können, sondern nur `Object`. Falls keine Typisierung für die Datenstruktur verwendet wurde, muss danach eine Typanpassung im Inneren der Schleife vorgenommen werden:

Listing 13.3 com/tutego/insel/util/IterableCollection.java, main()

```
Collection c = new LinkedList();
for ( String s : "1 2 3 4 5".split(" ") )
  c.add( s );
for ( Object elem : c )
  System.out.println( ((String)elem).length() );
```

[»] **Hinweis** Ist die Datenstruktur `null`, so führt das zu einer `NullPointerExcpetion`:

```
Collection<String> list = null;
for ( String s : list )        // ☠ NullPointerExcpetion zur Laufzeit
```

Es wäre interessant, wenn Java dann die Schleife überspringen würde, aber der Grund für die Ausnahme ist, dass die Realisierung vom erweiteren `for` versucht, eine Methode vom `Iterable` aufzurufen, was natürlich bei `null` schiefgeht. Bei Feldern gilt übrigens das Gleiche, auch wenn hier keine Methode aufgerufen wird.

13.2 Mit einem Iterator durch die Daten wandern

Wenn wir mit einer `ArrayList` oder `LinkedList` arbeiten, so haben wir zumindest eine gemeinsame Schnittstelle `List`, um an die Daten zu kommen. Doch was vereinigt eine Menge (`Set`) und eine Liste, sodass sich die Elemente der Sammlungen mit immer der gleichen Technik erfragen lassen? Listen geben als Sequenz den Elementen zwar Positionen, aber in einer Menge hat kein Element eine Position. Hier bieten sich *Iteratoren* beziehungsweise *Enumeratoren* an, die unabhängig von der Datenstruktur alle Elemente auslesen – wir sagen dann, dass sie »über die Datenstruktur iterieren«.

13.2.1 Die Schnittstellen Enumeration und Iterator

Für Iteratoren deklariert die Java-Bibliothek zwei unterschiedliche Schnittstellen. Das hat historische Gründe: Die Schnittstelle Enumeration[5] gibt es seit den ersten Java-Tagen; die Schnittstelle Iterator gibt es seit Java 1.2, seit der Collection-API. Der Typ Iterator ist jedoch deutlich weiter verbreitet. Die Schnittstellen Iterable und Enumeration erweitern selbst keine weitere Schnittstelle.[6]

Beide Schnittstellen haben eine gemeinsame Methode, die das nächste Element erfragt, und eine Methode, die ermittelt, ob es überhaupt ein nächstes Element gibt. So wandert der Iterator einen Datengeber (in der Regel eine Datenstruktur) Element für Element ab. Die Namen der Operationen unterscheiden sich in den Schnittstellen ein wenig und sind beim Iterator kürzer.

	Hast du mehr?	Gib mir das Nächste!
Iterator	hasNext()	next()
Enumeration	hasMoreElements()	nextElement()

Bei jedem Aufruf von next()/nextElement() erhalten wir ein weiteres Element der Datenstruktur. Übergehen wir ein false von hasNext()/hasMoreElements(), bestraft uns eine NoSuchElementException.

Beispiel Die Aufzählung erfolgt meistens über einen Zweizeiler. Da jede Collection eine Methode iterator() besitzt, lassen sich alle Elemente wie folgt auf dem Bildschirm ausgeben:

Listing 13.4 com/tutego/insel/util/IteratorDemo.java, main()

```
Collection<String> set = new TreeSet<String>();
Collections.addAll( set, "Horst", "Schlämmer", "Hape" , "Kerkeling" );
for ( Iterator<String> iterator = set.iterator(); iterator.hasNext(); )
  System.out.println( iterator.next() );
```

Das erweiterte for macht das Ablaufen aber noch einfacher, und der gleiche Iterator steckt dahinter.

Im Gegensatz zum Index eines Felds können wir beim Iterator ein Objekt nicht noch einmal auslesen (next() geht automatisch zum nächsten Element), nicht vorspringen beziehungsweise hin und her springen. Ein Iterator gleicht anschaulich einem Datenstrom; wollten wir ein Element zweimal besuchen, zum Beispiel eine Datenstruktur von rechts nach links noch einmal durchwandern, dann müssen wir wieder ein neues Iterator/Enumeration-Objekt erzeugen oder uns die Elemente zwischendurch merken. Nur bei Listen und sortierten Datenstrukturen ist die Reihenfolge der Elemente vorhersehbar.

---

5 Nicht Enumerable!

6 Konkrete Enumeratoren (und Iteratoren) können nicht automatisch serialisiert werden; die realisierenden Klassen müssen hierzu die Schnittstelle Serializable implementieren.

13 | Datenstrukturen und Algorithmen

[»] **Hinweis** In Java steht der Iterator nicht auf einem Element, sondern zwischen Elementen.

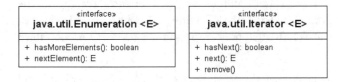

interface java.util.**Enumeration**<E>

- `boolean hasMoreElements()`
  Testet, ob ein weiteres Element aufgezählt werden kann.

- `E nextElement()`
  Liefert das nächste Element der Enumeration zurück. Diese Methode kann später eine `NoSuchElementException` (eine `RuntimeException`) auslösen, wenn `nextElement()` aufgerufen und das Ergebnis `false` beim Aufruf von `hasMoreElements()` ignoriert wird.

interface java.util.**Iterator**<E>

- `boolean hasNext()`
  Liefert `true`, falls die Iteration weitere Elemente bietet.

- `E next()`
  Liefert das nächste Element in der Aufzählung oder `NoSuchElementException`, wenn keine weiteren Elemente mehr vorhanden sind.

Der Iterator kann löschen

Die Schnittstelle `Iterator` bietet eine Möglichkeit, die `Enumeration` nicht bietet: Das zuletzt aufgezählte Element lässt sich aus dem zugrundeliegenden Container mit `remove()` entfernen. Vor dem Aufruf muss jedoch `next()` das zu löschende Element als Ergebnis geliefert haben. Eine `Enumeration` kann die aufgezählte Datenstruktur grundsätzlich nicht verändern.

In der Dokumentation ist die Methode `remove()` als optional gekennzeichnet. Das heißt, dass ein konkreter Iterator kein `remove()` können muss – auch eine `UnsupportedOperationException` ist möglich. Das ist etwa dann der Fall, wenn ein Iterator von einem Feld abgeleitet wird und ein Löschen nicht wirklich möglich ist.

interface java.util.**Iterator**<E>

- `boolean hasNext()`
- `E next()`
- `void remove()`
  Entfernt das Element, das der Iterator zuletzt bei `next()` geliefert hat. Kann ein Iterator keine Elemente löschen, so löst er eine `UnsupportedOperationException` aus.

Mit einem Iterator durch die Daten wandern | **13.2**

Hinweis Warum es die Methode `remove()` im Iterator gibt, ist eine interessante Frage. Die Erklärung dafür: Der Iterator kennt die Stelle, an der sich die Daten befinden (eine Art Cursor). Darum können die Daten dort auch effizient und direkt gelöscht werden. Das erklärt jedoch nicht unbedingt, warum es keine Einfüge-Methode gibt. Ein allgemeiner Grund mag sein, dass bei vielen Container-Typen das Einfügen an einer bestimmten Stelle keinen Sinn ergibt, etwa bei sortierten `NavigableSet` oder `NavigableMap`. Dort ist die Einfügeposition durch die Sortierung vorgegeben oder belanglos (beziehungsweise bei `HashSet` durch die interne Realisierung bestimmt), also kein Fall für einen Iterator. Dazu wirft das Einfügen weitere Fragen auf: vor oder nach dem zuletzt per `next()` gelieferten Element? Soll das neue Element mit aufgezählt werden oder nicht? Soll es auch dann nicht aufgezählt werden, wenn es in der Sortierung erst später an die Reihe käme? Eine Löschen-Methode ist problemloser und universell anwendbar.

Konvertieren von Enumeration, Iterator, Iterable

Es gibt keine direkte Methode, die ein `Enumeration` in ein `Iterator` oder ein `Iterator` in ein `Enumeration` konvertiert. Nur über Umwege lässt sich das erreichen. Es helfen dabei zwei Methoden in der Utility-Klasse `Collections`:

`class java.util.`**`Collections`**

▶ `static <T> Enumeration<T> enumeration( Collection<T> c )`

▶ `static <T> ArrayList<T> list( Enumeration<T> e )`

Es liefert `enumeration()` zu einer `Collection` eine Aufzählung vom Typ `Enumeration`. (Für einen gewünschten `Iterator` ist keine Hilfsmethode nötig, da jede `Collection` die Methode `iterator()` besitzt.) Ist eine `Collection` gegeben, so bleibt nichts anderes übrig, eine temporäre Datenstruktur aufzubauen, Element für Element den `Iterator` abzulaufen und diese Elemente in die temporäre Datenstruktur zu setzen, die dann Argument der Methode `enumeration()` wird.

Der zweite Fall ist einfacher. Ist eine `Enumeration` gegeben, liefert `list()` eine `ArrayList` – der Rückgabetyp ist wirklich sehr erstaunlich, da er ungewöhnlich konkret ist. Die `ArrayList` ist eine `Collection` und somit `Iterable`, kann also rechts vom Doppelpunkt beim erweiterten `for` stehen bzw. liefert mit `iterator()` einen `Iterator`.

13.2.2 Iteratoren von Sammlungen und das erweiterte »for«

Jede `Collection` wie `ArrayList` oder `HashSet` liefert mit `iterator()` einen `Iterator`. Datenstrukturen laufen damit immer nach dem gleichen Muster ab:

```
for ( Iterator i = c.iterator(); i.hasNext(); )
{
  Object o = i.next();
  ...
}
```

647

13 | Datenstrukturen und Algorithmen

Steckt in der Datenstruktur ein spezieller Untertyp von `Object` – wenn eine Liste zum Beispiel `Strings` enthält –, kann eine explizite Typanpassung helfen. Da der Iterator aber mit Generics-Fähigkeiten deklariert wurde, geht es noch einfacher, wie der nächste Absatz zeigt.

```
interface java.util.Collection<E>
extends Iterable<E>
```

▶ `Iterator<E> iterator()`
Iterator der Datenstruktur.

Der typisierte Iterator

Von einer typisierten `Collection` liefert `iterator()` ebenfalls einen typisierten Iterator. Das heißt, die Datenstruktur überträgt den generischen Typ auf den Iterator. Nehmen wir eine mit `String` typisierte Sammlung an:

```
Collection<String> c = new LinkedList<String>();
```

Ein Aufruf von `c.iterator()` liefert nun `Iterator<String>`, und beim Durchlaufen über den Iterator kann die explizite Typanpassung beim `next()` entfallen:

```
for ( Iterator<String> i = c.iterator(); i.hasNext(); )
{
  String s = i.next();
  ...
}
```

Iterator und erweitertes »for«

Stößt der Compiler auf ein erweitertes `for`, und erkennt er rechts vom Doppelpunkt den Typ `Iterable`, so erzeugt er Bytecode für eine Schleife, die den `Iterator` und seine bekannten Methoden `hasNext()` und `next()` nutzt. Nehmen wir eine statische Methode `totalStringLength(List)` an, die ermitteln soll, wie viele Zeichen alle Strings zusammen besitzen. Aus

```
static int totalStringLength( List strings )
{
  int result = 0;

  for ( Object s : strings )
    result += ((String)s).length();

  return result;
}
```

erzeugt der Compiler:

```
static int totalStringLength( List strings )
{
  int result = 0;

  for ( Iterator iter = strings.iterator(); iter.hasNext(); )
```

648

Mit einem Iterator durch die Daten wandern | **13.2**

```
    result += ((String)iter.next()).length();

  return result;
}
```

Mit einer generischen Datenstruktur und einem damit abgeleiteten generischen Iterator vollzieht sich das Ablaufen noch einfacher:

```
static int totalStringLength( List<String> strings )
{
  int result = 0;

  for ( String s : strings )
    result += s.length();

  return result;
}
```

Da die erweiterte Schleife das Ablaufen einer Datenstruktur vereinfacht, wird ein explizit ausprogrammierter Iterator selten benötigt. Doch der Iterator kann ein Element über die remove()-Methode des Iterators löschen, was über das erweiterte for nicht möglich ist.

13.2.3 Fail-Fast-Iterator und die ConcurrentModificationException

Beackern zwei Programmstellen gleichzeitig eine Datenstruktur, kann es zu Schwierigkeiten kommen, wenn sich die Datenstruktur strukturell verändert, also neue Elemente hinzukommen oder wegfallen. Probleme treten leicht auf, wenn ein Verweis auf die Datenstruktur im Programm an verschiedenen Stellen weitergegeben wird. Führt nun eine Stelle strukturelle Änderungen mit Methoden wie remove() oder add() durch, und die Größe der Liste verändert sich damit, kann das zu Zugriffsfehlern führen, wenn die andere Stelle von der Änderung nichts mitbekommt.

Nehmen wir an, zwei Programmteile greifen auf eine gemeinsame Liste zurück. Ein Programmteil merkt sich eine Suchstelle und will anschießend auf das gefundene Element zurückgreifen. Zwischen diesen beiden Operationen verändert jedoch ein anderer Programmteil die Liste und die Position des Elements verschiebt sich:

Listing 13.5 com/tutego/insel/util/ConcurrentModification.java, main()

```
List<String> list = new ArrayList<String>( Arrays.asList( "Trullo", "Zippus" ) );
int posOfZippus = list.indexOf( "Zippus" );
System.out.println( list.get( posOfZippus ) );  // Zippus
list.add( 0, "Apulien" );
System.out.println( list.get( posOfZippus ) );  // Trullo
```

Nach dem Einfügen von »Apulien« ist posOfZippus also veraltet. Es wäre eine Hilfe, wenn get() die strukturelle Veränderung bemerken würde.

Beim Erfragen über Listen-Iteratoren ist das anders. Die Entwickler der Java-Bibliothek haben einen Entwurf gewählt, bei dem konflikttächtige Änderungen über die Listen-Iteratoren auffallen und zu einer ConcurrentModificationException führen. Das funktioniert so, dass sich

649

die Liste die Anzahl struktureller Änderungen merkt – bei der Standardimplementierung vom JDK intern in der Variablen modCount:

Listing 13.6 com/tutego/insel/util/ConcurrentModificationExceptionDemo.java, main()

```
List<String> list = new ArrayList<String>( Arrays.asList( "Stunden", "der" ) );
Iterator<String> iterator = list.iterator();   // modCount = 0, ⮐
                                                // expectedModCount = 0

list.get( 0 );                                  // Anfragen ändert modCount nicht
list.add( "Entspannung" );                      // modCount = 1, ⮐
                                                // expectedModCount = 0

iterator.next();                                // modCount != ⮐
                                                // expectedModCount => CME
```

Der Iterator registriert die Änderungen, da sich der modCount in der Zwischenzeit verändert hat. Wird der Iterator initialisiert, erfragt er den modCount der Liste und speichert den Wert in expectedModCount. Jede strukturelle Änderung in der Liste führt zum Inkrement vom mod-Count. Wird später eine Operation über den Iterator durchgeführt, testet er, ob der gemerkte expectedModCount mit dem aktuellen modCount übereinstimmt. In unserem Fall tut er das nicht, denn add() ist eine strukturelle Änderung und modCount wird 1. Beim nachfolgendem next() kommt es zu einer ConcurrentModificationException.

> **Tellerrandblick** Unter C++ ist die *Standard Template Library (STL)* eine Bibliothek, die Datenstrukturen und Algorithmen implementiert. Ein Vergleich der STL mit der Collection-API ist schwierig, obwohl beide Konzepte wie Listen, Mengen und Iteratoren besitzen. So gibt es in Java nur eine Klasse pro Datenstruktur (auch durch Generics), was die STL durch Templateklassen (daher *Template* Library) realisiert, die auch primitive Werte (ohne die lästigen Java-Wrapper) speichert. Während Java über den globalen Basistyp Object jedes Objekt in jeder Datenstruktur erlaubt und sich auf die Prüfung zur Laufzeit verlässt, ist C++ da viel strenger. Die Java-Datenstrukturen referenzieren die Objekte und speichern nicht ihre Zustände an sich, wie es bei der STL üblich ist – hier steht Referenz-Semantik gegen Wert-Semantik. Fehler werden von der Collection-API über Exceptions angezeigt, während die STL kaum Ausnahmen auslöst und oft undefinierte Zustände hinterlässt; Entwickler müssen eben korrekte Anfragen stellen. STL nutzt überladene Operatoren wie == statt des Java-equals(), < für die Ordnung in sortierten Sammlungen, [] beim Zugriff und Überschreiben und den Operator ++ für Iteratoren. Iteratoren spielen bei der STL eine sehr große Rolle – es gibt auch einen Random-Access-Iterator, der Indexierung durch [] erlaubt. Die STL-Algorithmen sind von den Datenstrukturen abgetrennt – anders als in Java – und bekommen die Elemente über Iteratoren. Zudem ist die STL reichhaltiger und bietet beispielsweise Funktionsobjekte; hier gibt es Ansätze wie *http://jga.sourceforge.net/*, um die STL bestmöglich auf Java zu übertragen.

13.3   Listen

Eine Liste steht für eine Sequenz von Daten, bei der die Elemente eine feste Reihenfolge besitzen. Die Schnittstelle java.util.List schreibt Verhalten vor, die alle konkreten Listen implementieren müssen. Interessante Realisierungen der List-Schnittstelle sind:

- `java.util.ArrayList`: Liste auf der Basis eines Feldes
- `java.util.Vector`: synchronisierte Liste seit Java 1.0, die der `ArrayList` wich
- `java.util.LinkedList`: Liste durch verkettete Elemente
- `java.util.concurrent.CopyOnWriteArrayList`: schnelle Liste, optimal für häufige neben-läufige Lesezugriffe

Die Methoden zum Zugriff über die gemeinsame Schnittstelle `List` sind immer die gleichen. So ermöglicht jede Liste einen Punktzugriff über `get(index)`, und jede Liste kann alle gespei-cherten Elemente sequenziell über einen Iterator geben. Doch die Realisierungen einer Liste unterscheiden sich in Eigenschaften wie der Performance, dem Speicherplatzbedarf oder der Möglichkeit der sicheren Nebenläufigkeit.

Da in allen Datenstrukturen jedes Exemplar einer von `Object` abgeleiteten Klasse Platz findet, sind die Listen grundsätzlich nicht auf bestimmte Datentypen fixiert, doch Generics spezifizie-ren diese Typen genauer.

13.3.1 Auswahlkriterium ArrayList oder LinkedList

Eine `ArrayList` (das Gleiche gilt für `Vector`) speichert Elemente in einem internen Array. `LinkedList` dagegen speichert die Elemente in einer verketteten Liste und realisiert die Ver-kettung mit einem eigenen Hilfsobjekt für jedes Listenelement. Es ergeben sich Einsatzge-biete, die einmal für `LinkedList` und einmal für `ArrayList` sprechen:

- Da `ArrayList` intern ein Array benutzt, ist der Zugriff auf ein spezielles Element über die Position in der Liste sehr schnell. Eine `LinkedList` muss aufwändiger durchsucht werden, und dies kostet Zeit.

- Die verkettete Liste ist aber deutlich im Vorteil, wenn Elemente mitten in der Liste gelöscht oder eingefügt werden; hier muss einfach nur die Verkettung der Hilfsobjekte an einer Stelle verändert werden. Bei einer `ArrayList` bedeutet dies viel Arbeit, es sei denn, das Ele-ment kann am Ende gelöscht oder – bei ausreichender Puffergröße – eingefügt werden. Soll ein Element nicht am Ende eingefügt oder gelöscht werden, müssen alle nachfolgen-den Listenelemente verschoben werden.

- Bei einer `ArrayList` kann die Größe des internen Feldes zu klein werden. Dann bleibt der Laufzeitumgebung nichts anderes übrig, als ein neues, größeres Feld-Objekt anzulegen und alle Elemente zu kopieren.

13.3.2 Die Schnittstelle List

Die Schnittstelle `List` schreibt das allgemeine Verhalten für Listen vor. Viele Methoden ken-nen wir schon vom `Collection`-Interface, und zwar deshalb, weil `List` die Schnittstelle `Col-lection` erweitert. Hinzugekommen sind Methoden, die einen Bezug zur Position eines Ele-ments haben – Mengen, die auch `Collection` implementieren, kennen keinen Index.

Die add()-Methode fügt neue Elemente an die Liste an, wobei eine Position die Einfügestellen bestimmen kann. Die Methode addAll() fügt fremde Elemente einer anderen Sammlung in die Liste ein. set() setzt ein Element an eine bestimmte Stelle und überschreibt das ursprüngliche Element und verschiebt es auch nicht wie add(). Die Methode size() nennt die Anzahl der Elemente in der Datenstruktur:

Listing 13.7 com/tutego/insel/util/list/ListDemo.java. main()

```
List<String> list1 = new ArrayList<String>();
list1.add( "Eva" );
list1.add( 0, "Charisma" );
list1.add( "Pallas" );

List<String> list2 = Arrays.asList( "Tina", "Wilhelmine" );
list1.addAll( 3, list2 );
list1.add( "XXX" );
list1.set( 5, "Eva" );

System.out.println( list1 );          // [Charisma, Eva, Pallas, Tina, ⮐
                                       // Wilhelmine, Eva]
System.out.println( list1.size() ); // 6
```

Ob die Sammlung leer ist, bestimmt isEmtpy(). Ein Element an einer speziellen Stelle erfragen kann get(). Ob Elemente Teil der Sammlung sind, beantworten contains() und containsAll(). Wie bei Strings liefern indexOf() und lastIndexOf() die Fundpositionen:

```
boolean b = list1.contains( "Tina" );
System.out.println( b );               // true

b = list1.containsAll( Arrays.asList( "Tina", "Eva" ) );
System.out.println( b );               // true

Object o = list1.get( 1 );
System.out.println( o );               // Eva

int i = list1.indexOf( "Eva" );
System.out.println( i );               // 1

i = list1.lastIndexOf( "Eva" );
System.out.println( i );               // 5

System.out.println( list1.isEmpty() ); // false
```

Von den Listen können Arrays abgeleitet werden und sich Schnittmengen bilden lassen:

```
String[] array = list1.toArray( new String[]{} );
System.out.println( array[3] );        // "Tina"

List<String> list3 = new LinkedList<String>( list1 );
System.out.println( list3 );           // [Charisma, Eva, Pallas, Tina, ⮐
                                       // Wilhelmine, Eva]
```

```
list3.retainAll( Arrays.asList( "Tina", "Eva" ) );
System.out.println( list3 );          // [Eva, Tina, Eva]
```

Es bleiben Methoden zum Löschen von Elementen. Hier bietet die Liste eine überladene `remove()`-Methode und `removeAll()`. Den kürzesten Weg, alles aus der Liste zu löschen, bietet `clear()`:

```
System.out.println( list1 );          // [Charisma, Eva, Pallas, Tina, Wilhelmine, Eva]
list1.remove( 1 );
System.out.println( list1 );          // [Charisma, Pallas, Tina, Wilhelmine, Eva]

list1.remove( "Wilhelmine" );
System.out.println( list1 );          // [Charisma, Pallas, Tina, Eva]

list1.removeAll( Arrays.asList( "Pallas", "Eva" ) );
System.out.println( list1 );          // [Charisma, Tina]

list1.clear();
System.out.println( list1 );          // []
```

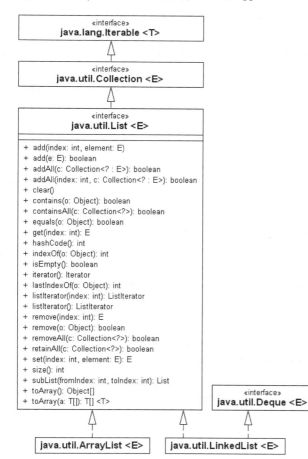

13 | Datenstrukturen und Algorithmen

```
interface java.util.List<E>
extends Collection<E>
```

▶ `boolean add( E o )`
Fügt das Element am Ende der Liste an. Ein optionale Operation.

▶ `void add( int index, E element )`
Fügt ein Objekt an der angegebenen Stelle in die Liste ein. Eine optionale Operation.

▶ `boolean addAll( int index, Collection<? extends E> c )`
Fügt alle Elemente der Collection an der angegebenen Stelle in die Liste ein. Eine optionale Operation.

▶ `void clear()`
Löscht alle Elemente aus der Liste. Eine optionale Operation.

▶ `boolean contains( Object o )`
Liefert `true`, wenn das Element o in der Liste ist. Den Vergleich übernimmt `equals()`, und es ist kein Referenz-Vergleich.

▶ `boolean containsAll( Collection<?> c )`
Liefert `true`, wenn alle Elemente der Sammlung c in der aktuellen Liste sind.

▶ `E get( int index )`
Wird das Element an dieser angegebenen Stelle der Liste liefern.

▶ `int indexOf( Object o )`
Liefert die Position des ersten Vorkommens für o oder –1, wenn kein Listenelement mit o inhaltlich – also per `equals()` und nicht per Referenz – übereinstimmt. Leider gibt es keine Methode, um ab einer bestimmten Stelle weiterzusuchen, so wie sie die Klasse `String` bietet. Dafür lässt sich jedoch eine Teilliste einsetzen, die `subList()` bildet – eine Methode, die später in der Aufzählung folgt.

▶ `boolean isEmpty()`
Liefert `true`, wenn die Liste leer ist.

▶ `Iterator<E> iterator()`
Liefert den Iterator. Die Methode ruft aber `listIterator()` auf und gibt ein `ListIterator`-Objekt zurück.

▶ `int lastIndexOf( Object o )`
Sucht von hinten in der Liste nach dem ersten Vorkommen von o und liefert –1, wenn kein Listenelement inhaltlich mit o übereinstimmt.

▶ `ListIterator<E> listIterator()`
Liefert einen Listen-Iterator für die ganze Liste. Ein Listen-Iterator bietet gegenüber dem allgemeinen Iterator für Container zusätzliche Operationen.

▶ `ListIterator<E> listIterator( int index )`
Liefert einen Listen-Iterator, der die Liste ab der Position `index` durchläuft.

▶ `E remove( int index )`
Entfernt das Element an der Position `index` aus der Liste.

654

▶ boolean remove(Object o)
Entfernt das erste Objekt in der Liste, das equals()-gleich mit o ist. Liefert true, wenn ein Element entfernt wurde. Eine optionale Operation.

▶ boolean removeAll(Collection<?> c)
Löscht in der eigenen Liste die Elemente aus c. Eine optionale Operation.

▶ boolean retainAll(Collection<?> c)
Optional. Entfernt alle Objekte aus der Liste, die nicht in der Collection c vorkommen.

▶ E set(int index, E element)
Ersetzt das Element an der Stelle index durch element. Eine optionale Operation.

▶ List<E> subList(int fromIndex, int toIndex)
Liefert den Ausschnitt dieser Liste von Position fromIndex (einschließlich) bis toIndex (nicht mit dabei). Die zurückgelieferte Liste stellt eine Ansicht eines Ausschnitts der Originalliste dar. Änderungen an der Teilliste wirken sich auf die ganze Liste aus und umgekehrt (soweit sie den passenden Ausschnitt betreffen).

▶ boolean equals(Object o)
Vergleicht die Liste mit einer anderen Liste. Zwei Listen-Objekte sind gleich, wenn ihre Elemente paarweise gleich sind.

▶ int hashCode( )
Liefert den Hashcode der Liste.

Was List der Collection hinzufügt, sind also die Index-basierten Methoden add(int index, E element), addAll(int index, Collection<? extends E> c), get(int index), indexOf(Object o), lastIndexOf(Object o), listIterator(), listIterator(int index), remove(int index), set(int index, E element) und subList(int fromIndex, int toIndex).

Nach Elementen suchen und ihre Position ausgeben
Ein zweites Beispiel zeigt die Möglichkeit von index() und subList(), um alle Positionen eines Elements in einer Liste zu finden. Die Code-Kompression gewinnt sicherlich keinen Preis. Arrays.asList() erzeugt aus einer Aufzählung eine Liste:

Listing 13.8 com/tutego/insel/util/list/IndexOfSubList.java, main()

```
List<Integer> list = Arrays.asList( 1, 3, 4, 1 );
Integer o = 1;

for ( int i = list.indexOf( o ), j = -1;
      i > j;
      j = i, i += list.subList( i + 1, list.size() ).indexOf( o ) + 1 )
{
  System.out.println( i );
}
```

13 | Datenstrukturen und Algorithmen

Kopieren, Ausschneiden und Einfügen

Die Listen-Klassen implementieren `clone()` und erzeugen eine flache Kopie der Liste.

Um einen Bereich zu löschen, nutzen wir `subList(from, to).clear()`. Die `subList()`-Technik deckt gleich noch einige andere Operationen ab, für die es keine speziellen Range-Varianten gibt, zum Beispiel `indexOf()`, also die Suche in einem Teil der Liste. Die zum Löschen naheliegende Methode `removeRange(int, int)` kann nicht (direkt) eingesetzt werden, da sie `protected`[7] ist. Das lässt sich aber schnell beheben mit:

```
List list = new ArrayList() {
  @Override public void removeRange( int fromIndex, int toIndex ) {
    super.removeRange( fromIndex, toIndex );
  }
};
```

Ein Beispiel zeigt den Aufbau einer Liste, die Kürzung und den Einsatz vom `ListIterator`:

Listing 13.9   com/tutego/insel/util/list/CutCopyPasteList.java, main()

```
List<String> list = new ArrayList<String>(
    Arrays.asList( "0 1 2 3 4 5 6 7 8 9".split( " " ) ));
```

Mit der Anweisung erzeugen wir schnell eine Liste mit Strings von 0 bis 9. `subList()` erzeugt wie viele andere Methoden der Collection-Datenstrukturen eine Ansicht auf die Liste, was bedeutet, Änderungen an dieser Teilliste führen zu Änderungen des Originals. So auch `clear()`, was dazu genutzt werden kann, einen Teilbereich der Originalliste zu löschen:

```
list.subList( 2, list.size() - 2 ).clear();
System.out.println( list );                 // [0, 1, 8, 9]
```

13.3.3   ListIterator *

Die Schnittstelle `ListIterator` ist eine Erweiterung von `Iterator`. Diese Schnittstelle fügt noch Methoden hinzu, damit an der aktuellen Stelle auch Elemente eingefügt werden können. Mit einem `ListIterator` lässt sich rückwärts laufen und auf das vorhergehende Element zugreifen:

Listing 13.10   com/tutego/insel/util/list/ListIteratorDemo.java, main()

```
List<String> list = new ArrayList<String>();
Collections.addAll( list, "b", "c", "d" );

ListIterator<String> it = list.listIterator();

it.add( "a" );                  // Vorne anfügen
System.out.println( list );     // [a, b, c, d]

it.next();                      // Position vor
```

---

7 In `AbstractList` ist `removeRange()` gültig mit einem `ListIterator` implementiert, also nicht abstrakt. Die API-Dokumentation begründet das damit, dass `removeRange()` nicht zur offiziellen Schnittstelle von Listen gehört, sondern für die Autoren neuer Listenimplementierungen gedacht ist.

```
it.remove();                     // Element löschen
System.out.println( list );      // [a, c, d]

it.next();                       // Position vor
it.set( "C" );                   // Element ersetzen
System.out.println( list );      // [a, C, d]

it = list.listIterator( 1 );     // Neuen Iterator mit Startpos. 1
it.add( "B" );                   // B hinzufügen
System.out.println( list );      // [a, B, C, d]

it = list.listIterator( list.size() );

it.previous();                   // Eine Stelle nach vorne
it.remove();                     // Und letztes Element löschen
System.out.println( list );      // [a, B, C]
```

Ein `ListIterator` kann die Elemente auch rückwärts verarbeiten:

```
for ( ListIterator<String> it = list.listIterator( list.size() ); it.hasPrevious(); )
  System.out.print( it.previous() + " " ); // 9 8 1 0
```

```
interface ListIterator<E>
extends Iterator<E>
```

▶ `boolean hasPrevious()`, `boolean hasNext()`
   Liefert `true`, wenn es ein vorhergehendes/nachfolgendes Element gibt.

▶ `E previous()`, `E next()`
   Liefert das vorangehende/nächste Element der Liste oder `NoSuchElementException`, wenn
   es das Element nicht gibt.

▶ `int previousIndex()`, `int nextIndex()`
   Liefert den Index des vorhergehenden/nachfolgenden Elements. Geht `previousIndex()`
   vor die Liste, so liefert die Methode die Rückgabe –1. Geht `nextIndex()` hinter die Liste,
   liefert die Methode die Länge der gesamten Liste.

▶ `void remove()`
   Optional. Entfernt das letzte von `next()` oder `previous()` zurückgegebene Element.

▶ `void add( E o )`
   Optional. Fügt ein neues Objekt in die Liste ein.

▶ `void set( E o )`
   Optional. Setzt das Element, das `next()` oder `previous()` als letztes zurückgegeben haben.

13.3.4 ArrayList

Jedes Exemplar der Klasse `ArrayList` vertritt ein Array mit variabler Länge. Der Zugriff auf
die Elemente erfolgt effizient über Indizes, was `ArrayList` über die Implementierung der
Markierungsschnittstelle `RandomAccess` andeutet.

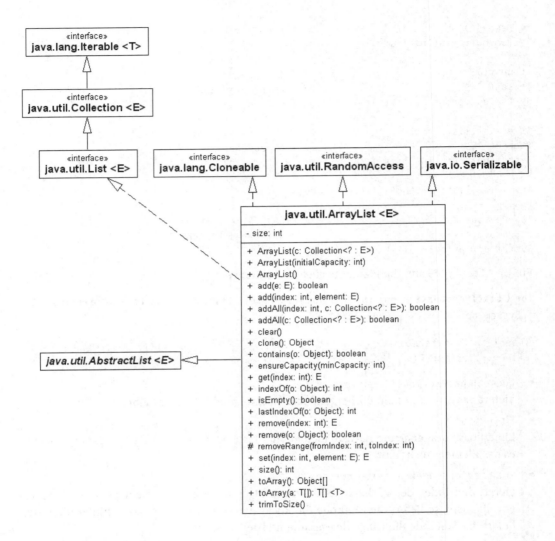

Eine ArrayList erzeugen

Um ein `ArrayList`-Objekt zu erzeugen, existieren drei Konstruktoren:

```
class java.util.ArrayList<E>
extends AbstractList<E>
implements List<E>, RandomAccess, Cloneable, Serializable
```

▶ `ArrayList()`
Eine leere Liste mit einer Anfangskapazität von zehn Elementen wird angelegt. Werden mehr als zehn Elemente eingefügt, muss die Liste sich vergrößern.

▶ `ArrayList( int initialCapacity )`
Eine Liste mit `initialCapacity` freien Elementen wird angelegt.

▶ ArrayList(Collection<? extends E> c)
Kopiert alle Elemente der Collection c in das neue ArrayList-Objekt.

Beispiel Erstelle eine Liste list, und fülle die Datenstruktur mit einer Zeichenkette und einer Ganzzahl: **[zB]**

```
List<Object> list = new ArrayList<Object>();
list.add( "ICE 924 Hildegard von Bingen" );
list.add( 23 );  // oder list.add(new Integer(23)) ohne Boxing
```

Die interne Arbeitsweise von ArrayList und Vector *

Die Klassen ArrayList und Vector verwalten zwei Größen: zum einen die Anzahl der gespeicherten Elemente nach außen, zum anderen die interne Größe des Felds. Ist die Kapazität des Felds größer als die Anzahl der Elemente, so können noch Elemente aufgenommen werden, ohne dass die Liste etwas unternehmen muss. Die Anzahl der Elemente in der Liste, die Größe, liefert die Methode size(); die Kapazität des darunterliegenden Arrays liefert capacity().

Die Liste vergrößert sich automatisch, falls mehr Elemente aufgenommen werden, als ursprünglich am Platz vorgesehen waren. Diese Operation heißt *Resizing*. Dabei spielt die Größe initialCapacity für effizientes Arbeiten eine wichtige Rolle. Sie sollte passend gewählt sein. Betrachten wir daher zunächst die Funktionsweise der Liste, falls das interne Array zu klein ist.

Wenn das Array zehn Elemente fasst, nun aber ein elftes eingefügt werden soll, so muss das Laufzeitsystem einen neuen Speicherbereich reservieren und jedes Element des alten Felds in das neue kopieren. Das kostet Zeit. Schon aus diesem Grund sollte der Konstruktor ArrayList(int initialCapacity)/Vector(int initialCapacity) gewählt werden, weil dieser eine Initialgröße festsetzt. Das Wissen über unsere Daten hilft dann der Datenstruktur. Falls kein Wert voreingestellt wurde, so werden zehn Elemente angenommen. In vielen Fällen ist dieser Wert zu klein.

Nun haben wir zwar darüber gesprochen, dass ein neues Feld angelegt wird und die Elemente kopiert werden, haben aber nichts über die Größe des neuen Feldes gesagt. Hier gibt es Strategien wie die »Verdopplungsmethode« beim Vector. Wird er vergrößert, so ist das neue Feld doppelt so groß wie das alte. Dies ist eine Vorgehensweise, die für kleine und schnell wachsende Felder eine clevere Lösung darstellt, großen Feldern jedoch schnell zum Verhängnis werden kann. Für den Fall, dass wir die Vergrößerung selbst bestimmen wollen, nutzen wir den Konstruktor Vector(int initialCapacity, int capacityIncrement), der die Verdopplung ausschaltet und eine fixe Vergrößerung befiehlt. Die ArrayList verdoppelt nicht, sie nimmt die neue Größe mal 1,5. Bei ihr gibt es leider auch nicht den capacityIncrement im Konstruktor.

13 | Datenstrukturen und Algorithmen

Die Größe eines Feldes *

Die interne Größe des Arrays kann mit `ensureCapacity()` geändert werden. Ein Aufruf von `ensureCapacity(int minimumCapacity)` bewirkt, dass die Liste insgesamt mindestens `minimumCapacity` Elemente aufnehmen kann, ohne dass ein Resizing nötig wird. Ist die aktuelle Kapazität der Liste kleiner als `minimumCapacity`, so wird mehr Speicher angefordert. Der Vektor verkleinert die aktuelle Kapazität nicht, falls sie schon höher als `minimumCapacity` ist. Um aber auch diese Größe zu ändern und somit ein nicht mehr wachsendes Vektor-Array so groß wie nötig zu machen, gibt es, ähnlich wie beim String mit Leerzeichen, die Methode `trimToSize()`. Sie reduziert die Kapazität des Vektors auf die Anzahl der Elemente, die gerade in der Liste sind. Mit `size()` lässt sich die Anzahl der Elemente in der Liste erfragen. Sie gibt die wirkliche Anzahl der Elemente zurück.

Bei der Klasse `Vector` lässt sich mit `setSize(int newSize)` auch die Größe der Liste verändern. Ist die neue Größe kleiner als die alte, werden die Elemente am Ende des Vektors abgeschnitten. Ist `newSize` größer als die alte Größe, werden die neu angelegten Elemente mit `null` initialisiert.[8] Vorsicht ist bei `newSize=0` geboten, denn `setSize(0)` bewirkt das Gleiche wie `removeAllElements()`.

13.3.5 LinkedList

Die Klasse `LinkedList` realisiert die Schnittstelle `List` als verkettete Liste und bildet die Elemente nicht auf ein Feld ab. Die Implementierung realisiert die `LinkedList` als doppelt verkettete Liste, in der jedes Element – die Ränder lassen wir außen vor – einen Vorgänger und Nachfolger hat. (Einfach verkettete Listen haben nur einen Nachfolger, was die Navigation in beide Richtungen schwierig macht.)

Eine `LinkedList` hat neben den gegebenen Operationen aus der Schnittstelle `List` weitere Hilfsmethoden: Dabei handelt es sich um die Methoden `addFirst()`, `addLast()`, `getFirst()`, `getLast()`, `removeFirst()` und `removeLast()`. Die implementierten Schnittstellen `Queue` und `Deque` sind nicht ganz unschuldig an diesen neuen Methoden.

```
class java.util.LinkedList<E>
extends AbstractSequentialList<E>
implements List<E>, Deque<E>, Cloneable, Serializable
```

▶ `LinkedList()`
Erzeugt eine neue leere Liste.

▶ `LinkedList( Collection<? extends E> c )`
Kopiert alle Elemente der Collection `c` in die neue verkettete Liste.

---

8 Zudem können `null`-Referenzen ganz normal als Elemente eines Vektors auftreten, bei den anderen Datenstrukturen gibt es Einschränkungen.

660

13.3.6 Der Feld-Adapter »Arrays.asList()«

Arrays von Objektreferenzen und dynamische Datenstrukturen passen nicht so richtig zusammen, obwohl sie schon häufiger zusammen benötigt werden. Die Java-Bibliothek bietet mit der statischen Methode `Arrays.asList()` an, ein existierendes Feld als `java.util.List` zu behandeln. Der Parametertyp ist ein Vararg – was ja intern auf ein Feld abgebildet wird –, sodass sich `asList()` auf zwei Arten verwenden lässt:

13 | Datenstrukturen und Algorithmen

▶ `Arrays.asList(array)`: Die Variable `array` ist eine Referenz auf ein Feld, und das Ergebnis ist eine Liste, die die gleichen Elemente wie das Feld enthält.

▶ `Arrays.asList(e1, e2, e3)`: Die Elemente `e1`, `e2`, `e3` sind Elemente der Liste.

Das Entwurfsmuster, das die Java-Bibliothek bei der statischen Methode anwendet, nennt sich *Adapter*. Es löst das Problem, die Schnittstellen eines Typs auf eine andere Schnittstelle eines anderen Typs anzupassen.

[zB]

Beispiel   Wie viele `Integer(1)`-Objekte gibt es im Feld `ints`?

Listing 13.11   com/tutego/insel/util/list/AsListDemo.java, Ausschnitt

```
Integer[] ints = { 1, 2, 1, 2, 3 };
List<Integer> intList = Arrays.asList( ints );
System.out.println( Collections.frequency( intList, 1 ));     // 2
```

Boxing macht sich in diesem Beispiel natürlich sehr gut.

Die Rückgabe von `asList()` ist keine bekannte Klasse wie `ArrayList` oder `LinkedList`, sondern irgendetwas Internes, was die Klasse `Arrays` als `java.util.List` herausgibt. Diese Liste ist nur eine andere Ansicht des Feldes. Modifikationsmethoden wie `remove()` oder `add()` führen zu einer `UnsupportedOperationException` – im Hintergrund steht immer noch das Feld –, da kann nicht plötzlich ein Element gelöscht oder hinten angehängt werden. Listen-Methoden wie `get(index)` oder `set(index, element)` funktionieren aber und gehen direkt auf das Feld.

[zB]

Beispiel   Um dennoch Elemente löschen und einfügen zu können, lässt sich die Rückgabeliste von `asList()` in eine neue spezielle `LinkedList` oder `ArrayList` kopieren:

Listing 13.12   com/tutego/insel/util/list/AsListDemo.java, Ausschnitt

```
List<String> list = new ArrayList<String>( Arrays.asList("Purzelchen", ⏎
"Häschen") );
list.remove( 0 );
System.out.println( list );     // [Häschen]
```

`class java.util.`**Arrays**

▶ `public static <T> List<T> asList( T... a )`
Ermöglicht mit der Schnittstelle einer Liste Zugriff auf ein Feld zu erhalten. Die variablen Argumente sind sehr praktisch.

13.3.7 »toArray()« von Collection verstehen – die Gefahr einer Falle erkennen

Die `toArray()`-Methode aus der Schnittstelle `Collection` gibt laut Definition ein Array von Objekten zurück. Es ist wichtig, zu verstehen, welchen Typ die Einträge und das Array selbst haben. Eine Implementierung der `Collection`-Schnittstelle ist `ArrayList`.

662

Listen | **13.3**

[zB]

> **Beispiel** Eine Anwendung von `toArray()`, die Punkte in ein Feld kopiert:
> ```
> ArrayList<Point> list = new ArrayList<Point>();
> list.add( new Point(13, 43) );
> list.add( new Point(9, 4) );
> Object[] points = list.toArray();
> ```

Wir erhalten nun ein Feld mit Referenzen auf `Point`-Objekte, können jedoch zum Beispiel nicht einfach `points[1].x` schreiben, um auf das Attribut des `Point`-Exemplars zuzugreifen, denn das Array `points` hat den deklarierten Elementtyp `Object`. Es fehlt die explizite Typumwandlung, und erst `((Point)points[1]).x` ist korrekt. Doch spontan kommen wir sicherlich auf die Idee, einfach den Typ des Arrays auf `Point` zu ändern. In dem Array befinden sich ja nur Referenzen auf `Point`-Exemplare:

```
Point[] points = list.toArray();              // Geht nicht
```

Jetzt wird der Compiler einen Fehler melden, weil der Rückgabewert von `toArray()` ein `Object[]` ist. Spontan reparieren wir dies, indem wir eine Typumwandlung auf ein `Point`-Array an die rechte Seite setzen:

```
Point[] points = (Point[]) list.toArray();    // Gefährlich!
```

Jetzt haben wir zur Übersetzungszeit kein Problem mehr, aber zur Laufzeit wird es immer knallen, auch wenn sich im Array tatsächlich nur `Point`-Objekte befinden.

Diesen Programmierfehler müssen wir verstehen. Was wir falsch gemacht haben, ist einfach: Wir haben den Typ des Arrays mit den Typen der Array-Elemente durcheinandergebracht. Einem Array von Objekt-Referenzen können wir alles zuweisen:

```
Object[] os = new Object[ 3 ];
os[0] = new Point();
os[1] = "Trecker fahr'n";
os[2] = new Date();
```

Wir merken, dass der Typ des Arrays `Object[]` ist, und die Array-Elemente sind ebenfalls vom Typ `Object`. Hinter dem `new`-Operator, der das Array-Objekt erzeugt, steht der gemeinsame Obertyp für zulässige Array-Elemente. Bei `Object[]`-Arrays dürfen die Elemente Referenzen für beliebige Objekte sein. Klar ist, dass ein Array nur Objektreferenzen aufnehmen kann, die mit dem Typ für das Array selbst kompatibel sind, sich also auf Exemplare der angegebenen Klasse beziehen oder auf Exemplare von Unterklassen dieser Klasse:

```
/* 1 */  Object[] os = new Point[3];
/* 2 */  os[0] = new Point();
/* 3 */  os[1] = new Date();          // !!
/* 4 */  os[2] = "Trecker fahr'n";    // !!
```

Zeile 3 und 4 sind vom Compiler erlaubt, führen aber zur Laufzeit zu einer `ArrayStoreException`.

Kommen wir wieder zur Methode `toArray()` zurück. Weil die auszulesende Datenstruktur alles Mögliche enthalten kann, muss der Typ der Elemente also `Object` sein. Wir haben gerade

663

13 | Datenstrukturen und Algorithmen

festgestellt, dass der Elementtyp des Array-Objekts, das die Methode `toArray()` als Ergebnis liefert, mindestens so umfassend sein muss. Da es keinen allgemeineren (umfassenderen) Typ als `Object` gibt, ist auch der Typ des Arrays `Object[]`. Dies muss so sein, auch wenn die Elemente einer Datenstruktur im Einzelfall einen spezielleren Typ haben. Einer allgemein gültigen Implementierung von `toArray()` bleibt gar nichts anderes übrig, als das Array vom Typ `Object[]` und die Elemente vom Typ `Object` zu erzeugen:

```java
public Object[] toArray() {
  Object[] objs = new Object[ size() ];
  Iterator it = iterator();
  for ( int i = 0; i < objs.length; i++ ) {
    objs[i] = it.next();
  }
  return objs;
}
```

Wenn sich auch die Elemente wieder auf einen spezielleren Typ konvertieren lassen, ist das bei dem Array-Objekt selbst jedoch nicht der Fall. Ein Array-Objekt mit Elementen vom Typ `X` ist nicht automatisch auch selbst vom Typ `X[]`, sondern von einem Typ `Y[]`, wobei `Y` eine (echte) Oberklasse von `X` ist.

Die Lösung für das Problem

Bevor wir nun eine Schleife mit einer Typumwandlung für jedes einzelne Array-Element schreiben oder eine Typumwandlung bei jedem Zugriff auf die Elemente vornehmen, sollten wir einen Blick auf die zweite `toArray()`-Methode werfen. Sie akzeptiert als Parameter ein vorgefertigtes Array für das Ergebnis. Mit dieser Methode lässt sich erreichen, dass das Ergebnis-Array von einem spezielleren Typ als `Object[]` ist.

[zB]
> **Beispiel** Wir fordern von der `toArray()`-Methode ein Feld vom Typ `Point`:
>
> ```java
> ArrayList<Point> list = new ArrayList<Point>();
> list.add( new Point(13,43) );
> list.add( new Point(9,4) );
> Point[] points = (Point[]) list.toArray( new Point[0] );
> ```

Jetzt bekommen wir die Listenelemente in ein Array kopiert, und der Typ des Arrays ist `Point[]` – passend zu den aktuell vorhandenen Listenelementen. Der Parameter zeigt dabei den Wunschtyp an, der hier `Point`-Feld ist.

> **Performance-Tipp** Am besten ist bei `toArray()` ein Feld anzugeben, was so groß ist wie das Ergebnisfeld, also so groß wie die Liste. Dann füllt nämlich `toArray()` genau dieses Feld und gibt es zurück, anstatt ein neues Feld aufzubauen:
>
> ```java
> ArrayList<Point> list = new ArrayList<Point>();
> list.add( new Point(13,43) );
> list.add( new Point(9,4) );
> Point[] points = (Point[]) list.toArray( new Point[list.length()] );
> ```

664

Felder mit Reflection anlegen

Spannend ist die Frage, wie so etwas funktionieren kann. Dazu verwendet die Methode `toAr-ray(Object[])` die Technik *Reflection*, um dynamisch ein Array vom gleichen Typ wie das übergebene Array zu erzeugen. Wollten wir ein Array `b` vom Typ des Arrays `a` mit Platz für `len` Elemente anlegen, so schreiben wir:

```
Object[] b = (Object[]) Array.newInstance ( a.getClass().getComponentType(), len );
```

Mit `a.getClass().getComponentType()` erhalten wir ein `Class`-Objekt für den Elementtyp des Arrays, zum Beispiel liefert das `Class`-Objekt `Point.class` für die Klasse `Point`. `a.get-Class()` allein ein `Class`-Objekt für das Array `a`, etwa ein Objekt, das den Typ `Point[]` reprä-sentiert. `Array.newInstance()`, eine statische Methode von `java.lang.reflect.Array`, kon-struiert ein neues Array mit dem Elementtyp aus dem `Class`-Objekt und der angegebenen Länge. Nichts anderes macht auch ein `new X[len]`, nur dass hier der Elementtyp zur Überset-zungszeit festgelegt werden muss. Da der Rückgabewert von `newInstance()` ein allgemeines `Object` ist, muss letztendlich noch die Konvertierung in ein passendes Array stattfinden.

Ist das übergebene Array so groß, dass es alle Elemente der Collection aufnehmen kann, kopiert `toArray()` die Elemente aus der Collection in das Feld. Oft wird dort aber ein `new X[0]` anzeigen, dass wir ein neu erzeugtes Array-Objekt wünschen. Im Übrigen entspricht natürlich `toArray(new Object[0])` dem Aufruf von `toArray()`. Dennoch gibt die Java-Biblio-thek zwei völlig getrennte Implementierungen an, da `toArray()` einfacher und effizienter zu implementieren ist.

13.3.8 Primitive Elemente in den Collection-Datenstrukturen

Jede Datenstruktur der Collection-API akzeptiert, auch wenn sie generisch verwendet wird, nur Objekte. Primitive Datentypen nehmen die Sammlungen nicht auf, was zur Konsequenz hat, dass Wrapper-Objekte nötig sind (über das Boxing fügt Java 5 scheinbar primitive Ele-mente ein, doch in Wahrheit sind es Wrapper-Objekte).

Für performante Anwendungen ist es sinnvoll, eine Klasse für den speziellen Datentyp einzu-setzen. Anstatt so etwas selbst zu programmieren, kann der Entwickler sich an zwei Imple-mentierungen halten:

- GNU Trove (*http://trove4j.sourceforge.net/*)
- Apache Commons Primitives (*http://jakarta.apache.org/commons/primitives/*)

13.4 Datenstrukturen mit Ordnung

13.4.1 Algorithmen mit Such- und Sortiermöglichkeiten

Um Such- oder Sortieroperationen möglichst unabhängig von Klassen zu machen, die eine natürliche Ordnung besitzen oder die eine Ordnung über einen externen `Comparator` defi-niert bekommen, haben Utility-Klassen wie `java.util.Arrays` oder `java.util.Collections`

13 | Datenstrukturen und Algorithmen

oft zwei Arten von Methoden: einmal mit einem zusätzlichen `Comparator`-Parameter und einmal ohne. Wird kein `Comparator` angegeben, so müssen die Objekte vom Typ `Comparable` sein.

`class java.util.`**`Arrays`**

▶ `static void sort( Object[] a )`
Sortiert die Elemente. Zum Vergleichen wird vorausgesetzt, dass sie die Klasse `Comparable` implementieren. Falls sie dies nicht tun, wird eine Ausnahme ausgelöst.

▶ `static <T> void sort( T[] a, Comparator<? super T> c )`
Vergleicht die Objekte mit einem externen `Comparator`. Falls die Objekte auch noch `Comparable` implementieren, wird diese Sortierordnung nicht genutzt.

▶ `static int binarySearch( Object[] a, Object key )`
Sucht binär nach `key`. Die Objekte im Feld müssen `Comparable` implementieren.

▶ `static <T> int binarySearch( T[] a, T key, Comparator<? super T> c )`
Sucht im sortierten Feld. Der `Comparator` bestimmt das Sortierkriterium.

`class java.util.`**`Collections`**

▶ `static <T extends Comparable<? super T>> void sort( List<T> list )`

▶ `static <T> void sort( List<T> list, Comparator<? super T> c )`

▶ `static <T> int binarySearch( List<? extends Comparable<? super T>> list, T key )`

▶ `static <T> int binarySearch( List<? extends T> list, T key, Comparator<? super T> c )`

Die Datenstrukturen, die eine Sortierung verlangen, wie `TreeSet` oder `TreeMap`, nehmen entweder einen `Comparator` entgegen oder erwarten von den Elementen eine Implementierung von `Comparable`.

13.4.2 Den größten und kleinsten Wert einer Collection finden

Bisher kennen wir die überladenen statischen Methoden `min()` und `max()` der Utility-Klasse `Math` für numerische Datentypen. Es gibt aber auch statische Methoden `min()` und `max()` in `Collections`, die das kleinste und größte Element einer `Collection` ermitteln. Die Laufzeit ist linear zur Größe der `Collection`. Die Methoden unterscheiden nicht, ob die Elemente der Datenstruktur schon sortiert sind oder nicht.

`class java.util.`**`Collections`**

▶ `static <T extends Object & Comparable<? super T>> T min(Collection<? extends T> coll)`

▶ `static <T> T min(Collection<? extends T> coll, Comparator<? super T> comp)`

▶ `static <T extends Object & Comparable<? super T>> T max(Collection<? extends T> coll)`

▶ `static <T> T max(Collection<? extends T> coll, Comparator<? super T> comp)`

Wir sehen, dass es eine überladene Version der jeweiligen Methode gibt, da für beliebige Objekte eventuell ein `Comparator`-Objekt erforderlich ist, das den Vergleich vornimmt. Es sei auch bemerkt, dass dies mit die komplexesten Beispiele für Generics sind.

Implementierung der Extremwertmethoden bei Comparable-Objekten

Wenn wir ein `String`-Objekt in eine Liste packen oder ein `Double`-Objekt in eine Menge, werden sie korrekt gesucht, da insbesondere die Wrapper-Klassen die Schnittstelle `Comparable` implementieren. In der Implementierung `min()` ohne extra `Comparator` lässt sich gut der Aufruf von `compareTo()` sehen:

```
public static <T extends Object & Comparable<? super T>>
           T min( Collection<? extends T> coll )
{
  Iterator<? extends T> i = coll.iterator();
  T candidate = i.next();

  while( i.hasNext() )
  {
    T next = i.next();

    if ( next.compareTo(candidate) < 0 )
      candidate = next;
  }

  return candidate;
}
```

Die generische Schreibweise verlangt, dass die Elemente in der `Collection` vom Typ `Comparable` sein müssen und somit eine `compareTo()`-Methode vorhanden ist.

13.4.3 Sortieren

Mit zwei statischen `sort()`-Methoden bietet die Utility-Klasse `Collections` die Möglichkeit, die Elemente einer Liste stabil zu sortieren.

```
class java.util.Collections
```

▶ `static <T extends Comparable<? super T>> void sort( List<T> list )`
Sortiert die Elemente der Liste gemäß ihrer natürlichen Ordnung, die ihnen die Implementierung über `Comparable` gibt.

▶ `static <T> void sort( List<T> list, Comparator<? super T> c )`
Sortiert die Elemente der Liste gemäß der Ordnung, die durch den Comparator c festgelegt wird. Eine mögliche natürliche Ordnung spielt keine Rolle.

Die Sortiermethode arbeitet nur mit `List`-Objekten. Bei den anderen Datenstrukturen wäre das ohnehin kaum sinnvoll, weil diese entweder unsortiert sind oder extern eine bestimmte

13 | Datenstrukturen und Algorithmen

Ordnung aufweisen, wie oben schon angemerkt. Eine analoge Sortiermethode `sort()` für die Elemente von Arrays bietet die Klasse `Arrays`.

Beispielprogramm zum Sortieren

Das folgende Programm sortiert eine Reihe von Zeichenketten aufsteigend. Zunächst nutzt es die statische Methode `Arrays.asList()`, um aus einem String-Feld eine Liste zu konstruieren und daraus eine veränderbare Liste aufzubauen (leider gibt es keinen Konstruktor für `Array-List`, der ein Array von Strings direkt verarbeitet, daher dieser Umweg). Anschließend setzen wir mit `Collections.addAll()` eine Reihe von weiteren Strings in die Liste. Praktisch an der statischen Methode `addAll()` ist, dass sie beliebig viele Argumente über Varargs annimmt:

Listing 13.13 com/tutego/insel/util/CollectionsSortDemo.java, main()

```
List<String> list = new ArrayList<String>(
  Arrays.asList( new String[]{
  "Noah", "Abraham", "Isaak", "Ismael", "Moses", "Jesus", "Muhammed"  }
) );

Collections.addAll( list,
  "Saskia", "Regina",  "Angela", "Astrid", "Manuela", "Silke",
  "Linda",  "Daniela", "Silvia", "Samah",  "Radhia",  "Mejda"
);

Collections.sort( list );

System.out.println( list );
```

Strings sortieren, auch unabhängig von der Groß- und Kleinschreibung

Die Klasse `String` realisiert über die Implementierung von `Comparable` eine natürliche Sortierung. Alle String-Objekte, die in einem Feld sind, können problemlos über `Array.sort()` und alle Strings in `Collection`-Sammlungen über `Collections.sort()` sortiert werden.

Um unabhängig von der Groß- und Kleinschreibung zu sortieren, bietet die Klasse `String` eine praktische Konstante: `String.CASE_INSENSITIVE_ORDER`. Das ist ein `Comparator<String>`, der gut als Argument für `sort()` passt. Im Übrigen ist es die einzige statische Variable der Klasse.

Kommen weitere Sortierkriterien hinzu – und die gibt es in den unterschiedlichen Ländern allemal –, so helfen die `Collator`-Objekte, da sie spezielle `Comparator`-Objekte sind.

```
Comparator deutschCollator = Collator.getInstance( Locale.GERMAN );
```

Daten in umgekehrter Reihenfolge sortieren

Da es keine spezielle Methode `reverseSort()` gibt, ist hier ein spezielles `Comparator`-Objekt im Einsatz, um Daten entgegensetzt zu ihrer natürlichen Reihenfolge zu sortieren. Mit der statischen Methode `reverseOrder()` der Klasse `Collections` können wir ein geeignetes `Comparator`-Exemplar anfordern. Im folgenden Programm fügen wir einige Zeichenketten in eine Liste ein, die wir anschließend absteigend sortieren lassen:

Datenstrukturen mit Ordnung | **13.4**

Listing 13.14 com/tutego/insel/util/CollectionsReverseSortDemo.java, main()

```
List<String> list = new ArrayList<String>();
Collections.addAll( list, "Adam", "Eva", "Set", "Enosch", "Kenan", "Mahalalel", ⤸
"Jered" );
Comparator<String> comparator = Collections.reverseOrder();
Collections.sort( list, comparator );
System.out.println( list ); // [Set, Mahalalel, Kenan, Jered, Eva, Enosch, Adam]
```

Eine andere Möglichkeit für umgekehrt sortierte Listen besteht darin, erst die Liste mit `sort()` zu sortieren und anschließend mit `Collections.reverse(List<?> list)` umzudrehen. Die Lösung mit einem `Comparator` über `reverseOrder()` ist jedoch stabil. Für einen existierenden `Comparator` liefert `Collections.reverseOrder(Comparator<T> cmp)` einen `Comparator<T>`, der genau umgekehrt arbeitet.

Merge-Sort steht dahinter *

Der statischen Methode `Collections.sort(List)` liegt als Algorithmus ein optimierter Merge-Sort zugrunde. Er arbeitet in der Regel sehr schnell; die Laufzeit beträgt $n*\log(n)$, wenn n Elemente zu sortieren sind. Obwohl Quick-Sort bei einigen Sortierfolgen schneller ist, hat dieser den großen Nachteil, dass er nicht stabil arbeitet und keine garantierte Laufzeit von $n*\log(n)$ besitzt.[9] Auf nahezu sortierten Datenfolgen arbeitet jedoch Merge-Sort wesentlich schneller.

Implementierung von sort() über Arrays.sort() *

`Collections.sort(List)` arbeitet intern so, dass zunächst die Listenelemente in ein temporäres Array kopiert werden. Das übernimmt die `toArray()`-Methode von `List`. Anschließend wird `Arrays.sort()` zum Sortieren genutzt. Am Ende überträgt ein `ListIterator` das sortierte Array zurück in die Liste:

```
public static <T extends Comparable<? super T>> void sort( List<T> list )
{
  Object[] a = list.toArray();
  Arrays.sort( a );
  ListIterator<T> i = list.listIterator();
  for ( int j = 0; j < a.length; j++ ) {
    i.next();
    i.set( (T)a[j] );
  }
}
```

Stabiles Sortieren *

Stabile Sortieralgorithmen lassen die Reihenfolge von gleichen Elementen unverändert. Dies spielt dann eine Rolle, wenn nicht alle Attribute der Elemente in den Vergleich eingehen.

---

9 Die STL-Bibliothek bei C(++) unterstützt stabile und nicht stabile Sortieralgorithmen. Davon können wir in Java nur träumen.

669

13 | Datenstrukturen und Algorithmen

Wenn wir etwa die Folge (27,1), (3,2), (56,1), (4,2) (3,1) nach der zweiten Komponente der Zahlenpaare sortieren und anschließend nach der ersten Komponente, dann erwarten wir, dass (3,1) vor (3,2) liegt und der Algorithmus die Reihenfolge der beiden Zahlenpaare nicht wieder ändert. Diese Eigenschaft ist nur dann garantiert, wenn die zweite Sortierung mit einem stabilen Sortieralgorithmus erfolgt. Etwas praktischer lässt sich diese Eigenschaft an einem E-Mail-Programm demonstrieren: Sortieren wir unsere Nachrichten zuerst nach dem Datum und anschließend nach dem Absender, so sollen die Nachrichten von demselben Absender immer noch nach dem Datum sortiert bleiben.

13.5 Mengen (Sets)

Eine Menge ist eine (erst einmal) ungeordnete Sammlung von Elementen. Jedes Element darf nur einmal vorkommen. Für Mengen sieht die Java-Bibliothek die Schnittstelle `java.util.Set` vor. Beliebte implementierende Klassen sind:

▶ `HashSet`: Schnelle Mengenimplementierung durch Hashing-Verfahren (dahinter steckt die `HashMap`).

▶ `TreeSet`: Mengen werden durch balancierte Binärbäume realisiert, die eine Sortierung ermöglichen.

▶ `LinkedHashSet`: Schnelle Mengenimplementierung unter Beibehaltung der Einfügereihenfolge.

▶ `EnumSet`: Eine spezielle Menge ausschließlich für `Enum`-Objekte.

▶ `CopyOnWriteArraySet`: Schnelle Datenstruktur für viele lesende Operationen.

Eine Mengenklasse deklariert neben Operationen für die Anfrage und das Einfügen von Elementen auch Methoden für Schnitt und Vereinigung von Mengen.

```
interface java.util.Set<E>
extends Collection<E>
```

▶ `boolean add( E o )`
Setzt o in die Menge, falls es dort noch nicht vorliegt. Liefert `true` bei erfolgreichem Einfügen.

▶ `boolean addAll( Collection c )`
Fügt alle Elemente von c in das `Set` ein und liefert `true` bei erfolgreichem Einfügen. Ist c ein anderes `Set`, so steht `addAll()` für die Mengenvereinigung.

▶ `void clear()`
Löscht das `Set`.

▶ `boolean contains( Object o )`
Ist das Element o in der Menge?

13.5 Mengen (Sets)

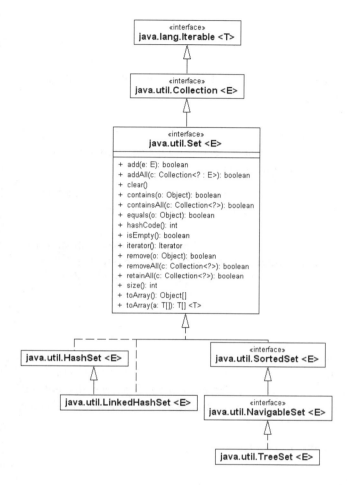

- `boolean containsAll( Collection c )`
  Ist c Teilmenge von Set?
- `boolean isEmpty()`
  Ist das Set leer?
- `Iterator<E> iterator()`
  Gibt einen Iterator für das Set zurück.
- `boolean remove( Object o )`
  Löscht o aus dem Set, liefert true bei erfolgreichem Löschen.
- `boolean removeAll( Collection<?> c )`
  Löscht alle Elemente der Collection aus dem Set und liefert true bei erfolgreichem Löschen.
- `boolean retainAll( Collection c )`
  Bildet die Schnittmenge mit c.

13 | Datenstrukturen und Algorithmen

▶ `int size()`
Gibt die Anzahl der Elemente in der Menge zurück.

▶ `Object[] toArray()`
Erzeugt zunächst ein neues Feld, in dem alle Elemente der Menge Platz finden, und kopiert anschließend die Elemente in das Feld.

▶ `<T> T[] ziel toArray( T[] a )`
Ist das übergebene Feld groß genug, dann werden alle Elemente der Menge in das Feld kopiert. Ist das Feld zu klein, wird ein neues Feld vom Typ `T` angelegt, und alle Elemente werden vom `Set` in das Array kopiert und zurückgegeben.

In der Schnittstelle `Set` werden die aus `Object` stammenden Methoden `equals()` und `hashCode()` mit ihrer Funktionalität bei Mengen in der API-Dokumentation präzisiert.

[»] **Hinweis** In einem `Set` gespeicherte Elemente müssen immutable bleiben. Einerseits sind sie nach einer Änderung vielleicht nicht wiederzufinden, und andererseits können Elemente auf diese Weise doppelt in der Menge vorkommen, was der Philosophie der Schnittstelle widerspricht.

Element erneut hinzunehmen

Ist ein Element in der Menge noch nicht vorhanden, fügt `add()` es ein und liefert als Rückgabe `true`. Ist es schon vorhanden, macht `add()` nichts und liefert `false` (das ist bei einer `Map` anders, denn dort überschreibt `put()` den Schlüssel). Ob ein hinzuzufügendes Element mit einem existierenden in der Menge übereinstimmt, bestimmt die `equals()`-Methode, also die Gleichheit und nicht die Identität:

Listing 13.15 com/tutego/insel/util/set/HashSetDoubleAdd.java, main()

```
Set<Point> set = new HashSet<Point>();
Point p1 = new Point(), p2 = new Point();
System.out.println( set.add(p1) );       // true
System.out.println( set.add(p1) );       // false
System.out.println( set.add(p2) );       // false
System.out.println( set.contains(p1) ); // true
System.out.println( set.contains(p2) ); // true
```

13.5.1 HashSet

Ein `java.util.HashSet` verwaltet die Elemente in einer schnellen hash-basierten Datenstruktur. Dadurch sind die Elemente schnell einsortiert und schnell zu finden. Falls eine Sortierung vom `HashSet` nötig ist, müssen die Elemente nachträglich umkopiert und dann sortiert werden.

```
class java.util.HashSet<E>
extends AbstractSet<E>
implements Set<E>, Cloneable, Serializable
```

672

▶ `HashSet()`
Erzeugt ein leeres `HashSet`-Objekt.

▶ `HashSet( Collection<? extends E> c )`
Erzeugt aus der Sammlung `c` ein neues unsortiertes `HashSet`.

▶ `HashSet( int initialCapacity )`
`HashSet( int initialCapacity, float loadFactor )`
Die beiden Konstruktoren sind zur Optimierung gedacht und werden bei der `HashMap` im Abschnitt »Der Füllfaktor und die Konstruktoren« in Abschnitt 13.8.8 genauer erklärt – `HashSet` basiert intern auf der `HashMap`.

13.5.2 TreeSet – die Menge durch Bäume

Die Klasse `java.util.TreeSet` implementiert ebenfalls wie `HashSet` die `Set`-Schnittstelle, verfolgt aber eine andere Implementierungsstrategie. Ein `TreeSet` verwaltet die Elemente immer sortiert (intern werden die Elemente in einem balancierten Binärbaum gehalten). Speichert `TreeSet` ein neues Element, so fügt `TreeSet` das Element automatisch sortiert in die Datenstruktur ein. Das kostet zwar etwas mehr Zeit als ein `HashSet`, doch ist diese Sortierung dauerhaft. Daher ist es auch nicht zeitaufwändig, alle Elemente geordnet auszugeben. Die Suche nach einem einzigen Element ist aber etwas langsamer als im `HashSet`. Der Begriff »langsamer« muss jedoch relativiert werden: Die Suche ist logarithmisch und daher nicht wirklich »langsam«. Beim Einfügen und Löschen muss bei bestimmten Konstellationen eine Reorganisation des Baumes in Kauf genommen werden, was die Einfüge-/Löschzeit verschlechtert. Doch auch beim Re-Hashing gibt es diese Kosten, die sich dort jedoch durch die passende Startgröße vermeiden lassen.

```
class java.util.TreeSet<E>
extends AbstractSet<E>
implements NavigableSet<E>, Cloneable, Serializable
```

▶ `TreeSet()`
Erzeugt ein neues, leeres `TreeSet`.

▶ `TreeSet( Collection<? extends E> c )`
Erzeugt ein neues `TreeSet` aus der gegebenen `Collection`.

▶ `TreeSet( Comparator<? super E> c )`
Erzeugt ein leeres `TreeSet` mit einem gegebenen `Comparator`, der für die Sortierung der internen Datenstruktur die Vergleiche übernimmt.

▶ `TreeSet( SortedSet<E> s )`
Erzeugt ein neues `TreeSet` und übernimmt alle Elemente von `s` und auch die Sortierung von `s`. (Einen Konstruktor mit `NavigableSet` gibt es nicht.)

Durch die interne sortierte Speicherung gibt es zwei ganz wichtige Bedingungen:

13 | Datenstrukturen und Algorithmen

▶ Die Elemente müssen sich vergleichen lassen. Kommen zum Beispiel `Player`-Objekte in das `TreeSet`, und implementiert `Club` nicht die Schnittstelle `Comparable`, löst `TreeSet` eine Ausnahme aus, da `TreeSet` nicht weiß, in welcher Reihenfolge die Clubs stehen.

▶ Die Elemente müssen vom gleichen Typ sein. Wie sollte sich ein Kirchen-Objekt mit einem Staubsauger-Objekt vergleichen lassen?

[zB]

Beispiel Sortiere Strings in eine Menge ein, wobei die Groß-/Kleinschreibung und vorgesetzter bzw. nachfolgender Weißraum keine Rolle spielt. Anders gesagt: Wörter sollen auch dann als gleich angesehen werden, wenn sie sich in der Groß-/Kleinschreibweise unterscheiden oder etwa Leerzeichen am Anfang und Ende besitzen:

```
Set<String> set = new TreeSet<String>( new Comparator<String>()
  @Override public int compare( String s1, String s2
    return String.CASE_INSENSITIVE_ORDER.compare( s1.trim(), s2.trim() );

} );

set.addAll( Arrays.asList( "xxx ", " XXX", "tang", " xXx", "  QUEEF  " ) );
System.out.println( set );   // [ QUEEF , tang, xxx ]
```

Die Methode »equals()« und die Vergleichsmethoden

Das `TreeSet` nutzt zur Einordnung den externen `Comparator` bzw. die `compareTo()`-Eigenschaft, wenn die Elemente `Comparable` sind. Gibt die Vergleichsmethode 0, so sind die Elemente gleich, und gleiche Elemente sind der Menge nicht erlaubt. Nehmen wir als Beispiel einen `Comparator` für `Point`-Objekte, der den Abstand zum Nullpunkt beachtet. Dann sind laut `equals()` von Point die Punkte (1,100) und (100,1) sicherlich nicht gleich, aber da der Abstand gleich ist, würde der `Comparator` eine Gleichheit anzeigen. Dies führt dazu, dass tatsächlich nur eines der beiden Objekte in das `TreeSet` kommt, da die Implementierung nicht auf `equals()`basiert!

NavigableSet und SortedSet

`TreeSet` implementiert die Schnittstelle `NavigableSet` und bietet darüber Methoden, um insbesondere zu einem gegebenen Element das nächsthöhere/-kleinere zu liefern. Somit sind auf Mengen nicht nur die üblichen Anfragen über Mengenzugehörigkeit denkbar, sondern auch Anfragen wie »Gib mir das Element, das größer oder gleich einem gegebenen Element ist«.

Folgendes Beispiel reiht in ein `TreeSet` drei `Calendar`-Objekte ein – die Klasse `Calendar` implementiert `Comparable<Calendar>`. Die Methoden `lower()`, `ceiling()`, `floor()` und `higher()` wählen aus der Menge das angefragte Objekt heraus:

Listing 13.16 com/tutego/insel/util/set/SortedSetDemo.java

```
NavigableSet<Calendar> set = new TreeSet<Calendar>();
set.add( new GregorianCalendar(2007, Calendar.MARCH, 10) );
set.add( new GregorianCalendar(2007, Calendar.MARCH, 12) );
set.add( new GregorianCalendar(2007, Calendar.APRIL, 12) );
```

674

```
Calendar cal1 = set.lower( new GregorianCalendar(2007, Calendar.MARCH, 12) );
System.out.printf( "%tF%n", cal1 );    // 2007-03-10

Calendar cal2 = set.ceiling( new GregorianCalendar(2007, Calendar.MARCH, 12) );
System.out.printf( "%tF%n", cal2 );    // 2007-03-12

Calendar cal3 = set.floor( new GregorianCalendar(2007, Calendar.MARCH, 12) );
System.out.printf( "%tF%n", cal3 );    // 2007-03-12

Calendar cal4 = set.higher( new GregorianCalendar(2007, Calendar.MARCH, 12) );
System.out.printf( "%tF%n", cal4 );    // 2007-04-12
```

Eine Methode wie `tailSet()` ist insbesondere bei Datumsobjekten sehr praktisch, da sie alle Zeitpunkte liefern kann, die nach einem Startdatum liegen.

Seit Java 6 implementiert `TreeSet` statt `SortedSet` direkt die Schnittstelle `NavigableSet`, die ihrerseits `SortedSet` erweitert. Insgesamt bietet `NavigableSet` 15 Operationen, wobei sie aus `SortedSet` die Methoden `headSet()`, `tailSet()`, `subSet()` überschreibt, um eine überladene Version der Methoden anzubieten, die die Grenzen exklusiv oder inklusiv erlauben.

```
interface java.util.NavigableSet<E>
extends SortedSet<E>
```

▶ `SortedSet<E> headSet( E toElement )`
  `SortedSet<E> tailSet( E fromElement )`
  Liefert eine Teilmenge von Elementen, die echt kleiner/größer als `toElement/fromElement` sind.

▶ `NavigableSet<E> headSet( E toElement, boolean inclusive )`
  `NavigableSet<E> tailSet( E fromElement, boolean inclusive )`
  Bestimmt gegenüber den oberen Methoden zusätzlich, ob das Ausgangselement zur Ergebnismenge gehören darf.

▶ `SortedSet<E> subSet( E fromElement, E toElement )`
  Liefert eine Teilmenge im gewünschten Bereich.

▶ `E pollFirst()`
  `E pollLast()`
  Holt und entfernt das erste/letzte Element. Die Rückgabe ist `null`, wenn das `Set` leer ist.

▶ `E higher( E e )`
  `E lower( E e )`
  Liefert das folgende/vorangehende Element im `Set`, welches echt größer/kleiner als `E` ist, oder `null`, falls ein solches Element nicht existiert.

▶ `E ceiling( E e )`
  `E floor( E e )`
  Liefert das folgende/vorangehende Element im `Set`, welches größer/kleiner oder gleich `E` ist, oder `null`, falls ein solches Element nicht existiert.

13 | Datenstrukturen und Algorithmen

▶ `Iterator<E> descendingIterator()`
Liefert die Elemente in umgekehrter Reihenfolge.

Aus der Schnittstelle `SortedSet` übernimmt `NavigableSet` drei Operationen:

```
interface java.util.SortedSet<E>
extends Set<E>
```

▶ `E first()`
Liefert das erste Element in der Liste.

▶ `E last()`
Liefert das größte Element.

▶ `Comparator<? super E> comparator()`
Liefert den mit der Menge verbundenen `Comparator`. Die Rückgabe kann `null` sein, wenn die Objekte sich mit `Comparable` selbst vergleichen können.

Anders als `HashSet` liefert der Iterator beim `TreeSet` die Elemente aufsteigend sortiert. Davon profitieren auch die beiden `toArray()`-Methoden – implementiert in `AbstractCollection` –, da sie den Iterator nutzen, um ein sortiertes Feld zurückzugeben.

13.5.3 LinkedHashSet

Ein `LinkedHashSet` vereint die Reihenfolgentreue einer Liste und die hohe Performance für Mengenoperationen vom `HashSet`. Dabei bietet die Klasse keine Listen-Methoden wie `first()` oder `get(index)`, sondern ist eine Implementierung ausschließlich der Set-Schnittstelle, in der der Iterator die Elemente in der Einfüge-Reihenfolge liefert:

Listing 13.17   com/tutego/insel/util/set/LinkedHashSetDemo.java, main()

```java
Set<Integer> set = new LinkedHashSet<Integer>(
  Arrays.asList( 9, 8, 7, 6, 9, 8 )
);

for ( Integer i : set )
  System.out.print( i + " " );       // 9 8 7 6

System.out.printf( "%n%s", set );   // [9, 8, 7, 6]
```

Obwohl die Sortierung in einem Hash-Set eigentlich unordentlich ist, liefert der Iterator genau die Reihenfolge während des Aufbaus (`toString()` nutzt diesen beim Aufbau der String-Kennung).

13.6   Stack (Kellerspeicher, Stapel)

Die Klasse `Stack` repräsentiert einen Stapelspeicher, auch »*Keller*« genannt, der als LIFO-(Last-in-First-out-)Datenstruktur bekannt ist. Beim Hinzufügen von Elementen wächst die Daten-

676

struktur dynamisch. Die Klasse `Stack` ist eine Erweiterung der Klasse `Vector` – wir diskutieren diese prickelnde Designentscheidung noch unter 13.6.2, »Ein Stack ist ein Vector – aha!« –, womit die Klasse zusätzliche Funktionalität besitzt, beispielsweise die Fähigkeit zur Aufzählung und des wahlfreien Zugriffs auf Kellerelemente.

Beispiel Füge in den Stack zwei Strings ein, und lies sie wieder aus:

[zB]

```
Stack<String> stack = new Stack<String>();
stack.push( "Tanja" );
stack.push( "Tina" );
String s1 = stack.pop();
String s2 = stack.pop();
```

13.6.1 Die Methoden von »Stack«

`Stack` besitzt nur wenige zusätzliche Methoden, verglichen mit dem Vektor.

```
class java.util.Stack<E>
extends Vector<E>
```

▶ `Stack()`
Der Konstruktor erzeugt einen neuen Stack.

▶ `boolean empty()`
Testet, ob Elemente auf dem Stapel vorhanden sind.

▶ `E push( E item )`
Das Element `item` wird auf den Stapel gebracht.

▶ `E pop()`
Holt das letzte Element vom Stapel. `EmptyStackException` signalisiert einen leeren Stapel.

▶ `E peek()`
Das oberste Element wird nur vom Stapel gelesen, aber nicht wie bei `pop()` entfernt. Bei leerem Stapel wird eine `EmptyStackException` ausgelöst.

▶ `int search( Object o )`
Sucht im Stapel nach dem obersten Eintrag, der mit dem Objekt o übereinstimmt. Gibt die Distanz von der Spitze zurück oder –1, falls das Objekt nicht im Stapel ist. 1 bedeutet, dass der gesuchte Eintrag ganz oben auf dem Stapelspeicher liegt, 2 bezeichnet die zweitoberste Position und so weiter. Die Zählweise ist ungewöhnlich, da sie nicht nullbasiert ist wie alle anderen Methoden, die mit Positionen arbeiten. Doch hier handelt es sich ausdrücklich um die Distanz und nicht um die Position!

Hinweis Exceptions von Stack: Im Gegensatz zu `Vector` kann `Stack` die Exception `Empty-StackException` erzeugen, um einen leeren Stapel zu signalisieren. Durch einen Rückgabewert `null` ist ein Fehlschlag nicht angezeigt, da `null` ein gültiger Rückgabewert sein kann.

[«]

13.6.2 Ein »Stack« ist ein »Vector« – aha!

Eine genaue Betrachtung der Klasse Stack zeigt den unsinnigen und falschen Einsatz der Vererbung, und es stellt sich die Frage, warum sich der Autor Jonathan Payne für jene Variante entschieden hat. Stack erbt alle Methoden von Vector (einer List) und damit viele Methoden, die im krassen Gegensatz zu den charakteristischen Eigenschaften eines Stapels stehen. Dazu zählen unter anderem die Methoden elementAt(), indexOf(), insertElementAt(), removeElementAt(), setElementAt() und weitere.

Wenn eine Unterklasse nicht bedingungslos alle Eigenschaften der Oberklasse unterstützt, ist die Vererbung falsch angewendet.

13.7 Queues (Schlangen) und Deques

In der Klassenbibliothek von Java gibt es die Schnittstelle java.util.Queue für Datenstrukturen, die nach dem FIFO-Prinzip (First in, First out) arbeiten. Die verwandte Datenstruktur ist der Stack, der nach dem Prinzip LIFO (Last in, First out) arbeitet. Eine Deque bietet Methoden für die FIFO-Verarbeitung an beiden Enden über eine Schnittstelle java.util.Deque, die direkt java.util.Queue erweitert.

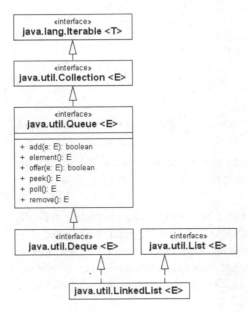

13.7.1 Die Schnittstelle »Queue«

Die Schnittstelle Queue erweitert Collection und ist somit auch vom Typ Iterable. Zu den Klassen, die Queue implementieren, gehört unter anderem LinkedList:

Listing 13.18 com/tutego/insel/util/queue/QueueDemo.java, main()

```java
Queue<String> queue = new LinkedList<String>();

queue.offer( "Fischers" );
queue.offer( "Fritze" );
queue.offer( "fischt" );
queue.offer( "frische" );
queue.offer( "Fische" );

queue.poll();

queue.offer( "Nein, es war Paul!" );

while ( !queue.isEmpty() )
  System.out.println( queue.poll() );
```

```
interface java.util.Queue<E>
extends Collection<E>
```

▶ boolean empty()

▶ E element()

▶ boolean offer(E o)

▶ E peek()

▶ E poll()

▶ E remove()

Auf den ersten Blick sieht es so aus, als ob es für das Erfragen zwei Methoden gibt: element() und peek(). Doch der Unterschied besteht darin, dass element() eine NoSuchElementException auslöst, wenn die Queue kein Element mehr liefern kann, peek() jedoch null bei leerer Queue liefert. Da null als Element erlaubt ist, kann peek() das nicht detektieren; die Rückgabe könnte für das null-Element oder als Anzeige für eine leere Queue stehen. Daher ist peek() nur sinnvoll, wenn keine null-Elemente vorkommen. Gefüllt wird die Liste statt mit add() – was durch Collection zur Verfügung stünde – mit offer(). Der Unterschied: Im Fehlerfall löst add() eine Exception aus, während offer() durch die Rückgabe false anzeigt, dass das Element nicht hinzugefügt wurde. Die folgende Tabelle macht den Zusammenhang deutlich:

	Mit Ausnahme	Ohne Ausnahme
Einfügen	add()	offer()
Erfragen	element()	peek()
Löschen	remove()	poll()

13.7.2 Blockierende Queues und Prioritätswarteschlangen

Die Schnittstelle `java.util.concurrent.BlockingQueue` erweitert die Schnittstelle `java.util.Queue`. Klassen, die `BlockingQueue` implementieren, blockieren, falls eine Operation wie `take()` aufgrund fehlender Daten nicht durchgeführt werden konnte. Die Konsumenten/Produzenten sind mit diesen Klassen ausgesprochen einfach zu implementieren.

Spannende Queue-Klassen sind:

- `ConcurrentLinkedQueue`: Thread-sichere Queue, durch verkettete Listen implementiert

- `DelayQueue`: Queue, der die Elemente erst nach einer gewissen Zeit entnommen werden können

- `ArrayBlockingQueue`: Queue mit einer maximalen Kapazität, abgebildet auf ein Feld

- `LinkedBlockingQueue`: Queue beschränkt oder mit maximaler Kapazität, abgebildet durch eine verkettete Liste

- `PriorityQueue`: Hält in einem Heap-Speicher Elemente sortiert und liefert bei Anfragen das jeweils kleinste Element. Wie beim `TreeSet` müssen die Elemente entweder `Comparable` implementieren, oder es muss ein `Comparator` angegeben werden. Unbeschränkt.

- `PriorityBlockingQueue`: Wie `PriorityQueue`, nur blockierend

- `SynchronousQueue`: Eine blockierende Queue zum Austausch von genau einem Element. Wenn ein Thread ein Element in die Queue setzt, muss ein anderer Thread auf dieses Element warten, andernfalls blockiert die Datenstruktur den Ableger. Erwartet ein Thread ein Element, ohne dass ein anderer Thread etwas in die Queue gesetzt hat, blockiert sie ebenfalls den Holer. Durch diese Funktionsweise benötigt die `SynchronousQueue` keine Kapazität, denn Elemente werden, falls platziert, direkt konsumiert und müssen nicht zwischengelagert werden.

Die `Priority`-Klassen implementieren im Gegensatz zu den übrigen kein FIFO-Verhalten.

13.7.3 »Deque«-Klassen

In Java 6 wurde eine neue Datenstruktur Deque (gesprochen »Deck«) eingeführt. Ein Deque bietet Queue-Operationen an beiden Enden an. Die Operationen schreibt eine Schnittstelle `Deque` vor. Da es jeweils die Queue-Operationen an beiden Enden gibt, erscheint die Schnittstelle erst einmal groß, ist sie aber im Prinzip nicht.

	Erstes Element (Kopf)		Letztes Element (Schwanz)	
	Ausnahme im Fehlerfall	Besondere Rückgabe	Ausnahme im Fehlefall	Besondere Rückgabe
Einfügen	addFirst(e)	offerFirst(e)	addLast(e)	offerLast(e)
Löschen	removeFirst()	pollFirst()	removeLast()	pollLast()
Entnehmen	getFirst()	peekFirst()	getLast()	peekLast()

Tabelle 13.2 Datenstruktur »Deque«

»Besondere Rückgabe« in der Tabelle bedeutet, dass etwa `getFirst()`/`getLast()` eine Ausnahme auslösen, wenn die `Deque` leer ist, aber `peekFirst()`/`peekLast()` die Rückgabe `null` liefern.

Von der Schnittstelle gibt es drei Implementierungen:

- `ArrayDeque`: Wie der Namensbestandteil »Array« schon andeutet, sitzt hinter dieser Realisierung ein Feld, das die Deque beschränken kann.

- `LinkedList`: Einer `LinkedList` ist diese Beschränkung fremd; sie kann beliebig wachsen.

- `LinkedBlockingDeque`: Realisiert `BlockingDeque` als blockierende `Deque`, was weder `ArrayDeque` noch `LinkedList` machen.

13.8 Assoziative Speicher

Ein assoziativer Speicher verbindet einen Schlüssel mit einem Wert. Java bietet für Datenstrukturen dieser Art die allgemeine Schnittstelle `Map` mit wichtigen Operationen wie `put(key, value)` zum Aufbau einer Assoziation und `get(key)` zum Erfragen eines assoziierten Wertes.

13.8.1 Die Klassen »HashMap« und »TreeMap«

Die Java-Bibliothek implementiert assoziativen Speicher mit einigen Klassen, wobei wir unser Augenmerk zunächst auf zwei wichtige Klassen richten wollen:

- Eine schnelle Implementierung ist die *Hash-Tabelle* (engl. *hashtable*), die in Java durch `java.util.HashMap` implementiert ist. Vor Java 1.2 wurde `java.util.Hashtable` verwendet. Die Schlüsselobjekte müssen »hashbar« sein, also `equals()` und `hashCode()` konkret implementieren. Eine besondere Schnittstelle für die Elemente ist nicht nötig.

- Daneben existiert die Klasse `java.util.TreeMap`, die etwas langsamer im Zugriff ist, doch dafür alle Schlüsselobjekte immer sortiert hält. Sie sortiert die Elemente in einen internen Binärbaum ein. Die Schlüssel müssen sich in eine Ordnung bringen lassen, wozu etwas Vorbereitung nötig ist.

Beispiel Ein Assoziativspeicher, dem wir Werte[10] hinzufügen:

Listing 13.19 com/tutego/insel/util/map/HashMapDemo.java, main()

```java
Map<String, String> aldiSupplier = new HashMap<String, String>();
aldiSupplier.put( "Carbo, spanischer Sekt", "Freixenet" );
aldiSupplier.put( "ibu Stapelchips", "Bahlsen Chipsletten" );
aldiSupplier.put( "Ko-kra Katzenfutter", "felix Katzenfutter" );
aldiSupplier.put( "Küchenpapier", "Zewa" );
aldiSupplier.put( "Nuss-Nougat-Creme", "Zentis" );
aldiSupplier.put( "Pommes Frites", "McCaine" );
```

---

10 Siehe dazu auch *http://www.aldibaran.de/?page_id=13#2*.

Die zweite `HashMap` soll Strings mit Zahlen assoziieren:
```
Map<String, Number> num = new HashMap<String, Number>();
num.put( "zwei", 2 );     // Boxing durch Integer.valueOf(2)
num.put( "drei", 3.0 );   // Boxing durch Double.valueOf(3.0)
```

Während also bei den Assoziativspeichern nach dem Hashing-Verfahren eine `hashCode()`- und `equals()`-Methode bei den Schlüssel-Objekten essenziell ist, ist das bei den Baum-orientierten Verfahren nicht nötig – hier muss nur eine Ordnung zwischen den Elementen entweder mit `Comparable` oder `Comparator` her.

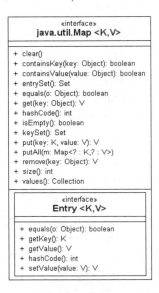

Ein Assoziativspeicher arbeitet nur in einer Richtung schnell. Wenn etwa im Fall eines Telefonbuchs ein Name mit einer Nummer assoziiert wurde, kann die Datenstruktur die Frage nach einer Telefonnummer schnell beantworten, in die andere Richtung dauert es wesentlich länger, weil hier keine Verknüpfung besteht. Sie ist immer nur einseitig. Auf wechselseitige Beziehungen sind die Klassen nicht vorbereitet.

Die Klasse »HashMap«

Die Klasse `HashMap` eignet sich ideal dazu, viele Elemente unsortiert zu speichern und sie über die Schlüssel schnell wieder verfügbar zu machen. Das interne Hashing-Verfahren ist schnell, eine Sortierung der Schlüssel nach einem gegebenen Kriterium aber nicht möglich.

```
class java.util.HashMap<K,V>
extends AbstractMap<K,V>
implements Map<K,V>, Cloneable, Serializable
```

▶ `HashMap()`
Erzeugt eine neue Hash-Tabelle.

Assoziative Speicher | **13.8**

▶ HashMap(Map<? extends K,? extends V> m)
Erzeugt eine neue Hash-Tabelle aus einer anderen Map.

Die Klasse »TreeMap« und die Schnittstelle »SortedMap«/»NavigableMap«

Eine TreeMap implementiert seit Java 6 die Schnittstelle NavigableMap, die wiederum von der Schnittstelle SortedMap[11] erbt und diese wiederum Map erweitert. Eine NavigableMap sortiert die Elemente eines Assoziativspeichers nach Schlüsseln und bietet Zugriff auf das kleinste oder größte Element mit Methoden wie firstKey(), lastKey() und kann mit subMap() und tailMap() Teilansichten des Assoziativspeichers bilden.

Damit die Schlüssel in einer TreeMap sortiert werden können, gilt das Gleiche wie beim TreeSet: Die Elemente müssen eine natürliche Ordnung besitzen, oder ein externer Comparator muss die Ordnung festlegen.

```
class java.util.TreeMap<K,V>
extends AbstractMap<K,V>
implements NavigableMap<K,V>, Cloneable, Serializable
```

▶ TreeMap()
Erzeugt eine neue TreeMap, welche eine natürliche Ordnung von ihren Elementen erwartet.

▶ TreeMap(Comparator<? super K> comparator)
Erzeugt eine neue TreeMap mit einem Comparator, sodass die Elemente keine natürliche Ordnung besitzen müssen.

▶ TreeMap(Map<? extends K,? extends V> m)
Erzeugt eine TreeMap mit einsortierten Elementen aus m, die eine natürliche Ordnung besitzen müssen.

▶ TreeMap(SortedMap<K,? extends V> m)
Erzeugt eine TreeMap mit einsortierten Elementen aus m und übernimmt von m auch die Ordnung.

Um die Sortierung zu ermöglichen, ist der Zugriff etwas langsamer als über HashMap, aber mit dem Hashing-Verfahren lassen sich Elemente nicht sortieren.

13.8.2 Einfügen und Abfragen der Datenstruktur

Wir haben gesagt, dass die Elemente des Assoziativspeichers Paare aus Schlüssel und zugehörigem Wert sind. Das Wiederfinden der Werte ist effizient nur über Schlüssel möglich.

Daten einfügen

Zum Hinzufügen von Schlüssel-Werte-Paaren dient die Methode put(key, value). Das erste Argument ist der Schlüssel und das zweite Argument der mit dem Schlüssel zu assoziierende Wert. Der Schlüssel und der Wert können null sein.

---

11 Vor Java 6 war dies die implementierte Schnittstelle.

13 | Datenstrukturen und Algorithmen

```
interface java.util.Map<K,V>
```

▶ V put(K key, V value)
Speichert den Schlüssel und den Wert in der Hash-Tabelle. Falls sich zu diesem Schlüssel schon ein Eintrag in der Hash-Tabelle befand, wird der alte Wert überschrieben und der vorherige Wert zum Schlüssel zurückgegeben (das ist anders als beim Set, wo die Operation dann nichts tut). Ist der Schlüssel neu, liefert put() den Rückgabewert null. Das heißt natürlich auch, dass mit put(key, value) == null nicht klar ist, ob put() einen Wert überschreibt und der alte Wert null war, oder ob noch kein Schlüssel-Werte-Paar in dem Assoziativspeicher lag.

▶ void putAll(Map<? extends K, ? extends V> m)
Fügt alle Schlüssel-Werte-Paare aus m in die aktuelle Map ein. Auch diese Methode überschreibt unter Umständen vorhandene Schlüssel.

Daten auslesen

Um wieder ein Element auszulesen, deklariert Map die Operation get(key). Das Argument identifiziert das zu findende Objekt über den Schlüssel, indem das Objekt aus der Datenstruktur herausgesucht wird, das im Sinne von equals() mit dem Anfrageobjekt gleich ist. Wenn das Objekt nicht vorhanden ist, ist die Rückgabe null. Allerdings kann auch null der mit einem Schlüssel assoziierte Wert sein, da null als Wert durchaus erlaubt ist.

[zB]

Beispiel Erfrage den Assoziativspeicher nach »zwei«. Das Ergebnis wird ein Number-Objekt sein:

```
Map<String, Number> num = new HashMap<String, Number>();
Number number = num.get( "zwei" );
if ( number != null )
  System.out.println( number.intValue() );
```

Mit Generics kann eine Typanpassung entfallen, wenn – wie in unserem Beispiel – Number-Objekte mit dem String assoziiert waren. Wurde der Typ nicht angegeben, ist eine Typanpassung nötig.

```
interface java.util.Map<K,V>
```

▶ V get(Object key)
Liefert das mit dem entsprechenden Schlüssel verbundene Objekt. Falls kein passendes Objekt vorhanden ist, liefert die Methode null.

Existiert der Schlüssel, existiert der Wert?

Neben get() kann auch mit einer anderen Methode das Vorhandensein eines Schlüssels getestet werden: containsKey() überprüft, ob ein Schlüssel in der Tabelle vorkommt, und gibt dann ein true zurück. Die Implementierung unterscheidet sich nicht wesentlich von get().

684

Assoziative Speicher | **13.8**

Im Gegensatz zu `get()` und `containsKey()`, die das Auffinden eines Werts bei gegebenem Schlüssel erlauben, lässt sich auch nur nach den Werten ohne Schlüssel suchen. Dies ist allerdings wesentlich langsamer, da alle Werte der Reihe nach durchsucht werden müssen. Die Klasse bietet hierzu `containsValue()` an.

```
interface java.util.Map<K,V>
```

▶ `boolean containsKey( Object key )`

Liefert `true`, falls der Schlüssel in der Hash-Tabelle vorkommt. Den Vergleich auf Gleichheit führt `HashMap` mit `equals()` durch. Demnach sollte das zu vergleichende Objekt diese Methode aus `Object` passend überschreiben. `hashCode()` und `equals()` müssen miteinander konsistent sein. Aus der Gleichheit zweier Objekte unter `equals()` muss auch jeweils die Gleichheit von `hashCode()` folgen.

▶ `boolean containsValue( Object value )`

Liefert `true`, falls der Assoziativspeicher einen oder mehrere Werte enthält, die mit dem Objekt inhaltlich (also per `equals()`) übereinstimmen.

Einträge und die Map löschen

Zum Löschen eines Elements gibt es `remove()` und zum Löschen der gesamten `Map` die Methode `clear()`.

```
interface java.util.Map<K,V>
```

▶ `V remove( Object key )`

Löscht den Schlüssel und seinen zugehörigen Wert. Wenn der Schlüssel nicht in der Hash-Tabelle ist, so bewirkt die Methode nichts. Im letzten Atemzug wird noch der Wert zum Schlüssel zurückgegeben.

▶ `void clear()`

Löscht die Hash-Tabelle so, dass sie keine Werte mehr enthält.

Sonstiges

Mit `size()` lässt sich die Anzahl der Werte in der Hash-Tabelle erfragen. `isEmpty()` entspricht einem `size() == 0`, gibt also `true` zurück, falls die Hash-Tabelle keine Elemente enthält. `toString()` liefert eine Zeichenkette, die eine Repräsentation der Hash-Tabelle zurückgibt. Die Stringrepräsentation der Hash-Tabelle liefert jeden enthaltenen Schlüssel, gefolgt von einem Gleichheitszeichen und dem zugehörigen Wert.

13.8.3 Über die Bedeutung von »equals()«, »hashCode()«

Wenn wir Assoziativspeicher wie eine `HashMap` nutzen, dann sollte uns bewusst sein, dass Vergleiche nach dem Hashcode und der Gleichheit durchgeführt werden, nicht aber nach der Identität. Die folgenden Zeilen zeigen ein Beispiel:

685

Listing 13.20   com/tutego/insel/util/map/HashMapAndEquals.java(), main()

```
Map<Point, String> map = new HashMap<Point, String>();
Point p1 = new Point( 10, 20 );
map.put( p1, "Point p1" );
```

Die HashMap assoziiert den Punkt p1 mit einer Zeichenkette. Was ist nun, wenn wir ein zweites Punkt-Objekt mit den gleichen Koordinaten bilden und die Map nach diesem Objekt fragen?

```
Point p2 = new Point( 10, 20 );
System.out.println( map.get( p2 ) );                      // ???
```

Die Antwort ist die Zeichenfolge »Point p1«. Das liegt daran, dass zunächst der Hashcode von p1 und p2 gleich ist. Des Weiteren liefert auch equals() ein true, sodass dies als ein Fund zu werten ist (das liefert noch einmal einen wichtigen Hinweis, dass immer beide Methoden equals() und hashCode() in Unterklassen zu überschreiben sind).

Mit etwas Überlegung folgt dieser Punkt fast zwangsläufig, denn bei einer Anfrage ist ja das zu erfragende Objekt nicht bekannt. Daher kann der Vergleich nur auf Gleichheit, nicht aber auf Identität stattfinden.

Eigene Objekte hashen

Für Objekte, die als Schlüssel in einen Hash-Assoziativspeicher gesetzt werden, gibt es keine Schnittstelle zu implementieren, lediglich die Aufforderung, dass equals() und hashCode() in geeigneter Weise (der Bedeutung oder Semantik des Objekts entsprechend) untereinander konsistent implementiert sein sollen. Viele Standard-Klassen, wie String oder Point, erfüllen dies, andere, wie StringBuilder, wiederum nicht. Für Schlüsselobjekte in einer Navigable-Map ist hashCode() natürlich nicht erforderlich.

In Abschnitt 9.3.5, »Hashcodes über hashCode() liefern«, haben wir Implementierungsdetails schon beleuchtet. Wir wollen nun kurz eine Klasse entwerfen, die hashCode() und equals() so implementiert, dass Strings unabhängig von ihrer Groß-/Kleinschreibung einsortiert und gefunden werden:

Listing 13.21   com/tutego/insel/util/map/EqualsIgnoreCaseString.java

```
package com.tutego.insel.util.map;

public class EqualsIgnoreCaseString
{
  private final String string;

  public EqualsIgnoreCaseString( String string )
  {
    this.string = string.toLowerCase();
  }
```

```java
@Override public int hashCode()
{
  return string.hashCode();
}

@Override public boolean equals( Object obj )
{
  if ( this == obj )
    return true;
  if ( obj == null )
    return false;
  if ( getClass() != obj.getClass() )
    return false;
  if ( string == null )
    if ( ((EqualsIgnoreCaseString) obj).string != null )
      return false;
  return string.equals( ((EqualsIgnoreCaseString) obj).string );
  }
}
```

Ein kleiner Test mit den Rückgaben im Kommentar:

Listing 13.22   com/tutego/insel/util/map/EqualsIgnoreCaseStringDemo.java, main()

```java
Map<EqualsIgnoreCaseString, String> map =
  new HashMap<EqualsIgnoreCaseString, String>();
map.put( new EqualsIgnoreCaseString("tutego"), "tutego" ); // null
map.put( new EqualsIgnoreCaseString("Tutego"), "Tutego" ); // tutego
map.put( new EqualsIgnoreCaseString("TUTI!"), "TUTI!" );   // null

map.get( new EqualsIgnoreCaseString("tutego") );           // Tutego
map.get( new EqualsIgnoreCaseString("TUTEGO") );           // Tutego
map.get( new EqualsIgnoreCaseString("tUtI!") );            // TUTI!
map.get( new EqualsIgnoreCaseString("tröt") );             // null
```

13.8.4 IdentityHashMap

Es gibt eine besondere Datenstruktur mit dem Namen IdentityHashMap, die statt der internen equals()-Vergleiche einen Identitätsvergleich mit == durchführt. Die Implementierung ist selten im Einsatz, kann aber im Bereich der Performance-Optimierung eine interessante Rolle übernehmen und auch das Problem lösen, wenn in der Map denn absichtlich Objekte enthalten sein sollen, die equals()-gleich, aber nicht identisch sind.

13.8.5 Das Problem von veränderten Elementen

Ein Hashcode ergibt sich aus den Attributen eines Objekts. Um ein Objekt in einem Assoziativspeicher zu finden, wird dann nach dem Hash-Wert gesucht; dumm, wenn sich dieser in der Zwischenzeit geändert hat:

13 | Datenstrukturen und Algorithmen

Listing 13.23 com/tutego/insel/util/map/MapImmutable.java(), main()

```
Map<Point, String> map = new HashMap<Point, String>();
Point q = new Point( 10, 10 );
map.put( q, "Punkt q" );
q.x = 12345;
System.out.println( map.get( q ) ); // ???
```

Nach der Zuweisung an x wird hashCode() einen anderen Wert als vorher liefern. Wenn nun get() nach dem Objekt sucht, berechnet es den Hashcode und sucht in den internen Datenstrukturen. Ändert sich der Hashcode jedoch unterdessen, kann das Element nicht mehr gefunden werden und liegt als Leiche in der Map. Daher kann nur davor gewarnt werden, Objektattribute von Objekten, die durch Assoziativspeicher verwaltet werden, nachträglich zu ändern. Das Prinzip Hashing benutzt gerade diese Eigenschaft, um Objekte durch unveränderte Zustände wiederzufinden.

13.8.6 Aufzählungen und Ansichten des Assoziativspeichers

Eine Map kann beim erweiterten for nicht rechts vom Doppelpunkt stehen, da sie kein Iterable implementiert – nicht direkt und, da eine Map keine Collection ist, auch nicht indirekt. Auch fehlt der Map irgendeine direkte Methode iterator().

Eine Map kann jedoch auf drei Arten Collection-Sammlungen zurückgeben, über die sich iterieren lässt:

▶ keySet() liefert eine Menge der Schlüssel.

▶ values() liefert eine Collection der Werte.

▶ entrySet() liefert ein Set mit speziellen Map.Entry-Objekten. Die Map.Entry-Objekte speichern gleichzeitig den Schlüssel sowie den Wert.

Für die Sammlungen gibt es erst einmal keine definierte Reihenfolge, es sei denn, die Map ist eine NavigableMap, wo ein Comparator die Ordnung vorgibt oder die Elemente Comparable sind.

[zB]
Beispiel Laufe die Schlüssel einer HashMap mit einem Iterator (über das erweiterte for) ab:

```
HashMap<String,String> h = new HashMap<String,String>();
h.put( "C.Ullenboom", "C.Ullenboom@no-spam.com" );
h.put( "Webmaster", "C.Ullenboom@spammer.com" );
h.put( "Weihnachtsmann", "Wunsch@weihnachtsmann.com" );
h.put( "Christkind", "wunsch@pro-christkind.at" );
for ( String elem : h.keySet() )
  System.out.println( elem );
```

Liefert:

```
Christkind
Webmaster
C.Ullenboom
Weihnachtsmann
```

Assoziative Speicher | **13.8**

Für die Werte ist kein `valueSet()` möglich, weil ein Wert mehr als einmal vorkommen kann und eine Menge laut Definition einen Wert nicht zweimal enthalten darf. `values()` liefert die spezielle `Collection` mit den Werten – `iterator()` auf dieser `Collection` bietet dann eine Aufzählung nach Werten. Über den Iterator oder die `Collection` können Elemente aus der `Map` gelöscht, aber keine neuen eingefügt werden.

Beispiel   Laufe die Werte einer `HashMap` mit einem Iterator ab: **[zB]**

```
for ( String elem : h.values() )
  System.out.println( elem );
```

Das liefert:

```
wunsch@pro-christkind.at
C.Ullenboom@no-spam.com
C.Ullenboom@spammer.com
Wunsch@weihnachtsmann.com
```

Während `keySet()` nur die eindeutigen Schlüssel in einer Menge liefert, gibt `entrySet()` eine Menge von Objekten vom Typ `Map.Entry` zurück. `Entry` ist eine innere Schnittstelle in der Schnittstelle `Map`, die Schlüssel-Werte-Paare speichert. Die wichtigen Operationen dieser Schnittstelle sind `getKey()`, `getValue()` und `setValue()`, wobei die letzte Methode von `HashMap` angeboten wird, aber eine optionale Operation ist.

Beispiel   Laufe die Elemente `HashMap` als Menge von `Map.Entry`-Objekten ab: **[zB]**

```
for ( Map.Entry<String, String> e : h.entrySet() )
  System.out.println( e.getKey() + "=" + e.getValue() );
```

```
          «interface»
      java.util.Map <K,V>
─────────────────────────────────
+ clear()
+ containsKey(key: Object): boolean
+ containsValue(value: Object): boolean
+ entrySet(): Set
+ equals(o: Object): boolean
+ get(key: Object): V
+ hashCode(): int
+ isEmpty(): boolean
+ keySet(): Set
+ put(key: K, value: V): V
+ putAll(m: Map<? : K,? : V>)
+ remove(key: Object): V
+ size(): int
+ values(): Collection
─────────────────────────────────
          «interface»
          Entry <K,V>
─────────────────────────────────
+ equals(o: Object): boolean
+ getKey(): K
+ getValue(): V
+ hashCode(): int
+ setValue(value: V): V
```

13 | Datenstrukturen und Algorithmen

[zB]

Beispiel Es ist zu erfragen, ob sich in zwei Assoziativspeichern `map1` und `map2` die gleichen Schlüssel befinden – unabhängig vom Wert:

```
boolean areSameKeys = map1.keySet().equals( map2.keySet() );
```

`interface java.util.Map<K,V>`

▶ `Set<K> keySet()`
Liefert eine Menge mit den Schlüsseln.

▶ `Set<Map.Entry<K,V>> entrySet()`
Liefert eine Menge von `Map.Entry`-Objekten, die Zugriff auf die Schlüssel und Werte bieten.

▶ `Collection<V> values()`
Liefert eine Sammlung der Werte.

Verändernde Ansichten

Allen Methoden ist gemeinsam, dass sie nur eine andere Sicht auf die Originalmenge darstellen. Wir müssen uns dessen bewusst sein, dass Lösch-Operationen die ursprüngliche Menge verändern. Mit anderen Worten: Die von `keySet()`, `values()` oder `entrySet()` zurückgegebenen Sammlungen sind verschiedene Ansichten des Originals, und Veränderungen wirken sich unmittelbar auf das Original aus:

Listing 13.24 com/tutego/insel/util/map/MapView, main()

```
Map<Integer, String> m = new HashMap<Integer, String>();
m.put( 1, "Eins" );
m.put( 2, "ZZZZZWWWWEEEEEIIII" );
m.put( 3, "drei" );
System.out.println( m );      // {1=Eins, 2=ZZZZZWWWWEEEEEIIII, 3=drei}

m.keySet().remove( 2 );
System.out.println( m );      // {1=Eins, 3=drei}

m.values().remove( "Eins" );
System.out.println( m );      // {3=drei}

m.entrySet().clear();
System.out.println( m );      // {}
```

13.8.7 Der Gleichheitstest, Hash-Wert und Klon einer Hash-Tabelle*

Aus `Object` stammen die Methoden `equals()` und `hashCode()`, die eine `Map` wie `HashMap` beide implementiert. Jede `HashMap/TreeMap` besitzt zudem eine `clone()`-Methode, die eine Kopie der Hash-Tabelle erzeugt. Die Kopie bezieht sich allerdings nur auf den Assoziativspeicher selbst; die Schlüssel- und Wert-Objekte teilen sich Original und Klon. Diese Form der Kopie nennt sich auch *flache Kopie* (engl. *shallow copy*). Eine Veränderung an den enthaltenen

Assoziative Speicher | **13.8**

Schlüssel-Werte-Objekten betrifft also immer beide Datenstrukturen, und eine unsachgemäße Modifikation kann zu Unregelmäßigkeiten im Original führen.

```
interface java.util.Map<K,V>
```

▶ `boolean equals( Object o )`
Damit die Gleichheit von zwei Hash-Tabellen gezeigt werden kann, vergleicht `equals()` alle Elemente von beiden Tabellen.

▶ `int hashCode()`
Liefert den Hashcode des Objekts. Das ist wichtig, wenn Sie eine Hash-Tabelle selbst als Schlüssel benutzen wollen – was jedoch als problematisch gelten kann, wenn die Hash-Tabelle später noch verändert werden soll.[12]

```
class java.util.HashMap<K,V> ...
class java.util.TreeMap<K,V> ...
```

▶ `Object clone()`
Fertigt eine Kopie an, ohne jedoch die Werte selbst zu klonen.

13.8.8 Die Arbeitsweise einer Hash-Tabelle *

Die Hash-Tabelle arbeitet mit Schlüssel-Werte-Paaren. Aus dem Schlüssel wird nach einer mathematischen Funktion – der so genannten *Hash-Funktion* – ein *Hashcode* berechnet. Dieser dient dann als Index für ein internes Array. Dieses Array hat am Anfang eine feste Größe. Wenn später eine Anfrage nach dem Schlüssel gestellt wird, muss einfach diese Berechnung erfolgen, und wir können dann an dieser Stelle nachsehen. Wir können uns eine einfache Hash-Funktion für folgendes Problem denken: Beliebige Zeichenketten sollen in der Hash-Tabelle abgelegt werden. Die Hash-Funktion summiert einfach alle ASCII-Werte der Buchstaben und nimmt sie Modulo 77. Dann können in einem Array mit 77 Elementen 77 verschiedene Wörter aufgenommen werden. Leider hat diese Technik einen entscheidenden Nachteil: Wenn zwei unterschiedliche Wörter denselben Hashcode besitzen, kommt es zu einer Kollision. Darauf muss die Datenstruktur vorbereitet sein. Hier gibt es verschiedene Lösungsansätze. Die unter Java implementierte Lösung benutzt eine verkettete Liste hinter jedem Feldelement (einen so genannten *Bucket*); diese Implementierungsvariante heißt *Hashing mit Verkettung*. Falls eine Kollision auftritt, wird ein kleines Behälterobjekt mit dem Schlüssel und Wert aufgebaut und als Element an die Liste angehängt. Eine Sortierung findet nicht statt. Wir merken, dass es auf eine geschickte Wahl der Hash-Funktion ankommt. Denn eine »dumme« Hash-Funktion, die beispielsweise alle Schlüssel nur auf einen Indexwert abbilden würde, erreicht keine Verteilung, sondern lediglich eine lange Liste von Schlüssel-Werte-Paaren; das nennt sich *Clustering*. Doch auch bei der besten Verteilung über 77 Elemente ist nach dem Einfügen des 78. Elements irgendwo eine Liste mit mindestens zwei Elementen aufgebaut. Je

---

12 Fast schon philosophisch wird's, wenn eine Hash-Tabelle als Schlüssel oder Wert in sich selbst eingefügt werden soll. Das kann sie zwar noch erkennen, aber bei `Map h = new HashMap(); h.put(h, "a");` `h.put(h, "b");` gibt es einen `StackOverflowError`, und damit ist die Philosophie am Ende.

691

13 | Datenstrukturen und Algorithmen

länger die Listen der miteinander kollidierenden Einträge wird, desto langsamer wird der Zugriff auf die Datenstrukturen, die auf Hashing basieren.

Um ein Maß für den Füllgrad zu bekommen, wird ein *Füllfaktor* (Füllgrad; engl. *load factor*) eingeführt. Dieser liegt zwischen 0 % und 100 %. Ist er 0 %, so bedeutet dies, dass die Hash-Tabelle leer ist; ist er 100 %, so enthält die Hash-Tabelle genauso viele Einträge, wie das interne Array Elemente umfasst. Die Verteilung der Einträge auf die Array-Elemente wird dabei in der Regel ungleichmäßig sein. Einige Array-Elemente enthalten bereits (kurze) Listen mit kollidierenden Einträgen, während andere Array-Elemente noch unbenutzt sind. Der Füllfaktor einer Hash-Tabelle sollte für einen schnellen Zugriff nicht höher als 75 % sein, das heißt, ein Viertel der Array-Elemente wird grundsätzlich nicht belegt.

Der Füllfaktor und die Konstruktoren

Wir haben oben schon kurz über den Füllfaktor gesprochen. Dieser gibt an, wie »voll« die Hash-Tabelle ist. Es lässt sich nun einstellen, dass die Hash-Tabelle sich automatisch vergrößert, damit der Zugriff wieder schneller wird. Dazu ordnen wir dem Füllgrad einen Prozentwert als Fließkommazahl zwischen 0,0 und 1,0 zu. Ein Wert von 0,75 entspricht also dem oben angesprochenen idealen Füllgrad von 75 Prozent. Es gibt einen Konstruktor für HashMap/Hashtable-Exemplare, der die Angabe eines Füllgrads erlaubt. Ist dieser überschritten, wird die Hash-Tabelle neu berechnet. Dies nennt sich *rehash*. Dazu wird eine neue Hash-Tabelle angelegt, deren Array größer als das alte ist. Jeder Wert aus der alten Hash-Tabelle wird dabei gemäß der Hash-Funktion an die passende Stelle in das größere Array eingefügt. Ist dies für alle Elemente geschehen, wird die alte Hash-Tabelle gelöscht. Dieses Kopieren und Neuberechnen dauert zwar einige Zeit, doch direkt danach lassen sich die Anfragen an die Datenstruktur wieder schnell beantworten. Wenn die Hash-Tabelle zu oft vergrößert und neu organisiert werden muss, ist dies natürlich ein gewaltiger Geschwindigkeitsnachteil. Doch durch die Vergrößerung wird der Zugriff wieder schneller. Das Rehashen kann nicht ausdrücklich erzwungen werden.

```
class java.util.HashMap<K,V>
extends AbstractMap<K,V>
implements Map<K,V>, Cloneable, Serializable
```

▶ HashMap()
Die Hash-Tabelle enthält initial eine Kapazität von 16 freien Plätzen[13] und einen Füllfaktor von 75 %, also 0,75.

---

13 Das JDK 1.3 setzte beim Standard-Konstruktor einen Initialwert von 101 Elementen, die frühen 1.4-Versionen 11 Elemente und seit 1.4.1 in einer ganz neuen Implementierung des Hashings 16 Elemente. Üblicherweise nutzen Implementierungen Primzahlen, doch dann kommt es sehr auf die Qualität der Hash-Funktionen an, und schlechte Funktionen führen zur Verschlechterung der Laufzeit. Durch die Umstellung bildet nicht mehr die Funktion hashCode() die Elemente direkt auf das interne Feld ab, sondern eine private Hash-Funktion, die das Ergebnis von hashCode() nur als einen Parameter sieht. Durch die Umstellung auf eine zweite Funktion sind keine Primzahlen für die Größe des internen Feldes zwingend nötig.

► `HashMap( int initialCapacity )`
Erzeugt eine Hash-Tabelle mit einer vorgegebenen Kapazität und dem Füllfaktor 0,75.

► `HashMap( int initialCapacity, float loadFactor )`
Erzeugt eine Hash-Tabelle mit einer vorgegebenen Kapazität und dem angegebenen Füllfaktor.

Die anfängliche Größe des internen Arrays lässt sich in zwei Konstruktoren angeben; ein unsinniger Wert löst eine `IllegalArgumentException` aus. Zusätzlich kann der Füllfaktor angegeben werden; ist dieser falsch, wird diese Exception ebenfalls ausgelöst. `initialCapacity` muss größer als die geplante Nutzlast der Hash-Tabelle gewählt werden. Das heißt, bei geplanten 1000 Einträgen etwa 1000 × (1/0,75) = 1333. Ist ein Füllfaktor nicht explizit angegeben, wird die Hash-Tabelle dann vergrößert und neu organisiert, wenn die Anzahl der Einträge in der Hash-Tabelle größer gleich 0,75 × Größe des Arrays ist.

Auch die Konstruktoren von `HashSet` ermöglichen die Angabe des Füllfaktors und der Initialgröße.

```
class java.util.HashSet<E>
extends AbstractSet<E>
implements Set<E>, Cloneable, Serializable
```

► `HashSet()`
Erzeugt ein neues `HashSet`-Objekt mit 16 freien Plätzen und einem Füllfaktor von 0,75.

► `HashSet( int initialCapacity )`
Erzeugt ein neues `HashSet` mit einer gegebenen Anzahl freier Plätze und dem Füllfaktor von 0,75.

► `HashSet( int initialCapacity, float loadFactor )`
Erzeugt ein neues, leeres `HashSet` mit einer Startkapazität und einem gegebenen Füllfaktor.

Die Startgröße ist für die Performance wichtig. Ist die Größe zu klein gewählt, muss die Datenstruktur bei neu hinzugefügten Elementen vergrößert werden – hier unterscheidet sich die Klasse `HashSet` nicht von der Klasse `HashMap`, da `HashSet` intern auf `HashMap` basiert.

13.9 Die Properties-Klasse

Die Klasse `Properties` ist eine Sonderform der Assoziativspeicher, bei der Schlüssel-Werte-Paare immer vom Typ `String` sind. Da sich die Einträge in einer Datei speichern und wieder auslesen lassen, können auf diese Weise fest verdrahtete Zeichenketten aus dem Programmtext externalisiert werden, sodass sich die Werte auch ohne Neuübersetzung bequem verändern lassen.

13 | Datenstrukturen und Algorithmen

13.9.1 Properties setzen und lesen

Die Methode `setProperty(String, String)` fügt dem `Properties`-Objekt ein Schlüssel-Werte-Paar hinzu. Um später wieder an den Wert zu kommen, wird `getProperty(String)` mit dem Schlüssel aufgerufen und liefert dann – wenn beide Zeichenketten vorher verbunden wurden – den Wert:

```
Properties props = new Properties();
props.setProperty( "User", "King Karl" );
props.setProperty( "Version", "" + 0.02 );
System.out.println( props.getProperty("User") );      // King Karl
System.out.println( props.getProperty("Passwort") );  // null
```

13.9.2 Properties verketten

`Properties`-Objekte lassen sich hierarchisch verbinden, sodass im Fall einer erfolglosen Suche nach einem Schlüssel das `Properties`-Objekt die Anfrage an ein übergeordnetes `Properties`-Objekt weiterleitet; das Eltern-`Properties`-Objekt wird einfach im Konstruktor übergeben:

Listing 13.25   com/tutego/insel/util/map/PropertiesDemo.java. main()

```
Properties defaultProperties = new Properties(),
           userProperties    = new Properties( defaultProperties );
```

Die Zeilen erzeugen zwei `Properties`-Objekte. Obwohl am Anfang beide leer sind, werden doch die in `defaultProperties` hinzugefügten Einträge auch in `userProperties` sichtbar sein. Im Folgenden ist abzulesen, wie `userProperties` einen Eintrag überschreibt:

```
defaultProperties.setProperty( "User", "C.Ullenboom" );
defaultProperties.setProperty( "Password", "(nicht gesetzt)" );
userProperties.setProperty( "Password", "SagIchNet" );
```

Zuerst durchsucht ein `Property`-Exemplar die eigene Datenstruktur. Liefert diese `Property` keinen Eintrag oder keinen Wert vom Typ `String`, so wird das im Konstruktoraufruf angegebene `Property`-Objekt durchsucht. Auf diese Weise lassen sich mehrstufige Hierarchien von `Property`-Verzeichnissen konstruieren. Ein `list()` auf die `defaultProperties` beziehungsweise `userProperties` ergibt die Ausgabe:

```
-- listing properties --
Password=(nicht gesetzt)
User=C.Ullenboom
-- listing properties --
Password=SagIchNet
User=C.Ullenboom
```

```
class java.util.Properties
extends Hashtable<Object,Object>
```

▶ `Properties()`
Erzeugt ein leeres `Properties`-Objekt ohne Schlüssel und Werte.

694

▶ Properties(Properties defaults)
Erzeugt ein leeres `Properties`-Objekt, das bei Anfragen auch auf die Einträge in dem übergebenen `Properties`-Objekt zurückgreift.

▶ String getProperty(String key)
Sucht in den `Properties` nach der Zeichenkette `key` als Schlüssel und liefert den zugehörigen Wert. Durchsucht auch übergeordnete `Properties`-Objekte.

▶ String getProperty(String key, String default)
Sucht in den `Properties` nach der Zeichenkette `key` als Schlüssel und liefert den zugehörigen Wert. Ist der Schlüssel nicht vorhanden, wird der String `default` zurückgegeben.

▶ Object setProperty(String key, String value)
Trägt Schlüssel und Wert im `Properties`-Exemplar ein. Existiert der Schlüssel schon, wird er überschrieben. Mitunter verdeckt der Schlüssel den Wert der `Property` in der übergeordneten `Property`.

13.9.3 Hierarchische Eigenschaften

Leider kann eine Eigenschaften-Datei nicht segmentiert werden, wie etwa alte Windows-INI-Dateien dies machen. Die Alternative besteht darin, hierarchisch benannte Eigenschaften zu erzeugen, indem eine Zeichenkette vor jeden Schlüssel gesetzt wird. Um zum Beispiel einen Schlüssel `User` einmal unter `Private` und einmal unter `Public` zu halten, lässt sich die Eigenschaft `Private.User` und `Public.User` einsetzen. Doch leider tauchen sie nach dem Speichern quer gewürfelt in der Datei auf, weil ein Assoziativspeicher keine Sortierung besitzt.

13.9.4 Eigenschaften ausgeben *

Die `list()`-Methode wandert durch die Daten eines `Properties`-Exemplars und schreibt sie in einen `PrintStream` oder `PrintWriter`. Das sind Datenströme, denen wir uns näher im Eingabe- und Ausgabekapitel widmen wollen. Eine Ausgabe auf dem Bildschirm erhalten wir mit `list(System.out)`. Schlüssel und Werte trennt ein Gleichheitszeichen. Die Ausgabe über `list()` ist gekürzt, denn ist ein Wert länger als 40 Zeichen, wird er abgekürzt. Den Paaren geht eine Kopfzeile der Art `-- listing properties --` voran. Es ist wichtig, zu verstehen, dass durch die Art der Speicherung (ein Assoziativspeicher auf Basis des Hashings) die Ausgabe unsortiert erfolgt.

```
class java.util.Properties
extends Hashtable<Object,Object>
```

▶ void list(PrintStream out)
Listet die Properties auf dem `PrintStream` aus.

▶ void list(PrintWriter out)
Listet die Properties auf dem `PrintWriter` aus.

13 | Datenstrukturen und Algorithmen

13.9.5 Properties laden und speichern

Während die list()-Methode nur für Testausgaben gedacht ist, dient store() zum Speichern und load() zum Laden eines Properties-Objekts in einer ASCII-Datei, die Schlüssel und Werte mit einem Gleichheitszeichen trennt.

Das folgende Beispiel initialisiert ein Properties-Objekt mit den Systemeigenschaften und fügt dann einen Wert hinzu. Anschließend macht store() die Daten persistent, load() liest sie wieder, und list() gibt die Eigenschaften auf dem Bildschirm aus:

Listing 13.26   com/tutego/insel/util/map/SaveProperties.java, main()

```
Writer writer = null;
Reader reader = null;

try
{
  writer = new FileWriter( "properties.txt" );

  Properties prop1 = new Properties( System.getProperties() );
  prop1.setProperty( "MeinNameIst", "Forrest Gump" );
  prop1.store( writer, "Eine Insel mit zwei Bergen" );

  reader = new FileReader( "properties.txt" );

  Properties prop2 = new Properties();
  prop2.load( reader );
  prop2.list( System.out );
}
catch ( IOException e )
{
  e.printStackTrace();
}
finally
{
  try { writer.close(); } catch ( Exception e ) { }
  try { reader.close(); } catch ( Exception e ) { }
}
```

class java.util.**Properties**
extends Hashtable<Object,Object>

▶ void load(InputStream inStream)
Lädt eine Properties-Liste aus einem Eingabestrom.

▶ void store(OutputStream out, String header)
Speichert die Properties-Liste mit Hilfe des Ausgabestroms ab. Am Kopf der Datei wird eine Kennung geschrieben, die im zweiten Argument steht. Die Kennung darf null sein.

▶ void Enumeration<?> propertyNames()
Liefert eine Enumeration von allen Schlüsseln in der Properties-Liste inklusive der Standardwerte aus übergeordneten Properties.

696

Algorithmen in Collections | **13.10**

Properties im XML-Format speichern

Die `Properties`-Klasse kann die Eigenschaften im XML-Format speichern und laden. Zum Speichern dient die Methode `storeXML()`, und zum Laden dient `loadFromXML()`. Die XML-Dateien haben ein spezielles Format, wie es der Einzeiler `System.getProperties().storeToXML(System.out, "");` zeigt:

```
<?xml version="1.0" encoding="UTF-8"?>
<!DOCTYPE properties SYSTEM "http://java.sun.com/dtd/properties.dtd">
<properties>
<comment></comment>
<entry key="java.runtime.name">Java(TM) 2 Runtime Environment, Standard Edition
</entry>
<entry key="java.vm.vendor">Sun Microsystems Inc.</entry>
<entry key="java.vendor.url">http://java.sun.com/</entry>
<entry key="path.separator">;</entry>
...
<entry key="sun.desktop">windows</entry>
<entry key="sun.cpu.isalist">pentium i486 i386</entry>
</properties>
```

Die Methode `loadFromXML()` liest aus einem `InputStream` und löst im Fall eines fehlerhaften Dateiformats eine `InvalidPropertiesFormatException` aus. Beim Speichern kann so ein Fehler natürlich nicht auftreten. Und genauso, wie bei `store()` ein `OutputStream` mit einem Kommentar gespeichert wird, macht das auch `storeToXML()`. Die Methode ist mit einem zusätzlichen Parameter überladen, der eine XML-Kodierung erlaubt. Ist der Wert nicht gesetzt, so ist die Standardkodierung UTF-8.

13.10 Algorithmen in Collections

Um Probleme in der Informatik zu lösen, ist die Wahl einer geeigneten Datenstruktur nur der erste Schritt. Im zweiten Schritt müssen Algorithmen implementiert werden. Da viele Algorithmen immer wiederkehrende (Teil-)Probleme lösen, hilft uns auch hier die Java-Bibliothek mit einigen Standardalgorithmen weiter. Dazu zählen etwa Methoden zum Sortieren und Suchen in Containern und zum Füllen von Containern. Einige Algorithmen sind Teil der jeweiligen Datenstruktur selbst, andere wiederum befinden sich in der Extraklasse `java.util.Collections`. Diese Utility-Klasse, die wir nicht mit dem Interface `Collection` verwechseln dürfen, bietet Methoden, um zum Beispiel

▶ Listen zu sortieren, zu mischen, umzudrehen, zu kopieren und zu füllen,

▶ Elemente nach der Halbierungssuche zu finden,

▶ die Anzahl `equals()`-gleicher Elemente zu ermitteln,

▶ Extremwerte zu bestimmen,

▶ Elemente in einer Liste zu ersetzen und

▶ Wrapper um existierende Datenstrukturen zu legen.

697

13 | Datenstrukturen und Algorithmen

Viele Algorithmen sind nur auf List-Objekten definiert, denn der einfache Typ Collection reicht oft nicht aus. Das ist nicht erstaunlich, denn wenn ein Container keine Ordnung definiert, kann er nicht sortiert werden. Auch die binäre Suche erfordert Container mit einer impliziten Reihenfolge der Elemente. Nur Min- und Max-Methoden arbeiten auf allgemeinen Collection-Objekten. Nutzt die Collections-Klasse keine List-Objekte, arbeitet sie doch nur mit Collection-Objekten und nicht mit Iteratoren.

Alle Methoden sind statisch, sodass Collections eine Utility-Klasse wie Math ist. Ein Exemplar von Collections lässt sich nicht anlegen – der Konstruktor ist privat.

[zB]

> **Beispiel** Elemente gehen geordnet in eine Liste hinein und kommen durchgeschüttelt wieder heraus. Das wahllose Vertauschen der Elemente übernimmt Collections.shuffle(). Da shuffle() allgemein auf List-Objekten arbeitet, können wir hier LinkedList-, Vector- und ArrayList-Objekte einsetzen:
>
> **Listing 13.27** com/tutego/insel/util/Shuffle.java, main()
>
> ```
> List<String> v = new ArrayList<String>();
> Collections.addAll( v, "Bube", "Dame", "König", "Ass" );
> Collections.shuffle( v );
> System.out.println( v ); // z.B. [König, Ass, Bube, Dame]
> ```

13.10.1 Nicht-änderbare Datenstrukturen

Diverse Collections.unmodifiableXXX()-Methoden legen eine Hülle um eine Datenstruktur und lassen nur die Lese-Methoden zum Container durch, blockieren aber Modifizierungsbefehle wie add() durch eine UnsupportedOperationException.

13.10.2 Null Object Pattern und leere Sammlungen zurückgeben

In Java gilt es als guter Stil, auf null wenn möglich in der Rückgabe zu verzichten. Das Problem ist, dass der Aufrufer dann eine Fallunterscheidung auf null/ungleich null vornehmen muss, ob die Operation durchführbar war. Insbesondere bei Methoden, die Datenstrukturen liefern, kann leicht auf die null-Rückgabe verzichtet werden, denn sie geben einfach eine leere Sammlung zurück. Das nennt sich *Null Object Pattern*, denn statt null wird ein Objekt ohne Inhalt, eben ein Null-Objekt zurückgegeben.

Ein Beispiel soll dieses Vorgehen zeigen. Eine eigene statische Methode words() soll eine Zeichenkette nach Worten zerlegen und diese Worte in einer List zurückgeben:

```
public static List<String> words( String sentence )
{
  if ( sentence == null || sentence.trim().isEmpty() )
    return new ArrayList<String>( 0 );

  return Arrays.asList( sentence.split( "\\p{Punct}?\\s+|\\p{Punct}" ) );
}
```

698

Ist ein übergebenes Argument `null` oder nur Weißraum im String, so soll eine leere Liste zurückgegeben werden. Andernfalls zerlegen wir die Zeichenkette mit `split()`, wobei als Trennausdruck der Einfachheit halber entweder ein Zeichensetzungszeichen alleine oder ein Zeichensetzungszeichen gefolgt von Leerraum möglich ist. Das ergibt in der Anwendung:

```
words( "Du bist, was du programmierst! !" )   [Du, bist, was, du, programmierst]
words( " \n  \t" ) );                         []
words( null ) );                              []
```

Der Vorteil, dass das Null-Objekt, also die leere Liste, eine Fallunterscheidung auf `null` unnötig macht, ist praktisch, da zum Beispiel einfach die Methode `words()` im erweiterten for eingesetzt werden kann:

```
for ( String word : words("The Eagle has landed.") )
  System.out.println( word );
```

Ist der übergebene »String« bei `words()` nun `null`, so kümmert das die erweiterte `for`-Schleife nicht, denn über eine leere Liste muss das erweiterte for nicht iterieren.

Im API-Design immutable Listen in der Rückgabe bevorzugen

Nun lässt das API-Design drei Varianten bei Rückgaben von Sammlungen zu (nicht nur bezogen auf unseren Anwendungsfall):

1. Der Empfänger bekommt eine immutable Sammlung, die er also nicht ändern kann.

2. Der Empfänger bekommt eine Kopie der Daten, und die empfangene Sammlung kann er nach Herzenslust ändern.

3. Der Empfänger bekommt direkten Zugriff auf interne Zustände und kann diese somit modifizieren.

Alle Varianten haben ihre Vor- und Nachteile, aber üblicherweise wählen Entwickler die erste Variante. Der Grund ist, dass, wie im dritten Fall, Aufrufern ungern Einblick in die Interna gegeben werden soll und dass, wie im zweiten Fall, der Aufrufer vielleicht gar keine Änderung vornehmen möchte, sodass die Kopie überflüssig ist – wenn ein Aufrufer eine veränderbare Kopie für sich möchte, erzeugt er einfach eine, etwa mit `new ArrayList(resultList)`.

Szenarien, in denen aufgrund von Bedingungen leere Datenstrukturen zurückgegeben werden, gibt es viele. Nun haben alle diese leeren Sammlungen auch eine Sache gemeinsam: Sie sind alle gleich leer und können sozusagen »gemeinsam« verwendet werden. Uns so kommen die Frage »Was tun bei leeren Sammlungen in der Rückgabe?« und die drei Rückgabemöglichkeiten zusammen. Die bisherige Anweisung `return new ArrayList<String>(0)` in `words()` ist eine Anwendung der zweiten Lösung, denn der Aufrufer bekommt eine neue veränderbare Liste, der er ändern kann. Das unschöne ist aber, dass, wenn der Aufrufer diese Liste überhaupt nicht ändern möchte und er sich diese Liste auch noch merkt, unnötig Speicher verbraucht wird. Ein Beispiel: Eine Schleife läuft zeilenweise durch eine Datei und ruft `words()` auf, etwa so:

13 | Datenstrukturen und Algorithmen

```java
List<List<String>> allLines = new ArrayList<List<String>>();
while ( in.hasNextLine() )
  allLines.add( words(in.nextLine()) );
```

Die zurückgegebenen Wort-Listen werden in einer Datenstruktur `allLines` gespeichert, um einfachen Zugriff auf die Zeilen zu bekommen. Wenn nun viele Leerzeilen in der Datei sind, so würde `words()` mit der bisherigen Lösung immer eine `new ArrayList<String>(0)` aufbauen, das dann `allLines` referenziert. Bei vielen leeren Zeilen kostet das also (wenn auch nur wenig) unnötig Speicher und Laufzeit. Wenn wir die Semantik der Rückgabe von `words()` ändern, und nun leere immutable Listen zurückgeben, ist eine interessante Optimierung möglich.

Collections.emptyXXX()

Java bietet in `Collections` diverse vorgefertigte leere immutable Datenstrukturen. Dabei gibt es zwei Möglichkeiten. Seit Java 1.3 existieren drei statische finale Variablen: `Collections.EMPTY_SET` ist eine leeres immutable `Set`, `Collections.EMPTY_LIST` eine leere immutable `List` und `Collections.EMPTY_MAP` eine leer immutable `Map`. Die Variablen werden wir aber nicht nutzen wollen, denn sie sind alle nicht mit einem generischen Typ deklariert, also im Raw-Typ angeboten. Besser ist, auf Methoden zurückzugreifen, die Type-Inference nutzen.

```
class java.util.Collections
```

▶ `static <T> List<T> emptyList()`

▶ `static <K,V> Map<K,V> emptyMap()`

▶ `static <T> Set<T> emptySet()`
  Liefert eine leere unveränderbare Datenstruktur.

Unser Beispiel mit der Methode `word()` kann daher optimiert werden. Und da konsequenterweise auch im nicht-leeren Fall eine immutable Datenstruktur zurückgegeben werden sollte, sieht die Lösung wie folgt aus:

Listing 13.28   com/tutego/insel/util/EmptyCollections.java, words()

```java
public static List<String> words( String sentence )
{
  if ( sentence == null || sentence.trim().isEmpty() )
    return Collections.emptyList();

  return Collections.unmodifiableList(
          Arrays.asList( sentence.split( "\\p{Punct}?\\s+|\\p{Punct}" ) ) );
}
```

Die Performance ist nun ausgezeichnet und der Druck auf den GC genommen, denn ist der String leer oder `null`, muss nun keine neue leere `ArrayList` mehr aufgebaut werden.

Seit Java 7 kommen drei statische Methoden hinzu, die leere Iteratoren geben, also Iteratoren, die keine Elemente liefern.

700

Algorithmen in Collections | **13.10**

```
class java.util.Collections
```

▶ `static <T> Iterator<T> emptyIterator()`

▶ `static <T> ListIterator<T> emptyListIterator()`

▶ `static <T> Enumeration<T> emptyEnumeration()`

Ein `Iterable<E> emptyIterable()` ist nicht nötig, da ja `Set` und `List` die Schnittstelle `Iterable` implementieren und somit `emptySet()` und `emptyList()` sozusagen `emptyIterable()` sind.

Beispiel Bei `for ( Object o : iterable )` muss die Variable `iterable` vom Typ `Iterable` und zugleich ungleich `null` sein – bei `null` folgt eine `NullPointerException`. Um diese ungeprüfte Ausnahme zu vermeiden, lässt sich `for ( Object o : unnull(iterable) )` nutzen, und `unnull()` ist eine eigene Methode, die bei einem `null`-Argument ein leeres `Iterable` liefert:

```
public static <E> Iterable<E> unnull( Iterable<E> iterable
{
  return iterable != null ? iterable : Collections.<E>emptySet();
}
```

[zB]

13.10.3 Mit der Halbierungssuche nach Elementen fahnden

Die `Collection`-Klassen enthalten mit `contains(Object)` eine Methode, die entweder `true` oder `false` zurückgibt, wenn ein Element gefunden wurde oder nicht. Die Position eines Elements in einer `List` liefert die Objektfunktion `indexOf(Object)`. Ist die Liste sortiert, lässt sich eine Suche schneller durch das Halbierungsverfahren durchführen, was Java durch die statische Methode `binarySearch()` in den Klassen `Arrays` und `Collections` bietet.

Der *Halbierungssuche* (auch *binäre Suche*, engl. *binary search*) liegt eine einfache Idee zugrunde: Die Suche nach einem Objekt beginnt in der Mitte der Liste. Ist das gesuchte Objekt kleiner als das mittlere Listenelement, dann muss es sich links von der Mitte befinden, andernfalls rechts. Die Liste wird also in zwei gleich große Abschnitte unterteilt, von denen nur einer weiter durchsucht werden muss. Diesen Vorgang wiederholen wir so oft, bis das Element gefunden wurde. Auf diese Weise ist die Suche sehr schnell und benötigt höchstens $\log(n)$ Listenhalbierungen bei einer Liste mit n Elementen. Es ist jedoch gut möglich, dass das gesuchte Element in der Liste nicht vorkommt. Dieser Fall wird erkannt, wenn durch das wiederholte Halbieren der Liste ein Listenabschnitt mit nur einem Element entstanden ist. Stimmt dieses eine Element nicht mit dem gesuchten Objekt überein, lautet das Ergebnis der Suche »nicht gefunden«. Die Suche nach einem nicht vorhandenen Element ist geringfügig aufwändiger als eine erfolgreiche Suche, benötigt aber ebenfalls nur logarithmisch viele Halbierungsschritte. Enthält die Liste mehrere gleiche Elemente, dann ist nicht gesichert, welches davon bei der Suche gefunden wird. Besteht die Liste etwa aus zehn gleichen Zahlen, dann liefert der Algorithmus das fünfte Element, denn schon nach der ersten Prüfung in der Mitte der Liste gibt es einen Treffer.

701

Statische Methoden `binarySearch()` gibt es in der Klasse `Arrays` und auch `Collections`. Im ersten Fall von `Arrays.binarySearch()` erwarteten die statischen Methoden ein Array, im zweiten Fall `Collections.binarySearch()` eine `List`. Die Arbeitsweise und Rückgaben sind aber gleich:

▶ Ist das Element in der Sammlung, so liefert `binarySearch()` die Position des Objekts.

▶ Gibt es ein Element mehrmals in der Sammlung, wird irgendein Index zurückgegeben.

▶ Wurde kein passendes Element gefunden, ist das Ergebnis eine negative Zahl und beschreibt recht trickreich die Stelle, an der der Algorithmus den letzten Vergleich durchgeführt hat.

▶ Ist die Sammlung nicht sortiert, kann die Halbierungssuche nicht richtig funktionieren, da sie möglicherweise in die falsche Richtung läuft und das Element sich in der anderen Hälfte der unterteilten Sammlung befindet. Eine nicht sortierte Sammlung lässt sich mit `sort()` sortieren. Es ist aber immer noch schneller, in einer unsortierten Sammlung zu suchen – Laufzeit $O(n)$ –, als erst die Sammlung zu sortieren – Laufzeit $O(n \log(n))$ – und darin mit der Halbierungssuche zu suchen – Laufzeit $O(\log(n))$. Wenn ausreichend viele Suchvorgänge nacheinander in der gleichen Sammlung durchzuführen sind, lohnt sich das vorherige Sortieren der Sammlung natürlich schon.

Ist das gesuchte Element nicht in der Sammlung, so ist der Rückgabewert (-Einfügepunkt – 1), und der Einfügepunkt ist die Position in der Sammlung, an die der Wert gemäß Sortierung eingesetzt werden kann. Wir können folgende Programmzeilen verwenden, um einen nicht gefundenen Wert gleich passend einzufügen:

```
int pos = Collections.binarySearch( l, key );
if ( pos < 0 )
  l.add( -pos - 1, key );
```

Von `binarySearch()` in der Klasse `Collections` gibt es zwei Varianten: Die erste Methode nimmt an, dass die Werte in ihrer natürlichen Form sortiert sind. Die zweite arbeitet wieder mit einem `Comparator`-Objekt zusammen.

`class java.util.`**`Collections`**

▶ `static <T extends Object & Comparable<? super T>>`
`                      int binarySearch( List<? extends T> list, T key )`
Sucht ein Element in der Liste. Gibt die Position zurück oder einen Wert kleiner 0, falls kein passendes Element in der Liste ist.

▶ `static <T> int binarySearch( List<? extends T> list, T key, Comparator<? super T> c )`
Sucht ein Element mit Hilfe des `Comparator`-Objekts in der Liste. Gibt die Position oder einen Wert kleiner 0 zurück, falls kein passendes Element in der Liste ist.

Algorithmen in Collections | **13.10**

13.10.4 Ersetzen, Kopieren, Füllen, Umdrehen, Rotieren, Durchmischen *

Mit `replaceAll(List<T> list, T oldVal, T newVal)` werden die Elemente einer Liste gesucht und durch einen neuen Wert ersetzt. Die statische Methode `copy(List<? super T> dest, List<? extends T> src)` kopiert alle Elemente von `src` in die Liste `dest` und überschreibt dabei solche, die eventuell schon an den entsprechenden Positionen der Zielliste liegen. Die Zielliste muss mindestens so lang wie die Quellliste sein, andernfalls wird eine `IndexOutOf-BoundsException` ausgelöst. Hat das Ziel weitere Elemente, ist das egal, weil `copy()` diese nicht antastet.

Die statische Methode `fill(List<? super T> list, T obj)` belegt eine Liste in linearer Zeit mit lauter identischen Elementen. Das heißt aber, dass es immer das gleiche Objekt ist, das an allen Positionen sitzt. Es ist die Frage, ob dies immer so sinnvoll und nützlich ist. Die statische Methode `reverse(List<?> list)` dreht die Reihenfolge der Elemente in einer Liste um. Die Laufzeit ist linear zur Anzahl der Elemente. Und `rotate(List<?> list, int distance)` bewegt die Elemente um `distance` Positionen.

Beispiel Die Monate sollen um zwei Positionen nach rechts und wieder zurückgeschoben werden: **[zB]**

Listing 13.29 com/tutego/insel/util/RotateTheList.java, main()

```
List<String> list = new ArrayList<String>(
  Arrays.asList( new DateFormatSymbols().getShortMonths() ) );
System.out.println( list );
  // [Jan, Feb, Mrz, Apr, Mai, Jun, Jul, Aug, Sep, Okt, Nov, Dez, ]
Collections.rotate( list, 2 );
System.out.println( list );
  // [Dez, , Jan, Feb, Mrz, Apr, Mai, Jun, Jul, Aug, Sep, Okt, Nov]
Collections.rotate( list, -2 );
System.out.println( list );
  // [Jan, Feb, Mrz, Apr, Mai, Jun, Jul, Aug, Sep, Okt, Nov, Dez, ]
```

Beispiel Ein Satz besteht aus weißraumgetrennten Wörtern ohne weitere Sonderzeichen, und die Wörter des Satzes sollen umgedreht werden: **[zB]**

```
public static String reverseWords( String text
{
  List<String> list = Arrays.asList( text.split( "\\s+" ) );
  Collections.reverse( list );
  return list.toString().replaceAll( "\\[|\\]|,", "" );
}
```

`class java.util.Collections`

▸ `static <T> void copy( List<? super T> dest, List<? extends T> src )`
Kopiert alle Elemente von `src` nach `dest`. Ist `dest` zu klein, gibt es eine `IndexOutOf-`

13 | Datenstrukturen und Algorithmen

BoundsException. Ist die Zielliste größer als die Quellliste, lässt copy() die letzten Elemente von dest unangetastet.

▸ static <T> void fill(List<? super T> list, T obj)
Füllt die Liste list mit dem Element obj. Vorhandene Elemente werden mit obj überschrieben.

▸ static boolean replaceAll(List<T> list, T oldVal, T newVal)
Sucht nach dem Auftreten von oldVal über equals() in der Liste und ersetzt die gefundenen Elemente durch newVal. Die Größe der Liste ändert das nicht. Die Rückgabe ist true, wenn mindestens ein Element ersetzt wurde.

▸ static void reverse(List<?> list)
Kehrt die Reihenfolge der Elemente in der Liste um.

▸ static void rotate(List<?> list, int distance)
Bewegt die Elemente der Liste um distance Positionen.

▸ static void shuffle(List<?> list)
Würfelt die Elemente der Liste durcheinander. Dafür wird ein Standard-Generator für Zufallszahlen verwendet.

▸ static void shuffle(List<?> list, Random rnd)
Würfelt die Elemente der Liste durcheinander und benutzt dafür den Random-Generator rnd.

13.10.5 Häufigkeit eines Elements *

Collections.frequency(Collection<?>, Object) gibt die Anzahl der Elemente zurück, die zu einem Suchobjekt equals()-gleich sind.

[zB] **Beispiel** Ermittle die Anzahl der »:-)«-Smilies:
```
String s = "Oten :-) Bilat :-) Iyot";
int i = Collections.frequency( Arrays.asList(s.split("\\s")), ":-)" );
System.out.println( i );    // 2
```

class java.util.**Collections**

▸ static int frequency(Collection<?> c, Object o)
Liefert die Anzahl der Elemente, die mit o gleich sind. Für einen »Treffer« e aus der Collection c muss gelten: o == null ? e == null : o.equals(e). Ist die übergebene Collection c gleich null, folgt eine NullPointerException.

13.10.6 nCopies() *

Die statische Methode nCopies() erzeugt eine Liste mit der gewünschten Anzahl von Elementen aus einem Objekt.

Algorithmen in Collections | **13.10**

```
class java.util.Collections
```

▶ static <T> List<T> nCopies(int n, T o)
   Erzeugt eine unveränderbare Liste mit n Elementen von o.

Die Liste besteht nicht aus einer Anzahl Kopien des Elements (mit clone()), sondern aus einer
Liste, die ein Element immer wiederholt. Daher sind auch nur Leseoperationen wie get()
oder contains() erlaubt, doch keine Veränderungen. Infolgedessen ist der Einsatzbereich der
Liste beschränkt, jener der Methode aber nicht. Denn die Elemente der Liste können als Aus-
gang für eine modifizierbare Datenstruktur gelten, der sich eine Liste übergeben lässt. Das gilt
zum Beispiel für eine ArrayList, die im Konstruktor eine andere Liste akzeptiert, der sie die
Werte entnimmt.

> **Beispiel** Initialisiere eine Liste mit zehn Leerstrings, und hänge an eine Liste   **[zB]**
> zwei Zeichenketten mit ».« an:
>
> ```
> List<String> list = new ArrayList<String>( Collections.nCopies(10, "") );
> list.addAll( Collections.nCopies(2, ".") );
> System.out.println( list );   // [, , , , , , , , , ., .]
> ```

Ein Collections.nCopies(1, value) entspricht einem Singleton, für das Java aber eine
eigene Methode bereithält.

13.10.7 Singletons *

Singletons sind Objekte, die genau ein Exemplar realisieren. Die Klasse Collections bietet
drei statische Methoden, die ein gegebenes Element in eine immutable Menge, Liste oder
einen Assoziativspeicher setzt:

```
class java.util.Collections
```

▶ static <T> Set<T> singleton(T o)
▶ static <T> List<T> singletonList(T o)
▶ static <K,V> Map<K,V> singletonMap(K key, V value)

Auf den ersten Blick erscheinen die Methoden ziemlich unnütz. Sie sind jedoch immer dann
nützlich, wenn Methoden vorhanden sind, die zwar Sammlungen annehmen – auch wenn sie
nur aus einem Element bestehen –, aber mit einzelnen Elementen nicht viel anfangen können.

Löschen von Elementen in einer Sammlung

Die Collection-Klassen bieten bisher keine Lösung zum Löschen aller Vorkommen eines Elements. Zwar gibt es die Collection-Methode remove(Object), doch löscht diese nur das erste
Vorkommen. Um alle Vorkommen zu löschen, ist entweder eine Schleife zu schreiben oder
singleton() zu nutzen. Uns hilft beim Löschen aller Elemente die Methode removeAll(Collection), doch erwartet sie als Argument eine Collection, die wir ja gerade durch single-

705

13 | Datenstrukturen und Algorithmen

ton() bekommen, da ein `Set` eine Erweiterung von `Collection` ist. Auf diese Weise entfernt unsere statische Methode `removeAll(Collection c, Object o)` jedes Vorkommen eines Objekts aus der Datenstruktur:

Listing 13.30   com/tutego/insel/util/SingletonDemo.java, removeAll()

```
public static void removeAll( Collection<?> c, Object o )
{
  c.removeAll( Collections.singleton(o) );
}
```

13.11   Synchronisation der Datenstrukturen

Ein großer Unterschied zwischen den klassischen Datenstrukturen wie `Vector` oder `Hashtable` und denen aus der Collection-API besteht darin, dass alle Methoden durch synchronisierte Blöcke vor parallelen Änderungen geschützt waren. Bei den neuen Klassen wie `ArrayList` und `HashMap` sind Einfüge- und Löschoperationen nicht mehr automatisch `synchronized`. Sollen allerdings Listen, Mengen oder Assoziativspeicher vor nebenläufigen Änderungen sicher sein, gibt es zwei Möglichkeiten: einmal über spezielle so genannte lock-free- (bzw. wait-free-)Algorithmen, die tatsächlich parallele Zugriffe – wenn möglich – erlauben, und einmal über synchronisierende Wrapper.

13.11.1   Lock-free-Algorithmen aus java.util.concurrent

Wenn zum Beispiel bei einer verketteten Liste ein Thread vorn etwas anhängt und der andere hinten etwas entfernt, ist das tatsächlich nebenläufig möglich, und es muss nicht die ganze Datenstruktur gelockt werden. Die Schnittstelle `ConcurrentMap` deklariert vier Operationen für Implementierungen, die atomar ausgeführt werden müssen:

▶ `V putIfAbsent( K key, V value )`

▶ `boolean remove( Object key, Object value )`

▶ `V replace( K key, V value )`

▶ `boolean replace( K key, V oldValue, V newValue )`

Die Implementierungen der Schnittstelle sind `ConcurrentHashMap`, eine sehr schnelle Datenstruktur für gleichzeitig operierende Threads, und `ConcurrentSkipListMap` seit Java 6. Bei beiden lösen Veränderungen durch den Iterator keine `ConcurrentModificationException` aus.

Obwohl es *keine* Schnittstellen `ConcurrentSet` und `ConcurrentList` gibt, existiert zumindest eine Klasse `ConcurrentLinkedQueue`, die eine thread-sichere und lock-freie Liste (genauer: Queue) ist. Wie der Name schon andeutet, beruht die Realisierung auf verketteten Listen und nicht auf Arrays. Ein eigenes `ConcurrentSet` könnte auf der Basis von `ConcurrentHashMap` implementiert werden, so wie auch `HashSet` intern mit einer `HashMap` realisiert ist. In Java 6 ist die Klasse `ConcurrentSkipListSet` hinzugekommen.

13.11.2 Wrapper zur Synchronisation

Können zur Absicherung nebenläufiger Operationen die oben aufgeführten Datenstrukturen aus `java.util.concurrent` nicht verwendet werden, etwa bei Java 1.4 oder bei eigenen nicht-nebenläufig implementierten Versionen von `Set`, `Map`, `List`, `Queue`, lassen sich Zugriffe auf die Datenstrukturen extern synchronisieren. Dazu fordern statische Methoden wie `synchronizedXXX()` einen Wrapper an, der sich um die existierende Datenstruktur legt. Die Wrapper arbeiten nicht lock-free, und Parallelität in den Datenstrukturen ist nicht gegeben.

> **Beispiel**   Eine synchronisierte Liste:
> `List<Byte> syncList = `**`Collections.synchronizedList(`**` new LinkedList<Byte>() );`
> Der generische Typ der Datenstruktur geht auch weiter an den Wrapper.

[zB]

Die statischen `synchronizedXXX()`-Methoden liefern eine neue Sammlung, die sich wie eine Hülle um die existierende Datenstruktur legt und alle Methodenaufrufe synchronisiert. Paralleler Zugriff darf natürlich dann nur noch über den Wrapper laufen, wobei nicht-paralleler Zugriff weiterhin über die Original-Datenstruktur möglich ist.

`class java.util.`**`Collections`**

- ▶ `static <T> Collection<T> synchronizedCollection( Collection<T> c )`
- ▶ `static <T> List<T> synchronizedList( List<T> list )`
- ▶ `static <K,V> Map<K,V> synchronizedMap( Map<K,V> m )`
- ▶ `static <T> Set<T> synchronizedSet( Set<T> s )`
- ▶ `static <K,V> SortedMap<K,V> synchronizedSortedMap( SortedMap<K,V> m )`
- ▶ `static <T> SortedSet<T> synchronizedSortedSet( SortedSet<T> s )`
  Liefert synchronisierte, also thread-sichere Datenstrukturen.

Iteratoren von synchronisierten Wrappern

Mit dem Wrapper ist der nebenläufige Zugriff über die Methoden gesichert, aber nicht der Zugriff über den Iterator. Ist `syncList` eine synchronisierte Datenstruktur, die ein Iterator ablaufen möchte, und während des Ablaufens soll jeder andere Zugriff gesperrt sein, ist zu schreiben:

```
List<Byte> syncList = Collections.synchronizedList( new LinkedList<Byte>() );
synchronized ( syncList )
{
  Iterator iter = syncList.iterator();
}
```

Die Synchronisation ist immer auf dem Wrapper und nicht auf dem »Gewrappten«.

13 | Datenstrukturen und Algorithmen

13.11.3 »CopyOnWriteArrayList« und »CopyOnWriteArraySet«

Ist die Anzahl der Leseoperationen hoch, kann es sich lohnen, bei jedem Schreibzugriff erst die Daten zu kopieren und dann das Element hinzuzufügen, damit im Hintergrund andere Threads ohne einen Lock, der fürs Schreiben nötig ist, lesen können. Zwei dieser Datenstrukturen bietet Java an: CopyOnWriteArrayList für Listen und CopyOnWriteArraySet für Mengen. Die Klassen sind genau dann optimal, wenn wenig verändert – das ist teuer – und fast ausschließlich gelesen wird. Auch führen die Klassen zu keiner ConcurrentModificationException beim Ändern und gleichzeitigen Ablauf über Iteratoren. Denn falls die CopyOnWriteXXX-Datenstruktur verändert wird, arbeiten die »alten« Interessenten ja mit der herkömmlichen Version. Wenn zum Beispiel ein Iterator durch die Daten läuft, es dann eine Änderung gibt, so führt die Änderung zu einer Kopie der Daten und zur anschließenden Veränderung. Kommt eine Anfrage an die Datenstruktur nach der Veränderung, so bekommt der Anfrager Daten aus der neuen veränderten Datenstruktur. Kommt eine Anfrage während der Veränderung, also zu dem Zeitpunkt, an dem die Veränderung noch nicht abgeschlossen ist, so ist weiterhin die alte Version die einzig korrekte, und Daten kommen aus dieser CopyOnWriteXXX-Datenstruktur.

13.12 Die Klasse »BitSet« für Bitmengen *

Die Klasse BitSet bietet komfortable Möglichkeiten zur bitweisen Manipulation von Daten. Das Datum kann beliebig groß sein, und Methoden von BitSet lesen und modifizieren die einzelnen Bits leicht. Zudem lassen sich beliebig viele Bits wie in anderen dynamischen Datenstrukturen hinzufügen. Ein leeres BitSet wird mit dem Standard-Konstruktor angelegt. Ein weiterer Konstruktor erlaubt eine Startgröße, die ein Vergrößern der internen Datenstruktur aufschiebt.

13.12.1 Ein »BitSet« anlegen, füllen und erfragen

Jedes Bit an einer Position besitzt zwei Zustände: gesetzt oder nicht gesetzt. Dies bringt es in die Nähe der booleschen Werte, die ebenso zwei Zustände besitzen. Mit zwei Methoden lassen sich die Bits des BitSet leicht ändern: set(bitPosition) und clear(bitPosition). Da der Bit-Container automatisch wachsen kann, ist es problemlos möglich, in einem BitSet-Exemplar mit 100 Bit das Bit 300 zu setzen. Das Objekt wird automatisch mit 200 false-Bits aufgefüllt, bevor das Bit 300 gesetzt wird.

Die Abfrage, ob ein Bit gesetzt ist, erfolgt mit der Methode get(bitPosition). Sie gibt true zurück, falls das Bit gesetzt ist, andernfalls false. Nützliche Methoden sind ebenso nextSetBit(int) und nextClearBit(int), die für einen Startindex die Position des nächsten gesetzten oder gelöschten Bits geben.

708

Beispiel Setze in einem `BitSet` das erste und das dritte Bit: [zB]

Listing 13.31 com/tutego/insel/util/BitSetDemo.java, main()

```
BitSet bs = new BitSet();
bs.set( 0 );
bs.set( 2 );
System.out.println( bs.get(0) );      // true
System.out.println( bs.get(1) );      // false
System.out.println( bs.nextSetBit(1) ); // 2
```

Über die Methode `size()` erfahren wir, wie viele Bits das Objekt umfasst. `size()` zählt überzählige führende Null-Bits mit, ähnlich wie ungenutzte Array-Elemente im `capacity()`-Wert eines Vektors. Die Methode `length()` liefert die Position des höchsten gesetzten Bits. Die Anzahl gesetzter Bits liefert `cardinality()`.

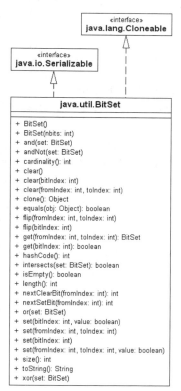

13.12.2 Mengenorientierte Operationen

Das `BitSet` erlaubt mengenorientierte Operationen wie Und, Oder, Xor mit einem weiteren `BitSet`, etwa in der Methode `and(BitSet)`. Jedes Bit des übergebenen `BitSet` wird mit dem aktuellen Objekt in einer bestimmten Weise verknüpft. Das Ergebnis der Operation wird dem aktuellen Objekt zugewiesen. Wichtige Operationen sind:

13 | Datenstrukturen und Algorithmen

▶ Die Oder-Operation setzt das Bit, falls es im eigenen `BitSet` oder im zweiten `BitSet` gesetzt ist.

▶ Die Und-Operation setzt das Bit, falls es im eigenen Objekt und im zweiten `BitSet` gesetzt ist.

▶ Die Xor-Operation setzt das Bit, falls es nur in einem der beiden `BitSet`-Objekte gesetzt ist.

Die Operationen bilden die Basis für die Mengenvereinigung, Durchschnitt und symmetrischen Durchschnitt.

13.12.3 Methodenübersicht

Die Methoden von `BitSet` sind überschaubar.

```
class java.util.BitSet
implements Cloneable, Serializable
```

▶ `BitSet()`
Erzeugt ein neues `BitSet`-Objekt.

▶ `BitSet( int nbits )`
Erzeugt ein `BitSet` mit der vorgegebenen Größe von `nbits`. Alle Bits sind am Anfang auf `false` gesetzt. Ist die Größe kleiner null, so wird eine `NegativeArraySizeException` ausgelöst.

▶ `boolean get( int bitIndex )`
Liefert den Wert des Bits am übergebenen Index. Kann bei negativem Index wieder eine `IndexOutOfBoundsException` auslösen.

▶ `BitSet get( int fromIndex, int toIndex )`
Liefert ein neues `BitSet`-Objekt mit den ausgewählten Bits.

▶ `void set( int bitIndex ), clear( int bitIndex )`
Setzt oder löscht ein Bit. Ist der Index negativ, wird eine `IndexOutOfBoundsException` ausgelöst.

▶ `void set( int bitIndex, boolean value )`
Setzt den Wahrheitswert `value` an die Stelle `bitIndex`.

▶ `void set( int fromIndex, int toIndex ), clear( int fromIndex, int toIndex )`
Setzt oder löscht Bits im ausgewiesenen Bereich.

▶ `void set( int fromIndex, int toIndex, boolean value )`
Setzt den Wahrheitswert `value` im ausgewählten Bereich.

▶ `void flip( int bitIndex )`
Setzt das Bit an der Stelle `bitIndex` auf das Komplement. Aus `true` wird `false` und aus `false` wird `true`.

▶ `void flip( int fromIndex, int toIndex )`
Setzt alle Bits im gegebenen Bereich auf das Komplement.

Die Klasse »BitSet« für Bitmengen * | **13.12**

▶ void and(BitSet set), void or(BitSet set), void xor(BitSet set)
Verknüpft dieses BitSet-Exemplar per Und-, Oder-, Xor-Operation mit dem angegebenen
BitSet-Objekt.

▶ void andNot(BitSet set)
Löscht alle Bits im aktuellen BitSet, deren korrespondierendes Bit in set gesetzt ist.

▶ boolean intersects(BitSet set)
Liefert true, wenn das eigene BitSet die gleichen gesetzten Bits wie set hat.

▶ int cardinality()
Liefert die Anzahl der Bits, die true sind.

▶ boolean clear()
Leert den Container, in dem alle Bits auf false gesetzt werden.

▶ boolean isEmpty()
Liefert true, wenn keine Bits gesetzt sind.

▶ int nextSetBit(int fromIndex), int nextClearBit(int fromIndex)
Liefert den Index des ersten als true bzw. false gesetzten Bits ab fromIndex. Gibt es keine
Position, ist die Rückgabe –1.

▶ boolean equals(Object o)
Vergleicht sich mit einem anderen BitSet-Objekt o.

Unter OpenJDK 7 sind unter anderem die statischen Methoden BitSet valueOf(long[]) und
BitSet valueOf(byte[]) beziehungsweise die Objektmethoden byte[] toByteArray() und
long[] toLongArray() hinzugekommen, um Bit-Mengen aus anderen Quellen zu importieren
und zu exportieren. Auch previousSetBit() und previousClearBit() wurden nachgereicht.

Implementierungsdetails
Intern legt die Implementierung von BitSet die Bit-Sammlungen in einem long-Array ab. Um
die Geschwindigkeit zu optimieren, sind die Methoden der Klasse BitSet nicht synchronisiert. Greift also ein Thread auf die Daten zu, während ein anderer modifiziert, kann es zu
möglichen Inkonsistenzen kommen.

13.12.4 Primzahlen in einem »BitSet« verwalten

Das folgende Programm zeigt die Anwendung der Klasse BitSet am Beispiel der Konstruktion
der Menge von Primzahlen. Jedes nicht gesetzte Bit entspricht einer Primzahl. In diesem Fall
ist der Einsatz der Klasse BitSet angebracht, da eine Zahl in einem Wertebereich nur eine
Primzahl oder keine sein kann:

Listing 13.32 com/tutego/insel/util/Primtest.java, main()

```
final int    MAXPRIM  = 1000;
final int    ROOT     = (int) Math.sqrt( MAXPRIM );
final BitSet nonPimes = new BitSet();              // Nicht-Primzahlen

for ( int i = 2; i <= ROOT; ++i )
```

711

13 | Datenstrukturen und Algorithmen

```
    if ( ! nonPimes.get( i ) )
      for ( int j = 2 * i; j <= MAXPRIM; j += i )
        nonPimes.set( j );

for ( int i = 2; i <= MAXPRIM; i = nonPimes.nextClearBit( i + 1 ) )
  System.out.printf( "%d ", i );
```

Zwar ist die Performance etwas schlechter als beim Einsatz eines `boolean`-Feldes, doch der Speicherverbrauch ist um etwa 1/8 geringer.

13.13 Zum Weiterlesen

Java bietet grundlegende Datenstrukturen, und in Java 5 sind insbesondere neue effiziente Datenstrukturen im Concurrent-Paket hinzugekommen, die hoch performante nebenläufige Zugriffe erlauben. Doch immer noch gibt es Datenstrukturen, die die Java-API standardmäßig nicht anbietet und die nachprogrammiert werden müssen. Hier füllen *Apache Commons Collections (http://jakarta.apache.org/commons/collections/)* und *Google Guava (http://code .google.com/p/guava-libraries/)* die Lücke.

»Es ist nicht zu wenig Zeit, die wir haben,
sondern es ist zu viel Zeit, die wir nicht nutzen.«
– Lucius Annaeus Seneca (ca. 4 v. Chr.–65 n. Chr.),
römischer Philosoph und Staatsmann

14 Threads und nebenläufige Programmierung

14.1 Nebenläufigkeit

Moderne Betriebssysteme geben dem Benutzer die Illusion, dass verschiedene Programme gleichzeitig ausgeführt werden – die Betriebssysteme nennen sich *multitaskingfähig*. Was wir dann wahrnehmen, ist eine Quasiparallelität, die im Deutschen auch *Nebenläufigkeit*[1] genannt wird. Diese Nebenläufigkeit der Programme wird durch das Betriebssystem gewährleistet, das auf Einprozessormaschinen die Prozesse alle paar Millisekunden umschaltet. Daher ist das Programm nicht wirklich parallel, sondern das Betriebssystem gaukelt uns dies durch verzahnte Bearbeitung der Prozesse vor. Wenn mehrere Prozessoren oder mehrere Prozessor-Kerne am Werke sind, werden die Programmteile tatsächlich parallel abgearbeitet. Aber ob nur ein kleines Männchen oder beliebig viele im Rechner arbeiten, soll uns egal sein.

Der Teil des Betriebssystems, der die Umschaltung übernimmt, heißt *Scheduler*. Die dem Betriebssystem bekannten aktiven Programme bestehen aus Prozessen. Ein Prozess setzt sich aus dem Programmcode und den Daten zusammen und besitzt einen eigenen Adressraum. Des Weiteren gehören Ressourcen wie geöffnete Dateien oder belegte Schnittstellen dazu. Die virtuelle Speicherverwaltung des Betriebssystems trennt die Adressräume der einzelnen Prozesse. Dadurch ist es nicht möglich, dass ein Prozess den Speicherraum eines anderen Prozesses korrumpiert; er sieht den anderen Speicherbereich nicht. Damit Prozesse untereinander Daten austauschen können, wird ein besonderer Speicherbereich als Shared Memory markiert. Amoklaufende Programme sind zwar möglich, werden jedoch vom Betriebssystem gestoppt.

14.1.1 Threads und Prozesse

Bei modernen Betriebssystemen gehört zu jedem Prozess mindestens ein *Thread* (zu Deutsch *Faden* oder *Ausführungsstrang*), der den Programmcode ausführt. Damit werden also genau genommen die Prozesse nicht mehr parallel ausgeführt, sondern nur die Threads. Innerhalb

---

1 Mitunter sind die Begriffe *parallel* und *nebenläufig* nicht äquivalent definiert. Wir wollen sie in diesem Zusammenhang aber synonym benutzen.

eines Prozesses kann es mehrere Threads geben, die alle zusammen in demselben Adressraum ablaufen. Die einzelnen Threads eines Prozesses können untereinander auf ihre öffentlichen Daten zugreifen.

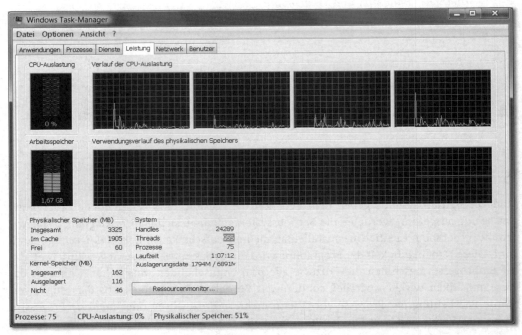

Abbildung 14.1 Windows zeigt im Task-Manager die Anzahl laufender Threads an.

Die Programmierung von Threads ist in Java einfach möglich, und die quasi parallel ablaufenden Aktivitäten ergeben für den Benutzer den Eindruck von Gleichzeitigkeit. In Java ist auch *multithreaded* Software möglich, wenn das Betriebssystem des Rechners keine Threads direkt verwendet. In diesem Fall simuliert die virtuelle Maschine die Parallelität, indem sie die Synchronisation und die verzahnte Ausführung regelt. Unterstützt das Betriebssystem Threads direkt, bildet die JVM die Thread-Verwaltung in der Regel auf das Betriebssystem ab. Dann haben wir es mit *nativen Threads* zu tun. Die 1:1-Abbildung ermöglicht eine einfache Verteilung auf Mehrprozessorsystemen, doch mit dem Nachteil, dass das Betriebssystem in den Threads auch Bibliotheksaufrufe ausführen kann, zum Beispiel, um das Ein- und Ausgabesystem zu verwenden oder für grafische Ausgaben. Damit dies ohne Probleme funktioniert, müssen die Bibliotheken jedoch thread-sicher sein. Damit hatten die Unix-Versionen in der Vergangenheit Probleme: Insbesondere die grafischen Standardbibliotheken *X11* und *Motif* waren lange nicht thread-sicher. Um schwerwiegenden Problemen mit grafischen Oberflächen aus dem Weg zu gehen, haben die Entwickler daher auf eine native Multithreading-Umgebung zunächst verzichtet.

Ob die Laufzeitumgebung native Threads nutzt oder nicht, steht nicht in der Spezifikation der JVM. Auch die Sprachdefinition lässt bewusst die Art der Implementierung frei. Was die Sprache jedoch garantieren kann, ist die korrekt verzahnte Ausführung. Hier können Probleme auftreten, die Datenbankfreunde von Transaktionen her kennen. Es besteht die Gefahr konkurrierender Zugriffe auf gemeinsam genutzte Ressourcen. Um dies zu vermeiden, kann der Programmierer durch synchronisierte Programmblöcke einen gegenseitigen Ausschluss sicherstellen. Damit steigt aber auch die Gefahr für *Verklemmungen* (engl. *deadlocks*), die der Entwickler selbst vermeiden muss.

14.1.2 Wie parallele Programme die Geschwindigkeit steigern können

Auf den ersten Blick ist nicht ersichtlich, warum auf einem Einprozessorsystem die nebenläufige Abarbeitung eines Programms geschwindigkeitssteigernd sein kann. Betrachten wir daher ein Programm, das eine Folge von Anweisungen ausführt. Die Programmsequenz dient zum Visualisieren eines Datenbank-Reports. Zunächst wird ein Fenster zur Fortschrittsanzeige dargestellt. Anschließend werden die Daten analysiert und der Fortschrittsbalken kontinuierlich aktualisiert. Schließlich werden die Ergebnisse in eine Datei geschrieben. Die Schritte sind:

1. Baue ein Fenster auf.
2. Öffne die Datenbank vom Netz-Server, und lies die Datensätze.
3. Analysiere die Daten, und visualisiere den Fortschritt.
4. Öffne die Datei, und schreibe den erstellten Report.

Was auf den ersten Blick wie ein typisches sequenzielles Programm aussieht, kann durch geschickte Parallelisierung beschleunigt werden.

Damit dies besser zu verstehen ist, ziehen wir noch einmal den Vergleich mit Prozessen. Nehmen wir an, auf einer Einprozessormaschine sind fünf Benutzer angemeldet, die im Editor Quelltext tippen und hin und wieder den Java-Compiler bemühen. Die Benutzer bekämen vermutlich die Belastung des Systems durch die anderen nicht mit, denn Editor-Operationen lasten den Prozessor nicht aus. Wenn Dateien kompiliert und somit vom Hintergrundspeicher in den Hauptspeicher transferiert werden, ist der Prozessor schon besser ausgelastet, doch geschieht dies nicht regelmäßig. Im Idealfall übersetzen alle Benutzer nur dann, wenn die anderen gerade nicht übersetzen – im schlechtesten Fall möchten natürlich alle Benutzer gleichzeitig übersetzen.

Übertragen wir die Verteilung auf unser Problem, nämlich wie der Datenbank-Report schneller zusammengestellt werden kann. Beginnen wir mit der Überlegung, welche Operationen parallel ausgeführt werden können:

▶ Das Öffnen des Fensters der Ausgabedatei und das Öffnen der Datenbank kann parallel geschehen.

▶ Das Lesen neuer Datensätze und das Analysieren alter Daten kann gleichzeitig erfolgen.

▶ Alte analysierte Werte können während der neuen Analyse in die Datei geschrieben werden.

Wenn die Operationen wirklich parallel ausgeführt werden, lässt sich bei Mehrprozessorsystemen ein enormer Leistungszuwachs verzeichnen. Doch interessanterweise ergibt sich dieser

14 | Threads und nebenläufige Programmierung

auch bei nur einem Prozessor, was in den Aufgaben begründet liegt. Denn bei den gleichzeitig auszuführenden Aufgaben handelt es sich um unterschiedliche Ressourcen. Wenn die grafische Oberfläche das Fenster aufbaut, braucht sie dazu natürlich Rechenzeit. Parallel kann die Datei geöffnet werden, wobei weniger Prozessorleistung gefragt ist, da die vergleichsweise träge Festplatte angesprochen wird. Das Öffnen der Datenbank wird auf den Datenbank-Server im Netzwerk abgewälzt. Die Geschwindigkeit hängt von der Belastung des Servers und des Netzes ab. Wenn anschließend die Daten gelesen werden, muss die Verbindung zum Datenbank-Server natürlich stehen. Daher sollten wir zuerst die Verbindung aufbauen.

Ist die Verbindung hergestellt, lassen sich über das Netzwerk Daten in einen Puffer holen. Der Prozessor wird nicht belastet, vielmehr der Server auf der Gegenseite und das Netzwerk. Während der Prozessor also vor sich hin döst und sich langweilt, können wir ihn besser beschäftigen, indem er alte Daten analysiert. Wir verwenden hierfür zwei Puffer: In den einen lädt ein Thread die Daten, während ein zweiter Thread die Daten im anderen Puffer analysiert. Dann werden die Rollen der beiden Puffer getauscht. Jetzt ist der Prozessor beschäftigt. Er ist aber vermutlich fertig, bevor die neuen Daten über das Netzwerk eingetroffen sind. In der Zwischenzeit können die Report-Daten in den Report geschrieben werden; eine Aufgabe, die wieder die Festplatte belastet und weniger den Prozessor.

Wir sehen an diesem Beispiel, dass durch hohe Parallelisierung eine Leistungssteigerung möglich ist, da die bei langsamen Operationen anfallenden Wartezeiten genutzt werden können. Langsame Arbeitsschritte lasten den Prozessor nicht aus, und die anfallende Wartezeit vom Prozessor beim Netzwerkzugriff auf eine Datenbank kann für andere Aktivitäten genutzt werden. Die Tabelle gibt die Elemente zum Kombinieren noch einmal an:

Ressource	Belastung
Hauptspeicherzugriffe	Prozessor
Dateioperationen	Festplatte
Datenbankzugriff	Server, Netzwerkverbindung

Tabelle 14.1 Parallelisierbare Ressourcen

Das Beispiel macht auch deutlich, dass die Nebenläufigkeit gut geplant werden muss. Nur wenn verzahnte Aktivitäten unterschiedliche Ressourcen verwenden, resultiert daraus auf Einprozessorsystemen ein Geschwindigkeitsvorteil. Daher ist ein paralleler Sortieralgorithmus nicht sinnvoll. Das zweite Problem ist die zusätzliche Synchronisation, die das Programmieren erschwert. Wir müssen auf das Ergebnis einer Operation warten, damit wir mit der Bearbeitung fortfahren können. Diesem Problem widmen wir uns in einem eigenen Abschnitt. Doch nun zur Programmierung von Threads in Java.

14.1.3 Was Java für Nebenläufigkeit alles bietet

Für nebenläufige Programme sieht die Java-Bibliothek eine Reihe von Klassen, Schnittstellen und Aufzählungen vor:

- `Thread`: Jeder laufende Thread ist ein Exemplar dieser Klasse.
- `Runnable`: Beschreibt den Programmcode, den die JVM parallel ausführen soll.
- `Lock`: Dient zum Markieren von kritischen Abschnitten, in denen sich nur ein Thread befinden darf.
- `Condition`: Threads können auf die Benachrichtigung anderer Threads warten.

14.2 Threads erzeugen

Die folgenden Abschnitte verdeutlichen, wie der nebenläufige Programmcode in einen `Runnable` verpackt und dem Thread zur Ausführung vorgelegt wird.

14.2.1 Threads über die Schnittstelle Runnable implementieren

Damit der Thread weiß, was er ausführen soll, müssen wir ihm Anweisungsfolgen geben. Diese werden in einem Befehlsobjekt vom Typ `Runnable` verpackt und dem Thread übergeben. Wird der Thread gestartet, arbeitet er die Programmzeilen aus dem Befehlsobjekt parallel zum restlichen Programmcode ab. Die Schnittstelle `Runnable` ist schmal und schreibt nur eine `run()`-Methode vor.

`interface java.lang.Runnable`

- `void run()`
  Implementierende Klassen realisieren die Operation und setzen dort den parallel auszuführenden Programmcode rein.

Wir wollen zwei Threads angeben, wobei einer zwanzigmal das aktuelle Datum und die Uhrzeit ausgibt und der andere einfach eine Zahl:

Listing 14.1 com/tutego/insel/thread/DateCommand.java

```
package com.tutego.insel.thread;

public class DateCommand implements Runnable
{
  @Override public void run()
  {
    for ( int i = 0; i < 20; i++ )
      System.out.println( new java.util.Date() );
  }
}
```

14 | Threads und nebenläufige Programmierung

Listing 14.2 com/tutego/insel/thread/CounterCommand.java

```java
package com.tutego.insel.thread;

class CounterCommand implements Runnable
{
  @Override public void run()
  {
    for ( int i = 0; i < 20; i++ )
      System.out.println( i );
  }
}
```

Unser parallel auszuführender Programmcode in run() besteht aus einer Schleife, die in einem Fall ein aktuelles Date-Objekt ausgibt und im anderen Fall einen Schleifenzähler.

14.2.2 Thread mit Runnable starten

Nun reicht es nicht aus, einfach die run()-Methode einer Klasse direkt aufzurufen, denn dann wäre nichts nebenläufig, sondern wir würden einfach eine Methode sequenziell ausführen. Damit der Programmcode parallel zur Applikation läuft, müssen wir ein Thread-Objekt mit dem Runnable verbinden und dann den Thread explizit starten. Dazu übergeben wir dem Konstruktor der Klasse Thread eine Referenz auf das Runnable-Objekt und rufen start() auf. Nachdem start() für den Thread eine Ablaufumgebung geschaffen hat, ruft es intern selbstständig die Methode run() genau einmal auf. Läuft der Thread schon, so löst ein zweiter Aufruf der start()-Methode eine IllegalThreadStateException aus:

Listing 14.3 com/tutego/insel/thread/FirstThread.java, main()

```java
Thread t1 = new Thread( new DateCommand() );
t1.start();

Thread t2 = new Thread( new CounterCommand() );
t2.start();
```

Beim Starten des Programms erfolgt eine Ausgabe auf dem Bildschirm, die in etwa so aussehen kann:

```
Tue Aug 21 16:59:58 CEST 2007
0
1
2
3
4
5
6
7
8
9
```

718

```
Tue Aug 21 16:59:58 CEST 2007
10
...
```

Deutlich ist die Verzahnung der beiden Threads zu erkennen. Was allerdings auf den ersten Blick etwas merkwürdig wirkt, ist die erste Zeile des Datum-Threads und viele weitere Zeilen des Zähl-Threads. Dies hat jedoch nichts zu bedeuten und zeigt deutlich den Nichtdeterminismus[2] bei Threads. Interpretiert werden kann dies jedoch durch die unterschiedlichen Laufzeiten, die für die Datums- und Zeitausgabe nötig sind.

```
class java.lang.Thread
implements Runnable
```

▶ `Thread( Runnable target )`
Erzeugt einen neuen Thread mit einem `Runnable`, das den parallel auszuführenden Programmcode vorgibt.

▶ `void start()`
Ein neuer Thread – neben dem die Methode aufrufenden Thread – wird gestartet. Der neue Thread führt die `run()`-Methode nebenläufig aus. Jeder Thread kann nur einmal gestartet werden.

Hinweis Wenn ein Thread im Konstruktor einer `Runnable`-Implementierung gestartet wird, sollte die Arbeitsweise bei der Vererbung beachtet werden. Nehmen wir an, eine Klasse leitet von einer anderen Klasse ab, die im Konstruktor einen Thread startet. Bildet die Applikation ein Exemplar der Unterklasse, so werden bei der Bildung des Objekts immer erst die Konstruktoren der Oberklasse aufgerufen. Dies hat zur Folge, dass der Thread schon läuft, auch wenn das Objekt noch nicht ganz gebaut ist. Die Erzeugung ist erst abgeschlossen, wenn nach dem Aufruf der Konstruktoren der Oberklassen der eigene Konstruktor vollständig abgearbeitet wurde.

[«]

14.2.3 Die Klasse »Thread« erweitern

Da die Klasse `Thread` selbst die Schnittstelle `Runnable` implementiert und die `run()`-Methode mit leerem Programmcode bereitstellt, können wir auch `Thread` erweitern, wenn wir eigene parallele Aktivitäten programmieren wollen:

Listing 14.4 com/tutego/insel/thread/DateThread.java, DateThread
```
public class DateThread extends Thread
{
  @Override public void run()
  {
    for ( int i = 0; i < 20; i++ )
      System.out.println( new Date() );
  }
}
```

---

2 Nicht vorhersehbar, meint hier: Wann der Scheduler den Kontextwechsel vornimmt, ist unbekannt.

14 | Threads und nebenläufige Programmierung

Dann müssen wir kein `Runnable`-Exemplar mehr in den Konstruktor einfügen, denn wenn unsere Klasse eine Unterklasse von `Thread` ist, reicht ein Aufruf der geerbten Methode `start()`. Danach arbeitet das Programm direkt weiter, führt also kurze Zeit später die nächste Anweisung hinter `start()` aus:

```
Thread t = new DateThread();
t.start();
```

Es geht auch ohne Zwischenspeicherung der Objektreferenz:

```
new DateThread().start();
```

Die Methode `start()` kann von uns auch überschrieben werden, was aber nur selten sinnvoll beziehungsweise nötig ist. Wir müssen dann darauf achten, `super.start()` aufzurufen, damit der Thread wirklich startet.

Damit wir als Thread-Benutzer nicht erst die `start()`-Methode aufrufen müssen, kann ein Thread sich auch wieder selbst starten. Der Konstruktor enthält den Methodenaufruf `start()`:

```
class DateThread extends Thread
{
  DateThread()
  {
    start();
  }
  // ... der Rest bleibt ...
}
```

`class java.lang.Thread`
`implements Runnable`

▶ `void run()`

Diese Methode in `Thread` hat einen leeren Rumpf. Unterklassen überschreiben `run()`, sodass sie den parallel auszuführenden Programmcode enthält.

▶ `Thread( String name )`

Erzeugt ein neues Thread-Objekt und setzt den Namen. Sinnvoll bei Unterklassen, die den Konstruktor über `super(name)` aufrufen.

»run(«) statt »start()« aufgerufen: Ja wo laufen sie denn?

Ein Programmierfehler, der Anfängern schnell unterläuft, ist folgender: Statt `start()` rufen sie aus Versehen `run()` auf dem `Thread` auf. Was geschieht? Fast genau das Gleiche wie bei `start()`, nur mit dem Unterschied, dass die Objektmethode `run()` nicht parallel zum übrigen Programm abgearbeitet wird. Der aktuelle Thread bearbeitet die `run()`-Methode sequenziell, bis sie zu Ende ist und die Anweisungen nach dem Aufruf an die Reihe kommen. Der Fehler fällt nicht immer direkt auf, denn die Aktionen in `run()` finden ja statt – nur eben nicht nebenläufig.

Erweitern von Thread oder Implementieren von Runnable?

Die beste Idee wäre, `Runnable`-Objekte zu bauen, die dann dem Thread übergeben werden. Befehlsobjekte dieser Art sind recht flexibel, da die einfachen `Runnable`-Objekte leicht übergeben und sogar von Threads aus einem Thread-Pool ausgeführt werden können. Ein Nachteil der `Thread`-Erweiterung ist, dass die Einfachvererbung störend sein kann; erbt eine Klasse von `Thread`, ist die Erweiterung schon »aufgebraucht«. Doch, ob eine Klasse `Runnable` implementiert oder `Thread` erweitert, eines bleibt: eine neue Klasse.

14 | Threads und nebenläufige Programmierung

14.3 Thread-Eigenschaften und -Zustände

14.3.1 Der Name eines Threads

Ein Thread hat eine ganze Menge Eigenschaften – wie einen Zustand, eine Priorität und auch einen Namen. Dieser kann mit `setName()` gesetzt und mit `getName()` erfragt werden.

```
class java.lang.Thread
implements Runnable
```

▶ `Thread( Runnable target, String name )`
Erzeugt ein neues Thread-Objekt mit einem `Runnable` und setzt den Namen.

▶ `final String getName()`
Liefert den Namen des Threads. Der Name wird im Konstruktor angegeben oder mit `set-Name()` zugewiesen. Standardmäßig ist der Name »Thread-x«, wobei x eine eindeutige Nummer ist.

▶ `final void setName( String name )`
Ändert den Namen des Threads.

14.3.2 Wer bin ich?

Eine Erweiterung der Klasse `Thread` hat den Vorteil, dass geerbte Methoden wie `getName()` sofort genutzt werden können. Wenn wir `Runnable` implementieren, genießen wir diesen Vorteil nicht.

Die Klasse `Thread` liefert mit der statischen Methode `currentThread()` die Objektreferenz für das `Thread`-Exemplar, das diese Anweisung gerade ausführt. Auf diese Weise lassen sich nicht-statische `Thread`-Methoden wie `getName()` verwenden.

[zB] **Beispiel** Gib die aktuelle Priorität des laufenden Threads aus:
```
System.out.println( Thread.currentThread().getPriority() );   // 5
```

Falls es in einer Schleife wiederholten Zugriff auf `Thread.currentThread()` gibt, sollte das Ergebnis zwischengespeichert werden, denn der Aufruf der nativen Methoden ist nicht ganz billig.

```
class java.lang.Thread
implements Runnable
```

▶ `static Thread currentThread()`
Liefert den Thread, der das laufende Programmstück ausführt.

14.3.3 Die Zustände eines Threads *

Bei einem Thread-Exemplar können wir einige Zustände feststellen:

1. *Nicht erzeugt*: Der Lebenslauf eines `Thread`-Objekts beginnt mit `new`, doch befindet er sich damit noch nicht im Zustand *ausführend*.

2. *Laufend* (vom Scheduler berücksichtigt) und *nicht laufend* (vom Scheduler nicht berücksichtigt): Durch `start()` gelangt der Thread in den Zustand »ausführbar« beziehungsweise »laufend«. Der Zustand kann sich ändern, wenn ein anderer Thread zur Ausführung gelangt und dann dem aktuellen Thread den Prozessor entzieht. Der vormals laufende Thread kommt in den Zustand *nicht laufend*, bis der Scheduler ihm wieder Rechenzeit zuordnet.

3. *Wartend*: Dieser Zustand wird mittels spezieller Synchronisationstechniken oder Ein-/Ausgabefunktionen erreicht – der Thread verweilt in einem Wartezustand.

4. *Beendet*: Nachdem die Aktivität des Thread-Objekts beendet wurde, kann es nicht mehr aktiviert werden und ist tot, also beendet.

Zustand über »Thread.State«

In welchem Zustand ein Thread gerade ist, zeigt die Methode `getState()`. Sie liefert ein Objekt vom Typ der Aufzählung `Thread.State` (die einzige im Paket `java.lang`), die deklariert:

Zustand	Erläuterung
NEW	Neuer Thread, noch nicht gestartet.
RUNNABLE	Läuft in der JVM.
BLOCKED	Wartet auf einen `MonitorLock`, wenn er etwa einen `synchronized`-Block betreten möchte.
WAITING	Wartet etwa auf ein `notify()`.
TIMED_WAITING	Wartet etwa in einem `sleep()`.
TERMINATED	Ausführung ist beendet.

Tabelle 14.2 Zustände eines Threads

Zudem lässt sich die Methode `isAlive()` verwenden, die erfragt, ob der Thread gestartet wurde, aber noch nicht tot ist.

14.3.4 Schläfer gesucht

Manchmal ist es notwendig, einen Thread eine bestimmte Zeit lang anzuhalten. Dazu lassen sich Methoden zweier Klassen nutzen:

▶ Die überladene statische Methode `Thread.sleep()`: Etwas erstaunlich ist sicherlich, dass sie keine Objektmethode von einem `Thread`-Objekt ist, sondern eine statische Methode. Ein Grund wäre, dass dadurch verhindert wird, externe Threads zu beeinflussen. Es ist nicht möglich, einen fremden Thread, über dessen Referenz wir verfügen, einfach einige Sekunden lang schlafen zu legen und ihn so von der Ausführung abzuhalten.

14 | Threads und nebenläufige Programmierung

▶ Die Objektmethode `sleep()` auf einem `TimeUnit`-Objekt: Auch sie bezieht sich immer auf den ausführenden Thread. Der Vorteil gegenüber `sleep()` ist, dass hier die Zeiteinheiten besser sichtbar sind.

[zB] **Beispiel** Der ausführende Thread soll zwei Sekunden lang schlafen. Einmal mit `Thread.sleep()`:

```
try {
  Thread.sleep( 2000 );
} catch ( InterruptedException
```

Dann mit `TimeUnit`:

```
try
  TimeUnit.SECONDS.sleep( 2 );
} catch ( InterruptedException e ) { }
```

Der Schlaf kann durch eine `InterruptedException` unterbrochen werden, etwa durch `interrupt()`. Die Ausnahme muss behandelt werden, da sie keine `RuntimeException` ist.

Praktisch wird das Erweitern der Klasse `Thread` bei inneren anonymen Klassen. Die folgende Anweisung gibt nach zwei Sekunden Schlafzeit eine Meldung auf dem Bildschirm aus:

Listing 14.5 com/tutego/insel/thread/SleepInInnerClass.java, main()

```
new Thread() {
  @Override public void run() {
    try {
      Thread.sleep( 2000 );
      System.out.println( "Zeit ist um." );
    } catch ( InterruptedException e ) { e.printStackTrace(); }
  }
}.start();
```

Da `new Thread(){...}` ein Exemplar der anonymen Unterklasse ergibt, lässt die auf dem Ausdruck aufgerufene Objektmethode `start()` den Thread gleich loslaufen. Aufgaben dieser Art lösen auch die Timer gut.

```
class java.lang.Thread
implements Runnable
```

▶ `static void sleep( long millis ) throws InterruptedException`
Der aktuell ausgeführte Thread wird mindestens `millis` Millisekunden eingeschläfert. Unterbricht ein anderer Thread den schlafenden, wird vorzeitig eine `InterruptedException` ausgelöst.

▶ `static void sleep( long millis, int nanos ) throws InterruptedException`
Der aktuell ausgeführte Thread wird mindestens `millis` Millisekunden und zusätzlich `nanos` Nanosekunden eingeschläfert. Im Gegensatz zu `sleep(long)` wird bei einer negativen Millisekundenanzahl eine `IllegalArgumentException` ausgelöst; auch wird diese Exception ausgelöst, wenn die Nanosekundenanzahl nicht zwischen 0 und 999.999 liegt.

724

```
enum java.util.concurrent.TimeUnit
extends Enum<TimeUnit>
implements Serializable, Comparable<TimeUnit>
```

- NANOSECONDS, MICROSECONDS, MILLISECONDS, SECONDS, MINUTES, HOURS, DAYS
  Aufzählungselemente von `TimeUnit`.

- `void sleep( long timeout ) throws InterruptedException`
  Führt ein `Thread.sleep()` für die Zeiteinheit aus.

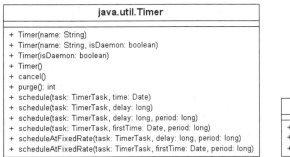
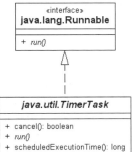

Eine überladene Methode `Thread.sleep(TimeUnit, long)` wäre praktisch, gibt es aber nicht.

14.3.5 Mit »yield()« auf Rechenzeit verzichten

Neben `sleep()` gibt es eine weitere Methode, um kooperative Threads zu programmieren: die Methode `yield()`. Sie funktioniert etwas anders als `sleep()`, da hier nicht nach Ablauf der genannten Millisekunden zum Thread zurückgekehrt wird, sondern `yield()` den Thread bezüglich seiner Priorität wieder in die Thread-Warteschlange des Systems einordnet. Einfach ausgedrückt, sagt `yield()` der Thread-Verwaltung: »Ich setze diese Runde aus und mache weiter, wenn ich das nächste Mal dran bin.«

```
class java.lang.Thread
implements Runnable
```

- `static void yield()`
  Der laufende Thread gibt freiwillig seine Rechenzeit ab. Die Methode ist für Implementierungen der JVM nicht verbindlich.

14.3.6 Der Thread als Dämon

Ein Server reagiert oft in einer Endlosschleife auf eingehende Aufträge vom Netzwerk und führt die gewünschte Aufgabe aus. In unseren bisherigen Programmen haben wir oft Endlosschleifen eingesetzt, sodass ein gestarteter Thread nie beendet wird. Wenn also `run()`, wie in den vorangehenden Beispielen, nie abbricht (Informatiker sprechen hier von *terminiert*), läuft der Thread immer weiter, auch wenn die Hauptapplikation beendet ist. Dies ist nicht immer beabsichtigt, da vielleicht Server-Funktionalität nach Beenden der Applikation nicht mehr gefragt ist. Dann sollte auch der endlos laufende Thread beendet werden. Um dies auszudrücken, erhält ein im Hintergrund arbeitender Thread eine spezielle Kennung: Der Thread wird als *Dämon*[3] gekennzeichnet. Standardmäßig ist ein aufgebauter Thread kein Dämon.

Ein Dämon ist wie ein Heinzelmännchen im Hintergrund mit einer Aufgabe beschäftigt. Wenn das Hauptprogramm beendet ist und die Laufzeitumgebung erkennt, dass kein normaler Thread mehr läuft, sondern nur Dämonen, dann ist das Ende der Dämonen eingeläutet und die JVM kommt zum Ende. Denn Dämonen-Threads sind Zulieferer: Gibt es keine Klienten mehr, werden auch sie nicht mehr gebraucht. Das ist wie bei den Göttern der Scheibenwelt: Glaubt keiner an sie, hören sie auf zu existieren. Wir müssen uns also um das Ende des Dämons nicht kümmern. Gleichzeitig heißt das aber auch, dass ein Dämonen-Thread vorsichtig mit Ein-/Ausgabeoperationen sein muss, denn er kann jederzeit – auch etwa während einer Schreiboperation auf die Festplatte – abgebrochen werden, was zu korrupten Daten führen kann.

[»] **Hinweis** Der Garbage Collector ist ein gutes Beispiel für einen Dämon. Nur, wenn es andere Threads gibt, muss der Speicher aufgeräumt werden. Gibt es keine anderen Threads mehr, kann auch die JVM mit beendet werden, was auch die Dämonen-Threads beendet.

Wie ein Thread in Java zum Dämon wird

Einen Thread in Java als Dämon zu kennzeichnen, heißt, die Methode `setDaemon()` mit dem Argument `true` aufzurufen. Die Methode ist nur vor dem Starten des Threads erlaubt. Danach kann der Status nicht wieder vom Dämon in den normalen Benutzer-Thread umgesetzt werden. Die Auswirkungen von `setDaemon(true)` können wir am folgenden Programm ablesen:

Listing 14.6 com/tutego/insel/thread/DaemonThread.java

```
package com.tutego.insel.thread;

class DaemonThread extends Thread
{
  DaemonThread()
  {
    setDaemon( true );
  }
```

---

3 Das griechische Wort δαίμων (engl. *daemon*) bezeichnet allerlei Wesen zwischen Gott und Teufel.

```java
@Override
public void run()
{
  while ( true )
    System.out.println( "Lauf, Thread, lauf" );
}

public static void main( String[] args )
{
  new DaemonThread().start();
}
}
```

In diesem Programm wird der Thread gestartet, und danach ist die Anwendung sofort beendet. Vor dem Ende kann der neue Thread aber schon einige Zeilen auf der Konsole ausgeben. Klammern wir die Anweisung mit `setDaemon(true)` aus, läuft das Programm ewig, da die Laufzeitumgebung auf das natürliche Ende der Thread-Aktivität wartet.

```
class java.lang.Thread
implements Runnable
```

▶ `final void setDaemon( boolean on )`
Markiert den Thread als Dämon oder normalen Thread. Die Methode muss aufgerufen werden, bevor der Thread gestartet wurde, andernfalls folgt eine `IllegalThreadState-Exception`. Mit anderen Worten: Nachträglich kann ein existierender Thread nicht mehr zu einem Dämon gemacht werden, oder ihm die Dämonenhaftigkeit genommen werden, so er sie hat.

▶ `final boolean isDaemon()`
Testet, ob der `Thread` ein Dämon-Thread ist.

AWT und Dämonen *

Obwohl Dämonen für Hintergrundaufgaben eine gute Einrichtung sind, ist der `AWT`-Thread kein Dämon. Unterschiedliche `AWT`-Threads sind normale Benutzer-Threads, dazu gehören `AWT-Input`, `AWT-Motif` oder `Screen_Updater`. Dies bedeutet, dass bei einmaliger Nutzung einer `AWT`-Methode ein spezieller Nicht-Dämon-Thread gestartet wird, sodass die Applikation nicht automatisch beendet wird, wenn das Hauptprogramm endet. Daher muss die Applikation in vielen Fällen hart mit `System.exit()` beendet werden.

14.3.7 Das Ende eines Threads

Es gibt Threads, die dauernd laufen, weil sie zum Beispiel Serverfunktionen implementieren. Andere Threads führen einmalig eine Operation aus und sind danach beendet. Allgemein ist ein Thread beendet, wenn eine der folgenden Bedingungen zutrifft:

▶ Die `run()`-Methode wurde ohne Fehler beendet. Wenn wir eine Endlosschleife programmieren, würde diese potenziell einen nie endenden Thread bilden.

14 | Threads und nebenläufige Programmierung

▶ In der `run()`-Methode tritt eine `RuntimeException` auf, die die Methode beendet. Das beendet weder die anderen Threads noch die JVM als Ganzes.

▶ Der Thread wurde von außen abgebrochen. Dazu dient die prinzipbedingt problematische Methode `stop()`, von deren Verwendung abgeraten wird und die auch veraltet ist.

▶ Die virtuelle Maschine wird beendet und nimmt alle Threads mit ins Grab.

Wenn der Thread einen Fehler melden soll

Da ein Thread nebenläufig arbeitet, kann die `run()`-Methode synchron schlecht Exceptions melden oder einen Rückgabewert liefern. Wer sollte auch an welcher Stelle darauf hören? Eine Lösung für das Problem ist ein Listener, der sich beim Thread anmeldet und darüber informiert wird, ob der Thread seine Arbeit machen konnte oder nicht. Eine andere Lösung gibt `Callable`, mit dem ein spezieller Fehlercode zurückgegeben oder eine Exception angezeigt werden kann. Speziell für ungeprüfte Ausnahmen kann ein `UncaughtExceptionHandler` weiterhelfen.

14.3.8 Einen Thread höflich mit Interrupt beenden

Der Thread ist in der Regel zu Ende, wenn die `run()`-Methode ordentlich bis zum Ende ausgeführt wurde. Enthält eine `run()`-Methode jedoch eine Endlosschleife – wie etwa bei einem Server, der auf eingehende Anfragen wartet –, so muss der Thread von außen zur Kapitulation gezwungen werden. Die naheliegende Möglichkeit, mit der `Thread`-Methode `stop()` einen Thread abzuwürgen, wollen wir in Abschnitt 14.3.10, »Der stop() von außen und die Rettung mit ThreadDeath«, diskutieren.

Wenn wir den Thread schon nicht von außen beenden wollen, können wir ihn immerhin bitten, seine Arbeit aufzugeben. Periodisch müsste er dann nur überprüfen, ob jemand von außen den Abbruchswunsch geäußert hat.

Die Methoden »interrupt()« und »isInterrupted()«

Die Methode `interrupt()` setzt von außen in einem Thread-Objekt ein internes Flag, das dann in der `run()`-Methode durch `isInterrupted()` periodisch abgefragt werden kann.

Das folgende Programm soll jede halbe Sekunde eine Meldung auf dem Bildschirm ausgeben. Nach zwei Sekunden wird der Unterbrechungswunsch mit `interrupt()` gemeldet. Auf dieses Signal achtet die sonst unendlich laufende Schleife und bricht ab:

Listing 14.7 com/tutego/insel/thread/ThreadusInterruptus.java, main()

```
Thread t = new Thread()
{
  @Override
  public void run()
  {
    System.out.println( "Es gibt ein Leben vor dem Tod.  " );

    while ( ! isInterrupted() )
```

728

```
    {
      System.out.println( "Und er läuft und er läuft und er läuft" );

      try
      {
       Thread.sleep( 500 );
      }
      catch ( InterruptedException e )
      {
       interrupt();
       System.out.println( "Unterbrechung in sleep()" );
      }
    }

    System.out.println( "Das Ende" );
  }
};
t.start();
Thread.sleep( 2000 );
t.interrupt();
```

Die Ausgabe zeigt hübsch die Ablaufsequenz:

```
Es gibt ein Leben vor dem Tod.
Und er läuft und er läuft und er läuft
Und er läuft und er läuft und er läuft
Und er läuft und er läuft und er läuft
Und er läuft und er läuft und er läuft
Unterbrechung in sleep()
Das Ende
```

Die run()-Methode im Thread ist so implementiert, dass die Schleife genau dann verlassen wird, wenn isInterrupted() den Wert true ergibt, also von außen die interrupt()-Methode für dieses Thread-Exemplar aufgerufen wurde. Genau dies geschieht in der main()-Methode. Auf den ersten Blick ist das Programm leicht verständlich, doch vermutlich erzeugt das interrupt() im catch-Block die Aufmerksamkeit. Stünde diese Zeile dort nicht, würde das Programm aller Wahrscheinlichkeit nach nicht funktionieren. Das Geheimnis ist folgendes: Wenn die Ausgabe nur jede halbe Sekunde stattfindet, befindet sich der Thread fast die gesamte Zeit über in der Schlafmethode sleep(). Also wird vermutlich der interrupt() den Thread gerade beim Schlafen stören. Genau dann wird sleep() durch InterruptedException unterbrochen, und der catch-Behandler fängt die Ausnahme ein. Jetzt passiert aber etwas Unerwartetes: Durch die Unterbrechung wird das interne Flag zurückgesetzt, sodass isInterrupted() meint, die Unterbrechung habe gar nicht stattgefunden. Daher muss interrupt() erneut aufgerufen werden, da das Abbruch-Flag neu gesetzt werden muss und isInterrupted() das Ende bestimmen kann.

Wenn wir mit der Objektmethode isInterrupted() arbeiten, müssen wir beachten, dass neben sleep() auch die Methoden join() und wait() durch die InterruptedException das Flag löschen.

14 | Threads und nebenläufige Programmierung

> [»] **Hinweis** Die Methoden `sleep()`, `wait()` und `join()` lösen alle eine `InterruptedException` aus, wenn sie durch die Methode `interrupt()` unterbrochen werden. Das heißt, `interrupt()` beendet diese Methoden mit der Ausnahme.

Zusammenfassung: »interrupted()«, »isInterrupted()« und »interrupt()«

Die Methodennamen sind verwirrend gewählt, sodass wir die Aufgaben noch einmal zusammenfassen wollen: Die Objektmethode `interrupt()` setzt in einem (anderen) Thread-Objekt ein Flag, dass es einen Antrag gab, den Thread zu beenden. Sie beendet aber den Thread nicht, obwohl es der Methodenname nahelegt. Dieses Flag lässt sich mit der Objektmethode `isInterrupted()` abfragen. In der Regel wird dies innerhalb einer Schleife geschehen, die darüber bestimmt, ob die Aktivität des Threads fortgesetzt werden soll. Die statische Methode `interrupted()` ist zwar auch eine Anfragemethode und testet das entsprechende Flag des aktuell laufenden Threads, wie `Thread.currentThread().isInterrupted()`, aber zusätzlich löscht es den Interrupt-Status auch, was `isInterrupted()` nicht tut. Zwei aufeinanderfolgende Aufrufe von `interrupted()` führen daher zu einem `false`, es sei denn, in der Zwischenzeit erfolgt eine weitere Unterbrechung.

14.3.9 »UncaughtExceptionHandler« für unbehandelte Ausnahmen

Einer der Gründe für das Ende eines Threads ist eine unbehandelte Ausnahme, etwa von einer nicht aufgefangenen `RuntimeException`. Um in diesem Fall einen kontrollierten Abgang zu ermöglichen, lässt sich an den Thread ein `UncaughtExceptionHandler` hängen, der immer dann benachrichtigt wird, wenn der Thread wegen einer nicht behandelten Ausnahme endet.

`UncaughtExceptionHandler` ist eine in `Thread` deklarierte innere Schnittstelle, die eine Operation `void uncaughtException(Thread t, Throwable e)` vorschreibt. Eine Implementierung der Schnittstelle lässt sich entweder einem individuellen Thread oder allen Threads anhängen, sodass im Fall des Abbruchs durch unbehandelte Ausnahmen die JVM die Methode `uncaughtException()` aufruft. Auf diese Weise kann die Applikation im letzten Atemzug noch den Fehler loggen, den die JVM über das `Throwable e` übergibt.

```
class java.lang.Thread
implements Runnable
```

- ▶ `void setUncaughtExceptionHandler( Thread.UncaughtExceptionHandler eh )`
  Setzt den `UncaughtExceptionHandler` für den Thread.

- ▶ `Thread.UncaughtExceptionHandler getUncaughtExceptionHandler()`
  Liefert den aktuellen `UncaughtExceptionHandler`.

- ▶ `Static void setDefaultUncaughtExceptionHandler( Thread.UncaughtExceptionHandler eh)`
  Setzt den `UncaughtExceptionHandler` für alle Threads.

- ▶ `static Thread.UncaughtExceptionHandler getDefaultUncaughtExceptionHandler()`
  Liefert den zugewiesenen `UncaughtExceptionHandler` aller Threads.

Ein mit setUncaughtExceptionHandler() lokal gesetzter UncaughtExceptionHandler überschreibt den Eintrag für den setDefaultUncaughtExceptionHandler(). Zwischen dem mit dem Thread assoziierten Handler und dem globalen gibt es noch einen Handler-Typ für Thread-Gruppen, der jedoch seltener verwendet wird (vor Java 5 war er jedoch die einzige Möglichkeit, das Ende zu erkennen).

14.3.10 Der »stop()« von außen und die Rettung mit ThreadDeath *

Wenn ein Thread nicht auf interrupt() hört, aber aus irgendwelchen Gründen dringend beendet werden muss, müssen wir wohl oder übel die veraltete Methode stop() einsetzen.

Dass die Methode stop() veraltet ist, zeigen in Eclipse eine unterschlängelte Linie und ein Symbol am linken Rand an. Steht der Cursor auf der problematischen Zeile, weist eine Fehlermeldung ebenfalls auf das Problem hin.

```
Thread.currentThread().stop();
The method stop() from the type Thread is deprecated
```

deprecated gibt uns schon einen guten Hinweis darauf, stop() besser nicht zu benutzen (leider gibt es hier, im Gegensatz zu den meisten anderen veralteten Methoden, keinen einfachen, empfohlenen Ersatz). Überschreiben können wir stop() auch nicht, da es final ist. Wenn wir einen Thread von außen beenden, geben wir ihm keine Chance mehr, seinen Zustand konsistent zu verlassen. Zudem kann die Unterbrechung an beliebiger Stelle erfolgen, sodass angeforderte Ressourcen frei in der Luft hängen können.

```
class java.lang.Thread
implements Runnable
```

▶ final void stop()
Wurde der Thread gar nicht gestartet oder ist er bereits abgearbeitet beziehungsweise beendet, kehrt die Methode sofort zurück. Andernfalls wird über checkAccess() geprüft, ob wir überhaupt das Recht haben, den Thread abzuwürgen. Dann wird der Thread beendet, egal was er zuvor unternommen hat; jetzt kann er nur noch sein Testament in Form eines ThreadDeath-Objekts als Exception anzeigen.

Das ThreadDeath-Objekt

So unmöglich ist das Reagieren auf ein stop() auch nicht. Immer dann, wenn ein Thread mit stop() zum Ende kommen soll, löst die JVM eine ThreadDeath-Ausnahme aus, die letztendlich den Thread beendet. ThreadDeath ist eine Unterklasse von Error, das wiederum von Throwable abgeleitet ist, sodass ThreadDeath mit einem try-catch-Block abgefangen werden kann. Die Java-Entwickler haben ThreadDeath nicht zu einer Unterklasse von Exception gemacht, weil sie nicht wollten, dass ThreadDeath bei einer allgemeinen Exception-Behandlung über catch(Exception e) abgefangen wird (dass wir die Klasse überhaupt nutzen können, ist einem Fehler von Sun zuzuschreiben; die Klasse sollte eigentlich nicht sichtbar sein).

14 | Threads und nebenläufige Programmierung

Wenn wir `ThreadDeath` auffangen, können wir noch auf den Tod reagieren und Aufräum-arbeiten erlauben. Wir sollten aber nicht vergessen, anschließend das aufgefangene `Thread-Death`-Objekt wieder auszulösen, weil der Thread sonst nicht beendet wird:

Listing 14.8 com/tutego/insel/thread/ThreadStopRecovery.java, main()

```
Thread t = new Thread()
{
  @Override public void run()
  {
    try
    {
      while ( true ) System.out.println( "I Like To Move It." );
    }
    catch ( ThreadDeath td )
    {
      System.out.println( "Das Leben ist nicht totzukriegen." );
      throw td;
    }
  }
};
t.start();
try { Thread.sleep( 1 ); } catch ( Exception e ) { }
t.stop();
```

`ThreadDeath` bietet eine extravagante Möglichkeit, um das aktuell laufende Programm zu beenden: `throw new ThreadDeath()`. Die Anweisung `System.exit()` ist aber weniger aufse-henerregend.

14.3.11 Ein Rendezvous mit »join()« *

Wollen wir Aufgaben auf mehrere Threads verteilen, kommt der Zeitpunkt, an dem die Ergeb-nisse eingesammelt werden. Die Resultate können allerdings erst dann zusammengebracht werden, wenn alle Threads mit ihrer Ausführung fertig sind. Da sie sich zu einem bestimmten Zeitpunkt treffen, heißt das auch *Rendezvous*.

Zum Warten gibt es mehrere Strategien. Zunächst lässt sich mit `Callable` arbeiten, um dann mit `get()` synchron auf das Ende zu warten. Arbeiten wir mit `Runnable`, so kann ein Thread keine direkten Ergebnisse wie eine Methode nach außen geben, weil die `run()`-Methode den Ergebnistyp `void` hat. Da ein nebenläufiger Thread zudem asynchron arbeitet, wissen wir nicht einmal, wann wir das Ergebnis erwarten können.

Die Übertragung von Werten ist kein Problem. Hier können Klassenvariablen und auch Objektvariablen helfen, denn über sie können wir kommunizieren. Jetzt fehlt nur noch, dass wir auf das Ende der Aktivität eines Threads warten können. Das funktioniert mit der Methode `join()`.

In unserem folgenden Beispiel legt ein Thread `t` in der Variable `result` ein Ergebnis ab. Wir können die Auswirkungen von `join()` sehen, wenn wir die auskommentierte Zeile hinein-nehmen:

732

Listing 14.9 com/tutego/insel/thread/JoinTheThread.java

```java
package com.tutego.insel.thread;

class JoinTheThread
{
  static class JoinerThread extends Thread
  {
    public int result;

    @Override public void run()
    {
      result = 1;
    }
  }

  public static void main( String[] args ) throws InterruptedException
  {
    JoinerThread t = new JoinerThread();
    t.start();
//    t.join();
    System.out.println( t.result );
  }
}
```

Ohne den Aufruf von join() wird als Ergebnis 0 ausgegeben, denn das Starten des Threads kostet etwas Zeit. In dieser Zeit geben wir aber die automatisch auf 0 initialisierte Klassenvariable aus. Nehmen wir join() hinein, wird die run()-Methode zu Ende ausgeführt, und der Thread setzt die Variable result auf 1. Das sehen wir dann auf dem Bildschirm.

```
class java.lang.Thread
implements Runnable
```

▶ final void join() throws InterruptedException
  Der aktuell ausgeführte Thread wartet auf den Thread, für den die Methode aufgerufen wird, bis dieser beendet ist.

▶ final void join(long millis) throws InterruptedException
  Wie join(), doch wartet diese Variante höchstens millis Millisekunden. Wurde der Thread bis dahin nicht vollständig beendet, fährt das Programm fort. Auf diese Weise kann versucht werden, innerhalb einer bestimmten Zeitspanne auf den Thread zu warten, sonst aber weiterzumachen. Ist millis gleich 0, so hat dies die gleiche Wirkung wie join().

▶ final void join (long millis, int nanos) throws InterruptedException
  Wie join(long), jedoch mit potenziell genauerer Angabe der maximalen Wartezeit.

Nach einem thread.join(long) ist mitunter die thread.isAlive()-Methode nützlich, denn sie sagt aus, ob thread noch aktiv arbeitet oder beendet ist.

In TimeUnit gibt mit timedJoin() eine Hilfsmethode, um mit der Dauer schöner zu arbeiten.

14 | Threads und nebenläufige Programmierung

```
class java.lang.TimeUnit
implements Runnable
```

▶ void timedJoin(Thread thread, long timeout) throws InterruptedException
Berechnet aus der TimeUnit und dem timeout Millisekunden (ms) und Nanosekunden (ns) und führt ein join(ms, ns) auf dem thread aus.

Warten auf den Langsamsten

Große Probleme lassen sich in mehrere Teile zerlegen, und jedes Teilproblem kann dann von einem Thread gelöst werden. Dies ist insbesondere bei Mehrprozessorsystemen eine lohnenswerte Investition. Zum Schluss müssen wir nur noch darauf warten, dass die Threads zum Ende gekommen sind, und das Ergebnis einsammeln. Dazu eignet sich join() gut.

[zB] **Beispiel** Zwei Threads arbeiten an einem Problem. Anschließend wird gewartet, bis beide ihre Aufgabe erledigt haben. Dann könnte etwa ein anderer Thread die von a und b verwendeten Ressourcen wieder nutzen:

```
Thread a = new AThread();
Thread b = new BThread();
a.start();
b.start();
a.join();
b.join();
```

Es ist unerheblich, wessen join() wir zuerst aufrufen, da wir ohnehin auf den langsamsten Thread warten müssen. Wenn ein Thread schon beendet ist, kehrt join() sofort zurück.

Eine andere Lösung für zusammenlaufende Threads besteht darin, diese in einer Thread-Gruppe zusammenzufassen. Dann können sie zusammen behandelt werden, sodass nur das Ende der Thread-Gruppe beobachtet wird.

14.3.12 Arbeit niederlegen und wieder aufnehmen *

Wollen wir erreichen, dass ein Thread für eine bestimmte Zeit die Arbeit niederlegt und ein anderer den schlafenden Thread wieder aufwecken kann, müssten wir das selbst implementieren. Zwar gibt es mit suspend() und resume() zwei Methoden, doch diese Start-Stopp-Technik ist nicht erwünscht, da sie ähnlich problematisch ist wie stop().

```
class java.lang.Thread
implements Runnable
```

▶ final void suspend()
Lebt der Thread, wird er so lange eingefroren (schlafen gelegt), bis resume() aufgerufen wird.

▶ final void resume()
Weckt einen durch suspend() lahmgelegten Thread wieder auf, der dann wieder arbeiten kann.

734

Thread-Eigenschaften und -Zustände | **14.3**

14.3.13 Priorität *

Jeder Thread verfügt über eine Priorität, die aussagt, wie viel Rechenzeit ein Thread relativ zu anderen Threads erhält. Die Priorität ist eine Zahl zwischen `Thread.MIN_PRIORITY` (1) und `Thread.MAX_PRIORITY` (10). Durch den Wert kann der Scheduler erkennen, welchem Thread er den Vorzug geben soll, wenn mehrere Threads auf Rechenzeit warten. Bei seiner Initialisierung bekommt jeder Thread die Priorität des erzeugenden Threads. Normalerweise ist es die Priorität `Thread.NORM_PRIORITY` (5).

Das Betriebssystem (oder die JVM) nimmt die Threads immer entsprechend der Priorität aus der Warteschlange heraus (daher *Prioritätswarteschlange*). Ein Thread mit der Priorität *N* wird vor allen Threads mit der Wichtigkeit kleiner *N*, aber hinter denen der Priorität größer gleich *N* gesetzt. Ruft nun ein kooperativer Thread mit der Priorität *N* die Methode `yield()` auf, bekommt ein Thread mit der Priorität <= *N* auch eine Chance zur Ausführung.

Die Priorität kann durch Aufruf von `setPriority()` geändert und mit `getPriority()` abgefragt werden. Allerdings macht Java nur sehr schwache Aussagen über die Bedeutung und Auswirkung von Thread-Prioritäten.

[zB]

Beispiel Wir weisen dem Thread `t` die höchste Priorität zu:
```
t.setPriority( Thread.MAX_PRIORITY );
```

```
class java.lang.Thread
implements Runnable
```

▶ `final int getPriority()`
Liefert die Priorität des Threads.

▶ `final void setPriority( int newPriority )`
Setzt die Priorität des Threads. Es ergibt eine `IllegalArgumentException`, wenn die Priorität nicht zwischen `MIN_PRIORITY` (1) und `MAX_PRIORITY` (10) liegt.

Granularität und Vorrang

Die zehn Prioritätsstufen garantieren nicht zwingend unterschiedliche Ausführungen. Obwohl anzunehmen ist, dass ein Thread mit der Priorität `NORM_PRIORITY+1` häufiger Programmcode ausführt als ein Thread mit der Priorität `NORM_PRIORITY`, kann ein Betriebssystem dies anders implementieren. Nehmen wir an, die Plattform implementiert lediglich fünf Prioritätsstufen. Ist 1 die niedrigste Stufe und 5 die höchste – die mittlere Stufe ist 3 –, werden wahrscheinlich `NORM_PRIORITY` und `NORM_PRIORITY + 1` auf die Stufe 3 transformiert und haben demnach dieselbe Priorität. Was wir daraus lernen: Auch bei unterschiedlichen Prioritäten können wir nicht erwarten, dass ein bestimmtes Programmstück zwingend schneller läuft. Zudem gibt es Betriebssysteme mit Schedulern, die keine Prioritäten unterstützen oder diese unerwartet interpretieren.

735

14 | Threads und nebenläufige Programmierung

14.4 Der Ausführer (Executor) kommt

Zur parallelen Ausführung eines `Runnable` ist immer ein Thread notwendig. Obwohl die nebenläufige Abarbeitung von Programmcode ohne Threads nicht möglich ist, sind doch beide sehr stark verbunden, und es wäre gut, wenn das `Runnable` vom tatsächlichen abarbeitenden Thread etwas getrennt wäre. Das hat mehrere Gründe:

▶ Schon beim Erzeugen eines `Thread`-Objekts muss das `Runnable`-Objekt im `Thread`-Konstruktor übergeben werden. Es ist nicht möglich, das `Thread`-Objekt aufzubauen, dann über eine JavaBean-Setter-Methode das `Runnable`-Objekt zuzuweisen und anschließend den Thread mit `start()` zu starten.

▶ Wird `start()` auf dem `Thread`-Objekt zweimal aufgerufen, so führt der zweite Aufruf zu einer Ausnahme. Ein erzeugter Thread kann also ein `Runnable` duch zweimaliges Aurufen von `start()` nicht gleich zweimal abarbeiten. Für eine erneute Abarbeitung eines `Runnable` ist also mit unseren bisherigen Mitteln immer ein neues `Thread`-Objekt nötig.

▶ Der Thread beginnt mit der Abarbeitung des Programmcodes vom `Runnable` sofort nach dem Aufruf von `start()`. Die Implementierung vom `Runnable` selbst müsste geändert werden, wenn der Programmcode nicht sofort, sondern später (nächste Tagesschau) oder wiederholt (immer Weihnachten) ausgeführt werden soll.

Wünschenswert ist eine Abstraktion, die das Ausführen des `Runnable`-Programmcodes von der technischen Realisierung (etwa den Threads) trennt.

14.4.1 Die Schnittstelle »Executor«

Seit Java 5 gibt es eine Abstraktion für Klassen, die Befehle über `Runnable` ausführen. Die Schnittstelle `Executor` schreibt eine Methode vor:

```
interface java.util.concurrent.Executor
```

▶ `void execute( Runnable command )`
Wird später von Klassen implementiert, die ein `Runnable` abarbeiten können.

Jeder, der nun Befehle über `Runnable` abarbeitet, ist `Executor`.

Konkrete Executoren

Von dieser Schnittstelle gibt es bisher zwei wichtige Implementierungen:

▶ `ThreadPoolExecutor`. Die Klasse baut eine Sammlung von Threads auf, den Thread-Pool. Ausführungsanfragen werden von den freien Threads übernommen.

▶ `ScheduledThreadPoolExecutor`. Eine Erweiterung von `ThreadPoolExecutor` um die Fähigkeit, zu bestimmten Zeiten oder mit bestimmten Wiederholungen Befehle abzuarbeiten.

Die beiden Klassen haben nicht ganz so triviale Konstruktoren, und eine Utility-Klasse vereinfacht den Aufbau dieser speziellen `Executor`-Objekte.

736

14.4 Der Ausführer (Executor) kommt

`class java.util.concurrent.Executors`

- `static ExecutorService newCachedThreadPool()`
  Liefert einen Thread-Pool mit wachsender Größe.
- `static ExecutorService newFixedThreadPool( int nThreads )`
  Liefert einen Thread-Pool mit maximal `nThreads`.
- `static ScheduledExecutorService newSingleThreadScheduledExecutor()`
- `static ScheduledExecutorService newScheduledThreadPool( int corePoolSize )`
  Gibt spezielle Executor-Objekte zurück, um Wiederholungen festzulegen.

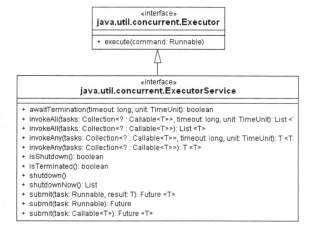

`ExecutorService` ist eine Schnittstelle, die `Executor` erweitert. Unter anderem sind hier Operationen zu finden, die die Ausführer herunterfahren. Im Falle von Thread-Pools ist das nützlich, da die Threads ja sonst nicht beendet würden, weil sie auf neue Aufgaben warten.

java.util.concurrent.Executors
+ newFixedThreadPool(nThreads: int): ExecutorService
+ newFixedThreadPool(nThreads: int, threadFactory: ThreadFactory): ExecutorService
+ newSingleThreadExecutor(): ExecutorService
+ newSingleThreadExecutor(threadFactory: ThreadFactory): ExecutorService
+ newCachedThreadPool(): ExecutorService
+ newCachedThreadPool(threadFactory: ThreadFactory): ExecutorService
+ newSingleThreadScheduledExecutor(): ScheduledExecutorService
+ newSingleThreadScheduledExecutor(threadFactory: ThreadFactory): ScheduledExecutorService
+ newScheduledThreadPool(corePoolSize: int): ScheduledExecutorService
+ newScheduledThreadPool(corePoolSize: int, threadFactory: ThreadFactory): ScheduledExecutorService
+ unconfigurableExecutorService(executor: ExecutorService): ExecutorService
+ unconfigurableScheduledExecutorService(executor: ScheduledExecutorService): ScheduledExecutorService
+ defaultThreadFactory(): ThreadFactory
+ privilegedThreadFactory(): ThreadFactory
+ callable(task: Runnable, result: T): Callable <T>
+ callable(task: Runnable): Callable
+ callable(action: PrivilegedAction<?>): Callable
+ callable(action: PrivilegedExceptionAction<?>): Callable
+ privilegedCallable(callable: Callable<T>): Callable <T>
+ privilegedCallableUsingCurrentClassLoader(callable: Callable<T>): Callable <T>

14 | Threads und nebenläufige Programmierung

14.4.2 Die Thread-Pools

Eine wichtige statische Methode der Klasse `Executors` ist `newCachedThreadPool()`. Das Ergebnis ist ein `ExecutorService`-Objekt, eine Implementierung von `Executor` mit der Methode `execute(Runnable)`:

Listing 14.10 com/tutego/insel/thread/concurrent/ThreadPoolDemo.java, main()

```
Runnable r1 = new Runnable() {
  @Override public void run() {
    System.out.println( "A1 " + Thread.currentThread() );
    System.out.println( "A2 " + Thread.currentThread() );
  }
};

Runnable r2 = new Runnable() {
  @Override public void run() {
    System.out.println( "B1 " + Thread.currentThread() );
    System.out.println( "B2 " + Thread.currentThread() );
  }
};
```

Jetzt lässt sich der Thread-Pool als `ExecutorService` beziehen und lassen sich die beiden Befehlsobjekte als `Runnable` über `execute()` ausführen:

```
ExecutorService executor = Executors.newCachedThreadPool();

executor.execute( r1 );
executor.execute( r2 );

Thread.sleep( 500 );

executor.execute( r1 );
executor.execute( r2 );

executor.shutdown();
```

Die Ausgabe zeigt sehr schön die Wiederverwendung der Threads:

```
A1 Thread[pool-1-thread-1,5,main]
A2 Thread[pool-1-thread-1,5,main]
B1 Thread[pool-1-thread-2,5,main]
B2 Thread[pool-1-thread-2,5,main]
B1 Thread[pool-1-thread-1,5,main]
B2 Thread[pool-1-thread-1,5,main]
A1 Thread[pool-1-thread-2,5,main]
A2 Thread[pool-1-thread-2,5,main]
```

Die `toString()`-Methode von Thread ist so implementiert, dass zunächst der Name der Threads auftaucht, den die Pool-Implementierung gesetzt hat, dann die Priorität und der Name des Threads, der den neuen Thread gestartet hat. Am neuen Namen ist abzulesen, dass hier zwei Threads von einem Thread-Pool 1 verwendet werden: `thread-1` und `thread-2`. Nach dem Ausführen der beiden Aufträge und der kleinen Warterei sind die Threads fertig und für neue Jobs bereit, sodass `A1` und `A2` beim zweiten Mal mit den wieder freien Threads abgearbeitet werden.

Interessant sind die folgenden drei Operationen zur Steuerung des Pool-Endes:

```
interface java.util.concurrent.ExecutorService
extends Executor
```

- `void shutdown()`
  Fährt den Thread-Pool herunter. Laufende Threads werden nicht abgebrochen, aber neue Anfragen werden nicht angenommen.
- `boolean isShutdown()`
  Wurde der Executor schon heruntergefahren?
- `List<Runnable> shutdownNow()`
  Gerade ausführende Befehle werden zum Stoppen angeregt. Die Rückgabe ist eine Liste der zu beendenden Kommandos.

14.4.3 Threads mit Rückgabe über Callable

Der nebenläufige Thread kann nur über Umwege Ergebnisse zurückgeben. In einer eigenen Klasse, die `Runnable` erweitert, lässt sich im Konstruktor zum Beispiel eine Datenstruktur übergeben, in die der Thread ein berechnetes Ergebnis hineinlegt. Die Datenstruktur kann dann vom Aufrufer auf Änderungen hin untersucht werden.

Die Java-Bibliothek bietet noch einen anderen Weg, denn während `run()` in `Runnable` als Rückgabe `void` hat, übermittelt `call()` einer anderen Schnittstelle, dem Aufrufer `Callable`, eine Rückgabe. Zum Vergleich:

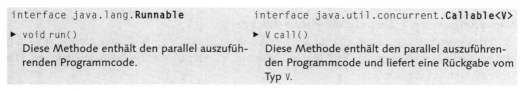

Felder sortieren über Callable

Wir wollen ein Beispiel implementieren, das ein Feld sortiert. Das Sortieren soll ein `Callable` im Hintergrund übernehmen. Ist die Operation beendet, soll der Verweis auf das sortiere Feld zurückgegeben werden. Das Sortieren erledigt wie üblich `Arrays.sort()`:

14 | Threads und nebenläufige Programmierung

Listing 14.11 com/tutego/insel/thread/concurrent/CallableDemo.java, SorterCallable

```java
class SorterCallable implements Callable<byte[]>
{
  private final byte[] b;

  SorterCallable( byte[] b )
  {
    this.b = b;
  }

  @Override public byte[] call()
  {
    Arrays.sort( b );
    return b;
  }
}
```

Natürlich bringt es wenig, das Callable-Objekt aufzubauen und selbst call() aufzurufen, denn ein Thread soll die Aufgabe im Hintergrund erledigen. Dazu ist jedoch nicht die Klasse Thread selbst zu verwenden, sondern ein ExecutorService, den wir etwa über Executors.newCachedThreadPool() bekommen:

Listing 14.12 com/tutego/insel/thread/concurrent/CallableDemo.java, main() Ausschnitt

```java
byte[] b = new byte[ 4000000 ];
new Random().nextBytes( b );
Callable<byte[]> c = new SorterCallable( b );
ExecutorService executor = Executors.newCachedThreadPool();
Future<byte[]> result = executor.submit( c );
```

Der ExecutorService bietet eine submit()-Methode, die das Callable annimmt und einen Thread für die Abarbeitung aussucht.

Erinnerungen an die Zukunft: die Future-Rückgabe

Weil das Ergebnis asynchron ankommt, liefert submit() ein Future-Objekt zurück, über das wir herausfinden können, ob das Ergebnis schon da ist oder ob wir noch warten müssen. Die Operationen im Einzelnen:

```
interface java.util.concurrent.Future<V>
```

▶ V get() throws InterruptedException, ExecutionException
Wartet auf das Ergebnis und gibt es dann zurück. Die Methode blockiert so lange, bis das Ergebnis da ist.

▶ V get(long timeout, TimeUnit unit)
  throws InterruptedException, ExecutionException, TimeoutException
Wartet eine gegebene Zeit auf das Ergebnis und gibt es dann zurück. Kommt es in der Zeitschranke nicht, gibt es eine TimeoutException.

740

- ► `boolean isDone()`
  Wurde die Arbeit beendet oder sogar abgebrochen?

- ► `boolean cancel( boolean mayInterruptIfRunning )`
  Bricht die Arbeit ab.

- ► `boolean isCancelled()`
  Wurde die Arbeit vor dem Ende abgebrochen?

Das Ergebnis von `submit(Callable)` ist also das `Future`-Objekt. Eigentlich ist nach einem `submit()`die beste Zeit, noch andere parallele Aufgaben anzustoßen, um dann später mit `get()` das Ergebnis einzusammeln. Das Programmiermuster ist immer gleich: Erst Arbeit an den `ExecutorService` übergeben, dann etwas anderes machen und später zurückkommen. Da wir in unserem Beispiel jedoch in der Zwischenzeit nichts anderes zu tun haben, als ein Bytefeld zu sortieren, setzen wir das `Callable` ab und warten mit `get()`sofort auf das sortierte Feld:

Listing 14.13   com/tutego/insel/thread/concurrent/CallableDemo.java, main()

```
byte[] b = new byte[ 4000000 ];
new Random().nextBytes( b );
Callable<byte[]> c = new SorterCallable( b );
ExecutorService executor = Executors.newCachedThreadPool();
Future<byte[]> result = executor.submit( c );
byte[] bs = result.get();
System.out.printf( "%d, %d, %d%n", bs[0], bs[1], bs[bs.length-1] );
// -128, -128, 127
```

Da das Feld sortiert ist, und der Wertebereich eines Bytes mit –128 bis +127 sehr klein ist, ist vermutlich bei 4.000.000 Werten das kleinste Element der Zufallszahlen –128 und das größte 127.

Beispiel   Nicht immer ist das potenziell unendliche Blockieren erwünscht. Für diesen Fall ermöglicht die überladene Methode von `get()` eine Parametrisierung mit einer Wartezeit und Zeiteinheit: [zB]

```
byte[] bs = result.get( 2, TimeUnit.SECONDS );
```

Ist das Ergebnis nicht innerhalb von zwei Sekunden verfügbar, löst die Methode eine `Time-outException` aus, die so aussehen wird:

```
java.util.concurrent.TimeoutException
    at java.util.concurrent.FutureTask$Sync.innerGet(FutureTask.java:228)
    at java.util.concurrent.FutureTask.get(FutureTask.java:91)
    at com.tutego.insel.thread.concurrent.CallableDemo.main(CallableDemo.java:27)
```

Ein Runnable mit Zukunft oder als Callable

Aus Gründen der Symmetrie gibt es neben `submit(Callable)` noch zwei `submit()`-Methoden, die ebenfalls ein `Runnable` annehmen. Zusammen ergeben sich:

14 | Threads und nebenläufige Programmierung

```
interface java.util.concurrent.ExecutorService
extends Executor
```

▶ `<T> Future<T> submit( Callable<T> task )`
Der `ExecutorService` soll die Aufgabe abarbeiten und Zugriff auf das Ergebnis über die Rückgabe geben.

▶ `Future<?> submit( Runnable task )`
Der `ExecutorService` arbeitet das `Runnable` ab und ermöglicht es, über das `Future`-Objekt zu erfragen, ob die Ausgabe schon abgearbeitet wurde oder nicht. `get()` liefert am Ende `null`.

▶ `<T> Future<T> submit( Runnable task, T result )`
Wie `submit(task)`, nur: Die `get()`-Anfrage über `Future` liefert `result`.

Zum Umbau eines `Runnable` in ein `Callable` gibt es noch einige Hilfsmethoden in der Klasse `Executors`. Dazu zählen die statische Methode `callable(Runnable task)`, die ein `Callable<Object>` liefert und die Methode `callable(Runnable task, T result)`, die ein `Callable<T>` zurückgibt.

14.4.4 Mehrere Callable abarbeiten

Die Methode `submit()` vom `ExecutorService` nimmt genau ein `Callable` an und führt es aus.

▶ `<T> Future<T> submit( Callable<T> task )`

Muss eine Anwendung mehrere `Callable` abarbeiten, kann es natürlich mehrere Aufrufe von `submit()` geben. Doch ein `ExecutorService` kann von sich aus mehrere `Callable` abarbeiten. Dabei gibt es zwei Varianten:

▶ Alle `Callable` einer Liste werden ausgeführt, und das Ergebnis ist eine Liste von `Future`-Objekten oder

▶ alle `Callable` einer Liste werden ausgeführt doch der erste, der mit der Arbeit fertig wird, ergibt das Resultat.

Das macht zwei Methoden, und da sie zusätzlich noch mit einer Zeitbeschränkung kommen, sind es vier:

```
interface java.util.concurrent.ExecutorService
extends Executor
```

▶ `<T> List<Future<T>> invokeAll( Collection<? extends Callable<T>> tasks )`
    `throws InterruptedException`
Führt alle Ausgaben aus. Liefert eine Liste von `Future`-Objekten, die die Ergebnisse repräsentieren.

▶ `<T> List<Future<T>> invokeAll( Collection<? extends Callable<T>> tasks,`
                              `long timeout, TimeUnit unit ) throws InterruptedException`
Führt alle Ausgaben aus und wird die Ergebnisse als Liste von `Future`-Objekten liefern, solange die Zeit `timeout` in der gegebenen Zeiteinheit nicht überschritten wird.

742

▶ `<T> T invokeAny( Collection<? extends Callable<T>> tasks )`
   `throws InterruptedException, ExecutionException`
Führt alle Aufgaben aus, aber liefert das Ergebnis eines Ausführers, der als Erster fertig ist. Ein `get()` wird also nie warten müssen.

▶ `<T> T invokeAny( Collection<? extends Callable<T>> tasks,`
   `long timeout, TimeUnit unit )`
   `throws InterruptedException, ExecutionException, TimeoutException`
Führt alle Aufgaben aus, gilt aber nur eine beschränkte Zeit. Das erste Ergebnis eines `Callable`-Objekts, das in der Zeit fertig wird, gibt `invokeAny()` zurück.

14.4.5 Mit ScheduledExecutorService wiederholende Ausgaben und Zeitsteuerungen

Die Klasse `ScheduledThreadPoolExecutor` ist eine weitere Klasse neben `ThreadPoolExecutor`, die die Schnittstellen `Executor` und `ExecutorService` implementiert. Die wichtige Schnittstelle, die diese Klasse außerdem implementiert, ist aber `ScheduledExecutorService` – sie schreibt `scheduleXXX()`-Operationen vor, um ein `Runnable` oder `Callable` zu bestimmten Zeiten und Wiederholungen auszuführen (zwar gibt es mit dem `java.util.Timer` etwas Ähnliches, doch der `ScheduledThreadPoolExecutor` nutzt Threads aus dem Pool).

Das folgende Beispiel führt nach einer Startzeit von einer Sekunde alle zwei Sekunden eine Ausgabe aus:

Listing 14.14   com/tutego/insel/thread/concurrent/ScheduledExecutorServiceDemo.java, main()

```
ScheculedExecutorService scheduler = Executors.newScheduledThreadPool( 1 );
scheculer.scheduleAtFixedRate(
    new Runnable() {
      @Override public void run() {
        System.out.println( "Tata" );
      }
    },
    1 /* Startverzögerung */,
    2 /* Dauer */,
    TimeUnit.SECONDS );
```

Nach einer Sekunde Startverzögerung bekommen wir jede zweite Sekunde ein »Tata«.

14.5   Synchronisation über kritische Abschnitte

Wenn Threads in Java ein eigenständiges Leben führen, ist dieser Lebensstil nicht immer unproblematisch für andere Threads, insbesondere beim Zugriff auf gemeinsam genutzte Ressourcen. In den folgenden Abschnitten erfahren wir mehr über gemeinsam genutzte Daten und Schutzmaßnahmen beim konkurrierenden Zugriff durch mehrere Threads.

14 | Threads und nebenläufige Programmierung

14.5.1 Gemeinsam genutzte Daten

Ein Thread besitzt zum einen seine eigenen Variablen, etwa die Objektvariablen, kann aber auch statische Variablen nutzen, wie das folgende Beispiel zeigt:

```
class T extends Thread
{
  static int result;

  public void run() { ... }
}
```

In diesem Fall können verschiedene Exemplare der Klasse T, die jeweils einen Thread bilden, Daten austauschen, indem sie die Informationen in result ablegen oder daraus entnehmen. Threads können aber auch an einer zentralen Stelle eine Datenstruktur erfragen und dort Informationen entnehmen oder Zugriff auf gemeinsame Objekte über eine Referenz bekommen. Es gibt also viele Möglichkeiten, wie Threads – und damit potenziell parallel ablaufende Aktivitäten – Daten austauschen können.

14.5.2 Probleme beim gemeinsamen Zugriff und kritische Abschnitte

Da Threads ihre eigenen Daten verwalten – sie haben alle eigene lokale Variablen und einen Stack –, kommen sie sich gegenseitig nicht in die Quere. Auch wenn mehrere Threads gemeinsame Daten nur lesen, ist das unbedenklich; Schreiboperationen sind jedoch kritisch. Wenn sich zehn Nutzer einen Drucker teilen, der die Ausdrucke nicht als unteilbare Einheit bündelt, lässt sich leicht ausmalen, wie das Ergebnis aussieht. Seiten, Zeilen oder gar einzelne Zeichen aus verschiedenen Druckaufträgen werden bunt gemischt ausgedruckt.

Die Probleme haben ihren Ursprung in der Art und Weise, wie die Threads umgeschaltet werden. Der Scheduler unterbricht zu einem uns unbekannten Zeitpunkt die Abarbeitung eines Threads und lässt den nächsten arbeiten. Wenn nun der erste Thread gerade Programmzeilen abarbeitet, die zusammengehören, und der zweite Thread beginnt, parallel auf diesen Daten zu arbeiten, ist der Ärger vorprogrammiert. Wir müssen also Folgendes ausdrücken können: Wenn ich den Job mache, dann möchte ich der Einzige sein, der die Ressource – etwa einen Drucker – nutzt. Erst nachdem der Drucker den Auftrag eines Benutzers fertiggestellt hat, darf er den nächsten in Angriff nehmen.

Kritische Abschnitte

Zusammenhängende Programmblöcke, denen während der Ausführung von einem Thread kein anderer Thread reinwurschteln sollte und die daher besonders geschützt werden müssen, nennen sich *kritische Abschnitte*. Wenn lediglich ein Thread den Programmteil abarbeitet, dann nennen wir dies *gegenseitigen Ausschluss* oder *atomar*. Wir könnten das etwas lockerer sehen, wenn wir wüssten, dass innerhalb der Programmblöcke nur von den Daten gelesen wird. Sobald aber nur ein Thread Änderungen vornehmen möchte, ist ein Schutz nötig. Denn arbeitet ein Programm bei nebenläufigen Threads falsch, ist es nicht *thread-sicher* (engl. *thread-safe*).

Wir werden uns nun Beispiele für kritische Abschnitte anschauen und dann sehen, wie wir diese in Java realisieren können.

Nicht kritische Abschnitte

Wenn mehrere Threads auf das gleiche Programmstück zugreifen, muss das nicht zwangsläufig zu einem Problem führen, und Thread-Sicherheit ist immer gegeben. Immutable Objekte – nehmen wir an, ein Konstruktor belegt einmalig die Zustände – sind automatisch threadsicher, da es keine Schreibzugriffe gibt und bei Lesezugriffen nichts schiefgehen kann. Immutable-Klassen wie `String` oder Wrapper-Klassen kommen daher ohne Synchronisierung aus.

Das Gleiche gilt für Methoden, die keine Objekteigenschaften verändern. Da jeder Thread seine Thread-eigenen Variablen besitzt – jeder Thread hat einen eigenen Stack –, können lokale Variablen, auch Parametervariablen, beliebig gelesen und geschrieben werden. Wenn zum Beispiel zwei Threads die folgende statische Utility-Methode aufrufen, ist das kein Problem:

```
public static String reverse( String s )
{
  return new StringBuilder( s ).reverse().toString();
}
```

Jeder Thread wird eine eigene Variablenbelegung für s haben und ein temporäres Objekt vom Typ `StringBuilder` referenzieren.

Thread-sichere und nicht thread-sichere Klassen der Java Bibliothek

Es gibt in Java viele Klassen, die nicht thread-sicher sind – das ist sogar der Standard. So sind etwa alle `Format`-Klassen, wie `MessageFormat`, `NumberFormat`, `DecimalFormat`, `ChoiceFormat`, `DateFormat` und `SimpleDateFormat`, nicht für den nebenläufigen Zugriff gemacht. In der Regel steht das in der JavaDoc, etwa bei `DateFormat`:

> »*Synchronization. Date formats are not synchronized. It is recommended to create separate format instances for each thread. If multiple threads access a format concurrently, it must be synchronized externally.*«

Wer also Objekte nebenläufig verwendet, der sollte immer in der Java API-Dokumentation nachschlagen, ob es dort einen Hinweis gibt, ob die Objekte überhaupt thread-sicher sind.

In einigen wenigen Fällen haben Entwickler die Wahl zwischen thread-sicheren und nichtthread-sicheren Klassen:

Nicht thread-sicher	Thread-sicher
StringBuilder	StringBuffer
ArrayList	Vector
HashMap	Hashtable

Tabelle 14.3 Thread-sichere und nicht thread-sichere Klassen

14 | Threads und nebenläufige Programmierung

Obwohl es die Auswahl bei den Datenstrukturen im Prinzip gibt, werden Vector und Hashtable dennoch nicht verwendet. Wir haben uns darum bereits in Kapitel 13, »Datenstrukturen und Algorithmen«, gekümmert.

14.5.3 Punkte parallel initialisieren

Nehmen wir an, ein Thread T1 möchte ein Point-Objekt p mit den Werten (1,1) und ein zweiter Thread T2 eine Belegung mit den Werten (2,2) durchführen.

Thread T1	Thread T2
p.x = 1;	p.x = 2;
p.y = 1;	p.y = 2;

Beide Threads können natürlich bei einem 2 Kern-Prozessor parallel arbeiten, aber da sie auf gemeinsame Variablen zugreifen, ist der Zugriff auf x bzw. y von p trotzdem sequenziell. Um es nicht allzu kompliziert zu machen, vereinfachen wir unser Ausführungsmodell, dass wir zwar zwei Threads laufen haben, aber nur jeweils einer ausgeführt wird. Dann ist es möglich, dass T1 mit der Arbeit beginnt und x = 1 setzt. Da der Thread-Scheduler einen Thread jederzeit unterbrechen kann, kann nun T2 an die Reihe kommen, der x = 2 und y = 2 setzt. Wird dann T1 wieder Rechenzeit zugeteilt, darf T1 an der Stelle weitermachen, wo er aufgehört hat, und y = 1 folgt. In einer Tabelle ist das Ergebnis noch besser zu sehen:

Thread T1	Thread T2	x/y
p.x = 1;		1/0
	p.x = 2;	2/0
	p.y = 2;	2/2
p.y = 1;		2/1

Wir erkennen das nicht beabsichtigte Ergebnis (2,1), es könnte aber auch (1,2) sein, wenn wir das gleiche Szenario beginnend mit T2 durchführen. Je nach zuerst abgearbeitetem Thread wäre jedoch nur (1,1) oder (2,2) korrekt. Die Threads sollen ihre Arbeit aber atomar erledigen, denn die Zuweisung bildet einen kritischen Abschnitt, der geschützt werden muss. Standardmäßig sind die zwei Zuweisungen nicht-atomare Operationen und können unterbrochen werden. Um dies an einem Beispiel zu zeigen, sollen zwei Threads ein Point-Objekt verändern. Die Threads belegen x und y immer gleich, und immer dann, wenn sich die Koordinaten unterscheiden, soll es eine Meldung geben:

Listing 14.15 com/tutego/insel/thread/concurrent/ParallelPointInit.java, main()

```
final Point p = new Point();

Runnable r = new Runnable()
{
  @Override public void run()
  {
    int x = (int)(Math.random() * 1000), y = x;
```

746

```
    while ( true )
    {
      p.x = x;  p.y = y;          // *

      int xc = p.x, yc = p.y;     // *

      if ( xc != yc )
        System.out.println( "Aha: x=" + xc + ", y=" + yc );
    }
  }
};

new Thread( r ).start();
new Thread( r ).start();
```

Die interessanten Zeilen sind mit * markiert. `p.x = x; p.y = y;` belegt die Koordinaten neu, und `int xc = p.x, yc = p.y;` liest die Koordinaten erneut aus. Würden Belegung und Auslesen in einem Rutsch passieren, dürfte überhaupt keine unterschiedliche Belegung von `x` und `y` zu finden sein. Doch das Beispiel zeigt es anders:

```
Aha:  x=58,  y=116
Aha:  x=116, y=58
Aha:  x=58,  y=116
Aha:  x=58,  y=116
...
```

Was wir mit den parallelen Punkten vor uns haben, sind Effekte, die von den Ausführungszeiten der einzelnen Operationen abhängen. In Abhängigkeit von dem Ort der Unterbrechung wird ein fehlerhaftes Verhalten produziert. Dieses Szenario nennt sich im Englischen *race condition* beziehungsweise *race hazard* (zu Deutsch auch *Wettlaufsituation*).

14.5.4 »i++« sieht atomar aus, ist es aber nicht *

Das Beispiel vorhin ist plastisch und einleuchtend, weil zwischen Anweisungen unterbrochen werden kann. Das Problem liegt aber noch tiefer. Schon einfache Anweisungen wie `i++` müssen geschützt werden. Um dies zu verstehen, wollen wir einen Blick auf folgende Zeilen werfen:

Listing 14.16   com/tutego/insel/thread/IPlusPlus.java, IPlusPlus

```
public class IPlusPlus
{
  static int i;
  static void foo()
  {
   i++;
  }
}
```

14 | Threads und nebenläufige Programmierung

Die Objektmethode `foo()` erhöht die statische Variable `i`. Um zu erkennen, dass `i++` ein kritischer Abschnitt ist, sehen wir uns den dazu generierten Bytecode[4] für die Methode `foo()` an:

```
0 getstatic #19 <Field int i>
3 iconst_1
4 iadd
5 putstatic #19 <Field int i>
8 return
```

Die einfach aussehende Operation `i++` ist also etwas komplizierter. Zuerst wird `i` gelesen und auf dem Stack abgelegt. Danach wird die Konstante 1 auf den Stack gelegt, und anschließend addiert `iadd` beide Werte. Das Ergebnis steht wiederum auf dem Stack und wird von `putstatic` zurück in `i` geschrieben.

Wenn jetzt auf die Variable `i` von zwei Threads A und B gleichzeitig zugegriffen wird, kann folgende Situation eintreten:

▶ Thread A holt sich den Wert von `i` in den internen Speicher, wird dann aber unterbrochen. Er kann das um 1 erhöhte Resultat nicht wieder `i` zuweisen.

▶ Nach der Unterbrechung von A kommt Thread B an die Reihe. Auch er besorgt sich `i`, kann aber `i + 1` berechnen und das Ergebnis in `i` ablegen. Dann ist B beendet, und der Scheduler beachtet Thread A.

▶ Jetzt steht in `i` das von Thread B um 1 erhöhte `i`. Thread A addiert nun 1 zu dem gespeicherten alten Wert von `i` und schreibt dann nochmals denselben Wert wie Thread B zuvor. Insgesamt wurde die Variable `i` nur um 1 erhöht, obwohl zweimal inkrementiert werden sollte. Jeder Thread hat für sich gesehen das korrekte Ergebnis berechnet.

Wenn wir unsere Methode `foo()` atomar ausführen, haben wir das Problem nicht mehr, weil das Lesen aus `i` und das Schreiben zusammen einen unteilbaren, kritischen Abschnitt bilden.

14.5.5 Kritische Abschnitte schützen

Beginnen wir mit einem anschaulichen Alltagsbeispiel. Gehen wir aufs Klo, schließen wir die Tür hinter uns. Möchte jemand anderes auf die Toilette, muss er warten. Vielleicht kommen noch mehrere dazu, die müssen dann auch warten, und eine Warteschlage bildet sich. Dass die Toilette besetzt ist, signalisiert die abgeschlossene Tür. Jeder Wartende muss so lange vor dem Klo ausharren, bis das Schloss geöffnet wird, selbst wenn der auf der Toilette Sitzende nach einer langen Nacht einnicken sollte.

Wie übertragen wir das auf Java? Soll die Laufzeitumgebung nur einen Thread in einen Block lassen, ist ein *Monitor*[5] nötig. Ein Monitor wird mithilfe eines *Locks* (zu Deutsch »Schloss«) realisiert, welches ein Thread öffnet oder schließt. Tritt ein Thread in den kritischen Abschnitt

---

4 Machbar zum Beispiel mit dem jeder Java-Distribution beiliegenden Dienstprogramm *javap* und der Option *-c*.

5 Der Begriff geht auf C. A. R. Hoare zurück, der in seinem Aufsatz »Communicating Sequential Processes« von 1978 erstmals dieses Konzept veröffentlichte.

ein, muss Programmcode wie eine Tür abgeschlossen werden (engl. *lock*). Erst wenn der Abschnitt durchlaufen wurde, darf die Tür wieder aufgeschlossen werden (engl. *unlock*), und ein anderer Thread kann den Abschnitt betreten.

> **Hinweis** Ein anderes Wort für Lock ist *Mutex* (engl. *mutual exclusion*, also »gegenseitiger Ausschluss«). Der Begriff »Monitor« wird oft gleichgesetzt mit Lock (Mutex), doch kann ein Monitor mit Warten/Benachrichtigen mehr als ein klassischer Lock. In der Definition der Sprache Java (JLS Kapitel 17) tauchen die Begriffe Mutex und Lock allerdings nicht auf; die Autoren sprechen nur von den Monitor-Aktionen *lock* und *unlock*. Die Java Virtual Machine definiert dafür die Opcodes `monitorenter` und `monitorexit`.

[«]

Java-Konstrukte zum Schutz der kritischen Abschnitte

Wenn wir auf unser Punkte-Problem zurückkommen, so stellen wir fest, dass zwei Zeilen auf eine Variable zugreifen:

```
p.x = x; p.y = y;
int xc = p.x, yc = p.y;
```

Diese beiden Zeilen bilden also einen kritischen Abschnitt, den jeweils nur ein Thread betreten darf. Wenn also einer der Threads mit `p.x = x` beginnt, muss er so lange den exklusiven Zugriff bekommen, bis er mit `yc = p.y` endet.

Aber wie wird nun ein kritischer Abschnitt bekannt gegeben? Zum Markieren und Abschließen dieser Bereiche gibt es zwei Konzepte:[6]

Konstrukt	eingebautes Schlüsselwort	Java Standardbibliothek
Schlüsselwort/Typen	`synchronized`	`java.util.concurrent.locks.Lock`

Nutzungsschema	`synchronized`
	`{`
	   `Tue1`
	   `Tue2`
	`}`
		`lock.lock();`
		`{`
		   `Tue1`
		   `Tue2`
		`}`
		`lock.unlock();`[6]

Tabelle 14.4 Lock-Konzepte

Beim `synchronized` entsteht Bytecode, der der JVM sagt, dass ein kritischer Block beginnt und endet. So überwacht die JVM, ob ein zweiter Thread warten muss, wenn er in einen synchronisierten Block eintritt, der schon von einem Thread ausgeführt wird. Bei `Lock` ist das Ein- und Austreten explizit vom Entwickler programmiert, und vergisst er das, ist das ein Problem. Und während bei der `Lock`-Implementierung das Objekt, an dem synchronisiert wird, offen hervortritt, ist das bei `synchronized` nicht so offensichtlich. Hier gilt es zu wissen, dass jedes Objekt in Java implizit mit einem Monitor verbunden ist. Auf diesen Unterschied kommen wir in Abschnitt 14.5.9, »Mit synchronized synchronisierte Blöcke«, noch einmal zurück. Da

---

6 Vereinfachte Darstellung, später mehr.

moderne Programme aber mittlerweile mit Lock-Objekten arbeiten, tritt die synchronized-Möglichkeit, die schon Java 1.0 zur Synchronisation bot, etwas in den Hintergrund.

Fassen wir zusammen: Nicht thread-sichere Abschnitte müssen geschützt werden. Sie können entweder mit synchronized geschützt werden, bei denen implizit der Eintritt und Austritt geregelt ist, oder durch Lock-Objekte. Befindet sich dann ein Thread in einem geschützten Block und möchte ein zweiter Thread in den Abschnitt, muss er so lange warten, bis der erste Thread den Block wieder freigibt. So ist die Abarbeitung über mehrere Threads einfach synchronisiert, und das Konzept eines Monitors gewährleistet seriellen Zugriff auf kritische Ressourcen. Die kritischen Bereiche sind nicht per se mit einem Monitor verbunden, sondern werden eingerahmt und dieser Rahmen ist mit einem Monitor (Lock) verbunden.

Mit dem Abschließen und Aufschließen werden wir uns noch intensiver in den folgenden Abschnitten beschäftigen.

14.5.6 Schützen mit ReentrantLock

Seit Java 5 gibt es die Schnittstelle Lock, mit der sich ein kritischer Block markieren lässt. Ein Abschnitt beginnt mit lock() und endet mit unlock():

Listing 14.17 com/tutego/insel/thread/concurrent/ParallelPointInitSync.java, main()

```java
final Lock lock = new ReentrantLock();
final Point p = new Point();

Runnable r = new Runnable()
{
  @Override public void run()
  {
    int x = (int)(Math.random() * 1000), y = x;

    while ( true )
    {
      lock.lock();

      p.x = x; p.y = y;          // *
      int xc = p.x, yc = p.y;    // *

      lock.unlock();

      if ( xc != yc )
        System.out.println( "Aha: x=" + xc + ", y=" + yc );
    }
  }
};

new Thread( r ).start();
new Thread( r ).start();
```

Mit dieser Implementierung wird keine Ausgabe auf dem Bildschirm folgen.

Synchronisation über kritische Abschnitte | **14.5**

Die Schnittstelle java.util.concurrent.locks.Lock

Lock ist eine Schnittstelle, von der ReentrantLock die wichtigste Implementierung ist. Mit ihr lässt sich der Block betreten und verlassen.

```
interface java.util.concurrent.locks.Lock
```

▶ void lock()

Wartet so lange, bis der ausführende Thread den kritischen Abschnitt betreten kann, und markiert ihn dann als betreten. Hat schon ein anderer Thread an diesem Lock-Objekt ein lock() aufgerufen, muss der aktuelle Thread warten, bis der Lock wieder frei ist. Hat der aktuelle Thread schon den Lock, kann er bei der Implementierung ReentrantLock wiederum lock() aufrufen und sperrt sich nicht selbst.

▶ boolean tryLock()

Wenn der kritische Abschnitt sofort betreten werden kann, ist die Funktionalität wie bei lock(), und die Rückgabe ist true. Ist der Lock gesetzt, so wartet die Methode nicht wie lock(), sondern kehrt mit einem false zurück.

▶ boolean tryLock(long time, TimeUnit unit) throws InterruptedException

Versucht in der angegebenen Zeitspanne den Lock zu bekommen. Das Warten kann mit interrupt() auf dem Thread unterbrochen werden, was tryLock() mit einer Exception beendet.

▶ void unlock()

Verlässt den kritischen Block.

▶ void lockInterruptibly() throws InterruptedException

Wartet wie lock(), um den kritischen Abschnitt betreten zu dürfen, kann aber mit einem interrupt() von außen abgebrochen werden (der lock()-Methode ist ein Interrupt egal). Implementierende Klassen müssen diese Vorgabe nicht zwingend umsetzen, sondern können die Methode auch mit einem einfachen lock() realisieren. ReentrantLock implementiert lockInterruptibly() erwartungsgemäß.

Beispiel Wenn wir sofort in den kritischen Abschnitt gehen können, tun wir das; sonst etwas anderes: **[zB]**

```
Lock lock = ...;
if ( lock.tryLock() )
{
  try {
    ...
  }
  finally { lock.unlock(); }
}
else
  ...
```

751

14 | Threads und nebenläufige Programmierung

Die Implementierung `ReentrantLock` kann noch ein bisschen mehr als `lock()` und `unlock()`:

```
class java.util.concurrent.locks.ReentrantLock
implements Lock, Serializable
```

- ▶ `ReentrantLock()`
  Erzeugt ein neues Lock-Objekt, das nicht dem am längsten Wartenden den ersten Zugriff gibt.
- ▶ `ReentrantLock( boolean fair )`
  Erzeugt ein neues Lock-Objekt mit fairem Zugriff, gibt also dem am längsten Wartenden den ersten Zugriff.
- ▶ `boolean isLocked()`
  Anfrage, ob der Lock gerade genutzt wird und im Moment kein Betreten möglich ist.
- ▶ `final int getQueueLength()`
  Ermittelt, wie viele auf das Betreten des Blocks warten.
- ▶ `int getHoldCount()`
  Gibt die Anzahl der erfolgreichen `lock()`-Aufrufe ohne passendes `unlock()` zurück. Sollte nach Beenden des Vorgangs 0 sein.

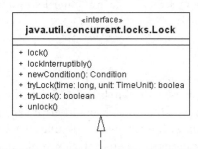

Beispiel   Das Warten auf den Lock kann unterbrochen werden: [zB]
```
Lock l = new ReentrantLock();
try
{
  l.lockInterruptibly();
  try
  {
    ...
  }
  finally { l.unlock(); }
}
catch ( InterruptedException e ) { ...
```
Wenn wir den Lock nicht bekommen haben, dürfen wir ihn auch nicht freigeben!

ReentrantReadWriteLock

Unsere Klasse `ReentrantLock` blockt bei jedem `lock()` und lässt keinen Interessenten in den kritischen Abschnitt. Viele Szenarien sind jedoch nicht so streng, und so kommt es zu Situationen, in denen lesender Zugriff durchaus von mehreren Parteien möglich ist, schreibender Zugriff aber blockiert wird.

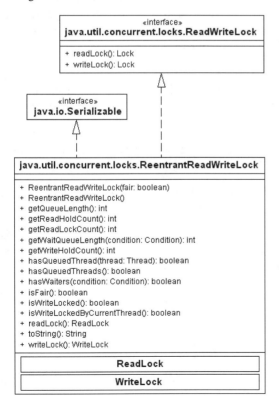

14 | Threads und nebenläufige Programmierung

Für diese Lock-Situation gibt es die Schnittstelle `ReadWriteLock`, die nicht von `Lock` abgeleitet ist, sondern mit `readLock()` und `writeLock()` die Lock-Objekte liefert. Die bisher einzige Implementierung der Schnittstelle ist `java.util.concurrent.locks.ReentrantReadWrite-Lock`. Ein Programmausschnitt könnte so aussehen:

```
ReentrantReadWriteLock lock = new ReentrantReadWriteLock();
try
{
  lock.readLock().lock();
  ...
}
finally
{
  lock.readLock().unlock();
}
```

Schreiben sperren, lesen durchlassen *

In Java sind drei Typen von Datenstrukturen essenziell: Listen (dynamische Felder), Mengen (Elemente gibt es nur einmal) und Assoziativspeicher (ein Objekt ist mit einem anderen Objekt verbunden). Die Operationen der Datenstrukturen beschreiben Schnittstellen und konkrete Klassen realisieren sie. Dabei sind drei Implementierungen hervorzuheben: `Array-List` (Implementierung für Listen), `TreeSet` (sortierte Menge), `HashSet` (Assoziativspeicher). Eine Besonderheit der meisten `java.util`-Klassen ist, dass sie nicht gegen nebenläufige Zugriffe gesichert sind, also Datenmüll enthalten können, wenn mehrere Threads gleichzeitig Operationen durchführen.

Java bietet zwar auch thread-sichere Datenstrukturen, doch wollen wir mit `ReentrantRead-WriteLock` zwei Datenstrukturen nachträglich synchronisieren, sodass Lesezugriffe parallel erlaubt und Schreibzugriffe nur atomar sind.

Nehmen wir an, eine Liste soll Strings speichern. Dann müssen wir das `get()` über den Lese-`Lock` anmelden und das `set()` über den Schreib-`Lock` sperren. Das Ganze sieht so aus:

Listing 14.18 com/tutego/insel/thread/concurrent/ConcurrentReadWriteStringList.java, ConcurrentReadWriteStringList

```
private final List<String> list = new ArrayList<String>();
private final ReentrantReadWriteLock lock = new ReentrantReadWriteLock();
private final Lock readLock  = lock.readLock();
private final Lock writeLock = lock.writeLock();

public String get( int index )
{
  readLock.lock();
  try
  {
    return list.get( index );
  }
  finally
```

754

```
    {
      readLock.unlock();
    }
}

public void add( int index, String element )
{
  writeLock.lock();
  try
  {
    list.add( index, element );
  }
  finally
  {
    writeLock.unlock();
  }
}
```

Der readLock und der writeLock kommen zwingend vom gleichen ReentrantReadWriteLock und koordinieren sich dadurch.

Die Absicherung, dass beliebig viele Leser, aber nur ein Schreiber erlaubt sind, sieht in der Programmierung immer gleich aus. Daher noch ein zweites Beispiel. HashMap ist eine Java-Klasse, die über put() eine Assoziation herstellt und über get() erfragt. Im Unterschied zum vorangehenden Beispiel ist die von uns angebotene Datenstruktur selbst generisch deklariert:

Listing 14.19 com/tutego/insel/thread/concurrent/ConcurrentReadWriteMap.java

```
package com.tutego.insel.thread.concurrent;

import java.util.*;
import java.util.concurrent.locks.*;

public class ConcurrentReadWriteMap<K,V>
{
  private final HashMap<K, V>  map       = new HashMap<K,V>();
  private final ReadWriteLock  lock      = new ReentrantReadWriteLock();
  private final Lock           readLock  = lock.readLock(),
                               writeLock = lock.writeLock();

  public V get( K key )
  {
    readLock.lock();
    try {
      return map.get( key );
    }
    finally {
      readLock.unlock();
    }
  }
```

14 | Threads und nebenläufige Programmierung

```java
public V put( K key, V value )
{
  writeLock.lock();
  try {
    return map.put( key, value );
  }
  finally {
    writeLock.unlock();
  }
}

public void clear()
{
  writeLock.lock();
  try {
    map.clear();
  }
  finally {
    writeLock.unlock();
  }
}
}
```

[»] **Hinweis** Die Java-Bibliothek verfügt im Paket `java.util.concurrent` über einige Datenstrukturen, die speziell für den nebenläufigen Zugriff geschrieben wurden. `ConcurrentHashMap` ist eine sehr performante Klasse für sichere parallele Lese-/Schreibzugriffe.

14.5.7 Synchronisieren mit »synchronized«

Schon seit Java 1.0 können kritische Abschnitte mit `synchronized` geschützt werden. Im einfachsten Fall markiert der Modifizierer `synchronized` die gesamte Methode. Ein betretender Thread setzt bei Objektmethoden den Monitor des `this`-Objekts und bei statischen Methoden den Lock des dazugehörigen `Class`-Objekts.

Betritt ein Thread A eine synchronisierte Methode eines Objekts O und versucht anschließend Thread B eine synchronisierte Methode des gleichen Objekts O aufzurufen, muss der nachfolgende Thread B so lange warten, bis A wieder aus dem synchronisierten Teil austritt. Das geschieht, wenn der erste Thread A die Methode verlässt, denn mit dem Verlassen einer Methode – oder auch einer Ausnahme – gibt die JVM automatisch den Lock frei. Die Dauer eines Locks hängt folglich mit der Dauer des Methodenaufrufs zusammen, was zur Konsequenz hat, dass längere kritische Abschnitte die Parallelität einschränken und zu längeren Wartezeiten führen. Eine Endlosschleife in der synchronisierten Methode gäbe den Lock niemals frei.

Das aus *IPlusPlus.java* bekannte Problem mit dem `i++` lässt sich mit `synchronized` einfach lösen:

```java
synchronized void foo() { i++; }
```

756

Bei einem Konflikt (mehrere Threads rufen foo() auf) verhindert synchronized, dass sich mehr als ein Thread gleichzeitig im kritischen Abschnitt, dem Rumpf der Methode foo(), befinden kann. Dies bezieht sich nur auf mehrere Aufrufe von foo() für dasselbe Objekt. Zwei verschiedene Threads können durchaus parallel die Methode foo() für unterschiedliche Objekte ausführen.

Neben diesem speziellen Problem für atomares Verändern von Variablen lassen sich auch Klassen aus dem Paket java.util.concurrent.atomic verwenden.

Bei einem orthografisch anspruchsvollen Wort wie synchronized ist es praktisch, dass Eclipse auch Schlüsselwörter vervollständigt. Hier reicht ein Tippen von **sync** und Strg+Leertaste für einen Dialog.

Hat der aktuelle Thread den Lock? *
Die statische Methode Thread.holdsLock() zeigt an, ob der aktuelle Thread den Lock hält.

Listing 14.20 com/tutego/insel/thread/HoldsLockDemo.java, main()
```
final Object obj = new Object();
System.out.println( Thread.holdsLock(obj) );     // false
synchronized ( obj )
{
  System.out.println( Thread.holdsLock(obj) );   // true
}
```

Und Thread.holdsLock(this) wird etwa in einer Objektmethode feststellen können, ob der Lock durch eine synchronisierte Methode oder einen synchronized(this)-Block gelockt ist.

14.5.8 Synchronized-Methoden der Klasse »StringBuffer« *

Wir wollen uns anhand einiger Beispiele noch ansehen, an welchen Objekten der Monitor beziehungsweise Lock gespeichert wird. Zunächst betrachten wir die Methode charAt() der Klasse StringBuffer und versuchen zu verstehen, warum die Methode synchronized ist.

```
public synchronized char charAt( int index )
{
  if ( (index < 0) || (index >= count) )
    throw new StringIndexOutOfBoundsException( index );

  return value[index];
}
```

Neben charAt() sind noch eine ganze Reihe anderer Methoden synchronisiert, etwa getChars(), setCharAt() und append(). Bei einer synchronized-Methode wird also der Lock bei einem konkreten StringBuffer-Objekt gespeichert. Wäre die Methode charAt() nicht atomar, dann könnte es passieren, dass durch Multithreading zwei Threads das gleiche StringBuffer-Objekt bearbeiten. Probleme können sich zum Beispiel dann ergeben, wenn ein Thread gerade den String verkleinert und gleichzeitig charAt() aufgerufen wird. Auch

14 | Threads und nebenläufige Programmierung

wenn zuerst `charAt()` einen gültigen Index feststellt, dann aber der `StringBuffer` verkleinert wird, gibt es ein Problem. Dann wäre nämlich der Index ungültig und `value[index]` fehlerhaft. Da aber `charAt()` synchronisiert ist, kann kein anderer Thread dasselbe `StringBuffer`-Objekt über synchronisierte Methoden modifizieren.

[zB]　**Beispiel**　Das `StringBuffer`-Objekt `sb1` wird von zwei Threads T1 und T2 bearbeitet, indem synchronisierte Methoden genutzt werden. Bearbeitet Thread T1 den `StringBuffer` `sb1` mit einer synchronisierten Methode, dann kann T2 erst dann eine synchronisierte Methode für `sb1` aufrufen, wenn T1 die Methode abgearbeitet hat. Denn T1 setzt bei `sb1` die Sperre, die T2 warten lässt. Gleichzeitig kann aber T2 synchronisierte Methoden für ein anderes `String-Buffer`-Objekt `sb2` aufrufen, da `sb2` einen eigenen Monitor besitzt. Das macht noch einmal deutlich, dass die Locks zu einem Objekt gehören und nicht zur synchronisierten Methode.

14.5.9 Mit synchronized synchronisierte Blöcke

Wenn wir mit `Lock`-Objekten arbeiten, können wir den Block so fein wählen, wie es erforderlich ist. Mit `synchronized` haben wir bisher nur eine gesamte Methode sperren können, was in manchen Fällen etwas viel ist. Dann kann eine allgemeinere Variante in Java eingesetzt werden, die nur einen Block synchronisiert. Dazu schreiben wir in Java Folgendes:

```
synchronized ( objektMitDemMonitor )
{
  ...
}
```

Der Block wird in die geforderten geschweiften Klammern gesetzt, und hinter dem Schlüsselwort in Klammern muss ein Objekt stehen, das den zu verwendenden Monitor besitzt. Die Konsequenz ist die Möglichkeit, über einen beliebigen Monitor zu synchronisieren und nicht unbedingt über den Monitor des Objekts, für das die synchronisierte Methode aufgerufen wurde, wie es bei synchronisierten Objektmethoden üblich ist.

[»]　**Hinweis**　Eine synchronisierte Objektmethode ist nichts anderes als eine Variante von:

```
synchronized( this )
{
  // Code der Methode.
}
```

Statisch synchronisierte Blöcke

Nicht nur Objektmethoden, sondern auch Klassenmethoden können `synchronized` sein. Doch die Nachbildung in einem Block sieht etwas anders aus, da es keine `this`-Referenz gibt. Hier kann ein `Object`-Exemplar für einen Lock herhalten, der extra für die Klasse angelegt wird. Dies ist eines der seltenen Beispiele, in denen ein Exemplar der Klasse `Object` Sinn ergibt:

Listing 14.21 com/tutego/insel/thread/StaticSync.java

```java
package com.tutego.insel.thread;

class StaticSync
{
  private static final Object o = new Object();

  static void staticFoo()
  {
    synchronized( o )
    {
      // ...
    }
  }
}
```

Alternativ könnten wir auch das zugehörige `Class`-Objekt einsetzen. Wir müssen das entsprechende Klassenobjekt dann nur mittels `StaticSync.class` erfragen. Würden wir gleich mit `Lock`-Objekten arbeiten, stellte sich die Frage erst gar nicht.

> **Hinweis** Bei `Lock`-Objekten oder `synchronized`-Blöcken kann der zwingend synchronisierbare Teil in einem kleinen Abschnitt bleiben. Die JVM kann die anderen Teile parallel abarbeiten, und andere Threads dürfen die anderen Teile betreten. Als Resultat ergibt sich eine verbesserte Geschwindigkeit.

[«]

14.5.10 Dann machen wir doch gleich alles synchronisiert!

In nebenläufigen Programmen kann es schnell zu unerwünschten Nebeneffekten kommen. Das ist auch der Grund, warum Thread-lastige Programme schwer zu debuggen sind. Warum sollten wir also nicht alle Methoden synchronisieren? Wäre dann nicht das Problem aus der Welt geschafft? Prinzipiell würde das einige Probleme lösen, doch hätten wir uns damit andere Nachteile eingefangen:

▶ Methoden, die synchronisiert sind, müssen von der JVM besonders bedacht werden, damit keine zwei Threads die Methode für das gleiche Objekt ausführen. Wenn also ein zweiter Thread in die Methode eintreten möchte, kann er das nicht einfach machen, sondern muss vielleicht erst neben vielen anderen Threads warten. Es muss also eine Datenstruktur geben, in der wartende Threads eingetragen und ausgewählt werden. Das kostet zusätzlich Zeit und ist im Vergleich zu einem normalen Methodenaufruf teurer.

▶ Zusätzlich kommt ein Problem hinzu, wenn eine nicht notwendigerweise, also überflüssig synchronisierte Methode eine Endlosschleife oder lange Operationen durchführt. Dann warten alle anderen Threads auf die Freigabe, und das kann im Fall der Endlosschleife ewig sein. Auch bei Multiprozessorsystemen profitieren wir nicht von dieser Programmiertechnik. Unnötig und falsch synchronisierte Blöcke machen die Vorteile von Mehrprozessormaschinen zunichte.

14 | Threads und nebenläufige Programmierung

▶ Wenn alle Methoden synchronisiert sind, steigt auch die Gefahr eines Deadlocks. In den folgenden Abschnitten erfahren wir etwas mehr über den Fall, dass zwei Threads wechselseitig auf Ressourcen eines jeweils anderen Threads zugreifen wollen und sich dabei im Wege stehen.

Ist der gesamte Zugriff auf ein Objekt synchronisiert und kann kein zweiter Thread irgendwelche Eigenschaften parallel zu einem anderen Thread nutzen, nennt sich das Objekt *voll synchronisiert* im Gegensatz zu *teilsynchronisiert*. Sind einige Methoden der Klasse nicht synchronisiert, kann ein zweiter Thread parallel zu den synchronisierten Blöcken an die Eigenschaften gehen.

14.5.11 Lock-Freigabe im Fall von Exceptions

Kommt es innerhalb eines `synchronized`-Blocks beziehungsweise innerhalb einer synchronisierten Methode zu einer nicht überprüften `RuntimeException`, wird die JVM den Lock automatisch freigeben. Der Grund: Die Laufzeitumgebung gibt den Lock automatisch frei, wenn der Thread den synchronisierten Block verlässt, was bei einer Exception der Fall ist.

Werden die mit dem Schlüsselwort `synchronized` geschützten Blöcke durch `Lock`-Objekte umgesetzt, ist darauf zu achten, die Locks auch im Exception-Fall wieder freizugeben. Ein `finally` mit `unlock()` kommt da gerade recht, denn `finally` wird ja immer ausgeführt, egal, ob es einen Fehler gab oder nicht:

Listing 14.22   com/tutego/insel/thread/concurrent/UnlockInFinally.java, main()

```
ReentrantLock lock = new ReentrantLock();

try
{
  lock.lock();
  System.out.println( lock.getHoldCount() ); // 1

  try
  {
    System.out.println( 12 / 0 );
  }
  finally
  {
    lock.unlock();
  }
}
catch ( Exception e )
{
  System.out.println( e.getMessage() );    // / by zero
}
System.out.println( lock.getHoldCount() ); // 0
```

Nach dem `lock()` liefert `getHoldCount()` 1, da ein Thread den Block betreten hat. Die Division durch null provoziert eine `RuntimeException`, und `finally` gibt den Lock frei. Die Ausnahme wird abgefangen, und `getHoldCount()` liefert wieder 0, da `finally` das `unlock()` ausgeführt hat. Würden wir die Zeile mit `unlock()` auskommentieren, so würde `getHoldCount()` weiterhin 1 liefern, was ein Fehler ist.

14.5.12 Deadlocks

Ein *Deadlock* (zu Deutsch etwa *tödliche Umarmung*) kommt beispielsweise dann vor, wenn ein Thread A eine Ressource belegt, die ein anderer Thread B haben möchte und Thread B belegt eine Ressource, die A gerne bekommen würde. In dieser Situation können beide nicht vor und zurück und befinden sich in einem dauernden Wartezustand. Deadlocks können in Java-Programmen nicht erkannt und verhindert werden. Uns fällt also die Aufgabe zu, diesen ungünstigen Zustand gar nicht erst herbeizuführen.

Das nächste Beispiel soll über eine Verklemmung einen Deadlock provozieren. Zwei Threads wetteifern um die `Lock`-Objekte `lock1` und `lock2`. Dabei kommt es zu einem Deadlock, da der eine genau den einen Lock besetzt, den der jeweils andere zum Weiterarbeiten benötigt:

Listing 14.23 com/tutego/insel/thread/Deadlock.java

```
package com.tutego.insel.thread;

import java.util.concurrent.TimeUnit;
import java.util.concurrent.locks.*;

class Deadlock
{
  static Lock lock1 = new ReentrantLock(),
              lock2 = new ReentrantLock();

  static class T1 extends Thread
  {
```

```java
    @Override
    public void run()
    {
      lock1.lock();
      System.out.println( "T1: Lock auf lock1 bekommen" );

      try { TimeUnit.SECONDS.sleep( 1 ); } catch ( InterruptedException e ) { }

      lock2.lock();
      System.out.println( "T1: Lock auf lock2 bekommen" );

      lock2.unlock();
      lock1.unlock();
    }
  }

  static class T2 extends Thread
  {
    @Override
    public void run()
    {
      lock2.lock();
      System.out.println( "T2: Lock auf lock2 bekommen" );

      lock1.lock();
      System.out.println( "T2: Lock auf lock1 bekommen" );

      lock1.unlock();
      lock2.unlock();
    }
  }

  public static void main( String[] args )
  {
    new T1().start();
    new T2().start();
  }
}
```

In der Ausgabe sehen wir nur zwei Zeilen, und schon hängt das gesamte Programm:

```
T1: Lock auf lock1 bekommen
T2: Lock auf lock2 bekommen
```

Eine Lösung des Problems wäre, bei geschachteltem Synchronisieren auf mehrere Objekte diese immer in der gleichen Reihenfolge zu belegen, also etwa immer erst lock1, dann lock2. Bei unbekannten, dynamisch wechselnden Objekten muss dann unter Umständen eine willkürliche Ordnung festgelegt werden.

> **Hinweis** Das JDK von Oracle verfügt über eine eingebaute Deadlock-Erkennung, die auf der Konsole aktiviert werden kann. Dazu ist unter Windows die Tastenkombination `Strg`+`Pause` zu drücken und unter Linux oder Solaris `Strg`+`\`.

14.5.13 Mit »synchronized« nachträglich synchronisieren *

Einige Java-Methoden in der Standardbibliothek sind synchronisiert, bei anderen haben die Entwickler auf eine Synchronisierung verzichtet. Nicht-synchronisierte Methoden bilden eindeutig die Mehrheit. Wenn keine ausdrücklichen Gründe für die Synchronisierung vorliegen und im Allgemeinen nur maximal ein Thread die Methode gleichzeitig aufruft, muss der Entwickler eine Absicherung nicht standardmäßig in Erwägung ziehen. Synchronisierung führt zu Geschwindigkeitsverlusten, und warum sollten wir – wenn keine Parallelität üblich ist – für etwas bezahlen, was keiner bestellt hat?

Im ersten Beispiel haben wir die Initialisierung eines `Point`-Objekts betrachtet. Dass der direkte Zugriff auf zwei Variablen nicht atomar sein kann, ist klar. Doch auch der Methodenaufruf über die nicht-synchronisierte Methode `setLocation()` bringt uns nicht weiter, weil ein Thread in dieser Methode unterbrochen werden könnte.

Wollen wir nachträglich sichergehen, dass `setLocation()` atomar ist, können wir über zwei Dinge nachdenken:

▶ Wir verwenden ein `Lock`-Objekt, das allen Threads zugänglich ist. Das Objekt nutzen sie zur Synchronisation.

▶ Wir besorgen uns einen Monitor auf das `Point`-Objekt und synchronisieren über diesen.

Die erste Variante haben wir schon gesehen, sodass wir uns ein Beispiel für die zweite Variante anschauen:

```
Point p = new Point();
synchronized( p )
{
  p.setLocation( 1, 2 );
}
```

Auf diese Weise kann jeder Aufruf einer nicht-synchronisierten Methode nachträglich synchronisiert werden. Jedoch muss dann jeder Zugriff wiederum mit einem `synchronized`-Block geschützt sein, sonst besteht keine Sicherheit, weil `setLocation()` selbst auf keinen Monitor achtet. Ruft demnach ein anderer Thread `setLocation()` außerhalb des `synchronized`-Blocks auf, ist die atomare Bearbeitung nichtig.

Wrapper

Einen anderen Weg gehen komplette Wrapper, die sich durch Delegation oder Vererbung implementieren lassen. Für unseren Punkt können wir zum Beispiel eine Unterklasse `SynchronizedPoint` implementieren, die alle kritischen Methoden überschreibt, die Signatur mit `synchronized` erweitert und im Rumpf ein `super.methode()` durchführt. Wrapper gibt es für

14 | Threads und nebenläufige Programmierung

Datenstrukturen aus der Collection-API mit statischen Methoden der Art `synchronizedDatenstruktur(Datenstruktur)` – etwa für Listen:

```
List list = Collections.synchronizedList( myList );
```

14.5.14 Monitore sind reentrant – gut für die Geschwindigkeit *

Betritt das Programm eine synchronisierte Methode, bekommt es den Monitor des aufrufenden Objekts. Wenn diese Methode eine andere aufruft, die am gleichen Objekt synchronisiert ist, kann sie sofort eintreten und muss nicht warten. Diese Eigenschaft heißt *reentrant*. Ohne diese Möglichkeit würde Rekursion nicht funktionieren!

Wenn das Programm den synchronisierten Block betritt, reserviert er den Monitor und kann alle synchronisierten Methoden ohne weitere Überprüfungen ausführen. Im Allgemeinen reduziert diese Technik aber auch die Parallelität, da der kritische Abschnitt künstlich vergrößert wird. Die Technik kann geschwindigkeitssteigernd sein, wenn viele synchronisierte Methoden hintereinander aufgerufen werden.

[zB]

> **Beispiel** In `StringBuffer` sind viele Methoden synchronisiert. Dies bedeutet, dass bei jedem Aufruf einer Methode der Monitor reserviert werden muss. Das kostet natürlich eine Kleinigkeit, und als Lösung bietet es sich an, die Aufrufe in einem eigenen synchronisierten Block zu bündeln.
>
> ```
> StringBuffer sb = new StringBuffer();
> synchronized( sb )
> {
>   sb.append( "Transpirations-" );
>   sb.append( "Illustration" );
>   sb.append( "\t" );
>   sb.append( "Röstreizstoffe" );
> }
> ```
>
> Wir können uns vorstellen, dass bei der Klasse ein kleiner Zähler ist, der bei jedem Betreten inkrementiert und beim Verlassen dekrementiert wird. Ist der Zähler null, befindet sich kein Thread im Block. Ist er größer null, haben wir einen reentranten Zugriff.

Die Klasse `ReentrantLock` verwaltet den Zähler – er geht bis 2^{31} – selbst, und einige Methoden geben Zugriff auf die Informationen, die meistens zum Testen nützlich sind. Mit `isLocked()` finden wir heraus, ob der Lock frei ist oder nicht. `isHeldByCurrentThread()` liefert `true`, wenn der ausführende Thread den Lock verwendet. `getHoldCount()` liefert die Anzahl der Anfragen, die der aktuelle Thread an den Lock gestellt hat. Ist die Rückgabe null, so schließt der aktuelle Thread nicht ab, doch könnte dies wohl ein anderer Thread erledigen. `getQueueLength()` gibt eine (durch *race conditions* mögliche) Schätzung über die Anzahl der wartenden Threads ab, die `lock()` aufgerufen haben.

Synchronisation über Warten und Benachrichtigen | **14.6**

14.5.15 Synchronisierte Methodenaufrufe zusammenfassen *

Synchronisierte Methoden stellen sicher, dass bei mehreren parallel ausführenden Threads die Operationen atomar ausgeführt werden. Das gilt jedoch ausschließlich für jede synchronisierte Methode, aber nicht für eine Sequenz von synchronisierten Methoden. Wir wissen zum Beispiel, dass `StringBuffer` alle Methoden synchronisiert und daher der `StringBuffer` bei parallelen Zugriffen keine inkonsistenten Zustände erzeugt. Was geschieht, wenn zwei Threads auf den folgenden Block zugreifen, wobei `sb` eine Variable ist, die auf einen gemeinsamen `StringBuffer` zeigt?

```
for ( char c = 'a'; c <= 'z'; c++ )
  sb.append( c );
```

Greifen zwei Threads – nennen wir sie *T1* und **T2** – auf `sb` zu, erzeugen möglicherweise beide zusammen die folgende Zeichenkette: *abc**abcdefg**dh**i**h**ij***... Das Ergebnis ist logisch, denn `synchronized` bedeutet nur, dass zwei Threads eine einzelne Operation atomar ausführen, aber kein Bündel.

Diese Aufgabe löst ein synchronisierter Block ausgezeichnet:

```
synchronized ( sb )
{
  for ( char c = 'a'; c <= 'z'; c++ )
    sb.append( c );
}
```

Betritt der erste Thread den synchronisierten Block, schließt er ab, sodass andere Threads warten müssen. Der betretende Thread selbst kann aber, weil er den Monitor des `StringBuffer` schon besitzt, reentrant die anderen synchronisierten Methoden aufrufen.

Das Beispiel zeigt, wie gut sich ein `synchronized`-Block nutzen lässt, wenn an anderen Objekten synchronisiert wird. Mit einem `Lock`-Objekt könnten wir hier nicht arbeiten, weil es zwar die einzelnen `append()`-Aufrufe zusammenfasst, aber von außen eine Unterbrechung nicht verhindern kann. Wenn ein zweiter Thread sich in die Aufrufkette mogelt, kann er jedes Mal, wenn ein `append()` verlassen und dabei der Monitor frei wird, ein neues `append()` aufrufen und so außerhalb des `lock()`/`unlock()`-Blocks eintreten.

14.6   Synchronisation über Warten und Benachrichtigen

Die Synchronisation von Methoden oder Blöcken ist eine einfache Möglichkeit, konkurrierende Zugriffe von der virtuellen Maschine auflösen zu lassen. Obwohl die Umsetzung mit den Locks die Programmierung einfach macht, reicht dies für viele Aufgabenstellungen nicht aus. Wir können zwar Daten in einer synchronisierten Abfolge austauschen, doch gerne möchte ein Thread das Ankommen von Informationen signalisieren, und andere Threads wollen informiert werden, wenn Daten bereitstehen und abgeholt werden können.

765

14 | Threads und nebenläufige Programmierung

Bei der Realisierung der Benachrichtigungen gibt es eine Reihe von Möglichkeiten. Im Folgenden nennen wir die einfachsten:

- Jedes Objekt besitzt über die Klasse java.lang.Object die Methoden wait() und notify(). Ein Thread, der über den Monitor verfügt, kann die Methoden aufrufen und sich so in einen Wartezustand versetzen oder einen anderen Thread aufwecken. Diese Möglichkeit gibt es seit Java 1.0 (es ist schon ein wenig seltsam, dass Java für die Synchronisation ein eingebautes Schlüsselwort hat, aber die Benachrichtigung über Methoden realisiert).

- Von einem ReentrantLock – der den Monitor repräsentiert – liefert newCondition() ein Condition-Objekt, das über await() und signal() warten und benachrichtigen lässt. Diese Typen gibt es seit Java 5.

Szenarien mit Warten und Benachrichtigen sind oft Produzenten-Konsumenten-Beispiele. Ein Thread liefert Daten, die ein anderer Thread verwenden möchte. Da dieser in keiner kostspieligen Schleife auf die Information warten soll, synchronisieren sich die Partner über ein beiden bekanntes Objekt. Erst wenn der Produzent sein Okay gegeben hat, ergibt es für den Datennutzer Sinn, weiterzuarbeiten; jetzt hat er seine benötigten Daten. So wird keine unnötige Zeit in Warteschleifen vergeudet, und der Prozessor kann die übrige Zeit anderen Threads zuteilen.

14.6.1 Die Schnittstelle »Condition«

Mit einem Lock-Objekt wie ReentrantLock können zwecks Benachrichtigung Condition-Objekte abgeleitet werden. Dazu dient die Methode newCondition():

Synchronisation über Warten und Benachrichtigen | **14.6**

```
interface java.util.concurrent.locks.Lock
```

▶ Condition newCondition()
Liefert ein Condition-Objekt, das mit dem Lock verbunden ist. Mit einem Lock-Objekt können beliebig viele Condition-Objekte gebildet werden.

Warten mit »await()« und Aufwecken mit »signal()«

Damit das Warten und Benachrichtigen funktioniert, kommunizieren die Parteien über ein gemeinsames Condition-Objekt, das vom Lock erfragt wird:

```
Condition condition = lock.newCondition();
```

In einem fiktiven Szenario soll ein Thread T1 auf ein Signal warten und ein Thread T2 dieses Signal geben. Da nun beide Threads Zugriff auf das gemeinsame Condition-Objekt haben, kann T1 sich mit folgender Anweisung in den Schlaf begeben:

```
try {
  condition.await();
} catch ( InterruptedException e ) {
  ...
}
```

Mit dem await() geht der Thread in den Zustand *nicht ausführend* über. Der Grund für den try-catch-Block ist, dass ein await() durch eine InterruptedException vorzeitig abgebrochen werden kann. Das passiert zum Beispiel, wenn der wartende Thread per interrupt()-Methode einen Hinweis zum Abbruch bekommt.

Die Methode await() bestimmt den ersten Teil des Paares. Der zweite Thread T2 kann nun nach Eintreffen einer Bedingung das Signal geben:

```
condition.signal();
```

Um das signal() muss es keinen Block geben, der Exceptions auffängt.

> **Hinweis** Wenn ein Thread ein signal() auslöst und es keinen wartenden Thread gibt, dann verhallt das signal() ungehört. Der Hinweis wird nicht gespeichert, und ein nachfolgendes await() muss mit einem neuen signal() aufgeweckt werden.

[«]

«interface» **java.util.concurrent.locks.Condition**
+ await()
+ await(time: long, unit: TimeUnit): boolean
+ awaitNanos(nanosTimeout: long): long
+ awaitUninterruptibly()
+ awaitUntil(deadline: Date): boolean
+ signal()
+ signalAll()

767

14 | Threads und nebenläufige Programmierung

```
interface java.util.concurrent.lock.Condition
```

▶ void await() throws InterruptedException
Wartet auf ein Signal, oder die Methode wird unterbrochen.

▶ void signal()
Weckt einen wartenden Thread auf.

Vor der Condition kommt ein Lock

Auf den ersten Blick scheint es, als ob das Lock-Objekt nur die Aufgabe hat, ein Condition-Objekt herzugeben. Das ist aber noch nicht alles, denn die Methoden await() und auch signal() können nur dann aufgerufen werden, wenn vorher ein lock() den Signal-Block exklusiv sperrt:

```
lock.lock();
try {
  condition.await();
} catch ( InterruptedException e ) {
  ...
}
finally {
  lock.unlock();
}
```

Doch was passiert ohne Aufruf von lock()? Zwei Zeilen zeigen die Auswirkung:

Listing 14.24 com/tutego/insel/thread/concurrent/AwaitButNoLock.java, main()

```
Condition condition = new ReentrantLock().newCondition();
condition.await();      // java.lang.IllegalMonitorStateException
```

Das Ergebnis ist eine java.lang.IllegalMonitorStateException.

Temporäre Lock-Freigabe bei »await()«

Um auf den Condition-Objekten also await() und signal() aufrufen zu können, ist ein vorangehender Lock nötig. Augenblick mal: Wenn ein await() kommt, hält der Thread doch den Monitor, und kein anderer Thread könnte in einem kritischen Abschnitt, der über das gleiche Lock-Objekt gesperrt ist, signal() aufrufen. Wie ist das möglich? Die Lösung besteht darin, dass await() den Monitor freigibt und den Thread so lange sperrt, bis zum Beispiel von einem anderen Thread das signal() kommt (wenn wir ein Programm mit nur einem Thread haben, dann ergibt natürlich so ein Pärchen keinen Sinn). Kommt das Signal, weckt das den wartenden Thread wieder auf, und er kann am Scheduling wieder teilnehmen. Da also ein anderer Thread prinzipiell in den gleichen Block wie der Wartende hineinlaufen kann, ist das nicht *logisch atomar* – was es wäre, wenn der Thread komplett einen synchronisieren Block durchliefe, bevor ein anderer Thread den Block betritt.

Synchronisation über Warten und Benachrichtigen | **14.6**

Mehrere Wartende und »signalAll()«

Es kann durchaus vorkommen, dass mehrere Threads in einer Warteposition an demselben Objekt sind und aufgeweckt werden wollen. `signal()` wählt dann aus der Liste der Wartenden einen Thread aus und gibt ihm das Signal. Sollten alle Wartenden einen Hinweis bekommen, lässt sich `signalAll()` verwenden.

```
interface java.util.concurrent.lock.Condition
```

▶ `void signalAll()`
Weckt alle wartenden Threads auf.

»await()« mit einer Zeitspanne

Ein `await()` wartet im schlechtesten Fall bis zum Sankt-Nimmerleins-Tag, wenn es kein `signal()` gibt. Es gibt jedoch Situationen, in denen wir eine bestimmte Zeit lang warten, aber bei Fehlen der Benachrichtigung weitermachen wollen. Dazu kann dem `await()` in unterschiedlichen Formen eine Zeit mitgegeben werden.

```
interface java.util.concurrent.lock.Condition
```

▶ `long awaitNanos( long nanosTimeout ) throws InterruptedException`
Wartet eine bestimmte Anzahl Nanosekunden auf ein Signal, oder die Methode wird unterbrochen. Die Rückgabe gibt die Wartezeit an.

▶ `boolean await( long time, TimeUnit unit ) throws InterruptedException`

▶ `boolean awaitUntil( Date deadline ) throws InterruptedException`
Wartet eine bestimmte Zeit auf ein Signal. Kommt das Signal in der Zeit nicht, geht die Methode weiter und liefert `true`. Kam das Signal oder ein `interrupt()`, liefert die Methode `false`.

▶ `void awaitUninterruptibly()`
Wartet ausschließlich auf ein Signal und lässt sich nicht durch ein `interrupt()` beenden.

An den Methoden ist schon zu erkennen, dass die Wartezeit einmal relativ (`await()`) und einmal absolut (`awaitUntil()`) sein kann (mit den eingebauten Methoden `wait()` und `notify()` ist immer nur eine relative Angabe möglich).

Eine `IllegalMonitorStateException` wird das Ergebnis sein, wenn beim Aufruf einer `Condition`-Methode das `lock()` des zugrundeliegenden `Lock`-Objekts gefehlt hat.

Beispiel Warte maximal zwei Sekunden auf das Signal über `condition1`. Wenn es nicht ankommt, versuche `signal()`/`signalAll()` von `condition2` zu bekommen: **[zB]**

```
condition1.await( 2, TimeUnit.SECONDS );
condition2.await();
```

Die Ausnahmebehandlung muss bei einem lauffähigen Beispiel noch hinzugefügt werden.

769

14 | Threads und nebenläufige Programmierung

14.6.2 It's Disco-Time *

Ein kleines Programm soll die Anwendung von Threads kurz demonstrieren. Gegeben sind eine Tanzfläche und Tänzer, die auf die Tanzfläche möchten. Gleichzeitig holen Hütchenspieler immer wieder Tänzer von der Tanzfläche herunter. In die Java-Sprache übersetzt heißt das, dass zwei Threads auf eine gemeinsame Datenbasis, eine Queue, zurückgreifen. Ein Thread produziert unentwegt Tänzer und setzt sie in die Queue. Der Hütchenspieler-Thread nimmt die Tänzer aus der Queue heraus.

Beginnen wir mit einer Klasse `Dancefloor`, die mit den Methoden `in()` und `out()` Tänzer auf die Tanzfläche setzt und sie dort wieder entnimmt. Die Größe der Tanzfläche ist auf 5 beschränkt, und so blockiert die Methode `in()`, wenn mehr als das definierte Maximum von Tänzern gespeichert werden soll. (Gut, wir hätten die Elemente auch verwerfen können, aber das ist hier keine gute Idee, denn Daten sollen nicht einfach verschwinden. In einigen Szenarien ist aber das Verwerfen von Anfragen die beste Strategie.) Eine zweite Wartesituation haben wir auch noch: Ist die Tanzfläche leer, kann `out()` keinen Tänzer geben:

Listing 14.25 com/tutego/insel/thread/concurrent/DanceFloorDemo.java, Teil 1

```java
class Dancefloor
{
  private final Queue<String> dancers = new LinkedList<String>();
  private final Lock lock            = new ReentrantLock();
  private final Condition notFull    = lock.newCondition();
  private final Condition notEmpty   = lock.newCondition();

  public void in( String name ) throws InterruptedException
  {
    lock.lock();
    try
    {
      while ( dancers.size() == 5 )
      {
        System.out.printf( "Tanzfläche ist voll, kann %s nicht aufnehmen!%n", name );
        notFull.await();
      }

      dancers.add( name );
      System.out.printf( "%s ist neu auf der Tanzfläche.%n", name );

      notEmpty.signalAll();
    }
    finally {
      lock.unlock();
    }
  }

  public String out() throws InterruptedException
  {
```

770

```
      lock.lock();
      try
      {
        while ( dancers.size() == 0 )
        {
          System.out.println( "Keiner auf der Tanzfläche!" );
          notEmpty.await();
        }

        String elem = dancers.poll();

        notFull.signalAll();

        return elem;
      }
      finally {
        lock.unlock();
      }
    }
}
```

Als Objektvariable wird eine Warteschlange als Objekt vom Typ Queue deklariert, die die
Daten aufnimmt, auf die die Threads dann zurückgreifen. Die erste deklarierte Methode ist
in(). Wenn noch Platz in der Warteschlange ist, dann hängt die Methode die Zeichenketten
mit dem Tänzernamen an. Ist die Tanzfläche voll, muss gewartet werden, bis jemand einen
Tänzer von der Tanzfläche nimmt.

```
while ( dancers.size() == 5 )
  notFull.await();
```

Es ist typisch für Wartesituationen, dass await() – die synchronisierte Aktion, die ein zusätzliches Kriterium sicherstellt – in einem Schleifenrumpf aufgerufen wird. Denn falls sig-
nalAll() einen Thread aus dem await() holt, muss außerdem getestet werden, ob die Bedingung immer noch gilt. Ein einfaches if würde dazu führen, dass bei zwei aufgeweckten
Threads beide glauben, die Queue könne jeweils ein Element, also in der Summe zwei, aufnehmen. Doch bei nur einem entnommenen Element – und dem damit verbundenen sig-
nalAll() – darf auch nur ein Element wieder hinein. Die Schleife verhindert, dass jeder
Geweckte ein Element hineinlegt. Die Bedingung, ob schon maximal viele Produkte in der
Datenstruktur stecken, wird im Englischen *guard* (zu Deutsch etwa *Wache*) genannt, und die
überwachte Aktion (engl. *guarded action*) *Warte* wird damit zum so genannten *überwachten
Warten* (engl. *guarded wait*).

Bei der Methode out() finden wir das gleiche Muster. Sind in der Warteschlange keine Daten
vorhanden, so muss der interessierte Thread warten. Kommt ein Element hinein, kann genau
eines herausgenommen werden. Eine einfache Fallunterscheidung könnte bei zwei Wartenden und einem signalAll() vom neuen Element dazu führen, dass beide Threads ein Element entnehmen. Das geht aber nicht, da nur ein Element in der Queue ist.

14 | Threads und nebenläufige Programmierung

Die Schleifenbedingung – etwa `dancers.size() == 0` – ist das Gegenteil der Bedingung, auf die gewartet werden soll; Anzahl Tänzer ungleich null, dann geht's weiter.

Unsere `Dancefloor`-Klasse ist ein Beispiel für eine so genannte beschränkte blockierende Queue. Java 5 deklariert mit `BlockingQueue` eine Schnittstelle für blockierende Operationen. Die Klasse `ArrayBlockingQueue` ist eine solche Warteschlange, die blockiert, wenn keine Daten enthalten sind und ein Maximum erreicht ist. Jetzt haben wir uns eine einfache Variante einer solchen Datenstruktur selbst gebaut!

In der Quellcodedatei folgt zunächst ein Thread, der unermüdlich Tänzer generiert und auf die Tanzfläche schickt:

Listing 14.26 com/tutego/insel/thread/concurrent/DanceFloorDemo.java, Teil 2

```java
public class DancefloorDemo
{
  public static void main( String[] args )
  {
    final Dancefloor dancefloor = new Dancefloor();

    new Thread()
    {
      @Override public void run()
      {
        try
        {
          while ( true )
          {
            dancefloor.in( "Tony Manero " + System.nanoTime() % 100 );

            TimeUnit.MILLISECONDS.sleep( new Random().nextInt( 200 ) + 1 );
          }
        }
        catch ( InterruptedException e ) { e.printStackTrace(); }
      }
    }.start();
```

Der letzte Teil soll eine Thread-Klasse für Hütchenspieler deklarieren. Ein Hütchenspieler wird dann an der Tanzfläche lauern und Tänzer entnehmen:

Listing 14.27 com/tutego/insel/thread/concurrent/DanceFloorDemo.java, Teil 3

```java
class Thimblerigger extends Thread
  {
    final private String name;

    Thimblerigger( String name )
    {
      this.name = name;
    }
```

772

```
    @Override public void run()
    {
      try
      {
        while ( true )
        {
          System.out.println( name + " nahm " + dancefloor.out()
                            + " von der Tanzfläche." );

          TimeUnit.MILLISECONDS.sleep( new Random().nextInt( 2000 ) + 1 );
        }
      }
      catch ( InterruptedException e ) { e.printStackTrace(); }
    }
  }

  new Thimblerigger( "Hütchenspieler Heinz" ).start();
  new Thimblerigger( "Pronto Salvatore" ).start();
  new Thimblerigger( "Flinker Finger Jo" ).start();
  }
}
```

Das Programm startet drei Hütchenspieler, was eine Ausgabe ähnlich dieser ergibt:

```
Tony Manero 84 ist neu auf der Tanzfläche.
Hütchenspieler Heinz nahm Tony Manero 84 von der Tanzfläche.
Keiner auf der Tanzfläche!
Keiner auf der Tanzfläche!
Tony Manero 4 ist neu auf der Tanzfläche.
Pronto Salvatore nahm Tony Manero 4 von der Tanzfläche.
Keiner auf der Tanzfläche!
Tony Manero 98 ist neu auf der Tanzfläche.
Flinker Finger Jo nahm Tony Manero 98 von der Tanzfläche.
Tony Manero 55 ist neu auf der Tanzfläche.
Tony Manero 62 ist neu auf der Tanzfläche.
Flinker Finger Jo nahm Tony Manero 55 von der Tanzfläche.
Tony Manero 35 ist neu auf der Tanzfläche.
Tony Manero 33 ist neu auf der Tanzfläche.
Tony Manero 38 ist neu auf der Tanzfläche.
Tony Manero 79 ist neu auf der Tanzfläche.
Hütchenspieler Heinz nahm Tony Manero 62 von der Tanzfläche.
Tony Manero 70 ist neu auf der Tanzfläche.
Hütchenspieler Heinz nahm Tony Manero 35 von der Tanzfläche.
Tony Manero 35 ist neu auf der Tanzfläche.
Tanzfläche ist voll, kann Tony Manero 60 nicht aufnehmen!
Flinker Finger Jo nahm Tony Manero 33 von der Tanzfläche.
Tony Manero 60 ist neu auf der Tanzfläche.
Tanzfläche ist voll, kann Tony Manero 33 nicht aufnehmen!
Flinker Finger Jo nahm Tony Manero 38 von der Tanzfläche.
Tony Manero 33 ist neu auf der Tanzfläche.
```

14 | Threads und nebenläufige Programmierung

```
Pronto Salvatore nahm Tony Manero 79 von der Tanzfläche.
Tony Manero 98 ist neu auf der Tanzfläche.
Tanzfläche ist voll, kann Tony Manero 65 nicht aufnehmen!
Flinker Finger Jo nahm Tony Manero 70 von der Tanzfläche.
Tony Manero 65 ist neu auf der Tanzfläche.
Tanzfläche ist voll, kann Tony Manero 36 nicht aufnehmen!
Hütchenspieler Heinz nahm Tony Manero 35 von der Tanzfläche.
Tony Manero 36 ist neu auf der Tanzfläche.
Tanzfläche ist voll, kann Tony Manero 82 nicht aufnehmen!
Pronto Salvatore nahm Tony Manero 60 von der Tanzfläche.
Tony Manero 82 ist neu auf der Tanzfläche.
Tanzfläche ist voll, kann Tony Manero 32 nicht aufnehmen!
Hütchenspieler Heinz nahm Tony Manero 33 von der Tanzfläche.
Tony Manero 32 ist neu auf der Tanzfläche.
Pronto Salvatore nahm Tony Manero 98 von der Tanzfläche.
Tony Manero 44 ist neu auf der Tanzfläche.
Tanzfläche ist voll, kann Tony Manero 76 nicht aufnehmen!
... bis in die Unendlichkeit
```

14.6.3 Warten mit »wait()« und Aufwecken mit »notify()« *

Nachdem im vorigen Abschnitt der Weg mit den Java-5-Klassen und -Schnittstellen beschritten wurde, wollen wir uns abschließend mit den Möglichkeiten beschäftigen, die Java seit der Version 1.0 mitbringt.

Nehmen wir wieder zwei Threads an. Sie sollen sich am Objekt o synchronisieren – die Methoden wait() und notify() sind nur mit dem entsprechenden Monitor gültig, und den besitzt das Programmstück, wenn es sich in einem synchronisierten Block aufhält. Thread T1 soll auf Daten warten, die Thread T2 liefert. T1 führt dann etwa den folgenden Programmcode aus:

```
synchronized( o )
{
  try {
    o.wait();
    // Habe gewartet, kann jetzt loslegen.
  } catch ( InterruptedException e ) {
    ...
  }
}
```

Wenn der zweite Thread den Monitor des Objekts o bekommt, kann er den wartenden Thread aufwecken. Er bekommt den Monitor durch das Synchronisieren der Methode, was ja bei Objektmethoden synchronized(this) entspricht. T2 gibt das Signal mit notify():

```
synchronized( o )
{
  // Habe etwas gemacht und informiere jetzt meinen Wartenden.
  o.notify();
}
```

774

Um `notify()` muss es keinen Block geben, der Exceptions auffängt. Wenn ein Thread ein `notify()` auslöst und es keinen wartenden Thread gibt, dann verpufft es.

```
class java.lang.Object
```

▶ `void wait()` throws `InterruptedException`
Der aktuelle Thread wartet an dem aufrufenden Objekt darauf, dass er nach einem `notify()`/`notifyAll()` weiterarbeiten kann. Der aktive Thread muss natürlich den Monitor des Objekts belegt haben. Andernfalls kommt es zu einer `IllegalMonitorStateException`.

▶ `void wait( long timeout )` throws `InterruptedException`
Wartet auf ein `notify()`/`notifyAll()` eine gegebene Anzahl von Millisekunden. Nach Ablauf dieser Zeit geht es ohne Fehler weiter.

▶ `void wait( long timeout, int nanos )` throws `InterruptedException`
Wartet auf ein `notify()`/`notifyAll()` – angenähert 1.000.000 * `timeout` + `nanos` Nanosekunden.

▶ `void notify()`
Weckt einen beliebigen Thread auf, der an diesem Objekt wartet.

▶ `void notifyAll()`
Benachrichtigt alle Threads, die auf dieses Objekt warten.

Für die Variante `wait(long)`/`wait(long,int)` mit der Zeiteinheit bietet `TimeUnit` eine Alternative.

```
public enum java.util.concurrent.TimeUnit
extends Enum<TimeUnit>
```

▶ `void timedWait( Object obj, long timeout )` throws `InterruptedException`
Berechnet aus der gewählten `TimeUnit` und dem `timeout` die Millisekunden (`ms`) und Nanosekunden (`ns`) und führt `obj.wait(ms, ns)` aus.

Ein `wait()` kann mit einer `InterruptedException` vorzeitig abbrechen, wenn der wartende Thread per `interrupt()`-Methode unterbrochen wird. Die Tatsache, dass `wait()` temporär den Lock freigibt, was für uns mit `synchronized` aber nicht möglich ist, spricht dafür, dass etwas wie `wait()` nativ implementiert werden muss.

14.6.4 Falls der Lock fehlt: IllegalMonitorStateException *

Wenn `wait()` oder `notify()` aufgerufen werden, uns aber der entsprechende Lock für das Objekt fehlt, kommt es zum Laufzeitfehler `IllegalMonitorStateException`, wie wir es schon bei `Condition` und dem fehlenden `lock()` vom `Lock` gesehen haben.

Was wird bei folgendem Programm passieren?

14 | Threads und nebenläufige Programmierung

Listing 14.28 com/tutego/insel/thread/NotOwner.java, main()

```java
package com.tutego.insel.thread;

class NotOwner
{
  public static void main( String[] args ) throws InterruptedException
  {
    new NotOwner().wait();
  }
}
```

Der Compiler kann das Programm übersetzen, doch zur Laufzeit wird es zu einem Fehler kommen:

```
java.lang.IllegalMonitorStateException: current thread not owner
  at java.lang.Object.wait(Native Method)
  at java.lang.Object.wait(Object.java:426)
  at NotOwner.main(NotOwner.java:5)
Exception in thread "main"
```

Der Fehler zeigt an, dass der aktuelle ausführende Thread (*current thread*) nicht den nötigen Lock besitzt, um wait() auszuführen. Das Problem ist hier mit einem synchronized-Block (oder einer synchronized-Methode) zu lösen. Um den Fehler zu beheben, setzen wir:

```java
NotOwner o = new NotOwner();
synchronized( o )
{
  o.wait();
}
```

Dies zeigt, dass das Objekt o, das den Lock besitzt, für ein wait() »bereit« sein muss. In die richtige Stimmung wird es nur mit synchronized gebracht:

```java
synchronized( NotOwner.class )
{
  new NotOwner().wait();
}
```

Doch natürlich könnten wir auch am Klassenobjekt synchronisieren:

```java
synchronized( NotOwner.class )
{
  NotOwner.class.wait();
}
```

[»] **Hinweis** Die Ähnlichkeit zwischen Lock auf der einen Seite und einem synchronisierten Block bzw. einer synchronisierten Methode auf der anderen und den Methoden wait() und notify() bei Object und den analogen Methoden await() und signal() bei den Condition-Objekten ist nicht zu übersehen. Auch der Fehler beim Fehlen des Monitors ist der gleiche: Ein Aufruf der Methoden await()/wait() und notify()/signal() führt zu einer Illegal-MonitorStateException. Es muss also erst ein synchronisierter Block für den Monitor her oder ein Aufruf lock() auf dem Condition zugrundeliegenden Lock-Objekt.

776

14.7 Zeitgesteuerte Abläufe

Ein Scheduler arbeitet Programmstücke nach einer festen Zeitspanne oder zu einem fixen Zeitpunkt einmal oder wiederholt ab. Notwendigkeiten für Scheduling gibt es insbesondere im Enterprise-Bereich häufig: In regelmäßigen Abständen müssen Reports erstellt werden, temporäre Daten sollen verschwinden und so weiter. Zwei Scheduling-Technologien sollen kurz vorgestellt werden:

- die Bibliotheksklasse `java.util.Timer`
- das Scheduling-Framework Quartz

14.7.1 Die Klassen »Timer« und »TimerTask«

Die Implementierung von zeitgesteuerten Abläufen nimmt uns zum Teil die Java-Bibliothek ab, die dazu die Klassen `java.util.Timer` und `java.util.TimerTask` anbietet. Sie helfen bei der zeitgesteuerten Ausführung. Ein `TimerTask` ist eine Klasse, die uns `Runnable` implementieren lässt und Operationen umfasst, die zu einem Zeitpunkt oder in einer beliebigen Wiederholung ausgeführt werden sollen. Ein `TimerTask` wird dann einer `Timer`-Klasse übergeben, die den dazugehörigen Verwaltungs-Thread startet.

Unser `TimerTask` soll einfach einen Text auf dem Bildschirm ausgeben:

Listing 14.29 com/tutego/insel/thread/timer/TimerTaskDemo.java, Task

```java
class Task extends TimerTask
{
  @Override public void run()
  {
    System.out.println( "Make my day." );
  }
}
```

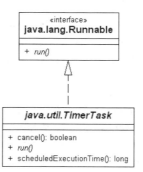

Jetzt müssen wir nur noch dieses `TimerTask`-Objekt erzeugen und eine der Objektmethoden von `Timer` übergeben. In unserem Beispiel soll unser Text zwei Sekunden nach dem Eintragen auf dem Bildschirm ausgegeben werden und in einem zweiten Fall – nach einer Wartesekunde – alle fünf Sekunden:

14 | Threads und nebenläufige Programmierung

Listing 14.30 com/tutego/insel/thread/timer/TimerTaskDemo.java, TimerTaskDemo

```
public class TimerTaskDemo
{
  public static void main( String[] args )
  {
    Timer timer = new Timer();

    // Start in 2 Sekunden
    timer.schedule( new Task(), 2000 );

    // Start in einer Sekunde dann Ablauf alle 5 Sekunden
    timer.schedule( new Task(), 1000, 5000 );
  }
}
```

Die `schedule()`-Methode gibt es in vier Ausführungen. Dazu kommen zwei Methoden `scheduleAtFixedRate()`, die versuchen, die Genauigkeit zu verbessern. Dies lohnt sich bei Operationen, die über einen langen Zeitraum präziser ohne Drift ausgeführt werden sollen, wie es etwa bei einer Uhr gilt, die jede Stunde ihren großen Zeiger bewegt. Selbst wenn Hintergrundoperationen, wie Garbage-Collection, die pünktliche Ausführung der Operation verhindern, wird die Verspätung bis zur nächsten Wiederholung aufgeholt.

Ein Timer kann abgebrochen werden, wenn die `cancel()`-Methode aufgerufen wird.

[»]

Hinweis Insgesamt gibt es drei Timer in Java: `java.util.Timer`, `javax.management.timer.Timer` und `javax.swing.Timer`. Der Management-Timer ist eine `TimerMBean` und als Managed Bean mit einer ganz besonderen Schnittstelle für Außenstehende zugänglich. Der Swing-Timer führt hingegen keine `Task`-Objekte aus, sondern `ActionListener`.

14.7.2 Job-Scheduler Quartz

Der OpenSymphony *Quartz* Scheduler (*http://www.opensymphony.com/quartz/*) ist ein hochwertiger Job-Scheduler, der Aufgaben (Jobs) zu bestimmten Zeiten (hier kommt die `java.util.Calendar`-Klasse ins Spiel) und in gegebener Regelmäßigkeit durchführen kann. Die `java.util.Timer`-Klasse bietet nur die Angabe einer Startzeit und eines Wiederholungsintervalls. Quartz kann den Zustand der Jobs in einem `JobStore` speichern, etwa in einer Datenbank (`JDBCJobStore`), sodass auch nach einem unrühmlichen Ende die Jobs wieder gestartet und weitergeführt werden können. Die `Timer`-Klasse kann das nicht! Quartz und der Timer sprechen ihre Jobs durch eine Schnittstelle an. Bei Quartz heißt sie `Job`, und die Callback-Methode `execute()` ruft der Scheduler zu vorgegebenen Zeiten auf. Die zentrale ausführende Einheit erfragt eine statische Fabrikmethode:

```
SchedulerFactory schedFact = new org.quartz.impl.StdSchedulerFactory();
Scheduler sched = schedFact.getScheduler();
```

Die Methode `sched.start()` startet schließlich den Scheduler. Mit `scheduleJob()` lässt sich ein Job zusammen mit einem Trigger – das ist eine Beschreibung der Zeitparameter – starten.

Eine Dokumentation findet sich auf der Website der Bibliothek und unter *http://tutego.de/go/ quartzbosanc*.

14.8 Einen Abbruch der virtuellen Maschine erkennen

Läuft ein Java-Programm, so kann der Benutzer es jederzeit beenden, indem er die virtuelle Maschine stoppt. Das kann er zum Beispiel durch die Tastenkombination `Strg` + `C` auf der Konsole oder auch durch Abbruchsignale vornehmen. Ein plötzlicher Programmabbruch kann aber für das Programm sehr unsicher sein, und zwar aus den gleichen Gründen wie bei einem unvermittelten Abbruch durch die `stop()`-Methode der Klasse `Thread`. Daher bietet Java durch einen *Shutdown-Hook* die Möglichkeit, das Abbruchsignal zu erkennen und sauber Ressourcen freizugeben. Das Teilwort *Hook* erinnert an einen Haken, der sich ins System einhängt, um Informationen abzugreifen. Der Hook ist ein initialisierter, aber noch nicht gestarteter Thread.

[zB]

Beispiel Eine Endlosschleife schmort im eigenen Saft. Der eingefügte Hook reagiert auf das Ende der virtuellen Maschine. Das Programm muss auf der Konsole beendet werden, da die meisten Entwicklungsumgebungen das `Strg`+`C` nicht an die Java-Umgebung weiterleiten.

Listing 14.31 com/tutego/insel/thread/ThatsMyEnd.java, main()

```
Runtime.getRuntime().addShutdownHook( new Thread() {
  @Override public void run() {
    System.out.println( "Jedes Leben endet tödlich." );
  }
} );

JOptionPane.showConfirmDialog( null, "Ende?" );
System.exit( 0 );
```

Zusätzlich zum bewussten Abbruch wird der Thread auch immer dann ausgeführt, wenn das Programm normal beendet wird. Es können mehrere Threads als Shutdown-Hooks installiert sein. Wenn sich dann die JVM beendet, werden die Threads in beliebiger Reihenfolge abgearbeitet.

[«]

Hinweis Wird unter Windows mit dem Task-Manager der Prozess beendet, läuft der Shutdown-Hook nicht!

`class java.lang.`**`Runtime`**

▶ `void addShutdownHook( Thread hook )`
  Startet den angegebenen Thread, wenn die JVM beendet wird. Der Thread kann keinen neuen Thread unter dem Hook registrieren. Die `run()`-Methode des Threads sollte schnell

ablaufen, um das Beenden der JVM nicht länger als nötig aufzuhalten. Es ist nicht möglich (vorgesehen), das bevorstehende Ende der JVM zu verhindern.

▶ `boolean removeShutdownHook( Thread hook )`
Entfernt den angegebenen Hook. Rückgabewert ist `true`, falls der Hook registriert war und entfernt werden konnte.

14.9   Zum Weiterlesen

Im Bereich Java-Threads gibt es eigentlich nur ein ernst zu nehmendes Buch: »Concurrent Programming in Java: Design Principles and Patterns« von Doug Lea, der auch die Implementierung in Java 5 beisteuerte (seine Webseite *http://g.oswego.edu/dl/cpj/* listet ein bescheidenes Erratum auf). Aufschlussreich hinsichtlich des Speichermodells ist Kapitel 17, »Threads and Locks«, der Java Language Specification unter *http://java.sun.com/docs/books/jls/third_edition/html/j3TOC.html.* Die Webseite *http://www.cs.umd.edu/~pugh/java/memoryModel/* fasst die Diskussionen über das Speichermodell zusammen und verweist auf Dokumente, die Themen wie den Stack von Threads, `volatile` und JSR-133 genauer untersuchen. Einen bei Einsteigern beliebten Fehler, das »double-checked locking«, beschreibt unter anderem *http://www.cs.umd.edu/~pugh/java/memoryModel/DoubleCheckedLocking.html.*

»Schurken verschiedener Nationalität
verstehen einander wortlos.«
– Halldór Laxness (1902–1998)

15   Raum und Zeit

15.1   Weltzeit *

Zeitmessung und Kalenderwesen zählten zu den wichtigsten Aufgaben der frühen Astronomie. Astronomen beobachteten Sterne, um etwa Prognosen über kommende Ernteperioden abzugeben. Bis zur atomgenauen Zeitmessung war die Zeit durch Beobachtung der Sonne und des Planetenlaufs gegeben. Leider sind die Daten der Planeten nicht eindeutig. Mehrdeutigkeiten gibt es zum Beispiel bei der Definition einer Umdrehung. Ein bekanntes Problem ist die Unvergleichbarkeit von Tag, Monat und Jahr – *Inkommensurabilität* genannt. Ein Jahr lässt sich nicht präzise durch eine ganze Anzahl von Monaten oder Tagen ausdrücken. Auch ein Monat besteht nicht immer aus einer ganzen Zahl von Tagen. In den unterschiedlichen Lösungen wurden in der Vergangenheit Schaltsekunden[1] und Schaltjahre eingeführt, um die sich verlangsamende Erdumlaufzeit mit der festen Atomzeit TAI abzugleichen. Dies führte zu einer Vielzahl von Zeitskalen und Kalendern. Eine bekannte Zeitskala ist die Sternzeit[2], die sich aus der Umdrehung der Erde gegenüber dem Hintergrund der in großer Entfernung stehenden Sterne ableitet. Ein wichtiger Begriff für Astronomen ist der Meridian. Er ist der vom Erdmittelpunkt aus auf die Himmelskugel projizierte Längenkreis des Beobachtungsorts. Die dadurch gebildete Zeit ist ortsabhängig. Um auf eine weltweit einheitliche Sternzeit zu kommen, erklärte eine Kommission 1884 den Meridian von Greenwich zum Nullpunkt und definierte die so erhaltene Zeitskala als *Greenwich Mean Sidereal Time* (GMST). Alle anderen Zeiten berechnen sich durch eine relativ einfache Formel aus der Greenwich-Zeit. Mit der Zeit ergaben sich unterschiedliche Bedeutungen der GMT, und 1928 wurde die *Universal Time* (UT) als Ersatz für die Greenwich Mean Time eingeführt. Die Zeit nach UT basiert ebenfalls auf astronomischen Beobachtungen und ist mit dem mittleren Sonnentag, bezogen auf den Null-

---

1   Die letzte Schaltsekunde wurde in der Nacht vom 31.12.2008 um 23:59:59 Uhr UTC eingeführt, sodass es 61 Sekunden gab. Schaltsekunden führen zu einer lästigen Synchronisation der Zeiten, weshalb die Abschaffung diskutiert wird.

2   Mit der Sternzeit aus Star Trek hat das wenig zu tun. In den alten Folgen gab es auch eine andere Deutung als in den neuen – die Sternzeiten von Raumschiff Enterprise bezogen sich damals lediglich auf die Länge der Mission eines Schiffs. Ab TNG (und auch in DS9 und VOY) setzt sie sich aus fünf Stellen und einer Nachkommastelle zusammen; ein Jahr besteht dann aus 1.000 so genannten Stardate-Einheiten. Da es keine Schalttage gibt, wurde jeder Tag ein bisschen verlängert.

15 | Raum und Zeit

meridian von Greenwich, gleichzusetzen. Aufgrund der Erdrotation, die sich ständig verlangsamt, ist UT keine Konstante.

Da die rein aus astronomischen Beobachtungen abgeleiteten Zeiteinheiten nicht mehr reichten, wurde 1968 die *koordinierte Weltzeit UTC* eingeführt, insbesondere seit 1956 die SI-Sekunde nicht mehr an die Erdrotation gekoppelt ist. UTC ist eine Kombination aus der astronomischen UT und der internationalen Atomzeit *TAI (Temps Atomique International)*. Die TAI-Messungen basierten auf einer Atomuhr, und somit sind die erdbedingten Verschiebungen nicht berücksichtigt. So werden Schaltsekunden in bestimmten Jahresabständen am 31. Dezember oder 30. Juni eingeführt, die die wechselnde Geschwindigkeit der Erdrotation ausgleichen.

15.2 Wichtige Datum-Klassen im Überblick

Weil Datumsberechnungen verschlungene Gebilde sind, können wir den Entwicklern von Java dankbar sein, dass sie uns viele Klassen zur Datumsberechnung und -formatierung beigelegt haben. Die Entwickler hielten die Klassen so abstrakt, dass lokale Besonderheiten wie Ausgabeformatierung, Parsen, Zeitzonen, Sommer- und Winterzeit unter verschiedenen Kalendern möglich sind.

Bis zur Java-Version 1.1 stand zur Darstellung und Manipulation von Datumswerten ausschließlich die Klasse `java.util.Date` zur Verfügung. Diese hatte mehrere Aufgaben:

▶ Erzeugung eines Datum-Objekts aus Jahr, Monat, Tag, Minute und Sekunde

▶ Abfrage von Tag, Monat, Jahr … mit der Genauigkeit von Millisekunden

▶ Ausgabe und Verarbeitung von Datum-Zeichenketten

Da die `Date`-Klasse nicht ganz fehlerfrei und internationalisiert war, wurden im JDK 1.1 neue Klassen eingeführt:

▶ `Calendar` nimmt sich der Aufgabe von `Date` an, zwischen verschiedenen Datumsrepräsentationen und Zeitskalen zu konvertieren.

▶ `DateFormat` zerlegt Datum-Zeichenketten und formatiert die Ausgabe. Auch Datum-Formate sind vom Land abhängig, das Java durch `Locale`-Objekte darstellt, und von einer Zeitzone, die durch die Exemplare der Klasse `TimeZone` repräsentiert ist.

In Java 8 ist eine weitere Datumsbibliothek mit ganz neuen Typen zu erwarten.

15.2.1 Der 1.1.1970

Der 1.1.1970 war ein Tag mit wegweisenden Änderungen. Der Allgemeine Römische Kalender wurde eingeführt, und die Briten freuten sich, dass die Volljährigkeit von 24 Jahre auf 18 Jahre fiel. Auch für uns Java-Entwickler ist der 1.1.1970 von Bedeutung, denn viele Zeiten in Java sind relativ zu diesem Datum. Der Zeitstempel 0 bezieht sich auf den 1.1.1970 0:00:00 Uhr Greenwich Zeit – das entspricht 1 Uhr nachts deutscher Zeit. Die Genauigkeit, in der Java

782

zählt, liegt auf der Ebene von Millisekunden. So ist 0 der 1.1.1970 und 1273222647313 am Vormittag des 7. Mai 2010.

15.2.2 System.currentTimeMillis()

Die Anzahl der Millisekunden wird in einem `long` repräsentiert, also in 64 Bit. Das reicht für etwa 300 Millionen Jahre. Die Methode `System.currentTimeMillis()` liefert die vergangenen Millisekunden relativ zum 1.1.1970, wobei allerdings die Uhr vom Betriebssystem nicht so genau gehen muss.

15.2.3 Einfach Zeitumrechnungen durch »TimeUnit«

Eine Zeitdauer wird in Java oft durch Millisekunden ausgedrückt. 1.000 Millisekunden entsprechen einer Sekunde, 1.000*60 Millisekunden einer Minute usw. Diese ganzen großen Zahlen sind jedoch nicht besonders anschaulich, sodass zur Umrechnung `TimeUnit`-Objekte mit ihren `toXXX()`-Methoden genutzt werden.

Java deklariert folgende Konstanten in `TimeUnit`:

- ▶ NANOSECONDS
- ▶ MICROSECONDS
- ▶ MILLISECONDS
- ▶ DAYS
- ▶ HOURS
- ▶ SECONDS
- ▶ MINUTES

Jedes der Aufzählungselemente definiert die Umrechnungsmethoden `toDays()`, `toHours()`, `toMicros()`, `toMillis()`, `toMinutes()`, `toNanos()`, `toSeconds()`; sie bekommen ein `long` und liefern ein `long` in der entsprechenden Einheit. Zudem gibt es eine Methode `convert()`, die von einer Einheit in einer andere umrechnet.

Beispiel Konvertiere 23.746.387 Millisekunden in Stunden:

```
System.out.println( TimeUnit.MILLISECONDS.toHours( 23746387 ) );
// 6
System.out.println( TimeUnit.HOURS.convert( 23746387, TimeUnit.MILLISECONDS ) );
// 6
```

[zB]

```
enum java.util.concurrent.TimeUnit
extends Enum<TimeUnit>
implements Serializable, Comparable<TimeUnit>
```

- ▶ NANOSECONDS, MICROSECONDS, MILLISECONDS, SECONDS, MINUTES, HOURS, DAYS
  Aufzählungselemente von `TimeUnit`

15 | Raum und Zeit

- `long toDays( long duration )`

- `long toHours( long duration )`

- `long toMicros( long duration )`

- `long toMillis( long duration )`

- `long toMinutes( long duration )`

- `long toNanos( long duration )`

- `long toSeconds( long duration )`

- `long convert( long sourceDuration, TimeUnit sourceUnit )`
  Liefert `sourceUnit.toXXX(sourceDuration)`, wobei XXX für die jeweilige Einheit steht. Beispielsweise liefert es `HOURS.convert(sourceDuration, sourceUnit)`, dann `source-Unit.toHours(1)`. Die Lesbarkeit der Methode ist nicht optimal, daher sollten die anderen Methoden vorgezogen werden.

15.3 Sprachen der Länder

Programme der ersten Generation konnten nur mit fest verdrahteten Landessprachen und landesüblichen Bezeichnungen umgehen. Daraus ergaben sich natürlich vielfältige Probleme. Mehrsprachige Programme mussten aufwändig entwickelt werden, damit sie unter mehreren Sprachen lokalisierte Ausgaben lieferten. (Es ergaben sich bereits Probleme durch unterschiedliche Zeichenkodierungen. Dies umging aber der Unicode-Standard.) Es blieb das Problem, dass sprachabhängige Zeichenketten, wie alle anderen Zeichenketten auch, überall im Programmtext verteilt sind und eine nachträgliche Sprachanpassung nur aufwändig zu erreichen ist. Java bietet hier eine Lösung an: zum einen durch die Definition einer Sprache und damit durch automatische Formatierungen, und zum anderen durch die Möglichkeit, sprachenabhängige Teile in Ressourcen-Dateien auszulagern.

15.3.1 Sprachen und Regionen über Locale-Objekte

In Java repräsentieren `Locale`-Objekte geografische, politische oder kulturelle Regionen. Die Sprache und die Region müssen getrennt werden, denn nicht immer gibt eine Region oder ein Land die Sprache eindeutig vor. Für Kanada in der Umgebung von Quebec ist die französische Ausgabe relevant, und die unterscheidet sich von der englischen. Jede dieser sprachspezifischen Eigenschaften ist in einem speziellen Objekt gekapselt.

[zB]

Beispiel Sprach-Objekte werden immer mit dem Namen der Sprache und optional mit dem Namen des Landes beziehungsweise einer Region erzeugt. Im Konstruktor der Klasse `Locale` werden dann Länderabkürzungen angegeben, etwa für ein Sprach-Objekt für Großbritannien oder Frankreich:

```
Locale greatBritain = new Locale( "en", "GB" );
Locale french       = new Locale( "fr" );
```

Im zweiten Beispiel ist uns das Land egal. Wir haben einfach nur die Sprache Französisch ausgewählt, egal in welchem Teil der Welt.

Die Sprachen sind durch Zwei-Buchstaben-Kürzel aus dem ISO-639-Code[3] (ISO Language Code) identifiziert, und die Ländernamen sind Zwei-Buchstaben-Kürzel, die in ISO 3166[4] (ISO Country Code) beschrieben sind.

```
final class java.util.Locale
implements Cloneable, Serializable
```

▶ Locale(String language)
  Erzeugt ein neues Locale-Objekt für die Sprache (language), die nach dem ISO-693-Standard gegeben ist.

▶ Locale(String language, String country)
  Erzeugt ein Locale-Objekt für eine Sprache (language) nach ISO 693 und ein Land (country) nach dem ISO-3166-Standard.

▶ public Locale(String language, String country, String variant)
  Erzeugt ein Locale-Objekt für eine Sprache, ein Land und eine Variante. variant ist eine herstellerabhängige Angabe wie »WIN« oder »MAC«.

Die statische Methode Locale.getDefault() liefert die aktuell eingestellte Sprache. Für die laufende JVM kann Locale.setLocale(Locale) diese ändern.

Konstanten für einige Länder und Sprachen

Die Locale-Klasse besitzt Konstanten für häufig auftretende Länder und Sprachen. Statt für Großbritannien explizit new Locale("en", "GB") zu schreiben, bietet die Klasse mit Locale.UK eine Abkürzung. Unter den Konstanten für Länder und Sprachen sind: CANADA, CANADA_FRENCH, CHINA ist gleich CHINESE (und auch PRC bzw. SIMPLIFIED_CHINESE), ENGLISH, FRANCE, FRENCH, GERMAN, GERMANY, ITALIAN, ITALY, JAPAN, JAPANESE, KOREA, KOREAN, TAIWAN (ist gleich TRADITIONAL_CHINESE), UK und US.

Methoden von »Locale«

Locale-Objekte bieten eine Reihe von Methoden an, um etwa den ISO-639-Code des Landes preiszugeben.

Beispiel Gib für Deutschland zugängliche Informationen aus. Das Objekt out aus System und GERMANY aus Locale sind statisch importiert: [zB]

Listing 15.1 com/tutego/insel/locale/GermanyLocal.java, main()

```
out.println( GERMANY.getCountry() );      // DE
out.println( GERMANY.getLanguage() );     // de
out.println( GERMANY.getVariant() );      //
```

---

3 http://www.loc.gov/standards/iso639-2/php/code_list.php
4 http://www.iso.org/iso/en/prods-services/iso3166ma/02iso-3166-code-lists/index.html

15 | Raum und Zeit

```
out.println( GERMANY.getDisplayCountry() ); // Deutschland
out.println( GERMANY.getDisplayLanguage() );// Deutsch
out.println( GERMANY.getDisplayName()  );   // Deutsch (Deutschland)
out.println( GERMANY.getDisplayVariant() ); //
out.println( GERMANY.getISO3Country() );    // DEU
out.println( GERMANY.getISO3Language() );    // deu
```

«interface»   **java.io.Serializable**

«interface»   **java.lang.Cloneable**

java.util.Locale
+ CANADA: Locale
+ CANADA_FRENCH: Locale
+ CHINA: Locale
+ CHINESE: Locale
- country: String
+ ENGLISH: Locale
+ FRANCE: Locale
+ FRENCH: Locale
+ GERMAN: Locale
+ GERMANY: Locale
+ ITALIAN: Locale
+ ITALY: Locale
+ JAPAN: Locale
+ JAPANESE: Locale
+ KOREA: Locale
+ KOREAN: Locale
- language: String
+ PRC: Locale
+ ROOT: Locale
+ SIMPLIFIED_CHINESE: Locale
+ TAIWAN: Locale
+ TRADITIONAL_CHINESE: Locale
+ UK: Locale
+ US: Locale
- variant: String
+ Locale(language: String)
+ Locale(language: String, country: String, variant: String)
+ Locale(language: String, country: String)
+ clone(): Object
+ equals(obj: Object): boolean
+ getAvailableLocales(): Locale[]
+ getCountry(): String
+ getDefault(): Locale
+ getDisplayCountry(inLocale: Locale): String
+ getDisplayCountry(): String
+ getDisplayLanguage(inLocale: Locale): String
+ getDisplayLanguage(): String
+ getDisplayName(inLocale: Locale): String
+ getDisplayName(): String
+ getDisplayVariant(inLocale: Locale): String
+ getDisplayVariant(): String
+ getISO3Country(): String
+ getISO3Language(): String
+ getISOCountries(): String[]
+ getISOLanguages(): String[]
+ getLanguage(): String
+ getVariant(): String
+ hashCode(): int
+ setDefault(newLocale: Locale)
+ toString(): String

```
final class java.util.Locale
implements Cloneable, Serializable
```

▶ String getCountry()
Liefert das Länderkürzel nach dem ISO-3166-zwei-Buchstaben-Code.

▶ String getLanguage()
Liefert das Kürzel der Sprache im ISO-639-Code.

▶ String getVariant()
Liefert das Kürzel der Variante.

▶ final String getDisplayCountry()
Liefert ein Kürzel des Landes für Bildschirmausgaben.

▶ final String getDisplayLanguage()
Liefert ein Kürzel der Sprache für Bildschirmausgaben.

▶ final String getDisplayName()
Liefert den Namen der Einstellungen.

▶ final String getDisplayVariant()
Liefert den Namen der Variante.

▶ String getISO3Country()
Liefert die ISO-Abkürzung des Landes dieser Einstellungen und löst eine MissingResour-
ceException aus, wenn die ISO-Abkürzung nicht verfügbar ist.

▶ String getISO3Language()
Liefert die ISO-Abkürzung der Sprache dieser Einstellungen und löst eine MissingResour-
ceException aus, wenn die ISO-Abkürzung nicht verfügbar ist.

▶ static Locale[] getAvailableLocales()
Liefert eine Aufzählung aller installierten Locale-Objekte. Das Feld enthält mindestens
Locale.US und unter Java 6 ca. 150 Einträge.

15.4 Internationalisierung und Lokalisierung

Soll ein Programm in jeder Kultur und jedem Sprachraum optimal laufen, ist auf eine ganze
Reihe von Dingen zu achten:

▶ Texte der Beschriftungen

▶ Konventionen in Bezug auf Datum, Dezimalzahlen, Währungen, Telefonnummern

▶ Ausrichtungen und Schreibrichtung

▶ Grafiken, Farben

▶ Töne, Musiken

In der Softwareentwicklung gibt es zwei Begriffe, die sich um sprachabhängige Programme
drehen: Internationalisierung und Lokalisierung:

15 | Raum und Zeit

▶ **Internationalisierung**: Die Internationalisierung eines Programms bedeutet, dass es so entwickelt und vorbereitet wurde, dass es unter beliebig vielen Sprachen arbeitet.

▶ **Lokalisierung**: Die Lokalisierung ist der Prozess des Anpassens auf eine bestimmte neue Sprache.

Eine Software, die gleich internationalisiert entworfen wird, kann leicht auf andere Sprachen gebracht werden, und Unternehmen können schnell in neue Märkte eintreten. Java unterstützt das mit diversen Möglichkeiten:

▶ `Format`-Klassen erleichtern die Formatierung von Datum und Zahlen.

▶ `ResourceBundle`-Objekte ermöglichen unterschiedliche Sprachen durch Übersetzungs-Dateien.

▶ `Collator`-Klassen aus dem `java.text`-Paket können sprachabhängig sortieren.

▶ Swing kann Text und Komponenten mühelos von rechts nach links laufen lassen.

Die Vorbereitung kostet natürlich Zeit und gestalterische Klarheit. Ein Zuviel an Grafiken kann dabei der Lokalisierung im Wege stehen, etwa bei Handgesten, Bildern von Tieren, Gesichtern.

15.4.1 ResourceBundle-Objekte und Ressource-Dateien

Sollen Java-Programme sprachunabhängig gestaltet werden, müssen in der ersten Phase der Internationalisierung alle Zeichenketten einer Landessprache durch symbolische Namen ersetzt werden. Die Verbindung zwischen den symbolischen Namen und den landessprachlichen Texten übernimmt ein `ResourceBundle`-Objekt, hinter dem eine Lokalisierungs-Datei steht. Wenn das Programm später eine Zeichenkette nutzen will, greift es auf den symbolischen Namen zurück, die dann das `ResourceBundle`-Objekt auf die entsprechende Übersetzung überträgt. Die `ResourceBundle`-Objekte sind spezielle Assoziativspeicher, die alle programmrelevanten Texte und Informationen für ein spezielles Land repräsentieren. Ein wesentlicher Bestandteil von Java besteht in der Fähigkeit dieser Datenspeicher, sich die passenden Lokalisierungs-Dateien selbst herauszusuchen.

15.4.2 Ressource-Dateien zur Lokalisierung

Die Übersetzungen können aus Dateien oder einfachen Listen stammen; wir nehmen im Folgenden Dateien an. Da wir die Sprachen Englisch und Deutsch unterstützen wollen, legen wir im (frei wählbaren) Verzeichnis *resources* zwei Dateien an, eine für die englische und eine für deutsche Version:

Listing 15.2 resources/HelloWorld_en.properties

```
# HelloWorld_en.properties
Hello=Hello World.
Bye=Bye.
```

Listing 15.3 resources/HelloWorld_de.properties
```
# HelloWorld_de.properties
Hello=Hallo Welt.
Bye=Tschüss.
```

Die Datei enthält Schlüssel-Werte-Paare sowie Kommentare, die mit einer Raute beginnen. Mit einem Identifizierer – wie »Hello« – sind die landes-/sprachabhängigen Zeichenketten als Werte verbunden.

Die Dateinamen für die Ressourcen-Dateien haben dabei einen speziellen Aufbau. Sie setzen sich aus dem so genannten *Basisnamen* (hier *HelloWorld*), einem Unterstrich (»_«), einer Landeskennung und dem Datei-Suffix *properties* zusammen. Damit ergeben sich für die Sprachen Englisch und Deutsch die Dateinamen *HelloWorld_en.properties* und *HelloWorld_de.properties*.

Eclipse kann automatisch die Zeichenketten eines Programms in eine Datei auslagern. Dazu ist im Menü SOURCE der Eintrag EXTERNALIZE STRINGS... aufzurufen.

15.4.3 Die Klasse »ResourceBundle«

Um auf die Übersetzungsdateien zurückgreifen zu können, benötigen wir ein Objekt der Klasse `ResourceBundle`. Die statische Fabrikmethode `ResourceBundle.getBundle(name)` liefert den Assoziativspeicher, wobei `name` der Basisname wie »HelloWorld« ist. Über den Schlüssel sucht die Methode `getString()` die landesspezifische Meldung heraus.

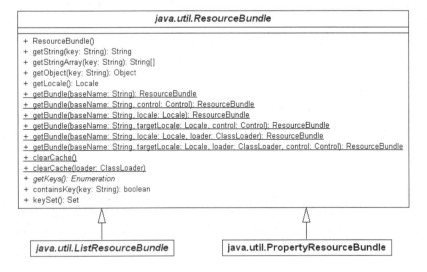

Listing 15.4 com/tutego/insel/bundle/InternationalHelloWorld.java
```
package com.tutego.insel.bundle;

import java.util.*;
```

```
//$java -Duser.language=en com.tutego.insel.bundle.InternationalHelloWorld
public class InternationalHelloWorld
{
  public static void main( String[] args )
  {
    String baseName = "resources.HelloWorld";

    try
    {
      ResourceBundle bundle = ResourceBundle.getBundle( baseName );
      System.out.println( bundle.getString("Hello") );
    }
    catch ( MissingResourceException e ) {
      System.err.println( e );
    }
  }
}
```

15.4.4 Ladestrategie für ResourceBundle-Objekte

Die Methode `getBundle()` sucht automatisch anhand der eingestellten Landessprache die passende Datei aus dem Klassenpfad (aus diesem Grund heißt unser Basisname »resources.HelloWorld« und nicht nur einfach »HelloWorld«). Die Dateinamen für die jeweiligen `Resource-Bundle`-Objekte können sehr variabel zusammengesetzt werden, wobei `getBundle()` die nachfolgenden Bildungsgesetze verwendet und bei der Dateisuche mit der speziellsten Beschreibung beginnt:

▶ *bundleName_localeLanguage_localeCountry_localeVariant*

▶ *bundleName_localeLanguage_localeCountry*

▶ *bundleName_localeLanguage*

▶ *bundleName_defaultLanguage_defaultCountry_defaultVariant*

▶ *bundleName_defaultLanguage_defaultCountry*

▶ *bundleName_defaultLanguage*

▶ *bundleName*

Sind mehrere Ressourcen-Dateien im Klassenpfad, so integriert sie `getBundle()`. Eine Datei wie *HelloWorld_de.properties* erweitert (und überschreibt unter Umständen) die Inhalte von *HelloWorld.properties*. Eine *localeCountry* ist zum Beispiel »CH« (das ist keine Variante), was zu einem Dateinamen *HelloWorld_de_**CH**.properties* führt.

Listing 15.5 resources/HelloWorld_de_*CH*.properties
```
Hello=Grüezi.
```

Die Anfrage `bundle.getString("Hello")` liefert »Grüezi«, und `bundle.getString("Bye")` retourniert »Tschüss« aus der übergeordneten Datei. Die Datei *HelloWorld_de_**CH**.properties* überschreibt die hochdeutschen Wörter aus *HelloWorld_de.properties* mit Wörtern auf

Schwyzerdütsch, was wiederum Wörter aus *HelloWorld.properties* überschreiben würde. Um das Programm zu testen, ändert folgende Zeile vor `getBundle()` die Sprache:

```
Locale.setDefault( new Locale("de", "CH") );
```

Gibt es dann eine Datei wie *HelloWorld_de_***CH***.properties*, aber *HelloWorld_de.properties* fehlt und die eingestellte Sprache ist nur Deutsch und nicht ausschließlich Schweizerdeutsch, so beachtet `getBundle()` die Datei *HelloWorld_de_***CH***.properties* nicht, sondern nur eventuell vorgelagerte Dateien wie *HelloWorld.properties*.

`abstract class java.util.`**`ResourceBundle`**

▶ `static ResourceBundle getBundle( String baseName )`
Liefert das `ResourceBundle` für einen Basisnamen. Eine `MissingResourceException` folgt, wenn kein Resource-Bundle mit diesem Basisnamen gefunden werden konnte.

▶ `String getString( String key )`
Gibt den mit `key` assoziierten Wert von diesem Resource-Bundle oder von den Vätern zurück.

Die einfache statische Fabrikmethode `getBundle()` bezieht zum Ansprechen der Dateien die Standard-Sprache aus `Locale.getDefault()`.

15.5 Die Klasse »Date«

Die ältere Klasse `java.util.Date` ist durch die Aufgabenverteilung auf die Klassen `DateFormat` und `Calendar` sehr schlank. Ein Exemplar der Klasse `Date` verwaltet ein besonderes Datum oder eine bestimmte Zeit; die Zeitgenauigkeit beträgt eine Millisekunde. `Date`-Objekte sind mutable, also veränderbar. Sie lassen sich daher nur mit Vorsicht an Methoden übergeben oder zurückgeben.

Im SQL-Paket gibt es eine Unterklasse von `java.util.Date`, die Klasse `java.sql.Date`. Bis auf eine statische Methode `java.sql.Date.valueOf(String)`, die Zeichenfolgen mit dem Aufbau »yyyy-mm-dd« erkennt, gibt es keine Unterschiede.

15.5.1 Objekte erzeugen und Methoden nutzen

Viele Methoden von `Date` sind veraltet, und zwei Konstruktoren der Klasse bleiben uns:

`class java.util.`**`Date`**
`implements Serializable, Cloneable, Comparable<Date>`

▶ `Date()`
Erzeugt ein Datum-Objekt und initialisiert es mit der Zeit, die bei der Erzeugung gelesen wurde. Die gegenwärtige Zeit erfragt dieser Konstruktor mit `System.currentTimeMillis()`.

15 | Raum und Zeit

▶ Date(long date)
Erzeugt ein Datum-Objekt und initialisiert es mit der übergebenen Anzahl von Millisekunden seit dem 1. Januar 1970, 00:00:00 GMT.

[zB]

Beispiel Mit der `toString()`-Methode können wir ein minimales Zeitanzeige-Programm schreiben. Wir rufen den Standard-Konstruktor auf und geben dann die Zeit aus. Die `println()`-Methode ruft wie üblich automatisch `toString()` auf:

Listing 15.6 com/tutego/insel/date/MiniClock.java

```
package com.tutego.insel.date;

class MiniClock
{
  public static void main( String[] args )
  {
    System.out.println( new java.util.Date() ); // Fri Jul 07 09:05:16 CEST 2006
  }
}
```

Die anderen Methoden erlauben Zeitvergleiche und operieren auf den Millisekunden.

```
class java.util.Date
implements Serializable, Cloneable, Comparable<Date>
```

▶ long getTime()
Liefert die Anzahl der Millisekunden nach dem 1. Januar 1970, 00:00:00 GMT zurück.

▶ void setTime(long time)
Setzt wie der Konstruktor die Anzahl der Millisekunden des Datum-Objekts neu.

▶ boolean before(Date when), boolean after(Date when)
Testet, ob das eigene Datum vor oder nach dem übergebenen Datum liegt: `true`, wenn davor oder danach, sonst `false`. Falls die Millisekunden in `long` bekannt sind, kommt ein Vergleich mit den primitiven Werten zum gleichen Ergebnis.

▶ boolean equals(Object obj)
Testet die Datums-Objekte auf Gleichheit. `true`, wenn `getTime()` für beide den gleichen Wert ergibt und der aktuelle Parameter nicht `null` ist.

▶ int compareTo(Date anotherDate)
Vergleicht zwei Datum-Objekte und gibt 0 zurück, falls beide die gleiche Zeit repräsentieren. Der Rückgabewert ist kleiner 0, falls das Datum des aufrufenden Exemplars vor dem Datum von `anotherDate` ist, sonst größer 0.

▶ int compareTo(Object o)
Ist das übergebene Objekt vom Typ `Date`, dann verhält sich die Methode wie `compareTo()`. Andernfalls löst die Methode eine `ClassCastException` aus. Die Methode ist eine Vorgabe aus der Schnittstelle `Comparable`. Mit der Methode lassen sich `Date`-Objekte in einem Feld über `Arrays.sort(Object[])` oder `Collections.sort()` einfach sortieren.

792

▶ String toString()

Gibt eine Repräsentation des Datums aus. Das Format ist nicht landesspezifisch.

15.5.2 Date-Objekte nicht immutable

Dass Date-Objekte nicht immutable sind, ist sicherlich aus heutiger Sicht eine große Design-schwäche. Immer dann, wenn Date-Objekte übergeben und zurückgegeben werden sollen, ist eine Kopie des Zustands das Beste, damit nicht später plötzlich ein verteiltes Date-Objekt ungewünschte Änderungen an den verschiedensten Stellen provoziert:

Listing 15.7 com.tutego.insel.date.Person.java, Person

```
class Person
{
  private Date birthday;

  public void setBirthday( Date birthday )
  {
    this.birthday = new Date( birthday.getTime() );
  }

  public Date getBirthday()
  {
    return new Date( birthday.getTime() );
  }
}
```

> **Hinweis** Eigentlich hat Sun die verändernden Methoden wie setHours() oder setMinutes() deprecated gemacht. Allerdings blieb eine Methode außen vor: setTime(long), die die Anzahl der Millisekunden seit dem 1.1.1970 neu setzt. In Programmen sollte diese zustands-verändernde Methode vorsichtig eingesetzt werden und stattdessen die Millisekunden im Konstruktor für ein neues Date-Objekt benutzt werden.

[«]

15.6 Calendar und GregorianCalendar

Ein Kalender unterteilt die Zeit in Einheiten wie Jahr, Monat, Tag. Der bekannteste Kalender ist der *gregorianische Kalender*, den Papst Gregor XIII. im Jahre 1582 einführte. Vor seiner Einführung war der *julianische Kalender* populär, der auf Julius Cäsar zurückging – daher auch der Name. Er stammt aus dem Jahr 45 vor unserer Zeitrechnung. Der gregorianische und der julianische Kalender sind Sonnenkalender, die den Lauf der Erde um die Sonne als Basis für die Zeiteinteilung nutzen; der Mond spielt keine Rolle. Daneben gibt es Mondkalender wie den islamischen Kalender und die Lunisolarkalender, die Sonne und Mond miteinander ver-binden. Zu diesem Typus gehören der chinesische, der griechische und der jüdische Kalender.

Mit Exemplaren vom Typ Calendar ist es möglich, Datum und Uhrzeit in den einzelnen Kom-ponenten wie Jahr, Monat, Tag, Stunde, Minute, Sekunde zu setzen und zu erfragen. Da es

15 | Raum und Zeit

unterschiedliche Kalendertypen gibt, ist `Calendar` eine abstrakte Basisklasse, und Unterklassen bestimmen, wie konkret eine Abfrage oder Veränderung für ein bestimmtes Kalendersystem aussehen muss. Bisher bringt die Java-Bibliothek mit der Unterklasse `GregorianCalendar` nur eine öffentliche konkrete Implementierung mit, deren Exemplare Daten und Zeitpunkte gemäß dem gregorianischen Kalender verkörpern. In Java 6 ist eine weitere interne Klasse für einen japanischen Kalender hinzugekommen. IBM hat mit *International Components for Unicode for Java (ICU4J)* unter *http://icu.sourceforge.net/* weitere Klassen wie `ChineseCalendar`, `BuddhistCalendar`, `JapaneseCalendar`, `HebrewCalendar` und `IslamicCalendar` freigegeben. Hier findet sich auch einiges zum Thema Ostertage.

15.6.1 Die abstrakte Klasse »Calendar«

Die Klasse `Calendar` besitzt zum einen Anfrage- und Modifikationsmethoden für konkrete Exemplare und zum anderen statische Fabrikmethoden. Eine einfache statische Methode ist `getInstance()`, um ein benutzbares Objekt zu bekommen.

java.util.Calendar
+ getInstance(): Calendar
+ getInstance(zone: TimeZone): Calendar
+ getInstance(aLocale: Locale): Calendar
+ getInstance(zone: TimeZone, aLocale: Locale): Calendar
+ getAvailableLocales(): Locale[]
+ getTime(): Date
+ setTime(date: Date)
+ getTimeInMillis(): long
+ setTimeInMillis(millis: long)
+ get(field: int): int
+ set(field: int, value: int)
+ set(year: int, month: int, date: int)
+ set(year: int, month: int, date: int, hourOfDay: int, minute: int)
+ set(year: int, month: int, date: int, hourOfDay: int, minute: int, second: int)
+ clear()
+ clear(field: int)
+ isSet(field: int): boolean
+ getDisplayName(field: int, style: int, locale: Locale): String
+ getDisplayNames(field: int, style: int, locale: Locale): Map
+ equals(obj: Object): boolean
+ hashCode(): int
+ before(when: Object): boolean
+ after(when: Object): boolean
+ compareTo(anotherCalendar: Calendar): int
+ *add(field: int, amount: int)*
+ *roll(field: int, up: boolean)*
+ roll(field: int, amount: int)
+ setTimeZone(value: TimeZone)
+ getTimeZone(): TimeZone
+ setLenient(lenient: boolean)
+ isLenient(): boolean
+ setFirstDayOfWeek(value: int)
+ getFirstDayOfWeek(): int
+ setMinimalDaysInFirstWeek(value: int)
+ getMinimalDaysInFirstWeek(): int
+ *getMinimum(field: int): int*
+ *getMaximum(field: int): int*
+ *getGreatestMinimum(field: int): int*
+ *getLeastMaximum(field: int): int*
+ getActualMinimum(field: int): int
+ getActualMaximum(field: int): int
+ clone(): Object
+ toString(): String

Calendar und GregorianCalendar | **15.6**

```
abstract class java.util.Calendar
implements Serializable, Cloneable, Comparable<Calendar>
```

▶ static Calendar getInstance()

Liefert einen Standard-Calendar mit der Standard-Zeitzone und Standard-Lokalisierung zurück.

Neben der parameterlosen Variante von getInstance() gibt es drei weitere Varianten, denen ein TimeZone-Objekt und Locale-Objekt mit übergeben werden kann. Damit kann dann der Kalender auf eine spezielle Zeitzone und einen Landstrich zugeschnitten werden.

Hinweis Calendar (bzw. GregorianCalendar) hat keine menschenfreundliche toString()- **[«]**
Methode. Der String enthält alle Zustände des Objekts:

```
java.util.GregorianCalendar[time=1187732409256,areFieldsSet=
true,areAllFieldsSet=true,lenient=true,zone=sun.util.calendar.ZoneInfo[id=
"Europe/Berlin",offset=3600000,dstSavings=3600000,useDaylight=true,transitions=
143,lastRule=java.util.SimpleTimeZone[id=Europe/Berlin,offset=3600000,
dstSavings=3600000,useDaylight=true,startYear=0,startMode=2,startMonth=
2,startDay=-1,startDayOfWeek=1,startTime=3600000,startTimeMode=2,endMode=
2,endMonth=9,endDay=-1,endDayOfWeek=1,endTime=3600000,endTimeMode=
2]],firstDayOfWeek=2,minimalDaysInFirstWeek=4,ERA=1,YEAR=2007,MONTH=
7,WEEK_OF_YEAR=34,WEEK_OF_MONTH=4,DAY_OF_MONTH=21,DAY_OF_YEAR=233,DAY_OF_WEEK=
3,DAY_OF_WEEK_IN_MONTH=3,AM_PM=1,HOUR=11,HOUR_OF_DAY=23,MINUTE=40,SECOND=
9,MILLISECOND=256,ZONE_OFFSET=3600000,DST_OFFSET=3600000]
```

15.6.2 Der gregorianische Kalender

Die Klasse GregorianCalendar erweitert die abstrakte Klasse Calendar. Sieben Konstruktoren stehen zur Verfügung; vier davon sehen wir uns an:

```
class java.util.GregorianCalendar
extends Calendar
```

▶ GregorianCalendar()

Erzeugt ein standardmäßiges GregorianCalendar-Objekt mit der aktuellen Zeit in der voreingestellten Zeitzone und Lokalisierung.

▶ GregorianCalendar(int year, int month, int date)

Erzeugt ein GregorianCalendar-Objekt in der voreingestellten Zeitzone und Lokalisierung. Jahr, Monat (der zwischen 0 und 11 und nicht zwischen 1 und 12 liegt) und Tag legen das Datum fest.

▶ GregorianCalendar(int year, int month, int date, int hour, int minute)

Erzeugt ein GregorianCalendar-Objekt in der voreingestellten Zeitzone und Lokalisierung. Das Datum legen Jahr, Monat (0 <= month <= 11), Tag, Stunde und Minute fest.

▶ GregorianCalendar(int year, int month, int date, int hour, int minute, int second)

Erzeugt ein GregorianCalendar-Objekt in der voreingestellten Zeitzone und Lokalisierung. Das Datum legen Jahr, Monat (0 <= month <= 11), Tag, Stunde, Minute und Sekunde fest.

795

15 | Raum und Zeit

[»] **Hinweis** Die Monate beginnen bei 0, sodass `new GregorianCalendar(1973, 3, 12)` nicht den 12. März, sondern den 12. April ergibt! Damit Anfrageprobleme vermieden werden, sollten die `Calendar`-Konstanten JANUARY (0), FEBRUARY, MARCH, APRIL, MAY, JUNE, JULY, AUGUST, SEPTEMBER, OCTOBER, NOVEMBER, DECEMBER (11) verwendet werden. Die spezielle Variable UNDECIMBER (12) steht für den dreizehnten Monat, der etwa bei einem Mondkalender anzutreffen ist. Die Konstanten sind keine typsicheren Enums, bieten aber den Vorteil, als `int` einfach mit ihnen zählen zu können.

Neben den hier aufgeführten Konstruktoren gibt es noch weitere, die es erlauben, die Zeitzone und Lokalisierung zu ändern. Standardmäßig eingestellt sind die lokale Zeitzone und die aktuelle Lokalisierung. Ist eines der Argumente im falschen Bereich, löst der Konstruktor eine `IllegalArgumentException` aus.

[»] **Hinweis** Zum Aufbau von `Calendar`-Objekten gibt es nun zwei Möglichkeiten:
`Calendar c = Calendar.getInstance();`

und

`Calendar c = new GregorianCalendar();`

Die erste Variante ist besonders in internationalisierter Software zu bevorzugen, da es einige Länder gibt, die nicht nach dem gregorianischen Kalender arbeiten.
`Calendar c = Calendar.getInstance( new Locale("ja", "JP", "JP") );`

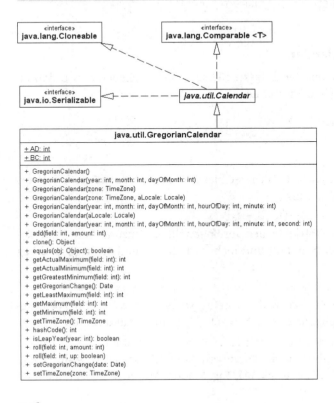

796

Calendar und GregorianCalendar | **15.6**

Fehlerquelle: Standard-Konstruktor setzt eine falsche Zeitzone *

Leider liefert der Standard-Konstruktor von GregorianCalendar nicht immer die erwarteten Ergebnisse. Zur Klärung sehen wir uns die Implementierung genauer an:

```
public GregorianCalendar()
{
  this( TimeZone.getDefault(), Locale.getDefault() );
}
```

Konstruieren wir den gregorianischen Kalender ohne Zeitzonenangabe, so ruft die Klasse TimeZone die statische Methode getDefault() auf. Die Implementierung von getDefault() fragt nach einer Systemeigenschaft user.timezone. Sie lässt sich von Hand mit System.set-Property("user.timezone","Zeitzone"); oder über die Kommandozeile setzen.

```
$ java -Duser.timezone=Zeitzone Programm
```

Existiert die Variable nicht, nimmt der Kalender die Zeitzone 0 an. In Deutschland haben wir jedoch Central European Time. Ist die Zeitzone auf Rechnern nicht auf CET gestellt, gehen alle Zeitangaben eine Stunde nach. Um dieses Problem zu beheben, sollte die korrekte Zeitzone mit dem Konstruktor GregorianCalendar(TimeZone) oder mit der Methode setTimeZone() aus der Klasse Calendar eingestellt werden:

```
calendar = new GregorianCalendar();
calendar.setTimeZone( TimeZone.getTimeZone("CET") );
```

Hinweis Natürlich verfehlt dies vollkommen seinen Zweck, da wir die Zeitzone nicht von Hand setzen sollten. Aber leider funktioniert es auf einigen Computern nicht ohne explizites Setzen.   [«]

15.6.3 »Calendar« nach »Date« und Millisekunden fragen

Da java.util.Date-Objekte zwar auf den ersten Blick Konstruktoren anbieten, die Jahr, Monat, Tag entgegennehmen, diese Konstruktoren aber veraltet sind, sollten wir den Blick auf GregorianCalendar lenken, wie wir das im vorangehenden Abschnitt gemacht haben.

Um von einem Calendar die Anzahl der vergangenen Millisekunden seit dem 1.1.1970 abzufragen, dient getTimeInMillis() (eine ähnliche Methode hat auch Date, nur heißt sie dort getTime()).

Beispiel Bestimme die Anzahl der Tage, die seit einem bestimmten Tag, Monat und Jahr   [zB]
vergangen sind:

```
int date  = 1;
int month = Calendar.JANUARY;
int year  = 1900;
long ms    = new GregorianCalendar( year, month, date ).getTimeInMillis();
long days = TimeUnit.MILLISECONDS.toDays( System.currentTimeMillis() - ms );
System.out.println( days );                    // 40303
```

15 | Raum und Zeit

[»]   **Hinweis**   `Calendar` und `Date` haben beide eine `getTime()`-Methode. Nur liefert die `Calendar`-Methode `getTime()` ein `java.util.Date`-Objekt und die `Date`-Methode `getTime()` ein `long`. Gutes API-Design sieht anders aus. Damit Entwickler aber keine unschönen `cal.getTime().getTime()`-Ausdrücke schreiben müssen, um vom `Calendar` die Anzahl Millisekunden zu beziehen, ist `getTimeInMillis()` im Angebot.

```
abstract class java.util.Calendar
implements Serializable, Cloneable, Comparable<Calendar>
```

▶ `final long getTimeInMillis()`
   Liefert die seit der Epoche (January 1, 1970 00:00:00.000 GMT, Gregorian) vergangene Zeit in Millisekunden.

▶ `final Date getTime()`
   Liefert ein `Date`-Objekt zu diesem `Calendar`.

15.6.4 Ostertage *

In vielen Geschäftsprogrammen gibt es Fragen nach dem *Ostersonntag*[5], da er Bezugspunkt für viele Feiertage ist.

▶ *Aschermittwoch* (Beginn des 40-tägigen Fastens) ist 46 Tage *vor* Ostersonntag (und zwei Tage nach Rosenmontag, ob mit Helau! oder Alaaf!).

▶ *Christi Himmelfahrt* (Auffahrt): 39 Tage *nach* Ostersonntag und immer an einem Donnerstag

▶ *Pfingstsonntag*: 49 Tage nach Ostersonntag

▶ *Fronleichnam* (Fronleichnamsfest): 60 Tage nach Ostersonntag

▶ In manchen Gegenden werden drei Tage vor Christi Himmelfahrt *Bitttage* gefeiert.

▶ Der vorletzte Sonntag vor Ostern heißt *Passionssonntag*.

▶ Der Sonntag vor Ostern ist der *Palmsonntag*.

Zur Berechnung des beweglichen Ostersonntags gibt es unzählige Algorithmen. Eine Formel wurde 1876 in Butchers »Ecclesiastical Calendar« veröffentlicht. Er arbeitet für Jahre ab 1582 im gregorianischen Kalender korrekt, berücksichtigt aber keine julianischen Zeiten und liefert den Ostersonntag zwischen dem 22. März und 25. April:

Listing 15.8   com/tutego/insel/easter/Easter.java

```
package com.tutego.insel.easter;

import java.util.*;

public class Easter
{
  /**
```

---

5 Viele wissen es nicht mehr: Da ist Jesus auferstanden.

```
 * Returns the date of Easter Sunday for a given year.
 *
 * @param year > 1583
 * @return The date of Easter Sunday for a given year.
 */
public static Calendar easterSunday( int year )
{
  int i = year % 19;
  int j = year / 100;
  int k = year % 100;

  int l = (19 * i + j - (j / 4) - ((j - ((j + 8) / 25) + 1) / 3) + 15) % 30;
  int m = (32 + 2 * (j % 4) + 2 * (k / 4) - l - (k % 4)) % 7;
  int n = l + m - 7 * ((i + 11 * l + 22 * m) / 451) + 114;

  int month = n / 31;
  int day   = (n % 31) + 1;

  return  new GregorianCalendar( year, month - 1, day );
  }
}
```

Ein Test soll für das aktuelle Jahr und die folgenden Jahre den Ostersonntag ausgeben:

Listing 15.9 com/tutego/insel/easter/EasterDemo.java. main()

```
Calendar cal = easterSunday( Calendar.getInstance().get(Calendar.YEAR) );
DateFormat df = DateFormat.getDateInstance( DateFormat.FULL );

String s = df.format( cal.getTime() );
out.println( s );                                          // Sonntag, 16. April 2006

out.println( df.format(easterSunday(2007).getTime()) );    // Sonntag, 8. April 2007
out.println( df.format(easterSunday(2008).getTime()) );    // Sonntag, 23. März 2008
out.println( df.format(easterSunday(2009).getTime()) );    // Sonntag, 12. April 2009
out.println( df.format(easterSunday(2010).getTime()) );    // Sonntag, 4. April 2010
out.println( df.format(easterSunday(2011).getTime()) );    // Sonntag, 24. April 2011
out.println( df.format(easterSunday(2012).getTime()) );    // Sonntag, 8. April 2012
out.println( df.format(easterSunday(2013).getTime()) );    // Sonntag, 31. März 2013
```

Beispiel Für Ostertage bietet GregorianCalendar zwar keine Methode, doch die Objekt-methode isLeapYear(int year) testet, ob year ein Schaltjahr repräsentiert. Auf den ersten Blick ist es schon seltsam, dass die Methode nicht statisch ist.

15.6.5 Abfragen und Setzen von Datumselementen über Feldbezeichner

Das Abfragen und Setzen von Datumselementen des gregorianischen Kalenders erfolgt mit den überladenen Methoden get() und set(). Beide erwarten als erstes Argument einen Feldbezeichner – eine Konstante aus der Klasse Calendar –, der angibt, auf welches Datum-/Zeit-

15 | Raum und Zeit

feld zugegriffen werden soll. Die get()-Methode liefert den Inhalt des angegebenen Felds, und set() schreibt den als zweites Argument übergebenen Wert in das Feld.

[zB]

Beispiel Führe Anweisungen aus, wenn es 19 Uhr ist:

```
if ( Calendar.getInstance().get( Calendar.HOUR_OF_DAY ) == 19 )
  ...
```

Die folgende Tabelle gibt eine Übersicht der Feldbezeichner und ihrer Wertebereiche im Fall des konkreten GregorianCalendar.

```
abstract class java.util.Calendar
implements Serializable, Cloneable, Comparable<Calendar>
```

Feldbezeichner Calendar.*	Minimalwert	Maximalwert	Erklärung
ERA	0 (BC)	1 (AD)	Datum vor oder nach Christus
YEAR	1	theoretisch unbeschränkt	Jahr
MONTH	0	11	Monat (nicht von 1 bis 12!)
DAY_OF_MONTH alternativ DATE	1	31	Tag
WEEK_OF_YEAR	1	54	Woche
WEEK_OF_MONTH	1	6	Woche des Monats
DAY_OF_YEAR	1	366	Tag des Jahres
DAY_OF_WEEK	1	7	Tag der Woche (1 = Sonntag, 7 = Samstag)
DAY_OF_WEEK_IN_MONTH	1	6	Tag der Woche im Monat
HOUR	0	11	Stunde von 12
HOUR_OF_DAY	0	23	Stunde von 24
MINUTE	0	59	Minute
SECOND	0	59	Sekunden
MILLISECOND	0	999	Millisekunden
AM_PM	0	1	vor 12, nach 12
ZONE_OFFSET	13*60*60*1000	+14*60*60*1000	Zeitzonenabweichung in Millisekunden
DST_OFFSET	0	2*60*60*1000	Sommerzeitabweichung in Millisekunden

Tabelle 15.1 Konstanten aus der Klasse »Calendar«

Nun können wir mit den Varianten von set() die Felder setzen und mit get() wieder hereinholen. Beachtenswert sind der Anfang der Monate mit 0 und der Anfang der Wochentage mit 1 (SUNDAY), 2 (MONDAY), ..., 7 (SATURDAY) – Konstanten der Klasse Calendar stehen in Klammern. Das ist insbesondere für deutsche Verhältnisse unüblich, denn nach DIN-Norm 1355

Calendar und GregorianCalendar | **15.6**

beginnt die Woche mit Montag. Die Vereinbarung wurde 1975 mit der ISO getroffen und von den Kalenderherstellern in den folgenden Jahren umgesetzt. Wer »weltliche« Software schreibt, sollte jedoch berücksichtigen, dass die katholische und evangelische Kirche sich dieser Anpassung nicht angeschlossen haben: Sonntag bleibt der erste Tag der Woche.

Beispiel Ist ein `Date`-Objekt gegeben, so speichert es Datum und Zeit. Soll der Zeitanteil gelöscht werden, so bietet Java dafür keine eigene Methode. Die Lösung ist, Stunden, Minuten, Sekunden und Millisekunden von Hand auf 0 zu setzen. Löschen wir vom Hier und Jetzt die Zeit:

[zB]

```
Date date = new Date();
Calendar cal = Calendar.getInstance();
cal.setTime( date );
cal.set( Calendar.HOUR_OF_DAY, 0 );
cal.set( Calendar.MINUTE, 0 );
cal.set( Calendar.SECOND, 0 );
cal.set( Calendar.MILLISECOND, 0 );
date = cal.getTime();
```

Eine Alternative wäre, den Konstruktor `GregorianCalendar(int year, int month, int dayOfMonth)` mit den Werten vom Datum zu nutzen.

```
abstract class java.util.Calendar
implements Serializable, Cloneable, Comparable<Calendar>
```

▶ `int get( int field )`
Liefert den Wert für `field`.

▶ `void set( int field, int value )`
Setzt das Feld `field` mit dem Wert `value`.

▶ `final void set( int year, int month, int date )`
Setzt die Werte für Jahr, Monat und Tag.

▶ `final void set( int year, int month, int date, int hourOfDay, int minute )`
Setzt die Werte für Jahr, Monat, Tag, Stunde und Minute.

▶ `final void set( int year, int month, int date, int hourOfDay, int minute, int second )`
Setzt die Werte für Jahr, Monat, Tag, Stunde, Minute und Sekunde.

Werte relativ setzen

Neben der Möglichkeit, die Werte entweder über den Konstruktor oder über `set()` absolut zu setzen, sind auch relative Veränderungen möglich. Dazu wird die `add()`-Methode eingesetzt, die wie `set()` als erstes Argument einen Feldbezeichner bekommt und als zweites die Verschiebung.

Beispiel Was ist der erste und letzte Tag einer Kalenderwoche?

[zB]

```
Calendar cal = Calendar.getInstance();
cal.set( Calendar.WEEK_OF_YEAR, 15 );
cal.set( Calendar.DAY_OF_WEEK, Calendar.MONDAY );
```

15 | Raum und Zeit

```java
System.out.printf( "%tD ", cal );              // 04/09/07
cal.add( Calendar.DAY_OF_WEEK, 6 );
System.out.printf( "%tD", cal );               // 04/15/07
```

Die Methode `add()` setzt das Datum um sechs Tage hoch.

---

java.util.Calendar

+ ERA: int
+ YEAR: int
+ MONTH: int
+ WEEK_OF_YEAR: int
+ WEEK_OF_MONTH: int
+ DATE: int
+ DAY_OF_MONTH: int
+ DAY_OF_YEAR: int
+ DAY_OF_WEEK: int
+ DAY_OF_WEEK_IN_MONTH: int
+ AM_PM: int
+ HOUR: int
+ HOUR_OF_DAY: int
+ MINUTE: int
+ SECOND: int
+ MILLISECOND: int
+ ZONE_OFFSET: int
+ DST_OFFSET: int
+ FIELD_COUNT: int
+ SUNDAY: int
+ MONDAY: int
+ TUESDAY: int
+ WEDNESDAY: int
+ THURSDAY: int
+ FRIDAY: int
+ SATURDAY: int
+ JANUARY: int
+ FEBRUARY: int
+ MARCH: int
+ APRIL: int
+ MAY: int
+ JUNE: int
+ JULY: int
+ AUGUST: int
+ SEPTEMBER: int
+ OCTOBER: int
+ NOVEMBER: int
+ DECEMBER: int
+ UNDECIMBER: int
+ AM: int
+ PM: int
+ ALL_STYLES: int
+ SHORT: int
+ LONG: int

Da es keine `sub()`-Methoden gibt, können die Werte auch negativ sein.

[zB] **Beispiel** Wo waren wir heute vor einem Jahr?

Listing 15.10 com/tutego/insel/date/NowMinusOne.java, main()

```java
Calendar cal = Calendar.getInstance();
System.out.printf( "%tF%n", cal );             // 2006-06-09
cal.add( Calendar.YEAR, -1 );
System.out.printf( "%tF%n", cal );             // 2005-06-09
```

802

Eine weitere Methode roll() ändert keine folgenden Felder, was add() macht, wenn etwa zum Dreißigsten eines Monats zehn Tage addiert werden.

```
abstract class java.util.Calendar
implements Serializable, Cloneable, Comparable<Calendar>
```

▶ abstract void add(int field, int amount)
Addiert (oder subtrahiert, wenn amount negativ ist) den angegeben Wert auf dem Feld.

▶ abstract void roll(int field, boolean up)
Setzt eine Einheit hoch oder runter auf dem gegeben Feld ohne die nachfolgenden Felder zu beeinflussen. Ist der aktuelle Feldwert das Maximum (bzw. Minimum) und wird um eine Einheit addiert (bzw. subtrahiert) ist der nächste Feldwert das Minimum (bzw. Maximum).

▶ void roll(int field, int amount)
Ist amount positiv, führt diese Methode die Operation roll(field, true) genau amount mal aus, ist amount negativ, dann wird amount mal roll(field, false) aufgerufen.

In GregorianCalendar ist die Implementierung in Wirklichkeit etwa anders. Da ist roll(int, int) implementiert und roll(int, boolean) ist ein Aufruf von roll(field, up ? +1 : -1).

Ein gregorianischer Kalender mit eigenen Werten *
Wir wollen im folgenden Beispiel ein Calendar-Objekt erzeugen und mit einer selbst geschriebenen statischen Methode printCalendar() wichtige Felder ausgeben. Weil die Daten nicht bearbeitet werden, handelt es sich um das aktuelle Tagesdatum. Anschließend manipulieren wir mit den set()-Methoden das Objekt und setzen es auf das Geburtsdatum des Autors:

Listing 15.11 com/tutego/insel/date/CalendarDemo.java

```
package com.tutego.insel.date;

import java.util.Calendar;

public class CalendarDemo
{
  public static void main( String[] args )
  {
    Calendar cal = Calendar.getInstance();
    printCalendar( cal );

    cal.set( Calendar.DATE, 12 );
    cal.set( Calendar.MONTH, Calendar.MARCH );
    cal.set( Calendar.YEAR, 1973 );
    printCalendar( cal );
  }

  private static final String[] DAYS = { "Sonntag", "Montag", "Dienstag", ⊋
                          "Mittwoch", "Donnerstag", "Freitag", "Samstag"};
```

15 | Raum und Zeit

```java
public static void printCalendar( Calendar cal )
{
  String dayOfWeek = DAYS[ cal.get(Calendar.DAY_OF_WEEK) - 1 ];  // Sonntag = 1

  System.out.printf( "%s, %s.%s.%s, %02d:%02d:%02d und %d ms%n",
                     dayOfWeek,
                     cal.get(Calendar.DATE),
                     cal.get(Calendar.MONTH) + 1,
                     cal.get(Calendar.YEAR),
                     cal.get(Calendar.HOUR_OF_DAY),
                     cal.get(Calendar.MINUTE),
                     cal.get(Calendar.SECOND),
                     cal.get(Calendar.MILLISECOND));

  System.out.printf( "Es ist die %d. Woche im Jahr und %d. Woche im Monat%n",
                     cal.get(Calendar.WEEK_OF_YEAR),
                     cal.get(Calendar.WEEK_OF_MONTH) );
  }
}
```

Die Ausgabe des Programms lautet in etwa so:

```
Samstag, 5.5.2007, 10:57:54 und 609 ms
Es ist die 18. Woche im Jahr und 1. Woche im Monat
Montag, 12.3.1973, 10:57:54 und 609 ms
Es ist die 11. Woche im Jahr und 3. Woche im Monat
```

Da die Ausgabe auf diese Art und Weise nicht besonders komfortabel ist, werden wir mit DateFormat eine Klasse kennenlernen, die die Formatierung der Ausgabe vereinfacht (wir hätten im Programm schon ein Problem, wenn die Woche mehr als sieben Tage hätte.) Das Beispiel soll ausschließlich die Nutzung der Feldbezeichner zeigen. Und da wir schon beim Thema »Formatieren« sind: Auch mit Formatstrings aus Formatter, die wir mit printf() oder String.format() nutzen, sind Datumsausgaben möglich.

Wie viele Tage hat der Monat, wie viele Monate hat ein Jahr? *

Diese Frage lässt sich einfach mit getActualMaximum() klären. Als Argument bekommt die Methode einen Feldbezeichner aus der Klasse Calendar übermittelt, dessen Maximum sie dann bestimmt.

Das nachfolgende Programm listet alle Monate des aktuellen Kalenders auf. Zwar umfasst der gregorianische genau zwölf Monate, trotzdem ist die Grenze nicht bei Calendar.DECEMBER gesetzt, sondern dynamisch erfragt. Den Beweis, dass das Programm korrekt funktioniert, sollten wir mit einem Abzählen der Fingerknochen führen:

Listing 15.12   com/tutego/insel/date/Knuckles.java, main()

```java
Calendar cal = Calendar.getInstance();

System.out.println( cal.getTime() );
```

```
for ( int month = Calendar.JANUARY;
      month <= cal.getActualMaximum( Calendar.MONTH );
      month++ )
{
  cal.set( Calendar.MONTH, month );

  System.out.printf( "%d. Monat hat %d Tage%n", month + 1,
                     cal.getActualMaximum(Calendar.DAY_OF_MONTH) );
}
```

abstract class java.util.Calendar
implements Serializable, Cloneable, Comparable<Calendar>

▶ abstract int getMinimum(int field)

▶ abstract int getMaximum(int field)
  Liefert den kleinsten/größten Wert, den das Kalenderfeld grundsätzlich annehmen kann.

▶ int getActualMinimum(int field)

▶ int getActualMaximum(int field)
  Liefert den kleinsten/größten Wert, den das Kalenderfeld bei dem aktuellen Kalender-exemplar annehmen kann. Der Februar 2010 hat zum Beispiel 28 Tage, der Februar 2012 aber 29. Demnach ist das Ergebnis je nach Jahr unterschiedlich, getMaximum() wäre aber immer gleich.

▶ abstract int getGreatestMinimum(int field)

▶ abstract int getLeastMaximum(int field
  Liefert den größten/kleinsten Wert von getActualMinimum(int)/getActualMaximum(int) für alle möglichen gültigen Kalender.

15.7 Formatieren und Parsen von Datumsangaben

Nachdem wir die Calendar-Exemplare dazu benutzt haben, Datumswerte zu verwalten, wollen wir nun untersuchen, wie Formatierungsklassen dazu landestypische Ausgaben erzeugen. Unsere eigenen Ausgaben haben wir ja schon gemacht, doch geht es noch besser, weil die Java-Bibliothek für viele Länder selbstständig die richtigen Ausgaben durchführt.

15.7.1 Ausgaben mit »printf()«

Die format()- bzw. printf()-Methoden sind in Java sehr flexibel und können auch Datumswerte ausgeben. Das können sie allerdings nicht so gut wie Klassen rund um DateFormat, doch kann es ausreichen, wenn Datumswerte nicht lokalisiert behandelt werden müssen:

Listing 15.13 com/tutego/insel/date/DateFormatWithPrintf.java, main()

```
Calendar cal = Calendar.getInstance();
System.out.printf( "%tR%n", cal );                    // 06:17
```

15 | Raum und Zeit

```
System.out.printf( "%tT%n", cal );                  // 06:17:05
System.out.printf( "%tD%n", cal );                  // 09/25/07
System.out.printf( "%tF%n", cal );                  // 2007-09-25
System.out.printf( Locale.CHINA, "%tD%n", cal );    // 09/25/07 (!)
System.out.printf( Locale.GERMANY, "%tD%n", cal );  // 09/25/07 (!)
```

Das Ergebnis ist zweistellig, daher nicht ganz Jahr-2000-fest.[6] Besonders beim letzten Beispiel ist abzulesen, dass die `Locale`-Angabe für Datumswerte generell nicht funktioniert (chinesische Datumsangaben beginnen mit dem Jahr). Die Abkürzungen %tR, %tT, %tD und %tF sind mit festen Reihenfolgenden definiert, die die API-Dokumentation zeigt. So ist %tD nichts anderes als eine Abkürzung für %tm/%td/%ty.

15.7.2 Mit »DateFormat« und »SimpleDateFormat« formatieren

Eine Klasse, die die Ausgabe und das Einlesen der Datum-Felder übernimmt, ist `DateFormat`. Da `DateFormat` abstrakt ist, ist erst eine implementierende Unterklasse einsatzbereit. Natürlich liegt eine solche Klasse auch vor: `SimpleDateFormat`. Die Klasse bietet reichhaltige Methoden zur Zerlegung von Datum-Zeichenketten sowie Methoden zur Ausgabe unter verschiedenen Sprachen und Formatierungen an.

[zB]

Beispiel Ausgabe des Datums ohne zusätzliche Formatierungsanweisungen mit der Klasse `SimpleDateFormat` und einmal mit der `printf()`-Methode:

```
Calendar cal   = Calendar.getInstance();
Date     time = cal.getTime();
DateFormat formatter = new SimpleDateFormat();
System.out.println( formatter.format( time ) ); // 26.04.10 18:11
System.out.printf( "%tT%n", cal );              // 18:11:11
System.out.printf( "%tT%n", time );             // 18:11:11
System.out.printf( "%tT%n", time.getTime() );   // 18:11:11
```

Formatiert `printf()` ein Datum, kann es als `Calendar`-, `Date`- oder `Long`-Objekt angegeben werden. Bei `format()` ist nur `Date` erlaubt; ist es ein `Calendar`, folgt eine »java.lang.IllegalArgumentException: Cannot format given Object as a Date«.

Um das Datum zu formatieren, müssen wir zunächst ein Exemplar von `SimpleDateFormat` erzeugen. Dieses bekommt dann eventuell Formatierungsanweisungen (über eine andere Methode oder über einen weiteren Konstruktor) und formatiert mit der `format()`-Methode das Datum.

---

6 Im November 1999 wurde ein Algorithmus zur Lösung des Jahr-2000-Problems patentiert, der einfach aussagt, dass zweistellige Jahreszahlen unter 30 zu 20XX und alle Jahreszahlen >30 zu 19XX zu ergänzen sind. Das Patent konnte allerdings erfolgreich angefochten werden.

15.7 Formatieren und Parsen von Datumsangaben

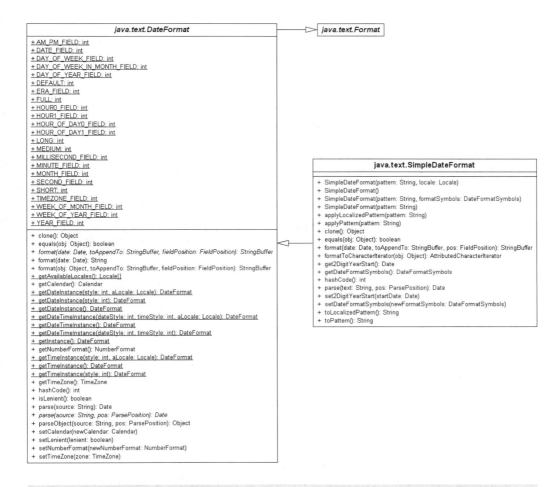

```
class java.text.SimpleDateFormat
extends DateFormat
```

▶ SimpleDateFormat()
Erzeugt ein neues `SimpleDateFormat`-Objekt in der voreingestellten Sprache.

```
abstract class java.text.DateFormat
extends Format
implements Cloneable
```

▶ final String format(Date date)
Formatiert das Datum `date` in einen Datum/Zeit-String. Ein `Calendar`-Objekt ist bisher nicht erlaubt. Wer es dennoch versucht, wird eine »java.lang.IllegalArgumentException: Cannot format given Object as a Date« ernten. Zur Erinnerung: Es liefert `cal.getTime()` vom `Calendar`-Objekt `cal` ein passendes `Date`-Objekt.

15 | Raum und Zeit

Vorgefertigte Formatierungen

Wir haben im vorigen Beispiel gesehen, dass das Ausgabeformat auf Monat, Tag, Jahr, Leerzeichen, Stunde, Minute festgelegt ist. Nun bietet die `DateFormat`-Klasse drei statische Fabrikmethoden für vorgefertigte Formatierungen:

► `DateFormat getDateInstance()`: Formatierung nur für Datum

► `DateFormat getTimeInstance()`: Formatierung nur für Zeit

► `DateFormat getDateTimeInstance()`: Formatierung für Datum und Zeit

Optional lassen sich den Methoden Argumente für Präzisionen mitgeben, und zwar `DateFormat.SHORT`, `DateFormat.MEDIUM`, `DateFormat.LONG` oder `DateFormat.FULL`. Diese ermöglichen es, dass sich die Zeit beziehungsweise das Datum auf vier Arten formatieren lässt:

Konstante	Beispiel für Datum	Beispiel für Zeit
`DateFormat.SHORT`	24.12.06	21:54
`DateFormat.MEDIUM`	24.12.2006	21:54:46
`DateFormat.LONG`	24. Dezember 2006	21:54:20 GMT+02:00
`DateFormat.FULL`	Sonntag, 24. Dezember 2006	21.54 Uhr GMT+02:00

Tabelle 15.2 Konstanten aus »DateFormat« und ihre Wirkung

Den statischen Methoden lässt sich weiterhin ein `Locale`-Objekt übergeben, sodass sie für eine bestimmte Landessprache formatieren:

Listing 15.14 com/tutego/insel/date/DateTimeInstance.java, main()

```
Date d = new Date();

DateFormat df;
df = DateFormat.getDateTimeInstance( /* dateStyle */ DateFormat.FULL,
                                     /* timeStyle */ DateFormat.MEDIUM );
out.println( df.format(d) ); // Dienstag, 25. September 2007 17:28:03

df = DateFormat.getDateTimeInstance( DateFormat.FULL, DateFormat.MEDIUM,
  Locale.ITALY );
out.println( df.format(d) ); // martedì 25 settembre 2007 17.28.03

df = DateFormat.getDateTimeInstance( DateFormat.SHORT, DateFormat.FULL,
  Locale.CANADA_FRENCH );
out.println( df.format(d) ); // 07-09-25 17 h 28 CEST
```

Die statischen Methoden, die das vordefinierte `DateFormat` erzeugen, sind:

```
abstract class java.text.DateFormat
extends Format
implements Cloneable
```

► `static final DateFormat getDateInstance()`
  `static final DateFormat getTimeInstance()`

```
static final DateFormat getDateTimeInstance()
```
Liefert einen Datum-/Zeit-Formatierer mit dem vorgegebenen Stil aus der Standardumgebung.

▶ ```
static final DateFormat getDateInstance(int dateStyle)
static final DateFormat getTimeInstance(int style)
```
Liefert einen Datum-/Zeit-Formatierer mit dem Stil style und der Standardsprache.

▶ ```
static final DateFormat getDateInstance( int style, Locale aLocale )
static final DateFormat getTimeInstance( int style, Locale aLocale )
```
Liefert einen Datum-/Zeit-Formatierer mit dem Stil style und der Sprache aLocale.

▶ ```
static final DateFormat getDateTimeInstance(int dateStyle, int timeStyle)
```
Gibt einen Datum-/Zeit-Formatierer für die gesetzte Sprache im angegebenen Formatierungsstil zurück.

▶ ```
static final DateFormat getDateTimeInstance( int dateStyle, int timeStyle, Locale aLocale )
```
Gibt einen Datum-/Zeit-Formatierer für die Sprache aLocale im angegebenen Formatierungsstil zurück.

Eine noch individuellere Ausgabe *

Um das Ausgabeformat zu individualisieren, kann ein Formatierungsstring die Ausgabe anpassen. Diese Formatierungsanweisung, in der alle ASCII-Zeichen eine bestimmte Bedeutung haben, wird entweder dem Konstruktor der Klasse SimpleDateFormat übergeben oder kann mit der applyPattern()-Methode geändert werden:

Listing 15.15 com/tutego/insel/date/SimpleDateFormatPattern.java, main()

```
DateFormat dfmt = new SimpleDateFormat( "E.', den' dd.MM.yy 'um' hh:mm:ss" );
System.out.println( dfmt.format(new Date()) );   // Mi., den 21.03.07 um 09:14:20

SimpleDateFormat sdfmt = new SimpleDateFormat();
sdfmt.applyPattern( "EEEE', 'dd. MMMM yyyy hh:mm" );
System.out.println( sdfmt.format(new Date()) ); // Mittwoch, 21. März 2007 09:14
```

Die folgende Tabelle zeigt die erlaubten Symbole mit ihren Sonderbedeutungen. Mehrfach wiederholte Zeichen werden, wenn möglich, durch die Langform der jeweiligen Angabe ersetzt. Diese Symbole sind sprachunabhängig.

Symbol	Bedeutung	Präsentation	Beispiel
G	Ära	Text	AD
yy	Jahr zweistellig	Nummer	07
yyyy	Jahr vierstellig	Nummer	2007
M	Monat im Jahr	Nummer	7
MM	Monat im Jahr mit 0	Nummer	07
MMM	Monat im Jahr kurz	Text	Sep

Tabelle 15.3 Symbole im Formatierungsstring zur Steuerung der Ausgabe bei »SimpleDateFormat«

15 | Raum und Zeit

Symbol	Bedeutung	Präsentation	Beispiel
MMMM	Monat im Jahr lang	Text	September
d	Tag im Monat	Nummer	26
h	Stunde (1–12)	Nummer	9
H	Stunde am Tag (0–23)	Nummer	0
m	Minute der Stunde	Nummer	13
s	Sekunde der Minute	Nummer	22
S	Millisekunde	Nummer	257
E	Tag der Woche kurz	Text	Mi
EEEE	Tag der Woche lang	Text	Mittwoch
D	Tag im Jahr	Nummer	304
F	Tag der Woche im Monat	Nummer	3
w	Woche im Jahr	Nummer	12
W	Woche im Monat	Nummer	3
a	am- und pm-Text	Text	AM
k	Stunde am Tag (1–24)	Nummer	24
K	Stunde (0–11)	Nummer	0
z	Allgemeine Zeitzone	Text	GMT+02:00
Z	Zeitzone nach RFC 822	Text	+0200
'	Zeichen für unbehandelten Text	Trennzeichen	Hallo Welt
''	einzelnes Hochkomma	Literal	'

Tabelle 15.3 Symbole im Formatierungsstring zur Steuerung der Ausgabe bei »SimpleDateFormat« (Forts.)

Formatierungsstring	Ergebnis
yyyy.MM.dd G 'um' hh:mm:ss z	2004.07.23 n. Chr. um 09:15:53 CEST
EEE, MMM d, ''yy	Fr, Jul 23, '04
H:mm a	9:16 AM
hh 'o''clock' a, zzzz	09 o'clock AM, Zentraleuropäische Sommerzeit
K:mm a, z	9:17 AM, CEST
yyyy. MMMMM. dd GGG hh:mm aaa	2004. Juli. 23 n. Chr. 09:18 AM

Tabelle 15.4 Symbole im Formatierungsstring zur Steuerung der Ausgabe

```
class java.text.SimpleDateFormat
extends DateFormat
```

▶ SimpleDateFormat( )
Erzeugt ein neues SimpleDateFormat-Objekt in der eingestellten Sprache.

▶ SimpleDateFormat(String pattern)
Erzeugt ein SimpleDateFormat-Objekt mit dem vorgegebenen Formatierungsstring in der voreingestellten Sprache.

810

Formatieren und Parsen von Datumsangaben | **15.7**

▶ SimpleDateFormat(String pattern, Locale locale)
Erzeugt ein SimpleDateFormat-Objekt mit dem vorgegebenen Formatierungsstring in der Sprache locale.

▶ SimpleDateFormat(String pattern, DateFormatSymbols formatSymbols)
Erzeugt ein SimpleDateFormat-Objekt mit dem vorgegebenen Formatierungsstring und einem Objekt formatSymbols, das die formatierungstypischen Informationen sammelt.

▶ void applyPattern(String pattern)
Setzt den Formatierungsstring.

▶ String toPattern()
Liefert den aktuell eingestellten Formatierungsstring.

▶ String toLocalizedPattern()
Liefert einen übersetzten Formatierungsstring. Substituiert einige Formatierungssymbole.

15.7.3 Parsen von Datumswerten

Mit der Klasse DateFormat zerlegt parse() Strings, die ein Datum darstellen. Die Methode liefert ein Date-Objekt zurück und kann so zum Beispiel den Zeit-String »Mon Aug 08 15:02:00 CEST 2005« parsen und ein Datumsobjekt liefern, was new Date(1123506132484) gleichkommt. Da parse() allzu leicht schiefgehen kann, muss der Aufruf entweder in einen try-catch-Block oder der Fehler muss anderweitig weitergeleitet werden.

Beispiel Parse eine einfache Datums-Repräsentation. Erzeuge dann vom Datumsobjekt eine String-Repräsentation, und parse diese wieder:

Listing 15.16 com/tutego/insel/date/FormatAndParseDate.java, main()

```
try
{
  DateFormat formatter = DateFormat.getDateTimeInstance();
  Date d  = formatter.parse( "24.12.2007 16:59:12" );
  System.out.println( d );                    // Mon Dec 24 16:59:12 CET 2007
  String s = formatter.format( new Date() );
  System.out.println( formatter.parse(s) ); // Wed Mar 21 21:29:02 CET 2007
}
catch ( ParseException e ) { e.printStackTrace(); }
```

Die Methode parse() ist sehr empfindlich, wenn einige Felder nicht angegeben werden. Nach der Dokumentation sollte zwar ein Fehlen der Stunden nichts ausmachen, aber leider ist dann doch immer eine ParseException sicher, auch wenn nur die Sekunden fehlen. Trotz dieser Unzulänglichkeiten ist die Klasse SimpleDateFormat sehr komplex und nicht leicht zu durchschauen.

Beispiel Parse ein Datum, das das Format »Tag-Monat-Jahr« hat, wobei das Jahr vierstellig sein soll und der Monat zweistellig.

```
DateFormat formatter = new SimpleDateFormat( "dd-MM-yyyy " );
Date date = formatter.parse( "12-03-2008" );
```

811

15 | Raum und Zeit

Jetzt haben wir ein Datum in ein `Date`-Objekt umgewandelt. Es taucht aber wieder das Problem auf, dass `Date` an kein spezielles Land und an keine Zeitzone angepasst ist, sondern die GMT in Englisch repräsentiert.

```
abstract class java.text.DateFormat
extends Format
implements Cloneable, Serializable
```

▶ `Date parse( String source ) throws ParseException`
Zerlegt einen Datums- oder einen Zeit-String.

parse() – der Nachsichtige

Unsinnige Werte meckert `parse()` standardmäßig nicht an, wie die folgenden Zeilen darlegen:

```
DateFormat formatter = new SimpleDateFormat( "dd-MM-yyyy" );
System.out.println( formatter.parse( "29-02-2008" ) ); // Fri Feb 29 00:00:00 CET 2008
System.out.println( formatter.parse( "29-02-2007" ) ); // Thu Mar 01 00:00:00 CET 2007
System.out.println( formatter.parse( "33-02-2008" ) ); // Tue Mar 04 00:00:00 CET 2008
```

An den beiden letzten Beispielen lässt sich ablesen, dass das Datum auf den nächsten Monat »rollt«. Um das abzusichern, bietet `DateFormat` eine Methode `setLenient(boolean)`, die den »Mildmodus« mit `setLenient(false)` ausschaltet.

```
DateFormat formatter = new SimpleDateFormat( "dd-MM-yyyy" );
formatter.setLenient( false );
System.out.println( formatter.parse( "29-02-2007" ) );
```

Jetzt gibt es für den 29.02.2007 eine `ParseException` mit dem Text Unparseable date: "29-02-2007". Der 29.02.2008 ist in Ordnung, weil 2008 ein Schaltjahr ist.

Parsen und Formatieren ab bestimmten Positionen *

Von den Methoden `format()` und `parse()` gibt es zwei Varianten, mit denen Teile eines Strings ausgegeben oder formatiert werden können. Zur Kapselung der Position dient ein neues Objekt `ParsePosition`. Dieses Klasse nutzt `format()` intern, um beim Parse-Prozess die aktuelle Position zu verwalten.

```
abstract class java.text.DateFormat
extends Format
implements Cloneable, Serializable
```

▶ `abstract Date parse( String source, ParsePosition pos ) throws ParseException`
Zerlegt einen Datums- oder einen Zeit-String und beginnt beim Parsen ab einer vorgegebenen Position.

ParsePosition
index:int=0
+getIndex():int
+setIndex(index:int):void
+ParsePosition(index:int)

812

15.8 Zum Weiterlesen

Zeitmessung ist eine sehr spannende Angelegenheit, und ein erster Einstieg könnten die Wikipedia-Beiträge *http://de.wikipedia.org/wiki/Schaltsekunde*, *http://de.wikipedia.org/wiki/Koordinierte_Weltzeit*, *http://de.wikipedia.org/wiki/Universal_Time* sein.

Über die Datumsklassen meckert die Java-Community seit zehn Jahren; nicht ganz zu Unrecht, da für viele Länder die üblichen Kalender fehlen und auch die Sommerzeitumstellung verschiedener Länder nicht korrekt behandelt wird.[7] Einige Kritikpunkte listet *http://tutego.de/go/dategotchas* auf. Joda Time (*http://joda-time.sourceforge.net/*) möchte die Probleme durch eine neue, quelloffene Bibliothek unter der Apache-Lizenz lösen. Joda Time dient als Vorlage für eine Bibliothek, die eventuell in Java 8 Eingang findet (erwartet Ende 2012).

---

7 Der Quellcode stammt von IBM. Trifft Oracle jetzt die Schuld, weil Sun die Implementierung damals aufnahm?

»Schlagersänger sind junge Männer,
die bei Stromausfall keine Sänger mehr sind.«
– Danny Kaye (1913–1987)

16 Dateien, Verzeichnisse und Dateizugriffe

Computer sind für uns so nützlich, weil sie Daten bearbeiten. Der Bearbeitungszyklus beginnt mit dem Einlesen der Daten, umfasst das Verarbeiten und endet mit der Datenausgabe. In der deutschsprachigen Informatikliteratur wird deswegen auch vom EVA[1]-Prinzip der Datenverarbeitungsanlagen gesprochen. In frühen EDV-Zeiten wurde die Eingabe vom Systemoperator auf Lochkarten gestanzt. Glücklicherweise sind diese Zeiten vorbei. Heutzutage speichern wir unsere Daten in Dateien (engl. *files*[2]) und Datenbanken ab. Es ist wichtig, zu bemerken, dass eine Datei nur in ihrem Kontext interessant ist, andernfalls beinhaltet sie für uns keine Information – die Sichtweise auf eine Datei ist demnach wichtig. Auch ein Programm besteht aus Daten und wird oft in Form einer Datei repräsentiert.

Um an die Information einer Datei zu gelangen, müssen wir den Inhalt auslesen können. Zudem müssen wir in der Lage sein, Dateien anzulegen, zu löschen, umzubenennen und sie in Verzeichnissen zu strukturieren. Java bietet uns eine Vielzahl von Zugriffsmöglichkeiten auf Dateien. Ein wichtiges Schlagwort in diesem Zusammenhang ist der *Datenstrom* (engl. *stream*). Dieser entsteht beim Fluss der Daten von der Eingabe über die Verarbeitung hin zur Ausgabe. Mittels Datenströmen können Daten sehr elegant bewegt werden; ein Programm ohne Datenfluss ist eigentlich undenkbar. Die Eingabeströme (engl. *input streams*) sind zum Beispiel Daten der Tastatur oder vom Netzwerk; über die Ausgabeströme (engl. *output streams*) fließen die Daten in ein Ausgabemedium, beispielsweise in den Drucker oder in eine Datei. Die Kommunikation der Threads erfolgt über Pipes.

In Java sind über dreißig Klassen zur Verarbeitung der Datenströme vorgesehen. Da die Datenströme an kein spezielles Ein- oder Ausgabeobjekt gebunden sind, können sie beliebig miteinander gemischt werden. Dies ist mit dem elektrischen Strom vergleichbar: Es gibt mehrere Stromlieferanten (Solarkraftwerke, Nutzung geothermischer Energie, Umwandlung von Meereswärmeenergie [OTEC]) und mehrere Verbraucher (Wärmedecke, Mikrowelle), die die Energie wieder umsetzen.

---

1 EVA ist ein Akronym für »Eingabe, Verarbeitung, Ausgabe«. Diese Reihenfolge entspricht dem Arbeitsweg. Zunächst werden die Eingaben von einem Eingabegerät gelesen, dann durch den Computer verarbeitet und anschließend ausgegeben (in welcher Form auch immer).

2 Das englische Wort »file« geht auf das lateinische Wort »filum« zurück. Dies bezeichnete früher eine auf Draht aufgereihte Sammlung von Schriftstücken.

16 | Dateien, Verzeichnisse und Dateizugriffe

16.1 Datei und Verzeichnis

Da durch Datenströme keine Dateien gelöscht oder umbenannt werden können, liefert uns ein File-Objekt Informationen über Dateien und Verzeichnisse. Dieses Objekt wurde eingeführt, um Dateioperationen plattformunabhängig durchzuführen, was aber leider auch eine Einschränkung darstellt, denn wie sollen Rechte vergeben werden, wenn dies etwa der Macintosh mit Mac OS 9 oder ein Palm-Pilot nicht unterstützen? Auch Unix und Windows haben zwei völlig verschiedene Ansätze zur Rechteverwaltung.

16.1.1 Dateien und Verzeichnisse mit der Klasse »File«

Ein File-Objekt repräsentiert einen Datei- oder Verzeichnisnamen im Dateisystem. Die Datei oder das Verzeichnis, das das File-Objekt beschreibt, muss nicht physikalisch existieren. Der Verweis wird durch einen Pfadnamen spezifiziert. Dieser kann absolut oder relativ zum aktuellen Verzeichnis angegeben werden.

[zB]

Beispiel Erzeuge ein File-Objekt für das Laufwerk C:/:

```
File f = new File( "C:/" );
System.out.println( f );   // C:\
```

Folgende Konstruktoren erzeugen ein File-Objekt:

```
class java.io.File
implements Serializable, Comparable<File>
```

▶ File(String pathname)
Erzeugt ein File-Objekt aus einem Dateinamen.

▶ File(String parent, String child)
File(File parent, String child)
Setzt ein neues File-Objekt aus einem Basisverzeichnis und einem weiteren Teil zusammen, der auch wieder ein Verzeichnis oder ein Dateiname sein kann.

▶ File(URI uri)
Fragt von uri den Pfadnamen (uri.getPath()) und erzeugt ein neues File-Objekt. Ist uri gleich null, folgt eine NullPointerException. Ist die URI falsch formuliert, gibt es eine IllegalArgumentException.

Die Pfadangabe kann in allen Fällen absolut sein, muss es aber nicht.

Pfadtrenner

Die Angabe des Pfades ist wegen der Pfadtrenner plattformabhängig. Auf Windows-Rechnern trennt ein Backslash »\« die Pfade, auf Unix-Maschinen ein normaler Slash »/« und unter dem älteren MAC OS 9 ein Doppelpunkt.

816

Glücklicherweise speichert die Klasse File den Pfadtrenner in zwei öffentlichen Konstanten: File.separatorChar[3] ist ein char, und File.separator stellt den Pfadtrenner als String bereit (dies ist wiederum auf System.getProperty("file.separator") zurückzuführen).

> **Hinweis** Wie bei den Dateitrennern gibt es einen Unterschied bei der Darstellung des Wurzelverzeichnisses. Unter Unix ist dies ein einzelnes Divis »/«, und unter Windows steht die Laufwerksbezeichnung vor dem Doppelpunkt und dem Backslash-Zeichen (»Z:\«).

Abbildung 16.1 Namen erfragen und auflösen

---

3 Eigentlich sollte der Variablenname großgeschrieben werden, da die Variable als public static final char eine Konstante ist.

16 | Dateien, Verzeichnisse und Dateizugriffe

Mit einem `File`-Objekt erfragen ganz unterschiedliche Methoden den Dateinamen, den kompletten Pfad, das vorangehende Verzeichnis und ob eine Angabe absolut oder relativ ist. Bei einigen Methoden lässt sich wählen, ob die Rückgabe ein `String`-Objekt mit dem Dateinamen sein soll oder ein `File`-Objekt.

[zB] **Beispiel** Liefere einen Dateinamen, bei dem die relativen Bezüge aufgelöst sind:

```
try
{
  File file = new File("C:/./WasNDas//..\\Programme/").getCanonicalFile();
  System.out.println( file );                            // C:\Programme
}
catch ( IOException e ) { e.printStackTrace(); }
```

```
class java.io.File
implements Serializable, Comparable<File>
```

▶ `String getName()`
Gibt den Dateinamen zurück.

▶ `String getPath()`
Gibt den Pfadnamen zurück.

▶ `String getAbsolutePath(), FilegetAbsoluteFile()`
Liefert den absoluten Pfad. Ist das Objekt kein absoluter Pfadname, so wird ein Objekt aus aktuellem Verzeichnis, Separator-Zeichen und Dateinamen aufgebaut.

▶ `String getCanonicalPath ( ) throws IOException`
`File getCanonicalFile() throws IOException`
Gibt den Pfadnamen des Dateiobjekts zurück, der keine relativen Pfadangaben mehr enthält. Kann im Gegensatz zu den anderen Pfadmethoden eine `IOException` aufrufen, da mitunter verbotene Dateizugriffe erfolgen.

▶ `String getParent(), File getParentFile()`
Gibt den Pfad des Vorgängers als `String`- oder `File`-Objekt zurück. Die Rückgabe ist `null`, wenn es keinen Vater gibt, etwa beim Wurzelverzeichnis.

▶ `boolean isAbsolute()`
Liefert `true`, wenn der Pfad in der systemabhängigen Notation absolut ist.

16.1.2 Verzeichnis oder Datei? Existiert es?

Das `File`-Objekt muss nicht unbedingt eine existierende Datei oder ein existierendes Verzeichnis repräsentieren. Für Dateioperationen mit `File`-Objekten und nachfolgendem Zugriff testet `exists()`, ob die Datei oder das Verzeichnis tatsächlich vorhanden sind. Da nun aber ein `File`-Objekt Dateien sowie Verzeichnisse gleichzeitig repräsentiert, ermöglichen `isDirectory()` und `isFile()` eine genauere Aussage über den `File`-Typ. Es kann gut sein, dass für eine `File` weder `isDirectory()` noch `isFile()` die Rückgabe `true` liefern (in Java können nur normale Dateien erzeugt werden).

818

Datei und Verzeichnis | **16.1**

```
class java.io.File
implements Serializable, Comparable<File>
```

▶ boolean exists()

Liefert true, wenn das File-Objekt eine existierende Datei oder einen existierenden Ordner repräsentiert.

▶ boolean isDirectory()

Gibt true zurück, wenn es sich um ein Verzeichnis handelt.

▶ boolean isFile()

Liefert true, wenn es sich um eine »normale« Datei handelt (kein Verzeichnis und keine Datei, die vom zugrundeliegenden Betriebssystem als besonders markiert wird, keine Blockdateien, Links unter Unix).

16.1.3 Verzeichnis- und Dateieigenschaften/-attribute

Eine Datei oder ein Verzeichnis besitzt zahlreiche Eigenschaften, die sich mit Anfragemethoden auslesen lassen. In einigen wenigen Fällen lassen sich die Attribute auch ändern.

```
class java.io.File
implements Serializable, Comparable<File>
```

▶ boolean canExecute(), canRead(), canWrite()

Liefert true, wenn die Ausführungsrechte/Leserechte/Schreibrechte gesetzt sind.

▶ long length()

Gibt die Länge der Datei in Byte zurück oder 0L, wenn die Datei nicht existiert oder es sich um ein Verzeichnis handelt.

Änderungsdatum einer Datei

Eine Datei verfügt unter jedem Dateisystem nicht nur über Attribute wie Größe und Rechte, sondern verwaltet auch das Datum der letzten Änderung. Letzteres nennt sich *Zeitstempel*. Die File-Klasse verfügt zum Abfragen dieser Zeit über die Methode lastModified() und zum Setzen über setLastModified().

Die Methode setLastModified() ändert – wenn möglich – den Zeitstempel, und ein anschließender Aufruf von lastModified() liefert die gesetzte Zeit – womöglich gerundet – zurück. Die Methode ist von vielfachem Nutzen, aber sicherheitsbedenklich, denn ein Programm kann den Dateiinhalt einschließlich des Zeitstempels ändern. Auf den ersten Blick ist nicht mehr erkennbar, dass eine Veränderung der Datei vorgenommen wurde. Doch die Methode ist von größerem Nutzen bei der Programmerstellung, wo Quellcodedateien etwa mit Objektdateien verbunden sind. Nur über einen Zeitstempel ist eine einigermaßen intelligente Projektdateiverwaltung möglich.

Dabei bleibt es verwunderlich, warum lastModified() nicht als veraltet ausgezeichnet ist und zu getLastModified() wurde, wo doch nun die passende Methode zum Setzen der Namensgebung genügt.

819

16 | Dateien, Verzeichnisse und Dateizugriffe

```
class java.io.File
implements Serializable, Comparable<File>
```

▶ `long lastModified()`
Liefert den Zeitpunkt, zu dem die Datei zum letzten Mal geändert wurde. Die Zeit wird in Millisekunden ab dem 1. Januar 1970, 00:00:00 UTC, gemessen. Die Methode liefert 0, wenn die Datei nicht existiert oder ein Ein-/Ausgabefehler auftritt.

▶ `boolean setLastModified( long time )`
Setzt die Zeit (wann die Datei zuletzt geändert wurde). Die Zeit ist wiederum in Millisekunden seit dem 1. Januar 1970 angegeben. Ist das Argument negativ, dann wird eine `IllegalArgumentException` ausgelöst.

[»]

Hinweis Zwar lässt Java die Ermittlung der Zeit der letzten Änderung zu, doch gilt dies nicht für die Erzeugungszeit. Das Standard-Dateisystem von Unix-Systemen speichert diese Zeit nicht. Windows speichert sie hingegen schon, sodass hier grundsätzlich der Zugriff, etwa über JNI, möglich wäre. Legt ein Java-Programm die Dateien an, deren Anlegezeiten später wichtig sind, müssen die Zeiten beim Anlegen gemessen und gespeichert werden. Falls die Datei nicht verändert wird, stimmt `lastModified()` mit der Anlegezeit überein.

Dateiattribute verändern

Zu den Anfragemethoden `canXXX()` kann ein `File`-Objekt auch Dateiattribute verändern, wobei viele Methoden seit Java 6 neu sind.

[zB]

Beispiel Lege eine neue temporäre Datei an, und teste das Lesen und Verändern des Lese-Schreib-Attributs. Nach dem Test lösche die Datei wieder:

Listing 16.1 com/tutego/insel/io/file/PermissionDemo.java, main()

```
File f = File.createTempFile( "bla", "blub" );
System.out.printf( "readable=%s, writable=%s%n", f.canRead(), f.canWrite() );
f.setReadOnly();
System.out.printf( "readable=%s, writable=%s%n", f.canRead(), f.canWrite() );
f.setWritable( true );
System.out.printf( "readable=%s, writable=%s%n", f.canRead(), f.canWrite() );
f.deleteOnExit();
```

Die Ausgabe ist:

```
readable=true, writable=true
readable=true, writable=false
readable=true, writable=true
```

Es gibt Methoden wie `setLastModified()`, die auf dem Datei-Objekt wirklich eine Änderung ausführen. Insofern muss die Aussage in der API-Dokumentation genau genommen werden: »Instances of the `File` class are immutable; that is, once created, the abstract pathname represented by a `File` object will never change.« Nur der Dateiname ist immutable, aber nicht die Zustände.

820

Datei und Verzeichnis | **16.1**

```
class java.io.File
implements Serializable, Comparable<File>
```

▶ `boolean setReadOnly()`
Setzt die Datei auf nur-lesen. Liefert »wahr«, wenn die Änderung möglich war.

▶ `boolean setExecutable( boolean executable, boolean ownerOnly )`

▶ `boolean setReadable( boolean readable, boolean ownerOnly )`

▶ `boolean setWritable( boolean writable, boolean ownerOnly )`
Setzt das Recht zum Ausführen/Lesen/Schreiben der Datei. Ist `ownerOnly` true, gilt das Recht nur für den Benutzer, sonst für alle.

▶ `boolean setExecutable( boolean executable )`

▶ `boolean setReadable( boolean readable )`

▶ `boolean setWritable( boolean writable )`
Leitet weiter an die mit zwei Parametern deklarierte Methode `setXXXable(boolean, boolean)`, und das zweite Argument ist `true`.

Die `setXXX()`-Methoden melden über die Rückgabe, ob die Veränderung möglich war.

Ist eine Datei eine Verknüpfung? *

Wer nicht Java 7 nutzen kann, muss die Frage nach der Dateiverknüpfung über eine interne `sun.awt.shell.ShellFolder` beantworten lassen. Die Klasse liefert bei *.lnk*-Dateien unter Windows mit `isLink()` ein klares `true/false`, gibt die Zieladresse mit `getLinkLocation()` und auf Anfrage mit `getIcon()` das assoziierte Datei-Icon als `Image` dazu:

Listing 16.2 ShellFolderDemo.java, main()

```
String s = "C:\\Dokumente und Einstellungen\\All Users\\Startmenü\\↵
Programmzugriff und -standards.lnk";
ShellFolder folder = ShellFolder.getShellFolder( new File( s ) );
System.out.println( folder.getFolderType() );      // Verknüpfung
if ( folder.isLink() )
  System.out.println( folder.getLinkLocation() ); // C:\WINDOWS\system32\control.exe
```

16.1.4 Umbenennen und Verzeichnisse anlegen

Mit `mkdir()` lassen sich Verzeichnisse anlegen und mit `renameTo()` Dateien oder Verzeichnisse umbenennen.

```
class java.io.File
implements Serializable, Comparable<File>
```

▶ `boolean mkdir()`
Legt das Unterverzeichnis an.

▶ `boolean mkdirs()`
Legt das Unterverzeichnis inklusive weiterer Verzeichnisse an.

16 | Dateien, Verzeichnisse und Dateizugriffe

▶ `boolean renameTo( File d )`

Benennt die Datei in den Namen um, der durch das `File`-Objekt `d` gegeben ist. Ging alles gut, wird `true` zurückgegeben. Bei zwei Dateinamen `alt` und `neu` benennt `new File-(alt).renameTo(new File(neu));` die Datei um. Die Methode muss vom Betriebssystem nicht atomar ausgeführt werden, und die tatsächliche Implementierung ist von der JVM und vom Betriebssystem abhängig.

Über `renameTo()` sollte noch ein Wort verloren werden: `File`-Objekte sind immutable, stehen also immer nur für genau eine Datei. Ändert sich der Dateiname, ist das `File`-Objekt ungültig, und es ist kein Zugriff mehr über dieses `File`-Objekt erlaubt. Auch wenn eine Laufzeitumgebung keine Exception auslöst, sind alle folgenden Ergebnisse von Anfragen unsinnig.

16.1.5 Verzeichnisse listen und Dateien filtern

Um eine Verzeichnisanzeige oder einen Dateiauswahldialog zu programmieren, benötigen wir eine Liste von Dateien, die in einem Verzeichnis liegen. Ein Verzeichnis kann reine Dateien oder auch wieder Unterverzeichnisse besitzen. Die `list()`- und `listFiles()`-Methoden der Klasse `File` geben ein Feld von Zeichenketten mit Dateien und Verzeichnissen beziehungsweise ein Feld von `File`-Objekten mit den enthaltenen Elementen zurück.

```
class java.io.File
implements Serializable, Comparable<File>
```

▶ `File[] listFiles()`

▶ `String[] list()`

Gibt eine Liste der Dateien in einem Verzeichnis als `File`-Array oder `String`-Array zurück. Das Feld enthält weder ».« noch »..«.

[zB] **Beispiel** Ein einfacher Directory-Befehl ist leicht mittels einiger Zeilen programmiert:

```
String[] entries = new File( "." ).list();
System.out.println( Arrays.toString(entries) );
```

Die einfache Methode `list()` liefert dabei nur relative Pfade, also einfach den Dateinamen oder den Verzeichnisnamen. Den absoluten Namen zu einer Dateiquelle müssen wir also erst zusammensetzen. Praktischer ist da schon die Methode `listFiles()`, da wir hier komplette `File`-Objekte bekommen, die ihre ganze Pfadangabe schon kennen. Wir können den Pfad mit `getName()` erfragen.

Dateien mit »FilenameFilter« und »FileFilter« nach Kriterien filtern

Ein Filter filtert aus den Dateinamen diejenigen heraus, die einem gesetzten Kriterium genügen. Eine Möglichkeit ist, nach den Endungen zu separieren. Doch auch komplexere Selektionen sind denkbar; so kann in die Datei hineingesehen werden, ob sie beispielsweise bestimmte Informationen am Dateianfang enthält. Besonders für Macintosh-Benutzer ist dies wichtig zu wissen, denn dort sind die Dateien nicht nach Endungen sortiert. Die Information

822

liegt in den Dateien selbst. Windows versucht uns auch diese Dateitypen vorzuenthalten, von dieser Kennung hängt jedoch alles ab. Wer die Endung einer Grafikdatei schon einmal umbenannt hat, der weiß, warum Grafikprogramme aufgerufen werden. Von den Endungen hängt also sehr viel ab.

Sollen aus einer Liste von Dateien einige mit besonderen Eigenschaften herausgenommen werden, so müssen wir dies nicht selbst programmieren. Schlüssel hierzu ist die Schnittstelle `FilenameFilter` und `FileFilter`. Wenn wir etwas später den grafischen Dateiauswahldialog kennenlernen, so können wir dort auch den `FilenameFilter` einsetzen.[4] Eine Filter-Klasse implementiert die Operation `accept()` so, dass alle von `accept()` angenommenen Dateien den Rückgabewert `true` liefern.

`interface java.io.`**`FileFilter`**

▶ `boolean accept( File pathname )`
Muss `true` liefern, wenn die Datei `pathname` in die Ergebnisliste aufgenommen werden soll.

`interface java.io.`**`FilenameFilter`**

▶ `boolean accept( File dir, String name )`
Muss `true` liefern, wenn die Datei mit dem Namennamen `name` im Verzeichnis `dir` in die Ergebnisliste soll.

Beim `FilenameFilter` empfängt `accept()` zwei Argumente, nämlich das Verzeichnis `dir`, in dem die Datei `name` liegt; und beim `FileFilter` enthält `pathname` die voll qualifizierte Datei schon direkt als `File`-Objekt. (Was für Dateien in einem Verzeichnis gilt, gilt ebenso für Unterverzeichnisse.) Im Fall von `FileFilter` liefert also `pathname.getName()` den Dateinamen.

[zB]

Beispiel Wollen wir nur auf Textdateien reagieren, so geben wir ein `true` bei allen Dateien mit der Endung *.txt* zurück. Die anderen werden mit `false` abgelehnt.

Listing 16.3 com/tutego/insel/io/file/TxtFilenameFilter.java, TxtFilenameFilter

```
public class TxtFilenameFilter implements FilenameFilter {
  @Override public boolean accept( File f, String s ) {
    return new File(f, s).isFile() &&
           s.toLowerCase().endsWith( ".txt" );
  }
}
```

---

4 Leider hatte der Fehlerteufel seine Finger im Spiel, und der `FilenameFilter` funktioniert nicht, weil der `FileSelector` fehlerhaft ist. Obwohl die Funktionalität dokumentiert ist, findet sich unter der Bug-Nummer 4031440 kurz: »*The main issue is that support for FilenameFilter in the FileDialog class was never implemented on any platform its not that theres a bug which needs to be fixed, but that theres no code to run nor was the design ever evaluated to see if it *could* be implemented on our target platforms.*«

16 | Dateien, Verzeichnisse und Dateizugriffe

«interface»
java.io.FilenameFilter
+ accept(dir: File, name: String): boolean

«interface»
java.io.FileFilter
+ accept(pathname: File): boolean

Exemplare der implementierenden Klassen werden der Methode `list()` bzw. `listFiles()` als Argument übergeben.

```
class java.io.File
implements Serializable, Comparable<File>
```

▶ `String[] list( FilenameFilter filter )`
Wie `list()`, nur filtert ein spezielles `FilenameFilter`-Objekt Objekte heraus.

▶ `File[] listFiles( FilenameFilter filter )`
Wie `listFiles()`, nur filtert ein spezielles `FilenameFilter`-Objekt Objekte heraus.

▶ `File[] listFiles( FileFilter filter )`
Wie `list()`, nur filtert ein spezielles `FileFilter`-Objekt bestimmte Objekte heraus.

Nun können `list()` mit dem `FilenameFilter` und `listFiles()` mit dem `FileFilter` bzw. `FilenameFilter` aufgerufen werden. Die Methode erfragt zuerst alle Dateien und Unterverzeichnisse und ruft dann für jeden Eintrag die `accept()`-Methode auf. Bei der Rückgabe `true` nimmt die Auflist-Methode den Eintrag in eine interne Liste auf, die dann später als Feld zurückgegeben wird.

[zB]

Beispiel Zur Implementierung von `FilenameFilter` und `FileFilter` bieten sich innere Klassen an. In einem Beispiel soll `listFiles()` nur Unterverzeichnisse von `dir` zurückliefern:

Listing 16.4 com/tutego/insel/io/file/SubDir.java, main() Ausschnitt

```
File[] subDirs = dir.listFiles( new FileFilter() {
  @Override public boolean accept( File d ) {
    return d.isDirectory();
  } } );
```

Dateien aus dem aktuellen Verzeichnis filtern

Wir können somit ein einfaches Verzeichnisprogramm programmieren, indem wir die Möglichkeiten von `getProperty()` und `list()` zu einem Beispiel zusammenfügen. Zusätzlich wollen wir nur Dateien mit der Endung *.txt* angezeigt bekommen:

Listing 16.5 com/tutego/insel/io/file/Dir.java, main()

```
File userdir = new File( System.getProperty("user.dir") );
System.out.println( userdir );

for ( File file : userdir.listFiles(new TxtFilenameFilter()) )
  System.out.println( file );
```

Datei und Verzeichnis | **16.1**

Hinweis Die zusätzliche Java-Bibliothek Apache Commons IO (*http://jakarta.apache.org/ commons/io/*) bietet über das Paket `org.apache.commons.io.filefilter` vielfältige Datei-Filter, wie `SuffixFileFilter` oder `WildcardFilter`.

[«]

16.1.6 Dateien berühren, neue Dateien anlegen, temporäre Dateien

Unter dem Unix-System gibt es das Shell-Kommando *touch*, das wir in einer einfachen Variante in Java umsetzen wollen. Das Programm berührt (engl. touch) eine Datei, indem der Zeitstempel auf das aktuelle Datum gesetzt wird. Wie beim Kommando *touch* soll unser Java-Programm über alle auf der Kommandozeile übergebenen Dateien gehen und sie berühren. Falls eine Datei nicht existiert, soll sie kurzerhand angelegt werden:

Listing 16.6 com/tutego/insel/io/file/Touch.java

```
package com.tutego.insel.io.file;

import java.io.*;

public class Touch
{
  public static void main( String[] args )
  {
    for ( String s : args )
    {
      File f = new File( s );

      if ( f.exists() )
      {
        if ( f.setLastModified( System.currentTimeMillis() ) )
          System.out.println( "Berührte " + s );
        else
          System.out.println( "Konnte nicht berühren " + s );
      }
      else
      {
        try
        {
          f.createNewFile();
          System.out.println( "Legte neue Datei an " + s );
        } catch ( IOException e ) { e.printStackTrace(); }
      }
    }
  }
}
```

Gibt `setLastModified()` den Wahrheitswert `false` zurück, so wissen wir, dass die Operation fehlschlug, und geben eine Informationsmeldung aus.

825

16 | Dateien, Verzeichnisse und Dateizugriffe

```
class java.io.File
implements Serializable, Comparable<File>
```

▶ `boolean createNewFile() throws IOException`
Legt atomar eine neue, leere Datei mit dem `File`-Objekt gespeicherten Namen an,
wenn eine Datei mit diesem Namen noch nicht existiert.

▶ `static File createTempFile( String prefix, String suffix ) throws IOException`
Legt eine neue Datei im temporären Verzeichnis an. Das Verzeichnis findet sich häufig
unter einem Standard-Unix */tmp* oder unter Windows *C:\Dokumente und Einstellungen\
Benutzername\Lokale Einstellungen\Temp*. Der Dateiname setzt sich aus einem benutzerdefinierten Präfix, einer Zufallsfolge und einem Suffix zusammen.

▶ `static File createTempFile( String prefix, String suffix, File directory )`
   `throws IOException`
Legt eine neue Datei im gewünschten Verzeichnis an. Der Dateiname setzt sich aus einem
benutzerdefinierten Präfix, einer Zufallsfolge und einem Suffix zusammen.

16.1.7 Dateien und Verzeichnisse löschen

Mithilfe der Methode `delete()` auf einem `File`-Objekt lässt sich eine Datei oder ein Verzeichnis entfernen. Diese Methode löscht wirklich! Sie ist nicht so zu verstehen, dass sie `true` liefert, falls die Datei potenziell gelöscht werden kann. Konnte die Laufzeitumgebung `delete()`
nicht ausführen, so sollte die Rückgabe `false` sein. Ein zu löschendes Verzeichnis muss leer
sein, andernfalls kann das Verzeichnis nicht gelöscht werden. Unsere unten stehende Implementierung geht dieses Problem so an, dass sie rekursiv die Unterverzeichnisse löscht.

```
class java.io.File
implements Serializable, Comparable<File>
```

▶ `boolean delete()`
Löscht die Datei oder das leere Verzeichnis. Falls die Datei nicht gelöscht werden konnte,
gibt es keine Ausnahme, sondern den Rückgabewert `false`.

▶ `void deleteOnExit()`
Löscht die Datei/das Verzeichnis, wenn die virtuelle Maschine korrekt beendet wird. Einmal vorgeschlagen, kann das Löschen nicht mehr rückgängig gemacht werden. Falls die
JVM vorzeitig die Grätsche macht – Reinigungsfachkraft stolpert über Kabel –, kann natürlich die Datei möglicherweise noch immer nicht gelöscht sein, was insbesondere für temporäre Dateien, die über `createTempFile()` angelegt wurden, eventuell lästig wäre.

[»] **Hinweis** Auf manchen Systemen liefert `delete()` die Rückgabe `true`, die Datei ist aber nicht
gelöscht. Der Grund kann eine noch geöffnete Datei sein, mit der zum Beispiel ein Eingabestrom verbunden ist und die dadurch gelockt ist.

Datei und Verzeichnis | **16.1**

Rekursiv Verzeichnisse löschen

Die delete()-Methode operiert auf File-Objekten, die Dateien und auch Verzeichnisse repräsentieren. Doch wenn Verzeichnisse nicht leer sind, wird delete() nicht auch noch alle Dateien in diesem Verzeichnis inklusive aller Unterverzeichnisse löschen. Das muss von Hand erledigt werden, lässt sich aber in wenigen Programmcodezeilen rekursiv umsetzen. Eine eigene statische Methode deleteTree() soll einen Baum inklusive Unterverzeichnisse löschen. list() liefert ein Feld aller Elemente in dem Unterverzeichnis, und falls ein Element wiederum ein Verzeichnis ist, wird wieder deleteTree() auf diesem aufgerufen:

Listing 16.7 com/tutego/insel/io/file/DeleteTree.java

```java
package com.tutego.insel.io.file;

import java.io.File;

public class DeleteTree
{
  public static void deleteTree( File path )
  {
    for ( File file : path.listFiles() )
    {
      if ( file.isDirectory() )
        deleteTree( file );
      else
        if ( ! file.delete() )
          System.err.println( file + " could not be deleted!" );
    }

    if ( ! path.delete() )
      System.err.println( path + " could not be deleted!" );
  }

  public static void main( String[] args )
  {
    deleteTree( new File("c:/ati/") );
  }
}
```

> **Tipp** Das Beispiel beachtet den Rückgabetyp von delete() und meldet einen Fehler, wenn das Verzeichnis oder die Datei nicht gelöscht werden konnte. Das sollte jedes Programm machen, da delete() keine Ausnahme auslöst, wenn es schief ging.

[+]

16.1.8 Verzeichnisse nach Dateien iterativ durchsuchen *

In Kapitel 13, »Datenstrukturen und Algorithmen«, haben wir die Datenstrukturen List und Stack kennengelernt, die uns jetzt helfen sollen, ein Verzeichnis inklusive aller Unterverzeichnisse weiter nach unten zu gehen. Dabei sollen Dateien gefunden werden, deren Dateinamen auf regulären Ausdrücken »matchen«. Ein List-Objekt speichert bereits gefundene

827

16 | Dateien, Verzeichnisse und Dateizugriffe

Dateien, und ein `Stack`-Objekt merkt sich via Tiefensuche das aktuelle Verzeichnis, in dem der Algorithmus gerade steht. Anders als bei `DeleteTree` nutzt diese Implementierung keine rekursiven Methodenaufrufe:

Listing 16.8 com/tutego/insel/io/file/FileFinder.java

```java
package com.tutego.insel.io.file;

import java.io.*;
import java.util.*;
import java.util.regex.Pattern;

public class FileFinder
{
  public static List<File> find( String start, String extensionPattern )
  {
    List<File> files = new ArrayList<File>( 1024 );
    Stack<File> dirs = new Stack<File>();
    File startdir = new File( start );
    Pattern p = Pattern.compile( extensionPattern, Pattern.CASE_INSENSITIVE );

    if ( startdir.isDirectory() )
      dirs.push( startdir );

    while ( dirs.size() > 0 )
      for ( File file : dirs.pop().listFiles() )
        if ( file.isDirectory() )
          dirs.push( file );
        else
          if ( p.matcher(file.getName()).matches() )
            files.add( file );

    return files;
  }
}
```

Eine Nutzung der Utility-Methode ist einfach, wie etwa die folgenden Zeilen zeigen, um Dokumente mit den Dateiendungen *.gif* und *.jpg* zu finden:

Listing 16.9 com/tutego/insel/io/file/FileFinderDemo.java, main()

```java
String path = new File( System.getProperty("user.dir") ).getParent();

System.out.println( "Suche im Pfad: " + path );

List<File> files = FileFinder.find( path, "(.*\\.gif$)|(.*\\.jpg$)" );

System.out.printf( "Fand %d Datei%s.%n",
                   files.size(), files.size() == 1 ? "" : "en" );

for ( File f : files )
  System.out.println( f.getAbsolutePath() );
```

828

Datei und Verzeichnis | **16.1**

16.1.9 Wurzelverzeichnis, Laufwerksnamen, Plattenspeicher *

Die statische Methode `listRoots()` gibt ein Feld von `File`-Objekten zurück. Jeder Eintrag des Feldes repräsentiert eine Wurzel (engl. *root*) des Dateisystems. Dies macht es einfach, Programme zu schreiben, die etwa über dem Dateisystem eine Suche ausführen. Da es unter Unix nur eine Wurzel gibt, ist der Rückgabewert von `File.listRoots()` immer »/« – ein anderes Root gibt es nicht. Unter Windows wird es aber zu einem richtigen Feld, da es mehrere Wurzeln für die Partitionen oder logischen Laufwerke gibt. Die Wurzeln tragen Namen wie »A:« oder »Z:«. Dynamisch eingebundene Laufwerke, die etwa unter Unix mit *mount* integriert werden, oder Wechselfestplatten werden mit berücksichtigt. Die Liste wird immer dann aufgebaut, wenn `listRoots()` aufgerufen wird. Komplizierter ist es, wenn entfernte Dateibäume mittels NFS oder SMB eingebunden sind, weil es dann nicht darauf ankommt, ob das zuständige Programm eine Verbindung noch aktiv hält oder nicht. Denn nach einer abgelaufenen Zeit ohne Zugriff wird das Verzeichnis wieder aus der Liste genommen. Dies ist aber wieder sehr plattformabhängig.

Beispiel Gewünscht ist eine Liste der verfügbaren Wurzeln mit der Angabe, ob auf das Gerät **[zB]** eine Zugriffsmöglichkeit besteht. Ist unter Windows etwa ein Diskettenlaufwerk eingebunden, befindet sich aber keine Diskette im Schacht, dann ist das Gerät nicht bereit. Ein Diskettenlaufwerk taucht in der Liste auf, aber `exists()` liefert `false`.

Listing 16.10 com/tutego/insel/io/file/ListRoot.java. main()

```
for ( File root : File.listRoots() )
  System.out.println( root.getPath() + " ist " +
                    (root.exists() ? "" : "nicht ") + "bereit" );
```

Bei der Ausgabe mit `System.out.println()` entspricht `root.getPath()` einem `root.toString()`. Da aber nicht unbedingt klar ist, dass `toString()` auf `getPath()` verweist, schreiben wir `getPath()` direkt.

```
class java.io.File
implements Serializable, Comparable<File>
```

▶ `static File[] listRoots()`
Liefert die verfügbaren Wurzeln der Dateisysteme oder `null`, falls keine Wurzeln festgestellt werden können. Jedes `File`-Objekt beschreibt eine Dateiwurzel. Es ist gewährleistet, dass alle kanonischen Pfadnamen mit einer der Wurzeln beginnen. Wurzeln, für die der `SecurityManager` den Zugriff verweigert, werden nicht aufgeführt. Das Feld ist leer aber nicht `null`, falls es keine Dateisystem-Wurzeln gibt.

Namen der Laufwerke

Die Namen der Laufwerksbuchstaben sind ein wenig versteckt, denn eine Methode zum Erfragen ist nicht bei der Klasse `File` zu finden. Zwar liefert `listRoots()` schon einen passenden Anfang, um unter Windows die Laufwerke preiszugeben, aber die Namen liefert erst `getSystemDisplayName()` des `FileSystemView`-Objekts. Die Klasse gehört zu Swing und dort zum Dateiauswahldialog.

16 | Dateien, Verzeichnisse und Dateizugriffe

[zB]

Beispiel   Zeige alle Laufwerksbuchstaben:

Listing 16.11   com/tutego/insel/io/file/SystemDisplayName.java. main()

```
FileSystemView view = FileSystemView.getFileSystemView();
for ( File f : File.listRoots() )
  System.out.println( view.getSystemDisplayName(f) );
```

Die Ausgabe ist bei mir:

```
WINDOWS (C:)
Daten (D:)
Share (S:)
```

```
abstract class javax.swing.filechooser.FileSystemView
```

- ▶ `static FileSystemView getFileSystemView()`
  Statische Fabrikmethode, die ein Exemplar von `FileSystemView` liefert.

- ▶ `boolean isDrive( File dir )`
  `boolean isFloppyDrive( File dir )`
  `boolean isComputerNode( File dir )`
  Ist `dir` ein Laufwerk/Wechsellaufwerk/Netzwerk-Knoten?

`FileSystemView` hält noch andere gute Methoden bereit, wie `getHomeDirectory()` oder `isTraversable(File f)`.

Freier Plattenspeicher

In Java 6 sind die Methoden `getFreeSpace()`, `getUsableSpace()` und `getTotalSpace()` zum Ermitteln des freien Plattenspeichers hinzugekommen:

Listing 16.12   com/tutego/insel/io/file/DiscSpace.java. main()

```
System.out.println( "Laufwerk  Total      Frei    Nutzbar" );
System.out.println( "---------------------------------------" );

for ( File dir : File.listRoots() )
  System.out.printf( "%s    %6d MB    %6d MB  %6d MB%n", dir,
                  dir.getTotalSpace() / (1024*1024),
                  dir.getFreeSpace() / (1024*1024),
                  dir.getUsableSpace() / (1024*1024) );
```

Die Ausgabe ist bei mir:

```
Drive    Total      Free    Usable
-----------------------------------
C:\   10001 MB    1467 MB    1467 MB
D:\   66283 MB   63477 MB   63477 MB
S:\   32145 MB    3194 MB    3194 MB
```

830

Datei und Verzeichnis | **16.1**

16.1.10 URL- und URI-Objekte aus einem File-Objekt ableiten *

Da es bei URL-Objekten recht häufig vorkommt, dass eine Datei die Basis ist, wurde die Methode toURI() in die Klasse File aufgenommen, über die sich mit toURL() ein URL-Objekt aufbauen lässt (eine Methode toURL() gibt es auch, nur ist diese in Java 6 veraltet).

```
File f = new File( "C:/Dokumente und Einstellungen/" );
URL u = f.toURL();         // veraltet!
System.out.println( u );  // file:/C:/Dokumente und Einstellungen/
u = f.toURI().toURL();
System.out.println( u );  // file:/C:/Dokumente%20und%20Einstellungen/
```

```
class java.io.File
implements Serializable, Comparable<File>
```

▶ URI toURI()
   Liefert ein URI-Objekt vom File-Objekt, über das toURL() ein URL-Objekt generiert.

16.1.11 Mit Locking Dateien sperren *

Damit eine Datei gegen konkurrierenden parallelen Zugriff geschützt ist, lässt sie sich über *Locking* absichern. Um einen Lock zu erwerben, ist die Klasse FileChannel und deren Methode lock() zu nutzen. Um zu testen, ob eine gegebene Datei gelockt ist, lässt sich try-Lock() verwenden – etwa in folgender statischen Hilfsmethode:

Listing 16.13 com/tutego/insel/io/file/FileUtils.java, isLocked()

```
public static boolean isLocked( String filename )
{
  try
  {
    FileLock lock = new RandomAccessFile( filename, "r" ).getChannel().tryLock();
    lock.release(); // ignore ClosedChannelException
  }
  catch( IOException e ) {
    return false;
  }
  return true;
}
```

[«]

> **Hinweis** Unter Unix-Systemen gibt es kein eindeutig vorgeschriebenes Verfahren zum File-Locking[5], sodass Oracle das Sperren bisher nur so umsetzt, dass zwei Java-Programme sich gegenseitig nicht in die Quere kommen, es aber sein kann, dass ein anderes Unix-Programm diesen Lock nicht respektiert. So kann unter Unix eine Datei von mehreren Seiten gelesen werden, selbst wenn ein Java-Programm sie aktuell beschreibt. Auch kann eine Datei auf dem Dateisystem gelöscht werden, selbst wenn das Java-Programm sie noch offen hält. Das Windows-Betriebssystem unterstützt hingegen Locks. Wenn ein Prozess keinen Lock auf die Datei besitzt, kann der Prozess die Datei auch nicht lesen.

---

5 Zum Beispiel mit dem Alleskönner fcntl() aus dem POSIX-Standard oder flock() von 4.2 BSD.

16 | Dateien, Verzeichnisse und Dateizugriffe

16.2 Dateien mit wahlfreiem Zugriff

Dateien können auf zwei unterschiedliche Arten gelesen und modifiziert werden: zum einen über einen Datenstrom, der Bytes wie in einem Medien-Stream verarbeitet, zum anderen über *wahlfreien Zugriff* (engl. *random access*). Während der Datenstrom eine strenge Sequenz erzwingt, ist dies beim wahlfreien Zugriff egal, da innerhalb der Datei beliebig hin und her gesprungen werden kann und ein Dateizeiger verwaltet wird, den wir setzen können. Da wir es mit Dateien zu tun haben, heißt das Ganze dann Random Access File, und die Klasse, die wahlfreien Zugriff anbietet, ist `java.io.RandomAccessFile`.

16.2.1 Ein »RandomAccessFile« zum Lesen und Schreiben öffnen

Die Klasse deklariert zwei Konstruktoren, um mit einem Dateinamen oder `File`-Objekt ein `RandomAccessFile`-Objekt anzulegen. Im Konstruktor bestimmt der zweite Parameter eine Zeichenkette für den Zugriffsmodus; damit lässt sich eine Datei lesend oder schreibend öffnen. Die Angabe vermeidet Fehler, da eine zum Lesen geöffnete Datei nicht versehentlich überschrieben werden kann.

r	Die Datei wird zum Lesen geöffnet. Wenn sie nicht vorhanden ist, wird ein Fehler ausgelöst. Der Versuch, auf diese Datei schreibend zuzugreifen, wird mit einer Exception bestraft.
rw	Die Datei wird zum Lesen oder Schreiben geöffnet. Eine existierende Datei wird dabei geöffnet, und hinten können die Daten angehängt werden, ohne dass die Datei gelöscht wird. Existiert die Datei nicht, wird sie neu angelegt, und ihre Startgröße ist null. Soll die Datei gelöscht werden, so müssen wir dies ausdrücklich über delete() der File-Klasse selbst tun.

Tabelle 16.1 Zwei Modi für den Konstruktor von »RandomAccessFile«

Zusätzlich lässt sich bei rw noch ein s oder d anhängen; sie stehen für Möglichkeiten, beim Schreiben die Daten mit dem Dateisystem zu synchronisieren.

```
class java.io.RandomAccessFile
implements DataOutput, DataInput, Closeable
```

▶ RandomAccessFile(String name, String mode) throws FileNotFoundException
RandomAccessFile(File file, String mode) throws FileNotFoundException
Öffnet die Datei. Ob die Datei zum Lesen oder Schreiben vorbereitet ist, bestimmt der String mode mit gültigen Belegungen »r« oder »rw«. Ist der Modus falsch gesetzt, zeigt eine IllegalArgumentException dies an. Löst eine FileNotFoundException[6] aus, falls die Datei nicht geöffnet werden kann.

▶ void close()
Schließt eine geöffnete Datei wieder.

16.2.2 Aus dem »RandomAccessFile« lesen

Um Daten aus einer mit einem RandomAccessFile verwalteten Datei zu bekommen, nutzen wir eine der readXXX()-Methoden. Sie lesen direkt das Byte-Feld aus der Datei oder mehrere Bytes, die zu einem primitiven Datentyp zusammengesetzt sind. readChar()etwa liest hintereinander 2 Byte und verknüpft diese zu einem char.

```
class java.io.RandomAccessFile
implements DataOutput, DataInput, Closeable
```

▶ int read() throws IOException
Liest genau ein Byte und liefert es als int zurück.

▶ int read(byte[] b) throws IOException
Liest b.length() viele Byte und speichert sie im Feld b.

▶ int read(byte[] b, int off, int len) throws IOException
Liest len Byte aus der Datei und schreibt sie in das Feld b ab der Position off. Wurde mehr als ein, aber weniger als len Bytes gelesen, wird die gelesene Größe als Rückgabewert zurückgegeben.

▶ final boolean readBoolean() throws IOException

---

6 Eingedeutscht »DöösIschNetDoo«.

- `final byte readByte()`, `final short readShort()`, `final int readInt()`, `final long readLong() throws IOException`

- `final char readChar() throws IOException`

- `final double readDouble()`, `final float readFloat()`
  Liest einen primitiven Datentyp.

- `final int readUnsignedByte() throws IOException`
  Liest ein als vorzeichenlos interpretiertes Byte.

- `final int readUnsignedShort() throws IOException`
  Liest zwei als vorzeichenlos interpretierte Bytes.

- `final void readFully( byte[] b ) throws IOException`
  Versucht, den gesamten Puffer b zu füllen.

- `final void readFully( byte[] b, int off, int len ) throws IOException`
  Liest `len` Bytes und speichert sie im Puffer b ab dem Index `off`.

Zum Schluss bleiben zwei Methoden, die eine Zeichenkette liefern:

- `final String readLine() throws IOException`
  Liest eine Textzeile, die das Zeilenendezeichen \r oder \n beziehungsweise eine Kombination \r\n abschließt. Die letzte Zeile muss nicht so abgeschlossen sein, denn ein Dateiende zählt als Zeilenende. `readLine()` interpretiert die Zeichen nicht als Unicode, sondern übernimmt die Zeichen einfach als ASCII-Bytes. (Ohne die Konvertierung verschiedener Code-pages, etwa von einer Datei in einem ungewohnten IBM-Format, liest `readLine()` nicht die korrekten entsprechenden Unicode-Zeilen heraus. Diese Byte-in-Char-Umwandlung müsste manuell vorgenommen werden.) Auch weil `RandomAccessFile` nicht puffert, bietet sich aus Geschwindigkeitsgründen eine zeilenweise Verarbeitung von ASCII-Dateien über `readLine()` nicht an, und die passende Klasse `Scanner` oder `BufferedReader` sollte Verwendung finden.

- `final String readUTF()`
  Liest einen modifizierten UTF-kodierten String und gibt einen Unicode-String zurück. Ein UTF-String fasst entweder 1, 2 oder 3 Byte zu einem Unicode-Zeichen zusammen. Der übernächste Abschnitt erklärt die Kodierung genauer.

Rückgabe –1 und EOFException *

Die Methoden liefern nicht alle einen Fehler, wenn die Datei schon fertig abgearbeitet wurde und keine Daten mehr anliegen. Im Fall von `int read()`, `int read(byte[])` oder `int read(byte[], int, int)` gibt es einfach den Rückgabewert –1 und keine Exception. Ähnliches gilt für `readLine()`. Die Methode liefert `null` am Dateiende. Für die anderen Lese-Methoden gilt, dass sie eine bestimmte Anzahl Bytes erzwingen, etwa `readLong()` 8 – oder auch nur 1 Byte für `readByte()` –, sodass im Fall eines Dateiendes eine `EOFException` folgt. Bis auf wenige Ausnahmen gibt es kaum weitere Einsatzgebiete von `EOFException` in der Java-Bibliothek.

Die UTF-8-Kodierung *

`writeUTF()` und `readUTF()` sind zwei Operationen, die die Schnittstellen `DataOutput` und `DataInput` vorschreiben. Neben `RandomAccessFile` implementiert `DataOutputStream` die Schnittstelle `DataOutput` und `DataInputStream` die Schnittstelle `DataInput`.

Java verwaltet Unicode-Zeichen über den Datentyp `char`, der (immer noch[7]) 16 Bit lang ist. In unseren Breiten stammen die meisten Zeichen aus den herkömmlichen 8 Bit des Latin-1-Zeichensatzes. Würden die Zeichen als Unicode (also 2 Byte) versendet, bestände der 16-Bit-Datenstrom im Wesentlichen zur Hälfte aus Nullen. Aus diesem Grund gibt es eine alternative Kodierung, die jedes 16-Bit-Unicode-Zeichen platzsparend schreibt und in Abhängigkeit von der Belegung 1, 2 oder 3 Byte lang ist. Die Kodierung der Zeichen richtet sich nach der Belegung der Bits wie folgt:

▶ `'\u0001'` bis `'\u007F'`: Die Zeichen werden direkt mit einem Byte geschrieben. Die westlichen Texte, die zum Großteil in 7-Bit-ASCII verfasst sind, lassen sich somit kompakt schreiben.

▶ `'\u0080'` bis `'\u07FF'`: Die Zeichen werden mit 2 Byte kodiert.

▶ `'\u0800'` bis `'\uFFFF'`: Die Zeichen werden mit 3 Byte kodiert.

Die Kodierung, die Java wählt, ist an UTF-8 angelehnt und wird im Folgenden einfach *UTF-8-Kodierung* genannt. Das modifizierte UTF-8-Format[8] von Java kodiert etwa – anders als es der Unicode-Standard im Kapitel »Unicode Encoding Forms« beschreibt – das Zeichen `'\u0000'` in 2 Byte, was laut Unicode-Standard in einem Byte geschrieben würde.

> **Hinweis** Würden die Zeichenfolgen lediglich mit der vorgestellten Kodierung geschrieben, wüsste der Zeichenleser nicht, wann das Ende der Zeichenfolge erreicht ist. Daher beginnt `writeUTF()` mit einer Längenkennung. Zum Lesen von Zeilen ist somit immer `readUTF()` nötig, und eine Methode `readLine()` ist unpassend.

[«]

16.2.3 Schreiben mit »RandomAccessFile«

Da `RandomAccessFile` die Schnittstellen `DataOutput` und `DataInput` implementiert, werden zum einen die `readXXX()`-Methoden wie bisher vorgestellt implementiert und zum anderen eine Reihe von Schreibmethoden der Form `writeXXX()`. Diese sind analog zu den Lesemethoden: `write(byte[] b)`, `write(int b)`, `write(byte[] b, int off, int len)`, `writeBoolean(boolean v)`, `writeByte(int v)`, `writeBytes(String s)`, `writeChar(int v)`, `writeChars(String s)`, `writeDouble(double v)`, `writeFloat(float v)`, `writeInt(int v)`, `writeLong(long v)`, `writeShort(int v)` und `writeUTF(String str)`. Der Rückgabetyp ist `void`, und die Methoden können eine `IOException` auslösen.

---

7 Eine Anspielung, da Java seit Version 5 Unicode 4 mit 32-Bit-Zeichen unterstützt und wir widerlich für die Umsetzung tricksen müssen.

8 *http://tutego.de/go/modifiedutf8*

16 | Dateien, Verzeichnisse und Dateizugriffe

16.2.4 Die Länge des »RandomAccessFile«

Mit zwei Methoden greifen wir auf die Länge der Datei zu: einmal schreibend verändernd und einmal lesend.

```
class java.io.RandomAccessFile
implements DataOutput, DataInput, Closeable
```

▶ void setLength(long newLength) throws IOException
Setzt die Größe der Datei auf newLength. Ist die Datei kleiner als newLength, wird sie mit unbestimmten Daten vergrößert; wenn die Datei größer war als die zu setzende Länge, wird die Datei abgeschnitten. Dies bedeutet, dass der Dateiinhalt mit setLength(0) leicht zu löschen ist.

▶ long length() throws IOException
Liefert die Länge der Datei. Schreibzugriffe erhöhen den Wert, und setLength() modifiziert ebenfalls die Länge.

16.2.5 Hin und her in der Datei

Die bisherigen Lesemethoden setzen den Datenzeiger automatisch eine Position weiter. Wir können den Datenzeiger jedoch auch manuell an eine selbst gewählte Stelle setzen und damit durch die Datei navigieren.

[zB]

> **Beispiel** Erzeuge eine Datei, und setze an die Stelle 1.000 das Byte 0xFF:
>
> **Listing 16.14** com/tutego/insel/io/raf/CreateBigFile.java, main()
>
> ```
> RandomAccessFile file = new RandomAccessFile("c:/test.bin", "rw" );
> file.seek( 1000 );
> file.write( -1 );
> file.close();
> ```
>
> Da skipBytes() den Dateizeiger nicht »hinter« die Datei stellen kann, funktioniert die Lösung nur mit seek().

Die nachfolgenden Lese- oder Schreibzugriffe setzen dann dort an. Die im Folgenden beschriebenen Methoden haben etwas mit diesem Dateizeiger und seiner Position zu tun:

```
class java.io.RandomAccessFile
implements DataOutput, DataInput, Closeable
```

▶ long getFilePointer() throws IOException
Liefert die momentane Position des Dateizeigers. Das erste Byte steht an der Stelle null.

▶ void seek(long pos) throws IOException
Setzt die Position des Dateizeigers auf pos. Diese Angabe ist absolut und kann daher nicht negativ sein. Falls doch, wird eine Ausnahme ausgelöst. file.seek(file.length()); setzt den Zeiger auf das Ende der Datei.

► `int skipBytes( int n ) throws IOException`

Im Gegensatz zu `seek()` positioniert `skipBytes()` relativ. `n` ist die Anzahl, um die der Dateizeiger bewegt wird. Ist `n` negativ, werden keine Bytes übersprungen. Eine relative Positionierung mit positivem und negativem `n` für ein `RandomAccessFile raf` erreicht `raf.seek(raf.getFilePointer()+n)`. Die Summe darf aber nicht negativ sein, sonst gibt es von `seek()` eine `IOException`. Die Rückgabe gibt die tatsächlich gesprungenen Bytes zurück, was nicht mit `n` identisch sein muss!

Setzt `seek()` den Zeiger weiter, als es möglich ist, wird die Datei dadurch nicht automatisch größer. Sie verändert jedoch ihre Größe, wenn Daten geschrieben werden.

16.3   Zum Weiterlesen

Das Arbeiten von Dateien ist in Java eine einfache Sache. Aber sie ist zum Teil auch zu einfach und lässt einige Dinge vermissen, etwa die Abstraktion vom Dateisystem (es lässt sich nicht so einfach auf zum Beispiel eine Datenbank übertragen) oder auch diverse Benachrichtigungen, etwa bei Veränderungen. Das wird sich ändern in NIO.2, was Teil von Java 7 wird. Interessierte finden im Netz zu NIO.2 weitere Informationen, etwa unter *http://www.tutego.de/java/jdk7-Java-SE-7.htm.*

»Wer zur Quelle will,
muss gegen den Strom schwimmen.«
– Danny Kaye (1913–1987)

17   Datenströme

17.1   Stream-Klassen und Reader/Writer am Beispiel von Dateien

Unterschiedliche Klassen zum Lesen und Schreiben von Binär- und Zeichendaten sammelt Java im Paket `java.io`. Für die byte-orientierte Verarbeitung, etwa von PDF- oder MP3-Dateien, gibt es andere Klassen als für Textdokumente, zum Beispiel HTML. Das ist aus mehreren Gründen sinnvoll: Das Einlesen von Unicode-Textdateien ist vereinfacht, und Daten müssen nicht auf festgelegten Zeichensätzen arbeiten, ja, wir bekommen vom Konvertieren von Unicode nach Byte überhaupt nichts mit. Durch ihre Basistypen nennen sich

▶ die zeichenorientierten Klassen `Reader`, `Writer` und

▶ die byte-orientierten Klassen `InputStream` und `OutputStream`.

FileInputStream, FileReader, FileOutputStream, FileWriter
Dieses Unterkapitel stellt die vier Klassen zum Lesen und Schreiben aus Dateien vor, und zwar jeweils die Zeichen- und Byte-orientierten Klassen.

	Bytes (oder Byte-Arrays)	**Zeichen (oder Zeichen-Arrays, Strings)**
aus Dateien lesen	`FileInputStream`	`FileReader`
in Dateien schreiben	`FileOutputStream`	`FileWriter`

Tabelle 17.1   Lese- und Schreibklassen für Dateien

Hinweis   Lies den ganzen Dateiinhalt in ein Byte-Feld:

```
File f = new File( dateiname );
byte[] buffer = new byte[ (int) f.length() ];
InputStream in = new FileInputStream( f );
in.read( buffer );
in.close();
```

Sinnvoller als das gesamte Einlesen ist aber im Allgemeinen das Lesen in Blöcken. Eine korrekte Fehlerbehandlung ist immer notwendig!

[«]

839

17 | Datenströme

17.1.1 Mit dem FileWriter Texte in Dateien schreiben

Der `FileWriter` ist ein spezieller `Writer`, der Ausgaben in eine Datei erlaubt.

Das folgende Programm erstellt die Datei *fileWriter.txt* und schreibt eine Textzeile mit Zeilen-vorschubzeichen hinein:

Listing 17.1   com/tutego/insel/io/stream/FileWriterDemo.java, main()

```
Writer fw = null;

try
{
  fw = new FileWriter( "fileWriter.txt" );
  fw.write( "Zwei Jäger treffen sich..." );
  fw.append( System.getProperty("line.separator") ); // e.g. "\n"
}
catch ( IOException e ) {
  System.err.println( "Konnte Datei nicht erstellen" );
}
finally {
  if ( fw != null )
    try { fw.close(); } catch ( IOException e ) { e.printStackTrace(); }
}
```

Da der Konstruktor und die `write()`-/`append()`-Methoden eine `IOException` in dem Fall aus-lösen, wenn ein Öffnen beziehungsweise Schreiben nicht möglich ist, müssen wir einen `try`-`catch`-Block um die Anweisungen setzen oder mit `throws` den Fehler nach oben weitergeben.

```
class java.io.FileWriter
extends OutputStreamWriter
```

▶ `FileWriter( File file ) throws IOException`

▶ `FileWriter( String filename ) throws IOException`

▶ `FileWriter( File file, boolean append ) throws IOException`

▶ `FileWriter( String filename, boolean append ) throws IOException`
Erzeugt einen Ausgabestrom und hängt die Daten an eine existierende Datei an, wenn `append` gleich `true` ist. Eine weitere Möglichkeit, Daten hinten anzuhängen, bietet die Klasse `RandomAccessFile` oder `FileOutputStream`.

▶ `FileWriter( FileDescriptor fd )`
Erzeugt einen Ausgabestrom zum Schreiben in eine Datei. Existiert die Datei bereits, deren Namen wir übergeben, wird die Datei gelöscht.

Auf den ersten Blick scheinen der Klasse `FileWriter` die versprochenen `write()`-Methoden zu fehlen. Fakt ist aber, dass diese von `OutputStreamWriter` geerbt werden, und die Klasse erbt und überschreibt wiederum die Methoden aus `Writer`. Mit den Oberklassen verfügt der `FileWriter` insgesamt über folgende Methoden, deren Ausnahme `IOException` hier nicht genannt ist:

840

Stream-Klassen und Reader/Writer am Beispiel von Dateien | **17.1**

▶ Writer append(char c)

▶ Writer append(CharSequence csq)

▶ Writer append(CharSequence csq, int start, int end)

▶ void write(int c)

▶ void write(String str)

▶ void write(String str, int off, int len)

▶ void write(char[] cbuf)

▶ void write(char[] cbuf, int off, int len)

▶ void close()

▶ void flush()

▶ String getEncoding()

Bis auf `getEncoding()` lösen alle verbleibenden Methoden im Fehlerfall eine `IOException` aus, die als geprüfte Ausnahme behandelt werden muss. Die Methoden stellt Abschnitt 17.2.9, »Die abstrakte Basisklasse Writer«, genauer vor.

17.1.2 Zeichen mit der Klasse »FileReader« lesen

Der `FileReader` liest aus Dateien entweder einzelne Zeichen, Strings oder Zeichenfelder. Wie beim `Writer` deklariert die Klasse Konstruktoren zur Annahme des Dateinamens. So zeigt folgendes Beispiel eine Anwendung der `FileReader`-Klasse:

Listing 17.2 com/tutego/insel/io/stream/FileReaderDemo.java, main()

```
Reader reader = null;
try
{
  reader = new FileReader( "bin/lyrics.txt" );

  for ( int c; ( c = reader.read() ) != -1; )
    System.out.print( (char) c );
}
catch ( IOException e ) {
  System.err.println( "Fehler beim Lesen der Datei!" );
}
finally {
  try { reader.close(); } catch ( Exception e ) { }
}
```

> class java.io.**FileReader**
> extends InputStreamReader

▶ public FileReader(String fileName) throws FileNotFoundException
    öffnet die Datei über einen Dateinamen zum Lesen. Falls sie nicht vorhanden ist, löst der Konstruktor eine `FileNotFoundException` aus.

841

17 | Datenströme

- ▶ public FileReader(File file) throws FileNotFoundException
  Öffnet die Datei zum Lesen über ein File-Objekt. Falls sie nicht verfügbar ist, löst der Konstruktor eine FileNotFoundException aus.

- ▶ public FileReader(FileDescriptor fd)
  Nutzt die schon vorhandene offene Datei über ein FileDescriptor-Objekt.

Die Methoden zum Lesen stammen aus den Oberklassen InputStreamReader und Reader. Aus InputStreamReader kommen int read(), int read(char[], int, int), close(), getEncoding() und ready(). Da InputStreamReader wiederum Reader erweitert, kommen die Methoden int read(char[]), int read(CharBuffer), mark(int), markSupported(), reset(), skip(long) hinzu. Abschnitt 17.2.11, »Die abstrakte Basisklasse Reader«, beschreibt die Methoden genauer.

17.1.3 Kopieren mit »FileOutputStream« und »FileInputStream«

Diese Klasse FileOutputStream bietet grundlegende Methoden, um in Dateien zu schreiben. FileOutputStream implementiert alle nötigen Methoden, die java.io.OutputStream vorschreibt, also etwa write(int), write(byte[]).

```
class java.io.FileOutputStream
extends OutputStream
```

- ▶ FileOutputStream(String name) throws FileNotFoundException
  Erzeugt einen FileOutputStream mit einem gegebenen Dateinamen.

- ▶ FileOutputStream(File file) throws FileNotFoundException
  Erzeugt einen FileOutputStream aus einem File-Objekt.

- ▶ FileOutputStream(String name, boolean append) throws FileNotFoundException
  Wie FileOutputStream(name), hängt jedoch bei append=true Daten an.

- ▶ FileOutputStream(File file, boolean append) throws FileNotFoundException
  Wie FileOutputStream(file), hängt jedoch bei append=true Daten an.

- ▶ FileOutputStream(FileDescriptor fdObj)
  Erzeugt einen FileOutputStream aus einem FileDescriptor-Objekt.

Ist der Parameter append nicht mit true belegt, wird der alte Inhalt überschrieben. Die FileNotFoundException wirkt vielleicht etwas komisch, wird aber dann ausgelöst, wenn zum Beispiel die Dateiangabe ein Verzeichnis repräsentiert oder die Datei gelockt ist.

FileInputStream ist der Gegenspieler und dient zum Lesen der Binärdaten. Um ein Objekt anzulegen, haben wir die Auswahl zwischen drei Konstruktoren. Sie binden eine Datei (etwa repräsentiert als ein Objekt vom Typ File) an einen Datenstrom.

```
class java.io.FileInputStream
extends InputStream
```

- ▶ FileInputStream(String name) throws FileNotFoundException
  Erzeugt einen FileInputStream mit einem gegebenen Dateinamen.

842

▶ `FileInputStream( File file ) throws FileNotFoundException`
Erzeugt `FileInputStream` aus einem `File`-Objekt.

▶ `FileInputStream( FileDescriptor fdObj )`
Erzeugt `FileInputStream` aus einem `FileDescriptor`-Objekt.

Der `FileInputStream` ist ein spezieller `InputStream` und besitzt daher Methoden wie `int read()`, `int read(byte[])` zum Lesen.

Zur Veranschaulichung dient die folgende Grafik.

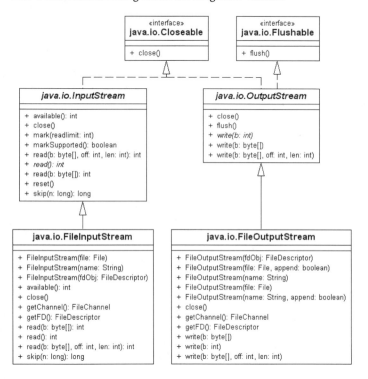

Kopieren von Dateien *

Als Beispiel für das Zusammenspiel von `FileInputStream` und `FileOutputStream` wollen wir ein Datei-Kopierprogramm entwerfen. Es ist einleuchtend, dass wir zunächst die Quelldatei öffnen müssen. Taucht ein Fehler auf, wird dieser zusammen mit allen anderen Fehlern in einer besonderen `IOException`-Fehlerbehandlung ausgegeben. Wir trennen hier die Fehler nicht besonders. Nach dem Öffnen der Quelle wird eine neue Datei angelegt. Das erledigt der Konstruktor `FileOutputStream`, dem es jedoch gleichgültig ist, ob es bereits eine Datei dieses Namens gibt; wenn, dann überschreibt es sie gnadenlos. Auch darum kümmern wir uns nicht. Wollten wir das berücksichtigen, sollten wir mit Hilfe der `File`-Klasse die Existenz einer gleichnamigen Datei prüfen.

Nach dem Anlegen können wir Byte für Byte auslesen und kopieren. Die Lösung über diesen nativen Weg ist natürlich in puncto Geschwindigkeit erbärmlich. Eine Lösung wäre, einen

17 | Datenströme

Dekorator dazwischenzuschalten, den `BufferedInputStream`. Doch das ist nicht nötig, weil wir einen Puffer mit `read(byte[])` selbst füllen können. Da diese Methode die Anzahl tatsächlich gelesener Bytes zurückliefert, schreiben wir diese direkt mittels `write()` in den Ausgabepuffer. Hier erbringt eine Pufferung über eine Zwischen-Puffer-Klasse keinen Geschwindigkeitsgewinn, da wir ja selbst einen 64-KiB-Puffer einrichten:

Listing 17.3   com/tutego/insel/io/stream/cp.java

```java
package com.tutego.insel.io.stream;

import java.io.*;

public class cp
{
  static void copy( InputStream in, OutputStream out ) throws IOException
  {
    byte[] buffer = new byte[ 0xFFFF ];

    for ( int len; (len = in.read(buffer)) != -1; )
      out.write( buffer, 0, len );

  }

  static void copyFile( String src, String dest )
  {
    FileInputStream  fis = null;
    FileOutputStream fos = null;

    try
    {
      fis = new FileInputStream( src );
      fos = new FileOutputStream( dest );

      copy( fis, fos );
    }
    catch ( IOException e ) {
      e.printStackTrace();
    }
    finally {
      if ( fis != null )
        try { fis.close(); } catch ( IOException e ) { }
      if ( fos != null )
        try { fos.close(); } catch ( IOException e ) { e.printStackTrace(); }
    }
  }

  public static void main( String[] args )
  {
    if ( args.length != 2 )
      System.err.println( "Benutzung: copy <src> <dest>" );
    else
```

844

```
    copyFile( args[0], args[1] );
  }
}
```

Der Klassenname ist hier – entgegen üblicher Konventionen – klein- und kryptisch geschrieben, um dem Charakter eines Kommandozeilenprogramms zu entsprechen.

Hinweis Apache Commons IO (*http://jakarta.apache.org/commons/io/*) bietet über die Klasse IOUtils fertige copy()-Methoden. [«]

17.1.4 Das FileDescriptor-Objekt *

Die Klasse java.io.FileDescriptor repräsentiert eine offene Datei (oder eine Socket-Verbindung) mittels eines Deskriptors. Er lässt sich bei File-Objekten mit getFD() erfragen, aber nicht von Hand gültig aufbauen.[1]

In der Regel kommt der Entwickler mit keinem FileDescriptor-Objekt in Kontakt. Es gibt allerdings eine Anwendung, in der die Klasse FileDescriptor nützlich ist: Sie bietet eine sync()-Methode an, die im internen Puffer des Betriebssystems verbleibende Speicherblöcke auf das Gerät schreibt. Damit lässt sich erreichen, dass Daten auch tatsächlich auf dem Datenträger materialisiert werden. Ein flush() gibt nur den Java-Buffer an das Betriebssystem, doch das hat einen eigenen Puffer, auf den flush() keinen Einfluss hat, nur sync().

```
FileOutputStream os = new FileOutputStream( ... );
FileDescriptor   fd = os.getFD();
fd.sync();
```

Neben FileInputStream kennen auch FileOutputStream und RandomAccessFile eine Methode getFD(). Mit einem FileDescriptor kann auch die Arbeit zwischen Stream-Objekten und RandomAccessFile-Objekten koordiniert werden.

```
final class java.io.FileDescriptor
```

▶ void sync()
  Materialisiert die Daten. sync() kehrt erst dann zurück, wenn die Daten geschrieben wurden.

17.2 Basisklassen für die Ein-/Ausgabe

Das ganze java.io Paket ist um drei zentrale Prinzipien aufgebaut:

1. Es gibt abstrakte Basisklassen, die Operationen für Ein-/Ausgabe vorschreiben.

2. Die abstrakten Basisklassen gibt es einmal für Unicode-Zeichen und einmal für Bytes.

---

1 Die Socket-Klasse selbst bietet keine Methode zum Abfragen eines Deskriptors. Nur Unterklassen von SocketImpl (und DatagramSocketImpl) ist der Zugriff über eine protected-Methode getFileDescriptor() gestattet.

17 | Datenströme

3. Die Implementierungen der abstrakten Basisklassen realisieren entweder die konkrete Ein-/Ausgabe in eine bestimmte Ressource (etwa Datei oder auch Bytefeld) oder sind Filter.

17.2.1 Die abstrakten Basisklassen

Die konkreten Eingabe-/Ausgabe-Klassen wie `FileInputStream`, `FileOutputStream`, `FileWriter` oder `BufferedWriter` erweitern abstrakte Oberklassen. Im Allgemeinen können wir vier Kategorien bilden: Klassen zur Ein-/Ausgabe von Bytes (oder Byte-Arrays) und Klassen zur Ein-/Ausgabe von Unicode-Zeichen (Arrays oder Strings).

Basisklasse für	Bytes (oder Byte-Arrays)	Zeichen (oder Zeichen-Arrays)
Eingabe	InputStream	Reader
Ausgabe	OutputStream	Writer

Tabelle 17.2 Basisklassen für Ein- und Ausgabe

Die Klassen `InputStream` und `OutputStream` bilden die Basisklassen für alle byte-orientierten Klassen und dienen somit als Bindeglied bei Methoden, die als Parameter ein Eingabe- und Ausgabe-Objekt verlangen. So ist ein `InputStream` nicht nur für Dateien denkbar, sondern auch für Daten, die über das Netzwerk kommen. Das Gleiche gilt für `Reader` und `Writer`; sie sind die abstrakten Basisklassen zum Lesen und Schreiben von Unicode-Zeichen und Unicode-Zeichenfolgen. Die Basisklassen geben abstrakte `read()`- oder `write()`-Methoden vor, die Unterklassen überschreiben, da nur sie wissen, wie etwas tatsächlich gelesen oder geschrieben wird.

17.2.2 Übersicht über Ein-/Ausgabeklassen

Während die abstrakten Basisklassen von keiner konkreten Datenquelle lesen oder in keine Ressource schreiben, implementieren die Unterklassen eine ganz bestimmte Strategie für eine Ressource. So weiß zum Beispiel ein `FileWriter`, wie für Dateien die abstrakte Klasse `Writer` zu implementieren ist, also wie Unicode-Zeichen in eine Datei geschrieben werden.

Die folgenden Tabellen vermitteln einen Überblick über die wichtigsten Unterklassen von `InputStream`/`OutputStream` und `Reader`/`Writer`. Die erste Tabelle listet die Eingabeklassen auf – und stellt die byte-orientierten und zeichenorientierten Klassen gegenüber –, und die zweite Tabelle zeigt die wesentlichen Ausgabeklassen.

Byte-Stream-Klasse für die Eingabe	Zeichen-Stream-Klasse für die Eingabe	Beschreibung
InputStream	Reader	Abstrakte Klasse für Zeicheneingabe und Byte-Arrays
BufferedInputStream	BufferedReader	Puffert die Eingabe.
LineNumberInputStream†	LineNumberReader	Merkt sich Zeilennummern beim Lesen.
ByteArrayInputStream	CharArrayReader	Liest Zeichen-Arrays oder Byte-Arrays

Tabelle 17.3 Wichtige Eingabeklassen. Die mit † markierten Klassen sind veraltet (deprecated)

846

Byte-Stream-Klasse für die Eingabe	Zeichen-Stream-Klasse für die Eingabe	Beschreibung
(keine Entsprechung)	InputStreamReader	Wandelt einen Byte-Stream in einen Zeichen-Stream um. Sie ist das Bindeglied zwischen Byte und Zeichen.
DataInputStream	(keine Entsprechung)	Liest Primitive und auch UTF-8.
FilterInputStream	FilterReader	abstrakte Klasse für gefilterte Eingabe
PushbackInputStream	PushbackReader	Erlaubt, gelesene Zeichen wieder in den Stream zu geben.
PipedInputStream	PipedReader	Liest von einem PipedWriter oder PipedOutputStream.
StringBufferInputStream†	StringReader	Liest aus Strings.
SequenceInputStream	(keine Entsprechung)	Verbindet mehrere InputStream.
TelepathicInputStream	TelepathicWriter	Überträgt Daten mittels Telepathie[2]

Tabelle 17.3 Wichtige Eingabeklassen. Die mit † markierten Klassen sind veraltet (deprecated) (Forts.)

Byte-Stream-Klasse für die Ausgabe	Zeichen-Stream-Klasse für die Ausgabe	Beschreibung
OutputStream	Writer	abstrakte Klasse für Zeichenausgabe oder Byte-Ausgabe
BufferedOutputStream	BufferedWriter	Ausgabe des Puffers. Nutzt passendes Zeilenendezeichen.
ByteArrayOutputStream	CharArrayWriter	Schreibt in Arrays.
DataOutputStream	(keine Entsprechung)	Schreibt Primitive und auch UTF-8.
(keine Entsprechung)	OutputStreamWriter	Übersetzt Zeichen-Streams in Byte-Streams.
FileOutputStream	FileWriter	Schreibt in eine Datei.
PrintStream	PrintWriter	Konvertiert primitive Datentypen in Strings, und schreibt sie in einen Ausgabestrom.
PipedOutputStream	PipedWriter	Schreibt in eine Pipe.
(keine Entsprechung)	StringWriter	Schreibt in einen String.

Tabelle 17.4 Wichtige Ausgabeklassen.

Die beiden vorangehenden Tabellen sind segmentiert nach Eingabe- und Ausgabeklassen. Die Klassen lassen sich aber auch anders sortieren, etwa nach der Ressource:

Ressource	Zeichenorientierte Klasse	Byteorientierte Klasse
Datei	FileReader FileWriter	FileInputStream FileOutputStream

Tabelle 17.5 Ein-/Ausgabeklassen nach Ressourcenzugehörigkeit

---

2 Noch in der Entwicklung.

Ressource	Zeichenorientierte Klasse	Byteorientierte Klasse
Speicher	CharArrayReader CharArrayWriter StringReader StringWriter	ByteArrayInputStream ByteArrayOutputStream – –
Pipe	PipeReader PipeWriter	PipeInputStream PipeOutputStream

Tabelle 17.5 Ein-/Ausgabeklassen nach Ressourcenzugehörigkeit (Forts.)

17.2.3 Die abstrakte Basisklasse »OutputStream«

Der Clou bei allen Datenströmen ist nun, dass spezielle Unterklassen wissen, wie sie genau die vorgeschriebene Funktionalität implementieren. Wenn wir uns den OutputStream anschauen, dann sehen wir auf den ersten Blick, dass hier alle wesentlichen Operationen um das Schreiben versammelt sind. Das heißt, dass ein konkreter Stream, der in Dateien schreibt, nun weiß, wie er Bytes in Dateien schreiben wird. Java ist auf der unteren Ebene mit seiner Plattformunabhängigkeit am Ende, und native Methoden schreiben die Bytes.

```
abstract class java.io.OutputStream
implements Closeable, Flushable
```

▶ abstract void write(int b) throws IOException
  Schreibt ein einzelnes Byte in den Datenstrom.

▶ void write(byte[] b) throws IOException
  Schreibt die Bytes aus dem Array in den Strom.

▶ void write(byte[] b, int off, int len) throws IOException
  Schreibt Teile des Byte-Feldes, nämlich len Byte ab der Position off, in den Ausgabestrom.

▶ void close() throws IOException
  Schließt den Datenstrom. Einzige Methode aus Closeable.

▶ void flush() throws IOException
  Schreibt noch im Puffer gehaltene Daten. Einzige Methode aus der Schnittstelle Flushable.

Die IOException ist keine RuntimeException, muss also behandelt werden.

Zwei Eigenschaften lassen sich an den Methoden ablesen: zum einen, dass nur Bytes geschrieben werden, und zum anderen, dass nicht wirklich alle Methoden abstract sind. Nicht alle diese Methoden sind wirklich elementar, müssen also nicht von allen Ausgabeströmen überschrieben werden. Wir entdecken, dass nur write(int) abstrakt ist. Das würde aber bedeuten, dass alle anderen Methoden konkret wären. Gleichzeitig stellt sich die Frage, wie ein OutputStream, der die Eigenschaften für alle erdenklichen Ausgabeströme vorschreibt, denn wissen kann, wie ein spezieller Ausgabestrom etwa geschlossen (close()) wird oder seine gepufferten Bytes schreibt (flush()). Das weiß er natürlich nicht, aber die Entwickler haben sich dazu entschlossen, eine leere Implementierung anzugeben. Der Vorteil besteht darin, dass Programmierer von Unterklassen nicht verpflichtet werden, immer die Methoden zu überschreiben, auch wenn sie sie gar nicht nutzen wollen.

848

Basisklassen für die Ein-/Ausgabe | **17.2**

Über konkrete und abstrakte Schreibmethoden *

Es fällt auf, dass es zwar drei Schreibmethoden gibt, aber nur eine davon wirklich abstrakt ist. Das ist trickreich, denn tatsächlich lassen sich die Methoden, die ein Byte-Feld schreiben, auf die Methode abbilden, die ein einzelnes Byte schreibt. Wir werfen einen Blick in den Quellcode der Bibliothek:

```
public void write(byte[] b) throws IOException {
  write(b, 0, b.length);
}

public void write(byte[] b, int off, int len) throws IOException {
  if (b == null)
    throw new NullPointerException();
  else if ((off < 0) || (off > b.length) || (len < 0) ||
    ((off + len) > b.length) || ((off + len) < 0)) {
    throw new IndexOutOfBoundsException();
  } else if (len == 0)
    return;
  for (int i = 0 ; i < len ; i++)
    write(b[off + i]);
}
```

An beiden Implementierungen ist zu erkennen, dass sie die Arbeit sehr bequem an andere Methoden verschieben. Doch diese Implementierung ist nicht optimal! Stellen wir uns vor, ein Dateiausgabestrom überschreibt nur die eine abstrakte Methode, die nötig ist. Und nehmen wir weiterhin an, dass unser Programm nun immer ganze Byte-Felder schreibt, etwa eine 5-MB-Datei, die im Speicher steht. Dann werden für jedes Byte im Byte-Array in einer Schleife alle Bytes der Reihe nach an eine vermutlich native Methode übergeben. Wenn es so implementiert wäre, könnten wir die Geschwindigkeit des Mediums überhaupt nicht nutzen, zumal jedes Dateisystem Funktionen bereitstellt, mit denen sich ganze Blöcke übertragen lassen. Glücklicherweise sieht die Implementierung nicht so aus, da wir in dem Modell vergessen haben, dass die Unterklasse zwar die abstrakte Methode implementieren muss, aber immer noch andere Methoden überschreiben kann. Ein späterer Blick auf die Klasse `FileOutputStream` bestätigt dies.

> **Hinweis** Ruft eine Oberklasse eine abstrakte Methode auf, die in der Unterklasse implementiert wird, ist das ein Entwurfsmuster mit dem Namen *Schablonen-Muster* oder englisch *»template pattern«*. [«]

17.2.4 Die Schnittstellen »Closeable« und »Flushable«

`Closeable` wird von allen lesenden und schreibenden Datenstrom-Klassen implementiert, die geschlossen werden können. Das sind alle `Reader`/`Writer`- und `InputStream`/`OutputStream`-Klassen und weitere Klassen wie `Socket`.

17 | Datenströme

```
interface java.io.Closeable
extends AutoClosable
```

▶ void close() throws IOException
Schließt den Datenstrom. Einen geschlossenen Strom noch einmal zu schließen, hat keine Konsequenz.

Die Schnittstelle Closeable erweitert java.lang.AutoCloseable, sodass alles, was Closeable implementiert damit vom Typ AutoCloseable ist und als Variable in einem ARM-Block verwendet werden kann.

Flushable findet sich nur bei schreibenden Klassen und ist insbesondere bei denen wichtig, die Daten puffern.

```
interface java.io.Flushable
```

▶ void flush() throws IOException
Schreibt gepufferte Daten in den Strom.

Die Basisklassen Reader und OutputStream implementieren diese Schnittstelle, aber auch Formatter.

[»] **Hinweis** Jeder InputStream, OutputStream, Reader und Writer implementiert close() und mit dem close() auch den Zwang, eine geprüfte IOException zu behandeln. Bei einem Eingabestrom ist die Exception nahezu wertlos und kann auch tatsächlich ignoriert werden. Bei einem Ausgabestrom ist die Exception schon deutlich wertvoller. Das liegt in der Aufgabe vom close(), die nicht nur darin besteht, die Ressource zu schließen, sondern vorher noch gepufferte Daten zu schreiben. Somit ist ein close() oft ein indirektes write(), und hier es ist es sehr wohl wichtig, zu wissen, ob alle Restdaten korrekt geschrieben wurden. Die Ausnahme sollte auf keinen Fall ignoriert werden und der catch-Block einfach leer bleiben; Logging ist hier das mindeste.

17.2.5 Ein Datenschlucker *

Damit wir sehen können, wie alle Unterklassen prinzipiell mit OutputStream umgehen, wollen wir eine Klasse entwerfen, die alle ihre gesendeten Daten verwirft. Die Klasse ist mit dem Unix-Device */dev/null* vergleichbar. Die Implementierung ist die einfachste, die sich denken lässt, denn alle write()-Methoden machen nichts:

Listing 17.4 com/tutego/insel/io/stream/NullOutputStream.java

```java
package com.tutego.insel.io.stream;

public final class NullOutputStream extends java.io.OutputStream
{
  @Override public void write( byte[] b ) { /* Empty */ }
  @Override public void write( byte[] b, int off, int len ) { /* Empty */ }
  @Override public void write( int b ) { /* Empty */ }
}
```

850

Da `close()` und `flush()` ohnehin schon mit einem leeren Block implementiert sind, brauchen wir sie nicht noch einmal zu überschreiben. Aus Effizienzgründen (!) geben wir auch eine Implementierung für die Schreib-Feld-Methoden an.

17.2.6 Die abstrakte Basisklasse »InputStream«

Das Gegenstück zu `OutputStream` ist `InputStream`; jeder binäre Eingabestrom wird durch die abstrakte Klasse `InputStream` repräsentiert. Die Konsoleneingabe `System.in` ist vom Typ `InputStream`.

```
abstract class java.io.InputStream
implements Closeable
```

▶ `int available() throws IOException`
Gibt die Anzahl der verfügbaren Zeichen im Datenstrom zurück, die sofort ohne Blockierung gelesen werden können.

▶ `int read() throws IOException`
Liest ein Byte als Integer aus dem Datenstrom. Ist das Ende des Datenstroms erreicht, wird −1 übergeben. Die Methode ist überladen, wie die nächsten Signaturen zeigen.

▶ `int read( byte[] b ) throws IOException`
Liest mehrere Bytes in ein Feld. Die tatsächliche Länge der gelesenen Bytes wird zurückgegeben und muss nicht `b.length()` sein.

▶ `int read( byte[] b, int off, int len ) throws IOException`
Liest den Datenstrom in ein Byte-Feld, schreibt ihn aber erst an der Stelle `off` in das Byte-Feld. Zudem begrenzt `len` die maximale Anzahl der zu lesenden Zeichen.

▶ `long skip( long n ) throws IOException`
Überspringt eine Anzahl von Zeichen. Die Rückgabe gibt die tatsächlich gesprungenen Bytes zurück, was nicht mit `n` identisch sein muss.

▶ `void close() throws IOException`
Schließt den Datenstrom. Operation aus der Schnittstelle `Closeable`.

▶ `boolean markSupported()`
Gibt einen Wahrheitswert zurück, ob der Datenstrom das Merken und Zurücksetzen von Positionen gestattet. Diese Markierung ist ein Zeiger, der auf bestimmte Stellen in der Eingabedatei zeigen kann.

▶ `void mark( int readlimit )`
Merkt sich eine Position im Datenstrom.

▶ `void reset() throws IOException`
Springt wieder zu der Position zurück, die mit `mark()` gesetzt wurde.

Auffällig ist, dass bis auf `mark()` und `markSupported()` alle Methoden im Fehlerfall eine `IOException` auslösen.

17 | Datenströme

> [»] **Hinweis** `available()` liefert die Anzahl Bytes, die ohne Blockierung gelesen werden können (blockieren bedeutet, dass die Methode nicht sofort zurückkehrt, sondern erst wartet, bis neue Daten vorhanden sind). Die Rückgabe von `available()` sagt nichts darüber aus, wie viele Zeichen der `InputStream` insgesamt hergibt. Während aber bei `FileInputStream` die Methode `available()` üblicherweise doch die Dateilänge liefert, ist dies bei den Netzwerk-Streams im Allgemeinen nicht der Fall.

17.2.7 Ressourcen aus dem Klassenpfad und aus Jar-Archiven laden

Um Ressourcen wie Grafiken oder Konfigurationsdateien aus Jar-Archiven zu laden, ist die Methode `getResourceAsStream()` beziehungsweise `getResource()` ideal. Beide sind Methoden des `Class`-Objekts. `getResource()` gibt ein `URL`-Objekt für die Ressource zurück. Da oft der Inhalt des Datenstroms interessant ist, liefert `getResourceAsStream()` einen `Input-Stream`. Intern wird aber nichts anderes gemacht, als `getResource()` aufzurufen und mit `openStream()` ein Eingabe-Objekt zu holen. Nur `getResourceAsStream()` fängt eine eventuelle `IOException` ab und liefert dann die Rückgabe `null`.

Da der Klassenlader die Ressource findet, entdeckt er alle Dateien, die im Pfad des Klassenladers eingetragen sind. Das gilt auch für Jar-Archive, weil dort vom Klassenlader alles verfügbar ist. Konnte die Quelle nicht aufgelöst werden, liefern die Methoden `null`. Die Methode `getResourceAsStream()` liefert auch `null`, wenn die Sicherheitsrichtlinien das Lesen verbieten.

> [zB] **Beispiel** Besorge einen Eingabestrom `in1` auf die Datei *kullin_fun.txt* und einen zweiten Eingabestrom `in2` auf die Datei *hirse_fun.jpg* innerhalb der eigenen Methode `init()`:
>
> ```
> class Classi
> {
>   InputStream in1 = Classi.class.getResourceAsStream( "kullin_fun.txt" );
>   void init()
>   {
>     InputStream in2 = getClass().getResourceAsStream( "hirse_fun.jpg" );
>   }
> }
> ```

Da zum Nutzen der `getResourceXXX()`-Methoden ein `Class`-Objekt nötig ist, zeigt das Beispiel zum einen, dass über `Classi.class` das `Class`-Objekt zu bekommen ist, und zum anderen, dass in einer Objektmethode ebenfalls die geerbte `Object`-Methode `getClass()` ein `Class`-Objekt liefert.

17.2.8 Ströme mit SequenceInputStream zusammensetzen *

Ein `SequenceInputStream`-Filter hängt mehrere Eingabeströme zu einem großen Eingabestrom zusammen. Nützlich ist dies, wenn wir aus Strömen lesen wollen und es uns egal ist, was für ein Strom es ist, wo er startet und wo er aufhört. Der `SequenceInputStream` lässt sich erzeugen, indem im Konstruktor zwei `InputStream`-Objekte mitgegeben werden. Soll aus

852

zwei Dateien ein zusammengesetzter Datenstrom gebildet werden, benutzen wir folgende Programmzeilen:

```
InputStream s1 = new FileInputStream( "teil1.txt" );
InputStream s2 = new FileInputStream( "teil2.txt" );
InputStream s  = new SequenceInputStream( s1, s2 );
```

Ein Aufruf irgendeiner read()-Methode liest nun erst Daten aus s1. Liefert s1 keine Daten mehr, kommen die Daten aus s2. Liegen keine Daten mehr an s2, aber wieder an s1, ist es zu spät.

Für drei Ströme kann eine Kette aus zwei SequenceInputStream-Objekten gebaut werden:

```
InputStream in = new SequenceInputStream( stream1,
  new SequenceInputStream(stream2, stream3) );
```

Sollen mehr als zwei Ströme miteinander verbunden werden, kann auch eine Enumeration im Konstruktor übergeben werden. Die Enumeration einer Datenstruktur gibt dann die zu kombinierenden Datenströme zurück. Wir haben eine Datenstruktur, die sich hier gut anbietet: Vector (List geht leider nicht, da diese nur einen Iterator, aber keine Enumeration liefert).

```
Vector<InputStream> v = new Vector<InputStream>();
v.addElement( stream1 );
v.addElement( stream2 );
v.addElement( stream3 );
InputStream seq = new SequenceInputStream( v.elements() );
```

Wir verstauen alle Eingabeströme in einen Vector und nutzen dann die elements()-Methode für die Aufzählung.

```
class java.io.SequenceInputStream
extends InputStream
```

▶ SequenceInputStream(InputStream s1, InputStream s2)
Erzeugt einen SequenceInputStream aus zwei einzelnen InputStream-Objekten. Zuerst werden die Daten aus s1 gelesen und dann aus s2.

▶ SequenceInputStream(Enumeration<? extends InputStream> e)
Die Eingabeströme für den SequenceInputStream werden aus der Enumeration mit nextElement() geholt. Ist ein Strom ausgesaugt, wird die close()-Methode aufgerufen und der nächste vorhandene Strom geöffnet.

▶ int available() throws IOException
Liefert die Anzahl der Zeichen, die gelesen werden können. Die Daten betreffen immer den aktuellen Strom.

▶ int read() throws IOException
Liefert das Zeichen oder –1, wenn das Ende aller Datenströme erreicht ist.

▶ int read(byte[] b, int off, int len) throws IOException
Liest Zeichen in ein Feld und gibt die Anzahl tatsächlich gelesener Zeichen oder –1 zurück.

17 | Datenströme

▶ void close() throws IOException
Schließt alle Ströme, die vom SequenceInputStream-Objekt eingebunden sind.

Der folgende Programmausschnitt legt mit einem SequenceInputStream den Datenstrom eines ByteArrayInputStream mit einem Datei-Datenstrom zusammen. Es werden anschließend Zeilennummern und Zeileninhalt ausgegeben, wobei sehr schön deutlich wird, dass erst der String und dann die Datei ausgelesen wird. Die Datei muss sich im Pfad befinden, da sie sonst nicht gefunden werden kann:

Listing 17.5 com/tutego/insel/io/stream/SequenceInputStreamDemo.java, main()

```
String s = "Gezeitenrechnung\nfür\nSchlickrutscher\n";

InputStream bais = new ByteArrayInputStream( s.getBytes() );
InputStream reis = SequenceInputStreamDemo.class.getResourceAsStream(
                    "/lyrics.txt" );

InputStream      sis = new SequenceInputStream( bais, reis );
LineNumberReader lnr = new LineNumberReader( new InputStreamReader(sis) );

for ( String line; (line = lnr.readLine()) != null; )
  System.out.printf( "%2d:%s%n", lnr.getLineNumber(), line );
```

Zum Ausgeben der Zeilen nutzt das Programm einen LineNumberReader, der neben der Methode readLine() auch die Methode getLineNumber() anbietet. Um für Unicode-Zeichen einen LineNumberReader aber überhaupt verwenden zu können – und keinen veralteten LineNumberInputStream für Bytes –, konvertiert ein InputStreamReader die byte des SequenceInputStream in char für den Reader; es gibt leider keinen SequenceReader.

17.2.9 Die abstrakte Basisklasse »Writer«

Die Basis für alle wichtigen Klassen ist die abstrakte Basisklasse Writer.

```
abstract class java.io.Writer
implements Appendable, Closeable, Flushable
```

▶ protected Writer(Object lock)
Erzeugt einen Writer-Stream, der sich mit dem übergebenen Synchronisationsobjekt initialisiert. Ist die Referenz null, so gibt es eine NullPointerException.

▶ protected Writer()
Erzeugt einen Writer-Stream, der sich selbst als Synchronisationsobjekt nutzt. Der Konstruktor ist für die Unterklassen interessant, die kein eigenes Lock-Objekt zuordnen wollen.

▶ void write(int c) throws IOException
Schreibt ein einzelnes Zeichen. Von der 32-Bit-Ganzzahl wird der niedrige Teil (16 Bit des int) geschrieben.

854

▶ void write(char[] cbuf) throws IOException
Schreibt ein Feld von Zeichen.

▶ abstract void write(char[] cbuf, int off, int len) throws IOException
Schreibt len Zeichen des Felds cbuf ab der Position off.

▶ void write(String str) throws IOException
Schreibt einen String.

▶ void write(String str, int off, int len) throws IOException
Schreibt len Zeichen der Zeichenkette str ab der Position off.

▶ Writer append(char c) throws IOException
Hängt ein Zeichen an. Verhält sich wie write(c), nur liefert es, wie die Schnittstelle Appendable verlangt, ein Appendable zurück. Writer ist ein passendes Appendable.

▶ Writer append(CharSequence csq) throws IOException
Hängt eine Zeichenfolge an. Auch aus der Schnittstelle Appendable.

▶ abstract void flush() throws IOException
Schreibt den internen Puffer. Hängt verschiedene flush()-Aufrufe zu einer Kette zusammen, die sich aus der Abhängigkeit der Objekte ergibt. So werden alle Puffer geschrieben. Aus der Schnittstelle Flushable.

▶ abstract void close() throws IOException
Schreibt den gepufferten Strom und schließt ihn. Nach dem Schließen durchgeführte write()- oder flush()-Aufrufe bringen eine IOException mit sich. Ein zusätzliches close() löst keine Exception aus. Aus der Schnittstelle Closeable.

Wie die abstrakten Methoden genutzt und überschrieben werden *
Uns fällt auf, dass von den sieben Methoden lediglich flush(), close() und write(char[], int, int) abstrakt sind. Zum einen bedeutet dies, dass konkrete Unterklassen nur diese Methoden implementieren müssen, und zum anderen, dass die übrigen write()-Methoden auf die eine überschriebene Implementierung zurückgreifen. Werfen wir daher einen Blick auf die Nutznießer:

```java
public void write( int c ) throws IOException
{
  synchronized ( lock ) {
    if ( writeBuffer == null )
      writeBuffer = new char[ writeBufferSize ];

    writeBuffer[0] = (char) c;
    write( writeBuffer, 0, 1 );
  }
}
```

Wird ein Zeichen geschrieben, so wird zunächst einmal nachgesehen, ob schon früher ein temporärer Puffer eingerichtet wurde (ein schöner Trick, denn Speicherbeschaffung ist nicht ganz billig). Wenn nicht, dann erzeugt die Methode zunächst ein Array mit der Größe von

1.024 Zeichen (dies ist die eingestellte Puffer-Größe). Dann schreibt `write(int)` das Zeichen in den Puffer und ruft die abstrakte Methode auf – die ja in einer Unterklasse implementiert wird. Ist der Parameter ein Feld, so muss lediglich die Größe an die abstrakte Methode übergeben werden. Alle Schreiboperationen sind mit einem `lock`-Objekt synchronisiert und können sich demnach nicht in die Quere kommen. Die Synchronisation wird entweder durch ein eigenes `lock`-Objekt durchgeführt, das dann im Konstruktor angegeben werden muss, oder die Klasse verwendet das `this`-Objekt der `Writer`-Klasse als Sperrobjekt.

17.2.10 Die Schnittstelle »Appendable« *

Alle `Writer` und auch die Klassen `PrintStream`, `CharBuffer` sowie `StringBuffer` und `String-Builder` implementierten die Schnittstelle `Appendable`, die drei Methoden vorschreibt:

`interface java.io.Appendable`

▶ `Appendable append( char c )`
  Hängt das Zeichen c an das aktuelle `Appendable` an und liefert das aktuelle Objekt vom Typ `Appendable` wieder zurück.

▶ `Appendable append( CharSequence csq )`
  Hängt die Zeichenfolge an dieses `Appendable` an und liefert es wieder zurück.

▶ `Appendable append( CharSequence csq, int start, int end )`
  Hängt einen Teil der Zeichenfolge an dieses `Appendable` an und liefert es wieder zurück.

Kovariante Rückgabe in »Writer« von »Appendable«

Die Klasse `Writer` demonstriert gut einen kovarianten Rückgabetyp, alsodass der Rückgabetyp einer überschriebenen oder implementierten Methode ebenfalls ein Untertyp sein kann. So verfährt auch `Writer`, der die Schnittstelle `Appendable` implementiert. Die Methode `append()` in `Writer` besitzt nicht einfach den Rückgabetyp `Appendable` aus der Schnittstelle `Appendable`, sondern konkretisiert ihn zu `Writer`, was ein `Appendable` ist.

```
public Writer append( char c ) throws IOException
{
  write( c );
  return this;
}
```

17.2.11 Die abstrakte Basisklasse »Reader«

Die abstrakte Klasse `Reader` dient zum Lesen von Zeichen aus einem zeichengebenden Eingabestrom. Die einzigen Methoden, die Unterklassen implementieren müssen, sind `read(char[], int, int)` und `close()`. Dies entspricht dem Vorgehen bei den `Writer`-Klassen, die auch nur `close()` und `write(char[], int, int)` implementieren müssen. Eine abstrakte `flush()`-Methode, wie sie `Writer` besitzt, kann `Reader` nicht haben. Es bleiben demnach für die `Reader`-Klasse zwei abstrakte Methoden übrig. Die Unterklassen implementieren jedoch auch andere Methoden aus Geschwindigkeitsgründen neu.

856

```
abstract class java.io.Reader
implements Readable, Closeable
```

▶ protected Reader()
Erzeugt einen neuen Reader, der sich mit sich selbst synchronisiert.

▶ protected Reader(Object lock)
Erzeugt einen neuen Reader, der mit dem Objekt lock synchronisiert ist.

▶ abstract int read(char[] cbuf, int off, int len) throws IOException
Liest len Zeichen in den Puffer cbuf ab der Stelle off. Wenn len Zeichen nicht vorhanden sind, wartet der Reader. Gibt die Anzahl gelesener Zeichen zurück oder –1, wenn das Ende des Stroms erreicht wurde.

▶ int read(CharBuffer target) throws IOException
Liest Zeichen in den CharBuffer. Die Methode schreibt die Schnittstelle Readable vor.

▶ int read() throws IOException
Die parameterlose Methode liest das nächste Zeichen aus dem Eingabestrom. Die Methode wartet, wenn kein Zeichen im Strom bereitliegt. Der Rückgabewert ist ein int im Bereich 0 bis 65.635 (0x0000–0xFFFF). Warum dann der Rückgabewert aber int und nicht char ist, kann leicht damit erklärt werden, dass die Methode den Rückgabewert –1 (0xFFFFFFFF) kodieren muss, falls keine Daten anliegen.

▶ int read(char[] cbuf) throws IOException
Liest Zeichen aus dem Strom und schreibt sie in ein Feld. Die Methode wartet, bis Eingaben anliegen. Der Rückgabewert ist die Anzahl der gelesenen Zeichen oder –1, wenn das Ende des Datenstroms erreicht wurde.

▶ abstract void close() throws IOException
Schließt den Strom. Folgt anschließend noch ein Aufruf von read(), ready(), mark() oder reset(), lösen diese eine IOException aus. Ein doppelt geschlossener Stream hat keinen weiteren Effekt.

Weitere Methoden

Zu diesen notwendigen Methoden, die bei der Klasse Reader gegeben sind, kommen noch weitere interessante Methode hinzu, die den Status abfragen und Positionen setzen lassen. Die Methode ready() liefert als Rückgabe true, wenn ein read() ohne Blockierung der Eingabe möglich ist. Die Standard-Implementierung der abstrakten Klasse Reader gibt immer false zurück.

Beispiel Zum Lesern aller Zeichen muss so lange der Datenstrom ausgesaugt werden, bis keine Daten mehr verfügbar sind. Der Endetest kann auf zwei Arten geschehen: einmal über ready() und einmal auf den Test der Rückgabe von read(), auf –1. Die erste Variante:

[zB]

```
while ( reader.ready() )
  System.out.println( reader.read() );
```

17 | Datenströme

Und die zweite:

```
for ( int c; (c = reader.read()) != -1;
  System.out.println( (char) c );
```

Die erste Lösung wirkt aufgeräumter.

```
abstract class java.io.Reader
implements Readable, Closeable
```

▶ `public boolean ready() throws IOException`
Liefert `true`, wenn aus dem Stream direkt gelesen werden kann. Das heißt allerdings nicht, dass `false` immer Blocken bedeutet.

[»] **Hinweis** `InputStream` und `Reader` sind sich zwar sehr ähnlich, aber ein `InputStream` deklariert keine Methode `ready()`. Dafür gibt es in `InputStream` eine Methode `available()`, die sagt, wie viele Bytes ohne Blockierung gelesen werden können, die es wiederum im `Reader` nicht gibt.

Sprünge und Markierungen

Mit der Methode `mark()` lässt sich eine bestimmte Position innerhalb des Eingabestroms markieren. Die Methode sichert dabei die Position. Mit beliebigen `reset()`-Aufrufen lässt sich diese konkrete Stelle zu einem späteren Zeitpunkt wieder anspringen. `mark()` besitzt einen Ganzzahl-Parameter, der angibt, wie viele Zeichen gelesen werden dürfen, bevor die Markierung nicht mehr gültig ist. Die Zahl ist wichtig, da sie die interne Größe des Puffers bezeichnet, der für den Strom angelegt werden muss. Nicht jeder Datenstrom unterstützt dieses Hin- und Herspringen. Die Klasse `StringReader` unterstützt etwa die Markierung einer Position, die Klasse `FileReader` dagegen nicht. Daher sollte vorher mit `markSupported()` überprüft werden, ob das Markieren auch unterstützt wird. Wenn der Datenstrom es nicht unterstützt und wir diese Warnung ignorieren, werden wir eine `IOException` bekommen. Denn `Reader` implementiert `mark()` und `reset()` ganz einfach und muss von uns im Bedarfsfall überschrieben werden:

```
public void mark( int readAheadLimit ) throws IOException {
  throw new IOException("mark() not supported");
}
public void reset() throws IOException {
  throw new IOException("reset() not supported");
}
```

Daher gibt `markSupported()` auch in der `Reader`-Klasse `false` zurück.

```
abstract class java.io.Reader
implements Readable, Closeable
```

▶ `long skip( long n ) throws IOException`
Überspringt n Zeichen. Blockt, bis Zeichen vorhanden sind. Gibt die Anzahl der wirklich übersprungenen Zeichen zurück.

858

▶ boolean markSupported()
Der Stream unterstützt die mark()-Operation.

▶ void mark(int readAheadLimit) throws IOException
Markiert eine Position im Stream. Der Parameter bestimmt, nach wie vielen Zeichen die Markierung ungültig wird, mit anderen Worten: Er gibt die Puffergröße an.

▶ void reset() throws IOException
Falls eine Markierung existiert, setzt der Stream an der Markierung an. Wurde die Position vorher nicht gesetzt, dann wird eine IOException mit dem String »Stream not marked« ausgelöst.

Reader implementiert die schon bekannte Schnittstelle Closeable mit der Methode close(). Und so, wie ein Writer die Schnittstelle Appendable implementiert, so implementiert ein Reader die Schnittstelle Readable und damit die Operation int read(CharBuffer target) throws IOException.

17.3 Formatierte Textausgaben

Um mit einem Writer oder OutputStream komfortable Zeichenfolgen – zum Beispiel String-Repräsentationen primitiver Datentypen – zu erzeugen, ist eine Menge Schreibaufwand nötig, da ein einfacher Writer nur Zeichen bzw. Strings und ein simpler OutputStream sogar nur Bytes oder Byte-Folgen schreibt. Dieser Abschnitt stellt die beiden Klassen PrintWriter und PrintStream vor, die das Erzeugen textueller Ausgaben vereinfachen und das Ergebnis in einen Zielstrom oder in eine Datei schreiben.

17.3.1 Die Klassen »PrintWriter« und »PrintStream«

Schon in den ersten Programmen haben wir ein PrintStream-Objekt verwendet – doch vermutlich, ohne es zu wissen. Es steckte im out-Attribut der Klasse System. Typisch für Print-Stream und PrintWriter sind die vielen überladenen Methoden namens print(), println(), printf() und format(), die unterschiedliche Datentypen annehmen und eine String-Repräsentation erzeugen. Anders als viele Strom-Klassen erzeugen die Klassen bei Schreibproblemen keine IOException, sondern setzen intern ein Flag, das durch die Methode check-Error() nach außen kommt.

Beispiel Schreibe eine Zeichenkette und die String-Repräsentation des aktuellen Datums in eine Datei:

Listing 17.6 com/tutego/insel/io/stream/WriteInFile.java, main()

```
PrintWriter out = new PrintWriter( "c:/datei.txt" );
out.println( "Hallo Welt!" );
out.print( "Es ist " );
out.printf( "%tT Uhr.", new Date() );
out.close();
```

17 | Datenströme

> Obwohl die Methoden selbst keine Ausnahmen auslösen können, kann es doch dieser spezielle Konstruktor, der in eine Datei schreibt.

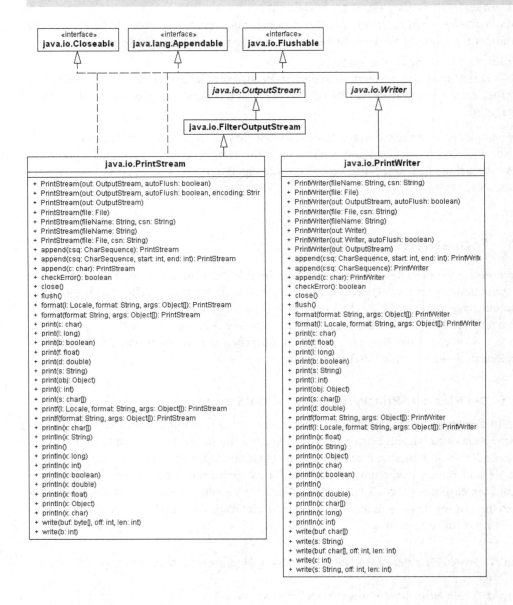

Konstruktoren

Die Konstruktoren von `PrintStream` und `PrintWriter` erwarten entweder ein Objekt vom Typ `OutputStream`, `Writer` (nur `PrintWriter`), `File` oder einen String für den Dateinamen, in dem die Ausgabe geschrieben wird. Mit den beiden zuletzt genannten Konstruktoren wird der `PrintWriter`/`PrintStream` nicht als Dekorator um einen existierenden `Writer`/`Stream` eingesetzt; es muss also kein `FileWriter` in den Konstruktor von `PrintWriter` bzw. `FileOut-putStream` im Konstruktor von `PrintStream` gesetzt werden, um in eine Datei zu schreiben.

Technisch gesehen ist ein `PrintStream` eine Unterklasse von `FilterOutputStream` (interessanterweise gilt das für die Klasse `PrintWriter` nicht, die eine direkte Unterklasse von `Writer` ist.)

class java.io.**PrintWriter** extends Writer	class java.io.**PrintStream** extends FilterOutputStream implements Appendable, Closeable

▶ `PrintWriter( File file ) throws FileNotFoundException`

▶ `PrintStream( File file ) throws FileNotFoundException`

▶ `PrintWriter( String fileName )`

▶ `PrintStream( String fileName )`

▶ `PrintWriter( Writer out )`

▶ `PrintWriter( OutputStream out )`

▶ `PrintStream( OutputStream out )`

Erzeugt einen neuen `PrintWriter` bzw. `PrintStream`, der in die angegebene Datei – die entweder durch den Dateinamen oder ein `File`-Objekt gegeben ist –, den `Writer` beziehungsweise `OutputStream` schreibt. Bei einem Zeilenende wird nicht automatisch in den Puffer geschrieben.

Auto-Flush

Die Ausgabe in den `PrintWriter` und `PrintStream` ist so lange gepuffert, bis `flush()` ausgeführt wird. Das Verhalten lässt sich mit einem Schalter ändern, denn einige Konstruktoren nehmen optional ein »Auto-Flush« an, das bestimmt, ob die Daten bei einem `println()` oder einem `printf()` bzw. `format()` mit explizitem »%n« aus dem Puffer gespült werden. So schreibt `println("Hallo")` auf jeden Fall den String in den Datenstrom, wenn der Konstruktor mit `autoFlush` gleich `true` aufgerufen wurde, und keine Daten bleiben im Puffer. Für den `PrintStream` gilt zusätzlich beim aktivierten Auto-Flush, dass bei jedem Byte »\n« in der Zeichenkette der Puffer geleert wird, also auch bei Zeichen, die über die `write()`-Methoden geschrieben werden.

class java.io.**PrintWriter** extends Writer	class java.io.**PrintStream** extends FilterOutputStream implements Appendable, Closeable

▶ `PrintWriter( Writer out, boolean autoFlush )`

▶ `PrintWriter( OutputStream out, boolean autoFlush )`

▶ `PrintStream( OutputStream out, boolean autoFlush )`

Erzeugt einen neuen `PrintWriter` beziehungsweise `PrintStream`, der automatisch bei `autoFlush` gleich `true` am Zeilenende mittels `println()`in den Puffer schreibt.

17 | Datenströme

Zeichenkodierung und Konvertierungen
Die Konvertierung in Byte geschieht nach der Standard-Kodierung der Plattform oder wie im Konstruktor angegeben.

class java.io.**PrintWriter**	class java.io.**PrintStream**
extends Writer	extends FilterOutputStream
	implements Appendable, Closeable

▶ PrintWriter(File file, String csn)
   throws FileNotFoundException, UnsupportedEncodingException

▶ PrintStream(File file, String csn)
   throws FileNotFoundException, UnsupportedEncodingException

▶ PrintWriter(String fileName, String csn)
   throws FileNotFoundException, UnsupportedEncodingException

▶ PrintStream(String fileName, String csn)
   throws FileNotFoundException, UnsupportedEncodingException
   Erzeugt einen neuen PrintWriter zum Schreiben in Dateien mit den angegebenen Kodierungen.

▶ PrintStream(OutputStream out, boolean autoFlush, String encoding)
   throws UnsupportedEncodingException
   Erzeugt einen PrintStream mit gewünschter Pufferleerung und Zeichenkodierung.

Methodenübersicht
Als Methoden bieten PrintWriter und PrintStream im Wesentlichen das Gleiche: eine Reihe von print(), println(), format(), printf() sowie append()-Methoden aus Appendable.

class java.io.**PrintWriter**	class java.io.**PrintStream**
extends Writer	extends FilterOutputStream
	implements Appendable, Closeable

▶ void print(boolean | char | char[] | double | float | int | String)
   Schreibt boolean, ein einzelnes Zeichen, ein Array von Zeichen, Fließkommazahlen, Ganzzahlen oder einen String. Ist das Char-Feld null, gibt es eine NullPointerException.

▶ void print(Object o)
   Ruft o.toString() auf und gibt das Ergebnis aus, wenn o ungleich null ist. Sonst ist die Ausgabe null.

▶ void println()
   Schreibt Zeilenvorschubzeichen.

▶ void println(boolean | char | char[] | double | float | int | Object | String)
   Schreibt den Datentyp wie print() und schließt die Zeile mit einem Zeilenendezeichen ab.

▶ PrintWriter/PrintStream format(Locale l, String format, Object... args)

▶ PrintWriter/PrintStream format(String format, Object... args)

▶ PrintWriter/PrintStream printf(Locale l, String format, Object... args)

862

Formatierte Textausgaben | **17.3**

▶ PrintWriter/PrintStream printf(String format, Object... args)
Gibt eine nach dem Formatierungsstring gegebene Zeichenfolge aus. Ist das Format null,
folgt eine NullPointerException; bei inkorrektem Formatierungsstring folgt eine Ille-
galFormatException.

▶ PrintWriter/PrintStream append(char c)

▶ PrintWriter/PrintStream append(CharSequence csq)

▶ PrintWriter/PrintStream append(CharSequence csq, int start, int end)
Schreibt Zeichen, Felder von Zeichen oder einen String. Die append()-Methoden stammen
aus der Schnittstelle Appendable.

▶ void close()
Schließt den Stream. Methode aus Closeable.

▶ void flush()
Schreibt gepufferte Daten. Methode aus Flushable.

Der PrintWriter und PrintStream implementieren als typischer Writer und OutputStream
noch die write()-Methoden; einmal mit char und einmal mit byte.

Umgang im Fehlerfall
Keine der Methoden löst eine IOException aus (nur die Konstruktoren können eine FileNot-
FoundException, also eine IOException auslösen). Intern fangen der PrintWriter und Print-
Stream eine mögliche IOException ab und setzen ein internes Flag trouble, auf das der Pro-
grammablauf jedoch keinen weiteren Einfluss hat. (Daher musste auch die Methode
write(String) neu deklariert werden, da die Methode write(String) der Writer-Klasse eine
IOException auslöst.) Den Fehlerstatus erfragt checkError().

```
class java.io.PrintWriter          class java.io.PrintStream
extends Writer                     extends FilterOutputStream
                                   implements Appendable, Closeable
```

▶ boolean checkError()
Schreibt mit flush() gepufferte Daten und testet, ob intern bei der Verarbeitung eine
IOException (außer InterruptedIOException) aufgetreten ist oder manuell setError()
aufgerufen wurde. Die Abfrage ist wichtig, da die Klasse keine Ein-/Ausgabe-Exception auslöst.

▶ protected void setError()
Setzt den Fehlerstatus auf true. Mit der protected-Methode können Unterklassen eines
PrintWriter den Fehlerstatus setzen, den checkError() einbezieht.

▶ protected void clearError()
Löscht den internen Fehlerstatus.

863

17 | Datenströme

17.3.2 »System.out«, »System.err« und »System.in«

Beim Aufbau der System-Klasse erzeugt Java automatisch drei Stream-Objekte, die üblicherweise die Eingaben über die Tastatur und Ausgaben über den Bildschirm repräsentieren:

▶ System.in ist das Standardeingabegerät. System.in ist ein Exemplar der Klasse Input-Stream (genauer gesagt vom Typ BufferedInputStream)

▶ System.out und System.err stehen für das Standardausgabegerät für normale Ausgaben und Fehlerausgaben. Sie sind Exemplare von PrintStream

[»]
Hinweis Wird ein Programm von der Konsole aufgerufen, so können mit Hilfe so genannter Umleitungen auch Datenströme von Dateien in das (und aus dem) Java-Programm gelenkt werden, sodass dann System.in und System.out/System.err automatisch Dateiströme sind und somit nicht mehr auf die Konsole gehen. Das kann etwa so aussehen:
```
$ java WithRedirectedStreams > out.text < in.txt
```

`final class java.lang.`**System**

▶ `static final InputStream in`
Dies ist der Standardeingabestrom. Er ist immer geöffnet und nimmt die Benutzereingaben normalerweise über die Tastatur entgegen.

▶ `static final PrintStream out`
Der Standardausgabestrom. Er ist immer geöffnet und normalerweise mit der Bildschirmausgabe verbunden.

▶ `static final PrintStream err`
Der Standard-Fehlerausgabestrom. Er wurde eingeführt, um die Fehlermeldungen von den Ausgabemeldungen zu unterscheiden. Auch wenn der Ausgabekanal umgeleitet wird, bleiben diese Meldungen erreichbar.

[zB]
Beispiel In eigenen Projekten gibt es selten die Notwendigkeit für PrintStream, da die Bytes nicht in einer speziellen Kodierung geschrieben werden. Wir stützen uns auf die Klasse PrintWriter, die die abstrakte Klasse Writer erweitert. Das Attribut System.out bleibt weiterhin vom Typ PrintStream, und die Deklaration PrintWriter o = System.out ist falsch. Wenn die Standard-Kodierung in Ordnung ist, kann PrintStream für Debug-Code auf die Konsole mittels System.out verwendet werden. Sonst ist PrintWriter eine bessere Wahl, da er auch nach System.out schreiben kann:
```
PrintWriter o = new PrintWriter( System.out );
```

Schreibarbeit sparen *

Natürlich ist es Schreibarbeit, immer System.out.printXXX() angeben zu müssen, so wie in:

```
System.out.println( "Das Programm gibt die Ausgabe:" );
System.out.println( 1.234 );
System.out.println( "Die drei Fragezeichen sind toll." );
```

864

Eine Möglichkeit, das Ganze abzukürzen, besteht darin, das statische `import` zu nutzen. Doch auch mit einem Verweis können wir uns Arbeit sparen. Das funktioniert, da `System.out` ein Objekt vom Typ `PrintStream` ist:

```
final PrintStream o = System.out;
o.println( "Neu!" );
o.println( "Jetzt noch weniger zu schreiben." );
o.println( "Hilft auch Gelenken wieder auf die Sprünge!" );
```

Ströme umlenken *

Die Ströme hinter `System.out`, `System.err` und `System.in` sind vom Laufzeitsystem vorbelegt und lassen sich ändern. Dazu deklariert die Klasse `System` drei statische Methoden:

`final class java.lang.`**`System`**

▶ `static void setOut( PrintStream out )`

▶ `static void setErr( PrintStream err )`
  Der Standardausgabekanal/Fehlerkanal wird auf den angegebenen `PrintStream` gesetzt.

▶ `static void setIn( InputStream in )`
  Der Eingabestrom kann umgesetzt werden, um beispielsweise aus einer Datei oder Netzwerkverbindung Daten zu beziehen, die an `in` anliegen sollen.

Für Applikationen ist es nur möglich, über die drei genannten Methoden die Standardeingabe auf einen beliebigen `InputStream` und die Standardausgabe auf einen beliebigen `PrintStream` umzuleiten. Sehr erstaunlich in der `System`-Klasse ist die Tatsache, dass die Attribute `in`, `out` und `err` final sind und daher eigentlich nicht geändert werden können. Hier greift das JDK tief in die Trickkiste.

Den Bildschirm löschen und Textausgaben optisch aufwerten *

Die Java-Umgebung setzt keine spezielle grafische Architektur voraus und kein spezielles Terminal. Als systemunabhängige Programmiersprache bietet Java außer der einfachen Textausgabe keine Möglichkeit, die Farben für die Textzeichen zu ändern, den Cursor zu setzen oder den Bildschirm zu löschen.

Ein VT100-Terminal speichert neben dem Text auch Attribute, und es existieren unterschiedliche Kontrollsequenzen, sodass die Konsole Text formatiert ausgegeben kann. Wir können bei einem VT100-Terminal Kontrollzeichen über `System.out` ausgeben und so zum Beispiel den Bildschirm löschen.

```
System.out.println( "\u001b[H\u001b[2J" );
```

Diese Kontrollzeichen sind kryptisch, und so gibt es eine Curses-Bibliothek, mit der Entwickler auf einem VT100-Terminal Zeichenattribute auf der Konsole ändern, den Cursor zum Wandern bringen und einfache ASCII-Fenster erstellen können. Unter Unix implementiert *ncurses* die Funktionalität – unter Windows gibt es Vergleichbares als *PDCurses*. Zwei bekanntere Open-Source-Bibliotheken bieten Java Zugriff auf die Curses-Bibliothek: *CHARVA* (*http://www.pitman.co.za/projects/charva/*) und *Jcurzez* (*http://www.nongnu.org/jcurzez/*).

17.4 Schreiben und Lesen aus Strings und Byte-Feldern

Zwei interessante `Writer` sind `StringWriter` und `CharArrayWriter`, weil sie die Ausgabe nicht in eine Datei, sondern in einen `StringBuffer` beziehungsweise in ein Zeichen-Array schreiben. Die Felder werden automatisch vergrößert. Für Byte-Felder sind `ByteArrayOutputStream` und `ByteArrayInputStream` relevant. Die Klassen lassen sich exzellent für Testfälle nutzen, denn für eine Methode, die zum Beispiel in einen beliebigen `Writer` schreibt, ist es egal, ob sie zum Testen in einen `StringWriter` oder produktiv in einen `FileWriter` schreibt.

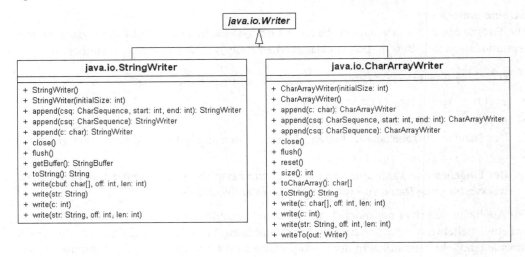

17.4.1 Mit dem »StringWriter« ein String-Objekt füllen

Die folgenden Programmzeilen werten einen `StringWriter` noch zu einem `PrintWriter` auf, damit wir die komfortablen `printXXX()`-Methoden verwenden können:

Listing 17.7 com/tutego/insel/io/stream/StringWriterDemo.java, main()

```
StringWriter buffer = new StringWriter();
PrintWriter out = new PrintWriter( buffer );
out.print( "Christian" );
out.printf( " ist lieb.%n" );
out.println();
String result = buffer.toString();
System.out.println( result );   // Christian ist lieb.\n\n
```

Der parameterlose Konstruktor `new StringWriter()` legt einen internen Puffer mit der Größe 16 an (Standardgröße eines `StringBuffer`-Objekts). Daneben existiert aber noch ein Konstruktor mit dem Parameter `int`, der die anfängliche Größe festsetzt. Ist die Zeichenkette, die der `StringWriter` später aufnimmt, auf jeden Fall größer als 16, sollte aus Effizienzgründen immer der zweite Konstruktor Verwendung finden. So muss sich das interne `StringBuffer`-Objekt bei wiederholten `write()`-Aufrufen nicht immer in der Größe ändern.

Mit den Methoden `getBuffer()` und `toString()` lesen wir den Inhalt wieder aus. Die Methoden unterscheiden sich darin, dass `getBuffer()` ein `StringBuffer`-Objekt zurückgibt und `toString()` das gewohnte `String`-Objekt.

```
class java.io.StringWriter
extends Writer
```

▶ `StringWriter()`
Erzeugt einen `StringWriter` mit der Startgröße 16.

▶ `StringWriter( int initialSize )`
Erzeugt einen `StringWriter` mit der angegebenen Größe.

▶ `StringBuffer getBuffer()`
Liefert den internen `StringBuffer`, keine Kopie.

▶ `String toString()`
Liefert den Puffer als String.

Die `write()`- bzw. `append()`-Methoden aus dem `Writer` sind so, wie erwartet. `close()` ist leer implementiert, und so lassen sich auch nach dem Schließen Zeichen schreiben. Ebenso ist `flush()` leer implementiert.

17.4.2 CharArrayWriter

Neben `StringWriter` schreibt auch die Klasse `CharArrayWriter` Zeichen in einen Puffer, doch diesmal in ein Zeichenfeld. Sie bietet zudem drei zusätzliche Methoden an: `reset()`, `size()` und `writeTo()`.

```
class java.io.CharArrayWriter
extends Writer
```

▶ `CharArrayWriter()`
Erzeugt einen neuen `CharArrayWriter` mit einer Standardgröße.

▶ `CharArrayWriter( int initialSize )`
Erzeugt einen neuen `CharArrayWriter` mit einer Startkapazität von `initialSize` Zeichen.

▶ `void writeTo( Writer out )`
Schreibt den Inhalt des Puffers in einen anderen Zeichenstrom. Diese Methode ist recht nützlich, um die Daten weiterzugeben.

▶ `void reset()`
Setzt den internen Puffer zurück, sodass das `CharArrayWriter`-Objekt ohne neue Speicheranforderung genutzt werden kann.

▶ `int size()`
Liefert die Größe des Puffers.

▶ `char[] toCharArray()`
Gibt eine Kopie der Eingabedaten zurück. Es ist wirklich eine Kopie und keine Referenz.

- String toString()
  Konvertiert die Eingabedaten in einen String.

Die write()- und append()-Methoden gibt der Writer vor. close() und flush() sind wie beim StringWriter leer.

17.4.3 »StringReader« und »CharArrayReader«

Die Klassen StringWriter und CharArrayWriter haben die entsprechenden Lese-Klassen mit den Namen StringReader und CharArrayReader. Beide erlauben das Lesen von Zeichen aus einem String beziehungsweise aus einem Zeichenfeld. Sie leiten sich beide direkt aus Writer ab.

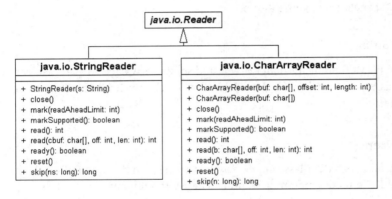

Listing 17.8 com/tutego/insel/io/stream/StringReaderDemo.java, main()

```
String s = "Hölle Hölle Hölle";
Reader sr = new StringReader( s );

char H = (char) sr.read();
char ö = (char) sr.read();

for ( int c; (c = sr.read()) != -1; )
  System.out.print( (char) c );
```

class java.io.**StringReader**
extends Reader

- StringReader(String s)
  Erzeugt einen neuen StringReader, der die Zeichen aus dem String s liest.

class java.io.**CharArrayReader**
extends Reader

- CharArrayReader(char[] buf)
  Erzeugt einen CharArrayReader vom angegebenen Feld.

▸ `CharArrayReader( char[] buf, int offset, int length )`
Erzeugt einen `CharArrayReader` vom angegebenen Feld der Länge `length` und mit der angegebenen Verschiebung.

Die Klassen `StringReader` und `CharArrayReader` überschreiben die Methoden `close()`, `mark(int)`, `markSupported()`, `read()`, `read(char[] cbuf, int off, int len)`, `ready()`, `reset()` und `skip(long)`. Sie unterstützen `skip()`, `mark()` und `reset()`.

> **Hinweis** Das Zeichenfeld, das `CharArrayReader` erhält, wird intern nicht kopiert, sondern referenziert. Das heißt, dass nachträgliche Änderungen am Feld die aus dem Stream gelesenen Zeichen beeinflussen.

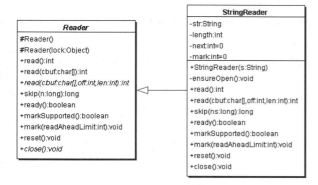

17.4.4 Mit »ByteArrayOutputStream« in ein Byte-Feld schreiben

Die Klasse `ByteArrayOutputStream` lässt sich gut verwenden, wenn mehrere unterschiedliche primitive Datentypen in ein Byte-Feld kopiert werden sollen, die dann später eventuell binär weiterkodiert werden müssen. Erstellen wir etwa eine GIF-Datei, müssen wir nacheinander verschiedene Angaben schreiben. So erstellen wir leicht eine Grafikdatei im Speicher. Anschließend konvertieren wir mit `toByteArray()` den Inhalt des Datenstroms in ein Byte-Feld:

Listing 17.9 com/tutego/insel/io/stream/ByteArrayOutputStreamDemo.java, main()

```
ByteArrayOutputStream baos = new ByteArrayOutputStream();
DataOutputStream out = new DataOutputStream( baos );
// Header
out.write( 'G' ); out.write( 'I' ); out.write( 'F' );
out.write( '8' ); out.write( '9' ); out.write( 'a' );
// Logical Screen Descriptor
out.writeShort( 128 );   // Logical Screen Width  (Unsigned)
out.writeShort( 37 );    // Logical Screen Height (Unsigned)
// <Packed Fields>, Background Color Index, Pixel Aspect Ratio
// and so on.
out.close();
byte[] result = baos.toByteArray();
```

```
class java.io.ByteArrayOutputStream
extends OutputStream
```

▶ `ByteArrayOutputStream()`
Erzeugt ein neues `OutputStream`-Objekt, das die Daten in einem Byte-Feld abbildet.

▶ `ByteArrayOutputStream( int size )`
Erzeugt ein `ByteArrayOutputStream` mit einer gewünschten Pufferkapazität.

Mit die wichtigste Methode ist `toByteArray()`, die ein `byte[]` mit dem geschriebenen Inhalt liefert. `reset()` löscht den internen Puffer. Eine praktische Methode ist `writeTo(Output-Stream out)`. Hinter ihr steckt ein `out.write(buf, 0, count)`, dass das für uns nicht sichtbare interne Feld `buf` schreibt.

17.4.5 Mit »ByteArrayInputStream« aus einem Byte-Feld lesen

Ein `ByteArrayInputStream` ist ein besonderer `InputStream`, der aus Byte-Feldern liest. Die Quelle der Daten, das Byte-Feld, wird im Konstruktor übergeben und intern nicht kopiert.

```
class java.io.ByteArrayInputStream
extends InputStream
```

▶ `ByteArrayInputStream( byte[] buf )`
Erzeugt ein neues `ByteArrayInputStream`-Objekt, das alle Daten aus dem Byte-Feld `buf` liest.

▶ `ByteArrayInputStream( byte[] buf, int offset, int length )`
Erzeugt `ByteArrayInputStream`, das einem Teil des Feldes Daten entnimmt.

17.5 Datenströme filtern und verketten

So wie im alltäglichen Leben Filter beim Kaffee oder bei Fotoapparaten eine große Rolle spielen, so sind sie auch bei Datenströmen zu finden. Immer dann, wenn Daten von einer Quelle gelesen oder in eine Senke geschrieben werden, können Filter die Daten auf dem Weg verändern. Die Java-Bibliothek sieht eine ganze Reihe von Filtern vor, die sich zwischen die Kommunikation schalten können.

Eingabe	Ausgabe	Anwendung
BufferedInputStream	BufferedOutputStream	Daten puffern
BufferedReader	BufferedWriter	
CheckedInputStream	CheckedOutputStream	Checksumme berechnen
DataInputStream	DataOutputStream	primitive Datentypen aus und in den Strom
DigestInputStream	DigestOutputStream	Digest (Checksumme) mitberechnen
InflaterInputStream	DeflaterOutputStream	Kompression von Daten

Tabelle 17.6 Filter zwischen Ein- und Ausgabe

Eingabe	Ausgabe	Anwendung
LineNumberInputStream		Mitzählen von Zeilen
LineNumberReader		
PushbackInputStream		Daten in den Lesestrom zurücklegen
PushbackReader		
CipherInputStream	CipherOutputStream	Daten verschlüsseln und entschlüsseln

Tabelle 17.6 Filter zwischen Ein- und Ausgabe (Forts.)

Der `CipherOutputStream` stammt als Einziger aus dem Paket `javax.crypto`, manche Typen sind aus `java.util.zip`, alle anderen stammen aus `java.io`.

17.5.1 Streams als Filter verketten (verschalen)

Die Funktionalität der bisher vorgestellten Ein-/Ausgabe-Klassen reicht für den Alltag zwar aus, doch sind Ergänzungen gefordert, die die Fähigkeiten der Klassen erweitern; so zum Beispiel beim Puffern. Da die Programmlogik zur Pufferung mit Daten unabhängig von der Quelle ist, aus der die Daten stammen, findet sich die Pufferung in einer gesonderten Klasse. Java implementiert hier ein bekanntes Muster, das sich *Dekorator* nennt. Zwei Zeilen sollen dieses Prinzip verdeutlichen, um gepufferte Daten in eine Datei zu schreiben:

```
Writer fw = new FileWriter( filename );
Writer bw = new BufferedWriter( fw );
```

Der Konstruktor von `BufferedWriter` nimmt einen beliebigen anderen `Writer` auf, denn der Pufferung ist es egal, ob die Daten in eine Datei oder ins Netzwerk geschrieben werden. Das Prinzip ist also immer, dass der Filter einen anderen Strom annimmt, an den er die Daten weitergibt oder von dem er sie holt.

Schauen wir uns die Klassen im Paket `java.io` genau an, die andere Ströme im Konstruktor entgegennehmen:

▶ `BufferedWriter`, `PrintWriter`, `FilterWriter` **nehmen** `Writer`.

▶ `BufferedReader`, `FilterReader`, `LineNumberReader`, `PushbackReader`, `StreamTokenizer` **nehmen** `Reader`.

▶ `BufferedOutputStream`, `DataOutputStream`, `FilterOutputStream`, `ObjectOutputStream`, `OutputStreamWriter`, `PrintStream`, `PrintWriter` **nehmen** `OutputStream`.

▶ `BufferedInputStream`, `DataInputStream`, `FilterInputStream`, `InputStreamReader`, `ObjectInputStream`, `PushbackInputStream` **nehmen** `InputStream`.

17.5.2 Gepufferte Ausgaben mit »BufferedWriter«/»BufferedOutputStream«

Die Klassen `BufferedWriter` und `BufferedOutputStream` haben die Aufgabe, die mittels `write()` in den Ausgabestrom geleiteten Ausgaben zu puffern. Dies ist immer dann nützlich, wenn viele Schreiboperationen gemacht werden, denn das Puffern macht insbesondere Dateioperationen wesentlich schneller, da so mehrere Schreiboperationen zu einer zusammengefasst werden. Um die Funktionalität eines Puffers zu erhalten, besitzen die Klassen einen internen Puffer, in dem die Ausgaben von `write()` zwischengespeichert werden. Standardmäßig fasst der Puffer 8.192 Symbole. Er kann aber über einen parametrisierten Konstruktor auf einen anderen Wert gesetzt werden. Erst wenn der Puffer voll ist oder die Methoden `flush()` oder `close()` aufgerufen werden, werden die gepufferten Ausgaben geschrieben. Durch die Verringerung tatsächlicher `write()`-Aufrufe an das externe Gerät erhöht sich die Geschwindigkeit der Anwendung im Allgemeinen deutlich.

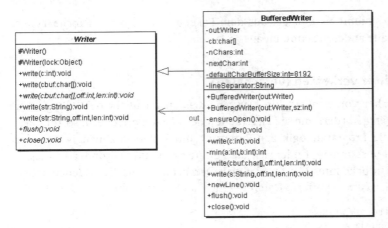

Um einen `BufferedWriter`/`BufferedOutputStream` anzulegen, gibt es zwei Konstruktoren, denen ein bereits existierender `Writer`/`OutputStream` übergeben wird. An diesen `Writer`/`OutputStream` wird dann der Filter seinerseits die Ausgaben weiterleiten, insbesondere nach einem Aufruf von `flush()`, `close()` oder einem internen Überlauf.

```
class java.io.BufferedWriter         class java.io.BufferedOutputStream
extends Writer                       extends FilterOutputStream
```

- `BufferedWriter( Writer out )`
- `BufferedOutputStream( OutputStream out )`
  Erzeugt einen puffernden Ausgabestrom mit der Puffergröße von 8.192 Symbolen.
- `BufferedWriter( Writer out, int sz )`
- `BufferedOutputStream( OutputStream out, int size )`
  Erzeugt einen puffernden Ausgabestrom mit einer Puffergröße. Ist sie nicht echt größer 0, gibt es eine `IllegalArgumentException`.

Alle `write()`- und `append()`-Methoden sind so implementiert, dass die Daten erst im Puffer landen. Wenn der Puffer voll ist – oder `flush()` aufgerufen wird –, werden sie an den im Konstruktor übergebenen `Writer` durchgespült.

Datenströme filtern und verketten | **17.5**

Beispiel zum »BufferedWriter« mit »FileWriter« und »PrintWriter«

Ein `FileWriter` sichert Daten in einer Datei. Ein `BufferedWriter` soll aber vorher die Daten erst einmal sammeln, sodass sie erst beim Flush an den `FileWriter` gehen. Der Anwendungs-entwickler soll in unserem Beispiel aber nicht direkt den `BufferedWriter` nutzen, sondern ihn als allgemeinen `Writer` im Konstruktor von `PrintWriter` übergeben. Ein `PrintWriter` besitzt die komfortablen Methoden `print()`, `println()` und `printf()`, sodass wir nicht mehr nur auf `write()`-Methoden vom `Writer` angewiesen sind:

Listing 17.10   com/tutego/insel/io/writer/ChainedWriter.java, main()

```
PrintWriter pw = null;
try
{
  Writer fw = new FileWriter( "charArrayWriterDemoPuffer.txt" );
  Writer bw = new BufferedWriter( fw );
  pw = new PrintWriter( bw );

  for ( int i = 1; i < 10000; i++ )
    pw.println( "Zeile " + i );
}
catch ( IOException e ) {
  System.err.println( "Error creating file!" );
}
finally {
  if ( pw != null )
    pw.close();
}
```

Zusätzlich bietet die Klasse `BufferedWriter` die Methode `newLine()`, die in der Ausgabe eine neue Zeile beginnt. Das Zeichen für den Zeilenwechsel wird aus der Systemeigenschaft `line.separator` genommen. Da sie intern mit der `write()`-Methode arbeitet, kann sie eine `IOException` auslösen.

17.5.3   Gepufferte Eingaben mit »BufferedReader«/»BufferedInputStream«

Die Klassen `BufferedReader` und `BufferedInputStream` puffern Eingaben. Die Daten werden also zuerst in einen Zwischenspeicher geladen, was insbesondere bei Dateien zu weniger Zugriffen auf den Datenträger führt und so die Geschwindigkeit der Anwendung erhöht.

Die Klassen `BufferedReader` und `BufferedInputStream` besitzen je zwei Konstruktoren. Bei einem lässt sich die Größe des internen Puffers angeben. Die Puffergröße beträgt wie beim `BufferedWriter`/`BufferedOutputStream` standardmäßig 8.192 Einträge.

class java.io.**BufferedReader**	class java.io.**BufferedInputStream**
extends Reader	extends FilterInputStream

▶ `BufferedReader( Reader in )`

▶ `BufferedInputStream( InputStream in )`
   Erzeugt einen puffernden Zeichenstrom mit der Puffergröße von 8.192.

873

17 | Datenströme

- BufferedReader(Reader in, int sz)
- BufferedInputStream(InputStream in, int size)
  Erzeugt einen puffernden Zeichenstrom mit der gewünschten Puffergröße.

Programm zur Anzeige von Dateien

Das folgende Programm implementiert ein einfaches »cat«-Kommando[3] von Unix, um Datei-inhalte über die Standardausgabe auszugeben. Die Dateinamen werden auf der Kommando-zeile übergeben:

Listing 17.11 com/tutego/insel/io/stream/cat.java

```java
package com.tutego.insel.io.stream;

import java.io.*;

class cat
{
  public static void main( String[] args )
  {
    for ( String filename : args ) {
      try {
        InputStream in = new BufferedInputStream( new FileInputStream(filename) );

        try {
          for ( int c; (c = in.read()) != -1 /* EOF */; )
            System.out.write( c );
        }
        finally {
          in.close();
        }
      }
      catch ( IOException e ) {
        System.err.println( "cat: Fehler beim Verarbeiten von " + filename );
        System.exit( 1 );
      }
    } // end for
  }
}
```

Die Dateiangaben nimmt das Programm über die Kommandozeile entgegen; etwa so:

```
$ java com.tutego.insel.io.stream.cat adam.txt eva.txt
```

---

3 Der kurze Name »cat« stammt von »catenate«, einem Synonym für »concatenate«.

874

Hinweis Insbesondere bei externen Hintergrundspeichern macht eine Pufferung Sinn. So sollten zum Beispiel die File-Klassen immer gepuffert werden, insbesondere, wenn einzelnde Bytes/Zeichen gelesen oder geschrieben werden.

Ohne Pufferung	In der Regel schneller mit Pufferung
new FileReader(f)	new BufferedReader(new FileReader(f))
new FileWriter(f)	new BufferedWriter(new FileWriter(f))
new FileInputStream(f)	new BufferedInputStream(new FileInputStream(f))
new FileOutputStream(f)	new BufferedOutputStream(new FileOutputStream(f))

Zeilen lesen mit »BufferedReader« und »readLine()«

Die Klasse `BufferedReader` stellt die Methode `readLine()` zur Verfügung, die eine komplette Textzeile liest und als String an den Aufrufer zurückgibt; `BufferedOutputStream` als Byte-orientierte Klasse bietet die Methode nicht an.

```
class java.io.BufferedReader
extends Reader
```

▸ String readLine()

Liest eine Zeile bis zum Zeilenende und gibt den String ohne die Endzeichen zurück. Die Rückgabe ist `null`, wenn der Stream am Ende ist.

Da ein `BufferedReader` Markierungen und Sprünge erlaubt, werden die entsprechenden Methoden von `Reader` überschrieben.

17.5.4 »LineNumberReader« zählt automatisch Zeilen mit *

Aus `BufferedReader` geht direkt die – bisher einzige – Unterklasse `LineNumberReader` hervor, die Zeilennummern zugänglich macht. Sie verfügt damit natürlich auch über `readLine()`. Mit `getLineNumber()` und `setLineNumber()` lässt sich aber zusätzlich auf die Zeilennummer zugreifen. Dass die Zeilennummer auch geschrieben werden kann, ist sicherlich ungewöhnlich, intern wird aber nur die Variable `lineNumber` geschrieben; der Datenzeiger wird nicht verändert. Bei jedem `read()` untersuchen die Methoden, ob im Eingabestrom ein »\n«, »\r« oder eine Folge dieser beiden Zeichen vorkommt. Wenn dies der Fall ist, inkrementieren sie die Variable `lineNumber`. Zeilennummern beginnen bei 0.

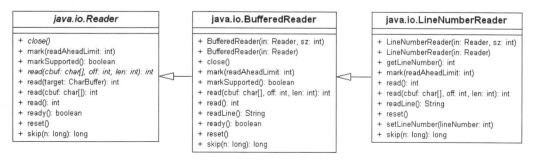

17 | Datenströme

```
class java.io.LineNumberReader
extends BufferedReader
```

▶ LineNumberReader(Reader in)
  Dekoriert einen gegebenen Reader.

▶ LineNumberReader(Reader in, int sz)
  Dekoriert einen gegebenen Reader mit gegebener Puffer-Größe.

▶ int getLineNumber()
  Liefert die aktuelle Zeilennummer.

▶ void setLineNumber(int lineNumber)
  Setzt die aktuelle Zeilennummer.

17.5.5 Daten mit der Klasse »PushbackReader« zurücklegen *

Die Klassen PushbackReader und PushbackInputStream können schon gelesene Eingaben wieder in den Strom zurücklegen. Das ist nützlich für so genannte *vorausschauende Parser*, die eine Wahl anhand des nächsten gelesenen Zeichens treffen. Mit den beiden Klassen kann dieses Vorschau-Zeichen wieder in den Eingabestrom gelegt werden, wenn der Parser den Weg doch nicht verfolgen möchte. Der nächste Lesezugriff liest dann nämlich dieses zurückgeschriebene Zeichen.

Die Filterklassen besitzen einen internen Puffer beliebiger Größe, in dem Symbole gespeichert werden, um sie später zurückholen zu können. Im Folgenden wollen wir uns nur mit dem PushbackReader beschäftigen; die Nutzung der Klasse PushbackInputStream ist ähnlich.

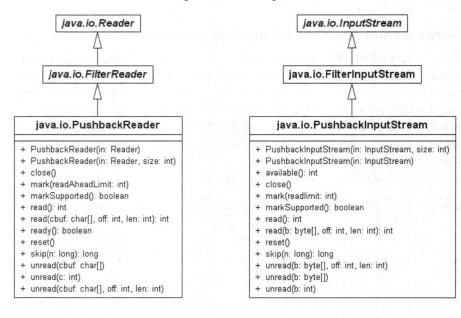

876

```
class java.io.PushbackReader
extends FilterReader
```

▶ PushbackReader(Reader in)
  Erzeugt einen PushbackReader aus dem Reader in mit der Puffergröße 1.

▶ PushbackReader(Reader in, int size)
  Erzeugt einen PushbackReader aus dem Reader in mit der Puffergröße size.

Um ein Zeichen oder eine Zeichenfolge wieder in den Eingabestrom zu legen, wird die Methode unread() ausgeführt.

▶ public void unread(int c) throws IOException

▶ public void unread(char[] cbuf, int off, int len) throws IOException

▶ public void unread(char[] cbuf) throws IOException
  Legt ein Zeichen oder ein Feld von Zeichen zurück in den Zeichenstrom.

PushbackReader ist ein Eingabefilter und die einzige Klasse, die direkt aus FilterReader abgeleitet ist.

Zeilennummern entfernen mit einem »PushbackReader«
Das nächste Programm demonstriert die Möglichkeiten eines PushbackReader. Die Implementierung wirkt möglicherweise etwas gezwungen, sie zeigt jedoch, wie unread() eingesetzt werden kann. Das Programm löst folgendes Problem: Wir haben eine Textdatei (im Programm einfach als String über einen StringReader zur Verfügung gestellt), in der Zeilennummern mit dem String verbunden sind.

```
134Erste Zeile
234Zeile
```

Wir wollen nun die Zahlen vom Rest der Zeilen trennen. Dazu lesen wir so lange die Zahlen ein, bis ein Zeichen folgt, bei dem Character.isDigit() die Rückgabe false ergibt. Dann wissen wir, dass wir keine Ziffer mehr im Strom haben. Das Problem ist nun, dass zum Test schon ein Zeichen mehr gelesen werden musste. In einem normalen Programm ohne die Option, das Zeichen zurücklegen zu können, würde das ungemütlich. Dieses Zeichen müsste dann gesondert behandelt werden, da es das erste Zeichen der neuen Eingabe ist und nicht mehr zur Zahl gehört. Doch anstelle dieser Sonderbehandlung legen wir es einfach wieder mit unread() in den Datenstrom, und dann kann der nachfolgende Programmcode einfach so weitermachen, als ob nichts gewesen wäre:

Listing 17.12 com/tutego/insel/io/stream/PushbackReaderDemo.java, main()

```
String s = "134Erste Zeile\n234Zeile";

PushbackReader in = new PushbackReader( new StringReader(s) );

for ( int c; ; )
{
```

17 | Datenströme

```
try
{
  int number = 0;

  // Read until no digit

  while ( Character.isDigit((char)(c = in.read())) )
    number = number * 10 + Character.digit( c, 10 );

  if ( c == -1 )           // Ende erreicht? Dann aufhören
    break;

  in.unread( c );          // Gelesenes Zeichen zurücklegen

  System.out.print( number + ":" );

  while ( (c = in.read()) != -1 )
  {
    System.out.print( (char) c );

    if ( c == '\n' )
      break;
  }
  if ( c == -1 )
    break;
}
catch ( EOFException e )
{
  break;
}
}
```

»PushbackReader« und das fehlende »readLine()«

Da PushbackReader nicht von BufferedReader abgeleitet ist und auch selbst keine Methode readLine() anbietet, müssen wir mit einer kleinen Schleife selbst Zeilen lesen. Im Bedarfsfall muss die Zeichenkombination »\r\n« gelesen werden. So wie die Methode von uns jetzt programmiert ist, ist sie auf Unix-Plattformen eingeschränkt, die nur ein einziges Ende-Zeichen einfügen. Doch warum nutzen wir nicht readLine()? Wer nun auf die Idee kommt, folgende Zeilen zu schreiben, um doch in den Genuss der Methode readLine() zu kommen, ist natürlich auf dem Holzweg:

```
StringReader   sr = new StringReader( s );
BufferedReader br = new BufferedReader ( sr );
PushbackReader in = new PushbackReader( br );
...
br.readLine();      // Achtung, br!!
```

878

Wenn wir dem `PushbackReader` das Zeichen wiedergeben, dann arbeitet der `BufferedReader` genau eine Ebene darüber und bekommt vom Zurückgeben nichts mit. Daher ist es sehr gefährlich, die Verkettung zu umgehen. Im konkreten Fall wird das `unread()` nicht durchgeführt, und das erste Zeichen nach der Zahl fehlt.

17.5.6 DataOutputStream/DataInputStream *

Während der `OutputStream` nur einzelne Bytes bzw. Byte-Felder schreibt und der `Input-Stream` aus einer Eingabe Bytes lesen kann, erweitern die Klassen `DataOutputStream` und `DataInputStream` diese Schreib- und Lesefähigkeit um primitive Datentypen. Die Vorgaben bekommen sie aus `DataOutput` und `DataInput`, die wir schon bei `RandomAccessFile` sahen. Wichtige Methoden sind zum Beispiel `writeChar(char)`, `writeInt(int)`, `writeUTF(char)` oder `readUnsignedByte()`, `readLong()`, `readFully(byte[])`.

> **Hinweis** Der `DataInputStream` implementiert `DataInput` und erweitert `FilterInputStream`, was wiederum ein `InputStream` ist. Bei `InputStream` ist für die Methode `read()` eine Rückgabe von –1 vermerkt, wenn kein Byte mehr gelesen werden kann. Der `DataInputStream` muss aber mit einer Methode wie `readLong()` 8 Byte aus der Eingabe lesen. Sind zum Beispiel nur 7 Byte im Strom und das letzte Byte kann nicht gelesen werden, ist das Ergebnis eine `EOFException`, und nicht –1 (dass kann auch nicht, da –1 im Datenstrom stehen könnte). Eine `IOException` kann auch ausgelöst werden, aber nicht, wenn Daten fehlen, sondern wenn beim Lesen der einzelnen Bytes die Ausnahme aufkam.

[«]

17.5.7 Basisklassen für Filter *

Als Basisklassen für existierende Filter – und insbesondere für eigene Filter – sieht die Standardbibliothek folgende Klassen vor:

▶ `FilterInputStream`

▶ `FilterOutputStream` für die Binärseite

▶ `FilterReader`

▶ `FilterWriter` für die Zeichenseite

Eine konkrete Filter-Klasse überschreibt nötige Methoden ihrer Basisklassen (also vom `Input-Stream`, `OutputStream`, `Reader` oder `Writer`) und ersetzt diese durch neue Methoden mit erweiterter Funktionalität. Die folgende Abbildung stellt die zentralen Filter vor:

Am UML-Diagramm fällt besonders auf, dass jeder Filter zum einen selbst ein Stream ist und zum anderen einen Stream verwaltet. Damit nimmt er Daten entgegen und leitet sie gleich weiter. Das ist ein bekanntes Design-Pattern und nennt sich *Dekorator*.

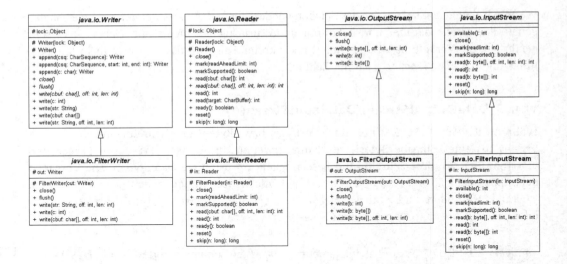

17.5.8 Die Basisklasse »FilterWriter« *

Die Basis für eigene zeichenorientierte Filter, die vor dem Verarbeiten vom Client modifiziert werden sollen, ist die abstrakte Klasse `FilterWriter`. Wir übergeben im Konstruktor ein `Writer`-Objekt, an das die späteren Ausgaben weitergeleitet werden. Das Konstruktor-Argument wird in dem `protected`-Attribut `out` des `FilterWriter`-Objekts gesichert. In der Unterklasse greifen wir darauf zurück, denn dorthin schickt der Filter seine Ausgaben.

Die Standardimplementierung der Klasse `FilterWriter` überschreibt drei der `write()`-Methoden so, dass die Ausgaben an den im Konstruktor übergebenen `Writer` gehen.

```
abstract class java.io.FilterWriter
extends Writer
```

▶ protected Writer out
Der Ausgabestrom, an den die Daten geschickt werden. Er wird dem Konstruktor übergeben, der ihn in `out` speichert.

▶ protected FilterWriter(Writer out)
Erzeugt einen neuen filternden `Writer`.

▶ void write(int c)
Schreibt ein einzelnes Zeichen.

▶ void write(char[] cbuf, int off, int len)
Schreibt einen Teil eines Zeichenfelds.

▶ void write(String str, int off, int len)
Schreibt einen Teil eines Strings.

▶ void close()
Schließt den Stream.

▶ void flush()
Leert den internen Puffer des Streams.

Die Klasse ist abstrakt, also können keine direkten Objekte erzeugt werden. Dennoch gibt es einen protected-Konstruktor, der für Unterklassen wichtig ist. Abgeleitete Klassen bieten in der Regel selbst einen Konstruktor mit dem Parameter vom Typ Writer an und rufen im Rumpf mit super(write) den geschützten Konstruktor der Oberklasse FilterWriter auf. Über die initialisierte geschützte Objektvariable out kommen wir dann an diesen Ur-Writer.

17.5.9 Ein LowerCaseWriter *

Wir wollen im Folgenden einen Filter schreiben, der alle in den Strom geschriebenen Zeichen in Kleinbuchstaben umwandelt. Drei Dinge sind für einen eigenen FilterWriter nötig:

- Die Klasse leitet sich von FilterWriter ab.
- Unser Konstruktor nimmt als Parameter ein Writer-Objekt und ruft mit super(out) den Konstruktor der Oberklasse, also FilterWriter, auf. Die Oberklasse speichert das übergebene Argument in der geschützten Objektvariablen out, sodass die Unterklassen darauf zugreifen können.
- Wir überlagern die drei write()-Methoden und eventuell noch close() und flush(). Unsere write()-Methoden führen dann die Filteroperationen aus und geben die wahren Daten an den Writer weiter.

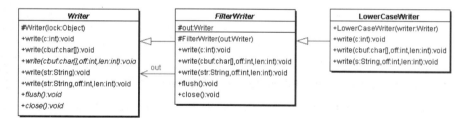

Listing 17.13 com/tutego/insel/io/stream/LowerCaseWriterDemo.java

```java
package com.tutego.insel.io.stream;

import java.io.*;

class LowerCaseWriter extends FilterWriter
{
  public LowerCaseWriter( Writer writer )
  {
    super( writer );
  }

  @Override
  public void write( int c ) throws IOException
  {
    out.write( Character.toLowerCase((char)c) );
  }
```

```
    @Override
    public void write( char[] cbuf, int off, int len ) throws IOException
    {
      out.write( String.valueOf(cbuf).toLowerCase(), off, len );
    }

    @Override
    public void write( String s, int off, int len ) throws IOException
    {
      out.write( s.toLowerCase(), off, len );
    }
}

public class LowerCaseWriterDemo
{
  public static void main( String[] args )
  {
    StringWriter sw = new StringWriter();
    PrintWriter  pw = new PrintWriter( new LowerCaseWriter( sw ) );

    pw.println( "Eine Zeile für klein und groß" );

    System.out.println( sw.toString() );
  }
}
```

17.5.10 Eingaben mit der Klasse »FilterReader« filtern *

Wie das Schachteln von Ausgabeströmen, so ist auch das Verbinden mehrerer Eingabeströme möglich. Als abstrakte Basiszwischenklasse existiert hier FilterReader, die ein Reader-Objekt im Konstruktor übergeben bekommt. Dieser sichert das Argument in der protected-Variablen in (das gleiche Prinzip wie bei den anderen FilterXXX-Klassen). Der Konstruktor ist protected, da er von der Unterklasse mit super() aufgerufen werden soll. Standardmäßig leiten die Methoden vom FilterReader die Methoden an den Reader aus der Variablen in weiter; das heißt etwa: Wenn der FilterReader geschlossen wird, wird der Aufruf in.close() ausgeführt. Aus diesem Grund muss der FilterReader auch alle Methoden von Reader überschreiben, da ja eine Umleitung stattfindet.

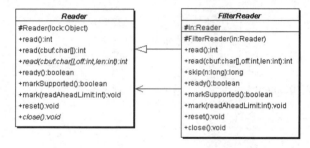

```
abstract class java.io.FilterReader
extends Reader
```

▶ protected Reader in

Der Zeicheneingabestrom oder `null`, wenn der Strom geschlossen wurde.

▶ protected FilterReader(Reader in)

Erzeugt einen neuen filternden Reader.

Die Methoden `read()`, `read(char[] cbuf, int off, int len)`, `skip(long n)`, `ready()`, `mark-Supported()`, `mark(int readAheadLimit)`, `reset()` und `close()` werden überschrieben und leiten die Aufrufe direkt an `Reader` weiter. Lösen die Methoden eine Ausnahme aus, leitet der `FilterReader` sie standardmäßig an uns weiter.

17.5.11 Anwendungen für »FilterReader« und »FilterWriter« *

Unsere nächste Klasse bringt uns etwas näher an das HTML-Format heran. Wir wollen eine Klasse `HTMLWriter` entwerfen, die `FilterWriter` erweitert und Textausgaben in HTML konvertiert. In HTML werden Tags eingeführt, die vom Browser erkannt und besonders behandelt werden. Findet etwa der Browser im HTML-Text eine Zeile der Form `<strong>Dick</strong>`, so stellt er den Inhalt »Dick« in fetter Schrift dar, da das `<strong>`-Element den Zeichensatz umstellt. Alle Tags werden in spitzen Klammern geschrieben. Daraus ergibt sich, dass HTML einige spezielle Zeichenfolgen (Entities genannt) verwendet. Wenn diese Zeichen auf der HTML-Seite dargestellt werden, muss dies durch spezielle Zeichensequenzen geschehen.

▶ `<` wird zu `&lt;`

▶ `>` wird zu `&gt;`

▶ `&` wird zu `&amp;`

Kommen diese Zeichen im Quelltext vor, so muss unser `HTMLWriter` diese Zeichen durch die entsprechende Sequenz ersetzen. Andere Zeichen sollen nicht ersetzt werden.

Den Browsern ist die Struktur der Zeilen in einer HTML-Datei egal. Sie formatieren wiederum nach speziellen Tags. Zeilenvorschübe etwa werden mit `<br/>` eingeleitet. Unser `HTMLWriter` soll zwei leere Zeilen durch das Zeilenvorschub-Element `<br/>` markieren.

HTML-Dokument schreiben

Alle sauberen HTML-Dateien haben einen wohldefinierten Anfang und ein wohldefiniertes Ende. Das folgende kleine HTML-Dokument ist wohlgeformt und zeigt, was unser Programm später erzeugen soll:

```
<!DOCTYPE HTML PUBLIC "-//W3C//DTD HTML 4.01//EN" "http://www.w3.org/TR/html4/↩
strict.dtd">
<html><head><title>Superkreativer Titel</title></head>
<body><p>
Und eine Menge von Sonderzeichen: &lt; und &gt; und &amp;
Zweite Zeile
```

```
<br/>
Leerzeile
Keine Leerzeile danach
</p></body></html>
```

Der Titel der Seite sollte im Konstruktor übergeben werden können. Hier nun das Programm für den HTMLWriter:

Listing 17.14 com/tutego/insel/io/stream/HTMLWriter.java

```java
package com.tutego.insel.io.stream;

import java.io.*;

class HTMLWriter extends FilterWriter
{
  private boolean newLine;

  /**
   * Creates a new filtered HTML writer with a title for the web page.
   *
   * @param out  a Writer object to provide the underlying stream.
   * @throws NullPointerException if <code>out</code> is <code>null</code>
   */
  public HTMLWriter( Writer out, String title )
  {
    super( out );

    try
    {
      out.write( "<!DOCTYPE HTML PUBLIC \"-//W3C//DTD HTML 4.01//EN\"" +
             " \"http://www.w3.org/TR/html4/strict.dtd\">\n"  );
      out.write( "<html><head><title>" + title +
             "</title></head>\n<body><p>\n" );
    }
    catch ( IOException e )
    {
      e.printStackTrace();
    }
  }

  /**
   * Creates a new filtered HTML writer with no title for the web page.
   *
   * @param out  a Writer object to provide the underlying stream.
   */
  public HTMLWriter( Writer out )
  {
    this( out, "" );
  }
```

```java
/**
 * Writes a single character.
 */
@Override
public void write( int c ) throws IOException
{
  switch ( c )
  {
    case '<':
      out.write( "&lt;" );
      newLine = false;
      break;
    case '>':
      out.write( "&gt;" );
      newLine = false;
      break;
    case '&':
      out.write( "&amp;" );
      newLine = false;
      break;
    case '\n':
      if ( newLine )
      {
        out.write( "<br/>\n" );
        newLine = false;
      }
      else
        out.write( "\n" );
      newLine = true;
      break;
    case '\r':
      break; // ignore

    default :
      out.write( c );
      newLine = false;
  }
}

/**
 * Writes a portion of an array of characters.
 *
 * @param   cbuf Buffer of characters to be written
 * @param   off  Offset from which to start reading characters
 * @param   len  Number of characters to be written
 * @exception    IOException If an I/O error occurs
 */
@Override
```

17 | Datenströme

```java
public void write( char[] cbuf, int off, int len ) throws IOException
{
  for ( int i = off; i < len; i++ )
    write( cbuf[i] );
}

/**
 * Writes a portion of a string.
 *
 * @param  str  String to be written.
 * @param  off  Offset from which to start reading characters
 * @param  len  Number of characters to be written
 * @exception   IOException If an I/O error occurs
 */
@Override
public void write( String str, int off, int len ) throws IOException
{
  for ( int i = off; i < len; i++ )
    write( str.charAt( i ) );
}

/**
 * Closes the stream.
 *
 * @throws IOException If an I/O error occurs.
 */
@Override
public void close() throws IOException
{
  try
  {
    out.write( "</p></body></html>" );
  }
  catch ( IOException e )
  {
    e.printStackTrace();
  }
  out.close();
}
}
```

Ein Demo-Programm soll die aufbereiteten Daten in einen `StringWriter` schreiben:

Listing 17.15   com/tutego/insel/io/stream/HTMLWriterDemo.java, main()

```java
StringWriter sw = new StringWriter();
HTMLWriter html = new HTMLWriter( sw, "Superkreativer Titel" );
PrintWriter pw  = new PrintWriter( html );

pw.println( "Und eine Menge von Sonderzeichen: < und > und &" );
pw.println( "Zweite Zeile" );
```

886

```
pw.println();
pw.println( "Leerzeile" );
pw.println( "Keine Leerzeile danach" );
pw.close();

System.out.println( sw.toString() );
```

HTML-Tags mit einem speziellen Filter überlesen

Unser nächstes Beispiel ist eine Klasse, die den FilterReader so erweitert, dass HTML-Tags überlesen werden. Die Klasse FilterReader deklariert den notwendigen Konstruktor zur Annahme des tiefer liegenden Reader und überschreibt zwei read()-Methoden. Die read()-Methode ohne Parameter – die ein int für ein gelesenes Zeichen zurückgibt – legt einfach ein 1 Zeichen großes Feld an und ruft dann die zweite überschriebene read()-Methode auf, die die Daten in ein Feld liest. Da dieser Methode neben dem Feld auch noch die Größe übergeben werden kann, müssen wirklich so viele Zeichen gelesen werden. Es reicht einfach nicht aus, die übergebene Anzahl von Zeichen vom tiefer liegenden Reader zu lesen, sondern hier müssen wir beachten, dass eingestreute Tags nicht zählen. Die Zeichenkette <p>Hallo<p> ist ja nur fünf Zeichen lang und nicht elf!

Listing 17.16 com/tutego/insel/io/stream/ HTMLReader.java

```java
package com.tutego.insel.io.stream;

import java.io.*;

class HTMLReader extends FilterReader
{
  private boolean intag = false;

  public HTMLReader( Reader in )
  {
    super( in );
  }

  @Override
  public int read() throws IOException
  {
    char[] buf = new char[1];
    return read( buf, 0, 1 ) == -1 ? -1 : buf[0];
  }

  @Override
  public int read( char[] cbuf, int off, int len ) throws IOException
  {
    int numchars = 0;

    while ( numchars == 0 )
    {
      numchars = in.read( cbuf, off, len );
```

```
      if ( numchars == -1 ) // EOF?
        return -1;

      int last = off;

      for ( int i = off; i < off + numchars; i++ )
      {
        if ( ! intag )
        {
          if ( cbuf[i] == '<' )
            intag = true;
          else
            cbuf[last++] = cbuf[i];
        }
        else if ( cbuf[i] == '>' )
          intag = false;
      }
      numchars = last - off;
    }
    return numchars;
  }
}
```

Ein Beispielprogramm soll die Daten aus einem `StringReader` ziehen. Auf den `HTMLReader` setzen wir noch einen `BufferedReader` auf, damit wir die komfortable `readLine()`-Methode nutzen können:

Listing 17.17   com/tutego/insel/io/stream/HTMLReaderDemo.java, main()

```
try
{
  String s = "<html>Hallo! <b>Ganz schön fett.</b>"
           + "Ah, wieder normal.</html>";

  Reader sr = new StringReader( s );
  Reader hr = new HTMLReader( sr );
  BufferedReader in = new BufferedReader( hr );

  for ( String line; (line = in.readLine()) != null; )
    System.out.println( line );

  in.close();
}
catch ( Exception e )
{
  e.printStackTrace();
}
```

Es produziert dann die einfache Ausgabe:

```
Hallo! Ganz schön fett. Ah, wieder normal.
```

17.6 Vermittler zwischen Byte-Streams und Unicode-Strömen

17.6.1 Datenkonvertierung durch den »OutputStreamWriter«

Die Klasse `OutputStreamWriter` ist sehr interessant, da sie Konvertierungen der Zeichen nach einer Zeichenkodierung vornimmt. So wird sie, unterstützt durch die einzige Unterklasse `FileWriter`, für Ausgaben in Dateien noch wichtiger. Jeder `OutputStreamWriter` konvertiert auf diese Weise Zeichenströme von einer Zeichenkodierung (etwa EBCDIC) in die andere (etwa Latin-1). Die Zeichenkodierung kann im Konstruktor eines `OutputStreamWriter`-Objekts angegeben werden. Ohne Angabe ist es der Standardkonvertierer, der in den Systemeigenschaften unter dem Schlüssel `file.encoding` geschrieben ist. Die Kodierung der Zeichen nimmt ein `StreamEncoder` im Paket `sun.nio.cs` vor.

```
class java.io.OutputStreamWriter
extends Writer
```

- ▶ `OutputStreamWriter( OutputStream out )`
  Erzeugt einen `OutputStreamWriter`, der die Standardkodierung verwendet.

- ▶ `OutputStreamWriter( OutputStream out, Charset|CharsetEncoder cs )`
  Erzeugt einen `OutputStreamWriter` mit einem `Charset` oder einem `CharsetEncoder`.

- ▶ `OutputStreamWriter( OutputStream out, String enc )`
  Erzeugt einen `OutputStreamWriter` mit der vorgegebenen Kodierung.

- ▶ `void close()`
  Schließt den Datenstrom.

- ▶ `void flush()`
  Schreibt den gepufferten Strom.

- ▶ `String getEncoding()`
  Liefert die Kodierung des Datenstroms als String.

- ▶ `void write( char[] cbuf, int off, int len )`
  Schreibt Zeichen des Felds.

- ▶ `void write( int c )`
  Schreibt ein einzelnes Zeichen.

- ▶ `void write( String str, int off, int len )`
  Schreibt den Teil eines Strings.

»FileWriter«, »OutputStreamWriter« und »FileOutputStream«

`OutputStreamWriter` ist die Basisklasse für die konkrete Klasse `FileWriter` und ist für die Konvertierung der Zeichen in Bytefolgen verantwortlich. Die Konstruktoren bauen ein `FileOutputStream`-Objekt auf und füttern damit den Konstruktor von `OutputStreamWriter`. Die `write()`-Methoden vom `OutputStreamWriter` konvertieren die Zeichen in Bytes, die letztendlich der `FileOutputStream` schreibt:

17 | Datenströme

```
public class FileWriter extends OutputStreamWriter
{
  public FileWriter(String fileName) throws IOException {
    super(new FileOutputStream(fileName));
  }
  public FileWriter(String fileName, boolean append)
      throws IOException {
    super(new FileOutputStream(fileName, append));
  }
  ...
}
```

17.6.2 Automatische Konvertierungen mit dem »InputStreamReader«

Die konkrete Klasse InputStreamReader nimmt eine Konvertierung zwischen Byte- und Zeichen-Streams vor. Sie arbeitet wie ein OutputStreamWriter und konvertiert die Daten mithilfe eines sun.nio.cs.StreamDecoder.

```
class java.io.InputStreamReader
extends Reader
```

▶ InputStreamReader(InputStream in)
  Erzeugt einen InputStreamReader mit der Standardkodierung.

▶ InputStreamReader(InputStream in, String enc)
    throws UnsupportedEncodingException
  Erzeugt einen InputStreamReader, der die angegebene Zeichenkodierung anwendet.

▶ String getEncoding()
  Liefert einen String mit dem Namen der Kodierung zurück. Der Name ist kanonisch und kann sich daher von dem String, der im Konstruktor übergeben wurde, unterscheiden.

▶ int read() throws IOException
  Liest ein einzelnes Zeichen oder gibt −1 zurück, falls der Stream am Ende ist.

▶ int read(char[] cbuf, int off, int len) throws IOException
  Liest Zeichen in einen Teil eines Feldes.

▶ boolean ready() throws IOException
  Kann vom Stream gelesen werden. Ein InputStreamReader ist bereit, wenn der Eingabepuffer nicht leer ist oder Bytes des darunter befindlichen InputStreams anliegen.

Wie wir an dieser Stelle bemerken, unterstützt ein reiner InputStream kein mark() und reset(). Da FileReader die einzige Klasse in der Java-Bibliothek ist, die einen InputStreamReader erweitert, und diese Klasse ebenfalls kein mark() beziehungsweise reset() unterstützt, lässt sich sagen, dass kein InputStreamReader der Standardbibliothek Positionsmarkierungen erlaubt.

Vergleich »Reader« und »InputStream« *

Ein `InputStreamReader` eignet sich gut für die Umwandlung von äußeren Byte-Quellen. Wir erinnern uns, dass Java standardmäßig 16-Bit-Unicode-Zeichen verwendet, aber viele Computersysteme nur mit 8-Bit-ASCII-Zeichen arbeiten. Wenn wir also ein einzelnes Zeichen lesen, muss die passende Konvertierung in das richtige Zeichenformat gesichert sein. Der einfachste Weg besteht darin, ein Zeichen zu lesen und es in ein `char` – allerdings ohne Konvertierung – zu casten, beispielsweise wie folgt:

```
InputStream fis = new FileInputStream( "file.txt" );
DataInputStream dis = new DataInputStream( fis );
char c = (char) dis.readByte();
```

Da die Lösung keine Konvertierung durchführt, ist dieser Weg nicht so gut. Empfehlenswert ist die Verwendung eines `InputStreamReader`, der die 8 Bit in ein Unicode-Zeichen portiert:

```
InputStream fis = new FileInputStream( "file.txt" );
InputStreamReader isr = new InputStreamReader( fis );
char c = (char) isr.read();
```

Die Klasse `FileReader` ist eine Unterklasse von `InputStreamReader`, die direkt eine Datei öffnet und den `FileInputStream` für uns anlegt.

17.7   Kommunikation zwischen Threads mit Pipes *

Die Kommunikation zwischen Programmteilen kann auf vielfältige Weise geschehen. Einige Möglichkeiten haben wir bei Threads kennengelernt. Bei getrennten Programmen lässt sich die Kommunikation über Dateien realisieren. Auch Datenströme können von einem Teil geschrieben und vom anderen gelesen werden. Wenn wir jedoch mit Threads arbeiten, wäre eine Kommunikation über Dateien zwar denkbar, aber zu aufwändig. Ein anderes Stromkonzept ist praktisch.

17.7.1 »PipedOutputStream« und »PipedInputStream«

Einfacher ist der Austausch der Daten über eine so genannte *Pipe*. Sie wird gebildet über Paare spezieller Stromklassen:

▸ `PipedOutputStream`, `PipedInputStream` beziehungsweise

▸ `PipedWriter`, `PipedReader`.

Die `PipedXXX`-Klassen sind übliche Unterklassen von `OutputStream`/`InputStream` und `Writer`/`Reader` (im nächsten Beispiel verfolgen wir die Byte-Variante). Wenn dann Threads Daten austauschen wollen, kann ein Produzent sie über `write()` in den Ausgabestrom schreiben, und der andere Thread wird sie dort über `read()` empfangen können.

Natürlich muss ein schreibender Pipe-Strom wissen, wer der Empfänger ist. Daher müssen die Schreib-/Lese-Pipes miteinander verbunden werden. Eine Möglichkeit bietet `connect()`.

17 | Datenströme

> [zB] **Beispiel** Ein `PipedOutputStream` soll mit einem `PipedInputStream` verbunden werden:
> ```
> PipedOutputStream pos = new PipedOutputStream();
> PipedInputStream  pis = new PipedInputStream();
> pos.connect( pis );
> // oder pis.connect( pos );
> ```
> Werden jetzt Daten produziert und in den `pos` geschrieben, kommen sie über den `pis` wieder an und können dort konsumiert werden.

Ob wir nun vom `PipedOutputStream` die Methode `connect(PipedInputStream)` nehmen oder vom `PipedInputStream` die Methode `connect(PipedOutputStream)`, ist dabei egal.

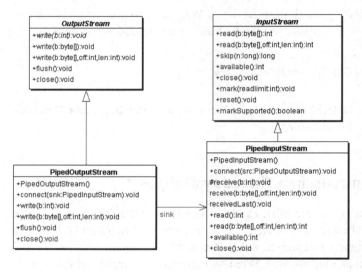

Anstatt nach dem Aufbau der Ströme über den Standard-Konstruktor beide mit `connect()` zu verbinden, gibt es eine alternative Lösung: Entweder lässt sich nach dem Erzeugen des `PipedOutputStream` über den Standard-Konstruktor das frische Strom-Objekt in den parametrisierten Konstruktor von `PipedInputStream` übergeben oder eben umgekehrt ein neues `PipedInputStream`-Objekt in den parametrisierten Konstruktor von `PipedOutputStream` legen.

> [zB] **Beispiel** Verbinde den Eingabe-Stream `pis` mit dem Ausgabe-Stream `pos`:
> ```
> PipedInputStream  pis = new PipedInputStream();
> PipedOutputStream pos = new PipedOutputStream( pis );
> ```

Interna

Der Austausch der Daten geschieht über einen internen Puffer, den `PipedInputStream` anlegt. Die Daten, die `PipedOutputStream` über `write()` schreiben soll, gelangen direkt zum Puffer des Eingabestroms. Werfen wir einen kurzen Blick auf die relevanten Teile der Implementierung:

Kommunikation zwischen Threads mit Pipes * | **17.7**

```java
class PipedOutputStream extends OutputStream
{
  private PipedInputStream sink;

  public PipedOutputStream( PipedInputStream snk )
    throws IOException
  {
    /* Auskommentierte Fehlerbehandlung */
    sink = snk;
    snk.in = -1;
    snk.out = 0;
    snk.connected = true;
  }

  public void write( int b )  throws IOException
  {
    if ( sink == null )
      throw new IOException( "Pipe not connected" );

    sink.receive( b );
  }
}
```

Der `PipedInputStream` nutzt intern einen Puffer von standardmäßig 1.024 Elementen. Das bedeutet: Der Schreibende kann standardmäßig bis zu 1.024 Byte (oder Zeichen bei `Piped-Reader`) produzieren, bis die Kommunikation stoppen muss. Denn mit dieser Größe ist der Puffer voll und der Produzent blockiert; der Lesende muss den Puffer erst leeren, damit der Konsument weiterarbeiten darf. Umgekehrt bedeutet dies, dass der lesende Thread bei ungenügend vielen Zeichen warten muss, bis der Schreiber die nötige Anzahl hinterlegt hat. Dafür wird intern mittels Thread-Synchronisation gearbeitet. Lebt die andere Seite nicht mehr, gibt es eine `IOException`.

Seit Java 6 lässt sich die Größe über einen Konstruktor wie `PipedInputStream(int pipe-Size)`, `PipedInputStream(PipedOutputStream src, int pipeSize)`, `PipedReader(int pipe-Size)` oder `PipedReader(PipedWriter src, int pipeSize)` setzen.

17.7.2 »PipedWriter« und »PipedReader«

Die Klassen `PipedWriter` und `PipedReader` sind die char-Varianten für die sonst byte-orientierten Klassen `PipedOutputStream` und `PipedInputStream`. Diese sollen uns als Beispiel dienen. Zwei Threads arbeiten miteinander und tauschen Daten aus. Der eine Thread produziert Zufallszahlen, die ein anderer Thread auf dem Bildschirm darstellt:

Listing 17.18 com/tutego/insel/io/stream/PipeDemo.java, PipeRandomWriter

```java
package com.tutego.insel.io.stream;

import java.io.*;
```

17 | Datenströme

```java
class PipeRandomWriter extends PipedWriter implements Runnable
{
  @Override public void run()
  {
    while ( true ) {
      try
      {
        write( String.format("%f%n", Math.random()) );
        Thread.sleep( 200 );
      }
      catch ( Exception e ) { e.printStackTrace(); }
    }
  }
}
```

Die Klasse ist eine Spezialisierung von `PipedWriter` und produziert in `run()` endlos Zufallszahlen, die in den Ausgabestrom vom `PipedWriter` geschoben werden. Der `PipeRandomReader` wiederum ist ein `PipedReader`, der über einen `BufferedReader` alle geschriebenen Zeilen ausliest:

Listing 17.19   com/tutego/insel/io/stream/PipeDemo.java, PipeRandomReader

```java
class PipeRandomReader extends PipedReader implements Runnable
{
  @Override public void run()
  {
    BufferedReader br = new BufferedReader( this );

    while ( true )
      try
      {
        System.out.println( br.readLine() );
      }
      catch ( IOException e ) { e.printStackTrace(); }
  }
}
```

Das Hauptprogramm erzeugt die beiden spezialisierten Pipes und verbindet sie. Danach werden die Threads gestartet:

Listing 17.20   com/tutego/insel/io/stream/PipeDemo.java, PipeDemo

```java
public class PipeDemo
{
  public static void main( String[] args ) throws Exception
  {
    PipeRandomWriter out = new PipeRandomWriter();
    PipeRandomReader in  = new PipeRandomReader();
    in.connect( out );

    new Thread( out ).start();
```

894

```
    new Thread( in ).start();
  }
}
```

17.8   Datenkompression *

Damit Daten weniger Platz auf dem Datenträger einnehmen, werden sie komprimiert. Bei Netzwerkverbindungen ist die logische Konsequenz, dass weniger Daten natürlich auch schneller übertragen werden. Über alle Plattformen hinweg haben sich Standards gebildet. Zwei Kompressionsstandards sollen an dieser Stelle beschrieben werden.

compress/uncompress, GZip/GunZip

Seitdem der LZW-Algorithmus im Juni 1984 im IEEE-Journal beschrieben wurde, gibt es in jedem Unix-System die Dienstprogramme *compress* und *uncompress*, die verlustfrei Daten zusammenpacken und wieder auspacken.[4] *gzip* und *gunzip*[5] sind freie Unix-Tools von compress/uncompress und unterliegen der GNU Public License. Das Format enthält eine zyklische Überprüfung bezüglich defekter Daten. Die Endung einer Datei, die mit gzip gepackt ist, ist mit *.gz* angegeben, wobei die Endung unter compress nur *.Z* ist. gzip behält die Rechte und Zeitattribute der Dateien bei.

Zip

Das Dienstprogramm *zip* bündelt in einem Archiv mehrere Dateien und kann die hierarchische Struktur der Ordner erhalten. Auf jede Datei im Zip-Archiv lässt sich anschließend individuell zugreifen. Programme wie WinZip oder 7-Zip können unter Windows Zip-Dateien verarbeiten. Obwohl Zip und GZip von der Anwendung her unterschiedlich arbeiten – GZip stellt einen Filter dar, der einen Datenstrom komprimiert –, verwenden sie denselben Algorithmus. Beide basieren auf Algorithmen, die im RFC 1952 definiert sind.

Es gibt auch unkomprimierte Zip-Archive (allerdings selten). Ein Beispiel dafür sind die Java-Archive des frühen Internet Explorers. Die größte Datei ist unkomprimiert 5,3 MB groß, gepackt wäre sie 2 MB schwer. Sie wurden aus Gründen der Geschwindigkeit nicht gepackt, da sich die Daten aus unkomprimierten Archiven schneller lesen lassen, weil keine Prozessorleistung für das Entpacken aufzuwenden ist.

Das Archivformat und Archivierungsprogramm »tar«

Das unter Unix-Systemen bekannte Dienstprogramm *tar*[6] bündelt mehrere Dateien zu einer neuen Datei, ohne sie zu komprimieren. Das Ergebnis, ein Tar-Archiv, wird oft anschließend

---

4 Interessanterweise wurde danach der LZW-Algorithmus von der Sperry Company patentiert – dies zeigt eigentlich, wie unsinnig das Patentrecht in den USA ist.

5 Gibt es sogar für den C=64: *http://www.cs.tut.fi/~albert/Dev/gunzip/*

6 »tar« steht für *tape archiver*, was übersetzt *Bandarchivierer* heißt.

mit dem Tool gzip beziehungsweise bzip2 gepackt. Die Endung ist dann *.tar.Z*. Werden mehrere Daten erst in einem Tar-Archiv zusammengefasst und dann gepackt, ist die Kompressionsrate höher, als wenn jede Datei einzeln komprimiert wird. Der Grund ist simpel: Das Kompressionsprogramm kann die Redundanz besser ausnutzen. Der Nachteil ist freilich, dass für eine Datei gleich das ganze Tar-Archiv ausgepackt werden muss.

17.8.1 Java-Unterstützung beim Komprimieren

Unter Java ist ein Paket `java.util.zip` eingerichtet, um mit komprimierten Dateien zu operieren. Das Paket bietet zur Komprimierung zwei allgemein gebräuchliche Formate: GZip/GunZip zum Komprimieren beziehungsweise Entkomprimieren von Datenströmen und Zip zum Behandeln von Archiven und zum Komprimieren von Dateien. Auch wird das eigene Archiv-Format Jar (Java **Ar**chive) durch das Paket `java.util.jar` unterstützt. Jar ist eine Erweiterung des Zip-Formats. Speziell Klassendateien in Java-Archiven können durch `java.util.jar.Pack200` noch höher komprimiert werden.

Tar-Archive werden nicht unterstützt, doch gibt es eine Reihe freier Implementierungen, unter anderem von der Apache Software Foundation: *http://tutego.de/go/tarcvs*; sie definieren Ein- und Ausgabeströme. Für BZip2 bietet die Apache Foundation Unterstützung über das Paket *Commons Compress* (*http://tutego.de/go/bzip2*). Neben der Unterstützung durch das Paket `java.util.zip` für GZip-Ströme und Zip-Dateien ist *TrueZIP* (*https://truezip.dev.java.net/*) eine sehr interessante Open-Source-Bibliothek, die die Behandlung von Archiven stark vereinfacht.

17.8.2 Datenströme komprimieren

Zum Packen und Entpacken von Strömen wird GZip verwendet. Wir sehen uns im Folgenden die Datenströme `java.util.zip.GZIPInputStream` (ein spezieller `FilterInputStream`) und `java.util.zip.GZIPOutputStream` (ein `FilterOutputStream`) genauer an.

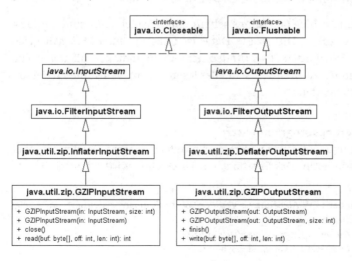

Daten packen

Das Paket `java.util.zip` bietet zwei Unterklassen von `FilterOutputStream`, die das Schreiben komprimierter Daten ermöglichen: `GZIPOutputStream` und `ZipOutputStream`. Um Daten unter dem GZip-Algorithmus zu packen, müssen wir einfach einen vorhandenen Datenstrom zu einem `GZIPOutputStream` erweitern. Die Klasse `ZipOutputStream` dient Zip-Archiven, denen wir uns später widmen werden.

```
OutputStream fos    = new FileOutputStream( file );
OutputStream zipout = new GZIPOutputStream( fos );
```

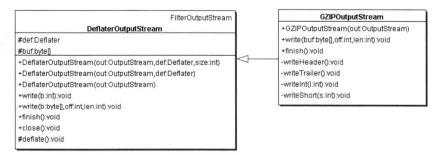

```
class java.util.zip.GZIPOutputStream
extends DeflaterOutputStream
```

▶ `GZIPOutputStream( OutputStream out )`
Erzeugt einen packenden Datenstrom mit der voreingestellten Puffergröße von 512 Byte.

▶ `GZIPOutputStream( OutputStream out, int size )`
Erzeugt einen packenden Datenstrom mit einem Puffer der Größe `size`.

GZip-Kommandozeilenprogramm

Das folgende Programm soll eine Datei nach dem GZip-Format packen. Es verhält sich in der Arbeitsweise ähnlich wie das unter Unix bekannte Programm *gzip*:

Listing 17.21 com/tutego/insel/io/zip/gzip.java

```java
package com.tutego.insel.io.zip;

import java.io.*;
import java.util.zip.*;

public class gzip
{
  public static void main( String[] args )
  {
    if ( args.length != 1 ) {
      System.err.println( "Benutzung: gzip <source>" );
      return;
    }
```

```java
    OutputStream os = null;
    InputStream  is = null;

    try
    {
      os = new GZIPOutputStream( new FileOutputStream( args[0] + ".gz" ) );
      is  = new FileInputStream( args[0] );

      byte[] buffer = new byte[ 8192 ];

      for ( int length; (length = is.read(buffer)) != -1; )
        os.write( buffer, 0, length );
    }
    catch ( IOException e )
    {
      System.err.println( "Fehler: Kann nicht packen " + args[0] );
    }
    finally
    {
      if ( is != null ) try { is.close(); } catch ( IOException e ) { }
      if ( os != null ) try { os.close(); } catch ( IOException e ) { ↄ
        e.printStackTrace(); }
    }
  }
}
```

Das Programm prüft zuerst, ob ein Argument auf der Kommandozeile vorhanden ist. Aus diesem Argument konstruiert es einen Dateinamen mit der Endung *.gz*. Der Dateiname bekommt der Konstruktor von `FileOutputStream`. Den `OutputStream` dekoriert anschließend der `GZIPOutputStream`. Die read()-Methode vom `FileInputStream` liest Block für Block aus der Datei und schreibt die gelesenen Segmente in den `GZIPOutputStream`, der die Daten komprimiert.

Daten entpacken

Um die Daten zu entpacken, müssen wir nur den umgekehrten Weg beschreiten. Zum Einsatz kommt hier eine der beiden Unterklassen von `FilterInputStream`. Wieder wickeln wir um einen `InputStream` einen `GZIPInputStream` und lesen dann daraus.

```
class java.util.zip.GZIPInputStream
extends InflaterInputStream
```

▶ GZIPInputStream(InputStream in, int size)
Erzeugt einen auspackenden Datenstrom mit einem Puffer der Größe `size`.

▶ GZIPInputStream(InputStream in)
Erzeugt einen auspackenden Datenstrom mit der voreingestellten Puffergröße von 512 Byte.

Datenkompression * | **17.8**

GunZip-Kommandozeilenprogramm

Zum Java-Programm *gzip* wollen wir eine zweite Anwendung hinzunehmen, die sich so verhält, wie das unter Unix bekannte Kommandozeilenprogramm *gunzip*:

Listing 17.22 com/tutego/insel/io/zip/gunzip.java

```java
package com.tutego.insel.io.zip;

import java.io.*;
import java.util.zip.*;

public class gunzip
{
  public static void main( String[] args )
  {
    if ( args.length != 1 ) {
      System.err.println( "Benutzung: gunzip <source>" );
      return;
    }

    String source, destination;

    if ( args[0].toLowerCase().endsWith(".gz") ) {
      source      = args[0];
      destination = source.substring( 0, source.length() - 3 );
    }
    else {
      source      = args[0] + ".gz";
      destination = args[0];
    }

    InputStream  is = null;
    OutputStream os = null;

    try
    {
      is = new GZIPInputStream( new FileInputStream(source) );
      os = new FileOutputStream( destination );

      byte[] buffer = new byte[ 8192 ];

      for ( int length; (length = is.read(buffer)) != -1; )
        os.write( buffer, 0, length );
    }
    catch ( IOException e )
    {
      System.err.println( "Fehler: Kann nicht entpacken " + args[0] );
    }
    finally
    {
```

899

```
        if ( os != null ) try { os.close(); } catch ( IOException e ) {
          e.printStackTrace();
        }
        if ( is != null ) try { is.close(); } catch ( IOException e ) {
          e.printStackTrace();
        }
      }
    }
}
```

Endet die Datei mit *.gz*, so entwickeln wir daraus den herkömmlichen Dateinamen. Endet sie nicht mit diesem Suffix, so nehmen wir einfach an, dass die gepackte Datei diese Endung besitzt, der Benutzer dies aber nicht angegeben hat. Nach dem Zusammensetzen des Dateinamens holen wir von der gepackten Datei einen `FileInputStream` und packen einen `GZIPInputStream` darum. Nun öffnen wir die Ausgabedatei und schreiben in Blöcken zu 8 KiB die Datei vom `GZIPInputStream` in die Ausgabedatei.

17.8.3 Zip-Archive

Der Zugriff auf die Daten eines Zip-Archivs unterscheidet sich schon deshalb vom Zugriff auf die Daten eines GZip-Streams, weil diese in Form eines Archivs vorliegen. Unter Zip wird jede eingebettete Datei einzeln und unabhängig komprimiert. Wurden etwa über Tar vorher alle Dateien in ein unkomprimiertes Archiv übernommen, kann der Packalgorithmus GZip beim Packen dieser Dateisammlung bessere Ergebnisse erzielen, als wenn – wie beim Zip-Verfahren – alle Dateien einzeln gepackt würden.

Die Klassen »ZipFile« und »ZipEntry«

Objekte der Klasse `ZipFile` repräsentieren ein Zip-Archiv. Die Einträge im Zip-Archiv sind Dateien und Ordner, die Java durch die Klasse `ZipEntry` darstellt. Liegt einmal ein `ZipEntry`-Objekt vor, können ihm durch verschiedene Methoden Dateiattribute entlockt werden, beispielsweise die Originalgröße, das Kompressionsverhältnis, das Datum, wann die Datei angelegt wurde, und Weiteres. Auch kann ein Datenstrom erzeugt werden, sodass sich eine komprimierte Datei im Archiv lesen und schreiben lässt.

Um auf die Dateien eines Archivs zuzugreifen, muss zunächst ein `ZipFile`-Objekt erzeugt werden.

```
class java.util.zip.ZipFile
```

▶   `ZipFile( String name ) throws ZipException, IOException`
    `ZipFile( File file ) throws ZipException, IOException`
    Öffnet ein Zip-Archiv zum Lesen über den Dateinamen oder das `File`-Objekt.

▶   `ZipFile( File file, int mode ) throws ZipException, IOException`
    Öffnet ein Zip-Archiv mit dem gegebenen `File`-Objekt. Der Modus `ZipFile.OPEN_READ` oder `ZipFile.OPEN_READ|ZipFile.OPEN_DELETE` bestimmt den Zugriff auf das Archiv.

Eine `ZipException` ist eine Unterklasse von `IOException`.

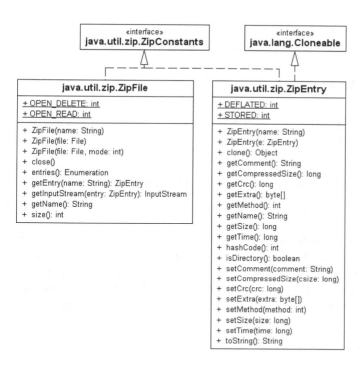

Die im Zip-Archiv abgelegten Dateien oder Verzeichnisse, also die ZipEntry-Einträge, können auf zwei Arten ermittelt werden:

▶ Die Methode entries() von ZipFile liefert eine Aufzählung von ZipEntry-Einträgen. Genauer gesagt ist der Rückgabetyp Enumeration<? extends ZipEntry>.

▶ Ist der Name der komprimierten Datei oder des Ordners bekannt, liefert getEntry(String) sofort ein ZipEntry-Objekt.

Beispiel Iteriere durch die Einträge eines Archivs, und gib die Namen aus: [zB]

```
ZipFile zf = new ZipFile( "foo.zip" );
for ( Enumeration<? extends ZipEntry> e = zf.entries(); e.hasMoreElements(); )
{
  ZipEntry entry = e.nextElement();
  System.out.println( entry.getName() );
}
```

Mit Collections.list() lässt sich die Schleife mit einem erweiterten for verkürzen. Die folgenden Beispiele nutzen diese Möglichkeit.

class java.util.zip.**ZipFile**

▶ ZipEntry getEntry(String name)
Liefert eine Datei aus dem Archiv. Liefert null, wenn kein Eintrag mit dem Namen existiert.

17 | Datenströme

▶ `Enumeration<? extends ZipEntry> entries()`
Gibt eine Aufzählung des Zip-Archivs in Form von `ZipEntry`-Objekten zurück.

▶ `String getName()`
Liefert den Pfadnamen des Zip-Archivs.

▶ `int size()`
Gibt die Anzahl der Einträge im Zip-Archiv zurück.

▶ `void close() throws IOException`
Schließt das Zip-Archiv.

Eine `IllegalStateException` ist bei `getEntry()` und `entries()` die Folge, wenn das Zip-Archiv schon geschlossen wurde.

Das Objekt »ZipEntry« und die Datei-Attribute

Ein `ZipEntry`-Objekt repräsentiert eine Datei oder ein Verzeichnis eines Archivs. Diese Datei kann gepackt (dafür ist die Konstante `ZipEntry.DEFLATED` reserviert) oder auch ungepackt sein (angezeigt durch die Konstante `ZipEntry.STORED`). Auf dem Objekt können verschiedene Attribute gesetzt und abgefragt werden. Dadurch lassen sich Statistiken über Kompressionsraten und Weiteres ermitteln:

Listing 17.23 com/tutego/insel/io/zip/ZipListDemo.java, main()

```
ZipFile zipFile = new ZipFile( file );
for ( ZipEntry entry : Collections.list( zipFile.entries() ) )
  System.out.printf( "%s%-54s   Größe: %6d   Gepackt: %6d   %tc%n",
                     entry.isDirectory() ? "+" : " ",
                     entry.getName(),
                     entry.getSize(),
                     entry.getCompressedSize(),
                     entry.getTime() );
```

Die Ausgabe könnte zum Beispiel sein:

```
+a/            Größe:      0   Gepackt:      0   Do Mai 24 10:13:46 CEST 2007
 a/a.html      Größe:  42924   Gepackt:   6962   Do Mai 24 10:03:20 CEST 2007
 a/links.xml   Größe:  18900   Gepackt:   1406   Do Mai 24 10:03:20 CEST 2007
```

```
class java.util.zip.ZipEntry
implements Cloneable
```

▶ `String getName()`
Liefert den Namen des Eintrags.

▶ `void setTime( long time )`
Ändert die Modifikationszeit des Eintrags.

▶ `long getTime()`
Liefert die Modifikationszeit des Eintrags oder –1, wenn diese nicht angegeben ist.

▶ void setSize(long size)
Setzt die Größe der unkomprimierten Datei. Wir werden mit einer IllegalArgumentException bestraft, wenn die Größe kleiner 0 oder größer 0xFFFFFFFF ist.

▶ long getSize()
Liefert die Größe der unkomprimierten Datei oder –1, falls diese unbekannt ist.

▶ long getCrc()
Liefert die CRC-32-Checksumme der unkomprimierten Datei oder –1, falls diese unbekannt ist.

▶ void setMethod(int method)
Setzt die Kompressionsmethode entweder auf STORED oder auf DEFLATED.

▶ int getMethod()
Liefert die Kompressionsmethode. Die Rückgabe ist entweder STORED, DEFLATED oder –1, falls unbekannt.

▶ void setExtra(byte[] extra)
Setzt das optionale Zusatzfeld für den Eintrag. Übersteigt die Größe des Zusatzfelds 0xFFFF Byte, dann wird eine IllegalArgumentException ausgelöst.

▶ byte[] getExtra()
Liefert das Extrafeld oder null, falls es nicht belegt ist.

▶ void setComment(String comment)
Setzt einen Kommentar-String, der 0xFFFF Zeichen lang sein darf (sonst wird eine IllegalArgumentException ausgelöst).

▶ String getComment()
Gibt den Kommentar oder null zurück.

▶ long getCompressedSize()
Liefert die Dateigröße nach dem Komprimieren oder –1, falls diese unbekannt ist. Ist der Kompressionstyp ZipEntry.STORED, dann stimmt diese Größe natürlich mit dem Rückgabewert von getSize() überein.

▶ boolean isDirectory()
Liefert true, falls der Eintrag ein Verzeichnis ist. Der Name der Datei endet mit einem Slash (/).

Auch überschreibt ZipEntry die Methoden toString(), hashCode() und clone() aus Object.

Dateien auspacken

Um Dateien auszupacken, bietet die Java-Bibliothek zwei Möglichkeiten. Die erste ist, mittels getInputStream(ZipEntry) ein InputStream-Objekt zu holen und dann auf den Inhalt der Datei zuzugreifen (es ist bemerkenswert, dass getInputStream() keine Methode von ZipEntry ist, sondern von ZipFile). Die andere Variante arbeitet über ZipInputStream, einen Weg, den wir hier nicht weiter beschreiben.

17 | Datenströme

[zB] **Beispiel** Liegt im Archiv *moers.zip* die gepackte Datei *DerAlteSack.png*, dann gelangen wir mit folgenden Zeilen an deren entpackten Inhalt:

```
ZipFile    zipFile = new ZipFile( "moers.zip" );
ZipEntry   entry   = zipFile.getEntry( "DerAlteSack.png" );
InputStream is      = zipFile.getInputStream( entry );
```

```
class java.util.zip.ZipFile
```

▶ `InputStream getInputStream( ZipEntry entry ) throws IOException`
  Gibt einen Eingabestrom zurück, mit dem auf den Inhalt einer Datei zugegriffen werden kann. Es folgt eine `IllegalStateException`, wenn das Zip-Archiv schon geschlossen wurde.

Ein Archiv Datei für Datei entpacken

Damit ein Java-Programm das gesamte Zip-Archiv entpackt, lässt sich mit der Aufzählung von `entries()` durch das Archiv laufen und für jeden Eintrag eine Datei oder ein Verzeichnis erzeugen. Das Speichern soll eine eigene Methode `extractEntry(ZipFile, ZipEntry, String)` übernehmen, die zunächst erkennt, ob es sich bei der Datei im Zip-Archiv um ein Verzeichnis handelt oder nicht:

▶ Liefert das `ZipEntry`-Objekt bei `isDirectory()` ein `true`, dann legen wir nur einen Ordner mittels `mkdirs()` an und keine Datei.

▶ Steht das `ZipEntry` für eine Datei, kann diese in einem Unterordner stehen, und es müssen ebenfalls die nötigen Ordner angelegt werden. Nachdem für ein Ziel ein `FileOutput-Stream` angelegt wurde, lassen sich alle `ZipFile`-**Bytes** von `getInputStream(ZipEntry)` kopieren:

Listing 17.24 com/tutego/insel/io/zip/unzip.java

```java
package com.tutego.insel.io.zip;

import java.util.zip.*;
import java.io.*;
import java.util.*;

public class unzip
{
  private static final byte[] buffer = new byte[ 0xFFFF ];

  public static void main( String[] args )
  {
    if ( args.length != 2 )
      System.out.println( "Benutzung: unzip <zipfile> <destination>" );
    else
    {
      try
      {
        ZipFile zipFile = new ZipFile( args[0] );
```

```java
      for ( ZipEntry entry : Collections.list( zipFile.entries() ) )
      {
        System.out.print( entry.getName() + "." );
        extractEntry( zipFile, entry, args[1] );
        System.out.println( ".. entpackt" );
      }
    }
    catch ( FileNotFoundException e )
    {
      System.err.println( "Fehler: ZipFile nicht gefunden!" );
    }
    catch ( IOException e )
    {
      System.err.println( "Fehler: Allgemeiner Ein-/Ausgabefehler!" );
    }
  }
}


private static void extractEntry( ZipFile zipFile, ZipEntry entry, String destDir )
  throws IOException
{
  File file = new File( destDir, entry.getName() );

  if ( entry.isDirectory() )
    file.mkdirs();
  else
  {
    new File( file.getParent() ).mkdirs();

    InputStream  is = null;
    OutputStream os = null;

    try
    {
      is = zipFile.getInputStream( entry );
      os = new FileOutputStream( file );

      for ( int len; (len = is.read(BUFFER)) != -1; )
        os.write( BUFFER, 0, len );
    }
    finally
    {
      if ( os != null ) os.close();
      if ( is != null ) is.close();
    }
  }
}
```

17 | Datenströme

Einträge dem Zip-Archiv hinzufügen

Das Hinzufügen von Dateien zu einem Zip-Archiv unterscheidet sich ein wenig vom Lesen der Dateien, da hier die Klasse `ZipFile` nicht benötigt wird. Im Mittelpunkt steht die Klasse `ZipOutputStream` mit zwei Schritten:

1. Ein `ZipOutputStream` wird aufgebaut, etwa über `new ZipOutputStream(new FileOutputStream(zipfile)`.

2. `new ZipEntry(String)` oder `new ZipEntry(ZipEntry)` erzeugt einen Archiv-Eintrag, und `putNextEntry(ZipEntry)` verbindet diesen mit dem `ZipOutputStream`. Nach dem Schreiben schließt `closeEntry()` das Hinzufügen ab.

Erzeugt `ZipOutputStream` eine Datei, lässt sich die Kompressionsrate über die Methode `setLevel(int)` einstellen. Der Level ist eine Zahl zwischen 0 und 9. Die Kompression übernimmt ein `Deflater`-Objekt, das im `DeflaterOutputStream` (die Oberklasse von `ZipOutputStream`) verwaltet wird. So ruft `ZipOutputStream` lediglich vom `Deflater` die Methode `setLevel()` auf.

17.8.4 Jar-Archive

Jar-Archive sind mit Zip-Archiven vergleichbar, mit dem Unterschied, dass sie eine Manifest-Datei beinhalten. Die Arbeitsweise und der Zugriff auf die Einträge sind daher denen der Zip-Dateien sehr ähnlich. Die Klasse `java.util.jar.JarFile` repräsentiert ein Jar-Archiv, und ein `java.util.jar.JarEntry` ist ein Eintrag in dem Archiv. `JarFile` ist eine Unterklasse von `ZipFile` und `JarEntry` eine Unterklasse von `ZipEntry`.

17.9   Prüfsummen

Damit Fehler bei Dateien oder bei Übertragungen von Daten auffallen, werden vor der Übertragung *Prüfsummen* (engl. *checksum*) gebildet und mit dem Paket versendet. Der Empfänger berechnet diese Prüfsumme neu und vergleicht sie mit dem übertragenen Wert. Stimmt der berechnete Wert mit dem übertragenen überein, so war die Übertragung höchstwahrscheinlich in Ordnung. Es sollte ziemlich unwahrscheinlich sein, dass eine Änderung einzelner Bits nicht auffällt. Prüfsummen erkennen auch beschädigte Archive. Pro Datei wird eine Prüfsumme berechnet. Soll die Datei entpackt werden, so errechnen wir wieder die Summe. Ist diese fehlerhaft, muss auch die Datei fehlerhaft sein (wir wollen hier ausschließen, dass zufälligerweise die Prüfsumme fehlerhaft ist, was natürlich ebenfalls der Fall sein kann).

17.9.1 Die Schnittstelle Checksum

Wir finden Zugang zur Prüfsummenberechnung über die Schnittstelle `java.util.zip.Checksum`, die für ganz allgemeine Prüfsummen steht. Eine Prüfsumme wird entweder für ein Feld oder ein Byte berechnet. `Checksum` liefert die Schnittstelle zum Initialisieren und Auslesen von Prüfsummen, die die konkreten Prüfsummen-Klassen implementieren müssen.

```
interface java.util.zip.Checksum
```

- `long getValue()`
  Liefert die aktuelle Prüfsumme.
- `void reset()`
  Setzt die aktuelle Prüfsumme auf einen Anfangswert.
- `void update( int b )`
  Aktualisiert die aktuelle Prüfsumme mit b.
- `void update( byte[] b, int off, int len )`
  Aktualisiert die aktuelle Prüfsumme mit dem Feld.

Die Standardbibliothek bietet bisher zwei Klassen für die Prüfsummenberechnung als Implementierungen von `Checksum`:

- `java.util.zip.CRC32`: CRC-32 basiert auf einer zyklischen Redundanzprüfung und testet etwa Zip-Archive oder PNG-Grafiken.
- `java.util.zip.Adler32`: Die Berechnung von CRC-32-Prüfsummen kostet – obwohl in C programmiert – viel Zeit. Eine Adler-32-Prüfsumme kann wesentlich schneller berechnet werden und bietet ebenso eine geringe Wahrscheinlichkeit, dass Fehler unentdeckt bleiben.

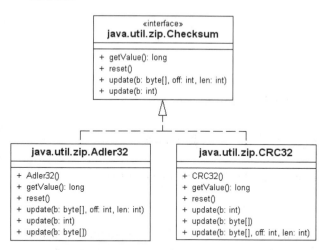

17.9.2 Die Klasse »CRC32«

Oft sind Polynome die Basis der Prüfsummenberechnung. Eine häufig für Dateien verwendete Prüfsumme ist CRC-32, und das bildende Polynom lautet:

$x^{32} + x^{26} + x^{23} + x^{22} + x^{16} + x^{12} + x^{11} + x^{10} + x^8 + x^7 + x^5 + x^4 + x^2 + x + 1$

Nun lässt sich zu einer 32-Bit-Zahl eine Prüfsumme berechnen, die genau für diese 4 Byte steht. Damit bekommen wir aber noch keinen ganzen Block kodiert. Um das zu erreichen, berechnen wir den Wert eines Zeichens und Xor-verknüpfen den alten CRC-Wert mit dem

17 | Datenströme

neuen. Jetzt lassen sich beliebig Blöcke sichern. Die Berechnung ist insgesamt sehr zeitauf-wändig, und Adler-32 stellt eine schnellere Alternative dar.

[zB]

Beispiel Die Klasse CRC32 berechnet eine Prüfsumme entweder für ein Byte oder für ein Feld. In aller Kürze sieht ein Programm zur Berechnung von Prüfsummen für Dateien dann folgendermaßen aus (in ist ein InputStream-Objekt):

```
CRC32 crc = new CRC32();
byte[] ba = new byte[ (int)in.available() ];
in.read( ba );
crc.update( ba );
in.close();
```

CRC32 implementiert nicht nur alle Methoden, sondern fügt noch zwei Methoden und natürlich einen Konstruktor hinzu.

```
class java.util.zip.CRC32
implements Checksum
```

▶ CRC32()
  Erzeugt ein neues CRC32-Objekt mit der Start-Prüfsumme 0.

▶ long getValue()
  Liefert den CRC32-Wert.

▶ void reset()
  Setzt die interne Prüfsumme auf 0.

▶ void update(byte[] b)
  Aktualisiert die Prüfsumme mit dem Feld durch Aufruf von update(b, 0, b.length).

▶ void update(int b)
  Implementiert update() aus Checksum für ein Byte. Nativ implementiert.

▶ void update(byte[] b, int off, int len)
  Implementiert update() aus Checksum für ein Feld. Nativ implementiert.

CRC eines Datenstroms berechnen

Eine Möglichkeit, die CRC32 eines Datenstroms zu berechnen, bestünde darin, einen Datenstrom entgegenzunehmen und anschließend so lange Byte-Folgen auszulesen, bis available() null liefert. An diesem Punkt lässt sich mit update() jeweils die Prüfsumme korrigieren. Bei großen Dateien ist es sicherlich angebracht, Blöcke einzulesen, die crc.update(byte[]) verarbeitet. Für diese Aufgabe verfügt die Java-Bibliothek über zwei Filter-Klassen: CheckedInputStream und CheckedOutputStream. Beide sind Filter, die existierende andere Streams ummanteln und gleichzeitig die Berechnung erledigen:

Listing 17.25 com/tutego/insel/io/CRC32Demo.java, main()

```
InputStream in = CRC32Demo.class.getResourceAsStream( "/lyrics.txt" );
try
{
```

908

```
    CRC32 crc = new CRC32();
    InputStream cis = new CheckedInputStream( in, crc );

    while ( cis.read() != -1 ) { /* Bis zum Ende */ }

    System.out.printf( "%X", crc.getValue() );          // F9A39CFC
  }
catch ( IOException e ) {
  e.printStackTrace();
}
finally {
  try { if ( in != null ) in.close(); } catch ( IOException e ) { ⊋
    e.printStackTrace(); }
}
```

17.9.3 Die Adler32-Klasse

Der Algorithmus Adler-32 ist nach seinem Programmierer Mark Adler benannt und im RFC 1950 beschrieben. Die Adler-32-Prüfsumme gilt für 32-Bit-Zahlen und setzt sich aus zwei Summen für ein Byte zusammen. $s1$ ist die Summe aller Bytes und $s2$ die Summe aller $s1$. Beide Werte werden Modulo 65521 genommen. Am Anfang ist $s1 = 1$ und $s2 = 0$. Die Prüfsumme speichert den Wert als $s2 * 65536 + s1$ in der MSB-Reihenfolge (most significant byte first, Netzwerkreihenfolge).

```
class java.util.zip.Adler32
implements Checksum
```

▶ `Adler32()`
Erzeugt ein neues `Adler32`-Objekt mit der Start-Prüfsumme 1.

▶ `long getValue()`
Liefert den `Adler32`-Wert.

▶ `void reset()`
Setzt die interne Prüfsumme auf 1.

Aus der Schnittstelle `Checksum` implementiert `Adler32` natürlich auch die `update()`-Methoden.

17.10   Persistente Objekte und Serialisierung

Objekte liegen zwar immer nur zur Laufzeit vor, doch auch nach dem Beenden der virtuellen Maschine soll ihre Struktur nicht verloren gehen. Gewünscht ist ein Mechanismus, der die Objektstruktur und Variablenbelegung zu einer bestimmten Zeit sicher (persistent) macht und an anderer Stelle wieder hervorholt und die Objektstruktur und Variablenbelegung restauriert. Im gespeicherten Datenformat müssen alle Informationen wie Objekttyp und Variablentyp enthalten sein, um später das richtige Wiederherstellen zu ermöglichen. Da Objekte oftmals weitere Objekte einschließen, müssen auch diese Unterobjekte gesichert werden (schreibe ich eine Liste mit Bestellungen, so ist die Liste ohne die referenzierten Objekte sinnlos). Genau dieser Mechanismus wird auch dann angewendet, wenn Objekte über das Netzwerk schwirren.[7] Die persistenten Objekte sichern also neben ihren eigenen Informationen auch die Unterobjekte – also die von der betrachtenden Stelle aus erreichbaren. Beim Speichern wird rekursiv ein Objektbaum durchlaufen, um eine vollständige Datenstruktur zu erhalten. Der doppelte Zugriff auf ein Objekt wird hier ebenso beachtet wie der Fall, dass zyklische Abhängigkeiten auftreten. Jedes Objekt bekommt dabei ein Handle, sodass es im Datenstrom nur einmal kodiert wird.

Unter Java SE lassen sich Objekte über verschiedene Ansätze automatisch persistent abbilden und speichern:

▶ **Standardserialisierung**: Die Objektstruktur und Zustände werden in einem binären Format gesichert. Das Verfahren wird auch *Java Object Serialization (JOS)* genannt – der Punkt, mit dem wir uns im Folgenden beschäftigen wollen. Die Standardserialisierung ist sehr wichtig bei entfernten Methodenaufrufen und weniger, um Dinge über einen langen Zeitraum abzuspeichern und dann irgendwann einmal wieder aus dem Schrank zu holen.

▶ **XML-Serialisierung über JavaBeans Persistence**: JavaBeans – und nur solche – können wir in einem XML-Format sichern. Eine Lösung ist die *JavaBeans Persistence (JBP)*, die ursprünglich für Swing gedacht war. Denn wenn der Zustand einer grafischen Oberfläche mit JOS binär persistiert wird, sind Änderungen an den Internas der Swing-API nicht so einfach möglich, da das Binärformat der JOS sehr eng mit dem Objektmodell verbunden ist. Das heißt, Objekte lassen sich mitunter nicht mehr aus dem Binärdokument rekonstruieren. JBP entkoppelt das, indem nur über Setter/Getter kommunziert wird und nicht auf internen Referenzen, die ein Implementierungsdetail sind, was sich jederzeit ändern kann. Heutzutage spielt JBP in der Praxis kaum eine Rolle.

▶ **XML-Abbildung über JAXB**: Mit *JAXB* steht eine zweite API zum Abbilden der Objektstruktur auf XML-Dokumente bereit. JAXB ist Teil der Standardbibliothek ab Version 6 und wird in Kapitel 18, »Die eXtensible Markup Language (XML)«, erklärt. Sie ist eine sehr wichtige Technologie, insbesondere für Web-Service-Aufrufe.

Die drei Möglichkeiten JOS, JBP und JAXB sind in Java SE schon eingebaut. Die Standardserialisierung erzeugt ein binäres Format und ist sehr stark auf Java ausgerichtet, sodass andere Systeme nicht viel mit den Daten anfangen können. XML ist als Format praktisch, da es auch von anderen Systemen verarbeitet werden kann. Ein anderes kompaktes Binärformat, welches auch Interoperabilität erlaubt, ist *Protocol Buffers (http://code.google.com/p/protobuf/)* von Google; das Unternehmen setzt es intern ein, wenn unterschiedliche Anwendungen Daten austauschen sollen.

Etwas weiter gedacht lassen sich auch Objekte in relationalen Datenbanken speichern, was sich *Objekt-relationales Mapping (OR-Mapping)* nennt. Das ist sehr anspruchsvoll, da die Objektmodelle und Tabellen so ganz anders sind. Die Java SE bietet zum OR-Mapping keine

---

7 Die Rede ist hier von RMI.

Persistente Objekte und Serialisierung | **17.10**

Unterstützung an, doch mit zusätzlichen Frameworks, wie der *JPA (Java Persistence API)*, ist das zu schaffen. Auch von Hand können die Objekte über JDBC in die Datenbank gebracht werden, was aber nicht zeitgemäß ist.

17.10.1 Objekte mit der Standard-Serialisierung speichern und lesen

Die Standard-Serialisierung bietet eine einfache Möglichkeit, Objekte persistent zu machen und später wiederherzustellen. Dabei werden die Objektzustände (keine statischen!) in einen Byte-Strom geschrieben (Serialisierung), woraus sie später wieder zu einem Objekt rekonstruiert werden können (Deserialisierung). Im Zentrum stehen zwei Klassen und ihre (De-)Serialisierungs-Methode:

▶ **Serialisierung**: Die Klasse `ObjectOutputStream` und die Methode `writeObject()`. Während der Serialisierung geht `ObjectOutputStream` die Zustände und Objektverweise rekursiv ab und schreibt die Zustände Schritt für Schritt in einen Ausgabestrom.

▶ **Deserialisierung**: Zum Lesen der serialisierten Objektzustände dient die Klasse `ObjectInputStream`. Ihre Methode `readObject()` findet den Typ des serialisierten Objekts und baut daraus zur Laufzeit das Zielobjekt auf.

ObjectOutputStream

An einem Beispiel lässt sich gut erkennen, wie ein `ObjectOutputStream` einen String und das aktuelle Tagesdatum in einen `OutputStream` speichert. Um die Daten in eine Datei zu holen, ist der `OutputStream` ein `FileOutputStream` für eine Datei *datum.ser*. Der Dateiname wird meist so gewählt, dass er mit *.ser* endet:

Listing 17.26   com/tutego/insel/io/ser/SerializeAndDeserializeDate.java, serialize()

```
OutputStream fos = null;

try
{
  fos = new FileOutputStream( filename );
  ObjectOutputStream o = new ObjectOutputStream( fos );
  o.writeObject( "Today" );
  o.writeObject( new Date() );
}
catch ( IOException e ) { System.err.println( e ); }
finally { try { fos.close(); } catch ( Exception e ) { e.printStackTrace(); } }
```

Allen Anfang bildet wie üblich ein `OutputStream`, der die Zustände der Objekte und Meta-Informationen aufnimmt. In unserem Fall ist das der `FileOutputStream`. Die Verbindung zwischen der Datei und dem Objektstrom durch die Klasse `ObjectOutputStream` geschieht über den Konstruktor, der einen `OutputStream` annimmt. `ObjectOutputStream` implementiert die Schnittstelle `ObjectOutput` und bietet so beispielsweise die Methode `writeObject()` zum Schreiben von Objekten. Damit wird das Serialisieren des String-Objekts (das »Today«) und des anschließenden Datum-Objekts zum Kinderspiel.

17 | Datenströme

```
class java.io.ObjectOutputStream
extends OutputStream
implements ObjectOutput, ObjectStreamConstants
```

▸ ObjectOutputStream(OutputStream out) throws IOException
Erzeugt einen ObjectOutputStream, der in den angegebenen OutputStream schreibt. Ein
Fehler kann von den Methoden aus dem OutputStream kommen.

▸ final void writeObject(Object obj) throws IOException
Schreibt das Objekt.

▸ void flush() throws IOException
Schreibt noch gepufferte Daten.

▸ void close() throws IOException
Schließt den Datenstrom. Die Methode muss aufgerufen werden, bevor der Datenstrom
zur Eingabe verwendet werden soll.

Die Methode writeObject() kann nicht nur bei Ein-/Ausgabefehlern eine IOException auslösen, sondern auch eine NotSerializableException, wenn das Objekt gar nicht serialisierbar ist, und eine InvalidClassException, wenn beim Serialisieren etwas falschläuft.

Objekte über die Standard-Serialisierung lesen

Aus den Daten im Datenstrom stellt der ObjectInputStream ein neues Objekt her und initialisiert die Zustände, wie sie geschrieben wurden. Wenn nötig, restauriert der ObjectInput-
Stream auch Objekte, auf die verwiesen wurde. Die Klasseninformationen müssen zur Lauf-
zeit vorhanden sein, weil bei der Serialisierung nur die Zustände, aber keine *.class*-Dateien
gesichert werden. Während des Lesens findet readObject() also bei unserem Beispiel den
String und das Datum. Der ObjectInputStream erwartet die Rohdaten wie üblich über einen
Eingabestrom. Kommen die Informationen aus einer Datei, verwenden wir den FileInput-
Stream:

Listing 17.27 com/tutego/insel/io/ser/SerializeAndDeserializeDate.java, deserialize ()

```
InputStream fis = null;

try
{
  fis = new FileInputStream( filename );

  ObjectInputStream o = new ObjectInputStream( fis );
  String string = (String) o.readObject();
  Date date     = (Date) o.readObject();

  System.out.println( string );
  System.out.println( date );
}
catch ( IOException e ) { System.err.println( e ); }
catch ( ClassNotFoundException e ) { System.err.println( e ); }
finally { try { fis.close(); } catch ( Exception e ) { } }
```

912

Die explizite Typumwandlung kann natürlich bei einer falschen Zuweisung zu einem Fehler führen. Bei generischen Typen ist diese Typanpassung immer etwas lästig.

```
class java.io.ObjectInputStream
extends InputStream
implements ObjectInput, ObjectStreamConstants
```

▶ `ObjectInputStream( InputStream out ) throws IOException`
  Erzeugt einen `ObjectInputStream`, der aus einem gegebenen `InputStream` liest.

▶ `final Object readObject() throws ClassNotFoundException, IOException`
  Liest ein `Object` und gibt es zurück. Eine `ClassNotFoundException` wird ausgelöst, wenn das Objekt zu einer Klasse gehört, die nicht auffindbar ist.

Die Schnittstellen »DataOutput« und »DataInput« *

Die Klasse `ObjectOutputStream` bekommt die Vorgabe für `writeObject()` aus einer Schnittstelle `ObjectOutput`, genauso wie `ObjectInputStream` die Operation `readObject()` aus `ObjectInput` implementiert. Bis auf die Standard-Serialisierung haben die Schnittstellen in Java keine weitere Verwendung.

Die Schnittstelle `ObjectOutput` erweitert selbst die Schnittstelle `DataOutput` um das Schreiben von Primitiven: `write(byte[])`, `write(byte[], int, int)`, `write(int)`, `writeBoolean(boolean)`, `writeByte(int)`, `writeBytes(String)`, `writeChar(int)`, `writeChars(String)`, `writeDouble(double)`, `writeFloat(float)`, `writeInt(int)`, `writeLong(long)`, `writeShort(int)` und `writeUTF(String)`. Das ist bei einer eigenen angepassten Serialisierung interessant, wenn wir selbst das Schreiben von Zuständen übernehmen. Umgekehrt schreibt die Schnittstelle `DataInput` Leseoperationen vor, die `ObjectInput` implementiert.

17.10.2 Zwei einfache Anwendungen der Serialisierung *

Im Folgenden wollen wir uns zwei Beispiele für die Serialisierung anschauen:

▶ Objektzustände zu verpacken, ist bei der Kommunikation über ein Netzwerk sehr sinnvoll. Die Serialisierung kann einfach die Zustände von einem Rechner auf den anderen übertragen.

▶ Serialisierung ist aber auch eine Möglichkeit, die Zustände als Byte-Feld etwa in eine Datenbank zu schreiben. Dabei werden wir sehen, dass der `ByteArrayOutputStream` eine nützliche Stream-Klasse ist.

Objekte über das Netzwerk schicken

Es ist natürlich wieder feines objektorientiertes Design, dass es der Methode `writeObject()` egal ist, wohin das Objekt geschoben wird. Dazu wird ja einfach dem Konstruktor von `ObjectOutputStream` ein `OutputStream` übergeben, und `writeObject()` delegiert dann das Senden der entsprechenden Einträge an die passenden Methoden der `Output`-Klasse. Im Beispiel `SerializeAndDeserializeDate` haben wir ein `FileOutputStream` benutzt. Es gibt aber noch

913

17 | Datenströme

eine ganze Menge anderer Klassen, die vom Typ `OutputStream` sind. So können die Objekte auch in einer Datenbank abgelegt beziehungsweise über das Netzwerk verschickt werden. Wie dies funktioniert, zeigen die nächsten Zeilen:

```
Socket s = new Socket( host, port );
OutputStream os = s.getOutputStream();
ObjectOutputStream oos = new ObjectOutputStream( os );
oos.writeObject( object );
oos.flush();
```

Über `s.getOutputStream()` gelangen wir an den Datenstrom. Dann sieht alles wie gewohnt aus. Da wir allerdings auf der Empfängerseite noch ein Protokoll ausmachen müssen, verfolgen wir diesen Weg der Objektversendung nicht weiter und verlassen uns vielmehr auf eine Technik, die sich *RMI* nennt.

Objekte in ein Byte-Feld schreiben

Die Klassen `ObjectOutputStream` und `ByteArrayOutputStream` sind zusammen zwei gute Partner, wenn es darum geht, eine Repräsentation eines Objekts im Speicher zu erzeugen und die geschätzte Größe eines Objekts herauszufinden.

```
Object o = ...;
ByteArrayOutputStream baos = new ByteArrayOutputStream();
ObjectOutputStream    oos  = new ObjectOutputStream( baos );
oos.writeObject( o );
oos.close();
byte[] array = baos.toByteArray();
```

Nun steht das Objekt im Byte-Feld. Wollten wir die Größe erfragen, müssten wir das Attribut `length` des Felds auslesen.

17.10.3 Die Schnittstelle »Serializable«

Bisher nahmen wir immer an, dass eine Klasse weiß, wie sie geschrieben wird. Das funktioniert wie selbstverständlich bei vielen vorhandenen Klassen, und so müssen wir uns bei `writeObject(new Date())` keine Gedanken darüber machen, wie die Bibliothek das Datum schreibt und auch wieder liest.

Damit Objekte serialisiert werden können, müssen die Klassen die Schnittstelle `Serializable` implementieren. Diese Schnittstelle enthält keine Methoden und ist nur eine *Markierungsschnittstelle* (engl. *marker interface*). Implementiert eine Klasse diese Schnittstelle nicht, folgt beim Serialisierungsversuch eine `NotSerializableException`. Eine Klasse wie `java.util.Date` implementiert somit `Serializable`, `Thread` jedoch nicht. Der Serialisierer lässt damit alle Klassen »durch«, die `instanceof Serializable` sind. Daraus folgt, dass alle Unterklassen einer Klasse, die serialisierbar ist, auch ihrerseits serialisierbar sind. So implementiert `java.lang.Number` – die Basisklasse der Wrapper-Klassen – die Schnittstelle `Serializable`, und die konkreten Wrapper-Klassen wie `Integer`, `BigDecimal` sind somit ebenfalls serialisierbar.

914

Hinweis Werden Exemplare einer nicht-statischen inneren Klasse serialisiert, die äußere Klasse implementiert aber nicht `Serializable`, gibt es einen Fehler, denn intern hält ein Objekt der inneren Klasse einen Verweis auf das Exemplar der äußeren Klasse. Statische innere Klassen machen das nicht, was das Problem mit der Serialisierung lösen kann. Das Datenvolumen kann natürlich groß werden, wenn schlanke, nicht-statische innere `Serializable`-Klassen in einer äußeren `Serializable`-Klasse liegen, die sehr viele Eigenschaften besitzt.

»Person« als Beispiel für eine serialisierbare Klasse

Wir wollen im Folgenden eine Klasse `Person` serialisierbar machen. Dazu benötigen wir das folgende Gerüst:

Listing 17.28 com/tutego/insel/io/ser/Person.java

```
package com.tutego.insel.io.ser;

import java.io.Serializable;
import java.util.Date;

public class Person implements Serializable
{
  static int BMI_OVERWEIGHT = 25;

  String name;
  Date    birthday;
  double bodyHeight;
}
```

Erzeugen wir ein `Person`-Objekt p und rufen `writeObject(p)` auf, so schiebt der `ObjectOutputStream` die Variablen-Belegungen (hier `name`, `birthday` und `bodyHeight`) in den Datenstrom.

Statische Variablen wie `BMI_OVERWEIGHT` werden nicht mit dem Standard-Serialisierungsmechanismus gesichert. Bevor durch Deserialisierung ein Objekt einer Klasse erzeugt wird, muss schon die Klasse geladen sein, was bedeutet, dass statische Variablen schon initialisiert sind. Wenn zwei Objekte wieder deserialisiert werden, könnte es andernfalls vorkommen, dass beide unterschiedliche Werte aufweisen. Was sollte dann passieren?

Hinweis Feld-Objekte sind standardmäßig serialisierbar – sie implementieren versteckt die Schnittstelle `Serializable`.

Nicht serialisierbare Objekte

Nicht alle Objekte sind serialisierbar. Zu den nicht serialisierbaren Klassen gehören zum Beispiel `Thread` und `Socket` und viele weitere Klassen aus dem `java.io`-Paket. Das liegt daran, dass nicht klar ist, wie zum Beispiel ein Wiederaufbau aussehen sollte. Wenn ein Thread etwa eine Datei zum Lesen geöffnet hat, wie soll der Zustand serialisiert werden, sodass er beim

17 | Datenströme

Deserialisieren auf einem anderen Rechner sofort wieder laufen und dort weitermachen kann, wo er mit dem Lesen aufgehört hat?

Ob Objekte als Träger sensibler Daten serialisierbar sein sollen, ist gut zu überlegen. Denn bei der Serialisierung der Zustände – es werden auch private Attribute serialisiert, an die zunächst nicht so einfach heranzukommen ist – öffnet sich die Kapselung. Aus dem Datenstrom lassen sich die internen Belegungen ablesen und auch manipulieren.

17.10.4 Nicht serialisierbare Attribute aussparen

Es gibt eine Reihe von Objekttypen, die sich nicht serialisieren lassen – technisch gesprochen implementieren diese Klassen die Schnittstelle `Serializable` nicht. Der Grund, dass nicht alle Klassen diese Schnittstelle implementieren, liegt zum Beispiel in der Sicherheit begründet. Ein Objekt, das Passwörter speichert, soll nicht einfach geschrieben werden. Da reicht es nicht, dass die Attribute privat sind, denn auch sie werden geschrieben. Der andere Punkt ist die Tatsache, dass sich nicht alle Zustände beim Deserialisieren wiederherstellen lassen. Was ist, wenn ein `FileInputStream` oder `Thread` serialisiert wird? Soll dann bei der Deserialisierung eine Datei geöffnet werden oder der Thread neu starten? Was ist, wenn die Datei nicht vorhanden ist? Da all diese Fragen ungeklärt sind, ist es am einfachsten, wenn die Klassen nicht serialisierbarer Objekte die Schnittstelle `Serializable` nicht implementieren.

Doch was soll geschehen, wenn ein Objekt geschrieben wird, das intern auf ein nicht serialisierbares Objekt – etwa auf einen Thread – verweist?

Die Serialisierung der folgenden Klasse führt zu einem Laufzeitfehler:

Listing 17.29   com/tutego/insel/io/ser/SerializeTransient.java, NotTransientNotSerializable

```
class NotTransientNotSerializable implements Serializable
{
  Thread t = new Thread();
//   transient Thread t = new Thread();
  String s = "Fremde sind Freunde, die man nur noch nicht kennengelernt hat.";
}
```

Der Fehler wird eine `NotSerializableException` sein:

```
Exception in thread "main" java.io.NotSerializableException: java.lang.Thread
    at java.io.ObjectOutputStream.writeObject0(ObjectOutputStream.java:1151)
    at java.io.ObjectOutputStream.defaultWriteFields(ObjectOutputStream.java:1504)
    at java.io.ObjectOutputStream.writeSerialData(ObjectOutputStream.java:1469)
at java.io.ObjectOutputStream.writeOrdinaryObject(ObjectOutputStream.java:1387)
at java.io.ObjectOutputStream.writeObject0(ObjectOutputStream.java:1145)
at java.io.ObjectOutputStream.writeObject(ObjectOutputStream.java:326)
at com.tutego.insel.io.ser.SerializeTransient.main(SerializeTransient.java:19)
```

Die Begründung dafür ist einfach: Ein Thread lässt sich nicht serialisieren.

916

Wollten wir ein Objekt vom Typ `NotTransientNotSerializable` ohne Thread serialisieren, müssen wir dem Serialisierungsmechanismus mitteilen: »Nimm so weit alle Objekte, aber nicht den Thread!«

Um Elemente bei der Serialisierung auszusparen, bietet Java zwei Möglichkeiten:

- ▶ ein spezielles Schlüsselwort: `transient`
- ▶ das Feld `private final ObjectStreamField[] serialPersistentFields = {...}`, das alle serialisierbaren Eigenschaften aufzählt

Statische Eigenschaften würden auch nicht serialisiert, aber das ist hier nicht unser Ziel.

Hinweis Ausnahmen sind standardmäßg serialisierbar, da `Throwable` die Schnittstelle `Serializable` implementiert. Denn gibt es Serverfehler bei entfernten Methodenaufrufen, so werden die Fehler gerne mit über die Leitung übertragen. Natürlich darf in dem Fall die zu serialisierende Ausnahme auch nur serialisierbare Attribute referenzieren.

[«]

Das Schlüsselwort »transient«

Um beim Serialisieren Attribute auszusparen, bietet Java den Modifizierer `transient`, der alle Attribute markiert, die *nicht* persistent sein sollen. Damit lassen wir die nicht serialisierbaren Kandidaten außen vor und speichern alles ab, was sich speichern lässt.

Beispiel Das `Thread`-Objekt hinter `t` soll nicht serialisiert werden:

`transient` Thread t;

[zB]

Die Variable »serialPersistentFields« *

Erkennt der Serialisierer in der Klasse eine private statische Feld-Variable `serialPersistent-Fields`, wird er die `ObjectStreamField`-Einträge des Feldes beachten und nur die dort aufgezählten Elemente serialisieren, egal, was `transient` markiert ist.

Beispiel Von einer Klasse sollen der String `s` und das Datum `date` serialisiert werden:

[zB]

```
private static final ObjectStreamField[] serialPersistentFields =
  new ObjectStreamField[]
{
  new ObjectStreamField( "s", String.class ),
  new ObjectStreamField( "date", Date.class )
};
```

17.10.5 Das Abspeichern selbst in die Hand nehmen

Die Java-Bibliothek realisiert intern ein Serialisierungs-Protokoll, das beschreibt, wie die Abbildung auf einen Bytestrom aussieht. Dieses »Object Serialization Stream Protocol«

17 | Datenströme

beschreibt Oracle unter *http://download.oracle.com/javase/6/docs/platform/serialization/spec/protocol.html* etwas genauer, aber Details sind normalerweise nicht nötig.

Es kann aber passieren, dass die Standard-Serialisierung nicht erwünscht ist, wenn zum Beispiel beim Zurücklesen weitere Objekte erzeugt werden sollen oder wenn beim Schreiben eine bessere Abbildung durch Kompression möglich ist.

Für diesen Fall müssen spezielle (private!) Methoden implementiert werden. Beide müssen die nachstehenden Signaturen aufweisen:

```
private synchronized void writeObject( java.io.ObjectOutputStream s )
  throws IOException
```

und

```
private synchronized void readObject( java.io.ObjectInputStream s )
  throws IOException, ClassNotFoundException
```

Die Methode `writeObject()` ist für das Schreiben verantwortlich. Ist der Rumpf leer, gelangen keine Informationen in den Strom, und das Objekt wird folglich nicht gesichert. `readObject()` wird während der Deserialisierung aufgerufen. Ist dieser Rumpf leer, werden keine Zustände rekonstruiert.

Mit diesen Methoden können wir also die Serialisierung selbst in die Hand nehmen und die Attribute so speichern, wie wir es für sinnvoll halten; eine Kompatibilität lässt sich erzwingen. Eine kleine Versionsnummer im Datenstrom könnte eine Verzweigung provozieren, in der die Daten der Version 1 oder andere Daten der Version 2 gelesen werden.

Beim Lesen können komplette Objekte wieder aufgebaut werden, und es lassen sich zum Beispiel nicht-transiente Objekte wiederbeleben. Stellen wir uns einen Thread vor, dessen Zustände beim Schreiben persistent gemacht werden, und beim Lesen wird ein Thread-Objekt wieder erzeugt und zum Leben erweckt.

Oberklassen serialisieren sich gleich mit

Wird eine Klasse serialisiert, so werden automatisch die Informationen der Oberklasse mitserialisiert. Hierbei gilt, dass wie beim Konstruktor erst die Attribute der Oberklasse in den Datenstrom geschrieben werden und anschließend die Attribute der Unterklasse. Insbesondere bedeutet dies, dass die Unterklasse nicht noch einmal die Attribute der Oberklasse speichern sollte. Das folgende Programm zeigt den Effekt:

Listing 17.30   com/tutego/insel/io/ser/WriteTop.java

```
import java.io.*;

class Base implements Serializable
{
  private void writeObject( ObjectOutputStream oos )
  {
    System.err.println( "Base" );
```

918

```java
  }
}

public class WriteTop extends Base
{
  public static void main( String[] args ) throws IOException
  {
    ObjectOutputStream oos = new ObjectOutputStream( System.out );
    oos.writeObject( new WriteTop() );
  }

  private void writeObject( ObjectOutputStream oos )
  {
    System.err.println( "Top" );
  }
}
```

In der Ausgabe von Eclipse sind die Ausgaben »Base« und »Top« in einer anderen Farbe dargestellt.

Doch noch den Standardserialisierer nutzen

Die Methoden readObject()/writeObject() arbeiten nach dem Alles-oder-nichts-Prinzip. Erkennt der Serialisierer, dass die Schnittstelle Serializable implementiert wird, fragt er die Klasse, ob sie die Methoden implementiert. Wenn nicht, beginnt bei der Serialisierung der Serialisierungsmechanismus eigenständig, die Attribute auszulesen und in den Datenstrom zu schreiben. Gibt es die readObject()/writeObject()-Methoden, so wird der Serialisierer diese aufrufen und nicht selbst die Objekte nach den Werten fragen oder die Objekte mit Werten füllen.

Doch die Arbeit des Serialisierers ist eine große Hilfe. Falls viele Attribute zu speichern sind, fällt viel lästige Arbeit beim Programmieren an, da für jedes zu speichernde Attribut der Aufruf einer writeXXX()-Methode und beim Lesen eine entsprechende readXXX()-Methode nötig sind. Aus diesem Dilemma gibt es einen Ausweg, weil der Serialisierer in den readObject()/writeObject()-Methoden auch nachträglich dazu verpflichtet werden kann, die nicht-transienten Attribute zu lesen oder zu schreiben. Die privaten Methoden readObject() und writeObject() bekommen als Argument ein ObjectInputStream und ein ObjectOutputStream, die über die entsprechenden Methoden verfügen.

Die Klasse ObjectOutputStream erweitert java.io.OutputStream unter anderem um die Methode defaultWriteObject(). Sie speichert die Attribute einer Klasse.

17 | Datenströme

```
class java.io.ObjectOutputStream
extends OutputStream
implements ObjectOutput, ObjectStreamConstants
```

▶ `public final void defaultWriteObject() throws IOException`
Schreibt alle nicht-statischen und nicht-transienten Attribute in den Datenstrom. Die Methode kann nur innerhalb einer privaten `writeObject()`-Methode aufgerufen werden; andernfalls erhalten wir eine `NotActiveException`.

Das Gleiche gilt für die Methode `defaultReadObject()` in der Klasse `ObjectInputStream`.

[»] **Hinweis** Die Standard-Deserialisierung hat mit finalen Variablen kein Problem. Wenn wir allerdings selbst `readObject()` aufrufen, können wir nicht problemlos finale Variablen initialisieren. Hier bietet sich an, auf `defaultReadObject()` zurückzugreifen oder abartig zu tricksen, was etwa nötig ist, wenn eine Variable `final` und `transient` ist, da ja transiente Variablen erst gar nicht von der Standardserialisierung berücksichtigt werden. Das Problem ist unter der Fehlernummer 6379948 (*http://bugs.sun.com/bugdatabase/view_bug.do?bug_id=6379948*) geführt und dort werden auch einige Lösungen präsentiert.

Beispiel für »defaultReadObject()«/»defaultWriteObject()« *

Unsere nächste Klasse `SpecialWomen` deklariert zwei Attribute: `name` und `alter`. Da manche Frauen über ihr Alter nicht sprechen wollen, soll `alter` nicht serialisiert werden; es ist transient. Wir implementieren eigene `readObject()`/`writeObject()`-Methoden, die den Standardserialisierer bemühen. Bei der Rekonstruktion über `readObject()` wird die Frau dann immer 30 bleiben:

Listing 17.31 com/tutego/insel/io/ser/SpecialWomen.java

```java
package com.tutego.insel.io.ser;

import java.io.*;

public class SpecialWomen implements Serializable
{
  private static final long serialVersionUID = 2584203323009771108L;

  String name = "Madonna";
  transient int age = 30;

  private void writeObject( ObjectOutputStream oos ) throws IOException
  {
    oos.defaultWriteObject();  // Schreib Name, aber kein Alter
  }

  private void readObject( ObjectInputStream ois ) throws IOException
  {
    try
    {
```

```
      ois.defaultReadObject(); // Lies Name, aber ohne Alter
      age = 30;
    }
    catch ( ClassNotFoundException e )
    {
      throw new IOException( "No class found. HELP!!" );
    }
  }
}
```

> **Hinweis** Es ist gar nicht so abwegig, nur eine `readObject()`-, aber keine `writeObject()`-Methode zu implementieren. In `readObject()` lässt ein `defaultReadObject()` alle Eigenschaften initialisieren und danach noch Initialisierungsarbeit ähnlich einem Konstruktor durchführen. Dazu zählen etwa die Initialisierung von transienten Attributen, die Registrierung von Listenern und Weiteres.

[«]

Der andere macht's: »writeReplace()« und »readResolve()« *

Eine Klasse muss die Serialisierung nicht selbst übernehmen, sondern kann die Arbeit abgeben. Dazu muss zum Schreiben eine Methode `writeReplace()` implementiert werden, die eine Referenz auf ein Objekt liefert, das das Schreiben übernimmt. Anregungen finden Leser unter *http://download.oracle.com/javase/6/docs/platform/serialization/spec/output.html#5324* sowie unter *http://www.galileocomputing.de/openbook/java2/kap_12.htm#t24* und *http://www.jguru.com/faq/view.jsp?EID=44039*.

17.10.6 Tiefe Objektkopien *

Implementieren Klassen die Markierungsschnittstelle `Serializable` und überschreiben sie die `clone()`-Methode von `Object`, so können sie eine Kopie der Werte liefern. Die üblichen Implementierungen liefern aber nur flache Kopien. Dies bedeutet, dass Referenzen auf Objekte, die von dem zu klonenden Objekt ausgehen, beibehalten und diese Objekte nicht extra kopiert werden. Als Beispiel kann die Datenstruktur `List` genügen, das `Map`-Objekte enthält. Ein Klon dieser Liste ist lediglich eine zweite Liste, deren Elemente auf die gleichen `Map`s zeigen.

Möchten wir das Verhalten ändern und eine tiefe Kopie anfertigen, so haben wir dank eines kleinen Tricks damit keine Mühe: Wir könnten das zu klonende Objekt einfach serialisieren und dann wieder auspacken. Die zu klonenden Objekte müssen dann neben `Cloneable` noch das `Serializable`-Interface implementieren:

Listing 17.32 com/tutego/insel/io/ser/Dolly.java, deepCopy()

```
@SuppressWarnings("unchecked")
public static <T> T deepCopy( T o ) throws Exception
{
  ByteArrayOutputStream baos = new ByteArrayOutputStream();
  new ObjectOutputStream( baos ).writeObject( o );
```

17 | Datenströme

```
ByteArrayInputStream bais = new ByteArrayInputStream( baos.toByteArray() );
Object p = new ObjectInputStream( bais ).readObject();

return (T) p;
}
```

Das Einzige, was wir zum Gelingen der Methode deepCopy() beitragen müssen, ist, das Objekt in einem Byte-Feld zu serialisieren, es wieder auszulesen und zu einem Objekt zu konvertieren. Den Einsatz eines ByteArrayOutputStream haben wir schon beobachtet, als wir die Länge eines Objekts herausfinden wollten. Nun fügen wir das Feld einfach wieder zu einem ByteArrayInputStream hinzu, aus dessen Daten dann ObjectInputStream das Objekt rekreieren kann.

Überzeugen wir uns anhand eines kleinen Programms, dass die tiefe Kopie tatsächlich etwas anderes als ein clone() ist:

Listing 17.33 Dolly.java, main()

```
Map<String,String> map = new HashMap<String,String>();
map.put( "Cul de Paris",
         "hinten unter dem Kleid getragenes Gestell oder Polster" );

LinkedList<Map<String,String>> l1 = new LinkedList<Map<String,String>>();
l1.add( map );

@SuppressWarnings("unchecked")
List<Map<String, String>> l2 = (List<Map<String, String>>) l1.clone();

List<Map<String,String>> l3 = (List<Map<String,String>>) deepCopy( l1 );

map.clear();

System.out.println( l1 ); // [{}]
System.out.println( l2 ); // [{}]
System.out.println( l3 ); // [{Cul de Paris=hinten unter dem Kleid ...}]
```

Zunächst erstellen wir eine Map, die wir anschließend in eine Liste packen. Die Map enthält ein Pärchen. Kopiert clone() die Liste, so wird sie zwar selbst kopiert, aber nicht die referenzierten Map-Objekte – erst die tiefe Kopie kopiert die Map mit. Das sehen wir dann, wenn wir den Eintrag aus der Map löschen. Dann ergibt l1 genauso wie l2 eine leere Liste, da l2 nur die Verweise auf die Map gespeichert hat, die dann aber geleert ist. Anders ist dies bei l3, der tiefen Kopie: Hier ist das Paar noch vorhanden.

17.10.7 Versionenverwaltung und die SUID

Die erste Version einer Klassenbibliothek ist in der Regel nicht vollständig und nicht beendet. Es kann gut sein, dass Attribute und Methoden nachträglich in die Klasse eingefügt, gelöscht oder modifiziert werden. Das bedeutet aber auch, dass die Serialisierung zu einem Problem

Persistente Objekte und Serialisierung | **17.10**

werden kann. Denn ändert sich der Variablentyp oder kommen Variablen hinzu, ist eine gespeicherte Objektserialisierung nicht mehr gültig.

Bei der Serialisierung wird in Java nicht nur der Objektinhalt geschrieben, sondern zusätzlich eine eindeutige Kennung der Klasse, die *UID*. Die UID ist ein Hashcode aus Namen, Attributen, Parametern, Sichtbarkeit und so weiter. Sie wird als `long` wie ein Attribut gespeichert. Ändert sich der Aufbau einer Klasse, ändern sich der Hashcode und damit die UID. Klassen mit unterschiedlicher UID sind nicht kompatibel. Erkennt der Lesemechanismus in einem Datenstrom eine UID, die nicht zur Klasse passt, wird eine `InvalidClassException` ausgelöst. Das bedeutet, dass schon ein einfaches Hinzufügen von Attributen zu einem Fehler führt.

Wir wollen uns dies einmal anhand einer einfachen Klasse ansehen. Wir entwickeln eine Klasse `Player` mit einem einfachen Ganzzahlattribut. Später fügen wir eine Fließkommazahl hinzu:

Listing 17.34   com/tutego/insel/io/ser/InvalidSer.java, Player

```
class Player implements Serializable
{
  String name;
  int    age;
}
```

Dann benötigen wir noch das Hauptprogramm. Wir bilden ein Exemplar von `Player` und schreiben es in eine Datei:

Listing 17.35   com/tutego/insel/io/ser/InvalidSer.java, Ausschnitt main()

```
ObjectOutputStream oos = new ObjectOutputStream( new FileOutputStream( ⤶
  "c:/test.ser" ) );
oos.writeObject( new Player() );
oos.close();
```

Ohne Änderungen können wir es direkt wieder deserialisieren:

Listing 17.36   com/tutego/insel/io/ser/InvalidSer.java, Ausschnitt main()

```
ObjectInputStream ois = new ObjectInputStream( new FileInputStream( ⤶
  "c:/test.ser" ) );
Player player = (Player) ois.readObject();
System.out.println( player );
ois.close();
```

Ändern wir die Klassendeklaration `Player`, sodass wir etwa aus dem `int age` ein `double age` machen, führt dies bei Deserialisieren zu einem Fehler:

```
Exception in thread "main" java.io.InvalidClassException: com.tutego.insel.io.ser.
Player; local class incompatible: stream classdesc serialVersionUID = ⤶
44259824709362049, local class serialVersionUID = 8962277452270582278
  at java.io.ObjectStreamClass.initNonProxy(ObjectStreamClass.java:562)
  at java.io.ObjectInputStream.readNonProxyDesc(ObjectInputStream.java:1583)
  at java.io.ObjectInputStream.readClassDesc(ObjectInputStream.java:1496)
  at java.io.ObjectInputStream.readOrdinaryObject(ObjectInputStream.java:1732)
```

923

```
at java.io.ObjectInputStream.readObject0(ObjectInputStream.java:1329)
at java.io.ObjectInputStream.readObject(ObjectInputStream.java:351)
at com.tutego.insel.io.ser.InvalidSer.main(InvalidSer.java:22)
```

Die eigene SUID

Dem oberen Fehlerauszug entnehmen wir, dass der Serialisierungsmechanismus die SUID selbst berechnet. Das Attribut ist als statische, finale Variable mit dem Namen `serialVersionUID` in der Klasse abgelegt. Ändern sich die Klassenattribute, ist es günstig, eine eigene SUID einzutragen, denn der Mechanismus zum Deserialisieren kann dann etwas gutmütiger mit den Daten umgehen. Beim Einlesen gibt es nämlich Informationen, die nicht hinderlich sind. Wir sprechen in diesem Zusammenhang auch von *stream-kompatibel*. Dazu gehören zwei Bereiche:

▶ Neue Felder. Befinden sich in der neuen Klasse Attribute, die im Datenstrom nicht benannt sind, werden diese Attribute mit 0 oder `null` initialisiert.

▶ Fehlende Felder. Befinden sich im Datenstrom Attribute, die in der neuen Klasse nicht vorkommen, werden sie einfach ignoriert.

Die SUID kann eigentlich beliebig sein, doch die IDE bzw. das kleine Java-Dienstprogramm *serialver* berechnet einen Wert, der der gleiche wie der ist, wie ihn der Serialisierungsmechanismus berechnet. Auf diese Weise erreichen wir eine stream-kompatible Serialisierung.

[zB] **Beispiel** Dies wollen wir für unsere Klasse `Player` mit dem Dienstprogramm testen:
```
$ cd S:\Insel\programme\2_15_Streams\bin
$ serialver com.tutego.insel.io.ser.Player
com.tutego.insel.io.ser.Player:    static final long serialVersionUID =
8962277452270582278L;
```

Die Anweisung aus der letzten Zeile können wir in unsere Klasse `Player` kopieren. Wird danach ein weiteres Attribut in die Klasse gesetzt, es gelöscht oder ändert sich der Typ eines Attributs, tritt die `InvalidClassException` nicht mehr auf, da die Stream-Kompatibilität über die `serialVersionUID` gewährleistet ist.

[+] **Tipp** Da der Wert der Variablen `serialVersionUID` egal ist, kann sie bei 1 beginnen und immer dann, wenn es inkompatible Änderungen gibt, um eins erhöht werden.

17.10.8 Wie die »ArrayList« serialisiert *

Am Beispiel einer `java.util.ArrayList` lässt sich sehr schön beobachten, wie sich die Methoden `writeObject()` und `readObject()` nutzen lassen. Eine `ArrayList` beinhaltet eine Reihe von Elementen. Zur Speicherung nutzt die Datenstruktur ein internes Feld. Das Feld kann größer als die Anzahl der Elemente sein, damit bei jedem `add()` das Feld nicht immer neu vergrößert werden muss. Nehmen wir an, die `ArrayList` würde eine Standardserialisie-

Persistente Objekte und Serialisierung | **17.10**

rung nutzen. Was passiert nun? Es könnte das Problem entstehen, dass bei nur einem Objektverweis in der Liste und einer internen Feldgröße von 1.000 Elementen leider 999 `null`-Ver-
weise gespeichert würden. Das wäre aber Verschwendung! Besser ist es, eine angepasste
Serialisierung zu verwenden:

Listing 17.37 java.util.ArrayList.java, Ausschnitt

```
private void writeObject( ObjectOutputStream s ) throws IOException {
  int expectedModCount = modCount;
  s.defaultWriteObject();
  s.writeInt( elementData.length );
  for ( int i = 0; i < size; i++ )
    s.writeObject( elementData[ i ] );

  if ( modCount != expectedModCount )
    throw new ConcurrentModificationException();
}

private void readObject( ObjectInputStream s ) throws IOException,
    ClassNotFoundException {
  s.defaultReadObject();
  int arrayLength = s.readInt();
  Object[] a = elementData = (E[]) new Object[ arrayLength ];
  for ( int i = 0; i < size; i++ )
    a[ i ] = s.readObject();
}
```

17.10.9 Probleme mit der Serialisierung

Der klassische Weg von einem Objekt zu einer persistenten Speicherung führt über den Serialisierungsmechanismus von Java über die Klassen `ObjectOutputStream` und `ObjectInput-`
`Stream`. Die Serialisierung in Binärdaten ist aber nicht ohne Nachteile. Schwierig ist beispielsweise die Weiterverarbeitung von Nicht-Java-Programmen oder die nachträgliche Änderung
ohne Einlesen und Wiederaufbauen der Objektverbunde. Wünschenswert ist daher eine Textrepräsentation. Diese hat nicht die oben genannten Nachteile.

Ein weiteres Problem ist die Skalierbarkeit. Die Standard-Serialisierung arbeitet nach dem
Prinzip: Alles, was vom Basisknoten aus erreichbar ist, gelangt serialisiert in den Datenstrom.
Ist der Objektgraph sehr groß, steigen die Zeit für die Serialisierung und das Datenvolumen
an. Anders als bei anderen Persistenz-Konzepten ist es nicht möglich, nur die Änderungen (die
Differenz) zu schreiben. Wenn sich zum Beispiel in einer sehr großen Adressliste die Haus-
nummer einer Person ändert, muss die gesamte Adressliste neu geschrieben werden – das
nagt an der Performance.

Auch parallele Änderungen können ein Problem sein, da die Serialisierung über kein transak-
tionales Konzept verfügt. Während der Serialisierung sind die Objekte und Datenstrukturen
nicht gesperrt, und ein anderer Thread kann derweil alles Mögliche modifizieren. Der Entwickler muss sich selbst auferlegen, während des Schreibens keine Änderungen vorzuneh-

925

17 | Datenströme

men, damit der Schreibzugriff isoliert ist. Auch wenn es während des Schreibens ein Problem (etwa eine Ausnahme) gibt, kommt ein halbfertiger Datenstrom beim Client an.

> **Bibliotheksdesign** Heutzutage würden Bibliotheks-Designer keine Markierungsschnittstelle wie `Serializable` mehr einführen, sondern eine Annotation deklarieren. Die Serialisierungs-ID würde dann auch nicht mehr eine private statische Variable mit einem magischen Variablennamen sein, sondern ein Attribut der Annotation, sodass es zum Beispiel an eine Klasse heißen würde: `@Serializable(1234566778L)`. Markierungsschnittstellen haben noch ein anderes Problem, was mit der Endgültigkeit von Vererbung und Typen zu tun hat: Implementiert eine Klase einmal Serializable, so gilt diese Eigenschaft auch für alle Unterklassen, auch wenn vielleicht die Unterklassen gar nicht serialisierbar sein sollen. Auch hier lösen Annotationen das Problem, denn es lässt sich einstellen, ob Annotationen vererbt werden sollen oder nicht. Zu guter Letzt: Für transiente, also nicht serialisierte Zustände hätte kein Schlüsselwort in der Sprache reserviert werden müssen, sondern lediglich eine neue Annotation deklariert werden. Auch statt der magischen privaten Methoden `readObject()/write-Object()` hätte gut eine Annotation deklariert werden können, die eben die Methoden markieren, die bei der (De-)Serialisierung aufgerufen werden sollen.

17.11 Alternative Datenaustauschformate

Die Standard-Serialisierung hat das Problem, dass sie nicht plattformunabhängig ist. Sollen aber über Rechnergrenzen Daten übertragen und ausgetauscht werden, so kommen andere Formate ins Spiel. Dieses Kapitel stellt einige Lösungen zur Serialisierung vor.

17.11.1 Serialisieren in XML-Dateien

Eine Abbildung in XML hat viele Vorteile, unter anderem den, dass auch andere Programmiersprachen leicht an die Daten kommen. Mittlerweile finden sich viele Bibliotheken, die Objektgraphen in XML abbilden:

- XStream (*http://xstream.codehaus.org/*)
- Java Architecture for XML Binding: JAXB (*https://jaxb.dev.java.net/*)
- Commons Betwixt (*http://jakarta.apache.org/commons/betwixt/*)
- XMLBeans (*http://xmlbeans.apache.org/*)
- Castor (*http://www.castor.org/*)
- Simple (*http://simple.sourceforge.net/*)

17.11.2 XML-Serialisierung von JavaBeans mit JavaBeans Persistence *

Um mit der JavaBeans Persistence Objekte in XML zu schreiben und von dort zu laden, werden statt der Klassen `ObjectOutputStream` und `ObjectInputStream` die Klassen `XMLEncoder` und `XMLDecoder` eingesetzt.

926

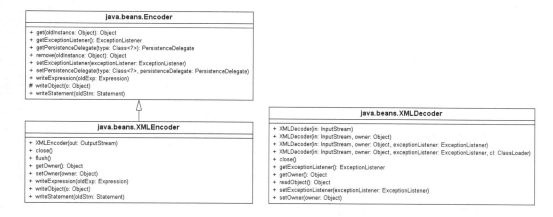

Die folgende Klasse ist unserem Programm `SerializeAndDeserialize` nachempfunden. Ersetzen müssen wir lediglich die `ObjectXXXStream`-Klassen. Die Klassen `XMLEncoder` und `XMLDecoder` liegen auch nicht in `java.io`, sondern unter dem Paket `java.beans`. Interessanterweise muss die Ausnahme `ClassNotFoundException` nicht mehr aufgefangen werden:

Listing 17.38 com/tutego/insel/io/ser/SerializeAndDeserializeXML.java

```java
package com.tutego.insel.io.ser;

import java.io.*;
import java.util.Date;
import java.beans.*;

public class SerializeAndDeserializeXML
{
  public static void main( String[] args )
  {
    String filename = "datum.ser.xml";

    // Serialisieren

    XMLEncoder enc = null;

    try
    {
      enc = new XMLEncoder( new FileOutputStream(filename) );
      enc.writeObject( "Today" );
      enc.writeObject( new Date() );
    }
    catch ( IOException e ) {
      e.printStackTrace();
    }
    finally {
      if ( enc != null )
        enc.close();
```

17 | Datenströme

```
    }

    // Deserialisieren

    XMLDecoder dec = null;

    try
    {
      dec = new XMLDecoder( new FileInputStream(filename) );

      String string = (String) dec.readObject();
      Date   date   = (Date)   dec.readObject();

      System.out.println( string );
      System.out.println( date );
    }
    catch ( IOException e ) {
      e.printStackTrace();
    }
    finally {
      if ( dec != null )
        dec.close();
    }
  }
}
```

Und so sehen wir nach dem Ablauf des Programms in der Datei *datum.ser.xml* Folgendes:

```xml
<?xml version="1.0" encoding="UTF-8"?>
<java version="1.6.0" class="java.beans.XMLDecoder">
 <string>Today</string>
 <object class="java.util.Date">
  <long>1272904776250</long>
 </object>
</java>
```

Bei eigenen Objekten gilt es immer, zu bedenken, dass der eingebaute XML-Serialisierer nur JavaBeans schreibt. Eigene Klassen müssen daher immer `public` sein, einen Standard-Konstruktor besitzen und ihre serialisierbaren Eigenschaften über `getXXX()`-/`setXXX()`-Methoden bereitstellen; sie müssen jedoch die Markierungsschnittstelle `Serializable` nicht implementieren.

PersistenceDelegate

Dem `XMLEncoder` lässt sich über `setPersistenceDelegate(Class, PersistenceDelegate)` für einen speziellen Klassentyp ein `java.beans.PersistenceDelegate` mitgeben, der den Zustand eines Objekts speichert. Das ist immer dann praktisch, wenn der Standard-Mechanismus Eigenschaften nicht mitnimmt oder Klassen so nicht abbilden kann, weil sie zum Beispiel keinen Standard-Konstruktor deklarieren. Für eigene Delegates ist die Unterklasse `Default-`

`PersistenceDelegate` recht praktisch. Sie ist auch hilfreich, um bestimmte Typen erst gar nicht zu schreiben:

```
XMLEncoder e = new java.beans.XMLEncoder( out );
e.setPersistenceDelegate( NonSer.class, new DefaultPersistenceDelegate() );
```

17.11.3 Open-Source Bibliothek XStream *

XStream[8] ist eine quelloffene Software unter der BSD-Lizenz, mit der sich serialisierbare Objekte in XML umwandeln lassen. Damit ähnelt XStream eher der Standard-Serialisierung als der JavaBeans Persistence. Nachdem die unter *http://xstream.codehaus.org/download.html* geladene Bibliothek *xstream-x.y.jar* sowie der schnelle XML-Parser *xpp3_min-x.y.jar* auf der gleichen Seite eingebunden sind, ist ein Beispielprogramm schnell formuliert:

```
Point p = new Point( 120, 32 );
XStream xstream = new XStream();
String xml = xstream.toXML( p );
System.out.println( xml );
Point q = (Point) xstream.fromXML( xml );
```

Alle Ausnahmen von XStream sind Unterklassen von `RuntimeException` und müssen daher nicht explizit aufgefangen werden. Der String hinter `xml` enthält:

```
<java.awt.Point>
<x>120</x>
<y>32</y>
</java.awt.Point>
```

Ein XML-Prolog fehlt.

17.12 Tokenizer *

Zu den schon im String-Kapitel vorgestellten Tokenizern `Scanner`, `StringTokenizer` und `split()` aus `String` gibt es im `java.io`-Paket eine weitere Klasse `StreamTokenizer`.

17.12.1 StreamTokenizer

Die Klasse `StreamTokenizer` arbeitet noch spezialisierter als die `StringTokenizer`-Klasse aus dem `util`-Paket, und die Klasse `Scanner` kommt der Klasse `StreamTokenizer` schon sehr nahe. Im Gegensatz zum `Scanner` beachtet ein `StreamTokenizer` keine Unicode-Eingabe, sondern nur Zeichen aus dem Bereich von \u0000 bis \u00FF, kann aber mit Kommentaren umgehen.

Während des Parsens erkennt der Tokenizer bestimmte Merkmale, so unter anderem Bezeichner (etwa Schlüsselwörter), Zahlen, Strings in Anführungszeichen und verschiedene Kommentararten (C-Stil oder C++-Stil). Verschiedene Java-Tools von Oracle verwenden intern

---

8 Wer im Internet nach XStream sucht, findet auch pinkfarbene Inhalte.

17 | Datenströme

einen `StreamTokenizer`, um ihre Eingabedateien zu verarbeiten, etwa das Policy-Tool für die Rechteverwaltung. Der Erkennungsvorgang wird anhand einer Syntaxtabelle überprüft. Diese Tabelle enthält zum Beispiel die Zeichen, die ein Schlüsselwort identifizieren, oder die Zeichen, die Trennzeichen sind. Jedes gelesene Zeichen wird dann keinem, einem oder mehreren Attributen zugeordnet. Diese Attribute fallen in die Kategorie Trennzeichen, alphanumerische Zeichen, Zahlen, Hochkommata beziehungsweise Anführungszeichen oder Kommentarzeichen.

Zur Benutzung der Klasse wird zunächst ein `StreamTokenizer`-Objekt erzeugt, und dann werden die Syntaxtabellen initialisiert. Ob Kommentarzeilen überlesen werden sollen, wird durch

```
st.slashSlashComments( true );       // Kommentar
st.slashStarComments( true );        /* Kommentar */
```

gesteuert. Die erste Methode überliest im Eingabestrom alle Zeichen bis zum Return. Die zweite Methode überliest nur alles bis zum Stern/Slash. Geschachtelte Kommentare sind hier nicht möglich.

Beim Lesen des Datenstroms mit `nextToken()` kann über bestimmte Flags erfragt werden, ob im Stream ein Wort beziehungsweise Bezeichner (`TT_WORD`), eine Zahl (`TT_NUMBER`), das Ende der Datei (`TT_EOF`) oder das Ende der Zeile (`TT_EOL`) vorliegt. Wichtig ist, `eolIsSignificant(true)` zu setzen, da andernfalls der `StreamTokenizer` nie ein `TT_EOL` findet. Wurde ein Wort erkannt, dann werden alle Zeichen in Kleinbuchstaben konvertiert. Dies lässt sich über die Methode `lowerCaseMode(boolean)` einstellen. Nach der Initialisierung eines `StreamTokenizer`-Objekts wird normalerweise so lange `nextToken()` aufgerufen, bis die Eingabe keine neuen Zeichen mehr hergibt, also ein `TT_EOF`-Token erkannt wurde.

Ein Beispiel: Die folgende Klasse liest die Eingabe vom Netzwerk und gibt die erkannten Textteile aus:

Listing 17.39 com/tutego/insel/io/stream/StreamTokenizerDemo.java, main()

```
URL url = new URL( "http://www.tutego.com/index.html" );
Reader reader = new InputStreamReader( url.openStream() );
StreamTokenizer st = new StreamTokenizer( reader );

//      st.slashSlashComments( true ); */
st.slashStarComments( true );
st.ordinaryChar( '/' );
st.parseNumbers();
st.eolIsSignificant( true );

for ( int tval; (tval = st.nextToken()) != StreamTokenizer.TT_EOF; )
{
  if ( tval == StreamTokenizer.TT_NUMBER )
    System.out.println( "Nummer: " + st.nval );
  else if ( tval == StreamTokenizer.TT_WORD )
    System.out.println( "Wort: " + st.sval );
```

```
else if ( tval == StreamTokenizer.TT_EOL )
  System.out.println( "Ende der Zeile" );
else
  System.out.println( "Zeichen: " + (char) st.ttype );
}
```

class java.io.StreamTokenizer

▶ StreamTokenizer(Reader r)
Erzeugt einen Tokenizer, der den Datenstrom zerlegt. Der Konstruktor, der das Ganze auch mit einem InputStream macht, ist veraltet.

▶ void resetSyntax()
Reinitialisiert die Syntaxtabelle des Tokenizers, sodass kein Zeichen eine Sonderbehandlung genießt. Mit ordinaryChar() lässt sich das Verhalten eines Zeichens bestimmen.

▶ void wordChars(int low, int hi)
Zeichen im Bereich von low <= c <= hi werden als Bestandteile von Wörtern erkannt, dementsprechend zusammengefasst und als Word-Token übergeben.[9]

▶ void whitespaceChars(int low, int hi)
Zeichen im Bereich von low <= c <= hi werden als Trennzeichen erkannt.

▶ void ordinaryChars(int low, int hi)
Zeichen im Bereich von low <= c <= hi genießen keine Sonderbehandlung und werden als normale Zeichen einzeln behandelt.

▶ void ordinaryChar(int ch)
Das Zeichen besitzt keine zusätzliche Funktion, ist zum Beispiel kein Kommentarzeichen, Trennsymbol oder Nummernzeichen. Spezialform für ordinaryChars(ch, ch).

▶ void parseNumbers()
Zahlen (Zahl-Literale) sollen vom Tokenizer erkannt werden. In der Syntaxtabelle gelten die zwölf Zeichen 0, 1, 2, 3, 4, 5, 6, 7, 8, 9, . und – als numerisch. Liegt eine Ganz- oder Fließkommazahl vor, wird der Zahlenwert in nval abgelegt, und das Token ergibt im Attribut ttype den Wert TT_NUMBER.

▶ void commentChar(int ch)
Gibt das Zeichen an, das einen einzeiligen Kommentar einleitet. Alle nachfolgenden Zeichen werden dann bis zum Zeilenende ignoriert. So ließen sich beispielsweise FORTRAN-Kommentare nach commentChar('C') überlesen.

▶ void slashStarComments(boolean flag)
Der Tokenizer soll Kommentare im C-Stil (/* Müll */) erkennen oder nicht.

▶ void slashSlashComments(boolean flag)
Der Tokenizer soll Kommentare im C++-Stil (// Zeile) erkennen oder nicht.

---

[9] Dass der Endwert – wie sonst bei den Intervallangaben üblich – inklusive und nicht exklusive ist, stellt einen Stilbruch dar.

17 | Datenströme

- ▶ `void lowerCaseMode( boolean fl )`
  Liegt in `ttype` ein Token vom Typ `TT_WORD` vor, wird es automatisch in Kleinschreibweise konvertiert, falls `fl` gleich `true` ist.

- ▶ `int nextToken() throws IOException`
  Liefert den nächsten Token im Datenstrom. Der Typ des Tokens wird im Attribut `ttype` hinterlegt. Zusätzliche Informationen befinden sich im Attribut `nval` (Nummer) oder `sval` (Zeichenkette). In der Regel wird so lange geparst, bis der Token `TT_EOF` zurückgegeben wird.

- ▶ `void pushBack()`
  Legt der aktuelle Token in den Eingabestrom zurück. Ein Aufruf von `nextToken()` liefert erneut den aktuellen Wert im Attribut `ttype` und ändert `nval` oder `sval` nicht.

- ▶ `int lineno()`
  Liefert die aktuelle Zeilennummer in der Eingabedatei.

Erweiterungen und Schwächen

Obwohl die `nextToken()`-Methode eine ganze Reihe von Konvertierungen durchführt, erkennt sie keine in der Exponentialdarstellung geschriebenen Zahlen. Bei einer Gleitkommazahl wie –31.415E-1 versagt die Konvertierung und liefert nur –31.415 als Token vom Typ `TT_NUMBER`. Da `StreamTokenizer` nicht final ist, kann jedoch jeder die Klasse so erweitern, dass sie zum Beispiel `TT_FLOAT_NUMBER` bei einer Gleitkommazahl liefert. Dazu ist die öffentliche Methode `nextToken()` zu überschreiben und vielleicht auch noch `toString()`. Die Erweiterung von `nextToken()` erfordert jedoch etwas Arbeit, da das Original ein wenig unübersichtlich ist.

17.13 Zum Weiterlesen

Was dieses Kapitel (und Buch im Allgemeinen) nicht beleuchtet, eine sehr performante Ein-/Ausgabe aber realisierbar macht, ist NIO. Dieses komplexe Thema erfordert ein eigenes Buch; die Beispiele von Oracle unter *http://download.oracle.com/javase/1.5.0/docs/guide/nio/example/* vermitteln einen ersten Einblick. Auch die Serialisierung bietet weitere Extras. Das openbook »Java 2« von Galileo Computing widmet sich weiterführenden Aspekten, wie etwa `Externalizable`, `writeReplace()` und `readResolve()` für Broker-Objekte, `annotateClass()` und `resolveClass()` für Klasseneigenschaften, `replaceObject()` und `resolveObject()` für Objekt-Repräsentanten und `writeObjectOverride()` und `readObjectOverride()` für absolute Freiheiten bei der Serialisierung; es ist zu finden unter *http://www.galileocomputing.de/openbook/java2/kap_12.htm*.

*»Ich bin überall in diesem Land gewesen und habe mit den besten Leuten gespro-
chen. Ich kann Ihnen versichern, dass Datenverarbeitung ein Tick ist, der sich
nächstes Jahr erledigt hat.«*
– Editor für Computerbücher bei Prentice Hall, 1957

18 Die eXtensible Markup Language (XML)

18.1 Auszeichnungssprachen

Auszeichnungssprachen dienen der strukturierten Gliederung von Texten und Daten. Ein Text
besteht zum Beispiel aus Überschriften, Fußnoten und Absätzen, eine Vektorgrafik aus einzelnen Grafikelementen wie Linien und Textfeldern. Auszeichnungssprachen liegt die Idee
zugrunde, besondere Bausteine durch Auszeichnung hervorzuheben. Ein Text könnte etwa so
beschrieben sein:

```
<Überschrift>
Mein Buch
<Ende Überschrift>
Hui ist das <fett>toll<Ende fett>.
```

Als Leser eines Buchs erkennen wir optisch eine Überschrift an der Schriftart. Ein Computer
hat damit aber seine Schwierigkeiten. Wir wollen auch dem Rechner die Fähigkeit verleihen,
diese Struktur zu erkennen.

HTML ist die erste populäre Auszeichnungssprache, die Auszeichnungselemente (engl. *tags*)
wie `<b>fett</b>` benutzt, um bestimmte Eigenschaften von Elementen zu kennzeichnen.
Damit wurde eine Visualisierung verbunden, etwa bei einer Überschrift fett und mit großer
Schrift. Leider werden Auszeichnungssprachen wie HTML dazu benutzt, Formatierungs-
effekte zu erzielen. Beispielsweise werden Überschriften mit dem Überschriften-Tag ausgezeichnet. Wenn an anderer Stelle eine Textstelle fett und groß sein soll, wird diese auch mit
dem Überschriften-Tag markiert, obwohl sie keine Überschrift ist.

18.1.1 Die Standard Generalized Markup Language (SGML)

Das Beispiel der Überschrift in einem Buch veranschaulicht die Idee, Bausteine mit Typen in
Verbindung zu bringen. Der allgemeine Aufbau mit diesen Auszeichnungselementen ließe
sich dann für beliebige hierarchische Dokumente nutzen. Die Definition einer Auszeichnungssprache (Metasprache) ist daher auch nicht weiter schwierig. Schon Mitte der 1980er Jahre
wurde als ISO-Standard die *Standard Generalized Markup Language* (SGML)[1] definiert, die

933

18 | Die eXtensible Markup Language (XML)

Basis für beliebige Auszeichnungssprachen ist. Ab der Version 2.0 ist auch HTML als SGML-Anwendung definiert. Leider kam mit den vielen Freiheiten und der hohen Flexibilität eine große und aufwändige Deklaration der Anwendungen hinzu. Ein SGML-Dokument musste einen ganz bestimmten Aufbau besitzen. SGML-Dateien waren daher etwas unflexibel, weil die Struktur genau eingehalten werden musste. Für HTML-Dateien wäre das schlecht, weil die Browser-Konkurrenten produktspezifische Tags definieren, die auf den Browser des jeweiligen Herstellers beschränkt bleiben. So interpretiert der Internet Explorer zum Beispiel das Tag `<blink>blinkend</blink>` nicht. Tags, die ein Browser nicht kennt, überliest er einfach.

18.1.2 Extensible Markup Language (XML)

Für reine Internetseiten hat sich HTML etabliert, aber für andere Anwendungen wie Datenbanken oder Rechnungen ist HTML nicht geeignet. Für SGML sprechen die Korrektheit und Leistungsfähigkeit – dagegen sprechen die Komplexität und Notwendigkeit, eine Beschreibung für die Struktur angeben zu müssen. Daher setzte sich das W3C zusammen, um eine neue Auszeichnungssprache zu entwickeln, die einerseits so flexibel wie SGML, andererseits aber so einfach zu nutzen und zu implementieren ist wie HTML. Das Ergebnis war die *eXtensible Markup Language* (XML). Diese Auszeichnungssprache ist für Compiler einfach zu verarbeiten, da es genaue Vorgaben dafür gibt, wann ein Dokument in Ordnung ist.

XML ist nicht nur der Standard zur Beschreibung von Daten, denn oft verbinden sich mit diesem Ausdruck eine oder mehrere Technologien, die mit der Beschreibungssprache im Zusammenhang stehen. Und: Ohne XML kein WiX[2]! Die wichtigsten Technologien zur Verarbeitung von XML in Java werden hier kurz vorgestellt. Eine ausführliche Beschreibung mit allen Nachbartechnologien findet der interessierte Leser auf den Webseiten des W3C unter *http://www.w3c.org/*.

18.2 Eigenschaften von XML-Dokumenten

18.2.1 Elemente und Attribute

Der Inhalt eines XML-Dokuments besteht aus strukturierten *Elementen*, die hierarchisch geschachtelt sind. Dazwischen befindet sich der Inhalt, der aus weiteren Elementen (daher »hierarchisch«) und reinem Text bestehen kann. Die Elemente können *Attribute* enthalten, die zusätzliche Informationen in einem Element ablegen:

Listing 18.1 party.xml

```
<?xml version="1.0"?>
<party datum="31.12.01">
  <gast name="Albert Angsthase">
```

---

1 Der Vorgänger von SGML war GML; hier standen die Buchstaben (sicherlich inoffiziell) für Charles Goldfarb, Edward Mosher und Raymond Lorie, die bei IBM in den 1960er Jahren diese Dokumentenbeschreibungssprache geschaffen hatten.

2 *Windows Installer XML* – Definition von Auslieferungspaketen für Microsoft Windows

934

```
   <getraenk>Wein</getraenk>
   <getraenk>Bier</getraenk>
   <zustand ledig="true" nuechtern="false"/>
  </gast>
</party>
```

Die Groß- und Kleinschreibung der Namen für Elemente und Attribute ist für die Unterscheidung wichtig. Ein Attribut besteht aus einem Attributnamen und einem Wert. Der Attributwert steht immer in einfachen oder doppelten Anführungszeichen, und das Gleichheitszeichen weist den Wert dem Attributnamen zu.

Verwendung von Tags

Gemäß der *Reference Concrete Syntax* geben Elemente in spitzen Klammern die Tags an. Elemente existieren in zwei Varianten: Falls das Element einen Wert einschließt, besteht es aus einem Anfangs-Tag und einem End-Tag.

Element = öffnendes Tag + Inhalt + schließendes Tag

Der Anfangs-Tag gibt den Namen des Tags vor und enthält die Attribute. Der End-Tag hat den gleichen Namen wie der Anfangs-Tag und wird durch einen Schrägstrich nach der ersten Klammer gekennzeichnet. Zwischen dem Anfangs- und dem End-Tag befindet sich der Inhalt des Elements.

Beispiel   Das Element `<getraenk>` mit dem Wert `Wein`:   **[zB]**

`<getraenk>Wein</getraenk>`

Ein Element, das keine Inhalte einschließt, besteht aus nur einem Tag mit einem Schrägstrich vor der schließenden spitzen Klammer. Diese Tags haben entweder Attribute als Inhalt, oder das Auftreten des Tags ist Bestandteil des Inhalts.

Beispiel   Das Element `<zustand>` mit den Attributen `ledig` und `nuechtern`:   **[zB]**

`<zustand ledig="true" nuechtern="false" />`

Bedeutung der Tags

Durch die freie Namensvergabe in XML-Dokumenten ist eine formatierte Darstellung eines Dokuments nicht möglich. Anders als bei HTML gibt es keine festgelegte Menge von Tags, die den Inhalt nach bestimmten Kriterien formatieren. Falls das XML-Dokument in einem Browser dargestellt werden soll, sind zusätzliche Beschreibungen in Form von Formatvorlagen (Stylesheets) für die Darstellung in HTML notwendig.

Wohlgeformt

Ein XML-Dokument muss einige Bedingungen erfüllen, damit es *wohlgeformt* ist. Wenn es nicht wohlgeformt ist, ist es auch kein XML-Dokument. Damit ein XML-Dokument wohlge-

18 | Die eXtensible Markup Language (XML)

formt ist, muss jedes Element aus einem Anfangs- und einem End-Tag oder nur aus einem abgeschlossenen Tag bestehen. Hierarchische Elemente müssen in umgekehrter Reihenfolge ihrer Öffnung wieder geschlossen werden. Die Anordnung der öffnenden und schließenden Tags legt die Struktur eines XML-Dokuments fest. Jedes XML-Dokument muss ein Wurzelelement enthalten, das alle anderen Elemente einschließt.

[zB] **Beispiel** Das Wurzelelement heißt `<party>` und schließt das Element `<gast>` ein:

```
<party datum="31.12.01">
  <gast name="Albert Angsthase"></gast>
</party>
```

Spezielle Zeichen in XML (Entitäten)

Wir müssen darauf achten, dass einige Zeichen in XML bestimmte Bedeutungen haben. Dazu gehören &, <, >, " und .. Sie werden im Text durch spezielle Abkürzungen, die *Entitäten*, abgebildet. Dies sind für die oben genannten Zeichen `&amp;`, `&lt;`, `&gt;`, `&quot;` und `&apos;`. Diese Entitäten für die Sonderzeichen sind als einzige durch den Standard festgelegt.

<!-- Kommentare -->

XML-Dokumente können auch Kommentare enthalten. Diese werden beim Auswerten der Daten übergangen. Kommentare verbessern die Qualität des XML-Dokuments für den Benutzer wesentlich. Sie können an jeder Stelle des Dokuments verwendet werden, nur nicht innerhalb der Tags. Kommentare haben die Form:

```
<!-- Text des Kommentars -->
```

Der beste Kommentar eines XML-Dokuments ist die sinnvolle Gliederung des Dokuments und die Wahl selbsterklärender Namen für Tags und Attribute.

Kopfdefinition

Die Wohlgeformtheit muss mindestens erfüllt sein. Zusätzlich dürfen andere Elemente eingebaut werden. Dazu gehört etwa eine Kopfdefinition, die beispielsweise

```
<?xml version="1.0"?>
```

lauten kann. Diese Kopfdefinition lässt sich durch Attribute erweitern. In diesem Beispiel werden die verwendete XML-Version und die Zeichenkodierung angegeben:

```
<?xml version="1.0" encoding="iso-8859-1"?>
```

Wenn eine XML-Deklaration vorhanden ist, muss sie ganz am Anfang des Dokuments stehen. Dort lässt sich auch die benutzte Zeichenkodierung definieren, wenn sie nicht automatisch UTF-8 oder UTF-16 ist. Automatisch kann jedes beliebige Unicode-Zeichen unabhängig von der Kodierung über das Kürzel `&#xABCD;` (A, B, C, D stehen für Hexadezimalzeichen) dargestellt werden.

Eigenschaften von XML-Dokumenten | **18.2**

18.2.2 Beschreibungssprache für den Aufbau von XML-Dokumenten

Im Gegensatz zu HTML ist bei XML die Menge der Tags und deren Kombination nicht festgelegt. Für jede Anwendung können Entwickler beliebige Tags definieren und verwenden. Um aber überprüfen zu können, ob eine XML-Datei für eine bestimmte Anwendung die richtige Form hat, wird eine formale Beschreibung dieser Struktur benötigt. Diese formale Struktur ist in einem bestimmten Format beschrieben, wobei zwei Formate populär sind: das *XML Schema* und die *Document Type Definition* (DTD). Sie legen fest, welche Tags zwingend vorgeschrieben sind, welche Art Inhalt diese Elemente haben, wie Tags miteinander verschachtelt sind und welche Attribute ein Element besitzen darf. Hält sich ein XML-Dokument an die Definition, ist es *gültig* (engl. *valid*).

Mittlerweile gibt es eine große Anzahl von Beschreibungen in Form von DTD und Schema, die Formatierungen für die verschiedensten Daten bieten. Einige DTDs sind unter *http://tutego.de/go/xmlapplications* aufgeführt. Um einen Datenaustausch für eine bestimmte Anwendung zu gewährleisten, ist eine eindeutige Beschreibung unerlässlich. Es wäre problematisch, wenn die Unternehmen unter der Struktur einer Rechnung immer etwas anderes verstünden.

Document Type Definition (DTD)

Für die folgende XML-Datei entwickeln wir eine DTD zur Beschreibung der Struktur:

Listing 18.2 party.xml

```
<?xml version="1.0" ?>
<party datum="31.12.01">
    <gast name="Albert Angsthase">
        <getraenk>Wein</getraenk>
        <getraenk>Bier</getraenk>
        <zustand ledig="true" nuechtern="false"/>
    </gast>
    <gast name="Martina Mutig">
        <getraenk>Apfelsaft</getraenk>
        <zustand ledig="true" nuechtern="true"/>
    </gast>
    <gast name="Zacharias Zottelig"></gast>
</party>
```

Für diese XML-Datei legen wir die Struktur fest und beschreiben sie in einer DTD. Dazu sammeln wir zuerst die Daten, die in dieser XML-Datei stehen.

Elementname	Attribute	Untergeordnete Elemente	Aufgabe
party	datum Datum der Party	gast	Wurzelelement mit dem Datum der Party als Attribut
gast	name Name des Gastes	getraenk und zustand	die Gäste der Party, Name des Gastes als Attribut

Tabelle 18.1 Struktur der Beispiel-XML-Datei

937

18 | Die eXtensible Markup Language (XML)

Elementname	Attribute	Untergeordnete Elemente	Aufgabe
getraenk			Getränk des Gastes als Text
zustand	ledig und nuechtern		Familienstand und Zustand als Attribute

Tabelle 18.1 Struktur der Beispiel-XML-Datei (Forts.)

Elementbeschreibung

Die Beschreibung der Struktur eines Elements besteht aus dem Elementnamen und dem Typ. Sie kann auch aus einem oder mehreren untergeordneten Elementen in Klammern bestehen. Der Typ legt die Art der Daten in dem Element fest. Mögliche Typen sind etwa PCDATA (*Parsed Character Data*) für einfachen Text oder ANY für beliebige Daten.

Untergeordnete Elemente werden als Liste der Elementnamen angegeben. Die Namen sind durch ein Komma getrennt. Falls verschiedene Elemente oder Datentypen alternativ vorkommen können, werden diese ebenfalls in Klammern angegeben und mit dem Oder-Operator (|) verknüpft. Hinter jedem Element und hinter der Liste von Elementen legt ein Operator fest, wie häufig das Element oder die Folgen von Elementen erscheinen müssen. Falls kein Operator angegeben ist, muss das Element oder die Elementliste genau einmal erscheinen. Folgende Operatoren stehen zur Verfügung:

Operator	Wie oft erscheint das Element?
?	einmal oder gar nicht
+	mindestens einmal
*	keinmal, einmal oder beliebig oft

Tabelle 18.2 DTD-Operatoren für Wiederholungen

[zB]

> **Beispiel** Das Element <party> erlaubt beliebig viele Unterelemente vom Typ <gast>:
> <!ELEMENT party (gast)*>
> Drückt aus, dass auf einer Party beliebig viele Gäste erscheinen können.

Attributbeschreibung

Die Beschreibung der Attribute sieht sehr ähnlich aus. Sie besteht aus dem Element, den Attributnamen, den Datentypen der Attribute und einem Modifizierer. In einem Attribut können als Werte keine Elemente angegeben werden, sondern nur Datentypen wie CDATA (*Character Data*). Der Modifizierer legt fest, ob ein Attribut zwingend vorgeschrieben ist oder nicht. Folgende Modifizierer stehen zur Verfügung:

Eigenschaften von XML-Dokumenten | **18.2**

Modifizierer	Erläuterung
#IMPLIED	Muss nicht vorkommen.
#REQUIRED	Muss auf jeden Fall vorkommen.
#FIXED [Wert]	Wert wird gesetzt und kann nicht verändert werden.

Tabelle 18.3 Attribut-Modifizierer

Beispiel Das Attribut datum für das Element <party>: [zB]
```
<!ATTLIST party datum CDATA #REQUIRED>
```

Der Wert des Attributs datum ist Text und muss angegeben sein (festgelegt durch den Modifizierer #REQUIRED).

Kümmern wir uns um die Beschreibung eines Gasts, der einen Namen und einen Zustand hat:

```
<!ELEMENT gast (getraenk*, zustand?)>
<!ATTLIST gast name CDATA #REQUIRED>
```

Das Element hat als Attribut name und die Unterelemente <getraenk> und <zustand>. Ein Gast kann kein Getränk, ein Getränk oder viele einnehmen. Die Attribute des Elements <zustand> müssen genau einmal oder gar nicht vorkommen.

Das Element <getraenk> hat keine Unterelemente, aber einen Text, der das Getränk beschreibt:

```
<!ELEMENT getraenk (#PCDATA)>
```

Das Element <zustand> hat keinen Text und keine Unterelemente, aber die Attribute ledig und nuechtern, die mit Text gefüllt sind. Die Attribute müssen nicht unbedingt angegeben werden (Modifizierer #IMPLIED).

```
<!ELEMENT zustand EMPTY>
<!ATTLIST zustand ledig CDATA #IMPLIED
   nuechtern CDATA #IMPLIED>
```

Bezugnahme auf eine DTD

Falls die DTD in einer speziellen Datei steht, wird im Kopf der XML-Datei angegeben, wo die DTD für dieses XML-Dokument steht:

```
<!DOCTYPE party SYSTEM "dtd\partyfiles\party.dtd">
```

Hinter DOCTYPE steht das Wurzelelement der zu beschreibenden XML-Datei. Hinter SYSTEM steht die URI mit der Adresse der DTD-Datei. Die DTD selbst kann in einer eigenen Datei stehen oder Bestandteil der XML-Datei sein.

Die vollständige DTD zu dem Party-Beispiel sieht folgendermaßen aus:

939

18 | Die eXtensible Markup Language (XML)

Listing 18.3 party.dtd

```
<!ELEMENT party (gast)*>
<!ATTLIST party datum CDATA #REQUIRED>
<!ELEMENT gast (getraenk*, zustand?)>
<!ATTLIST gast name CDATA #REQUIRED>
<!ELEMENT getraenk (#PCDATA)>
<!ELEMENT zustand EMPTY>
<!ATTLIST zustand ledig CDATA #IMPLIED nuechtern CDATA #IMPLIED>
```

Diese DTD definiert somit die Struktur aller Party-beschreibenden XML-Dateien.

18.2.3 Schema – eine Alternative zu DTD

Ein anderes Verfahren, um die Struktur von XML-Dateien zu beschreiben, ist *Schema*. Es ermöglicht eine Strukturbeschreibung wie DTD nur in Form einer XML-Datei. Das vereinfacht das Parsen der Schema-Datei, da die Strukturbeschreibung und die Daten vom gleichen Dateityp sind. Ein Schema beschreibt im Gegensatz zu einer DTD die Datentypen der Elemente und Attribute einer XML-Datei viel detaillierter. Die üblichen Datentypen wie string, integer und double der gängigen Programmiersprachen sind bereits vorhanden. Weitere Datentypen wie date und duration existieren ebenfalls. Zusätzlich ist es möglich, eigene Datentypen zu definieren. Mit Schema kann weiterhin festgelegt werden, ob ein Element wie eine Ganzzahl in einem speziellen Wertebereich liegt oder ein String auf einen regulären Ausdruck passt. Die Vorteile sind eine genauere Beschreibung der Daten, die in einer XML-Datei dargestellt werden. Das macht aber auch die Strukturbeschreibung aufwändiger als eine DTD. Durch die detaillierte Beschreibung der XML-Struktur ist jedoch der Mehraufwand gerechtfertigt.

Party-Schema

Hier ist ein Beispiel für ein Schema, das die Struktur der Datei *party.xml* beschreibt:

Listing 18.4 party.xsd

```
<?xml version="1.0"?>
<xsd:schema xmlns:xsd="http://www.w3.org/2001/XMLSchema">

    <xsd:element name="party" type="partyType" />

    <xsd:complexType name="partyType">
       <xsd:sequence>
          <xsd:element name="gast" type="gastType" />
       </xsd:sequence>
       <xsd:attribute name="datum" type="datumType" />
    </xsd:complexType>

    <xsd:complexType name="gastType">
       <xsd:sequence>
          <xsd:element name="getraenk" type="xsd:string" />
          <xsd:element name="zustand" type="zustandType" />
```

940

Eigenschaften von XML-Dokumenten | **18.2**

```xsd
      </xsd:sequence>
   </xsd:complexType>

   <xsd:simpleType name="datumType">
      <xsd:restriction base="xsd:string">
         <xsd:pattern value="[0-3][0-9].[0-1][0-9].[0-9]{4}" />
      </xsd:restriction>
   </xsd:simpleType>

   <xsd:complexType name="zustandType">
      <xsd:complexContent>
         <xsd:restriction base="xsd:anyType">
            <xsd:attribute name="nuechtern" type="xsd:boolean" />
            <xsd:attribute name="ledig" type="xsd:boolean" />
         </xsd:restriction>
      </xsd:complexContent>
   </xsd:complexType>

</xsd:schema>
```

In diesem Beispiel werden die Typen string (für die Beschreibung des Elements `<getraenk>`) und boolean (für die Beschreibung des Elements `<ledig>`) verwendet. Die Typen gastType und datumType sind selbst definierte Typen. Ein sehr einfacher regulärer Ausdruck beschreibt die Form eines Datums. Ein Datum besteht aus drei Gruppen zu je zwei Ziffern, die durch Punkte getrennt werden. Die erste Ziffer der ersten Zifferngruppe muss aus dem Zahlenbereich 0 bis 3 stammen.

In der Schema-Datei basieren die Typen datumType und zustandType auf vorhandenen Schema-Typen, um diese einzuschränken. So schränkt datumType den Typ string auf die gewünschte Form eines Datums ein, und zustandType schränkt den anyType auf die beiden Attribute nuechtern und ledig ein. Die Schreibweise erzeugt einen neuen Typ, der keinen Text als Inhalt enthält, sondern nur die beiden Attribute nuechtern und ledig erlaubt. Der Wert der beiden Attribute ist ein Wahrheitswert.

Simple und komplexe Typen

Ein XML-Schema unterscheidet zwischen simplen und komplexen Typen. Simple Typen sind alle Typen, die keine Unterelemente und keine Attribute haben, sondern nur textbasierten Inhalt.

[zB]

> **Beispiel** Das Element `<getraenk>` besteht nur aus einer Zeichenkette:
> `<xsd:element name="getraenk" type="xsd:string" />`

Komplexe Typen können neben textbasiertem Inhalt auch Unterelemente und Attribute inkludieren.

941

18 | Die eXtensible Markup Language (XML)

[zB] **Beispiel** Das Element `<gast>` hat den Typ `gastType` und die Unterelemente `<getraenk>` und `<zustand>`:

```
<xsd:element name="gast" type="gastType" />
<xsd:complexType name="gastType">
  <xsd:sequence>
    <xsd:element name="getraenk" type="xsd:string" />
    <xsd:element name="zustand" type="zustandType" />
  </xsd:sequence>
</xsd:complexType>
```

Simple und komplexe Typen können andere Typen einschränken. Komplexe Typen können zusätzlich andere Typen erweitern. Beim Erweitern ist es möglich, mehrere Typen miteinander zu kombinieren, um einen neuen Typ mit Eigenschaften verschiedener Typen zu erschaffen.

Das vorige Beispiel kann nur einen kleinen Einblick in die Möglichkeiten von XML-Schemas geben. Eine umfangreiche Dokumentation ist unter der URL *http://www.w3.org/XML/Schema* vorhanden. Dort gibt es drei verschiedene Dokumentationen zum Schema:

- **Schema Part0 Primer**: gut lesbares Tutorial mit vielen Beispielen
- **Schema Part1 Structures**: genaue Beschreibung der Struktur einer Schema-Datei
- **Schema Part2 Datatypes**: Beschreibung der Datentypen, die in XML-Schemas verwendet werden

Der erste Teil bietet eine grundlegende Einführung mit vielen Beispielen. Die beiden anderen Teile dienen als Referenzen für spezielle Fragestellungen.

18.2.4 Namensraum (Namespace)

Das Konzept des *Namensraums* ist besonders wichtig, wenn

- XML-Daten nicht nur lokal mit einer Anwendung benutzt werden,
- Daten ausgetauscht oder
- XML-Dateien kombiniert werden.

Eine Überschneidung der Namen der Tags, die in den einzelnen XML-Dateien verwendet werden, lässt sich nicht verhindern. Daher ist es möglich, einer XML-Datei einen Namensraum oder mehrere Namensräume zuzuordnen.

Der Namensraum ist eine Verknüpfung zwischen einem Präfix, das vor den Elementnamen steht, und einer URI. Ein Namensraum wird als Attribut an ein Element (typischerweise das Wurzelelement) gebunden und kann dann von allen Elementen verwendet werden. Das Attribut hat die Form:

```
xmlns:Präfix="URI"
```

942

Dem Element, das den Namensraum deklariert, wird ein Präfix vorangestellt. Es hat die Form:

```
<Präfix:lokaler Name xmlns:Präfix="URI">
```

Das Präfix ist ein frei wählbares Kürzel, das den Namensraum benennt. Dieses Kürzel wird dem Namen der Elemente, die zu diesem Namensraum gehören, vorangestellt. Der Name eines Elements des Namensraums `Präfix` hat die Form:

```
<Präfix:lokaler Name>...</Präfix:lokaler Name>
```

Angenommen, wir möchten für unsere Party das Namensraum-Präfix `geburtstag` verwenden. Die URI für diesen Namensraum ist »http://www.geburtstag.de«. Der Namensraum wird in dem Wurzelelement `party` deklariert. Das Präfix wird jedem Element zugeordnet:

```
<geburtstag:party xmlns:geburtstag="http://www.geburtstag.de"
                  geburtstag:datum="31.12.01">
  <geburtstag:gast geburtstag:name="Albert Angsthase">
  </geburtstag:gast>
</geburtstag:party>
```

Eine weitere wichtige Anwendung von Namensräumen ist es, Tags bestimmter Technologien zu kennzeichnen. Für die XML-Technologien, etwa für Schemas, werden feste Namensräume vergeben.

Beispiel Namensraumdefinition für ein XML-Schema: **[zB]**
```
<xsd:schema xmlns:xsd="http://www.w3.org/2001/XMLSchema">
```

Eine Anwendung, die XML-Dateien verarbeitet, kann anhand des Namensraums erkennen, welche Technologie verwendet wird. Dabei ist nicht das Präfix, sondern die URI für die Identifikation des Namensraums entscheidend. Für XML-Dateien, die eine Strukturbeschreibung in Form eines Schemas definieren, ist es üblich, das Präfix `xsd` zu verwenden. Es ist aber jedes andere Präfix möglich, wenn die URI auf die Adresse *http://www.w3.org/2001/XMLSchema* verweist. Diese Adresse muss nicht unbedingt existieren, und eine Anwendung kann auch nicht erwarten, dass sich hinter dieser Adresse eine konkrete HTML-Seite verbirgt. Die URI dient nur der Identifikation des Namensraums für eine XML-Datei.

18.2.5 XML-Applikationen *

Eine *XML-Applikation* ist eine festgelegte Auswahl von XML-Elementen und einem Namensraum. XHTML ist eine XML-Applikation, bei der die XML-Elemente die HTML-Elemente zur Beschreibung von Webseiten sind. Durch die Beschränkung auf eine bestimmte Menge von Elementen ist es möglich, diese XML-Dateien für bestimmte Anwendungen zu nutzen. Der Namensraum legt fest, zu welcher Applikation die einzelnen XML-Elemente gehören. Dadurch können verschiedene XML-Applikationen miteinander kombiniert werden.

Eine bekannte XML-Applikation ist XHTML. Unterschiedliche DTDs beschreiben die Menge möglicher Tags. Für XHTML 1.0 sind es folgende:

18 | Die eXtensible Markup Language (XML)

- **XHTML1-strict.dtd**: minimale Menge von HTML-Tags
- **XHTML1-transitional.dtd**: die gängigsten HTML-Tags
- **XHTML1-frameset.dtd**: HTML-Tags zur Beschreibung von Frames

Der Standard XHTML 1.1 geht noch einen Schritt weiter und bietet modulare DTDs an. Hier kann sehr genau differenziert werden, welche HTML-Tags für die eigene XML-Applikation gültig sind. Dadurch ist es sehr einfach möglich, XHTML-Elemente mit eigenen XML-Elementen zu kombinieren. Durch die Verwendung von Namensräumen können die XHTML- und die XML-Tags zur Datenbeschreibung unterschieden werden.

18.3 Die Java-APIs für XML

Für XML-basierte Daten gibt es vier Verarbeitungstypen:

- **DOM-orientierte APIs** (repräsentieren den XML-Baum im Speicher): W3C-DOM, JDOM, dom4j, XOM ...
- **Pull-API** (wie ein Tokenizer wird über die Elemente gegangen): Dazu gehören XPP (XML Pull Parser), wie sie der StAX-Standard definiert.
- **Push-API** (nach dem Callback-Prinzip ruft der Parser Methoden auf und meldet Elementvorkommen): SAX (Simple API for XML) ist der populäre Repräsentant.
- **Mapping-API** (der Nutzer arbeitet überhaupt nicht mit den Rohdaten einer XML-Datei, sondern bekommt die XML-Datei auf ein Java-Objekt umgekehrt abgebildet): JAXB, Castor, XStream, ...

Während DOM das gesamte Dokument in einer internen Struktur einliest und bereitstellt, verfolgt SAX einen ereignisorientierten Ansatz. Das Dokument wird in Stücken geladen, und immer dann, wenn ein angemeldetes Element beim Parser vorbeikommt, meldet er dies in Form eines Ereignisses, das für die Verarbeitung abgefangen werden kann.

Klassische Anwendungen für SAX und StAX:

- Suche nach bestimmten Inhalten
- Einlesen von XML-Dateien, um eine eigene Datenstruktur aufzubauen

Für einige Anwendungen ist es erforderlich, die gesamte XML-Struktur im Speicher zu verarbeiten. Für diese Fälle ist eine Struktur, wie sie DOM bietet, notwendig:

- Sortierung der Struktur oder einer Teilstruktur der XML-Datei
- Auflösen von Referenzen zwischen einzelnen XML-Elementen
- interaktives Arbeiten mit der XML-Datei

Ob ein eigenes Programm DOM oder StAX einsetzt, ist von Fall zu Fall unterschiedlich. In manchen Fällen ist dies auch Geschmackssache, doch unterscheidet sich das Programmiermodell, sodass eine Umstellung nicht so angenehm ist.

944

Die Java-APIs für XML | **18.3**

18.3.1 Das Document Object Model (DOM)

DOM ist eine Entwicklung vom W3C und wird von vielen Programmiersprachen unterstützt. Das Standard-DOM ist so konzipiert, dass es unabhängig von einer Programmiersprache ist und eine strikte Hierarchie erzeugt. DOM definiert eine Reihe von Schnittstellen, die durch konkrete Programmiersprachen implementiert werden.

18.3.2 Simple API for XML Parsing (SAX)

SAX ist zum schnellen Verarbeiten der Daten von David Megginson als Public Domain entworfen worden. SAX ist im Gegensatz zu DOM nicht so speicherhungrig, weil das XML-Dokument nicht vollständig im Speicher abgelegt ist, und daher auch für sehr große Dokumente geeignet. Da SAX auf einem Ereignismodell basiert, wird die XML-Datei wie ein Datenstrom gelesen, und für erkannte Elemente wird ein Ereignis ausgelöst. Dies ist aber mit dem Nachteil verbunden, dass wahlfreier Zugriff auf ein einzelnes Element nicht ohne Zwischenspeicherung möglich ist.

18.3.3 Pull-API StAX

Im Gegensatz zu SAX, bei dem Methoden bereitgestellt werden, die beim Parsen aufgerufen werden, wird bei der Pull-API aktiv der nächste Teil eines XML-Dokuments angefordert. Das Prinzip entspricht dem Iterator-Design-Pattern, das auch von der Collection-API bekannt ist. Es werden die beiden grundsätzlichen Verarbeitungsmodelle »Iterator« und »Cursor« unterschieden. Die Verarbeitung mit dem Iterator ist flexibler, aber auch ein bisschen aufwändiger. Die Cursor-Verarbeitung ist einfacher und schneller, aber nicht so flexibel. Beide Formen sind sich sehr ähnlich. Hier werden beide Verfahren vorgestellt.

18.3.4 Java Document Object Model (JDOM)

JDOM ist eine einfache Möglichkeit, XML-Dokumente leicht und effizient mit einer schönen Java-API zu nutzen. Die Entwicklung von JDOM geht von Brett McLaughlin und Jason Hunter aus.

Im Gegensatz zu SAX und DOM, die unabhängig von einer Programmiersprache sind, wurde JDOM speziell für Java entwickelt. Während das Original-DOM keine Rücksicht auf die Java-Datenstrukturen nimmt, nutzt JDOM konsequent die Collection-API. Auch ermöglicht JDOM eine etwas bessere Performance und eine bessere Speichernutzung als beim Original-DOM.

Warum JDOM im Buch? Das Original-W3C-DOM für Java ist historisch am ältesten und JDOM war eine der ersten alternativen Java-XML-APIs. Mittlerweile steht JDOM nicht mehr alleine als W3C-DOM-Alternative da und APIs wie dom4j (*http://www.dom4j.org/*) oder XOM (*http://www.xom.nu/*) gesellen sich dazu.

945

Obwohl die Entwicklung von JDOM schon lange eingestellt wurde – das letzte Release JDOM 1.1.1 stammt vom Juli 2009 –, zählt JDOM immer noch zu den populärsten[3] XML-APIs, wohl auch wegen der üppigen Dokumentation. Hätte ich mich heute für eine Java-XML-DOM-API entscheiden müssen, hätte ich XOM gewählt.

18.3.5 JAXP als Java-Schnittstelle zu XML

Die angesprochenen Technologien wie DOM, SAX, XPath, StAX sind erst einmal pure APIs. Für die APIs sind grundsätzlich verschiedene Implementierungen denkbar, jeweils mit Schwerpunkten, wie Performance, Speicherverbrauch, Unicode-4-Unterstützung und so weiter. Zwei Parser-Implementierungen sind zum Beispiel:

- **Xerces** (*http://tutego.de/go/xerces*): Die Standardimplementierung im aktuellen JDK 5. XSL-Stylesheet-Transformationen werden standardmäßig über einen »Compiling XSLT Processor« (XSLTC) verarbeitet.

- **Crimson** (*http://tutego.de/go/crimson*): Die Referenzimplementierung in Java 1.4.

Java API for XML Parsing (JAXP)

Der Nachteil bei der direkten Nutzung der Parser ist die Abhängigkeit von bestimmten Klassen. Daher wurde eine API mit dem Namen *Java API for XML Parsing* (JAXP) entworfen, die als Abstraktionsschicht über folgenden Technologien liegt:

- DOM Level 3
- SAX 2.0.2
- StAX
- XSLT 1.0
- XPath 1.0

Die unterstützten XML-Standards sind 1.0 sowie 1.1. Die Parser validieren mit DTD oder W3C XML Schema und können mit XInclude Dokumente integrieren. Von DOM wird DOM Level 3 Core und DOM Level 3 Load and Save unterstützt.

JAXP 1.3 ist Teil von Java 5, und die Version JAXP 1.4 ist Teil von Java 6 – in der Version 1.4 ist nicht viel hinzugekommen. Mehr Informationen zu den Versionen und Implementierungen gibt die Webseite *https://jaxp.dev.java.net/*. Mit JAXP können Entwickler also einfach zwischen verschiedenen Parsern und XSLT-Transformern wählen, ohne den eigentlichen Code zu verändern. Das ist das gleiche Prinzip wie bei den Datenbanktreibern.

18.3.6 DOM-Bäume einlesen mit JAXP *

Um einen DOM-Baum einzulesen, soll unser folgendes Beispiel mit JAXP arbeiten. Eine Fabrik liefert uns einen XML-Parser, sodass wir den DOM-Baum einlesen können:

---

3 Laut *http://www.servlets.com/polls/results.tea?name=doms*

Listing 18.5 com/tutego/insel/xml/dom/DOMParty.java

```java
package com.tutego.insel.xml.dom;

import java.io.File;
import javax.xml.parsers.*;
import org.w3c.dom.Document;

public class DOMParty
{
  public static void main( String[] args ) throws Exception
  {
    DocumentBuilderFactory factory = DocumentBuilderFactory.newInstance();
    DocumentBuilder builder = factory.newDocumentBuilder();
    Document document = builder.parse( new File("party.xml") );
    System.out.println( document.getFirstChild().getTextContent() );
  }
}
```

Die Parser sind selbstständig bei `DocumentBuilderFactory` angemeldet, und `newInstance()` liefert eine Unterklasse des `DocumentBuilder`.

18.4 Java Architecture for XML Binding (JAXB)

Java Architecture for XML Binding (JAXB) ist eine API zum Übertragen von Objektzuständen auf XML-Dokumente und umgekehrt. Anders als eine manuelle Abbildung von Java-Objekten auf XML-Dokumente oder das Parsen von XML-Strukturen und Übertragen der XML-Elemente auf Geschäftsobjekte arbeitet JAXB automatisch. Die Übertragungsregeln definieren Annotationen, die Entwickler selbst an die JavaBeans setzen können, aber JavaBeans werden gleich zusammen mit den Annotationen von einem Werkzeug aus deiner XML-Schema-Datei generiert.

Java 6 integriert JAXB 2.0, und das JDK 6 Update 4 – sehr ungewöhnlich für ein Update – aktualisiert auf JAXB 2.1.

18.4.1 Bean für JAXB aufbauen

Wir wollen einen `Player` deklarieren, und JAXB soll ihn anschließend in ein XML-Dokument übertragen:

Listing 18.6 com/tutego/insel/xml/jaxb/Player.java, Player

```java
@XmlRootElement
class Player
{
  private String name;
  private Date   birthday;
```

18 | Die eXtensible Markup Language (XML)

```java
public String getName()
{
  return name;
}

public void setName( String name )
{
  this.name = name;
}

public void setBirthday( Date birthday )
{
  this.birthday = birthday;
}
public Date getBirthday()
{
  return birthday;
}
}
```

Die Klassen-Annotation `@XmlRootElement` ist an der JavaBean nötig, wenn die Klasse das Wurzelelement eines XML-Baums bildet. Die Annotation stammt aus dem Paket `javax.xml.bind.annotation`.

18.4.2 JAXBContext und die Marshaller

Ein kleines Testprogramm baut eine Person auf und bildet sie dann in XML ab – die Ausgabe der Abbildung kommt auf dem Bildschirm:

Listing 18.7 com/tutego/insel/xml/xml/jaxb/PlayerMarshaller.java, main()

```java
Player johnPeel = new Player();
johnPeel.setName( "John Peel" );
johnPeel.setBirthday( new GregorianCalendar(1939,Calendar.AUGUST,30).getTime() );

JAXBContext context = JAXBContext.newInstance( Player.class );
Marshaller m = context.createMarshaller();
m.setProperty( Marshaller.JAXB_FORMATTED_OUTPUT, Boolean.TRUE );
m.marshal( johnPeel, System.out );
```

Nach dem Lauf kommt auf dem Schirm:

```xml
<?xml version="1.0" encoding="UTF-8" standalone="yes"?>
<player>
    <birthday>1939-08-30T00:00:00+01:00</birthday>
    <name>John Peel</name>
</player>
```

Alles bei JAXB beginnt mit der zentralen Klasse `JAXBContext`. Die statische Methode `JAXBContext.newInstance()` erwartet standardmäßig eine Aufzählung der Klassen, die JAXB behandeln soll. Der `JAXBContext` erzeugt den `Marshaller` zum Schreiben und `Unmarshaller`

Java Architecture for XML Binding (JAXB) | **18.4**

zum Lesen. Die Fabrikmethode `createMarshaller()` liefert einen Schreiberling, der mit `marshal()` das Wurzelobjekt in einen Datenstrom schreibt. Das zweite Argument von `marshal()` ist unter anderem ein `OutputStream` (wie `System.out` in unserem Beispiel), `Writer` oder `File`-Objekt.

JAXB beachtet standardmäßig alle Bean-Properties, also `birthday` und `name`, und nennt die XML-Elemente nach den Properties.

---

class javax.xml.bind.JAXBContext

▶ `static JAXBContext newInstance( Class... classesToBeBound ) throws JAXBException`
Liefert ein Exemplar vom `JAXBContext` mit Klassen, die als Wurzelklassen für JAXB verwendet werden können.

▶ `abstract Marshaller createMarshaller()`
Erzeugt einen `Marshaller`, der Java-Objekte in XML-Dokumente konvertieren kann.

▶ `abstract Unmarshaller createUnmarshaller()`
Erzeugt einen `Unmarshaller` der XML-Dokumente in Java-Objekte konvertiert.

---

class javax.xml.bind.Marshaller

▶ `void marshal( Object jaxbElement, File output )`

▶ `void marshal( Object jaxbElement, OutputStream os )`

▶ `void marshal( Object jaxbElement, Writer writer )`
Schreibt den Objektgraph von `jaxbElement` in eine Datei oder einen Ausgabestrom.

▶ `void marshal( Object jaxbElement, Node node )`
Erzeugt vom Objekt einen DOM-Knoten. Der kann dann in ein XML-Dokument gesetzt werden.

▶ `void marshal( Object jaxbElement, XMLEventWriter writer )`
`void marshal( Object jaxbElement, XMLStreamWriter writer )`
Erzeugt für ein `jaxbElement` einen Informationsstrom für den `XMLEventWriter` beziehungsweise `XMLStreamWriter`. Die StAX-Klassen werden später genauer vorgestellt.

▶ `void setProperty( String name, Object value )`
Setzt eine Eigenschaft auf der `Marshaller`-Implementierung. So setzt das Paar `Marshaller.JAXB_FORMATTED_OUTPUT`, `Boolean.TRUE` eine Einrückung.

18.4.3 Ganze Objektgraphen schreiben und lesen

JAXB bildet nicht nur das zu schreibende Objekt ab, sondern auch rekursiv alle referenzierten Unterobjekte. Wir wollen den Spieler dazu in einen Raum setzen und den Raum in XML abbilden. Dazu muss der Raum die Annotation `@XmlRootElement` bekommen und bei `Player` kann sie entfernt werden, wenn nur der Raum selbst, aber keine `Player` als Wurzelobjekte zum Marshaller kommen:

949

18 | Die eXtensible Markup Language (XML)

Listing 18.8 com/tutego/insel/xml/xml/jaxb/Room.java, Room

```
@XmlRootElement( namespace = "http://tutego.com/" )
public class Room
{
  private List<Player> players = new ArrayList<Player>();

  @XmlElement( name = "player" )
  public List<Player> getPlayers()
  {
    return players;
  }

  public void setPlayers( List<Player> players )
  {

    this.players = players;
  }
}
```

Zwei Annotationen kommen vor: Da `Room` der Start des Objektgraphen ist, trägt es `@XmlRoot-Element`. Als Erweiterung ist das Element `namespace` für den Namensraum gesetzt, da bei eigenen XML-Dokumenten immer ein Namensraum genutzt werden soll. Weiterhin ist eine Annotation `@XmlElement` am Getter `getPlayers()` platziert, um den Namen des XML-Elements zu überschreiben, damit das XML-Element nicht `<players>` heißt, sondern `<player>`.

Kommen wir abschließend zu einem Beispiel, das einen Raum mit zwei Spielern aufbaut und diesen Raum dann in eine XML-Datei schreibt. Statt allerdings `JAXBContext` direkt zu nutzen und einen `Marshaller` zum Schreiben und `Unmarshaller` zum Lesen zu erfragen, kommt im zweiten Beispiel die Utility-Klasse `JAXB` zum Einsatz, die ausschließlich statische überladene `marshal()`- und `unmarshal()`-Methoden anbietet:

Listing 18.9 com/tutego/insel/xml/jaxb/RoomMarshaller.javal, main()

```
Player john = new Player();
john.setName( "John Peel" );

Player tweet = new Player();
tweet.setName( "Zwitscher Zoe" );

Room room = new Room();
room.setPlayers( Arrays.asList( john, tweet ) );

File file = new File( "room.xml" );
JAXB.marshal( room, file );

Room room2 = JAXB.unmarshal( file, Room.class );
System.out.println( room2.getPlayers().get( 0 ).getName() ); // John Peel

file.deleteOnExit();
```

Falls etwas beim Schreiben oder Lesen misslingt, werden die vorher geprüften Ausnahmen in einer `DataBindingException` ummantelt, die eine `RuntimeException` ist.

Die Ausgabe ist:

```
<?xml version="1.0" encoding="UTF-8" standalone="yes"?>
<ns2:room xmlns:ns2="http://tutego.com/">
    <player>
        <name>John Peel</name>
    </player>
    <player>
        <name>Zwitscher Zoe</name>
    </player>
</ns2:room>
```

Da beim Spieler das Geburtsdatum nicht gesetzt war (`null` wird referenziert), wird es auch nicht in XML abgebildet.

---

class javax.xml.bind.**JAXB**

▶ static void marshal(Object jaxbObject, File xml)

▶ static void marshal(Object jaxbObject, OutputStream xml)

▶ static void marshal(Object jaxbObject, Result xml)

▶ static void marshal(Object jaxbObject, String xml)

▶ static void marshal(Object jaxbObject, URI xml)

▶ static void marshal(Object jaxbObject, URL xml)

▶ static void marshal(Object jaxbObject, Writer xml)

Schreibt das XML-Dokument in die angegebene Ausgabe. Im Fall von URI/URL wird ein HTTP-POST gestartet. Ist der Parametertyp `String`, wird er als URL gesehen und führt ebenfalls zu einem HTTP-Zugriff. `Result` ist ein Typ für eine XML-Transformation und wird später vorgestellt.

▶ static <T> T unmarshal(File xml, Class<T> type)

▶ static <T> T unmarshal(InputStream xml, Class<T> type)

▶ static <T> T unmarshal(Reader xml, Class<T> type)

▶ static <T> T unmarshal(Source xml, Class<T> type)

▶ static <T> T unmarshal(String xml, Class<T> type)

▶ static <T> T unmarshal(URI xml, Class<T> type)

▶ static <T> T unmarshal(URL xml, Class<T> type)

Rekonstruiert aus der gegebenen XML-Quelle den Java Objektgraph.

18 | Die eXtensible Markup Language (XML)

> **Performance-Tipp** Den `JAXBContext` aufzubauen, kostet Zeit und Speicher. Er sollte daher für wiederholte Operationen gespeichert werden. Noch eine Information: `Marshaller` und `Unmarshaller` sind nicht thread-sicher; es darf keine zwei Threads geben, die gleichzeitig den `Marshaller`/`Unmarshaller` nutzen.

18.4.4 Validierung

Beim Schreiben und auch beim Lesen von XML-Dokumenten kann JAXB diese gegen ein XML-Schema validieren:

▸ Falsche XML-Dokumente sollen nicht eingelesen werden. Wenn die Schema-Datei zum Beispiel vorschreibt, eine Zahl (etwa für die Bohrtiefe) darf nur im Wertebereich von 0 bis 10.000 liegen, und in einer XML-Datei taucht dann ein Wert von 10.600 auf, dann wäre die XML-Datei nach diesem Schema nicht valide. JAXB sollte sie ablehnen.

▸ Fasche Werte in JavaBeans dürfen nicht zu nicht-validen XML-Dokumenten führen. Java-Beans bestehen aus einfachen Settern und Gettern, und die Prüfungen im XML-Schema gehen weit über das hinaus, was üblicherweise eine JavaBean prüft. So kann eine Schema-Definition etwa vorschreiben, dass eine Zeichenkette nach einem ganz speziellen regulären Ausdruck geschrieben wird. In der Regel sind die Setter aber nicht so implementiert, dass sie die Strings direkt prüfen. JAXB sollte es auch nicht erlauben, dass JavaBeans mit falschen Strings geschrieben werden und zu nicht-validen XML-Dokumenten führen kann.

Zentral bei der Validierung ist eine XML-Schema-Datei. Doch wo kommt diese her? Wurden aus der Schema-Datei die JavaBeans generiert, ist logischerweise die Schema-Beschreibung schon da. Sind die JavaBeans aber zuerst da, gibt es erst einmal keine Schema-Datei. Über unterschiedliche Wege lässt sich eine passende Schema-Datei entwickeln:

▸ **Per Hand**: Die XML-Schema-Datei wird per Hand selbstständig ohne Tool entwickelt.

▸ **Über die XML-Dokumente**: Ein Tool analysiert XML-Dateien und erzeugt aufgrund der erkannten Strukturen eine XML-Schema-Datei. Für dieses Verfahren gibt es eine Reihe von Tools, und einige sind auch online verfügbar, etwa *http://tutego.de/go/xml-2-xsd*.

▸ **Mit schemagen**: Das JDK bringt ein Tool mit dem Namen *schemagen* mit, was auf JAXB-annotierte Beans angesetzt wird und die Schema-Datei generiert.

Mit »schemagen« aus JAXB-Beans eine Schema-Datei generieren

Das Tool *schemagen* befindet sich wie alle anderen JDK-Tools im *bin*-Verzeichnis. Das Kommandozeilentool erwartet die Angabe einer Quellcodeklasse oder einer compilierten Klasse und spuckt die Schema-Beschreibungen aus:

```
C:\Insel\programme\2_16_XML\src>schemagen com.tutego.insel.xml.jaxb.Room -cp ⏎
    "c:\Program Files\Java\jdk1.6.0\lib\tools.jar"
Note: Writing C:\Insel\programme\18_XML\src\schema1.xsd
Note: Writing C:\Insel\programme\18_XML\src\schema2.xsd
```

Der Schalter `-cp` muss (bisher) auf *tools.jar* stehen.

952

Zwei Schema-Dateien erzeugt das Tool, und sie sehen so aus:

Listing 18.10 schema1.xsd

```
<?xml version="1.0" encoding="UTF-8" standalone="yes"?>
<xs:schema version="1.0" targetNamespace="http://tutego.com/"
           xmlns:xs="http://www.w3.org/2001/XMLSchema">

  <xs:import schemaLocation="schema2.xsd" />

  <xs:element name="room" type="room" />

</xs:schema>
```

Listing 18.11 schema2.xsd

```
<?xml version="1.0" encoding="UTF-8" standalone="yes"?>
<xs:schema version="1.0" xmlns:xs="http://www.w3.org/2001/XMLSchema">

  <xs:element name="player" type="player" />

  <xs:complexType name="room">
    <xs:sequence>
      <xs:element ref="player" minOccurs="0" maxOccurs="unbounded" />
    </xs:sequence>
  </xs:complexType>

  <xs:complexType name="player">
    <xs:sequence>
      <xs:element name="birthday" type="xs:dateTime" minOccurs="0" />
      <xs:element name="name" type="xs:string" minOccurs="0" />
    </xs:sequence>
  </xs:complexType>
</xs:schema>
```

Ein genaues Verständnis des Schemas ist nicht nötig.

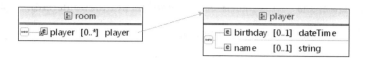

Abbildung 18.1 Visualisierung des Schemas

Schema-Validierung mit JAXB

Wir wollen die Validierungsmöglichkeiten von JAXB für unsere bekannte Raum-Datei ausprobieren und bewusst zwei Fehler einbauen:

18 | Die eXtensible Markup Language (XML)

Valide XML-Datei (nach Schema)	Nicht-valide XML-Datei (nach Schema)
Listing 18.12 room.xml	**Listing 18.13** room-invalid.xml

`<?xml version="1.0" encoding="UTF-8"?>`
`<ns2:room xmlns:ns2=`
`"http://tutego.com/">`
`  <player>`
`    <name>John Peel</name>`
`  </player>`
`  <player>`
`    <name>Zwitscher Zoe</name>`
`  </player>`
`</ns2:room>`
	`<?xml version="1.0" encoding="UTF-8"?>`
	`<room>`
	`  <player>`
	`    <name>John Peel</name>`
	`  </player>`
	`  <player>`
	`    <name>Zwitscher Zoe</name>`
	`    `**`<name>Heini Hayward</name>`**
	`  </player>`
	`</room>`

Das Java-Programm aus dem vorigen Abschnitt schrieb eine korrekte XML-Datei *room.xml*. In *room-invalid.xml* fehlt einmal der Namensraum, und dann sind zwei Namen angegeben, obwohl die Schema-Datei nur einen Namen erlaubt.

Damit JAXB den Fehler erkennt, muss es mit der neuen Schema-Datei verbunden werden. JAXP hat eine eigene API für Validierungen, die dafür eingesetzt wird (mehr zu Schema-Validierung später in Abschnitt 18.9, »XML-Schema Validierung *«):

Listing 18.14 com/tutego/insel/xml/jaxb/ValidatingRoomUnmarshaller, main()

```
File file = new File( "invalid-room.xml" );
JAXBContext context = JAXBContext.newInstance( Room.class );
Unmarshaller unmarshaller = context.createUnmarshaller();
SchemaFactory sf = SchemaFactory.newInstance( W3C_XML_SCHEMA_NS_URI );
Schema schema = sf.newSchema( ValidatingRoomUnmarshaller.class.getResource( ⤶
"/schema1.xsd" ) );
unmarshaller.setSchema( schema );
Room room = (Room) unmarshaller.unmarshal( file );
System.out.println( room.getPlayers() );
```

Es wird ein Exemplar eines `Schema`-Objekts erzeugt und dieses über `setSchema()` beim `Unmarshaller` gesetzt (Achtung: `JAXB.unmarshal(file, Room.class)` wird nicht funktionieren!).

Schon der erste Fehler in *invalid-room.xml* führt zum Abbruch:

```
Exception in thread "main" javax.xml.bind.UnmarshalException
 - with linked exception:
[org.xml.sax.SAXParseException; systemId: file:/C:/Insel/programme/18_XML/ ⤶
invalid-room.xml; lineNumber: 2; columnNumber: 7; cvc-elt.1: Cannot find ⤶
the declaration of element 'room'.]
```

Ist der Fehler behoben, kommt das zweite Problem hoch, nämlich dass es zwei Namen gibt:

```
Exception in thread "main" javax.xml.bind.UnmarshalException ⤶
 - with linked exception:
[org.xml.sax.SAXParseException; systemId: file:/C:/Insel/programme/18_XML/ ⤶
invalid-room.xml; lineNumber: 8; columnNumber: 11; cvc-complex-type.2.4.d: ⤶
```

954

Java Architecture for XML Binding (JAXB) | **18.4**

```
Invalid content was found starting with element 'name'. No child element is ⊋
expected at this point.]
```

Erst wenn der Fehler behoben wurde, gibt es keine Ausnahme mehr und JAXB gibt Ruhe.

18.4.5 Weitere JAXB-Annotationen *

XML-Schemas können recht komplex werden, sodass auch die Anzahl der JAXB-Annotationen und Möglichkeiten hoch ist. Im Folgenden sollen verschiedene JAXB-Annotationen ihre Wirkung auf die XML-Ausgaben zeigen.

Zugriff über Setter/Getter oder Attribute

JAXB kann sich die Werte über JavaBean-Properties – also Setter/Getter – setzen und lesen und/oder direkt auf die Attribute zugreifen. Der Attributzugriff ist vergleichbar mit der Standard-Serialisierung, der Zugriff über die Property ist von der JavaBeans Persistence über `java.beans.XMLEncoder`/`java.beans.XMLDecoder` realisiert. Welchen Weg JAXB gehen soll, bestimmt die Annotation `XmlAccessorType`, die üblicherweise an der Klasse festgemacht wird. Drei Werte sind interessant:

`@XmlAccessorType( XmlAccessType.FIELD )`	jedes nicht-statische Attribut
`@XmlAccessorType( XmlAccessType.PROPERTY )`	jede JavaBean-Property
`@XmlAccessorType( XmlAccessType.PUBLIC_MEMBER )`	nur jede öffentliche JavaBean-Property oder jedes öffentliche Attribut

Die Standardbelegung ist `AccessType.PUBLIC_MEMBER`.

@Transient

Die Annotation `@Transient` nimmt ein Element aus der XML-Abbildung aus. Das ist nützlich für den `XmlAccessType.FIELD` oder `XmlAccessType.PROPERTY`, da dann auch private Eigenschaften geschrieben werden, was allerdings nicht in jedem Fall erwünscht ist:

`class Person`
`{`
`@XmlTransient public int id;`
`public String firstname;`
`public String lastname;`
`}`
	`<person>`
	`<firstname>Christian</firstname>`
	`<lastname>Ullenboom</lastname>`
	`</person>`

Werte als Attribute schreiben @XmlAttribute

Üblicherweise schreibt JAXB jeden Wert in ein eigenes XML-Element. Soll der Wert als Attribut geschrieben werden, kommt die Annotation `@XmlAttribute` zum Einsatz:

955

| ```
class Person
{
 public String name;
 public @XmlAttribute int id;
}
``` | ```
<person id="123">
<name>Christian</name>
</person>
``` |

Reihenfolge der Elemente ändern

Ist die Reihenfolge der XML-Elemente wichtig, so lässt sich mit dem `propOrder` die Reihenfolge der Eigenschaften bestimmen:

| ```
class Person
{
 public String lastname, firstname;
}
``` | ```
<person>
<lastname>Ullenboom</lastname>
<firstname>Christian</firstname>
</person>
``` |
| ```
@XmlType(
 propOrder = { "firstname", "lastname"
 }
class Person
{
 public String lastname, firstname;
}
``` | ```
<person>
<firstname>Christian</firstname>
<lastname>Ullenboom</lastname>
</person>
``` |

Einzelner Wert ohne eigenes XML-Element

Gibt es nur ein Element in der Klasse, so kann `@XmlValue` es direkt ohne Unterelement in den Rumpf setzen:

| ```
class Person
{
 public int id;
}
``` | ```
<person>
<id>123</id>
</person>
``` |
| ```
class Person
{
 public @XmlValue int id;
}
``` | ```
<person>123</person>
``` |

Kompakte Listendarstellung

Die Datenstruktur Liste wird in JAXB üblicherweise so abgebildet, dass jedes Listenelement einzeln in ein XML-Element kommt. Die Annotation `@XmlList` weist JAXB an, Elemente einer Sammlung mit Leerzeichen zu trennen. Das funktioniert gut bei IDs, aber natürlich nicht mit allgemeinen Zeichenketten, die Leerzeichen enthalten:

| ```
class Person
{
 public List<String> emails;
}
``` | ```
<person>
<emails>muh@kuh.de</emails>
<emails>zick@zack.com</emails>
</person>
``` |
| ```
class Person
{
 public @XmlList List<String> emails;
}
``` | ```
<person>
<emails>muh@kuh.de zick@zack.com</emails>
</person>
``` |

956

Java Architecture for XML Binding (JAXB) | **18.4**

Elemente zusätzlich einpacken

Die Annotation @XmlElementWrapper dient dazu, ein zusätzliches XML-Element zu erzeugen. In der Regel wird das für Sammlungen angewendet, wie auch das folgende Beispiel zeigt:

```
class Person
{
  public List<String> emails;
}
```

```
<person>
  <emails>muh@kuh.de</emails>
  <emails>zick@zack.com</emails>
</person>
```

```
class Person
{
@XmlElementWrapper(name = "emails")
@XmlElement(name = "email")
public List<String> emails;
}
```

```
<person>
  <emails>
    <email>muh@kuh.de</email>
    <email>zick@zack.com</email>
  </emails>
</person>
```

Anpassen der XML-Abbildung

Nicht immer passt die Standard-Abbildung eines Datentyps gut. Für Farben sollen zum Beispiel nicht die Rot-, Grün- und Blau-Werte einzeln geschrieben werden, sondern alles kompakt in einem String. Auch die Standard-Abbildung für Datumswerte trifft nicht jeden Geschmack:

```
class Person
{
  public Date birthday;
}
```

```
<person>
  <birthday>1973-03-12T00:00:00+01:00</birthday>
</person>
```

Für Aufgaben dieser Art erlaubt die Annotation @XmlJavaTypeAdapter die Angabe einer Konverterklasse, die einmal den Weg vom Objekt in eine Stringrepräsentation für das XML-Element und dann vom String in das Objekt zurück beschreibt:

```
class Person
{
  @XmlJavaTypeAdapter( DateAdapter.class )
  public Date birthday;
}
```

Die eigene Klasse DateAdapter erweitert die vorgegebene JAXB-Klasse XmlAdapter und überschreibt zwei Methoden für beide Konvertierungswege:

```
class DateAdapter extends XmlAdapter<String, Date>
{
  private final static DateFormat formatter = new SimpleDateFormat(
    "dd/MM/yyyy" );

  public Date unmarshal( String date ) throws ParseException {
    return formatter.parse( date );
  }
```

957

```
  public String marshal( Date date )  {
    return formatter.format( date );
  }
}
```

Damit bekommt die Ausgabe das gewünschte Format:

```
<person>
    <birthday>12/03/1973</birthday>
</person>
```

abstract class javax.xml.bind.annotation.adapters.**XmlAdapter**<ValueType,BoundType>

▶ abstract ValueType marshal(BoundType v)
Konvertiert v in einen Werttyp, der dann in eine XML-Repräsentation überführt wird.

▶ abstract BoundType unmarshal(ValueType v)
überführt den Wert in den XML-Typ.

ValueType und BoundType sind Typvariablen, aber ungewöhnlicher Weise sind es keine einfachen Großbuchstaben.

Der spezielle Datentyp »XMLGregorianCalendar«

Neben der Möglichkeit, Datumswerte mit einem @XmlJavaTypeAdapter/XmlAdapter zu übersetzen, bietet JAXB den speziellen Datentyp XMLGregorianCalendar. Die Abbildung in XML ist kompakter:

class Person
{
 public **XMLGregorianCalendar** birthday;
}
	`<person>`
	`  <birthday>1973-03-12</birthday>`
	`</person>`

XMLGregorianCalendar wird auch automatisch von dem Werkzeug xjc genutzt, wenn in der XML-Schema-Datei ein Datum vorkommt. Nicht ganz einfach ist die Erzeugung eines XMLGregorianCalendar-Objekts und die Belegung – hier gibt es noch Potenzial für Verbesserungen:

```
Person p = new Person();
GregorianCalendar c = new GregorianCalendar( 1973, Calendar.MARCH, 12 );
XMLGregorianCalendar gc = DatatypeFactory.newInstance().newXMLGregorianCalendar( c );
gc.setTimezone( DatatypeConstants.FIELD_UNDEFINED );
gc.setTime( DatatypeConstants.FIELD_UNDEFINED,
            DatatypeConstants.FIELD_UNDEFINED,
            DatatypeConstants.FIELD_UNDEFINED );
p.birthday = gc;
```

Die Klasse DatatypeFactory bietet weitere statische Methoden für Mapper-Objekte, die XML in Objekte überführen oder umgekehrt.

Java Architecture for XML Binding (JAXB) | **18.4**

---

abstract class javax.xml.datatype.`DatatypeFactory`

▶ static DatatypeFactory newInstance()
Liefert eine DatatypeFactory-Implementierung.

▶ abstract XMLGregorianCalendar newXMLGregorianCalendar()
Liefert einen XMLGregorianCalendar, bei dem alle Werte undefiniert sind.

▶ abstract XMLGregorianCalendar newXMLGregorianCalendar(GregorianCalendar cal)

▶ XMLGregorianCalendar newXMLGregorianCalendarDate(int year, int month, int day,
int timezone)

▶ XMLGregorianCalendar newXMLGregorianCalendarTime(int hours, int minutes, int
seconds, int timezone)

▶ XMLGregorianCalendar newXMLGregorianCalendarTime(int hours, int minutes, int
seconds, BigDecimal fractionalSecond, int timezone)

▶ XMLGregorianCalendar newXMLGregorianCalendar(int year, int month, int day, int
hour, int minute, int second, int millisecond, int timezone)

▶ abstract XMLGregorianCalendar newXMLGregorianCalendar(BigInteger year, int
month, int day, int hour, int minute, int second, BigDecimal fractionalSecond, int
timezone)
Liefert ein XMLGregorianCalendar-Objekt mit unterschiedlichen Vorbelegungen.

▶ Weiterhin gibt es newDuration()-Methoden, die javax.xml.datatype.Duration-Objekte
liefern. Die Duration-Objekte können auf XMLGregorianCalendar aufaddiert werden bzw.
repräsentieren in XML-Schema-Dateien den Typ xs:duration.

Beispiel Eine XML-Schema-Datei soll für das Element period eine Dauer definieren: **[zB]**
```
<xs:element name="period" type="xs:duration"/>
```
Angewendet kann es so aussehen, um die Dauer von einem Jahr und einem Monat anzugeben:
```
<period>P1Y1M</period>
```
Werden aus Schema-Dateien die Java-Beans automatisch generiert, wird Duration für
xs:duration eingesetzt.

Hierarchien einsetzen

Die XML-Abbildung von Objekten, die in Klassenbeziehungen organisiert sind, bedarf einer
besonderen Vorbereitung. Nehmen wir an, Player und Key seien zwei Klassen, die von Game-
Object abgeleitet sind (eine Schnittstelle wäre für JAXB auch möglich). Ziel ist es, Spieler und
Schlüssel in einen Raum zu setzen:

```
abstract class GameObject {
  public String name;
}
```

```
@XmlRootElement public class Player extends GameObject { }
```

```
@XmlRootElement public class Key extends GameObject {
  public int id;
}
```

Zunächst gilt, dass die konkreten Klassen die Annotation `@XmlRootElement` tragen müssen.
Ein Beispielraum soll einen Spieler und einen Schlüssel beherbergen:

```
Player player= new Player();
player.name = "Chris";

Key key = new Key();
key.name = "Entretenimiento";
key.id = 12;

Room room = new Room();
room.objects.add( key );
room.objects.add( player );
```

Der Raum referenziert in einer Liste allgemeine Objekte vom Typ `GameObject`. Nun reicht im
`Room` ein einfaches

```
public List<GameObject> objects = new ArrayList<GameObject>();
```

zum Halten der Objektverweise aber nicht aus! Beim Verarbeiten würde JAXB die Information fehlen, welches Element denn tatsächlich in der Liste ist, denn ein `Player` sollte ja etwa
durch `<player>` beschrieben sein und ein Schlüssel durch `<key>`. Die Abbildung kann nicht
`<objects>` lauten, denn beim Lesen muss ein konkreter Untertyp rekonstruiert werden; wenn
JAXB beim Lesen ein `<objects>` sieht, weiß es erst einmal nicht, ob ein `Player` oder ein `Key`
zu erzeugen und in die Liste zu hängen ist. Das Ziel ist aber die folgende Abbildung:

```
<room>
  <key>
    <name>Entretenimiento</name>
    <id>12</id>
  </key>
  <player>
    <name>Chris</name>
  </player>
</room>
```

Die Lösung liegt in der Anwendung der Annotationen `@XmlElementRefs` und `@XmlElement-`
`Ref`. Ersteres ist ein Container und das Zweite bestimmt den Typ, der in der Liste zu erwarten
ist:

```
@XmlRootElement public class Room
{
  @XmlElementRefs(
  {
    @XmlElementRef( type = Player.class ),
    @XmlElementRef( type = Key.class ),
```

```
} )
  public List<GameObject> objects = new ArrayList<GameObject>();
}
```

Mit diesem Hinweis berücksichtigt JAXB den Typ der Kinder und schreibt nicht einfach `<objects>`. Die Elementtypen in der Sammlung sind von uns mit `@XmlRootElement` annotiert und geben den Namen der XML-Elemente »player« und »key« vor (wir hätten natürlich mit so etwas wie `@XmlRootElement(name="sportsman")` den XML-Elementnamen überschreiben können).

18.4.6 Beans aus XML-Schema-Datei generieren

Da es für existierende XML-Dateien mühselig ist, die annotierten JavaBeans von Hand aufzubauen, gibt es einen Generator. Der *Java Architecture for XML Binding Compiler*, kurz xjc, ist Teil ab JDK 6 und kann von der Kommandozeile, Ant-Skript oder auch von Entwicklungsumgebungen[4] aufgerufen werden. Er nimmt eine XML-Schema-Datei und generiert die Java-Klassen und eine ObjectFactory, die als – wie der Name schon sagt – Fabrik für die gemappten Objekte aus den XML-Elementen fungiert.

Die Geocoding API von Yahoo!

Für ein Beispiel wählen wir die »Yahoo! Maps Web Services-Geocoding API«. Mit ihr lassen sich zu einer Adresse in den USA die Latitude (geografische Breite) und Longitude (geografische Länge) ermitteln (im nächsten Schritt könnte dann ein Kartendienst die Adresse mithilfe der Geodaten anzeigen).

Der Online-Dienst arbeitet über den REST-Stil, das heißt, eine URL enthält die Parameter der Anfrage. Die Webseite von Yahoo! gibt in einem Beispiel für eine URL vor:

http://local.yahooapis.com/MapsService/V1/geocode?appid=YD-9G7bey8_JXxQP6rxl.fBFG gCdNjoDMACQA--&street=701+First+Ave&city=Sunnyvale&state=CA

Der Kartenserver antwortet mit einer XML-Datei (zum Verdeutlichung hübsch formatiert):

```
<?xml version="1.0"?>
<ResultSet xmlns:xsi="http://www.w3.org/2001/XMLSchema-instance"
           xmlns="urn:yahoo:maps"
           xsi:schemaLocation="urn:yahoo:maps
             http://api.local.yahoo.com/MapsService/V1/GeocodeResponse.xsd">
  <Result precision="address">
    <Latitude>37.416397</Latitude>
    <Longitude>-122.025055</Longitude>
    <Address>701 1st Ave</Address>
    <City>Sunnyvale</City>
    <State>CA</State>
    <Zip>94089-1019</Zip>
```

---

4 Für Eclipse gibt es dazu das Zusatz-Plugin *https://jaxb-workshop.dev.java.net/plugins/eclipse/xjc-plugin.html* – NetBeans integriert xjc direkt.

```
  <Country>US</Country>
 </Result>
</ResultSet>
```

Für unser Beispiel wollen wir das XML-Dokument, das der Yahoo! Maps Web Service liefert, nicht von Hand auseinanderpflücken, sondern JAXB soll uns eine gefüllte JavaBean mit allen Informationen liefern.

»xjc« aufrufen

Im ersten Schritt wechseln wir auf die Kommandozeile und testen, ob entweder das *bin*-Verzeichnis vom JDK im Suchpfad ist, oder wir wechseln direkt in das *bin*-Verzeichnis, sodass wir xjc direkt aufrufen können, und folgende Ausgabe erscheint:

```
$ xjc
grammar is not specified

Usage: xjc [-options ...] <schema file/URL/dir/jar> ... [-b <bindinfo>] ...
If dir is specified, all schema files in it will be compiled.
If jar is specified, /META-INF/sun-jaxb.episode binding file will be compiled.
Options:
  -nv                 : do not perform strict validation of the input schema(s)
  -extension          : allow vendor extensions - do not strictly follow the
                        Compatibility Rules and App E.2 from the JAXB Spec
  -b <file/dir>       : specify external bindings files (each <file> must have
                        its own -b)
                        If a directory is given, **/*.xjb is searched
  -d <dir>            : generated files will go into this directory
  -p <pkg>            : specifies the target package
  -httpproxy <proxy>  : set HTTP/HTTPS proxy. Format is
                        [user[:password]@]proxyHost:proxyPort
  -httpproxyfile <f>  : Works like -httpproxy but takes the argument in a file to
                        protect password
  -classpath <arg>    : specify where to find user class files
  -catalog <file>     : specify catalog files to resolve external entity references
                        support TR9401, XCatalog, and OASIS XML Catalog format.
  -readOnly           : generated files will be in read-only mode
  -npa                : suppress generation of package level
                        annotations (**/package-info.java)
  -no-header          : suppress generation of a file header with timestamp
  -target 2.0         : behave like XJC 2.0 and generate code that doesnt use
                        any 2.1 features.
  -xmlschema          : treat input as W3C XML Schema (default)
  -relaxng            : treat input as RELAX NG (experimental,unsupported)
  -relaxng-compact    : treat input as RELAX NG compact syntax (experimental,
                        unsupported)
  -dtd                : treat input as XML DTD (experimental,unsupported)
  -wsdl               : treat input as WSDL and compile schemas inside it
                        (experimental,unsupported)
```

Java Architecture for XML Binding (JAXB) | **18.4**

```
-verbose            : be extra verbose
-quiet              : suppress compiler output
-help               : display this help message
-version            : display version information

Extensions:
 -Xlocator          : enable source location support for generated code
 -Xsync-methods     : generate accessor methods with the 'synchronized' keyword
 -mark-generated    : mark the generated code as @javax.annotation.Generated
 -episode <FILE>    : generate the episode file for separate compilation
```

Eigentlich ist bis auf die Angabe der Schema-Quelle (aus einer Datei oder die URL) keine weitere Angabe nötig. Es ist aber praktisch, zwei Optionen zu setzen: `-p` bestimmt das Java-Paket für die generierten Klassen und `-d` das Ausgabeverzeichnis, wo der Generator die erzeugten Dateien ablegt. Yahoo! bietet die Schema-Datei unter *http://local.yahooapis.com/MapsService/V1/GeocodeResponse.xsd* an, die sich direkt bei `xjc` angeben lässt:

```
$ xjc -d "c:/" -p com.tutego.insel.xml.jaxb.yahoo.geocoding ⮑
    http://local.yahooapis.com/MapsService/V1/GeocodeResponse.xsd
parsing a schema...
compiling a schema...
com\tutego\insel\xml\jaxb\yahoo\geocoding\ObjectFactory.java
com\tutego\insel\xml\jaxb\yahoo\geocoding\ResultSet.java
com\tutego\insel\xml\jaxb\yahoo\geocoding\ResultType.java
com\tutego\insel\xml\jaxb\yahoo\geocoding\package-info.java
```

Das Tool generiert die Klasse `ResultSet` und `ResultType` für den komplexen Typ aus dem XML-Schema sowie `package-info.java`, um eine Paket-Annotation festmachen zu können, und `ObjectFactory`, die zwei einfache Fabrikmethoden enthält, um ein `ResultSet`- und `ResultType`-Objekt aufbauen zu können.

Die von `xjc` nach *c:/* geschriebenen Java-Klassen müssen nun in das Java-Projekt geschoben werden. Dann kann ein Java-Programm den Service mit einer URL ansprechen, einen `Unmarshaller` aufbauen und sich das Ergebnis-XML in eine JavaBean konvertieren lassen.

```
JAXBContext context = JAXBContext.newInstance( ObjectFactory.class );
Unmarshaller unmarshaller = context.createUnmarshaller();

// http://developer.yahoo.com/maps/rest/V1/geocode.html
String url = "http://local.yahooapis.com/MapsService/V1/geocode?" +
             "appid=YD-9G7bey8_JXxQP6rxl.fBFGgCdNjoDMACQA--&" +
             "street=701+First+Ave&city=Sunnyvale&state=CA";
ResultSet results = (ResultSet) unmarshaller.unmarshal( new URL(url) );

ResultType result = results.getResult().get( 0 );
System.out.printf( "Longitude = %s, Latitude= %s%n", result.getLongitude(), ⮑
  result.getLatitude() );
```

Die Bildschirmausgabe zeigt die geografische Länge und Breite der Yahoo!-Konzernzentrale:

```
Longitude = -122.025055, Latitude= 37.416397
```

963

18 | Die eXtensible Markup Language (XML)

Konflikte in der Schema-Datei *

Der Yahoo!-Service ist zwar nett, aber gerne hätte ich anderes OX-Mapping von anderen XML-Dokumenten gezeigt.[5] Leider haben viele XML-Schemas ein Problem, sodass sie nicht direkt vom Schema-Compiler verarbeitet werden können. Ein Beispiel zeigt das Dilemma:

```
<container>
 <head><content title="Titel"/></head>
 <body><content doc="doc.txt"/></body>
</container>
```

In der hierarchischen Struktur heißt das in `<head>` und `<body>` vorkommende XML-Element gleich, nämlich `content`. Die Schema-Datei kann widerspruchslos definieren, dass die beiden XML-Elemente gleich heißen, aber unterschiedliche Attribute erlauben, sozusagen dass Head-Content und das Body-Content. Allein durch ihre Hierarchie, also dadurch, dass sie einmal unter `head` und einmal unter `body` liegen, sind sie eindeutig bestimmt. Der Schema-Compiler von Java bekommt aber Probleme, da er diese hierarchische Information in eine flache bringt. Er kann einfach eine Klasse `Head` und `Body` aufbauen, aber bei `<content>` steht er vor einem Problem. Da die Schema-Definitionen unterschiedlich sind, müssten zwei verschiedene Java-Klassen unter dem gleichen Namen `Content` generiert werden. Das geht nicht, und `xjc` und bricht mit Fehlern ab.

Fehler diese Art gibt es leider häufig, und sind der Grund, warum aus vielen Schemas nicht einfach JavaBeans generiert werden kann. Erfolglos ohne weitere Einstellungen sind beispielsweise DocBook, Office Open XML, SVG, MathML und weitere. Doch was könnte die Lösung sein? `jxc` sieht Konfigurationsdateien vor, die das Mapping anpassen können. In diesen Mapping-Dokumenten identifiziert ein XPath-Ausdruck die problematische Stelle und gibt einen Substitutionstyp an. Die Spezifikation unter *https://jaxb.dev.java.net/spec-download.html* weist Interessierte in die richtige Richtung.

JAXB Plugins

Auf der Webseite *https://jaxb2-commons.dev.java.net/* gibt es eine Reihe nützlicher zusätzlicher Plugins für JAXB. Darunter:

▶ **Camelcase Always Plugin**: Sind die Elementnamen großgeschrieben, so wird JAXB automatisch großgeschriebene Properties umsetzen, sodass etwa aus `NAME` der Setter/Getter `setNAME()` und `getNAME()` entsteht. Das Plugin verhindert dies und nennt die Setter/Getter wie gewohnt `setName()` und `getName()`.

▶ **Value-Constructor Plugin**: Jede JavaBean bekommt von `xjc` nur einen Standard-Konstruktor. Dieses Plugin gibt einen weiteren Konstruktor hinzu, der alle Attribute direkt initialisiert.

---

5 Die Google Keyhole Markup Language (KML) Version 2.1 funktioniert auch. Die Schema-Datei *http://code.google.com/intl/de/apis/kml/schema/kml21.xsd* macht keine Probleme. Seidem KML aber beim Open Geospatial Consortium liegt, gibt es für Version 2.2 und das Schema *http://schemas.opengis.net/kml/2.2.0/ogckml22.xsd* Übersetzungsprobleme.

964

▶ **Default Value Plugin**: Ein XML-Schema kann mit `defaultValue` vordefinierte Initialbelegungen für Attribute angeben. `xjc` ignoriert diese. Das Plugin wertet diese Vorbelegungen aus und initialisiert die Attribute der JavaBean gemäß den Werten.

▶ **Property Change Listener Injector Plugin**: Eine über `xjc` generierte JavaBean schreibt einen bei `setXXX()` übergebenen Wert direkt in das private Attribut durch. Mit dem Plugin wird ein `VetoableChangeListener` eingeführt, der gegen Wertänderungen votieren kann.

18.5 Serielle Verarbeitung mit StAX

Die Pull-API StAX inklusive Implementierung ist Teil der Standardbibliothek und JDK/JRE ab Version 6.[6] Mit ihr lassen sich XML-Dokumente sehr performant ablaufen, jedoch nicht ändern.

Die allgemeine Vorgehensweise zum Parsen eines XML-Dokuments ist folgende:

1. Erzeuge eine `XMLInputFactory`.
2. Erzeuge den passenden Parser.
3. Wähle `XMLStreamReader` für die Cursor-Verarbeitung oder `XMLEventReader` für die Iterator-Verarbeitung.
4. Erfrage mit `next()` die nächste Komponente des XML-Dokuments.
5. Ermittle den Typ der Komponente, und verarbeite ihn.

18.5.1 Unterschiede der Verarbeitungsmodelle

Die Unterschiede zwischen der Cursor- und der Iterator-Verarbeitung sind auf den ersten Blick nicht eindeutig. Beide Verarbeitungsmodelle bieten ähnliche Methoden, und die Verarbeitung der Inhalte ist auch sehr ähnlich. Der wesentliche Unterschied ist die Art und Weise, wie die Komponenten des XML-Dokuments geliefert werden:

▶ Bei der *Cursor-Verarbeitung* wird die Komponente direkt mit dem Parser-Objekt verarbeitet. Hier ist die zentrale Klasse der `XMLStreamReader`, mit dem auch auf die Inhalte der XML-Datei zugegriffen wird. Da diese Klasse ebenso verwendet wird, um auf das nächste Element der XML-Datei zugreifen zu können, steht zu einem Zeitpunkt immer nur eine Komponente des XML-Dokuments zur Verfügung. Der Vorteil ist die hohe Effizienz, da bei der Verarbeitung keine neuen Objekte erzeugt werden. Ein XML-Parser ist ein Zustandautomat und Methoden führen den Automaten von einem Zustand in den nächsten.

▶ Bei der *Iterator-Verarbeitung* wird ein `XMLEvent`-Objekt geliefert, das anderen Methoden übergeben und in einer Datenstruktur gespeichert werden kann.

---

6 Um die API vor Java 6 nutzen zu können, kann unter *http://stax.codehaus.org/* eine Implementierung der API bezogen werden.

18 | Die eXtensible Markup Language (XML)

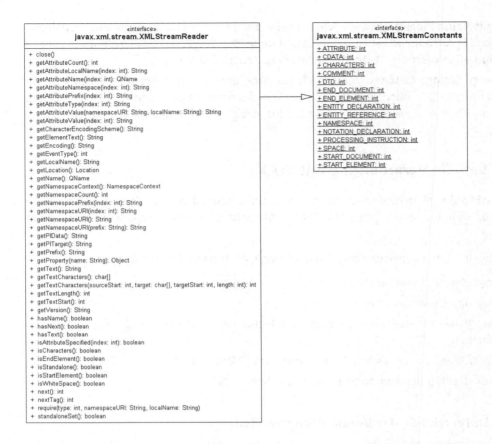

StAX ist eine symmetrische API, was bedeutet, es gibt Klassen zum Lesen und auch Schreiben von XML-Dokumenten. So wie es für das Lesen die Prinzipien Cursor und Iterator gibt, so bietet die StAX-API die Klassen `XMLStreamWriter` und `XMLEventWriter`. Damit ist es möglich, Elemente, die über die Reader gelesen werden, an die Writer zu übergeben und damit Änderungen an den Inhalten zu schreiben.

18.5.2 XML-Dateien mit dem Cursor-Verfahren lesen

Zunächst muss ein Parser erzeugt werden, der das XML-Dokument verarbeiten soll:

```
InputStream       in      = new FileInputStream( "party.xml" );
XMLInputFactory   factory = XMLInputFactory.newInstance();
XMLStreamReader   parser  = factory.createXMLStreamReader( in );
```

Der Parser iteriert über die XML-Datei mit einer Tiefensuche und liefert beim Verarbeiten eine Reihe von Events, die den Typ des XML-Elements anzeigen. Die Eventtypen sind ganzzahlige Werte und als Konstanten in der Klasse `XMLStreamConstants` festgelegt. Der Parser liefert die folgenden Elemente:

► START_DOCUMENT: Der Beginn der XML-Datei. Bei diesem Event können Eigenschaften wie das Encoding des Dokuments ermittelt werden.

► END_DOCUMENT: Hier steht nur die Methode close() zum Schließen der Eingabe zur Verfügung.

► START_ELEMENT: Liefert den Typ, wenn ein Element beginnt. Die Attribute und der Namensraum eines Elements können hier ausgewertet werden.

► END_ELEMENT: Wenn das Ende eines Elements erreicht ist

► CHARACTERS: Text innerhalb von Elementen. Text kann auf Whitespace getestet werden.

► ENTITY_REFERENCE: Wenn Entitäten in der XML-Datei auftauchen. Üblicherweise werden Entitäten zuerst aufgelöst und dann als CHARACTERS-Event geliefert.

► DTD: Mit diesem Event wird die DTD als String geliefert, und es ist möglich, auf Teile der DTD zuzugreifen.

► COMMENT: Kommentare in der XML-Datei

► PROCESSING_INSTRUCTION: Verarbeitungsanweisungen wie Stylesheet-Angaben

Die Events ATTRIBUTE und NAMESPACE liefert der Parser nur in Ausnahmefällen. Inhalte von Attributen sowie die Namensraumdaten lassen sich beim Event START_ELEMENT erfragen.

Passend zum Event sind verschiedene Methodenaufrufe gültig, etwa getAttributeCount() im Fall eines Elements, das die Anzahl der Attribute liefert. Mit einer Schleife und einer switch-Anweisung lassen sich die Inhalte der XML-Datei dann einfach auswerten:

Listing 18.15 com/tutego/insel/xml/stax/XMLStreamReaderDemo.java, Ausschnitt

```
XMLInputFactory factory = XMLInputFactory.newInstance();
XMLStreamReader parser = factory.createXMLStreamReader( new FileInputStream(
  "party.xml" ) );

StringBuilder spacer = new StringBuilder();

while ( parser.hasNext() )
{
  System.out.println( "Event: " + parser.getEventType() );

  switch ( parser.getEventType() )
  {
    case XMLStreamConstants.START_DOCUMENT:
      System.out.println( "START_DOCUMENT: " + parser.getVersion() );
      break;

    case XMLStreamConstants.END_DOCUMENT:
      System.out.println( "END_DOCUMENT: " );
      parser.close();
      break;

    case XMLStreamConstants.NAMESPACE:
      System.out.println( "NAMESPACE: " + parser.getNamespaceURI() );
      break;
```

```java
      case XMLStreamConstants.START_ELEMENT:
        spacer.append( "  " );
        System.out.println( spacer + "START_ELEMENT: " + parser.getLocalName() );

        // Der Event XMLStreamConstants.ATTRIBUTE wird nicht geliefert!
        for ( int i = 0; i < parser.getAttributeCount(); i++ )
          System.out.println( spacer + " Attribut: "
                            + parser.getAttributeLocalName( i )
                            + " Wert: " + parser.getAttributeValue( i ) );
        break;

      case XMLStreamConstants.CHARACTERS:
        if ( ! parser.isWhiteSpace() )
          System.out.println( spacer + " CHARACTERS: " + parser.getText() );
        break;

      case XMLStreamConstants.END_ELEMENT:
        System.out.println( spacer + "END_ELEMENT: " + parser.getLocalName() );
        spacer.delete( (spacer.length() - 2), spacer.length() );
        break;

      default:
        break;
    }
    parser.next();
}
```

Dieses Beispiel demonstriert das Lesen einer XML-Datei mit dem Cursor-Verfahren. Das folgende Unterkapitel zeigt die Verarbeitung mit dem Iterator-Verfahren.

[»]   **Hinweis**   Der `XMLStreamReader` liefert beim Parsen keinen Typ `XMLStreamConstants.ATTRIBUTE`. Dieses Event kann nur im Zusammenhang mit XPath auftreten, wenn der Ausdruck ein Attribut als Rückgabe liefert. Beim Parsen von XML-Dokumenten werden Attribute anhand der Elemente geliefert.

abstract class javax.xml.stream.**XMLInputFactory**

▶   static XMLInputFactory newInstance()
    Liefert ein Exemplar der Fabrik `XMLInputFactory`. Aus dem Objekt erfolgt als Nächstes üblicherweise ein Aufruf von `createXMLEventReader()`.

▶   abstract XMLStreamReader createXMLStreamReader(InputStream stream)

▶   abstract XMLStreamReader createXMLStreamReader(InputStream stream, String encoding)

▶   abstract XMLStreamReader createXMLStreamReader(Reader reader)

▶   abstract createXMLStreamReader(Source source)
    Liefert einen `XMLStreamReader`, der aus unterschiedlichen Quellen liest.

Serielle Verarbeitung mit StAX | **18.5**

```
interface javax.xml.stream.XMLStreamReader
extends XMLStreamConstants
```

▶ `boolean hasNext()`
Sagt, ob es noch ein neues Parse-Event gibt.

▶ `int getEventType()`
Liefert den Typ des Parse-Events, so wie in `XMLStreamConstants` deklariert. Die Schnittstelle `XMLStreamReader` erweitert `XMLStreamConstants`.

▶ `int next()`
Parst das nächste Element und liefert das nächste Parse-Event.

▶ Die JavaDoc listet die `getXXX()`-Methoden auf, die alle Eigenschaften wie Namensraum, Attribute, usw. des Elements liefert. Die nächste Tabelle zeigt, welche Methoden auf welchen Zuständen erlaubt sind.

Event-Typ	Erlaubte Methoden
auf allen Zuständen	`hasNext()`, `require()`, `close()`, `getNamespaceURI()`, `isStartElement()`, `isEndElement()`, `isCharacters()`, `isWhiteSpace()`, `getNamespaceContext()`, `getEventType()`, `getLocation()`, `hasText()`, `hasName()`, `getProperty()`
`START_ELEMENT`	`next()`, `getName()`, `getLocalName()`, `hasName()`, `getPrefix()`, `getAttributeXXX()`, `isAttributeSpecified()`, `getNamespaceXXX()`, `getElementText()`, `nextTag()`
`ATTRIBUTE`	`next()`, `nextTag()`, `getAttributeXXX()`, `isAttributeSpecified()`
`NAMESPACE`	`next()`, `nextTag()`, `getNamespaceXXX()`
`END_ELEMENT`	`next()`, `getName()`, `getLocalName()`, `hasName()`, `getPrefix()`, `getNamespaceXXX()`, `nextTag()`
`CHARACTERS, CDATA, COMMENT, SPACE`	`next()`, `getTextXXX()`, `nextTag()`
`START_DOCUMENT`	`next()`, `getEncoding()`, `getVersion()`, `isStandalone()`, `standaloneSet()`, `getCharacterEncodingScheme()`, `nextTag()`
`PROCESSING_INSTRUCTION`	`next()`, `getPITarget()`, `getPIData()`, `nextTag()`
`ENTITY_REFERENCE`	`next()`, `getLocalName()`, `getText()`, `nextTag()`
`DTD`	`next()`, `getText()`, `nextTag()`
`END_DOCUMENT`	`close()`

Tabelle 18.4 Erlaubte Methoden der Event-Typen

18.5.3 XML-Dateien mit dem Iterator-Verfahren verarbeiten *

Die Verarbeitung mit der Iterator-Variante der StAX-API ist ein wenig komplizierter, aber auch viel flexibler. Es wird nicht direkt mit dem allgemeinen Parser-Objekt auf die Daten zugegriffen, sondern es wird bei jeder Iteration ein `XMLEvent`-Objekt erzeugt. Mit diesem Objekt kann der Typ des Events ermittelt und ganz ähnlich zur Cursor-API ausgewertet werden.

969

18 | Die eXtensible Markup Language (XML)

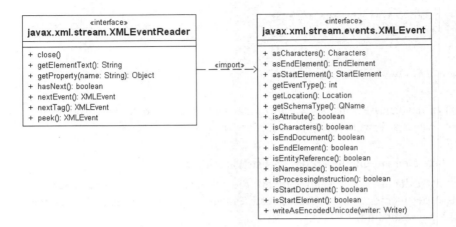

Am Anfang wird ein Parser vom Typ `XMLEventReader` erzeugt, und in einer Schleife werden die einzelnen Komponenten ausgewertet:

Listing 18.16 com/tutego/insel/xml/stax/XMLEventReaderDemo.java, main()

```java
InputStream in = new FileInputStream( "party.xml" );
XMLInputFactory factory = XMLInputFactory.newInstance();
XMLEventReader parser = factory.createXMLEventReader( in );

StringBuilder spacer = new StringBuilder();
while ( parser.hasNext() )
{
  XMLEvent event = parser.nextEvent();

  switch ( event.getEventType() )
  {
    case XMLStreamConstants.START_DOCUMENT:
      System.out.println( "START_DOCUMENT:" );
      break;
    case XMLStreamConstants.END_DOCUMENT:
      System.out.println( "END_DOCUMENT:" );
      parser.close();
      break;
    case XMLStreamConstants.START_ELEMENT:
      StartElement element = event.asStartElement();
      System.out.println( spacer.append("  ")
                          + "START_ELEMENT: "
                          + element.getName() );
      for ( Iterator<?> attributes = element.getAttributes();
            attributes.hasNext(); )
      {
        Attribute attribute = (Attribute) attributes.next();
        System.out.println( spacer + "  Attribut: "
                            + attribute.getName() + " Wert: "
                            + attribute.getValue() );
```

```
        }
        break;
      case XMLStreamConstants.CHARACTERS:
        Characters characters = event.asCharacters();
        if ( ! characters.isWhiteSpace() )
          System.out.println( spacer
                              + "  CHARACTERS: "
                              + characters.getData() );
        break;
      case XMLStreamConstants.END_ELEMENT:
        System.out.println( spacer
                            + "END_ELEMENT: "
                            + event.asEndElement().getName() );
        spacer.delete( (spacer.length() - 2), spacer.length() );
        break;
      case XMLStreamConstants.ATTRIBUTE:
        break;

      default :
        break;
    }
  }
}
```

Diese Form der Verarbeitung sieht auf den ersten Blick komplizierter aus, bietet aber zusätzliche Möglichkeiten, weil die erzeugten Objekte für die weitere Verarbeitung zur Verfügung stehen.

abstract class javax.xml.stream.**XMLInputFactory**

▸ abstract XMLEventReader createXMLEventReader(InputStream stream)

▸ abstract XMLEventReader createXMLEventReader(InputStream stream, String encoding)

▸ abstract XMLEventReader createXMLEventReader(Reader reader)

▸ abstract XMLEventReader createXMLEventReader(Source source)

▸ abstract XMLEventReader createXMLEventReader(XMLStreamReader reader)
  Liefert XMLEventReader, der die Eingabe aus unterschiedlichen Quellen liest.

18.5.4 Mit Filtern arbeiten *

Mithilfe von Filtern gibt es die Möglichkeit, nur Teile eines XML-Dokuments zu parsen. Diese Filter werden durch die Implementierung einer der Schnittstellen javax.xml.stream.Event-Filter (für die XML-Events) oder javax.xml.stream.StreamFilter (für die XMLStreamReader) programmiert. Es muss lediglich die Methode accept() implementiert und ein boolean-Wert zurückgegeben werden. Als Parameter erwartet diese Methode entweder einen javax.xml.stream.events.XMLEvent bei der Iterator-Variante oder einen XMLStreamReader bei der Cursor-Variante. Dazu ein Beispiel: Ein Filter soll für die Iterator-Variante die schließenden Tags auslassen:

18 | Die eXtensible Markup Language (XML)

Listing 18.17 com/tutego/insel/xml/stax/PartyEventFilter.java

```
package com.tutego.insel.xml.stax;

import javax.xml.stream.EventFilter;
import javax.xml.stream.events.XMLEvent;

public class PartyEventFilter implements EventFilter
{
  @Override public boolean accept( XMLEvent event )
  {
    return ! event.isEndElement();
  }
}
```

Der Filter wird beim Erzeugen des Parsers mit der `XMLInputFactory` und dem vorhandenen `XMLEventReader` erzeugt. Dazu ein Beispiel zur Erzeugung des Parsers mit dem Event-Filter:

```
XMLEventReader filteredParser = factory.createFilteredReader(
                        parser, new PartyEventFilter() );
```

Dieses Verfahren der Dekoration wird in ähnlicher Form bei Streams verwendet.

Das Erzeugen eines Parsers mit einem Filter für die Cursor-Variante funktioniert analog. Mit Filtern bietet die API eine einfache Lösung, wenn nur bestimmte Teile des XML-Dokuments verarbeitet werden sollen.

`abstract class javax.xml.stream.`**`XMLInputFactory`**

▶ abstract XMLStreamReader createFilteredReader(XMLStreamReader reader, StreamFilter filter)

▶ abstract XMLStreamReader createFilteredReader(XMLStreamReader reader, StreamFilter filter)
Liefert `XMLEventReader` oder `XMLStreamReader` mit einem Filter.

`interface javax.xml.stream.`**`EventFilter`**

▶ boolean accept(XMLEvent event)
Liefert `true`, wenn das Ereignis in den Ergebnisstrom soll.

`interface javax.xml.stream.`**`StreamFilter`**

▶ boolean accept(XMLStreamReader reader)
Liefert `false`, wenn der `XMLStreamReader` in einem Zustand ist, bei dem das Element ignoriert werden soll.

18.5.5 XML-Dokumente schreiben

Im Gegensatz zu DOM-orientierten APIs, bei denen das gesamte Dokument im Speicher vorliegt und verändert werden kann, ist es bei StAX nicht möglich, die vorhandene XML-Datei zu verändern. Es ist aber trotzdem möglich, XML zu schreiben. Auch hier wird zwischen der Cursor- und der Iterator-Variante unterschieden. Bei der Iterator-Variante werden Event-Objekte geschrieben, die entweder aus einem gelesenen XML-Dokument stammen oder mit einer `XMLEventFactory` erzeugt werden. Bei der Cursor-Variante wird mit einem `XMLStreamWriter` die XML-Komponente direkt erzeugt und geschrieben. In beiden Fällen wird über die `XMLOutputFactory` ein passender Writer erzeugt. Die Reihenfolge, in der die Komponenten geschrieben werden, entscheidet über den Aufbau des zu erzeugenden XML-Dokuments.

XMLStreamWriter

Zuerst zeigen wir, wie mit der Cursor-Variante eine XML-Datei geschrieben werden kann. Dazu erzeugen wir mit der `XMLOutputFactory` einen `XMLStreamWriter`, der die Elemente und Attribute direkt in eine XML-Datei schreibt:

Listing 18.18   com/tutego/insel/xml/stax/XMLStreamWriterDemo.java, main()

```
XMLOutputFactory factory = XMLOutputFactory.newInstance();
XMLStreamWriter writer = factory.createXMLStreamWriter( new FileOutputStream(
  "writenParty.xml" ) );
// Der XML-Header wird erzeugt
writer.writeStartDocument();
// Zuerst wird das Wurzelelement mit Attribut geschrieben
  writer.writeStartElement( "party" );
    writer.writeAttribute( "datum", "31.12.01" );
    // Unter dieses Element das Element gast mit einem Attribut erzeugen
    writer.writeStartElement( "gast" );
      writer.writeAttribute( "name", "Albert Angsthase" );
    writer.writeEndElement();
  writer.writeEndElement();
writer.writeEndDocument();
writer.close();
```

Beim Schreiben werden zuvor keine speziellen Objekte in einem XML-Baum erzeugt, sondern die Elemente direkt geschrieben. Der große Vorteil ist, dass das Schreiben sehr performant ist und die Größe der XML-Ausgabe beliebig sein kann.

XMLEventWriter *

Das Schreiben von XML-Dokumenten mit dem `XMLEventWriter` erfolgt in drei Stufen:

1. Von der `XMLOutputFactory` wird ein Objekt vom Typ `XMLEventWriter` erfragt. In den `XMLEventWriter` werden dann die Ereignisobjekte geschrieben.

2. Für das Erzeugen der Event-Objekte wird eine `XMLEventFactory` benötigt. Mit ihr lassen sich neue `XMLEvent`-Objekte erzeugen und irgendwo speichern.

3. Die `XMLEvent`-Objekte werden geschrieben.

Der zentrale Unterschied zwischen dem `XMLStreamWriter` und `XMLEventWriter` ist also, dass beim `XMLEventWriter` erst die `XMLEvent`-Objekte erzeugt werden – in beliebiger Reihenfolge

18 | Die eXtensible Markup Language (XML)

– und sie dann in den `XMLEventWriter` kommen; die Reihenfolge beim Erzeugen hat keinen Einfluss auf die Reihenfolge in der späteren Ausgabe:

Listing 18.19   com/tutego/insel/xml/stax/ XMLEventWriterDemo.java, main() Teil 1

```
XMLOutputFactory outputFactory = XMLOutputFactory.newInstance();
XMLEventWriter writer = outputFactory.createXMLEventWriter(
  new FileOutputStream("writenParty.xml" ) );
XMLEventFactory eventFactory = XMLEventFactory.newInstance();
XMLEvent header = eventFactory.createStartDocument();
XMLEvent startRoot = eventFactory.createStartElement( "", "", "party" );
XMLEvent datumAttribut = eventFactory.createAttribute( "datum", "31.12.01" );
XMLEvent endRoot = eventFactory.createEndElement( "", "", "party" );
XMLEvent startGast = eventFactory.createStartElement( "", "", "gast" );
XMLEvent name = eventFactory.createAttribute( "name",  "Albert Angsthase" );
XMLEvent endGast = eventFactory.createEndElement( "", "", "gast" );
XMLEvent endDocument = eventFactory.createEndDocument();
```

Zuerst werden für das Wurzelelement das öffnende und schließende Tag sowie das Attribut `datum` erzeugt. Hierfür wird die Methode `createStartElement()` verwendet.

Um die Elemente zu schreiben, werden sie dem `XMLEventWriter` übergeben. Hier entscheidet die Reihenfolge über den Aufbau der XML-Datei:

Listing 18.20   com/tutego/insel/xml/stax/XMLEventWriterDemo.java, main() Teil 2

```
writer.add( header );
writer.add( startRoot );
    writer.add( datumAttribut );
    writer.add( startGast );
      writer.add( name );
    writer.add( endGast );
  writer.add( endRoot );
writer.add( endDocument );
writer.close();
```

In diesem Beispiel wurde gezeigt, wie Events erzeugt werden können und wie sie geschrieben werden. Das Schreiben von Elementen aus einer Eingabe funktioniert analog. Falls sich Elemente wiederholen oder aus einer anderen Quelle stammen (etwa ein `XMLEvent`, das serialisiert vom Netzwerk kommt), können sie direkt in den `XMLEventWriter` geschrieben werden. In dem Fall ist die Iterator-Variante flexibler als die Cursor-Variante. Diese Flexibilität wird durch einen etwas höheren Aufwand erkauft.

[»]   **Hinweis**   Die Ausgabe ist weder beim `XMLStreamWriter` noch beim `XMLEventWriter` formatiert oder eingerückt, und die XML-Elemente stehen einfach hintereinander: `<?xml version="1.0" ?><party datum="31.12.01"><gast name="Albert Angsthase"><getraenk>Wein </getraenk><getraenk>Bier</getraenk><zustand ledig="true" nuechtern="true"/></gast> </party>`.

Besteht die Anforderung, dass die XML-Ausgabe eingerückt ist, kann Java SE standardmäßig nichts machen, und es muss auf externe Hilfklassen zugrückgegriffen werden. Die StAX-Utility-Sammlung unter *https://stax-utils.dev.java.net/* bietet den `javanet.stax-utils.IndentingXMLEventWriter` **beziehungsweise** `IndentingXMLStreamWriter`, **dessen** **Nutzung so aussieht:**

```
XMLStreamWriter writer = XMLOutputFactory.newInstance().createXMLStreamWriter(
  outputStream );
writer = new IndentingXMLStreamWriter( writer );
writer.writeStartDocument();
```

Der `IndentingXMLStreamWriter` **realisiert das Dekorator-Pattern.**

Zusammenfassung

Wir haben gesehen, wie mit der StAX-API XML gelesen und geschrieben werden kann, welche Unterschiede zwischen der Cursor- und der Iterator-Variante bestehen und welche Filter für die Eingabe zur Verfügung stehen. Grundsätzlich ist die Iterator-Variante die flexiblere Lösung und in den meisten Fällen performant genug. Sie ist in jedem Fall performanter als eine DOM-basierte Lösung, wenn nicht die gesamte XML-Struktur im Speicher benötigt wird. Die Cursor-Variante sollte gewählt werden, wenn hohe Verarbeitungsgeschwindigkeit und geringer Speicherverbrauch Priorität haben. Diese Variante ist insbesondere für Endgeräte mit wenig Speicher und geringer Rechenleistung die bessere Wahl.

Die Anwendungsgebiete der StAX-API sind die gleichen wie die der SAX-API, weil die Vorteile beider Verfahren gute Performance und geringer Speicherverbrauch sind. Für die meisten Programmierer ist diese Form der Verarbeitung einfacher als die SAX-Variante, weil der XML-Inhalt direkt gelesen wird. SAX hat den Vorteil, dass es weit verbreitet ist und in vielen Programmiersprachen zur Verfügung steht. Wir stellen SAX im folgenden Unterkapitel kurz vor.

18.6 Serielle Verarbeitung von XML mit SAX *

Die Verarbeitung von XML-Dateien mit SAX ist vor dem Erscheinen von StAX die schnellste und speicherschonendste Methode gewesen. Der Parser liest die XML-Datei seriell und ruft für jeden Bestandteil der XML-Datei eine spezielle Methode auf. Der Nachteil ist, dass immer nur ein kleiner Bestandteil einer XML-Datei betrachtet wird und nicht die gesamte Struktur zur Verfügung steht.

18.6.1 Schnittstellen von SAX

Die bei der Verarbeitung mit SAX anfallenden Ereignisse sind in verschiedenen Schnittstellen festgelegt. Die wichtigste Schnittstelle ist `org.xml.sax.ContentHandler`. Die Schnittstelle legt die wichtigsten Operationen für die Verarbeitung fest, denn die später realisierten Methoden ruft der Parser beim Verarbeiten der XML-Daten auf.

18 Die eXtensible Markup Language (XML)

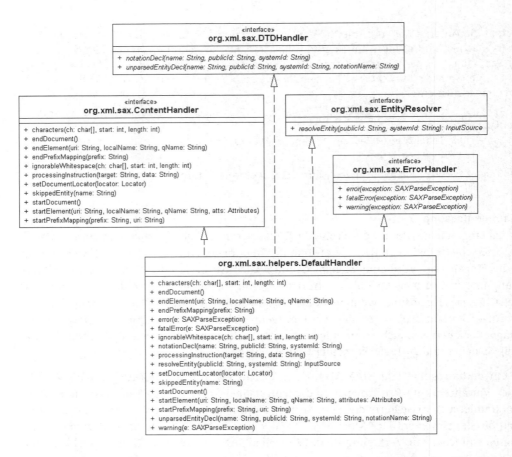

Die Klasse `org.xml.sax.helpers.DefaultHandler` ist eine leere Implementierung aller Operationen aus `ContentHandler`. Zusätzlich implementiert `DefaultHandler` die Schnittstellen `DTDHandler`, `EntityResolver` und `ErrorHandler`. Auf diese Schnittstellen wird hier nicht näher eingegangen.

18.6.2 SAX-Parser erzeugen

Um zum Parsen einer Datei zu kommen, führt der Weg über zwei Fabrikmethoden:

Listing 18.21   com/tutego/insel/xml/sax/SaxParty.java, main()

```
SAXParserFactory factory = SAXParserFactory.newInstance();
SAXParser saxParser = factory.newSAXParser();
DefaultHandler handler = new PartyHandler();
saxParser.parse( new File("party.xml"), handler );
```

Mit dem `SAXParser` erledigt `parse()` das Einlesen. Die Methode benötigt die Datei und eine Implementierung der Callback-Methoden, die wir als `PartyHandler` bereitstellen.

Serielle Verarbeitung von XML mit SAX * | **18.6**

18.6.3 Operationen der Schnittstelle »ContentHandler«

`DefaultHandler` ist eine Klasse, die alle Operationen aus `EntityResolver`, `DTDHandler`, `ContentHandler` und `ErrorHandler` leer implementiert. Unsere Unterklasse `PartyHandler` erweitert die Klasse `DefaultHandler` und überschreibt interessantere Methoden, die wir mit Leben füllen wollen:

Listing 18.22 com/tutego/insel/xml/sax/PartyHandler.java, Teil 1

```
package com.tutego.insel.xml.sax;

import org.xml.sax.Attributes;
import org.xml.sax.helpers.DefaultHandler;

class PartyHandler extends DefaultHandler
{
```

Beim Start und Ende des Dokuments ruft der Parser die Methoden `startDocument()` und `endDocument()` auf. Unsere überschriebenen Methoden geben nur eine kleine Meldung auf dem Bildschirm aus:

Listing 18.23 com/tutego/insel/xml/sax/PartyHandler.java, Teil 2

```
  @Override
  public void startDocument()
  {
    System.out.println( "Document starts." );
  }

  @Override
  public void endDocument()
  {
    System.out.println( "Document ends." );
  }
```

Sobald der Parser ein Element erreicht, ruft er die Methode `startElement()` auf. Der Parser übergibt der Methode die Namensraumadresse, den lokalen Namen, den qualifizierenden Namen und Attribute:

Listing 18.24 com/tutego/insel/xml/sax/PartyHandler.java, Teil 3

```
  @Override
  public void startElement( String namespaceURI, String localName,
                            String qName, Attributes atts )
  {
    System.out.println( "namespaceURI: " + namespaceURI );
    System.out.println( "localName: " + localName );
    System.out.println( "qName: " + qName );
    for ( int i = 0; i < atts.getLength(); i++ )
      System.out.printf( "Attribut no. %d: %s = %s%n", i,
                         atts.getQName( i ), atts.getValue( i ) );
  }
```

977

18 | Die eXtensible Markup Language (XML)

Unsere Methode gibt alle notwendigen Informationen eines Elements aus. Falls kein spezieller Namensraum vergeben ist, sind die Strings `namespaceURI` und `localName` leer. Der String `qName` ist immer gefüllt. Die Attribute enthält der Container `Attributes`. Das schließende Tag eines Elements verarbeitet die Methode `endElement(String namespaceURI, String local-Name, String qName)`. Bis auf die Attribute sind auch bei dem schließenden Tag alle Informationen für die Identifizierung des Elements vorhanden. Auch hier sind die Strings `namespace-URI` und `localName` leer, falls kein spezieller Namensraum verwendet wird.

Den Inhalt eines Elements verarbeitet unsere letzte Methode `characters()`:

Listing 18.25 com/tutego/insel/sax/PartyHandler.java, Teil 4

```
@Override
public void characters( char[] ch, int start, int length )
{
  System.out.println( "Characters:" );

  for ( int i = start; i < (start + length); i++ )
    System.out.printf( "%1$c (%1$x) ", (int) ch[i] );

  System.out.println();
}
}
```

Es ist nicht festgelegt, ob der Parser den Text in einem Stück liefert oder in kleinen Stücken.[7] Zur besseren Sichtbarkeit geben wir neben dem Zeichen selbst auch seinen Hexadezimalwert aus. So beginnt die Ausgabe mit den Zeilen:

```
Document starts.
namespaceURI:
localName:
qName: party
Attribut no. 0: datum = 31.12.01
Characters:

 (a)
 (a)    (20)    (20)    (20)
namespaceURI:
localName:
qName: gast
Attribut no. 0: name = Albert Angsthase
Characters:

 (a)    (20)    (20)    (20)    (20)    (20)    (20)
namespaceURI:
localName:
qName: getraenk
```

---

7 Die Eigenschaft nennt sich »Character Chunking«: *http://www.tutego.de/blog/javainsel/2007/01/character-%E2%80%9Echunking%E2%80%9C-bei-sax/*

```
Characters:
W (57) e (65) i (69) n (6e)
Characters:

 (a)    (20)    (20)    (20)    (20)    (20)    (20)
namespaceURI:
localName:
qName: getraenk
Characters:
B (42) i (69) e (65) r (72)
```

18.6.4 ErrorHandler und EntityResolver

Immer dann, wenn der Parser einen Fehler melden muss, ruft er die im `ErrorHandler` deklarierten Operationen auf:

▶ void warning(SAXParseException exception)

▶ void error(SAXParseException exception)

▶ void fatalError(SAXParseException exception)

Da der `DefaultHandler` die Methoden `warning()` und `error()` leer implementiert, fällt kein Fehler wirklich auf; nur bei `fatalError()` leitet die Methode den empfangenen Fehler mit `throw` weiter. Das heißt aber auch, dass zum Beispiel schwache Validierungsfehler nicht auffallen. Eine Implementierung kann aber wie folgt aussehen:

```
public void error( SAXParseException e ) throws SAXException
{
  throw new SAXException( saxMsg(e) );
}
private String saxMsg( SAXParseException e )
{
  return   "Line: " + e.getLineNumber() + ", Column: "
         + e.getColumnNumber() + ", Error: " + e.getMessage();
}
```

Die Klasse `DefaultHandler` implementiert ebenso die Schnittstelle `EntityResolver`, aber auch hier einfach die eine Methode `InputSource resolveEntity (String publicId, String systemId)` mit einem `return null`. Das heißt, die Standardimplementierung löst keine Entities auf. Eigene Implementierungen sehen meist im Kern so aus:

```
InputStream stream = MyEntityResolver.class.getResourceAsStream( dtd );
return new InputSource( new InputStreamReader( stream ) );
```

Die Variable `dtd` ist mit dem Pfadnamen einer DTD belegt, die im Klassenpfad liegen muss.

18 | Die eXtensible Markup Language (XML)

18.7 XML-Dateien mit JDOM verarbeiten

Über JDOM lassen sich die XML-formatierten Dateien einlesen, manipulieren und dann wieder schreiben. Mit einfachen Aufrufen lässt sich ein Dokument im Speicher erstellen. Zur internen JDOM-Repräsentation werden einige Java-typische Features verwendet, beispielsweise die Collection-API zur Speicherung, Reflection oder schwache Referenzen. Die Nutzung der Collection-API ist ein Vorteil, der unter dem herkömmlichen DOM nicht zum Tragen kommt. Durch JDOM können mit dem new-Operator auch Elemente und Attribute einfach erzeugt werden. Es gibt spezielle Klassen für das Dokument, nämlich Elemente, Attribute und Kommentare. Es sind keine Fabrikschnittstellen, die konfiguriert werden müssen, sondern alles wird direkt erzeugt.

Die Modelle StAX, SAX oder DOM liegen eine Ebene unter JDOM, denn sie dienen als Ausgangspunkt zum Aufbau eines JDOM-Baums. Das heißt, dass ein vorgeschalteter SAX- oder StAX-Parser (bei JDOM *Builder* genannt) die JDOM-Baumstruktur im Speicher erzeugt. Die Bibliothek bietet daher eine neutrale Schnittstelle für diverse Parser, um die Verarbeitung der XML-Daten so unabhängig wie möglich von den Implementierungen zu machen. JDOM unterstützt dabei aktuelle Standards wie DOM Level 3, SAX 2.0 oder XML Schema. Wenn es nötig wird, DOM oder SAX zu unterstützen, bieten Schnittstellen diesen Einstieg an.

Mit JDOM wird auch eine interne Datenstruktur der XML-Datei erzeugt. Dadurch kann jederzeit auf alle Elemente der XML-Datei zugegriffen werden. Da JDOM Java-spezifische Datenstrukturen verwendet, ist die Verarbeitung effizienter als bei DOM. JDOM stellt eine echte Alternative zu DOM dar. Eine Zusammenarbeit von JDOM und SAX ist auch möglich, weil JDOM in der Lage ist, als Ausgabe SAX-Ereignisse auszulösen. Diese können mit SAX-basierten Tools weiterverarbeitet werden. So lässt sich JDOM auch sehr gut in Umgebungen einsetzen, in denen weitere Tools zur Verarbeitung von XML genutzt werden.

18.7.1 JDOM beziehen

Die Webseite *http://www.jdom.org/* bietet Download, Dokumentation und Mailinglisten. Das Zip-Archiv *http://jdom.org/dist/binary/jdom-1.1.1.zip* enthält im *build*-Ordner die Datei *jdom.jar*, die wir dem Klassenpfad hinzufügen. Die API-Dokumentation liegt online unter *http://jdom.org/docs/apidocs/index.html*. JDOM ist freie Software, die auf der Apache-Lizenz beruht. Das heißt, dass JDOM auch in kommerziellen Produkten eingesetzt werden kann, die dann nicht automatisch Open Source sein müssen.

18.7.2 Paketübersicht *

JDOM besteht aus sieben Paketen mit den Klassen zur Repräsentation des Dokuments, zum Einlesen und Ausgeben, zur Transformation und für XPath-Anfragen.

980

XML-Dateien mit JDOM verarbeiten | **18.7**

Das Paket »org.jdom«

Das Paket fasst alle Klassen zusammen, um ein XML-Dokument im Speicher zu repräsentieren. Dazu gehören zum Beispiel die Klassen `Attribute`, `Comment`, `CDATA`, `DocType`, `Document`, `Element`, `Entity` und `ProcessingInstruction`. Ein Dokument-Objekt hat ein Wurzelelement, eventuell Kommentare, einen `DocType` und eine `ProcessingInstruction`. `Content` ist die abstrakte Basisklasse und Oberklasse von `Comment`, `DocType`, `Element`, `EntityRef`, `ProcessingInstruction` und `Text`. Die Schnittstelle `Parent` implementieren alle Klassen, die `Content` haben können. Viele Schnittstellen gibt es in JDOM nicht. Andere XML-APIs verfolgen bei dieser Frage andere Ansätze; domj4 definiert zentrale Elemente als Schnittstellen, und die pure DOM-API beschreibt alles über Schnittstellen – konkrete Objekte kommen nur aus Fabriken, und die Implementierung ist unsichtbar.

Die Pakete »org.jdom.output« und »org.jdom.input«

In den beiden Paketen liegen die Klassen, die XML-Dateien lesen und schreiben können. `XMLOutputter` übernimmt die interne Repräsentation und erzeugt eine XML-Ausgabe in einen `PrintWriter`. Daneben werden die unterschiedlichen Verarbeitungsstrategien DOM und SAX durch die Ausgabeklassen `SAXOutputter` und `DOMOutputter` berücksichtigt. `SAXOutputter` nimmt einen JDOM-Baum und erzeugt benutzerdefinierte SAX2-Ereignisse. Der `SAXOutputter` ist eine sehr einfache Klasse und bietet lediglich eine `output(Document)`-Methode an. Mit `DOMOutputter` wird aus dem internen Baum ein DOM-Baum erstellt.

Ein Builder nimmt XML-Daten in verschiedenen Formaten entgegen und erzeugt daraus ein JDOM-`Document`-Objekt. Das ist bei JDOM der wirkliche Verdienst, dass unabhängig von der Eingabeverarbeitung ein API-Set zur Verfügung steht. Die verschiedenen DOM-Implementierungen unterscheiden sich an manchen Stellen. Die Schnittstelle `Builder` wird von allen einlesenden Klassen implementiert. Im Input-Paket befinden sich dafür die Klassen `DOMBuilder`, die einen JDOM-Baum mit DOM erzeugt, und `SAXBuilder`, die dafür SAX verwendet. Damit kann das Dokument aus einer Datei, einem Stream oder einer URL erzeugt werden. Nach dem Einlesen sind die Daten vom konkreten Parser des Herstellers unabhängig und können weiterverarbeitet werden. `SAXBuilder` ist schneller und speicherschonender. Ein `DOMBuilder` wird meistens nur dann benutzt, wenn ein DOM-Baum weiterverarbeitet werden soll. `org.jdom.input.StAXBuilder` ist eine Klasse aus dem Hilfs-Paket unter *http://tutego.de/go/staxmisc*.

Im `org.jdom.contrib`-Package gibt es noch einige Erweiterungen für JDOM. Eine bemerkenswerte Erweiterung ist der `ResultSetBuilder`. Diese Klasse ermöglicht das Erstellen einer JDOM-Datenstruktur anhand eines `java.sql.ResultSet`. Dadurch ist eine Brücke zwischen Datenbanken und XML sehr einfach zu realisieren. Diese und noch viele weitere nützliche Erweiterungen sind nicht in der JDOM-Standarddistribution enthalten, sondern im Contrib-Paket.

18 | Die eXtensible Markup Language (XML)

Das Paket »org.jdom.transform«

Mit diesem Paket wird das JAXP-TraX-Modell in JDOM integriert. Dies ermöglicht JDOM die Unterstützung für XSLT-Transformationen von XML-Dokumenten. Das Paket enthält die beiden Klassen `JDOMResult` und `JDOMSource`. Die Klasse `JDOMSource` ist eine Wrapper-Klasse, die ein JDOM-Dokument als Parameter nimmt und diesen als Eingabe für das JAXP-TraX-Modell bereitstellt. Die Klasse `JDOMResult` enthält das Ergebnis der Transformation als JDOM-Dokument. Die beiden Klassen haben nur wenige Methoden, und in der API sind Beispiele für die Benutzung dieser Klassen angegeben.

Das Paket »org.jdom.xpath«

In diesem Paket befindet sich nur eine Utility-Klasse `XPath`. Diese Klasse bildet die Basis für die Verwendung der Abfragesprache XPath mit JDOM. Eine kurze Einführung in XPath sowie Beispiele für den Einsatz in JDOM werden später gezeigt. Neben der Implementierung, die mit JDOM geliefert wird, kann auch eine spezielle Implementierung der XPath-Methoden für JDOM eingesetzt werden. JDOM bringt keine eigene XPath-Implementierung mit, sondern basiert auf der Open-Source-Implementierung *Jaxen* (*http://jaxen.org/*).

Das Paket »org.jdom.adapters«

Klassen dieses Pakets erlauben JDOM, existierende DOM-Implementierungen zu nutzen. Sie sind nur interessant für diejenigen, die selbst einen XML-Parser an JDOM anpassen wollen.

18.7.3 Die Document-Klasse

Dokumente werden bei JDOM über die Klasse `Document` verwaltet. Ein Dokument besteht aus einem `DocType`, einer `ProcessingInstruction`, einem Wurzelelement und Kommentaren. Die Klasse `Document` gibt es auch in der Standardschnittstelle für das DOM. Falls sowohl JDOM als auch DOM verwendet werden, muss für die Klasse `Document` der voll qualifizierte Klassenname mit vollständiger Angabe der Pakete verwendet werden, weil sonst nicht klar ist, welche `Document`-Klasse verwendet wird.

Ein JDOM-Document im Speicher erstellen

Um ein `Document`-Objekt zu erzeugen, bietet die Klasse drei Konstruktoren an. Über einen Standard-Konstruktor erzeugen wir ein leeres Dokument. Dieses können wir später bearbeiten, indem wir zum Beispiel Elemente (Objekt vom Typ `Element`), Entitäten oder Kommentare einfügen. Ein neues Dokument mit einem Element erhalten wir über einen Konstruktor, dem wir ein Wurzelelement angeben. Jedes XML-Dokument hat ein Wurzelelement.

[zB] **Beispiel** Die folgende Zeile erzeugt ein JDOM-Dokument mit einem Wurzelelement:

Listing 18.26 com/tutego/insel/xml/jdom/CreateRoot.java, main()

```
Document doc = new Document( new Element("party") );
```

In XML formatiert könnte das so aussehen:

```
<party>
</party>
```

982

18.7.4 Eingaben aus der Datei lesen

Ein zweiter Weg, um ein JDOM-Dokument anzulegen, führt über einen Eingabestrom oder eine Datei. Dafür benötigen wir einen Builder, zum Beispiel den `SAXBuilder` (den wir bevorzugen wollen).

Beispiel Lies die Datei *party.xml* ein: [zB]

Listing 18.27 com/tutego/insel/xml/jdom/ReadXmlFile.java, main()

```
String filename = "party.xml";
Document doc = new SAXBuilder().build( filename );
```

Die möglichen Ausnahmen `IOException` und `JDOMException` muss die Anwendung abfangen.

Die Klasse `Document` bietet selbst keine Lese-Methoden. Es sind immer die Builder, die `Document`-Objekte liefern. Es ist ebenso möglich, ein JDOM-Dokument mithilfe des DOM-Parsers über `DOMBuilder` zu erzeugen. Neben den Standard-Konstruktoren bei `SAXBuilder` und `DOMBuilder` lässt sich unter anderem ein `boolean`-Wert angeben, der die Validierung auf wohldefinierten XML-Code einschaltet.

Tipp Wenn ein DOM-Baum nicht schon vorliegt, ist es sinnvoll, ein JDOM-Dokument stets [+]
mit dem SAX-Parser zu erzeugen. Das schont die Ressourcen und geht viel schneller, weil keine spezielle Datenstruktur für den DOM-Baum erzeugt werden muss. Das Ergebnis ist in beiden Fällen ein JDOM-Dokument, das die XML-Datei in einer Baum-ähnlichen Struktur abbildet.

```
class org.jdom.input.SAXBuilder
implements Parent
```

▶ `SAXBuilder()`
  Baut einen XML-Leser auf Basis von SAX auf. Es wird nicht validiert.

▶ `SAXBuilder( boolean validate )`
  Baut einen validierenden `SAXBuilder` auf.

▶ `Document build( File file )`

▶ `Document build( InputSource in )`

▶ `Document build( InputStream in )`

▶ `Document build( InputStream in, String systemId )`

▶ `Document build( Reader characterStream )`

▶ `Document build( Reader characterStream, String systemId )`

▶ `Document build( String systemId )`

▶ `Document build( URL url )`
  Baut ein JDOM-Dokument aus der gegebenen Quelle auf. Im Fall des `String`-Arguments handelt es sich um einen URI-Namen und nicht um ein XML-Dokument im String.

18 | Die eXtensible Markup Language (XML)

18.7.5 Das Dokument im XML-Format ausgeben

Mit einem `XMLOutputter` lässt sich der interne JDOM-Baum als XML-Datenstrom in einen `OutputStream` oder `Writer` schieben.

[zB]

Beispiel Gib das JDOM-Dokument auf der Konsole aus:

Listing 18.28   com/tutego/insel/xml/jdom/ReadXmlFile.java, main()

```
XMLOutputter out = new XMLOutputter();
out.output( doc, System.out );
```

Die Standard-Parametrisierung des Formatierers schreibt die XML-Daten mit schönen Einrückungen. Jeder Eintrag kommt in eine einzelne Zeile. Weitere Anpassungen der Formatierung übernimmt ein `org.jdom.output.Format`-Objekt. Einige statische Methoden bereiten `Format`-Objekte mit unterschiedlichen Belegungen vor, so `getPrettyFormat()` für hübsche eingerückte Ausgaben und `getCompactFormat()` mit so genannter »Leerraum-Normalisierung«, wie es die API-Dokumentation nennt.

```
XMLOutputter out = new XMLOutputter( Format.getPrettyFormat() );
out.output( doc, System.out );
```

Unterschiedliche `setXXX()`-Methoden auf dem `XMLOutputter`-Objekt ermöglichen eine weitere individuelle Anpassung der `Format`-Objekte. Soll das Ergebnis als String vorliegen, kann `outputString()` verwendet werden, was ein `String`-Objekt liefert.

18.7.6 Der Dokumenttyp *

Ein XML-Dokument beschreibt in seinem Dokumenttyp den Typ der Datei und besitzt oft einen Verweis auf die beschreibende DTD.

[zB]

Beispiel Ein gültiger Dokumenttyp für XHTML-Dateien hat folgendes Format:

```
<!DOCTYPE html PUBLIC
  "-//W3C//DTD XHTML 1.0 Transitional//EN"
  "http://www.w3.org/TR/xhtml1/DTD/xhtml1-transitional.dtd">
```

Bearbeiten wir dies über JDOM, so liefert die Methode `getDocType()` vom Dokument-Objekt ein `DocType`-Objekt, das wir nach den IDs fragen können. Über `setDocType()` kann der veränderte Dokumenttyp neu zugewiesen werden.

```
class org.jdom.Document
implements Parent
```

▶ DocType getDocType()
  Liefert das zugehörige `DocType`-Objekt oder `null`, wenn keines existiert.

▶ Document setDocType(DocType docType)
  Setzt ein neues `DocType`-Objekt für das Dokument.

XML-Dateien mit JDOM verarbeiten | **18.7**

Beispiel Wir erfragen vom Dokument den Elementnamen, die öffentliche ID und die System-ID: [zB]

```
DocType docType = doc.getDocType();
System.out.println( "Element: "   + docType.getElementName() );
System.out.println( "Public ID: " + docType.getPublicID() );
System.out.println( "System ID: " + docType.getSystemID() );
```

Zu den Methoden `getPublicID()` und `getSystemID()` gibt es entsprechende Setze-Methoden, nicht aber für den Elementnamen; dieser kann nachträglich nicht mehr modifiziert werden. Wir müssen dann ein neues `DocType`-Objekt anlegen. Es gibt mehrere Varianten von Konstruktoren, mit denen gesteuert werden kann, welche Einträge gesetzt werden.

Beispiel Wir legen ein neues `DocType`-Objekt an und weisen es einem Dokument `doc` zu: [zB]

```
DocType doctype = new DocType( "html", "-//W3C...", "http://..." );
doc.setDocType( doctype );
```

18.7.7 Elemente

Jedes Dokument besteht aus einem Wurzelelement. Wir haben schon gesehen, dass dieses durch die allgemeine Klasse `Element` abgebildet wird. Mit dem Wurzelelement gelingt der Zugriff auf die anderen Elemente des Dokumentenbaums.

Wurzelelement

Die folgenden Beispieldateien verwenden die XML-Datei *party.xml*, um die Methoden von JDOM vorzustellen. Durch das Erzeugen eines leeren JDOM-Dokuments und die Methoden zur Erstellung von Elementen und Attributen kann JDOM den Dateiinhalt auch leicht aufbauen:

Listing 18.29 party.xml

```
<party datum="31.12.01">
    <gast name="Albert Angsthase">
        <getraenk>Wein</getraenk>
        <getraenk>Bier</getraenk>
        <zustand ledig="true" nuechtern="false"/>
    </gast>
    <gast name="Martina Mutig">
        <getraenk>Apfelsaft</getraenk>
        <zustand ledig="true" nuechtern="true"/>
    </gast>
    <gast name="Zacharias Zottelig"></gast>
</party>
```

985

18 | Die eXtensible Markup Language (XML)

Um an das Wurzelelement `<party>` zu gelangen und von dort aus weitere Elemente oder Attribute auslesen zu können, erzeugen wir zunächst ein JDOM-Dokument aus der Datei *party.xml* und nutzen zum Zugriff `getRootElement()`.

[zB] **Beispiel** Lies die Datei *party.xml*, und erfrage das Wurzelelement:

Listing 18.30 com/tutego/insel/xml/jdom/RootElement.java, main()

```
Document doc = new SAXBuilder().build( "party.xml" );
Element party = doc.getRootElement();
```

```
class org.jdom.Document
implements Parent
```

► `Element getRootElement()`
Gibt das `Root`-Element zurück oder `null`, falls kein `Root`-Element vorhanden ist.

► `boolean isRootElement()`
Rückgabe eines Wahrheitswerts, der ausdrückt, ob das Element die Wurzel der JDOM-Datenstruktur ist.

Durch die oben gezeigten Anweisungen wird aus der XML-Datei *party.xml* eine JDOM-Datenstruktur im Speicher erzeugt. Um mit dem Inhalt der XML-Datei arbeiten zu können, ist der Zugriff auf die einzelnen Elemente notwendig. Durch die Methode `getRootElement()` wird das Wurzelelement der XML-Datei zurückgegeben. Dieses Element ist der Ausgangspunkt für die weitere Verarbeitung der Datei.

Zugriff auf Elemente

Um ein bestimmtes Element zu erhalten, gibt es die Methode `getChild(String name)`. Mit dieser Methode wird das nächste Unterelement des Elements zurückgegeben, das diesen Namen trägt.

[zB] **Beispiel** Wenn wir den ersten Gast auf der Party haben möchten, schreiben wir:

Listing 18.31 com/tutego/insel/xml/jdom/AlbertTheFirst.java, main()

```
Element party = doc.getRootElement();
Element albert = party.getChild( "gast" );
```

Wenn wir wissen wollen, was Albert trinkt, schreiben wir:

```
Element albertGetraenk = albert.getChild( "getraenk" );
```

Durch eine Kaskadierung ist es möglich, über das Wurzelelement auf das Getränk des ersten Gastes zuzugreifen:

```
Element albertGetraenk = party.getChild( "gast" ).getChild( "getraenk" );
```

Eine Liste mit allen Elementen liefert die Methode `getChildren()`. Sie gibt eine nicht generisch verwendete `java.util.List` mit allen Elementen dieses Namens zurück.

986

XML-Dateien mit JDOM verarbeiten | **18.7**

Beispiel Falls wir eine Gästeliste der Party haben wollen, schreiben wir: **[zB]**

```
List gaeste = party.getChildren( "gast" );
```

Diese Liste enthält alle Elemente der Form `<gast ...>` ... `</gast>`, die direkt unter dem Element `<party>` liegen.

```
class org.jdom.Element
extends Content
implements Parent
```

▶ `Element getChild( String name )`
Rückgabe des ersten untergeordneten Elements mit dem lokalen Namen `name`, das keinem Namensraum zugeordnet ist.

▶ `Element getChild( String name, Namespace ns )`
Rückgabe des ersten untergeordneten Elements mit dem lokalen Namen `name`, das dem Namensraum `ns` zugeordnet ist.

▶ `List getChildren()`
Rückgabe einer Liste der Elemente, die diesem Element direkt untergeordnet sind. Falls keine Elemente existieren, wird eine leere Liste zurückgegeben. Änderungen an der Liste spiegeln sich auch in der JDOM-Datenstruktur wider.

▶ `List getChildren( String name )`
Rückgabe einer Liste der Elemente mit dem Namen `name`, die diesem Element direkt untergeordnet sind. Falls keine Elemente existieren, wird eine leere Liste zurückgegeben. Änderungen an der Liste spiegeln sich auch in der JDOM-Datenstruktur wider.

▶ `List getChildren( String name, Namespace ns )`
Rückgabe einer Liste der Elemente mit dem Namen `name`, die diesem Namensraum zugeordnet und diesem Element direkt untergeordnet sind. Falls keine Elemente existieren, wird eine leere Liste zurückgegeben. Änderungen an der Liste spiegeln sich auch in der JDOM-Datenstruktur wider.

▶ `boolean hasChildren()`
Rückgabe eines `boolean`-Werts, der ausdrückt, ob Elemente untergeordnet sind oder nicht.

18.7.8 Zugriff auf Elementinhalte

Von Beginn eines Elements bis zu dessen Ende treffen wir auf drei unterschiedliche Informationen:

▶ Es können weitere Elemente folgen. Im oberen Beispiel folgt in `<gast>` noch ein Element `<getraenk>`.

▶ Das Element enthält Text (wie das Element `<getraenk>`).

▶ Zusätzlich kann ein Element auch Attribute beinhalten. Dies haben wir auch beim Element `<gast>` gesehen, das als Attribut den Namen des Gasts enthält. Der Inhalt von Attributen ist immer Text.

18 | Die eXtensible Markup Language (XML)

Für diese Aufgaben bietet die `Element`-Klasse unterschiedliche Anfrage- und Setze-Methoden. Wir wollen mit dem Einfachsten, dem Zugriff auf den Textinhalt eines Elements, beginnen.

Elementinhalte auslesen und setzen

Betrachten wir das Element, dessen Inhalt wir auslesen wollen, so nutzen wir dazu die Methode `getText()`:

```
<getraenk>Wein</getraenk>
```

Sie liefert einen String, sofern eine String-Repräsentation des Inhalts erlaubt ist. Falls das Element keinen Text oder nur Unterelemente besitzt, ist der Rückgabewert ein Leerstring.

[zB]
> **Beispiel** Um an das erste Getränk von Albert zu kommen, schreiben wir:
>
> **Listing 18.32** com/tutego/insel/xml/jdom/AlbertsDrink.java, main()
> ```
> Element party = doc.getRootElement();
> Element albertGetraenk = party.getChild( "gast" ).getChild( "getraenk" );
> String getraenk = albertGetraenk.getText();
> ```

```
class org.jdom.Element
extends Content
implements Parent
```

▶ `String getText()`
Rückgabe des Inhalts des Elements. Dies beinhaltet alle Leerzeichen und CDATA-Sektionen. Falls der Elementinhalt nicht zurückgegeben werden kann, wird der leere String zurückgegeben.

▶ `String getTextNormalize()`
Verhält sich wie `getText()`. Leerzeichen am Anfang und am Ende des Strings werden entfernt. Leerzeichen innerhalb des Strings werden auf ein Leerzeichen normalisiert. Falls der Text nur aus Leerzeichen besteht, wird der leere String zurückgegeben.

▶ `String getTextTrim()`
Verhält sich wie `getTextNormalize()`. Leerzeichen innerhalb des Strings bleiben erhalten.

Für die Methode `getText()` muss das Element vorliegen, dessen Inhalt gelesen werden soll. Mit der Methode `getChildText()` kann der Inhalt eines untergeordneten Elements auch direkt ermittelt werden.

[zB]
> **Beispiel** Lies den Text des ersten untergeordneten Elements mit dem Namen `getraenk`. Das übergeordnete Element von Getränk ist `albert`:
>
> **Listing 18.33** com/tutego/insel/xml/jdom/AlbertsDrink.java, main()
> ```
> Element albert = party.getChild( "gast" );
> String getraenk = albert.getChildText( "getraenk" );
> ```

988

In der Implementierung der Methode getChildText() sind die Methoden getChild() und getText() zusammengefasst.

```
class org.jdom.Element
extends Content
implements Parent
```

▶ String getChildText(String name)
Rückgabe des Inhalts des Elements mit dem Namen name. Falls der Inhalt kein Text ist, wird ein leerer String zurückgegeben. Falls das Element nicht existiert, wird null zurückgegeben.

▶ String getChildText(String name, Namespace ns)
Verhält sich wie getChildText(String) im Namensraum ns.

▶ String getChildTextTrim(String name)
Verhält sich wie getChildText(String). Leerzeichen am Anfang und am Ende des Strings werden entfernt. Leerzeichen innerhalb des Strings bleiben erhalten.

▶ String getChildTextTrim(String name, Namespace ns)
Verhält sich wie getChildTextTrim(String) im Namensraum ns.

▶ String getName()
Rückgabe des lokalen Namens des Elements ohne Namensraum-Präfix.

▶ Namespace getNamespace()
Rückgabe des Namensraums oder eines leeren Strings, falls diesem Element kein Namensraum zugeordnet ist.

▶ Namespace getNamespace(String prefix)
Rückgabe des Namensraums des Elements mit diesem Präfix. Dies beinhaltet das Hochlaufen in der Hierarchie des JDOM-Dokuments. Falls kein Namensraum gefunden wird, gibt diese Methode null zurück.

▶ String getNamespacePrefix()
Rückgabe des Namensraum-Präfixes. Falls kein Namensraum-Präfix existiert, wird ein Leerstring zurückgegeben.

▶ String getNamespaceURI()
Rückgabe der Namensraum-URI, die dem Präfix dieses Elements zugeordnet ist, oder des Standardnamensraums. Falls keine URI gefunden werden kann, wird ein leerer String zurückgegeben.

18.7.9 Liste mit Unterelementen erzeugen *

Mit den oben beschriebenen Methoden war es bislang immer nur möglich, das erste untergeordnete Element mit einem bestimmten Namen zu lesen. Um gezielt nach bestimmten Elementen zu suchen, ist es notwendig, die untergeordneten Elemente in eine Liste zu übertragen. Mit der Methode getContent() wird eine Liste mit allen Elementen und Unterelementen erzeugt. Diese Liste enthält Referenzen der Elemente aus der JDOM-Datenstruktur.

18 | Die eXtensible Markup Language (XML)

[zB]

Beispiel Hol eine Liste aller Informationen der Party, und laufe sie mit einem Iterator ab:

Listing 18.34 com/tutego/insel/xml/jdom/PartyList.java, main()

```
List<?> partyInfo = party.getContent();
Iterator<?> partyIterator = partyInfo.iterator();
while ( partyIterator.hasNext() )
  System.out.println( partyIterator.next() );
```

```
class org.jdom.Element
extends Content
implements Parent
```

▶ `List getContent()`
  Dies liefert den vollständigen Inhalt eines Elements mit allen Unterelementen. Die Liste kann Objekte vom Typ `String`, `Element`, `Comment`, `ProcessingInstruction` und `Entity` enthalten. Falls keine Elemente vorhanden sind, wird eine leere Liste zurückgegeben.

18.7.10 Neue Elemente einfügen und ändern

Um neue Elemente zu erzeugen, bietet die Klasse `Element` unter anderem den Konstruktor `Element(String)` an. Es wird ein Element mit dem entsprechenden Namen erzeugt.

[zB]

Beispiel Erfrage eine Liste mit allen Unterelementen von `albert`, erzeuge ein neues Element, und füge es in die Liste ein:

Listing 18.35 com/tutego/insel/xml/jdom/AlbertsWater.java, main()

```
Element party = doc.getRootElement();
Element albert = party.getChild( "gast" );
List albertInfo = albert.getContent();
Element wasser = new Element( "getraenk" );
wasser.addContent( "Wasser" );
```

Um den Wert eines Elements zu ändern, gibt es die Methoden `setText()` und `addContent()`. Die Methode `setText()` hat allerdings die unangenehme Eigenschaft, alle Unterelemente zu entfernen. Die Methode `addContent()` fügt neuen Inhalt hinzu.

Wenn der Inhalt eines Elements ausgetauscht werden soll, muss der alte entfernt und der neue mit `addContent()` hinzugefügt werden. Die Methode `addContent()` kann nicht nur Text, sondern jeden beliebigen Inhalt einfügen.

[zB]

Beispiel Albert will in Zukunft keinen Wein mehr trinken, sondern nur noch Wasser und Bier. Dazu wird zuerst das erste Unterelement gelöscht:

```
albert.removeChild( "getraenk" );
```

Ein neues Element `wasser` wird erzeugt und mit Inhalt gefüllt:

```
Element wasser = new Element( "getraenk" );
wasser.addContent( "Wasser" );
```

990

Das neue Element wird dem Element `albert` untergeordnet:

```
albert.addContent( wasser );
```

Werfen wir erneut einen Blick auf unsere XML-Datei, und entfernen wir das erste Element `<getraenk>`, das dem ersten Element `<gast>` untergeordnet ist:

```
<party datum="31.12.01">
    <gast name="Albert Angsthase">
        <getraenk>Wein</getraenk>
        <getraenk>Bier</getraenk>
        <zustand ledig="true" nuechtern="false"/>
    </gast>
<party>
```

Beispiel Die Methode `removeChild` entfernt das Element `<getraenk>`: **[zB]**

```
Element party = doc.getRootElement();
Element albert = party.getChild( "gast" );
```

Es werden nur die direkten Nachfolger durchsucht. Diese Methode findet das Element `<getraenk>Wein</getraenk>` nicht.

```
party.removeChild( "getraenk" );
```

Mit `removeChild()` wird das Element `<getraenk>Wein</getraenk>` gelöscht.

```
albert.removeChild( "getraenk" );
```

```
class org.jdom.Element
extends Content
implements Parent
```

▶ `Element( String name )`
   Dieser Konstruktor erzeugt ein Element mit dem Namen `name` ohne Zuordnung zu einem Namensraum.

▶ `Element( String name, Namespace namespace )`
   Dieser Konstruktor erzeugt ein Element mit dem Namen `name` und dem Namensraum `namespace`.

▶ `Element( String name, String uri )`
   Dieser Konstruktor erzeugt ein neues Element mit dem lokalen Namen `name` und der URI des Namensraums, der zu dem Element ohne Präfix gehört.

▶ `Element( String name, String prefix, String uri )`
   Dieser Konstruktor erzeugt ein neues Element mit dem lokalen Namen `name`, dem Namenspräfix `prefix` und der URI des Namensraums.

Von diesen Konstruktoren ist in den Beispielen nur der erste benutzt worden.

18 | Die eXtensible Markup Language (XML)

▶ `boolean removeChild( String name )`
Entfernt das erste gefundene Unterelement mit dem Namen `name`, das keinem Namensraum zugeordnet ist. Es werden nur die direkten Nachfolger durchsucht.

▶ `boolean removeChild( String name, Namespace ns )`
Verhält sich wie `removeChild(String name)`. Der Namensraum wird bei der Auswahl des Elements berücksichtigt.

▶ `boolean removeChildren()`
Entfernt alle untergeordneten Elemente.

▶ `boolean removeChildren( String name )`
Entfernt alle Unterelemente mit den Namen `name`, die gefunden werden und keinem Namensraum zugeordnet sind. Es werden nur die direkten Nachfolger durchsucht.

▶ `boolean removeChildren( String name, Namespace ns )`
Verhält sich wie `removeChildren(String)` im Namensraum `ns`.

Bei den folgenden Methoden wird als Rückgabewert das geänderte Element zurückgegeben:

▶ `Element setText( String text )`
Setzt den Inhalt des Elements. Alle anderen Inhalte und alle Unterelemente werden gelöscht.

▶ `Element addContent( String text )`
Ergänzt den Inhalt des Elements um den Text.

▶ `Element addContent( content child )`
Ergänzt den Inhalt des Elements um das Element als Unterelement.

▶ `Element getCopy( String name )`
Erzeugt eine Kopie des Elements mit dem neuen Namen `name`, ohne Zuordnung zu einem Namensraum.

▶ `Element getCopy( String name, Namespace ns )`
Erzeugt eine Kopie des Elements mit dem neuem Namen `name` und eine Zuordnung zu dem Namensraum `ns`.

▶ `Document getDocument()`
Liefert das Dokument dieses Elements oder `null`, falls das Element keinem Dokument zugeordnet ist.

18.7.11 Attributinhalte lesen und ändern

Ein Element kann auch einen Attributwert enthalten. Dies ist der Wert, der direkt in dem Tag mit angegeben ist. Betrachten wir dazu folgendes Element:

`<gast name="Albert Angsthase">`

Das Element hat als Attribut `name="Albert Angsthase"`. Diesen Wert liefert die Methode `getAttribute(String).getValue()` der Klasse `Element`.

XML-Dateien mit JDOM verarbeiten | **18.7**

[zB]

Beispiel Lies den Namen des ersten Gastes:

Listing 18.36 com/tutego/insel/xml/jdom/Wedding, main()

```
Element    party      = doc.getRootElement();
Element    albert     = party.getChild( "gast" );
Attribute albertAttr = albert.getAttribute( "name" );
String albertName     = albert.getAttribute( "name" ).getValue();
```

Martina möchte wissen, ob Albert noch ledig ist:

```
albert.getChild( "zustand" ).getAttribute( "ledig" ).getValue();
```

Auf ähnliche Weise lässt sich der Wert eines Attributs ändern. Dazu gibt es die Methoden `setAttribute(String)` der Klasse `Attribute` und `addAttribute(Attribute)` der Klasse `Element`.

[zB]

Beispiel Martina und Albert haben geheiratet, und Albert nimmt den Namen von Martina an:

```
albert.getAttribute( "name" ).setAttribute( "Albert Mutig" );
```

Seit der Hochzeit mit Albert trinkt Martina auch Wein. Also muss ein neues Element `wein` unter dem Element `<gast name="Martina Mutig">` eingefügt werden. Zuerst erzeugen wir ein Element der Form `<getraenk>Wein</getraenk>`:

```
Element wein = new Element( "getraenk" );
wein.addContent( "Wein" );
```

Danach suchen wir Martina in der Gästeliste und fügen das Element `<wein>` ein:

```
Iterator gaesteListe = party.getChildren( "gast" ).iterator();
while ( gaesteListe.hasNext() )
{
  Element gast = (Element) gaesteListe.next();

  if ( "Martina Mutig".equals( gast.getAttribute( "name" ).getValue()) )
    gast.addContent( wein );
}
```

Das Beispiel macht deutlich, wie flexibel die Methode `addContent(Inhalt)` ist. Es zeigt ebenso, wie JDOM für Java, etwa durch die Implementierung der Schnittstelle `List`, optimiert wurde.

```
class org.jdom.Element
extends Content
implements Parent
```

▶ `Attribute getAttribute( String name )`
Rückgabe des Attributs mit dem Namen `name`, das keinem Namensraum zugeordnet ist. Falls das Element kein Attribut mit dem Namen `name` hat, ist die Rückgabe `null`.

▶ `Attribute getAttribute( String name, Namespace ns )`
Verhält sich wie `getAttribute(String)` in dem Namensraum `ns`.

18 | Die eXtensible Markup Language (XML)

- ▶ List getAttributes()
  Rückgabe einer Liste aller Attribute eines Elements oder einer leeren Liste, falls das Element keine Attribute hat.

- ▶ String getAttributeValue(String name)
  Rückgabe des Attributwerts mit dem Namen name, dem kein Namensraum zugeordnet ist. Es wird null zurückgegeben, falls keine Attribute dieses Namens existieren, und der leere String, falls der Wert des Attributs leer ist.

- ▶ String getAttributeValue(String name, Namespace ns)
  Verhält sich wie getAttributeValue(String) in dem Namensraum ns.

- ▶ Element setAttributes(List attributes)
  Fügt alle Attribute der Liste dem Element hinzu. Alle vorhandenen Attribute werden entfernt. Das geänderte Element wird zurückgegeben.

- ▶ Element addAttribute(Attribute attribute)
  Einfügen des Attributs attribute. Bereits vorhandene Attribute mit gleichem Namen und gleichem Namensraum werden ersetzt.

- ▶ Element addAttribute(String name, String value)
  Einfügen des Attributs mit dem Namen name und dem Wert value. Um Attribute mit einem Namensraum hinzuzufügen, sollte die Methode addAttribute(Attribute attribute) verwendet werden.

`class org.jdom.`**`Attribute`**
`implements Serializable, Cloneable`

- ▶ String getValue()
  Rückgabe des Werts dieses Attributs

Die folgenden Methoden versuchen eine Umwandlung in einen primitiven Datentyp. Falls eine Umwandlung nicht möglich ist, wird eine DataConversionException ausgelöst.

- ▶ getBooleanValue()
  Gibt den Wert des Attributs als boolean zurück.

- ▶ double getDoubleValue()
  Gibt den Wert des Attributs als double zurück.

- ▶ float getFloatValue()
  Gibt den Wert des Attributs als float zurück.

- ▶ int getIntValue()
  Gibt den Wert des Attributs als int zurück.

- ▶ long getLongValue()
  Gibt den Wert des Attributs als long zurück.

- ▶ String getName()
  Gibt den lokalen Namen des Attributs zurück. Falls der Name die Form [namespacePrefix]:[elementName] hat, wird [elementName] zurückgegeben. Wenn der Name kein Namensraum-Präfix hat, wird einfach nur der Name ausgegeben.

XML-Dateien mit JDOM verarbeiten | **18.7**

▶ Namespace getNamespace()

Gibt den Namensraum des Attributs zurück. Falls kein Namensraum vorhanden ist, wird das konstante Namensraum-Objekt NO_NAMESPACE zurückgegeben. Diese Konstante enthält ein Namensraum-Objekt mit dem leeren String als Namensraum.

▶ String getNamespacePrefix()

Gibt das Präfix des Namensraums zurück. Falls kein Namensraum zugeordnet ist, wird ein leerer String zurückgegeben.

▶ String getNamespaceURI()

Gibt die URI zurück, die zu dem Namensraum dieses Elements gehört. Falls kein Namensraum zugeordnet ist, wird ein leerer String zurückgegeben.

▶ Element getParent()

Gibt das Element zurück, das dem Element dieses Attributs übergeordnet ist. Falls kein übergeordnetes Element vorhanden ist, wird null zurückgegeben.

▶ String getQualifiedName()

Rückgabe des qualifizierten Namens des Attributs. Falls der Name die Form [namespace-Prefix]:[elementName] hat, wird dies zurückgegeben. Ansonsten wird der lokale Name zurückgegeben.

▶ Attribute setValue(String value)

Setzt den Wert dieses Attributs.

18.7.12 XPath

Der Standard *XPath (http://www.w3.org/TR/xpath20/)* bietet eine Syntax, um einzelne Knoten oder Knotenmengen aus einer XML-Struktur zu erhalten, so wie auch eine Notation im Dateisystem die Angabe einer Datei erlaubt. Der XPath-Standard wird vom W3C verwaltet und findet in vielen Bereichen Anwendung, etwa in XSLT.

XPath betrachtet die XML-Datenstruktur als Baum. Am Anfang dieses Baumes steht die *XPath-Wurzel*, die sich wie üblich vor dem ersten Element des XML-Dokuments befindet. Innerhalb des Baums kann ein XPath-Ausdruck die einzelnen Elemente, deren Attribute und Werte, Verarbeitungsanweisungen und Kommentare selektieren. Die folgenden Beispiele stellen den Zugriff auf Elemente, Elementwerte, Attribute und Attributwerte vor.

Knoten(-mengen) selektieren

XPath bietet zwei Notationen zur Selektierung:

▶ Die einfachere Form ist die Dateisystem-Notation, die sich an den Regeln für das UNIX-Dateisystem orientiert.

▶ Daneben gibt es noch eine spezielle XPath-Notation, die etwas komplizierter ist.

In der folgenden Tabelle werden einige Sprachkonstrukte der beiden Notationen exemplarisch einander gegenübergestellt.

18 | Die eXtensible Markup Language (XML)

Beschreibung	XPath-Notation	Dateisystem-Notation
Zugriff auf den ersten Knoten namens party	`/child::party`	`/party`
übergeordnete Knoten verwenden	`/child::party/child::gast/child::zustand/` `parent::node()`	`/party/gast/zustand/..`
der erste Gast unserer Party	`/child::party/child::gast[1]`	`/party/gast[1]`
alle ledigen Gäste	`/child::party/child::gast/child::zustand/` `attribute::ledig[(child::text() = "true")]`	`/party/gast/` `zustand[@ledig="true"]`

Tabelle 18.5 Dateisystem-Notation und XPath-Notation im Vergleich

Es gibt ebenso die Möglichkeit, auf Geschwisterknoten und den aktuellen Knoten zuzugreifen. Zudem können Knoten in Abhängigkeit von der Position im XML-Dokument und bestimmten Werten von Elementen und Attributen abgefragt werden. Um die Beispiele einfach zu halten, wollen wir allerdings immer die Dateisystem-Notation verwenden.

XPath-APIs

So, wie es unterschiedliche APIs zur Repräsentation der XML-Bäume im Speicher gibt (W3C DOM, JDOM, …), gibt es auch mehrere XPath-APIs. Zwei wichtige sind:

▶ **DOM Level 3 XPath**: Eine programmiersprachenunabhängige API ausschließlich für Bäume nach dem offiziellen W3C-DOM-Modell. Das Paket `javax.xml.xpath` setzt diese API in Java um.

▶ **Jaxen**: Eine pure Java-API, die unterschiedliche DOM-Modelle wie DOM, JDOM und dom4j zusammenbringt.

XPath mit JDOM

Um XPath-Anfragen mit JDOM durchzuführen, steht die Klasse `org.jdom.xpath.XPath` vom JDOM im Zentrum. Im Hintergrund arbeitet Jaxen, sodass die JDOM-Klasse nur eine Fassade für die Jaxen-API ist. Damit die folgenden Beispiele laufen, muss aus dem Ordner *lib* des Archivs *jdom-1.1.1.zip* die Jar-Datei *jaxen.jar* in den Klassenpfad aufgenommen werden.

Die statische Methode `XPath.selectNodes(Object context, String path)` bekommt als Argument ein XML-Dokument und einen XPath-Ausdruck als String und liefert als Ergebnis eine Liste mit den selektierten Werten. Die Liste kann Elemente, Attribute oder Strings enthalten. Der XPath-Ausdruck legt fest, was aus dem XML-Dokument gewünscht ist.

[zB]

Beispiel Erzeuge eine Liste mit den Namen aller Gäste, und gib sie aus:

Listing 18.37 com/tutego/insel/xpath/XPathDemo.java, Ausschnitt

```
List<?> nameList = XPath.selectNodes( doc, "/party/gast/@name" );
for ( Object object : nameList )
{
```

996

XML-Dateien mit JDOM verarbeiten | **18.7**

```
  Attribute attribute = (Attribute) object;
  System.out.println( attribute.getValue() );
}
```

Über die statische Methode `newInstance(String path)` lässt sich auch ein `XPath`-Objekt erzeugen; dann ist der XPath-Ausdruck schon vorcompiliert, was eine bessere Performance ergibt, wenn der gleiche Ausdruck auf unterschiedlichen JDOM-Bäumen angewendet wird (es entspricht in etwa dem Verhalten mit der Klasse `Pattern` und `compile()`). Die Selektion übernimmt anschließend die Methode `selectNodes(Object context)`, die als Argument nur das XML-Dokument bekommt. Die Rückgabe ist wie bei der statischen Methode eine Liste mit den Werten, die diesem XPath-Ausdruck entsprechen.

Beispiel Erzeuge ein Exemplar von `XPath` für einen Ausdruck zur Selektion von Getränken und gib eine Liste aller Getränke auf den Bildschirm aus: **[zB]**

Listing 18.38 com/tutego/insel/xpath/XPathDemo.java, Ausschnitt

```
XPath xpath = XPath.newInstance( "/party/gast/getraenk" );
List<?> drinkList = xpath.selectNodes( doc );

for ( Object object : drinkList )
{
  Element aktuellesElement= (Element) object;
  System.out.println( aktuellesElement.getValue() );
}
```

Das Ergebnis dieser beiden Aufrufe ist immer eine Knotenmenge. Es gibt aber auch Situationen, in denen nur das erste Element der Ergebnisliste verarbeitet werden soll oder nur ein Element als Ergebnis bei einem XPath-Ausdruck möglich ist, wie zum Beispiel bei der Abfrage von Elementen mit Positionsangabe. Für diesen Fall bietet die Klasse `XPath` zwei praktische Methoden:

► `Object selectSingleNode(Object context, String path)` als statische Methode

► `Object selectSingleNode(String path)` als Objektmethode für vorhandene `XPath`-Objekte

Beispiel Gib den Namen des ersten Gastes aus: **[zB]**

Listing 18.39 com/tutego/insel/xpath/XPathDemo.java, Ausschnitt

```
Object firstGuest = XPath.selectSingleNode( doc, "/party/gast[1]/@name" );
System.out.println( ((Attribute) firstGuest).getValue() );
```

Die Möglichkeiten von XPath können als Alternative zu den Zugriffen über die Datenstrukturen von Java betrachtet werden. Es ist häufig einfacher, mit einem XPath-Ausdruck als mit einzelnen Methodenaufrufen den Pfad zu den Inhalten zu kodieren. Eine Anwendung, die dem

997

18 | Die eXtensible Markup Language (XML)

Benutzer einen Zugriff auf die XML-Daten bietet, sollte auf jeden Fall XPath anbieten, weil dies der Standard für den Zugriff ist.

Speziell für Datenbanken, die sich auf die Speicherung von XML-Dokumenten spezialisiert haben, ist es üblich, XPath als Abfragesprache zu verwenden. Als neuer Standard in diesem Umfeld entwickelt sich XQuery, wo eine SQL-ähnliche Syntax angeboten wird. Ebenso wird XPath im Standard XSLT verwendet, um Knoten für die Umwandlung auszuwählen. Wir stellen diesen Standard im nächsten Abschnitt kurz vor.

```
class org.jdom.xpath.XPath
implements Serializable
```

▶ `static XPath newInstance( String path ) throws JDOMException`
Liefert eine Exemplar vom XPath mit vorcompiliertem XPath-Ausdruck `path`.

▶ `static List selectNodes( Object context, String path ) throws JDOMException`
Wertet den XPath-Ausdruck auf dem JDOM-Knoten aus und liefert eine Liste von Knoten, die auf den XPath-Ausdruck passen.

▶ `static Object selectSingleNode( Object context, String path ) throws JDOMException`
Wertet den XPath-Ausdruck auf dem JDOM-Knoten aus und liefert den atomaren Wert oder bei einer Liste das erste Element.

▶ `abstract List selectNodes( Object context ) throws JDOMException`
Wertet den vorcompilierten XPath-Ausdruck – gespeichert beim aktuellen XPath-Objekt – auf dem Knoten `context` auf. Ein `XPath`-Objekt baut `newInstance()` auf.

18.8 Transformationen mit XSLT *

XSLT ist eine XML-Applikation zur Umwandlung von XML-Dateien in andere textbasierte Dateien. Die Ausgabedatei kann ein beliebiges Format haben. Die XSLT-Datei, in der Umwandlungsregeln festgelegt werden, muss ebenfalls eine XML-Datei sein. Das bedeutet insbesondere, dass HTML-Tags in der XSLT-Datei die Regeln für XML-Elemente erfüllen müssen.

18.8.1 Templates und XPath als Kernelemente von XSLT

In der XSLT-Datei werden die Elemente der XML-Quelldatei durch Templates ausgewählt und wird die Formatierung der Ausgabe beschrieben. Es ist möglich, die Formatierung von Bedingungen abhängig zu machen, Elemente in der Ausgabe auszublenden und die Reihenfolge der Ausgabe festzulegen.

Die Auswahl der Elemente wird durch *XPath*-Ausdrücke beschrieben. XPath ist eine XML-Applikation, in der eine XML-Datei als Baumstruktur abgebildet wird. Durch eine Notation, die an die Baumstruktur von Verzeichnisbäumen angelehnt ist, können einzelne Elemente oder ganze Unterbäume ausgewählt werden.

Für unser Beispiel ist hier eine einfache XSLT-Datei angegeben, die eine XML-Ausgabe aus der Datei *party.xml* erzeugt. Dabei wird in dem ersten Template ein HTML-Rumpf erzeugt, in den die Ausgabe der anderen Templates eingebettet wird. Mit dem Element `party` wird eine Überschrift für die Ausgabedatei erzeugt. Das Element `<gast>` wird in einem Template benutzt, um für jeden Gast eine persönliche Anrede zu erzeugen. Jedem Gast wird sein Lieblingsgetränk serviert. Zum Schluss beschreibt noch jeder kurz, wie es ihm geht und ob er noch ledig ist.

Hier ist die XSLT-Datei für die Umwandlung:

Listing 18.40 party.xsl

```
<?xml version="1.0" encoding="ISO-8859-1"?>
<xsl:stylesheet version="1.0" xmlns:xsl="http://www.w3.org/1999/XSL/Transform">
<!-- Match auf das Root Element des XPath-Baum -->
<!-- Ausgabe von HTML-Kopf und -Fuss -->
   <xsl:template match="/">
      <html>
         <head>
            <title>Wir machen eine Party</title>
         </head>
         <body>
<!-- An dieser Stelle wird tiefer in den XPath-Baum -->
<!-- verzweigt. Die Ausgabe der anderen Templates    -->
<!-- wird an dieser Stelle eingefuegt                 -->
            <xsl:apply-templates />
         </body>
      </html>
   </xsl:template>
<!-- Fuer das Element party der XML-Datei wird eine Ueberschrift -->
<!-- fuer die Ausgabe erzeugt. Das Attribut Datum wird in der    -->
<!-- Ueberschrift ausgegeben. -->
   <xsl:template match="party">
      <h1>Partytabelle fuer den
      <xsl:value-of select="@datum" />
      </h1>
      <xsl:apply-templates />
   </xsl:template>

<!-- Fuer jeden einzelnen Gast wird eine Begruessung ausgegeben -->
   <xsl:template match="gast">
      <p>
         <h2>Hallo
         <xsl:value-of select="@name" />
         </h2>
      </p>
      <xsl:apply-templates />
   </xsl:template>
<!-- Jedem Gast wird sein Lieblingsgetraenk angeboten. -->
   <xsl:template match="getraenk">
      <p>Hier ist ein
```

18 | Die eXtensible Markup Language (XML)

```
      <xsl:value-of select="." />
      fuer dich.</p>
   </xsl:template>
<!-- Hier wird eine bedingte Ausgabe erzeugt. Jeder Gast -->
<!-- zeigt seinen Zustand und sagt, ob er noch ledig ist. -->
   <xsl:template match="zustand">
      <xsl:if test="@nuechtern='true'">
         <h3>Ich bin noch nuechtern!</h3>
      </xsl:if>
      <xsl:if test="@ledig='true'">
         <h3>Ich bin noch zu haben!</h3>
      </xsl:if>
      <hr />
   </xsl:template>
</xsl:stylesheet>
```

Das Ergebnis der Umwandlung ist folgende HTML-Datei:

```
<html>
  <head>
    <title>Wir machen eine Party</title>
  </head>
  <body>
    <h1>Partytabelle fuer den 31.12.01</h1>
    <p><h2>Hallo Albert Angsthase</h2></p>
    <p>Hier ist ein Wein fuer dich.</p>
    <p>Hier ist ein Bier fuer dich.</p>
    <h3>Ich bin noch zu haben!</h3>
    <hr>
    <p><h2>Hallo Martina Mutig</h2></p>
    <p>Hier ist ein Apfelsaft fuer dich.</p>
    <h3>Ich bin noch nuechtern!</h3>
    <h3>Ich bin noch zu haben!</h3>
    <hr>
    <p><h2>Hallo Zacharias Zottelig</h2></p>
  </body>
</html>
```

Die Ausgabe des Parsers ist nicht so schön formatiert, aber das ist für die Ausgabe in HTML nicht relevant. Diese Datei wurde nachträglich formatiert, damit die Ausgabe besser lesbar ist. Trotz der Definition des Zeichensatzes im Kopf der XSLT-Datei sind Umlaute immer noch ein Problem.

18.8.2 Umwandlung von XML-Dateien mit JDOM und JAXP

Damit die Umwandlung mit JDOM möglich ist, wird das JDOM-Dokument von einem Wrapper-Objekt aufgenommen und mit einem XSLT-Parser von JAXP umgewandelt. Das Ergebnis ist ein Wrapper-Objekt und kann in eine JDOM-Datenstruktur umgewandelt werden:

Listing 18.41 com/tutego/insel/xml/xslt/XslTransformer.java, main()

```
Document    doc     = new SAXBuilder().build( "party.xml" );
Source      xmlFile  = new JDOMSource( doc );
JDOMResult htmlResult = new JDOMResult();
Transformer transformer =
   TransformerFactory.newInstance().newTransformer(
      new StreamSource("party.xsl") );
transformer.transform( xmlFile, htmlResult );
XMLOutputter xmlOutputter = new XMLOutputter();
xmlOutputter.output( doc, System.out );
xmlOutputter.output( htmlResult.getDocument(), System.out );
```

Das JDOM-Dokument doc wird ummantelt vom Objekt xmlFile vom Typ JDOMSource, das ein javax.xml.transform.Source ist. Das Ergebnis der Transformation nimmt ein JDOMResult-Objekt entgegen, das vom Typ javax.xml.transform.Result ist.

Eine Fabrikmethode der TransformerFactory erzeugt ein Objekt der Klasse Transformer. Dies ist ein Objekt aus dem JAXP-Paket und übernimmt die Umwandlung von XML-Dateien mithilfe einer XSLT-Datei. Für die Ein- und Ausgabe können Streams, SAX-Eigenschaften oder eine DOM-Datenstruktur verwendet werden. In diesem Beispiel wird die Datei als Stream an den Transformer übergeben. Mit dem Transformer-Objekt und einem Source- und Result-Objekt aus JAXP stößt transform() die Übersetzung an.

Das Ergebnis der Umwandlung steht in unserem JDOMResult-Objekt, und die Methode getDocument() wandelt es wieder in eine JDOM-Datenstruktur um.

Dieses Beispiel zeigt das Zusammenspiel von JDOM und JAXP. JDOM ist kein Ersatz für JAXP, sondern bietet eine komfortable Möglichkeit, XML-Dateien mit einer gewohnten Java-API zu verarbeiten. Dabei können Elemente aus JAXP, die nicht in JDOM implementiert sind, genutzt werden, ohne auf die Vorteile von JDOM zu verzichten.

18.9   XML-Schema-Validierung *

XML ist ein sehr freies Format und Dokumente können leicht XML-Elemente enthalten, die so eigentlich vom Designer nicht vorgesehen waren. Um sicherzustellen, dass XML-Dokumente nicht zu »frei« sind, sondern sich an bestimmte Regeln halten, gib es unterschiedliche Korrektheitsbeschreibungen. Die populärste ist XML Schema (siehe auch Abschnitt 18.2.3, »Schema – eine Alternative zu DTD«), die das ältere DTD ersetzt hat. Eine XML-Schema-Datei hat ebenfalls das XML-Format (anders als DTD) und wird einem Parser zusammen mit der XML-Datei gegeben. Der liest ein XML-Dokument ein und prüft, ob die Regeln eingehalten werden.

18 | Die eXtensible Markup Language (XML)

18.9.1 SchemaFactory und Schema

Java unterstützt die Schema-Validierung, die jedoch standardmäßig ausgeschaltet ist. Ein Grund ist, dass die Validierung die Rechenzeit und den Speicherbedarf erhöht. Um die Validierung zu aktivieren, muss zunächst ein `Schema`-Objekt aufgebaut werden. Bei JAXB haben wir die Validierung schon genutzt und Folgendes geschrieben:

```
SchemaFactory sf = SchemaFactory.newInstance( XMLConstants.W3C_XML_SCHEMA_NS_URI );
Schema schema = sf.newSchema( ValidatingRoomUnmarshaller.class.getResource( ⤶
  "/schema1.xsd" ) );
```

Das Objekt vom Typ `Schema` repräsentiert die Schema-Beschreibung.

18.9.2 Validator

Im Fall von JAXB wurde das `Schema`-Objekt direkt an JAXB festgemacht und zur Validierung genutzt. Unabhängig davon bietet das `Schema`-Objekt die zentrale Methode `newValidator()`, die einen `Validator` liefert, der letztlich die Validierung durchführt.

```
Schema schema = ...
Validator validator = schema.newValidator();
```

`abstract class javax.xml.validation.`**`SchemaFactory`**

▶ `final SchemaFactory newInstance( String schemaLanguage )`
Liefert eine `SchemaFactory`, die die angegebene Schema-Sprache unterstützt. Bei der XML-Schema-Validierung wird der String immer `XMLConstants.W3C_XML_SCHEMA_NS_URI` sein, also `"http://www.w3.org/2001/XMLSchema"`. Es gibt zwar auch die Konstante `RELAXNG_NS_URI` für RELAX NG Schema-Validierung, doch JAXP unterstützt dies nicht.

▶ `Schema newSchema( File schema ) throws SAXException`
Parst die Datei und baut das `Schema`-Objekt aus. Gibt es beim Parsen Fehler, folgt die `SAXException`.

▶ `Schema newSchema( URL schema ) throws SAXException`
Holt sich die Schema-Datei von der URL, parst sie und baut das `Schema`-Objekt auf. Gibt es beim Parsen Fehler, folgt die `SAXException`.

`abstract class javax.xml.validation.`**`Schema`**

▶ `abstract Validator newValidator()`
Liefert einen `Validator` für das Schema.

18.9.3 Validierung unterschiedlicher Datenquellen durchführen

Dieser `Validator` bietet die Methode `validate()` und ihr übergeben wird entweder eine `DOM-Source`, `JAXBSource`, `SAXSource`, `StAXSource`, `StreamSource`, also ganz allgemein gesprochen ein Objekt vom Typ `javax.xml.transform.Source`. An dem Paket lässt sich ablesen, dass `Source` ein Typ aus dem XSLT-Paket ist.

Wie ist nun der Weg, um etwa einen DOM-Baum zu validieren? Der DOM-Baum muss als Source-Objekt verpackt werden und dann der `validate()`-Methode übergeben werden. Etwa so:

```
Document document = …
validator.validate( new DOMSource(document) );
```

Gibt es Fehler, gibt es eine `SAXException`, die eine geprüfte Ausnahme ist, also behandelt werden muss. Es lässt sich mit `setErrorHandler()` ein spezieller `ErrorHandler` setzen, damit Fehler dort aufgefangen und dokumentiert werden können.

`abstract class javax.xml.validation.Validator`

▶ `void validate( Source source ) throws SAXException, IOException`
  Führt die Validierung der Eingabe durch.

▶ `abstract void setErrorHandler( ErrorHandler errorHandler )`
  Setzt ein Objekt zum Auffangen der Fehler.

18.10   Zum Weiterlesen

Als XML sich etablierte, bildete es mit Java ein gutes Gespann. Einer der Gründe lag in Unicode: XML ermöglicht Dokumente mit beliebigen Zeichenkodierungen, die in Java abgebildet werden konnten. Mittlerweile ist diese Abbildung nicht mehr so einfach, da in XML schnell eine Kodierung mit 32 Bit ausgewählt werden kann, die in Java nur Surrogate abbildet – nun macht die Verarbeitung nicht mehr richtig Spaß.

Das unter *http://tutego.de/go/xmlbook* frei verfügbare Buch »Processing XML with Java« gibt einen guten Überblick über die Funktionen von JDOM und die Verarbeitung von XML mit Java. Genauere Informationen finden sich auf der Webseite von JDOM (*http://www. jdom.org/*). Zur JAXB gibt *https://jaxb.dev.java.net/tutorial/index.html* tiefere Einblicke.

XPath als Anfragesprache für XML auch für beliebige Java-Objekte zu erweitern, hat sich das Apache-Projekt *JXPath (http://tutego.de/go/jxpath)* zum Ziel gesetzt. Es ist auf jeden Fall einen Blick wert.

»Jedenfalls ist es besser, ein eckiges Etwas zu sein
als ein rundes Nichts.«
– Friedrich Hebbel (1813–1863)

19 Grafische Oberflächen mit Swing

19.1 Das Abstract Window Toolkit und Swing

Die Programmiersprache Java, die sich das Ziel gesetzt hat, plattformunabhängige Software-entwicklung zu unterstützen, muss auch eine Bibliothek anbieten, um grafische Oberflächen zu gestalten. Eine Bibliothek sollte dabei im Wesentlichen die folgenden Bereiche abdecken:

▶ Sie beherrscht das Zeichnen grafischer Grundelemente wie Linien und Polygone und ermöglicht das Setzen von Farben und die Auswahl von Zeichensätzen.

▶ Sie bietet grafische Komponenten (GUI-Komponenten), auch *Steuerelemente* oder *Widgets* genannt, wie zum Beispiel Fenster, Schaltflächen, Textfelder und Menüs.

▶ Sie definiert ein Model zur Behandlung von Ereignissen, wie etwa Mausbewegungen.

19.1.1 SwingSet-Demos

Um sich einen Überblick über die Swing-Komponenten zu verschaffen, hat Oracle unter den JFC-Demos des JDK (etwa *C:\Programme\Java\jdk1.6.0\demo\jfc*) verschiedene Beispiele ver-öffentlicht. Die in den weiteren Unterordnern enthaltenen Demos sind als Jar-Datei verpackt und können mit einem Doppelklick gestartet werden. Seit Java 6 Update 10 ist SwingSet3 mit dabei, ein interessantes Swing-Demo, das über die Technologie WebStart aus dem Internet gestartet wird. Die *readme.hmtl*-Datei referenziert auf die URL *http://download.java.net/java-desktop/swingset3/SwingSet3.jnlp*, die wir auch in den Browser einsetzen können, um das Beispiel zu starten.

19.1.2 Abstract Window Toolkit (AWT)

Die erste API zum Aufbau grafischer Oberflächen war das *Abstract Window Toolkit (AWT)*. Sie bietet Methoden für die Primitivoperationen zum Zeichnen, zur Ereignisbehandlung und einen Satz von GUI-Komponenten. Da das AWT jedoch sehr einfach gehalten ist und profes-sionelle Oberflächen nur mit Mühe erstellbar sind, sind für die Abkürzung »AWT« noch einige hämische Deutungen im Umlauf: »Awful Window Toolkit«, »Awkward Window Tool-kit« oder »Annoying Window Toolkit«.

19 | Grafische Oberflächen mit Swing

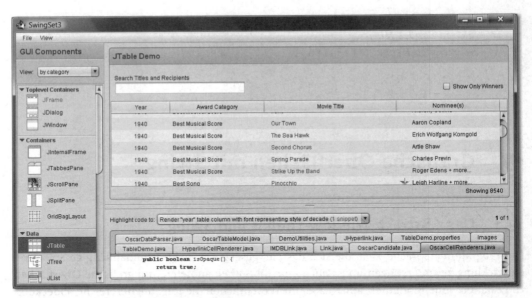

Abbildung 19.1 SwingSet3 Demo

Peer-Klassen

Eine Besonderheit des AWT ist, dass es jede grafische Komponente in Java auf eine Komponente der darunterliegenden Plattform abbildet. Dazu bedient sich das AWT so genannter *Peer-Klassen*, also Partnern auf der Seite der speziellen Benutzeroberfläche. Eine Schaltfläche unter AWT leitet somit die Visualisierung und Interaktion an eine Peer-Klasse auf der Betriebssystemseite weiter. Damit sehen AWT-Anwendungen unter Windows so aus wie jede andere Windows-Anwendung, und für Anwendungen unter Mac OS oder X11 gilt das Gleiche.

Die Partner haben Vor- und Nachteile:

▶ Durch die nativen Peer-Klassen verhält sich die Oberfläche exakt so, wie erwartet, und ist optisch nicht von anderen nativen Programmen zu unterscheiden.

▶ Leider zeigen die Programme unter den verschiedenen Betriebssystemen bisweilen merkwürdige Seiteneffekte. So kann ein Textfeld unter Windows weniger als 64 KiB Zeichen aufnehmen, bei anderen Oberflächen ist dies egal.

▶ Da das AWT auch nur Komponenten anbietet, die auf jeder Plattform verfügbar sind, ist das Angebot an Widgets sehr beschränkt. Moderne grafische Elemente, sei es auch nur ein Icon auf einer Schaltfläche, bietet das AWT nicht an.

Da jede AWT-Komponente Ressourcen von der nativen Plattform bezieht und diese außerhalb der Speicherverwaltung von Java liegen, nennen sich diese Komponenten *schwergewichtige Komponenten* (engl. *heavyweight components*).

19.1.3 Java Foundation Classes

Obwohl das Abstract Window Toolkit das Problem einer einheitlichen Benutzeroberfläche lösen sollte, ist dies Sun damals nicht ganz gelungen. Das AWT war von Anfang an zusammengepfuscht. So meinte auch James Gosling:

> »*The AWT was something we put together in six weeks to run on as many platforms as we could, and its goal was really just to work. So we came out with this very simple, lowest-common-denominator thing that actually worked quite well. But we knew at the time we were doing it that it was really limited. After that was out, we started doing the Swing thing, and that involved working with Netscape and IBM and folks from all over the place.*«[1]

Von AWT 1.02 auf AWT 1.1 wurde ein anderes Ereignismodell eingeführt, das die Basis für Swing legte.

Da Sun das AWT einfach hielt, Entwickler von Oberflächen jedoch einen unstillbaren Hunger nach Komponenten haben, konzipierte Netscape die *Internet Foundation Classes* (*IFC*), die das AWT in wesentlichen Punkten ergänzten. Im April des Jahres 1997 einigten sich Sun, Netscape und IBM auf eine GUI-Bibliothek, die auf Netscapes IFC aufbaut und das AWT in der Java-Version 1.2 erweitert. Der Name des Toolkits, mit dem wir heute noch arbeiten, ist *JFC* (*Java Foundation Classes*).

Bestandteile der Java Foundation Classes

Die Java Foundation Classes bestehen im Wesentlichen aus:

- **Swing-GUI-Komponenten**: Unter die Swing-Set-Komponenten fallen ganz neue grafische Elemente. Diese sind, anders als die plattformabhängigen Peer-Komponenten des herkömmlichen AWTs, fast vollständig in Java implementiert. Während viele Swing-Komponenten gar keine Beziehung zu AWT-Komponenten haben, gilt das nicht für alle. Ein `javax.swing.JFrame` basiert zum Beispiel auf der AWT-Komponente `java.awt.Frame`, denn `JFrame` ist eine Unterklasse von `Frame`.

- **Pluggable Look & Feel**: Dies gibt uns die Möglichkeit, das Aussehen der Komponenten zur Laufzeit zu ändern, ohne das Programm neu zu starten. Alle Komponenten des Swing-Sets haben diese Fähigkeit automatisch.

- **Java 2D API**: Die 2D-Klassenbibliothek ist eine neue Technik, die über eine Objektbeschreibung – ähnlich wie PostScript – Objekte bildet und diese auf dem Bildschirm darstellt. Zu den Fähigkeiten der Bibliothek gehört es, komplexe Objekte durch Pfade zu bilden und darauf Bewegungs- und Verschiebeoperationen anzuwenden.

- **Drag & Drop**: Daten können mittels Drag & Drop leicht von einer Applikation zur anderen übertragen werden. Dabei profitieren Java-Programme auch davon, Daten zu nutzen, die nicht aus Java-Programmen stammen.

---

1 Das Interview vom 24. März 1998 ist leider unter *http://java.sun.com/javaone/javaone98/keynotes/ gosling/transcript_gosling.html* nicht mehr online – Oracle hat die Seite gelöscht.

▸ **Accessibility** (Unterstützung für Menschen mit Behinderungen): Diese API erlaubt mit neuen Interaktionstechniken Zugriff auf die JFC- und AWT-Komponenten. Zu diesen Techniken zählen unter anderem Lesegeräte für Blinde, eine Lupe für den Bildschirm und auch die Spracherkennung.

Swing-Komponenten sind ein wesentlicher Bestandteil der JFC, und oft wird in der Öffentlichkeit »Swing« als Synonym für JFC verstanden.

Warum Swing Swing heißt Als 1997 in San Francisco auf der JavaOne die neuen Komponenten vorgestellt wurden, entschied sich Georges Saab, ein Mitglied des JFC-Teams, für Musik parallel zur Präsentation, und zwar für Swing-Musik, weil der Entwickler glaubte, dass sie wieder in Mode käme. Dementsprechend wurden die neuen grafischen Elemente in einem Paket namens Swing abgelegt. Obwohl der Name offiziell dem Kürzel JFC weichen musste, war er doch so populär, dass er bestehen blieb.

Übersicht über Swing-Komponenten

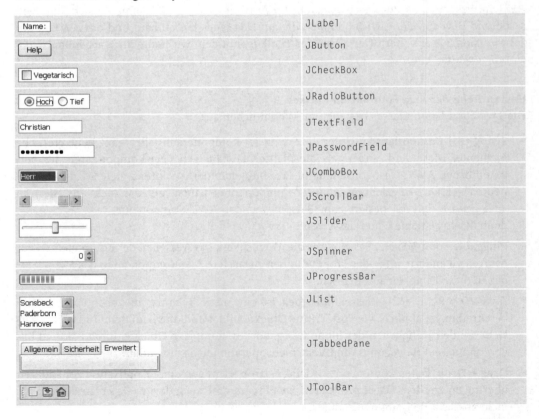

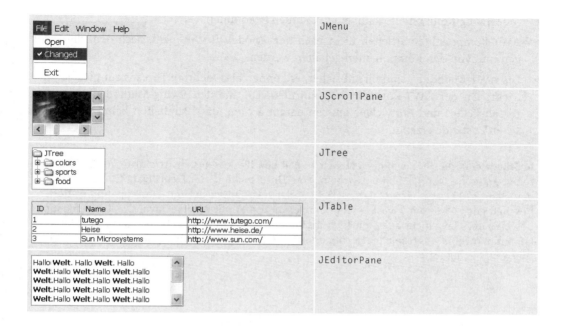

Leichtgewichtige Swing-Komponenten

Eine *Leichtgewicht-Komponente* (engl. *lightweight component*) verfügt über keinen Peer, also über keine direkte Repräsentation im Fenstersystem. Somit gibt es keine speziellen Implementierungen des Systems beispielsweise auf Windows, Mac OS oder X11. Alle Komponenten werden mit primitiven Zeichenoperationen gemalt, so etwa eine Schaltfläche aus einem Rechteck mit Schatten und einem Text in der Mitte. Ein Vorteil: Eine Leichtgewicht-Komponente kann durchsichtig sein und muss nicht mehr in einen rechteckigen Bereich passen. Da alle Komponenten nun gemalt werden, lässt sich alles ohne Rücksicht auf das zugrunde liegende grafische System zeichnen. Dieser Weg ist also plattformunabhängiger, aber nutzt nicht unbedingt alle optimalen Möglichkeiten, wie zum Beispiel Antialiasing des Betriebssystems oder einer Plattformkomponente wie dem komplexeren Dateiauswahldialog.

19.1.4 Was Swing von AWT unterscheidet

Wir werden in diesem Buch nicht mit AWT-Komponenten arbeiten, aber dennoch wesentliche Unterschiede aufzählen:

- Swing bietet viel mehr Komponenten als AWT. Das AWT bietet zum Beispiel keine Tabellen oder Bäume.
- Schaltflächen und Labels nehmen Symbole auf, die sie beliebig um Text angeordnet darstellen.
- Swing-Komponenten können transparent und beliebig geformt sein; eine Schaltfläche kann wie unter Mac OS X abgerundet sein.

19 | Grafische Oberflächen mit Swing

▶ Jede Swing-Komponente kann einen Rahmen bekommen.

▶ AWT-Komponenten arbeiten nicht nach dem Model/View-Prinzip, nach dem die Daten getrennt von den Komponenten gehalten werden.

▶ Die AWT-Methoden sind thread-sicher, es können also mehrere Threads zur gleichen Zeit Methoden der AWT-Komponenten aufrufen. Die meisten Swing-Methoden sind nicht thread-sicher, und Entwickler müssen darauf achten, dass Parallelität keine problematischen Zustände erzeugt.

> **Wofür Java in der Praxis eingesetzt wird**   Mit den JFC lassen sich attraktive, gut funktionierende grafische Oberflächen entwickeln. Eine Untersuchung der Evans Data Corporation aus dem Jahr 2005 fand heraus, dass sich 43 % der Java-Entwickler mit Desktop-Applikationen beschäftigen, 41 % mit Java EE-Technologien und 4 % mit Mobile Java. Die Untersuchung beweist, dass Java nicht ausschließlich im Bereich Middleware (Stichwort Java EE) zu finden ist, sondern eine ausgezeichnete Umgebung für GUI-Applikationen unter Windows, Linux, Mac OS X … bildet.

19.2   Mit NetBeans zur ersten Oberfläche

NetBeans ist neben Eclipse eine bekannte Java-Entwicklungsumgebung. Sie bietet eine sehr gute Unterstützung im Entwurf grafischer Oberflächen und gibt eine gute Möglichkeit, Swing spielerisch zu erfahren.[2]

Ohne uns daher groß mit den Klassen auseinanderzusetzen, wollen wir ein erstes Beispiel programmieren und das Swing-Wissen sozusagen im Vorbeigehen mitnehmen. Das Programm »Bing«, was im Folgenden entwickelt wird, bietet einen Schieberegler, mit dem sich eine Zeit einstellen lässt, nach dem eine Meldung auf dem Bildschirm kommt. Wer vor lauter Java immer vergisst, den Teebeutel aus der Tasse zu nehmen, für den ist diese Applikation genau richtig!

[»]

> **Hinweis**   NetBeans nutzt keine proprietären Klassen, sodass der Programmcode 1:1 auch in ein Eclipse-Projekt kopiert werden kann und dort ohne Anpassung läuft. Auch funktioniert es problemlos, zwei Entwicklungsumgebungen, also NetBeans und Eclipse, beide auf einem Projektordner »loszulassen«. Am einfachsten geht das so: Erst wird ein Java-Projekt mit NetBeans angelegt. Dann wird unter Eclipse ein Java-Projekt angelegt, aber der Projektpfad auf das Verzeichnis vom existierenden NetBeans-Projekt gelegt. Dann können beide IDEs gleichzeitig das gleiche Projekt verarbeiten.

---

2 Didaktiker nennen das »exploratives Lernen«.

19.2.1 Projekt anlegen

Nach dem Start von NetBeans wählen wir FILE • NEW PROJECT...

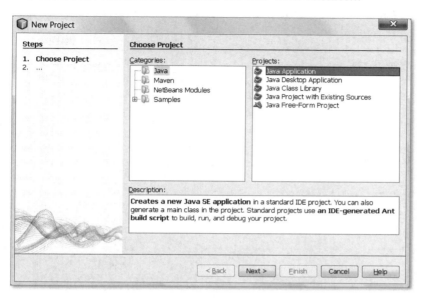

Anschließend wählen wir JAVA APPLICATION und dann NEXT. Den Projektnamen und Paketnamen setzen wir auf etwas Sinnvollerem, die Einstellungen könnten aber auch so bleiben:

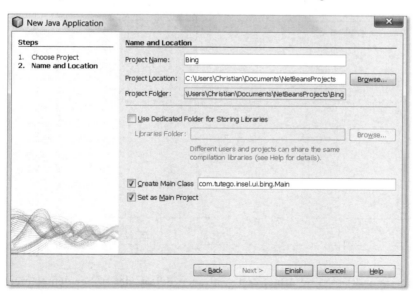

Nach FINISH öffnet NetBeans den Editor mit der Klasse. [F6] startet das Programm, aber ohne Funktion bleibt das langweilig.

19 | Grafische Oberflächen mit Swing

19.2.2 Gui-Klasse hinzufügen

Fügen wir eine Gui-Klasse hinzu. Dazu wählen wir FILE • NEW FILE... und im Dialog anschließend bei SWING GUI FORM den Typ JFRAME FORM.

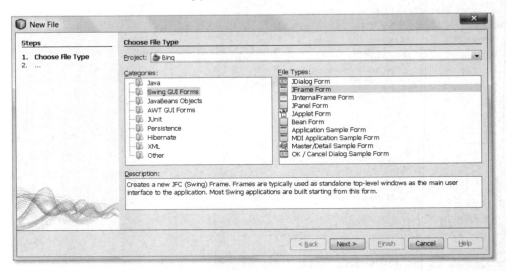

Nach NEXT geben wir einen passenden Klassennamen ein:

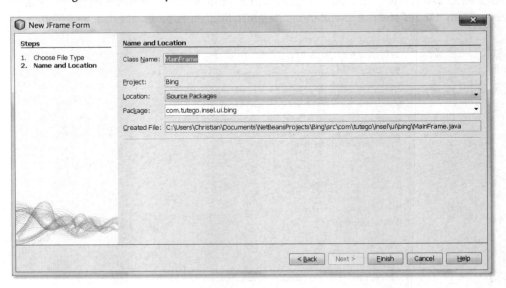

NetBeans erzeugt eine neue Klasse und öffnet den grafischen Editor, der früher den Namen *Matisse* trug.

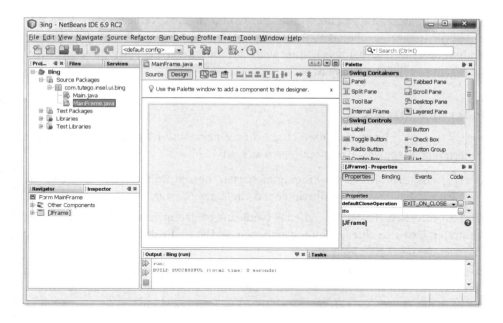

NetBeans zeigt in unterschiedlichen Ansichten unterschiedliche Details an. In der Mitte ist die Hautansicht mit dem grafischen Editor. Rechts sind unter PALETTE die Komponenten aufgelistet, die wir per Drag & Drop auf den Formular-Designer ziehen können. Ebenfalls rechts bei PROPERTIES finden wir die Eigenschaften von Komponenten, etwa den Titel des Fensters.

Interessant an Matisse ist, dass die grafische Oberfläche direkt in Quellcode gegossen wird. Den Quellcode können wir einsehen, indem wir von DESIGN auf SOURCE wechseln.

Auffällig sind graue Blöcke, die geschützt sind. Der Grund ist, dass NetBeans den Quellcode aktualisiert, wann immer es über den Gui-Designer Veränderungen gibt. Den Quellcode direkt zu ändern, wäre töricht, denn so könnte NetBeans mitunter die Quellen nicht mehr einlesen und das ganze Projekt wäre kaputt.

19.2.3 Programm starten

Im Quellcode lässt sich ablesen, dass die Klasse schon eine main()-Methode hat, sodass wir MainFrame starten können. Drei Varianten bieten sich an:

1. Mit ⇧+F6 lässt sich direkt das Programm starten, dessen Editor offen ist. Ist es die Klasse MainFrame, bekommen wir anschließend ein leeres Fenster.

2. In unserer eigentlichen Hauptklasse, die bei NetBeans eingetragen ist und standardmäßig mit F6 startet, lässt sich eine Umleitung einbauen, sodass in die dortige main()-Methode ein MainFrame.main(args); kommt.

3. Die Klasse MainFrame lässt sich als Startklasse eintragen. Dazu tragen wir vom Projekt BING im Kontextmenü PROPERTIES im Zweig RUN bei MAIN CLASS statt com.tutego.insel.ui.bing.Main die Klasse com.tutego.insel.ui.bing.MainFrame ein.

Welche Variante es wird, ist für das Demo egal; Variante 2 ist nicht schlecht. Mit F6 springt dann ein unspektakuläres leeres Fenster auf.

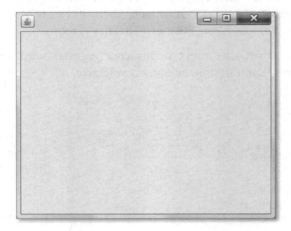

Eine Vorschau gibt es übrigens auch. Rechts neben den Schaltflächen für SOURCE und DESIGN gibt es ein kleines Fenster mit Auge, das über einen Klick einen ersten Eindruck vom Design vermittelt.

19.2.4 Grafische Oberfläche aufbauen

Kommen wir zurück zum Designer. In der Palette bei SWING CONTROLS suchen wir LABEL und ziehen es per Drag & Drop auf die graue Designerfläche. Bemerkenswert ist, dass Matisse vorgibt, was eine gute Position für die Beschriftung ist. Positionieren wir sie links oben, so rastet sie quasi ein.

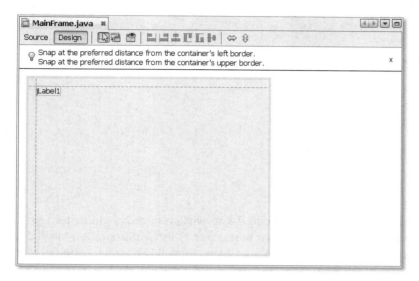

Das hat zwei Konsequenzen: Zum einen ergibt sich automatisch eine gut aussehende Oberfläche mit sinnvollen Abständen und zum anderen »kleben« die Komponenten so aneinander, sodass sie bei einer Größenanpassung nicht auseinandergerissen werden.

Nachdem das Label positioniert ist, geben wir ihm einen Namen. Dazu kann rechts bei den PROPERTIES der Text verändert werden oder auch im Designer über einen Doppelklick auf dem Text.

Jetzt, wo die erste Beschriftung steht, komplettieren wir die Gui. Unter der Beschriftung setzen wir einen SLIDER, allerdings nicht auf die ganze Breite, sondern etwa bis zur Hälfte. Unter den PROPERTIES auf der rechten Seite gibt es Eigenschaften für MINIMUM (0) und MAXIUM (100). Das Minimum 0 erhöhen wir auf 1 und das Maximum auf 1.440 (24 Std. sollten reichen).

19 | Grafische Oberflächen mit Swing

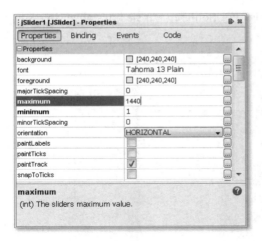

Rechts vom SLIDER setzen wir ein TEXT FIELD und davon wiederum rechts ein neues LABEL. Das Label hängt am rechten Fensterrand, und wir beschriften es mit MINUTEN. Den Inhalt des Textfeldes (»jTextField1«) löschen wir mit einem leichten Doppelklick in die Textbox (oder rechts bei den PROPERTIES unter TEXT). Die Textbox wird dann klein, doch wir können sie etwas größer ziehen. Anschließend wird die Textbox rechts an das Minuten-Label und der SLIDER rechts an die Textbox gesetzt, sodass alle drei gut ausgerichtet sind. Bei einem Klick auf das magische Auge sollte die Vorschau so aussehen:

Das Schöne an den automatischen Ausrichtungen ist, dass wir die Breite verändern können und die Komponenten alle mitlaufen, also nicht absolut positioniert sind; so sollte eine grafische Oberfläche sein!

Die Oberfläche ist jetzt schon fast fertig. Geben wir noch zwei Labels und zwei Schaltflächen hinzu.

1016

19.2 Mit NetBeans zur ersten Oberfläche

Zwei Labels nebeneinander (das zweite enthält nur ein Leerzeichen) stehen unter dem SLIDER. Startet später die Anwendung, soll im jetzt unsichtbaren Label die Restzeit eingeblendet werden. Die Schaltflächen sind bei den SWING CONTROLS als BUTTON geführt. Zwei soll es geben, eine zum Starten der Applikation und eine zum Beenden. Über dem Property-Editor geben wir gleichzeitig noch dem Fenster einen Titel (BING), und fertig ist die Oberfläche.

19.2.5 Swing-Komponenten-Klassen

Die Oberfläche ist jetzt fertig und in der Ansicht SOURCE lässt sich ablesen, dass viel Quellcode für die Ausrichtung erstellt wurde. Der Quellcode gliedert sich in folgende Teile:

- Einen Standardkonstruktor: Er ruft `initComponents()` auf. Eigene Funktionalität können wir hier hinzuschreiben.
- Die Methode `initComponents()`: Sie ist geschützt und initialisiert die Komponenten und setzt sie auf den `JFrame`.
- Die statische `main()`-Methode könnte das Fenster gleich starten, denn sie baut ein Exemplar der eigenen Klasse, die ja Unterklasse von `JFrame` ist, auf und zeigt es mit `setVisible(true)` an.
- Am Ende finden sich die Komponenten. Es sind Objektvariablen, sodass jede Objektmethode auf sie Zugriff hat. Sie sehen etwa so aus:

```
// Variables declaration - do not modify
private javax.swing.JButton jButton1;
private javax.swing.JButton jButton2;
private javax.swing.JLabel jLabel1;
private javax.swing.JLabel jLabel2;
private javax.swing.JLabel jLabel3;
private javax.swing.JLabel jLabel4;
private javax.swing.JSlider jSlider1;
private javax.swing.JTextField jTextField1;
// End of variables declaration
```

Es lässt sich ablesen, dass für Schaltflächen die Klasse `JButton`, für Beschriftungen die Klasse `JLabel`, für den Slider ein `JSlider` und für einfache Textfelder die Klasse `JTextField` zum Einsatz kommen.

Variablen umbenennen

Die Variablen sind standardmäßig `privat` und nichtssagend benannt. Wir wollen die Variablennamen ändern, sodass klarer wird, was welche Komponenten sind. Jetzt kommt auf der linken Seite der NAVIGATOR/INSPECTOR ins Spiel. Er zeigt die hierarchische Struktur der Komponenten an. Mit der Taste [F2] lässt sich jeder Variablenname ändern. Das wollen wir machen.

In der Quellcodeansicht sind die Komponenten jetzt besser unterscheidbar:

```
// Variables declaration - do not modify
private javax.swing.JButton exitButton;
private javax.swing.JLabel minutesLabel;
private javax.swing.JSlider minutesSlider;
private javax.swing.JTextField minutesTextField;
private javax.swing.JLabel remainingLabel;
private javax.swing.JLabel remainingMinLabel;
private javax.swing.JButton startButton;
private javax.swing.JLabel timeToMsgLabel;
// End of variables declaration
```

Da wir im Konstruktor auf die Elemente Zugriff haben, wollen wir nach dem Aufruf von `initComponents()` die Sliderposition auf 1 setzen und das Textfeld ebenfalls mit 1 vorbelegen:

```
/** Creates new form MainFrame */
public MainFrame() {
  initComponents();
  minutesSlider.setValue( 1 );
  minutesTextField.setText( "1" );
}
```

Die Methode `setValue()` erwartet einen numerischen Wert für den Slider und `setText()` einen String für das Textfeld.

19.2.6 Funktionalität geben

Nachdem die Variablen gut benannt sind, soll es an die Implementierung der Funktionalität gehen. Folgendes gilt es zu realisieren:

1. Aktivieren der Schaltfläche BEENDEN beendet das Programm.
2. Bewegen des Sliders aktualisiert das Textfeld.
3. Verändern des Textfeldes aktualisiert den SLIDER.
4. Nach dem Start läuft das Programm, und die verbleibende Zeit wird aktualisiert. Ist die Zeit um, kommt eine Dialogbox.

Der erste Punkt ist am einfachsten: Beginnen wir dort.

Applikation beenden

Nötig für Interaktionen sind die so genannten Listener, die auf Benutzerinteraktionen reagieren. Wenn etwa die Schaltfläche BEENDEN gedrückt wird, muss es einen Listener geben, der das Klick-Ereignis mitbekommt und reagiert.

Für Schaltflächen gibt es eine einfache Möglichkeit, einen Listener hinzuzufügen: Wir doppelklicken im Designer schnell die Schaltfläche. Machen wir das für BEENDEN: NetBeans wechselt dann von der Design-Ansicht in den Quellcode und hat eine neue Methode hinzugefügt – in ihr setzen wir ein: `System.exit(0);`, sodass sich ergibt:

```
private void exitButtonActionPerformed(java.awt.event.ActionEvent evt) {
  System.exit( 0 );
}
```

Nur der Rumpf der Methode ist editierbar. Wer versehentlich einen Doppelklick gesetzt hat, kann ein Undo in der Design-Ansicht durchführen.

Ein Programmstart über F6 zeigt schließlich, dass die Applikation mit Klick auf BEENDEN auch tatsächlich beendet wird.

Sliderwert und Textfeld synchronisieren

Als Nächstes halten wir Sliderwert und Wert im Textfeld synchron. Zurück in der Design-Ansicht selektieren wir den SLIDER und finden im Kontextmenü den Menüpunkt EVENTS. Das sind alle Ereignisse, die der Slider auslösen kann. Wir interessieren uns für CHANGE.

Nach dem Aktivieren des Menüpunkts bekommen wir von NetBeans wieder Quellcode generiert. Die Listener-Methode wird immer dann aufgerufen, wenn der Slider vom Benutzer bewegt wird. Lesen wir einfach den aktuellen Wert aus und schreiben ihn in das Textfeld:

```
private void minutesSliderStateChanged(javax.swing.event.ChangeEvent evt) {
  minutesTextField.setText( "" + minutesSlider.getValue() );
}
```

Die `JSlider`-Methode `getValue()` liefert also den aktuell eingestellten Wert, und `setText()` vom `JTextField` setzt einen String in die Textzeile.

Nach dem Start des Programms können wir den Slider bewegen, und im Textfeld steht die ausgewählte Zahl.

19 | Grafische Oberflächen mit Swing

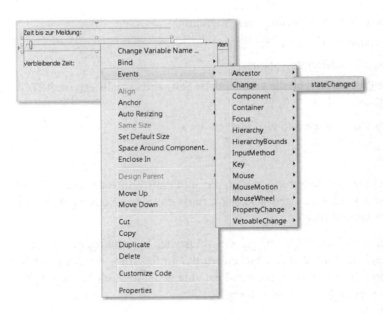

Jetzt der umgekehrte Fall. Wenn das Textfeld mit ⏎ bestätigt wird, soll der Wert ausgelesen und damit die `JSlider`-Position gesetzt werden. Doppelklicken wir im Designer schnell das Textfeld, dann wird wieder der passende Listener in den Quellcode eingefügt. Füllen wir ihn wie folgt:

```
private void minutesTextFieldActionPerformed(java.awt.event.ActionEvent evt) {
  try {
    minutesSlider.setValue( Integer.parseInt( minutesTextField.getText() ) );
  }
  catch ( NumberFormatException e ) { }
}
```

Da im Textfeld ja fälschlicherweise Nicht-Zahlen stehen können, fangen wir den Fehler ab, ignorieren ihn aber.

Nachdem jetzt Änderungen im Textfeld und Slider synchron gehalten werden, ist es an der Zeit, die Implementierung mit dem Start eines Timers abzuschließen.

Timer starten

In der Ansicht DESIGNER Doppelklicken wir die Schaltfläche START. Jetzt muss die aktuelle Wartezeit ausgelesen werden, nach deren Ende eine Dialogbox erscheint. Die konstante Abarbeitung übernimmt ein Swing-Timer, der alle 100 Millisekunden die Oberfläche aktualisiert und dann beendet wird, wenn die Wartezeit abgelaufen ist:

```
private void startButtonActionPerformed(java.awt.event.ActionEvent evt) {

  startButton.setEnabled( false );
```

```
    final long start = System.currentTimeMillis();
    final long end   = start + minutesSlider.getValue() * 60 * 1000;

    final Timer timer = new Timer( 100, null );
    timer.addActionListener( new ActionListener() {
      public void actionPerformed( ActionEvent e ) {
        long now = System.currentTimeMillis();
        if ( now >= end )
        {
          remainingMinLabel.setText( "" );
          startButton.setEnabled( true );
          JOptionPane.showMessageDialog( null, "BING!" );
          timer.stop();
        }
        else
          remainingMinLabel.setText( (end - now) / 1000 + " Sekunden" );
      }
    } );
    timer.start();
}
```

Und das Programm ist fertig.

19.3 Fenster unter grafischen Oberflächen

19.3.1 Swing-Fenster mit javax.swing.JFrame darstellen

Um unter Swing ein Fenster zu öffnen, müssen wir die zentrale Klasse JFrame über das Paket javax.swing einbinden. Die allermeisten Swing-Komponenten befinden sich in diesem Paket, und nur ausgewählte komplexe Klassen wie Textkomponenten sind in Unterpaketen untergebracht. Viele Methoden der JFrame-Klasse stammen von den Oberklassen java.awt.Frame bzw. java.awt.Window.

19 | Grafische Oberflächen mit Swing

Listing 19.1 com/tutego/insel/ui/swing/ClockApplication.java

```java
package com.tutego.insel.ui.swing;

import java.util.Date;
import javax.swing.*;

public class ClockApplication
{
  public static void main( String[] args )
  {
    JFrame f = new JFrame( "Uhrzeit" );
    f.setDefaultCloseOperation( JFrame.EXIT_ON_CLOSE );
    f.setSize( 250, 100 );
    f.add( new JLabel( String.format( "%tT", new Date() ) ) );
    f.setVisible( true );
  }
}
```

Abbildung 19.2 Swing-Fenster mit Datum

Aus dem Programm lassen sich unterschiedliche Elemente ablesen:

- Der parametrisierte Konstruktor von JFrame setzt automatisch einen Titel für das Fenster. Der Titel eines Fensters lässt sich aber auch später mit setTitle() wieder ändern. Der Standardkonstruktor lässt den Titel leer.
- Mit setDefaultCloseOperation(JFrame.EXIT_ON_CLOSE) setzen wir einen Zustand, sodass die Anwendung mit einem Klick auf das X sofort beendet wird. Das ist zum Testen praktisch, aber für echte Gui-Anwendungen natürlich keine Lösung.
- Die Methode setSize() setzt die Fenstergröße in Pixel.
- Abschließend zeigt setVisbible(true) das Fenster an.

Mit »add()« auf den Container

Das Programm erzeugt ein JLabel-Objekt und setzt es mit add() auf den JFrame. Der JFrame referenziert einen eigenen Kind-Container, der *Content-Pane* genannt wird, und unser JLabel aufnimmt.

Vor Java 5 konnte nicht direkt mit add() gearbeitet werden, da der JFrame genau genommen nicht nur einen Container verwaltet, sondern viele, und wir mussten uns die Content-Pane mit getContentPane() erfragen und dann add() auf diesem Container-Objekt ausführen:

```java
f.getContentPane().add( component );
```

```
class javax.swing.JFrame
extends Frame
implements WindowConstants, Accessible, RootPaneContainer
```

▶ JFrame( )
Erzeugt ein neues JFrame-Objekt, das am Anfang unsichtbar ist.

▶ JFrame(String title)
Erzeugt ein neues JFrame-Objekt mit einem Fenster-Titel, das am Anfang unsichtbar ist.

Der Titel eines AWT- und Swing-Fensters lässt sich später mit setTitle() wieder ändern.

19.3.2 Fenster schließbar machen – setDefaultCloseOperation()

Die JFrame-Methode setDefaultCloseOperation() mit dem Argument JFrame.EXIT_ON_
CLOSE beendet die Applikation über System.exit(), wenn der Benutzer über das ¥ in der
Fensterleiste das Fenster schließt. Ohne die Anweisung verschwindet lediglich das Fenster in
den Hintergrund: Es wird also geschlossen, die Applikation wird jedoch nicht beendet. Neben
EXIT_ON_CLOSE gibt es weitere Konstanten. Mit DO_NOTHING_ON_CLOSE bekommen wir das
Standardverhalten eines AWT-Frames: Beim Schließen passiert nichts. Weder geht das Fenster
zu, noch beendet die JVM das Programm.

```
class javax.swing.JFrame
extends Frame
implements WindowConstants, Accessible, RootPaneContainer
```

▶ void setDefaultCloseOperation(int operation)
Bestimmt, was passieren soll, wenn der Benutzer das Fenster schließt. Gültig sind die Konstanten WindowConstants.DO_NOTHING_ON_CLOSE, WindowConstants.HIDE_ON_CLOSE,
WindowConstants.DISPOSE_ON_CLOSE, JFrame.EXIT_ON_CLOSE. Eine weitere Erklärung findet sich bei der Ereignisbehandlung.

▶ int getDefaultCloseOperation( )
Liefert die eingestellte Eigenschaft beim Schließen des Fensters.

Hinweis Ein AWT-Fenster (also java.awt.Frame) kann nicht mit × in der Titelleiste geschlossen werden, da noch keine Ereignisbehandlung implementiert ist – der Frame bietet auch
keine Methode setDefaultCloseOperation() an. Wir müssten selbst Fensterereignisse
abfangen. Unter Swing horcht der JFrame selbstständig auf ein WindowEvent, reagiert in der
protected-Methode processWindowEvent() auf das WINDOW_CLOSING und kann das Fenster
nach Wunsch auch ohne hinzugefügten Ereignisbehandler schließen.

19.3.3 Sichtbarkeit des Fensters

Nach der Konstruktion ist das Fenster vorbereitet, aber erst der Aufruf von setVisible(true)
macht es sichtbar. setVisible() stammt, wie auch weitere Methoden, die für JFrame und
Frame interessant sind, von der Oberklasse Window.

19 | Grafische Oberflächen mit Swing

```
class java.awt.Window
extends Container
implements Accessible
```

▶ void setVisible(boolean b)
Der Aufruf von setVisible(true) zeigt das Fenster an. Liegt es im Hintergrund, holt es der Aufruf wieder in den Vordergrund.

▶ boolean isShowing()
Liefert true, wenn sich das Fenster auf dem Bildschirm befindet.

▶ void toBack()
Reiht das Fenster als hinterstes in die Fensterreihenfolge ein. Ein anderes Fenster wird somit sichtbar.

▶ void toFront()
Platziert das Fenster als vorderstes in der Darstellung aller Fenster auf dem Schirm.

[»] **Hinweis** In der Java-Steinzeit wurden die Methoden show() und hide() genutzt. Sie sind heute deprecated.

19.3.4 Größe und Position des Fensters verändern

Die aus Window geerbte Methode setSize() verändert die Maße des Fensters.

```
class java.awt.Window
extends Container
implements Accessible
```

▶ void setSize(int width, int height)
Verändert die Größe einer Komponente.

▶ void setSize(Dimension d)
Verändert die Größe einer Komponente; entspricht setSize(d.width, d.height).

[»] **Hinweis** Die Position eines Fensters kann mit setLocation() geändert werden. Wer das Fenster zum Beispiel in der Mitte des Bildschirms positionieren möchte, kann aber einfach die Window-Objektmethode setLocationRelativeTo(null) aufrufen.

Wurde vor der Anzeige mit setVisible(true) die Methode setLocationByPlatform(true) von einem java.awt.Window aufgerufen, wählt der Fenster-Manager automatisch eine gute Position, und setLocation() ist nicht mehr nötig. Mit isLocationByPlatform() lässt sich später erfragen, wer die Position gesetzt hat; die Rückgabe ist true, wenn es das Fenstersystem war, und false, wenn wir mit setLocation() an der Position herumgespielt haben.

Fenster unter grafischen Oberflächen | **19.3**

```
abstract class java.awt.Component
implements ImageObserver, MenuContainer, Serializable
```

▶ void setLocation(int x, int y)
Setzt die Komponente an die Position x, y; ehemals move().

▶ void setLocation(Point p)
Setzt die Komponente an die gewünschte Position.

▶ PointgetLocation()
Liefert die Position der Komponente als Point-Objekt.

Beispiel Auch das Vergrößern eines Fensters f, sodass es die maximale Ausdehnung **[zB]** annimmt, ist mit einer Methode möglich. Betrachten wir die folgenden Zeilen, die hinter eine setVisible(true)-Methode zum Beispiel im Konstruktor gesetzt werden:

```
f.setLocation( 0, 0 );
f.resize( Toolkit.getDefaultToolkit().getScreenSize() );
```

Die Größe des Bildschirms erfragt getScreenSize(), eine Methode des Toolkit-Objekts. Soll das Fenster nicht in der Größe veränderbar sein, setzen wir setResizable(false):

```
JFrame frame = new JFrame( "Du kriegst mich nicht klein." );
frame.setResizable( false );
```

19.3.5 Fenster- und Dialog-Dekoration, Transparenz *

Für bestimmte Anwendungen ist es günstig, bei Fenstern und Dialogen die Standarddialog-elemente (etwa Titelleiste, Systemmenü) auszuschalten, etwa dann, wenn der Benutzer das Fenster nicht verkleinern soll. Für die Abschaltung bieten die Klassen Frame und Dialog (und damit auch die Unterklassen JFrame und JDialog) eine Methode setUndecorated(), die vor der Darstellung aufgerufen werden kann. Ist das Fenster schon dargestellt, folgt eine Aus-nahme, denn die Dekoration lässt sich nicht einfach ein- oder ausblenden. Hier hilft folgender Trick: Zuerst entfernt dispose() das Fenster, dann kann setUndecorated() folgen, und ein setVisible(true) stellt das Fenster neu dar.

```
class java.awt.Frame extends Window implements MenuContainer
class java.awt.Dialog extends Window
```

▶ void setUndecorated(boolean undecorated)
Setzt/löscht die Dekoration.

▶ boolean isUndecorated()
Erfragt die Dekoration.

Die JFrame-Methode setDefaultLookAndFeelDecorated(true) gibt dem jeweiligen Look & Feel den Hinweis, dass es die Fensterdekoration selbst darstellen kann.

19 | Grafische Oberflächen mit Swing

Transparenz und nicht-rechteckige Fenster

Mit den `Window`-Mehoden `setOpacity(float)` und `setShape(Shape)` können alle von `Window` abgeleiteten Klassen, also auch `Frame` und `JFrame` transparent sein und beschnitten werden. Sofern es also das grafische System unterstützt, können Fenster durchscheinen und auch nicht-rechteckig dargestellt werden.

[zB]

Beispiel Stelle ein Fenster zu 50 % durchscheinend dar und lasse nur Inhalte zu, die in einem angegeben Kreis liegen:

Listing 19.2 com/tutego/insel/ui/awt/TranslucentNonRectFrame.java, main()

```
JFrame f = new JFrame();
f.setSize( 100, 100 );
f.setOpacity( 0.5F );
f.setShape( new Ellipse2D.Float(0.0F, 0.0F, 100.0F, 100.0F) );
f.setDefaultCloseOperation( JFrame.EXIT_ON_CLOSE );
f.setVisible( true );
```

19.3.6 Dynamisches Layout während einer Größenänderung *

Wird ein Fenster vergrößert, dann kann während der Größenänderung der Inhalt sofort neu ausgerichtet und gezeichnet werden oder auch nicht. Wird er nicht dynamisch angepasst, dann sieht der Benutzer diese Anpassung erst nach dem Loslassen der Maus, wenn die Größenänderung abgeschlossen wurde. Dieses dynamische Vergrößern lässt sich im `Toolkit`-Objekt einstellen, über `Toolkit.getDefaultToolkit().setDynamicLayout(true)`. Nicht jedes Toolkit unterstützt allerdings diese Fähigkeit! Ob es das tut, verrät `Toolkit.getDefaultToolkit().getDesktopProperty("awt.dynamicLayoutSupported")`.

19.4 Beschriftungen (JLabel)

Die erste Komponente, die wir kennenlernen wollen, ist das `javax.swing.JLabel`. Es repräsentiert eine Zeichenkette oder ein Icon, die der Benutzer nicht editieren kann. Zum Einsatz kommt die Beschriftung zum Beispiel in einer Dialogbox.

Wie jede andere Komponente wird auch `JLabel` mit der `add()`-Methode auf den Bildschirm gebracht. Labels lösen keine eigenen Events aus. Da aber `JLabel` eine Unterklasse von `Component` und `JComponent` ist, reagiert es auf Ereignisse wie das Erzeugen und auch auf Maus-Operationen.

Ein Beispiel, um mit Doppelklick die Applikation zu beenden

Das `JLabel` kann Maus-Ereignisse empfangen, was wir nutzen wollen, um bei einem Doppelklick die Applikation zu beenden:

1026

Listing 19.3 com/tutego/insel/ui/swing/JLabelDemo.java

```java
package com.tutego.insel.ui.swing;

import java.awt.*;
import java.awt.event.*;
import javax.swing.*;

public class JLabelDemo
{
  public static void main( String[] args )
  {
    JFrame frame = new JFrame();
    frame.setDefaultCloseOperation( JFrame.EXIT_ON_CLOSE );

    JLabel l = new JLabel( "Lebe immer First-Class, sonst tun es deine Erben!" );
    l.setForeground( Color.BLUE );

    frame.add( l );

    l.addMouseListener( new MouseAdapter() {
      @Override public void mouseClicked( MouseEvent e ) {
        if ( e.getClickCount() > 1 )
          System.exit( 0 );
      }
    } );

    frame.pack();
    frame.setVisible( true );
  }
}
```

Abbildung 19.3 Ein Swing-Label

Grafik und Beschriftung

Anders als das AWT-Label kann Swings JLabel ein Bild (Icon) anzeigen. Hinzu kommt, dass sich Icon und Text auch gemeinsam verwenden lassen. Über verschiedene Möglichkeiten können horizontale und vertikale Positionen vom Text relativ zum Icon gesetzt werden. Auch die relative Position des Inhalts innerhalb der Komponente lässt sich spezifizieren. Die Voreinstellung für Labels ist eine zentrierte vertikale Darstellung im angezeigten Bereich. Enthalten die Labels nur Text, so ist dieser standardmäßig linksbündig angeordnet, und Bilder sind horizontal zentriert. Ist keine relative Position des Textes zum Bild angegeben, befindet sich der Text standardmäßig auf der rechten Seite des Bilds, und beide sind auf der Vertikalen angeordnet. Der Abstand von Bild und Text lässt sich beliebig ändern und ist im Standard-Look-and-Feel mit 4 Pixeln vordefiniert.

19 | Grafische Oberflächen mit Swing

Text und Ausrichtung des JLabel

Neben dem Standard-Konstruktor, der einen leeren String schreibt, existiert eine weitere Variante neben dem Konstruktor mit Textinhalt, der die Ausrichtung des Labels angibt. Diese kann LEFT – dies ist voreingestellt –, CENTER, RIGHT, LEADING oder TRAILING sein.

Im Nachhinein lässt sich der Text mit setText(String) ändern. Der Text wird sofort angezeigt, da das JLabel (das Gleiche gilt auch für andere Komponenten) einen Auftrag zur Neuzeichnung vergibt, sodass kurze Zeit später der neue Text – inklusive nötiger Neuausrichtung durch Größenänderungen – erscheint. Mit getText() lässt sich der aktuelle Text auslesen.

Genutzter Zeichensatz des Textes *

Der gesetzte Text wird im zugewiesenen Zeichensatz des Swing-Look-and-Feels angezeigt. Um diesen zu ändern, müssen wir ein neues Font-Objekt erzeugen. Auf zwei Arten lässt sich dieser Font setzen: global für alle JLabel-Elemente oder lokal nur für dieses eine. Die erste Lösung arbeitet über das UIDefaults-Objekt, das die Einstellungen wie Zeichensätze und Farben für alle Swing-Elemente verwaltet:

```
UIDefaults uiDefaults = UIManager.getDefaults();
uiDefaults.put( "Label.font",
                ((Font)uiDefaults.get("Label.font")).deriveFont(30f) );
```

Unter dem Schlüssel »Label.font« legen wir ein neues Font-Objekt ab und überschreiben die alte Definition. Den neuen Font mit der Größe 30 leiten wir mit deriveFont() vom alten ab, sodass wir den Zeichensatz »erben«.

Die zweite Lösung kann darin bestehen, den Font direkt mit der setFont()-Methode zu setzen:

```
JLabel l = new JLabel( "Lebe immer First-Class, sonst tun es deine Erben!" );
l.setFont( new Font("Serif", Font.BOLD, 30) );
```

Einen speziellen Konstruktor, der ein Font-Objekt als Argument annimmt und dieses verwendet, gibt es nicht.

```
class javax.swing.JLabel
extends JComponent
implements SwingConstants, Accessible
```

▶ JLabel()
  Erzeugt ein leeres Label mit links angeordnetem Text.

▶ JLabel(String text)
  Erzeugt ein Label mit gegebenem Text.

▶ JLabel(Icon icon)
  Erzeugt ein Label mit links angeordnetem Icon.

▶ JLabel(String text, int horizontalAlignment)
  Erzeugt ein Label mit ausgerichtetem Text. horizontalAlignment ist eine der Konstanten JLabel.LEFT, JLabel.RIGHT, JLabel.CENTER, JLabel.LEADING oder JLabel.TRAILING.

1028

Wird die Größe der Komponente, auf der das Label liegt, neu berechnet, so passt sich auch die Position neu an.

▶ `JLabel( Icon icon, int horizontalAlignment )`
Erzeugt ein Label mit Icon und horizontaler Anordnung.

▶ `JLabel (string text, Iconicon, int horizontalAlignment)`
Erzeugt ein Label mit Text und Icon und horizontaler Anordnung.

▶ `JLabel( String, int alignment )`
Erzeugt ein Label mit ausgerichtetem Text. `alignment` ist eine der Konstanten `JLabel.LEFT`, `JLabel.RIGHT`, `JLabel.CENTER`, `JLabel.LEADING` oder `JLabel.TRAILING`. Wird die Größe der Komponente, auf der das Label liegt, neu berechnet, so passt sich auch die Position neu an.

▶ `String getText()`
Liefert den Text des Labels.

▶ `void setText( String text )`
Ändert die Aufschrift des Labels im laufenden Betrieb.

▶ `String getIcon()`
Liefert das Icon.

▶ `void setIcon( Icon icon )`
Ändert das Icon.

▶ `int getHorizontalAlignment()`
Liefert die Ausrichtung zurück.

▶ `void setHorizontalAlignment( int alignment )`
Setzt die Ausrichtung des Labels. Mögliche Werte entsprechen denen im Konstruktor.

19.4.1 Mehrzeiliger Text, HTML in der Darstellung

Sporadisch tritt das Problem auf, dass ein Text mit Zeilenumbruch gesetzt werden soll, etwa bei Dialogen, die mehrzeilige Meldungen anzeigen. Eine Anweisung wie `new JLabel("erste Zeile\nzweite Zeile");` führt allerdings nicht zum Ziel, weil Swing die Zeilenumbruchzeichen nicht beachtet. Eine einfache Lösung für das Problem besteht in der Nutzung von HTML; im Labeltext schreiben wir einfach:

`JLabel l = new JLabel( "<html>Huhu.<p/>Jetzt bin ich hier.</html>" );`

HTML kann auch über ein Cascading Stylesheet formatiert werden. Das minimiert Formatierungsanweisungen und erlaubt eine zentrale Veränderung der Darstellungsattribute.

Falls die Applikation nicht auf Swing aufbaut, besteht eine Lösung darin, die `TextArea`-Klasse zu nehmen und den Rahmen auszublenden. Eine andere Möglichkeit wäre, eine Hilfsmethode zu bauen, die den Text auseinandernimmt und ihn in mehrere Zeilen aufteilt.

Tipp Entwickle eine Oberfläche nach den Wünschen der Benutzer, nicht nach der Schwierigkeit der Umsetzung oder der Begrenzung der Hardware.

[+]

19.5 Icon und ImageIcon für Bilder auf Swing-Komponenten

Beschriftungen und Schaltflächen können unter Swing neben dem Text auch kleine Grafiken anzeigen. Der Schlüssel für Grafiken auf Swing-Komponenten liegt in der Schnittstelle `Icon`. Sollen vorhandene Grafiken einfach geladen werden, kommt die Klasse `ImageIcon` zum Einsatz, die `ImageIcon` implementiert.

[zB]
Beispiel Die folgende Zeile reicht aus, um ein Icon zu laden:
```
Icon icon = new ImageIcon( "image.gif" );
```

19.5.1 Die Klasse »ImageIcon«

Unser folgendes Beispiel soll auf eine Schaltfläche eine Grafik setzen. Nach dem Aktivieren der Schaltfläche wechselt ein Listener die Grafik:

Listing 19.4 com/tutego/insel/ui/swing/ImageIconDemo.java, Ausschnitt
```
URL resource1 = ImageIconDemo.class.getResource( "/images/user-trash-full.png" );
URL resource2 = ImageIconDemo.class.getResource( "/images/user-trash.png" );
Icon icon1 = new ImageIcon( resource1 );
Icon icon2 = new ImageIcon( resource2 );

JButton button = new JButton();
button.setIcon( icon1 );
frame.add( button );
frame.add( new JLabel( icon2 ) );
```

Das ausgeführte Beispiel ergibt folgendes Bild:

Abbildung 19.4 JButton mit Bild

Die Konstruktoren von `JLabel` und `JButton` nehmen ein `Icon` an und können dieses nach dem Erzeugen auch mit `setIcon()` ändern. Das obere Beispiel zeigt die Variante `setIcon()` für die Schaltfläche, es hätte aber auch `new JButton(icon1)` funktioniert. Das Beispiel nutzt den mit `URL` parametrisierten `ImageIcon`-Konstruktor. Die URL liefert `getResource()`, um Ressourcen – also die beiden Bilder – vom Klassenpfad zu beziehen. Wenn sich `ImageIconDemo` im Verzeichnis *BASE/com/tutego/insel/ui/swing* befindet, liegt die Grafik unter *BASE/images/user-trash-full.png*.

[»]
Hinweis Ein `Container` bietet keine Methode `add(Icon)`, sondern nur `add(Component)`. Ein `Icon`-Objekt ist nicht vom Typ `Component` und kann daher auch nicht als Argument für eine `add()`-Methode dienen. Icons müssen erst auf Komponenten wie ein `JLabel` gesetzt werden, um sich darstellen zu lassen.

Dennoch gibt es einige Konstruktoren/Methoden, die `Icon`-Objekte aufnehmen, etwa `JLabel, JButton, JTabbedPane, JOptionPane, DefaultTreeCellRenderer`.

ImageIcon-API

Ein Exemplar der Klasse `ImageIcon` kann mit vielen Parametern erzeugt werden. Die interessantesten stammen aus einer Datei und von einer URL. Ist die Grafik ein Animated GIF, so stellt Swing es wirklich animiert dar. Swing berücksichtigt ebenso die Transparenz der Bilder.

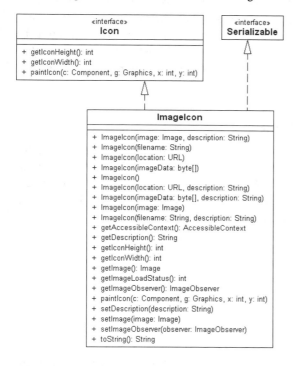

Die wichtigsten Konstuktoren:

```
class interface javax.swing.ImageIcon
implements Accessible, Icon, Serializable
```

- `ImageIcon( byte[] imageData )`
- `ImageIcon( Image image )`
- `ImageIcon( String filename )`
- `ImageIcon( URL location )`

Hinweis Die Klasse `ImageIcon` implementiert `Serializable` (die Schnittstelle `Icon` erweitert sie nicht). Doch die Serialisierung schreibt vom `ImageIcon` lediglich das interne unkomprimierte Byte-Feld mit den Farbwerten, und das Datenvolumen ist in der Regel größer als das Bild, aus dem das `ImageIcon` konstruiert wurde.

19 | Grafische Oberflächen mit Swing

Icon-Sammlungen *

Wer für seine grafischen Oberflächen Icons einsetzt, der findet beim *Tango Desktop Projekt* (*http://tango.freedesktop.org/*) viele Standard-Icons in den Auflösungen 16×16, 22×22, 32×32 und ebenso SVG. Die Webseite *http://www.iconfinder.net/* bietet eine Suche nach bestimmen Begriffen und findet freie Icons nach weiteren Kriterien wie Hintergrundfarbe/Transparenz oder Größe.

Die beiden Linux-Oberflächen KDE und Gnome bieten viele Grafiken, die sich je nach Lizenzmodell auch in kommerziellen Produkten nutzen lassen. Für KDE ist *http://www.kde-look.org/* eine zentrale Seite für das Aussehen. Ein Beispiel: Crystal Clear (*http://www.everaldo.com/*, *http://commons.wikimedia.org/wiki/Crystal_Clear*) steht unter der Lizenzform LGPL und ist damit auch für kommerzielle Anwendungen nutzbar. Die Webseite *http://www.iconfinder.com/* ist eine Suchmaschine für Icons; ein Filter kann Icons bestimmter Größer auswählen genauso wie auch kommerziell nutzbare Icons.

19.5.2 Die Schnittstelle Icon und eigene Icons *

Bei einer genauen Betrachtung fällt auf, dass ImageIcon eine Implementierung der Schnittstelle Icon ist und dass die JLabel-Klasse ein Icon-Objekt erwartet und nicht speziell ein Argument vom Typ ImageIcon. Das heißt aber: Wir können auch eigene Icon-Objekte zeichnen. Dazu müssen wir nur drei spezielle Methoden von Icon implementieren: die Methode paintIcon() und ferner zwei Methoden, die die Dimensionen angeben.

interface interface javax.swing.**Icon**

▶ int getIconWidth()
Liefert die feste Breite eines Icons.

▶ int getIconHeight()
Liefert die feste Höhe eines Icons.

▶ void paintIcon(Component c, Graphics g, int x, int y)
Zeichnet das Icon an die angegebene Position. Der Parameter Component wird häufig nicht benutzt. Er kann jedoch eingesetzt werden, wenn weitere Informationen beim Zeichnen bekannt sein müssen, wie etwa die Vorder- und Hintergrundfarbe oder der Zeichensatz.

Die folgende Klasse zeigt die Verwendung der Icon-Schnittstelle. Das eigene Icon soll einen einfachen roten Kreis mit den Ausmaßen 20 × 20 Pixel besitzen:

Listing 19.5 CircleIcon.java

```
import java.awt.*;
import javax.swing.*;

class CircleIcon implements Icon
{
  public void paintIcon( Component c, Graphics g, int x, int y )
  {
    g.setColor( Color.red );
```

```
      g.fillOval( x, y, getIconWidth(), getIconHeight() );
    }

    public int getIconWidth()
    {
      return 20;
    }

    public int getIconHeight()
    {
      return 20;
    }
  }.
```

Wir überschreiben die drei erforderlichen Methoden, sodass ein Icon-Objekt der Größe 20 ×
20 Pixel entsteht. Als Grafik erzeugen wir einen gefüllten roten Kreis. Dieser kann als Stopp-
Schaltfläche verwendet werden, ohne dass wir eine spezielle Grafik verwenden müssen. Für
die Grafik stehen uns demnach 400 Pixel zur Verfügung – genau getIconWidth() mal get-
IconHeight() –, und alle nicht gefüllten Punkte liegen transparent auf dem Hintergrund. Dies
ist auch typisch für leichtgewichtige Komponenten. Über das Component-Objekt können wir
weitere Informationen herausholen, wie etwa den aktuellen Zeichensatz oder das darstellende
Frame-Objekt.

Um das eigene Icon auf ein JLabel zu setzen, ist zu schreiben:

```
JLabel label = new JLabel( new CircleIcon() );
```

Was Icon und Image verbindet

Vielleicht wird der eine oder andere sich schon überlegt haben, ob nun ImageIcon eine ganz
eigene Implementierung neben der Image-Klasse ist oder ob beide miteinander verwandt
sind. Das Geheimnis ist, dass ImageIcon die Icon-Schnittstelle implementiert, aber auch
ImageIcon intern die Image-Klasse nutzt. Sehen wir uns das einmal im Detail an: Ein Image-
Icon ist serialisierbar. Also implementiert es die Schnittstelle Serializable. Im Konstruktor
kann ein URL-Objekt oder ein String mit einer URL stehen. Hier wird einfach getImage() vom
Toolkit aufgerufen, um sich eine Referenz auf das Image-Objekt zu holen. Eine geschützte
Methode loadImage(Image) wartet nun mithilfe eines MediaTrackers auf das Bild. Nachdem
dieser auf das Bild gewartet hat, setzt er die Höhe und Breite, die sich dann über die Icon-
Methoden abfragen lassen. Doch ein richtiges Icon muss auch paintIcon() implementieren.
Hier verbirgt sich nur die drawImage()-Methode.

Kommen wir noch einmal auf die Serialisierbarkeit der ImageIcon-Objekte zurück. Die Klasse
implementiert dazu die Methoden readObject() und writeObject(). Der Dateiaufbau ist
sehr einfach. Breite und Höhe befinden sich im Datenstrom, und anschließend existiert ein
Integer-Feld mit den Pixelwerten. In readObject() liest s.readObject() – wobei s der aktuelle ObjectInputStream ist – das Feld wieder ein, und über die Toolkit-Methode create-
Image() wird die Klasse MemoryImageSource genutzt, um das Feld wieder zu einem Image-
Objekt zu konvertieren. Umgekehrt ist es genauso einfach. writeObject() schreibt die Breite

19 | Grafische Oberflächen mit Swing

und Höhe und anschließend das Ganzzahl-Feld mit den Farbinformationen, das es über einen `PixelGrabber` bekommen hat.

19.6 Es tut sich was – Ereignisse beim AWT

Beim Arbeiten mit grafischen Oberflächen interagiert der Benutzer mit Komponenten. Er bewegt die Maus im Fenster, klickt eine Schaltfläche an oder verschiebt einen Rollbalken. Das grafische System beobachtet die Aktionen des Benutzers und informiert die Applikation über die anfallenden Ereignisse. Dann kann das laufende Programm entsprechend reagieren.

19.6.1 Swings Ereignisquellen und Horcher (Listener)

Im Ereignismodell von Java gibt es eine Reihe von *Ereignisauslösern* (*Ereignisquellen*, engl. *event source*), wie zum Beispiel Schaltflächen. Die Ereignisse können von der grafischen Oberfläche kommen, etwa wenn der Benutzer eine Schaltfläche anklickt, aber auch auf eigene Auslöser zurückzuführen sein. Es gibt eine Reihe von Interessenten, die gern informiert werden wollen, wenn ein Ereignis aufgetreten ist. Da der Interessent in der Regel nicht an allen ausgelösten Oberflächen-Ereignissen interessiert ist, sagt er einfach, welche Ereignisse er empfangen möchte. Dies funktioniert so, dass er sich bei einer Ereignisquelle anmeldet, und diese informiert ihn, wenn sie ein Ereignis aussendet.[3] Auf diese Weise leidet die Systemeffizienz nicht, da nur diejenigen informiert werden, die auch Verwendung für das Ereignis haben.

Da der Interessent an der Quelle horcht, heißt er auch *Listener* oder *Horcher*. Für jedes Ereignis gibt es einen eigenen Listener, an den das Ereignis weitergeleitet wird – darum der Name für das Modell: *Delegation Model* (die Entwickler hatten vorher den Namen »Command Model« vergeben, doch drückte dies die Arbeitsweise nicht richtig aus). Die folgende Tabelle gibt eine Übersicht über einige Listener und was sie für Ereignisse melden.

Listener	Ereignisse
`ActionListener`	Der Benutzer aktiviert eine Schaltfläche bzw. ein Menü oder drückt ⏎ auf einem Textfeld.
`WindowListener`	Der Benutzer schließt ein Fenster oder möchte es verkleinern.
`MouseListener`	Druck auf einen Mausknopf
`MouseMotionListener`	Bewegung der Maus

Tabelle 19.1 Listener und die von ihnen gemeldeten Ereignisse

Dem Listener übergibt das Grafiksystem jeweils ein Ereignis-Objekt, also dem `ActionListener` ein `ActionEvent`-Objekt, dem `WindowListener` ein `WindowEvent`-Objekt usw. Die Einzigen, die etwas aus der Reihe tanzen, sind `MouseListener` und `MouseMotionListener`, denn beide melden `MouseEvent`-Objekte.

---

3 Das ist so, als ob ich einer Frau, die ich gerade kennengelernt habe, meine Telefonnummer hinterlasse. Anstatt sie ewig anzurufen, warte ich. Wenn sie Interesse hat, wird sie sich melden.

1034

19.6.2 Listener implementieren

Der Listener selbst ist eine Schnittstelle, die von den Interessenten implementiert wird. Da die Ereignis-Schnittstelle Callback-Methoden vorschreibt, muss der Interessent diese Operation implementieren. Wird im nächsten Schritt ein Horcher mit dem Ereignisauslöser verbunden, kann die Ereignisquelle davon ausgehen, dass der Horcher die entsprechende Methode besitzt. Diese ruft die Ereignisquelle bei einem Ereignis später auf.

Eine Klasse implementiert die Schnittstelle »WindowListener«

Um ein Fenster korrekt zu schließen, ist das `WindowListener`-Interface zu implementieren. Dafür bieten sich zwei Möglichkeiten:

- Eine Klasse, die zum Beispiel `JFrame` erweitert, implementiert gleichzeitig `WindowListener`.
- Eine ganz neue Klasse implementiert die Listener-Schnittstelle.

Während der zweite Fall im Allgemeinen der bessere ist, hat die erste Variante den Vorteil, dass der Listener leicht auf Zustände oder Variablen zugreifen kann.

Wir wollen im folgenden Beispiel unser Hauptprogramm die Schnittstelle `WindowListener` implementieren lassen:

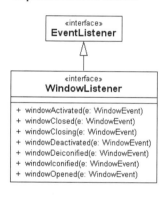

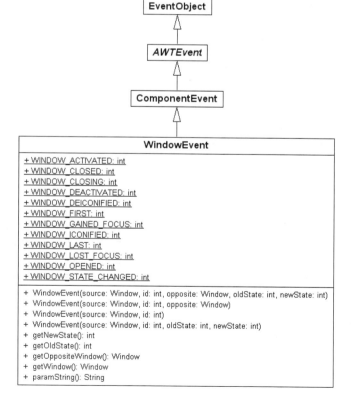

19 | Grafische Oberflächen mit Swing

Listing 19.6 com/tutego/insel/ui/event/CloseWindowImplementsAll.java

```java
package com.tutego.insel.ui.event;

import javax.swing.*;
import java.awt.event.*;

public class CloseWindowImplementsAll extends JFrame implements WindowListener
{
  // Implement WindowListener

  @Override public void windowClosing( WindowEvent event )
  {
    System.exit( 0 );
  }

  @Override public void windowClosed( WindowEvent event ) { /*Empty*/ }
  @Override public void windowDeiconified( WindowEvent event ) { /*Empty*/ }
  @Override public void windowIconified( WindowEvent event ) { /*Empty*/ }
  @Override public void windowActivated( WindowEvent event ) { /*Empty*/ }
  @Override public void windowDeactivated( WindowEvent event ) { /*Empty*/ }
  @Override public void windowOpened( WindowEvent event ) { /*Empty*/ }

  //

  public CloseWindowImplementsAll()
  {
    setSize( 400, 400 );
    addWindowListener( this );
    setVisible( true );
  }

  public static void main( String[] args )
  {
    new CloseWindowImplementsAll();
  }
}
```

An diesem Beispiel ist abzulesen, dass jeder, der ein `WindowListener` sein möchte, die vorgeschriebene Methode implementieren muss. Damit zeigt er Interesse an dem `WindowEvent`. Bis auf `windowClosing()` haben wir die anderen Operationen nicht implementiert, da sie uns nicht interessieren. Die Implementierung ist so, dass die Anwendung beendet wird, wenn der Anwender auf das × klickt.

```
interface java.awt.event.WindowListener
extends EventListener
```

▶ void windowOpened(WindowEvent e)
  Wird aufgerufen, wenn das Fenster geöffnet wurde.

1036

Es tut sich was – Ereignisse beim AWT | **19.6**

▶ void windowClosing(WindowEvent e)
Wird aufgerufen, wenn das Fenster geschlossen wird.

▶ void windowClosed(WindowEvent e)
Wird aufgerufen, wenn das Fenster mit dispose() geschlossen wurde.

▶ void windowIconified(WindowEvent e)
Wird aufgerufen, wenn das Fenster zum Icon verkleinert wird.

▶ void windowDeiconified(WindowEvent e)
Wird aufgerufen, wenn das Fenster wieder hochgeholt wird.

▶ void windowActivated(WindowEvent e)
Wird aufgerufen, wenn das Fenster aktiviert wird.

▶ void windowDeactivated(WindowEvent e)
Wird aufgerufen, wenn das Fenster deaktiviert wird.

19.6.3 Listener bei dem Ereignisauslöser anmelden/abmelden

Hat der Listener die Schnittstelle implementiert, wird er mit dem Ereignisauslöser verbunden. Dafür gibt es eine Reihe von Hinzufügen- und Entfernen-Methoden, die einer Namenskonvention folgen.

▶ add*Ereignis*Listener(*Ereignis*Listener)

▶ remove*Ereignis*Listener(*Ereignis*Listener)

Dies bedeutet, dass etwa ein Listener für Fenster-Ereignisse, ein WindowListener, der Window-Event-Ereignisse auslöst, mit der Methode addWindowListener() an das Fenster gebunden wird. Üblicherweise lassen sich beliebig viele Listener an einen Ereignisauslöser hängen:

Listing 19.7 CloseWindowImplementsAll.java, CloseWindowImplementsAll()

```
CloseWindowImplementsAll()
{
  setSize( 400, 400 );
  addWindowListener( this );
  setVisible( true );
}
```

Wir tragen mit addWindowListener() den Listener (bei this das eigene Objekt als Listener) in eine interne Liste ein. Immer wenn ein Event ausgelöst wird, kümmert sich die jeweilige Methode um dessen Abarbeitung.

Natürlich kann nicht jede Komponente jedes Ereignis auslösen. Daher gibt es nur Hinzufüge-methoden für Ereignisse, die die Komponenten tatsächlich auslösen. Ein Fenster wird zum Beispiel kein ActionEvent auslösen, daher fehlt ihm eine Methode addActionListener(). Dafür kann ein Fenster Fenster-Ereignisse auslösen und besitzt eine Methode addWindowListener(). Eine Schaltfläche wiederum löst keine Fenster-Ereignisse aus, und daher gibt es die Methode addWindowListener() bei Schaltflächen nicht. So lassen sich über die angebotenen

1037

19 | Grafische Oberflächen mit Swing

addXXXListener()-Methoden gut die Ereignisse ablesen, die eine Komponente auslösen kann, denn das XXX wird dann nach der Namenskonvention der Ereignis-Typ sein.

19.6.4 Aufrufen der Listener im AWT-Event-Thread

Nachdem der Listener implementiert und angemeldet wurde, ist das System im Fall eines aufkommenden Ereignisses bereit, es zu verteilen. Aktiviert zum Beispiel der Benutzer eine Schaltfläche, so führt der *AWT-Event-Thread* – auch *Event-Dispatching-Thread* genannt – den Programmcode im Listener selbstständig aus. Sehr wichtig ist Folgendes: Der Programmcode im Listener sollte nicht zu lange dauern, da sich sonst Ereignisse in der Queue sammeln, die der AWT-Thread nicht mehr verarbeiten kann. Diese Eigenschaft fällt dann schnell auf, wenn sich Aufforderungen zum Neuzeigen (Repaint-Ereignisse) aufstauen, da auf diese Weise leicht ein »stehendes System« entsteht.

Die Reihenfolge, in der die Listener abgearbeitet werden, ist im Prinzip undefiniert. Zwar reiht das JDK es in eine Liste ein, sodass es dadurch eine Reihenfolge gibt, doch sollte diesem Implementierungsdetail keine Beachtung geschenkt werden.

19.6.5 Adapterklassen nutzen

Der Nachteil der ersten Variante besteht darin, dass wir immer alle Methoden implementieren müssen, auch wenn wir nur eine der vielen Methoden benötigen. Hier helfen *Adapterklassen* – Klassen, die die Schnittstellen mit leeren Rümpfen implementieren. Hat beispielsweise die Schnittstelle WindowListener sieben Methoden, so steht in der Adapterklasse folgende Implementierung:

Listing 19.8 java.awt.event.WindowAdapter

```
public abstract class WindowAdapter
  implements WindowListener, WindowStateListener, WindowFocusListener
{
    public void windowOpened( WindowEvent e ) { }
    public void windowClosing( WindowEvent e ) { }
    public void windowClosed( WindowEvent e ) { }
    public void windowIconified( WindowEvent e ) { }
    public void windowDeiconified( WindowEvent e ) { }
    public void windowActivated( WindowEvent e ) { }
    public void windowDeactivated( WindowEvent e ) { }
    public void windowStateChanged( WindowEvent e ) { }
    public void windowGainedFocus( WindowEvent e ) { }
    public void windowLostFocus( WindowEvent e ) { }
}
```

Zusätzlich entdecken wir einige Methoden, die nicht direkt von unserem WindowListener stammen, sondern von zwei weiteren Schnittstellen, die jetzt keine Rolle spielen.

19.6 Es tut sich was – Ereignisse beim AWT

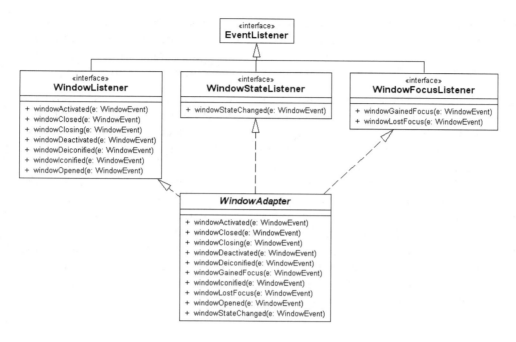

Wenn wir jetzt einen Ereignisbehandler verwenden, erweitern wir einfach die Adapterklasse. Unser Programm zum Schließen des Fensters mit einer externen Adapterklasse sieht dann wie folgt aus:

Listing 19.9 com/tutego/insel/ui/event/CloseWindowWithAdapter.java

```
package com.tutego.insel.ui.event;

import java.awt.event.*;
import javax.swing.*;

public class CloseWindowWithAdapter
{
  public static void main( String[] args )
  {
    JFrame f = new JFrame();
    f.setSize( 400, 400 );
    f.setVisible( true );

    f.addWindowListener( new CloseWindowAction() );
  }
}

class CloseWindowAction extends WindowAdapter
{
  @Override
  public void windowClosing( WindowEvent e ) { System.exit(0); }
}
```

19 | Grafische Oberflächen mit Swing

Der Unterschied zwischen »windowClosing()« und »windowClosed()« *

Die Schnittstelle WindowListener schreibt zwei Methoden vor, deren Namen sich ziemlich ähnlich anhören: windowClosing() und windowClosed(). Betrachten wir den Unterschied zwischen beiden und, wie ein Programm beide Methoden nutzen oder meiden kann.

In den einfachen Programmen setzen wir in die windowClosing()-Methode einen Aufruf von System.exit(), um die Applikation zu beenden, da windowClosing() immer bei Beendigung der Applikation mit dem × am Fenster aufgerufen wird. Was allerdings leicht vergessen wird, ist die Tatsache, dass nicht nur der Benutzer über das × das Fenster schließen kann, sondern auch die Applikation über die spezielle Methode dispose(). Sie gibt alle Ressourcen frei und schließt das Fenster. Die Applikation ist dann allerdings noch nicht beendet. Damit wir das Schließen mit dem × und durch dispose() unterscheiden können, kümmert sich windowClo-sing() um das × und windowClosed() um das dispose(). Wenn wir lediglich mit dem × das Fenster schließen und die Applikation beendet werden soll, muss nicht noch extra dispose() schön brav die Ressourcen freigeben. Daher reicht oft ein System.exit(). Soll das Fenster jedoch mit × und dispose() einfach nur geschlossen werden oder ist eine gemeinsame Behandlung gewünscht, ist es sinnvoll, in windowClosing() mit dispose() indirekt window-Closed() aufzurufen. Das sieht dann folgendermaßen aus:

```
class WL extends WindowAdapter
{
  public void windowClosing( WindowEvent e )
  {
    event.getWindow().dispose();
  }
  public void windowClosed( WindowEvent e )
  {
    // Das Fenster ist geschlossen, und jetzt können wir hier
    // weitermachen, etwa mit System.exit(), wenn alles
    // vorbei sein soll.
  }
}
```

»setDefaultCloseOperation()« und der WindowListener *

Die Anweisung setDefaultCloseOperation(JFrame.EXIT_ON_CLOSE) ist eigentlich nur zu Testzwecken nützlich, denn in ausgewachsenen GUI-Anwendungen sollte sich die Applikation nicht einfach schließen, sondern mit einem Dialog über das Ende informieren. Hier werden nun die Konstanten HIDE_ON_CLOSE und DISPOSE_ON_CLOSE für die setDefaultClose-Operation() interessant. Sie kennzeichnen zum einen, ob das Fenster automatisch verdeckt werden soll, nachdem die WindowListener aufgerufen wurden (dies ist der Standard), und zum anderen, ob alle Listener abgearbeitet werden sollen und das Fenster geschlossen werden soll. HIDE_ON_CLOSE ist die Standardeinstellung.

Es tut sich was – Ereignisse beim AWT | **19.6**

19.6.6 Innere Mitgliedsklassen und innere anonyme Klassen

Wir haben für die Adapterklasse eine externe Klasse benutzt, weil das Erweitern wegen der Einfachvererbung schnell an seine Grenzen stößt. Mit inneren Klassen wird allerdings alles elegant, denn sie können leicht auf Zustände der äußeren Klasse zugreifen. Dabei lassen sich innere Klassen auf unterschiedliche Weise verwenden. Zum einen als Mitgliedsklasse; das heißt, die Klasse, die bisher als externe Klasse vorgelegen hat, wird in eine andere Klasse hineingenommen. Im vorigen Beispiel bedeutet dies: Wir nehmen CloseWindowAction in die Klasse CloseWindowWithAdapter auf und schreiben die Klassendeklaration nicht unter der anderen Klasse. Zum anderen kann die innere Klasse wie eine lokale Variablendeklaration noch in die Methode aufgenommen werden, die die addXXXListener()-Methode beinhaltet.

Der zweite Weg führt über innere anonyme Klassen. Dadurch wird das Programm zwar schön kurz, doch lange Ereignisbehandler führen schnell zu unübersichtlichem Quellcode. Implementieren wir unser Programm zum Schließen des Fensters mit einer inneren anonymen Klasse:

Listing 19.10   com/tutego/insel/ui/event/CloseWindowWithInnerClass.java

```
package com.tutego.insel.ui.event;

import java.awt.event.*;
import javax.swing.*;

public class CloseWindowWithInnerClass extends JFrame
{
  public CloseWindowWithInnerClass()
  {
    setSize( 400, 400 );

    addWindowListener( new WindowAdapter() {
      @Override public void windowClosing( WindowEvent e ) {
        System.exit( 0 );
      }
    } );
  }

  public static void main( String[] args )
  {
    new CloseWindowWithInnerClass().setVisible( true );
  }
}
```

Die Lösung hat den Vorteil, dass nicht extra eine eigene Klasse mit einem häufig überflüssigen Namen angelegt wird. Die Unterklasse von WindowAdapter ist nur hier sinnvoll und wird nur in diesem Kontext benötigt.

19.6.7 Ereignisse etwas genauer betrachtet *

Die ausgesandten Botschaften werden in Ereignis-Klassen kategorisiert. Da es unterschiedliche Ereignisse (engl. *events*) gibt, kann das System somit die Ereignisse unterteilen und eine Vorauswahl treffen.

»AWTEvent« und Unterklassen (wie »WindowEvent«, »KeyEvent«)
Alle Ereignisse der grafischen Oberfläche sind Objekte, die aus einer Unterklasse von AWTEvent gebildet sind. Die Klasse AWTEvent ist abstrakt und selbst von EventObject aus dem util-Paket abgeleitet. Obwohl sich die meisten Oberflächen-Ereignis-Klassen in dem Unterpaket java.awt.event befinden, ist AWTEvent selbst direkt unter java.awt und damit nicht im Ereignis-Paket.

Eine wichtige Methode ist getID(). Jede Ereignis-Klasse definiert eine ID, durch die sich die Ereignisse neben ihrer Klassenzugehörigkeit unterscheiden. Für Ereignisse von gedrückten Schaltflächen ist die ID etwa ActionEvent.ACTION_PERFORMED.

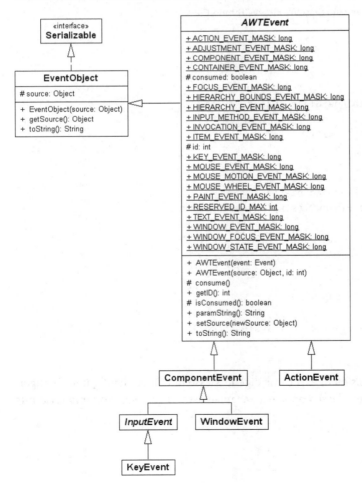

Natürlich stellt sich die Frage, wieso eine ID für die Ereignisse notwendig sein soll, weil die Vererbungsbeziehung doch den Typ klärt. Das ist zwar korrekt, doch gäbe es für mehr als dreißig Events zu viele Klassen. Daher haben die Entwickler ähnliche Ereignisse zu Gruppen zusammengefasst. So etwa bei einem `WindowEvent`, das dann versandt wird, wenn etwa das Fenster geschlossen oder verkleinert wird. In diesem Fall gibt es ein Ereignis vom Typ `WindowEvent`, aber zwei unterschiedliche IDs. So wird eine unübersehbare Anzahl von Event-Klassen vermieden. Einige Klassen verwalten weitere Konstanten, etwa für die gedrückten Tasten. Es wäre kaum sinnvoll, für jede Taste eine eigene Klasse zu schreiben. Statt einer neuen Klasse wird der Typ als eigenes Attribut im `KeyEvent` gespeichert.

Events auf verschiedenen Ebenen

Bei den Ereignissen werden zwei Typen unterschieden: die Ereignisse auf niedriger und die auf hoher Ebene:

▶ **Ereignisse auf niedriger Ebene** (engl. *low-level events*): Damit sind Ereignisse auf der Ebene des grafischen Betriebssystems gemeint. Das sind etwa eine Mausbewegung oder ein Fokus auf Komponenten, Tastendrücke oder das Schließen oder Vergrößern eines Fensters.

▶ **Ereignisse auf höherer Ebene, semantische Ereignisse** (engl. *high-level events*): Auf der anderen Seite gibt es Ereignisse, die von GUI-Komponenten erzeugt werden, wenn etwa eine Schaltfläche aktiviert (etwa durch Mausklick oder Drücken der ⏎-Taste) oder ein Rollbalken bewegt wird (zum Beispiel durch die Maus oder durch die [Bild ↑]-Taste). Die Swing-Komponenten reagieren meistens auf Ereignisse niedriger Ebene und formulieren daraus ein semantisches Ereignis. Es ist selten nötig, auf niedrige Ereignisse zu hören.

Die Trennung fällt aber nicht weiter auf, sodass wir im Folgenden darauf nicht eingehen werden.

Da alle grafischen Komponenten von der Klasse `Component` abgeleitet sind, liefern sie automatisch eine Reihe von nicht semantischen Ereignissen. Wir finden die Unterklassen und die Ereignistypen in der folgenden Tabelle.

Klasse	ID
ComponentEvent	COMPONENT_MOVED, COMPONENT_RESIZED, COMPONENT_SHOWN, COMPONENT_HIDDEN
FocusEvent	FOCUS_GAINED, FOCUS_LOST
KeyEvent	KEY_PRESSED, KEY_RELEASED, KEY_TYPED
MouseEvent	MOUSE_CLICKED, MOUSE_DRAGGED, MOUSE_ENTERED, MOUSE_EXITED, MOUSE_MOVED, MOUSE_PRESSED, MOUSE_RELEASED
HierarchyEvent	ANCESTOR_MOVED, ANCESTOR_RESIZED, DISPLAYABILITY_CHANGED, HIERARCHY_CHANGED, PARENT_CHANGED SHOWING_CHANGED
InputMethodEvent	CARET_POSITION_CHANGED, INPUT_METHOD_TEXT_CHANGED

Tabelle 19.2 Ereignisklassen und ihre IDs

Weitere Ereignisse auf niedriger Ebene werden von Fenstern und Dialogen ausgelöst; sie senden Ereignisobjekte vom Typ `WindowEvent`. Wir werden uns in diesem Kapitel auch mit den

19 | Grafische Oberflächen mit Swing

unterschiedlichen Komponenten beschäftigen und immer gleich die zugehörigen Ereignisse untersuchen. Die folgende Tabelle zeigt für einige grafische Komponenten die Ereignisse und gibt an, wann sie ausgelöst werden können.

Auslöser	Wann das Event ausgelöst wird	Ereignis
JButton	Aktivierung der Schaltfläche	ActionEvent
JScrollBar	Wertänderung	AdjustmentEvent
JTextComponent	Verschiebung des Cursors	CaretEvent
JSlider	Änderung der Werte	ChangeEvent
Component	Änderung der Sichtbarkeit oder Größe	ComponentEvent
Container	Änderung des Inhalts	ContainerEvent
JComponent	neuer Fokus (bei Tastatureingaben)	FocusEvent
JEditorPane	Hyperlink-Auswahl	HyperlinkEvent
JList	Auswahl	ItemEvent
JComponent	Tastatur	KeyEvent
JMenu	Menüauswahl	MenuEvent
JComponent	Betreten oder Verlassen einer Komponente	MouseEvent
JComponent	Bewegung	MouseMotionEvent
JWindow	Zustandsänderung	WindowEvent
Eye	Augenzwinkern[4]	EyelidEvent

Tabelle 19.3   Einige Ereignisauslöser

19.7   Schaltflächen

Eine *Schaltfläche* (engl. *button*) ermöglicht es dem Anwender, eine Aktion auszulösen. Schaltflächen sind meistens beschriftet und stellen eine Zeichenkette dar oder tragen eine Grafik, etwa im Fall eines Symbols in der Symbolleiste. Unter dem AWT kann eine Schaltfläche nur Text, aber keine Icons darstellen.

Swing kennt unterschiedliche Schaltflächen. Dazu zählen JButton für einfache Schaltflächen, aber auch Schaltflächen zum Ankreuzen.

19.7.1   Normale Schaltflächen (JButton)

Eine *Schaltfläche* (engl. *button*) ermöglicht es dem Anwender, eine Aktion auszulösen. Schaltflächen sind meistens beschriftet und stellen eine Zeichenkette dar oder tragen eine Grafik, etwa im Fall eines Symbols in der Symbolleiste. Unter dem AWT kann eine Schaltfläche nur Text, aber keine Icons darstellen. Die Schaltfläche JButton reagiert auf Aktivierung und erzeugt ein ActionEvent, die ein angehängter ActionListener meldet.

---

4   Frauen zwinkern doppelt so häufig wie Männer.

Abbildung 19.5 JButton mit einer einfachen Schaltfläche zum Schließen

Listing 19.11 com/tutego/insel/ui/swing/JButtonDemo.java, main()

```
JFrame frame = new JFrame();
frame.setDefaultCloseOperation( JFrame.EXIT_ON_CLOSE );
frame.setLayout( new FlowLayout() );

// Button 1

final Icon icon1 = new ImageIcon( JButtonDemo.class.getResource(
  "/images/user-trash-full.png" ) );
final Icon icon2 = new ImageIcon( JButtonDemo.class.getResource(
  "/images/user-trash.png" ) );

final JButton button1 = new JButton( icon1 );
frame.add( button1 );

ActionListener al = new ActionListener() {
  @Override public void actionPerformed( ActionEvent e ) {
    button1.setIcon( icon2 );
  }
};

button1.addActionListener( al );

// Button 2

final JButton button2 = new JButton( "Ende" );
frame.add( button2 );

button2.addActionListener( new ActionListener() {
  @Override public void actionPerformed( ActionEvent e ) {
    System.exit( 0 );
  }
} );

frame.pack();
frame.setVisible( true );
```

Die JButton-API

Es gibt mehrere Konstruktoren für JButton-Objekte. Die parameterlose Variante erzeugt eine Schaltfläche ohne Text. Der Text lässt sich mit setText() nachträglich ändern. In der Regel nutzen wir den Konstruktor, dem ein String mitgegeben wird.

19 | Grafische Oberflächen mit Swing

```
class javax.swing.JButton
extends AbstractButton
implements Accessible
```

▶ JButton()
Erzeugt eine neue Schaltfläche ohne Aufschrift.

▶ JButton(String text)
Erzeugt eine neue Schaltfläche mit Aufschrift.

▶ JButton(Icon icon)
Erzeugt eine neue Schaltfläche mit Icon.

▶ JButton(String text, Icon icon)
Erzeugt eine neue Schaltfläche mit Aufschrift und Icon.

▶ void setText(String text)
Ändert die Aufschrift der Schaltfläche auch im laufenden Betrieb.[5]

▶ String getText()
Liefert die Aufschrift der Schaltfläche.

▶ void addActionListener(ActionListener l)
Fügt dem Button einen ActionListener hinzu, der die Ereignisse, die durch die Schaltfläche ausgelöst werden, abgreift.

▶ void removeActionListener(ActionListener l)
Entfernt den ActionListener wieder. Somit kann er keine weiteren Ereignisse mehr abgreifen.

[»] **Hinweis** Wörter mit einer starken emotionalen Bindung sollten vermieden werden. In englischen Programmen müssen Wörter wie »kill« oder »abort« umgangen werden.[6]

19.7.2 Der aufmerksame »ActionListener«

Klicken wir auf die Schaltfläche, so sollte die Aktion gemeldet werden. Diese wird in Form eines ActionEvent-Objekts an den Zuhörer (einen ActionListener) gesendet. Ein ActionListener wird mit der Methode addActionListener() an die Objekte angeheftet, die Aktionen auslösen können. ActionListener ist eine Schnittstelle mit der Methode actionPerformed(). Die Schnittstelle ActionListener wiederum erweitert die Schnittstelle EventListener, die von allen Listener-Interfaces implementiert werden muss.

---

5 Vergleichen wir das mit den Methoden der Klasse java.awt.Label. Hier heißen die Methoden zum Lesen und Ändern des Textes setLabel() und getLabel(). Dies ist für mich wieder eines der AWT-Rätsel. Warum heißt es bei einem java.awt.Label-Objekt setText()/getText() und bei einem java.awt.Button-Objekt setLabel()/getLabel()? Immerhin heißt es bei den Swing-Komponenten JLabel und JButton konsequent setText()/getText().

6 Siehe dazu das Buch »Tog on Interface« von Bruce Tognazzini, auszugsweise unter *http://www.asktog.com/TOI/toi06KeyboardVMouse1.html.*

19.7 Schaltflächen

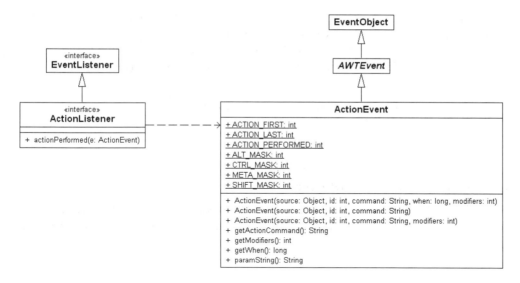

```
interface java.awt.event.ActionListener
extends EventListener
```

▶ void actionPerformed(ActionEvent e)
Wird aufgerufen, wenn eine Aktion ausgelöst wird.

Werfen wir noch einmal einen Blick auf die Implementierung unserer beiden ActionListener-Klassen, die als anonyme innere Klasse realisiert sind:

```
ActionListener al = new ActionListener() {
  public void actionPerformed( ActionEvent e ) {
    button1.setIcon( icon2 );
  }
};

button2.addActionListener( new ActionListener() {
  public void actionPerformed( ActionEvent e ) {
    System.exit( 0 );
  }
} );
```

19.7.3 Schaltflächen-Ereignisse vom Typ »ActionEvent«

Wird ein ActionEvent ausgelöst, dann wird die Methode actionPerformed() aufgerufen. Wir sehen, dass als Argument ein ActionEvent übergeben wird.

```
class java.awt.event.ActionEvent
extends AWTEvent
```

▶ int getModifiers()
Liefert den Umschaltcode für Tasten, die während des Ereignisses gedrückt waren, als Ver-

1047

19 | Grafische Oberflächen mit Swing

knüpfung der Konstanten SHIFT_MASK, CTRL_MASK, META_MASK (etwa die ⌐Alt⌐-, ⌐⊞⌐- oder ⌐⌘⌐-Taste) und ALT_MASK. Diese Konstanten kommen direkt aus der Event-Klasse, so ist etwa ALT_MASK = Event.ALT_MASK. Außerdem gibt es die Konstanten ACTION_FIRST, ACTION_LAST und ACTION_PERFORMED, die aber alle für den gleichen Wert stehen.

▶ long getWhen()
Liefert einen Zeitstempel, wann das Ereignis ausgelöst wurde.

▶ String paramString()
Liefert einen Erkennungsstring für das Ereignis.

19.7.4 Basisklasse »AbstractButton«

Alle Schaltflächen haben in Java eine gemeinsame Oberklasse, die Eigenschaften wie Listener, Abstand Text/Icon und Weiteres bestimmt. Diese Oberklasse ist AbstractButton und ist Basis von:

▶ JButton

▶ JToggleButton

▶ JMenuItem (somit auch für die weiteren Unterklassen JCheckBox und JRadioButton)

Der AbstractButton ist, wie der Name schon sagt, eine abstrakte Klasse, die aus JComponent hervorgeht. Über die Oberklasse lassen sich die folgenden Eigenschaften für alle Schaltflächen steuern:

▶ Das Mnemonik-Zeichen – ein Kürzel, das im Text unterstrichen dargestellt wird und schnell über die ⌐Alt⌐-Taste aufgerufen werden kann. Dies übernimmt die Methode setMnemonic(char).

▶ Sich selbst auslösen durch doClick().

▶ Icons mit setDisabledIcon(Icon), setDisabledSelectedIcon(Icon), setPressedIcon(Icon), setRolloverIcon(Icon), setRolloverSelectedIcon(Icon) und setSelectedIcon(Icon) ändern.

▶ Die Ausrichtung von Text und Icon in der Schaltfläche durch setVerticalAlignment() und setHorizontalAlignment() bestimmen.

▶ Die Position von Icon und Text untereinander durch setVerticalTextPosition() und setHorizontalTextPosition() bestimmen.

Bilder auf Schaltflächen je nach Zustand *
Die Integration mit den Icon-Objekten liegt in der AbstractButton-Klasse. Geben wir im Konstruktor das Icon nicht an, so lässt sich dies immer noch über setIcon() nachträglich setzen und ändern. Wenn die Schaltfläche gedrückt wird, kann ein anderes Bild erscheinen. Dieses Icon setzt setPressedIcon(). Bewegen wir uns über die Schaltfläche, lässt sich auch ein anderes Icon setzen. Dazu dient die Methode setRolloverIcon(). Die Fähigkeit muss aber erst mit setRolloverEnabled(true) eingeschaltet werden. Beide Eigenschaften lassen sich auch zu einem Icon kombinieren, das erscheint, wenn die Maus über dem Bild ist und eine

1048

Selektion gemacht wird. Dazu dient `setRolloverSelectedIcon()`. Für `JToggleButton`-Objekte ist eine weitere Methode wichtig, denn ein `JToggleButton` hat zwei Zustände: einen selektierten und einen nicht selektierten. Auch hier können zwei `Icon`-Objekte zugeordnet werden, und das Icon der Selektion lässt sich mit `setSelectedIcon()` setzen. Ist die Schaltfläche ausgegraut, ist auch hier ein gesondertes Icon möglich. Es wird mit `setDisabledIcon()` gesetzt. Dazu passt `setDisabledSelectedIcon()`.

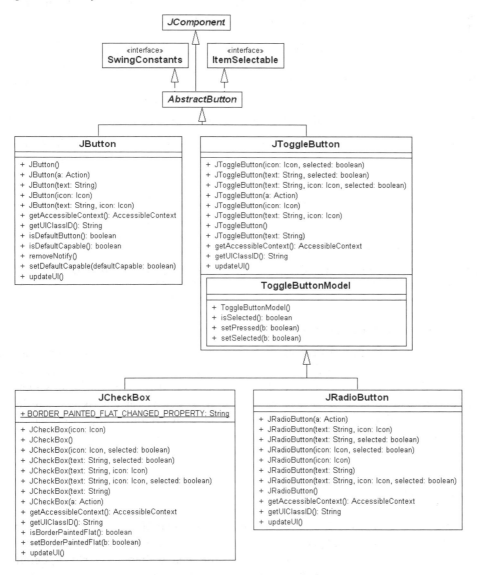

Erkennungsstring (Action-Command) einer Schaltfläche ändern *

Manche Ereignisbehandler für Schaltflächen sind einander so ähnlich, dass Entwickler nur einen Listener mit mehreren Schaltflächen verbinden möchten. Dann taucht nur das Problem

19 | Grafische Oberflächen mit Swing

auf, wie der Listener die Schaltflächen unterscheiden soll. Eine Idee wäre, die Beschriftung mit `getText()` auszulesen – was allerdings ein Problem mit sich bringt, wenn die Software stark landessprachlich ist, da sich bei mehrsprachigen Anwendungen die Aufschrift ändert. Eine andere Lösung bestünde darin, mit `getSource()` zu arbeiten. Dann müsste im Listener allerdings die Komponente für einen Vergleich verfügbar sein (was oft nicht der Fall ist).

Als Lösung bietet die `AbstractButton`-Klasse die Methode `setActionCommand()` an, mit der sich eine Kennung, der so genannte *Action-Command*, setzen lässt.

```
abstract class javax.swing.AbstractButton
extends JComponent
implements ItemSelectable, SwingConstants
```

▶ `void setActionCommand( String command )`
  Setzt einen neuen Kommandostring, wenn das Ereignis ausgeführt wird.

Der Listener kann diesen Action-Command mit `getActionCommand()` aus dem `ActionEvent` auslesen.

```
class java.awt.event.ActionEvent
extends AWTEvent
```

▶ `String getActionCommand()`
  Liefert den String, der mit dieser Aktion verbunden ist.

Ohne explizites Setzen ist der Action-Command standardmäßig mit der Beschriftung der Schaltfläche initialisiert.

19.7.5 Wechselknopf (JToggleButton)

Ein `JToggleButton` (zu Deutsch *Wechselknopf*) hat im Gegensatz zum `JButton` zwei Zustände. Dies ist vergleichbar mit einem Schalter, der den Zustand »ein« oder »aus« annimmt. Der `JButton` gerät in diesen Zustand nur bei der Aktivierung, springt dann aber wieder in seinen ursprünglichen Zustand zurück. Der `JToggleButton` springt bei der ersten Aktivierung in einen festen Zustand und bleibt dort so lange, bis er wieder aktiviert wird. `JToggleButton` ist die Oberklasse für die Auswahlknöpfe `JCheckBox` und `JRadioButton`.

19.8 Swing Action *

Aktiviert der Nutzer eine Schaltfläche, etwa für »Ende« oder einen Eintrag im Menü, löst er damit eine Aktion aus. Das Hinzufügen der Ereignisbehandler zu den Schaltflächen ist die offensichtliche Möglichkeit. Swing bietet mit Aktionen aber eine weitere Möglichkeit, deren Sinn klar wird, wenn wir uns folgendes Szenario überlegen: Der Benutzer soll nicht nur über das Menü eine Aktion auslösen, sondern auch über die Symbolleiste. Die spontane Antwort bestünde darin, beiden Schaltflächen einfach den gleichen Ereignisbehandler zu geben. Sicherlich ist das möglich. Gehen wir aber einen Schritt weiter: Was, wenn aufgrund eines bestimmten Zustands die beiden Auslöser deaktiviert werden müssen? Und wie sieht der Aufbau aus, wenn beide beispielsweise das gleiche Icon, den gleichen Tooltip und den gleichen Text tragen? Das wäre Quellcodeduplizierung und unschön.

javax.swing.Action

Swing beantwortet die Fragen mit der Schnittstelle `javax.swing.Action`, mit der sich Programmlogik und Zustände wie Aufschrift und Text repräsentieren lassen. In unserem Szenario müssten wir nun einmal das `Action`-Objekt aufbauen und dann in das Menü und die Symbolleiste hängen.

Während `Action` eine Schnittstelle ist, die `ActionListener` erweitert und zusätzliche Operationen deklariert, nutzen wir im Allgemeinen Unterklassen von `AbstractAction`. Bei dieser Klasse müssen wir nur noch `actionPerformed()` überschreiben und dort die Aktion implementieren:

Listing 19.12 com/tutego/insel/ui/swing/JButtonAction.java, Ausschnitt

```
Action exitAction = new AbstractAction( "Ende" ) {
  @Override public void actionPerformed( ActionEvent e ) {
    System.exit( 0 );
  }
};

JButton button2 = new JButton( exitAction );
frame.add( button2 );
```

Ein `Action`-Objekt lässt sich in jedem Konstruktor einer Schaltfläche übergeben, so auch dem `JButton` oder `JMenuItem`. Sie kann alternativ über `setAction(Action)` mit jeder Schaltfläche verbunden werden, die `AbstractButton` erweitert.

Eigenschaften der Action-Objekte

Während Listener keinen Zustand haben, haben Action-Objekte ganz klar einen Zustand – das ist ja auch ihre Aufgabe. Die konkreten Zustände einer Aktion, wie Beschriftung oder Tooltipp, bestimmen Schlüssel-Werte-Paare, die `putValue(String, Object)` setzt. Für den Schlüssel von `putValue()` deklariert die Klasse bestimmte Zeichenketten über Konstanten, die mit speziellen Bedeutungen verbunden sind. Die wichtigsten sind:

Konstanten	Bedeutung
Action.NAME	Name der Aktion, die für die Schaltfläche oder das Menü verwendet wird
Action.SHORT_DESCRIPTION	Kurzbeschreibung für Tooltipps
Action.LONG_DESCRIPTION	längere Beschreibung, die für die Hilfe verwendet werden könnte
Action.ACCELERATOR_KEY	Tastatur-Shortcut
Action.MNEMONIC_KEY	Mnemonic

Tabelle 19.4 Die wichtigsten Konstanten

Konstanten	Bedeutung
Action.SMALL_ICON	kleines Icon für Menüeinträge
Action.LARGE_ICON_KEY	größeres Icon für Symbolleisten und Schaltflächen

Tabelle 19.4 Die wichtigsten Konstanten (Forts.)

Die Icons werden nicht für JCheckBox, JToggleButton oder JRadioButton verwendet. Ist für JButton kein LARGE_ICON_KEY definiert, nimmt es das SMALL_ICON an.

Ob eine Aktion aktiviert ist, bestimmt setEnabled(boolean) und erfragt isEnabled(). Während putValue(String, Object) den Wert setzt, erfragt ihn getValue(String).

[zB]

Beispiel Ein Action-Objekt mit zwei gesetzten Properties zum Beenden der Applikation:

Listing 19.13 JButtonAction2.java, ExitAction

```
class ExitAction extends AbstractAction
{
  {
    putValue( Action.NAME,                          "Beenden" );
    putValue( Action.DISPLAYED_MNEMONIC_INDEX_KEY, 0 );
  }

  @Override public void actionPerformed( ActionEvent e )
  {
    System.exit( 0 );
  }
}
```

Indem wir DISPLAYED_MNEMONIC_INDEX_KEY auf 0 setzen, erreichen wir, dass vom String »Beenden« das »B« unterstrichen und zum Tastenkürzel wird.

Ein größeres Beispiel mit Aktionen bietet das Unterkapitel für Menüs zusammen mit Symbolleisten.

19.9 JComponent und Component als Basis aller Komponenten

Die Klasse Component bildet die Basisklasse der Objekte, die als grafische AWT-Komponenten auf den Schirm kommen. Sie wird für Swing-Komponenten noch einmal zu JComponent erweitert. Allerdings leitet JComponent nicht direkt von Component ab, sondern erst von Container und Container dann direkt von Component (dies hat zur Konsequenz, dass jeder JComponent automatisch auch ein Container ist).

Die JComponent bietet mit vielen Methoden die Basis aller Swing-Komponenten und bietet ihnen unter anderem das auswechselbare Look & Feel, Tastaturbedienung, Tooltips, Rahmen, Accessibility, Client-Properties, Doppelpufferung.

19.9.1 Hinzufügen von Komponenten

Ein Container nimmt Komponenten auf und setzt sie mithilfe eines Layoutmanagers in die richtige Position. Alle Container in Java erweitern die Klasse Container. Die Methode add() setzt Komponenten in den Container.

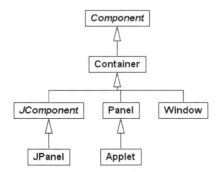

Hinweis AWT- und Swing-Komponenten sollten nicht gemischt werden. Da AWT-Komponenten schwergewichtig sind und vom Betriebssystem gezeichnet werden, werden sie immer über alle anderen Komponenten gezeichnet.

Da Container selbst eine Component ist, können auch Container selbst Container aufnehmen. Das ist ein bekanntes Design-Pattern und nennt sich *Composite Pattern*.

19.9.2 Tooltips (Kurzhinweise)

Ein Tooltip ist eine Zeichenkette, die beim längeren Verweilen des Mauszeigers auf einer JComponent auftaucht. Dazu öffnet Swing ein Popup-Fenster. Tooltips lassen sich in Swing sehr einfach hinzufügen:

Listing 19.14 com/tutego/insel/ui/swing/Tooltip.java, main()

```
JFrame frame = new JFrame();
frame.setDefaultCloseOperation( JFrame.EXIT_ON_CLOSE );

String text = "<html>Ich brauch' Hilfe.<p>Schnell!</html>";
JButton button = new JButton( text );

String help = "<html>Hier ist sie, die <b>Hilfe:</b>"+
  "<ul><li>Cool bleiben<li>Handbuch lesen</ul></html>";
button.setToolTipText( help );

frame.add( button );
frame.setSize( 250, 250 );
frame.setVisible( true );
```

Dann erscheint Folgendes:

Abbildung 19.6 Die schnelle Hilfe

19.9.3 Rahmen (Border) *

Jeder Swing-Komponente kann mit der Methode `setBorder()` ein Rahmen zugewiesen werden. Ein Rahmen ist eine Klasse, die die Schnittstelle `Border` implementiert. Swing stellt einige Standardrahmen zur Verfügung:

Rahmen	Erläuterung
AbstractBorder	abstrakte Klasse, die die Schnittstelle minimal implementiert
BevelBorder	(eingelassener) 3D-Rahmen
CompoundBorder	Rahmen, der andere Rahmen aufnehmen kann
EmptyBorder	Rahmen, dem freier Platz zugewiesen werden kann
EtchedBorder	noch deutlicher markierter Rahmen
LineBorder	Rahmen in einer einfachen Farbe in gewünschter Dicke
MatteBorder	Rahmen, der aus Kacheln von Icons besteht
SoftBevelBorder	3D-Rahmen mit besonderen Ecken
TitledBorder	Rahmen mit einem String in einer gewünschten Ecke

Tabelle 19.5 Border in Swing

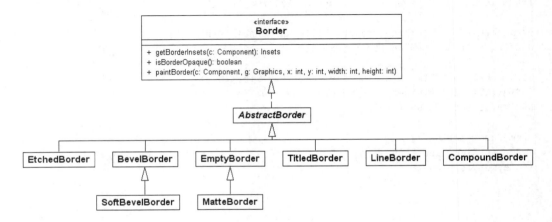

Damit können wir ein kleines Testprogramm für Rahmen implementieren:

Listing 19.15 com/tutego/insel/ui/swing/BorderDemo.java, main()

```
JFrame frame = new JFrame();
frame.setDefaultCloseOperation( JFrame.EXIT_ON_CLOSE );
frame.setLayout( new GridLayout(0,2,10,10) );

JButton b1 = new JButton( "Schamlis" );
b1.setBorder( new BevelBorder(BevelBorder.RAISED) );
frame.add( b1 );

JButton b2 = new JButton( "Borfluq" );
b2.setBorder( new BevelBorder(BevelBorder.LOWERED) );
frame.add( b2 );

JButton b3 = new JButton( "Tüm Tüm de Lüm" );
b3.setBorder( BorderFactory.createEtchedBorder() );
frame.add( b3 );

JButton b4 = new JButton( "Skromm" );
b4.setBorder( new EtchedBorder(Color.blue, Color.yellow) );
frame.add( b4 );

frame.setSize( 500, 200 );
frame.setVisible( true );
```

Abbildung 19.7 BevelBorder und EtchedBorder

Rahmenfabrik (BorderFactory)

Mithilfe der statischen Methode createXXXBorder() der Klasse BorderFactory lassen sich ebenfalls Rahmen erzeugen. Die Methode liefert Rahmen-Objekte aus einem Objekt-Pool, sodass nicht immer neue Border-Objekte nötig sind.

```
JPanel p = new JPanel();
p.setBorder( BorderFactory.createRaisedBevelBorder() );
```

BorderFactory
+ createBevelBorder(type: int): Border
+ createBevelBorder(type: int, highlight: Color, shadow: Color): Border
+ createBevelBorder(type: int, highlightOuter: Color, highlightInner: Color, shadowOuter: Color, shadowInner: Color): Border
+ createCompoundBorder(): CompoundBorder
+ createCompoundBorder(outsideBorder: Border, insideBorder: Border): CompoundBorder
+ createEmptyBorder(top: int, left: int, bottom: int, right: int): Border
+ createEmptyBorder(): Border
+ createEtchedBorder(type: int): Border
+ createEtchedBorder(type: int, highlight: Color, shadow: Color): Border
+ createEtchedBorder(): Border
+ createEtchedBorder(highlight: Color, shadow: Color): Border
+ createLineBorder(color: Color, thickness: int): Border
+ createLineBorder(color: Color): Border
+ createLoweredBevelBorder(): Border
+ createMatteBorder(top: int, left: int, bottom: int, right: int, tileIcon: Icon): MatteBorder
+ createMatteBorder(top: int, left: int, bottom: int, right: int, color: Color): MatteBorder
+ createRaisedBevelBorder(): Border
+ createTitledBorder(title: String): TitledBorder
+ createTitledBorder(border: Border, title: String, titleJustification: int, titlePosition: int): TitledBorder
+ createTitledBorder(border: Border, title: String, titleJustification: int, titlePosition: int, titleFont: Font, titleColor: Color): TitledBorder
+ createTitledBorder(border: Border, title: String): TitledBorder
+ createTitledBorder(border: Border): TitledBorder
+ createTitledBorder(border: Border, title: String, titleJustification: int, titlePosition: int, titleFont: Font): TitledBorder

19.9.4 Fokus und Navigation *

In einem GUI-System hat nur eine Komponente den Fokus. Das bedeutet, dass diese Komponente in einer besonderen Empfangsbereitschaft steht und diese auch hervorhebt, etwa durch einen Rahmen, andere Farben oder im Textfeld durch einen blinkenden Cursor.

Die Navigation und der Fokuswechsel führen durch:

▶ Mausklick auf die Komponente

▶ Aktivierung mit einem Tastenkürzel

▶ Cursortasten bei geöffneten Menüs und in Komponentengruppen

▶ (⇥)-Taste bzw. (⇧)-Taste + (⇥)-Taste, was die folgende beziehungsweise vorangehende Komponente in der Reihenfolge auswählt. Wer der Nachfolger und Vorgänger ist, bestimmt der Fokus-Manager, der in Java durch die Zentrale namens KeyboardFocusManager repräsentiert wird. Eine gute Navigation ist Pflicht.

Es ist nicht selbstverständlich, dass ein Fokuswechsel immer möglich ist. Wenn eine Textkomponente etwa fehlerhafte Eingaben registriert, kann die Komponente den Fokuswechsel untersagen und folglich erzwingen, dass der Benutzer eine gültige Eingabe macht.

[+] **Tipp** Eine gute Navigation zu entwickeln, bedeutet, das übliche Benutzerszenario zu beobachten. Wenn etwa in einem Login-Dialog der Benutzer die (↵)-Taste drückt, erwartet er, dass der Fokus auf das nächste Textfeld gesetzt wird oder vielleicht direkt auf den OK-Button.

Fokus vom Programm aus setzen

Der Fokuswechsel kann auch programmiert werden, sodass beim Start zum Beispiel die OK-Schaltfläche oder ein Textfeld aktiviert ist. Für diese Aufgabe lässt sich die Methode `request-FocusInWindow()` aus `JComponent` nutzen.

```
button.requestFocusInWindow();          // Fokus auf Schaltfläche übertragen
```

Auf den Fokuswechsel reagieren

Ein `FocusListener` kann einen Fokuswechsel melden. Er kann mit `addFocusListener(Focus-Listener l)` an jeder `java.awt.Component`, also auch an jeder Swing-Komponente, festgemacht werden.

Weitere Informationen zu Navigation und Fokus findet der Leser unter *http://download.oracle.com/javase/tutorial/uiswing/misc/focus.html.*

Standard-Schaltfläche

Wenn ein Dialog Eingabefelder unterbringt, und die Dialoge mit Schaltflächen wie »OK« oder »Abbrechen« beendet werden können, so es ist nützlich, mit dem Druck der Taste ⏎ automatisch die Aktivierung der OK-Schaltfläche zu verbinden. Um das zu erreichen, wird von `JRootPane` die Methode `setDefaultButton(JButton)` aufgerufen – eine `JRootPane` liefert `getRootPane()` eines `JFrame/JDialog` direkt oder erfragt sie über eine Komponente `Swing-Utilities.getRootPane(Component)`.

19.9.5 Ereignisse jeder Komponente *

Ein `Component`- und `JComponent`-Objekt verarbeitet schon eine ganze Reihe von Ereignissen, die allen anderen Komponenten zugutekommen. Mit anderen Worten: An alle Komponenten können Listener für die in der folgenden Tabelle aufgeführten Ereignisse angehängt werden.

Komponente	Erzeugte Ereignisse	Grund
Component	ComponentEvent	Die Komponente wird bewegt, angezeigt, verdeckt oder verschoben.
	FocusEvent	Die Komponente bekommt oder verliert den Fokus.
	KeyEvent	Tastendruck
	MouseEvent	Die Maus betritt oder verlässt die Komponente. Der Benutzer drückt eine Maustaste oder bewegt den Mauszeiger.
	InputMethodEvent	Text- oder Cursor-Veränderung
	HierarchyEvent	Die Hierarchie, zu der die Komponente gehört, verändert sich.
	PropertyChangeEvent	Eine gebundene Eigenschaft ändert sich.
Container	ContainerEvent	Komponenten werden dem Container hinzugefügt oder aus ihm gelöscht.

Tabelle 19.6   Ereignisse der Komponenten

19 | Grafische Oberflächen mit Swing

Komponente	Erzeugte Ereignisse	Grund
JComponent	PropertyChangeEvent	Eine gebundene Eigenschaft ändert sich.
	AncestorEvent	Der Vorgänger wurde modifiziert.

Tabelle 19.6 Ereignisse der Komponenten (Forts.)

Auf Tastendrücke hören: KeyListener und KeyEvent

Jeder `java.awt.Component` (und somit auch Swing-Komponenten) lässt sich mit `addKeyListener()` ein `KeyListener` hinzufügen. Dieser erwartet drei implementierte Methoden:

```
interface java.awt.event.KeyListener
extends EventListener
```

▶ `void keyTyped( KeyEvent e )`

Aufruf bei einem eingegebenen Zeichen. Das System löst mehrere Tastendrücke, die ein Zeichen ergeben, zu einem Unicode-Zeichen auf, etwa ⇧+A zum Unicode-Buchstaben »A«. Das gedrückte Zeichen lässt sich über `getKeyChar()` vom `KeyEvent` erfragen. Ist das Zeichen kein gültiges Unicode-Zeichen, dann ist die Rückgabe `CHAR_UNDEFINED` (65535).

▶ `void keyPressed( KeyEvent e )`

▶ `void keyReleased( KeyEvent e )`

Die beiden letzten Methoden sind systemabhängig und bekommen auch Metatasten mit, etwa ein Druck auf die Entf-Taste, die Funktionstaste F1, NumLock oder CapsLock. Für diese Tasten ist ein virtueller Code (engl. *virtual key code*) als Konstante in `KeyEvent` deklariert, die mit `VK_` beginnen. Das sind fast 200 Konstanten. Einige Beispiele: `VK_BACK_SPACE`, `VK_BEGIN`, `VK_CONTROL`, `VK_DELETE`. Selbst die beiden Windows-Tasten sind mit `VK_WINDOWS` und `VK_CONTEXT_MENU` vorhanden.

Aufklärung über den Zusammenhang schafft ein Stückchen Quellcode, das an eine Komponente gehängt wird. Beachten Sie den Unterschied zwischen `getKeyChar()` (das Unicode-Zeichen oder `CHAR_UNDEFINED`) und `getKeyCode()` (VK-Code):

```java
t.addKeyListener( new KeyListener()
{
  public void keyTyped( KeyEvent e ) {
    System.out.println( "typed " + e.getKeyChar() );
    System.out.println( "typed " + e.getKeyCode() );
  }
  public void keyPressed( KeyEvent e ) {
      System.out.println( "pressed " + e.getKeyChar() );
    System.out.println( "pressed " + e.getKeyCode() );
  }
  public void keyReleased( KeyEvent e ) {
    System.out.println( "released " + e.getKeyChar() );
    System.out.println( "released " + e.getKeyCode() );
  }
});
```

1058

JComponent und Component als Basis aller Komponenten | **19.9**

Aktiviert der Benutzer die Taste Ⓐ, ist das Ergebnis:

```
pressed a
pressed 65
typed a
typed 0
released a
released 65
```

Aktiviert er ⬆+Ⓐ, ist das Resultat:

```
pressed ?
pressed 16
pressed A
pressed 65
typed A
typed 0
released A
released 65
released ?
released 16
```

Die Tatsache, dass zweimal ein »pressed« auftaucht, lässt sich dadurch erklären, dass »pressed« und »released« Low-Level-Ereignisse sind, die den Druck auf die ⬆-Taste registrieren. Das Fragezeichen bei getKeyChar() ist nichts anderes als CHAR_UNDEFINED.

Soll unser Programm erkennen, ob der Nutzer die F1-Taste drückt, schreiben wir in key-Pressed():

```
if ( keyEvent.getKeyChar() == KeyEvent.CHAR_UNDEFINED )
{
  if ( keyEvent.getKeyCode() == KeyEvent.VK_F1 )
    ...
}
```

> **Hinweis** Bekommt ein JPanel einen Listener für Tastendrücke, etwa weil auf dem JPanel etwas gezeichnet wird, muss es den Fokus bekommen, denn Tastendrücke gehen nur zu den Komponenten, die den Fokus besitzen. Während zum Beispiel Eingabefelder automatisch den Fokus bekommen können – etwa durch die Aktivierung mit der Maus –, muss der JPanel manuell mit setFocusable(true) »fokus-fähig« gemacht werden.

[«]

Mausrad-Unterstützung

Mit dem Ereignis MouseWheelEvent gibt es eine Unterstützung des Mausrads (auch Rollrad, engl. *mouse wheel*) für grafische Java-Programme. Jedes Component-Objekt kann Interesse an dem Ereignis anmelden:

```
public synchronized void addMouseWheelListener( MouseWheelListener l )
public synchronized void removeMouseWheelListener( MouseWheelListener l )
```

19 | Grafische Oberflächen mit Swing

Bei den nativen AWT-Komponenten wird das Rollrad schon vom Betriebssystem her abgefragt und unterstützt, so etwa bei `TextArea`, `Choice`, `FileDialog` und `List`. Die anderen Komponenten geben das Ereignis an den Container weiter. In Swing unterstützt `JScrollPane` automatisch das Rollrad. Mit der Methode `setWheelScrollingEnabled()` kann es angepasst werden.

19.9.6 Die Größe und Position einer Komponente *

Jede Komponente verwaltet drei Größenangaben: die minimale, die maximale und die bevorzugte (eng. preferred) Größe. Zum Setzen und Erfragen der Größen bietet `JComponent` die folgenden Methoden:

```
abstract class javax.swing.JComponent
extends Container
implements Serializable
```

▶ void setPreferredSize(Dimension preferredSize)

▶ void setMaximumSize(Dimension maximumSize)

▶ void setMinimumSize(Dimension minimumSize)

▶ Dimension getMaximumSize()

▶ Dimension getMinimumSize()

▶ Dimension getPreferredSize()

Zum Setzen kann die Anwendung `setXXXSize()` nutzen oder in einer Komponenten-Unterklasse die `getMXXimumSize()`-Methoden überschreiben. Mit einer Baseline kann der Layoutmanager seit Java 6 auch Komponenten mit unterschiedlichen Größen an einer virtuellen Linie anordnen. Beschreibend sind die Methoden `getBaseline()` und `getBaselineResizeBehavior()`.

[»] **Hinweis** Nicht alle Layoutmanager berücksichtigen die Eigenschaften. Einige berücksichtigen die gewünschte Größe, andere wiederum ziehen die Komponenten so lang, wie sie wollen. Einem Container kann mit `pack()` der Auftrag gegeben werden, seine Größe so zu wählen, dass die Kinder mit ihrer `getPreferredSize()` optimal passen.

Die Position der Komponente

Der Klasse `Component` gehört eine ganz nützliche Methode an, um die absolute Position der Komponente auf dem Bildschirm zu ermitteln. Dies ist besonders dann praktisch, wenn die Position eines Fensters gefragt ist.

```
abstract class java.awt.Component
implements ImageObserver, MenuContainer, Serializable
```

▶ Point getLocationOnScreen()
  Liefert die Position der linken oberen Ecke der Komponente als Punkt-Objekt.

19.9.7 Komponenten-Ereignisse *

Die Schnittstelle `ComponentListener` ist die Basis für alle Komponentenereignisse. Sie deklariert vier Methoden, die in der Klasse `ComponentAdapter` wieder mit einem leeren Programmblock gefüllt sind.

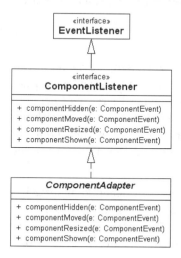

```
interface java.awt.event.ComponentListener
extends EventListener
```

▶ void componentHidden(ComponentEvent e)
Wenn die Komponente versteckt wurde.

▶ void componentMoved(ComponentEvent e)
Wenn die Komponente bewegt wurde.

▶ void componentResized(ComponentEvent e)
Wenn die Komponente in der Größe verändert wurde.

▶ void componentShown(ComponentEvent e)
Wenn die Komponente gezeigt wurde.

19.9.8 Undurchsichtige (opake) Komponente *

Eine wichtige Eigenschaft von Swing-Komponenten ist die Undurchsichtigkeit, die *Opazität* genannt wird. Ob eine Komponente *opak* ist oder nicht, erfragt die `JComponent`-Methode `isOpaque()` und setzt `setOpaque(boolean)`. Transparente Komponenten sind nicht opak.

Die Opak-Property bestimmt, ob eine Komponente alle Pixel ihres Bereichs selbst zeichnet oder ob Pixel aus dem Hintergrund durchkommen. Für `JComponent` ist der Standard opak, aber die konkreten Komponenten machen den Wert von ihrem Look & Feel abhängig. Die Beschriftung `JLabel` ist üblicherweise nicht opak, also transparent. Bei einer Neudarstellung der Beschriftung muss also der Hintergrund gezeichnet werden, denn es kann sein, dass Teile

19 | Grafische Oberflächen mit Swing

aus dem Hintergrund hervorlugen. Setzen wir `setOpaque(true)`, zeichnet die Komponente ihren kompletten Bereich selbst, und die darunterliegende Komponente muss nicht gezeichnet werden. Das bedeutet umgekehrt, dass sich ein `setOpaque(false)` negativ auf die Performance auswirken kann, da ein Repaint einer Komponente zu einem Repaint des Containers führt, was sich zum Beispiel bei Fenstervergrößerungen durch ein Flackern bemerkbar macht.

19.9.9 Properties und Listener für Änderungen *

Jeder `JComponent` lassen sich beliebig viele Schlüssel-Werte-Paare zuweisen, die sie intern vermerkt. Die Methode `void putClientProperty(Object key, Object value)` setzt so ein Paar, `Object getClientProperty(Object key)` erfragt es. Zum Löschen eines Paares wird bei `putClientProperty()` der Wert mit `null` belegt. Änderungen an den Zuständen lassen sich mit `PropertyChangeListener` verfolgen. Das macht eine Eigenschaft zur *gebundenen Property*, denn nur diese werden über Listener abgehorcht, anders als normale Bean-Properties, die keine Ereignisse bei Änderungen auslösen.

AWT und Swing nutzen an einigen Stellen `PropertyChangeEvent`, an denen kein spezielles AWT-Ereignis vorgesehen ist. Das gilt etwa bei Änderungen von Hintergrund, Vordergrund oder Zeichensatz. Ein `Component`-Ereignis deckt dies nicht ab. Damit wir auch über diese Änderungen informiert werden, fügen wir einen Listener hinzu und horchen auf »foreground«, »background« oder »font«.

19.10 Container

Alle Komponenten müssen auf einem Container platziert werden. Container sind besondere Swing-Elemente, die dazu dienen, andere Kinder aufzunehmen und zu verwalten. Zu den wichtigsten Containern in Swing zählen:

▶ `JPanel`: Ist im Wesentlichen eine `JComponent` mit der Möglichkeit, Kinder nach einem bestimmten Layoutverfahren anzuordnen.

▶ `JScrollPane`: Kann Bereiche einer sehr großen Komponente mit Rollbalken anzeigen. Das ist von der Textverarbeitung bekannt, wenn der Text sehr lang ist, aber der Bildschirm viel kleiner.

▶ `JTabbedPane`: Zeigt Reiter in einem Karteikasten an.

▶ `JSplitPane`: Ermöglicht die Darstellung zweier Komponenten über- oder nebeneinander, wobei ein so genannter *Divider* eine Größenveränderung erlaubt.

Dazu kommen noch Container wie die `JToolBar` oder RootPane, die wir uns für Abschnitt 19.21, »JRootPane und JDesktopPane *«, aufbewahren.

Container | **19.10**

19.10.1 Standardcontainer (JPanel)

Ein wichtiger Container unter Swing ist `JPanel`. Der zwischen einem Top-Level-Container wie `JFrame` und den Komponenten liegende Container (engl. *intermediate container*) erlaubt Doppel-Pufferung (engl. *double buffering*). Ist diese Pufferung eingeschaltet, werden alle Zeichenoperationen von Komponenten auf dem Panel auf einem Hintergrundbild (engl. *offscreen image*) ausgeführt und zu einem gewählten Zeitpunkt in den Vordergrund geschoben. Die Möglichkeit der Doppelpufferung lässt sich durch den Konstruktor setzen oder über die Methode `setBuffered()`.

Die Klasse `JPanel` wird von uns in vielen Beispielen eingesetzt, dort aber lediglich als `Container`-Objekt. Neben den geerbten Methoden von `JComponent`, `Container`, `Component` und natürlich `Object` kommen keine nennenswerten Methoden hinzu.

```
class javax.swing.JPanel
extends JComponent
implements Accessible
```

▶ `JPanel()`
  Erzeugt ein neues `JPanel` mit Doppelpufferung und einem Flow-Layout.

▶ `JPanel( boolean isDoubleBuffered )`
  Erzeugt ein neues `JPanel` mit Flow-Layout und der angegebenen Puffer-Strategie.

Sehr wichtig wird das `JPanel` zur Gruppierung von Elementen.

19.10.2 Bereich mit automatischen Rollbalken (JScrollPane)

Die `JScrollPane` ermöglicht die Anzeige von Bereichen einer sehr großen Fläche. Rollbalken (`JScrollBar`-Objekte) synchronisieren automatisch den ausgewählten Bereich. Ob Rollbalken auch dann angezeigt werden sollen, wenn genug Platz ist, bestimmen Konstanten, die dem Konstruktor von `JScrollPane` übergeben werden.

Beispiel Erzeuge eine `JScrollPane`, die immer Rollbalken besitzt, und setze eine Komponente hinein: **[zB]**

```
JScrollPane scrollPane = new JScrollPane( JScrollPane.VERTICAL_SCROLLBAR_ALWAYS,
                                JScrollPane.HORIZONTAL_SCROLLBAR_ALWAYS );
scrollPane.setViewportView( componentToScroll );
```

Die zu ummantelnde Komponente lässt sich auch im Konstruktor angeben. Die `Container`-Methode `add()` ist nicht geeignet!

Der Viewport *

Den sichtbaren Ausschnitt der Fläche bestimmt ein `JViewport`-Objekt, das mit zusätzlichen Listenern etwa für die Änderungen des sichtbaren Bereichs ausgestattet werden kann. Die Methode `getViewport()` liefert das `JViewport`-Objekt. Die Methoden `scrollRectToVi-`

1063

sible(Rectangle) und setViewPosition(Point) des JViewport-Objekts ermöglichen die Ansteuerung des sichtbaren Bereichs.

> **Beispiel** Zeige den sichtbaren Bereich auf dem Bildschirm an:
> System.out.println(scrollPane.getViewport().getVisibleRect());
>
> Die JViewport-Methode getVisibleRect() stammt aus der direkten Oberklasse JComponent. Sie liefert ein Rectangle-Objekt, und getLocation() liefert den java.awt.Point vom Rechteck oben links.

Jeweils auf die gegenüberliegende Seite der Rollbalken lassen sich Zeilen- und Spaltenleisten legen, genauso wie in alle vier Ecken Komponenten. Die Leisten liegen selbst wiederum in einem JViewport, um zum Beispiel im Fall einer Linealbeschriftung mitzuwandern. setRowHeaderView(), setColumnHeaderView() und setCorner() setzen bei der JScrollPane die Ecken und Leisten.

Die Schnittstelle »Scrollable« *

Die komplexen Komponenten, wie etwa Textanzeigefelder, Bäume oder Tabellen, implementieren eine Verschiebefähigkeit nicht selbst, sondern müssen dazu in einer JScrollPane Platz nehmen. Damit JScrollPane jedoch weiß, wie zum Beispiel nach einem Klick auf den Bildlauf der Ausschnitt zu verändern ist, implementieren die Komponenten die Schnittstelle Scrollable. Die zentralen Klassen JList, JTable, JTextComponent und JTree implementieren die Schnittstelle und teilen auf diese Weise Maße der Komponente und Anzahl der Pixel bei einer Verschiebung mit, wenn etwa der Anwender den Rollbalken um eine Position versetzt.

> **Feature** Eine sinnvolle Eigenschaft ist der automatische Bildlauf. Bei diesem Verfahren wird der Bildlauf auch dann fortgesetzt, wenn der Mauszeiger die Komponente schon verlassen hat. Klickt der Benutzer etwa auf ein Element in einer Liste, und bewegt dann den Mauszeiger mit gedrückter Maustaste aus der Liste heraus, so scrollt die Liste mit eingeschaltetem automatischem Bildlauf selbstständig weiter. Die Eigenschaft wird in Swing über die JComponent-Methode setAutoScroll(boolean) gesteuert.

19.10.3 Reiter (JTabbedPane)

Eine JTabbedPane hat mehrere Reiter mit eingebetteten Komponenten, die sie automatisch bei Aktivierung anzeigt.

Container | **19.10**

Beispiel Baue eine `JTabbedPane` mit zwei Reitern: **[zB]**

Listing 19.16 com/tutego/insel/ui/swing/JTabbedPaneDemo, Ausschnitt

```
JTabbedPane tabbedPane = new JTabbedPane();
tabbedPane.addTab( "Reiter 1", new JButton("Reiter 1") );
tabbedPane.addTab( "Reiter 2", new JTextArea() );
```

Der Reiter kann nicht nur aus einem Titel bestehen, sondern kann zudem eine Grafik und einen Tooltip annehmen. Die Position der Reiteranzeigen bestimmen die Konstanten `JTabbedPane.TOP`, `JTabbedPane.BOTTOM`, `JTabbedPane.LEFT` und `JTabbedPane.RIGHT`, die entweder über den Konstruktor oder die Methode `setTabPlacement()` angegeben werden. Eine weitere Einstellung ist die Layout-Angabe, wenn der Container für den Reiter zu klein ist. Im Konstruktor oder über die Methode `setTabLayoutPolicy()` lassen sich angeben: `JTabbedPane.WRAP_TAB_LAYOUT` für den Umbruch, der üblicherweise Standard ist, oder `JTabbedPane.SCROLL_TAB_LAYOUT`, mit der kleine Schaltflächen zum Weiterschalten angezeigt werden.

```
class javax.swing.JTabbedPane
extends JComponent
implements Serializable, Accessible, SwingConstants
```

▶ `JTabbedPane()`
  Erzeugt einen Karteikasten und positioniert die Reiter oben.

▶ `JTabbedPane( int tabPlacement )`
  Erzeugt einen Karteikasten mit gewünschter Reiter-Positionierung.

▶ `JTabbedPane( int tabPlacement, int tabLayoutPolicy )`
  Erzeugt einen Karteikasten mit gewünschter Reiter-Positionierung und Umbruch-Strategie.

▶ `void addTab( String title, Component component )`

▶ `void addTab( String title, Icon icon, Component component )`

▶ `void addTab( String title, Icon icon, Component component, String tip )`
  Fügt eine Komponente als Karteikarte hinzu.

19.10.4 Teilungs-Komponente (JSplitPane)

Die `JSplitPane` ist ein Container, der Komponenten nebeneinander (`HORIZONTAL_SPLIT`) oder übereinander (`VERTICAL_SPLIT`) anordnet. Eine Bewegung des Dividers führt zu unterschiedlichen Größen der Komponenten im Container. Die `JSplitPane` lässt sich schachteln, sodass etwa ein Hauptbereich in links/rechts unterteilt wird und der andere Teil wiederum eine `JSplitPane` enthält, die etwa oben/unten unterteilt.

Die Klasse `JSplitPane` verfügt über mehrere Konstruktoren.

```
class javax.swing.JSplitPane
extends JComponent
implements Accessible
```

1065

19 | Grafische Oberflächen mit Swing

- ▶ `JSplitPane()`
- ▶ `JSplitPane( int newOrientation )`
- ▶ `JSplitPane( int newOrientation, boolean newContinuousLayout )`
- ▶ `JSplitPane( int newOrientation, boolean newContinuousLayout, Component newLeftComponent, Component newRightComponent )`
- ▶ `JSplitPane( int newOrientation, Component newLeftComponent, Component newRightComponent )`

Die Konstruktoren können die beiden Komponenten und auch die Orientierung annehmen. Nachträglich setzt `set[Top|Bottom|Left|Right]Component(Component)` bzw. `setOrientation()` sie. Die Methode `setContinuousLayout(boolean)` bestimmt, ob die `JSplitPane` während des Verschiebens des Dividers den Inhalt aktualisiert oder erst am Ende. Die Methoden `setDividerLocation(int)` oder `setDividerLocation(float)` setzen das Verhältnis der beiden Komponenten in der `JSplitPane`. Im Fall von `float` ist die Angabe prozentual zwischen 0 und 1. Die Methode `setOneTouchExpandable(boolean)` bestimmt, ob kleine angezeigte Pfeile schnell die Anzeige zusammen- oder auffalten.

19.11   Alles Auslegungssache: die Layoutmanager

Ein Layoutmanager ist dafür verantwortlich, Elemente eines Containers nach einem bestimmten Verfahren anzuordnen, zum Beispiel zentriert oder von links nach rechts. Ein Container fragt bei einer Neudarstellung immer seinen Layoutmanager, wie er seine Kinder anordnen soll. Jeder Layoutmanager implementiert eine unterschiedliche Strategie zur Anordnung.

19.11.1 Übersicht über Layoutmanager

Java bietet bisher folgende Layoutmanager:

- ▶ `FlowLayout`: Ordnet Komponenten von links nach rechts an.
- ▶ `BoxLayout`: Ordnet Komponenten horizontal oder vertikal an.
- ▶ `GridLayout`: Setzt Komponenten in ein Raster, wobei jedes Element die gleichen Maße besitzt.
- ▶ `BorderLayout`: Setzt Komponenten in vier Himmelsrichtungen oder in der Mitte.
- ▶ `GridBagLayout`: Sehr flexibler Manager als Erweiterung von `GridLayout`.[7]
- ▶ `CardLayout`: Verwaltet Komponenten wie auf einem Stapel, sodass nur eine Komponente sichtbar ist.
- ▶ `SpringLayout`: Berücksichtigt Abhängigkeiten der Kanten von Komponenten.[8]
- ▶ `GroupLayout`: Für GUI-Builder im Allgemeinen die beste Wahl.

---

7 Packer (*https://packer.dev.java.net/*) ist eine alternative API für die `GridBagLayout`-Funktionalität.
8 `SpringLayout` wird selten verwendet – wenn, dann von GUI-Buildern. Mehr Informationen dazu gibt die Webseite *http://java.sun.com/docs/books/tutorial/uiswing/layout/spring.html*.

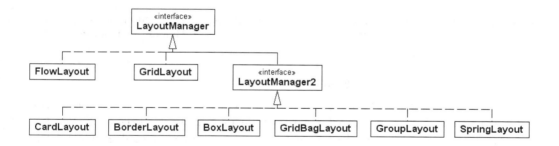

19.11.2 Zuweisen eines Layoutmanagers

Die Methode `setLayout(LayoutManager)` weist einem `Container` eine Ausrichtungsstrategie zu.

```
class java.awt.Container
extends Component
```

- ▶ void setLayout(LayoutManager mgr)
  Setzt einen neuen Layoutmanager für den Container.
- ▶ LayoutManager getLayout()
  Liefert den aktuellen Layoutmanager.

`LayoutManager` ist eine Schnittstelle, die von unterschiedlichsten konkreten Layoutmanagern implementiert wird. Die zentrale Operation ist `layoutContainer()`, die dafür verantwortlich ist, die absoluten Positionen via `setBounds()` zu setzen.

JPanel mit einem Layoutmanager verbinden

Erinnern wir uns, dass die Klasse `JPanel` ein Container ist und daher auch ein eigenes Layout besitzen kann. Praktisch ist der Konstruktor, der gleich einen Layoutmanager annimmt (das `JPanel` ist bisher die einzige Klasse, der ein Layoutmanager gleich im Konstruktor übergeben werden kann).

```
class javax.swing.JPanel
extends JComponent
implements Accessible
```

- ▶ JPanel(LayoutManager layout)
  Erzeugt ein `JPanel` mit Doppelpufferung und dem angegebenen Layoutmanager.
- ▶ JPanel(LayoutManager layout, boolean isDoubleBuffered)
  Erzeugt ein neues `JPanel` mit dem angegebenen Layoutmanager und der Puffer-Strategie.

Tipp Fitts's Law beschreibt die Zeit, die benötigt wird, um von einem Anfangspunkt zu einem Endpunkt zu kommen. Diese Zeit ist abhängig vom Logarithmus der Strecke zwischen dem Start- und dem Endpunkt und der Größe des Ziels. [+]

> Daher gilt: Platziere die Elemente einer Oberfläche so, dass sie leicht zu erreichen sind. Je weiter das Ziel entfernt und je kleiner der Button ist, desto länger dauert die Operation.

19.11.3 Im Fluss mit FlowLayout

Der `FlowLayout`-Manager setzt seine Elemente von links nach rechts in eine Zeile. Die Komponenten behalten ihre Größe, das heißt, der Layoutmanager gibt keine neue Größe vor. Passen nicht alle Elemente in eine Zeile, so werden sie untereinander angeordnet. Ein zusätzlicher Parameter bestimmt, wie die Elemente im Container positioniert werden: zentriert, rechts- oder linksbündig. Ohne Einstellung ist die Anzeige zentriert. Standardmäßig besitzt jedes neue `JPanel`-Objekt ein `FlowLayout` als Layoutmanager.

Listing 19.17 com/tutego/insel/ui/layout/FlowLayoutDemo.java, main()

```
JFrame f = new JFrame();
f.setDefaultCloseOperation( JFrame.EXIT_ON_CLOSE );
f.setLayout( new FlowLayout() );

JComboBox choice = new JComboBox();
choice.addItem( "Mike: Mein Gott Walter" );
choice.addItem( "Sweet: Co Co" );

f.add( choice );
f.add( new JButton(
        new ImageIcon( FlowLayoutDemo.class.getResource("/images/play.png" ) ) ) );

f.pack();
f.setVisible( true );
```

Abbildung 19.8 FlowLayout mit Mike

Den Elementen kann zusätzlich mehr Freiraum (engl. *gap*) gegeben werden. Voreingestellt sind 5 Pixel. Die Ausrichtung (engl. *alignment*), die beim Umbruch angegeben werden kann, ist eine ganzzahlige Konstante aus FlowLayout. Es stehen drei Klassen-Konstanten zur Verfügung: FlowLayout.LEFT, FlowLayout.CENTER und FlowLayout.RIGHT.

```
class java.awt.FlowLayout
implements LayoutManager, Serializable
```

▶ FlowLayout()
Erzeugt ein Flow-Layout mit 5 Pixeln horizontalem und vertikalem Freiraum.

▶ FlowLayout(int align)
Erzeugt ein Flow-Layout mit 5 Pixeln Freiraum und der angegebenen Ausrichtung.

▶ FlowLayout(int align, int hgap, int vgap)
Erzeugt ein Flow-Layout mit der angegebenen Ausrichtung und einem horizontalen beziehungsweise vertikalen Freiraum.

▶ int getAlignment()
Liefert das Alignment des Layoutmanagers. Möglich sind FlowLayout.LEFT, FlowLayout.RIGHT oder FlowLayout.CENTER.

▶ void setAlignment(int align)
Setzt das Alignment mithilfe der Konstanten FlowLayout.LEFT, FlowLayout.RIGHT oder FlowLayout.CENTER.

▶ int getHgap(), int getVgap()
Liefert den horizontalen/vertikalen Abstand der Komponenten.

▶ void setHgap(int hgap), void setVgap(int vgap)
Setzt den horizontalen/vertikalen Abstand zwischen den Komponenten.

19.11.4 BoxLayout

BoxLayout ist vergleichbar mit FlowLayout, nur ordnet dieses entlang der x- oder y-Achse an und bricht nicht um. Das Layoutmanagement ist etwas seltsam, da setLayout() nicht allein genügt, um den Layoutmanager zuzuweisen. Vielmehr bekommt ein Exemplar von BoxLayout zusätzlich eine Referenz auf den Container.

19 | Grafische Oberflächen mit Swing

[zB] **Beispiel** Erzeuge ein `JPanel` und füge zwei untereinander angeordnete `JButton`-Objekte hinzu:

```
JPanel p = new JPanel();
p.setLayout( new BoxLayout(p, BoxLayout.Y_AXIS) );
p.add( new JButton("<") );
p.add( new JButton(">") );
```

Swing bringt für das `BoxLayout` noch eine Abkürzung mit: Die Klasse heißt `javax.swing.Box` und verhält sich wie ein Container. Dem `Box`-Objekt ist automatisch der Layoutmanager `Box-Layout` zugewiesen.

[zB] **Beispiel** Füge in eine `Box` eine Schaltfläche und ein Textfeld ein:

```
Box box = new Box( BoxLayout.Y_AXIS );
box.add( new JButton("Knopf") );
box.add( new JTextField() );
```

19.11.5 Mit BorderLayout in alle Himmelsrichtungen

Ein `BorderLayout` unterteilt seine Zeichenfläche in fünf Bereiche: Norden, Osten, Süden, Westen und Mitte (»Center«). Die Elemente im Norden und Süden erstrecken sich immer über die gesamte Länge des Containers. Die Höhe des Nordens und Südens ergibt sich aus der Wunschhöhe der Kinder, und die Breite wird angepasst. Die Elemente rechts und links bekommen ihre gewünschte Breite, werden aber in der Höhe gestreckt. Das Element in der Mitte wird in Höhe und Breite angepasst.

Für jeden dieser Bereiche (Richtungen) sieht die Klasse `BorderLayout` eine Konstante vor: `BorderLayout.CENTER`, `BorderLayout.NORTH`, `BorderLayout.EAST`, `BorderLayout.SOUTH` und `BorderLayout.WEST`. Dem Container fügen wir mit der Methode `add(Komponente, Richtung)` eine Komponente hinzu, wobei das zweite Argument die Angabe der Himmelsrichtung ist. Diese Angabe ist jedoch ungünstig für bidirektionale Anwendungen wie Arabisch oder Hebräisch, da eine Komponente, die für uns links liegt, dort rechts liegen soll. Eine Angabe wie `BorderLayout.WEST` ist aber statisch. Seit Java 1.4 bietet `BorderLayout` die Konstanten `LINE_START` und `LINE_END`, was im Fall der Links-nach-rechts-Anordnung bedeutet: `LINE_START` ist `WEST` und `LINE_END` ist `EAST`. Eigentlich gibt es auch `PAGE_START` und `PAGE_END`, die jedoch nicht beachtet werden, da Java bisher keine Verdrehung der Nord-/Südachse unterstützt.

[zB] **Beispiel** Setze die Schaltfläche `button` in den Westen:

```
container.add( button, BorderLayout.LINE_START );
```

Wird die Methode `add()` mit nur einem Argument aufgerufen, so wird die Komponente automatisch in die Mitte (Center) gesetzt:

1070

Listing 19.18 com/tutego/insel/ui/layout/BorderLayoutDemo.java, main()

```
JFrame f = new JFrame();
f.setDefaultCloseOperation( JFrame.EXIT_ON_CLOSE );
// applyComponentOrientation( ComponentOrientation.RIGHT_TO_LEFT );

f.setLayout( new BorderLayout(5, 5) );

f.add( new JButton("Nie"), BorderLayout.PAGE_START );
f.add( new JButton("ohne"), BorderLayout.LINE_END );
f.add( new JButton("Seife"), BorderLayout.PAGE_END );
f.add( new JButton("waschen"), BorderLayout.LINE_START );
f.add( new JButton("Center") );

f.setSize( 400, 150 );
f.setVisible( true );
```

Abbildung 19.9 Der Layoutmanager »BorderLayout«

Hinweis Beim AWT gilt, dass der Container `java.awt.Frame` automatisch mit einem `BorderLayout` verbunden ist. Das gilt bei `JFrame` beziehungsweise seinen Content-Panes ebenso. Allerdings verwendet die `JRootPane`, der Container für die Content-Panes, den internen Manager `RootLayout`, der nicht mit `BorderLayout` verwandt ist.

Wer das Vertauschen der Seiten ausprobieren möchte, der muss nur den Kommentar aus der Zeile mit der Methode `applyComponentOrientation()` herausnehmen.

class java.awt.**BorderLayout**
implements LayoutManager, Serializable

- BorderLayout()
  Erzeugt ein neues BorderLayout, wobei die Komponenten ohne Abstand aneinanderliegen.
- BorderLayout(int hgap, int vgap)
  Erzeugt ein BorderLayout, wobei zwischen den Komponenten ein Freiraum eingefügt wird. hgap spezifiziert den Freiraum in der Horizontalen und vgap den in der Vertikalen. Die Freiräume werden in Pixeln gemessen.
- int getHgap(), int getVgap()
  Gibt den horizontalen/vertikalen Raum zwischen den Komponenten zurück.
- void setHgap(int hgap), void setVgap(int vgap)
  Setzt den horizontalen/vertikalen Zwischenraum.

19 | Grafische Oberflächen mit Swing

[»] **Hinweis** An Stelle von add(Komponente, BorderLayout.Orientierung) lässt sich eine Komponente auch mit der Variante add(Orientierungszeichenkette, Komponente) hinzufügen. Diese Angabe ist jedoch veraltet und sollte nicht mehr verwendet werden.

```
class java.awt.Container
extends Component
```

- void add(Component comp, Object constraints)
  Fügt die Komponente in den Container ein. Die Variable constraints wird im Fall von BorderLayout etwa mit den Konstanten PAGE_START, LINE_END, PAGE_END, LINE_START oder CENTER belegt.

[»] **Hinweis** Ein einfaches add(comp) auf einem Container mit BorderLayout hat den gleichen Effekt wie add(comp, BorderLayout.CENTER). Werden mehrmals hintereinander Komponenten einfach mit add(comp) dem Container hinzugefügt, so werden sie alle im Zentrum übereinandergestapelt, sodass nur noch die letzte hinzugefügte Komponente sichtbar ist.

19.11.6 Rasteranordnung mit GridLayout

Das GridLayout ordnet seine Komponenten in Zellen an, wobei die Zeichenfläche rechteckig ist. Jeder Komponente in der Zelle wird dieselbe Größe zugeordnet, also bei drei Elementen in der Breite ein Drittel des Containers. Wird der Container vergrößert, so werden die Elemente gleichmäßig vergrößert. Sie bekommen so viel Platz wie möglich.

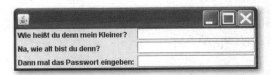

Abbildung 19.10 Beispiel für GridLayout

Listing 19.19 com/tutego/insel/ui/layout/GridLayoutDemo.java, main()

```
JFrame f = new JFrame();
f.setDefaultCloseOperation( JFrame.EXIT_ON_CLOSE );

f.setLayout( new GridLayout(/*3*/ 0, 2, 6, 3) );

f.add( new JLabel(" Wie heißt du denn mein Kleiner?") );
f.add( new JTextField() );
f.add( new JLabel(" Na, wie alt bist du denn?") );
f.add( new JFormattedTextField(NumberFormat.getIntegerInstance()) );
f.add( new JLabel(" Dann mal das Passwort eingeben:") );
f.add( new JPasswordField() );

f.pack();
f.setVisible( true );
```

Alles Auslegungssache: die Layoutmanager | **19.11**

```
class java.awt.GridLayout
implements LayoutManager, Serializable
```

▶ GridLayout()
Erzeugt ein GridLayout mit einer Spalte pro Komponente in einer Zeile.

▶ GridLayout(int rows, int cols)
Erzeugt ein GridLayout mit rows Zeilen oder cols Spalten. Die zu berechnende Anzahl sollte auf 0 gesetzt werden.

▶ GridLayout(int rows, int cols, int hgap, int vgap)
Erzeugt ein GridLayout mit rows Zeilen oder cols Spalten. Horizontale Freiräume werden an die rechten und linken Ecken jeder Zeile sowie zwischen die Spalten gesetzt. Vertikale Freiräume werden an die unteren und oberen Ecken gesetzt, zudem zwischen die Reihen.

Beim Konstruktor, der Zeilen oder Spalten angibt, reicht es, lediglich die Anzahl der Elemente in der Zeile oder Spalte anzugeben; der Layoutmanager nutzt ohnehin nur eine Angabe und berechnet daraus die verbleibende Anzahl. Ein mit Zeilen oder Spalten parametrisierter Konstruktor erlaubt es – so wie beim BorderLayout –, Zwischenraum einzufügen.

[zB]

Beispiel Setze ein Layout mit drei Zeilen:
```
container.setLayout( new GridLayout(3, 0xcafebabe) );
```
Bei nur vier Elementen können wir auf diese Anzahl von fiktiven Spalten gar nicht kommen. Bei gegebener Zeilenanzahl wird sie nicht genutzt.

GridLayout berechnet die Anzahl der passenden Spalten für die Anzahl der Komponenten. Das zeigt die Implementierung in den Methoden preferredLayoutSize(), minimumLayoutSize() und layoutContainer().

```
if ( nrows > 0 )
  ncols = (ncomponents + nrows - 1) / nrows;
else
  nrows = (ncomponents + ncols - 1) / ncols;
```

Ist die Anzahl der Zeilen gleich 0, so berechnet der Layoutmanager den Wert aus der Anzahl der Spalten.

[+]

Tipp Existiert eine Anzahl Zeilen, so ist die Angabe für die Spalten völlig uninteressant. Der Wert sollte daher der Übersichtlichkeit halber auf 0 gesetzt werden.

19.11.7 Der GridBagLayoutmanager *

Die bisherigen Layoutmanager sind für Teilprobleme zwar einfach, lösen aber komplexe Layoutsituationen nur ungenügend; so blieb bisher nur der Weg über viele geschachtelte Panel-Objekte mit eigenen Layoutmanagern. Mit dem GridBagLayout gibt es einen sehr flexiblen, aber auch komplizierten Layoutmanager, mit dem sich nahezu jedes Layout gestalten lässt. Die Idee dabei ist wie beim GridLayout, dass die Elemente in Zeilen und Spalten eingeteilt

1073

19 | Grafische Oberflächen mit Swing

werden. Sind bei einem `GridLayout` jedoch alle Elemente gleich hoch und gleich breit, lässt sich beim `GridBagLayout` ein Element über mehrere Zeilen und Spalten ziehen und das Verhältnis bei der Vergrößerung des Containers angeben. Dafür wird ein zusätzliches Objekt eingeführt, das jeder Komponente die Position und Ausrichtung aufzwingt. Dies ist die Klasse `GridBagConstraints`. Der Name *Constraint*, zu Deutsch Einschränkung, sagt aus, dass der Container versucht, diese Constraints einzuhalten.

GridBagConstraints

Ein Objekt vom Typ `GridBagConstraints` schreibt dem Layout ganz unterschiedliche Werte vor. Um eine Komponente in einem `GridBagLayout` zu positionieren, muss zuerst ein Exemplar von `GridBagConstraints` konstruiert werden. Anschließend wird eine Komponente mit `setConstraints(Komponente, GridBagConstraints)` beim `GridBagLayout` angemeldet. Danach muss nur noch die Komponente, wie bei jedem anderen Container auch, mit `add()` hinzugefügt werden.

Der prinzipielle Weg soll kurz skizziert werden:

```
// Am Anfang Container und Layoutmanager besorgen
Container container;
...
GridBagLayout gbl = new GridBagLayout();
container.setLayout( gbl );
// Für alle Komponenten
Component component;
...
GridBagConstraints gbc = new GridBagConstraints();
gbc.XXX = YYY;              // notwendige Einstellungen machen
// Am Manager Constraints für Komponente anmelden
gbl.setConstraints( component, gbc );

// Element in den Container einfügen
container.add( component );
```

GridBagConstraints-Objekt aufbauen

Um ein `GridBagConstraints`-Objekt aufzubauen, gibt es zwei Möglichkeiten: Es lässt sich mit dem Standard-Konstruktor erzeugen oder mit einem parametrisierten Konstruktor, der jedoch gleich elf Werte annehmen möchte. Wir entscheiden uns für den Standard-Konstruktor und setzen die Werte über die Objektvariablen. Die wichtigsten Werte sind: Position und Maße der Elemente. Beim Aufbau eines eigenen Layouts ist es sinnvoll, die Elemente in Zeilen und Spalten einzutragen und dann aufzuschreiben, welche Größe sie einnehmen.

Widmen wir uns nun dem Programm, das ein Layout mit fünf Zeilen (0, 1, ..., 4) und drei Spalten (0, 1, 2) realisiert. Gewünscht ist eine Realisierung der folgenden Abbildung:

1074

Abbildung 19.11 Beispiel für ein GridBagLayout

Die Schaltfläche »1« nimmt Platz für zwei Spalten ein. Hinsichtlich der Ausdehnung soll die Komponente den ganzen restlichen Platz einnehmen. In der dritten Zeile nimmt die Schaltfläche »4« drei Spalten ein.

Wichtige Attribute des GridBagConstraints: Breite, Höhe und Ausdehnung
Für die GridBagConstraints jeder Komponente sind vier Variablen besonders wichtig:

```
class java.awt.GridBagConstraints
implements Cloneable, Serializable
```

▶ int gridx, int gridy

gridx gibt die Position links vom Anzeigebereich an und gridy die Position direkt über dem Anzeigebereich der Komponente. Das Element ganz links hat den Wert 0, und der obersten Zelle ist der Wert 0 zugeordnet. Wenn die Komponenten automatisch rechts beziehungsweise unter der letzten Komponente platziert werden, wird die Konstante GridBagConstraints.RELATIVE vergeben, das heißt, die Komponente wird direkt an der letzten Komponente in der Zeile oder Spalte positioniert. Der Standardwert ist RELATIVE mit dem Wert –1.

Stehen die Werte fest, gilt das für Komponenten, die immer die gleiche Größe von einer Zeile und einer Spalte haben. Das ist aber nicht immer der Fall, und daher lässt sich die Ausdehnung in der Horizontalen und Vertikalen angeben. Dann nimmt ein Element für eine Überschrift etwa zwei Spalten ein.

▶ int gridwidth, int gridheight

Anzahl der Kästchen in einer Zeile und Spalte, die einer Komponente zur Verfügung stehen. Ist der Wert mit der Konstanten GridBagConstraints.REMAINDER belegt, so bedeutet dies, dass das Element das letzte der Zeile oder Spalte ist. GridBagConstraints.REMAINDER trägt den Wert 0. Der Standard für beide Werte ist 1. Wurde die letzte Komponente allerdings schon mit gridwidth gleich GridBagConstraints.REMAINDER eingefügt, so wird die nächste Komponente als erste in die nächste Zeile eingesetzt.

Mit diesen Angaben kann schon ein großer Teil einer grafischen Oberfläche entworfen werden.

Eine weitere Variable fill bestimmt, ob überhaupt vergrößert werden darf. Wie die Größenänderung aussehen soll, bestimmen zwei weitere Variablen:

19 | Grafische Oberflächen mit Swing

▶ int fill

Für die Belegung von fill existieren vier Konstanten in GridBagConstraints, die angeben, ob der Bereich für die Komponente variabel ist. Das sind: NONE (nicht vergrößern, der Standard), HORIZONTAL (nur horizontal vergrößern), VERTICAL (nur vertikal vergrößern) und BOTH (vertikal und horizontal vergrößern).

▶ double weightx, double weighty

Die Werte geben an, wie der freie horizontale und vertikale Platz verteilt wird. Der Standard ist 0. Ist in diesem Modus die Summe aller Komponenten einer Zeile beziehungsweise Spalte 0, so wird Freiraum rechts und links beziehungsweise oben und unten zwischen den Zeilen und dem Container eingefügt. Soll die Komponente den überschüssigen Platz verwenden, wird ein Wert größer 0 zugeteilt. Damit vergrößert oder verkleinert sie sich bei Veränderungen und behält ihre bevorzugte Größe nicht. Wenn nur ein Element einen Wert größer 0 besitzt, wird genau dieses vergrößert, und die restlichen Komponenten behalten ihre Größe bei.

Programmierung vereinfachen

Mit diesen Informationen wollen wir nun ein Beispiel implementieren. Doch bevor wir uns einem vollständigen Layout zuwenden, ist es sinnvoll, für den Umgang mit GridBagLayout und GridBagConstraints eine eigene Hilfsmethode zu schreiben, und zwar mit folgender Signatur:

```
static void addComponent( Container cont,
                          GridBagLayout gbl,
                          Component c,
                          int x, int y,
                          int width, int height,
                          double weightx, double weighty )
```

Die Methode soll ein GridBagConstraints-Objekt erstellen, die Werte zuweisen und dem Container dieses Constraint-Objekt zuteilen. Mit einer Komponente ist also eine Einschränkung verbunden. Zusätzlich soll die Methode die Komponenten in den Container legen.

Die Informationen über das Layout und unsere Abbildung wollen wir nun in einem Programm abbilden:

Listing 19.20 com/tutego/insel/ui/layout/GridBagLayoutDemo.java

```java
package com.tutego.insel.ui.layout;

import java.awt.*;
import javax.swing.*;

class GridBagLayoutDemo
{
  static void addComponent( Container cont,
                            GridBagLayout gbl,
                            Component c,
                            int x, int y,
```

Alles Auslegungssache: die Layoutmanager | **19.11**

```
                            int width, int height,
                            double weightx, double weighty )
{
  GridBagConstraints gbc = new GridBagConstraints();
  gbc.fill = GridBagConstraints.BOTH;
  gbc.gridx = x; gbc.gridy = y;
  gbc.gridwidth = width; gbc.gridheight = height;
  gbc.weightx = weightx; gbc.weighty = weighty;
  gbl.setConstraints( c, gbc );
  cont.add( c );
}

public static void main( String[] args )
{
  JFrame f = new JFrame();
  f.setDefaultCloseOperation( JFrame.EXIT_ON_CLOSE );
  Container c = f.getContentPane();

  GridBagLayout gbl = new GridBagLayout();
  c.setLayout( gbl );

  //                               x  y  w  h  wx    wy

  addComponent( c, gbl, new JButton("1"), 0, 0, 2, 2, 1.0, 1.0 );
  addComponent( c, gbl, new JButton("2"), 2, 0, 1, 1, 0  , 1.0 );
  addComponent( c, gbl, new JButton("3"), 2, 1, 1, 1, 0  , 0   );
  addComponent( c, gbl, new JButton("4"), 0, 2, 3, 1, 0  , 1.0 );
  addComponent( c, gbl, new JButton("5"), 0, 3, 2, 1, 0  , 0   );
  addComponent( c, gbl, new JButton("6"), 0, 4, 2, 1, 0  , 0   );
  addComponent( c, gbl, new JButton("7"), 2, 3, 1, 2, 0  , 0   );

  f.setSize( 300, 200 );
  f.setVisible( true );
  }
}
```

Die restlichen Attribute

Die bisherigen Eigenschaften reichen aus, um die wichtigsten Layouts zu realisieren. Mit den Constraints lassen sich jedoch noch andere Werte einstellen:

```
class java.awt GridBagConstraints
implements Cloneable, Serializable
```

▶ int anchor

Wird die Komponente nicht auf die ganze Breite oder Höhe skaliert, muss sie irgendwohin gesetzt werden. Die Variable anchor setzt sie nach einem bestimmten Verfahren in den Container. Folgende Konstanten deklariert GridBagConstraints: CENTER, NORTH, EAST, WEST, SOUTH, SOUTHEAST, NORTHEAST, SOUTHWEST und NORTHWEST. Der Standard ist CENTER.

1077

19 | Grafische Oberflächen mit Swing

▶ `Insets insets`
Ein `Insets`-Objekt bestimmt die minimalen Entfernungen der Komponente vom äußeren Rand in ihrem Anzeigebereich. Für ein `Insets`-Objekt werden vier Werte für `top`, `left`, `bottom` und `right` vergeben. Der Standard ist `Insets(0, 0, 0, 0)`.

▶ `int ipadx, ipady`
Geben die inneren Abstände (engl. *internal padding*) einer Komponente zum Rand an. Sie sind standardmäßig 0.

Jetzt haben wir alle Informationen zusammen, um uns noch einmal mit den beiden Konstruktoren zu beschäftigen:

▶ `GridBagConstraints()`
Der Standard-Konstruktor; er belegt die Werte, wie die Implementierung zeigt:

```
public GridBagConstraints()
{
  gridx = RELATIVE;   gridy = RELATIVE;
  gridwidth = 1;      gridheight = 1;
  weightx = 0;        weighty = 0;
  anchor = CENTER;
  fill = NONE;
  insets = new Insets( 0, 0, 0, 0 );
  ipadx = 0;          ipady = 0;
}
```

▶ `GridBagConstraints( int gridx, int gridy, int gridwidth,`
`    int gridheight, double weightx, double weighty,`
`    int anchor, int fill, Insets insets, int ipadx, int ipady )`
Belegt das Layout mit den angegebenen Werten.

19.11.8 Null-Layout *

Das Argument `null` bei `setLayout()` setzt keinen Layoutmanager, und die Komponenten müssen absolut positioniert werden. Zum Setzen der Position und Maße bietet jede `Component` die Methode `setBounds(int x, int y, int width, int height)`. Ein üblicher Layoutmanager wird mit genau dieser Methode die Größen zuweisen.

Das Setzen vom Null-Layout sollte nicht die Regel sein, da Änderungen an der Zeichensatzgröße hässliche Effekte nach sich ziehen. Eine Oma mit Sehschwierigkeiten, die die Fontgröße auf 40 stellt, sieht dann in einer Schaltfläche vielleicht nur eine halbe, abgeschnittene Zeichenkette.

[zB] **Beispiel** Ordne zwei Schaltflächen mit dem Null-Layout an. `c` soll ein passender `Container` sein:

```
c.setLayout( null );
JButton b = new JButton( "Snug Weste blau, innen rot" );
b.setBounds( 0, 0, 200, 50 );
```

1078

```
c.add( b );
b = new JButton( "HPX Gore-tex Ocean Jacket" );
b.setBounds( 250, 0, 150, 50 );
c.add( b );
```

TransparentLayout

Das Open-Source-Projekt *TransparentLayout* (*https://transparentlayout.dev.java.net/*) bietet etwas Ähnliches wie das Null-Layout. Hier werden nicht die Komponenten selbst mit Größen initialisiert, sondern ein Rectangle- bzw. Point-Objekt wird bei der add()-Methode mitgegeben:

```
container.setLayout( new TransparentLayout() );
container.add( component, new Point(x1, y1) );
container.add( component, new Rectangle(x2, y2, width, height) );
```

Im Fall des Argumenttyps Point berücksichtigt TransparentLayout die gewünschte Größe der Komponente, die Preferred Size.

19.11.9 Weitere Layoutmanager

OverlayLayout, ScrollPaneLayout und ViewPortLayout sind weitere Layoutmanager aus der Java SE. Sie sind sehr speziell mit ihren Containern verbunden und spielen hier keine Rolle.

Weitere Open-Source-Layoutmanager sind:

▶ Die Seite *http://tutego.de/go/tablelayout* beschreibt einen neuen Layoutmanager TableLayout, mit dem sich ähnlich wie mit dem GridBagLayout Raster aufbauen lassen, nur ist die Programmierung viel einfacher. Er gehört nicht zur Standardbibliothek, sondern muss extra eingebunden werden, was aber kein Problem ist.

▶ Das RiverLayout (*http://www.datadosen.se/riverlayout/*) ordnet Komponenten über textuelle Beschreibungen an, etwa »center« oder »tab hfill vfill«.

▶ Das CircleLayout (*https://circlelayout.dev.java.net/*) setzt die Komponenten an den Rand eines Kreises bzw. einer Ellipse.

19.12   Rollbalken und Schieberegler

Ein *Rollbalken* (engl. *scrollbar*, auch *Bildlaufleiste* genannt) ist eine Komponente, die es einem Benutzer auf einfache Weise ermöglicht, einen ganzzahligen Wert aus einem vorher festgelegten Wertebereich auszuwählen.

Ein *Schieberegler* (engl. *slider*) ist mit dem Rollbalken verwandt. Er dient im Speziellen jedoch zur Auswahl eines Werts aus einem Zahlenbereich. Beim Slider lässt sich zudem noch eine Skala aus verschieden großen Strichen (engl. *tick marks*) setzen.

19.12.1 Schieberegler (JSlider)

Die Swing-Bibliothek implementiert Slider durch die Klasse `JSlider`. Dass Ticks gezeichnet werden, bestimmt der Aufruf `setPaintTicks(true)`. Damit sich die Abstände der Unterteilungen setzen lassen, wird `setMinorTickSpacing(int)` oder auch `setMajorTickSpacing(int)` verwendet. Die letzten Methoden sind unabhängig voneinander. Zusätzlich zu den Ticks erlaubt die Klasse auch eine automatische Nummerierung der Striche. Dann muss die Methode `setPaintLabels(true)` gesetzt werden. Eigene Wertebereiche werden über `setLabelTable(Dictionary labels)` zugewiesen; der Assoziativspeicher verbindet `Integer`-Objekte für Positionen mit `JComponent`-Komponenten, die dann am `JSlider` gezeichnet werden. Auf Bewegungsereignisse horcht ein `ChangeListener`.

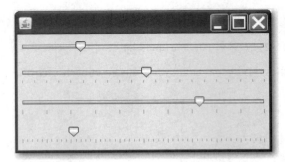

Abbildung 19.12 Die verschiedenen JSlider ohne Nummerierung

Listing 19.21 com/tutego/insel/ui/swing/JSliderDemo.java, main()

```
JFrame frame = new JFrame();
frame.setDefaultCloseOperation( JFrame.EXIT_ON_CLOSE );
frame.setLayout( new GridLayout(4, 0, 0, 7) );

JSlider slider1 = new JSlider( 0, 100, 50 );
frame.add( slider1 );

JSlider slider2 = new JSlider( 0, 100, 50 );
slider2.setPaintTicks( true );
slider2.setMinorTickSpacing( 5 );
frame.add( slider2 );

JSlider slider3 = new JSlider( 0, 100, 50 );
slider3.setPaintTicks( true );
slider3.setMajorTickSpacing( 10 );
frame.add( slider3 );

JSlider slider4 = new JSlider ( 0, 100, 50 );
slider4.setPaintTicks(true);
slider4.setMajorTickSpacing( 10 );
slider4.setMinorTickSpacing( 2 );
slider4.setPaintTrack( false );
```

```java
slider4.addChangeListener( new ChangeListener() {
  @Override public void stateChanged( ChangeEvent e ) {
     System.out.println( ((JSlider) e.getSource()).getValue() );
  }
} );
frame.add( slider4 );

frame.pack();
frame.setVisible( true );
```

19.12.2 Rollbalken (JScrollBar) *

Mittels eines verschiebbaren Knopfes oder der Bildlaufpfeile lässt sich ein Wert einstellen. Der Rollbalken kann vertikal oder horizontal angeordnet werden. Er besitzt für Verschiebungen folgende Regel hinsichtlich des internen Werts: Bei einem vertikalen Rollbalken liegt der größte Wert oben und bei einem horizontalen auf der linken Seite. Wird der Rollbalken verändert, werden `AdjustmentEvent`-Objekte erzeugt. Dem `JScrollBar` ist ein `BoundedRangeModel` zugewiesen, das die Daten speichert.

Abbildung 19.13 Ein Rollbalken

Beispiel: Position eines Rollbalkens mit Textfeldeintrag synchron halten

Das folgende Programm verwendet ein `JScrollBar`- und ein `JTextField`-Objekt. Beide benachrichtigen sich bei Änderungen. Wird also im Textfeld eine neue Zahl eingesetzt, zeigt der Rollbalken diese an. Verändern wir den Regler, so wird die passende Zahl in das Textfeld gesetzt. Die Verbindung zwischen den beiden Komponenten wird mit zwei Listener-Objekten hergestellt.

Listing 19.22 com/tutego/insel/ui/swing/JScrollBarDemo.java, main()

```java
JFrame f = new JFrame();
f.setDefaultCloseOperation( JFrame.EXIT_ON_CLOSE );

f.setLayout( new GridLayout(2, 1) );

final JScrollBar sb = new JScrollBar( Adjustable.HORIZONTAL, 50, 10, 0, 100 + 10 );
final JTextField tf = new JTextField( "" + sb.getValue(), 20 );

f.add ( tf );
f.add ( sb );

tf.addActionListener( new ActionListener() {
  @Override public void actionPerformed( ActionEvent e ) {
```

19 | Grafische Oberflächen mit Swing

```java
      sb.setValue( Integer.parseInt(tf.getText()) );
    }
  } );

  sb.addAdjustmentListener( new AdjustmentListener() {
    @Override public void adjustmentValueChanged( AdjustmentEvent e ) {
      tf.setText( "" + sb.getValue() );
    }
  } );

  f.pack();
  f.setVisible( true );
```

Die JScrollBar-API

Die wichtigen Properties einer `JScrollBar` sind: Orientierung (horizontal, vertikal), Minimalwert, Maximalwert, aktueller Wert. Für die Orientierung sind zwei Konstanten in der Schnittstelle `java.awt.Adjustable` deklariert; die `JScrollBar` implementiert `HORIZONTAL` und `VERTICAL`. Ein Rollbalken kann immer nur eines von beiden sein. Das Minimum steht standardmäßig auf 0 und das Maximum auf 100.

```
class javax.swing.JScrollBar
extends JComponent
implements Adjustable, Accessible
```

▶ `JScrollBar()`
Erzeugt einen vertikalen Rollbalken.

▶ `JScrollBar( int orientation )`
Erzeugt einen neuen Rollbalken mit der angegebenen Richtung.

▶ `JScrollBar( int orientation, int value, int extent, int minimum, int maximum )`
Erzeugt einen neuen Rollbalken mit der angegebenen Richtung. Zudem werden der Initialwert, die Größe, das Minimum und das Maximum gesetzt. Die Eigenschaften `minimum` und `maximum` geben die Grenzen des Werts an, die der Rollbalken annehmen kann. Geben wir `maximum` kleiner oder gleich `minimum` an, dann wird `maximum` = `minimum` + 1 gesetzt. Der weitere zusätzliche Parameter `value` bestimmt den Startwert des Rollbalkens. `value` darf nicht kleiner als `minimum` sein. Ist er es dennoch, so wird `value` = `minimum` gesetzt. Der `value` steht bei beiden auf 0, das heißt, bei einem vertikalen Rollbalken steht der Knopf unten und bei einem horizontalen Rollbalken links. Mit `extent` können wir die Größe des Schiebers bestimmen. Daneben hat `extent` aber noch eine andere Funktion, denn es bestimmt zusätzlich die Größe der Veränderung, wenn der Schieber bewegt wird – mit anderen Worten: die Schrittweite. Da die Schieber unter Windows nicht proportional zur Größe des darzustellenden Inhalts sind, lässt sich hier einfach ein proportionaler Rollbalken implementieren. So können wir leicht von der Größe des Knopfs auf den Umfang schließen. Der Wert von `extent` muss kleiner sein als der Wertebereich des Rollbalkens (`extent` <= `maximum` – `minimum`). Verstößt `visible` gegen die einfache Gleichung, wird `visible` = `maximum` `minimum` gewählt. Erreicht `extent` einen Wert kleiner 1, wird dieser

zurück auf 1 gesetzt. Für die beiden anderen Konstruktoren ist der Wert von extent auf 10 festgelegt.

▶ int getOrientation()
Liefert die Orientierung des Rollbalkens.

▶ void setOrientation(int orientation)
Setzt die Orientierung neu.

▶ int getMaximum(), getMinimum()
Liefert das Maximum beziehungsweise Minimum des Rollbalkens.

▶ void setMaximum(int newMaximum), void setMinimum(int newMinimum)
Setzt den maximalen beziehungsweise minimalen anzunehmenden Wert des Rollbalkens.

▶ int getValue()
Liefert den aktuellen Wert des Rollbalkens.

▶ void setValue(int newValue)
Setzt einen neuen Wert.

▶ int getBlockIncrement()
Liefert die Blockschrittweite vom Rollbalken. Diese definiert beim Druck auf die Bildlauf-leiste (nicht Pfeile), um wie viele Zeilen weitergeblättert wird. Im Allgemeinen führt ein Druck auf die [Bild↓]-Taste zu demselben Effekt.

▶ void setBlockIncrement(int v)
Setzt die Blockschrittweite für den Rollbalken.

▶ int getUnitIncrement()
Liefert die Schrittweite des Rollbalkens, die bestimmt, wie weit die aktuelle Seite weiter-geblättert wird, wenn die Pfeile des Rollbalkens angewählt werden. Die Operation ist mit einem Druck auf die [↑]/[↓]-Tasten vergleichbar.

▶ void setUnitIncrement(int v)
Setzt die Schrittweite neu.

▶ int getVisibleAmount()
Liefert die Größe des sichtbaren Bereichs.

▶ void setVisibleAmount(int extent)
Setzt eine neue Größe des sichtbaren Bereichs.

▶ void setValues(int newValue, int newExtent, int newMin, int newMax)
Setzt die vier Eigenschaften des Rollbalkens.

▶ void addAdjustmentListener(AdjustmentListener l)
Fügt einen AdjustmentListener hinzu, der auf einen AdjustmentEvent hört.

▶ void removeAdjustmentListener(AdjustmentListener l)
Entfernt den AdjustmentListener wieder.

Der AdjustmentListener, der auf Änderungen hört

Objekte, die an Änderungen interessiert sind, müssen die Schnittstelle AdjustmentListener implementieren und sich beim jeweiligen Rollbalken registrieren. AdjustmentListener spie-

19 | Grafische Oberflächen mit Swing

len bis auf `JScrollBar` in Swing keine weitere Rolle; unter AWT haben sie bei der `java.awt.Scrollbar` die Bewegungen gemeldet.

---
interface java.awt.event.**AdjustmentListener**
extends EventListener

▶ void adjustmentValueChanged(AdjustmentEvent e)
   Wird vom Rollbalken aufgerufen, wenn das Objekt seinen Wert verändert.

Das `AdjustmentEvent` verrät uns, welches Ereignis zu der Veränderung geführt hat.

---
class java.awt.**AdjustmentEvent**
extends AWTEvent

▶ Adjustable getAdjustable()
   Gibt das `Adjustable`-Objekt zurück, bei dem das Event auftrat.

▶ int getValue()
   Gibt den Wert im `Adjustment`-Objekt zurück.

▶ int getAdjustmentType()
   Gibt eine der Konstanten UNIT_INCREMENT, UNIT_DECREMENT, BLOCK_INCREMENT, BLOCK_DECREMENT oder TRACK zurück, die den Typ des Ereignisses beschreiben.

Wir beschreiben im folgenden Programmlisting einen `AdjustmentListener`, der alle möglichen Informationen über die Bewegung des Rollbalkens protokolliert:

Listing 19.23 com/tutego/insel/ui/swing/AllAdjustmentListener.java, adjustmentValueChanged()

```java
@Override public void adjustmentValueChanged( AdjustmentEvent e )
{
    System.out.println( e.getAdjustable().getOrientation() == Adjustable.HORIZONTAL ?
                       "Adjustable.HORIZONTAL" : "Adjustable.VERTICAL" );

  switch ( e.getAdjustmentType() )
  {
    case AdjustmentEvent.UNIT_INCREMENT:
      System.out.println( "AdjustmentEvent.UNIT_INCREMENT" );
      break;
    case AdjustmentEvent.UNIT_DECREMENT:
      System.out.println( "AdjustmentEvent.UNIT_DECREMENT" );
      break;
    case AdjustmentEvent.BLOCK_DECREMENT:
      System.out.println( "AdjustmentEvent.BLOCK_DECREMENT" );
      break;
    case AdjustmentEvent.BLOCK_INCREMENT:
      System.out.println( "AdjustmentEvent.BLOCK_INCREMENT" );
      break;
    case AdjustmentEvent.TRACK:
      System.out.println( "AdjustmentEvent.TRACK" );
      break;
```

```
    }
    System.out.println( " value: " + e.getValue() );
}
```

19.13 Kontrollfelder, Optionsfelder, Kontrollfeldgruppen

Ein Kontrollfeld ist eine Komponente mit einem Zustand: »ein« oder »aus«. Der Zustand wird meistens als Rechteck oder Kreis neben einer Zeichenkette dargestellt. Kontrollfelder dienen dem Benutzer meistens als Auswahl von Optionen. Bei einer Pizza-Bestellung kann etwa ein Optionsfeld die Beläge anbieten. Hier würde ich dann immer Pilze, Paprika und Zwiebeln wählen.

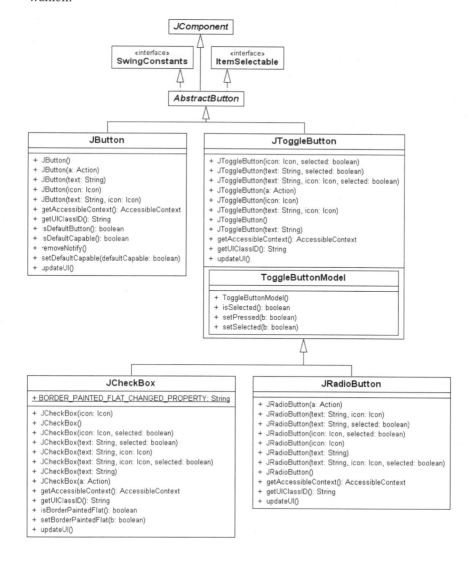

19 | Grafische Oberflächen mit Swing

In Swing sind zwei Klassen als besondere Schaltflächen vorgesehen, sodass der Benutzer aus einer Reihe von Optionen wählen kann: JCheckBox und JRadioButton. Beide sind Unterklassen von AbstractButton und haben daher die schon erwähnten Möglichkeiten für HTML-Text, unterschiedliche Grafiken, Abstand und so weiter.

19.13.1 Kontrollfelder (JCheckBox)

Die JCheckBox ist als Schaltfläche so flexibel wie ein JButton und lässt sich verschiedene Grafiken für den eingeschalteten und ausgeschalteten Zustand zuweisen. Dazu dienen die Methoden setIcon() und setSelectedIcon(). Diese Methoden kommen alle aus der Oberklasse AbstractButton. Im Konstruktor lässt sich als zweites Argument ein Wahrheitswert angeben, der bestimmt, ob das Feld am Anfang gesetzt ist oder nicht.

Ändert sich der Zustand eines Felds (Selektion oder Deselektion), wird ein ItemEvent an alle registrierten ItemListener weitergeleitet. Nach dem Anlegen des Objekts kann die Methode setState(boolean) den Status verändern. Das Argument true markiert die Option des Kontrollfelds. getState() liefert den aktuellen Status des Kontrollfelds.

Abbildung 19.14 Kontrollkästchen für unsere Helden

Listing 19.24 com/tutego/insel/ui/swing/JCheckBoxDemo.java, main()

```
JFrame f = new JFrame( "Tolle Fernsehserien" );
f.setDefaultCloseOperation( JFrame.EXIT_ON_CLOSE );

Icon unchecked = new ImageIcon( JCheckBoxDemo.class.getResource( ↩
  "/images/cancel.png" ) );
Icon checked   = new ImageIcon( JCheckBoxDemo.class.getResource( ↩
  "/images/ok.png" ) );

JCheckBox cb1 = new JCheckBox( "Ein Colt für alle Fälle", true );
cb1.setIcon( unchecked );
cb1.setSelectedIcon( checked );
f.add( cb1, BorderLayout.PAGE_START );

JCheckBox cb2 = new JCheckBox( "MacGyver", false );
cb2.setIcon( unchecked );
cb2.setSelectedIcon( checked );
f.add( cb2, BorderLayout.PAGE_END );

// We listen to our heros

ItemListener herosListener = new ItemListener() {
  @Override public void itemStateChanged( ItemEvent e ) {
```

```
      System.out.print( ((JCheckBox) e.getItem()).getText() );
      System.out.println( e.getStateChange() == ItemEvent.SELECTED ?
                          " selected" : " unselected" );
  }
};


cb1.addItemListener( herosListener );
cb2.addItemListener( herosListener );

f.pack();
f.setVisible( true );
```

19.13.2 ItemSelectable, ItemListener und das ItemEvent

In Swing gibt es eine Schnittstelle `ItemSelectable`, die alle Swing-Klassen implementieren, bei denen Einträge selektiert werden können:

interface java.awt.**ItemSelectable**

▶ void addItemListener(ItemListener l)

▶ void removeItemListener(ItemListener l)

▶ Object[] getSelectedObjects()

Folgende GUI-Komponenten implementieren diese Schnittstelle:

▶ alle von `AbstractButton` abgeleiteten Schaltflächen, insbesondere `JCheckBox`, `JRadioButton`, `JCheckBoxMenuItem`, `JRadioButtonMenuItem`

▶ `JComboBox`

ItemListener

Die Schnittstelle `ItemListener` wird von allen Objekten implementiert, die an einem Auswahlereignis interessiert sind. Wird ein Element ausgewählt, wird die Methode `itemStateChanged()` aufgerufen.

interface java.awt.event.**ItemListener**
extends EventListener

▶ void itemStateChanged(ItemEvent e)
  Wird aufgerufen, wenn ein Eintrag selektiert oder deselektiert wird.

ItemEvent an ItemListener

Dem Listener wird in `itemStateChanged()` ein `ItemEvent`-Objekt übergeben, das Zugriff auf die Komponente oder den Zustand liefert.

19 | Grafische Oberflächen mit Swing

> **class java.awt.event.ItemEvent**
> **extends AWTEvent**

- `ItemSelectable getItemSelectable()`
  Gibt ein `ItemSelectable`-Objekt von der Komponente zurück, die das Ereignis ausgelöst hat.

- `Object getItem()`
  Gibt das vom Ereigniserzeuger initialisierte Item zurück. Der Typ kann je nach Komponente unterschiedlich sein. (Die API-Dokumentation ist mit der Erläuterung »*The item whose selection state has changed*« relativ unspezifisch. Bei einer `JCheckBox` ist es jedenfalls nicht der String.)

- `int getStateChange()`
  Gibt den Status des Eintrags zurück. Die Klasse deklariert dazu die Konstanten `ItemEvent.SELECTED` und `ItemEvent.DESELECTED`.

Innerhalb der Methode `itemStateChanged()` bezieht wie üblich `getSource()` den Auslöser des Ereignisses. Es gibt aber noch einen zweiten Weg über die Methode `getItemSelectable()`. Das hat den Vorteil, dass die Rückgabe ein `ItemSelectable` ist, wobei eine Typanpassung entfallen kann, wenn etwa über die `ItemSelectable`-Methode `getSelectedObjects()` die selektierten Objekte erfragt werden sollen.

Ob nun eine Selektion oder Deselektion stattfand beziehungsweise wie der aktuelle Zustand ist, lässt sich wiederum über unterschiedliche Wege ermitteln. Die Objektmethoden `getStateChange()` von `ItemEvent` erfragen den Wechsel (Selektion oder Deselektion). Der Rückgabewert ist eine Ganzzahl, und wir sollten ihn mit den Konstanten `ItemEvent.SELECTED` und `ItemEvent.DESELECTED` vergleichen. Der andere Weg geht über die Komponente selbst: Im Fall einer `JCheckBox` – und jeder allgemeinen Schaltflächen-Art, die Unterklasse von `AbstractButton` ist – ermittelt `isSelected()` den aktuellen Zustand.

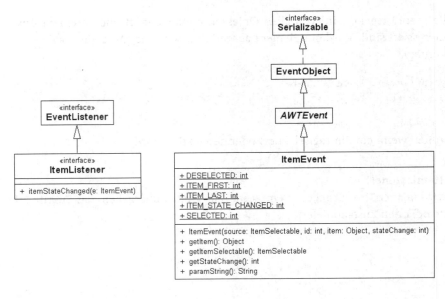

1088

19.13.3 Sich gegenseitig ausschließende Optionen (JRadioButton)

Wir müssen unterscheiden, ob sich Kontrollkästchen gegenseitig ausschließen oder nicht. Falls sie sich ausschließen, kann nur ein Kontrollfeld markiert sein. Bei sich nicht ausschließenden Feldern gibt es keine Beschränkung. Sind die Kontrollkästchen in einer Gruppe (*Kontrollfeldgruppe*) organisiert, werden sie auch *Optionsfelder* genannt. Der Name sagt es bereits: Eine Option kann gesetzt werden oder nicht – bei einem Druckdialog etwa ein Ausdruck in Farbe oder in Schwarzweiß.

Sich gegenseitig ausschließende Eingaben können die Swing-Komponenten JRadioButton und JComboBox realisieren. In diesem Abschnitt wollen wir uns mit JRadioButton beschäftigen.

Die ButtonGroup

Um die sich gegenseitig ausschließenden Auswahlknöpfe von den standardmäßig rechteckig gezeichneten JCheckBox-Objekten unterscheiden zu können, werden diese üblicherweise rund gezeichnet. Ohne Vorbereitung schließt sich ein JRadioButton vom anderen allerdings nicht aus; hierfür wird ein spezielles ButtonGroup-Objekt verwendet, das die Selektionen überwacht. Werden die JRadioButton-Objekte erzeugt, lassen sie sich später einer ButtonGroup hinzufügen, sodass nur jeweils ein Element ausgewählt sein kann. Wir selbst müssen nicht durch Listener oder Ähnliches diesen Vorgang verfolgen. Die ButtonGroup deselektiert also automatisch ein Feld, wenn ein anderes angewählt wird.

Erzeugen wir zwei JRadioButton-Objekte und fügen sie in eine ButtonGroup ein. setSelected() setzt den Radioauswahlknopf, der als Erstes ausgewählt ist.

Abbildung 19.15 Beispiel für ein Optionsfeld

Listing 19.25 com/tutego/insel/ui/swing/JRadioButtonDemo.java, main()

```
JFrame f = new JFrame();
f.setDefaultCloseOperation( JFrame.EXIT_ON_CLOSE );

JRadioButton rb1 = new JRadioButton( "schwarz " );
f.add( rb1, BorderLayout.PAGE_START );
JRadioButton rb2 = new JRadioButton( "weiß" );
f.add( rb2, BorderLayout.PAGE_END );

rb1.setSelected( true );

// Set radio buttons on the ButtonGroup

ButtonGroup g = new ButtonGroup();
g.add( rb1 );
```

```
  g.add( rb2 );

  f.pack();
  f.setVisible( true );
```

Das Hinzufügen ist nicht vergleichbar mit Thread-Gruppen, wo ein Thread beim Erzeugen schon gleich in eine Thread-Gruppe hineinpositioniert werden muss und die Gruppe auch später nie mehr ändern kann.

Verschiedene Komponenten über einen ItemListener
Wird ein `ItemListener` auf unterschiedliche Komponenten gleichzeitig angewendet, so ist es klug, mittels `getSource()` den Typ der Komponente zu erfragen und dann mit dem `instanceof`-Operator weiter zu untergliedern:

```
public void itemStateChanged( ItemEvent e )
{
  Object comp = e.getSource();
  if ( comp instanceof JCheckBox )
    ...
  else if ( comp instanceof JRadioButton )
    ...
  else if ( comp instanceof JComboBox )
    ...
}
```

19.14 Fortschritte bei Operationen überwachen *

19.14.1 Fortschrittsbalken (JProgressBar)

Mit der Komponente `JProgressBar` für einen *Fortschrittsbalken* (auch *Verlaufsbalken* oder *Statusanzeige* genannt) lassen sich Anzeigen visualisieren, die das Vorankommen (den Status) einer Anwendung beschreiben.

Der Fortschrittsbalken kann mit mehreren Konstruktoren erzeugt werden. Der Standard-Konstruktor erzeugt einen horizontalen Fortschrittsbalken. Es existieren zusätzliche Konstruktoren für die Orientierung, `JProgressBar.HORIZONTAL` und `JProgressBar.VERTICAL`, sowie ein eingestelltes Maximum und Minimum. Nachträglich lassen sich diese Eigenschaften mit `setOrientation(int)`, `setMinimum(int)` und `setMaximum(int)` ändern. Die Methode `setStringPainted(true)` zeigt in Prozent an, in welchem Stadium der Bearbeitung sich ein Auftrag befindet. Einen alternativen String zeigt `setString(String)`.

Abbildung 19.16 Anzeige eines Fortschrittsbalkens

Listing 19.26   com/tutego/insel/ui/swing/JProgressBarDemo.java

```java
package com.tutego.insel.ui.swing;

import java.awt.*;
import java.awt.event.*;
import javax.swing.*;

public class JProgressBarDemo
{
  static JProgressBar bar = new JProgressBar( 0, 1000000 );

  static class ButtonActionListener implements ActionListener
  {
    @Override public void actionPerformed( ActionEvent e )
    {
      new Thread( new Runnable()
      {
        @Override public void run()
        {
          for ( int i = 1; i <= bar.getMaximum(); ++i )
          {
            final int j = i;

            SwingUtilities.invokeLater( new Runnable()
            {
              @Override public void run() {
                bar.setValue( j );
              }
            } );
          }
        }
      } ).start();
    }
  }

  public static void main( String[] args )
  {
    JFrame f = new JFrame();
    f.setDefaultCloseOperation( JFrame.EXIT_ON_CLOSE );

    JButton but = new JButton( "Start zählen" );
    but.addActionListener( new ButtonActionListener() );

    bar.setStringPainted( true );

    f.add( bar, BorderLayout.PAGE_START );
    f.add( but, BorderLayout.PAGE_END );

    f.pack();
```

19 | Grafische Oberflächen mit Swing

```
        f.setVisible( true );
    }
}
```

Auf der Oberfläche sind ein `JButton` und ein `JProgressBar` aufgebracht. Der `JButton` soll, wenn er gedrückt wird, einen Hintergrund-Thread anstoßen, der die Fortschrittsanzeige hochzählt. Das Beispiel ist insofern komplex, als viele Objekte benötigt werden:

▶ Der Listener: Damit die Applikation die Aktivierung der Schaltfläche erkennt, wird die Klasse `ButtonActionListener` programmiert.

▶ Für das nebenläufige Programm benötigen wir einen `Thread`.

▶ Der gestartete Thread darf keine Methoden auf Swing-Komponenten aufrufen – das darf nur der AWT-Thread. Andernfalls könnten zwei Programmteile parallel eine Swing-Komponente verändern, was den Zustand ruinieren kann; Swing-Komponenten sind nicht vor parallelem Zugriff geschützt. Die Veränderung des Fortschritts über `setValue()` muss also aus dem eigenen Nicht-AWT-Thread heraus erfolgen. Dazu dient die Methode `invokeLater()`. Sie erzeugt ein in die Ereigniswarteschlange eingefügtes Ereignis. Wird das Ereignis vom AWT-Thread bearbeitet, führt er den Programmcode in der `run()`-Methode vom übergebenen `Runnable` aus. Wir sprechen später noch ausführlicher über `invokeLater()` (in Abschnitt 19.26.3, »invokeLater() und invokeAndWait()«) und eine alternative Lösung mit SwingWorker (in Abschnitt 19.26.4, »SwingWorker«).

19.14.2 Dialog mit Fortschrittsanzeige (ProgressMonitor)

Der `ProgressMonitor` ist keine übliche Swing-Komponente, sondern eine Klasse, hinter der ein Dialog steht, der sich dann öffnet, wenn die Ausführung einer Operation länger als eine bestimmte Zeit dauert. Das Swing-Tutorial liefert unter *http://download.oracle.com/javase/tutorial/uiswing/components/progress.html* ein Beispiel dazu.

19.15   Menüs und Symbolleisten

Menüs lassen sich in *Fenstermenüs*, die immer mit einem Fenster verbunden sind, oder *Popup-Menüs* einteilen, die an bestimmten Stellen auftauchen und an keine feste Stelle gebunden sind. An diesem Punkt ist ein Unterschied in den Fensterarchitekturen zu verzeichnen: Während bei den meisten Windows-Systemen die Menüs Teil des Fensterrahmens sind, befinden sich die Menüeinträge beim Macintosh immer am oberen Bildschirmrand. Dies bedeutet auch, dass beim Mac jede Anwendung die Menüleiste quasi austauscht, während unter Windows jedes Programm über seine eigene Menüleiste verfügt und problemlos mehrere verschiedene Programme mit verschiedenen Menüleisten nebeneinander laufen können. Inzwischen macht sich aber eine neue Tendenz bei den Menüleisten bemerkbar: der Weg von den fest verankerten Menüpunkten hin zur flexiblen Anordnung am Fensterrahmen oder als eigenes Fenster. Die Menüs sind somit beweglich geworden, und die Zukunft wird zeigen, ob sich diese Art der Menüs weiter verbreitet.

19.15.1 Die Menüleisten und die Einträge

Der *Menübalken* nimmt Menüeinträge auf und dient als Container für weitere Menüs. Er sitzt auf einem Top-Level-Container außerhalb der Content-Pane. Ein Menü enthält Einträge (engl. *items*), die eine Aktion auslösen. Jeder Eintrag kann weitere Einträge enthalten. Diese werden dann *Untermenü* (engl. *submenu*) genannt.

Zunächst müssen wir einen Menübalken erzeugen. Dazu dient die Klasse `JMenuBar`. Die Einträge erzeugen wir mit der Klasse `JMenu`.

Beispiel Erzeuge eine Menüzeile mit einem Menü. Hänge die Menüzeile an ein Fenster f: [zB]

Listing 19.27 JMenuDemo.java, Ausschnitt

```
JMenuBar menuBar = new JMenuBar();
JMenu fileMenu = new JMenu( "Datei" );
menuBar.add( fileMenu );
f.setJMenuBar( menuBar );
```

Die `add()`-Methode der Klasse `JMenuBar` fügt der Menüzeile einen Eintrag hinzu. Dieser befindet sich dann direkt unter dem Titel des Fensters und ist immer sichtbar. `setJMenuBar()`, eine Methode von `JFrame`, weist den Menübalken einem Fenster zu. Auch Applets können unter Swing einen Menübalken besitzen – eine Fähigkeit, die Applets unter dem AWT versagt blieb.

```
class javax.swing.JMenuBar
extends JComponent
implements Accessible, MenuElement
```

▶ JMenuBar()
   Erzeugt eine neue vertikale Menüleiste.

▶ JMenu add(JMenu c)
   Fügt der Menüleiste einen Menüeintrag am Ende hinzu.

▶ int getMenuCount()
   Liefert die Anzahl der Menüeinträge.

```
class javax.swing.JMenu
extends JMenuItem
implements Accessible, MenuElement
```

▶ JMenu(String s)
   Erzeugt einen Menüeintrag mit einem bestimmten Text. Das Menü kann nicht abgezogen werden (kein *Tear-off-Menü*).

19 | Grafische Oberflächen mit Swing

▶ `JMenu()`
Erzeugt einen Menüeintrag ohne Text (kein Tear-off-Menü).

▶ `JMenu( String s, boolean b )`
Erzeugt ein `Menu`-Objekt mit gesetztem Namen, das durch den booleschen Parameter gesteuert abziehbar ist (Tear-off-Menü). Diese Möglichkeit muss nicht in jeder Implementierung gegeben sein.

```
class javax.swing.JFrame
extends Frame
implements WindowConstants, Accessible, RootPaneContainer
```

▶ `void setJMenuBar( JMenuBar menubar )`
Setzt die Menüleiste des Fensters.

19.15.2 Menüeinträge definieren

Auf jedem horizontalen Eintrag der Menüzeile, den `JMenu`-Objekten, lassen sich mit `add()` die vertikalen Elemente hinzufügen. Der Parametertyp ist `JMenuItem` und umfasst damit:

▶ `JMenuItem` als direkte Menüelemente, die den typischen Schaltflächen entsprechen

▶ `JMenu` als Unterklasse von `JMenuItem` für Untermenüs

▶ `JCheckBoxMenuItem` und `JRadioButtonMenuItem` sind ebenfalls zwei Unterklassen von `JMenuItem`, die einen angewählten Status anzeigen.

[+] **Tipp** Hierarchische Menüs dürfen nur für wenig gebrauchte Operationen benutzt werden. Dies gilt noch mehr für Popup-Menüs.

[zB] **Beispiel** Erzeuge ein neues Menü-Element für die Hilfe und hänge ihm einen Eintrag an:
Listing 19.28 JMenuDemo.java, Ausschnitt
```
JMenu helpMenu = new JMenu( "Hilfe" );
menuBar.add( helpMenu );
helpMenu.add( new JMenuItem("Über das Programm") );
```

Im Beispiel erzeugt ein mit einem String parametrisierter Konstruktor das `JMenuItem` und bestimmt auf diese Weise den Namen der Schaltfläche. Die Klasse bietet jedoch außerdem überladene Konstruktoren, die an `JButton` erinnern – kein Wunder, da `JMenuItem` eine Unterklasse von `AbstractButton` ist.

```
class javax.swing.JMenu
extends JMenuItem
implements Accessible, MenuElement
```

▶ `MenuItem add( JMenuItem menuItem )`

► MenuItem add(String s)
Fügt dem Menüeintrag ein neues Element hinzu.

► void addSeparator()
Fügt eine Menütrennlinie ein.

```
class javax.swing.JMenuItem
extends AbstractButton
implements Accessible, MenuElement
```

► JMenuItem()
Erzeugt ein MenuItem ohne Text und Bild.

► JMenuItem(String text)
Erzeugt einen neuen Eintrag mit Text.

► JMenuItem(Icon icon)
Erzeugt einen neuen Eintrag mit Bild.

► JMenuItem(String text, Icon icon)
Erzeugt einen neuen Eintrag mit vorgeschriebenem Text und Bild.

► JMenuItem(String text, int mnemonic)
Erzeugt MenuItem mit Text und Mnemonic.

► void setEnabled(boolean b)
Aktiviert oder deaktiviert den Menüeintrag.

► void setText(String text)
Setzt den Text des Eintrags. Die Methode wird von AbstractButton geerbt.

19.15.3 Einträge durch Action-Objekte beschreiben

Menüeinträge lassen sich sehr gut mit Action-Objekten beschreiben, unter anderem deswegen, weil einige Operationen auch über die Symbolleiste aktiviert werden und dahinter der gleiche Programmcode sowie die gleichen Tooltips und Icons stehen. In unserem Menü-Beispiel sieht ein Action-Objekt für den Menü-Eintrag DATEI • BEENDEN am Menü fileMenu so aus:

Listing 19.29 JMenuDemo.java, Ausschnitt

```
Action exitAction = new AbstractAction( "Beenden" ) {
  public void actionPerformed( ActionEvent e ) {
    System.exit( 0 );
  }
};
fileMenu.add( exitAction );
```

Der mit einem String parametrisierte Konstruktor von AbstractAction setzt direkt das Property »name«.

19 | Grafische Oberflächen mit Swing

Icons in Menüs und Symbolleisten

Das Setzen von Icons übernehmen zwei Properties: SMALL_ICON und LARGE_ICON_KEY. Swing wählt für den passenden Fall das richtige Icon: für Menüs das kleinere SMALL_ICON und für Symbolleisten das LARGE_ICON_KEY.

[zB]

Beispiel Die Properties eines Action-Objekts für die Öffnen-Aktion:

Listing 19.30 JMenuDemo.java, Ausschnitt

```
final Icon smallIcon = new ImageIcon(JMenuDemo.class.getResource( ⤶
  "/images/fileopen16x16.png") );
final Icon largeIcon = new ImageIcon(JMenuDemo.class.getResource( ⤶
  "/images/fileopen22x22.png") );

Action openAction = new AbstractAction() {
  { putValue( Action.NAME, "Öffnen" );
    putValue( Action.DISPLAYED_MNEMONIC_INDEX_KEY, 1 );
    putValue( Action.SMALL_ICON,      smallIcon );
    putValue( Action.LARGE_ICON_KEY, largeIcon ); }
  public void actionPerformed( ActionEvent e ) {
    System.out.println( "Öffnen..." );
  }
};
```

[+]

Tipp Die Ellipse »...« hinter dem Menüeintrag deutet an, dass der Benutzer einen Dialog erhält, bevor er eine Aktion auslöst.

19.15.4 Mit der Tastatur: Mnemonics und Shortcut

Die Auswahl der Menüpunkte über die Maus ist nicht die schnellste (und gesündeste)[9], weil der Benutzer von der Tastatur auf die Maus übergehen muss, die Auswahl trifft und dann wieder zurück zur Tastatur geht. Dies ist ein Kontextwechsel, der Zeit kostet. Besser – und für Behinderte von großem Vorteil – ist die zusätzliche Möglichkeit der Menüauswahl über die Tastatur. Dazu definieren Swing und die meisten grafischen Oberflächen zwei unterschiedliche Techniken:

▶ **Tastatur-Shortcuts** werden auch *Accelerators* genannt und definieren Tastenkombinationen, mit denen sich Aktionen direkt ausführen lassen. Die Tastatur-Shortcuts werden immer mit einer Steuerungstaste (üblich ist Strg) und einem anderen Buchstaben aktiviert. Eine Abkürzung zum Markieren des gesamten Textes kann zum Beispiel Strg+A sein, zum Speichern des Textes Strg+S. Shortcuts beschleunigen die Arbeit ungemein und sollten für häufig benötigte Aktionen immer vergeben werden. Die Funktionstaste F1 zählt auch zu den Tastatur-Shortcuts.

---

9 *http://de.wikipedia.org/wiki/Mausarm*

1096

▶ **Tastenkürzel**, auch *Mnemonics* genannt. Sie gibt es bei allen Schaltflächen, also auch bei Menüs. Dabei ist ein Buchstabe unterstrichen, zum Beispiel in »<u>A</u>lles markieren«. Bei geöffnetem Menü aktiviert ein Druck auf die Taste Ⓐ dann den Menüpunkt. Die Hauptmenüpunkte werden unter Windows mit der Metataste Alt angezeigt. Möchten wir etwa das Menü unter DATEI öffnen, so drücken wir Alt + Ⓓ.

Zwei Arten der Zuweisung

Für die Zuweisung eines Accelerators und von Mnemonics gibt es zwei Möglichkeiten: Einmal das `Action`-Objekt – mit den Möglichkeiten wie oben beschrieben – oder über Setter vom `JMenuItem`.

19.15.5 Der Tastatur-Shortcut (Accelerator)

Die Methode `setAccelerator()` verbindet ein `JMenuItem` (bzw. den Unterklassen `JCheckBoxMenuItem`, `JRadioButtonMenuItem`) mit einem Accelerator. Ein Argument der Methode ist ein `KeyStroke`-Objekt, das das Tastenkürzel beschreibt.

Beispiel Definiere für einen Menüeintrag `item` die Abkürzung Strg + Ⓒ: **[zB]**

```
item.setAccelerator(
  KeyStroke.getKeyStroke( 'C', InputEvent.CTRL_DOWN_MASK )
);
```

Die Klasse `KeyStroke` deklariert keine Konstruktoren, nur einige Fabrikmethoden, die `KeyStroke`-Objekte zurückliefern. Neben den normalen Zeichen können auch andere Zeichen – zum Beispiel die Funktionstasten – Aktionen auslösen. Die Taste F1 ist oft mit einer Hilfe verbunden.

```
class javax.swing.KeyStroke
extends AWTKeyStroke
```

▶ `static KeyStroke getKeyStroke( char keyChar )`
Erzeugt ein `KeyStroke`-Objekt mit dem definierten Zeichen.

▶ `static KeyStroke getKeyStroke( int keyCode, int modifiers )`
Erzeugt ein `KeyStroke`-Objekt mit dem definierten Zeichen und gegebenen Modifizierern. Dafür deklariert die Klasse `java.awt.event.InputEvent` die Konstanten `SHIFT_MASK`, `CTRL_MASK`, `META_MASK` und `ALT_MASK`.

▶ `static KeyStroke getKeyStroke( String s )`
Parst `s` und liefert einen String zurück. Der String beschreibt die Tastenkombination. Der allgemeine Aufbau ist `<modifiers>* (<typedID> | <pressedReleasedID>)`. Zu den Modifizierer-Strings zählen `shift`, `control`, `ctrl`, `meta`, `alt`, `button1`, `button2` und `button3`. So ist zum Beispiel die Zeichenkette »control DELETE« gleichwertig mit `getKeyStroke(KeyEvent.VK_DELETE, InputEvent.CTRL_DOWN_MASK)` und »alt shift Q« gleichwertig mit

19 | Grafische Oberflächen mit Swing

```
getKeyStroke(KeyEvent.VK_Q, InputEvent.ALT_DOWN_MASK | InputEvent.SHIFT_DOWN_
MASK).
```

```
class javax.swing.JMenuItem
extends AbstractButton
implements Accessible, MenuElement
```

▶ void setAccelerator(KeyStroke keyStroke)
Setzt einen neuen Accelerator.

▶ KeyStroke getAccelerator()
Liefert den aktuell zugewiesenen KeyStroke, der als Accelerator eingetragen ist.

[»] **Hinweis** Ein JMenu ist Unterklasse von JMenuItem und erbt daher die Methode setAccele-rator(). Da jedoch ein JMenu kein Accelerator besitzen kann, löst die Methode einen Fehler aus. Nur Mnemonics sind möglich.

Standards wahren

Auf keinen Fall dürfen wir es versäumen, uns an die Vorgaben und Normen bei der Wahl der Shortcuts zu halten. Es ist unsinnig, sich neue Tastatur-Shortcuts zu überlegen, die entgegen allen Erwartungen funktionieren. Im Laufe der Zeit haben sich verschiedene Styleguides ein-gebürgert: So wird beispielsweise für »Datei öffnen« der Shortcut Strg + O verwendet und nicht etwa Strg + C, der eine getätigte Selektion in die Zwischenablage (engl. *clipboard*) kopiert. Die folgende Tabelle listet einige Shortcuts auf:

Sequenz	Bedeutung
Strg + N	neue Datei
Strg + O	Datei öffnen
Strg + S	Datei speichern
Strg + P	drucken
Strg + C	Selektion in die Zwischenablage
Strg + V	aus der Zwischenablage einfügen
Strg + X	Selektion ausschneiden und in die Zwischenablage legen
Strg + F	suchen
F1	Hilfe
F5	Darstellung aktualisieren
Entf	selektiertes Element löschen

Tabelle 19.7 Gängige Shortcuts

[+] **Tipp** Der Benutzer sollte alle Shortcuts ändern können – der Designer gibt lediglich Stan-dardwerte vor. Diese vorgegebenen Werte sollten aber nicht einfach das Alphabet durchwan-dern.

Menüs und Symbolleisten | **19.15**

19.15.6 Tastenkürzel (Mnemonics)

Neben den Shortcuts gibt es die unterstrichenen Buchstaben bei Beschriftungen: die Mnemonics. Sie werden einfach mit der Methode `setMnemonic(char)` gesetzt. Da Menüs spezielle Schaltflächen sind, wird auch die Methode von `AbstractButton` geerbt.

```
abstract class javax.swing.AbstractButton
extends JComponent
implements ItemSelectable, SwingConstants
```

▶ `void setMnemonic( int mnemonic )`
  Setzt ein Tastatur-Mnemonic.

▶ `int getMnemonic()`
  Liefert den gesetzten Mnemonic.

19.15.7 Symbolleisten alias Toolbars

Mit der Klasse `JToolBar`, die unter dem AWT keine Entsprechung besitzt, lassen sich Symbolleisten erstellen. Diese Symbolleisten enhalten häufig eine Menge an Schaltflächen, die horizontal oder vertikal angeordnet sein dürfen. Für die `JToolBar`-Klasse ist dies aber unerheblich, da sie beliebige Swing-Komponenten annimmt. Schöner sieht es jedoch aus, wenn alle Komponenten die gleiche Größe aufweisen.

Für die `JToolBar` wollen wir unser Programm `JMenuDemo` vervollständigen. Es soll die Möglichkeit bieten, eine Datei zu öffnen und in einem Textbereich anzuzeigen:

Listing 19.31 com/tutego/insel/ui/swing/JMenuDemo.java

```
package com.tutego.insel.ui.swing;

import java.awt.BorderLayout;
import java.awt.event.ActionEvent;
import java.io.FileReader;
import java.io.IOException;

import javax.swing.*;

public class JMenuDemo
{
  public static void main( String[] args )
  {
    JFrame f = new JFrame();
    f.setDefaultCloseOperation( JFrame.EXIT_ON_CLOSE );
    f.setSize( 300, 200 );

    final JTextArea textArea = new JTextArea();
    f.add( new JScrollPane(textArea) );

    JMenuBar menuBar = new JMenuBar();
```

1099

19 | Grafische Oberflächen mit Swing

```java
JMenu fileMenu = new JMenu( "Datei" );
menuBar.add( fileMenu );
JMenu helpMenu = new JMenu( "Hilfe" );
menuBar.add( helpMenu );
f.setJMenuBar( menuBar );
helpMenu.add( new JMenuItem("Über das Programm") );

final Icon smallIcon = new ImageIcon(
                        JMenuDemo.class.getResource("/images/fileopen16x16.png") );
final Icon largeIcon = new ImageIcon(
                        JMenuDemo.class.getResource("/images/fileopen22x22.png") );

Action openAction = new AbstractAction() {
  { putValue( Action.NAME,                         "Öffnen" );
    putValue( Action.DISPLAYED_MNEMONIC_INDEX_KEY, 1 );
    putValue( Action.SMALL_ICON,                   smallIcon );
    putValue( Action.LARGE_ICON_KEY,               largeIcon );
  }
  @Override public void actionPerformed( ActionEvent e ) {
    JFileChooser fileChooser = new JFileChooser();
    if ( fileChooser.showOpenDialog( null ) == JFileChooser.APPROVE_OPTION )
    {
      FileReader in = null;
      try {
        textArea.read( in = new FileReader( fileChooser.getSelectedFile() ), null );
      }
      catch ( IOException ex ) {
        textArea.setText( ex.getMessage() );
      }
      finally {
        try { in.close(); } catch ( Exception ex ) { }
      }
    }
  }
};

fileMenu.add( openAction );
fileMenu.addSeparator();

fileMenu.add( new AbstractAction() {
  { putValue( Action.NAME, "Beenden" );
    putValue( Action.DISPLAYED_MNEMONIC_INDEX_KEY, 0 );
  }
  @Override public void actionPerformed( ActionEvent e ) {
    System.exit( 0 );
  }
} );

JToolBar toolbar = new JToolBar();
```

```
        toolbar.add( openAction );
        f.add( toolbar, BorderLayout.PAGE_START );
      f.setVisible( true );
    }
}
```

> **Hinweis** Das Laden eines Textes sollte in einem Hintergrund-Thread geschehen, um den AWT-Event-Thread nicht zu blockieren. Das zeigt das Beispiel aufgrund der Kürze nicht, wird jedoch in Abschnitt 19.26, »AWT, Swing und die Threads«, näher beleuchtet.

[«]

Der Benutzer kann die Symbolleisten frei verschieben. Dann erscheinen die aufgenommenen Komponenten in einem eigenen Fenster mit einem Titel, der sich im Konstruktor festlegen lässt. Diese Eigenschaft kann mit der Methode setFloatable(false) aber ausgeschaltet werden. Das kleine Fenster ist schwergewichtig.

```
class javax.swing.JToolBar
extends JComponent
implements SwingConstants, Accessible
```

▶ JToolBar()
  Erstellt eine neue horizontale Toolbar.

▶ JToolBar(String name)
  Erstellt eine neue Toolbar, die einen Namen in der Titelleiste anzeigt, wenn die Toolbar als Fenster dargestellt wird.

▶ JToolBar(String name, int orientation)
  Erstellt eine neue Toolbar mit Namen und Orientierung (entweder JToolBar.HORIZONTAL oder VERTICAL).

Aus der Oberklasse Container erben wir die Möglichkeit, mittels add() Elemente aufzunehmen. Dennoch kommen weitere Methoden hinzu. Zu ihnen zählen:

▶ void addSeparator(), void addSeparator(Dimension d)
  Fügt einen Freiraum ein. Bei der parameterlosen Variante bestimmt das aktuelle Look & Feel das Aussehen.

▶ void setRollover(boolean rollover)
  Stellt die Elemente mit einem Roll-over-Effekt dar. Die Methode getRollover() erfragt diesen Zustand.

▶ void setFloatable(boolean f)
  Lässt sich die Toolbar zu einem Fenster abreißen? Standardmäßig ja. getFloatable() erfragt das Flag. Dazu muss die Komponente allerdings in einem Container liegen, der BorderLayout nutzt.

19.15.8 Popup-Menüs

Popup-Menüs sind nicht wie normale Menüs an eine bestimmte Position gebunden, sondern tauchen meistens dort auf, wo der Benutzer mit der rechten Maustaste geklickt hat. Eine andere häufig gebrauchte Bezeichnung ist *Kontextmenü*, weil das Menü je nach dem Kontext, in dem es aufgerufen wird, verschiedene Einträge besitzt. Ein Beispiel sind grafische Oberflächen. Wenn wir dort auf einer Datei das Kontextmenü bemühen, findet sich ein Eintrag wie »Öffnen« und »Bearbeiten«. Auf einem Verzeichnis fehlen jedoch solche Bearbeitungsmöglichkeiten.

> **Tipp** Popup-Menüs sollen die Navigation erleichtern, deshalb sollten sie nicht zu lang sein oder zu viele Ebenen besitzen. Gleiches gilt übrigens für die Menüstruktur. Wenn es mehr als drei Ebenen werden, sollte über eine Neugestaltung nachgedacht werden. Wenn der Benutzer am unteren Rand ist, so ist nicht abzuschätzen, wo die Auswahlliste angezeigt wird.

Abbildung 19.17 Ein Popup-Menü auf einem Textfeld

Popup-Menüs (JPopupMenu)

Für Popup-Menüs ist die Klasse `JPopupMenu` zuständig. Beim AWT ist es die Klasse `java.awt.PopupMenu`. `JPopupMenu` ist eine normale `JComponent`, während `PopupMenu` eine Unterklasse von `java.awt.Menu` ist.

Popup-Menüs unterscheiden sich vom Aufbau her nicht von normalen Menüs. Die Menüeinträge vom Typ `JMenuItem` sowie Trennlinien werden wie bekannt eingefügt.

> **Beispiel** Erzeuge ein Popup-Menü mit zwei Einträgen:
> ```
> JPopupMenu popmen = new JPopupMenu();
> JMenuItem menu1 = new JMenuItem( "Eintrag 1");
> popmen.add( menu1 );
> popmen.add( new JMenuItem("Eintrag 2") );
> ```

Ein Popup-Menü wird mit der Methode `add()` einer Komponente hinzugefügt, doch springt es beim Mausklick nicht selbstständig auf. Wir müssen selbst auf das Mausereignis hören und eigenständig das Menü mit der `show()`-Methode aufspringen lassen – daher der Name »Popup«. Der Methode müssen die Komponente, auf der das Menü aufspringen soll, und die Koordinaten übergeben werden.

Menüs und Symbolleisten | **19.15**

Beispiel Die Maustaste für das Kontextmenü kann jedes System unterschiedlich definieren, und der Benutzer kann diese Einstellung auch umdefinieren. Das `MouseEvent` aus dem Ereignis bietet über `isPopupTrigger()` aber die Information, ob die Maustaste aktiviert wurde, mit der im Allgemeinen das Popup-Menü erscheint. Die Anzeige erfolgt mit `show()`:

[zB]

```
addMouseListener( new MouseAdapter()
{
  public void mouseReleased( MouseEvent me ) {
    if ( me.isPopupTrigger() )
      popmen.show( me.getComponent(), me.getX(), me.getY() );
  }
} );
```

```
class javax.swing.JPopupMenu
extends JComponent
implements Accessible, MenuElement
```

▶ `JPopupMenu()`
Erzeugt ein Popup-Menü.

▶ `JMenuItem add( String s), JMenuItem add( JMenuItem menuItem )`
Fügt dem Popup-Menü einen Eintrag hinzu.

▶ `void addSeparator()`
Fügt einen Trenner hinzu.

▶ `void show( Component invoker, int x, int y )`
Lässt das `PopupMenu` auf der Komponente `invoker` an der Position x, y aufspringen.

Ein allgemeiner Listener

Es wäre praktisch, wenn Swing eine Standard-Implementierung mitbrächte, die aufgrund eines Mausklicks gleich ein Popup-Menü öffnet, doch leider müssen wir eine solche kleine Klasse selbst schreiben:

Listing 19.32 com/tutego/insel/ui/swing/PopupMenuMouseListener.java

```
package com.tutego.insel.ui.swing;

import java.awt.event.*;
import javax.swing.JPopupMenu;

public class PopupMenuMouseListener extends MouseAdapter
{
  private final JPopupMenu popmen;

  public PopupMenuMouseListener( JPopupMenu popmen )
  {
    this.popmen = popmen;
  }
```

19 | Grafische Oberflächen mit Swing

```java
@Override public void mouseReleased( MouseEvent me ) {
  if ( me.isPopupTrigger() )
    popmen.show( me.getComponent(), me.getX(), me.getY() );
  }
}
```

Unser `PopupMenuMouseListener` erweitert einen `MouseAdapter` und prüft in der überschriebenen Methode `mouseReleased()`, ob die richtige Maustaste gedrückt wurde. Wenn sie gedrückt wurde, öffnet `show()` das Popup-Menü (es gibt bereits eine Schnittstelle `PopupMenu-Listener`, die jedoch für das Popup einer `JComboBox` bestimmt ist).

Beispiel für ein JPopupMenu

Wir wollen nun ein Beispiel implementieren, das ein Popup-Menü anzeigt. Das Programm soll bei der Auswahl eines Elements den Menüeintrag in ein Textfeld schreiben:

Listing 19.33 com/tutego/insel/ui/swing/JPopupMenuDemo.java

```java
package com.tutego.insel.ui.swing;

import java.awt.event.*;
import javax.swing.*;

public class JPopupMenuDemo
{
  public static void main( String[] args )
  {
    JFrame f = new JFrame();
    f.setDefaultCloseOperation( JFrame.EXIT_ON_CLOSE );

    final JPopupMenu popmen = new JPopupMenu();
    final JTextArea textArea = new JTextArea();

    f.add( new JScrollPane(textArea) );

    popmen.add( new JMenuItem( "Kompaktstaubsauger" ) );
    popmen.addSeparator();
```

Der erste Eintrag im Menü ist eine Überschrift ohne verbundenen Listener. Dann sollen einige Einträge in das Popup-Menü folgen; eine Swing-Action enthält den Listener und den Anzeigetext. Damit reagieren wir auf die Ereignisse, wenn der Benutzer einen Eintrag im Menü auswählt.

```java
    for ( String s : ("AEG Vampyrino SX,Electrolux Clario Z 1941," +
                "Quelle Privileg Piccolino,Siemens Super T120VS12A00," +
                "Hoover Micro Power Electronic,Rowenta dymbo").split(",") )
    {
      popmen.add( new AbstractAction(s) {
        @Override public void actionPerformed( ActionEvent e ) {
```

1104

```
        textArea.append( e.getActionCommand() + "\n" );
      }
    } );
  }
```

Der letzte Schritt besteht nun darin, der `JTextArea` einen Listener mitzugeben, der auf die Maustaste hört, damit das Kontextmenü aufgerufen werden kann. Mit unserem `PopupMenu-MouseListener` ist das ein Einzeiler:

```
    textArea.addMouseListener( new PopupMenuMouseListener(popmen) );

    f.setSize( 300, 300 );
    f.setVisible( true );
  }
}
```

Tipp Popup-Menüs sollten einen ersten nicht selektierbaren Eintrag besitzen. Dies macht die Auswahl nicht wesentlich langsamer, ermöglicht aber das Abbrechen einer Operation auf einfachere Weise.

[+]

19.16   Das Model-View-Controller-Konzept

Entsinnen wir uns der Idee des Observer-Patterns: Ein Beobachter beobachtet den zu Beobachtenden. Konkreter: Es meldete sich ein Beobachter an und wurde bei jeder Änderung der Daten informiert. Übertragen auf grafische Benutzungsoberflächen würde dies bedeuten, dass unterschiedlichste Visualisierungen der Daten möglich wären. Diese Trennung heißt auch Document-View-Struktur. Für grafische Oberflächen lässt sich dieses Model zum *Model-View-Controller* (MVC) verfeinern. Die Idee wurde um 1978/79 ursprünglich von Professor Trygve Reenskaug am Xerox PARC entwickelt und fand zuerst in Smalltalk Eingang.

Wie die drei Buchstaben von MVC andeuten, gibt es drei interagierende Objekte:

▶ **Model**: Repräsentiert den internen Zustand eines Objekts und speichert alle interessanten Geschäftsdaten. Ein Model bietet Methoden an, mit denen sich der aktuelle Zustand erfragen und ändern lässt.

▶ **View**: Stellt die Daten des Models in der View bzw. Ansicht dar. Die Ansicht nutzt die Methoden des Models, um die Informationen auszulesen.

▶ **Controller**: Nach einer Interaktion mit der grafischen Oberfläche werden die Daten im Model aktualisiert und anschließend vom Viewer neu angezeigt.

Diese Dreiteilung trennt alle Daten von der visuellen Repräsentation. Der große Vorteil besteht darin, dass sich alle drei Teile unterschiedlich entwickeln und einsetzen lassen. Die grafischen Komponenten können weiterentwickelt werden, und das Model ändert sich nicht. In Java ist dies besonders aufgrund des wechselnden Aussehens interessant, da dort zur Laufzeit eine neue View zu ihrem existierenden Model gelangt.

19 | Grafische Oberflächen mit Swing

Modifizierte MVC-Architektur für Swing

Das MVC-Konzept trennt ganz klar die Bereiche ab, führt aber bei praktischer Realisierung zu zwei Problemen. Das erste betrifft die Entwickler der Komponenten. Meistens sind View und Controller eng verbunden, sodass ein zusätzlicher Schnittstellenaufwand für die Implementierung entsteht. Implementieren wir etwa eine Textkomponente, müsste sie sich um alle Eingaben kümmern und diese dann an die Darstellung weiterleiten. Das zweite sich daraus ergebende Problem ist der erhöhte Kommunikationsaufwand zwischen den Objekten. Wenn sich Ergebnisse in der Darstellung oder dem Model ergeben, führt die Benachrichtigung immer über den Controller.

Demnach ist es sinnvoll, VC zu einer Komponente zu verschmelzen, um die komplexe Interaktion zwischen View und Controller zu vereinfachen. Genauso sind die Entwickler der JFC vorgegangen. In Swing findet sich keine Reinform des MVC-Models, sondern eine Verquickung von View und Controller. Durch diese Vereinfachung lassen sich die Benutzeroberflächen leichter programmieren, wobei wir nur wenig Flexibilität einbüßen. Das neue Model wird statt MVC auch *Model View Presenter* (MVP-Pattern) genannt. Betrachten wir das MVP-Konzept am Beispiel einer Tabellenkalkulation. Die Daten in einem Arbeitsblatt entsprechen den Daten, die unterschiedlich visualisiert werden können: klassisch in einem Tabellenblatt und modern in einem Diagramm. Ein Model kann problemlos mehrere Ansichten aufweisen. Eine Änderung der Daten im Tabellenblatt führt nun zu einer Änderung in den internen Daten, und umgekehrt führen diese zu einer Änderung des Diagramms.

Die Klasse »ComponentUI« und Modelle

In Java sind die View und der Controller durch ein Objekt `ComponentUI` repräsentiert. Da wir Aussehen und Verhalten von Java-Komponenten frei bestimmen können, gibt es demnach für alle konkreten Swing-Komponenten ein `ComponentUI`-Objekt, das die Darstellung und Benutzeraktionen übernimmt. Ein `JList`-Objekt verweist dann auf eine `paint()`-Methode im `ComponentUI`-Objekt, das die Darstellung wirklich vornehmen kann. Die Daten der Liste befinden sich im Model.

Model-Klassen

Wenn wir uns mit einigen Modellen beschäftigen, werden wir sehen, dass für manche Komponenten sehr unterschiedliche Modelle gefordert sind. Eine Schaltfläche visualisiert meistens eine Zeichenkette. Eine Tabelle repräsentiert aber nicht immer nur einfache Texte. Hier können die Daten durchaus eine komplexe Objektstruktur darstellen. Um diese visualisieren zu können, muss der Viewer diese Daten erst bekommen. Dafür wird ein spezielles Model implementiert, das die Daten für die Ansicht zur Verfügung stellt. Mit eigenen Modellen werden wir uns bei den Tabellen in Abschnitt 19.19, »Tabellen (JTable)«, beispielhaft beschäftigen.

Model	Klasse, die dieses Model nutzt
ListModel	JList
ComboBoxModel	JComboBox

Tabelle 19.8 Einige Models und ihre Klassen

1106

Model	Klasse, die dieses Model nutzt
ButtonModel	JButton, JToggleButton, JCheckBox, JRadioButton, JMenu, JMenuItem, JCheckBoxMenuItem, JRadioButtonMenuItem
Document	JTextField, JPasswordField, JTextArea, JEditorPane, JTextPane
BoundedRangeModel	JProgressBar, JScrollBar, JSlider
SingleSelectionModel	JMenuBar, JPopupMenu, JTabbedPane
TableModel	JTable
TableColumnModel	JTable
TreeModel	JTree
TreeSelectionModel	JTree

Tabelle 19.8 Einige Models und ihre Klassen (Forts.)

19.17 Auswahlmenüs, Listen und Spinner

19.17.1 Auswahlmenü (JComboBox)

Ein *Auswahlmenü* (engl. *choice box*, auch *combo box*) zeigt eine Zeichenkette aus einer Liste von Möglichkeiten an. Wird die Choice-Box aufgeklappt, kann ein Element aus der List-Box gewählt werden. Ein neuer Eintrag erscheint dann im Titel des Menüs.

Die `JComboBox` ist das Swing-Auswahlmenü, das optional ein Textfeld zur Eingabe anbietet. In diesem Textfeld können Texte in beliebigen Modellen dargestellt und ausgewählt werden; ein Tastendruck lässt die Liste zu dem Eintrag springen, dessen Buchstabe eingegeben wurde. Ob das Textfeld editiert werden kann, bestimmt `setEditable()`. Befinden sich zu viele Einträge in der Liste, stellt Swing automatisch eine scrollende Liste dar. Ab welcher Anzahl von Elementen die scrollende Liste dargestellt wird, bestimmt `setMaximumRowCount()`. Mit `addItem()` lassen sich Elemente dem assoziierten `ComboBoxModel` hinzufügen, mit `removeItem()` wieder entfernen, und `getItemAt(index)` erfragt ein Element. Das aktuell ausgewählte Element erfahren wir mit `getSelectedItem()` und den Index mit `getSelectedIndex()`.

Abbildung 19.18 Beispiel einer JComboBox

Beim Auswählen eines Eintrags wird ein `Action`- und `ItemEvent` ausgelöst, mit dem wir das ausgewählte Objekt erfragen können:

Listing 19.34 com/tutego/insel/ui/list/JComboBoxDemo.java, main()

```
JFrame frame = new JFrame();
frame.setDefaultCloseOperation( JFrame.EXIT_ON_CLOSE );

String[] lang = {
  "Patronengurt", "Hausnummer", "Schmetterling", "Sphinx", "Anbetung",
```

19 | Grafische Oberflächen mit Swing

```
    "Ende"
};

// Non-editable JComboBox

JComboBox combo1 = new JComboBox();

for ( String s : lang )
  combo1.addItem( s );

combo1.addActionListener( new ActionListener() {
  @Override public void actionPerformed( ActionEvent e )
  {
    System.out.println( e );
    JComboBox selectedChoice = (JComboBox) e.getSource();
    if ( "Ende".equals( selectedChoice.getSelectedItem() ) )
      System.exit( 0 );
  }
} );

frame.add( combo1, BorderLayout.LINE_START );

// Editable JComboBox

JComboBox combo2 = new JComboBox( lang );
combo2.setEditable( true );
combo2.setSelectedItem( "Sphinx" );
combo2.setMaximumRowCount( 4 );

frame.add( combo2, BorderLayout.LINE_END );

frame.pack();
frame.setVisible( true );
```

Die Methode addItem() funktioniert nur dann, wenn im Konstruktor kein spezielles Model angegeben wurde. Mit Modellen werden wir uns zu einem späteren Zeitpunkt näher beschäftigen. Sehen wir uns zunächst die Konstruktoren an.

```
class javax.swing.JComboBox
extends JComponent
implements ItemSelectable, ListDataListener, ActionListener, Accessible
```

▶ JComboBox()
Erzeugt ein leeres Auswahlmenü mit einem Standard-Model.

▶ JComboBox(Object[] items)
Erzeugt ein Auswahlmenü mit Elementen, die im Feld items angegeben sind.

▶ JComboBox(Vector items)
Erzeugt ein Auswahlmenü mit Elementen, die im Vektor items abgelegt sind.

1108

> ► JComboBox(ComboBoxModel aModel)
> Erzeugt ein Auswahlmenü mit einem Combo-Box-Model, das die Daten speichert.

Zur Selektion beziehungsweise Abfrage selektierter Elemente bietet die Klasse weitere Methoden an:

> ► Object getSelectedItem()
> Liefert die aktuelle Wahl zurück.

> ► Object[] getSelectedObjects()
> Liefert ein Array mit den selektierten Einträgen.

> ► int getSelectedIndex()
> Liefert den Index des aktuell selektierten Eintrags.

> ► void setSelectedIndex(int position)
> Setzt den Eintrag im Titel des Menüs auf den Eintrag mit der Nummer position.

> ► void setSelectedItem(Object anObject)
> Setzt den Eintrag string in die Titelleiste, wenn dieser in der Liste ist. Falls mehrere Einträge gleich dem string sind, wird jener Eintrag verwendet, der zuerst gefunden wurde. Dieser besitzt dann also den kleinsten Index.

Durchreichemethoden an das Model

Elemente lassen sich jetzt hinzufügen und löschen. Etwas seltsam erscheint uns die Tatsache, dass die JComboBox selbst diese Methoden anbietet. Ähnliche Swing-Komponenten (wie die JList oder JTable) bieten diese Anfrage- und Veränderungsmethoden nicht an, sondern erwarten direkt eine Änderung am Model und nicht an der Komponente. Das Besondere an Swing-Komponenten ist ja gerade, dass das Model verändert und abgefragt wird. Im Fall der JComboBox speichert sie die Daten natürlich immer noch nicht selbst, sondern leitet sie an das Model weiter. So sind diese Methoden nur Durchreichemethoden.

```
class javax.swing.JComboBox
extends JComponent
implements ItemSelectable, ListDataListener, ActionListener, Accessible
```

> ► void addItem(Object anObject)
> Fügt dem Model einen Eintrag hinzu.

> ► Object getItemAt(int index)
> Liefert den Eintrag an der Position index. Die Rückgabe ist null, wenn sich der Index außerhalb des Bereichs befindet.

> ► int getItemCount()
> Liefert die Anzahl der Einträge im Auswahlmenü.

> ► void insertItemAt(Object anObject, int index)
> Fügt einen Eintrag an einer bestimmten Stelle ein.

> ► void removeItem(Object anObject)
> Löscht den Eintrag aus der Liste.

19 | Grafische Oberflächen mit Swing

▶ void removeItemAt(int position)
Löscht den Eintrag an der Position position.

▶ void removeAll()
Entfernt alle Einträge aus dem Auswahlmenü.

Die Methoden zum Modifizieren des Models funktionieren nur dann, wenn das ComboBoxModel insbesondere ein MutableComboBoxModel ist.

Ereignisse der JComboBox
Die JComboBox löst bei der Selektion zwei Arten von Ereignissen aus: ActionEvent und ItemEvent. Seit Java 1.4 lässt sich auch ein PopupMenuListener hinzufügen. Zum An- und Abmelden dienen die üblichen Methoden. Der Unterschied in den Ereignissen ActionEvent und ItemEvent ist:

▶ Der ActionListener empfängt nur ein Ereignis bei einem neu gewählten Element.

▶ Der ItemListener empfängt alle Veränderungen bei Selektionen. Das heißt, wenn der Benutzer ein neues Element anwählt, gibt es ein Ereignis für die Deselektion und eins für die Selektion. Geht der Benutzer etwa mit den Cursor-Tasten durch die Liste, rasselt es an Ereignissen.

```
class javax.swing.JComboBox
extends JComponent
implements ItemSelectable, ListDataListener, ActionListener, Accessible
```

▶ void addItemListener(ItemListener aListener)

▶ void removeItemListener(ItemListener aListener)

▶ void addActionListener(ActionListener l)

▶ void removeActionListener(ActionListener l)

Wenn die Box mit setEditable(true) editierbar gemacht wurde und der Benutzer im Textfeld eine Eingabe getätigt hat, wird ebenfalls der ActionListener informiert. Dann lässt sich jedoch nicht mehr direkt der Ursprung des ActionEvent ersehen. Standardmäßig bleibt die Selektion unverändert, und insbesondere wird das Element nicht automatisch in das Model übertragen.

19.17.2 Zuordnung einer Taste mit einem Eintrag *

Bei der Benutzung einer JComboBox möchten Benutzer gern Elemente schnell per Tastatur auswählen. Ist etwa eine sortierte Auswahl mit Zeichenketten gegeben, sollte ein getippter Buchstabe zum ersten Eintrag führen, der mit diesem Buchstaben beginnt. Diese Funktionalität ist in Swing schon vorprogrammiert, kann aber noch erweitert werden. Dazu gilt es, einen KeySelectionManager zu implementieren. Dieser verbindet mit der gedrückten Taste (char) einen Index in der ComboBox (int). Unser nächstes Beispiel soll zeigen, wie eine Liste mit den ersten Buchstaben des Alphabets mit der Tastenauswahl 1, 2, 3 verbunden wird. Der interessanteste Teil ist die innere Klasse, die die Schnittstelle `JComboBox.KeySelectionManager` implementiert:

Listing 19.35 com/tutego/insel/ui/list/JComboBoxKeySelection.java

```
JFrame frame = new JFrame();
frame.setDefaultCloseOperation( JFrame.EXIT_ON_CLOSE );

JComboBox cb = new JComboBox( "A,B,C".split(",") );

cb.setKeySelectionManager( new JComboBox.KeySelectionManager()
{
  @Override public int selectionForKey( char aKey, ComboBoxModel aModel )
  {
    int pos = Math.abs( aKey - 1 - '0' );
    return pos >= aModel.getSize() ? aModel.getSize() - 1 : pos;
  }
} );

frame.add( cb );
frame.pack();
frame.setVisible( true );
```

Die Methode `selectionForKey()` bekommt den ausgewählten Buchstaben und das Model. Dieses Model ist nicht so unnötig, wie es auf den ersten Blick erscheint, denn es ist wichtig, aus ihm die maximale Anzahl an Elementen auszulesen, damit es zu keiner fehlerhaften Rückgabe kommt. Eine Bedingung testet, ob eine Auswahl getätigt wird, die zu einem ungültigen Eintrag führen würde.

19.17.3 Datumsauswahl

Einen Dialog oder eine Komponente zur Auswahl eines Datums liefert Java nicht aus. Auf dem freien Markt gibt es allerdings einige Komponenten, die das nachliefern. Unter ihnen sind:

▶ `JXDatePicker` vom SwingX-Projekt (*https://swingx.dev.java.net/*) zeigt Wochen eines Monats an. Eine Vorstellung gibt die Seite *http://www.javalobby.org/java/forums/t45447.html*.

▶ `DateComboBox` von Rob MacGrogan bietet eine Combo-Box für Datumseingaben. Die freie Bibliothek unter *http://pswing.sourceforge.net/* blendet neben einem Textfeld eine Schaltfläche zur Datumsauswahl an.

19.17.4 Listen (JList)

Eine `JList` zeigt in einer Spalte[10] einige Einträge, aus denen der Benutzer wählen kann.

---

10 Üblicherweise wählt die Liste eine Spalten-Darstellung. Eine JList kann jedoch die Einträge auch horizontal anordnen.

19 | Grafische Oberflächen mit Swing

[zB] **Beispiel**   Erzeuge eine `JList` mit einigen Zeichenketten:
```
String[] listData = {
  "Shinguz", "Glapum'tianer", "Suffus", "Zypanon", "Tschung" };
JComponent jList = new JList( listData );
```

Statt dem Konstruktor in einem Feld die Daten zu geben, nimmt er auch Daten in einem `Vector` an. In Java 7 wird die `JList` als generischer Typ deklariert.

```
class javax.swing.JList
extends JComponent
implements Scrollable, Accessible
```

▶ `JList()`
  Erzeugt eine neue leere List-Box.

▶ `JList( Object[] listData )`

▶ `JList( Vector listData )`
  Erzeugt eine Liste mit Daten, die dem Feld oder dem Vektor entstammen. In Java 7 wird die Deklaration `JList(Vector<? extends E> listData )` sein.

DefaultListModel als modifzierbares ListModel

Eine `JList` verwaltet Einträge immer in einem Listen-Modell. Üblicherweise findet nicht der Konstruktor mit dem Objekt-Feld oder `Vector` Verwendung – der ein internes immutables Listen-Modell aufbaut –, sondern ein Konstruktor, der ein eigenes Listen-Modell annimmt.

Ein Standard-Listenmodell, welches von der API dem `java.util.Vector` zum Verwechseln ähnlich sieht, ist das `DefaultListModel`; Elemente lassen sich zu diesem Model einfach mit `addElement()` hinzufügen.

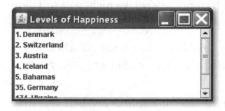

Listing 19.36   com/tutego/insel/ui/list/JListDemo.java
```
JFrame frame = new JFrame( "Levels of Happiness" );
frame.setDefaultCloseOperation( JFrame.EXIT_ON_CLOSE );

final DefaultListModel<String> lykkeligModel = new DefaultListModel<String>();

for ( String s : ("1. Denmark,2. Switzerland,3. Austria," +
                  "4. Iceland,5. Bahamas,35. Germany," +
                  "174. Ukraine,178. Burundi,Ende").split(",") )
```

1112

Auswahlmenüs, Listen und Spinner | **19.17**

```java
lykkeligModel.addElement( s );

JList<String> list = new JList<String>( lykkeligModel );

list.addListSelectionListener( new ListSelectionListener()
{
  @Override public void valueChanged( ListSelectionEvent e ) {
    if ( e.getValueIsAdjusting() )
      return;

    System.out.println( e );

    if ( "Ende".equals( lykkeligModel.get( e.getLastIndex() ) ) )
      System.exit( 0 );
  }
} );

frame.add( new JScrollPane(list) );
frame.pack();
frame.setVisible( true );
```

> **Hinweis** Eine JList bietet im Gegensatz zur AWT-Liste keine Scroll-Möglichkeit. Enthält eine JList mehr Zeilen, als auf dem Bildschirm sichtbar sind, muss die JList in eine JScroll-Pane eingebettet werden. Gleiches gilt für ein JTextArea-Objekt.   [«]

Die JList zeigt die Einträge über einen Listen-Renderer an. Bei der Auswahl eines Eintrags und beim Doppelklick löst die Komponente ein ListSelectionEvent aus, das ein ListSelectionListener meldet. Die Methode getValueIsAdjusting() vom ListSelectionEvent liefert true, wenn der Benutzer den Selektionsvorgang noch nicht abgeschlossen hat, zum Beispiel mit einem Mausklick ein Element selektiert hat und mit gedrückter Maustaste auf andere Elemente geht. Aus dem ListSelectionEvent erfragt getLastIndex() das Ende des Selektionsbereiches, sodass get() vom Listen-Model das Element erfragen kann.

```
class javax.swing.JList
extends JComponent
implements Scrollable, Accessible
```

▶ JList(ListModel dataModel)
  Erzeugt die Liste mit einem spezifischen Model.

▶ Da das Model die Daten beinhaltet, fehlen der JList-Komponente die Modifikationsmethoden, und es gibt auch keine Durchreichemethoden an das Model.

Einen Eintrag selektieren

▶ Eine JList kann nicht nur ein selektiertes Element besitzen, sondern auch eine Gruppe von Elementen (Intervall genannt) kann markiert sein. Welche Selektionsart möglich ist, bestimmt ein internes ListSelectionModel, welches drei Konstanten deklariert:

1113

19 | Grafische Oberflächen mit Swing

▶ SINGLE_SELECTION. Nur ein Element darf zur gleichen Zeit selektiert sein.

▶ SINGLE_INTERVAL_SELECTION. Eine zusammenhängende Gruppe von Elementen darf selektiert sein.

▶ MULTIPLE_INTERVAL_SELECTION. Auch nicht zusammenhängende Elemente können selektiert sein.

▶ Die Methode setSelectionMode(int selectionMode) setzt eine neue Selektionsart bei der JList, wobei eine der drei genannten Konstanten übergeben wird.

▶ Bei jeder Änderung der Selektion meldet die JList ein ListSelectionEvent, auf das ein ListSelectionListener reagiert. Die Erweiterung von EventObject deklariert drei Methoden:

```
class javax.swing.event.ListSelectionEvent
extends EventObject
```

▶ int getFirstIndex()

▶ int getLastIndex()

▶ boolean getValueIsAdjusting()

Die Methoden haben wir im Beispielprogramm schon genutzt.

Außer im Ereignis-Listener auf die Selektionseigenschaften zuzugreifen, bietet die JList einige praktische Methoden (wie getSelectedIndex()), die bei einer einfachen Selektion direkt den Index des markierten Elements geben.

```
class javax.swing.JList
extends JComponent
implements Scrollable, Accessible
```

▶ void clearSelection()
Löscht vorgenommene Selektionen.

▶ int getSelectedIndex()
Liefert die Position des selektierten Eintrags oder –1, wenn kein Element gewählt wurde.

▶ int[] getSelectedIndices()
Liefert die Positionen aller selektierten Einträge.

▶ Object getSelectedValue()
Liefert den selektieren Eintrag oder null. Ab Java 7 wird sie veraltet sein.

▶ List<E> getSelectedValuesList()
Neue Methode in Java 7, die alle alle selektierten Einträge liefert. (Vor Java 7 wurde hier die nicht-generische MethodegetSelectedValues() eingesetzt, die ein Object[] als Rückgabe hatte.)

▶ void setSelectionMode(int selectionMode)
Setzt den Selektionsmodus. Das Argument kann die Werte ListSelectionModel.SINGLE_SELECTION (nur ein Eintrag), SINGLE_INTERVAL_SELECTION (mehrere Werte,

1114

Auswahlmenüs, Listen und Spinner | **19.17**

aber in einem Intervall) oder, was der Standard ist, `MULTIPLE_INTERVAL_SELECTION` (beliebige Anzahl von Selektionen) annehmen.

▶ `int getSelectionMode( )`
Liefert den Selektionsmodus.

▶ `void ensureIndexIsVisible( int index )`
Bewegt die Liste in einem Ausschnitt, sodass der Eintrag an der Stelle `index` sichtbar ist.

▶ `void addListSelectionListener( ListSelectionListener listener )`
Fügt einen Listener hinzu.

▶ `void removeListSelectionListener( ListSelectionListener listener )`
Entfernt den Listener.

Beispiel mit Textfeld, Schaltfläche und Liste

Eine Oberfläche soll eine Schaltfläche zum Löschen von selektierten Elementen einer Liste anbieten, genauso wie ein Textfeld zum Eintragen neuer Strings. Wir können dazu drei Swing-Komponenten vorsehen und ein `DefaultListModel` als Datenbehälter:

Listing 19.37   com/tutego/insel/ui/list/JListAddElementsDemo.java

```
final DefaultListModel<String> listModel = new DefaultListModel<String>();
final JList<String> list = new JList<String>( listModel );
JButton     btn = new JButton( "Remove" );
JTextField  tf  = new JTextField();
```

Für die Schaltfläche lässt sich folgender Ereignisbehandler vorsehen:

```
btn.addActionListener( new ActionListener() {
  @Override public void actionPerformed( ActionEvent e ) {
    int index = list.getSelectedIndex();
    if ( index == -1 )
      return;
    listModel.remove( index );
  }
} );
```

Gibt es kein selektiertes Element, liefert `getSelectedIndex()` die Rückgabe –1, und die Methode beendet die Verarbeitung.

Für das Textfeld nimmt der `ActionListener` einfach den Text heraus und setzt ihn per `addElement()` in das `DefaultListModel`.

```
tf.addActionListener( new ActionListener()
{
  @Override public void actionPerformed( ActionEvent e )
  {
    String text = ((JTextField)e.getSource()).getText();
    listModel.addElement( text );
    ((JTextField)e.getSource()).setText( "" );
  }
} );
```

1115

19 | Grafische Oberflächen mit Swing

Renderer

Aufgabe eines Renderers ist es, die Elemente darzustellen. Standardmäßig nutzt die `JList` ein spezielles `JLabel` zur Darstellung, welches die `toString()`-Methode auf jedem Listenelement aufruft und darstellt. Ein eigener Renderer ist leicht implementiert: Zunächst ist eine Klasse zu schreiben, die `ListCellRenderer` implementiert – am besten über die abstrakte Basisklasse `DefaultListCellRenderer`. Die `JList`-Methode `setCellRenderer(ListCellRenderer)` setzt ihn dann und verweist bei der Darstellung eines Eintrags auf dieses Objekt.

Ein Render-Beispiel gibt der Abschnitt 19.19.4, »Ein eigener Renderer für Tabellen«, und auch die API-Dokumentation zeigt bei `ListCellRenderer` ein einfaches Beispiel.

19.17.5 Drehfeld (JSpinner) *

Ein `JSpinner` ist eine Drehfeld-Komponente und besteht aus einem Eingabefeld (Editor) mit zwei kleinen Pfeilen, die eine Veränderung der Werte erlauben. Entweder trägt der Nutzer in das Textfeld eine gültige Zahl ein, die mit den Pfeilen verändert werden kann, oder eine Liste von Auswahlelementen wird angezeigt, aus denen der Benutzer wählen kann. Am nächsten sind `JSpinner` mit Combo-Boxen verwandt, doch geht bei ihnen kein Popup-Menü auf.

SpinnerModel

Ein `JSpinner` arbeitet auf einem Model vom Typ `SpinnerModel`, das ähnlich wie ein Iterator den Zugriff auf die Elemente ermöglicht. Ein `SpinnerModel` wird im Konstruktor von `JSpinner` gesetzt oder über `setModel()`.

SpinnerListModel

Ein vorgefertigtes Model ist das `SpinnerListModel`, das mit einem Feld initialisiert wird.

[zB] **Beispiel** Erfrage alle Wochentage über die Klasse `DateFormatSymbols`. Das Feld von Zeichenfolgen soll dann ein `SpinnerModel` initialisieren. Dieses Model soll dem `JSpinner` im Konstruktor übergeben werden:

```
String[]     days    = new DateFormatSymbols().getWeekdays();
SpinnerModel model   = new SpinnerListModel( days );
JSpinner     spinner = new JSpinner( model );
```

SpinnerDateModel

Ein weiteres Model ist das `SpinnerDateModel`. Es erlaubt dem Benutzer lokalisierte Datumseingaben. Der `JSpinner` zeigt dann die Eingabezeile an, und das Model speichert die Benutzereingabe und bietet Anfragemethoden, um das gewählte Datum abzufragen.

Beispiel Initialisiere den JSpinner mit einem SpinnerDateModel, und erfrage das gesetzte Datum: [zB]

```
SpinnerDateModel  model   = new SpinnerDateModel();
JSpinner          spinner = new JSpinner( model );
Date              value   = model.getDate();
```

Der Konstruktor `SpinnerDateModel(Date value, Comparable start, Comparable end, int stepSize)` erlaubt die Angabe eines Start- und eines Enddatums. Sie können `null` sein, wenn keine Grenzen gewünscht sind. Die Variable `stepSize` gibt an, welches Format zu editieren ist. Dahinter stehen viele Konstanten aus `Calendar`, wie etwa `YEAR`, `HOUR` oder `WEEK_OF_MONTH`.

Listing 19.38 com/tutego/insel/ui/swing/JSpinnerDemo.java, main()

```java
JFrame f = new JFrame();
f.setDefaultCloseOperation( JFrame.EXIT_ON_CLOSE );

f.setLayout( new BoxLayout(f.getContentPane(), BoxLayout.Y_AXIS) );

// Spinner for numbers from 1 to 10 in steps of 0.2

SpinnerNumberModel model1 = new SpinnerNumberModel( 5.0, 0.0, 10.0, 0.2 );
JSpinner spin1 = new JSpinner( model1 );

f.add( spin1 );

// Spinner with a SpinnerListModel filled with comedians

String[] comedians = {
  "Joseph Hader", "Charlie Chaplin", "Vicco von Bülow",
  "Heinz Erhardt", "Michael Mittermeier" };

SpinnerListModel model2 = new SpinnerListModel( comedians );
JSpinner spin2 = new JSpinner( model2 );

f.add( spin2 );

f.pack();
f.setVisible( true );
```

19.18 Textkomponenten

Swing bietet eine Reihe von Textkomponenten:

- `JTextField`: einzeiliges Textfeld
- `JFormattedTextField`: einzeiliges Textfeld mit Formatierungsvorgaben
- `JPasswordField`: einzeilige Eingabe mit verdeckten Zeichen
- `JTextArea`: mehrzeiliges Textfeld
- `JEditorPane`: Editor-Komponente
- `JTextPane`: Spezialisierung der Editor-Komponente

Die `JEditorPane` (mehr dazu in Abschnitt 19.18.6, »Editor-Klasse (JEditorPane)«) ist die leistungsfähigste Komponente, die über so genannte Editor-Kits reinen Text, HTML oder RTF darstellen und verwalten kann.

> **Hinweis** Swings Textkomponenten sind sehr leistungsfähig und beeindruckend allemal, da Swing ja allerlei Dinge von Hand erledigt, da es nicht auf die nativen Textkomponenten vom grafischen Teil des Betriebssystems zurückgreift. Der aufwändigste Teil ist die korrekte Darstellung des Textes (die Java 2D übernimmt), aber Selektion, effektive Verwaltung von großen Textmengen, schnelles Scrolling, Tastaturkommandos, einfache Programmier-API sind weitere Anforderungen.

Viele wichtige Methoden sind in der Oberklasse `javax.swing.text.JTextComponent` zu finden. Zwar liegt diese Klasse im Paket `javax.swing.text`, doch liegen alle anderen Klassen »klassischerweise« unter `javax.swing`.

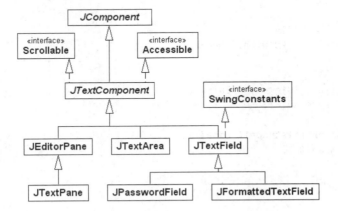

19.18.1 Text in einer Eingabezeile

Einzeilige Textfelder werden mit der Klasse `JTextField` erstellt. Unterschiedliche Konstruktoren legen einen Start-String oder die Anzahl der Zeichen fest, die ein Textfeld anzeigen kann.

Ein `JTextField` löst mit der ⏎-Taste ein `ActionEvent` auf diesen Ereignistyp aus, kennen wir schon von `JButton`.

Ein kleiner Rechner soll über eine Textzeile mit einer Länge von 20 Zeichen verfügen. Bei Aktivierung der ⏎-Taste soll der Ausdruck berechnet werden und in der Textzeile erscheinen:

Listing 19.39 com/tutego/insel/ui/text/JTextFieldDemo.java, main()

```
JFrame frame = new JFrame();
frame.setDefaultCloseOperation( JFrame.EXIT_ON_CLOSE );

final JTextField input = new JTextField( "12 * 3 + 2", 20 );
input.addActionListener( new ActionListener() {
  @Override public void actionPerformed( ActionEvent e ) {
    try {
      input.setText( "" +
        new ScriptEngineManager().getEngineByName("JavaScript").eval(⤴
          input.getText()) );
    }
    catch ( ScriptException ex ) {
      ex.printStackTrace();
    }
  }
} );
frame.add( input );
frame.pack();
frame.setVisible( true );
```

```
class javax.swing.JTextField
extends JTextComponent
```

▶ `JTextField()`
  Erzeugt ein leeres Textfeld.

▶ `JTextField( int columns )`
  Erzeugt ein Textfeld mit einer gegebenen Anzahl von Spalten.

▶ `JTextField( String text )`
  Erzeugt ein mit `text` initialisiertes Textfeld.

▶ `JTextField( String text, int columns )`
  Erzeugt ein mit `text` initialisiertes Textfeld mit `columns` Spalten.

19.18.2 Die Oberklasse der Text-Komponenten (JTextComponent)

Alle Texteingabefelder unter Swing sind von der abstrakten Oberklasse `JTextComponent` abgeleitet. Die wichtigsten Methoden sind `setText(String)` und `getText()`, mit denen sich Zeichenketten setzen und erfragen lassen.

19 | Grafische Oberflächen mit Swing

```
class javax.swing.text.JTextComponent
extends JComponent
implements Scrollable, Accessible
```

▶ String getText()
Liefert den Inhalt des Textfelds.

▶ String getText(int offs, int len)
Liefert den Inhalt des Textfelds von offs bis offs + len. Stimmen die Bereiche nicht, wird
eine BadLocationException ausgelöst.

▶ String getSelectedText()
Liefert den selektierten Text. Keine Selektion ergibt die Rückgabe null.

▶ void setText(String t)
Setzt den Text neu.

▶ void read(Reader in, Object desc) throws IOException
Liest den Inhalt aus dem Reader in das Textfeld. desc beschreibt den Datenstrom näher,
kann aber null sein. Die read()-Methode erzeugt intern ein neues Document-Objekt und
verwirft das alte.

▶ void write(Writer out) throws IOException
Schreibt den Inhalt des Textfelds in den Writer.

Das Caret *

Der Cursor in einem Textfeld heißt *Caret*. Unterschiedliche Anfragen lassen sich an ein Textfeld stellen, um mehr über das Caret herauszufinden. Ein Listener kann an eine JTextComponent gehängt werden, und ebenso kann das Caret frei bewegt werden.

```
class javax.swing.text.JTextComponent
extends JComponent
implements Scrollable, Accessible
```

▶ int getCaretPosition(), setCaretPosition(int position)
Liefert beziehungsweise verändert die Position des Eingabe-Cursors.

▶ Color getCaretColor(), void setCaretColor(Color c)
Liest oder ändert die Farbe des Carets.

[zB] **Beispiel** Der Cursor soll an das Textende gesetzt werden. textfield.getText().length()
erfragt die Länge des Strings, und textfield.setCaretPosition() setzt die Position des Cur-
sors. Für ein Textfeld textfield ist Folgendes also die Lösung:
```
textfield.setCaretPosition( textfield.getText().length() );
```

1120

19.18.3 Geschützte Eingaben (JPasswordField)

Das `JPasswordField` ist ein spezielles `JTextField`, das die Zeichen nicht auf dem Bildschirm darstellt, sondern ein alternatives Zeichen zeigt, das so genannte *Echozeichen*. Standardmäßig ist das ein Sternchen. So lassen sich Passwort-Felder anlegen, die eine Eingabe verbergen:

Listing 19.40 com/tutego/insel/ui/text/JPasswordFieldDemo.java, Ausschnitt

```
JPasswordField pass = new JPasswordField( 15 );
pass.setEchoChar( '#' );
comp.add( pass );
```

Im Konstruktor geben wir die Länge der Textzeile an. Mit der Methode `setEchoChar()` lässt sich das Echozeichen festlegen.[11]

Leider bleibt das Problem, dass die Sternchen auf die Anzahl der geheimen Zeichen schließen lassen.

Abbildung 19.19 Das Passwort-Feld

19.18.4 Validierende Eingabefelder (JFormattedTextField)

Textfelder, in denen Benutzer Zeichenfolgen eintragen, müssen oft die Eingabe validieren. So dürfen Zahlenfelder keine beliebigen Zeichen annehmen, sondern nur Ziffern und vielleicht Vorzeichen oder Dezimaltrenner. Komplizierte Felder wie ISBN-Nummern oder Datumsformate haben noch weitere Regeln. Eine Implementierung dieser Textfelder sieht häufig so aus, dass auf Tastatureingaben reagiert und sofort geprüft wird, ob alles in Ordnung ist, oder später nach einer `actionPerformed()`. Schlaue Programmierer nutzen gern die `parse()`-Methode des `Format`-Objekts aus dem `text`-Paket, um die Beschränkungen zu prüfen.

Die Swing-Komponente `JFormattedTextField` ist ein `JTextField` mit einer Möglichkeit zur Formatierung und Validierung der Daten. Gültige Werte bestimmt ein im Konstruktor übergebenes `java.text.Format`-Objekt. Wollen wir Zahlenformate testen, geben wir zum Beispiel ein `SimpleDateFormat`-Objekt mit und für Dezimalfeldeingaben ein `DecimalFormat`-Exemplar.

Das folgende Programm zeigt die Anwendung eines Eingabefelds, das nur Datumswerte eines bestimmten Formats und Dezimalzahlen annimmt:

Listing 19.41 com/tutego/insel/ui/text/JFormattedTextDemo.java

```
JFrame frame = new JFrame();
frame.setDefaultCloseOperation( JFrame.EXIT_ON_CLOSE );
frame.setLayout( new GridLayout(0,1) );

ActionListener actionListener = new ActionListener() {
```

---

11 Wird das Echozeichen auf `(char)0` gesetzt, erscheint die Eingabe nicht im Klartext. So macht es nur die AWT-Komponente `TextField`.

19 | Grafische Oberflächen mit Swing

```java
@Override public void actionPerformed( ActionEvent e ) {
    System.out.println( ((JFormattedTextField)e.getSource()).getText() );
} };

JTextField textField1 = new JFormattedTextField(
    new SimpleDateFormat("MM/dd/yy") );
frame.add( textField1 );
textField1.addActionListener( actionListener );

JTextField textField2 = new JFormattedTextField(
    new DecimalFormat("#.###") );
frame.add( textField2 );
textField2.addActionListener( actionListener );

frame.pack();
frame.setVisible( true );
```

[»]

> **Hinweis** Während der Eingabe, also bei jedem Tastendruck, testet `JFormattedTextField` die Zeichenkette nicht auf ihre Korrektheit. So lässt sich in beide Textfelder erst einmal beliebiger Text eintragen. Erst bei einem Fokuswechsel oder einer Bestätigung mit ⏎ arbeitet die Validierung von `JTextField`. Hier allerdings nicht konsistent. Während bei einem zugewiesenen Datumsformat Eingaben wie »23/234/334« noch durchgehen und offensichtlich falsche Eingaben wie »blub« abgewiesen werden und nicht zu einem `ActionEvent` führen, benachrichtigt `JTextField` mit einem `DecimalFormat("#.###")` und dem Text »1,bla« unseren `ActionListener`. Das ist natürlich unsinnig, und wir müssen erneut prüfen. Ein Fokuswechsel validiert jedoch und trägt in das Textfeld »1« ein.

19.18.5 Einfache mehrzeilige Textfelder (JTextArea)

Mit der Klasse `JTextArea` lassen sich mehrzeilige editierbare Textfelder erzeugen. Der Zeichensatz kann genau ein Attribut annehmen, das heißt, die Schrift verfügt über genau eine Farbe und eine Schriftart; der Zeichensatz lässt sich mit `setFont(Font)` zuweisen.

Die `JTextArea`-Klasse stellt im Gegensatz zur AWT-Komponente `TextArea` keine automatischen Bildlaufleisten dar, eine Scroll-Eigenschaft muss nachträglich über eine `JScrollPane` realisiert werden:

Listing 19.42 com/tutego/insel/ui/text/JTextAreaDemo.java

```java
package com.tutego.insel.ui.text;

import javax.swing.*;
import java.awt.*;
import java.awt.event.*;

class JTextAreaDemo extends JFrame
{
    private Font font = new Font(Font.SANS_SERIF, Font.PLAIN, 12 );

    public JTextAreaDemo()
```

Textkomponenten | **19.18**

```java
  {
    setDefaultCloseOperation( JFrame.EXIT_ON_CLOSE );

    final JTextArea t = new JTextArea();
    t.setFont( font );
    add( new JScrollPane( t ) );

    ActionListener al = new ActionListener()
    {
      @Override public void actionPerformed( ActionEvent e )
      {
        if ( "Ende".equals(e.getActionCommand()) )
          System.exit( 0 );
        if ( "fett".equals(e.getActionCommand()) )
          t.setFont( font = font.deriveFont( font.getStyle() ^ Font.BOLD ) );
        else if ( "kursiv".equals(e.getActionCommand()) )
          t.setFont( font = font.deriveFont( font.getStyle() ^ Font.ITALIC ) );
      }
    };

    JPanel panel = new JPanel( new GridLayout(1,3) );
    add( panel, BorderLayout.PAGE_START );

    AbstractButton button;

    panel.add( button = new JToggleButton("fett") );
    button.addActionListener( al );
    button.setFont( font.deriveFont( Font.BOLD ) );

    panel.add( button = new JToggleButton("kursiv") );
    button.addActionListener( al );
    button.setFont( font.deriveFont( Font.ITALIC ) );

    panel.add( button = new JButton("Ende") );
    button.addActionListener( al );

    setSize( 400, 600 );
  }

  public static void main( String[] args )
  {
    new JTextAreaDemo().setVisible( true );
  }
}
```

Die Zeile mit der Anweisung `font.getStyle() ^ Font.BOLD` dreht über den `Xor`-Operator das entsprechende Flag um. War das Bit für `Font.BOLD` vorher gesetzt, ist es nach der `Xor`-Operation gelöscht. Genauso ist es umgekehrt: War es nicht gesetzt, ist es anschließend gesetzt. Die Konstanten sind mit 1 (`BOLD`), 2 (`ITALIC`) vorbelegt – also einmal Bit 1 und einmal Bit 2.

1123

19 | Grafische Oberflächen mit Swing

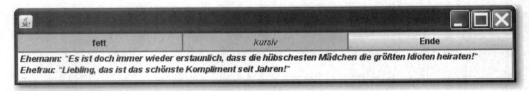

Abbildung 19.20   Eine JTextArea

```
class javax.swing.JTextArea
extends JTextComponent
```

- ▸ `JTextArea()`
  Ein neues `JTextArea`-Objekt wird erzeugt.
- ▸ `JTextArea( int rows, int columns )`
  Erzeugt ein neues Objekt mit gegebener Anzahl an Zeilen und Spalten.
- ▸ `JTextArea( String text )`
  Erzeugt ein `JTextArea`-Objekt mit einem Starttext.
- ▸ `JTextArea( String, int rows, int columns )`
  Eine Kombination aus den beiden vorigen Konstruktoren.

Unterschiedliche Methoden erfragen das Layout und erlauben eine Änderung:

- ▸ `int getColumns(), int getRows()`
  Gibt die Anzahl der Spalten und Zeilen an.
- ▸ `void setColumns( int columns ), void setRows( int rows )`
  Setzt die Anzahl der Spalten und Zeilen neu.
- ▸ `int getLineCount()`
  Liefert die Anzahl der Zeilen.

Praktisch sind die `int`-gebenden Methoden `getLineEndOffset(int line)`, `getLineStartOffset(int line)` und `getLineOfOffset(int offset)`, die Zeichen-Position mit Zeilennummern zusammenbringen.

Modifikationen des Textes sind ebenfalls möglich und gehen über die Methoden der Oberklasse `JTextComponent` hinaus:

- ▸ `void append( String str )`
  Hängt den String an den vorhandenen Text an. Diese Methode steht in der Oberklasse `JTextComponent` nicht zur Verfügung.
- ▸ `void insert( String str, int pos )`
  Fügt den String an die Position `pos` ein.
- ▸ `void replaceRange( String str, int start, int end )`
  Ersetzt Text von `start` bis `end` durch den neuen Text `str`.

Textkomponenten | **19.18**

Scrolling

Wie üblich besitzt die `JTextArea` keine Rollbalken und muss zwecks Scrolling in eine `JScrollPane` eingebaut werden. Es ist praktisch, zu wissen, dass sich einzelne Rollbalken einer `JScrollPane` mit `get[Vertical|Horizontal]ScrollBar` erfragen lassen. Denn wenn zum Beispiel am Ende etwas angehängt wird, scrollt die `JTextArea` nicht automatisch mit nach unten. Nach dem Einfügen können wir jedoch den vertikalen Rollbalken erfragen und von Hand den Wert auf das Maximum setzen:

```
JScrollBar bar = scrollPane.getVerticalScrollBar();
bar.setValue( bar.getMaximum() );
```

19.18.6 Editor-Klasse (JEditorPane) *

Die Klasse `JEditorPane` ist eine sehr leistungsfähige Textkomponente für verschiedene Textformate. Die Swing-Implementierung unterstützt HTML und Rich Text Format (RTF), eigene Implementierungen lassen sich ohne große Probleme ergänzen. Diese werden *Editor-Kits* genannt. Der Editor stellt Text dar, der ihm mit `setContentType()` übergeben wird. Das Editor-Kit wird dann mit `setEditorKit()` zugewiesen. Ohne eigene Erweiterungen sind »text/html« (Standard), »text/plain« und »text/rtf« erlaubt. Soll nur Text ohne Formatierungen und ohne Attribute dargestellt werden, lässt sich auch gleich `JTextArea` verwenden.

Meistens wird eine `JEditorPane` über einen Konstruktor erzeugt, dem eine URL oder ein String mit einer URL übergeben wird. Für Programme mit Dateien auf dem lokalen Dateisystem wird dann die URL mit `file://` beginnen. Wird mit dem Standard-Konstruktor gearbeitet, kann später mit `setPage()` ein URL-Objekt oder ein String eine Seite neu belegen. Auch `setText()` erlaubt ein Setzen des Inhalts. Zu guter Letzt lässt sich der Editor auch mit einem `InputStream` über `read()` mit Inhalt füllen.

Mit diesem Wissen lässt sich ein kleiner Webbrowser implementieren:

Listing 19.43 com/tutego/insel/ui/text/JBrowser.java

```java
package com.tutego.insel.ui.text;

import javax.swing.*;
import javax.swing.event.*;
import java.io.*;
import java.net.*;

public class JBrowser extends JEditorPane implements HyperlinkListener
{
  JBrowser( String url )
  {
    setEditable( false );
    addHyperlinkListener( this );

    try
    {
      setPage( new URL(url) );
```

1125

19 | Grafische Oberflächen mit Swing

```
    }
    catch ( IOException e ) { e.printStackTrace(); }
  }

  @Override public void hyperlinkUpdate( HyperlinkEvent event )
  {
    HyperlinkEvent.EventType typ = event.getEventType();

    if ( typ == HyperlinkEvent.EventType.ACTIVATED )
    {
      try
      {
        setPage( event.getURL() );
      }
      catch( IOException e ) {
        JOptionPane.showMessageDialog( this,
                            "Kann dem Link nicht folgen: "
                              + event.getURL().toExternalForm(),
                            "Ladefehler",
                            JOptionPane.ERROR_MESSAGE );
      }
    }
  }

  public static void main( String[] args )
  {
    JFrame f = new JFrame();
    f.setDefaultCloseOperation( JFrame.EXIT_ON_CLOSE );
    f.setSize( 600, 500 );
    f.add( new JScrollPane(new JBrowser("http://www.heise.de/index.html")) );
    f.setVisible( true );
  }
}
```

`class javax.swing.`**`JEditorPane`**
`extends JTextComponent`

▶ `JEditorPane()`
  Erzeugt einen neuen Editor.

▶ `JEditorPane( String url )`, `JEditorPane( URL url )`
  Erzeugt einen neuen Editor mit dem Inhalt, auf den die URL zeigt.

▶ `void setPage( String url )`, `void setPage( URL page )`
  Zeigt eine neue Seite an.

▶ `void addHyperlinkListener( HyperlinkListener l )`
  Reagiert auf das Aktivieren von Hyperlinks.

▶ `void removeHyperlinkListener( HyperlinkListener l )`
  Entfernt den Horcher.

1126

19.19 Tabellen (JTable)

Mit der Klasse `JTable` lassen sich auf einfache Weise zweidimensionale Tabellendaten darstellen. Die Java-Bibliothek enthält dafür eine einfache Schnittstelle, die über ein Model und eine eigene Visualisierung ergänzt werden kann. Die vorgefertigte Implementierung bietet schon vieles an, wie zum Beispiel die Änderung der Spaltenbreite, die Navigation über die ⇥ -Taste oder die Selektion von Spalten oder Zeilen.

Für `JTable` gibt es einen einfachen Konstruktor, der für die Daten ein zweidimensionales Feld annimmt. Für uns fällt dabei wenig Arbeit an. Das 2-D-Feld kann sich aus `Object[][]` oder auch aus Vektoren von Vektoren zusammensetzen. Intern wird ein Objektfeld jedoch in Vektoren kopiert.

Listing 19.44 com/tutego/insel/ui/table/SimpleTable.java

```
package com.tutego.insel.ui.table;

import javax.swing.*;

public class SimpleTable
{
```

19 | Grafische Oberflächen mit Swing

```
public static void main( String[] args )
{
  String[][] rowData = {
  { "Japan", "245" }, { "USA", "240" }, { "Italien", "220" },
  { "Spanien", "217" }, {"Türkei", "215"} ,{ "England", "214" },
  { "Frankreich", "190" }, {"Griechenland", "185" },
  { "Deutschland", "180" }, {"Portugal", "170" }
  };

  String[] columnNames = {
    "Land", "Durchschnittliche Fernsehdauer pro Tag in Minuten"
  };

  JFrame f = new JFrame();
  f.setDefaultCloseOperation( JFrame.EXIT_ON_CLOSE );

  JTable table = new JTable( rowData, columnNames );
  f.add( new JScrollPane( table ) );

  f.pack();
  f.setVisible( true );
  }
}
```

Wir setzen die Tabelle in eine JScrollPane auch aus dem Grund, dass dann erst die JTable die Köpfe anzeigt. Beim Scrollen in der Tabelle bleiben die Tabellenköpfe immer stehen. Möchten wir die Spaltennamen extra setzen, nimmt der Konstruktor von JTable im zweiten Argument ein Feld mit Spaltennamen an.

[+]

Tipp Eine JTable ist nur so hoch, wie sie sein muss, und dehnt sich nicht auf die ihr zur Verfügung stehende Höhe. Das macht sich bemerkbar bei der Farbe, denn der vertikal verbleibene Bereich ist nicht in dem üblichen Tabellenweiß. Soll die Tabelle den ganzen Bereich (Viewport genannt) einnehmen, hilft ein table.setFillsViewportHeight(true).

19.19.1 Ein eigenes Tabellen-Model

JTable ist ein gutes Beispiel für die Trennung von Daten und Anzeige. Während View und Controller in der Klasse JTable liegen, werden die Daten im Model durch die Schnittstelle TableModel beschrieben. Jeder Datencontainer muss TableModel implementieren und der Anzeige eine Möglichkeit geben, Einträge in einer Zeile und Spalte zu erfragen. Ändert sich das Model, muss zusätzlich die Visualisierung aktualisiert werden. Daher schreibt TableModel einen TableModelListener vor, der die Beobachtung übernimmt.

```
interface javax.swing.table.TableModel
```

▶ Class getColumnClass(int columnIndex)
Liefert das allgemeinste Klassenobjekt, das die Spalte beschreiben kann.

▶ `int getColumnCount()`
Liefert die Anzahl der Spalten.

▶ `String getColumnName( int columnIndex )`
Gibt den Namen der Spalte `columnIndex` zurück.

▶ `int getRowCount()`
Liefert die Anzahl der Zeilen.

▶ `Object getValueAt( int rowIndex, int columnIndex )`
Gibt den Eintrag an der Stelle `columnIndex` und `rowIndex` zurück.

▶ `void setValueAt( Object aValue, int rowIndex, int columnIndex )`
Setzt den Wert an die gegebene Stelle.

▶ `boolean isCellEditable( int rowIndex, int columnIndex )`
Liefert `true`, wenn die Zelle an `rowIndex` und `columnIndex` editierbar ist.

▶ `void addTableModelListener( TableModelListener l )`
Fügt einen Ereignisbehandler hinzu, der immer dann informiert wird, wenn Daten geändert werden.

▶ `void removeTableModelListener( TableModelListener l )`
Entfernt den Ereignisbehandler.

Wollen wir auf die inneren Daten zugreifen, benötigen wir das `TableModel`. Über `getModel()` lässt sich dies von der `JTable` erfragen. Wir können die Tabelle auch fragen, welche Zelle selektiert ist.

```
int col = t.getSelectedColumn();
int row = t.getSelectedRow();
System.out.println( t.getModel().getValueAt(row, col) );
```

19.19.2 Basisklasse für eigene Modelle (AbstractTableModel)

Für `TableModel` gibt es schon eine Implementierung als abstrakte Klasse, die uns etwa die Aufgabe abnimmt, Listener an- und abzumelden. In Swing kommt es sehr häufig vor, dass eine Schnittstelle so weit wie möglich von einer Klasse vorimplementiert wird. Dieses Vorgehen ist unter dem Namen *Interface/Implementation-Pair* bekannt. Die zu `TableModel` passende Klasse heißt `AbstractTableModel` und gibt für einige Methoden eine Standardimplementierung vor. `AbstractTableModel` bietet Zugriff auf die Listener über eine `protected`-Variable `listenerList`.

Um ein lauffähiges Model zusammenzubauen, müssen nur noch `getColumnCount()`, `getRowCount()` und `getValueAt()` implementiert werden, dann ist eine Model-Klasse komplett. `setValueAt()` ist in `AbstractTableModel` leer implementiert und muss nur bei editierbaren Datenmodellen angepasst werden. `isCellEditable()` liefert `false` und muss bei editierbaren Modellen ebenso überschrieben werden. `getColumnName()` liefert Spaltennamen nach dem Muster A, B, C, ..., Z, AA, AB. `getColumnClass()` liefert `Object.class`. Um nach einer Spalte suchen zu können, gibt `findColumn(String)` den Index der Spalte zurück, die den eingetragenen Namen hat.

19 | Grafische Oberflächen mit Swing

Ein Quadratzahlen-Model

Wenn wir eine Tabelle mit Quadrat und Kubus nutzen, können wir ein Model implementieren, das in der ersten Spalte die Zahl, in der zweiten das Quadrat und in der dritten den Kubus abbildet. Die Tabelle verfügt dann über drei Spalten. Sie soll hundert Zeilen groß sein.

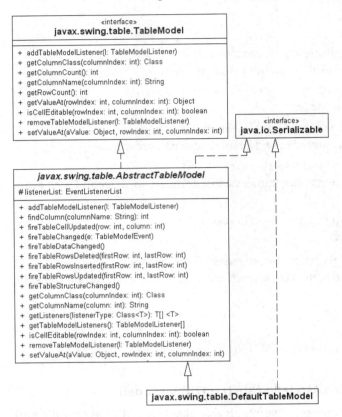

Listing 19.45 com/tutego/insel/ui/table/QuadratTableModelSimple

```
package com.tutego.insel.ui.table;

import javax.swing.table.AbstractTableModel;

class SquareTableModelSimple extends AbstractTableModel
{
  @Override public int getRowCount()
  {
    return 100;
  }

  @Override public int getColumnCount()
  {
    return 3;
  }
```

```java
@Override public Object getValueAt( int row, int col )
{
  if ( col == 0 )
    return "" + row;
  else if ( col == 1 )
    return "" + (row * row);
  else
    return "" + (row * row * row);
  }
}
```

Das Tabellen-Model zuweisen

Verfügen wir über eine Klasse, die ein `TableModel` implementiert, etwa eine Unterklasse von `AbstractTableModel` oder `DefaultTableModel`, so müssen wir ein `JTable`-Objekt mit diesem Model verbinden. Dafür gibt es zwei Möglichkeiten: Wir können im Konstruktor das Model angeben oder es nachträglich mit `setModel(TableModel)` zuweisen.

Listing 19.46 com/tutego/insel/ui/table/QuadratTable.java, main()

```java
JFrame f = new JFrame();
f.getContentPane().add( new JScrollPane( new JTable(
  new SquareTableModelSimple() ) ) );
f.setDefaultCloseOperation( JFrame.EXIT_ON_CLOSE );
f.pack();
f.setVisible( true );
```

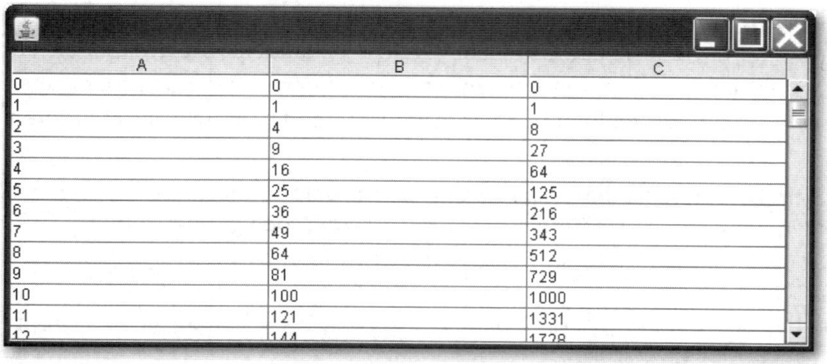

Abbildung 19.21 JTable mit Model

Änderungswünsche

Standardmäßig lassen sich die Zellinhalte nicht ändern. Wenn der Anwender auf eine Zelle klickt, wird es kein Textfeld geben, das eine neue Eingabe ermöglicht. Das ändert sich aber, wenn aus der Schnittstelle `TableModel` die Methode `boolean isCellEditable(int rowIndex, int columnIndex)` überschrieben wird und immer dann `true` liefert, wenn ein Editor eine Änderung der Zelle erlauben soll. Ist diese Änderung für alle Zellen gültig, liefert die Methode immer `true`; soll zum Beispiel nur die erste Spalte verändert werden dürfen, schreiben wir:

19 | Grafische Oberflächen mit Swing

```java
public boolean isCellEditable( int rowIndex, int columnIndex )
{
  return columnIndex == 0;
}
```

Die Methode isCellEditable() ist aber nur der erste Teil einer Zelländerung. Die JTable (vereinfachen wir es mal) fragt zunächst beim Model über isCellEditable(), ob eine Zelle vom Anwender überhaupt modifiziert werden kann. Wenn das Ergebnis false ist, wird kein Editor angezeigt. Falls das Ergebnis true ist, sucht die JTable einen passenden Editor und ruft nach einer Änderung mit dem neuen Wert die Methode setValueAt(Object aValue, int rowIndex, int columnIndex) auf. Hier muss das Ergebnis in den Datenstrukturen auch wirklich gespeichert werden. Anschließend erfragt die JTable über getValueAt() noch einmal den aktuellen Wert.

[zB]

Beispiel Über setValueAt() bekommen wir den neuen Wert als erstes Argument. Interessiert uns der alte Wert, können wir ihn aus dem Model erfragen:

```java
void setValueAt( Object aValue, int rowIndex, int columnIndex )
{
  Object oldValue = getValueAt( rowIndex, columnIndex );
}
```

Ereignisse bei Änderungen

Die Events, die AbstractTableModel auslöst, sind vom Typ TableModelEvent und werden von fireTableDataChanged(), fireTableStructureChanged(), fireTableRowsInserted(), fireTableRowsUpdated(), fireTableRowsDeleted(), fireTableCellUpdated() über die allgemeine Methode fireTableChanged(TableModelEvent) behandelt. Die Methoden zur Ereignisbehandlung sind damit vollständig und müssen von Unterklassen nicht mehr überschrieben werden, es sei denn, wir wollten in einer fire()-Methode Zusätzliches realisieren.

[zB]

Beispiel Ändern sich die Daten, ist die Visualisierung zu erneuern. Dann sollte fireTableCellUpdated() aufgerufen werden, wie für die setValueAt()-Methode gezeigt wird:

```java
public void setValueAt( Object val, int row, int column )
{
  foo[row][column] = val;
  fireTableCellUpdated( row, column );
}
```

Die Methode fireTableCellUpdated(int, int) ist nur eine Abkürzung für Folgendes:

```java
public void fireTableCellUpdated(int row, int column) {
  fireTableChanged(new TableModelEvent(this, row, row, column));
}
```

19.19.3 Vorgefertigtes Standard-Modell (DefaultTableModel)

Praktischerweise bringt die Java-Bibliothek schon eine Model-Klasse mit, die wir direkt verwenden. Dies ist `DefaultTableModel`, die ebenso eine Unterklasse von `AbstractTableModel` ist. Nützliche Ergänzungen sind Methoden, damit an beliebiger Stelle Zellen eingetragen, verschoben und gelöscht werden können. Nutzen wir `JTable` ohne eigenes Model, so verwendet es standardmäßig `DefaultTableModel` mit einer Implementierung von Vektoren aus Vektoren. Ein Hauptvektor speichert Vektoren für jede Zeile. Die Technik lässt sich gut an einer Methode ablesen:

```
public Object getValueAt( int row, int column )
{
  Vector rowVector = (Vector) dataVector.elementAt( row );
  return rowVector.elementAt( column );
}
```

19 | Grafische Oberflächen mit Swing

Mit den Methoden `setDataVector()` und `getDataVector()` lassen sich die Daten intern setzen und auslesen. Diese interne Abbildung der Daten ist jedoch nicht immer erwünscht, da dynamische Strukturen von der Laufzeit her ineffizient sein können. Ist das zu unflexibel, lässt sich immer noch ein eigenes Model von `AbstractTableModel` ableiten.

19.19.4 Ein eigener Renderer für Tabellen

Damit eine Tabelle nicht nur die typischen Informationen in Zeichenketten darstellen muss, lässt sich ein `TableCellRenderer` einsetzen, mit dem man die Tabelleneinträge beliebig visualisieren kann. Die Schnittstelle `TableCellRenderer` schreibt nur eine Operation vor.

interface javax.swing.table.**TableCellRenderer**

▶ Component getTableCellRendererComponent(JTable table, Object value,
    boolean isSelected, boolean hasFocus, int row, int column)

Die Informationen über `isSelected`, `hasFocus`, `row` und `column` sollen der Zeichenmethode die Möglichkeit geben, ausgewählte Tabellenteile besonders zu behandeln. Steht etwa auf einer Zelle der Fokus, ist ein Rahmen gezeichnet. Ist die Tabelle selektiert, so ist die Zelle mit einer Hintergrundfarbe ausgeschmückt.

DefaultTableCellRenderer

Swing bietet eine Standardimplementierung in Form der Klasse `DefaultTableCellRenderer`. Diese Klasse erweitert `JLabel`, und damit lässt sich schon viel anfangen, denn das Ändern des Textes ist genauso einfach wie das Ändern der Farbe oder das Hinzufügen eines Bilds. Viele Aufgaben sind so schon erledigt. Wenn es aufwändiger realisiert werden soll, dann müssen wir direkt `TableCellRenderer` implementieren.

Für unsere Zwecke soll `DefaultTableCellRenderer` genügen. Die wichtigste Methode zum Überschreiben ist `setValue(Object)`. In `DefaultTableCellRenderer` sieht die Originalmethode wie folgt aus:

```
protected void setValue( Object value ) {
  setText( (value == null) ? "" : value.toString() );
}
```

Da `JTable` diesen Renderer als Standard nutzt, sagt dies aus, dass alle Daten in der Tabelle als String-Repräsentation eingesetzt werden.

Wenn wir eigene Visualisierungen wünschen, zum Beispiel mit einer anderen Schriftfarbe, so überschreiben wir einfach `setValue()` und setzen den Text mit `setText()` selbst. Die günstige Eigenschaft, dass `DefaultTableCellRenderer` eine Unterklasse von `JLabel` ist, macht sich auch bei `setForeground()` bemerkbar.

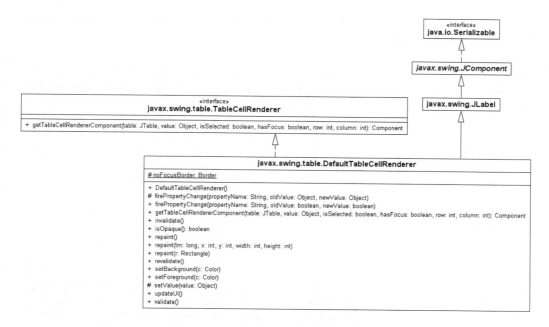

Liegen im Model einer `JTable` nicht nur Daten einer Gattung, so lassen sie sich mit `instanceof` aufschlüsseln. Unserer Tabelle mit den Quadrat- und Kubuszahlen wollen wir einen Renderer mitgeben. Er soll die geraden Zahlen in Blau anzeigen und die ungeraden in Grau:

Listing 19.47 com/tutego/insel/ui/table/ColoredTableCellRenderer.java

```java
package com.tutego.insel.ui.table;

import java.awt.*;
import javax.swing.table.*;

class ColoredTableCellRenderer extends DefaultTableCellRenderer
{
  @Override
  public void setValue( Object value )
  {
    if ( value instanceof Long )
    {
      setForeground( (Long) value % 2 == 0 ? Color.BLUE : Color.GRAY );

      setText( value.toString() );
    }
    else
      super.setValue( value );
  }
}
```

19 | Grafische Oberflächen mit Swing

Die Typanpassung (Long) value veranlasst den Compiler, das long mittels Unboxing aus dem value-Objekt zu extrahieren.

[zB]

> **Beispiel** In einer Tabelle sollen Zahlen (etwa vom Typ Integer) und Objekte vom Typ Gfx liegen. Gfx-Objekte enthalten ein Icon-Objekt namens icon. Es soll in die Tabelle gesetzt werden:
>
> ```
> public void setValue( Object value )
> {
>   if ( value instanceof Gfx ) {
>     Gfx gfx = (IconData) value;
>     setIcon( gfx.icon );
>   }
>   else {
>     setIcon( null );
>     super.setValue( value );
>   }
> }
> ```
>
> Die Behandlung im else-Zweig ist sehr wichtig, weil dort der Rest der Daten behandelt wird. Handelt es sich um Text, kümmert sich die Implementierung von DefaultTableCellRenderer darum. Bei setIcon() profitieren wir wieder von der Erweiterung von JLabel.

Renderer zuweisen

Ein Renderer übernimmt nicht die Darstellung von allen Zellen, sondern nur die von bestimmten Typen. Daher erwartet die Methode setDefaultRenderer() von JTable neben dem Renderer ein Class-Objekt. Nimmt die JTable aus dem Model ein Objekt heraus, erfragt es den Typ und lässt den Zelleninhalt vom Renderer, der mit diesem Typ verbunden ist, zeichnen:

Listing 19.48 com/tutego/insel/ui/table/QuadratTableWithRenderer.java, Ausschnitt

```
TableCellRenderer ren = new ColoredTableCellRenderer();
table.setDefaultRenderer( Long.class, ren );
```

Stellt die Tabelle ein Element vom Typ Long.class dar, so überlässt sie die Visualisierung dem zugewiesenen ColoredTableCellRenderer. Der Typ Object.class passt auf alle Zelleninhalte.

Mehrzeilige Tabellenzellen

Der DefaultTableCellRenderer ist eine Unterklasse von JLabel, die mehrzeilige Textfelder durch die HTML-Darstellung unterstützt. Für einen Text müsste etwa <HTML>Zeile1-
Zeile2</HTML> geschrieben werden. Eine andere Möglichkeit besteht darin, einen eigenen Renderer zu implementieren, der nicht von DefaultTableCellRenderer abgeleitet ist. Eine weitere Lösung ist, JTextArea als Oberklasse zu nutzen und die notwendige Schnittstelle TableCellRenderer zu implementieren. Die implementierte Methode getTableCellRendererComponent() liefert dann das this-Objekt (das JLabel) zurück, das mit dem Text inklusive Zeilenumbruch gesetzt ist:

1136

Tabellen (JTable) | **19.19**

Listing 19.49 com/tutego/insel/ui/table/TwoLinesCellRenderer.java, TwoLinesCellRenderer

```java
public class TwoLinesCellRenderer extends JTextArea implements TableCellRenderer
{
  @Override public Component getTableCellRendererComponent(
    JTable table, Object value,
    boolean isSelected, boolean hasFocus, int row, int column )
  {
    setText( value.toString() );     // Value kann String mit \n enthalten

    return this;
  }
}
```

19.19.5 Zell-Editoren

Anders als bei der JList kann der Benutzer die Zellen einer JTable editieren. Erlaubt das Tabellen-Model eine Veränderung, so stellt die JTable vordefiniert eine Texteingabezeile dar. Ein eigener Editor implementiert die Schnittstelle javax.swing.table.TableCellEditor mit einer Methode getTableCellEditorComponent(), die die Editor-Komponente liefert. Das kann zum Beispiel ein JTextField sein. Nach der Bearbeitung erfragt die JTable das Ergebnis über die Methode getCellEditorValue(). Auch diese Methode schreibt die Schnittstelle (indirekt) vor:

Listing 19.50 com/tutego/insel/ui/table/SimpleTableCellEditor.java

```java
package com.tutego.insel.ui.table;

import java.awt.Component;
import javax.swing.*;
import javax.swing.table.TableCellEditor;

public class SimpleTableCellEditor
  extends AbstractCellEditor
  implements TableCellEditor
{
  private JTextField component = new JTextField();

  @Override public Component getTableCellEditorComponent(
      JTable table, Object value,
      boolean isSelected, int rowIndex, int colIndex )
  {
    component.setText( value.toString() );

    return component;
  }

  @Override public Object getCellEditorValue()
  {
```

1137

19 | Grafische Oberflächen mit Swing

```
    return component.getText();
  }
}
```

Die Schnittstelle `TableCellEditor` selbst deklariert nur die Methode `getTableCellEditor-Component()`, doch weil `CellEditor` die Ober-Schnittstelle ist, ergeben sich insgesamt 1 + 7 zu implementierende Methoden. `CellEditor` ist eine ganz allgemeine Schnittstelle für beliebige Zellen, etwa auch für die Zellen in einem `JTree`-Objekt. Die abstrakte Basisklasse `Abstract-CellEditor` implementiert bis auf `getCellEditorValue()` alle Operationen aus `CellEditor`. Und da unsere Klasse die Schnittstelle `TableCellEditor` annehmen muss, bleibt es bei der Implementierung von `getCellEditorValue()` und `getTableCellEditorComponent()`.

19.19.6 Größe und Umrandung der Zellen *

Jede Zelle hat eine bestimmte Größe, die durch den Zellinhalt vorgegeben ist. Zusätzlich liegt zwischen zwei Zellen immer etwas Freiraum. Dieser lässt sich mit `getIntercellSpacing()` erfragen und mit `setIntercellSpacing()` setzen:

```
table.setIntercellSpacing( new Dimension(gapWidth, gapHeight) );
```

Soll die Zelle rechts und links zum Beispiel 2 Pixel Freiraum bekommen, ist `gapWidth` auf 4 zu setzen, denn das `Dimension`-Objekt gibt immer den gesamten vertikalen und horizontalen Abstand zwischen den Zellen an.

Die Gesamtgröße einer Zelle ist dann die der Margin-Zeile + Zellhöhe beziehungsweise Margin-Spalte + Zellbreite. Da jedoch `setIntercellSpacing()` die Höhe einer Zeile nicht automatisch anpasst, muss sie ausdrücklich gesetzt werden:

```
table.setRowHeight( table.getRowHeight() + gapHeight );
```

Zusätzlich zur Margin erhöht eine Linie den Abstand zwischen den Zellen. Auch dieses Raster (engl. *grid*) lässt sich modifizieren. Die folgenden Methoden sind auf die `JTable` angewendet:

`setShowGrid( false );`	Schaltet die Umrandung aus.
`setShowGrid( false ); setShowVerticalLines( true );`	Zeigt nur vertikale Linien.
`setGridColor( Color.GRAY );`	Die Umrandung wird grau.

19.19.7 Spalteninformationen*

Alle Zelleninformationen der Tabelle stecken im Model einer `JTable`. Informationen über die Spalten stehen allerdings nicht im `TableModel`, sondern in Objekten vom Typ `TableColumn`. Jede Spalte bekommt ein eigenes `TableColumn`-Objekt, und eine Sammlung der Objekte bildet das `TableColumnModel`, das wie das `TableModel` ein Datencontainer der `JTable` ist.

Tabellen (JTable) | **19.19**

Beispiel Zähle alle `TableColumn`-Objekte einer `JTable` table auf: [zB]

```
for ( Enumeration enum = table.getColumnModel().getColumns();
    enum.hasMoreElements(); )
  System.out.println( (TableColumn)eum.nextElement() );
```

`getColumns()` bezieht eine `Enumeration` von `TableColumn`-Objekets. Soll ein ganz bestimmtes `TableColumn`-Objekt untersucht werden, kann auch die Methode `getColumn(index)` genutzt werden.

Liegt ein `TableColumn`-Objekt vor, lässt sich von diesem die aktuelle minimale und maximale Breite setzen.

Beispiel Ändere die Breite der ersten Spalte auf 100 Pixel: [zB]

```
table.getColumnModel().getColumn( 0 ).setPreferredWidth( 100 );
```

AUTO_RESIZE

Verändert der Anwender die Breite einer Spalte, ändert er entweder die Gesamtbreite einer Tabelle, oder er ändert automatisch die Breite der anderen Spalten, um die Gesamtbreite nicht zu verändern. Hier gibt es für die `JTable` unterschiedliche Möglichkeiten, die eine Methode `setAutoResizeMode(int mode)` bestimmt. Erlaubte Modi sind Konstanten aus `JTable` und `AUTO_RESIZE_OFF`, `AUTO_RESIZE_NEXT_COLUMN`, `AUTO_RESIZE_SUBSEQUENT_COLUMNS`, `AUTO_RESIZE_LAST_COLUMN`, `AUTO_RESIZE_ALL_COLUMNS`. Sinnvoll sind drei von ihnen:

▶ `AUTO_RESIZE_SUBSEQUENT_COLUMNS`. Der Standard. Verändert gleichmäßig die Breiten aller rechts liegenden Spalten.

▶ `AUTO_RESIZE_NEXT_COLUMN`. Ändert nur die Breite der nachfolgenden Spalte.

▶ `AUTO_RESIZE_OFF`. Ändert die Größe der gesamten Tabelle. Ist nur sinnvoll, wenn die `JTable` in einer `JScrollPane` liegt.

19.19.8 Tabellenkopf von Swing-Tabellen *

Der Kopf (engl. *header*) einer `JTable` ist ein `JTableHeader`-Objekt, das von der `JTable` mit `getTableHeader()` erfragt werden kann. Dieses `JTableHeader`-Objekt ist für die Anordnung und Verschiebung der Spalten verantwortlich. Diese Verschiebung kann über das Programm erfolgen (`moveColumn()`) oder über den Benutzer per Drag & Drop.

Beispiel In der `JTable` table sollen die Spalten nicht mehr vom Benutzer verschoben werden können. Er soll auch die Breite nicht mehr ändern dürfen: [zB]

```
table.getTableHeader().setReorderingAllowed( false );
table.getTableHeader().setResizingAllowed( false );
```

1139

19 | Grafische Oberflächen mit Swing

Hier wird deutlich, dass ein `JTableHeader` die Steuerung der Ausgabe und der Benutzerinteraktion übernimmt, aber die Informationen selbst in `TableColumn` liegen.

19.19.9 Selektionen einer Tabelle *

In einer `JTable` können auf unterschiedliche Art und Weise Zellen selektiert werden: zum einen nur in einer Zeile oder Spalte, zum anderen kann auch ein ganzer Block oder können auch beliebige Zellen selektiert werden. Die Art der Selektion bestimmen Konstanten in `ListSelectionModel`. So wird `SINGLE_SELECTION` nur die Selektion einer einzigen Zelle zulassen.

[zB] **Beispiel** In einer `JTable` soll entweder ein ununterbrochener Block Zeilen oder Spalten ausgewählt werden dürfen:

```
table.setSelectionMode( ListSelectionModel.SINGLE_INTERVAL_SELECTION );
```

Mit Methoden lassen sich im Programm alle Elemente einer Spalte oder Zeile selektieren. Die Selektier-Erlaubnis geben zunächst zwei Methoden:

```
table.setColumnSelectionAllowed( boolean );
table.setRowSelectionAllowed( boolean );
```

Die Selektion von Spalten gelingt mit `setColumnSelectionInterval()`, weitere Bereiche lassen sich mit `addColumnSelectionInterval()` hinzufügen und mit `removeColumnSelection-Interval()` entfernen. Das Gleiche gilt für die Methoden, die »Row« im Methodennamen tragen.

Schauen wir uns einige Beispiele an: Selektiere in einer `JTable` table die Spalte 0 komplett:

```
table.setSelectionMode( ListSelectionModel.MULTIPLE_INTERVAL_SELECTION );
table.setColumnSelectionAllowed( true );
table.setRowSelectionAllowed( false );
table.setColumnSelectionInterval( 0, 0 );
```

Selektiere in einer Tabelle nur die Zelle 38, 5:

```
table.setSelectionMode( ListSelectionModel.SINGLE_SELECTION  );
table.setColumnSelectionAllowed( true );
table.setRowSelectionAllowed( true );
table.changeSelection( 38, 5, false, false );
```

Als Selektionsmodus reicht `SINGLE_SELECTION` aus, `MULTIPLE_INTERVAL_SELECTION` wäre aber auch in Ordnung. Beide Selektionen sind zusammen in der Form nicht möglich. Bei einer Einzelselektion wird die Zelle nur umrandet, aber nicht wie beim Standard-Metal-Look-and-Feel blau ausgefüllt.

Die Methode `selectAll()` selektiert alle Elemente, `clearSelection()` löscht alle Selektionen.

Tabellen (JTable) | **19.19**

19.19.10 Automatisches Sortieren und Filtern mit RowSorter *

Nicht immer sollen alle Daten aus dem Modell so in der Tabelle angezeigt werden. Mitunter ist nur ein Ausschnitt interessant, oder für die Anzeige sollen Werte sortiert werden. All das kann über eine Änderung des Models gemacht werden, aber das ist nicht flexibel. Stattdessen sieht die Java-Bibliothek einen RowSorter vor, auf den die JTable zurückgreift, um auch ohne Änderungen am eigenen Modell Elemente herauszufiltern oder Spalten zu sortieren.

Wir wollen eine einfache JTable mit folgendem Model verwenden, die der RowSorter anschließend dekorieren soll:

Listing 19.51 TableWithRowSorter.java, main() Ausschnitt

```
TableModel model = new DefaultTableModel( 100, 3 ) {
  @Override public Object getValueAt( int row, int column ) {
    return "" + (int) Math.pow( row, column + 1 );
  }
};
final JTable table = new JTable( model );
```

An dem Beispiel ist abzulesen, dass das ursprüngliche model direkt an JTable geht. Der TableRowSorter ist eine Implementierung vom RowSorter und bekommt das originale Table-Model im Konsturktor übergeben:

Listing 19.52 TableWithRowSorter.java, main() Ausschnitt

```
final TableRowSorter<TableModel> rowSorter = new TableRowSorter<TableModel>( model );
table.setRowSorter( rowSorter );
```

Starten wir das Programm, ist schon eine Sortierung eingebaut, allerdings nur auf String-Ebene, sodass etwa »19« < »2« < »20« ist. Mit einem Klick auf die Kopfzeile der Tabelle zeigt ein kleiner Pfeil die Sortierrichtung an.

Comparator für die Sortierung zuweisen

Da der RowSorter standardmäßig die Inhalte als String sortiert, wollen wir im nächsten Beispiel für die erste Spalte einen Comparator deklarieren, der nach der Anzahl der gesetzten Bits geht:

Listing 19.53 TableWithRowSorter.java, main() Ausschnitt

```
rowSorter.setComparator( 0, new Comparator<String>() {
  @Override public int compare( String s1, String s2 )
  {
    int i1 = Integer.parseInt( s1 ), i2 = Integer.parseInt( s2 );
    return Integer.bitCount( i1 ) - Integer.bitCount( i2 );
  }
} );
```

Die zweite Spalte soll nicht sortierbar sein, sodass wir die Sortierung abschalten:

Listing 19.54 TableWithRowSorter.java, main() Ausschnitt

```
rowSorter.setSortable( 1, false );
```

Die dritte Spalte bleibt weiterhin mit der String-Sortierung.

1141

19 | Grafische Oberflächen mit Swing

Filter

Auf die Ergebnismenge lassen sich Filter anwenden, die Elemente herausnehmen. Es gibt einige vordefinierte Filter, die die statischen Methoden `dateFilter()`, `numberFilter()` und `regexFilter()` von `RowFilter` liefern. Mit `setRowFilter()` wird er zugewiesen:

Listing 19.55 TableWithRowSorter.java, main() Ausschnitt

```
rowSorter.setRowFilter( RowFilter.regexFilter("(0|2|4|6|8)$", 2) );
```

Der `RowFilter` lässt alle geraden Zahlen in der dritten Spalte durch – das filtert alle Zeilen heraus, in denen der Wert der dritten Spalte ungerade ist.

Stellungswechsel

Wird eine Zelle in der Tabelle angeklickt, und ein Listener meldet den Klick, müssen wir natürlich das richtige Model nach den Daten fragen. Es gibt einmal das originale Modell und einmal das Modell vom `TableRowSorter`. Wir müssen daran denken, dass `TableRowSorter` das originale Modell dekoriert, und daher sind Anfragen am originalen Tabellenmodell nicht zielführend, wenn Zeilen ausgefiltert wurden. Ein Listener zeigt das:

Listing 19.56 TableWithRowSorter.java, main() Ausschnitt

```
table.addMouseListener( new MouseAdapter()
{
  @Override
  public void mouseClicked( MouseEvent e )
  {
    int rowAtPoint    = table.rowAtPoint( e.getPoint() );
    int columnAtPoint = table.columnAtPoint( e.getPoint() );
    System.out.printf( "%d/%d%n", rowAtPoint, columnAtPoint );

    int convertedRowAtPoint = rowSorter.convertRowIndexToModel( rowAtPoint );
    int convertedColumAtPoint = table.convertColumnIndexToModel( columnAtPoint );
    System.out.println( rowSorter.getModel().getValueAt( convertedRowAtPoint,
                                                convertedColumAtPoint) );
  }
} );
```

Nehmen wir einen Klick auf die Postionen 2/0 an, was für die dritte Zeile und erste Spalte steht. Es ist dann `rowAtPoint = 2` und `columnAtPoint = 0`. Fragen wir bei dem originalen Modell nach, welches die Zahlen 0, 1, 2, 3, ... repräsentiert, bekommen wir bei `get-ValueAt(2,0)` eine 2. In der Darstellung steht aber keine 2 in der dritten Zeile, sondern eine 4. Und die 4 kommt aus dem internen Modell vom `RowSorter`. Also muss gemappt werden, und das ist Aufgabe von `convertRowIndexToModel(2)`, das 4 liefert.

Wenn die Spalte zum Beispiel per Drag & Drop verschoben wurde, muss auch `columnAtPoint` gemappt werden. Das übernimmt die Tabelle selbst, und sie deklariert eine Methode `convertColumnIndexToModel()`. Da der `RowSorter` – wie der Name schon sagt – nur auf Zeilen arbeitet, ist bei ihm die Methode nicht zu finden.

1142

Altenative Implementierungen

Eine Alternative beziehungsweise Erweiterung zu den in Java 6 eingefügten Klassen bieten die zwei folgenden Lösungen:

- JXTable (*http://swinglabs.org/*) ist eine quelloffene und frei verfügbare Erweiterung einer JTable, die Sortierung, Hervorhebung und Filterung einfach unterstützt. Zu SwingX kommen wir später noch.

- *Renderpack Render Pipelines* (*https://renderpack.dev.java.net/*) hat keine Abhängigkeit zur JTable (oder JList), sondern definiert allgemeine Swing-Renderer.

Sie funktionieren auch vor Java 6, also unter Java 5 und älter.

19.20 Bäume (JTree)

Um Baumansichten ähnlich der Explorer-Ansicht in Swing zu realisieren, lässt sich die Komponente JTree einsetzen. Für sie gibt es unter dem AWT keinen Ersatz.

19.20.1 JTree und sein TreeModel und TreeNode

Die Daten eines Baums sitzen in einem Model, das die Schnittstelle TreeModel implementiert. Das Model ist sehr einfach und muss lediglich die Aussage treffen, ob das Element ein Blatt oder eine Wurzel darstellt und wo ein Element in der Baumverästelung liegt.

Für einfache Bäume ist es nicht nötig, sich mit dem TreeModel auseinanderzusetzen, da Swing eine andere Möglichkeit bietet, die Verästelung darzustellen. Dazu gibt es für Knoten eine Schnittstelle TreeNode, die einen Eintrag im Baum repräsentiert. Die konkrete Klasse DefaultMutableTreeNode stellt einen Standardbaumknoten dar, der universell eingesetzt werden kann; er ist eine Implementierung der Schnittstelle MutableTreeNode, die wiederum TreeNode erweitert. Mit der add()-Methode vom DefaultMutableTreeNode kann eine Baumstruktur geschaffen werden.

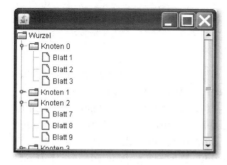

Listing 19.57 com/tutego/insel/ui/swing/JTreeDemo.java, main()

```
JFrame frame = new JFrame();
frame.setDefaultCloseOperation( JFrame.EXIT_ON_CLOSE );
```

19 | Grafische Oberflächen mit Swing

```java
DefaultMutableTreeNode root = new DefaultMutableTreeNode( "Wurzel" );

for ( int nodeCnt = 0; nodeCnt < 4; nodeCnt++ )
{
  DefaultMutableTreeNode dmtn = new DefaultMutableTreeNode( "Knoten " + nodeCnt );
  root.add( dmtn );

  for ( int leafCnt = 1; leafCnt < 4; leafCnt++ )
    dmtn.add( new DefaultMutableTreeNode( "Blatt " + (nodeCnt * 3 + leafCnt) ) );
}

JTree tree = new JTree( root );
frame.add( new JScrollPane( tree ) );
frame.pack();
frame.setVisible( true );

tree.getSelectionModel().addTreeSelectionListener(
  new TreeSelectionListener()
  {
    @Override public void valueChanged( TreeSelectionEvent e )
    {
      TreePath path = e.getNewLeadSelectionPath();
      System.out.println( path );
    }
  } );
```

[+]

> **Tipp** Ein `JTree` besitzt eine Standardbreite, die in einigen Fällen stört. Das ist zum Beispiel der Fall, wenn der Baum in einer `JSplitPane` sitzt. Soll der Bereich mit dem Baum auf null weggeschoben werden, lässt `JSplitPane` dies nicht zu. Das liegt daran, dass der Baum den Platz einnimmt, den er benötigt, und die `JSplitPane` auf die kleinste Darstellung des Baums hört. Die Lösung für das Problem ist, dem Baum mit `setMinimumSize()` eine Minimalgröße von 0 zu geben. Dann lässt sich der `JTree` ganz zusammenschieben:
>
> ```java
> jTree.setMinimumSize( new Dimension() );
> ```

19.20.2 Selektionen bemerken

Eine Benutzeraktion auf einem Baum wird über einen `TreeSelectionListener` beachtet. Dieser Listener wird an das Model des Baums gehängt. Dazu dient die Methode `addTreeSelectionListener()`. Der Parameter ist vom Typ `TreeSelectionListener`. Die Listener-Schnittstelle deklariert die Methode `valueChanged()`, über die wir das angewählte Element erfragen können. Interessieren wir uns für den Pfad des Blatts, kann die Methode `getNewLeadSelectionPath()` auf dem `TreeSelectionEvent` genutzt werden. Das Ereignis wird der Methode `valueChanged()` übergeben. Das Ergebnis der Pfad-Anfragemethoden ist ein `TreePath`-Objekt. Dieses gibt den Pfad von der Wurzel des Baums zu einem bestimmten Knoten an. Wenn es die Selektion betrifft, bekommen wir darüber Informationen zum angewählten Objekt:

Bäume (JTree) | **19.20**

Listing 19.58 com/tutego/insel/ui/swing/JTreeDemo.java, main()

```
tree.getSelectionModel().addTreeSelectionListener(
  new TreeSelectionListener()
  {
    @Override public void valueChanged( TreeSelectionEvent e )
    {
      TreePath path = e.getNewLeadSelectionPath();
      System.out.println( path );
    }
  }
);
```

19.20.3 Das TreeModel von JTree *

Das TreeModel ist eine Schnittstelle, um die Daten eines Baums selbst beschreiben zu können, ohne auf die hierarchische Struktur von TreeNode Rücksicht nehmen zu müssen. Ein eigenes TreeModel kann daher grundsätzlich jede beliebige Objektstruktur auf Bäume abbilden.

interface javax.swing.table.**TreeModel**

▶ Object getRoot()

▶ int getChildCount(Object parent)

▶ Object getChild(Object parent, int index)

▶ int getIndexOfChild(Object parent, Object child)

▶ boolean isLeaf(Object node)

▶ void valueForPathChanged(TreePath path, Object newValue)

▶ void addTreeModelListener(TreeModelListener l)

▶ void removeTreeModelListener(TreeModelListener l)

Liste von Punkten hierarchisch darstellen

In einem kleinen Beispiel soll eine Liste von java.awt.Point-Objekten als Baum dargestellt werden. Die Liste selbst bildet die oberste Hierarchie (Wurzel), und die Punkte der Liste stellen die erste Unterhierarchie dar. Der Punkt wiederum bildet einen Knoten mit zwei Blättern, den Koordinaten. Eine einfache Implementierung ohne Berücksichtigung von Ereignissen eines sich ändernden Modells kann so aussehen:

Listing 19.59 com/tutego/insel/ui/tree/PointModel.java, PointModel

```
public class PointModel implements TreeModel
{
  private final List<Point> points;

  public PointModel( List<Point> points )
  {
    this.points = points;
  }
```

1145

19 | Grafische Oberflächen mit Swing

```java
@Override public Object getRoot()
{
  System.out.println( "getRoot()" );

  return points;
}

@Override public boolean isLeaf( Object node )
{
  System.out.printf( "isLeaf( %s )%n", node );

  return node instanceof Number;
}

@Override public int getChildCount( Object parent )
{
  System.out.printf( "getChildCount( %s )%n", parent );

  if ( parent instanceof List<?> )
    return ((List<?>)parent).size();
  // if ( parent instanceof Point )
  return 2;
}

@Override public Object getChild( Object parent, int index )
{
  System.out.printf( "getChild( %s, %d )%n", parent, index );

  if ( parent instanceof List<?> )
    return ((List<?>)parent).get( index );
  // if ( parent instanceof Point )
  if ( index == 0 )
    return ((Point)parent).getX();
  return ((Point)parent).getY();
}

@Override public int getIndexOfChild( Object parent, Object child ) { return 0; }

@Override public void removeTreeModelListener( TreeModelListener l ) { }

@Override public void addTreeModelListener( TreeModelListener l ) { }

@Override public void valueForPathChanged( TreePath path, Object newValue ) { }
}
```

In den Methoden sind Konsolenausgaben eingebaut, um die Aufrufreihenfolge verstehen zu können. Die letzten vier Methoden sind nur Dummy-Implementierungen, da wir sie in diesem Beispiel nicht benötigen.

Geben wir einem `JTree` nun unser Model:

Listing 19.60 com/tutego/insel/ui/tree/JTreeWithModel.java, Ausschnitt

```
List<Point> points = new ArrayList<Point>();
points.add( new Point(12,13) );
points.add( new Point(2,123) );
points.add( new Point(23,13) );
JTree tree = new JTree( new PointModel(points) );
```

Damit ist die vereinfachte Ausgabe:

```
getRoot()
isLeaf( [java.awt.Point[x=12,y=13], java.awt.Point[x=2,y=123],
  java.awt.Point[x=23,y=13]] )
getChildCount( [java.awt.Point[x=12,y=13], java.awt.Point[x=2,y=123],
  java.awt.Point[x=23,y=13]] )
getChild( [java.awt.Point[x=12,y=13], java.awt.Point[x=2,y=123],
  java.awt.Point[x=23,y=13]], 0 )
isLeaf( java.awt.Point[x=12,y=13] )
getChild( [java.awt.Point[x=12,y=13], java.awt.Point[x=2,y=123],
  java.awt.Point[x=23,y=13]], 1 )
isLeaf( java.awt.Point[x=2,y=123] )
getChild( [java.awt.Point[x=12,y=13], java.awt.Point[x=2,y=123],
  java.awt.Point[x=23,y=13]], 2 )
isLeaf( java.awt.Point[x=23,y=13] )
```

19.21 JRootPane und JDesktopPane *

Unter den `JComponent`-Objekten gibt es einige ausgezeichnete, die als Container für andere Kinder fungieren.

19.21.1 Wurzelkomponente der Top-Level-Komponenten (JRootPane)

Die Komponenten `JFrame`, `JDialog`, `JWindow`, `JApplet` und `JInternalFrame` enthalten als einziges Kind den leichtgewichtigen Container `JRootPane`. Die Methode `getRootPane()` liefert dieses `JRootPane`-Objekt. Die `JRootPane` verwaltet eine Layered Pane, die wiederum Content-Pane und Menü aufnimmt, und eine Glass-Pane, die wie eine Glasscheibe über allen anderen Komponenten liegt. Sie kann Ereignisse abfangen oder in einer `paint()`-Methode etwas über alle Komponenten zeichnen.

Beispiel Weise der Glass-Pane einen wartenden Cursor zu: [zB]

```
Component c = getRootPane().getGlassPane();
if( c != null )
  c.setCursor( Cursor.getPredefinedCursor( Cursor.WAIT_CURSOR ) );
```

19.21.2 JDesktopPane und die Kinder JInternalFrame

Die `JDesktopPane` ist eine Unterklasse von `JLayeredPane` und als Container für interne Fenster – also Objekte vom Typ `JInternalFrame` – gedacht. Mit internen Fenstern (engl. *internal frames*) lassen sich MDI-Applikationen implementieren, also GUI-Anwendungen, bei denen nicht das grafische Betriebssystem die Fenster verwaltet, sondern die eigene Anwendung.

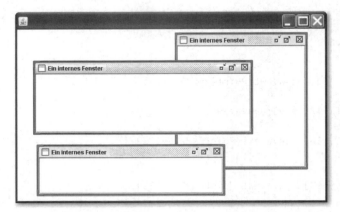

[»] **Hinweis** Die Schnittstelle von `JInternalFrame` erinnert an `JFrame`, doch ist die Ereignisbehandlung anders. So besitzt `JInternalFrame` eine Methode `addInternalFrameListener()` an Stelle von `addWindowListener()`. Ein `JInternalFrame` empfängt keine `WindowEvents`, daher darf es `addWindowListener()` – wie es `JFrame` von `java.awt.Window` erbt – auch nicht besitzen.

Bevor ein `JInternalFrame` sichtbar wird, muss der Container erzeugt und sichtbar gemacht werden:

```
JDesktopPane desktop = new JDesktopPane();
container.add( desktop );
```

Jetzt können beliebig viele `JInternalFrame`-Objekte erzeugt und auf der `JDesktopPane` platziert werden. Der einfachste Konstruktor ist der Standard-Konstruktor, der einen nicht vergrößerbaren, nicht schließbaren, nicht maximierbaren und nicht zum Icon verkleinerbaren `JInternalFrame` ohne Titel erzeugt. Der ausführlichste Konstruktor erlaubt eine genaue Parametrisierung:

```
JInternalFrame iframe = new JInternalFrame( title, resizable, closeable,
  maximizable, iconifiable );
```

Zwar gibt es nun ein Exemplar, doch wäre es nach dem Aufsetzen auf den Container noch nicht sichtbar:

```
iframe.setVisible( true );
```

Bis zur Vollständigkeit fehlen aber noch die *Maße*:

```
iframe.setSize( /* width = */ 200, /* height = */ 100 );
```

Nun kann der iframe dem Container hinzugefügt werden:

```
desktop.add( iframe );
```

In einem kompletten Programm kann das so aussehen:

Listing 19.61   com/tutego/insel/ui/swing/JInternalFrameDemo.java

```java
package com.tutego.insel.ui.swing;

import javax.swing.*;
import static java.lang.Math.random;

public class JInternalFrameDemo
{
  static void addInternalToDesktop( JDesktopPane desktop )
  {
    JInternalFrame iframe;
    iframe = new JInternalFrame( "Ein internes Fenster", // title
                                 true,                    // resizable
                                 true,                    // closeable
                                 true,                    // maximizable
                                 true );                  // iconifiable

    iframe.setBounds( (int)(random() * 100), (int)(random() * 100),
                     100 + (int)(random() * 400), 100 + (int)(random() * 300) );
    iframe.add( new JScrollPane(new JTextArea()) );
    iframe.setVisible( true );

    desktop.add( iframe );
  }

  public static void main( String[] args )
  {
    JFrame f = new JFrame();
    f.setDefaultCloseOperation( JFrame.EXIT_ON_CLOSE );
    JDesktopPane desktop = new JDesktopPane();
    f.add( desktop );
    f.setSize( 500, 400 );
    addInternalToDesktop( desktop );
    addInternalToDesktop( desktop );
    addInternalToDesktop( desktop );
    f.setVisible( true );
  }
}
```

19.21.3   JLayeredPane

Die JLayeredPane nimmt JComponent-Objekte auf und stellt sie in einer geschichteten Reihenfolge (auch Z-Order genannt) dar. Die Layered Pane besteht selbst wieder aus zwei Objekten,

19 | Grafische Oberflächen mit Swing

einer Menüzeile und der Inhaltsfläche Content-Pane. Container vom Typ `JLayeredPane` platzieren ihre Kinder in Ebenen (engl. layers). Jedem Kind wird eine Ebene zugewiesen, und beim Zeichnen werden die Kinder von unten nach oben gezeichnet. Damit werden die Komponenten, die unter anderen Komponenten liegen, unter Umständen verdeckt. Standardmäßig hat die `JLayeredPane` keinen zugewiesenen Layoutmanager, und Objekte müssen mit `setBounds()` positioniert werden.

Wird ein `JLayeredPane`-Container verwendet, ist die `add()`-Methode so implementiert, dass sie die Komponenten auf einer Standardebene (`JLayeredPane.DEFAULT_LAYER`) platziert. Um Komponenten auf eine eigene Ebene zu setzen, sodass sie vor oder hinter anderen Komponenten liegen, wird ihnen eine eigene Ebene zugewiesen, und zwar mit einem Wert relativ zu `DEFAULT_LAYER`. Kleinere Werte bedeuten, dass die Komponenten unten liegen, und hohe bedeuten, dass sie oben liegen. Ein Beispiel:

```
layeredPane.add( component, new Integer(5000) );
```

Für einige Ebenen sind Werte als Konstanten deklariert. Dazu zählen zum Beispiel `JLayeredPane.DEFAULT_LAYER` (0), `PALETTE_LAYER` (100), `MODAL_LAYER` (200), `POPUP_LAYER` (300) und `DRAG_LAYER` (400).

Neben der Möglichkeit, die Ebenen festzulegen, lässt sich die Reihenfolge innerhalb der Ebene später durch die Methode `moveToFront()` oder `moveToBack()` verändern.

19.22 Dialoge und Window-Objekte

Seit den ersten Swing-Tagen besitzt Swing Standard-Dialoge, wie einen Dateiauswahl-, Druck- oder Farbauswahldialog. Auf diese Dialogboxen soll dieser Abschnitt eingehen. Allerdings muss fairerweise gesagt werden, dass die Swing-Standarddialoge nur absolutes Minimim sind. Es lohnt sich, auf quelloffene Komponenten zurückzugreifen. Dazu zählen:

▸ Dialoge zur Auswahl von Zeichensätzen oder Verzeichnissen (etwa bei *http://common.l2fprod.com/*)

▸ bessere Dialogboxen (*http://code.google.com/p/oxbow/*) im Vista-Look

▸ alternative Dialoge (*http://xito.sourceforge.net/projects/dialog*) im Windows-XP-Look

19.22.1 JWindow und JDialog

Ein `JFrame` ist ein Fenster, das standardmäßig eine Dekoration besitzt. Ein `java.awt.Window` hat diese Dekoration nicht, sodass sich diese Fläche als Willkommensbildschirm oder als komplette Zeichenfläche nutzen lässt. `javax.swing.JWindow` ist die Swing-Unterklasse von `Window`.

1150

Die folgende Tabelle gibt die Unterschiede zwischen Fenster, Window und Dialog an:

Eigenschaft	Frame	Window	Dialog
modal	nein	nein	möglich
größenveränderbar	ja	nein	ja
Titel	ja	nein	ja
Rahmen	ja	nein	ja
Menü	ja	nein	unüblich, bei `JDialog` aber möglich
Symbol-Icon	ja	nein	mit Hack[12] ja

Tabelle 19.9 Unterschiede zwischen Frame, Window und Dialog

19.22.2 Modal oder nicht-modal

Bildet eine Java-Applikation zwei Fenster, so kann der Anwender zwischen beiden Fenstern hin- und herschalten. Es ist nicht möglich, ein Fenster aufzubauen und dort Eingaben zu erzwingen, während das andere Fenster gesperrt ist. Dafür gibt es in Java spezielle Fenster, die Dialoge, die Swing mit `javax.swing.JDialog` angeht. `JDialog` ist eine Unterklasse von der AWT-Klasse `Dialog`, und `Dialog` ist wiederum eine Spezialisierung von `Window`. Ist ein Dialog im Zustand *modal*, muss erst der Dialog beendet werden, damit es in einem anderen Fenster weitergehen kann – alle Benutzereingaben an andere Fenster der Java-Anwendung sind so lange gesperrt. Sind mehrere Fenster gleichzeitig offen und können sie Eingaben annehmen, nennt sich dieser Zustand *nicht-modal*.

Soll der Dialog modal sein, sind ein übergeordnetes Fenster und ein Wahrheitswert `true` für den Modalitätstyp einzusetzen:

```
JDialog d = new JDialog( owner, true );
...
d.setVisible( true );
// Hier geht's erst nach dem Schließen des Dialogs weiter.
```

Der `owner` kann ein anderer `Dialog`, ein `Frame` oder ein `Window` sein. Da bei modalen Dialogen alle Eingaben zu anderen Fenstern blockiert sind, nehmen erst nach dem Schließen des Dialogs andere Fenster die Eingaben wieder an. Ob der Dialog modal ist oder nicht lässt sich auch nach dem Erzeugen mit `setModal(boolean)` setzen.

19.22.3 Standarddialoge mit JOptionPane

Die Klasse `JOptionPane` erlaubt einfache Meldedialoge, Eingabedialoge, Bestätigungsdialoge und Optionsdialoge mit nur einem einfachen statischen Methodenaufruf der Art `showXXX-Dialog()`:

▶ `showMessageDialog()`: nur Nachricht anzeigen

---

12 `((Frame) dialog.getOwner()).setIconImage(image);`

19 | Grafische Oberflächen mit Swing

▶ showInputDialog(): Rückgabe ist ein String mit der Benutzereingabe bzw. Auswahl

▶ showConfirmDialog(): Frage beantworten mit Möglichkeiten wie ja/nein

▶ showOptionDialog(): allgemeinste Funktion

Einige Beispiele:

Listing 19.62 com/tutego/insel/ui/dialog/JOptionPaneDialogDemo.java, main()

```
// Dialog for a simple message

JOptionPane.showMessageDialog( null, "Wir Kinder aus dem Möwenweg" );

// Dialog for a user input

JOptionPane.showInputDialog( "Bitte Zahl eingeben" );

// Dialog to confirm a choice

JOptionPane.showConfirmDialog( null, "Alles OK?" );

// Dialog with different choices

String[] genderOptions = {
  "männlich", "weiblich", "keine Ahnung", "ändert sich ständig" };

String gender = (String) JOptionPane.showInputDialog( null,
        "Geschlecht",
        "Bitte das Geschlecht wählen (eigenes, nicht gewünschtes)",
        JOptionPane.QUESTION_MESSAGE,
        null, genderOptions,
        genderOptions[1] );

System.out.println( gender );

// Customized option dialog

String[] yesNoOptions = { "Ja", "Nein", "Abbrechen" };

int n = JOptionPane.showOptionDialog( null,
        "Ja oder Nein?",               // question
        "Ja/Nein/Abbrechen",           // title
        JOptionPane.YES_NO_CANCEL_OPTION,
        JOptionPane.QUESTION_MESSAGE,  // icon
        null, yesNoOptions,yesNoOptions[0] );

if ( n == JOptionPane.YES_OPTION )
  System.out.println("Ja gewählt");

System.exit( 0 );
```

1152

Einige Methoden erwarten als erstes Argument eine Vater-Komponente, die `null` sein kann. Sie dient zur relativen Ausrichtung des Dialogs und verknüpft den Dialog derart mit einem Fenster, dass, wenn das Fenster versteckt wird, auch der Dialog verschwindet.

Sich Bestätigung einholen

Die statische Methode `showConfirmDialog()` gibt es in vier Varianten, denn sie erlaubt die Angabe für Icon, Überschrift, Fragetext und Auswahl unterschiedlicher Schaltflächen.

```
class javax.swing.JOptionPane
extends JComponent
implements Accessible
```

▶   `static int showConfirmDialog( Component parentComponent, Object message )`
Dialog mit eigener Nachricht und mit Ja-/Nein-/Abrechen-Schaltfächen sowie vordefiniertem Titel.

▶   `static int showConfirmDialog( Component parentComponent, Object message, String title, int optionType )`
Dialog mit eigener Nachricht sowie Dialogtitel, und der letzte Parameter kann `JOptionPane.YES_NO_OPTION` oder `JOptionPane.YES_NO_CANCEL_OPTION` sein, um entweder Ja-/ Nein-Schaltflächen darzustellen, oder auch Ja-/Nein-/Abbrechen-Schaltflächen.

Rückgaben der Methode zeigen Auswahl

Bei den statischen Methoden

▶   `String showInputDialog()` (eine Methode liefert auch `Object` als Rückgabe)

▶   `int showConfirmDialog()`

▶   `int showOptionDialog()`

zeigt eine Rückgabe an, was der Benutzer gewählt/geschrieben hat (`showMessageDialog()` liefert keine Rückgabe, sondern `void`). Mögliche Rückgaben sind bei `showConfirmDialog()` und `showOptionDialog()` Ganzzahlen, die die Konstanten `YES_OPTION`, `NO_OPTION`, `CANCEL_OPTION`, `OK_OPTION` oder `CLOSED_OPTION` benennen. `showInputDialog()` liefert einen String oder `null`, wenn der Benutzer den Dialog abgebrochen hat. Die Methode `showInputDialog()` ist flexibel und zeigt nicht einfach nur ein Eingabefeld an, sondern bei entsprechender Parametrisierung auch eine Auswahlliste.

Dialogtyp und Visualisierung mit Icon

Alle vier statischen Dialog-Methoden `showMessageDialog()`, `showConfirmDialog()`, `showOptionDialog()` und `showInputDialog()` erlauben zusätzlich die Angabe eines Nachrichtentyps; mögliche Konstanten sind `ERROR_MESSAGE`, `INFORMATION_MESSAGE`, `WARNING_MESSAGE`, `QUESTION_MESSAGE` und `PLAIN_MESSAGE`. Sie bestimmen im Allgemeinen ein Standard-Icon, das vom Look & Feel abhängig ist. Ein eigenes Icon kann ebenfalls zugewiesen werden.

19 | Grafische Oberflächen mit Swing

▶ static int showConfirmDialog(Component parentComponent, Object message, String title, int optionType, **int messageType**)

▶ static int showConfirmDialog(Component parentComponent, Object message, String title, int optionType, **int messageType, Icon icon**)

▶ static String showInputDialog(Component parentComponent, Object message, String title, **int messageType**)

▶ static Object showInputDialog(Component parentComponent, Object message, String title, **int messageType, Icon icon,** Object[] selectionValues, Object initialSelectionValue)

▶ static void showMessageDialog(Component parentComponent, Object message, String title, **int messageType**)

▶ static void showMessageDialog(Component parentComponent, Object message, String title, **int messageType, Icon icon**)

▶ showOptionDialog(Component parentComponent, Object message, String title, int optionType, **int messageType, Icon icon,** Object[] options, Object initialValue)

Exemplare vom JOptionPane erzeugen
Selten gibt es die Notwendigkeit, andere als die statischen Methoden von showXXXDialog() einzusetzen. Erforderlich kann ein in einem solchen Fall genutztes Exemplar der Klasse JOptionPane aber zum Beispiel dann sein, wenn beim Klick auf das × vom Dialog-Fenster der Dialog nicht verschwinden soll oder wenn gewisse Werte im Textfeld bei showInputDialog() nicht erwünscht sind, wie Folgen von Leerzeichen. Grundsätzlich sieht der Aufbau eines eigenen Dialogs dann so aus:

```
JOptionPane pane = new JOptionPane( ... );
JDialog dialog = new JDialog();
dialog.setContentPane( pane );
```

oder:

```
JOptionPane pane = new JOptionPane( ... );
JDialog dialog = pane.createDialog( parent, title );
```

19.22.4 Der Dateiauswahldialog

Die Klasse JFileChooser (unter AWT heißt die Klasse FileDialog) simuliert einen betriebssystemabhängigen Dialog zur Auswahl von Dateien und Verzeichnissen. Der Selektor ist modal und kann für das Speichern und Öffnen konfiguriert sein. Zudem lassen sich die Pfade und ein Filter zur Auswahl spezieller Dateien setzen. Nach dem Schließen und Beenden mit dem OK-Button stehen ausgewählte Dateien zur Verfügung.

Vollständiges Programm für eine Auswahlbox

Wir können direkt aus dem Hauptprogramm ein Objekt JFrame erzeugen und dann einen Dateiauswahldialog öffnen. Zusätzlich wollen wir ihm einen Filter mitgeben, der Textdateien mit den Endungen *.txt*, *.html* und *.log* zulässt. Die Realisierung des Filters erfolgt durch eine vorgegebene Implementierung der Schnittstelle FileFilter, durch FileNameExtensionFilter, die erst spät in Java 6 zur API stieß:

Listing 19.63   com/tutego/insel/ui/dialog/JFileChooserDemo.java

```
package com.tutego.insel.ui.dialog;

import java.io.File;
import javax.swing.JFileChooser;
import javax.swing.filechooser.FileNameExtensionFilter;

public class JFileChooserDemo
{
  public static void main( String[] args )
  {
    JFileChooser fc = new JFileChooser();
    fc.setFileFilter( new FileNameExtensionFilter("Textdateien", ".txt",
      "*.html", "*.log" ) );

    int state = fc.showOpenDialog( null );

    if ( state == JFileChooser.APPROVE_OPTION )
    {
      File file = fc.getSelectedFile();
      System.out.println( file.getName() );
    }
    else
      System.out.println( "Auswahl abgebrochen" );

    System.exit( 0 );
  }
}
```

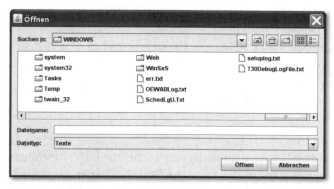

Abbildung 19.22   Der Dateiauswahldialog

19 | Grafische Oberflächen mit Swing

[+]
Tipp Im Speichern-Dialog sollte ein Standardname angegeben sein. Im Idealfall richtet er sich nach dem Inhalt der Datei. Dazu bietet die Klasse `JFileChooser` die Methode `setSelectedFile()`:

```
c.setSelectedFile( new File("c:/test.txt") );
```

```
class javax.swing.JFileChooser
extends JComponent
implements Accessible
```

Zum Erzeugen eines Auswahldialogs steht eine Reihe von Konstruktoren zur Auswahl:

► `JFileChooser()`
Erzeugt einen Dateidialog ohne Titel zum Öffnen einer Datei. Zeigt auf das Benutzerverzeichnis.

► `JFileChooser( File currentDirectory )`
Erzeugt wie `JFileChooser()` einen Dateidialog ohne Titel zum Öffnen einer Datei, zeigt aber beim Start auf das Verzeichnis `currentDirectory`.

► `JFileChooser( String currentDirectoryPath )`
Äquivalent zu `JFileChooser( new File(currentDirectoryPath) )`.

► `String getDirectory()`
Liefert das Dialogverzeichnis.

► `File getSelectedFile()`
Liefert die ausgewählte Datei.

► `File[] getSelectedFiles()`
Liefert alle ausgewählten Dateien, wenn der Dateiauswahldialog Mehrfachselektion zulässt.

► `void setDialogTitle( String dialogTitle )`
Setzt einen neuen Fenstertitel.

► `void setDialogType( int dialogType )`
Handelt es sich um einen Laden-/Speichern-Dialog oder um einen angepassten Dialog? Deklarierte Konstanten sind `JFileChooser.OPEN_DIALOG`, `JFileChooser.SAVE_DIALOG` und `JFileChooser.CUSTOM_DIALOG`.

► `void setFileView( FileView fileView )`
Standardmäßig zeigt der Dialog neben dem Dateinamen ein kleines Bild an. Das lässt sich mit einem `FileView`-Objekt anpassen.

► `void setAccessory( JComponent newAccessory )`
Setzt eine Komponente für eine mögliche Vorschau.

Filtern der Liste *
Ein Dateiauswahldialog zeigt standardmäßig alle nicht-geschützten Dateien und Verzeichnisse an. Dem Dialog lässt sich ein Filter zuweisen, sodass nicht gewünschte Dateien ausgefiltert werden. Standardmäßig beachtet der Dateiauswahldialog drei unterschiedliche Filter:

▶ Ob der `JFileChooser` geschützte Dateien anzeigt oder nicht, setzt `setFileHidingEnabled(boolean)`. So zeigt `setFileHidingEnabled(false)` alle Dateien, auch die geschützten, an – geschützte Dateien beginnen auf Unix-Systemen mit einem Punkt.

▶ Ein eigener Dateifilter lässt sich mit `setFileFilter(FileFilter)` setzen. Was der Filter nicht akzeptiert, taucht auch später in der Liste nicht auf.

▶ Filter-Listen bestehen aus mehreren Filtern, die der Benutzer später auswählen kann. Microsoft Word zeigt zum Beispiel beim Laden Filter-Listen wie »Alle Dateien (*.*)«, »Word Dokumente (*.doc; *.doc*)« usw. an. Ein Filter wird mit `addChoosableFileFilter(FileFilter)` einem `JFileChooser` hinzugefügt. Es kann beliebig viele Aufrufe dieser Methode geben, die je ein Filter der Liste hinzufügt.

Einen konkreten Filter implementiert die Schnittstelle `javax.swing.filechooser.FileFilter`. Achtung! Obwohl wir eine Schnittstelle `FileFilter` schon kennen, handelt es sich nicht um diejenige aus dem `java.io`-Paket, sondern um eine Schnittstelle aus dem Paket `javax.swing.filechooser`.

Die die Schnittstelle `FileFilter` implementierenden Klassen müssen eine `accept()`-Methode realisieren und eine Methode `getDescription()`, die eine Zeichenkette für die Dialog-Liste liefert. Für reine Dateiendungen bietet sich die vorgefertigte Klasse `javax.swing.filechooser.FileNameExtensionFilter` an.

`abstract class javax.swing.filechooser.`**`FileFilter`**

▶ `abstract boolean accept( File f )`
Akzeptiert der `FileFilter` die Datei oder nicht?

▶ `abstract String getDescription()`
Liefert eine Beschreibung für den Filter.

Beispiel Nur alle Ordner sowie Dateien, die mit der Tilde (»~«) beginnen, sollen angezeigt werden: [zB]

```
fc.setFileFilter( new FileFilter()
{
  @Override public boolean accept( File )

    return f.isDirectory() ||
           f.getName().startsWith( "~" );

  @Override public String getDescription()

    return "Benutzerverzeichnisse";

} );
```

19 | Grafische Oberflächen mit Swing

```
class javax.swing.JFileChooser
extends JComponent
implements Accessible
```

▶ void setFileHidingEnabled(boolean b)
Bestimmt, ob verborgene Dateien angezeigt werden sollen.

▶ void setFileFilter(javax.swing.filechooser.FileFilter filter)
Setzt einen FileFilter zur Anzeige der gewünschten Dateien.

▶ void addChoosableFileFilter(FileFilter filter)
Fügt einen Filter hinzu.

[»] **Hinweis** Sollen im Dialog nur Verzeichnisse, aber keine Dateien auftauchen, so lässt sich dies mit setFileSelectionMode() und einem passenden Argument einstellen:

fileChooser.setFileSelectionMode(JFileChooser.DIRECTORIES_ONLY);

Insgesamt sind drei Konstanten deklariert: FILES_ONLY, DIRECTORIES_ONLY und FILES_AND_DIRECTORIES. Der Name verrät schon die Bedeutung.

Vorschaubilder *

Die Methode setAccessory() kann eine JComponent für die Vorschau zuweisen, die immer dann aktualisiert wird, wenn der Benutzer im Dialog eine Datei auswählt. Eine Auswahl meldet dabei ein PropertyChangeEvent, das ein Listener abfängt und testet, ob es JFileChooser.SELECTED_FILE_CHANGED_PROPERTY war. Um das Vorgehen kurz zu skizzieren, folgende Ereignisbehandlung:

```
public void propertyChange( PropertyChangeEvent e )
{
  if ( JFileChooser.SELECTED_FILE_CHANGED_PROPERTY.equals(e.getPropertyName()) )
  {
    File f = (File) e.getNewValue();
    // File f laden, etwa mit ImageIcon, dann anzeigen.
  }
}
```

19.22.5 Der Farbauswahldialog JColorChooser *

Mit einem JColorChooser lassen sich Farben über drei unterschiedliche Reiter auswählen. Der Benutzer hat die Auswahl zwischen vordefinierten Farben, HSB-Werten und RGB-Werten. Um den Farbauswahldialog auf den Bildschirm zu bekommen, genügt ein Aufruf von JColorChooser.showDialog() mit drei Argumenten: einem Component-Objekt (dem Vater des Dialogs), dem Titel und einer Anfangsfarbe. Beendet der Benutzer den Dialog, wird als Rückgabe-wert die ausgewählte Farbe geliefert. Wird der Dialog abgebrochen, so ist der Rückgabe-wert null:

Listing 19.64 com/tutego/insel/ui/dialog/JFileChooserDemo.java

```java
package com.tutego.insel.ui.dialog;

import java.awt.*;
import java.awt.event.*;
import javax.swing.*;

public class JColorChooserDemo
{
 public static void main( String[] args )
 {
  JFrame f = new JFrame();
  f.setDefaultCloseOperation( JFrame.EXIT_ON_CLOSE );
  JButton b = new JButton( "Farbe ändern" );
  f.add( b );
  b.addActionListener( new ActionListener() {
   public void actionPerformed( ActionEvent e ) {
    Component comp = (Component) e.getSource();
    Color newColor = JColorChooser.showDialog( ⤸
      null, "Wähle neue Farbe", comp.getBackground() );
    comp.setBackground( newColor );
   }
  } );
  f.pack();
  f.setVisible( true );
 }
}
```

Den Aufruf mit `showDialog()` einzuleiten, ist nicht der einzige Weg. Wir können auch den Konstruktor nutzen und dieses Exemplar später mit `JColorChooser.createDialog()` übergeben und anzeigen.

class javax.swing.**JColorChooser**
extends JComponent implements Accessible

▶ `JColorChooser()`
Erzeugt einen neuen Farbauswahldialog.

▶ `JColorChooser( Color c )`
Erzeugt einen neuen Farbauswahldialog mit einer vordefinierten Farbe.

▶ `static Color showDialog( Component c, String title, Color initialColor )`
Zeigt einen modalen Farbauswahldialog.

▶ `static JDialog createDialog( Component c, String title, boolean modal,`
                              `JColorChooser chooserPane,`
                              `ActionListener okLis, ActionListener cancelLis )`
Erzeugt einen neuen Dialog aufgrund des `JColorChooser`-Objekts mit Standardschaltflächen zum Bestätigen und Abbrechen.

19 | Grafische Oberflächen mit Swing

JColorChooser-Objekte als spezielle Komponenten

Neben der statischen Methode `showDialog()` lässt sich auch der Konstruktor nutzen, um ein `JColorChooser` als spezielles `JComponent`-Objekt aufzubauen. Das bringt den Vorteil mit sich, dass die Farbauswahl nicht zwingend in einem eigenständigen Dialog stattfinden muss, sondern im Fall einer Komponente diese zusammen mit anderen Komponenten auf einen Container gesetzt werden kann. Änderungen an der Auswahl registriert ein ChangeListener, der etwa so angewendet wird:

```
chooser.getSelectionModel().addChangeListener( new ChangeListener() {
 public void stateChanged( ChangeEvent e ) {
  Color c = ((ColorSelectionModel) e.getSource()).getSelectedColor();
 }
} ) ;
```

Weitere Beispiele finden sich beim Java Developers Almanac unter *http://www.example-depot.com/egs/javax.swing.colorchooser/pkg.html*. Die Themen sind unter anderem: Anpassen der Anzeige und Umsortierung der Reiter. Üblich sind drei Reiter mit den Aufschriften Muster (auf einer englischsprachigen Oberfläche Swatch), HSB und RGB. Wie ein neuer Reiter mit einer Graustufenanzeige eingebracht wird, zeigt *http://www.java2s.com/Code/Java/Swing-JFC/JColorChooserdialogwiththecustomGrayScalePanelpickertab.htm*.

19.23 Flexibles Java-Look-and-Feel

Das Aussehen und Verhalten der Komponenten, in Java *Look and Feel (LAF)* genannt, lässt sich frei bestimmen und erzeugt so bei jedem Benutzer auf seiner Architektur die Illusion, es wäre eine plattformabhängige Applikation. Das Programm gliedert sich hinsichtlich des Aussehens in die anderen Programme ein und fällt nicht als Fremdling auf. Standardmäßig begegnet uns das Look and Feel mit dem Namen Ocean (früher war es Metal). In Java 6 Update 10 gibt es ein neues LAF mit dem Namen Nimbus, welches aber dennoch nicht das Standard-LAF ist, sondern dies ist weiterhin Ocean.

Um das Aussehen von Java-Applikationen zu ändern, gibt es eine Reihe von Möglichkeiten:

▶ beim Programmstart einen Schalter setzen

▶ eine Konfigurationsdatei in das *lib*-Verzeichnis setzen

▶ im Java-Programm von Hand das LAF verändern

19.23.1 Look and Feel global setzen

Um für alle Java-Programme zentral ein LAF zu setzen, wird in das *C:\Program Files\Java\jdk1.6.0\jre\lib*-Verzeichnis eine kleine Datei *swing.properties* gesetzt:

Listing 19.65 swing.properties

```
swing.defaultlaf=com.sun.java.swing.plaf.windows.WindowsLookAndFeel
```

Der Schalter `swing.defaultlaf` bestimmt die Klasse für das LAF; in unserem Fall Windows. Automatisch nehmen alle gestarteten Java-Programme dieses Standard-LAF an – es sei denn, sie setzen es wieder im Programm um. Das zeigen die folgenden Abschnitte.

19.23.2 UIManager

Um das LAF von Applikationen zur Laufzeit zu ändern, müssen wir nur die statische Methode `setLookAndFeel()` der Klasse `UIManager` aufrufen. Die Klasse kümmert sich um das Aussehen der Java-Programme und bietet verschiedene Methoden, mit denen wir die Klassennamen vom Java-eigenen LAF und vom System-LAF erfragen können. Der Klassenname ist wichtig, denn er muss `setLookAndFeel()` als Argument übergeben werden. Da Benutzer von Java-Programmen im Allgemeinen eine Oberfläche erwarten, die genauso aussieht wie der Rest, sollten wir das Java-LAF in das System-LAF umschalten.

Beispiel Der folgende Programmblock setzt mit `setLookAndFeel()` das Aussehen einer [zB] Oberfläche, wie sie das System vorgibt. Die Programme sollten dann wie native Programme aussehen:

Listing 19.66 com/tutego/insel/ui/swing/SetLookAndFeel.java, Ausschnit

```
try {
  UIManager.setLookAndFeel( UIManager.getSystemLookAndFeelClassName() );
} catch( Exception e ) { e.printStackTrace(); }
```

Einige spezielle LAFs sind nicht auf jeder Architektur erlaubt. So verbietet Apple sein eigenes LAF auf Plattformen anderer Hersteller.[13] Dennoch lässt sich das Aqua-LAF installieren, in den Pfad integrieren und dann als `com.apple.mrj.swing.MacLookAndFeel` einbinden. Weitere Infos dazu bietet die Webseite *http://www.ing.unitn.it/~luttero/javaonMac/*. Das neue Nimbus-LAF von Java 6u10 wird gesetzt über:

```
UIManager.setLookAndFeel( "com.sun.java.swing.plaf.nimbus.NimbusLookAndFeel" );
```

```
public class javax.swing.UIManager
implements Serializable
```

▶ `static LookAndFeel getLookAndFeel()`
Gibt das aktuelle LAF zurück.

▶ `static String getSystemLookAndFeelClassName()`
Gibt das LAF des aktuellen Fenstersystems zurück.

▶ `static String getCrossPlatformLookAndFeelClassName()`
Liefert den Namen der Klassen für das systemunabhängige LAF.

---

13 Apple betrachtete die Windows-Version 2.1 als Look-and-Feel-Clone und verklagte Microsoft ab 1988 wegen Urheberrechtsverletzungen auf eine Summe von über 5 Milliarden US-$. Letztendlich bekam Apple aber nichts; das Verfahren wurde 1997 eingestellt. 1989 klagte Xerox gegen Apple und beanspruchte das Urheberrecht an grafischen Oberflächen für sich.

19 | Grafische Oberflächen mit Swing

▶ static void setLookAndFeel(String className)
    throws ClassNotFoundException, InstantiationException,
    IllegalAccessException, UnsupportedLookAndFeelException
  Setzt ein neues LAF.

Ändern des Aussehens zur Laufzeit

Das Setzen eines LAFs mit `setLookAndFeel()` führt zu keinem Neuzeichnen der Komponenten. Wird das neue LAF gesetzt, bevor Swing die Komponenten darstellen muss, fällt das nicht auf. Mit dargestellten Komponenten müssen wir jedoch das Neuzeichnen anstoßen. Dazu dient die statische Methode:

```
SwingUtilities.updateComponentTreeUI( component );
```

Die `component` wird im Allgemeinen das `Window` (also `JFrame`/`JWindow`) sein.

19.23.3 Windowsoptik mit JGoodies Looks verbessern *

Zwar bemühte sich das JDK bis zur Version 6 bestmöglich, das Windows-XP-Look-and-Feel zu emulieren, doch das gelingt nicht an allen Stellen. Seit Java 6 nutzt das System den nativen Windows-Renderer, sodass Unstimmigkeiten eigentlich ausgeschlossen sein sollten. Verbesserungen lassen sich auch nicht so einfach publizieren, da die Release-Zyklen vom JDK lang sind. In diesem Fall hilft *JGoodies Looks* (*https://looks.dev.java.net/*), ein LAF unter der BSD-Lizenz. Das Ziel von Looks ist die perfekte Nachbildung des Aussehens für die Windows-Reihen 95/98/NT/ME/2000/2003/XP/Vista ab Java 1.4. Gegenüber dem Windows-Look-and-Feel vom JDK korrigiert es viele Feinheiten, wie passende Insets bei Eingabefeldern, Icons, Farben, Rahmen, den richtigen Font, Menüeigenschaften, Auflösungen von 96 und 120 dpi und vieles mehr. Gesetzt wird Looks wie jedes andere LAF:

```
try {
String laf =
    LookUtils.IS_OS_WINDOWS_XP
        ? Options.getCrossPlatformLookAndFeelClassName()
        : Options.getSystemLookAndFeelClassName();
    UIManager.setLookAndFeel( laf );
} catch ( Exception e ) {
    System.err.println( "Can't set look & feel:" + e );
}
```

19.24 Swing-Komponenten neu erstellen oder verändern *

Zum Aufbau neuer Swing-Komponenten kommen eine Reihe von Möglichkeiten in Frage. Wenn passend, lässt sich eine existierende Swing-Komponente als Basisklasse nehmen und um nötige Eigenschaften erweitern, sofern die Basisklassen diese Möglichkeit im Grunde schon bieten. Soll etwa ein Texteingabefeld nur IP-Adressen zulassen, so ist dafür keine völlig neue Textkomponentenimplementierung nötig, sondern nur eine Unterklasse der Standard-Komponente mit passendem Dokumenten-Modell. Oder soll eine Liste nur Kontrollkästen (mit Text) darstellen, ist das schon über die `JList` mit passendem Renderer und Modell möglich.

Unproblematisch ist auch, wenn sich neue Komponenten aus anderen Swing-Teilkomponenten zusammensetzen lassen. Dann erweitert die neue Swing-Klasse einen Container wie `JPanel`, der einfach die anderen Elemente, wie gewünscht, platziert. Möglich ist dies zum Beispiel bei einer Statuszeile, da diese nichts Großartigeres macht, als einfach horizontal andere Komponenten anzuordnen und einen besonderen Rahmen zu setzen. Einen Dialog zur Auswahl eines Zeichensatzes bietet Swing bisher auch nicht an, der lässt sich aber als `JDialog` mit passenden Swing-Komponenten leicht nachbauen.

Mehr Arbeit ist nötig, wenn sich auf keine allgemeinen Swing-Komponenten zurückgreifen lässt. Die Swing-Bibliothek bietet etwa keine Ribbon-Komponente, keinen wirklich guten HTML-Renderer, oder kein Docking-Framework. Bei Anforderungen dieser Art ist spezieller Programmcode zum Zeichnen nötig. Der wesentliche Unterschied ist der, dass sich die Darstellung nicht vollständig an Standardkomponenten delegieren lässt, sondern immer etwas eigener Java-Code zum Zeichnen nötig ist.

Um es richtig gut zu machen, sind für eine eigene Swing-Komponente drei Dinge nötig: Die Komponentenklasse, eine Modellklasse und ein UI-Delegate. Die Komponentenklasse ist die Hauptklasse und eine `JComponent`, die der Entwickler auf die Gui setzt. Sie bietet die API zum Setzen der Zustände. Die Modell-Daten werden nicht selbst in der Komponentenklasse gespeichert, sondern idealerweise über eine eigene Klasse modelliert. Die Tabelle nimmt zum Beispiel die Zellen aus einem Tabellenmodell, eine Textkomponente den Text aus einem Dokumentenmodell. Als Letztes bleibt der UI-Delegate, der das wirkliche Zeichnen und die Ereignisbehandlung übernimmt. Es kann sehr anspruchsvoll sein, ein gutes Aussehen und effektive Navigation zu erreichen und, insbesondere wenn die Komponente in verschiedenen Look-and-Feels arbeiten soll, eine Menge Arbeit werden. Und dass die eigene Swing-Komponente die UI-Eigenschaften wie Farben, Abstände und Antialiasing-Modus toleriert, ist selbstverständlich.

19.25   Die Zwischenablage (Clipboard)

Seit der Java-Version 1.1 lässt sich von Java aus auf die *Zwischenablage* (engl. *clipboard*) zugreifen. Die Zwischenablage wird von Programmen zum Austausch von Daten und Objekten genutzt. Java-Objekte können von beliebigen Programmen zwischengespeichert und abgerufen werden.

19.25.1 Clipboard-Objekte

Die Zwischenablage ist in Java durch ein `Clipboard`-Objekt repräsentiert. Es gibt bei grafischen Oberflächen ein System-`Clipboard`, das sich über das `Toolkit`-Objekt erfragen lässt.

```
Clipboard systemClip = Toolkit.getDefaultToolkit().getSystemClipboard();
```

Neben einer System-Zwischenablage können wir aber auch beliebig viele eigene `Clipboard`-Objekte einsetzen. Um dann mit der Zwischenablage weiterzuarbeiten, sind noch einige andere Klassen im Spiel: `Transferable` und `DataFlavor`.

abstract class java.awt.Toolkit

▸ abstract Clipboard getSystemClipboard()
Liefert ein Exemplar des `Clipboard`-Objekts, das Möglichkeiten zum Zugriff auf die System-Zwischenablage bietet.

Die Betriebssysteme mit dem X11-System (Linux/Solaris …) definieren laut ICCCM[14] drei Zwischenablagen: Clipboard-Selektion, Primär-Selektion und Sekundär-Selektion. In Java können wir bisher die zweite Selektion nicht nutzen, doch für die Primär-Selektion gibt es die Methode `getSystemSelection()`, die genauso wie `getSystemClipboard()` ein `Clipboard`-Objekt zurückgibt.

19.25.2 Auf den Inhalt zugreifen mit »Transferable«

Die Klasse `Clipboard` ist recht methodenarm; lediglich drei Methoden werden angeboten. Um an den Inhalt der Zwischenablage zu gelangen, wird die Methode `getContents()` eingesetzt. Jedes Objekt, das in die Zwischenablage gelegt werden kann, implementiert dabei eine ganz spezielle Schnittstelle: `Transferable`. Daher ist es nicht weiter verwunderlich, wenn eine Anfragemethode vom `Clipboard` genau ein Objekt vom Typ `Transferable` liefert.

class java.awt.datatransfer.Clipboard

▸ Transferable getContents(Object requestor)
Liefert ein `Transferable`-Objekt, das den Inhalt der Zwischenablage verwaltet. Ein `requestor` wird nicht benötigt und ist daher `null`. Gibt es kein Element in der Zwischenablage, ist der Rückgabewert `null`.

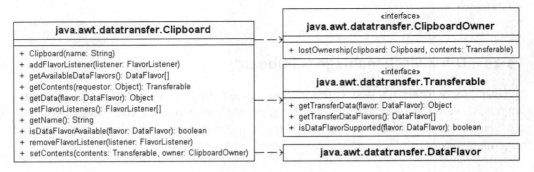

---

14 Das Inter-Client Communication Convention Manual (ICCCM) ist ein Handbuch, das das Verfahren vom X-Window-System beschreibt.

Das zurückgegebene Objekt implementiert nun die `Transferable`-Schnittstelle und bietet überdies die Methode `getTransferData()` an, die den Inhalt der Zwischenablage zurückliefert:

```
Clipboard sysClip = Toolkit.getDefaultToolkit().getSystemClipboard();
Transferable transfer = sysClip.getContents( null );
String data = (String) transfer.getTransferData( DataFlavor.stringFlavor );
```

Das letzte Argument `DataFlavor.stringFlavor` – das kleine »s« ist kein Schreibfehler – zeigt an, dass `getTransferData()` die Daten vom `Transferable`-Objekt als String erwartet. Der nächste Abschnitt verrät mehr über `DataFlavor`.

Inhalte lassen sich mit `void setContents(Transferable contents, ClipboardOwner owner)` in die Zwischenablage setzen. Der `owner` kann `null` sein, wenn nicht gemeldet werden soll, dass der Eigentümer nun ein neuer ist. Andernfalls bekommt der `ClipboardOwner` ein `lostOwnership()` angezeigt.

19.25.3 DataFlavor ist das Format der Daten in der Zwischenablage

Die Klasse `DataFlavor` beschreibt das Format der Daten, die in der Zwischenablage liegen. Die Klasse kommt neben dem Einsatz in der Zwischenablage auch bei Drag-and-Drop-Operationen und beim Dateisystem vor.

Das Format eines Elements in der Zwischenablage definiert ein MIME-Typ. So kann ein `DataFlavor`-Objekt den Inhalt auf vielfältige Weise repräsentieren, etwa als ASCII-Text, Unicode oder auch als serialisiertes Objekt. Für einfachen Text ist der MIME-Typ etwa `text/plain; charset=unicode` und für serialisierte Objekte `application/x-java-serialized-object`.

Die Methode `getTransferDataFlavors()` liefert ein Feld unterstützter `DataFlavor`-Objekte eines gegebenen `Transferable`-Objekts. Dies sind in der Regel mehrere, denn der Inhalt der Zwischenablage liegt oft in verschiedenen Formaten vor. Ein von Microsoft Word in die Zwischenablage gesetzter Text liegt etwa in RTF und als Rohstring vor. Das wichtigste Objekt in dem Feld liegt an erster Stelle. Um den Typ erkennen zu können, liefert die Methode `getHumanPresentableName()` einen String mit einer lesbaren Beschreibung zurück; `getMimeType()` liefert den MIME-Typ.

```
interface java.awt.datatransfer.Transferable
```

▶ `DataFlavor[] getTransferDataFlavors()`
Liefert ein Feld von `DataFlavor`-Objekten, die den Inhalt und den Typ umfassen. Die Reihenfolge verläuft von der genauesten bis zur ungenauesten Beschreibung.

▶ `Object getTransferData( DataFlavor flavor )`
   `throws UnsupportedFlavorException, IOException`
Liefert das Objekt, das dem angegebenen `flavor` entspricht. Eine `UnsupportedFlavorException` wird melden, dass der `flavor` nicht unterstützt wird. Daher ist es sinnvoll, einen der Typen aus der Liste von `getTransferDataFlavors()` zu nutzen.

1165

19 | Grafische Oberflächen mit Swing

▶ boolean isDataFlavorSupported(DataFlavor flavor)
Liefert `true`, wenn der `flavor` unterstützt wird.

«interface» java.awt.datatransfer.Transferable
+ getTransferData(flavor: DataFlavor): Object + getTransferDataFlavors(): DataFlavor[] + isDataFlavorSupported(flavor: DataFlavor): boolean

java.awt.datatransfer.DataFlavor
+ imageFlavor: DataFlavor + javaFileListFlavor: DataFlavor + javaJVMLocalObjectMimeType: String + javaRemoteObjectMimeType: String + javaSerializedObjectMimeType: String + plainTextFlavor: DataFlavor + stringFlavor: DataFlavor
+ DataFlavor(mimeType: String, humanPresentableName: String) + DataFlavor() + DataFlavor(mimeType: String) + DataFlavor(representationClass: Class<?>, humanPresentableName: String) + DataFlavor(mimeType: String, humanPresentableName: String, classLoader: ClassLoader) + clone(): Object + equals(o: Object): boolean + equals(that: DataFlavor): boolean + equals(s: String): boolean + getDefaultRepresentationClass(): Class + getDefaultRepresentationClassAsString(): String + getHumanPresentableName(): String + getMimeType(): String + getParameter(paramName: String): String + getPrimaryType(): String + getReaderForText(transferable: Transferable): Reader + getRepresentationClass(): Class + getSubType(): String + getTextPlainUnicodeFlavor(): DataFlavor + hashCode(): int + isFlavorJavaFileListType(): boolean + isFlavorRemoteObjectType(): boolean + isFlavorSerializedObjectType(): boolean + isFlavorTextType(): boolean + isMimeTypeEqual(dataFlavor: DataFlavor): boolean + isMimeTypeEqual(mimeType: String): boolean + isMimeTypeSerializedObject(): boolean + isRepresentationClassByteBuffer(): boolean + isRepresentationClassCharBuffer(): boolean + isRepresentationClassInputStream(): boolean + isRepresentationClassReader(): boolean + isRepresentationClassRemote(): boolean + isRepresentationClassSerializable(): boolean + match(that: DataFlavor): boolean + readExternal(is: ObjectInput) + selectBestTextFlavor(availableFlavors: DataFlavor[]): DataFlavor + setHumanPresentableName(humanPresentableName: String) + toString(): String + writeExternal(os: ObjectOutput)

Das folgende Programm soll nun zeigen, wie auf die Zwischenablage zugegriffen wird und wie das Element, falls es lesbar ist, ausgegeben wird. Am besten gelingt die Ausgabe mit einfachem ASCII-Text, der über Programme wie Notepad in die Zwischenablage gesetzt wurde:

Listing 19.67 com/tutego/insel/ui/datatransfer/PrintClipboard.java

```
package com.tutego.insel.ui.datatransfer;

import java.awt.Toolkit;
import java.awt.datatransfer.*;

class PrintClipboard
{
```

```java
public static void main( String[] args ) throws Exception
{
  Clipboard systemClipboard = Toolkit.getDefaultToolkit().getSystemClipboard();
  Transferable transferData = systemClipboard.getContents( null );

  for ( DataFlavor dataFlavor : transferData.getTransferDataFlavors() )
  {
    Object content = transferData.getTransferData( dataFlavor );

    if ( content instanceof String )
    {
      System.out.println( content );
      break;
    }
  }
}
```

19.25.4 Einfügungen in der Zwischenablage erkennen

Setzt der Anwender mit $\boxed{\text{Strg}}$ + $\boxed{\text{C}}$ etwas in die Zwischenablage, kann eine andere Applikation den Inhalt der Zwischenablage verwenden. Um Änderungen am Clipboard mitzubekommen, lässt sich über `addFlavorListener(FlavorListener)` ein `FlavorListener` anhängen. `removeFlavorListener(FlavorListener)` entfernt ihn, und `FlavorListener[] getFlavorListeners()` liefert alle angemeldeten `FlavorListener`.

19.25.5 Drag & Drop

Mit *Drag & Drop* (DnD) kann ein Anwender Daten von einer Stelle zu einer anderen übertragen. Viele Java-Standardkomponenten wie `JList`, `JTable`, `JTextArea`, `JTree` unterstützen direkt den Datentransfer; jede beliebige `JComponent` lässt sich leicht zur Drag-and-Drop-Komponente erweitern. Standardmäßig ist das DnD-Verhalten abgeschaltet, doch `setDragEnabled(true)` aktiviert es, wie das folgende Beispiel zeigt. Alle Einträge – also Zeichenketten – eines Standard-`JTree` lassen sich auf das Textfeld ziehen:

Listing 19.68 com/tutego/insel/ui/datatransfer/DaDDemo.java, main()

```java
JFrame f = new JFrame();
f.setDefaultCloseOperation( JFrame.EXIT_ON_CLOSE );
f.setLayout( new BorderLayout() );
JTree tree = new JTree();
tree.setDragEnabled( true );
f.add( tree, BorderLayout.PAGE_START );
JTextArea textArea = new JTextArea();
f.add( new JScrollPane(textArea) );
f.setSize( 300, 300 );
f.setVisible( true );
```

Abbildung 19.23 Einträge aus dem »JTree« lassen sich auf das Textfeld ziehen.

Das Herz jeder DnD-Anwendung ist der `TransferHandler`. Er bietet einen Mechanismus zum Übertragen von Daten von oder zur `JComponent`. Wie schon bei der Zwischenablage beschreibt ein `Transferable`-Objekt die Daten selbst. Das Java-Tutorial »Drag and Drop and Data Transfer« unter *http://download.oracle.com/javase/tutorial/uiswing/dnd/index.html* beschreibt die beim Drag & Drop beteiligen Typen sehr ausführlich.

19.26 AWT, Swing und die Threads

19.26.1 Ereignisschlange (EventQueue) und AWT-Event-Thread

Der Benutzer erzeugt bei seiner Arbeit mit der Oberfläche Ereignisse. Diese werden entweder von den Peer-Objekten oder von Klassen der Applikation erzeugt. Bevor sie vom eigenen Programm bearbeitet werden, gelangen sie in eine *Ereignisschlange* (engl. *event queue*). Jedem Fenster ist eine eigene Event-Queue zugeordnet. Diese Event-Queue ist für Programmierer zugänglich und in einer plattformunabhängigen Klasse `EventQueue` implementiert. Elemente der Klasse sind Objekte vom Typ `AWTEvent`. Ein eigener Thread, der *AWT-Event-Thread*, läuft parallel zur Anwendung und arbeitet die angesammelten Ereignisse dieser Warteschlange ab.

Der AWT-Thread führt auch den Programmcode in den Listenern aus. Aus diesem Grund ist es ungünstig, in einen Event-Handler lang dauernden Programmcode zu legen, denn dann »steht« die grafische Applikation und lässt sich nicht fortsetzen, weil der AWT-Thread blockiert ist. Bei einer längeren Aktion in einem Event-Handler sollten wir einen separaten Thread starten, damit die grafische Oberfläche sofort wieder reaktionsfähig ist.

[zB] **Beispiel** Wenn eine Schaltfläche angeklickt wird, soll ein langer Text in den Puffer eingelesen werden:

```
ActionListener al = new ActionListener() {
  public void actionPerformed( ActionEvent e ) {
    new Thread( new ReaderThread(e.getActionCommand()) ).start();
  }
};
```

AWT, Swing und die Threads | **19.26**

In einer externen Klasse lesen wir zum Beispiel einen Text:

```
class ReaderThread implements Runnable
{
  ReaderThread( String actionCommand )
  {
    // ...
  }
  public void run() {
    // ...
  }
}
```

Eine Alternative ist der SwingWorker, den wir später in Abschnitt 19.26.4, »SwingWorker«, vorstellen.

Unter dem AWT ist es kein Problem, wenn zwei Threads auf ein und dasselbe Oberflächenelement zugreifen. Bei Swing ist dies jedoch etwas anders, wie wir im nächsten Abschnitt sehen werden.

19.26.2 Swing ist nicht thread-sicher

Die Tatsache, dass das Swing-Toolkit nicht thread-sicher ist, erstaunt vielleicht auf den ersten Blick. Das AWT ist thread-sicher, da AWT auf Plattform-Peer-Elemente vertraut. In einer List-Box unter dem AWT ist es problemlos möglich, ein Element einzufügen und parallel zu löschen. Doch auf die Synchronisation bei Swing wurde aus zwei Gründen verzichtet:

▶ Operationen können in Threads zu ärgerlichen Deadlock-Situationen führen.

▶ Der Verzicht auf Synchronisation kann die Ausführungsgeschwindigkeit erhöhen.

Hinweis Gibt es konkurrierende Zugriffe auf Swing-Komponenten, kann es zu Exceptions **[«]**
der Art `Exception in thread "AWT-EventQueue-0"` kommen.

Swing weiß mit konkurrierenden Zugriffen nicht allzu viel anzufangen

In einem kleinen Beispiel wollen wir genau einen Fehler provozieren, in dem zwei Threads gleichzeitig eine Datenstruktur modifizieren und somit Swing aus dem Takt werfen. Es ist ein mahnendes Beispiel, Operationen an Gui-Komponenten nur über den AWT-Event-Thread vorzunehmen:

Listing 19.69 com/tutego/insel/ui/swing/SwingNoSyncDemo.java

```
package com.tutego.insel.ui.swing;

import javax.swing.*;

public class SwingNoSyncDemo
{
```

1169

19 | Grafische Oberflächen mit Swing

```java
public static void main( String[] args )
{
  final DefaultListModel<String> model = new DefaultListModel<String>();

  JFrame frame = new JFrame();
  frame.add( new JList<String>( model ) );
  frame.setSize( 200, 100 );
  frame.setVisible( true );

  new Thread() {
    @Override public void run() {
      setPriority( Thread.MIN_PRIORITY );
      while ( true )
        model.addElement( "Dumm gelaufen" );
    }
  }.start();

  new Thread() {
    @Override public void run() {
      setPriority( Thread.MIN_PRIORITY );
      while ( true )
        model.removeElement( "Dumm gelaufen" );
    }
  }.start();
}
```

Werfen wir einen Blick auf die Ausgabe, die erscheint, wenn das Programm nur kurz läuft:

```
Exception in thread "AWT-EventQueue-0" ⮠
    java.lang.ArrayIndexOutOfBoundsException: 5891 >= 5891
  at java.util.Vector.elementAt(Vector.java:427)
  at javax.swing.DefaultListModel.getElementAt(DefaultListModel.java:70)
  at javax.swing.plaf.basic.BasicListUI.updateLayoutState(BasicListUI.java:1348)
  ...
  at java.awt.EventDispatchThread.run(EventDispatchThread.java:122)
```

Obwohl das `DefaultListModel` als unterliegende Datenstruktur den `Vector` nimmt und dieser nur synchronisierte Methoden besitzt, die beim nebenläufigen Zugriff den `Vector` nicht irritieren, ist er nicht der Übeltäter. Es liegt an Swing, wie mit den Daten umgegangen wird. Wenn der erste Thread Daten in das Model einfügt, muss die Visualisierung aktualisiert werden. Wir wissen von `DefaultListModel`, dass es über `ListDataEvent` das Darstellungsobjekt informiert, wenn es den Inhalt neu zeichnen muss. Merken wir uns die Stelle. Das Darstellungsobjekt wird sich nun vom Model die Daten besorgen. Bis dahin läuft alles ganz gut. Doch der zweite Thread löscht parallel die Daten aus dem Model. Springen wir jetzt zur Markierung zurück. Irgendwann passiert es, dass zwischen der Benachrichtigung der Darstellungskomponente und dem wirklichen Zeichnen sowie der Anfrage an das Model etwas gelöscht wird. Die Visualisierung weiß davon aber nichts und versucht, alle Werte zu zeichnen; es fehlt jedoch mindestens ein Wert. Daher folgt eine `ArrayIndexOutOfBoundsException` in der Methode

1170

elementAt() vom Vector. Die Visualisierung fragt mit einem Index im Vector nach, doch der Vector hat vom Lösch-Thread schon ein Element abgeben müssen. Daher ist die interne Größe des Vektors kleiner als der von Swing erfragte Index.

Erlaubte Methoden

Einige der Methoden sind thread-sicher und dürfen von beliebigen anderen Threads aufgerufen werden:

- der Aufruf zum Neuzeichnen mit repaint() oder revalidate() für Größenänderung einer Komponente im Container
- bei neuen Komponenten, die noch nicht etwa mit setVisible() bearbeitet wurden
- Die Eintragung von Listeners, etwa bei JComponent mit den Methoden addPropertyChangeListener(), removePropertyChangeListener() und addVetoableChangeListener(), removeVetoableChangeListener() ist sicher.
- Bei JCheckBoxMenuItem ist es dann die einsame Methode setState(boolean), die synchronisiert ist. Es findet sich intern mal hier, mal da ein synchronisierter Block.

Ansonsten ist jedoch nicht viel dabei, und wir müssen unsere Teile synchronisiert ausführen. Um Programmstücke konform ausführen zu lassen, definiert Swing einige Methoden und Klassen. Dazu gehören:

- invokeLater(Runnable)
- invokeAndWait(Runnable)
- JProgressBar
- ProgressMonitor
- ProgressMonitorInputStream
- SwingWorker

19.26.3 »invokeLater()« und »invokeAndWait()«

Da Swing nicht thread-sicher ist, bietet der AWT-Thread die einzige Möglichkeit zur Manipulation von Oberflächenelementen. Wenn wir es schaffen, dort die Aufträge einzureihen, dann wird nichts schiefgehen. Genau für diese Aufgabe gibt es in der Klasse EventQueue zwei statische Methoden: invokeLater() und invokeAndWait(). Damit lassen sich beliebige Programmstücke in die Warteschlange einführen. In der Warteschlange für das AWT liegen Aufträge und Ereignisse, die an die Oberflächenelemente verteilt werden. Alles spielt sich dabei neben dem Haupt-Thread ab, sodass Parallelität herrscht. Hat die Warteschlange alle Ereignisbehandler aufgerufen, kann der Programmcode von invokeLater() und invokeAndWait() durchlaufen werden.

Die beiden Methoden erfüllen unterschiedliche Bedürfnisse:

- invokeLater() legt einen Runnable in die Warteschlange und kehrt sofort zurück. Die Funktion ist somit asynchron. Der Aufrufer weiß nicht, wann der Programmcode abgearbeitet wird.

19 | Grafische Oberflächen mit Swing

▶ invokeAndWait() legt ebenfalls einen Runnable in die Warteschlange, verharrt aber so lange in der Funktion, bis der Programmcode in run() aufgerufen wurde. Die Funktion ist also synchron.

Mit diesen statischen Methoden lassen sich jetzt alle Manipulationen an der Oberfläche durchführen. Den statischen Methoden wird ein Runnable-Objekt übergeben, was den Programmcode repräsentiert, der im AWT Event Thread auszuführen ist.

[zB] **Beispiel** Ein Fortschrittsbalken JProgressBar mit dem Namen bar soll aus einem Nicht-AWT-Event-Thread einen Wert gesetzt bekommen:

```
EventQueue.invokeLater( new Runnable()
{
  public void run() {
    bar.setValue( i );
  }
} );
```

Bei der Auswahl der beiden Methoden haben wir uns für den Fortschrittsbalken für invokeLater() entschieden. Es ist in der Regel wenig sinnvoll, die Methode so lange stehen zu lassen, bis die Anzeige auch wirklich gezeichnet wurde.

Ein Problem stellt für sehr viele Applikationen leider die Tatsache dar, dass das Objekt zur Manipulation immer irgendwie sichtbar sein muss. Hier soll bar einfach direkt für die innere Klasse sichtbar sein.

Die Methoden invokeLater() und invokeAndWait() befinden sich nicht nur in der Klasse EventQueue, sondern sind noch einmal in der Klasse SwingUtilities untergebracht. Daher ist es gleichgültig, ob wir EventQueue.invokeXXX() oder SwingUtilities.invokeXXX() schreiben. SwingUtilities hat vielleicht den Vorteil, dass das Paket java.awt für die EventQueue nicht importiert werden muss, sonst gibt es aber keinen Unterschied.

Implementierung
Genehmigen wir uns abschließend noch einen kurzen Blick auf die Implementierung. Es lässt sich schon erahnen, dass invokeLater() einfacher ist:

```
public static void invokeLater( Runnable runnable )
{
  Toolkit.getEventQueue().postEvent(
    new InvocationEvent(Toolkit.getDefaultToolkit(), runnable) );
}
```

Das Ereignis, das in die Event-Queue kommt, ist vom Typ InvocationEvent und damit ein AWTEvent. Wir übergeben unser Runnable-Objekt, damit der AWT-Thread später die run()-Methode aufrufen kann.

Die statische Methode invokeAndWait() ist etwas komplizierter; wir wollen von der Implementierung nur wenige Zeilen betrachten. Im Prinzip leistet die Methode das Gleiche wie

1172

AWT, Swing und die Threads | **19.26**

`invokeLater();` auch sie muss das `InvocationEvent` in die Warteschlange legen. Hinzu kommt jedoch, dass `invokeAndWait()` auf das Ende des Threads warten muss:

```
InvocationEvent event = new InvocationEvent(
    Toolkit.getDefaultToolkit(), runnable, lock, true);
  synchronized (lock) {
    Toolkit.getEventQueue().postEvent(event);
    lock.wait();
}
```

Das konstruierte `InvocationEvent` bekommt als Argument wieder das `runnable`. Jetzt erhält es aber zusätzlich ein Lock-Objekt. Wenn der AWT-Thread durch die Ereignis-Warteschlange geht und das `InvocationEvent` sieht, führt er wieder die `run()`-Methode aus. Anschließend informiert er über `notify()` das wartende Objekt. Dann steigt `invokeAndWait()` aus dem synchronized-Block aus, und es geht weiter.

19.26.4 SwingWorker

Mit dem `SwingWorker` ab Java 6 (für frühere Java-Versionen liegt eine Version mit Dokumentation unter *https://swingworker.dev.java.net/* vor) ist es einfach möglich, längere Programmteile im Hintergrund von einem Nicht-AWT-Thread abarbeiten zu lassen und dann später die Ergebnisse über den AWT-Thread wieder in die GUI einfließen zu lassen.

Für einen eigenen SwingWorker ist zunächst eine Unterklasse von `javax.swing.SwingWorker` zu bilden. Wir wollen eine Klasse `ClockPrecision` angeben, die zwei Sekunden wartet und dabei die Zeit misst – das Ergebnis ist durch Ungenauigkeit nicht wirklich zwei Sekunden. Wir interessieren uns hier für die Ungenauigkeit. Nach Ablauf der Zeit soll der SwingWorker das Ergebnis auf die Schaltfläche schreiben, die auch der Auslöser für die Warterei ist:

Listing 19.70 com/tutego/insel/ui/event/SwingWorkerDemo.java

```java
package com.tutego.insel.ui.event;

import java.awt.event.*;
import javax.swing.*;

public class SwingWorkerDemo extends JFrame
{
  JButton button = new JButton( "Change my mind!" );

  SwingWorkerDemo()
  {
    setDefaultCloseOperation( JFrame.EXIT_ON_CLOSE );
    add( button );

    ActionListener al = new ActionListener() {
      @Override public void actionPerformed( ActionEvent e )
      {
        new ClockPrecision().execute();
```

1173

19 | Grafische Oberflächen mit Swing

```
    }
  };

  button.addActionListener( al );

  pack();
}

class ClockPrecision extends SwingWorker<Long, Object>
{
  @Override public Long doInBackground()
  {
    long startNano = System.nanoTime();
    try { Thread.sleep( 2000 ); } catch ( InterruptedException e ) { }
    return (System.nanoTime() - startNano ) / (1000*1000);
  }

  @Override protected void done()
  {
    try
    {
      button.setText( "" + get() );
    }
    catch ( /* InterruptedException, ExecutionException */ Exception e ) { }
  }
}

public static void main( String[] args )
{
  new SwingWorkerDemo().setVisible( true );
}
}
```

Die Methode done() bekommt die Rückgabe von doInBackground() über die get()-
Methode. Unser SwingWorker durchläuft mehrere Phasen, an denen wir uns durch Überschreiben einiger Methoden aktiv beteiligen:

▶ Es beginnt mit execute(), was den SwingWorker dazu bewegt, einen so genannten *Worker-Thread* aufzubauen.

▶ Der Worker-Thread ruft doInBackground() auf, in den wir unseren im Hintergrund auszuführenden Programmteil setzen. Der Rückgabetyp ist durch die generische Verwendung
frei wählbar. Da SwingWorker auch vom Typ Future ist, kann das Ergebnis einer Berechnung get() liefern. Sind mit addPropertyChangeListener() neue PropertyChangeListe-
ners angemeldet, können wir sie mit firePropertyChange() aufrufen und während der
Verarbeitung Status-Ereignisse schicken. Es erlaubt publish() das Absenden von Zwi-
schenergebnissen, die sich unter dem AWT-Event in process() verarbeiten lassen. Dieser
Typ kann ein anderer als der von get() sein, und so bestimmt die zweite Typvariable der
generischen Klasse diesen Typ.

1174

AWT, Swing und die Threads | **19.26**

▶ Am Ende des Worker-Threads kommt es im AWT-Event-Thread zu einem Aufruf von done(), wo wir unsere Swing-Operationen vornehmen können.

Der API-Dokumentation ist Weiteres zu entnehmen.

19.26.5 Eigene Ereignisse in die Queue setzen *

Es ist ohne großen Umweg möglich, eigene Ereignisse zu erzeugen und in der EventQueue zu platzieren. Damit lassen sich beispielsweise Eingaben des Benutzers emulieren. Da alle Ereignisse von Komponenten von AWTEvent erben, lässt sich ein ActionEvent erzeugen, das dann wiederum von einem interessierten Listener entgegengenommen wird. Jetzt fehlt uns nur noch eine Methode, die Ereignisse in die Schlange setzt. Dazu bietet die Klasse EventQueue die postEvent() an. Im Beispiel sehen wir die notwendigen Aufrufe, um beginnend vom Toolkit an die SystemEventQueue zu kommen:

```
Toolkit.getDefaultToolkit().getSystemEventQueue().
  postEvent(
    new ActionEvent( /* Object source, int id, String command */ )
  );
```

class java.awt.**Toolkit**

▶ final EventQueue getSystemEventQueue()
Liefert ein Exemplar der EventQueue für eine Applikation oder ein Applet. Eine Security-Exception wird ausgelöst, falls der Security-Manager den Zugriff auf EventQueue verbietet.

class java.awt.**EventQueue**

▶ void postEvent(AWTEvent theEvent)
Legt ein Ereignis in die EventQueue. Danach werden vorhandene EventQueueListener und notifyEventQueueListener aufgerufen.

Einer Komponente ein Ereignis schicken

Ist die Komponente bekannt, der ein Ereignis geschickt werden soll, lässt sich die Component-Methode dispatchEvent(AWTEvent e) verwenden. Sie sendet ein AWTEvent – die Basisklasse aller AWT-Ereignisse – an die Komponente, womit alle Listener aufgerufen werden. Für die Aktivierung einer Schaltfläche b lautet es dann:

```
b.dispatchEvent( new ActionEvent(b,ActionEvent.ACTION_PERFORMED, "text") );
```

19.26.6 Auf alle Ereignisse hören *

Um keine Ereignisse zu versäumen, lässt sich über das Toolkit ein Super-Listener anmelden. Dieser Listener ist vom Typ AWTEventListener, der über addAWTEventListener() mit dem Toolkit verbunden wird:

1175

19 | Grafische Oberflächen mit Swing

```
AWTEventListener ael = new AWTEventListener() {
  public void eventDispatched( AWTEvent event ) {
  }
};
Toolkit.getDefaultToolkit().addAWTEventListener( ael, mask );
```

Die `mask` bestimmt den Typ eines jeden gemeldeten `AWTEvent`. Hier kann für Mausbewegungen etwa `AWTEvent.MOUSE_MOTION_EVENT_MASK` stehen.

19.27 Barrierefreiheit mit der Java Accessibility API

Eine grafische Oberfläche sollte es erlauben, von jedem Menschen benutzt zu werden, auch wenn sie Behinderungen haben. Das große Ziel sind Mensch-Maschine-Interaktionen ohne Barrieren, sodass auch Menschen mit Einschränkungen eine Anwendung nutzen können. Spezielle Hilfsmittel (engl. *assistive technology*) geben alternative Möglichkeiten zum Zugriff, etwa über einen Screen-Reader, ein Braille-Terminal, eine Lupe oder ein Spracheingabesystem. Doch auch Dinge wie kontrastreiche Darstellung und der Einsatz von Mnemonics gehören zum Entwurf gut zugänglicher Oberflächen. Die Komponente `JLabel` bietet zum Beispiel eine Methode `setLabelFor(Component)`, die eine Komponente mit einer Beschriftung verbindet mit dem Ziel, dass bei einer Aktivierung der Beschriftung über eine Mnemonic die gewählte Komponente den Fokus bekommt.

In Java wird die Barrierefreiheit durch das »Java Accessibility Application Programming Interface« (JAAPI) erreicht. Eine wichtige Schnittstelle ist `javax.accessibility.Accessible`, die von allen Komponenten implementiert wird, die alternativ zugänglich sind. Komponenten wie `JButton` und `JLabel` implementieren diese Schnittstelle und realisieren eine Methode `getAccessibleContext()`, die ein `AccessibleContext`-Objekt liefert. Dieses Objekt verwaltet für die Komponente etwa einen Accessible-Namen (der beispielsweise von einem Screen-Reader vorgelesen wird, wenn die Komponente den Fokus enthält), eine Accessible-Beschreibung (engl. *Accessible description*), einen Status wie markierter Text oder für ein Icon eine Textbeschreibung.

Der Accessible-Name wird von Swing, etwa im Fall von `JLabel`, mit der Aufschrift initialisiert und bei dem `JTextField` mit dem Inhalt des Textfeldes. Auch bei der Lösung mit `setLabelFor()` kann eine Komponente die Accessible-Beschreibung von `JLabel` übernehmen. Es ist günstig, alle Komponenten mit Tooltips auszustatten, da diese zur genaueren Accessible-Beschreibung verwendet werden. Diese Namen müssen nicht unbedingt die besten sein, und so bietet es sich an, die Werte von Hand zu setzen:

```
JTextField tf = new JTextField( "", 30 );
tf.setName( "nameTextField" );
tf.getAccessibleContext().setAccessibleName( "Name Field" );
tf.getAccessibleContext().setAccessibleDescription( "Enter a name" );
tf.setToolTip( "Name" );
```

1176

Java Access Bridge For Windows Operating System

Während der Entwickler diese Eigenschaften setzt, liest sie ein Java-Accessibility-Dienstprogramm aus und stellt sie dar. Unter *http://www.oracle.com/technetwork/java/javase/tech/index-jsp-136191.html* bietet Oracle mit der »Java Access Bridge For Windows Operating System« eine Brücke zur gegebenen Technologie für Accessible-Unterstützung auf der Betriebssystemseite Windows. Oracle bietet ein Dienstprogramm mit dem Namen »Java Accessibility Helper« unter *http://java.sun.com/developer/earlyAccess/jaccesshelper/* an, welches untersucht, wie gut das Java-Programm zugänglich ist. Es prüft etwa, ob jedes Textfeld den Fokus auch über die Tastatur bekommen kann.

19.28   Zeitliches Ausführen mit dem javax.swing.Timer

Der `javax.swing.Timer` ist eine einfache Variante von `java.util.Timer` zum Ausführen von Programmcode eines Action-Listeners. Im Konstruktor des `Timer`-Objekts wird für Intervalle die Verzögerungszeit eingestellt, wie im folgenden Beispiel, in dem jede Sekunde auf einer Komponente p ein `repaint()`, eine Neudarstellung, motiviert:

```
javax.swing.Timer t = new javax.swing.Timer( 1000, new ActionListener() {
  public void actionPerformed( ActionEvent e ) {
    p.repaint();
  }
});
t.start();   // t.stop() beendet.
```

Vergleichbar mit dem `java.util.Timer`, kann der Swing-Timer Aufgaben auch nur einmal ausführen – der Konstruktor hält dafür unterschiedliche Parameter bereit.

19.29   Zum Weiterlesen

Swing ist ein großartiges Framework, das im Kern unglaublich leistungsfähig und leicht zu erweitern ist. Besonders die Eigenschaften der Textkomponenten sind hervorzuheben; mit ihnen lassen sich in wenigen Zeilen Editoren schreiben. Nur reicht das Wissen über die Komponenten für gute Oberflächen noch lange nicht aus. Es ist eine sehr gute Idee, die Hinweise aus der Praxis zu berücksichtigen, die Oracle etwa in den »Java Look and Feel Design Guidelines« Teil 1 und Teil 2 veröffentlicht hat. Die beiden Bücher sind online unter *http://java.sun.com/products/jlf/* zu beziehen. Sehr interessant sind die Erklärungen zu Dialogen und Shortcuts/Mnemonics im Anhang.

Eine schöne Seite, die sich mit Ticks und Tricks, neuen GUIs und Bibliotheken beschäftigt, ist *http://community.java.net/javadesktop/*. Hilfen bietet insbesondere die Webseite »Swing FAQ From jGuru« unter *http://www.jguru.com/faq/Swing*. Weitere Swing-Komponenten listet die Seite *http://www.tutego.com/java/additional-java-swing-components.htm* auf. Zum Thema Accessibility ist die IBM-Seite *http://www-03.ibm.com/able/* insbesondere mit den

Java-Informationen unter *http://www-03.ibm.com/able/guidelines/java/accessjava.html* nicht zu toppen.

Bei modernen grafischen Oberflächen bewegt sich alles und wird weich überblendet. Für Animationen dieser Art gibt es zwei schöne Bibliotheken: *https://timingframework.dev.java.net/* und *http://kenai.com/projects/trident/*.

Außerdem lesenswert: *http://quince.infragistics.com/* und *http://developer.yahoo.com/ypatterns/everything.html*.

»Die größte Gefahr geht nicht von den Erfahrungen aus,
die man machen muss, sondern von denen,
die man nicht machen darf.«
– Hellmut Walters (1930–1985)

20 Grafikprogrammierung

20.1 Grundlegendes zum Zeichnen

Ist das Fenster geöffnet, lässt sich etwas in dem Fenster zeichnen. Da sich die Wege zwischen AWT und Swing trennen, wollen wir mit dem AWT beginnen und dann alle weiteren Beispiele mit Swing bestreiten.

20.1.1 Die paint()-Methode für das AWT-Frame

Als einleitendes Beispiel soll uns genügen, einen Text zu platzieren. Dafür überschreiben wir die Methode `paint()` der Klasse `Frame` und setzen dort alles hinein, was gezeichnet werden soll, etwa Linien, Texte oder gefüllte Polygone. Der gewünschte Inhalt wird immer dann gezeichnet, wenn das Fenster neu aufgebaut wird oder wir von außen `repaint()` aufrufen, denn genau in diesem Fall wird das Grafiksystem `paint()` aufrufen und das Zeichnen anstoßen:

Listing 20.1 com/tutego/insel/ui/graphics/Bee.java

```java
package com.tutego.insel.ui.graphics;

import java.awt.*;
import java.awt.event.*;

public class Bee extends Frame
{
  private static final long serialVersionUID = -3800165321162121122L;

  public Bee()
  {
    setSize( 500, 100 );

    addWindowListener( new WindowAdapter() {
      @Override
      public void windowClosing ( WindowEvent e ) { System.exit( 0 ); }
    } );
```

1179

```java
  }

  @Override
  public void paint( Graphics g )
  {
    g.drawString( "\"Maja, wo bist du?\" (Mittermeier)", 120, 60 );
  }

  public static void main( String[] args )
  {
    new Bee().setVisible( true );
  }
}
```

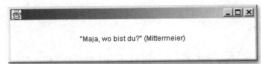

Abbildung 20.1 Ein Fenster mit gezeichnetem Inhalt

Der Grafikkontext »Graphics«

Das Grafiksystem ruft von unserem Programm die paint()-Methode auf und übergibt ein Objekt vom Typ Graphics – beziehungsweise Graphics2D, wie wir später sehen werden. Dieser Grafikkontext bietet verschiedene Methoden zum Setzen von Zeichenzuständen und zum Zeichnen selbst, etwa von Linien, Kreisen, Ovalen, Rechtecken, Zeichenfolgen oder Bildern. Dies funktioniert auch dann, wenn die Zeichenfläche nicht direkt sichtbar ist, wie bei Hintergrundgrafiken.

Das Graphics-Objekt führt Buch über mehrere Dinge:

- die Komponente, auf der gezeichnet wird (hier erst einmal das rohe Fenster)
- Koordinaten des Bildbereichs und des Clipping-Bereichs. Die Zeichenoperationen außerhalb des Clipping-Bereichs werden nicht angezeigt. Daher wird ein Clipping-Bereich auch Beschnitt-Bereich genannt.
- den aktuellen Zeichensatz (java.awt.Font) und die aktuelle Farbe (java.awt.Color)
- die Pixeloperation (Xor[1] oder Paint)
- die Translation – eine Verschiebung vom Nullpunkt

Wir können nur in der paint()-Methode auf das Graphics-Objekt zugreifen. Diese wird immer dann aufgerufen, wenn die Komponente neu gezeichnet werden muss. Dies nutzen wir, um einen Text zu schreiben. Dem Bee-Beispiel ist zu entnehmen, dass die Methode drawString(String text, int x, int y) einen Text in den Zeichenbereich des Grafikkontexts schreibt. Im Folgenden werden wir noch weitere Methoden kennenlernen.

---

[1] Zur Bewegung des Grafik-Cursors wird gern eine Xor-Operation eingesetzt. Obwohl dies absolut einfach erscheint, ist die Realisierungsidee patentiert.

> **Hinweis** Etwas ungewöhnlich ist die Tatsache, dass der Nullpunkt nicht oben links in den sichtbaren Bereich fällt, sondern dass die Titelleiste den Nullpunkt überdeckt. Um an die Höhe der Titelleiste zu kommen und die Zeichenoperationen so zu verschieben, dass sie in den sichtbaren Bereich fallen, wird ein `java.awt.Insets`-Objekt benötigt. Ist `f` ein `Frame`-Objekt, liefert `f.getInsets().top` die Höhe der Titelleiste.

20.1.2 Zeichnen von Inhalten auf ein JFrame

Wenn Swing eine Komponente zeichnet, ruft es automatisch die Methode `paint()` auf. Um eine Grafik selbst in ein Fenster zu zeichnen, ließe sich von `JFrame` eine Unterklasse bilden und `paint()` überschreiben – das ist jedoch nicht der übliche Weg.

Stattdessen wählen wir einen anderen Ansatz, der sogar unter AWT eine gute Lösung ist. Wir bilden eine eigene Komponente, eine Unterklasse von `JPanel` (unter AWT `Panel`, was wir aber nicht mehr weiter verfolgen wollen), und setzen diese auf das Fenster. Wird das Fenster neu gezeichnet, gibt das Grafiksystem den Zeichenauftrag an die Kinder weiter, also an unser spezielles `JPanel`, und ruft die überschriebene `paint()`-Methode auf. Allerdings überschreiben eigene Unterklassen von Swing-Komponenten im Regelfall nicht `paint()`, sondern `paintComponent()`. Das liegt daran, dass Swing in `paint()` zum Beispiel noch Rahmen zeichnet und sich um eine Pufferung des Bildschirminhalts zur Optimierung kümmert. So ruft `paint()` die drei Methoden `paintComponent()`, `paintBorder()` und `paintChildren()` auf, und bei einer Neudarstellung kümmert sich ein `RepaintManager` um eine zügige Darstellung mithilfe der gepufferten Inhalte, was bei normalen Swing-Interaktionskomponenten wie Schaltflächen wichtig ist.

Damit ist die Darstellung von Inhalten in einem `JFrame` einfach. Wir importieren drei Klassen, `JPanel` und `JFrame` aus `javax.swing` sowie `Graphics` aus `java.awt`. Dann bilden wir eine Unterklasse von `JPanel` und überschreiben `paintComponent()`:

Listing 20.2 com/tutego/insel/ui/graphics/DrawFirstLine.java, Teil 1

```
package com.tutego.insel.ui.graphics;

import java.awt.Graphics;
import javax.swing.*;

class DrawPanel extends JPanel
{
  @Override
  protected void paintComponent( Graphics g )
  {
    super.paintComponent( g );
    g.drawLine( 10, 10, 100, 50 );
  }
}
```

Die Methode `paintComponent()` besitzt in der Oberklasse die Sichtbarkeit `protected`, was wir beibehalten sollten; die Methode wird nicht von uns von anderer Stelle aufgerufen, daher

20 | Grafikprogrammierung

muss eine Unterklasse die Sichtbarkeit nicht zu `public` erweitern. Der Aufruf von `super.paintComponent()` ist immer dann angebracht, wenn die Oberklasse ihre Inhalte zeichnen soll. Bei vollständig eigenem Inhalt ist das nicht notwendig.

Der letzte Schritt ist ein Testprogramm, das ein Exemplar des spezialisierten `JPanel` bildet und auf den `JFrame` setzt:

Listing 20.3 com/tutego/insel/ui/graphics/DrawFirstLine.java, Teil 2

```
public class DrawFirstLine
{
  public static void main( String[] args )
  {
    JFrame f = new JFrame();
    f.setDefaultCloseOperation( JFrame.EXIT_ON_CLOSE );
    f.setSize( 100, 100 );
    f.add( new DrawPanel() );
    f.setVisible( true );
  }
}
```

Die Lösung mit dem `JPanel` muss nicht die Höhe der Titelleiste berücksichtigen; die Komponente `JPanel`, die auf das Fenster gesetzt wird, befindet sich korrekt unterhalb der Titelleiste, und die Zeichenfläche liegt nicht verdeckt unter der Titelleiste.

20.1.3 Auffordern zum Neuzeichnen mit »repaint()«

Die Methode `repaint()` kann von außen aufgerufen werden, um ein Neuzeichnen zu erzwingen. Wenn die Komponente wie unsere Unterklasse von `JPanel` eine Swing-Komponente ist, dann wird die `paint()`-Methode der Komponente aufgerufen. Im Fall einer AWT-Komponente, wie `Frame`, wird `update()` aufgerufen, das ja automatisch `paint()` aufruft.

```
abstract class java.awt.Component
implements ImageObserver, MenuContainer, Serializable
```

▶ `void repaint()`
Erbittet sofortiges Neuzeichnen der Komponente.

▶ `void repaint( long tm )`
Erbittet Neuzeichnen in `millis` Millisekunden.

▶ `void repaint( int x, int y, int width, int height )`
Erbittet Neuzeichnen der Komponente im angegebenen Bereich.

▶ `void repaint( long tm, int x, int y, int width, int height )`
Erbittet Neuzeichnen der Komponente nach `tm` Millisekunden im angegebenen Bereich.

20.1.4 Java 2D-API

Seit dem JDK 1.2 – und das ist nun schon etwas her – hat sich beim Zeichnen einiges getan. So wird der `paint()`-Methode – und `paintComponent()` ebenso – nicht mehr nur ein Graphics-Objekt übergeben, sondern eine Unterklasse von `Graphics`, `Graphics2D`. Die Klasse wurde im Rahmen der Java 2D-API aus den *Java Foundation Classes* (*JFC*) eingeführt und bietet erweiterte Zeichenmöglichkeiten, die mit der Sprache PostScript vergleichbar sind. Als wichtige Ergänzung sind Transformationen auf beliebig geformten Objekten sowie Füllmustern und Kompositionen zu nennen. Die Zeichenoperationen sind optional weichgezeichnet.

Da die Java-Entwickler die Signatur der `paintXXX()`-Methoden nicht ändern wollten, blieb `Graphics` als Parametertyp stehen, und wir müssen es, um die erweiterte Funktionalität nutzen zu können, im Rumpf auf `Graphics2D` anpassen:

```
protected void paintComponent( Graphics g )
{
  Graphics2D g2 = (Graphics2D) g;
  ...
}
```

Obwohl `Graphics2D` selbst im `java.awt`-Paket untergebracht ist, befinden sich viele der 2D-Klassen im Paket `java.awt.geom`.

> **Hinweis** Das Grafiksystem übergibt uns in der `paintXXX()`-Methode zwar immer ein Objekt vom Typ `Graphics2D`, aber wir werden in den Beispielprogrammen nur dann eine Typanpassung vornehmen, wenn wir wirklich die Erweiterungen von `Graphics2D` nutzen.

20.2   Einfache Zeichenmethoden

Im Folgenden wollen wir Beispiele für Zeichenmethoden kennenlernen. Sie können Primitiven wie Linien auf zwei Arten zeichnen: einmal über eine spezielle Methode wie `drawLine()`, und dann lassen sich für diese Elemente auch Objekte aufbauen, die anschließend gezeichnet werden. Die Variante über Objekte ist Teil der 2D-API, die wir später vorstellen.

Nahezu alle Zeichenmethoden beginnen mit `draw()` oder `fill()`. Die Rückgaben sind immer `void`. Es ist nicht so, dass die Methoden durch einen Wahrheitswert mitteilen, ob ein tatsächlicher Zeichenbereich gefüllt werden konnte. Liegen die Koordinaten des zu zeichnenden Objekts nicht im Sichtfenster, geschieht einfach gar nichts. Die Zeichenmethode ist nicht in der Lage, dies dem Aufrufer in irgendeiner Form mitzuteilen.

20.2.1 Linien

Bei Linien müssen wir uns von der Vorstellung trennen, die uns die analytische Geometrie nahelegt. Laut Euklid ist dort eine Linie als kürzeste Verbindung zwischen zwei Punkten definiert. Da Linien eindimensional sind, besitzen sie eine Länge aus unendlich vielen Punkten, doch keine wirkliche Breite. Auf dem Bildschirm besteht eine Linie nur aus endlich vielen Punkten, und wenn eine Linie gezeichnet wird, werden Pixel gesetzt, die nahe an der wirklichen Linie sind. Die Punkte müssen passend in ein Raster gesetzt werden, und so kommt es vor, dass die Linie in Stücke zerbrochen wird. Dieses Problem gibt es bei allen grafischen Ope-

20 | Grafikprogrammierung

rationen, da von Fließkommawerten eine Abbildung auf Ganzzahlen, in unserem Fall absolute Koordinaten des Bildschirms, gemacht werden muss. Eine bessere Darstellung der Linien und Kurven ist durch *Antialiasing* zu erreichen. Dies ist eine Art Weichzeichnung mit nicht nur einer Farbe, sondern mit Abstufungen, sodass die Qualität auf dem Bildschirm wesentlich besser ist. Auch bei Zeichensätzen ist dadurch eine merkliche Verbesserung der Lesbarkeit auf dem Bildschirm zu erzielen.

Die Methode `drawLine()` wurde schon im ersten Beispiel vorgestellt.

abstract class java.awt.**Graphics**

▶ abstract void drawLine(int x1, int y1, int x2, int y2)
Zeichnet eine Linie zwischen den Koordinaten (x1,y1) und (x2,y2) in der Vordergrundfarbe.

[zB] **Beispiel** Setze einen Punkt an die Stelle (x,y):
g.drawLine(x, y, x, y);

20.2.2 Rechtecke

Als Nächstes werfen wir einen Blick auf die Methoden, die uns Rechtecke zeichnen lassen. Die Rückgabe ist – wie auch bei den anderen Zeichenmethoden – immer `void`. Es ist nicht so, dass die Methoden durch einen Wahrheitswert mitteilen, ob ein tatsächlicher Zeichenbereich gefüllt werden konnte. Liegen die Koordinaten des zu zeichnenden Objekts nicht im Sichtfenster, geschieht einfach gar nichts. Die Zeichenmethode ist nicht in der Lage, dies dem Aufrufer in irgendeiner Form mitzuteilen.

abstract class java.awt.**Graphics**

▶ void drawRect(int x, int y, int width, int height)
Zeichnet ein Rechteck in der Vordergrundfarbe. Das Rechteck ist `width` + 1 Pixel breit und `height` + 1 Pixel hoch.

▶ void abstract fillRect(int x, int y, int width, int height)
Zeichnet ein gefülltes Rechteck in der Vordergrundfarbe. Das Rechteck ist `width` Pixel breit und `height` Pixel hoch.

▶ void abstract drawRoundRect(int x, y, int width, height,
                              int arcWidth, arcHeight)
Zeichnet ein abgerundetes Rechteck in der Vordergrundfarbe. Das Rechteck ist `width` + 1 Pixel breit und `height` + 1 Pixel hoch. `arcWidth` gibt den horizontalen und `arcHeight` den vertikalen Durchmesser der Kreisbögen der Ränder an.

▶ void abstract fillRoundRect(int x, y, int width, height,
                              int arcWidth, arcHeight)
Zeichnet wie `drawRoundRect()`, nur gefüllt.

1184

- void draw3DRect(int x, int y, int width, int height, boolean raised)
  Zeichnet ein dreidimensional angedeutetes Rechteck in der Vordergrundfarbe. Der Parameter raised gibt an, ob das Rechteck optisch erhöht oder vertieft wirken soll. Die Farben für den Effekt werden aus den Vordergrundfarben gewonnen.

- void fill3DRect(int x, int y, int width, int height, boolean raised)
  Zeichnet wie draw3Drect(), nur gefüllt.

Hinweis Die Breiten der Rechtecke bei den Methoden drawRect() und fillRect() unterscheiden sich. drawRect(0, 0, 10, 10) zeichnet ein 11 × 11 Pixel breites Rechteck, und fillRect(0, 0, 10, 10) zeichnet ein 10 × 10 Pixel breites Rechteck.

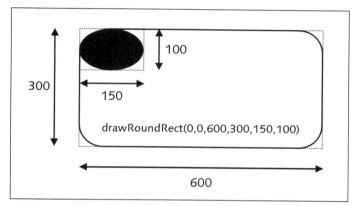

Abbildung 20.2 Beispiel für »drawRoundRect()«

20.2.3 Ovale und Kreisbögen

Die Graphics-Klasse stellt vier Methoden zum Zeichnen von Ovalen und Kreisbögen bereit. Gefüllte und nicht gefüllte Ellipsen sind immer in ein Rechteck eingepasst.

abstract class java.awt.Graphics

- abstract drawOval(int x, int y, int width, int height)
  Zeichnet ein Oval in der Vordergrundfarbe, das die Maße eines Rechtecks hat. Das Oval hat eine Größe von width + 1 Pixel in der Breite und height + 1 Pixel in der Höhe.

- abstract fillOval(int x, int y, int width, int height)
  Zeichner wie drawOval(), nur gefüllt.

- abstract void drawArc(int x, int y, int w, int h, int startAngle, int arcAngle)
  Zeichnet einen Kreisbogen. Null Grad liegt in der 3-Uhr-Position. Bei einem Aufruf mit den Winkelargumenten 0, 270 wird ein Kreisbogen gezeichnet, bei dem 90 Grad im unteren rechten Bereich nicht gezeichnet sind.

- abstract void fillArc(int x, int y, int w, int h, int startAngle, int arcAngle)
  Zeichnet wie drawArc(), nur gefüllt.

20 | Grafikprogrammierung

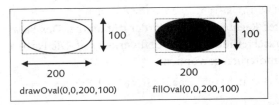

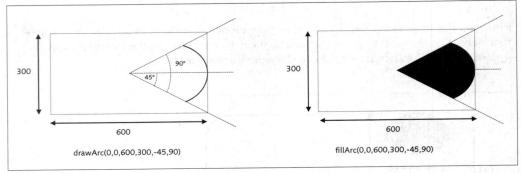

Bei der Methode `drawOval()` müssen wir immer daran denken, dass die Ellipse oder im Spezialfall der Kreis in ein Rechteck mit Startkoordinaten und mit Breite und Höhe gezeichnet wird. Dies ist nicht immer die natürliche Vorstellung von einer Ellipse beziehungsweise einem Kreis. Einen Kreis beziehungsweise eine Ellipse um den Mittelpunkt x, y mit den Radien rx und ry zeichnet:

```
g.drawOval( x - rx, y - ry, rx + rx, ry + ry );
```

20.2.4 Polygone und Polylines

Eine Polyline besteht aus einer Menge von Linien, die einen Linienzug beschreiben. Dieser Linienzug muss nicht geschlossen sein. Ist er es dennoch, sprechen wir von einem Polygon. In Java gibt es verschiedene Möglichkeiten, Polygone und Polylines zu zeichnen. Zunächst beispielsweise über ein Koordinatenfeld:

```
abstract class java.awt.Graphics
```

- `abstract void drawPolyline( int[] xPoints, int[] yPoints, int nPoints )`
  Zeichnet einen Linienzug durch die gegebenen Koordinaten in der Vordergrundfarbe. Die Figur ist nicht automatisch geschlossen, wenn nicht die Start- und Endkoordinaten gleich sind. Mit nPoint kontrollieren wir die Anzahl der gezeichneten Linien.

- `abstract void drawPolygon( int[] xPoints, int[] yPoints, int nPoints )`
  Zeichnet wie `drawPolyline()` einen Linienzug, schließt diesen aber immer gleich, indem die erste Koordinate mit der Koordinate nPoints verbunden wird.

- `abstract void fillPolygon( int[] xPoints, int[] yPoints, int nPoints )`
  Füllt das Polygon aus. Da eine Polyline offen ist, kann sie nicht gefüllt werden. Somit gibt es die Methode `fillPolyline()` nicht.

Einfache Zeichenmethoden | **20.2**

Die Polygon-Klasse *

Neben der Möglichkeit, die Linienzüge durch Koordinatenfelder zu beschreiben, gibt es in Java die Polygon-Klasse Polygon, die auch vom Typ Shape ist. Ein Polygon-Objekt verwaltet seine Koordinaten eigenständig, und von außen können wir Elemente hinzunehmen. Zunächst müssen wir jedoch ein Polygon-Objekt erzeugen. Dazu dienen zwei Konstruktoren:

```
class java.awt.Polygon
implements Shape, Serializable
```

▶ Polygon()
Erzeugt ein Polygon-Objekt ohne Koordinaten.

▶ Polygon(int[] xpoints, int[] ypoints, int npoints)
Erzeugt ein Polygon mit den angegebenen Koordinaten.

Nun können wir Punkte hinzufügen und Anfragen an das Polygon-Objekt stellen:

▶ void addPoint(int x, int y)
Fügt ein Koordinatenpaar (x,y) hinzu und aktualisiert die Grenzen (engl. *boundings*).

▶ Rectangle getBounds()
Gibt die Bounding-Box der Figur zurück. Diese beschreibt ein Rechteck, das das Objekt gerade umschließt. Ein Rectangle-Objekt besitzt die Variablen height (Höhe des Rechtecks), width (Breite des Rechtecks), x (x-Koordinate) und y (y-Koordinate des Rechtecks). Mit verschiedenen Methoden lassen sich Rechtecke zusammenfassen und schneiden.

Folgende Methoden aus Graphics zeichnen das Polygon:

```
abstract class java.awt.Graphics
```

▶ void drawPolygon(Polygon p)
Zeichnet das Polygon in der Vordergrundfarbe.

▶ void fillPolygon(Polygon p)
Zeichnet ein gefülltes Polygon.

n-Ecke zeichnen *

Bisher gibt es im Graphics-Paket keine Methode, um regelmäßige n-Ecken zu zeichnen. Eine solche Methode ist aber leicht und schnell programmiert: Wir teilen dazu einfach einen Kreis in *n* Teile auf und berechnen die x- und y-Koordinaten der Punkte auf dem Kreis. Diese Punkte fügen wir einem Polygon-Objekt mittels der addPoint()-Methode hinzu. Eine eigene statistische Methode drawVertex() übernimmt diese Polygon-Erstellung. Der letzte Parameter der Methode ist ein Wahrheitswert, der bestimmt, ob das n-Eck gefüllt werden soll oder nicht:

Listing 20.4 com/tutego/insel/ui/graphics/N_Vertex.java

```
package com.tutego.insel.ui.graphics;

import java.awt.*;
import javax.swing.*;
```

20 | Grafikprogrammierung

```java
public class N_Vertex extends JPanel
{
@Override protected void paintComponent( Graphics g )
 {
  VertexDrawer.drawVertex( g, getWidth() / 2, getHeight() / 2, 50, 6, true );
  VertexDrawer.drawVertex( g, getWidth() / 2, getHeight() / 2, 60, 6, false );
 }

 public static void main( String[] args )
 {
  JFrame f = new JFrame();
  f.setDefaultCloseOperation( JFrame.EXIT_ON_CLOSE );
  f.add( new N_Vertex() );
  f.setSize( 200, 200 );
  f.setVisible( true );
 }
}

class VertexDrawer
{
public static void drawVertex( Graphics g, int x, int y,
                               int r, int n, boolean filled )
 {
  Polygon p = new Polygon();

  for ( int i = 0; i < n; i++ )
   p.addPoint( (int) (x + r * Math.cos( i * 2 * Math.PI / n )),
               (int) (y + r * Math.sin( i * 2 * Math.PI / n )) );

  if ( filled )
   g.fillPolygon( p );
  else
   g.drawPolygon( p );
 }
}
```

20.3 Zeichenketten schreiben und Fonts

Java kann Zeichenketten in verschiedenen Zeichensätzen (engl. *fonts*) auf die Zeichenfläche bringen. Zum Zeichnen gibt es unterschiedliche Methoden, von denen in jeder Java-Version Varianten und Klassen hinzukamen. Nicht viel besser ist es mit den Font-Informationen; auch dafür gibt es verwirrend viele Möglichkeiten zur Repräsentation der Metadaten.

20.3.1 Zeichenfolgen schreiben

Die Methode `drawString()` bringt eine Unicode-Zeichenkette mit so genannten *Glyphen*, das sind konkrete grafische Darstellungen eines Zeichens, auf den Bildschirm – die Darstellung von Zeichen übernimmt in Java der Font-Renderer.

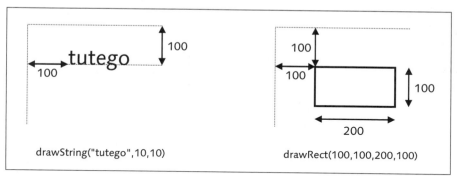

Abbildung 20.3 Koordinatenangaben von »drawString()« und »drawRect()« im Vergleich

Die Parameter von `drawString()` beschreiben die zu schreibende Zeichenkette sowie die x- und y-Koordinaten. Die Koordinaten bestimmen die Position der *Schriftlinie* – auch *Grundlinie* genannt (engl. *baseline*) –, auf der die Buchstaben stehen.

```
abstract class java.awt.Graphics
```

▶ `abstract void drawString( String s, int x, int y )`
  Schreibt einen String in der aktuellen Farbe und dem aktuellen Zeichensatz.

▶ `abstract void drawString( AttributedCharacterIterator iterator, int x, int y )`
  Schreibt einen String, der durch den Attribut-Iterator gegeben ist.

▶ `abstract void drawChars( char[] data, int offset, int length, int x, int y )`

▶ `abstract void drawBytes( byte[] data, int offset, int length, int x, int y )`
  Schreibt die Zeichenkette, und bezieht die Daten aus einem Char- bzw. Byte-Feld.

> **Hinweis** Die Klasse `TextLayout` bietet weitergehende Möglichkeiten, etwa Farbhervorhebung, Cursor-Funktionalität oder über `TextHitInfo` Tests, welches Zeichen sich an welcher Koordinate befindet, was bei Mausklicks nützlich ist. Ein `draw()` vom `TextLayout` bringt den Textbaustein auf den Schirm. Die Dokumentation listet etwas Quellcode zur Verdeutlichung auf.

20.3.2 Die Font-Klasse

Die Methode `drawString()` verwendet immer den aktuellen Zeichensatz. Um diesen zu ändern, benutzen wir auf dem aktuellen `Graphics`-Objekt die Methode `setFont()`. Der Übergabeparameter ist ein `Font`-Objekt, das wir von woanders erfragen oder vorher erzeugen müssen.

20 | Grafikprogrammierung

java.awt.Font
+ BOLD: int
+ CENTER_BASELINE: int
+ DIALOG: String
+ DIALOG_INPUT: String
+ HANGING_BASELINE: int
+ ITALIC: int
+ LAYOUT_LEFT_TO_RIGHT: int
+ LAYOUT_NO_LIMIT_CONTEXT: int
+ LAYOUT_NO_START_CONTEXT: int
+ LAYOUT_RIGHT_TO_LEFT: int
+ MONOSPACED: String
+ PLAIN: int
+ ROMAN_BASELINE: int
+ SANS_SERIF: String
+ SERIF: String
+ TRUETYPE_FONT: int
+ TYPE1_FONT: int

+ Font(attributes: Map<? : Attribute,?>)
+ Font(name: String, style: int, size: int)
+ canDisplay(c: char): boolean
+ canDisplay(codePoint: int): boolean
+ canDisplayUpTo(str: String): int
+ canDisplayUpTo(iter: CharacterIterator, start: int, limit: int): int
+ canDisplayUpTo(text: char[], start: int, limit: int): int
+ createFont(fontFormat: int, fontFile: File): Font
+ createFont(fontFormat: int, fontStream: InputStream): Font
+ createGlyphVector(frc: FontRenderContext, glyphCodes: int[]): GlyphVector
+ createGlyphVector(frc: FontRenderContext, ci: CharacterIterator): GlyphVector
+ createGlyphVector(frc: FontRenderContext, str: String): GlyphVector
+ createGlyphVector(frc: FontRenderContext, chars: char[]): GlyphVector
+ decode(str: String): Font
+ deriveFont(style: int): Font
+ deriveFont(size: float): Font
+ deriveFont(style: int, trans: AffineTransform): Font
+ deriveFont(style: int, size: float): Font
+ deriveFont(trans: AffineTransform): Font
+ deriveFont(attributes: Map<? : Attribute,?>): Font
+ equals(obj: Object): boolean
+ getAttributes(): Map
+ getAvailableAttributes(): Attribute[]
+ getBaselineFor(c: char): byte
+ getFamily(): String
+ getFamily(l: Locale): String
+ getFont(nm: String, font: Font): Font
+ getFont(attributes: Map<? : Attribute,?>): Font
+ getFont(nm: String): Font
+ getFontName(l: Locale): String
+ getFontName(): String
+ getItalicAngle(): float
+ getLineMetrics(ci: CharacterIterator, beginIndex: int, limit: int, frc: FontRenderContext): LineMetrics
+ getLineMetrics(str: String, frc: FontRenderContext): LineMetrics
+ getLineMetrics(chars: char[], beginIndex: int, limit: int, frc: FontRenderContext): LineMetrics
+ getLineMetrics(str: String, beginIndex: int, limit: int, frc: FontRenderContext): LineMetrics
+ getMaxCharBounds(frc: FontRenderContext): Rectangle2D
+ getMissingGlyphCode(): int
+ getName(): String
+ getNumGlyphs(): int
+ getPSName(): String
+ getPeer(): FontPeer
+ getSize(): int
+ getSize2D(): float
+ getStringBounds(chars: char[], beginIndex: int, limit: int, frc: FontRenderContext): Rectangle2D
+ getStringBounds(ci: CharacterIterator, beginIndex: int, limit: int, frc: FontRenderContext): Rectangle2D
+ getStringBounds(str: String, frc: FontRenderContext): Rectangle2D
+ getStringBounds(str: String, beginIndex: int, limit: int, frc: FontRenderContext): Rectangle2D
+ getStyle(): int
+ getTransform(): AffineTransform
+ hasLayoutAttributes(): boolean
+ hasUniformLineMetrics(): boolean
+ hashCode(): int
+ isBold(): boolean
+ isItalic(): boolean
+ isPlain(): boolean
+ isTransformed(): boolean
+ layoutGlyphVector(frc: FontRenderContext, text: char[], start: int, limit: int, flags: int): GlyphVector
+ toString(): String

```
class java.awt.Font
implements Serializable
```

▶ Font(String name, int style, int size)
Erzeugt ein Font-Objekt mit einem gegebenen Namen, Stil und einer gegebenen Größe.

Für den Stil deklariert die Font-Klasse drei symbolische Konstanten: Font.PLAIN, Font.ITA-LIC und Font.BOLD, sodass keine Ganzzahlen als Argumente zu übertragen sind. Die Stil-Attribute können mit dem binären Oder oder dem arithmetischen Plus verbunden werden; ein fetter und kursiver Zeichensatz erreicht Font.BOLD | Font.ITALIC (beziehungsweise Font.BOLD + Font.ITALIC). Die Größe ist in Punkt angegeben, wobei ein Punkt 1/72 Zoll (in etwa 0,376 mm) entspricht. Der Name des Zeichensatzes ist entweder physikalisch (zum Beispiel »Verdana« oder »Geneva«) oder logisch mit Font-Konstanten DIALOG, DIALOG_INPUT, SANS_SERIF, SERIF und MONOSPACED, die später auf die physikalischen Font-Namen übertragen werden.[2]

Beispiel Ein Font-Objekt erzeugen: [zB]
```
Font f = new Font( Font.SERIF, Font.PLAIN, 14 );
```
Häufig wird dieses Zeichensatz-Objekt sofort in setFont() genutzt, so wie:
```
setFont( new Font( "Verdana", Font.BOLD, 20 ) );
```

Hinweis Die Dokumentation spricht zwar von »Punkt«, in Java sind aber Punkt und Pixel [«]
bisher identisch. Würde das Grafiksystem wirklich in Punkt arbeiten, müsste es die Bildschirmauflösung und den Monitor mit berücksichtigen.

Ist im Programm der aktuell verwendete Zeichensatz nötig, können wir getFont() von der Graphics-Klasse verwenden:

```
abstract class java.awt.Graphics
```

▶ abstract Font getFont()
Liefert den aktuellen Zeichensatz.

▶ abstract Font setFont(Font f)
Setzt den Zeichensatz für das Graphics-Objekt.

20.3.3 Einen neuen Font aus einem gegebenen Font ableiten

Steht ein Font zur Verfügung und soll ausgehend von diesem ein neues Font-Objekt mit einer kleinen Änderung, etwa in der Größe oder im Attribut (fett, kursiv), hergestellt werden, so lassen sich die deriveFont()-Methoden einsetzen.

---

2 Die Webseite *http://java.sun.com/javase/6/docs/technotes/guides/intl/fontconfig.html* beschreibt diese Umsetzung.

20 | Grafikprogrammierung

[zB] **Beispiel** Ausgehend von einem existierenden `Font`-Objekt `f` soll ein neuer Font mit dem gleichen Zeichensatz und Stil abgeleitet werden, der jedoch 20 Punkt groß ist:

```
Font font = f.deriveFont( 20f );
```

```
class java.awt.Font
implements Serializable
```

▶ `Font deriveFont( int style )`
Wie der Originalzeichensatz, nur mit einem neuen Stil.

▶ `Font deriveFont( float size )`
Wie der Originalzeichensatz, nur mit einer neuen Größe. Der Parameter ist vom Typ `float`, damit Verwechslungen mit `deriveFont(int)` – das liefert einen neuen Font in normal, fett und/oder kursiv – ausgeschlossen sind.

▶ `Font deriveFont( int style, float size )`
Wie der Originalzeichensatz, nur mit einer neuen Größe und einem neuen Stil.

▶ `Font deriveFont( AffineTransformation trans )`
Erzeugt ein neues `Font`-Objekt, das über ein Transformationsobjekt modifiziert ist. Liefert ein neues Zeichensatzobjekt in der Größe von einem Punkt und keinem besonderen Stil.

20.3.4 Zeichensätze des Systems ermitteln *

Um herauszufinden, welche Zeichensätze auf einem System installiert sind, liefert `getAvailableFontFamilyNames()` auf einem `GraphicsEnvironment` ein Feld mit `Font`-Objekten. Ein Objekt vom Typ `GraphicsEnvironment` beschreibt die Zeichensätze des Systems und `GraphicsDevice`-Objekte. Ein `GraphicsDevice` ist eine Malfläche, also das, worauf das System zeichnen kann. Das kann der Bildschirm sein, aber auch ein Drucker oder eine Hintergrundgrafik. Die statische Fabrikmethode `getLocalGraphicsEnvironment()` liefert ein solches `GraphicsEnvironment`-Objekt.

[zB] **Beispiel** Im folgenden Codesegment gibt eine Schleife alle Zeichensatznamen aus:

```
for ( String fonts : GraphicsEnvironment.getLocalGraphicsEnvironment().
                     getAvailableFontFamilyNames() )
  System.out.println( fonts );
```

Auf meinem System liefert die Schleife die folgenden Zeilen:

```
Arial
Arial Black
Arial Narrow
...
Wingdings
Wingdings 2
Wingdings 3
```

1192

> ### abstract class java.awt.**GraphicsEnvironment**

▶ static GraphicsEnvironment getLocalGraphicsEnvironment()
Liefert das aktuelle GraphicsEnvironment-Objekt.

▶ abstract Font[] getAllFonts()
Liefert ein Feld mit allen verfügbaren Font-Objekten in einer Größe von einem Punkt.

▶ abstract String[] getAvailableFontFamilyNames()
Liefert ein Feld mit allen verfügbaren Zeichensatzfamilien.

▶ abstract String[] getAvailableFontFamilyNames(Locale l)
Liefert ein Feld mit verfügbaren Zeichensatzfamilien, die zu einer Sprache l gehören.

20.3.5 Neue TrueType-Fonts in Java nutzen

Die auf allen Systemen vordefinierten Standardzeichensätze sind etwas dürftig, obwohl die Font-Klasse selbst jeden installierten Zeichensatz einlesen kann. Da ein Java-Programm aber nicht von der Existenz eines bestimmten Zeichensatzes ausgehen kann, ist es praktisch, einen Zeichensatz mit der Installation auszuliefern und dann diesen zu laden; das kann die Font-Klasse mit der statischen Methode createFont() sein. Aus einem Eingabestrom liest die Methode den TrueType-Zeichensatz und erstellt das entsprechende Font-Objekt.

Listing 20.5 com/tutego/insel/ui/graphics/TrueTypePanel.java, Ausschnitt

```
Font font = Font.createFont( Font.TRUETYPE_FONT,
                    getClass().getResourceAsStream( "/NASALIZA.TTF") );
```

Das erste Argument ist immer Font.TRUETYPE_FONT. Das zweite Argument bestimmt den Eingabestrom zur Binärdatei mit den Zeichensatzinformationen. Die Daten werden ausgelesen und zu einem Font-Objekt verarbeitet.

Waren die Beschreibungsinformationen in der Datei ungültig, so erzeugt die Font-Klasse eine FontFormatException("Unable to create font – bad font data"). Dateifehler fallen nicht darunter und werden extra über eine IOException angezeigt. Der Datenstrom wird anschließend nicht wieder geschlossen.

An dieser Stelle verwundert es vielleicht, dass die Arbeitsweise der statischen Methode createFont() der des Konstruktors ähnlich sein müsste, aber der Parameterliste die Attribute fehlen. Das liegt daran, dass die Methode automatisch einen Zeichensatz der Größe 1 im Stil Font.PLAIN erzeugt. Um einen größeren Zeichensatz zu erzeugen, müssen wir ein zweites Font-Objekt anlegen, was am einfachsten mit der Methode deriveFont() geschieht.

> ### class java.awt.**Font**
> implements Serializable

▶ static Font createFont(int fontFormat, InputStream fontStream)
        throws FontFormatException, IOException
Liefert ein neues Zeichensatzobjekt in der Größe von einem Punkt und mit keinem besonderen Stil.

Soll nicht direkt der Font verwendet werden, sondern der Zeichensatz soll unter seinem Namen in den Namensraum gelegt werden, sodass er später auch über den Font-Konstruktor gefunden werden kann, lässt er sich mit registerFont() anmelden. Das sieht etwa so aus:

```
GraphicsEnvironment.getLocalGraphicsEnvironment().registerFont( font );
```

20.3.6 Font-Metadaten durch FontMetrics *

Jedes Font-Objekt beinhaltet Informationen zur Schriftsatzfamilie, zum Schriftsatznamen sowie zu Größe und Stil. Was es nicht bietet, ist Zugriff auf Metadaten, etwa auf Abmessungen des Zeichensatzes. Um diese Daten aufzuspüren, ist ein FontMetrics-Objekt nötig. Es verwaltet metrische Informationen, die mit einer Schriftart verbunden sind. Dazu gehören Ober- und Unterlänge, Schrifthöhe und Zeilenabstand.

Da die Klasse FontMetrics keinen öffentlichen Konstruktor und keine statische Fabrikmethode besitzt, müssen wir ein FontMetrics-Objekt von einer anderen Stelle aus erfragen. Es bieten sich unter anderem an:

▶ getFontMetrics() von Graphics

▶ getFontMetrics(Font) von Graphics

▶ getFontMetrics(Font) von Component

▶ getFontMetrics(Font) von Toolkit (deprecated)

Ein FontMetrics-Objekt lässt sich merkwürdigerweise nicht direkt vom Font-Objekt erfragen. (Umgekehrt liefert aber getFont() aus FontMetrics das Font-Objekt, das diese Metriken beschreibt.)

In der paint()-Methode kann also mittels

```
FontMetrics fm = g.getFontMetrics();
```

auf die Metriken des aktuellen Zeichensatzes zugegriffen werden.

`abstract class java.awt.`**`Graphics`**

▶ FontMetrics getFontMetrics()
Liefert die Font-Metriken zum aktuellen Zeichensatz.

▶ abstract FontMetrics getFontMetrics(Font f)
Liefert die Font-Metriken für den Zeichensatz f.

Die Klasse FontMetrics bietet die folgenden Methoden an, wobei sich alle Angaben auf das jeweilige Zeichensatzobjekt beziehen. Beziehen sich die Rückgabeparameter auf die Zeichengröße, so erfolgt die Angabe immer in Pixeln.

`abstract class java.awt.`**`FontMetrics`**
`implements Serializable`

▶ int charWidth(int ch), int charWidth(char ch)
Liefert die Breite zu einem Zeichen.

- `int charsWidth( char[] data, int off, int len )`
- `int bytesWidth( byte[] data, int off, int len )`
  Gibt die Breite aller Zeichen des Felds zurück. Beginnt bei `off` und liest `len` Zeichen.
- `int stringWidth( String str )`
  Gibt die Breite der Zeichenkette zurück, wenn diese gezeichnet würde. Nutzt intern `charsWidth()`.
- `int getAscent()`
  Gibt den Abstand von der Grundlinie zur oberen Grenze (Oberlänge) zurück. Ist standardmäßig `getSize()` vom `Font`-Objekt.
- `int getDescent()`
  Gibt den Abstand von der Grundlinie zur unteren Grenze (Unterlänge) zurück, standardmäßig 0.
- `int getLeading()`
  Gibt den Durchschuss (engl. *leading*) zurück. Der Durchschuss ist der Standard-Abstand zwischen zwei Zeilen.
- `int getHeight()`
  Gibt den Standard-Zeilenabstand (Abstand zwischen Grundlinie und Grundlinie) in Pixeln zurück. Er berechnet sich aus Durchschuss + Oberlänge + Unterlänge. In Quellcode ausgedrückt: `getAscent()` + `getDescent()` + `getLeading()`.
- `int getMaxAdvance()`
  Liefert die Breite des breitesten Zeichens, –1, wenn unbekannt.
- `int getMaxAscent()`
  Liefert das Maximum aller Oberlängen in Pixeln. Einige Zeichen können sich oberhalb der Oberlänge bewegen. Die Standard-Implementierung leitet einfach nur an `getAscent()` weiter.
- `int getMaxDescent()`
  Liefert das Maximum aller Unterlängen in Pixeln. Leitet standardmäßig an `getDescent()` weiter.
- `int[] getWidths()`
  Liefert in einem Ganzzahlfeld die Breiten – ermittelt durch `charWidth()` – der ersten 256 Zeichen zurück.
- `Font getFont()`
  Liefert den aktuellen Zeichensatz.

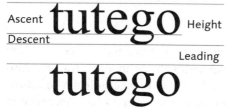

Abbildung 20.4 Die wichtigsten Properties der Font-Metadaten

20 | Grafikprogrammierung

[»] **Hinweis** Die Ergebnisse von `FontMetrics` sind bescheiden und mitunter ungenau. Bessere Ergebnisse, etwa über die Maße eines zu zeichnenden Strings, und interessante Zusatzmethoden bieten `FontRenderContext`, `TextLayout` und `LineMetrics`:

```
Font font = …;
FontRenderContext frc = g.getFontRenderContext();
TextLayout layout = new TextLayout( "Text", font, frc );
Rectangle2D bounds = layout.getBounds();
```

`LineMetrics` bietet Angaben, wie zum Beispiel die nötige Dicke einer Linie beim Unterstreichen und Durchstreichen:

```
Font font = …;
FontRenderContext frc =;
LineMetrics lm = font.getLineMetrics( str, g.getFontRenderContext() );
```

Einen String unterstreichen

Wir wollen nun `stringWidth()` und die Metadaten nutzen, um einen unterstrichenen Text darzustellen. Dafür gibt es keine offensichtliche Standardmethode in der Java-API. Also schreiben wir uns eine eigene statische Methode `drawUnderlinedString()`, die die Koordinaten sowie den String übergeben bekommt und dann mit `drawString()` die Zeichenkette schreibt. Als Zweites zeichnet `drawLine()` eine Linie unter der Grundlinie des Textes mit einer Verschiebung und Dicke, wie sie `LineMetrics` angibt, und mit der Länge, die das `Font`-`Metrics`-Objekt für die Zeichenkette liefert:

Listing 20.6 com/tutego/insel/ui/graphics/DrawUnderlinedString.java, drawUnderlinedString()

```
public static void drawUnderlinedString( Graphics g, int x, int y, String s )
{
  g.drawString( s, x, y );

  FontMetrics fm = g.getFontMetrics();
  LineMetrics lm = fm.getLineMetrics( s, g );

  g.fillRect( x, y + (int) lm.getUnderlineOffset(),
              fm.stringWidth(s), (int) lm.getUnderlineThickness() );
}
```

Natürlich achtet so eine kleine Methode nicht auf das Aussparen von Buchstaben, die unter der Grundlinie liegen, und so sind Buchstaben wie »y« oder »q« unten gnadenlos durchgestrichen.

20.4 Geometrische Objekte

Die Java-Bibliothek repräsentiert geometrische Formen durch eine Schnittstelle `Shape`. Konkrete Formen sind etwa Linien, Polygone oder Kurven, die die Bibliothek durch konkrete Implementierungen der Schnittstelle realisiert. Für uns gibt es damit zwei Möglichkeiten, Zeichenoperationen zu tätigen: einmal, indem wir Objekte aufbauen und diese dann zeichnen lassen, und zweitens über die speziellen Zeichenmethoden von `Graphics`, wie die bekannten Methoden `drawLine()` und `drawRect()`. Objekte bieten den Vorteil, dass sie sich in einer Datenstruktur sammeln lassen und die `Shape`-Objekte auch noch mit einer ganzen Reihe interessanter Methoden aufwarten.

Beginnen wir mit einem Programm, das eine Linie als Form-Objekt zeichnet:

Listing 20.7 com/tutego/insel/ui/g2d/First2Ddemo.java, First2DDemo

```
class First2DDemo extends JPanel
{
  @Override
  protected void paintComponent( Graphics g )
  {
    Graphics2D g2 = (Graphics2D) g;

    g2.setRenderingHint( RenderingHints.KEY_ANTIALIASING,
                         RenderingHints.VALUE_ANTIALIAS_ON);

    g2.draw( new Line2D.Double( 10, 10, getWidth() - 10, 70 ) );
  }

  public static void main( String[] args )
```

```
  {
    JFrame f = new JFrame();
    f.setDefaultCloseOperation( JFrame.EXIT_ON_CLOSE );
    f.setSize( 200, 120 );
    f.add( new First2DDemo() );
    f.setVisible( true );
  }
}
```

Die Klasse `Line2D.Double` definiert das Linien-Objekt, das `draw()` zeichnet (und `fill()` füllen würde). Die Methode `draw(Shape)`, die es nur auf dem `Graphics2D`-Objekt und nicht bei der Basisklasse `Graphics` gibt, nimmt ein beliebiges `Shape`-Objekt und zeichnet es nach den aktuellen Einstellungen wie Muster oder Farbe. Da normalerweise die Ausgabe nicht weichgezeichnet ist, wir dies aber wünschen, setzen wir einen `setRenderingHint()`. Die Argumente und die Methoden werden später näher beschrieben.

Abbildung 20.5 Eine weiche Linie

```
abstract class java.awt.Graphics2D
extends Graphics
```

▶ `abstract void draw( Shape s )`
Zeichnet die Form im aktuellen `Graphics2D`-Kontext. Die Attribute umfassen Clipping, Transformation, Zeichen, Zusammensetzung und Stift-(Stroke-)Attribute.

20.4.1 Die Schnittstelle Shape

Die geometrischen Objekte, die die Schnittstelle `java.awt.Shape` implementieren, sind unter anderem:

▶ `Line2D`
▶ `RectangularShape` mit den Unterklassen `Arc2D`, `Ellipse2D`, `Rectangle2D` und `RoundRectangle2D`
▶ `Polygon`
▶ `QuadCurve2D`
▶ `CubicCurve2D`

Fast alle Klassen sind abstrakt, und innen liegende Unterklassen implementieren die äußere Klasse mit den Genauigkeiten `float` und `double`. Ein Beispiel für `Line2D` haben wir im oberen Programm `First2DDemo` schon aufgeführt; die öffentliche konkrete innere Klasse mit der Genauigkeit `double` heißt `Line2D.Double`.

20.4 Geometrische Objekte

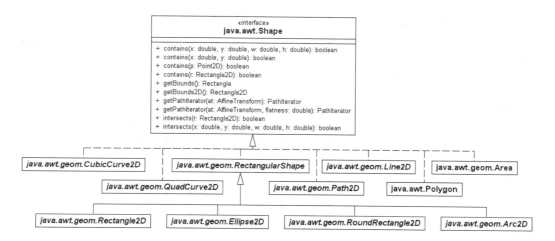

Die Klassen `Rectangle2D`, `RoundRectangle2D`, `Arc2D` und `Ellipse2D` erben alle von der Klasse `RectangularShape` und sind dadurch Objekte, die von einer (mitunter virtuellen) rechteckigen Box umgeben sind. `RectangularShape` selbst ist abstrakt, gibt aber Methoden vor, die das umrahmende Rechteck verändern und abfragen.

Die Schnittstelle `java.awt.Shape` deklariert Operationen, die die Unterklassen passend implementieren:

- `contains()`: Testet, ob ein Punkt in der Form ist.
- `getBounds()`, `getBounds2D()`: Liefert den kleinsten Rahmen, der die Form vollständig enthält.
- `getPathIterator()`: Liefert einen `PathIterator`, der die äußeren Pfade entlangläuft.
- `intersects()`: Testet, ob ein Rechteck diese Form schneidet.

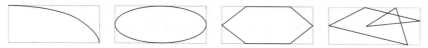

Abbildung 20.6 »getBounds()« am Beispiel einiger Formen

> **Hinweis** Es gibt in der Java-Bibliothek zwar Klassen wie `Point` sowie `Point2D.Float` und `Point2D.Double`, die `Point2D` erweitern, aber dies sind keine `Shape`-Objekte und können nicht gezeichnet werden. Die Typen repräsentieren x-/y-Koordinaten und finden sich nur als Parametertyp, etwa zum Aufbau von Linien, Kurven oder Gradienten. Auch für Text gibt es keine spezielle `Shape`-Implementierung. Um Text zu zeichnen, wird weiterhin die Mehtode `drawString(string, x, y)` verwendet, allerdings sind die Koordinaten `Graphis2D`-taugliche Fließkommazahlen vom Typ `float`.

20 | Grafikprogrammierung

20.4.2 Kreisförmiges

Die Klasse `java.awt.geom.Arc2D` kümmert sich um Kreisbögen. Diese Bögen werden wie bei `drawArc()` in ein Rechteck eingepasst und haben einen Start- und Endwert. Zusätzlich kommt ein Parameter für den Typ des Bogens hinzu. Es gibt drei Typen:

- `Arc2D.OPEN`: eine einfache Kreislinie
- `Arc2D.CHORD`: Start- und Endpunkt des Bogens werden durch eine Linie verbunden.
- `Arc2D.PIE`: Start- und Endpunkt des Bogens werden mit dem Mittelpunkt des Kreises verbunden.

Listing 20.8 com/tutego/insel/ui/graphics/PanelWithArc.java, paintComponent()

```
@Override protected void paintComponent( Graphics g )
{
  Shape arc = //         x,   y,  w,  h, start, extend, type
    new Arc2D.Double( 100, 100, 60, 60,    30,    120, Arc2D.PIE );

  ((Graphics2D)g).draw( arc );
}
```

20.4.3 Kurviges *

Die Klasse `QuadCurve2D` beschreibt *quadratische Kurvensegmente*. Dies sind Kurven, die durch zwei Endpunkte und durch dazwischenliegende Kontrollpunkte gegeben sind. `CubicCurve2D` beschreibt *kubische Kurvensegmente*, die durch zwei Endpunkte und zwei Kontrollpunkte definiert sind. Kubische Kurvensegmente werden auch *Bézier-Kurven* genannt.

20.4.4 Area und die konstruktive Flächengeometrie *

Die Klasse `Area` definiert eine neue Form, die sich aus der Verknüpfung anderer Formen ergibt. Die Verknüpfungen sind Addition (Vereinigung), Subtraktion, Schnitt und Xor. Eine Zipfelmütze lässt sich auf diese Weise durch ein `Shape` mit dreieckiger Form, vereinigt mit einem Kreis, sehen. Die wichtigsten Methoden sind:

```
class java.awt.geom.Area
implements Cloneable, Shape
```

- `Area()`, `Area( Shape s )`
  Baut eine neue Geometrie auf, entweder leer oder mit einer vorgegebenen Form.

- `void add( Area rhs )`
  Bildet eine Vereinigung der aktuellen Form mit der Form `rhs`.

- void exclusiveOr(Area rhs)
  Bildet eine Xor-Verknüpfung mit der Form rhs.
- void intersect(Area rhs)
  Bilden den Schnitt mit rhs.
- void subtract(Area rhs)
  Zieht von der aktuellen Form die Form rhs ab.

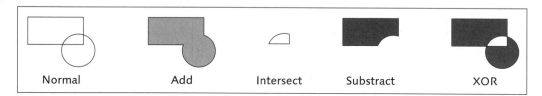

Normal   Add   Intersect   Substract   XOR

Weitere Methoden sind transform(), reset(), contains(), getBounds() und ein paar weitere. Die Verknüpfungen werden auch *CAG (Constructive Area Geometry)*, zu Deutsch *konstruktive Flächengeometrie*, genannt. Bei den Signaturen der CAG-Methoden ist zu bemerken, dass der Parametertyp Area und nicht Shape ist.

20.4.5 Pfade *

Ein Pfad besteht aus zusammengesetzten Segmenten, die miteinander verbunden sind. Die Segmente bestehen nicht wie bei Polygonen ausschließlich aus Linien, sondern können auch quadratische oder kubische Kurven sein. Die Klasse GeneralPath hängt Schritt für Schritt die Segmente mit den Methoden lineTo(), curveTo(), quadTo() an und den Umriss anderer Formen mit append(). Da der Startpunkt automatisch bei (0,0) liegt, setzt move() ihn zum Start – oder auch später – um.

Beispiel Zeichnen einer Linie als Pfad mit der 2D-API:

```
protected void paintComponent( Graphics g )
{
  Graphics2D g2 = (Graphics2D) g;

  GeneralPath p = new GeneralPath();
  p.moveTo( 10f, 10f );
  p.lineTo( 100f, 20f );
  g2.setColor( Color.BLACK );
  g2.draw( p );
}
```

Natürlich hätten wir in diesem Fall auch ein Line2D-Objekt nehmen können. Doch dieses Beispiel zeigt einfach, wie ein Pfad aufgebaut ist. Zunächst bewegen wir den Zeichenstift mit moveTo() auf eine Position, und anschließend zeichnen wir eine Linie mit lineTo(). Ist der Pfad einmal gezogen, zeichnet draw() die Form, und fill() füllt das Objekt aus.

20 | Grafikprogrammierung

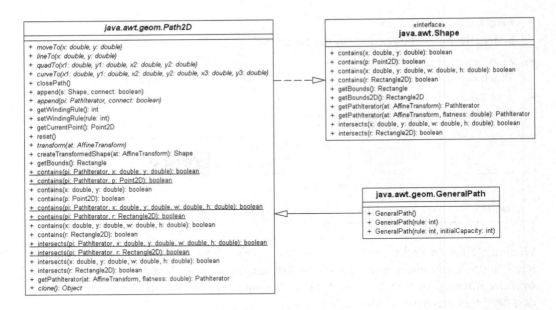

Um eine Kurve zu einem Punkt zu ziehen, nehmen wir `quadTo()` oder für Bézier-Kurven `curveTo()`. Die Methoden erwarten Argumente vom Typ `float`.

Windungsregel

Eine wichtige Eigenschaft der Pfade für gefüllte Objekte ist die *Windungsregel* (engl. *winding rule*). Diese Regel kann entweder `WIND_NON_ZERO` oder `WIND_EVEN_ODD` sein. Wenn Zeichenoperationen aus einer Form herausführen und wir uns dann wieder in der Figur befinden, sagt `WIND_EVEN_ODD` aus, dass dann innen und außen umgedreht wird. Wenn wir also zwei Rechtecke durch einen Pfad ineinander positionieren und der Pfad gefüllt wird, bekommt die Form in der Mitte ein Loch. Die Konstanten aus dem `GeneralPath`-Objekt (genauer gesagt sind sie aus der Oberklasse `Path2D` geerbt) werden der Methode `setWindingRule()` übergeben:

```
generalPath.setWindingRule( GeneralPath.WIND_NON_ZERO );
```

Windungsbeispiel

Das folgende Programm zeichnet zwei Rechtecke: ein blaues mit `GeneralPath.WIND_NON_ZERO` und ein rotes mit `GeneralPath.WIND_EVEN_ODD`. Mit der Konstanten `WIND_NON_ZERO` bei `setWindingRule()` wird das innere Rechteck mit ausgefüllt. Ausschlaggebend dafür, ob das innere Rechteck gezeichnet wird, ist die Anzahl der Schnittpunkte nach außen – »außen« heißt in diesem Fall unendlich viele Schnittpunkte. Diese Regel wird aber nur dann wichtig, wenn wir mit nichtkonvexen Formen arbeiten. Solange sich die Linien nicht schneiden, ist dies kein Problem:

Listing 20.9 com/tutego/insel/ui/g2d/WindDemo.java, paintComponent()

```
protected void paintComponent( Graphics g )
{
```

Geometrische Objekte | **20.4**

```java
Graphics2D g2 = (Graphics2D) g;
g2.setRenderingHint( RenderingHints.KEY_ANTIALIASING,
                     RenderingHints.VALUE_ANTIALIAS_ON);
g2.clearRect( 0, 0, getSize().width-1, getSize().height-1 );
g2.setColor( Color.YELLOW );
g2.fill( new Rectangle( 70, 70, 130, 50 ) );
GeneralPath p;

// Erstes Rechteck
p = makeRect( 100, 80, 50, 50 );
p.setWindingRule( GeneralPath.WIND_NON_ZERO );
g2.setColor( Color.BLUE );
g2.fill( p );

// Zweites Rechteck
p = makeRect( 200, 80, 50, 50 );
p.setWindingRule( GeneralPath.WIND_EVEN_ODD );
g2.setColor( Color.RED );
g2.fill( p );
}
```

Die eigene statische Methode makeRect() definiert den Pfad für die Rechtecke mit den Mittelpunktkoordinaten x und y. Das erste Rechteck besitzt die Breite width sowie die Höhe height, und das innere Rechteck ist halb so groß:

Listing 20.10 com/tutego/insel/ui/g2d/WindDemo.java, makeRect()

```java
static GeneralPath makeRect( int x, int y, int width, int height )
{
  GeneralPath p = new GeneralPath();

  p.moveTo( x + width/2, y - height/2 );
  p.lineTo( x + width/2, y + height/2 );
  p.lineTo( x - width/2, y + height/2 );
  p.lineTo( x - width/2, y - height/2 );

//    p.closePath();

  p.moveTo( x + width/4, y - height/4 );
  p.lineTo( x + width/4, y + height/4 );
  p.lineTo( x - width/4, y + height/4 );
  p.lineTo( x - width/4, y - height/4 );

  return p;
}
```

Mit moveTo() bewegen wir uns zum ersten Punkt. Die anschließenden lineTo()-Direktiven formen das Rechteck. Die Form muss nicht geschlossen werden, da dies mit fill() automatisch geschieht. Mit closePath() können wir jedoch noch zusätzlich schließen; wenn wir das Objekt zeichnen, ist dies selbstverständlich notwendig. Dieses Beispiel macht durch das

1203

innere Rechteck deutlich, dass die Figuren eines `GeneralPath`-Objekts nicht zusammenhängend sein müssen. Das innere Rechteck wird genauso gezeichnet wie das äußere.

Abbildung 20.7   Die Windungsregeln WIND_NO_ZERO und WIND_EVEN_ODD

20.4.6 Punkt in einer Form, Schnitt von Linien, Abstand Punkt/Linie *

Die unterschiedlichen Klassen für die geometrischen Formen besitzen Methoden, um zum Beispiel festzustellen, ob ein Punkt in einer Form liegt.

`interface java.awt.Shape`

- `boolean contains( int x, int y ), boolean contains( Point2D p )`
  Liefert `true`, wenn der Punkt in der Form liegt.
- `boolean contains( int x, int y, int w, int h )`
- `boolean contains( Rectangle2D r )`
  Liefert `true`, wenn das beschriebene Rechteck komplett in der Form liegt.

Besonders praktisch ist die Methode `contains()` für Polygone.[3] Sie arbeitet aber nur korrekt für Punkte innerhalb der eingeschlossenen Fläche. Bei Abfrage von Punkten, die den Eckpunkten entsprechen, kommen immer sehr willkürliche Werte heraus – und genauso bei der Abfrage, ob die Punkte auf der Linie zum Innenraum gehören oder nicht.

Die Klasse `Point2D` berechnet den Abstand zweier Punkte mit den Methoden:

- `double distance(double PX, double PY)`
- `static double distance(double X1, double Y1, double X2, double Y2)`
- `double distance(Point2D pt)`
- `double distanceSq(double PX, double PY)`
- `static double distanceSq(double X1, double Y1, double X2, double Y2)`
- `double distanceSq(Point2D pt)`

Verwandte Methoden zur Berechnung des Abstands eines Punktes zur Line bietet auch `Line2D`:

- `double ptLineDist(double PX, double PY)`
- `static double ptLineDist(double X1, double Y1, double X2, double Y2, double PX, double PY)`

---

3   Ob ein Punkt im Polygon ist, entscheidet der Gerade/Ungerade-Test (*http://en.wikipedia.org/wiki/Point_in_polygon*).

- ▶ `double ptLineDist(Point2D pt)`
- ▶ `double ptLineDistSq(double PX, double PY)`
- ▶ `static double ptLineDistSq(double X1, double Y1, double X2, double Y2, double PX, double PY)`
- ▶ `double ptLineDistSq(Point2D pt)`
- ▶ `double ptSegDist(double PX, double PY)`
- ▶ `static double ptSegDist(double X1, double Y1, double X2, double Y2, double PX, double PY)`
- ▶ `double ptSegDist(Point2D pt)`
- ▶ `double ptSegDistSq(double PX, double PY)`
- ▶ `static double ptSegDistSq(double X1, double Y1, double X2, double Y2, double PX, double PY)`
- ▶ `double ptSegDistSq(Point2D pt)`

Die `relativeCCW()`-Methoden von `Line2D` können herausfinden, ob der Punkt rechts oder links einer Linie liegt. Ob sich zwei Linien schneiden, ermitteln zwei überladene `Line2D`-Methoden `intersectsLine()`. Neben der Objektmethode testet die mit acht Parametern gesegnete statische Methode `linesIntersect()`, ob zwei Liniensegmente sich schneiden. Zwei allgemeine `intersects()`-Methoden deklariert die Schnittstelle `Shape`, doch bei diesen Methoden aus `Line2D` geht es darum, ob eine Form ein Rechteck schneidet. `intersects-Line()` bietet auch `Rectangle2D` und meldet damit, ob ein Rechteck eine Linie schneidet.

Genau das Gegenteil vom Schnitt ist die Vereinigung. So legt die Methode `union()` von `Rectangle2D` zwei Rechtecke zusammen, wobei ein neues Rechteck entsteht, welches die äußersten Koordinaten der beiden Ursprungsrechtecke besitzt. Die Methode `outcode()` ist ebenfalls interessant, da sie über eine Bit-Maske in der Rückgabe angibt, wo ein außerhalb des Rechtecks befindlicher Punkt steht, also etwa `OUT_BOTTOM`, `OUT_LEFT`, `OUT_RIGHT`, `OUT_TOP`.

20.5 Das Innere und Äußere einer Form

Vor dem Zeichnen sammelt das Grafiksystem die Objekte in einem Kontext. Er bestimmt für die Form den Zeichenbereich (engl. *clipping*), die Transformationen, die Komposition von Objekten. Die diversen `drawXXX()`- und `fillXXX()`-Methoden von `Graphics2D` berücksichtigen beim Zeichnen Farb- und Texturangaben, Dicken der Umrisslinien, Linienmuster und Weiteres. Unterscheiden müssen wir zwischen zwei Eigenschaften:

- ▶ *Umrisslinie (Stroke)*: Bestimmt zum Beispiel die Dicke der Umrisslinie oder das Zeichenmuster.
- ▶ *Füllung (Paint)*: Wählt dazu etwa Farbe oder Verläufe.

20 | Grafikprogrammierung

20.5.1 Farben und die Paint-Schnittstelle

Die Farben für das Innere geben Objekte vom Typ `java.awt.Paint` an. `Paint` ist eine Schnittstelle, die unter anderem folgende Klassen aus dem `java.awt`-Paket implementieren:

▶ `Color`: Repräsentiert sRGB-Farben und Alpha-Werte (Transparenz).

▶ `GradientPaint`, `LinearGradientPaint`, `RadialGradientPaint`: Füllt Formen (Shape-Objekte) mit Farbverläufen.

▶ `TexturePaint`: Füllt Formen mit einer Textur.

▶ `SystemColor`: Repräsentiert Farben, wie sie vom Benutzer in den Systemeinstellungen definiert sind.

Zur Zuweisung eines `Paint`-Objekts auf dem aktuellen `Graphics2D`-Kontext dient die Methode `setPaint(Paint)`. Insbesondere für Farben findet sich auch die Methode `setColor()`. Der Grund für diesen Unterschied ist, dass `Paint` erst später in Java 2 einzog.

Die Schnittstelle `Paint` selbst erweitert die Schnittstelle `Transparency` und gibt auf diese Weise an, dass alles, was gezeichnet werden kann, über Transparenz-Informationen verfügt. Die einzige Methode ist `getTransparency()`, und sie liefert Werte der Konstanten `BITMASK`, `OPAQUE` und `TRANSLUCENT`.

20.5.2 Farben mit der Klasse »Color«

Der Einsatz von Farben und Transparenzen ist in Java-Programmen dank der Klasse `java.awt.Color` einfach. Ein `Color`-Objekt repräsentiert üblicherweise einen Wert aus dem sRGB-Farbraum (Standard-RGB), kann aber auch andere Farbräume über den Basistyp `java.awt.color.ColorSpace` darstellen (wir werden das nicht weiter verfolgen).

Die Klasse `Color` stellt Konstanten für Standard-Farben und einige Konstruktoren sowie Anfragemethoden bereit. Außerdem gibt es Methoden, die abgewandelte `Color`-Objekte liefern – das ist nötig, da `Color`-Objekte wie `String` oder `File` immutable sind.

```
class java.awt.Color
implements Paint, Serializable
```

▶ `Color( float r, float g, float b )`
Erzeugt ein `Color`-Objekt mit den Grundfarben Rot, Grün und Blau. Die Werte müssen im Bereich 0.0 bis 1.0 liegen, sonst folgt eine `IllegalArgumentException`.

▶ `Color( int r, int g, int b )`
Erzeugt ein `Color`-Objekt mit den Grundfarben Rot, Grün und Blau. Die Werte müssen im Bereich 0 bis 255 liegen, sonst folgt eine `IllegalArgumentException`.

▶ `Color( int rgb )`
Erzeugt ein `Color`-Objekt aus dem `rgb`-Wert, der die Farben Rot, Grün und Blau kodiert. Der Rotanteil befindet sich unter den Bits 16 bis 23, der Grünanteil in 8 bis 15 und der Blauanteil in 0 bis 7. Da ein Integer immer 32 Bit breit ist, ist jede Farbe durch 1 Byte (8 Bit) repräsen-

Das Innere und Äußere einer Form | **20.5**

tiert. Die Farbinformationen werden nur aus den 24 Bit genommen. Sonstige Werte werden einfach nicht betrachtet und mit einem Alpha-Wert gleich 255 überschrieben.

▶ `Color( int r, int g, int b, int a )`

▶ `Color( float r, float g, float b, float a )`
Erzeugt ein `Color`-Objekt mit Alpha-Wert für Transparenz.

▶ `static Color decode( String nm ) throws NumberFormatException`
Liefert die Farbe von nm. Die Zeichenkette ist hexadezimal als 24-Bit-Integer kodiert, etwa `#00AAFF`. Eine Alternative ist `new Color( Integer.parseInt(colorHexString, 16) );`.

Hinweis Menschen unterscheiden Farben an den drei Eigenschaften Farbton, Helligkeit und Sättigung. Die menschliche Farbwahrnehmung kann etwa zweihundert Farbtöne unterscheiden. Diese werden durch die Wellenlänge des Lichts bestimmt. Die Lichtintensität und Empfindlichkeit unserer Rezeptoren lässt uns etwa fünfhundert Helligkeitsstufen unterscheiden. Bei der Sättigung handelt es sich um eine Mischung mit weißem Licht. Hier erkennen wir etwa zwanzig Stufen. Unser visuelles System kann somit ungefähr zwei Millionen (200 × 500 × 20) Farbnuancen unterscheiden.

[«]

Zufällige Farbblöcke zeichnen
Um die Möglichkeiten der Farbgestaltung einmal zu beobachten, betrachten wir die Ausgabe eines Programms, das Rechtecke mit wahllosen Farben anzeigt:

Listing 20.11 com/tutego/insel/ui/graphics/ColorBox.java

```java
package com.tutego.insel.ui.graphics;

import java.awt.*;
import java.util.Random;
import javax.swing.*;

public class ColorBox extends JPanel
{
  private static final long serialVersionUID = -2294685016438617741L;
  private static final Random r = new Random();

  @Override
  protected void paintComponent( Graphics g )
  {
    super.paintComponent( g );

    for ( int y = 12; y < getHeight() - 25; y += 30 )
      for ( int x = 12; x < getWidth() - 25; x += 30 )
      {
        g.setColor( new Color( r.nextInt(256), r.nextInt(256), r.nextInt(256) ) );
        g.fillRect( x, y, 25, 25 );
        g.setColor( Color.BLACK );
        g.drawRect( x - 1, y - 1, 25, 25 );
```

1207

```
        }
    }

    public static void main( String[] args )
    {
        JFrame f = new JFrame( "Neoplastizismus" );
        f.setDefaultCloseOperation( JFrame.EXIT_ON_CLOSE );
        f.setSize( 300, 300 );
        f.add( new ColorBox() );
        f.setVisible( true );
    }
}
```

Abbildung 20.8 Programmierter Neoplastizismus

Das Fenster der Applikation hat eine gewisse Größe, die wir mit `size()` in der Höhe und Breite abfragen. Anschließend erzeugen wir Blöcke, die mit einer zufälligen Farbe gefüllt sind. `fillRect()` übernimmt diese Aufgabe. Da die gefüllten Rechtecke immer in der Vordergrundfarbe gezeichnet werden, setzen wir den Zeichenstift durch die Methode `setColor()`, die natürlich eine Objektmethode von `Graphics` ist. Entsprechend gibt es eine korrespondierende Methode `getColor()`, die die aktuelle Vordergrundfarbe als `Color`-Objekt zurückgibt (diese Methode darf nicht mit den Methoden `getColor(String)` beziehungsweise `getColor(String, Color)` aus der Klasse `Color` verwechselt werden).

`abstract class java.awt.Graphics`

▶ `abstract void setColor( Color c )`
Setzt die aktuelle Farbe, die dann von den Zeichenmethoden berücksichtigt wird.

▶ `abstract Color getColor()`
Liefert die aktuelle Farbe.

Vordefinierte Farben
Wenn wir Farben benutzen wollen, sind schon viele Werte vordefiniert, wie `Color.WHITE`. In der Klasse `jawa.awt.Color` sind dazu viele Zeilen der Form

```
/**
 * The color white.
 */
public  static final Color WHITE = new Color( 255, 255, 255 );
```

platziert. Die folgende Tabelle zeigt die deklarierten Konstanten inklusive Wertebelegung für die Farbtupel:

Color-Konstante	Rot	Grün	Blau
WHITE	255	255	255
BLACK	0	0	0
RED	255	0	0
GREEN	0	255	0
BLUE	0	0	255
YELLOW	255	255	0
MAGENTA	255	0	255
CYAN	0	255	255
PINK	255	175	175
ORANGE	255	200	0
LIGHT_GRAY	192	192	192
DARK_GRAY	64	64	64

Tabelle 20.1 Farbanteile für die vordefinierten Standardfarben

Alle Farbnamen gibt es auch kleingeschrieben. Zwar stammt von Sun die Namenskonvention, dass Konstanten großgeschrieben werden, aber bei den Farbnamen wurde das erst in Java 1.4 nachgeholt – sieben Jahre später.

Farbanteile zurückgeben

Mitunter müssen wir den umgekehrten Weg gehen und von einem gegebenen Color-Objekt wieder die Rot-, Grün- oder Blau-Anteile extrahieren. Dies ist einfach, und die Java-Bibliothek bietet Entsprechendes an:

```
class java.awt.Color
implements Paint, Serializable
```

▶ int getRed(), int getGreen(), int getBlue()
Liefert Rot-, Grün- und Blau-Anteile des Farbobjekts im Bereich von 0 bis 255.

▶ int getAlpha()
Gibt den Alpha-Anteil zurück.

▶ int getRGB()
Gibt die RGB-Farbe zurück. Die Bits 24–31 repräsentieren den Alpha-Wert, 16–23 stehen für Rot, 8–15 für Grün und 0–7 für Blau.

20 | Grafikprogrammierung

Einen helleren oder dunkleren Farbton wählen *

Zwei besondere Methoden sind `brighter()` und `darker()`. Sie liefern ein Farbobjekt zurück, das jeweils eine Farbnuance heller beziehungsweise dunkler ist. Die `Graphics`-Methode `draw3DRect()` nutzt zum Beispiel diese beiden Methoden, um die Ränder in hellerem oder dunklerem Farbton zu zeichnen.

```
class java.awt.Color
implements Paint, Serializable
```

▶ `Color brighter()`
  Gibt einen helleren Farbton zurück.

▶ `Color darker()`
  Gibt einen dunkleren Farbton zurück.

Farbveränderung mit Nullanteilen *

Bei den Farbwerten müssen wir nun die Zusammensetzung aus Rot, Grün und Blau bedenken. Ein voller Wert ist mit 255 belegt. Die Berechnung kann diesen Wert noch modifizieren. Doch ist ein Eintrag mit 0 belegt, so erkennen wir aus der Berechnung, dass der Wert bei null bleiben wird. Daher sollten wir bedenken, was bei reinen Farben (wie etwa Rot) durch ein `brighter()` passiert. Ein reiner Rotton kann sich zwar in der Helligkeit ändern, aber ein `Color.RED.brighter()` liefert immer noch `Color.RED`.

```
System.out.println( Color.RED.brighter() ); // java.awt.Color[r=255,g=0,b=0]
System.out.println( Color.RED.darker() );   // java.awt.Color[r=178,g=0,b=0]
```

Bei `brighter()` kommen die Farben demnach nicht näher an Weiß heran, und bei `darker()` nicht näher an Schwarz.

Um also echte Helligkeitsveränderungen zu bekommen, müssen wir die Farben vorher umrechnen. Hierzu bieten sich andere Farbräume an, wie beispielsweise der HSB-Raum, in dem wir Komponenten für die Helligkeit haben. `RGBtoHSB()` gibt ein Feld mit den Werten für Hue, Saturation und Brightness für ein Tripel von Rot-, Grün- und Blau-Werten zurück. Nach einer Veränderung der Helligkeit können wir diesen Farbraum wieder mit `HSBtoRGB()` zurückkonvertieren.

Farbmodelle HSB und RGB *

Zwei Farbmodelle sind in der Computergrafik geläufig. Das RGB-Modell, bei dem die Farben durch einen Rot-, Grün- und Blau-Anteil definiert werden, oder das HSB-Modell, das die Farben durch *Farbton* (engl. *hue*), *Farbsättigung* (engl. *saturation*) und *Helligkeit* (engl. *brightness*) definiert. Die Farbmodelle können die gleichen Farben beschreiben und ineinander umgerechnet werden.

1210

Das Innere und Äußere einer Form | **20.5**

```
class java.awt.Color
implements Paint, Serializable
```

▶ static int HSBtoRGB(float hue, float saturation, float brightness)
Aus einem HSB-kodierten Farbwert wird ein RBG-Farbwert.

▶ static float[] RGBtoHSB(int r, int g, int b, float[] hsbvals)
Verlangt ein Array hsbvals zur Aufnahme von HSB, in dem die Werte gespeichert werden
sollen. Das Array kann null sein und wird somit angelegt. Das Feld wird zurückgegeben.

▶ static Color getHSBColor(float h, float s, float b)
Erzeugt ein Color-Objekt mit Werten aus dem HSB-Modell. Implementiert als return new
Color(HSBtoRGB(h, s, b)).

20.5.3 Die Farben des Systems über SystemColor *

Bei eigenen Java-Programmen ist es wichtig, dass diese sich so perfekt wie möglich in die
Reihe der anderen Host-Programme einreihen, ohne großartig aufzufallen. Dafür muss ein
Fenster die globalen Einstellungen wie den Zeichensatz und die Farben kennen. Für die Systemfarben gibt es die Klasse SystemColor, die alle Farben einer grafischen Oberfläche auf
symbolische Konstanten abbildet. Besonders praktisch ist dies bei Änderungen von Farben
während der Laufzeit. Über diese Klasse können immer die aktuellen Werte eingeholt werden, denn ändert sich beispielsweise die Hintergrundfarbe der Laufleisten, ändert sich damit
auch der RGB-Wert. Die Systemfarben sind Konstanten von SystemColor und werden mit der
Methode getRGB() in eine Ganzzahl umgewandelt.

Die Klasse deklariert die folgenden statischen finalen Variablen:[4]

```
class java.awt.SystemColor
implements Serializable
```

SystemColor	Welche Farbe darauf anspricht
desktop	Farbe des Desktop-Hintergrunds
activeCaption	Hintergrundfarben für Text im Fensterrahmen
activeCaptionText	Farbe für Text im Fensterrahmen
activeCaptionBorder	Rahmenfarbe für Text im Fensterrahmen
inactiveCaption	Hintergrundfarbe für inaktiven Text im Fensterrahmen
inactiveCaptionText	Farbe für inaktiven Text im Fensterrahmen
inactiveCaptionBorder	Rahmenfarbe für inaktiven Text im Fensterrahmen
window	Hintergrundfarbe der Fenster

Tabelle 20.2 Konstanten der Systemfarben

---

4 Oracle verstößt mal wieder gegen die eigenen Namenskonventionen. Die finalen Variablen – Konstanten
– sollten großgeschrieben werden. Das funktioniert bei den SystemColor-Objekten aber nicht, da es alle
Bezeichnernamen schon in Großbuchstaben gibt, und zwar für Variablen vom Typ Byte, die Verweise in
eine interne Tabelle darstellen.

20 | Grafikprogrammierung

SystemColor	Welche Farbe darauf anspricht
windowBorder	Rahmenfarbe der Fenster
windowText	Textfarbe für Fenster
menu	Hintergrundfarbe für Menüs
menuText	Textfarbe für Menüs
text	Hintergrundfarbe für Textkomponenten
textText	Textfarbe für Textkomponenten
textHighlight	Hintergrundfarbe für hervorgehobenen Text
textHighlightText	Farbe des Texts, wenn dieser hervorgehoben ist
textInactiveText	Farbe für inaktiven Text
control	Hintergrundfarbe für Kontrollobjekte
controlText	Textfarbe für Kontrollobjekte
controlHighlight	normale Farbe, mit der Kontrollobjekte hervorgehoben werden
controlLtHighlight	hellere Farbe, mit der Kontrollobjekte hervorgehoben werden
controlShadow	normale Hintergrundfarbe für Kontrollobjekte
controlDkShadow	dunklerer Schatten für Kontrollobjekte
scrollbar	Hintergrundfarbe der Schieberegler
info	Hintergrundfarbe der Hilfe
infoText	Textfarbe der Hilfe

Tabelle 20.2 Konstanten der Systemfarben (Forts.)

Um die Systemfarbe in eine brauchbare Variable zu konvertieren, gibt es die getRGB()-Methoden. So erzeugt new Color(SystemColor.window.getRGB()) ein Color-Objekt in der Farbe des Fensters.

```
final class java.awt.SystemColor
implements Serializable
```

▶ int getRGB()
Liefert den RGB-Wert der Systemfarbe als Ganzzahl kodiert.

Um zu sehen, welche Farben auf dem laufenden System aktiv sind, formulieren wir ein Programm, das eine kleine Textzeile in der jeweiligen Farbe angibt. Da wir auf die internen Daten nicht zugreifen können, müssen wir ein Farbfeld mit SystemColor-Objekten aufbauen.

Listing 20.12 com/tutego/insel/ui/graphics/SystemColors.java

```java
package com.tutego.insel.ui.graphics;

import java.awt.*;
import javax.swing.*;

class SystemColors extends JPanel
{
  private String[] systemColorString = {
```

1212

```
        "desktop", "activeCaption", "activeCaptionText",
        "activeCaptionBorder", "inactiveCaption",
        "inactiveCaptionText", "inactiveCaptionBorder",
        "window", "windowText", "menu", "menuText",
        "text", "textText", "textHighlight",
        "textHighlightText","textInactiveText",
        "control", "controlText", "controlHighlight",
        "controlLtHighlight", "controlShadow",
        "controlDkShadow", "scrollbar",
        "info", "infoText"
    };
    private SystemColor[] systemColor = {
      SystemColor.desktop,
      SystemColor.activeCaption,
      SystemColor.activeCaptionText,
      SystemColor.activeCaptionBorder,
      SystemColor.inactiveCaption,
      SystemColor.inactiveCaptionText,
      SystemColor.inactiveCaptionBorder,
      SystemColor.window,
      SystemColor.windowText,
      SystemColor.menu,
      SystemColor.menuText,
      SystemColor.text,
      SystemColor.textText,
      SystemColor.textHighlight,
      SystemColor.textHighlightText,
      SystemColor.textInactiveText,
      SystemColor.control,
      SystemColor.controlText,
      SystemColor.controlHighlight,
      SystemColor.controlLtHighlight,
      SystemColor.controlShadow,
      SystemColor.controlDkShadow,
      SystemColor.scrollbar,
      SystemColor.info,
      SystemColor.infoText
    };


    @Override
    protected void paintComponent( Graphics g )
    {
      super.paintComponent( g );
      g.setFont( new Font( "Dialog", Font.BOLD, 12 ) );
      for ( int i = 0; i < systemColorString.length; i++ ) {
        g.setColor( new Color( systemColor[i].getRGB() ) );
        g.drawString( systemColorString[i], 20, 60 + (i*13) );
      }
    }
}
```

```
public static void main( String[] args )
{
  JFrame f = new JFrame();
  f.setDefaultCloseOperation( JFrame.EXIT_ON_CLOSE );
  f.setSize ( 170, 400 );
  f.add( new SystemColors() );
  f.setVisible( true );
}
}
```

Abbildung 20.9 Die Systemfarben unter einer Windows-Konfiguration

20.5.4 Composite und Xor *

Ein *Composite* ist eine Zusammenfügung der zu zeichnenden Elemente und des Hintergrunds. Auf dem `Graphics2D`-Objekt setzt `setComposite(Composite)` den Modus, wobei bisher `AlphaComposite` die einzige direkte Implementierung der Schnittstelle `Composite` ist. Ein `AlphaComposite`-Objekt bestimmt, wie die Überblendung aussehen soll.

[zB] **Beispiel** Zeichne ein Bild `image` mit dem Alpha-Wert `alpha`:
```
Graphics2D g2 = (Graphics2D) g;
g2.setComposite( AlphaComposite.getInstance(AlphaComposite.SRC_OVER,
alpha) );
g2.drawImage( image, 0, 0, this );
```

Der Xor-Modus
Die zweite Einstellung, wie Farben auf das Ziel wirken, bestimmt der Xor-Modus, der ein spezieller Composite ist, mit dem Pixel, die zweimal gezeichnet werden, ihre Ursprungsfarbe wieder annehmen.

Das Innere und Äußere einer Form | **20.5**

```
abstract class java.awt.Graphics
```

▶ abstract void setComposite(Composite comp)
Setzt das Composite-Objekt, das die Verschmelzung der folgenden Zeichenoperationen mit dem Hintergrund definiert.

▶ abstract void setXORMode(Color c)
Setzt die Pixel-Operation auf Xor.

20.5.5 Dicke und Art der Linien von Formen bestimmen über »Stroke« *

Eine noch fehlende Eigenschaft ist die der *Umrisslinie*, *Stroke* genannt. Zu den Eigenschaften einer Umrisslinie zählen:

▶ die Dicke (engl. *width*)

▶ die Art, wie Liniensegmente beginnen und enden (engl. *end caps*)

▶ die Art, wie aufeinandertreffende Linien verbunden werden (engl. *line joins*)

▶ ein Linien-Pattern (engl. *dash attributes*)

Die Stroke-Schnittstelle
Die Umriseigenschaften bestimmen Objekte vom Typ java.awt.Stroke; die Methode set-Stroke(Stroke) auf dem Graphics2D-Kontext setzt sie. Alle nachfolgenden Methoden wie draw(), drawLine() usw. berücksichtigen diese Umrisslinie anschließend.

Die Schnittstelle Stroke schreibt nur eine Operation vor:

```
interface java.awt.Stroke
```

▶ Shape createStrokedShape(Shape p)
Liefert die Umrandung für ein Shape p.

Bisher gibt es in Java nur eine Standardimplementierung der Schnittstelle: BasicStroke.

Beispiel Zeichne die folgenden Formen mit einer Dicke von zehn Pixeln: [zB]
```
g2.setStroke( new BasicStroke( 10 ) );
```

Linienenden (end caps)
Besonders bei breiten Linien ist es interessant, wie eine allein stehende Linie endet. Sie kann einfach aufhören oder auch abgerundet sein. Drei Konstanten bestimmen diesen Linienende-Typ:

▶ BasicStroke.CAP_BUTT. Belässt das Ende so, wie es ist.

▶ BasicStroke.CAP_ROUND. Rundet das Ende mit einem Halbkreis ab.

▶ BasicStroke.CAP_SQUARE. Setzt einen rechteckigen Bereich an.

1215

20 | Grafikprogrammierung

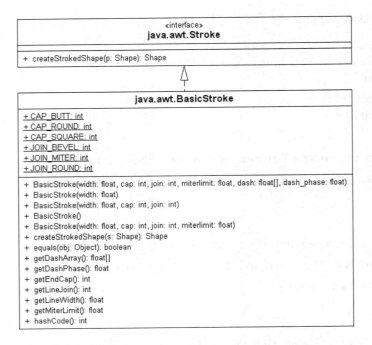

Die Typen `CAP_ROUND` und `CAP_SQUARE` erweitern die Linie um ein Stück, das halb so groß wie die Dicke der Linie ist:

Listing 20.13 com/tutego/insel/ui/g2d/EndCapsDemo.java, paintComponent()

```
@Override
protected void paintComponent( Graphics g )
{
  Graphics2D g2 = (Graphics2D) g;

  g2.setRenderingHint( RenderingHints.KEY_ANTIALIASING,
                       RenderingHints.VALUE_ANTIALIAS_ON );

  g2.setStroke( new BasicStroke( 20,
           BasicStroke.CAP_BUTT, BasicStroke.JOIN_MITER ) );
  g2.drawLine( 30, 50, 200, 50 );

  g2.setStroke( new BasicStroke( 20,
           BasicStroke.CAP_SQUARE, BasicStroke.JOIN_MITER ) );
  g2.drawLine( 30, 150, 200, 150 );

  g2.setStroke( new BasicStroke( 20,
           BasicStroke.CAP_ROUND, BasicStroke.JOIN_MITER ) );
  g2.drawLine( 30, 100, 200, 100 );
}
```

Zwar gibt es von `BasicStroke` fünf Konstruktoren, aber nur einen einfachen, der Linienenden (immer unterschiedlich in dem Beispiel) und Linienverbindungen (hier `BasicStroke.JOIN_MITER`) gleichzeitig bestimmt haben möchte.

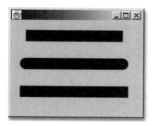

Abbildung 20.10 Unterschiedliche Linienenden

Linienverbindungen (line joins)
Wenn Linien nicht allein stehen, sondern etwa wie in einem Dreieck oder Rechteck verbunden sind, stellt sich die Frage, wie diese Verbindungspunkte gezeichnet werden. Das bestimmen ebenfalls drei Konstanten:

- `BasicStroke.JOIN_ROUND`: Rundet die Ecken ab.
- `BasicStroke.JOIN_BEVEL`: Zieht eine Linie zwischen den beiden äußeren Endpunkten.
- `BasicStroke.JOIN_MITER`: Erweitert die äußeren Linien so weit, bis sie sich treffen.

Listing 20.14 com/tutego/insel/ui/g2d/LineJoinsDemo.java, paintComponent()

```
@Override
protected void paintComponent( Graphics g )
{
  Graphics2D g2 = (Graphics2D) g;

  g2.setRenderingHint( RenderingHints.KEY_ANTIALIASING,
                       RenderingHints.VALUE_ANTIALIAS_ON );

  BasicStroke stroke = new BasicStroke( 20,
    BasicStroke.CAP_BUTT, BasicStroke.JOIN_BEVEL );
  g2.setStroke( stroke );

  Path2D shape = new GeneralPath();
  shape.moveTo( 25, 25 ); shape.lineTo( 50, 100 ); shape.lineTo( 75, 25 );
  g2.draw( shape );

  //

  stroke = new BasicStroke( 20, BasicStroke.CAP_BUTT, BasicStroke.JOIN_MITER );
  g2.setStroke( stroke );

  shape = new GeneralPath();
  shape.moveTo( 25+100, 25 ); shape.lineTo( 50+100, 100 ); shape.lineTo( 75+100, 25 );
  g2.draw( shape );
```

```
//
stroke = new BasicStroke( 20, BasicStroke.CAP_BUTT, BasicStroke.JOIN_ROUND );
g2.setStroke( stroke );

shape = new GeneralPath();
shape.moveTo( 25+200, 25 ); shape.lineTo( 50+200, 100 ); shape.lineTo( 75+200, 25 );
g2.draw( shape );
}
```

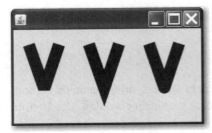

Abbildung 20.11 Unterschiedliche Linienverbindungen BEVEL, MITER, ROUND

Falls der Typ der Linienverbindungen JOIN_MITER ist, kann mit einem spitzen Winkel die Verbreiterung sehr lang werden. Die Variable miterlimit beim Konstruktor kann die maximale Länge beschränken, sodass über einer gewissen Größe die beiden Linien mit JOIN_BEVEL enden.

Füllmuster (dash)
Auch die Muster, mit denen die Linien oder Kurven gezeichnet werden, lassen sich ändern. Dazu erzeugen wir vorher ein float-Feld und übergeben es einem Konstruktor.

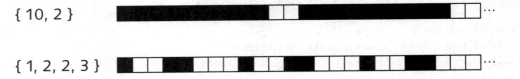

Die folgenden Zeilen erzeugen ein Rechteck mit einem einfachen Linienmuster. Es sollen zehn Punkte gesetzt und zwei Punkte frei sein. Damit auch die Muster abgerundet werden, muss CAP_ROUND gesetzt sein:

Listing 20.15 com/tutego/insel/ui/g2d/DashDemo.java, Ausschnitt

```
float[] dash = { 10, 2 };
BasicStroke stroke = new BasicStroke( 2,
  BasicStroke.CAP_BUTT, BasicStroke.JOIN_MITER,
  1,
  dash, 0 );
```

```
g2.setStroke( stroke );
g2.draw( new Rectangle2D.Float( 50, 50, 50, 50 ) );
```

Als letztes Argument hängt am Konstruktor von `BasicStroke` noch eine Verschiebung. Dieser Parameter bestimmt, wie viele Pixel im Muster übersprungen werden sollen. Geben wir dort für unser Beispiel etwa 10 an, so beginnt die Linie gleich mit zwei nicht gesetzten Pixeln. Eine 12 ergibt eine Verschiebung wieder an den Anfang. Bei nur einer Zahl im Feld sind der Abstand der Linien und die Breite einer Linie genauso lang, wie diese Zahl angibt. Bei gepunkteten Linien ist das Feld also 1. Hier eignet sich ein anonymes Feld ganz gut, wie die nächsten Zeilen zeigen:

```
stroke = new BasicStroke( 1,
  BasicStroke.CAP_BUTT, BasicStroke.JOIN_BEVEL,
  1, new float[]{ 1 }, 0 );
```

Bei feinen Linien sollten wir das Weichzeichnen besser ausschalten.

Abbildung 20.12 Zwei Linienmuster

20.6 Bilder

Bilder sind neben dem Text das wichtigste visuelle Gestaltungsmittel. In Java können Grafiken an verschiedenen Stellen eingebunden werden. So zum Beispiel als Grafiken in Zeichengebieten (Canvas) oder als Icons in Schaltflächen, die angeklickt werden und ihre Form ändern. Über Java können GIF-, PNG- und JPEG-Bilder geladen werden.

> **Hinweis** Das GIF-Format (Graphics Interchange Format) ist ein komprimierendes Verfahren, das 1987 von CompuServe-Betreibern zum Austausch von Bildern entwickelt wurde. GIF-Bilder können bis zu 1.600 × 1.600 Punkte umfassen. Die Komprimierung nach einem veränderten LZW[5]-Packverfahren hat keinen Einfluss auf die Bildqualität (sie ist verlustfrei). Jedes GIF-Bild kann aus maximal 256 Farben bestehen – bei einer Palette aus 16,7 Millionen Farben. Entsprechend dem Standard von 1989 können mehrere GIF-Bilder in einer Datei gespeichert werden. JPEG-Bilder sind dagegen in der Regel verlustbehaftet, und das Komprimierverfahren speichert die Bilder mit einer 24-Bit-Farbpalette. Der Komprimierungsfaktor kann prozentual eingestellt werden.

---

5 Benannt nach den Erfindern Lempel, Ziv und Welch.

20 | Grafikprogrammierung

Jede Grafik wird als Exemplar der Klasse `Image` erzeugt, wobei einige Lademethoden auch Exemplare der Unterklasse `BufferedImage` liefern.

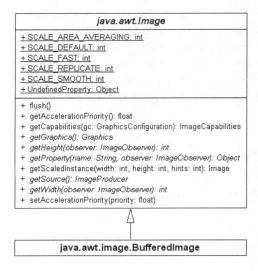

20.6.1 Eine Übersicht über die Bilder-Bibliotheken

Die Java-API bietet – historisch gewachsen – mehrere Möglichkeiten zum Laden und für einige Formate auch zum Speichern von Bildern an. Zudem gibt es Zusatzbibliotheken für Spezialformate und besondere Anforderungen, wie etwa die Verwaltung sehr großer Grafiken:

- Die Methode `getImage()` der Klassen `Toolkit` (bei Applikationen) und `Applet` (bei Applets) liefert ein `Image`-Objekt.
- Der Media-Tracker lädt Bilder und informiert über den Ladevorgang.
- Die Klasse `ImageIcon` lädt für Swing Bilder, die sich direkt auf der grafischen Oberfläche auf Komponenten wie Schaltflächen platzieren lassen. Sie nutzt im Hintergrund den Media-Tracker.
- Seit Java 1.4 gibt es das Paket `javax.imageio`, um das Lesen und Schreiben von Grafiken zu vereinheitlichen. Die Klasse `ImageIO` bietet eine einfache statische Methode `read()`.
- Das Paket `com.sun.image.codec.jpeg` beherbergt seit Java 1.2 Typen zum Lesen und Schreiben von JPEGs. Der Paketname zeigt an, dass es nicht ganz offiziell ist und damit nicht jeder Java-Implementierung bekannt sein muss.
- Über die externe Java-Bibliothek *JAI (Java Advanced Imaging API)* kommen Formate wie TIFF und WBMP dazu. Informationen gibt die Seite *http://java.sun.com/products/java-media/jai/iio.html*.
- *JIMI (Java Image Management Interface)* ist eine hundertprozentige Java-Klassenbibliothek, die hauptsächlich Lade- und Speicherroutinen für Bilder zur Verfügung stellt. Die Klasse `JimiUtils` stellt beispielsweise eine statische `getThumbnail()`-Methode bereit, die

zu einer Datei ein Vorschaubild als Image-Objekt berechnet. Ebenso stellt JIMI Möglichkeiten zur Anzeige bereit, um etwa sehr große Grafiken speichersparend zu verwalten. Diese Technik nennt sich Smart-Scrolling und kann von der JimiCanvas-Komponente übernommen werden. So wird nur jener Bildteil im Speicher gehalten, der gerade sichtbar ist. Für die Speicherverwaltung bietet JIMI ein eigenes Speicherverwaltungssystem, das *VMM* (*Virtual Memory Management*), ebenso wie eine eigene Image-Klasse, die schnelleren Zugriff auf die Pixelwerte erlaubt. Zusätzlich bietet JIMI eine Reihe von Filtern für Rotation und Helligkeitsanpassung, die auf JIMI- und AWT-Bildern arbeiten. Auch Farbreduktion ist ein Teil von JIMI. JIMI-Bilder lassen sich im Gegensatz zu den bekannten AWT-Bildern serialisieren.

Für exotische Formate – etwa das Windows Icon-Format – hilft nur eine Suche im Web. Im Fall der ICO-Dateien hilft die freie Bibliothek *AC.lib ICO* unter *http://www.acproductions.de/commercial/aclibico/*.

20.6.2 Bilder mit »ImageIO« lesen

ImageIO ist sehr einfach zu nutzen, denn mit einer kleinen statischen Methode ImageIO.read() ist die Grafik geladen. Unterstützte Dateiformate sind sicher GIF, JPEG und PNG; weitere Formate können von Plattform zu Plattform unterschiedlich sein (eine präzisere Liste der angemeldeten Leser liefert ImageIO.getReaderFormatNames() und ImageIO.getReader-MIMETypes()).

```
final class javax.imageio.ImageIO
```

▶ static BufferedImage read(File input) throws IOException

▶ static BufferedImage read(InputStream input) throws IOException

▶ static BufferedImage read(URL input) throws IOException

▶ static BufferedImage read(ImageInputStream input) throws IOException
    Lädt ein Bild und liefert ein BufferedImage oder null, wenn kein Decoder das Bild lesen konnte.

Beispiel Lesen eines Bildes aus einer Datei, Netzwerkdatenquelle und URL: **[zB]**

```
BufferedImage a = ImageIO.read( new File( "girlfriend1001.png" ) );
BufferedImage b = ImageIO.read( socket.getInputStream() );
BufferedImage c = ImageIO.read( new URL("http://www.tutego.com/images/⤸
email.gif") );
```

Die Bilder können auf unterschiedliche Art weiterverarbeitet werden. Sie lassen sich über drawImage() anzeigen und auch als Grafiken in Swing weiterverarbeiten. Zwar fordert Swing sie als ImageIcon an, doch die Klasse ist so gütig, einen Konstruktor anzubieten, der ein Image-Objekt akzeptiert.

20 | Grafikprogrammierung

javax.imageio.**ImageIO**
+ scanForPlugins()
+ setUseCache(useCache: boolean)
+ getUseCache(): boolean
+ setCacheDirectory(cacheDirectory: File)
+ getCacheDirectory(): File
+ createImageInputStream(input: Object): ImageInputStream
+ createImageOutputStream(output: Object): ImageOutputStream
+ getReaderFormatNames(): String[]
+ getReaderMIMETypes(): String[]
+ getReaderFileSuffixes(): String[]
+ getImageReaders(input: Object): Iterator
+ getImageReadersByFormatName(formatName: String): Iterator
+ getImageReadersBySuffix(fileSuffix: String): Iterator
+ getImageReadersByMIMEType(MIMEType: String): Iterator
+ getWriterFormatNames(): String[]
+ getWriterMIMETypes(): String[]
+ getWriterFileSuffixes(): String[]
+ getImageWritersByFormatName(formatName: String): Iterator
+ getImageWritersBySuffix(fileSuffix: String): Iterator
+ getImageWritersByMIMEType(MIMEType: String): Iterator
+ getImageWriter(reader: ImageReader): ImageWriter
+ getImageReader(writer: ImageWriter): ImageReader
+ getImageWriters(type: ImageTypeSpecifier, formatName: String): Iterator
+ getImageTranscoders(reader: ImageReader, writer: ImageWriter): Iterator
+ read(input: File): BufferedImage
+ read(input: InputStream): BufferedImage
+ read(input: URL): BufferedImage
+ read(stream: ImageInputStream): BufferedImage
+ write(im: RenderedImage, formatName: String, output: ImageOutputStream): boolean
+ write(im: RenderedImage, formatName: String, output: File): boolean
+ write(im: RenderedImage, formatName: String, output: OutputStream): boolean

Bilder in Applets und alten Java-Versionen *

Ab der Version Java 1.4 steht die Klasse ImageIO zur Verfügung. Für Programme vor Java 1.4 muss die getImage()-Methode vom Toolkit oder im Fall von Applets die Methode get-Image() von Applet verwendet werden.

```
class java.applet.Applet
extends Panel
```

▶ Image getImage(URL url)
Lädt ein durch die URL angegebenes Bild.

Müssen wir in einem Applet die Grafik relativ zu einem Bezugspunkt angeben, der jedoch fehlt, so hilft uns die Methode getCodeBase() weiter, die uns die relative Adresse des Applets übergibt (mit getDocumentBase() bekommen wir die URL des HTML-Dokuments, unter der das Applet eingebunden ist).

Genau genommen lädt getImage() das Bild nicht sofort, anders als read() von ImageIO. Ein Image-Objekt wird gültig erzeugt und das Objekt mit der Grafik in Verbindung gebracht, aber es wird erst dann aus der Datei beziehungsweise dem Netz geladen, wenn der erste Zeichenaufruf stattfindet. Somit schützt uns die Bibliothek vor unvorhersehbaren Ladevorgängen für Bilder, die später oder gar nicht genutzt werden.

1222

20.6.3 Ein Bild zeichnen

Eine Grafik zeichnet die Methode `drawImage()` der `Graphics`-Klasse. Die Methode ist mit unterschiedlichen Varianten überladen, um die Grafik auch in anderen Größen zu zeichnen – was sie skaliert – oder auch nur Teile zu zeichnen. Der einfachste Aufruf, der die Grafik in ihrer Originalgröße ab der Position oben links mit der Position (0,0) setzt, ist:

```
Image image = ...
g.drawImage( image, 0, 0, this );
```

Die `drawImage()`-Methoden sind mehrheitlich in der Oberklasse `Graphics`, doch zwei zusätzliche Methoden deklariert die `Graphics`-Unterkasse `Graphics2D`. Auf die Modifizierer `abstract` und die Rückgabe `boolean` verzichtet die erste Aufzählung der Kürze halber.

abstract class java.awt.**Graphics**

▶ drawImage(Image img, int x, int y, ImageObserver observer)

▶ drawImage(Image img, int x, int y, Color bgcolor, ImageObserver observer)

▶ drawImage(Image img, int x, int y, int width, int height, ImageObserver observer)

▶ drawImage(Image img, int x, int y, int width, int height, Color bgcolor,
          ImageObserver observer)

▶ drawImage(Image img, int dx1, int dy1, int dx2, int dy2, int sx1, int sy1,
          int sx2, int sy2, ImageObserver observer)

▶ drawImage(Image img, int dx1, int dy1, int dx2, int dy2, int sx1, int sy1,
          int sx2, int sy2, Color bgcolor, ImageObserver observer)

abstract class java.awt.**Graphics2D**
extends Graphics

▶ boolean drawImage(Image img, AffineTransform xform, ImageObserver obs)

▶ void drawImage(BufferedImage img, BufferedImageOp op, int x, int y)

Hinweis In den Methoden fällt ein besonderer Beobachter, der `ImageObserver`, auf. Der Grund für seinen Einsatz ist die Tatsache, dass Java bei den über das `Toolkit` angesprochenen Grafiken das Laden so weit hinauszögert, bis eine Darstellung die Pixel-Daten wirklich erforderlich macht. Damit aber nach (oder während) des Ladens die Darstellung erfolgen kann, informiert der Lader die Interessenten über den Ladezustand. Nutzen wir `drawImage()` in einer Unterklasse von `Component` – sie implementiert `ImageObserver` –, ist das Argument für den `ImageObserver` oft `this`, andernfalls `null`, wenn eine Ladeüberwachung nicht nötig ist.

Bildbetrachter

Das folgende Programmlisting zeigt eine einfache Applikation mit einer Menüleiste, die über einen Dateiauswahldialog eine Grafik lädt und anzeigt. Wir beginnen mit der ersten Klasse, die eine Swing-Komponente darstellt, die das Bild zeichnet:

20 | Grafikprogrammierung

Listing 20.16   com/tutego/insel/ui/image/ImageViewer.java, ImageComponent

```java
class ImageComponent extends JComponent
{
  private static final long serialVersionUID = 8055865896136562197L;

  private BufferedImage image;

  public void setImage( BufferedImage image )
  {
    this.image = image;
    setPreferredSize( new Dimension(image.getWidth(), image.getHeight()) );
    repaint();
    invalidate();
  }

  @Override
  protected void paintComponent( Graphics g )
  {
    if ( image != null )
      g.drawImage( image, 0, 0, this );
  }
}
```

Da ein Dateiauswahl-Dialog gewünscht ist, der aufgrund einer Menüauswahl die Datei lädt, folgt eine Implementierung einer Swing-Aktion:

Listing 20.17   com/tutego/insel/ui/image/ImageViewer.java, FileOpenAction

```java
class FileOpenAction extends AbstractAction
{
  private final ImageComponent viewComponent;

  public FileOpenAction( ImageComponent viewComponent )
  {
    this.viewComponent = viewComponent;

    putValue( NAME,            "Öffnen" );
    putValue( ACCELERATOR_KEY, KeyStroke.getKeyStroke( KeyEvent.VK_O, ⮒
                                       InputEvent.CTRL_DOWN_MASK ) );
    putValue( MNEMONIC_KEY,    (int) 'f' );
  }

  public void actionPerformed( ActionEvent e )
  {
    JFileChooser fileDialog = new JFileChooser();
    fileDialog.setFileFilter( new FileNameExtensionFilter("*.jpg;*.gif", ⮒
      "jpg", "gif") );
    fileDialog.showOpenDialog( viewComponent );
    final File file = fileDialog.getSelectedFile();
```

1224

```
      if ( file != null )
      {
        new SwingWorker<BufferedImage, Void>() {
          @Override protected BufferedImage doInBackground() throws IOException {
            return ImageIO.read( file );
          }
          @Override protected void done() {
            try { viewComponent.setImage( get() ); } catch ( Exception e ) { }
          }
        }.execute();
      }
    }
  }
}
```

Der Dialog zur Dateiauswahl ist so über einen `FileFilter` eingestellt, dass er nur Verzeichnisse und Dateien anzeigt, die auf ».jpg« oder ».gif« enden. Hat der Benutzer eine gültige Grafik ausgewählt, wird `setImage()` unserer `ImageComponent` angewiesen, das Bild zu laden und anzuzeigen.

Den letzten Teil bildet das Hauptprogramm. Es erzeugt die Bild-Komponente und das Menü, setzt den Listener und zeigt das Fenster an:

Listing 20.18 com/tutego/insel/ui/image/ImageViewer.java, ImageViewer

```
public class ImageViewer
{
  public static void main( String[] args )
  {
    JFrame f = new JFrame( "Bildbetrachter" );

    ImageComponent imageComponent = new ImageComponent();
    f.add( new JScrollPane(imageComponent) );
    JMenuBar menuBar = new JMenuBar();
    JMenu menu = new JMenu( "Datei" );
    menu.setMnemonic( 'D' );
    menu.add( new JMenuItem( new FileOpenAction(imageComponent) ) );
    menuBar.add( menu );
    f.setJMenuBar( menuBar );

    f.setDefaultCloseOperation( JFrame.EXIT_ON_CLOSE );
    f.setSize( 600, 400 );
    f.setVisible( true );
  }
}
```

20 | Grafikprogrammierung

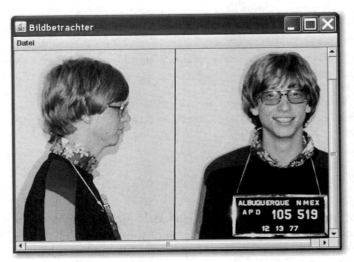

Abbildung 20.13 Ein einfacher Bildbetrachter mit Dateiauswahldialog

20.6.4 Programm-Icon/Fenster-Icon setzen

Zumindest unter Windows ist jedem Fenster ein kleines Bildchen zugeordnet, das ganz links in der Titelzeile untergebracht ist. Das Programm-Icon lässt sich in Java durch die `setIcon-Image()`-Methode setzen. Der Methode wird ein `Image`-Objekt übergeben, das die Grafik der Größe 16 × 16 Pixel beinhaltet; andere Größen werden skaliert, was nicht immer so toll aussieht:

Listing 20.19 com/tutego/insel/ui/image/FramesIconImage, main()

```
JFrame f = new JFrame();
try
{
  Image img = ImageIO.read( FramesIconImage.class.getResource( "discovery.gif" ) );
  f.setIconImage( img );
}
catch ( IOException e ) { e.printStackTrace(); }
f.setVisible( true );
```

Mit `getResource()` bezieht `read()` die Datei aus dem Klassenpfad und kann so auch in einem Java-Archiv eingebettet sein.

```
class java.awt.Frame
extends Window
implements MenuContainer
```

▶ void setIconImage(Image image)
Ordnet dem Fenster eine kleine Grafik zu. Nicht alle grafischen Oberflächen erlauben diese Zuordnung.

20.6.5 Splash-Screen *

Ein *Splash-Screen* ist ein Willkommens-Bildschirm mit Grafik, der noch vor dem eigentlichen Programmstart über die JVM erscheint und dem Benutzer Informationen über Version und Autor übermittelt. Java kann in zwei Varianten einen Startschirm mit einer beliebigen Grafik – nennen wir sie beispielsweise *splash.png* – anzeigen:

▶ über den Schalter *-splash* beim Start der JVM; etwa *java -splash:splash.png Main*

▶ mit einem Eintrag `Splashscreen-Image: splash.png` in der Manifest-Datei

Öffnet unser Java-Programm das erste Fenster, schließt sich der Splash-Screen automatisch. Dennoch gibt es Möglichkeiten, auf den Splash-Screen aus dem Java-Programm zuzugreifen:

```
SplashScreen splash = SplashScreen.getSplashScreen();
Graphics2D g2 = splash.createGraphics();
// Zeichenoperationen
splash.update();
```

Die Methode `close()` schließt manuell den Splash-Screen und wartet nicht auf das erste eigene Fenster, was den Splash-Screen automatisch schließt.

20.6.6 Bilder im Speicher erzeugen *

Nicht immer kommen die Bilder vom Datensystem oder aus dem Internet. Mit der Java-Bibliothek lassen sich einfach auch eigene (`Buffered`)`Image`-Objekte anlegen. Dazu bieten sich – wieder historisch bedingt – verschiedene Varianten an:

▶ Jede AWT-Komponente, wie `Frame` oder `Panel`, bietet die Methode `createImage()`. Die Anweisung `Image image = panel.createImage(800, 600);` erzeugt ein `Image`-Objekt mit 800 Pixeln in der Breite und 600 in der Höhe, das mit `getGraphics()` Zugriff auf den Grafikkontext bietet. Wenn die AWT-Komponente noch nicht angezeigt wurde, liefert `createImage()` die Rückgabe `null`, sodass hier leicht eine `NullPointerException` entstehen kann. Auch unterstützen die Bilder keine Transparenz.

▶ Aus den Einschränkungen heraus führte Java 1.2 die Klasse `BufferedImage` ein, die eine Erweiterung der `Image`-Klasse ist. Beim Erzeugen ist immer ein Bildtyp anzugeben, der über die physikalische Speicherung bestimmt.

▶ `createCompatibleImage()` über `GraphicsConfiguration` erzeugt ein `BufferedImage` und benötigt keinen Bildtyp.

BufferedImage erzeugen lassen

Ein Bild über `createCompatibleImage()` zu erzeugen, hat den großen Vorteil, dass das Daten- und Farbmodell optimal gewählt ist. Der einzige Nachteil dieser Methode ist die große Menge an benötigten Hilfsobjekten – was zusätzliche Schreibarbeit bedeutet:

20 | Grafikprogrammierung

Listing 20.20 com/tutego/insel/ui/image/CreateCompatibleImageDemo.java, main()

```
GraphicsConfiguration gfxConf = GraphicsEnvironment.getLocalGraphicsEnvironment().
    getDefaultScreenDevice().getDefaultConfiguration();
int width = 600, height = 400;
BufferedImage image = gfxConf.createCompatibleImage( width, height );
```

Von `createCompatibleImage()` gibt es auch eine Variante, die die Angabe einer Transparenz ermöglicht.

```
abstract class java.awt.GraphicsConfiguration
```

▶ `abstract BufferedImage createCompatibleImage( int width, int height )`
  Erzeugt ein `BufferedImage`.

▶ `BufferedImage createCompatibleImage( int width, int height, int transparency )`
  Erzeugt ein `BufferedImage` mit optionaler Transparenz. Das Argument für `transparency` kann sein: `Transparency.OPAQUE` (keine Transparenz, der Alpha-Wert ist 1,0), `Transparency.BITMASK` (Bilddaten sind komplett sichtbar, also opak mit Alpha-Wert 1, oder transparent, also Alpha-Wert 0), `Transparency.TRANSLUCENT` (Grafik erlaubt das Durchscheinen mit Alpha-Werten von 0,0 bis 1,0).

Das Bild bemalen

`Image`-Objekte (`BufferedImage` ist eine Unterklasse) geben über `getGraphics()` das `Graphics`-Objekt zurück, mit dem sich das Bild bemalen lässt. Im Fall eines speziellen `BufferedImage`-Objekts ist es jedoch üblich, die Methode `createGraphics()` einzusetzen, da sie ein `Graphics2D`-Objekt – eine Unterklasse von `Graphics` – liefert, mit dem weitere Zeichenoperationen möglich sind. Außerdem ruft `getGraphics()` sowieso `createGraphics()` auf ...

```
Graphics2D g = img.createGraphics();
g.setColor( Color.WHITE );
g.fillRect( 0, 0, b - 1, h - 1 );
```

Alternativ kann zum Löschen des Hintergrunds auch `g.setBackground(Color.WHITE);` `g.clearRect(Argumente);` verwendet werden.

BufferedImage von Hand erzeugen

Der Konstruktor der Klasse `BufferedImage` wird mit den Maßen parametrisiert und zusätzlich mit einem Speichermodell für die Bildinformationen. Das ermöglicht die Verwendung von beliebigen Farb- und Speichermodellen:

```
int h = 400,
    b = 600;
BufferedImage img = new BufferedImage( b, h, BufferedImage.TYPE_INT_RGB );
```

Das notwendige dritte Argument kennzeichnet den Speichertyp; hier sind die Farben durch je 8 Bit Rot, Grün und Blau abgebildet. Um weitere zwei der über 10 Bildtypen zu nennen: `TYPE_USHORT_GRAY` (Graubilder) oder `TYPE_INT_ARGB` (RGB mit jeweils 8 Bit sowie Alpha).

1228

Bilder | **20.6**

```
class java.awt.image.BufferedImage
extends Image
implements RenderedImage, Transparency, WritableRenderedImage
```

▶ BufferedImage(int width, int height, int imageType)
Liefert ein neues Hintergrundbild mit den gegebenen Maßen.

20.6.7 Pixel für Pixel auslesen und schreiben *

Die Klasse BufferedImage – aber nicht die Basisklasse Image – ermöglicht mit getRGB() das Auslesen einzelner Farbwerte und mit setRGB() das Setzen.

Beispiel Lies die Farbwerte eines BufferedImage-Objekts image, und zerlege die Rückgabe **[zB]** in die Farbwerte Rot, Grün, Blau und den Alpha-Wert:

```
int argb  = image.getRGB( x, y );
int alpha = (argb >> 24) & 0xff;
int red   = (argb >> 16) & 0xff;
int green = (argb >> 8)  & 0xff;
int blue  = (argb)       & 0xff;
```

Die Methode getRGB() liefert als Rückgabe einen Wert im Standard-RGB-Modell Buffered-Image.TYPE_INT_ARGB – unabhängig von der tatsächlichen physikalischen Kodierung – und im Standard-RGB-Farbraum. Die Farbwerte sind daher an ihren wohldefinierten Plätzen. Eine Hilfsmethode zum Extrahieren bietet die Color-Klasse, doch muss für diese Zwecke zuerst ein Objekt aufgebaut werden, was nicht so optimal ist. Das folgende Listing zeigt ein Beispiel.

Eine zweite überladene Methode getRGB() kopiert aus einem Bildausschnitt alle Pixel in ein Feld.

Beispiel Kopiere alle Farbwerte eines BufferedImage in ein Feld: **[zB]**

```
int w = image.getWidth(), h = image.getHeight();
int[] argbArray = new int[ w * h ];
image.getRGB( 0 /* startX */, 0 /* startY */,
              w,  h, argbArray,
              0 /* offset */, w /* scansize */ );
```

Der Offset bestimmt die Verschiebung im Feld und scansize die Zeilenbreite. Damit liefert argbArray[offset + (y-startY)*scansize + (x-startX)] das Pixel im Feld.

Wünschen wir lediglich ein Teilbild als BufferedImage, führt uns getSubimage(int x, int y, int w, int h) zum Ziel.

Zum Überschreiben der Pixel bietet die Klasse BufferedImage symmetrische setRGB()-Methoden.

1229

20 | Grafikprogrammierung

[zB] **Beispiel** Gib dem Pixel an der Stelle x, y die Farbe von `Color.LIGHT_GRAY`:

```
int argb = Color.LIGHT_GRAY.getRGB();
image.setRGB( x, y, argb );
```

Ein Beispiel zum Lesen und Schreiben von Pixeln

Das folgende Programm lädt über `ImageIO` ein Bild und gibt die Farbinformationen – also die Anteile Rot, Grün, Blau – beim Bewegen der Maus über das Bild auf der Konsole aus. Die Ereignisbehandlung übernimmt ein `MouseMotionListener`. Nach der Ausgabe bitten wir die `Color`-Klasse um einen dunkleren Farbton, und `setRGB()` überschreibt den vorherigen Farbwert für das Pixel:

Listing 20.21 com/tutego/insel/ui/image/ImageGrabber.java, Ausschnitt

```
@Override public void mouseMoved( MouseEvent e )
{
  int pixel = image.getRGB( e.getX(), e.getY() );

  int red   = (pixel >> 16) & 0xFF,
      green = (pixel >> 8) & 0xFF,
      blue  = (pixel) & 0xFF;

  System.out.println( "R=" + red + " G=" + green + " B=" + blue );

  image.setRGB( e.getX(), e.getY(), new Color(pixel).darker().getRGB() );
  repaint();
}
```

```
class java.awt.image.BufferedImage
extends Image
implements WritableRenderedImage, Transparency
```

▶ `int getRGB( int x, int y )`
Liefert den Farbwert vom Punkt x, y im Format `TYPE_INT_ARGB`.

▶ `int[] getRGB( int startX, int startY, int w, int h, int[] rgbArray, int offset, int scansize )`
Liefert die Farbinformationen eines Bildausschnitts.

▶ `void setRGB( int x, int y, int rgb )`
Setzt den Farbwert an der Stelle x, y auf rgb.

▶ `void setRGB( int startX, int startY, int w, int h, int[] rgbArray, int offset, int scansize )`
Setzt die Farbwerte mehrerer Pixel.

20.6.8 Bilder skalieren *

Die Methode `getScaledInstance()` der Klasse `Image` gibt ein neues `Image`-Objekt mit größeren oder kleineren Maßen zurück. Das neue Bild wird wieder nur dann berechnet, wenn es auch benötigt wird – das Verhalten ist also ebenso asynchron wie bei der gesamten Bildverwaltung über die `Image`-Klasse. Beim Vergrößern oder Verkleinern kommt es zu Pixelfehlern, und das Vergrößern der Pixel beeinflusst das Endergebnis und die Geschwindigkeit. Stellen wir uns vor, ein Bild der Größe 100 × 100 Pixel soll um das Doppelte vergrößert werden. Das Resultat ist ein Bild mit 200 × 200 Pixeln, doch muss aus einem Bildpunkt nun die Information für drei weitere Punkte abgeleitet werden. Eine Lösung bestünde darin, die Farbwerte der Punkte einfach zu duplizieren, dann bleibt die Schärfe, aber das Bild wirkt wie aus groben Blöcken zusammengesetzt. Eine andere Möglichkeit wäre, die Farbinformationen für die neuen Punkte aus den Informationen der Nachbarpunkte zu errechnen. Das Bild wirkt glatter, aber auch unschärfer bei hoher Skalierung. Und ebenso wie beim Vergrößern der Bilder sollten auch beim Verkleinern die Bildinformationen nicht einfach wegfallen, sondern, wenn möglich, zu neuen Farbwerten zusammengefasst werden. So erwarten wir von einem Algorithmus, dass dieser bei einer Schrumpfung von drei Farbwerten zu einem Farbwert die drei Informationen zu einem neuen Wert zusammenlegt.

Damit diese Anforderungen erfüllt werden können, verlangt `getScaledInstance()` nicht nur die neue Breite und Höhe, sondern auch eine Konstante für die Art der Skalierung. Der Parameter bestimmt den Algorithmus – mögliche Konstanten sind `SCALE_DEFAULT`, `SCALE_FAST`, `SCALE_SMOOTH`, `SCALE_REPLICATE` und `SCALE_AREA_AVERAGING`.

Skalierungsparameter	Bedeutung
SCALE_DEFAULT	Verwendet einen Standard-Skalierungsalgorithmus.
SCALE_FAST	Verwendet einen Skalierungsalgorithmus, der mehr Wert auf Geschwindigkeit als auf die Glätte des Bilds legt.
SCALE_SMOOTH	Verwendet einen Algorithmus mit guter Bildqualität und legt weniger Wert auf Geschwindigkeit.
SCALE_REPLICATE	Benutzt für den Skalierungsalgorithmus den `ReplicateScaleFilter`.
SCALE_AREA_AVERAGING	Verwendet den `AreaAveragingScaleFilter`.

Tabelle 20.3 Argumente für »getScaledImage()«

Mit Hilfe dieser Konstanten lässt sich die Methode aufrufen:

```
abstract class java.awt.Image
```

▶ `Image getScaledInstance( int width, int height, int hints )`
Liefert ein skaliertes Bild mit den neuen Maßen `width` und `height`. Das neue Bild kann asynchron gefördert werden. `hints` gibt den Skalierungsalgorithmus als Konstante an. Ist die Höhe oder Breite negativ, so berechnet sich der Wert aus dem anderen, um das Seitenverhältnis beizubehalten.

20 | Grafikprogrammierung

[zB] **Beispiel** Eine Grafik soll geladen, und zwei skalierte neue `Image`-Exemplare sollen abgeleitet werden. Die erste Skalierung soll das Original um einen Prozentwert verändern, und die zweite Skalierung soll – unabhängig von der korrekten Wiedergabe der Seitenverhältnisse – das Bild auf die Größe des Bildschirms bringen. Wir wollen es mit `Image.SCALE_SMOOTH` skaliert haben:

```
Image image = ImageIO.read( "ottosHaus.jpg" );
int   percent = 175;
Image scaled1 = image.getScaledInstance(
  (image.getWidth() * percent) / 100,
  (image.getHeight() * percent) / 100,
  Image.SCALE_SMOOTH );
Image scaled2 = image.getScaledInstance(
  Toolkit.getDefaultToolkit().getScreenSize().width,
  Toolkit.getDefaultToolkit().getScreenSize().height,
  Image.SCALE_SMOOTH );
```

Hinter den Kulissen

Was auf den ersten Blick wie die Wahl zwischen unglaublich vielen Varianten aussieht, entpuppt sich als typische Informatiker-Lösung: entweder schnell und schmutzig oder schön und gemächlich. Aber so ist nun mal das Leben. Der Quelltext macht dies deutlich:

```
public Image getScaledInstance(int width, int height, int hints)
{
  ImageFilter filter;
  if ((hints & (SCALE_SMOOTH | SCALE_AREA_AVERAGING)) != 0)
    filter = new AreaAveragingScaleFilter(width, height);
  else
    filter = new ReplicateScaleFilter(width, height);
  ImageProducer prod;
  prod = new FilteredImageSource(getSource(), filter);
  return Toolkit.getDefaultToolkit().createImage(prod);
}
```

Bei der Wahl zwischen sanftem Bild und schnellem Algorithmus greift `getScaledInstance()` auf die beiden Filterklassen `AreaAveragingScaleFilter` und `ReplicateScaleFilter` zurück. Sie berechnen jeweils das neue Bild über einen Bildproduzenten. `ReplicateScaleFilter` ist der einfachere von beiden. Bei der Vergrößerung werden die Pixel einer Zeile oder Spalte einfach verdoppelt. Wird verkleinert, so werden einfach Reihen oder Spalten weggelassen. Mit einem `AreaAveragingScaleFilter` bekommen wir die besseren Resultate, da Pixel nicht einfach kopiert werden, sondern weil wir eingefügte Pixel aus einer Mittelwertberechnung erhalten. Der Algorithmus heißt im Englischen auch *nearest neighbor algorithm*.

20.6.9 Schreiben mit »ImageIO«

`ImageIO` ist eine Utility-Klasse mit statischen Methoden zum Lesen und Schreiben von Grafiken und zum Raussuchen eines passenden Bildlesers/-schreibers.

1232

So wie die statische Methode `ImageIO.read()` eine Grafik liest, schreibt `ImageIO.write()` sie zum Beispiel im PNG- oder JPG-Format. Voraussetzung ist eine Grafik, die als `RenderedImage` vorliegt. Die Schnittstelle wird beispielsweise von `BufferedImage` implementiert, der wichtigsten Klasse für Bildinformationen. Gilt es, die Grafik abzuspeichern, wird die Methode `ImageIO.write()` mit einem Verweis auf das `RenderedImage` sowie das Datenformat und ein `File`-Objekt aufgerufen.

Beispiel Speichere als PNG-Datei ein Bild mit den Maßen 100 × 100 und einem gefüllten Kreis: **[zB]**

Listing 20.22 com/tutego/insel/ui/image/SaveImage.java, main()

```
GraphicsConfiguration gfxConf = GraphicsEnvironment
    .getLocalGraphicsEnvironment().getDefaultScreenDevice()
    .getDefaultConfiguration();
BufferedImage image = gfxConf.createCompatibleImage( 100, 100 );
image.createGraphics().fillOval( 0, 0, 100, 100 );
ImageIO.write( image, "png", new File( "c:/circle.png" ) );
```

Kann »ImageIO« ein Format behandeln? *

`ImageIO` erlaubt standardmäßig das Speichern in JPG und PNG und – seit Java 6 – GIF.[6] Eine Liste der unterstützten Formate liefert `ImageIO.getWriterFormatNames()` beziehungsweise `Image-IO.getWriterMIMETypes()`:

```
String[] types = ImageIO.getWriterMIMETypes();
System.out.println( Arrays.toString(types) );
```

Die Ausgabe ist unter der kommenden Version Java 7:

```
[image/jpeg, image/png, image/x-png, image/vnd.wap.wbmp, image/gif, image/bmp]
```

Ob `ImageIO` ein Bild mit einem bestimmten Grafikformat lesen kann, bestimmt im Grunde die statische Methode `ImageIO.getImageReadersByFormatName()` – sie liefert eine Liste von `ImageReader`-Objekten, die das Format übernähmen. Da die Liste über einen `Iterator` gegeben ist, lässt sich die Frage, ob `ImageIO` ein bestimmtes Format lesen kann, über das Ergebnis von `ImageIO.getImageReadersByFormatName().hasNext()` beantworten.

Beispiel Soll für eine Endung die Möglichkeit des Lesens erfragt werden, liefert eine eigene Methode `canReadExtension()` die Antwort – wieder über einen `Iterator`: **[zB]**

```
public static boolean canReadExtension( String ext )
{
    return ImageIO.getImageReadersBySuffix(ext).iter.hasNext();
}
```

---

6 Für ältere Java-Versionen bieten sich die Klassen `GIFEncoder` von Adam Doppelt an (*http://www.gurge.com/amd/old/java/GIFEncoder/index.html*) oder `GifEncoder` von Jef Poskanzer (*http://www.acme.com/java/software/Acme.JPM.Encoders.GifEncoder.html*).

20 | Grafikprogrammierung

`ImageIO.getImageReadersByMIMEType()` liefert einen `Iterator` der MIME-Typen für Grafik-Leser.

Die Anfragemöglichkeit gibt es natürlich nicht nur für die Leser, sondern äquivalent auch für die Schreiber. Hier erfüllen die statischen Methoden `getImageWritersByFormatName()`, `getImageWritersBySuffix()` und `getImageWritersByMIMEType()` ihren Zweck.

Die Anfragetypen richten sich bisher nach den Dateiendungen oder MIME-Typen. Diese Aussagen erfordern aber Unterstützung vom Dateisystem oder vom Server. Was ist, wenn eine Grafik über das Netzwerk übertragen wird, die Typinformationen aber fehlen? Dann helfen statische Methoden wie `getImageReadersBySuffix()` nicht, sondern eine inhaltliche Analyse muss her. Hilfreich ist die Methode `ImageIO.reateImageInputStream()`, die drei Datengeber analysieren kann: `File`-Objekte, lesbare `RandomAccessFile`-Objekte und `InputStream`-Objekte. Weil die Entwickler nun aber nicht drei unterschiedliche statische Methoden mit unterschiedlichen Parametern für `createImageInputStream()` vorsehen wollten, nahmen sie die Oberklasse – nämlich `Object`:

```
ImageInputStream iis = ImageIO.createImageInputStream( o );
```

Die Rückgabe ist ein `ImageInputStream`, der, obwohl er `InputStream` im Namen trägt, kein Eingabestrom im klassischen Sinne ist. `ImageInputStream` erlaubt einen Datenzugriff mit wahlfreier Positionierung, und `createImageInputStream()` ist eine Methode, die den `ImageInputStream` für eine Datenquelle liefert. Für Benutzer ist `ImageInputStream` aber immer noch nicht gedacht; Benutzer arbeiten mit `ImageReader`-Objekten. Ein passendes `ImageReader`-Objekt für die Bytes liefert `getImageReaders()`:

```
Iterator = ImageIO.getImageReaders( iis );
```

Der Iterator liefert alle `ImageReader`, die das Datenformat für den Binärstrom verarbeiten können. Uns reicht der erste:

```
if ( iter.hasNext() )
  ImageReader reader = (ImageReader) iter.next();
else
  // Kein Reader, der das Format versteht.
```

Komprimieren mit »ImageIO« *

Die statischen Methoden `ImageIO.write()` und `ImageIO.read()` sind nur Hilfsmethoden, die im Hintergrund einen passenden `ImageWriter` und `ImageReader` suchen und ihm die Arbeit überlassen. Während der Kontakt zum tatsächlichen `ImageReader` eher selten ist, gibt es einen guten Grund, sich mit dem schreibenden `ImageWriter` näher zu beschäftigen – ihm können über ein `ImageWriteParam`-Objekt zusätzliche Parameter übertragen werden, etwa der Kompressionsgrad, der sich zwischen 0 und 1 bewegt. JPEG-Bilder sind im Gegensatz zu GIF-Bildern mit Verlust komprimiert, doch lassen sich diese Verluste klein halten. Über eine diskrete Kosinustransformation werden 8 × 8 große Pixelblöcke vereinfacht. Die Komprimierung nutzt die Unfähigkeit des Auges aus, Farbunterschiede so stark wahrzunehmen wie Helligkeitsunterschiede. So können Punkte mit einer ähnlichen Helligkeit, doch einer anderen Farbe zu

Bilder | **20.6**

einem Wert werden. Bei einer hohen Kompression treten so genannte Artefakte auf, die unschön wirken. Bei einer sehr hohen Kompression ist die Bildgröße sehr klein (und die Bilder hässlich). Der Qualitätsfaktor ist vom Typ `float` und bewegt sich zwischen 0,0 und 1,0. Der Wert 1 bedeutet im Prinzip keine Kompression und somit höchste Qualität. Ein Wert um 0,75 ist ein hoher Wert für Qualitätsbilder, der Wert 0,5 liefert Bilder mittlerer Qualität, und 0,25 sorgt für stärkere Artefakte und hohe Kompression.

Ein Programm, das ein Bild im JPG-Format in eine Datei schreibt, muss zunächst einen `Image-Writer` erfragen und anschließend den `ImageOutputStream` aufbauen, um die Daten schreiben zu können. Nach dem Aufbau der Parameter über ein gefülltes `ImageWriteParam`-Objekt lässt sich das Bild speichern. Zwar verfügt `ImageWriter` über eine Methode `write(Rendered-Image)`, um zum Beispiel ein `BufferedImage` zu schreiben, doch im Fall der Parameter muss das Bild als `IIOImage` vorliegen. `IIOImage` versammelt die Bildinformationen (`RenderedImage` oder `Raster`), zusammen mit Vorschaubild und Metadaten.

Bilder in verschiedenen Kompressionsstufen speichern *

Wir wollen nun ein Programm entwickeln, das einen Screenshot nimmt und ihn in den Qualitätsstufen 1,0 bis 0,0 in 0,25er-Schritten komprimiert und das Ergebnis auf dem Bildschirm ausgibt:

Listing 20.23 com/tutego/insel/ui/image/ImageWriterDemo.java

```
package com.tutego.insel.ui.image;

import java.awt.*;
import java.awt.image.BufferedImage;
import java.io.*;
import java.util.Locale;
import javax.imageio.*;
import javax.imageio.plugins.jpeg.JPEGImageWriteParam;
import javax.imageio.stream.ImageOutputStream;

class ImageWriterDemo
{
  public static void main( String[] args ) throws Exception
  {
    BufferedImage img = new Robot().createScreenCapture(
          new Rectangle(Toolkit.getDefaultToolkit().getScreenSize()) );

    int size = 0;

    for ( float quality = 1f; quality >= 0; quality -= 0.25 )
    {
      ByteArrayOutputStream out = new ByteArrayOutputStream( 0xffff );

      writeImage( img, out, quality );

      if ( size == 0 ) size = out.size();
```

1235

```
    System.out.printf( "Qualität: %.1f - Größe: %,.0f k - Verhältnis: %.2f%n",⮐
                       quality, (double) out.size() / 1024, ⮐
                       (double) out.size() / size );
  }
}

private static void writeImage( BufferedImage img,
                                ByteArrayOutputStream out,
                                float quality ) throws IOException
{
  ImageWriter writer = ImageIO.getImageWritersByFormatName( "jpg" ).next();
  ImageOutputStream ios = ImageIO.createImageOutputStream( out );
  writer.setOutput( ios );
  ImageWriteParam iwparam = new JPEGImageWriteParam( Locale.getDefault() );
  iwparam.setCompressionMode( ImageWriteParam.MODE_EXPLICIT ) ;
  iwparam.setCompressionQuality( quality );
  writer.write( null, new IIOImage(img, null, null), iwparam );
  ios.flush();
  writer.dispose();
  ios.close();
}
}
```

Die Ausgabe des Programms für ein Bild ist in etwa die folgende:

```
Qualität: 1,0 - Größe: 1.005 k - Verhältnis: 1,00
Qualität: 0,8 - Größe: 339 k - Verhältnis: 0,34
Qualität: 0,5 - Größe: 253 k - Verhältnis: 0,25
Qualität: 0,3 - Größe: 182 k - Verhältnis: 0,18
Qualität: 0,0 - Größe: 77 k - Verhältnis: 0,08
```

Da der Bildschirminhalt durch die Konsolenausgabe immer etwas anders aussieht, werden natürlich auch die Dateigrößen immer anders aussehen.

20.6.10 Asynchrones Laden mit getImage() und dem MediaTracker *

Das Laden von Bildern mittels getImage() der Klasse Toolkit oder Applet wird dann vom System angeregt, wenn das Bild zum ersten Mal benötigt wird. Diese Technik ist zwar recht nett und entzerrt den Netzwerktransfer, eignet sich aber nicht für bestimmte grafische Einsätze. Nehmen wir zum Beispiel eine Animation: Wir können nicht erwarten, die Animation erst dann im vollen Ablauf zu sehen, wenn wir nacheinander alle Bilder im Aufbauprozess gesehen haben. Daher ist zu wünschen, dass zunächst alle Bilder geladen werden können, bevor sie angezeigt werden. Die Klasse MediaTracker ist eine Hilfsklasse, mit der wir den Ladeprozess von Media-Objekten – bisher sind es nur Bilder – beobachten können. Um den Überwachungsprozess zu starten, werden die Media-Objekte dem MediaTracker zur Beobachtung übergeben. Neben diesem besitzt die Klasse gegenüber der herkömmlichen Methode noch weitere Vorteile:

▶ Bilder lassen sich in Gruppen organisieren.

▶ Bilder können synchron oder asynchron geladen werden.

▶ Die Bildergruppen können unabhängig geladen werden.

Bilder dem Cache entnehmen

Eine Webcam erzeugt kontinuierlich neue Bilder. Sollen diese in einem Applet präsentiert werden, so ergibt sich das Problem, dass ein erneuter Aufruf von `getImage()` lediglich das alte Bild liefert. Dies liegt an der Verwaltung der `Image`-Objekte, da sie in einem Cache gehalten werden. Für sie gibt es keinen GC, der die Entscheidung fällt: »Das Bild ist alt.« Hier hilft die Methode `flush()` der `Image`-Klasse weiter. Sie löscht das Bild aus der internen Liste. Eine erneute Aufforderung zum Laden bringt also das gewünschte Ergebnis.

```
abstract class java.awt.Image
```

▶ `abstract void flush()`
Gibt die für das Image belegten Ressourcen frei.

Image
+UndefinedProperty:Object=new Object()
+SCALE_DEFAULT:int=1
+SCALE_FAST:int=2
+SCALE_SMOOTH:int=4
+SCALE_REPLICATE:int=8
+SCALE_AREA_AVERAGING:int=16
+getWidth(observer:ImageObserver):int
+getHeight(observer:ImageObserver):int
+getSource():ImageProducer
+getGraphics():Graphics
+getProperty(name:String,observer:ImageObserver):Object
+getScaledInstance(width:int,height:int,hints:int):Image
+flush():void

Hinweis `Image`-Objekte werden nicht automatisch freigegeben. `flush()` entsorgt diese Bilder, macht den Speicher frei und den Rechner wieder schneller.

[«]

20.7 Zum Weiterlesen

Besonders die Java 2D-API kann aber noch vieles mehr, was hier nicht weiter erwähnt wurde. Dazu zählen Bildfilter, etwa zum Weichzeichnen, die im Java 2D-Demo des Java JDK vorgestellt werden. Zusammen mit der »Binding for the OpenGL API« (JSR-231) über JOGL (*https://jogl.dev.java.net/*) steht auch anspruchsvollen performanten Spielen nichts mehr im Wege.

»In einer Fünftelsekunde kannst du eine Botschaft rund um die Welt senden. Aber es kann Jahre dauern, bis sie von der Außenseite eines Menschenschädels nach innen dringt.«
– Charles F. Kettering (1876–1958)

21 Netzwerkprogrammierung

Verbindungen von Rechnern unter Java aufzubauen ist ein Kinderspiel – somit ist die Netzwerkprogrammierung, die heutzutage noch aufwändig und kompliziert ist, schnell erledigt. Für Sun Microsystems sind Netzwerke das zentrale Computerthema, deshalb hat die Firma den Slogan »The Network is the Computer« gleich als Warenzeichen eingetragen. Die Netzwerk-API ist mehrheitlich im Paket `java.net` zu finden, wobei es auch zwei Klassen in `javax.net` gibt.

21.1 Grundlegende Begriffe

Wenn ein Anwenderprogramm Daten in einem Netzwerk wie dem Internet erfragt, sind eine ganze Reihe von Technologien und Standards involviert. Die folgenden Abschnitte erklären die zentralen Begriffe kurz.

Ein am Netzwerk angeschlossener Rechner heißt **Host**. Jeder Host bekommt eine eigene **IP-Adresse**, sodass er eindeutig im Netz identifiziert ist. Als IP-Adressen sieht die Version IP4v eine 32-Bit-Zahl vor und das neuere IPv6 eine 128-Bit-Zahl. Da IP-Adressen wie 195.190.9.30 (IPv4) oder 2001:252:0:1::2008:6 (IPv6) nicht leicht zu merken sind, werden **Hostnamen** statt der IP-Nummern verwendet. So steht zum Beispiel tutego.com für die IP-Adresse 195.190.9.30. Symbolische Namen haben noch einen weiteren Vorteil: die IP-Adresse kann sich ändern, etwa wenn ein Server von einem Standort zum anderen zieht, ohne dass der Benutzer davon etwas mitbekommt. Die Zuordnung zwischen Name und IP-Adresse übernimmt ein Dienst namens **DNS (Domain Name Service)**. Online lässt sich dieser Dienst etwa bei Heise auf der Webseite *http://www.heise.de/netze/tools/dns-abfrage* nutzen.

Kommunizieren zwei Applikationen via Internet miteinander, tauschen sie **Datenpakete** aus. Der Datenstrom einer Anwendung wird vom Netzwerkstack in viele kleine Pakete zerlegt. Jedes Paket macht sich dann, unabhängig von den anderen, im Netzwerk auf die Reise zum Empfänger. Der wichtigste Standard für die Vermittlung eines Pakets ist das **Internet Protocol (IP)**.

1239

21 | Netzwerkprogrammierung

Ein **IP-Paket** ist ein Bytefeld, was aus einem Körper (engl. *body*) und Zusatzinformationen (engl. *header*) besteht. Die Weiterleitung der Pakete von einem Rechner zum nächsten wird von einem **Router** übernommen. Dieser spezielle Rechner gibt Pakete zwischen verschiedenen Netzwerken weiter und erzeugt somit eine Route von einem Rechner zum anderen. Es existieren verschiedene **Routing-Protokolle**, die es Routern erlauben, untereinander Informationen auszutauschen, damit immer der optimale Weg für den Datenstrom im Netzwerk gewählt werden kann. Ein Paket soll sich ja nicht im Kreis bewegen oder über zu viele Router laufen, wenn es kürzere Pfade gibt. Welchen Pfad ein Paket vom eigenen Rechner zum Server nimmt, zeigen Tools wie traceroute (*http://de.wikipedia.org/wiki/Traceroute*). Für IP-Pakete vom Server *www.heise.de* zu einem gewünschten Rechner listet die Webseite unter *http://www.heise.de/netze/tools/traceroute* die Route sowie Zeitinformationen auf.

IP ist ein verbindungsloses Protokoll. Das bedeutet, dass Pakete verloren gehen, beschädigt, doppelt oder in der falschen Reihenfolge ankommen können. Und so nutzen Applikationen wie Webbrowser oder EMail-Clients nicht direkt das Internet Protocol, sondern ein komfortableres Transportprotokoll, was eine Schicht über den IP-Protokollen (IPv4 oder IPv6) liegt: das **Transmission Control Protocol (TCP)**. Es kümmert sich um die korrekte Reihenfolge der Pakete und fordert sie bei Verlust erneut an. Weil TCP und IP häufig gemeinsam Anwendung finden, entstand die Bezeichnung **TCP/IP**. TCP ist aber nicht das einzige Protokoll, das über der IP-Vermittlungsschicht sitzt. Zwei weitere Protokolle sind das **User Datagram Protocol (UDP)** und das **Stream Control Transmission Protocol (SCTP)**.

Wenn wir mit der Netzwerk-API von Java programmieren, bekommen wir von der Transport- und Vermittlungsschicht nichts mit. Unser Programmiermodell basiert auf **Sockets**, die eine API zur TCP-Ebene darstellen. Und da IP unter TCP liegt, befinden sich Einstellungen auf der Vermittlung- und Router-Ebene außerhalb unseres Einflussbereichs.

Internet-Standards und RFC

Ein RFC (*Request For Comment*) ist ein Standardisierungsvorschlag, der nicht so förmlich wie traditionelle Normen (DIN, ISO oder IEEE) ist, aber im offenen Internet dennoch eine wichtige Rolle einnimmt und quasi De-facto-Standard ist. Jeder RFC wird durch eine eigene Nummer referenziert; so ist das *Internet Protocol* (das IP in TCP/IP) in RFC 791 und das Protokoll, mit dem E-Mails befördert werden, in RFC 2821 (früher RFC 821) beschrieben. Der Diskussionsprozess selbst ist in RFC 1310 dokumentiert. Der Titel ist »The Internet Standards Process«. Wer selbst Ideen für einen Standard (Proposed Standard) hat, übergibt diese der *Internet Engineering Task Force* (IETF). Die Vorschläge werden diskutiert und können dann, sofern sie stabil, sinnvoll und verständlich sind, zu einem RFC werden. Falls zwei unterschiedliche Implementierungen existieren, kann dieser Vorschlag spätestens nach einem Jahr offiziell werden. RFCs lassen sich über *http://www.rfc-editor.org/* suchen. Die Seite *http://rfc-ref.org/* bietet die RFCs im HTML-Format mit Verlinkungen.

1240

21.2 URI und URL

Die *URL (Uniform Resource Locator)* ist das Adressenformat für eine Ressource im Web. Eine URL ist formal in RFC 1738 beschrieben und stellt so etwas wie einen Dateinamen für das Dateisystem dar. Eine Adresse wie *http://www.tutego.com/seminare/* zeigt eine übliche URL für Webadressen. Die Angaben beginnen mit einem Schema (auch *Protokoll* genannt), es folgen Doppelpunkt und weitere Angaben wie der Servername und ein Pfad auf das Verzeichnis. Das Protokoll bestimmt die Zugriffsart, und das meistverwendete Protokoll ist HTTP (*Hypertext Transfer Protocol*), mit dem auf Inhalte des Webs zugegriffen wird.

21.2.1 Die Klasse »URI«

Bei der URL geht es darum, dass die Ressource angesprochen werden kann – daher ist auch immer ein Zugriffsschema mit der URL verbunden, also etwa http, ftp, file. Denn einfach nur zum Beispiel *download.movies/The Fairly OddParents* anzugeben reicht nicht aus; erst mit dem Schema kann ein Client auf die Ressource zugreifen, denn ob sie lokal liegt, über HTTP angesprochen wird oder über FTP, macht einen ziemlich großen Unterschied.

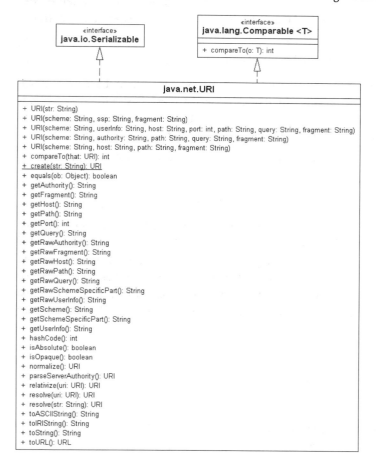

21 | Netzwerkprogrammierung

Kommt es aber auf das Protokoll nicht an, und geht es nur darum, eine Ressource eindeutig zu identifizieren, wird der Begriff *URI (Uniform Resource Identifier)* verwendet. Ein URI hat ebenfalls ein Schema, aber er spricht keine Ressource an, zu der eine Verbindung aufgebaut werden kann. So identifiziert der URI *urn:isbn:978-3-8362-1371-4* die Java-Insel, aber keinen Ort. Eine URL ist somit nichts anderes als ein URI mit einer kodierten Zugriffsmöglichkeit. Eigentlich ist der Begriff URL damit veraltet, aber viele Internetbenutzer sind mit dem Begriff aufgewachsen, sodass auch die Insel bei dem Begriff »URL« bleibt.[1]

In Java wird ein URI durch die Klasse `java.net.URI` beschrieben. Eine Aufgabe der Klasse ist die Normalisierung, also das Auflösen von relativen Angaben mit »..«.

21.2.2 Die Klasse »URL«

Um ein URL-Objekt zu erzeugen, ist es am einfachsten, über eine String-Repräsentation der URL-Adresse zu gehen:

```
URL url = new URL( "http://www.tutego.com/index.html" );
```

Die URL-Klasse hat zusätzliche Konstruktoren; diese sind nützlich, wenn Komponenten der Adresse – also Zugriffsart (beispielsweise das HTTP), Hostname und Dateireferenz – getrennt angegeben sind. Eine Alternative zur oben genannten Form ist:

```
URL url = new URL( "http", "www.tutego.com", "index.html" );
```

Das zweite Argument in diesem Konstruktor ist die Basisadresse der URL, und das dritte Argument ist der Name der Ressource relativ zur Basisadresse. Ist diese Basisadresse `null`, was möglich ist, dann ist die zweite Angabe absolut zu nehmen. Und ist das zweite Argument in absoluter Notation formuliert, wird alles im ersten String ignoriert.

Da eine URL auch einen entfernten Rechner an einem anderen Port ansprechen kann, existiert dafür ebenfalls ein Konstruktor:

```
URL url = new URL( "http", "www.tutego.com", 80, "index.html" );
```

Die URL des Objekts wurde durch eine absolute Adresse erzeugt. Diese enthält dann alle Informationen, die für den Aufbau zum Host nötig sind. Es können jedoch auch URL-Objekte erzeugt werden, bei denen nur eine relative Angabe bekannt ist. Relative Angaben werden häufig bei HTML-Seiten verwendet, da die Seite so besser vor Verschiebungen geschützt ist. Damit die Erzeugung eines URL-Objekts mit relativer Adressierung gelingt, muss eine Basisadresse bekannt sein. Ein Konstruktor für relative Adressen erwartet diese Basisadresse als Argument:

```
URL domainUrl = new URL( "http://www.tutego.com/" );
URL indexUrl  = new URL( domainUrl, "index.html");
```

---

1 Das Ganze ist schon etwas verwirrend und selbst das W3C hat extra ein Dokument (*http://www.w3.org/TR/uri-clarification/*) aufgesetzt, das Klarheit schaffen soll.

1242

Diese Art und Weise der URL-Objekt-Erzeugung ist besonders praktisch für Referenzen innerhalb von Webseiten (engl. named anchors). Besitzt eine Webseite eine Textmarke lang, so kann der URL-Konstruktor für relative URLs so verwendet werden:

```
URL url       = new URL( "http:// www.tutego.com" );
URL bottomUrl = new URL( url, "/java/faq.html#lang" );
```

Ausnahmen bei der URL-Erzeugung
Jeder der Konstruktoren löst eine MalformedURLException aus, wenn das Argument im Konstruktor entweder null ist oder ein unbekanntes Protokoll (wie in *telepatic:\\ullenboom\brain\java*) beschreibt. Somit ist der Code in der Regel von einem Block der folgenden Art umgeben:

```
try
{
  URL myURL = new URL( ... )
}
catch ( MalformedURLException e )
{
  // Fehlerbehandlung
}
```

Es ist wichtig, zu erkennen, dass die Ausnahme nicht erzeugt wird, weil der angesprochene Rechner nicht erreicht werden kann. Nur die Schreibweise der URL ist für die Ausnahme ausschlaggebend. Die Konstruktoren bauen keine Internetverbindungen auf.

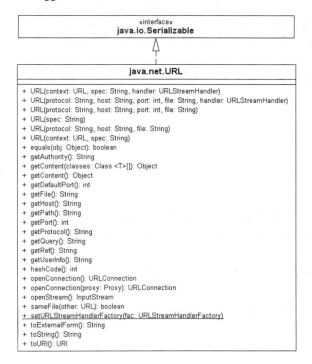

21 | Netzwerkprogrammierung

```
final class java.net.URL
implements Serializable
```

▶ URL(String spec) throws MalformedURLException
Erzeugt ein Objekt aus der URL-Zeichenkette.

▶ URL(String protocol, String host, int port, String file)
    throws MalformedURLException
Erzeugt ein URL-Objekt mit dem gegebenen Protokoll, Hostnamen, der Port-Nummer und Datei. Ist die Port-Nummer –1, wird der Standardport verwendet; für das WWW ist der Port zum Beispiel 80.

▶ URL(String protocol, String host, String file)
    throws MalformedURLException
Das Gleiche wie URL(protocol, host, -1, file).

▶ URL(URL context, String spec) throws MalformedURLException
Erzeugt relativ zur gegebenen URL ein neues URL-Objekt.

[»] **Hinweis** Obwohl eine URL ein URI ist, gibt es keine Vererbungsbeziehungen. Es gilt:
```
final class URI implements Comparable<URI>, Serializable
final class URL implements Serializable
```

21.2.3 Informationen über eine URL *

Ist das URL-Objekt einmal angelegt, lassen sich Attribute des Objekts erfragen, aber nicht mehr ändern. Es gibt zwar Setter-Methoden, doch sind diese protected und somit den Unterklassen vorbehalten. Uns normalen Klassenbenutzern bietet die URL-Klasse nur Methoden zum Zugriff auf Protokoll, Hostname, Port-Nummer und Dateiname. Es lassen sich jedoch nicht alle URL-Adressen so detailliert aufschlüsseln; außerdem sind manche Zugriffsmethoden nur für HTTP sinnvoll.

```
final class java.net.URL
implements Serializable
```

▶ String getProtocol()
Liefert das Protokoll der URL.

▶ String getHost()
Liefert den Hostnamen der URL, sofern dies möglich ist. Für das Protokoll »file« ist dies ein leerer String. Im Falle einer IP-Adresse steht die Angabe in [eckigen Klammern].

▶ int getPort()
Liefert die Port-Nummer. Ist sie nicht gesetzt, liefert getPort() eine –1.

▶ String getRef()
Gibt den Anker – alles hinter dem # – zurück. Bei »vorne#anker« liefert getRef() also den String »anker«.

► `String getPath()`
Gibt nur den Pfad der URL ohne Anker zurück.

► `String getFile()`
Gibt den Dateinamen der URL zusammen mit dem Anker zurück.

► `String getQuery()`
Liefert den Anfragestring, also das, was hinter dem Fragezeichen steht.

Das nachfolgende kleine Programm erzeugt ein URL-Objekt für *http://www.tutego.com:80/java/faq.html#lang?key=val* und gibt die ermittelbaren Attribute aus:

Listing 21.1 com/tutego/insel/net/ParseURL.java, main()

```
URL url = new URL( "http://www.tutego.com:80/java/faq.html?key=val#Lang" );

System.out.println( url.getProtocol() );   // http
System.out.println( url.getHost() );       // www.tutego.com
System.out.println( url.getPort() );       // 80
System.out.println( url.getFile() );       // /java/faq.html?key=val
System.out.println( url.getPath() );       // /java/faq.html
System.out.println( url.getQuery() );      // key=val
System.out.println( url.getRef() );        // Lang
```

Verweisen zwei URLs auf die gleiche Seite?

Die `URL`-Klasse untersucht mit `equals()`, ob alle Komponenten der einen URL mit der anderen URL übereinstimmen. Zunächst testet die Methode, ob es sich bei dem zu vergleichenden Objekt um ein Exemplar von `URL` handelt. Wenn ja, untersucht `equals()` über `sameFile()` Protokoll, Host, Port, Datei und dann auch noch, ob die Komponenten Referenzen (Anker) besitzen oder nicht.

```
final class java.net.URL
implements Serializable
```

► `boolean sameFile( URL other)`
Vergleicht zwei URL-Objekte. Die Methode liefert `true`, wenn beide Objekte auf die gleiche Ressource zeigen. Der Anker der HTML-Dateien ist unwichtig.

► `boolean equals( Object o )`
Auch `equals()` vergleicht intern mit `sameFile()`, doch zusätzlich auch, ob die beiden Anker gleich sind.

Hinweis Wie schon in Kapitel 9 beschrieben (»Objektgleichheit mit `equals()` und Identität«), führt `equals()` eine Namensauflösung durch, wenn das nötig ist. Das Gleiche gilt für `hashCode()`. Das bedeutet: URL-Objekte in Datenstrukturen wie `HashMap` zu haben, kann sehr teuer werden. Eine gute Alternative stellen URI-Objekte dar.

21 | Netzwerkprogrammierung

21.2.4 Der Zugriff auf die Daten über die Klasse »URL«

Um auf die auf dem Webserver gespeicherten Dokumente zuzugreifen, gibt es drei Möglichkeiten:

▶ Jedes URL-Objekt besitzt die Methode openStream(), die einen InputStream zum Weiterverarbeiten liefert, sodass wir dort die Daten auslesen können.

▶ Die API-Beschreibung erwähnt, dass openStream() eigentlich nur eine Abkürzung für openConnection().getInputStream() ist. openConnection() erzeugt ein URLConnection-Objekt, auf dem getInputStream() den Eingabestrom liefert. So können wir natürlich auch mit openConnection() und dem URLConnection direkt arbeiten.

▶ Bei der dritten Möglichkeit ist Handarbeit angesagt, weshalb wir sie in Abschnitt 21.6, »Mit dem Socket zum Server«, beschreiben. Dazu brauchen auch die URL-Klasse nicht mehr.

Mit dem Scanner und dem InputStream eine Datei aus dem Netz laden

Verweist die URL auf eine Textdatei, dann erweitern wir oft den InputStream zu einem BufferedReader, da dieser eine readLine()-Methode besitzt. Die Scanner-Klasse lässt sich ebenfalls optimal einsetzen, da sie zum einen Zeile für Zeile und zum anderen mit dem passenden Delimiter auch die ganze Eingabe lesen kann. Insofern unterscheidet sich das Lesen einer Datei nicht vom Lesen eines entfernten URL-Objekts:

Listing 21.2 com/tutego/insel/net/ReadAllFromUrl.java

```
package com.tutego.insel.net;

import java.io.IOException;
import java.io.InputStream;
import java.net.URL;
import java.util.Scanner;

class ReadAllFromUrl
{
  public static void main( String[] args )
  {
    InputStream is = null;

    try
    {
      URL url = new URL( "http://www.tutego.com/aufgaben/bond.txt" );
      is = url.openStream();
      System.out.println( new Scanner( is ).useDelimiter( "\\Z" ).next() );
    }
    catch ( Exception e ) {
      e.printStackTrace();
    }
    finally {
      if ( is != null )
```

1246

```
        try { is.close(); } catch ( IOException e ) { }
      }
    }
}
```

Wir erzeugen ein URL-Objekt und rufen darauf die openStream()-Methode auf. Diese liefert einen InputStream auf den Dateiinhalt. Sind die Daten gelesen, schließt close() den Datenstrom; close() bezieht sich allerdings nicht auf das URL-Objekt, sondern auf den Datenstrom.

Das Beispiel zeigt auch, dass bei openStream() beziehungsweise openConnection() ein try-catch-Block notwendig ist. Denn geht etwas daneben, zum Beispiel, wenn der Dienst nicht verfügbar ist, wird eine IOException ausgelöst:

```
try
{
  URL           url = new URL( "http://www.tutego.com/index.html" );
  URLConnection con = url.openConnection();
}
catch ( MalformedURLException e )        // new URL() ging daneben
{ ... }
catch ( IOException e )                  // openConnection() schlug fehl
{ ... }
```

```
final class java.net.URL
implements Serializable
```

▶ final InputStream openStream() throws IOException
   Öffnet eine Verbindung zum Server und liefert einen InputStream zurück. Diese Methode ist eine Abkürzung für openConnection().getInputStream().

▶ URLConnection openConnection() throws IOException
   Liefert ein URLConnection-Objekt, das die Verbindung zum entfernten Objekt vertritt. openConnection() wird vom Protokoll-Handler immer dann aufgerufen, wenn eine neue Verbindung geöffnet wird.

21.3 Die Klasse URLConnection *

Die Objekte der Klasse URLConnection sind für den Empfang der Inhalte der URL-Objekte verantwortlich. Die Klasse ist abstrakt, und die Unterklassen implementieren die Protokolle, mit denen die Verbindung zum Inhalt aufgebaut wird. Die Unterklassen bedienen sich dabei der Objekte der Klasse URLStreamHandler, mit denen der eigentliche Inhalt ausgelesen wird.

21.3.1 Methoden und Anwendung von URLConnection

Die Klasse URLConnection ist ein wenig HTTP-lastig, denn viele Methoden haben nur für URLs auf Webseiten eine Bedeutung. So stellt die Klasse Methoden bereit, um die HTTP-Header zu lesen. Das ist etwas untypisch für andere Protokolle, die vielleicht keine Header setzen. Da

21 | Netzwerkprogrammierung

eine Datei, die vom Webserver kommt, den Inhalt (engl. *content*) immer ankündigt, kann die Klasse `URLConnection` mit einem *Content-Handler* den Inhalt erkennen.

```
                    java.net.URLConnection
─────────────────────────────────────────────────────────────
+ getFileNameMap(): FileNameMap
+ setFileNameMap(map: FileNameMap)
+ connect()
+ setConnectTimeout(timeout: int)
+ getConnectTimeout(): int
+ setReadTimeout(timeout: int)
+ getReadTimeout(): int
# URLConnection(url: URL)
+ getURL(): URL
+ getContentLength(): int
+ getContentType(): String
+ getContentEncoding(): String
+ getExpiration(): long
+ getDate(): long
+ getLastModified(): long
+ getHeaderField(name: String): String
+ getHeaderFields(): Map
+ getHeaderFieldInt(name: String, Default: int): int
+ getHeaderFieldDate(name: String, Default: long): long
+ getHeaderFieldKey(n: int): String
+ getHeaderField(n: int): String
+ getContent(): Object
+ getContent(classes: Class <T>[]): Object
+ getPermission(): Permission
+ getInputStream(): InputStream
+ getOutputStream(): OutputStream
+ toString(): String
+ setDoInput(doinput: boolean)
+ getDoInput(): boolean
+ setDoOutput(dooutput: boolean)
+ getDoOutput(): boolean
+ setAllowUserInteraction(allowuserinteraction: boolean)
+ getAllowUserInteraction(): boolean
+ setDefaultAllowUserInteraction(defaultallowuserinteraction: boolean)
+ getDefaultAllowUserInteraction(): boolean
+ setUseCaches(usecaches: boolean)
+ getUseCaches(): boolean
+ setIfModifiedSince(ifmodifiedsince: long)
+ getIfModifiedSince(): long
+ getDefaultUseCaches(): boolean
+ setDefaultUseCaches(defaultusecaches: boolean)
+ setRequestProperty(key: String, value: String)
+ addRequestProperty(key: String, value: String)
+ getRequestProperty(key: String): String
+ getRequestProperties(): Map
+ setDefaultRequestProperty(key: String, value: String)
+ getDefaultRequestProperty(key: String): String
+ setContentHandlerFactory(fac: ContentHandlerFactory)
+ guessContentTypeFromName(fname: String): String
+ guessContentTypeFromStream(is: InputStream): String
─────────────────────────────────────────────────────────────
```

Zum Datum

Um zu erfahren, wann die Datei auf dem Server gelandet ist, kann `getDate()` beziehungsweise `getLastModified()` verwendet werden:

Listing 21.3 com/tutego/insel/net/UrlConnectionHeader.java, main()

```
URL url = new URL( "http://www.tutego.com/index.html" );
URLConnection con = url.openConnection();
System.out.println( con );
System.out.println( "Date          : " + new Date(con.getDate()) );
System.out.println( "Last Modified : " + new Date(con.getLastModified()) );
System.out.println( "Content encoding: " + con.getContentEncoding() );
```

1248

```
System.out.println( "Content type     : " + con.getContentType() );
System.out.println( "Content length   : " + con.getContentLength() );
```

Die Programmzeilen würden etwa folgende Ausgabe erzeugen:

```
sun.net.www.protocol.http.HttpURLConnection:http://www.tutego.com/index.html
Date            : Tue Mar 27 10:02:28 CEST 2007
Last Modified   : Mon Mar 26 12:01:45 CEST 2007
Content encoding: null
Content type    : text/html
Content length  : 16116
```

HTTP-Header

Die meisten Header-Attribute verarbeitet getHeaderField(). Die Methode getHeader-FieldInt() ist eine Fassade und ruft Integer.parseInt(getHeaderField(name)) auf. Ebenso wandelt getHeaderFieldDate() mittels getHeaderField() den String zuerst in ein long um und konvertiert ihn anschließend in ein Date-Objekt. Sehen wir uns zwei weitere Methoden an:

Listing 21.4 java/net/URLConnection.java, Ausschnitt

```
public String getContentType() {
  return getHeaderField("content-type");
}
public long getLastModified() {
  return getHeaderFieldDate("last-modified", 0);
}
```

Wie nun getHeaderField() wirklich implementiert ist, können wir nicht sehen, da es sich dabei um eine Methode handelt, die von einer Sun-Unterklasse überschrieben wird. Prinzipiell ist die URLConnection-Klasse zwar für alle Protokolle gleichwertig, doch an anderer Stelle wurde schon erwähnt, dass sie eher zu Gunsten von HTTP entscheidet. Deshalb muss ein Rückgabewert von getLastModified() von einer FTP-Verbindung mit Vorsicht genossen werden.

Verbindung nur mit Lesen oder Schreiben

Über eine URLConnection lassen sich Daten lesen und auch schreiben. Standardmäßig ist die Verbindung zur Eingabe bereit, aber zur Ausgabe nicht. Die Zustände ändern die Methoden setDoInput(boolean) und setDoOutput(boolean). Insbesondere wenn der initiierende Client Daten zurücksenden möchte, muss er mit setDoOutput(true) die URLConnection initialisieren.

21.3.2 Protokoll- und Content-Handler

Falls ein passender Content-Handler eingetragen ist, bietet getContent() Zugriff auf den Inhalt eines URL-Objekts. Mit einer kleinen Zeile können wir erfragen, welches Handler-Objekt eine URL-Klasse für den Datenstrom einsetzt:

21 | Netzwerkprogrammierung

```
Object o = u.getContent();
System.out.println( "Schnapp: Ich habe einen " + o.getClass().getName() );
```

getContent() erkennt nun am Content-Type oder an den ersten Bytes den Dateitypus. Dann konvertiert ein Content-Handler die Bytes seines Datenstroms in ein Java-Objekt. Der Protokoll-Handler überwacht die Verbindung zum Server und stellt dann die Verbindung zu einem konkreten Content-Handler her, der die Konvertierung in ein Objekt übernimmt.

Eine Zusammenfassung von Content- und Protokoll-Handler:

▶ **Content-Handler**: Durch einen Content-Handler wird die Funktionalität der URL-Klasse erweitert. Es können Quellen verschiedener MIME-Typen durch die Methode getContent() als Objekte zurückgegeben werden. Leider beschreibt die Java-Spezifikation nicht, welche Content-Handler bereitgestellt werden müssen. Für GIFs und JPEGs gibt es Handler, die gleich ImageProducer anlegen.

▶ **Protokoll-Handler**: Auch ein Protokoll-Handler erweitert die Möglichkeiten der URL-Klassen. Das Protokoll ist der erste Teil einer URL und gibt bei Übertragungen wie »http« die Kommunikationsmethode an. Auch hier gibt es keine verbindliche Verpflichtung, diese bei einer JVM auszuliefern. So unterstützt das JDK Protokolle wie »file«, »ftp«, »jar«, »mailto«, doch schon Netscape benutzt andere Implementierungen der Klasse URLConnection. Noch anders sieht es beim Microsoft Internet Explorer aus. Also hilft nur das Selberprogrammieren.[2]

`abstract class java.net.`**`URLConnection`**

▶ `Object getContent() throws IOException, UnknownServiceException`
Liefert den Inhalt, auf den die URL verweist. UnknownServiceException ist eine Unterklasse von IOException, es reicht also ein catch auf IOException aus.

`final class java.net.`**`URL`**
`implements Serializable`

▶ `final Object getContent() throws IOException`
Liefert den Inhalt, auf den die URL verweist. Die Methode ist eine Abkürzung für openConnection().getContent(). Wegen der Umleitung auf das URLConnection-Objekt kann auch hier eine UnknownServiceException auftauchen.

21.3.3 Im Detail: vom URL zur URLConnection

Im Konstruktor des URL-Objekts wird festgelegt, um welches Protokoll es sich handelt, etwa um HTTP. Dann wird die interne Methode getURLStreamHandler(Protokoll) aufgerufen. Sie ist die eigentliche Arbeitsstelle und findet eine entsprechende Klasse, die das Protokoll behandelt. Das funktioniert so: An das Präfix sun.net.www.protocol. wird der Name des Handlers

---

2 Wer sich mit der Implementierung von Protokoll-Handlern näher auseinandersetzen möchte, der findet im Buch »Java Network Programming« von Elliotte Rusty Harold die Beispiele für einen Finger-Protokoll-Handler online unter *http://www.ibiblio.org/java/books/jnp3/examples/16/*.

(zum Beispiel `ftp`, `http`) und anschließend ein `.Handler` angehängt. Nun wird über `Class.forName(clsName)` nachgesehen, ob die Klasse schon im System geladen wurde. Wenn nicht, versucht der Klassenlader, über `loadClass(clsName)` an die Klasse zu kommen. Falls die Klasse geladen werden konnte, wird sie mit `newInstance()` initialisiert und als `URLStreamHandler` zurückgegeben. Der Konstruktor von URL merkt sich diesen Handler in einer internen Variable `handler`. Die Methode würde `null` zurückliefern, falls sie mit dem Protokoll nichts anzufangen weiß – dies bekämen wir zu spüren, denn eine `null` heißt `MalformedURLException()`.

`openConnection()` von URL macht nichts weiter, als vom jeweiligen Handler wiederum `openConnection()` aufzurufen. Die Handler wissen für ihr Protokoll, wie die Verbindung aufzubauen ist. Denn für Webseiten mit dem HTTP-Protokoll sieht dies anders aus als bei einer Dateiübertragung mit dem FTP-Protokoll:

```
public URLConnection openConnection() throws java.io.IOException
{
  return handler.openConnection( this );
}
```

Der Handler übernimmt selbst das Öffnen. Zurückgegeben wird ein Objekt vom Typ `URLConnection`, und wir können damit auf die Referenz lesend (wir holen uns also Informationen beispielsweise von der Webseite) und schreibend (zum Beispiel für eine CGI-Abfrage) reagieren. Die Klasse `URLConnection` ist selbst abstrakt, und die Unterklassen implementieren ihr eigenes Protokoll.

Es muss betont werden, dass bei der Erzeugung eines `URLConnection`-Objekts noch keine Verbindung aufgebaut wird. Dies erfolgt mit den Methoden `getOutputStream()` oder `getInputStream()`. Der Handler von `URLConnection` ist vom Typ `URLStreamHandler`, eine abstrakte Superklasse, die von allen Stream-Protokoll-Handlern implementiert wird. Leider können wir diese Implementierung nicht im Quelltext sehen.

`abstract class java.net.`**`URLConnection`**

▸ `URLConnection openConnection() throws IOException`
Liefert ein `URLConnection`-Objekt, das die Verbindung zum entfernten Objekt vertritt. `openConnection()` wird vom Protokoll-Handler immer dann aufgerufen, wenn eine neue Verbindung geöffnet wird.

21.3.4 Der Protokoll-Handler für Jar-Dateien

Wir haben gesehen, dass `url.openConnection()` den Datenstrom öffnet und einen passenden Protokoll-Behandler sucht. Um die typischen Behandler-Eigenschaften zu nutzen, passen wir den Typ der Rückgabe an, sodass wir zum Beispiel eine `URLConnection` zu einer `HttpURLConnection` aufwerten, wenn wir wissen, dass der zu erwartende Behandler eine HTTP-Verbindung übernimmt.

21 | Netzwerkprogrammierung

So wie HttpURLConnection das Protokoll HTTP übernimmt, kümmert sich die JarURLConnection um das Protokoll »jar«, das sich auf Java-Archive bezieht. Das Format für die URL beginnt mit dem Namen des Protokolls, dem hinter dem Doppelpunkt die URL folgt. Den Abschluss bildet zwingend die Zeichenfolge »!/«:

```
URL url = new URL("jar:http://server.org/repository/path/my.jar?md=65!/");
```

Des Weiteren lässt sich im Archiv eine bestimmte Datei auswählen. Die Angabe folgt dann hinter dem Trenner »!/«:

```
String host = "http://server.org/repository/path/my.jar?md=65";
String path = "a/a.class";
URL url = new URL( "jar:" + host + "!/" + path );
```

Nach dem Aufbau des URL-Objekts liefert url.openConnection() das URLConnection-Objekt, das wir aber explizit an JarURLConnection anpassen. Das bietet die Möglichkeit, mit getJar-File() auf das Java-Archiv zuzugreifen:

```
JarURLConnection conn = (JarURLConnection) url.openConnection();
JarFile jarFile = conn.getJarFile();
```

Das JarFile repräsentiert die Datei mit ihren Dateien, die vom Typ JarEntry sind. Mit der Methode getEntry(String) lässt sich eine bestimmte Datei auswählen. Eine Liste der eingebundenen Dateien liefert entries() über eine Enumeration:

```
for ( Enumeration it = jarFile.entries(); it.hasMoreElements(); )
{
  JarEntry entry = ( JarEntry ) it.nextElement();
  if ( ! entry.isDirectory() )
    System.out.println( entry + ", " + entry.getSize() );
}
```

Während getJarFile() das gesamte Archiv repräsentiert, kann ja in der URL gleich eine ganz konkrete Datei ausgewählt sein. Dann ist JarFile gar nicht nötig, denn das Interesse ist nun bei einer konkreten Datei. Die liefert getJarEntry() auf dem JarURLConnection-Objekt wieder als JarEntry-Objekt.

So viele Methoden bietet JarURLConnection nicht an, doch kann getManifest() (liefert ein Manifest-Objekt) nützlich sein, um an die Beschreibung des Archivs zu gelangen.

Um den Inhalt zu beziehen, vermuten wir bei JarEntry eine Methode, die einen Strom liefert. Dem ist aber nicht so. Stattdessen gibt es eine Methode getInputStream() bei JarFile, die als Parameter den JarEntry erwartet:

```
JarFile jarFile = conn.getJarFile();
ZipEntry entry = jarFile.getEntry( "a/a.class" );
InputStream in = new BufferedInputStream( jarFile.getInputStream(entry) );
```

1252

21.3.5 Basic Authentication/Proxy-Authentifizierung

URL-Verbindungen können durch die Basic Authentication, also durch ein Passwort, geschützt sein. Anwender bemerken dies, wenn sich ein Eingabedialog öffnet, der die Eingabe eines Namens und eines Passworts erzwingt. Beispiel: Eine fiktive Webseite *http://www.bla.net/login/* zeigt einen Eingabedialog. Erst die Identifizierung mit dem Benutzernamen »user« und dem Passwort »abc« gibt den Inhalt der Webseite preis.

Ohne das Login kommt auch ein Java-Programm nicht an die Seite. Daher muss der Java-Client der Authentifizierungsbitte nachkommen und Benutzername sowie Passwort schicken. Glücklicherweise geht das in Java mit der Klasse `java.net.Authenticator` ganz einfach:

Listing 21.5 com/tutego/insel/net/BasicAuth.java, main()

```
Authenticator.setDefault( new Authenticator()
{
  @Override protected PasswordAuthentication getPasswordAuthentication()
  {
    System.out.printf( "url=%s, host=%s, ip=%s, port=%s%n",
                       getRequestingURL(), getRequestingHost(),
                       getRequestingSite(), getRequestingPort() );

    return new PasswordAuthentication( "user", "abc".toCharArray() );
  }
} );

URL url = new URL( "http://www.bla.net/login/" );
System.out.println( new Scanner( url.openStream() ).useDelimiter( "\\Z" ).next() );
```

21 | Netzwerkprogrammierung

Die Anweisung `Authenticator.setDefault()` setzt einen neuen `Authenticator`, den die URL-Klasse immer dann nutzt, wenn eine Verbindung aufgebaut wird. Dann ruft die Java-Bibliothek unsere überschriebene Methode `getPasswordAuthentication()` auf, in der wir ein `PasswordAuthentication`-Objekt liefern, welches die Benutzernamen und Passwort kodiert. Da `getPasswordAuthentication()` eine überschriebene Methode ist, kann sie über diverse `getXXX()`-Methoden auf Zustände zurückgreifen – die Verbindungsdaten wie Host usw. Diese Daten sind nicht unwichtig, da wir ja beabsichtigen, für unterschiedliche Webseiten unterschiedliche Benutzer und Passwörter verwenden zu können.

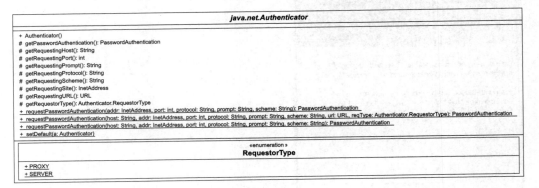

Proxy-Authorization

Um nicht nur eine Benutzer-Authentifizierung, sondern auch eine Authentifizierung für den Proxy zu realisieren, gibt es zwei Möglichkeiten:

```
System.setProperty( "http.proxyUserName", proxyUser );
System.setProperty( "http.proxyPassword", proxyPass );
```

Eine andere Variante ist, die Header-Variable »Proxy-Authorization« zu setzen:

```
URLConnection conn = url.openConnection();
String base64 = "Basic " + new sun.misc.BASE64Encoder().encode((user + ":" + ↩
passwd).getBytes() );
conn.setRequestProperty( "Proxy-Authorization",
  "Basic " +
  new sun.misc.BASE64Encoder().encode((proxyUser + ":" + proxyPass).getBytes()) );
conn.connect();
InputStream in = conn.getInputStream();
```

21.4 Mit GET und POST Daten übergeben *

Beim Aufruf einer Webseite können wir Parameter übergeben – bei einer Suchmaschine etwa den Suchbegriff. Es gibt nun zwei Möglichkeiten, wie diese Parameter zum Skript kommen und somit vom Webserver verarbeitet werden:

1254

Mit GET und POST Daten übergeben * | **21.4**

▶ Die Parameter (auch *Query-Strings* genannt) werden an die URL angehängt (GET-Methode).

▶ Die Daten werden zur Standardeingabe des Webservers gesendet (POST-Methode). Das Skript muss dann aus dieser Eingabe lesen.

GET und POST unterscheiden sich auch in der Länge der übertragenen Daten. Bei vielen Systemen ist die Länge einer GET-Anfrage auf 1.024 Byte beschränkt. POST-Anfragen sind längenunbegrenzt.

Daten nach der GET-Methode verschicken

Im Fall der GET-Anfrage steht der Anfrage-String (Query-String) hinter dem Fragezeichen, das wiederum hinter der Pfadangabe steht. Mehrere Query-Strings trennt das &-Zeichen. Unter Java setzen wir einfach einen Befehl ab, indem wir ein neues URL-Objekt erzeugen und anschließend den Inhalt auslesen.

Daten nach der POST-Methode versenden

Die Klasse URLConnection bietet die schon bekannte Methode getOutputStream() an, die eine Verbindung zur Eingabe des serverseitigen Programms möglich macht (POST-Methode):

21.4.1 Kodieren der Parameter für Serverprogramme

Da nicht alle Zeichen in einer URL-Zeile erlaubt sind, müssen sie umkodiert werden. So sind zum Beispiel keine Leerzeichen gültig; sie werden durch ein Pluszeichen umkodiert. Es gibt noch weitere zu übersetzende Zeichen, so das Plus-, Gleichheits- und Und-Zeichen. Von diesen Symbolen wird die Hex-Repräsentation als ASCII übersandt, aus »Ulli + Tina« wird dann »Ulli+%2B+Tina«. Aus dem Leerzeichen wird ein Plus, und aus dem Plus wird »%2B«.

Wollten wir einen String dieser Art zu einer URL zusammenbauen, um etwa eine Anfrage an ein Suchprogramm zu formulieren, müssen wir den String nicht kodieren. Dies übernimmt die Java-Klasse URLEncoder; den Weg zurück übernimmt URLDecoder.

java.net.URLEncoder
+ encode(s: String, enc: String): String
+ encode(s: String): String

java.net.URLDecoder
+ decode(s: String, enc: String): String
+ decode(s: String): String

Listing 21.6 com/tutego/insel/net/URLEncoderDemo.java

```
package com.tutego.insel.net;

import java.io.UnsupportedEncodingException;
import java.net.URLEncoder;

public class URLEncoderDemo
{
  static void enc( String s )
```

1255

```
{
  try {
    System.out.println( URLEncoder.encode( s, "UTF-8" ) );
  }
  catch ( UnsupportedEncodingException e ) {
    e.printStackTrace();
  }
}

public static void main( String[] args )
{
  enc( "String mit Leerzeichen" );      // String+mit+Leerzeichen
  enc( "String%mit%Prozenten" );        // String%25mit%25Prozenten
  enc( "String*mit*Sternen" );          // String*mit*Sternen
  enc( "String+hat+ein+Plus" );         // String%2Bhat%2Bein%2BPlus
  enc( "String/mit/Slashes" );          // String%2Fmit%2FSlashes
  enc( "String\"mit\"Gänsen" );         // String%22mit%22G%C3 %A4nsen
  enc( "String:Doppelpunkten" );        // String%3ADoppelpunkten
  enc( "String=ist=alles=gleich" );     // String%3Dist%3Dalles%3Dgleich
  enc( "String&String&String" );        // String%26String%26String
  enc( "String.mit.Punkten");           // String.mit.Punkten
  }
}
```

`class java.net.`**`URLEncoder`**

▶ `static String encode( String s, String enc ) throws UnsupportedEncodingException`
   Kodiert einen String `s` mit einem bestimmten Encoding.

`class java.net.`**`URLDecoder`**

▶ `static String decode( String s, String enc ) throws UnsupportedEncodingException`
   Dekodiert einen String `s` mit einem bestimmten Encoding.

21.4.2 Eine Suchmaschine mit GET-Request ansprechen

Wir wollen nun direkt eine Suchmaschine ansprechen und so das Verhalten eines Anfragepro-
gramms nachbilden. Unser Programm sammelt dazu alle Suchbegriffe als Parameter auf der
Kommandozeile, und falls keine Parameter vorhanden sind, wird nach »Teletubbies on Tour«
gesucht. Die Klasse `URLEncoder` kodiert den Suchstring, und der Inhalt wird hinter die URL
des serverseitigen Programms gehängt, noch getrennt durch ein Fragezeichen. Dies wird als
Anfrage für die Suchmaschine *Yahoo* verpackt und weggeschickt. Die Ausgabe wird die komplette HTML-Seite mit dem Ergebnis sein.

Listing 21.7 com/tutego/insel/net/YahooSeeker.java

```
package com.tutego.insel.net;

import java.net.URL;
import java.net.URLEncoder;
```

```java
import java.util.Scanner;

public class YahooSeeker
{
  public static void main( String... args ) throws Exception
  {
    String search = "Teletubbies On Tour";

    if ( args.length > 0 )
    {
      search = args[ 0 ];

      for ( int i = 1; i < args.length; i++ )
        search += " " + args[ i ];
    }

    search = "p=" + URLEncoder.encode( search.trim(), "UTF-8" );
    URL u = new URL( "http://de.search.yahoo.com/search?" + search );

    String r = new Scanner( u.openStream() ).useDelimiter( "\\Z" ).next();
    System.out.println( r );
  }
}
```

21.4.3 POST-Request absenden

Ein POST-Request überträgt die Parameter nicht in der URL, sondern setzt sie in einen Block, der zum Server übertragen wird. Gegenüber einem GET ändert sich einiges, was das folgende Beispiel (zu einem fiktiven Server) zusammenfasst:

Listing 21.8 com/tutego/insel/net/PostRequest.java, main()

```java
String body = "param1=" + URLEncoder.encode( "value1", "UTF-8" ) + "&" +
              "param2=" + URLEncoder.encode( "value2", "UTF-8" );

URL url = new URL( "http://li.la.lu.lo/post/" );
HttpURLConnection connection = (HttpURLConnection) url.openConnection();
connection.setRequestMethod( "POST" );
connection.setDoInput( true );
connection.setDoOutput( true );
connection.setUseCaches( false );
connection.setRequestProperty( "Content-Type",
                               "application/x-www-form-urlencoded" );
connection.setRequestProperty( "Content-Length", String.valueOf(body.length()) );

OutputStreamWriter writer = new OutputStreamWriter( connection.getOutputStream() );
writer.write( body );
writer.flush();
```

21 | Netzwerkprogrammierung

```
BufferedReader reader = new BufferedReader(
                    new InputStreamReader(connection.getInputStream()) );

for ( String line; (line = reader.readLine()) != null; )
{
  System.out.println( line );
}

writer.close();
reader.close();
```

Der MIME-Typ »application/x-www-form-urlencoded« steht für ein Web-Formular, muss aber je nach Typ angepasst werden.

21.5   Host- und IP-Adressen

Der Datenaustausch im Internet geschieht durch kleine IP-Pakete. Sie bilden die Basis der Internetübertragung. Immer wenn ein Netzwerkpaket übermittelt werden soll, werden IP-Pakete erzeugt und dann auf die Reise geschickt. Der Empfänger der Pakete ist ein Rechner, der im Netz durch eine Kennung, die numerische IP-Adresse, identifiziert wird. Diese Zahl ist für die meisten Menschen schwer zu behalten, weshalb oft der Hostname Verwendung findet, um einen Rechner im Internet anzusprechen. Die Konvertierung von Hostnamen in IP-Adressen übernimmt ein *Domain Name Server* (DNS). Baut eine Anwendung – etwa ein Internet-Browser – eine Verbindung zu einem Rechner auf, so hilft eine Betriebssystemfunktion, die IP-Adresse für den Rechnernamen zu ermitteln. An diese Adresse kann dann im nächsten Schritt eine Webanfrage gestellt werden.

Auch wir können in Java zu einem Namen die IP-Adresse erfragen und auch umgekehrt vorgehen und zu einer IP-Adresse den Rechnernamen erfragen – sofern verfügbar. Die Anweisungen laufen über die Klasse `InetAddress`, die eine Internet-Adresse repräsentiert. Das Objekt wird durch Fabrikmethode wie `getByName()` oder `getAllByName()` erzeugt. Gebotene `getXXX()`-Methoden erfragen dann Resultate, die die Auflösung ergeben hat:

Listing 21.9   com/tutego/insel/net/MyDNS.java

```
InetAddress inet = InetAddress.getByName( "www.tutego.com" );
System.out.println( inet.getCanonicalHostName() ); // web1.networkaholics.de
System.out.println( inet.getHostAddress() );       // 82.96.100.30
System.out.println( inet.getHostName() );          // www.tutego.com
System.out.println( inet.toString() );             // www.tutego.com/82.96.100.30

inet = InetAddress.getByName( "193.99.144.71" );
System.out.println( inet.getHostName() );          // web.heise.de
```

Erfreulicherweise ist es möglich, an Stelle des Rechnernamens auch die IP-Adresse anzugeben; `getHostName()` nimmt dann eine umgekehrte Auflösung vor. So liefert `InetAddress.getByName("193.99.144.71").getHostName()` den String »www.heise.de«.

1258

21.5 | Host- und IP-Adressen

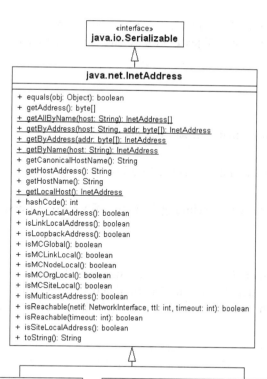

```
class java.net.InetAddress
implements Serializable
```

▶ static InetAddress getByName(String host) throws UnknownHostException
Liefert die IP-Adresse eines Hosts anhand des Namens. Der Hostname kann als Maschinenname (»tutego.com«) angegeben sein oder als numerische Repräsentation der IP-Adresse (»66.70.168.193«).

21 | Netzwerkprogrammierung

▶ `static InetAddress[] getAllByName( String host ) throws UnknownHostException`
Wie `getByName()`, doch liefert es mehrere Objekte für den Fall, dass es zusätzliche Adressen gab.

▶ `String getHostName()`
Liefert den Hostnamen.

▶ `String getHostAddress()`
Liefert die IP-Adresse als String im Format »%d.%d.%d.%d«.

▶ `String getCanonicalHostName()`
Liefert den voll qualifizierten Domänennamen (FQDN), sofern das möglich ist.

▶ `byte[] getAddress()`
Gibt ein Feld mit Oktetten – der Internetbezeichnung für Bytes – für die IP-Adresse zurück.

21.5.1 Lebt der Rechner?

Verwaltet das `InetAddress`-Objekt einen Rechnernamen, so kann das Objekt durch Versenden von Test-Paketen überprüfen, ob der Rechner im Internet »lebt«. Dazu dient `isReachable()`; das Argument ist eine Anzahl von Millisekunden, die wir dem Prüfvorgang geben wollen.

```
InetAddress.getByName( "193.99.144.71" ).isReachable( 2000 )      // true
InetAddress.getByName( "100.100.100.100" ).isReachable( 2000 )    // false
```

Um Probleme mit der Namensauflösung auszuschließen, sollte die IP-Adresse verwendet werden, da der Namensdienst einen Fehler melden wird, der nichts mit der Erreichbarkeit zu tun hat, falls er den symbolischen Namen nicht auflösen kann.

21.5.2 IP-Adresse des lokalen Hosts

Auch dazu benutzen wir die Klasse `InetAddress`. Sie besitzt die statische Methode `getLocalHost()`.

Listing 21.10 com/tutego/insel/net/GetLocalIP.java, main()

```
System.out.println( "Host Name/Adresse: " + InetAddress.getLocalHost() );
```

Das Programm erzeugt zum Beispiel eine Ausgabe der folgenden Art:

```
Host Name/Adresse: dell/192.168.2.138
```

Apropos lokaler Rechner: Die Methode `isSiteLocalAddress()` liefert `true`, wenn das `InetAddress`-Objekt für den eigenen Rechner steht, also eine IP-Adresse wie 192.168.0.0 hat.

```
class java.net.InetAddress
implements Serializable
```

▶ `static InetAddress getLocalHost() throws UnknownHostException`
Liefert ein IP-Adressen-Objekt des lokalen Hosts.

Host- und IP-Adressen | **21.5**

▶ `boolean isSiteLocalAddress()`
Repräsentiert diese `InetAddress` eine lokale Adresse?

Die statische Methode »getAllByName()«

Die Klasse `InetAddress` bietet die statische Methode `getLocalHost()` an, um die eigene Adresse herauszufinden. Bei mehreren vergebenen IP-Adressen des Rechners lässt sich dann mit einigen wenigen Zeilen alles ausgeben. Dazu lässt sich die statische Methode `InetAddress.getAllByName()` nutzen, die alle mit einem Rechner verbundenen `InetAddress`-Objekte liefert.

```
String localHost = InetAddress.getLocalHost().getHostName();
for ( InetAddress ia : InetAddress.getAllByName(localHost) )
  System.out.println( ia );
```

Hinweis Läuft ein Java-Programm und wird die IP-Adresse des Rechners geändert, dann wird Java diese Änderung nicht registrieren. Das liegt daran, dass alle IP-Adressen und zugehörigen Host-Adressen in einem internen Cache gehalten werden. Eine neue Anfrage wird dann einen Cache-Eintrag liefern, aber zu keiner neuen Anfrage an das Betriebssystem führen. Seit Version 1.4 gibt es eine Möglichkeit, die Lebensdauer einer IP-Adresse auf null zu setzen. Dazu wird die Property `network-address.cache.ttl` gesetzt. Mehr zu den Netzwerk-Properties bietet wieder die Seite *http://tutego.de/go/netproperties*.

[«]

21.5.3 Das Netz ist Klasse ...

Mit der `getBytes()`-Methode aus der Klasse `InetAddress` lässt sich leicht herausfinden, welches Netz die Adresse beschreibt. Für ein Multicast-Socket ist die Internet-Adresse ein Klasse-D-Netz. Dieses beginnt mit den vier Bit 1110, hexadezimal 0xE0. Folgende Zeilen fragen dies für eine beliebige `InetAddress` ab:

```
InetAddress ia = ...
if ( (ia.getBytes()[0] & 0xF0) == 0xE0 ) {            // Klasse D Netz
  ...
}
```

Für den speziellen Fall einer Multicast-Adresse bietet `InetAddress` auch die Methode `isMulticastAddress()` an.

21.5.4 NetworkInterface

Die Klasse `java.net.NetworkInterface` repräsentiert eine Netzwerkschnittstelle und mit ihr einen Namen und eine Reihe von IP-Adressen. Mit Hilfe der Klasse ist es möglich, alle IP-Adressen des lokalen Rechners auszulesen. Das folgende Beispiel soll die Methoden der Klasse demonstrieren:

1261

21 | Netzwerkprogrammierung

Listing 21.11 com/tutego/insel/net/LocalIpAddress.java, main()

```java
Enumeration<NetworkInterface> netInter = NetworkInterface.getNetworkInterfaces();
int n = 0;

while ( netInter.hasMoreElements() )
{
  NetworkInterface ni = netInter.nextElement();

  System.out.println( "NetworkInterface " + n++ + ": " + ni.getDisplayName() );

  for ( InetAddress iaddress : Collections.list(ni.getInetAddresses()) )
  {
    System.out.println( "CanonicalHostName: " +
                        iaddress.getCanonicalHostName() );

    System.out.println( "IP: " + iaddress.getHostAddress() );

    System.out.println( "Loopback? " + iaddress.isLoopbackAddress() );
    System.out.println( "SiteLocal? " + iaddress.isSiteLocalAddress() );
    System.out.println();
  }
}
```

Auf meinem Rechner, der sich hinter einem Router befindet, ergibt sich:

```
NetworkInterface 0: MS TCP Loopback interface
CanonicalHostName: localhost
IP: 127.0.0.1
Loopback? true
SiteLocal? false

NetworkInterface 1: Intel(R) PRO/1000 PL Network Connection - Paketplaner-Miniport
CanonicalHostName: dell
IP: 192.168.2.138
Loopback? false
SiteLocal? true
```

21.6 Mit dem Socket zum Server

Die URL-Verbindungen sind schon High-Level-Verbindungen, und wir müssen uns nicht erst um Übertragungsprotokolle wie HTTP oder – noch tiefer – TCP/IP kümmern. Aber alle höheren Verbindungen bauen auf Sockets auf, und auch die Verbindung zu einem Rechner über eine URL ist mit Sockets realisiert. Beschäftigen wir uns also nun etwas mit dem Hintergrund.

1262

21.6.1 Das Netzwerk ist der Computer

Die Rechner, die im Internet verbunden sind, kommunizieren über Protokolle, wobei TCP/IP das wichtigste geworden ist. Die Entwicklung von TCP/IP reicht in die 1980er Jahre zurück. Die ARPA (*Advanced Research Projects Agency*) gab der Universität von Berkeley (Kalifornien) den Auftrag, unter Unix das TCP/IP-Protokoll zu implementieren, um dort im Netzwerk zu kommunizieren.[3] Was sich die Kalifornier ausgedacht hatten, fand auch in der Berkeley Software Distribution (BSD), einer Unix-Variante, Verwendung: die Berkeley-Sockets. Mittlerweile hat sich das Berkeley-Socket-Interface über alle Betriebssystemgrenzen hinweg verbreitet und ist der De-facto-Standard für TCP/IP-Kommunikation, so auch unter Windows.

21.6.2 Sockets

Ein Socket dient zur Abstraktion und ist ein Verbindungspunkt in einem TCP/IP-Netzwerk. Werden mehrere Computer verbunden, so implementiert jeder Rechner einen Socket: Derjenige, der die Verbindung initiiert und Daten sendet, einen Client-Socket und derjenige, der auf eingehende Verbindungen horcht, einen Server-Socket. Es lässt sich in der Realität nicht immer ganz trennen, wer Client und wer Server ist, da Server zum Datenaustausch ebenfalls Verbindungen aufbauen können. Doch für den Betrachter von außen ist der Server der Wartende und der Client derjenige, der die Verbindung initiiert.

Serveradresse und Port

Damit der Empfänger den Sender auch hören kann, muss Letzterer durch eine eindeutige Adresse als Server ausgemacht werden. Er bekommt also eine IP-Adresse im Netz und eine ebenso eindeutige Port-Adresse. Der Port ist so etwas wie eine Zimmernummer im Hotel. Die Adresse bleibt dieselbe, aber in jedem Zimmer sitzt jemand und erledigt seine Aufgaben. Jeder Dienst (Service), den ein Server zur Verfügung stellt, läuft auf einem anderen Port. Eine Port-Nummer ist eine Ganzzahl und in die Gruppen »System« und »Benutzer« eingeteilt. Die so genannten *Well-known System Ports* (auch *Contact Ports* genannt) liegen im Bereich von 0 bis 1023. Die User-Ports umfassen den restlichen Bereich von 1024 bis 65535. Wichtige Port-Nummern sind zum Beispiel 80 für Webserver und 20 für FTP.

Stream-Sockets/Datagram-Sockets

Ein Stream-Socket baut eine feste Verbindung zu einem Rechner auf. Das Besondere daran: Die Verbindung bleibt für die Dauer der Übertragung bestehen. Dies ist bei der anderen Form der Sockets, den Datagram-Sockets, nicht der Fall. Wir behandeln die Stream-Sockets zuerst.

---

3 Dass das Internet nur entwickelt wurde, um bei Rechnerausfällen infolge kriegerischer Aktivitäten Kommunikation weiter zu ermöglichen, trifft nicht zu. Larry Roberts bemerkt dazu, dass die Entwickler dem Ministerium die Vorteile des Internets mit diesem Argument verkauften, um mehr Forschungsgelder zu bekommen.

21 | Netzwerkprogrammierung

21.6.3 Eine Verbindung zum Server aufbauen

Um Daten von einer Stelle zur anderen zu schicken, muss zunächst eine Verbindung zum Server bestehen. Dieser wiederum beantwortet die eingehenden Fragen. Mit den Netzwerkklassen unter Java lassen sich sowohl client- als auch serverbasierte Programme schreiben. Da die Clientseite noch einfacher als die Serverseite ist – in Java ist Netzwerkprogrammierung ein Genuss –, beginnen wir mit dem Client. Dieser muss mit einem horchenden Server verbunden werden – eine Verbindung, die durch die `java.net.Socket`-Klasse aufgebaut wird.

[zB]

Beispiel Baue Verbindung zu einem Rechner auf Port 80 auf, der »die.weite.welt« heißt.
```
Socket socket = new Socket( "die.weite.welt", 80 );
```

Der erste Parameter des Konstruktors erwartet den Namen des Servers (Host-Adresse), mit dem wir uns verbinden wollen. Der zweite Parameter steht für den Port.

[»]

Hinweis Verbinden wir ein Applet mit dem Server, von dem es geladen wurde, würden wir mit `getCodeBase().getHost()` arbeiten, etwa so:
```
Socket socket = new Socket( getCodeBase().getHost(), 80 );
```

Es gibt noch eine andere Möglichkeit, einen `Socket` zu initialisieren – über die Klasse `InetAddress`:
```
Socket secondSocket = new Socket( server.getInetAddress(), 1234 );
```

Alternativ ermittelt die statische Methode `InetAddress.getByName(String)` die `InetAddress` eines Hosts. Ist der Server nicht erreichbar, so löst das System bei allen Socket-Konstruktionsversuchen eine `UnknownHostException` aus; dabei handelt es sich um eine Unterklasse von `IOException`, sodass grundsätzlich ein Auffangen/Weiterleiten einer `IOException` ausreicht.

`class java.net.Socket`

▶ `Socket( String host, int port ) throws IOException`
Erzeugt einen Stream-Socket und verbindet ihn mit der Port-Nummer am angegebenen Host.

▶ `Socket( InetAddress address, int port ) throws IOException`
Erzeugt einen Stream-Socket und verbindet ihn mit der Port-Nummer am Host mit der angegebenen IP-Nummer.

▶ `Socket( String host, int port, InetAddress localAddr, int localPort )`
`throws IOException`
Erzeugt einen Socket für den Host `host` am Port `port` und bindet ihn an die lokale Adresse `localAddr` und an den lokalen Port `localPort`.

► Socket(InetAddress address, int port, InetAddress localAddr, int localPort)
   throws IOException
   Erzeugt einen Socket für den durch `address` gegebenen Host am Port `port` und bindet ihn
   an die lokale Adresse `localAddr` und an den lokalen Port `localPort`.

► Socket() throws IOException
   Erzeugt einen nicht verbundenen Socket über die Standard-`SocketImpl`.

► protected Socket(SocketImpl impl) throws IOException
   Erzeugt einen unverbundenen Socket mit einer benutzerdefinierten `SocketImpl`. Nützlich
   für Unterklassen mit angepassten Verbindungen, die etwa den Datenstrom verschlüsseln
   oder komprimieren.

21.6.4 Server unter Spannung: die Ströme

Besteht erst einmal die Verbindung, so wird mit den Daten vom Server genauso verfahren wie
mit den Daten aus einer Datei. Die `Socket`-Klasse liefert uns mit `getInputStream()` und
`getOutputStream()` Kommunikationsströme, mit denen wir Daten vom Server lesen und
Daten zum Server schreiben können. Oft werden die Ströme aufgewertet, etwa zu einem `BufferedReader` oder `Scanner` zum Lesen oder zu einem `DataOutputStream` oder `PrintWriter`
zum Schreiben. Wir kennen das Aufwertungsprinzip schon von den URL-Verbindungen und
von der Dateieingabe/-ausgabe.

`class java.net.`**`Socket`**

► InputStream getInputStream() throws IOException
   Liefert den Eingabestrom für den Socket.

► OutputStream getOutputStream() throws IOException
   Liefert den Ausgabestrom für den Socket.

21.6.5 Die Verbindung wieder abbauen

Die Methode `close()` leitet das Ende einer Verbindung ein und gibt dem Betriebssystem die
reservierten Handles zurück. Ohne Freigabe könnte das Betriebssystem unter Umständen
nach einer gewissen Zeit keine Handles mehr zurückgeben, und eine Fortsetzung der Arbeit
wäre nicht möglich. Dies geht so weit, dass auch der Browser keine HTML-Seite mehr vom
Server bekommt. Kommt es jedoch vor, dass sich zwar einige Verbindungen aufbauen lassen,
danach aber Schluss ist, sollte diese Lücke untersucht werden.

`class java.net.`**`Socket`**

► void close() throws IOException
   Schließt den Socket.

21 | Netzwerkprogrammierung

21.6.6 Informationen über den Socket *

Wie beim URL-Objekt lässt auch die Klasse Socket keine grundsätzlich wichtigen Änderungen zu. Port-Adresse wie auch das Ziel müssen beim Erzeugen bekannt sein, doch lassen sich wie bei einer URL Informationen über das Socket-Objekt einholen.

java.net.Socket
+ Socket(proxy: Proxy)
+ Socket(host: String, port: int, stream: boolean)
+ Socket(address: InetAddress, port: int, localAddr: InetAddress, localPort: int)
+ Socket(host: String, port: int, localAddr: InetAddress, localPort: int)
+ Socket()
+ Socket(host: InetAddress, port: int, stream: boolean)
+ Socket(host: String, port: int)
+ Socket(address: InetAddress, port: int)
+ bind(bindpoint: SocketAddress)
+ close()
+ connect(endpoint: SocketAddress, timeout: int)
+ connect(endpoint: SocketAddress)
+ getChannel(): SocketChannel
+ getInetAddress(): InetAddress
+ getInputStream(): InputStream
+ getKeepAlive(): boolean
+ getLocalAddress(): InetAddress
+ getLocalPort(): int
+ getLocalSocketAddress(): SocketAddress
+ getOOBInline(): boolean
+ getOutputStream(): OutputStream
+ getPort(): int
+ getReceiveBufferSize(): int
+ getRemoteSocketAddress(): SocketAddress
+ getReuseAddress(): boolean
+ getSendBufferSize(): int
+ getSoLinger(): int
+ getSoTimeout(): int
+ getTcpNoDelay(): boolean
+ getTrafficClass(): int
+ isBound(): boolean
+ isClosed(): boolean
+ isConnected(): boolean
+ isInputShutdown(): boolean
+ isOutputShutdown(): boolean
+ sendUrgentData(data: int)
+ setKeepAlive(on: boolean)
+ setOOBInline(on: boolean)
+ setPerformancePreferences(connectionTime: int, latency: int, bandwidth: int)
+ setReceiveBufferSize(size: int)
+ setReuseAddress(on: boolean)
+ setSendBufferSize(size: int)
+ setSoLinger(on: boolean, linger: int)
+ setSoTimeout(timeout: int)
+ setSocketImplFactory(fac: SocketImplFactory)
+ setTcpNoDelay(on: boolean)
+ setTrafficClass(tc: int)
+ shutdownInput()
+ shutdownOutput()
+ toString(): String

`class java.net.Socket`

▶ `InetAddress getInetAddress()`
Liefert die Adresse, mit der der Socket verbunden ist.

▶ InetAddress getLocalAddress()
Liefert die lokale Adresse, an die der Socket gebunden ist.

▶ int getPort()
Gibt den Remote-Port zurück, mit dem der Socket verbunden ist.

▶ int getLocalPort()
Gibt den lokalen Port des Sockets zurück.

Weitere Methoden kommen noch hinzu, die allerdings an einem Beispiel demonstriert werden sollen:

Listing 21.12 com/tutego/insel/net/SocketProperties.java. main()

```
Socket s = new Socket( "www.tutego.com", 80 );
out.println( s.getKeepAlive() );            // false
out.println( s.getLocalAddress() );         // /192.168.2.138
out.println( s.getLocalPort() );            // 1456
out.println( s.getLocalSocketAddress() );   // /192.168.2.138:1202
out.println( s.getOOBInline() );            // false
out.println( s.getPort() );                 // 80
out.println( s.getRemoteSocketAddress() );  // www.tutego.com/82.96.100.30:80
out.println( s.getReuseAddress() );         // false
out.println( s.getReceiveBufferSize() );    // 8192
out.println( s.getSendBufferSize() );       // 8192
out.println( s.getSoLinger() );             // -1
out.println( s.getTcpNoDelay() );           // false
out.println( s.getTrafficClass() );         // 0
```

21.6.7 Reine Verbindungsdaten über SocketAddress *

Die Socket-Klasse bietet neben der Beschreibung der Verbindungsparameter auch Methoden zum Aufbau der Verbindung und zum Erfragen und Setzen von Metadaten. Sind nur die Verbindungsdaten Adresse und Port nötig, so lassen sich diese auch durch InetSocketAddress-Objekte beschreiben. Alle InetSocketAddress-Objekte sind von der Klasse SocketAddress abgeleitet, wofür es bisher nur InetSocketAddress als Unterklasse gibt. Für den Aufbau von InetSocketAddress-Objekten stehen drei Konstruktoren bereit:

```
class java.net.InetSocketAddress
extends SocketAddress
```

▶ InetSocketAddress(String hostname, int port)

▶ InetSocketAddress(InetAddress addr, int port)

▶ InetSocketAddress(int port)

Natürlich stellt sich die Frage, warum ein Programm InetSocketAddress-Objekte nutzen sollte, wenn doch auch Socket-Objekte alle Verbindungsdaten enthalten. Ein Grund ist, dass Objekte vom Typ InetSocketAddress serialisierbar sind, und ein anderer, dass über

21 Netzwerkprogrammierung

`SocketAddress`-Objekte bei einer gewünschten Verbindung leicht ein Timeout gesetzt werden kann.

[zB] **Beispiel** Versuche, eine Verbindung zu einem Rechner aufzubauen. Wenn nach 100 Millisekunden kein Kontakt zustande kommt, folgt eine `SocketTimeoutException`:

```
SocketAddress addr = new InetSocketAddress( host, port );
Socket socket = new Socket();
socket.connect( addr, 100 );
```

class java.net.Socket

▶ void connect(SocketAddress endpoint, int timeout) throws IOException
  Baue eine `Socket`-Verbindung auf. Die Verbindungsparameter kommen aus dem `SocketAddress`-Objekt.

▶ void connect(SocketAddress endpoint, int timeout) throws IOException
  Baue eine `Socket`-Verbindung auf. Wenn nach `timeout` Millisekunden keine Verbindung möglich ist, erfolgt eine `SocketTimeoutException`.

21.7 Client-Server-Kommunikation

Bevor wir weitere Dienste untersuchen, wollen wir einen kleinen Server programmieren. Server horchen an ihrem zugewiesenen Port auf Anfragen und Eingaben. Ein Server wird durch die Klasse `ServerSocket` repräsentiert. Der Konstruktor bekommt einfach die Port-Nummer, zu der sich Clients verbinden können, als Argument übergeben.

```
┌─────────────────────────────────────────────────────────────┐
│                   java.net.ServerSocket                      │
├─────────────────────────────────────────────────────────────┤
│ + ServerSocket(port: int, backlog: int)                      │
│ + ServerSocket()                                             │
│ + ServerSocket(port: int, backlog: int, bindAddr: InetAddress)│
│ + ServerSocket(port: int)                                    │
│ + accept(): Socket                                           │
│ + bind(endpoint: SocketAddress, backlog: int)                │
│ + bind(endpoint: SocketAddress)                              │
│ + close()                                                    │
│ + getChannel(): ServerSocketChannel                          │
│ + getInetAddress(): InetAddress                              │
│ + getLocalPort(): int                                        │
│ + getLocalSocketAddress(): SocketAddress                     │
│ + getReceiveBufferSize(): int                                │
│ + getReuseAddress(): boolean                                 │
│ + getSoTimeout(): int                                        │
│ + isBound(): boolean                                         │
│ + isClosed(): boolean                                        │
│ + setPerformancePreferences(connectionTime: int, latency: int, bandwidth: int)│
│ + setReceiveBufferSize(size: int)                            │
│ + setReuseAddress(on: boolean)                               │
│ + setSoTimeout(timeout: int)                                 │
│ + setSocketFactory(fac: SocketImplFactory)                   │
│ + toString(): String                                         │
└─────────────────────────────────────────────────────────────┘
```

| Client-Server-Kommunikation | **21.7** |

> **Beispiel** Wir richten einen Server ein, der am Port 1234 horcht: **[zB]**
> ```
> ServerSocket serverSocket = new ServerSocket( 1234 );
> ```

Natürlich müssen wir unserem Client eine noch nicht zugewiesene Port-Adresse zuteilen, andernfalls ist uns eine `IOException` sicher. Damit der eigene Java-Server nicht mit einem anderen Server in Konflikt gerät, sollten wir einen Blick auf die aktuell laufenden Dienste werfen. Unter Windows listet auf der Kommandozeile `netstat -a` die laufenden Serverdienste und die belegten Ports auf. Bei Unix-Systemen können nur Root-Besitzer Ports unter 1024 nutzen. Unter dem herkömmlichen Windows ist das egal. Läuft ein Server unendlich, so muss darauf geachtet werden, eine alte Instanz erst zu beenden, damit er neu gestartet werden kann.

21.7.1 Warten auf Verbindungen

Nachdem der Socket eingerichtet ist, kann er auf hereinkommende Meldungen reagieren. Mit der blockierenden Methode `accept()` der `ServerSocket`-Klasse nehmen wir genau eine wartende Verbindung an:

```
Socket client = serverSocket.accept();
```

Nun können wir mit dem zurückgegebenen Client-Socket genauso verfahren wie mit dem schon programmierten Client. Das heißt: Wir öffnen Ein- und Ausgabekanäle und kommunizieren. In der Regel wird ein Thread den Client-Socket annehmen, damit der Server schnell wieder verfügbar ist und neue Verbindungen annehmen und verarbeiten kann.

Wichtig bleibt zu bemerken, dass die Konversation nicht über den Server-Socket selbst läuft. Dieser ist immer noch aktiv und horcht auf eingehende Anfragen. Die `accept()`-Methode sitzt daher oft in einer Endlosschleife und erzeugt für jeden Hörer einen Thread. Die Schritte, die also jeder Server vollzieht, sind folgende:

1. Einen Server-Socket erzeugen, der horcht.
2. Mit der `accept()`-Methode auf neue Verbindungen warten.
3. Ein- und Ausgabestrom vom zurückgegebenen Socket erzeugen.
4. Mit einem definierten Protokoll die Konversation unterhalten.
5. Stream von Client und Socket schließen.
6. Bei Schritt 2 weitermachen oder Server-Socket schließen.

Der Server wartet auch nicht ewig

Soll der Server nur eine gewisse Zeit auf einkommende Nachrichten warten, so lässt sich ein *Timeout* einstellen. Dazu ist der Methode `setSoTimeout()` die Anzahl der Millisekunden zu übergeben. Nimmt der Server dann keine Fragen entgegen, bricht die Verarbeitung mit einer `InterruptedIOException` ab. Diese Exception gilt für alle Ein- und Ausgabe-Operationen und ist daher auch eine Ausnahme, die nicht im Net-Paket, sondern im IO-Paket deklariert ist.

21 | Netzwerkprogrammierung

[zB] **Beispiel** Der Server soll höchstens eine Minute lang auf eingehende Verbindungen warten:

```
ServerSocket serverSocket = new ServerSocket( port );
server.setSoTimeout( 60000 ); // Timeout nach 1 Minute
try
{
  Socket client = server.accept();
  // ...
}
catch ( InterruptedIOException
{
  System.err.println( "Timeout nach einer Minute!" );
}
```

21.7.2 Ein Multiplikationsserver

Der erste Server, den wir programmieren wollen, soll zwei Zahlen multiplizieren. Nach dem Aufbau eines ServerSocket-Objekts soll der Server mit accept() auf einen interessierten Client warten. Nach der akzeptierten Verbindung soll handleConnection() das Protokoll und die Logik übernehmen: Im Eingabestrom werden zwei Zahlen in der String-Repräsentation erwartet, die multipliziert zurückzuschreiben sind:

Listing 21.13 com/tutego/insel/net/MulServer.java

```java
package com.tutego.insel.net;

import java.io.*;
import java.net.*;

public class MulServer
{
  private static void handleConnection( Socket client ) throws IOException
  {
    Scanner    in  = new Scanner( client.getInputStream() );
    PrintWriter out = new PrintWriter( client.getOutputStream(), true );

    String factor1 = in.nextLine();
    String factor2 = in.nextLine();

    out.println( new BigInteger(factor1).multiply( new BigInteger(factor2) ) );
  }

  public static void main( String[] args ) throws IOException
  {
    ServerSocket server = new ServerSocket( 3141 );

    while ( true )
    {
      Socket client = null;
```

1270

```
    try
    {
      client = server.accept();
      handleConnection ( client );
    }
    catch ( IOException e ) {
      e.printStackTrace();
    }
    finally {
      if ( client != null )
        try { client.close(); } catch ( IOException e ) { }
    }
  }
 }
}
```

Kommt es zu einem Verbindungsaufbau, erfragt der Server die Kommunikationsströme, um mit dem Client Daten auszutauschen. Diese einfachen byte-orientierten `InputStream`- und `OutputStream`-Ströme erweitern wir zum `Scanner` und `PrintWriter`, sodass wir Zeichenketten statt roher Bytes lesen und schreiben können. Im Eingabestrom werden dann zwei Zeichenfolgen erwartet; die blockierende `nextLine()`-Methode übernimmt diese Aufgabe. Kommen die Bytes der Zeichenkette nicht an, wartet der Server ewig auf seine Daten und ist unterdessen blockiert, da er in dieser Implementierung nur einen Client bedient. Bekommt er jedoch die beiden Zeichenfolgen, konvertiert er sie zu einem `BigInteger`, führt eine Multiplikation durch und sendet das Ergebnis als String zurück. Nach dem Senden ist das Protokoll beendet, und die Verbindung zum Client kann unterbrochen werden. Durch die Endlosschleife ist der Server bereit für neue Anfragen.

Hinweis Werden Ströme eingesetzt, die in irgendeiner Weise puffern, wie `PrintWriter`, `BufferedWriter` oder `BufferedOutputStream`, müssen wir uns bewusst sein, dass die Informationen im Puffer mitunter zwischengespeichert und insofern nicht direkt zum anderen Rechner übertragen werden. In einem Frage-Antwort-Szenario muss der Server oder Client die Anfrage direkt übertragen, und die Nachricht darf nicht im Puffer verweilen. Zu passenden Zeitpunkten müssen die `flush()`-Methoden der Puffer-Klassen die intern gespeicherten Daten verschicken, damit die Kommunikation weitergeht. Wird im Konstruktor von `PrintWriter` ein `true` übergeben, horcht die Klasse auf eine Newline im String und führt automatisch ein `flush()` durch.

Auf der anderen Seite steht der Client, der aktiv eine Verbindung zum Server aufbaut. Er nutzt ein mit Internet-Adresse und Port initialisiertes `Socket`-Objekt, um den ein- und ausgehenden Datenstrom zu erfragen und zwei Zeichenfolgen zu übertragen. Der Client wartet auf das Ergebnis und gibt es auf dem Bildschirm aus. Nach der Kommunikation wird die Verbindung geschlossen, um die nötigen Ressourcen wieder freizugeben:

21 | Netzwerkprogrammierung

Listing 21.14 com/tutego/insel/net/MulClient.java

```java
package com.tutego.insel.net;

import java.net.*;
import java.io.*;

class MulClient
{
  public static void main( String[] args )
  {
    Socket server = null;

    try
    {
      server = new Socket( "localhost", 3141 );
      Scanner    in = new Scanner( server.getInputStream() );
      PrintWriter out = new PrintWriter( server.getOutputStream(), true );

      out.println( "2" );
      out.println( "4" );
      System.out.println( in.nextLine() );

      server = new Socket( "localhost", 3141 );
      in = new Scanner( server.getInputStream() );
      out = new PrintWriter( server.getOutputStream(), true );

      out.println( "23895737895" );
      out.println( "434589358935857" );
      System.out.println( in.nextLine() );
    }
    catch ( UnknownHostException e ) {
      e.printStackTrace();
    }
    catch ( IOException e ) {
      e.printStackTrace();
    }
    finally {
      if ( server != null )
        try { server.close(); } catch ( IOException e ) { }
    }
  }
}
```

Erweiterung durch Multithreading

Ein anderer Punkt ist die Tatsache, dass Server im Allgemeinen multithreaded ausgelegt sind, damit sie mehrere Anfragen gleichzeitig ausführen können. Der Server erzeugt nicht pro Anfrage einen Thread – dies ist relativ teuer –, sondern nimmt die Threads aus einem Thread-

Client-Server-Kommunikation | **21.7**

Pool. Mit der Thread-Pool-Klasse aus der Java-Bibliothek lässt sich die Aufgabe vorzüglich bewältigen.

21.7.3 Blockierendes Lesen

Eine Eigenschaft ist bei der Server-Programmierung zu beachten: Erwartet der Client aus dem InputStream Daten, schickt der Server aber keine, dann blockiert die Methode. Aus dieser Sackgasse gibt es zwei Auswege: das einfache Schließen des Sockets mit close() und der völlig unterschiedliche Ansatz mit NIO. Wenn der Socket geschlossen wird, werden alle Datenstrom-Operationen abgebrochen, und eine IOException wird ausgelöst.

Damit ist ein gutes Mittel gefunden, um wenigstens blockierte Socket-Verbindungen wieder zu befreien. Dies soll auch das nächste Beispiel demonstrieren. Zuerst wird ein nutzloser ServerSocket aufgebaut, der weder etwas annimmt noch etwas schickt. Der Client verbindet sich zum Server und versucht zu lesen. Da aber vom Server kein Zeichen gesendet wird, hängt read() und wartet auf ein Byte. All das läuft in einem Thread ab. Nach dem Start wird zwei Sekunden später der Socket geschlossen, was zum Abbruch von read() und in den Anweisungsblock der Exception-Behandlung führt:

Listing 21.15 com/tutego/insel/net/CloseConnection.java

```
package com.tutego.insel.net;

import java.io.IOException;
import java.net.*;

public class CloseConnection
{
  public static void main( String[] args ) throws Exception
  {
    new ServerSocket( 12345 );      // Server anmelden

    final Socket t = new Socket( "localhost", 12345 );

    new Thread( new Runnable()
    {
      @Override public void run()
      {
        try
        {
          System.out.println( "Gleich hängt er!" );
          System.out.println( t.getInputStream().read() );
          System.out.println( "Hier hängt er!" );
        }
        catch ( IOException e )
        {
          System.out.println( "Blockierung gelöst" );
        }
```

1273

21 | Netzwerkprogrammierung

```
    }
  } ).start();

  Thread.sleep( 2000 );

  t.close();      // Blockierung auflösen
  }
}
```

Die Ausgabe ist:

```
Gleich hängt er!
Blockierung gelöst
```

21.7.4 Von außen erreichbar sein *

Ein Server lässt sich nur auf dem eigenen Rechner starten. Ist der Rechner vom Internet aus erreichbar, können externe Rechner auf ihn zugreifen. Anders sieht es aus, wenn der Rechner eine Internet-Adresse hat, die von außen nicht sichtbar ist, weil er zum Beispiel über einen Router ins Internet geht. Dann vergibt dieser Router eine eigene Adresse – die oft mit 192.168 oder 10 beginnt – und setzt sie per NAT um, sodass unsere private Adresse außen verborgen bleibt. Die Frage ist nun, ob wir trotzdem einen Serverdienst anbieten können.

Diese Möglichkeit gibt es tatsächlich, wenn einige Randbedingungen gegeben sind: Zunächst muss unsere interne IP-Adresse relativ stabil sein – und unsere äußere IP-Adresse vom Router ins Internet ebenso. Dann muss auf dem Router eine Einstellung vorgenommen werden, damit wir auf bestimmten Ports von außen angesprochen werden können. Diese Einstellung sieht bei jedem Router anders aus, und in größeren Unternehmen wird der Sicherheitsverantwortliche dies nicht akzeptieren. Nach der entsprechenden Einstellung benötigen wir eine globale Adresse, die wir weitergeben können. Dies wird keine IP-Adresse sein, sondern ein Name, der über DNS aufgelöst wird. Das ist schon der Trick, weil der konstante Name mit immer unterschiedlichen IP-Adressen verbunden werden kann, was sich daran zeigt, dass wir zum Beispiel mit einem Einwahl-Router immer unterschiedliche IP-Adressen bekommen. Daher heißt diese Technik auch *dynamisches DNS*. Eine feste URL gibt es bei unterschiedlichen Anbietern oft auch unentgeltlich, zum Beispiel bei *http://www.dyndns.com/*. Nach dieser Anmeldung lässt sich ein Subname registrieren, sodass etwa unter *meinserver.dyndns.com* die IP-Adresse des Einwahl-Routers steht. Dieser leitet nach der entsprechenden Einstellung eine Anfrage an unseren Rechner mit unserem Java-Server weiter.

21.8 Apache HttpComponents und Commons Net

Das Java-Netzwerkpaket und insbesondere die Klasse URLConnection beziehungsweise HttpConnection bieten Basisfunktionalität für den Zugriff auf Internet-Ressourcen. Allerdings fehlen komfortable Methoden, etwa für Cookies (hier bieten seit Java 5 und noch etwas mehr seit

Apache HttpComponents und Commons Net | **21.8**

Java 6) oder *Multi-Part Form-Data POST*, also Möglichkeiten zum Hochladen von Dateien. Die müsste jeder selbst implementieren, was Zeit und Nerven kostet.

21.8.1 HttpComponents

Die Bibliothek *HttpComponents* (früher *Jakarta Commons HttpClient*) – zu finden unter *http://hc.apache.org/* – bietet komfortable Unterstützung für alles Mögliche rund um die HTTP-Protokolle 1.0 und 1.1. Es gibt zwei Bestandteile von HttpComponents. Einmal HttpComponents Core und HttpComponents Client. Der Client bietet:

▶ alle HTTP-Methoden (GET, POST, PUT, DELETE, HEAD, OPTIONS, TRACE)

▶ Verschlüsselung mit HTTPS (HTTP über SSL)

▶ Verbindungen durch HTTP-Proxies

▶ getunnelte HTTPS-Verbindungen durch HTTP-Proxies via CONNECT

▶ Verbindungen mit SOCKS-Proxies (Version 4 und 5)

▶ Authentifizierung mit BASIC, Digest und NTLM (NT LAN Manager)

▶ Multi-Part-Form POST

▶ und vieles mehr

▶ Eine andere freie HTTP-Bibliothek ist *http://github.com/ning/async-http-client*. Sie ist recht neu und noch wenig dokumentiert, aber sehr leistungsfähig und vom API-Design her moderner.

21.8.2 Jakarta Commons Net

Die Bibliothek *Jakarta Commons Net* (*http://jakarta.apache.org/commons/net/*) implementiert bekannte Internet-Protokolle. Sie ist auf einem viel höheren Abstraktionsniveau als der HTTP-Client und unterstützt folgende Protokolle:

▶ **FTP (File Transfer Protocol)**: Dient der Dateiübertragung von und zu jedem beliebigen Rechner im Internet.

▶ **TFTP (Trivial File Transfer Protocol)**: einfache Variante von FTP ohne Sicherheitsprüfung

▶ **NNTP (Network News Transfer Protocol)**: Protokoll zum Versenden und Empfangen von Nachrichten in Diskussionsforen

▶ **SMTP (Simple Mail Transfer Protocol)**: Standardprotokoll, mit dem E-Mails auf einen Server übertragen werden

▶ **POP3 (Post Office Protocol, Version 3)**: bisheriges Standardprotokoll, mit dem E-Mails vom Server abgeholt werden

▶ **Telnet (Terminalemulation)**: Bietet die Möglichkeit, sich in spezielle Rechner einzuloggen.

▶ **Finger, Whois**: Informations- und Nachschlagedienste, um Informationen über Personen einzuholen

1275

21 | Netzwerkprogrammierung

Daneben unterstützt die Bibliothek auch die BSD-R-Kommandos wie rexec, rcmd/rshell und rlogin sowie Time (rdate) und Daytime. Für SMTP und POP3 ist die JavaMail API im Allgemeinen besser geeignet.

21.9   Zum Weiterlesen

Die JSSE (Java Secure Socket Extension) implementiert das verbreitete Protokoll SSL (Secure Sockets Layer) und TLS (Transport Layer Security) und erlaubt damit Verschlüsselung, Server-Authentifizierung und Integrität von Nachrichten. TLS ist ein Nachfolger von SSL und basiert weitestgehend darauf. Mit TLS lassen sich jedoch Verschlüsselungsverfahren flexibler auswechseln, weil TLS ein echtes Transportprotokoll ist. Da SSL/TLS direkt unter dem Applikationsprotokoll sitzt, lassen sich damit Dienste wie HTTP, Telnet, NNTP oder FTP sichern. JSSE ist seit Version 1.4 von Java enthalten. JSSE bietet die Pakete `javax.net` und `javax.net.ssl` mit den wichtigen Klassen `SSLSocket` und `SSLSocketFactory`, die im Jar-Archiv *jsse.jar* gebündelt sind. Die Dokumentation *http://java.sun.com/developer/technicalArticles/Security/secureinternet/* und *http://tutego.de/go/jsse* beschreibt genauer, was hier passiert und welche Zertifikate wo liegen müssen.

Besteht die Notwendigkeit, dass ein Server Datagramme gleichzeitig an mehrere Clients schickt, dann müssen wir hier auch mehrere einzelne Verbindungen (so genannte *Unicast-Verbindungen*) aufbauen. Diese Möglichkeit ist jedoch sehr ineffizient und belastet die Bandbreite. Anwendungsfelder für Multicast-Kommunikation sind etwa Video oder Audio, Chat-Sitzungen oder interaktive Spiele. In Java lässt sich für diese Aufgabe das Multicasting einsetzen.

»Ich denke, dass es einen Weltmarkt für vielleicht fünf Computer gibt.«
– Thomas Watson (1874–1956), zu seiner Zeit Vorsitzender von IBM

22   Verteilte Programmierung mit RMI

22.1   Entfernte Objekte und Methoden

Bei Unterprogrammaufrufen nutzen wir die Intelligenz der Methode, die zu gegebenen Eingabeparametern Ausgangswerte liefert oder einen Systemzustand verändert. Die Methode ist in diesem Fall Anbieter einer ganz speziellen Dienstleistung. Wenn wir zu einer Eingabeanfrage eine Antwort bekommen wollen, die Implementierung dieser Intelligenz aber auf einer anderen Maschine liegt, handelt es sich um *entfernte Methodenaufrufe*.

Wie lässt sich so etwas elegant implementieren? Der klassische Weg führt über Client-Server-Systeme. Der Client formuliert eine Anfrage, die vom Server verstanden und interpretiert wird. So sieht dies etwa in einfacher Form mit einem Datenbank-Server aus. Der Client möchte zum Beispiel den Umsatz einer Disko herausfinden. Er schickt dann eine Anfrage, und das Ergebnis wird zurückgeschickt und ausgewertet. Diese Kommunikation zwischen verteilten Prozessen muss aber aufwändig bei Client-Server-Systemen implementiert werden. Wir müssen also Parameter und Rückgabewerte verpacken, einen horchenden Server einrichten, vielleicht noch HTTP-Tunnel anlegen und so weiter.

Wünschenswert ist eine Sicht auf entfernte Dienste wie auf Methoden innerhalb einer Laufzeitumgebung. Ideal wäre es, wenn ein Methodenaufruf auf einen Server so aussähe, als ob er eine lokale Methode wäre.

22.1.1   Stellvertreter helfen bei entfernten Methodenaufrufen

Birrel und Nelson haben schon 1984 ein Modell vorgestellt, das entfernte Server-Methoden wie lokale Methoden aussehen lässt. Die Verbindung von Client und Server realisieren so genannte *Stellvertreterobjekte* (engl. *proxies*). Diese existieren auf der Client- und auf der Serverseite. Die Stellvertretermethoden verdecken den tatsächlichen Übertragungsvorgang, sodass der Client demnach nicht mit einem eigenen Protokoll mit dem Server kommuniziert, sondern eine Methode aufruft, die so aussieht wie eine Servermethode. In Wirklichkeit nimmt die Stellvertretermethode nur die Parameter, verpackt sie in eine Serveranfrage und schickt sie weg.

Wir wollen uns dies anhand eines Beispiels klarmachen. Nehmen wir an, der Client möchte die Entschlüsselungsmethode `String decrypt(String)` nutzen, die in Wirklichkeit auf einem ganz anderen Rechner angeboten wird, einem, der richtig Power hat, um die hochkomplizierte mathematische Operation auszuführen. Da wir aber die Vorgabe haben, eine entfernte Methode so aussehen zu lassen wie eine lokale, wird nun `decrypt()` wie gewohnt aufgerufen:

```
System.out.println( decrypt( "/&sa#jkshf=0&safhq34" ) );
```

Der Stellvertreter auf der Clientseite übernimmt nun das Protokoll, kümmert sich also um das Verpacken der zu transportierenden Werte, die Verschlüsselung, Authentifizierung, Kompression und um alles, was noch so gewünscht sein kann. Kurz skizziert:

```
String decrypt( String s )
{
  // Verbindung aufbauen (etwa über Sockets)
  // String s zum Server schicken (write(s))
  // Auf das Ergebnis vom Server warten (result = read())
  // return result;
}
```

Intern steckt das klassische Client-Server-Konzept dahinter, das wir schon von Sockets her kennen. Der Client mit dem Methodenaufruf initiiert die Anfrage, und der Server wartet, bis ein williger Kunde eintrifft. Der Server nimmt die Anfragen des Clients entgegen, entnimmt dem Anforderungspaket die Daten und ruft die lokale Methode auf, die auf dem Server implementiert sein kann:

```
String decrypt( String s )
{
  return entschüsselter String;
}
```

Zusätzlich kann es auf der Serverseite auch einen Stellvertreter geben, doch reicht auch ein Server aus, der zunächst auf eingehende Anfragen wartet und dann die entsprechenden Methoden ohne eigenen Stellvertreter aufruft.

An der Aufrufsyntax ist nicht abzulesen, ob der Client an einen Stellvertreter geht, der die Daten weiterleitet, und der Server merkt nicht, dass er in Wirklichkeit nicht mit lokalen Daten gefüttert wird.

22.1.2 Standards für entfernte Objekte

Rund um diese Frage haben sich in den letzten zwanzig Jahren diverse Standards gebildet, um mitunter auch über Betriebssystemgrenzen hinweg entfernte Dienste nutzen zu können:

▶ Eine der ersten populären Implementierungen in der prozeduralen Welt stammt von Sun und ist das RPC-Protokoll *(Remote Procedure Call)*. Es geht auf den RFC 707 aus dem Jahre 1976 zurück.

▶ *RMI (Remote Method Invocation)* ist der Mechanismus in Java, um entfernte Objekte und deren Angebote zu nutzen. RMI ist fester Bestandteil der Java-Bibliothek seit der Version 1.1, also offiziell seit Februar 1997.

▶ Im Gegensatz zu RMI definiert *CORBA (Common Object Request Broker Architecture)* ein großes Framework für verteilte Software-Komponenten und unterschiedliche Programmiersprachen. Die Definition von CORBA geht auf das Jahr 1991 zurück, also vor RMI, und wird von der *OMG (Object Management Group)* gesteuert.

▶ Das *Distributed Component Object Model (DCOM)* ist eine Microsoft-Erfindung, um COM-Objekte über das Netz zugänglich zu machen. Später als ActiveX getarnt, hat Microsoft 2002 die *.NET Remoting*-API veröffentlicht, die in das .NET Framework einzog.

22.2 Java Remote Method Invocation

RMI macht es möglich, auf hohem Abstraktionsniveau zu arbeiten und entfernte Methodenaufrufe zu realisieren. Automatisch generierte Stellvertreter nehmen die Daten entgegen und übertragen sie zum Server. Nach der Antwort präsentiert der Stellvertreter das Ergebnis.

22.2.1 Zusammenspiel von Server, Registry und Client

Damit RMI funktioniert, sind drei Teile mit der Kommunikation beschäftigt:

1. Der *Server* stellt das entfernte Objekt mit der Methodenimplementierung bereit. Die Methode läuft im eigenen Adressraum, und der Server leitet eingehende Anfragen vom Netzwerk an diese Methode weiter.

2. Der Namensdienst *(Registry)* ist ein Anfragedienst, der Objekte und ihre Methoden mit einem eindeutigen Namen verbindet. Der Server meldet Objekte mit ihren Methoden bei diesem Namensdienst an.

3. Der *Client* ist der Nutzer des Dienstes und ruft die Methode auf einem entfernten Objekt auf. Auch er hat einen eigenen Adressraum. Möchte der Client eine Methode nutzen, so fragt er beim Namensdienst an, um Zugriff zu bekommen.

22.2.2 Wie die Stellvertreter die Daten übertragen

Für RMI gibt es wie bei TCP/IP ein Schichtenmodell, das aus mehreren Ebenen besteht. Die oberste Ebene mit dem höchsten Abstraktionsgrad nutzt einen Transportdienst der darunter-

22 | Verteilte Programmierung mit RMI

liegenden Ebene. Dessen Aufgabe ist es, die Daten wirklich zu übermitteln, und die Stellvertreter realisieren es, die Parameter irgendwie von einem Ort zum anderen zu bewegen. Sie setzen also die Transportschicht um.

Eine Implementierung über Sockets

Wir können uns vorstellen, dass die Stellvertreter eine Socket-Verbindung nutzen. Der Server horcht dann in `accept()` auf einkommende Anfragen, und der Stellvertreter vom Client baut anschließend die Verbindung auf. Sind die Argumente der Methode primitive Werte, können sie in unterschiedliche `write()`- und `read()`-Methoden umgesetzt werden. Doch auch bei komplexen Objekten wie Listen hat Java keine Probleme, da es ja eine Serialisierung gibt. Objekte werden dann einfach plattgeklopft, übertragen und auf der anderen Seite wieder ausgepackt. Bei entfernten Methodenaufrufen wird neben der Serialisierung auch der Begriff *Marshalling* verwendet. Somit ist das Verhalten wie bei lokalen Methoden fast abgebildet, insbesondere der synchrone Charakter. Die lokale Methode blockiert so lange, bis das Ergebnis der entfernten Methoden ankommt.

RMI Wire Protocol

Das für die Übertragung zuständige Protokoll heißt *RMI Wire Protocol*. Die Übertragung mittels Sockets und TCP ist nur eine Möglichkeit. Neben den Sockets implementiert Java-RMI für Firewalls auch die Übermittlung über HTTP-Anfragen. Wir werden in einem späteren Abschnitt darauf zurückkommen. Über eine eigene RMI-Transportschicht könnten auch andere Protokolle genutzt werden, etwa über UDP oder gesicherte Verbindungen mit SSL. Verschlüsselte RMI-Verbindungen über SSL sind nicht schwer, wie es ein Beispiel unter *http://tutego.de/go/jssesamples* zeigt.

22.2.3 Probleme mit entfernten Methoden

Das Konzept scheint entfernte Methoden abzubilden wie lokale. Doch es gibt einige feine Unterschiede, sodass wir nicht anfangen müssen, alle lokal deklarierten Methoden verteilt zu nutzen, weil gerade mal ein entfernter Rechner schön schnell ist.

► Zunächst müssen wir ein Kommunikationssystem voraussetzen. Damit fangen aber die bekannten Probleme bei Clients beziehungsweise Servern an. Was geschieht, wenn das Kommunikationssystem zusammenbricht? Was passiert mit verstümmelten Daten?

► Da beide Rechner eigene Lebenszyklen haben, ist nicht immer klar, ob beide Partner miteinander kommunizieren können. Wenn der Server nicht ansprechbar ist, muss der Client darauf reagieren. Hier bleibt nichts anderes übrig, als über einen Zeitablauf (Timeout) zu gehen.

► Da Client und Server über das Kommunikationssystem miteinander sprechen, ist die Zeit für die Abarbeitung eines Auftrags um ein Vielfaches höher als bei lokalen Methodenaufrufen. Zu den Kommunikationskosten über das Rechennetzwerk kommen die Kosten für die zeitaufwändige Serialisierung hinzu, die besonders in den ersten Versionen des JDKs hoch waren.

Parameterübergabe bei getrenntem Speicher

Der tatsächliche Unterschied zwischen lokalen und entfernten Methoden ist jedoch das Fehlen des gemeinsamen Kontextes. Die involvierten Rechner führen ihr eigenes Leben mit ihren eigenen Speicherbereichen. Stehen auf einer Maschine zum Beispiel statische Variablen jedem zur Verfügung, ist dies bei entfernten Maschinen nicht der Fall. Ebenso gilt dies für Objekte, die von mehreren Partnern geteilt werden. Die Daten auf einer Maschine müssen erst übertragen werden, also arbeitet der Server mit einer Kopie der Daten. Bei primitiven Daten ist das kein Thema, schwierig wird es erst bei Objektreferenzen. Mit der Referenz auf ein Objekt kann der andere Partner nichts anfangen. Mit der Übertragung der Objekte handeln wir uns jedoch zwei weitere Probleme ein:

▶ Erstens muss der Zugriff exklusiv erfolgen, weil andere Teilnehmer den Objektzustand ja unter Umständen ändern können. Wenn wir also eine Referenz übergeben, und das Objekt wird serialisiert, könnte der lokale Teilnehmer Änderungen vornehmen, die beim Zurückspielen vom Server eventuell verloren gehen könnten.

▶ Damit haben wir zweitens den Nachteil, dass »einfach eine Referenz« nicht ausreicht. Große Objekte müssen immer wieder vollständig serialisiert werden. Und mit dem Mechanismus des Serialisierens handeln wir uns ein Problem ein: Nicht alle Objekte sind per se serialisierbar. Gerade die Systemklassen lassen sich nicht so einfach übertragen. Bei einer Trennung von Datenbank und Applikation wird das deutlich. Eine hübsche Lösung wäre etwa, ein RMI-Programm für die Datenbankanbindung einzusetzen sowie eine Applikation, die mit dem RMI-Programm spricht, um unabhängig von der Datenbank zu sein; RMI nimmt hier die Stelle einer so genannten Middleware ein. Bedauerlicherweise implementiert keine der Klassen im Paket `java.sql` die Schnittstelle `Serializable`. Die Ergebnisse müssen in einem neuen Objekt verpackt und verschickt werden oder in einem `RowSet`, das es seit JDBC 2.0 gibt.

Wenn die Daten übertragen werden, müssen sich die Partner zudem über das Austauschformat geeinigt haben. Beide müssen die Daten verstehen. Traditionell bieten sich zwei Verfahren an:

▶ Zunächst ein symmetrisches Verfahren. Alle Argumente werden in einem festen Format übertragen. Auch wenn Client und Server die Daten gleich darstellen, werden sie in ein neutrales Übertragungsformat konvertiert.

▶ Dem gegenüber steht das asymmetrische Verfahren. Hier schickt jeder Client die Daten in einem eigenen Format, und der Server hat verschiedene Konvertierungsmethoden, um die Daten zu erkennen.

Da wir uns innerhalb von Java und den Konventionen bewegen, müssen wir uns über das Datenformat keine Gedanken machen. Java konvertiert die Daten unterschiedlichster Plattformen immer gleich. Daher handelt es sich um ein symmetrisches Übertragungsprotokoll.

22 | Verteilte Programmierung mit RMI

22.2.4 Nutzen von RMI bei Middleware-Lösungen

Der Begriff *Middleware* ist im vorhergehenden Abschnitt schon einmal gefallen. Ganz einfach gesagt, handelt es sich dabei um eine Schicht, die zwischen zwei Prozessen liegt. Die Middleware ist sozusagen der Server für den Client und der Client für einen Server, vergleichbar mit einem Proxy. Das Großartige an Middleware-Lösungen ist die Tatsache, dass sie eine starke Kopplung von Systemen entzerren und eine bessere Erweiterung ermöglichen. Sprach vorher etwa eine Applikation direkt mit dem Server, würde durch den Einsatz der Middleware die Applikation mit der Zwischenschicht reden und diese dann mit dem Server. Die Applikation weiß dann vom Server rein gar nichts.

Ein oft genanntes Einsatzgebiet für Middleware sind Applikationen, die mit Datenbanken arbeiten. Systeme der ersten Generation verbanden sich direkt mit der Datenbank, lasen Ergebnisse und modifizierten die Tabellen. Der Nachteil ist offensichtlich: Das Programm ist unflexibel bei Änderungen, und diese Änderungen müssten bei einer groß angelegten, verbreiteten Version allen Kunden zugänglich gemacht werden. Erschwerend kommt ein Sicherheitsproblem hinzu. Wenn das Programm mit der Datenbank direkt spricht, etwa in Form von JDBC, dann gelangen Informationen über die internen Tabellen über die Abfragen leicht nach außen. Bei unsachgemäßer Programmierung kann auch ein Bösewicht das Programm decompilieren und die Tabellen vielleicht mit unsinnigen Werten füllen – denkbar schlecht für den kommerziellen Dauerbetrieb. Die Antwort auf das Problem ist der Einsatz einer Middleware. Dann verbindet sich die Applikation mit der Zwischenschicht, die dann die Daten besorgt, zum Beispiel von der Datenbank. Im Programm sind dann nur noch verteilte Anfragen, und JDBC ist nicht mehr zu entdecken. Als Applikationsentwickler können wir ruhigen Gewissens die Datenbank verändern, und wir müssen »nur« die Middleware anpassen. Der Kunde mit der Applikation sieht davon nichts. Das Sicherheitsproblem ist damit auch vom Tisch. Die Middleware kann zur Performance-Steigerung auch noch mehrgleisig fahren und die schnellste Datenbank nutzen. Lastenverteilung kann nachträglich implementiert werden, und die Software beim Client bleibt schlank.

22.2.5 Zentrale Klassen und Schnittstellen

Für RMI-Aufrufe stehen folgende Klassen und Schnittstellen im Mittelpunkt:

- `java.rmi.Remote`: eine Schnittstelle, die alle entfernten Objekte implementieren müssen
- `java.rmi.RemoteException`: eine Unterklasse von `IOException`, deren Exemplare uns im Fall von Übertragungsproblemen begegnen
- `java.rmi.server.RemoteObject`: Die Klasse implementiert Verhalten von `java.lang.Object` (also `toString()`, `hashCode()` und `equals()`) für entfernte Objekte.
- `java.rmi.server.UnicastRemoteObject`: Unterklasse von `RemoteObject` zum Aufbau und Exportieren (Anmelden) der Remote-Objekte
- `java.rmi.server.RMIClassLoader`: Ermöglicht das Laden von Klassenbeschreibungen vom Server, wenn diese von einem Remote-Objekt benötigt werden.

► `java.rmi.RMISecurityManager`: Der Sicherheitsmanager bestimmt die Möglichkeiten der von `RMIClassLoader` geladenen Klassen. Ohne Sicherheitsmanager lädt der `RMIClassLoader` keine Klassen.

► `Naming`: eine Klasse für den Zugriff auf den Namensserver

► `java.io.Serializable`: Parameter und Rückgaben implementieren die Schnittstelle, wenn sie per Kopie übergeben werden sollen.

► `java.rmi.server.RemoteServer`: Oberklasse für Server-Implementierungen. Zum Setzen eines Loggers interessant.

Die Spezifikation zu RMI unter *http://tutego.de/go/rmispec* stellt alle Typen genauer vor.

22.2.6 Entfernte und lokale Objekte im Vergleich

Vergleichen wir entfernte Objekte und ihre Methoden, fallen Gemeinsamkeiten ins Auge: Die Referenzen auf entfernte Objekte lassen sich wie gewohnt nutzen, etwa als Argumente einer Methode oder als Rückgabewert. Dabei ist es egal, ob die Methode mit den Argumenten oder Rückgabewerten lokal oder entfernt ist. Die Unterschiede zu lokalen Objekten sind aber deutlicher: Da ein Client immer über eine entfernte Schnittstelle das Objekt repräsentiert, hat es nichts mit der tatsächlichen Implementierung zu tun; daher ist auch eine Typumwandlung unmöglich. Die einzige Umwandlung von einer entfernten Schnittstelle wäre `Remote`. Damit ist auch deutlich, dass `instanceof` auch nur testen kann, ob das Objekt entfernt ist oder nicht; die echte Vererbung auf der Serverseite bleibt verborgen.

22.3 Auf der Serverseite

Um entfernte Objekte mit ihren Methoden in Java-Programmen zu nutzen, sind einige Arbeitsschritte nötig, die wir im Folgenden kurz skizzieren. An den Schritten spiegelt sich der Programmieraufwand wider:

1. Eine entfernte Schnittstelle deklariert Methoden.

2. Eine Klasse implementiert die Schnittstelle und füllt die Methode mit Leben. Dies bildet die Remote-Objekt-Implementierung.

3. Mit dieser Implementierung benötigen wir ein exportiertes Exemplar. Wir melden es beim Namensdienst an, damit der Client es finden kann. Dies schließt die Serverseite ab.

22.3.1 Entfernte Schnittstelle deklarieren

Damit der Client eine entfernte Methode nutzen kann, muss er ein Stellvertreterobjekt befragen. Dieses packt die Daten ein und übermittelt sie. Die Stellvertreterobjekte erzeugt Java selbstständig. Damit der Generator korrekten Quellcode für die Übertragung erstellen kann, ist eine Beschreibung nötig. Die Deklaration muss die Signatur eindeutig spezifizieren, und damit weiß der Client, wie die Methode aussieht, die er aufrufen kann, und der Server kann

22 | Verteilte Programmierung mit RMI

die Methode dann beschreiben. Normalerweise gibt es für die Spezifikation der entfernten Methoden spezielle Beschreibungssprachen (wie IDL bei CORBA), doch bei RMI reicht es, ein Java-Interface mit den Methoden zu deklarieren:

Listing 22.1 com/tutego/insel/rmi/Adder.java

```
package com.tutego.insel.rmi;

import java.rmi.Remote;
import java.rmi.RemoteException;

public interface Adder extends Remote
{
  int add( int x, int y ) throws RemoteException;
}
```

An diesem Beispiel können wir mehrere wichtige Eigenschaften der Schnittstelle ablesen:

▶ Die entfernte Schnittstelle ist öffentlich. Wenn sie nur paketsichtbar oder eingeschränkter ist, kann der Client die entfernte Methode nicht finden, wenn er danach verlangt.

▶ Die eigene Schnittstelle erweitert die Schnittstelle Remote. Nur die Klassen, die Remote implementieren, können entfernte Methoden anbieten. Remote ist allerdings leer und damit eine Markierungsschnittstelle.

▶ Die angebotenen Methoden können unbeabsichtigte Fehler auslösen, zum Beispiel, wenn das Transportsystem zusammenbricht. Für diesen Fall muss jede Methode RemoteException in einer throws-Anweisung aufführen.

▶ Eine entfernte Methode darf Parameter besitzen. Sind die Argumente primitive Werte, werden diese einfach übertragen. Handelt es sich um Objekte, so müssen diese serialisierbar sein.

22.3.2 Remote-Objekt-Implementierung

Der Client nutzt letztendlich das vom Server bereitgestellte entfernte Objekt. Der Server steht in der Pflicht, eine Implementierung der Remote-Schnittstelle anzugeben, sodass diese im nächsten Schritt exportiert und damit angemeldet werden kann.

Die Implementierung der Geschäftslogik ist einfach:

Listing 22.2 com/tutego/insel/rmi/AdderImpl.java

```
package com.tutego.insel.rmi;

public class AdderImpl implements Adder
{
  @Override public int add( int x, int y )
  {
    return x + y;
  }
}
```

1284

Da die Klasse eine Implementierung der Schnittstelle ist, geben wir ihr die Endung *Impl* (das ist eine übliche Namensgebung, aber keine Pflicht).

Es steht frei, andere Methoden anzugeben, die nicht in der Schnittstelle vorgegeben sind, doch sind diese natürlich nicht nach außen hin sichtbar. Die Argumente und Rückgabewerte können von jedem beliebigen Datentyp sein. Bei primitiven Datentypen werden spezielle `read()`- und `write()`-Folgen generiert. Objekte müssen die Schnittstelle `Serializable` implementieren (oder `Remote` sein). Dann werden die lokalen Objekte als Kopie übertragen. Über die Serialisierung werden alle nicht-statischen und nicht-transienten Attribute übermittelt. Ist das Argument wiederum `instanceof Remote`, wird dieser Verweis als einfache Referenz übergeben. In Wirklichkeit ist die Referenz ein Verweis auf den Stellvertreter.

22.3.3 Stellvertreterobjekte

Die Stellvertreter sind Objekte auf der Client- und Serverseite, die die tatsächliche Kommunikation betreiben. Unsere Clients programmieren ausschließlich gegen eine Remote-Schnittstelle, aber der Stellvertreter (Proxy) auf der Clientseite ist die Implementierung der Remote-Schnittstelle, die tatsächlich die Clientanfrage annimmt und auch an das Netzwerk weitergibt. Von Hand müssen diese Stellvertreter nicht programmiert werden; Java generiert sie zur Laufzeit.

Hinweis Vor Java 5 musste der RMI-Compiler `rmic` verwendet werden. Der Generator erzeugte den Stub (Stellvertreter auf der Clientseite) und den Skeleton (Proxy auf der Serverseite) aus der Methodenbeschreibung der Remote-Klasse. Steht auf einer Seite der Client-Server-Kommunikation nicht mindestens eine Java 5-Implementierung, so muss doch wieder `rmic` zum Einsatz kommen.

[«]

22.3.4 Der Namensdienst (Registry)

Der RMI-Dienst muss im nächsten Schritt beim Namensdienst das entfernte Objekt unter einem öffentlichen Namen anmelden, sodass der Client es finden kann. Java bietet zwei Namensdienste, die in Frage kommen: die RMI-Registry und den JNDI-Dienst.[1] Beides lässt sich in Java nutzen, aber die RMI-Registry ist etwas leichter zu verwenden.

Die Registry ist ein eigenständiger Dienst, der auf zwei Arten gestartet werden kann:

▶ beim Server selbst, der über `LocateRegistry.createRegistry()` den Namensdienst vor dem Exportieren aufbaut

▶ über ein externes in Java programmiertes Dienstprogramm *rmiregistry*, das im *bin*-Verzeichnis eines JDKs mitgeliefert wird

Die `rmiregistry` von Hand zu starten, hat den Vorteil, dass Client, RMI-Dienst und Registry auf drei unterschiedlichen Servern laufen können, die abweichende Lebenszyklen haben dür-

---

1 Weiteres dazu unter *http://java.sun.com/javase/6/docs/technotes/guides/jndi/jndi-rmi.html*.

22 | Verteilte Programmierung mit RMI

fen. Wenn der RMI-Server die Registry automatisch startet, ist das praktisch und hat den Vorteil, dass Anpassungen am Klassenpfad nicht nötig sind und der Anwender es nicht vergessen kann.

Der Server startet die Registry selbst

Um die RMI-Registry zu starten, wird einfach `LocateRegistry.createRegistry()` aufgerufen:

```
try
{
  LocateRegistry.createRegistry( Registry.REGISTRY_PORT );
}
catch ( RemoteException e ) { /* ... */ }
```

Anschließend ist der Namensdienst gestartet, und der Server kann seine Dienste dort anmelden.

```
final class java.rmi.registry.LocateRegistry
```

▶ `static Registry createRegistry()`
Startet den Namensdienst auf dem Port 1099.

▶ `static Registry createRegistry( int port )`
Startet den Namensdienst auf dem angegebenen Port. `Registry.REGISTRY_PORT` ist der Standard-Port 1099.

Das Dienstprogramm »rmiregistry«

Unter Windows starten wir den Dienst in einer neuen DOS-Box (sozusagen im Hintergrund) mit folgender Zeile:

```
$ start rmiregistry
```

Unter Unix-Systemen so:

```
$ rmiregistry &
```

Die Registry können wir uns somit als einen einfachen Assoziativspeicher vorstellen, der Namen und Stub-Objekte verbindet. Der Zustand des Stubs wird bei der Registry hinterlegt.

[»] **Hinweis** Die RMI-Registry ist ein Java-Programm, welches zwingend die Remote-Schnittstellen unserer RMI-Klassen im Klassenpfad benötigt. Entweder ist dazu *rmiregistry* auf der Konsole in dem Pfad zu starten, in dem die Klassendateien des RMI-Servers stehen, oder mit dem Schalter `-Djava.rmi.server.codebase=file:/pfad` der Ort der Typen zu bestimmen.[2] Der Start der RMI-Registry über `LocateRegistry.createRegistry()` spart das natürlich, denn so stehen die Klassen automatisch im Suchpfad.

---

2 Mehr zur Codebase unter *http://java.sun.com/javase/6/docs/technotes/guides/rmi/codebase.html*.

Der Port

Der Namensdienst läuft standardmäßig auf dem Port 1099. Für Dienste hinter einer Firewall ist es bedeutend, dass dieser Port auch anders lauten kann. Eine andere Port-Nummer lässt sich einfach als Argument angeben:

```
$ start rmiregistry 2001
```

Der angegebene Port dient nur der Vermittlung vom Client zum Namensdienst. Die Kommunikation von Client und Server läuft über einen anderen Port.

An dieser Stelle haben wir schon fast alles beisammen. Der Namensdienst läuft und wartet auf den Server und den Client. Beginnen wir mit dem Server. Er ist ein normales Java-Programm ohne Einschränkungen und muss weder etwas mit Remote noch mit Serializable zu schaffen haben.

22.3.5 Remote-Objekt-Implementierung exportieren und beim Namensdienst anmelden

Bevor ein Client sich mit dem Server verbinden und die entfernten Methoden aufrufen kann, muss unser Server für eingehende Netzwerkverbindungen bereitet sein. Aus diesem Grund muss unsere Remote-Objekt-Implementierung exportiert werden. Dann erst kann unser Server eingehende RMI-Verbindungen annehmen.[3] Nach dem Exportieren erfolgt die Anmeldung beim Namensdienst, und der Server-Code ist abgeschlossen. Wir starten vorher die RMI-Registry aus dem Programm, und dann ist der Server bereit:

Listing 22.3 com/tutego/insel/rmi/Server.java

```java
package com.tutego.insel.rmi;

import java.rmi.registry.LocateRegistry;
import java.rmi.registry.Registry;
import java.rmi.server.RemoteServer;
import java.rmi.server.UnicastRemoteObject;

public class Server
{
  public static void main( String[] args ) throws RemoteException
  {
    LocateRegistry.createRegistry( Registry.REGISTRY_PORT );

    AdderImpl adder = new AdderImpl();
    Adder stub = (Adder) UnicastRemoteObject.exportObject( adder, 0 );
    RemoteServer.setLog( System.out );

    Registry registry = LocateRegistry.getRegistry();
```

---

3 Java setzt für die Netzwerkkommunikation vorübersetzte Stubs oder automatische generierte Proxy-Objekte ein. Mehr dazu unter in der API-Dokumentation unter *http://java.sun.com/javase/6/docs/api/java/rmi/server/UnicastRemoteObject.html*.

22 | Verteilte Programmierung mit RMI

```
    registry.rebind( "Adder", stub );

    System.out.println( "Adder angemeldet" );
  }
}
```

Remote-Objekt-Implementierung exportieren

Zum Exportieren von Remote-Objekten wird die Klasse `UnicastRemoteObject` verwendet. Sie lässt sich auf zwei Arten nutzen:

▶ Das Remote-Objekt wird mit der statischen Methode `UnicastRemoteObject.exportObject(Remote)` exportiert. Die Rückgabe ist ein Remote-Objekt-Proxy, der beim Anmelden beim Namensdienst verwendet wird.

▶ Die Remote-Objekt-Klasse erweitert `UnicastRemoteObject`. Im Konstruktor von `UnicastRemoteObject`, den unsere Unterklasse ja automatisch aufrufen wird, steht ein Aufruf von `exportObject()`, sodass sich das Objekt selbst exportiert.[4]

```
class java.rmi.server.UnicastRemoteObject
extends RemoteServer
```

▶ `static RemoteStub exportObject( Remote obj ) throws RemoteException`
Exportiert das Remote-Objekt und liefert einen Proxy zurück.

Anmelden/Abmelden am Namensdienst

Ist das Remote-Proxy-Objekt exportiert, wird es dem Namensdienst mit `rebind()` oder `bind()` bekannt gemacht. Die RMI-Registry ist als assoziative Datenstruktur zu verstehen, die einen Objektnamen mit einem entfernten Objekt-Proxy assoziiert (es ist der Proxy und nicht das Remote-Objekt `AdderImpl`, obwohl beide die `Remote`-Schnittstelle implementieren – `Adder` in unserem Fall).

Die Notation für den Objekt-Namen beim Anmelden ist wie bei einer URL:

rmi://Host:Port/Objektname

Ist ein alternativer Port für den Namensdienst gewählt, stellen wir diesen mit einem Doppelpunkt wie üblich hintenan – sonst läuft der Namensdienst standardmäßig unter 1099. Der vorangestellte Protokollname `rmi` ist optional, sodass er auch weggelassen werden kann. Ist kein Rechnername angegeben, wird `localhost` angenommen. Daher steht im oberen Beispiel einfach nur `rebind("Adder", stub)`.

---

4 Eine Unterklasse von `UnicastRemoteObject` zu erzeugen, hat gegenüber `exportObject()` den Vorteil, dass die Methoden `hashCode()`, `equals()`, `toString()` über die `UnicastRemoteObject`-Oberklasse `RemoteObject` implementiert sind. Das ist interessant, wenn unser exportiertes Objekt als Parameter oder Rückgabe eines Methodenaufrufs über die Leitung geht und die drei Methoden etwa beim Hashing wichtig sind.

Zum Binden der Informationen bietet der Namensdienst zwei unterschiedliche Methoden an:

▶ `bind()` trägt den Service im Namensdienst ein, aber wenn schon ein anderer Dienst unter dem gleichen Namen läuft, wird eine `AlreadyBoundException` ausgelöst.

▶ `rebind()` dagegen fügt einen neuen Eintrag mit dem gleichen Namen hinzu oder überschreibt den alten.

Ist der Dienst nicht mehr erwünscht, meldet `unbind()` ihn wieder ab. Der Namensdienst muss wie beim Anmelden laufen. Aus Sicherheitsgründen erlaubt der Namensdienst nur dem Server, der das Objekt seinerzeit angemeldet hat, es wieder abzumelden. Einen zusätzlichen Namen müssen wir nicht angeben.

`final class java.rmi.registry.`**`LocateRegistry`**

▶ `static void static Registry getRegistry()`
Liefert einen Verweis auf die Registry oder löst eine `RemoteException` aus, wenn die Registry nicht lokalisiert werden konnte.

`interface java.rmi.registry.`**`Registry`**
`extends Remote`

▶ `void bind( String name, Remote obj )`
    `throws AlreadyBoundException, MalformedURLException, RemoteException`
Bindet das Objekt `obj`, das in der Regel der Stub ist, an den Namen `name` und trägt es so in der Registrierung ein. Eine `AlreadyBoundException` zeigt an, dass der Name schon vergeben ist. Die `MalformedURLException` informiert, wenn der Name ungültig gebunden ist. Eine `RemoteException` wird ausgelöst, wenn der Namensdienst nicht erreicht werden konnte. Fehlende Rechte führen zu einer `AccessException`.

▶ `void rebind( String name, Remote obj )`
Verhält sich wie `bind()`, mit dem Unterschied, dass Objekte ersetzt werden, sofern sie schon angemeldet sind.

▶ `void unbind( String name )`
Entfernt das Objekt aus der Registrierung. Ist das Objekt nicht gebunden, folgt eine `Not-BoundException`. Die anderen Fehler sind wie bei `bind()`.

22.3.6 Einfaches Logging

Um die Aktivität von RMI verfolgen zu können, haben die Entwickler einen einfachen Login-Mechanismus eingebaut. Er gibt Auskunft über die Objekte und entfernte Referenzen. Hier erfahren wir auch, ob alle gewünschten Objekte korrekt gefunden wurden. Das Logging lässt sich mit der Eigenschaft `java.rmi.server.logClass` einschalten, wenn der Wert auf `true` gesetzt ist. Dann erscheinen Ausgaben auf dem `System.err`-Fehlerkanal. Außerdem setzt die statische Methode `RemoteServer.setLog(OutputStream)` einen Fehlerausgabestrom. Die statische Methode `getLog()` liefert diesen Fehlerkanal allerdings als aufgewerteten `PrintStream`.

22 | Verteilte Programmierung mit RMI

```
abstract class java.rmi.server.RemoteServer
extends RemoteObject
```

▶ `static void setLog( OutputStream out )`
Loggt RMI-Aufrufe, indem sie in den Ausgabestrom out geschrieben werden. Ist out=null, wird das Logging beendet.

▶ `static PrintStream getLog()`
Liefert den Ausgabestrom für das RMI-Logging.

[+] **Tipp** Das Paket `java.rmi.server` hält noch eine andere Klasse bereit, die recht nützlich sein kann: `UID`. Mit dieser Klasse lässt sich eine einfache ID berechnen:

```
String s = new java.rmi.server.UID().toString();
```

22.3.7 Aufräumen mit dem DGC

Im Fall von verteilten Anwendungen reicht der normale GC nicht, und das Konzept muss um einen verteilten GC (engl. *distributed GC*, kurz *DGC*) erweitert werden. Im lokalen Fall weiß die lokale Maschine immer, ob ein Objekt referenziert wird, bei verteilten Anwendungen kann aber auf dem Server ein Objekt existieren, für das sich kein Mensch mehr interessiert. Damit bei verteilten Anwendungen auch der GC nicht mehr benutzte Objekte auf der Server-seite wegräumen kann, verschickt die Maschine beim Nutzen und Lösen von Verbindungen *referenced-* beziehungsweise *dereferenced*-Meldungen. Ist die Verbindung dann gelöst, bleibt die Klasse jedoch noch einige Zeit auf dem Server und wird nicht sofort gelöst. Aussagen über die Verweildauer gibt die *Lease* an, die sich über eine Eigenschaft verändern lässt.

[zB] **Beispiel** Setze die Verweildauer für Objekte auf eine halbe Stunde hoch:

```
$ java -Djava.rmi.dgc.leaseValue=1800000 MyClass
```

Die Standarddauer ist auf 10 Minuten gesetzt.

22.4 Auf der Clientseite

Um entfernte Methoden zu nutzen, muss ein entferntes Objekt gesucht und angesprochen werden. Dazu fragen wir den Namensdienst. Der Name für das Objekt setzt sich aus der URL und dem Namen des Dienstes zusammen. Bei Port-Angaben dürfen wir nicht vergessen, diesen Namen wieder hinter einem Doppelpunkt anzugeben:

Listing 22.4 com/tutego/insel/rmi/Client.java

```java
package com.tutego.insel.rmi;

import java.rmi.NotBoundException;
import java.rmi.RemoteException;
```

```
import java.rmi.registry.LocateRegistry;
import java.rmi.registry.Registry;

public class Client
{
  public static void main( String[] args ) throws  RemoteException, NotBoundException
  {
    Registry registry = LocateRegistry.getRegistry();
    Adder adder = (Adder) registry.lookup( "Adder" );
    System.out.println( adder.add( 47, 11 ) );
  }
}
```

Damit ist das letzte Puzzlestück eingepasst und das RMI-Beispiel vollständig. `LocateRegistry.getRegistry()` kennen wir schon – das liefert uns die `Registry`. `lookup()` gibt zu einer URL das Stub-Objekt (daher ist der Rückgabetyp `Remote`), das in unserem Fall die Schnittstelle `Adder` implementiert. Ein lokaler Methodenaufruf unterscheidet sich auf den ersten Blick nicht mehr von einem entfernten!

Bedenken wir an dieser Stelle, dass die Rückgabe von `lookup()` das Stellvertreter-Objekt ist. Eine Typumwandlung auf `AdderImpl` würde natürlich nicht funktionieren, denn der Typ existiert ja nur auf der Server- und nicht auf der Clientseite.

```
interface java.rmi.registry.Registry
extends Remote
```

▶ `Remote lookup( String name )`
     `throws NotBoundException, MalformedURLException, RemoteException`
  Liefert eine Referenz auf den Stub, der mit dem entfernten Objekt `name` verbunden ist. Ist kein Dienst unter dem Namen verfügbar, kommt es zu einer `NotBoundException`. Ist der Namensdienst nicht erreichbar, folgt eine `RemoteException`. Eine `MalformedURLException` kann durch eine falsch gebildete URL ausgelöst werden.

▶ `String[] list( String name )`
  Liefert ein Feld mit angemeldeten Diensten. Der angegebene Name gibt die URL des Namensdienstes an. Ist die URL falsch konstruiert, folgt eine `MalformedURLException`; ist die Registry nicht erreichbar, folgt eine `RemoteException`.

22.5 Entfernte Objekte übergeben und laden

In unserem bisherigen Beispiel haben wir zwei Ganzzahlwerte übergeben. Die Implementierung der Stellvertreter ist nun so, dass eine Socket-Verbindung die Daten überträgt. Da keine Objekte transportiert werden, muss keine Objekt-Serialisierung die Daten übertragen. Wir wollen uns nun damit beschäftigen, was mit Objekten passiert, die übertragen werden. Wir können verschiedene Klassen unterscheiden:

22 | Verteilte Programmierung mit RMI

▶ Klassen, die auf beiden Seiten vorliegen, weil es zum Beispiel Klassen aus der Standard-API sind

▶ Klassen, die nur auf der Serverseite vorliegen und dem Client nicht bekannt sind

▶ Klassen, die selbst wieder Remote implementieren

Falls die Klasse auf beiden Seiten als Klassenbeschreibung vorliegt, weil es sich etwa um eine Standardklasse handelt, oder sie in beiden Pfaden eingetragen ist, sind keine Probleme zu erwarten. Die übertragenen Daten müssen jedoch von Klassen stammen, die serialisierbar sind.

Wann ist eine Klassenbeschreibung nötig?

Schwierig wird die Lage erst, wenn der Server Klassen benötigt, die beim Client liegen. Es könnte etwa eine entfernte Methode

```
int max( List<?> v );
```

geben, die das Maximum der Elemente aus der Sammlung bildet. Die Elemente sind jedoch Objekte, die der Server vorher nicht gesehen hat, etwa Objekte vom Typ Schutzpatron.

22.5.1 Klassen vom RMI-Klassenlader nachladen

Wir kommen also dazu, dass der Klassenlader Klassen nachladen muss, die für den verteilten Aufruf auf der Client- und Serverseite nötig sind. Das erinnert an einen Applet-Klassenlader, der Gleiches leisten muss. Für RMI-Aufrufe kommt der RMI-Klassenlader `java.rmi.RMI-ClassLoader` zum Zuge. Dieser Lader lädt jetzt die Stellvertreter (die Stubs) sowie weitere benötigte Klassen in die lokale virtuelle Maschine. Woher die Klassen kommen, ist dem Lader egal. Sie können in `CLASSPATH` stehen, im aktuellen Verzeichnis oder auf einem Webserver. Im letzten Fall steuert die Eigenschaft `java.rmi.server.codebase` den Ort.

[zB] **Beispiel** Setzen der Codebase auf einen Webserver, damit das RMI-Programm die benötigten Klassen aus *http://www.cute-lollipop.com/classimlp* laden kann:

```
$ java -Djava.rmi.codebase=http://www.cute-lollipop.com/classimlp
```

Wenn ein Client einen entfernten Aufruf startet, sucht er die Stub-Klasse. Findet er die Klasse nicht in dem eigenen Namensraum, wird die Codebase hinzugezogen. Der Client wird dann die Stub-Klasse von der angegebenen URL anfordern. Der Server überträgt anschließend die Klassendatei zum RMI-Client. Die Stub-Klasse muss dem Server also bekannt sein, da er sie ja übertragen muss.

Sollten die Klassen nur vom Server geladen werden und aus anderen, vielleicht dunklen Stellen des Dateisystems nicht, ist die Eigenschaft `java.rmi.useCodebaseOnly` auf `true` zu setzen.

1292

22.6 Zum Weiterlesen

RMI ist mittlerweile eher eine Technologie im Hintergrund geworden, wie der Fall von verteilten Anwendungen mit Enterprise JavaBeans zeigt. Die passendere Technologie im Fall einer serviceorientierten Architektur ist SOAP, das auch in der Performance akzeptabel ist.

Um mit RMI effektiv arbeiten zu können, ist ein Blick auf die FAQ nützlich: *http://tutego.de/go/rmifaq*. Über SSL/TLS abgesicherte RMI-Verbindungen sind mit speziellen RMI-Socket-Fabrikklassen `javax.rmi.ssl.SslRMIClientSocketFactory` und `javax.rmi.ssl.SslRMIServerSocketFactory` möglich; ein kompaktes Beispiel mit den nötigen Belegungen für `javax.net.ssl.trustStore` und `javax.net.ssl.keyStore` zeigt der News-Beitrag unter *http://forum.java.sun.com/thread.jspa?threadID=5119458&tstart=405*.

Diskussionen rund um den Bereich Java im Enterprise-Bereich finden sich auf der Webseite *http://www.theserverside.com/*. Sie stellt Bücher vor, bietet Videos mit interessanten Java-Persönlichkeiten und Diskussionsforen für EJB, Web-Services, Servlets und JSP.

JMS ist als pure Java-Technologie ebenfalls eingeschränkt, aber einfach zu nutzen. Ein guter JMS-Provider ist ActiveMQ (*http://activemq.apache.org/*). ActiveMQ definiert mit OpenWire ein programmiersprachen-unabhängiges Binärprotokoll und ermöglicht Clients in .NET/C++/C die Teilnahme am Nachrichtenverkehr. Auf der Webseite *http://java.sun.com/products/jms/* gibt es die allgemeine JMS-Spezifikation, Dokumentation und Verweise auf weitere Implementierungen.

*»Lebensfreude entsteht durch Frieden,
der nicht statisch, sondern dynamisch ist.«
– Henry Miller (1891–1980)*

23   JavaServer Pages und Servlets

23.1   Dynamisch generierte Webseiten

In der ersten Generation von Internet-Seiten war jede Seite statisch auf dem Webserver abgelegt. Unterschiedliche Clients (im Allgemeinen Browser) erfragten die Seite und stellten sie dar. Dies reichte jedoch für viele Anwendungen nicht aus und schränkte die Interaktionsfähigkeit ein. Es gibt mehrere gute Gründe für *dynamische Webseiten*, bei denen HTML erst auf Anfrage generiert wird:

▶ Die Seite ist von Benutzereingaben abhängig. Wenn ein Kunde sich beispielsweise für ein Produkt und dessen Preis interessiert hat, wäre es kaum möglich, für jedes Produkt eine aktuelle statische Webseite bereitzustellen. Zudem sieht ja jede Seite anders aus, und so gäbe es sehr viele Seiten. Wenn sich die Produktbeschreibung ändert, müsste der Benutzer immer eine aktuelle Seite sehen. In diesem Fall ist es günstig, die Webseiten bei Bedarf zu erzeugen. Für Einkaufssysteme kommt eine weitere Eigenschaft hinzu: Der Benutzer bewegt sich über mehrere Seiten und verwaltet einen Warenkorb, der anwachsen oder schrumpfen kann.

▶ Web 2.0-Seiten zeichnen sich besonders durch Mitgliederbeteiligung aus, die Content hinzufügen und verändern. Beispiele sind Blogs, Wikis wie Wikipedia oder soziale Netzwerke. Nach jeder Sekunde kann der Inhalt einer Webseite nach dem Neuladen ganz anders aussehen.

Ist der Web-Inhalt dynamisch, kann bei einer Browser-Anfrage der Webserver keine statische Webseite zurückliefern, sondern muss irgendwie auf der Serverseite ein Programm laufen lassen, das dynamisch HTML generiert. Die Interaktion des Webservers, der ja alle Browser-Anfragen annimmt, mit dem Serverprogramm basiert auf speziellen Schnittstellen, wobei die älteste das *Common Gateway Interface* (kurz CGI) ist. Aufgrund von etwa Dateiendungen oder speziellen Pfaden weiß der Server, dass es sich um keine statische Webseite handelt, sondern gibt die Aufforderung zum Aufbau von HTML an ein externes Programm weiter, dass zum Beispiel aus Datenbanken Produktbeschreibungen holt, dann HTML generiert und es zum Webserver gibt, der das HTML wiederum zum Client schickt.

1295

23 | JavaServer Pages und Servlets

Serverseitig gibt es mittlerweile eine ganze Reihe von Programmiersprachen, wobei PHP zu den populärsten zählt. Vereinfacht ausgedrückt passiert Folgendes: Bekommt ein Webserver wie Apache oder IIS eine Anfrage an eine Datei, die auf *.php* endet, so wird die Verarbeitung an den PHP-Interpreter weitergeleitet. Der liest die PHP-Datei ein, interpretiert sie, was zum HTML führt, schickt sie zurück zum Browser, der die Webseite darstellt. Von Microsoft gibt es eine vergleichbare Technologie, die *ASP (Active Server Pages)* bzw. *ASP.NET (Active Server Pages .NET)* genannt wird. Während PHP eine eigene, an C angelehnte Programmiersprache ist, lassen sich bei ASP.NET die .NET-Sprachen wie VB.NET oder C# nutzen. Doch was ist mit Java?

23.1.1 Was sind Servlets?

Servlets sind Java-Programme, die in einem besonders präparierten Java-Webserver ausgeführt werden. Die Besonderheit daran ist zunächst, dass ein Webserver in Java realisiert werden muss, eine andere Besonderheit die, dass die Java-Programme als Kassen vom Java-Webserver geladen und dort auch verwaltet und mit einer besonderen Servlet-Schnittstelle angesprochen werden. Daher heißt ein Java-Webserver, der Servlets lädt und verwaltet, auch *Servlet-Container*. Servlets sind somit ein wenig mit Applets vergleichbar. Ein Applet ist ein Java-Programm auf der Clientseite (im Browser), während ein Servlet ein Programm auf der Serverseite (im Server) ist. Der Browser ist der Applet-Container, während der Java-Webserver mit Servlet-Schnittstelle einen Servlet-Container darstellt.

> **Performant?** Einem modernen Webserver kommt die Aufgabe zu, statischen Content (CSS-, JavaScript-, Grafik-Dateien) zu servieren und auch dynamische Webseiten zu generieren. Die Java-Webserver der aktuellen Generation sind schnell genug, für mittelgroße Seiten auch die traditionellen Webserver wie Apache oder IIS zu ersetzen. Sollte es eine sehr hoch frequentierte Seite sein, so bleiben die etablierten Webserver bestehen und werden so konfiguriert, sodass sie die dynamisch ausführbaren Serverprogramme etwa an einen Servlet-Container weiterreichen.

Die Servlet-API

Das Paket `java.net` deklariert Klassen für die Clientseite, also für die Seite, die eine Anfrage an den Webserver stellt. Für Servlets der Serverseite ist das Paket `javax.servlet` reserviert, was jedoch kein Teil der Java SE ist, doch dazu später mehr.

Um eine Vorstellung davon zu bekommen, wie ein Servlet programmiert ist, werfen wir einen Blick auf ein einfaches Servlet:

Listing 23.1 com/tutego/web/servlet/SchnarchServlet.java

```
package com.tutego.web.servlet;

import java.io.IOException;
import javax.servlet.http.*;
```

1296

```
public class SchnarchServlet extends HttpServlet
{
  @Override
  protected void doGet( HttpServletRequest req, HttpServletResponse res )
      throws IOException
  {
    res.getWriter().println( "'Chr! Schnarch! Razong! Chr! Chr! Rapüh!'" );
    res.getWriter().println( "(Disneys beste Comics, Band 5, S. 218)" );
  }
}
```

Ein Servlet erweitert eine besondere Oberklasse und realisiert eine doGet()-Methode. Die Methode ruft der Servlet-Container immer dann auf, wenn der Client eine Standard-Anfrage über HTTP stellt. Die Implementierung der doGet()-Methode schreibt in einen besonderen Ausgabestrom, der für die Daten bestimmt ist, die zum Client gelangen.

23.1.2 Was sind JavaServer Pages?

Servlets sind Server-Programme, die Webseiten erstellen, indem sie mit println() oder Ähnlichem HTML-Code in den Ausgabestrom schreiben. Ändert sich das Erscheinungsbild, dann muss das Java-Programm umgebaut werden, was aufwändig und fehlerträchtig ist. In der Regel ist der Programmierer auch nicht der Designer, und dieser möchte mit Webseiten-Erstellungsprogrammen wie DreamWeaver oder Microsoft FrontPage arbeiten. In vielen dynamischen Programmen stecken oft nur ein oder zwei Zeilen Dynamik, der Rest ist statischer HTML-Code.

Eine *JSP* (*JavaServer Page*) geht das Problem genau umgekehrt an. Wo ein Servlet eine Java-Klasse ist, die sich um die Ausgabe des HTML-Codes kümmert, ist eine JSP eine HTML-Seite mit eingebettetem Java-Code:

Listing 23.2 datum.jsp
```
<html><body>
Hallo Nutzer. Wir haben heute
<%= new java.util.Date() %>.
</body></html>
```

Selbst eine normale Webseite ohne eingebettete JSP-Kommandos ist eine JSP.

Nun kann der Designer die Visualisierung der Informationen noch nachträglich anpassen, denn Visualisierung und Logik sind getrennt. Wie wäre es, wenn wir einem HTML-Designer einen Quellcode eines Servlets geben und ihn bitten, eine neue Spalte einzufügen?

Der JSP-Compiler

JSP-Skripte werden vom Server automatisch in Servlets übersetzt. Der Server weiß JSP von normalen HTML-Seiten zu unterscheiden, transformiert mithilfe eines JSP-Übersetzers aus der JSP ein Servlet und ruft die bekannten Servlet-Methoden auf, um die Ausgabe zu erzeu-

23 | JavaServer Pages und Servlets

gen. Der Übersetzungsvorgang von JSP in ein Servlet muss nur einmal getätigt werden – danach benutzt der Servlet-Container direkt die übersetzte Klasse.

23.2 Servlets und JSPs mit Tomcat entwickeln

Um Servlets und JavaServer Pages entwickeln und testen zu können, benötigen wir einen Servlet-fähigen Webserver beziehungsweise einen Servlet-Container. Mittlerweile gibt es eine große Anzahl von Herstellern, deren Server Servlets verwalten, und die etablierten Lösungen sind frei.

23.2.1 Servlet-Container

Servlets und Applets sind konzeptionell ähnlich. Daher kann ein Vergleich gewagt werden: Applets werden vom Webbrowser geladen und gestartet. Den Browser können wir dabei als Container für Applets betrachten, der eine Infrastruktur wie die virtuelle Maschine oder Netzwerkeigenschaften bereitstellt. Innerhalb einer Java-Umgebung im Browser können durchaus mehrere Applets parallel eingebunden sein, die untereinander kommunizieren. Genauso verhält es sich mit Servlets. Auch hier benötigen wir einen Container, der alle Servlets verwaltet. Dieser kann entweder in einem Webserver eingebettet sein oder in einem Applikationsserver. Der Container leitet dann Anfragen an das Servlet weiter. Neben der Kommunikation nach außen verwaltet der Container den Lebenszyklus eines Servlets, genau wie ein Browser darüber wacht, ob das Applet gerade sichtbar ist oder nicht. Bei Servlets sieht ein solcher Vorgang wie folgt aus: Ein Client richtet eine HTTP-Anfrage an den Webserver. Dieser bemerkt, dass es sich um ein Servlet handelt, und gibt die Anfrage an den Container weiter. Dieser wiederum verwaltet alle Servlets, spricht genau das Servlet an, das der Benutzer nutzen wollte, und übergibt Datenströme zur Ein- und Ausgabe. Das Servlet liest über den Eingabekanal optional Formularinhalte und generiert über den Ausgabestrom eine HTML-Seite, die der Container an den Client weiterreicht.

23.2.2 Entwicklung der Servlet-/JSP-Spezifikationen

Servlets gibt es schon seit 1995 und so lange wie Java selbst. JavaServer Pages kamen etwas später hinzu, haben sich jedoch genauso in den Jahren weiterentwickelt. Während am Anfang Sun alleine die Bestandteile für JSPs und Servlets spezifizierte, wurde dann ab JSP 1.2 und Servlet 2.3 alles weitere im Java Community Process modelliert. Die JSP-Spezifikationen kamen dabei immer kurz hinter den Servlet-Spezifikationen. Elf Jahre lief der Servlet 2.x-Zweig bis Servlet 2.5, bis die Spezifikation im Dezember 2009 durch Servlet 3.0 abgelöst wurde. Im Bereich JSP ist die aktuelle Version JSP 2.2, die ein Teil der Java EE 6-Technologie ist. Doch immer noch spielen die Spezifikationen JSP 2.1 und Servlet 2.5 eine wichtige Rolle in der Praxis, da a) Java EE 6 noch nicht groß verbreitet ist, b) alleinstehende Servlet 3.0-Container selten sind, c) Tomcat immer noch Platzhirsch im Bereich der Servlet-Container ist und d) große Unternehmen sehr zurückhaltend (konservativ) im Umgang mit neuen Technologien sind.

Servlets und JSPs mit Tomcat entwickeln | **23.2**

23.2.3 Webserver mit Servlet-Funktionalität

Ein Server ist genau dann servlet-fähig, wenn er die Java-Servlet- und JSP-Spezifikation erfüllt. Drei bekannte freie Server sind:

▸ **Apache Tomcat**: Tomcat ist ein Produkt der Apache Software Foundation und steht quelloffen unter der Apache-Lizenz. Er ist wie der Apache-Server frei und zu finden unter *http://tomcat.apache.org/*. Zum Testen von Servlets und JSPs kann Tomcat entweder als Stand-alone-Applikation eingesetzt oder auch in den Apache-Server eingebunden werden. Tomcat 7 ist die neueste Version und implementiert die Standards Servlet 3.0, JSP 2.2 und EL 2.2. Tomcat 6 implementiert die Standards JSP 2.1, Servlet 2.5 und EL 2.1. Tomcat 5.5 ist die offizielle Referenzimplementierung der Servlet 2.4- und JSP 2.0-Spezifikation und bringt die Commons Expression Language 1.0 mit.

▸ **Jetty**: Ein weiterer freier HTTP-Server und Servlet-Container unter der Apache-Lizenz ist Jetty (*http://jetty.mortbay.org/*). Jetty lässt sich leicht in eigene Programme einbauen, die Servlet-/JSP-Funktionalität benötigen, um etwa Web-Services anzubieten. Jetty 6 bietet Unterstützung für den Servlet 2.5-Standard, die aktuelle Version Jetty 8 auch für Servlet 3.0

▸ **GlassFish** (*https://glassfish.dev.java.net/*): Die Referenzimplementierung der Java EE 5- und Java EE 6-Spezifikationen, GlassFish, integriert einen Web-Container.

23.2.4 Tomcat installieren

Der Tomcat-Server liegt unter *http://tomcat.apache.org/download-60.cgi* als komprimiertes Archiv (*.zip* oder *.tar.gz*) oder Installer für Windows (*.exe*) zum Laden bereit. Wir entscheiden uns für das Zip-Archiv *apache-tomcat-6.0.29.zip*, das wir auspacken müssen – im Folgenden wird der Pfad *C:\Program Files\apache-tomcat-6.0* angenommen (die 6er Version reicht für uns, bis sich die Version 7 etabliert, müssen wir noch einige Jahre warten). Im Verzeichnis von Tomcat gibt es folgende Unterordner:

Ordner	Beschreibung
bin	Ordner mit Batch-Skripten zum Starten/Beenden des Servers
conf	Konfigurationsdateien
lib	Jar-Dateien von Tomcat und für eigene Webapplikationen
logs	Logging-Dateien
temp	Ordner für temporäre Dateien
webapps	Webapplikationen
work	Servlets, die aus JSPs generiert wurden

Tabelle 23.1 Unterordner im Verzeichnis von Tomcat

Tomcat definiert zwei Teilprojekte mit den Namen *Catalina* und *Jasper*. Catalina ist für Servlets zuständig, und Jasper ist der JSP-Compiler, der JavaServer Pages in Servlets übersetzt. Jasper ist selbst ein Servlet. Bei einer Installation sind beide Teile aktiv.

1299

23 | JavaServer Pages und Servlets

Starten und Beenden

Im Ordner *bin* befindet sich zum Starten eine Batch-Datei *startup* (mit der Endung *.bat* für Windows und *.sh* für Unix-Systeme). Die könnte sofort gestartet werden, Tomcat setzt aber eine gesetzte Umgebungsvariable JAVA_HOME voraus. Über die Systemeigenschaften könnten wir diese Variable setzen, doch wählen wir den einfachen Weg und editieren für Windows *startup.bat*. Die ersten Zeilen werden dann etwa sein:

Listing 23.3   C:\Program Files\apache-tomcat-6.0\bin\startup.bat

```
@echo off
SET JAVA_HOME= C:\Program Files\Java\jdk1.6.0
if "%OS%" == "Windows_NT" setlocal
```

Jetzt lässt sich Tomcat über *startup* starten, und Konsolenmeldungen erscheinen. Ein Blick im Browser auf die lokale Adresse *http://localhost:8080/* zeigt die Tomcat-Startseite. Hier finden sich Beispiele und die APIs für das Paket.

Konfiguration

Im Unterverzeichnis *conf* liegt die XML-Datei *server.xml*, die wichtigste Konfigurationsdatei für den Server. Hier lässt sich beispielsweise der Port anpassen; ohne Veränderung der Voreinstellungen installiert sich der Webserver auf dem lokalen Rechner auf Port 8080.

23.2.5 Ablageort für eigene JSPs

Die Hauptseite, die bei *http://localhost:8080/* im Browser bezogen wird, befindet sich physikalisch unter: *C:\Program Files\apache-tomcat-6.0\webapps\ROOT\index.jsp*.

Unsere erste JSP wollen wir zum Testen direkt unter *ROOT* setzen:

Listing 23.4   C:\Program Files\apache-tomcat-6.0\webapps\ROOT\date.jsp

```
<html><body>
Hallo Nutzer. Wir haben heute
<%= new java.util.Date() %>.
</body></html>
```

Im Browser steuert die URL *http://localhost:8080/date.jsp* diese neue JSP an. Jasper übersetzt die JSP in ein Servlet und führt es aus, sodass der Browser etwa anzeigt:

```
Hallo Nutzer. Wir haben heute Fri Jul 20 09:05:05 CEST 2007.
```

Dass unsere JSPs unter *ROOT* liegen, ist zwar praktisch, aber unprofessionell. Wir sollten sie in ein anderes Verzeichnis legen. So können wir ohne Schwierigkeiten unsere Projekte weitergeben und müssen uns auch bei einer Neuinstallation von Tomcat keine Sorgen machen. Dafür ist jedoch etwas Konfigurationsaufwand erforderlich. Vereinfachen können wir uns die Arbeit, indem wir ein Eclipse-Plugin nutzen.

Servlets und JSPs mit Tomcat entwickeln | **23.2**

23.2.6 Webapplikationen

Eine Webapplikation definiert die logische Struktur der Elemente, die zu einer Webanwendung gehören. Insbesondere sind diese Elemente statische Webseiten, Bilder und Medien, JSPs und Servlets, externe Bibliotheken, Tag-Libraries, Beans und Applets. Jeder Webapplikation wird ein eigenes Verzeichnis zugeordnet, in dem es eine vordefinierte Verzeichnisstruktur gibt. Von besonderer Bedeutung ist das Unterverzeichnis *WEB-INF*, das auch Tomcat für Beispiel-Webapplikationen nutzt:

- ▶ *C:\Program Files\apache-tomcat-6.0\webapps\examples\WEB-INF*
- ▶ *C:\Program Files\apache-tomcat-6.0\webapps\ROOT\WEB-INF*

In *WEB-INF* stehen Objekte, die der Webserver nicht nach außen freigibt, etwa Servlet-Klassen, obwohl die Servlets selbst natürlich nutzbar sind. Des Weiteren findet sich in *WEB-INF* eine Datei *web.xml*, der so genannte *Deployment-Descriptor*. Unter *WEB-INF* können zusätzlich die Unterverzeichnisse *classes* und *lib* definiert werden, so wie Tomcat es auch für die Webapplikation *examples* vornimmt.

- ▶ *classes*: Das Verzeichnis nimmt übersetzte Java-Klassen auf. Das können Servlets, Java-Beans oder andere Klassen sein. Der Servlet-Container nimmt die Objekte automatisch in den Suchpfad mit auf.

- ▶ *lib*: Im Unterverzeichnis *lib* stehen Jar-Archive, die ebenfalls in den Suchpfad aufgenommen werden.

Tomcat beginnt mit der Suche nach Klassen im Verzeichnis *WEB-INF/classes* und sucht, falls die Klassen dort nicht zu finden waren, anschließend in *WEB-INF/lib* weiter. Unter dem Ordner *lib* direkt im Installationsverzeichnis von Tomcat können applikationsübergreifende Bibliotheken abgespeichert sein.

Beispiel So kann die Verzeichnisstruktur einer Webapplikation aussehen: **[zB]**

index.jsp
login.jsp
pics/logo.gif
WEB-INF/web.xml
WEB-INF/table.tld
WEB-INF/lib/driver.jar
WEB-INF/classes/com/tutego/servlet/ChartServlet.class
WEB-INF/classes/com/tutego/beans/Customer.class

23.2.7 Zuordnung von Webapplikationen zu physikalischen Verzeichnissen

Um nicht unter dem Ordner *webapps* die Webapplikationen ablegen zu müssen, gilt es, die Datei *conf/server.xml* im Tomcat-Verzeichnis zu modifizieren. Dort ist ein Eintrag eingebunden, der genau den Pfad auf unser Projekt angibt, sodass Tomcat einer Webapplikation ein Verzeichnis zuordnen kann. Die Zuordnung geschieht dabei mit einem XML-Eintrag `Context`

1301

23 | JavaServer Pages und Servlets

im `Host`-Element, der unter *http://tomcat.apache.org/tomcat-6.0-doc/config/context.html* genau beschrieben ist.

[zB]

> **Beispiel** Mit einen neuen Eintrag in *server.xml* kommen die Beispiele des Buches in einen neuen Kontext:
>
> ```
> <Context path="/web"
>          docBase="C:/Insel/programme/20_JSPServlets/WebContent"
>          reloadable="true" />
> ```
>
> Nach der Änderung muss Tomcat neu gestartet werden. Nach dem Start befinden sich die JSPs dann unter *http://localhost:8080/web/*.

23.2.8 Web-Projekt mit Eclipse IDE for Java EE Developers

Mit der *Eclipse IDE for Java EE Developers* (vorgestellt in Kapitel 1, »Java ist auch eine Sprache«) ist die Entwicklung von JSPs und Servlets sehr komfortabel, das Gleiche gilt für die Net-Beans-IDE.

Einen Server anmelden

Zuerst soll Tomcat als Web-Container angemeldet werden. Wir wählen dazu unter WINDOW • PREFERENCES… im Baum unter SERVER den Eintrag SERVER RUNTIME ENVIRONMENTS. Unter ADD… öffnet sich ein neuer Dialog, wo wir im Baum APACHE dann APACHE TOMCAT V6.0 auswählen und mit NEXT einen weiteren Dialog bekommen. Dort ist der Installationsort von Tomcat einzutragen, etwa *C:\Program Files\apache-tomcat-6.0*. FINISH beendet den kleinen Dialog, und anschließend ist auch im Dialog PREFERENCES der Tomcat-Server eingetragen.

Jetzt kann Eclipse grundsätzlich etwas mit Tomcat anfangen, aber die Tomcat-Instanz soll in einer eigenen Eclipse-Ansicht angezeigt und verwaltet werden (die Ansicht ist in der Java EE-Perspektive automatisch eingeblendet). Falls die Ansicht nicht sichtbar ist, aktivieren wir sie unter WINDOW • SHOW VIEW und wählen dann unter SERVER den Punkt SERVERS. In der neuen Ansicht ist – falls noch nicht eingetragen – im Kontextmenü unter NEW • SERVER der TOMCAT V6.0 SERVER auszuwählen und mit FINISH zu übertragen.

Ein neues Web-Projekt

Nach dem Bekanntmachen des Servers können wir das Web-Projekt anlegen. (Ohne es verschweigen zu wollen: Auch dort lässt sich noch der Server anlegen.)

1. Wir wählen dazu FILE • NEW • OTHER…, dann unter WEB den Eintrag DYNAMIC WEB PROJECT.

2. Im neuen Dialog NEW DYNAMIC WEB PROJECT geben wir bei PROJECT NAME einen Projektnamen an. Für mein Kapitel wähle ich 23_JSPSERVLETS.

3. Unter TARGET RUNTIME ist unser Apache Tomcat ausgewählt. Bei mehreren Servern oder Servern, die vorher unter den Einstellungen nicht angemeldet wurden, kann jetzt noch schnell ein Server bestimmt werden.

1302

4. FINISH würde das Projekt schon jetzt abschließen, doch wir wollen noch den Namen der CONTEXT ROOT anpassen. Im nächsten Dialog unter NEXT vergibt das WTP als Standardnamen den Namen des Projekts. Den möchte ich in »web« ändern. Jetzt darf FINISH den Wizard abschließen und das WTP unser Projekt aufbauen.

Die logische Verzeichnisstruktur ist wie folgt:

▶ Unter JAVA SOURCES: SRC befinden sich Java-Quellen für Servlets, Beans, Tag-Implementierungen und ganz allgemeine Quellcodeklassen.

▶ Das Verzeichnis WEBCONTENT bildet das Dokumenten-Wurzelverzeichnis mit den üblichen Webapplikationsverzeichnissen *WEB-INF* und *META-INF* sowie der zentralen Datei *web.xml*.

Eine neue HTML-/JSP-Seite

Ist im Projektbaum WEBCONTENT selektiert, finden sich im Kontextmenü unter NEW die Einträge HTML und JSP. In beiden Fällen ist der Dateiname anzugeben – ohne Dateiendung. Ein Ende mit FINISH liefert eine Seite mit Standard-Vorlage; wählen wir NEXT, können wir eine Vorlage auswählen.

Ist eine JSP oder HTML-Seite angelegt, kann mit gestartetem Tomcat-Server einfach der interne Webbrowser über das Kontextmenü RUN AS • RUN ON SERVER • FINISH die Seite anzeigen.

23.3 Statisches und Dynamisches

23.3.1 Statischer Template-Code

Das Gerüst einer JSP ist der *Template-Code*. Er besteht im Allgemeinen aus einem (X)HTML-Dokument, doch lassen sich auch andere Beschreibungssprachen wie XML oder WML für mobile Endgeräte verwenden. Beim Aufruf der Seite kommt dieser Text ungefiltert beim Client an.

Da der Datenstrom ungefiltert zum Client geht, müssen Sonderzeichen wie < und & vom Autor der Seite richtig kodiert werden. Alle Nicht-ASCII-Zeichen sollten als Entity geschrieben werden, die von der Form &XXX; sind – eine Übersicht gibt die Seite *http://www.htmlhelp.com/reference/html40/entities/*. Ob die Seite HTML-(oder XHTML-)konform ist, testet ein Tool wie *http://validator.w3.org/*.

23.3.2 Dynamische Inhalte

Neben dem Template einer Seite lassen sich unterschiedliche JSP-Konstrukte in eine Seite einbetten:

▶ **Ausdrücke mit der JSP EL (Expression Language)**: Die EL-Ausdrücke beginnen mit einem Dollar-Zeichen und enthalten in geschweiften Klammern den Ausdruck für Rechenanweisungen, wie `${1+2}`, oder Zugriffe auf Werte von Beans, etwa mit `${person.name}`.

▶ **Tag-Bibliotheken**: Mit Tags ist eine Verarbeitung verbunden, um etwa mit `<c:if>` Teile der Webseite auszusparen oder einzusetzen.

▶ **Scripting-Elemente**: Sie enthalten Java-Programmcode, der direkt in das aus der JSP generierte Servlet wandert. So setzt zum Beispiel `<%= new java.util.Date() %>` das aktuelle Datum in die Seite.

▶ **Direktiven**: Direktiven steuern die Struktur der Seite, setzen den Content-Type und übernehmen zum Beispiel den Import einer Unterseite. Im Quellcode tauchen Direktiven über die Schreibweise `<jsp:directive>` auf.

▶ **Aktionen**: Aktionen interagieren zur Laufzeit mit dem Servlet-Container. So lassen sich Komponenten wie JavaBeans oder Webressourcen einbinden. Für jede JSP-Aktion gibt es einzelne Tags, etwa `<jsp:include>`, `<jsp:forward>`, `<jsp:useBean>`.

23.3.3 Kommentare

In einer JSP können zwei Arten von Kommentaren eingesetzt werden. Kommentare, die nicht in die Ausgabe gehen und folglich auch nicht zum Browser wandern, haben eines der beiden Formate:

```
<%-- Kommentar --%>
<% /** Kommentar **/ %>
```

JSP-Kommentare lassen sich, genauso wie normale Kommentare, nicht schachteln.

Der zweite Kommentar-Typ ist ein HTML-Kommentar, der auf der Clientseite sichtbar ist. Er hat folgendes Format:

```
<!-- Kommentar -->
```

Elegant an dieser Schreibweise ist, dass in den Kommentaren auch Ausdrücke eingesetzt werden können. Um zum Beispiel eine Versionsnummer, die in der Variablen `version` gehalten wird, zu schreiben, reicht Folgendes:

```
<!-- <%= version %> -->
```

23.4   Die Expression Language (EL)

Seit JSP 2.0 lassen sich mit der *Expression Language (EL)* Ausdrücke schreiben, und es ist möglich, auf Geschäftsdaten zuzugreifen:

Listing 23.5   el.jsp

```
${10 mod 4} == 2
${(10*10) ne 100} == false
${"tutego" == 'tutego'} == true
```

Das Ergebnis des EL-Ausdrucks wird in die Seite geschrieben.

Die Expression Language (EL) | **23.4**

EL nicht verarbeiten

Um das Verarbeiten von EL-Ausdrücken für eine Seite zu unterbinden, ist folgende Zeile in die JSP aufzunehmen:

```
<jsp:directive.page isELIgnored="true" %>
```

23.4.1 Operatoren der EL

Die EL kennt die bekannten Java-Operationen, fügt aber alternative Schreibweisen hinzu, sodass zum Beispiel statt `${12 / 3}` auch `${12 div 3}` gestattet ist.

Operator	Beschreibung
+, -	Addition, Subtraktion
*	Multiplikation
/, div	Division
%, mod	Modulo (Rest)
==, eq	Gleichheit
!=, ne	Ungleichheit
<, lt	kleiner als
>, gt	größer als
<=, le	kleiner gleich
>=, ge	größer als
&&, and	logisches Und
||, or	logisches Oder
!, not	Boolean-Komplement
a ? b : c	Bedingungsoperator
empty	Testet, ob ein Wert null oder leer ist.

Tabelle 23.2 Operatoren der EL

23.4.2 Literale

Wie die Programmiersprache Java definiert die JSP Expression Language Literale:

▸ **Boolean**: mit den Werten true and false

▸ **Ganzzahlen**: wie in Java etwa 24, –45, 567

▸ **Fließkommazahlen**: auch wie in Java, etwa –1.8E-45, 4.567

▸ **String**: Zeichenkette, die entweder in einfachen oder doppelten Anführungsstrichen steht. Es gibt keine Unterscheidung zwischen einzelnen Zeichen und Zeichenketten; die EL kennt nur Strings.

▸ **Null**: Null

1305

23.4.3 Implizite EL-Objekte

Der Web-Container stellt einige vorinitialisierte Objekte bereit, auf die ein EL-Ausdruck zurückgreifen kann:

Listing 23.6 implicit.jsp

```
${pageContext.request.contextPath} <br/>
${header.host} <br/>
${pageContext.servletContext.servletContextName}
```

Die Ausgabe könnte sein:

```
localhost:8080
/web
20_JSPServlets
```

Eine ganze Reihe von impliziten EL-Objekten arbeitet als Assoziativspeicher.

param	Request-Parameter
paramValues	Parameter-Namen und Werte im Feld
header	Header-Namen
headerValues	Header-Namen und Belegungen im Feld
cookie	Cookie-Name mit Cookie-Objekt
initParam	Parameter aus Kontext-Initialisierung

Das implizite Objekt `pageContext` (keine Map) ist Start für Unterelemente:

ServletContext	Repräsentiert den `ServletContext`.
Session	Steht für die aktuelle `HttpSession`.
Request	`ServletRequest` **der Anfrage**
Response	`ServletResponse` **des Ergebnisses**

Außerdem verwalten vier implizite Objekte `pageScope`, `requestScope`, `sessionScope` und `applicationScope` Objekte in einem der vier Gültigkeitsbereiche.

23.5 Formulardaten

Geht eine HTTP-Anfrage an den Server, kann der Client Daten mitgeben, etwa Formulardaten zur Anmeldung eines Benutzers oder Suchbegriffe. Die übermittelten Parameter verarbeitet der Servlet-Container automatisch und stellt sie über das implizite EL-Objekt `param` einer JSP zur Verfügung. Dass bei GET der Client die Informationen hinter einem Fragezeichen an die URL anhängt und bei POST die Daten über einen Datenstrom zum Server gelangen, merken wir in der JSP nicht, denn das Auslesen sieht immer gleich aus.

Formulardaten | **23.5**

23.5.1 Einen Parameter auslesen

Wollen wir testen, ob der Benutzer gut in Form ist und einen Parameter eingetragen hat, schreiben wir:

Listing 23.7 parameter.jsp

```
Dein Name ist ${param.name}.
```

Füllen wir den Parameter für die JSP etwa so:

http://localhost:8080/web/parameter.jsp?<u>name=Christian</u>

Der Parameter-String ist von der Groß- und Kleinschreibung abhängig. Der zurückgegebene Wert ist gleich im passenden Format und muss nicht erst eine Entschlüsselung durchlaufen.

Rufen wir die JSP ohne Parameter auf, liefert der EL-Ausdruck einen Leerstring (also `""`). So existiert zwar der Schlüssel, doch ist kein Wert kodiert. `null` kann der Ausdruck nicht werden!

23.5.2 HTML-Formulare

Bisher haben wir unsere HTML-Seiten nur für Ausgaben genutzt. HTML-Seiten könnten aber auch Eingabefehler für Benutzerinteraktionen aufweisen. Zu den Interaktionselementen gehören unter anderem Textfelder, Schaltflächen und Listen. Für diese Elemente gibt es spezielle Tags. Die wichtigsten sind:

HTML-Tag	Beschreibung
`<input type="text">`	Eingabefeld
`<input type="submit">`	Submit-Button
`<input type="password">`	Eingabefeld für Passwörter
`<input type="checkbox">`	Checkbox
`<input type="radio">`	Radiobutton mit optionaler Gruppe
`<textarea>`	mehrzeilige Eingabe
`<button>`	Schaltflächen
`<select>` mit `<option>`	Auswahllisten (Pulldown-Menü)

Tabelle 23.3 HTML-Tags für Interaktionselemente

Die Elemente werden in *HTML-Formularen* zusammengefasst. Damit eine HTML-Datei ein HTML-Formular definiert, sind die Formularelemente in das HTML-Element `<form>` zu setzen:

Listing 23.8 formular.jsp

```
<form action="parameter.jsp">
Name: <input name="name" /> <input type="submit" />
</form>
```

1307

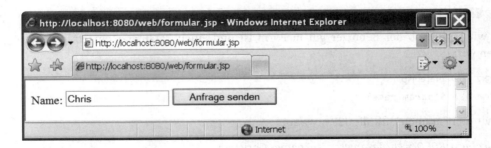

Ein <form>-Tag bekommt das Attribut action, damit beim Absenden des Formulars der Webbrowser weiß, welche Zielseite er ansteuern muss. In unserem Fall ist dies die schon definierte Seite *parameter.jsp*. Im Rumpf von <form> steht das Textfeld, welches die Texteingabe später unter dem Namen name verfügbar macht. Neben dem Textfeld beinhaltet das Formular eine Submit-Schaltfläche, die einen Seitenwechsel hervorruft.

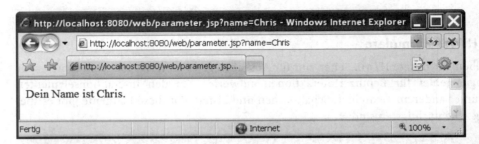

Das Bestätigen der Submit-Schaltfläche führt dazu, dass der Browser alle Formulardaten einsammelt und zum Server überträgt. Da standardmäßig das GET-Protokoll verwendet wird, bekommen wir vom Browser eine URL zusammengebaut, die alle Formulardaten kodiert. Die Empfangsseite kann natürlich nicht unterscheiden, wer die URL konstruiert hat, der Browser oder wir.

> **Tipp** Für die Benennung der Formularfelder gibt es eine Spezifikation, die sich ECML (*Electronic Commerce Modeling Language*) nennt. Sie wird im RFC 3106 (*http://www.faqs.org/rfcs/rfc3106.html*) beschrieben. Das Format legt Felder fest, die insbesondere für E-Commerce genutzt werden können. Mitverantwortliche für diesen Standard sind unter anderem AOL, American Express, Compaq, CyberCash, Discover, Financial Services Technology Consortium, IBM, MasterCard, Microsoft, Novell, Sun und Visa.

23.6 Auf Beans zurückgreifen

Eine JavaBean ist eine einfache Softwarekomponente mit einem Standard-Konstruktor und enthält nach einem Namensschema benannte Methoden. Für eine Eigenschaft XXX existieren die Methoden setXXX() oder getXXX(). Eine JSP kann Beans erzeugen, Properties lesen und

Auf Beans zurückgreifen | **23.6**

schreiben und auf diese Weise Geschäftslogik anstoßen. JavaBeans stellen somit das Backend der Webapplikation dar.

23.6.1 Beans in JSPs anlegen

Die JSP-Aktion `<jsp:useBean>` macht in der JSP eine JavaBean-Instanz verfügbar, die über einen EL-Ausdruck oder über ein Scriptlet verwendet werden kann:

Listing 23.9 now.jsp

```
<jsp:useBean id="now" class="java.util.Date" />
Heute ist ${now}.
```

Die Aktion `<jsp:useBean>` erwartet zwei Attribute:

▶ `id`: Gibt den Namen der Bean an. Der Name muss ein gültiger Java-Bezeichnername sein, denn die Aktion führt zu einer lokalen Variablen im Servlet, auf die ein Scriptlet zugreifen kann.

▶ `class`: Identifiziert mit dem voll qualifizierten Klassennamen die JavaBean.

Der Ausdruck `${now}` ruft automatisch die `toString()`-Methode der Bean auf, sodass das aktuelle Datum in der JSP erscheint.

23.6.2 Properties einer Bean im EL-Ausdruck erfragen

Mit der JSP Expression Language können nicht nur einfache Literale wie in `${12+12}` verarbeitet werden, sondern es lassen sich wie zum Beispiel in `${now.year}` auch JavaBeans-Properties erfragen. Dazu ist der Name der Property nach einem Punkt hinter dem Bean-Namen zu setzen. Da das `Date`-Objekt die (deprecated) Setter/Getter `setYear()` und `getYear()` besitzt, ist für den Zugriff auf das Jahr Folgendes zu schreiben:

Listing 23.10 year.jsp

```
<jsp:useBean id="now" class="java.util.Date" />
Jahr: ${1900 + now.year}.
```

Properties beginnen immer mit einem Kleinbuchstaben!

23.6.3 Properties mit <jsp:setProperty> setzen

Die EL bietet nur Leseoperationen, sodass zum Belegen von Bean-Attributen eine andere Syntax zu wählen ist. JSP definiert zum Setzen von Properties die Aktion `<jsp:setProperty>`. Setzen wir ein `Date`-Objekt auf den 12.3.1973:

Listing 23.11 mybirthday.jsp

```
<jsp:useBean id="birthday" class="java.util.Date" />
<jsp:setProperty name="birthday" property="date" value="12" />
<jsp:setProperty name="birthday" property="month" value="2" />
<jsp:setProperty name="birthday" property="year" value="${ 1973 - 1900 }" />
${birthday}
```

1309

23 | JavaServer Pages und Servlets

Konvertierungen von String in den Property-Datentyp nimmt der Web-Container selbstständig vor – natürlich kann es zu Konvertierungsfehlern kommen. Im Attribut `value` sind auch EL-Ausdrücke zur Berechnung möglich, was der letzte Ausdruck zeigt.

[»] **Hinweis** Wir haben auf die Properties mit der EL zugegriffen, aber vor JSP 2.0 kam `<jsp:getProperty>` mit den Attributen `name` und `property` zum Einsatz.

23.6.4 Bean-Klasse zum Testen von E-Mail-Adressen

Wir wollen zunächst eine einfache Bean schreiben, die eine E-Mail-Adresse auf Korrektheit prüft. Dabei bedienen wir uns eines kleinen regulären Ausdrucks, den wir bereits in Kapitel 4, »Der Umgang mit Zeichenketten«, vorgestellt haben:

Listing 23.12 com/tutego/web/EMailChecker.java

```java
package com.tutego.web;

public class EMailChecker
{
  private String email = "";

  public void setEmail( String email )
  {
    this.email = email;
  }

  public String getEmail()
  {
    return email;
  }

  public boolean isValidEmail()
  {
    return email.matches( "[\\w|-]+@\\w[\\w|-]*\\.[a-z]{2,3}" );
  }
}
```

Insgesamt bietet die Bean zwei Properties an:

▸ `email`. Lese-/Schreib-Property

▸ `validEmail`. Nur-Lesen-Property

Hinter der Property `email` stehen Setter/Getter, die auf das private Attribut `email` zugreifen. Die Property `validEmail` bedient sich ebenfalls der internen Variablen `email` und wird nicht durch ein eigenes internes Attribut gestützt. (Wenn ein Wert aus einem anderen Wert hervorgeht, so nennt sich das in UML eine *abgeleitete Eigenschaft* – mit Vererbung hat das nichts zu tun.)

1310

E-Mail-Bean in der JSP nutzen

Zum Testen soll eine JSP eine `EMailChecker`-Bean anlegen und sie mit unterschiedlichen E-Mail-Adressen füttern. Für jede E-Mail-Adresse wird dann die Property `validEmail` sagen, ob die E-Mail auf den ersten Blick korrekt oder nicht korrekt aussieht:

Listing 23.13 email.jsp

```
<jsp:useBean id="emailchecker" class="com.tutego.web.EMailChecker" />
<jsp:setProperty name="emailchecker" property="email" value="a@b.com" />
${emailchecker.validEmail}
<br>
<jsp:setProperty name="emailchecker" property="email" value="@b.com" />
${emailchecker.validEmail}
<br>
<jsp:setProperty name="emailchecker" property="email" value="a@b" />
${emailchecker.validEmail}
```

23.6.5 Parameterwerte in Bean übertragen

Um die Bean mit Benutzerwerten zu füttern, ist lediglich auf einen Parameter zurückzugreifen. Wollten wir zum Beispiel eine Mail-Adresse an ein Programm *emailcheck.jsp* übermitteln, schreiben wir (das »@« müsste eigentlich umkodiert werden in »%40«):

http://localhost:8080/web/emailcheck.jsp?email=a@b.com

Die Bean soll die E-Mail aus dem Parameter `email` speichern und dann auswerten:

Listing 23.14 emailcheck.jsp

```
<jsp:useBean id="emailchecker" class="com.tutego.web.EMailChecker" />
<jsp:setProperty name="emailchecker" property="email" value="${param.email}" />
${emailchecker.email} ist gültig? ${emailchecker.validEmail}
```

Damit ergibt sich auf der Webseite:

```
a@b.com ist gültig? true
```

`<jsp:setProperty>` ohne value

Der Zugriff auf die Parameter einer Anfrage und das Speichern des Attributs in der Bean ist eine häufig gestellte Aufgabe. Daher haben die Entwickler eine Abkürzung vorgesehen. Hier wird bei `<jsp:setProperty>` einfach das Attribut `value` weggelassen.

```
<jsp:setProperty name="emailchecker" property="email" />
```

Damit wird der Wert direkt aus dem Parameter ausgelesen, wie üblich automatisch konvertiert und auf eine Property übertragen; dieser Vorgang trägt den gleichen Namen wie der Parameter.

Ist der Wert von `property="*"`, werden alle Eigenschaften aus den Parametern ausgelesen und die entsprechenden `setXXX()`-Methoden der Bean aufgerufen.

23 | JavaServer Pages und Servlets

23.7 JSP-Tag-Libraries

Unsere bisherigen Webseiten bestanden hauptsächlich aus Visualisierungen mit eingestreuten Java-Quellcode-Stücken. Bei guter Arbeit haben wir ausgiebig Beans benutzt, die das Datenmodell beinhalten. Leider bleibt dann immer noch das Problem, dass zu viel Java-Quellcode in der JSP verbleiben kann, was auch daran liegt, dass die Beans kein HTML erzeugen sollen, damit sie universell wiederverwendbar sind – Beans sollen mit JSPs direkt nichts zu tun haben. Erzeugen die Beans jedoch kein HTML und soll die JSP es ebenfalls nicht tun, bleibt die Frage, wer denn dann HTML-Ausgaben erzeugen soll und wie ohne Java-Programmcode Seitensteuerung stattfinden soll.

Die Antwort liegt in speziellen Bibliotheken mit *benutzerdefinierten Tags* (engl. *custom tag libraries*), kurz *TagLibs* genannt. Diese Tags sind gültiges XML, sodass es mit ihnen möglich wird, eine Webseite ganz ohne Scriptlets zu formulieren. Ein XML-Prozessor kann eine generierte Datei mit Tags dann als korrektes XML validieren.

Der Autor der Tags definiert nach außen eine Funktionalität ähnlich der der Beans. Den Nutzer hat es nicht zu interessieren, wie die Tags implementiert sind. Mittlerweile gibt es eine ganze Reihe von freien Tag-Bibliotheken, etwa bei *http://coldjava.hypermart.net/jsp.htm*. Ein interessantes Beispiel ist *http://coldjava.hypermart.net/servlets/skypetag.htm*, das anzeigt, ob ein Benutzer bei Skype angemeldet ist oder nicht.

23.7.1 Standard Tag Library (JSTL)

Sun standardisierte mit der *JSTL (Java Standard Tag Library)* eine Sammlung von Tag-Bibliotheken, mit denen Webentwickler typische Aufgaben lösen können:

▶ Kernaufgaben (Iterationen, Fallunterscheidungen)

▶ landestypische Formatierungen

▶ XML-Verarbeitung (Parsing, Transformationen)

▶ Datenbankanbindungen

Besonders die Kern-Tags sind interessant und finden sich verbreitet in vielen Webapplikationen.

JSTL beziehen

Um die JSTL-Tags in einer JSP nutzen zu können, sind zum einen Implementierungen nötig und zum anderen Beschreibungsdateien, so genannte *TagLib-Deskriptoren*. Die aktuelle JSTL 1.2 ist Teil der Java EE 5-Spezifikation, sodass wir entweder unsere JSPs auf einem Applikationsserver wie GlassFish laufen lassen, oder wir beziehen die JSTL-Implementierungen von der Webseite *https://jstl.dev.java.net/* und können unsere JSPs ganz normal im Tomcat ausführen. Unter *https://jstl.dev.java.net/download.html* werden die zwei Java-Archive *jstl-api-1.2.jar* und *jstl-impl-1.2.jar* aufgeführt, die im Klassenpfad der Webapplikation liegen müssen. Für die Aufnahme im Klassenpfad gibt es zwei Möglichkeiten. Neue Bibliotheken sind

1312

entweder global für alle Webapplikationen oder lokal für genau eine Webapplikation. Im ersten Fall sind sie unter Tomcats Ordner *lib* abzulegen, im lokalen Fall im *WEB-INF/lib*-Verzeichnis der Webapplikation. Der erste Weg ist der einfachste, weil damit die aktuelle JSTL-Implementierung für alle Webapplikationen bereitsteht und auch beim Deployment in einem Java EE 5-Container keine Kollisionen verursacht.

TagLibs nutzen

In einer JSP meldet die TagLib-Direktive eine Tag-Bibliothek an. Ihr allgemeines Format ist:

```
<%@ taglib uri="URIForLibrary" prefix="tagPrefix" %>
```

Die Direktive definiert einen Namensraum (Präfix) und einen logischen Namen, mit dem der Tag-Library-Deskriptor verbunden ist. Im Fall der JSTL kann der Web-Container automatisch mit den logischen Namen die Tags assoziieren, bei eigenen TagLibs muss entweder in *web.xml* eine Zuordnung vorgenommen werden oder in der taglib-Direktive ein physikalischer Verweis stehen.

Die JSTL definiert mehrere TagLibs, die alle ihre eigenen logischen Namen tragen und ein übliches Präfix für den XML-Namensraum bekommen:

TagLib	Übliches Präfix	Logischer Name/URI
Core	c	*http://java.sun.com/jsp/jstl/core*
Formatierung	fmt	*http://java.sun.com/jsp/jstl/fmt*
Funktionen	fn	*http://java.sun.com/jsp/jstl/functions*
SQL	sql	*http://java.sun.com/jsp/jstl/sql*
XML	x	*http://java.sun.com/jsp/jstl/xml*

Tabelle 23.4 Von der JSTL definierte TagLibs

Was eine TagLib für Tags definiert und welche Attribute nötig und erlaubt sind, dokumentiert die Webseite *http://download.oracle.com/docs/cd/E17802_01/products/products/jsp/jstl/1.1/docs/tlddocs/*.

Hinweis Es gibt eine alternative Darstellung, die XML-tauglicher ist und am Beispiel eines HTML-Dokuments gezeigt werden soll:

```
<html
  xmlns:c="http://java.sun.com/jsp/jstl/core">
  <head><title>Hallo Titel</title></head>
  <body />
</html>
```

Core-Tags

Unter den Core-Tags finden sich Tags für Ausgabe, URL-Behandlung und imperatives Programmieren:

23 | JavaServer Pages und Servlets

▶ `<c:out>`: Ausgabe von Werten, mit und ohne Umkodierungen der HTML-Sonderzeichen `<`, `&`

▶ `<c:set>`: Setzt Variablen in einen Gültigkeitsbereich.

▶ `<c:remove>`: Löscht Variablen aus einem Gültigkeitsbereich.

▶ `<c:if>`, `<c:choose>`, `<c:when>`, `<c:otherwise>`: Realisieren Fallunterscheidungen.

▶ `<c:forEach>`, `<c:forTokens>`: Iterieren über Mengen oder Zeichenketten.

▶ `<c:catch>`: Fängt Ausnahmen auf.

▶ `<c:url>`, `<c:redirect>`, `<c:import>`: für URLs, Umleitungen und Einbettungen

Fallunterscheidung mit `<c:if>` und `<c:choose>`

Mithilfe der Fallunterscheidung soll eine Ausgabe erfolgen, wenn die Anzahl der Millisekunden der aktuellen Uhrzeit gerade ist:

```
<%@ taglib uri="http://java.sun.com/jsp/jstl/core" prefix="c"%>
<jsp:useBean id="datum" class="java.util.Date" />
${datum.time}:
<c:if test="${datum.time mod 2 == 0}">
 Gerade Anzahl Millisekunden.
</c:if>
```

Da es beim `<c:if>` keine Alternative mit else gibt, bietet JSTL eine andere Lösung über `<c:choose>` (wer XSLT kennt, ist mit der Schreibweise schnell vertraut):

```
<%@ taglib uri="http://java.sun.com/jsp/jstl/core" prefix="c"%>
<c:set var="alter" value="1" />
<c:choose>
 <c:when    test="${alter < 16}" >
 Kind
 </c:when>
 <c:when    test="${alter >= 16 and alter < 18}" >
 Jugendlich
 </c:when>
 <c:when    test="${alter >= 18 and alter < 60}" >
 Volljährig
 </c:when>
<c:otherwise>  Das reife Alter  </c:otherwise>
 </c:choose>
```

Schleifen

Mit eingebundenen Core-Tags soll eine Schleife von 0 bis 255 laufen und sollen die Schleifenwerte RGB-Farben für die Ausgabe bilden:

```
<%@ taglib uri="http://java.sun.com/jsp/jstl/core" prefix="c"%>
<c:forEach var="col" begin="0" end="255">
  <span style="color:rgb(${col},${col},${col})">${col}</span>
</c:forEach>
```

Die häufigste Aufgabe der `<c:forEach>`-Schleife dürfte es sein, über Sammlungen zu laufen:

```
<%@ taglib uri="http://java.sun.com/jsp/jstl/core" prefix="c"%>
<jsp:useBean id="format"
             class="java.text.SimpleDateFormat" />
<c:forEach var="w"
           items="${format.dateFormatSymbols.weekdays}" >
  ${w}
</c:forEach>
```

Die Ausgabe ist bei deutscher Locale: Montag Dienstag …

Iteriert `<c:forEach>` über eine Sammlung, gibt es mit einer besonders deklarierten Variable Zugriff auf die Positionen:

```
<%@ taglib prefix="c" uri="/WEB-INF/tld/c.tld" %>
<c:forEach var="i" items="a, b, c, d, e, f, g"
  varStatus="status" begin="2" end ="4" >
  i: ${i},
  current: ${status.current},
  index: ${status.index},
  count: ${status.count}
  <br>
</c:forEach>
```

Die Ausgabe ist dann:

```
i: c, current: c, index: 2, count: 1
i: d, current: d, index: 3, count: 2
i: e, current: e, index: 4, count: 3
```

URLs aufbauen

Mit dem Tag `<c:url>` lässt sich eine URL mit Parametern aufbauen. Nehmen wir eine JSP *curl.jsp* an:

```
<c:url value="http://www.google.de/search?" var="url">
  <c:param name="q" value="${param.name}"/>
</c:url>
<a href='${url}'>Suche ${url}</a>.
```

Rufen wir das Skript mit dem Parameter *name=Lego* auf:

http://localhost:8080/jsp/curl.jsp?name=Lego

so wird die folgende URL generiert:

http://www.google.de/search?q=Lego&

Sonderzeichen werden URL-encoded.

23 | JavaServer Pages und Servlets

23.8 Einbinden und Weiterleiten

23.8.1 Einbinden von Inhalten

Viele JSPs setzen sich aus immer wiederkehrenden Teilen zusammen, etwa Copyright-Informationen, Kopf- und Fußzeile. Diese Teile möchten Designer nicht in jedes Template integrieren, sondern einbinden, um Änderungen der Teile für alle Oberseiten zu erreichen. Auch Entwickler können den Einbinde-Mechanismus nutzen, um etwa andere Skripte, TagLibs, Bean-Definitionen einzubinden.

Der JSP-Standard sieht zum Einbinden folgende Möglichkeiten vor:

▶ **Include-Direktive**: Fügt den Inhalt der Datei direkt (statisch) in die JSP ein. Das Tag ist `<jsp:directive.include>`.

▶ **Include-Action**: Die JSP-Engine ruft zur Laufzeit die Unterdatei auf, führt sie aus und fügt das Ergebnis in die Ausgabe-Seite ein. Die eingebundene Seite kann sich daher ändern. Das Tag ist `<jsp:include>`.

Des Weiteren gibt es eine dritte Möglichkeit, über die JSTL auch Inhalte aus anderen Webseiten einzubinden.

Die Include-Direktive <jsp:directive.include>

Die Include-Direktive `<jsp:directive.include>` fügt den Inhalt einer Datei direkt in die JSP ein. Die Datei kann eine HTML-Datei, eine Text-Datei oder eine andere JSP sein. JSP-Elemente in der eingefügten Datei werden ausgeführt.

```
<jsp:directive.include file="copyright.html" />
```

Der Dateiname wird relativ zum aktuellen Dokument aufgelöst.

```
<jsp:directive.include file="inc/header.jsp" />
```

Wird dem Dateipfad ein Schrägstrich vorangestellt, sucht die JSP-Engine den Anfang des Pfades im Wurzelverzeichnis des aktuellen Web-Kontextes.

[»] **Hinweis** Da die Include-Seite vor der Übersetzung der JSP in ein Servlet eingebunden wird, lassen sich durch Fallunterscheidungen zur Laufzeit *keine* unterschiedlichen Seiten einbinden. In den Unterseiten lässt sich aber auf deklarierte Variablen der Oberseite zugreifen, genauso wie auf lokale Variablen, die vor `include` definiert wurden.

Die Include-Aktion <jsp:include>

Anders als bei der Include-Direktive wird bei der Include-Aktion `<jsp:include>` der Code der eingefügten Datei nicht in die Hauptseite kopiert. Die JSP-Engine wertet zur Laufzeit den Ausdruck für den Dateinamen aus und fügt das Ergebnis in die Ausgabe der Hauptseite ein. Damit kann – anders als bei der Include-Direktive – sich der Ausdruck dynamisch aus Zuständen ergeben:

1316

```
<%@ taglib prefix="c" uri="/WEB-INF/tld/c.tld" %>
<c:set var="flag" value="false" />
<jsp:include page='${ flag ? "yes.html" : "no.html" }' flush="true" />
```

Falls der Dateiname statisch bekannt ist, hat die Include-Direktive `<jsp:directive.include>` natürlich den Vorteil, dass die Einbindung nicht zur Laufzeit vorgenommen werden muss. Das hebt die Geschwindigkeit.

Importieren beliebiger Inhalte mit <c:import>

Es binden `<jsp:directive.include>` und `<jsp:include>` zwar Inhalte wie JSPs oder Web-Fragmente ein, aber zwei Anforderungen erfüllen sie nicht:

▶ Daten aus beliebigen Quellen einzubinden

▶ Daten in Zwischenpuffern zu halten und nicht direkt in die Ausgabe zu schreiben

Die Core-Tags der JSTL definieren `<c:import>`, mit dem Daten von jeder Quelle kommen können und nicht unbedingt in die Ausgabe geschrieben werden müssen:

```
<c:import url="http://tutego.de/aufgaben/bond.txt" />
<c:import url="ftp://ftp.oreilly.com/pub/README.ftp" />
<c:import var="footer" url="/footer.jsp" />
```

Im letzten Beispiel legt `<c:import>` den Inhalt der Datei *footer.jsp* in die Variable footer. Später lässt sich die Variable mit `${footer}` ansprechen und verarbeiten.

23.8.2 Forward und Redirect

Erfragt ein Anwender eine JSP, kann es möglich sein, dass er diese Seite nicht besuchen darf oder kann:

▶ Waren zum Beispiel die Anmeldedaten beim Login falsch, muss er zurückgebracht werden auf die Ursprungsseite.

▶ Ist die Seite umgezogen, so soll der Client auf eine neue Seite gebracht werden.

Für Weiterleitungen bieten sich zwei Möglichkeiten an:

▶ `<jsp:forward>`: der interne Forward zu einer neuen Seite in der Webapplikation

▶ `<c:redirect>`: ein HTTP-Redirect zur Weiterleitung

Aktion <jsp:forward>

Die Aktion `<jsp:forward>` leitet die Anfrage an eine andere Seite der Webapplikation weiter.

```
<jsp:forward page="neueSeite.jsp" />
```

Wenn das `<jsp:forward>` mitten in der JSP steht, wird die bisher erzeugte Ausgabe verworfen und nicht mehr angezeigt. Auch der Rest des JSPs wird dann nicht mehr ausgeführt. Die Angabe der URL ist wieder relativ.

23 | JavaServer Pages und Servlets

Redirect

Anders als ein Forward, wo intern der Servlet-Container die Weiterleitung vornimmt und der Anwender in seinem Browser davon nichts mitbekommt, gibt es HTTP-Redirects:

```
<c:redirect url="http://tutego.de" />
```

Das Servlet setzt beim Redirect den Content-Type auf »text/html«, setzt den Statuscode auf 302 und einen Header namens »Location«. Technisch gesehen ist damit eine Umlenkseite eine ganz normale Webseite. Kommt sie jedoch beim Browser an, so erkennt er am Statuscode, dass er eine neue Seite beziehen muss. Damit ist das Umlenken eine Fähigkeit des Browsers und nicht des Servers. Nach der Umleitung steht der Ort der neuen Seite in der URL-Zeile des Browsers.

23.8.3 Applets einbinden

Die Aktion `<jsp:plugin>` bindet ein Applet ein. Der Servlet-Container kann mit Hilfe des HTTP-Headers `user-agent` überprüfen, ob der Client Applets auszuführen in der Lage ist. Wenn nicht, wird ein angegebener Hilfetext eingebunden. Die Syntax von `<jsp:plugin>` erklärt *http://java.sun.com/products/jsp/tags/syntaxref.fm12.html*.

23.9 Skripting-Elemente in JSPs

In eine JSP lassen sich Scripting-Elemente einsetzen, um beliebigen Java-Quellcode unterzubringen. Es gibt drei unterschiedliche Typen von Scripting-Elementen:

▶ **JSP-Scriptlets** in `<% .. %>`: In die eingebetteten Java-Stücke lassen sich Anweisungen einsetzen, die in einer normalen Methode gültig sind.

▶ **JSP-Ausdrücke** in `<%= .. %>`: Das Ergebnis des Ausdrucks wird in die Seite eingebaut.

▶ **JSP-Deklarationen** in `<%! .. %>`: Diese Umgebung deklariert Variablen, Methoden und innere Klassen.

Es ist wegen der ähnlichen Schreibweise wichtig, die Unterscheidung zwischen Deklaration (!), Ausdruck (=) und Scriptlet aufrechtzuerhalten, da es sonst zu Compiler-Meldungen des JSP-Übersetzers kommt.

[»]   **Hinweis**   Von einer (breiten) Nutzung dieser Scripting-Elemente ist abzusehen! Sie entsprechen keinem guten Stil, da die Programmlogik ausschließlich in JavaBeans und dahinter geschalteten Services zu finden sein sollten, und nicht in der Darstellungsschicht.

23.9.1 Scriptlets

Scriptlets liegen zwischen den Tags `<%` und `%>`. Zwischen ihnen kann beliebiger Java-Quellcode eingebettet werden:

1318

Skripting-Elemente in JSPs | **23.9**

Listing 23.15 wieFuehlIchMich.jsp

```
<% if ( Math.random() > 0.5 ) { %>
  Wow, bist du gut drauf.
<% } else { %>
  Du bist ja ein toller Hecht.
<% } %>
```

Die Block-Klammern sollten grundsätzlich gesetzt werden, auch wenn es im Einzelfall ohne Klammern funktioniert. Das liegt daran, dass der JSP-Compiler die Templates in beliebig viele Anweisungen aufspalten kann, sodass dann zwischen if und else mehr als eine Anweisung liegen.

23.9.2 JSP-Ausdrücke

JSP-Ausdrücke sind eine Abkürzung für out.println() innerhalb von Scriptlets. Innerhalb der Tags <%= und %> steht ein gültiger Java-Ausdruck ohne abschließendes Semikolon (da es automatisch in ein print() gesetzt wird, und dort steht ja auch kein Semikolon vor der schließenden Klammer):

Listing 23.16 ausdruck.jsp

```
<% double w = 2; %> Die Wurzel von <%= w %> ist <%= Math.sqrt( w ) %>
<br/>
Die aktuelle Zeit ist <%= new java.util.Date() %>
<br/>
Hallo <%= request.getRemoteHost() %>.
```

Meine Ausgabe ist:

```
Die Wurzel von 2.0 ist 1.4142135623730951
Die aktuelle Zeit ist Sat Jul 01 23:08:23 CEST 2006
Hallo 127.0.0.1.
```

23.9.3 JSP-Deklarationen

Die bisherigen Einbettungen wurden vom JSP-Compiler automatisch in eine spezielle Methode gelegt – Methoden lassen sich dort nicht deklarieren. Zwischen den Tags <%! und %> lassen sich nun Dinge außerhalb dieser JSP-Methode deklarieren, zum Beispiel Objektvariablen, Methoden oder innere Klassen. In Ausdrücken und Scriptlets können wir dann die Methoden aufrufen und die Variablen nutzen:

Listing 23.17 points.jsp

```
<%! double d; %>

<%! java.awt.Point p = new java.awt.Point( 2, 3 ),
             q = new java.awt.Point( 5, 8 );

  public java.awt.Point random( java.awt.Point p, java.awt.Point q ) {
    return ( Math.random() > 0.5 ) ? p : q;
```

1319

23 | JavaServer Pages und Servlets

```
  }
%>
<%= random( p, q ) %>
```

Der Gültigkeitsbereich der Eigenschaften umfasst die aktuelle Datei sowie möglicherweise zusätzlich eingebundene Dateien. Häufig wird so in Ausdrücken oder Scriptlets auf diese Eigenschaften verwiesen.

23.9.4 Quoting

Das Quoting ersetzt spezielle Zeichenketten, die andernfalls falsch interpretiert werden können. Wir kennen es von Strings, die ein »"« einbringen wollen. Hier muss \" geschrieben werden, um das Anführungszeichen nicht fälschlicherweise als Endzeichen anzusehen. In JSP haben wir ebenso die üblichen Regeln für das Quoting. Für die Skript-Elemente ist aber <% %> eine Zeichenkette, die als Einheit gilt. In Zeichenketten schreiben wir daher für <% einfach <\% und für %> ebenso mit einem Backslash: %\>.

23.9.5 Entsprechende XML-Tags

JavaServer Pages können problemlos XML erzeugen, aber die JSP-Datei ist damit selbst noch nicht zwingend XML-konform. Dazu muss sie zunächst einen definierten Kopf bekommen:

```
<?xml version="1.0" ?>
```

Dann müssen alle JSP-Tags (für Scriptlets, Ausdrücke ...) in äquivalente XML-Anweisungen umgesetzt werden:

Normale Syntax	XML-Syntax
`<%= expression %>`	`<jsp:expression>expression</jsp:expression>`
`<% scriptlet %>`	`<jsp:scriptlet>scriptlet</jsp:scriptlet>`
`<%! declaration %>`	`<jsp:declaration>declaration</jsp:declaration>`
`<%@ page Attribute Liste %>`	`<jsp:directive.page Attribute Liste />`
`<%@ include file="Pfad" %>`	`<jsp:directive.include file="Pfad" />`

Tabelle 23.5 XML-Entsprechungen für JSP-Tags

23.9.6 Implizite Objekte für Scriptlets und JSP-Ausdrücke

Der Programmcode der Scriptlets wird in die `service()`-Methode eines Servlets gestellt. Dort haben wir Zugriff auf einige vordefinierte Variablen, die so in der JSP-Spezifikation beschrieben sind. Sie heißen implizite Objekte. Ihr Name kann nicht verändert und eigene Variablen dürfen nicht so benannt werden.

Implizites Objekt	Benutzt, um ...	Typ
request	Anfragen zu verarbeiten und Eingabewerte wie Parameter zu lesen.	HttpServletRequest
response	an den Client etwas zu übermitteln, wie Header.	HttpServletResponse
out	in den Ausgabestrom zu schreiben.	JspWriter
application	Daten aller Anwendungen zu speichern.	ServletContext
session	Sitzungsinformationen zu speichern.	HttpSession
pageContext	Kontextdaten für eine Seite zu speichern.	PageContext
Page	ein Exemplar des Servlets anzusprechen.	Object (this)

Tabelle 23.6 Implizite JSP-Objekte

Wenn wir programmtechnisch eine Ausgabe machen, schreiben wir:

```
<% out.println( "Guter Sound, Liz" ); %>
```

Das ist gleichwertig mit `<%= "Guter Sound, Liz" %>`. Natürlich können wir immer das out-Objekt zur Ausgabe einsetzen, doch hat dies wieder den Nachteil, dass die Visualisierung nicht vom Programmcode getrennt ist. In Scriptlet-Code kann auf diese Weise auf die Ausgabe zugegriffen werden, sodass die Scriptlets nicht immer durch JSP-Ausdrücke unterbrochen werden müssen.

23.10 JSP-Direktiven

Eine Direktive gibt dem JSP-Container besondere Informationen darüber mit, wie er die Seite bearbeiten soll. Sie ergeben keine direkt sichtbare Ausgabe. Direktiven werden in den Tags `<%@` und `%>` eingeschlossen, und die allgemeine Form lautet:

```
<%@ direktivenname attribut="wert" attribut2="wert" ... %>
```

Jede Direktive besitzt einen Namen. Es gibt zum Beispiel Direktiven für die Einbettung von fremden Seiten (`include`) und die Definition der Seitenattribute (`page`), die Startinformationen für die Servlet-Umgebung definiert. Mit dem Namen können wir auch eine XML-Form nutzen:

```
<jsp:directive direktivenname attrib1="wert" attrib2="wert" ... />
```

23.10.1 page-Direktiven im Überblick

Die `page`-Direktive ist die komplexeste aller Direktiven. Sie hat eine Reihe von Attributen, die vorgestellt werden sollen.

23 | JavaServer Pages und Servlets

Das Attribut »import«

Die Direktive `page import` gibt an, welche Klassen durch die JSP importiert werden sollen. Sie entsprechen dem bekannten `import`. Mehrere Pakete werden durch ein Komma getrennt. Das Attribut `import` ist das einzige, das mehr als einmal benutzt werden kann:

```
<%@ page import="java.util.*, java.awt.Point" %>
```

Die Klassen der Pakete `java.lang`, `javax.servlet`, `javax.servlet.http` und `javax.serv-let.jsp` sind automatisch importiert.

Das Attribut »contentType«

Der Content-Type ist der MIME-Typ der JSP. Änderungen des Standardwerts »text/html« sind nötig, wenn unsere JSP zum Beispiel eine XML-Datei zurückgibt:

```
<%@ page contentType="text/xml" %>
```

Die Zeichenkette kann zusätzlich Informationen über die Zeichenkodierung enthalten. Der Wert ist mit einem Semikolon abgetrennt:

```
<%@ page contentType="text/xml; charset=ISO-8859-1" %>
```

[+]

> **Tipp** Um aus einer JavaServer Page (oder einem Servlet) Microsoft Excel-Tabellen zu erzeugen, reicht es, eine HTML-Tabelle zu generieren und dann als Content-Type »application/vnd.ms-excel« anzugeben.

Das Attribut »language«

Dieses Attribut gibt an, welche Skriptsprache in diesem JSP benutzt wird. Zurzeit wird nur »java« unterstützt.

Attribut	Vorgabewert	Beispiel
autoFlush	True	autoFlush="false"
buffer	min. 8 KiB	buffer="16kb"
contentType	text/html	contentType="image/gif"
errorPage	–	errorPage="/jsp/error.jsp"
extends	–	extends="SuperServlet"
import	–	import="java.io.*,java.util.*"
isErrorPage	false	isErrorPage="true"
isThreadSave	true	isThreadSave="false"
language	java	language="java"
session	true	session="false"

Tabelle 23.7 Page-Attribute

1322

23.10.2 Mit JSPs Bilder generieren

Soll ein Bild dynamisch generiert werden, ist das mit JSPs möglich, für Binärdateien sind jedoch Servlets üblich. Die Anforderung an die JSP/das Servlet, eine Grafik zu laden, steht gewöhnlich in einer anderen Webseite, etwa so:

```
<img src=" http://localhost:8080/web/JpegImage.jsp" alt="smile" />
```

Die JSP *JpegImage.jsp* soll ein Bild erzeugen und mit dem passenden Encoder aus dem com.sun-Paket als JPG dem Browser übermitteln. Da der Content-Typ unserer bisherigen JSP nur für Textdateien stand, müssen wir für JPEG-Grafiken den Typ auf »image/jpeg« setzen. Die Grafik soll lediglich zwei einfache Linien darstellen. Zum Zeichnen sind das AWT-Paket, das AWT-Image-Paket für die Hintergrundgrafik und das Encoder-Paket zum Schreiben der JPEG-Datei relevant.

Damit beginnt die JSP mit:

Listing 23.18 JpegImage.jsp

```
<%@ page contentType="image/jpeg" %><%@
    page import="java.awt.*,java.awt.image.*, com.sun.image.codec.jpeg.*" %><%
```

Jetzt lässt sich die Grafik als Hintergrundbild vom Typ `BufferedImage` aufbauen. Dieses Objekt bietet `getGraphics()`, und mit dem bekannten `Graphics`-Objekt sind Zeichenoperationen möglich:

```
int width  = 200,
    height = 200;
BufferedImage image = new BufferedImage( width, height,
                                   BufferedImage.TYPE_INT_RGB );
Graphics g = image.getGraphics();
g.setColor( Color.white );
g.fillRect( 0, 0, width, height );
g.setColor( Color.blue );
g.drawLine( 0, 0, 200, 200 );
g.drawLine( 0, 200, 200, 0 );
g.dispose();
```

Der letzte Schritt besteht darin, vom impliziten `response`-Objekt den binären Ausgabestrom zu besorgen und den JPEG-Encoder zu veranlassen, das Bild in den Ausgabestrom zu schreiben:

```
ServletOutputStream sos = response.getOutputStream();
JPEGImageEncoder encoder = JPEGCodec.createJPEGEncoder( sos );
encoder.encode( image );
%>
```

Für eine tatsächliche Bildanforderung gibt es also immer zwei Server-Kontakte: Der erste Request fordert die Webseite an, die über ein `<img>`-Tag die Grafik verlangt. Im zweiten Schritt kontaktiert der Browser den Server erneut, um genau dieses Bild zu erfragen – der Browser weiß nicht, dass es dynamisch produziert wird.

23 | JavaServer Pages und Servlets

23.11 Sitzungsverfolgung (Session Tracking)

Jeder Auftrag an den Webserver wird unabhängig von anderen Aufträgen verwaltet. Wenn wir beispielsweise eine Seite neu laden oder einen Verweis verfolgen, weiß der Server nicht (beziehungsweise interessiert sich nicht dafür), dass die Anfrage von uns kam. Was an diesem Verhalten deutlich wird, ist das Fehlen eines Zustands. Es fehlt also die Möglichkeit, dass ein Client vom Server identifiziert wird und einem aktuellen Zustand des bidirektionalen Kommunikationsverlaufes zugeordnet werden kann. Der Zustand bezieht sich hier auf eine nicht-existente serverseitige Information. Aus diesem Grund wird HTTP auch als zustandsloses Protokoll bezeichnet. Dass dies aber nicht immer wünschenswert ist und sogar einen Nachteil darstellen kann, sehen wir an unterschiedlichen Anforderungen:

▶ **Ein Warenkorb für den Einkauf:** In Online-Systemen wird ein Einkaufswagen gefüllt, und unterschiedliche Webseiten informieren Kaufwillige über die Produkte. Wenn der Server die Seitenanfrage einem Client nicht zuordnen kann, ist es nicht möglich, den Warenkorb individuell zu füllen.

▶ **Individualisierung**: Benutzer können persönlich zugeschnittene Webseiten sehen und etwa das Wetter auf Bali auf der Startseite auswählen und die Fußballergebnisse von Schalke 04.

▶ **Demoskopie**: Das System eignet sich auch für die Benutzerüberwachung. Besucht ein Benutzer eine Seite mehrmals, kann der Betreiber dies erkennen und diese Information mit einem »Ist-beliebt-Faktor« verbinden. Diese Information lässt sich natürlich kommerziell gut nutzen.

23.11.1 Lösungen für Sitzungsverfolgung

Es ist also ein System gesucht, das es dem Server erlaubt, den Client zu identifizieren, auch wenn HTTP ein zustandsloses Protokoll ist. Als Lösungen bieten sich an:

▶ **Cookies**: Ein Cookie speichert eine Kennung, sodass der Server den Client erkennt und die Informationen für ihn speziell aufbereitet. Obwohl dies in Java durch die `Cookie`-Klasse einfach möglich ist, hat dieser Ansatz noch einige Schwächen. Dem Servlet fällt die Aufgabe zu, aus der Cookie-Kennung die entsprechende Sitzung herauszusuchen und die Daten zu holen. Ein weiteres Problem ergibt sich dadurch, dass Cookies zwar möglich sind, aber vom Benutzer abgelehnt werden können, da dieser seine Anonymität aufs Spiel gesetzt sieht. Schaltet der Benutzer in seinem Lieblingsbrowser die Cookies aus, können wir nichts machen. Doch auch wenn Cookies verwendet werden, bleibt die Frage, wie lange der Cookie gültig sein soll. Hier ist zu überlegen, ob die Voreinstellung, dass der »Keks« nur eine Sitzung übersteht, sinnvoll ist.

▶ **URL-Rewriting**: Da ein Servlet vom Aufrufer Parameter bekommen kann, ist es eine nette Idee, an die URL einen Wert anzuhängen, der die aktuelle Sitzung kennzeichnet. Diese Kennung entspricht dann genau dem Wert des Cookies. Die Lösung ist simpel und funktioniert bei allen Browsern. Der Nachteil auf der Serverseite ist wiederum, dass uns die Aufgabe zufällt, der Kennung die Sitzung zuzuordnen. Zudem ist Vorsicht geboten, da diese

Kennung bei jedem Verweis wieder angehängt wird. Außerdem ist es für den Benutzer sehr unschön, diese Kennungen zu sehen, zumal sie in die Bookmarks übernommen werden. Dies führt zu dem Problem, dass eine Sitzung angesprochen werden kann, die gar nicht mehr existiert. Dies ist ein sehr schwerwiegendes Problem, da die Anhängsel ja nicht wie Cookies automatisch veralten.

▶ **Versteckte Felder** (engl. *hidden fields*): In HTML-Seiten lassen sich versteckte Informationen in Formularen anlegen, die beim Versenden automatisch mitgeschickt werden. Dies sieht etwa so aus:

```
<input type="hidden" name="session" value="..." />
```

▶ Diese versteckten Informationen können auch genutzt werden, um eine Sitzungs-ID mitzuschicken. Der Vorteil ist, dass wir wieder keine Cookies benötigen und die URL nicht länger wird, der Nachteil, dass die Information immer dynamisch mit eingebaut werden muss.

23.11.2 Sitzungen in JSPs

Verbindet sich ein Browser zum ersten Mal mit einer JSP, so erzeugt der Servlet-Container automatisch eine neue Sitzung und sendet standardmäßig einen Cookie zurück. Client und Server tauschen dann bei allen weiteren Anfragen diesen Cookie aus, sodass der Server den Client wiedererkennen kann. Wenn der Benutzer Cookies ablehnt, müssen wir eine zweite Implementierung anbieten, die Sitzungsinformationen an die URL anhängt, aber das soll jetzt kein Thema sein.

23.11.3 Auf Session-Dateien zurückgreifen

Der Cookie, den der Server automatisch generiert, enthält eine ID, und diese ID ist mit einem Assoziativspeicher verbunden. In diesen Assoziativspeicher können wir Schlüssel-/Werte-Paare setzen oder Werte über die Schlüssel erfragen. Für den Assoziativspeicher gibt es in der EL die implizite Variable sessionScope – sie bietet alle Daten einer Sitzung. Zusammenfassend lässt sich festhalten, dass die unterschiedlichen impliziten EL-Objekte pageScope, requestScope, sessionScope und applicationScope alle jeweils Zugriffe auf Daten in unterschiedlichen Gültigkeitsbereichen ermöglichen.

> **Beispiel** Lege eine Variable über ein Scriptlet in den Session-Scope und lies sie mit der EL wieder aus: **[zB]**
>
> ```
> <% session.setAttribute( "url", "www.tutego.com" ); %>
> Die URL in der Session was: ${sessionScope.url}.
> ```
>
> Die erste Zeile macht deutlich, dass für das Setzen (das Gleiche gilt für das Löschen) auf Scriptlets zurückgegriffen werden muss oder auf die JSTL, mit der das Setzen so aussehen würde: `<c:set var="url" value="www.tutego.com" scope="session" />`. Die Variable session ist eine JSP-Variable vom Typ HttpSession und bietet Methoden wie setAttribute(), removeAttribute(). In realistischen Programmen wird eine JSP keine Daten verändern, sondern nur Servlets bzw. ein Framework.

23 | JavaServer Pages und Servlets

[zB] **Beispiel** Beende eine Session:

```
<% session.invalidate(); %>
```

Beenden wir die Sitzung – etwa nach einem Logout – nicht selbst, kommt ein Timeout und sie wird automatisch beendet.

23.12 Servlets

Wir kommen nun noch einmal auf unser Eingangsbeispiel für ein Servlet zurück, das eine einfache Ausgabe erzeugt:

Listing 23.19 com/tutego/web/servlet/SchnarchServlet.java

```java
package com.tutego.web.servlet;

import java.io.IOException;
import javax.servlet.http.*;

public class SchnarchServlet extends HttpServlet
{
  @Override
  protected void doGet( HttpServletRequest req, HttpServletResponse res )
      throws IOException
  {
    res.getWriter().println( "'Chr! Schnarch! Razong! Chr! Chr! Rapüh!'" );
    res.getWriter().println( "(Disneys beste Comics, Band 5, S. 218)" );
  }
}
```

Alle Servlets implementieren die Schnittstelle `javax.servlet.Servlet` beziehungsweise erweitern die Klasse `GenericServlet` oder `HttpServlet`. Ein `HttpServlet` enthält wichtige Arbeitsmethoden für das Protokoll HTTP. Eine Erweiterung von `GenericServlet` ist eher unüblich, es sei denn, Nicht-HTTP-Protokolle wie FTP werden angeboten:

```
abstrat class javax.servlet.http.HttpServlet
extends GenericServlet
implements Serializable
```

▶ `protected void service( HttpServletRequest req, HttpServletResponse resp )`
Empfängt alle HTTP-Requests und leitet aufgrund der unterschiedlichen HTTP-Methoden auf die jeweiligen `doXXX()`-Methoden weiter.

▶ `protected void doDelete( HttpServletRequest req, HttpServletResponse resp )`
Wird von der `service()`-Methode aufgerufen, wenn ein HTTP-DELETE kommt.

▶ `protected void doGet( HttpServletRequest req, HttpServletResponse resp )`
Wird von der `service()`-Methode aufgerufen, wenn ein HTTP-GET kommt.

1326

- protected void doOptions(HttpServletRequest req, HttpServletResponse resp)
  Wird von der service()-Methode aufgerufen, wenn ein HTTP-OPTIONS kommt.

- protected void doPost(HttpServletRequest req, HttpServletResponse resp)
  Wird von der service()-Methode aufgerufen, wenn ein HTTP-POST kommt.

- Protected void doPut(HttpServletRequest req, HttpServletResponse resp)
  Wird von der service()-Methode aufgerufen, wenn ein HTTP-PUT kommt.

- protected void doTrace(HttpServletRequest req, HttpServletResponse resp)
  Wird von der service()-Methode aufgerufen, wenn ein HTTP-TRACE kommt.

Lebenszyklus

Spricht der Client am Webserver ein Servlet an, so bildet der Servlet-Container ein Exemplar der Servlet-Klasse (in unserem Fall SchnarchServlet) und ruft nach der Initialisierung auf dem Objekt die Methode service() auf. Die service()-Methode delegiert beim HttpServlet je nach HTTP-Methode zu den doXXX()-Methoden, also etwa doGet() bei einer GET-Anfrage.

Alle doXXX()-Methoden haben zwei Parameter:

- HttpServletRequest: Repräsentiert die Anfrage. Es lassen sich zum Beispiel Parameter oder Header erfragen, die der Client zum Server schickt.

- HttpServletResponse: Repräsentiert das Ergebnis. Es lassen sich zum Beispiel Daten zurück zum Client schicken, genauso Antwort-Header (etwa Content-Type) setzen. Am wichtigsten ist die Methode getWriter(), die uns eine Referenz auf ein Writer-Objekt liefert, damit wir die HTML-Elemente für die Seite abschicken. Für Binärdaten können wir uns auch einen normalen OutputStream besorgen, damit wir zum Beispiel Bilder schicken können.

Header und Content-Typ

Mit setHeader() lassen sich weitere Header setzen.

```
response.setHeader( "Content-Type", "text/html");
```

Die Methode erhält als Argument zwei Zeichenketten: den Header und den dazugehörigen Wert. Da der Header Content-Type jedoch so häufig benötigt wird, bietet die Schnittstelle HttpServletResponse dafür die eigene Methode setContentType() an:

```
response.setContentType( "text/html" );
```

Um reine (Nur-)Textausgaben zu erzeugen, setzen wir den Content-Header mit text/plain.

Zentrale Methoden von »HttpServletRequest«

Die interessanteren Methoden der Schnittstelle HttpServletRequest sind:

23 | JavaServer Pages und Servlets

```
interface javax.servlet.http.HttpServletRequest
extends ServletRequest
```

▶ String getHeader(String name)

▶ Enumeration<String> getHeaderNames()

▶ Enumeration<String> getHeaders(String name)

▶ int getIntHeader(String name)

▶ long getDateHeader(String name)

▶ String getPathInfo()

▶ String getPathTranslated()

▶ String getQueryString()

▶ String getRequestURI()

▶ String getServletPath()

▶ HttpSession getSession(), HttpSession getSession(boolean create)

▶ Cookie[] getCookies()

Die pfadorientierten Methoden sind am besten an einem Beispiel erklärt:

Methode	Pfad
getRequestURI()	/geo/new/welcome.jsp/udate
getContextPath()	/geo
getServletPath()	/new/welcome.jsp
getPathInfo()	/update

Tabelle 23.8 Anfrage auf »/geo/new/welcome.jsp/update« bei dem Kontextpfad »geo«

Das HttpServletRequest von ServletRequest ist zentral, denn bei ServletRequest sind die wichtigen Methoden zur Erfragen der Parameter:

```
interface javax.servlet.ServletRequest
```

▶ String getParameter(String name)

▶ Map<String,String[]> getParameterMap()

▶ Enumeration<String> getParameterNames()

▶ String[] getParameterValues(String name)

Zentrale Methoden bei »HttpServletResponse«

Daten, die vom Servlet zurück zum Client gehen, werden über das HttpServletResponse-Objekt gesetzt. Die interessanten Methoden sind:

```
interface javax.servlet.http.HttpServletResponse
extends ServletResponse
```

▶ void addHeader(String name, String value)

▶ void addDateHeader(String name, long date)

Servlets | **23.12**

▶ void addIntHeader(String name, int value)

▶ void addCookie(Cookie cookie)

▶ String encodeRedirectURL(String name)

▶ void sendError(int sc)

▶ void sendError(int sc, String msg)

▶ void sendRedirect(String location)

▶ void setDateHeader(String name, long date)

▶ void setHeader(String name, String value)

▶ void setIntHeader(String name, int value)

▶ void setStatus(int sc)

Die zentrale Methode um an den Ausgabestrom zu kommen, stammt aus dem Basistyp `ServletResponse`. Die wichtigen Methoden sind:

interface javax.servlet.**ServletResponse**

▶ ServletOutputStream getOutputStream()

▶ PrintWriter getWriter()

▶ void setCharacterEncoding(String charset)

▶ void setContentLength(int len)

▶ void setContentType(String type)

▶ void setLocale(Locale locale)

▶ void flushBuffer()

▶ void reset()

23.12.1 Servlets compilieren

Um Servlets zu übersetzen, muss das Jar-Archiv *servlet.jar* im Pfad sein. Dazu können wir entweder den CLASSPATH anpassen oder das Archiv einfach in das *jre/lib/ext*-Verzeichnis der Java SE kopieren; das Archiv liegt Tomcat im Ordner *lib* bei. Bei der Enterprise-Version von Java (Java EE) ist die Bibliothek schon im Pfad eingebunden.

Wir erinnern uns: Eine Webapplikation besteht aus einem Verzeichnis *WEB-INF* mit den optionalen Verzeichnissen *classes* und *lib*. Die übersetzten Klassen müssen in das Verzeichnis *classes*. Falls das Servlet in einem Paket liegt, muss diese Paketstruktur natürlich auch auf die Verzeichnisstruktur abgebildet werden.

Das Eclipse-WTP bindet das Archiv selbstständig ein und übersetzt die Klasse automatisch im richtigen Verzeichnis. Wir legen einfach das Servlet im Quellcodeordner ab, und es wird somit automatisch unter *WEB-INF/classes* compiliert.

23 | JavaServer Pages und Servlets

23.12.2 Servlet-Mapping

Um nun den Server zur Ausführung unserer Servlets zu bewegen, gibt es zwei Möglichkeiten:

▶ Deployment-Descriptor *web.xml* im Verzeichnis *WEB-INF* jeder Webapplikation

▶ Standard-Servlet-Mapping unter */servlet/*

Für ein Servlet, welches über FILE • NEW • OTHER... • WEB • SERVLET angelegt wird, stehen die Einträge automatisch im Deployment-Descriptor *web.xml*.

Der Deployment-Descriptor »web.xml«

Soll der Invoker nicht zum Einsatz kommen, müssen wir für jede Webapplikation eine Datei *web.xml* im Verzeichnis *WEB-INF* anlegen. Sie dient dazu, die Webapplikation zu vervollständigen. Der Deployment-Descriptor zählt die Servlets auf und weist ihnen Pfade zu. *web.xml* ist eine klassische XML-Datei, die validiert wird. Im Wurzelelement `<web-app>` finden sich jetzt die spannenden Einträge, wie für unser `SchnarchServlet`:

Listing 23.20 WEB-INF/web.xml

```
<?xml version="1.0" encoding="UTF-8"?>
<web-app xmlns:xsi="http://www.w3.org/2001/XMLSchema-instance"
    xmlns="http://java.sun.com/xml/ns/javaee"
   xmlns:web="http://java.sun.com/xml/ns/javaee/web-app_2_5.xsd"
    xsi:schemaLocation="http://java.sun.com/xml/ns/javaee http://java.sun.com/↩
      xml/ns/javaee/web-app_2_5.xsd"
    id="WebApp_ID" version="2.5">
    <servlet>
        <servlet-name>SchnarchServlet</servlet-name>
        <servlet-class>com.tutego.web.servlet.SchnarchServlet</servlet-class>
    </servlet>
    <servlet-mapping>
        <servlet-name>SchnarchServlet</servlet-name>
        <url-pattern>/SchnarchServlet</url-pattern>
    </servlet-mapping>
    <welcome-file-list>
        <welcome-file>index.html</welcome-file>
        <welcome-file>index.jsp</welcome-file>
    </welcome-file-list>
</web-app>
```

Damit ist alles komplett. Die Angabe von *http://localhost:8080/web/SchnarchServlet* präsentiert unser Servlet und seine Ausgabe.

Standard-Servlet-Mapping

Im Fall des Standard-Servlet-Mappings wird ein Servlet unter der URI *servlet/SERVLETNAME* zugänglich. Um diese Möglichkeit einzuschalten, müssen wir die globale Konfigurationsdatei *conf/web.xml* modifizieren und an zwei Stellen das so genannte *Invoker-Servlet* aktivieren.

23.12.3 Der Lebenszyklus eines Servlets

Der Container für Servlets registriert eine Anfrage durch den Client und lädt das Servlet in den Speicher. Da Servlets normale Klassen sind, übernimmt ein spezieller Klassenlader diese Aufgabe. Die Abarbeitung findet anschließend in einem Thread statt, der die Methoden des Servlet-Objekts aufruft.

Über die Schnittstelle `Servlet` werden drei elementare Methoden für die Initialisierung, die Abarbeitung der Anfragen und die Beendigung vorgeschrieben. Der Ablauf dieser Methoden heißt *Lebenszyklus eines Servlets*.

Die folgende Aufzählung zeigt alle Methoden, die die Schnittstelle `Servlet` für alle Java-Servlets vorschreibt.

`interface javax.servlet.`**`Servlet`**

- ▶ `void init( ServletConfig config )`
  Wird zu Beginn eines Dienstes aufgerufen.

- ▶ `void service( ServletRequest req, ServletResponse res )`
  Der Container leitet die Anfrage an das Servlet an diese Stelle.

- ▶ `void destroy()`
  Wird am Ende eines Servlets vom Container genau einmal aufgerufen.

- ▶ `ServletConfig getServletConfig()`
  Liefert ein `ServletConfig`-Objekt, das Initialisierungs- und Startparameter kapselt.

- ▶ `String getServletInfo()`
  Liefert Informationen über das Servlet, wie Autor, Version und Copyright.

Ein `HttpServlet` ist eine besondere Implementierung der `Servlet`-Schnittstelle. Die Klasse implementiert `service(ServletRequest req, ServletResponse res)`, doch leitet es dann an `service(HttpServletRequest req, HttpServletResponse resp)` weiter, was wiederum zu den `doXXX()`-Methoden geht.

23.12.4 Mehrere Anfragen beim Servlet und die Thread-Sicherheit

In der Regel nutzt der Container pro Anfrage einen Thread, der dann die `service()`-Methode des Servlet-Objekts betritt und die Anfrage bearbeitet. Es gibt demnach für mehrere Aufträge keine unterschiedlichen Exemplare des Servlets, sondern lediglich unterschiedliche Threads bei einem Servlet-Exemplar. Aus diesem Grund ist zu bedenken, dass die Dienste seiteneffektfrei sein müssen. Es ist unsere Aufgabe, die Methode so weit zu synchronisieren, dass es keine negativen Auswirkungen der Parallelität gibt. Die Synchronisation wirkt sich natürlich auf die Ausführungsgeschwindigkeit nachteilig aus, sodass auf die passende Granularität zu achten ist.

23.12.5 Servlets und Sessions

JSP gehören ganz automatisch zu einer Sitzung. Bei Servlets ist dies nicht der Fall. Wir benötigen also eine Möglichkeit, die uns Zugriff auf die Sitzung gibt. Das ist die Methode `getSession()` in dem aktuellen `HttpServletRequest`-Objekt. Sie liefert `null`, wenn noch keine Sitzung verwaltet wird, da der Client zum ersten Mal auf ein Servlet zugreift. Wenn der Client zum ersten Mal zugreift, müssen wir dies erkennen und automatisch ein Sitzungsobjekt initiieren. Für diese Aufgabe gibt es eine Abkürzung, die wie folgt aussieht:

```
public void doGet( HttpServletRequest request,
                   HttpServletResponse response )
  throws ServletException, IOException
{
  HttpSession session = request.getSession( true );
  ...
  out = response.getWriter();
  ...
}
```

Wir müssen also nicht `request.getSession() != null` überprüfen und dann manuell ein Sitzungsobjekt aufbauen, sondern können `getSession(true)` nutzen, das automatisch eine `HttpSession` anlegt.

> interface javax.servlet.http.**HttpServletRequest**
> extends ServletRequest

▶ `HttpSession getSession()`
Liefert die aktuelle Session, die mit der Anfrage assoziiert ist. Wenn es keine Session gab, wird automatisch eine angelegt.

▶ `HttpSession getSession( boolean create )`
Wie `getSession()`, nur dass `getSession(false)` nicht automatisch eine neue Session anlegt, wenn es keine mit der Sitzung assoziierte gibt.

23.12.6 Weiterleiten und Einbinden von Servlet-Inhalten

Mit einem `RequestDispatcher`-Objekt kann sich ein Servlet zu einem anderen Servlet verbinden, oder es können Ausgaben von anderen Servlets in den aktuellen Datenstrom mit eingebunden werden. Die angebotenen Methoden vom Dispatcher sind `include()` und `forward()`. Um an den aktuellen `RequestDispatcher` zu gelangen, wird die Methode `getServletDispatcher()` aufgerufen, die eine Methode der Klasse `ServletContext` ist. Die Webseite, die eingebunden ist oder an die weitergeleitet wird, ist durch eine URL spezifiziert, die die Methode `getServletDispatcher()` als Argument bekommt. Den Methoden `forward()` und `include()` werden dann `request` und `response` übergeben.

Ein Servlet soll eine einfache Fußzeile generieren, die ein anderes Servlet einbindet:

```
public class FooterServlet extends HttpServlet
{
```

```java
public void service( HttpServletRequest request, HttpServletResponse response )
   throws ServletException, IOException
{
   response.setContentType( "text/html" );
   PrintWriter out = response.getWriter();
   out.println( "<hr/><center>Copyright &copy 2008</center>" );
}
}
```

Damit ein zweites Servlet die Ausgabe einbinden kann, inkludieren wir seine Ausgabe. Konzentrieren wir uns auf die `service()`-Methode:

```java
public void service( HttpServletRequest request,
                     HttpServletResponse response )
   throws ServletException, IOException
{
   response.setContentType( "text/html" );
   PrintWriter out = response.getWriter();
   ServletContext con = getServletContext();
   out.println( "Der Telefonmann meldet sich wieder" );
   RequestDispatcher  rq = con.getRequestDispatcher( "FooterServlet" );
   rq.include( request, response );
}
```

`interface javax.servlet.RequestDispatcher`

▶ `void forward( ServletRequest request, ServletResponse response )`
   `throws ServletException, IOException`
   Die Anfrage wird an ein anderes Servlet, eine andere JSP oder eine andere HTML-Seite weitergeleitet. Eine `ServletException` kann auftreten, wenn das Ziel eine Ausnahme auslöst.

▶ `void include( ServletRequest request, ServletResponse response )`
   `throws ServletException, IOException`
   Bindet den Inhalt eines Servlets, einer JSP oder einer Webseite in den aktuellen Datenstrom (response) ein. Das `ServletResponse`-Objekt kann keinen Header setzen (um zum Beispiel den Statuscode zu ändern). Änderungen werden ignoriert.

23.13   Zum Weiterlesen

Zum Thema Webtechnologien hat Oracle viel auf den Webseiten *http://java.sun.com/products/jsp/* und *http://www.oracle.com/technetwork/java/index-jsp-135475.html* veröffentlicht. Allerdings reicht das Wissen nicht aus, um wirklich moderne Webapplikationen zu entwickeln. Vielmehr sind JSP und Servlets die Basis jeder HTTP-getriebenen Anwendung. Tag-Libraries sind die Gewürze, die JSPs erst richtig schmackhaft machen. Servlets dienen (neben der seltenen Generierung von binären Dokumenten) lediglich dazu, als Front-Controller (*http://java.sun.com/blueprints/corej2eepatterns/Patterns/FrontController.html*) Anfragen vom

23 | JavaServer Pages und Servlets

Client entgegenzunehmen und an die Ansicht weiterzuleiten. Diese Weiterleitung selbst zu schreiben, erübrigt sich mit der Masse an MVC-Frameworks; die Notwendigkeit beschreibt das im Dokument »Designing Enterprise Applications« (*http://java.sun.com/blueprints/guidelines/designing_enterprise_applications_2e/web-tier/web-tier5.html*). Als Standard-Framework hat sich *JavaServer Faces* (*http://www.oracle.com/technetwork/java/javaee/javaserverfaces-139869.html*) herauskristallisiert.

Webanwendungen nur mit einem einfachen Editor zu schreiben, ist aufwändig und fehlerträchtig. Entwickler-Teams sollten sich von Tools unter die Arme greifen lassen, um zum Beispiel den Pageflow visuell zu modellieren und die Konfigurationsdateien schnell über Wizards zu generieren. Im Eclipse-Umfeld macht das JavaServer Faces Tooling Project (*http://www.eclipse.org/webtools/jsf/*) – ein Teil vom WTP – eine gute Figur.

Webanwendungen wirken auf den ersten Blick – mit einigen Klicks – so, als wären sie leicht zu entwickeln, sind aber bei genauerem Hinsehen in puncto Lastverteilung/Clustering (Tomcats Clustering wird immer besser) und Ausfallsicherheit bei großen Sites mit Sicherheit nicht trivial. Besonders die Sicherheit (*Web Application Security*) vernachlässigen Entwickler gern bis zum Schluss, um dann Teile, wie unzureichend geprüfte Eingaben oder Authentifizierung, anpassen zu müssen. Peinlich war zum Beispiel die Situation für die Firma Gateway, die jedem registrierten Benutzer eine sechsstellige ID zuwies und als Identifizierung an den Server schickte. Natürlich war es kein großes Problem, diese ID anders zu generieren und Informationen anderer Benutzer abzurufen. Der zeitlose Report »The Ten Most Critical Web Application Security Vulnerabilities« (*http://prdownloads.sourceforge.net/owasp/OWASPTopTen2004.pdf*) sensibilisiert für die Problematik. Injizierungsfehler (wie SQL-Injection, mit Beispielen etwa unter *http://www.unixwiz.net/techtips/sql-injection.html* beschrieben) und Cross-Site-Scripting (*http://de.wikipedia.org/wiki/Cross-Site_Scripting*) sind mittlerweile Fehler-Klassiker, die es zu vermeiden gilt.

*»Alle Entwicklung ist bis jetzt nichts weiter
als ein Taumeln von einem Irrtum in den anderen.«
– Henrik Ibsen (1828–1906)*

24   Datenbankmanagement mit JDBC

Das Sammeln, Zugreifen auf und Verwalten von Informationen ist im »Informationszeitalter« für die Wirtschaft eine der zentralen Säulen. Während früher Informationen auf Papier gebracht wurden, bietet die EDV hierfür Datenbankverwaltungssysteme (DBMS, engl. *database management systems*) an. Diese arbeiten auf einer *Datenbasis*, also auf Informationseinheiten, die miteinander in Beziehung stehen. Die Programme, die die Datenbasis kontrollieren, bilden die zweite Hälfte der DBMS. Die Netzwerk- oder hierarchischen Datenmodelle sind mittlerweile den relationalen Modellen – kurz gesagt, Tabellen, die miteinander in Beziehung stehen – gewichen.

Mittlerweile gibt es neben den relationalen Modellen auch andere Speicherformen für Datenbanken. Immer populärer werden objektorientierte Datenbanken und XML-Datenbanken. Auch mit ihnen werden wir uns kurz beschäftigen.

24.1   Relationale Datenbanken

24.1.1   Das relationale Modell

Die Grundlage für relationale Datenbanken sind Tabellen mit ihren Spalten und Zeilen. In der Vertikalen sind die Spalten und in der Horizontalen die Zeilen angegeben. Eine *Zeile* (auch *Tupel* genannt) entspricht einem Element einer Tabelle, eine *Spalte* (auch *Attribut* genannt) einem Eintrag einer Tabelle.

Lfr_Code	Lfr_Name	Adresse	Wohnort
004	Hoven G. H.	Sandweg 50	Linz
009	Baumgarten R.	Tankstraße 23	Hannover
011	Strauch GmbH	Beerenweg 34a	Linz
013	Spitzmann	Hintergarten 9	Aalen
...	...	...	...

Tabelle 24.1   Eine Beispieltabelle

1335

24 | Datenbankmanagement mit JDBC

Jede Tabelle entspricht einer logischen Sicht des Benutzers. Die Zeilen einer Relation stellen die *Datenbankausprägung* dar, während das *Datenbankschema* die Struktur der Tabelle – also Anzahl, Name und Typ der Spalten – beschreibt.

Um nun auf diese Tabellen Zugriff zu erhalten, um damit die Datenbankausprägung zu erfahren, benötigen wir Abfragemöglichkeiten. Java erlaubt mit JDBC Zugriff auf relationale Datenbanken.

24.2 Datenbanken und Tools

Vor dem Glück, eine Datenbank in Java ansprechen zu können, steht die Inbetriebnahme des Datenbanksystems (für dieses Kapitel fast schon der schwierigste Teil). Nun gibt es eine große Anzahl von Datenbanken – manche frei und Open Source, manche sehr teuer –, sodass sich dieses Tutorial nur auf eine Datenbank beschränkt. Das Rennen macht in dieser Auflage die pure Java-Datenbank *HSQLDB*, die sehr leicht ohne Administratorrechte läuft und genügend leistungsfähig ist. Da JDBC aber von Datenbanken abstrahiert, ist der Java-Programmcode natürlich auf jeder Datenbank lauffähig.

[»] **Hinweis** Ab dem JDK 6 ist im Unterverzeichnis *db*, also etwa *C:\Program Files\Java\ jdk1.6.0\db*, die Datenbank *Java DB* (*http://developers.sun.com/javadb/*) integriert. Sie basiert auf Apache *Derby*, dem früheren *Cloudscape* von IBM.

24.2.1 HSQLDB

HSQLDB (*http://hsqldb.org/*) ist ein pures Java-RDBMS unter der freien BSD-Lizenz. Die Datenbank lässt sich in zwei Modi fahren: als eingebettetes Datenbanksystem und als Netzwerkserver. Im Fall eines eingebauten Datenbanksystems ist lediglich die Treiberklasse zu laden und die Datenbank zu bestimmen, und schon geht's los. Wir werden für die folgenden Beispiele diese Variante wählen.

Auf der Download-Seite von SourceForge befindet sich ein Archiv wie *hsqldb_1_8_1_3.zip*, das wir auspacken, zum Beispiel nach *c:\Programme\hsqldb*. Unter *C:\Programme\hsqldb\ demo* befindet sich ein Skript *runManagerSwing.bat*, das ein kleines Datenbank-Frontend öffnet. Im folgenden Dialog CONNECT setzen wir den Typ auf HSQL DATABASE ENGINE STANDALONE und die JDBC-URL auf JDBC:HSQLDB:FILE:C:\TUTEGODB – der Teil hinter FILE: gibt also den Pfad zu der Datenbank an (liegt die Datenbank im Eclipse-Workspace, kann später die absolute Angabe entfallen).

1336

Nach dem Beenden des Dialogs mit OK fügt im Menü OPTIONS die Operation INSERT TEST DATA einige Tabellen mit Dummy-Daten ein und führt ein SQL-SELECT aus, das uns den Inhalt der Customer-Tabelle zeigt. Beenden wir anschließend das Swing-Programm mit FILE • EXIT. Im Dateisystem hat der Manager jetzt eine .log-Datei angelegt – zu ihr gesellt sich später noch eine .script-Datei –, eine .properties-Datei und eine .lck-Datei.

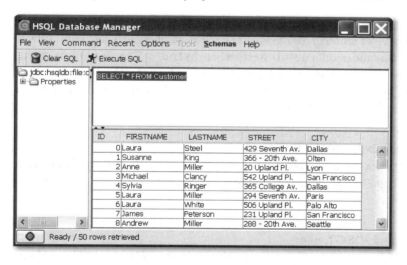

Für den Datenbankzugriff aus Java ist nur das Archiv *hsqldb.jar* aus dem *lib*-Verzeichnis von HSQLDB in den Klassenpfad aufzunehmen.

24.2.2 Weitere Datenbanken *

Die Anzahl der Datenbanken ist zwar groß, aber es gibt immer wieder Standard-Datenbanken und freie Datenbank-Management-Systeme.

MySQL

MySQL (*http://www.mysql.de/*) ist ein häufig eingesetzter freier und schneller Open-Source-Datenbank-Server. Er wird oft im Internet in Zusammenhang mit dynamischen Webseiten eingesetzt; das Zusammenspiel zwischen Linux, Apache, MySQL, PHP (LAMP-System) ist hoch gelobt. Herausragende Eigenschaften sind die Geschwindigkeit und die Bedienbarkeit. Die MySQL-Datenbank spricht der unter der LGPL stehende JDBC-Treiber *MySQL Connector/J* (*http://dev.mysql.com/downloads/connector/j/*) an. Nach dem Entpacken muss das Jar-Archiv des Treibers in den Klassenpfad aufgenommen werden. Er unterstützt die JDBC 4.0-API. Sun Microsystems hat im Februar 2008 MySQL übernommen, und heute gehört es zu Oracle.

PostgreSQL

Die *PostgreSQL*-Datenbank (*http://www.postgresql.org/*) ist ebenfalls quelloffen, läuft auf vielen Architekturen und unterstützt weitgehend den SQL-Standard 92. Gespeicherte Prozeduren, Schnittstellen zu vielen Programmiersprachen, Views und die Unterstützung für Geoinformationssysteme (GIS) haben das unter der BSD-Lizenz stehende PostgreSQL sehr beliebt gemacht. Es gibt JDBC 4-Treiber unter *http://jdbc.postgresql.org/*.

Oracle Database 10g Express Edition (Oracle Database XE)

Um die Verbreitung weiter zu erhöhen, ist die Firma Oracle dazu übergegangen, eine vollwertige freie Version zum Download oder als CD freizugeben. Wer den Download nicht scheut, der kann unter *http://www.oracle.com/technology/software/products/database/index.html* die *Oracle Database XE* für Windows, Mac OS X, Linux und weitere Unix-Systeme herunterladen. Die JDBC-Treiber sind auf dem neuen Stand.

DB2 Universal Database Express/DB2 Express-C

Von IBM stammt die etwas eingeschränkte, aber freie Version von DB2 mit exzellenter Java-Unterstützung. Unter *http://tutego.de/go/db2express* lässt sich die Datenbank für Windows und Linux herunterladen.

Microsoft SQL Server und JDBC-Treiber

Mit der *SQL Server 2008 Express* (*http://www.microsoft.com/express/Database/*) bietet Microsoft eine freie Datenbank. Auch für die nicht-freie Version, dem Microsoft SQL Server, bietet Microsoft unter *http://msdn.microsoft.com/data/ref/jdbc/* einen aktuellen JDBC 3-Treiber. Er benötigt mindestens Java 5 und ist auf verschiedenen Betriebssystemen lauffähig.

Microsoft Access

Microsoft Access ist keine freie Software, aber auf vielen Windows-Systemen installiert. Mit Microsoft Access lässt sich mit wenigen Handgriffen eine Datenbank zusammenbauen, die dann anschließend über die JDBC-ODBC-Bridge aus Java zugänglich ist. Viele Anwender haben das Office-Paket von Microsoft zu Hause installiert und so schon eine Datenbank zur Verfügung.

Eine einfache Datenbank ist schnell gebaut: Nach dem Start von Access erscheint automatisch ein Dialog mit dem Eintrag LEERE ACCESS-DATENBANK (alternativ lässt sich eine neue Datenbank unter dem Menüpunkt DATEI • NEU ... einrichten). Wir wählen den ersten Eintrag DATENBANK und speichern die Datenbank unter einem aussagekräftigen Namen. Access benötigen wir nicht mehr direkt, weil die Kommunikation mit der Datenbank anschließend über den ODBC-Manager läuft. Dieser setzt dann auf dem SQL-Kern von Access auf. Im ODBC-Manager muss dafür die Datenquelle angemeldet werden.

ODBC einrichten und Access damit verwenden

Die meisten Datenbanken öffnen einen TCP/IP-Port, und die Programme kommunizieren über ein definiertes Netzwerkprotokoll. Access ist dazu nicht in der Lage, und so muss eine Access-Datenbank als ODBC-Datenquelle bei einer Zentrale angemeldet werden; im nächsten Schritt kommuniziert ein spezieller Java-Datenbanktreiber mit dieser ODBC-Zentrale.

Zum Einrichten gehen wir zunächst in die Systemeinstellungen (START • EINSTELLUNGEN • SYSTEMSTEUERUNG) und suchen ab Windows 2000 im Verzeichnis VERWALTUNG nach dem Symbol DATENQUELLEN (ODBC). Nach dem Start öffnet sich ein Dialog mit dem Titel ODBC-DATENQUELLEN-ADMINISTRATOR. Wir gehen auf HINZUFÜGEN, um eine neue Benutzer-Datenquelle hinzuzufügen. Im Dialog mit dem Titel NEUE DATENQUELLE ERSTELLEN wählen wir den Microsoft Access-Treiber aus und gehen auf FERTIGSTELLEN. Ein Dialog öffnet sich, und wir tragen unter DATENQUELLENNAME einen Namen für die Datenquelle ein. Unter diesem Namen können wir in Java später die Datenbank ansprechen. Der Name der Datei hat nichts mit dem Namen der Datenquelle gemeinsam. Optional können wir noch eine Beschreibung hinzufügen. Wichtig ist nun die Verbindung zur physikalischen Datenbank. Im umrandeten Bereich DATENBANK aktivieren wir über die Schaltfläche AUSWÄHLEN einen Datei-Selektor. Hier hangeln wir uns bis zur in Access erstellten Datei durch und tragen sie ein. Nun müssen wir nur noch einige Male OK anklicken, und wir sind fertig. Wenn der Administrator nicht meckert, können wir nun ein JDBC-Programm starten.

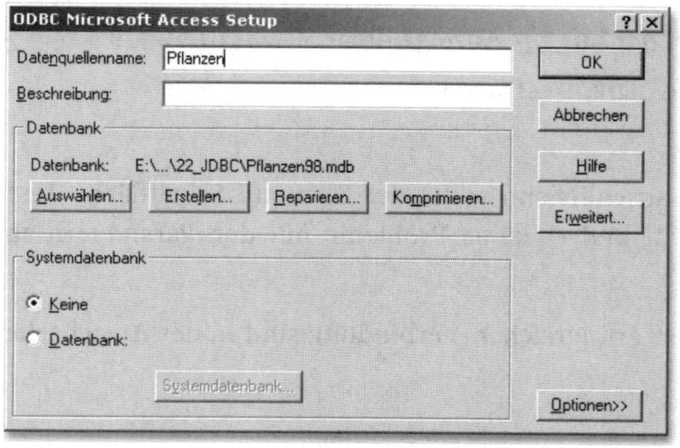

Abbildung 24.1 Auswählen einer Datenbank

24 | Datenbankmanagement mit JDBC

24.2.3 Eclipse-Plugins zum Durchschauen von Datenbanken

Es gibt fast genauso viele Tools zum Administrieren von Datenbanken wie Datenbanken selbst. Zwar bringt NetBeans direkt ein Plugin zum Durchstöbern von Datenbanken mit, doch die Eclipse IDE –auch in der Ausgabe Eclipse IDE for Java EE Developers – leider nicht. So muss ein extra Plugin installiert werde. Von der Eclipse-Foundation gibt es zum Beispiel die *Eclipse Data Tools Platform (DTP)*. Ein anderes Eclipse-Plugin ist *QuantumDB* (*http://quantum.sourceforge.net/*). Frei und in Java (aber kein Eclipse-Plugin) ist *SQuirreL* (*http://squirrelsql.sourceforge.net/*).

Eclipse Data Tools Platform (DTP)

Die DTP wird über den online Update-Mechanismus installiert. Wir wählen HELP • INSTALL NEW SOFTWARE… und geben bei WORK WITH die URL HTTP://DOWNLOAD.ECLIPSE.ORG/DATA-TOOLS/UPDATES/ ein. Wir aktivieren ADD…, geben im Dialog bei NAME den Namen DTP ein und bestätigen mit OK. Es folgt ein Dialog mit Versionen, aus denen wir die letzte DTP-Version auswählen können, etwa ECLIPSE DATA TOOLS PLATFORM 1.7.0. Nach ein paar Ja-Ja-Dialogen wird Eclipse neu gestartet, und das Plugin ist installiert. Wir wechseln anschließend die Perspektive mit WINDOW • OPEN PERSPECTIVE • OTHER… und dann DATABASE DEVELOPMENT.

Es gibt in der Perspektive einige neue Ansichten. Eine ist DATA SOURCE EXPLORER. Dort wählen wir im Zweig DATABASE CONNECTIONS über das Kontextmenü den Eintrag NEW… So lässt sich eine neue Datenbankverbindung einrichten. Im folgenden Dialog wählen wir GENERIC JDBC aus der Liste. NEXT bringt uns zu einem neuen Dialog. Rechts neben dem Auswahlfeld ist eine unscheinbare Schaltfläche mit einem +-Symbol. Nach dem Aktivieren öffnet sich ein weiterer Dialog und aus der Liste ist GENERIC JDBC DRIVER auszuwählen und auf den zweiten Reiter, auf JAR LIST zu gehen. Mit ADD JAR/ZIP… kommt ein Auswahldialog, und wir navigieren zu HSQLDB.JAR. Hier aktivieren wir den dritten Reiter PROPERTIES. Wir tragen ein:

▶ CONNECTION URL: die JDBC-URL für die angelegte Datenbank, etwa JDBC:HSQLDB:FILE:C:/ TUTEGODB

▶ DATABASE NAME: ein beliebiger Name, der nur zur Anzeige dient, etwa TUTEGODB

▶ DRIVER CLASS: die Treiberklasse ORG.HSQLDB.JDBCDRIVER

▶ Unter USER ID tragen wir »sa« ein

Mit OK bestätigen wir den Dialog, und anschließend sollte der Klick auf Schaltfläche TEST CONNECTION bezeugen, dass alles gut geht und es keine Probleme mit den Parametern ab (siehe Abbildung 24.2).

FINISH schließt den Dialog, und nach einer erfolgreichen Verbindung sind in der Ansicht die Datenbank sowie ihre Schemas zu sehen.

Datenbanken und Tools | **24.2**

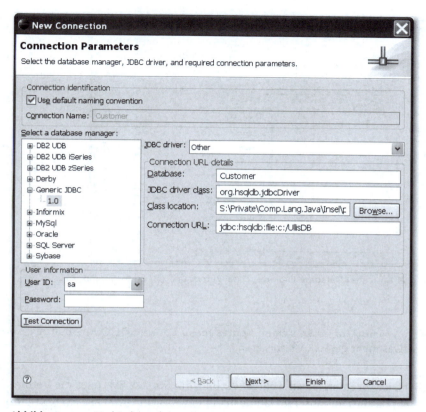

Abbildung 24.2 Verbindungsdaten eintragen

Um eine SQL-Abfrage auszuführen, öffnen wir den Dialog unter FILE • NEW • OTHER... • SQL DEVELOPMENT • SQL FILE und geben einen Dateinamen wie *test* für eine Skriptdatei an. Im unteren Bereich des Dialogs lässt sich direkt die Datenbank auswählen. Wählen wir für DATABASE SERVER TYPE den Eintrag GENERIC JDBC_1.x, für CONNECTION PROFILE NAME anschließend NEW GENERIC JDBC und abschließend als DATABASE NAME unserer Datenbank TUTEGODB. FINISH schließt den Dialog, legt eine Datei *test.sqlpage* an und öffnet diese in einem neuen Editor für SQL-Anweisungen. Tragen wir ein:

```
SELECT * FROM Customer
```

Das Kontextmenü im SQL-Editor bietet EXECUTE ALL. In der Ansicht SQL RESULTS sind die Ergebnisse dann abzulesen.

24 | Datenbankmanagement mit JDBC

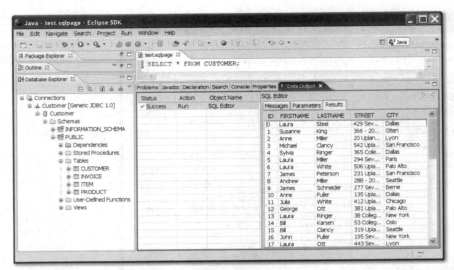

Abbildung 24.3 Die drei Ansichten Database Explorer, Data Output und der Editor für das SQL Scrapbook

> [+] **Tipp** Mit der rechten Maustaste lassen sich im Kontextmenü EDIT IN SQL QUERY BUILDER... die Abfragen auch etwas mehr grafisch visualisieren.

Wenn wir unsere Beispiele beendet haben, sollten wir im DATA SOURCE EXPLORER die Verbindung wieder schließen; dazu ist auf unserer Datenbank in der Ansicht DATABASE EXPLORER im Kontextmenü DISCONNECT zu wählen.

24.3 JDBC und Datenbanktreiber

JDBC ist die inoffizielle Abkürzung für *Java Database Connectivity* und bezeichnet einen Satz von Schnittstellen, um relationale Datenbanksysteme von Java zu nutzen. Die erste JDBC-Spezifikation gab es im Juni 1996. Die Schnittstellen und wenigen Klassen sind ab dem JDK 1.1 im Core-Paket integriert. Die JDBC-API und ihre Treiber erreichen eine wirksame Abstraktion von relationalen Datenbanken, sodass durch die einheitliche Programmierschnittstelle die Funktionen differierender Datenbanken in gleicher Weise genutzt werden können. Das Lernen von verschiedenen Zugriffsmethoden für unterschiedliche Datenbanken der Hersteller entfällt. Wie jedoch diese spezielle Datenbank nun wirklich aussieht, verheimlicht uns die Abstraktion. Jede Datenbank hat ihr eigenes Protokoll (und eventuell auch Netzwerkprotokoll), doch die Implementierung ist nur dem Datenbanktreiber bekannt.

Das Modell von JDBC setzt auf dem X/OPEN-SQL-Call-Level-Interface (CLI) auf und bietet somit die gleiche Schnittstelle wie Microsofts ODBC (Open[1] Database Connectivity). Dem Pro-

---
[1] Microsoft und Open? Nicht schlecht.

grammierer gibt JDBC Methoden, um Verbindungen zu Datenbanken aufzubauen, Datensätze zu lesen oder neue Datensätze zu verfassen. Zusätzlich können Tabellen aktualisiert und Prozeduren auf der Serverseite ausgeführt werden.

> **Hinweis** Ein JDBC-Treiber muss nicht unbedingt relationale Datenbanken ansprechen, obwohl das der häufigste Fall ist. Mit dem freien *xlSQL (https://xlsql.dev.java.net/)* steht ein JDBC-Treiber bereit, der auf Excel-Tabellen beziehungsweise CSV-Dateien arbeitet, und Oracle bietet mit *Synopsis (http://www.sunopsis.com/corporate/us/products/jdbcforxml/)* ein Produkt, welches statt relationaler Datenbanken XML-Dokumente verwendet.

[«]

Implementierung der JDBC-API

Um eine Datenbank ansprechen zu können, müssen wir einen Treiber haben, der die JDBC-API implementiert und zwischen dem Java-Programm und der Datenbank vermittelt. Jeder Treiber ist üblicherweise anders implementiert, denn er muss die datenbankunabhängige JDBC-API auf die konkrete Datenbank übertragen. Oracle veröffentlicht unter *http://developers.sun.com/product/jdbc/drivers* Treiber zu allen möglichen Datenbanken. Eine Suchmaske erlaubt die Eingabe einer Datenbank und die Auswahl eines gewünschten Typs.

24.3.1 Treibertypen *

Oracle definiert vier Treiber-Kategorien, die wir im Folgenden beschreiben. Sie unterscheiden sich im Wesentlichen darin, dass sie über einen nativen Anteil verfügen oder nicht.

Typ 1: JDBC-ODBC-Brücke

ODBC (Open Database Connectivity Standard) ist ein Standard von Microsoft, der den Zugriff auf Datenbanken über eine genormte Schnittstelle möglich macht. ODBC ist insbesondere in der Windows-Welt weit verbreitet, und für jede ernst zu nehmende Datenbank gibt es einen Treiber.

Da es am Anfang der JDBC-Entwicklung keine Treiber gab, haben sich JavaSoft und *Intersolv* (seit 2000 Merant) etwas ausgedacht: eine JDBC-ODBC-Brücke, die die Aufrufe von JDBC in ODBC-Aufrufe der Clientseite umwandelt. Da die Performance oft nicht optimal und die Brücke nicht auf jeder Plattform verfügbar ist, stellt diese JDBC-Anbindung häufig eine Notlösung dar. Und weil ODBC eine systembezogene Lösung ist, hat der Typ-1-Treiber native Methoden, was die Portierung und seinen Einsatz – etwa über das Netz – erschwert. Die JDBC-ODBC-Brücke implementiert seit Version 1.4 den JDBC 2-Standard.

> **Hinweis** Die Geschwindigkeit des Zugriffs über die JDBC-ODBC-Brücke hängt von vielen Faktoren ab, ist aber im Allgemeinen nicht so gut. Der Grund ist, dass die Abfrage unter JDBC bis zur Datenbank viele Schichten durchläuft. Jede der Schichten übersetzt die Abfragen für die nächste Schicht. Zusätzlich kommen zum Zeitaufwand noch Inkompatibilitäten und Fehler hinzu. Somit hängt das Gelingen der JDBC-ODBC-Brücke von vielen Schichten ab und ist oft nicht so performant wie eine native Implementierung.

[«]

Typ 2: Native plattformeigene JDBC-Treiber

Diese Treiber übersetzen die JDBC-Aufrufe direkt in Aufrufe der Datenbank-API. Dazu enthält der Treiber Programmcode, der native Methoden aufruft.

Treiber vom Typ 1 oder 2 sind nicht portabel, da sie zum einen für die JDBC-ODBC-Brücke auf die Plattform-Bibliothek für ODBC zurückgreifen müssen und zum anderen auf plattformspezifische Zugriffsmöglichkeiten für die Datenbank angewiesen sind. Damit ist der Nachteil verbunden, dass Applets mit diesen Treibern nichts anfangen können. Ein Applet erlaubt es nicht, nativen Code von anderen Quellen zu laden und auszuführen. Das ist nicht leicht, wenn etwa ein Macintosh mit Power-PC-Prozessor einen binären Treiber für eine MS-SQL-Datenbank installieren möchte. Die Quintessenz daraus: Applets können damit keine Verbindung zu einer externen Datenquelle aufbauen.

Typ 3: Universeller JDBC-Treiber

Der universelle JDBC-Treiber ist ein in Java programmierter Treiber, der beim Datenbankzugriff auf den Client geladen wird. Der Treiber kommuniziert mit der Datenbank nicht direkt, sondern mit einer Softwareschicht, die zwischen der Anwendung und der Datenbank sitzt: der *Middleware*. Damit erfüllen Typ-3-Treiber eine Vermittlerrolle, denn erst die Middleware leitet die Anweisungen an die Datenbank weiter. Für Applets und Internet-Dienste hat ein Typ-3-Treiber den großen Vorteil, dass seine Klassendateien oft kleiner als Typ-4-Treiber sind, da ein komprimiertes Protokoll eingesetzt werden kann. Über das spezielle Protokoll zur Middleware ist auch eine Verschlüsselung der Verbindung möglich. Kaum eine Datenbank unterstützt verschlüsselte Datenbankverbindungen. Da zudem das Middleware-Protokoll unabhängig von der Datenbank ist, müssen auf der Clientseite für einen Datenbankzugriff auf mehrere Datenbanken auch nicht mehr alle Treiber installiert werden, sondern im günstigsten Fall nur noch ein Typ-3-Treiber von einem Anbieter. Die Ladezeiten sind damit deutlich geringer.

Typ 4: Direkte Netzwerktreiber

Diese Treiber sind vollständig in Java programmiert und kommunizieren direkt mit dem Datenbank-Server. Sie sprechen über das datenbankspezifische Protokoll direkt mit der Datenbank über einen offenen IP-Port. Dies ist in einer Direktverbindung die performanteste Lösung. Sie ist jedoch nicht immer realisierbar, etwa bei Datenbanken wie MS Access, dBase oder Paradox, die kein Netzwerkprotokoll definieren.

24.3.2 JDBC-Versionen *

Mit den Java-Versionen ist auch die Versionsnummer von JDBC gestiegen:

▶ Am Anfang stand *JDBC 1.0*, das Sun im Jahre 1997 in Java 1.1 integrierte. JDBC 1.0 basiert auf SQL-92.

▶ Die nächste Spezifikation ist die *JDBC 2.0 API*. Sie berücksichtigt SQL-99 (SQL-3). Die Spezifikation der Version 2 setzt sich aus zwei Teilen zusammen: einer *JDBC 2.0 core API* und einer *JDBC 2.0 Optional Package API*. Die Core-API im Paket `java.sql` erweitert das Ur-JDBC um Batch-Updates und SQL-3-Datentypen. Das JDBC Optional Package liegt im Paket `javax.sql` und bietet unter anderem Data-Source, Connection-Pooling und verteilte Transaktionen. Während das Core-Paket fester Teil von Java 1.2 war, ist das optionale Paket in Java 1.2 noch echt optional und erst in Java 1.3 fest integriert. Für fast alle Datenbanken gibt es JDBC-2.0-Treiber.

▶ JDBC 3.0 ist Teil von Java 1.4. Es integriert die JDBC 2.1 core API, das JDBC 2.0 Optional Package und nimmt neu unter anderem hinzu: Savepoints in Transaktionen, Wiederverwendung von Prepared-Statements, JDBC-Datentypen BOOLEAN und DATALINK, Abrufen automatisch generierter Schlüssel, Änderungen von LOBs und mehrere gleichzeitig geöffnete `ResultSet`.

▶ In Java 5 hat sich nicht viel an JDBC geändert. Es ist immer noch JDBC 3.0, doch sind JDBC-`RowSet`-Implementierungen hinzugekommen.

▶ In JDBC 4.0 werden Treiber – wenn vorbereitet – automatisch angemeldet, es gibt XML-Datentypen aus SQL:2003 und Zugriff auf die SQL-ROWID.

Hinweis Viele JDBC 4-Treiber gibt es im Moment noch nicht. Die aktuellen Treiber für die Datenbanken Oracle 11, Java DB (Apache Derby), DB 2, MySQL implementieren einige JDBC 4-Eigenschaften, wenngleich nicht alles. *http://developers.sun.com/product/jdbc/drivers* zählt bislang keinen JDBC 4-Treiber auf. Für JDBC 3 gibt es immerhin 38 Treiber; 99 sind JDBC 2-Treiber. **[«]**

Grad der SQL-Unterstützung

Auch wenn uns der neueste Treiber einer Datenbank vorliegt, heißt das nicht, dass er auch alle JDBC-Möglichkeiten ausschöpft. Zum einen kann das daran liegen, dass die Datenbank diese Möglichkeiten gar nicht bietet – etwa Savepoints – oder dass der Treiber nicht hinreichend aktuell ist.

Einige Möglichkeiten lassen sich über die Metadaten einer Datenbank erfragen. Dazu zählt zum Beispiel, ob ein Treiber beziehungsweise eine Datenbank den vollen ANSI-92-Standard unterstützt. Die Metadaten liefern über die Methoden `supportsANSI92XXXSQL()` den Hinweis, ob die Datenbank ANSI 92 *Entry Level* (gilt immer), *Intermediate SQL* oder *Full SQL* unterstützt. Auch für ODBC gibt es unterschiedliche Level: *Minimum SQL Grammar*, *Core SQL Grammar*, *Extended SQL Grammar*. Weitere Informationen bietet die Webseite *http://java.sun.com/products/jdbc/driverdevs.html*.

24.4 Eine Beispielabfrage

24.4.1 Schritte zur Datenbankabfrage

Wir wollen kurz die Schritte skizzieren, die für einen Zugriff auf eine relationale Datenbank mit JDBC erforderlich sind:

1345

24 | Datenbankmanagement mit JDBC

1. Einbinden der JDBC-Datenbanktreiber im Klassenpfad

2. unter Umständen Anmelden der Treiberklassen

3. Verbindung zur Datenbank aufbauen

4. eine SQL-Anweisung erzeugen

5. ausführen der SQL-Anweisung

6. das Ergebnis der Anweisung holen, bei Ergebnismengen über diese iterieren

7. schließen der Datenbankverbindung

Wir beschränken uns im Folgenden auf die Verbindung zum freien Datenbanksystem HSQLDB.

24.4.2 Client für HSQLDB-Datenbank

Ein Beispiel soll zu Beginn die Programmkonzepte für JDBC veranschaulichen, bevor wir im Folgenden das Java-Programm weiter sezieren. Das Programm in der Klasse `FirstSqlAccess` nutzt die Datenbank TutegoDB, die sich im Suchpfad befinden muss; wir können ebenso absolute Pfade bei HSQLDB angeben, etwa *C:/TutegoDB*. Bei der Parametrisierung »jdbc:hsqldb:**file**:...« von HSQLDB liest die Datenbank beim ersten Start die Daten aus der Datei ein, verwaltet sie im Speicher und schreibt sie am Ende des Programms wieder in eine Datei zurück.

Da wir die Datenbank schon früher mit Demo-Daten gefüllt haben, lässt sich jetzt eine SQL-SELECT-Abfrage absetzen:

Listing 24.1 com/tutego/insel/jdbc/FirstSqlAccess.java

```
package com.tutego.insel.jdbc;

import java.sql.*;

public class FirstSqlAccess
{
  public static void main( String[] args )
  {
    try
    {
      Class.forName( "org.hsqldb.jdbcDriver" );
    }
    catch ( ClassNotFoundException e )
    {
      System.err.println( "Keine Treiber-Klasse!" );
      return;
    }

    Connection con = null;
```

1346

Eine Beispielabfrage | **24.4**

```
    try
    {
      con = DriverManager.getConnection( "jdbc:hsqldb:file:TutegoDB;⊋
        shutdown=true", "sa", "" );
      Statement stmt = con.createStatement();

//       stmt.executeUpdate( "INSERT INTO CUSTOMER VALUES(50,'Christian',⊋
           'Ullenboom','Immengarten 6','Hannover')" );

      ResultSet rs = stmt.executeQuery( "SELECT * FROM Customer" );

      while ( rs.next() )
        System.out.printf( "%s, %s %s%n", rs.getString(1),
                            rs.getString(2), rs.getString(3) );

      rs.close();

      stmt.close();
    }
    catch ( SQLException e )
    {
      e.printStackTrace();
    }
    finally
    {
      if ( con != null )
        try { con.close(); } catch ( SQLException e ) { e.printStackTrace(); }
    }
  }
}
```

Dem Beispiel ist in diesem Status schon die aufwändige Fehlerbehandlung anzusehen. Das Schließen vom `ResultSet` und `Statement` ist vereinfacht, aber okay, weil das `finally` auf jeden Fall die `Connection` schließt.

Hinweis Es ist möglich, auch ohne ODBC-Eintrag Zugriff auf eine Access-Datenbank aufzubauen – nützlich ist das zum Beispiel dann, wenn der Name der Datenbank erst später bekannt wird.

```
con = DriverManager.getConnection( "jdbc:odbc:Driver={Microsoft Access Driver
(*.mdb)};DBQ=c:/daten/test.mdb",
"name", "pass" );
```

Ein ähnlicher String kann auch für den Zugriff auf eine dBase-Datenbank genutzt werden, für die ein ODBC-Treiber angemeldet ist:

```
jdbc:odbc:Driver={Microsoft dBase Driver (*.dbf)};DBQ=c:\database.dbf
```

[«]

1347

24.4.3 Datenbankbrowser und eine Beispielabfrage unter NetBeans

Wer mit NetBeans arbeitet, kann einfach mit der ab Java 6 mitgelieferten Datenbank JavaDB arbeiten, denn NetBeans bringt eine Beispieldatenbank für Java DB mit. Im Folgenden soll

1. die Beispieldatenbank gestartet,
2. die Datenbank mit der Browser untersucht und
3. ein Java-Programm geschrieben werden, dass diese Datenbank anspricht.

Beispieldatenbank starten

Ist NetBeans gestartet, wählen wir im Menü WINDOW • SERVICES. Links kommt in die Darstellung ein Punkt DATABASES hinzu, wobei unser Interesse der Beispieldatenbank dient, zu der wir mit CONNECT über das Kontextmenü eine Verbindung aufbauen wollen.

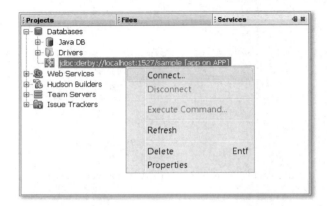

In der Ausgabe ist zu erkennen, dass die Datenbank nun gestartet und bereit für Verbindungen ist.

SQL-Anweisungen absetzen

Links ist anschließend der Baum mit vielen Informationen gefüllt, und alle Tabelleninformationen sind zugänglich. Mit der rechten Maustaste und dem Kontextmenü lassen sich anschließend SQL-Anweisungen über EXECUTE COMMAND… an die Datenbank absetzen.

Eine Beispielabfrage | **24.4**

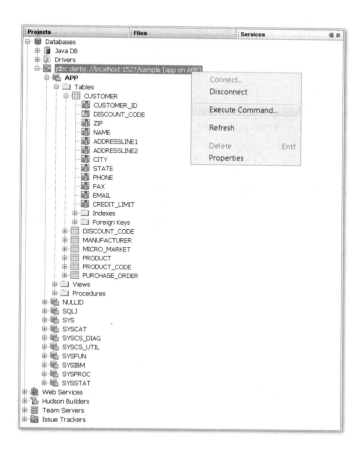

Es öffnet sich ein SQL-Editor, der Tastaturvervollständigung beherrscht und sogar in die Datenbank schaut, um Tabellen und Spaltennamen korrekt zu vervollständigen.

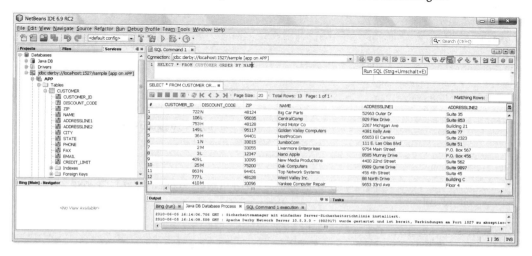

JDBC-Beispiel

Das JDBC-Beispiel von eben können wir leicht auf die NetBeans-Datenbank übertragen. Drei Dinge müssen wir anpassen:

- Der Treiber muss im Klassenpfad sein.
- Die Treiberklasse ist `org.apache.derby.jdbc.ClientDriver`. Das explizite Laden kann aber entfallen, da Java einen JDBC 4-Treiber selbstständig findet, wenn er im Klassenpfad steht.
- Die Datenbank-URL ist jdbc:derby://localhost:1527/sample.

Die letzten beiden Dinge sind schnell im Quellcode angepasst. Um den Treiber in den Klassenpfad zu setzen, wählen wir links im Projekt bei LIBRARIES das Kontextmenü und dann ADD JAR/FOLDER... Aus dem JDK-Installationsverzeichnis unter *db/lib* wählen wir DERBYCLIENT.JAR.

Wir wollen das SELECT noch etwas anpassen und dann folgt:

Listing 24.2 com/tutego/insel/jdbc/FirstSqlAccess.java

```java
package com.tutego.insel.jdbc;

import java.sql.*;

public class SecondSqlAccess
{
  public static void main( String[] args )
  {
    Connection con = null;

    try
    {
      con = DriverManager.getConnection( "jdbc:derby://localhost:1527/sample",
          "app", "app" );
      Statement stmt = con.createStatement();

      ResultSet rs = stmt.executeQuery( "SELECT NAME, ADDRESSLINE1, PHONE FROM
          Customer" );

      while ( rs.next() )
        System.out.printf( "%s, %s %s%n", rs.getString(1),
                           rs.getString(2), rs.getString(3) );
```

```
      rs.close();

      stmt.close();
    }
    catch ( SQLException e )
    {
      e.printStackTrace();
    }
    finally
    {
      if ( con != null )
        try { con.close(); } catch ( SQLException e ) { e.printStackTrace(); }
    }
  }
}
```

24.5   Mit Java an eine Datenbank andocken

Zum Aufbau einer Datenbankverbindung und zur Herstellung einer Connection gibt es zwei
Möglichkeiten:

► **Direkt über den** DriverManager: Die Verbindungsdaten stehen im Quellcode (entweder
  direkt, oder sie werden über Konfigurationsdateien bestimmt). Diesen Weg zeigte bisher
  das Beispiel.

► **Über einen zentralen Namensdienst:** Im JNDI ist eine vorkonfigurierte Datenquelle
  (DataSource) abgelegt, die wir entnehmen und über die wir eine Verbindung aufbauen.

Im Java-Enterprise-Bereich ist das übliche Vorgehen der zweite Weg über eine DataSource.
Wir wollen uns doch zunächst mit dem DriverManager beschäftigen, bevor wir zur Data-
Source und zum JNDI kommen.

Alle verwendeten Klassen und Schnittstellen für den Datenbankteil liegen unter java.sql.*.
Im Fall des Namensdienstes sind Klassen/Schnittstellen aus dem Paket javax.naming nötig.

24.5.1 Der Treiber-Manager *

Alle Datenbanktreiber werden an einer zentralen Stelle, dem *Treiber-Manager*, gesammelt.
Die Zentrale ist in Java durch die Klasse DriverManager gegeben. Die Methoden der Klasse
sind statisch, da sich ein Exemplar dieser Klasse nicht erzeugen lässt; der Konstruktor ist privat. Die wichtigste Methode des Treiber-Managers ist statisch und heißt getConnection(),
mit der wir eine Verbindung zur Datenbank aufbauen können. Es lassen sich aber auch alle
angemeldeten Treiber erfragen.

24 | Datenbankmanagement mit JDBC

24.5.2 Den Treiber laden

Vor der Ausführung der JDBC-Befehle muss ein passender Datenbanktreiber geladen werden. Der Datenbanktreiber ist eine Java-Klasse, die beim Treiber-Manager angemeldet sein muss.

> [»] **Hinweis** Seit Java 6 werden die Treiberklassen – soweit vom Treiberproduzenten vorbereitet – automatisch geladen. Der Entwickler muss den Namen der Treiberklassen nicht mehr kennen. Intern funktioniert das über Service Provider. Für eigene automatisch zu ladende Klassen ist `java.util.ServiceLoader` einen Blick wert.

Vor Java 6 und bei nicht vorbereiteten Datenbanken ist die Treiberklasse von Hand einzubinden. Zwei Möglichkeiten sind populär:

▶ Die Property `jdbc.drivers` enthält den Namen des Datenbanktreibers. Auf der Kommandozeile lässt sich die Variable mit dem Schalter `-D` einfach setzen:

```
$ java -Djdbc.drivers=org.hsqldb.jdbcDriver <Javaklasse>
```

▶ Die zweite Möglichkeit bietet der Aufruf von `Class.forName(driverclassname)`, die eine Treiberklasse lädt. Sie trägt sich automatisch beim Treiber-Manager ein.

```
final class java.lang.Class<T>
implements Serializable, GenericDeclaration, Type, AnnotatedElement
```

▶ `static Class forName( String className ) throws ClassNotFoundException`
Sucht, lädt und bindet die Klasse mit dem qualifizierten Namen `className` ins Laufzeitsystem ein. Die statische Methode liefert ein `Class`-Objekt zurück, falls sie die Klasse laden kann, andernfalls quittiert sie einen Fehler mit einer `ClassNotFoundException`.

Die Programmzeilen für das manuelle Laden der Klasse `org.hsqldb.jdbcDriver` sind somit:

Listing 24.3 com/tutego/insel/jdbc/DriverManagerDemo.java, Ausschnitt

```java
try
{
  Class.forName( "org.hsqldb.jdbcDriver" );
}
catch ( ClassNotFoundException e )
{
  // Blöd: Treiber konnte nicht geladen werden.
  e.printStackTrace();
}
```

Da wir die Klasse nur laden, aber die Referenz auf den Klassen-Deskriptor nicht benötigen, belassen wir es bei einem Aufruf und beachten den Rückgabewert nicht. Diese `Class.forName()` löst eine `ClassNotFoundException` aus, falls die Klasse nicht gefunden wurde, der Treiber also nicht geladen werden konnte.

> [»] **Hinweis** Der JDBC-ODBC-Treiber ist schon initialisiert und muss nicht mit `Class.forName("sun.jdbc.odbc.JdbcOdbcDriver");` geladen werden.

1352

Datenbank	Klassenname für den JDBC-Treiber
Adabas D	de.sag.jdbc.adabasd.Adriver
Borland JDataStore	com.borland.datastore.jdbc.DataStoreDriver
Borland Interbase	interbase.interclient.Driver
DB2/Derby	com.ibm.db2.jcc.DB2Driver
Informix	com.informix.jdbc.IfxDriver
IDS Server	ids.sql.IDSDriver
Microsoft SQL Server	com.microsoft.jdbc.sqlserver.SQLServerDriver
mSQL	COM.imaginary.sql.msql.MsqlDriver
MySQL	com.mysql.jdbc.Driver
Oracle	oracle.jdbc.driver.OracleDriver
Pointbase	com.pointbase.jdbc.jdbcUniversalDriver
PostgreSQL	org.postgresql.Driver
Sybase	com.sybase.jdbc2.jdbc.SybDriver

Tabelle 24.2 Übersicht der jeweiligen voll qualifizierten Klassennamen für den JDBC-Treiber

24.5.3 Eine Aufzählung aller Treiber *

Die statische Methode `DriverManager.getDrivers()` liefert eine Aufzählung der angemeldeten Treiber. Die folgenden Zeilen geben einfach den Klassennamen aus – die Treiber implementieren nicht unbedingt eine sinnvolle `toString()`-Methode, sodass wir uns mit dem Klassennamen begnügen:

Listing 24.4 com/tutego/insel/jdbc/DriverManagerDemo.java, Ausschnitt

```
for ( Enumeration<Driver> e = DriverManager.getDrivers(); e.hasMoreElements(); )
  System.out.println( e.nextElement().getClass().getName() );
```

Die Elemente, die durch die `Enumeration` ausgelesen werden, sind Treiberobjekte vom Typ `Driver`. Jeder Datenbanktreiber implementiert diese Schnittstelle. Mit dem manuell geladenen Treiber `org.hsqldb.jdbcDriver` und dem Standard-JDBC-ODBC-Treiber verbunden ist die Ausgabe:

```
sun.jdbc.odbc.JdbcOdbcDriver
org.hsqldb.jdbcDriver
```

24.5.4 Log-Informationen *

Zu Testzwecken bietet es sich an, Informationen des Treibers und der Datenbank in einen speziellen Ausgabekanal zu schreiben. Wir können die Log-Informationen so umlenken, dass sie in den Standardausgabestrom geschrieben werden. Das macht die statische Methode `setLogWriter()`, die einen `PrintWriter` als Parameter erwartet:

24 | Datenbankmanagement mit JDBC

Listing 24.5 com/tutego/insel/jdbc/DriverManagerDemo.java, Ausschnitt

```
DriverManager.setLogWriter( new PrintWriter( System.out ) );
Class.forName( "org.hsqldb.jdbcDriver" );
```

Da damit die Log-Ausgaben in den Standard-Ausgabekanal kommen, ist die Ausgabe für das Laden des HSQLDB-Treibers:

```
JdbcOdbcDriver class loaded
registerDriver: driver[className=sun.jdbc.odbc.JdbcOdbcDriver,sun.jdbc.odbc.⤶
JdbcOdbcDriver@173a10f]
DriverManager.initialize: jdbc.drivers = null
JDBC DriverManager initialized
registerDriver: driver[className=org.hsqldb.jdbcDriver,org.hsqldb.jdbcDriver@530daa]
```

Nicht nur Treiber und SQL-Klassen nutzen den Log-Stream, auch wir können Zeichenketten ausgeben. Dazu dient die statische Methode `println()`, die als Parameter nur einen String annimmt. `println()` ist so implementiert, dass bei einem nicht gesetzten Log-Stream die Ausgabe unterbleibt.

`class java.sql.`**`DriverManager`**

▶ `static void setLogWriter( PrintWriter out )`
Setzt den Log-Writer und startet damit das Logging. Mit dem Argument `null` wird das Logging wieder ausgeschaltet.

▶ `static PrintWriter getLogWriter()`
Liefert den angemeldeten Log-Writer.

▶ `static void println( String message )`
Schreibt eine Meldung in den Log-Stream.

24.5.5 Verbindung zur Datenbank auf- und abbauen

Nach dem Laden des Treibers können wir eine Verbindung zur Datenbank mithilfe des `Connection`-Objekts aufbauen, das `DriverManager.getConnection()` zurückgibt. Der Methode wird eine Datenbank-URL mitgegeben und optional Benutzername und Passwort.

Die Datenquelle angeben

Alle Datenquellen sind durch eine besondere URL qualifiziert, die folgendes Format besitzt:

jdbc:Subprotokoll:Datenquellenname

Die Datenbank definieren jeweils unterschiedliche Subprotokolle, und die Angabe des Servernamens ist auch immer individuell:

Datenbank	Subprotokoll	Beispiel
Derby	derby:net	jdbc:derby:net://host:1527/
IBM DB2	db2	jdbc:db2://database

Tabelle 24.3 Protokoll-URLs einiger Datenbanken

1354

Mit Java an eine Datenbank andocken | 24.5

Datenbank	Subprotokoll	Beispiel
HSQLDB	hsqldb	jdbc:hsqldb:file:database
Interbase	interbase	jdbc:interbase://host/dabase.gdb
MySQL	Mysql	jdbc:mysql://host/database
ODBC-Datenquellen	Odbc	jdbc:odbc:database
Oracle Thin	oracle:thin	jdbc:oracle:thin:@host:1243:database
Sybase	sybase:Tds	jdbc:sybase:Tds:host:1234/database

Tabelle 24.3 Protokoll-URLs einiger Datenbanken (Forts.)

Verbindung aufnehmen

Der Aufruf von `DriverManager.getConnection()` liefert – wenn alles gut geht – ein `Connection`-Objekt, das die Verbindung mit der Datenbank repräsentiert.

Beispiel Verbinde mit einer Datenbank, die den Namen »TutegoDB« trägt (im Fall von ODBC wurde der Name im Datenquellen-Administrator festgelegt und hat nichts mit dem Dateinamen zu tun): [zB]

```
con = DriverManager.getConnection( "jdbc:hsqldb:file:TutegoDB;shutdown=true",
                                    "sa",
                                    "" );
```

Die statische Methode `getConnection()` erwartet bis zu drei Parameter: Die URL der Datenbank, zu der die Verbindung aufgenommen werden soll, ist der Pflichtparameter. Der Anmeldename und das Passwort sind optional und können auch leere Strings (`""`) sein, wenn eine Authentifizierung keine Rolle spielt.

Meldet `getConnection()` keinen Fehler, so liefert sie uns eine geöffnete Datenbankverbindung.

`class java.sql.`**`DriverManager`**

▶ `static Connection getConnection( String url ) throws SQLException`
Versucht, eine Verbindung zur Datenbank aufzubauen. Die Klasse `DriverManager` sucht dabei einen passenden Treiber aus der Liste der registrierten JDBC-Treiber für die Datenbank.

▶ `static Connection getConnection( String url, String user, String password )`
    `throws SQLException`
Versucht, eine Verbindung zur Datenbank aufzubauen. `user` und `password` werden für die Verbindung zur Datenbank verwendet.

▶ `static Connection getConnection( String url, Properties info )`
    `throws SQLException`
Versucht, eine Verbindung zur Datenbank aufzubauen. Im `Properties`-Objekt können die Felder `user` und `password` sowie weitere Informationen vorhanden sein.

24 | Datenbankmanagement mit JDBC

```
                  java.sql.DriverManager
─────────────────────────────────────────────────────────
+ deregisterDriver(driver: Driver)
+ getConnection(url: String): Connection
+ getConnection(url: String, info: Properties): Connection
+ getConnection(url: String, user: String, password: String): Connection
+ getDriver(url: String): Driver
+ getDrivers(): Enumeration
+ getLogStream(): PrintStream
+ getLogWriter(): PrintWriter
+ getLoginTimeout(): int
+ println(message: String)
+ registerDriver(driver: Driver)
+ setLogStream(out: PrintStream)
+ setLogWriter(out: PrintWriter)
+ setLoginTimeout(seconds: int)
```

Verbindung beenden

Da eine Verbindung zu schließen ist (und nicht der `DriverManager`), finden wir eine Methode `close()` beim `Connection`-Objekt. Verbindungen zu schließen, ist immens wichtig, sodass dieser Teil im Allgemeinen im `finally`-Block steht:

Listing 24.6 com/tutego/insel/jdbc/FirstSqlAccess.java, Ausschnitt

```java
Connection con = null;

try
{
  con = DriverManager.getConnection( ... );
  ...
}
catch ( SQLException e )
{
  e.printStackTrace();
}
finally
{
  if ( con != null )
    try { con.close(); } catch ( SQLException e ) { e.printStackTrace(); }
}
```

```
interface java.sql.Connection
extends Wrapper
```

▶ `void close() throws SQLException`
Schließt die Verbindung zur Datenbank. Auch hier kann eine `SQLException` auftauchen.

Wartezeit einstellen

Wenn wir uns mit der Datenbank verbinden, lässt sich noch eine Wartezeit in Sekunden einstellen, die angibt, wie lange der Treiber für die Verbindung mit der Datenbank warten darf. Gesetzt wird dieser Wert mit `setLoginTimeout()` und entsprechend mit `getLoginTimeout()` ausgelesen. Standardmäßig ist dieser Wert 0.

1356

```
class java.sql.DriverManager
```

▶ `static void setLoginTimeout( int seconds )`
Setzt die Zeit, die maximal gewartet wird, wenn der Treiber sich mit einer Datenbank verbindet.

▶ `static int getLoginTimeout()`
Liefert die Wartezeit in Sekunden.

Wie der Treiber gefunden wird – hinter den Kulissen von »getConnection()« *

Es lohnt sich, einmal hinter die Kulissen der Methode `getConnection()` zu blicken. Das `DriverManager`-Objekt wird veranlasst, die Verbindung zu öffnen. Dabei versucht es, einen passenden Treiber aus der Liste der JDBC-Treiber auszuwählen. Sein Treiber verwaltet die Klasse `DriverManager` in einem privaten Objekt `DriverInfo`. Dieses enthält ein Treiber-Objekt (`Driver`), ein Objekt (`securityContext`) und den Klassennamen (`className`).

Bei `getConnection()` geht der `DriverManager` die Liste der `DriverInfo`-Objekte ab und versucht, sich über die `connect()`-Methode anzumelden. Bemerkt der Treiber, dass er mit der URL nicht viel anfangen kann, gibt er `null` zurück, und `getConnection()` versucht es mit dem nächsten Treiber. Ging alles daneben, und konnte keiner der angemeldeten Treiber etwas mit dem Subprotokoll anfangen, bekommen wir eine `SQLException("No suitable driver", "08001")`.

24.6   Datenbankabfragen

Mit einer gelungenen Verbindung und dem `Connection`-Objekt in der Hand lassen sich SQL-Kommandos absetzen, und die Datenbank kann gesteuert werden.

24.6.1 Abfragen über das Statement-Objekt

Für alle SQL-Abfragen und Manipulationen der Datenbank sind Anweisungsobjekte von der `Connection` zu erfragen. JDBC bietet drei Typen von Anweisungsobjekten:

▶ normale Anweisungen vom Typ `Statement`

▶ vorbereitete Anweisungen (Prepared Statement) vom Typ `PreparedStatement`

▶ gespeicherte Prozeduren (Stored Procedures) vom Typ `CallableStatement`

Für einfache Anweisungen liefert uns die Methode `createStatement()` ein `Statement`-Objekt, mit dem sich im nächsten Schritt Abfragen stellen lassen.

24 | Datenbankmanagement mit JDBC

[zB]
> **Beispiel** Hole ein `Statement`-Objekt für einfache Abfragen:
>
> `Statement stmt = con.createStatement();`
>
> Die Methode kann – wie fast alle Methoden aus dem SQL-Paket – eine `SQLException` auslösen.

```
interface java.sql.Connection
extends Wrapper
```

▶ `Statement createStatement() throws SQLException`
Liefert ein `Statement`-Objekt, um SQL-Anweisungen zur Datenbank zu schicken.

«interface» **java.sql.Connection**
+ TRANSACTION_NONE: int
+ TRANSACTION_READ_COMMITTED: int
+ TRANSACTION_READ_UNCOMMITTED: int
+ TRANSACTION_REPEATABLE_READ: int
+ TRANSACTION_SERIALIZABLE: int
+ clearWarnings()
+ close()
+ commit()
+ createArrayOf(typeName: String, elements: Object[]): Array
+ createBlob(): Blob
+ createClob(): Clob
+ createNClob(): NClob
+ createQueryObject(ifc: Class<T>, con: Connection): T <T>
+ createQueryObject(ifc: Class<T>): T <T>
+ createSQLXML(): SQLXML
+ createStatement(): Statement
+ createStatement(resultSetType: int, resultSetConcurrency: int, resultSetHoldability: int): Statement
+ createStatement(resultSetType: int, resultSetConcurrency: int): Statement
+ createStruct(typeName: String, attributes: Object[]): Struct
+ getAutoCommit(): boolean
+ getCatalog(): String
+ getClientInfo(name: String): String
+ getClientInfo(): Properties
+ getHoldability(): int
+ getMetaData(): DatabaseMetaData
+ getTransactionIsolation(): int
+ getTypeMap(): Map
+ getWarnings(): SQLWarning
+ isClosed(): boolean
+ isReadOnly(): boolean
+ isValid(timeout: int): boolean
+ nativeSQL(sql: String): String
+ prepareCall(sql: String): CallableStatement
+ prepareCall(sql: String, resultSetType: int, resultSetConcurrency: int, resultSetHoldability: int): CallableStatement
+ prepareCall(sql: String, resultSetType: int, resultSetConcurrency: int): CallableStatement
+ prepareStatement(sql: String, resultSetType: int, resultSetConcurrency: int): PreparedStatement
+ prepareStatement(sql: String, columnNames: String[]): PreparedStatement
+ prepareStatement(sql: String, resultSetType: int, resultSetConcurrency: int, resultSetHoldability: int): PreparedStatement
+ prepareStatement(sql: String, columnIndexes: int[]): PreparedStatement
+ prepareStatement(sql: String, autoGeneratedKeys: int): PreparedStatement
+ prepareStatement(sql: String): PreparedStatement
+ releaseSavepoint(savepoint: Savepoint)
+ rollback(savepoint: Savepoint)
+ rollback()
+ setAutoCommit(autoCommit: boolean)
+ setCatalog(catalog: String)
+ setClientInfo(name: String, value: String)
+ setClientInfo(properties: Properties)
+ setHoldability(holdability: int)
+ setReadOnly(readOnly: boolean)
+ setSavepoint(name: String): Savepoint
+ setSavepoint(): Savepoint
+ setTransactionIsolation(level: int)
+ setTypeMap(map: Map<String,Class<?>>)

Datenbankabfragen | **24.6**

SQL-Anweisungen ausführen

Das `Statement`-Objekt nimmt mit der Methode `executeQuery()` eine Zeichenfolge mit einer SQL-SELECT-Anweisung entgegen und mit `executeUpdate()` eine Anweisung für eine UPDATE-, INSERT- oder DELETE-Operation.

Beispiel Erfrage alle Spalten der Tabelle »Customer«: **[zB]**

```
String query = "SELECT * FROM Customer";
ResultSet rs = stmt.executeQuery( query );
```

Der Aufruf liefert uns die Ergebnisse als Zeilen in Form eines `ResultSet`-Objekts.

Hinweis Der JDBC-Treiber überprüft die SQL-Anweisungen nicht, sondern leitet sie fast **[«]** ungesehen an die Datenbank weiter. Sind die SQL-Abfragen falsch, lassen sich Fehler schwer entdecken. Daher bietet es sich an, zum Testen erst die Kommandos auf der Konsole auszugeben. Insbesondere bei zusammengesetzten Ausdrücken finden sich so leichter Fehler.

```
interface java.sql.Statement
extends Wrapper
```

▶ `ResultSet executeQuery( String sql ) throws SQLException`
Führt ein SQL-Statement aus, das für die Ergebnisliste ein einzelnes `ResultSet`-Objekt zurückgibt.

Wird die gleiche SQL-Anweisung mehrmals ausgeführt, lohnt es sich, ein `PreparedStatement` zu konstruieren.

24.6.2 Ergebnisse einer Abfrage in ResultSet

Um mit der Auswertung vom `ResultSet` beginnen zu können, muss der Treiber die Informationen von der Datenbank bezogen haben. Ein Aufruf der `next()`-Methode von `ResultSet` setzt den internen Cursor auf die erste Zeile der geladenen Ergebnisse. Mit diversen Methoden von `ResultSet` können wir die unterschiedlichen Spalten ansprechen und die Zeilen auswerten. Um weitere Zeilen zu erhalten, nutzen wir wieder `next()`. Die Methode gibt `false` zurück, falls es keine neue Zeile mehr gibt.

Beispiel Gehe mit einer `while`-Schleife durch die gesamte Ergebnisliste, und gib das Ergeb- **[zB]** nis der Spalten 1, 2 und 3 auf dem Bildschirm aus:

```
ResultSet rs = stmt.executeQuery( "SELECT * FROM Customer" );
while ( rs.next() )
  System.out.printf( "%s, %s, %s%n", rs.getString(1),
                     rs.getString(2), rs.getString(3) );
```

Der numerische Parameter steht für den Spaltenindex, der bei 1 beginnt. Wird der Methode `getString()` ein String übergeben, so bestimmt er den Namen der Spalte.

1359

24 | Datenbankmanagement mit JDBC

Die Methode `executeQuery()` liefert immer ein `ResultSet`-Objekt (bis auf den Fehlerfall, der zu einer `SQLException` führt), auch wenn das `ResultSet` keine Zeilen enthält. So lassen sich über das `ResultSet` immer noch Metadaten abfragen.

interface java.sql.**ResultSet**
extends Wrapper

▶ boolean next() throws SQLException
Der erste Aufruf muss `next()` sein, damit der Cursor auf die erste Zeile gesetzt wird. Die folgenden Aufrufe setzen den Cursor immer eine Zeile tiefer. Falls es keine Zeilen mehr gibt, liefert die Methode `false`.

»getXXX(int)« oder »getXXX(String)«

Da die Spalten verschiedene Datentypen besitzen können, bietet die Schnittstelle `ResultSet` für jeden Datentyp eine entsprechende Methode `getXXX()` an – XXX ist ein Datentyp wie `int`. Zwei Ausführungen der `getXXX()` sind verfügbar: Bei der ersten Variante ist eine Ganzzahl als Parameter aufgeführt. Dieser Parameter gibt die Spalte der Operation an. Die zweite Variante erlaubt es, den Namen der Spalte anzugeben.

Da alle Spalten immer als String ausgelesen werden können, ist es möglich, einfach `get-String()` zu verwenden. Im Folgenden soll der Typ `String` stellvertretend für andere Typen wie `int`, `double` usw. stehen.

interface java.sql.**ResultSet**
extends Wrapper

▶ String getString(int column) throws SQLException
Liefert aus der aktuellen Zeile den Inhalt der Spalte `column` als String. Die erste Spalte ist mit 1 adressiert.

▶ String getString(String columnName) throws SQLException
Liefert in der aktuellen Zeile den Inhalt der Spalte mit dem Namen `columnName` als String.

[**»**]

Hinweis Üblicherweise ist es performanter, ein Spaltenelement über den Index anstatt über den Spaltennamen zu erfragen. Gibt es zwei Spalten mit dem gleichen Namen, liefert die mit dem Namen aufgerufene Methode immer die erste Spalte.

24.6.3 Java und SQL-Datentypen

Jeder Datentyp in SQL hat einen mehr oder weniger passenden Datentyp in Java. Die Klasse `java.sql.Types` identifiziert alle SQL-Typen. So konvertiert der JDBC-Treiber bei jeder `getXXX()`-Methode diese zu einem Datentyp, doch nur dann, wenn diese Konvertierung möglich ist. So lässt er es nicht zu, bei einer String-Spalte die `getInteger()`-Methode auszuführen. Umgekehrt lassen sich alle Datentypen als String auslesen. Die folgende Tabelle zeigt die Übereinstimmungen. Einige SQL-Datentypen können durch mehrere Zugriffsmethoden

1360

geholt werden: Ein `INTEGER` lässt sich mit `getInt()` oder `getBigDecimal()` holen und `TIME-STAMP` mit `getDate()`, `getTime()` oder `getTimestamp()`.

Java-Methode	SQL-Typ
`getInt()`	INTEGER
`getLong()`	BIG INT
`getFloat()`	REAL
`getDouble()`	FLOAT
`getBignum()`	DECIMAL
`getBigDecimal()`	NUMBER
`getBoolean()`	BIT
`getString()`	VARCHAR
`getString()`	CHAR
`getAsciiStream()`	LONGVARCHAR
`getDate()`	DATE
`getTime()`	TIME
`getTimestamp()`	TIME STAMP
`getObject()`	jeder Typ

Tabelle 24.4 Datentypen in SQL und ihre Entsprechung in Java

In der Regel passen die Typen recht gut in das Java-System. So liefert `getInt()` ein `int` und `getString()` ein `String`-Objekt. Für einige Daten wurden jedoch spezielle Klassen entworfen; am auffälligsten ist die Klasse `java.sql.Date`, auf die wir gleich noch zu sprechen kommen. Ist ein Eintrag in der Datenbank mit `NULL` belegt, so liefert die Methode eine `null`-Referenz.

```
interface java.sql.ResultSet
extends Wrapper
```

▶ `String getString( int | String )`
   Liefert den Wert in der Spalte als Java-`String`.

▶ `boolean getBoolean( int | String )`
   Liefert den Wert in der Spalte als Java-`boolean`.

▶ `byte getByte( int | String )`
   Liefert den Wert in der Spalte als Java-`byte`.

▶ `short getShort( int | String )`
   Liefert den Wert in der Spalte als Java-`short`.

▶ `int getInt( int | String )`
   Liefert den Wert in der Spalte als Java-`int`.

▶ `long getLong( int | String )`
   Liefert den Wert in der Spalte als Java-`long`.

24 | Datenbankmanagement mit JDBC

- `float getFloat( int | String )`
  Liefert den Wert in der Spalte als Java-`float`.

- `double getDouble( int | String )`
  Liefert den Wert in der Spalte als Java-`double`.

- `BigDecimal getBigDecimal( int | String, int scale)`
  Liefert den Wert in der Spalte als `java.lang.BigDecimal`-Objekt.

- `byte[] getBytes( int | String )`
  Liefert den Wert in der Spalte als Byte-Feld. Es besteht aus uninterpretierten Rohdaten.

- `Date getDate( int | String )`
  Liefert den Wert in der Spalte als `java.sql.Date`-Objekt.

- `Time getTime( int | String )`
  Liefert den Wert in der Spalte als `java.sql.Time`-Objekt.

- `Timestamp getTimestamp( int | String )`
  Liefert den Wert in der Spalte als `java.sql.Timestamp`-Objekt.

- `InputStream getAsciiStream( int | String )`
  Die Methode ermöglicht über einen `InputStream` Zugriff auf den Inhalt der Spalte. Nützlich ist dies für den Datentyp `LONGVARCHAR`. Der JDBC-Treiber konvertiert die Daten mitunter in das ASCII-Format.

- `InputStream getBinaryStream( int | String )`
  Die Methode erlaubt es, auf den Inhalt der Spalte als `InputStream` zuzugreifen. Nützlich ist dies für den Datentyp `LONGVARBINARY`. Der JDBC-Treiber konvertiert die Daten mitunter in das ASCII-Format. Bevor aus einer anderen Spalte Daten ausgelesen werden, müssen die Daten vom Stream gelesen werden. Ein weiterer Aufruf schließt selbstständig den Datenstrom. Die Methode `available()` liefert die Rückgabe `null`, sofern keine Daten anliegen.

Alle `getXXX()`-Methoden können eine `SQLException` in dem Fall auslösen, dass etwas mit der Datenbank nicht stimmt. Der `throws`-Ausdruck ist also in der Aufzählung nicht explizit angegeben.

24.6.4 Date, Time und Timestamp

Datenbankseitig können Datumswerte im SQL-Typ `DATE`, `TIME` und `TIMESTAMP` abgelegt sein:

- `DATE` speichert ein Datum, also Tag, Monat und Jahr. Die Textrepräsentation hat die Form `YYYY-MM-DD`.

- `TIME` speichert eine Zeit im 24-Stundenformat, also Stunden, Minuten und Sekunden. Sekunden können einen Sekundenbruchteil haben, sodass die Genauigkeit in die Nanosekunden geht. Die Darstellung ist `hh:mm:ss` bzw. `hh:mm:ss.nnnnnnn`.

- `TIMESTAMP` verbindet `DATE` und `TIME`.

Unterschiedliche Datenbanken erlauben weitere Spezialitäten wie `TIMESTAMP WITH TIME ZONE`, was hier aber keine Rolle spielen soll.

Zur Abbildung der SQL-Typen auf Java sieht JDBC drei entsprechende Klassen vor:

SQL-Type	JDBC-Typ	Java-Klasse
DATE	java.sql.Date	java.util.Date
TIME	java.sql.Time	java.util.Time
TIMESTAMP	TIMESTAMP	java.util.Timestamp

Tabelle 24.5 Zeittypen in SQL und ihre Entsprechung in Java

Es fällt auf, dass alle drei JDBC-Klassen von der Basisklasse java.util.Date erben. Das hat unterschiedliche Konsequenzen. Im Einzelnen:

▶ Die Klasse java.sql.Date repräsentiert das SQL-DATE. Die Basisklasse java.util.Date ist natürlich etwas merkwürdig und kollidiert mit dem liskovschen Substitutionsprinzip, da die Unterklasse Eigenschaften wegdefiniert, die die Oberklasse bietet. Denn ein java.util.Date ist ja für Datum und Zeit verantwortlich, wobei java.sql.Date nur Tag, Monat, Jahr speichert. Wenn also ein java.sql.Date mit Zeitinformationen gefüllt wird, so wird beim Abspeichern in die Datenbank diese Zeit auf null gesetzt. Das nennt die API-Dokumentation »Normalisierung«.

▶ Die Klasse Time repräsentiert ein SQL-TIME. Die Basisklasse java.util.Date ist genauso widersprüchlich, denn hier wird der Datumsteil ausgeblendet, und nur der Zeitanteil ist erlaubt.

▶ Für den SQL-Typ TIMESTAMP fasst die Java-Klasse Timestamp die Datums- und Zeitangaben mit einer Genauigkeit von Nanosekunden zusammen. Das ist wichtig zu beachten, denn bei einer Umwandlung eines Timestamp in ein java.util.Date gehen die Nanosekunden verloren, da java.util.Date diese Genauigkeit nicht bietet. Die Klasse Timestamp erbt von Date und fügt intern ein int nano-Attribut hinzu.

Die Verwandtschaft von »java.sql.Date« und »java.util.Date«

Ein Datenbankprogramm, das die Klasse java.sql.Date nutzt und ebenfalls java.util einge-bunden hat, wird bei der Compilierung zu einem Fehler führen, da der Compiler den Bezug auf die Klasse Date nicht zuordnen kann. Denkbar sind zwei Lösungen: Wird util nur deswe-gen eingebunden, weil Datenstrukturen, aber nicht die Date-Klasse genutzt werden, dann ließe sich die import-Deklaration umbauen, sodass die von util genutzten Klassen direkt in import genannt werden, etwa import java.util.ArrayList. Bei vielen benutzten Klassen aus dem util-Paket ist aber eine andere Lösung einfacher. Wir setzen vor die Klasse, die uns Ärger bereitet, einfach die volle Qualifizierung, schreiben also zum Beispiel:

```
java.sql.Date date = rs.getDate( "birthday" );
```

Konvertierung »java.sql.Date« von und zu »java.util.Date«

Ein weiteres Problem betrifft die Konvertierung der beiden Klassen. Wollen wir beispiels-weise eine Zeichenkette aus der Eingabe in eine Datenbank schreiben, dann haben wir das

Problem, dass das Parsen mittels `DateFormat` nur ein `java.util.Date` liefert. Wir müssen also erst mit `getTime()` die Zeit erfragen und auf das SQL-DATE übertragen:

```
java.sql.Date sqlDate = new java.sql.Date( java_util_Date.getTime() );
```

Der Konstruktor von `java.sql.Date()` mit den Millisekunden ist auch der einzige Konstruktor, der nicht veraltet ist. Daneben hat die Klasse `java.sql.Date` aber noch drei andere Methoden:

```
class java.sql.Date
extends java.util.Date
```

▶ `static Date valueOf( String s )`
Wandelt einen String im JDBC-Stil (also »yyyy-mm-dd«) in ein `Date`-Objekt um.

▶ `String toString()`
Liefert das Datum im JDBC-Datenformat.

▶ `void setTime( long date )`
Setzt das Datum mit den Millisekunden.

24.6.5 Unicode in der Spalte korrekt auslesen

Der Aufruf von `getString()` führt bei Unicode-kodierten Zeichenfolgen in der Datenbank unter Umständen zu Problemen. Bemerkbar macht sich dies durch seltsame Zeichen wie »?« oder Hexadezimal 0x3f, die im String an Stelle der Sonderzeichen auftauchen. Das liegt oft daran, dass der JDBC-Treiber die Kodierung nicht kennt und einfach jedes ASCII-Byte in ein Char umwandelt, obwohl in der Datenbank Umlaute als 2-Byte-Unicode oder Latin-1 kodiert werden.

Bei eigenen Datenbanken funktioniert es, die Kodierung beim Verbindungsaufbau ausdrücklich zu setzen, um damit eine Konvertierung vorzuschreiben. `getString()` sollte dann die richtige Zeichenkette liefern. Bei anderen Datenbanken funktioniert es wiederum, den Text als Byte-Feld zu holen und dann ausdrücklich umzukodieren. Das Folgende ist etwa eine Lösung für PostgreSQL:

```
new String( rs.getBytes(1), "ISO-8859-1" )
```

24.6.6 Eine SQL-NULL und »wasNull()« bei ResultSet

Ist der Wert einer Spalte ein SQL `NULL`, ist bei einer Abfrage mit der `getXXX()`-Methode Vorsicht geboten. Eine Methode wie `getString()` liefert standardmäßig `null` und `getInt()`, `getLong()`, `getFloat()`, `getDouble()` und weitere Methoden liefern 0, `getBoolean()` ein `false` und bei anderen Methoden sieht es ähnlich aus – keine Methode löst eine Ausnahme aus.

Die Behandlung von Nullwerten ist in JDBC recht ungewöhnlich gelöst. Wir würden erwarten, dass es eine Methode `isNull(column)` auf einem `ResultSet`-Objekt gibt, die uns ja oder nein liefert hinsichtlich der Frage, ob ein Spalteninhalt unbelegt ist. Dass die Methode `wasNull()` heißt, ist vielleicht noch zu verkraften, aber dass sie parameterlos ist, erstaunt.

Elemente einer Datenbank hinzufügen und aktualisieren | **24.7**

Beispiel Der allgemeine Vorgang für einen SQL-NULL-Test am Beispiel einer String-Abfrage **[zB]**
ist:

```
String s = rs.getString( column );
if ( rs.wasNull() )
  System.out.println( "SQL-NULL" );
```

```
interface java.sql.ResultSet
extends Wrapper
```

▶ boolean wasNull()
  Ermittelt, ob die Spalte ein SQL-NULL enthält. Vorher muss eine getXXX()-Methode für
  die Spalte aufgerufen werden!

24.6.7 Wie viele Zeilen hat ein ResultSet? *

Um herauszufinden, wie viele Zeilen ein ResultSet liefern kann, lassen sich trickreiche JDBC
2-Eigenschaften nutzen. Soll in der Variablen row die Anzahl der Zeilen stehen, schreiben wir:

```
rs.last();
int rows = rs.getRow();
rs.beforeFirst();
```

Bei dieser Programmierung muss natürlich ein Treiber JDBC 2-fähig sein und scrollbare Cursor unterstützen, das heißt Cursor, die auch rückwärts laufen können. Gleichzeitig muss dann aber auch beim Aufbau eines Statement-Objekts ein scrollbarer Cursor angemeldet werden:

```
stmt = con.createStatement( ResultSet.TYPE_SCROLL_INSENSITIVE,
                            ResultSet.CONCUR_UPDATABLE );
```

Unterstützt ein Treiber kein JDBC 2, kann immer noch über eine Zeile wie SELECT COUNT(*)
erfragt werden, wie viele Ergebnisse die Datenbank produziert.

24.7   Elemente einer Datenbank hinzufügen und aktualisieren

Bisher haben wir executeQuery() benutzt, um Abfragen zu verfassen. Es lassen sich jedoch
auch Einfüge-Operationen vornehmen, denn Tabelleninhalte bleiben nicht unveränderlich.

Das SQL-Kommando INSERT fügt Daten ein, und UPDATE aktualisiert sie. Damit Spalten verändert werden können, müssen wir in zwei Schritten vorgehen: eine SQL-Anweisung mit einem
UPDATE aufbauen und anschließend executeUpdate() aufrufen. Damit wird die Änderung
wirksam. Dies ist eine andere Statement-Methode, bisher kannten wir nur executeQuery().
Neben den Methodennamen gibt es aber noch einen anderen Unterschied: executeUpdate()
liefert als Rückgabewert ein int, das angibt, wie viele Zeilen von der Änderung betroffen sind.

1365

24 | Datenbankmanagement mit JDBC

[zB]

> **Beispiel** Folgende SQL-Anweisung ändert die Adresse eines Lieferanten einer fiktiven Relation:
>
> ```
> String updateString = "UPDATE Lieferanten SET Adresse =
>   'Uferstraße 80' WHERE Adresse LIKE 'Uferstrasse 78'";
> stmt.executeUpdate( updateString );
> ```

Die Methode gibt uns immer zurück, wie viele Zeilen von den Änderungen betroffen sind. Sie ist 0, falls das SQL-Statement nichts bewirkt.

```
interface java.sql.Statement
extends Wrapper
```

▶ `int executeUpdate( String sql ) throws SQLException`
Führt eine SQL-Anweisung aus, die Manipulationen an der Datenbank vornimmt. Die SQL-Anweisungen sind in der Regel INSERT-, UPDATE- oder DELETE-Anweisungen. Zurückgegeben wird die Anzahl der veränderten Zeilen; null, falls eine SQL-Anweisung nichts verändert hat.

24.7.1 Batch-Updates

Das Einfügen und Ändern großer Mengen von Daten kostet viel Zeit, da für jede Modifikation ein INSERT oder UPDATE über ein Statement-Objekt abgewickelt werden muss. Eine Verbesserung stellen Batch-Updates dar, die in einem Rutsch gleich eine ganze Reihe von Daten zur Datenbank transferieren. Statt mit execute() und deren Varianten zu arbeiten, nutzen wir die Methode executeBatch(). Damit zuvor die einzelnen Aktionen dem Statement-Objekt mitgeteilt werden können, bietet die Klasse die Methoden addBatch() und clearBatch() an. Die Datenbank führt die Anweisungen in der Reihenfolge aus, wie sie im Batch-Prozess eingefügt wurden. Ein Fehler wird über eine BatchUpdateException angezeigt.

[zB]

> **Beispiel** Wir fügen einige Einträge der Datenbank als Batch hinzu. con sei unser Connection-Objekt:
>
> ```
> int[] updateCounts = null;
> try
> {
>   Statement s = con.createStatement();
>   s.addBatch( "INSERT INTO Lieferanten VALUES (x,y,z)" );
>   s.addBatch( "INSERT INTO Lieferanten VALUES (a,b,c)" );
>   s.addBatch( "INSERT INTO Lieferanten VALUES (d,e,f)" );
>   updateCounts = s.executeBatch();
> }
> catch ( BatchUpdateException e ) { /* Behandeln! */ }
> catch ( SQLException e ) { /* Behandeln! */ }
> ```

Nach dem Abarbeiten von executeBatch() erhalten wir als Rückgabewert ein int-Feld mit den Ergebnissen der Ausführung. Dies liegt daran, dass in der Batch-Verarbeitung ganz unter-

1366

schiedliche Anweisungen vorgenommen werden können und jede davon einen unterschied-lichen Rückgabewert verwendet.

Soll der gesamte Ablauf als Transaktion gewürdigt werden, so setzen wir im `try`-Block den AutoCommit-Modus auf `false`, damit nicht jede SQL-Anweisung als einzelne Transaktion gewertet wird. Im Fall eines Fehlers müssen wir im `catch`-Block ein Rollback ausführen. Über-tragen wir dies auf das obere Beispiel, dann müssen nur die beiden Anweisungen für die Transaktion eingesetzt werden:

```
try
{
  con.setAutoCommit( false );
  Statement s .....
  ...
}
catch ( BatchUpdateException e )
{
  con.rollback();
}
```

24.7.2 Die Ausnahmen bei JDBC, SQLException und Unterklassen

Normale Ausnahmen in Java tragen lediglich eine Nachricht, die sich mit `getMessage()` erfra-gen lässt. Da bei Datenbanken aber viele Dinge schiefgehen können, hätten die Architekten der JDBC-API viel zu tun, wenn sie für jede mögliche Ausnahme eine Exception-Klasse bereit-stellen wollten. Doch wegen der schier unüberschaubaren Anzahl an Fehlern haben sie sich für ein anderes Modell entschieden.

JDBC-Fehlerbasisklasse SQLException

Zunächst einmal gibt es für JDBC-Ausnahmen den Basistyp `SQLException`. Zusätzlich spei-chert jedes `SQLException`-Objekt Fehlercodes, die der JDBC-Treiber der Datenbank setzen und so über den konkreten Fehler informieren kann.

Die genauen Informationen einer SQL-Ausnahme sind über drei Methoden zugänglich:

▶ `String getMessage()`: eine textuelle Beschreibung des Fehlers

▶ `String getSQLState()`: Einen String mit dem SQL-Status. Hier gibt es zwei Konventionen. Einmal kann es ein SQL-Status nach der SQL-CLI-Spezifikation der Open Group (vor über zehn Jahren hieß sie X/Open) sein, oder ein SQL:2003-Code. Beide sind *datenbankunab-hängig*. Nach welcher Spezifikation der Code formuliert ist, sagt die Methode `getSQLSta-teType()` vom `DatabaseMetaData`-Objekt. Der Open-Group-Standard ist üblich.

▶ `int getErrorCode()`: Ein Fehler-Code vom JDBC-Treiber. Er kommt vom Hersteller der Datenbank bzw. vom Datenbanktreiber. Er ist *datenbankabhängig*.

24 | Datenbankmanagement mit JDBC

Der Open-Group-SQL-Status ist eigentlich eine Zahl, aber als String verpackt. Im Optimalfall ist der Code »00000«, was heißt: »Alles paletti«. Die ersten beiden Ziffern stehen für die Fehlerklasse. 01 ist eine Warnung, 02 sagt, dass Daten fehlen, usw.[2]

Eine Verkettung unglücklicher Tatsachen

Eine `SQLException` hat eine Besonderheit, die sonst keine Ausnahme in der Java-Bibliothek aufweist. Sie implementiert die Schnittstelle `Iterable<Throwable>`:

```
public class java.sql.SQLException
extends Exception
implements Iterable<Throwable>
```

Das heißt, dass eine `SQLException` ein Bündel von Ausnahmen repräsentieren kann und nicht nur genau eine. Welche JDBC-Ausnahmen noch an der `SQLException` hängen, liefert `getNextException()` bzw. steckt im `Iterator` der `SQLException`.

[zB]   **Beispiel**   Laufe alle Fehler ab:

```
try
catch ( SQLException
{
  for ( ; e != null; e = e.getNextException()

    System.err.println( "Message:    " + e.getMessage() );
    System.err.println( "SQL State:  " + e.getSQLState() );
    System.err.println( "Error Code: " + e.getErrorCode() );

}
```

SQLWarning

Nicht jeder Fehler bzw. jede Meldung der Datenbank ist gleich ein kritischer Fehler, der zum Abbruch der Datenbankoperationen führt. Die JDBC-API bietet mit der Klasse `SQLWarning` eine besondere Unterklasse von `SQLException`, doch wird sie nicht als Exception ausgelöst, sondern muss im Programm explizit über `getWarnings()` geholt werden. Die Typen `Connection`, `ResultSet` und `Statement` deklarieren diese Operation. Im besten Fall holen sich Entwickler alle Warnungen und loggen sie.

Da die `SQLWarning` eine `SQLException` ist, ist auch die Verarbeitung vom SQL-Code und Fehlercode gleich. Statt jedoch mit `getNextException()` zu arbeiten, bietet `SQLWarning` die Methode `getNextWarning()` um zur nächsten Warnung vorzustoßen. Werden die Meldungen nicht geholt, dann werden sie bei der Ausführung der nächsten SQL-Anweisung gelöscht.

---

2   Unter *ftp://ftp.software.ibm.com/ps/products/db2/info/vr6/htm/db2m0/db2state.htm* bekommen Leser einen Überblick.

1368

Daten fehlen

Für den SQL-Status »01004« und »22001« gibt es eine eigene Fehlerklasse, die `DataTruncation`. Sie ist ein spezieller Typ einer SQL-Warnung und wird immer dann erzeugt, wenn Daten während der Schreib- oder Leseoperationen verloren gingen. Die Meldung wird genauso geholt wie `SQLWarning`, nur wird mittels `instanceof DataTruncation` überprüft, ob es sich um `DataTruncation` handelt. Dies erfordert eine Typumwandlung von `SQLWarning` auf `DataTruncation`. Dann stehen Methoden wie `getIndex()` oder `getTransferedSize()` bereit, die aussagen, für welche Spalte wie viel Bytes korrekt übertragen wurden. `DataTruncation` ist die einzige Unterklasse von `SQLWarning`.

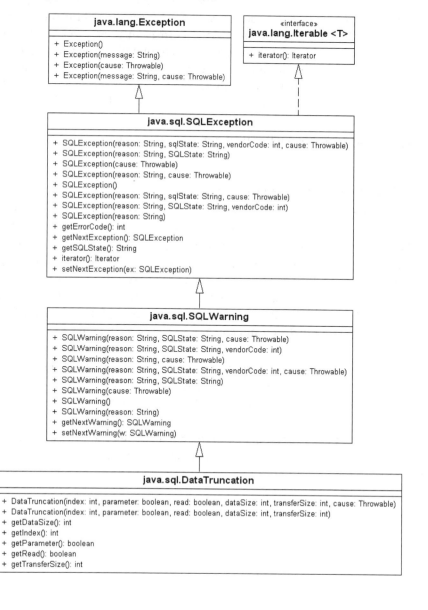

24 | Datenbankmanagement mit JDBC

24.8 Vorbereitete Anweisungen (Prepared Statements)

Die SQL-Anweisungen, die mittels `execute()`, `executeQuery()` oder `executeUpdate()` an die Datenbank gesendet werden, haben bis zur Ausführung im Datenbanksystem einige Umwandlungen vor sich. Zuerst müssen sie auf syntaktische Korrektheit getestet werden. Dann werden sie in einen internen Ausführungsplan der Datenbank übersetzt und mit anderen Transaktionen optimal verzahnt. Der Aufwand für jede Anweisung ist messbar. Deutlich besser wäre es jedoch, eine Art Vorübersetzung für SQL-Anweisungen zu nutzen.

Diese Vorübersetzung ist eine Eigenschaft, die JDBC unterstützt und die sich *Prepared Statements* nennt. Vorbereitet (engl. *prepared*) deshalb, weil die Anweisungen in einem ersten Schritt zur Datenbank geschickt und dort in ein internes Format umgesetzt werden. Später verweist ein Programm auf diese vorübersetzten Anweisungen, und die Datenbank kann sie schnell ausführen, da sie in einem optimalen Format vorliegen. Ein Geschwindigkeitsvorteil macht sich immer dann besonders bemerkbar, wenn Schleifen Änderungen an Tabellenspalten vornehmen. Dies kann durch die vorbereiteten Anweisungen schneller geschehen.

[»]   **Hinweis**   Nicht jedes Datenbanksystem unterstützt Prepared Statements.

24.8.1 PreparedStatement-Objekte vorbereiten

Wie `createStatement()` auf einem `Connection`-Objekt ein `Statement`-Objekt aufbaut, so legt `prepareStatement()` ein `PreparedStatement`-Objekt an. Als Argument wird eine SQL-Zeichenkette übergeben, die den gleichen Aufbau wie etwa ein `executeUpdate()` hat. Einen Unterschied werden wir jedoch feststellen: Bei den normalen `Statement`-Objekten können wir dynamische Einträge einfach in den String mit einbauen. Dies geht bei vorbereiteten Anweisungen nicht mehr. Woher sollte auch die Anweisung wissen, was der Benutzer in seine Eingabemaske tippt? Damit jetzt auch eine vorbereitete Anweisung Parameter enthalten kann, werden in die Zeichenkette Platzhalter mit einem Fragezeichen eingefügt.

[zB]   **Beispiel**   Aufbau eines `PreparedStatement`-Objekts mit einem parametrisierten String:

```
PreparedStatement updateLieferant = con.prepareStatement(
    "UPDATE Lieferanten SET Adresse = ? WHERE Adresse LIKE ?" );
```

Die Zeile instruiert die Datenbank, die Zeile zu interpretieren, in das interne Format umzusetzen und vorbereitet zu halten. Im nächsten Schritt muss die Anweisung für die Platzhalter Werte einsetzen.

1370

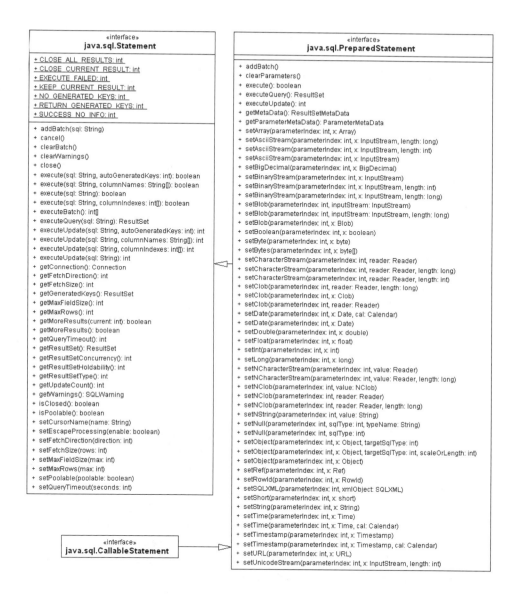

24.8.2 Werte für die Platzhalter eines PreparedStatement

Bevor die `executeUpdate()`-Methode die vorbereitete Anweisung abarbeitet, müssen die Platzhalter gefüllt werden. Dazu bietet das `PreparedStatement`-Objekt für die Datentypen jeweils eine `setXXX()`-Methode an, die den Wert für einen angegebenen Platzhalter setzt. So wird `setInt(1,100)` die Zahl 100 für das erste Fragezeichen einsetzen. Nach der Zuweisung ist das Objekt für die Ausführung bereit. `executeUpdate()` kann aufgerufen werden:

```
PreparedStatement updateLieferant = con.prepareStatement(
   "UPDATE Lieferanten SET Adresse = ? WHERE Adresse LIKE ?" );
updateLieferant.setString( 1, "Uferstraße 80" );
```

```
updateLieferant.setString( 2, "Uferstrasse 78" );
updateLieferant.executeUpdate();
```

Vergleichen wir diese Zeilen mit der Lösung ohne `PreparedStatement`:

```
String updateString = "UPDATE Lieferanten SET Adresse = 'Uferstraße 80' " +
                      "WHERE Adresse LIKE
'Uferstrasse 78'";
stmt.executeUpdate( updateString );
```

Die Anweisung ist zwar etwas kürzer, aber dadurch mit der notwendigen Übersetzungszeit verbunden, insbesondere dann, wenn sich die Werte ändern. In einer Schleife lässt sich nun immer wieder `executeUpdate()` aufrufen, und die schon gesetzten Parameter werden übernommen. Ein Aufruf von `clearParameters()` löscht alle Parameter.

```
PreparedStatement updateLieferant = con.prepareStatement(
  "UPDATE Lieferanten SET Adresse = ? WHERE Adresse LIKE ?" );
updateLieferant.setString( 1, "Uferstraße 80" );
updateLieferant.setString( 2, "Uferstrasse 78" );
updateLieferant.executeUpdate();
updateLieferant.setString( 1, "Sommerstraße 23" );
updateLieferant.setString( 2, "Sommerstrasse 23" );
updateLieferant.executeUpdate();
```

24.9 Transaktionen

Transaktionen sind für Datenbanken ein sehr wichtiges Konzept, denn nur so bleibt die Integrität der Daten erhalten. Transaktionen sind mit einer atomaren Ausführung bei Threads vergleichbar, mit dem Unterschied, dass die Datenbank inmitten einer gescheiterten Transaktion die bisher veränderten Werte rückgängig macht.

In der Standardverarbeitung in JDBC wird jede SQL-Anweisung für sich als Transaktion abgearbeitet. Dies nennt sich *Auto-Commit*. Um jedoch eine Folge von Anweisungen in einer Transaktion auszuführen, muss zunächst das Auto-Commit zurückgesetzt werden. Dann werden die Datenbankmanipulationen ausgeführt, und die Transaktion kann anschließend abgeschlossen (commit) oder zurückgesetzt (rollback) werden.

[zB] **Beispiel** Datenbankoperationen sollen in einer Transaktion ausgeführt werden:

```
con.setAutoCommit( false );
// Datenbankmanipulationen vornehmen
con.commit();
con.setAutoCommit( true );  // Standard wiederherstellen
```

Tritt ein Fehler auf, können wir mit `con.rollback()` die gestartete Transaktion zurücksetzen. Dann ist es lohnenswert, eine Ausnahmebehandlung zu schreiben und im `catch` das `rollback()` einzusetzen.

24.10 Metadaten *

Von einer Datenbank können verschiedene Informationen ausgelesen werden. Zum einen sind dies Informationen zu einer bestimmten Tabelle, zum anderen Informationen über die Datenbank selbst.

24.10.1 Metadaten über die Tabelle

Bei der Abfrage über alle Spalten müssen wir die Struktur der Datenbank kennen, insbesondere dann, wenn wir allgemeine Abfragen vornehmen und die passenden Daten herauslesen wollen. So liefert `SELECT * FROM Item` ein `ResultSet` mit der Anzahl der Spalten, wie sie die Tabelle `Item` hat. Doch bevor wir nicht die Anzahl und die Art der Spalten kennen, können wir nicht auf die Daten zugreifen.

Um diese Art von Informationen, so genannte *Metadaten*, in Erfahrung zu bringen, befindet sich die Klasse `ResultSetMetaData`, mit der wir diese Informationen erhalten, unter den SQL-Klassen. Metadaten können für jede Abfrage angefordert werden. So lässt sich unter anderem leicht herausfinden:

- ▶ wie viele Spalten wir in einer Zeile abfragen können
- ▶ wie der Name der Spalte lautet
- ▶ welchen SQL-Typ die Spalte hat
- ▶ ob NULL für eine Spalte in Ordnung ist
- ▶ wie viele Dezimalzeichen eine Spalte hat

Einige Informationen über die Bestellelemente

Um Anzahl und Art der Spalten einer Bestelltabelle herauszufinden, werden wir zunächst ein `ResultSet` mit `stmt.executeQuery("SELECT * FROM Item")` erzeugen und dann via `getMetaData()` ein `ResultSetMetaData`-Objekt erfragen. Das `ResultSetMetaData`-Objekt besitzt viele Methoden, um Aussagen über die Tabelle und Spalten zu treffen. So fragen wir mit `getColumnCount()` nach, wie viele Spalten die Tabelle hat. Anschließend lässt sich für jede Spalte der Name und Typ erfragen:

Listing 24.7 com/tutego/insel/jdbc/TableMetaData.java

```
Connection con = ((DataSource)
                 new InitialContext().lookup( "TutegoDS" )).getConnection();
try
{
  ResultSet rs = con.createStatement().executeQuery( "SELECT * FROM ITEM" );
  ResultSetMetaData meta = rs.getMetaData();

  int numerics = 0;

  for ( int i = 1; i <= meta.getColumnCount(); i++ )
  {
```

24 | Datenbankmanagement mit JDBC

```
        System.out.printf( "%-20s %-20s%n", meta.getColumnLabel( i ),
                                            meta.getColumnTypeName( i ) );

        if ( meta.isSigned( i ) )
          numerics++;
      }

      System.out.println();
      System.out.println( "Spalten: " + meta.getColumnCount() +
                          ", Numerisch: " + numerics );
    }
    finally
    {
      con.close ();
    }
```

interface java.sql.**ResultSet**
extends Wrapper

▶ ResultSetMetaData getMetaData() throws SQLException
  Liefert die Eigenschaften eines ResultSet **in einem** ResultSetMetaData **zurück.**

interface java.sql.**ResultSetMetaData**
extends Wrapper

▶ int getColumnCount()
  Liefert die Anzahl der Spalten im aktuellen ResultSet. **Praktisch für SQL-Anweisungen wie**
  SELECT *.

Allen folgenden Methoden wird ein int übergeben, das die Spalte kennzeichnet:

▶ String getCatalogName(int column)
  Gibt den String mit dem Katalognamen der Tabelle für die angegebene Spalte zurück.

▶ String getColumnName(int column)
  Liefert den Spaltennamen der Tabelle.

▶ int getColumnDisplaySize(int column)
  Maximale Anzahl der Zeichen, die die Spalte einnimmt. So ist bei einer Spalte vom Typ
  VARCHAR(11) **mit einer maximalen Spaltenbreite von zehn Zeichen zu rechnen. Bei nume-**
  rischen Spalten variiert der Wert.

▶ String getColumnLabel(int column)
  Gibt einen String zurück, der den Titel der angegebenen Spalte enthält. Der Titel gibt an,
  welche Überschrift für die Spalte angezeigt werden soll. Einige Datenbanken erlauben die
  Unterscheidung zwischen Spaltennamen und Spaltentitel.

▶ int getColumnType(int column)
  Der Typ der Spalte wird ermittelt. Der Spaltentyp ist dabei eine Konstante aus der Klasse
  java.sql.Types. **Sie deklariert Konstanten nach dem XOPEN-Standard. Die Reihenfolge**
  der Datentypen ist: ARRAY_LOCATOR, BIGINT, BINARY, BIT, BLOB_LOCATOR, CHAR,
  CLOB_LOCATOR, DATE, DECIMAL, DISTINCT, DOUBLE, FLOAT, INTEGER, JAVA_OBJECT **(benutzer-**

definierter Datentyp), `LONGVARBINARY`, `LONGVARCHAR`, `NULL`, `NUMERIC`, `REAL`, `REF`, `SMALLINT`, `STRUCT`, `STRUCT_LOCATOR`, `TIME`, `TIMESTAMP`, `TINYINT`, `VARBINARY`, `VARCHAR`. Die Konstante `OTHER` zeigt ein datenbankspezifisches Element an und wird auf ein Java-Objekt abgebildet, falls ein Zugriff mittels `getObject()` oder `setObject()` erfolgt.

▶ `String getColumnTypeName( int column )`
Liefert den Namen der Spalte, so wie sie die Datenbank definiert.

▶ `int getPrecision( int column )`
Liefert die Dezimalgenauigkeit der Spalte, zurückgegeben als Anzahl der Ziffern.

▶ `int getScale( int column )`
Liefert die Genauigkeit der Spalte. Dies ist die Anzahl der Stellen, die nach dem Dezimalpunkt verwendet werden können.

▶ `String getSchemaName( int column )`
Der Name des Tabellenschemas. Wird von den Methoden des `DatabaseMetaData`-Objekts benutzt. Falls kein Schema vorhanden ist, wird `""` zurückgegeben.

▶ `String getTableName( int column )`
Liefert den Tabellennamen der angegebenen Spalte.

▶ `boolean isAutoIncrement( int column )`
Stellt fest, ob eine Spalte eine Auto-Increment-Spalte ist. Diese nimmt dann automatisch den nächsten freien Wert an, wenn ein neuer Datensatz eingefügt wird. Ist die erste Zeile einer Tabelle mit einer Auto-Increment-Spalte eingefügt, so nimmt die Spalte den Wert 1 an. In den meisten Datenbanken ist es allerdings nicht möglich, eigene Werte in diesen Spalten einzutragen.

▶ `boolean isCaseSensitive( int column )`
Berücksichtigt die Spalte die Groß- beziehungsweise Kleinschreibung?

▶ `boolean isCurrency( int column )`
Enthält die Spalte Geldwerte? Nur einige Datenbanken bieten diesen Spaltentyp.

▶ `boolean isNullable( int column )`
Ist ein SQL-`NULL` in der Spalte erlaubt?

▶ `boolean isSearchable( int column )`
Kann die Spalte in einer SQL-`WHERE`-Klausel verwendet werden?

▶ `boolean isSigned( int column )`
Enthält die Spalte vorzeichenbehaftete Datentypen? Vorzeichenbehaftete Typen sind unter anderem `INT`, `LONGINT` und `SMALLINT`. Vorzeichenlose Typen sind unter anderem `UINT`, `ULONG` und `UBYTE`.

▶ `boolean isReadOnly( int column )`
Ist es möglich, auf die Spalte definitiv nicht schreibend zuzugreifen? Ist das Ergebnis `true`, kann der Wert also nicht aktualisiert werden.

▶ `boolean isWritable( int column )`
Ist es prinzipiell möglich, auf die Spalte schreibend zuzugreifen? Häufig implementiert als `!isReadOnly(column)`.

24 | Datenbankmanagement mit JDBC

▶ `boolean isDefinitelyWritable( int column )`
Kann auf die Spalte definitiv schreibend zugegriffen werden? Viele Datenbanken liefern die gleichen Ergebnisse bei `isDefinitelyWritable()` und `isWritable()`. Prinzipiell könnte der Zustand von `isWritable()` abweichen, wenn sich zum Beispiel die Schreibbarkeit dynamisch ändert.

Alle Methoden können eine `SQLException` auslösen.

24.10.2 Informationen über die Datenbank

Metadaten sind auch für die gesamte Datenbank abfragbar. Beispiele für diese Informationen sind:

▶ Welche Tabellen liegen in der Datenbank?

▶ Wer ist mit der Datenbank verbunden?

▶ Kann die Datenbank nur gelesen oder kann auch in die Datenbank geschrieben werden?

▶ Wie lauten die Primärschlüssel für eine Tabelle?

▶ Sind gespeicherte Prozeduren auf der Datenbankseite erlaubt?

▶ Lassen sich äußere Joins (*outer joins*) durchführen?

Sind Informationen über die Datenbank gefragt, so lassen sich über Metadaten eines `DatabaseMetaData`-Objekts beispielsweise Datenbankeigenschaften des Herstellers herausfinden. Zunächst benötigen wir dazu ein `DatabaseMetaData`-Objekt, das uns `getMetaData()` von einer `Connection` gibt. Das `DatabaseMetaData`-Objekt deklariert eine große Anzahl Methoden:

Listing 24.8 com/tutego/insel/jdbc/DBMetaData.java, Ausschnitt

```
DatabaseMetaData meta = con.getMetaData();
System.out.println( "Product name " + meta.getDatabaseProductName() );
System.out.println( "Version: " + meta.getDatabaseProductVersion() );
System.out.println( "Maximum number of connections: " + meta.getMaxConnections() );
System.out.println( "JDBC driver version: " + meta.getDriverVersion() );
System.out.println( "Supports update in batch: " + meta.supportsBatchUpdates() );
System.out.println( "Supports stored procedures: " + meta.supportsStoredProcedures() );
```

24.11　Vorbereitete Datenbankverbindungen

24.11.1 DataSource

Die Arbeit mit dem `DriverManager` sah bisher so aus, dass wir ihn mit der genauen Datenquelle parametrisiert haben. Wir mussten also immer den Namen der Datenbank sowie (optional) den Benutzernamen und das Passwort angeben. Diese feste Verdrahtung im Quellcode ist allerdings nicht so toll, weil Änderungen zwangsläufig zu einer neuen Übersetzung führen (was sich allerdings mit Konfigurationsdateien verändern ließe), doch die Daten stehen auf der Clientseite, wo sie nicht immer gut aufgehoben sind. Besser ist eine zentrale Stelle für die

Konfigurationsdaten und auch für die Datenbank. Nehmen wir an, ein Unternehmen rüstet spontan von Oracle auf DB2 um, so müsste ein Clientprogramm an allen Stellen, an denen der Datenbanktreiber geladen und die URL für die Datenbank aufgebaut wird, im Quellcode geändert werden. Das ist unflexibel.

So gibt es in Java eine weitere Möglichkeit, nämlich die Konfigurationsdaten an einer zentralen Stelle zu hinterlegen – und das heißt in Java Zugriff über JNDI. Im zentralen Namensdienst werden Informationen über Treibername, Datenbankname und so weiter als *DataSource* abgelegt und dann zum nötigen Zeitpunkt erfragt. Wenn sich die Datenbank einmal ändern sollte, muss nur an dieser zentralen Stelle eine Änderung eingespielt werden, und alle, die anschließend den JNDI-Dienst erfragen, bekommen die neue Information.

Die DataSource-Trilogie

Die Verbindung zu einem Datengeber (es muss nicht unbedingt eine Datenbank sein) realisieren Objekte vom Typ `DataSource`-Objekt. Von der Schnittstelle `DataSource` gibt es drei unterschiedliche Ausführungen:

1. Ein Standard-`DataSource`-Objekt – mindestens das muss ein JDBC-2.0-kompatibler Treiber anbieten.

2. Ein `DataSource`-Objekt, das gepoolte Datenbankverbindungen zulässt (`ConnectionPool-DataSource`), sodass eine beendete Verbindung nicht wirklich beendet, sondern nur in einen Pool zur Wiederverwendung gelegt wird. Damit die Verbindung zurückgelegt werden kann, muss die Verbindung einfach nur geschlossen werden – ein Vorgang, der in jedem Programm mit Verbindungen zu finden sein sollte.

3. ein `DataSource`-Objekt für verteilte Transaktionen (`XADataSource`)

Das Schöne daran ist, dass der konkrete Typ verborgen bleiben kann und der Server ohne Änderung des Clients statt einer einfachen `DataSource` etwa eine `ConnectionPoolDataSource` in den Namensdienst ablegen kann.

Verbindung über JNDI

Das `DataSource`-Objekt ist über JNDI zu erfragen. Mit `getConnection()` wird anschließend das `Connection`-Objekt besorgt, und wir sind an der gleichen Stelle, an die uns auch der `DriverManager` geführt hat:

```
Context ctx = new InitialContext();
DataSource ds = (DataSource) ctx.lookup( "jdbc/database" );
Connection con = ds.getConnection( "username", "password" );
```

Das `javax.naming.Context`-Objekt und dessen Methode `lookup()` erfragen das mit dem Namen assoziierte Objekt vom Verzeichnisdienst. Vorher muss natürlich irgendjemand dieses Objekt dort abgelegt – auf Neudeutsch »deployed« – haben, doch das sehen wir uns später an. Mit dem Verweis auf das `DataSource`-Objekt können wir `getConnection()` aufrufen und Benutzername und Passwort angeben.

24 | Datenbankmanagement mit JDBC

`interface javax.sql.DataSource`

▶ `Connection getConnection( String username, String password )`
Versucht, unter Angabe des Benutzernamens und Passworts eine Verbindung aufzubauen.

▶ `Connection getConnection()`
Versucht, eine Verbindung ohne Angabe von Benutzername und Passwort aufzubauen.

Eine DataSource im JNDI-Kontext deployen *

Der Administrator ist nun dafür verantwortlich, dass das `DataSource`-Objekt, also die Beschreibung der Datenbank-Parameter, im Namensdienst eingetragen ist. Im Allgemeinen macht das der Container über eine XML-Beschreibungsdatei oder über eine GUI, sodass kein Programmieraufwand von Hand nötig ist. Wie die JNDI-DataSource im Web-Container *Tomcat* integriert werden kann, zeigt die Webseite *http://tomcat.apache.org/tomcat-6.0-doc/jndi-resources-howto.html*.

Zum Testen wollen wir den einfachen Namensdienst *Simple-JNDI* (*http://www.osjava.org/simple-jndi/*) nutzen, der die Daten im Speicher hält und keinen Server startet. Das Java-Archiv *simple-jndi.jar* von der Webseite muss dafür zusätzlich zum Datenbanktreiber in den Klassenpfad aufgenommen werden. In den Klassenpfad setzen wir auch die Datei *jndi.properties*, die Java bei Bildung eines Exemplars von `InitialContext` automatisch lädt:

Listing 24.9 src/jndi.properties

```
java.naming.factory.initial=org.osjava.sj.SimpleContextFactory
org.osjava.sj.root=config/
```

In das Projektverzeichnis legen wir unter einem neuen Verzeichnis *config* die Datei *TutegoDS.properties*. Damit kann Simple-JNDI die Datenquelle automatisch initialisieren:

Listing 24.10 config/TutegoDS.properties

```
type=javax.sql.DataSource
driver=org.hsqldb.jdbcDriver
url=jdbc:hsqldb:file:TutegoDB;shutdown=true
user=sa
password=
```

Wir könnten den Namensdienst zwar dank der Implementierung der JNDI-API auch selbst konfigurieren, aber eine passende Datei macht das automatisch. Aufgrund des Dateinamens legt Simple-JNDI automatisch für uns eine Datenquelle »TutegoDS« im Namenskontext an. Der Zugriff gestaltet sich einfach:

Listing 24.11 com/tutego/insel/jdbc/JdbcWithDS.java

```
package com.tutego.insel.jdbc;

import java.sql.*;
import javax.naming.InitialContext;
import javax.sql.DataSource;
```

```
public class JdbcWithDS
{
  public static void main( String[] args ) throws Exception
  {
    Connection con = null;

    try
    {
      DataSource ds = (DataSource) new InitialContext().lookup( "TutegoDS" );
      con = ds.getConnection();
      ResultSet rs = con.createStatement().executeQuery( "SELECT * FROM Customer" );

      while ( rs.next() )
        System.out.printf( "%s, %s %s%n", rs.getString( 1 ), rs.getString( 2 ),
                           rs.getString( 3 ) );
    }
    finally
    {
      if ( con != null )
        try { con.close(); } catch ( SQLException e ) { e.printStackTrace(); }
    }
  }
}
```

An diesem Beispiel ist gut abzulesen, dass die Konfiguration nun extern ist. Der Datenbanktreiber muss nun nicht mehr von uns geladen werden, und die Verbindungsdaten sind auch nicht mehr sichtbar.

> **Hinweis** Eine Alternative ist, über die *rmiregistry* zu gehen, die ebenfalls einen kleinen JNDI-Server enthält. Der Schlüssel für `java.naming.factory.initial` ist dann `com.sun.jndi.rmi.registry.RegistryContextFactory` und die `java.naming.provider.url` entsprechend dem Rechner mit dem Namensdienst, etwa `rmi://localhost:1099`. Der Server muss nur noch die Datasource aufbauen und in den Namenskontext legen.

[«]

24.11.2 Gepoolte Verbindungen

Da der Auf- und Abbau von Datenbankverbindungen relativ teuer ist, soll eine Java-Applikation die Verbindung nur vordergründig schließen, ein spezieller pooling-fähiger Datenbanktreiber die Verbindung allerdings für die nächste Operation offen halten. Für gepoolte Datenbankverbindungen gibt es eine Reihe quelloffener Implementierungen; zu ihnen zählen *Apache Commons DBCP (http://jakarta.apache.org/commons/dbcp/)* oder *Proxool (http://proxool.sourceforge.net/)*. DBCP wird direkt von Simple-JNDI unterstützt, sodass wir es an dieser Stelle einsetzen wollen. Dazu sind in den Klassenpfad die – auch auf der Webseite von Simple-JNDI aufgeführten – zusätzlichen Java-Archive *commons-collections-3.1.jar*, *commons-pool-1.3.jar* und *commons-dbcp-1.2.1.jar* in den Klassenpfad mit aufzunehmen. Die Zeile `pool=true` veranlasst Simple-JNDI, automatisch auf DBCP zurückzugreifen:

24 | Datenbankmanagement mit JDBC

Listing 24.12 TutegoDS.properties

```
type=javax.sql.DataSource
driver=org.hsqldb.jdbcDriver
url=jdbc:hsqldb:file:TutegoDB;shutdown=true
user=sa
password=
pool=true
```

24.12   Einführung in SQL

SQL ist die bedeutendste Abfragesprache für relationale Datenbanken, in der Benutzer angeben, auf welche Daten sie zugreifen möchten.[3] Obgleich die Bezeichnung »Abfragesprache« etwas irreführend klingt, beinhaltet sie auch Befehle zur Datenmanipulation und Datendefinition, um beispielsweise neue Tabellen zu erstellen. Nachdem Anfang der 1970er Jahre das relationale Modell für Datenbanken populär geworden war, entstand im IBM-Forschungslabor San José (jetzt Almaden) ein Datenbanksystem namens »System R«. Das relationale Modell wurde 1970 von Dr. Edgar F. Codd[4] entwickelt. System R bot eine Abfragesprache, die SEQUEL (Structured English Query Language) genannt wurde. Später wurde SEQUEL in SQL umbenannt. Da sich relationale Systeme großer Beliebtheit erfreuten, wurde 1986 die erste SQL-Norm vom ANSI-Konsortium verabschiedet. 1988 wurde der Standard geändert, und 1992 entstand die zweite Version von SQL (SQL-2 beziehungsweise SQL-92 genannt). Da die wichtigen Datenbanken alle SQL-2 verarbeiten, kann ein Programm über diese Befehle die Datenbank steuern, ohne verschiedene proprietäre Schnittstellen nutzen zu müssen. Dennoch können über SQL die speziellen Leistungen einer Datenbank genutzt werden.

Sprache	Entwicklung
SQUARE	1975
SEQUEL	1975, IBM Research Labs San José
SEQUEL2	1976, IBM Research Labs San José
SQL	1982, IBM
ANSI-SQL	1986
ISO-SQL (SQL 89, SQL-1)	1989, drei Sprachen: Level 1, Level 2, +IEF
SQL-2 (bzw. SQL-92)	1992
SQL-3 (auch SQL-1999)	1999

Tabelle 24.6   Entwicklung von SQL

Damit sich ein Datenbanktreiber JDBC-kompatibel nennen kann, muss er mindestens SQL-92 unterstützen. Das bedeutet jedoch nicht, dass die existierenden Treiber alle Eigenschaften von

---

3   Bei einer OODB ist dies OQL und bei XML-Datenbanken in der Regel XQuery.

4   1981 erhielt er für seine Arbeit mit relationalen Datenbanken den Turing-Award – eine Art Nobelpreis für Informatiker.

1380

Einführung in SQL | **24.12**

SQL-92 implementieren müssen; über Kannst-du-Methoden lässt sich der Treiber fragen, ob er Eigenschaften unterstützt oder nicht.

24.12.1 Ein Rundgang durch SQL-Abfragen

Da das Wort »Abfragesprache« eine Art Programmiersprache suggeriert, sind wir an einem Beispiel interessiert. Um es vorwegzusagen: Es gibt nur eine Handvoll wichtiger Befehle, und SELECT, UPDATE und CREATE decken schon einen Großteil davon ab. Obwohl die Groß- und Kleinschreibung der Befehle unbedeutend ist, sind sie zwecks besserer Lesbarkeit im Folgenden großgeschrieben.

Beispiel Eine einfache Abfrage in SQL: [zB]

```
SELECT Lfr_Name
FROM Lieferanten
```

Die Tabellen und Spalten sind auch für die folgenden Beispiele fiktiv.

Tabellen nehmen die Benutzerdaten auf, und mit dem Kommando FROM wählen wir die Tabelle Lieferanten aus, die für die Berechnung erforderlich ist. Die Tabelle Lieferanten enthält drei Attribute (die Spalten), die wir mit SELECT auswählen. In einer Datenbank werden normalerweise mehrere Tabellen verwendet, ein so genanntes *Datenbankschema*. Jede Tabelle gehört zu genau einem Schema.

SQL-Abfragen sind nahe an der Umgangssprache formuliert. Im oberen Beispiel liest sich die Abfrage einfach als: »Wähle die Spalte Lfr_Name aus der Tabelle Lieferanten«. Der Designer einer Datenbank muss sich natürlich vor der Umsetzung der Tabellen und somit der Relationen gründlich Gedanken machen. Eine spätere Änderung der Struktur wird nämlich teuer. So muss schon am Anfang einkalkuliert werden, welche Daten in welchen Ausprägungen auftreten können. Nach Statistiken der amerikanischen *Library of Congress* verdoppelt sich insgesamt alle fünf Jahre die Informationsmenge. Was wäre, wenn diese Informationen alles Einträge in einer endlos verzweigten Datenbank wären und jemand feststellen würde, dass das Tabellenschema ungünstig ist? Datenbankdesigner nennen den Vorgang von einem ersten Modell bis zur fertigen Relation *Normalisierung*.

Bevor wir mit den einzelnen Sprachelementen von SQL fortfahren, an dieser Stelle einige Regeln für SQL-Ausdrücke:

▶ Die SQL-Anweisungen sind unabhängig von der Groß- und Kleinschreibung. Im Text sind die SQL-Kommandos großgeschrieben, damit die Ausdrücke besser lesbar sind.

▶ Leerzeichen, Return und Tabulatoren sind in einer Abfrage bedeutungslos. Im Folgenden werden zur besseren Lesbarkeit Zeilenumbrüche verwendet.

▶ SQL-Anweisungen werden mit einer Zeichenkette abgeschlossen. Sie unterscheidet sich aber von Datenbank zu Datenbank. Häufig ist dies ein Semikolon; es kann aber auch ein \go sein. Wir werden die Anweisungen in den Beispielen nicht abschließen, da JDBC diesen Abschluss automatisch vornimmt.

1381

24 | Datenbankmanagement mit JDBC

Wir werden uns im Folgenden etwas intensiver um SQL-Abfragen kümmern. Es zeigt sich, dass eine einzelne SQL-Anweisung sehr ausdrucksstark sein kann. JDBC hat mit dieser Ausdrucksstärke aber nichts zu schaffen, es kennt nicht einmal ihre Korrektheit. JDBC leitet den SQL-Befehl einfach an den Treiber, und dieser leitet das Kommando an die Datenbank weiter. SQL gliedert sich in eine Reihe von unterschiedlichen Abfragetypen – die einen sind mehr mit der Modifikation von Daten, die anderen eher mit deren Abfrage beschäftigt. Anbei die wichtigsten drei Sprachen:

- **DDL (Data Definition Language)**: Erstellen der Tabellen, Beziehungen (mit Schlüsseln) und Indizes. Typische SQL-Anweisungen sind CREATE/DROP DATABASE, CREATE/DROP INDEX, CREATE/DROP SYNONYM, CREATE/DROP TABLE, CREATE/DROP VIEW.

- **DML (Data Manipulation Language)**: Daten hinzufügen und löschen. Typische SQL-Anweisungen sind hier INSERT, DELETE, UPDATE.

- **DQL (Data Query Language)**: Daten auswählen und filtern. Die typischste SQL-Anweisung ist SELECT mit den Spezialisierungen ALL, DISTINCT, ORDER BY, GROUP BY, HAVING, Unterabfragen (IN, ANY, ALL, EXISTS), Schnittmengen und Joins.

24.12.2 Datenabfrage mit der Data Query Language (DQL)

DQL sind Abfragekommandos, um auf die Inhalte zuzugreifen. In SQL steckt auch schon das Wort »Query«, unsere Abfrage. Das wichtigste Element ist hierbei das oben bereits erwähnte SELECT:

```
SELECT {Feldname, Feldname,..|*} ( * = alle Felder )
FROM Tabelle [, Tabelle, Tabelle....]
[WHERE {Bedingung}]
[ORDER BY Feldname [ASC|DESC]...]
[GROUP BY Feldname [HAVING {Bedingung}]]
```

Das Angenehme an SQL ist die Tatsache, dass wir uns nicht um das *Wie* kümmern müssen, sondern nur um das *Was*. Wir fragen also etwa: »Welche Lieferanten wohnen in Aalen?« und formulieren:

```
SELECT Lfr_Name
FROM Lieferanten
WHERE Wohnort='Aalen'
```

Dabei ist es uns egal, wie die Datenbankimplementierung mit dieser Abfrage umgeht. Hier unterscheiden sich auch die Anbieter in ihrer Leistungsfähigkeit und in den Preisen. Kümmern wir uns nun um die verschiedenen Schreibweisen von SELECT. Geben wir in SELECT einen Spaltennamen oder Spaltenindex an, so bekommen wir nur die Ergebnisse dieser Spalte zurück. Eine Abfrage mit »*« liefert alle Spalten zurück. Damit wir nicht nur den Namen des Kunden bekommen, sondern auch die anderen Angaben – um ihm gleich einen Auftrag zu geben –, schreiben wir Folgendes, um eine Liste aller Lieferanten in Aalen zu erhalten:

```
SELECT * FROM Lieferanten WHERE Wohnort='Aalen'
```

Wir sehen, dass es keinen Unterschied macht, ob die Abfragen in mehrere Zeilen aufgespaltet sind oder in einer Zeile stehen.

1382

Zeilen ausfiltern und logische Operatoren

Die SELECT-Anweisung geht über die Spalten, und die WHERE-Angabe filtert Zeilen nach einem Kriterium heraus. Wir haben zunächst mit einer Gleich-Abfrage gearbeitet. SQL kennt die üblichen Vergleichsoperatoren: = gleich, <> ungleich, > größer, < kleiner, >= größer gleich, <= kleiner gleich. Vergleiche werden mit einem einfachen Gleichheitszeichen und nicht durch == formuliert. Die Vergleichsoperatoren lassen sich durch die Operatoren AND, OR und NOT weiter verfeinern. Bei numerischen Daten können wir auch die Rechenoperatoren (+, –, *, /) anwenden. Anstelle vielfacher AND-Abfragen lässt sich mit zwei SQL-Anweisungen auch der Wertebereich weiter einschränken. Die Einschränkung BETWEEN Wert1 AND Wert2 testet, ob sich ein Vergleichswert zwischen Wert1 und Wert2 befindet. Und IN (Werteliste) prüft, ob der Vergleichswert in der angegebenen Werteliste liegt. Für Zeichenketten spielt noch LIKE eine Rolle, da hier ein Mustervergleich vorgenommen werden kann. IS NULL erlaubt die Abfrage nach einem NULL-Wert in der Spalte.

Wenn wir diese SQL-Anweisung von der Datenbank ausführen lassen, wollen wir die Daten gern entsprechend dem Preis sortiert haben. Dazu lässt sich die SELECT-Anweisung mit einem ORDER BY versehen. Dahinter folgt die Spalte, nach der sortiert wird. Jetzt wird die Tabelle aufsteigend sortiert, also der kleinste Wert unten. Wünschen wir die Sortierung absteigend, dann setzen wir noch DESC hintenan.

Wir wollen nun die Informationen mehrerer Tabellen miteinander verbinden. Dazu führen wir eine Tupel-Variable ein. Diese kann eingesetzt werden, wenn sich Attribute nicht eindeutig den Relationen zuordnen lassen. Dies ist genau dann der Fall, wenn zwei Relationen verbunden werden sollen und beide den gleichen Attributnamen besitzen.

Beispiel Die SQL-Anweisung zeigt die Verwendung der Variablen, die hier jedoch nicht erforderlich ist, weil wir nur eine Tabelle verwenden: [zB]

```
SELECT L.Lfr_Name, L.Wohnort
FROM Lieferanten L
WHERE L.Wohnort = 'Aalen'
```

Der Buchstabe »L« ist hier nur eine Abkürzung, eine Art Variable. Abkürzungen für Spalten werden in SQL auch mit AS abgetrennt, etwa so:

```
FROM Lieferant AS L
```

Dann lässt sich auf die Spalte Lieferant in der Tabelle Lieferanten kurz mit L zugreifen.

Gruppenfunktionen

Mit *Gruppenfunktionen* (auch *Aggregationsfunktionen*) lassen sich zum Beispiel Durchschnittswerte oder Minima über Spalten beziehen. Sie liefern genau einen Wert, beziehen sich jedoch auf mehrere Tabellenzeilen. Die folgende Abfrage zählt alle Anbieter aus Aalen:

```
SELECT COUNT(*)
FROM Lieferanten
WHERE Wohnort = 'Aalen'
```

24 | Datenbankmanagement mit JDBC

Die Spalten, die die Gruppenfunktion bearbeiten, stehen in Klammern hinter dem Namen. Die SQL-Standardfunktionen (es gibt datenbankabhängig noch viel mehr) sind in der folgenden Tabelle aufgeführt:

Funktion	Beschreibung
AVG	Durchschnittswert
COUNT	Anzahl aller Einträge
MAX	Maximalwert
MIN	Minimalwert
SUM	Summe aller Einträge in einer Spalte

Tabelle 24.7 Die Standardfunktionen in SQL

24.12.3 Tabellen mit der Data Definition Language (DDL) anlegen

Die SQL-Anweisung CREATE TABLE legt eine neue Tabelle (Relation) an. Dazu gibt die Anweisung die Spalten (Attribute) mit ihren Wertebereichen an. Optional lassen sich Integritätsbedingungen definieren, etwa, ob eine Spalte mit einem Eintrag belegt sein muss (NOT NULL) oder welcher Fremdschlüssel eingetragen sein soll:

```
CREATE TABLE Tabelle
     (Spaltendefinition [,Spaltendefinition] ...
     [, Primärschlüsseldefinition]
     [, Fremdschlüsseldefinition
     [,Fremdschlüsseldefinition] ... ] )
     [IN Tabellenspace]
     [INDEX IN Tabellenspace2]
     [LONG IN Tabellenspace3];
```

24.13 Zum Weiterlesen

Direkter Datenbankzugriff über JDBC ist heutzutage selten. Gut entworfene Programme nutzen im Allgemeinen OR-Mapper, also Bibliotheken, die Java-Objekte auf die Datenbankrelationen abbilden. Eine Standard-API für objekt-relationale Abbildungen ist die *Java Persistence API (JPA)* – eine kurze Charakterisierung gibt es unter *http://www.oracle.com/technetwork/ java/javaee/documentation/index.html*. Eine JPA-Implementierung heißt Provider, übernimmt die Abbildung auf die Datenbank und bietet Methoden zum Erzeugen, Lesen, Aktualisieren und Löschen von Datensätzen an (so genannte CRUD-Operationen). JPA ist Teil von Java EE 5, aber auch ohne Enterprise Container verwendbar. Die beliebte Open-Source-Software *Hibernate* (*http://www.hibernate.org/*), die von JBoss (also Red Hat) finanziell unterstützt wird, implementiert die JPA und bietet darüber hinausgehende Funktionalität. Dass jedoch auch hier Ungemach von der Patentseite droht, diskutiert *http://www.patentlyo.com/ patent/2006/06/red_hat_faces_p.html*.

»Aber wofür soll das gut sein?«
– Advanced Computing Systems Division von IBM, 1968, zum Microchip

25 Reflection und Annotationen

Das Reflection-Modell erlaubt es uns, Klassen und Objekte, die zur Laufzeit von der JVM im Speicher gehalten werden, zu untersuchen und in begrenztem Umfang zu modifizieren. Das Konzept der Reflection (oder auch Introspektion) ist besonders bei JavaBeans oder Hilfsprogrammen zum Debuggen oder bei GUI-Buildern interessant. Diese Programme heißen auch *Metaprogramme*, da sie auf den Klassen und Objekten anderer Programme operieren. Reflection fällt daher auch in die Schlagwortkategorie »Meta-Programming«.

25.1 Metadaten

Ein Metadatum ist eine Information über eine Information. In Java beschreibt ein `Class`-Objekt, was Klassen »können«, also welche Konstruktoren und Methoden sie haben, welche Attribute sie besitzen und wie die Erweiterungsbeziehungen sind.

25.1.1 Metadaten durch JavaDoc-Tags

Seit den ersten Java-Versionen gibt es die *JavaDoc-Tags*, die besondere Metadaten darstellen. So ist im folgenden Beispiel die Methode veraltet, weil das JavaDoc-Tag `@deprecated` gesetzt ist:

```
/**
 * Sets the day of the month of this <tt>Date</
tt>object to the specified value. ....
 * @deprecated As of JDK version 1.1, replaced by ....
 */
@Deprecated
public void setDate( int date ) {
  getCalendarDate().setDayOfMonth( date );
}
```

In diesem Fall gilt das JavaDoc-Tag für genau eine Methode, die dann als *annotiert* gilt. Die Beschreibungen können aber noch weiter gehen und müssen nicht nur auf Methodenebene bleiben. So annotiert das Tag `@author` den Autor und damit gleich eine ganze Klasse oder Schnittstelle.

25 | Reflection und Annotationen

Um die in Kommentaren eingesetzten JavaDoc-Tags muss sich der Java-Compiler nicht kümmern, obwohl er `@deprecated` eine Ausnahme zugesteht. Es ist Aufgabe des externen Programms *javadoc* – eines so genannten *Doclets* –, aus diesen Kommentaren etwas zu machen, etwa eine Sammlung von verknüpften HTML-Dokumenten.

25.2 Metadaten der Klassen mit dem Class-Objekt

Angenommen, wir wollen einen Klassen-Browser schreiben. Dieser soll alle zum laufenden Programm gehörenden Klassen und darüber hinaus weitere Informationen, wie etwa Variablenbelegung, deklarierte Methoden, Konstruktoren und Informationen über die Vererbungshierarchie, anzeigen. Dafür benötigen wir die Bibliotheksklasse `Class`. Exemplare der Klasse `Class` sind Objekte, die entweder eine Java-Klasse oder Java-Schnittstelle repräsentieren (dass auch Schnittstellen durch `Class`-Objekte repräsentiert werden, wird im Folgenden nicht mehr ausführlich unterschieden).

In diesem Punkt unterscheidet sich Java von vielen herkömmlichen Programmiersprachen, da sich Eigenschaften von Klassen vom gerade laufenden Programm mittels der `Class`-Objekte abfragen lassen. Bei den Exemplaren von `Class` handelt es sich um eine eingeschränkte Form von Meta-Objekten[1] – die Beschreibung einer Java-Klasse, die aber nur ausgewählte Informationen preisgibt. Neben normalen Klassen werden auch Schnittstellen durch je ein `Class`-Objekt repräsentiert.

25.2.1 An ein Class-Objekt kommen

Zunächst müssen wir für eine bestimmte Klasse das zugehörige `Class`-Objekt in Erfahrung bringen. `Class`-Objekte selbst kann nur die JVM erzeugen. Wir können das nicht (die Objekte sind immutable und der Konstruktor ist privat).[2] Um einen Verweis auf ein `Class`-Objekt zu bekommen, bieten sich an:

▶ Ist ein Exemplar der Klasse verfügbar, rufen wir die `getClass()`-Methode des Objekts auf und erhalten das `Class`-Exemplar der zugehörigen Klasse.

▶ Jede Klasse enthält eine Klassenvariable mit Namen `.class` vom Typ `Class`, die auf das zugehörige `Class`-Exemplar verweist.

▶ Auch auf primitiven Datentypen ist das Ende `.class` erlaubt. Das gleiche `Class`-Objekt liefert die statische Variable `TYPE` der Wrapper-Klassen. Damit ist `int.class == Integer.TYPE`.

▶ Die Klassenmethode `Class.forName(String)` kann eine Klasse erfragen, und wir erhalten das zugehörige `Class`-Exemplar als Ergebnis. Ist die Klasse noch nicht geladen, sucht und

---

1 Echte Metaklassen wären Klassen, deren jeweils einziges Exemplar die normale Java-Klasse ist. Dann wären etwa die normalen Klassenvariablen in Wahrheit Objektvariablen in der Metaklasse.

2 Und der JavaDoc lautet: »Constructor. Only the Java Virtual Machine creates Class objects.«

bindet `forName()` die Klasse ein. Weil das Suchen schiefgehen kann, ist eine `ClassNot-FoundException` möglich.

▶ Haben wir bereits ein `Class`-Objekt, sind wir aber nicht an ihm, sondern an seinen Vorfahren interessiert, so können wir einfach mit `getSuperclass()` ein `Class`-Objekt für die Oberklasse erhalten.

Das folgende Beispiel zeigt drei Möglichkeiten auf, um an ein `Class`-Objekt für `java.util.Date` heranzukommen:

Listing 25.1 com/tutego/insel/meta/GetClassObject.java, main()

```
Class<Date> c1 = java.util.Date.class;
System.out.println( c1 );          // class java.util.Date

Class<?> c2 = new java.util.Date().getClass();
 // oder Class<? extends Date> c2 = ...

System.out.println( c2 );          // class java.util.Date

try {
  Class<?> c3 = Class.forName( "java.util.Date" );
  System.out.println( c3 );        // class java.util.Date
}
catch ( ClassNotFoundException e ) { e.printStackTrace(); }
```

Die Variante mit `forName()` ist sinnvoll, wenn der Klassenname bei der Übersetzung des Programms noch nicht feststand. Sonst ist die vorhergehende Technik eingängiger, und der Compiler kann prüfen, ob es den Typ gibt.

[zB]

> **Beispiel** Klassenobjekte für primitive Elemente liefert `forName()` nicht! Die Anweisungen `Class.forName("boolean");` und `Class.forName(boolean.class.getName());` führen zu einer `java.lang.ClassNotFoundException`.

`class java.lang.`**`Object`**

▶ `final Class<? extends Object> getClass()`
Liefert zur Laufzeit das `Class`-Exemplar, das die Klasse des Objekts repräsentiert.

`final class java.lang.`**`Class`**`<T>`
`implements Serializable, GenericDeclaration, Type, AnnotatedElement`

▶ `static Class<?> forName( String className ) throws ClassNotFoundException`
Liefert das `Class`-Exemplar für die Klasse oder Schnittstelle mit dem angegebenen voll qualifizierten Namen. Falls sie bisher noch nicht vom Programm benötigt wurde, sucht und lädt der Klassenlader die Klasse. Die Methode liefert niemals `null` zurück. Falls die Klasse nicht geladen und eingebunden werden konnte, gibt es eine `ClassNotFoundException`. Eine alternative Methode `forName()` ermöglicht auch das Laden mit einem gewünschten Klassenlader.

»ClassNotFoundException« und »NoClassDefFoundError« *

Eine ClassNotFoundException lösen die Methoden forName() aus Class und loadClass() bzw. findSystemClass() aus ClassLoader immer dann aus, wenn der Klassenlader die Klasse nach ihrem Klassennamen nicht finden kann.

Neben der Exception-Klasse gibt es ein NoClassDefFoundError – ein harter LinkageError, den das System immer dann auslöst, wenn die JVM eine im Bytecode referenzierte Klasse nicht laden kann. Nehmen wir zum Beispiel eine Anweisung wie new MeineKlasse(). Führt die JVM diese Anweisung aus, versucht sie den Bytecode von MeineKlasse zu laden. Ist der Bytecode für MeineKlasse nach dem Compilieren entfernt worden, löst die JVM durch den nicht geglückten Ladeversuch den NoClassDefFoundError aus. Auch tritt der Fehler auf, wenn beim Laden des Bytecodes die Klasse MeineKlasse zwar gefunden wurde, aber MeineKlasse einen statischen Initialisierungsblock besitzt, der wiederum eine Klasse referenziert, für die keine Klassendatei vorhanden ist.

Während ClassNotFoundException häufiger vorkommt als NoClassDefFoundError, ist es im Allgemeinen ein Indiz dafür, dass ein Java-Archiv im Klassenpfad fehlt.

Umbenennungen der Klassennamen durch den Obfuscator

Dass der Compiler automatisch Bytecode gemäß dieses veränderten Quellcodes erzeugt, führt nur dann zu unerwarteten Problemen, wenn wir einen Obfuscator über den Programmtext laufen lassen, der nachträglich den Bytecode modifiziert und damit die Bedeutung des Programms beziehungsweise des Bytecodes verschleiert und dabei Klassen umbenennt. Offensichtlich darf ein Obfuscator Klassen, deren Class-Exemplare abgefragt werden, nicht umbenennen; oder der Obfuscator müsste die entsprechenden Zeichenketten ebenfalls korrekt ersetzen (aber natürlich nicht alle Zeichenketten, die zufällig mit Namen von Klassen übereinstimmen).

25.2.2 Was das Class-Objekt beschreibt *

Ein Class-Exemplar kann eine Schnittstelle, eine Klasse, einen primitiven Datentyp oder auch einen Array-Typ beschreiben. Dies lässt sich durch die drei Methoden isInterface(), isPrimitive() und isArray() herausfinden. Wenn keine der drei Methoden für ein Class-Exemplar true liefert, repräsentiert das Objekt eine gewöhnliche Klasse.

Dass es auch Class-Exemplare gibt, die die primitiven Datentypen von Java beschreiben, erstaunt zunächst. Damit ist es jedoch möglich, die Parameter- und Ergebnistypen beliebiger Java-Methoden einheitlich durch Class-Exemplare zu beschreiben. Dazu kodieren jede der acht Wrapper-Klassen, die zu den Datentypen boolean, byte, char, short, int, long, float und double gehören, und die spezielle Klasse für den Typ void eine Konstante TYPE. Benötigen wir ein Class-Objekt für den primitiven Typ int, so greifen wir mit Integer.TYPE (oder alternativ mit int.class) darauf zu. Alle Class-Exemplare für primitive Datentypen werden automatisch von der JVM erzeugt. Die Methode isPrimitive() gibt genau für diese neun besonderen Class-Exemplare true zurück, sodass sie von Repräsentanten für echte Klassen unterschieden werden können.

> **Hinweis** Obwohl void kein Typ ist, meldet isPrimitive() dies:
> System.out.println(void.class.isPrimitive()); // true

[«]

Das folgende Programmstück testet die Attribute von Class-Objekten systematisch durch. Wir benutzen die Methode getName(), um den Namen des Class-Objekts auszugeben. Im nächsten Unterkapitel mehr dazu. Das Class-Objekt für Felder setzt sich aus dem Basistyp und Paaren von eckigen Klammern zusammen, etwa double[][].class.

Listing 25.2 com/tutego/insel/meta/CheckClassType.java, CheckClassType

```java
class CheckClassType
{
  public static void main( String[] args )
  {
    checkClassType( Observer.class );
    checkClassType( Observable.class );
    checkClassType( (new int[2][3][4]).getClass() );
    checkClassType( Integer.TYPE );
  }

  static void checkClassType( Class<?> c )
  {
    if ( c.isArray() )
    System.out.println( c.getName() + " ist ein Feld." );
    else if ( c.isPrimitive() )
    System.out.println( c + " ist ein primitiver Typ.");
    else if ( c.isInterface() )
    System.out.println( c.getName() + " ist ein Interface." );
    else
    System.out.println( c.getName() + " ist eine Klasse." );
  }
}
```

Die Ausgabe des Programms ist nun:

```
java.util.Observer ist ein Interface.
java.util.Observable ist eine Klasse.
[[[I ist ein Feld.
int ist ein primitiver Typ.
```

> final class java.lang.**Class**<T>
> implements Serializable, GenericDeclaration, Type, AnnotatedElement

▸ boolean isInterface()
Liefert true, wenn das Class-Objekt eine Schnittstelle beschreibt.

▸ boolean isArray()
Liefert true, wenn das Class-Objekt einen Array-Typ beschreibt.

▸ boolean isPrimitive()
Testet, ob das Class-Objekt einen primitiven Datentyp beschreibt.

25 | Reflection und Annotationen

Komponententyp bei Feldern

Die Methode getComponentType() liefert bei Feldern den Typ der Elemente als Class-Objekt. Steht das Class-Objekt für kein Feld, ist die Methodenrückgabe null.

```
System.out.println( double[].class.getComponentType() );      // double
System.out.println( double[][].class.getComponentType() );    // class [D
System.out.println( double.class.getComponentType() );        // null
```

25.2.3 Der Name der Klasse

Liegt zu einer Klasse das Class-Objekt vor, so können wir zur Laufzeit ihren voll qualifizierten Namen über die Methode getName() ausgeben. Da jeder Typ über einen Namen verfügt, führt diese Methode also jedes Mal zum Ziel:

Listing 25.3 SampleName.java

```
String n1 = new java.util.Date().getClass().getName();
System.out.println( n1 );                          // java.util.Date
String n2 = java.util.RandomAccess.class.getName();
System.out.println( n2 );                          // java.util.RandomAccess
String n3 = Deprecated.class.getName();
System.out.println( n3 );                          // java.lang.Deprecated
String n4 = Thread.State.class.getName();
System.out.println( n4 );                          // java.lang.Thread$State
```

Kodierung von Feldern *

Schwieriger ist die Kodierung bei Array-Typen, die ja eine besondere Form von Klassen sind. getName() kodiert sie mit einer führenden »[«. Jede Klammer steht dabei für eine Dimension des Array-Typs. Nach den Klammern folgt in einer kodierten Form der Typ der Array-Elemente. So liefert

```
System.out.println( int[][][].class.getName() );              // [[[I
System.out.println( (new int[2][3][4]).getClass().getName() ); // [[[I
```

den String »[[[I«, also einen dreidimensionalen Array-Typ mit Array-Elementen vom primitiven Typ int. Der Elementtyp ist wie folgt kodiert:

Kürzel	Datentyp
B	Byte
C	Char
D	Double
F	Float
I	Int
J	Long

Tabelle 25.1 Kodierung der Elementtypen

Kürzel	Datentyp
LElementtyp;	Klasse oder Schnittstelle, etwa `[Ljava.lang.String;` oder `[Ljava.awt.Point;`
S	Short
Z	Boolean

Tabelle 25.1 Kodierung der Elementtypen (Forts.)

Nimmt das Array Objektreferenzen auf, wird deren Typ in der Form »LKlassenname;« kodiert. So liefert `(new Object[3]).getClass().getName()` den String `[Ljava.lang.Object;`. Der Klassen- beziehungsweise Schnittstellenname ist wie üblich voll qualifiziert.

Der String ist auch für `Class.forName()` von Bedeutung. Im Fall von Arrays liefert die Methode ein `Class`-Objekt für den Elementtyp. Die ersten Versuche, um ein `Class`-Objekt für Felder zu beziehen, scheitern an einer `ClassNotFoundException`:

```
Class.forName( "String[]" );
Class.forName( "java.lang.String[]" );
```

In der ersten Anweisung ist der Klassenname nicht voll qualifiziert, und auch in der zweiten Anweisung ist der String falsch aufgebaut;

```
out.println( Class.forName("[Ljava.lang.String;") ); // class [Ljava.lang.String;
```

Steht die Frage an, ob ein `Class`-Objekt für ein Feld von Objekten steht oder für ein primitives Feld, lässt sich das Ergebnis von `getName()` auswerten:

```
public static boolean isObjectArray( Class clazz )
{
  if ( clazz != null && clazz.isArray() )
    return clazz.getName().startsWith( "[L" );
  return false;
}
```

So liefert:

```
System.out.println( isObjectArray( Object[].class ) );    // true
System.out.println( isObjectArray( int[].class ) );       // false
System.out.println( isObjectArray( Object.class ) );      // false
```

toString()

Auch eine zweite Methode ist uns bekannt, um `Class`-Exemplare für Menschen lesbar auszugeben: die Methode `toString()`. Sie basiert im Kern auf `getName()`, fügt aber zusätzlich die Art der repräsentierten Klasse (normale Klasse, Schnittstelle oder primitiver Datentyp) ein:

```
public String toString() {
  return (isInterface() ? "interface " :
    (isPrimitive() ? "" : "class ")) + getName();
}
```

25 | Reflection und Annotationen

```
final class java.lang.Class<T>
implements Serializable, GenericDeclaration, Type, AnnotatedElement
```

▶ `String getName()`
  Liefert für ein `Class`-Exemplar als String den voll qualifizierten Namen der repräsentierten Klasse oder Schnittstelle beziehungsweise des repräsentierten Array-Typs oder des primitiven Datentyps.

▶ `String toString()`
  Liefert eine für Menschen lesbare String-Repräsentation des `Class`-Objekts.

25.2.4 »instanceof« mit Class-Objekten *

Der binäre Operator `instanceof` testet, ob ein Objekt Exemplar einer Klasse oder der Oberklasse ist. Wenn das Ergebnis wahr ist, lässt sich das Objekt unter dem gegebenen Typen ansprechen, ist also zuweisungskompatibel. Der rechte Operator bei `instanceof`, der Typname, muss jedoch immer zur Übersetzungszeit bekannt sein und kann nicht dynamisch, etwa durch eine String, festgelegt werden.

Ist der Typname zur Compilierzeit vielleicht unbekannt, kann das `Class`-Objekt helfen. Die Methode `isInstance(Object)` ist sozusagen ein dynamisches `instanceof`. Gilt mit dem Operator

```
object instanceof ReferenceType
```

so heißt das mit der Methode

```
ReferenceType-Class-Objekt.isInstance( object )
```

Gewöhnungsbedürftig ist sicherlich die Tatsache, dass bei der Methode `isInstance()` die beiden Operanden umgedreht sind. Dazu ein paar Beispiele:

Listing 25.4 IsAssignableFrom.java, main()

```
Component b = new JLabel();
out.println( b instanceof JLabel );                                    // true
out.println( JLabel.class.isInstance( b ) );                           // true
out.println( Object.class.isInstance( b ) );                           // true
out.println( Class.forName("java.awt.Component").isInstance( b ) );    // true
out.println( String.class.isInstance( b ) );                           // false
```

Die Methode `isInstance(object)` ist natürlich ein wenig dadurch eingeschränkt, dass es immer ein Test-Objekt geben muss. Die Frage etwa, ob das `Class`-Objekt der Schnittstelle `PublicKey` eine »Ist-eine-Art-von-`Serializable`« ist, kann `isInstance(object)` nicht beantworten, denn dann müsste es vorher ein Objekt geben. Für diesen Fall bietet das `Class`-Objekt noch eine zweite Methode: `isAssignableFrom(Class)`:

```
Class<?> clazz = Serializable.class;
out.println( clazz.isAssignableFrom( String.class ) );    // true
out.println( clazz.isAssignableFrom( Thread.class ) );    // false
out.println( clazz.isAssignableFrom( PublicKey.class ) ); // true
```

Solange der Typname zur Übersetzungzeit bekannt ist, ist `instanceof` immer noch die beste Lösung. Doch wenn die Klasse nur durch ein `Class`-Objekt gegeben ist, bleibt immer noch `isAssignableFrom()`. Die Methode `clazz.isInstance(obj)` ist sozusagen eine Kurzform von `clazz.isAssignableFrom(obj.getClass())`.

25.2.5 Oberklassen finden *

Das `Class`-Exemplar für eine Klasse gibt Zugriff auf die Oberklasse, die Sichtbarkeitsstufe und weitere Informationen. Die Oberklasse ermittelt `getSuperclass()`. Die Methode gibt `null` zurück, falls das `Class`-Objekt eine Schnittstelle repräsentiert oder wir schon am oberen Ende der Hierarchie sind, also bei dem `Class`-Objekt für die Wurzelklasse `Object`. Das folgende Programm findet alle Oberklassen einer Klasse durch den wiederholten Aufruf der Methode `getSuperclass()`:

Listing 25.5 com/tutego/insel/meta/ShowSuperclasses.java

```
Class<?> subclass   = javax.swing.JButton.class;
Class<?> superclass = subclass.getSuperclass();

while ( superclass != null )
{
  String className = superclass.getName();
  System.out.println( className );
  subclass   = superclass;
  superclass = subclass.getSuperclass();
}
```

Wahrscheinlich wäre eine rekursive Variante noch eleganter, aber darauf kommt es jetzt nicht an.

```
javax.swing.AbstractButton
javax.swing.JComponent
java.awt.Container
java.awt.Component
java.lang.Object
```

```
final class java.lang.Class<T>
implements Serializable, GenericDeclaration, Type, AnnotatedElement
```

▶ `Class<? super T> getSuperclass()`
Liefert ein `Class`-Exemplar für die Oberklasse der Klasse, die durch das aufrufende `Class`-Objekt repräsentiert wird. Falls wir schon oben auf der Vererbungshierarchie bei `Object` sind oder nach der Oberklasse einer Schnittstelle fragen, liefert die Methode `null`.

25.2.6 Implementierte Interfaces einer Klasse oder eines Interfaces *

Klassen stehen zum einen in einer Vererbungsbeziehung zu einer Oberklasse und können zum anderen mehrere Schnittstellen implementieren. Schnittstellen können ihrerseits wiederum andere Schnittstellen erweitern. Bei einer Klassendeklaration folgt direkt hinter dem

25 | Reflection und Annotationen

Schlüsselwort `implements` eine Auflistung der implementierten Schnittstellen. So implementiert die Klasse `RandomAccessFile` die Schnittstellen `DataOutput`, `DataInput` und `Closeable`:

```
public class RandomAccessFile implements DataOutput, DataInput, Closeable
```

Um zu einem vorhandenen `Class`-Objekt die Schnittstellen aufzulisten, rufen wir `getInterfaces()` auf, die uns ein Array von `Class`-Objekten liefert. Von hier aus kennen wir den Weg zum Namen: Der Aufruf von `getName()` liefert den String für den Namen der Schnittstelle.

[zB]   **Beispiel**   Gib die implementierten Schnittstellen von `RandomAccessFile` aus:

Listing 25.6   com/tutego/insel/meta/ShowInterfaces.java, main()

```java
for ( Class<?> theInterface: java.io.RandomAccessFile.class.getInterfaces() )
  System.out.println( theInterface.getName() );
```

Die Ausgabe ist:
```
java.io.DataOutput
java.io.DataInput
java.io.Closeable
```

25.2.7 Modifizierer und die Klasse »Modifier« *

Eine Klassendeklaration kann Modifizierer enthalten, also Schlüsselwörter, die zum Beispiel die Sichtbarkeit bestimmen. Unter anderem sind dies `public`, `protected`, `private` und `final`. Sie stehen etwa in der Klassendeklaration vor dem Schlüsselwort `class` oder auch vor Methoden. Die Modifizierer können auch kombiniert werden: So ist die Klasse `Class` selbst `public final`. Die Methode `getModifiers()` liefert im Rückgabewert die Modifizierer verschlüsselt als Ganzzahl:

```java
System.out.println( Modifier.class.getModifiers() );                  // 1
System.out.println( Modifier.toString(Modifier.class.getModifiers()) ); // public
```

```java
final class java.lang.Class<T>
implements Serializable, GenericDeclaration, Type, AnnotatedElement
```

▶ `int getModifiers()`
  Liefert die Modifizierer für eine Klasse oder eine Schnittstelle.

Damit wir uns bei der Entschlüsselung nicht mit magischen Zahlenwerten der JVM herumschlagen müssen, gibt es in der Klasse `java.lang.reflect.Modifier` einige statische Methoden, die diese Ganzzahl testen. Zudem werden Konstanten deklariert (wie `Modifier.PUBLIC`), mit denen dieser Integerwert verglichen werden kann. Da die Ganzzahl potenziell eine Kombination mehrerer Modifizierer kodiert, ist die gezielte Abfrage allerdings mit den statischen `isXXX()`-Methoden einfacher. Obwohl eine Klasse nicht `transient`, `synchronized`, `nativ` sein kann, listen wir hier alle statischen Methoden auf, da wir diese Modifizierer später auch für die Untersuchung von Methoden und Objekt- beziehungsweise Klassenvariablen per Reflection einsetzen. Jede dieser Testmethoden liefert `true`, wenn der gefragte Modifizierer in dem kodierten Ganzzahlwert enthalten ist. Alle Methoden sind `static` und liefern ein `boolean`-Ergebnis, außer `toString()`.

1394

Metadaten der Klassen mit dem Class-Objekt | **25.2**

```
class java.lang.reflect.Modifier
```

▶ static boolean isAbstract(int mod)

▶ static boolean isFinal(int mod)

▶ static boolean isInterface(int mod)

▶ static boolean isNative(int mod)

▶ static boolean isPrivate(int mod)

▶ static boolean isProtected(int mod)

▶ static boolean isPublic(int mod)

▶ static boolean isStatic(int mod)

▶ static boolean isSynchronized(int mod)

▶ static boolean isTransient(int mod)

▶ static boolean isVolatile(int mod)

Betrachten wir die toString()-Methode der Klasse Modifier. Dort finden wir eine Liste aller möglichen Modifizierer mit den Konstanten:

```
public static String toString( int mod )
{
  StringBuffer sb = new StringBuffer();
  int len;
  if ((mod & PUBLIC) != 0) sb.append("public ");
  if ((mod & PRIVATE) != 0) sb.append("private ");
  if ((mod & PROTECTED) != 0) sb.append("protected ");
  /* Canonical order */
  if ((mod & ABSTRACT) != 0) sb.append("abstract ");
  if ((mod & STATIC) != 0) sb.append("static ");
  if ((mod & FINAL) != 0) sb.append("final ");
  if ((mod & TRANSIENT) != 0) sb.append("transient ");
  if ((mod & VOLATILE) != 0) sb.append("volatile ");
  if ((mod & NATIVE) != 0) sb.append("native ");
  if ((mod & SYNCHRONIZED) != 0) sb.append("synchronized ");
  if ((mod & INTERFACE) != 0) sb.append("interface ");


  if ((len = sb.length()) > 0)/* trim trailing space */
    return sb.toString().substring(0, len-1);
  return "";
}
```

Hinweis Schnittstellen, wie java.io.Serializable, tragen den Modifier »abstract«. [«]

```
int modifier = Serializable.class.getModifiers();
out.println( modifier );                 // 1537
out.println( Modifier.toString(modifier) ); // public abstract interface
```

25 | Reflection und Annotationen

25.2.8 Die Arbeit auf dem Feld *

Die Utility-Klasse `java.lang.reflect.Array` stellt statische Methoden bereit, um auf Àrray-Objekten generisch zu arbeiten. Elemente lassen sich erfragen und setzen und auch Arrays mit einem gewünschten Typ anlegen:

```
Object array = Array.newInstance( int.class, 20 ); System.out.println( ⮐
Array.getLength(array) );  // 20
Array.setInt( array, 0, -1 );
System.out.println( Array.getInt(array, 0) );      // -1
```

Bei `newInstance()` ist der Typ `int.class` und nicht `int[].class`!

Eine allgemeine statische `Array`-Methode `set()` und `get()` arbeitet für Objekte, wobei auch Wrapper für primitive Felder verwendet werden können:

```
Array.set( array, 0, Integer.valueOf(-1) );
System.out.println( Array.get(array, 0) );      // -1
```

Für mehrdimensionale Felder lässt sich bei `newInstance()` ein Feld von Größen angeben:

```
Object array = Array.newInstance( int.class, new int[]{ 2, 2 } );
((int[][])array)[0][0] = 1;
((int[][])array)[1][1] = 1;
System.out.println( Arrays.deepToString( (int[][])array ) ); // [[1, 0], [0, 1]]
```

25.3 Attribute, Methoden und Konstruktoren

Ein `Class`-Objekt bietet nicht nur Zugriff auf Oberklassen, Sichtbarkeiten, Modifizierer und Schnittstellen, sondern natürlich auch auf die Variablen, Methoden und Konstruktoren einer Klasse oder Schnittstelle. Daher kooperiert `Class` mit fünf weiteren Typen:

▶ `Constructor`: Steht für die Konstruktoren einer Klasse. Es gibt zum Beispiel `getConstructors()` ein Feld von Konstruktoren zurück.

▶ `Field`: Ermöglicht Zugriff auf die Objekt- und Klassenvariablen, um später Belegungen lesen und Werte verändern zu können.

▶ `Method`: Steht für die Methoden einer Klasse beziehungsweise Operationen der Schnittstellen. Es liefert `getDeclaredMethods()` die Methoden, die dann später mit `invoke()` aufgerufen werden können.

▶ `Annotation`: Repräsentiert die Annotationen, die an der Klasse/Schnittstelle festgemacht sind. So liefert zum Beispiel die `Class`-Methode `getAnnotations()` die festgemachten Annotationen.

▶ `Package`: Es liefert `getPackage()` ein `Package`-Objekt für die Klasse, die eine Versionsnummer beinhaltet, wenn diese im Manifest gesetzt wurde.

Weiterhin gibt es folgende allgemeine Implementierungsbeziehungen:

Attribute, Methoden und Konstruktoren | **25.3**

▶ Die Klassen `Class`, `Method`, `Field` und `Constructor` implementieren eine Schnittstelle `Member`, um etwa den Namen, die Modifizierer oder die deklarierende Klasse zu erfragen.

▶ Die Klassen `Class`, `Constructor` und `Method` implementieren die Schnittstelle `GenericDeclaration`, da sie generische Typvariablen deklarieren können.

▶ Die Klassen `Constructor`, `Field` und `Method` implementieren `AccessibleObject`, um die Sichtbarkeit auszuschalten.

▶ `Class`, `Constructor`, `Field`, `Method` und `Package` implementieren `AnnotatedElement`, weil sie Annotationen tragen können.

Reflections-Exceptions und ReflectiveOperationException

Ist etwas so dynamisch wie Reflection, kann eine Menge schiefgehen. Nahezu alle Methoden zum Zugriff auf Laufzeitinformationen lösen daher die eine oder andere Ausnahme aus. An dieser Stelle sollen die zentralen Ausnahmen kurz vorgestellt werden. Alle stammen aus dem Paket `java.lang`:

▶ `NoSuchFieldException` und `NoSuchMethodException`: Das Attribut oder die Methode wird erfragt, aber existiert nicht.

▶ `ClassNotFoundException`: Der Klassenlader versucht, die Klasse zu laden, konnte sie aber nicht bekommen. Wird ausgelöst etwa von `Class.forName(String)`.

▶ `InstantiationException`: Der Versuch, ein Exemplar aufzubauen, scheitert, etwa wenn versucht wird, eine abstrakte Klasse zu instanziieren oder den Standardkonstruktor aufzurufen, die Klasse aber nur parametrisierte Konstruktoren deklariert.

▶ `IllegalAccessException`: Die Sichtbarkeit ist zum Beispiel `private`, sodass von außen ein Attribut nicht erfragt, eine Methode nicht aufgerufen oder ein Exemplar nicht aufgebaut werden kann.

▶ `InvocationTargetException`: Eine Methode oder ein Konstruktor können eine Exception auslösen. Die `InvocationTargetException` packt diese Exception ein.

Einige Methoden lösen weniger Ausnahmen im Fehlerfall aus, einige mehr. `newInstance()` führt gleich vier Ausnahmen am `throws` auf. Oftmals führt das zu großen `catch`-Blöcken mit dupliziertem Code. Ab Java 7 gibt es daher für die sechs Ausnahmen eine Oberklasse `ReflectiveOperationException`, sodass bei identischer Behandlung alles vom Typ `ReflectiveOperationException` gecatcht werden kann:

▶ `ClassNotFoundException extends ReflectiveOperationException`

▶ `IllegalAccessException extends ReflectiveOperationException`

▶ `InstantiationException extends ReflectiveOperationException`

▶ `InvocationTargetException extends ReflectiveOperationException`

▶ `NoSuchFieldException extends ReflectiveOperationException`

▶ `NoSuchMethodException extends ReflectiveOperationException`

`ReflectiveOperationException` selbst ist eine Unterklasse von `Exception` und nicht von `RuntimeException`. Sie muss daher behandelt werden.

1397

25.3.1 Reflections – Gespür für Attribute einer Klasse

Besonders bei Klassen-Browsern oder GUI-Buildern ist es interessant, auf die Variablen eines Objekts zuzugreifen, das heißt, ihre Werte auszulesen und zu verändern. Damit wir an beschreibende Objekte für die in einer Klasse deklarierten beziehungsweise aus Oberklassen geerbten Variablen gelangen, rufen wir die Methode `getFields()` für das `Class`-Objekt der interessierenden Klasse auf. Als Ergebnis erhalten wir ein Array von `Field`-Objekten. Jeder Array-Eintrag beschreibt eine Objekt- oder Klassenvariable, auf die wir zugreifen dürfen. Nur auf öffentliche, also `public`-Elemente, haben wir per (gewöhnlicher) Reflection Zugriff (auf eine privilegierte Reflection gehen wir hier nicht ein). Schnittstellen deklarieren ja bekanntlich nur Konstanten. Somit ist der schreibende Zugriff, den wir später näher betrachten wollen, nur auf in Klassen deklarierte Variablen beschränkt. Lesen ist natürlich bei Konstanten und Variablen gleichermaßen erlaubt. Beim Zugriff auf die Attribute mittels `getFields()` müssen wir aufpassen, dass wir uns keine `SecurityException` einfangen. Das kann uns aber bei vielen Methoden passieren, und weil `SecurityException` eine `RuntimeException` ist, muss sie auch nicht extra aufgefangen werden. In der Dokumentation ist sie daher nicht angegeben.

Um für `SimpleDateFormat` alle Objekt- und Klassenvariablen mit ihren Datentypen herauszufinden, lassen wir eine Schleife über das `Field`-Array laufen. Die Namen der Variablen finden sich leicht mit `getName()`. Wir haben aber den zugehörigen Datentyp noch nicht. Dazu müssen wir erst mit `getType()` ein `Class`-Objekt für den Typ ermitteln, und dann liefert uns `getName()` eine String-Repräsentation des Typs:

Listing 25.7 com/tutego/insel/meta/ShowFields.java, main()

```
Class<?> c = java.text.SimpleDateFormat.class;
System.out.println( "class " + c.getName() + " {" );
for ( Field publicField : c.getFields() ) {
  String fieldName = publicField.getName();
  String fieldType = publicField.getType().getName();
  System.out.printf( "  %s %s;%n", fieldType, fieldName );
}
System.out.println( "}" );
```

Dies ergibt die (gekürzte) Ausgabe:

```
class java.text.SimpleDateFormat {
  int ERA_FIELD;
  int YEAR_FIELD;
  ...
  int SHORT;
  int DEFAULT;
}
```

```
final class java.lang.Class<T>
implements Serializable, GenericDeclaration, Type, AnnotatedElement
```

▸ `Field[] getFields()`
Liefert ein Array mit `Field`-Objekten. Die Einträge sind unsortiert. Das Array hat die Länge

0, wenn die Klasse beziehungsweise Schnittstelle keine öffentlichen Variablen deklariert oder erbt. getFields() liefert automatisch auch Einträge für die aus Oberklassen beziehungsweise Schnittstellen geerbten öffentlichen Variablen.

▶ Field getField(String name) throws NoSuchFieldException
Erfragt ein bestimmtes Feld.

Die Klasse Field implementiert im Übrigen das Interface Member und ist eine Erweiterung von AccessibleObject. AccessibleObject ist die Basisklasse für Field-, Method- und Constructor-Objekte. Auch Method und Constructor implementieren das Interface Member, das zur Identifikation über getName() oder getModifiers() dient. Zusätzlich liefert getDeclaringClass() das Class-Objekt, das tatsächlich eine Variable oder Methode deklariert. Da geerbte Elemente in der Aufzählung mit auftauchen, ist dies der einzige Weg, um die Position der Deklaration in der Vererbungshierarchie exakt zu bestimmen.

Das Field-Objekt lässt sich vieles fragen: nach dem Namen des Attributs, nach dem Datentyp und auch wieder nach den deklarierten Modifizierern. Werfen wir einen Blick auf die toString()-Methode der Klasse Field:

```
public String toString() {
  int mod = getModifiers();
  return ((((mod == 0) ? "" : (Modifier.toString(mod) + " "))
      + getTypeName(getType()) + " "
      + getTypeName(getDeclaringClass()) + "."
      + getName());
}
```

Beispiel Für die Schleife über die Field-Objekte von SimpleDateFormat und einem Aufruf [zB]
von toString() liefern die Zeilen
```
for ( Field publicField : c.getFields() )
  System.out.println( "   " + publicFields );
```
dann:
```
class java.text.SimpleDateFormat {
  public static final int java.text.DateFormat.ERA_FIELD
  public static final int java.text.DateFormat.YEAR_FIELD
  ...
  public static final int java.text.DateFormat.SHORT
  public static final int java.text.DateFormat.DEFAULT
}
```

```
final class java.lang.reflect.Field
extends AccessibleObject
implements Member
```

▶ Class<?> getDeclaringClass()
Liefert das Class-Exemplar für die Klasse oder die Schnittstelle, in der die Variable deklariert wurde. Diese Methode ist Teil der Schnittstelle Member.

- `int getModifiers()`
  Liefert die deklarierten Modifizierer für die Variable.
- `String getName()`
  Liefert den Namen der Variable. Diese Methode ist Teil der Schnittstelle `Member`.
- `Class<?> getType()`
  Liefert ein `Class`-Objekt, das dem Datentyp der Variable entspricht.
- `String toString()`
  Liefert eine `String`-Repräsentation. Am Anfang stehen die Sichtbarkeitsmodifizierer (`public`, `protected` oder `private`), und es folgen die weiteren Modifizierer (`static`, `final`, `transient`, `volatile`). Dann kommt der Datentyp, gefolgt vom voll qualifizierten Namen der deklarierenden Klasse und schließlich der Name der Variable.

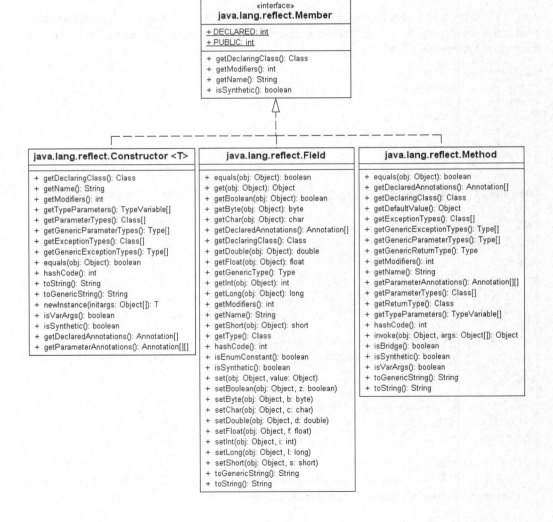

25.3.2 Methoden einer Klasse erfragen

Um herauszufinden, über welche Methoden eine Klasse verfügt, wenden wir eine ähnliche Vorgehensweise an wie bei den Variablen: `getMethods()`. Diese Methode liefert ein Array mit `Method`-Objekten. Über ein `Method`-Objekt lassen sich Methodenname, Ergebnistyp, Parametertypen, Modifizierer und eventuell resultierende Exceptions erfragen. Wir werden später sehen, dass sich die durch ein `Method`-Exemplar repräsentierte Methode über `invoke()` aufrufen lässt.

> **Hinweis** Auch wenn zwei Klassen die gleiche Methode besitzen, muss doch ein `Method`-Objekt immer für jede Klasse erfragt werden. `Method`-Objekte sind immer mit dem `Class`-Objekt verbunden.

```
final class java.lang.Class<T>
implements Serializable, GenericDeclaration, Type, AnnotatedElement
```

▶ `Method[] getMethods()`
Gibt ein Array von `Method`-Objekten zurück, die alle öffentlichen Methoden der Klasse/ Schnittstelle beschreiben. Geerbte Methoden werden mit in die Liste übernommen. Die Elemente sind nicht sortiert, und die Länge des Arrays ist `null`, wenn es keine öffentlichen Methoden gibt.

▶ `Method getMethod( String name, Class... parameterTypes )`
`throws NoSuchMethodException`
Liefert zu einem Methodennamen und einer Parameterliste das passende `Method`-Objekt oder löst eine `NoSuchMethodException` aus. Besitzt die Methode keine Parameter – wie eine übliche getXXX()-Methode –, ist das Argument `null` und wird wegen der Varargs auf `Class[]` angepasst.

Nachdem wir nun mittels `getMethods()` ein Array von `Method`-Objekten erhalten haben, lassen die `Method`-Objekte verschiedene Abfragen zu. So liefert `getName()` den Namen der Methode, `getReturnType()` den Ergebnistyp, und `getParameterTypes()` erzeugt ein Array von `Class`-Objekten, das die Typen der Methodenparameter widerspiegelt. Wir kennen dies schon von den Attributen.

Wir wollen nun ein Programm angeben, das alle Methoden und ihre Parametertypen sowie Ausnahmen ausgibt:

Listing 25.8 com/tutego/insel/meta/ShowMethods.java

```
package com.tutego.insel.meta;

import java.lang.reflect.*;

class ShowMethods
{
  public static void main( String[] args )
  {
    showMethods( java.awt.Color.BLACK );
```

25 | Reflection und Annotationen

```java
    }

    static void showMethods( Object o )
    {
      for ( Method method : o.getClass().getMethods() )
      {
        String returnString = method.getReturnType().getName();
        System.out.print( returnString + " " + method.getName() + "(" );

        Class<?>[] parameterTypes = method.getParameterTypes();

        for ( int k = 0; k < parameterTypes.length; k++ ) {
          String parameterString = parameterTypes[k].getName();
          System.out.print( " " + parameterString );

          if ( k < parameterTypes.length - 1 )
            System.out.print( ", " );
        }
        System.out.print( " )" );

        Class<?>[] exceptions = method.getExceptionTypes();

        if ( exceptions.length > 0 ) {
          System.out.print( " throws " );
          for ( int k = 0; k < exceptions.length; k++ ) {
            System.out.print( exceptions[k].getName() );
            if ( k < exceptions.length - 1 )
              System.out.print( ", " );
          }
        }

        System.out.println();
      }
    }
}
```

Die Ausgabe sieht gekürzt so aus:

```
int hashCode( )
boolean equals( java.lang.Object )
java.lang.String toString( )
...
[F getRGBColorComponents( [F )
...
void wait( long ) throws java.lang.InterruptedException
void notify( )
void notifyAll( )
```

Wir bemerken an einigen Stellen eine kryptische Notation, wie etwa »[F«. Dies ist aber lediglich wieder die schon erwähnte Kodierung für Array-Typen. So gibt `getRGBComponents()` ein `float`-Array zurück und erwartet ein `float`-Array als Argument.

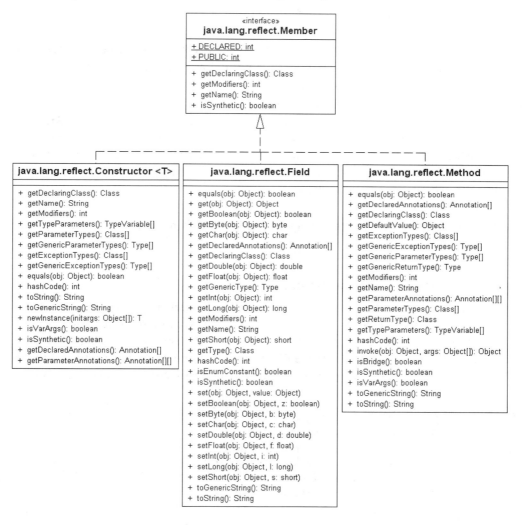

```
final class java.lang.reflect.Method
extends AccessibleObject
implements GenericDeclaration, Member
```

▶ `Class<?> getDeclaringClass()`
Liefert das `Class`-Exemplar für die Klasse oder die Schnittstelle, in der die Methode deklariert wurde. Diese Methode ist Teil der Schnittstelle `Member`.

▶ `String getName()`
Liefert den Namen der Methode. Diese Methode ist Teil der Schnittstelle `Member`.

25 | Reflection und Annotationen

▶ `int getModifiers()`
Liefert die Modifizierer. Diese Methode ist Teil der Schnittstelle `Member`.

▶ `Class<?> getReturnType()`
Gibt ein `Class`-Objekt zurück, das den Ergebnistyp beschreibt.

▶ `Class<?>[] getParameterTypes()`
Liefert ein Array von `Class`-Objekten, die die Typen der Parameter beschreiben. Die Reihenfolge entspricht der deklarierten Parameterliste. Das Array hat die Länge `null`, wenn die Methode keine Parameter erwartet.

▶ `Class<?>[] getExceptionTypes()`
Liefert ein Array von `Class`-Objekten, die mögliche Exceptions beschreiben. Das Array hat die Länge `null`, wenn die Methode keine solchen Exceptions mittels `throws` deklariert. Das Feld spiegelt nur die `throws`-Klausel wider. Sie kann prinzipiell auch zu viele Exceptions enthalten, bei einer Methode `foo() throws RuntimeException, NullPointerException` etwa genau die beiden Ausnahmen.

▶ `String toString()`
Liefert eine String-Repräsentation der Methode, ähnlich dem Methodenkopf in einer Deklaration.

25.3.3 Properties einer Bean erfragen

Eine Bean besitzt Properties (Eigenschaften), die in Java (bisher) durch Setter und Getter ausgedrückt werden, also Methoden, die einer festen Namenskonvention folgen. Gibt es Interesse an den Properties, lässt sich natürlich `getMethods()` auf dem `Class`-Objekt aufrufen und nach den Methoden filtern, die der Namenskonvention entsprechen. Die Java-Bibliothek bietet aber im Paket `java.beans` eine einfachere Lösung für Beans: einen `PropertyDescriptor`.

[zB] **Beispiel** Gib alle Properties von `Color` aus (es gibt nur lesbare):

Listing 25.9 com/tutego/insel/meta/PropertyDescriptors.java, main()

```
BeanInfo beanInfo = Introspector.getBeanInfo( Color.class );
for ( PropertyDescriptor pd : beanInfo.getPropertyDescriptors() )
  System.out.println( pd.getDisplayName() + " : " +
                      pd.getPropertyType().getName() );
```

Die Ausgabe:

```
RGB : int
alpha : int
blue : int
class : java.lang.Class
colorSpace : java.awt.color.ColorSpace
green : int
red : int
transparency : int
```

1404

Interessanter sind vom `PropertyDescriptor` die Methoden `getReadMethod()` und `getWrite-Method()`, die beide ein `Method`-Objekt liefern – sofern es verfügbar ist –, um so die Methode gleich aufrufen zu können.

`BeanInfo` liefert mit `getPropertyDescriptors()` zwar die Properties, kann jedoch über `get-MethodDescriptors()` auch alle anderen Methoden liefern.

25.3.4 Konstruktoren einer Klasse

Konstruktoren und Methoden haben einige Gemeinsamkeiten, unterscheiden sich aber insofern, als Konstruktoren keinen Rückgabewert haben. Die Ähnlichkeit zeigt sich auch in der Methode `getConstructors()`, die ein Array von `Constructor`-Objekten zurückgibt. Über dieses Array lassen sich dann wieder Name, Modifizierer, Parameter und Exceptions der Konstruktoren einer Klasse erfragen. Wie wir in Abschnitt 25.4.1, »Objekte erzeugen«, sehen werden, lassen sich auch über die Methode `newInstance()` neue Objekte erzeugen. Wegen der weitgehenden Ähnlichkeit der Klassen `Constructor` und `Method` sind die folgenden Methoden hier nicht näher beschrieben.

Beispiel Zeige alle Konstruktoren der `Color`-Klasse: [zB]

Listing 25.10 com/tutego/insel/meta/ShowConstructors.java, main()

```
for ( Constructor<?> c : java.awt.Color.class.getConstructors() )
  System.out.println( c );
```

Wegen der Ähnlichkeit zu `getMethods()` **gibt die auskunftsfreudige Methode** `toString()` **die Signatur aus. Nach dem Aufruf erhalten wir:**

```
public java.awt.Color(float,float,float,float)
public java.awt.Color(int)
public java.awt.Color(int,int,int)
public java.awt.Color(int,int,int,int)
public java.awt.Color(java.awt.color.ColorSpace,float[],float)
public java.awt.Color(int,boolean)
public java.awt.Color(float,float,float)
```

```
final class java.lang.Class<T>
implements Serializable, GenericDeclaration, Type, AnnotatedElement
```

▶ `Constructor[] getConstructors()`
Liefert ein Feld mit `Constructor`-Objekten.

▶ `Constructor<T> getConstructor( Class... parameterTypes )`
`throws NoSuchMethodException`
Liefert ein ausgewähltes `Constructor`-Objekt.

25 | Reflection und Annotationen

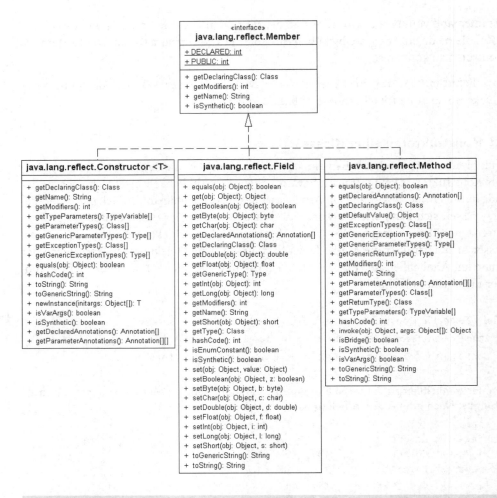

```
final class java.lang.reflect.Constructor<T>
extends AccessibleObject
implements GenericDeclaration, Member
```

- `Class<T> getDeclaringClass()`
  Eine ziemlich langweilige Methode, da Konstruktoren nicht vererbt werden. Sie gibt immer nur jene Klasse aus, von der das `Class`-Objekt kommt. Das ist ein wichtiger Unterschied zwischen Methoden und Konstruktoren, der bei dieser Methode deutlich auffällt.

- `Class[] getExceptionTypes()`

- `int getModifiers()`

- `String getName()`

- `Class[] getParameterTypes()`

1406

25.3.5 Annotationen

Annotationen erfragen Methoden der Schnittstelle `AnnotatedElement`, die unter anderem `Class`, `Constructor`, `Field`, `Method`, `Package` implementieren. Ein Blick in `AnnotatedElement` verrät, wie an die Annotationen heranzukommen ist:

```
interface java.lang.reflect.AnnotatedElement
```

► `Annotation[] getAnnotations()`
Liefert alle an diesem Element assoziierten Annotationen.

► `Annotation[] getDeclaredAnnotations()`
Liefert alle an diesem Element deklarierten Annotationen. Vererbte Annotationen werden ignoriert.

► `boolean isAnnotationPresent( Class<? extends Annotation> annotationType )`
Erfragt, ob das Element eine bestimmte Annotation besitzt.

► `<T extends Annotation> T getAnnotation( Class<T> annotationType )`
Liefert die Annotationen eines gewünschten Typs.

In Abschnitt 25.6, »Eigene Annotationstypen«, kommen wir auf Annotationen zurück.

25.4   Objekte erzeugen und manipulieren

Nachdem wir nun genügend über das Ausfragen von Klassen-, Variablen-, Methoden- und Konstruktor-Objekten wissen, wollen wir aktiv eigene Objekte erzeugen, Werte von Variablen abfragen und verändern sowie Methoden dynamisch per Reflection aufrufen.

25.4.1 Objekte erzeugen

Der `new`-Operator erzeugt in Java zur Laufzeit ein Exemplar einer Klasse. Der Compiler muss dazu den Namen der Klasse kennen, sodass er einen passenden Konstruktor-Aufruf erzeugen kann. Kennen wir aber erst später zur Laufzeit den Namen der gewünschten Klasse für unser Objekt, so fällt die `new`-Operation flach, weil für diesen Spezialfall der `new`-Operator nicht gedacht ist.

Um Exemplare bestimmter Klassen dynamisch zu erzeugen, brauchen wir wieder ein passendes `Class`-Objekt. Nun holen wir uns mit `getConstructor()` ein Konstruktor-Objekt, das den gewünschten Konstruktor beschreibt. Jedes Konstruktor-Objekt kennt eine `newInstance(Object[])`-Methode, die ein neues Exemplar erschafft, indem sie den zugrundeliegenden Konstruktor aufruft. Der Parameter von `newInstance()` ist ein Feld von Werten, die an den echten Konstruktor gehen. Glücklicherweise kennt Java anonyme Arrays, sodass wenig zu schreiben bleibt. Bei einem parameterlosen Konstruktor können wir einfach `newInstance(null)` aufrufen.

25 | Reflection und Annotationen

[zB]　**Beispiel**　Ein Reflection-Konstruktor erzeugt ein `Point`-Objekt mit den Koordinaten 10, 20:

Listing 25.11　com/tutego/insel/meta/CreateObject.java, main()

```
Class<Point> pointClass = Point.class;
Constructor<Point> constructor =
  pointClass.getConstructor( int.class, int.class );
Point p = constructor.newInstance( 10, 20 );
System.out.println( p );
```

```
final class java.lang.Class<T>
implements Serializable, GenericDeclaration, Type, AnnotatedElement
```

▶ `Constructor<T> getConstructor( Class... parameterTypes )`
    `throws NoSuchMethodException`
   Liefert den sichtbaren Konstruktor mit dem gewünschten Typ.

```
final class java.lang.reflect.Constructor<T>
extends AccessibleObject
implements GenericDeclaration, Member
```

▶ `T newInstance( Object... initargs )`
    `throws InstantiationException, IllegalAccessException,`
     `IllegalArgumentException, InvocationTargetException`
   Erzeugt ein neues Exemplar, indem es den durch das `Constructor`-Objekt repräsentierten Konstruktor mit den im Array angegebenen Parametern aufruft. Auf einige Exceptions ist zu achten. `IllegalAccessException`: Auf den Konstruktor kann nicht zugegriffen werden (zum Beispiel, weil er privat ist). `IllegalArgumentException`: Die Anzahl der Parameter ist falsch beziehungsweise eine Konvertierung der Parameterwerte in die benötigten Typen nicht möglich. `InstantiationException`: Das `Constructor`-Objekt bezieht sich auf einen Konstruktor einer abstrakten Klasse.

InvocationTargetException

Die Ausnahme `InvocationTargetException` ist keine `RuntimeException` und kommt bei zwei Methoden aus der Reflection-API vor:

▶ `newInstance()` zum Erzeugen von Objekten bei `Constructor`

▶ `invoke()` zum Aufruf von Methoden bei `Method`.

Die `InvocationTargetException` ist Mantel um genau die Ausnahme, die der aufgerufene Konstruktor beziehungsweise die Methode ausgelöst hat. Löst der Konstruktor oder die Methode eine Ausnahme aus, so generiert die JVM eine `InvocationTargetException` und lässt uns mit `getCause()` beziehungsweise mit `getTargetException()` den Grund als `Throwable` erfragen.

Objekte erzeugen und manipulieren | **25.4**

25.4.2 Die Belegung der Variablen erfragen

Schreiben wir einen GUI-Builder oder einen Debugger, so reicht es nicht aus, nur die Namen und Datentypen der Variablen zu kennen. Wir wollen auch auf ihre Inhalte lesend und schreibend zugreifen. Das ist mithilfe der verschiedenen getXXX()-Methoden für ein Field-Objekt leicht machbar. Der erste Schritt besteht also wieder darin, ein Class-Objekt zu erfragen. Dann besorgen wir uns mittels getFields() ein Array von Attributbeschreibungen – oder mit getFields(String) ein spezielles Attribut – und nehmen das Field-Objekt für unsere gewünschte Variable. Den Wert, den das Field dann speichert, erfragt die Methode get(). Sie ist auf allen Variablentypen möglich und konvertiert automatisch in Wrapper-Objekte, wenn der Typ primitiv war. Die Field-Klasse bietet einige spezielle getXXX()-Methoden, um besonders einfach an die Werte von Variablen primitiven Typs zu gelangen. So liefert get-Double() einen double-Wert und getInt() ein int. Wir müssen daran denken, dass Illegal-ArgumentException und IllegalAccessException bei falschem Zugriff auftreten können.

Alle getXXX()-Methoden zum Erfragen – und auch setXXX()-Methoden zum Setzen – erwarten ein Argument mit dem Verweis auf das Objekt, welches die Variable besitzt. Das Argument wird ignoriert (und sollte null sein), wenn es sich um eine statische Variable handelt.

Rechtecke erzeugen und erfragen

Ein Programm soll ein Rectangle-Objekt mit einer Belegung für x, y, Höhe und Breite erzeugen. Anschließend erfragt getField(String) das Field-Objekt für eine Beschreibung der Variablen mit dem gegebenen Namen. Das Field-Objekt gibt mit getXXX() den Inhalt der Variablen preis. Um das Prinzip zu demonstrieren, erfragt die get()-Methode die Höhe height, die ein Integer-Objekt zurückgibt. Alle anderen Ganzzahlwerte liefert die spezialisierte Helfermethode getInt():

Listing 25.12   com/tutego/insel/meta/GetFieldElements.java

```
package com.tutego.insel.meta;

import java.lang.reflect.*;

class GetFieldElements
{
  public static void main( String[] args )
  {
    Object  o = new java.awt.Rectangle( 11, 22, 33, 44 );
    Class<?> c = o.getClass();

    try
    {
      Field heightField = c.getField( "height" ),
            widthField  = c.getField( "width" ),
            xField      = c.getField( "x" ),
            yField      = c.getField( "y" );

      Integer height = (Integer) heightField.get( o );
```

1409

```
    int width = widthField.getInt( o ),
            x = xField.getInt( o ),
            y = yField.getInt( o );

    String s = c.getName() + "[x=" + x + ",y=" + y +
            ",width=" + width + ",height=" + height + "]";

    System.out.println( s );  // java.awt.Rectangle[x=11,y=22,width=33,height=44]
    System.out.println( o );  // java.awt.Rectangle[x=11,y=22,width=33,height=44]
  }
  catch ( NoSuchFieldException e ) {
    e.printStackTrace();
  }
  catch ( SecurityException e ) {
    e.printStackTrace();
  }
  catch ( IllegalAccessException e ) {
    e.printStackTrace();
  }
 }
}
```

Es erzeugt nun nach dem Aufruf die Ausgabe:

```
java.awt.Rectangle[x=11,y=22,width=33,height=44]
java.awt.Rectangle[x=11,y=22,width=33,height=44]
```

```
final class java.lang.reflect.Field
extends AccessibleObject
implements Member
```

▶ `String getName()`
Liefert den Namen der Variablen. Diese Methode ist Teil der Schnittstelle `Member`.

▶ `int getModifiers()`
Liefert die Modifizierer. Diese Methode ist Teil der Schnittstelle `Member`.

▶ `Object get( Object obj )`, `boolean getBoolean( Object obj )`, `byte getByte( Object obj )`, `char getChar( Object obj )`, `double getDouble( Object obj )`, `float getFloat( Object obj )`, `int getInt( Object obj )`, `long getLong( Object obj )`, `short getShort( Object obj )`
Erfragt den Wert eines Attributs. Die Referenz von `obj` zeigt auf das Objekt, welches das Attribut enthält. Es sollte `null` übergeben werden, wenn es sich um eine statische Variable handelt.

25.4.3 Eine generische eigene toString()-Methode *

Die `toString()`-Methode ist für viele Klassen nicht überlebenswichtig, aber außerordentlich praktisch. Viel zu schade, hier Zeit für die Entwicklung zu investieren. Toll wäre es, wenn `toString()` ganz automatisch die Attribute und Belegungen analysierte und ausgäbe. Aber wer Allgemeines sucht, findet die Antwort in Reflection. Wir schreiben einfach eine statische Methode `toString(Object)` in eine Hilfsklasse und erfragen dann alle Attribute und die Werte des zu untersuchenden Objekts. Etwas Programmieraufwand müssen wir noch in die Behandlung der Oberklasse investieren, denn Reflection auf einem Objekt zeigt nur die in der Klasse deklarierten Attribute, nicht aber die geerbten Attribute an. Die Lösung ergibt sich fast von selbst:

Listing 25.13   com/tutego/insel/meta/ToStringHelper.java

```
package com.tutego.insel.meta;

import java.lang.reflect.AccessibleObject;
import java.lang.reflect.Field;
import java.util.ArrayList;

public class ToStringHelper
{
  public static String toString( Object o )
  {
    ArrayList<String> list = new ArrayList<String>();

    toString( o, o.getClass(), list );

    return o.getClass().getName().concat( list.toString() );
  }

  private static void toString( Object o, Class<?> clazz, ArrayList<String> list )
  {
   Field[] fields = clazz.getDeclaredFields();
   AccessibleObject.setAccessible( fields, true );

   for ( Field f : fields ) {
    try {
     list.add( f.getName() + "=" + f.get(o) );
    }
    catch ( IllegalAccessException e ) { e.printStackTrace(); }
   }

   if ( clazz.getSuperclass().getSuperclass() != null )
     toString( o, clazz.getSuperclass(), list );
  }
}
```

Die private Methode `toString(Object, Class, ArrayList)` dient eigentlich nur dem rekursiven Aufruf durch die Oberklassen. Falls es eine Oberklasse gibt, also `clazz.getSuper-`

25 | Reflection und Annotationen

`class().getSuperclass()` ein Objekt liefert, müssen wir für die Oberklasse ebenfalls die Attribute ablaufen. Das machen wir rekursiv.

Testen wir anschließend `ToStringHelper` in einer Klasse `ToStringHelperDemo`, die von `Ober` abgeleitet ist. Damit bekommen wir zwei Attribute in der Oberklasse. Eines davon ist interessant (die Variable `i`), denn die Unterklasse überdeckt sie. Dennoch findet `toString()` beide Belegungen. Wäre das nicht erwünscht, müssten wir einfach die Liste durchschauen und suchen, ob schon ein Attribut mit dem gleichen Namen vorhanden ist. Da der Algorithmus rekursiv erst die Unterklasse und dann die Oberklasse(n) durchsucht, bekommen wir auch die Attribute in dem sichtbaren Bereich, wie sie auch der Benutzer sieht:

Listing 25.14 com/tutego/insel/meta/ToStringHelperDemo.java

```java
package com.tutego.insel.meta;

class Ober
{
  int i = 123;
  /* private */double d = 3.1415;
}

public class ToStringHelperDemo extends Ober
{
  String hello = "world";
  int    i    = 42;

  public static void main( String[] args )
  {
    ToStringHelperDemo t = new ToStringHelperDemo();

    System.out.println( ToStringHelper.toString( t ) );
    // ToStringHelperTest[hello=world, i=42, i=123, d=3.1415]
  }
}
```

25.4.4 Variablen setzen

Bei Debuggern oder grafischen Editoren ist es nur eine Seite der Medaille, die Werte von Variablen anzuzeigen. Hinzu kommt noch das Setzen der Werte von Variablen. Dies ist aber genauso einfach wie das Abfragen. An Stelle der `getXXX()`-Methoden kommen nun verschiedene `setXXX()`-Methoden zum Einsatz. So trägt `setBoolean()` einen Wahrheitswert oder `setDouble()` eine Fließkommazahl in eine Variable ein. Eine allgemeine `set()`-Methode dient Objektreferenzen wie im Fall von `get()`. Die Methode `set()` nimmt ebenso Wrapper-Objekte für Variablen von primitiven Datentypen. Die folgenden `set<Typ>()`-Methoden setzen daher alle »ihren« Datentyp. Wir müssen aber dafür sorgen, dass die Variable existiert und wir Zugriff darauf haben. In allen Fällen muss auf `IllegalArgumentException` und `IllegalAccessException` geachtet werden.

Objekte erzeugen und manipulieren | **25.4**

Das folgende Programm erzeugt klassisch ein Point-Objekt mit dem Konstruktor, der x und y setzt. Anschließend verändert die eigene Methode modify() ein gewünschtes Attribut:

Listing 25.15   com/tutego/insel/meta/SetFieldElements.java

```java
package com.tutego.insel.meta;

import java.lang.reflect.*;
import java.awt.*;

class SetFieldElements
{
  public static void main( String[] args )
  {
    Point p = new Point( 11, 22 );
    System.out.println( p );

    modify( p, "x", 1111 );    // java.awt.Point[x=11,y=22]
    modify( p, "y", 2222 );    // java.awt.Point[x=1111,y=2222]

    System.out.println( p );

    modify( p, "z", 0 );       // java.lang.NoSuchFieldException: z
  }

  static void modify( Object o, String name, Integer param )
  {
    try
    {
      Field field = o.getClass().getField( name );
      field.set( o, param );
    }
    catch ( NoSuchFieldException e ) {
      e.printStackTrace();
    }
    catch ( IllegalAccessException e ) {
      e.printStackTrace();
    }
  }
}
```

Die Veränderung der Variablen erfolgt mit der set()-Methode. Da wir primitive Datentypen übergeben, wickeln wir sie für die modify()-Methode in ein Integer-Objekt ein, das im Quellcode durch das Boxing nicht explizit programmiert ist, aber der Compiler vornimmt. Für bekannte Typen könnten wir neben der allgemeinen Methode set() auch etwa setInt() verwenden.

1413

25 | Reflection und Annotationen

```
final class java.lang.reflect.Field
extends AccessibleObject
implements Member
```

▶ void set(Object obj, Object value)
   Setzt das Attribut des Objekts obj, das dieses Field-Objekt repräsentiert, auf den neuen
   Wert value.

▶ void setBoolean(Object obj, boolean z)

▶ void setByte(Object obj, byte b)

▶ void setChar(Object obj, char c)

▶ void setDouble(Object obj, double d)

▶ void setFloat(Object obj, float f)

▶ void setInt(Object obj, int i)

▶ void setLong(Object obj, long l)

▶ void setShort(Object obj, short s)
   Belegt das Feld eines Objekts obj mit einem primitiven Element.

25.4.5 Bean-Zustände kopieren *

In mehrschichtigen Anwendungen gibt es oft das Muster, dass eine JavaBean etwa über eine
Objekt-Relationale-Mapping-Technologie automatisch aus einer Datenbankzeile aufgebaut
wird und dann intern in der Geschäftsschicht verwendet wird. Soll nun diese Information
über das Netzwerk an einen anderen Rechner verteilt werden, ist es nicht immer angebracht,
diese JavaBean etwa direkt über Serialisierung zu versenden. Stattdessen kann ein *Transfer-
Objekt* aufgebaut werden, eine spezielle JavaBean zum Beispiel, sodass der Empfänger keine
Abhängigkeit zu der Bean in der internen Geschäftsschicht hat. Nun werden sich aber diese
Geschäftsschicht-Bean und Transfer-Bean sehr ähnlich sein und viele Entwickler scheuen die
Mühe, lästigen Kopiercode zu erstellen. Doch manuelle Arbeit ist nicht nötig und eine Lösung
für das Kopierproblem ist über Refection schnell geschrieben. Über die BeanInfo kommen
wir an den PropertyDescriptor (siehe dazu »Properties einer Bean erfragen«) und dann liefern getReadMethod() und getWriteMethod() die Setter/Getter. Bei einer eigenen Kopierme-
thode wie copyProperties(Object source, Object target) müssen wir bei der Quell-Bean
jede Property auslesen und entsprechend bei der Ziel-Bean nach der Property suchen und den
Setter aufrufen. Wenn das ganze ohne Typkonvertierungen programmiert werden soll, sind
es nur wenige Zeilen Programmcode. Kommen einfache Konvertierungen dazu, etwa wenn
einmal ein Wrapper als Property-Typ genutzt wird und einmal der primitive Datentyp, ist es
etwas mehr.

Der Aufwand mit einer eigenen Implementierung ist allerdings nicht nötig, denn zwei populäre Implementierungen können helfen:

▶ *Apache Commons BeanUtils (http://commons.apache.org/beanutils/)*: Die Klasse org.apa-
   che.commons.beanutils.BeanUtils bietet praktische statische Methoden wie copyPro-

1414

Methoden aufrufen | **25.5**

perty(Object bean, String name, Object value), copyProperties(Object dest, Object orig), Object cloneBean(Object bean) **oder** populate(Object bean, Map properties).

▶ *Dozer (http://dozer.sourceforge.net/)*: Dozer bringt ausgefeilte Mapping-Möglichkeiten mit, die weit über BeansUtils hinausgehen. Das geht soweit, dass es ein Eclipse-Plugin zur Konfiguration der Abbildungen gibt.

25.4.6 Private Attribute ändern

Wenn es der Sicherheitsmanager zulässt, kann ein Programm auch private- oder protected-Attribute ändern und Methoden/Konstruktoren eingeschränkter Sichtbarkeit aufrufen. Schlüsselfigur in diesem Spiel ist die Oberklasse java.lang.reflect.AccessibleObject, die den Klassen Constructor, Field und Method die Methode setAccessible(boolean) vererbt. Ist das Argument true, und der Sicherheitsmanager lässt die Operation zu, lässt sich auf jedes Element, also Konstruktor, Attribut oder Methode, zugreifen:

Listing 25.16 com/tutego/insel/meta/ReadPrivate.java

```
package com.tutego.insel.meta;

public class ReadPrivate
{
  @SuppressWarnings( "all" )
  private String privateKey = "Schnuppelhase";

  public static void main( String[] args ) throws Exception
  {
    ReadPrivate key = new ReadPrivate();
    Class<?> c = key.getClass();
    java.lang.reflect.Field field = c.getDeclaredField( "privateKey" );
    field.setAccessible( true );
    System.out.println( field.get(key) ); // Schnuppelhase
    field.set( key, "Schnuckibutzihasidrachelchen");
    System.out.println( field.get(key) ); // Schnuckibutzihasidrachelchen
  }
}
```

25.5   Methoden aufrufen

Nach dem Abfragen und Setzen von Variablenwerten und Konstruktor-Aufrufen zum Erzeugen eines Objekts ist das Aufrufen von Methoden per Reflection der letzte Schritt. Wenn zur Compilezeit der Name der Methode nicht feststeht, lässt sich zur Laufzeit dennoch eine im Programm deklarierte Methode aufrufen, wenn ihr Name als Zeichenkette vorliegt.

Zunächst gehen wir wieder von einem Class-Objekt aus, das die Klasse des Objekts beschreibt, für das eine Objektmethode aufgerufen werden soll. Anschließend wird ein Method-Objekt als Beschreibung der gewünschten Methode benötigt; wir bekommen dies mit

1415

25 | Reflection und Annotationen

der Methode `getMethod()` aus dem `Class`-Exemplar. `getMethod()` verlangt zwei Argumente: einen String mit dem Namen der Methode und ein Array von `Class`-Objekten. Jedes Element dieses Arrays entspricht einem Parametertyp aus der Signatur der Methode. Damit werden überladene Methoden unterschieden. Nachdem wir das beschreibende `Method`-Exemplar und die Parameterwerte für den Aufruf vorbereitet haben, ruft `invoke()` die Zielmethode auf – im Englischen heißt dies *dynamic invocation*. `invoke()` erwartet zwei Argumente: ein Array mit Argumenten, die der aufgerufenen Methode übergeben werden, und eine Referenz auf das Objekt, auf dem die Methode aufgerufen werden soll und zur Auflösung der dynamischen Bindung dient.

```
final class java.lang.reflect.Method
extends AccessibleObject
implements GenericDeclaration, Member
```

▶ `Object invoke( Object obj, Object... args )`
       `throws IllegalAccessException, IllegalArgumentException,`
       `InvocationTargetException`

Ruft eine Methode des Objekts `obj` mit den gegebenen Argumenten auf. Wie schon beim Konstruktor löst die Methode eine `InvocationTargetException` aus, wenn die aufzurufende Methode eine Exception auslöst.

[zB]
Beispiel Wir erzeugen ein `Point`-Objekt und setzen im Konstruktor den x-Wert auf 10. Anschließend fragen wir mit der Methode `getX()`, die wir dynamisch aufrufen, den x-Wert wieder ab:

Listing 25.17 com/tutego/insel/meta/InvokeMethod.java, main()

```
Point p = new Point( 10, 0 );
Method method = p.getClass().getMethod( "getX" );
String returnType = method.getReturnType().getName();
Object returnValue = method.invoke( p );
System.out.printf( "(%s) %s", returnType, returnValue ); // (double) 10.0
```

Beispiele der Varargs sind bei `getMethod()` die Parametertypen und bei `invoke()` die Argumente für `setLocation()`. Da `getMethod()` eine beliebige Anzahl von Argumenten annehmen kann und kein Argument dazuzählt, muss die Methode *nicht* so parametrisiert werden:

```
Method method = p.getClass().getMethod( "getX", (Class[]) null );
```

Auffälliger ist die Möglichkeit der variablen Argumentanzahl bei `invoke()`. Da ein Getter keine Parameter besitzt, heißt es kurz `method.invoke(p);` statt wie vor Java 5:

```
method.invoke( p, (Object[]) null );
```

Interessant sind Methoden mit Parameterliste, wie `setLocation()`:

```
Point p = new Point();
Method method = p.getClass().getMethod( "setLocation", int.class, int.class );
method.invoke( p, 1, 2 );
System.out.println( p );
```

25.5.1 Statische Methoden aufrufen

Wir wollen ein Beispiel programmieren, in dem die Klasse `InvokeMain` die statische `main()`-Methode einer anderen Klasse, `HasMain`, mit einem Parameter aufruft:

Listing 25.18 com/tutego/insel/meta/InvokeMain.java

```java
package com.tutego.insel.meta;

import java.lang.reflect.*;
import java.util.Arrays;

public class InvokeMain
{
  public static void main( String[] args ) throws Exception
  {
    String[] argv = { "-option", "Parameter" };

    Method method = Class.forName( "com.tutego.insel.meta.HasMain" ).
                    getMethod( "main", argv.getClass() );

    method.invoke( null, new Object[]{ argv } );
  }
}

class HasMain
{
  public static void main( String[] args )
  {
    System.out.println( "Got: " + Arrays.toString( args ) );
  }
}
```

25.6 Eigene Annotationstypen *

Die in der Java Standardbibliothek vorgegebenen Annotationen haben entweder eine besondere Semantik für den Compiler, wie `@Override` oder `@SuppressWarnings`, oder dienen zum Beispiel der Definition von Web-Services (`@WebService`, `@WebMethod`, ...) oder Komponenten mit XML-Abbildung (`@XmlRootElement`, `@XmlElement`, ...). Insbesondere die Java Enterprise Edition (Java EE) macht von Annotationen fleißig Gebrauch, und es lassen sich auch neue Annotationstypen deklarieren.

25.6.1 Annotationen zum Laden von Ressourcen

Im Folgenden wollen wir drei Annotationstypen deklarieren, die den Inhalt von Objektvariablen beschreiben. Zunächst werden die Annotationstypen selbst beschrieben und abschließend folgt eine Klasse, die die Annotationen ausliest und die Ressourcen initialisiert.

25 | Reflection und Annotationen

Möglich soll sein, mit `@CurrentDateResource` eine Objektvariable mit dem aktuellen Datum zu belegen:

```
@CurrentDateResource
public Date now;
```

Ist eine Variable mit `@ListOfFilesResource` annotiert, so sollen alle Dateien und Unterverzeichnisse aus einem gegebenen Verzeichnis aufgelistet und damit ein Feld initialisiert werden:

```
@ListOfFilesResource( "c:/" )
String[] files;
```

Die Annotation `@UrlResource` ist die komplexeste Annotation. Sie beschreibt im einfachsten Fall eine URL mit Daten von einem HTTP-Server (mit dem URL-Protokoll *file://* auch vom lokalen Dateisystem), sodass eine Variable mit dem Inhalt initialisiert werden kann:

```
@UrlResource( "http://tutego.de/aufgaben/bond.txt" )
String testFile;
```

Der Annotation lassen sich noch einige Attribute (Element-Wert-Paare) übergeben, sodass etwa Leerraum entfernt wird oder der String in Groß-/Kleinbuchstaben konvertiert wird:

```
@UrlResource( value = "http://tutego.de/aufgaben/bond.txt",
              trim = true,
              upperLowerCase = UpperLowerCase.UPPERCASE )
public String testFile;
```

Zu guter Letzt lassen sich bei `@UrlResource` auch beliebige Konvertierer-Klassen angeben, die den Text der Ressource transformieren:

```
@UrlResource( value = "http://tutego.de/aufgaben/bond.txt",
              converter = { RemoveNoWordCharactersConverter.class,
              SortConverter.class } )
public String testFile;
```

25.6.2 Neue Annotationen deklarieren

Ein Annotationstyp (engl. *annotation type*) wird so deklariert wie eine Schnittstelle, nur steht vor dem Schlüsselwort `interface` ein @-Zeichen.

Beginnen wir mit dem einfachsten Annotationstyp `CurrentDateResource`:

```
public @interface CurrentDateResource { }
```

Die Ähnlichkeit von neuen Annotationstypen und Schnittstellen ist so groß, dass in der *Java Language Specification* die Annotationen auch im Kapitel über Schnittstellen behandelt werden (später erfahren wir den Grund dafür: Der Compiler übersetzt die Annotationstypen in Schnittstellen).

Wo sich der Annotationstyp festmachen lässt, kann eingeschränkt werden. Im Standardfall kann er überall angeheftet werden, das heißt an beliebigen Typdeklarationen, Annotationen, Aufzählungen, Objekt-/Klassenvariablen, lokalen Variablen, Parametern, Methoden, Konstruktoren oder auch an Paketen (wobei die Syntax da etwas anders ist).

Damit ist erlaubt:

```
@CurrentDateResource public Date now;
```

25.6.3 Annotationen mit genau einem Attribut

Der Annotationstyp `@CurrentDateResource` kann mit keinem zusätzlichen Attribut versehen werden, da er in der bisherigen Schreibweise eine Markierungsannotation ist. Erlaubt sind zwar ein Paar runde Klammern hinter dem Namen und auch Kommentare, aber eben kein zusätzliches Attribut, wie es `@ListOfFilesResource` etwa wünscht:

```
@CurrentDateResource public Date now;
@CurrentDateResource() public Date now;
@CurrentDateRessource( "gestern" ) public Date now;          // ☠ Compilerfehler
```

Damit zusätzliche Informationen für den Pfadnamen bei `@ListOfFilesResource("c:/")` möglich sind, werden im Annotationstyp Deklarationen für Attribute eingesetzt, deren Schreibweise an Operationen einer Java-Schnittstelle erinnert. (Aber die Operationen dürfen keinen Parameter besitzen, die Rückgabe darf nicht `void` sein und kein `throws` besitzen. Und Operationen, die so heißen wie die Methoden aus `Object`, sind nicht zugelassen.)

Damit ein zusätzliches Attribut den Pfadnamen annehmen kann, sieht die Deklaration vom Annotationstyp `ListOfFilesResource` so aus:

```
public @interface ListOfFilesResource
{
  String value();
}
```

Damit haben wir den zweite Annotationstyp aus unserem Beispiel vorbereitet und gültig wäre:

```
@ListOfFilesResource( "c:/" )
String[] files;
```

Fehlt das erwartete Element, also der Pfad-String, gibt es einen Compilerfehler.

Attributtypen

Das, was so wie ein Rückgabetyp einer Methode aussieht, bestimmt den Typ des Attributs und ist im begrenzten Rahmen wählbar. Der Typ muss nicht immer nur String sein. Insgesamt erlaubt Java:

▶ alle primitiven Datentypen (`byte`, `short`, `int`, `long`, `float`, `double`, `boolean`), aber keine Wrapper

25 | Reflection und Annotationen

- ▶ `String`
- ▶ `Class`. Insbesondere mit der generischen Angabe ermöglicht er eine präzise Klassenangabe.
- ▶ Enum-Typen
- ▶ andere Annotationen (was zu geschachtelten Annotationen führt)
- ▶ Felder von oben genannten Typen. Felder von Feldern (mehrdimensionale Felder) sind aber nicht gestattet.

[»]   **Hinweis**   Die Attribute sind typisiert, und fehlerhafte Tyen lehnt der Compiler ab. `null` ist als Argument nie erlaubt. Mögliche Typkonvertierungen führt der Compiler automatisch durch:

```
@ListOfFilesResource( "" ) String[] files;          // OK
@ListOfFilesResource() String[] files;              // ☠ Compilerfehler
@ListOfFilesResource( null ) String[] files;        // ☠ Compilerfehler
@ListOfFilesResource( 1 ) String[] files;           // ☠ Compilerfehler
@ListOfFilesResource( 'C' ) String[] files;         // ☠ Compilerfehler
@ListOfFilesResource( "C:" + '/' ) String[] files;  // OK
```

25.6.4 Element-Werte-Paare (Attribute) hinzufügen

Wenn der Annotationstyp ein Attribut mit dem Namen `value` deklariert, so muss keine Angabe über einen Schlüsselnamen gemacht werden. Möglich wäre das aber schon, und geschrieben würde das:

```
@ListOfFilesResource( value = "c:/" )
String[] files;
```

Eine Annotation lässt sich mit einer beliebigen Anzahl von Attributen deklarieren, und das Attribut muss auch nur dann `value` heißen, wenn der Schlüssel nicht ausdrücklich genannt werden soll – also `@ListOfFilesResource("c:/")` statt `@ListOfFilesResource(value="c:/")`. Ist mehr als ein Attribut nötig, muss ohnehin immer der Attributname zusammen mit der Belegung genannt werden.

Wenn `@ListOfFilesResource` mit einem Attribut `trim` ausgestattet wird, sodass die gelesenen Texte automatisch vorne und hinten den Weißraum abgeschnitten bekommen, so könnte die Deklaration des Annotationstyps so aussehen:

```
public @interface UrlResource
{
  String   value();
  boolean  trim();
}
```

Und in der Anwendung:

```
@UrlResource( value = "http://tutego.de/aufgaben/bond.txt", trim = true )
String testFile;
```

1420

25.6.5 Annotationsattribute vom Typ einer Aufzählung

Bisher haben wir als Attributtyp `String` und `boolean` eingesetzt. Attribute dürfen auch Aufzählungen sein. Wir wollen das für `@UrlResource` nutzen, damit wir beim Einlesen wählen können, ob der Text in Groß- oder Kleinbuchstaben konvertiert wird:

```
@UrlResource( value = "http://tutego.de/aufgaben/bond.txt",
              upperLowerCase = UpperLowerCase.UPPERCASE )
String testFile;
```

Für die Konvertierungsart deklarieren wir zunächst eine Aufzählung und deklarieren das Attribut `upperLowerCase` dann genau mit dem Aufzählungstyp:

```
public @interface UrlResource
{
  public enum UpperLowerCase { UNCHANGED, LOWERCASE, UPPERCASE }

  String        value();
  UpperLowerCase upperLowerCase();
}
```

Die Aufzählung `UpperLowerCase` als inneren Typ zu deklarieren, ist daher interessant, da sie ja nicht allgemein ist, sondern ausschließlich Sinn mit der Annotation `@UrlResource` ergibt.

25.6.6 Felder von Annotationsattributen

Von den unterschiedlichen Elementtypen dürfen eindimensionale Felder gebildet werden. Da es keine anderen Sammlungen gibt, stellt das Feld die einzige Möglichkeit dar, beliebig viele Elemente anzugeben.

Der `@UrlResource` sollen beliebig viele Konvertierungsfilter zugewiesen werden. Konvertierungsfilter sind Klassen, die die Schnittstelle `ResourceConverter` implementieren und den eingelesenen String transformieren. Dann heißt es in der Deklaration vom Annotationstyp:

```
public @interface UrlResource
{
  String value();
  Class<? extends ResourceConverter>[] converter();
}
```

Der interessante Teil ist natürlich `Class<? extends ResourceConverter>[]`. Der setzt sich wie folgt zusammen:

▶ Da Java es nicht erlaubt, dass beliebige Attributtypen verwendet werden, bleibt bei der Angabe der Konverter nur `Class`-Objekte und nicht etwa `ResourceConverter[]`.

▶ Die Typangabe `Class[]` wäre nicht ausreichend, da `Class` mit einem generischen Typ präzisiert werden muss. Jetzt ist aber `Class<ResourceConverter>` auch noch nicht präzise, denn wir wollen ja nicht nur exakt den Typ `RessourceConverter` treffen, sondern Unter-

25 | Reflection und Annotationen

typen, also Klassen, die `RessourceConverter` erweitern. Damit sind wir bei `Class<?` `extends ResourceConverter>`.

▸ Da es eine Liste von `Class`-Angaben werden kann, muss das Paar eckiger Klammern an die Deklaration.

Weisen wir zum Beispiel zwei Konverter – die Klassen wurde noch nicht vorgestellt, aber das folgt – der `@UrlResource` zu:

```
@UrlResource( value = "http://tutego.de/aufgaben/bond.txt",
              converter = { RemoveNoWordCharactersConverter.class, ⊋
              SortConverter.class } )
public String testFile;
```

Bei nur einem angegeben Konverter können die geschweiften Klammern sogar entfallen:

```
@UrlResource( value = "http://tutego.de/aufgaben/bond.txt",
              converter = RemoveNoWordCharactersConverter.class )
```

[»] **Hinweis** Da ein Attribut wieder eine Annotation sein kann, ergeben sich interessante Möglichkeiten. Neben wir an, der Annotationstyp `Name` speichert Vor- und Nachnamen:

```
@interface Name
{
  String firstname();
  String lastname();
}
```

Ein Annotationstyp `Author` soll `Name` als Elementtyp für `value` nutzen:

```
@interface Author
{
  Name[] value();
}
```

Vor `Name` steht nicht das @-Zeichen. Nur in der Anwendung:

```
@Author( @Name( firstname = "Christian", lastname = "Ullenboom"
```

Hätten wir das Element nicht `value`, sondern etwa `name` genannt, müsste die Angabe so heißen:

```
name = @Name( firstname = "Christian", lastname = "Ullenboom"
```

Und hätten wir mehrere Autoren angegeben, würden wir Folgendes schreiben:

```
@Author(
  {
    @Name( firstname = "Christian", lastname = "Ullenboom" ),
    @Name( firstname = "Hansi", lastname = "Hinterweltler"
  } )
```

1422

25.6.7 Vorbelegte Attribute

Im bisherigen Fall mussten alle Attributbelegungen angegeben werden, und wir konnten kein Element-Werte-Paar auslassen. Die Annotationstypen ermöglichen allerdings für Attribute Standardwerte, sodass ein Wert angeben werden kann, aber nicht muss. Statt

```
@UrlResource( value = "http://tutego.de/aufgaben/bond.txt", trim = false )
```

soll möglich sein, `trim = false` wegzulasssen, weil es Standard sein soll:

```
@UrlResource( value = "http://tutego.de/aufgaben/bond.txt" )
```

Beziehungsweise dann wieder kürzer:

```
@UrlResource( "http://tutego.de/aufgaben/bond.txt" )
```

In der Syntax für Vorbelegungen hält dafür das Schlüsselwort `default` her, was auch zu einer neuen Schreibweise führt, die von den Schnittstellen abweicht.

Bei unserem `@UrlResource` ist nur die Angabe der Textquelle vonnöten; alles andere soll mit Default-Werten belegt sein:

```
public @interface UrlResource
{
  enum UpperLowerCase { UNCHANGED, LOWERCASE, UPPERCASE }

  String value();
  boolean trim() default false;
  UpperLowerCase upperLowerCase() default UpperLowerCase.UNCHANGED;
  Class<? extends ResourceConverter>[] converter() default { };
}
```

Nachträgliche Änderung und die Sinnhaftigkeit von Standardwerten

Standardwerte sind für Annotationen ein sehr wichtiges Instrument, denn wenn einmal ein Annotationstyp deklariert wurde, ist eine Änderung nicht immer möglich; das Phänomen ist von Schnittstellen hinlänglich bekannt. Neben dem Hinzufügen neuer Elemente stellt bei Schnittstellen das Löschen von Operationen kein Problem dar[3] – ganz im Unterschied zu Annotationen: Werden Elemente entfernt, gibt es Compilerfehler. Auch das Ändern von Elementtypen führt im Allgemeinen zu Compilerfehlern.

Werden neue Elemente in bestehende Annotationstypen eingefügt, dann müssten alle existierenden konkreten Annotationen das neue Element setzen, was eine sehr große Änderung ist, vergleichbar einem neuen Element in einer Schnittstelle. Anders als bei Schnittstellen lösen Default-Werte das Problem, da auf diese Weise für das neue Element immer gleich ein Wert vorhanden ist, der, sofern erwünscht, neu belegt werden kann. Ohne Probleme ist es möglich, einen Default-Wert hinzuzunehmen, während das Entfernen von Standardwerten kritisch ist.

---

3 Es sei denn, es wird seit Java 6 die Annotation `@Override` für die implementierten Methoden verwendet.

25 | Reflection und Annotationen

25.6.8 Annotieren von Annotationstypen

Von den in Java 5 eingeführten Annotationen haben wir die drei Typen aus dem Paket `java.lang` schon kennengelernt. Die restlichen vier Annotationen aus dem Paket `java.lang.annotation` dienen dazu, Annotationstypen zu annotieren. In diesem Fall wird von *Meta-Annotationen* gesprochen.

Annotation	Beschreibung
@Target	Was lässt sich annotieren? Klasse, Methode …?
@Retention	Wo ist die Annotation sichtbar? Nur für den Compiler oder auch für die Laufzeitumgebung?
@Documented	Zeigt den Wunsch an, die Annotation in der Dokumentation zu erwähnen.
@Inherited	Macht deutlich, dass ein annotiertes Element auch in der Unterklasse annotiert ist.

Tabelle 25.2 Meta-Annotationen

@Target

Die Annotation `@Target` beschreibt, wo eine Annotation angeheftet werden kann. Ist kein ausdrückliches `@Target` gewählt, gilt es für alle Elemente.

Die Aufzählung `java.lang.annotation.ElementType` deklariert folgenden Ziele:

ElementType	Erlaubt Annotationen …
ANNOTATION_TYPE	… an anderen Annotationstypen, was `@Target(ANNOTATION_TYPE)` somit zu einer Meta-Annotation macht.
TYPE	… an allen Typdeklarationen, also Klassen, Schnittstellen, Aufzählungen.
CONSTRUCTOR	… an Konstruktoren.
METHOD	… an statischen und nicht-statischen Methoden.
FIELD	… an statischen Variablen und Objekt- Variablen.
PARAMETER	… an Parametervariablen.
LOCAL_VARIABLE	… an lokalen Variablen.
PACKAGE	… an package-Deklarationen.

Tabelle 25.3 »ElementType« bestimmt Orte, an denen Annotationen erlaubt sind.

Soll eine Annotation etwa vor beliebigen Typen, Methoden, Paketen und Konstruktoren erlaubt sein, so setzen wir an die Deklaration der Annotation:

```
@Target( { TYPE, METHOD, CONSTRUCTOR, PACKAGE } )
public @interface …
```

Unsere eigenen drei Annotationstypen sind nur für Attribute sinnvoll. So nutzen wir `FIELD`, gezeigt an `CurrentDateResource`:

```
@Target( java.lang.annotation.ElementType.FIELD )
public @interface CurrentDateResource { }
```

1424

Hinweis Soll statt `ElementType.FIELD` einfach nur `FIELD` verwendet werden, so muss `FIELD` entsprechend aus `ElementType` statisch eingebunden werden. Damit ist folgender Programmcode eine Alternative:

```
import static java.lang.annotation.ElementType.*;
import java.lang.annotation.Target;

@Target( FIELD
public @interface CurrentDateResource { }
```

Mit `ElementType.TYPE` ist die Annotation vor allen Typen – Klassen, Schnittstellen, Annotationen, Enums – erlaubt. Eine Einschränkung, etwa nur auf Klassen, ist nicht möglich. Interessant ist die Tatsache, dass eine Unterteilung für Methoden und Konstruktoren möglich ist und sogar lokale Variablen annotiert werden können.

Beispiel Beim existierenden Annotationstyp `@Override` ist die Annotation `@Target` schön zu erkennen:

```
@Target( value = METHOD )
public @interface Override
```

Die Idee der Meta-Annotation: Es gibt nur überschriebene Methoden.

Annotationen für Pakete sind speziell, weil sich die Frage stellt, wo hier die Metadaten über ein Paket stehen sollen. Eine Klasse selbst wird ja einem Paket zugeordnet – sollte das heißen, in irgendeiner wahllosen Typdeklaration stehen dann an der `package`-Deklaration die Meta-Annotationen für das Paket? Nein, denn dann würde zum einen die Annotation bei vielen Typen vielleicht nie mehr wiedergefunden, und zum anderen gäbe es bestimmt Konflikte, wenn aus Versehen an zwei Typen widersprüchliche Annotationen an der `package`-Deklaration stünden. Java wählt eine andere Lösung. Es muss eine Datei mit dem Namen *package-info.java* im jeweiligen Paket stehen, und dort darf die `package`-Deklaration annotiert sein. Da der Dateiname schon kein Klassenname sein kann (Minuszeichen sind nicht erlaubt), wird die Datei auch keine Typdeklaration enthalten, aber der Compiler erzeugt natürlich eine *.class*-Datei für die Metadaten des Pakets. Kommentare sind selbstverständlich erlaubt, und die Datei wurde auch schon vor Java 5 für die API-Dokumentation eines Pakets verwendet.

Dazu ein Beispiel. Ein neuer Annotationstyp `AutomaticUmlDiagram` soll deklariert werden, und er soll nur an Paketen gültig sein:

Listing 25.19 com/tutego/insel/annotation/AutomaticUmlDiagram.java

```
package com.tutego.insel.annotation;

import java.lang.annotation.*;

@Target( value = ElementType.PACKAGE  )
public @interface AutomaticUmlDiagram {}
```

25 | Reflection und Annotationen

Das Paket `com.tutego.insel.annotation` soll nun mit `AutomaticUmlDiagram` annotiert werden:

Listing 25.20   com/tutego/insel/annotation/package-info.java

```
@ AutomaticUmlDiagram
package com.tutego.insel.annotation;
```

Die Datei *package-info.java* ist schlank, wird aber in der Regel größer sein, da sie das JavaDoc des Pakets enthält.

@Retention

Die Annotation `@Retention` steuert, wer die Annotation sehen kann. Es gibt drei Typen, die in der Aufzählung `java.lang.annotation.RetentionPolicy` genannt sind:

▶ `SOURCE`: Nützlich für Tools, die den Quellcode analysieren, aber die Annotationen werden vom Compiler verworfen, sodass sie nicht den Weg in den Bytecode finden.

▶ `CLASS`: Die Annotationen speichert der Compiler in der Klassendatei, aber sie werden nicht in die Laufzeitumgebung gebracht.

▶ `RUNTIME`: Die Annotationen werden in der Klassendatei gespeichert und sind zur Laufzeit in der JVM verfügbar.

Die Unterscheidung haben die Java-Designer vorgesehen, da nicht automatisch jede Annotation zur Laufzeit verfügbar ist (eine Begründung: andernfalls würde es den Ressourcenverbrauch erhöhen). Der Standard ist `RetentionPolicy.CLASS`.

[zB] **Beispiel**   Der Annotationstyp `@Deprecated` ist nur für den Compiler und nicht für die Laufzeit von Interesse:
```
@Retention( value = SOURCE )
public @interface Deprecated
```
Ist ein Element mit `@Target` annotiert, so soll diese Information auch zur Laufzeit vorliegen:
```
@Retention( value = RUNTIME )
@Target( value = ANNOTATION_TYPE )
public @interface Target
```
Das Beispiel zeigt, dass die Anwendung auch rekursiv sein kann (natürlich auch indirekt rekursiv, denn nicht nur `@Retention` annotiert `@Target`, auch `@Target` annotiert `@Retention`).

Für den Zugriff auf die Annotationen gibt es dann, je nach Retention-Typ, unterschiedliche Varianten. Im Fall `Source` ist es ein Tool, welches auf Textebene arbeitet, also etwa ein Compiler oder ein statisches Analysetool, das Quellcode analysiert. Sind die Annotationen im Bytecode abgelegt, so lassen sie sich über ein Werkzeug beziehungsweise eine Bibliothek auslesen. Zwei Wege sind möglich: zunächst über die Pluggable Annotation Processing API und dann über rohe Tools, die direkt auf der Ebene vom Bytecode arbeiten. Im ersten Fall gibt es eine eigene API, die das Erfragen einfach macht. Die zweite Lösung sind Bytecode-Bibliotheken, wie etwa ASM (unter *http://asm.ow2.org/*), die alles auslesen können, was in der Klassendatei steht, also auch die Annotationen. Sie sind aber proprietär und nicht einfach zu nutzen. Die

1426

dritte Variante ist einfach, da hier Reflection eine Möglichkeit bietet. Das schauen wir uns gleich im Anschluss in Abschnitt 25.6.10, »Annotierte Elemente auslesen«, an.

@Documented

Die Annotation @Documented zeigt an, dass die Annotation in der API-Dokumentation genannt werden soll. Alle Standard-Annotationen von Java werden so angezeigt, auch @Documented selbst. In der API-Dokumentation ist für die Annotationen ein neues Segment vorgesehen.

Beispiel @Documented **ist selbst** @Documented:

[zB]

```
@Documented
@Target( value = ANNOTATION_TYPE )
public @interface Documented
```

25.6.9 Deklarationen für unsere Ressourcen-Annotationen

Da unsere drei Annotationen zur Laufzeit ausgelesen werden sollen, muss die @Retention mit RetentionPolicy.RUNTIME gesetzt sein. Damit sind unsere Annotationstypen vollständig, und der Quellcode soll an dieser Stelle aufgeführt werden.

Der einfachste Annotationstyp war CurrentDateResource:

Listing 25.21 com/tutego/insel/annotation/CurrentDateResource.java, CurrentDateResource

```
@Documented
@Target( ElementType.FIELD )
@Retention( RetentionPolicy.RUNTIME )
public @interface CurrentDateResource { }
```

Der Annotationstyp ListOfFilesResource erwartet eine Pfadangabe, ist aber nicht deutlich komplexer als CurrentDateResource:

Listing 25.22 com/tutego/insel/annotation/ListOfFilesResource.java, ListOfFilesResource

```
@Documented
@Target( ElementType.FIELD )
@Retention( RetentionPolicy.RUNTIME )
public @interface ListOfFilesResource
{
  String value();
}
```

Und zu guter Letzt: Der Annotationstyp UrlResource hat am meisten zu bieten. Doch beginnen wir zunächst mit der Deklaration der Schnittstelle für die Konverter:

Listing 25.23 com/tutego/insel/annotation/ResourceConverter.java, ResourceConverter

```
public interface ResourceConverter
{
  String convert( String input );
}
```

1427

25 | Reflection und Annotationen

Zwei Implementierungen sollen für das Beispiel genügen:

Listing 25.24 com/tutego/insel/annotation/SortConverter.java, SortConverter

```
public class RemoveNoWordCharactersConverter implements ResourceConverter
{
  @Override public String convert( String input )
  {
    return input.replaceAll( "\\W", "" );
  }
}
```

Listing 25.25 com/tutego/insel/annotation/SortConverter.java, SortConverter

```
public class SortConverter implements ResourceConverter
{
  @Override public String convert( String input )
  {
    char[] chars = input.toCharArray();
    Arrays.sort( chars );
    return new String( chars );
  }
}
```

Damit kann dann der letzte Annotationstyp übersetzt werden:

Listing 25.26 com/tutego/insel/annotation/UrlResource.java, UrlResource

```
@Documented
@Target( ElementType.FIELD )
@Retention( RetentionPolicy.RUNTIME )
public @interface UrlResource
{
  enum UpperLowerCase { UNCHANGED, LOWERCASE, UPPERCASE }

  String value();
  boolean trim() default false;
  UpperLowerCase upperLowerCase() default UpperLowerCase.UNCHANGED;
  Class<? extends ResourceConverter>[] converter() default { };
}
```

25.6.10 Annotierte Elemente auslesen

Ob eine Klasse annotiert ist, erfragt ganz einfach die Methode `isAnnotationPresent()` auf dem `Class`-Objekt:

```
println( String.class.isAnnotationPresent( Deprecated.class ) );
// false
println( StringBufferInputStream.class.isAnnotationPresent( Deprecated.class ) );
// true
```

Da unterschiedliche Dinge annotierbar sind, schreibt eine Schnittstelle `AnnotatedElement` für die Klassen `Class`, `Constructor`, `Field`, `Method`, `Package` und `AccessibleObject` folgende Operationen vor:

`interface java.lang.reflect.AnnotatedElement`

▶ `<T extends Annotation> T getAnnotation( Class<T> annotationType )`
Liefert die Annotation für einen bestimmten Typ. Ist sie nicht vorhanden, dann ist die Rückgabe `null`. Der generische Typ ist bei der Rückgabe hilfreich. Denn das Argument ist ein `Class`-Objekt, das den Annotationstyp repräsentiert. Die Rückgabe ist genau die konkrete Annotation für das annotierte Element.

▶ `boolean isAnnotationPresent( Class<? extends Annotation> annotationType )`
Gibt es die angegebene Annotation?

▶ `Annotation[] getAnnotations()`
Liefert die an dem Element festgemachten Annotationen. Gibt es keine Annotation, ist das Feld leer. Die Methode liefert auch Annotationen, die aus den Oberklassen kommen.

▶ `Annotation[] getDeclaredAnnotations()`
Liefert die Annotationen, die exakt an diesem Element festgemacht sind.

Um die Annotationen etwa von Variablen oder Methoden zu erfragen, ist ein wenig Reflection-Wissen nötig. Ist `obj` ein Objekt, so findet folgende Schleife alle mit `CurrentDateResource` annotierten Objektvariablen und gibt eine Meldung aus:

```
for ( Field field : obj.getFields() )
  if ( field.isAnnotationPresent( CurrentDateResource.class ) )
    System.out.println( "CurrentDateResource gesetzt" );
```

25.6.11 Auf die Annotationsattribute zugreifen

Um auf die einzelnen Attribute einer Annotation zuzugreifen, müssen wir etwas mehr über die Umsetzung einer Annotation von Compiler und der JVM wissen. Übersetzt der Compiler einen Annotationstyp, generiert er daraus eine Schnittstelle.

Beispiel Für den Annotationstyp `ListOfFilesResource` generiert der Compiler: [zB]
```
import java.lang.annotation.Annotation;

public interface ListOfFilesResource extends Annotation
{
    public abstract String value();
}
```

Rufen wir auf einem `AnnotatedElement`, etwa `Field`, eine Methode wie `getAnnotation()` auf, bekommen wir ein Objekt, das Zugriff auf unsere Element-Werte-Paare liefert. Denn zur Laufzeit werden über `java.lang.reflect.Proxy` Objekte gebaut, die unsere Schnittstelle – das ist `ListOfFilesResource` – implementiert und so die Methode `value()` anbietet.

25 | Reflection und Annotationen

[»] **Hinweis** Die Annotation ist zur Laufzeit ein Proxy-Objekt und daher kann der Annotations-typ keine eigene Klasse erweitern und auch keine anderen eigenen Schnittstellen implementieren. Ein Annotationstyp kann auch keine anderen Annotationstypen erweitern. Es könnte eine eigene Klasse zwar die Schnittstelle `java.lang.annotation.Annotation` implementieren, doch entsteht dadurch keine echte Annotation, was den Versuch sinnlos macht.

Testen wir die *Möglichkeit*, indem wir zwei annotierte Variablen in eine Klasse setzen und dann per Reflection über alle Variablen laufen und alle Annotationen erfragen lassen:

Listing 25.27 com/tutego/insel/annotation/GetTheUrlResourceValues.java, GetTheUrlResourceValues

```
public class GetTheUrlResourceValues
{
  @UrlResource( value = "http://tutego.de/aufgaben/bond.txt",
      upperLowerCase = UpperLowerCase.UPPERCASE, trim = true,
      converter = { RemoveNoWordCharactersConverter.class, SortConverter.class } )
  public String testFile;

  @XmlValue @Deprecated
  public String xmlValue;

  public static void main( String[] args ) throws Exception
  {
    for ( Field field : GetTheUrlResourceValues.class.getFields() )
      for ( Annotation a : field.getAnnotations() )
        System.out.println( a );
  }
}
```

Die Ausgabe zeigt drei Annotationen:

```
@com.tutego.insel.annotation.UrlResource(converter=[class com.tutego.insel.↵
annotation.RemoveNoWordCharactersConverter, class com.tutego.insel.annotation.↵
SortConverter], trim=true, upperLowerCase=UPPERCASE, value=http://tutego.de/↵
aufgaben/bond.txt)
@javax.xml.bind.annotation.XmlValue()
@java.lang.Deprecated()
```

Die Default-Werte werden zur Laufzeit gesetzt.

25.6.12 Komplettbeispiel zum Initialisieren von Ressourcen

Zusammenfassend können wir jetzt eine Klasse vorstellen, die tatsächlich die mit den Ressourcen-Annotationen versehenen Variablen mit sinnvollem Inhalt füllt. Zunächst ein Beispiel, damit es die Nutzung einer solchen Klasse aufzeigt.

Die Klasse `Resources` bildet den Rahmen für Objekte, die automatisch aufgebaut und korrekt initialisiert werden sollen:

1430

Listing 25.28 com/tutego/insel/annotation/AnnotatedResourceExample.java, Resources

```
class Resources
{
  @CurrentDateResource()
  public Date now;

  @ListOfFilesResource( value = "c:/" )
  public String[] files;

  @UrlResource( "http://tutego.de/aufgaben/bond.txt" )
  public String testFile;
}
```

Einer zweiten Klassen geben wir ein `main()` und dort die Aufforderung, ein Objekt vom Typ Resources anzulegen und zu initialisieren:

Listing 25.29 com/tutego/insel/annotation/AnnotatedResourceExample.java, AnnotatedResourceExample

```
public class AnnotatedResourceExample
{
  public static void main( String[] args )
  {
    Resources resources = ResourceReader.getInitializedResourcesFor( Resources.class );
    System.out.println( resources.now );
    System.out.println( Arrays.toString( resources.files ) );
    System.out.println( resources.testFile );
  }
}
```

Kommen wir zum Herz, der Klasse `ResourceReader`:

Listing 25.30 com/tutego/insel/annotation/ResourceReader.java, ResourceReader

```
package com.tutego.insel.annotation;

import java.io.File;
import java.lang.reflect.Field;
import java.net.URL;
import java.util.Date;
import java.util.Scanner;

public class ResourceReader
{
  public static <T> T getInitializedResourcesFor( Class<T> ressources )
  {
    try
    {
      T newInstance = ressources.newInstance();

      for ( Field field : ressources.getFields() )
      {
```

25 | Reflection und Annotationen

```java
        if ( field.isAnnotationPresent( CurrentDateResource.class ) )
          field.set( newInstance, new Date() );

        else if ( field.isAnnotationPresent( ListOfFilesResource.class ) )
          field.set( newInstance, new File(field.getAnnotation(
                        ListOfFilesResource.class ).value().toString()).list() );

        else if ( field.isAnnotationPresent( UrlResource.class ) )
        {
          String url = field.getAnnotation( UrlResource.class ).value();
          String content = new Scanner( new URL(url).openStream() ).useDelimiter(
            "\\z" ).next();

          if ( field.getAnnotation( UrlResource.class ).trim() )
            content = content.trim();

          switch ( field.getAnnotation( UrlResource.class ).upperLowerCase() )
          {
            case UPPERCASE: content = content.toUpperCase(); break;
            case LOWERCASE: content = content.toLowerCase(); break;
            default: // Nichts zu tun
          }

          Class<? extends ResourceConverter>[] converterClasses =
            field.getAnnotation( UrlResource.class ).converter();
          for ( Class< ? extends ResourceConverter> converterClass :
              converterClasses )
            content = converterClass.newInstance().convert( content );

          field.set( newInstance, content );
        }
      }

      return newInstance;
    }
    catch ( Exception e )
    {
      return null;
    }
  }
}
```

An den folgenden Anweisungen ist das Prinzip gut ablesbar:

```java
T newInstance = ressources.newInstance();
for ( Field field : ressources.getFields() )
  if ( field.isAnnotationPresent( CurrentDateResource.class ) )
    field.set( newInstance, new Date() );
```

1432

Zunächst wird ein neues Exemplar, ein Behälter, aufgebaut. Dann läuft eine Schleife über alle Variablen. Gibt es zum Beispiel die Annotation `CurrentDateResource` an einer Variablen, so wird ein `Date`-Objekt aufgebaut und mit `set()` die Variable mit dem Datum initialisiert.

25.6.13 Mögliche Nachteile von Annotationen

Annotationen sind eine gewaltige Neuerung und sicherlich die wichtigste seit vielen Java-Jahren. Auch wenn die Generics auf den ersten Blick bedeutsam erscheinen, sind die Annotationen ein ganz neuer Schritt in die deklarative Programmierung, wie sie Frameworks schon heute aufzeigen. Völlig problemlos sind Annotationen allerdings nicht und so müssen wir etwas Wasser in den Wein gießen:

▶ Die Annotationen sind stark mit dem Quellcode verbunden, können also auch nur dort geändert werden. Ist der Original-Quellcode nicht verfügbar, etwa weil der Auftraggeber ihn geschlossen hält, ist eine Änderung der Werte nahezu unmöglich.

▶ Wenn Annotationen allerdings nach der Übersetzung nicht mehr geändert werden können, stellt das bei externen Konfigurationsdateien kein Problem dar. Externe Konfigurationsdateien können ebenso den Vorteil bieten, dass die relevanten Informationen auf einen Blick erfassbar sind und sich mitunter nicht redundant auf unterschiedliche Java-Klassen verteilen.

▶ Klassen mit Annotationen sind invasiv und binden auch die Implementierungen an einen gewissen Typ, wie es Schnittstellen tun. Sind die Annotationstypen nicht im Klassenpfad, kommt es zu einem Compilerfehler.

▶ Bisher gibt es keine Vererbung von Annotationen: Ein Annotationstyp kann keinen anderen Annotationstyp erweitern.

▶ Die bei den Annotationen gesetzten Werte lassen sich zur Laufzeit erfragen, aber nicht modifizieren.

▶ Warum werden Annotationen mit `@interface` deklariert, einer Schreibweise, die in Java sonst völlig unbekannt ist?

Ein Problem gibt es allerdings nur bei finalen statischen Variablen (Konstanten), das bei den Default-Werten der Annotationen nicht vorkommt: Weil die Default-Werte zur Laufzeit gesetzt werden, lassen sie sich in der Deklaration vom Annotationstyp leicht ändern, und eine Neuübersetzung des Projekts kann somit unterbleiben.

Zur Ehrenrettung sei erwähnt, dass moderne Frameworks wie JPA oder JSF 2 aus dem Java EE Standard immer noch den Einsatz von XML vorsehen. So lässt sich auf Annotationen verzichten bzw. XML einsetzen, sodass Zuweisungen aus den Annotationen überschrieben werden können.

25.7 Zum Weiterlesen

Reflection ist ein mächtiges Werkzeug, aber wie alle Werkzeuge kann es leicht missbraucht werden. Oftmals wird in der Softwareentwicklung eine weitere Zwischenschicht zur Abstraktion gezogen und alles generisch gehalten – die Konsequenz ist unwartbare Software. Die Bedeutung von Annotationen wurde am Anfang sicherlich unterschätzt, aber mittlerweile sind sie ein unverzichtbares Sprachmittel. Leser können die Möglichkeiten an folgenden Frameworks ablesen: args4j (*https://args4j.dev.java.net/*), JPA, EJB 3.0, JAXB, JSefa (*http://jsefa.sourceforge.net/*). Mit der Pluggable Annotation Processing API lassen sich interessante Lösungen erzielen, etwa auf den internen AST vom Java-Compiler zugreifen; zwei sehr kreative Lösungen zeigt *http://www.iam.unibe.ch/~akuhn/blog/category/beyond-jsr-269/* auf.

*»Erfolg sollte stets nur die Folge,
nie das Ziel des Handelns sein.«
– Gustave Flaubert (1821–1880)*

26   Dienstprogramme für die Java-Umgebung

26.1   Die Werkzeuge vom JDK

Das Kapitel stellt die wichtigsten Programme des JDK mit weiteren nützlichen Dienstprogrammen vor. Da die Programme kommandozeilenorientiert arbeiten, werden sie zusammen mit ihrer Aufrufsyntax vorgestellt. Bei den JDK-Programmen handelt es sich unter anderem um folgende Tools:

- ▶ *javac*: Java-Compiler zum Übersetzen von *.java* in *.class*-Dateien
- ▶ *java*: Java-Interpreter zum Ausführen der Java-Applikationen
- ▶ *appletviewer*: Applet-Viewer zum Ausführen von Java-Applets, die in eine HTML-Datei eingebettet sind
- ▶ *javah*: Generator für Header- und Quellcode-Rümpfe zum nativen Zugriff
- ▶ *javap*: Anzeiger vom Bytecode einer Klassendatei
- ▶ *jdb*: Debugger zum Durchlaufen eines Programms
- ▶ *javadoc*: Erzeugen von Dokumentationen
- ▶ *jar*: Archivierungswerkzeug, um Dateien in einem Archiv zusammenzufassen
- ▶ *jconsole*: Java-Monitoring- und Management-Konsole
- ▶ *pack200*, *unpack200*: Starke (De-)Kompression von Jar-Dateien
- ▶ *serialver*: Generiert `serialVersionUID`.
- ▶ *keytool*, *jarsigner* und *policytool*: Programme zum Einstellen der Sicherheitseigenschaften

Obwohl es versionsabhängig noch weitere Aufrufparameter gibt, sind nur diejenigen aufgeführt, die offiziell in der aktuellen Dokumentation genannt sind.

26 | Dienstprogramme für die Java-Umgebung

26.2 Java-Compiler und Java-Laufzeitumgebung

26.2.1 Bytecode-Compiler javac

Der Compiler *javac* übersetzt den Quellcode einer Datei in Java-Bytecode. Jede in einer Datei deklarierte Klasse übersetzt der Compiler in eine eigene Klassendatei. Wenn bei einer Klasse (nennen wir sie A) eine Abhängigkeit zu einer anderen Klasse (nennen wir sie B) besteht – wenn zum Beispiel A von B erbt – und B nicht als Bytecode-Datei vorliegt, dann verarbeitet der Compiler B automatisch mit. Der Compiler überwacht also automatisch die Abhängigkeiten der Quelldateien. Der allgemeine Aufruf des Compilers ist:

```
$ javac [ Optionen ] Dateiname(n).java
```

Option	Bedeutung
-cp classpath	Eine Liste von Pfaden, auf denen der Compiler die Klassendateien finden kann. Diese Option überschreibt die unter Umständen gesetzte Umgebungsvariable CLASSPATH und ergänzt sie nicht. Ein Semikolon (Windows) beziehungsweise Doppelpunkt (Unix) trennt mehrere Verzeichnisse.
-d Verzeichnis	Gibt an, wo die übersetzten *.class*-Dateien gespeichert werden. Ohne Angabe legt der Compiler sie in das gleiche Verzeichnis wie das mit den Quelldateien.
-deprecation	Zeigt veraltete Methoden an.
-g	Erzeugt Debug-Informationen. Die Option muss gesetzt sein, damit der Debugger alle Informationen hat. *–g:none* erzeugt keine Debug-Informationen, was die Klassendatei etwas kleiner macht.
-nowarn	Deaktiviert die Ausgabe von Warnungen. Fehler (errors) werden noch angezeigt.
-source Version	Erzeugt Bytecode für eine bestimmte Java-Version.
-sourcepath Quellpfad	Ähnlich wie *-classpath*, nur sucht der Compiler im Quellpfad nach Quelldateien.
-verbose	Ausgabe von Meldungen über geladene Quell- und Klassendateien während der Übersetzung.

Tabelle 26.1 Optionen des Compilers javac

26.2.2 Native Compiler

Eine in Java geschriebene Applikation lässt sich erst einmal nur mit einer Java-Laufzeitumgebung ausführen. Einige Hersteller haben jedoch Compiler entwickelt, die direkt unter Windows oder einem anderen Betriebssystem ausführbare Programme erstellen. Die Compiler, die aus Java-Quelltext – oder Java-Bytecode – Maschinencode der jeweiligen Architektur erzeugen, nennen sich *native* oder *Ahead-of-Time Compiler*. Das Ergebnis ist eine direkt ausführbare Datei, die keine Java-Laufzeitumgebung nötig macht. Je nach Anwendungsfall kann das Programm performanter sein, eine Garantie dafür gibt es allerdings nicht. Die Startzeiten sind im Allgemeinen geringer, und das Programm ist viel schwieriger zu entschlüsseln, was das Reverse Engineering[1] angeht.

---

1 Das Zurückverwandeln von unstrukturiertem Binärcode in Quellcode.

Java-Compiler und Java-Laufzeitumgebung | **26.2**

Ein freier Compiler unter der GNU-Lizenz ist *gcj* (*http://gcc.gnu.org/java/*). Für den gcj integriert das Open-Source-Projekt *JavaCompiler* (*http://javacompiler.mtsystems.ch/*) diverse Zusätze, um natives Übersetzen zu vereinfachen.

Ein kommerzieller Vertreter ist *Excelsior JET* (*http://www.excelsior-usa.com/jet.html*). Dass viele Hersteller ihre Produkte eingestellt haben, ist sicherlich ein Zeichen dafür, dass die existierenden Laufzeitumgebungen mittlerweile eine ausreichende Geschwindigkeit, einen vertretbaren Speicherverbrauch und annehmbare Startzeiten zeigen.

26.2.3 Java-Programme in ein natives ausführbares Programm einpacken

Wer Java-Programme vertreibt, weiß um das Problem der JVM-Versionen, Pfade, Start-Icons, Splash-Screens und so weiter Bescheid. Eine Lösung besteht darin, einen Wrapper zu bemühen, der sich als ausführbares Programm wie eine Schale um das Java-Programm legt. Der Wrapper ruft die virtuelle Maschine auf und übergibt ihr die Klassen. Es ist also immer noch eine Laufzeitumgebung nötig, doch lassen sich den Java-Programmen Icons mitgeben und Startparameter setzen.

Die Open-Source-Software *launch4j* (*http://launch4j.sourceforge.net/*) kapselt ein Java-Archiv mit Klassen und Ressource-Dateien in ein komprimiertes, ausführbares Programm für Windows, Linux, Mac OS X und Solaris. launch4j setzt Eigenschaften wie ein assoziiertes Icon oder Startvariablen mit einer angenehmen grafischen Oberfläche. Ein weiteres quelloffenes und freies Programm ist *JSmooth* (*http://jsmooth.sourceforge.net/*). Für beide gibt es Ant-Skripte.

26.2.4 Der Java-Interpreter java

Der Java-Interpreter *java* führt den Java-Bytecode in der Laufzeitumgebung aus. Dazu sucht der Interpreter in der als Parameter übergebenen Klassendatei nach der speziellen statischen `main()`-Methode. Der allgemeine Aufruf ist:

```
$ java [ Optionen ] Klassenname [ Argumente ]
```

Ist die Klasse in einem Paket deklariert, muss der Name der Klasse voll qualifiziert sein. Liegt die Klasse `Main` etwa im Paket `com.tutego`, also im Unterverzeichnis *com/tutego*, muss der Klassenname `com.tutego.Main` lauten. Die benötigten Klassen muss die Laufzeitumgebung finden können. Die JVM wertet wie der Compiler die Umgebungsvariable `CLASSPATH` aus und erlaubt die Angabe des Klassenpfades durch die Option *-classpath*.

Option	Bedeutung
-client	Wählt die Java HotSpot Client VM, Standard.
-server	Wählt die Java HotSpot Server VM.

Tabelle 26.2 Optionen des Interpreters java

1437

Option	Bedeutung
-cp classpath	Eine Liste von Pfaden, innerhalb derer der Compiler die Klassendateien finden kann. Diese Option überschreibt die unter Umständen gesetzte Umgebungsvariable CLASSPATH und ergänzt sie nicht. Das Semikolon (Windows) beziehungsweise der Doppelpunkt (Unix) trennen mehrere Verzeichnisse.
-D Property= Wert	Setzt den Wert einer Property, etwa *-Dversion=1.2*, die später System.get-Property() erfragen kann.
-help oder *-?*	Listet alle vorhandenen Optionen auf.
-ea	Ermöglicht Assertions, die standardmäßig ausgeschaltet sind.
-jar	Startet eine Klasse aus dem Jar-Archiv, falls sie in der Manifest-Datei genannt ist. Die Hauptklasse lässt sich aber immer noch angeben.
-verbose	Informationen über die Laufzeitumgebung -verbose:class gibt Informationen über geladene Klassen. -verbose:gc informiert über GC-Aufrufe. -verbose:jni informiert über native Aufrufe.
-version	Zeigt die aktuelle Version an.
-X	Zeigt nicht standardisierte Optionen an.
-Xdebug	Startet mit Debugger.
-Xincgc	Schaltet den inkrementellen GC ein.
-Xmsn	Anfangsgröße des Speicherbereichs für die Allokation von Objekten (n MiB), voreingestellt sind 2 MiB.
-Xmxn	Maximal verfügbarer Speicherbereich für die Allokation von Objekten. Voreingestellt sind 64 MiB. *n* beschreibt als einfache Zahl die Bytes oder Kilobytes mit einem angefügten *k* oder Megabytes (angefügtes *m*). Beispiel: -Xms128m.
-Xnoclassgc	Schaltet den GC für geladene, aber nicht mehr benötigte Klassen aus.
-Xprof	Der Interpreter schreibt Profiling-Informationen in die Datei *java.prof.*
-Xrs	Reduziert intern die Verwendung von Unix-Signalen durch die Laufzeitumgebung. Das ergibt gegebenenfalls eine schlechtere Performance, aber eine bessere Kompatibilität mit diversen Unix-/Solaris-Versionen.
-Xssn	Setzt die Größe des Stacks.

Tabelle 26.2 Optionen des Interpreters java (Forts.)

Class-Path-Wildcard

Die Option *-cp* erweitert den Klassenpfad durch Java-Archive (*.jar*-Dateien) und einzelne Klassen-Dateien (*.class*-Dateien). Seit Java 6 ermöglicht eine Class-Path-Wildcard über * eine noch einfachere Angabe von Java-Archiven. So fügt folgende Angabe alle Java-Archive im Verzeichnis *lib* dem Klassenpfad hinzu:

```
$ java -cp lib/* Main
```

Wichtig sind die einfachen Anführungszeichen: Sie verhindern, dass die Kommando-Shell Ersetzungen vornimmt. Das Java-Laufzeitsystem erweitert die Angabe vor dem Start des Programms und nicht erst während des Klassenladens.

> **Hinweis** Je länger es die JVM von Oracle gibt, desto länger wurde die Liste der Optionen. **[«]**
> *http://blogs.sun.com/watt/resource/jvm-options-list.html* listet diese je nach Version kurz auf.

Der Unterschied zwischen »java.exe« und »javaw.exe«

Unter einer Windows-Installation gibt es im Java-JDK für den Interpreter zwei ausführbare Dateien: *java.exe* und *javaw.exe* – *java.exe* stellt die Regel dar. Der Unterschied besteht darin, dass eine über die grafische Oberfläche gestartete Applikation mit *java.exe* im Unterschied zu *javaw.exe* ein Konsolenfenster anzeigt. Ohne Konsolenfenster sind mit *javaw* dann auch Ausgaben über System.out/err nicht sichtbar.

In der Regel nutzt ein Programm mit grafischer Oberfläche während der Entwicklung *java* und im Produktivbetrieb dann *javaw*. Ein kleines (oder großes) Ärgernis bestand bei Systemaufrufen mit Runtime.exec(), weil sich plötzlich ein Konsolenfenster öffnete, das dann wieder verschwand. Der Fehler feierte regelmäßig Geburtstag (4244515), bis er in Version 1.4 behoben wurde. Bei *java* wurde kein zusätzliches Fenster erzeugt.

26.3 Das Archivformat Jar

Die Jar-Dateien (von **Java-Ar**chiv) bilden ein Archivformat, das Zip ähnelt. Wie für ein Archivformat üblich, packt auch Jar mehrere Dateien zusammen. »Gepackt« heißt aber nicht zwingend, dass die Dateien komprimiert sein müssen, sie können einfach nur in einem Jar gebündelt sein. Ein Auspackprogramm wie WinZip kann Jar-Dateien entpacken. Hier bleibt zu überlegen, ob ein Programm wie WinZip mit der Dateiendung *.jar* verbunden werden soll oder ob das Standardverhalten bei installiertem JRE beibehalten wird: Unter Windows ist mit der Dateiendung *.jar* das JRE verbunden, das die Hauptklasse des Archivs startet.

Signieren und Versionskennungen

Microsoft vertraut bei seinen ActiveX-Controls vollständig auf Zertifikate und glaubt an eine Zurückverfolgung der Übeltäter in dem Fall, dass das Control Unsinn anstellt. Leider ist in dieser Gedankenkette ein Fehler enthalten, weil jeder sich Zertifikate ausstellen lassen kann, auch unter dem Namen Mickey Mouse[2].

Überlegt angewendet, ist das Konzept jedoch gut zu verwenden, und Jar-Archive nutzen das gleiche Konzept. Sie lassen sich durch eine Signatur schützen, und die Laufzeitumgebung räumt Java-Programmen Extrarechte ein, die ein normales Programm sonst nicht hätte. Dies ist bei Programmen aus dem Intranet interessant.

Des Weiteren können Hersteller Informationen über Version und Kennung hinzufügen wie auch eine Versionskontrolle, damit nur solche Klassen eines Archivs verwendet werden, die den Verbleib in der gleichen Version gewährleisten. Ferner kam ein Archivformat hinzu, das

---

2 Obwohl dieser schon vergeben ist, doch vielleicht ist Darkwing Duck ja noch frei.

26 | Dienstprogramme für die Java-Umgebung

Pakete zur Core-Plattform API hinzunehmen kann. Ein Beispiel ist etwa die 3D- und Java-Mail-API. Eigene Pakete sehen also so aus, als gehörten sie zum Standard.

26.3.1 Das Dienstprogramm jar benutzen

jar ist ein Kommandozeilenprogramm und verfügt über verschiedene Optionen, um Archive zu erzeugen, sie auszupacken und anzusehen. Die wichtigsten Formen für das Kommandozeilenprogramm sind:

▶ Anlegen: *jar c[Optionen] Jar-Datei Eingabedateien*

▶ Aktualisieren: *jar u[Optionen] Jar-Datei Eingabedateien*

▶ Auspacken: *jar x[Optionen] Jar-Datei*

▶ Inhalt anzeigen: *jar t[Optionen] Jar-Datei*

▶ Indexdatei *INDEX.LIST* erzeugen: *jar i Jar-Datei*

Je nach Aktion sind weitere Optionen möglich.

Gleichsam gibt es eine API im Paket `java.util.jar`, mit der alles programmiert werden kann, was auch das Dienstprogramm leistet.

Jar-Dateien anlegen

Die notwendige Option für das Anlegen eines neuen Archivs ist *c* (für engl. *create*). Da wir häufig die Ausgabe (das neue Archiv) in einer Datei haben wollen, geben wir zusätzlich *f* (für engl. *file*) an. Somit können wir schon unser erstes Archiv erstellen. Nehmen wir dazu an, es gibt ein Verzeichnis *images* für Bilder und die Klasse *Slider.class*. Dann packt folgende Zeile die Klasse und alle Bilder in das Archiv *slider.jar*:

```
$ jar cvf slider.jar Slider.class images
```

Während des Komprimierens geht *jar* alle angegebenen Verzeichnisse und Unterverzeichnisse durch und gibt, da zusätzlich zu *cf* der Schalter *v* gesetzt ist, auf dem Bildschirm die Dateien mit einem Kompressionsfaktor an:

```
adding: Slider.class (in=2790) (out=1506) (deflated 46%)
adding: images/ (in=0) (out=0) (stored 0%)
adding: images/darkwing.gif (in=1065) (out=801) (deflated 24%)
adding: images/volti.gif (in=173) (out=154) (deflated 10%)
adding: images/superschurke.gif (in=1076)(out=926)(deflated 13%)
adding: images/aqua.gif (in=884) (out=568) (deflated 35%)
```

Statt der Dateinamen können wir auch * oder andere Wildcards angeben. Diese Expansionsfähigkeit ist ohnehin Aufgabe der Shell.

Möchten wir die Dateien nicht komprimiert haben, sollten wir den Schalter *0* angeben.

jar behält bei den zusammengefassten Dateien standardmäßig die Verzeichnisstruktur bei. In der oberen Ausgabe ist abzulesen, dass *jar* für *images* ein eigenes Verzeichnis im Archiv

1440

erstellt und die Bilder dort hineinsetzt. Der Schalter *C* (genau wie -*C* beim Kompressionsprogramm GZip) bildet diese hierarchische Struktur flach ohne Verzeichnisstruktur ab. Wenn wir mehrere Verzeichnisse zusammenpacken, lässt sich für jedes Verzeichnis bestimmen, ob die Struktur erhalten bleiben soll oder nicht. Nehmen wir zu unserem *sliders*-Archiv noch ein weiteres Verzeichnis mit Sound-Dateien hinzu, und beobachten wir die Ausgabe bei:

```
$ jar cfv0 slider.jar Slider.class images -C sounds
```

Zweierlei ist neu: Zum einen komprimiert *jar* nicht mehr (der Schalter *0* ist gesetzt), und die Option *C* erreicht, dass *jar* in das *sound*-Verzeichnis geht und dort alle Sound-Dateien in das Basisverzeichnis setzt.

Einer angelegten Archiv-Datei lassen sich später mit *u* (für engl. *update*) noch Dateien hinzufügen. Nehmen wir an, es kommt eine Bilddatei hinzu, so schreiben wir:

```
$ jar vuf slider.jar images/buchsbaum.gif
```

Jar-Dateien betrachten
Die zusammengepackten Dateien zeigt die Option *tf* an:

```
$ jar tf slider.jar
META-INF/MANIFEST.MF
Slider.class
images/volti.gif
```

Zusätzlich zu unseren Dateien sehen wir eine von *jar* eigenständig hinzugefügte Manifest-Datei, die wir in Abschnitt 26.3.2, »Das Manifest«, besprechen wollen.

Fehlt die Endung, oder ist der Dateiname falsch angegeben, folgt eine etwas ungewöhnliche Fehlermeldung: `java.io.FileNotFoundException` – das heißt: ein Dateiname und dann ein Stack-Trace. Dies wirkt etwas unprofessionell.

Zum Anzeigen der Archive kommt der Schalter *t* (für engl. *table of contents*) zum Einsatz. Wir geben im Beispiel *f* an, weil wir den Dateinamen auf der Kommandozeile eintragen und nicht von der Standardeingabe etwa über eine Pipe lesen. Zusätzlich gibt uns der Schalter *v* (für engl. *verbose*) noch den Zeitpunkt der letzten Änderung und die Dateigröße aus:

```
 291 Fri Dec 17 14:51:08 GMT 1999 META-INF/MANIFEST.MF
2790 Thu Dec 16 14:54:06 GMT 1999 Slider.class
 173 Mon Oct 14 00:38:00 GMT 1996 images/volti.gif
```

Dateien aus dem Archiv extrahieren
Der wichtigste Schalter beim Entpacken ist *x* (für engl. *extract*). Zusätzlich gilt für den Schalter *f* (*file*) das Gleiche wie beim Anzeigen: Ohne den Schalter erwartet *jar* die Archiv-Datei in der Standardeingabe. Als Parameter ist zusätzlich das Archiv erforderlich. Sind optional Dateien oder Verzeichnisse angegeben, packt *jar* nur diese aus. Nötige Verzeichnisse für die Dateien erzeugt *jar* automatisch. Hier ist Vorsicht geboten, denn *jar* überschreibt alle Dateien, die schon mit dem gleichen Namen auf dem Datenträger existieren. Das Archiv bleibt nach dem

26 | Dienstprogramme für die Java-Umgebung

Auspacken erhalten. Wir wollen jetzt nur die Grafiken aus unserem Archiv *slider.jar* auspacken. Dazu schreiben wir:

```
$ jar vxf slider.jar images\*
extracted: images\volti.gif
```

Die Option *v* haben wir eingesetzt, damit wir sehen, was *jar* genau packt. Sonst erfolgt keine Ausgabe auf der Konsole.

26.3.2 Das Manifest

Ohne dass die Ausgabe es zeigt, fügt *jar* beim Erzeugen eines Archivs automatisch eine Manifest-Datei namens *META-INF/MANIFEST.MF* ein. Ein Manifest enthält für ein Archiv wichtige Zusatzinformationen, wie die Signatur, die für jede Datei aufgeführt ist. Sehen wir uns einmal die Manifest-Datei an, die sich für

```
$ jar cfv slider.jar Slider.class images/volti.gif
```

ergibt. Die Einträge im Manifest erinnern an eine Property-Datei, denn auch hier gibt es immer Schlüssel und Werte, die durch einen Doppelpunkt getrennt sind:

```
Manifest-Version: 1.0
Name: Slider.class
Digest-Algorithms: SHA MD5
SHA-Digest: /RD8BF1mwd3bYXcaYYkqLjCkYdw=
MD5-Digest: WcnCNJbo08PH/ATqMHqZDw==
Name: images/volti.gif
Digest-Algorithms: SHA MD5
SHA-Digest: 9zeehlViDy0fpfvOKkPECiMYvH0=
MD5-Digest: qv913KlZFi5tdPr2BjatIg==
```

26.3.3 Applikationen in Jar-Archiven starten

Dass die Dateien zusammen in einem Archiv gebündelt sind, hat den Vorteil, dass Entwickler ihren Kunden nicht mehr ein ganzes Bündel von Klassen- und Ressourcen-Dateien ausliefern müssen, sondern nur eine einzige Datei. Ein anderer Vorteil ist, dass ein Betriebssystem wie Windows oder Mac OS X standardmäßig mit der Endung *.jar* das JRE (Java Runtime Environment) verbunden hat, sodass ein Doppelklick auf einer Jar-Datei das Programm gleich startet.

Main-Class im Manifest

Damit die Laufzeitumgebung weiß, welches `main()` welcher Klasse sie aufrufen soll, ist eine kleine Notiz mit dem Schlüssel `Main-Class` in der Manifest-Datei nötig:

```
Main-Class: voll.qualifizierter.Klassenname.der.Klasse.mit.main
```

Dies ist sehr angenehm für den Benutzer eines Archivs, denn nun ist der Hersteller für den Eintrag des Einstiegspunkts im Manifest verantwortlich.

Das Archivformat Jar | **26.3**

Manifest-Dateien mit Main-Class-Einträgen erstellen

Es lässt sich das *m*-Flag (für engl. *merge*) beim Dienstprogramm *jar* nutzen, um Einträge zum Manifest hinzuzufügen und auf diese Weise dem Jar-Archiv die Klasse mit der statischen `main()`-Methode mitzuteilen. Vor der Erzeugung eines Archivs erstellen wir eine Textdatei, die wir hier *MainfestMain.txt* nennen wollen, mit dem Eintrag `Main-Class`:

Listing 26.1 MainfestMain.txt

```
Main-Class: Main
```

Unser Slider-Programm soll die Hauptklasse `Main.class` besitzen.

Nun lässt sich die Datei *MainfestMain.txt* mit der Manifest-Datei zusammenbinden und anschließend benutzen:

```
$ jar cmf MainfestMain.txt slider.jar Main.class
$ java -jar slider.jar
$ java -jar slider.jar Main
```

> **Hinweis** Seit Java 6 ermöglicht der Schalter *-e* (für *endpoint*) direkt die Angabe der ausführ- [«]
> baren Klasse in die Manifest-Datei des Java-Archivs:
> ```
> $ jar cfe application.jar com.tutego.Main com/tutego/Main.class
> ```

Von der Kommandozeile oder mit Doppelklick starten

Starten wir den Interpreter *java* von der Kommandozeile, gibt die Option *-jar* das Archiv an, und der Interpreter sucht nach dem Startprogramm, das durch die Manifest-Datei gegeben ist.

```
$ java -jar JarDatei.jar
```

Ausführbare Java-Archive starten wir unter Windows mit einem Doppelklick, da die Dateiendung *.jar* dazu führt, dass *javaw -jar* mit dem Dateinamen ausgeführt wird. Auch Solaris ab 2.6 erkennt Jar-Dateien in der Konsole oder dem Desktop als ausführbare Programme und startet sie selbstständig mit *java -jar*.

> **Hinweis** *java* (oder *javaw*) ignoriert die Angaben über *-cp* beziehungsweise Einträge in der [«]
> Umgebungsvariable `CLASSPATH`, wenn ein Java-Programm mit *-jar* gestartet wird.

Das »Fat Jar Eclipse Plug-In« (*http://fjep.sourceforge.net/*) entpackt etwaige referenzierte Java-Archive und bündelt sie zu einem neuen großen Jar, das *java -jar* starten kann.

26.3.4 Applets in Jar-Archiven

Jar-Archive sind für Applets ein Vorteil, da alle Dateien zusammen komprimiert übertragen werden und der Klassenlader nicht immer einzeln Klasse für Klasse beziehen muss. Im Applet-Tag stehen zusätzliche Archive im Attribut `archive`:

26 | Dienstprogramme für die Java-Umgebung

```
<applet
  code="Main.class" archive="slider.jar"
  width="320" height="200">
</applet>
```

Wie bei Applets erwarten wir hier das Archiv zusammen mit der Klasse und der HTML-Datei in einem gemeinsamen Verzeichnis. Befindet sich das Jar-Archiv in einem Unterverzeichnis *applets*, so schreiben wir stattdessen:

```
<applet
  code="Main.class" archive="applets/slider.jar"
  width="320" height="200">
</applet>
```

26.4 Monitoringprogramme

In Java 5 und Java 6 sind im *bin*-Ordner einer JDK-Installation Programme hinzugekommen, die zum Beispiel die gestarteten Java-Programme auflisten und gezielte Anfragen erlauben. Wie andere Dienstprogramme, dokumentiert Oracle die Programme unter *http://tutego.de/go/tools*. Zwei Webseiten mit Beschreibungen einiger Tools sind *http://tutego.de/go/observer* und *http://tutego.de/go/heap*.

26.4.1 jps

Das Programm *jps* ist das »Java Virtual Machine Process Status Tool« und liefert alle laufenden Java-Programme mit einem lokalen VM-Identifizierer:

```
c:\Program Files\Java\jdk1.6.0\bin>jps
7344 Jps
7544 org.eclipse.equinox.launcher_1.0.201.R35x_v20090715.jar
```

Läuft nur Eclipse, dann zeigt die Ausgabe zwei Programme; *jps* selbst ist auch in der Liste. In dieser Sitzung ist die ID von Eclipse 7544. Die folgenden Beispiele nutzen die Eclipse-ID für zusätzliche Anfragen.

Eine Option *-l* listet den Paketnamen mit auf. Die weitere Option *-m* zeigt die an die main()-Methode übergebenen Argumente an.

26.4.2 jstat

Mit *jstat*, dem »Java Virtual Machine Statistics Monitoring Tool«, ist es möglich, Performance-Statistiken zu erfragen:

```
c:\Program Files\Java\jdk1.6.0\bin>jstat -gcutil 7544
  S0     S1     E      O      P     YGC    YGCT    FGC    FGCT    GCT
  0,00   0,00   0,67   48,20  99,51    28   0,379    18   4,931   5,310
```

Die Ausgaben zeigen zum Beispiel mit FGC die Anzahl der GC-Ereignisse an. Die ID 7544 erfahren wir vom Tool *jps*.

26.4.3 jmap

Das Tool »Memory Map«, *jmap*, zeigt eine Liste mit der Anzahl der Exemplare von Java-Objekten und wie viel Hauptspeicher sie verbrauchen. Für Eclipse ist die Anzahl der Objekte sehr groß, sodass die Ausgabe gekürzt ist:

```
c:\Program Files\Java\jdk1.6.0\bin>jmap -histo 7544

 num     #instances       #bytes  class name
----------------------------------------------
   1:        100113     15501408  <constMethodKlass>
   2:        164153     10546920  [C
   3:        173399      8861896  <symbolKlass>
   4:        100113      8020224  <methodKlass>
   5:          9670      6380680  <constantPoolKlass>
   6:          9670      4443440  <instanceKlassKlass>
   7:        159802      3835248  java.lang.String
   8:          7966      3714800  <constantPoolCacheKlass>
   9:         10287      2334824  [B
  10:          6132      1747920  [Ljava.util.HashMap$Entry;
  11:         67824      1627776  java.util.HashMap$Entry
...
4685:             1            8  org.eclipse.core.internal.expressions.⏎
                                  StandardElementHandler
4686:             1            8  com.ibm.icu.text.RuleBasedCollator$DataManipulate
Total       1051806     78213168
```

26.4.4 jstack

Das Stack-Trace-Programm *jstack* zeigt laufende Threads an, zusammen mit Informationen über den durch Monitore erzwungenen Wartezustand. Ein Ausschnitt für die Eclipse-Threads:

```
c:\Program Files\Java\jdk1.6.0\bin>jstack 7544
2010-08-17 09:51:01
Full thread dump Java HotSpot(TM) Client VM (16.0-b13 mixed mode, sharing):

"Worker-6" prio=6 tid=0x01a9e800 nid=0x568 in Object.wait() [0x0474f000]
   java.lang.Thread.State: TIMED_WAITING (on object monitor)
        at java.lang.Object.wait(Native Method)
        - waiting on <0x126df690> (a org.eclipse.core.internal.jobs.WorkerPool)
        at org.eclipse.core.internal.jobs.WorkerPool.sleep(WorkerPool.java:185)
        - locked <0x126df690> (a org.eclipse.core.internal.jobs.WorkerPool)
        at org.eclipse.core.internal.jobs.WorkerPool.startJob(WorkerPool.java:217)
        at org.eclipse.core.internal.jobs.Worker.run(Worker.java:51)
...
```

```
"CompilerThread0" daemon prio=10 tid=0x01aa4c00 nid=0x155c waiting ⮠
oncondition[0x00000000]
    java.lang.Thread.State: RUNNABLE

"Attach Listener" daemon prio=10 tid=0x01a9c000 nid=0xab0 waiting on condition ⮠
[0x00000000]
    java.lang.Thread.State: RUNNABLE

"Signal Dispatcher" daemon prio=10 tid=0x01a9b800 nid=0x980 runnable [0x00000000]
    java.lang.Thread.State: RUNNABLE

"Finalizer" daemon prio=8 tid=0x01a95c00 nid=0x1ef4 in Object.wait() [0x03e8f000]
    java.lang.Thread.State: WAITING (on object monitor)
        at java.lang.Object.wait(Native Method)
        - waiting on <0x12510288> (a java.lang.ref.ReferenceQueue$Lock)
        at java.lang.ref.ReferenceQueue.remove(ReferenceQueue.java:118)
        - locked <0x12510288> (a java.lang.ref.ReferenceQueue$Lock)
        at java.lang.ref.ReferenceQueue.remove(ReferenceQueue.java:134)
        at java.lang.ref.Finalizer$FinalizerThread.run(Finalizer.java:159)

...
"main" prio=6 tid=0x01a59800 nid=0x1400 runnable [0x007ff000]
    java.lang.Thread.State: RUNNABLE
        at org.eclipse.swt.internal.win32.OS.WaitMessage(Native Method)
        at org.eclipse.swt.widgets.Display.sleep(Display.java:4311)
        at org.eclipse.ui.application.WorkbenchAdvisor.eventLoopIdle( ⮠
            WorkbenchAdvisor.java:364)
        at org.eclipse.ui.internal.Workbench.runEventLoop(Workbench.java:2406)
...
        at org.eclipse.equinox.launcher.Main.run(Main.java:1311)
        at org.eclipse.equinox.launcher.Main.main(Main.java:1287)

"VM Thread" prio=10 tid=0x01a8fc00 nid=0x3b8 runnable

"VM Periodic Task Thread" prio=10 tid=0x01aad800 nid=0x860 waiting on condition
```

26.4.5 VisualVM

VisualVM ist eine grafische Oberfläche mit einfachen Profiling-Möglichkeiten und einer grafischen Oberfläche etwa für das JDK-Tool *jstack*. VisualVM ist Teil ab dem JDK 6 (dort heißt es *Java VisualVM*), aber eine aktuelle Version findet sich immer unter *https://visualvm.dev.java.net/*; diese Version heißt dann einfach *VisualVM*. Nutzen wir die Version von der Webseite im Folgenden, da sie etwas aktueller ist.

VisualVM wird als Zip-Archiv (etwa *visualvm_13.zip)* angeboten. Nach dem Auspacken befindet sich unter dem *bin*-Ordner das ausführbare Programm *visualvm.exe*, das wir starten können (VisualVM lässt sich über ein Plugin auch über Eclipse, NetBeans oder IntelliJ einbinden). Beim ersten Mal müssen wir noch die Lizenzen abnicken und eine Kalibrierung starten, doch

dann öffnet sich schon die grafische Oberfläche. Wählen wir links im Baum LOCAL • VISU-
ALVM aus, so schauen wir uns die Zustände, etwa den Speicherbedarf und die Thread-Auslastung des Programms VisualVM selbst an.

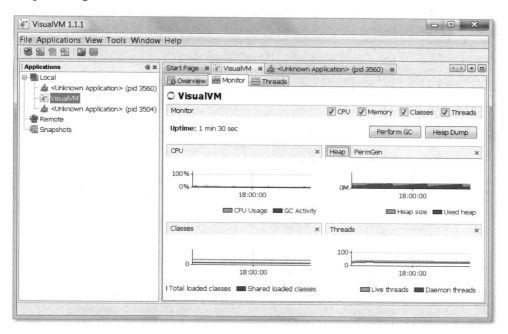

Durch den Speicher wühlen: Heap Dump

Eine großartige Möglichkeit von VisualVM ist, sich während der Laufzeit zu einem Programm zu verbinden, und über die Objektverweise zu navigieren. Beispiel soll ein kleines Programm HeapUser sein, von dem wir später die vier Objektvariablen untersuchen wollen:

Listing 26.2 HeapUser.java

```java
import java.util.*;

public class HeapUser
{
  String string = "Hallo Welt";
  Date   date   = new Date();
  ArrayList<String> list = new ArrayList<String>( ↩
                        Arrays.asList( string, date.toString() ) );
  HeapUser heapUser;

  public static void main( String[] args )
  {
    HeapUser h = new HeapUser();
    h.heapUser = h;
    new Scanner( System.in ).next();
```

```
    System.out.println( h.string );
  }
}
```

Starten wir das Programm und VisualVM läuft noch im Hintergrund, so erkennt VisualVM automatisch das gestartete Program und aktualisiert die Baumansicht unter LOCAL.

Im Kontextmenü auf HEAPUSER lässt sich der HeapDump erfragen.

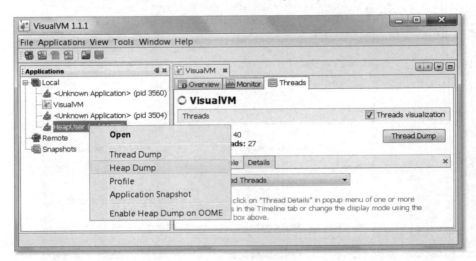

Nach dem Aktivieren des Schalters CLASSES sind alle geladenen Klassen aufgeführt und wie viele Exemplare es von den Klassen gibt.

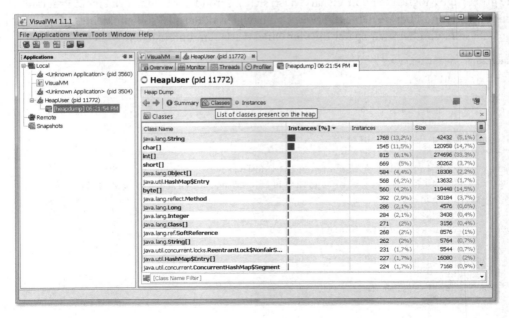

Unten gibt es ein Suchfeld, in dem wir »HeapUser« eintragen. Es bleibt eine Klasse in der Liste.

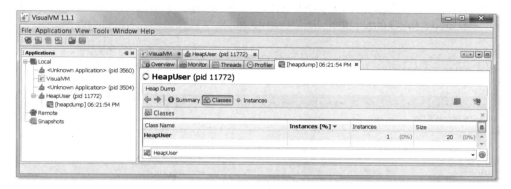

Im Kontextmenü lässt sich nun SHOW IN INSTANCES VIEW aufrufen.

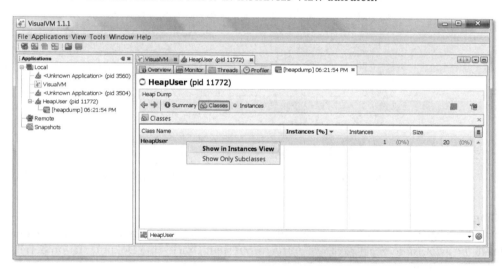

Die folgende Ansicht bildet den Ausgangspunkt für exploratives Arbeiten.

Links ist die Instanz abgebildet, die wir untersuchen. Das ist HEAPUSER, von dem es genau ein Exemplar gibt (#1). Rechts gibt es zwei Einteilungen. In der oberen Einteilung können wir die Objekteigenschaften vom links ausgewählten Objekt sehen und durch die Baumansicht tiefer reinzoomen. So enthält THIS, also das ausgewählte Objekt, die Variablen HEAPUSER, LIST, DATE und STRING. An den auf sich selbst verweisenden Pfeilen an HEAPUSER lässt sich – die Symbole werden in einer Art Statusleiste kurz erklärt – erkennen, dass die Variable HEAPUSER das eigene Objekt referenziert. Falten wir LIST auf, so sehen wir die Objektvariablen der `Array-List`-Instanz im Baum, und unter anderem lässt sich die SIZE ablesen, also die Anzahl Elemente in der Liste. ELEMENTDATA wiederum ist ein Knoten, der sich auffalten lässt, er repräsentiert das interne Feld – die eckigen Klammern deuten den Typ »Feld« an – der `ArrayList`.

26 | Dienstprogramme für die Java-Umgebung

Wird er ausgefaltet, gelangen wir zu den beiden Strings. Im unteren Bereich der Einteilung, bei REFERENCES, ist abzulesen, wer das selektierte Objekt referenziert. Es gibt zwei Stellen, an denen das untersuchte Objekt HEAPUSER referenziert wird: Einmal über die lokale Variable in der main-Methode, und einmal über die Objektvariable.

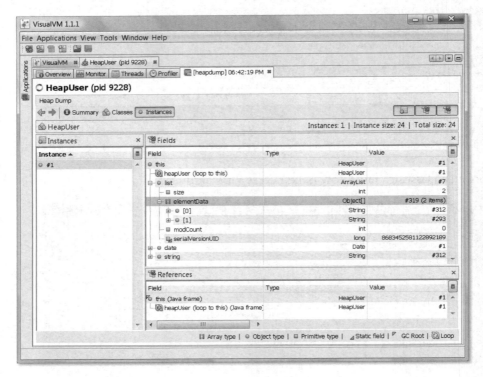

Profiling von Java-Applikationen

Ein Profiler zeigt an, an welchen Stellen ein Programm Prozessorzeit verbraucht. Auf der Webseite *https://visualvm.dev.java.net/profiler.html* stellt Oracle eine Dokumentation bereit, wie VisualVM als Profiler genutzt wird.

26.5 Ant

Die Arbeiten eines Softwareentwicklers sind nicht immer so spannend, wie es einem die Fantasie vorgaukelt. Der Alltag besteht aus Compilieren, dem Erstellen von Dokumentationen, dem Aktualisieren von Webseiten, dem Ausliefern von Archiven und Ähnlichem. Der schlaue Zeitgenosse schreibt sich für diese Aufgaben Skripte. Unter Unix wurde für die Sammlung dieser Skripte ein so genanntes *make-Tool* benutzt. Besondere Aufgabe von *make* war es, Zusammenhänge zwischen verschiedenen Quellcodedateien zu erkennen und dann die benötigten neu zu übersetzen. Wenn sich zum Beispiel eine Header-Datei ändert, muss auch die C-Datei, die diese Header-Datei einbindet, neu übersetzt werden.

Unter Java können wir mit diesem *make*-Tool nicht so viel anfangen, doch Aufgaben wie das Erstellen von Archiven, die Neuübersetzung aller Quellen und das Erzeugen von Dokumentationen bleiben. Für diese Aufgaben wurde von der Apache-Gruppe ein Tool mit dem Namen *Ant (http://ant.apache.org/)* entwickelt. Der Name selbst ist ein Akronym aus *Another Neat Tool*. Ein weiteres populäres Produkt der Apache Software Foundation ist *Maven (http://maven.apache.org/)*. Es geht einen Schritt weiter und bietet standardisiertes Erstellen von Anwendungen zusammen mit der jeweiligen Dokumentation und Tests für den gesamten Build-Prozess.

26.5.1 Bezug und Installation von Ant

Wir erhalten ein Archiv von Ant auf den Seiten der Indianer-Gruppe, genauer gesagt unter *http://ant.apache.org/bindownload.cgi*. Nach dem Entpacken sollten wir unsere Umgebungsvariable (PATH) so erweitern, dass sie auf das *bin/*-Verzeichnis von *Ant* zeigt.

Wenn wir jetzt *ant* auf der Kommandozeile aufrufen, sollte folgende Ausgabe zu sehen sein:

```
$ ant
Buildfile: build.xml does not exist!
Build failed
```

Die Installation liefert alle benötigten Bibliotheken gleich mit.

Beispielklasse, die Ant übersetzen soll

Wir begnügen uns am Anfang mit einer einfachen Java-Klasse, die Ant verwalten soll:

Listing 26.3   ant/AntDemo.java

```
package ant;

public class AntDemo
{
  public static void main( String[] args )
  {
    System.out.println( "Ant is beautiful." );
  }
}
```

Dieses Mal soll die Quellcodedatei nicht von Hand übersetzt werden, sondern ein Ant-Skript soll dies erledigen.

26.5.2 Das Build-Skript build.xml

Eine XML-Datei beschreibt, welche Schritte Ant auszuführen hat. Ant nennt die Dateien *Build-Files*, und eine solche Datei heißt oft *build.xml*. Wir wollen sie in das gleiche Verzeichnis stellen, in dem auch unsere Java-Quellcodedatei steht:

26 | Dienstprogramme für die Java-Umgebung

Listing 26.4 build.xml

```xml
<?xml version="1.0"?>
<project name="Insel" default="build" basedir=".">
  <target name="build">
    <javac srcdir="." />
  </target>
</project>
```

Eine DTD-Referenzierung ist für die XML-Datei nicht zwingend nötig, da der Parser die Datei nicht validierend abarbeitet. Der Eintrag `<project>` definiert das Projekt unter dem Namen `Insel`. Das Attribut `default` definiert weiterhin, dass der einfache Aufruf von Ant automatisch das Ziel `build` aufrufen soll.

26.5.3 Build den Build

Im Inneren vom Eintrag `<project>` folgen `<target>`-Einträge. Wir definieren das Ziel `build`, das den Compiler starten soll. Das übernimmt der Task `<javac>`, der alle Dateien, die sich im aktuellen Verzeichnis befinden, compiliert. Neben `<javac>` stellt Ant eine große Zahl zusätzlicher Tasks bereit.

Wechseln wir auf der Kommandozeile in das Verzeichnis mit den Dateien, dann reicht es, Ant aufzurufen, und der Konstruktionsprozess beginnt. Ant sucht selbstständig nach der Datei *build.xml*. Folgendes erscheint:

```
$ ant
Buildfile: build.xml
build:
    [javac] Compiling 1 source file
BUILD SUCCESSFUL
```

Die Option *-verbose* gibt zusätzliche Informationen über den Entstehungsprozess aus. Die Datei *build.xml* lässt sich vielfältig anpassen. Nehmen wir uns den Eintrag `<javac>` noch einmal vor, und erweitern wir ihn zu:

```xml
<javac srcdir="." debug="true" optimize="false" includes="**/*.java" />
```

Das weist Ant an, während der Übersetzung zu optimieren und Debug-Informationen mit aufzunehmen. Das Attribut `includes` befiehlt, nicht nur Quellcodedateien des aktuellen Verzeichnisses zu übersetzen, sondern auch alle Dateien aller Unterverzeichnisse. Die Notation `**/` ist eine Vereinfachung, die für alle Unterverzeichnisse steht. An ihrer Stelle ist auch eine Aufzählung der Verzeichnisse zulässig.

26.5.4 Properties

Eine gute Idee ist es, sich von den konkreten Pfaden im `<javac>`-Element zu lösen, denn Ant erlaubt es, Eigenschaften zu definieren, die Platzhaltern oder Makros ähneln. Um Programme aus einem Verzeichnis (nennen wir es *src*) in ein Zielverzeichnis (nennen wir es *build*) zu übersetzen, schreiben wir:

1452

```
<property name="src" value="." />
<property name="build" value="build" />
<target name="compile" depends="init">
  <javac srcdir="${src}" destdir="${build}" />
</target>
```

Bisher haben wir uns mit der Übersetzung beschäftigt. Dennoch wissen wir, dass wir auch noch andere `target`-Elemente verwenden können. Und obwohl die Benennung dieser Targets prinzipiell willkürlich ist, gibt es eine vorgeschlagene Namenskonvention.

Eintrag	Bedeutung
init	Erstellt Verzeichnisse und Initialisierungsdateien.
build	inkrementeller Aufbau
test	Ablaufen der Tests mit JUnit
clean	Ausgabeverzeichnisse löschen
deploy	Jar, War und sonstige Archive erstellen
publish	Veröffentlichen der Ergebnisse
fetch	Bezieht Quellcodedateien aus der Versionsverwaltung.
docs, javadocs	Erstellt die Dokumentation.
all	Abfolge von clean, fetch, build, test, docs, deploy
main	Erstellt das Projekt, in der Regel build oder build, test.

Tabelle 26.3 Namenskonvention für Targets

Der Eintrag `init` soll eine initiale Verzeichnisstruktur aufbauen. Nehmen wir an, der Compiler soll in unser oben genanntes Verzeichnis *build* übersetzen. Dann muss dieses Verzeichnis natürlich existieren. Das Anlegen des Verzeichnisses kann in `init` geschehen:

```
<target name="init">
  <mkdir dir="${build}" />
</target>
```

Zum Löschen der erstellten Verzeichnisse in einem Target `clean` wollen wir eine Property `dist` für das Distributionsverzeichnis hinzunehmen:

```
<target name="clean">
  <delete dir="${build}" />
  <delete dir="${dist}" />
</target>
```

26.5.5 Externe und vordefinierte Properties

Falls sich das Versionsrad eine Nummer weiter dreht, ist es ungünstig, wenn Änderungen an der XML-Datei vorzunehmen sind. Eine gute Lösung für das Problem besteht darin, eine externe Datei anzugeben, die die Version definiert. Das kann so aussehen:

Listing 26.5 version.properties

```
version=0.7
```

Jetzt fehlt nur noch der Bezug zu dieser Eigenschaften-Datei in der XML-Datei. Bisher kennen wir zwar einen Eintrag `property name` und `value`, aber eine zweite Variante mit dem Attribut `file` bindet eine Datei ein, die Schlüssel-Werte-Paare wie bei unserer *version.properties* beschreibt.

```
<property file="version.properties" />
```

Jetzt lässt sich auf die Variable `version` ganz normal zugreifen, um zum Beispiel eine zweite Eigenschaft einzuführen:

```
<property name="distname" value="Mein-${version}" />
```

`version` ist unsere Variable, und `${version}` setzt den Inhalt der Variablen ein. Daneben gibt es aber noch einige Standard-Properties:

Property	Bedeutung
Basedir	absoluter Pfad zum Basisverzeichnis des Projekts; in `basedir` gesetzt
ant.file	absoluter Pfad der Build-Datei
ant.version	Version von Ant
ant.project.name	Name des Projekts, wie in `<project>` gesetzt
ant.java.version	JVM-Version, wie von Ant entdeckt, etwa »1.6«

Tabelle 26.4 Standard-Properties

26.5.6 Weitere Ant-Tasks

Ant kann Programme mit automatischen Tests mit JUnit überprüfen, Klassendateien zu einem Archiv zusammenbinden oder E-Mails verschicken. Die Archive lassen sich automatisch auf einen FTP-Server übertragen. Für Ant gibt es viele Tasks und *http://ant.apache.org/manual/tasksoverview.html* gibt einen Überblick. Die wichtigsten Tasks sind:

Ant-Task	Aufgabe
javac	Übersetzt mit Java-Compiler.
jar	Bündelt Dokumente in ein Java-Archiv.
manifest	Erzeugt eine Manifest-Datei.
signjar	Signiert ein Java-Archiv.
unjar	Packt Java-Archive aus.
javadoc	Erzeugt die Java-Dokumentation.
exec	Startet ein externes Programm.
copy	Kopiert Dateien.
mkdir	Legt ein Verzeichnis an.

Tabelle 26.5 Ausgewählte Ant-Tasks

Ant-Task	Aufgabe
move	Verschiebt Dateien.
echo	Schreibt Ausgaben auf die Konsole.
sql	Sendet SQL-Anweisungen zur Datenbank.
javah	Erzeugt C-Header Dateien für JNI.
junit	Arbeitet JUnit-Tests ab.

Tabelle 26.5 Ausgewählte Ant-Tasks (Forts.)

Neben Tasks spielen FileSets eine wichtige Rolle. Sie bilden Gruppen von Dateien. Die Gruppen werden nach bestimmen Kriterien gebildet, etwa nach der Dateiendung. Folgendes FileSet umfasst alle Java-Quellcodedateien, schließt aber alle Test-Dateien aus, die sich in Unterverzeichnissen ausgehend von der Angabe des Wurzelpfads über die Property `src` befinden:

```
<fileset dir="${src}" casesensitive="yes">
  <include name="**/*.java"/>
  <exclude name="**/*Test*"/>
</fileset>
```

Beispiel Das `ClassFileSet` (*http://ant.apache.org/manual/OptionalTypes/classfileset.html*) ist ein besonderes FileSet, das nicht einfach alle Dateien von Verzeichnissen auswählt, sondern durch Bytecode-Analyse herausfindet, welche Abhängigkeiten es wirklich gibt. So gelangen nur die Klassendateien in die Gruppe, die vom angegebenen Wurzelelement referenziert werden. **[zB]**

26.6   Weitere Dienstprogramme

26.6.1 Sourcecode Beautifier

Ein Quellcode-Verschönerer hat die Aufgabe, Quellcode unter Beibehaltung der logischen Struktur lesbarer und somit wartungsfreundlicher zu machen. Die Möglichkeiten, die ein Beautifier anbietet, sind beispielsweise:

▶ intelligente Einrückung des Quellcodes mit Tabulatoren oder Leerzeichen und Absatzende-Zeichen

▶ Konsistentes Behandeln der geschweiften Klammern. Unterschiedliche Schulen propagieren sehr unterschiedliche Auffassungen darüber, wo die geschweiften Klammern im Quelltext stehen sollen.

▶ Formatieren der Kommentare in einem einheitlichen Format

▶ Automatisches Generieren der JavaDoc-Anweisungen. Was aus dem Quelltext hervorgeht, lässt sich automatisch in einen Dokumentationskommentar übersetzen.

▶ Einfügen von Kopf- und Fußzeilen-Vorlagen (Templates)

▶ Verarbeitungen im Batch-Prozess

▶ Einige Produkte bieten eine offene API an, um als Bibliothek von eigenen Programmen genutzt zu werden. Das ist nützlich für Programme, die Java-Quellcode generieren, wie Parser-Generatoren oder die UML nach Java-Programmen. Die Software kann dann entlastet werden und muss sich nicht um die Einrückung des erzeugten Quellcodes kümmern.

Einige Programme schicken sich nun an, diese Anforderungen zu erfüllen. Zunächst ist der Formatierer in Eclipse zu nennen. Er ist auf vielfältige Art konfigurierbar, und in einem Team sollte ein Format-Stil ausgemacht und genutzt werden. Weil die Regeln in XML exportiert werden können, sind sie leicht zu verteilen.

 Die Tastenabkürzung [Strg]+[⇧]+[F] formatiert das gesamte Dokument. Ist ein Abschnitt markiert, so formatiert Eclipse nur diesen.

Weitere Programme:

▶ Jalopy steht unter BSD-Lizenz und ist unter *http://jalopy.sourceforge.net/* erhältlich. Es lässt sich über die Konsole oder Ant nutzen und als Plugin in Eclipse, JDeveloper oder NetBeans integrieren.

▶ Jindent unter *http://www.jindent.com/* ist ein kommerzielles Produkt, das es aber auch in einer freien Variante gibt. Das Produkt ist sehr professionell und erlaubt eine sehr feine Einstellung der Ausgabe über Konfigurationsdateien. Daneben kann das Programm auch den Quellcode für Webseiten oder Präsentationen aufbereiten.

26.6.2 Java-Programme als Systemdienst ausführen

Um beim Systemstart gleich Programme auszuführen, lässt sich unter Windows und Unix ein so genannter Service (Dienst) einrichten. Damit kann das Betriebssystem Programme – wie einen Tomcat-Server – im Hintergrund laufen lassen, ohne dass ein Benutzer angemeldet sein muss.

Die Standardinstallation enthält keine Möglichkeit, um Java-Programme als Dienst zu starten und zu stoppen. Abhilfe schafft der *YAJSW (http://yajsw.sourceforge.net/)*, ein Open-Source-Projekt unter der LGPL-Lizenz, der Dienste unter Windows, vielen Unix-Systemen sowie Mac OS X einrichtet. Die sehr ausführliche Dokumentation ist aktuell und lässt keine Fragen offen.

26.7   Zum Weiterlesen

Programmieren mit Java reicht für ein Projekt nicht aus! Um diese Programmiersprache ist eine ganze Sammlung von Tools entstanden, die ein Softwareentwickler beherrschen muss. Das sind neben Compilern und Optimierungsschaltern für die Laufzeitumgebung Build-Tools wie Ant und Maven (*http://maven.apache.org/*), aber auch Tools zum Bug-Tracking und zur Versionskontrolle.

Dass es außer Jad keinen ernsthaften Decompiler gibt, ist schade. Selbst das jüngere System .NET weist schon eine viel größere Anzahl an Treffern beim Suchstring ».NET decompiler« aus als »java decompiler«. Dennoch ist der Hintergrund spannend, und *http://www.itee.uq.edu.au/~csmweb/decompilation/halstead.htm* erzählt ein bisschen davon.

A   Die Begleit-DVD

Auf der beiliegenden DVD befindet sich das komplette Buch im HTML-Export, über 300 Aufgaben – fast alle mit Lösungen –, das Java SE von Oracle in der Version 6, Entwicklungsumgebungen und Zusatzprogramme. Wir haben die Verzeichnishierarchie wie folgt vergeben:

DVD

aufgaben/
documentation/
openbook/
programme/
software/
   db/
      hsqldb/   *http://www.hsqldb.org*
      mysql/   *http://www.mysql.de*
   eclipse/
      checkclipse/   *http://www.mvmsoft.de/content/plugins/checkclipse/checkclipse.htm*
      eclipse_3_6/   *http://www.eclipse.org*
      eclipseme/   *http://eclipseme.org*
   javame/   *http://www.oracle.com/technetwork/java/javame*
   javase/   *http://www.oracle.com/technetwork/java/javase*
   jdom/   *http://www.jdom.org*
   jsmooth/   *http://jsmooth.sourceforge.net*
   launch4j/   *http://launch4j.sourceforge.net*
   netbeans/   *http://www.netbeans.org*
   tomcat/   *http://tomcat.apache.org*

Wo es möglich und sinnvoll ist, haben wir für die Software die Betriebssysteme Windows, Linux und MacOS X berücksichtigt.

Index

!, logischer Operator 131
#ifdef 58
#IMPLIED 939
#REQUIRED 939
$, innere Klasse 491, 497
%%, Format-Spezifizierer 312
%, Modulo-Operator 124
%, Operator 617
%b, Format-Spezifizierer 312
%c, Format-Spezifizierer 312
%d, Format-Spezifizierer 312
%e, Format-Spezifizierer 312
%f, Format-Spezifizierer 312
%n, Format-Spezifizierer 312
%s, Format-Spezifizierer 312
%t, Format-Spezifizierer 312
%tD 806
%tR 806
%tT 806
%x, Format-Spezifizierer 312
&&, logischer Operator 131
&amp 936
&apos 936
&gt 936
&lt 936
&quot 936
*, Multiplikationsoperator 123
*, regulärer Ausdruck 284
*7 52
+, Additionsoperator 123
+, regulärer Ausdruck 285
-, Subtraktionsoperator 123
., regulärer Ausdruck 284
.class 522, 1386
.NET Remoting 1279
/, Divisionsoperator 123
//, Zeilenkommentar 99
=, Zuweisungsoperator 111
== 202
==, Referenzvergleich 524
?, regulärer Ausdruck 285
@author, JavaDoc 436
@category, JavaDoc 436
@code, JavaDoc 436
@deprecated 442, 1385
@deprecated, Annotation 234
@deprecated, JavaDoc 441

@deprecated, JavaDoc-Tag 234
@Documented 1427
@exception, JavaDoc 436
@link, JavaDoc 436
@linkplain, JavaDoc 436
@literal, JavaDoc 436
@Override 234, 400, 421, 523, 1417
@param, JavaDoc 436
@Retention 1426
@return, JavaDoc 436
@see, JavaDoc 436
@SuppressWarnings 234, 1417
@Target 1424
@throws, JavaDoc 436
@version, JavaDoc 436
@XmlElement 950
@XmlRootElement 948
[L 1391
\, Ausmaskierung 260
^, logischer Operator 131
^, regulärer Ausdruck 285
||, logischer Operator 131
…, variable Argumentliste 222
1.1.1970 782
1099, Port rmiregistry 1287

A

Abrunden 613
abs(), Math 612
Absolutwert 145
Abstract Window Toolkit 1005
abstract, Schlüsselwort 414–415
AbstractAction, Klasse 1051
AbstractBorder, Klasse 1054
AbstractButton, Klasse 1048
AbstractTableModel, Klasse 1129
Abstrakte Klasse 414
Abstrakte Methode 415
Absturz der Ariane 5 601
Accelerator 1096
accept(), ServerSocket 1269
Accessibility 1008
Accessible, Schnittstelle 1176
AccessibleObject, Klasse 1399, 1415

Action, Schnittstelle 1051, 1095
ACTION_PERFORMED, Action-Event 1042
Action-Command 1050
ActionListener, Schnittstelle 1034, 1044, 1046
Adapter 662
Adapterklasse 1038
add(), Container 1026, 1053
addActionListener(), JButton 1046
addItem(), JComboBox 1108
Addition 123
addKeyListener(), Component 1058
addPropertyChangeListener(), PropertyChangeSupport 562
addWindowListener() 1037
Adjazenzmatrix 220
Adjustable, Schnittstelle 1082
AdjustmentEvent, Klasse 1081
AdjustmentListener, Schnittstelle 1083
Adler32, Klasse 909
Adobe Flash 64
Aggregationsfunktion 1383
Ahead-Of-Time Compiler 1436
Aktor 189
Al-Chwârismî, Ibn Mûsâ 633
Algorithmus 633
Alias 200
Allgemeiner Konstruktor 360
AlphaComposite, Klasse 1214
AlreadyBoundException 1289
AM_PM, Calendar 800
American Standard Code for Information Interchange 237
Amigos 188
Android 69
Anführungszeichen 117
Angepasster Exponent 610
AnnotatedElement, Schnittstelle 1407, 1429
Annotation 233
Annotiert 1385
Anonyme innere Klasse 496
Anpassung 560

Index

Ant 1451
Antialiasing 1184
Anweisung 98
  elementare 101
  geschachtelte 144
  leere 101
Anweisungssequenz 101
Anwendungsfall 189
Anwendungsfalldiagramm 189
ANY 938
Anzahl Einträge 1384
Apache Commons BeanUtils
  1414
Apache Commons CLI 232
Apache Commons Codec 252,
  311
Apache Commons Collections
  712
Apache Commons Compress 896
Apache Commons DBCP 1379
Apache Commons IO 825, 845
Apache Commons Lang 520, 524
Apache Commons Net 1275
Apache Harmony 67
Apache Jakarta HttpClient 1275
append(), StringBuffer/String-
  Builder 272
Appendable, Schnittstelle 273,
  856
appendReplacement(), Matcher
  295
appendTail(), Matcher 295
Apple, Look-and-Feel 1161
Applet 52, 63
appletviewer 1435
Applikations-Klassenlader 578
APRIL, Calendar 796
Äquivalenz 131
Ära 809
Arc2D, Klasse 1198, 1200
Arcus-Funktion 618
Arcus-Funktionen 618
Area, Klasse 1200
AreaAveragingScaleFilter 1232
Argument 100
  der Funktion 169
Argumentanzahl
  variable 222
ArithmeticException 123, 461,
  623
Arithmetischer Operator 123

Array 210
Array, Klasse 1396
arraycopy(), System 224
ArrayDeque, Klasse 681
Array-Grenze 58
ArrayIndexOutOfBounds-
  Exception 461
ArrayList, Klasse 381, 634,
  640–641, 651, 657
ArrayStoreException 406, 663
Array-Typ 193
Artefakte 1235
Aschermittwoch 798
ASCII 237
ASCII-Zeichen 90
asin(), Math 618
asList(), Arrays 230, 661, 668
ASM 1426
ASP (Active Server Pages) 1296
assert, Schlüsselwort 475
Assertion 475
AssertionError 475
Assignment 111
Assistive technology 1176
Assoziation 378
  reflexive 380
  rekursive 380
  zirkuläre 380
Assoziativer Speicher 640
Astronomie 781
Atlantic City 62
Atomar 744
Atomuhr 782
Attribut 187
Attribute 934
Attributinhalte 992
Aufgeschobene Initialisierung
  177
Aufrunden 613
AUGUST, Calendar 796
Ausdruck 122
Ausdrucksanweisung 104
Ausführungsstrang 713
Ausgabeformatierung 782
Ausnahmenbehandlung 57
Ausprägung 187
Ausprägungsspezifikation 189
Ausprägungsvariable 194
Äußere Schleife 155
Auswahlmenü 1107
Auszeichnungssprache 933

Authenticator, Klasse 1253
Autoboxing 518
Auto-Commit 1372
Automatische Typanpassung 392
Automatischer Bildlauf 1064
await(), Condition 766
AWT 1005
AWTEvent, Klasse 1042
AWTEventListener, Schnittstelle
  1175
AWT-Event-Thread 1038, 1168
AWT-Input 727
AWT-Motif 727

B

Base64 310
BASE64Decoder, Klasse 310
BASE64Encoder, Klasse 310
Baseline 1189
Basic Multilingual Plane 90
BasicStroke, Klasse 1215
BatchUpdateException 1366
BD-J 64
Bean-Zustände kopieren 1414
Beautifier 1455
bedingte Compilierung 58
Bedingung
  zusammengesetzte 141
Bedingungsoperator 133, 144
Behinderung, Accessibility 1008
Beispielprogramme der Insel 48
Benutzerdefinierter Klassenlader
  578
Beobachter-Pattern 551
Berkeley-Socket-Interface 1263
Betrag 612
BevelBorder, Klasse 1054
Bezeichner 92
Bézier-Kurve 1200
Bias 610
Biased exponent 610
Bidirektionale Beziehung 379
BigDecimal 622
BigDecimal, Klasse 628
Big-Endian 624
BigInteger, Klasse 622
Bilder skalieren 1231
Bildlaufleiste 1079
Binäre Suche (binary search) 701
Binärer Operator 122

1462

Binärrepräsentation 268
Binärsystem 115
Binary Floating-Point Arithmetic 607
binarySearch(), Arrays 230, 666
bind(), Registry 1288
Binnenmajuskel 93
bin-Pfad 75
Birrel 1277
Bitmenge 708
BitSet, Klasse 708
Bitttage 798
Bitweise Manipulation 708
Bitweises exklusives Oder 598
Bitweises Oder 598
Bitweises Und 598
Block, leerer 119
BlockingQueue, Schnittstelle 680
Block-Tag 438
Blu-ray Disc Association (BDA) 64
Blu-ray Disc Java 64
BOM (byte order mark) 240
boolean, Datentyp 107
Boolean, Klasse 516
Bootstrap-Klassen 576
Bootstrap-Klassenlader 578
Border, Schnittstelle 1054
BorderFactory, Klasse 1055
BorderLayout, Klasse 1066, 1070
Bound properties 562
Bound property 561
BoundedRangeModel, Schnittstelle 1081
Boxing 518
BoxLayout 1079
BoxLayout, Klasse 1066, 1069
break 157–158
BreakIterator, Klasse 304
brighter(), Color 1210
Brightness 1210
Bruch 631
Bruchzahl 606
Bucket, Hash-Tabelle 691
BufferedImage, Klasse 1228
BufferedInputStream, Klasse 846, 873
BufferedOutputStream 871
BufferedReader 846
BufferedReader, Klasse 873
BufferedWriter 871

build.xml 1451
ButtonGroup, Klasse 1089
Byte 597
byte 599
byte, Datentyp 107, 113
Byte, Klasse 510
ByteArrayInputStream, Klasse 870
ByteArrayOutputStream, Klasse 869
Bytecode 53
BZip2 896

C

C 51
C++ 51, 186
Cache, Bilder 1237
CAG (Constructive Area Geometry) 1201
Calendar, Klasse 782, 793
Call by Reference 201
Call by Value 169, 201
Callable, Schnittstelle 739
CallableStatement, Schnittstelle 1357
CANON_EQ, Pattern 287
Canvas 1219
CAP_BUTT, BasicStroke 1215
CAP_ROUND, BasicStroke 1215, 1218
CAP_SQUARE, BasicStroke 1215
CardLayout, Klasse 1066
Caret 1120
CASE_INSENSITIVE, Pattern 287
CASE_INSENSITIVE_ORDER, String 668
Cast 133
Cast, casten 135
catch, Schlüsselwort 444
CDATA 938
ceil(), Math 613
ChangeListener, Schnittstelle 1080
char, Datentyp 107, 117
Character, Klasse 240
CharArrayReader, Klasse 868
CharArrayWriter, Klasse 867
charAt(), String 253
CharSequence, Schnittstelle 247, 277

Charset, Klasse 309
Checkbox, Klasse 1086
Checked exception 462
checkError() 859
Checksum, Schnittstelle 906
choice box 1107
Christi Himmelfahrt 798
Class literal 522
Class Loader 575
Class, Klasse 522, 1386
class, Schlüsselwort 327, 1394
ClassCastException 394, 461
ClassLoader, Klasse 578
ClassNotFoundException 1387–1388, 1397
CLASSPATH 577, 1437, 1443
-classpath 577, 1437
Class-Path-Wildcard 1438
Client 1279
Client-Server-Kommunikation 1268
Clip-Bereich 1180
Clipboard 1098, 1163
Clipboard, Klasse 1163
Clipping 1205
clone() 528
clone(), Arrays 224
clone(), Object 528
Cloneable, Schnittstelle 529
CloneNotSupportedException 529, 531
Closeable, Schnittstelle 849
closePath(), Path2D 1203
Cloudscape 1336
Clustering, Hash-Tabelle 691
cmd.exe 592
Code point 90
Codepage 240
Codepoint 237
Codeposition 237
CollationKey, Klasse 282
Collator, Klasse 279, 504, 668
Collection, Schnittstelle 634, 636
Collection-API 633
Collections, Klasse 634
Color, Klasse 1206
com.sun.image.codec.jpeg, Paket 1220
combo box 1107
ComboBoxModel, Schnittstelle 1107

1463

Index

Command Model 1034
Command not found 74
command.com 592
Comparable, Schnittstelle 424, 503, 512
Comparator, Schnittstelle 503
compare(), Comparator 505
compare(), Wrapper-Klassen 512
compareTo(), Comparable 505
compareTo(), String 251
compareToIgnoreCase(), String 251
Compilation Unit 98, 208
Compilationseinheit 208
Compiler 74
Component, Klasse 1052
ComponentEvent, Klasse 1043
ComponentListener, Schnittstelle 1061
ComponentUI, Klasse 1106
Composite Pattern 1053
Composite, Schnittstelle 1214
CompoundBorder, Klasse 1054
concat(), String 257
CONCUR_UPDATABLE, ResultSet 1365
ConcurrentHashMap, Klasse 706
ConcurrentLinkedQueue, Klasse 706
ConcurrentMap, Schnittstelle 706
ConcurrentModificationException 649
ConcurrentSkipListMap, Klasse 641, 706
ConcurrentSkipListSet, Klasse 706
Condition, Schnittstelle 766
Connection, Schnittstelle 1351
Connector/J 1338
const 177
const, Schlüsselwort 178
const-korrekt 178
Constraint property 561
Constructor, Klasse 1405
Contact Port 1263
Container 633
contains(), Shapre 1204
contains(), String 247
containsKey(), Map 684
contentEquals(), String 276

Content-Handler 1248, 1250
ContentHandler, Schnittstelle 975
Content-Pane 1022
continue 157, 159
Controller 1105
Copy-Constructor 528
Copy-Konstruktor 362
copyOf(), Arrays 228
copyOfRange(), Arrays 228
CopyOnWriteArrayList, Klasse 651, 708
CopyOnWriteArraySet, Klasse 708
CORBA (Common Object Request Broker Architecture) 1279
cos(), Math 618
cosh(), Math 618
Cosinus 618
-cp 577, 1438
Cp037 307
Cp850 307
CRC32, Klasse 908
CREATE TABLE 1384
createCompatibleImage(),Graphics Configuration 1227
createGraphics(), BufferedImage 1228
createRegistry(), LocateRegistry 1285
createStatement(), Connection 1357
Crimson 946
CubicCurve2D, Klasse 1198
currency, Datentyp 117
Currency, Klasse 324
currentThread(), Thread 722
currentTimeMillis(), System 590, 783
curveTo(), GeneralPath 1201
Custom tag library 1312
Customization 560

D

-D 586
Dalvik Virtual Machine 69
Dämon 726
Dangling pointer 366
Dangling-Else-Problem 142
darker(), Color 1210

Dash attribute 1215
Data Hiding 338
Data Query Language 1382
Database Management Systems 1335
DatabaseMetaData, Schnittstelle 1376
DataFlavor, Klasse 1165
DataInput, Schnittstelle 835, 913
DataInputStream, Klasse 879
DataOutput, Schnittstelle 835, 913
DataOutputStream, Klasse 879
Datapoint 53
DataSource 1377
DataSource, Schnittstelle 1377
DATE, Calendar 800
Date, Klasse 782, 791
DateFormat, Klasse 319–320, 782, 806, 811
Dateiauswahldialog 1154
Dateinamenendungen 251
Dateiverknüpfung 821
Datenbankausprägung 1336
Datenbankschema 1336
Datenbankverbindung 1355
Datenbankverwaltungssystem 1335
Datenbasis 1335
Datenkompression 895
Datenstrukturen 633
Datentyp 106
  ganzzahliger 113
Datenzeiger 836
Datumswerte 782
DAY_OF_MONTH, Calendar 800
DAY_OF_WEEK, Calendar 800
DAY_OF_WEEK_IN_MONTH, Calendar 800
DAY_OF_YEAR, Calendar 800
DB2 1338
dBase, JDBC 1347
DBMS 1335
Deadlock 715, 761
DECEMBER, Calendar 796
DecimalFormat, Klasse 322, 324
Deep copy 531
deepEquals(), Arrays 227, 535
deepHashCode(), Arrays 535
default 147
Default constructor 358–359

1464

default, Schlüsselwort 1423
DefaultHandler, Klasse 976–977
Default-Konstruktor 197
DefaultListCellRenderer, Klasse 1116
DefaultListModel, Klasse 1115
DefaultListModel, Schnittstelle 1112
DefaultMutableTreeNode, Klasse 1143
Default-Paket 207
defaultReadObject(), ObjectInput-Stream 920
DefaultTableCellRenderer, Klasse 1134
DefaultTableModel, Klasse 1133
defaultWriteObject(), Object-OutputStream 920
DEK 621
Dekonstruktor 366
Dekonstruktor → Destruktor
Dekoration 1025
Dekrement 133
delegate 78
Delegation Model 1034
delete() 57
delete(), StringBuffer/String-Builder 274
Delimiter 295, 303
Deployment-Descriptor 1301
Deprecated 441
deprecated 1436
-deprecation 442
Deque 678
Deque, Schnittstelle 640, 680
Derby 1336
Dereferenced-Meldung 1290
Dereferenzierung 139
deriveFont(), Font 1191
Design-Pattern 551
Desktop, Klasse 595
Destruktor 536
Dezimalpunkt 606
Dezimalsystem 115
DGC 1290
Diakritische Zeichen entfernen 261
Dialog 1150–1151
DirectX 78
Disjunktion 131

Distributed Component Object Model (DCOM) 1279
Distributed GC 1290
Dividend 123
Divider 1062
Division 123
  Rest 617
Divisionsoperator 123
Divisor 123
-Djava.rmi.dgc.leaseValue 1290
-Djava.rmi.server.codebase 1292
-Djdbc.drivers 1352
DnD, Drag & Drop 1167
Doc Comment 435
Doclet 440, 1386
DOCTYPE 939
Document Object Model 945
Document Type Definition 937
Document, Klasse 982
DocumentBuilderFactory 947
Dokumentationskommentar 435
DOM 945
DOM Level 3 XPath 996
DOMBuilder, Klasse 983
Doppel-Pufferung, Swing 1063
DOS-Programm 592
DOTALL, Pattern 287
double 606
double, Datentyp 108
Double, Klasse 510
Double-Buffering, Swing 1063
doubleToLongBits(), Double 536, 611
do-while-Schleife 151
Dozer 1415
DQL 1382
Drag & Drop 1007, 1167
draw(Shape), Graphics2D 1198
draw3DRect(), Graphics 1210
drawImage(), Graphics 1223
drawLine(), Graphics 1184
drawString(), Graphics 1189
Drehfeld 1116
DriverManager, Klasse 1351, 1354
DST_OFFSET, Calendar 800
DTD 937
DTDHandler, Schnittstelle 976
Duck-Typing 164
Durchschnittswert 1383
Durchschuss 1195
Durchschuss 1195

-Duser.timezone 797
Dynamic invocation 1416
Dynamische Datenstruktur 633
Dynamische Webseite 1295
Dynamisches Layout 1026

E

-ea 476, 1438
EBCDIC 889
EBCDIC-Zeichensatz 307
Echozeichen 1121
Eclipse 77
Eclipse Translation Packs 79
ECML 1308
Edit-Distanz 253
Editor-Kit 1125
Eiche 51
Eigenschaft 560
Einfache Eigenschaft 561
einfaches Hochkomma 117
Einfachvererbung 386
Eingeschränkte Eigenschaft 561
Electronic Commerce Modeling Language 1308
Element suchen 701, 704
Element, Klasse 985
Element, XML 934
Elementklasse 491
ElementType, Aufzählung 1424
Ellipse2D, Klasse 1198
else 142
Elternklasse 384
EmptyBorder, Klasse 1054
EmptyStackException 461, 677
Enable assertions 476
Encoding 307
End caps 1215
Endlosschleife 150
Endorsed-Verzeichnis 577, 582
Endrekursion 179
endsWith(), String 251
ENGLISH, Locale 785
ensureCapacity(), List 660
Enterprise Edition 69
Entfernte Methoden 1277
Entfernte Methodenaufrufe 1277
Entfernte Objekte 1283
Entität 936
Entity 309
EntityResolver, Schnittstelle 976

Index

entrySet(), Map 688
Entwurfsmuster 551
Enum, Klasse 538
enum, Schlüsselwort 353, 475
Enumeration, Schnittstelle 645
Enumerator 644
EOFException 834, 879
equals() 524, 1245
equals(), Arrays 227, 535
equals(), Object 202, 524
equals(), Point 203
equals(), String 275
equals(), StringBuilder/String-
  Buffer 276
equals(), URL 527
equalsIgnoreCase(), String
  249–250
ERA, Calendar 800
Ereignis 560
Ereignis, GUI 1042
Ereignisauslöser 1034
Ereignisschlange 1168
Ergebnistyp 163
Erreichbarer Quellcode 170
Error, Klasse 456, 462
ErrorHandler, Schnittstelle 976
Erweiterte for-Schleife 215
Erweiterungsklasse 384
Erweiterungs-Klassenlader 578
Escape-Sequenz 117
Escape-Zeichen 248
Escher, Maurits 183
EtchedBorder, Klasse 1054
Eulersche Zahl 612
Euro-Zeichen 94
Event 560
Event Queue 1168
Event-Dispatching-Thread 1038
EventFilter, Schnittstelle 971
EventListener, Schnittstelle 558
EventObject, Klasse 557
Eventquelle 1034
EventQueue, Klasse 1168, 1172,
  1175
Event-Source 1034
Excelsior JET 1437
Exception 57
Exception, Klasse 456
ExceptionInInitializerError 372
exec(), Runtime 591
executeQuery(), Statement 1359

executeUpdate(), Statement 1359
Executor, Schnittstelle 736
ExecutorService, Schnittstelle
  737
Exemplar 187
Exemplarinitialisierer 374
Exemplarinitialisierungsblock
  498
Exemplarvariable 194, 345
exit(), System 233
EXIT_ON_CLOSE, JFrame 1023
Explizite Typumwandlung 394
Explizites Klassenladen 576
Exponent 610
Exponentialwert 615–616
exportObject(), UnicastRemot-
  eObject 1288
Expression 122
extends, Schlüsselwort 384, 428
eXtensible Markup Language 934
Extension-Verzeichnis 576

F

Fabrik 551
Fabrikmethode 368
Factory 551
Faden 713
Fakultät 627
Fall-Through 148
false 107
FALSE, Boolean 516
Farbe 1206
Farbmodell 1210
Farbsättigung 1210
FEBRUARY, Calendar 796
Fee, die gute 178
Fehler 456
Fehlercode 443
Fehlermeldung
  non-static-method 168
Feld 210
  nichtrechteckiges 218
Feldtyp 193
Fencepost error 153
Fenstermenü 1092
Field, Klasse 1398–1399, 1409
FIFO-Prinzip 640
File, Klasse 816
file.encoding 889
File.separatorChar 817

FileChannel, Klasse 831
FileDescriptor, Klasse 845
FileFilter, Schnittstelle 823
FileInputStream, Klasse 842
FileNameExtensionFilter, Klasse
  1155
FilenameFilter, Schnittstelle 823
FileNotFoundException 457
FileOutputStream, Klasse 842
FileReader, Klasse 841
FileWriter, Klasse 840
fill(), Arrays 228
fill(), Collections 703
fillInStackTrace(), Throwable 472
FilterInputStream, Klasse 879
FilterOutputStream, Klasse 879
FilterReader, Klasse 879
FilterWriter, Klasse 879
final 176
final, Schlüsselwort 346, 351,
  403, 1394
Finale Klasse 403
Finale Methode 403
Finale Werte 376
finalize(), Object 536
Finalizer 536
finally, Schlüsselwort 454
find(), Matcher 291
FindBugs 467
findClass(), ClassLoader 579
firePropertyChange(),Property-
  ChangeSupport 562
fireVetoableChange(), Vetoab-
  leChangeSupport 565
First in, First out 640
First Person, Inc. 52
Fitts's Law 1067
Flache Kopie 690
Flache Kopie, clone() 531
Flache Objektkopie 531
Fließkommazahl 106, 116, 606
Fließpunktzahl 606
float 606
float, Datentyp 108
Float, Klasse 510
floatToIntBits(), Float 536
floor(), Math 613
FlowLayout, Klasse 1066, 1068
Fluchtsymbol 117
Flushable, Schnittstelle 850
FocusEvent, Klasse 1043

FocusListener, Schnittstelle 1057
Fokus 1056
Font, Klasse 1028, 1189
FontFormatException 1193
FontMetrics, Klasse 1194
FontRenderContext, Klasse 1196
For-Each Loop 149
format() 859
format(), Format 320
format(), PrintWriter/Print-
    Stream 313
format(), String 312
Format, Klasse 319–320
Formatierungsanweisungen 806
Formatierungsstring 809
Formatierungsstrings 810
Format-Spezifizierer 312
Format-String 312
Formattable, Schnittstelle 318
Formatter, Klasse 317
forName(), Class 1386
for-Schleife 152
Fortschaltausdruck 153
Fortschrittsbalken 1090
Fragezeichen-Operator 122
FRANCE, Locale 785
free() 57
FRENCH, Locale 785
Fronleichnam 798
FULL, DateFormat 808
Füllfaktor 692
Füllmuster 1218
Füllung, Paint 1205
Future, Schnittstelle 740

G

Ganzzahl 106
Garbage-Collector 57, 193, 196,
    356, 366
Gaußsche Normalverteilung 622
GC 57, 356
GC, Garbage-Collector 366
gcj 1437
Gebundene Eigenschaft 561–562
Gebundene Property 1062
Geburtsdatum 803
Gegenseitiger Ausschluss 744,
    749
Geltungsbereich 120
GeneralPath, Klasse 1201

Generics 480
Generische Methode 485
Geordnete Liste 639
Geprüfte Ausnahme 462
GERMAN, Locale 785
GERMANY, Locale 785
Geschachtelte Ausnahme 472
Geschachtelte Top-Level-Klasse
    490
get(), List 651
get(), Map 684
getBoolean(), Boolean 509
getBytes(), ResultSet 1364
getBytes(), String 307
getChars(), String 256
getClass(), Object 522, 1386
getColumnClass(), TableModel
    1129
getColumnCount(), TableModel
    1129
getColumnName(), TableModel
    1129
getConnection(), DriverManager
    1351
getContentPane(), JFrame 1022
getInstance(), Calendar 796
getInteger(), Integer 509
GET-Methode 1255
getPriority(), Thread 735
getProperties(), System 584
getProperty(), Properties 694
getResource() 852
getResourceAsStream() 852
getRowCount(), TableModel
    1129
getTableCellEditorComponent(),
    TableCellEditor 1137
Getter 340, 561
getText(), JLabel 1028
getText(), JTextComponent 1119
getTimeInMillis(), Calendar 797
getValueAt(), TableModel 1129
ggT 623
GIF 1219
GlassFish 69
Glass-Pane 1147
Gleichheit 203
Gleitkommazahl 606
globale Variable 120
Glyphe 1189
GMST 781

GNU Classpath 67
Google Guava 467, 712
Gosling, James 51
goto, Schlüsselwort 160
GradientPaint 1206
Grammatik 89
Granularität, Threads 735
Graphics Interchange Format
    1219
Graphics, Klasse 1180
Graphics2D, Klasse 1180
GraphicsEnvironment, Klasse
    1192
Greedy operator, regulärer
    Ausdruck 292
Green-OS 52
Green-Projekt 51
Green-Team 52
Greenwich Mean Sidereal Time
    781
GregorianCalendar, Klasse
    794–795
Gregorianischer Kalender 793
GridBagConstraints, Klasse 1074
GridBagLayout, Klasse 1066,
    1073
GridLayout, Klasse 1066, 1072
Groovy 59
Groß-/Kleinschreibung 93, 252,
    257
Größter gemeinsamer Teiler 623
group(), Matcher 291
GroupLayout, Klasse 1066
Grundlinie 1189
Grundton 1210
Gruppenfunktion 1383
Guard 771
Guarded action 771
Guarded wait 771
Guava 712
GUI-Builder 1385
Gültigkeit, XML 937
Gültigkeitsbereich 120
GZIPInputStream, Klasse 896
GZIPOutputStream, Klasse 896

H

Halbierungssuche 701
Hashcode 531, 691
hashCode(), Arrays 535

1467

Index

hashCode(), Object 531
Hash-Funktion 531, 691
HashMap, Klasse 642, 681
HashSet, Klasse 640, 672
Hash-Tabelle 681
Hashtable 681
Hash-Wert 531
hasNextLine(), Scanner 299
Hauptklasse 98
Header-Datei 58
Heap 192
Heavyweight component 1006
Helligkeit 1210
Hexadezimale Zahl 115
Hexadezimalrepräsentation 268
Hexadezimalsystem 115
Hibernate 1384
HierarchyEvent, Klasse 1043
High-level event 1043
Hilfsklasse 367
Hoare, C. A. R. 748
Horcher 1034
Host-Adresse 1258
HotJava 52
HOUR, Calendar 800
HOUR_OF_DAY, Calendar 800
HP 54
HSB 1210
HSQLDB 1336
HTML 933
HTML-Entity 309
HTML-Formular 1307
HTTP 1241
HttpClient 1275
HttpComponents 1275
HTTP-Header 1249
HttpSession, Schnittstelle 1325
Hue 1210
Hyperbolicus-Funktionen 618
Hypertext Transfer Protocol 1241

I

i18n.jar 576
ICCCM 1164
IcedTea 60
Ich-Ansatz 187
ICO 1221
IDENTICAL, Collator 280
Identifizierer 92
Identität 203, 524

identityHashCode(), System 533
IdentityHashMap, Klasse 687
IEEE 754 125, 606
IEEE-754 116
IEEEremainder(), Math 617
IETF 1240
if-Anweisung 140
    angehäufte 144
IFC 1007
if-Kaskade 144
Ignorierter Statusrückgabewert
    447
IllegalAccessException 1397
IllegalArgumentException 461,
    463, 465–466, 468
IllegalMonitorStateException
    461, 769, 775
IllegalStateException 465
IllegalThreadStateException 718
Image, Klasse 1220
ImageIcon, Klasse 1030
ImageIO 1220
ImageIO, Klasse 1221
ImageObserver, Schnittstelle
    1223
Imagination 51
immutable 244
Imperative Programmiersprache
    98
Implikation 131
Implizites Klassenladen 576
import, Schlüsselwort 205
Index 210, 212
Indexed property 561
Indexierte Variablen 212
indexOf(), String 247
IndexOutOfBoundException 214
IndexOutOfBoundsException
    466
Indizierte Eigenschaft 561
InetAddress 1258
InetAddress, Klasse 1258
InetSocketAddress, Klasse 1267
Infinity 607
Inkrement 133
Inline-Tag 438
Innere Klasse 489
Innere Schleife 155
InputMethodEvent, Klasse 1043
InputMismatchException 302
InputStream, Klasse 851

InputStreamReader, Klasse 308,
    890
instanceof, Schlüsselwort 418,
    1392
InstantiationException 1397,
    1408
Instanz 187
Instanzinitialisierer 374
Instanzvariable 194
int 599
int, Datentyp 108, 113
Integer, Klasse 510
IntelliJ IDEA 78
Interaktionsdiagramm 190
Inter-Client Communication
    Convention Manual 1164
Interface 62, 414, 419
interface, Schlüsselwort 419
Interface/Implementation-Pair
    1129
Interface-Typ 193
Intermediate container 1063
Internal frame 1148
Internationalisierung 788
Internes Fenster 1148
Internet Engineering Task Force
    1240
Internet Explorer 64
Internet Foundation Classes 1007
Internet Protocol 1240
Interrupt 728
interrupt(), Thread 728, 775
interrupted(), Thread 730
InterruptedException 594, 724,
    729, 767, 775
InterruptedIOException 1269
Intersolv 1343
Intervall 157
Introspection 560, 1385
InvalidClassException 912, 923
InvocationEvent, Klasse 1172
InvocationTargetException 1397,
    1408
invoke(), Method 1416
invokeAndWait(), SwingUtilities
    1171
invokeLater(), SwingUtilities
    1092, 1171
Invoker-Servlet 1330
IOException 449, 457
IP 1240

IP-Adresse 1258
iPhone 54
isCellEditable(), TableModel 1129, 1131
isDigit(), Character 240
isInterrupted(), Thread 728
isLetter(), Character 240
is-Methode 340
isNaN(), Double/Float 608
ISO 8859-1 90, 238
ISO Country Code 785
ISO Language Code 785
ISO/IEC 8859-1 238
ISO-639-Code 785
ISO-Abkürzung 787
Ist-eine-Art-von-Beziehung 414
ITALIAN, Locale 785
ItemEvent, Klasse 1086
ItemListener, Schnittstelle 1086–1087, 1090, 1110
ItemSelectable, Schnittstelle 1087
itemStateChanged(), ItemListener 1087
Iterable, Schnittstelle 545, 644
Iterator 644
iterator(), Iterable 545
Iterator, Schnittstelle 545, 645

J

J/Direct 78
J2EE 69
J2ME 68
Jacobson, Ivar 188
Jahr 800, 809
JAI 1220
Jakarta Commons Math 631
JANUARY, Calendar 796
JAPAN, Locale 785
JAPANESE, Locale 785
Jar 1439
jar, Dienstprogramm 1435, 1440
-jar, java 1443
Jar-Archiv 1301
Jar-Datei 1251
JarFile, Klasse 906, 1252
Jaro-Winkler-Algorithmus 253
jarsigner 1435
JarURLConnection, Klasse 1252
Java 52
Java 2D API 1007

Java 2D-API 1182
Java Accessibility 1176
Java API for XML Parsing 946
Java Card 69
Java Community Process (JCP) 574
Java Database Connectivity 1342
Java DB 1336
Java Document Object Model 945
Java EE 69
Java Foundation Classes 1007
Java Foundation Classes (JFC) 1183
Java Image Management Interface 1220
Java ME 68
Java Object Serialization 910
Java Persistence API 911
Java Persistence API (JPA) 1384
Java Runtime Environment 1442
Java Secure Socket Extension 1276
Java Virtual Machine 53
Java Virtual Machine Process Status Tool 1444
Java Virtual Machine Statistics Monitoring Tool 1444
Java VisualVM 1446
java, Dienstprogramm 1435, 1437
java, Paket 204
java.awt.event, Paket 1042
java.awt.geom, Paket 1183
java.beans, Paket 927
java.endorsed.dirs 583
java.ext.dirs 577
java.naming.factory.initial 1379
java.net, Paket 1239
java.nio.charset, Paket 309
java.prof 1438
java.rmi.server.codebase 1292
java.rmi.useCodebaseOnly 1292
java.sql.Date, Klasse 1363
java.sql.Time, Klasse 1363
java.text, Paket 304
java.util.concurrent, Paket 707
java.util.concurrent.atomic, Paket 757
java.util.jar, Paket 896, 1440
java.util.regex, Paket 284

java.util.zip, Paket 896
JavaBean 560
Java-Beans 1385
JavaBeans Persistence 910
javac, Dienstprogramm 1435–1436
JavaCompiler 1437
JavaDoc 435
javadoc 1435
javadoc, Dienstprogramm 437
JavaDoc-Tag 1385
JavaFX 64
JavaFX Plattform 64
Java–Look-and-Feel 1160
JavaScript 62
Java-Security-Model 55
JavaServer Faces 1334
JavaServer Page 1297
JavaSoft 52
javaw, Dienstprogramm 1439
javax, Paket 204, 575
javax.net, Paket 1276
javax.swing, Paket 1021
javax.swing.text, Paket 1118
javax.xml.bind.annotation, Paket 948
JAXB 947
JAXBContext, Klasse 948
Jaxen 982, 996
JAXP 946
JBP, JavaBeans Persistence 910
JBuilder 87
JButton, Klasse 1044, 1048
JCheckBox, Klasse 1048
JCheckBoxMenuItem, Klasse 1094
JComboBox, Klasse 1107
jdb 1435
JDBC 1342
JDBC 1.0 1344
JDBC 2.0 API 1344
JDBC 2.0 Optional Package API 1345
JDBC 2.1 core API 1344
jdbc.drivers 1352
JDBC-ODBC-Bridge-Treiber 1343
JDesktopPane, Klasse 1148
JDialog, Klasse 1151
JDOM 945
JDOMResult, Klasse 1001
JDOMSource, Klasse 1001

JEditorPane, Klasse 1118, 1125
Jetty 1299
JFC 1007
JFileChooser, Klasse 1154
JFormattedTextField, Klasse 1118, 1121
JFrame, Klasse 1021, 1181
JGoodies Looks 1162
Jimi 1220
Jindent 1456
JIT 54
JLabel, Klasse 1026
JList, Klasse 1111
jmap, Dienstprogramm 1445
JMenu, Klasse 1093–1094
JMenuBar, Klasse 1093
JMenuItem, Klasse 1048, 1094
JNDI 1377
jndi.properties 1378
Joda Time 813
join(), Thread 732
JOIN_BEVEL, BasicStroke 1217
JOIN_MITER, BasicStroke 1217
JOIN_ROUND, BasicStroke 1217
JOptionPane, Klasse 448, 1151
JOS, Java Object Serialization 910
JPA 911
JPA, Java Persistence API 1384
JPanel, Klasse 1062–1063
JPasswordField, Klasse 1118, 1121
JPEG 1219
JPopupMenu, Klasse 1102
JProgressBar, Klasse 1090, 1172
jps, Dienstprogramm 1444
JRadioButton, Klasse 1048, 1089
JRadioButtonMenuItem, Klasse 1094
JRE 1442
JRootPane, Klasse 1147
JRuby 59
JScrollBar, Klasse 1063, 1081
JScrollPane 1064
JScrollPane, Klasse 1062–1063, 1113, 1125, 1128
JSlider, Klasse 1080
JSmooth 1437
JSP 1297
JSpinner, Klasse 1116
JSplitPane, Klasse 1062, 1065

JSR (Java Specification Request) 65
jstack, Dienstprogramm 1445
jstat, Dienstprogramm 1444
JSTL 1312
JTabbedPane, Klasse 1062, 1064
JTable, Klasse 1127
JTableHeader, Klasse 1139
JTextArea, Klasse 1118
JTextComponent, Klasse 1119
JTextField, Klasse 1118
JTextPane, Klasse 1118
JToggleButton, Klasse 1048, 1050
JToolBar, Klasse 1062, 1099
JTree, Klasse 1143
JULY, Calendar 796
JUNE, Calendar 796
Just-in-Time Compiler 54
JViewport, Klasse 1063
JWindow, Klasse 1150
JXPath 1003
Jython 59

K

Kanonischer Pfad 818
Kardinalität 379
Kaufmännische Rundung 614
Keller 676
Key 640
KeyEvent, Klasse 1043, 1057
KeyListener, Schnittstelle 1058
KeySelectionManager, Schnittstelle 1110
keySet(), Map 688
keytool 1435
Kindklasse 384
Klammerpaar 166
Klasse 187, 1232
Klassendiagramm 189
Klasseneigenschaft 346
Klassenhierarchie 384
Klasseninitialisierer 371
Klassenkonzept 62
Klassenlader 55, 575
Klassen-Literal 522
Klassenmethode 167
Klassenobjekt 522
Klassentyp 193

Klassenvariable, Initialisierung 372
Klonen 528
Knuth, Donald E. 621
Kodierung, Zeichen 307
Kommandozeilenparameter 232
Komma-Operator 155
Kommentar 99
Kompilationseinheit 98
Komplement 598
    bitweises 133
    logisches 133
Komplexe Zahl 631
Kompressionsstufe 1235
Komprimierungsfaktor 1219
Konditionaloperator 144
Konjunktion 131
Konkatenation 244
Konkrete Klasse 414
Konstantenpool 263
Konstruktive Flächengeometrie 1201
Konstruktor 196, 356
    Vererbung 387
Konstruktoraufruf 191
Konstruktorweiterleitung 387
Kontextmenü 1102
Kontravalenz 131
Kontrollfeldgruppe 1089
Kontrollstruktur 140
Koordinierte Weltzeit 782
Kopf 163
Kopfdefinition 936
KOREA, Locale 785
KOREAN, Locale 785
Kovarianter Rückgabetyp 404
Kovarianz bei Arrays 405
Kreiszahl 612
Kritischer Abschnitt 744
Kubische Kurvensegmente 1200
Kurve 1200
Kurzschluss-Operator 132

L

lastIndexOf(), String 248
Last-in-First-out 676
Latin-1 238, 889
Laufwerksname 829
Laufzeitumgebung 53
launch4j 1437

LayoutManager, Schnittstelle 1067

leading 1195

Lease 1290

Lebensdauer 120

leerer String 261

Leerraum
entfernen 258

Leer-String 264

Leerzeichen 303

length(), String 246

Levenshtein Distanz 253

Lexikalik 89

LIFO 676

Lightweight component 1009

Line joins 1215

line joins 1217

line.separator 585

Line2D, Klasse 1198

Lineare Algebra 631

Lineare Kongruenzen 621

LinearGradientPaint 1206

LineBorder, Klasse 1054

LineMetrics, Klasse 1196

LineNumberReader, Klasse 875

lineTo(), GeneralPath 1201

Linie 1183

Linienende 1215

Linien-Pattern 1215

Linienverbindung 1217

LinkedBlockingDeque, Klasse 681

LinkedHashSet, Klasse 676

LinkedList, Klasse 640–641, 651, 660

Linking 575

Linksassoziativität 134

Liskov, Barbara 395

Liskovsches Substitutionsprinzip 395

List, Schnittstelle 639, 650

ListCellRenderer, Schnittstelle 1116

Liste 650

Liste füllen 703

Listener 556, 1034

ListIterator, Schnittstelle 656

ListSelectionEvent, Klasse 1113–1114

ListSelectionListener, Schnittstelle 1113–1114

ListSelectionModel, Schnittstelle 1140

Load Factor 692

loadClass(), ClassLoader 578

Locale 785

Locale, Klasse 258, 324, 784

LocateRegistry, Klasse 1286

Lock 748, 757

lock(), Lock 750

lock-free-Algorithmus 706

Locking 831

log(), Math 616

logClass 1289

Logging, RMI 1289

Logisch atomar 768

Logischer Operator 131

Lokale Klasse 495

Lokale Objekte 1283

Lokaler Host 1260

Lokalisierte Zahl, Scanner 302

Lokalisierung 788

LONG, DateFormat 808

long, Datentyp 108, 113

Long, Klasse 510

longBitsToDouble(), Double 611

Low-level event 1043

LU-Zerlegung 631

M

Magic number 351

Magische Zahl 351

Magische Zahlenwerte 1394

main() 99

main()-Funktion 76

Main-Class 1442

Makro 58

MalformedURLException 1243

MANIFEST.MF 1442

Mantelklasse 507

Mantisse 610

Map, Schnittstelle 634, 641, 681

Map.Entry, Klasse 689

MARCH, Calendar 796

Marke 160

Marker interface 422

Markierungsschnittstelle 422, 914

Marshaller, Schnittstelle 948

Marshalling 1280

MaskFormatter, Klasse 318

Matcher, Klasse 284

matches(), Pattern 284

matches(), String 284

MatchResult, Schnittstelle 293

Math, Klasse 611

MathContext, Klasse 630

Matisse 1012

MatteBorder, Klasse 1054

Mausrad 1059

Maven 1451

max(), Collections 666

max(), Math 613

MAX_PRIORITY, Thread 735

MAX_RADIX 243

Maximalwert 1384

Maximum 145, 613

MAY, Calendar 796

McNealy, Scott 52

MediaTracker, Klasse 1236

MEDIUM, DateFormat 808

Megginson, David 945

Mehrdimensionales Array 217

Mehrfachvererbung 423

Mehrfachverzweigung 144

Member class 491

Memory leak 366

Memory Map 1445

Menü 1092

Menübalken 1093

Menüeintrag 1093

Menütrennlinie 1095

Merant 1343

Merge-Sort 669

Meridian 781

MESA 51

MessageFormat, Klasse 319–320

Metadaten 233, 1373

META-INF/MANIFEST.MF 1442

Metal, Look-and-Feel 1160

Meta-Objekt 1386

Metaphone-Algorithmus 252

Meta-Programming 1385

Method, Klasse 1401

Methode 163
parametrisierte 168
rekursive 178
statische 167
überladene 102

Methoden überladen 174

Methodenaufruf 100, 166, 331

Methodenkopf 163

Index

Methodenrumpf 163
Micro Edition 68
Microsoft Access 1338
Microsoft Development Kit 78
Microsoft SQL Server 1338
Middleware 1281–1282
MILLISECOND, Calendar 800
Millisekunde 800
MIME-Typ 1250
MimeUtility, Klasse 311
min(), Collections 666
min(), Math 613
MIN_PRIORITY, Thread 735
MIN_RADIX 243
Minimalwert 1384
Minimum 145, 613
Minute 800
MINUTE, Calendar 800
Mitgliedsklasse 491
Mnemonic 1097
Modal 1151
Model 1105
Model-View-Controller 551, 1105
Modifizierer 105, 1394
Modulo 125
Monat 800
Monitor 748
monitorenter 749
monitorexit 749
Mono 63
MONTH, Calendar 800
Mouse wheel 1059
MouseEvent, Klasse 1043
MouseListener, Schnittstelle 1034
MouseMotionListener, Schnittstelle 1034
MouseWheelEvent, Klasse 1059
multicast 78
Multicast-Kommunikation 1276
Multilevel continue 160
MULTILINE, Pattern 287
Multiline-Modus, regulärer Ausdruck 290
MULTIPLE_INTERVAL_SELECTION, ListSelectionModel 1114
Multiplikation 123
Multiplizität 379
Multitaskingfähig 713

Multithreaded 714
Muster, regulärer Ausdruck 284
MutableTreeNode, Schnittstelle 1143
Mutex 749
MVC 1105
MyEclipse 87
MySQL 1338

N

name(), Enum 539
Namensdienst 1279, 1285
Namensraum 942
NaN 123, 607
NAND-Gatter 131
Narrowing conversion 136
native Methode 61
Native Protocol All-Java Driver 1344
native2ascii, Dienstprogramm 309
Native-API Java Driver 1344
Nativer Compiler 1436
Nativer Thread 714
Natural ordering 503
Natürliche Ordnung 503
Naughton, Patrick 51
NavigableMap, Schnittstelle 641, 683
NavigableSet, Schnittstelle 674
Navigation 1056
Nearest neighbor algorithm 1232
Nebeneffekt 331
Negative Zeichenklassen 285
Negatives Vorzeichen 122
Nelson 1277
Nested exception 472
Nested top-level class 490
NetBeans 77
Netscape 62, 1007
netstat 1269
network-address.cache.ttl, Property 1261
NetworkInterface, Klasse 1261
Netz-Protokoll All-Java Driver 1344
new line 585
new, Schlüsselwort 191, 356, 1407

newInstance(), Array 1396
newInstance(), Constructor 1407
newLine(), BufferedWriter 873
nextLine(), Scanner 299
Nicht 131
Nicht ausführend 767
Nicht geprüfte Ausnahme 462
Nicht-modal 1151
Nicht-primitives Feld 217
Nimbus, Look-and-Feel 1160
No-arg-constructor 357, 359
No-Arg-Konstruktor 197
NoClassDefFoundError 1388
Non-greedy operator, regulärer Ausdruck 292
nonNull(), Objects 467
NOR-Gatter 131
Normalisierer, Klasse 261
normalize(), Normalizer 261, 283
Normalizer, Klasse 283
Normalverteilung 622
NoSuchElementException 645, 679
NoSuchFieldException 1397
NoSuchMethodException 1397
Not a Number 607
Notation 188
notify(), Object 766, 774
notifyAll() 769
notifyObservers(), Observable 552
NotSerializableException 912, 914, 916
NOVEMBER, Calendar 796
nowarn 1436
NULL 443
Null Object Pattern 698
null, Schlüsselwort 197
NULL, SQL 1364
Nullary constructor 357
NullPointerException 198, 214, 461, 466
Null-Referenz 197
Null-String 264
Number, Klasse 510
NumberFormat, Klasse 319–321
NumberFormatException 267, 445, 448
Numeric promotion 123
Numerische Umwandlung 123

Index

O

Oak 51
Oberklasse 384
Oberklasse finden 1393
Oberlänge 1195
Obfuscator 1388
Object Management Group 189, 1279
Object Management Group (OMG) 574
Object Serialization Stream Protocol 917
Object, Klasse 386, 521
ObjectInputStream, Klasse 912
Objective-C 62
ObjectOutputStream, Klasse 911
ObjectStreamField, Klasse 917
Objektansatz 187
Objektdiagramm 189
Objektgleichheit 524
Objektidentifikation 522
Objektorientierter Ansatz 62
Objektorientierung 55, 105
Objekt-relationales Mapping 910
Objekttyp 393
Objektvariable 194
Objektvariable, Initialisierung 370
Observable, Klasse 551
Observer, Schnittstelle 551
Observer/Observable 551
Observer-Pattern 1105
Ocean, Look-and-Feel 1160
OCTOBER, Calendar 796
ODBC 1339, 1342–1343
ODBC-Datenquellen-Administrator 1339
Oder 131
   ausschließendes 131
   bitweises 133
   exklusives 131
   logisches 133
Off-by-one error 153
Oktalsystem 115
Oktalzahlrepräsentation 268
OMG 189
OMG (Object Management Group) 1279
OO-Methode 188
Opak 1061

Open Database Connectivity Standard 1343
OpenJDK 60
openStream(), URL 1246
Operator 122
   arithmetischer 123
   binärer 122
   einstelliger 122
   logischer 131
   Rang eines 133
   relationaler 129
   ternärer 144
   trinärer 144
   unärer 122
   zweistelliger 122
Operator precedence 133
Optionsfeld 1089
Oracle Corporation 53
Oracle Database 1338
OracleDriver 1353
ordinal(), Enum 541
Ordinalzahl, Enum 540
org.jdom, Paket 981
OR-Mapping 910
Ostersonntag 798
OutOfMemoryError 192, 462, 529
OutputStream, Klasse 848
OutputStreamWriter, Klasse 308, 889
OverlayLayout, Klasse 1079

P

Pack200 896
package, Schlüsselwort 207
paint(), Frame 1179
Paint, Schnittstelle 1206
paintComponent() 1181
Paket 204
Paketsichtbarkeit 342
Palmsonntag 798
Palrang, Joe 51
Parameter 168
   aktueller 168
   formaler 168
Parameterliste 163, 166
Parameterloser Konstruktor 357
Parameterübergabemechanismus 169
Parametrisierter Konstruktor 360

Parametrisierter Typ 481
parseBoolean(), Boolean 266
parseByte(), Byte 266
Parsed Character Data 938
parseDouble(), Double 266
ParseException 321, 811
parseFloat(), Float 266
parseInt(), Integer 266, 269, 448, 514
parseLong(), Long 266, 269
parseObject(), Format 320
parseShort(), Short 266
Partiell abstrakte Klasse 415
Passionssonntag 798
PATH 75
Pattern, Klasse 284
Pattern, regulärer Ausdruck 284
Pattern-Flags 288
Pattern-Matcher 284
Payne, Jonathan 52
PCDATA 938
p-code 53
PDA 68
Peer-Elemente 1169
Peer-Klassen 1006
Peirce-Funktion 131
PersistenceDelegate, Klasse 928
Persistenz 560, 909
Pfad 1201
Pfingstsonntag 798
phoneMe 68
PHP 1296
PicoJava 54
PipedInputStream, Klasse 891
PipedOutputStream, Klasse 891
PipedReader, Klasse 891
PipedWriter, Klasse 891
pissing on at every opportunity 78
Plain Old Java Object 570
Plattenspeicher 830
Pluggable Look & Feel 1007
Plugin, Eclipse 86
Plus, überladenes 138
Plus/Minus, unäres 133
POCO 570
Point, Klasse 187, 191
Pointer 56
POJO 570
Polar-Methode 622
policytool 1435

Polygon 1186
Polygon, Klasse 1187, 1198
Polyline 1186
Polymorphie 408
Popup-Menü 1101
Port 1234 1269
Port, RMI-Namensdienst 1287
Port-Adresse 1263
Position des Fensters 1024
Post-Dekrement 128
PostgreSQL 1338
Post-Inkrement 128
POST-Methode 1255
POST-Request 1257
Potenz 616
Prä-Dekrement 128
Präfix 251
Prä-Inkrement 128
PreparedStatement, Schnittstelle 1357, 1370
PRIMARY, Collator 280
Primzahlen 711
print() 101, 175, 859
printf() 102, 859
printf(), PrintWriter/PrintStream 313
println() 101, 859
printStackTrace(), Throwable 447
PrintStream 859
PrintWriter 859
Priorität, Thread 735
Prioritätswarteschlange 735
PriorityQueue, Klasse 640
private, Schlüsselwort 337, 1394
Privatsphäre 336
Process, Klasse 594
ProcessBuilder, Klasse 591
Profiling-Informationen 1438
Programm 98
Programm-Icon 1226
Programmieren gegen Schnitt-stellen 423
Programmiersprache
  imperative 98
Properties, Bean 561
Properties, Klasse 584, 693
Property 340, 560
PropertyChangeEvent, Klasse 562, 1062
PropertyChangeListener, Schnitt-stelle 562

PropertyChangeSupport, Klasse 562
PropertyDescriptor, Klasse 1404
Property-Design-Pattern 560
Property-Sheet 560
PropertyVetoException 565
Proposed Standard 1240
protected, Schlüsselwort 387, 1394
Protocol Buffers 910
Protocol Handler 1250
Protocols 62
Protokoll 1241
Protokoll-Handler 1250
Proxy 1277
Proxy-Authorization 1254
Prozess 713
Pseudo-Primzahltest 623
public, Schlüsselwort 336, 1394
Pulldown-Menü 1092
Punkt-Operator 194
Pure abstrakte Klasse 415
PushbackInputStream, Klasse 876
PushbackReader, Klasse 876
put(), Map 683

Q

qNaNs 609
QuadCurve2D, Klasse 1198
Quadratische Kurvensegmente 1200
Quadratwurzel 615
quadTo(), GeneralPath 1201
Quantifizierer 284
QuantumDB 1340
Quartz 778
Quasiparallelität 713
Quellcode-Verschönerer 1455
Query-String 1255
Queue, Schnittstelle 640, 678
Quicksort 669
Quiet NaN 609
quote(), Pattern 260
quoteReplacement(), Matcher 295

R

Race condition 747
Race hazard 747

RadialGradientPaint 1206
Rahmen 1054
Random 620
random(), Math 217, 619
Random, Klasse 620
RandomAccess, Schnittstelle 657
RandomAccessFile, Klasse 832
Range-Checking 58
Rangordnung 133
Reader, Klasse 856
readLine(), BufferedReader 875
readObject(), ObjectInputStream 912
readPassword(), Console 590
readResolve() 921
readUTF(), RandomAccessFile 835
ReadWriteLock, Schnittstelle 754
rebind(), Registry 1288
Rechenungenauigkeit 156
Rechtsassoziativität 134
Rectangle2D, Klasse 1198
RectangularShape, Klasse 1198
Reentrant 764
ReentrantLock, Klasse 751
ReentrantLock, Schnittstelle 766
ReentrantReadWriteLock, Klasse 754
Reference Concrete Syntax 935
Referenced-Meldung 1290
Referenz 56
Referenzierung 139
Referenztyp 107, 122, 393
Referenztyp, Vergleich mit == 202
Referenzvariable 193
Reflection 1385
ReflectiveOperationException 1397
regionMatches(), String 252
Registry 1279, 1285
REGISTRY_PORT, Registry 1286
Regular expression 284
Regulärer Ausdruck 284
Reihung 210
Reine abstrakte Klasse 415
Rekursionsform 179
Rekursive Methode 178
Relationales Datenbanksystem 1342
Remainder Operator 124

Remote Procedure Call 1279
Remote, Schnittstelle 1283
RenderedImage, Schnittstelle 1233
Renderpack Render Pipelines 1143
Rendezvous 732
repaint() 1182
replace(), String 259
replaceAll(), Collections 703
replaceAll(), String 260
replaceFirst(), String 260
ReplicateScaleFilter, Klasse 1232
Request For Comment 1240
requestFocusInWindow(), JComponent 1057
ResourceBundle, Klasse 788
Rest der Division 617
Restwert-Operator 123–124
Restwertoperator 617
Result, Schnittstelle 1001
Resultat 122
ResultSet, Schnittstelle 1359
ResultSetMetaData, Schnittstelle 1373
resume(), Thread 734
RetentionPolicy, Aufzählung 1426
Re-Throwing 471
return, Schlüsselwort 170, 222
Reverse-Engineering-Tool 190
RFC 1240
RFC 1521 310
RGB 1210
Rich Internet Applications (RIA) 64
Rich Text Format 1125
rint(), Math 614
RMI 1279
RMI Wire Protocol 1280
rmi:// 1288
rmic, Dienstprogramm 1285
RMIClassLoader, Klasse 1292
RMI-Klassenlader 1292
RMI-Logging 1290
rmiregistry, Dienstprogramm 1286, 1379
RMI-Transportschicht 1280
Rollbalken 1079
Rollrad 1059
round(), Math 614

RoundingMode, Aufzählung 630
RoundRectangle2D, Klasse 1198
Roundtrip-Engineering 190
RowFilter, Klasse 1142
RPC 1279
rt.jar 576
RTF 1125
Rückgabetyp 163
Rückgabewert 166
Rumpf 163
run(), Runnable 717
Runden 613
Rundungsfehler 125
Rundungsmodi, BigDecimal 629
runFinalizersOnExit(), System 538
Runnable, Schnittstelle 497, 717
Runtime 591
RuntimeException 461
Runtime-Interpreter 53

S

SAM (Single Abstract Method) 416
SAP NetWeaver Developer Studio 87
Saturation 1210
SAX 945
SAXBuilder 983
SAXBuilder, Klasse 983
SAXParser, Klasse 976
Scala 59
SCALE_AREA_AVERAGING, Image 1231
SCALE_DEFAULT, Image 1231
SCALE_FAST, Image 1231
SCALE_REPLICATE, Image 1231
SCALE_SMOOTH, Image 1231
Scanner, Klasse 297, 448
Schablonen-Muster 849
Schaltjahr 782
ScheduledThreadPoolExecutor, Klasse 736, 743
Scheduler 713, 744
Schema 940
schemagen, JDK-Tool 952
Schieberegler 1079
Schlange 640
Schleifen 149
Schleifenbedingung 151, 155

Schleifen-Inkrement 153
Schleifentest 153
Schleifenzähler 153
Schlüssel 640
Schlüsselwort 95
    reserviertes 95
Schnittstelle 62, 419
Schnittstellentyp 193
Schriftlinie 1189
Schurken 781
Schwergewichtige Komponente 1006
Schwyzerdütsch 791
Scope 120
Screen_Updater 727
Scriptlet 1318
Scrollable, Schnittstelle 1064
Scrollbar 1079
ScrollPaneLayout, Klasse 1079
Sealing, Jar 495
SECOND, Calendar 800
SECONDARY, Collator 280
SecondString-Projekt 253
Secure Sockets Layer 1276
SecureRandom, Klasse 621
Security-Manager 56
Sedezimal 115
Sedezimalsystem 115
Sedezimalzahl 115
Seed 621
Seiteneffekt 332
Sekunde 800
Selbstbeobachtung 560
Semantik 89
Semantisches Ereignis 1043
Separator 90
SEPTEMBER, Calendar 796
SEQUEL 1380
SequenceInputStream, Klasse 852
Sequenz 634, 639
Sequenzdiagramm 190
Serializable, Schnittstelle 914
serialPersistentFields 917
serialver, Kommandozeilen- programm 924
serialVersionUID 924
Server 1279
ServerSocket, Klasse 1268
ServiceLoader, Klasse 1352
Servlet 1296
Servlet-Container 1296

1475

Index

Set, Schnittstelle 640, 670
setBorder(), JComponent 1054
setChanged(), Observable 552
setContentType(), JEditorPane 1125
setDefaultCloseOperation(), JFrame 1023, 1040
setDefaultRenderer(), JTable 1136
setDoInput(), URLConnection 1249, 1258
setDoOutput(), URLConnection 1249, 1258
setFont(), Graphics 1189
setLayout(), Container 1067
setLookAndFeel(), UIManager 1161
setModel(), JSpinner 1116
setModel(), JTable 1131
setPaint(), Graphics2D 1206
setPriority(), Thread 735
setProperty(), Properties 694
setRenderingHint(), Graphics2D 1198
setRequestMethod(), HttpURL-Connection 1258
setRequestProperty(), URLConnection 1258
setSize(), Window 1024
Setter 340, 561
setText(), JButton 1045
setText(), JLabel 1028
setText(), JTextComponent 1119
Set-Top-Boxen 52
setUseCaches(), URLConnection 1258
setVisible(), Window 1023
SGML 933
Shallow Copy 690
Shallow copy 531
Shape, Schnittstelle 1197–1198
Shefferscher Strich 131
ShellFolder, Klasse 821
Sheridan, Mike 51
Shift 133
Shift-Operator 603
short 599
SHORT, DateFormat 808
short, Datentyp 108, 113
Short, Klasse 510
Short-Circuit-Operator 132

showConfirmDialog(), JOption-Pane 1153
showInputDialog(), JOptionPane 1153
showMessageDialog(), JOption-Pane 1153
showOptionDialog(),JOptionPane 1153
Shutdown-Hook 779
Sichtbarkeit 120, 336, 386
Sichtbarkeitsmodifizierer 336
signal(), Condition 766
signaling NaN 609
Signatur 164
Silverlight 63–64
Simple API for XML Parsing 945
SimpleDateFormat, Klasse 806
SIMPLIFIED_CHINESE, Locale 785
SIMULA 62
Simula-67 185
sin(), Math 618
Single inheritance 386
SINGLE_INTERVAL_SELECTION, ListSelectionModel 1114
SINGLE_SELECTION, ListSelec-tionModel 1114
Singleton 368, 705
sinh(), Math 618
Sinus 618
sizeof 139
Slash 816
sleep(), Thread 723
Slider, Schieberegler 1079
Slivka, Ben 78
Smalltalk 55, 185
Smiley 94
sNaN 609
Socket, Klasse 1264
Sockets 1262
SoftBevelBorder, Klasse 1054
Sommerzeitabweichung 800
sort(), Arrays 226, 666
sort(), Collections 667
SortedMap, Schnittstelle 683
SortedSet, Schnittstelle 675
Sortieren 667
Soundex-Algorithmus 252
Source, Schnittstelle 1001
Source-Code Beautifier 1455
Späte dynamische Bindung 408

SpinnerDateModel, Klasse 1116
SpinnerListModel, Klasse 1116
SpinnerModel, Schnittstelle 1116
Splash-Screen 1227
split(), Pattern 297
split(), String 296
SpringLayout, Klasse 1066
Sprungmarke, switch 147
Sprungziel, switch 147
SQL 1380
SQL 2 1380
SQLWarning, Klasse 1368
SQuirreL 1340
SSL 1276
SSLSocket, Klasse 1276
SSLSocketFactory, Klasse 1276
Stabil sortieren 667
Stabiler Sortieralgorithmus 669
Stack 180, 676
Stack, Klasse 676
Stack-Case-Labels 149
StackOverflowError 181, 462
Stack-Speicher 192
Stack-Trace 445
Standard Extension API 575
Standard Generalized Markup Language 933
Standard Tag Library 1312
Standard-Konstruktor 197, 357
Standardserialisierung 910
Stapelspeicher 676
Star Seven 52
Stark typisiert 106
start(), Thread 718
startsWith(), String 251
Statement 98
Statement, Schnittstelle 1357
static 106
static final 420
static, Schlüsselwort 346
Statisch typisiert 106
Statische Eigenschaft 346
Statische innere Klasse 490
Statischer Block 371
Statischer Import 209
Statusanzeige 1090
StAX 965
Stellenwertsystem 115
Stellvertreterobjekt 1277, 1285
Sternzeit 781
Steuerelement, grafisches 1005

1476

Stilles NaN 609
STL-Bibliothek 669
stop(), Thread 728
StreamEncoder 889
StreamFilter, Schnittstelle 971
StreamTokenizer, Klasse 929
Streng typisiert 106
strictfp, Schlüsselwort 619
StrictMath, Klasse 620
String 100, 243
   Anhängen an einen 257
   Länge 246
StringBuffer, Klasse 244, 270
StringBuilder, Klasse 244, 270
StringIndexOutOfBounds-
   Exception 253–254
Stringkonkatenation 133
String-Literal 244
StringReader, Klasse 847, 868
String-Teil
   vergleichen 252
Stringteile extrahieren 253
StringTokenizer, Klasse 302
StringWriter, Klasse 866
Stroke 1215
Stroke, Schnittstelle 1215
Stroustrup, Bjarne 186
Structured English Query
   Language 1380
Subinterface 428
Subklasse 384
Subprotokoll 1354
Substitutionsprinzip 395
substring(), String 253
Subtraktion 123
Suffix 251
SUID 924
Summe aller Einträge 1384
Sun Microsystems 53
sun.boot.class.path 577
sun.jdbc.odbc.JdbcOdbcDriver
   1352
sun.misc, Paket 310
sun.nio.cs 889
SunWorld 52
super 392
super () 387
super() 389, 392
super, Schlüsselwort 401
Superklasse 384
Surrogate-Paar 90, 239

suspend(), Thread 734
swing.properties 1160
SwingUtilities, Klasse 1172
SwingWorker, Klasse 1173
switch-Anweisung 146
Symbolische Konstante 351
Symbolleiste 1099
Symmetrie, equals() 526
sync() 845
Synchronisation 538, 743
synchronized, Schlüsselwort 756
synchronizedCollection(),
   Collections 707
synchronizedList(), Collections
   707
synchronizedMap(), Collections
   707
synchronizedSet(), Collections
   707
synchronizedSortedMap(),
   Collections 707
synchronizedSortedSet(),
   Collections 707
SynerJ 77
Syntax 89
Synthetische Methode 491
System.err 105, 447
System.in 592, 851, 864
System.out 105
SystemColor 1206
SystemColor, Klasse 1211
Systemeigenschaften 75, 584
Systemfarben 1211
System-Klassenlader 578

T

TableCellEditor, Schnittstelle
   1137
TableCellRenderer, Schnittstelle
   1134
TableColumn, Klasse 1138
TableLayout, Klasse 1079
TableModel, Schnittstelle 1128,
   1138
TableModelEvent, Klasse 1132
TableModelListener, Schnitt-
   stelle 1128
TableRowSorter, Klasse 1141
Tabulator 303
Tag 800, 933

Tag des Jahres 800
Tage im Monat 804
Tagesdatum 803
TagLib 1312
TagLib-Deskriptoren 1312
TAI 782
TAIWAN 785
Taj Mahal 62
tan(), Math 618
tangle 435
Tango Desktop Projekt 1032
tanh(), Math 618
Tar-Archiv 896
Tastatur-Shortcut 1096
Tastenkürzel 1097
TCP/IP 1262
Tear-off-Menü 1093
Teilstring 247
Teletubbies 1256
template pattern 849
Template-Code 1303
Terminiert 725
TERTIARY, Collator 280
TextArea, Klasse 1122
TextLayout, Klasse 1196
TexturePaint 1206
this
   Vererbung 500
this$0, innere Klasse 494
this() 392
this(), Beschränkungen 365
this(), Konstruktoraufruf 363
this-Referenz 333, 392
this-Referenz, innere Klasse 492
Thread 59, 713
Thread, Klasse 497, 718
ThreadDeath, Klasse 731
Thread-Pool 736
ThreadPoolExecutor, Klasse 736
Thread-safe 744
Thread-sicher 744
throw, Schlüsselwort 463
Throwable, Klasse 456
throws Exception 459
throws, Schlüsselwort 451
tick marks 1079
Tiefe Kopie, clone() 531
Tiefe Objektkopie 921
Timeout 1280
Timer, Klasse 777
Timer, Swing-Klasse 1177

Index

TimerTask, Klasse 777
Timestamp, Klasse 1363
TimeUnit, Aufzählung 783
TitledBorder, Klasse 1054
TLS 1276
toArray(), Collection 662
toBinaryString(), Integer/Long 268
toCharArray(), String 256
Tödliche Umarmung 761
toHexString(), Integer/Long 268
Token 89, 303
toLowerCase(), Character 241
toLowerCase(), String 257
Tomcat 1299
toOctalString(), Integer/Long 268
Top-Level-Klasse 490
toString(), Arrays 226
toString(), Object 398, 522
toString(), Point 196
toUpperCase(), Character 241
toUpperCase(), String 257
Transferable, Schnittstelle 1164
TransferHandler, Klasse 1168
Transfer-Objekt 1414
Transformation 1205
transient, Schlüsselwort 917
Transparency, Schnittstelle 1206
TransparentLayout 1079
Transport Layer Security 1276
Transportschicht 1280
TreeMap, Klasse 634, 641–642, 681
TreeModel, Schnittstelle 1143, 1145
TreeNode, Schnittstelle 1145
TreeSelectionListener, Schnittstelle 1144
TreeSet, Klasse 673
Trennzeichen 90, 295
trim(), String 258
true 107
TRUE, Boolean 516
TrueType-Zeichensatz 1193
TrueZIP 896
try, Schlüsselwort 444
Tupel 1335
Türme von Hanoi 181
Typ
  arithmetischer 107
  generischer 480

Typ (Forts.)
  integraler 107
  numerischer 122
  primitiver 107
Typanpassung 135
  automatische 135
  explizite 135
TYPE, Wrapper-Klasse 1386
TYPE, Wrapper-Klassen 522
TYPE_INT_RGB, BufferedImage 1228
TYPE_SCROLL_INSENSITIVE, ResultSet 1365
Typecast 135
Types, Klasse 1360
Typ-Inferenz 486
Typvariable 480
Typvergleich 133

U

U+, Unicode 239
Überblendung, Grafik 1214
Überdecken, Methoden 410
Überladene Methode 174
Überladener Operator 58
Überlagert, Methode 398
Überschreiben, Methoden 398
Übersetzer 74
Überwachtes Warten 771
UCSD-Pascal 53
UIDefaults, Klasse 1028
UIManager, Klasse 1161
UK, Locale 785
Umgebungsvariablen, Betriebssystem 587
Umkehrfunktion 618
UML 188
Umlaut 94
Umrisslinie 1215
Umrisslinie, Stroke 1205
Unärer Operator 122
Unäres Minus 125
Unäres Plus/Minus 133
Unbenanntes Paket 207
Unboxing 518
UncaughtExceptionHandler, Schnittstelle 730
Unchecked 235
Unchecked exception 462

Und 131
  bitweises 133
  logisches 133
UNDECIMBER, Calendar 796
Unendlich 607
Ungeprüfte Ausnahme 469
UnicastRemoteObject, Klasse 1288
Unicast-Verbindung 1276
Unicode 5.1 239
UNICODE_CASE, Pattern 287
Unicode-Escape 94
Unicode-Konsortium 238
Unicode-Zeichen 90
Unidirektionale Beziehung 379
Unified Method 188
Uniform Resource Locator 1241
Universal Time 781
UnknownHostException 1264
unlock(), Lock 750
Unmarshaller, Schnittstelle 948
Unnamed package 207
UnsupportedOperationException 461, 638, 646, 662, 698
Unterklasse 384
Unterlänge 1195
Untermenü 1093
Unzahl 123
update(), Observer 554
URI (Uniform Resource Identifier) 1242
URL 1242
URL, Klasse 448, 1242
URLClassLoader, Klasse 579
URLConnection, Klasse 1247
URLDecoder, Klasse 1255–1256
URLEncoder, Klasse 1255
US, Locale 785
Use-Cases-Diagramm 189
useDelimiter(), Scanner 301
user.timezone 797
UTC 782
UTF-16 936
UTF-16-Kodierung 90
UTF-32 Kodierung 239
UTF-8 936
UTF-8-Format
  modifiziertes 835
UTF-8-Kodierung 835
Utility-Klasse 367

V

Valid, XML 937
Value 640
valueOf(), Enum 539
valueOf(), String 265
valueOf(), Wrapper-Klassen 508
values(), Map 688
Vararg 222
Variablendeklaration 110
Variableninitialisierung 411
Vector, Klasse 651
-verbose 1436, 1438
Verbundoperator 126
Verdecken von Variablen 333
Verdeckte Variablen 333
Vererbte Konstante 428
Vererbung 383
Vergleichsoperator 129
Vergleichsstring 252
Verkettete Liste 634, 660
Verklemmung 715, 761
Verlaufsbalken 1090
Verschiebeoperator 603
Verzeichnis anlegen 821
Verzeichnis umbenennen 821
Vetorecht 561
View 1105
ViewPortLayout, Klasse 1079
Virtuelle Maschine 53
Visual Age for Java 77
VisualVM 1446
void 166
Vorgabekonstruktor 358
Vorgegebener Konstruktor 358
Vorschaubild 1221
Vorzeichen, negatives 122
Vorzeichenerweiterung 133
Vorzeichenumkehr 125

W

Wahrheitswert 106
wait(), Object 766, 774
wait-free-Algorithmus 706
weave 435
WEB 435
Web Application Security 1334
Web-Applets 52
Webbrowser 1125
WebRunner 52

Wechselknopf 1050
WEEK_OF_MONTH, Calendar
  800
WEEK_OF_YEAR, Calendar 800
Weichzeichnen 1184
Weißraum 241
Well-known System Ports 1263
Wertebereich 339
Werte-Objekt 509
Wertoperation 122
Wertübergabe 168–169
Wettlaufsituation 747
while-Schleife 150
WHITE, Color 1208
Whitespace 90
Widening conversion 136
Widget 1005
Wiederholungsfaktor 284
Wiederverwendung per Copy &
  Paste 602
Win32-API 78
WIND_NON_ZERO, General-
  Path 1202
Winding Rule 1202
windowClosed(), Window-
  Listener 1040
windowClosing(), Window-
  Listener 1040
WindowEvent, Klasse 1036
WindowListener, Schnittstelle
  1034
Windows Icon-Format 1221
Windows-NT Konsole 307
Windungsregel 1202
Winkelfunktion 618
Wissenschaftliche Notation 609
Woche 800
Woche des Monats 800
wohlgeformt 935
WORA 64
Workbench, Eclipse 82
Worker-Thread 1174
Workspace 80
World Wide Web 52
World Wide Web Consortium
  (W3C) 574
Wrapper-Klasse 266, 507
Write once, run anywhere 64
writeObject(), ObjectOutput-
  Stream 911
Writer, Klasse 854

writeReplace() 921
writeUTF(), RandomAccessFile
  835
Wurzelelement 986
Wurzelverzeichnis 829

X

-Xbootclasspath 577
Xerces 946
XHTML 943
xjc 961
XML 934
XMLDecoder, Klasse 926
XMLEncoder, Klasse 926
XMLEvent, Klasse 965
XMLEventFactory, Klasse 973
XMLEventReader, Klasse 970
XMLEventReader, Schnittstelle
  972
XMLEventWriter, Klasse 966
XMLEventWriter, Schnittstelle
  973
XMLInputFactory, Klasse 972
XMLOutputFactory, Klasse 973
XMLOutputter, Klasse 984
XMLStreamConstants, Schnitt-
  stelle 966
XMLStreamReader, Schnittstelle
  965
XMLStreamWriter, Klasse 966
XMLStreamWriter, Schnittstelle
  973
-Xms 1438
-Xmx 1438
-Xnoclassgc 1438
XOR 1180
Xor 131, 598
  bitweises 133
  logisches 133
Xor-Modus, Zeichnen 1214
XPath 995, 998
XPath, Klasse 996
XPath-Wurzel 995
-Xprof 1438
-Xrs 1438
XSLT 998
-Xss 1438
-Xss:n 181
XStream 929
-XX:ThreadStackSize=n 181

Index

Y

YAJSW 1456
YEAR, Calendar 800
yield(), Thread 725
Yoda-Stil 130

Z

Zahlenwert, Unicode-Zeichen 90
Zehnersystem 115
Zeichen 106, 117
  Anhängen von 274
  ersetzen 259
Zeichenbereich 1205

Zeichenkette 100
  konstante 246
  veränderbare 270
Zeichenklassen 285
Zeichenkodierung 307
Zeiger 56
Zeilenkommentar 99
Zeilentrenner 303
Zeilenumbruch 585
Zeitablauf 1280
Zeitgenauigkeit 791
Zeitzone 782, 810
Zeitzonenabweichung 800
ZipEntry, Klasse 900
ZipFile, Klasse 900
ZONE_OFFSET, Calendar 800

Zufallszahl 619, 624
Zufallszahlengenerator 621
Zugriffsmethode 340
Zugriffsmodifizierer 1400
Zustände, Threads 723
Zustandsänderung 568
Zuweisung 134
  pro Zeile 112
Zuweisung mit Operation 134
Zuweisungsanweisung 112
Zuweisungsausdruck 112
Zweidimensionales Feld 217
Zweierkomplement 599
Zwischenablage 1163
Zyklische Redundanzprüfung 907

www.galileocomputing.de

Parsen, Transformieren, Validieren und Transformieren von XML

Alles zu DOM, SAX, JAXP, StAX und JAXB

Inkl. Webservices und XML-Publishing mit Cocoon 2.2

Michael Scholz, Stephan Niedermeier

Java und XML

Grundlagen, Einsatz, Referenz

Java und XML bilden das ideale Gespann für die Entwicklung plattformunabhängiger Anwendungen. Als Java-Programmierer finden Sie in diesem Buch alles, was Sie dafür benötigen: Neben den allgemeinen Grundlagen lernen Sie die entscheidenden APIs kennen, wie SAX, JAXP oder StAX. Natürlich werden auch das Binding mit JAXB oder Themen wie Webservices und Publishing ausführlich behandelt.

702 S., 2. Auflage 2009, mit CD, 49,90 Euro
ISBN 978-3-8362-1308-0

>> www.galileocomputing.de/1949

www.galileocomputing.de

Für Entwickler und XML-Einsteiger

Formatierung, Transformation, Schnittstellen

XML-Schema, DTD, XSLT 1.0/2.0, XPath 1.0/2.0, DOM, SAX, SOAP, OpenXML

Helmut Vonhoegen

Einstieg in XML

Grundlagen, Praxis, Referenz

Sie möchten XML lernen? Dann finden Sie in der aktualisierten Neuauflage unseres erfolgreichen „Einstiegs in XML" alles, was Sie dazu benötigen. Leicht verständlich und anhand zahlreicher Praxisbeispiele erläutert unser Autor Helmut Vonhoegen alle relevanten Themen, wie z. B. Transformationen, Programmierschnittstellen, Webdienste und XML in MS Office. Aufgrund der kompakten Darstellung eignet sich das Buch zudem hervorragend als Referenz.

582 S., 5. Auflage 2009, mit CD, 34,90 Euro
ISBN 978-3-8362-1367-7

>> www.galileocomputing.de/2051

www.galileocomputing.de

▶ Video-Training

Der ideale Einstieg für Studium und Beruf

Inklusive Datenbanken, Netzwerke und Servlets

Mit Eclipse und Java Standard Edition auf DVD

Ralf Bensmann

Einstieg in Java

Das Praxis-Training

Java lernen vom Profi! Ralf Bensmann erklärt Ihnen Java von Grund auf anhand vieler praktischer Beispiele und Programme! Sie lernen Film für Film alle Konzepte von Java kennen, inklusive der objektorientierten Programmierung. Ausführlich widmet sich Ihr Trainer auch den Themen Datenbanken, Networking und der Programmierung grafischer Oberflächen mit Swing. Parallel dazu programmieren Sie selbst Ihr erstes eigenes Projekt, einen Twitter-Client.

DVD, Win, Mac, Linux, ca. 100 Lektionen, 9 Stunden Spielzeit, 29,90 Euro
ISBN 978-3-8362-1568-8, Dezember 2010

>> www.galileocomputing.de/2346

www.galileocomputing.de

IT-Geschichte live: entdecken, coden, virtualisieren

Abgefahren: Beispiele in Assembler, Smalltalk, ALGOL60, PL/1, Lisp, Fortran, Modula ...

Spannend: Simulation und Programmierung alter Systeme und Programme

H.R. Wieland

Computergeschichte(n) – nicht nur für Geeks

Von Antikythera zur Cloud

Geek, Nerd, Fan, Enthuiast, Insider oder einfach nur interessiert? Dieses Buch bietet Computergeschichte in vielen Geschichten: Es startet um ca. 30.000 v. Chr. und zeigt bis in die Zukunft, was es mit der revolutionären Kiste auf sich hat. Von Antikythera bis hin zu altbekannten Rechengiganten. Hier wird programmiert und simuliert, was das Zeug hält. Rechenschieber, Elektronengehirn, Wolken und eine alte Dame namens Ada – lassen Sie sich ein auf eine Reise durch die Zeit. Pausen zum Anschauen, Ausprobieren, Coden und Virtualisieren nehmen Sie sich nach Bedarf!

605 S., 2011, mit DVD, 29,90 Euro
ISBN 978-3-8362-1527-5

\>\> www.galileocomputing.de/2285

www.galileocomputing.de

Spracheinführung,
Objektorientierung,
Programmiertechniken

Windows-Programmierung mit der
Windows Presentation Foundation

Inkl. LINQ, XML, Task Parallel Library
(TPL) und ADO.NET

Andreas Kühnel

Visual C# 2010

Das umfassende Handbuch

Der ideale Begleiter für die tägliche Arbeit mit Visual C# 2010! In diesem Buch finden Sie alles von den Sprachgrundlagen über Klassendesign, LINQ, Multithreading, Datenbankanbindung mit ADO.NET u. v. m. - jeweils an typischen Praxisbeispielen demonstriert. Ein zentrales Thema bildet die Entwicklung von GUIs mit WPF und XAML. Das Buch eignet sich besonders gut für Umsteiger älterer C#-Versionen sowie anderer Programmiersprachen.

1295 S., 5. Auflage 2010, mit DVD, 49,90 Euro
ISBN 978-3-8362-1552-7

>> www.galileocomputing.de/2322

www.galileocomputing.de

Alle Phasen vom Entwurf bis zum Deployment

Patterns, Debugging, Unit Tests, Refactoring

Inkl. MVC, LINQ, ADO.NET, WCF, WF u. v. m.

Matthias Geirhos

Professionell entwickeln mit Visual C# 2010

Das Praxisbuch

Sie beherrschen C#, möchten aber lernen, noch effizienter zu entwickeln? In diesem Buch finden Sie hierfür eine Vielzahl praxisbewährter Dos & Don'ts, mit denen Sie alle Phasen Ihres Projekts sicher meistern und typische Fallstricke vermeiden. Behandelt werden z.B. SOA, UML, OOA & OOD, GUIs, LINQ, Threading, Sicherheit, Patterns, Refactoring, WCF, Datenbanken, Performance, WF, Testen, Deployment u. v. m.

896 S., mit CD, 49,90 Euro
ISBN 978-3-8362-1474-2

>> www.galileocomputing.de/2212

www.galileocomputing.de

Praxisorientierter Einstieg in Silverlight und XAML

Entwicklung von RIAs und Anwendungen für Windows Phone 7

Inkl. Benutzeroberflächen-Entwicklung, Datenbindung, 2D-Grafiken, Multimedia, Animationen, Drucken u.v.m.

Thomas Claudius Huber

Silverlight 4

Das umfassende Handbuch

Sie möchten mit Silverlight 4 eindrucksvolle Webseiten und RIAs oder Apps für Windows Phone 7 entwickeln? Dieses Buch zeigt Ihnen, wie es geht. Sie erhalten eine Einführung in die Beschreibungssprache XAML und lernen an anschaulichen Beispielen, wie Sie Grafiken und Animationen erstellen oder Audio- und Videodateien in Ihre Webseiten integrieren. Grundlegende Kenntnisse in .NET und C# werden vorausgesetzt.

1178 S., 2010, mit DVD, 49,90 Euro
ISBN 978-3-8362-1413-1

>> www.galileocomputing.de/2126

Die Bibliothek für Ihr IT-Know-how.

1. Suchen
2. Kaufen
3. Online lesen

Kostenlos testen!

www.galileo-press.de/booksonline

✓ Jederzeit online verfügbar
✓ Schnell nachschlagen, schnell fündig werden
✓ Einfach lesen im Browser
✓ Eigene Bibliothek zusammenstellen
✓ Buch plus Online-Ausgabe zum Vorzugspreis